大学者为小读者写书
让阅读更精深更精彩

阅读韩愈

走近中学语文课本里的作家

阎琦◎著

南京大学出版社

《走近中学语文课本里的作家》
丛书编委会

与智者行　必得智慧

代前言

一部传记就是一部灵魂史，它记录了传主的生活历程和生命轨迹。在我国几千年的浩瀚历史长河中，孕育了许多不同类型的伟大人物，他们推动着历史向前发展。特别是那些名垂史册的文学家，他们的文字演化为民族的珍贵财富，而他们的生命体验、思想情怀和人格魅力，总能让我们深受感染，引发我们的情感共鸣和无尽思索。

我们提倡青少年读文学家传记，是因为惟其如此，我们才有可能更好地理解作品、欣赏作品。“知人论世”是中国古代文论的一种观念，是中国传统的文学批评的原则和方法。出自《孟子·万章下》：“颂其诗，读其书，不知其人，可乎？是以论其世也，是尚友也。”这句话的意思是，要理解作品，一定要对作者和作者所处的时代有所了解，这样才能与古人为友。孟子认为，文学作品和作家本人的生活经历、思想历程以及时代背景有着极为密切的关系，因此只有知其人、论其世，才能比较客观地把握文学作品的思想内容，感受作品的深刻意蕴。这种鉴赏作品的观念对后代的文学鉴赏产生了深远的影响。清代章学诚在《文史通义·文德》中说："不知古人之世，不可妄论古人之辞也。知其世矣，不知古人之身处，亦不可以遽论其文也。"意思是说，不知道古人所处的时代，不可以妄加评论古人的文章；不知道古人身处的环境，也不可以仓促地评论古人的文章。知人论世，就是指我们阅读作品，需要了解作家所处的时代背景、生活环境，了解作家在经历重大事件时所联系密切的人物，了解作家的思想性格、心路历程。

比如，我们欣赏苏轼的名作《念奴娇·赤壁怀古》，对于全词最后一句"人生如梦，一尊还酹江月"如何理解？这个问题，仅仅阅读词作，是无法找到一个合理的解释的。也许苏轼比较达观，善于自我宽慰；也许苏轼愤懑消沉，只好寄情山水。如果我们了解苏轼的生平经历，了解苏轼创作这首词的时代背景，我们就容易理解这句话所蕴涵的人生感喟。《念奴娇·赤壁怀古》是苏轼因"乌台诗案"而被贬黄州时游赤壁所作，当时作者 47 岁，自觉青春已逝功名未就，于是就借三国英雄周瑜的年少得意和丰功伟绩来感叹自身的失意，抒写卿还有一段亲密的交往,《李太白文集》中有三首诗是写给韩云卿的:《金陵听韩侍御吹笛》《送韩侍御之广德》《至阳陵山酬韩侍御》。如《金陵听韩侍御吹笛》:

韩公吹玉笛,倜傥流英音。
风吹绕钟山,万壑皆龙吟。
王子停凤管,师襄掩瑶琴。
余韵渡江去,天涯安可寻?

再如《送韩侍御之广德》:

昔日绣衣何足荣?今宵贳酒与君倾。
暂就东山赊月色,酣歌一夜送泉明。

李白笔下的韩云卿,风流倜傥,放浪形骸,气质和风姿都堪与太白为俦侣。正因为此,韩云卿才能与李白如此投契。韩愈对他的这位叔父非常景慕,曾在他的《科斗书后记》中说:"愈叔父,当大历世,文辞独行于朝,天下之欲铭述先人功行、取信来世者,咸归韩氏。于时李监阳冰(李阳冰,任秘书监)独能篆书,而同姓叔父(韩)择木善八分,不问可知其人,不如是者不称三服。"大历十二年(777)韩云卿在朝任礼部郎中,韩愈已经十岁,正随他的长兄韩会(时任起居舍人)住在长安,所以他对叔父的名冠当时,有清晰的记忆。韩云卿是对韩愈一生有重大影响的第一人，或者说，韩愈有意识地将他这位叔父作为他仿效的人生楷模。主要表现在两方面：一是“好立节义”，韩愈后来为官曾屡次冒死为民请命，曾参与平淮西的战争，曾深入虎穴安抚镇州叛将等作为，都可以看出韩云卿的影响；二是求以文章冠于时，韩云卿的文章多散佚，《全唐文》中仅存六篇，多为碑文，造句独立特行，不依傍于人。这些都可以在韩愈此后的古文写作中找到痕迹。

韩愈的长兄名韩会。韩愈后来在《考功员外卢君(东美)墓铭》中提及长兄韩会：

> 愈之宗兄、故起居舍人君(会)，以道德文章伏一世。其友四人，其一范阳卢君东美。少未出仕，皆在江淮间，天下大夫士谓之“四夔”，其义以为与古之夔、皋者侔，故云尔。

韩愈同代人李肇《唐国史补》卷下：

> 韩会与名辈号为“四夔”，会为夔头，而善歌妙绝。

被称为“四夔”的人，是韩会、崔造、卢东美、张正则，名字见于新、旧《唐书》之《崔造传》。《崔造传》说这四个人“永泰中……皆侨居上元，好谈经济之略，尝以王佐自许”。“夔”是舜时乐官，“皋”即皋陶，是舜时刑官，二人皆有政绩，后世并称为“夔皋”。“永泰”是代宗年号，在安史之乱发生后十年间。当时的韩会已经二十七八岁，他与他的朋友即“四夔”，正是经历了安史之乱成熟起来的一代人。他们都是中下层官吏的子弟，长期战乱和社会的不安定，使他们走上了与长辈们不甚相同的道路。他们侨居上元（即江宁，今江苏南京一带），他们的聚会，除了读书作文以外，主要是研究当世之务，探寻经邦济世的道理，甚至不打算走科举入仕这一条道路。他们一面横议天下大事，一面期待引起朝廷官员的注意。这是一群对社会现状很留意、政治参与色彩很浓厚的青年人，他们自诩“王佐”（佐助君王成大业的人），对国家、时局有强烈的责任感，并对自己充满信心，赢得了“四夔”的称誉。韩会在四人中年龄偏小却被称为“夔头”，可见他尤其意气风发、英气勃勃。大历五年（770），韩会与韩愈兄弟在旧籍河阳丁忧（旧时父母死后居丧称“丁忧”）。三年服满，韩会仍旧淡定地在家乡闲居，待价而沽。果然，次年，即大历九年，韩会即被炙手可热、权倾朝野的宰相元载引为起居舍人，在长安为官了。

韩愈曾反复说过他的长兄“德行高”（李翱《韩公行

状》引)、有“盛德”(韩愈《祭十二郎文》)、“有德行,言词为世轨式”(韩愈《韩滂墓志铭》),流露出对长兄的由衷敬佩。长兄韩会是对韩愈一生有重大影响的第二人。韩会的留心世务、关心国家大事,以及对个人前途充满信心的性格,都可以在韩愈身上找到印记。

3. 童年与读书

韩愈的母亲在生下韩愈不久就去世了,韩愈三岁时,任秘书郎(秘书省的属官。秘书省是专管中央图书、档案的官署)的父亲韩仲卿也辞世。韩愈《乳母墓铭》说:“愈生未再周月,孤失怙恃。”“怙恃”一词出于《诗经·小雅·蓼莪》:“无父何怙?无母何恃?”后世以“失怙”代丧父,以“失恃”代丧母。韩愈此处的“孤失怙恃”是偏义词,特指丧母。“未再周月”即未满两月,所以韩愈对母亲无丝毫印象。三岁又失去父亲,可以说韩愈还是婴幼儿时就成了孤儿。但是,韩愈还是健康地成长起来了,这是因为韩愈身旁一直有两位女性在悉心照料他。

一位是李姓的乳母,徐州人。宪宗元和六年(811)乳母死,韩愈安葬乳母,并写有《乳母墓铭》。原文不长,录如下:

乳母李，徐州人，号正真，入韩氏，乳其儿愈。愈生未再周月，孤失怙恃，李怜不忍弃去，视保益谨，遂老韩氏。及见所乳儿愈举进士第，历佐汴、徐军，入朝为御史、国子博士、尚书都官员外郎、河南令，娶妇生二男五女。时节庆贺，辄率妇儿孙列拜进寿。年六十四，元和六年三月十八日疾卒，葬河南县北十五里。愈率妇孙视窆、封，且刻其语于石，纳诸墓为铭。

韩家是官宦人家，家中有妇人临产，雇一个乳母是常见的事。"乳母"即今之保姆，她的差事是服侍产妇并护理婴儿。愈母生子，不到两个月就去世，乳母"怜不忍离去"，于是就在韩家留下来了。时间既久，与家中老幼感情弥笃，尤其看见婴儿成长可爱，她本人家中并无牵挂，就永久留在了韩家。随着韩愈的中进士、为官，她俨然成为家中的一个长辈。据《乳母墓铭》可以推算出乳母来韩家时年仅二十一岁，直到六十四岁去世，她把毕生的爱和关怀给了韩愈及韩愈的儿女。韩愈以饱含感情之笔为乳母撰写墓铭，面对乳母亡灵，称自己的妻子为"妇"，称子女为"孙"，这正是人间真情的流露。

另一位是长嫂郑夫人。韩愈长兄韩会年长韩愈近三十岁，长兄及嫂郑夫人是韩愈实际的抚养人。韩会不幸早死，死时韩愈十二三岁，略知人事；侄老成（即十二郎）七八岁，尚未知人事。处理韩会的丧葬，河阳、宣州两地的迁播以及抚育晚辈等一切事务，都由郑氏一人主持。她教育韩愈不辍学业，并按韩氏世代承继不绝的家风，将韩愈送入“学而优则仕”的人生道路。可以想见，郑氏是一位品格贤良、意志坚定的女性。韩会去世前，曾嘱咐韩愈“嫂丧，服必以期”（《祭郑夫人文》）；“服必以期”的意思是要幼弟为嫂服丧一年。按礼仪，叔嫂之间原无（丧）服，韩会要韩愈为嫂“服期”，就是要韩愈将嫂与兄等同看待。这既是韩会对韩愈的叮嘱，也有将幼弟“托孤”于妻的意思。郑氏对韩愈“念寒而衣，念饥而飧，疾疹水火，无灾及身”，“视余犹子，诲化谆谆”（《祭郑夫人文》），绝不使韩愈的学业荒废，并经常以继承韩氏家风的重大责任感去激励韩愈。韩愈后来在《祭十二郎文》中回忆说：

> 中年兄殁南方，吾与汝俱幼，从嫂归葬河阳，既又与汝就食江南。零丁孤苦，未尝一日相离也。吾上有三兄，皆不幸早世，承先人后者，在孙惟汝，在子惟吾，两世一身，形单影只。嫂常抚汝背指吾而言曰：“韩氏两世，惟此而已。”

家族与骨肉之间的亲情，流淌于字里行间，至今读了，仍然令人潸然泪下。

乳母，长嫂，韩愈就是在这两位令人尊敬的女性抚育下成长起来的。

唐代宗大历九年（774），韩愈七岁，守父丧之服满，随长兄韩会再入长安。韩会的起居舍人属中书省，职掌不重而地位甚是清要，是比较典型的“清选”（唐代文人习惯称管钱粮、刑狱之类的官员为浊吏，与文字、图书打交道的官员为清吏）之官。当时韩愈的叔父韩云卿也在长安为官，韩氏叔侄，以其卓异的文学才能在长安上层社会享有很高的声誉，给幼年的韩愈留下了深刻的印象。韩愈五六岁即在兄嫂的指导下开始读书。普通的孩子总是在大人督促、鼓励下读书，而小小的韩愈，不仅从叔父和长兄的榜样中获得了学习的动力，更明白学与不学对无父母护持的孩子意味着什么。到七岁时，韩愈的学习已有很大的长进，居然可以提笔为文了，“七岁属文，意语天出”（皇甫湜《韩文公神道碑》），“七岁好学，言出成文”（皇甫湜《韩愈墓铭》），十岁时写的文章，已经得到当时古文家萧颖士之子——古文名家萧存的赏知。

代宗大历十二年（777）韩家的大祸降临了。宰相元载因"恣为不法，侈僭无度……排去忠良，引用贪猥"(《旧唐书·元载传》)的罪名被代宗赐死，凡元载引用的官员数十百人皆远贬，韩会亦在其中。元载被杀，实际上是朝廷派系斗争的结果。但元载引用的人，有许多干练有为之材，如韩会那样，未必皆为"贪猥"。柳宗元《先君石表阴先友记》记录了他父亲生前交往的朋友，提到韩会，说他"善清言，有文章。名最高，然以故多谤"。韩会直到中年才出仕，急于施展，所以在选择政治盟友时不够谨慎；又因为才高，恃才傲物，所以易于招致谤言。韩会被贬为韶州(今属广东)刺史，在同时被贬者中，贬地最远。三年以后代宗薨，德宗即位，开始起用元载党人，而韩会因忧愤过度已经死在韶州刺史任所，"年止于四十二"(李翱《韩公行状》)没有熬到出头之日。

从代宗大历末(778)到德宗建中初(782)三四年间，幼年的韩愈一直是在悲伤和不断的奔波劳顿中度过的。先是随长兄一家远途迁播，刚抵韶州，韩会因忧郁和劳累过度去世，又随嫂将兄灵柩送回河阳原籍安葬。葬毕，原拟在河阳久住，因藩镇相继叛乱，中原多故，再随嫂避居江南宣城。十五六岁以前，韩愈与嫂及侄老成(即十二郎)一直住在宣城(今属安徽)韩氏的庄园里。这可能是韩愈父、祖辈留下的一点产业。在宣城，韩愈刻苦读书作文。《韩昌黎文集·集外文》有几篇文章，很可能就是少年韩愈所写，因为文笔尚不够老到，提炼尚不够精粹，晚年编集时被韩愈所弃。但由此可以看出少年韩愈的人生价值取向。这几篇少年时的文章，都对当时世俗的坏习气有所批判，说明韩愈与其兄长一样，为文首先关注的是社会风习、伦理道德等问题。韩愈《文集》中还有一篇《后汉三贤赞》，也有可能是他的少作。韩愈所赞的"三贤"是王充、王符、仲长统。这三个人的共同点是：都不为当局所用，靠著作扬名后世；其著作（王充《论衡》、王符《潜夫论》、仲长统《昌言》）都关注时俗，有益于时政和改造人心；后来都因为著书为执政者所礼遇、举荐，成为朝廷官员。韩愈赞后汉三贤，显然是以三贤为自己的人生榜样，即与他的兄长一样，不走唐代青年士子都走的由科举入仕的道路，而是在底层、甚至在乡间，经过个人奋斗，以著述名为当局执政者所知，然后再踏上入仕之途。

但是，韩愈很快就发现他为自己"设计"的这条人生道路走不通，原因是生活的艰难、经济的困顿。韩愈后来在给他的朋友崔立之的信中说：

仆始年十六七时，未知人事，读圣人之书，以为人之仕者，皆为人耳，非有利于己也。及年二十时，苦家贫，衣食不足谋于所亲，然后知仕之不惟为人耳。

——《答崔立之书》

韩愈嫂郑氏率领一家人赴宣城时，“百口偕行，避地江濆”(《祭郑夫人文》)。“百口”指全家、近亲一族。宣城的产业有限，维持“百口”生活不易。十六七岁的韩愈，在饱经亲人凋丧之痛后，又不得不正视衣食之忧。他原以为像圣洁的先贤一样，入仕仅在“为人”，就是效忠君王、泽惠下民，现在却认识到不但“为人”，还要“为己”，即解决个人和整个家族的衣食生计问题。“不知孤遗多，举族仰薄宦”(《崔十六少府摄伊阳以诗及书见投因酬三十韵》)，家庭经济的重负使韩愈更加认识到入仕的迫切。他读书更加刻苦，并且开始习举子之业(诗赋)。贞元二年(786)，当韩愈十九岁时，他独身往长安，开始了他的求仕活动。

二、科第与为官

1. 四举于礼部

韩愈《赠族侄》诗:"我年十八九,壮气起胸中。作书献云阙,辞家逐秋蓬。"时代与家族的使命感,使韩愈壮怀激烈;十数年的刻苦读书作文,也使他对个人才艺和前途充满信心,怀着一战即捷的必胜把握,贞元二年(786)秋天,韩愈辞别宣城家人,踏上了长安求仕的道路。

韩愈先参加乡试(籍贯所在地的州郡选拔考试),经过县(河阳)府(河南)两级甄选后,获得了"贡举"资格,贞元三年,韩愈正式前往长安,参加礼部进士试。

韩愈在长安,一无依倚,仅靠旧籍河阳的田产出息维持他在长安的生计,显然是不够的。叔父韩云卿大约四、五年前死于礼部郎中任上,叔父的儿子、从兄韩弇本来是可以依靠的,但韩愈抵长安不久就听到了韩弇死于塞上的噩耗。韩弇进士及第后,为朔方(今宁夏灵武一带)节度使府掌书记。"掌书记"是节度使幕下文职官员。贞元二年,吐蕃攻陷唐盐、夏二州(在今宁夏境内),德宗命大将李晟、马燧、浑瑊等合兵进讨,吐蕃于是乞盟求和。当时诸大将皆不相信吐蕃有和盟诚意,德宗亦不同意,唯河东节度使马燧相信了吐蕃的话,力主和盟,德宗不得已答应和盟。贞元三年闰五月,双方盟于平凉(今属甘肃),唐以朔方节度使浑瑊为会盟使,兵部尚书崔汉衡为副使,朔方军文职官员都参加了会盟。不料吐蕃的会盟原是缓兵之计,会盟刚开始,吐蕃即伏兵劫盟,浑瑊等少数人得脱,随行将吏六十余人为吐蕃所劫杀,韩弇为其中之一,年仅三十五岁。从兄死于吐蕃劫盟,凄惨而壮烈,韩愈更加感到孤立无援,他有《出门》诗:

长安百万家,出门无所之。
岂敢尚幽独,与世实参差。
古人虽已死,书上有遗辞。
开卷读且想,千载若相期。
出门各有道,我道方未夷。

且于此中息，天命不吾欺。

偌大长安，千门万户，竟无一安身之处，亦无一人可与交游。在现实面前，古人的教诲显得那样苍白无力。但韩愈仍旧勉力支撑，借此坚固地筑起个人道德操守的堤防。他又有《烽火》诗：

登高望烽火，谁谓塞尘飞？
王城富且乐，曷不事光辉？
勿言日已暮，相见恐行稀。
愿君熟念此，秉烛夜中归。
我歌宁自戚，乃独泪沾衣。

此诗因韩弇死于国事而发。但除了结尾二句感伤从兄盛年而死外，全诗主要表达了一个二十岁年轻人对边塞战事紧张的忧虑，对长安富贵人家好衣甘食及对死伤将士无动于衷麻木不仁的愤慨。

贞元三年(787)，韩愈初次应进士试，落选，与他原先预想的“一战即捷”大相径庭。贞元四、五年，韩愈连续应试，连续落选。意外地连遭挫折，使他“蹉跎颜遂低，摧折气愈下”(《县斋有怀》)，愧对祖先，也愧对长嫂的厚望。这是来自心理方面的压力。另一方面，则是在米珠薪桂的长安无法生活下去的经济方面的压力。大约在贞元四年(788)初,正当韩愈初次落选、生计窘迫之际,一个偶然的机会,他得以拜见北平王马燧。马燧因吐蕃劫盟、致使唐军损失惨重而负有重大责任,被罢去河东节度使的职务,仅保留了侍中的虚衔住在长安。当马燧得知拜伏在马前的这位落魄书生是韩弇的从弟时,抱愧和恻隐之心顿生。韩愈后来回忆说:

> 始余初冠,应进士贡在京师,穷不自存,以故人稚弟拜北平王马前。王问而怜之……轸其饥寒,赐食与衣。
>
> ——《唐故殿中少监马君墓志铭》

韩愈能在长安生活下去而不至于十分冻馁困顿,与马燧的接济很有关系。

三试不中,离开宣城也已经四年了,韩愈决定回宣城稍作修整并探视家人。贞元七年(791),韩愈再一次入京,第四次参加进士考试。来年春放榜,韩愈终于登第了。贞元七年的"知贡举"(主持进士试的主考官)是兵部侍郎陆贽。陆贽是德宗时名臣,长于辞翰,德宗建中四年(783)藩镇作乱,陆贽以翰林学士扈从德宗避难奉天,参决机谋,号为"内相"。当时"机务填总，远近调发，奏请报下，书诏日数百，贽若不经思，皆周尽事情……书吏承写不给”(《新唐书·陆贽传》)。陆贽一生的主要活动在政治，其文章也多限于奏议和代皇帝所拟的诏制，但他是当时真正的文章巨匠，也是中唐时期最有名的骈文改造家。他将古文之法融入骈文，散句双行，以单为复，使他的文章既具有骈文的规整，又具有古文的疏散。韩愈是习古文的，为了适应科举考试，他违心地兼习骈文，然而古文的风貌却不易清除净尽。韩愈的诗赋卷子恰好投合了陆贽之好，终于艰难得中。

与韩愈进士同榜的，还有李观、李绛、崔群、欧阳詹等二十三人，多天下名士，榜发之日，时人号为“龙虎榜”。唐人很看重“同年”关系，这些人，后来都成为韩愈政治上、事业上始终不渝的朋友。虽非同榜而与韩愈在长安相识并建立莫逆之交的还有诗人孟郊。孟郊年长韩愈十七岁，是长辈，因科第蹭蹬，与韩愈一生平交。他是韩愈一生最重要的朋友和诗歌同盟者，其诗歌创作对韩愈影响很大。孟郊孤傲不肯俯首豪贵的个性，以及与韩愈相同的诗歌审美追求，使他们二人一见如故，成为忘年之交。韩愈有《长安交游者赠孟郊》诗：

长安交游者，贫富各有徒。
亲朋相过时，亦各有以娱。
陋室有文史，高门有笙竽。
何能辨荣悴？且欲分贤愚。

孟郊有《长安道》诗，诗中说："胡风激秦树，贱子风中泣。家家朱门开，得见不可入。长安十二衢，投树鸟亦急。高阁何人家？笙簧正喧吸。"韩愈的诗正是应和孟郊的诗写的。孟诗气促而辞苦，韩诗慰藉他，说贫者的文史之乐，贤于富者的笙竽之乐，与孟郊互相勉励安贫乐道。

2. 三选于吏部

按唐代的规定，考中进士只是取得了入仕的资格（唐人称为"出身"），还不能立即入仕，须再经过吏部（尚书省吏部，主管官员的铨选、考课和调派）的考试并获通过，才能分配官职。故吏部考试又称为"释褐试"，意思是从此可以脱去粗麻的平民服装而换上官服了。吏部考试的难度不在礼部进士试之下，"有出身二十年不获禄者"（《文献通考·选举》），就是说，有人获得进士出身二十年仍不能通过吏部的考试。所以，考中进士，对韩愈来说，仅完成了求仕的第一步，他接着准备应吏部的“博学宏辞”科考试。大约在贞元八年(792)二三月间,韩愈回到河阳旧籍,先取得了参加吏部博学宏辞试的资格。在家乡,他与妻子卢氏完婚。五月,在取得吏部试的资格后,韩愈再返回长安。

博学宏辞试(吏部考试科目之一)时间在冬季,考试之前,韩愈有凤翔(今属陕西)之游。凤翔之游的目的有二:一可以观看那里的古迹(著名的周宣王时代的石鼓就在那里),二是求助于凤翔节度使邢君牙,希望邢能为他张扬名誉。韩愈有《与凤翔邢尚书书》呈给邢,然而邢是行伍出身,并不看重文章之士,对韩愈的求见不予理睬,韩愈只得无功而返。回到长安,韩愈又有《应科目时与人书》,投给长安名流进行干谒。书中说:

天地之滨,大江之濆,曰有怪物焉。盖非常鳞凡介之品汇匹俦也。其得水,变化风雨上下于天不难也。其不及水,盖寻常尺寸之间耳。无高山大陵绝险为之关隔也。然其穷涸不能自致乎水,为獱獭之笑者,盖十八九矣。如有力者哀其穷而运转之,盖一举手一投足之劳也。然是物也,负其异于众也,且曰:烂死于沙泥,吾宁乐之;若俯首帖耳、摇尾而乞怜者,非我之志也。是以有力者遇之，熟视之若无睹。其死其生，固不可知也……

唐代科举考试期间，举子的干谒（用当代话说，就是“走门子”）活动，差不多已成为一种社会习俗，干谒者与被干谒者之间，留下了很多文坛佳话，至今为人们津津乐道。干谒是公开的、普遍的行为，几乎已成为科举考试中必不可少的环节。干谒者手持“卷子”（抄写自己文章和诗歌的纸张，俗称“卷子”），登门拜访社会名流或文坛盟主，含有自我推荐的意思。被干谒者如果是爱才喜贤的人，看了干谒者的文章和诗歌，觉得好，就会张扬此人的名誉，甚至向主考官推荐。干谒者因此而获得声誉，声誉越大，考取的希望越大。但随着干谒行为的普遍，渐渐演变成士人之间一种激烈的竞争，种种不正大光明的苟且之事就发生了。另外，被干谒者倨傲无礼不肯接待，干谒者厚颜无耻强求接见，也屡屡发生。韩愈是始终以干谒为耻的，多少年之后，回忆起当年的干谒活动，他仍有羞愧难当的感觉，“如痛定之人，思当痛之时，不知何能自处”（《与李翱书》）。但为形势所迫，又不得不违心地参与其事。韩愈的干谒有三个特点，一是自找借口不入权贵人之家，不为“俯首帖耳、摇尾乞怜”之态，如他干谒崔元翰（时以虞部员外郎主持博学宏辞试）时，即借口“又惧执事多在省，非公事不敢以至”（《上考功崔虞部书》），意思是您有公事，而我不是公事，所以不敢求见；干谒贾耽（时为滑州刺史）时，借口自己“方勤行役，且有负薪之疾”（《上贾滑州书》），意思是我忙着赶路，又患疾病，将“卷子”交给门子（门房）就走人，然后回到下处（旅店）等候消息，算是在最低限度上顾及颜面，维持读书人的操守。另外，是他的干谒书翰，一面陈述其衣食不给、贫困窘乏之态，以引起他人的同情，一面又高自标置，凡难以措辞之处，“则托物为喻”，仿佛诗人的“比兴之道”（何焯《义门读书记·昌黎集》）。如《应科目时与人书》这篇，就是他干谒书翰中比较典型的一篇。《书》中自比“天地之滨，大江之濆”间的“怪物”，得水则“变化风雨上下于天地不难”，不得水则“寻常尺寸之间耳”，而得水与不得水，只是在于有力者举手投足之劳（推荐）。写得转折婉曲，意态诙诡。因为“托物以喻”，所以自诉其苦况不觉得寒酸，自高其才德不觉得高傲，颂人之德不觉其谄媚。三是他的干谒书翰，始终有一个中心议题，即以他自己为例，探讨国家发现人才、引用人才的道理。这是最具有现实意义的一点。这一点，下面还将详谈，此处暂从略。

韩愈的干谒行为和干谒书翰，效果并不显著。贞元八年第一次博学宏辞试，韩愈已经被吏部考试官员铨定却被中书省某人复审后驳下落选。韩愈有《上考功崔虞部书》，《书》中鄙夷地指责那些“浮嚣之徒”竞进的不择手段和他们的专事干谒而不学无术，悲愤地检讨自己被驳下的原因是：“凡在京师八九年矣，足不迹公卿之门，名不誉于大夫之口……欲事干谒，则患不能小书（正楷小字），困于投刺；欲学为佞，则患言讷词直，卒事不成。”韩愈当时的困窘状态已相当不堪，“所病者在于穷约，无僦屋赁仆之资，无褞袍粝食之给，驱马出门，不知所之”，但他仍坚定自己的信念和操守，《书》最后说：

> 夫古人四十而仕，其行道为学，既已大成，而又之死不倦，故其事业功德老而益明，死而益光……愈今二十有六矣，距古人始仕之年尚有十四年，岂为晚哉！行之以不息，要之以至死，不有得于今，必有得于古；不有得于身，必有得于后。用此自遣，且以为知己者之报。

这样的宣言，已经超越了个人生计的窘迫，而是儒者进取精神的宣言了。

贞元九、十两年的博学宏辞试，韩愈连续落选，生活的窘迫已到了很严重的程度。《马厌谷》一首，就是他此期贫困生活的反映：

马厌谷兮，士不厌糠籺。
土被文绣兮，士无短褐。
彼其得志兮不我虞，一朝失志兮其何如？
已焉哉，嗟嗟乎鄙夫！

富贵人家的马连谷子都厌烦不食了，而读书人却连糠籺(谷壳)都吃不饱；富贵人家的地面都铺着文绣(地毯)，而读书人却连短外套都穿不上。韩愈对那些“得志”的小人发出了狠狠的诅咒：你们一点儿都不怜惜寒士，一朝你们垮台了，有谁会照应你们呢？

韩愈往长安寻求功名，妻子卢氏独自留在河阳旧籍。已经三年了，不能归家探望妻子，而吏试连连失败，抱愧妻子。韩愈有《青青水中蒲》三首，也是此时所作，表达了他对妻子的怀念：

青青水中蒲，下有一双鱼。
君今上陇去，我在与谁居？

青青水中蒲，长在水中居。
寄语浮萍草，相随我不如。

青青水中蒲，叶短不出水。

妇人不下堂，行子在万里。

此诗前二首代妻子为怀念自己之词，“水中蒲”是妻子自指，“浮萍草”指丈夫。男儿犹如浮萍，可以随意奔走在外，而妻子却如水中之蒲，不能随丈夫奔走，只能死守在家里。第三首是丈夫的答词，叹自己不得已在万里之外，撇下妻子“不下堂”（出不了家门）。

3. 三上宰相书

连续三年吏试落选，让韩愈既气馁又愤然不平。从贞元十一年（795）正月末到三月初，他连上三书给执政宰相，希冀有意外的成功。“三上宰相书”的内容相当广泛：全面地抒发了他对社会不公正的愤愤不平，是典型的“不平之鸣”，也代表了与韩愈类似的一批孤立无援的寒士的共同呼声；全面而且深刻地阐述了国家汲引人才的重要性；表述了他对“试之以绣绘雕琢之文，考之以声势之逆顺、章句之短长，中其程式者，然后得其下仕之列”考试作文程式（即律赋，一种规定用韵、形式严格的骈赋）的不满。三书中，韩愈反复陈述、说得最多最庄重的，当然还是汲引人才的问题。

第一书上呈于正月二十七日，在韩愈第三次吏部考试落选后不久。虽然是在盛气之下执笔写上宰相书，但韩愈还是尽量平心静气地讲道理，以理服人，以情动人。韩愈主要陈述了三方面内容。第一，引经据典，论述国家需要人才，而宰相的责任就在于长育、教育并汲取天下人才；第二，郑重地自荐，公开宣称我韩愈就是国家所需要的人才；第三，宰相的求取人才与人才的自荐求取职位，都是为了国家的利益，“上之于求人，下之于求位，交相求而一其致焉耳”，所以在上者不应刁难在下者，在下者也不应责难在上者。

此类求告的书信，要写得不卑不亢，既不能摇尾乞怜，也不能妄自尊大。过于自卑，使被求告者鄙视于己；过于自大，则又使被求告者心中不悦，不利于求告。韩愈的这次上书，把握住了这个分寸。例如他的自荐，就显得既信心十足，又景况不佳值得同情：

> 今有人生二十八年矣，名不著于农工商贾之版，其业则读书著文歌颂尧舜之道，鸡鸣而起，孜孜焉亦不为利。其所读皆圣人之书，扬墨释老之学无所入于其心。其所著皆约六经之旨而成文，抑邪与正，辨时俗之所惑，居穷守约，亦时有感激怨怼奇怪之辞，以求知于天下。亦不悖于教化，妖淫谀佞诪张之说，无所出于其中。四举于礼部乃

一得，三选于吏部卒无成。九品之位其可望，一亩之宫其可怀。遑遑乎四海无所归，恤恤乎饥不得食，寒不得衣，滨于死而益固，得其所者争笑之。忽将弃其旧而新其图，求老农老圃而为师。悼本志之变化，中夜涕泗交颐……

说到自己当下的读书写作，气势何其雄壮！说到自己的不得志，饥无食，寒无衣，又何其凄凄惶惶！现在连自己也不能坚守本来的志向了，要“求老农老圃而为师”（即返乡为农、做隐居之士了），难道宰相都不肯施以援手、救助一下他吗？

虽然韩愈的上书写得义正词严、情辞恳切，但显然未能打动宰相们。等候了近二十天，宰相府里寂无回音，二月十六日，韩愈上第二书。比起第一书，韩愈的第二书就不是那么从容，一起手就大声疾呼，把自己困窘的形势形容得非常危急：

愈闻之：蹈水火者之求免于人也，不惟其父兄子弟之慈爱，然后呼而望之也，将有介于其侧者，虽其所憎怨，苟不至乎欲其死者，则将大其声疾呼而望其仁之也。彼介于其侧者，闻其声而见其事，不惟其父兄子弟之慈爱，然后往而全之也。虽有所憎怨，苟不至乎欲其死者，则将狂奔尽气，濡手足，焦毛发，救之而不辞也。若是者何哉？其势诚急，而其情诚可悲也。愈……蹈于穷饿之水火，其既危且殛也，大其声而疾呼矣，阁下其亦闻而见之矣，其将往而全之欤？抑将安而不救欤？

清人何焯评韩愈第二书“文势如奔湍激箭”（《义门读书记·昌黎集》），的确如此。读此书而不为之惊悚动容者，其人岂木石之人哉？当时的宰相是赵憬、贾耽和卢迈，从政绩来看，三位宰相固说不上好，但也说不上很坏，但就因为他们对韩愈的上书不闻不问，麻木不仁，三人因此被后世史家视为“庸恶陋劣”之人（见清人储欣《昌黎先生全集录》卷二评语）。

韩愈第三次上书在三月十六日，在第二次上书近一个月之后。第三书的情绪，总的来看，已经从希望、沮丧、急切转而为愤怒和指责，当然，措辞仍旧是含蓄而恭顺的。第三书有一个中心，就是拿古之周公与今之宰相作比。古之周公，为了天下贤才皆为我所用，一食三吐其哺，一沐三握其发（吃一顿饭停下来三次，洗一次头发停三次，去接待来客），而今之宰相，理应向古人学习，“不宜默默而已”，无所作为。第三书最后沉痛地说：

古之士三月不仕则相吊，故出疆必载质。然所以重于自进者，以其于周不可，则去之鲁；于鲁不可，则去之齐；于齐不可，则去之宋，之郑，之秦，之楚也。今天下一君，四海一国，舍乎此则夷狄矣，去父母之邦矣。故士之行道者，不得于朝，则山林而已矣。山林者，士之所独善自养而不忧天下者之所能安也；如有忧天下之心，则不能矣。

韩愈表白自己不愿逃遁山林，因为这是对父母之邦不负责任者的行为；我的一再上书，数次登门，表面上看似乎是急于求官，其实是为了有用于世。韩愈的表白可谓光明磊落。这也是中唐具有忧患意识的士人普遍的心态。盛唐的时候，士人入仕受挫，于是隐于山林，保持个人品性的高洁；到了中唐，国家面临的局面不同了，有作为的年轻人都愿意积极入仕，而不愿意独善其身进入山林。“三上宰相书”在韩愈的“书启”中不算最好的作品，清代曾国藩评论说：“义层出不穷，然究是少年，才思横溢，欠裁炼处，故文气不遒也。”(《求阙斋读书录·韩昌黎集》评语)但流传最广的古文选本《古文观止》将它选了进去，使“三书”几乎成了韩文中家喻户晓的作品之一。《古文观止》为什么将“三书”编入呢？除了“三书”的“文势如奔湍激箭”外，最看重的，是“三书”的“议论正大”(明·茅坤《唐宋八大家文钞》卷二评语)。后世有一些论者因“三书”而批评韩愈躁进、不安于贫困，似乎韩愈仅仅是在为个人的困窘而哀鸣，而忽略了“三书”中人才问题的主旨。韩愈入仕之后，甚至在官位渐高的中晚年，仍然不断地有关于人才问题的议论，他自己也不断地在引荐着身边的寒俭穷困的读书人。在后来的文章中，韩愈渐渐将人才固定为“千里马”这种物象，而将精鉴博采人才的上司官员，相应地固定为“伯乐”这个形象。千里马与伯乐，虽然只是一个譬喻，但现在已成为人人皆知的关于发现人才的理论了。例如他有名的短篇文章《马说》，文章一开头就说：“世有伯乐，然后有千里马。”强调在伯乐与千里马二者中，伯乐更重要。韩愈后来还说过“伯乐一过冀北之野，冀北之马遂空”(《送温处士序》)的话，与《马说》的意思相同。

韩愈上第三书时，已决定放弃考试，离开长安这个伤心之地。时任秘书郎的友人崔立之写信给他，以战国时卞和献玉三刖足(断足)的故事勉励他不要放弃，韩愈在《答崔立之书》中一面表示“仆之玉固未尝献，而足固未尝刖，足下无为我戚戚也”，一面对所谓的博学宏辞试制度的弊端痛加批评。韩愈又说：“然仕进者岂舍此而无门哉!"原来韩愈已经打算好了:回故乡去,一面安心休养身心,一面另觅出路。贞元十一年(795)五月,韩愈"怀书出皇都,衔泪渡清灞"(《县斋有怀》),出潼关,渡黄河。当他在黄河南岸候渡时,看见数人手持鸟笼,笼中是羽毛纯白的鸜鹆鸟。这几个人声称自己是受地方官派遣进京的,要送鸟给当今天子。这几个差人鼻息干虹霓,气势不凡,行道之人尽皆回避,不敢正视。韩愈不由心中伤悲,暗想自己"读书著文,自七岁至今,凡二十二年",一官半职也无,而这两只鸟,只是因为羽毛当黑而白,就被视为祥瑞,荣耀送往京师,于是作《感二鸟赋》以抒怀抱:

> 吾何归乎!吾将既行而后思。诚不足以自存,苟有食其从之。出国门而东骛,触白日之隆景。时反顾以流涕,念西路之羌永。过潼关而作息,窥黄流之奔猛。感二鸟之无知,方蒙恩而入幸。惟进退之殊异,增余怀之耿耿。彼中心之何嘉,徒外饰焉是逞。余生命之湮厄,曾二鸟之不如。汩东西与南北,恒十年而不居。辱饱食其有数,况策名于荐书?

一方面对地方官阿谀邀宠作了揭露,一方面对君王、宰臣重鸟轻贤作了批判。在人、鸟“进退殊异”的叹息声中，韩愈回到了河阳旧居。

4. 汴徐佐戎幕

贞元十一年(795)五月到次年三月，韩愈在旧籍河阳，与妻子卢氏相守，又往来于洛阳。韩愈这一段时间的乡居生活，虽然清贫，却也安静闲适。他钻研“三代两汉之书”，揣摩古文写作，同时思想也开始转向深刻，国家的、时局的、哲学伦理教育等重大问题，都仔细加以思索。韩愈有《复志赋》，写到他在洛阳的幽居生活是“甘潜伏以老死兮，不显著其名誉”。幽居默默，是他的追求，但因为古文及诗歌写作，韩愈的名声渐渐大起来了。贞元十二年(796)三月，董晋以尚书左仆射、同中书门下平章事(即宰相)的身份，被任命为汴州(即今河南开封)刺史兼宣武军节度使(驻汴州)。韩愈的名字为董晋所闻，遂招韩愈为节度府推官(文职官员)，随董晋同赴汴州。

前面说过，唐代自安史乱后，藩镇林立，藩帅(节度使)总揽数州府的军、政大权，有权自行委派幕府属员，然后再上报朝廷确认。有许多获得进士出身而没有谋得官职的士人，多转向藩帅谋出身。韩愈《上宰相书》所说的“仕进者岂舍此而无门哉”，就是指这一条门路。

汴州处中原腹地，自代宗大历以来即多事，兵变屡发。德宗贞元初，先是节度使刘玄佐死，玄佐子士宁不待朝廷任命，自称留后（留守处理军务的简称），迫使朝廷追认他为节度使；士宁荒淫无度，贞元十年被部将刘万荣逐走，朝廷于是以万荣为节度使；士宁旧部不服，反叛无定，万荣诛杀无数，连妻孥亦不放过。不久万荣病，其子迺欲效士宁称留后，为监军俱文珍、部将邓惟恭执送京师杖杀。当时的汴州军民汹汹不安，兵变随时都有可能发生。董晋就是在这样的情况下被任命为节度使的。董晋是文人出身的忠厚长者，他安抚部下，暂时消弭了兵变的危险。韩愈在董晋幕正式的职务是观察推官，职衔（级别）是从九品下，在所谓“流内”官员品级中，为最下一等。

韩愈在董晋幕前后共三年，壮志未申，心情郁郁。其间值得一提的是他与诗人张籍的结识和交往。张籍字文昌，和州（今安徽和县）人，年龄与韩愈相仿佛。张籍先与孟郊相识，孟很赏识张籍，推荐给韩。贞元十四年(798)，张籍自和州抵汴，与韩愈均有相见恨晚之慨。张籍能诗，兼好古文，好古道，也有排斥佛老的倾向，这成为张、韩交谊的最重要思想基础。《唐才子传》(元·辛文房著)"张籍"条,说张"性狷直,多所责讽于愈,愈亦不忌之";以诚相待,不忌小嫌,这是张、韩交谊能保持始终的另一个重要原因。张籍也很佩服韩愈的学问道德,因为对韩愈期待极高,所以对韩愈的一些行为不满。所谓"多所责讽于愈",指的是张籍致韩愈的两封书信。张籍《致韩昌黎第一书》责备韩愈之事有四:一曰"排释老不若著书,嚣嚣多言,徒相为訾"(意思是:排斥佛道二教最好的方式是著书,而韩愈只是与人辩论,不过空发议论而已);二曰"好为驳杂无实之说"(意思是:文章中常有不严肃、开玩笑的地方);三曰"商论之际,或不容人之短,任私尚胜"(意思是:与人论辩,不能容人议论有欠缺之处,喜欢在气势上压倒对方);四曰"为博塞之戏,与人竞财……废弃时日"("博塞"即赌博)。韩愈在《答张籍书》中一一做了回答。关于三、四两点,韩愈承认是自己不对,表示"当思而悔之";关于为文好"驳杂无实之说",韩愈说"此吾所以为戏耳",并未完全接受,愿与张籍再辩论;关于"排释老不若著书",韩愈说"化当世,莫若口,传来世,莫若书,又惧吾力之未至也。三十而立,四十而不惑;吾与圣人,既过之犹惧不及,矧今未至?固有所未至耳。请待五、六十,然后为之,冀其少过也"。这段话的意思是，要教化当代人，以口头宣讲为好；传于将来，以著书为好，但恐怕我的能力不够。我的年龄超过了三十，但还未至四十，与圣人（孔、孟）相比较，年龄超过了他们，犹恐有所不及，何况今天还不到圣人的年龄呢！等到我五六十岁再说著书的事儿吧，这样可以少出错误。韩愈借口年龄未至，理由并不充分，所以张籍有第二书，韩愈再有答书，仍旧坚持原先的观点。但张籍对韩愈的期许和推重，显然大大激发了韩愈以反佛老为己任的信心，在《重答张籍书》中郑重宣称，反佛"非我其谁哉！"（除了我还有谁呢！）反映韩愈儒学基本主张的《原道》等五篇著作，就是在韩、张辩论两三年后写出来的。

贞元十五年（799）二月，董晋病死，汴州兵乱旋即再次发生。乱兵杀行军司马兼留后陆长源，韩愈的几位幕府同事也死于乱军中。韩愈因奉命护送董晋灵柩返乡（董晋是山西人），提前离开了汴州，侥幸逃脱一死。此年（799）秋，惊魂未定的韩愈再被徐州刺史兼徐泗濠节度使（驻徐州，今属江苏）张建封聘为节度推官。张建封是文士出身，却沾染了许多武将的习气，如好骑马、射猎、击球（一种类似今天马球的运动）等，对待使府的文职幕吏，颇为严苛，有"晨入夜归"（清晨入府值勤，夜晚才能归家）的强行规定，引起韩愈的不满和抵制，于是上书张建封，说事情办完了就可以走，没有必要一定要待到晚上。总之，韩愈在徐州，心情极不愉快，有《忽忽》一诗：

忽忽余未知生之为乐也，愿脱去而无因。

安得长翮大翼如云生我身，乘风振奋出六合、绝浮沉？

死生哀乐两相弃，是非得失付闲人。

贞元十六年（800）五月初，韩愈不告而别离开徐州，沿水路东至下邳（今江苏邳县），再由下邳西行至洛阳。韩愈为什么离开徐州？又为什么不直接西去到洛阳而要绕道下邳？这些均与徐州即将发生的兵乱有关。原来，在韩愈离开徐州之前，张建封因病，上疏朝廷请派遣继任者，朝廷派苏州刺史韦夏卿来代。韦夏卿还未赶到徐州，张建封就死了，徐州遂失控，判官郑通诚，引浙西兵来援，拒韦夏卿入城；张建封之子张愔亦请求朝廷旌节，欲父职子代，先为留后，再为节使。韩愈看出了野心家的作为，借口到下邳访友，预先离开。韩愈离开徐州后三日，建封死；再二日，徐州乱。乱兵杀郑通诚及大将数人，械系（捆绑）监军，韩愈侥幸又逃脱一次性命的危胁。

从洛阳入汴，又由汴入徐，四年之间，韩愈两入军幕，两次经历兵乱，身家性命几乎不保。将悍则不听命于朝廷，兵骄则不听命于将帅，中唐之际的藩镇之祸，给韩愈留下了深刻的印象，对他此后的处世行事政治作为以巨大影响。这对韩愈来讲，也是不幸中之大幸。还有一件事是值得他欣慰的。即他在贞元十五年秋冬之际完成了“五原”(《原道》《原性》《原毁》《原人》《原鬼》)的写作，奠定了他在儒学上的坚实基础，连带也奠定了他在古文写作领域的领导地位，声名大振，广为天下人所知。

贞元十七年(801)秋冬之季，韩愈得授四门博士之职。

5. 长安初为官

四门博士为四门学的学官。四门学与国子学、太学、律学、书学、算学都隶属国子监，称为“六学”。六学之中，国子学地位最高，其次是太学，再次是四门学。韩愈对四门博士的职务是不满意的，因为这与他“以救世为事”的理想差距太大；但韩愈对自己分内的工作却是克尽厥职、竭力尽心的。这之间有矛盾处，也有统一处。由于韩愈写作古文，倡言古道，慕名登门请教的年轻人很多。对来访者，他有问必答，循循善诱；对来函者，他必有答复，将自己关于古文写作、文道关系的看法告诉他们，尤其劝诫青年学子首先要重视个人道德品质的培养。登门问学者，多数是晚辈，少数人则可能年长于他，韩愈认为“生乎吾前，其闻道也，固先乎吾，吾从而师之；生乎吾后，其闻道也，亦先乎吾，吾从而师之”(《师说》)，无论年幼年长，他一律不回避师、弟子的名分。当时师道大坏，一般人耻于求师，耻于以弟子自居。学者又往往以孟子“人之患在好为人师”为戒，不肯轻易为人师。独韩愈“奋不顾流俗，犯笑侮，收召后学……抗颜为人师”(柳宗元《答韦中立论师道书》语)，在京师士人间引起极大震动。一些人先是惊讶不解，继则相聚而骂，“指目牵引，而增与为言辞”，视韩愈为狂人。韩愈在“群怪聚骂”声中，深感有必要整顿一下为师、为弟子之道，排除陋习，当一名好古文的十七岁青年李蟠不拘于时、坚持执弟子礼向他请教之际，他写了《师说》赠与他，公开自己的观点，向当时的错误看法挑战。

韩愈对四门博士的不满，主要原因是博士官卑职小，收入微薄，而自己家累太重，生计显得十分艰难。

韩愈在徐州时，“家累仅三十口”(《与李翱书》)，包括了兄长韩会、韩介两家的遗属和从兄韩弇的遗属。将一大家人口带到米珠薪桂的长安，韩愈的家计就显得十分窘迫。他有《苦寒》诗，诗中间一段写自己和一家人当隆冬之际如处冰窖的生活：

肌肤生鳞甲，衣被如刀镰。
气寒鼻莫嗅，血冻指不拈。
浊醪沸入喉，口角如衔箝。
将持匕箸食，触指如排签。
侵炉不觉暖，炽炭屡已添。
探汤无所益，何况纩与缣？

这首诗带了一些孟郊的诗风，下字狠猛，过分夸张。但从中可以看出韩愈在长安生活的困窘。不过这首诗并非专在形容个人的苦寒，诗的开首和末尾，韩愈都把冬季酷寒与政局的开明、宰相的贤能联系起来。韩愈对时局忧心忡忡不是没有原因的。当德宗贞元之末，政局愈来愈坏，败坏的政局也正在酝酿着变化，韩愈的命运也随着时局的变化发生了骤变。

贞元十九年(803)秋冬之季，韩愈博士任满，改任监察御史。就任新职之前，韩愈请假回河阳接取家眷，途中曾攀登华山。唐人李肇《国史补》有一段记载：

> 韩愈好奇，与客登华山绝峰，度不可返，乃作遗书，发狂恸哭。华阴令百计取之，乃下。

华山之险为天下之最。登山容易下山难，何况唐代华山登山道路远无现在宽敞安全。但《国史补》所载，属小说家言，不足信。不过，华山苍龙岭中段今仍有“韩退之投书处”遗迹，也算是一段“佳话”吧。

韩愈所任的新职监察御史，与侍御史、殿中侍御史合称“三院御史”，隶属于御史台。御史台是中央的监察机关，其主要职责是“监察百官”，为皇帝的“耳目之司”。职务的升迁使韩愈困窘的家计得以缓解，尤其令韩愈高兴的是，刘禹锡与柳宗元也分别由渭南主簿、蓝田县尉调入御史台为监察御史，成为自己的“同官”。刘、柳稍年轻于韩愈，中进士晚韩愈一年。二人才识明敏，诗文俱佳，为韩愈所激赏，自此以后，成为韩愈交游中最重要的两个人物。御史台同僚中还有一位从武功县尉调入的张署，“方质有气，形貌魁硕”（《张署墓志铭》），亦与韩愈交好。

德宗晚年，政局发生了一些变化。一是德宗不再信任宰相，所倚信者，不过几个宠臣而已。这一点，韩愈有准确而敏锐的感受。他的《苦寒》诗开头说："隆冬夺春序，颛顼固不廉。太昊弛维纲，畏避但守谦"；诗末又说"褰旒去耳纩，调和进梅盐。贤能日登御，黜彼傲与憸"，所指就是这种情况。他指责造成冬、春节令紊乱的原因是颛顼（冬季之帝）的专横和太昊（春季之帝）的谦让失职，谦让失职的"太昊"暗指当朝宰相，专横的"颛顼"则指德宗近年宠信的两位佞臣，即"傲与憸"（傲慢而奸佞）的李实和韦执谊。李实是唐宗室，贞元十九年前为司农卿，因德宗的爱信，十九年三月擢为京兆尹（京城长安的最高行政长官），恃宠强愎，为政猛暴。韦执谊出身长安韦氏巨姓，少年得志，二十多岁即为翰林学士，能言善辩，深得德宗宠信。还有一种政局的变化，韩愈可能也有所预料，那就是朝中"太子党"的暗暗形成。当时的德宗已经年逾六十，太子李诵（即位后为顺宗）身边渐渐形成了一个集团，主要的人物是王叔文、王伾。王叔文以棋艺待诏翰林（陪皇帝下棋）并侍奉太子，王伾以书法待诏翰林并侍奉太子。"二王"对德宗晚年的政局有清醒的认识，他们只等老皇帝晏驾、太子登基，就要开始他们的"新政"。"二王"在人员上也做了足够的准备，他们先结交韦执谊，又通过韦执谊秘密结交了许多朝中年轻有为之士，如柳宗元、刘禹锡、吕温、韩泰、韩晔等。韩愈与两方面（“王韦”一方，李实一方）都没有关系，但他的政治命运与这两方面又密切关联着。

贞元十九年冬，因为“自正月不雨至于七月”，而“秋又旱霜，田种所收，十不存一”（《御史台上论天旱人饥状》），京师长安及关内各县面临着巨大的饥馑灾难。因为关内饥馑，本年的吏部和礼部考试都停止了。朝廷诏令，贷给京畿农民麦种，并按例免除今年租赋。但是，京兆尹兼司农卿李实却置京畿饥馑不顾，务征求以充进奉，并向德宗谎称“今岁虽旱而禾苗甚美”，租税皆可不免。李实还严令京兆府所属各县官吏差役加紧催交，逼索之急，与虎狼无异。农民剜肉补疮，拆屋卖树，有的甚至弃子逐妻，以求口食。数年后，韩愈曾在《赴江陵途中寄赠翰林三学士》诗中回忆他所目睹的长安饿殍遍地、弃子卖男种种凄惨之状：

是年京师旱，田亩少所收。
上怜民无食，征赋半已休。
有司恤经费，未免烦征求。
富者既云急，贫者固已流。
传闻闾里间，赤子弃渠沟。
持男易斗粟，掉臂莫肯酬。

我时出衢路，饿者何其稠？
亲逢道边死，伫立久咿嚘。
归舍不能食，有如鱼中钩。
适会除御史，诚当得言秋。
拜疏移阁门，为忠宁自谋？
……

“归舍不能食，有如鱼中钩”二句形象地说明了韩愈目睹惨相之后由强烈的同情心激起的义愤填膺之状。出于义愤和同情心，贞元十九年十一月三十日，韩愈不顾当时正是京兆尹李实气焰甚盛的时候，也不顾自己上任未久、立足未稳，与同僚张署联名向德宗皇帝上《御史台上论天旱人饥状》。《状》中详述京师百姓“弃子逐妻以求口食，拆屋伐树以纳税钱”之状，认为近来“瑞雪频降，来年必丰”，建议德宗下令让京兆府停止征收今年税钱及草粟等，待到来年蚕麦丰收，再予以补缴。《状》的矛头直指炙手可热的京兆尹李实。韩愈疏上，最初的反映良好，宰相杜佑以为情况属实，今年停征、待明年麦熟后再征的设想也很有道理，皇帝（德宗）也同意了。但最终的结果却是“乃反迁炎洲”，贬官到三千里之外的连州阳山（今属广东）去！这就大大出乎韩愈的意料了。韩愈感到其中大有蹊跷之处。他怀疑上疏弹劾李实并非自己遭贬的直接原因,也可能不是李实打击并迫害了他。那么是谁呢?诗中说:"同官尽才俊,偏善柳与刘。或虑语言泄,传之落冤仇。二子不宜尔,将疑还断不。"(《赴江陵途中寄赠翰林三学士》)韩愈怀疑是柳(宗元)、刘(禹锡)"泄"了他的"语言",落了冤仇。"冤仇"指"二王"、韦。"落"有两个含义,一是"传到",二是"成了",原本不是冤仇,有不好的"语言"传了过去,就成了冤仇。"二王"、韦联手之后,很忌讳朝中不附会他们的官员,也很想在正式登上政治舞台前一试身手。韩愈平时可能有不满"二王"、韦的言论,被刘、柳传到他们那里,他们视韩愈为"冤仇",于是借上疏将他远贬了事。韩愈的疑虑有其理由,但是他又觉得刘、柳不是拿朋友去邀宠的人,旋即自己又否定了。虽然如此,因御史台上疏一事,给韩愈与刘、柳的关系蒙上了一层阴影,一直到他们晚年才逐渐消除了这个误会。

韩愈贬阳山令,与韩愈联名上疏的张署贬临武(今属湖南)令。贬官的命令一下,即刻上路,连安顿妻小、告别家人的机会都没有:"中使临门遣,顷刻不得留。病妹卧床褥,分知隔明幽。悲涕乞就别,百请不颔头。弱妻抱稚子,出拜忘惭羞。僶俛不回顾,行行诣连

州。”(《赴江陵途中寄赠翰林三学士》)韩、张二人同时登程。告别长安友人时,韩愈有《利剑》一诗,书写自己愤慨难抑的心情:

利剑光耿耿,佩之使我无邪心。
故人念我寡徒侣,持用赠我比知音。
我心如冰剑如雪。
不能刺谗夫,使我心腐剑锋折。
决云中断开青天,噫!剑与我俱变化归黄泉!

韩愈的友人如孟郊、张籍和李翱当时都在长安,剑就是他们相赠防身的,韩愈借利剑发泄心中的悲愤。“不能刺谗夫”,是说谗夫是躲在暗中的,客观上有,但却不知是哪一个,所以“使我心腐剑锋折”。

韩、张登程时,正值隆冬,大雪纷飞。他们出长安东门,经蓝田入商山,开始了漫长贬途的跋涉。贞元二十年(804)春,韩、张二人经过六十余日的跋涉,到达张署的贬所临武,韩、张分手。韩愈继续南行,到达自己的贬所阳山。

三、宦海沉与浮

1. 再为博士职

韩愈在《送区册序》中这样描写阳山：

阳山，天下之穷处也，陆有丘陵之险，虎豹之虞；江流悍急，横波之石，廉利侔剑戟。舟上下失势，破碎沦溺者往往有之。县郭无居民，官无丞、尉，夹江荒茅篁竹之间。小吏十余家，皆鸟言夷面。始至，言语不通，画地为字，然后可告以租赋，奉期约。

唐时，岭南一带欠开发，经济和文化都不发达。阳山尤其显得蛮荒和落后。语言不通，政令不行，周围少亲无故，使韩愈在阳山生活郁闷，百般无聊。唯一给他带来安慰的，是从岭南各地前来向他求教的青年学子。韩愈《县斋读书》诗中说："诗成有共赋，酒熟无孤斟。"说明他身边总是少不了学生。区册就是一位。韩愈后来调回长安，区册还一直追随着。因为区册家中有老母弱妻，韩愈劝他回去，写这篇序文送他。在阳山，韩愈为当地的老百姓做了许多好事，《新唐书·韩愈传》说他"有爱在民，民生子多以其姓字之"。这是个有趣的文化现象，直到近现代，中国人名字叫"慕韩"、"学韩"、"景韩"的人仍旧很多。

贞元二十一年(805)正月，德宗死，太子李诵即位，是为顺宗。顺宗大赦天下，但因为王叔文、韦执谊等"新贵"执政，韩愈只能"量移"(旧时官员远贬，酌情调近处称"量移")为江陵府(今属湖北)法曹参军。朝廷的政局在一年内不断发生着巨变：顺宗即位时，已患有中风不语之症，皇帝旨意，全凭一二宦官和妃子传达，朝中大臣恐惧，请求由太子(李纯)监国。"二王"、韦虽然极力反对太子监国，但大势所趋，不得不同意。贞元二十一年七月太子监国，八月，顺宗逊位，称太上皇，太子即位，是为宪宗。宪宗即位之初，即拿"二王"、韦开刀，贬"二王"、韦，连同当初与他们结成"党人"的刘禹锡、柳宗元、吕温、韩泰、韩晔等一起远贬，史称"二王八司马"。至此,韩愈返回长安的障碍已经扫除,元和元年(806)五月,韩愈得到国子博士的新任命,回到阔别两年有余的长安。

国子博士的职位高于四门博士。学官是冷板凳,并不是韩愈愿意做的官。但结束了多年的流离生活,韩愈仍感欣慰。又恰逢诗友孟郊、张籍、张彻等都在长安,故友重逢,感叹唏嘘之余,大家都欣喜庆贺,于是四人乃为《会合联句》诗。张籍首唱一联:"离别言无期,会合意弥重。"离别之际,人事仓皇,远窜阳山,此后能否相见,无法预期,所以重逢显得格外情意深重。韩愈续一联:"病添儿女恋,老丧丈夫勇。"惊魂初定,深感经历的多灾多难,无法驾驭自己的人生。回到长安,只觉得儿女可爱,回想当初,做事未免太孟浪,不加考虑。这当然是韩愈的反话。孟郊宕开张、韩的伤感,加上稍带欣喜的一联:"剑心知未死,诗思犹孤耸。""剑心",就是雄心猛气,这是最了解韩愈的知己话;"诗思"则是孟郊诗人本色,韩愈的归来使他有了创作上旗鼓相当的对手。张彻一联:"愁去剧箭飞,欢来若泉涌。"这句是对韩愈坎坷历尽、归来故友重逢的最贴切形容。

然而韩愈这种欣喜、宽慰的心情并没有维持多久,很快就又被无端地卷入一场是非漩涡之中。李翱《韩公行状》提及此次是非说："宰相有爱公文者，将以文学职处公，有争先者，构公语以非之。公恐及难，遂求分司东都。"宰相是郑絪，所谓"文学职"可能指翰林学士、史馆修撰或中书舍人之类的官职，都是文士出身者很羡慕、以为很荣耀的职位。关于"构公语以非之"，就是捏造韩愈的话来诽谤宰相。关于这一段是非，韩愈在《释言》一文中有详细说明。大意是：宰相召见韩愈，要韩愈誊写他的诗文拿来看一看。韩愈抄录了自己的诗文呈上，有人捏造韩愈的话说："相国要看我的文章，我不得不给他看；但相国岂能读懂我的文章！"韩愈说，自己在长安少亲寡友，无强有力的势力，又不是患了狂惑丧心之病的人，怎么敢说这样的狂妄话呢！所以尽管有谗言，他无须忧惧，相信宰相也不会受谗言之惑。表面上，韩愈心怀坦然，实际上心中还是懔懔然，既惧且怕。官场上不可预期的事太多了，为什么朝思暮想的长安，到处都布满了陷阱，而中伤造谣者又何其多也？《秋怀诗》十一首，就是他此期凛凛然心情的反映：

霜风侵梧桐，众叶著树干。
空阶一片下，琤若摧琅玕。

谓是夜气灭，望舒殒其团。
青冥无所依，飞辙危难安。
惊起出户视，倚楹久汍澜。
忧愁费晷景，日月如跳丸。
迷复不计远，为君驻尘鞍。

——《秋怀》其九

暮暗来客去，群嚣各收声。
悠悠偃宵寂，亹亹抱秋明。
世累忽进虑，外忧遂侵诚。
强怀张不满，弱念缺已盈。
诘屈避语阱，冥茫触心兵。
败虞千金弃，得比寸草荣。
知耻足为勇，晏然谁汝令？

——《秋怀》其十

整个一场谗言，就是“世累”和“外忧”。风波的兴起，源于韩愈以文章知名于时。韩愈在贬黜阳山的时候，曾经深深自责，写《五箴》，告诫自己以后“勿病无闻”（不要抱怨没有名声），不要“矜汝文章，负汝语言”（夸耀自己的文章，自负自己的语言），以此来“诘屈避语阱”。但是，尽管自己小心翼翼，还是成了造谣中伤者的对象。不知道将会有什么祸患降临到自己头上，内心惊恐不能自已，夜深人静，一片落叶的微小声音，竟然造成“琤若摧琅玕”那样的巨大震动。仰视夜空，缺月高悬，“青冥无所依，飞辙危难安”，正是他四面受敌、无所倚依心理的反映。但是，韩愈终究还是想通了，“败虞千金弃，得比寸草荣”：失败于造谣中伤者，如抛弃了千金一样，千金既不为自己看重，那么所失也就很小；战胜了造谣中伤者，所得不过如寸草一般，蜗角之争，有什么价值？所谓“文学之职”不值得贪恋，甚至长安也不值得留恋。韩愈将此事想得通透，也就毫不以谗言为意。

不料谗言竟愈来愈严重。有人告诉韩愈：“有谗子于翰林舍人李公与裴公者。”(《释言》)“李公”指李吉甫，“裴公”指裴垍，元和初皆以翰林学士转中书舍人，李吉甫不久又由中书舍人拜平章事(宰相)，成为当时很受宪宗亲用、炙手可热的人物。谗言的制造者很了解内情，堵住了郑絪的门路，再堵住李吉甫、裴垍的门路，就彻底塞住了韩愈的仕进之途。韩愈有四言诗《剥啄行》诗纪其事：

剥剥啄啄，有客至门。
我不出应，客去而嗔。
从者语我：子胡为然？

我不厌客，困于语言。
欲不出纳，以堙其源。
……
从者语我：嗟子诚难！
子虽云尔，其口益蕃。
我为子谋，有万其全。
凡今之人，急名与官，
子不引去，与为波澜。
虽不开口，虽不开关，
变化咀嚼，有鬼有神。
今去不勇，其如后艰？
我谢再拜：汝无复云；
往追不及，来不有年。

清人方世举解释这首诗说："此客即《释言》所云以谗言告公者也。告者即谗者之党，所以悚公使去耳。公淡然以应，则客怫然以愠矣。托从者之言，所以决其请去之志也。"（《韩昌黎诗编年笺注》评语）制造谗言的人极有心计，不逼走韩愈不会罢休！韩愈感到自己"不开口，不开关"已不能解决问题，于是下定决心：离开长安！离开这个是非之地！他请求"分司东都"，即到东都洛阳的国子监（相当于京都大学的洛阳分校）去做太学博士，获得上司批准。元和二年(807)六月，韩愈在返回长安一年之后，离开长安，转赴东都。

2. 四年东都官

高宗、武后长居于洛阳，长安百司官署皆随皇帝东迁。玄宗以后，诸帝定居长安，但东都的职官，依然存而不废，由东都留守总领其事。从元和二年六月到元和六年秋，韩愈在洛阳为官：先为国子博士，两年后改官都官员外郎，一年后再改官河南令。数年间，韩愈"惹"来的是非不断，有三件事值得一述。

第一件，任都官员外郎时与宦官发生激烈纠纷。韩愈任都官员外郎，兼管祠部。祠部主管祭祀，佛寺、道观及僧尼道士之事，也在管理范围之内。对僧尼道士的管理事务，主要有两项：一是僧尼道士的"入籍"，即人数的补充增加；二是所谓功役，即寺观的增置或减少。第一项尤为重要。唐朝历代皇帝，虽然崇尚佛老，屡屡大兴佛寺道观。但即使是最崇尚佛老的帝王，出于对国家经济、军事和人口繁衍的考虑，对天下僧尼道士的人数，也有严格的限制，不能过分膨胀。到德宗、宪宗朝，两京置"功德使"，有僧尼道士的管理权。元和年间，大功德使是宦官头目吐突承璀，吐突承璀派往东都的宦官，肆意扩张僧尼道士人数，其间又有种种贪贿违法之事。韩愈严格按照《六典》(唐玄宗御撰，是关于唐朝典章制度的政书)的规定，置功德使于不顾，将宦官超员批准剃度的僧尼，“尽索之以归”，命其还俗，并“诛其无良，时其出入，禁哗众”(皇甫湜《韩文公神道碑》)，即诛杀其中借佛事行违法犯罪活动的不良之徒，规定僧尼出入时间，不得随意招摇过市。

韩愈的做法大大激怒了猖狂成性的宦官，他们恶言相向，到东都留守郑余庆处告状。韩愈则义正词严予以驳斥，双方公牒往来，相持不下。韩愈不向宦官妥协，他认为：既判祠部，就必须过问僧尼之事，否则，就请郑余庆准他改判其他部门。其倔强的态度在《东都遇春》中有所反映：

少年气真狂，有意与春竞。
行逢二三月，九州花相映。
川原晓服鲜，桃李晨妆靓。
乘荒不知疲，醉死岂辞病？
饮啖唯所便，文章倚豪横。

在与宦官的斗争中毫不为意，该吃就吃，该喝就喝，诗歌文章照写，且风格“豪横”。不久，韩愈改官河南(辖洛阳、河南两县,治所设在洛阳城内)令。这可能是郑余庆息事宁人的一种处理。

河南令期间,韩愈的对头是不法军人。这些不法军人的组成很复杂:有真的军人,有在藩镇将帅洛阳府邸中潜匿的“罪士”(逃亡藏匿的犯人),还有“坐坊市卖饼、又称军人”的假冒军人。韩愈以为“此必奸人以钱财贿将吏、盗相公文牒、窃注名姓于军籍中”(《上留守郑相公启》),这些假冒“军人”,实际上是市井无赖,他们平常坐在坊市卖饼,花钱买通将吏,从留守府里买来一张假文牒,必要时则冒充军人,横行街坊,欺压良善,不把府县的官员放在眼里。韩愈对这些不法军人以及藏匿在藩帅私邸的“潜卒罪士”,早就怀着绳之以法的决心,他借故自己的朋友、诗人卢仝的家眷和妹妹遭到这些“军人”的骚扰凌辱,将他们捉来讯问,打了一顿棍子(见《寄卢仝》诗)。不法军人群起诉冤于留守郑余庆,郑慑于军人威胁,袒护军人,甚至颠倒黑白,“追捕所告受辱骂者”。韩愈怒而上《上留守郑相公启》,据理以争,末尾说:

……愈无适时才用,渐不喜为吏,得一事为名,可自罢去,不啻如弃涕唾,无一分顾藉心。顾失大君子纤介意如丘山重,守官去官,惟今日指挥。

态度极为倔强，罢去一官"如弃涕唾"（吐一口痰），也是绝妙比喻，近代人林纾（琴南）称为"真慷爽好男子语"（《韩柳文研究法·韩文研究法》）。

第三件事，是韩愈与青年诗人李贺的交往。李贺是唐宗室后裔，但家世已经没落，家住福昌（今河南宜阳）昌谷。李贺元和二、三年在洛阳与韩愈相识，时李贺十七八岁。据说韩愈与友人皇甫湜见到李贺的诗，认为极有诗才，于是前去拜访，想不到李贺很年轻，不大相信，李贺当场作《高轩过》诗，出口成章，果然才华出众，韩、皇甫大加爱赏，韩遂劝贺应进士试。元和五年秋，韩愈主持河南府府试，李贺高中。李贺才高名大，极有希望进京考中。与李贺争名者，遂制造舆论，说李贺父名晋肃，与"进士"音近，子避父名讳，贺不应当应进士试。在忌妒之风甚嚣尘上的时候，连李贺自己也犹豫起来了。韩愈作《讳辩》，为李贺辩护。《讳辩》首先点明制造舆论者的心理根源在于"争名"而"毁"（毁谤），是忌妒心理在作怪。然后重点论析所谓讳名之律。韩愈认为，根据《律》，嫌名（与父名音近）、二名（其中一个字相同，称作"单犯"）皆不算犯讳，贺父名晋肃，而贺举进士，既属嫌名，又是单犯，自然不算犯讳。文中列举周公、孔子、曾子等圣贤皆不以嫌名、二名犯讳作为例证，文末，韩愈厉声谴责那些舆论的制造者：

凡事父母，得如曾子，可以无讥矣；作人得如周公、孔子，亦可以止矣。今世之士，不务行曾参、周公、孔子之行，而讳亲之名，则务胜于曾参、周公、孔子，亦见其惑也！

对弥漫于社会上的以种种似是而非的理由来抹杀人才的行为和风气，表现了极大的愤慨。这种愤慨，不只是为了李贺，其间也杂有个人的感情色彩。可惜的是，韩愈虽然做了如此有力的辩护，而懦弱的李贺终究未能突破舆论而去应礼部进士试。李贺终生郁郁不得志，活了二十七岁就短命而死，很可能与遭遇此番挫折有关。

元和六年(811)秋，韩愈改任职方员外郎，奉调回京。想到自己在洛阳四年，与宦官斗，与不法军人斗，与社会舆论斗，惹得上司不快，保守势力忌恨，未尝不使他感到仕途如布满荆棘的崎岖小路。进入潼关，坐下老马突然长鸣一声。韩愈又想到，自己不正如这匹老马吗？无故妄鸣，惹是生非，不禁吟出《入关咏马》

七绝一首：

岁老岂能充上驷，力微当自慎前程。

不知何故翻骧首，牵过关门妄一鸣。

3. 三为博士职——韩愈与"古文运动"

职方司属尚书省兵部，"掌天下之地图及城隍镇戍烽堠之数，辨其邦国都鄙之远迩及四夷之归化者"(《唐六典·兵部尚书》)，是一个与军事关系密切的朝官。作为书生的韩愈对军事比较陌生，这一段经历弥补了他此方面的不足。但职方员外郎的差事毕竟清闲而且远离朝廷大事，所以韩愈长有牢骚话："我今进退几时决？十年蠢蠢随朝行。家请官供不报答，无异雀鼠偷太仓。行抽手版付丞相，不待弹劾还耕桑。"不久，韩愈因他事降职为国子博士。这已经是韩愈第三次担任国子监教职了。

韩愈对宰相的处理不公大为不满，屡屡在诗文中对宰相有委婉的讽刺，如《进学解》，就是很有名的一篇。《进学解》当然是在向秉政者发牢骚、泄私愤，但牢骚和私愤都巧妙地掩映遮蔽在自责的云雾里，既获得了被讽刺者的理解和同情，又显示出自己超异的文学才能。晚唐人孙樵将此文喻之为"鸾凤之音""雷霆之声”，如“龙章虎皮”“日月五星”(《与王霖秀才书》)；明代的茅坤谓此文是“韩公正正之旗，堂堂之阵”(《唐宋八大家文钞·昌黎文钞》)。新旧《唐书·韩愈传》都录入此文。《旧唐书》本传说“执政者览其文而怜之，以其有史才，改比部郎中、史馆修撰。”当时的宰相是权德舆、李吉甫和李绛。李绛是韩愈的进士同年，权德舆死后墓碑出于韩愈之手，韩愈讥刺的对象可能是李吉甫。难得李吉甫并不怪罪韩愈，还同意升了韩愈的官职。

其实《进学解》显示的文化意义不仅于此。它还证明了韩愈终生为之努力奋斗的“古文”写作取得了很大成功。

“古文”的得名，相对于“时文”而言。“时文”的意思就是当时流行的文体，即骈文。“古文”就是先秦诸子、司马迁班固扬雄等写文章的形式，其义接近于我们现在所说的散文。魏晋以后，音韵之说(四声平仄等)起，散文渐渐趋向整饬，成为讲究音韵对称的骈文，即柳宗元所说的“骈四俪六，锦心绣口(《乞巧文》)”。两晋南北朝时期，文章几乎一律骈化，直到初、盛唐，并无多大变化，先秦两汉兴旺发达的古文，居然萎靡不振。

骈文的发展壮大，按韩愈的理解，与佛教、玄学（即老庄之学）同步，形式华丽，内容淆乱，思想上违背了圣贤的思想，形式上也有悖于先哲的著作。韩愈从幼年读书学习起即有志于振兴古文、反对骈文。他首先从思想上反对骈文。他说："愈之为古文，岂独取其句读不类于今者耶？思古人而不得见，学古道则欲兼通其辞。通其辞者，本志乎古道也。"（《题欧阳生哀辞后》）这是韩愈古文理论最重要的一点。他不断以此作为自己努力的方向：

> 虽然，不可以不养也。行之乎仁义之途，游之乎《诗》《书》之源，无迷其途，无绝其源，终吾身而已矣。气，水也；言，浮物也。水大而物之浮者大小皆浮。气之与言犹是也。气盛，则言之短长与声之高下者皆宜。
>
> ——《答李翊书》

还屡屡以此教育年轻人：

> 蕲至于古之立言者，则无望其速成，无诱于势利；养其根而俟其实，加其膏而希其光。根之茂者其实遂，膏之沃者其光晔。仁义之人，其言蔼如。
>
> ——《答李翊书》

韩愈的议论儒道、排斥佛老的文章，都是他这种思想的贯彻。他宣言孔孟之道不遗余力，排斥佛老亦不遗余力，在当时就有当代孟子之称。应该说，这仅仅是哲学和文学层面的意义。韩愈的倡古道、倡古文、反佛老，还与当时地方(藩镇)强、中央弱的政治、军事形势有关。他在哲学上定儒家为一尊，文章上定古文为一尊，就是他在政治、军事上定中央为一尊思想的反映。

与思想上宣扬孔孟相辅相成的，是韩愈古文理论的另一个重要主张："不平则鸣"。见于他的《送孟东野序》：

> 大凡物不得其平则鸣。草木之无声，风挠之鸣；水之无声，风荡之鸣。其跃也或激之，其趋也或梗之，其沸也或炙之。金石之无声，或击之鸣。人之于言也亦然，有不得已而后言。其歌也有思，其哭也有怀，凡出乎口而为声者，其皆有弗平者乎！

如果没有"不平则鸣"的古文主张，则韩愈不过一个儒者而已。有了这一条，他就上升为社会批判家了。凡是中唐时代诸多政治问题、社会问题以及人伦道德问题，他都有所参与、有所揭露批判。尤其是贤者不得其志、人才不得其用的问题，更是韩愈屡屡关心的。这就使韩愈的文章有感情，有爱憎，尤其是那些替下层知识分子鸣不平的文章，表现人间至爱真情的文章，真正是歌哭有怀，读起来使人“于我心有戚戚焉”，能产生强烈的共鸣。

不仅如此，韩愈对古文写作，如琢如磨，如切如磋，花费了极大的、难以想象的精力。他在《答李翊书》中自道其艰苦说：

> 始者，非三代、两汉之书不敢观，非圣人之志不敢存，处若忘，行若遗，俨乎其若思，茫乎其若迷。当其取于心而注于手也，惟陈言之务去，戛戛乎其难哉！其观于人，不知其非笑之为非笑也。如是者亦有年，犹不改，然后识古书之正伪，与虽正而不至焉者，昭昭然白黑分矣，而务去之，乃徐有得也。当其取于心而注于手也，汩汩然来矣。其观于人也，笑之则以为喜，誉之则以为忧，以其犹有人之说者存也。如是者亦有年，然后浩乎其沛然矣。吾又惧其杂也，迎而距之，平心而察之，其皆醇也，然后肆焉。

其中所说的“陈言务去”可以说是韩愈古文写作的第三

个重要理论。"陈言"就是前人已经用过、不再新鲜的语言，韩愈立志要自己独创新语，使自己的语言给人以焕然一新的感觉。平日里我们都知道韩愈是"语言大师"，然而韩愈对祖国语言的贡献究竟有多大，与其他被称为"语言大师"的人物相比，韩愈究竟处在什么位置，恐怕又不甚了然。有人曾对我们现在使用的成语（即源自古典文献或古典文学著作、经历史长河汰洗保留下来的结构定型、意义完整的固定词组）做过一项专门统计，结果如下：

> 源自《诗经》的约有120条，源自《论语》的有120条，源自《庄子》的约有150条，源自《孟子》的有130条，源自《史记》的约有250条，源自韩愈诗文的约有150条，源自苏轼诗文的约有80条，源自《红楼梦》的有90条。（详见何法周《韩愈新论·韩愈语言创造的一项丰硕成果》，河南大学出版社1988年版）

一位语言大师对语言的贡献，不仅仅表现在他所使用的语汇经后世不断使用最终凝固成为成语，但这无疑是一个考量标尺。《史记》博采汉代以前大量典籍，兼司马迁卓异超人的个人才华，使《史记》在语言上取得巨大成就，后来者无出其右。《史记》以下，就是《庄子》和韩愈诗文了。在创造新的语汇方面，韩愈的《进学解》，可以作为一个最好的例证。下面将要做详细分析，此处暂从略。

中唐时期发生了两个文学"运动"，一个是以白居易、元稹为首的"新乐府运动"，一个是以韩愈、柳宗元为首的"古文运动"。前者偏重于诗歌对社会现实的反映，后者偏重于文体的改革，都取得了很大的成功。韩门弟子中，向韩愈学习写作古文的，有张籍、李翱、樊宗师、皇甫湜等，然而古文运动最终的成功，实有赖于柳宗元的参加以及他对韩愈的辅翼。唐宪宗元和(806)时期，柳宗元长期处在贬地永州(今湖南零陵)、柳州(今属广西)，但他始终支持韩愈的古文写作，并以他的写作实践极大地丰富了古文运动。韩、柳的"古文运动"一直持续到晚唐、北宋，后世将韩、柳与宋欧阳修、三苏、曾巩、王安石一起，称为"唐宋八大家"。古文终于取代了骈文，或者说古文终于成为中国文章的主流形式，这是中国文学史上的大事，而韩愈则被奉为古文的泰山北斗。苏轼说韩愈"文起八代之衰"，就是对韩愈古文成就的称赞。八代指东汉、魏、晋、(南朝)宋、齐、梁、陈、隋，这八个朝代的几百年，正是骈文从起始到兴盛的时代。骈文兴盛，两汉时候司马迁、班固的古文就“衰”了，而韩愈将司马迁、班固的古文“振起”，自此古文成为我国占主流的文体。这功绩实在太大了。

4. 韩愈与孟郊——韩孟和“韩孟诗派”

元和九年(814)八月，韩愈最要好的朋友、诗歌盟友孟郊在洛阳突然去世。猝然降临的噩耗，让韩愈不胜悲伤。他在为孟郊撰写的《贞曜先生墓志铭》(“贞曜”是孟郊的朋友为他加的“私谥”)一开头就说：

> 唐元和九年，岁在甲午，八月己亥，贞曜先生孟氏卒，无子，其配郑氏以告。愈走位哭，且召张籍会哭。明日，使以钱如东都，供葬事。诸尝与往来者，咸来哭吊韩氏，遂以书告兴元尹、故相郑余庆。闰月，樊宗师使来吊，告葬期，征铭。愈哭曰：“呜呼！吾尚忍铭吾友也夫！”

短短百余字，用了四个“哭”字，真实地再现了韩愈对友人之死的哀伤。孟郊无子，死在阌乡县(今河南灵宝县)，孟郊夫人派人将丈夫故去的消息通知远在长安的韩愈，是让韩愈为她做主的意思。因为孟郊年长于己，所以韩愈先自“走位(离开座位)哭”;又在自己的家里为孟郊设下灵位,召来与孟郊关系同样密切的张籍一起来哭;凡是孟郊在长安的相识朋友,也要来韩愈家里祭奠孟郊,韩愈就要陪着客人一起哭。像这样表达真诚感情的墓志铭,古今少见,所以清人林云铭称此篇“凄绝”(《韩文起》)。原因不但在于孟郊是韩愈的知己,彼此有深厚的感情,还在于孟郊一生的遭遇太不幸了。

孟郊字东野,湖州武康(今属浙江)人。贞元七年(791)韩愈在长安应进士试时与孟郊相识。孟郊年长韩愈十七岁,然而韩、孟二人一见倾心,年龄的差距并未造成任何隔阂。贞元八年,韩愈得中而孟郊落第,韩愈有《孟生诗》赠他:

孟生江海士,古貌又古心。
尝读古人书,谓言古犹今。
作诗三百首,窅默咸池音。
骑驴到京国,欲和熏风琴。
岂识天子居?九重郁沉沉。
一门百夫守,无籍不可寻。
……

孟郊连续下第,直至贞元十二年他四十六岁时才考中进士。考中进士的孟郊却久不得官,奔走南北,仓皇失路,穷愁潦倒。他写了很多反映苦、寒的诗,都是他生活的写照。贞元十六年(800)孟郊五十岁时,才被选为溧阳(今属江苏)尉。赴任时,韩愈写有《送孟东野序》相送。《序》中说:“人声之精者为言,文辞之于言,又其精也,尤择其善鸣者而假之鸣。”列举自古以来的所谓“善鸣者”:唐虞时的皋陶、大禹,夏的五子,殷的伊尹,周的周公,周衰时的孔子之徒,战国时的屈原、庄周,秦的李斯,汉的司马迁、扬雄。魏晋以下,“鸣者不及于古,然亦未尝绝也”,接着写道:

> 唐之有天下,陈子昂、苏源明、元结、李白、杜甫、李观,皆以其所能鸣。其存而在下者,孟郊东野始以其诗鸣。其高出魏晋,不懈而及于古,其他浸淫乎汉氏矣。从吾游者,李翱、张籍,其尤也。三子者之鸣信善矣,抑不知天将和其声,而使鸣国家之盛耶?抑将穷饿其身,思愁其心肠,而使自鸣其不幸耶?三子者之命,则悬乎天矣!

对孟郊的诗歌给以很高的评价,对孟郊的遭遇表示极大的同情。

孟郊到了溧阳，接其寡母到溧阳奉养，写了他最为世人传诵的《游子吟》：

慈母手中线，游子身上衣。
临行密密缝，意恐迟迟归。
谁言寸草心，报得三春晖？

孟郊是一个醉心于诗歌创作、几近于痴迷的诗人。溧阳县有一眼泉，叫投金濑，景致幽美，孟郊有时抛弃公务，整日坐在泉旁“徘徊赋诗，而曹务（公务）多废”（《新唐书·孟郊传》）。县令只好聘人代孟郊执行公务，分一半俸禄给此人。孟郊索性辞去溧阳尉，但生活随即又陷于穷愁冻饿之中。元和初，郑余庆为河南府尹，聘请孟郊为水陆运从事，当时韩愈也在洛阳，两位朋友相处甚欢。中唐诗坛，有两大诗派，一为以白居易元稹为首的所谓“元白诗派”，一即以韩孟为首的“韩孟诗派”。“韩孟诗派”真正形成的时间，大约就在元和初期。其追随者，有贾岛、李贺、卢仝、马异等。

孟郊为诗，以“苦吟”为主，故此这一诗派又被称为“苦吟派”。韩愈《贞曜先生墓志铭》形容孟郊的诗歌说：

及其为诗，刿目鉥心，刃迎缕解，钩章棘句，掐擢肾胃。神施鬼设，间见层出。惟其大玩于词，而与世抹杀；人皆劫劫，我独有余。

将孟郊的“苦吟”写得触目惊心，入木三分。例如孟郊的《秋怀》诗：

秋月颜色冰，老客志气单。
冷露滴破梦，峭风梳骨寒。
席上印病文，肠中转愁盘。
疑怀无所凭，虚听多无端。
梧桐枯峥嵘，声响如哀弹。

诗写他的贫、老、病、寒，借助秋月、冷露、峭风、落叶等意象，渲染寒冷凄苦的气氛。

但厄运总是不离孟郊。孟郊有三子，不数日皆死于时疫。当时孟郊已近六十岁。这对孟郊的打击真是太大了。孟郊《杏殇》（孟郊幼子名杏）诗说：“冻手莫弄珠，弄珠珠易飞。惊霜莫剪春，剪春无光辉。零落小花乳，斓斑昔婴衣。拾之不盈把，日暮空悲归。”又《悼幼子》诗说：“负我十年恩，欠尔千行泪。”郑余庆离开河南任职兴元（今陕西汉中）节度使，孟郊就失去了从事的职位，老病孤独，晚境极其荒凉。直到元和九年，郑余庆再聘孟郊为兴元参谋，孟郊自洛阳动身前往兴元，至阌乡县，染疾，一夕暴卒。孟郊的丧事，由韩愈等出资得以安排。

“韩孟诗派”的另一个年轻诗人是李贺。其经历已略见前。李贺因受知于韩愈而名声大振。他也苦吟，据说他经常骑一头驴，带小僮出门，背一破锦囊，遇有所得，就书写在纸投入囊中。晚上回来，李贺老母让婢女取出锦囊，见书写甚多，就叹说：“这孩子要呕出心肝来，才肯罢休！”(见唐李商隐《李贺小传》)。李贺多病而短命，所以诗中多写人生短促，又经常出入神鬼之间，想象奇特，如他的《秋来》：

桐风惊心壮士苦，衰灯络纬啼寒素。
谁看青简一编书，不遣花虫粉空蠹？
思牵今夜肠应直，雨冷香魂吊书客。
秋坟夜唱鲍家诗，恨血千年土中碧。

诗写他秋天来临时的愁苦情怀。梧桐落叶，令人心惊，自己读书写诗，均无所用，苦苦思索，肠子都被牵直，似乎又听到千年土中之鬼在唱“鲍(照)家诗”。

“韩孟诗派”的另一个重要成员为贾岛。贾岛字阆仙，幽州范阳(今北京西南)人。早岁为僧，法名无本。贾岛的诗，“苦吟”也是其特征，传闻中“推敲”的故事，即与他的“苦吟”有关。据说贾岛偶得五律一联：“鸟宿池边树，僧推月下门。”又觉得“敲”字好于“推”字，行走在长安大街上，以手作推、敲动作，完全进入了迷惘的状态，竟然冲撞了时为京兆尹的韩愈马队。韩不以为忤，立马思索良久，对贾岛说：“作敲字佳。”并劝贾岛还俗，应进士举。（见后蜀何光远《鉴戒录》）其实韩、贾元和初相识于洛阳，“推敲”的故事并不确实，但贾岛确实是听了韩愈的规劝后还俗的，他后来还做过一任长江县尉（在今四川蓬溪县西南）。

贾岛多刻画景物的五言律诗，境界非常幽深，思致非常凄苦，如他的《题李凝幽居》：

闲居少邻并，草径入荒园。
鸟宿池边树，僧敲月下门。
过桥分野色，移石动云根。
暂去还来此，幽期不负言。

颇能代表贾诗的特色。据说他还有“独行潭底影，数息树边身”二句，写了改，改了写，三年才写定，自吟道：“两句三年得，一吟双泪流。知音如不赏，归卧南山秋。”

与孟郊一样，贾岛也久久考不中进士，生活困顿。

韩愈《赠贾岛》诗中曾说:“欲以金帛酬,举室常颇颔。”“颇颔”是饭食不饱、面黄肌瘦的样子。贾岛要往范阳回老家,韩愈想多助些银两给他,但是自己家贫,爱莫能助。

以“苦吟”为代表的“韩孟诗派”,其实各有特色:孟郊苦涩,贾岛清僻,有“郊寒岛瘦”之称;李贺浓艳,而韩愈诗则效法李杜,以豪迈见长,又“以文为诗”,诗歌语言在诗与散文之间。但就总的风格而言,韩愈诗歌奇崛险怪中呈雄壮豪放特色。如他的《调张籍》诗:

李杜文章在,光焰万丈长。
不知群儿愚,那用故谤伤?
蚍蜉撼大树,可笑不自量。

形容李白、杜甫的诗“光焰万丈”,又形容那些不知天高地厚的“群儿”们,居然敢嘲笑李杜的诗是“蚍蜉撼大树”。接着他形容李杜诗歌的意境、他们的生平遭遇:

想当施手时,巨刃磨天扬。
垠崖划崩豁,乾坤摆雷硠。
惟此两夫子,家居率荒凉。
帝欲长吟哦,故遣起且僵。

剪翎送笼中，使看百鸟翔。
平生千万篇，金薤垂琳琅。
仙官敕六丁，雷电下取将。
流落人间者，泰山一毫芒。

再形容自己如何向往并领会李、杜的诗：

我愿生双翅，捕逐出八荒。
精诚忽交通，百怪入我肠。
刺手拔鲸牙，举瓢酌天浆。
腾身跨汗漫，不著织女襄。

升天入地，想象奇特，妙喻迭出，用语也狠猛有力，能代表他奇崛险怪的诗歌风格。以苦吟为代表的“韩孟诗派”的承继者，一直可以延续到晚唐，成为唐代诗歌发展史上继盛唐李、杜、王(维)之后别开生面、极有创造性的诗派之一。

5. 长安有屋庐

元和八年(813)春，韩愈由太学博士改官比部郎中、史馆修撰。比部属尚书省刑部，相当于中央审计机关。史馆修撰是韩愈的兼职。国史馆属门下省(唐代实行三省——中书、门下、尚书，由三省长官组成宰相)，置史馆修撰数人，大多以其他官员兼任。史馆的职事在修前朝史和本朝史。作为文人，入直史馆，有资格撰写本朝历史，是一件很荣耀的事。韩愈因此而有些踌躇满志。韩愈在史官任上撰写了《顺宗实录》。唐代二十位皇帝都有《实录》，惟独韩愈的《顺宗实录》保存了下来。虽然顺宗从即位到逊位不到一年，《顺宗实录》仍然具十分重要的历史文献价值，司马光编写《资治通鉴》时，对《顺宗实录》多所借鉴。

元和九年(814)十月，韩愈转官考功郎中，依前史馆修撰。考功司属于吏部。吏部为尚书省六部之首，韩愈的职衔略有升高。同年十二月，韩愈又以考功郎中知制诰，不再兼职史馆。皇帝诏书的起草，一般由中书舍人担任，也可以由他官兼掌，称“知制诰”。知制诰可以列席宰相会议，在国家政务中心所起的作用，又远过史馆修撰。这标志着韩愈慢慢地进入了权力中心。

得到执政者的重视和提拔，与韩愈“不交势力，自致名望”的操守有关，也与宪宗元和中后期朝廷形成的一个有作为、端方正直的执政群体有关。李绛元和六至九年为中书侍郎、同中书门下平章事，崔群元和六年后仕中书舍人、礼部侍郎、户部侍郎，至元和十二年为中书侍郎、同中书门下平章事。李绛能极谏，“以直道进退，闻望倾于一时”(《旧唐书·李绛传》)。崔群多谠言，“有冲识精裁”(《旧唐书·崔群传》)。李、崔与韩愈俱为当年“龙虎榜”进士同年。武元衡元和八年自西川节度使入相。武元衡“有长者风”(《旧唐书·武元衡传》)，亦能直谏。另有裴度，元和七年到十年历任中书舍人、御史中丞、刑部侍郎，为人“坚正”“执行不回”(《旧唐书·裴度传》)，能直谏。裴度与韩愈相识甚早，有交谊。以上四人构成了元和中后期执政群体的中坚，且都与韩愈关系密切。这是韩愈官职稳步上升的重要原因。

韩愈维护孔孟道统、反佛老的主张和古文写作的影响也越来越大，社会基础也越来越坚实。韩门古文集团元和间得到进一步壮大，李翱、张籍、张彻、皇甫湜、樊宗师、侯喜等都是他的追随者，且都有相当的成就。以韩、孟为首的诗歌创作宗派也已形成，追随者也不少。尤以古文写作影响大。韩愈文名因宣扬儒学而大振，“陈言务去”的写作追求和精妙超群的文字技巧使他居于古文写作盟主的地位。韩愈的书启、赠序、碑志、祭文都代表了该文体当时的最高水平。例如他的碑志(墓碑、神道碑、墓志铭)，甚至成了韩文的一个

"招牌"。

韩愈最初的碑志都是为亲友写的,后来大量的碑志,则是应人之请而写。因为韩文的名气太大了,社会上许多人,从王公贵族到下层官吏,竞相请求韩愈一篇墓志,以求"安于地下"。如他所作的《张圆墓志》开头:

有女奴抱婴儿来,致其主夫人之语曰:"妾,张圆之妻刘也。妾夫常语妾云:吾常获私于夫子;且曰:夫子,天下之名能文辞者,凡所言,必传世行后。今妾不幸,夫逢盗死途中,将以日月葬。妾重哀其生志不就,恐死遂沉泯,敢以其稚子汴见先生,将赐之铭,是其死不为辱,而名永长存"……

张圆的夫人,因夫之丧,且男女不便,所以派女奴抱婴儿来请韩愈为张圆求铭。又如《张季友墓志铭》:

尚书虞部员外郎安定张君,讳季友,字孝全,年五十四,病卒东都。明年,兄子涂与其弟庾、掞等,护柩归葬长安县马额原……涂进韩氏门,伏哭庭下,曰:"叔父且死,几于不能言矣,张目而言曰:'吾不可无告韩君别,藏而不得韩君记,犹不葬也。涂为书致吾意!'已而自署其末与封。敢告以请。"

竟到了不得韩愈所撰墓志死不瞑目的地步。魏博节度使田弘正的家庙碑，是宪宗皇帝下诏命令韩愈作的。风气所向，许多王公贵族，也以能得到韩愈的一篇碑志为荣。除了为朋友(如孟郊、张署)、为家人撰写碑志，凡请韩愈撰写碑志者皆有“人事”，即润笔费。韩愈曾为右金吾大将军王用撰写神道碑，王用亲属赠与韩愈的“润笔”是“马一匹，并鞍衔、白玉腰带一条”(《进王用碑文状》)。因为王用是宪宗的舅舅，王用亲属所赠，韩愈不敢接受(其实就是谦让)，上疏报告宪宗，获得宪宗允许后才接受。一匹马及一套马具，酬劳是不低的。韩愈撰《平淮西碑文》，碑文中对功臣韩弘有所褒扬，韩弘寄赠韩愈的酬劳是“绢五百匹”(《奏韩弘人事物状》)，这个数目就更大了。居官的稳定升迁，俸禄增加，又有撰写碑文的额外收入，韩愈的家庭经济状况得到好转，元和十年(815)，他在长安靖安里(在朱雀街东第二街，街东第五坊)为自己置了一座屋庐，有《示儿》诗自道其艰辛。诗开首说：

> 始我来京师，止携一束书。
> 辛勤三十年，以有此屋庐。

自贞元二年(785)至元和十年(815)，整整三十年。韩愈在长安的日月堪称“辛勤”二字。为了教儿辈无忘往日辛勤，所以用“止携一束书”形容白手起家，而奋斗的“资本”只是满腹诗书而已。接下来，诗中对此屋庐有所描绘：

此屋岂为华？于我自有余。
中堂高且新，四时登牢蔬。
前荣馔宾亲，冠婚之所于。
庭内无所有，高树八九株。
有藤娄络之，春华夏阴敷。
东堂坐见山，云风相吹嘘。
松果连南亭，外有瓜芋区。
西偏屋不多，槐榆翳空虚。

韩愈的这所屋庐，看来并非大兴土木重新建造的，只是花钱购置、略有修葺而已。楼台亭阁、水榭花园一概没有，但于韩愈，已经非常满足了。而最令韩愈满足的，是登门拜访的来客：“开门问谁来？无非卿大夫……又问谁与频？莫与张樊如。来过亦无事，考评道精粗。跹跹媚学子，墙屏日有徒。”最重要的来客，一是朋友，来的最频繁的是“张（籍）樊（宗师）”，谈论的话题是“考评道精粗”，即议论儒道、文章；一是学子，“跹跹”

是年轻人走路轻快的样子，“媚”是可爱，年轻学子登门无非是请教学问、答疑解难。在这座并不奢华的屋庐里，书香满屋，韩愈的日子真是充实满足啊！最后，韩愈告诫儿子：

嗟我不修饰，事与庸人俱。
安能坐如此，比肩于朝儒？
诗以示儿曹，其无迷厥初。

这首诗是偶然率意之作，语言平和质朴，读来亦淋漓可喜。也有人批评这首诗“所示皆利禄事”（胡仔《苕溪渔隐丛话》引苏轼语），其实不然。韩愈出身孤寒，初成年即来长安，开始其个人奋斗生涯。他所奉行的是直身行道、读书做人而已。四十八岁，始有此立足之地，其中艰辛，唯有自知。所以明人瞿佑评论说：“使为子弟读此，亦能感发志意，知所羡慕趋向，而有所成立，不陷于卑污苟贱，而玷辱其门户矣。”（《归田诗话》）所说还是有道理的。

四、官场大跌宕

1. 从军征淮西

元和年间，藩镇中最强悍、朝廷最难控制的是平卢(领淄、青、齐等六州，约在今山东北部)、魏博(领魏、博、贝等六州，约在今河北南部)、成德(领镇、冀、深、赵等四州，约在今河北中东部)、彰义(领申、光、蔡等三州，约在今河南西南部)。四镇之中，以淮西彰义军的地域最小而最狂妄凶暴，其不服王命在其他三镇之上。当时，四镇互相勾结，暗中协助，在抗拒朝廷上结为联盟。元和七年(812)，宪宗用宰相李绛怀柔之策，使魏博节度使田兴归顺朝廷，宪宗赐名弘正，赏赐有加。兵不血刃，收归六州，等于在平卢、成德、彰义三镇间插入一个巨大的楔子。

由于魏博的归顺，原先四镇声气联通的局面发生了变化，淮西彰义军成了隔绝无援的孤镇。于是，宪宗决定对淮西用兵。

元和九年(814)，彰义节度使吴少阳死，其子吴元济匿丧不报，自为留后，四出焚掠，几乎逼近东京。宪宗发十六道兵讨吴元济。诸镇休戚相关，屡屡上表请朝廷赦免吴元济，宪宗不许，显示了讨伐淮蔡的决心。但讨淮战事数月无功，朝中苟安势力抬头，舆论汹汹，群臣多请罢兵。赖主战派宰相武元衡、御史中丞裴度的坚持。韩愈也是朝臣中坚定的主战派。在主和舆论甚嚣尘上之际，他上《论淮西事宜状》给宪宗，论淮西贼"其破败可立而待"，当今的关键在于"陛下断与不断"，即宪宗坚决不为各种妥协舆论所动，是这场战事的必胜根本，给予武元衡、裴度以强大支持。

韩愈上《论淮西事宜状》不久，发生了成德节度使王承宗派遣刺客潜入长安，刺死主战派武元衡、刺伤裴度的事件。武元衡之死、裴度之伤，震骇了整个京城，百官一片惊惶。宪宗诏："自今凡宰相出户，金吾(御林军)骑士张弓拔剑予以保护。"朝官天未亮不敢出门，有时竟然宪宗临朝而百官队列尚未齐整。嚣张的贼人在长安散纸于各衙门，上书"毋急捕我，我先杀汝”。

宪宗独自召见裴度，询问讨淮西之事，裴度给以坚定的回答，宪宗随即以裴度为中书侍郎、同平章事（宰相），主持对淮西用兵之事。裴度入相，元和十一年（816）正月，即迁韩愈为中书舍人。韩愈的升迁可以看作是裴度入相后引进知己对决策机关中书省的加强和充实。中书舍人掌诏书起草，在唐代被视为“文士之极任，朝廷之盛选”（《通典·中书省》），由中书舍人而进入三省上层长官，是一蹴而就的事。

元和十二年（817）七月，进行了三年有余的淮西战局，时胜时败，因多种原因进展不大。战事使朝廷资用匮乏，和、战的矛盾在执政者之间又一次尖锐化。宰相李逢吉等竞言师老财竭，主张罢兵；而裴度坚决主张将战事进行到底。和、战两派的斗争，反映在韩愈身上，就是罢去他中书舍人之职为太子右庶子。太子右庶子为东宫太子府属官，职位不低，但是典型的“闲官”。

由于淮西战事无进展，裴度自请督战。裴度以为战事的停滞是因为“将心不一”，关键时刻，必须自己亲自前往。宪宗因此决心乃定。七月丙辰（二十九日），宪宗命裴度以宰相兼彰义军节度使、充淮西宣慰招讨处置使，率大军前往淮西；以户部侍郎崔群为中书侍郎、同平章事，罢李逢吉宰相之职。朝廷战、和的力量对比发生了变化，韩愈的命运也随之发生变化。裴度奏请韩愈以右庶子兼御史中丞，充彰义军行军司马，随大军前往淮西。

行军司马是节度使、节度副使以下最重要的军事行政官员，掌管军籍符伍、号令印信。裴度以韩愈为行军司马，不但因韩愈是自己对淮西用兵最坚定的同盟者和支持者，还因为他在军事上的非书生气和务实作风。御史中丞是韩愈的兼衔，目的在于赋予他担任行军司马期间监督军务的威严性。韩愈结束了一年有余的投闲置散的太子右庶子生涯，终于遂愿走上了平藩的战场！

元和十二年八月庚辰（三日），裴度大军赴淮西。宪宗赐以犀带，以示恩宠。裴度将行，对宪宗说："臣若灭贼，则朝天有期；贼在，则归阙无日。"显示了裴度与淮西贼不共戴天的勇气和誓灭贼寇的决心。宪宗为之流涕，三军将帅为之动容。大军自通化门东出长安，宪宗亲临相送。有神武将军张茂和者，行前屡屡在裴度面前表示胆识，度遂命他为都押牙（掌节度使衙内警卫）。在大军出发之际，张茂和却以病相辞，充分暴露了其人的胆怯和虚伪。裴度请斩茂和示众，宪宗说情，才免一死。韩愈后来有《过鸿沟》七绝一首，说到裴度出师的风险和意义的重大：

龙疲虎困割川原，亿万苍生性命存。
谁劝君王回马首，真成一掷赌乾坤！

韩愈坚信淮西战事必胜，但战争本身也确如赌场，各种意想不到的结果都会发生。裴度，也包括韩愈，此一番掷下的赌注，不惟是个人的性命、功名，还有大唐的社稷，责任实在重大！

因为宰相亲自统帅大军，淮西战事很快发生了根本性的变化，节节取得胜利。九月二十八日，唐、随、邓节度使李愬攻吴房县，擒淮西将孙献忠，斩首千余级，沉稳镇静，奇谋迭出，显示了出类拔萃的军事才能。淮西降将李佑向李愬献计，说蔡州精兵尽在洄曲（在今河南商水县西南），而守蔡州城者尽老弱之卒，劝李愬偷袭蔡州，可生擒吴元济。李愬以密计告裴度，裴度答应。十月十五日，李愬率本部兵自唐州（今河南泌阳）文城栅出发，雪夜急行军，军队前锋不知目的何在，李愬命令："只管疾走，勿问前程！"十七日黎明时辰，大军抵达蔡州城外。激战一日，晡时（下午 5—7 时），作恶多端、穷途末路的吴元济束手就擒。十八日，李愬将吴元济械于槛车，送往京师，报捷裴度。奇袭蔡州的良谋，三日之内大获成功。在李愬奇袭蔡州的同时，忠武军节度使李光颜率军驰入洄曲，尽降淮西精兵万余人，蔡州外援丧失殆尽。淮西所属申、光二州两万余众见大势已去，相继降于李光颜。二十五日，裴度率大军入蔡州，宽厚待民，撤销吴元济父子执行多年的禁人偶语于途（行人路途不许交谈）、夜晚不许燃烛等禁令，蔡人始知有生民之乐趣。又免淮西州县二年赋役，民情大悦，四境安定，蔡州战事结束后的善后工作，很快得到妥善处置。十一月二十八日，裴度以副使马总为彰义军留后，自蔡州奏凯返长安。

作为行军司马的韩愈，协助裴度应付军机大事，为淮西战争的胜利，贡献了才智。皇甫湜《韩愈神道碑》载：

> 十二年七月，诏御史中丞、司马彰义军讨吴元济。出关趋汴，说都统（韩）弘，弘悦用命。遂至郾城，审贼势虚实，请节度使裴度曰："某领精兵千人，取元济。"度不听察。居数日，李愬自文城，果行无人，擒贼以献，遂平蔡方，三军之士为先生恨。复谓度曰："今藉声势，王承宗可以辞取，不烦兵矣。"得柏耆，先生受（授）词，使耆执笔书之，持以

入镇，承宗恐惧，割德、棣以降，遣子入侍。

据《神道碑》，可知韩愈除了参谋军机、尽职尽责外，尚有三事值得大书：

一曰“说都统（韩）弘，弘悦用命”。韩弘自贞元十五年起为宣武军节度使（宣武军驻汴州），累授检校左右仆射、司空，宪宗即位，又加同平章事、授司徒，是当时中原各节度使中地位最崇、恩宠最隆者。韩弘不同于淮西、成德、平卢三镇，大体上以归附朝廷面目出现，但他又怀有异志，镇宣武，以兵力自负，十余年不入朝。宪宗正在用兵淮西，不愿意多树敌，元和十年，授韩弘淮西驻军行营都统名号。而韩弘一方面以都统身份统领淮西战事，一方面又不愿淮西速平，拖延战事，拉拢将士，致使淮西战事多年无功。裴度以天子之命、以宰相身份率领大军督战，等于在韩弘的“都统”之上另加一层“都统”，淮西战事的领导层有了双层机制。所以，裴度指挥大军后，韩弘能否协力而不掣肘，是至关重要的事。韩愈有见于此，在大军出发之际，自请往汴州说韩弘，“弘悦用命”，表示愿意在裴度的节制之下效力，可以说这是韩愈为淮西战事取得胜利立下的一大功勋。

二曰“审贼势虚实”，请自“领精兵千人”入蔡州“取元济”。这个计划因未获裴度赞同而未能实行，所以当李愬奇袭蔡州成功后，“三军之士为先生恨（遗憾）”。虽然这个计划未能由韩愈去执行，但体现了韩愈视死如归、敢为士卒先的无畏精神，也说明韩愈在行军司马任上对敌情虚实有周到了解，所以能在李愬之前首先提出这个大胆的计划。李愬同样的方案能获裴度批准是因为李愬有用兵之长，且经两人先后提出，执行起来显然有相当的把握。

三曰献计裴度：挟蔡州大捷之威，以言辞警戒成德藩镇王承宗，收一石双鸟之功。吴元济被擒，王承宗震骇，献二州于朝廷，并遣其子入朝以示效忠。虽不能证明王承宗从此以后就归顺了，但朝廷免除了连年战事之苦。韩愈善后之功不可谓不大。

裴度大军依原路返回。与来时匆忙不同，韩愈一路诗兴颇浓，所到之处皆有诗纪其行程。有《次潼关先寄张阁老》一首最有名：

荆山已去华山来，日出潼关四扇开。
刺史莫辞迎候远，相公亲破蔡州回。

全诗洋溢着胜利后的自豪与喜悦。清人施补华评《次潼关》一首说：“七绝切忌用刚笔，刚则不韵。退之

‘荆山已去华山来’一绝，是刚笔之最佳者。然退之亦不能为第二首，他人亦不能效退之再作一首。”(《岘佣说诗》)所谓“刚笔”，就是“直致”地表达心理，而直致则源自内心不可抑制的喜悦。

裴度以伐蔡首功，十二月七日宪宗诏：以裴度守原官(中书侍郎、同平章事)，赠上柱国，封晋国公。以李愬为山南东道节度使，封凉国公；加韩弘侍中；李光颜等大将各迁官。韩愈以军功迁刑部侍郎。尚书省刑部为朝廷最高司法机关，侍郎为刑部副长官。韩愈在官场经多年沉浮升降，终于进入封建国家机构的权力中心了。

2. 风波《淮西碑》

淮西平后，贼首吴元济被斩，河北诸藩震慑，相继归顺。素怀异志的宣武节度使韩弘也转而对朝廷恭顺有加。宪宗的“中兴”事业，如日中天，达到顶峰。“群臣请刻石纪功，明示天下，为将来法式”(《进撰平淮西碑文表》)，宪宗应允。元和十三年(818)正月十四日，宪宗将撰写碑文的任务交给韩愈。韩愈是淮西战争的参加者，又是朝野公认的古文大家，由他来撰写碑文，是理所当然的事。倍感荣耀的韩愈，“闻命震骇，心识颠倒，非其所任，为愧为恐，经旬涉月，不敢措手”(《进撰平淮西碑文表》)。韩愈满怀恭谨，小心从事，是符合他当时心情的，因为问题不在于文辞如何修饰，关键在于如何体现“为将来法式”这个时代命题。至三月二十五日，费时八十余日，碑文撰成，韩愈上表呈进。

《平淮西碑》分两大部分，前为序，形式为散文；后为铭，形式为韵文。序文首段以“天以唐克肖其德，圣子神孙，继继承承，于千万年，敬戒不怠，全付所覆，四海九州，罔有内外，悉主悉臣”领起全篇文字，说明唐朝据有天下，率土之滨，应无阙遗，辞严义正，凛不可犯。近人高步瀛评：“‘天子’二字谁能如此铨发?”(《唐宋文举要》)又引清人沈德潜评语：“起大手笔，必如此才领得一篇文字。”可以想见韩愈为了构思这个开头，绞尽了多少脑汁！

次段叙宪宗即位之初平夏(夏州杨惠琳)平楚(蜀州刘辟)之功，接着叙述吴元济作乱，宪宗决定伐蔡。此段文字，隐约流露朝臣中主和者之众、主战者之寡，用意全在突出宪宗的能“断”，兼突出裴度的能“助”。三段叙宪宗伐蔡的军事部署。凡述及诸将相之部署，皆用皇帝言语，如“(皇帝)曰光颜，汝为陈许帅……”“(皇帝)曰愬，汝帅唐随邓……”“(皇帝)曰弘……”

“(皇帝)曰度……”等形式,表示淮西一役,指挥调度大权尽在皇帝掌握之下。其中“曰度”,即对裴度的分派共出现了三次,可见皇帝对裴度的格外器重、裴度责任的格外重大。

四段叙平蔡经过,又分叙蔡之北、东南、东、西各战场主将的战功,尤详于李愬雪夜奇袭蔡州、擒吴元济及宰相入城平抚蔡人的政策。末段叙平定蔡州后皇帝行赏诸将帅。

铭文部分与序文部分次序同。序文语言质朴简要,铭文用语飞动酣畅,如关于裴度怀柔蔡人、蔡人“始知生民之乐”一段:

> 额额蔡城,其疆千里。既入而有,莫不顺俟。帝有恩言,相度来宣。诛止其魁,释其下人。蔡之卒夫,投甲呼舞;蔡之妇女,迎门笑语。蔡人告饥,船粟往哺;蔡人告寒,赐以缯布。始时蔡人,禁不往来;今相从戏,里门夜开。始时蔡人,进战退戮;今旰而起,左飧右粥。

今昔比较,蔡人寒则衣,饥则食,出门相戏,乐生于心,确是妙笔。前人评《平淮西碑》序文似《尚书》,铭文如《诗经》,确实如此。但韩愈的序、铭之妙在于学《书》

《诗》而有创新，无论序文、铭词，皆能于古朴、拙茂中透出劲健，淋漓纵横。清人林云铭评论《平淮西碑》说："此昌黎奉天子命所作，乃全集中第一用意文字，语语归功于天子之明断，庄重有体，古雅绝伦。其叙事段落井井，昔人所谓'点窜尧典舜典字，改易清庙生民诗'也。"(《古文析义》)说《平淮西碑》是韩愈集中第一篇(最好)文字，那倒未必，说是韩愈平生"第一用意文字"，确实如此。《平淮西碑》呈上后，宪宗命抄录数份，分赠淮西立功节将，刻字上石，树碑于蔡州紫极宫。

淮西平，四海震动，强藩敛手，举国欢庆，韩愈的《平淮西碑》如鸿篇巨著也迅疾传遍全国，为韩愈赢得了巨大荣誉。

韩碑上呈之后，发生了李愬之妻诉碑文不实之事；碑树于蔡州紫极宫后，又发生了所谓李愬家丁石孝忠推倒韩碑的事件。李愬妻是唐安公主之女，按辈分是宪宗的姑母，可以出入禁中，她向宪宗拨弄是非：说平淮西李愬功第一，而韩愈碑文多归功于裴度。

石孝忠推倒韩碑之事，见于晚唐文人罗隐的《说石烈士》。大略说，有烈士名石孝忠，随从李愬多年，猛悍多力，见到蔡州树起的《平淮西碑》，多归功裴度，于是“大恚怒，因作力推去其碑，仅倾移者再三”，吏前去止，又“用枷尾拉一吏杀之”，于是解往京师。宪宗听了他的辩白，因命为“烈士”（有节气有壮志的人）。

最后的结局就是：宪宗命磨去韩文，诏翰林学士段文昌再撰《淮西碑》。

罗隐所记石烈士推碑事，类小说家言，不足凭信。但段文昌重撰之碑文具在，晚唐另一位诗人李商隐在其诗《韩碑》中也说：“长绳百尺拽碑倒，粗砂大石相磨治。”足见推翻韩碑之事属实。

所谓韩碑“不实”的议论，实质问题是裴度功第一，还是李愬功第一。事实是洞若观火的：首先，淮西战争的最高决策者虽为宪宗，但最坚决主战者是宰相裴度，当吴元济势穷欲求朝廷赦罪之际，宪宗犹豫不定，是裴度坚持讨伐，稳固了宪宗的决心。另外，裴度临阵指挥督战，对淮西战争迅速取得胜利，起了决定性的作用。淮西战争从元和九年开始，历时四年，虽有进展，但吴元济负隅顽抗，四处劫掠，气焰仍很嚣张。裴度八月出师，十一月淮西平，吴元济就擒，原因在于裴度以丞相之尊，协调各方面的力量，将帅始能听从命令。其次，李愬袭蔡州擒吴元济，固然是平定蔡州关键一役，但这是以各路大将牵制并痛创淮西主力为前提的。还有最重要的一点是，淮西战事胜利的意义，不仅在于军事攻守、一城一地的得失，政治策略的抉择和实施，还包括更重要环节，即安抚蔡州人民、传檄镇州《平淮西碑》的撰写，就是要达到韩愈所说的“为将来法式”这样的目的。仅着眼于吴元济的被擒，是唯有军事眼光而缺乏政治眼光的。

当时朝廷的公议，也是裴、李的功劳不能论孰大孰小，谁为第一谁为第二。韩碑如实写出裴度协调督战安抚之功，李愬攻城野战之功、奇袭蔡州之谋，于裴、李之间功劳的大小，谁为第一或第二，未置一词，与朝廷公议是一致的。愤愤不平，先是李愬妻，后有石孝忠。他们的本意，无非是要在名分上明确李愬功劳最大、为第一罢了。

段文昌字墨卿，他所撰写的《平淮西碑文》见于《全唐文》。细考段文，仍以颂扬宪宗坚持伐蔡为主线，所叙裴度指挥之功、李愬奇袭之功及诸将用命之功，大体与韩文同，并没有特别突出李愬，尤其没有说明李愬功第一。足见事实如此，段文昌亦不得不予以尊重。惟段文用当时流行的骈体，文气纤弱，缺少韩文那种朴茂森严之气。韩、段文之优劣，评论者很多，古文家无例外地都贬低段文。晚唐诗人李商隐有长篇七古《韩碑》，诗的前半叙淮西贼嚣张气焰，然后宪宗誓破淮西；中间写韩愈撰碑及因韩碑而引起的风波；最后高度颂扬《韩碑》：

长绳百尺拽碑倒，粗砂大石相磨治。
公之斯文若元气，先时已入人肝脾。
汤盘孔鼎有述作，今无其器存其辞。
呜呼圣王及圣相，相与烜赫流淳熙。
公之斯文不示后，曷与三五相攀追？
愿书万本诵万遍，口角流沫右手胝。
传之七十有二代，以为封禅玉检明堂基。

李商隐推崇韩碑，叹其为千秋不朽之作。诗中说："公之斯文若元气，先时已入人肝脾。"真是言中了。北宋初，蔡州地方官陈珦下令再磨去段碑，仍刊韩文。至苏轼时，韩碑已断，但仍受人敬仰，苏轼《记临江驿》诗干脆说："淮西功业冠吾唐，吏部文章日月光。千载断碑人脍炙，不知世有段文昌。"

碑文被毁，韩愈情绪沮丧。他意气昂扬地参与了淮西之役，又意气昂扬地奏凯归朝，一篇碑文带给他无上的荣耀，同时又带给了他羞辱。这实在是韩愈始料未及的事。

3. 法门谏佛骨

唐自安史乱后，政治和军事就开始走下坡路，尤其表现在藩镇割据上。玄宗以下，肃、代、德历代皇帝，对强藩莫不采取姑息政策。惟唐宪宗是个例外。从元和元年即位起，宪宗即有意平定藩镇。韩愈《平淮西碑》说宪宗"明年平夏，又明年平蜀，又明年平江东，又明年平泽潞，遂定易、定，致魏、博、贝、卫、澶、相，无不从志"，大致符合事实。所以韩愈及当时文士，屡屡称宪宗为"中兴"之主，拿历史上的周宣王比拟他。到元和十二年平定淮西，宪宗的武功达到最高峰。但淮西之役以后，宪宗渐生骄侈之心，任用佞人，好神仙方术，兼好佛，所谓"中兴"之治，渐渐走向衰落。一个重要的事例就是奉迎法门寺佛骨。

关内道凤翔府扶风县（今属陕西）内法门寺，寺内有护国真身宝塔一座，藏有释迦牟尼佛指骨一节。元和十三年(818)十一月，"功德使（宦官头目）上言：凤翔法门寺塔有佛指骨一节，相传三十年一开，开则岁丰人安。来年应开，请迎之"(《资治通鉴·唐纪》)。宪宗准奏。

史载，唐时奉迎佛骨共七次：太宗时一次，高宗、武后时两次，肃宗时一次，德宗时一次，宪宗时一次，僖宗时一次。其间隔时间，未必三十年，足见“三十年一开，开则岁丰人安”的说法并无确据。唐代君主，大多崇信佛教，至少对佛教持宽松容纳态度。宪宗亦是如此。既准奏，遣中使（宦官）于元和十四年（819）正月丁亥（初八日）率众僧前往扶风迎佛骨。正月癸巳（十四日），佛骨到了长安西北门外，宪宗命宦官杜英奇领禁兵三十人持香花与僧众迎入长安，开光顺门（长安西门）迎入长安，留宫中三日，然后送京城各佛寺供养。

由于佛教徒善于以“福罪”之说煽惑群众，再加上历代帝王的提倡，中国士庶对佛教礼拜的程度甚于道教。上有所好，下必有甚。元和十四年的迎佛骨，成为宪宗朝最隆重的一次礼佛活动，随着佛骨进入长安，长安士庶掀起了一次空前的崇佛高潮。韩愈《论佛骨表》说：

> 焚顶烧指，百十为群，解衣散钱，自朝至暮，转相仿效，唯恐后时。老少奔波，弃其业次。若不即加禁遏，更历诸寺，必有断臂脔身，以为供养者。伤风败俗，传笑四方。

焚顶、烧指以及断臂、脔身等，皆是佛教所谓“苦行”之法，自残身体，以表示对佛的信仰诚恳。至于“百十为群，解衣散钱”等，即是“供养”之法。佛教谓俗众以香花、明灯、财物等资养三宝（佛、法、僧）为供养。供养就是礼佛，或施舍僧人。为了供养佛骨，长安的社会秩序、经济秩序全乱套了。时任刑部侍郎的韩愈忍无可忍，于是上《论佛骨表》，反对奉迎佛骨。

《论佛骨表》可以看做是韩愈在写作《原道》三十年之后，再一次对儒家原则的坚守。

韩愈在《论佛骨表》里坚持了他一贯的反佛立场。《论佛骨表》在说到“（佛）自后汉时流入中国”一句后，以此为界，历数佛入中国前帝王享年之数：黄帝在位百年，少昊在位八十年，颛顼在位七十九年，帝喾在位七十年，帝尧在位九十八年……然后再历数佛入中国之后帝王享年之数：

> 汉明帝时，始有佛法，明帝在位，才十八年耳。其后乱亡相继，运祚不长。宋齐梁陈、元魏已下，事佛渐谨，年代尤促。惟梁武帝在位四十八年，前后三度舍身施佛，宗庙之祭，不用牲牢，昼日一食，止于菜果，其后竟为侯景所逼，饿死台城，国亦寻亡。事佛求福，乃更得祸。由此观之，佛不足事，亦可知矣。

这一段话触及了宪宗的痛处。宪宗奉迎佛骨,本意并不单在“三十年一开,开则岁丰人安”,主要是幻想通过礼佛为自己求长寿。而韩愈偏偏说“事佛渐谨,年代尤促”、“事佛求福,乃更得祸”,这几乎是在预告甚至诅咒宪宗王朝也将是“乱亡相继,运祚不长”,不但不能长寿,且要短寿。这都是放言无忌、“大不敬”的话。虽然《表》的后面韩愈有大段话替宪宗回护,情绪上有所缓冲,但是还是犯了大忌讳,这几乎要了韩愈的命。

韩愈对佛及佛骨的态度,宪宗还可以容忍,但对宪宗的态度,真是狂妄到极点了。《表》中放胆说话、犯忌讳的话处处有之,韩愈面临的结果自然凶多吉少。

《旧唐书·韩愈传》载:

> 疏上,宪宗怒甚,间一日,出疏以示宰臣,将加极法。裴度、崔群奏曰:“韩愈上忤尊听,诚宜得罪。然而非内怀忠良,不避黜责,岂能至此?伏乞稍赐宽容,以来谏者。”上曰:“愈言我奉佛太过,我犹为容之;至谓东汉奉佛之后,帝王咸致夭促,何言之乖剌也!愈为人臣,敢尔狂妄,固不可赦!”于是人情惊惋,乃至国戚诸贵,亦以罪愈太重,因事言之,乃贬潮州刺史。

“极法”就是杀头。盛怒之下的宪宗，虽经裴、崔二相劝解，亦不肯赦。但韩愈毕竟是朝中大臣，又是海内属望的文宗，再加上“国戚诸贵”说情，宪宗饶他不死。由刑部侍郎远贬潮州（今属广东）刺史，惩罚仍然是很重的。

1987年，随着法门寺地宫的被打开，佛骨重见天日。佛骨重见，震惊了全世界。佛骨不但是佛教界的重要文物，也是整个人类的文化奇迹。当此之际，人们自然会想起千余年前韩愈所上《论佛骨表》以及他在《表》中对佛骨“投诸水火，永绝根本”的轻蔑态度。如何看待韩愈的反佛以及他毁弃佛骨的态度呢？佛教有两个层面，其一是它形而上的哲学、伦理以及辩证法的层面，其二是它形而下的、愚妄、迷信的层面。这两个层面，韩愈都反对和排斥。就第一个层面而言，韩愈认为它是“夷狄之法”（古代中国认为中国以外的民族或国家都是“夷狄”），干扰了儒家思想对士人思想的占领，而且破坏了中国固有的伦理秩序，例如僧尼无父无母，只承认释迦牟尼；就第二个层面而言，韩愈认为它毒害了老百姓的思想，损害了国家的经济秩序和老百姓的切身经济利益，例如僧徒不生不养，就不利于人口的增长；不事耕织，就减少了国家财政的收入。《论佛骨表》既有第一个层面的论述，也有第二个层面的论述，但主要是第二层面的。假如宪宗不迎佛骨以求长寿，那么韩愈不会上此表；假如长安百姓安居乐业，或只是对佛骨稍示敬仰，韩愈也不会上此表。韩愈对佛的思想是筑起了“铜墙铁壁”加以防范，但对佛本身，尚有宽容的一面，《论佛骨表》中说：“佛本夷狄之人，与中国言语不通，衣服殊制，口不言先王之法言，身不服先王之法服，不知君臣之义，父子之情。假如其身至今尚在，奉其国命，来朝京师，陛下容而接之，不过宣政（殿）一见，礼宾一设，赐衣一袭，卫而出之于境，不令惑众也。”其对佛如此，对佛骨也是如此。平白无故，韩愈何必要“投诸水火”，去毁弃那佛骨呢！

元和十四年正月十四日韩愈上《论佛骨表》，数日后贬潮州，即刻上道，不容停留。韩愈刚离京，“有司（司法机关）以罪人家不可留京师，迫遣之”（《女挐圹铭》），全家老少一律迁离长安。韩愈有一子四女，长子昶（乳名符），这一年二十岁，其余俱未成年。侄子老成的子女，韩愈从兄岌、俞的子女，皆由韩愈抚养。一家老幼数十口，加上仆从之属，总数当在百人左右。韩愈仓促上道，并不知全家迫遣之事，无法照顾。贬到八千里外的潮州，是韩愈一生遭受到的最大打击，这一年韩愈已五十二岁,进入老境,天又大寒;而全家扶老携幼,状况尤为凄惨。“女挐年十二,病在席,既惊痛与其父诀,又舆致走道,撼顿失食饮节,死于商南层峰驿,即瘗道南山下”(《女挐圹铭》)。韩愈女儿挐,乳名挐女,应是韩愈最小的女儿,原有病,与父亲痛别后,遭遣,也随全家上路,天寒地冻,饮食不周,遂病死于途。商南层峰驿在今陕西商州商山之南,距长安约三百里,推算应是全家上路四五天后病情加重死去,草草葬于道旁。元和十五年(820)十月,韩愈重返长安途径层峰驿,来到爱女死葬之处,写有《去岁自刑部侍郎以罪贬潮州刺史,乘驿赴任,其后家亦遣逐,小女道死,殡之层峰驿旁山下,蒙恩还朝,过其墓留题驿梁》诗:

数条藤束木皮棺,草殡荒山白骨寒。
惊恐入心身已病,扶舁沿途众知难。
绕坟不暇号三匝,设祭惟闻饭一盘。
致汝无辜由我罪,百年惭痛泪阑干。

一群以妇女老弱为主的遭遣家眷,当春寒雨雪、道路泥泞之际,既无法调治挐女的病,也无法正规为她安葬。藤蔓葛条捆绑薄皮棺木,草草殡于荒山。行色仓促,故

"不暇号(哭)",路途潦草,故设祭只有一盘饭。"致汝无辜由我罪,百年惭痛泪阑干",韩愈为自己不能护佑女儿健康长成而深感内疚。又三年以后,韩愈为京兆尹,始将挐女迁葬回河阳祖茔,韩愈还为女儿写了《祭女挐文》和《女挐圹铭》。另有侄孙韩滂(韩老成的儿子),也是因叔祖之贬而损害了健康,一年后死于贬地。这都是上《论佛骨表》惹出来的祸,代价太沉重了!

4. 韩愈在潮州

韩愈取道商洛赴潮,至蓝关(即秦之峣关,在今陕西蓝田东南秦岭山中)时,回忆起十五年前,他因上疏论关中旱,得罪幸臣,被贬阳山,也是由此出关赴贬地的。也是隆冬季节,也是大雪封山,此情此景,何其相似!然而,往日的他正当壮年,前途虽难逆料,但人生与仕宦之路正长。而今已是五十二岁的衰朽之年,得罪的不是幸臣而是皇帝,余生无多,有无返朝之日,难以预料。万般感慨,写下了《左迁至蓝关示侄孙湘》:

一封朝奏九重天,夕贬潮州路八千。
欲为圣主除弊事,肯将衰朽惜残年。
云横秦岭家何在?雪拥蓝关马不前。
知汝远来应有意,好收吾骨瘴江边。

“侄孙湘”指韩湘，是韩老成的长子，传说中的“八仙”之一“韩湘子”就是他。韩湘受叔祖母指派，一直陪叔祖到达潮州。诗中的“家”，狭义讲，指在长安的屋庐、家眷，广义讲，兼指朝廷和他忠心报效的皇帝。

元和十四年(819)四月韩愈抵达潮州。路途历百日，行程近八千里。

潮州唐时属岭南道，濒南海，“以潮流往复，因以为名”(唐《元和郡县志》)，历来是安排贬谪官员的地方。韩愈四月抵潮，本年十月底即“量移”袁州(今江西宜春市)，总计在潮不过五个月而已。然而他在心情极坏、身体极坏的情况下，下车伊始，即理州事，为潮州百姓做了不少好事，善政多多。韩愈离潮后，潮州人为了纪念他，筑韩文公祠，名江为韩江，山为韩山，亭为韩亭，路为昌黎路，书院为韩山书院……封建社会地方官员离任后，地方百姓长久爱戴如韩愈这样的，并不多见。

韩愈在潮事迹，择其要者有三事。

一是赦免奴隶。李翱《韩公行状》、皇甫湜《韩文公神道碑》对韩愈治潮赦免奴隶均有记载。《行状》:“百姓以男女为人隶者，公皆计佣其直，而出归之。”《旧唐书·韩愈传》载有韩愈在袁州释放奴隶事，应是韩愈治潮时释放奴隶的继续。元和十五年冬，韩愈从岭南贬地归长安，曾上《应所在典贴良人男女等状》，对岭南一带盛行的“典贴良人男女”现状及其袁州放归奴隶有备细叙述。所谓“典贴”，即下层百姓向富户借钱无力偿还，就以身作抵押（充奴仆）偿还债务。以良人（唐代称出身农工的良善百姓为“良人”）为奴是触犯唐代法律的，但政令不通，岭南一带以良为奴现象尤其严重。债务纠葛是没良为奴的主要原因。穷苦人家因天灾人祸，或因赋税迫急，窘困之中将儿女抵债入富户为奴，到期再以钱赎出。逾期无钱赎出，就永沦为奴隶。沦落为奴是穷人不得已的选择。既为奴隶，就免不了被主人“鞭笞役使，至死乃休”的悲惨命运。韩愈解决此问题的办法是“计佣其直”：计算良人男女为奴时期的“佣直”（工钱），如果与当初所借相抵即可放归。“佣直”与所借相抵后仍旧有差距的，就由官府出钱赎归。韩愈后来在袁州，用此办法释放的奴隶有 731 人，在潮州有多少人，无记载，估计也近千人。韩愈在潮、袁的作为，确实为当地百姓做了大好事，但只能解决燃眉之急，根本解除没良为奴的途径，只能是法律，所以韩愈还朝的第一件事，就是上奏皇帝，“伏乞令有司重举旧章，一皆赦免；仍勒长吏严加检责，如有隐漏，必重科惩。”（《应所在典贴良人男女等状》）

二曰驱鳄。《旧唐书·韩愈传》载："愈至潮阳，既视事，询吏民疾苦，皆曰郡西湫水有鳄鱼，卵而化，长数丈，食民畜产将尽，以是民贫。"所谓"郡西湫水"，指潮州西湖，原是恶溪的一部分。溪水而名"恶溪"，就因为其中有鳄鱼。恶溪流经潮州城西时，溪水汇聚成一汪洋湖面，因而称作西湖。环湖一带多民居，故而鳄鱼出没能"食民畜产"，袭击百姓儿童的事也是有的。韩愈的驱鳄当然是认真的，但也是"别开生面"的。因为岭南有"淫祀"（祭祀鬼神泛滥）的风俗，所以韩愈先"祭"一下鳄鱼，写了一篇《祭鳄鱼文》，命人前去宣读。面对冥顽不灵的鳄鱼，韩愈郑重其事向其讲述"今天子嗣唐位，神圣慈武，四海之外，六合之内，皆抚而有之"的大道理，历数其"悍然不安溪潭，据处食民畜熊豕鹿獐以肥其身，以种其子孙，与刺史亢据争为长雄"的"罪状"，先"礼"后兵，劝其离开，"鳄鱼有知，其听刺史言：潮之州，大海在其南，鲸鹏之大，虾蟹之细，无不容归，以生以食，鳄鱼朝发而夕至也。"文末说：

> 今与鳄鱼约：尽三日，其率丑类，南徙于海，以避天子之命吏。三日不能，至五日；五日不能，至七日。七日不能，是终不肯徙也，是不有刺史、听从其言也。不然，则是鳄鱼冥顽不灵，刺史虽有

言，不闻不知也！夫傲天子之命吏，不听其言，不徙以避之，与冥顽不灵而为民物害者，皆可杀。刺史则选材技吏民，操强弓毒矢，以与鳄鱼从事，必尽杀乃至。其无悔。

文字骄激雄健，气势凌厉，虽然使人有几分滑稽之感，但的确是一篇好文字。《旧唐书·韩愈传》节录，《新唐书》全录，并不因为祭鳄、驱鳄是韩愈一生行事大端，实在是不忍舍去这一篇好文章。固然因为岭南淫祀之风，韩愈才撰写这篇祭文，但当临纸之际，大笔濡染而毫不程式化，毕竟与他文人技痒有关，也是他往往“以文为戏”习性的体现。尤其有趣的是《旧唐书》对《祭鳄鱼文》宣读之后的效果亦有记载：“咒之夕，有暴风雷起于湫中，数日，湫水尽涸，(鳄鱼)徙于旧湫西六十里。自是潮人无鳄患。”这就给韩愈的驱鳄、祭鳄带来诡异色彩，还曾遭到许多过分认真的读书人的批评。如宋王安石就批评韩愈“诡怪以疑民”(《送潮州李使君》)。相似的批评至近代不绝。近人林纾(琴南)评此文说：“文大似书痴说话。鳄鱼虽名水产，仍岸居，不过能潜于水中。而驱之大海，即使文能通神，神亦无力为之驱鳄，以海居非鳄所习，不能安也……前辈呆气，令人欲笑。”(《古文辞类纂选本》评语)《旧唐书》的记载源于唐张读的志怪小说《宣室志》。《宣室志》"韩愈驱鳄"条:"是夕,郡西有暴风雷,声震山郭,夜分霁焉。明日,里民视其湫,水已尽。公命使穷其迹,至湫西六十里易地为湫,巨鳄亦随而徙焉。""发呆"的不是韩愈,也不是小说作者张读,而是《旧唐书》的编者,韩愈又有何责任呢?韩愈当然不指望一篇祭文就可以使鳄鱼尽行西徙,他的主要工作还是要靠"选材技吏民,操强弓毒矢,以与鳄鱼从事";还有一个更实际的措施就是筑堤,将吏民所居的西湖与鳄鱼出没的恶溪隔开,使鳄鱼不能再游回湖水于民为害(见清人陈珏《修堤策》)。

三是兴学校。唐代除中央有国子监,地方府、州、县均有学校外,最基层还有乡校。地方学校由各级政府兴办,配备师资,教授生徒。但各地情况有很大不同。偏僻荒远的州、县,不但乡校废而不兴,即便是州、县学也废弛了,潮州就是如此。韩愈历来重视教育,这与他振兴儒学、排斥佛老的主张有关,也与他多次担任国子监教职有关。治潮未久,他就发现潮州的教育状况很不景气,遂着力兴办学校。他发布《潮州请置乡校牒》,要求各县除整治、兴办县学以外,仍从最基层的乡校办起。"牒"是韩愈以刺史身份发给所属各县的公文，潮州属县有海阳、潮阳、程乡，共有乡一十六。刺史的责任，在率先整治州学。韩愈聘秀才赵德以海阳县尉、州衙推官的身份“专勾当州学，以督生徒”。又筹措经费，出己俸钱百千（十万）兴办州学。潮州州小俸薄，韩愈以刑部侍郎贬官潮州，收入落差很大，在此情况下能以百千之钱兴学，难能可贵。赵德其人是从外地来到潮州的，有学问，且有博物之好，兴趣非常广泛。例如他来到潮州，原是想考察一下海洋生物的。赵德对韩愈也很敬重，曾编辑韩愈文章七十二篇为《文录》。《文录》是韩愈文章以选集行于世的第一部，至南宋时尚有流传。

韩愈在潮州仅仅半年，在历代潮州地方官中，不过是来去匆匆的一个而已，但他在潮州人文史上的影响却是最大的一位。究其原因，主要在于兴办教育，传播文化知识。苏轼《潮州韩文公庙碑》说：“始潮之人未知学，公命进士赵德为之师，由是潮之士笃于文行，延及齐民，至于今，号称易治。”有人对韩愈匆匆来去潮州，而潮州百姓事之若神明表示不理解，苏轼说：“公之神在天下者，如水之在地中，无所往而不在也。而潮人独信之深，思之至，焄蒿（祭祀时祭品发出的气味。此指祭祀）凄怆，若或见之。譬如凿井得泉，而曰水专在是，岂理也哉！”一个人的品性决定了他走到哪里都会有好的作为，好比水总是储存在地下一样。苏轼的比喻真是既形象又贴切啊！

元和十四年十月韩愈奉命“量移”袁州刺史。十五年(820)正月，宪宗误食丹药暴崩(实为宦官所弑)，穆宗即位。穆宗为太子时，韩愈为东宫属官(太子右庶子)，与穆宗有旧。九月，穆宗召回韩愈，任命他为国子监祭酒。韩愈终于结束了岭南之贬，回到了他朝思暮想的长安。

五、韩愈的晚年

1. 宣慰镇州军

韩愈元和十五年(820)十一月抵长安。阔别长安不过两年,人事的变迁令韩愈感慨不已:女儿死于荒野,侄孙死在岭南;旧友或凋零,或星散,只有张籍尚在京城。裴度以宰相兼河东节度使,远在太原。所以当侄女婿张彻离开长安任职外地时,韩愈写《杏园送张彻侍御》诗送别,伤感地说:

东风花树下,送尔出京城。
久抱伤春意,新添惜别情。
归来身已病,相见眼还明。
更遣将诗酒,谁家逐后生?

虽然如此,韩愈还是打起精神,开始

对国子监进行整顿。

国子监祭酒为中央教育机关最高长官，职掌虽不如三省六部重要，地位却相当尊崇，非硕儒能文者不授。韩愈自贞元末入仕起，多次在国子监所属学校任过教职，对其内部的教育程序相当熟悉。韩愈常常不安于此位，但他从来不轻忽职守，既为博士，则认真授徒，既为祭酒，则通盘考虑学校教育的措置。

李翱《韩公行状》说："奏儒生为学官，日使会讲，生徒多奔走相闻，皆相喜曰：'韩公来为祭酒，国子监不寂寞矣。'"又说到一个细节，有一位直讲（辅助博士讲授课程的低级学官）能说《礼》（儒家经典《周礼》和《仪礼》），但面容丑陋，多数学官出身豪族世家，不愿意和这位直讲共食进餐。韩愈听说了，吩咐仆役："召直讲来，与祭酒共食！"学官由此不敢再轻贱直讲。韩愈担任祭酒之职仅八个月左右，由于他的努力，国子监得以振兴，不再是往日衰败景象了。

长庆元年七月，韩愈由国子祭酒转兵部侍郎。

兵部相当于现在的国防部，"掌天下之兵"。侍郎是兵部的副长官。韩愈曾随裴度征淮西，又屡屡对军事发表见解，改任兵部侍郎，他也是可以愉快胜任的。

长庆二年（822）二月初，韩愈受诏宣抚镇州。长庆元年七月，镇州（原恒州，元和十五年改镇州，即今河北石家庄市）成德军都知兵马使（节度使属下大将）王廷凑杀节度使田弘正，自称留后，成德军乱。王廷凑一面上书求节钺（朝廷正式承认的符信），一面遣人杀冀州（今河北冀县）刺史，占据了冀州；又引兵围深州（今河北深县）刺史牛元翼。朝廷震骇，河北、河东诸军亦陷于惶乱之中。冬十月，朝廷以河东节度使、同平章事裴度为镇州四面行营都招讨使，讨王廷凑。然至二年二月，讨镇州诸军久无功，深州之围不能解。朝廷不得已，批准王廷凑为成德军节度使，军中参与反叛的将士皆恢复旧官爵，不予追究，派兵部侍郎韩愈为宣慰使，前往宣慰（宣布宽大政策，安抚叛军将士）。从当时的局势看，抚与不抚，关系到王廷凑大规模的叛与不叛，关系到河北局面是否得以暂时安定。所以韩愈固然以抚为下策，受诏之后，仍然恃勇前往。

李翱《韩公行状》云："镇州乱，杀其帅田弘正，征之不克，遂以王廷凑为节度使，诏公往宣慰。既行，众皆危之。元稹奏曰：'韩愈可惜！'穆宗亦悔，有诏令至境观事势，无必于入。公曰：'安有受君命而滞留自顾！'遂疾驱入。"王廷凑杀田弘正，又派兵侵扰四邻，自感罪大，朝廷不会宽恕他，所以对朝廷大军征讨不克之后而采取的"抚",并不相信;另外,成德军中秩序大乱,主帅不能控制悍兵强将,宣慰大臣贸然进入其中,随时都有险遭不测的可能。元稹(时任中书舍人。白居易的好朋友。与白居易齐名,并称"元白")以为韩愈此去必死,朝廷损失一位大臣,文学界损失一位成就卓然的作家,所以面奏穆宗曰"韩愈可惜"。穆宗令韩愈进入成德境后,可以先观望一下,不必急着进入,情况险恶可不必进入,也是爱惜韩愈的意思。但韩愈意识到此行任务重大,在效忠国家、效忠皇帝的勇气支配下,将个人安危置之度外,决心进入镇州。

长庆二年二月韩愈自长安出发,月中抵达太原以东的寿阳(今属山西),有《夕次寿阳驿题吴郎中诗后》诗:

风光欲动别长安,春半边城特地寒。
不见园花兼巷柳,马头惟有月团团。

"吴郎中"是韩愈的副使。二月半正是长安园花巷柳一派春光明媚的时候,而北国边城仍旧寒冷异常。"马头惟有月团团"可以看出韩愈一行无暇旁顾、只见一轮圆月在东方升起。由寿阳再东行百余里,至承天军,即镇州四面行营招讨使裴度的大本营(在今山西阳泉西、河北井径东，为古娘子关所在）。韩愈自元和末贬潮州以后，与裴已有三年未见面，故人相逢，感慨万千。韩愈有《奉使镇州，行次承天奉酬裴司空相公》诗：

窜逐三年海上归，逢公复此着征衣。
旋吟佳句还鞭马，恨不身先去鸟飞。

淮西一役，裴度引荐韩愈为行军司马，使韩愈得以实践平生抱负，完成他人生价值的最大追求，裴度也因此成为中唐名相。但裴度在朝名望虽尊，却渐被疏远，长期担任外职。镇州兵兴之后，又因朝中反对派及宦官的阻挠，久战无功，进退失据，几乎处于悲愤莫名状态。“逢公复此着征衣”饱含了韩愈对裴度的同情和理解。朝廷宣慰镇州，对主张讨伐的裴度来说，无异釜底抽薪，而担任宣慰的使者，竟然是他昔日的主战盟友、行军司马韩愈。韩愈也是不得已接受宣慰使命，还要冒比淮西作战更大的危险，双方都是百感交集的。“旋吟佳句还鞭马”（裴度先有诗赠韩愈，今不存），二人匆匆聚首又告别了。

李翱《韩公行状》对韩愈进入镇州乱军后情状有备细描述，节录如下：

……遂疾驱入，廷凑严兵拔刃弦弓矢以逆（迎接)。及馆,甲士罗于庭。公与廷凑、监军使三人就位既坐,廷凑言曰:“所以纷纷者,乃此士卒所为,本非廷凑心。”公大声曰:“天子以为尚书(王廷凑兼尚书衔)有将帅材,故赐之以节,实不知公共健儿语未得,乃大错。”甲士前,奋言曰:“先太史(‘太史’为‘太师’之误。此处模拟‘健儿’的发音,故意以‘师’为‘史’。‘先太史’指王武俊,贞元间成德军节度使,死后赠太师)为国打朱滔,滔遂败走,血衣皆在,此军何负朝廷,乃以为贼乎?”公告曰:“儿郎等且勿语,听愈言。愈将为儿郎已不记先太史之功与忠矣,若犹记得,乃大好。且为逆与顺利害。不能远引古事,但以天宝来祸福,为儿郎等明之。安禄山、史思明、李希烈、梁崇义、朱滔……(皆反叛藩镇名)复有若子若孙在乎?亦有居官者乎?”众皆曰:“无。”又曰:“田令公(指田弘正,为王廷凑所杀)以魏博六州归朝廷,为节度使,父子皆授旄节,子与孙虽在幼童者,亦为好官。穷富极贵,宠荣耀天下,此皆三军耳所闻也。”众乃曰:“田弘正刻(克扣)此军,故军不安。”公曰:“然汝三军亦害田令公身,又残其家矣,复何道?”众乃欢曰:“侍郎语是。”廷凑恐众心动,遽麾众散出,因泣谓公曰："侍郎来，欲令廷凑何所为？"公曰："如（深州）牛元翼者，而尚书久围之，何也？"廷凑曰："即出之。"公曰："若真尔，则无事矣。"因与之宴而归，而牛元翼果（解围）出。

李翱这段文字，出以史笔，当为实录。宣慰镇州，不可能从根本上解决镇州的问题，只是缓解了矛盾而已，但是韩愈在不失朝廷体面的前提下，完成了宣慰使命；深州围解，裴度大军的解围任务亦告完成，也多少示王廷凑以警戒。苏轼评价韩愈，说他"勇夺三军之帅"，就指宣慰镇州这回事。

李翱《行状》接着说："及还，于上前尽奏与廷凑言及三军语，上大悦，曰：'卿直向伊如此道（你竟然敢这样和他说话）！'由是有欲大用之。"穆宗"欲大用之"的意思在皇甫湜《神道碑》中作"且欲相之"。中唐以后，六部尚书、侍郎而加"同中书门下平章事"（即宰相）头衔的很多，韩愈很可能要达到他仕宦的顶峰了。

2. 告休与病逝

自长庆二年（822）九月到三年（823）十月，在一年多的时间内，韩愈的官职变动多次：二年九月由兵部侍郎转吏部侍郎，三年六月由吏部侍郎转为京兆尹兼御史大夫，十月五日再由京兆尹复为兵部侍郎，仅仅六天，即十月十一日再为吏部侍郎。频繁的改官，似乎是穆宗对韩愈“欲大用之”的表现，其实更是长庆时期朝廷内部党派对立、互相倾轧的表现。无论兵侍、吏侍还是京兆尹，都是朝廷重臣、皇帝所倚重的职事官，但韩愈不但作为不大，反而陷入了李逢吉制造的无谓的纠葛之中，几乎是在空耗着自己晚年可贵的政治生命。韩愈《枯树》一诗，大约作于此时：

老树无枝叶，风霜不复侵。
腹穿人可过，皮剥蚁还寻。
寄托惟朝菌，依投绝暮禽。
犹堪持改火，未肯但空心。

形容自己垂暮衰飒、遭人暗算，可谓贴切。韩愈的身体本来就不甚健康，且早衰。贞元十九年他在《祭十二郎文》中就说自己“年未四十，而视茫茫，而发苍苍，而齿牙动摇”；他诗中也屡屡语及他的齿落或发秃：“语误悲齿堕”（《感春》），“齿发早衰嗟可闵”（《赠崔立之评事》），“今我牙豁落者多，所存十余皆兀臬”（《赠刘师服》）。这些诗都作于他四十岁左右。自潮州归后，韩愈的身体愈见其坏，至长庆四年（824）夏，在吏部侍郎任上的韩愈以病告休(请假)。百日假满,病不能痊,韩愈即辞去吏部侍郎之职,全力疗养。(唐制:官员因病请假,假满百日,病不愈,就自动离职)韩愈的仕宦生涯,自此结束。

关于韩愈的患病、告休、病危及死、葬诸事,张籍《祭退之》诗言之甚详:

去夏公请告,养疾城南庄。
籍时官休罢,两月同游翔。
黄子陂岸曲,地旷气色清。
新池四平涨,中有蒲荇香。
北台临稻畴,茂柳多阴凉。
板亭坐垂钓,烦苦稍已平。
共爱池上佳,联句舒遐情。
偶有贾秀才,来兹亦同并。
移船入南溪,东西纵蒿根。
划波激船舷,前后飞鸥鸧。
回入潭濑下,网截鲤与鲂。
踏沙掇水蔬,树下蒸新粳。
日来相与嬉,不知暑日长。
柴翁携童儿,聚观于岸旁。
月中登高滩,星汉交垂芒。

钓车掷长线，有获齐欢惊。
夜阑乘马归，衣上草露光。
公为游溪诗，唱咏多慨慷。
自期此可老，结社于其乡。
……

长庆四年五月间，韩愈养疾于长安南、终南山脚下的城南庄。此庄是韩愈元和末所置。诗中的黄子陂，一名皇子陂，为终南山下一水泊。当时张籍罢水部员外郎之职，尚未获新职，与韩愈一起居住城南庄达两月之久。从张籍诗“树下蒸新粳”、“衣上草露光”等句看出，时令已至七月中下旬光景。此时韩愈的病情并不严重，他与张籍等还能移船南溪，横网拦鱼，踏沙掇蔬（采摘蔬菜），登高、垂钓、嬉戏至深夜才乘马而归。诗里的“贾秀才”指贾岛，韩愈城南庄养病其间，贾岛也经常来看望，有《黄子陂上韩吏部》诗。诗中先说几十年来交游的星散：“石楼云一别，二十二三春。相逐升堂者，几为埋骨人”；又感谢韩愈对自己一贯的关切“曾是令勤道，非惟恤在迍。疏衣蕉缕细，爽味茗芽新”，前两句说韩愈在学问道德上对他多所关照，后二句说韩愈曾赠送他衣服和茗茶。贾岛虽然还俗，但喜出游，回到长安也多在寺院歇足，不像张籍那样与韩愈往来频繁。自韩愈病退养疾后，贾岛就多陪伴在韩愈身边了。张籍诗中的“公为游溪诗”，指韩愈《南溪始泛三首》。其第一首：

榜舟南山下，上上不得返。
幽事随去多，孰能量近远？
阴沉过连树，藏昂抵横坂。
石粗肆磨砺，波恶厌牵挽。
或倚偏岸渔，竟就平洲饭。
点点暮雨飘，梢梢新月偃。
余年懔无几，休日怆已晚。
自是病使然，非由取高蹇。

韩愈此组诗皆可与张籍诗互证。所谓“幽事”就是以下所写的划船“过连树”“抵横坂”以及“偏岸渔”“平洲饭”等，直到暮雨飘、新月偃时才返回。韩愈感慨自己余日无多，而退休太晚，此次辞官也是“病使然”，并非博取高洁的名声，有无限抱愧平生之意。第二首：

南溪亦清驶，而无楫与舟。
山农惊见之，随我观不休。
不惟儿童辈，或有杖白头。
馈我笼中瓜，劝我此淹留。

我云以病归，此已颇自由。

幸有用余俸，置居在西畴。

囷仓米谷满，未有旦夕忧。

上去无得得，下来亦悠悠。

但恐烦里间，时有缓急投。

愿为同社人，鸡豚燕春秋。

三首诗中以此首最好。船上的韩愈为周遭山农发现，山农何尝见过侍郎这样的大官？更何况是曾经当过京兆尹、上过《论佛骨表》的韩大人？于是纷纷围观，送他篮子盛的瓜果。“我云”以下，都是韩愈的原话，老乡担心他辞了官生活有忧，他答说还有余下的官俸，吃饭不用发愁。韩愈表示愿意永做乡下人，只是担心若有缓急，还要麻烦老乡。清人蒋之翘评论说：“即物写心，愈朴而愈切。”（《韩昌黎诗编年注释》评语）其实这首诗最动人的是山农质朴的感情，而韩愈也以真情回答山农。张籍《祭退之》接着写道：

籍受新官诏，拜恩当入城。

公因同归还，居处隔一坊。

中秋十六夜，魄圆天差晴。

公既相邀留，坐语于阶楹。

……

公疾漫日加，孺人视药汤。
来候不得宿，出门每回遑。
自是将重危，车马候纵横。
门仆皆逆遣，独我到寝房。
公有旷达识，生死为一纲。
及当临终晨，意色亦不荒。
赠我珍重言，傲然委衾裳。
公比欲为书，遗约有修章。
令我署其末，以为后事程。
家人号于前，其书不果成。
子符奉其言，甚于亲使令。
鲁论未讫注，手迹今微茫。
新亭成未登，闭在庄西厢。
书札与诗文，重叠我笥盈。
顷息万事尽，肠情多摧伤。
……

八月初，张籍改官主客郎中，韩、张一起返回长安，二人隔坊而居。韩愈病未痊，亦未加重。八月十五夜，韩愈约张籍玩月，至天将曙时。次夕，张籍与诗人王建同来，赏琴、玩月，复至深夜。王建也是当时有名的诗人，他的乐府诗与张籍齐名，并称“张王乐府”。当晚，韩愈的兴致很高，诗兴也很浓，有《玩月喜张十八员外以王六秘书至》诗纪其事：

前夕虽十五，月长未满规。
君来晤我时，风露渺无涯。
浮云散白石，天宇开青池。
孤质不自惮，中天为君施。
玩玩夜遂久，亭亭曙将披。
况当今夕圆，又以嘉客随。
惜无酒食乐，但用歌嘲为。

这几乎是韩愈的绝笔诗。但当时仍旧看不出他病体缠绵景象，可以连续两夜赏月，兴致可谓深浓。大约到九、十月间，病开始转重，日甚一日，至长庆四年十二月二日，韩愈卒于长安靖安里私第，年五十七。卒前，韩愈对身后事有详细处理，欲留一份遗书，请张籍署（共同署名）其末，因家人号哭不止，遗书未成。最令韩愈遗憾的是“鲁论讫未注”（鲁论即《论语》，《论语注》是韩愈未完成的一部著作）。韩愈临终时，“遗命：丧葬皆按儒家之礼”，坚决杜绝僧道念经、作法那一套，“俗习夷狄画写浮图，日以七数之，及拘阴阳，所谓吉凶，一无污我”（皇甫湜《神道碑》）。处分后事毕，愈卒。

张籍《祭退之》最后说：

旧茔孟津北，野窆动鼓钲。
柳车一出门，终天无回箱。
籍贫无赠资，曷用申哀诚？
衣器陈下帐，醪饵奠堂皇。
明灵庶鉴知，仿佛斯来飨！

敬宗宝历二年（826）三月癸酉（二十九日），韩愈归葬河阳先茔。“柳车”（丧车）承载着棺木出了长安城门，再也不会回转了。当此之际，悲痛难当的张籍写了这首长诗，以寄托他与韩愈二十余年的交情。朝廷赠韩愈礼部尚书（古代朝廷对死后官员追赠官职或爵位，称作“赠官”），谥曰“文”，世称“韩文公”。李翱撰有《行状》并有《祭文》，皇甫湜撰有《神道碑》和《墓志铭》，柳宗元已先于韩愈而死，时在和州（即今安徽和县）任刺史的刘禹锡也有《祭韩吏部文》。韩愈文集为其门人李汉所编就，即传世的《昌黎先生集》。

走进作品

马 说

世有伯乐，然后有千里马。千里马常有，而伯乐不常有。故虽有名马，只辱于奴隶人之手，骈死于槽枥之间，不以千里称也。

马之千里者，一食或尽粟一石。食马者，不知其能千里而食也。是马也，虽有千里之能，食不饱，力不足，才美不外见，且欲与常马等不可得，安求其能千里也？

策之不以其道，食之不能尽其材，鸣之而不能通其意，执策而临之曰："天下无马。"呜呼！其真无马邪？其真不知马也邪？

［赏析］

韩愈文集中有《杂说四首》，或者借人事，或者借动物（龙、马），比喻、讽刺社会现象。韩愈的《杂说》虽然不像柳宗元《三戒》那样，有一个比较完整的故事情节，但大体也属于寓言。本篇为《杂说》的第四篇，借马说事。写作的具体年代不详，应该是韩愈早期的作品。封建社会为加强其统治，在汲取人才方面，可以说是“不遗余力”。但由于根本制度的不合理，历朝历代仍然有大批人才遭到被扼杀、被埋没的命运。例如汉代实行“察举制”，就有民谣讽刺说：“察孝廉，父别居；举秀才，不知书。”魏晋实行“九品中正制”，将人才分为九等，但高门大户总是居于上品，而寒族小户总是居于下品，所以左思曾感叹说：“世胄蹑高位，英俊沉下僚。”隋唐以后开始实行科举制，科举的途径很多，有进士科、明经科等，还有皇帝不定时举行的“制举”科。表面上看，政府是要尽量地公平、公正，但大诗人李白就感叹：“大道如青天，我独不得出！”杜甫科举受挫，像韩愈这样的大文豪，考了四次才得中进士。考中进士以后，韩愈又三次参加吏部选拔官员的考试，都落选了。落选以后，韩愈又三上宰相书，显示个人的才华，陈述不幸的遭遇，然而宰相竟置之不理。韩愈于是作此文发泄他心中的郁闷和不平。

短文举出三个“物象”：马、千里马、伯乐。“马”就是指一般平常的马，只能拉车拉犁，比喻庸才；“千里马”是不平常的马，可以日行千里，非常难得；伯乐是著名的相马者，他有慧眼，能从一般平常的马中识别千里马。千里马虽然难得，如果把它与常马混在一起，让它沉沦于“槽枥之间”“奴隶人之手”，那它就与常马没有区别，不过是比常马食量大而已。只有从常马中鉴别出千里马，千里马的才美才能外见(现)。而识别千里马，只有具慧眼的伯乐才能完成。这样一来，韩愈设置的三个物象，就成了有深刻含义的“意象”，而不是简单的常马、千里马和相马者伯乐了。

韩愈多次论及国家汲引人才的重要性。有长篇大论如《古文观止》录入的《上宰相书》，也有以寓言形式写就的杂文。以伯乐、千里马为喻，比喻人才固然难得，而鉴识发现人才尤为难得，这是韩愈关于人才最终意象的确定。意象鲜明且寓意深刻，无限感慨深含其中，是本文突出的特点。

韩文好“奇”，这篇短文寓意奇，立论奇。一开始就很突兀，严格讲，是一个背谬的立论。“千里马”是客观存在的，怎么能说“世有伯乐，然后有千里马”呢？可是，读了下句就明白了：“千里马常有，而伯乐不常有。”韩愈的本意在于强调在伯乐与千里马两者中，伯乐更重要，有伯乐，才有识千里马的人。反之，没有伯乐，千里马和一般的常马混在一起，一样的拉车套磨，没有人能分辨出哪是能日行千里的千里马，千里马就被埋没了。以此来比喻人才的难得。强调培育、教养人才固然重要，但发现人才更重要，是第一位的。

师　说

古之学者必有师。师者，所以传道、受业、解惑也。人非生而知之者，孰能无惑？惑而不从师，其为惑也，终不解矣。生乎吾前，其闻道也，固先乎吾，吾从而师之；生乎吾后，其闻道也，亦先乎吾，吾从而师之。吾师道也，夫庸知其年之先后生于吾乎？是故无贵无贱，无长无少，道之所存，师之所存也。

嗟乎！师道之不传也久矣！欲人之无惑也难矣！古之圣人，其出人也远矣，犹且从师而问焉；今之众人，其下圣人也亦远矣，而耻学于师；是故圣益圣，愚益愚，圣人之所以为圣，愚人之所以为愚，其皆出于此乎？

爱其子，择师而教之；于其身也，则耻师焉。惑矣！彼童子之师，授之书而习其句读者也，非吾所谓传其道解其惑者也。句读之不知，惑之不解，或师焉，或不焉，小学而大遗，吾未见其明也。

巫、医、乐师、百工之人，不耻相师；士大夫之族，曰师、曰弟子云者，则群聚而笑之。问之，则曰："彼与彼年相若也，道相似也。"位卑则足羞，官盛则近谀。呜呼！师道之不复，可知矣。巫、医、乐师、百工之人，君子不齿，今其智乃反不能及，其可怪也欤！

圣人无常师。孔子师郯子、苌弘、师襄、老聃。郯子之徒，其贤不及孔子。孔子曰："三人行，则必有我师。"是故弟子不必不如师，师不必贤于弟子，闻道有先后，术业有专攻，如是而已。

李氏子蟠，年十七，好古文，六艺经传，皆通习之；不拘于时，学于余。余嘉其能行古道，作《师说》以贻之。

[赏析]

唐德宗贞元十八年(802)，韩愈为国子监四门博士，青年学子李蟠写信给韩愈，请求拜韩愈为师，并向他请教为师的道理，韩愈写《师说》回答他。表面上看，韩愈仅仅是在回复李蟠的询问，实际上是一篇针砭时弊、批判社会不良风气的大文章。

文章分三段：第一段立论，第二段论证，第三段收尾。

文章一开始，就强调从师的重要性。"古之学者必有师”，先下一判断；然后给“师”一个定义：传道、受业、解惑。古往今来，有多少学者要给、或已经给“师”下了定义，可是有谁能如韩愈这个结论简洁明了呢？中外古今的学校发生了多大的变化，可是有哪一个时代的学校的“师”能超越过“传道、受业、解惑”这个范畴呢？韩文的精警和高度的概括常常就是这样。韩愈接着以“闻道”先后解释“师”的存在：“生乎吾前，其闻道也，固先乎吾，吾从而师之；生乎吾后，其闻道也，亦先乎吾，吾从而师之。”从师的标准，全在于“道”。在“道”面前，泯灭了年龄，泯灭了贵贱，只要谁闻道在先，谁就有资格做老师。这是全文所要宣扬和论证的中心思想，以下就是根据这一论题所做的阐发。

第二段的阐发分三层。第一层以“古之圣人”从师与“今之众人”不从师做对比，论证“古之圣人”其所以为圣、“今之众人”其所以为愚的原因，全在于此。第二层将某些人为解决子弟“句读”（比喻浅层次知识）的疑难而择师，与对于自己不明白的大道（如周公、孔孟的仁义之道等）却不从师做对比，仅学了小的、浅的，实际却丢了大的、深刻的，实在不高明。“道”有大小之分，这是韩愈对自己“传道、受业、解惑”的重要补充。第三层以巫、医、乐师、百工之人从师与今之士大夫耻以从师做对比，批评当时以世族士大夫为代表的知识阶层自以为自己门第高贵、骄傲自满、耻于从师并轻视巫医乐师百工之人的恶习。

第三段阐述“圣人无常师”的道理，是对开头“古之学者必有师”的补充，也是韩愈关于从师之道很重要的观点。末段说明写作此文的缘起。

孟子说：“人之患在好为人师。”（《孟子·离娄上》）孟子批评的是那些一知半解、自以为是的人。因此中国几千年流传下来一句话：师道尊严。“师道尊严”的意思是指为师之道是很认真、很庄严的一件事，一知半解、不懂大道的人，不能随便为人之师。应该说，韩愈对待为师之道既是认真的，同时也是开放、自由的，一千多年前就能提出“弟子不必不如师，师不必贤于弟子”的见解。即使是现在，我们也得承认韩愈观点的大胆和“前卫”。我们读《师说》，会发现韩愈有许多类似“弟子不必不如师，师不必贤于弟子”的观点，如“无贵无贱，无长无少，道之所存，师之所存”、“闻道有先后，术业有专攻”等。《师说》这篇文章，在韩愈的文章里总是被人首先提起，原因首先在于它理论的正确与开放，针砭社会现实，既尖锐，又有的放矢。柳宗元贬永州（今湖南零陵市）时，江南年轻学子纷纷从学，柳宗元力避师名，写《答韦中立论师道书》，其中说:"今之世不闻有师,有辄哗笑之,以为狂人。独韩愈不顾流俗,犯笑侮,收召后学,作《师说》,因抗颜而为师。世果群怪聚骂,指目牵引……愈以是得狂名。"说明韩愈此文在当时社会产生了极大的反响。这篇文章有名的另一个原因是文章结构严密,笔法波澜起伏,精心安排,在不长的篇幅里,极尽错综变化之妙。

进学解

国子先生晨入太学，召诸生立馆下，诲之曰：“业精于勤，荒于嬉；行成于思，毁于随。方今圣贤相逢，治具毕张。拔去凶邪，登崇俊良。占小善者率以录，名一艺者无不庸。爬罗剔抉，刮垢磨光。盖有幸而获选，孰云多而不扬？诸生业患不能精，无患有司之不明。行患不能成，无患有司之不公。”

言未既，有笑于列者曰：“先生欺余哉！弟子事先生，于兹有年矣。先生口不绝吟于六艺之文，手不停披于百家之编；记事者必提其要，纂言者必钩其玄；贪多务得，细大不捐，焚膏油以继晷，恒兀兀以穷年：先生之于业，可谓勤矣。抵排异端，攘斥佛老，补苴罅漏，张皇幽眇；寻坠绪之茫茫，独旁搜而远绍；障百川而东之，回狂澜于既倒：先生之于儒，可谓有劳矣。沈浸酞郁，含英咀华。作为文章，其书满家。上规姚姒，浑浑无涯；《周诰》《殷盘》，佶屈聱牙；《春秋》谨严，《左氏》

浮夸;《易》奇而法,《诗》正而葩;下逮《庄骚》,太史所录,子云相如,同工异曲:先生之于文,可谓闳其中而肆其外矣。少始知学,勇于敢为。长通于方,左右俱宜:先生之于为人,可谓成矣。然而公不见信于人,私不见助于友。跋前踬后,动辄得咎。暂为御史,遂窜南夷。三年博士,冗不见治。命与仇谋,取败几时!冬暖而儿号寒,年丰而妻啼饥。头童齿豁,竟死何裨?不知虑此,而反教人为!"

先生曰:"吁!子来前。夫大木为宋,细木为桷。欂栌侏儒,椳闑扂楔,各得其宜,施以成室者,匠氏之工也。玉札丹砂,赤箭青芝,牛溲马勃,败鼓之皮,俱收并蓄,待用无遗者,医师之良也。登明选公,杂进巧拙,纡余为妍,卓荦为杰,校短量长,惟器是适者,宰相之方也。昔者孟轲好辩,孔道以明,辙环天下,卒老于行;荀卿守正,大论是弘。逃谗于楚,废死兰陵。是二儒者,吐辞为经,举足为法。绝类离伦,优入圣域,其遇于世何如也?今先生学虽勤而不繇其统,言虽多而不要其中,文虽奇而不济于用,行虽修而不显于众,犹且月费俸钱,岁靡廪粟。子不知耕,妇不知织。乘马从徒,安坐而食。踵常途之促促,窥陈编以盗窃。然而圣主不加诛,宰臣不见斥,兹非其幸欤?动而得谤,名亦随之，投闲置散，乃分之宜。若夫商财贿之有亡，计班资之崇庳，忘己量之所称，指前人之瑕疵，是所谓诘匠氏之不以杙为楹，而訾医师以昌阳引年，欲进其豨苓也。"

[赏析]

本篇文章作于唐宪宗元和七年(812)，当时韩愈在国子学担任博士(教员)的职务。题目"进学解"很"正经"，意思是关于增进学问、品行的辨析和讲解。开头"国子先生晨入太学，召诸生立馆下，诲之曰"一段，起得平平。先生给学生训话，教导学生如何讲求学问，社会倘有不公正，应当如何正确对待，这在学校师生之间，几乎是每日会发生的事，何况"业精于勤，荒于嬉；行成于思，毁于随"等，实在是做学问人的经验之谈。不料先生还没有讲完，居然有学生嬉笑着当面驳斥先生的讲话("言未既，有笑于列者曰")，文章于是顿起波澜，以下师生的两段对话，也似乎脱离了"进学"的主题了。

这是韩愈第三次担任国子监教员职务了。从第一次担任四门博士到现在，已经过去了十二年。前文说过，韩愈对担任国子监教职是认真的，因为他可以借此机会教育青年，宣扬他的哲学思想和古文写作主张；但他对国子监教职又是非常不满意的，原因是他志向高远，其志在进入国家权力中心，为国家贡献更大的才智。另外，韩愈家累很重，而国子博士薪俸太薄。可以说韩愈是怀着满腹牢骚担任国子监博士之职的。满腹牢骚需要发泄，而发泄要寻找一个恰当、巧妙的发泄口。这个机会，就是学生对自己教诲的反驳。学生反驳针对的是先生“业患不能精，无患有司之不明。行患不能成，无患有司之不公”那几句话。先生不是业已经很精、行已经很成了吗？为什么沦落到“公不见信于人，私不见助于友。跋前踬后，动辄得咎。暂为御史，遂窜南夷。三年博士，冗不见治”的地步，甚至“冬暖而儿号寒，年丰而妻啼饥”，连家小都养活不了呢？

自己说自己如何如何好，总是不合适吧？自己说自己如何如何委屈，总是不妥当吧？现在，韩愈借学生之口说出来了，而且，说到老师的得意处，真是慷慨淋漓；说到老师的狼狈委屈处，也是句句点到了“死穴”。当然，并非真有学生站出来嘲弄先生，替先生说委屈，这只是韩愈“文心狡狯”（林纾《韩柳文研究法》评语）、文思的极巧妙安排而已。

学生说话以后，似乎下文就很不好接续了，如果接着写老师“默然无语，羞赧而退”也不妨是一种接法。然而韩愈没有这样安排，他站在当政者的立场上，“义正词严”地反驳学生的“妄语”，替当政者辩护，把自己说得微不足道。“说到极谦退处，愈显得世道之乖、人情之妄。”学生的“义愤填膺”，先生的“虚怀谦退”，两相辉映，韩愈的牢骚得到了最痛快却又是最婉曲的发泄。

关于《进学解》的艺术手法，另有三点应该提出。一是文中论道、论文的“精实”（曾国藩《求阙斋读书录》卷八评语）。从先生的“业精于勤……”到学生的“沈浸酞郁……”那两大段，韩愈用“业精于勤，荒于嬉；行成于思，毁于随”两句，概括了求学问、做学问的方法，用四个字（“诘屈聱牙”）概括了《尚书》，用两个字（“谨严”“浮夸”）概括了《春秋》《左传》，用三个字（“奇而法”“正而葩”）概括了《易》和《诗》……这都是非深沉于学问且精研思索者不能道出的。二是它在文体方面的创新。近人钱基博说《进学解》“参汉赋之句法，而运以当日之唐格”（钱基博《韩愈志》评语）。所谓“参汉赋之句法”，指《进学解》采用汉赋常见的主客问答的形式，骈散相间；所谓“运以当日之唐格”，指《进学解》在语言上不受汉赋雕饰辞藻、华而不实的影响，仍然是韩文精炼、生动的本色，庄谐间作，啼笑横生。三是《进学解》表现出来的非凡的语言魅力。《进学解》的语汇，经后人改造或直接使用成为现代汉语成语（固定词组）的，如“业精于勤”“行成于思”“刮垢磨光”“口不绝吟”“手不停披”“提要钩玄”“贪多务得”等，有二十多条，而且，这些成语，都是坚持“陈言务去”的韩愈独创的！这简直太了不起了！我们平常说韩愈是“语言大师”；中国历史上够得上“语言大师”的伟大文学家有十数位，可是有谁能像韩愈这样在一篇文章中有二十多条语汇，凝固成为现代人经常使用的成语呢？语言的效率之高，可谓空前绝后。真正将古文的长处发挥到了极致。我们可以设想韩愈这篇文章犹如一株繁花似锦的树，珠玑一般的语言，就是树上奇异的发散着芬芳的花朵。新、旧《唐书·韩愈传》都录入此文，《新唐书》说愈“既才高数黜，官又下迁，乃作《进学解》以自喻……执政览之，奇其才，改比部郎中、史馆修撰”。难怪宰相们读了韩愈《进学解》要升他的官职了。

张中丞传后叙

元和二年四月十三日夜，愈与吴郡张籍阅家中旧书，得李翰所为《张巡传》。翰以文章自名，为此传颇详密。然尚恨有阙者：不为许远立传，又不载雷万春事首尾。

远虽材若不及巡者，开门纳巡，位本在巡上，授之柄而处其下，无所疑忌，竟与巡俱守死，成功名。城陷而虏，与巡死先后异耳。两家子弟材智下，不能通知二父志，以为巡死而远就虏，疑畏死而辞服于贼。远诚畏死，何苦守尺寸之地，食其所爱之肉，以与贼抗而不降乎？当其围守时，外无蚍蜉蚁子之援，所欲忠者，国与主耳；而贼语以国亡主灭，远见救援不至，而贼来益众，必以其言为信。外无待而犹死守，人相食且尽，虽愚人亦能数日而知死处矣，远之不畏死亦明矣。乌有城坏其徒俱死，独蒙愧耻求活？虽至愚者不忍为。呜呼！而谓远之贤而为之邪？

说者又谓远与巡分城而守，城之陷自远所分始，以此诟远。此又与儿童之见无异。人之将死，其脏腑必有先受其病者；引绳而绝之，其绝必有处。观者见其然，从而尤之，其亦不达于理矣。小人之好议论，不乐成人之美如是哉！如巡、远之所成就，如此卓卓，犹不得免，其他则又何说！当二公之初守也，宁能知人之卒不救？弃城而逆遁，苟此不能守，虽避之他处何益？及其无救而且穷也，将其创残饿羸之余，虽欲去，必不达。二公之贤，其讲之精矣。守一城，捍天下，以千百就尽之卒，战百万日滋之师，蔽遮江、淮，沮遏其势，天下之不亡，其谁之功也？当是时，弃城而图存者，不可一二数；擅强兵，坐而观者，相环也。不追议此，而责二公以死守，亦见其自比于逆乱，设淫辞而助之攻也。

愈尝从事于汴、徐二府，屡道于两府间，亲祭于其所谓双庙者。其老人往往说巡、远时事，云：南霁云之乞救于贺兰也，贺兰嫉巡、远之声威功绩出己上，不肯出师救。爱霁云之勇且壮，不听其语，强留之，具食与乐，延霁云坐。霁云慷慨语曰："云来时，睢阳之人不食月余日矣。云虽欲独食，义不忍；虽食，且不下咽。"因拔所佩刀断一指，血淋漓，以示贺兰。一座大惊，皆感激为云泣下。云知贺兰终无为云出师意，即驰去。

将出城，抽矢射佛寺浮屠，矢着其上砖半箭，曰："吾归破贼，必灭贺兰，此矢所以志也。"愈贞元中过泗州，船上人犹指以相语。城陷，贼以刃胁降巡。巡不屈，即牵去，将斩之。又降霁云，云未应，巡呼云曰："南八，男儿死耳，不可为不义屈。"云笑曰："欲将以有为也；公有言，云敢不死？"即不屈。

张籍曰：有于嵩者，少依于巡。及巡起事，嵩常在围中。籍大历中于和州乌江县见嵩，嵩时年六十余矣。以巡，初尝得临涣县尉。好学，无所不读。籍时尚小，粗问巡、远事，不能细也。云："巡长七尺余，须髯若神。尝见嵩读《汉书》，谓嵩曰：'何为久读此？'嵩曰：'未熟也。'巡曰：'吾于书读不过三遍，终身不忘也。'因诵嵩所读书，尽卷，不错一字。嵩惊，以为巡偶熟此卷，因乱抽他帙以试，无不尽然。嵩又取架上诸书，试以问巡，巡应口诵无疑。嵩从巡久，亦不见巡常读书也。为文章，操纸笔立书，未尝起草。初守睢阳时，士卒仅万人，城中居人户亦且数万，巡因一见问姓名，其后无不识者。巡怒，须髯辄张。及城陷，贼缚巡等数十人坐，且将戮。巡起旋，其众见巡起，或起或泣。巡曰：'汝勿怖，死，命也！'众泣不能仰视。巡就戮时，颜色不乱，阳阳如平常。远，宽厚长者，貌如其心。与巡同年生，月日后于巡，呼巡为兄，死时年四十九。”

嵩贞元初死于亳、宋间。或传嵩有田在亳、宋间，武人夺而有之，嵩将诣州讼理，为所杀。嵩无子。张籍云。

［赏析］

本文作于唐宪宗元和二年(807)，时韩愈为国子博士分司东都(在洛阳的国子监分校任教)。张中丞即张巡。安禄山乱起(天宝十四载，755)，巡为真源(今河南鹿邑)县令，率兵保雍丘(今河南杞县)，抗拒安禄山叛军。唐肃宗至德二载(757)，张巡又与睢阳(即宋州，故址在今河南商丘南)太守许远合兵镇守睢阳，玄宗闻而壮之，授巡主客郎中兼御史中丞。后因援绝粮尽，城陷，不屈被杀。张、许抗敌守城之事，本是英雄壮举，无可非议之处，但是朝廷中偏偏有一批文武官员，为了开脱自己怯敌逃跑的罪行，百般诋毁张、许，甚至张、许二家子弟也为这些言论所惑，互相攻讦，致使舆论一时纷扰。古文家李翰是张巡的朋友，上元二年(761)作《张中丞传》，呈上肃宗，披露事实，澄清是非，大事张扬张巡守睢阳、保江淮之功。不料时间过去了五十年，朝廷里有关张、许的非议并没有停息。这些言论，貌似公正，实际上是为叛乱者张目，为拥兵自保、坐视不救者张目。韩愈激于义愤，又因李翰所作原《传》有阙失，于是作此《后叙》。《后叙》，即补充原《传》所阙之事。

全文分四个自然段，作四层。第一层解释写作此文的缘起。李翰原《传》专为张巡而作，但李翰的《传》"尚恨有阙者：不为许远立传，不载雷万春事首尾。""雷万春事"究竟为何事，韩愈的《后叙》中也没有补充。仅仅知道雷万春是张巡部将，与张巡同时遇害，其他就都不知道了。李翰是当时人，无意中对雷万春失于记载，造成了后世人永远的遗憾。

李翰《传》的另一个缺憾是"不为许远立传"。这是大缺憾，因为张巡与许远共同守城，功劳是同等的。张、许遇害有先后，城又从许远所守处先破，为非议张、许，尤其是非议许远的人留下了口实。所以以下两层，韩愈先着手补充许远事迹。可是我们看韩愈其实并没有补充多少许远的事迹，因为事情毕竟发生在五十年前，即使是许远的子侄辈恐怕也已不在人世，存世的其他人更不复记忆了。韩愈所"补充"的，主要的不是"事迹"，而是在简要事迹基础上发"议论"。议论是针对朝廷和社会上关于许远的流言而发的：一为所谓许远"畏贼""畏死"；一为城先从许远守处破，即许远守城不力。这两层，叙议结合，韩愈的文字显得义形于色，叙则笔下生风，或缓或疾，时如飘风骤雨；议则透彻精辟，将浮言谬论一扫而光。一句“小人之好议论，不乐成人之美如是哉！”足以让那些好议论的“小人”羞赧而死。

关于南霁云一段，叙事最是精彩。南霁云是张巡一员部将，与张巡同时被害。因为韩愈贞元（唐德宗年号）间多次往来汴、徐二府之间，亲耳听过老人叙说南霁云富有传奇色彩之事，所以写起来一如自己亲眼所见。前文说到许远事迹，笔意尚在宽缓之间，而说到南霁云，则纯是古劲之笔，后人评论其笔力“《游侠传》（《史记》篇目）逊其激烈”（清人孙琮《山晓阁唐宋八大家选·韩昌黎集》卷四评语）。

第四层通过张籍之口，转述张巡昔日随从于嵩叙述的张巡轶事。读书过目不忘见张巡之“文”，临死谈笑从容见张巡之“刚”。因为张巡的事迹已有李翰的《传》，所以韩愈补充这两件轶事，是精心选择了的。

本文将数人事迹综合在一篇，将叙事、议论、抒情融于一处，又往往通过细节对人物做传神的写照，可以看出韩愈对我国史传文学优良传统创造性的继承，宋代欧阳修、苏轼等都从韩愈这里汲取过营养。安史之乱为唐朝政局一大变故，前后历经八年才平息，而乱后藩镇林立，唐中央政府对国家的军事控制，几乎不能出京畿之外。韩愈为此文，用意远不止于重为英雄立传，而有重要现实意义。这是我们读此文特别要注意的。

送李愿归盘谷序

太行之阳有盘谷。盘谷之间，泉甘而土肥，草木丛茂，居民鲜少。或曰："谓其环两山之间，故曰'盘'。"或曰："是谷也，宅幽而势阻，隐者之所盘旋。"友人李愿居之。

愿之言曰："人之称大丈夫者，我知之矣：利泽施于人，名声昭于时，坐于庙朝，进退百官，而佐天子出令；其在外，则树旗旄，罗弓矢，武夫前呵，从者塞途，供给之人，各执其物，夹道而疾驰。喜有赏，怒有刑。才畯满前，道古今而誉盛德，入耳而不烦。曲眉丰颊，清声而便体，秀外而惠中，飘轻裾，翳长袖，粉白黛绿者，列屋而闲居；妒宠而负恃，争妍而取怜。大丈夫之遇知于天子，用力于当世者之所为也。吾非恶此而逃之，是有命焉，不可幸而致也。穷居而野处，升高而望远，坐茂树以终日，濯清泉以自洁。采于山，美可茹；钓于水，鲜可食。起居无时，惟适之安。与其有誉于前，孰若无毁于其后；与其有乐于身，孰若无忧于其心。车服不维，刀锯不加，理乱不知，黜陟不闻。大丈夫不遇于时者之所为也，我则行之。伺候于公卿之门，奔走于形势之途，足将进而趑趄，口将言而嗫嚅，处秽污而不羞，触刑辟而诛戮，侥幸于万一，老死而后止者，其于为人，贤不肖何如也？”

昌黎韩愈，闻其言而壮之，与之酒而为之歌曰：

“盘之中，维子之宫；盘之土，维子之稼；盘之泉，可濯可沿；盘之阻，谁争子所？窈而深，廓其有容；缭而曲，如往而复。嗟盘之乐兮，乐且无殃；虎豹远迹兮，蛟龙遁藏；鬼神守护兮，呵禁不祥。饮且食兮寿而康，无不足兮奚所望！膏吾车兮秣吾马，从子于盘兮，终吾生以徜徉！”

[赏析]

本文作于唐德宗贞元十七年(801)，时韩愈辞去徐州幕职，闲居于洛阳。唐时有两李愿：一为西平王李晟(shèng 圣)之子，一为隐者。此文为隐者李愿而作。隐者李愿的生平已不可详知。盘谷位于太行山中，在今河南济源境内。

文章先简介盘谷的地理位置、特点，点出它为李愿居住之所。

文章第二部分借李愿之口，描写了三种不同类型的人物与生活状态。自“人之称大丈夫者”到“不可幸而致也”为第一种人：遇知于天子、得意于当世的大丈夫。这一类人物，得高官，享厚禄，施利泽，有名誉。在外，他们声势煊赫，气焰熏天；在内，他们颐指气使，受尽恭维。作者并没有故意丑化这类人物，甚至借李愿之口说：“吾非恶此而逃之，是有命焉，不可幸而致也。”这就表示他们的雍容华贵和声色欢娱，是由“命”决定的。“命”是什么呢？是际遇，是机会，是他们家庭的背景，而非他们的德才。面对他们的骄奢淫逸和养尊处优，大批挣扎在底层的“寒士”的心境如何，则不言而喻了。这是作者用笔的“狡狯”之处。

自“穷居而野处”到“我则行之”为第二种人：遁迹山野的隐士、高士。这一类人物，坐茂树，濯清泉，采于山，钓于水；闲云野鹤，优游度日。表面上看，这一类人物的清贫枯淡与得意的第一类人的华贵是不能相比的，但文中“与其有誉于前，孰若无毁于其后；与其有乐于身，孰若无忧于其心。车服不维，刀锯不加，理乱不知，黜陟不闻”一段文字，足以让那些得意于暂时的大丈夫们不寒而栗：官场黑暗，权力倾轧，他们的下场随时都会是加刀锯、遭黜陟，二者相较，孰清孰浊、孰安孰危，不是就很清楚了吗？

自“伺候于公卿之门”到“其于为人，贤不肖何如也”为第三种人。这一类人物是“夹层”人物：上，不得上，因为他们既无才无德，又缺乏机遇；下，不得下，因为他们追攀上层人物的生活，而受不了隐居的苦。这一类人物毫无廉耻，处境相当龌龊，稍有不慎，将来的下场就会与第一类人相同。

文章借李愿之口，对以上三类人正面作了铺写，暗地里作了对比。一般读者暗自会有一个比较：恐怕没有人甘愿做第二种人的；在第一种和第二种人之间，可能会出现丁点儿犹豫，因为雍容华贵的生活对一般人的吸引力太大了。但是，如果你志存高洁，读了韩愈对隐居者闲云野鹤式的诗意生活的描绘，你会毫不犹豫地以第二种人作为你的人生选择。

文章以颂美李愿的“歌”作结，并表达了作者自己的向往之情。

写作此文时，韩愈正闲居于洛阳。两次从事军幕，都以军中发生叛乱告终，侥幸从“刀锋”上躲过去的韩愈，对官场充满了失望和畏惧，对厚颜奉迎高官谋取个人出路充满了厌恶。文中的情绪正是他当时心情的反映。

宋代苏轼曾为韩愈此文作跋语，说："欧阳文忠公尝谓晋无文章，惟陶渊明《归去来》一篇而已。余亦谓唐无文章，惟退之《送李愿归盘谷》一篇而已。平生愿效此作一篇，每执笔辄罢，因自笑曰：不若且放，教退之独步。"以苏轼旷世之才，甘居韩愈之后，原因在于韩文结构的别出蹊径，笔法的奇妙变化。文章大半用李愿语，韩愈自己的态度只有"闻其言而壮之"一句。李愿语，散中有骈；作歌，有楚骚意，极尽变化之能事。见了别人的好文章，自己也想仿作，是作家的通常心态。但是"仿作"，就只能是"屋下架屋"，在他人之下了。聪明的苏轼岂能不明白这个道理？所以他"执笔辄罢"，不愿意去做那无用功。

送董邵南序

燕赵古称多感慨悲歌之士。董生举进士，连不得志于有司，怀抱利器，郁郁适兹土，吾知其必有合也。董生勉乎哉！夫以子之不遇时，苟慕义强仁者皆爱惜焉，矧燕赵之士出乎其性者哉！

然吾尝闻风俗与化移易，吾恶知其今不异于古所云邪？聊以吾子之行卜之也。董生勉乎哉！

吾因子有所感矣。为我吊望诸君之墓，而观于其市，复有昔时屠狗者乎？为我谢曰："明天子在上，可以出而仕矣！"

[赏析]

此文约作于唐德宗贞元十九年(803)，时韩愈为四门博士。董邵南，寿州安丰(故址在今安徽寿县西)人。韩愈此前有《嗟哉董生行》诗，咏董邵南之事甚详，说他"刺史不能荐，天子不闻名声，爵禄不及门，门外唯有吏，日来征租更索钱。嗟哉董生朝出耕，夜归读古人书，尽日不得息”，可以看出董邵南是个既耕且读而仍不免于贫困的下层知识分子。因科场连连失利，遂决意往河北另寻出路。

中唐时，藩镇恃强坐大，自署官吏，不待唐政府的任命。所以科场失意的文人常常到藩镇那儿碰运气。此文另一个版本“董邵南”下有“游河北”三字；当时藩镇中有所谓“河北三镇”（卢龙、成德、魏博，分别据有今河北北部、西北部和中部一带），最为强悍，不服王命。韩愈是坚决反对分裂、拥护中央集权的，他既同情董的遭遇，又不愿董去为藩镇效力，所以当董邵南往河北、韩愈为此序送他的时候，如何措辞，极费斟酌。

序文首段先说董“怀抱利器，郁郁适兹土”，“利器”二字大有讲究，说明董邵南是有才有德有作为的青年。接着赞美古时燕赵（即今河北）“多慷慨悲歌之士”，认为董此去“必有合也”。“合”在此有“合心”“合力”“合作”等意思。下来一句“董生勉乎哉”，好比说“你放心去吧”“你努力前行吧”，韩愈对董邵南的同情心呼之欲出。又补一句“矧燕、赵之士出乎其性”，都是顺着董邵南此行说的。

次段韩愈在“顺说”的情况下稍作一“拗折”，说风俗会随着政治教化而改变，现在的河北究竟怎么样了呢？此处也有一句“董生勉乎哉”，意思和前一句就不一样了，好比说“去看看再说吧”。

末段出语更深婉掩抑。韩愈希望董邵南代他吊祭一下当年乐毅的坟墓，再去视察一下街市，还有没有昔日屠狗之徒（即流落民间可堪大用的人才），如果有，招呼他们回来为国家出力。

文章始言往必有合，中言未必有合，末又讽以河北人才尽行归顺朝廷。表面上送董生去，实际上止他行，百余字的短文，感慨古今，怜惜人才，极尽盘旋跌宕之能事。所以明代茅坤誉此文为“昌黎序文当属第一首”（《唐宋八大家文钞·昌黎文钞》评语）。

祭十二郎文

年月日，季父愈闻汝丧之七日，乃能衔哀致诚，使建中远具时羞之奠，告汝十二郎之灵：

呜呼！吾少孤，及长，不省所怙，惟兄嫂是依。中年，兄殁南方，吾与汝俱幼，从嫂归葬河阳，既又与汝就食江南。零丁孤苦，未尝一日相离也。吾上有三兄，皆不幸早世。承先人后者，在孙惟汝，在子惟吾。两世一身，形单影只。嫂尝抚汝指吾而言曰："韩氏两世，惟此而已！"汝时尤小，当不复记忆。吾时虽能记忆，亦未知其言之悲也。

吾年十九，始来京城；其后四年，而归视汝。又四年，吾往河阳省坟墓，遇汝从嫂丧来葬。又二年，吾佐董丞相于汴州，汝来省吾。止一岁，请归取其孥。明年，丞相薨，吾去汴州，汝不果来。是年，吾佐戎徐州，使取汝者始行，吾又罢去，汝又不果来。吾念汝从于东，东亦客也，不可以久。图久远者，莫如西归，将成家而致汝。呜呼！孰谓汝遽去吾而殁乎！吾与汝俱少年，以为虽暂相别，终当久相与处，故舍汝而旅食京师，以求斗斛之禄。诚知其如此，虽万乘之公相，吾不以一日辍汝而就也。

去年孟东野往，吾书与汝曰："吾年未四十，而视茫茫，而发苍苍，而齿牙动摇。

念诸父与诸兄，皆康强而早世。如吾之衰者，其能久存乎？吾不可去，汝不肯来，恐旦暮死，而汝抱无涯之戚也！"孰谓少者殁而长者存，强者夭而病者全乎！呜呼！其信然邪？其梦邪？其传之非其真邪？信也，吾兄之盛德而夭其嗣乎？汝之纯明而不克蒙其泽乎？少者、强者而夭殁，长者、衰者而存全乎？未可以为信也。梦也，传之非其真也，东野之书，耿兰之报，何为而在吾侧也？呜呼！其信然矣！吾兄之盛德而夭其嗣矣！汝之纯明宜业其家者，不克蒙其泽矣！所谓天者诚难测，而神者诚难明矣！所谓理者不可推，而寿者不可知矣！虽然，吾自今年来，苍苍者或化而为白矣，动摇者或脱而落矣。毛血日益衰，志气日益微，几何不从汝而死也！死而有知，其几何离；其无知，悲不几时，而不悲者无穷期矣。汝之子始十岁，吾之子始五岁。少而强者不可保，如此孩提者，又可冀其成立邪！呜呼哀哉！呜呼哀哉！

汝去年书云："比得软脚病，往往而剧。"吾曰："是疾也，江南之人，常常有之。"未始以为忧也。呜呼！其竟以此而殒其生乎？抑别有疾而至斯乎？汝之书，六月十七日也。东野云：汝殁以六月二日；耿兰之报无月日。盖东野之使者，不知问家人以月日；如耿兰之报，不知当言月日。东野与吾书，乃问使者，使者妄称以应之耳。其然乎？其不然乎？今吾使建中祭汝，吊汝之孤与汝之乳母。彼有食，可守以待终丧，则待终丧而取以来；如不能守以终丧，则遂取以来。其余奴婢，并令守汝丧。吾力能改葬，终葬汝于先人之兆，然后惟其所愿。呜呼！汝病吾不知时，汝殁吾不知日；生不能相养以共居，殁不得抚汝以尽哀；敛不凭其棺，窆不临其穴。吾行负神明，而使汝夭；不孝不慈，而不能与汝相养以生，相守以死。一在天之涯，一在地之角，生而影不与吾形相依，死而魂不与吾梦相接。吾实为之，其又何尤！彼苍者天，曷其有极！

自今已往，吾其无意于人世矣！当求数顷之田于伊颍之上，以待余年，教吾子与汝子，幸其成；长吾女与汝女，待其嫁。如此而已。呜呼！言有穷而情不可终，汝其知也邪！其不知也邪！呜呼哀哉！尚飨！

[赏析]

唐德宗贞元十九年(803)六月(或七月),韩愈的侄儿老成(十二郎)死于宣城(今属安徽,韩家在宣城有田产,老成一家住在那里),韩愈在听到老成死耗七日后写此文。祭文是在死者灵前或下葬前宣读,以表示哀悼的。当时韩愈为四门博士,在长安,不能亲自赴宣城,遂打发仆人(即文中的建成)前往代为宣读祭奠,并协助处理老成后事。这是本篇祭文开头一段(俗谓"帽子")所要交代的。

韩愈父亲韩仲卿有子三人:韩会、韩介、韩愈。十二郎名老成,原为韩介次子,韩会无子,老成遂出嗣韩会为子。韩愈幼年丧父,由长兄韩会夫妇抚养成人。老成年龄稍小于韩愈,二人名为叔侄,实同兄弟一般。韩家屡遭大难(父死,兄贬官、死于贬所,嫂又死),叔侄二人经历患难,关系非常亲密。对于老成的死,韩愈是极其悲伤的。祭文传统的格式为韵文,又多为骈体,以四言为主。韩愈写此文时,深陷在悲伤中,无暇、也无心情按传统格式写,遂不拘定式,只是随着感情波涛信笔写来。

这篇祭文,难以按我们平常说的文章结构或文章层次分成段落讲解。我们读这篇祭文,感受到的,唯有韩愈感情起伏的波涛,忽而叙事,忽而抒情,忽而仰天呼叫,忽而拊膺恸哭。我们似乎能看见韩愈泪眼婆娑中执笔疾书的情景。但祭文毕竟出自文章家之手，情绪固然如起伏的波涛，文章的条理、脉络仍然在掌控之中，有序可循，绝非信笔所至，杂乱无章。

祭文正文部分，第一段以“呜呼”打头，开始了对心酸家世的回忆。关于韩氏家世的回忆，这是整篇祭文伤痛气氛的“背景”。第二段以“吾年十九，始来京城”打头，叙述叔侄聚散。相对而言，这两段祭文的笔调还是比较纾缓、平静的，叙事间以抒情，韩愈的感情尚在酝酿之中。祭文详细交代了自己离家后与老成的几次相聚，聚是短暂的，离却是永久的。这都是因为自己为求斗斛之禄（求官），才造成了永久的离别啊！

几十年来家庭的大变故迭起，“少者殁而长者存，强者夭而病者全”（老成之死）的现实，让韩愈感情的波涛不由自主地大起大落起来。得到老成丧报，作者遭受到难以承受的打击，而这个打击原本是绝无可能发生的。所以作者始信而疑、疑而复信，并由此产生强烈的自恨、自怨、自愧的心情，无法排解，无法自释。祭文通过一连串的疑问、假设和往复重沓的排比句式，将韩愈遭受打击后那种迷离惝恍、神思错乱，又悲愤难名的情态准确地表现了出来。在连续两个“呜呼哀哉”之后，祭文的悲伤情绪达到了高潮。

亲人致死的缘由、死之日期，本来都不是问题，然而老成之死，病因不能明（软脚病不能致人于死），日期不确定，现在竟都成了问题，都成了制造悲痛的缘由。下一段祭文对致老成病死缘由的追问，对老成死期的追问，忽而老成之书，忽而东野之书、耿兰之报，形成了一种千回百折、纠结哀怨、缠绵不绝的气氛。这是祭文高潮过后的余波。

末尾三个段落是祭文的结束。第一个段落显示作者在感情高潮过后渐趋于冷静，他安排了老成丧葬以及家眷奴婢等后事的处理，但是，因为不能亲凭其棺致祭，不能亲临其穴尽哀，随着一声“呜呼”，韩愈的感情在祭文结束前再起波涛，强烈的自怨、自责，甚至对自己后半生产生绝望的心情。这都是真实感情的流露。

《祭十二郎文》是韩愈哀祭文的代表作。我国文章家有一句话，叫做“至哀无文”，意思是最哀伤的时候写的文章是不讲究文采的。文采，往往是作家处于写作状态时的一种追求，而在悲情下写文章，则无暇顾及文采。《祭十二郎文》可以视作“至哀无文”的代表。由于真情流露，字字如血泪凝成，明代茅坤誉其为祭文中“千年绝调”（《唐宋八大家文钞·韩昌黎集》评语），《古文观止》的编者吴楚材也说此文是“一面哭一面写，字字是血，字字是泪，未尝有意为文，而文无不工”。晋李密的《陈情表》，宋欧阳修的《泷冈阡表》，明归有光的《项脊轩志》，清袁枚的《祭妹文》，虽然笔法不一样，有倾诉式的，有娓娓道来的，但都属于“未尝有意为文，而文无不工”的至情文章，可以对比参看。

柳子厚墓志铭

子厚讳宗元。七世祖庆为拓跋魏侍中，封济阴公。曾伯祖奭为唐宰相，与褚遂良、韩瑗俱得罪武后，死高宗朝。皇考讳镇，以事母弃太常博士，求为县令江南。其后以不能媚权贵，失御史。权贵人死，乃复拜侍御史。号为刚直，所与游皆当世名人。

子厚少精敏，无不通达。逮其父时，虽少年，已自成人，能取进士第，崭然见头角。众谓柳氏有子矣。其后以博学宏词授集贤殿正字。俊杰廉悍，议论证据今古，出入经史百子，踔厉风发，率常屈其座人。名声大振，一时皆慕与之交。诸公要人争欲令出我门下，交口荐誉之。贞元十九年，由蓝田尉拜监察御史。顺宗即位，拜礼部员外郎。遇用事者得罪，例出为刺史；未至，又例贬永州司马。

居闲益自刻苦，务记览，为词章泛滥停蓄，为深博无涯涘，而自肆于山水间。元和中，尝例召至京师，又偕出为刺史，而子厚得柳州。既至，叹曰："是岂不足为政邪？"因其土俗，为设教禁，州人顺赖。其俗以男女质钱，约不时赎，子本相侔，则没为奴婢。子厚与设方计，悉令赎归。其尤贫力不能者，令书其佣，足相当，则使归其质。观察使下其法于他州，比一岁，免而归者且千人。衡湘以南为进士者，皆以子厚为师，其经承子厚口讲指画为文词者，悉有法度可观。

其召至京师而复为刺史也，中山刘梦得禹锡亦在遣中，当诣播州。子厚泣曰："播州非人所居，而梦得亲在堂，吾不忍梦得之穷，无辞以白其大人；且万无母子俱往理。"请于朝，将拜疏，愿以柳易播，虽重得罪，死不恨。遇有以梦得事白上者，梦得于是改刺连州。呜呼！士穷乃见节义。今夫平居里巷相慕悦，酒食游戏相征逐，诩诩强笑语以相取下，握手出肺肝相示，指天日涕泣，誓生死不相背负，真若可信；一旦临小利害，仅如毛发比，反眼若不相识；落陷阱，不一引手救，反挤之，又下石焉者，皆是也。此宜禽兽夷狄所不忍为，而其人自视以为得计。闻子厚之风，亦可以少愧矣。

子厚前时少年，勇于为人，不自贵重顾藉，谓功业可立就，故坐废退。既退，又无相知有气力得位者推挽，故卒死于穷裔，材不为世用，道不行于时也。使子厚在台省时，自持其身，已能如司马、刺史时，亦自不斥；斥时，有人力能举之，且必复用不穷。然子厚斥不久，穷不极，虽有出于人，其文学辞章，必不能自力以致必传于后如今，无疑也。虽使子厚得所愿，为将相于一时，以彼易此，孰得孰失，必有能辨之者。

子厚以元和十四年十一月八日卒，年四十七。以十五年七月十日归葬万年先人墓侧。子厚有子男二人：长曰周六，始四岁；季曰周七，子厚卒乃生。女子二人，皆幼。其得归葬也，费皆出观察使河东裴君行立。行立有节概，立然诺，与子厚结交，子厚亦为之尽，竟赖其力。葬子厚于万年之墓者，舅弟卢遵。遵，涿人，性谨慎，学问不厌。自子厚之斥，遵从而家焉，逮其死不去。既往葬子厚，又将经纪其家，庶几有始终者。铭曰：

是惟子厚之室，既固既安，以利其嗣人。

［赏析］

这篇墓志的题目不要轻易放过。为人写墓志铭，称墓主官衔是惯例（柳宗元去世前为柳州刺史）。墓志称官衔，是对墓主人的尊敬。而韩愈为柳宗元写墓志，称其字而不称官衔，表示作者与墓主是知交。古人有名有字，尊者长者可以呼年幼者名，平辈之间，都以字相称。称字，显得亲切。可见韩愈在确定这个题目时是费了一点斟酌的。

韩愈写过不少墓志。清人储新评论此篇墓志说："昌黎墓志第一，亦古今墓志第一。以韩志柳，如太史公传李将军，不遗余力矣。"（《唐宋八大家类选·韩昌黎卷》）这段评价很有意思。太史公（司马迁）是天下文章第一，而李将军（李广）是西汉将军第一；韩、柳都是当代第一流文章家，由韩愈为柳宗元撰写墓志，有如让杜甫为李白、苏轼为欧阳修写传记（或墓志），这种作家间的际遇，人世间是很难遇到的。

读这篇墓志，有些"背景"，我们还是需要先行了解的。

韩愈与柳宗元结交很早。韩愈在京城应进士试时，就与柳宗元相识，并成为文字之交。贞元八年、九年，韩、柳先后中进士；贞元十九年，韩、柳同时调入御史台（唐代的监察机构）为监察御史，他们的友谊有了进一步增进。但就在他们为监察御史时，发生了两件事，使韩、柳之间产生了隔阂。一是柳宗元成为王叔文（当时以书法待诏翰林，在东宫侍奉太子）集团成员之一，而韩愈与这个集团因政见不和保持着距离。二是韩愈因京师天旱人饥上疏,触怒权贵,被贬阳山。贬阳山的原因,韩愈怀疑是柳宗元和刘禹锡(同为御史台官员)向王叔文告密的结果(详见"传记"有关章节)。曾经是好朋友,后来有了隔阂,这是我们读这篇墓志需要了解的第一点。

柳宗元后因参与王叔文集团被贬为永州司马,十年之后由永州司马量移柳州刺史,最后忧郁成疾,死于柳州。永州十年,柳州五年,韩、柳虽然未能谋面,但渐渐地诗文互通,关系由龃龉转向和解。柳宗元理解了韩愈的作为,韩愈同情柳宗元久贬不归的遭遇。柳宗元之死,让当时同处于贬地(当时韩愈由潮州刺史量移为袁州刺史)的韩愈悲悼难当。柳宗元病危时,草就遗嘱,主要是:集子由刘禹锡编,而墓志交由韩愈来写。亡友的嘱托重如泰山,韩愈自然要认真对待。这是我们读这篇墓志需要了解的第二点。

柳宗元因加入王叔文集团而获罪,而王叔文最后的结局是先被贬,贬途中复被赐死,处罚很重。直到柳宗元去世,朝廷官员们对王叔文的评价大都不佳,皇帝对王叔文的罪(顺宗即位后中风,不能语,多数官员请求太子"监国",即实际执掌国家权力,而王叔文集团反对;后来顺宗逊位,太子即位,王叔文集团也反对)并没有赦免。所以韩愈写这篇墓志，在敏感文字的处理、在如何评价柳宗元上，仍旧有一些滞碍，尺寸不好把握。这是我们读这篇墓志需要了解的第三点。

墓志对柳宗元的同情、惋惜之情贯穿始终。

墓志的惯例，是要先交代墓主的世系，交代墓主的仕历；在写到墓主仕历时，要连带写他的政绩、品行和节操。柳宗元的世系、仕历韩愈都写了，这是本篇墓志与墓志的旧例相同的；柳宗元一生大半处在贬地，十年的永州司马，只是个“闲官”，几乎无“政绩”可写，所以墓志特别突出了柳宗元的学问和文学业绩。这是与一般墓志不同的。如写柳宗元仕历一段，插入“子厚少精敏……”一节、“议论证据古今，出入经史百子……”一节；贬永州一段，插入“居闲，益刻苦，务记览……”一节、“衡湘以南为进士者，皆以子厚为师……”一节。不断地插入柳宗元的学术功底和文学业绩，韩愈似乎是要以学术、文学成绩掩去柳宗元政绩的不足。但当柳宗元独当一面，为柳州刺史时，墓志则大笔书写他曾解决当地“没良为奴”的政绩。墓志一如史传，会读墓志的人就会反问一句：柳宗元既有如此政治才能，为什么永州十年只能“居闲”，放浪山水之间呢？

墓志末尾议论柳宗元一生的得失。作者一方面感叹唏嘘柳宗元久斥贬地,“无相知有气力得位者推挽”,以致使他不能致高位、建大功,最后死于“穷裔”;一方面又说了“然子厚斥不久,穷不极,虽有出于人,其文学辞章,必不能自力以致必传于后如今,无疑也”一节。这本来是韩愈一贯的“文穷而后工”观点:柳宗元遭遇了大不幸,但不幸中的大幸是造就了柳宗元文学上的巨大成就。但韩愈表述得很婉曲,他并没有作结论,却反诘说:“虽使子厚得所愿,为将相于一时,以彼易此,孰得孰失,必有能辨之者。”韩愈与柳宗元的人生价值取向是相同的:谁愿意长期处于僻远的州郡山水中写文章而放弃知识分子事功的追求呢!

如上所述,柳宗元一生的转折在于参加了王叔文集团。墓志在处理柳宗元与王叔文关系方面,颇费心思,句斟字酌。关于柳宗元与王叔文的交结,墓志说:“名声大振,一时皆慕与之交。诸公要人争欲令出我门下,交口荐誉之……遇用事者得罪,例出为刺史。”又说:“子厚前时少年,勇于为人,不自贵重顾藉,谓功业可立就,故坐废退。”突出了柳宗元的名声、勇气和急迫的事业心,对于柳宗元参加王叔文集团的初衷,以“不自贵重顾藉”轻轻一笔带过,处处回护。

叙事、抒情和议论相结合,是本篇墓志写作上一大特色。

如墓志在写到柳宗元“以柳易播”，一声“呜呼”之后，大发议论，在对柳宗元极尽赞扬的同时，对士大夫中那些相交以利，一旦临小利害反眼若不相识，且落井下石的人，亦极尽无情抨击。自“今夫平居里巷”到“皆是也”这一长句，长达八十三字，充分表现了韩文汪洋恣肆、气势充沛这一特点。

这篇墓志，有极细小处，是很耐咀嚼的。如开头“求为县令江南”一句，是“求为江南县令”的倒装句。如果顺说，四平声后再而仄声，倒装以后，两平两仄再两平。读来抑扬顿挫，滋味无穷。

毛颖传

毛颖者，中山人也。其先明眎，佐禹治东方土，养万物有功，因封于卯地，死为十二神。尝曰："吾子孙神明之后，不可与物同，当吐而生。"已而果然。明眎八世孙䨲，世传当殷时居中山，得神仙之术，能匿光使物，窃姮娥、骑蟾蜍入月，其后代遂隐不仕云。居东郭者曰㕙，狡而善走，与韩卢争能，卢不及，卢怒，与宋鹊谋而杀之，醢其家。

秦始皇时，蒙将军恬南伐楚，次中山，将大猎以惧楚。召左右庶长与军尉，以《连山》筮之，得天与人文之兆。筮者贺曰："今日之获，不角不牙，衣褐之徒，缺口而长须，八窍而趺居。独取其髦，简牍是资。天下其同书，秦其遂兼诸侯乎！"遂猎，围毛氏之族，拔其豪，载颖而归，献俘於章台宫，聚其族而加束缚焉。秦皇帝使恬赐之汤沐，而封诸管城，号曰管城子，日见亲宠任事。

颖为人强记而便敏，自结绳之代以及秦事，无不纂录。阴阳、卜筮、占相、医方、族氏、山经、地志、字书、图画、九流、百家、天人之书，及至浮图、老子、外国之说，皆所详悉。又通于当代之务，官府簿书、市井贷钱注记，惟上所使。自秦皇帝及太子扶苏、胡亥、丞相斯、中车府令高，下及国人，无不爱重。又善随人意，正直、邪曲、巧拙，一随其人。虽见废弃，终默不泄。惟不喜武士，然见请，亦时往。累拜中书令，与上益狎，上尝呼为"中书君"。上亲决事，以衡石自程，虽宫人不得立左右，独颖与执烛者常侍，上休方罢。颖与绛人陈玄、弘农陶泓及会稽褚先生友善，相推致，其出处必偕。上召颖，三人者不待诏，辄俱往，上未尝怪焉。

后因进见，上将有任使，拂拭之，因免冠谢。上见其发秃，又所摹画不能称上意。上嘻笑曰："中书君老而秃，不任吾用。吾尝谓中书君，君今不中书邪？"对曰："臣所谓尽心者。"因不复召，归封邑，终于管城。其子孙甚多，散处中国夷狄，皆冒管城；惟居中山者，能继父祖业。

太史公曰：毛氏有两族。其一姬姓，文王之子，封於毛，所谓鲁、卫、毛、聃者也。战国时有毛公、毛遂。独中山之族，不知其本所出，子孙最为蕃昌。《春秋》

之成，见绝于孔子，而非其罪。及蒙将军拔中山之豪，始皇封诸管城，世遂有名，而姬姓之毛无闻。颖始以俘见，卒见任使，秦之灭诸侯，颖与有功，赏不酬劳，以老见疏，秦真少恩哉。

[赏析]

本篇约作于唐宪宗元和三四(808—809)年间，时韩愈为国子博士分司东都。

韩文好奇。说《毛颖传》是韩文中最奇的一篇，毫不过分。韩愈写就《毛颖传》后，因为它的奇怪，京师之人为之大哗。远在永州的柳宗元听说了，却没有读到。过了一二年，有人打京城来，带给他，他才读到了，于是写了一篇读后感——《读韩愈所著〈毛颖传〉后题》，全文如下：

> 有来南者，时言韩愈为《毛颖传》，不能举其辞，而独大笑以为怪，而吾人不克见。杨子诲之(柳妻弟)来，始持其书，索而读之，若捕龙蛇，搏虎豹，急与之角而力不敢暇。信韩子之怪于文也……且世人笑之也，不以其俳乎？而俳又非圣人之所弃者。《诗》曰："善戏谑兮，不为虐兮。"太史公书有《滑稽列传》，皆取乎有益于世者也。

柳文将《毛颖传》的艺术特点归纳为两点：一是“怪”（俳，俳谐，义同诙谐），二是“有益于世”。

先说怪奇。

体裁特出。本文是以史传体裁为“毛颖”写的一篇传记。归《毛颖传》于“史传”，但是无论正史、野史，没有为不存在之“物”（或幻想中之“物”）写传的。于是有人认为是“传奇”（唐代人普遍以小说为“传奇”）；然而传奇须有人物、情节（故事）和场景，《毛颖传》缺乏完整的情节，也几乎没有场景的描写。《毛颖传》设幻为文，又有所寄托，似可以归于寓言类；但寓言是明示读者“为幻”，不像此篇一本正经地先叙毛颖籍贯，再叙其先世，又依次叙其经历，至于终了，又仿《史记》体例，有太史公“传赞”。韩愈死后，他的弟子李汉为他编集，将《毛颖传》编在“杂文”类，说明李汉（可能还包括韩愈本人）也不好将《毛颖传》分类。似史传而非史传，似传奇而非传奇，似寓言而非寓言，证明了韩愈《毛颖传》在体裁和艺术上的重大突破。

《毛颖传》的怪奇，还源于它的传主怪奇。《毛颖传》的“传主”应该是毛笔。但因为毛笔是个“物”，不能作为传主，于是从毛笔的“毛”牵连到兔，把“传主”先确定为兔，再由兔牵连而起种种有关兔的传说，如它的祖先明眎，明眎的后代𩳁窃姮娥、入月宫……一直到秦始皇统一六国、统一文字、蒙恬大猎获兔，以兔毛造笔，《毛颖传》的传主才大致确定为“毛颖”——一个侍立在秦始皇之侧待命书写的毛笔或者大臣。说它是毛笔，因为它处处显示着毛笔的特征；说它是大臣，因为它可以和皇帝对答。始而是动物（兔），继而是物（毛笔）、是人（大臣），再继而是物和人的混合物。作者的联想并没有止于此。而且其牵连愈来愈复杂。毛笔因书写的功用、强记便敏的特性而得宠，于是有“管城子”“中书君”等封号或别名异称，因毛笔与墨、砚、纸同侍君侧而有陈玄、陶泓、褚先生三臣子，笔秃毛落遭弃用而有“不中书”的嘲讽……末尾又借太史公之语，一本正经地从“姓氏学”的角度归结“毛氏有两族”，有意将周初分封诸侯的“毛”与始皇封于管城的中山之兔后代混为一谈。难怪柳宗元读至此要大呼：“信韩子之怪于文也！”

柳宗元所说的“有益于世”，指本文是有寓意的。毛颖因发秃而遭弃，毛颖自为辩解说：“臣所谓尽心者。”“心”即笔芯，笔芯脱落，毛颖发秃，因为一生尽心尽力，语带双关。文末借太史公语说：“秦真少恩哉！”以上都表示《毛颖传》是有寓意的。然寓意究竟何在，亦不能明，或竟是韩愈抒其牢骚之作。

虽然有寓意，大体上说，《毛颖传》仍是古文家韩愈受当时传奇影响所写的一篇游戏之作。如果认真地寻求《毛颖传》的寓意,游戏的意义就降低了。大抵文学家才大,有时会有游戏之作,以发泄其“过剩”的才力。宋代苏轼也是如此,无论诗、文、词,都有游戏之作。为什么要创作游戏之作呢?就是为了让读者享受阅读的快乐。这一点,同样作为文学家的柳宗元看出来了,他说:“读之若捕龙蛇,搏虎豹,急与之角而力不敢暇。”真正是文章行家的鉴赏语。柳宗元的评语,用现在的话说,就是“可读性极强,捧起来就放不下”。这是只有小说才具有的特点。

早春呈水部张十八员外

天街小雨润如酥，草色遥看近却无。
最是一年春好处，绝胜烟柳满皇都。

[赏析]

“张十八员外”是张籍。当时(唐穆宗长庆四年，824)，张籍任水部(属尚书省工部)员外郎。唐时人习惯称人排行，是对人的尊称。

这是一首写景诗，写早春的天气、景色。“天街”一句，写春雨不大不小恰好。唐代长安，基本还是土路，车来马踏，往往就会是“紫陌红尘拂面来”(刘禹锡诗句)。雨小了仍旧不免尘土，雨大了就成了泥，“润如酥”形容雨下得刚刚好。王维诗句“渭城朝雨浥轻尘”渲染的长安郊外春雨，与此诗相同。“草色”一句最为有名。长安早春，花儿未开放，柳树还没发芽，从何处看出春天到了？看草色。草色近看无，因为草的茎叶都未泛绿，只有根部稍稍返青，所以只能从远处“整片、整片”地看能看出来。清人黄叔灿《唐诗笺注》说得好：“写照甚工，如画家设色，在有意无意之间。”

“最是一年春好处”两句，仍然是说早春好。春天，当然是百花争艳、柳色如烟的仲春天气好。诗人本来无意说早春好于仲春，只是“久蛰”（动物冬季藏伏，称作蛰）之人，经过了一个漫长的冬天，乍看到春天的信息，分外感到高兴罢了。

左迁至蓝关示侄孙湘

一封朝奏九重天，夕贬潮州路八千。
欲为圣主除弊事，肯将衰朽惜残年？
云横秦岭家何在？雪拥蓝关马不前。
知汝远来应有意，好收吾骨瘴江边。

［赏析］

唐宪宗元和十四年（819）十二月，韩愈因上《谏佛骨表》，触怒宪宗，被贬潮州刺史。自刑部侍郎的高位一下子远贬八千里外的潮州，对韩愈来说，已是死里逃生了。关于这首七律的写作背景，可以参看“传记”部分有关章节。

隆冬天气，韩愈仓促上路。家中男子，唯侄孙韩湘（即韩愈侄老成的儿子，传说中的八仙之一韩湘子就是他）年龄稍长（20—25岁），被打发一路陪伴叔祖。行走到蓝关（即秦之峣关，在今陕西蓝田县东南），面对高耸入云、冰雪覆盖的秦岭，韩愈写这首诗示韩湘，表明他的心迹。

“一封朝奏九重天”两句叙事，叙述上奏章、旋即被贬的事实。“朝奏”、“夕贬”，极言命运转折来得之快。这两句还有意识造成不严整的对仗（七律首联不要求对仗），以加强情绪大起大落的感觉。

接下来两句“欲为圣主除弊事，肯将衰朽惜残年”，承以议论，用反诘语气表明自己反佛立场不动摇。宪宗迎取佛骨，闹得长安沸沸扬扬，民不得安生，此其一；以皇帝之尊，将一块“朽秽”的佛骨当作圣物供养，不成体统，此其二。韩愈认为这是“弊事”，所以不惜以五十二岁高龄冒死上奏。有些人喜欢拿韩愈抵达潮州后给皇帝上表的“臣诚恐诚惶、顿首顿首”说话，说韩愈认输了、服软了。其实，《表》中的话是客套话，韩愈心迹的真正表述是在这首诗里。

“云横”二句写眼前景色。用“马不前”暗示自己举足艰难、不忍离开京都之地的心理。从地理上讲，秦岭处在长安的南端，翻过秦岭，就是商州境界，已经出离了京城了。地理上的概念触动了韩愈心理，但偏不说自己而说“马不前”。这两句写景，境界豪迈中透出悲壮，是这首诗中最为传诵的一联。“家”的含义丰富：一指长安的屋庐，此一别，不知何时可能回来；二指家中老小，自己远贬，家中老小如何安顿度日（韩愈赴潮州不久，当局就以“罪人”家属不宜留在京城，被驱逐出长安。不过韩愈当时并不知情）；三指他效忠的宪宗皇帝。古代臣子，将皇帝及皇帝所在的京城视为自己的“家”，例子很多，如李白流放夜郎时途中的诗：“一为迁客去长沙，西望长安不见家。”李白不像韩愈，在长安有自己的家。“家”在这里，相当于政治上的归宿。

末联“知汝远来应有意，好收吾骨瘴江边”，照应题目。韩愈料到自己此去潮州必死，所以有此句。这一句意绪相当衰飒，因为韩愈毕竟已进入老境了。

全诗语境凄切，但基本的格调还是昂扬的。叙、议和写景结合，洋溢着一位反佛斗士不屈的意志和决心，千载之下读之，仍觉生气凛然。韩愈不擅律诗，然而此篇，历来被认为是“沉郁顿挫”、最得杜甫七律神韵的一篇。

名家视角

韩愈的散文

钱伯城

韩愈的诗文集是由门人李汉编辑的,编进集内诗文共七百多篇,其中散文为三百三十一篇。这书传到宋朝,经过传抄翻刻,文字讹误很多。宋朝学者对韩集的整理,便集中在校勘上面,做出卓越成绩,如方崧卿的《韩集举正》、朱熹的《韩文考异》,都是有价值的著作。此外注释,宋人也有贡献,注家有洪兴祖、樊汝霖、韩醇、文谠、祝充等人。辑佚方面也有收获。把这些成果总结起来,合成一集,最重要的是南宋庆元六年(1200)魏仲举编刻的《五百家注昌黎文集》,计正集四十卷、外集十卷、别集一卷,附《论语笔解》十卷。后来很多版本都从此本出。这个集子辑集的散文篇数已增加到三百八十八篇,还有十一篇有目无文,是经朱熹考证,断为赝作而删去的。这十一篇,《文苑英华》和《全唐文》合共收进四篇,其余七篇则散失了。如加上这四篇,今存韩文共有三百九十二篇。

李汉所编文集,把韩愈的散文按体裁分为杂著、书启序、哀词祭文、碑志、笔砚鳄鱼文、表状。唐朝人编文集大体就是这样分类的。现合并为四大类,即杂著、书启、赠序、碑志,分别择要介绍。

卫道和批判现实的"杂著"

韩愈的杂著,涉及的方面较广,有政治论文、哲学论文、记述文、札记、杂感、小品文、记传文、祭文、表状等,有长有短,但最长的也不超过两千字。总数约一百六十篇。

韩愈自称,他的文章"皆约六经之旨而成文"(《上宰相书》),"扶树教道,有所明白"(《上兵部李侍郎书》),就是说是卫道之文。韩愈所说的道,是"古圣贤人"即儒家的道。儒家的道的核心,是民本思想,要求统治者爱民,民则拥护统治者的统治,上下各司其职,谁失职谁就要受到批判以至惩处。由于失职的多为统治者,所以韩愈的卫道文章,一方面固然为封建等级制度及其伦理道德辩护,一方面却常常将批判的矛头指向统治者，因而也具有批判现实的意义。杂著中，称为“五原”的五篇论文(《原道》《原性》《原毁》《原人》《原鬼》)是最重要的卫道文章，从政治、经济、哲学观点，阐明儒家之道，反对佛老的“清净寂灭”，有力地捍卫了儒家的道统与民本思想。《论佛骨表》更是痛斥佛乃“夷狄之一法”，“不知君臣之义，父子之情”，不合“先王之道，古今之宜”，必须“投诸水火，永绝根本，断天下之疑，绝后代之惑”。态度之坚决，言辞之激烈，充分表现了卫道者的勇气和决心。这类作品，被皇甫湜赞为“扶经之心，执圣之权，尚友作者，跋邪抵异，以扶孔氏，存皇之极”(《韩文公墓志铭》)。但是，这些作品同时也对统治阶级提出了严厉的批评和警告。《原道》虽然强调民不得失职，“民不出粟米麻丝，作器皿，通货财，以事其上，则诛”；但同样也强调君与臣不得失职，“君不出令，则失其所以为君；臣不行君之令而致之民，则失其所以为臣”。君与臣失职也不能逃避惩处。《论佛骨表》更直指皇帝“事佛求福，乃更得祸”“伤风败俗，传笑四方”，置杀身于不顾的大无畏精神跃然纸上。这类文章气势宏大，论证深刻，言辞锋利，说理透彻；而布局结构，又极严整，层次段落，各有定处，不容移易。

社会的庸俗风气，丑恶现象，是韩愈杂著的嘲讽、批判对象。《杂说》和《获麟解》等是其代表作。《杂说》共四篇，有如一组古代的“杂文”，几百字的篇幅里，翻腾开合，寓意深沉。最有名的是《说马》，借“世有伯乐，然后有千里马，千里马常有，而伯乐不常有”，为有才能而不遇者鸣不平。《讳辩》则采取直率的辩驳形式，以犀利的笔锋，层层剥析，令一些“假道学”的虚伪面目无所遁形。《旧唐书》本传说这类文章“恃才肆意，亦有戾（不合）孔孟之旨”，却正说明韩愈也有着“离经叛道”的斗争精神。

《师说》是杂著中的有名文章，它倡导“不耻相师”，对当时社会上不重视师道的风气提出了切中要害的批评。《进学解》是《师说》的续篇，写出了一个“兀兀以穷年”的为人师者（即韩愈本人）的勤勉与困厄。《送穷文》更是愤世嫉俗之作，借穷鬼对主人的嘲弄，强烈地表达了对世俗的谴责。《进学解》和《送穷文》在写法上参用赋体和骈体，色彩浓郁，文势流转，在散文中别具一格。

杂著中用“记”作标题的，《燕喜亭记》色调绚烂，是贬官阳山时作品；《徐泗豪三州节度掌书记厅石记》从“书记之任亦难矣”说起，以见藩镇节度使书记责任之重，文辞跌宕疏朗；《新修滕王阁记》力避前人陈文，另出新意，把未曾亲临观赏的名胜，写得仍叫人想见其瑰伟奇特之美。《蓝田县丞厅壁记》开头一段对于官场上小官员可怜情状的描写，也达到了绘影绘色的程度。《画记》则是绝妙小品，对一副图画中的各不相同的几十个人、马、兽和二百多件兵械器皿、几十种动作作了细致的描写，严整有序，而又奇特峭拔。

传记《张中丞传后叙》是色彩鲜明、形象完整的英雄图画。这是继承《史记》描写人物的优良传统，选择最具典型的真实事件片断，刻画了在战争动乱年代英雄人物的性格，描绘了他们一连串可歌可泣的事迹。文字的精炼，叙述的生动，都得到了充分的表现。《毛颖传》是写毛笔历史，被《旧唐书》评为"讥戏不近人情，此文章之甚纰缪者"；但却受到柳宗元的赞美，认为"若捕龙蛇，搏虎豹，急与之角而力不敢暇，信韩子之怪于文也"(《读韩愈所著毛颖传后题》)。这代表了当时对韩文两种截然相反的意见。时间已证明，柳宗元的评价是经得起考验的。

祭文中的代表作是《祭十二郎文》。这是一篇充满真挚的哀念之情的文章，在感情的往复回荡中，用重叠的文句，深深流露悲痛，絮絮如道家常，而句句自肺肠流出，不能不使人感动。

表状中的《与汝州卢郎中论荐侯喜状》，写一不得意的知识分子在奋斗求进中的失望与希望心情，十分辛酸。其他如《御史台上论天旱人饥状》《复仇状》《钱重物轻状》《论淮西事宜状》《应所在典帖良人男女等状》《论变盐法事宜状》等，都是有关政治的各种建议，以恺切进言、陈说利害、详明事实、反复委曲见长。

因人陈词的“书启”

韩愈的书启，针对不同对象，因人陈词，运用各种形式，一篇有一篇的结构，措辞造语立意，极尽变化的能事，具有很高的艺术性。

韩愈书信，现存文集中的为五十多封，想来不是全部。例如他写给柳宗元论史官之职的书信，就未被收入文集，可知必有遗漏。这五十多封书信，基本上可分成三类：第一类是发表文学见解的；第二类是对朋友知心倾谈对现状的不满之感的；第三类是向当朝权要人士请求提拔推荐的。

发表文学见解的书信，大都是为了答复青年作者的请教，发挥自己提倡古文的旨趣，并把自己学习和实践的体会告诉他们。这类书信的数量不多，但都极为重要。计有《答李翊书》《答刘正夫书》《答尉迟生书》《答李秀才书》《答陈生书》《答陈商书》《与冯宿论文书》等。其中《答李翊书》与《答刘正夫书》最有名。《答李翊书》是他一生读书作文的功力所在。《答刘正夫书》则提出"若圣人之道，不用文则已，用则必尚其能者，能者非他，能自树立，不因循者是也"。就是说，向古人学习，继承古人写作优良传统，但不模仿，不因袭、辞必己出，创造新的文体。

给朋友的书信，其中洋溢着深厚的友谊，又常常透露出抑郁的心情，而这和对现实的强烈不满又是交织在一起的。《与孟东野书》就是一个例子，"吾言之而听者谁欤，吾唱之而和者谁欤?"这种孤独郁闷，是当时一般不得意的知识分子的普遍感受。《与崔群书》则是对朋友的热情劝勉与关怀："合于天而乖于人何害，况又时有兼得者邪？崔君崔君，无怠无怠！"恳切诚挚，具见二人情谊之深。《答吕毉山人书》又是另一写法。这位山人衣破衣，系麻鞋，登门求见，未得满足，便写信责备韩愈不像信陵君那样待士。韩愈答复他："议虽未中节，其不肯阿曲以事人者，灼灼明矣。方将坐足下三浴而三熏之，听仆之所为，少安无躁！"用正面话语讽刺这位山人不切实际的要求。

那些写给当朝权要，用来请托恳乞以求进身的书启，有《三上宰相书》《上李尚书书》《上襄阳于相公书》《与凤翔邢尚书书》《应科目时与人书》等，这些书启，有的陈义过高，投非其人；有的情辞切迫，不免为后人所讥。但是这一类书启，文字技巧达到很高水平，设意遣词，变幻莫测，令人惊叹。韩愈没有把这部分易受讥嘲批评的文章隐瞒起来，这是他的真诚表现。

抒发情怀的"赠序"

赠序是用来作为送别朋友时"临别赠言"的一种文体。它的来源可上溯到老子说的"君子赠人以言"，孔子学生颜回和子路分别时"以言相赠处"。这种赠序在唐朝大为发达，尤以韩愈写得多而好。韩愈在送别张童子时说："慕回、路二子之相请赠与处也，故有以赠童子。"又在《送陈密序》开头引陈密的话说："密承训于先生，今将归觐其亲，不得朝夕见，愿先生赐之言，密将以为戒。"这慕古人"相请赠与处"和"赐之言""以为戒"，便是赠序这一体裁所起的作用。当然，就赠言者来说，是以安慰、勉励和表示惜别为主。韩愈反对那种分别时唠唠叨叨、说些无聊庸俗应酬话的作风，所以他文集中的三十多篇赠序，言简意赅，每篇都有不同的立意与内容。而且运用咏叹形式，抒发各种情怀，有揭露，有批评，有讽刺，有赞颂，抒情中含有现实意义，读来极有回味。

写得较早的《送齐皞下第序》，本是一篇难着笔的文章。齐皞是宰相的弟弟，他的下第是由于主考避嫌，表面公正，实际出于私意："其渐有因，其本有根，生于私其亲，成于私其身，以己之不直，而谓人皆然。"这里对社会心理的指责，无疑是深刻的。有名的《送孟东野序》提出了"不平则鸣"说，这篇序的本身也充满了不平之气。《荆潭唱和诗序》与《送王含秀才序》又有所发挥，后者说阮籍、陶潜之逃于酒，乃是"未能平其心，或为事物是非相感发，于是又托而逃焉者也"。被苏东坡赞为"唐无文章，唯韩退之《送李愿归盘谷序》而已"的这篇序，痛快淋漓地刻画了贵族大官僚的排场享受、耀武扬威；与此对照的是平民隐居者素朴简单的生活。还有一种人，匍匐于权贵脚下，承望颜色，唯恐不得欢心，廉耻皆尽。其时士大夫争名趋利，漠视品德，不顾节义，这篇赠序正是借此发挥的。

李愿是不慕荣利、行为高洁的隐士，但是对一些

"热中"的隐士朋友，韩愈在送他们出仕的赠序中，却常用亦庄亦谐的笔调，给他们善意的讽刺。石洪和温造，一个称水南山人，一个称水北山人，平日高自标榜，隐居不仕，博得清高名声。但是当某一位节度使派人拿财帛礼物来相请时，立刻欣然就道了。赠序说："大夫真能以义取人，先生真能以道自任，决去就。"（《送石处士序》）又说："巷处者谁与嬉游，小子后生于何考德而问业焉，搢绅之东西行过是都者无所礼于其庐。"（《送温处士赴河阳军序》）这显然是带嘲讽的恭维。

希望统治者行仁政，减轻人民负担，强烈地表现在《送许郢州序》和《赠崔复州序》里面："财已竭而敛不休，人已穷而赋愈急，其不去为盗也亦幸矣！"《送许郢州序》"县令不以言，连帅不以信，民就穷而敛愈急！"（《赠崔复州序》）这完全是为挣扎在繁重赋税下的人民发出呼吁。

《送幽州李端公序》和《送董邵南序》则表达了韩愈祈求国家统一的热切愿望，后一篇更像一首呼唤统一的短歌，那一句"燕赵古称多感慨悲歌之士"，寄托深沉，一股郁勃豪侠之气溢于毫端，曾为后世人一再引用。

韩愈的赠序，也有某些应酬之作，如《送汴州监军俱文珍序》就是颂扬宦官的功业，“材雄德茂，荣耀宠光”云云，这也是韩愈未能免俗的地方。

随事赋形、各肖其人的“碑志”

碑指神道碑，是竖立在坟墓孔道上的石碑，记述死者的生平；也称墓表，因为立碑的目的是为了表扬死者功德，一般也称墓碑。志指墓志铭，是刻在石上，和棺柩一同埋入墓室，防陵谷变迁，后人可有依据查考死者姓氏生平。志相当于散文传记，铭相当于韵文赞诗，本是两种文体，合而为一，遂称墓志铭，因此也有二人分别撰写的。碑志起源于汉代，南北朝时流行，至唐大为盛行，成为作家们的重要专业之一。

碑志特色，在不太长的篇幅内，历叙墓主家世，概括生平。作者对事迹材料的组织剪裁，必须有史家的才能。《文心雕龙》早有“属碑之体，资乎史才”之说，顾炎武也指出：“志状（状指行状，是写墓志铭的依据）在文章家为史之流，上之史官，传之后人，为史之本。”（《日知录》）可见碑志不仅是私人传记，还有史传价值。中国史传的优良传统，除了叙事的真实性外，特别注意艺术性的描写，要求“有风韵，不呆板，每写一二无关系之事，使其人之精神生动”（黄宗羲《论文管见》）。韩愈的碑志就是这样，善于挑选事件，把人物写活。

但是，碑志这一体裁从开始起，作者受人请托，主要在于记述死者的“嘉言懿行”，不像史传那样美刺褒贬。而且“及世之衰，人之子孙者亦欲褒扬其亲，而不本乎理，故虽恶人，皆务勒铭，以夸后世”（曾巩《寄欧阳舍人书》）。作者为了获得优厚报酬，只得“隐恶扬善”，于是出现在碑志中的人物几乎都成了谦良君子、道德完人。韩愈自己记述，一次为国舅王用撰碑，王家就送他配备鞍衔的骏马一匹和白玉腰带一条。撰写《平淮西碑》，提到宣武节度使韩弘一点功劳，韩弘就送他绢五百匹。韩愈友人刘叉一次拿走他的碑志稿酬，笑说：“此谀墓中人所得，不若与刘君为寿！”

在韩愈所写七十多篇碑志中间，有一小部分是为王侯将相、达官贵人而写的，文字典雅庄重，然而赞誉颂扬，言过其实。例如韩弘本是一个跋扈军人，对待部下很残暴，但在墓志里却成了一个“其罪杀人，不发声色，问法如何，不自为轻重”的守法长者。宪宗舅父王用，并无功业可言，碑文却写成谨礼守法的完美君子。

这样的墓志，文字虽然写得好，也只能称为“谀墓之文”了。

但是韩愈碑志的人物画廊是长的，这里有着精心描画出来的丰富多彩的生动的人物画像，他们是那些有才能的、有气节的、屈于下位或遭遇坎坷的各种人物。他的雄健大笔，对他们着意描绘，各肖其形，使他们个个神采飞扬，栩栩欲活。如《国子监助教河东薛君墓志铭》尽情揶揄了“读不识句”的大将，对衬出磊落多才、能文能武的薛公达，而他不过是小小国子监助教。《试大理评事王君墓志铭》描述了一幕“骗婚记”：负才使气的墓主王适，迂直的侯翁，狡猾的媒妪，骗婚经过的可笑，使人如读小说。

《贞曜先生墓志铭》描写了诗人孟郊的一生，沉痛地写出这位在社会的忽视下度过一生的诗人的遭遇和他身后的萧条。《柳子厚墓志铭》写的是杰出的文学家柳宗元，对他的立身品节和文学贡献，作了崇高的称颂。墓志中对卖友者的谴责，是任何时代都有现实意义的。《柳州罗池庙碑》则记载了柳宗元的政绩，他为人民所办好事和人民对他的爱戴，并用浪漫色彩笔调写了一段“死而为神”的故事，寄托了作者的敬仰。

韩愈墓志中的这些人物形象，大都有各自的个性。

各个不同的个性在不同的气氛环境里形成生和死的命运，作者的画笔惯于在某件关键事迹浓浓抹上几笔，给读者留下深刻印象。《处士卢君墓志铭》写河南法曹参军卢贻与顶头上司河南尹的争执，"我官司也，我在不可以为是！"但结果失败，"气愤弗食，呕血卒"，倔强至死不屈。《南阳樊绍述墓志铭》写樊绍述，主要写他的文学成就，对其经历则一语带过。《曹成王碑》写曹成王李皋，在他复杂的一生中只着重写了参与讨伐叛将李希烈一事，但李皋的智勇谋略和大将风度更见突出。《殿中少监马君墓志》记述一生无事堪记的纨绔公子马继祖，实在无可写，却把他幼儿时粉装玉琢形状描写一番，真是点睛之笔。

韩愈常有意识地在他的碑志里表达他的爱憎，他或在不经意处轻轻一笔，有所讽刺；或是写法忽详忽略，隐喻褒贬；或则直接批评谴责。如郡王杨燕奇，官勋显赫，但碑文点明他为了升官晋爵，与宦官田神功"约为父子，故公始姓田氏，田宫终，而后复其族焉"（《清边郡王杨燕奇碑文》），指出这位王爷不过是太监的干儿子。田弘正是安史之乱降将，割据称霸的节度使，《魏博节度观察使沂国公先庙碑铭》所叙只是宪宗和宰相如何命他撰碑，他如何推辞，勉力应命，至于田弘正父祖的“先世功德”却一字不提。《集贤院校理石君墓志铭》写隐士石洪,如何高尚,但某节度使“以币先走庐下”,就为其所“得”,不做隐士了,讽刺得很委婉。《殿中侍御史李君墓志铭》分别写了六七位梦想长生、服食丹药而死的朋友,指出他们“祈不死,乃速得死,谓之智,可不可也”(《故太学博士李君墓志铭》)行为的可悲,虽然代他们惋惜,但也谴责了他们的愚昧迷信。他写这些碑文时,宪宗也正尝试服食所谓仙药,做着长生梦,他的谴责就更有现实意义。

韩愈碑志的写述手法多种多样,不固定在一种公式化上,而是不断出奇变化,充分体现出文学的性能。例如每篇起笔,一般只是“公讳某,字某,某地人也”,他却不同。如《唐河中府法曹张君墓碣铭》一开头是这样写的:“有女奴抱婴儿来,致其主夫人之语……”文中大部分记述的便是这位“主夫人”诉说丈夫遇害的经过。又如《唐朝散大夫赠司勋员外郎孔君墓志铭》,先不叙说家世功业,一上来写道:“昭义节度卢从史有贤佐孔君,讳戣,字君胜。从史为不法,君阴争不从,则于会肆言以折之,从史羞,面颈发赤,抑首伏气,不敢出一语以对。”完全突破了一般碑志的格式,创造出新的写作方法。像这样的碑志,应当承认是上乘的文学作品。

表现手法和语言艺术

韩愈说过:“体不备不可以为成人,辞不足不可以为成文。”(《答尉迟生书》)文是“贯道之器”,所以他十分重视文的作用,在表现手法的创造和语言文字的锻炼上付出了巨大劳动,取得辉煌的成就。

1. 错综历落的长短句法

韩愈散文的句法构造,顺应语气和语法需要,长短不一,变化异常繁富,经常出现几十字的长句。皇甫湜说:“韩吏部之文如长江秋注,千里一道。”(《谕业》)苏洵也说:“韩子之文,如长江大河,浑灏流转,鱼鼋蛟龙,万怪惶惑。”(《上欧阳内翰第一书》)意即指他的文章做到了气势磅礴,语句奔放。与韩愈同时的裴度曾说:“文人之异,在气格之高下,思致之浅深,不在其磔裂章句,隳废声韵也。昌黎韩愈,恃其捷足,往往奔放,不以文立制,而以文为戏,可矣乎!”(《寄李翱书》)这是对他的批评,其实说着韩愈的长处。除几十字的长句,韩愈散文中还经常出现很短的短句。长短句的交错使用,可以增强语气的变化,形成错综历落之美。

2. 铺叙与排偶的运用

韩愈提倡的古文，以单行散句为主，但他在表现手法上却大量融化运用辞赋的铺叙与骈文的排偶，使他的散文在古朴中见其流丽，恣肆内寓有严整，疏密相间，丰盛多姿。

韩愈很推崇汉代大辞赋家司马相如、扬雄，他从扬雄处学“奇字”，从司马相如处撷取他状物写景的瑰丽。如《南海神庙碑》《祭河南张员外文》中的一些瑰伟奇丽的描写，都可看出是辞赋铺叙手法的变化运用。

韩愈散文中排句和偶句的应用非常广泛，与错综变化的长短句一样，同是他的作品中的基本造句形式。排句是指两个以上的短句组成一个整句，互相作对；偶句就是两个短句互为作对，成为一个整句。排偶在散文中与短句交替互用，可收连类引发、一气贯注之妙，同时对于造成散文音调和形式的优美，避免枯涩单调，也有莫大关系。两汉散文中已经开始形成“高下相须，自然成对”的偶句，韩愈更从六朝骈文中吸取技巧，加以丰富。排句如：

一凡人誉之，则自以为有馀；

一凡人沮之，则自以为不足。　（《伯夷颂》）

己果能之，人曰不能，勿信也；

己果不能，人曰能之，勿信也。

（《答陈生书》）

上之人行志择谊，坦乎其无忧于下也；

下之人克己慎行，确乎其无惑于上也。

（《送齐皞下第书》）

有的虽属单行，实际也是排句，如：

昭乎日月不足为明，

崒乎泰山不足为高，

巍乎天地不足为容。（《伯夷颂》）

偶句如：

位卑则足羞，官盛则近谀。（《师说》）

障百川而东之，挽狂澜于既倒。（《进学解》）

化当世莫若口，传来世莫若书。（《答张籍书》）

诛奸谀于既死，发潜德之幽光。

（《答崔立之书》）

财已竭而敛不休，人已穷而赋愈急。

（《送许郢州序》）

韩愈更把排偶的运用扩大到段与段、意与意之间，甚或一篇中反复叠用，使文势如层云开阖，雷电交作，特具一种排宕顿挫的气概。例如《师说》用“古之圣人”与“今之众人”对比;《送齐皞下第序》用“公”与“私”对比;《送李愿归盘谷序》用朝贵与隐士对比;《送董邵南序》用古之贤侠与今之叛逆对比;《送浮屠文畅师序》用儒道与佛教对比;《原道》叠用六古六今、六正六反对比;《原毁》通篇用“古之君子”与“今之君子”对比,又插用“责己”“待人”与“责人”“待己”对比。如此等等,都随处可见,达到了纯熟无迹的境地。

3. 托物比兴,抑扬讽喻

清章学诚说:“学者唯拘声韵之为诗,而不知言情达志,敷陈讽喻,抑扬涵咏之文,皆本之诗教。”(《文史通义》)说明比兴同样适用于散文,而韩愈运用如其自谓:“引物连类,穷情尽变。”(《送权秀才序》)如《杂说三》托比兽面人心者来讥刺人面兽心的人。《答刘正夫书》论文章贵乎独创,就说:“足下家中百物皆赖以用也,然其所珍爱者,必非常物,夫君子之于文,岂异于是乎?”这是借物取比。《为人求荐书》借伯乐和千里马来比喻对方和自己。《应科目时与人书》用怪物“穷涸不能自致于水”,“为獱獭之笑者”来比喻己身的困厄。《上贾滑州书》中用丰山之钟来引比渴望得到荐引。最有名的述说“不平之鸣”的《送孟东野序》,从“大凡物不得其平则鸣"说起，一连串地举出草木风水、金石丝竹、匏土革木，正都是托物比兴、抑扬讽喻的手法。

4. 论事析理，直言雄辩，层层剖析

韩愈的论说文，逻辑性很强，具有很强的说服力，这是继承先秦诸子散文的表现手法，加以发扬变化。先秦诸子像《老子》《荀子》以直言议论见长，《孟子》《庄子》则以诘难雄辩著称。韩愈兼而有之，形成独自的风格。

《原道》用儒家"将以有为也"，逐层驳斥佛、道的清静寂灭，笔锋锐利，几使物无遁形。《争臣论》反复强调谏臣的职责，理直气壮，尸位素餐者无辞可答。《讳辩》列举一个个实例责问那些力主避讳者，"将讳其嫌，遂讳其姓乎，将不讳其嫌者乎？"把一些伪君子驳得体无完肤。《鄠人对》虽是少年时作，但剖析事理，明锐尖利，毫无假借，断言"割股疗亲"不是孝行，"既以一家为孝，是辨一邑里皆无孝矣；以一身为孝，是辨其祖父皆无孝矣"，这种一句追一句的写法是很有力的。《圬者王承福传》有一段全是用问句，一气而下，理充情足。《柳子厚墓志铭》描写柳宗元的言论，"踔厉风发，率常屈其座人"，韩愈自己的论说文所采用的表现手法，正与之相仿佛。

5. 叙事中的浪漫手法

韩愈是一位热情的人,也是一位富于想象的人。他那上天入地捕捉奇伟事状的爱好和才能,充分表现在他的诗篇里。他的散文,主要写实,但也不时迸发出浪漫的火花。

《衢州徐偃王庙碑》叙述徐王历史,却把周穆王与西王母的传说编织进作品,使这篇墓志涂上了一层浪漫的色彩。《柳州罗池庙碑》原是记载柳宗元的政绩,但却生动地插叙了他死而为神的灵异;后面还有一首"楚辞体"的赞辞,也充满了浪漫的气息。《张中丞传后叙》写南霁云请救不得,抽矢射浮屠,"矢著其上砖半箭",这显然是神话的传说,韩愈却说"愈贞元中过泗州,船上人犹指以相语",依此按语激发人们的想象。《毛颖传》将笔砚纸墨都化成人物,形容酷肖,妙语双关。《鳄鱼文》把"冥顽不灵"的鳄鱼当作不义的恶人加以晓谕,这既是浪漫的想象,也是浪漫的手法。

6. 学习活的语言

韩愈一生和陈词滥调作斗争,坚持"惟陈言之务去","自古于词必己出"。他所使用的语言,新鲜生动。明确精炼,富有极大的表现力、感染力和概括力。这是由于他一方面从古代传下尚有活力的语言吸取滋养，另一方面更重要的是从丰富多样的生活语言中加以选择提炼。

向古人语言学习，熔铸自己新的辞语，在韩愈散文中屡见不鲜。如"目擩耳染"（《清河郡公房公墓碣铭》，现沿用为"耳濡目染"），出于《仪礼·特牲馈食礼》："擩醢者染于醢。""粉白黛绿者列屋而闲居"（《送李愿归盘谷序》），出于《战国策》"彼郑、周之女，粉白墨黑，立于衢闾"和《淮南子》"虽粉白黛黑，弗能为美者"。"崭然见头角"（《柳子厚墓志铭》），出于《礼记·学记》注"为发头角"。"其贤于世之患不得之而患失之者，以济其生之欲，贪邪而忘道以丧其身者，其亦远矣"，出自《论语·阳货》"其未得之也，患得之；既得之，患失之，苟患失之，无所不至矣"。"蝇营狗苟"（《送穷文》），出于《诗经·小雅》"营营青蝇"。还有像"不塞不流，不止不行"（《原道》），是从《论语·述而》的"不愤不启，不悱不发"演化而来。

7. 创造新颖的词汇

韩愈创造了大量新颖词汇，很多已经成为现代汉语的成语和日常用语，成为现代的群众生活语言中的有机组成部分，其中一部分已为后人四字句形式，略举如下：

坐井观天

(“坐井而观天，曰天小者，非天小也”——《原道》)

入主出奴

(“入者主之，出者奴之”——《原道》)

提要钩玄

(“纪事者必提其要，纂言者必勾其要”——《进学解》)

弱肉强食

(“弱之肉，强之食”——《送文畅师序》)

痛定思痛

(“如痛定之人思当痛之时”——《与李翱书》)

一发千钧

(“其危如一发引千钧”——《与孟尚书书》)

进退失据

(“进退无所据”——《与孟尚书书》)

驾轻就熟

(“若驷马驾轻车就熟路”——《送石处士序》)

天涯海角

(“一在天之涯，一在地之角”——《祭十二郎文》)

落井下石

(“落陷阱不一引手救，反挤之，又下石焉”——《柳子厚墓志铭》)

还有许多则是现成的四字句形式：

大声疾呼　（《上宰相第二书》）

俯首帖耳　摇尾乞怜　（《应科目时与人书》）

刺刺不休　不知轻重　（《送殷员外序》）

牢不可破　（《平淮西碑》）

冥顽不灵　（《鳄鱼文》）

大放厥词　（《柳子厚墓志铭》）

万目睽睽　（《郓州溪堂诗序》，“万”今作“众”）

志满意得　出群拔萃　（《与崔群书》，“群”今作“类”）

毛发尽竖　垂头丧气　面目可憎　语言无味（《送穷文》）

少安无躁　（《答吕毉山人书》）

佶屈聱牙　同工异曲　（《进学解》）

深居简出　（《送文畅师序》）

求道于盲　（《答陈生书》），“求”今作“问”）

这些数量众多、含义丰富、生动活泼的词汇，增加了韩愈散文的生命力，也为我国语言艺术宝库添加了珍贵的财富。

节录自《韩愈文集导读》

巴蜀书社 1993 年 6 月版

韩愈简谱

唐代宗大历三年(768)　1岁

韩愈出生于长安。其籍贯为河南河阳(今河南孟州)。其生未满二月,母亲去世。

大历五年(770)　3岁

父亲韩仲卿去世。韩愈由长兄韩会及嫂郑氏抚养。

大历六年(771)　4岁

随长兄韩会归河阳故里守丧。

大历九年(774)　7岁

长兄韩会任起居舍人,在京师。韩愈随往,开始读书、作文。

大历十二年(777)　10岁

韩会因牵连元载党,贬官韶州(今广东韶关)刺史,韩愈随兄嫂至贬所。

大历十四年(779)　12岁

长兄韩会病故,韩愈随长嫂郑氏归河阳料理长兄丧事。

唐德宗建中二年(781)　14岁

中原战乱,韩愈随嫂居于江南宣城,六经百家之书,无所不读。

唐德宗贞元二年(786)　19 岁

韩愈离宣城赴京师长安,应举求仕。

贞元三年(787)　20 岁

韩愈在京应进士试,落第。

贞元四年(788)　21 岁

韩愈再次应进士试,又落第。

贞元五年(789)　22 岁

韩愈第三次应进士试,又落第。

返宣州,途中作《上贾滑州书》。

贞元六年(790)　23 岁

韩愈归江南省宗。

贞元七年(791)　24 岁

韩愈又至京师应进士试。主考为文章名家兵部侍郎陆贽。

与孟郊订交。有《长安交游者赠孟郊》诗。

贞元八年(792)　25 岁

与李观、李绛、崔群、欧阳詹等同时进士及第,时称“龙虎榜”。

作《争臣论》等。有《孟生》诗。

贞元九年(793)　26 岁

应吏部博学宏词科试,落第。

作《应科目时与人书》。有《马厌谷》等诗。

贞元十年(794)　27岁

再试博学宏词科试,再落第。其间曾归河阳,娶妻。

作《赠张童子序》。嫂郑氏亡,作《祭郑夫人文》。

贞元十一年(795)　28岁

三试博学宏词科试,又落第;三次向宰相上书,皆不报;五月,离京师,东归河阳。

作《获麟解》《感二鸟赋》《送董邵南序》《画记》等。

贞元十二年(796)　29岁

汴州军乱。乱平后董晋被任为宣武军节度使,聘韩愈为观察推官。愈随晋赴汴州(今河南开封)。

与张籍相识。

贞元十三年(797)　30岁

在汴幕。

作《复志赋》《答张籍书》等。

贞元十四年(798)　31岁

在汴幕。与李翱结识。

贞元十五年(799)　32岁

董晋去世,韩愈从丧至洛阳。汴州发生兵变,杀行军司马陆长源等,韩愈幸免。携家至徐州,徐泗濠节度使张建封聘愈为节度推官。

作《上张仆射书》《太学生何蕃传》《与李翱书》。“五原”(《原道》《原性》《原毁》《原人》《原鬼》)可能作于此时。有《雉带箭》《汴泗交流赠张仆射》等诗。

贞元十六年(800)　33岁

在徐幕。五月离开徐州。张建封死,徐州旋即发生兵变。

有《与孟东野书》。

贞元十七年(801)　34岁

春,在京候选。夏秋间闲居洛阳,冬又往京师。

作《送孟东野序》《答李翊书》《送李愿归盘谷序》等。有《山石》《赠侯喜》等诗。

贞元十八年(802)　35岁

春,授四门博士。春夏间回河阳接家眷至京师。与柳宗元相识。

作《师说》《欧阳生哀辞》等。

贞元十九年(803)　36岁

秋冬间四门博士任满。冬初任监察御史。与刘禹锡、柳宗元为御史台同僚,并结为文友。岁末,京师天旱人饥,与御史台同僚张署联名上《御史台上论天旱人饥状》,触怒权贵,贬阳山(今属广东)令,署贬临武(今属湖南)令。

作《祭十二郎文》《送董邵南序》《御史台上论天旱人饥状》等。有《苦寒》《利剑》等诗。

贞元二十年(804)　37岁

为阳山令。

作《别知赋》等。有《湘中答张十一》《县斋读书》等诗。

贞元二十一年(八月改元永贞,805)　38岁

为阳山令。本年正月德宗崩,顺宗即位。八月顺宗禅位于太子,是为宪宗。夏秋间,韩愈与张署往郴州待命,秋末移官江陵府法曹参军。张署为功曹参军。

作《送区册序》。有《八月十五夜赠张功曹》《谒衡岳庙遂宿岳寺题门楼》《岳阳楼别窦司直》等诗。

唐宪宗元和元年(806)　39岁

在江陵府法曹参军任。五月召回京师为国子博士,夏秋间抵长安。

有《李花赠张十一署》《感春四首》,与孟郊等有《会合联句》《纳凉联句》等诗。

元和二年(807)　40岁

为国子博士,遭谤言,求为国子博士分司东都。夏末抵洛阳。

作《张中丞传后叙》。有《秋怀诗十一首》等诗。

元和三年(808) 41岁

为国子博士分司东都。与贾岛、李贺、皇甫湜、卢仝等结识。

《毛颖传》约作于此时。

元和四年(809) 42岁

为国子博士分司东都。八月改官都官员外郎守东都省。

元和五年(810) 43岁

为都官员外郎守东都省,冬改河南令。与宦官及不法军人发生冲突。与元稹结识。

作《上郑尚书启》《上留守郑相公启》《讳辩》等。有《东都遇春》《感春五首》等诗。

元和六年(811) 44岁

为河南令。秋,由河南令改尚书省职方员外郎,赴京师。

作《送穷文》《乳母墓铭》等。有《寄卢仝》《入关咏马》《石鼓歌》等诗。

元和七年(812) 45岁

春,再为国子博士。

作《进学解》等。

元和八年(813)　46岁

春三月,改官比部郎中、史馆修撰。

作《与刘秀才论史书》等。有《晚春》《桃源图》等诗。

元和九年(814)　47岁

为比部郎中、史馆修撰。十月改考功郎中、史馆修撰,十二月,以考功郎中知制诰。

作《贞曜(孟郊)先生墓志铭》《蓝田县丞厅壁记》等。

元和十年(815)　48岁

为考功郎中、知制诰。淮西战事发生。在长安靖安里置屋庐。

作《论淮西事宜状》《论捕贼行赏表》等。有《示儿》等诗。

元和十一年(816)　49岁

正月自考功郎中知制诰为中书舍人,五月降为太子右庶子。

作《科斗书后记》等。有《调张籍》《符读书城南》《听颖师弹琴》等诗。

元和十二年(817)　50岁

为右庶子。八月,为行军司马,随裴度大军征淮西。冬大军还京师，以军功为刑部侍郎。

作《河南令张君(署)墓志铭》《祭河南张员外文》等。有《过鸿沟》《次潼关先寄张十二阁老使君》等诗。

元和十三年(818)　51岁

为刑部侍郎。

作《平淮西碑》等。有《独钓四首》等诗。

元和十四年(819)　52岁

正月，宪宗迎佛骨，韩愈上表，宪宗怒，自刑部侍郎贬潮州(今属广东)刺史。四月抵潮，十月量移授袁州(今江西宜春)刺史。柳宗元卒于柳州，遗言请韩愈为墓志铭。

作《论佛骨表》《鳄鱼文》《潮州请置乡校牒》等。有《华山女》《左迁蓝关示侄孙湘》《过南阳》《题楚昭王庙》等诗。

元和十五年(820)　53岁

闰正月，宪宗崩，穆宗即位，九月，自袁州召回为国子监祭酒。

作《与孟尚书书》《柳子厚墓志铭》《新修滕王阁记》《应所在典贴良人男女状》等。有《去岁自刑部侍郎以罪贬潮州刺史，乘驿赴任，其后家亦遣逐，小女道死，殡之层峰驿旁山下，蒙恩还朝，过其墓，留题驿梁》

等诗。

穆宗长庆元年(821)　54岁

为国子监祭酒。七月转兵部侍郎。

长庆二年(822)　55岁

为兵部侍郎。镇州兵乱,二月,受命宣抚镇州。九月,转吏部侍郎。

有《奉使镇州行次奉天行营奉酬裴司空相公》《镇州初归》《同水部张员外曲江春游寄白二十二舍人》等诗。

长庆三年(823)　56岁

为吏部侍郎。六月转京兆尹,冬,再为兵部侍郎,旋即又转吏部侍郎。

作《柳州罗池庙碑》《拏女圹铭》等。有《早春呈张十八员外二首》等诗。

长庆四年(824)　57岁

正月穆宗崩,敬宗即位。韩愈为吏部侍郎,夏秋间因病告休(请假),冬,殁于长安。

有《南溪始泛三首》《玩月喜张十八员外以王六秘书至》等诗。

DEUTSCHE PRESSE AUS UNGARN IN DER ERSTEN HÄLFTE DES 19. JAHRHUNDERTS

Literatur, Theater, Sprache und Aspekte der Identität

Deutschsprachige Texte aus Ungarn. Bd. 6.

Herausgegeben
von
ANDRÁS F. BALOGH und LÁSZLÓ TARNÓI

DEUTSCHE PRESSE AUS UNGARN IN DER ERSTEN HÄLFTE DES 19. JAHRHUNDERTS

Literatur, Theater, Sprache und Aspekte der Identität

Auswahl und Nachwort von

ROZÁLIA BÓDY-MÁRKUS

Herausgegeben von

ANDRÁS F. BALOGH und LÁSZLÓ TARNÓI

Argumentum • 2007

Das Buch erscheint im Rahmen des Programms OTKA
(Ungarischer Förderungsfonds der wissenschaftlichen Forschung)
D048659

Herausgegeben
von
ANDRÁS F. BALOGH und LÁSZLÓ TARNÓI

Redaktionelle Mitarbeit: Zoltán Szalai, Orsolya Lénárt

1. Auflage
Argumentum-Verlag GmbH, Budapest 2006
Satz und Druck: Argumentum-Verlag
Gestaltung: Tamás Türr
Umschlag: Zsuzsa Kiss
ISBN 978-963-446-423-5

INHALT

I. PROGRAMMATISCHES

– –: Danksagung 13
Simon Peter Weber: Vorläufige Nachricht [von der *Preßburger Zeitung*] 15
Johann Csaplovics: [Patriotischer Wunsch] 19
C[arl] F[riedrich] Wigand: Zur Nachricht 22
Adolf Neustadt: Antrittswort 23
Moritz Gottlieb Saphir: Jungs-Literarisches mit Reis 27
Adolf Neustadt: Offener Brief an Herrn M. G. Saphir 33
Adolf Neustadt: Nur die Lumpe sind bescheiden 35

II. LITERARISCHE TEXTE

II. A. PROSA
Johann Majláth: Der Willitanz 39
L[udwig] Börne: Das Gastmahl der Spieler 44
Theodor Mundt: Das jüdische Stadtviertel in Krakau 50
– –: Die Liebenden von Vire 53

II. B. GEDICHTE
[Christoph Rösler]: [Mottogedicht zum Neujahr] 57
[Mottoverse I] 58
[Mottoverse II] 58
– –: Der Geliebte der Najade 59
[Christoph Rösler]: [Mottoverse III] 62
C. Friedr[ich] Haan: Nachruf an Louise Brachmann 63
– –: Phantasie 64

J[akob] Melzer: Der blutige Hochzeitstag 66
A[ndreas] H[aliczk]y: Freundschaft und Liebe 76
A[ugust] Eckschlager: Ungarns König lebe! 79
A. Peck: König Stephan 80
– –: Das Altarbild 82
Carl Jacob Lenz: Die Farbe der Treue 84
[Christoph Rösler]: [Mottoverse IV] 86
A. Peck: König Emerich 87
Ludwig Diósis: Des Ungars Vaterland 89
Gustav Steinacker: An Baron Joseph Eötvös 91
[Adolf] D[ux]: Romanze vom alten Fräulein 93
August Schmidt: Der Zigeuner 94
G[ustav] I[gnaz] Zerffi: Lieder aus dem magyarischen Volke 95
(Dániel Berzsenyi): Die Tänze. Aus dem Ungar[ischen] von Gottlieb Stier 97
(Ferenc Kölcsey): Verlobung. Aus dem Ungar[ischen] von Gottlieb Stier 99

III. WERTENDE STELLUNGNAHMEN, ADAPTATIONEN, ZITATE: REZEPTION DER DEUTSCHEN UND DER UNGARISCHEN LITERATUR

III. A. REZEPTION DER DEUTSCHEN LITERATUR
– –: Selbstgefühl 103
– –: Schiller 105
– –: Lessing 106
[Johann Konrad] Bexheft: Versuch eines Gegenstücks zu Schillers Resignation 107
– –: Duldet muthig Erdenwaller 110
– –: Zeitgeist 112
– –: Der Morgengruß. (Scene aus Göthe's Leben) 113
– –: Kunstgegenst[ände] 115
– –: Parallele zwischen Goethe und Schiller 117
– –: Urtheil über Goethe 118
– –: [Über Goethe] 120
[Johann Gottfried] Herder: Bramanen-Gedanken 121
[Johann Wolfgang] Goethe: Sinnspruch 122
[Karl Georg] R[um]y: Franz Kazinczy's merkwürdiges Urtheil über Herders theologische Schriften 123
L. K.: Aus dem Tagebuche eines verstorbenen Schulmannes 125
[Gottfried August] Bürger: Gnome 133

[Friedrich] Rückert: Sinnspruch 134
[Franz] Grillparzer: Lebensregel 135
– –: [Rezension zu:] Palugyay Imre, Megye-rendszer hajdan és most ... 136
[Jakob] St[einhardt]: Ein Schriftsetzer wird Göthes Ehrenretter und Vertheidiger des deutschen Bundes 138
– –: Kein Referat 139
M. Koch: Wem ist Deutschland vorzugsweise verpflichtet, ein öffentliches Denkmal zu errichten? 142
Nikolaus Lenau: Verlornes Glück 145
– –: Briefe aus einem Winkel Ungarns an eine Dame 146

III. B. REZEPTION DER UNGARISCHEN LITERATUR

– –: Literarische Notiz, samt vorläufiger Berichtigung 153
– –: [Rezension mit Mottogedicht] 156
– –: GedankenZunder 158
– –: Felső Magyar Országi Minerva 159
Karl Georg Rumy: A' Szent Hajdan' gyöngyei 161
– –: Neueste magyarische Literatur 164
– –: [Über Miklós Jósikas Roman: A' Könnyelműek] 166
– –: [Über das Taschenbuch Emlény] 167
– –: [Über Miklós Jósikas Roman: Az utolsó Bátori] 169
– –: Abafi, von Nicolaus Jósika 170
– –: [Über Gustav Steinackers Anthologie von Übertragungen ungarischer Gedichte] 172
– –: [Über Ferenc Császárs Gedichte] 174
– –: [Über ein dramatisches Vorhaben von Baron József Eötvös] 175
K. M.: Zrínyi a' költő, von Nicolaus Freiherrn von Josika 176
– –: [Über András Fáy] 178
– –: [Über Magyar titkok von Ignác Nagy] 179
– –: Stimme eines Ungars über die ungarische Literatur 181
– –: Charakteristik der ungarischen Volkspoesie 183
Gustav Birnbaum: Der vaterländische soziale Roman 185
Gustav Birnbaum: Von Büchern und Journalen 188

IV. KRITIKEN ÜBER THEATER UND DRAMENLITERATUR

[Johann Friedrich Ludwig] Wachler: Iffland und Kotzebue 193
S.: An Herrn und Frau Holtei 195
[Karl Georg] Rumy: [Notiz in Theatersachen] 197
L. K.: Vaterländische Bühnenliteratur 199
Adolf Neustadt: [Kritik über:] Der Fabricant 201

Adolf Neustadt: [Kritik über:] Der Krämer und sein Commis. Posse von [Friedrich] Kaiser 204
Adolf Neustadt: [Kritik über:] Egmont 206
– –: [Kritik über:] Ármány és szerelem (Kabale und Liebe) 211
(Gustav Ignaz Zerffi): Szökött katona. (Der Deserteur) 213
[Gustav Ignaz Zerffi]: Gabriel Egressy über Rachel 232

V. ASPEKTE DER IDENTITÄT

– –: Liebe der Ungarn zur Litteratur 241
– –: Schwäbische Auswanderer 244
– –: Andeutungen über den Begriff der Vaterlandsliebe 245
Weber: [Über die Muttersprache] 247
A. v. J.: Über die Verbreitung der magyarischen Sprache in Ungarns Norden 248
– –: [Über Mihály Kunits's Reflexionen] 251
– –: Die Liebe zur Muttersprache 254
[Karl Georg] Rumy: Vaterlandsehre 255
– –: Jan Kollárs Werk [über die literarische Wechselseitigkeit unter den Slawen] 256
– –: [Über die] Malerische Reise auf dem Waagflusse in Ungern von Aloys Freiherrn von Mednyánszky 257
– –: Die deutsche Auswanderung nach Ungarn. (Aus d[er] *Deutsch[en] Allg[emeinen] Z[ei]t[un]g*) 259
[Johann Ignaz] Weitzel: Über den Cosmopolitismus der Deutschen 261
Max: Janko, der Roßhirt. Roman in Versen, von Carl Beck 263
[Adolf] Neudstadt: Der *Világ* und die teutschen Blätter 264
– –: [Über die Bedeutung der Wörter „Ungar" und „Magyare"] 266
[Gustav Ignaz Zerffi]: Widerlegung 268
[Adolf] D[ux]: [Über das Leutschauer protestantische Lyceum] 270
[Adolf] D[ux]: Den ungarischen Journalisten 272
[Adolf] D[ux]: Über deutsche Literatur in Ungarn 274

VI. PRESSESTIMMEN AUS WEITEREN DEUTSCHSPRACHIGEN PERIODIKA UNGARNS VON 1825 BIS 1847

VI. A. REZEPTION DER DEUTSCHEN LITERATUR
[Moritz] Rosenthal: [Zum Tode von] Jean Paul Friedrich Richter 279
M[oritz] Kornfeld: Über L[udwig] Tieck's Novelle: Dichterleben und über Mich[ael] Beer's Trauerspiel: Der Paria 280
Alf.: [Über Goethes Wahlverwandschaften] 284
Novalis: Der Wein 286

– –: Commentar zu Novalis Weinliede ... 288
[Georg] Tretter: Goethe ... 294
– –: [Über Schillers Räuberlied] ... 296
E. M.: Correspondenz [aus Berlin] ... 297
[Johann Wolfgang] Goethe: Urtheil über sich selbst ... 304
R–d.: [Über den gegenwärtigen Stand der deutschen Literatur] ... 305
Ed. Kalmár: Briefe an einen Freund ... 306

VI. B. THEATER
– –: Journal-Controlle ... 311
– –: Pesth-Ofner Notizen ... 313
– –: Tisztújítás (Beamtenwahl), Lustspiel von Ignaz Nagy [zum achten Mal auf der Nationalbühne] ... 315
G–ni: Szigligeti ... 317
– –: [Kritik über:] Két pisztoly von Szigligeti ... 319
– –: [Über eine Vorstellung von Szökött katona im Nationaltheater] .. 321
– –: Schwarzes Buch ... 322
Ph[ilipp] Weil: [Kritik über:] Zsidó (der Jude), Vaudeville-Drama von Szigligeti ... 324
F.: [Kritik über:] Két gyám (Zwei Mündel). Volksstück mit Volksliedern von Moritz Jókay ... 326

VI. C. NATIONALE PROBLEMATIK, SPRACHE, IMAGOLOGISCHE ASPEKTE
– –: An die Redaktion der *Iris* ... 331
– – h: Der Israelite, als Handelsmann in Ungarn ... 336
[Karl Georg] Rumy: Vaterländische Ehre im Auslande ... 339
[Georg] Tr[etter]: Das Vaterland ... 342
– –: [Über eine Streitschrift] ... 344
Moritz Lukács: Entschuldigung. Für meine Freunde ... 346
– –: Klagen der Slawen ... 348
– –: Literarische Berichtigung ... 350
– –: Vaterländisches ... 352
– –: Ein Wort über die Philippika der Hermannstädter *Transilvania* 353
– –: Entgegnung [auf den *Siebenbürger Boten*] ... 356
– –: [Notiz über die Bevölkerung von Pest und Ofen] ... 359
– –: [Über einen Artikel der Augsburger *Allgemeinen Zeitung*: Die Juden und ihre bürgerliche Stellung im christlichen Europa] ... 361
Lesigan: Auch ein Wort über Ungarn ... 363
–d–: Jizraël könyörgései (Gebete der Israeliten) übersetzt von [Moritz] Rosenthal ... 365
– –: [Über den Patriotismus der ungarländischen Juden] ... 367

–ó–: Die falschen Magyaren 369
– –: Pesth-Ofner Notizen 372
M: Das Volksfest am Blocksberge 373
– –: Siebenbürger Briefe 375
nz: Sächsische Briefe 378

ANHANG

Nachwort 385
Verzeichnis der Personennamen 399
Verzeichnis der Periodikatitel 429
Verzeichnis der Ortsnamen 433
Abkürzungen 435
Abbildungen 441

I.

PROGRAMMATISCHES

— —

DANKSAGUNG[1]

Gegenwärtige Zeitschrift [die *Preßburger Zeitung*] als die zuerst bestandene Zeitung in unserem Vaterlande,[2] ist vor neun und vierzig Jahren von dem Großvater der v. Landererschen Erben aufgelegt worden.[3] Der Fleiß dieses neuen Unternehmens und die bekannte Anstrengung der jetzigen Verleger Vaters, den möglichst wohlfeilesten Pränumerations-Preis immer beherzigend, blieb auch nicht ungekrönt; denn die *Preßburger Zeitung* war durch Verlauf von neun und vierzig Jahren sowohl im Inn- als Auslande so beliebt, daß selbe unter den inländischen Blättern den ersten Rang mit behauptete. Das Befugniß der Herausgabe dieser Zeitung vom 1. July l[aufenden] J[ahres] geruheten Se. geheiligte Majestät[4] der Gemeinschaft dieser

[1] *Preßburger Zeitung*, 30. Juni 1812, nicht pag.

[2] Die erste deutschsprachige Zeitung des Landes war in Wirklichkeit nicht die *Preßburger Zeitung*, sondern der Ofener *Wöchentlich zweymal neu-ankommender Mercurius*, der von 1730 bis zu den 1760er Jahren erschien, aber sehr schlecht überliefert ist. Selbst die Dauer seines Bestehens steht nicht fest. Das letzte bekannte Exemplar stammt aus dem Jahre 1739, aber auch aus dem Jahre 1760 kennt man ein Exemplar von einer Ofener Zeitung, die eventuell eine Fortsetzung des *Mercurius* sein könnte. Aufgrund dessen hält man es in der ungarischen Fachliteratur für wahrscheinlich, dass das Blatt, wenn auch mit Unterbrechungen und Titeländerungen, mindestens bis in die 1760er Jahre bestand, manche Forscher nehmen sogar an, dass dem Erscheinen der *Ungarischen Staats- und Gelehrten Nachrichten*, die 1787 ins Leben gerufen wurden und gut dokumentiert und erhalten sind, nur eine kurze Unterbrechung in der Ofener Zeitungsherausgabe vorausging, vgl. KÓKAY 1979, S. 56. Es gibt auch Zeichen dafür, dass der *Mercurius* bis in die 1760er Jahre unter gleichem Titel bestand: Nach einer Aufzeichnung des Rechtshistorikers und Zeitschriftenredakteurs Martin Georg Kovachich aus den 1780er Jahren (Handschriftensammlung der Széchényi Nationalbibliothek Fol. Germ. 5/4, 521–524. f.) bestand er bis 1766.

[3] Die *Preßburger Zeitung* erschien vom Jahre 1764 an und wurde von Johann Michael Landerer ins Leben gerufen.

[4] König Franz I. von Habsburg.

königl. Freystadt Preßburg allergnädigst zu verleihen, mit dem Beding, daß dieses Verlags Recht an einem, doch mit gehörigen Eigenschaften begabten Meistbiethenden zugelassen werde, und somit hat Herr Simon Peter Weber, privil. Buchdrucker und Vormund dieser Stadt, als Meistbiethender eben dieses Recht auf sechs Jahre sich zugeeignet. Nachdem diesem zu Folge die v. Landererschen Erben mit Ende laufenden Monaths Juny gegenwärtige Zeitung nicht mehr verlegen werden, so kann ihr Vormund im Namen seiner Pupillen, für die durch einen beträchtlichen Zeitlauf von neun und vierzig Jahren genossene Begünstigung dem hohen Publikum und Abnehmer dieser Blätter, nicht unterlassen, mit seinem Abtritt den unterthänigsten Dank hiemit abzustatten, und sich und seine Pupillen auch fernerst gehorsamst zu empfehlen. Um aber allen schon wirklich eingetretenen Mißverständnissen vorzubeugen, sieht der Vormund für nöthig anzuzeigen, daß das erloschene Zeitungsgeschäft auf seiner Pupillen andere Geschäfte keinen Bezug habe, und folglich die sowohl hier als zu Pest befindliche Buchdruckerey[5] im Gang verbleiben, auch der Verlag an beyden Orten so wie zuvor besorgt werden wird. Mit diesem Stück schließt sich die v. den Landererschen Erben verlegte *Preßburger Zeitung*.

[5] Johann Michael Landerer betrieb in Pest ab 1783 eine Druckerei, die bis 1847 im Eigentum der Familie verblieb.

Simon Peter Weber

VORLÄUFIGE NACHRICHT [VON DER *PRESSBURGER ZEITUNG*][1]

Preßburg, den 20. April 1812

Seine Geheiligte Majestät, unser Allergnädigster Kaiser und König[2] haben, aus landesväterlicher Sorgfalt für unsere, durch so viele traurige Ereignisse entkräfteten Stadt-Kassa und Bürgerschaft, das Privilegium auf die deutsche *Preßburger Zeitung*, welche bisher in dem v. Landererschen Verlage herauskam, der Stadt allergnädigst zu verleihen geruhet, und ihr aufgetragen, dieses neue königl[iche] Benefizium, durch eine öffentliche Versteigerung an einen dazu geeigneten Mann zu überlassen. Diese Versteigerung ist den 8. dieses Monats vor sich gegangen, und ich Endesunterzeichneter habe, aus Liebe zu meinen Mitbürgern, aus Eifer für das allgemeine Wohl unserer Stadt, und aus Pflicht, die mir mein Amt, als Stadtvormund auflegt, einen solchen Anbot gemacht, der nur durch regen Fleiß, durch Anstrengung aller möglichen Kräfte, und durch die vermehrte Theilnahme hereinzubringen ist. Hochverehrtes Publikum! durch Ihre Theilnahme, durch Ihre Unterstützung dieser Zeitschrift, werden Sie zugleich unvermerkt auch eine Stadt unterstützen, die es wegen ihren, in einer so kurzen Reihe von Jahren, erlittenen Drangsalen, in so hohem Grade verdient. Sollte dieß nicht ein patriotischer Antrieb auch für diejenigen Titl. Herren Leser seyn, die seit einiger Zeit aufgehört haben, auf diese Zeitung zu pränumeriren? – Sollte es sie nicht aufmuntern, die vorigen Verbindungen wieder anzuknüpfen,

[1] Originaltitel: *Vorläufige Nachricht von der Herausgabe und dem Verlage der k. k. privilegierten städtischen Preßburger Zeitung für das kommende halbe Jahr, vom ersten July bis letzten Dezember 1812.* Die Druckschrift findet sich in dem in der Széchényi Nationalbibliothek mikroverfilmten Jahrgang 1812 der *Preßburger Zeitung* am Ende des ersten Halbjahrs, sie wurde dem Blatt nach der Zeitungsnummer vom 30. Juni zugebunden.

[2] König Franz I. von Habsburg.

durch welche das im Vaterlande zirkulirende Geld nicht ins Ausland sich verliert? Gewiß – und mein Eifer zur Erreichung der väterlichen Absichten Sr. Geheiligten Majestät, des Löbl. Stadt-Magistrats, und der ganzen Bürgerschaft, verbunden mit dem Vorsatze, alles aufzubieten, was diese so beliebte *Preßburger Zeitung* mehr heben, und ihr mehr Interesse verschaffen kann, gewähren mir die frohe Aussicht, daß sie fortdauernd so beliebt und mit Vergnügen gelesen werden wird, wie bisher. Daher soll es meine angelegentlichste Pflicht seyn, auf gutes Papier, leserlichen Druck und Pünktlichkeit in der Ablieferung, die größte Sorgfalt zu verwenden, um das Löbl. k. k. Oberpostamt allhier, und durch dasselbe alle übrigen k. k. Postämter in der richtigen Expedition und Abgabe dieser Blätter nicht nur nicht zu hindern, sondern auf alle mögliche Art zu befördern.

Der Plan dieser Zeitung bleibt in der Hauptsache der nehmliche, den das hochverehrte Publikum, durch eine so lange Reihe von Jahren gebilligt hat. – Die eigentliche Zeitung, welche alle Woche zweymal, Dienstags und Freitags, herauskommt, und jedesmal aus einem ganzen Bogen in Quarto bestehen wird, soll alle in- und ausländischen politischen Kriegs- und Staatsbegebenheiten enthalten, die zur Kenntniß des Publikums nur immer geeignet sind. Die Korrespondenz, die mein Vorfahrer[3] gepflogen, werde ich mit eben dem Aufwande zu erhalten trachten, und meine eigenen Freunde sollen ihre Ausdehnung beträchtlich erweitern; so, daß ich, mit Beyhülfe auch aller vorzüglicheren in- und ausländischen Zeitungen, Journale und Monatschriften, im Stande seyn werde, die meisten Zeitereignisse und Weltbegebenheiten eben so frühe zu liefern, als die übrigen Zeitungen.

Das Intelligenzblatt, welches ebenfalls alle Woche zweymal mit der Zeitung herausgegeben wird, bleibt im wesentlichen so, wie es war, und was auch seine eigentlichste Bestimmung ist; nehmlich: ein Inbegriff von allen möglichen Notifikationen, Nachrichten, Bekanntmachungen, Bücheranzeigen u. d. gl. die man zur Kenntniß des Publikums bringen will; und welches Jedermann gegen Erlag einer mäßigen Einrückungsgebühr zu seinem Vortheile benützen kann. Damit es aber seinem Zwecke um so mehr entspreche, werde ich mich an keine Bogenzahl binden, sondern je nachdem die Ankündigungen sich vermehren, soll sich auch die Bogenzahl vermehren. Hierdurch wird es mir möglich werden, die Nachrichten um so geschwinder, und nach Jedermanns Wunsche verbreiten zu können. – Auch sollen die Todtenlisten der Stadt von Posttage zu Posttage eingerückt werden;

[3] Von 1795 bis April 1810 wurde sowohl der Verlag als auch die Redaktion der *Preßburger Zeitung* von Michael Landerer besorgt. Nach seinem Tod wurden seine minderjährigen Kinder (die Landerer'schen Erben) als Verleger (vgl. auch den obigen *Danksagung* betitelten Text), Wilhelm Schmidt als Redakteur genannt (BUSA 1986 Bd. I, S. 235–236.). Vom 1. Juli 1812 an übernahm Simon Peter Weber beide Funktionen.

denn nur die frühe und pünktliche Einrückung derselben, kann das Interesse an diesem Artikel vermehren. – Eben so sollen Allerhöchste, Hohe und Magistratische Verordnungen und Befehle vorzüglich mitgetheilt werden. – Die Preise der Früchte auf dem hiesigen Marktplatze, und der Landes-Produkte auf den Pester-Märkten sollen aus zuverläßigen Quellen von Zeit zu Zeit in diesem Blatte erscheinen; und so hoffe ich, daß dieses Blatt sowohl in merkantilischer Hinsicht, als auch für alle andere Geschäfte in der Zukunft weit nützlicher werden kann.

Was aber das bisherige *Unterhaltungsblatt* betrifft,[4] das der Zeitung in einem halben Bogen beylag, so glaube ich damit eine Veränderung machen zu müssen, die zur Verbesserung und Vervollkommnung desselben wesentlich beytragen soll. Nach meiner Absicht soll es ein gedrängter Auszug aus allen literärischen, ökonomischen, militärischen, medizinischen, chirurgischen und andern Journalen und Monatschriften seyn; damit alle Klassen der verehrten Leser das Wissenswürdigste und Nützlichste in diesen Fächern mit einem Blatte erhalten, das sonst nur der Unterhaltung gewidmet war. Weil aber zur Erreichung dieser Absicht die Kräfte eines Einzelnen nicht hinreichen, so werde ich gelehrte Männer ersuchen, deren Kenntnisse und Talendte mich hiebey unterstützen sollen; und da ich in diesem Blatte auch auf das schöne Geschlecht, das doch auch so gern an Weltbegebenheiten Theil nimmt, und nach nützlicher Unterhaltung strebt, wesentliche Rücksicht nehmen, ja zuweilen auch das Merkwürdigste aus der Theater- und Modewelt mittheilen werde, so hoffe ich, wenn auch nicht gleich, doch mit der Zeit den vermehrten Beyfall der geneigten Leser zu erringen.

Über den Pränumerationspreis und alle übrigen Anstalten behalte ich mir vor, das verehrte Publikum, in meiner, im Monate May zu versendenden Ankündigung zu benachrichtigen; gebe aber im voraus die Versicherung, daß diese Zeitschrift, im Verhältnisse ihrer Bogenzahl, gewiß wohlfeiler, als andere Zeitungen seyn soll.

Der Anfang dieser neuen Redaktion ist den 2. July l[aufenden] J[ahres] und das erste Blatt wird den 3. Tag desselben Monats ausgegeben. Sollten binnen dieser Zeit meine Freunde und Korrespondenten, oder wer immer, in diesem Geschäfte mir zuschreiben wollen, so ersuche ich Sie, die Aufschrift folgendermaßen zu machen: An das k. k. privilegirte städtische Zeitungsamt des Simon Peter Weber in Preßburg.

Ich schließe mit der Bitte an alle Gerichtsbarkeiten unsers Vaterlandes und aller verbrüderten Staaten, die unter dem sanften Zepter Österreichs leben, und an alle patriotische Menschenfreunde, womit sie an dieser Zeit-

[4] Das *Unterhaltungsblatt als Beylage zur Preßburger Zeitung* (zeitweise unter dem Titel: *Unterhaltungsblatt für die Leser der Preßburger Zeitung*) erschien 1812 wöchentlich, ab 1813 zweimal wöchentlich.

schrift Theil nehmen, sie ihren Mitbürgern empfehlen, und so die väterliche Absicht Sr. Geh[eiligten] Majestät: hiedurch unserer städtischen Kassa eine neue Unterstützung zu bewirken, werkthätig befördern helfen mögen. In dieser trostvollen Hoffnung empfiehlt sich zu allgemeinem Wohlwollen

Simon Peter Weber, Verleger der k[aiserlich] k[öniglichen] städtischen *Preßburger Zeitung* und k. k. p[rivilegierter] Buchdrucker.

Johann Csaplovics

[PATRIOTISCHER WUNSCH][1]

Wien, den 19ten May 1830

So eben ist mir Nro. 39 der *Ährenlese* zugekommen. Mit Vergnügen erfahre ich daraus mehrere *interessante* vaterländische Data, die uns der gelehrte und unermüdet thätige Hr. Assessor bey der kön[iglichen] Districtualtafel zu Güns, Franz v. Csergheö, die Gefälligkeit hatte, mitzutheilen.[2] Hätten wir nur recht viele Csergheö's!!! Nirgends lassen sich ähnliche vaterländische Merkwürdigkeiten passender und zweckgemäßer besprechen, als in Blättern, welche im Lande selbst erscheinen; und es kann auch keinen unschuldigeren und für uns interessanteren Text geben, als *Vaterlandskunde*. Daß der größte Theil der Leser dieser Blätter mit mir einverstanden ist, darf ich wohl voraussetzen, und habe dafür bereits auch zahlreiche Beweise. Nächstens werden mehrere *bergstädtische* Denkwürdigkeiten folgen.[3] Wer Kenntniß und Lust hat, möge aus seiner Gegend so viel er vermag, hiezu beytragen. Die *Ährenlese* könnte nach und nach zu einer reichen Niederlage hauptsächlich vaterländischer interessanter Nachrichten gestaltet werden.

[1] *Ährenlese zur Belehrung und Unterhaltung* (Beiblatt der *Preßburger Zeitung*, im Weiteren: Ährenlese) 1830, Nr. 42, S. 170. Die Notiz erschien unter dem Titel *Literatur* zusammen mit der Rezension über einen ungarischsprachigen landwirtschaftlichen Ratgeber von János Balásházy.

[2] FRANZ VON CSERGHEÖ: *Ungerns Merkwürdigkeiten der Natur und Industrie*. In: *Ährenlese* 1830, Nr. 24, S. 97–99; Nr. 25, S. 101–102; Nr. 26, S. 105–106; Nr. 39, S. 157–159 und Nr. 41, S. 165–167. Die Artikelreihe wurde fortgesetzt in: *Ährenlese* 1830, Nr. 52, S. 209–211; Nr. 53, S. 213–214; Nr. 72, S. 289–291; Nr. 73, S. 293–295; Nr. 93, S. 373–375; Nr. 96, S. 385–386; Nr. 97, S. 389–390.

[3] Im Jahrgang 1830 ist dies nicht erfolgt.

[Anmerkung des Redakteurs Wigand]: Sie ist es durch die rege Theilnahmne des Herrn Referenten selbst,[4] dann der HH. v. Csergheö,[5] Rumy,[6] Schramko,[7] und durch einzelne Beyträge anderer Gönner, wenigstens zum Theil schon geworden, und daß diese ihre nächste Bestimmung überall im Vaterlande mit Beyfall anerkannt worden ist, dafür habe ich nicht minder zahlreiche Beweise. Welche Anregung hat nicht z. B. die Debatte über das Temesser-Banat gefunden?[8] – Ich habe diesen Gegenstand, der für mich auch dadurch ein erhöhtes Interesse gewann, weil er mir neue Bekanntschaften zuführte, die der *Ährenlese* auch in der Folge nützlich werden dürften, darum nicht mehr fortgesetzt, weil einige Beyträge mit Persönlichkeiten verflochten waren, die wohl *einer* Parthey Spaß gemacht, im Ganzen aber dem Blatte, das *allen* Partheyen möglichst gerecht zu werden strebt, geschadet haben würden. Die *Ährenlese* ist noch in dem zarten Alter, das sehr sorgsamer Pflege und consequenter Leitung bedarf, um sich in der errungenen Gunst zu erhalten; und wer mit mir einverstanden ist, daß es weit leichter ist, 200 Abnehmer zu verlieren, als *einen* zu gewinnen, wird mir auch beystimmen, daß immer ein gewisser Tact dazu gehört, sich von gewissen Rücksichten nicht binden zu lassen. Vielleicht bin ich für Manche zu vorsichtig und streng in der Wahl der Aufsätze; allein diesen Vorwurf lasse ich mir schon gefallen; begegne denselben aber zum Theil dadurch, daß ich nicht zur Aufnahme von Gegenständen, die nur ein sehr beschränktes Interesse haben, oder die in gewisser Absicht eingesandt wurden, etwa um Jemanden mit Lobhudeleyen zu überschütten, durchaus nicht herbeylasse. Dankbar werde ich auch in der Folge Beyträge, die wie jene von den

[4] Z. B. JOHANN CSAPLOVICS: *Ungern's Denkwürdigkeiten*. (Fortsetzung von *Ährenlese* 1829, Nr. 61.) In: *Ährenlese* 1830, Nr. 10, S. 41–43; Nr. 15, S. 61–62; Nr. 29, S. 117–119; Nr. 30, S. 121–123; Nr. 34, S. 137–139; Nr. 38, S. 153–155. Die Artikelreihe wurde fortgesetzt in: *Ährenlese* 1830, Nr. 45, S. 181–183.

[5] Vgl. Anm. 2, sowie seine weiteren Beiträge in: *Ährenlese* 1828, Nr. 6, Nr. 96. und den Text *Über den Hang zur Wohlthätigkeit* in: *Ährenlese* 1830, Nr. 3, S. 13–14.

[6] Z. B. KARL GEORG RUMY: *Ungrische Erfindungen*. In: *Ährenlese* 1830, Nr. 9, S. 38–39.

[7] [PETER PAUL] S[CHRAMKO]: *Vaterländische Antiquitäten*. In: *Ährenlese* 1830, Nr. 1, S. 3–4.

[8] KARL GEORG RUMY: *Über die Ableitung des Namens Banat aus der magyarischen Sprache, in Nr. 101 der Ährenlese von 1829*. In: *Ährenlese* 1830, Nr. 9, S. 37–38. Rumy reflektierte darin auf die in der *Ährenlese* von „D. M. P." dargelegte Theorie, das Wort „bánát" lasse sich aus dem ungarischen Zeitwort „bánni" (handhaben, behandeln) ableiten. Die Jahrgänge 1827, 1828 und 1829 der *Ährenlese* stehen leider nicht zur Verfügung (sie sind in der Széchényi Nationalbibliothek nicht vorhanden), die Bezugnahmen auf die Beiträge in diesen Jahrgängen erfolgen aufgrund ihrer Erwähnungen in den vorhandenen Jahrgängen 1830–1836, deshalb fehlen die genaueren bibliographischen Angaben, vgl. auch oben Anm. 5; G. M. B.: *Über die Abstammung der Worte Ban und Banat*. (Siehe Nr. 73, 90 und 101 dieser Blätter von 1829.) In: *Ährenlese* 1830, Nr. 18, S. 73–74. „G.M.B." bestritt in seinem aus Fünfkirchen datierten Artikel ebenso wie Rumy, dass „bánát" aus einem anderen ungarischen Wort abzuleiten sei.

obengenannten Gönnern der *Ährenlese*, ein *allgemeines* vaterländisches Interesse haben, aufnehmen[9] und mich herzlich freuen, wenn ich in dem Blatte, im Sinne der Schlußworte des Hn. v. Csaplovics,[10] auch noch recht viel neue Acquisitionen anreihen kann.[11]

[9] Den wiederholten Aufforderungen von Csaplovics und Wigand ist möglicherweise zu verdanken, dass sich in der Folge auch andere Verfasser mit Beiträgen meldeten, die in das Thema Vaterlandskunde schlugen, z. B. GEORG V. GYURIKOVICS: *Die Thurm-Ruine bey Kittsee*. Als historisch wichtiges Denkmal in der Geschichte des ungrischen Reiches. In: *Ährenlese* 1830, Nr. 75, S. 301–302; Nr. 76, S. 305–307 und ALOIS FRIEDRICH PAUER: *Merkwürdiges Todes-Denkmahl eines ungarischen Kriegers in der Hochfürstlich Eszterházyschen Herrschaft Lockenbach im Ödenburger Comitat*. Eine Volkssage. In: *Ährenlese* 1830, Nr. 95, S. 383–384.

[10] JOHANN CSAPLOVICS schrieb zum Schluß seiner über *Ungern's Denkwürdigkeiten* publizierten Artikelreihe folgende Worte: „Da die Vaterlandskunde schon seit Jahren meine allerangenehmste und fast ausschließliche Nebenbeschäftigung [...] ist, so bin ich [...] auch mit einem ansehnlichen Materialien-Vorrath bereits versehen; allein ich wünschte doch auch andre Köpfe auf diese fruchtbare Idee zu lenken und sie um Beyträge zu bitten, welch letztere alle in der *Ährenlese* Platz finden können. Wir besitzen bereits treffliche geschichtliche Werke von Gebhardi, Engel, Feßler; aber alle diese Gelehrten lieferten fast nur die Geschichte des Staats, der Könige, der Kriege; Niemand doch die Geschichte des *Volkes*, obschon die zwey letzteren auch dieses nicht unberücksichtigt ließen. Aber meine Idee ist eine ganz eigene. Ich wünschte einmal ein Buch zu lesen: *wie es sich denn einst in Ungern in allen Beziehungen lebte?* Ein solches Buch, so wie ich es mir denke, müßte ganz besonders interessant seyn und zwar für Jedermann. Man müßte darin die ganze Vorzeit vom J. 1000 bis zum J. 1711 einerseits, andrerseits vom J. 1711 bis jetzt, wie in einem Spiegel sehen, und ich wette darauf, dass uns der Zeitraum vom J. 1711, und noch besser vom J. 1741 an, wie ein wahres *goldenes Zeitalter* erscheinen müßte. [...] – Nun, wer etwas beysteuern kann und will, beliebe es an die Redaction dieser Blätter einzusenden. Das Thema ist sehr fruchtbar und interessant; und die Abnehmer dieser Zeitung werden gewiß jeden tüchtigen Beytrag mit Dank aufnehmen. Von mir versteht es sich ohnehin." In: *Ährenlese* 1830, Nr. 10, S. 41–43; Nr. 15, S. 61–62.

[11] Die Anmerkung ist mit der Unterschrift „W." versehen. Aus dem Inhalt der Anmerkung geht hervor, dass dieser Buchstabe hier, wie an zahlreichen anderen solchen Stellen, die sich eindeutig als redaktionale Kommentare identifizieren lassen, als Abkürzung vom Namen des Redakteurs Carl Friedrich Wigand zu lesen ist.

C[arl] F[riedrich] Wigand

ZUR NACHRICHT[1]

Preßburg, den 28. Jänner 1831

Es sind mir seit einiger Zeit mehrere Aufsätze für die *Ährenlese* zugekommen, deren Einsender sich weder unterzeichnet, noch mir bekanntgegeben haben. Das erstere ist nicht erforderlich, das Letztere aber unerläßlich, denn – ich habe Censur-Verpflichtungen und muß mich, erforderlichen Falls, gehörig legitimiren. Einer der neuesten solcher Aufsätze ist aus St. M. vom 3ten d[iesen Monats] datirt, sehr achtungswürdige Handlungen der Nächstenliebe schildernd, deren mir unbekannter Verfasser sich für die Richtigkeit der Abgaben verbürgen muß, wenn der Aufsatz abgedruckt werden soll. Zugleich diene allen, die mir Beyträge für die *Ährenlese* sowohl, wie für die Zeitung einsenden, zur gefälligen Nachricht, daß sie dieselben nach 14 Tagen wieder abfordern können, wenn sie während dieser Zeit nicht aufgenommen worden sind.

[1] *Ährenlese* 1831, Nr. 8, S. 36.

Adolf Neustadt

ANTRITTSWORT[1]

Motto: Neue Besen kehren gut!

Ich denke mir, die Leser und Leserinnen dieser Zeitschrift sitzen in einem großen Circus, gespannt auf ein neues Schaustück, das man auf dem Anschlagzettel angekündigt hat. Eine solche Versammlung nennt man Publicum, und ein solches Publicum pflegt nicht immer bei guter Laune zu seyn; darunter gibt es welche, die schon *im Voraus* beifällig die Hände ineinander klatschen, denn sie sind „gut Freund" des Circus an und für sich, andere spitzen den Mund so pfiffig, daß den neugierigen Lauschern durch das Loch der Courtine ganz angst und bange wird; manche sind ganz indifferent für das versprochene Spectakel, sie wollen bloß sehen und gesehen werden, wogegen manchen wieder die Partheilichkeit mit Fracturschrift auf's Gesicht geheftet ist. Kurzum, ich denke mir ein Publicum, wie gewöhnlich ein Publicum beschaffen; die Glocke läutet, der Vorhang wird aufgezogen, – zwei Männer erscheinen und reverenzen mit 3 tiefen Bücklingen. Ein Geräusch durchläuft den Circus, die Lorgnons werden hervorgesucht, und der Operngucker auf die Nase gepflanzt, um die Leutchen zu mustern. Was die Damen, deren schnellfliegendes Auge im Nu die ganze Erscheinung auffaßt, darüber sich zuflüstern, kann ich nicht mittheilen, denn ich stehe zu entfernt, um die leise herausgeworfenen Äußerungen zu vernehmen; aber was das eine Männchen, blaß und verlegen, jetzt denkt und fühlt, weiß ich auf ein Haar, denn ich bin ihm so nahe, daß ich seinen eiligen Puls pochen höre, ich bin das Männchen selbst, welches der Herr Verleger allein vor dem Publicum stehen läßt, mit der Ankündigung: *Der neue Redakteur*.

[1] *Pannonia* (Beiblatt der *Preßburger Zeitung*) 1841, Nr. 63. vom 6. August, S. 247–248.

Wer von den freundlichen Lesern je vor einer großen Versammlung gestanden, deren Augen und Ohren allein auf ihn gerichtet waren, der kennt die peinliche Empfindung einer solchen Situation. Es ist ein Pranger, den selbst die Muthigsten und Bewußtvollsten mit Zagen betreten; man ist einer Batterie zahlloser Blicke ausgesetzt, wovon Ein Blick schon Zähneklappern verursachen kann.

Und so stehe ich nun da, angstbeklommen, herzpochend, mit schwerer Zunge, und soll dem verehrungswürdigen Publicum, wie der Curialstyl der Theaterzettel lautet, eine Standrede halten. – Es geht nicht. – Wenn der Kunstreiter ein Pferd vorführt, so tuscht die Trompete, prächtiges Riemzeug umschlingt das Gebiß, welches man Maulkorb nennen könnte.

O! ich könnte dem lieben Leser und der liebenswürdigen Leserin nach bekanntem Beispiele eine Menge vorschwatzen, zum Beispiel: die *Pannonia* wird von nun an ein Originalblatt werden, und mit den besten Journalen des In- und Auslandes wetteifern. So reichhaltig und amusant, wie die *Pannonia* seyn wird, ist selbst kein amerikanisches Journal, wovon doch ein Blatt 12 Meilen lang ist. Die Erzählungen und Novellen, die ich liefern werde, sollen die ganze Lesewelt in Staunen setzen, und man wird erkennen, daß es auch bei uns Walter Scotte, Balzacs, George Sands, Tromlitze und dergleichen gibt. – Wer die *Pannonia* liest, erspart sich in der Leihbibliothek zu abonniren: denn was dort alt ist, kann er bei uns neu finden. Correspondenzen werde ich aus der ganzen Welt erhalten, und so zuverlässige, daß ich hoffe, schon in den nächsten Nummern eine Nachricht über das Dampfschiff „der Präsident" liefern zu können. Andere Journale pflegen ebenfalls viel zu versprechen, und nichts zu halten, allein ich verspreche nichts, und erspare daher einen Wortbruch; aber um einen Beweis zu geben, wie sehr ich bemüht bin, für das Amusement der Leser zu sorgen, diene das Bekenntniß, daß ich bereits renommirte Literaten zu Mitwirkung gewonnen habe. Ich schrieb an Jules Janin, an Bulwer und mehrere dergleichen. Fürst Pückler reist nach Amerika, blos um der *Pannonia* Reiseberichte zu schicken, und Saphir arbeitet nichts mehr für den *Humoristen*, da er einsieht, daß sein Blatt neben der *Pannonia* unmöglich bestehen kann. Bäuerle, dessen Gewandtheit als Redacteur schon sprüchwörtlich ist, schrieb mir, daß er jetzt abdicire, denn mit mir könne er sich in keinen Wettkampf einlassen. Wie gediegen die Theaterkritiken abgefaßt werden, kann man daraus abnehmen, daß Scribe und Grillparzer alle ihre Novitäten erst dem Urtheile der *Pannonia* unterwerfen, und daß sehr viele Schauspieler hier nicht auftreten wollen. En peu,[2] es fehlt der *Pannonia* jetzt nichts mehr, um das erste Blatt der Welt zu werden, als daß die ganze Welt darauf pränume-

[2] Dt.: kurz.

rire. Das Zeitungscomptoir ist so gütig, noch immer für 3 fl. 36 kr., und per Post für 4 fl. 48 kr. C. M.[3] das laufende Halbjahr zu überlassen.

So könnte ich schwatzen, und auf eine Weise: daß selbst der scharfsinnige Leser den Spaß für Ernst nimmt. Allein die Zeit solcher Annoncen ist vorüber, wie überhaupt die Journalistik eine ganz andere wurde, als noch vor wenig Jahren. Nachdem der Kampf gegen das Militärgenie Napoleons zu Ende war, da ruhte man sich aus bei den Mimilis und Lieslies; allein jetzt zuckt man die Achsel über diese faden Tändeleien, und gewichtiger muß der Scherz, schwerlöthig der Ernst seyn, den uns die Lecture darbietet. Nicht mehr genügt es, den Hans die Grete lieben zu lassen, und sie, nachdem ein Vetter 1.000 fl. schenkt, zum Altar zu führen; noch weniger thut sich's, stets in den Gehirnkasten Anderer hineinzugreifen, und ihre Gedanken als ein Gemeingut zu betrachten, das man nach Belieben verwenden kann. Der Verruf unserer Literatur, der Mißcredit unserer Journalistik datirt sich von jenem Mißbrauche, daß man mit dem Schweiße fremder Talente den eigenen Boden düngt. Dieß muß aufhören!

Bei den vielen Lastern, die man so freigebig der *jungen Literatur* aufhockt, übergeht man schnöden Blickes den Vorzug, daß sie sich nie mit fremden Federn brüstet. Gut oder schlecht, es ist auf ihrem Beete gewachsen.

Nachsicht! Nachsicht! Mein freundlicher Leser, meine freundliche Leserin! Was bescheidene Kräfte, reger Fleiß und *gutes Wollen* zu leisten vermögen, das soll die *Pannonia* bringen. Ich habe das Vergnügen, geneigter Leser, bereits von Dir gekannt zu seyn, und das Maaß, das Du an mich legen darfst, hoffe ich redlich auszufüllen.

Aber Geduld muß der Leser ein wenig haben.

Wenn es ihm möglich wäre, in mein Schreibepult zu sehen, es würde ihm mit wenig Fantasie möglich werden, sich eine ganze Welt vorzustellen, denn es ist *Nichts* darin, gar Nichts, auch nicht das Atom eines Manuscriptes. Ich fordere hiermit auch meine literarischen Freunde auf, mich neuerdings mit ihren Producten zu unterstützen. Seyd nicht spröde, you good man und good musicians, und erwartet nicht erst eine Extra-Einladung; Ihr seyd höflichst zur Tafel gebeten, deren Gerichte Ihr selbst bereiten sollt. Ich kann *Alles* brauchen – was amusant ist.

Mit dringender Bitte nahe ich mich den Einheimischen. Die *Pannonia* hat sich gehäutet, und aus dem fabulosen Nebelgebilde eines „Welt- und Zeitgemälde",[4] welchen Beititel sie bisher im Schlepptau hatte, schält sich ein Blatt, das seinem Namen entsprechen soll. Eine Pflanze ohne Boden

[3] Conventionsmünze: Der Wert eines Konventionsforints wurde im Jahre 1753 in einem zwischen Österreich und Bayern abgeschlossenen Münzvertrag festgelegt.

[4] Von 1837 bis zum 30. Juli 1841 hieß der Untertitel der Zeitschrift: *Welt- und Zeitgemälde zur Belehrung und Unterhaltung.*

kann nicht gedeihen, und ein Journal bedarf um so mehr festes Erdreich. Die Interessen um uns müssen unsre heiligen Interessen seyn, die Luft, die wir athmen, ist unsere Lebensluft. Ungarn ist das Losungswort, welches ich auf die Flagge dieses journalistischen Schiffchens aufstecke. Nicht die Blasen, welche durch das jetzige Gähren im schönen Ungarlande emporbrodeln, sollen beobachtet und gesammelt werden, sondern der Most, der junge, kernige Wein, den die eisernen Reifen mit Mühe festbannen, daß er sich kläre. Mit Zuversicht hoffe ich, daß man von allen Seiten Berichte einsenden wird, daß diese Blätter sich zu einer Tageschronik Ungarns, zu einem Organe seiner Interessen sich gestalten. Nur das Eine möge beachtet werden, alle *politischen* Correspondenzen von andern Referaten rein abzusondern, indem jene in die *Zeitung* eingereiht, diese in der *Pannonia* abgedruckt werden.

Endlich muß ich noch über mich selbst, über das blasse, schmächtige Männchen im Circus ein Paar Worte sprechen; im Grunde genommen ist's gar nicht nöthig, denn „alle neuen Besen kehren gut". Ich werde auch so gut kehren, daß man es ordentlich „fegen" wird heißen können. Aber nur gemach! Der freundliche Leser und die freundliche Leserin sollten mich nur kennen, was ich für ein guter Besen bin.

Ich bin nicht so alt, um keinen dummen Streich mehr machen zu können; – ich habe vom Baume der Erkenntniß gegessen, wodurch man nicht bloß gut von schlecht, sondern auch schön von häßlich unterscheiden kann; – meine Blindheit ist nicht so stark, einen gedrechselten Klotz für einen Künstler zu halten, und wiederum bin ich scharfsichtig genug, manchmal die Hand vor den Augen zu halten, und durch die Finger zu sehen; – ich bin ein Mensch, wie tausend andre Menschen, ich liebe und hasse, nur hasse ich selten und liebe häufig; – ich bin ein Recensent wie Jeder, d. h. bestechlich, d. h. wenn mir was gefällt, so bin ich so bestochen, daß ich lobe, und mißfällt mir was, so tadle ich, wenns seyn kann. Übrigens getrost! Alle neue Besen kehren *gut*!

Moritz Gottlieb Saphir

JUNGS-LITERARISCHES MIT REIS

Eine Verbiage[1]

Nirgend ist es so gäng und gäbe, das „Kind mit dem Bade auszuschütten", als in der Literatur, d. h. in der ephemeren, journalistischen, in die Minute zerrinnenden. Wenn in der Literatur der *Mißbrauch* einer Sache angegriffen werden soll, so fängt man damit an, und läßt damit aus: Die Sache selbst zu vernichten, d. h. vernichten zu *wollen*. Denn Gottlob fehlt die Kraft diesem Wollen in den meisten Fällen.

Man will gegen den *Mißbrauch* der Kritik schreiben, und setzt das *Fach der* Kritik ab; man will gegen die *Wunder* der Wasserkuren schreiben, und kömmt dahin, zu läugnen, daß das Wasser gar im Stande sey, das Feuer oder den Durst zu löschen; man will gegen die Überschätzung und eckelhafte Bambocciade des Schauspielwesens arbeiten, und geht davon aus, den Schauspielern kein Begräbniß gestatten zu wollen. So begegnet überall Unsinn dem Unsinn, Hyperbel wird mit Hyperbel bekämpft, Fische will man mit Wasser ersäufen, Regenwürmer mit Morast ersticken, die Anti-Homöopathen wollen die Wasserspritzen verdammen, die Anti-Allopathen wollen das Nichts zu der ausgiebigsten Hausmannskost und zur Armenspeisung erheben, die Anti-Rossinianer behaupten, die Nachtigallen und Lerchen, das wären nur so Dorfcantoren, der echte eigentliche und getragene Gesang sollte nur von Rhinoceroßen und Elephanten gelernt werden; kurz, man kann behaupten, daß alle „Anti's" jede Sache auf den Kopf stellen, nur sich und ihre eigene Sache nicht, aus Mangel an jenem überflüssigen Hausgeräth. Und stelle ich selbst als Anti-Anti nicht auch diese und ihre Weise auf den Kopf, trotzdem ich ihnen erst denselben absprach?

So ist's auch mit den Anti-Junge-Literaten!

[1] *Pannonia* 1841, Nr. 64. vom 10. August, S. 251–253. Parallel zu dieser Streitschrift wurde der nachfolgende Text von Adof Neustadt abgedruckt.

Weil in letzter Zeit, in einem Momente, wo, wie Shakespeare sagt: „die Erde Blasen wirft", weil in einem solchen Zeitabschnitt, in welchem die teutsche Literatur eine Gänsehaut überlief, in einem Momente, in welchem ihr, so was man sagt, der Tod übers Grab lief, weil sie nun in diesem Momente einige junge Köpfe warf, die (so verwerflich auch ihre Richtung oder Absicht gewesen seyn mag) bei aller Abnormität und Ungezogenheit, dennoch mehr Geist in einer Schreibfeder zu verzehren hatten, als eine Horde ihrer Gegner in zehntausend Federbund's – weil sie nun gegen einige übelberathene junge Feuernäscher und Lichträuber losziehen wollen, so ziehen sie gegen die Literatur der Jugend und gegen die Jugend der Literatur zu Felde. Die „*jungen Literaten*" soll man wie junge Hunde ersäufen! Diese Anti-Jugendliteraten gehen damit um, es in der Schöpfung so einzurichten, daß plötzlich nur „*alte Literaten*" erscheinen werden.

Diese weisen Richter werden ein Edict ergehen lassen an alle verheiratheten Frauen, des Inhalts, daß, im Falle sie der Welt einen *Literaten* schenken wollen, sogleich von einem „*alten Literaten*" zu entbinden! Wenn sich aber irgend ein menschliches Wesen untersteht, geboren zu werden, ohne bedeutenden Ruf, ohne allgemeine Anerkennung, ohne in irgend einem Fache etwas Großes geleistet zu haben, und dennoch den Wahn haben sollte, sich der Literatur zu widmen, das wird vermittels des kritischen Stranges von der Literatur zum ewigen Linsenklauben überführt!

Was war früher auf der Welt: Die *Henne* oder das *Ei*? Hat es in der ersten Restauration im Paradiese zuerst „*Kälbernes*" oder zuerst „*Ochsernes*" gegeben? Ist die *Literatur* älter oder die *Literaten*? War der erste Herr Adam ein alter Herr von Adam oder ein junger Herr von Adam? Hat Göthe in seiner Jugend gar nichts geschrieben? Und wie hat es in der grauen Vorzeit ausgesehen, in welcher alle sogenannten 'Alten' hundsjung waren? – Was würden die Anti-Jungen-Literaten auf diese Frage antworten? – Ich weiß es wohl und will ein Wort reden mit allen Jenen, die schon das Verächtlichste gesagt zu haben glauben, wenn sie sich mit dem lauen Ausdruck: „*Junger Literat*" – „*Junger Recensent*" u. s. w. den angebrannten Mund ausspülen.

Ich bin schon so weit über die Jugend hinaus, daß ich mich derselben annehmen kann, ohne in den Verdacht der Partheilichkeit zu fallen.

Die Anti-Junge-Literaten sind weit entfernt, ein gedrungenes Wort über die *tiefste* und *geistigste Richtung* unserer jungen Literatur zu sprechen; weit entfernt, diesem nach ihrer Ansicht schlagrührigen Körper eine Ader zu öffnen und aus ihrem Herzblut wahrzusagen, sondern sie begnügen sich damit, hie und da eine Kopie von irgend einem Schreibling oder Schriftling, wie sie unter andern mitlaufen, als ein Porträt für die *ganze Gattung* aufzustellen und es mit homöopathisch-satyrischen Nadelstichelchen zu punktiren.

Wer ist jung? Wer ist Literat?

Jung ist, wer nicht *alt* ist, und *Literat* ist, wer gar nichts *anders* ist!

Unter diesen großen und weiten Dennebeker Metamorphosen-Sturz läßt sich eine Welt von jungen Literaten stürzen; allein von diesen kann in der Literatur nicht die Rede seyn, gegen die führt nicht einmal die Satyre ihr Kleingewehrfeuer auf.

Junge Literatur, junge Eichen! wollen wir nicht auch verlangen, daß die Eichen gleich alt, stämmig und riesenzweigig im Walde aufschießen sollen?

Jung oder *alt* zählt in der Literatur gar nicht. Wenn es genügt, *graue Haare* zu haben, um eine literarische Autorität zu seyn, so würde jenes Thier, welches *grau* auf die Welt zu kommen das Glück hat, eine literarische Macht seyn!

Wieland und Voß sind auf ihren Shakespeare-Thronen *alt* geworden, als der *junge Schlegel* an diesen rüttelte und sie absteigen ließ; wer hat ihm zugerufen: „Marsch, junger Literat?"

Novalis und Schleiermacher wuchsen ihrer Zeit über den Kopf, eh' ihnen noch der Bart wuchs, wer wies sie zurück, weil sie das glückliche Unglück hatten, *jung* zu sein?

Wenn man die *junge Literatur* und die *jungen Literaten* verachten und verdammen wollte, weil manche unter ihnen keck, anmassend, naseweis, gelbschnäblig, persönlich und arrogant sind, wie müßte man mit den „*alten Literaten*" verfahren, weil es unter ihnen pedantische, einseitige, geistesdürre, fantasieabgezehrte, stubenhöckerige Individuen gibt, die, von der Vergangenheit losgeschält, mit dem matten Auge in die Zukunft nicht zu blicken vermögen, und in der Gegenwart nur noch mit dürren, unempfänglichen Wurzeln locker haften?

Betrachten wir hier und da die sogenannten „*alten Literaten*", und wir finden ihre Wesenheit viel abschreckender, oder eigentlich bemitleidenswerther, als die der „*jungen Literaten*". Die kleinen Flecken, die am grünen Literaturholz als marmorirte Kreise erscheinen, klaffen am dürren Literaturholze als widerliche, weitgähnende Astlöcher auseinander.

Die Keckheit der Jugend wird durch Kraft und üppige Fülle; die Arroganz durch liebliche Frische; die Anmassung durch die Macht, das Angemaßte kräftig zu behaupten, nicht *gerechtfertigt*, aber doch *entschuldigt*.

Die jetzige literarische Jugend hat eine *andere Jugendzeit*, als sie die jetzigen *alten Literaten* hatten!

Weit auseinander gesäet auf der fetten, mit gelben Dotterblumen übergossenen Wiese der Schriftstellerei, bequem grasend auf großen, unangefochtenen Weideplätzen, nicht beeinträchtigt von den Interessen der Zeit, und nicht hin und her gejagt von den sich anziehenden und abstossenden Wirren und Beständen des Lebens, ausgeschieden von jeder Theilnahme an dem großen Zusammenhange der Literatur mit dem Weltglücke, anstatt alles welthistorischen Blutes nichts als Fachtinte in den Adern, und statt die Arme in das Leben, in die Menschheit, in die Verallgemeinerung des Gesammtinteresses zu stecken, sie blos in die steifleinerne Schreib-Ermel ihrer eingepferchten Materie steckend, floß ihre Jugend, oder *stand* ihre Jugend vielmehr wie ein stehender Sumpf, in welchem freilich der geworfene Stein keine Ringe bildet. Durch nichts angeregt, ohne mit dem Bedarf der Menschheit, oder mit dem, was der Welt stets Noth thut, auch nur im Mindesten zusammenzuhängen, lebten sie in phlegmatischer Friedseligkeit, übten ihre Kraft an idealistischen Distelköpfen und verspritzten ihre Tinte in dem Kampf um abstrakte Gebilde. Es war ein bescheidenes, stilles, anschauliches, patriarchalisches Völklein, weil es an gar kein Lebensinteresse stieß, und gar kein Lebensinteresse an dasselbe stieß. So wuchs die frühere literarische Jugend auf im ruhsamen Leben ihrer niebetretenen Triften, im mannshohen Grase, das nie die Sense einer scharften Lebensfrage heimsuchte. Das literarische Kalb wurde fett und gedeihlich, und weil die Kälblein hübsch weit auseinander graseten und die Triftung unabsehbar war, so herrschte süßer Friede, allseitige Bescheidenheit, unaufreibbare, gegenseitige Höflichkeit und jene gesetzte, wohlsame und tugendreiche Spießkälbrigkeit, die bei allen, die das Leben von dem lieben Himmel, und den Bedarf von der lieben Weide haben, zur Instinkt-Tugend geworden ist.

Eine andere Zeit aber haben die *jetzigen* jungen Literaten gefunden. Der Nachtigallen sind viele, der Wald aber ist zu klein und ausgereitet, der Vogelsteller ist eine Unzahl, und in diesem Haine will jeder Hänfling Nachtigall seyn.

Auch ist die liebe Zärtlichkeit-Zeit vorüber, wo die Großmutter Vernunft die literarischen Küchleins nicht viel betasten will, damit sie im Wachsthum nicht gehindert werden. Im Gegentheil, es ist die Zeit des *Knetens* und *Walkens*, die Zeit der *Durchdringung*. Die Zeit, wo man nur durch *Umschwung* sich *rundet*. Die Zeit des *Zusammenhalts* oder des *Gegenparts*, in welcher ein neutrales Abgrasen der allgemeinen literarischen Weideplätze nicht stattfindet; eine Zeit, wo die Literatur in das Leben hineinwächst; eine Zeit, wo die Schriftstellerei nicht in Treibscherben hübsch da und dort hineingesetzt wird, an ein Damenfenster oder an einen Lesetisch, sondern wo sie emporschießt aus dem mit Menschenglück gedüngten Boden, ihre Zweige zu Arme werden, ihre Blätter zu Rollen, ihre Blüten zu Glocken, und ihre Früchte zu Denkmälern; eine Zeit, wo die heiligen drei Schreibfinger bei der Anbetung des Tintenfasses nicht mehr genügen, sondern, wo man noch das mitbringen muß, was an den Schreibfingern hängt, den *ganzen Menschen* nemlich; eine Zeit, wo die lange Sträubezeit der Musen, ihre endlichen und unendlichen Sechswochen und ihre neunjährigen ungedruckten Nachwehen nicht mitzählen im Rathe der Anerkennung, sondern wo nur die Kinder zeugen für oder gegen den Vater, und Häuptling gegen Häuptling, jeder Einzelne mit seiner Schriftfamilie Vertheidiger und Angreifer seyn muß! Die Zeit ist hin, wo die literarische Bertha Sonnenstäubchen vom Ideenrocken spann, und dabei um sich her die friedlich lauschende Kinderstube versammelte; die Bertha hat den Rocken mit dem Richtscheit und die Spindel mit dem Winkelmaß vertauscht; nicht Ideen sondern Thaten will sie spinnen, nicht Atome will sie spalten, sondern Interessen, und nicht Märchen will sie erzählen, sondern Welt-Schicksale!

So liegt die Literaturperiode unsrer literarischen Jugend offen, und in diesem Circus kämpft und siegt man nicht mit niedergeschlagenen Augen, nicht mit sittigem Erröthen, nicht mit bescheidendemüthigem Anderthürestehen, nicht mit blödem Jasagen und nicht mit folgsamen Handpätschchen; man muß die Lanze *schwingen*, den Pfeil *werfen*, den Cestus *schleudern*. Kraft und Gegenkraft, Wehr und Abwehr, Ausforderung und Gegenstellung, Anruf und Erwiederung, Behauptung und Entgegnung, Friction und Rückwirkung, das sind die Lebensgeister der jetzigen Literatur-Jugend und *müssen es seyn*.

Wollt ihr dem jungen Weine grollen, daß es gährt und treibt? Aus dieser *Gährung* wird *Klarheit*, aus diesem *Treiben* bildet sich der *Grundsatz*!

Wollt ihr überhaupt der Jugend ihre Purzelbäume, ihr Radschlagen, ihren Kirschenraub, und all ihre Bochssprünge und Zaunbalgereien nehmen, und sie sogleich in Reifröcke, in Perrücken, in Zwangsjacken und in alle Anstandsmieder und Streckriemen des gesetzten Alters spannen, so werdet ihr die Jugend alt machen, ohne für das Alter ein Bischen Jugend zurückgelegt zu haben!

Überhaupt hat das Alter ein ganz kurzes Entendarm-Gedächtniß für seine eigene Jugend! Wie mancher unter uns allen, die wir uns jetzt zu Wächtern und Hofmeistern der schreibenden Jugend berufen glauben, hat dieselben und vielleicht schlimmern Purzelbäume gemacht, hat mehr Kirschen gestohlen und mehr Männchen an die Wand gemalt, als die jetzige literarische Jugend!

Und sehen wir die Großzahl der „*literarischen Alten*", sie sind wirklich kein Muster an Liebenswürdigkeit! Sie sitzen auf einem einst erworbenen Ruf mit verbissener Grimasse, wie Rahel auf dem gestohlenen Götzen ihres Vaters; sie nagen an einer Reputation, die vielleicht ein Glückswurf sie erlangen ließ, und mißgönnen in ihrem Beinfraß der ganzen frischgrünen, kernigen und blütenvollen Jugend, jedes Hälmchen Ruhm! Den Interessen der Zeit, des Lebens der Jetztwelt ganz entfremdet, hängen sie durch nichts mit ihrer Urwelt [sic!] zusammen, als durch den abgeblaßten Geburtsschein eines einstigen Geistesproductes! Mit lächerlicher Vornehmheit betrachten sie das Streben und Ringen der kräftigen Jugend, schauen es verächtlich an, thuen aber selbst gar nichts, als daß sie ewig an dem Bischen Ruf sich erquicken, welches sie einst erworben. Mit hohen Stelzen gehen sie über die körnerreiche Saat der frischen Literaturwelt weg, und schwingen stets nur die fädenscheinigen Trophäen einer hinter uns zerfallenen Epoche. Nicht mehr vermögend, selbst einen gelungenen Wurf zu machen, setzen sie sich wie die alten Witwen zusammen, um jede Liebschaft, jeden Brautstand und jeden Hochzeitsklang in der „jungen Literatur" zu benästeln und die dürren Schreibhände über den Kopf zusammen zu schlagen! Sie zäunen sich von aller Jugendfrische ab, um untereinander, umgeben von lauter verholzten Begriffen und verknöcherten Kräften, sich selbst den Anblick von frischer Regsamkeit zu ersparen! Sie vergessen, daß alter Wein nur dann gut erhalten wird, wenn er mit jungem gespeis't wird, und daß auch alter Geist an dem Kusse der geistigen Jugend sich verjüngt!

Adolf Neustadt

OFFENER BRIEF AN HERRN M. G. SAPHIR[1]

Sie werden nicht ungehalten seyn, geehrter Herr und Freund, daß ich diesen Aufsatz ohne Ihr Wissen hier abdrucken lasse. Es geschieht nicht bloß, um die *Pannonia* mit einem Producte Ihrer Feder zu schmücken, sondern auch um ein Schild aufzupflanzen, woran giftgetränkte Pfeile abprallen. Bei Ihrer überreichen Erfahrung in dem distelvollen Fache der Journalistik, wissen Sie nur zu wohl, welchen Anfechtungen der junge Schriftsteller bloßgestellt ist. Nicht allein die bösgesinnten Leser, sondern die *meisten* beachten weniger *das, was* geschrieben ist, als *den, der* geschrieben hat. Selbst die renommirtesten Journalisten stehen in keinem guten Renommée, und ich führe Sie nur als Beispiel an, der Sie Feinde, Widersacher, Bemäckler und Mentoren haben, hundertfach zahlreicher als die Namensliste Leporello's; ein unbekannter Journalist gar, dessen Name ist schon verschollen, noch ehe er gedruckt wurde. Wäre es denkbar, daß ein junger Schriftsteller Ihren obengedruckten Aufsatz verfassen könnte, ebenso geistglühend, in die Seele treffend, wahrheitsvoll und phantasiegeschmückt – hundert Kleingeister fänden sich, und wie die Maden lagerten sie sich darauf, die selbst die edelste Frucht eckelhaft und ungenießbar machen. Gewisse Leute glauben nur dann, daß Einmal Eins Eins ist, wenn es durch eine Autorität ausgesprochen wird. Ein bekannteres Renomée nun als Sie, p.t. Dichter, Recensent etc.etc. ist in der teutschen Journalistik nicht aufzutreiben, und gegen den vorstehenden Aufsatz dürfen auch einige tausend Kleingeister und Urtheilsmacher ihre Züngelchen agiren lassen, sie werden bloß neuerdings den Beweis liefern, daß viele Nullen noch nicht Eins sind, und daß ein Fackelzug von Kleingeistern selbst durch ein Stümpfchen wahren Geistes verdunkelt

[1] Der Brief bezieht sich auf den vorangegangenen Aufsatz und wurde als Anmerkung auf dessen erster Seite abgedruckt, also: *Pannonia* 1841, Nr. 64. vom 10. August, S. 251.

wird. Ich selbst ducke mich hinter die Schanze, von wo aus Ihre journalistische Batterie das feurige Spiel eröffnet; die Kugeln schützen, leuchten, und werden im feindlichen Lager ihre gute, d. h. ihre schlechte Wirkung nicht verfehlen. Bleiben Sie ferner den jungen Schriftstellern gewogen, und Ihrem ergebenen.

Adolf Neustadt

NUR DIE LUMPE SIND BESCHEIDEN

Ein Epilog[1]

Ach wie reitzend ist's, wenn ein Mädchen abseits des Zimmers sitzt, verschämt die langbewimperten Augen niedersenkt, und alle Vorzüge des Geistes und des Herzens nur aus einzelnen, abgezwungenen Worten errathen läßt. Je versteckter, je schweigsamer das holde Kind, desto scharmanter, liebwerther und anziehender finden es die Männer. Es wird eine Parforcejagd angestellt, um einen Blick, ein Wort zu erhaschen, um das scheue Wild nur mit einem Handkuße anschießen zu können.

Zum Glücke ist ein Journal kein Mädchen; Verschämtheit wäre da Langweiligkeit, Schweigsamkeit würde man Geistlosigkeit nennen. Ein Journal ist auch kein Jüngling, der sich zimperlich zurückhält, wenn er nicht das Kerzenstümpfchen, das man ihm in der Schulde anzündet, leuchten lassen kann. Ein Journal ist ein Mann, der schweigt und das Wort führt zu gehöriger Zeit, der die Augen senkt aus Klugheit, nicht aus Verschämtheit, der seine Vorzüge in Thun und Lassen zur Schau stellt, der strebt und wirkt und streitet – in conspectu populi,[2] auf freiem Markte, den Blicken und Urtheilen Aller ausgesetzt.

Fünf Monate sind verlaufen, seitdem ich die Redaction der *Pannonia* übernommen habe, und meine Leistung den Beurtheilungen der geehrten Leser unterworfen ist. Ich schrieb damals ein „Antrittswort", angstbeklommen und mit Herzpochen; die Angst hat aufgehört, das Herzpochen ist minder heftig. Mädchenhafte Scheu wäre hier eine Untugend, wo hingegen

[1] *Pannonia* 1841, Nr. 104. vom 31. Dezember, S. 415.
[2] Dt.: im Angesicht des Volkes.

Göthes Spruch: „Nur die Lumpe sind bescheiden" am rechten Ort seyn dürfte. Mit stolzem Bewußtseyn überblicke ich die Blätter, die mit meiner Firma erschienen sind, denn Publicum und Kritik haben sich günstig darüber geäußert, obwohl beide die inneren Hemmnisse, Besseres und Gediegeneres zu bringen, nicht enträthseln können. Kein Provinzblatt hat so viele Originalaufsätze und ein so reichhaltiges Feuilleton dargeboten. Die *Pannonia* wurde im In- und Auslande häufig nachgedruckt, sowie jetzt auch die *Preßburger Zeitung*, deren Redaction ich erst vor zwei Monaten übernommen habe, häufig von andern Blättern ausgebeutet wird. Während andere Redactionen die Quelle der benützten Artikel nach löblichem Schlendrian verheimlichen, citire ich bei der kleinsten Notiz das benützte Blatt, und die Leser erhalten hierdurch den Fingerzeig über die Zuverlässigkeit des Mitgetheilten.

Doch, ich breche ab, bedenkend, daß Altmeister Göthe bloß von Bescheidenheit der Lumpen spricht, nicht aber von Unbescheidenheit redlich Strebender. Der ganzen Welt kann man es nicht recht thun, und dem Urtheile Wohlwollender kann ich um so zuversichtlicher entgegensehen, da für das kommende Jahr allseitige Vorbereitungen getroffen wurden, noch mehr zu leisten. Die Vermehrung der Ausgabe, die Erweiterung des Formats gewähren besondere Mittel, andere Journale zu überflügeln; neugewonnene Mitarbeiter und Hilfsquellen unterstützen sowohl das belletristische Blatt, als die politische Zeitung. Besonders die Mittheilungen aus und über Ungarn sollen noch reichhaltiger sich darbieten, und unser sociales und politisches Leben in getreuen Berichten abspiegeln. Ich wiederhole nur die Bitte, mich mit Einsendungen über Ereignisse und Begebenheiten Ungarns zu erfreuen, *sie mögen in welcher Sprache immer abgefaßt seyn.*

Mit diesen wenigen Worten empfehle ich mich und die unter meiner Leitung stehenden Journale der Gunst des Publicums.

II.

LITERARISCHE TEXTE

II. A.

PROSA

Johann Majláth

DER WILLITANZ[1]

Der stolze Freiherr von Löwenstein sah vom Söller seines Schlosses finster nieder auf den Weg, der sich den Berg hinab das schmale Thal entlang hinzog gen Trentschin und dann fort längst der Wag in die volkwimmelnde Ebene. Als er nun einen schönen schlanken Jüngling auf leichten Roß aus den Thoren des Schlosses reuten sah, sah wie er in voller Lebensfreude dahin sprengte, lachte er wild auf, und rief einen Knecht, auf daß Emelka seine Tochter kommen möge.

Wie aus düstern Wolken der Stern der Liebe blitzt, so trat sie in die Kammer des Vaters. Er führte sie auf den Marmorsöller und sprach: siehst du jenen Reuter, der dort hinsprengt, und erkennst du ihn? Aufsteigende Besorgniß niederkämpfend antwortete sie: „Ja Vater! Es ist dein Edelknabe Gyula. – Den siehst du nie mehr" entgegnete er kalt. Da schwanden ihr die Sinne, das Aug' umflorte sich, und bewußtlos wäre sie hinab gestürzt in die Tiefe, hätte sie des Vaters kräft'ger Arm nicht aufgefaßt. In ihren Gemach übergab er sie ihren Frauen. Indessen war Gyula fort getrabt, ohne Ahnung dessen,

[1] *Unterhaltungblatt für die Leser der Preßburger Zeitung* [im Weiteren: *Unterhaltunsblatt*] 1825, Nr. 14. vom 22. Februar, S. 105. Der Text wurde in dem *Unterhaltungblatt* unter dem Titel *Vaterländische Literatur* mit folgender Einleitung publiziert: „Unsern verehrten Leserinnen zunächst, empfehlen wir hiermit ein neues literarisches Product des Hrn. Grafen Joh[ann] Mailáth, unter dem Titel: *Magyarische Sagen und Mährchen*, das so eben in Brünn bei Traßler erschienen und in allen Buchhandlungen für 2 fl. C. M. zu haben ist. Das Bändchen enthält 12, theils historische, theils selbsterfundene oder nacherzählte Mährchen mit folgenden Überschriften: 1. *Der Willi-Tanz*; 2. *Die Herrin v. Ardó*; 3. *Die Königs-Töchter*; 4. *Die Salzgewerke*; 5. *Das Schwert Zuniga*; 6. *Der Schatz*; 7. *Erzsi, die Spinnerin*; 8. *Die Brüder*; 9. *Die Eingemauerte*; 10. *Eisen Laczi*; 11. *Salomon*; 12. *Zauberhelene*; – dann einen Epilog und Anmerkungen, in welchen sich der geschätzte Verfasser über die magyarischen Erzähler ausspricht. Als Probe dieser Mährchen theilen wir hier die erste Erzählung: *Der Willitanz* – die nach einem Gedicht des Fräuleins Therese Artner über die Sage von den Willis, von dem Hrn. Grafen prosaisch bearbeitet ist, unsern Lesern mit."

was ihm der finstre Freiherr bereitet hatte; er meinte das Ziel seiner Reise sei das templarische Hospitium zu Pöstény. An den Prior war ihm ein Schreiben mitgegeben worden, und der Auftrag, es geheim zu überreichen. Er sehnte sich, die Gunst seines Herrn je mehr und mehr zu erwerben, und sah in diesen geheimen Auftrag den Anfang seines Vertrauens. Wer kennt alle die süßen Träume, die sich hieraus für ihn, den Liebenden entspannen! Denn es ahnet ja wohl jeder Leser, daß er Emelka liebe und von ihr wieder geliebt werde.

An der Neige des Tages hielt er im Gehölz, unfern des Konvents die einbrechende Nacht erwartend. Im Dunkel derselben gedachte er zum Prior zu gehen. – Es war einer der herrlichsten Tage des Mai's; der Abendröthe Purpurschimmer, des Himmelszeltes wolkenloses Blau, der Nachtigallen tiefaufathmender Sang, der unzählbaren Blüthen süße Düfte, der Zweige liebeslüstern Rauschen, alles traf sein Herz so weich, so voll; er hätte die Welt an seinen Busen drücken mögen; einzelne Glockentöne, die zu ihm ins Gehölze summten, der Sterne immer heller werdendes Licht, des regen Lebens Schwinden mahnten ihn zum Aufbruch; es war ihm recht feierlich zu Muth, als er hinritt längs der Wag, die eilend fort strömte wie von unendlichen Liebessehnen gedrängt.

Mit einem Mal trat ihm das Klostergebäude entgegen, so ernst, so alt, wie oft das Leben der Liebe entgegen tritt. Er gab das Zeichen, das ihn der Freiherr gelehrt; der Servient öffnete die Eisenpforte, die sich geräuschlos in ihren Angeln drehte, und fragte mit gedämpfter Stimme: „Vom Orden? – Nein! Vom Freiherrn von Löwenstein an den Prior. – Wohl, folgt." Einen schmalen Wölbgang schritten sie tönend entlang, eine steile Wendeltreppe auf. An der nächsten Thüre hielt der Servient, pochte dreimal schnell, aber leise, eine Stimme antwortete: „ich bin allein," der Servient deutete auf die Thüre, und verschwand in den finstern Bodengängen. Gyula öffnete.

In einem alterthümlich geschnitzten Lehnstuhl vor einer Leuchte matt bestrahlt saß der Prior regungslos, daß er fast anzusehen war, wie ein Rittergebilde auf alten Mählern. Als nun der Jüngling näher trat, und der greise Prior seine Züge im Ampellicht unterscheiden konnte, fuhr er mit der flachen Hand über die Stirne, wie ein Mann, der sich auf etwas lang entschwundenes besinnen will. Der Jüngling übergab ihm das Blatt des Freiherrn; der Prior öffnete es schweigend und las. – Immer ernster wurden seine Züge, und seine Augen starrten wie eingewurzelt in das Blatt. Es war so still, daß Gyula das Schlagen seines Herzens hören konnte. Endlich begann der Prior: Dein Name? – Gyula Férhegyi – „Und deine Ältern? – Geisa Férhegyi und Suse Lórandi, beide todt. – Der Ring auf deinen Finger? Meiner sterbenden Mutter leztes Geschenk.["] Eine leise Röthe überflog des Priors bleiche Wangen. Er winkte ihn auf einen Stuhl, und sprach: Mein Vorgänger ist so schleunig abberufen worden, daß es scheint, es habe ihm die Zeit gefehlt, den Freiherrn von seiner Entfernung zu verständigen; denn dieser Brief gilt ihm. Er schreibt: „zum Tod mit dem Überbringer dieser Zeilen, zum Tod; denn geringer Herkunft, wagt er es, meine Tochter zu lieben; zum Tod, daß ich ihn nimmer sehe, aber heimlich." Kennt denn die Liebe den Stolz der Ahnen? rief der Jüngling. „Schweig', entgegnete der Prior; ich habe den Auftrag meiner Obern, den Wünschen des Freiherrn mich zu fügen." Gyula fuhr flammend auf; „aber dir will und kann ich nichts zu Leid thun; doch schwöre, daß du ewig verschweigst, was du nun erfährst." Und Gyula schwur. Der Jüngling faßte bewegt seine Hand, der Alte aber sprach mit einer Stimme, in der des Herzens lang verhüllte Wärme in ihrer zartesten Regung bebte: „Du mußt noch diese Nacht, mußt auf der Stelle fort, hier liegt ein Brief an unsern Meister in Kroatien. Er war für einen andern bestimmt, nun sey er dein. Hier lies ihn, und merke dir den Namen. Der Meister stellt dich in unser Heer, halte dich gut, das Übrige laß dem Himmel, und wenn dich alles verläßt, bleib ich dir." [„]Wodurch habe ich so viele Theilnahme verdient?" rief der tiefbewegte Jüngling, und der Prior erwiederte: „Du hast mich in längst vergangene Zeit zurück gesezt, mein Herz ist weich geworden, und es drängt mich, dir zu sagen, was in meinem Innersten wohnt, was nie über meine Lippen gekommen ist, auf daß du weißt, daß du deiner Mutter zweimal das Leben dankst. Ich habe sie geliebt mit aller Gluth des jugendlichen Feuers, ich liebe sie noch wie einen Leitstern in trüber Nacht, ich sah sie – ein Mädchen noch, – sehr oft aus ihres Vaters Burg, ach! aber auch dein Vater sah sie dort und liebte sie wie ich; wer hätte es auch nicht gethan? – Soll ich dir alle Qualen meines Herzens schildern? Ich vermochte nicht dies Schwanken zu ertragen, mit einem Wurf wollte ich mein Schicksal lösen, hin ritt ich zu ihres Vaters Burg, und gedachte, ihr meine Liebe zu erklären, da begegnete mir ein Knappe, und rief mir zu: ich käme eben recht; alles sei so froh im Schloß, Suse werde so eben verlobt. Da gab ich dem Knappen einen Ring, denselben, den du jezt an deinen Finger trägst, ein Geschenk für sie, wandte mein Roß, und sprengte dahin. Ich ward Templer. Schon war sie getraut, ich durch Gelübde gebunden, als ein Ritter in unser Hospitium kam. Er sprach sehr viel, deß ich nicht achtete, als er auch deiner Mutter gedachte. Mein Herz bebte; er beschrieb die Feierlichkeit der Trauung, und wie sie so traurig gewesen, und wie die Sage gehe, daß sie einen andern geliebt, und nur aus Gehorsam sich mit ihrem Gatten verbunden. Das alles waren eben so viel Dolchstiche für mich! Seit dem habe ich nichts mehr von ihr gehört, hab' es mir sogar versagt, nach ihr zu fragen. Ich wurde nach dem Orient gesendet, ich suchte den Tod, und fand ihn nicht. Wenig Wochen sind es, daß ich zurück, wenig Tage, daß ich hier bin, und ich murre nicht mehr, daß mich kein Sarazen getödtet; denn ich kann dir das Leben retten. Doch sieh', die Sanduhr ist abgeronnen, die Sterne sinken, die Zeit drängt, fahre wol, und wenn du in Weh' zu vergehen meinst, so denke mein, und daß auch ich gelitten."

In sprachloser Rührung sank der Jüngling in seine Arme; der Prior schellte; der Servient trat ein, Gyula schwankte hinaus und saß zu Roß, eh' er wußte, wie ihm geschehen. Wehmüthig blickte er zurück, hin, wo der Löwenstein prangte, und sein Herz schwamm im bittersten Leid, als er sein Roß vom bekannten geliebten Pfad wegwenden mußte zum Fremden, Neuen!

In der Burg Löwenstein ging es indessen stille her; kaum hatte sich Emelka von ihrer Ohnmacht erholt, als ein Bote vom Pöstényer Prior anlangte mit der Kunde: der Knappe von Löwenstein sei im Heimreiten, von der Wag, durch die er setzen wollte, weggerissen worden.

Emelka rang mit einer schweren Krankheit. Des Hauses einziges Kind! Des Freiherrn harte Brust durchzukte Angst. Er berief einen heilkundigen Mönch; der entriß sie dem Tod, aber den Quell der Krankheit vermochte er nicht zu bannen. Sichtlich welkte sie dahin. Der Sommer schwand, der Herbst kam und ging, der Winter war in seiner ganzen Strenge eingetreten; der Freiherr hauste im Forst, die Eber der Gebirge jagend, noch öfter auf Temetvény; es schien, als habe er Wichtiges mit dem Burgherrn daselbst zu berathen. Wenn es nun so recht einsam war, der Schnee in dichten Flokken fiel, die Dämmerung ihre scheuen Flügel ausbreitete, wenn nur des froststeifen Aares Geschrei, nur der Wachen einzelner Ruf ernst und schauerlich durch die Stille herein brach, da rief Emelka ihrer Amme Gunda. Während der Feuerherd knisterte, das Fräulein aber träumerisch auf ihre Kissen sank, erzählte diese, was ihr an Sagen aus der Vorwelt bekannt war, vom Ritter Argylus und seinem Tátos,[2] von der Ungern ersten Wanderschaften, von den Wundern der Bekehrer des Landes, von dem Glück, das ausdauernde Liebe krönt; von des Meineides unausweichlicher Strafe, wie sogar Geister kämen aus der Gruft verlassene Liebe zu rächen, oder wie sich im Leben Getrennte, im Tod endlich vereinet. Vor allem liebte Emelka das Mährchen von der Willi, was denn die Alte immer so begann: „Willi, heißt mein liebes Kind, ein Mädchen, welches als Braut stirbt. Die Willis irren ruhelos umher, halten auf Kreuzwegen ihre Tänze; finden sie dort einen Mann, so tanzen sie ihn todt; er ist dann der Bräutigam der jüngsten Willi, die durch ihn zur Ruhe kömmt; eine solche ist auch meine Schwester. Ach! ich habe sie gar oft im Mondenschein gesehen;" und nun erfolgte die Geschichte der Liebe, des Leidens und des Todes jenes armen Mädchens. In den Erzählungen aus dem Gebiet des Geisterreiches, suchte die unglückliche Emelka die Schwere des Erdenlebens zu vergessen.

[2] Ungarisch richtig: táltos [ló/paripa], dt. Zauberpferd. Der Ritter oder Königssohn Árgirus/Árgyílus/Árgyélus war der Held eines im südeuropäischen Raum verbreitet gewesenen Feenmärchens, der aufgrund einer im 17. Jahrhundert angefertigten Übersetzung einer italienischen Versnovelle und deren im 18. Jahrhundert mehrmals verlegten Volksbuchvarianten ins Inventar der ungarischen Volksdichtung überging. Er sitzt in ungarischen Volksmärchen häufig auf einem fliegenden Zauberpferd. Das Wort „Táltos" leitet sich von der Benennung der Schamanen, der weissagenden Zauberer der heidnischen Ungarn her.

So war das Frühjahr genaht, als der Freiherr eines Tages von Temetvény zurück kam, und seiner Tochter ankündete, daß sie Braut sey, Braut des Herrn von Temetvény; Emelka kannte des Vaters felsenfesten Willen, und ging schweigend von dannen. – Zufrieden schaute der Freiherr hinaus in das Wagthal. Hier und rechts und links über jenen Bergen werde ich nun mit meinem Schwiegersohn herrschen, so dachte er. In der Verzweiflung ihres Herzens flehte Emelka zum Himmel um Rettung, und der Himmel rettete sie; sie ward bleicher und bleicher, das Roth ihrer Lippen schwand, der Glanz des blauen Auges erlosch, ihr Rabenhaar floß ringlos über Nacken und Arme, als habe ihr der Tod seinen Mantel umgeworfen; sie starb. „Vater! Ich vergebe dir, daß du Gyula von mir gesendet," war ihr leztes Wort, und dem harten Freiherrn bebte das Mark in den Gebeinen, und als der Sarg geschlossen war, ließ er ihn hinaus tragen in den Wald zu einer Höhle und dort einerden. Er aber zog als Siedler in die Höhle, und hat seither nicht mehr geredet.

Mit ungewohnter Schnelle verbreitete sich durch Handelsleute die Kunde von der Verödung des Löwensteins nach Kroatien, und Gyula raffte sich auf, und pilgerte heimwärts. „Gleicht denn mein Leben nicht einer Blume, die in ihrer vollsten Blüthe zertreten ward? Wol! so seien die welken Blätter wenigst dort verstreut, wo mein Glück ruht. Will mir der Freiherr es nicht gönnen, daß ich mit ihm das Grab hüte, so mag er mich nun selbst tödten, aber von ihr lassen werde ich nicht."

Es war später Abend, als er nach mühevollen Wandern am Löwenstein anlangte. Eine unnenbare Bewegung zog ihn hinein zum geheimnisreichen Wald; neben ihm rauschte es wie windgetriebenes Herbstlaub, einzelne Klänge drangen zu ihm wie der Sang träumender Nachtigallen; leise Schimmer wie ziehende Glühwürmer zuckten aus dem Gebüsche vor; der Mond trat in seiner Fülle heraus, die Glocke schlug zwölf, er stand auf einen Kreuzweg im Kreise der Willis. Leise, leise erhoben sie die Stimmen, ein trübes Lied voll bangen Sehnens, voll ungestillter Liebe entquoll den Geisterlippen, und schneller und schneller wirbelte der Tanz, und die Fingerringe und Myrthenkronen leuchteten, und die Haare wehten wie ziehende Nebel; da trat Eine auf ihn zu, und faßte ihn in das Auge, und sein Blick erstarrte, sie drückte ihn an das Herz, und das Seine hörte auf zu schlagen, und als sie ihn küßte, war er todt.

Als des andern Morgens der Freiherr hinab schritt in das Thal, fand er die Leiche unter einen Rosenstrauch. Er erkannte seinen frühern Edelknaben. „Herr vergib mir meine Sünden" sagte der himmelan gehobene Blick. Er lud den unglücklichen Jüngling auf seine Schultern, und grub ihn unter heißen Thränen ein neben seiner Tochter. Von nun erschien der Edelknabe und die Tochter oft in seinen Träumen, leuchtend wie der Morgenstern, und sahen ihn verzeihend und tröstend an.

L[udwig] Börne

DAS GASTMAHL DER SPIELER[1]

Deutsche Handels- und sonstige Geschäftsleute, die sich weniger aus Büchern als aus Manuscripten machen, glauben gewöhnlich, wir Stubengelehrte wären dumm in allen weltlichen ungedruckten Dingen; sie halten uns für eine Art Nachtigallen, die nur im Stillen und Dunkeln munter sind. Ich selbst war lange dieser Meinung, und es war mir ein rechter Trost, zu wissen, daß meine Gelehrsamkeit nicht übermäßig groß sey. Ich bin aber von dieser Ansicht zurückgekommen, besonders seitdem ich in Paris lebe. Ich habe gefunden, daß wir Generalgeographen mit Compas und Sternkunde leichter selbst die Feldwege der großen Welt, als die Geschäftsleute mit ihrer Spezialkarte die Landstraßen darin finden. Ausgerüstet mit Hofbauers empirischer Psychologie[2] und andern schönen philosophischen Kenntnissen, wußte ich trotz meiner Jugend, mich in Paris vor jeder Prellerey zu schützen und verirrte mich nie auf den mäandrischen Wegen der List und Lust.[3] Mehrere deutsche Geschäftsleute aber, die ich dort kennen gelernt, kamen schlimm weg und wurden in allen Artikeln, die sie zu Hause nicht in ihren Waarenladen führten, heillos betrogen. Ein Bremer Spediteur lobte mir seinen Lohnbedienten als die ehrlichste Haut von der Welt. Ich kam, hörte, kannte ihn; und schloß aus transcendentalen Gründen, daß der Kerl ein Spitzbube sey. Er hatte als rüstiger, junger Mann der Bestürmung der Bastille beygewohnt, war während der Revolution, die Kaiser-

[1] *Ährenlese* 1830, Nr. 6, S. 26–28. und Nr. 7, S. 30–32.

[2] JOHANN CHRISTOPH HOFFBAUER (1766–1827), Professor, Philosoph, Jurist, hatte unter anderen auch anthropologische und psychologische Werke publiziert, wie z. B. eine *Naturlehre der Seele in Briefen* (1796), *Untersuchungen über die Krankheiten der Seele* (1802–1807), *Grundriß der Erfahrungs-Seelenlehre* (1810).

[3] Maeander hieß in der griechischen Mythologie ein nach dem gleichnamigen phrygischen Fluss benannter Flussgott.

zeit eingerechnet, nacheinander Kutscher, Friseur, Wasserträger[,] Portier und Commissionär gewesen, nach der Restauration aber, wie viele Andere, Lohnbedienter geworden. 56 Jahre alt, war er noch voller Sentimentalität. Er sagte, all sein Streben sey, so viel Geld zusammen zu sparen und in sein friedliches Geburtsdörfchen, an den liebliche Ufern der Loire, zurückkehren zu können, um dort, fern von dem verdorbenen Paris, seine Tage zu beschließen. Er unterrichtete den Bremer von allen ihm noch unbekannten Wegen der Liederlichkeit, um ihn davor zu warnen. Er konnte ihm besonders die Spieler und Spielhäuser nicht schwarz genug schildern und sprach mit Wehmuth von den lasterhaften Mitteln, die angewendet würden, Fremde ins Verderben zu führen. Da wäre unter Andern ein großes Spielhaus, wo jede Woche zweymal offene Tafel für Fremde gehalten würde, an der man königlich speise. Der Bremer, der als reicher Mann wohl schon fürstlich gegessen haben mochte, aber königlich noch nie, bezeigte große Lust, einmal in dem Lockspeisehause zu essen. Der ehrliche Lohnbediente zuckte warnend die Achseln; aber den folgenden Tag erhielt mein Freund eine höfliche Einladung von der Spieldirection, für sich und noch 2 andere Personen gültig. Er forderte mich auf, ihn zu begleiten. Um 5 Uhr Nachmittags gingen wir in das bezeichnete Hotel. Mit der Zuversicht, die sich tugendhafter Mann, Spitzbuben gegenüber, fühlt, trat ich in das palastähnliche Haus. Aber mein Gott, was ist der Mensch für ein Narr, und wie schwach sind seine Augen, daß er seine von jeder erlogenen Majestät, selbst von der des schlechtesten Tombacks, blenden läßt! Es war im Spieltempel alles so feierlich, so ernst, angemessen und anständig, daß das humoristische Behagen, mit dem ich gekommen war, schnell verschwand und ich einige Stunden lang in der größten Verlegenheit war. Ich glaubte am Hofe Philipp's II. zu seyn, und es bedurfte des Champagners und anderer edeln Weine, mein schwaches Herz wieder zu stärken.

Schon auf der Straße, vor dem Hotel, ward uns schlimm zu Muthe. Die glänzendsten Equipagen, Jäger hinten auf, kamen angefahren, und heraus stiegen nur Leute mit Ordenssternen und Bändern. Wir waren die einzigen Fußgänger, die sich zeigten. Der Portier, als wir an seiner Loge vorbeykamen, rief uns zu, wohin wir wollten? Wir antworteten, wir kämen mit den Spielern zu essen! Der Portier lachte, und sagte, hier äße man nicht. Der Bremer zeigte seine Einladungskarte als Paß vor und wir durften weiter gehen. Wir traten in ein ebener Erde gelegenes Zimmer, wo ein Dutzend übermüthige Lakaien ihr Wesen trieb. Der Bremer fragte: wo man äße? und erhielt zur Antwort: Hier nicht! – Wir gingen wieder hinaus, eine Treppe hinauf, wo wir den Speisesaal entdeckten. Der Bremer fragte die Bedienten, die noch mit Zubereitungen beschäftigt waren: wann man äße? Die Schlingels gaben ihm keine Antwort. Wir stiegen wieder hinab, und gingen abermals in das Bedientenzimmer. Auf die Frage: was wir suchten? zeigte der

Bremer zum Zweytenmale seine Einladungskarte vor, worauf man uns die Hüte abnahm und uns in die Gesellschaftszimmer wies. Beym Eintreten bemerkte ich, daß mir mehrere Herren ernsthaft auf die Füße sahen, und ich gewahrte mit Schrecken, daß ich der Einzige war, der in Stiefeln erschien. Ich setzte mich an einen Lesetisch, um meine Füße zu verbergen, und nur Kopf und Herz zu zeigen, und las einige Ultra-Blätter. Als ich wieder aufgestanden, kam ein großer stattlicher Mann, majestätischer Haltung, gleich Ludwigs XIV. zu mir, und fragte, wer ich wäre und was ich wollte? Der Herr hatte das Kinn im Halstuche, was ein schlimmes Zeichen war; den Studiosen der Menschenkenntniß muß ich die Lehre geben, daß man Leuten, die ihr Kinn im Halstuch tragen, zwar trauen soll, aber nicht viel. Ich übersah sogleich das Mißliche meiner Lage, und hatte die Geistesgegenwart, mich anzustellen, als verstünd' ich ihn nicht. Da ich ihm aber antworten mußte, beschloß ich, eine Sprache mit ihm zu sprechen, die er auch nicht verstand. Aber welche? Das war die Frage. Zwar kennt in der Regel ein Franzose nur seine Muttersprache; aber Spieler sind Kosmopoliten und Polyglotten. Ich bereitete also in der Schnelle ein Zungenragout vom deutschen Herr, dem italienischen Signore und dem englischen Sir. Die Olla-Potrida[4] that ihre Wirkung. Es kam nämlich Alles darauf an, Zeit zu gewinnen, bis mein Bremer Freund, der sich entfernt hatte, wieder herbey käme. Endlich erschien dieser, und ich gab pantomimisch zu verstehen, das sey der Mann, der über mich die beste Auskunft geben könnte. Der stattliche Herr, wie ich später erfuhr, ein Marquis, von der Spielgesellschaft angestellt, in diesem Hause die Honneurs zu machen,[5] fragte den Bremer, als ihm dieser unter mehrern Kratzfüßen bemerkt, er habe mich mitgebracht, wer er sey? Der Bremer nannte sich. Der Marquis erwiederte, er habe nicht die Ehre, ihn zu kennen; da zeigte der Bremer zum Drittenmale seine Einladungskarte vor und nun hieß uns der Marquis willkommen.

Man ging zu Tische. Ich habe zwar schon mehrere deutsche Höfe speisen sehen, aber nur aus der Vogelperspective, von der Gallerie herab. Es war das erstemal, daß ich an einer fürstlichen Tafel thätigen Antheil genommen, als wirkliches Mitglied. Welche Pracht und Herrlichkeit! Zum Glück war ich an jenem Tage nicht sentimental gestimmt, sonst hätte ich keinen Bissen essen können. Ich hätte mir vorgestellt, daß alle diese Speisen in Blut und Thränen gekocht sind, von den Selbstmördern und Verzweiflungsvollen vergossen, welche täglich in den Pariser Spielhäusern ausgeplündert werden. Doch muß ich bemerken, daß es sich sämmtliche Gäste

[4] Olla potrīda (span.): spanisches Nationalgericht, das aus einem Gemisch von verschiedenen Fleisch- und Gemüsesorten bereitet wird. In übertragener Bedeutung: Mischmasch.

[5] Faire les honneurs d'une maison (fr.): dem Haus Ehre erweisen, also einen Besuch abstatten.

sehr schmecken ließen, welches ein erfreuliches Zeichen von noch übrig gebliebener Tugend war; denn vollendete Spieler und Gauner leben bekanntlich wie die Anachoreten, und essen und trinken wenig. In der Mitte der eyrunden Tafel saß der Marquis und Ceremonienmeister, über Alle hervorragend an Gestalt und würdigem Betragen. Unaufhörlich, während der ganzen Mahlzeit, brachten ihm Adjutanten versiegelte Depeschen, in Duodez, klein Quart und groß Folio, deren Siegel von bedeutendem Umfange waren. Der Marquis erbrach sie, las sie ohne eine Miene zu verziehen, und reichte sie dann einem hinter ihm stehenden Lakayen. Es ging in seiner Nähe her, wie in einem Hauptquartier. Ich fragte meine empirische Psychologie, was diese häufige Correspondenz zu bedeuten habe? Sie antwortete mir: es wären unschuldige Liebesbriefe, welche die Polizey mit dem Marquis wechsele, jene stünde nämlich mit der Spieldirection in den freundschaftlichsten Verhältnissen, und beyde theilten sich wechselseitig ihre anthropologischen Erfahrungen mit. Übrigens ging es bey Tische langweilig genug her, und ich vermochte mir die Zeit nur dadurch zu verkürzen, daß ich in meinem Sinne scherzhafte und zeitgemäße Gespräche mit der Gesellschaft pflog.

Nach dem Essen und eingenommenen Caffee begann das Spiel. Mein Bremer Freund bemerkte mir, wir Beyde zusammen hätten wohl 50 Franken, im Wirthshaus-Preise berechnet, bey Tische verzehrt, und es wäre sehr undelikat, wenn nicht Einer von uns spielen wollte. Ich erwiederte ihm, wenn er dort seyn wolle, hätte ich nichts dagegen; ich selbst aber würde nicht spielen. Der Bremer spielte, und trieb die Delikatesse so weit, daß er 1.200 Franken verlor. Ich wiederholte unterdessen einige Betrachtungen, die ich an Hazard-Spieltischen schon oft angestellt. Erstens die: daß die Ernsthaftigkeit, mit welcher die Bankhalter ihr nichtswürdiges Geschäft treiben, ganz unerträglich sey. Sie könnten immer etwas dabey scherzen; die giftigsten Schlangen haben wenigstens eine schöne Haut. Aber freylich ist diese Ernsthaftigkeit eine der Todsünden der Menschen; der ihnen eingeborne Hochmuthsteufel spricht sich darin am deutlichsten aus. Friedrich Schlegel mag thun und sagen was er will, er wird nie das herrliche Wort vergessen machen, das er einst ausgesprochen: „Der Mensch ist eine ernsthafte Bestie."[6] Ganz gewiß haben die alten römischen Senatoren, da die Gallier vor ihrer Stadt waren, kein wichtigeres Gesicht gemacht, als jeder Paß-Bureauist annimmt, wenn er uns signalisirt. Am ärgerlichsten war mir diese Ernsthaftigkeit immer an Bankiers und andern Handelsleuten gewesen. Geld zahlen und verdienen, und den Gewinn berechnen, ist zwar ein

[6] Das Zitat stammt aus Friedrich Schlegels 1799 publiziertem Roman *Lucinde* (SCHLEGEL *Werke* Bd. 5, S. 34.) und lautet genau: „O! es ist wahr, meine Freundin, der Mensch ist von Natur eine ernsthafte Bestie."

sehr heiteres Geschäft, aber durchaus kein erhabenes, und es ist gar nicht zu begreifen, warum jene Herren, wenn man auf ihr Comtoir kommt, eine so ehrfurchtgebietende Miene annehmen. – Die zweyte Betrachtung, die ich an Hazard-Spieltischen anzustellen pflege, ist folgende: Wenn man alle die Kraft und Leidenschaft, die Seelenbewegungen und Anstrengungen, die Ängste und Hoffnungen, die Nachtwachen, Freuden und Schmerzen, die jährlich in Europa an Spieltischen vergeudet werden, wenn man dieses alles zusammensparte – würde es ausreichen, ein römisches Volk und eine römische Geschichte daraus zu bilden? Aber das ist es eben! Weil jeder Mensch als Römer geboren wird, sucht ihn die bürgerliche Gesellschaft zu entrömern, und darum sind Hazard- und Gesellschaftsspiele, Romane, italienische Opern und elegante Zeitungen, Casinos, Theegesellschaften und Lotterien, Lehr- und Wanderjahre, Garnisons und Wachtparaden-Dienste, Ceremonien und Aufwartungen, und die 15 bis 20 anliegende Kleidungsstücke, die man täglich mit heilsamen Zeitverlust an und auszuziehen hat – darum ist dieses Alles eingeführt, daß die überflüssige Kraft unmerklich verdünste! Noch glücklich, daß es dem Menschen nicht mit der Natur gelingt, was sie mit der Menschheit zu Stande gebracht; sie hätten das Weltmeer schon längst in Springbrünnchen zertröpfelt, und Vulkane in chinesische Feuerwerke verpufft, daß Sturm und Lava ja kein Verderben drohe!

Wir gingen nach Hause; ich an Leib und Seele gestarkt, der Bremer aber sehr verstimmt. Er erzählte seinem ehrlichen Lohnbedienten, wie schlimm es ihm ergangen. Bey dieser Gelegenheit sah ich abermals, was die Franzosen für liebenswürdige Menschen sind. Ein pedantischer deutscher Sittenprediger, der, wie der Lohnbediente es gethan, den Bremer vor Spielern gewarnt, hätte diesen, nachdem er seine Warnung nicht geachtet, und dadurch in Schaden gekommen, mit Vorwürfen überhäuft und gesagt: Es geschieht Ihnen recht, warum haben Sie mir nicht gefolgt! Unser edler Lohnbedienter aber betrug sich ganz anders. Anfänglich, als der Bremer sein Mißgeschick erzählte, lächelte er und schwieg, und dividirte wahrscheinlich im Stillen, wie viel er von der Spielergesellschaft an Courtage[7] zu fordern habe. Dann aber sagte er bloß: Beruhigen Sie sich, mein Herr, Sie werden ein anderesmal glücklicher seyn! Um ihn völlig aufzuheitern, erzählte er ihm mehrere SpielerAnekdoten. Unter andern: Oben erwähnter Marquis, ehemaliger Emigrant und restaurirter Lump, habe das Glück gehabt, eine reiche Heirath zu schließen. In einer Nacht, da er sein ganzes Vermögen verspielt, habe er zuletzt das Landgut seiner Gemahlin gegen einen Engländer gesetzt und es verloren. Der Engländer sei gleich vom Spieltische weg nach Mitternacht auf das 4 Stunden von Paris entfernte Gut gefahren, und habe früh Morgens als Hausherr heftig an der Thürschelle gezogen.

[7] Das französische Wort bedeutet in diesem Zusammenhang Agentenprovision.

Die Hofhunde hätten gebellt, der Gärtner gefragt, was er so früh befehle? Der pflegmatische Engländer aber habe sich um Bellen und Fragen nicht bekümmert, sondern habe Alles mit Muße und Bequemlichkeit in Augenschein genommen. Endlich sey der Gärtner grob geworden, der Engländer habe ihn darauf bey der Brust gepackt, und ihn mit den Worten: „Scheer er sich zum Teufel, ich brauche seine Dienste nicht mehr!" zum Thore hinausgeworfen. Darüber sey die Marquisin aufgewacht, wäre im Nachtkleide ganz erschrocken herabgekommen und habe den Engländer gefragt: was ihm gefällig wäre? Dieser habe geantwortet: nichts, er wolle in seinem Park ein wenig spazieren gehen, und habe der Marquisin den Abtretungsschein des Landgutes vorgezeigt. Die arme Frau wäre bald darauf vor Gram gestorben. Die Pariser Spielgesellschaft aber habe sich gegen den Marquis, wie sie es gegen ihre Schlachtopfer zuweilen zu thun pflege, sehr großmüthig benommen und ihn zum Honneurmachen in genanntem Hause angestellt, wofür er täglich 100 Franken Gehalt bekomme. Diese artige Anekdote vermochte aber den verdrießlichen Bremer nicht aufzumuntern. Ich sagte ihm: „Wären Sie ein gewöhnlicher Süddeutscher, wie ich, hätten Sie freylich Ihr Geld nicht verloren; weil Sie aber als Norddeutscher zartfühlend sind, haben Sie gespielt und sind in Schaden gekommen. Ihr Verlust entspringt also aus einer edlen Quelle, und Sie sollten sich darum trösten. Was liegt auch daran? Sie brauchen ja nur eine Kleinigkeit auf jedes Stück Callico zu schlagen,[8] um sich reichlich zu entschädigen. Weil wir gerade von Callico's sprechen, lieber Freund, folgen Sie meinem Rathe, Sie werden mir es einst danken. Kaufen Sie so viele Callico's zusammen, als in Manchester aufzutreiben sind, und zahlen Sie, was man fordert. Ich sage Ihnen, die Welt ist rund; heute roth, morgen todt. Wir legen uns gut englisch zu Bette, und stehen morgen continentalsystematisch auf. Es ist heute Johannistag,[9] denken Sie an mich!" Dies wirkte: der Bremer drückte mir freundschaftlich die Hand, und wir wünschten uns gute Nacht.

[8] Kaliko oder Calicot hießen nach der ostindischen Hafenstadt Calicut die feinern Druckkattune, die zu Büchereinbänden benutzt wurden. Das Weben von zum Bedrucken geeigneten Kattunen nahm in der ersten Hälfte des 19. Jahrhunderts durch den Einsatz von Maschinen zuerst in England großen Aufschwung, während diese Stoffe bis Ende des 18. Jahrhunderts aus Ostindien nach Europa eingeführt wurden.

[9] Der 24. Juni, den man als die Sommersonnenwende betrachtete, ist in den christlichen Kirchen Johannis dem Täufer als Festtag gewidmet. Das Johannisfest hat sich im Laufe der Zeit von den kirchlichen Gebräuchen entfernt. Eine besondere Bedeutung erlangte der Johannistag bei den Freimaurern, die am 24. Juni ihr größtes Jahresfest begingen.

Theodor Mundt

DAS JÜDISCHE STADTVIERTEL IN KRAKAU[1]

Die größere Masse eines verlorenen und unglücklichen Volkes wird mit der Zeit gleichgiltig gegen sein Schicksal, und kann sogar dazu kommen, sich bequem zu betten auf seiner Schmach, und Wucher zu treiben mit seinem eigenen Elend. Dieser abgestandene Rest einer Nation klammert sich noch gern an die Fußtritte seiner Besieger an, froh, ein sicheres Nest zu finden selbst unter den feindlichen Füßen, gleich dem gelähmten Adler, der an der Felsenecke, wo ihn der verwundende Pfeil niedergeworfen, ruhig liegen bleibt und sich dort festnistet, so gut und lange es gehen will. Dieß ist die entsittlichende Kraft des Unglücks, daß das Mißgeschick zuletzt seine Friedensbündnisse abschließt mit der Schande, und so versöhnlich wird gegen alle Welt, daß Götter darüber weinen müßten, wenn sie ein Herz hätten. Der Unglückliche, früher ein Held seiner ungeschwächten Kraft, wird er nicht so zahm, daß er mit keinem Kinde mehr hadert, welches ihm höhnt? So ist das Unglück der größte Fluch der Menschheit, und wie unter den Individuen, so gibt es auch unter den Nationen solche, die vorzugsweise die Unglücklichen in der Geschichte sind![2]

Die kleinen Quergassen dieses Stadtviertels [des jüdischen Stadtviertels zu Krakau] bilden den eigentlichen jüdischen Kasimierz, in dessen jämmerlichen Wohnungen sich der polnische Jude festgenistet hat. Hier sitzt das Unglück in seiner Höhle und zeugt mit der Schmach das Laster und den Betrug, welche er von sich ausschickt, um Rache an der Menschheit zu nehmen. Es kann keinen fürchterlicheren Aufenthaltsort der Verdammten geben, als den, zu welchem sich hier diese unglücklichen Juden auf den engen Fleck ih-

[1] *Pannonia* 1841, Nr. 77. vom 24. September, S. 303–304. Der Titel enhält in der Zeitschrift folgenden Hinweis: „Aus den Spaziergängen von Theodor Mundt". Quelle der Mitteilung sind demnach THEODOR MUNDTs *Spaziergänge und Weltfahrten* (3 Bde, Altona: 1838–39).

[2] Hier fügte die Redaktion folgenden Satz ein: „Wir heben die folgende Schilderung der polnischen Juden in ihrem besondern Stadtviertel zu Krakau hervor:"

res Elendes zusammendrängen müssen. Die mit giftigen Gerüchen aller Art geschwängerte Atmosphäre, welche über diesen Gassen ruht, bildet gewissermaßen den Dunstkreis, durch den der Jude hier, gleichsam in einer undurchdringlichen Luftschicht abgesperrt, von den Christen gesondert scheint, und undurchdringlich muß man diese Atmosphäre wohl nennen, weil sie den hier plötzlich Eintretenden fast zu ersticken droht. In die Zimmer dieser Häuser einzudringen, ist fast unmöglich; Schmutz, Unrath und Gestank halten Wache an diesen Kerkern des Unglücks, in welchen oft vier bis fünf Familien einen Raum bewohnen, den man kaum zum Athemholen für ausreichend halten sollte. Je elender sie aber durch den Druck der auf ihnen lastenden Verhältnisse werden, desto stärker vermehren sie sich nur und hängen nur immer fester an dem Winkel des Jammers, in welchem ein unerbittliches und beispielloses Schicksal dieses Überbleibsel des einst auserwählten Volkes geschleudert hat. – Fast alle Häuser in Kasimierz haben Läden, in welchen aller Trödel und Schacher von Israel aufgestapelt liegt. Die Edelleute der Umgegend handeln hier oft ihre Bedürfnisse ein und ziehen den Kasimierz zu ihren Einkäufen vor, wegen der wohlfeilen Preise, welche nur die Juden bei dem geringen Erwerb, mit dem sie in der Regel zufrieden sind, stellen können. Die Genügsamkeit dieser armen polnischen Juden ist überhaupt merkwürdig. Viele enthalten sich oft Wochen lang ganz und gar aller festeren Speise, und Manche gibt es, die in mehreren Monaten nichts als Milch und etwas Brot genießen. Ein nicht unwesentlicher Theil der hiesigen Judenschaft besteht aus der Secte der Chossidim, die einen eigenthümlichen mystischen Charakter haben, und sowohl durch ihre strengen orthodoxen Grundsätze als durch ihre Fasten sich auszeichnen. Aber auch jeder andere Jude führt in der Regel eine mässige Lebensweise, die in Erstaunen setzen muß. Im Handel und Wandel läuft er den ganzen Tag umher, und macht, im Angstschweiß des geringfügigsten Erwerbes, den weiten Weg von Kasimierz bis in die Stadt wohl zwanzigmal hin und zurück, um wenige polnische Groschen zu gewinnen; oder er bedient als „Factor" die in der Stadt sich aufhaltenden Fremden, denn die Juden sind in Polen Alles, Lohnlakaien, Dolmetscher, Unterhändler, Vermittler aller und jeder Geschäfte, so gelehrig zeigt sich in Ihnen das Unglück, das unter allen Gestalten jeden Dienst verrichtet, und mit dem der unabweisliche jüdische Geschäftigkeitsgeist zusammentrifft, um diese wunderlichen und allbeweglichen Figuren ruhelos hin und her zu treiben. Hat sich aber der Jude den Tag über zu allem Möglichen brauchen lassen, für wenig Geld und unter der schmählichsten Behandlung, ohne gegessen und getrunken zu haben, dann schleicht er sich Abends spät todtmüde in seine Judenstadt zurück, um im Schmutz seiner niedrigen Behausung ein Stück trockenes Brot zu verzehren, sein einziges Labsal. So entbehrt dieß unglücklichste und verachtetste aller menschlichen Geschöpfe fast jeden Lebensgenuß und hat nichts als seinen Glauben, um dessenwillen er ausgestoßen ist, und an den er sich mit um so größerer Inbrunst immer unzertrennlicher anklammert. Der Charakter dieser Juden hat etwas Gutartiges, und sie antworten den Christen, welche oft aus Neugierde und Spottlust durch ihre Gassen ziehen, freundlich und bereitwillig auf alle Fragen, welche sie und ihre Gebräuche betreffen, obwohl mit einem Tone wehmüthiger Resignation, der auch dem gemeinsten und verworfensten Juden eigen ist. Der schwermüthige, leidende Zug, den sie alle an sich tragen, gibt ihren oft so schön geformten Gesichtern einen besonders edlen Ausdruck und mischt sich mit der Klugheit, welche aus ihren schwarzen, feurigen Augen schimmert, zu einer eigenthümlichen Physiognomie, deren dämonisches Dunkel sich dann und wann durch Witz und Laune blitzartig erhellt.

„Der polnische Jude" ist noch mit dem besonders niederschmetternden Fluch seines Daseyns behaftet, ein polnischer Jude zu seyn. Dieser Begriff wirkt weithin wie ein giftqualmendes Gespenst und verbreitet die Schrecknisse der Pest in der Nähe und Ferne. Man flieht ihn stärker als einen Verbrecher, denn sein Verbrechen ist das Unglück, seine Schmach ist die Unterdrückung, unter der er seufzt. Die Welt hat ihn, indem sie ihn ausgestoßen, zu einem Ungeheuer gemacht, vor dessen Anblick sie selbst erzittert. Der polnische Jude ist nichts als das Product der Schlechtigkeit, welche die Welt an ihm verübt hat. Er ist, in seinem ganzen schmählichen Aufzuge, in dem er dahinwankt, die Erfindung Derer, die ihn verspotten, und die in der Verworfenheit, die sie ihm aufgenöthigt haben, ihre eigene Selbstsucht und die ganze Tücke der modernen Gesellschaft geißeln.

Die Sitten der polnischen Juden, besonders des weiblichen Geschlechts, gelten für sehr verderbt. Ihre Frauen und Mädchen tragen fast alle die üppige Schönheit, durch welche sie sich auszeichnen, feil. Dieser Umstand ist um so bemerkenswerther, als sonst die jüdischen Frauen, da wo die Juden in einem berechtigten und geordneten Gesellschaftsverbande leben, gerade durch eine strenge und unantastbare Sittlichkeit sich auszeichnen.

Bei allem Feuer ihres Temperamentes sind die Jüdinnen in der Regel kalt gegen jede Verführung, welche sie der Treue abwendig machen möchte, und ein eigenthümlicher persönlicher Stolz, sowie der Geist der Familie, in dem sie wurzeln, und der ihnen das Bewußtseyn einer ethischen Würde gibt, halten diese Töchter des patriarchalischen Volkes davon ab, so leicht in Unsittlichkeit zu versinken. Dieß Verhältniß zeigt sich umgekehrt, wo die Juden durch den Druck ihrer allgemeinen Zustände in einer gewaltsamen Entartung erhalten werden. So ist der Kasimierz von Krakau ein wahres Sodom, in welchem die Sünde in allen möglichen Gestalten sich heimisch gemacht hat. Wer den Vermittler irgend einer Schandthat sucht, findet ihn gewiß unter den armen Bewohnern der Judenstadt für ein geringes Stück Geld. So sehr zeigt sich hier wieder die entsittlichende Macht des Unglücks und der Armuth, auf deren Wirkungen man jetzt überall in der Welt stößt.

— —

DIE LIEBENDEN VON VIRE[1]

Die Sonne ging so schön und herrlich auf, wie sie nur an einem schönen Maitage leuchten kann, warm, aber doch erfrischend, als in dem schönen Thale von Vire François Lormier vor etwa dreißig Jahren zum letzten Mal mit Mariette Duval einen Spaziergang machte, bevor die unerbittliche Conscription ihn hinwegtrieb von seiner glücklichen Heimath und seiner Jugendliebe. Es war ein traurigstimmender Spaziergang, wie man sich denken kann, denn obgleich es ein schöner Tag war, so drang doch der Sonnenschein nicht in die Herzen der Beiden, und Alles erschien ihnen trübe und melancholisch. Sie sprachen lange und viel miteinander, und François Lormier gelobte, das Bild Marietten's sollte nicht aus seiner Seele weichen, es solle ihn in der Schlacht ermuthigen und im Bivouac[2] erheitern, und Mariette versicherte, sie würde nie einen Andern heirathen, als François Lormier, selbst nicht, wenn der alte, reiche Herr Latoussefort sich und sein Vermögen ihr zu Füßen legen wollte; kurz, daß François, wenn die sieben langen Jahre vorüber wären, sie noch unverehelicht wiederfinden solle.

– „Mais si je perdais une jambe!"[3] sagte Lormier.

– „Qu'est ce que ça fait?"[4] – antwortete Mariette.

Sie trennten sich. Mariette weinte viel, aber bald ward sie wieder ruhig, ging an ihre täglichen Geschäfte, sang, tanzte bei den Dorffesten und gewann die Herzen aller Jünglinge durch ihre ungeschminkte Schönheit und ihre natürlichen Reize. Doch vergaß sie ihren François nicht, und wenn einer um sie anhielt, verwies ihre gute Mutter sie an Mariette, welche stets

[1] *Gemeinnützige Blätter* 1843, Nr. 99. vom 10. Dezember, S. 395–396.
[2] Dt.: Lager.
[3] Dt.: Aber wenn ich ein Bein verlieren würde?
[4] Dt.: Was zählt das?

eine Antwort bereit hatte und die Freier abfertigte, ohne sie zu beleidigen. Endlich stellte sich der alte Latoussefort mit seinen Geldsäcken ein, und erklärte, sein einziger Wunsch sei, die hübsche Mariette reich zu machen; aber Mariette blieb fest, und sprach so rührend über François Lormier, daß der alte Mann mit Thränen in den Augen hinweg ging. Sechs Monate darauf starb er, u[nd] hinterließ zur Verwunderung Aller sein bedeutendes Vermögen der Mariette Duval!

Mittlerweile hatte sich François zum Heere begeben und ward bald ein tapferer und muthiger Soldat. Da er in der großen nordischen Armee stand, so hatte er alle Fährlichkeiten der Feldzüge in Rußland und Polen mitzumachen; aber nie verließ ihn seine Heiterkeit, denn der Gedanke an Mariette hielt sein Herz stets warm, selbst während eines russischen Winters. Bei dem schrecklichen Rückzug suchte er sich, so gut es ging, durchzuschlagen, und half in gutmüthiger Weise noch Anderen. Seine Handlungsweise zog die Augen eines auf sich, welcher stets unparteiisch zu belohnen pflegte, und François ward so gut belohnt, wie er dort belohnt werden konnte. Endlich jedoch wurde er in einer unglücklichen Schlacht Napoleon's, stark am rechten Arm verwundet.

Übergehen wir das Weitere. Verstümmelt, krank und gebeugt näherte sich François wieder seinem heimathlichen Dorfe, und suchte, zweifelhaft wie er aufgenommen werden würde, – denn sie Leiden machen den Menschen argwöhnisch – die Hütte der Madame Duval auf. Die Hütte war nicht mehr da, und als er sich nach Madame Duval erkundigte, zeigte man ihn zu einem hübschen Pachterhause an den Ufern des Flusses. Er dachte, daß dieß wohl ein Irrthum sein müsse; dennoch aber schleppte er sich dorthin und klopfte mit Angst im Herzen an die Thür.

– „Entrez!"[5] – rief die Stimme der gutmüthigen, alten Madame Duval. François trat ein und sank ungebeten auf einen Stuhl nieder. Madame Duval blickte ihn einen Augenblick an, eilte dann zur Treppe und rief: „Mariette, komm' herunter, hier ist François wieder!" Wie ein Blitz schoß Mariette die Treppe herunter, sah des Soldaten alten Überrock und flog auf ihn zu – dann stand sie still und blickte seine mitgenommenen Gesichtszüge an. So sah sie ihn eine Zeit lang schweigend an, aber kein Vergessen, keine Kälte, oder Stolz war in ihrem Herzen – nur Kummer, Freude, Liebe und Erinnerung lag in den Blicken. „O, François", rief sie freundlich, ihn umarmend, – „wie hast Du gelitten!" Und indem sie dieß that, fiel der alte Oberrock zurück, und auf seiner Brust erglänzte das Kreuz der Ehrenlegion. „N'importe!" – rief sie, es erblickend – „Voila! ta récompense!"[6] Er drückte sie zärtlich an's Herz. „Hier ist meine Belohnung," – sprach er.

[5] Dt.: Herein!

[6] Dt.: Das ist nicht wichtig! Da ist deine Belohnung!

II. B.

GEDICHTE

[Christoph Rösler][1]

[MOTTOGEDICHT ZUM NEUJAHR][2]

Nim meinen Gruß zum NeuenJahrsGeschenke,
Und winke freundlich mir Erwiedrung zu,
O Leser, wie ich ihn mir gerne denke;
Sey glücklich! ist mein Gruß; mein Wunsch bist selber du.

Sey glücklich durch Verdienst! die nächste Stunde
Nimt sonst dein Glück dir schleunig wieder ab;
Fest hält nur mit der Würdigkeit im Bunde,
Was man sich selbst, was Zeit und Welt uns gab.

[1] Die Mottoverse am Anfang jeder Nummer der *Gemeinnützigen Blätter* erschienen anonym. Im Jahrgang 1817 (Nr. 83. vom 16. Oktober, S. 659.) findet sich jedoch eine Erklärung, in welcher sich der Redakteur Christoph Rösler als Urheber sämtlicher Motto-Gedichte zu erkennen gibt: „Zugleich erkläre ich ein- für allemal, dass in sämtlichen Jahrgängen dieser *Gemeinnützigen Blätter* die Motto's zu Anfang jeder Nummer (mit Ausnahme einiger wenigen von Seume und Tiedge im ersten Jahrgang 1811) so wie die deutschen Charaden und Logogryphen am Schlusse, *meine Arbeit sind*, und es auch künftig bleiben werden. Eben dasselbe gilt von den meisten Gedanken-Zündern. Mit den lateinischen Ch[araden] und Log[ogryphen] versorgt mich unausgesetzt die Güte eines Unbekannten, dem ich hiemit öffentlich, und um so herzlicher danke, da er den Werth seiner Gabe für mich durch edle Bescheidenheit erhöht, die nie lästig werden kann."

[2] *Gemeinnützige Blätter* (Beiblatt der *Vereinigten Ofner und Pester Zeitung*), Nr. 1. vom 2. Januar 1814, S. 3. Dieses Gedicht kann – da andere, in Prosa abgefaßte programmatische Äußerungen des Redakteurs hinsichtlich der *Gemeinnützigen Blätter* nicht vorhanden sind – auch als ein Programmgedicht gelesen werden.

Drum sey du selbst, mein Wunsch im neuen Jahre;
Empfange jeden Tag in reiner Brust,
Und mache nie dein Herz zur feilen Waare,
Und nie zur Sünde deine Lebenslust!

Sey, wie die Garb' in ihren Körner Ähren,
An stillen zwar, doch edlen Reitzen reich!
Und wisse, selbst am besten dich zu ehren,
Sey, Leser, meinem Gruß und meinem Wunsche gleich!

[MOTTOVERSE I][3]

So lange mit den Wölfen heulen,
Und Gut und Blut mit ihnen schier
Wie andre UnglücksVölker theilen, –
Verzeih' uns Gott, – das mußten wir!
Nun dürfen wir, befreyt von oben,
Nur Recht und Wahrheit wieder loben,
Und selber wahr und rechtlich seyn. –
Drum laßt, im Feinen und im Groben,
Uns dieser Freyheit laut uns freun.

[MOTTOVERSE II][4]

Ein Friede, nicht aus Noth erbettelt,
Erworbner Friede gilt jezt hier.
Doch wer das Unheil angezettelt,
Der büße schwer, mit Recht, dafür!
Kein Sklave von verwünschten Lüsten
Soll höhnend frech sich ferner brüsten:
Europa ist mein Eigenthum
Und VölkerUnglück ist mein Ruhm.

[3] *Gemeinnützige Blätter* 1814, Nr. 5. vom 16. Januar, S. 33. Nach der sog. Völkerschlacht bei Leipzig im Oktober 1813 nahm die französische Herrschaft in Deutschland ein Ende, Napoleon wurde auf französisches Gebiet zurückgedrängt.

[4] *Gemeinnützige Blätter* 1814, Nr. 6. vom 20. Januar, S. 40. Nach dem Mottogedicht folgt ein Gedankengang über *Napoleons FriedensSystem*.

— —

DER GELIEBTE DER NAJADE[1]

Hier Geliebter, sprach Dulcide,
Bei der Laute sanftem Liede,
Warte Morgen meiner Du;
Wirst ein wenig hier verweilen
Will des Herzens Wund dir heilen
Geben die geraubte Ruh.

Und da warte seit dem Morgen
Ich, gequält von Angst und Sorgen,
Treulich der Geliebten schon.
Ach, vergeblich ist mein Warten,
Mir wird von der grausam harten
Doch nicht der versproch'ne Lohn.

Sieht, wie sich die Schatten neigen,
Die Gestalt verlängert zeigen
Die vorüber eben ging,
Mit des Tages hellem Schimmer
Schwinden auch des Trostes Trümmer,
An dem jüngst mein Herz noch hing!

[1] *Unterhaltungsblatt* 1821, Nr. 99. vom 14. Dezember, S. 382–384.

Hoffend sah ich sie aufgehen,
Hoffend noch am Mittag stehen
Still erwartend harrt' ich lang,
Doch die Sonn' ist längst geschieden,
Mir – ward nicht des Herzens Frieden
Bei der Abendglocke Klang.

Ach dort kommt am Himmelsbogen
Luna schon herauf gezogen,
Doch vergebens harr' ich hier,
Denn die ich so herzlich liebe,
Spottet, ach! nur meiner Triebe
Und ihr Herz schlägt nimmer mir.

Horch – was rauschet durch die Lüfte,
Mich umwehen Ambra-Düfte,
Lockend tönt's vom Meeres Strand,
Ha bist Täubchen Du's, du fromme?
Ja, fürwahr Du bist's, ich komme,
Folg' dem Winke Deiner Hand.

Ach du zaudertest so lange,
Ja mir Armen ward schon bange,
Glaubte, liebst mich, Holde, nicht,
O verzeih' Du engelreine –
Dachte, siehe wie ich weine,
Brechest treulos mir die Pflicht.

Du bist da; nun ist verschwunden,
Was ich qualvoll hab empfunden
Freier athmet meine Brust
Und mir winken deine Arme;
Los von Gram, von allem Harme
Find' ich bei Dir Lebenslust.

Wie, Du gehest von mir Traute?
Tönten meiner Klagen Laute
Ganz vergeblich in den Wind?
Ha, und sollten Höllen blitzen,
Dich muß ich einmal besitzen
Dich umarmen schönes Kind.

Nun – Du steigest in die Wellen;
Wärens auch des Abgrunds Quellen
Mächtig reißt es mich zu Dir.
Weh' es toben Höllenschlünde,
Mich umfachet Lohn der Sünde
Ach das Grab nur find' ich hier.

[Christoph Rösler]

[MOTTOVERSE III][1]

Wär' auch ein Künstler noch so groß,
Er ist, wenn nicht in seinem Leben
Der Kunst die Sitten Zeugniß geben,
Handwerker des Erwerbes bloß.
Humanität nur kann des Menschen Loos
Vom Thierischen zum Geistigen erheben;
Und sonst sind alle Bande Spinneweben.

[1] *Gemeinnützige Blätter* 1822, Nr. 66. vom 18. August, S. 521.

C. *Friedr[ich] Haan*

NACHRUF AN LOUISE BRACHMANN[1]

Verschmähter Liebe Opfer sankst Du hin,
Du, die so oft die Göttliche besungen!
Was in dem Innern *Dir* so schön erklungen, –
Nicht wiedertönt' es am verwandten Sinn.

Dich suchtest Du, – *Dich* fand'st, Verklärte nicht. –
Hoch schlug *Dein* Busen für der Liebe Freuden,
Doch schmecktest *Du* nur ihre herben Leiden,
Und – Leben ward *Dir* eine bittre Pflicht.

Wohl *Dir*! Du hast die Schranke durchgebrochen,
Dein Seraphsgeist schwang sich hinauf zum Licht, –
Für diese Welt schuf *ihn* sein Schöpfer nicht.
Was *Du* hier littest, nicht bleibt's ungerochen.
Gibt's gleich für Solches keine Tribunale, –
Das Inn're reicht die giftgefüllte Schale.[2]

[1] *Unterhaltungsblatt* 1822, Nr. 85. vom 25. Oktober, S. 274.

[2] Die Dichterin Louise Karoline Brachmann nahm sich in Halle am 17. September 1822 selbst das Leben, indem sie in die Saale sprang.

– –

PHANTASIE[1]

O Tag, den in des Erdenlebens Spiegel
    Aus Tausenden noch jenseits sucht mein Blick!
Ich rufe dich auf der Begeist'rung Flügel,
    Ach kehre, Morgen, noch einmal zurück!

Ein Wesen, das ich nie hienieden dachte,
    Hast du dem trunk'nen Auge vorgezeigt!
Ein Wesen, das Natur zur Cypris machte,[2]
    Vor dem der Ausdruck Schillers staunend schweigt.

Wer wagt es mir, die Reize zu besingen,
    In denen dieses holde Wesen strahlt?
Nur Raphaelen kann *Ihr* Bild gelingen,
    Der die erhabene Gottheit treu gemahlt!

Wer singt den Himmel, der so lieblich offen
    In *Ihrem* sanften klaren Auge schwimmt?
Und der so zauberisch zum wünschen – hoffen –
    Und unwillkürlich zur Anbetung stimmt?!

[1] *Unterhaltungsblatt* 1822, Nr. 76. vom 24. September, S. 200–202.

[2] Cypria war ein anderer Name der antiken Göttin Venus, der Göttin der Liebe, der Schönheit und der Anmut.

In dem versteckt der kleine, lose Schütze
    Aus stiller Sehnsucht schmachtend Pfeile schießt?[3]
Und wenn er abdrückt – sittsam nach dem Blitze
    Des Himmels Decke halb verstohlen schließt?!

O wer besingt die lieben, zarten Wangen,
    Zu denen Flora ihre Blüthen lieh?[4]
(Die Blüthen, die im Eden aufgegangen;
    Denn uns're hold'sten übertreffen sie!)

Und wer den Rosenmund, wo Küsse schweben,
    Im leisen, losen Zephyretten-Spiel?
Und ach! das Ganze mir im Lied zu geben,
    Ist für Apollos Lyra selbst zu viel! –[5]

Kaum wagt der Blick noch weiter abzugleiten
    Zum Busen – wie er wogt, und Wellen schlägt!
Wie ist die zarte Hülle zu beneiden,
    Die dieß gewölbte Heiligthum bedeckt! –

Und – doch wohin schweift hier der Ton der Leyer –
    Hinweg, verführerische Phantasie!
Vernunft, mit deiner Worte kaltem Feuer
    Bekämpfe mächtig, und bezwinge sie!

Verwische du der Sinne Reizideen
    Verwische ihren Eindruck ohne Schmerz!
Und von des Friedens stillen Palmenhöhen
    Gieß süße Ruhe ins bestürmte Herz!! –

[3] Hinweis auf den griechischen Liebesgott Eros, bei den Römern Amor.

[4] Flora hieß in der römischen Mythologie die Göttin der Blumen.

[5] In Apollo verehrten die Griechen und Römer u.a. auch den Gott des Gesangs und Saitenspiels, dem auch die Erfindung der Zither (oder Phorminx) zu verdanken sei. Mit diesem Instrument in der Hand wurde er auch häufig abgebildet. Es gab auch die Ansicht, Apollo hätte auch die Leier erfunden, nach anderer Meinung hingegen war die Leier eine Erfindung des Gottes Mercur.

J[akob] Melzer

DER BLUTIGE HOCHZEITSTAG

Romanze[1]

O Friedrich, Friedrich, wüßtest du
    Wie man mich preßt und quälet!
Wie grausam man mir raubt die Ruh
    Und alle Freud' vergället.
Doch glaub' ich, jeder Seufzer dringt,
    Bis hin zu deinen Ohren,
Der Kunde, von der Treu dir bringt,
    Die ich dir hab' geschworen.

Darum zu deinem Trost vernimm,
    Daß nichts von dir mich scheidet;
Es tob' der Zwang mit Tigergrimm,
    Der tief ins's Herz mir schneidet,
Ich bleibe immer, immer dein!
    Kein Reichthum kann mich blenden;
Eh' ich dich laß', mag unter Pein
    Und Qual, ich lieber enden.

[1] *Unterhaltungsblatt* 1822, Nr. 63. vom 9. August, S. 89–94 und Nr. 64. vom 13. August, S. 97–101.

Noch denk' ich immer an die Wort'
  Die du zu mir gesprochen:
„Des Krieges Donner rollen fort,
  Der Friede ist gebrochen,
Den König und das Vaterland
  Bedrohen wild Gefahren;
Drum wähl' ich den Soldatenstand,
  Mein wollst in Treu' du verharren."

„Verzage nicht! Verzage nicht!
  Fein Liebchen, siehst du ziehen
Mich in den Krieg; des Bürgers Pflicht
  Besiegt der Lieb' Erglühen.
„Indeß bitt' Gott, daß ich gesund
  Zu dir heim möchte kehren;
Und nie entweih' den Herzensbund,
  Den nie ich werd' zerstören."

Nie brech ich Friedrich meinen Schwur,
  Die ganze Welt mags wissen,
Daß ich dein harr'; denn an dich nur
  Soll mich daß Ehband schlüssen,
Nie aber an den fremden Mann,
  Zu dem man mich jetzt zwinget:
So lang der Mund noch reden kann
  Und Kraft das Herz durchdringet.

So klagte Minchen und ihr nah'
  Geschlichen kam ganz sachte
Die Mutter, die verwundert sah,
  Was Minchen alles machte.
Sie rief: wenn's aber doch geschehn
  Und bald geschehn wird müssen,
Daß du hin zum Altar wirst gehn
  Als Weib, an ihn dich schließen.

Den jetzt dein Starrsinn so verschmäht,
Den nimmer du willst lieben;
Und der mit dir doch fein umgeht,
Der nie dich könnt' betrüben.
Laß ab von all den Schwärmerei'n
Die dich verführet haben;
Willst du der Mutter Tod nicht seyn,
Nicht früh das Grab ihr graben.

Was kannst du tadeln an dem Mann',
Den du nach meinem Willen
Heirathen sollst? Sprich, welch ein Wahn
Wehrt dir's, sein Ach zu stillen?
Er ist von gutem Haus' und reich,
Und hübsch, schlank wie die Birke;
Und niemand kommt an Macht ihm gleich
Im ganzen Stadtbezirke.

Was hast du vom Soldaten, sag',
Nach dem dein Herz so banget,
Nach welchem weinend deine Klag'
Ohn' Unterlaß verlanget?
Kannst wissen du, ob er noch lebt
Und ob er heim je kehret?
Drum dämpf' den Trieb, der dich durchbebt,
Der dich so arg bethöret.

O liebe, liebe Mutter mein,
Laßt euch, sprach Minchen, finden;
Wie könnt' von Glück der Ehbund seyn
Den Liebe nicht mag gründen.
Glaubt, nimmer Gutes thut der *Zwang*,
Er stürzt in das Verderben;
Und nimmer kann den süßen Drang
Der Huld, er sich erwerben.

Warum sollt' Friedrich heim nicht kehr'n?
Im wilden Schlachtgetümmel
Trifft jede Kugel nicht; der Stern
Der hell vom Liebeshimmel
Auf mich und ihn herabblickt, wird
Ihn sicher treu bewahren;
Ihm leuchten, wenn er sich verirrt,
Und warnen vor Gefahren.

Ja glücklich hoff' ich ganz zu seyn
Als Frau an seiner Seite;
Dicht soll das Glück ihm Rosen streun,
Zu Ehr'n ihn führ'n im Streite.
Doch scheint – dabei auch großes Leid
Zu drohen den Verliebten;
Dieß hat mir neulich prophezeit
Das Weiblein aus Ägypten.[2]

Zeigt Jungfer, sprach es, mir die *Hand*
Eu'r Loos will draus ich künden:
„Ihr liebt – o je – wie stark der Brand
Der Lieb' euch konnt' entzünden! –
Nicht wahr, derselb' für den ihr glüht,
Ist weit von hier im Kriege? –
Freut euch, viel Glück, viel Glück ihm blüht
Beim Ringen nach dem Siege."

„Er kommt zu Ruhm und großer Ehr',
Ihm gleicht am Heldenmuthe
Kein einz'ger Mann im ganzen Heer
Er kämpft mit kaltem Blute.
Zehn *Türken* fielen schon durch ihn,
Zu hohem Rang erheben,
Wird ihn sein unerschrockner Sinn,
Doch – lang wird er nicht leben."

[2] D. h. Zigeunerin. Man glaubte von den aus Nord-Indien stammenden Zigeunern, die nach längerem Aufenthalt in Klein-Asien und auf dem Balkan im 15. Jahrhundert auch in Mittel- und Westeuropa aufgetaucht waren, sie stammten aus Ägypten. Dass ihre Sprache mit dem Indischen verwandt ist, wurde erst 1776 entdeckt.

„Ihr könnt durch ihn zur großen Frau
Vom Stand empor euch schwingen;
Doch handelt tückisch ihr und schlau
An ihm – wird's nicht gelingen.
Es wartet dann, wie ich *hier* seh'
Auf euch und eure treue
Sorgfältige Mutter, großes Weh,
Das ich zu sag'n mich scheue."

In's Wort ihr jetzt die Mutter fiel,
Wie bist du tief gesunken;
Betäubt von deiner Lieb' Gefühl
Sprichst du, als wärst du trunken.
Wie, das kann fesseln deinen Sinn
Erhell'n der Hoffnung Bogen,
Was dir dort die *Zigeunerinn*,
Für's Geld hat vorgelogen?

O Tochter, liebe Tochter mein,
Entsage deinen Grillen;
Willst's arme Mutterherz erfreu'n,
So thue seinen Willen.
Weißt du, wie's steht im Bibelbuch:
Straf' folgt der Boßheit Regen;
Hernieder reißt der Mutterfluch
Das Haus vom Vatersegen.

O treffen müßt' der *Fluch* fürwahr
Dich, den ich möcht' aussprechen,
Bliebst du bei deinem Vorsatz starr,
Und du dich könnt'st erfrechen,
Durch Ungehorsam mir das Ziel
Der Wünsche zu verrücken;
O handle Minchen, wie ich will,
Gott wird dich dann beglücken.

Erschrocken, stumm und todtenbleich
    Stand Minchen da und hörte
Die Mutter an, wie zart und weich
    Sie sich vor ihr beschwerte.
Nun denn, sprach sie nach einer Weil.
    Wenn ich dem Zwang muß weichen,
So sorget für mein Seelenheil,
    Wird Gott aufstell'n ein Zeichen.

Nichts weiter, nur noch meinen Traum
    Hört an, dann mags geschehen:
Ich sah in unsrer Hofflur Raum
    Drei schwarze Särge stehen,
Als sammt an meinem Hochzeitstag
    Wir aus der Kirche kamen –
Bedeutet das nicht große Klag'
    Für alle uns zusammen.

Hört ferner noch, im Speisesaal
    Sah lauter Blut ich strömen;
Die Musik klang wie Donnerschall –
    Zeigt das nicht auf groß Grämen?
Drum pikkert schon seit g'raumer Zeit
    Die Todtenuhr in Wänden,
Drum auch die Eule täglich schreit – –
    Nicht gut, nicht gut wird's enden.

Doch nichts half alles, Minchen mußt'
    Die Hand dem Jüngling geben,
Den aufzudringen ihr gewußt
    Die Mutter; doch mit Leben
Schwor sie ihm Treu' am Hochaltar.
    Der Meineid war vollzogen;
Drum führten bald der Furien Schaar
    Herbei des Unglücks Wogen.

Der Trauung Zeugen jubelten,
Hoch auf bei voll'm Pokale;
Doch bald verwandelte ein Flehn
Das Haus zur Todtenhalle.
„Ein *Offizier*! Ein *Offizier*!
Aus dem beeisten Norden
Erscholl's von Mund zu Mund, ist hier
Geschmückt mit einem Orden."

„Er wünscht des Festes Königinn
Die liebe Braut zu schauen."
Man führt zum ersten Tisch ihn hin
Und hört, was folgt', mit Grauen:
„Wen seh' ich, spricht der *Offizier*
Wer wollt' an mir sich rächen?
Mein Minchen – Gott! Wie – Minchen mir
Konntst du die Treue brechen?

Empor ihr Auge Minchen hebt
Zum Krieger, der erschienen;
„Mein Friedrich hier! Mein Friedrich lebt!
O weh! Ich komm von Sinnen."
Die hart erschrockne Braut so schrie,
Ohnmächtig sank sie nieder;
Mit Zittern auf, hob Friedrich sie,
Sie kehrt in's Leben wieder.

Und sprach: „Mich klag' nicht Friedrich an,
Als hätt' aus freiem Triebe
Ich mir, den hier gewählt zum Mann;
Dein bin ich, dein in Liebe!
Die *Mutter* dort! die *Mutter* dort!
Ist Schuld an allem Kummer;
Mit ihrem harten Zwangeswort –
Komm schlöß' ihn Todesschlummer!

Sie sank zum wiederholtenmahl
    Aus Friedrichs glühenden Armen
Wie kramphaft sie in ihrer Qual,
    Sich wand, war zum Erbarmen!
Sie seufzte tief; der Tod verkürzt
    Der Jugend Blüthenjahre;
Ein Blutstrom, der der Brust entstürzt
    Streckt hin sie auf die Bahre.

Wie einer, den des Blitzes Flamm'
    Zum Grausen hat versehret,
Stand Friedrich da, ein Raub von Gram
    Der gierig ihn verzehret.
Umfluthet von dem Foltermeer,
    Begann er laut zu klagen:
Doch Minchen wollte nimmermehr
    Ihr blaues Aug' aufschlagen.

Er klagt: „o Tod! im Schlachtgewühl
    Hast du mich nicht gefunden!
Des Weh's, das mich verletzt, ist viel
    Nie heil'n mehr meine Wunden.
Kein Blümchen mir die Lieb' mehr bricht –
    Ich muß den Tod mir geben:
Denn ohne Minchen freut mich nicht
    In dieser Welt das Leben."

Er schwieg und fiel in's eigne Schwert.
    Der Mutter Thränenblicke
Sah'n was geschah, vom Schmerz empört,
    Reißt sie ihr Kleid in Stücke,
Rauft wüthend sich vom Kopf das Haar
    Und ruft im Jammertone:
O daß ich doch so grausam war!
    Was hab' ich jetzt zum Lohne!

O mein geliebtes, liebes Kind,
    Das dort im Blute schwimmet! –
Wie groß ist die begangne Sünd',
    Ein Funk'n der ewig glimmet! –
Ihr Mütter, spiegelt euch an mir,
    Nie eure Töchter zwingen
Sollt ihr zur Eh', klar seht ihr's hier,
    Welch Leid der Zwang kann bringen.

Schnell sie der Wahnsinn jetzt ergriff
    Sie schrie: „Mord! Mord! – nicht – Buße!"
Und fand, als sie von dannen lief
    Ihr End' im *Popperflusse*.[3]
Erstarrt sah'n ihr die Gäste nach
    Mit leichenblasser Miene;
Nie kam der *blut'ge Hochzeitstag*,
    Ach nie aus ihrem Sinne!

Wo Friederichs und Minchen's Blut,
    Den Boden hat beflecket;
Wo ihr Gebein in Frieden ruht,
    Von Erde kühl bedecket,
Entwuchs ein üpp'ger *Rosenstrauch*
    In dessen Wunderkreisen,
Alljährlich noch, nach altem Brauch
    Jungfrau'n die Treue preisen.

So oft der Jahrstag wiederkehrt
    Zur Stund' der Sonnenwende,
Wird furchtbar laut ein Lärm gehört,
    Als rührten tausend Hände
Die Trommel dort; dann steigen auf,
    Der Schlummernden Gestalten,
Die gegen der Gestirne Lauf,
    Die Hände bethend falten.

[3] Durch die Erwähnung des Flusses Popper (ungarisch Poprád) läßt sich das fiktive Geschehen des Gedichts eindeutig im Norden des ehemaligen Königreichs Ungarn, in der Zips lokalisieren. In der Zips wurde auch der Verfasser Jakob Melzer geboren (in Deutschendorf, ung. Poprád; an der Popper) und in dieser Gegend wirkte er bis an sein Lebensende.

Schlägt dumpf die Stund der Mitternacht,
Rollt es wie Donner knallen,
Der *Popper* nah im Erdenschaft,
Drauf hört man Musik schallen.
So oft der *Rosenstrauch* entblüht
Und Liebchen nach ihm kosen
Das Abendroth ihn sanft umglüht,
Tropft Blut von allen Rosen.

A[ndreas] H[aliczk]y

FREUNDSCHAFT UND LIEBE[1]

Des Lebens Silberbächlein
Entfließt so schön dahin,
Wenn uns an seinem Rande
Zwei holde Blumen blühn.
Sie würzen uns das Leben,
Sie mildern jede Müh,
O selig wem sie blühen
In schöner Harmonie.

Die Freundschaft heißt die *Eine*;
Sie beut den Pilgerstab
Uns freundlich, und geleitet
Uns treulich bis ans Grab.
Wenn Wetter uns umtosen
Reicht uns die Rechte sie;
In bangen Leidensnächten
Verläßt ihr Trost uns nie.

[1] *Unterhaltungsblatt* 1823, Nr. 6. vom 4. August, S. 75–78.

Irrst du in Labyrinthen,
Nagt dir im Busen Harm:
Dann zage nicht, und flüchte
In treuer Freundschaft Arm.
Sie mildert deine Bürden,
Und sie erhöht dein Glück;
Drum schirm in treuem Herzen
Der Freundschaft hohes Glück.

Der Freundschaft hohe Schwester,
Die Liebe, sanft und süß,
Schafft öde Dornenpfade
Uns um zum Paradies.
Wo Herzen sich verbinden
Zur Treu in Schmerz und Lust,
Da bauet ihre Throne
Sie in zufriedner Brust.

Im schönen stillen Kreise
Geweihter Häuslichkeit,
Da flicht sie Blüthenkränze,
Verbreitet Seligkeit.
Wenn wild Orkane brausen,
Wenn laut der Donner kracht:
Dann zage nicht, dich schirmet
Der treuen Liebe Macht.

O selig, wer hienieden
Die Schwesterblumen fand;
Sie in den Kranz des Lebens
Zu seinem Segen wand.
Er sieht auf seinen Pfaden,
Der Freuden Fülle blühn,
Bis bleiche Silberlocken
Die Stirne ihm umzieh'n.

Er hat den Kranz gewunden
Der Freundschaft, Lieb und Treu;
Drum blüht des Lebens Freude
Ihm immer frisch und neu.
Beglückt mit Lust und Segen,
Von Schmerz und Kummer rein,
Wird bis zum spätsten Abend
Stets schön sein Leben seyn.

Und dann blickt er zufrieden
Auf die durchwallte Bahn,
Und sieht mit frommem Muthe,
Den Friedensbothen nahn;
Wenn am errung'nen Ziele,
Der Tugend Lohn ihm winkt,
Und ihn das Grab hinüber
Ins Land der Liebe bringt.

A[ugust] Eckschlager

UNGARNS KÖNIG LEBE!

Volkslied, gesungen am Vorabend der Geburtsfeier Sr. Majestät,[1] im königl[ichen] Städt[ischen] Theater zu Preßburg[2]

Unser König lebe!
Und Sein Land erhebe
Ewig blühend sich und groß
Ruhend in des Glückes Schooß.
Unser König lebe!

Und des Landes Rechte
Glorreich Er verfechte!
Glück im Frieden, Sieg im Streit,
Treue, Muth und Einigkeit.
Unser König lebe!

Unser König lebe!
Unser Feind erbebe;
Unsre Wohlfahrt sei Sein Ruhm,
Unser Blut Sein Eigenthum!
Unser König lebe!

(Gedicht und Musik von A. Eckschlager.)

[1] König Franz I. von Habsburg.
[2] *Unterhaltungsblatt* 1825, Nr. 12. vom 15. Februar, S. 90–91.

A. Peck[1]

KÖNIG STEPHAN

Wahre Begebenheit[2]

In stiller Kammer, zur Nacht gar spät,
Ruht König Stephans Majestät.
Sein theures Ungarn, durch ihn beglückt,
Hat ihn in süße Träume gewiegt.

Da öffnet es sachte die Kammerthür;
Auf leisen Sohlen schleicht, scheu und wirr,
Der Graf des Palastes beym matten Schein
Der Lampe, den König zu morden, hinein.

Und wie er hält vor dem Heiligen still,
Das fromme Herz ihm durchbohren will,
Da faßt ihn entsetzen, da zittert er bang;
Der Dolch entfällt ihm mit gellendem Klang.

Wie bebet der bleiche Mörder zurück!
Der König doch forschet mit ruhigem Blick,
Und ruft – seine Hände falteten sich –
„*Wenn Gott für mich, wer ist wider mich?*"

[1] Es ist unwahrscheinlich, aber nicht ausgeschlossen, dass es sich bei diesem Verfasser um August Peck/Pek, dem späteren Piaristenmönch (1823–1887) handelt, der zu dieser Zeit (falls die biographischen Angaben in SZINNYEI stimmen) als nur elfjähriger Gymnasiast in seiner Vaterstadt im westungarischen Ungarisch-Altenburg (Mosonmagyaróvár) lernte. Der Verfasser könnte aber auch ein Anverwandter von August Peck gewesen sein.

[2] *Ährenlese* 1834, Nr. 58. vom 25. Juli, S. 236.

Das greifet tief in des Grafen Gemüth,
Daß es zu den Heiligen Füßen ihn zieht.
„Mein König!" spricht er, mit zerknirschtem Sinn,
„Zur Sühne mein elendes Leben nehmt hin!"

„Wißt: Basils und seiner Verschworenen Rath
Verleiteten mich zur schwärzesten That:
Die wollten die Krone entreißen Euch;
Auch wiedereinführen die Götzen ins Reich!"

„Die meinen Ungarn mit Übeln dräun,
Spricht Stephan, die sollen den Frevel bereun;
Doch dir, der nur drohte dem Leben mein,
Soll alles in Gnaden verziehen seyn!"[3]

[3] Nach den Legenden, die Stephans I. Person umgeben, gab es wirklich in den 1030er Jahren, einige Jahre vor dem Tod des alten und kranken Königs, einen Meuchelmordsversuch gegen ihn. Die Historiker nehmen an, dass Vazul, ein mit Thronansprüchen auftretender Verwandter Stephans, den Stephan in den 1030er Jahren mit dem Verlust seines Augenlichtes strafte, mit dem Attentat zu tun hatte, wenngleich die im 12. Jahrhundert schriftlich fixierten legendären Quellen darüber schweigen. Der Grund für das Verschleiern ist sicherlich, dass von 1046 an die Nachkommen Vazuls die ungarischen Könige gaben. Eine der Quellen erzählt den Vorfall ähnlich, wie er im Gedicht geschildert wird: jener vornehme Palastherr, der mit dem Vollzug des Attentats beauftragt wurde, wurde von dem König begnadigt, nur die anderen drei Herren, die den Meuchelmord ausdachten, wurden bestraft, vgl. GYÖRFFY 1983, S. 375–378.

— —

DAS ALTARBILD[1]

Gieng trauernd ein Kind aus der Heimath fort,
Hatt' Vater und Mutter verloren;
Kam pilgernd und bittend zu manchem Ort,
War nirgend ihm Ruhe erkoren.
Da riefen einst Abends die Glocken gar laut,
Sie riefen den Knaben zur Kirche gar traut.

Verschwebend schauert das Himmelslicht
Zum Altar durch wölbige Bogen;
Längst sah ihn der staunende Knabe nicht,
War unstät und dürftig erzogen.
Jetzt blickt er mit stillem Entzücken empor,
Tritt leis' erbebend zum Bilde vor.

Und Joseph, Maria, ihr Kind im Arm,
Sie glichen geliebten Bekannten;
Da wird dem Knaben so weich und warm,
Er fleht zu den theuern Verwandten:
„Mein Vater und Mutter, lieb Brüderchen mein,
Ach! soll ich nun wieder bey euch seyn!"

[1] *Ährenlese* 1834, Nr. 43. vom 3. Juni, S. 176.

Des Glöckners Gattin spät Abends fand
    Gelehnet am Altar den Kanben;
Sie ruft, sie rüttelt mit sorglicher Hand,
    Will freundlich daheim ihn erlaben.
Ihn labet irdische Liebe nicht mehr,
Er jauchzt bey den Seinen im Himmelsheer.

Carl Jacob Lenz

DIE FARBE DER TREUE[1]

Der Treue Farbe ist die blaue –?
Wohl ist die Farbe warm und mild';
Doch wo hienieden hin ich schaue,
Ist sie nicht echter Treue Bild.

Des *Veilchens* Blau, das himmlisch holde,
Ich sah's erbleichen und verblühn;
Der Saatenblüthe blaue Dolde
Sank, ach, nach kurzer Frist dahin.

Wo wär' auf Erden wohl die Bläue,
Die nicht zerstört wird, nie entstellet?
Wo fänd' ich jemals *da* die Treue,
Die immerdar die Farbe hält?

Auf Erden find' ich, ach, sie nimmer –
Wohl aber, wenn ich *aufwärts* schau';
Dort oben steht das Blau, das immer
Die Farbe hält, das *Himmelsblau.*

Das Blau, das mir, als ich noch Knabe,
Wie heut' gestrahlet warm und schön,
Das warm und schön mir bis zum Grabe
Wird unverändert droben stehn.

[1] *Ährenlese* 1834, Nr. 47. vom 17. Juni, S. 190.

So will ich denn, so oft man Treue
Mir bricht in dieser falschen Welt,
Nach oben schau'n zur Himmelsbläue,
Zur Treue, die mir Farbe hält.

[Christoph Rösler]

[MOTTOVERSE IV][1]

Es schlug die Nachtigall; es schlug,
Trotz ihrem seelenvollen Liede,
Noch lauter in der NachbarSchmiede
Ein Arm, der Ruß und Hammer trug.
Und als es eine Pause gab,
Sprach zum Cyklopen Philomele:[2]
„Rührt dich denn nicht, du MenschenSeele.
Mehr als ein todter Eisenstab,
Der Wohllaut meiner WunderKehle?"
„Ja", war die Antwort, „lieber Schatz,
Ich bin zum Hämmern und an's Eisen,
Nicht aber horchend dich zu preisen,
Hieher bestimmt auf meinen Platz."
****
Euch Dichtern, Euch und Euren Liedern,
Wenn Ihr wie Philomele sprecht,
Das Nämliche wird man erwiedern;
Denn vom Bedürfniß stammt das Recht.
Die Hand, die man zum Munde bringt,
Die, weil sie zwingen kan, auch zwingt,
Nicht die durch's Wort die Welt begeistert,
Die Welt erhalten muß und meistert.

[1] *Gemeinnützige Blätter* 1834, Nr. 91. vom 13. November, S. 727.
[2] Cyklopen (Zyklopen, Kyklopen): in der griechischen Mythologie einäugige Gestalten, nach einem der Überlieferungsstränge Diener des Zeus, die ihm seine Donnerkeile schmiedeten, nach einem anderen Überlieferungsstrang Diener des Hephaistos, des Schmiedes der Götter; ihre Werkstätten befanden sich im Inneren von Vulkanen. Philomele: nach einer attischen Sage eine Königstochter, die die Götter in einen Vogel (eine Schwalbe oder eine Nachtigall) verwandelten.

A. Peck

KÖNIG EMERICH

Aus der ungrischen Geschichte[1]

Im dunklen Kriegeszelte steht König Emerich
Inmitten der Magnaten, – doch keiner reget sich.
Und draußen vor dem Zelte, da steht kein kleines Heer;
Der Treuen Herzen pochen, von banger Ahnung schwer.

Ein alter Krieger endlich das tiefe Schweigen bricht:
„Herr König! Wollt beachten, was die Erfahrung spricht.
Ihr seht die dunkle Wolke mit ihrem lichten Saum,
Den Glanz unzähl'ger Speere; – das Aug' umfaßt sie kaum."

„Das sind des Bruders Krieger, das ist Andreas's Heer;
Euch Kron' und Reich zu rauben, zog der Empörer her.
Schon kündet die Drommete des nahen Sieges Lust, –
Es zielen ja zehn Speere auf jede treue Brust."

„Drum seht Euch für, Herr König; seht Herr, wir bitten Euch,
Wagt nicht das theure Leben, wagt nicht ein glücklich Reich.
Ihr wißt, daß euer Banner noch tief in Deutschland steht;
Drum laßt zum Rückzug blasen, und schnell, sonst wird's zu spät."

So spricht der greise Krieger. Doch Emrich hört nicht drauf.
Ein Plan, des Helden würdig, blitzt ihm im Innern auf.
Er leget ab die Rüstung, er gürtet los das Schwert
Ein schwankes Reislein hebt er von des Gezeltes Heerd.

[1] *Ährenlese* 1835, Nr. 31. vom 21. April, S. 125–126.

Dann schwingt er hoch die Gerte, und Flammen sprüht sein Blick
Und zu den Seinen spricht er: „Ihr Treuen! bleibt zurück! –
Allein will ich, der König, dem Feind' entgegen gehn."
Er geht. – Die Seinen bleiben, gehorsam, zitternd stehn.

Kennt ihr den König, Ungarn? – Hier steht er. Wer hat Muth
Die freche Hand zu tauchen in seines Königs Blut? –
So ruft er. – Und der Haufe beugt sich der Majestät,
Und bebet, gleich dem Eichwald, von Gottes Sturm[?] durchweht.

Und kühn durchschreitet Emrich der Feinde dichte Reihn
Und tritt in seines Bruders Andreas Zelt hinein.
Er fasset den Erschrock'nen mit starker Faust am Arm
Und schleppt ihn so, gefangen, durch der Empörer Schwarm.

Die Seinen sehn mit Staunen die hohe Heldenthat
Und knien freudig nieder zum Dankgebet. Da nah't
Das genze Heer der Feinde, doch ohne Wehr und Hut;
Sie beugen *auch* die Knie – *vor solchem Königsmuth!*[2]

[2] Es handelt sich um König Emerich (1196–1204), den Sohn des Königs Béla III. gegen den sein Bruder Andreas als Thronprätendant auftrat. Historische Grundlage des im Gedicht erzählten Vorfalls ist wahrscheinlich die im Jahre 1203 geschehene Festnahme Andreas' durch Emerich. Ab 1205, nach dem 1204 erfolgten Tod von Emerich und dem 1205 erfolgten Tod seines unmündigen Sohnes, regierte sein Bruder als König Andreas II. bis zum Jahre 1235.

Ludwig Diósis

DES UNGARS VATERLAND[1]

Jedweder baut sich einen Herd;
Und ist er frei, so ist er werth,
Ein freier Herd, ein Eisenband
Schließt fest ans theure Vaterland! –
Der Ungar lebt, ein glücklich Kind,
In Zonen mild, in Lüften lind,
Ihn segnete die Gotteshand,
Er hat ein theures Vaterland!

Und wenn ihr fraget: welch ein Land,
Ist dieses schöne Ungarnland,
Wo Lüfte lind, wo Zonen mild,
Wo Gottes Hand in Segen schwillt? –
O Fremdling wer du immer seist,
In Ungarn wohnt ein stolzer Geist,
Und diesen Geist zeigt unbenannt
Des Ungars schönes Vaterland.

Nicht Karten brauchst du, nicht Papier,
Weil tausend Dinge stehn dafür:
Ein Saatgefild im reichsten Flor,
Ein Seenglanz umschwirrt vom Rohr,
Ein Anger grün, ein dichter Wald,
Des schönsten Wildes Aufenthalt,
Ein bergbegrenztes, blühend Land
Zeigt dir des Ungars Vaterland.

[1] *Pannonia* 1846, Nr. 1. vom 3. Januar, S. 4.

Und Heidesand und Feldergrün,
Und üppig Keimen, Wachsen, Blühn,
Und Sonnenbrand und Zephirwehn,
Und Lärmen, Tosen, männlich Stehn,
Der blonden Donau kühle Fluth,
Ein fliehend und doch stetes Gut,
Dies Paradies von Meisterhand,
Dies ist des Ungars Vaterland.

Und weiter wenn das Auge sucht,
Ersieht das Auge Berg und Schlucht;
Und tiefer wenn das Ohr dann lauscht,
Von fern der Wogen Stürzen rauscht,
Und hoch auf blauen Bergeshöh'n
Die Trümmer einer Veste steh'n,
Bewachen mußt' sie einst ein Land,
Des Ungars theures Vaterland.

Und wären alle Kehlen stumm,
Des Landes Namen hörst Du drum;
Es ist das Schlachtenfeld bekannt,
Wo sich ein Held den Lorber wand,
Und Engelstimmen lispeln dort:
Hier Fremdling ist der blutige Ort,
Wo Hunyad einst so herrlich stand,
In Ungarns Helden-Vaterland.

Auch eines jungen Sängers Laut'
Ist mit dem schönen Land vertraut,
Und eines Sängers junge Brust
Fühlt dieses Landes Leid und Lust.
Und sind die Töne schwach und zart,
Und sind sie ja von junger Art,
Doch zeugte sie ein schönes Land,
Des Ungars schönstes Vaterland.

Gustav Steinacker

AN BARON JOSEPH EÖTVÖS[1]

Nimm hin den *Gruß* aus einer Seele Tiefen,
Von Deiner Muse Zauberstab berührt,
Der, Geister weckend, die im Innern schliefen,
Der Liebe reinen Opferbrand geschürt;
Der Liebe, die um wohlverwandte Geister
Des Seeleneinklangs zarte Feder schlingt,
Und auf des Busens Altar jeden *Meister*
Die Huldigung des freien Geistes bringt.

Nimm hin den *Dank* aus meines Herzens Fülle,
Das deinem jüngsten Sang[2] entzückt gelauscht,
Und in der Dichtung lebensfrischer Hülle
Sich an des Geistes heiligem Wein berauscht.
Den Dank, der Echo nur von tausend Stimmen,
Die aus des *Volkes* niedern Hütten weh'n,
Und fromm, mit Augen, die in Thränen schwimmen,

[1] *Pannonia* 1846, Nr. 2. vom 8. Januar, S. 8. Publiziert auch in: *Herzensklänge. Ausgewählte Dichtungen* von G. TREUMUND. Als Manusscript für Gleichgestimmte. Leipzig: 1845, S. 251–252 und in: *Herzensklänge. Ausgewählte Dichtungen eines Deutschungars* von G. Treumund. 2. verbesserte Auflage. Leipzig: 1846, S. 216–217. Unterschiede: in der zweiten Auflage des Bandes: Titel: An *Freiherrn* ...; Z. 4: geschürt; Z. 7: jedem Meister; Z. 12: heil'gem; Z. 16: Anwalt; Z. 19: Der Du, der Menscheit...; Z. 21: Den Lohn...; Dir, als; Z. 22: Dir; Z. 24: edlern Geistern; in der ersten Auflage zusätzlich: Z. 16: erfleh'n; aber: Z. 24: edlen Geistern (im Gegensatz zur zweiten Auflage mit der Textversion in der *Pannonia* identisch). Auch die Anmerkung, Titel und bibliographische Daten des Romans enthaltend, kommt in beiden Bandversionen vor, jedoch etwas detaillierter als in der *Pannonia*.

[2] *A' falu jegyzője*. Regény, írta B. EÖTVÖS JÓZSEF. Dt.: Der Dorfnotär. Roman von Baron Josef Eötvös.

Für ihren Anwald Heil von Gott ersteh'n.
Nimm hin den *Lohn* – als Kranz ums Haupt geschlungen –
Das freie Lied, das Deinen Namen ehrt,
Der sich der *Menschheit* heil'gem Dienst verdungen,
Als Staatsmann, Mensch und Dichter *sie* verklärt;
Der Lohn, den Dir als helle Geistesblume,
Dein Land, dein Volk, den dir die Menschheit beut,
Die in des Nachruhms stillem Heiligthume
Dich ihren *edlen Geistern* angereiht.

[Adolf] D[ux]

ROMANZE VOM ALTEN FRÄULEIN[1]

Ein Fräulein wartet am Thore,
Sie sitzt und seufzet sehr.
Sie wartet schon viele Jahre,
Und kriegt kein Liebchen mehr.

Da ist ein Knabe gekommen,
Den blickt sie freundlich an;
Gibt sie ihm ihr halbes Leben,
So, denkt sie, ist er ein Mann.

Sie drückt den Knaben ans Herze,
Der Knabe wird ganz roth;
– Mein Fräulein, mit ihren Knochen
Sie drücken mich zu todt. –

Das Fräulein steht am Thore,
Und wartet und seufzet sehr,
Sie wartet noch viele Jahre
Und kriegt keinen Liebsten mehr.

[1] *Pannonia* 1846, Nr. 4. vom 13. Januar, S. 15.

August Schmidt

DER ZIGEUNER[1]

He! Zigeuner! Rüstig, munter,
Schlag' das Cymbal, rühr' den Bogen,
Daß des Frissen Klänge bunter,
Toller durch die Menge wogen.

Fort, die Thränen aus dem Barte,
Trägt dein Sohn auch die Muskette,
Drückt dich selbst das Joch, das harte,
Tanzen heißt es um die Wette.

Sieh' das Volk sich munter drängen,
Wie sie jubeln, froh sich herzen,
Wie sie bei den hellen Klängen,
Gleiches Schicksal leicht – verschmerzen.

[1] *Pannonia* 1846, Nr. 56. vom 14. Mai, S. 224.

G[ustav] I[gnaz] Zerffi

LIEDER AUS DEM MAGYARISCHEN VOLKE

[Erstes Lied][1]

Draußen regnet's, wie ich meine,
Kommt mir's vor nur, weil ich weine?
Denn mein Liebchen, meine Kleine,
Ruhet kalt im Todtenschreine.

Ein Mal noch, möcht' ich sie grüßen,
Eh den Sarg sie hämmernd schließen,
Möcht' die Leiche liebend küssen,
Bitt're Thränen drauf vergießen.

[Zweites Lied][2]

Dämmernd graut der Morgen,
Blasse Sternlein schwinden,
Und ein flinker Bursche
Lauscht an meinem Fenster;
Geh' ich wol hinunter?
Wink' ich ihn herein?
Küß' ich seiner Wangen
Apfelblüthenschein? –

[1] *Pannonia* 1846, Nr. 71. vom 23. Juni, S. 284.
[2] *Pannonia* 1846, Nr. 76. vom 4. Juli, S. 303.

Ja ich will's versuchen –
Wink' ihm leise zu ...
Küsse seine Lippen
Herzend dann im Nu! –

(Dániel Berzsenyi)

DIE TÄNZE

Aus dem Ungar[ischen] des Berzsenyi übers[etzt] von Gottlieb Stier[1]

Schaue der Tänze Geschlecht, wie sie schön mit spielenden Farben
Malen der Völker Geist, malen die Sitte des Volks.
Dreifach sich schwingend im Schritt tanzt seinen Walzer der *Deutsche*,
Schließt seine Dam' in den Arm, trägt sie im Schweben herum.
Einfach in Allem – das ist der Deutsche, er freut sich gemächlich,
Eine umarmt er nur, treu und beständigen Sinns.
Hoch in dem Sprung schwingt sich der *Franzos*, liebäugelnd und scherzend
Tauscht er die Damen und reicht hierhin und dorthin die Hand.
Dieser ist heiß und lebendig, ein lustiges Kind in der Freude,
Ohne Bestand in der Lust, flatternd im Lebensgenuß.
Pindaros gleich ist der *Ungar*: wohin ihn treibt die Begeist'rung,
Zeigt er die Leidenschaft, glühend in innerem Feu'r.
Bald wie ein schwebendes Lüftchen, zu schmachtender Liebe zerschmilzt er,
Weich, und in wonnigem Tanz webt er den brennenden Harm.
Bald von sich selbst entflammt, beginnt er die Tänze der Helden
(Minder des Mägdleins Lieb' achtend im Rausche des Siegs).
Hörst du die dröhnende Erde? Du schaust mit blutigen Lippen
Kinizsy's Helden und ihn springen im Leichengewühl.

[1] *Pannonia* 1847, Nr. 102. vom 7. September S. 408.

Nimmer zu Regeln setzt sich sie Kunst der geheimen Gesetze;
Gibt sich selbst das Gesetz, setzt der Begeist'rung das Ziel.
Heil dem Manne, der sich zu dem ungarischen Tanze gefügt weiß!
Mannskraft, heiliges Feu'r spannen die Adern in ihm.[2]

[2] Dieser Abdruck der Stierschen Übersetzung von DÁNIEL BERZSENYIs Gedicht *A' Tánczok* (1811) wird in *Berzsenyi Dániel költői művei* [Die poetischen Werke von Dániel Berzsenyi] (hrsg. von OSZKÁR MERÉNYI, Budapest: 1979. S. 685.) nicht erwähnt, nur ihre Publikation in STIER 1850, S. 8. (Abweichungen in der 1850 im Band erschienenen Version von der in der *Pannonia* publizierten: Z. 5: Einfach in Allem das ist er, der Deutsche: er freut sich gemüthlich; Z. 8: tauschet die Damen; Z. 11: Ungar; Z. 13: schwebelndes Lüftchen zu; Z. 14: in wonnigen Tanz; Z. 15: entflammt beginnt; Z. 19–20: Kunst die geheimen Gesetze, gibt sich; Z. 21: dem Mann, der sich zu dem ung'rischen Tanze gefügt weiss!; Ausserdem stehen in der Bandversion nur am Satzanfang Großbuchstaben.) In seinem vom Juli 1849 datierten Vorwort zum Band (ebd. S. 5.) spricht Stier davon, dass mehrere von den im Band mitgetheilten Gedichten bereits in der Pester Zeitschrift *Ungar* erschienen seien, „als Proben einer vollständigen Übersetzung der Werke Berzsenyis und Kölcseys", die Publikation des Berzsenyi-Gedichts und des hier nachfolgend mitgeteilten Kölcsey-Gedichts in der *Pannonia* erwähnt er jedoch nicht. Die Suche nach den beiden Gedichten in jenen Nummern des *Ungars* aus dem Jahre 1847, die vor dem September des Jahres (vor dem Zeitpunkt der Publikation des Gedichts in der *Pannonia*) erschienen sind, führte jedoch zu keinem Ergebnis.

(Ferenc Kölcsey)

VERLOBUNG[1]

Aus dem Ungar[ischen] des Kölcsey von Gottlieb Stier[2]

Nimm den Ring hier von der Hand mit Beben,
Nimm im Kuß der Seele ganze Glut!
Nur für dich in jeder Stund' im Leben,
Dir nur strömet ja mein Herzensblut!
Bist du's wirklich, die mein Arm umspannt?
Halt' ich Langgesuchte, dich umschlungen,
Deren Bild in Abenddämmerungen
Oft ein Hauch entführt zu fernem Land?

O wohin mit meinem glüh'nden Sehnen?
O woher dieß mehr als irdisch Glück?
Warum perlen mir im Auge Thränen?
Hoffst du noch nach diesem Augenblick?
Nimmer find' ich, sel'ge Traumgestalten,
Euer Bild, deß Zauber mich umwalten;
Lieg ich todt hier dir im weichen Arm?
Sink' ich hin in deine Flut so warm?

[1] *Pannonia* 1847, Nr. 112. vom 30. September, S. 447.

[2] Grundlage der Übersetzung: KÖLCSEY FERENC: A' *Jegyváltó* (1813). Die Übersetzung Gottlieb Stiers wurde auch publiziert in STIER 1850, S. 33. Abweichungen in der 1850 im Band erschienenen Version: Zeile 1: „du", „dich", „dir" und „dein" fangen im Band jeweils mit Großbuchstaben an; Z. 2: abweichendes Strophenbild; außerdem: Z. 4: strömte; Z. 6–8: „Halt' ich, Langumworbne, Dich umschlungen, / deren Bild in Abenddämmerungen / oft ein Hauch entführt nach fremdem Land?" Z. 12: „Hoff' ich noch nach diesem Augenblick?" Vgl. im ungarischen Originaltext: „Mért ez édes órán új remény?" KÖLCSEY 2001, S. 47–48; Z. 14: des Zauber; Z. 21–22: Hin zum Plätzchen meiner Myrten drüben, / selig ich, dass ich erlesen bin. Zu einer in Stiers Vorrede erwähnten aber bislang nicht nachgewiesenen eventuellen Erstpublikation im *Ungar* vgl. (DÁNIEL BERZSENYI): *Die Tänze*, Anm. 2.

Unsrer Liebestreue Götter breiten
Über mich die Teppiche der Feen,
Kühl empfind' ich ihres Athems Weh'n,
Himmelsbilder schau' ich mir zur Seiten.
An dem Platze meiner Myrten drüben,
Selig froh, daß ich erlesen bin,
Stürz' ich im Gefühl der Wonne hin,
Stürz' ans Herz Armida, meiner Lieben.

III.

WERTENDE STELLUNGNAHMEN, ADAPTATIONEN, ZITATE: REZEPTION DER DEUTSCHEN UND DER UNGARISCHEN LITERATUR

III. A.

REZEPTION DER DEUTSCHEN LITERATUR

— —

SELBSTGEFÜHL[1]

Daß Hr v. Kotzebue, als Dichter, und als Schriftsteller überhaupt, der Liebling des LesePublicums ist, weiß jeder von sich selbst; daß er es zu seyn verdient, weiß jeder Unbefangene dieser Leser; daß aber nicht Alle unbefangen sind, gehört zum Lauf der Welt. Kürzlich machte Hr v. Kotzebue in seinen politischen Blättern, die er zu Königsberg herausgibt,[2] dem Dr Chr. Müller, der seiner in dem Werk über Petersburg wegwerfend erwähnt hatte, folgende Erklärung: „Die Stelle, die ich in der Literatur einnehme, ist eine *Ehrenstelle*, auf die Sie, wenn Sie jemals eine ähnliche erreichen, stolz seyn dürften. Nicht seit 10, sondern seit 26 Jahren bin ich einer der beliebtesten dramatischen Dichter. Ich muß doch endlich es laut sagen: Wer 26 Jahre lang, trotz 26.000 schmähenden Recensionen, die Gunst des Publicums besitzt, der *muß* Verdienste haben, denn so lange währt keine Täuschung, keine Mode. Schauspiele, die in ein *Dutzend* fremde Sprachen übersetzt, in allen europäischen Ländern, ja in *Asien* und *Afrika* gespielt worden sind, müssen wohl *allgemein* ansprechen, und was *allgemein* anspricht, kann nicht schlecht seyn. Auch haben die solidesten kritischen Blätter in Frankreich und England mir stets Gerechtigkeit widerfahren lassen. Ich bin aber nicht nur *Dichter*, der wohin er seinen Fuß in Europa gesetzt hat, überall rühmlich gekannt und mit Liebe aufgenommen worden ist; ich bin seit mehreren

[1] *Gemeinnützige Blätter* 1815, Nr. 43. vom 2. März, S. 141–142. [Spartentitel:] *Denkwürdigkeiten.*

[2] In den Jahren 1808–1810 gab Kotzebue in Königsberg die Zeitschrift *Die Biene*, in den Jahren 1811–12 ebendort die Zeitschrift *Die Grille* heraus, beide waren auch politischen Inhalts. Eine politische Zeitung gab Kotzebue im Jahre 1814 (dies ist zeitlich am nächsten zur Publikation der obigen Meldung in den *Gemeinnützigen Blättern*) in Berlin, nicht in Königsberg heraus, u.d.T. *Russisch–deutsches Volksblatt* (*Brockhaus* Bd. 10, S. 657; HAGELWEIDE 1995, S. 142.)

Jahren auch ein geachteter *Geschichtschreiber*,[3] und durch meine *politischen* Schriften habe ich mitgewirkt, den deutschen Sklavengeist zu bannen, der meistens 1812 auch Sie noch beherrschte.["]

[3] 1809 publizierte KOTZEBUE in Riga ein vierbändiges historisches Werk über *Preußens ältere Geschichte*, 1814–1815 in Leipzig eine zweibändige *Geschichte des Deutschen Reichs*, vgl. *Brockhaus* Bd. 10, S. 657.

— —

SCHILLER[1]

So lange es eine deutsche Sprache geben wird, bleibt Schiller so gewiß im dankbaren Andenken und Ansehen, als er unstreitig der größte aller deutschen Dichter war. Wahr ist es allerdings, daß ihn Tausende seiner Zeitgenossen, deren Namen mit ihrem Todestag unterging, im Leben an Glanz und Wohlleben übertrafen, denn Schiller lebte und starb arm wie Homer; aber würde wohl, wenn dieser Egoismus gelten dürfte, irgend etwas Großes und Gutes geschehen in der Welt? und beruht nicht die Erhaltung derselben eben auf der Selbstverläugnung der großen Seelen, die es nur dadurch sind, daß sie über die Zukunft die Gegenwart vergessen? Arm, aber berühmt, ging Schiller aus der Welt; doch arm und unansehnlich hatte er sie betreten. Sein Vater war Aufseher einer fürstlichen Baumschule im Würtembergischen, und seine Mutter war die Tochter eines Bäckers.

[1] *Gemeinnützige Blätter* 1817, Nr. 43. vom 2. März, S. 143–144. [Spartentitel:] *Miscellen.*

— —

LESSING[1]

Am 6. April d. J. werden es 50 Jahre seyn, daß Lessings Trauerspiel *Emilia Galotti*, an welchem der unsterbliche Dichter über 15 Jahre lang gearbeitet hatte, zum erstenmal, und zwar (was für die damalige Zeit viel war) dreymal hinter einander, zu Berlin (das damals noch keine stehende Bühne besaß), aufgeführt ward. Emilia Galotti war, in deutscher Sprache, das erste sogenannte bürgerliche Trauerspiel; es gab dem Geist und Geschmack in der deutschen Dramatik zuerst ihre höhere und edlere Richtung, und erhielt sich bis jezt auf den besseren Bühnen; ein Beweis, daß der Verfasser seinem Zeitalter um mehr als 50 Jahre vorarbeitete und somit der Nachwelt noch immer als competenter Kritiker zur Seite geht. Öffentliche Blätter Deutschlands erinnern nun daran, daß es selbstehrend für unsere Zeit wäre, wenn die deutschen Theater am 6. April d. J. (der aber in diesem Jahr auf den Charsamstag fällt) durch die Aufführung jenes Meisterwerks das 50jährige Jubiläum der oben gewürdigten Epoche und der dankbaren Erinnerung an ihren Schöpfer feyerten. (Lessing lebte von 1729 bis 1781.)

[1] *Gemeinnützige Blätter* 1822, Nr. 26. vom 31. März, S. 202–204. [Spartentitel:] *Literar[arische] Denkw[ürdigkeiten]*.

[Johann Konrad] Bexheft[1]

VERSUCH EINES GEGENSTÜCKS ZU SCHILLERS *RESIGNATION*[2]

„Wer bis du? rief's mich an mit Geisterworten,
Verständlich nur dem überird'schen Ohr;
Was wills du an des Paradieses Pforten?
Kein Rückweg führt aus diesen heil'gen Orten;
Auf ewig schließt sich hinter dir das Thor."

Gerungen hab ich, rief ich aus, gelitten
Und viel erduldet ohne Lohn.
Die eig'ne Leidenschaft hab ich bestritten,
Nun tret' ich her mit ehrfurchtsvollen Bitten,
Vergelterin vor deinen Thron.

[1] Beide JOHANN KONRAD BEXHEFTs, sowohl der Ältere als auch der Jüngere, wirkten als evangelische Geistlichen in der Zips. Johann Konrad Bexheft der Ältere starb 1825 in Slakendorf (ung. Nagyszalók), danach wurde sein Sohn der Geistliche dieser Gemeinde. Von dem Vater ist bekannt, dass er sich gelegentlich auch literarisch betätigte, so ist seine Verfasserschaft wahrscheinlicher.

[2] *Ährenlese* 1830, Nr. 24, S. 97.

Auch ich ward in Arcadien geboren,[3]
Auch mir erblühte die Natur;
Es lächelte der Reiz der jungen Horen,[4]
Es lockte Sinnen Lust die schwachen Thoren;
Ich folgte treu nur deiner Spur.

Auf jenen Stern ging eine frohe Sage,
Hier throne die Vergelterin.
Dir hab ich hingeopfert meine Tage;
Statt eitler Lust erwählt ich Müh und Plage;
Nun richte gnädig, ew'ge Richterin.[5]

Da hört' ich Weltenharmonien rauschen,
Entzückt begann mein Ohr
Der Töne sonderbarem Klang zu lauschen,
Und zum Gesang gestaltet sich das Rauschen,
Und es ertönt der Engel-Chor:

„Tritt ein, die Palmenkrone zu empfangen,
Die hier dem Dulder winkt.
Kann keiner schuldlos auch hieher gelangen,
Wird doch den Preis der Muthige erlangen,
Der nicht im Streite sinkt.

[3] Zitat aus SCHILLERs 1786 publiziertem Gedicht *Resignation. Eine Phantasie* (1. Strophe 1. Zeile), das auf die lateinische Wendung „Et in Arcadia ego!" zurückgeht, die in vielfachen Abwandlungen (z. B. „Auch ich in Arkadien!", „Auch ich war in Arkadien!") auch in der deutschen Literatur fortlebte. Arkadien ist eine Landschaft der peloponnesischen Halbinsel, die von der dorischen Einwanderung im 2. Jahrtausend v. Chr. nicht berührt wurde, deren Einwohner vornehmlich aus Viehzucht und Ackerbau lebten und denen man im antiken Griechenland Sittenreinheit, Einfachkeit und Gastfreundschaft zuschrieb. In der europäischen Literatur seit der Renaissance wurde Arkadien zum Sinnbild von einem goldenen Zeitalter der Menschheit, von einer einfachen Lebensweise, von paradiesischer Unschuld und von Glück, das sowohl als einmal dagewesener Zeitabschnitt in der Geschichte der Menschheit und im Leben des Einzelnen, als auch als individuelle und kollektive Wunschvorstellung (zukunftsgerichtet) als Topos wirkte.

[4] Die Horen (anfangs nur zwei), waren in der griechischen Mythologie ursprünglich die Göttinnen des Frühlings und des Herbstes, die fruchtbare Blüte und Reife brachten. Später kannte man mehrere Horen, sie wachten sowohl über den regelmässigen Zeitwechsel in der Natur als auch über Gesetzlichkeit, Recht und Frieden in den Staaten.

[5] „Auf jenen Stern ging eine frohe Sage" und „Hier throne", sowie „Vergelterin" und „Richterin" sind wörtliche Bezugnahmen auf Schillers pessimistisch ausklingendes Gedicht *Resignation* (Str. 4. und 5.) und richten sich an die als weibliche Figur versinnbildlichte „Ewigkeit".

Wohl denen, die dem Götterspruch vertrauen
Im dunkeln Erdenthal.
Nach seinem Glauben und seinem Trauen,
Wird jeder seiner Saaten Früchte schauen."
Da tret ich zu der Seel'gen Zahl.

Und ich erwacht' vom Schlummer. Hörbar pochte
Noch die bewegte Brust. –
Das Blut in allen Adern kochte;
Doch nimmer ich zu schildern mehr vermochte
Die Ahnung jener Himmelslust.

— —

DULDET MUTHIG ERDENWALLER[1]

Duldet muthig Millionen, –
Duldet für die bess're Welt.
Brüder, überm Sternenzelt
Wird ein großer Gott belohnen.

Schiller[2]

Trage leidend Herz hienieden
In Ergebung dein Geschick!
Keinem ist das goldne Glück,
Der es heiß ersehnt, beschieden!
In den Hütten, wie auf Thronen,
Naht dem Menschen sich der Schmerz;
Brüder, stärkt das bange Herz,
„*Duldet muthig Millionen.*"

Schwerer Kampf zwar ist das Leben
Und es will oft untergehn;
Doch zum Ringen, zum Bestehn,
Ist ihm höh're Kraft gegeben!
Siegend muß der Glaubensheld
Hier im Leiden sich erproben;
Hebt den Dulderblick nach oben:
„*Duldet für die bess're Welt.*"

[1] *Ährenlese* 1833, Nr. 46. vom 11. Juni, S. 190.
[2] FRIEDRICH SCHILLER: *An die Freude* (1785) Str. 10.

Von der Sterne lichten Bahnen
Tönt der Stimme Klang herab;
Herrlich über Zeit und Grab
Wird erfüllt des Menschen Ahnen.
Drum im Dulden soll der Welt
Kraft und Muth der Glaube geben,
Unser harrt ein schön'res Leben,
„*Brüder überm Sternenzelt!*"

Für das schmerzliche Entsagen,
Für das Hoffen nie gestillt,
Für die Stunden, Gram erfüllt,
Für die Last, so schwer getragen,
Reift dort, wo die Sel'gen wohnen,
Ewig grünend unsre Saat, –
Duldet; jede gute That
„*Wird ein großer Gott belohnen!*"

— —

ZEITGEIST[1]

(So viele Worte, so viel Unsinn.) Im Pariser *Journal des Débats* heißt es:[2] „Der Tod Goethe's ist nicht bloß ein literarisches Ereigniß; er bezeichnet für Deutschland das Ende einer Epoche und den Anfang einer andern. Goethe stirbt mit der literarischen Epoche seines Vaterlandes in demselben Augenblick, wo dessen politische Epoche beginnt. Die Literatur, die mit Goethe ins Grab steigt, war der bewundernswürdige Ausdruck jenes vielseitigen, in sich verschlossenen Geistes, der so lange Zeit Deutschland charakterisierte und sein politisches Geschick bildete. Heute wird es von einem andern Geiste belebt. Die alte Literatur stirbt mit Goethe und der neue Geist erhebt sich. Die Preßfreyheit tritt an die Stelle der Literatur; der Gedanke Aller ersetzt den Gedanken einiger Einzelnen. Solchergestalt ist Goethe's Tod also gewissermaßen ein politisches Ereigniß; er ist der förmliche Schluß einer Epoche, der Anfang einer neuen." etc. (Wenn man doch, um nicht mehr zu sagen, das Vermögen und Maaß der menschlichen Kräfte bedenken wollte! Phantasieen sind wohl eine reitzende, aber keine belebende, keine Zug-Kraft; diese kan sich nur im Verstande finden, und gerade da mißhandelt man die Menschheit so jämmerlich.)

[1] *Gemeinnützige Blätter* 1832, Nr. 31. vom 15. April, S. 244.

[2] Es handelt sich um einen Artikel in dem *Journal des Débats*, der am 29. März 1832 unter dem Namen „Victor Cousin" erschienen war. Die Zeitgenossen vermuteten, es handelte sich um ein Pseudonym. Über diesen Nachruf schrieb LUDWIG BÖRNE: „Es ist die weitere Erörterung meines Satzes in den Pariser Briefen, wo ich von Goethes Sterbetag redend sagte: 'Ich meine, an diesem Tage müßte die Freiheit geboren werden.' [...] ich möchte wissen, wer ihn [den Artikel] gemacht hat." (Zitiert nach: SCHÜDDEKOPF 1907, S. 61–62.) Am 9. April ist in dem Stuttgarter *Morgenblatt für gebildete Stände* (Nr. 85.) eine von Johann Peter Eckermann angefertigte Übersetzung des Artikels erschienen. (Abgedruckt in: SCHÜDDEKOPF 1907, S. 159–163.) Die Übersetzung, die in den *Gemeinnützigen Blättern* erschien, ist aber von der *Morgenblatt*-Version völlig verschieden. Obwohl also das Pester Blatt das *Morgenblatt* sonst sehr oft als Quelle nutzte, wurde der Artikel in diesem Fall von woanders übernommen, möglicherweise auch unmittelbar aus der Pariser Zeitung.

– –

DER MORGENGRUSS

(Scene aus Göthe's Leben)[1]

In dem kleinen Vorzimmer zu Göthe's Arbeitsstube, das ganz mit Mineralienschränken besetzt ist, steht, zwischen den beyden Fenstern, eine altmodische, große Pendeluhr. Diese Uhr stammt ursprünglich aus Göthe's elterlichem Hause und hat wahrscheinlich auch schon die Stunde seiner Geburt geschlagen. Bey dem Verkauf des Nachlasses von Göthe's Vater, in Frankfurt a. M., ward auch diese Uhr mit versteigert, ohne daß sie besonders beachtet worden wäre. An ihre jetzige Stelle ist sie auf folgende Art gekommen: Am 7. November 1825 sollte Göthe's Jubelfest (die fünfzigste Wiederkehr des Tages, an welchem er nach Weimar gekommen) gefeyert werden. Wenige Tage vorher kommt an den Kanzler v. Müller (einen der vertrautesten Freunde des Dichters) ein großer Kasten nebst einem Briefe von dem Großherzoge von Mecklenburg-Strelitz an, worin dieser Fürst sagt, er habe dem Wunsche nicht widerstehen können, etwas von Göthe zu besitzen, deshalb einem Frankfurter den Auftrag gegeben, irgend etwas Interessantes aus der Auction von seines Vaters Hinterlassenschaft ihm zu verschaffen, und als solches habe er die beifolgende Uhr bekommen. Nun wünsche er, daß diese Uhr am Vorabend des Jubeltages vor des Dichters Schlafzimmer gestellt werde, damit sie ihn früh mit ihrem alten Klange begrüße und ihm dann als werthes Andenken an seine Jugendzeit verbleibe. Es ward nun die Vorkehrung getroffen, daß die Uhr, nachdem Göthe sich zur Ruhe begeben, ganz geräuschlos an die Stelle, wo sie noch jetzt steht, geschafft und auf 5 Uhr gestellt werde. Am andern Morgen wird sie aufgezogen, und als die fünfte Stunde voll ist, verrichtet sie ihre alte Arbeit. Göthe, kaum erwacht, hört den ungewohnten und doch bekannten Klang: er ist überrascht, und weiß nicht, woher der Ton kommt, er faßt nach der

[1] *Ährenlese* 1835, Nr. 43. vom 2. Juni, S. 174–175.

Klingel, der Bediente erscheint. Er ruft ihm entgegen: „Friedrich, Friedrich! was ist das? alle Erinnerungen meiner Jugend werden in mir wach!" Man hätte dem Jubelgreise an diesem Tage wohl keinen schönern Morgengruß bringen können, als den durch den ehernen Mund dieser alten Jugendgenossin!

— —

KUNSTGEGENST[ÄNDE][1]

Frankfurt a. M., 13. März

„Man scheint nun ernstlich daran zu denken, Goethe in hiesiger Stadt ein Monument zu setzen. Der Kunst-Verein gab dazu wieder den ersten Impuls, nachdem seit einer Reihe von Jahren dieses Project geschlummert. Schon im Jahre 1819 war dasselbe zur Sprache gekommen, damals umfassender; Männer aus allen Gegenden Deutschlands wollten dem Heros hier auf der Mühl-Insel ein großartiges Denkmal errichten: ein Tempel sollte sich über dem gefeierten Bilde wölben; aus ganz Deutschland sollten Beiträge zu dem Werke gesammelt werden. Damals erklärte Goethe, daß er bei seinen Lebzeiten kein Denkmal gesetzt wünsche. – Seit 5 Jahren ruht jetzt der geniale Mann im Grabe, Haß und Neid sind verstummt, und kleinstädtische Ansichten wagen nicht mehr, den herrlichen Namen zu begeifern. – Jetzt erfaßt von Neuem der Kunstverein den Plan, nicht Goethe zu ehren durch ein passendes Denkmal, sondern die Einwohner Frankfurts aufzumuntern, eine Pflicht zu erfüllen, ein Werk zu schaffen, das ihnen selbst zur Ehre gereichen möchte. Er hat 30 Männer aus allen Ständen gestern zu einer Berathung über den Gegenstand zusammenberufen; der feste, ernste Wille, mit welchem dieselben den Plan auffaßten, bürgt für das Gelingen des Unternehmens. Wie man hört, soll Thorwaldsen sich in traulichem Gespräch geäußert haben, daß er gerne zu einem Monumente für das Andenken des Mannes, mit dem er im Leben so innig verbunden gewesen, die Hand bieten wolle. Unverzüglich wird sich daher ein besonderer Ausschuß mit diesem Künstler in Verbindung setzen."

[1] *Gemeinnützige Blätter* 1837, Nr. 28. vom 6. April, S. 218–219.

Eine spätere Nachricht sagt:
„Thorwaldsen hat die Composition zu dem zu errichtenden Denkmale für Goethe übernommen, und wird so mit der plastischen Verherrlichung seines verewigten Freundes den Abend seiner künstlerischen Laufbahn schließen."

– –

PARALLELE ZWISCHEN GOETHE UND SCHILLER[1]

Der *Spectator* bringt eine weitläufige Parallele zwischen Goethe und Schiller, und sagt unter andern geistreichen Bemerkungen über Beider Genie und Werke Folgendes:

„Während die heitern Empfindungen einer glücklichen Constitution über Goethe's Schöpfungen flattern, lispelt uns kläglich der leidende Ton einer angegriffenen Gesundheit aus Schiller's Poesien entgegen, der aber unsere Sympathien mächtiger und tiefer ergreift, wenn Goethe's Munterkeit uns bloß erheitert. Diese Tiefe macht Schiller weniger universell, aber erschöpfend und unwiderstehlich; hingegen gleitet Goethe's Seele in jeder Richtung menschlicher Gedanken mit gleicher Sicherheit zum aufgestellten Ziele. Schiller mußte sich Gewalt anthun, um aus sich selber sich zu erheben, aber durch diese Anstrengung wird er hinreißend, wenn Goethe, der sich bei weitem leichter bewegt, bloß gefällt. Goethe ist ein Adler, den die Sonne wollüstig erwärmt, Schiller ein Adler, den die Sonne glühend verzehrt; beide aber beweisen durch ihre Werke, daß die deutsche Literatur nicht nothwendig mystisch und weinerlich sein müsse, wie wir bisher glaubten."

[1] *Gemeinnützige Blätter* 1837, Nr. 80. vom 5. Oktober, S. 527.

— —

URTHEIL ÜBER GOETHE[1]

Einer der geistreichsten englischen Schriftsteller der neuesten Zeit spricht sich folgendermaßen über den deutschen Dichter Goethe aus. Es ist nämlich von Walter Scott die Rede und nachdem die Vorzüge und Mängel dieses Romandichters kritisch beleuchtet wurden, heißt es unter Anderm: „In der Mannigfaltigkeit seiner Charactere ist ihm nur Shakespeare überlegen, in der ruhig klaren Weltanschauung nur sein Zeitgenosse, der deutsche Goethe." Und nun länger bei diesem verweilend, spricht er folgendes Urtheil aus: „Goethe hat etwas Eigenthümliches, das ihn wie echten, zweimal die Linie passirten Madeira zu einem wahren Wollustschlürfen macht. Ich meine natürlich seinen Faust. Mir kommt dieser Torso vor, wie jener Wein, der durch die eigene Last der Trauben von der Kelter fließt, ohne Presse, ohne Bemühung. Die klarste, ruhigste Weltanschauung mit einem Geiste auf das Papier hingeworfen, so zart und wieder so kräftig, so wild und so fein, einem Geiste, der, möchte ich sagen, so spielend ins Göttliche und wieder ins Teuflische eingedrungen ist, als er einem die Welt und sich vergessen macht. Man sieht, daß die Bruchstücke, aus denen dieser genialste aller Torso's besteht, zu verschiedenen Zeiten entstanden, daß der Autor sich mit dem eigentlichen Plan nur wenig Mühe gegeben, daß der Faden, der dem Ganzen Einheit verleiht, zart durch dasselbe sich hinzieht; aber gerade das ist das Schöne des Werkes, denn nichts ist dem Leser peinlicher, als die zu Tage liegende Mühseligkeit des Autors. Man glaubt, den Satan Hiobs, Anklänge von Youngs nächtlicher Muse zu hören, aber sie sind es nicht; es sind die herrlichsten, originellsten Leierklänge, die je durch Apollo's Harfe[2]

[1] *Gemeinnützige Blätter* 1837, Nr. 98. vom 7. Dezember, S. 599–600.

[2] In Apollo verehrten die Griechen und Römer u.a. auch den Gott des Gesangs und Saitenspiels, er wurde oft mit einem Saiteninstrument (Zither, Leier, Harfe) abgebildet.

tönten. – Schade, daß dieses Meisterwerk so unübersetzbar ist; die vier Übersetzungen, die bisher erschienen sind, zeigen nur, wie wenig die Übersetzer den durch das Ganze wehenden Geist aufgefaßt haben. Es ist dieser Faust unstreitig das glänzendste Geistesproduct, das seit Shakespeare's und Milton's Dichterwerken erschienen ist, und Lord Byron hat keines geliefert, das ihm die Palme streitig machen könnte; denn in Byron beleidigt uns der gräßliche Egoismus, der im Zerrblicke aus jedem seiner Werke hervorleuchtet, und uns immer wieder seine Individualität zu schauen bemüßigt. Von dieser Individualität merkt man bei Goethe weiter nichts, höchstens eine gewisse epikuräische Indolenz oder einen indolenten Epikuräismus,[3] wie man es nimmt, der ihm zuweilen ungemein gut ansteht, zuweilen beleidigt. Man sieht, daß er a son aise[4] ist, ein allseitig gebildeter, tief in alle Zweige menschlichen Wissens eingedrungener, in allen Richtungen hinwirkender, gleichsam Richtung gebender Geist. Er schreibt ganz wie der Premiermeister, der bloß Umrisse zeichnet, die sein untergeordnetes Personal auszuführen hat. Unter allen Schriftstellern, die ich kenne, hat er seine Stellung als Schriftsteller, zu den Großen der Erde mit dem scharfsinnigsten Egoismus aufgefaßt. Er regiert, so wie sie. Er schrieb als quasi Alliirter, en Souverain.[5] Als solcher dictirte er seiner Nation. Dieß ist eine Beleidigung, welche die Nation ihm nicht hätte erlauben sollen. Nirgends Geistesanstrengung in der Anlage seiner Werke, eine große Herablassung, Dilettantismus, der aber nicht berechnet ist, der Nation, für die er schreibt, Selbstachtung beizubringen. Selbst in seinem besten Roman, *Wilhelm Meisters Lehrjahre*, ist der Rahmen untergeordnete Sache, ja Flickwerk. Aber wieder gibt es in diesem Buche so *herrliche Sachen*, die Mignon ist so originell gezeichnet, dieses verkrüppelte, durch Schläge und Mißhandlungen aller Art so eigenwillig gewordene Geschöpf ist bei all seiner physischen und moralischen Verzerrtheit ein so anziehendes, unübertreffliches Bild ihres Landes, wo die Citronen blühen, daß es wieder viele der Sünden des Buches bedeckt. Wie haarscharf ist nicht der Charakter Hamlets, wie classisch nicht Zergliederung dieses Shakespear'schen Meisterwerkes? Aber wie gesagt, das Buch hat der Sünden viele, und wenn in dem so eben angeführten Puncte der Deutsche dem Schotten[6] überlegen ist, so steht er wieder in andern weit hinter ihm zurück."

[3] In der Ethik des griechischen Philosophen Epikur (341–270 v. Chr.) nimmt die Ruhe und Ungestörtheit des Individuums eine wichtige Stelle ein, weshalb er unter anderen dazu rät, sich von den Aufregungen des politischen Lebens fernzuhalten.

[4] Dt.: sich behaglich fühlen.

[5] Dt.: (etwa) mit Vollmacht, Befehlshaber, König

[6] Walter Scott.

– –

[ÜBER GOETHE][1]

Göthe's Leben umfaßt die herrlichen Perioden: eine sorglose, heiter und frei genießende Jugend; ein geehrtes, rege schaffendes Mannsthum; ein gefeiertes, sanft auflösendes Alter. – Das Leben des Menschen ist ein Thema, welches ihm von dem großen Componisten des Weltalls aufgegeben wird; es gut durchzuführen und zum harmonischen Schlusse zu bringen, ist die Aufgabe des Spielers.

***

[1] *Gemeinnützige Blätter* 1838, Nr. 56. vom 15. Juli, S. 224. Reflexionen des Autors zu anderen Themen siehe unter dem Sammeltitel *Gedanken*.

[Johann Gottfried] Herder

BRAMANEN-GEDANKEN[1]

Hoffnung und Liebe sind des Lebens fröhliche Schwestern;
  Jene flieget voran; diese regieret den Flug,
Trägt auf ihren Schwingen und weht der leidenden Seele
  Kühlenden Athem zu, hebt und erquicket sie sanft.
Untrennbare! verlaßt mich nimmer, ihr lieblichen Schwestern!
  Ohne die Hoffnung sind Leben und Liebe dahin.[2]

***

[1] *Gemeinnützige Blätter* 1838, Nr. 70. vom 2. September, S. 280.

[2] JOHANN GOTTFRIED HERDER: *Drei Schwestern*. In: *Zerstreute Blätter. Blumen aus der griechischen Anthologie gesammlet. Nachlese*. Gotha: 1791. Der Titel, der dem Epigramm in den *Gemeinnützigen Blättern* gegeben wurde, ist irreführend. Das Gedicht ist nicht in der von HERDER *Gedanken einiger Bramanen* betitelten Sammlung erschienen, die als Teil der *Blumen aus morgenländischen Dichtern* in dem 1792 publizierten vierten Band der *Zerstreuten Blätter* veröffentlicht wurde und auf persische Vorlagen zurückging, die Herder aufgrund einer französischen Übersetzung ins Deutsche übertrug. *Drei Schwestern* hat Herder aus dem Griechischen übersetzt und das Gedicht erschien in der 1791 publizierten zweiten Auflage des ersten Bandes der *Zerstreuten Blätter*, vgl. *Einleitung* und *Vorwort* in: HERDER 1893, sowie ebd. S. 193–194. 249–253, 219–232; ANTHOLOGIE 1827, S. 120.

[Johann Wolfgang] Goethe

SINNSPRUCH[1]

Was heißt zärtlicher Tadel? Der deine Schwächen verschont?
Nein! Der deinen Begriff von dem Vollkommenen stärkt.[2]

[1] *Gemeinnützige Blätter* 1839, Nr. 53. vom 4. Juli, S. 212.

[2] Das *Delicatesse im Tadel* betitelte Distichon stammt aus dem *Musenalmanach für das Jahr 1797*.

[Karl Georg] R[um]y

FRANZ KAZINCZY'S MERKWÜRDIGES URTHEIL ÜBER HERDERS THEOLOGISCHE SCHRIFTEN[1]

Mein verewigter, der reformirten Kirche angehöriger Freund, Franz v. Kazinczy in Széphalom, schrieb mir im Jahre 1809, als er mir eine theologische Disputation über die Thesis „Ethnicus non potest salvari"[2] unter dem Präsidium eines hyperorthodoxen protestantischen Professors der Theologie in Oberungarn im Jahre 1781, die er als Zuhörer wörtlich nachgeschrieben hatte, in einem Briefe mittheilte, Folgendes:[3] „Wozu der *Plunder von Gelehrsamkeit*, nämlich der teologischen? freilich ist jetzt *Vieles* besser: aber ist *Alles* schon so gut, als es sein *sollte*? Ich blätterte dieser Tage in *Herder's* theologischen Schriften. Da der Leipziger Recensent seine Homilie über den Jüngling von Nain so sehr rühmte, so wollte ich mit eigenen Augen sehen, was *an Herder dem Prediger und Theologen* sei. Ich fand die Rede *Herders würdig. Der Glaube an die Vorsehung* ist ein *beglückender*, ist ein *schöner*, ist ein *poetischer Glaube*. Ich frage nicht, und will gar nicht fragen, ob er die Feuerprobe aushält. Er war, er ist und er wird ewig *mein Glaube sein. Nathan* von Lessing[4] und *De providentia* des Seneca[5] sind Bücher, die ich nie ohne

[1] *Gemeinnützige Blätter* 1839, Nr. 72. vom 8. September, S. 285.

[2] Dt.: Heiden können nicht gerettet (selig) werden.

[3] In der Gesamtausgabe von KAZINCZYs Briefen (*Kazinczy Levelezése* Bd. 6, S. 483.) ist dieser, von RUMY mit Auslassungen mitgeteilter Brief auf Grund des in der Handschriftensammlung der Ungarischen Akademie der Wissenschaften befindlichen Originals abgedruckt. Im Originalen fehlt das Ende des Briefes, der letzte in den *Gemeinnützigen Blättern* mitgeteilte Satz kommt also in der Edition von Kazinczys Briefen nicht vor. Zu der ungarischen Rezeption Herders vgl. PUKÁNSZKY 1918, sowie ILONA T. ERDÉLYI: *Herder in der ungarischen Literatur*. Ein Essay. In: *Johann Gottfried Herder*. Zur Herder-Rezeption in Ost- und Südosteuropa. Hrsg. G. ZIEGENGEIST. Berlin: 1978, S. 146–157. (Zu Kazinczy's Verhältnis zu Herder: ebd. S. 148.)

[4] GOTTHOLD EPHRAIM LESSINGs Drama *Nathan der Weise*, 1779.

[5] Dt.: Über die Vorsehung.

eine *religiöse Rührung* aus den Händen legen kann. Ich fiel im Blättern auf die zwei Confirmations-Katechisationen, die Herder hielt. So weit ich sie las, sind sie gar herrlich... Der würdige unirte Großwardeiner Bischof, Samuel Vulkán, sagte in seiner bischöflichen Inaugurationsrede in der Kirche unter Anderm die merkwürdigen Worte: Christianorum omnis religio est vivere sine scelere et macula."[6]

Gewiß eine schöne herrliche Ansicht der christlichen Religion, ganz in den Aussprüchen ihres erhabenen Stifters gegründet, z. B. in den Worten: „Seid vollkommen, wie euer himmlischer Vater vollkommen ist!"[7] und in dem biblischen Spruch: „In jedem Volk, wer Gott fürchtet und recht thut, der ist ihm angenehm.["][8]

[6] Dt.: Die ganze Religion der Christen besteht darin, ohne Sünde und Makel zu leben.
[7] Mt 5,48.
[8] Apg 10,35.

L. K.

AUS DEM TAGEBUCHE EINES VERSTORBENEN SCHULMANNES[1]

Zu P...[2] in Ungarn war der über 50 Jahre dem Lehramte mit Ruhm und dem glücklichsten Erfolge vorstehende Magister Sz...y gestorben,[3] drei Generatio-

[1] *Pannonia* 1840, Nr. 84. vom 20. October, S. 333–334. und Nr. 85. vom 23. October, S. 338–339.

[2] Preßburg.

[3] Es handelt sich um ANDREAS SZLUCHOVINY (1764–1838), einen geborenen Slowaken, von 1793 bis zu seinem Tode Lehrer der zweiten Grammatikalklasse an der Preßburger protestantischen Bürgerschule (K[ARL] J[ULIUS] SCHRÖER: *Abenteuer eines ungrischen Schulmannes mit Goethe, Schiller und Wieland*. In: *Fünftes Jahresprogramm der öffentlichen Oberrealschule der königlichen Freistadt Preßburg*. Preßburg: 1855, S. 1–8, vgl. auch Szluchovinys Nekrolog in *Pannonia* 1838 (S. 125, unter dem Titel: *Des Orglers letztes Spiel*), mit dem gleichen Signum (L. K.) versehen.) Karl Julius Schröer veröffentlichte den in der *Pannonia* 1840 publizierten Text im Jahre 1855 erneut (aufgrund eines Exemplars der Zeitschrift, das ihm kurz davor zufällig in die Hände geriet), versah ihn mit Kommentaren aufgrund seiner eigenen Kindheitserinnerungen, die sich sowohl auf den Grad der Authentizität des in der *Pannonia* erschienenen Textes, als auch auf die Person Szluchovinys und auf die mündlich tradierte Version der betreffenden Geschichte bezogen, die Schröer im Kreis seiner Familie oft von Szluchoviny hörte. Schröer begleitete die Textedition auch mit Anmerkungen literaturgeschichtlicher Art, indem er manche Angaben von Szluchoviny aufgrund seiner Kenntnisse über die Weimarer Verhältnisse des betreffenden Zeitraums als unglaubwürdig auswies und sie modifizierte. Dabei zog er auch die Bemerkungen von A[dolf] Schöll zu Rate, der in Weimar die Stelle eines Direktors der Kunstanstalten bekleidete und sich auch wissenschaftlich mit dem Lebenswerk Goethes auseinandersetzte. Schröer überließ ihm Szluchovinys Text und seine Kommentare zur Prüfung. Im Ganzen war Schröer der Ansicht, „daß der Aufsatz, so wie er ist, nicht ganz echt ist d. h. von den Details der Erzählung [...] ist nichts erdichtet [...], doch ist das Kleid des Ganzen vom Einsender in die *Pannonia* hinzugekommen. Ohne Zweifel hat dadurch der Aufsatz gewonnen" aber er wisse nicht „ob nicht zugleich auch Thatsächliches verschoben wurde oder neu hinzu kam". Er könne deswegen „weder für die Zeit noch für den Ort einstehen." (a.a.O., S. 2. Die wichtigsten Bemerkungen von Schröer und Schöll werden im Folgenden an den entsprechenden Stellen des Textes in Anmerkungen kurz zusammengefaßt.)

nen der Bürger P...s hatte er während des langen Zeitraums seines Wirkens unterrichtet, und auf dem Pfade zur Tugend unverdrossen geleitet. Zahllose einstige Schüler folgten der Bahre des Verblichenen, und auf seinen Grabeshügel thaute manch' heiße Dankeszähre nieder. – Bald darauf wurde seine kleine aber auserwählte Büchersammlung öffentlich versteigert. Um als sein Schüler ein sichtbares Andenken von dem hochverehrten Lehrer zu besitzen, erstand ich einige lateinische Classiker, deren Seiten manch' werthvolle Randglosse, von seiner Hand hingeschrieben, aufzuweisen hatten. Beim Durchblättern fielen aus einem dieser Bücher mehrere engbeschriebene, fast verblichene Blätter heraus, die ich bei genauerer Durchsicht für Theile eines Tagebuches des Verewigten erkannte. Sie stammen aus der blühendsten Epoche seines Wirkens, und beziehen sich auf eine unternommene Ferienreise nach mehreren Hochschulanstalten Teutschlands.

Ihr einfacher gemüthlicher Inhalt, die treuherzige Erzählung seiner erlebten Abenteuer, erregten meine herzliche Theilnahme und zugleich das Bedauern, nicht das ganze Tagebuch trotz aller angewendeten Nachforschung erhalten zu können, da es gewiß manch' treffliche Bemerkung und manches Goldkorn des Wissens und der Erfahrung enthalten dürfte. Diese wenigen Blätter jedoch geben noch heute, nach verschwundenen 37 Jahren, dem Verfasser das schönste Zeugniß, wie er alle Hilfsquellen selbst in der Ferne aufsuchte, um die möglichste Vollendung in dem so schwierigen Fache der Erziehungskunde zu erlangen! Sein Abenteuer in Weimar, schmucklos und doch anziehend erzählt, gibt klare Beweise seiner Liebe zu den schönen Wissenschaften, und der zu damaliger Zeit mächtig nach dem Gipfel der Vervollkommnung ringenden teutschen Literatur. Ich werde so viel wie möglich des Verfassers Worte gebrauchen, um den Lesern denselben Eindruck, den ich bei Durchlesung dieser Blätter empfunden, rein zu bewahren. Er beginnt nach chronologischer Ordnung folgendermaßen:

P..., den 1. Jänner 1803

„Ein mühevolles Schuljahr ist nun wieder geschlossen.[4] Die Prüfungen sind zu meiner Vorgesetzten Zufriedenheit und meiner innigen Freude gut ausgefallen. – Dank Dir, Ewiger. Du hast wieder geholfen, ich darf heiter rückwärts blicken, und mir zurufen: Du hast nicht umsonst gelebt! – Morgen endlich soll mein jahrelang gehegter sehnlicher Wunsch in Erfüllung gehen, ich werde in Kurzem Teutschland begrüßen, mein Ränzel ist gepackt, der gewichtige Knotenstock, mein treuer Gefährte auf der letzten Reise durch die heimathlichen Karpathen, lehnt dort wie mahnend in der Ecke; die vollwichtigen Kremnitzer, durch lange Sparsamkeit und Entbehrung mancher Lebensgenüsse mühevoll gesammelt, lie-

[4] Aus dem Text geht hervor, dass hier statt „Jänner" wahrscheinlich „Juni" stehen müsste.

gen in Beutelchen wol verwahrt; sie sollen mir auf der Reise überall ein Gerngesehen bereiten, da alle Welt Ungarns hellklingendes Gold liebt. Noch heute von den Freunden Abschied genommen und dann mit Tagesgrauen wandere ich hinaus, nach dem Vorbilde der Apostel!"

Hier endet das erste Blatt und das folgende beginnt mit:

Schnepfenthal, den 20. Juli 1803

„Ich lebe hier seit sechs Tagen herrlich und in Freuden; Salzmann empfing mich wahrhaft liebevoll und väterlich. Wir sprachen auf Spaziergängen viel über Erziehung, jedes seiner Worte ist unauslöschlich in mein Gedächtniß gegraben. Wie viel habe ich hier gesehen, erfahren, gelernt! – Wer da ein Jahr zubringen könnte! O! an dieses Mannes Seite die Jugend lehren und leiten, welch' beneidenswerthes Los! – Lehrer und Zöglinge sammt den übrigen Hausgenossen bilden eine Familie. Vater und Mutter Salzmann sind die Sonne, um die sich Alles dreht! Sein leisester Wink ist Befehl, sein Lächeln gilt für Lohn, das leichte Stirnrunzeln ist Strafe! – Mit Lob ist Salzmann sehr sparsam, kein anderer Vorzug gilt unter den Zöglingen, als anhaltender Fleiß und Sittlichkeit. – Wie schön ließe sich in meinem Vaterlande eine ähnliche Anstalt gründen. Unser reicher Adel, P...'s paradiesische, gesunde Gegend – doch still, du geschäftig in die Luft bauende Phantasie – dieß sind fromme Wünsche! Denn es fehlt daheim noch zu sehr an ernstem Willen, – und doch fühlte ich in mir die Kraft, ein ungarischer Salzmann zu werden. Seine Abschiedsworte bleiben mir stets theuer. – „Junger Mann", sagte der würdige Patriarch zu mir, „der Herr segne Ihr Wirken in der Heimat, Sie können ein tüchtiger Schulmann werden!" – Ein langer Händedruck und ich schritt die Straße fürbaß – bald lag Schnepfenthal in grauer Ferne – mein Herz jedoch blieb dort zurück!"

Nun folgen mehrere historische, geographische und andere wissenschaftliche Anmerkungen, einzelne Bemerkungen über Vorlesungen verschiedener, damals gefeierter Lehrer an den Universitäten Leipzig, Halle und Jena; das folgende Bruchstück eines Briefes an Herrn T... zu P... ist wegen seines heiteren und anmuthigen Inhaltes mittheilungswerth. Er schreibt:

Weimar, den 20. August 1803(?)[5]

„Sie machten, theurer Freund, beim Abschied, die ziemlich spitze Bemerkung: „Füße und Geld, lieber Sz...y, werden kaum bis Leipzig reichen," und nun blickt Ihnen Weimar's Postzeichen entgegen; Sie leisten daher sowol den Beinen als meiner noch halbvollen Börse im Stillen vollkommene Abbitte, dann lesen Sie weiter und beneiden mich und mein Geschick, wenn dieß Gefühl in Ihrer Brust jemals Raum finden kann! –

Am gestrigen Mittag betrat ich endlich Teutsch-Athen, – das liebliche Weimar. – Kaum hatte ich die dringenden Mahnungen des Magens, des Selbstherrschers aller Menschen, befriedigt, als ich die Stadt zu durchwandern begann: – meinem Eigensinne getreu, ohne Führer, auf's Geradewol, durchschlenderte ich die Straßen, befand mich bald am Schloß, besah die Hauptkirchen, gerieth auf den alten Kirchhof mit Lucas Kranachs und Musäus des Märchensammlers Monumenten, betrachtete mir das schöne berühmte Schauspielhaus, vor welchem Schiller's *Don Carlos*, für den Abend angekündigt, mir den herrlichsten Kunstgenuß versprach. Immer schlendernd und schauend, bewundernd und Ähnlichkeiten mit dem Gesehenen suchend, gerieth ich bald an die Ilm, und ihrem Laufe folgend, unvermerkt in eine lange, von Sommerhäusern und Gärten gebildete Straße. – Mein vierstündiger Marsch vom Morgen, die brennende Augustsonne am wolkenlosen Himmel hatten mir gewaltigen Durst erregt: ich sah daher sehnsüchtig nach einem Brunnen oder üblichen Schänkwirthschaftszeichen an der Häuserreihe umher. Da schallte mir plötzlich aus einer offenstehenden Gartenthüre fröhliches Lachen, der Ton stürzender Kegel und der, in diesem Augenblick für mich zur Sphärenmusik werdende Klang angestoßener Gläser entgegen. In der sichern Voraussetzung, der öffentlichen Quelle eines Labetrunkes nahe zu seyn, eilte ich, gleich dem Wanderer in der Wüste, nach der Erquickung bietenden Oase, und mit schnellen Schritten betrat ich den Garten. Unter dem schattigen Laubdach einer ehrwürdigen Linde, nahe dem wohnlichen rebumrankten Hause, erblickte ich an einer Kegelbahn eine Gesellschaft von Männern und Frauen versammelt. Etwas verlegen, da mich Aller Augen neugierig betrachteten, setzte ich mich an einen nahen leeren Tisch – stopfte meine Pfeife, und winkte der eben

[5] Laut Schröer ist es nicht klar, ob dieses Datum authentisch ist. „L. K.", der den Text seinerzeit der *Pannonia* einsandte, habe ihm mitgeteilt, im Originalen hätten „Datum und Jahreszahl" des Briefes gefehlt, „die Überschrift [sei] nur eine Conjectur" von L. K.s Hand, Schröer ist aber trotzdem der Ansicht, dass die Überschrift „echt" ist, also von Szluchoviny herrührt, vgl. a.a.O., S. 4.

mit mehreren vollen Bierkrügen aus dem Hause tretenden Aufwärterin, ihr zurufend, „auch ein Krug, Jungfrau". Auf diesen Zuruf wandte sich die Magd wie erstaunt nach mir, und hielt zögernd an; allein der Wink eines Mannes von einnehmender Gesichtsbildung, der, eben die Kugel zum Wurfe emporhaltend, mich einen Augenblick scharf beobachtet hatte, und wahrscheinlich der Wirth war, bewog die Magd, mir lächelnd und knixend, und ob der Zurechtweisung ihres Gebieters, oder vielleicht meiner Person willen, bis unter das Häubchen erröthend, den Krug mit einem „Prost der frische Trunk" hinzusetzen. – In langen Zügen trank ich vom erfrischenden Gerstensaft, und blies die blaue Knasterwolken in die milde Luft, während die Gesellschaft scheinbar unbekümmert um meine Person, unter Kichern und Schäkern ihr Spiel fortsetzte.

Mit voller Muße betrachtete ich mir die Gesellschaft und folgte mit Theilnahme den Wechselfällen des Glücks. Drei der anwesenden Herren zogen besonders meine Aufmerksamkeit auf sich. Den einen zeichnete eine edel geformte Stirn, lebhaftes Auge mit fast stolzem und doch wieder unbeschreiblich mildem Blick, und schön gebildeter Nase vortheilhaft aus; die Haltung seines wohlgebildeten Körpers, das Edle seines Anstandes, seine natürlichen, ungezwungenen und doch gerundeten Bewegungen, die selbst bei den gewöhnlich unmalerischen Stellungen, welche das Kegelspiel mit sich bringt, nie eckig oder gar unschön wurden, bezeichneten einen Mann, der durch unausgesetzte Übung und Aufmerksamkeit auf sich selbst die vollendetste Herrschaft über seine Bewegungen erlangt hat, kurz es sprach etwas aus ihm, welches mich vermuthen ließ, daß er den höchsten Kreisen der Gesellschaft angehören dürfte. Ein kleines, schon bejahrtes, jedoch lebhaftes, oft lachendes und vorzüglich mit den anwesenden Frauen scherzendes Männchen mit rundem vollen Gesichte und klugen Feueraugen,[6] die er oft komisch beim Kugelwerfen zuzuschließen pflegte, dünkte mir ein herzlicher, für alles Gute und Angenehme empfänglicher Mensch, und nach seiner Art zu sprechen, im Besitz der wahren practischen, aus Erfahrung geschöpften Lebensphilosophie zu seyn. – Am meisten jedoch zog mich mein freundlicher Wirth an; obgleich blaß und leidend vom Aussehen, erregte er in meiner Seele durch seine großen, geistvollen Augen, die er mit unbeschreiblicher Schwärmerei, sich selbst unbewußt, nach dem goldnen Abendhimmel

[6] Der Weimarer Hofrat ADOLF SCHÖLL fügte hinzu: „Ein eigentlich volles Gesicht hatte zwar Wieland nicht, aber, da sein Kopf, der Figur verglichen, groß, das Gesicht, bei zwar spitzem Kinne, breit, der Oberkopf gewölbt war, mußte es immerhin den Eindruck des Rundlichen machen." In: a.a.O., S. 8.

aufschlug, und dabei aus der edlen Stirne die langen niederwallenden Locken mit der schön geformten Hand hinwegstrich, ein unnennbares Mitgefühl. – Ein Hauch von Rosenroth, auf seine Wangen durch die Anstrengungen des Spiels gelockt, erhöhte den Reiz seines männlich schönen Angesichts und ließ ein, nur mit meinem Leben schwindendes liebliches Bild in meiner Erinnerung zurück. Er schien mir ein Mann, in dessen innersten Tiefen des Geistes ein Schatz von Ideen, Gedanken und Bildern, in stetem unerschöpflichen Wechsel kreisen dürfte. Sie werden mich hier, theurer Freund, ob der warmen Schilderung dieses Mannes einen Egoisten schelten, der den Wirth darum über Alle lobt, weil er ihn so schnell und freundlich labte, und nebenbei mein Steckenpferd, die Physiognomik, etwas verlachen. Allein nur Geduld – und Sie werden im Weiterlesen finden, daß Lavaters Lehre[7] sich hier glänzend bewährt habe. – Mein Wirth also – der gewiß in allem Andern mehr Geschick besitzen mag – als im Kegelspiel, warf jedesmal, wenn ihn die Reihe traf, verzweifelt schlecht, so daß die Kugel fast immer durch die Gasse rannte, und hatte, da er stets fehlte, einen vollen Chor von Etsch – Etsch – von dem Kreise der liebenswürdigen, größtentheils schönen, mit dem Strickstrumpfe umhersitzenden Kunstrichterinnen zu ertragen; Sie kennen mich als tüchtigen Kegelspieler, da Sie hiervon manch' glücklich verlebter Sommerfeierabend in Ihrem lieblichen Gärtchen überzeugen konnte. – Ich trat daher, eine Kennermiene annehmend, an die Kegelbahn, und machte, als mein Wirth an den Wurf kam, die bescheidene Bemerkung, daß er die Kugel grundfalsch aufsetze, daher seine Würfe stets fehlschlagen müßten. Mir fast unbewußt hatte der liebe Mann plötzlich die schöne schwere lignum sanctum[8] Kugel in meine Hand gedrückt, und bat mich mit den freundlichsten Worten, für seine Rechnung diese und die folgenden Würfe zu thun, da ihn auf kurze Zeit Geschäfte in's Haus riefen. Ich nahm das Anerbieten freudig an, war bald mit den übrigen Spielern im eifrigen Gespräche verwickelt, wurde gefragt und fragte, gab und erhielt Bescheid, und spielte mit so viel Glück, (denn ich wandte all' meine Kunstfertigkeit auf, um in Ehren zu bestehen), daß ich manch' schönen Groschen gewonnen hatte, als die zunehmende Dämmerung dem Spiele ein Ende machte. – Endlich trat der Wirth in unsern Kreis, und dankend übermachte ich den Gewinnst, sah nach der Aufwärterin, um meine Zeche zu bezahlen, und wollte mich, da

[7] Johann Kaspar Lavater entwickelte in den 1770er und 1780er Jahre die Lehre von der Physiognomik, die auf der Ansicht gründete, aus den Linien des Menschenprofils könne man zuverlässig auf Merkmale des Charakters schliessen.

[8] Dt.: Guajakbaum.

ich sie nicht erblicken konnte, entfernen, sie aufzusuchen. Indem ich nun Kratzfüße zog und Bücklinge machte, dabei stets nach guter Sitte rückwärts ging, stieß ich an eine lange gedeckte Tafel, die von mir im Eifer des Spiels – wofern sie nicht eben in dem Augenblicke der Erde entstiegen war, nicht bemerkt wurde. Da ergriff mich mein Wirth an den Schultern und drückte mich auf den nächststehenden Stuhl neben sich nieder, indem er sprach: „Sie bleiben mein Gast, Herr Magister." – „Zum Abendbrot," rief Alles und nahm Platz an dem wohlbesetzten Tische; herrlicher Braten wurde herumgereicht, köstlich durftender alter Rheinwein perlte in den Römern. Ich genoß mit allen Sinnen, stets füllte sich von neuem mein Glas – da that sich mein Herz weit auf und nach alter edler Ungarsitte brachte ich ein herzlich Lebehoch meinem freundlichen Wirthe! Jubelnd klirrten die Gläser aneinander, und der Herr mit der schön geformten Nase brachte mir mit Würde und Anmuth ein Glas mit dem Zurufe: „Heil Ungarns hohem König, Heil dem edlen Ungarnvolke, Heil seinen braven Lehrern, Heil Ihnen und Glück, Herr Magister!" – Als Nachtrag sey hier bemerkt, daß mir die Herren beim Spiel Namen, Stand und Vaterland abgefragt, meine Bescheidenheit es jedoch nicht zuließ, sie um ihre Namen zu fragen. – Ich stieß an mit Freudenthränen im Auge, im Herzen hallten des Mannes Worte wieder und ich ließ im Stillen alle, alle mir Theuren leben im Vaterlande. Nun folgten Toaste auf Toaste – Weimar's Großherzog, Teutschland, seine Gelehrten, alle edlen Menschen ließ ich leben, und wurde von Freude und der Lieb-Frauen-Milch so begeistert, daß ich Schiller's Hymnus an die Freude, mein Lieblingslied, anstimmte, in welches in vollem Chor die heitern Tischgenossen mit einstimmten: als er zu Ende gesungen war (es leuchtete bereits hoch am Sternendome der Vollmond) und Alles sich zum Aufbruche erhob, da überkam es mich mit unbezwinglicher Gewalt; nochmals ergriff ich mein Glas und rief begeistert: „Hoch lebe der hochgeliebte Dichter des Hymnus an die Freude!" – Ein lautes: „Er lebe, lebe hoch!" erscholl – dann war es still – und mein blasser Wirt reichte mir sanft lächelnd die Hand, und sprach: „Ich danke Ihnen, mein Freund, und freue mich herzlich, daß *meiner* Muse Sang auch Ungarns edle Söhne verstehen und lieben."[9] Da starrte ich ihm freudig in's Antliz und schlürfte die köstlichsten Freudeperlen mit dem

[9] Zu diesem Satz fügte Adolf Schöll folgende Bemerkung hinzu: „ist nicht in Schillers Redeweise, sondern in der ungrisch–deutschen, wo man die Voranstellung des Genitivs zum Zweck rhetorischer Schönheit gar häufig auch da gebraucht findet, wo eine oratio media sachgemäßer wäre. Schiller wird sich weit einfacher ausgedrückt haben, aber in ähnlichem Sinne." In: a.a.O., S. 8.

Weine; mein alter Lavater hatte mich nicht getäuscht, denn eben trat mein Tischnachbar, der kleine lebhafte Herr auf mich zu und sagte, auf meinen Wirth deutend: „Hier, Herr Magister, sehen Sie unsern Schiller, hier – Göthe, und ich bin der alte Wieland!"[10] – Morgen – doch, indem ich dieß schreibe, ist es bereits Tag geworden – ich will ruhen, um mit gesammelter Seele mein Abendteuer – die glücklichsten Stunden meines Lebens, zu überdenken, nochmals genießen die überschwengliche Wonne, die ich so unerwartet empfunden. Ich halte noch immer Alles für einen lieblichen Traum, oder hat der Dichter *Oberon*'s, Ritter Hüons Zauberhorn[11] benützt!?

Hier endet das Blatt und die ferneren Ereignisse zu Weimar könnten vielleicht noch lebende Freunde, denen der Verblichene selbe gewiß mitgetheilt hatte, ergänzen.

[10] Schröer führte in seiner Vorrede aus, Schiller habe zu jener Zeit keinen Garten und kein Gut in Weimar gehabt. Szluchovinys Annahme, dass Schiller der Besitzer des Gartens gewesen sei, müsse also auf einem Mißverständnis gegründet haben. In Frage komme am ehesten Goethes Garten am Stern. (in: a.a.O., S. 3–4.)

[11] Der Ritter Hüon ist die Hauptfigur in CHRISTOPH MARTIN WIELANDS 1778–1780 angefertigtem Versepos *Oberon*.

[Gottfried August] Bürger

GNOME[1]

Der *Geist* gedeiht durch *Weisheit*,
Und das *Herz* gedeiht durch *Schönheit*;
Dieser Einklang rauscht in Stärke,
Dieser Adel führt zum Ziele
Dauernder Glückseligkeit.[2]

[1] *Gemeinnützige Blätter* 1840, Nr. 94. vom 22. November, S. 380.

[2] Aus dem Gedicht *Gesang am heiligen Vorabend des funfzigjährigen Jubelfestes der Georgia Augusta*, 1789, Strophe 5.

[Friedrich] Rückert

SINNSPRUCH[1]

Den Einen ehr' ich, der nach Idealem ringt;
Den Andern acht' ich auch, dem Wirkliches gelingt.
Den aber lieb' ich, der nicht dieß noch jenes wählt,
Der höchstes Ideal der Wirklichkeit vermählt.

[1] *Gemeinnützige Blätter* 1840, Nr. 99. vom 10. Dezember, S. 400.

[Franz] Grillparzer

LEBENSREGEL[1]

Frei in unendlicher Kraft umfasse der Wille das Höchste,
Aber vom Nächsten zunächst greife bedächtlich die That.[2]

[1] *Gemeinnützige Blätter* 1841, Nr. 7. vom 24. Januar, S. 25.
[2] Das *Lebensregel* betitelte Epigramm von Grillparzer entstand im Jahre 1813.

— —

[REZENSION ZU:] PALUGYAY IMRE, *MEGYE-RENDSZER HAJDAN ÉS MOST*[1]

Ein Werk, das viel mehr gibt, als der einfache Titel verspricht; denn es handelt nicht nur von dem frühern und jetzigen Zustand, und den Verhältnissen und Eigenthümlichkeiten der Comitate, von den dort vorfindlichen Mängeln und Mißbräuchen, und den Mitteln, ihnen abzuhelfen, sondern auch vom Reichstage, von den höchsten Dicasterien, von den Volksclassen, von den Städten u. s. w. Und dieses reichhaltige Werk enthält einen reichen Schatz von Citationen, welche ein sorgfältiges Quellenstudium und eine ausgebreitete Belesenheit im Fache der Geschichte und Politik verrathen. Daher empfehlen wir das Werk Allen, welche sich über die bürgerlichen Verhältnisse des Landes, besonders über die eigenthümliche Verfassung der Comitate gründlich belehren wollen, was gewiß kein Staatsbürger Ungarns, weß Standes er immer sei, unterlassen sollte; denn gerade dieß ist es, was uns von allen übrigen Völkern Europa's unterscheidet; dieß ist es, was von Fremden und oft auch von Söhnen unsers eigenen Landes nicht gekannt und daher auch so häufig verkannt wird! Allen Solchen möchten wir die Worte des großen deutschen Dichters an's Herz legen:

„An's Vaterland, an's theure schließ' Dich an,
Das halte fest mit deinem ganzen Herzen;
Hier sind die starken Wurzeln deiner Kraft!"[2]

[1] Originaltitel: *Palugyay Imre, Megye-rendszer hajdan és most. Első kötet: Megye-alkotmány.* Pest: Heckenast 1844. Dt.: Das Komitatswesen ehemals und heute. Von Imre Palugyay. Erster Band: Die Komitatsverfassung. In: *Gemeinnützige Blätter* 1844, Nr. 14. vom 18. Februar, S. 53. [Spartentitel:] *Literatur und Wissenschaft.*

[2] Aus SCHILLERs 1804 uraufgeführtem Drama *Wilhelm Tell* (2. Aufzug 1. Szene).

Diese letzten Worte gelten besonders auch von unserm Comitats-Wesen. Aus den Wurzeln desselben erwuchs der Stamm, der Jahrhunderte lang gespalten, dessen Äste verstümmelt, dessen Zweige verdorrt waren, wieder freudig und kräftig, und trägt Blüthen und Früchte, und wird deren, unter dem Schutz und Schirm Gottes und unserer weisen, väterlichen Regierung, von Jahr zu Jahr immer mehrere und schönere bringen.

[Jakob] St[einhardt]

EIN SCHRIFTSETZER WIRD GÖTHES EHRENRETTER UND VERTHEIDIGER DES DEUTSCHEN BUNDES[1]

Wer hierbei etwa an Josef Mendelssohn denkt, hat sich gewaltig getäuscht.[2] Es ist etwas Ungarisches. In der *Vasárnapi Újság* (Sonntagszeitung) wird berichtet: „daß die deutsche Bundesversammlung beschlossen habe, Göthes Haus in Weimar anzukaufen, um es zu einem Nationaldenkmal auf ewige Zeiten herzurichten. Mancher Leser wird fragen: wer war dieser Göthe und was hat er für die Nation Gutes gethan? Wahrhaftig ich muß gestehen, ich weiß selbst nicht, daß er je etwas gethan hätte, ich kann vielmehr behaupten, daß er durchaus nichts auf der Welt gethan habe; daß man ihm ein Denkmal setzt, geschieht vielleicht aus demselben Grunde, warum man Luther keinen Platz in der Walhalla gönnte."[3] Auf die für Göthe höchst verletzende (?) Behauptung wagt der Setzer der *Vasárnapi Újság* zu bemerken: „verzeihen Sie Herr Redacteur, meines Wissens war Göthe Minister des Herzogs von Weimar und Theaterdirector! Der Setzer."[4] Gibt es eine größere Satyre? Wahrhaftig nicht, selbst in den Leipziger *Locomotiven*[5] nicht!

[1] *Pannonia* 1842, Nr. 143. vom 17. Dezember, S. 571. [Spartentitel]: *Ungarische Klepperpost.*

[2] Der Hamburger jüdische Schriftsteller und Journalist Joseph Mendelssohn (1817–1856) begann seine Laufbahn als Buchdruckerlehrling in Braunschweig. 1839 gab er seine Erstlinge unter dem Titel *Blüthen. Gedichte und Novellen eines Schriftsetzers* heraus. Er war später als Journalist bei angesehenen Hamburger Periodika tätig, arbeitete aber u.a. auch für Wiener Blätter (*Wiener Theaterzeitung, Humorist*), so dass sein Name auch in weiten Kreisen der deutsch lesenden Bewohner Ungarns bekannt gewesen sein dürfte, vgl. ADB, Bd. 52, S. 559–562; DLL, Bd. 10, S. 822–823.

[3] Das „Walhalla" genannte Bauwerk ließ der bayerische König Ludwig I. in der Nähe von Regensburg am Ufer der Donau erbauen. Im Gebäude, das als Denkmal für die Grossen der Deutschen diente, befanden sich die Büsten oder (wenn keine authentische Porträts vorhanden waren) die in Goldschrift auf Marmortafeln geschriebenen Namen von insgesamt 166 Personen, der sog. „Walhalla-Genossen". Das Denkmal wurde am 18. Oktober 1842 eingeweiht.

[4] *Vasárnapi Újság* (Klausenburg) 1842, Nr. 447. vom 27. November, Sp. 759.

[5] *Die Lokomotive*: Leipziger Witzblatt in den 1840er Jahren.

– –

KEIN REFERAT[1]

Wien

Wien ist ein hübscher Fleck Erde und mit einer zahlreichen Menschenmenge angebaut. Alle Elemente zu einer großen Stadt sind beisammen, und man sollte glauben, wenn ein ehrlicher Correspondent die Feder zur Hand nimmt, so müßte er Unzähliges zu berichten haben. „Traun Ritter Kurt, Ihr zeucht auf falscher Fährte." Auch der sanftmüthigste Wienercorrespondent ist in arger Verlegenheit, wenn er nicht mit der ewigen Dieselbigkeit einige rührende Theaterthränodien loslassen, oder dem unerquicklichen socialen Leben und Treiben die monotonsten aller Dudelsacktöne entlocken soll. Wie beneidenswerth erscheint unseren Augen Heine [Anm. 1.] als Correspondent aus Paris in der Augsb[urger] *Allg[eimeinen] Z[ei]t[un]g,*[2] wie bewundernswerth schüttelt er die Neuigkeiten aus dem Ermel! Wir wüßten beim Himmel nicht wie das Ding anzufangen. [Anm. 2.] Während dort über Kunst und Wissenschaft, über Staat und Kirche gesprochen wird, halten wir einige Theaternachrichten in Bereitschaft, um nicht zurückzubleiben. So sagen wir z. B., daß im Theater in der Leopoldstadt eine Posse gegeben wurde, die Gemeinheiten in Hülle und Fülle enthält, und man würde sogar behaupten, daß sich die hiesigen Journalisten unter solchen freisinnigen Reden zur politischen Bedeutung erheben könnten; aber anderseits bleiben wir wieder bei unserer altklugen Grundsatzlosigkeit, und behaupten, daß in dem Bierhause zu den „Drei Raben" treffliche Frankfurter-

[1] *Pannonia* 1843, Nr. 69. vom 20. Juni, S. 276. [Spartentitel:] *Referate.*

[2] In den 1830er Jahren war Heinrich Heine Korrespondent der Augsburger *Allgemeinen Zeitung* aus Paris. U.a. war sein 1833 in Hamburg verlegter Band unter dem Titel *Französische Zustände* eine Sammlung seiner für die *Allgemeine Zeitung* geschriebenen Aufsätze.

Würste zu haben sind. Freilich könnte man uns einwenden, daß unsere Nationalehre unter solchen Dingen leide, aber wir nehmen es neuerer Zeit nicht mehr so genau. Ein Beweis dafür, daß sich das Vaudeville unter uns breitmacht, während die heimatliche Posse unter ihrem Drucke leidet. Drucke? Nein, das ist nicht das rechte Wort. Man müßte sagen, die Posse leidet unter dem Aufsehen, welches das Vaudeville erregt. Welch' ein abscheuliches Wort das Wort „Druck"! Gott bewahre uns! Wir entsetzen uns schon ergebenst, wenn unsere patriotischen Ohren die Stürme sausen hören, die von unten herauf wehen. Wir hören, daß es eine Nation gibt, die wegen etwelcher Sprachangelegenheiten debattirt!! Nein, das ist doch rein unbegreiflich! Bei uns können Sie malaiisch reden, wir haben nichts dagegen. Wenn wir schon mit Sprachenkämpfen zu thun haben, so geltet [sic!] es gewöhnlich dem *Hanns Jörgel*, einer localen Winkelschrift,[3] die in einem furchtbaren Sprachgekäue geschrieben wird. Wir ziehen vergnügt zur Vorstellung des Vaudevilles: *die Verlobung vor der Trommel*[4] und ergötzen uns höchlich an dem feinen, nuancirten, echt französischen Spiel der Josefstädter Kunstnotabilitäten. Mehr verlangen wir nicht, und wir unterhalten uns ganz gut bei der Geschichte. Ungeachtet dessen nehmen wir auch Theil an fremden Leiden, und waren aufrichtig betrübt, als des talentvollen Otto Prechtler *Isfendiar* so klanglos über die Bretter schlich.[5] Freilich gebricht es dem Drama an Allem was zum Drama eigentlich gehört, (o wie naiv!) aber ein Talent, das schon auf anderm Feld recht Schätzenswerthes geleistet, würde mehr Aufmunterung verdient haben. Allein der größte Theil unserer kritischen Machthaber läßt gegen ein solches Talent das volle recensentliche Donnerwetter los, während sie vor der Verfasserin des *Oheims*[6] schnell den Hut abreißen, und so ein ledernzähes, laulichtschlammiges, dickblutiges Lustspiel wie der *Siegelring*[7] ist, mit Glacéhandschuhen ganz zart anfassen, und im diplomatischen Ton darüber bloß „referiren". Da loben wir den Standpunct eines Opernreferenten; wenn dieser nur ein Hunderttheil des Fanatismus in's Referat überträgt, den eine italienische Oper gefunden, dann kann er nicht fehlschießen. Die enthusiastischen Anbeter des wäl-

[3] Die *Komischen Briefe des Hans Jörgel von Gumpoldskirchen an seinen Schwager Max in Feselau* erschienen ab 1832, vgl. ZENKER 1892, S. 157.

[4] Titel der französischen Vorlage war *Le mariage au tambour*, von [Adolphe de] Leuven und Brunswick [Léon Lhérie]. Die deutsche Umarbeitung stammt von Karl Ludwig Blum, sie wurde in Wien 1843 aufgeführt.

[5] JOHANN OTTO PRECHTLERS, des oberösterreichischen Dichters und Dramenautors (1813) *Isfendiar* betiteltes dramatisches Gedicht wurde im Wiener Hofburgtheater zwischen dem 1. und dem 7. Juni dreimal gegeben, und verschwand dann vom Spielplan. Andere, erfolgreichere Dramen des Autors erlebten neun oder zehn Vorführungen im Hofburgtheater, siehe WURZBACH Bd. 23, S. 240–243.

[6] AMALIE VON SACHSEN: *Der Oheim*, uraufgeführt 1836.

[7] AMALIE VON SACHSEN: *Der Siegelring*, uraufgefürht 1843.

schen Opernsalats bleiben sich im „Johlen" und „Juchezen" immer gleich, und Maestro Donizetti hat den Erfolg so viel wie verbrieft und versiegelt, wenn er seinen Klingklang losläßt; die Sache ist nicht schlecht, o nein, aber der deutschen Kunst gegenüber nicht gar erfreulich, wenn das Wiener Publicum so eine *Maria Rohan*[8] mit Verzückung aufnimmt, während es bei den Bemühungen der gegenwärtigen deutschen Compositeurs lange Gesichter macht, und mit fremden Gesichtern zu Gericht sitzt. Und wie gesagt, das traurigste bei dieser Novelle ist, daß sie belobt und gepriesen wird, als wäre die Kunst in der höchsten Offenbarung erschienen.[9]

[Anmerkungen der Redaktion]:
[Anm. 1.] Lassen Sie nur Heine nach Wien kommen, so werden Sie staunen, welche Correspondenzen er aus dieser Residenz herausdödlern wird; und Heine hat die Absicht Wien zu besuchen, wie mir dieser Tage ein mit jenem in Berührung stehender Freund berichtete.
[Anm. 2.] Aber ein Heine weiß es.

[8] GAETANO DONIZETTIs Oper *Maria di Rohan* wurde 1843 in Wien uraufgeführt.
[9] Fortsetzung und Schluß in der nächsten Nummer.

M. *Koch*

WEM IST DEUTSCHLAND VORZUGSWEISE VERPFLICHTET, EIN ÖFFENTLICHES DENKMAL ZU ERRICHTEN?[1]

Wenn Deutschland die großen Männer, die es *sein*, die es nationell nennt, unter einander zur Vergleichung brächte, in der Absicht, zu bestimmen, welchem aus ihnen die Nation in vorzüglichem Grade Erleuchtung, Bildung und schöne Gesittung zu danken hat, so könnte es wohl nicht anstehen, den Namen: Herder, auszusprechen. Alle Nationen des civilisirten Europa weisen auf Ausgezeichnete hin, die in einzelnen Fächern des Wissens, der geistigen Thätigkeit, oder gemeinnützigen Bestrebung, als Gestirne erster Größe glänzen; doch keine vermag uns den Mann zu nennen, der den großen Plan erfaßt hätte, den Geist der Humanität und echten Erkenntniß in die volle Strömung nationeller Bildsamkeit hinein zu leiten und darin auszubreiten. Ein weihegesalbter Bildner und Erzieher des Menschengeschlechts, steht Herder, mit seiner allumfassenden, alldurchdringenden Wirksamkeit für das Schöne und Gute, als der Einzige da, welcher, wie Jean Paul treffend von ihm sagt: „mit seiner zurechtlegenden epischen Manier alle Zeiten, Formen, Völker und Geister mit der großen Hand eines Gottes unparteiisch vor das säcularische Auge führte, und auf die weiteste Bühne."[2] – Wie heißt der Höhere, wie der *Gleiche*, kann man fragen, den

[1] *Gemeinnützige Blätter* 1837, Nr. 100. vom 14. Dezember, S. 606–607. Als Quelle des Beitrags ist angegeben: *Der Telegraph*. Erscheinungsort möglicherweise: Frankfurt an der Oder, vgl. HENKEL–TAUBERT 1986, S. 259. oder: Wien, vgl. ZENKER 1892, S. 157.

[2] JEAN PAUL: *Vorschule der Ästhetik*. In: JEAN PAUL *Werke* Bd. 5, S. 452. Das Zitat lautet genau: „Daher kam Seine griechische Achtung für alle Leben-Stufen, Seine zurechtlegende epische Weise in allen Seinen Werken, welche als ein philosophisches Epos alle Zeiten, Formen, Völker, Geister mit der großen Hand eines Gottes unparteiisch vor das säkularische Auge (das Jahre nur am Jahrhundert ausmißt) und also auf die weiteste Bühne führt."

die eigene, den die Fremdnation neben Herder hinstellt? – Hören wir, wie Jean Paul ihn weiter schildert! Dieß sind seine Worte:[3]

„Wenige Geister waren auf die große Weise gelehrt, wie er. Die Meisten verfolgen nur das Seltenste, Unbekannteste *einer*[4] Wissenschaft; er hingegen nahm nur die großen Ströme, aber aller Wissenschaften, in sein himmelspiegelndes Meer auf, das ihnen aufgelös't, seine Bewegung von Abend gegen *Osten*[5] aufdrang. Viele werden von der Gelehrsamkeit umschlungen, wie von einem austrocknenden Epheu; er aber, wie von einer Traubenrebe. – Überall das Entgegengesetzte organisch-*poetisch*[6] sich anzueignen, war sein Charakter.[7] So verknüpfte er die kühnste Freiheit des Systems über Natur und Gott mit dem frömmsten Glauben, bis sogar an Ahnungen. So zeigt er die griechische Humanität, der er den Namen *wieder gab,*[8] in der zärtlichsten Achtung aller reinmenschlichen Verhältnisse.[9] So war er ein Festungswerk voll Blumen, eine nordische Eiche, deren Äste Sinnpflanzen waren. Wie herrlich, unversöhnlich entbrannte er gegen jede kriechende Brust, gegen Schlaffheit, Selbstzwist, Unredlichkeit und poetische Schlamm-Weiche, so wie gegen deutsche kritische Roheit und gegen jeden Zepter in einer Tatze; und wie beschwor er die Schlangen der Zeit!"

Theologe, Philosoph, Ästhetiker und Kritiker, Geschichtsschreiber, Sprach- und Naturforscher, und *dadurch Humanist* in der menschenverherrlichenden Bedeutung des Wortes, übte er auf den Bildungszustand und das Bildungsbestreben seiner Nation einen Einfluß, der in die Geistesrichtung jedes einzelnen nach Bildung Strebenden sich eindrang und darin geltend machte, und so lange fortwirken wird, als der Deutsche geistigen Gütererwerb sich anzueignen bemüht ist.

„Der Erde schönste Geistererscheinung, ein Elektrisirter, aus welchem die Berührung den Blitz zieht,"[10] – ein Sieggekrönter aller Zeiten, wie er der Schöpfer und Beherrscher der seinigen war, kann Herder doch nicht ver-

[3] Ebd. S. 452–453. Die größeren Abweichungen vom Jean Paul'schen Text werden im Weiteren durch Kursivierung und/oder in Anmerkungen kenntlich gemacht.

[4] Im Jean Paul'schen Original: kursiv, in den *Gemeinnützigen Blättern*: nicht kursiviert.

[5] Im Jean Paul'schen Original: kursiv, in den *Gemeinnützigen Blättern*: nicht kursiviert.

[6] Bei JEAN PAUL: „organisch-dichtend".

[7] Hier wurde ein Nebensatz ausgelassen.

[8] In JEAN PAUL *Werke* Bd. 5, S. 452: „wiedergab".

[9] Hier wurde ein Nebensatz ausgelassen.

[10] Dieser Nebensatz ist aus zwei Jean Paul-Stellen zusammengebaut. An der oben bereits zitierten Stelle der *Vorschule der Ästhetik* (JEAN PAUL *Werke* Bd. 5.) heißt es etwas weiter unten (S. 453.): „Er glich Seinem Freunde Hamann, diesem Heros und Kinde zugleich, der wie ein elektrisierter Mensch im Dunkeln mit dem Heiligenschein um das Haupt sanft dasteht, bis eine Berührung den Blitz aus ihm zieht." Auf S. 454 heißt es von Herders „reiner geisterverwandter Seele": „[...] sie war selbst der Erde eine Geister-Erscheinung und vergaß nie ihr Reich."

gessen werden, wenn Deutschland seinen großen Geistern Monumente weiht! Wie er die vorderste Reihe derselben einnimmt, ja, recht eigentlich an ihrer Spitze steht, wäre mit seiner Ehrung anzufangen gewesen. Diese wird, sie kann nicht ausbleiben! Prophetisch sagt sie Jean Paul voraus mit den Worten: „Herder wurde wenig, nur im Einzelnen, anstatt im Ganzen, gewogen und erwogen, und erst auf der Diamantwage der Nachwelt wird es geschehen."[11] Bevor indeß der Gedanke: Deutschlands geistige Zierden mit Denkmälern zu ehren, sich verflüchtigt, möchte es nicht an der unrechten Zeit sein, an ihn zu erinnern.

[11] Ebd. S. 454.

Nikolaus Lenau

VERLORNES GLÜCK[1]

Mit wehmüthiger Freude theilen wir unsern Lesern dieses rührende, vor Kurzem von N. Lenau gedichtete Sonett mit, indem wir uns nur die Bemerkung erlauben, daß eben die Form des Sonettes mehr als jede andere ein klares Bewußtsein und ein gesammeltes Nachdenken voraussetzt.[2]

Mir ist, seitdem du dich von mir gewendet,
Wie Einem, der, betäubt vom Lustpokale,
Noch stehet einsam in dem öden Saale,
Wenn nun das Fest, das rauschende, geendet.

Weg sind die Töne, die dem Ohr gespendet
Wollüst'gen Trank; auf flüchtiger Sandale
Entwich des Tanzes Göttin; noch vom Strahle
Der bunten Kerzen ist sein Aug' geblendet.

Erloschen ist das schimmernde Gefunkel.
Nur noch ein Lämpchen glimmt im weiten Raume
Verlassen, mühsam kämpfend mit dem Dunkel.

Er stiert hinein. Ihm ist als wie im Traume.
Er reckt nach der entschwund'nen Luft die Hände,
Und den Erwachten höhnen todte Wände.

[1] *Gemeinnützige Blätter* 1845, Nr. 40. vom 18. Mai, S. 160.
[2] Der Hinweis bezieht sich darauf, dass Nikolaus Lenau vom Oktober 1844 an als geisteskrank galt und in einer Heilantalt in Winnethal gepflegt wurde.

– –

BRIEFE AUS EINEM WINKEL UNGARNS AN EINE DAME

[I. Brief][1]

Sie kennen die Aufregung, geliebte Freundin, in der ich vor drei Jahren Ungarns Boden betrat. Glauben Sie ja nicht, daß es etwa Sympathie und Seelenneigung allein war, die mich wie den Prinzen Tamino durch Wasser und Feuer trieb,[2] um zu Ihnen zu gelangen; nein, eine andere Jungfrau war's, deren Kunde zu mir in das „Capua traumumfangener Geister" gekommen war, und die ich mit leiblichen Augen sehen wollte, wie ich sie mit geistigen schon längst gesehen, als ich noch im Land Böhmen wohnte, wo man vortreffliches Bier und die besten Musikanten hat. Sie kennen diese Jungfrau mit den holden glühenden Blicken – sind Sie [?] ja erst seit Kurzem aus einem Todesschlafe zum Licht erwacht, Sie kennen ihr Herz, ihre Leidenschaften, ihre Leiden, ihr Wehe, sind Sie ja selbst ein Theil, eine Seite davon! Werden Sie nicht eifersüchtig, geliebte Freundin – auf unser schönes Ungarn! Habe ich damals nicht Schuhe und Strümpfe ausgezogen, als ich den geheiligten Boden meiner Träume betrat, habe ich mich nicht niedergeworfen in den Staub, um meine zweite Mutter zu küssen, so geschah es nur darum, weil der Landungsplatz zu Preßburg eine gräuliche Kothlacke zur Schau bot, die meinen ganzen Enthusiasmus abkältete und mir nicht gestattete, ihn in so nahe Verbindung mit dem Schmutze der Erde zu bringen, der sich doch an das Höchste und Beste im Menschen hängt. Aber Gefühle, aber Gedanken und Empfindungen waren durch meine Seele gegangen in einer Art, wie ich sie Ihnen nicht vertrauen darf. Sie werfen mir ohnehin immer vor, wie ich stets im Sonnenglanz und im heißesten

[1] *Pannonia* 1845, Nr. 3. vom 7. Januar, S. 11.

[2] Eine der Hauptfiguren in WOLFGANG AMADEUS MOZARTs Oper *Die Zauberflöte*.

Strahle dahinwandle, wie ein zweiter Peter Schlemiel [sic!],[3] ohne irgend einen Schatten zu werfen. Ja ich bin so ein Peter Schlemiel – aber ich habe den Schatten gefunden, viel Schatten, meine theure Freundin, unendlich viel Schatten. Wie ich vor einigen Tagen das Jahresfest meiner stürmischen Ankunft bei Ihnen still vor mich hin feierte, gewahrte ich erst das trübe dunkle Gespenst, das über den hellklaren Himmel sich geworfen hatte. Ich habe gewisse Tage in meinem Kalender, wo es hoch und festlich bei mir zugeht, da lade ich kuriose Gäste zu mir ein, als da sind verblichene Gespenster vergangener Stunden in weißen Leintüchern, auch rothwangige Dirnen und Vettern und Basen, die ich dann alle herrlich regalire. Wie traurig, wie langweilig, wie feierlich öde ging es bei dem heutigen Feste zu; da waren sie alle ausgeblieben, die Stürmischen und Flammenden, die mir oft das Haus über dem Kopfe in Brand gesteckt; nur Nüchternheit, der schmale Geselle mit dem kurzen Magen war gekommen und hatte stillschweigend am Mahle teilgenommen. Ich fühle, es war eine andere Zeit über mich gekommen; ich hatte den Schatten gefunden. Bin ich nun noch der Peter Schlemiel?

Lachen Sie mich nur recht aus, liebe Freundin! – aber die Haare möchte ich mir ausraufen, daß ich nicht mehr der bin, der ich vor Kurzem gewesen. Zwar hat ein günstiges Schicksal jetzt Alles für mich gethan, was mir meine Lage in diesem Lande wünschenswerth und dauerhaft machen kann, aber die Augen, die mir jetzt Alles in anderen Formen, Gestaltungen und Motiven erscheinen lassen, weilen mit Wehmuth an den Gräbern eingescharrter Träume, viele Verhältnisse und Beziehungen sind mir klarer, aber auch peinlicher geworden, weil ich deren Zubereitung und Gebräue kenne und während ich mit eisernen Armen nur das Ganze festhalten will, rückt mir das Einzelne immer in zackigern, unheimlichern Umrissen auf den Leib und ich habe Mühe sie von mir abzuhalten. Wende ich mich wieder zum Ganzen, so zerrinnt das in weiter blauer Ferne und das kommt daher, weil ich am Herde stehe und das Treiben der Köche ansehen muß.

Offen gestanden, meine Theuerste, ich bildete mir ein, Sie wären meine Freundin wie jener große Deutsche sie hatte, der jetzt auf dem pere Lachaise fern von seinem Vaterlande ruht,[4] ich bildete mir ein, ich könnte so ruhig meine Seufzer verschiedener Art mit ihnen [sic!] tauschen, daß es nur der Postbote wissen sollte, ohne daß darüber die Welt aus ihren Angeln gedreht würde. Aber ich merke schon, Sie sind zu so Etwas nicht geschaffen. Sie sind so eine behagliche Natur, daß ich mit allem Geschütze der heißes-

[3] Der Verfasser nimmt hier Bezug auf ADALBERT CHAMISSOs Erzählung *Peter Schlemihls wundersame Geschichte*, 1814.

[4] Père-Lachaise: Friedhof in Paris. Ludwig Börne, der hier begraben wurde, stand in Paris seine Freundin Jeanette Wohl an der Seite. Während seiner langwierigen Krankheit, die 1837 zu seinem Tod führte, wurde er von ihr gepflegt.

ten Politik abprallen würde, eine Natur, die sich im Bauen und Aufrichten gefällt, und das Zerstören haßt und wohl müßte ich oft niederreißen und zertreten, was Beschaulichkeit und Seelenruhe so schön gestellt. Darum lassen wir diese Art brieflicher Unterhaltung – ich würde Ihnen viel zu sehr Wehe bereiten, weil ich selten Rücksicht auf Ihre Neigung nehmen könnte, Sie durch ewiges Negiren und Ablehnen wider mich aufbringen und erbittern müßte. Stehen Sie dann für die Folgen ein, geliebte Freundin? Mir fällt bei diesen Worten der alte Göthe ein, dessen Selbstbiographie[5] ich dieser Tage wieder las. Nein! solch ein Egoismus ist mir noch nie vorgekommen. Mit der bewunderungswürdigsten Klarheit in Wort und Gedanke erzählt er, wie er die zartesten, die innigsten Herzensverhältnisse zerreißt, bloß um nach Art der Homöopathen die Krankheiten seiner Seele mit verwandten Schmerzen zu heilen. Diese Friderike von Sesenheim! Empört hat mich dieses Sprengen einer Fessel, die man sich nicht liebreicher, nicht rosenduftender denken kann, und warum? und weßwegen? Bloß um die pathologische Anatomie an seiner Seele zu studieren. Er will sehen, wie die und die Fiber bluten wird, wie sie sich im gesunden, wie im krankhaften Zustande ausnimmt und ob dabei sein Messer eine nahe Seele durchschneidet, was liegt daran? Er führt alle seine Gefühle und Empfindungen in die heißeste Schlacht; er selbst sitzt dabei auf seinem Roße und kommandirt rechts und links, wie Napoleon Bonaparte. Ja in vieler Hinsicht hat er große Ähnlichkeit mit diesem Menschenverächter, dem das Blut des Einzelnen, wie von Hunderttausenden so wenig die Wage [?] der Schonung aufschnellte, daß er eben dadurch der größten Erfolge sicher ward. Dann dieses Saugen aus allen Individualitäten, die sich ihm in den Weg stellen. Bloß, als wenn der liebe Herr Gott sie nur deßwegen in die Welt gesetzt, damit sie durch Affirmiren und Negiren, durch den Dualismus ihrer Gemüther dazu bestimmt seien, seine eigene geistige Individualität gar zu kochen und zu reifen. Aber er war auch deßwegen glücklich, dieser Göthe! Tausenden würden solche Herzenskuren mißlungen und sie darüber zu Grunde gegangen sein! Er allein war der Glückliche!

Doch was wollte ich Ihnen denn eigentlich sagen? – daß ich mit Ihnen nicht brechen will, daß ich nicht Göthe sein möchte. Haben Sie das aber je von einem Menschen mit gesundem Verstande gehört, daß er nicht Lust hat, Göthe zu sein? Sie verstehen mich wohl, beste Freundin und daß das nur in Bezug auf das eben Gesagte gilt. Ich will Sie nicht aufopfern, ich will mich Ihren Banden nicht entziehen, die auch in der Ferne dieselbe magische Kraft besitzen. Werden Sie mir nicht allen möglichen Dank wissen, daß ich Alles zu unserer Verknüpfung auftreibe, was in meiner Macht steht?

[5] JOHANN WOLFGANG GOETHE: *Aus meinem Leben. Dichtung und Wahrheit.* 4 Teile. 1811–1833.

Sie wollen mit mir nicht politisiren? Wäre das nicht ein schicklicher Grund, mich auf eine anständige Weise, nach Göthes Beispiel von Ihnen zu beurlauben? Nein, nein! Wir wollen, wir dürfen diese Harmonie nicht stören...

Ich sitze hier in einem Winkel des großen und weiten Vaterlandes! Es ist Behäblichkeit in meine Seele zurückgekehrt und die Ereignisse finden da nicht mehr ihren gewohnten Nachhall, so wie früher. O! es ist zum Verzweifeln, wie man sich so ruhig mästen und füllen kann, während die Trommel der Zeit den Sturmschritt schlägt. In der glücklichen Muße, die mir nun geworden, will ich Ihnen, theuerste Freundin, Studien verschiedenen Inhalts über unser Vaterland mittheilen. Das störrische Roß der Politik bleibe unbestiegen! Ein Lächeln will ich Ihnen abzwingen und zuletzt sollen Sie in den Ton einklingen, den ich angestimmt. Was und wie und worüber wir uns schreiben werden, das bleibe vor der Hand Ihnen und der ganzen Welt ein Geheimniß. Hat nicht Ungarn – Kunst und Literatur, Bücher und Journale, Theater und Komödianten, Volkselemente des buntesten Inhalts, Städte und Dörfer? – Aber darüber soll Sie der zweite Brief belehren.

III. B.

REZEPTION
DER UNGARISCHEN LITERATUR

– –

LITERARISCHE NOTIZ, SAMT VORLÄUFIGER BERICHTIGUNG[1]

Die Wiener *LiteraturZeitung* hat mit Ende des verflossenen Jahres aufgehört; statt ihrer erscheint nun mit den *Vaterländ[ischen] Blättern für den öst[e]r[eichischen] KaiserStaat* wöchentlich in 2 halben Bogen eine *Chronik der östreichischen Literatur* samt einem literarischen *IntelligenzBlatt.*[2] Das Unternehmen ist gut und verdient Dauer. Aber gleich in Nro. 2 des lezteren kommt eine Überschrift vor, die, schonend gesagt, gedankenlos niedergeschrieben und äußerst mangelhaft ist. Die Überschrift führt den Titel: „Die verschiedenen Sprachen Österreichs (des Österreichischen KaiserStaates) welche eine Literatur aufzuweisen haben."[3] Darunter werden folgende Sprachen aufgeführt: die deutsche; „die italienische; die slavische, eigentlich czechische; die ungarische; die neugriechische; die serbische; die hebräische." Punctum. Von der lateinischen Sprache und Literatur, die in Ungarn so *allgemein* ist, – als Sprache in *allen* höheren und Gymnasial-LehrAnstalten die herrschende, ferner die Sprache der Legislatur, zugleich die CurialSprache, und sonst auch die Conversations-Sprache aller wissenschaftlich gebildeten Männer ist, als Literatur aber, in *allen* Fächern, der *trefflichen* Werke genug besitzt, – wird kein Wort gesagt. Auch hätte wohl die wallachische Sprache, in der die verdienstvolle kön. Univers[itäts]-Buchdruckerey zu Ofen

[1] *Gemeinnützige Blätter* 1817, Nr. 5. vom 16. Januar, S. 39–40, Nr. 6. vom 19. Januar, S. 46–48. Der Artikel wurde auch vom *Unterhaltunsblatt für die Leser der Preßburger Zeitung* übernommen (1817 Nr. 10, 7. Februar 1817, S. 73–76, unter dem Titel: *Über die ungarische Literatur*).

[2] Die *Wiener allgemeine Literaturzeitung* erschien zwischen 1813 und 1816 und wurde, ebenso wie ab 1814 die *Erneuerten vaterländischen Blätter* von Franz v. Sartori redigiert, vgl. ZENKER 1892, S. 155; ÖBL Bd. 9, S. 427–428.

[3] *Intelligenzblatt der österreichischen Literatur* (Beiblatt zu den *Erneuerten vaterländischen Blättern für den österreichischen Kaiserstaat*) 1817, Nr. 2. vom 2. Januar, S. 1.

so Vieles druckt, wenigstens mit eben demselben Rechte erwähnt werden sollen, als die hebräische etc. Von der ungarischen Literatur heißt es in jener Übersicht: „sie *fängt an* (!!) sich zu bilden, *versucht* (!!!) sich in Übersetzungen, hat *aber auch schon* gelungene poetische OriginalProducte geliefert."

Bevor wir diese Unrichtigkeiten rügen, müssen wir die Fragen vorausschicken: Wie kan ein Wiener LiteraturBlatt den Ungarn ihre Übersetzungen vorrücken, und es doch erfreulich (S. Nro 3 jenes Int. Bl.) nennen, daß in Wien 8, sage acht, verschiedene Unternehmer (Härter, Grund, Aloys Doll, Haas, Schrämbl, Pichler, Bauer, Anton Doll) zahlreiche *ausländische* Werke *nachdrucken*?[4] Gehören etwa diese Nachdrücke auch zu den Vorzügen der östreichisch-deutschen GeistesIndustrie? Sind sie ehrenwerther als ungarische Übersetzungen?

Schon vor Decennien hatte die ungarische Sprache nicht bloß im Einzelnen, sondern auch gewissermaßen im Großen, an gehaltvollen Werken so gut ihre Literatur, als die österreichisch-deutsche, die freylich nicht mit Übersetzungen, wohl aber mit Trattnerschen Nachdrücken in Wien, sich zu heben anfing, und noch immer hauptsächlich an *entlehntem* Geistesgut zehrt. Die Schriften von Matyus, von Decsy, von Gvadányi, von Péczeli, von Németh, von Révay, von Budai (Esajas und Franz), von Verseghy, Márton (Steph.), Pethe, Sárváry, Fejér, Kis[5] etc. etc., sind aus jener früheren Zeit, und sie überlebten diese dauerhafter, als sich dessen viele Wiener deutsche LiteraturArtikel rühmen können. In Wien selbst kamen schon zwey ungarische Zeitungen heraus, als die *Wiener Zeitung* dort die einzige deutsche war. Und vollends Dichter! Nicht *schon*, sondern *längst*, – nicht *aber auch*, sondern so *viele* und so *gute* Dichter hat die ungarische Sprache als die östreichisch-deutsche, wenn man bei dieser die große Zahl derjenigen ausscheidet, welche als ephemere Tagsdichter bloßen Gelegenheiten, oder durch Reminiscenzen gleichsam dem Auslande angehören. Dichter wie: Szabó (David), Horváth (Adam), Dayka, Csokonay, Kazinczy, Virágh, Kis, Kisfaludy, Berzsenyi etc. können nicht nur jedem östreichschen sondern auch ausländischen Koryphäen entgegen gestellt werden. Nur die dramatische Dichtkunst tritt bei uns vor der deutschen zurück, weil Ungarn keine CentralNationalBühne hat. – Um über Ungarische Literatur auch nur *Ansichten* zu wagen, muß man sie nicht aus den kümmerlichen Notizen, die (selten un-

[4] [Anonym]: *Bedeutende Nachdrücke in Wien*. In: *Intelligenzblatt der österreichischen Literatur* (Beiblatt zu den *Erneuerten vaterländischen Blättern für den österreichischen Kaiserstaat*) 1817, Nr. 3. vom 8. Januar, S. 1. „Da die österreichische Literatur noch bey weitem nicht so activ ist, wie Hr. Perthes in seiner Schrift über den Nachdruck behaupten will, so kann sich Österreich immer noch freuen, daß die ausländischen Werke in Österreich selbst und meistens in schönerem Gewande, als die Originale, erscheinen. Gegenwärtig *drucken vorzüglich nach*."

[5] Wahrscheinlich geht es um József Kis (1765–1830), den Leibarzt des Grafen Ferenc Széchényi, von István Széchenyi's Vater, der sich auch schriftstellerisch betätigte.

befangen) in ausländsche Journale verzettelt werden, sondern aus den nämlichen einheimischen Quellen kennen lernen, aus denen jede vaterländsche LiteraturGeschichte schöpft. Warum bemühen sich unsere HH Beurtheiler nicht nach diesen Quellen? warum wurde z. B. im vorliegenden Falle, nicht der lehr- und beweisreiche, vortrefflich eingerichtete Gr. Széchénysche Katalog der ungarischen ReichsBibliothek, eingesehen? Hat wohl, im Vorbeigehen gesagt, die östr. deutsche Literatur solch ein Repertorium, solch ein Denkmahl vaterländischer Großmuth aufzuweisen? Gibt es wohl, um auch das hier hinzuzufügen, von irgend einem Land solch ein geographisches, so vollständiges und bequemes, Repertorium, als das v. Lipszkysche nebst Charten?[6] – Der slavische Stamm, obgleich der zahlreichste unter den Bewohnern der Österreichschen Monarchie, ist, *zusammen genommen*, schwerlich so vielseitig mit Unterrichts- und LectürWerken versehen, als der magyarsche für sich allein; mehrere Buchdruckereyen, z. B. die Trattnersche in Pest, die Webersche in Preßburg, drucken und verlegen größtentheils ungarische Schriften. – Dazu kommt noch ein Umstand, der die Bewohner Ungarns vor allen anderen Nationen Europa's bewundernswerth auszeichnet, und ihnen nicht hoch genug angerühmt werden kan, der Umstand nämlich, daß bei uns fast jeder Gebildete nicht Eine Sprache allein, sondern *drey vier* LandesSprachen versteht, liest, spricht und schreibt. Natürlich steht dadurch für ihn eine eben so vielfache Concurrenz von LiteraturArtikeln, und somit auch, bei dem vorhandenen Überfluß, eine freyere Wahl offen. Der Österreicher hingegen, im Ganzen genommen, versteht, liest und schreibt nichts als deutsch; seine etwaige stärkere Lese- und SchreibLust ist daher nicht sowohl ein Zeugniß höherer Cultur, als vielmehr eine Art Nothdurft, die größtentheils durch Nachdrücke u. dgl. befriedigt wird. (Umständlicher davon ein andersmal.)

[6] Der Husaren-Obrist JÁNOS LIPSZKY fertigte am Anfang des 19. Jahrhunderts eine „Generalkarte" des Königreichs Ungarn an, die zwischen 1804 und 1808 unter dem Titel *Mappa generalis regni Hungariae* publiziert wurde. Der Karte wurde auch ein Ortsverzeichnis (*Repertorium*, 1808) und eine Übersichtskarte (*Tabula generalis regni Hungariae*, 1810) beigegeben.

— —

[REZENSION MIT MOTTOGEDICHT][1]

Nur der Dichter weiß durch Wort und Bilder
Schnell zu wirken auf das MenschenHerz;
Wenn er klagt, fühlt jedes Leid sich milder;
Höher steigert jede Lust sein Scherz;
Und die Leidenschaft empört sich wilder,
Wenn er sie entflammt im Zorn' und Schmerz;
Denn *Gefühl nur* adelt ihn zum Dichter,
Und das Mitgefühl nur ist sein Richter.

Von unserem wahrhaft classischen NationalSchriftsteller, Hrn Benedict v. Virág zu Ofen, erschienen vor Kurzem wieder folgende zwey für den Ruhm des lieblichen Dichters und die Ehre der vaterländischen Literatur sehr beweisreiche Arbeiten: 1.) *Hunyadi László. Tragedia.*[2] Das historische Sujet die-

[1] *Gemeinnützige Blätter* 1817, Nr. 44. vom 1. Juni, S. 343–344. In den *Gemeinnützigen Blättern* wurde jeder Nummer ein Mottogedicht vorangeschickt, das thematisch zumeist auf mehrere Beiträge der jeweiligen Nummer zu beziehen war, oder (wenn zwischen den einzelnen Texten der Nummer kein thematischer Zusammenhang bestand) mindestens auf den auf erster Stelle abgedruckten Text reflektierte. So nimmt auch vorliegendes, Nr. 44 des Jahrgangs 1817 einleitendes Mottogedicht auf die nachfolgende Rezension Bezug. Die Rezension selbst wurde unter der wiederkehrenden, als Spartentitel aufzufassenden Überschrift *Vaterländische Ehre* abgedruckt.

[2] Dt.: Ladislaus Hunyadi. Tragödie. (Ofen: 1817. In Versen.) Nach der Angabe von SZINNYEI Bd. 14, Sp. 1243 entstand das Stück aufgrund des 1772 publizierten, *Hunyadi László tragédiája* [Die Tragödie des Ladislaus Hunyadi] betitelten Trauerspiels von GYÖRGY BESSENYEI. Eine deutschsprachige Bearbeitung des Themas in Form eines Trauerspiels (S[IMON] P[ETER] WEBER: *Die Hunyadische Familie, oder: Auch Unschuld schützt nicht immer vor Kabale.* Eine wahre Geschichte, welche sich im Jahre 1457, den 16. März in Ofen zugetragen. In Gestalt eines Trauerspiels, in fünf Aufzügen. Preßburg: 1792.) siehe in: *Die täuschende Copie von dem*

ses Trauerspiels ist aus der Geschichte Ungarns bekannt. Hr v. Virág trug das geschichtliche Interesse dieses Stoffes mit eben so vieler Zartheit und Klugheit als dichterischer Wärme in das Gebiet der Poesie über, und gab ihm dadurch einen zwiefachen Werth. Sprache und Diction sind, wie alles was von Virág kommt, correct und blühend. Einen sehr bedeutenden Nebenbuhler hat dieses dramatische Kunstwerk an dem artistischen, das ihm zum Titelkupfer dient. Es ist das Bildniß des Ladislaus Hunyades [sic!], nach einem alten Ölgemälde im vaterländischen Museum des Hn Niklas v. Jankovics, gezeichnet von unserm trefflichen vaterländischen Zeichnungskünstler Hn Johann Rauschmann, zweyten ZeichnungsLehrer an der HauptNormal-Schule zu Ofen, und von Hn Höfel zu Wien in Kupfer punktirt. Die Behandlung ist etwas zu weich gehalten. Dieß wenige ausgenommen, charakterisirt sich Alles an diesem gemüthlichen Bilde so befriedigend schön, daß wir nicht leicht etwas vorzüglicheres gesehen zu haben behaupten können. Besonders ansprechend sticht daraus das Verdienst des Zeichners hervor, und ein ganz besonderes Leben hauchte er, mit Recht, den zwey geistigsten Sprechern im GesichtsAusdruck, den Augen und dem Munde ein. – Beigefügt hat Hr v. V[irág] seiner Tragödie ein sehr instructives Verzeichniß der alten VersArten mit erläuternden Beispielen, und einige kleine Gedichte. Papier und Druck (aus der kön. Ung. Univers[itäts]-Buchdruckerey) sind rein und nett. 2.) *Epodusok. Horatiusból fordította Virág Benedek.*[3] Dieselbe Geistes- und Kunstverwandschaft zwischen dem römischen Dichter und seinem ungarischen Übersetzer, die wir als bekannt voraussetzen dürfen, macht sich auch dießmal geltend. Ehre ihm, und langes Leben!

Gewirre des Lebens. Deutschsprachige Dramen in Ofen und Pest um 1800. Auswahl und Nachwort von László Tarnói. Hrsg. ANDRÁS F. BALOGH und LÁSZLÓ TARNÓI. (= Deutschsprachige Texte aus Ungarn, Bd. 2). Budapest: 1999. S. 19–114.

[3] Dt.: Epoden. Aus Horaz. Übersetzt von BENEDEK VIRÁG. Ofen: 1817.

– –

GEDANKENZUNDER[1]

Nicht durch viele und schöne Worte, sondern durch die Kunst, seinen GemüthsZustand in Andere zu übertragen, (gemüthlich), bemächtigt man sich mittelst der Sprache der Herzen. Es bedarf dazu meistens nur einfacher Worte, aber einer – sorgfältigen Wahl und Zusammenstellung (Numerus). Szent-Jóbi Szabó László's Gedichte (Debreczin bei Franz Tóth 1820; das schönste in ungarischer Sprache gedruckte typographische Werk)[2] sind in ungarischer, Hölty's und Tiedge's Gedichte in deutscher Sprache, Muster dichterischer Gemüthlichkeit. Auch die Grafen Stollberg in ihren jüngeren Jahren dichteten mitunter sehr gemüthlich. Hier ein Beispiel von dem älteren Bruder, Christian. (Rundgesang bei der Geburt eines Knaben.)

Sey deinen Freunden immer treu,
Und weich bei fremdem Schmerz!
Den Großen der Erde sey
Dein Nacken starr wie Erz!
Die Wahrheit sey dir nie ein Scherz!
Rein sey dein Herz!
Und schaue glaubend himmelwärts!

[1] *Gemeinnützige Blätter* 1822, Nr. 19. vom 7. März, S. 145–146.

[2] Es handelt sich um die zweite Auflage des Werkes: *Szent-Jóbi Szabó László költeményes munkái* [Die poetischen Arbeiten von László Szent-Jóbi Szabó]. (Erste Aufl. Pest: 1791).

– –

FELSŐ MAGYAR ORSZÁGI MINERVA[1]

Folyóírás. 1825. Kassán, Ellinger István, Cs. K. priv. Könyv-Nyomtató és Áros betüivel 's költségén. [Zeitschrift. 1825. Gedruckt in Kaschau, mit den Lettern und auf Kosten des kaiserlich-königlichen privilegierten Buchdruckers und Buchhändlers István Ellinger.] (In Quart.)

Daß sich die in Pesth bei Trattner, schon seit vielen Jahren, herauskommende Monathschrift *Tudományos Gyűjtemény* große, vielfältige, bleibende Verdienste um Ungarn's NationalCultur erworben und fortdauernd erwirbt, ist gewiß allgemein anerkannt. Dankbare Anerkennung verdienen die Bemühungen der vielen schriftstellerischen Theilnehmer daran, verdient das manichfaltige Gute das sie theils zur Sprache theils in Umlauf brachte, und ein HauptVerdienst derselben ist's, daß sie für das NationalInteresse ein LesePublikum, ein ansehnliches, gestaltet und gebildet hat. Denselben Weg der Verdienste nimmt auch die *Minerva*; aber ihr Ziel scheint noch umfassender zu seyn; nicht bloß wissenschaftliche Bildung insonderheit, sondern Veredlung des Menschen- und staatsbürgerlichen Charakters überhaupt, will sie im Vaterlande befördern. Wenigstens erhellt dieß aus dem vor uns liegenden ersten Heft, das sich, die ersten drey Monathe enthaltend, als eine QuartalSchrift ankündigt. Es ist sehr reich an Beyträgen, und unter den Mitarbeitern sind Männer, deren Stimme, sowohl als wie sie es sagen, jederzeit von öffentlichem Werth und Gewicht ist. Genannt haben sich Graf Joseph Dessewffy, (von ihm ist auch die wohldurchdachte und mit Feuer dargestellte Vorrede), Dulházy Michael; Kazinczy Franz; Thewrewk Joseph; Rumy Carl; Melczer Jacob; Kovacsószy Michael; Bárány Augustin; Fáy Andreas; Czövek Stephan, (in seiner Darstellung der

[1] *Gemeinnützige Blätter* 1825, Nr. 39. vom 15. Mai, S. 305–306. und Nr. 40. vom 19. Mai, S. 313–314.

VerwandschaftsGrade muß S. 86 Nro 4 unter dem Viereck rechts nicht ein Viereck mit senkrechter Verbindungslinie stehen). Ausser diesen (hier nach der Reihe ihrer Beiträge) Genannten, ist die Zahl der Anonymen noch größer. Wir wünschen, daß diese Anonymität künftig seltener vorkommen möge, denn sie schwächt das Zutrauen der Leser, ermuntert die Zudringlichkeit Unberufener, veranlaßt nutzlose Deutungen, und ist da, wo sie durch Bezeichnungen aufgehoben wird, entweder Ziererei, oder sonst dergleichen.

Der Vorrede folgt eine kurze zwar, aber sehr interessante, und durch Hn v. Dulházy's frische, präcise Darstellung anschauliche und liebenswürdige Charakteristik des i. J. 1809 verewigten Primas und Graner Erzbischofs, Erzherzogs Carl Ambrosius. Dazu gehört auch (als Titelkupfer des ersten Heftes) das äußerst rein, und sprechend wahr, lithographirte Bildniß des Höchstseeligen. Die übrigen Aufsätze sind sprachlichen, antiquarischen, geschichtlichen, kritischen, philosophischen etc. Inhalts, Gedichte, Aphorismen; ein Aufsatz über den Geschmack; eine Übersetzung von Plato's 28. Dialog (Kriton); Briefe aus Constantinopel; Recensionen von den neuesten Jahrgängen der NationalTaschenbücher *Hebe* und *Aurora*; über Korngruben; und – eine (misanthropisch-launige) Kritik verschiedener Erwerbszweige, von Andr[eas] v. Fay. Der Raum und die Bestimmung unserer Blätter gestatten nicht, uns in ausführliche Beurtheilungen einzulassen; doch bei Fay würden wir dießmal eine Ausnahme machen, gäbe es nicht ausser jenen zwey Rücksichten noch andere, wichtigere. Nur den Vorwurf hängen wir seinem Aufsatz an, daß er den Egoismus predigt. Wie immer aber unser Urtheil über diese *Minerva* ausfallen würde, das Zeugniß würden wir ihr immer geben, daß sie es redlich meynt mit dem Vaterlande, und daß ihre Tendenz der edle Ernst auszeichnet, der im Charakter des Ungars selbst eine seiner schönsten Auszeichnungen ist; und käme es zum Tadel, so würde dieser doch zulezt nur Einrichtungen treffen, denen gegenüber es der Feder an Macht und Vollmacht fehlt. (Druck und typographisches Exterieur der *Minerva* sind gefällig und anständig-schön. Pränumeration /halbjährig 3 fl C. M./ nehmen darauf an in Pesth die Buchhandlungen.)

Karl Georg Rumy

A' SZENT HAJDAN' GYÖNGYEI[1]

Felső Eöri Pyrker János László Patriarcha, Egri Érsek után Kazinczy Ferencz (Perlen der heiligen Vorzeit. Nach Johann Ladislaus Pyrker von Oberwart, Patriarch und Erlauer Erzbischof, von Franz von Kazinczy). Ofen, gedruckt in der König. Universitäts-Buchdruckerey, sammt der 58 Seiten langen Vorrede 20 ½ Bogen in 8. Mit dem wohlgetroffenen Bildniß Sr. Excell., des Patriarchen und Erlauer Erzbischofs

Gran, 23. August 1830

Jeden Freund der magyarischen Literatur und jeden ungarischen Patrioten muß es innig freuen, daß die *Perlen der heiligen Vorzeit,*[2] die sich, wie Pyrker's *Tunisias*[3] und *Rudolphias,*[4] durch reiche Dichterphantasie, wahrhaft poetische Schöpfungen, den schönsten, durchaus geschmackvollen poetischen Schmuck und eine herrliche Sprache auszeichnen, die namentlich auch jeden Kenner des Geistes der hebräischen Dichtkunst und des patriarchalischen und Heldenlebens der Hebräer entzücken, und die zugleich ganz dazu geeignet sind, jedem gefühlvollen und gebildeten Gottesverehrer zum ästhetisch-religiösen Erbauungsbuche zu dienen, von dem Veteran der magyarischen Dichter, Franz v. Kazinczy, in die magyarische Sprache übertragen wurden, und dadurch die Lectüre dieses herrlichen Werkes auch je-

[1] *Ährenlese* 1830, Nr. 70, S. 282. [Spartentitel:] *Literatur.*

[2] JOHANN LADISLAUS PYRKER: *Perlen der heiligen Vorzeit* [Erste Publikation, unter anderen epischen Gedichten:] Ofen 1821; *Perlen der heiligen Vorzeit.* 2, vollständige Ausgabe: Wien 1826.

[3] JOHANN LADISLAUS PYRKER: *Tunisias oder Carl V. Heeresfahrt nach Afrika.* Ein Heldengedicht in 12 Gesängen, Wien: 1819.

[4] JOHANN LADISLAUS PYRKER: *Rudolph von Habsburg.* Ein Heldengedicht in 12 Gesängen. Wien 1825.

nen unserer magyarischen Mitbürger und Mitbürgerinnen zugänglich geworden ist, die deutsche Bücher nicht lesen.[5]

Kazinczy hat seinen Beruf zum Übersetzen poetischer Werke aus andern Sprachen bereits durch mehrere andere gelungene Übersetzungen aus dem Deutschen, Französischen und Englischen erprobt.[6] Auch die Übersetzung der Perlen der heiligen Vorzeit ist ihm gelungen. Er faßte alle poetischen Schönheiten des Originals richtig auf und übertrug sie glücklich ins Magyarische, so wie man die herrliche, blühende Sprache des Originals in der Übersetzung nicht vermißt, die ein neuer Beweis davon ist, was die gegenwärtige Ausbildung der magyarischen Schriftsprache Kazinczy's fünfzigjährigen Bemühungen zu verdanken hat. Es ist zwar sehr zu bedauern, daß K. die Perlen der heil. Vorzeit nicht gleichfalls in Hexametern wiedergegeben, sondern nur in blühender poetischer Prosa übersetzt hat; allein man muß seiner Entschuldigung zu Ende der Vorrede, wenn man billig seyn will, Gerechtigkeit wiederfahren lassen, und kann zu seiner Rechtfertigung noch andere Gründe beyfügen. „Prozában, sagt K., bár poétai prozában, adom a' legcsillogóbb nyelvben irt hexametereket. De ismerém erőm kevésségét, 's gondokkal elterhelt öreg napjaim ennél egyebet nem engedtek."[7] (In Prosa, obwohl in poetischer Prosa, gebe ich die in der glänzendsten Sprache geschriebenen Hexameter wieder. Aber ich erkenne, wie wenig Kräfte mir noch übrig sind, und meine mit Sorgen erschwerten alten Tage erlaubten

[5] Rumys Auffassung haben nicht alle geteilt. Ferenc Toldy griff Kazinczy wegen dieser Übersetzung in einem Artikel an, der anonym, nur mit dem Zeichen „G." versehen im ersten Heft der von József Bajza herausgegebenen Zeitschrift *Kritikai Lapok* publiziert wurde, siehe in *Kritikai Lapok* 1831, Heft 1, S. 13–24. Der Artikel löste eine Pressepolemik, die sogenannte Pyrker-Diskussion aus, in welcher sich auch Rumy wieder zu Wort meldete, siehe *Patriotische Rüge*. In: *Der Spiegel* 1831, Nr. 33. vom 23. April, S. 257–259. Die wichtigsten Texte, die zu dieser Polemik gehören, sind abgedruckt in: SZALAY 1981, S. 127–167. und 577–581, unter ihnen auch Toldys und Bajzas Reaktionen auf den im *Spiegel* publizierten Artikel Rumys (a.a.O., S. 157–164 und 578–581.), sowie in: SZABÓ 2000, S. 105–158, wo auch der Text von RUMYs *Patriotischer Rüge* mitgeteilt und mit einer ungarischen Übersetzung (S. 137–146) versehen ist. Zur Pyrker-Diskussion allgemein vgl. u.a. KAJTÁR 1987; KÓKAY 1979, S. 420–425; FENYŐ 1990, S. 101–113.) Rumys hier abgedruckte Würdigung der Kazinczy'schen Übersetzung aus der Preßburger *Ährenlese zur Belehrung und Unterhaltung* spiegelt jene wohlwollende Ahnungslosigkeit, die ihren Verfasser *vor* dem Angriff von Toldy und Bajza charakterisiert haben wird und die von vielen deutsch sprechenden Bewohnern des Landes geteilt wurde. Vgl. UNGÁR 1937, S. 54 ff, S. 110; PUKÁNSZKY BÉLA: *Német polgárság magyar földön* [Deutsche Bürgerschaft auf ungarischem Boden]. Budapest: [1944].

[6] Aus dem Deutschen hat Kazinczy u.a. SALOMON GESSNERs *Idyllen* und sein Epos *Der Tod Abels*, JOHANN MARTIN MILLERs *Siegwart*, sowie Werke von Wieland, Herder, Klopstock, Goethe und Lessing, aus dem Französischen Marmontel, aus dem Englischen Sterne (und Shakespeare aufgrund deutscher Überarbeitungen) übersetzt.

[7] KAZINCZY FERENC: *Előszó* [Vorwort]. In: *A' szent hajdan gyöngyei* [Perlen der heiligen Vorzeit] Ofen: 1830, S. LVII–LVIII.

mir nicht mehr.) Unstreitig würde eine Übertragung in Hexametern fast so viel Kraft und Zeit, als das Original erfordert haben. Allerdings sollen versificirte Poesien in der Regel in der Übersetzung gleichfalls in Versen wiedergegeben werden, so wie es besser ist, ein schönes Ölgemälde in einer Copie gleichmals in Öl gemalt, als in einer Copie mit Wasserfarben oder in einem Kupferstich zu besitzen, aber es kommt bey dieser und jener Copie immer darauf an, wie die Copie gearbeitet ist, und daher ist manche prosaische Übersetzung der Ilias und Odyssee gelungener und gibt das Original treuer als so manche Übersetzung in Hexametern. Und wie viele schöne Dichtungen gibt es in blühender Prosa, z. B. Gesners Idyllen[8] und der Tod Abels,[9] die man auch in Prosa mit Entzücken liest.[10]

Sehr interessant ist Kazinczy's lange Vorrede. Er schildert darin mit dem Pinsel eines Meisters die Schönheiten der poetischen Schöpfungen Pyrker's, auf welchen erhabenen Sänger wir mit Recht stolz sind, theilt Urtheile der competentesten deutschen Kritiker (z. B. eines Johann Heinrich Voß in Paulus *Sophronizon*[11]) über Pyrkers epische Gedichte und vorzüglich schöne, anziehende Stellen aus derselben mit, und schließt mit biographischen Notizen über Pyrker, die er theils in deutschen Blättern fand (in den *Egyházi Értekezések és Tudósitások*, d. h. Kirchliche Abhandlungen und Nachrichten, die zu Weßprim erschienen, hätte Hr. v. Kazinczy eine ausführliche Biographie Pyrkers gefunden),[12] theils der mündlichen Erzählung des Herrn Patriarchen verdankt.

[8] SALOMON GESSNER: *Idyllen*, 1756); *Neue Idyllen*, 1772.

[9] SALOMON GESSNER: *Der Tod Abels*. In fünf Gesängen. Epos. 1758.

[10] Auch Ferenc Toldy hat beanstandet, dass Kazinczy Pyrkers deutsche Hexameter nur in Prosa wiedergab, allerdings in einem viel schärferen Ton als Karl Georg Rumy. Vgl. seine Kritik im 1. Heft der *Kritikai Lapok* 1831, siehe oben Anm. 5. und G. [TOLDY FERENC]: *Felelet Kazinczynak* [Antwort an Kazinczy] In: *Kritikai Lapok* 1833, Heft 2, S. 65–72. Abgedruckt auch in: SZALAY 1981, S. 136–139 und in: SZABÓ 2000, S. 114–118.

[11] *Sophronizon oder unpartheyisch-freymüthige Beyträge zur neueren Geschichte, Gesetzgebung und Statistik der Staaten und Kirchen*. Hrsg. von HEINRICH EBERHARD GOTTLOB PAULUS. Frankfurt a. M.: 1825. Bd. VII. Heft 2. Siehe: KAZINCZY FERENC: *Előszó...* a.a.O., S. XII–XX.

[12] [Anonym]: *Nagy Mélt. Pyrker László Szepesi Püspök Úr Ő Excell. biographiája, 's Velenczei Patriarchatusra való emeltetése* [Biographie Sr. Exzellenz des Zipser Herrn Bischofs Ladislaus Pyrker, und seine Erhebung zum Patriarchen von Venedig] In: *Egyházi Értekezések és Tudósítások* (Weßprim) 1821, Bd. I, S. 188–194.

— —

NEUESTE MAGYARISCHE LITERATUR[1]

So eben ist als Fortsetzung des kritisch-etymologischen Wörterbuchs der magyarischen Sprache von Gregor Dankovszky,[2] die 3te Lieferung erschienen, welche die Buchstaben D und E enthält.

Die Ausbeute für das Magyarische in diesen beyden Buchstaben ist weit dürftiger, als in den Buchstaben A und B; denn D enthält nur 6, E nur 8 magyarische Stammwörter, die übrigen unter diesen Buchstaben vorkommenden Stammwörter haben die Magyaren von den Slawen, Griechen, Italienern, Deutschen und Lateinern entlehnt und auf ihre Zunge verpflanzt.

Im Ganzen enthalten die vier Buchstaben A, B, D, E 79 magyarische, 634 fremde Stammwörter, von denen die meisten griechisch und slawisch sind, und zwar griechische 187, slawische 351.

Seit dem Erscheinen der Magyaren unter Arpad an der unteren Donau, bis zum Falle Constantinopels, also durch 565 Jahre, standen die Magyaren mit den Griechen im Verkehr; unter den Slawen aber lebten dieselben seit jenem Zeitpunct als Freunde und Mitlandsassen.

[1] *Ährenlese* 1834, Nr. 49. vom 24. Juni, S. 197.

[2] GREGOR DANKOVSZKY: *Magyaricae linguae lexicon critico-etymologicum, e quo patefit, quae vocabula magyari e sua avita Caucasia dialecto conservarint, quaeve a slavis, uti bohemis, carniolis, croatis, illyris, polonis, russis, serbis, slavis pannoniis, vendis, valachis, porro a graecis, germanis, italis etc. adoptarint.* Slavis imprimis linguae magyaricae addiscendae cupidis liber perutilis. Preßburg: 1833. [Deutsche Titelvariante des Bandes:] *Kritisch-etymologisches Wörterbuch der magyarischen Sprache, aus welchem hervorgeht, welche Wörter die Magyaren aus ihrer kaukasischen alten Mundart beibehalten, und welche sie von den Slawen, als Böhmen, Krainern, Kroaten, Illyrern, Polen, Russen, Serben, Slowaken, Wenden, Walachen, ferner Griechen, Deutschen, Italiern u. s. f. angenommen haben.* Ein Hülfsbuch für die Slawen insbesondere, welche Magyarisch schnell zu erlernen wünschen.

Wenn man auf eine Generation 30 Jahre rechnet, so sind seit Arpad 31 Generationen dahin geschwunden, von denen die allerersten wohl wußten, von welchem Volke sie diesen oder jenen Ausdruck in ihre Sprache übernommen haben; allein die späteren Generationen wußten von der Catastrophe, welche ihre Sprache erlitten, nichts mehr; so wie die jetzige zweyunddreyßigste Generation rein magyarisch zu sprechen glaubt, indeß ihrer Zunge slawische, griechische, italienische, deutsche und lateinische Wörter in Menge entrollen? Den unläugbaren Beweis davon gibt das obengenannte Wörterbuch, in welchem alle in den bisherigen magyarischen Wörterbüchern vorkommenden Stammwörter, nebst den davon abgeleiteten, enthalten sind.

Da von dem Sprachmateriale, welches die Magyaren unter Arpad mit sich nach Europa gebracht haben, jetzt nur noch einige wenige Bruchstücke vorhanden sind, so ist es eine vergebliche Mühe, irgendwo auf dem Erdballe das Volk zu finden, das einst mit den Magyaren stamm- und sprachverwandt war.

Wollte man annehmen, daß die Sprache der arpadischen Generation und die Sprache der jetzigen zweyunddreyßigsten Generation eine und dieselbe ist, so müßte man die Magyaren der Sprache nach zu einem slawischen Volke machen, indem ganz gewiß drey Vierteltheile der jetzigen magyarischen Sprache slawisch sind.

Diese dritte Lieferung des gedachten Wörterbuchs kostet 1 fl. 10 kr., und ist dieselbe, so wie auch die frühern 2 Lieferungen, zusammen 21 Bogen, um 3 fl. 26 kr. C. M. in den Buchhandlungen zu Preßburg, Pesth, Caschau, Ödenburg, Tyrnau etc. zu haben.

— —

[ÜBER MIKLÓS JÓSIKAS ROMAN: *A' KÖNNYELMŰEK*][1]

Im Verlage von G. Heckenast, Buchhändler in Pesth ist so eben erschienen: *Jósika Miklós Regényei.* Negyedik és Ötödik Kötet. A' *Könnyelműek*. Első és Második Rész. Pesten 1837. (*Nic[olaus] Jósika's Romane.* Viertes und fünftes Bändchen. – *Die Leichtsinnigen.* Erster und zweiter Theil. Pesth 1837.) 12-mo auf schönem Velin-Druckpapier, im Umschl[ag] brosch[iert.] Gedruckt bei v. Trattner-Károlyi. Preis 2 fl. Cmze.[2]

Der Stoff ist, nach des Verfassers eigenem Geständnisse, der neueren Zeit entnommen und – wie sich aus dem Inhalt ergibt – der Zweck ein edler; nämlich durch ergreifende Schilderung der traurigen Folgen des Leichtsinnes in *Beispielen*, vor diesem Fehler zu warnen. Hören wir den Verfasser selbst. „Der Leichtsinn ist unter den menschlichen Gebrechen eines der gefährlichsten. Man hat Beispiele, daß sich verstockte Missethäter gebessert haben; aber es wird schwerlich ein Fall aufzuweisen sein, daß ein Leichtsinniger nach was immer für Schicksalen zu einem besonnenen Menschen umgestaltet worden wäre. Da also der Leichtsinn fast unheilbar ist, so mußten die aufgestellten Bilder so gewählt sein, daß sie das Herz erschüttern und dadurch den Willen beugen." In diesen wenigen Worten hat der würdige Hr. Verfasser sowohl die *Wichtigkeit* des Gegenstandes, den er behandelt, als auch die Weise, wie er ihn behandelt, ausgesprochen. Wir fügen nur noch bei, daß die äußere Ausstattung der Verlagshandlung und der v. Trattner-Károly'schen Buchdruckerey zur Ehre gereicht.

[1] Dt.: Die Leichtsinnigen. In: *Gemeinnützige Blätter* 1837, Nr. 42. vom 25. Mai, S. 329. [Spartentitel:] *Literatur.*

[2] Conventionsmünze: Der Wert eines Konventionsforints wurde im Jahre 1753 in einem zwischen Österreich und Bayern abgeschlossenen Münzvertrag festgelegt.

– –

[ÜBER DAS TASCHENBUCH *EMLÉNY*][1]

Karácsoni, új esztendei és név napi ajándék 1838. Második év. 5 aczélrametszett képpel. Pesten, kiadja Heckenast Gusztáv [Weihnachts-, Neujahrs- und Namenstagsgeschenk 1838. Zweiter Jahrgang. Mit fünf Stahlstichen. Pest, im Verlag von Gustav Heckenast.]

Als eine freundliche und willkommene Erscheinung auf dem Gebiete der magyarischen belletristischen Literatur begrüßen wir das Taschenbuch *Emlény*. Es hat bei seinem ersten Auftreten allerwärts im Lande Freunde erworben; dieser zweite Jahrgang macht darauf Anspruch, die gewonnene Zuneigung zu erneuern, den Kreis seiner Verehrer zu erweitern; denn innerer Gehalt und äußere Pracht vereinigen sich in ihm zu einem schönen harmonischen Ganzen. Kölcsey eröffnet den Cyclus mit einer herrlichen Novelle: *a' Kárpáti Kincstár,*[2] ihm folgen Gaal mit einer historischen Novelle: *Zrínyi Ilona' bucsúja; a' bajvívók,*[3] Fáy mit einem Lustspiel: *a' közös ház,*[4] und B[aron] Eötvös, Erdélyi, Holló, B[aron] Jósika, Karácsonyi, Kemenesi, A[lexander] Kisfaludy, Matics, Pap, Sárosy und Tóth mit Gedichten. Unter diesen verdient Alex[ander] Kisfaludy's Sage: *Pipacs és viola, vagy a' hamis barát*[5] als besonders werthvolle Gabe auch besondere Erwähnung. Die fünf Stahlstiche (worunter das wohlgetroffene Bildniß des Baron Jósika Miklós,

[1] Dt.: Vergissmeinnicht, Gedenkemein. In: *Gemeinnützige Blätter* 1837, Nr. 94. vom 23. November, S. 581. [Spartentitel:] *Literatur.*

[2] KÖLCSEY FERENC: *A' karpáti kincstár* [Karpatische Schatzkammer] In: *Emlény* 1838, S. 1–69.

[3] GAÁL JÓZSEF: *Zrínyi Ilona' bucsúja* [Der Abschied von Ilona Zrínyi, Verserzählung], ebd. S. 145–147; Ders.: *A' bajvívók* (elbeszélés) [Die Duellanten (Erzählung)], ebd. S. 155–208.

[4] FÁY ANDRÁS: *A' közösház* (Vígjáték egy felvonásban) [Das gemeinsame Haus (Lustspiel in einem Aufzug)], ebd. S. 216–257.

[5] KISFALUDY SÁNDOR: *Viola és Pipacs, vagy Hamis barát.* Rege a magyar előidőből. [Goldviole und Feuerblume, oder der falsche Freund. Eine Sage aus der ungarischen Vorzeit], ebd. S. 265–288.

als Titelbild) befriedigen jede, auch die kühnste Anforderung in diesem Kunstzweige. – Möge dieses rühmliche Unternehmen des thätigen Hrn. Herausgebers durch eine warme patriotische Theilnahme unterstützt und gefördert werden!

– –

[ÜBER MIKLÓS JÓSIKAS ROMAN: *AZ UTOLSÓ BÁTORI*][1]

Az utolsó Bátori. I–III. rész. Írta Jósika Miklós. Pesten, Heckenast Gusztáv tulajdona 1837. [Der letzte der Bátoris. I-III. Teil. Von Miklós Jósika. Pest, im Verlag von Gustav Heckenast 1837.] (VI–VIII. Band von Jósika's Werken.) Taschenformat, auf schönem Velinpapier gedruckt, in geschmackvollem Umschl[ag] brosch[iert] 318 S.

Wenn ein in deutscher, französischer oder englischer Sprache geschriebener Roman oder Novelle mit Beifall gekrönt wird, so gibt die Erinnerung an den Genuß für Geist und Gemüth den Hauptimpuls zu dieser Auszeichnung. Anerkannt vortreffliche magyarische Werke dieser Art verdienen noch aus einem andern Grunde Ruhm und ehrende Anerkennung. Neben dem Genuße, welchen sie den Freunden und Freundinnen einer anmuthigen, heitern Lectüre bereiten, ist es zugleich das große Verdienst um die immer schöner und kräftiger heranreifende *National-Cultur*, welches ihnen zugestanden werden muß. Denn während die besten strengwissenschaftlichen Werke oft nur in Bibliothekssälen und in den Händen der Gelehrten getroffen werden, finden die Erzeugnisse einer heitern Muse überall im Vaterlande freudige Aufnahme, um so gewisser, je weniger der Markt heimischer Geistesproducte noch überschwemmt ist; und den daraus erwachsenden Gewinn in Bezug auf Ausbildung der Sprache, Geschmacksveredlung, Sittenverfeinerung und – was auch etwas zu bedeuten hat – *Weckung geistigen Bedürfnisses* wird kein Freund der vaterländischen Literatur übersehen.

Mit voller Überzeugung wenden wir das Gesagte auf Jósika's Werke an, und damit glauben wir auch unsere Empfehlung seines neuesten Romans: *Az utolsó Bátori* [Der letzte der Bátoris] ausgesprochen zu haben.

[1] *Gemeinnützige Blätter* 1837, Nr. 99. vom 10. Dezember, S. 601. [Spartentitel:] *Literatur.*

— —

ABAFI, VON NICOLAUS JÓSIKA[1]

Aus dem Ungarischen übersetzt und mit Anmerkungen versehen von G. Treumund. Zwei Theile. Leipzig, Verlag von C. Scheld und Comp. (Wilh[elm] Einhorn) 1838. (2 Großoctav-Bände, elegant broschirt, auf schönem Velinpapier gedruckt, Preis 3 fl. 30 kr. C.Mze.)

Das herrliche, lebensvolle Gemälde aus der ungarisch-siebenbürgischen Vorzeit, welches der gefeierte Jósika mit seinem *Abafi* darstellt, und welches mit so allgemeinem Enthusiasmus aufgenommen wurde, wird nun auch vor dem literarischen Forum des deutschen hochgebildeten Nachbarlandes zeugen von dem großen Dichtertalente des Verfassers und dem freudigen Emporblühen der schönen Literatur in Ungarn. Der gemüthliche Sänger, G. Treumund, den wir in seinen *Harfentönen aus dem Ungarlande*[2] kennen und schätzen lernten, unternahm es, den interessanten Roman des gepriesenen magyarischen Dichters ins Deutsche zu übertragen. Das schwierige Werk ist gethan – Jósika darf mit ihm zufrieden sein; die deutsche Lesewelt wird ihm danken. Gleichwie es dem Dichter gelungen, in *Abafi* ein ausgezeichnetes Charaktergemälde, und in demselben den Beweis zu liefern: „Daß ein fester Wille jede niedre Leidenschaft zu besiegen vermag, daß die Bahn der Vervollkommnung zwar schwierig und nicht ohne zahlreiche Rückfälle zur frühern, bösen Angewöhnung, daß aber gleichwohl die Kraft der Seele endlich die Oberhand behält, wenn sie zu *wollen* versteht", so hat auch der Übersetzer seine Aufgabe auf eine glänzende Weise gelöst und den gerechtesten Anspruch sich erworben auf Beifall und ehrende Anerkennung. Treue in Bezug auf Geist und Form, blühender Styl, Klarheit des Ausdrucks und bündige Kürze sind charakteristische Merkmale der Über-

[1] *Gemeinnützige Blätter* 1838, Nr. 64. vom 12. August, S. 253. [Spartentitel:] *Literatur.*
[2] G. TREUMUND: *Harfentöne aus dem Ungarlande*. Leipzig: 1835.

tragung. Außer vielen erläuternden Noten, verdient vorzugsweise die interessant geschriebene Vorrede des Übersetzers rühmliche Erwähnung. Sie zeigt uns in kurzen Umrissen den Entwicklungsgang der magyarischen Literatur überhaupt, und den der schönwissenschaftlichen insbesondere, geht denn auf Jósika's Romane über und schließt mit einer kurzen gründlichen Beurtheilung *Abafi*'s. – Dedicirt ist die Übersetzung dieses Romans Ihrer Durchl[aucht] der Frau Fürstin Auguste v. Liegnitz, Gemahlin seiner Maj[estät] des Königs von Preußen. – Die Verlagshandlung hat das Werk – wie oben erwähnt – elegant ausgestattet.

— —

[ÜBER GUSTAV STEINACKERS ANTHOLOGIE VON ÜBERTRAGUNGEN UNGARISCHER GEDICHTE][1]

Pannonia. Virágfüzér az ujabb magyar lyray Költészet Mezejéről. Steinacker Gustavtól, a' ref[ormátus] Consist[orium] által Debreczenben alapitot leány nevelő-intézet' Igazgatójától. 1. Rész. Lipcsében, Einhorn W. tulajdona, 1840. Pannonia. Blumenlese auf dem Felde der neuen magyarischen Lyrik in metrischen Übertragungen von Gustav Steinacker, Director der vom reform[ierten] Consistorium gegründeten weibl[ichen] Erziehungs-Anstalt zu Debreczin. Erste Abtheilung. Leipzig, Verlag von W[ilhelm] Einhorn, 1840. (8-vo in Umschl[ag] brosch[iert] auf Velinpap[ier] gedr[uckt] 262 S. Preis 1 fl 8 kr. C. M.)

Vorliegende Blumenlese, welche den ungarischen Text und die deutsche Übertragung zugleich liefert, hat den Zweck, das gebildete *Ausland* mit einigen Proben der neuen ungarischen Lyrik bekannt zu machen, und dem *inländischen*, sowohl *ungarischen* als *deutschen* Lesepublikum einen willkommen Dienst zu erweisen, damit es seine vaterländischen Dichter besser kennen, würdigen und lieben lerne und sich dadurch zu desto fleißigeren Studium der ungarischen Sprache und Literatur überhaupt angetrieben fühle. Die in dieser Blumenlese vorkommenden Dichtungen sind von Bajza, Berzsenyi, Csokonai, Czuczor, Döbrentei, Freih[errn] J[oseph] v. Eötvös, Kazinczy, Kis, Alexander v. Kisfaludy (aus Himfi's Liebesliedern), Carl v. Kisfaludy (Volkslieder), Kölcsey, Szemere, Vörösmarty, Freiherrn Niklas v. Jósika – Namen, welche mit der aufblühenden magyarischen Literatur innig verschmolzen sind und mit hoher Achtung genannt werden. Wenn der Übersetzer im Vorwort sagt: „Nebenher mag der zur Seite abgedruckte ungarische Text die vergleichende Beurtheilung der im Metrum des Originals gelieferten deutschen Übertragung wesentlich erleichtern, wenn dadurch

[1] *Gemeinnützige Blätter* 1840, Nr. 91. vom 12. November, S. 365. [Spartentitel:] *Literatur.*

auch die Unvollkommenheit der letztern noch deutlicher hervortreten dürfte" – so möchten wir kühn hinzu setzen: Hr Steinacker hat, indem er Original und Übertragung zugleich bietet und dadurch zur Prüfung und Vergleichung auffordert, bewiesen, daß seine Leistungen die Kritik nicht zu fürchten haben. Wir begrüßen vorliegendes durch Auswahl und Gehalt, durch Treue und Eleganz der metrischen Übertragung sich auszeichnende Werk als eine interessante, den Freunden deutscher und ungarischer Literatur willkommene Erscheinung und wünschen, daß bald die zweite Abtheilung folgen möchte. Zu haben ist das äußerlich schön ausgestattete Werk in C[onrad] A[dolf] Hartlebens Buchhandlung in Pesth.

— —

[ÜBER FERENC CSÁSZÁRS GEDICHTE][1]

Császár Ferencz' Költeményei. Budán, a' magyar kir. egyet. betüivel MDCCCXLI. [Gedichte von Ferenc Császár. Ofen, gedruckt in der königlichen ungarischen Universitäts-Buchdruckerei 1841] (In 8-vo XVII. 140 S. auf Velinpapier gedr[uckt] in schönen Umschl[ag] broschirt, Preis 1 fl 20 C. M.)

Császár, bekannt als tüchtiger Rechtsgelehrter, Philolog und Kritiker, überrascht die Freunde der ungarischen Literatur – welche seine dichterischen Leistungen bisher nur aus einigen Sonnetten kennen zu lernen Gelegenheit hatten[2] – nun mit einer *ganzen Sammlung von Gedichten;* – eine Überraschung, die um so seltener und erfreulicher ist, je weniger die dichterische Muse unter Acten sich heimisch fühlt und je mehr es auf dem Felde der vaterländischen Literatur überhaupt – auch der schönwissenschaftlichen – noch zu thun gibt.

Der Geist echter Nationalität durchweht sämmtliche, auch durch technische Vollendung ausgezeichnete Dichtungen. Sie zerfallen in vier Abtheilungen: in *lyrische* Gedichte, in *Sonnetten,* in *vermischte Gedichte* und in *Episteln,* und bekunden innige Verwandtschaft mit den classischen Erzeugnissen der alten und neuen Dichter-Heroen. Die Sonnetten – insgesammt vorzüglich schön – erinnern an die süßen, schmelzenden Töne italischer Sänger, und erscheinen um so werthvoller, je schwerer selbst gute Dichter in den Schranken dieses Metrums sich bewegen. – Ein Act der Pietät verherrlicht das Werk, welches der vaterländischen schönwissenschaftlichen Literatur zur wahren Zierde gereicht: – *es ist den Manen Guzmics' geweiht!*[3] –

Die äußere Ausstattung des Werkes ist des inneren Gehalts vollkommen würdig. Zu beziehen ist dasselbe durch alle Buchhandlugen des Landes.

[1] *Gemeinnützige Blätter* 1841, Nr. 15. vom 2. Februar, S. 57. [Spartentitel:] *Literatur.*

[2] Aus seinem 1831 unter dem Titel *Sonett koszorú* [Sonettenkranz] herausgegebenen Band.

[3] Der 1839 verstorbene Benediktinermönch Izidor Guzmics lehrte in den 1820er Jahren im Kloster in Pannonhalma. Hier lebte als Novize zwischen 1822 und 1824 auch Ferenc Császár und erhielt von Guzmics wichtige Impulse zur Ausbildung seiner wissenschaftlichen und dichterischen Anlagen.

— —

[ÜBER EIN DRAMATISCHES VORHABEN VON BARON JÓZSEF EÖTVÖS][1]

Wir entlehnen dem *Pester Tageblatte* folgende für die *magyarischen* Theater- und Literaturfreunde sehr freudige Notiz:[2] Dem Vernehmen nach arbeitet jetzt der liebenswürdige Verfasser des *Karthäuser* (Baron Eötvös)[3] an einem echt nationalen und sittenschildernden *Lustspiele*, welches zugleich ein höheres Conversationsstück werden soll,[4] der anerkannten Genialität des geistvollen Verfassers nach zu urtheilen, namentlich bei Gewandtheit im [sic!][5] Verwicklung der Begebenheiten, sowie der geschickten Lösung des Knotens in jenem vorzüglichen Romane, läßt sich Ausgezeichnetes erwarten. Und es scheint dem eminenten Talente des Herrn Verfassers vorbehalten zu seyn, auch im höhern Lustspiele, welcher Zweig des *magyarischen* Schauspiels bisher beinahe ganz brach lag, eine bedeutende Lücke auszufüllen.

[1] *Pannonia* 1841, Nr. 79. vom 1. Oktober, S. 313. Die Meldung hat keinen eigenen Titel, der Spartentitel ist: *Ungarische Klepperpost*.

[2] *Pesther Tageblatt* 1841, Nr. 225. vom 22. September, S. 937. unter der Aufschrift: „Pesth" (Spartentitel: *Kleine Stadtpost*).

[3] EÖTVÖS JÓZSEF: *A karthausi*. 2 Bde. Pest: 1842. Die erste Ausgabe des Romans ist 1839–1841 in dem *Budapesti Árvizkönyv* [„Budapester Überschwemmungsbuch"] erschienen.

[4] EÖTVÖS's Lustspiel *Éljen az egyenlőség*! [Es lebe die Gleichheit!] wurde 1844 in den *Aradi vészlapok* [„Aradiner Notblätter"] (Pest, hrsg. von FERENC CSÁSZÁR) publiziert.

[5] Im *Pesther Tageblatt* steht hier: „und".

K. M.

ZRÍNYI A' KÖLTŐ, VON NICOLAUS FREIHERRN VON JOSIKA[1]

Ungarns erster Romandichter, dessen Werke bereits allgemeine Anerkennung errungen haben, und die sich weit über das Heer der unzähligen Schriften, die nur zur zeittödtenden, geist- und lehrlosen Unterhaltung geschrieben werden, emporgeschwungen, hat uns abermals ein Werk geliefert, welches auf eindringliche Studien der vaterländischen Geschichte gestützt, auch einen *wahrhaft poetischen* Werth besitzt. Der Autor hat uns darin geschichtliche Charaktere und Begebenheiten poetisch dargestellt, hat die historische und rein dichterische Tendenz auf wahre künstlerische Weise vereinigt, und somit die eigentliche Aufgabe des historischen Romans erfüllt. Die vaterländische Literatur ist dadurch mit einem schönen Werk bereichert, welches, was sowohl die natürliche Verwickelung der Handlung, als die befriedigende Lösung derselben betrifft, als gelungen anerkannt werden muß, und verdient in den Bücherschatz der Nation zu übergehen, und deßhalb in keiner Bibliothek eines Lese- und Vaterlandfreundes fehlen darf. Der Held dieses historischen Romans [Anm.] ist Nicolaus Zrínyi, dessen tadelloser Charakter und edelmüthige Thaten der Dichter in das hellste Licht stellt, von dem der Historiker schreibt: „Daß sie ihn schon liebten, als sie ihn noch nicht gekannt, und daß es für eine Sünde galt, ihn nicht zu lieben." Rattkai *Memoria Regum et Banorum Croatiae, Dalmatiae et Slavoniae.*[2] Die Handlung spielt im 17. Jahrhundert, in dem jämmerlichsten Zustand unsers Vaterlands; in einer Zeit, in welcher der Ungar nicht nur

[1] K. M.: *Zrínyi a' költő, von Nicolaus Freiherrn von Josika* [Zrínyi, der Dichter, von...] In: *Pannonia* 1843, Nr. 91. vom 12. August, S. 363. [Spartentitel:] *Magyarische Literatur*. Ausser dem Titel und dem Verfasser werden noch folgende bibliographische Angaben mitgeteilt: „4 Bde. Taschenf[ormat] eleg[ante] Ausgabe. Preis 4 Fl. C. M. Verlag von G. Heckenast in Pest".

[2] GEORGIUS RATTKAY: *Memoria regum et banorum regnorum Dalmatiae, Croatiae et Slavoniae.* [2. Aufl.] Wien: 1772, S. 213.

gegen Türken und Tartaren, sondern auch Ungar gegen Ungar das Schwert führte; in einer Zeit, in der, um mit dem Dichter zu reden, „der erste Mann der edlen Nation dem letzten wilden, faulen und schmutzigen Türken unterthänig war; in der er vor dem Pascha die Hände kreuzte, und wenn der willkürliche Herrscher des Halbmonds sein Weib oder seine aufblühende Tochter raubte, statt ihm einen Dolch ins Herz zu stoßen, oder den Kopf zu spalten, seine und seiner Unterthanen Vieh verkaufte, oder seiner Großeltern Schmuck zerschmelzte, um sie loszukaufen.[3] – Wenn er dann in sein wüstes Schloß zurückkehrte, aus dem die aus Mathias Zeiten stammenden Wandtapeten, vergoldeten Möbeln, reichen Geschirre und Schmuck verschwunden sind, und die leeren, staubigen, schmucklosen Wände betrachtete ach! ach! – da schlug er die Faust an die Stirne und fluchte; ging dann die Thüre auf und trat sein sanftes Weib oder seine heranwachsende Tochter herein, da rollte eine Thräne auf den zottigen Bart und seine Brust überfiel ein unbeschreiblich trauriges Gefühl."[4] Inmitten dieses Jammers ist die Liebe als die einzige poetische Seite des Lebens und die eigentliche Seele jedes Romans durchflochten, sie taucht in den günstigsten Momenten auf und verfehlt nicht die angenehme Wirkung auf den Leser hervorzubringen und verscheucht den traurigen Eindruck der trüben Bilder. Die Schilderungen der Banditen und Bravos in Venedig, der Tartaren auf der hortobágyer Haide und mehrere andere sind sehr interessant. Die Ausstattung ist nett und geschmacksvoll.

[Anm.][5] Hierin finden wir folgende eigenthümliche Stelle: „Setze den Ungar aufs Roß, gib ihm ein Schwert in die Hand, er liebe seinen Führer und habe Vertrauen zu ihm; übe ihn 14 Tage, ist seine Waffe und sein Pferd gut, du kannst ihn ins Feuer führen, er schlägt sich mit dem Teufel und verlasse dich, er denkt an keine Flucht, so lang er von hinten nicht angegriffen wird. Den rückwärts anpackenden Feind hat der Ungar nie geliebt.[”]

[3] „*Ama' dicső nemzet, melly kijöttekor keletről egyig nemes volt*, az utósó vad, ronda 's buta törököt nagyságolta; a' basák előtt keresztbe tette kezét, 's ha nejét, viruló leányát rabolta el a' félhold' kényurasága: a' helyett, hogy a' rablónak tőrt meritne szivébe vagy fejét hasitaná ketté, a' maga' 's jobbágyai' marháit adatá el, vagy őseinek ékszereit olvasztatá össze 's váltotta ki." (*Bevezetés*. S. VI–VII. In: JÓSIKA MIKLÓS: *Zrínyi a költő*. Regényes krónika a' XVII-dik századból [Zrínyi, der Dichter. Romantische Chronik aus dem 17. Jahrhundert]. Pest: 1843. (Die ersten Worte der in der *Pannonia* mitgeteilten deutschen Übersetzung weichen vom Originalen ab. Der hier kursiviert wiedergegebene Anfang des Originals bedeutet: Jene edle Nation, die als sie ihre östliche Heimat verließ, als Ganzes adelig war...).

[4] „Ha haza tért a' magyar kormos várába, mellyből a' Mátyás-kori falszőnyegek, aranyzott bőrbutorok, gazdag edények 's ékszerek eltüntek, 's pusztán, szennyesen, éktelen meresztette falait égnek: ah! akkor! Akkor! Homlokát verte öklével és átkozódott; 's midőn az ajtó megnyilt, 's szelid neje vagy serdülő gyermekei léptek be, a' bozontos szakállra egy köny cseppent, 's a' keblet leirhatatlan nyomás feszitette." In: ebd. S. IX.

[5] Es ist unklar, ob die Anmerkung von dem Rezensenten oder der Redaktion stammt.

— —

[ÜBER ANDRÁS FÁY][1]

Schwerlich dürfte es in unserem theuern Vaterlande unter den Gebildeten Einen geben, dem nicht der Name Andreas Fáy Verehrung einflößte, eines Namens, der neben seinem vielfachen thätigen Wirken für alles Nützliche und Wohlthätige ein eben so gemüthlicher, als humoristisch-satyrischer Fabel- und Romandichter ist. Schon längst und vielfach wurde der Wunsch ausgesprochen, von diesem in seiner Art noch nicht erreichten magyarischen Dichter eine zweckmäßige Gesammtausgabe seiner Werke erscheinen zu sehen, da der größte Theil derselben gar nicht mehr im Handel zu haben ist. Nun können wir mit wahrhafter Freude anzeigen, daß noch im Laufe dieses Jahres dieselbe zu erwarten steht. Hr. Carl Geibel in Pesth hat nämlich den Verlag dieser sämmtlichen Werke ganz übernommen, welche nun in einer Prachtausgabe, ganz umgearbeitet, vermehrt und mit neuen Artikeln vervollständigt, unter dem Titel: *Fáy András szépliteratúrai munkái* [Die belletristischen Werke von András Fáy] in 8 Octav-Bänden mit prachtvollen Stahlstichen erscheinen werden.[2] Wir machen alle Freunde magyarischer Lectüre hierauf aufmerksam.

[1] *Gemeinnützige Blätter* 1843, Nr. 66. vom 17. August, S. 261. [Spartentitel:] *Wissenschaftliche und Kunstnachrichten.*

[2] Die Gesamtausgabe ist in den Jahren 1843 und 1844 unter dem Titel *Fáy András szépirodalmi összes munkái* [András Fáy's sämtliche belletristischen Werke] in acht Bänden erschienen.

– –

[ÜBER MAGYAR *TITKOK* VON IGNÁC NAGY][1]

Első Füzet. Két kőnyomattal. Pesten. Hartleben Konrád Adolf sajátja. [Erstes Heft. Mit zwei Lithographien. Pest, im Verlag von Konrad Adolf Hartleben.] 1844. 80 S. Median-Octav, auf feinem Velin, in allegorischem Umschlag, 40 kr. C. M.

Der geschätzte Verfasser der *Torzképek*[2] überrascht uns, ehe wir es vermuthen, nicht nur mit Pesther, sondern überhaupt ungarischen mystères, deren Schauplatz freilich auch jetzt schon größtentheils in Pesth ist u. es fernerhin wahrscheinlich noch mehr sein wird, da ja hier der Brennpunct unsers Volkslebens, der Sammelplatz des Ausbunds und eben so auch des Auswurfs unsrer Gesellschaft ist; aber doppelt interessant wird dieser satyrisch-humoristische Roman dadurch, daß er sich nicht auf Pesth allein beschränkt, denn es fehlt ja auch anderwärts nicht an Stoff zu solchen Schilderungen, wenn er auch nicht in so gedrängten Massen vorhanden ist, wie in der Hauptstadt des Landes. Wer die *Torzképek* kennt – und welcher Ungar kennt sie nicht, von deren zwei ersten Bänden die ganze Auflage von tausend Exemplaren in vier Monaten abgesetzt wurde – dem braucht man nicht zu sagen, daß ihm in den *Magyar titkok* die interessanteste Lectüre geboten wird, voll des sprudelndsten Witzes, der petillantesten[3] Schilderungen, aus dem Leben, wie es um uns wogt und braust, gegriffen, aber auch das

[1] [Originaltitel:] *Magyar titkok. Közli Nagy Ignác. Első Füzet. Két kőnyomattal.* Pesten. Hartleben Konrád Adolf sajátja. [Ungarische Geheimnisse, mitgeteilt von Ignác Nagy. Erstes Heft. Mit zwei Steindrucken. Pest. Im Eigentum von Konrad Adolf Hartleben.] 1844. 80 S. In: *Gemeinnützige Blätter* 1844, Nr. 45. vom 6. Juni, S. 177. [Spartentitel:] *Literatur*. Es wurden noch folgende Daten mitgeteilt: „Median-Octav, auf feinem Velin, in allegorischem Umschlag, 40 kr. C. M."

[2] NAGY, IGNÁC: *Torzképek* [Zerrbilder] 4 Bde. Pest: 1844.

[3] Wahrscheinlich: petulantesten d. h. übermütigsten.

tagscheue Treiben Derer darstellend, die ihr Licht nicht gern leuchten lassen vor den Leuten, weil sie nicht wollen, daß ihre Werke gesehen werden. Mit scharfer Satyre, ohne Ansehen der Partei und des Standes, aber mit Vermeidung aller Persönlichkeiten, geißelt der Verf[asser] die Thorheiten und Gebrechen der Zeit, er mag sie nun auf der Straße oder im duftenden Boudoir, in schmutzigen Hütten oder in glänzenden Salons finden. – Für die äußere Ausstattung ist vom Verleger gewohnter Weise rühmlichst gesorgt worden: Papier und Druck ist ausgezeichnet zu nennen, die beiden Genrebilder sind recht interessant, gut gezeichnet und lithographirt, u[nd] der Preis ist so billig gestellt, daß sich Jeder dieses interessante Werk ohne die mindeste Unbequemlichkeit anschaffen kann; überdieß hat der Verleger noch die für den Käufer so vortheilhafte Bedingung gestellt, daß der Kauf des ersten Heftes nicht zur Abnahme der übrigen verpflichtet, die man später auch wann immer einzeln bekommen kann.

— —

STIMME EINES UNGARS ÜBER DIE UNGARISCHE LITERATUR[1]

Darüber lesen wir im *Irodalmi Őr* folgendes:[2] „Wir Ungarn hatten bisher keine Nationalpoesie. Groß und wichtig ist dieses Wort, aber es ist wahr, denn selbst bei unsern gefeiertesten Dichtern ist das fremde Element überwiegend. Die Ursache davon ist, weil sie das Volk keiner Aufmerksamkeit würdigten. Wol wissen wir, daß in unserer Zeit einige, ihren wahren Beruf erkennend, den Charakter unseres Volks studiren, und in ihren Werken anzuwenden beginnen: und doch spielt das Volkselement bei uns eine untergeordnete Rolle; auf der Bühne werden nur die dunklen Seiten des Volks hervorgekehrt, Räubereien und Lächerlichkeiten werden dargestellt."[3] Diese schwache Seite der Nationalliteratur wird jedoch schon lebhaft gefühlt, wie z. B. die Herausgabe der Volkslieder beweist,[4] worin das ganze innere Leben des Volkes so treu wiedergegeben ist; ebenso die Bemühungen ein-

[1] *Pannonia* 1846, Nr. 47. vom 23. April, S. 187. [Spartentitel:] *Vaterländische Zustände. Kunst und Literatur.*

[2] GALAMB [Pseudonym]: *Népregék, népmondák. Írta Tompa Mihály. Pesten, Beimel Józsefnél. Bolti ára: 1 frt. 12. kr. p. p.* [Volksmären, Volkssagen. Von Mihály Tompa. Pest, bei Josef Beimel. Preis: 1 Fl. 12 Kr.] In: *Irodalmi Őr* [Beilage zu *Életképek*] 1846, Nr. 14. vom 18. April, S. 145–150. Der Verfasser dieser Rezension, der sich unter dem Decknamen „Galamb" verbarg, war der Publizist und Jurist VILMOS (GOLUB) ATÁDI, vgl. GULYÁS 1956, S. 174; F. MÁNDI ILDIKÓ: *Atádi Vilmos*. In: UMIL, Bd. I, S. 70; SZINNYEI Bd. 1, Sp. 268.

[3] Die zitierte Stelle befindet sich auf S. 146.

[4] Die Sammlung von Volksliedern, Volkssagen, Volkssmärchen und Sprichwörtern wurde von der Kisfaludy-Gesellschaft initiiert. Auf die 1844 in der Presse veröffentlichten Aufforderung der Gesellschaft hin, solche der Gesellschaft einzusenden, wurde ein beträchtliches Material gesammelt. Mit dem Ordnen und der Publikation des Materials wurde der Sekretär der Gesellschaft János Erdélyi beauftragt. 1846 erschienen die ersten drei Bände der *Magyar Népköltési Gyűjtemény* [Sammlung Ungarischer Volksdichtung], Volkslieder und Sagen enthaltend. (Der die Sprichwörter enthaltende Band erschien erst 1851.) Siehe KÓSA 2001, S. 42–47; SCHÖNER 1931, S. 17 u. S. 54–55.

zelner Schriftsteller, wie B. Eötvös im *Falu jegyzője,*[5] Kuthy in seinen *Hazának rejtelmei,*[6] Tompa Mihály in seinen *Népregék* (Volkssagen), bei deren kritischer Beleuchtung eben obige Worte ausgesprochen werden.[7]

[5] EÖTVÖS JÓZSEF: *A falu jegyzője*. Regény [Der Dorfnotär. Roman]. 3 Bde. Pest: 1845.

[6] KUTHY LAJOS: *Hazai rejtelmek*. Regény [Ungarische Geheimnisse. Roman]. 2 Bde in 14 Heften. Pest: 1846–47.

[7] Siehe oben Anm. 2.

– –

CHARAKTERISTIK DER UNGARISCHEN VOLKSPOESIE[1]

Dieselbe ist in der oben erwähnten Besprechung[2] mit folgenden Worten gegeben: Das Hauptelement unserer Volkspoesie ist die Liebe: diese ist rein wie das Gold unserer Berge, endlos wie die unabsehbaren Flächen, unternehmend wie unsere Kampfmuthigen Vorfahren, in ihrem Ausgang größtentheils tragisch, wie die Geschichten der Nation. Der nächste Factor der Liebe ist das Weib, dessen Charakteristik aus zwei Gesichtspuncten hervorgeht. *Die Junge*: schön, leidend, sanft, fromm, treu, mackellos, und ihrem Geliebten anhänglich; *die Häßliche und Alte*: hämisch, neidisch, Vermittlerin geheimer Ränke, und folglich größtentheils irreligiös. – *Der Mann des Volkes*: offen, kühn, vom Schicksal verfolgt, entschlossen, duldend, manchmal scherzhaft; *der Greis*: redselig und weise, gewöhnlich ehrlich, selten böse; *der Aristokrat*: hochmüthig, tirannisch, Blutsauger, gotteslästerisch, selten läßt ihn das Volk als gut erscheinen; – *der Fremde*: feige, oder frech; – *der König* endlich immer ein Halbgott, sein Wort ist heilig, er ist ein Freund des Volkes, Vertheidiger gegen Herrenwillkür, und er thut nichts anderes als Gutes. Die Macht der Feen ist größtentheils wohlthätig, die bösen Geister sind nur auf die Mitternacht beschränkt, und leicht zu vertreiben. – Die höchste Tugend ist Kindes- und Elternliebe, Treue, und zaubermächtige Jungfräulichkeit. – Vaterlandsliebe erscheint nur matt. – Die gehaßtesten Verbrechen sind: der Mord, der auch von der Sonne entdeckt wird, Unkeuschheit, Schmälerung des Besitzes, Gotteslästerung, Neid,

[1] *Pannonia* 1846, Nr. 47. vom 23. April, S. 187. [Spartentitel:] *Vaterländische Zustände. Kunst und Literatur.*

[2] Galamb [ATÁDI (GOLUB) VILMOS]: *Népregék, népmondák. Írta Tompa Mihály. Pesten, Beimel Józsefnél. Bolti ára: 1 frt. 12. kr. p. p.* [Volksmären, Volkssagen. Von Mihály Tompa. Pest, bei Josef Beimel. Preis: 1 Fl. 12 Kr.] In: *Irodalmi Őr* [Beilage zu *Életképek*] 1846, Nr. 14. vom 18. April, S. 147.

Geitz und Ungläubigkeit. In unserer Volkspoesie spielt auch ein unbekanntes, nur aus seinen Wirkungen erkennbares Fatum eine bedeutende Rolle; dieses straft und belohnt immer nur nach Gerechtigkeit. Darum rächt sich das Volk selten eigenhändig, höchstens spricht es den Fluch aus, und das Fatum vollführt ihn gewiß, besonders wenn es den Verbrecher selbst entdeckt. Die Strafe ist unvermeidlich, aber unbestimmt, jedoch nicht von schrecklicher Pein begleitet, sondern durch fortwährende Dauer, und durch die Erniedrigung, die sie zur Folge hat, erschwert. Der Lohn ist sehr einfach, und keine überschwängliche Seligkeit u. s. w.

Gustav Birnbaum

DER VATERLÄNDISCHE SOZIALE ROMAN

Eine kritische Skizze[1]

Als ich dieser Tage in einigen neuen *ungarischen* Romanen blätterte, kam mir eine herrliche Idee, die ich vielleicht selbst ausführen würde, wenn ich nicht einen so angebornen Widerwillen gegen das Büchermachen hätte. Augenblicklich schien es mir, als ob man, um jedesmal unsrer neuen Literatur gerecht zu sein, weniger zweckgemäß verführe, daß man der Reihe nach alle dunklen Punkte und schiefen Nüancen in kritischen Erläuterungen aushebt, als daß man lieber gleich das Ganze beim Kragen packt, und es zum Spaß ins Deutsche, Französische oder Englische umgießt. Ich versichere, kommen die Sachen in diesem Gewande meinen Lesern vor die Augen, so brauchen sie mich gar nicht, sie finden dann ohne meine Hilfe auf den ersten Blick alle die kraßen Fehler und Schwächen auf, die hier wirklich nur durch das *Idiom* zugedeckt werden, welches nur allein, indem es eine gewisse Nachsicht beansprucht, gleich von vornherein den Laien gefangen nimmt.

Solche *Hétköznapok*[2] z. B. in ein einfaches Deutsch, oder in die Sprache Balzac's und der Dudevant übertragen, müßten sich gar einzig ausnehmen in ihrer Art und Erscheinung. – Ein Monstrum, auf Ehre, das sich mit seiner vernagelten Bastardnatur dürfte ums Geld sehen laßen!

Ein überaus komisches Moment kennzeichnet alle diese Arbeiten von A bis Z, von Baron Jósika angefangen bis auf Jókay Mór herunter. Wenn wir hier Hrn. Jósika erwähnen, so haben wir seine neue Richtung im Sinne, die er mit dem grundschlechten abgeschmackten poesie- und würdelosen

[1] *Pannonia* 1846, Nr. 111. vom 1. Oktober, S. 442. Referiert in: KISS 1962, S. 174. In ungarischer Sprache zusammengefaßt, zum Teil zitiert in: KISS 1987 Bd. 1, S. 103–104.

[2] JÓKAI MÓR: *Hétköznapok*. Regény [Werktage. Roman]. 2 Bde. Pest: 1846.

Roman *Akarat és hajlam* eingeschlagen hat.[3] Der junge Troß folgt nun diesem Fähnlein, welches aber selber in der höhern Region nicht Bescheid weiß, und so gehts durch Dick und Dünn, geradezu in Sumpf und Lach hinein. – Unsere schwärmerischen Knaben und Jünglinge haben was läuten gehört von der *sozialen Bewegung*, und von drohenden Wolken am Horizonte einer „neu gebärenden" Zeit. Und das Alles wollen sie flugs auf Ungarn anwenden, wo die gesellschaftlichen Erschütterungen vielleicht wirklich so weit reichen, daß zwei Menschen sich die Köpfe anstoßen, oder einander auf die Hühneraugen treten, ohne Pardon zu sagen. Bei Dickens und Sue haben sie sich die Phantasie erhitzt, in Wirthsstuben und Tavernen, wo vierzig pariser und londoner „Trägler" beisammensitzen, und nur ein einziges Lämpchen vom rußigen Plafond herabhängt, welches unbestimmte schwankende Schatten auf den Boden wirft – und voll von dieser Glorie geht so ein pester Romantiker hin, steckt ein neues Wirthshausschild in der Hatvaner Straße auf – Zins braucht er nicht zu zahlen; eine Fleur de Marie[4] ist nicht weit; der *Schulmeister* zwar geht ihm noch ab, und den soll er, wie es scheint, hier gar nicht finden, aber seine übrigen Gäste und Schurimanns bringt er sich hier selber mit, die er Gott weiß wo, nur nicht in unserm ziemlich friedseligen Weichbilde auftreibt. – O freilich umgekehrt wär's Feigheit; warum sollte auch das gesegnete Ungarn eine so hochfliegende Poesie entbehren, welches ja ein für alle Mal in Budapest sein Paris hat, und über Fischament und Linz seine sympathetischen Bruderküsse sendet? – Vor dem Homok[5] und dem Rochusspital draußen haben auch wir Barrieren, „Trägler" gibts bei uns auch, ein Lämpchen wird sich doch finden, und Schatten wahrlich sind hier auf jeden Fall genug.

So treibt der vaterländische sociale Roman, wie man ihn in naiver Nonchalance benennt, bei uns seine Blüthen und Blumen, die gar gewöhnlich nicht vierzig Tage brauchen, daß sie aufgehen. Gerade diese Herren schreiben natürlich sehr schnell. Da bringt man alles hinein was in den Wurf kommt, den Mops und das vis-à-vis, die nächste Barbierstube, alle öffentlichen Personen, Marqueurs, Tabakhändler, und den Rindskopf bei der „Stadt Paris". In einen socialen Roman paßt Alles; wo das dichtende Genie sein Auge hinwirft, das wird unsterblich. Dann kommen die großen Ästhetiker und guten Freunde, und rühmen das Opus an, und verkünden laut, daß es sich „socialis terén"[sic!][6] bewegt. Ist der Verfasser zufällig ein ver-

[3] Jósika Miklós: *Akarat és hajlam.* Regény [Wille und Neigung. Roman]. 2 Bde. Pest: 1846. In Fortsetzungen bereits 1845 in dem Feuilletonteil der Zeitung *Budapesti Hiradó* erschienen.

[4] Fleur de Marie: Waisenkind in Eugène Sues Roman *Les mystères de Paris* [Pariser Geheimnisse] 10 Bde. 1842–43.

[5] Dt.: Sand.

[6] Richtig ungarisch: szociális téren (dt.: im sozialen Bereich).

hätscheltes Ritterchen, und hat in seinem Leben einige Erfahrungen gemacht, so ist dieser Umstand von einem großartigen Gewicht, und wird noch ganz besonders mit rother Kreide herausgestrichen. Die Nationalliteratur aber ist auf jeden Fall – lächerlicher Weise wird auch dieses Wort stereotyp – um ein kostbares und edles Juwel bereichert worden!

Aber weiß Gott im Himmel, ich hätte noch immer nichts dagegen, und würde mich in jeder Kammer meines Herzens darüber freuen, daß unsere feurigen Genie's solche Anläufe nehmen, und daß sie die höchsten Fragen der Zeit in ihr strotzendes Programm setzen. Aber nur tritt hier eine zweite komische Seite störend hervor, daß nämlich diese vaterländischen Riesen und Gernegroß zwar hochragend auf französischen Stelzen einhergehen, dabei aber selbst noch in den Kinderhöschen stecken, und was das schlimmste ist, die Rotznase gar nicht verbergen können. Man braucht wahrlich kein Kenner zu sein, um nur im Vorbeistreifen dieser Schreibmanier anzumerken, daß die Hrn. Verfasser, die Männern nachhumpeln, die über die Encyklopädisten hinaus sind, ich will gar nicht sagen mit Clauren,[7] ja zum Theil nicht einmal mit *Campe* fertig geworden sind.[8]

Daher so vielmal ich einen ähnlichen Roman von Kuthy, Pálffy, Jókay, Petőfi, u. A. in die Hand nehme, habe ich immer einen tapfern Minneritter vor Augen, der auf einem hölzernen Bein einherhinkt, um seine Lanze einzulegen. – Eine Köchin, die sich an den Herd stellt und die feinsten Ragouts zurichtet, die aber nur den kleinen Fehler an sich hat, daß sie anstatt des Zuckers jedesmal einen Haufen Salz hineinwirft.

Wer wird da mitessen?

[7] H. Clauren war das Pseudonym von Karl Gottlob Samuel Heun (1771–1854), einem populären Novellisten und Dramatiker, dessen Werke der Trivialliteratur angehören.

[8] Das Lebenswerk des Jugendschriftstellers und Lexikographen Joachim Heinrich Campe gehört überwiegend noch der zweiten Hälfte des 18. Jahrhunderts an. Seine Erziehungsschriften, Ratgeber und seine belletristischen Kinder- und Jugendschriften, vor allem seine Bearbeitung des Defoe'schen *Robinson Crusoe* (*Robinson der Jüngere*, 1779) waren sehr beliebt und wurden in viele europäische Sprachen übersetzt.

Gustav Birnbaum

VON BÜCHERN UND JOURNALEN

Kritische Revue[1]

Aus einer Veröffentlichung in den *Életképek* ist ersichtlich, daß der *Säbel* noch eine bedeutende Rolle in der ungarischen Literatur spielt. Die Herren ziehen die Schwerter hervor und wollen sie in Blut tauchen, am Ende aber, sind es nur die Federn, die so rostig geworden.[2] Deutsche Schriftsteller mögen sich hier ein Beispiel nehmen, wie man ein Literat sein kann, und doch dabei den *gavallér,*[3] wie sich nämlich der *Honderű* (die Morgenröthe) so nackt ausdrückt, in allen Nüancen behaupten. Was weiß so ein deutscher Bär von der Ritterlichkeit und vom cavaliermäßigen Betragen, wenn er einmal Bücher ums Geld schreibt, und in seinen Mußestunden über den Staat philosophirt, hat er schon längst Degen und Ziegenhainer an die Wand gehängt, nicht so *aber ein adeliger Schriftsteller* in Ungarn, dem baumelt sein ritterlich Gewehr, er mag noch so alt und gelehrt werden, immer noch an der Seite. Die Duellerei, wie sie zuweilen zwischen unseren wohlgebornen Herren Literaten gang und gäbe ist, zeigt ziemlich klar, daß das junge Schriftthum überhaupt hier zu Lande noch an dem Flaumbart laborirt, und wie es für eine Polemik à la Pastor Götze,[4] im Allgemeinen auch viel zu we-

[1] *Pannonia* 1846, Nr. 138. vom 3. Dezember, S. 550.

[2] HAZUCHA FERENC: *Nyilatkozat* [Erklärung]. In: *Életképek* 1846, Bd. 6, Nr. 18. vom 31. Oktober, S. 574. Mit Hinweis auf zwei Mitteilungen Imre Vahots, die kurz davor im *Pesti Divatlap* erschienen waren und durch die er sich gekränkt und öffentlich verleumdet fühlte, erzählte Ferenc Hazucha in dieser Notiz, dass er Vahot zum Duell aufgefordert habe. Er habe aber von Vahot einen Brief empfangen, in dem dieser ihn versicherte, mit der beanstandeten beleidigenden Stelle in Nr. 43. des *Pesti Divatlap,* die keine Namen nannte, habe er keineswegs Hazucha gemeint. Hazucha teilte nun den Lesern mit, er sehe den Brief als ausreichende Genugtuung an und stehe somit vom Duellieren ab.

[3] Dt.: Kavalier.

[4] Der erzkonservative Hamburger Geistliche JOHANN MELCHIOR GOEZE (1717–1786) verfasste zahlreiche theologische Streitschriften. Im breiten bürgerlichen Publikum mit literari-

nig Contenance sich angeeignet haben mag. Von Hrn. Hazucha, offenbar einem Manne von gereifter Bildung, hätten wir so einen kleinlichen abgegriffenen Genugthuungs-Techtelmechtel Hrn. Vachot gegenüber im entfernstesten nicht erwartet.[5] Solche Redeweisen verbreiten oft einen gar zu abgeschmackten Duft, man riecht gleich den Krautjunker auf zehn Schritte in der Peripherie. Was speziell den Redakteur des *Divatlap* betrifft, so scha-

---

scher Bildung war sein Name vor allem wegen seiner scharfen Polemik gegen Gotthold Ephraim Lessing berüchtigt.

[5] Bei der Auseinandersetzung ging es um VAHOTs Theaterstück *Költő és király* [Dichter und König], das anläßlich seiner Erstaufführung am 28. September 1846 im Pester Nationaltheater in mehreren Zeitschriften, unter anderen auch in den *Életképek* von Ferenc Hazucha unter dem Pseudonym „V[as] A[ndor]" angegriffen wurde. Siehe *Életképek* 1846, Bd. 6, Nr. 14. vom 3. Oktober, S. 442–443. Vor allem waren die Kritiker des Stückes, unter ihnen auch Hazucha, darüber aufgebracht, dass Vahot aussereheliche Liebschaften des Königs Matthias I. thematisierte. In Nr. 41 des *Pesti Divatlap* (Vahot Imre: *Nemzeti színház* [Nationaltheater], *Őszhó 2. Költő és király* [Den 2. Oktober. Dichter und König]. In: *Pesti Divatlap* 1846, Nr. 41. vom 10. Oktober, S. 811–813.) reagierte Vahot der Reihe nach auf die Kritiken von Albert Pákh im *Pesti Hírlap*, von Hazucha in den *Életképek*, von der deutschsprachigen Pester Zeitschrift *Ungar* und von Gustav Ignaz Zerffi in der *Honderű*. In Nr. 43 des *Pesti Divatlap* richtete er einen Artikel gegen Zerffi [Anonym, d.i. Vahot Imre]: *Zerffi, a hős didaskaliairó* [Zerffi, der heldenhafte Didaskalienverfasser]. In: *Pesti Divatlap* 1846, Nr. 43. vom 24. Oktober, S. 854–855. [Spartentitel:] *Budapesti szemle* [Budapester Revue]. Der Text ist anonym erschienen, aber sein Inhalt macht die Verfasserschaft von Vahot eindeutig. Am Ende von diesem letzteren Text kommt jene Stelle vor, die Hazucha in seiner am 31. Oktober in den *Életképek* publizierten *Nyilatkozat* vor allem beanstandete und durch deren „Verdächtigungen" er sich verleumdet fühlte: „Száz meg száz illy hű irodalmi életképecskével szolgálhatnánk még a közönségnek! Hát ha még azon ocsmány, jellemtelen faját akarnók a firkászoknak feltüntetni, kik az erkölcsiségben leczkét tartanak műveink fölött, s maguk pedig annyira erkölcstelenek, hogy csak egypár forintra menő adósságaik lerovását is vonakodnak teljesíteni irányunkban! [...]" (Deutsche Übersetzung: Wir könnten dem Publikum mit hundert und wieder hundert solchen treuen literarischen Lebensbildchen dienen! Und würden wir noch jene widerwärtige, charakterlose Art der Schmierer vorstellen, die über unsere Werke moralische Lektionen erteilen, selbst jedoch so unmoralisch sind, dass sie sich weigern ihre einige Gulden ausmachende Schuld gegen uns zu begleichen!) In der *Nyilatkozat* [Erklärung] zitierte Hazucha den Satz „Hát ha még azon ocsmány, [...]" nur bis zur Mitte (bis zum Wort „hogy"), wodurch er die Leser über den eigentlichen Gegenstand der Verdächtigung und Verleumdung (unbezahlte Schulden) im Unklaren liess. Die ihn betreffende Stelle aus Nr. 41 des *Pesti Divatlap*, wo er auch mit Namen genannt wurde, zitierte Hazucha in der *Nyilatkozat* nur als Kontext, um durch das inhaltliche Zusammenklingen der beiden Textstellen zu erklären, dass er die spätere, keine Namen nennende Textstelle mit Recht auf sich bezog. Die Leser des *Pesti Divatlap* müssen sich jedoch darüber im Klaren gewesen sein, dass bereits der erste Text kränkende Behauptungen über Hazucha enthielt. Dass sich diese Behauptungen, er habe schlechte Theaterstücke geschrieben und habe in den *Életképek* falsche Angaben, „Lügen" über die Reaktionen des Publikums auf Vahots Stück mitgeteilt, auf Hazucha bezogen haben, kann Vahot nicht geleugnet haben. Die Versicherung, der Hinweis auf die nicht beglichenen Schulden habe sich nicht auf Hazucha bezogen, scheint jedoch ausreichend gewesen zu sein, um ein Duell zu verhindern.

det das gar nicht, daß er so schlechte Theaterstücke schreibt, er kann sie in Essig und Öl legen, wenn er will, denn aufgeführt werden sie ohnehin nicht,[6] weil aber der eingebildete Dramatiker den Journalisten aufzehrt, so gewinnt das Publicum im Ganzen noch dabei.

[6] BIRNBAUM irrte in diesem Punkt, da IMRE VAHOTs Stück *Költő és király*, wie auch aus seiner von Birnbaum zur Sprache gebrachten Auseinandersetzung mit Ferenc Hazucha hervorgeht (siehe Anm. 5.), damals bereits mehrmals auf der Pester Nationalbühne aufgeführt worden ist.

IV.

KRITIKEN ÜBER THEATER UND DRAMENLITERATUR

[Johann Friedrich Ludwig] Wachler

IFFLAND UND KOTZEBUE[1]

Beyde sehr verschiedenartig, fast entgegengesetzt dem Geiste und Streben nach, bemächtigten sich eines, beynahe ausschließlichen Besitzstandes auf der Bühne; daß der Schlechtere den Bessern daraus verdrängt hat, ist eine niederschlagende Erscheinung der Zeit und kann zugleich bemerklich machen, wo eigentlich der Mittelpunct des Grundsatzes für pöbelhafte Gemeinheit gesucht werden darf. Iffland will ernstlich bessern, durch dramatisches Bilderleben den Willen reinigen, die Einsicht und Betrachtung berichtigen; Kotzebue läßt sich daran genügen, allerley Volk, das er noch schlechter nimmt, als es im Grunde ist, durch buntes Gemische von Tugend und Laster, Hohem und Niederem, Altem und Neuem zu unterhalten und zu überraschen. Unter Iffland's Arbeiten verdienen mehrere (die Jäger, Verbrechen aus Ehrsucht, Bewußtseyn, der Herbsttag) Achtung, nicht blos wegen Reinheit der Gesinnung und wegen Reichthum an sittlicher und psychologischer Erfahrung, sondern auch oft in Hinsicht auf Haltung und Charaktere, auf malerische Lebendigkeit und dramatische Wahrheit; nicht mit Unrecht werden, besonders in spätern, eintönige Engkreisigkeit, allzuängstliches Anschließen an die Wirklichkeit, einseitiges Verweilen bey Verbrechen und Übereilungen, überhaupt Festhalten des Verbrauchten getadelt. Kotzebue's Stücke (es sind ihrer gegen 200), prunkend mit einer aus allen Welttheilen und Zeitaltern erbettelten oder erborgten Mannichfaltigkeit, oft gehoben durch freybeuterisch zusammengebrachte glückliche Theaterstreiche, hie und da durch gelungenen Dialog, sind voll Sünden gegen

[1] *Ährenlese* 1835, Nr. 34. vom 1. Mai, S. 138. Nach der Quellenangabe in der *Ährenlese* am Ende des Textes („Dr. Wachler's Vorlesungen über die Geschichte der deutschen Nationalliteratur") stammt die Textstelle aus den in zweiter Auflage 1834 in Frankfurt am Main erschienenen *Vorlesungen über die Geschichte der teutschen Nationalliteratur*, vgl. ADB, Bd. 40, S. 417.

richtigen Kunstsinn, gegen Gefühl des Anstandes und der Sittlichkeit; das Edle wird ungeschickt verzerrt und muthwillig verkrüppelt; mit Allem ein herzlos leichtfertiges Spiel getrieben, das als solches linkisch und mißrathen ist. Wer es wohl meynt mit deutscher Volksbildung, kann sie nur als Schmutzflecken der dramatischen Literatur betrachten. Nicht eher ist Hoffnung, daß des deutschen Publikums Empfänglichkeit für das Höhere und Reinere der Kunst im Werden und Steigen ist, als bis sich gegen Kotzebue'sche Mißbildungen der lauteste Unwille erhebt, und die, welche leider bis dahin verwöhnt sind, die Kunst zu Zeit und Gemüth verwüstender leerer Unterhaltung zu mißbrauchen, genöthigt werden, ihre schlechten Gelüste geheim zu halten, und sich ihrer wenigstens vor Andern zu schämen.

S.

AN HERRN UND FRAU HOLTEI[1]

Preßburg, den 15. Febr. 1836

Sängerpaar aus guter Zeit,
Wo Natur die Kunst geweiht,
Habt ein vielbedeutend Leben
Uns im heitern Spiel gegeben!
Leise hat man Euch gelauscht,
Leisen Beifall zugerauscht.

Wenn der Born entquillt dem Stein,
Frühlingssang belebt den Hain,
Wenn des Tages muntre Strahlen
Liebe Wiesenblümchen malen;
Spricht nicht laut des Menschen Lust,
Leise zittert's in der Brust.

Das Wort *Sänger* wird hier im antiken Sinne genommen. Wir kennen bloß eine Vokal- und Instrumentalmusik; allein die Griechen rechneten auch, und zwar ganz vorzüglich Declamation zur Musik. Auch wird kein Gebildeter in Abrede stellen, daß eine seelenvolle Declamation, wo das Ohr nebst dem Wohllaute des Wortes, auch noch die Sprache des Geistes und Herzens vernimmt, die genußreichste Musik sei. Denn was wollen alle Instru-

[1] *Ährenlese* 1836, Nr. 14. vom 19. Februar, S. 56. Der Dichter, Schauspieler und Dramenautor KARL HOLTEI befand sich mit seiner Frau im Jahre 1836 auf einer Kunstreise, auf der sie auch Preßburg besuchten. Holtei war u.a. als gewandter Vorleser dramatischer Werke bekannt.

mente der Welt, wenn des Menschen Stimme Klargedachtes aus den Tiefen des Herzens spricht! Ist vollends das Gesprochene heiter, so verdient der Künstler zwiefachen und dreifachen Dank. Das hat Herr von Holtei, der Dichter und Schauspieler, mit seiner liebenswürdigen Gattin, bei ihren Gastdarstellungen auf unserer Bühne, gethan, und wohlthuenden Nachklang seiner Kunst schon darum zurückgelassen, weil sie stets an der Hand der sittlichen Grazie wandelt.

[Karl Georg] Rumy

[NOTIZ IN THEATERSACHEN][1]

Während das magyarische Theater zu Ofen, trotz aller Unterstützungen und Opfer, sich nicht heben will, nur wenig besucht wird und gleichsam nur vegetirt, ungeachtet es in der That einige augezeichnete Schauspieler und Schauspielerinnen zählt, hadert Bajza in Betreff des magyarischen Theaters mit Munkácsy und seinen über das magyarische Theater schreibenden Mitarbeitern, in den *Rajzolatok*, mit Kovacsóczy in dem *Szemlélő*, und Garay in dem *Honművész*. Nachdem er gegen dieselben bereits kurz im *Társalkodó* geschrieben hatte,[2] füllt er den größten Theil des 7ten Heftes der Kritikai lapok mit Polemik über das magyarische Theater gegen je-

[1] *Ährenlese* 1836, Nr. 70. vom 2. September, S. [278–]279. (Mit mehreren anderen Notizen unter dem Titel: *Literarische Mittheilungen von Dr. Rumy*)

[2] BAJZA JÓZSEF: *A magyar színészeti bírálókhoz, különösen* X. *et Comp. úrhoz* [An die ungarischen Theaterkritiker, insbesondere an Herrn X. et Comp]. In: *Társalkodó* 1836, Nr. 19. vom 3. März, S. 73–76. Bajza warf dem sich als „X. et Comp." unterzeichnenden Kritiker der Pester Zeitschrift *Rajzolatok* vor (*Rajzolatok* 1836, Nr. 2–8, 10–13.) nicht genügend Kompetenz zu besitzen und die Ofener ungarische Schauspielgesellschaft zu tadeln, ohne seine negativen Urteile genügend zu begründen.

ne Schriftsteller,[3] die er in seiner bekannten derben Manier, in der er früher gegen Döbrentei, Dessewffy, Balogh[4] u.s.w. schrieb, abzufertigen sucht.

[3] BAJZA JÓZSEF: *Szükséges magyarázatok a' Rajzolatok' színbíráló companiájának* [Notwendige Erklärungen an die Theaterkritikercompanie der Rajzolatok] In: *Kritikai Lapok* 1836, Heft 7, S. 33–145. Das war eine Reaktion auf die in Nr. 20–21. der *Rajzolatok* erschienene Antwort von „X. et Comp." (9. und 12. März, S. 155–159 und S. 165–167), unter welchem Decknamen Bajza János Munkácsy, den Redakteur des Blattes vermutete. In Wirklichkeit verbarg sich hinter „X. et Comp." der Hilfsredakteur der *Rajzolatok*, Ferenc Hazucha, vgl. KERÉNYI 2000 Bd. 3, S. 1477, S. 1576–1580. und BAJZA 1899 Bd. 5, S. 379, Bd. 4, S. 410. Bajza nahm die Kritiken von „X. et Comp." genau unter die Lupe, um zu beweisen, dass seine im *Társalkodó* geäusserte Meinung begründet war; Ders.: *Pro memoria a' kassai Szemlélőnek* [Pro memoria an den Kaschauer Szemlélő] In: ebd. S. 146–150. „Párttalan" [Ein Parteiloser] nahm in der Kaschauer Zeitschrift *Szemlélő* 1836, Nr. 31. vom 18. April Sp. 495–496. und Nr. 32. vom 22. April Sp. 511–512 in der Auseinandersetzung von Bajza und „X. et Comp." Stellung. Bajza wies den ungebetenen Vermittler barsch zurück; Ders.: *Néhány szó a' Honművész' színi kritikáiról. Felvilágosításúl Garaynak* [Einige Worte über die Theaterkritiken des Honművész. Zur Aufklärung an Garay] In: ebd. S. 151–162. (János Garay reagierte in *Honművész* 1836, Nr. 27. vom 2. April S. 210–212. auf die in dem *Társalkodó* geäußerte Kritik Bajzas über „X. et. Comp."-s Arbeiten, in welcher Bajza auch über die Theaterkritiken des *Honművész* negativ urteilte, wenngleich er diese für harmloser hielt als jene der *Rajzolatok*: Bajza erklärte die zur Verteidigung des *Honművész* eingebrachten Argumente Garays für unzureichend. Die Polemik wurde auch nach diesen Äußerungen fortgesetzt (*Rajzolatok* 1836, Nr. 54. vom 6. Juli S. 427–430 – JÁNOS MUNKÁCSY; *Rajzolatok* 1836, Nr. 54. vom 6. Juli S. 430–432, Nr. 56. vom 13. Juli S. 445–448, Nr. 57. vom 16. Juli, S. 453–455, Nr. 58. vom 20. Juli, S. 461–463, Nr. 60. vom 27. Juli, S. 478–480, Nr. 61. vom 30. Juli, S. 485–487, Nr. 62. vom 3. August, S. 492–495, Nr. 64. vom 10. August, S. 511–512 – FERENC HAZUCHA; *Honművész* 1836, Nr. 56. vom 14. Juli, S. 445–447, Nr. 58. vom 21. Juli, S. 461–463, Nr. 59. vom 24. Juli, S. 469–471 – GARAY; *Társalkodó* 1836, Nr. 60. vom 27. Juli, S. 240 – Bajza.)

[4] Gábor Döbrentei, Paul Balogh und Graf József Dessewffy wurden von JÓZSEF BAJZA 1830 im Laufe des „Streits um das Conversationslexion" (Conversations-lexikoni pör) angegriffen. Dabei ging es darum, dass der Pester Verleger Otto Wigand die Herausgabe einer ungarischsprachigen Bearbeitung des von Brockhaus verlegten deutschen Conversationslexions plante. Unter den Literaten, die die Übersetzungs- und Bearbeitungsarbeit leiten und leisten sollten, waren Gábor Döbrentei und Paul Balogh. Der Schriftsteller und konservative Politiker Graf József Dessewffy verteidigte das Unternehmen Wigands öffentlich. (Zum Literaturstreit um das Conversationslexikon vgl. u.a. TÓTH 2000; FENYŐ 1990, S. 83–98.)

L. K.

VATERLÄNDISCHE BÜHNENLITERATUR[1]

Seit der Eröffnung des ungarischen Nationaltheaters in Pesth sind keine 2 Jahre verfloßen, und dennoch erfreuet sich dieses nützliche Institut bereits eines bedeutenden Aufschwunges, und fängt bereits an, auch auf die Provinzial-Bühnen wohlthuend zu wirken, indem dasselbe durch ihr gewähltes Repertoir die wandernden Schauspielgesellschaften in den Stand setzt, sich mit gewählten Original- und gut übersetzten fremden Bühnen-Stücken versehen zu können, wozu die ungar[ische] Gelehrten-Gesellschaft das Meiste beiträgt durch Aufmunterung und Honorirung der Schriftsteller, für gelungene Übersetzungen. Es geschah jedoch meistens, daß derlei Bühnenstücke fehlerhaft abgeschrieben wurden, was natürlich überaus störend wirkte. Um diesem Umstande abzuhelfen, und zugleich den ungar[ischen] Lese-Publicum eine angenehme Lectüre zu bieten, gibt Hr Ignatz v. Nagy, bekannt als beliebter Novellist und fleißiger Bereicherer des ungar[ischen] Repertoirs, unter dem Titel *Színműtár* eine Sammlung von originellen und übersetzten vorzüglicheren Bühnenstücken heraus, in zwanglosen Lieferungen.[2] Das erste Heft liegt vor uns, und enthält eine äußerst gelungene Übersetzung des *Ruy Blas* nach dem Französischen des Victor Hugo,[3] von dem Herausgeber. Die Ausstattung des Werkes ist wunderschön, und gereicht sowohl der Universitäts-Buchdruckerei, als auch dem Geschmacke des Herausgebers zur Ehre, und der Preis (40 kr C. M.) dabei so gering, daß wirklich nur die größtmöglichste Theilnahme des Publikums das verdienstliche und zeitgemäße Unternehmen würdig zu belohnen vermögend ist. Die

[1] *Gemeinnützige Blätter* 1839, Nr. 35. vom 2. Mai, S. 138.

[2] Von dem *Színműtár* [Magazin von Theaterstücken] erschienen zwischen 1839 und 1843 insgesamt 56 Hefte (4 Bände). Jedes Heft enthielt ein Schauspiel.

[3] VICTOR HUGOs Drama *Ruy Blas* entstand im Jahre 1838.

2te Lieferung erscheint noch im Laufe des Monats Mai, und wird die mit so vielem Beifalle aufgenommene Posse *Peleskei notárius* von Gaal[4] enthalten. Wir wünschen diesem nothwendig gewordenen nationellen Unternehmen von Herzen Glück, und dem wackern Herausgeber allgemeine Anerkennung seiner verdienstlichen Bemühungen.

[4] Der *Peleskei nótárius* [Der Notar von Peleske] von JÓZSEF GAÁL wurde im Pester Ungarischen Theater seit Oktober 1838 mit großem Erfolg gespielt. Die erste Publikation des Stückes erfolgte im zweiten Heft des von IGNÁC NAGY herausgegebenen *Színműtár* im Jahre 1839.

Adolf Neustadt

[KRITIK ÜBER:] *DER FABRICANT*

Schauspiel in 3 Acten, nach dem Französischen. Theater in Preßburg. Donnerstag den 5. [November] zum Erstenmale: Der Fabricant. Schauspiel in 3 Acten, nach dem Französischen[1]

Über das Stück selbst verweise ich meine geehrten Leser, die dessen ästhetischen Werth beleuchtet wollen, auf die Wiener Journale, die erst vor Kurzem, nach der Darstellung im Burgtheater, mannigfache Kritiken darüber brachten. Das Schauspiel ist als dramatisches *Kunstwerk* nicht von solcher Bedeutung, um es nach allen Regeln zu seciren, und ich will daher eine andere Seite bei dieser Gelegenheit besprechen. In allen Blättern und Blättchen wird gegen die Pariser Producte, die unsere Bühnen überschwemmen, geeifert; einige große kritische Thurmglocken ließen Sturm ertönen, und jedes recensentliche Lämmlein schwingt das Klöppel und läutet nach. Auch meine Wenigkeit hat schon manchmal das kritische Hämmerchen geschwungen, um die französischen Dramendichter zu erlegen; die Entfernung von Teutschland nach Paris ist etwas weit, und ich glaube nicht, daß sie dort etwas von unsern großen und kleinen Glocken hören, selbst wenn der Rhein nicht dazwischen flöße. Ich erkenne nur zu wol die Mängel jener Arbeiten, und den Schaden, den sie bei unsern Theatern verursachen; aber ich verkenne auch nicht die Vorzüge und ihren Nutzen. Ja ihren Nutzen! ich wiederhole es, obwohl vielleicht mancher Theaterbeurtheiler darüber staunt. Die französischen Komödien sind die einzigen, die das Publicum amüsiren; wir Teutschen haben keine Lustspielmacher, wie sie in Paris stockweise existiren. *Wären aber jene Vaudevilles nicht, so müßten wir in Wie-*

[1] *Pannonia* 1840, Nr. 90. vom 10. November, S. 360. [Spartentitel:] *Theater in Preßburg*. Das französische Original wurde von EMILE SOUVESTRE verfasst. Die Vorstellung fand im Preßburger Städtischen Theater „Donnerstag den 5. [November 1840] zum Erstenmale" statt.

ner Possen elendiglich umkommen. Es sind zwei Übel, ich stimme für das kleinere. Zudem die Vorzüge der Pariser Fabricate! Nicht bloß die Leichtigkeit in Stoff, Behandlung, Scenirung und Dialog, sondern das sehr oft *Wahre* dieser Situationen und Charaktere, und die mit einfachen, wenn auch nicht immer zu billigenden Mitteln herbeigeholten Effecte. Der Possendichter muß zum verrosteten Olymp, zur unklaren Allegorie, zum Kneipenwesen, zur Zote seine Zuflucht nehmen; der Vaudevilleschreiber packt seine Personen und Handlungen aus dem Salon, oder von der Straße auf. Die alten Götter sind gute Kerle, aber unleidliche Spaßmacher, und eine Äquivoquerie[2] ist anzuhören, wenn sie nicht knitteldick gegeben wird; aber die lebenden Menschen, ihre komischen Verhältnisse und Gestaltungen, ja lascive Situationen, die natürlich daraus hervorgehen, werden immer unser Interesse erregen, und nicht bloß lachen machen, worauf einzig und allein die Wiener Possen hinarbeiten, sondern auch oft Sinn und Gefühl ansprechen. Die französischen Stücke sind also ein erwünschtes Gegengewicht gegen das Überwuchern des Possen-Unsinns, und man ficht mit Unrecht dagegen; nur die Übersetzer sollten der schärfsten Kritik anheimfallen, die Crethi und Plethi[3] bearbeiten, ohne Umsicht und Geschmack, um ein paar Gulden Honorar zu erhaschen, oder die gar den Namen des wahren Autors verschweigen, und sich, nebst dem Gelde, einen Dichterruf aneignen wollen. Gute Pariser Stücke in angepaßten Bearbeitungen sollten aber überall in Schutz genommen werden. Vorgenanntes Schauspiel gehört zu den bessern Erscheinungen, und wird überall Beifall erhalten. Eine Familienbegebenheit, natürlich, wahrscheinlich, klar und interessant, beginnt, verwickelt sich und endet vor unsern Augen, so daß das Publicum mit hineingezogen wird in's Interesse des Dargestellten, daß man Theil nimmt, ja sogar Partei für diese oder jene Person, und daß das Interesse bis zum letzten Worte gespannt bleibt. Ich weiß wol, daß man dem Ende keinen unbedeutenden Vorwurf machen kann; es gibt keine Gewähr für die abermalige Verirrung dieser Frau!!! Aber das ist der Einwurf eines raffinirten Verstandes, einer gewiegten Erfahrung, während der Unbefangene sich rückhaltlos der Dichtung und Vorspiegelung hingibt. Tausende werden dieses gute und schöne Stück ansehen, werden lachen und weinen, und – *vielleicht* nehmen Einige eine tüchtige Lection nach Hause. Freilich, jene Besucher der Gallerien, die in Hemdärmeln sitzen, Bier trinken und Krenwürstel verzehren, werden sich besser bei Possen unterhalten; aber jene, die nicht in's Theater gehen, um Bier und Würstel zu genießen, werden sich bei diesem Schauspiele gewiß trefflich unterhalten. – Über die gute, ja sehr gute Darstellung möchte

[2] Zwei- bzw. Mehrdeutigkeit.

[3] Krethi und Plethi, eigentlich Scharfrichter und Läufer, die Leibwache Davids; hier: allerlei Volk, Gesindel.

ich gerne viel Lob schreiben: Dem Herrn Röder, Cantal, für seine, selbst bis zu den Bewegungen der Arme, gediegene und mackellose Leistung; Herrn Woller, Havelin, für das gelungene Durchführen der mimisch-schwierigen Partie; Herrn Kaschke, Lambert, für die verständige Mäßigung in Wort und Action; der Madame Waas, Eugenie, für die überraschend treffliche Darstellung eines fremden Rollenfaches; auch das Ineinandergreifen und Unterstützen, das gerundete Ensemble; endlich möchte ich die Direction für Vorführung dieses Stückes, und die Regie für den Fleiß, indem diese Woche bereits zwei größere Neuigkeiten gegeben wurden, loben, aber ich habe keinen Raum dazu!!! – Jedoch zum Tadel hab' ich noch Platz, daß der Bediente anders besetzt werden sollte; denn dieser ist keine Nebenpartie, sondern ebenfalls eine Hauptperson des Stückes, der nicht durch possirliche Sprünge und Gesten, sondern durch eine ruhige, trockene Darstellung der Handlung und den Nebenpersonen zur komischen Folie dient.

Adolf Neustadt

[KRITIK ÜBER:] *DER KRÄMER UND SEIN COMMIS*

Posse von [Friedrich] Kaiser[1]

Am ersten Tage hatte sich ein überfülltes Haus recht beifallslustig gezeigt, am zweiten, wo Schreiber dieser Zeilen sich im Theater befand, ging es ganz stille einher, und nur ein Couplet wurde applaudirt. Das Stück ist nicht besser und nicht schlechter als andere Wiener Fabrikate. Einige Kritiker wollten dem Verfasser ein Verbrechen daraus machen, daß er Kotzebues Brandschatzung als Grundlage der Handlung benützte; allein wollte man solche Quellen verstopfen, so müßten unsere erfindungsarmen Dichter bald austrocknen. Zudem ist der witzige Dialog wirklich Eigenthum des Autors, und mehr braucht es heute nicht um ein Lebensbild, eine Posse auf die Bretter zu bringen. Das Erfreuliche dabei ist, daß in diesem Dialoge, sich annähernd und nacheifernd dem Nestroyschen, auch etwas Ernst zu bemerken, eine Satyre, die schärfer einschneidet, und nicht bloß prickelnd über die Haut läuft, eine Persiflage von Zuständen und Verhältnissen, die ein wahrer wunder Fleck im bürgerlichen und gewerblichen Leben sind. Dem ist auch wohl eher als irgend einer persönlichen Beziehung der Beifall zuzuschreiben, den das Stück in Wien fand, und man merkt es, der Verfasser wäre gern noch weiter gegangen, um mit scharfer Geißel moralische Blößen zu züchtigen. Solche Versuche verdienen Beifall und Ermunterung, damit die sogenannten Localdichter einmal einen andern Weg betreten, als den wo sie lauter Stubenmadlaffairen und Bedientendummheiten antreffen.

Wir besitzen keine Dichter in diesem Genre, in deren Arbeiten das Ideale vorwalten könnte; Nestroy, Kaiser und *Alle* sind keine *Poeten*. Deßhalb muß man mehr ins reale Leben eingreifen, und wer seine Bilder daraus

[1] *Pannonia* 1845, Nr. 4. vom 9. Januar, S. 14. [Spartentitel:] *Theater in Preßburg*. Die Kritik behandelte zwei Vorstellungen des Stückes im Preßburger Städtischen Theater: „Montag, den 6. Jänner zum Erstenmale, Dienstag wiederholt".

nimmt mit weniger Gemeinheit, mit geringerer Fratzenhaftigkeit, mit minderer Lascivität, der verdient das größere Lob, um so mehr, wenn er treffend schildert, dabei amusirt und nachhaltig wirkt. Und all dies läßt sich dieser Novität nicht abstreiten. – Die Hauptrollen sind in den Händen der Herren Nitsch (Herr), Stein (Commis) und Walburg (Rittmeister).

Adolf Neustadt

[KRITIK ÜBER:] *EGMONT*

Trauerspiel von Goethe[1]

Hr. Wilke wählte dieses Stück zu seiner Benefice. Aus dem geglückten Versuche, da das Haus voll war, wird Jedermann ersehen, daß nicht etwa der Geschmack, sondern das Renommé der Dichter und der Dichtungen unverwischbar bleibt. Die Hanswurstereien und die Gänsehautmachenden Dramen, die Abendaus Abendein vorgeführt werden, erregen erst recht die Lust, einmal Besseres, Anerkanntes zu sehen. Leider können wir an ein Provinzinsitut nicht die Forderung stellen, Klassisches klassisch vorzuführen, und man muß sich zufrieden geben, wenn auch nur ein Bruchstück gelingt.

Goethes *Egmont*, dieses schwachbeinige und heldenlose Drama, das außer der Liebesepisode nichts Thatsächliches enthält, gehört eben deßhalb zu den schwierigen Darstellungspiecen. Egmont, dem aller Glanz, alle Herrlichkeit, alle Volksliebe, alle Fürstenachtung *zugesprochen* wird, erscheint vor den Augen des Publicums als ein Garnichtsthuer, als ein Fliegenfänger, während ein Erdbeben droht. Egmont erregt auch deßhalb mit seinem gewaltsamen Ende kein größeres Interesse, wie jeder andere schöne Kopf der dem Henkerbeil verfällt. Der liebe, schöne, unschuldige Mann! Das ist der Ausruf, den die weichmüthigen Zuschauerinnen bei diesem Trauerspiele hören lassen, einen tiefern, gewaltigern Eindruck vermag der Held, der dieser Tragödie den Titel gibt, keineswegs hervorzurufen. Da ist der Herzog Alba ein anderer Mann, ein Tyrann, aber ein ganzer, den nicht Weiber- und Kindesliebe, nicht süße Worte und nicht Schreckensbilder, selbst triftige Gründe nicht von seinem einmal gefaßten Vorsatze abbringen, durch Blut und Schre-

[1] *Pannonia* 1846, Nr. 132. vom 19. November, S. 526. und Nr. 133. vom 21. November, S. 529–530. [Spartentitel:] *Theater in Preßburg*. Die Vorstellung fand im Preßburger Städtischen Theater „Samstag, [den] 14. [November 1846] zum Erstenmale" statt.

cken das Volk zu beherrschen. Alba ist der eigentliche Held des Stückes, und selbst Klärchen greift tiefer hinein als Egmont.

Ich will den freundlichen Lesern die Kritik Schillers über *Egmont* ins Gedächtniß bringen,[2] damit man daraus sehe, wie leise und linde der Liebenswürdige seine Meinung äußerte, und doch der Wahrheit ihr Recht ließ. Es ist interessant.

Schiller schreibt: „Hier ist keine hervorstechende Handlung, keine vorwaltende Leidenschaft, keine Verwicklung, kein dramatischer Plan, nichts von dem Allen; eine bloße Auseinanderstellung mehrer einzelner Handlungen und Gemälde, die beinahe durch nichts als durch den Charakter zusammengehalten werden, der an Allen Antheil nimmt, und auf den sich Alles bezieht.[”]

„Goethe fühlte, die Armuth des Stoffes durch den Reichthum seines Genies ersetzen zu können. – In der Geschichte ist Egmont kein großer Charakter, er ist es auch in dem Trauerspiele nicht.” Mit diesem einen Ausspruche ist die ganze Dichtung beurtheilt und als Trauerspiel verurtheilt; Schiller wußte das ganz genau, und um dieß zu mildern, schildert er nur die Liebenswürdigkeit dieses Charakters in allem Glanz, der „nicht durch Außerordentlichkeit, sondern durch schöne Humanität rühren soll”; allein zuletzt kömmt er doch wieder, Egmont mit Heinrich IV. vergleichend, dahin, zu fragen: „durch welche strahlende That, durch was für gründliche Verdienste hat sich Egmont bei uns das Recht auf Theilnahme und Nachsicht erworben?” – „Es ist eben das Unglück, daß wir seine Verdienste bloß vom Hörensagen wissen und auf Treu und Glauben anzunehmen gezwungen werden, seine Schwachheiten hingegen mit eigenen Augen sehen.” – Schiller nennt hier den Fehler des Dramas ein „Unglück;” um dem Dichter nicht wehe zu thun, schiebt er das Verfehlte auf den Helden, und kanzelt nun diesen ab, der „als die letzte Stütze der Nation, eigentlich nichts Großes thut.” – Man muß diese Wendung in Schillers Recension genau verfolgen um seine Delicatesse, mit welcher er Goethe dem Gefeierten gegenüber die kritische Feder führt, ganz zu würdigen. Nicht blos daß er alle Mängel und Gebrechen dem Helden unterschiebt, als hätte dieser sich selbst so hingestellt, als wäre es der treue historische Egmont, der vor uns erscheint, überträgt er alle Züge, die einzig und allein dem Charakter Goethes eigen sind, auf den Charakter Egmonts. Schiller macht es da, wie die alten Hofmeister der Prinzen; wenn der junge Fürst bestraft werden sollte, mußte sein zu diesem Zwecke bereits auserwählter Studienkollege den Buckel herhalten. Schiller schlägt den Egmont statt den Dichterfürsten Goethe.

[2] SCHILLERS Rezension über GOETHEs 1787 abgeschlossenes Trauerspiel *Egmont* erschien im September 1788 in der Jenaer *Allgemeinen Literatur-Zeitung*. Das Stück wurde erst 1791 uraufgeführt.

So ruft er nach Anführung der Scene zwischen Egmont und Oranien, wo dieser ihn auf sein Verderben aufmerksam macht, jener aber sorglos zum Liebchen geht, aus: „Wie? Nach einer so ernsten Aufforderung keinen andern Gedanken als Zerstreuung?" – Wer erkennt aus diesem Zuge nicht Goethes eigenes Wesen, der bei einer Schlacht anatomische Studien macht? der bei den erntesten Interessen der Gesammtheit an seine Privatangelegenheiten dachte? wie es Börne mit solchem heißen Eifer darthat. Aber der liebenswürdige Schiller schließt das eine Auge gegen Goethe und schielt mit dem andern nach Egmont hinüber, zu dem er zornig sagt: „Wenn es euch zu beschwerlich ist, euch eurer eigenen Rettung anzunehmen, so mögt ihrs haben, wenn sich die Schlinge über euch zusammenzieht. Wir sind nicht gewohnt, unser Mitleid zu verschenken." Goethe zeichnete den Egmont auch so, daß man ihm nur Mitleid schenken kann, er es aber nicht erwirbt, trotzdem er als einer der edelsten Männer geschildert wird. Seine Verurtheilung ergreift weniger, als der Schmerz des jungen Alba, der aus reiner kindlicher obwol auch kindischer Seele kommt.

Die Sympathie Schillers für Scenen wo das Gefühl in idealen Regionen schwärmt, ist bekannt und dennoch tadelt er „das eingemischte Liebesverhältniß", obwol mit der schonenden hinterhaltigen Construction: „*Hätte* es dem Interesse wirklich Schaden gethan, so *wäre* dieses doppelt zu beklagen, da der Dichter noch obendrein der historischen Wahrheit Gewalt anthun mußte. In der Geschichte war Egmont verheirathet, und hinterließ 9, andere sagen 11 Kinder." – Der gemüthliche Schiller fällt gleich darauf, daß der Dichter „diesen Umstand nicht hätte vernachlässigen sollen, sobald er Handlungen, welche natürliche Folgen davon waren, in sein Trauerspiel aufnahm." – Aus dieser einen Andeutung sieht man, welche tiefe psychologische Anschauungen den Kritiker leiteten; er sucht den historischen Ausgang durch die natürliche Nothwendigkeit zu erläutern und durch die Situation zu motiviren. Egmonts Vermögen war zerrüttet, während Goethe ihn im Überflusse darstellt; dieser läßt ihn leichtsinnig und leichtgläubig in Brüssel trotz aller Warnungen verharren, während Egmont doch nur seine Familie nicht verlassen wollte. „Wie zusammenhängend, wie menschlich wird nunmehr sein ganzes Verhalten! ruft Schiller. Er wird nicht mehr das Opfer einer blinden törichten Zuversicht, sondern der übertriebenen ängstlichen Zärtlichkeit für die Seinigen. Weil er zu fein und zu edel denkt, um einer Familie, die er über Alles liebt, ein hartes Opfer zuzumuthen, stürzt er sich selbst ins Verderben. Und nun der Egmont im Trauerspiel! – Indem der Dichter ihm die Gemahlin und Kinder nimmt, zerstört er den ganzen Zusammenhang seines Verhaltens. Er ist ganz gezwungen, dieses unglückliche Bleiben aus einem leichtsinnigen Selbstvertrauen entspringen zu lassen, und verringert dadurch gar sehr unsere Achtung für den Verstand seines Helden, ohne ihm diesen Verlust von Seite des Herzens zu ersetzen. Im Gegentheil – er bringt uns um das rührende Bild eines Vaters, eines liebenden Gemahls, – um uns dafür einen Liebhaber von ganz gewöhnlichem Schlag zu geben, der die Ruhe eines liebenswürdigen Mädchens, das ihn nie besitzen, und noch weniger seinen Verlust überleben wird, zu Grunde richtet, dessen Herz er nicht einmal besitzen kann, ohne eine Liebe, die glücklich hätte werden können, zu zerstören, der also, mit dem besten Herzen zwar, zwei Geschöpfe unglücklich macht, um die sinnenden Runzeln von seiner Stirn wegzubannen. Und Alles dieses kann er auch außerdem erst nur auf Unkosten der historischen Wahrheit möglich machen, die der dramatische Dichter allerdings hintansetzen darf, um das Interesse seines Gegenstandes zu erheben, aber nicht um es zu schwächen. Wie theuer läßt er uns also diese Episode bezahlen, die, an sich betrachtet, gewiß eines der schönsten Gemälde ist, die in einer größern Composition, wo sie von verhältnißmäßig großen Handlungen aufgewogen würde, von der höchsten Wirkung würde gewesen sein."

Jedes Wort eine kritische Goldperle, bittere Pillen für Herrn Goethe, wenn man bedenkt, daß er damals *allein* auf dem Dichter-Throne saß, dem sich Schiller noch ferne halten mußte. Besonders aufmerksam machen wir die Leser auf die letzten Zeilen, in denen unverkennbar die erste Spur der schwungvollen, hinreissenden Episode zwischen Max und Thecla sich findet. Schiller schrieb diese Recension 1788 und erst 10 Jahre später erschien der *Wallenstein,*[3] aber seine Ansicht blieb, sobald sie vom lendenlahmen Gaul des Grübelns und Reflectirens abstieg und auf dem geflügelten Roße in die Lüfte sich erhob, dieselbe, und so verdanken wir gewiß dem unlautern Verhältniß Egmonts und Klärchens, dem „Liebhaber vom gewöhnlichen Schlag", jenes engelreine ideale Liebesverhältniß zwischen dem Sohne Piccolominis und der Tochter Wallensteins, eine der hervorragendsten Schöpfungen der Weltliteratur, worein alle Glut, aller Schmerz, aller Adel einer Dichterseele gehaucht ist. Was Schiller hier als richtig ausspricht, hat er auch in seiner Trilogie beobachtet, daß er nämlich die Episode verhältnißmäßig großen Handlungen einverleibt: nicht der Held selbst spielt diese Liebelei, wie im *Egmont*, sondern nur eine Nebenfigur des Friedländers.

Wer Egmont und Max, Klärchen und Thecla nebeneinanderstellt, wird einen treffenden Vergleich beider Dichter heausfinden, oder eigentlich den treffenden Unterschied. Gewiß erinnern sich dabei Viele jenes Briefes, den Schiller nach seiner ersten Bekanntschaft mit Goethe schrieb (sie geschah in Rudolstadt in demselben Jahre als er die Recension über *Egmont* lieferte): „Sein ganzes Wesen ist schon von Anfang her anders angelegt, als das

[3] Von den drei Teilen der Wallenstein-Trilogie (*Wallensteins Lager, Die Piccolomini, Wallensteins Tod*) wurde der erste 1798, der zweite und der dritte 1799 in Weimar uraufgeführt. Die Trilogie wurde 1800 in Tübingen gedruckt.

meinige, seine Welt ist nicht die meinige, unsere Vorstellungsarten scheinen wesentlich verschieden."[4] – Diese Verschiedenheit zeigt sich in Schillers Auffassung des *Egmont*. Nachdem er das Ganze mit so linden Äußerungen als verfehlt nachwies, lobt er endlich „das schöpferische Genie, das so viele Schwierigkeiten besiegt." – Nachdem er einzelne Scenen und Charaktere bespricht, sagt er: „Meisterhaft erfunden und ausgeführt ist die Scene Egmonts mit dem jungen Alba im Gefängniß" – und nicht ohne Grund glauben wir hier wieder den Keim zur meisterhaften Abschiedsscene zwischen Max Piccolomini und Wallenstein zu erblicken.

„Klärchen ist unnachahmlich schön gezeichnet" – urtheilt Schiller. „Wer zweifelt – setzt er bedeutungsvoll hinzu – daß der Verfasser in einer Manier unübertrefflich sein, worin er sein eigener Meister ist."

Manier! Goethe! und doch wie wahr.

Über den Schlußspuck ist Schiller sehr ungehalten. „Mitten aus der wahrsten und rührendsten Situation werden wir durch einen Salto mortale in eine Opernwelt versetzt, um einen Traum – zu sehen. Lächerlich würde es sein, dem Verfasser darthun zu wollen, wie sehr dadurch unserem Gefühle Gewalt angethan werde, das hat er so gut und besser gewußt als wir; aber ihm schien die Idee, Klärchen und die Freiheit, Egmonts beide herrschende Gefühle, in Egmonts Kopf allegorisch zu verbinden, gehaltreich genug, um diese Freiheit allenfalls zu entschuldigen. Gefalle dieser Gedanke dem er will – Recens[ent] gesteht, daß er gern einen sinnreichen Einfall entbehrt hätte, um eine Empfindung ungestört zu genießen." – Auch aus diesem Schlußausspruche ist Schillers richtiges Gefühl zu erkennen, und man muß gestehen, daß selbst die Beethovensche Zwischenmusik mehr störend ist für die Empfindung als fördernd.

Über die Darstellung, so wie über das Recitiren Goethe'scher Prosa, bei anderer Gelegenheit, da diese Didaskalie ohnehin schon mehr Raum als gebührlich einnimmt.

[4] Brief an Christian Gottfried Körner, Rudolstadt vom 12. September 1788.

– –

[KRITIK ÜBER:] *ÁRMÁNY ÉS SZERELEM* (*KABALE UND LIEBE*)

von Schiller; übersetzt von Szenvey [mit dem Ehepaar Lendvay in den Hauptrollen][1]

Es dürfte für unsere Leser nicht uninteressant seyn, die Urtheile der ungarischen Journale, als dieses Werk unlängst auf der Pester Nationalbühne zum Erstenmale zur Darstellung kam, kennen zu lernen; besonders für die Preßburger, da hier wie dort die Hauptrollen in den Händen des gefeierten Künstlerpaar's Lendvay sich befanden. – Das kritische Blatt *Athenäum* fertigt es auf folgende Weise ab:[2] „Dieses Jugendwerk Schillers, voll von Genialität, und zugleich voll von Schwächen, wird vor dem deutschen Publicum immer mit großem Beifall gegeben; bei uns hat es nicht allgemein angesprochen, denn wir sind keine Deutschen; die zu überspannte Empfindung, welche in diesem Schillerischen Ferdinand tobt, und in Luisen lodert, konnte nicht ergötzen. Außerdem gehörte die heutige Darstellung auch nicht zu den gelungensten. Lendvay, so schien es, konnte in die Tiefe des Charakters nicht eindringen. Sein Spiel war ein zerrissenes, nicht folgerechtes und daher unzusammenhängendes.["] – So viel das *Athenäum*.– Der vom „geistreichen und unpartheiischen Horváth redigirte *Honderű*" (wie ihn sein *Vetter* Horváth in der *Theaterzeitung* nennt) ja, was sagt der, gewiß brachte er eine treffende Kritik? – Man höre. –[3] „Das Werk selbst ist bekannt, (so? auch seinen Lesern bekannt?? wer's glaubt,) wir wollen darum nur über die

[1] *Pannonia* 1843, Nr. 130. vom 14. November, S. 518–519. [Spartentitel]: *Feuilleton. Ungarisches Theater im hochfürstlich Pálffyschen Saale*. Die Vorstellung fand am 11. November 1843 statt. Der Untertitel der Theaterkritik enthielt die Angabe: „Der Beneficiant Hr. Lendvay den Ferdinand und Mad. Lendvay die Luise als Gäste." Der Autor der Kritik signierte sich mit der Nummer 586.

[2] *Athenaeum* 1843, Új folyam II. kötet [Neue Folge Bd. II], S. 322. Der Verfasser dieser Theaterkritik in dem *Athenaeum* war József Bajza, vgl. BAJZA 1899, Bd. 5, S. 334. Zu dem Text vgl. u.a. TARNÓI 1989, S. 14.

[3] *Honderű* 1843, Nr. 17. vom 17. Oktober, S. 549. Der Referent der *Pannonia* zitierte die in der *Honderű* publizierte Kritik nur teilweise.

Darstellung einige Bemerkungen machen. Herr Lendvay faßte die Rolle gut auf, indem er sich nach Möglichkeit fernhielt von jener weinerlichen Art, in die man leicht bei dieser Rolle verfallen kann; er legte männliche Kraft und Ruhe hinein, und machte so diesen Ferdinand auch für einen ungarischen Magen verdaulich.["] – (Hier ist zu bemerken, daß der *Honderű* für die ungarischen Damen haute volée[4] schreibt.) – Dieß der *Honderű*. Der *Regélő* versprach nächstens Ausführlicheres.[5] – Für den deutschen Leser möge hier die Bemerkung stehen, daß nur ungarische Originalstücke in den ungarischen Journalen ausführlicher besprochen werden; ob aber ein Schillerisches Stück nicht mehr Berücksichtigung verdiene, möge dahin gestellt bleiben. [Anm.] – Der Eindruck, den dieses Stück auf das hiesige Publicum machte, war ein *schwacher*, der größte Theil blieb kalt, selbst das heute in größerer Zahl anwesende schönere Geschlecht konnte sich, so viel ich bemerkte, in die Situationen der Liebenden nicht hineinfühlen, wozu freilich viel beitrug, daß die unentbehrliche Täuschung in diesem Theater bedeutend geschwächt wird, da die Bühne zu klein und dem Zuschauer zu nahe ist, es daher dem Schauspieler sehr schwer wird, die Rolle eine ganze lange Scene durch zu behaupten, und man die kleinste Veränderung in den Gesichtszügen wahrnimmt. Die Aufführung betreffend, insbesondere Herrn Lendvay halten wir es mit dem *Athenäum*, doch müssen wir gestehen, daß manche Scene meisterhaft durchgeführt wurde. In Mad. Lendvay lernten wir eine *ausgezeichnete* Schauspielerin kennen, sie gab die Luise bis in die kleinsten Nuancen auf eine, im wahren Sinne des Wortes, würdige Weise. – Mad. Bartha (Lady Milfort) sah sehr imposant aus; dieß ist aber auch Alles, was ich Rühmliches von ihr sagen kann. Die übrigen hatten wohl keine Ahnung von dem, was sie spielen sollten. Nur Eins sey erwähnt, der Darsteller des Marschall Kalb machte nach der Duellscene zwischen Ferdinand und ihm, einige Bockssprünge zur Thüre hinaus, als wenn ein Schusterbube einer Höckerin einen Apfel wegschnipft, und pfeifend davon hüpft. – Der Saal war ganz voll, der Beifall ein stürmischer, obwohl mehr gezwungener Art.

[Redaktioneller Kommentar als Anmerkung]:
Nach meiner Ansicht verdient das geringfügigste Original mehr Berücksichtigung von den heimischen Beurtheilern, als selbst die besseren auswärtigen Producte, Übersetzungen u. dgl.

N[eustadt]

[4] Dt.: aus den vornehmen Kreisen, von hohem Rang.

[5] *Regélő Pesti Divatlap* 1843, Nr. 33. vom 22. Oktober, S. 1052. Das Referat des *Regélő* macht etwa zehn Zeilen aus, u.a. wird darin über das mangelnde Publikum bei der Aufführung geklagt.

(Gustav Ignaz Zerffi)

SZÖKÖTT KATONA. (DER DESERTEUR)[1]

Wenn man über die Laster lacht, sind sie nicht gefährlich. Nur die sentimentale Beschönigung des Lasters verführt und belügt das Herz.

Wolfgang Menzel

Mit freudigem Herzklopfen, mit inniger Lust vernahm ich das stolze Jubeln und Jauchzen der Presse nach den ersteren Aufführungen dieses Stückes auf der ungarischen Nationalbühne – Man begnügte sich nicht dieses originale Nationalschauspiel (wie es heißt!) mit ruhigen, tüchtigen Worten zu preisen; man schwärmte, man sprach von neu durchbrochenen Bahnen, man wollte in demselben durch das Vergrößerungsglas übereitler Hoffnung sogar gewaltige, erschütternde, sociale Tendenzen entdecken...[2] Es wurden dem Stücke eine Zeitlang ununterbrochen die tönendsten Jubelouverturen aufgespielt, wobei, wie ich mich leider! jetzt überzeugte, die große Posaune der

[1] (GUSTAV IGNAZ ZERFFI): *Szökött katona. (Der Deserteur.) Schauspiel in 3 Abtheilungen von Szigligeti. Beurtheilt von *†**. In: *Pannonia* 1844, Nr. 102. vom 7. September, S. 418–419, Nr. 103. vom 10. September, S. 422–423, Nr. 104. vom 12. September, S. 427–428, Nr. 105. vom 14. September, S. 430–431, Nr. 106. vom 17. September, S. 434–435, Nr. 124. vom 29. Oktober, S. 507–508, Nr. 125. vom 31. Oktober, S. 511. [Spartentitel:] *Literarische Revue*. Am Anfang des sechsten Teiles des in Fortsetzungen publizierten Artikels teilte die Redaktion, auf viele Nachfragen seitens des Publikums verweisend, mit, dass der Verfasser *†* Gustav I[gnaz] Zerffi sei. Der sechste und auch noch der letzte Teil des Artikels erschienen trotzdem mit unverändertem Untertitel („Beurtheilt von *†*"), den letzten Teil unterschrieb aber der Verfasser zugleich mit seinem Namen „G. I. Zerffi".

[2] Zu der zeitgenössischen Presse von EDE SZIGLIGETIs Volksschauspiel *Szökött katona* vgl. KERÉNYI 1981, S. 450–451.

Überschätzung und die türkische Trommel blinder Anpreisung eben nicht das Wenigste zu thun hatten. Ich mochte was immer für ein einheimisches Journal (ich spreche nur von Ungarn) ergreifen, so trat mir gravitätisch aus demselben der wunderlich gerühmte, Lorbeerbekränzte Triumphator – Szigligetis Deserteur – im strahlenden Glanze seines errungenen Sieges entgegen. Ich sah ihn im undurchdringlichen Huldigungs-Weihrauch einer ergebenen Kritik gehüllt, hinter dem dichten Vorhang fremder Meinung und dachte mir: das müsse ein frischer tüchtiger Bursche voll gesunden Fleisches, voll rothen, hüpfenden, glühenden Blutes in den Adern sein. Ach, wie will ich ihn herzen und küssen, wenn er mir verkörpert auf den Brettern eines Theaters, oder als Geistertakt in einem Buche unter die Augen kömmt; wie will ich mich weiden an seiner Frische; ihn mit den aufrichtigsten Worten einer sanften, frommen Kritik liebkosen...

Das hat man von dem leidigen Journalgeschwätz, von dem grundlos tadelnden Raisonniren oder dem lobhudelnden Komplimentiren. Die Kritik soll aber weder schlechtweg raisoniren, noch schlechtweg komplimentiren, sondern mit Gründen aufwarten und die Gründe auf dem Präsentirteller des Verstandes den Lesern hinhalten. Nicht in ein: „Ach, Herr je, wie scheene!" soll sie bei jeder Krautstaude ausbrechen; doch auch nicht das Wahrhaftgute geringschätzend über die Achseln angucken und ein „Nicht besonders" vornehm abfertigend knurren. Namentlich wenn es sich um ein Stück Fleisch aus dem Körper des Volkes handelt, was jedes wahre Nationaldrama ist. Da muß die Kritik ohne Gnade und Barmherzigkeit das scharfe Secirmesser der Unpartheilichkeit handhaben, einen derben Schnitt nicht scheuen ... und fort mit dem wilden Fleische!

Wahre Kritik ist die Theorie des Dramas – dessen Aufgabe das Leben practisch zu versinnlichen. Kritik ist also kein düstres, nutzloses, entbehrliches, heilloses Geschwätz. Ich spreche nicht von der alltäglichen Schwatzkritik! Jede Praxis ohne Theorie wird in ihren Gebilden nur Verwirrtes, Krauses, Verderbtes erzeugen. Doch so wie die Praxis, muß auch die Theorie streng überwacht werden, daß sie nicht durch ihre Angaben irre und auf stilunerquickliche Abwege leite. Das Grund- und Urprinzip jeder echten Kritik muß ein natürliches Gefühl für Wahrheit und unverkümmerte Schönheit sein. Sie wird daher allem Geschraubten, Gemachten, mithin Häßlichen, Unnatürlichen, Erlogenen todtfeind sein. Auf diesen Urprinzipien muß Kritik um so fester fußen, wenn es die Beprechung eines Dramas gilt; da kein Zweig der Literatur als der dramatische ein so treuer Spiegel der bestehenden Volksbildung und der Zeit sammt allen ihren heißen Wünschen und Bestrebungen, all ihren sowohl materiellen als geistigen Kämpfen ist. Das Volk aber und die Zeit belügen, heißt den Spiegel in tausend Scherben schlagen. Im Drama sollen alle Fasern der Gesellschaft nebst ihren Gebrechen und Vorzügen, ihren Lastern und Tugenden im bunten Kaleidoscop-Wechsel wiedergegeben sein. Wie durch die englischen Schiffseile ein rother Faden, zieht sich Moralität, als das Unentbehrlich-Heilige durch alle dramatischen Gebilde. Ausschweifungen der Sittlichkeit, fußen sie im Volke, mögen gerechte Geißelung im Drama finden, dürfen aber nicht mit hektischer rötlicher Sentimentalität überfirnißt oder gar im Gewande erheuchelter, mondscheinblaßer, mitleidflehender Moral dargestellt werden. Denn nichts ist verführerischer und giftiger als eine falsche Tugend mit den aufgeklebten Sentenzen-Schönpflästerchen und den weiten – weiten Gesinnungs-jupes á la Pompadour.[3]

Die Ungarn hatten gar kein Drama. Natürlich. Nur ein Volk, daß sich seiner selbst bewußt, kann auf echtdramatische Schriften Anspruch machen, da die dramatische Literatur einer Nation nicht etwas Zufälliges, Willkürliches, sondern, wie der vortreffliche Prutz sehr geistreich sagt: „das Herz des Volkes selbst bildet von dem Blute seines Geistes durchfloßen, erschüttert und belebt von dem Pulsschlag seiner Historie, mit ihr blühend und mit ihr welkend."

Nun die Magyaren anfingen zu fühlen, zu empfinden, daß sie im grossen Buche der Menschheit auch eine Seite einnehmen – diese Seite aber noch leer (die blutigen Flecken des Barbarismus wären besser radirt!) – fingen auch sie an mit glühendem Eifer ihre Literatur zu bilden.

Schmetternde Poesien durchtönten die großen, öden Wüsten ihrer Literatur, sie zauberten an die Stelle dürren Sandes üppigblühende Blumen; schattige Haine mit sanftklagenden Nachtigallen in den dunklen Zweigen; sie pflückten die duftende Rose vom Kreuze der Gegenwart: die duftende Rose der Freiheitsliebe!

Kaum ward die Nation sich ihrer Existenz bewußt, so hatte sie auch wie mit einem Zauberschlage Dichter, lyrische sowohl als romantische, romantische sowohl als dramatische. Wie mit einem Zauberschlage hatte sie eine Nationalbühne und vortreffliche Schauspieler. Die in eigener Heimath fremde Nation ward mit dem Bewußtsein ihres Selbst schnell wieder Herr im Lande und fing an statt auf der Schwelle des eigenen Hauses kümmerlich zu betteln, an der reichlich besetzten Tafel des Lebens vom feinsten Gold- und Silbergeschirre zu speisen. Freilich benimmt sie sich oft noch linkisch; ißt oft die Suppe mit der Gabel, das Fleisch mit dem Löffel, doch labore et sudore[4] wird sie schon nach und nach die Weltgebräuche sich eigen machen und an der Zeitentafel bei der großen Jubelfeier des Völkerwerthes wahrlich nicht erröthen dürfen...

[3] Fr.: Jupe, dt.: Rock in dem nach Madame Pompadour, der Mätresse des Königs Ludwig XV. benannten Rokoko-Stil (franz. style Pompadour).

[4] Dt.: arbeite und schwitze! d. h. mit Arbeit und Schweiß.

Doch so komme ich immer noch nicht auf Szigligetis Deserteur, ach, mir wäre es sehr lieb wenn ich ihn ganz laufen lassen könnte; bei mir wird er ein verdammt scharfes Kriegsgericht zu überstehen haben. Ob er wohl mit dem Leben davon kömmt? Glaube kaum.

Bevor ich jedoch den Deserteur ins kritische Verhör nehme, will ich einen musternden Blick auf das Publicum werfen, für welches er geschrieben wurde, um zu beweisen, in wiefern gut oder schlimm ein solches National-Schauspiel auf seine National-Zuhörer in nationaler Hinsicht wirken könne, ja müsse.

Das Theatergehen ist allerwegen ein Bedürfniß. Ohne Theater gibt es für das Publicum en gros[5] keine Glückseligkeit.

Nun kann man das Publicum in drei Theile theilen. Einen Theil desselben bildet die Doppelaristokratie. Den zweiten die Mittelklasse der Ganz- und Halbgebildeten, diese Klasse ist die zahlreichste. Und endlich den dritten Theil, der Plebs, das Volk, oder wie man recht vornehm zu sagen pflegt, la canaille!

Der Doppelaristocratie – ein Theil derselben wird nämlich nach den Ahnen, ein anderer nach den Hundertausenden abgewogen, der erstere schwankt zwischen Stall, Pferden und Amouren hin und her; der letztere balancirt zwischen steigenden und fallenden Aktien hin und her und verrechnet sein papiernes Dasein; – ist das Theater, nachdem sie den ganzen Tag entweder in ihren Kutschen oder auf ihren Comptoirs gesessen, nachdem sie gut, sehr gur dinirt hat, nichts weiter als ein bequemes Verdauungsamüsement. Sie macht daher an die Dichter und Schauspieler keine weiteren Forderungen, als daß diese durch ihre Arbeiten wohlthätig auf ihren Magen und Unterleib wirken, und ihr helfen mögen, die kostbare Zeit avec un peu d' agrément[6] todtzuschlagen.

Der ungarischen Doppelaristocratie ist mit einigen, leider sehr wenigen Ausnahmen eine gewisse Vorliebe für das Ausland angeboren. Sie spricht alles lieber, als Ungarisch. Es ist nun ein Mal so. Die Feder krümmt sich krampfhaft unter dieser Aussage, aber sie ist wahr. Und wer, ich frage, wer wollte die Wahrheit gerne für einen Popanz ansehen, den man nach Willkühr mißhandeln oder hätscheln könne? Der Journalist comme il faut[7] sollte es eigentlich können; denn des Journalisten comme il faut Pflicht ist, all die Unbedeutendheiten der Gesellschaft, all die wichtigen Nippes auf dem Putztische des Lebens zu beliebäugeln und durch eine glänzend stylistische Auffassung erst zu irgend einer wenn auch so noch so vergänglichen, momentanen Bedeutendheit zu erheben.

[5] Dt.: im Ganzen, insgesamt.
[6] Dt.: mit etwas Unterhaltung.
[7] Dt.: wie es sich gehört, vorschrift- oder etikettenmäßig; hier: wie er sein sollte.

Die Mode mit ihrem steten Wechsel ist also seine Schutzgöttin; und das ist eben das Verderben der Kunst, der schönen Literatur, daß diese zu einer question d'argent und de le mode[8] herabgewürdigt wurde. Der Roman, die Lyrik, das Drama, die Kritik, sind Lakaien, die mit demüthiger Miene bei der albernen Mode antichambriren und dorthin sich wenden, von wo der glänzende Lohn ein süßeres, begünstigerendes Lächeln der launischen Herrin winkt. Ach, das ist traurug, doch ist es abermals so und nicht anders. Ich aber will mich mit meiner jungen Feder noch ein Mal zum Diener der Wahrheit herablassen, kämpfen will ich mit Blut und Herz und Seele für sie, doch von meiner innern Überzeugung nur dann weichen, wenn man mir nachgewiesen, daß diese Überzeugung eine innerlich durch und durch wurmstichige.

Ja, die Aristocratie betrachtet das Volk und dessen eigene Nationalität wie etwas Überflüssiges, etwas ihr Luftiges.

Das kann nimmer wohlthätig auf die Künste, die ein Ausströmen der Nationalität sind, einwirken, diese müssen, von oben herab stiefmütterlich behandelt, verkümmern, verdorren!!!...

Ganz Ungarn hat nur eine einzige stabile ungarische Bühne und die wird von den Hochgebornen schlecht, zum größtentheil gar nicht besucht, und wenn besucht, so benehmen sie sich ganz wie die lieben Italiani in Venezia, Milano, Verona etc..., denen das Theater entweder eine fortgesetzte Börse ist, auf welcher sie die Procente mit Begleitung von Roßinischen, Bellinischen und Donizettischen Melodien abmachen, oder sie würdigen das Theater zum Konversations-, zum Visitenempfangs-Salon mit mehreren separaten Schmachtsalönchen d. h. Logen herab, und da werden zärtliche Blicke, Worte, Händedrücke gewechselt.

Auf solche Zuhörer macht nun das reine, unvermischte Ausströmen der Volksgefühle freilich keinen besondern, am allerwenigsten einen fesselnden Eindruck. Die Dichter hingegen möchten die haute voléé durch ihre Werke fesseln, sie vermischen daher ihre Nationalität mit einer fremden, die gerade en vogue bei der Noblesse; – streifen ihren Gebilden den schönen Blütenstaub nationaler Originalität ab, verkümmern und verkrüppeln sie; die Biederkeit und rauhe Wahrheit verschanzt sich hinter zweideutige, unsittliche Anspielungen; Gemeinheiten, fremdländischen Zoten entwachsen, werden localisirt in den Schriften, und von den Schriften zu den Herzen des Volkes ist eben kein großer Schritt! – Frazzenhafte Pöbelhaftigkeiten fremder Nationen werden mit einem duftenden Anstrich von Eleganz übertüncht unter die Ausbrüche heißer Nationalklänge gemischt und die wahren, begeisterten Sänger des Volkes in den Hintergrund gedrängt oder für traurige bedauerungswürdige Phrasenmacher aus der Nationalitätsfabrik

[8] Dt.: [zu einer] Frage des Geldes und der Mode.

erklärt... Somit wirken die Schriftsteller in sträflicher Demuth auf die erstere Klasse ihrer Zuhörer, statt durch unerschütterliche Beharrlichkeit bessernd, verschlimmernd, und würdigen sich noch dazu zu ganzergebenen Dienern der Aristocratie, ihrer Launen und Geschmackslosigkeiten herab; auf diese Weise soll aber der Dichter auf der Menschheit Höhen nicht stehen, nicht stehen wollen!

Die Mittelklasse hat schon große Ansprüche auf ihre Dichter, sie erhält sie, sie liebkost sie, sie hört mit thränenden Augen, mit lachendem Munde auf die Worte ihrer Schriftsteller, sie glaubt ihren langgezogenen, wehmüthigen Seufzern, ihren jubelnden, herzentzückenden Lachern, sie wacht mit dem Gedanken an einen ihrer Lieblingsautoren auf und schläft ein, eine Strophe aus Kisfaludys Liebesliedern scheuandächtig vor sich hinflüsternd. Je mehr sich also der Dichter befleißigt von der Bühne herab durch verkörperte Gedanken und Ideen aus der Mitte dieser seiner Zuhörer auf das Gesammt dieser seiner Zuhörer, erhebend, für Vaterland und Nationalität begeisternd zu wirken, je weniger wird er Moralität und Wahrheit aus den Augen lassen, je weniger wird er sich die verkrüppelten Geistesproducte fremder Nationen zum Vorbilde nehmen.

Im Gegentheil!

Er wird durch kernige, gesunde Charaktere veredelnd auf sein Volk zu wirken, durch die scharfe Geißel des Witzes und der Satire die vorhandenen Gebrechen auszumerzen, heuchlerische Lüge und Ohnmacht aus seinen Schriften zu verbannen suchen, um das Publicum nicht an Zwitterhaftes und Unwahres zu gewöhnen.

Denn das Publicum ist ein guter Michel, der sich leicht leiten läßt, der sich an ganz erbärmliche Stücke gewöhnt, diese für Werke unübertrefflicher Genies erklärt, der die miserabelsten Schauspieler endlich mit Haut und Haar verdauen lernt, und nicht einmal Magendrücken darauf bekömmt... Thut aber der dramatische Schriftsteller gerade das Gegentheil von dem, was er thun sollte, so mag er lieber Brodmännchen kneten, als Stücke schreiben.

Aus dem Gesagten erhellt zugleich die Schädlichkeit unnationaler Dramen auf die letzte Klasse der Zuhörer, die ungebildete, in einem noch weit höheren Grade.

Der Plebs ist seiner Nationalität, seines Werthes, ich möchte beinahe sagen seiner Existenz sich gar nicht bewußt. Der Dichter kann also von der Bühne herab die Masse leicht belehren, aufklären, er kann sich, wenn seine Gebilde aus wahrer nationaler Innigkeit und Einheit seiner dichtenden Empfindungen entsprungen sind, zum Apostel des Volkes emporschwingen, und er wird mit den, wie man so recht vornehm zu sagen pflegt, stupiden Galleriebesuchern eben kein schweres Spiel haben; denn diese Classe hat in ihrer kernigen einfachen Gemüthlichkeit einen regen Sinn für ungeschminkte Wahrheit, und einen undurchdringlichen Panzer gegen all die vergifteten Komödien-Pfleile aus den mehr oder weniger mechanischen Combinationen eines alles kostenden Geschmackes, um auf die Sinne der ersteren Klasse Zuhörer kitzelnd zu wirken, um die Gemüther der zweiten Klasse von Zuhörern durch erheuchelte Senimentalität irre zu leiten, und die dritte Klasse von Zuhörern auf dem Punkte der Nichtbildung stehen zu lassen, auf welchem sie früher gestanden...

Hat nun der dramatische Schriftsteller mit seinen hohen dichten Sujet-Jagdstiefeln die Sümpfe hochländisch-Walter-Scott'scher Schwärmerei und Schnörkelzeichnerei, pedantisch-fader Stubenphilisterei deutscher Romantiker, blutiger, haarsträubender Ungeheuerlichkeiten der französischen Dutzendmelodramen-Fabrikanten, Kotzebuescher weder-kalt-noch-warm-Dramen und nichtsnutziger, frivoler Rühr-Luststückelchen aus der Ifflandischen Thränenquetschperiode durchgewatet, so wirft er einen musternden Blick auf sein Publicum, – wie ich es so eben gethan, nur aus anderen Gründen – und fischt für jeden Theil einen Brocken Schmutz heraus, den er mit etwas erheuchelter Nationalitätssauce sauber zu waschen sucht, um dem Publicum weiß zu machen, Erde sei Gold, böhmisches Glas sei echter Edelstein, Phrasen seien Empfindungen, Worte Thaten!

Inwiefern Herr Szigligeti ein solcher Fischer ist oder nicht ist, will ich durch Zergliederung seines vor mir liegenden Stückes: Der Deserteur (Szökött katona, verlegt bei Geibel in Pest) zu beweisen suchen.

Börne sagt: „Der Kunstrichter darf sich nie mit der Stimme seines Herzens begnügen, die ihm sagt, er habe ohne Haß und Liebe und nicht im Dämmerlichte lauer Untersuchung Recht gesprochen, er muß von der Gerechtigkeit seiner Aussprüche auch jeden zu überzeugen suchen. Darum sollte der Beurtheilung eines Kunstwerks immer eine Beschreibung desselben vorausgehen, damit die Leser erfahren, ob das beurtheilte Werk die gepriesenen Vorzüge oder die gerügten Mängel wirklich an sich trage."

Dieß will ich sogleich hiemit thun und in der Erzählung des Sujets meine Ansicht durchaus nicht mitsprechen lassen, um den Leser in Vornhinein nicht für oder wider das Stück zu stimmen.

Zu St. Miklos, in einer Schmide sehen wir das Treiben einer Mutter, die in blinder Liebe ihrem jüngeren Sohne ergeben und ihren Erstgebornen mit wilder Leidenschaft haßt. Der Jüngere, Schreiner,[9] ist ein alberner Geck, und in seine Anverwandte, dic in dem Hause seiner Mutter, als Waise lebt, verliebt. Der Ältere, Schmid, ist ein braver, treuherziger, frischer Bursche, mit einem Herzen voll inniger, glühender Liebe zu demselben Mädchen, das ihn so recht herzlich wieder liebt... Er hätte unendlich glücklich sein können! Ein Liebchen mit pechschwarzen Augen zu besitzen, in deren Au-

[9] Wahrscheinlich Druckfehler: es sollte hier „Schneider" stehen.

gen 2 Feuer lodern, die einen allaugenblicklich zu verbrennen drohen; an ihrer Seite die kosende Landnatur, die grünenden Hügel, die lachenden Wälder, die üppigen Fluren zu durchwandeln; und wenn einem das Herz überläuft, in dem Mädchen ein gleichgesinntes Herz zu finden, – wer wünschte sich der Seligkeiten mehr auf Erden? – Der gute Junge hätte das alles ungetrübt genießen können, wenn seine eigene Mutter sich ihm nicht hindernd in den Weg gestellt hätte. Seine eigene Mutter? das ist wohl Scherz? Nein; seine Mutter tritt ihm drohend, wie ein schreckliches Gespenst entgegen; beneidet ihn um seines Herzens frischeres Pulsiren, denn sie möchte ihre Verwandte sammt deren Gelde ihrem jüngeren Sohne, dem abgeschmackten, herzlosen Laffen zuschanzen, weil der Junge mit gierigen Bocksaugen nach dem Mädchen schielt; weil sein Gesicht, so oft er die üppigblühende Gestalt, die runden Arme, den blendenden Nacken und die Rosenwangen Juliens erblickt, die verzerrtesten Liebeskräusel und Begierdenschnörkel durchzucken. Der dickbäuchige Notar des Dorfes, ein Jammermensch mit großem Magen, großen Wünschen und sehr kleinem Hirn, sehr kleinem Herzen, ein Kerl, geschaffen zu essen, zu trinken, seinen Bauch zu streicheln, und bei jedem dritten Worte „a ki lelke van!"[10] in die Ohren der zitternden Bauern zu donnern, soll der Maman zu dem Fortschaffen ihres Sohnes behilflich sein. Kaum erfährt sie von dem Notar, daß Rekrutirung im Dorfe, und daß auch er trotz Bauch und Magen verliebt in Julie sei, so verspricht sie ihm derselben Hand, unter der Bedingung, daß der menschenfreundliche Notar ihren älteren Sohn unter die Soldaten stecken möge. – Dieß wird auch natürlich gleich versprochen.

Unterdessen reist ein italienischer Graf mit seiner ungarischen Frau Gemahlin durch das Dorf. Ihr Wagen zerbricht, sie steigen in der Schmide ab. O, so ein zufälliger Wagenbruch war oft schon Ursache der fürchterlichsten Dinge! Auch hier; denn als die blaße Dame mit süßschauerlichem, geheimem Schmerze in den schönen Zügen, in der ganzen niedergedrückten Gestalt, den elegischlispelnden Tönen ihrer feinen Lippen, die wohl einst von Liebesgluth geschwellt runder waren und sich nicht so vornehmherisch in eine schmale Krümmung zogen, wie jetzt, erfährt, daß sie in St. Miklos sei, so wird sie noch um vieles blässer, und frägt lispelnder als früher, in Schmerzdurchzogenen Trauertönen nach dem Sohne der Schmidin, der wohl auch das Handwerk seines Vaters gelernt habe?... – Ja, antwortet die Rabenmutter, doch wird er heute noch *Soldat*! – Die schlanke blaße Dame ist einer Ohnmacht nahe. Während dem hat der brave Schmidbursche den Wagen ausgebessert, und kommt fröhlich und guter Dinge in das mütterliche Haus; da fällt ein Blick der blassen Dame auf ihn, und ein: „Er ist's" durchzischt ihre Lippen, ihr Herz, ihre ganze Seele. Doch sie muß ih-

[10] Unverständlicher ungarischer Satz, ev. Fluchworte.

rem Manne folgen, der die Aufregung seiner Gattin bereits staunend bemerkte. Sie kann also nicht sagen, was den ruhigen Schlag ihres Herzens hemmt, sie kann nur einen Blick, einen Blick voll der zärtlichsten, grausamsten, lachendsten, weinendsten Geschichten wie im mattsanften Hinsterben auf den sorglosen *Schmidburschen* werfen.

Da umzingeln plötzlich schmutzige Männer mit noch schmutzigern, verwilderten Barbarengesichtern und sehr großen Eisengabeln in den Händen das Haus. Alles zittert, Alles bebt. Julie eilt herzu und umhalst ihren Heißgeliebten; denn es heißt plötzlich, er müsse fort zum Militär. Fort von dem Herzen seines Mädchens, das nun dasteht und mit ihm ihre Seele verlieren soll; fort aus der rosiggewürzten Luft seiner Kindheit; fort von dem Platze, wo er zu lieben, zu leben anfing?... Nimmermehr! Bei dem Gedanken schon entstürzten heißbittere Tropfen seinen Augen; krampfhaft umklammert er seine Julie, tränkt ihre Wangen nicht mit Küssen, sondern mit Thränen, und in dieser Jammerstellung bittet er seine Mutter, ihn mit ihrem vielen Gelde doch loszukaufen. Die Mutter wirft einen Liebesblick auf das verwitterte Speckgesicht ihres jüngeren Sohnes, und sagt kalt, herzlos: „Nein!" Dieß eine kleine winzige Wörtchen wird zum Fallbeil, das schnell der Liebenden Seligkeiten zerschneidet. Sie werden gewaltsam getrennt, er wird fortgeschleppt und sie bleibt trostlos verzweifelnd zurück. Und unseren Schmerzen, unserer traurigen Empfindung sucht der sanftniederrollende Vorhang ein – Ende zu machen.

Mehrere Jahrestropfen perlen in den Geisterbecher der Zeit. Wir befinden uns in Mailand, in demselben Mailand, von welchem der geniale Fantasieenschöpfer Jean Paul sagt: „daß dort die Ähre und die Traube und die Olive oft auf einer Erdscholle zusammen grünen["],[11] mitten im glänzenden Toben der großen Welt, auf einem Maskenball bei einem reichen Kavalier. Der italienische Graf mit seiner blassen Frau ist auch da; und ein gewisser Oberst auch. Der lustige Italiener möchte gar zu gerne seine Frau erkennen, erfährt auch gleich ihre Maske von seinem Sekretär, der ins Kammermädchen der Gräfin verliebt ist. Daß unter solch zärtlichen Verhälnißen der Dienerschft jedes Geheimniß der Herrschaft eine Offenheit ist, ist bekannt. Daher weiß auch die Gräfin sogleich die Vermummung ihres Gemahls... Die jauchzende, tobende Gesellschaft ruht sich einen Augenblick von ihren berauschenden Freuden, genossen unter den strahlenscheinenden Krystallkronen der Lust, aus; einfachere Salongespräche wechseln mit dem heißen Liebesflüstern der trunknen Tanzpaare und, wahrscheinlich des Kontrastes Willen, erzählt der Oberst, daß er Morgen einer Doppelexekution beiwohnen müsse, indem er zwei seiner Leute erschießen lasse. Einer derselben ist ein Raubmörder, wer bedauert den? Das Verbrechen verdient

[11] Aus dem Roman *Titan*. Zweite Jobelperiode. 10. Zykel, vgl. JEAN PAUL, *Werke* Bd. 3, S. 68.

Züchtigung; der andere wurde aber mit einem Herzen voll unaussprechlich treuer Liebe von seiner Braut gewaltsam gerissen, entfernte sich deßhalb dreimal von seinem Regiment, und flog geraden Weges an das ihn jubelnd entgegen pochende Herz seiner Heißgeliebten Julie. Denn kein anderer als unser Schmidbursche ist der Deserteur. Als dieß die blaße Frau erfährt, sinkt sie mit einem Verzweifelungsschrei zusammen. Alles rennt und flüstert durcheinander, Ihr Gemahl aber trifft den einsamen Oberst, den dieser Schrei gar sonderbar ergriff, und der eben forteilen will, nachzusehen, woran ihn jedoch der lustige Italiener hindert, denn er will sich mit seinem Weibchen einen excellenten Spaß machen; er will sie in der Maske des Obersten recht tüchtig aufziehen, ihr die nekischesten Dinge ins Ohr flüstern, sie durch lokende Liebesversicherungen auf die Treuprobe stellen, was doch kein Ehemann, ohne zugleich Verzicht auf sein künftiges Lebensglück zu leisten, thun sollte, der Obrist findet das alles ganz in der Ordnung, aber er möchte fort, fort, zu ihr, gerade zu dem Weibe, das der Hr. Gemahl auf die Probe zu stellen wünscht... Er willigt endlich, blos um den zudringlichen Schwätzer los zu werden, in den Tausch der Masken. O, so ein zufälliger Maskentausch war oft schon Ursache der fürchterlichsten Dinge! Auch hier; kaum ist der Oberst ab, als des Grafen Frau hereinstürzt; ihren Gemahl, den sie für den Obersten hält, um aller Süßigkeiten einer glücklichen Liebe willen um ein Rendez-vous bittet, denn ihre Glückseligkeit hänge von seinem Kommen ab. Wie vom Donner gerührt, steht der lustige Italiener da. Seine Augen funkeln, wie ein paar zornige Sterne, das Blut seines Herzens wogt halb glühend, halb eisig durch seine Pulse wie eine hülfeheulende Sturmglocke durch die Nacht, tönen seines Weibes Worte in seiner mit einem Mal nun öden, leeren, wüsten Brust wieder und immer wieder. Der arme lustige Graf ward plötzlich sehr traurig und seine linde Seidenmaske kontrahirt ganz wunderlich mit seinem zerrißenen Innern. In dieser Stimmung trifft ihn der Oberst. Heftig stürmische Herausforderungen; der Graf muß dem Obersten den sonderbaren Schwur leisten, von seiner eigenen Schande ewig zu schweigen; hierauf gibt dieser sich dem Obersten zu erkennen.

Die Scene verwandelt sich. Die vielen Lichter, die großen Spiegel, die duftenden Blumen, die heißen Liebesseufzer, die schmachtenden Damen, die tänzelnden Liebhaber, die tollbrausende Musik, die flatternden Gaze- und Seidengewänder, die hübschen Glacéhandschuhe, hin und wieder von feurigen Händedrücken aufgesprungen, die Dutzendkomplimente u. Salon-Abgeschmacktheiten: – das alles ist mit einem Mal hinweggezaubert... In der Stube der ausgesetzten Verbrecher befinden wir uns; mit dem Einen mitleidlos hadernd, weil er im Angesichte des Todes mit kalter Nichtswürdigkeit spöttelt und frevelt; mit dem Anderen weinend und jammernd, daß sein Herz für seine Treue nicht in heißerwiederter unnennbarer Wonne getödtet worden; sondern daß er durch das krachende Gewicht von Bleikugeln, gleich jenem erbärmlichen Mörder, hinsterben soll. Was mußte erst die blasse Frau, mit ihrem teilnehmenden Herzen für Qualen empfinden, als sie selbst des Trostes bedürftig, zu dem Schmidburschen kömmt, um ihn zu trösten; um ihm mit ihrer sanften, aber ach! gebrochenen Stimme Muth einzusprechen; um ihn am Rande des Grabes mit der Liebe heißesten Gluten, durch einen Thränenstrom der bittersten Schmerzen glücklich und unglücklich zugleich zu machen, denn einsam, verlassen, ungeliebt wäre er mit leichterem Herzen gestorben; aber so... zu wissen daß ein ihm bisher fremdes Wesen an seinem Kummergeschicke mit zehrendem Weh Theil nehme... Ach, die blasse Frau vergiftet durch ihre Thränen seine letzten Augenblicke auch gar zu sehr! Da springt sie plötzlich auf und eilt auf Angstesflügeln fort, um das Rendez-vous nicht zu versäumen. In quälender Unruhe wartet sie auf den Obersten; da hört sie Tritte, sie schaudert zusammen vor Lust und Weh und eilt dem Kommenden wankend entgegen, und will ihn in entzückender Freude umklammern... Himmel!... Ihr Mann steht vor ihr.

Der Mann will seine Ehre unbefleckt wissen. Das Weib zittert, lallt und stammelt leere Ausflüchte, bis sie unter der Wucht der auf sie einstürmenden Gefühle wie eine Lilie im Sturmwind zusammenknickt und so blaß, so geisterblaß wird, daß einem das Herzblut mitten im Herzen stockt. Da rafft sie sich aber plötzlich empor – und schleppt sich fort durch die breiten Straßen und erreicht des Obersten Wohnung; doch ihr Mann ist ihr auf den Fuß nachgeeilt, sie kann also nicht sprechen, sie wagt es nicht, sie fürchtet, schämt, krümmt unter den Herz- und Seelenzerreißenden Schmerzen sich, aber sie schweigt: ihre Lippen beben, ihre Hände zucken kramphaft, ihre Augen funkeln unter einer starren Eisdecke durchsichtiger Thränen – aber sie schweigt... denn ihr Mann ist gegenwärtig und überhäuft sie mit Spott über ihre Theilnahme an einem erbärmlichen Verurtheilten. Ha, was war das?!... Ein dumpfgrollender Trommelwirbel erschüttert sie, sie darf länger nicht mehr zaudern! „Oberst, retten Sie, Einer von den Verbrechern ist Ihr Sohn!" – kreischt sie in wildem Schmerz, in tobender Verzweiflung... Da eilt der Oberst und sendet einen Boten auf flüchtigem Renner mit dem weißen Gnadentuche weg: mit dem weißen Gnadentuche für seinen *eigenen Sohn*!... Da kracht es; das war der Todesschuß, entweder für den Sohn oder –

Aber Heil dem Zufall, der in Dramen so eingebürgert. Der Sohn blieb am Leben, er eilt zurück und der Oberst... schweigt. Er schweigt und sieht doch seinen Sohn, seinen *leiblichen* Sohn vor sich, den er vor wenig Augenblicken auf immer hätte verlieren können; er schließt ihn nicht, alles um sich her vergessend, in seine Arme, er drückt ihn nicht an sein Herz, er ist – ein Komödiantischer Pojaz, eine Drahtpuppe, ein albernes Stehaufmännchen, ein zusammengeleimter, zusammengeflikter Lumpenvater. Ja mir reißt die Geduld: das Ding mag ein anderer ruhig zu Ende erzählen, das Ding mag ein anderer mit den kleinen Silberschnörkeln des Stils herausputzen, das Ding mag ein anderer im Erzähltone von den dramatischen Sünden freisprechen, mir fehlt die Kraft, mir reißt die Geduld...

Das Drama hat in dem Schlußmoment, wo der Vater nicht weiß, ob er seinen Sohn erschießen läßt oder nicht, den höchsten Effektgipfel erreicht. Alles was noch nachkömmt, die sonderbare Erklärung des Obersten von dem Vergehen der Gräfin mit ihm vor der Verheirathung mit dem lustigen Grafen, die Herausforderung desselben um die Ehre seiner, ich spreche es ungescheut aus – ehrlosen Gattin weiß waschen zu wollen, die beiderseitige Großmuth der Duellanten, die ihre mörderischen Kugeln in die Luft puffen, der hierauffolgende imposante Aktschluß mit einer erhabenen Freundschaftsligue zwischen den beiden dupirten Männern, der eine Papa, der andere bloß Gemahl, der ganze dritte Akt mit den prügelvollen Kaffeehausschilderungen, dem Vorführen des mitlaufenden lumpigen Notars, der eben da ist, weil er da ist, was nicht sonderlich zu Gunsten eines Dramas spricht, das nochmalige Desertiern des Schmidburschen, (viermal also in drei Abtheilungen, ich hätte ihn sechsmal desertiren lassen; sechsmal hätte viel mehr Effekt noch hervorgebracht!) sein Zusammentreffen mit seiner Geliebten, die er, weil sie ein hübsches Kleidchen an hat, für gräulich treulos hält oder vielmehr halten muß, da in diesem Drama durchweg die handelnden Figuren keinen Willen haben und daher nur Maschinen sind, mit zwei Beinen, zwei Händen, einem Kopf, in dem statt Gedanken, des Dichters Effektfäden in einem Knoten verknäult, einem Herzen, in welchem weder Blut noch Gefühl, sondern das bloß mit des Dichters Zufallsdinte vollgefüllt, die richtig immer im passenden Momente sich ergießt... Doch halt! ich fange an böse zu werden, und habe nicht einmal das volle Sündenpäckchen dieses Deserteurs beisammen! – Die plötzliche, von jedem vernünftigen Menschen erwartete Ankunft seiner nun glücklich verheiratheten Eltern, da der gute lustige Graf, dieser Ehenothgemahl vor zwanzig Jahren sterben mußte! – die jämmerlich alltägliche Schlußerklärung, daß der Schmidbursche kein Schmidbursche, sondern der leibhaftige Sohn des nunmehrigen Herrn Generals und der nunmehrigen Frau Generalin sei – das letztere hat mir der läppische Wagenbruch-Zufall gleich in der ersten Abtheilung zugeflüstert, der Hansdampf, konnte er nicht das Maul halten! – und endlich das neuerdachte Finale mit dem komödienverschimmelten Segen des liebenden Paares und der allgemeinen Behaglichkeit des Lesers oder Zuschauers und des Dichters, daß er unter so vielen nutzlosen Qualen (ich meine überhaupt jedes Drama, das um Effekt und weiter nichts buhlt – ein nutzloses!) sein Werk zu einem netten Ende gebracht zu haben, alles das sind Berchtesgadner Kinderspielereien!! – Und somit hat selbst in diesem Aneinanderhäufen von Effekten der Hr. Verfasser des Stückes einen unverzeihlichen Fehler begangen, indem er den Kulminationspunkt des Interesses in die Mitte des Stückes versetzt hat; was mußte ihm nun für die dritte Abtheilung bleiben? Die Kaffeehausprügeleien. O, pfui! solche Pöbelhaftigkeiten sind wohl für eine Volksposse, und das noch dazu höchstens für „Wienerische Bierstuben Volkspossen" gut; aber für ein Schauspiel diese Kothseite?

Ich dächte, die Bühne soll veredeln, nicht aber den Schmutz eines beifälligen Galleriejauchzers wegen noch kothiger machen. Sind denn den Herren Dramatikern Schönheit und Wahrheit zwei gar so abschreckende Gestalten; daß sie sich in ihren Werken stets mit Abscheu von diesen beiden holden Grazien der Dichtkunst wenden? Warum denn die Gemeinheit und Albernheit die grause Unwahrscheinlichkeit und den haltlosen Zufall zu Gaste bitten, wenn man die Schönheit und Wahrheit herzen und kosen und dem Volke vorführen sollte, warum mit Koth herumspritzen, wenn man Ambraduft um sich verbreiten könnte; warum die Begierde der Leidenschaft, das[sic!] Handeln dem[sic!] erbärmlichen Drahtpuppenthum, die beschönigte Sentimentalität der reinen Moral vorziehen, – ich frage warum das? Um unsern gesunkenen und eigentlich noch gar nicht emporgekommenen Geschmack gleich von vornherein zu vergiften, um uns glauben zu machen, wenn der Dramatiker in seinen originalen Dramen recht viele und possirliche französische Melodramen-Kunststückelchen ausübt, die Wahrheit zerfetzt, die Moralität hinschlachtet, von Schönheit keine Notiz nimmt und alle Regeln der Natur lächelnd mit Füßen tritt, er habe ein Meisterwerk geschaffen. Frankenburg hat vollkommen Recht, wenn er in der letzten Nummer seiner *Életképek* in einer Anmerkung sagt: „es wäre Zeit, daß die Kritiken anfingen, etwas selbstständiger zu werden!"[12] Mit dem blinden Lobhudeln wird der Kunst nicht geholfen und je ätzender die Kritik, desto reinigender wirkt sie auf den wahren Schriftsteller.

Herr Szigligeti hat das Talent des Gruppirens und das ist ein dramatisches Talent. Nur guckt durch seine Objectivität zu viel willkürlich schaltende Subjectivität. Er thut blos so zum Schein, als ob er seine Charaktere handeln lassen wollte; als ob er ihnen eine ihm fremde Art zu denken eingeben möchte. Aber seine Persönlichkeit drängt sich in dem rothen Wamse französischer Bühnencharlatanerie, pausbäckiger, marktschreierischer Boulevard-Effekthascherei etwas zu stark in den Vordergrund, er läßt seine Personen nicht wie Menschen im großen Theater der Welt auftreten und handeln, sondern wie Marionetten, bei denen man noch dazu die Fäden und

[12] *Életképek* 1844, Nr. 10. vom 4. September, S. 320. (Zustimmende redaktionelle Anmerkung zu einer Theaterkritik, in welcher der Rezensent MIKLÓS JÓSIKAs *Két Barcsay* [Die zwei Barchays] betiteltes Drama ein verfehltes Werk nannte.)

Drähte gar zu stark sieht. So hat zum Beispiel Herr Szigligeti in diesem einen Drama nicht weniger als sieben dramatische Todsünden begangen, deren eine schon hinreichend wäre, diesen Deserteur zu verdammen.

Ich werde ihm noch schließlich sein Sündenregister aufzählen, und es ihm überlassen sich durch Reue, Buße und Besserung ein Plätzchen im dramatischen Himmelreiche zu verdienen.

Das Stück hat erstens, als Volksstück, *keine Moral*.

Wer mir eine herauszufinden weiß, der bringe sie mir, ich werde ihm für den wahren Fund sehr dankbar sein. Ich habe das Stück gedreht, gewendet, gestürzt – vergebens! Kein Bröckelchen Moral ist herausgefallen. Ich frage was soll der Zuhörer aus diesem Scenenaggregat, ohne Zweck und Ziel zusammengeschleppt, für Herz und Kopf herausfinden?

Was wollte uns Hr. Sz. mit dem Stücke beweisen? Welche sociale Frage lösen? Nichts und keine. Zwei sehr traurige Negative – die aber nicht zu ändern sind.

Ein Deserteur kann gar nicht Gegenstand eines dramatischen Gebildes sein. Ein Deserteur bleibt Deserteur und wenn er noch so tugendhaft desertirt, wenn er sich sogar einen Rosenkranz mit auf dem [sic!] nehmen würde.

Wäre es nicht um vieles Heldenmüthiger, Edler, Erhabener gewesen, wenn der Schmidbursche alle Mühseligkeiten des ihm verhaßten Militärstandes geduldig mit Seelenruhe ertragen, aus inniger, treuergebenen Liebe zu seinem Mädchen ertragen hätte, als daß er sich wie der erste beste nichtswürdige, Eid- und Pflichtvergessene Verbrecher beträgt und somit jeden Anspruch auf Theilnahme verwirkt?!

Oder wollte uns Hr. Sz. in dem Verhältniße der nichtsnutzigen Gräfin Monti etwa zeigen: wohin die unerbittliche Strenge der Konvenienz führen könne? Dann hätte uns der Hr. Verfasser des Deserteurs ein edles, liebeglühendes Weib, aber keine gemeine Buhldirne, im fürchterlichen Streite mit dem hohlgrinsenden, zähnefletschenden, leichenstinkenden Gespenst: *Konvenienz* zeigen sollen, ja müssen.[13] Und nun frage ich wieder: Was ist ein Drama *ohne* Moral?

Eine Lampe ohne Öhl, eine Kerze ohne Duft, ein Mensch ohne Seele, ein Weib ohne Herz, ein Leben ohne Licht... ein Nichts, ein Unding!

Zweitens macht sich in dem Stücke *eine verdammliche, erheuchelte Sentimentalität* breit. – Diese verkappte, falsche, Sentenzenverbrämte Sentimentalität ist das schleichende, zehrende Gift der Bühnenliteratur, das nach

[13] ZERFFI hat im Jahre 1846 ein *Illem* (Konvenienz) betiteltes Drama zur Aufführung im Pester Nationaltheater eingereicht, das aber von der Beurteilungskommission des Nationaltheaters wegen seiner vielzu „blühender Sprache" zurückgewiesen wurde, siehe KISS 1970, S. 441, *Pannonia* 1846, Nr. 77. vom 7. Juli, S. 307. Wie obige Bemerkung zeigt, scheint ihn das Thema bereits 1844 beschäftigt zu haben.

und nach Herz, Gemüth und Empfindung des Volkes inficirt und abtödtet. Diese erbärmlichen, unmoralischen, Vaudeville- und Melodramen-Nichtswürdigkeiten; diese maskirten Frechheiten, die unter dem Heiligengewande den Pferdfuß bergen; die nakte Frivolität mit dem angehängten Frasenfetzen; diese jämmerlichen Jungfrauen, die ohne Ehre sich zum Altar drängen um einen braven Mann zu betrügen – gehören als Verbrecher vor das Zuchtpolizeigericht, aber nimmer auf die Bühne; und ich muß jede Schauspielerin, der eine solche zweideutige Rolle zugetheilt wird, in der sie ihre ganze Weiblichkeit öffentlich prostituiren muß, nur bedauern; so wie ich den Dichter verdammen muß, der kein edleres gesünderes, markigeres, würdigeres Thema *aus* seinem Volke – *für* sein Volk ausfindig zu machen im Stande ist.

Drittens hat das Stück gar *keine Charaktere*.

Dies habe ich bereits in dem Urtheile ausgesprochen, als ich sagte, daß Hr. Sz. nicht Menschen sondern Marionetten in seinem Stücke agiren lasse. Und wie traurig, wie bettelhaft der Anblick von solchen Holzmenschen, denen es am Hirn und Eingeweiden fehlt, ist nicht zu beschreiben. Sz. besitzt durchaus nicht die dichterische Kraft einen dramatischen Charakter im Konflikte mit dem einstürmenden Schicksale oder den socialen Verhältnissen hinzustellen; darum verfällt er in eine kümmerliche, kurzathmige Allerleicharakteristik, die aber oft nicht einmal hinreichend skizzirt ist. – So ist die Gräfin Monti ein Monstrum von einem Weibe, das immer das Gegentheil von dem thut, was Natur und wahre Empfindung in der Handlungsweise eines Frauenzimmers voraussetzen. Der widernatürlichste Moment ist aber der, als die Gräfin zu dem Obersten rennt und ihm, nachdem die Todestrommel bereits für ihren Sohn erklungen, zuschreit: „Retten Sie Oberst, einer (es sind doch zwei Verbrecher) ist Ihr Sohn!" Dieses: einer ist Ihr Sohn ist der dramatische Unsinn auf der höchsten Potenz. Eine Mutter, die ihren Sohn am Rande des Grabes weiß, wird diesen, wenn sie ihn zu retten im Stande ist, nicht haarklein beschreiben? Was hier gar nicht nöthig, denn hier bedurfte es nur das Nennen des Namens (Gergely) – doch auch dieß thut sie nicht, sondern sie keucht ganz phlegmatisch – *einer ist ihr Sohn!* – Was wäre denn mit der Komödie geschehen, wenn der Zufall weniger günstig gewesen wäre und wenn gerade der Herr Sohn erschossen worden wäre?[14]

[14] Es handelt sich um ein Missverständnis von Zerffi. Der Oberst Völgyi läßt durch einen Boten mit weißem Tuch *beide* Verurteilte begnaden. Was die Spannung in der Szene verursacht, ist die Frage, ob der Bote rechtzeitig ankommen kann. Er kommt zu spät um beide Verurteilte zu retten. Monti, Kamilla und Völgyi hören den Schuß, wissen aber nicht, ob noch ein zweiter Schuß fallen wird, und dann, als der zweite Schuß ausbleibt, wissen sie nicht, ob der Sohn oder der andere Verurteilte gestorben ist. In: *Szökött katona*, 2. szakasz, 15–16. jelenet [2. Abteilung, Szene 15–16].

Um dieses zufälligen Juxes Willen hätte ich der guten Camilla den Schmidburschen sammt dem Szigligetischen Deserteuranhängsel verziehen.

Nicht minder läppisch ist der zwanzigjährige, plötzlich düpirte Ehemann gezeichnet. Auch dieser trägt die verzerrteste Unnatur zu Schau. So ein eleganter Ehemann aus der haute volée,[15] der wird, wenn er nach einem zwanzigjährigen Ehestandsjoche einen Fehltritt seines Weibes erfährt, gewiß nicht wüthen wie ein junger verliebter Dandy.

Und der Herr Oberst, der dasteht und das Maul aufsperrt als er seinen zufällig geretteten Sohn vor sich stehen sieht und nichts anders brummt als harte Kommandoworte. So ein Herr Oberst-Papa ist auch nicht Gottes liebe Kreatur, sondern ein rechter Komödienpopanz, gespreitzt und hohl und unnatürlich.

Von den andern Schattenfiguren des Stückes will ich gar nicht sprechen; es würde mir die Galle zu sehr aufriegeln und der Arzt verordnet mir immer Ruhe – Ruhe.

Viertens ist die Schürzung und Lösung des dramatischen Sujetknotens ein durch und durch *verworrener*[sic!].

Ich bin gewiß kein pedantischer Gräkomane, der bei jedem 2ten Worte den Aristoteles in der Feder führt. Ich urtheile nach meinem natürlichen Gefühle ohne mich viel um die großen, langweiligen, Hyperfaden-Hypothesen einiger Dramaturgen zu kümmern; ich halte mich an Natur, Wahrheit und Schönheit. Wo diese himmlische Trias mit Füßen getreten wird, da trete ich dann so scharf als möglich mit der Feder den Treter – und da müßte ich dann den Verfasser des Deserteur ganz zertreten; da ihm Natur ein Schreckbild, Wahrheit eine runzlichte Hexe, Schönheit ein eckliger, schwefeldunstiger Dämon scheinen, und er sich nur den Pariser-Boulevards-Theater Nirren[?][16] und Knechtschaft – den rothangestrichnen Effekt zum Abgott seiner Arbeiten gewählt hat. In dem Ding ist kein Steigern des Effects und der Empfindungen; sondern ein immerwährendes Klettern auf den höchsten Spitzen geschraubter Seelenleiden und das ohne alle Poesie; in Viktor Hugo'scher Manier, doch ohne Genialität, die selbst in den biederhaftesten Abnormitäten stets eine riesenhafte, titanenartige Genialität bleibt. Hrn. Szigligeti's dramatische Bildungsfähigkeit ist noch nicht entpupt; er hält das Wichtige für die Hauptsache und opfert dem Knalleffekt und dem Galleriewiehern alle Wahrheit und Natur hin. Deßhalb verfiel er auch in den *fünften* Fehler. In seinem Drama regirt nicht das Schiksal, der Andrang, die Macht der Verhältniße, sondern der leichtfertige Bruder Lustig: *Der Zufall*!

[15] Dt.: aus den vornehmen Kreisen, von hohem Rang.

[16] Wahrscheinlich wegen Druckfehlern unverständlich gewordene Stelle.

Ich möchte das Drama lieber mit Knutenschlägen maltraitiren sehen, als es zur dienenden Schleppträgerin des albernen dummen Zufalls herabgewürdigt wissen. Der Zufall ist der läppischeste, tölpelhafteste Geselle, dessen Schwänke und Willkührlichkeit man sich allenfalls in einer Posse gefallen lassen kann, aber nimmer im Drama, das ein organisches Ganzes bilden muß, das vor unsern Augen geboren, wachsen und hinsterben soll.

Soll ich mir die Qual anthun, alle Zufälligkeiten, vom Wagenbruch angefangen bis zum plötzlichen Hinscheiden des zwanzigjährigen Ehenothnagels aufzuzählen. (Ich ersuche den Herrn Setzer in parenthesi[17] nicht wieder Ehenothgemahl zu setzen, so wie ich überhaupt die Bitte an ihn wage: meine schlechte Schrift mit etwas mehr Sorgfalt dechiffriren zu wollen, damit sich mein schlechtgeschriebener Sinn nicht in einen schöngedruckten Unsinn verwandle. Ich würde dem Herrn Setzer stets die schönstgeschriebenen Manuskripte senden; wenn ich beim Schreiben nicht zugleich das fatale Geschäft des Denkens zu üben hätte, das am Ende doch dem Buchstabenmachen vorgeht!! Also liebster, bester Herr Setzer für die Zukunft ein wenig mehr Aufmerksamkeit; und wenn ich schreibe Schußmoment – so habe ich durchaus nicht Schlußmoment schreiben wollen, das können Sie mir auf's Wort glauben. [Anm.]

Nach diesem kleinen Abstecher zum sechsten Fehler von Szigligeti's Drama. Es ist tendenzlos.

In unserer Zeit des Gährens – des Vorwärtsstrebens – des von uns Werfens der schlackigen Trägheits- und Indifferenz-Scholle – fordern wir vom Schriftsteller, namentlich vom dramatischen, mehr als einen bloßen Augen- oder Sinnenkitzel. – Er soll uns eine Wahrheit – und zwar eine Lebenswahrheit enthüllen – diese aus ihrer finstern Verpuppung ans helle Lampenlicht ziehen, um den Zuhörer für eben diese Wahrheit zu begeistern. Das Streben nach dem Gesagten nennen wir Tendenz, und verdammen jedes Stück, das eben kein solches Wahrheits- oder Lebensglühendes Streben kund thut; – das dahin schleicht, wenn auch durch einen erbärmlichen Charlatanismus, hin und wieder lärmend, kreischend, Charivari-Gepolter machend.

Was soll uns das Todte, wenn wir nach Leben glühend ächzen; was soll uns die finstre Nacht, wenn wir den hellen Tag von Sekunde zu Sekunde heraufbeschwören möchten? Der Lyriker, der Romantiker, der Epiker, sie alle streben in ihre Poesien mehr als des Fühlens duftende Empfindungsblumen zu flechten – sie alle streben das Leben – das Leben von jetzt mit ihrer begeisterten Fantasie zu umranken, es zu zergliedern um dessen Gebrechen verbessern zu können, um dessen Krebsschäden mit scharfem Messer vom Baume der Menschheit wegzuschneiden.

[17] Dt.: in Klammern.

Siebentens hält Hr. Szigligeti die Schönheit, wie ich bereits viertens bemerkte, für einen groben Dämon, den er meidet wo er nur kann. Und doch ist Schönheit der dramatische Fokalpunct, ohne welchen das Ganze ein trübes, werthloses, unbefugt verwerfliches Nichts ist. Es schmerzt mich schon, gar so oft von einem Etwas sprechen zu müssen, das ich für ein Nichts erklären muß. Herr Szigligeti ist ein dramatischer Materialist, er nimmt einen groben, schlackigen Stoff – weiß diesem aber kein Leben, keinen Geist einzuhauchen. Auf der andern Seite ist er wieder ein dramatischer Nihilist; er hat keinen Grund zur Schwärmerei – läßt doch schwärmen und strengt sich an aus Nichts etwas zu machen – das am Ende doch Nichts bleibt.

Ästhetisch so mit sich zerfallen entfernt er sich von aller Natur – berücksichtigt die Schönheit gar nicht und leistet nur Kümmerliches – Zwitterhaftes – Zerstückeltes. Ich kann mir z. B. keine eckelerregendere Scene denken, als die Aussetzungsscene des zweiten Aktes, wo die nakte Natur in ihrer nakten Gräßlichkeit dargestellt wird. Und Natur kann nur durch die zauberische Hülle der Schönheit Gegenstand der Dichtkunst sein.

Was die Diction dieses *Deserteurs* betrifft, so bin ich wahrhaftig in Verlegenheit selbe gebührendermaßen tadeln zu können. Ich möchte vor Allem wissen, warum Herr Szigligeti in einem so trockenen, löschpapiernen Stil sich gefällt? Warum sprechen denn alle Personen so exemplarisch nüchtern, so widerwärtig alltäglich und altgebacken? Warum erheben diese sich in ihrer Diction nie über den Nullpunct der Indifferenz?... Ich könnte mit dem Fragen noch lange so fortfahren, aber ich fürchte fruchtlos zu fragen. – Das plappert so Staarmatzmäßig[18] fort, das thut so läppischkindisch, so windelweichabgeschmackt, daß man nicht in die mindeste Transpiration einer wohlthätigen Aufregung kömmt; sondern immer in einer steifeisernen Werktagsempfindung verbleiben muß. Der soll nicht ewig hausgebacken gackern wie eine Henne – ihm dürfen die erschütternden Töne des Königs der Wüste nicht fremd sein. Hrn. Szigligeti ist in der Diction jedoch selbst das bewegte Miauen einer alten Ofenkatze fremd. So grell er auch seine Scenen durcheinander arbeitet, so widerwärtig er in der Situation nach dem schneidendsten, tobendsten Effekt hascht, so wunderbar lammesmüthig und schaafruhig ist er in seiner Diction. Welch' eine Einheit in seinem Drama durch diesen abermaligen Zwiespalt herrschen mag – läßt sich denken. Wo ist da die Gluth der Leidenschaften, das sanfte Lispeln der Liebe, das verzweifelnde Jammern der kindberaubten Mutter, das entzückte Jauchzen eines Vaters, dem sein Sohn wiedergegeben wurde? – Wo sind all' die Momente – ach, die sind Hrn. Szigligeti im Dintenfasse geblieben. Da ist in seinem

[18] Der Vogelname Starmatz wird in übertragenem Sinne für einen gedankenlosen Nachahmer gebraucht.

Stücke überall die dickste Prosa. Und noch dazu eine Prosa in ihrer derbsten, schwerfälligsten grauesten Montur, mit einem ungeheuern Zopf über den Rücken und einem derben spanischen Rohr in der Hand.

Ich habe das Geschriebene nochmals überlesen – und überdacht. Ich war scharf – streng – ja sogar beißend in meinem Urtheile; aber konnt' ich anders, wo es sich um den Geschmack einer Nation handelt, der durch solche seichte Zwittermachwerke verdorben, durch und durch verdorben – statt veredelt, verbessert wird?! Mein Herz, mein Kopf, meine Hand, meine Feder – ja selbst meine Dinte sträubt sich gegen diese dramatische Aqua Tolana[19] dessen verderbliche Wirkung auf die Zuhörer ich stets bemüht sein werde homöopathisch – durch das ätzende Gegengift einer wahren, unpartheilichen, offenen Kritik nämlich, zu zerstören.

[Anm.] Nicht der Setzer, sondern der Corrector hat die Schuld. A[nmerkung] d[es] S[etzers]

[19] Dt.: Tolaer Wasser.

[Gustav Ignaz Zerffi]

GABRIEL EGRESSY ÜBER RACHEL[1]

Geht ein Fremder nach Paris, so droht ihn das prasselnde Feuer des dortigen Lebens zu verzehren, er muß daher zu Etwas greifen, um das glühende Brennen zu löschen; daher schreiben sich die unzähligen Pariser Schilderungen, Skizzen, Lebensbilder, Croquis u. s. w. Jeder rettet sich, wenn er in wenigen Stunden Jahre, Decennien der Lust, der Freuden, und des Genußes durchschwelgt hat, auf einige Augenblicke an den Schreibtisch, um bei Federscharren und Papierrauschen das Durchlebte noch ein Mal durchzuträumen... Doch selbst diese papiernen, dinteschwarzen Träume haben für uns einen magischen, entzückenden Reiz. Eine Welt von Empfindungen durchkeimt und durchblüht sie; ein reger durch die dortigen mächtigen Eindrücke hervorgezauberter Geist stempelt sie zu lebender Wirklichkeit, so daß sie uns in unserer schläfrigen Alltäglichkeit wie etwas Feenhaftunglaubliches erscheinen.

Auf Gabriel Egressy, den wahrhaftgroßen Schauspieler des ung. Nationaltheaters mochte Paris eben keinen kleinen Eindruck gemacht haben.[2] Auch er hat Skizzen in sein Tagebuch geschrieben, mit flammenden Zügen der Begeisterung geschrieben; und das *Divatlap* theilt uns in seiner 7. Nummer eine solche von ihm über die gefeierte Tragödie Rachel mit,[3] für deren

[1] Der Artikel erschien unter der Chiffre *†*, die von GUSTAV IGNAZ ZERFFI benutzt wurde (vgl. Anm. 1. zu seiner oben mitgeteilten Kritik von EDE SZIGLIGETIs *Szökött katona*). Nr. 97. 27. August, S. 399–400. [Spartentitel]: *Journalistisches Tirailliren.*

[2] Gábor Egressy hielt sich vom 21. November 1843 bis Anfang Januar 1844 in Paris auf, vgl. KERÉNYI 1980, S. 143–146. Ferenc Kerényi hält eine Abreise am 9. Januar 1844 für die wahrscheinlichste Annahme, ebd. S. 146.

[3] *Párisi jegyzeteimből (Januárban 1844.) Rachel.* In: *Pesti Divatlap* 1844, nyárutó [augusztus] harmadik hetében [in der dritten Augustwoche] Sp. 220–221. Abgedruckt in: EGRESSY 1867, S. 92–94.

Kunst er, wie einst Börne für Talma's Größe, keinen Maaßstab fand. Doch hören wir, was er über sie sagt:

„Die orientalische Frage, ja sämmtliche Fragen des socialen Lebens haben der französischen Presse nicht so viel zu thun gemacht, als die einzige – Rachel. [...][4]

Andromache von Corneille, Hermione: Rachel.[5] Kein Zweifel das ist eine außergewöhnliche Kraft. Es ist der Vollendung Grenzpunct. Die vorgestrige[6] zarte Nympha hat sich in eine stolze, gebieterische Juno[7] verwandelt. Nicht Milde, Strenge herrscht heute in ihren Augen, sie ist um 10 Jahre älter, auf ihrem Antlitz lagert des Geistes strahlender Glanz. Die leidend elegischen Töne haben sich zur unerschütterlichen Sprache der Bestimmtheit erhoben. Die mädchenhafte Schüchternheit ward zur Seelenstärke. Um ihre Lippen spielt in epigrammatischen Zügen der Spott. Sie war mit einem Worte gerad das Gegentheil von dem, was sie vorgestern darstellte, und somit hat Rachel ihre schaffende Darstellungskraft glänzend bewiesen. Sie war in dieser Rolle einzig, groß!

Ihr Genie bestätigt sich in der unendlichen Gefühlsmacht, mit der sie aus den düsteren Höhlen der classisch-eintönigen Verse einen Reichthum von unermeßner Schönheit hervor zu zaubern weiß. In was verwandelt sie die pedantische Klassicität nicht! Welch künstlerische Wundergebilde könnte sie nicht schaffen, wenn sie mit ihrem ungeheuern Talente Shakespear's Riesenaufgaben lösen wollte?!

Maria Stuart: Rachel.[8] Die einzige fremdländische Rolle der Rachel. (Ein polnischer Graf Baleski will sie überreden Halm's Griseldis[9] und die Rolle der Parthenia[10] einzustudiren. Unglückseliger Gedanke! [Anm. 1.] – Wenn die Schröder die einzige Elisabeth war,[11] so ist die Rachel die einzige Maria.

[4] Hier folgen einige begeisterte Gedanken über Rachels Bedeutung für die Franzosen und ihre Popularität, sowie eine Beschreibung ihres Spiels als Monime in Racine's Stück *Mithridates* im Théâtre Français. Die Aufführung fand am 9. Dezember statt. Vgl. KERÉNYI 1980, S. 144.

[5] Die Aufführung von CORNEILLE's *Andromaque* im Théâtre Français fand am 16. Dezember 1846 statt, siehe KERÉNYI 1980, S. 144.

[6] EGRESSY, der diese Notizen mit etwas zeitlichem Abstand zu Papier brachte, wird sich bei der Datierung geirrt haben, als er nur zwei Tage Zeit zwischen der Aufführung von *Mithridates* und von *Andromaque* verstreichen ließ, vgl. KERÉNYI 1980, S. 144.

[7] Oberste weibliche Gottheit in der griechischen und römischen Mythologie.

[8] Die Aufführung von SCHILLERs *Maria Stuart* (in der Übersetzung von Pierre Antoine Lebrun) im Théâtre Français, mit Rachel in der Titelrolle, fand am 23. Dezember 1843 statt, vgl. KERÉNYI 1980, S. 145.

[9] FRIEDRICH HALM [d.i. ELIGIUS FREIHERR VON MÜNCH-BELLINGHAUSEN]: *Griseldis*. Dramatisches Gedicht in fünf Akten. Uraufführung: 1835, im Wiener Hofburgtheater.

[10] FRIEDRICH HALM: *Sohn der Wildnis*. Uraufführung: 1843 im Wiener Hofburgtheater.

[11] Im Jahre 1837 sah Egressy während seines Wiener Aufenthaltes im Burgtheater die Schauspielerin Schröder in der Rolle der Elisabeth in Schillers *Maria Stuart*. Seine Eindrücke hielt er in seinem Tagebuch fest. Teile vom Tagebuch sind im Juni und im September in ins-

Schiller hat die Geschichte sehr parteiisch gehandhabt, er hat für die zweideutige Maria zu viel Mitgefühl zu erwecken gesucht, welche ihr die strenge Richterin Geschichte nimmer zugestehen kann. Rachel geht darin noch weiter. Als Maria aus ihrer leidenden Stellung durch Elisabeths Schmähungen erwacht, stellte Rachel das gewaltsam aufgewiegelte unschuldige Weib dar. Dieser Moment ließ mich Rachel's großes Darstellungstalent in seiner ganzen Macht erkennen. [Anm. 2.] Ich habe die Leidenschaft, ihre Fesseln sprengend, wüthen sehen, doch im Geiste einer milden Königin. [Anm. 3.] Und als sich ihr verletzter weiblicher Stolz reichliche Genugtuung an ihrer tödtlichen Feindin genommen, jauchzt sie auf in unendlicher Freude, als wollte ihre Seele aus dem Körper entfliehen, als wollte sie diesen zersprengen, zerreißen, um sich in unendliche Räume zu verlieren. [Anm. 4.]

Ich habe mich nicht getäuscht, Du hast deinem Ruhm entsprochen. Du hast mir die Grenzpuncte gezeigt, auf denen die Schauspielkunst der Gegenwart steht.["]

[Anm. 1.][12] Warum? – Sind es vielleicht zwei ihrer Darstellungskraft unwürdige Gebilde?? Gibt ihr nicht sowohl die eine als die andere Rolle Gelegenheit genug ihre wunderbaren Talente (wenn sie nun einmal wunderbar sind!) im schönsten Glanze zu entfalten???

---

gesamt vier Nummern der Pester Zeitschrift *Honművész* publiziert worden. Mit Maria Stuart befasste er sich in diesen Aufzeichnungen in mehreren Absätzen, siehe *Töredékek Egressy Gábor naplójából. Bécs, májusban 1837* [Bruchstücke aus dem Tagebuch von Gábor Egressy. Wien: im Mai 1837]. [1. Teil] In: *Honművész* 1837, Nr. 73. vom 10. September, S. 582–584. Die begeisterte Schilderung der Darstellung Elisabeths durch Mme. Schröder nahm einen großen Raum ein, ebd. S. 583–584. Was Egressy besonders faszinierte, war die königliche Vornehmheit und Würde, die aus allen Gesten und Bewegungen der Schauspielerin sprach. (Vgl. auch: KERÉNYI 1980, S. 119.) Die Textstelle über Mme. Schröders Elisabeth fängt mit folgenden Worten an: „Erzsébet nehezen fog ma olly személyesítőre találhatni, mint Schröderné; ő méltó másolatja nagy eredetijének. – Schröderné, kora daczára is még mindig olly Erzsébet, ki a' kritikának mustraképül, egy mű-philosophnak studiumul szolgálhat. – Ő mindenütt *magas*, *igaz* és *szép* egyszersmind. Azon valódi királyszerű etiquette, melly engem olly jótékonyan lepett-meg, ugy látszik, eredetileg 's talán kirekesztőleg csupán csak neki sajátja a' szóvilágban. Tündökleni látjuk ezt az egész művitelen. [...]" (ebd. S. 583; Deutsche Übersetzung: Elisabeth wird heute schwerlich einen solchen Personifikator finden als Frau Schröder; sie ist die würdige Kopie ihres grossen Originals. – Frau Schröder ist trotz ihres Alters immer noch eine solche Elisabeth, die der Kritik als Vorbild, einem Kunstphilosophen als Studium dienen kann. – Sie ist überall *hoch, wahr* und *schön* in einem. Jene wahrhaft königliche Etiquette, die mich so wohltätig überrascht hat, scheint ursprünglich und vielleicht ausschließlich ihr eigen zu sein in der Welt der Bühne. Wir sehen diese glänzen in ihrem ganzen geplanten und konsequenten Spiel.)

[12] Gustav Zerffi's Kommentare als Anmerkungen.

[Anm. 2.] Ich hätte nicht geglaubt, daß sich ein so vortrefflicher Schauspieler, wie Hr. G. Egressy von solch einer grundfalschen Auffassung so mächtig hinreißen lassen könne. Nicht das unschuldige Weib hat Maria Stuart in der großen Scene des 3. Aktes darzustellen, sondern die unschuldige Königin – und als diese steht sie, verdammt, doppelt groß vor der sie verdammenden Elisabeth.

[Anm. 3.] O, welch ein Widerspruch!

[Anm. 4.] Das hat Egressy recht schön beschrieben, aber mit seiner Billigung der Rachel'schen Auffassung kann ich an dieser Stelle durchaus nicht einverstanden sein. Jules Janin hatte somit nur zu sehr Recht, wenn er in dieser Scene eine erkleckliche Portion Fischweibergemeinheit gefunden hat[13] – ja er *mußte* sie finden, wenn sie so dargestellt wurde. So aber soll und darf diese Scene nicht gespielt werden. Wenn Maria in glühendem Stolze ausruft:

– Regierte Recht, so läget *ihr* vor mir
Im Staube jetzt; denn ich bin euer König –

Elisabeth hierauf sprachlos abeilt; Maria sich an den Hals der Kennedy wirft und in die Worte ausbricht:

O wie mir wohl ist, Hanna! Endlich, endlich
Nach Jahren der Erniedrigung, der Leiden
Ein Augenblick der Rache, des Triumphs![14]

So dürfte der Moment unstreitig richtiger aufgefaßt und von allein ergreifender erhabener Wirkung sein, wenn Maria mit unterdrücktwohllüstiger Freude die Stelle lallte. Denn nur ein gemeines Weib wäre in solch einem Momente im Stande aufzujauchzen; da das Aufjauchzen einen übermäßigen, unwillkührlichen Ausbruch schlecht verhehlter Leidenschaft voraussetzt. Diese Schwäche aber, seiner Empfindungen nicht Herr werden zu können, ist ein Symbol der Gemeinheit – doch nicht der Königswürde, und Maria ist in jedem Worte, wie Schiller sie dachte und schrieb – Königin.[15]

[13] JULES JANIN war der Theaterkritiker der Pariser Zeitung *Journal des Débats*.

[14] FRIEDRICH SCHILLER: *Maria Stuart*. Ein Trauerspiel, 1801, 3. Akt, 5. Auftritt.

[15] Die Abweichung der Auffassungen von Egressy und Zerffi (Betonung der starken *Empfindungen*, der *Menschlichkeit* und der *Weiblichkeit* im Charakter der Maria auf der einen Seite – Betonung ihrer *Eigenschaft als Königin* und der dieser entsprechenden *Würde* auf der anderen Seite) scheint in der ungarischen Theaterkritik eine bestimmte Tradition gehabt zu haben, die man anhand von Pressestimmen über Aufführungen der *Maria Stuart* aufspüren kann. Über eine ungarischsprachige Aufführung des Stückes in Ofen am 20. Juni 1835 schrieb der Kritiker Lőrinc Tóth im Pester Modeblatt *Rajzolatok* u.a. folgende Zeilen: „Stuart Maria charakterében hasonlókép fő alkotó rész a' *méltóság*; de Stuart' szelíd méltósága különböző Er-

zsébetétől; azt nyugalmas önérzés szűli, 's a' sors' csapási nem elég hatalmasok lezúzni; ezt önhatalmának, 's magas helyzetének kevély érzése. Dériné eléadásán Stuart Maria' méltósága csaknem egészen hibázott. – Jobban fölfogá szerepe' charakterét a' *vallásosság* és *érzékenység*' részéről; azonban érzékenysége is valamelly egyszinüség által untatóvá kezde lenni a' hosszu darabon át." [Hervorhebungen von mir – R. B. M. Deutsche Übersetzung: Im Charakter von Maria Stuart bildet die *Würde* einen ähnlich wesentlichen Bestandteil; aber die milde Würde der Stuart unterscheidet sich von der der Elisabeth; jene entspringt einem ruhigen Selbstgefühl und die Schicksalsschläge sind nicht vermögend sie zu zerstören; diese hingegen dem eitlen Bewusstsein der Macht und der hohen Stellung. In der Darstellung von Dériné fehlte die Würde der Maria Stuart fast ganz. – Von der Seite der *Religiosität* und der *Sentimentalität* fasste sie den Charakter ihrer Rolle besser auf; aber auch ihre Sentimentalität begann im Laufe des langen Stückes durch etwas Eintönigkeit langweilig zu werden.]

Der Kritiker der Zeitschrift *Honművész* war hingegen zufrieden mit der Darstellung von Déryné. In: *Rajzolatok* 1835, Nr. 50. vom 24. Juni, S. 303–304; *Honművész* 1835, Nr. 51. vom 25. Juni, S. 405; beide Kritiken sind vollständig abgedruckt in: KERÉNYI 2000, Bd. 2, S. 671–672, vgl. auch Kerényis Anmerkungen: ebd. Bd. 3, S. 1505–1506, wo auch die Autorenschaft von Lőrinc Tóth geklärt wird, der seine Meinungen in den *Rajzolatok* unter dem Preudonym „Ő. T. [Őszinte Testvérek (Ehrliche Brüder)]" publizierte. Egressy selbst inszenierte *Maria Stuart* im Jahre 1847 im Ungarischen Nationaltheater, das war die erste Aufführung des Dramas im Nationaltheater. Die Kritik, die über die Aufführung in der Zeitschrift *Életképek* publiziert wurde, geht von der von Zerffi angegriffenen Auffassung der Rolle der Maria aus, und läßt darauf schließen, dass Egressy in seiner Inszenierung diese Auffassung geltend machte. Der sich als R. B. unterzeichnende Kritiker schrieb über das Zusammentreffen der beiden Königinnen: „Erzsébet úgy bánik itt a' rokonszenvünket már egészen biró Máriával, hogy ez által engesztelhetetlen gyűlölségünket vonja magára; lázasztó kevélységgel 's hidegséggel sérti a' hatalmában lévő nyomoru foglyot, ki előbb szivélyez fordul, 's tür és tür, *de midőn Erzsébet, tovább menvén, asszonyi hiuságát, szépségét támadja meg (minő hű vonás a' természetből!): ekkor nem tartóztathatja többé magát, 's életet, halált felejtve, kitör Erzsébet ellen.* [Hervorhebung von mir – R. B. M. Deutsche Übersetzung: Elisabeth behandelt hier Maria, die unsere Sympathie schon ganz für sich hat, so, dass sie dadurch unseren unversöhnlichen Hass auf sich zieht; sie beleidigt die elende Gefangene, die sie in ihrer Macht hat, mit empörendem Hochmut und Kälte, diese wendet sich erst an das Herz der Elisabeth und duldet und duldet, *als jedoch Elisabeth weitergeht und ihre weibliche Eitelkeit, ihre Schönheit angreift (welch' treuer Zug aus der Natur!): da kann sie sich nicht mehr zurückhalten und sie bricht aus gegen Elisabeth, Leben und Tod vergessend.*]

Über den Charakter der Maria und dessen Darstellung durch Róza Laborfalvy schreibt R. B. u.a. Folgendes: „Stuart Máriát Laborfalvy Róza játszotta, olly nemes egyszerüen, annyi bensőséggel 's méltósággal, a' jellemnek olly hiven megfelelve, hogy élvezet vala játékát figyelemmel kisérni. Mária jellemének egykor fővonása volt *dús és virágzó érzékiség, magas életkedv 's élvezetvágy*, 's gondtalan *könnyelmüség*; de szelídítve 's nemesítve *természeti kellem, kedélyesség 's asszonyi méltóság* által [...] Azon időben, midőn Schiller Máriája előnkbe lép, már a' kiábrándult kor bánatában látjuk őt megtörődve, megszürődve. – De *természetes élénksége 's könnyelműsége* nem hagyta egészen el. [...] A' mód, miszerint magát Erzsébettel szemközt viseli, egészen hű következetességben van e' jellemmel, sőt jelleme itt tünik ki legélénkebb színeiben." (*Életképek* 1847, Nr. 20. vom 15. Mai, S. 650–653. Die deutsche Übersetzung: Maria Stuart wurde von Róza Laborfalvy mit solcher edlen Einfachheit, mit so viel Innigkeit und Würde, in solcher Übereinstimmung mit dem Charakter gespielt, dass es ein Vergnügen war, ihrem Spiel zu folgen. Ein Hauptzug des Charakters der Maria war einst *eine üppige und blühende Sinnlichkeit, hohe Lebensfreude und Genusssucht*, und ein unbekümmerter *Leichtsinn*, besänftigt und veredelt jedoch durch *natürliche Anmut, Gemütlichkeit und weibliche Würde.* [...] Als die Maria von Schiller vor uns tritt, sehen wir sie bereits gebeugt und geseiht im Trauer der ernüchterten Zeit. – Doch ihre natürliche *Lebhaftigkeit und Leichtsinn* haben sie nicht ganz verlassen. [...] Die Weise, wie sie sich Elisabeth gegenüber verhält, entspricht diesem Charakter ganz in treuer Folgerichtigkeit, ja ihr Charakter leuchtet hier in ihren lebendigsten Farben hervor.)

V.

ASPEKTE DER IDENITÄT

— —

LIEBE DER UNGARN ZUR LITTERATUR[1]

Man hat hie und da in manchen freymüthigen Schriften über die Litteratur Ungarns und ihre Opfer in dem Tempel der Wissenschaften nicht sehr günstig geurtheilt. Es hieß, daß Ungarn vielen gleichzeitigen Ländern an Kultur und Bildung zurückstehe.[2] Dieß läßt sich freylich nicht ganz leugnen; Ungarn könnte in Manchem weiter fortgerückt seyn, wenn über seine gesegneten Fluren ein minder kriegerischer Genius seinen Fittig geschwungen hätte. Jene aber, die Ungarn mit ihren Urtheilen so erniedrigten, haben die *wahren* Ursachen nicht angegeben, *warum* Ungarn *dieses* vor etwa 3 oder 4 Dekaden nicht war, was es doch hätte seyn *sollen*, und warum es jetzt noch nicht *das* ist, was es billig seyn *sollte* und *könnte*. Die Gründe hievon liegen in keinem dichten Dunkel verborgen, und ein gutes politisches und psychologisches Auge kann sie leicht entdecken. Daß aber der *eingeborne* Ungar von Natur *träge* und *untüchtig* wäre den Helikon zu besteigen und im apolinischen Heiligthum zu knieen,[3] ist *grundfalsch*. Der Ungar ist ganz darzu geeignet Minerven zu fröhnen.[4] Man begünstige nur seine Sehnsucht nach Belehrung, man stille nur gehörig seinen Durst nach Kenntnissen und Ungarn wird bald in einer hellern litterärischen Glorie prangen. Grossmuth, Tapferkeit, und Gastfreyheit sind die herrlichen Züge, die vor vielen andern schönen Eigenschaften an dem Karakter der Ungarn wie glänzende Dia-

[1] *Unterhaltungsblatt* 1813, Nr. 42, S. 349–353.

[2] Vgl. die Bestätigung und Analyse dieses alten Stereotyps auch bei JOSEF TURÓCZI-TROSTLER: *Zum weltliterarischen Streit um den ungarischen Charakter*. Budapest: 1939.

[3] Der Gebirgszug Helikon im Südwesten der griechischen Landschaft Böotien wurde von den alten griechischen Dichtern als geheiligter Musensitz verherrlicht. In Apollo verehrten die Griechen und Römer u.a. auch den Gott des Gesangs und Saitenspiels, der die Menschen durch Musik zum Guten und Rechten antreibt, den Oberhaupt und Führer der Musen.

[4] Mit der Göttin Minerva (bei den Griechen Pallas Athéné oder auch nur Pallas) verband man in der griechischen und römischen Mythologie die Begriffe von Besonnenheit, Weisheit, edler Gestaltung des menschlichen Lebens.

mante hervorleuchten. Sollte sich mit solchen schönen Trieben nicht auch der Trieb nach Weisheit vereinigen können? – Nur sehr zu bedauern ist es, dass der Ungar so ganz von einer Kommunikation mit dem gelehrten Ausland entfernt ist! Man hat zwar Ursache diese litterärische Freundschaft zu beschränken; aber darum ist auch noch nicht zu befürchten, dass das freye Einverständniss mit aufgeklärtern Ländern den Saamen von Freygeisterey und Atheismus ins Vaterland streuete. Kein Einheimischer, der sich dem gelehrten politischen Fache widmet, will auf ausländischen Universitäten die nöthigen Kenntnisse mehr suchen, die zu seiner wissenschaftlichen Ausbildung gehören. Von den *Grossen* unseres Vaterlandes will keiner mehr im Ausland sich zum nützlichen Mitglied am Ruder des vaterländischen Wohls bilden. Die vielen und weiten Reisen, die manche der *Grossen* in fremde Länder als nach Deutschland, Frankreich oder England machen, sind fürs Vaterland von keinem grossen Vortheil. Und gesetzt es kommt aus solchen Unternehmungen etwas Nützliches fürs Vaterland zum Vorschein, so ist es immer eine *rare* Erscheinung, die aber auch nur bey ihrer Geburt flüchtig angestaunt und selten benutzt wird. O! wie ganz anders waren die alten Grossen unsers Vaterlandes für Bildung und Ausbreitung der Wissenschaften gesinnt! Daß unsere alten Ungarn stark mit den ausländischen Gelehrten in Verbindung standen, und viele derselben ins Land beriefen, ist offenbar und historisch wahr. Mehrere von den vornehmsten *gräflichen Familien* bildeten sich in Deutschland. Wie ehrend für unser theures Vaterland ist es, wenn man in der Kronik der Wittenberger Universität die Nachricht von der öffentlich gehaltenen Disputation liest, in der sich ein Graf Thurzo, in Gegenwart seiner Landsleute, die gerade den jungen Grafen abzuholen dahin kamen, ausgezeichnet hat! – Diese von jeher bey der ungarischen Nation herrschende Liebe und Achtung für Litteratur und Wissenschaften will ich nur durch ein einziges Beyspiel aus dem XVI. Jahrhundert bestättigen, das zur Genüge zeigt, wie sehr die Grossen unseres Vaterlandes das Ausland und die ausländischen Gelehrten schätzten, und wie erhaben, wie liebreich diese als aufgeklärte Männer ihnen wieder zuschrieben. So ist ein Brief von einem ausländischen Gelehrten Justus Lipsius vorhanden, der an den ungarischen Freyherrn Michael Forgács von Gimes (wie die Überschrift des Briefes lautet) gerichtet ist.[5] Nur etwas weniges von dem Inhalt dieses schätzbaren Schreibens. Wie schön, wann der Gelehrte sagt:

„Wie sehr freundschaftlich fodern Sie mich zur Korrespondenz auf und wie liebevoll verlangen Sie zugleich, ich möchte Ihnen auch meine Her-

[5] Baron MIHÁLY FORGÁCH (?–1603) lernte an der Universität zu Strassburg, hielt sich 1587 bis 1589 in Wittenberg auf, und wurde zum rector magnificus der Universität gewählt. Er stand mit mehreren ausländischen Wissenschaftlern in Briefwechsel und war ein Förderer der Wissenschaften. Später trat er eine militärische Laufbahn an.

zensneigung schenken. Sie wären mir unbekannt? Nein; nur zu bekannt sind Sie mir: denn Ihr einziger Brief, der mir das Bild Ihres schönen Herzens und Ihrer reellen Denkart vorlegt, läßt mich Sie ganz kennen. Also auch in Ihren verschlagenen, entfernten und wahrhaft martialischen Gefilden erziehet Pallas ihre Söhne? Ich preise Sie und das Vaterland glücklich, das von einem solchen Musensohne, einem mächtigen Beschützer und Beförderer des Guten erwarten kann. O wenn diesen Weg zu Ehre und Tugend, den Sie wandeln, mehrere von Ihrem Geschlecht und Stand einlenken würden, wie beglückt und seelig wäre Europa, das itzt von Elend gedrückt und von allen Seiten von der Wuth innerlicher Kriege und Gährungen umwittert wird![6] – Sie aber, fahren Sie fort sich zuerst den Wissenschaften und dem Studium der Weisheit und alsdann dem Vaterlande ganz zu widmen, und thun Sie hierdurch öffentlich dar, welch eine mächtige Kluft zwischen einem gebildeten und gelehrten Adelichen und einem solchen sey, der auf nichts anders als auf seine Güter und sein Ahnenregister prahlen kann. – Sie sehnen sich nach meiner Freundschaft – ach! und begierig bring ich diese Ihnen dar, so, daß ich Ihnen mit meinem Opfer zuvorkomme; und mit der Zeit sollen Sie davon die herrlichsten Beweise erleben. – Sie finden also an meinen litterärischen Arbeiten ein herzliches Vergnügen; o wollte Gott sie würden Ihnen auch erspieslich seyn u. s. w."

Ja guter Lipsius auch auf dem Boden, wo zuerst Protogeniens Urenkel ihren Götzen opferten, prangen die Altäre zu Ehren der *neun* Schwestern aufgerichtet.[7] Auch hier, wo Jahrhunderte hindurch der Tummelplatz blutiger Kriege war, und wo der Heroismus um die Schläfe der Helden Lorbeerkränze gewunden hat, ruht man gerne an dem Busen der Weisheit. Nur soll kein eisernes Zeitalter mit einem schwülen Donner ihre Tempel zersplittern! Nur möchte einen jeglichen ungarischen Mann, der sich dem Bunde der Gelehrten weihen will, der Wunsch beseelen, das Blatt, auf dem die Wundergeheimnisse der Weisheit in mytischen Buchstaben aufgezeichnet sind, dort aufzuschlagen, wo ihre Blüthe duftet!

[6] Hinweis auf die konfessionellen Gegensätze zwischen den Anhängern der Reformation und des Katholizismus und auf die teils religiös teils sozial bedingten kriegerischen Auseinandersetzungen, die in Mitteleuropa im 16. Jahrhundert im Zusammenhang mit der Reformation ausgebrochen waren.

[7] Protogenia hieß in der griechischen Mythologie u.a. auch die Geliebte des Kriegsgottes Mars, die ihm den Sohn Oxylus gebar. „Protogeniens Urenkel" sind demnach Nachkommen des Kriegsgottes. Die neun Schwestern sind in der griechischen Mythologie die neun Musen, jene Töchter, die Jupiter mit der Mnemosyne, der Göttin des Gedächtnisses zeugte (die Musen der Geschichte, des Trauerspiels, des Schau- und Lustspiels, des Epos, der Tanzkunst, der lyrischen Dichtkunst, der zärtlichen Gesänge, der Astronomie und der Hymnen-Poesie.) Der Satz ist demnach so zu verstehen, dass auch in dem Land, wo früher vor allem kriegerische Tugenden in Ehren standen, nun Künste und Wissenschaften gepflogen werden.

— —

SCHWÄBISCHE AUSWANDERER[1]

Unter die Eigenheiten und NothFolgen dieses Jahres gehören auch die häufigen Auswanderungen aus Schwaben, aus Elsaß etc. Seit den früheren Jahrhunderten waren es, wie bekannt, hauptsächlich *Deutsche*, die das Christenthum, städtische Civilisation, Künste und Handel, überhaupt Menschen- und LandesCultur, im Nord und Ost von Europa einführten, verbreiteten, begründeten. Seitdem findet der Deutsche fast in *allen* Ländern Europa's eingebürgerte Brüder und also von dieser Seite überall sein Vaterland. Überall ist er willkommen; denn Fleiß und Ehrlichkeit, diese Grundfesten aller Privat- und StaatsWohlfahrt, sind weltbekanntlich Grundzüge im Charakter des Deutschen, und sie unterscheiden ihn bestimmt von anderen Auswanderern. Alles veredelt sich unter seinen Händen; er duldet keine Wüste, keine Unvollkommenheit um sich, gleich dem BienenVolke, das schnell seine leere Wohnung anbaut und anfüllt, müßte es dazu auch noch so mühsam die Materialien herbeischaffen. Man scheide in der Geschichte, in dem gesellschaftlichen Leben, in der Civilisation sehr vieler Völker die Verdienste der Deutschen aus, was wird dann wohl noch übrig bleiben? Selbst die neueren Auswanderungen der Süddeutschen zeugen für ihren moralischen Charakter; denn sie rühren großentheils von Überbevölkerung her, die eine Folge reiner einfacher Sitten und eines ordentlichen Lebenswandels ist. (Das Königreich Württemberg, 365 Qu. Meilen groß, hat 1.346.000 Einwohner, so daß auf einer Quadratmeile fast 4.000 Menschen leben.) Wie Kinderreich die Schwaben sind, erhellt unter andern daraus, daß unlängst unter einer Schaar die bei Maynz vorbei nach Holland zog, auch ein armer Taglöhner war, der 13 Kinder hatte, und dessen Frau im Schiffe mit dem 14en niedergekommen war. Aus dem Badenschen allein rechnet man 20.000 Einwohner, die in diesem Jahr auswanderten.

[1] *Gemeinnützige Blätter* 1817, Nr. 50. vom 22. Juni, S. 396–397. [Spartentitel:] *Miscellen.*

— —

ANDEUTUNGEN ÜBER DEN BEGRIFF DER VATERLANDSLIEBE

und andere Begriffe der geistigen oder innern Welt[1]

Wenn man forschet: ob Aufklärung der Menschheit zuträglich oder nachträglich sey, so wird man Gelehrte finden, die sich ihrer annehmen, und andere, die sie als Unheil stiftend anklagen.

Wenn man über Leidenschaften, den Luxus, den Handel und tausend ähnliche Gegenstände die Meinungen seiner Mitbürger einholt, so wird man über jeden derselben bald gutes, bald böses hören müssen, und jede Meinung mit annehmbaren Gründen bekräftiget finden.

Es ist nämlich nichts in der Welt, es mag an sich noch so gut sein, das durch Mißbrauch nicht ausarten könnte; das nach den Umständen der Person, der Zeit, des Orts, oder des Maaßes nicht gut oder schlecht sein könnte.

Einer dieser wankenden Begriffe ist auch jener der Vaterlandsliebe. Man hört den Namen täglich; man versteht aber oft so sonderbare Gefühle und Neigungen, so sonderbare Affekten und Leidenschaften darunter, daß es wahrlich nicht zu wundern ist, wenn auch die Vaterlandsliebe unter diejenigen Gegenstände gezählt werden kann, die Vertheidiger und Gegner finden.

Wie Mancher glaubt: er liebe sein Vaterland und irrt doch gewaltig! Sein einseitiges Gefühl, das er mit diesem schönen Namen belegt, ist ein leidenschaftlicher Stolz; eine unmoralische feindselige Geringschätzung Aller, die ein anderes Vaterland, eine andere Sprache oder eine andere Kleidung haben; ein selbstsüchtiges Bemühen, Vortheile zu erringen, der wahren Vaterlandsliebe eben so wenig ähnlich, als der Geiz der Sparsamkeit, die Verschwendung der Freigebigkeit, die Ehrsucht der Selbstachtung, die Heuchelei der Frömmigkeit, und tausend andere lasterhafte Neigungen, Affekten und Leidenschaften denjenigen Tugenden gleichen, aus welchen sie bei Überschreitung der wahren Grenze entspringen.

[1] *Unterhaltungsblatt* 1825, Nr. 58. vom 25. Juli, S. 455–457.

Wenn wir einst so glücklich sein sollten, in dem durch Herrn v. Misley begründeten Mittelzweig der fünfästigen Mathesis, in der rein intensiven nämlich, geläufig zu sein (bekanntlich theilt er die Mathesis, so wie die Größen, in die rein abstrakte, rein extensive, rein intensive, empirisch extensive, empirisch intensive), würden wir freilich nichts mehr von ähnlichen schwankenden Begriffen wissen, als die eben erwähnten über die Vaterlandsliebe, die Aufklärung, die Leidenschaften und alle ähnliche sind. Haben wir aber wohl dieses goldene Zeitalter der mathematischen Kenntnisse (wo wir nicht nur Punkte und Linien, Landschaften und Gestirne, Elektrizität, Luft und Wärme, das Gleichgewicht, die Bewegung, die Schwingung, sondern auch Denk- und Willenskraft, so wie alles Wissen und Handeln u.s.w. mathematisch richtig zu berechnen wissen werden) haben wir mit ihm auch jenes der wahren Aufklärung zu erwarten? wo nach Pausa (*Wanderer* 1819 Nr. 246), einem verdienstvollen Mitarbeiter des humanen *Wanderers,*[2] welcher mit dem klassischen, auch nach hundert Jahren noch gelesenen englischen *Zuschauer,*[3] gleiche Tendenz: Beförderung des Sittlichen hat, – wo, nach Pausa, Tugend und Aufklärung den nämlichen Begriff bezeichnen, Kopf und Herz vereinen würden, – wo man nicht nöthig hätte, über moralische Wahrheiten zu schreiben, weil man sie allgemein praktisch anerkennen und üben würde.

Bis dahin lasset uns suchen, Sieger über unsere Leidenschaften zu werden, die Selbstsucht zu unterdrücken und sie nicht mit dem schönen Namen der Vaterlandsliebe zu bemänteln, welche stets das allgemeine beste, durch gewissenhafte Befolgung der Gesetze, zum Ziele hat, und weder durch excentrische Vorspiegelungen zu täuschen sucht, noch getäuscht werden kann.

[2] Die Zeitschrift *Der Wanderer* wurde 1814 von JOSEPH V. SEYFRIED gegründet und erschien wöchentlich sechsmal.

[3] Die 1711–1712 von RICHARD STEELE und JOSEPH ADDISON in London herausgegebene Zeitschrift *Spectator* begründete die Gattung jener moralischen Wochenschriften, die im 18. Jahrhundert auch in Deutschland zahlreich publiziert wurden und der Verbreitung aufklärerischer Vorstellungen unter den bürgerlichen Lesern dienten. Vgl. WOLFGANG MARTENS: *Die Botschaft der Tugend.* Die Aufklärung im Spiegel der deutschen Moralischen Wochenschriften. Stuttgart: 1968.

Weber[1]

[ÜBER DIE MUTTERSPRACHE][2]

Keine Nation hat etwas Größeres, als die Schätze ihrer Sprache und ihrer Schrift: nichts außer diesem, nicht Macht, nicht Wohlstand, nicht Länderumfang, sind geeignet, ihr Andenken auf eine dankbare Nachwelt zu bringen. Das ungeheure Reich des Cyrus und seiner Nachfolger füllt einige dürre Blätter in der Weltgeschichte; Griechenland, in der Blüthe seiner Größe die Gränzen eines mässigen deutschen Königreichs nicht überschreitend, hat einen unvergänglichen Namen bey Jung und Alt. Rom, mit seiner Weltherrschaft wäre sammt der Barbaren in Vergessenheit gesunken, die es nach und nach geplündert, ausgebrannt, umgestürzt haben, hätte nicht Cäsar die sieben denkwürdigen Jahre, die er in Gallien gekriegt, mit dem Griffel eines feinsinnigen Weltmanns beschrieben[3], hätte nicht Virgil den frommen Aeneas mit seinem fürstlichen Geschlechte bis auf Augustus herab in den Tempeln des Ruhms aufgestellt,[4] nicht Horatius einen Spiegel seines ächt humanen Geistes in unvergänglichen Schriften niedergelegt.

[1] Die Quellenangabe in der *Ährenlese* am Ende des Textes lautet: „Dr. Webers Vorlesungen zur Ästhetik". Wahrscheinlich handelt es sich um den Altphilologen ERNST CHRISTIAN WILHELM WEBER (1796–1865), der 1819–1820 an der Jenaer Universität als Privatdozent lehrte, und ab 1820 Lehrer, von 1823 bis zu seinem Tode Professor am Weimarer Gymnasium war und sich außer dem Studium der antiken Literatur auch mit der deutschen Klassik mit Vorliebe beschäftigte. Über letzteren Gegenstand hielt er laut ADB, Bd. 41, S. 289 auch öffentliche Vorträge im literarischen Verein aus Weimar.

[2] *Ährenlese* 1831, Nr. 8, S. 36. [Spartentitel:] *Lesefrüchte*.

[3] JULIUS CAESAR: *Commentarii de bello Gallico*, entstanden 52–51 v. Chr.

[4] VERGILIUS: *Aeneis*, entstanden zwischen den Jahren 30 und 19 v. Chr.

A. v. J.

ÜBER DIE VERBREITUNG DER MAGYARISCHEN SPRACHE IN UNGARNS NORDEN[1]

„Die Sprache ist das Palladium eines Volks, der Schlüssel zum Innersten der Menschen und Völker!" Dieser Ausspruch eines geachteten Schriftstellers wird auch in unserem Vaterlande tief gefühlt und beherzigt. Nur in der eigenen mütterlichen Sprache ist volle Ausbildung, reiche Entfaltung aller edlern Anlagen des Menschen denkbar. Alle Nachahmungen der Alten wie der Ausländer blieben unter ihren Mustern, daher denn auch alle Nichtlateiner, die gleich Cicero zu schreiben sich dünkten, längst vergessen sind, indessen ihre ewigen Urbilder noch fortleben. Petrarca's lateinisches Gedicht *Africa*, wovon er seinen Ruhm erwartete, ist längst vergessen; nur seine Lieder an Laura in seiner Muttersprache geschrieben, dauern unsterblich fort. Die Sprache ist Nationaleigenthum und Nationaleigenthum eines Volkes, und Dasjenige, was alle Glieder desselben aufs innigste verbindet. Hier muß jedoch bemerkt werden, daß die Begriffe von Volk und Nation oft verwechselt werden. Nicht immer besteht ein Volk aus einer Nation, so wie nicht immer eine Nation ein Volk bildet. Der Begriff des Volks im engern Sinne nämlich, deutet auf ein Reich hin, das, wie das Ungrische, eben so wohl mehrere Nationen begreifen kann, als eine Nation, z. B. die Deutsche, mehrere Völker oder Staaten umfaßt.

Die magyarische Sprache, früher nur eine Gemeinsprache (Lingua rustica) wurde seit den letzten Decennien gesichtet, gefestigt, verschönert, und so zur *allgemeinen Sprache des Reichs*, der öffentlichen Geschäfte und der gebildeten Stände des Volks erhoben. Was für die *Emporhebung* dieser lebenden Nationalsprache in den letztvergangenen Zeiten, bis auf den jetzt bestehenden Reichstag, geschehen ist, und geschieht, bedarf keiner weitern Erörterung: die Gesetzbücher, die Tagsblätter sprechen laut davon. Was

[1] *Ährenlese* 1833, Nr. 11. vom 8. Februar, S. 45–46.

geschieht aber zu ihrer *allgemeinen Verbreitung* im Wege des öffentlichen Unterrichts, besonders im Norden Ungarns? – Mit magyarischem Freymuth sey es gesagt: beynahe nichts oder soviel als nichts!

Nach dem ungarischen Erziehungs- oder eigentlich Unterrichtssystem wird auf den königlichen Gymnasien in 6 Classen *hauptsächlich* nur die lateinische Sprache gelehrt und gelernt, die magyarische aber als Nebensache behandelt; zudem ist diese *allen Lehrern selbst nicht* oder doch *nicht gründlich* bekannt. Dies ist der Fall wenigstens auf mehr denn 12 Gymnasien des ungrischen Nordens. Das durch tägliche Erfahrung bestätigte Resultat ist folglich: daß der in jenen Gegenden Studierende nach einem *sechsjährigen* Schulcurse so gut wie gänzlich unbekannt mit der Nationalsprache die Schule verläßt, folglich nichts weniger als den Anforderungen der Landesverfassung zu entsprechen im Stande ist; er hat hierbey die der Spracherlernung günstigste Zeit und Altersepoche versäumt, und wenn er auch eine Academie der höhern Studien besucht, selten mehr Gelegenheit [bekommt], das Versäumte nachzuholen, verläßt daher auch diese als ein für öffentliche Geschäfte bey jetziger Zeit unbrauchbares Individuum, kurz – sein Unglück ist gemacht. Man wende hier nicht ein, der Jüngling könne in diesem Fall eine Schulanstalt in Mittel- oder Süd-Ungarn besuchen, auf welcher die magyarische Sprache allseitiger zu erlernen sey. Ja wohl! Aber ist Jeder ein Albae Gallinae Filius,[2] daß er, mit Umgehung des heimischen Gymnasiums, schon in den ersten Schuljahren die kostbare Fremde suchen kann? Zu was sind denn die öffentlichen Schulanstalten in der Hungaria Carpathica[3] da, wenn solche nicht die Absichten der Gesetze und den Nationalwillen erfüllen sollen? Warum sollte eine Gegend, in Betracht der zur strengen Pflicht gemachten Sprache, eben so stiefväterlich behandelt werden, als sie es von Seiten ihres Climas und Bodens ohnedem schon ist? Gerade dies ist der Punct, auf dem die Erlernung der Nationalsprache mit größerer Sorgfalt wie anderswo betrieben werden sollte!

Wer aber den Zweck will, muß auch die dazu führenden Mittel wollen!! Es ist nicht einzusehen, warum unter den jetzt obwaltenden Umständen die Magyarensprache, das ihr längst gebührende Recht auf gesetzlichem Wege erhaltend und so als allgemeine Reichssprache angenommen, der Sprache der Latien, die blos als Kirchen- und Gelehrtensprache, wie im übrigen Europa, zu betrachten kommt, nachstehen und so das Nothwendige dem blos Nützlichen nachtreten soll? Es möge diese edle, aber todte Sprache durch die frischaufgeblühte Nationale im Ganzen ersetzt oder surrogirt werden, und mit ihr die bisher gehabten Rollen wechseln, d. i.: als Nebenstudium be-

[2] Die lateinische Wendung wurde für Menschen gebraucht, die vom Glück besonders begünstigt waren.

[3] Dt.: im karpatischen Ungarn.

handelt erscheinen, oder, bey der Erlernung durch kundige Lehrer, so genau verbunden werden, daß dem Schüler keine andere Wahl bliebe, als beyde Sprachen zugleich und gleich gut sich anzueignen. Man wende hier nicht ein, daß dies der Fall schon wirklich sey, – wenigstens ist er es in Ungarns westlichem Norden gewiß nicht; einige Tausend Jünglinge entbehren dort wirklich noch Dasjenige, was jetzt so Noth thut!

Edle Landsleute! Würdigt diese Darstellung Eurer Aufmerksamkeit und beherzigt die Nationalbedürfnisse *aller* Bewohner unseres geliebten Vaterlandes, damit dessen Kinder *alle* sich in *einer* Sprache liebend verstehen und brüderlich an einander schließen können, der Sprache, die kräftig, mild und edel ist, wie des Magyaren Herz und sein Rebennectar. Geschrieben an einer Felsenhöhe der karpatischen Vorberge, im Januar 1833.

— —

[ÜBER MIHÁLY KUNITS'S *REFLEXIONEN*][1]

Der Verf[asser], der sich durch eine Reihe von Jahren als pädagogischer, statistischer, topographischer Schriftsteller auch bey uns bekannt gemacht hat, widmet die vorliegende Schrift dem geliebten Vaterlande aus Anhänglichkeit und wahrer Ergebenheit, und gibt im Vorberichte Rechenschaft von seiner frühern ungedruckten und der gegenwärtigen Schrift über denselben Gegenstand, berührt auch manches, was, nach seinem Ausdruck, wenn gleich Digression, hier am rechten Orte ist.

In der Schrift selbst beginnt er von der Presse als dem wichtigsten Beförderungsmittel des Umtausches der Ideen und der Verbreitung nützlichen Wissens. Er beweist, daß die Ausschließung der Schriften und literarärischen Werke in andern Sprachen nicht so weit zu übertreiben sey, daß sie eine fanatische Sucht werde und die magyarische Nation sich ganz und vollkommen isolire (S. 5.); spricht von der Nationalacademia, von Nationalbuchhandlungen, Nationalliedern, Nationaltheatern, Lehrern der ungrischen Sprache und Literatur, den Bewohnern Ungerns, die in Sprache, Sitten, Neigungen und Lebensart einen seltenen Abstand darbieten (S. 13.) und läßt sich dann über die Art und Weise, wie über die Grenze der Magyarisirung ein. Von S. 24 beginnen die Reflexionen. Als kriegerische Nation,

[1] Originaltitel: *Mihály Kunits's Reflexionen über die Begründung der Magyarischen Sprache in Ungarn, als Staats-, Dicasterial- und Gerichts-, wie auch als allgemeine Volkssprache. (Eingesandt.)* In: *Ährenlese* 1833, Nr. 70. vom 3. September, S. 283–284. Spartentitel: *Literatur*. Nach dem Titel des rezensierten Werkes wurden noch folgende Daten angegeben: „Von Michael v. Kunits, emerit[ierter] Professor etc. 8. [Octav] Agram, im Jänner 1833, gedruckt bey Franz Suppan. XX. und 215 S. Preis 1 fl. C. M." Der zwischen 1832 und 1836 abgehaltene Landtag erhob die ungarische Sprache zur Sprache der Gesetzgebung und erweiterte den Anwendungsbereich des Ungarischen auch in anderen Bereichen des öffentlichen Lebens, wie in der Rechtsprechung und der kirchlichen Matrikelführung.

sagt er, gebrach es den ersten Machthabern, welche das eroberte Land zu organisiren angefangen, und den ersten und nachfolgenden Königen an Männern von Kenntnissen und Wissenschaften; sie beriefen Ausländer; der Clerus ward der erste Stand; die lateinische Sprache gewann bald die Allgemeinheit in öffentlichen Geschäften (S. 28); die Nationalungern hatten ihre Muttersprache (S. 33); sie haben hochgeehrte Namen unter ihren Schriftstellern (S. 39.); die übrigen Völker behielten jedes ihre Sprache und Sitte für sich (S. 56); die Versuche, Einheit in die Gesamtnation durch Sprache zu bringen, blieben meistens ohne Erfolg (S. 58); in den zwey letzten Dezennien wurde die Stimmung für die magyarische Sprache und Literatur angeregt (S. 60). Endlich seit 1825 geschah viel für die Magyarisirung (S. 70); die Ungarn mögen standhaft, beharrlich und mit ruhigem Eifer ohne fanatischen Ungestüm fortfahren (S. 74); ganz ohne Mißgriffe kann dies freylich kaum erwartet werden (S. 78); Besonnenheit, Klugheit, Mäßigung, ruhige Überlegung, weise Einsicht und Combination werden S. 79 empfohlen, nicht lächerliche Kleinigkeiten, nicht Unmöglichkeiten. Was geschah seit dem letzten Landtage? frägt der Verf[asser] S. 86, und spricht von den ungarischen Zuschriften an Croatiens und Slavoniens Gespanschaften, und S. 89 bis 110 von den Beschlüssen des Graner Comitats in 21 Paragraphen, über welche er erstens 117 allgemeine Bemerkungen und dann zu jedem einzelnen Paragraph insbesondere anführt, was er nöthig glaubte, worunter manche Schwierigkeiten. S. 144 wird die lateinische Sprache das Palladium der ungrischen Gesetzgebung und Staatswissenschaft genannt. S. 148 kömmt manches von Handwerkern, S. 150 von Wörterbüchern für die Zünfte vor. Endlich fügt der Verf S. 160 in 4 Puncten bey, was sich an die obigen 20 Paragraphe der Beschlüsse anreihen ließe. Von S. 166 kommen wieder einige Schwierigkeiten wegen der Mehrzahl anderer Nationen vor. S. 172 wird das Magyarisirungswerk eine herkulische Arbeit genannt. Willkühr und Gewalt vermögen nichts, nur förmliche Einwilligung. Nach S. 173 eifert man in Croatien für seine Nationalität; nach S. 174 lassen sich auch andere Erscheinungen mit der begonnenen Magyarisirung nicht vereinbaren; nach S. 179 sind die Schwierigkeiten doppelter Art; andere ergeben sich bey der Magyarisirung der Völker, andere aus der Vertauschung der lateinischen Sprache mit der magyarischen. Auf das Abschließen von den übrigen Nationen des Continents wird S. 181 aufmerksam gemacht, und es werden Folgerungen von Wichtigkeit aufgestellt; endlich nach Berührung des Mangelhaften und Unzureichenden der magyarischen Sprache, S. 191 gezeigt, wie Ungarn eines der glücklichsten, civilisirtesten, cultivirtesten und ansehnlichsten Länder auf dem Continente seyn könnte. S. 193 bis 197 sind Schlußanmerkungen.

Diese und viele andere eingeflochtene Sätze von Interesse in obiger lesenswerthen Schrift sind aus einem philosophisch-moralisch-statistischem

Gesichtspuncte behandelt. Die Magyarisirung als ein merkwürdiges Ereigniß der Zeit, als eine Wirkung des Zeitgeistes, als eine wichtige Nationalangelegenheit mit Gelassenheit und Würde behandelt. Die Argumente sind aus der Natur der Sache und aus der Erfahrung geschöpft. Der magyarische Nationalcharakter und die Größe des Unternehmens wurde mit Sachkenntniß geschildert, die Schwierigkeit bey dem großen Unternehmen mit scharfen Umrissen gezeichnet. Patriotisch, aber zugleich freymüthig und vorurtheilsfrey sind die mit Gelassenheit vorgetragenen Argumente. Unbefangene werden aus dieser gehaltreichen Schrift abnehmen, was sich für und wider die Magyarisirung sagen läßt und die sichere Mittelstraße einschlagen. Aber selbst diejenigen, die mit des Hn. Verf[assers] Ansichten nicht übereinstimmen sollten, werden bekennen müssen, daß Gelassenheit auch entgegengesetzte Meinungen unanstößig macht.

— —

DIE LIEBE ZUR MUTTERSPRACHE[1]

Die Völkergeschichte liefert kein Beispiel einer bis zur Eifersucht getriebenen Nationalliebe für die Landessprache, wie die der Römer. Weltbeherrscher durch Waffengewalt, sollte ihre Sprache ausschließend und allein die Mittlerin zur Verkündigung ihrer Macht, wie ihres Willens, bei allen Völkern seyn. Nicht bloß in Rom selbst, sondern auch in den Gefilden Griechenlands ward jede Angelegenheit, jedes Verlangen der Unterhandelnden sowohl als der Überwundenen, nur in römischer Sprache angehört. Griechische Abgesandte mußten durch Dollmetscher sich vernehmen lassen, obgleich die Hörer ihrer Sprache kundig waren und die Vorzüge derselben nicht zu läugnen vermochten. Plutarch, im Leben Cato's[2] erzählt uns, daß der strenge Römer, obgleich er das Griechische geläufig sprach, dennoch in der Mitte Athens eine Rede hielt in seiner Muttersprache und sie dem Volke durch einen Dollmetscher erklären ließ. Tiberius ließ aus einem Decrete des Senats das der Landessprache fremde Wort „Emblem" ausstreichen, indem er verlangte, daß bei jeder Gelegenheit dergleichen dem Sprachschatze des Volks mangelnde Wort durch Umschreibungen gegeben würde, damit nicht ein fremdes, nicht auf römischen Boden erzeugtes, eingebürgert würde. Er selbst bediente sich, nur nachdem er so zu sagen um Entschuldigung gebeten, einmal des griechischen Wortes „Monopol". Claudius trieb den Eifer noch weiter; denn er ließ nicht bloß ein Wort ausstreichen, sondern einen Ehrenmann von der Liste der Römer und sogar von der der römischen Bürger, weil er der lateinischen Sprache unkundig war, obgleich er die bessere Sprache, die griechische, wußte.

[1] *Ährenlese* 1836, Nr. 89. vom 8. November, S. 355.
[2] In den 46 vergleichende Lebensbeschreibungen berühmter Griechen und Römer beinhaltenden *Vitae parallelae*.

Karl Georg Rumy

VATERLANDSEHRE[1]

Dem gelungenen, im classischen Latein und mit poetischer Begeisterung geschriebenen Gedicht des würdigen Professors P. Andreas Jallosics, aus dem um die Humanioren und die classische Latinität in Ungarn höchst verdienten Piaristenorden, in Pesth auf die ersehnte und mit allgemeiner Freude erfüllende Wiedergenesung Seiner k. k. Hoheit des durchlauchtigsten Erzherzogs Joseph, Palatins des Königreichs Ungarn, reiht sich würdig an die lateinische Ode eines Protestanten, des Hrn Alexander v. Pusztay, Fiscals der könig[lichen] Freystadt Preßburg, die bei Wigand in Preßburg unter dem Titel: *Soteria Serenissimi Caesareo Regii Haereditarii Principis Josephi, Archiducis Austriae et Regni Hungariae Palatini auspicatissima*, vale Alexandro Pusztay, Nobili Hungaro. I. C. Advocato Posoniensi. Calend. Maji MDCCCXXXVII Posonii, typis Caroli Friderici Wigand. (in 4.) erschienen ist.

Hr. v. P[usztay] dichtet zwar gewöhnlich magyarisch, diese Ode dichtete er aber vorzüglich aus dem Grunde lateinisch, um den Ausländern zu zeigen, daß auch jetzt, bey dem großen und rühmlichen Eifer der Magyaren für ihre Mutter- und Nationalsprache das Studium der römischen Sprache und Dichtkunst von eingeweihten Kennern beider nicht verachtet und vernachläßigt wird. Hr. v. P[usztay] ist ein talentvoller Zögling des Lyceums zu Ödenburg (ich bin stolz darauf, daß er daselbst auch mein Schüler war),[2] aus welcher blühenden vaterländischen Anstalt bekanntlich mehrere ausgezeichnete magyarische, deutsche und lateinische Dichter, wie Superintendent Johann v. Kis in Ödenburg, Prediger Paul Edvi-Illés in Nemes-Dömölk, Prediger und Professor Leopold Petz in Ödenburg, Prediger und Senior Leopold Wohlmuth in Rechnitz, Prediger Michael Biberauer in Grätz, Hofagent Ludwig v. Kis in Wien (alle, mit Ausnahme des Superintendenten Kis, einst meine Zöglinge), David v. Hrabovszky und noch andere hervorgingen.

[1] *Gemeinnützige Blätter* 1837, Nr. 48. vom 15. Juni, S. 377–378.

[2] RUMY unterrichtete zwischen 1810 und 1813 in dem Ödenburger evangelischen Lyceum, vgl. FRIED 1963a und HILÓCZKI 2003, S. 66–72.

— —

JAN KOLLÁRS WERK [ÜBER DIE LITERARISCHE WECHSELSEITIGKEIT UNTER DEN SLAWEN][1]

So eben hat die Presse verlassen: *Über die literarische Wechselseitigkeit zwischen den verschiedenen Stämmen und Mundarten der slawischen Nation.* Von Johann Kollár (Aus dem Slawischen in der Zeitschrift *Hronka* gedruckten, ins Deutsche übertragen und vermehrt vom Verfasser. Pesth 1837. Gedruckt mit v. Trattner-Károlyischen Schriften, Herrngasse Nr. 612. In 8-vo, auf gutem weißem Druckpapier, mit scharfer deutlicher Schrift, 132 Seiten, in schönem Umschlag broschirt, Preis 1 fl. CMze.)

Die Erzeugniße reichbegabter, berühmter Literatoren nehmen die Aufmerksamkeit und das Interesse der gebildeten Lesewelt immer mit Recht in hohem Grade in Anspruch. Wir freuen uns, Gelegenheit zu haben, ein neu erschienenes Werk solch eines Mannes anzuzeigen. Was der geniale Verfasser obiger Schrift auf dem Felde der slawischen Literatur bisher geleistet: es hat im In- und Auslande wohlverdiente Anerkennung gefunden, es hat ihm Ehre und Auszeichnung gebracht. Auch dieses neueste Werk desselben bekundet einen seltenen Reichthum des Geistes, einen tiefen wissenschaftlichen Gehalt. Wenn die Idee einer literarischen Wechselseitigkeit zwischen den verschiedenen Stämmen und Mundarten der slawischen Nation überhaupt neu, originell und intressant genannt werden muß: so ist die Art und Weise, wie der geistreiche Mann diesen delicaten Gegenstand behandelt, angenehm überraschend, die Aufmerksamkeit fesselnd, und, was die Hauptsache ist – *überzeugend.* Wir enthalten uns schwer, aus diesem inhaltreichen Buche, welches unter andern Vorzügen auch *den* hat, daß es durch glanzvollen Vortrag sich auszeichnet einige Stellen mitzutheilen. Möchte Hrn Kollár die Freude werden, die literarische Wechselseitigkeit der Slawen, deren begeisterter und begeisternder Wortführer er ist, so schön und herrlich sich gestalten zu sehen, wie seinem Geiste sie vorschwebt, sein Buch sie schildert!

[1] *Gemeinnützige Blätter* 1837, Nr. 51. vom 25. Juni, S. 401–402. [Spartentitel:] *Literatur.*

— —

[ÜBER DIE] *MALERISCHE REISE AUF DEM WAAGFLUSSE IN UNGERN* VON ALOYS FREIHERRN VON MEDNYÁNSZKY[1]

– Ich preise – das Schöne,
Das rings mein Auge in der Heimath schaut;
Ihr wißt, wie viel des Hohen und des Süßen
Wir in dem Namen *Vaterland* begrüßen!

[Karl Adam] Kaltenbrunner

Welcher Freund der Vaterlandskunde und classischer Darstellung interessanter vaterländischen Gegenden erinnerte sich nicht mit innigem Vergnügen an den seltenen Geistesgenuß, welchen des hochgefeierten Verfassers *malerische Reise auf dem Waagflusse in Ungern* bei dem ersten Erscheinen dieses herrlichen Werkes[2] gewährte? Und bei welchem Leser wäre der patriotische Zweck desselben unerreicht geblieben, worüber der ehrwürdige Verf[asser] schon damals sich also aussprach: „Es ist und kann kein anderer sein, als den der Verfasser immer verfolgt, nämlich: durch treue Darstellung der Vorzüge des Vaterlandes die Liebe zu demselben zu befestigen und zu erhöhen; auswärts aber wirkend jene dichte Finsterniß zu zerreißen, die nur zu lange ein schönes Land den Blicken der Fremden entzog und mit jenem seiner östlichen Nachbarn in Eine Classe zu setzen veranlaßte. Ob und wie er ihn erreicht? – fügt der Verfasser hinzu – enthüllt nur die Zukunft; denn blos das *Wollen* ist des Menschen, das *Vollbringen* kommt von Oben." – Und die Zukunft hat ein schönes Vollbringen des redlichen Wollens enthüllt. Die

[1] *Gemeinnützige Blätter* 1843, Nr. 71. vom 3. September, S. 281. [Spartentitel:] *Literatur*. Nach dem Titel und dem Namen des Verfassers wurden noch folgende bibiographische Angaben mitgeteilt: „Zweite vermehrte und verbesserte Ausgabe. Mit sechzehn Ansichten. Pesth. Verlag von C[onrad] A[dolf] Hartleben. 1844."

[2] *Malerische Reise auf dem Waagflusse in Ungern*. Mit 12 (colorirten) Ansichten. Pest: 1826.

erhöhte Liebe zum Vaterlande gibt sich in allen Gauen desselben in den edelsten patriotischen Bestrebungen kund; mit gesteigertem Interesse blickt das Ausland auf Ungarn, welches allmählich aufhört, für den Fremden eine terra incognita[3] zu sein; die irrigen Begriffe darüber verschwinden, der gegenseitige Verkehr gewinnt täglich mehr Leben und Bedeutung, und Aufklärung und Humanität werden immer heimischer im theuren Vaterlande. Wer könnte daran zweifeln, daß das in der heimischen Literatur einzig dastehende Werk des hochverehrten Verf[assers], welches in seiner ersten Ausgabe gänzlich vergriffen ist, zu diesen erfreulichen Erfolgen mächtig beigetragen? Ja, es hat dieses classische Werk im In- und Auslande des Segens Viel gewirkt und wird dieß nun, nachdem es in einer zweiten vermehrten und verbesserten Ausgabe erscheint, in noch erhöhtem Maße thun. Es vereinigt sich in diesem Werke so Vieles, was das Interesse ganz vorzugsweise in Anspruch nimmt. Erwägen wir die an malerischen Schönheiten und geschichtlichen Erinnerungen reichen Gegenden des Waagflußes, in die uns das Werk versetzt, oder die herrlichen Schilderungen jener merkwürdigen Gegenden, welche wir der Meisterhand des Verf[assers] verdanken, oder die prächtigen Ansichten – sechzehn an der Zahl – welche nach den Aufnahmen des weil. Hrn. Prof. Fischer in neuer Manier hier ausgeführt sind, oder die ungemein splendide, dem innern Gehalte würdig entsprechende äußere Ausstattung des Werkes: – wir begegnen überall so viel Gediegenem und Ausgezeichnetem, daß man sich dem hochgefeierten Verfasser und dem thätigen Verleger nur zum innigsten Danke für diese preiswürdige Spende verpflichtet fühlt.

[3] Dt.: unbekanntes Land/Gebiet.

[Johann Ignaz] Weitzel

ÜBER DEN COSMOPOLITISMUS DER DEUTSCHEN[1]

Was der Deutsche durch Zerstückelung an oft zweideutigem Nationalruhm verloren haben mag, hat er an reinem Menschensinn und Menschenwerth, den kein ungerechtes Nationalvorurtheil irre leitet und verkennt, und an jenem Glück gewonnen, das gewöhnlich nur das Loos des Mittelstandes und kleinerer Staaten ist. Der Deutsche war als solcher immer weniger Staats- und Weltbürger; aber so wußte er auch das Nützliche und Gute zu schätzen und zu lieben, wo er es immer fand. Da das weitschichtige Gebiet, auf dem die deutsche Zunge herrscht, in mannichfaltige Staaten zersplittert ist, so hat keine Hauptstadt dem Deutschen ihren einseitigen Geschmack u[nd] ihre Vorurtheile aufgedrungen. Mit menschlicher Theilnahme schließt er sich an alles menschlich Große u[nd] Gute an. Er legt keine Residenz als den höchsten Maßstab an jeden andern Theil der Erde, und darum kann es auch für ihn noch einen höhern Himmel geben, als den von London und Paris, und er ergreift in jedem Lande, in jeder Sprache das Wahre, Gute und Schöne. Wie der Mensch aber gewöhnlich nicht achtet, was er besitzt, und den Blick voll Sehnsucht nach Dem richtet, was er zu entbehren und bei Andern zu finden glaubt, so mußten auch uns Fremde auf unsere eigenen Vorzüge aufmerksam machen und uns den falschen Glanz von Gütern zeigen, um die wir Andere beneiden zu dürfen glaubten. So hat die geistreiche

[1] *Gemeinnützige Blätter* 1844, Nr. 102. vom 22. Dezember, S. 405–406. Das Zitat stammt wahrscheinlich von dem rheinländischen Historiker und Publizisten JOHANN IGNAZ WEITZEL (1771–1837), vor 1817 größtenteils in Mainz und Frankfurt a. M. tätig, 1817–1819 Herausgeber der Wiesbadener *Rheinischen Blätter*, von 1820 bis 1837 Leiter der Nassauer Landesbibliothek in Wiesbaden. In den 1830er Jahren wurden von ihm Texte in der *Allgemeinen Zeitung* aus Nassau publiziert, vgl. ADB, Bd. 41, S. 630–635. Bei der Textstelle handelt es sich bestimmt um einen Ausschnitt aus einem längeren Werk, der Titel (*Weitzel über den Cosmopolitismus der Deutschen*) wurde ihr wahrscheinlich von der Zeitschriftenredaktion gegeben.

Frau von *Stael* die Stufe, auf welcher der Deutsche steht, unter den Fremden zuerst nach Verdienst gewürdigt,[2] und sicher besäßen wir nicht, was sie besonders an uns rühmt, hätten wir Einen Fürsten, Einen Hof und Eine Hauptstadt.

[2] Die französische Schriftstellerin GERMAINE Baronin von STÄEL (1766–1817) bereiste zwischen 1803 und 1805 in Begleitung von August Wilhelm Schlegel Deutschland und veröffentlichte dann ein Buch *De l'Allemagne* [Über Deutschland], das auf das Deutschlandbild der Franzosen prägend wirkte. Napoleon ließ das Buch einstampfen, es wurde dann 1813 in London veröffentlicht.

Max

JANKO, DER ROSSHIRT. ROMAN IN VERSEN, VON CARL BECK[1]

Pest

Dieses Buch[2] kam mir gestern in die Hände, und ich konnte es nicht eher weglegen, bis ich es zu Ende gelesen, ich mußte den berauschenden Champagner in einem Zuge niederstürzen. Das Buch hat mich ungemein aufgeregt, noch immer tönt der Nachklang in meinem Innern. Die Dichtung ist eine ungemein schöne und kunstvolle Verschmelzung von Roman und Idylle. Die Scene eine weitgedehnte Haide, ossianisch ausgeschmückt[3] – der Held ein wilder Sohn der Haide, der um eine holde, aber verirrte Taube minnt – die Idylle so reizend und zaubergewaltig, und die Liebesworte so leidenschaftlich wild, so schmerzlich wehmuthsvoll, so qualvoll süß – sie machen die Seele wogen, wie ein aufgeregtes Meer, sie erwecken milde Träume vergangener, bange Ahnungen kommender Liebesqualen. Mir war es beim Lesen, Byron sey nicht mehr todt, in Beck sey er wieder auferstanden; denn so ergreifend, so aufregend, so hinreissend, so erschütternd, so gluth- und schmerzvoll, so zahm dahinschmelzend und dann so riesengroß aufstrebend sind nur Gesänge eines Byron. Man hat Beck einen *teutschen Byron* genannt, allein sie sollen ihn nicht haben; Teutschland gehört er nur mit der Sprache an, an Seele, Gemüth und Geist ist er ein *Ungar*, und das Vaterland darf stolz auf diesen Dichter seyn, er ist einer der größten, die es hervorgebracht.

[1] *Pannonia* 1841, Nr. 98. vom 7. Dezember, S. 390. [Spartentitel:] *Literarische Revue*.

[2] KARL BECK: *Jankó, der ungarische Rosshirt*. Leipzig: 1841.

[3] Die dem keltischen Sagenheld Ossian zugeschriebenen Gedichte, die in den 1760er Jahren als Übertragungen aus dem Gälischen in Englisch erschienen und dann aus dem Englischen in zahlreiche europäischen Sprachen (so auch in den 1770er Jahren mehrfach ins Deutsche) übersetzt wurden, übten einen starken Einfluß auf die deutsche literarische Strömung des Sturm und Drang und auf die Romantiker aus. Die ossianischen Gedichte charakterisierte eine düstere, schwermütige Stimmung.

Adolf Neudstadt

DER *VILÁG* UND DIE TEUTSCHEN BLÄTTER[1]

„Unter den neuen literarischen Unternehmungen zeichnet sich ein erst erscheindendes teutsches Blatt aus, welches unter dem Titel: *Der Ungar*, redigirt von Hermann Klein, angekündigt wurde. Wir gestehen es, daß wir im Ganzen keine Freunde dieses Unternehmens sind, (!) denn, unserer Meinung nach, ist es *jetzt schon* nicht an der Zeit, mit einem neuen teutschen (!) Blatte in unserem Vaterlande aufzutreten; wir werden ohnehin vom Auslande genug mit *Teutschthum* (!) überschwemmt. Anders wäre es, wenn dieses Blatt in der That unsere Interessen dem Auslande gegenüber vertreten würde, – aber wir wollen dieß lieber erst sehen, bevor wir es unbedingt glauben." – Diese anzeigende Notiz finden wir im *Világ*, und hat uns, wie gewiß alle Interessenten *teutscher* Literatur, überrascht, ob zwar nicht befremdet. Gewisse An-, Ab- und Aussichten ungarischer Schriftsteller, in Bezug auf die teutsche Journalistik, sind wohl ein öffentliches Geheimniß, aber man hat gerechtermaßen doch immer die Scheu, es geradezu drucken zu lassen. Eben jetzt, wo die teutsche Presse in Ungarn einen erfreulichen Aufschwung nimmt, wo aus allen Spalten der teutschen Organe Ungarn hervorguckt, wo ein Unternehmen annoncirt wird, dessen Titel allein schon seine vaterländische Tendenz verkündigt, der *Ungar* – eben jetzt verräth sich ein *bedeutsames* ungarisches Blatt in seinen Ansichten über teutsche Journale, die nicht auf höhere Principien, sondern auf kleinliche Nebenabsichten basirt scheinen. Der Herr Verfasser der Notiz im *Világ* scheint die Ankündigung des *Ungars* keiner größeren Aufmerksamkeit gewürdigt zu haben, als den Titel zu lesen, sonst könnte er unmöglich mit so ungewissem und zweifelndem Ausdrucke schreiben: „Anders wäre es, wenn dieses Blatt

[1] *Pannonia* 1841, Nr. 102. vom 21. Dezember, S. 409. [Spartentitel:] *Journalistisches Tiraillieren.*

in der That (?) unsere Interessen dem Auslande gegenüber vertreten würde." – So viel wir wissen – und wir sind über Plan und Zweck des *Ungars* vollkommen verständigt – beabsichtigt Herr Klein *einzig und allein ein Organ für ungarische Interessen*; daß ein solches Organ Noth thut, fühlt Jeder, und daß Herr Klein ganz der Mann, ein solches Institut zu leiten, wissen die ungarischen Schriftsteller am besten.[2] Unserer bescheidenen Ansicht nach sollten die patriotischen Ungarn mit Eifer jedes Unternehmen begünstigen, welches eine Brücke aufrichtet, verbindend die Ungarn und Teutschen des Vaterlandes, worauf beide hin- und herwandeln können nach Bedürfniß und Lust, – eine Schutzwehr gegen das falsch berichtete Ausland, zugleich ein verständlicher Telegraph für dasselbe aus dem Heimathlande. Kleins *Ungar* nennt sich: *Zeitschriftliches Organ für magyarische Interessen* und, so viel wir darüber vernehmen, freut sich das teutsche Publicum über dessen Entstehen, und wünscht nur, daß dem Unternehmer zum Willen auch die Kraft ausreiche. – Warum es *schon (?) nicht* an der Zeit ist, *jetzt* (??) mit einem teutschen Blatte in Ungarn aufzutreten, bleibt auch dann ein Räthsel, wenn selbst das Jammern gegen Überschwemmung mit Teutschthum als Auflösung gelten könnte. Es gibt nie genug Canäle, die in das große Weltmeer der Aufklärung münden, und ob das Schiff eine weiße oder rothe Flagge hat, zählt weniger, als ob es gut segelt, und wenn heimathliche Wanderer sich darauf befinden, so sollte man sie freundlich salutiren.

[2] Ende der 1830er, Anfang der 1840er Jahre übersetzte Hermann Klein eine Reihe von ungarischen Werken (von Miklós Jósika, von József Eötvös und von István Széchenyi) ins Deutsche.

— —

[ÜBER DIE BEDEUTUNG DER WÖRTER „UNGAR" UND „MAGYARE"][1]

In einer der neuesten Flugschriften wird nachgewiesen, daß in der ungarischen Sprache das Wort Magyar gleichbedeutend mit Ungar ist, und lange von den Ungarn selbst, und von Schriftstellern wie Mailath, Feßler, Schneller u. a. m. zur Bezeichnung der Ungarn gebraucht worden ist.

Ungar, Magyare, ungarisch Magyar, sind ursprünglich gleichlautend, und decken sich wie congruente Dreiecke. Es wurde damit bezeichnet das asiatische Nomadenvolk, das unter Anführung seines Herzogs Árpád im 9. Jahrhundert über die Karpathen hereinbrach, und von dem Lande Besitz nahm, das sie in ihrer Sprache Magyarország, d. h. Ungarland, Ungarn nannten. Da nun die frühern (slavischen und deutschen) Bewohner des Landes nicht vertilgt oder über die Grenzen gedrängt, sondern in den Unterthanenverband aufgenommen wurden, so hießen sofort auch sie als Landeseinwohner, als Unterthanen und Staatsbürger, Magyarok, Ungarn, Magyaren. Wir werden also bei jedem dieser Worte eine zweifache Bedeutung unterscheiden müssen. Im engern Sinne nemlich, und zugleich im geeigneten, bezeichnet Ungar, Magyare, Magyar, die arpadische Race (nicht den ungarisch Sprechenden, denn Sprache und Abstammung sind zweierlei.) Es ist dieß also eine ethnographische Benennung. Im weitern Sinne bezeichnen sie den Landesbewohner und Staatsangehörigen Ungarns, und dann sind sie eine geographisch-politische Benennung. In welchem Sinne nun, ob im weitern oder engern, das Wort in jedem einzelnen Falle zu nehmen sey, gab sich leicht aus dem Zusammenhang. Wird z. B. der ungar[ische] Slave oder Deutsche gefragt, was für ein Landsmann er sey, und antwortet er darauf: Magyar vagyok, ich bin ein Ungar, so will er damit nicht mehr oder weniger

[1] *Pannonia* 1843, Nr. 125. vom 2. November, S. 499–500. Der Text hat keinen eigenen Titel. Der Spartentitel ist: *Ungarische Klepperpost.*

sagen, als: „Ungarn ist mein Vaterland." Wird aber nach der Abstammung gefragt, so kann nur der Ungar im engern Sinne des Wortes zur Antwort geben: Magyar vagyok. Die andere wird lauten: ich bin kein Ungar, ich bin ein Deutscher, Slave, Német, Tót vagyok. Wenn nun aber bestimmt gesprochen, eine oder die andere jener Bedeutungen ausdrücklich hervorgehoben werden sollte, wie das neuester Zeit so oft nothwendig geworden, da mußte die Sprache durch Umschreibung oder passende Epitheta nachhelfen. In der deutschen Sprache, wo bereits beide Ausdrücke, Ungar und Magyare, neben einander herliefen, lag es nahe, den letztern, welcher der Sprache des Stammes selbst entlehnt war, für die ethnographische Bezeichnung zu fixiren, wo dann freilich „Magyare" dem Ungar schlechtweg gegenüberstand, wie der Theil dem Ganzen, die Species dem Genus; was jedoch nicht hindert, daß wo jene Antithese nicht stattfindet, das Wort Ungar nach wie vor im weitern und engern Sinne und adäquat mit dem ungarischen Magyar genommen werde.

[Gustav Ignaz Zerffi]

WIDERLEGUNG[1]

Prutz bringt in seinem literarhistorischen Taschenbuche, 1845 einen sehr geistreichen Artikel über *Ungarns literarische und nationale Bestrebungen* von Dr. J. P. Jordan.[2] Bin ich auch mit des geehrten Verfassers Ansichten namentlich im Betreff der eigenmächtigen Verbreitung der ungarischen Sprache, von welcher rohen, barbarischen Eigenmächtigkeit wir hier im Lande nichts wissen, nicht einverstanden, wo finde ich doch seine Ansichten durchaus nicht absurd wie das Pester *Divatlap* zu behaupten beliebte.[3] Will man eine Sache widerlegen, so ist es vor allem nothwendig, sich mit der Sache bekannt zu machen, dieß scheint bei der Absurditätsbeschuldigung von Dr. Jordan's Aufsatz im Pester *Divatlap* nicht geschehen zu sein. Dr. Jordan nennt weder Hrn. Graf Széchenyi noch Hrn. B. Wesselényi Slaven; von Széchenyi sagt er pag. 102.: „Und ist selbst der Name (– *wohlverstanden* –) Széchenyi's, dem doch der Magyarismus anerkannter Weise alles dankt, nicht rein *slawisch*? Und ist's mit dem Lebenslustigen Wesselényi ein Anderes?" – Heißt Széchenyi und Wesselényi Slaven nennen, wenn von dem slavischen Klang ihrer Namen gesprochen wird? Und wenn die genannten Herren auch Slaven wären, würde das ihre patriotischen Gesinnungen für Ungarns Wohl vermindern??? Was soll diese Abkunftspünktelei bei so gro-

[1] *Pannonia* 1845, Nr. 7. vom 16. Januar, S. 27. [Spartentitel:] *Kritische Streiflichter*. Die Texte in der Sparte *Kritische Streiflicher* der *Pannonia*, in welcher auch diese Notiz erschien, wurden sämtlich von GUSTAV IGNAZ ZERFFI verfaßt.

[2] ROBERT EDUARD PRUTZ redigierte 1843–1848 das *Literarische Taschenbuch* in Halle. J[an] P[ětr] JORDANs *Ungarns literarische und nationale Bestrebungen* ist auch in Buchform erschienen (ohne Angabe des Ortes und des Jahres).

[3] *Pesti Divatlap* 1845, Nr. 2. vom 2. Januar, S. 37. [Spartentitel:] *Fővárosi postasíp* [Hauptstädtische Postpfeife]. Die Sparte wurde von einem Verfasser mit dem Pseudonym „Sürgönyi" [dt. etwa: Herr von Telegraf] signiert.

ßen Männern? Laßt sie aus Patagonien herstammen, doch ihr Blut und Leben dem Vaterlande und seinen Nationalinteressen weihen, freudig wollen wir ihnen ein ungarisch-ungeheucheltes „Éljenek!"[4] ausbringen und sie für 16löthige Magyaren halten.

[4] Dt.: es lebe!

[Adolf] D[ux]

[ÜBER DAS LEUTSCHAUER PROTESTANTISCHE LYCEUM][1]

Leutschau, 14. März

Damit der von Preßburg datirte, das Leutschauer prot[estantische] Lyceum betreffende Bericht in der Augs[burger] *Allg[emeinen Zeitung]* Nr. 50 nicht die falsche Meinung errege, als huldige dieses Lyceum dem slavischen Elemente, und sei mit ordentlichen, und supplirenden Professoren der slavischen Sprache und Literatur versehen, gibt der Notär der prot[estantischen] Gemeinde zu Leutschau folgende Erklärung:

Im Leutschauer prot[estantischen] Lyceum, das bis zum heutigen Tage noch keinen mit dem Unterricht der slavischen Sprache und Literatur beauftragten Professor hat, sind diese beiden Gegenstände auf directem freien Wege nie gelehrt worden. Übrigens dürfen die Hörer der Theologie ihre homiletischen Übungen in slavischer Sprache abfassen. – Es fanden sich zwar in neuester Zeit Recurrenten aus allen Gegenden, welche die Leutschauer prot[estantische] Gemeinde dahin zu bringen strebten, daß sie einen Lehrstuhl für slavische Sprache und Literatur gründe, aber ihre Gesuche sind immer mit bedeutender Stimmenmehrheit, wo nicht einstimmig zurückgewiesen worden. Indeß nahm es sich ein gewisser Francisci, ein Theologe heraus, über slavische Sprache und Literatur öffentliche Vorträge zu halten, ohne die Erlaubniß dazu auch nur angesucht zu haben. Als dieses offenkundig geworden war, wurde ihm die Fortsetzung seiner Vorträge von

[1] *Pannonia* ,1845, Nr. 41. vom 8. April, S. 163. Der Text hat keinen eigenen Titel. Der Spartentitel ist: *Ungarische Klepperpost*. Als Quelle der ersten zwei Absätze des Textes ist die von Lajos Kossuth redigierte ungarischsprachige Zeitung *Pesti Hírlap* angegeben. Die letzten zwei, kommentierenden Absätze stammen von „D", d. i. ADOLF DUX.

der Synode verboten, und seitdem hat er seine Vorlesungen wohlweislich eingestellt. (*P[esti] Hirl[ap]*)

Über den hohen Werth der Nationalität, dieses Palladiums der Völker, brauchen wir kein Wort zu sagen; die Weltgeschichte und die Geschichte Ungarns hat es gelehrt, daß es der lohnendste Kampf, der für die Nationalität gekämpft wird. Sie ist jener belebende kräftigende Saft, der die vielen Fasern im Baume der Nation erst zum Baume verbindet, der dann zum weit auslaufenden Geäste wird mit all seinem Laube, mit allen seinen Blüthen und Früchten, wenn nur Sonnenlicht von oben, nährender Boden von unten und frische Luft rundherum ihn begünstigen. Wir leben indeß nicht in den natürlich einfachen ungekünstelten Verhältnissen, in denen am Stamme der Nationalität Ungarns nur einerlei Blüthe, einerlei Frucht zu suchen wäre. Da gibt es noch Deutschthum und Slaventhum, das sich seine Existenz nicht verläugnen und gerade so leicht nicht verkümmern läßt. Warum sollte man es auch? Diese Elemente sind nur *nicht magyarisch*; sind sie aber antimagyarisch? Man darf zum Gott der Ungarn, eben so wie zum Allewigen in verschiedenen Zungen beten. Man kann in jeder Zunge *Patriot* sein, weil es sich bei diesem eben mehr *ums Herz und um die That* handelt.

Wir verwahren uns hier feierlichst gegen jede Meinung, die gegenwärtige Zeilen als eine antimagyarische Diatribe betrachtet. Wir wollten hiermit nur die Ansicht ausgesprochen haben, daß es eine fast übertriebene Pietät ist, sich so feierlichst gegen die Behauptung zu verwahren, als würde in Leutschau die slavische Sprache tradirt. Dieß wäre eben nicht unklug. Denn eben die Theologen in Ungarn sind jetzt nicht nur zur Verkündung des Wortes sondern auch zur Verbreitung ungarischer Nationalität in solchen Gegenden berufen, wo sie vor den andern Elementen noch nicht zur nöthigen Erstarkung gekommen ist; also sie müssen die Sprache derjenigen, zu denen sie sprechen, die sie zu echten Söhnen des Vaterlandes und zu frommen Kindern der Kirche zu erziehen haben, aus dem Grunde, in aller Ausdehnung, und aller Tiefe verstehen, um vom Herzen zu den Herzen sprechen zu können. Ich will nur noch Eines erwähnen. In Pest, im Herzen Ungarns, ist an der Universität ein Lehrstuhl für deutsche Literatur etc.

[Adolf] D[ux]

DEN UNGARISCHEN JOURNALISTEN[1]

Unter den ungarischen Journalisten gibt es curiose Käuze, die gar nie von dem ausgewachsenen Steckenpferd: Nationalität absteigen, sondern es noch mit funkensprühenden Raketen verzieren, wie as auf den Lockzetteln der Kunstreiter und ähnlicher Spektakelmacher so herrlich zu sehen ist. Sagt jemand in Klitsee „zur Genesung" statt egészségére, so erzeugt das ein Genieße in der ungarischen Journalistik zum Eckel.

So streitet im *Buda Pesti Hiradó* ein Ödenburger pro ara et focis[2] gegen einen Correspondenten der *Életképek*, der diese Stadt des Mangels an ungarischer Nationalität beschuldigte. Wir hätten es uns wahrhaftig nicht träumen lassen, daß heute noch solche Stimmen ertönen, eben so wenig als der Löwe darüber spotten würde, weil ein Haase nicht brüllt. Die Pietät für die ungarische Nationalität, die in der Brust so Vieler als heilige Flamme loderte, die als Cherub wachte für das Gut, das sich die Nation durch Jahrhundertelange Kämpfe zu bewahren wußte, diese Pietät wird jetzt durch das Gesetz, durch das Wort des Königs und der Nation, im Angesichte Europas ausgesprochen, unterstützt; – und der junge Riese Nationalität hat freien Spielraum und Schutz und Schirm und eifrige liebevolle Meister in Hülle und Fülle, daß er sich frei und kräftig, und geistig groß ausbilden und entwickeln kann und wird. Die Zeit ist also auch schon da, wo wir tolerant oder im sichern Bewußtsein stolz genug sein dürften um diejenigen nicht zu verketzern, die, indolant genug, in Ungarn als Ungarn lebend, sich der Nationalsprache entrathen. Es ist jedoch Beweis genug, daß dieß nicht der Fall ist, da auf die obenerwähnte Klage mit der edlen Entrüstung entgegnet wird, als hätte man den Angeklagten eines Verbrechens beschuldigt. Und wohl wäre es ein Vergehen gegen den Staat dessen Bürger wir sind, Un-

[1] *Pannonia* 1845, Nr. 114. vom 30. September, S. 450. [Spartentitel:] *Feuilleton*.
[2] Dt.: für Altäre und Herde, d. h. für Religion und Vaterland; für die heiligsten Sachen.

dankbarkeit gegen das Vaterland das uns nährt, eine Mißachtung des Gesetzes das uns schirmt, besonders aber eine Verkennung unserer eigenen Interessen, wenn wir uns nicht mit verständigem Eifer jener Nationalität anschließen, die ein Verband der so vielen verschiedenen Volksstämme unseres Landes sein soll. Dieß Alles kann aber z. B. von dem alten Bürger nicht gelten, *dessen Geist schon die Schmiegsamkeit verloren; auch von dem Armen nicht, der kein anderes Interesse haben kann, als die Stillung seines Hungers*. Es ist darum Unsinn Einen da eines Verbrechens zu beschuldigen, wo er nach seiner innersten Natur und nach allen Umständen nicht anders handeln konnte, und in solchen Umsinn, in solche Lächerlichkeit verfallen alle diejenigen Ungarnthümler, die in Jeremiaden ausbrechen, weil da oder dort nicht ungarisch gesprochen, oder ungarisch Komödie gespielt wird; welche Abgeschmacktheit andererseits das Hosiannah rufen, weil an irgend einer Bude ein ungarisches Schild ausgehängt ist, oder Jemand ein paar ungarische Frasen, die er sich eintrichterte, abplärrt. Durch ersteres hat die gute heilige Sache der Nationalität nichts verloren, und Letzteres ist pure Speculation, entweder auf den Beutel oder auf den leichtbewegten Enthusiasmus. Wir finden es überhaupt noch oft in der ungarischen Journalistik, daß bei vielen der erste Freudenrausch über den Triumph der ungarischen Nationalität noch nicht zum stillen freudigen Bewußtsein geworden, und sie daher in die Posaunen stoßen, wenn ein Tröpfchen ins Meer gefallen; Viele betrachten sogar den Sieg unserer gerechten Sache noch nicht als fait accompli[3] – und das ist er doch schon geworden – und verfallen daher auf kleinliche Neckereien gegen Deutschthum, die der biedere, seiner Rechte bewußte Mann für unwürdig hält. Bald neckt sich einer mit dem deutschen Theater in Pest, und patscht kindisch in die Hände weil es mit dem Nationaltheater die Concurrenz nicht aushält; – muß denn das nicht so sein? wäre es nicht traurig, wenn es anders wäre? Bald erzählt Einer, er habe im Gasthause vom Kellner den Speisentarif deutsch begehrt, er mußte „in. einer die Luft verderbenden Sprache" sagen: „Kellner, bringen mir den Speiszettel!" Meine Herren, ist das würdig? Kann sich ihre patriotische Gesinnung auf keine andere Weise kund geben? Patriotismus, besonnener Eifer für die Nationalität verträgt sich sehr wohl mit Toleranz; ihr bester Missionär ist die Liebe, nicht der Unmuth; ihre schönste Zierde sind die Perlen, die aus dem Leben und Weben des ungarischen Volkes – nicht bloß des Verböczischen – geholt sind und nicht die Schlappen, die den Fremden angehängt werden, ihr schönstes Ziel allgemeine Menschenbildung; den Weg dahin wollen wir in Frieden und Freundlichkeit wandeln mit den fremden und einheimischen Pilgern, *besonders aber mit den Deutschen*, die Ungarn so viel Händefleiß, so viel Wissen, so viel Cultur brachten, und von denen noch *sehr viel* zu lernen ist.

[3] Dt.: abgeschlossene Sache, Tatsache.

[Adolf] D[ux]

ÜBER DEUTSCHE LITERATUR IN UNGARN[1]

> Er zieht sich beschnürte Hosen an,
> Und stopfet sich unten mit Watta;
> Dann dünkt er sich ein Magyarenmann,
> Und fluchet: az eb adta![2]

Daß es ein Stück von deutscher Literatur in Ungarn gibt, läßt sich nicht bezweifeln; denn Deutsche sind einmal da, und darunter muß es doch wohl Einige geben, die schreiben! Nun fragt es sich aber, was diese schreiben? Ob dieß als zur gesammten deutschen Literatur gehörig, als integrirender Theil derselben betrachtet werden müsse; oder ob *die deutsche Literatur in Ungarn* als ächtes ungarisches Geisteskind zu erachten sei, das nur *zufällig* in deutsches Gewand gekleidet ist; oder ob sie ein deutsches Kind mit Gatyen[3] und braunem Schnurrbart.

Geister, wie Pyrker, Lenau, Beck, gehören wohl nicht dem Ungarlande an; dieses darf und kann sich ihrer nicht rühmen. Sie sind wohl dem heimathlichen Boden entsprossen, aber sie fanden da keine genügende Nahrung; der Boden war ihren Wurzeln zu enge, sie mußten in einen andern Grund kommen, der bald ihre neue Heimath wurde. Weil ihnen die Mutter nicht Amme sein konnte, so mußte ihnen die Amme zur Mutter werden. Traurig, daß es so sein sollte. Ein kräftiger Geist kann sich eigentlich jeden Ort, wo er das Licht der Welt erblickt, zu seinem engeren Wirkungskreise gestalten, – wenn er nur homogene Elemente vorfindet. Findet er diese nicht, so entwindet er sich den beengenden, oder ihm fremden Verhältnis-

[1] *Pannonia* 1845, Nr. 133. vom 15. November, S. 526.
[2] Ungarische Fluchworte.
[3] Ung. Gatya: weite Hosen.

sen, schwingt sich in die blauen Regionen des Kosmopolitismus, und verschwindet da oben, oder senkt sich auf einen fremden Boden nieder, der ihm zur Heimath wird. So ist es mit jenen und ähnlichen in Ungarn entstandenen Geistern deutschen Stammes.

Es gibt zarte kräftige Seelen, in denen gleich einem fruchtbaren Boden das kleinste Samenkorn in weit sich verbreitende Wurzeln schlägt, die sich immer mehr verschlingen und verweben, und, selbst unvertilgbar, nichts Fremdes neben sich aufkommen lassen. Der deutsche Knabe, in welchem eine solche hoffnungsvolle Seele waltet, vernimmt von seiner deutschen Mutter zuerst das deutsche Wort, seine erste Schule ist deutsch, – und der erste Anstoß, die erste Richtung ist gegeben, die er nie und nimmermehr verläßt. Freilich könnten diese ersten Eindrücke vernichtet, und *in der Schule* aus dem deutschen Knaben ein ungarischer Jüngling, ein ungarischer Denker und Dichter gebildet werden, wenn nicht die ungarischen Eindrücke, die er da allenfalls empfängt, ebendaselbst wieder durch lateinischen Gedächtnißkram paralysiert würden. Wäre es anders, gäbe es nur die *eine* Unterrichtssprache, wäre der Unterricht Geist und Herz erhebend, so gäbe es keinen *deutschen* Lenau, keinen *deutschen* Beck!

Sind aber die Umstände schon einmal derart, und ist es wahr, daß der Kern um seiner selbst willen geschätzt wird, nicht aber wegen der Schale, die ihn umgibt; so sollte auch ein solcher Schriftsteller auf die heimische Bürgerkrone Anspruch machen können, dessen Geistesproducte, wenn auch *zufällig* in deutsche Worte gekleidet, im Kerne ungarisch sind, dem heimische Geschichte, heimische Zustände der liebste Vorwurf, der am Vaterlande hängt mit männlicher, ausdauernder Liebe, der Beruf in sich fühlt auf die ihm stammverwandten Bewohner seines Vaterlandes zu wirken, in ihnen mit der deutschen Treue der edlen Magyaren Stolz zu verbinden. Solche Schriftsteller könnten *eine Literatur in deutscher Sprache* bilden – wenn es deren überhaupt gäbe, und wenn die deutschen Federführer in Ungarn *deutsche Ungarn*, und nicht *ungarische Deutsche* wären. Die blonden Bewohner Ungarns bedürften *solcher* Geister, und nicht nur politischer Vorkämpfer für die Coordination der k[öniglichen] Freistädte![4] Wann wird aber Einer aufstehen, der den Muth hat zu sagen: „*Ich bin ein Ungar trotz dem ich deutsch schreibe; ich liebe mein Vaterland, mir ist wohl daheim und ich gehe nicht ins fremde Land, um dort in meiner Sprache schreiben zu können; ich liebe mein Vaterland, und will mich eben deßhalb nicht zwingen schlecht magyarisch zu*

[4] Auf dem Landtag 1843–1844 ist sowohl eine städtische Verwaltungsreform, als auch der Plan diskutiert worden, den königlichen Freistädten (49 an der Zahl) im Landtag insgesamt 16 Stimmen, anstatt des bis dahin gültigen insgesamt einen Votums einzuräumen. Die kleineren unter den königlichen Freistädten hätten je zwei zusammen einen Abgeordneten entsenden sollen. Die das Wahlrecht betreffende Motion scheiterte, weil die ihre Vorausstzung bildende Verwaltungsreform nicht angenommen wurde.

schreiben, und die magyarische Literatur zu verunreinigen; ich rufe es euch mit deutschem Worte zu: ich bin ein treuer Bürger meines Vaterlandes, und will von euch, magyarische Schriftsteller, als solcher, und als euer Kumpan im Kampfe für Licht und Wahrheit geachtet werden!["]

Aber nein! Kitzelt bei uns einen schreibenden Verwandten Vetter Michels sein Patriotismus, so übersetzt er seine Producte in ein unrichtiges Ungarisch, und legt sich auf's Schimpfen gegen Alles, was deutsch ist; (siehe das Motto) oder, – und daran laborirt ein Theil der deutschen Tagespresse – man ist auf echt deutsch unterthänig, und wedelt um die ungarischen Blätter herum, und lächelt ewig Beifall, und schnappt nach Notizen, um sie zu übersetzen, und lobt, und lobhudelt; – nur um Gottes willen kein offenes Wort, und nichts was Muth und Selbstvertrauen verriethe! Will man sich besonders fetiren, so bewirft man sich einander mit polemischem Koth!

Man sieht, wie sehr also die deutsche Literatur in Ungarn der Unterstützung, der Ermunterung, der Veredlung bedarf; und dazu betrachte ich die Herausgabe eines deutschungarischen Albums, wenigstens als ein geringes Mittel. Daß aber eben dieses Unternehmen nicht von einer bedeutenden Capacität begonnen und geleitet wird, das glaube ich, besiegelt nur meine Behauptungen.[5]

[5] Hinweis auf das von Karl Maria Benkert (Károly Kertbeny) herausgegebene *Jahrbuch des deutschen Elementes in Ungarn*, dessen erster und einziger Jahrgang 1846 in „Budapest" herauskam.

VI.

PRESSESTIMMEN AUS WEITEREN DEUTSCHSPRACHIGEN PERIODIKA UNGARNS VON 1825 BIS 1847

VI. A.

REZEPTION DER DEUTSCHEN LITERATUR

[Moritz] Rosenthal

[ZUM TODE VON] JEAN PAUL FRIEDRICH RICHTER[1]

So bist du, Edler, denn auch heimgegangen,
    Heim, in's Gebiet des Heils, der ew'gen Lust;
So ist die Hüll', die deinen Hauch umfangen,
    Geborgen in der Erde kühler Brust!

Und bist du, großer Mann, in jener Ferne,
    Im Land der Sel'gen, das der Weise preist:
So lebt nun ewig fort im Kreis der Sterne –
    Im *Hesperus* und im *Komet*[2] dein Geist!

[1] [Moritz] Rosenthal: *Jean Paul Friedrich Richter*. Gestorben zu Baireuth, am 14. Nov. 1825. In: *Iris* 1825, Nr. 44. vom 30. November, S. 175.

[2] Der Roman *Hesperus oder 45 Hundsposttage* (3 Bde) erschien 1795, der Roman *Komet* (3 Bde) zwischen 1820 und 1822.

M[oritz] Kornfeld

ÜBER L[UDWIG] TIECK'S NOVELLE: *DICHTERLEBEN* UND ÜBER MICH[AEL] BEER'S TRAUERSPIEL: *DER PARIA*[1]

Der Raum ist hier klein; die Zeit des Lebens war kurz; zum Schreiben habe ich nur wenig Zeit: wo also die zwei Denkformen kurz und eng sind, müssen es auch die Gedanken seyn. Diese letzten gehören nur für diejenigen, die das Besprochene schon gelesen haben.

I. Tieck heißt ja der V[erfasser], also der dritte in Deutschlands Dichterreiche, und hier, wie überall in seinen Schriften, finden wir: a) herrliche Ansichten über die Kunst; b) Manigfaltigkeit der Ansichten; c) gute, treffende, oft scharfe Charakteristik, wenn auch nicht neue Charaktere; d) interessante Varietäten licht- und schattengebende Kontrastirungen; e) feine Laune und wenn auch nicht blitzenden, doch glänzenden Witz; f) tiefe Bemerkungen über die Menschenwelt; g) Herzenskenntniß; h) künstlerische Anordnung; i) Mäßigung in Plan und Stil; k) Erhebung, Befriedigung und Beruhigung für des Lesers Gemüth; l) klassische Sprache (nur kommt hier „erstaunen" zweimal als Aktivum vor). Das sind die Vorzüge; aber es gibt auch Aber genug als Nachzüge und Nachtheile.

Der Name *Dichterleben* verspricht nur Dichterleben und dieses erschöpft. Warum also hier puritanische Schwärmerei? W[alter] Scott in seinen *Schwärmern*[2] war hier Muster aber mehr Meister. Freilich ist religiöser Fanatismus ein Bruder des poetischen Enthusiasmus; aber die ganze Familie der Phantasterei konnte und wollte ja T[ieck] uns nicht vorführen: wozu also die zwei Äste desselben Stammes, wo einer versprochen wird? Soll der Purita-

[1] M[ORITZ] KORNFELD: *Über L[udwig] Tieck's Novelle: Dichterleben und über Mich[ael] Beer's Trauerspiel: Der Paria, beide* [im Dresdner Taschenbuch] *Urania für 1826* [erschienen]. In: *Iris* 1826, Nr. 4. vom 10. Januar, S. 16; Nr. 5. vom 12. Januar, S. 20; Nr. 6. vom 14. Januar, S. 24; Nr. 7. vom 17. Januar, S. 28. [Spartentitel]: *Literatur.*

[2] WALTER SCOTTs Roman *Old mortality*, dessen Titel als *Die Schwärmer* ins Deutsche übersetzt wurde, erschien 1816.

nismus als Folie dienen, da er auch eine Folie ist? Der große Shakspeare ist ein weit schöneres Spiegelglas oder Spiegelmikroskop, um die verschiedenen kleinlichen Meinungen des Marlow, des Green, Peele und des Naß[3] zu beleuchten und zu vergrößern; und Sh[akespeare] ist weder als Mensch noch als Dichter hier ausführlich oder genügend behandelt. Die vier hier lebend erscheinenden Dichter (von Spenser[4] und Chauter[5] wird nur gesprochen) enthalten und entfalten bei weitem nicht alle Nüancen der Dichterwelt. Den schönen Parallelismus zwischen den Poeten und den Religionsphantasten verkennen wir nicht: Hachet steht Shakespeare gegenüber, Artington dem Green, Coppinger dem Marlow. Aber wir sehen die Absicht und sind verstimmt. Statt der drei puritanischen Menschen könnten ja noch einige Dichtermenschen erscheinen. Auch ist diese puritanische Episode sehr lose mit dem Übrigen verbunden; sie scheint nur da, weil eine Person derselben mit dem Kunstgönner, dem Squiren, verwandt ist. – Es scheint, daß T[ieck] in neuerer Zeit, besonders aber in dieser Novelle von Jean Paul, nicht etwa gestohlen, auch nicht geborgt, sondern Manches angenommen habe. Davon muß sich Jeder überzeugen, der beider Geister und Schriften kennt. – Es ist T[ieck]s Lieblingssünde, platonische Gespräche über Kunstgegenstände, Kämpfe der Meinungen und Ansichten über Kunst und Ästhetik dialogisch in seinen Novellen darzustellen. Als eigne Kunstwerke, z. B. Platons oder Delbrücks Gespräche, ist es zu loben; da sind diese Abhandlungen und Entwicklungen Zweck. Aber in einer Erzählung, besonders einer kleinen, hälts den Gang der Handlung auf, und ist für viele Leute langweilig. Es ist gleichsam ein gemalter Spiegel.

Wenn auch Marlow, der nach T[ieck]s Schilderung, wie Crebillon, der Schreckliche heißen sollte, der Held und Herrscher dieses kleinen Epos ist; so sollte doch Shakspeare, der später der Held des Helden ist, wenn auch nicht thätiger mitspielen, doch über mehre Dinge seine Meinung sagen. So erwartet man ihn sehnlichst bei dem Witzkriege zwischen den erwähnten 4 Dichtern beim Gastmale. Man wünscht auch dieses Riesenkind von Geist und Gemüth in bürgerlichen Verhältnissen zu sehen. Dann ists auffallend, daß Sh[akespeare], der so sehr die Geselligkeit liebte, wie jeder witzige Kopf, so allein und ohne bestimmte Gesellschaft an einem einsamen Tischchen bei der Seejungfer sitzt. Wollte er etwa die Dichter seiner Zeit persönlich kennen lernen und nur als stiller Beobachter? Das ist wohl recht und ihm natürlich; aber das hätte er mehr in Gesellschaft mit seinen Kameraden thun sollen, wo er ja weniger beachtet gewesen wäre, und er wird hier ja als so bescheiden dargestellt, daß er wirklich nicht im Wirthshause wollte

[3] Richtig: NASH/NASHE, THOMAS, englischer Dramatiker (1567–1601).
[4] Betrifft EDMUND SPENSER (1552?–1599).
[5] Betrifft GEOFFREY CHAUCER (1344?–1400).

bemerkt werden. Aber gerade dadurch, daß er als Unbekannter, selbst dem Wirthe unbekannt erscheint, macht er die Gäste aufmerksam.

Warum läßt T[ieck] den Marlow gerade über Romeo und Julia so in Entzückung gerathen? Für M[arlow]s stürmenden Geist wäre vielleicht Macbeth, Lear passender gewesen, oder am besten scheint dazu Othello geeignet, da auch M[arlow] einen ähnlichen Gegenstand dramatisirte in seiner *Herrschaft der Lust*. Die Chronologie hätte nicht sollen beobachtet werden, und hiedurch hätten auch Beaumont und Fletcher hereingezogen werden können und Ben Johnson und noch andre Dichter der damaligen Zeit. Übrigens gesteht Ref[erent], daß in allen Taschenbüchern Deutschlands für 1826 nichts Herrlicheres und Interessanteres vorkommen kann, als diese tieck'sche Novelle. Wie gewaltig schön ist Marlows Charakter gezeichnet und gemalt! Wie schön ist die Idee, daß dieser dichterische Cyklope[6] gerade in der Epoche erscheint, wo er sich mit seinem *Faust* beschäftigt! Wie rührend ist Greens Sterben, wie erschütternd und doch beruhigend ist Marlow's Tod! Wie begeistert läßt T[ieck] den Sh[akespeare] über Vaterlandsliebe sprechen! Wie effektreich ist die Szene beim Wahrsager! Kurz diese Kunstnovelle enthält große Schönheiten, und nur weil sie so schön ist, und von einem so großen Dichter herrührt, hab' ich die Mängel zu entdecken gesucht.

II. Es ist eine angenehme Erscheinung, daß zwei Brüder, Söhne eines reichen Bankiers, sich in der Kunst auszuzeichnen streben: der eine, Meier Beer,[7] in der Musik; der andere, Michael Beer, in der Poesie. Aber warum Beide so unvaterländisch? Der Maestro strebt Rossini nach; der Dichter schrieb für Griechenland seine *Klytemnestra*,[8] für Spanien die Bräute in Aragonien[9] und jetzo für die Hindus den *Paria*.[10] Ich glaube nicht, daß sie, ihrer Abkunft wegen, kein Vaterland zu haben glauben; aber das weiß ich, daß es der Fortschreitung und Ausbreitung ihres Ruhmes schadet (?). So kann dieser *Paria* in Deutschland unmöglich interessiren. Das Parterre hat keine kosmopolitischen Gefühle, und als Allegorie und Allusion verstehts nicht jeder und paßt ja auch nicht. Ein Paria kann nie ein Raja, aber ein

[6] Ein Cyklope (Zyklope, Kyklope) war in der griechischen Mythologie ein einäugiger Riese, Diener des Zeus oder des Hephaistos, des Schmiedes der Götter. Die Cyklopen schmiedeten Waffen für die Götter, ihre Werkstätten befanden sich im Inneren von Vulkanen.

[7] GIACOMO MEYERBEER war der angenommene Name des Komponisten JAKOB LIEBMANN BEER.

[8] In seinem 1823 publizierten Trauerspiel *Klytemnestra* lehnte sich MICHAEL BEER an GOETHEs Drama *Iphigenie in Tauris* (1779) an. Das Stück wurde auf der Berliner Hofbühne uraufgeführt.

[9] *Die Bräute von Aragonien*. Trauerspiel. 1823.

[10] MICHAEL BEER (selbst jüdischer Abstammung) schrieb seinen Einakter *Der Paria* (1826) zugunsten der Judenemanzipation.

europäischer Asiate sehr gut ein Bürger, ein Baron und noch mehr werden. Was aber diesem Paria noch mehr schadet, ist daß er kein Held ist, gar nichts that und thut, als sprechen und fühlen und sterben, und dies nicht einmal durch sich selbst, sondern Maia gibt ihm, wie Eva dem Adam, die tödtliche Frucht zu naschen. Daß Delavigne's *Paria*[11] besser ist, wird auch Hr. *Beer* selbst gestehen. Nur Maia hat Physiognomie und Charakter und Stärke. Alle anderen Personen dieses Drama sind zerschnittene Zerlegbilder. Daß ein Weib aus dem begünstigten Rajastamm mehr Festigkeit und Heldenmuth besitzt, als der Mann aus dem verfaulten Stamm der Paria, ist gewissermaßen eine Rechtfertigung des indischen Aberglaubens und Vorurtheils. Einen ähnlichen Fehler beging Ludwig Robert in seiner *Macht der Verhältnisse.*[12] Er wollte das Häßliche des Adelstolzes zeigen, und läßt seinen Helden Weiß zuletzt doch aus adelichem Geblüte stammen.

[11] Die *Le Paria* betitelte Tragödie des französischen Dichters und Dramatikers CASIMIR DELAVIGNE (1793–1843) wurde 1821 uraufgeführt.

[12] *Die Macht der Verhältnisse*. Trauerspiel. 1819.

Alf.

[ÜBER GOETHES *WAHLVERWANDSCHAFTEN*][1]

Goethes *Wahlverwandschaften*[2] sind ein im höchsten, christlichen Sinn gedichtetes Werk, das alle Anforderungen der Sittlichkeit befriedigt. Das Natürliche siegt, denn Ottilie und Eduard, die von der Natur für einander geschaffen, im innigsten wahlverwandschaftlichen Bezug auf einander stehen, müssen zu Grunde gehn, weil sie von der Forderung der Sittlichkeit von einander getrennt sind, und Ottilie nimmt sich im festen Entschlusse selbst das Leben; nicht aus Schmerz über die Trennung von Eduard, denn dieser Trennung wäre ja durch Scheidung von Charlotten bald abgeholfen gewesen, sondern in der festen Überzeugung, daß ihr natürlicher Trieb zu Eduard gegen moralische Zartheit anstoße, und daß ihr ganzes künftiges Leben doch nichts anderes als eine *fortwährende Sünde* (auch wenn sie der Ehe mit ihm entsagte, *Gedankensünde, geist'ger Ehebruch*) seyn würde. In dieser Überzeugung scheidet sie durch eigenen Entschluß aus diesem Leben. Das Natürliche hat also gesiegt, aber *nur durch die höchste sittliche Gesinnung*. Denn gerade Ottiliens tiefe Liebe, ihr inniger wahlverwandschaftlicher Bezug zu Eduard, welche Liebe sie als anstoßend, nicht gegen die *Sitte*, gegen das, *was die Welt fordert*, aber gegen das *Gesetz* erkennt, macht sie fähig, das höchste Sittliche zu thun, nämlich *nicht einmal in Gedanken sündigen zu wollen*. Deßwegen spricht sie zu Charlotten: „Ich bin entschlossen, wie ichs war, und wozu ich entschlossen bin, mußt du gleich erfahren. Eduards werd' ich nie! Auf eine schreckliche Weise hat Gott mir die Augen geöffnet, in welchem Verbrechen ich gefangen bin. Ich will es büßen; und Niemand gedenke mich von meinem Vorsatze abzubringen!"

[1] *Iris* 1826, Nr. 63. vom 27. Mai, S. 250–251. Erschienen unter zahlreichen anderen Gedankengängen in der Reihe *Aphorismen über Literatur unserer Tage*.

[2] Der Roman erschien im Jahre 1809.

Hier erscheint also das Natürliche als Anlaß zum Sittlichen in seinem höchsten Glanze, der natürliche Trieb erscheint hier als das innerste Wesen des Menschen durchdringend und erfüllend in seiner höchsten Geistigkeit, indem er sein Glück, sein Höchstes, nicht in seiner *Befriedigung* (denn da würde er sich als Trieb der untersten Stufe äußern), sondern in der Entsagung, in der Aufopferung des Lebens, das doch ganz von ihm erfüllt ist, findet. – Eine Stelle aus Hegel's *Philosophie des Rechts* (Berlin 1821)[3] gehört hierher: „Das Sittliche, insofern es sich an dem individuellen, durch die Natur bestimmten Charakter als solchem reflektirt, ist die *Tugend*, die, insofern sie nichts zeigt, als die einfache Angemessenheit des Individuums an die Pflichten der Verhältnisse, denen es angehört, *Rechtschaffenheit* ist." – Und weiter: „Unter einem vorhandenen, sittlichen Zustande, dessen Verhältnisse vollständig entwickelt und verwirklicht sind, hat *die eigentliche Tugend* nur in außerordentlichen Umständen und Kollisionen jener Verhältnisse ihre Stelle und Wirklichkeit – in wahrhaften Kollisionen, denn die moralische Reflexion kann sich allenthalben Kollisionen erschaffen, und sich das Bewußtseyn von etwas Besonderem und von gebrachten *Opfern* geben." – Ich glaube nun, daß Goethe in den *Wahlverwandtschaften* eine solche *wahrhafte Kollision* dargestellt hat, gemäß welcher Ottilie die *eigentliche Tugend* entwickelt.

[3] GEORG WILHELM FRIEDRICH HEGEL: *Grundlienien der Philosophie des Rechts, oder Naturrecht und Staatswissenschaft*, Berlin 1821.

Novalis

DER WEIN[1]

Auf grünen Bergen wird geboren
    Der Gott, der uns den Himmel bringt,
Den sich die Sonne auserkoren,
    Daß sie mit Flammen ihn durchdringt.

Er wird im Lenz mit Lust empfangen,
    Sein zarter Schoß quillt still empor,
Doch wie des Herbstes Früchte prangen,
    Springt auch das goldne Kind hervor.

Die legen ihn in *dunkle* Wiegen,
    Ins unterirdische Geschoß;
Er träumt von Festen und von Siegen
    Und baut sich manches luft'ge Schloß.

Doch unsichtbare Wächter stellen
    Sich wie er *träumet* um ihn her,
Und wer betritt die heil'gen Schwellen,
    Den trifft ihr luftumwund'ner Speer.

[1] *Die Biene* 1830, Nr. 52. vom 29. September, S. 415–416. Eine Variation des „Weinliedes" von Klingsor in NOVALIS' 1799–1800 entstandenem Romanfragment *Heinrich von Ofterdingen*, Kap. 6. – Es fehlt die vierte Strophe des Originals. Sonstige Abweichungen vom originalen Text, wie dieser von Paul Kluckhohn und Richard Samuel ermittelt und veröffentlicht wurde (NOVALIS *Werke* Bd. 1, S. 274–275.), sind hier kursiviert gedruckt.

Dann, wie die Nebel sich entfalten,
Läßt er die *klaren* Augen sehn'n,
Läßt ruhig seine Priester *walten*,
Und kommt heraus, wenn sie ihm flehn.

Zu Tag gebracht aus finstrem Schooße
Erscheint er im Krystall-Gewand;
Verschwiegner Eintacht *duft'ge* Rose
Trägt er bedeutend in der Hand,

Und *um den Neugebornen* sammeln
Sich seine *Freunde* hocherfreut,
Und tausend *Feuerzungen* stammeln
Ihm ihre Lieb' und Dankbarkeit.

Er *spritzt* in ungezählten Strahlen
Sein inn'res Leben *durch* die Welt;
Die Liebe nippt aus seinen Schalen
Und bleibt ihm ewig zugesellt.

Er nahm – *ein Freund aus alten* Zeiten –
Von jeher sich des Dichters an,
Der immer seine Lieblichkeiten
In trunknen Liedern *kund* gethan,

Und gab, – *ihn königlich* zu ehren,
Ihm Recht auf jeden *schönen* Mund,
Dieß thu' ich – (keine darf's ihm wehren)
Hiermit den Frauen allen kund.

— —

COMMENTAR ZU NOVALIS WEINLIEDE

„Auf grünen Bergen wird geboren, etc.["], Siehe Nr. 52. d[er] *Biene*[1]

Dieses Gedicht, eines der schönsten des heimgegangenen Dichters, [Anm. 1.] und eines der schönsten auf den Wein, verdient wohl einen Commentar, wozu niemand mehr Beruf haben kann, als ein ungarischer Glossator; – denn in einem Lande, welches in der Weinstaaten-Rang-Ordnung keinem Reiche der Welt den Vortritt oder höchstens Frankreich die Nebenstelle einräumt, kann er jeden Buchstaben des Textes mit einer andern Nectar-Sorte erläutern, ohne den Flaschenkeller seines Vaterlands erschöpft zu haben.

Auf grünen Bergen wird geboren
    Der Gott, der uns den Himmel bringt,
Den sich die Sonne auserkoren,
    Daß sie mit Flammen ihn durchdringt.

Er wird im Lenz mit Lust empfangen,
    Sein zarter Schoß quillt still empor,
Doch wie des Herbstes Früchte prangen,
    Springt auch das goldne Kind hervor.

Schöner kann wohl das Gedeihen der Traube, vom zarten Reb-Auge an bis zur Reife, – nicht gemalt werden! Wer das Ofener Gebirg, den Erlauer Rebenhügel-Kessel, die Promontorien[2] des Hegyallya,[3] und von Ermegyek,[4]

[1] *Die Biene* 1830, Nr. 55. vom 9. Oktober, S. 439–442 und Nr. 56. vom 13. Oktober, S. 449–450.

[2] Promontorium, dt. Vorgebirge.

[3] Richtig ung. Hegyalja, dt. Berghang, Bergfuß; hier die Berghänge von Tokaj.

[4] Richtig ung.: Érmellék, eine einst vom Weinbau berühmte Region, heute in Rumänien an der ungarischen Grenze.

von Menes[5] und Syrmien[6] etc. in ihrer smaragdenen Parüre[7] und der hervordringenden Fülle goldener Kleinodien und Rubinen geschauet, wer es mitempfunden hat, wie die ungrische Sonne (– zumal heuer! –) der ihr in mittäglicher Attitude zugewendeten Oreaden[8] mit Flammenliebe umfängt, – wird des Dichters Schilderey treffend finden.

Sie legen ihn in dunkle Wiegen,
Ins unterirdische Geschoß;
Er träumt von Festen und von Siegen
Und baut sich manches luft'ge Schloß.

Doch unsichtbare Wächter stellen
Sich wie er träumet um ihn her,
Und wer betritt die heil'gen Schwellen,
Den trifft ihr luftumwund'ner Speer.

Das in Gold- und Purpurschmuck hervorgesprungene Kind muß das Licht des Tages und die freye Luft verlassen, und wird schon in der Wiege zum unterirdischen Kerker verbannt; – aber es spürt sein Ungemach nicht, – es schläft und träumt und reinigt sich – und hat in dieser Periode unsichtbare Wächter, die um so furchtbarer sind, als das träumende Kind geistreich ist: – non sine diis animosus infans![9] – Die unsichtbaren Wächter kann jeder kennen lernen, welcher einige Tage nach der Einkerkerung einen Schritt in das unterirdische Verließ wagt: – sie haben schon manchen mit ihren luftumwundenen Speeren getroffen, daß er das Aufstehen vergaß, – und wie man vernimmt, sind sie heuer zeitig und mit geschärften Gewehren auf die Wacht gezogen. Hr. Franz Ritter von Heintl will zwar (laut Nr. 219 und 220 der *Wien[er] Zeitung*) sie ganz entwaffnen, aber dieß wird ihm so wenig gelingen, als die National-Garden in dem andern größerm Weinland Europa's abzuschaffen.[10]

[5] Ménes: heute Miniş, Gemeinde in Rumänien.
[6] Sirmium, römische Stadt im südlichen Pannonien im Altertum; heute Sremska Mitrovica in Serbien.
[7] Eigentlich parure, dt.: Juwel.
[8] In der griechischen Mythologie: Nymphen der Berge.
[9] Dt.: Ohne die (Hilfe der) Götter ist das Kind nicht mutig.
[10] Nach der Juli-Revolution 1830 in Frankreich.

Dann, wie die Nebel sich entfalten,
Läßt er die klaren Augen sehn'n,
Läßt ruhig seine Priester walten,
Und kommt heraus, wenn sie ihm flehn.

Zu Tag gebracht aus finstrem Schooße
Erscheint er im Krystall-Gewand;
Verschwiegner Eintacht duft'ge Rose
Trägt er bedeutend in der Hand,

In Ungarn thut das Goldkind, wie der im Purpur geborne Lyäus[11] (– Λυσιος Πορφυρογέννητος) die klaren Augen früher auf, als in andern Ländern; – mit andern Worten – in Ungarn ist der Heurige nach 6 Monaten süssig (zumal der Rothe), wenn man am Rhein und Mayn wenigstens 6, und an der Elbe und Saale wohl 10-12 Jahre warten muß, bis der Säuerling leidlich wird. Ja! in Ungarn hat ein guter Jahrgang sein Boucquet (oder Arom, wie man es hier nennt) schon dann, wenn er aus der Wiege im Krystallgewande sich erhebt. Was die verschwiegene Eintracht anbelangt, so hat der gute Ungarwein das Gute, daß er nicht sowohl in den Kopf steigt, noch die Zunge schwer und das Herz leichtsinnig macht, sondern vielmehr Bley an die Sohlen des raschen Trinkers heftet, und ihm den Schleyer der Schwermuth umwirft. Daher passirt es in Ungarn häufiger als anderswo, daß die muntern Zecher in ein gemüthliches Hinbrüten gerathen, und unversehens sich *fest* trinken; – also, daß sie bey vollkommen hellen Oberstübchen, dennoch des Unterkellners oder eines Laternenbubens bedürfen, um – wenn auch nicht geraden Wegs, (denn das ist unter solchen Umständen kaum möglich!) – doch ohne Anstoß und Niederlage nach Haus zu kommen. Dieß thut jedoch dem Commentar zu den folgenden Versen keinen Eintrag.

Und um den Neugebornen sammeln
Sich seine Freunde hocherfreut,
Und tausend Feuerzungen stammeln
Ihm ihre Lieb' und Dankbarkeit.

Denn wenn sich ein Heuriger gut macht, so wird schon an der Wiege sein Loblied gesungen; – weil er da noch nicht getauft ist, und Leute von Geschmack es auf der Stelle erkennen, was vom Säuglinge zu hoffen ist. Auch da heißt es: non sine diis animosus infans! [Anm. 2.] – und kraft des neuen Weins ist ja schon manches ungrische Mägdlein unter die Haube gekommen. Doch dieß greift in den Commentar des folgenden Verses ein, wel-

[11] Der Sorgenlöser, Sorgenbrecher: einer der Beinamen des Weingottes, Bacchus.

cher wahrlich des Dichters Kenntnisse in der empirischen Psycholochie [sic!] bekundet.

Er spritzt in ungezählten Strahlen
Sein inn'res Leben durch die Welt;
Die Liebe nippt aus seinen Schalen
Und bleibt ihm ewig zugesellt.

Und doch ist dieser Vers schöner als wahr! –
Gegen die beyden ersten Strophen ist wohl nichts einzuwenden.[12] Denn ein guter Jahrgang, wie z. B. 1811 rauscht in die irdische Trübsal hinein, wie eine Girandole[13] in die dunkle Nacht und seine aufgesprühten Lichtfunken verglimmen erst nach Menschen-Altern, ja bleiben noch Jahrhunderte lang Geistes-Zunder und flüßiges Feuer: – aber mit der ewig zugesellten Liebe hat es doch seine Schwierigkeiten. Zwar heißts im Sprüchwort: „Sine Bacho et Cerere friget Venus!"[14] – aber – frägt sich – welche *Venus*? – gewiß nicht *Venus Urania.*[15] Diese bedarf des Weingotts nicht, ja! sie ist eine geborne Bornemisza[16] – oder Abstemie, – und wenn auch einige Tröpfchen Cyperwein wie gutes Öl auf Amors Flamme[17] wirken, – so ist doch, was *Hymens* heilige Opfer[18] betrifft, nur einem Hochzeitgaste ein Räuschchen vergönnt, aber den Brautleuten oder fernerhin Eheleuten streng verpönt. Denn gewiß alle Dümmlinge der Welt haben den Gott der Trinker als ih-

[12] Der Verfasser des Artikels gebraucht den Ausdruck „Strophe" in der Bedeutung von „Vers", „Vers" hingegen, wie es auch mehrere frühere Stellen des Textes zeigen, in der Bedeutung von „Strophe".

[13] Hier: Feuerrad.

[14] Dt.: „Ohne Bacchus und Ceres friert die Venus". Ceres war in der griechischen Mythologie die Göttin der fruchttragenden Erde, des Ackerbaues, aber auch der Ehe und der Ehefrauen. In Bacchus verehrten die Griechen und Römer eine Gottheit der Naturkraft, der Lebensfreude und der Zeugung, sein Dienst war der Gegenpol des reinigenden, zur Besinnung führenden Kultes des Apollo. Manche Mythen machen ihn auch für den Obst- und Winbau und die Veredlung der Früchte zuständlich. Der Wein wurde auch „Bacchi humor" (dt.: die Flüssigkeit des Bacchus) genannt. Die zu seinen Ehren veranstalteten Feste waren von ihrer Zügellosigkeit bekannt.

[15] Venus (gr. Aphrodite) Urania (d. h. die Himmlische Venus): der Beiname wurde gebraucht, um die Gestalt der oberen weiblichen Gottheit, die zugleich Göttin der Liebe. der Fortpflanzung und der Zeugung war, als Göttin einer himmlischen, reinen, unsinnlichen Liebe zu interpretieren. Andere Beinamen der Venus waren u.a. Anadyomene (dt.: die Auftauchende, dem Meer entstiegene), Apaturia (dt.: die Täuschende), Callipygos (dt.: mit schönen Hinterbacken), Pandemos (dt.: die allen attischen Stämmen gemeinsame).

[16] Richtig ung. Bornemissza, dt.: der den Wein nicht trinkt, d.h. Antialkoholiker.

[17] Amor: Gott der Liebe in der römischen Mythologie.

[18] Hymen: ursprünglich historische oder legendäre griechische Gestalt, die in der Mythologie zu einem Gott wurde, der die Liebenden zur Ehe führt. In seinen Tempeln, vor seinen Altären wurden die Ehen geschlossen.

ren Schöpfer anzuklagen – und die wahre Liebe ist eine ernsthafte und heilige Sache vom Anfange bis zu Ende.

Desto richtiger der Vers

Er nahm – ein Freund aus alten Zeiten –
Von jeher sich des Dichters an,
Der immer seine Lieblichkeiten
In trunknen Liedern kund gethan.

Der weise Sirach sagt (Cap. 32. v. 7–9.)[19]
„Wie ein Rubin in seinem Golde leuchtet, also zieret der Gesang das Mahl, und wie ein Smaragd in seinem Golde stehet, – also zieren die Lieder beym guten Wein": ferner heißt es: „Cantores amant humores"[20] und selbst der gleich werthe Spruch: „In vino veritas!"[21] spricht dem Wortführer der Dichtung den Beruf nicht ab, im Weine die Wahrheit zu suchen. Manche wollen freylich sagen, daß wie man im Winter die schönsten Frühlingslieder zu dichten pflege, auch die feurigsten Dithyramben dem Wasserkrug entquellen; – indessen Anakreon und Horaz haben gewiß guten Wein getrunken, und die Wahrheit liegt wohl in der Mitte. Die poetische Ader fließt rascher, wenn ein gutes Rebeblut sich medice et modice[22] mit dem Menschlichen vermischt hat, – und ein Betrunkener, wenn er auch nüchtern ein Vorsänger im Musenchore wäre, wird doch immer lallen und stammeln. Wie sehr merkt man den von Schiller und Göthe in Compagnie fabricirten Xenien[23] das Champagnerfieber an! – wodurch jedoch keinesweges dem Vin de Sillery und Oeil de Perdrix ihre geistige Wunderkraft abgesprochen wird.

Der Schluß-Vers

Und gab, – ihn königlich zu ehren,
Ihm Recht auf jeden schönen Mund,
Dieß thu' ich – (keine darf's ihm wehren)
Hiermit den Frauen allen kund.

[19] In seinen um 200 v. Chr. entstandenen Sammlung von Sittensprüchen, die zu den Apokryphen, den nicht kanonisierten Texten des Alten Testaments gehört.

[20] Dt.: Die Sänger lieben die Nässe (d.h. die Getränke).

[21] Dt.: Im Wein ist die Wahrheit.

[22] Dt.: etwa: auf gesunde und maßvolle Weise.

[23] Der *Musenalmanach für das Jahr 1797*, der sog. Xenien-Almanach enthielt Hexameter, von denen viele über das deutsche literarische Leben und einzelne Persönlichkeiten desselben ironisierten.

ist wohl gut gemeynt, – aber wenn wir bey den competenten Kußbehörden anfragen, so wird uns jede Grazie (– bey Mänaden mag es anders seyn! –)[24] den Bescheid geben, daß sie nichts weniger liebe, als dem weinwarmen Munde eines Musenpriesters ein Recht auf ihre keuschen Lippen einzuräumen.

Alles salvo meliori![25]

[Anm. 1.] *Friedrich* von *Hardenberg*, als Schriftsteller unter dem selbstgewählten Namen *Novalis* bekannt, geb[ore]n zu Weissenfels 1772, gestorb[en] 1802, einer der durch unglückliche Liebe veredelten Dichter (Siehe dessen Biographie im Brockhaus' Conv[ersations]Lexikon) fiel wie so mancher Sänger, – unreif vom Baume des Lebens. Die Essig-Nymphen der Saale und Elbe ermuthigten ihn zu diesem Weinliede; – wie würde er gesungen haben, wenn ihn die süßen Reben-Mädchen Ungarns oder Frankreichs begeistert hätten!

[Anm. 2.] Profan übersetzt – „der Kerl hat Geist!"

[24] Die Grazien waren bei den Griechen und Römern die Göttinnen der Anmut. Mänaden wurden die Bacchantinnen, die Begleiterinnen des Gottes Bacchus bei seinen irdischen Taten und Schicksalen genannt.

[25] Mit der lateinischen Wendung deutete man an, eine richtigere Ansicht bereitwillig annehmen zu wollen.

[Georg] Tretter

GOETHE[1]

Es kam, des Kindes Wiege zu bekränzen,
    Die *Wahrheit* ernst, die *Dichtung* heitermild,
Und manche Blütenzier des hellen Lenzen
    Und aus dem Leben manches Strahlenbild
Ward emsig auserkoren, um zu glänzen
    Auf *seiner* Endenbahn [sic!] als Schmuck und Schild:
Wetteifernd häuften die *Gestalten* Spenden
Um mütterlich ihr Alles zu verschwenden.

Der Liebe zartverschämte, süße Rose;
    Der Freundschaft schattig ernstes Eichengrün;
Des Glükes nie verfehlte, goldne Loose;
    Des Ruhmes Meteor im wilden Glühn;
Der Myrtenkranz, stets frisch im Kinderschooße;
    Der Perlenfund nach heißem Forschermühn;
Das Reis der Fürstengunst, die Treu' zu lohnen;
Und sie, die höchste deutscher Dichterkronen:

[1] *Der Spiegel* 1832, Nr. 29. vom 11. April, S. 225–226.

Und mehr und mehr so seltner Gaben flossen:
    Der Weisheit Äther mit dem Sternensaum,
Und der Begeist'rung tausend Demantsprossen,
    Die uns zum Himmel leiten kühn im Traum,
Der Wagen des Triumphs mit keken Rossen,
    Und für die Siegesthaten reichlich Raum;
Nur *einen Kranz* behielten die *Gestalten*,
Als sie beschenkend so das Kind unwalten.[2]

Und als der Greis, in lezter dunkler Stunde,
    Tief sinnend lag, wie auf der Fluth ein Schwan,
Da schwebt' er engelgleich herab zum Grunde,
    Ein zärtlich Antliz blikt ihn innig an;
Sein Gretchen ists, sein Lieb aus erstem Bunde,
    Sie bringt den schönsten, *lezten Kranz* heran
Und schmükt das sanft entschlaf'ne Haupt dem Greise,
Und horch: „Unsterblichkeit!" so tönt es leise.

[2] Wahrscheinlich: umwallten.

— —

[ÜBER SCHILLERS *RÄUBERLIED*][1]

Herder hatte zu seiner Zeit einen großen Zorn gefaßt gegen das Lied aus Schillers *Räubern*: „Ein freies Leben führen wir", an welchem dagegen die gesammte damalige Jugend, namentlich die studierende, ihrerseits sehr großen Geschmack fand.[2] Er bezeichnete dasselbe als ein ruchloses, kannibalisches Lied, und brachte, wenn man einmal die Melodie nicht fallen lassen wolle, folgenden sittsamen Text in Vorschlag:

„Der Musen Leben führen wir,
Ein Leben voller Wonne;
Bescheidenheit ist unsre Zier,
Die Wahrheit unsre Sonne."

Eine Abänderung, die bei den damaligen Studierenden keinen Beifall gefunden haben soll. Auch Schiller selbst hatte großen Ärger daran, wenn er dies Räuberlied von Musensöhnen singen hörte.

[1] *Der Bote von und für Ungern* (Kaschau) 1834, Nr. 71. vom 13. November, S. 388. [Spartentitel:] *Literarisches*

[2] Zur Publikumswirkung des *Räuberliedes* (4. Akt 5. Szene in SCHILLERs 1781 publiziertem Schauspiel *Die Räuber*) und seinen verschiedenen auf Flugblättern verbreiteten Umdichtungen vgl. TARNÓI 1998, S. 110–125.

E. M.

CORRESPONDENZ [AUS BERLIN][1]

Berlin, 22. December

Berlin ist jetzt die Stadt der Celebritäten. Ganz Baiern und selbst Hannover haben wir geplündert, und haben keine Mühe und kein Geld gescheut, um so viel berühmte Männer beisammen zu haben, als irgend möglich, gerade wie wir uns früher um die besten Sängerinnen bemühten. Die Engländer werden nächstens nach dem Festland herüber kommen, um dies Museum lebendiger Unsterblichkeiten zu besichtigen, und Jules Janin hat bereits öffentlich im Feuilleton des *Journal des Debats* Freudenthränen darüber vergossen, daß der Sieg des Classicismus auch in Berlin sich so glänzend entscheidet. Gelt, das ist ein europäischer Ruhm?

Aber ich will nicht unnütz spotten, ich will ernsthaft bleiben und an das Princip Friedrich des Großen erinnern, welches Preußen nach ihm stets befolgt hat, fähige Männer an sich zu ziehen, ohne Rücksicht auf das Land, dem sie durch die Geburt angehören. Wieviel hat Preußen damals durch die französische Cultur gewonnen, und wie sehr hatte Friedrich Recht, wenn auch die Opposition der deutschen Philister noch so laut gegen ihn tobte. Und jetzt, sind es nicht die besten Kräfte Deutschlands selbst, welche in Berlin concentrirt werden, sind es nicht die berühmtesten Namen, welche wir jetzt zu den unsern zählen, Cornelius, Jacob und Wilhelm Grimm, Friedrich Rückert, Schelling und zum Theil auch Ludwig Tieck? Wol, die Berühmtheit ihrer Namen müssen wir anerkennen, aber es ist Schade, daß ihre Träger schon Greise sind und ihre Berufung um zwei Decennien zu

[1] *Der Ungar* 1842, Nr. 3. vom 4. Januar, S. 15–16; Nr. 4. vom 5. Januar, S. 21; Nr. 5. vom 7. Januar, S. 27; Nr. 6. vom 8. Januar, S. 33; Nr. 7. vom 10. Januar, S. 39–40; Nr. 8. vom 11. Januar, S. 45.

spät kommt. Damals von dem Strome der Zeit getragen, hätten sie wol eine großartige Wirksamkeit in der großen norddeutschen Culturstadt erlangt und begründet, nun aber, da ihre Kraft verrostet und unfruchtbar geworden ist, treten sie dem vorwärtsschreitenden Geiste der neuen Zeit nur hemmend entgegen, und keine Stadt bietet daher jetzt einen so schroffen Gegensatz des Alten und Neuen dar, wie Berlin.

Schelling ist berufen, die Hegel'sche Philosophie zu vernichten, aber wird es ihm, dem Greise gelingen, aufzukommen gegen eine Richtung, welche nun seit zwanzig Jahren ihre Wurzeln in das Nationalleben getrieben hat, und die jetzt zu der Epoche ihrer Entwicklung gelangt ist? So war es nur Kant gelungen zu wirken. – Hegel aber geht von der Einheit mit der Wirklichkeit aus, und verlangt von dieser, daß sie ideell sich gestalte, um ihr eigenes Wesen zu begreifen und ihren Beruf zu erfüllen. Fichte hatte diesen Übergang vermittelt, Hegel aber hat ihn erst gestaltet. Fichte war bei dem Sollen stehen geblieben; Hegel hat das Machtwort des Müssens, des nothwendigen Werdens ausgesprochen, seine Philosophie ist die des wahrhaften Lebens und der Bewegung der Geschichte.

Nun kommt Schelling, der Entdecker des Absoluten, und will uns mit ergrautem Haar beweisen, daß er es so bei Leibe nicht mit seiner Identitätsphilosophie gemeint habe, Hegel habe diese nur verdorben. Die Philosophie könne wol den Prozeß des Vernunftprozesses anschauen, aber darüber hinaus könne sie nicht, und wenn sie bis an die Schranke ihres Erkennens gekommen sei, müsse sie umkehren und sich hübsch an die Dinge halten, d. h. also an die Tradition. Und was man aus dieser machen kann, hat die Welt seit Jahrhunderten schon mit Schrecken erfahren.

Schelling liest Philosophie der Offenbarung. Ich möcht Sie in den Hörsaal desselben führen, um Sie von dem Geiste zu unterrichten, der jetzt in Berlin herrscht. Aber vor Allen müssen Sie einen Friedrichsdor bezahlen, sonnst kommen Sie nicht hinein, denn die Pedelle hüten den Eingang zu diesem Saale der absoluten Weisheit, wie die Erzengel die Schwelle des Paradieses. Doch wir wissen uns zu helfen, wir lassen uns hineinlootsen. Wissen Sie, wie das geschieht? Ein Freund, der mit einer Karte versehen ist, geht hinein, und läßt sich darinnen von seinen Bekannten zwei andere geben, und darauf gehen wir hinein. Sehen Sie nur den großen, gefüllten Hörsaal! Wol vierhundert alte und junge Männer sind hier versammelt, und die Mehrzahl von ihnen mit ganz bestimmter Absicht. Sehen Sie dort Alexander von Humbolt, den berühmten Naturforscher und noch berühmteren Hofmann neben dem Minister des Innern und der Polizei, Herrn von Rochow; hier auf der Professorenbank Neander, Twesten, die orthodoxen Theologen, Steffens den Naturphilosophen, den einstigen Schüler Schellings, der nun selbst schon ein Greis ist, und weiterhin Gabler und Werder, die eifrigsten Repräsentanten der Hegel'schen Schule, in der Blüthe des

Mannesalters. Sehen Sie wie eifrig diese nachschreiben, wie sie auf jedes Wort lauschen; ihnen ist es darum zu thun, nun endlich hinter die so lange geheim gehaltene Lehre der neuen positiven Philosophie zu kommen, und dann den Todeskampf mit ihr zu beginnen.

Und blicken Sie weiter, so sehen Sie außer den jetzt Studierenden eine große Anzahl junger Männer, die längst schon ihre Studienjahre hinter sich haben, und der Zeit gedenken, in der sie Hegels tiefsinnigen Worten lauschten, die nun aller Welt klar und offen vor Augen liegen. Wer weiß, welche geistige Kraft in diesen Köpfen noch schlummert, und was die Nation noch an ihnen haben wird? So habe ich einst mit Strauß, Feuerbach und Vischer in denselbsen Hörsälen gesessen, ohne eine Ahnung von ihnen zu haben, und welche Bedeutung haben sie jetzt erlangt!

Die Hegel'sche Schule mit Schelling,[2] dessen erste Fäden jetzt ihren Einschlag in die Geister nehmen, wird ein mächtiger, für die ganze Nation bedeutungsvoller werden. Denn es handelt sich hier nicht mehr um die Existenz zweier Schulen, sondern um die Freiheit der Philosophie überhaupt, gegenüber der Knechtschaft der Tradition und des verlebten historischen Rechts. In den Grundprincipien wird hier durchgefochten werden, was ganz Europa bewegt, was den Kern des geschichtlichen Kampfes unserer Zeit bildet, ob das Recht der freien Vernunfterkenntniß und der rücksichtslos vorwärtsschreitenden Bewegung herrschen soll, oder das Recht der historischen Vergangenheit, welche zum Unrecht wird an der Gegenwart. Mit der Partei des Fortschrittes stehen Friedrich der Große, auf der des historischen Rechts die Restauration, die Orthodoxie und die gelehrte Wissenschaft. Mit jener ist die physische, mit dieser die geistige Gewalt, nun solle es sich zeigen, welche die stärkere ist. Bis jetzt sind die Torys am Ruder. –

Schelling ist ein Mann von mittlerer Größe, gedrungener Gestalt, sehr markirten aber wenig edlen Zügen. Die Stirn verräth wol den Denker, obwol auch sie nach innen gebogen ist, und das Auge sprüht von innerm Feuer, aber die Nase ist aufgeworfen, und um die Mundwinkel spielen die wunderbarsten, verkniffensten Bewegungen, welche von dem Erlebthaben der verschiedensten Seelenzustände und Extreme zeugen. Was muß dieser Mann nicht auch alles durchgemacht haben, in seiner Stellung zu München, dem Katholicismus gegenüber, wenn er dem Princip des Protestantismus nichts vergeben wollte; in welche Situationen muß ihn dies geführt haben! Nun, er wird es uns ja bald in seiner Philosophie der Offenbarung entfalten; bis jetzt hat er nur seinem Herzen gegen Hegel Luft gemacht, den er gern als seinen Schüler behandelt, und mit dessen Philosophie er umgehen möchte,

[2] Wahrscheinlich: der Kampf der Hegel'schen Schule mit Schelling.

wie der Meister mit dem Zauberlehrling in Goethe's Ballade.[3] – Aber die Wirklichkeit ist ein anderes Gebiet, als das der Romantik.

Friedrich Rückert ist ebenfalls als Professor an der Berliner Universität angestellt, aber seine Wirksamkeit geht spurlos vorüber. Sein Vortrag ist so leise, so verlegen, so wenig geistig belebt, daß er unmöglich auf die Dauer zu fesseln vermag. Von Tag zu Tag wird daher das Häuflein derer, die ihm zuhören wollen, kleiner und die aus Neugierde gekommen sind, sieht man selbst während der Stunde bald wieder von dannen schleichen. Rückert ist groß und sieht ganz so aus, wie auf den von ihm erschienenen Bildern: scharfe, eckige Züge, lange, bis auf die Schulter herabhangende schwarze Haare, die aber auf dem Scheitel schon etwas dünn zu werden anfangen. Wie der lange Mann sich verstohlen ins Zimmer hineinschiebt, ganz verlegen auf dem Katheder Platz nimmt, dann ängstlich in dem Hefte blättert, und endlich einen unsichern, tonlosen Vortrag beginnt, bringt einen eigenthümlichen Eindruck hervor, der um so widersprechender ist, als wir von dem Dichtergeiste, dessen Feuer wir kennen, doch nothwendig die energievolle Belebung des ihm vorliegenden, der Poesie angehörenden Stoffes erwarten müßten. Rückert liest nämlich über hebräische und arabische Poesie. Aber es ist und wird nicht, und die Zuhörer erschlaffen. Hoffen wir, daß mindestens die noch mitzutheilenden Übersetzungen sie einigermaßen beleben werden.

Ludwig Tiecks Anwesenheit in Berlin ist nicht anders öffentlich bemerkt worden, als daß man ihm zu Ehren ein Festmahl veranstaltete, zu dem A[ugust] W[ilhelm] von Schlegel nicht kam, weil man es *ihm* nicht gab, und daß er später dem Einstudiren der Sophokles'schen *Antigone* vorstand.

Auch ich habe zu den Glücklichen gehört, welche der Darstellung dieser antiken Tragödie im neuen Palais zu Potsdam beiwohnen durften. Ganz Berlin war damals in Antigonisten und Antagonisten getheilt, und das Volk rief verwundert seinen Witz dazwischen: *antik one!* – Ich gehörte, trotz meiner früheren Vorliebe für das Alterthum und meiner philosophischen Studien, zu den Antagonisten.

Der Versuch, die antike Tragödie zu beleben,[4] war wol interessant, aber

[3] GOETHEs Ballade *Der Zauberlehrling* (1797) erschien im *Musenalmanach. für das Jahr 1798*, im sogenannten Balladen-Almanach.

[4] Zum diesem ersten Versuch, das griechisch-antike Drama in den modernen deutschsprachigen Spielplan einzugliedern vgl. HEINZ KINDERMANN: *Theatergeschichte Europas* Bd. 6. Salzburg 1965, S. 26 ff. Nicht nur der *Ungar*, auch andere deutschsprachige Presseorgane Ungarns erwähnten diesen Versuch. Das *Pesther Tageblatt* z. B. nahm davon in einer kurzen Meldung am 25. September 1841 (Nr. 228, S. 949, in der Sparte: *Journalistischer Mischmasch*) Notiz: „Da es weder mit den englischen, noch französischen, noch deutschen, klassischen, dramatischen Werken recht gehen will, so wirft man sich auf das *griechische* Drama. Die Mitglieder des k. Theaters in Berlin studiren jetzt die *Antigone* von Sophokles ein, und werden

es kam kein anderes Resultat dabei heraus, als daß man es bei diesem einen Versuch bewenden lassen und sich ja hüten müsse, zu wähnen, daß wir für die antiken Anschauungen einen gleichen Sinn und eine gleiche Empfänglichkeit haben könnten, wie für das moderne Ideal. Ich kann nicht genug beschreiben, wie wunderbar fremd mir diese so oft gelesene und bewunderte Tragödie erschien, da sie so an das Tageslicht beschworen, mit dem Anspruch des Lebens vor mich trat. Diese antiken Menschen erschienen mir als rein abhängige Organe ihres, von der Naturmacht noch beherrschten Nationallebens, es fehlte der Kern alles dramatischen Lebens, die Subjektivität und der Charakter. Alles war abstrakt, noch nicht losgelöst vom Substanziellen. Die Grundlage des Ganzen, die Idee des Staates, war groß, aber noch nicht durchgearbeitet, nicht frei geworden durch die Charakterkraft der Einzelnen. Ich bin überzeugt, daß man von dieser Anschauung aus, welche die Philosophie allerdings schon begründet, aber noch nicht ausgeführt hat, eine wesentliche neue Ansicht über das Alterthum gewinnen würde, und dadurch seine Bedeutung für unsere Zeit wesentlich beschränken müßte. Wir würden erkennen, daß die Griechen noch halbe Asiaten sind, und deshalb ihre Poesie so wenig wie ihre Staatseinrichtungen auf solche Weise maßgebend für uns sein könnten, wie die Philologen es uns weiß machen wollen. Nicht Aeschylus, Sophocles und Euripides stehen auf dem Gipfelpunkt der dramatischen Poesie, sondern Shakespeare, Schiller und Goethe, und zu ihnen müßte daher auch die Jugend von früh an sich wenden, wenn sie den wahren Begriff der modernen Poesie, welcher auf das Charakteristische gegründet ist, erfassen wollte. Und ebenso müßten die Staatseinrichtungen des Mittelalters und der neueren Zeit sich unmittelbar an die des Altertums schließen, wenn die Jugend erfahren soll, was es mit dem Wesen des Staates und der Geschichte auf sich hat.

Doch ich lasse, um mich nicht zu weit darin zu verlieren, diese Betrachtungen fallen. Die Musik Mendelsohn's zu den Chören, dies will ich noch hinzufügen, entsprach dem Charakter der antiken Poesie durchaus nicht. Der moderne Gesang brachte ein fremdes Element in die auf Reflexion gegründete Poesie, und es war zuletzt ganz gleichgültig, welche Worte gesungen wurden. Sophocles würde sich entsetzt haben, wenn er seine Zuschauer mit den Textbüchern in der Hand, wie bei einer modernen Oper, hätte sitzen sehen. An und für sich war die Musik, wie man dies von Mendelsohn wol erwarten kann, werthvoll, aber sie gehörte in ein Oratorium, nicht in die Tragödie.

Über die Einrichtung der kleinen antiken Bühne bekamen wir nachher in der *Staatszeitung* lange Abhandlungen von Böckh und Tölken zu lesen,

sie in Potsdam vor dem k. Hofe aufführen. Tieck wird alles anordnen, und Mendelssohn-Bartholdy die darin vorkommenden Chöre componiren."

und es ergab sich, daß Tieck sehr wesentliche Fehler begangen hatte. Von dem erhöhten Palast gingen nämlich zu beiden Seiten Treppen nach dem Orchester, und auf diesen mußten die aus der Stadt kommenden Schauspieler hinaufsteigen oder die aus dem Palast gehenden hinabsteigen. Dies war falsch, und sah bei der Kleinheit der Bühne überdies etwas halsbrechend aus.

Tieck wird, wie es heißt, künftig ein Shakspearsches Lustspiel nach der Einrichtung der altenglischen Bühne einstudieren; wir sind begierig, ob es ihm hier besser gehen wird. Bis jezt halten wir seine ganze Vorliebe für diese Bühne, für eine Grille.

Unsere Theaterverhältnisse werden sehr bald eine ganz neue Gestalt gewinnen. Der bisherige Intendant, Graf Redern, ist entlassen, und Herr v. Küstner, aus München, als Direktor berufen. Da nun dieser, wie bekannt, eine große Vorliebe für junge Liebhaber hat, und unsere Bühne einen bedeutenden Überfluß an alten Liebhaber hat, so möchte dies eine wesentliche Veränderung hervorbringen, die hoffentlich gut einschlagen wird. Hinsichts des Repertoirs sind in der jüngsten Zeit einige Fortschritte geschehen. Zunächst haben wir den *Columbus* von Werder[5] zu erwarten.

Außerdem grassiren freilich noch die Familienstücke der Prinzessin A., die von Dem. Werner (A. P.) und Anderer, zu unserm großen Leidwesen, denn es ist eine wahre Strafe, diese Misere bei noch dazu großentheils mittelmäßiger Aufführung mit ansehen zu müssen. Auch Gutzkow kommt eigentlich darüber nicht hinaus, sein *Werner*[6] namentlich gehört ganz diesem Genre an, doch weiß er immer ein bißchen Modernität seinen Dramen einzuknüpfen, als Präservativ-Säckchen gegen die Motten.

Raupach, der einst unsere Bühne ausschließlich beherrschte, feiert, Gott sei Dank, seit Jahresfrist; es ist auch selten hier ein Stück so durchgefallen, wie seine *Belagerung von Grüneberg*, die lezte, zum Entsetzen komische That seiner Muse.

Die italienische Oper auf der Königstadt hat neuerdings einen sehr erfreulichen Aufschwung genommen, namentlich durch die Assandro, welche früher in Mailand und Paris war, und wirklich eine ausgezeichnete Sängerin ist. Die deutsche Oper dagegen schweigt, und ist fast ganz unsichtbar. Man sucht auch hier den sogenannten klassischen Geschmack zu begründen, indem man die alten Gluck'schen Opern, so oft als möglich aufführen läßt. *Iphigenie* lassen sich die Berliner gern gefallen, *Alcesie* aber und *Armide* hat schon ein kleineres Publikum, und den *Orpheus* will Niemand

[5] Der erste Teil von KARL WERDERs Tragödie *Columbus* ist erst 1847 uraufgeführt worden, das ganze Stück ist 1858 im Druck erschienen und ging erst 1883 in die Szene.

[6] KARL GUTZKOWs bürgerliches Schauspiel *Werner, oder Herz und Welt* wurde 1840 uraufgeführt.

hören, denn er ist auch unergründlich langweilig.[7] Er ist mehrere Mal vor ganz leerem Hause gegeben worden. In der Kunst würde, wenn dies System so fortgeführt würde, die historische Schule ihre entschiedenste Niederlage erleben. Denn der Geschmack einer Nation läßt sich nicht erzwingen; dieser muß aus ihrer ursprünglichen Begabung hervorgehen, und zum Leben dringt nur, was dem Leben entsprossen ist.

Die Saison der Concerte hat jezt begonnen. Ernst hat sich zwei Mal mit entschiedenem Beifall hören lassen. Man stellt ihn über Prume[8] und Ole Bull, und rühmt es, daß er, den Mißbrauch der sich überstürzenden, und nach Effekt strebenden Virtuosität vermeidend, einer einfachen Geschmackrichtung, dem rein melodiösen Elemente sich hingibt. Er erinnert der Schule nach an Beriot, doch fühlt man auch wesentlich die Klarheit und Gründlichkeit der deutschen Natur aus seinem Spiel heraus. Sivori, ein Italiener und Nachahmer Paganinis fand ebenfalls viel Beifall und Bewunderung, aber lange nicht die innige Theilnahme, welche Ernst zu Theil wurde.

Liszt wir erwartet. –

So viel für diesmal. Nächstens schreibe ich Ihnen im Gegensatz zu den älteren Schriftstellern, über die ich jezt gesprochen, von der Wirksamkeit der Jüngeren. Einstweilen die Nachricht, daß die bei der Wekker-Serenade betheiligten Literaten unter polizeiliche Aufsicht gestellt sind, und daß jezt das *Athenäum*, eine Zeitschrift, welche von denselben Literaten herausgegeben und unterstüzt wurde, verboten worden ist.

Heut ist Sonntag. Es herrscht eine ungewöhnliche Ruhe auf den Straßen. Ich will Cigarren holen lassen, und mein Diener kommt mit der Nachricht zurück, daß nirgend, in keinem Laden während der Kirchenzeit mehr verkauft werden darf. Am vorigen Sonntag hätten die Gensdarmen die Stadt genau controlirt, und es seien 800 Kaufleute denuncirt worden, von denen Jeder 2 Thlr. Strafe zahlen müsse, weil sie die Läden nicht geschlossen gehabt. In den Kirchen wird über die Aufrechthaltung der Sonntagsfeier gepredigt. – Dies ist der Beginn einer neuen Zeit!

[7] CHRISTOPH WILLIBALD GLUCKs hier erwähnte Opern entstanden in den 1770er Jahren: *Iphigénie en Tauride* und *Orphée et Euridice* 1774, *Alceste* 1776, *Armide* 1777.

[8] Möglicherweise CONRAD PRUMIER (1820–1884), französischer Harfenist und Komponist, 1840–1865, der als Harfenist an der Pariser Opéra-Comique eine rege Konzerttätigkeit entfaltete (vgl. NICOLE KATHARINA STROHMANN: *(Ange) Conrad (Antoine) Prumier*. In: MGG Personenteil Bd. 13, Sp. 1009.)

Johann Wolfgang Goethe

URTHEIL ÜBER SICH SELBST[1]

Ich habe niemals einen präsumtuösern Menschen gekannt als mich selbst, und daß ich das sage, zeigt schon, daß es wahr ist, was ich sage. – Niemals glaubte ich, daß etwas zu erreichen wäre, immer dacht' ich, ich hätte es schon. Man hätte mir eine Krone aufsezen können, und ich hätte gedacht, das verstehe sich von selbst. Und doch war ich gerade dadurch nur ein Mensch wie andere. Aber daß ich das über meine Kräfte Ergriffene durchzuarbeiten, das über mein Verdienst Erhaltene zu verdienen suchte, dadurch unterschied ich mich bloß von einem wahrhaft Wahnsinnigen. Erst war ich dem Menschen unbequem, durch meinen Irrtum, dann durch meinen Ernst. Ich mochte mich stellen, wie ich wollte, so war ich allein.

[1] *Der Ungar* 1842, Nr. 101. vom 3. Mai, S. 536. [Spartentitel:] *Feuilleton.* Der Titel lautet in dem *Ungar*: *Göthes Urtheil über sich selbst.*

R–d.

[ÜBER DEN GEGENWÄRTIGEN STAND DER DEUTSCHEN LITERATUR][1]

Es muß doch recht traurig mit der teutschen Literatur ausschauen, daß selbst ihre besten und reichbegabtesten Jünger von ihr fort sich zur fremden wenden. Spindler übersetzt, Pfitzer übersetzt, Freiligrath übersetzt, Lasker, Dräxler-Manfred, alle übersetzen, und haben die Original-Literatur an den Nagel gehangen. Was soll daraus werden? Wir haben bereits *vier* verschiedene Ausgaben der Boz'schen Schriften, jetzt wird eine fünfte mit Kupfern in Schillerformat angekündigt. Und wer ist der Übersetzer? Wieder einer von den Besten, der einzige gute Lustspieldichter, den Teutschland jetzt besitzt – Bauernfeld! – Übersetzt nur, macht Teutschland zum Affen dreier Länder, Ihr werdet zu spät einsehen, wohin Euch Spekulation und teutsche Nachäfferei geführt!

[1] *Der Ungar* 1843, Nr. 190. vom 17. August, S. 847. [Spartentitel:] *Salon für Theater, Kunst und Literatur.*

Ed. Kalmár[1]

BRIEFE AN EINEN FREUND[2]

[...]

V. [Brief]

28. August 184*

Göthe, homo aetatis, der die Poesie zur Musik, die Prosa zur Poesie erhob, der die Menschen liebevoll zu sich hinaufzog, um ihnen seine Gefühle mitzutheilen; Göthe, der klassische... „Larifari!" Ja, ich sage auch mit Dir: er zog die Menschen zu sich hinauf, alsdann sagte er ihnen aber: „Sehet, liebe Kinder, hier ist mein Garten; nun gehet und tummelt euch darin herum, sehet meine schönen Blumen, höret meine Vögel, bewundert die Denkmäler, die Statuen, erstaunet über jene Menagerie, worin alle Thiere leben; aber wer etwas berührt oder zerstört, den züchtige ich.["]

Göthe ist ein Klassiker – ein Künstler im vollsten Sinne des Wortes – kein Romantiker oder Dichter, beileibe nicht! Er ist der modernisirte Grieche, er ist der klassischste Klassiker, – ganz gewiß!

Klassisch hin, klassisch her,
Klassisch ist ein – Zottelbär.

Über das „homo aetatis" will ich das nächste Mal ein wichtiges Wort mit Dir reden; für jezt genug!

[Anm.] Man sagt. Göthe habe nie eine Thräne vergossen, ausgenommen, als ihm der Herzog von Mecklenburg seines Vaters Uhr, die versteigert werden sollte, schenkte – und diese sollen *schlaue* Thränen gewesen sein.

[1] Der Verfasser, den die ungarischen biographischen Lexika nicht kennen, unterschrieb seinen Beitrag als „Dr. Ed. Kalmár".

[2] *Das Vaterland* (Raab) 1844, Nr. 145. vom 7. Dezember, S. 577–578.

VI. [Brief]

30. Aug. 184*

„Göthe, homo aetatis, der Mann des Zeitalters, also der Repräsentant desselben", wenn ich Dich recht verstehe, nichtwahr? – Gut, gut; er ist der Mann eines Zeitalters, nämlich eines indifferenten; leider gab's und gibt's nie ein solches. Weh' ihm, dem großen Manne, ihm, dem Menschheit nur ein Kind schien, mit dem es sich nicht der Mühe lohnte, nur zu spielen; weh' ihm, dem Gefühllosen, der so viel für die Menschheit hätte leisten können, und es nicht that; er hätte Deutschland von seinem Philisterthum befreien können – – – er that es nicht. Nicht ein Wort sprach er für das Wohl der Deutschen: die französische Revolution und die Herrschaft der Knute schien ihm Naturnothwendigkeit. Dreimal weh' ihm, die Nachwelt wird einst über ihn zu Gerichte sitzen, sie wird seine Thaten wägen: alle seine schönen Kunstprodukte werden ziehen, aber eine einzige Locke von dem Haupte eines Deutschen wird seine gute Wagschale hoch in die Luft schnellen. Dante, Alfieri, Cervantes, Rousseau, Voltaire, Pope, Byron, Lessing, Schiller u. a. – Alle haben für das Wohl der Menschheit mitgestritten, mitgewirkt, ja, dem Sophokles schien *der* größer, der bei Marathon für das Vaterland gestritten, als der Ruhm, den *er* durch seine unsterblichen Werke erlangt hatte. Göthe, Göthe? Er, der am meisten hätte thun können?!

Ehre seinen dichterischen Produkten, sie sind unsterblich; – aber er ist ein Schneider, dem nur seine Hosen gefallen, die er eben gemacht hat – was kümmert ihn die Welt!

VI. B.

THEATER

– –

JOURNAL-CONTROLLE[1]

In einer kritischen Besprechung des Trauerspieles: *Stibor Vajda* von Karl Kisfaludy im *Regélő* wird der Dichter hart mitgenommen.[2] Nachdem der Recensent die Bemerkung voranschickt, daß das erwähnte Produkt des ersten dramatischen Erfordernisses, nämlich einer tiefen eigenthümlichen Charakteristik des „wahrlich (soll wohl heißen wahrhaft) Menschlichen" entbehre,[3] spießt er die vorkommenden Charaktere der Reihe nach auf die kritische Nadel, und beweist die Unnatur derselben. Im Schluß-Resumme bemerkt er, daß dieses Stück nicht mehr Verdienst habe, als irgend ein Produkt von Raupach, Halm, Grillparzer, Soulie[,] Bouchardy,(?) Malefille (etwa Malesville?) u.s.w.[4] – Ei, ei, Herr Radamanthus, welch eine Zusam-

[1] *Der Ungar* 1842, Nr. 208. vom 10. September, S. 963. Der Autor bezeichnete sich mit der Nummer 3.

[2] IGAZFI [Pseudonym, dt. etwa Sohn der Wahrheit]: *Nemzeti színház. August, 23. Stibor vajda. Eredeti szom. játék 4 felv. Irta Kisfaludy Károly* [Nationaltheater. Den 23. August. Woiwode Stibor. Originaltrauerspiel in 4 Aufzügen von Károly Kisfaludy]. In: *Regélő Pesti Divatlap* 1842, Nr. 70. vom 1. September, S. 699–701. [Spartentitel:] *Színészet* [Schauspielkunst]. „Igazfi" war ein Pseudonym von Imre Vahot, Redakteur des *Regélő Pesti Divatlap*. Vgl. KOROMPAY 1998, S. 307–308. und S. 320.

[3] „Kisfaludy' szóbahozott szomorujátékában hiányzik a' dramai fő kellék, t.i. a' valódi emberinek – des wahrlich Menschlichen – mély, sajátos jellemzése." (In: ebd. S. 699; deutsche Übersetzung: Das vorgebrachte Trauerspiel von Kisfaludy entspricht der wichtigsten dramatischen Erfordernis nicht, es fehlt nämlich die tiefe, eigentümliche Charakterisierung des wahrhaft Menschlichen.)

[4] „Stibor vajdának nem adhatunk nagyobb dícséretet, mintha azt mondjuk felőle, hogy az olly német és franczia drámák mellett – milyen Raupach, Halm, Grillparzer, Soulie[,] Bouchardy, Malefille 's többeké – mindig dicsőséggel állhat meg, 's azoknál sem több sem kevesebb, mindenikben egyaránt sok hibát, de valamint jót is talál a' műértő." (In: ebd. S. 700, deutsche Übersetzung: Den Woiwoden Stibor können wir nicht höher loben, als wenn wir von ihm sagen, er könne immer mit Ruhm neben solche deutsche und französische Dramen

menstellung?! Wo haben Sie je gehört, daß Grillparzer (dieser wahre Dichtergenius!) Produkte à la *Stibor Vajda* (unbeschadet der Achtung vor dem poetischen Talente unseres gefeierten Kisfaludy) zu Tage gefördert habe? Haben Sie Grillparzer's Meisterwerke auch gelesen? Oder vielmehr: haben Sie sie verstanden?... Nach dieser Zusammenstellung der Dichternamen muß man sehr daran zweifeln. Was aber in dieser sein sollenden Kritik noch mehr auffällt, ist die Gleichstellung Scribe's mit Shakespeare, Goethe, Schiller![5] – Scribe *und* Shakespeare! Großer Britte, deine Manen müßten ja selbst den Himmel meiden, liefen sie Gefahr, mit den geistigen Überresten des pariser Vaudevilleschreibers dort in Berührung zu kommen! – Und das nennt man eine Kritik, und solche Salbadereien werden dem Lesepublikum aufgetischt?

---

gestellt werden, wie die von Raupach, Halm, Grillparzer, Soulie[,] Bouchardy, Malefille und anderen, und ist weder mehr noch weniger wert als diese, in allen diesen findet der Kunstkenner sowohl viele Fehler als auch Gutes.)

[5] Különösen az első rendű drámákat legritkábban veszik elé, pedig ha azokat gyakrabban adnák, például ha Shakespeare, Hugo Victor, Göthe, Schiller, Schröder, Scribe 's több illy hiteles nevek' műveit felváltva hetenként legalább kétszer hoznák szinre, a' közönség 's kritika nem sokat törődnék a' német vagy franczia dráma' nemzeti bélyegével, hanem a' jót bár világpolgári de mégis jobb érzelemmel fogadná, míg jelenleg a' napirenden lévő gyönge drámákban nem találván valódi kielégitő tartalmat, a' fölött kénytelenittetünk okoskodni: vajjon melyik jobb a' franczia-e vagy a német rosz?" (In: ebd. S. 700, deutsche Übersetzung: Besonders die erstrangigen Dramen nimmt man am seltensten vor, obwohl wenn man jene häufiger geben würde, zum Beispiel wenn man die Werke von Shakespeare, Victor Hugo, Goethe, Schiller, Schröder, Scribe und weiteren solchen authentischen Namen mindestens zweimal in der Woche abwechselnd aufführen würde, würden Publikum und Kritik sich nicht viel um den nationalen Stempel des deutschen oder französischen Dramas kümmern, sondern das Gute mit weltbürgerlichem aber doch besserem Gefühl empfangen, während wir jetzt, da man in den auf Tagesordnung stehenden schwachen Dramen keinen wirklichen befriedigenden Inhalt findet, darüber vernünfteln müssen, welches Schlechte besser sei, das französische oder das deutsche.)

– –

PESTH-OFNER NOTIZEN[1]

Der *Jelenkor* spricht ein kräftiges zeitgemäßes Wort über das von der Direktion der teutschen Bühne in der Theresienstadt zu errichtende *Vorstadttheater*.[2] In unserer Zeit, bemerkt er, kann kein Fortschritt von heilsamen Folgen sein, der nicht mit der Nationalität auf das innigste verschmolzen ist. Wir müssen gegen jede vermeintliche Wohlthat protestiren, die ein fremdes antinationales Element zu consolidiren, zu begründen strebt. Mit beißender Satyre hebt er dann die Art und Weise hervor, wie Ungarns blühende Hauptstadt Pesth mit außergewöhnlicher Anstrengung im Interesse der *magyarischen Nationalität* vorwärts zu schreiten sich bemühe. Wir haben in Pesth, so spricht er, im schönsten Theile der Stadt ein prächtiges, *großartiges* Palais, welches man das *teutsche* Theater nennt; wir haben im Stadtwäldchen ein niedliches comfortables Holzgebäude, wo den Sommer über *teutsche* Vorstellungen gegeben werden; in Ofen gibts ebenfalls ein gemauertes und hölzernes Gebäude wo *teutsche* Vorstellungen unsere theuern Mitbürger ergötzen, die unser schönes segenreiches Vaterland gastfreundlich aufgenommen, und die aus *teutschen* Dramen und Possen an vier Orten zugleich die heiligen Gefühle *magyarischer Nationalität* einsaugen, als dankbare Söhne, die die Wohlthaten des Reiches mit treuer Anhängigkeit auf solche Weise zu vergelten streben. Und die Pächter dieser vier Vergnügungsorte leben im Herzen des Landes sorglos, ja ein Paar von ihnen haben sich auch schon bereichert.

Das erwähnte Blatt geht sodann auf das in dem entlegensten Stadttheile situirte bescheidene Häuschen – *ungarische Nationalbühne* genannt – über,

[1] *Der Ungar* 1842, Nr. 259. vom 10. November, S. 1166.

[2] [Anonym]: *Budapesti napló* [Budapester Tagebuch]. In: *Jelenkor* 1842, Nr. 89 vom 5. November, S. 609.

das einsam und verlassen in ominöser Nähe des Viehmarkstes dasteht, und, trotz der Unterstützung des Landes von einer Million Gulden, auf keinen grünen Zweig kommen kann, wo die theuern heimischen Klänge spurlos vor leeren Bänken verhallen. Wie auch nicht? Gibt es doch Menschen, die es für *Tyrannei* ausschreien, den in unserem Lande mit Wohlthaten überhäuften Fremdlingen zuzumuthen, daß sie uns in *unserer Sprache* anreden; wir sollten vielmehr ihre Mundart uns eigen machen, um ihnen unsern Dank ausdrücken zu können, daß sie sich in Gottes Namen herbeigelassen haben, aus unsern Händen die bürgerlichen Wohlthaten hinzunehmen.

Die Stadt Pesth sorgt nun dafür, daß die Fremden ja nicht auf unsere Nationalbühne beschränkt seien, dieselben vielmehr in einem wohlfeilen teutschen Nottheater sich vergnügen mögen. Darum, so fährt der *Jelenkor* fort, wird eine berüchtigte Spelunke in der Theresienvorstadt, wo jeden Sonntag jene bewußten herrlichen Tanzunterhaltungen abgehalten werden, die wir hier umständlich zu beschreiben uns kaum getrauen würden, gegenwärtig über Hals und Kopf zu einem Musentempel für die Hefe des Volkes umgestaltet, wo man gegen ein überraschend wohlfeiles Entrée teutsche Vorstellungen zu geben beabsichtigt. Wir halten es für unsere Pflicht, in Betreff dieses Unternehmens ein ernstes Wort zu sprechen. Wir mißbilligen offen und entschieden die Errichtung dieses neuen teutschen Theaters. Wenn Pesth den Wunsch hegt, in nationaler Beziehung fortzuschreiten, so ist es nicht loyal, ja unschicklich, ein neues Institut zu eröffnen, das sich neuerdings als ein Mittel zur Ertödtung oder mindestens zur gewaltsamen Hemmung der Nationalität herausstellt... Doch abgesehen von der Nationalität wird diese Vorstadt-Komödie auch in Bezug auf die Sittlichkeit von den verderblichsten Folgen sein. (Leider nur zu wahr!) Denn wie wir aus authentischer Quelle wissen, werden dort größtentheils nur jene trivialen Possen zur Aufführung kommen, die mit ihren unflätigen, eklen Zoten selbst die männliche Wange erröthen machen, für Frauen aber vollends ein Grab aller Moral und Tugend werden. Wenn also auch nicht das heilige Gefühl der Nationalität in der Brust der Betreffenden lebt, so hätten sie doch der öffentlichen Moral sich erbarmen sollen, zu deren Unterdrückung es keiner neuen feindlichen Gewalten bedarf; wir sehen des Abschaums genug auf unsern volkreichsten Straßen, wenn wir nach Sonnenuntergang eine kleine Promenade durch die Stadt machen.

— —

TISZTÚJÍTÁS (BEAMTENWAHL), LUSTSPIEL VON IGNAZ NAGY [ZUM ACHTEN MAL AUF DER NATIONALBÜHNE][1]

Seit Gaal's *Peleskei Notarius*[2] hat noch kein ungarisches dramatisches Werk sich eines ähnlichen Beifalls erfreut, wie dieses Lustspiel. In der kürzesten Zeit ist es bereits achtmal bei stets gefülltem Hause dargestellt worden. Sehr natürlich! Beide Dichter haben sich verständnißinnig auf das eigentliche, das *einzig wahre* Feld des Lustspiels begeben, sie haben das Leben erfaßt, *wie es ist*, mit kundiger Hand ihre Personen zu Charakteren aus dem bunten Gewühle der *Wirklichkeit* herausgegriffen und so Zeitgebrechen und Thorheiten, moralische und sociale Schäden, deren bildungsfeindliche Tendenz wir selbst fühlen oder doch fühlen können, dem Hohne, der Satyre, der Lächerlichkeit preisgegeben. Das nackte Leben ist hier abgespiegelt, getreu, wahr und wir erkennen in den Figuren, den Tendenzen und Situationen unser eigenes Wollen und Wirken. Ein solches Lustspiel muß durchgreifen, insbesondere vor dem ungarischen Publikum, das jeden Gegenstand mit Begeisterung erfaßt, der sich auf heimischem Boden bewegt, und dessen Patriotismus ihn selbst im Nationalgebrechen das Ehrwürdige der nationalen Sitte verehren läßt. Übrigens ist *Tisztújítás* strenge ein „nationales Lustspiel", denn es geißelt nicht Gebrechen, die für jedes Publikum verständlich sind, sondern Abnormitäten und Auswüchse des *individuellen* ungarischen Volkslebens und demzufolge erstreckt sich dessen Wirksamkeit blos auf ungarisches Fühlen und Denken, und der Teutsche, der Franzose würden es belächeln, oder verdammen, aber in keinem Falle eine moralische Einwirkung höherer Art verspü-

[1] *Der Ungar* 1843, Nr. 198. vom 26. August, S. 888–889. [Spartentitel:] *Theaterchronik*. Die besprochene Vorstellung fand am 23. August 1843 statt. Die Chiffre des Verfassers ist die Nummer 7.

[2] JÓZSEF GAÁLs Posse *Peleskei nótárius* [Der Dorfnotar von Peleske] ist 1838 in dem Pester Ungarischen Theater uraufgeführt worden. Ihr Erfolg lag darin begründet, dass sie lokale Eigenheiten thematisierte und dadurch das ungarische Publikum besser ansprach, als die Wiener Possen, deren Witz und Anziehungskraft gerade im Wiener Lokalkolorit zu sehen war.

ren. Das ist nun ein Fehler oder ein Vorzug, wie man's nimmt; als rigoroser Kunstrichter möchte ich es ein wohlthätiges Übel nennen, als Patriot heiße ich es unbedingt gut. Börne klagte offen das teutsche Lustspiel der nationellen Charakterlosigkeit an, ihm ist das teutsche Lustspiel Alles nur kein teutsches, und in diesem Übelstande findet er die Hauptursache, daß das teutsche Drama nicht in Blüthe und Frucht zu übergehen vermag, daß es eine Treibhauspflanze ist, ein Blumengarten des Volkslebens, die man vielleicht bewundert, bald aber duftlos verkümmert.

Jede Zeit hat ihre Aufgabe und nur durch die Lösung derselben wird sie groß. Und alle Stadien des menschlichen Wirkens und Wollens müssen sich darum in dem allgemeinen Fokus einer Tendenz vereinen. In diesem Sinne nun hat Nagy's Lustspiel das entschiedene Verdienst des *Nationalen*, des *Zeitgemäßen*, und eben in diesem Verdienste liegt sein Nutzen, den es schafft, und um dessentwillen die *Kunst* einen Schritt zurückweichen, und dem *Leben* den Vortritt räumen muß.

Über die Darstellung ließe sich Vieles sagen. Ich gehe bei der Beurtheilung schon von der exclusiven Ansicht aus, daß, will der Geist des Dichters richtig verkörpert werden, der Schauspieler hier, wenn ich mich so ausdrücken darf, durch und durch Ungar sein müsse; das nationale Element muß in allen Nuancen der Darstellung nicht durchschimmern, sondern vorherrschen. Und diese Auffassung vermißte ich ebenso bei Herrn Fáncsy wie bei Hrn. László. Viel richtiger spielte Hr. Lendvay den edelmüthigen Stuhlrichter. Der brütende Ernst, die düstere Schwermuth, als Ergebniß eines verkannten und doch unbesiegbaren Sehnens, dieser seit Jahrhunderten eigenthümliche Charakterzug des Ungars, lag in Blicken, Geberden und Worten des Mimen. Herrn Fáncsy betreffend, muß ich auch noch die sonderbare Manier rügen, daß dieser sonst so gewandte Schauspieler in leidenschaftlichen Momenten den Obertheil des Körpers schaukelt – das ist eben so unschön als unästhetisch. – Die Herren Balog, Réti und Telepi hatten ihre Charaktere eben so gut aufgefaßt als sie in der Darstellung konsequent waren. – Einen schwierigen Standpunkt hatte der wackere Szentpétery. Er, der Spielball des jokosen Zufalls, mußte in vollem Ernste die vermeintlich beleidigte Ehre des Ehegatten retten, wenn irgendwo, so steht hier der Satz: vom Erhabenen zum Lächerlichen ist nur ein Schritt. Hr. Szentpétery suchte nicht ohne Kunstaufwand und theilweis glücklichem Erfolg sich aus der Klemme zu helfen. Dlle. Láborfalvi liefert als Aranka einen Beleg ihrer täglich fortschreitenden mimischen Ausbildung. Sie bewegte sich so zart, taktsicher und anmuthsvoll, wie ich dies, seit ich sie das letzte Mal gesehen, kaum vermuthet. Die Scene im 2. Akte mit ihrem Schwager gefiel insbesondere. Weniger war Mad. Hubenay an ihrem Platze; diese Rolle wäre von Mad. Lendvay sehr erfolgreich dargestellt worden. Die Herren, die den Baueradel repräsentirten, verdienen alles Lob, sie bewegten sich entschieden charakteristisch.

G–*ni*

SZIGLIGETI[1]

Seit 1835, wo er zum ersten Male im dramatischen Fache auftrat, der fruchtbarste der ungarischen Schauspieldichter, bereicherte er die vaterländische Litteratur mit sechszehn Originalbühnenstücken und zwölf gediegenen Übersetzungen; – des jungen Schriftstellers kräftiges Fortschreiten wurde freudig von seinen Heimathsgenossen gewürdigt; gewandte Zusammenstellung, treffende, theilnahmerregende Wendungen, gehaltreiche Worte kamen zum Vorscheine, und beseitigten bald das eckle Zusammenflicken, den schwerfälligen Gang, und so bunten als kraftlosen Wortschwulst von dereinst. *Cillei Fridrik,*[2] *Miczbán családja*[3] und *Pokayek*[4] werden, obwohl sie keine Unsterblichkeit hofen dürfen, dennoch lange eine Zierde jeglichen ungarischen Repertoir's bleiben. – Rastlos und unverdrossen suchte er die nationellen Stücke zu akklimatisiren, was ihm aber so lange mißlang, als er seine Bilder der allzu grau gewordenen Ritterzeit Ungarns entlehnte.

Nicht genial und kräftig genug, um eine selbstständige Schule gründen und dem Geschmacke der Gegenwart durch eigene, glühende Dichter-Begeisterung eine heilsame Richtung geben zu können, begnügte er sich, dessen Anforderungen zu entsprechen, und erreichte dergestalt sein Ziel. *Szökött katona*, *Két pisztoly*[5] machten, wider die bisherige Gewohnheit, un-

[1] *Das Vaterland* (Raab) 1844, Nr. 82. vom 13. Juli, S. 326.

[2] SZIGLIGETI EDE: *Cillei Fridrik*, dráma 3 felvonásban [Friedrich Cillei, Drama in 3 Aufzügen] Uraufgeführt in dem Pester Ungarischen Theater 1839, publiziert im Jahre 1841.

[3] SZIGLIGETI EDE: *Micbán családja*. Eredeti dráma 3 felvonásban, előjátékkal [Die Familie von Micbán. Originaldrama in 3 Aufzügen, mit einem Vorspiel]. Uraufgeführt in dem Pester Nationaltheater 1840, publiziert 1840.

[4] SZIGLIGETI EDE: *Pókaiak, szomorújáték négy felvonásban* [Die Pókais, Trauerspiel in 4 Aufzügen] Uraufgeführt im Pester Ungarischen Theater 1838, publiziert 1839.

[5] Die beiden Volksschauspiele *Szökött katona* [Der Deserteur] und *Két pisztoly* [Zwei Pistolen] wurden im Nationaltheater 1843, bzw. 1844 uraufgeführt.

zählige volle Häuser, und so verdankt Szigligeti nicht dem zur Vollkommenheit gesteigerten Werthe der jüngsten Leistungen seinen Ruf, sondern der neuen, bunten Einkleidung, den geschickt angebrachten Einförmigkeitsableitern, und wirkungsvollen, ansprechenden, obwohl nicht immer völlig auf ihrem Platze befindlichen Ausstattungsmitteln, die immer tüchtigen Anklang finden; als: Volkslieder, Volkstänze, drastische Situationen, Kaffeehaus- und Kerkerscenen, Zänkereien etc. etc. müssen die sonst krüppelhafte Puppe schmücken. – Darin liegt eben Szigligeti's größtes Verdienst, daß er Vieles dazu beitrug, um die Nationalstücke en vogue[6] zu bringen, und dadurch, daß er auch Fremde in's Nationaltheater lockte, Unglaubliches für die Liebgewinnung und Verbreitung der so schön klingenden, ungarischen Sprache leistete.

Wir haben bisher nur zwei Lustspiele von ihm, welchen man in diesem Fache, wenn er den Stoff dem Tagesleben der Gegenwart entnehmen wird, getrost eine immer steigende Aufnahme versprechen darf. Das im Jahre 1840 mit 100 Dukaten belohnte Preisstück: *Rózsa*[7] ist durch und durch eine glückliche Geburt fröhlicher Laune, – nur schade, daß er darin eine fremde Nationalität an den Pranger stellt, um die ernsten Magyaren zum Lachen zu bringen; – wahrlich, entwürdigend ließe es der hungarischen Biederkeit [sic!],[8] auf solche Art der österreichischen Lokalposse das Gleichgewicht halten zu wollen. – Eben in vorerwähntem Jahre ernannte ihn die ungarische gelehrte Gesellschaft zu ihrem Mitgliede.

Szigligeti ward im Jahre 1814 in einer altadelichen Familie zu Großwardein geboren. – Noch leben seine Eltern, Alexius von Szathmáry und Katharine von Szerffi, welche ihren Sohn zur Pseudonymität zwingen, welches Szigligeti auf edelwürdige Weise zu beschämen wußte, indem er seinen gegenwärtigen Namen geehrt und berühmt machte. – Unbekannt war Jean Baptiste Poquelin, und Moliere'n sezte nach späten Jahren seine gerecht würdigende Nation ehrfurchtsvoll ein Denkmal. – Im Jahre 1832 hatte Szigligeti seine Studien in seiner Vaterstadt beendet und verlegte sich auf die Geometrie; – als er aber, zur Erlangung des Ingenieurdiplom's, nach Pesth kam, konnte er seinem mächtigen Hange zur Bühne nicht länger widerstehen, schloß sich der Ofner ungarischen Gesellschaft an, und ward zugleich Dichter und Schauspieler, vermochte aber in der letzteren Beziehung die Linie der Mittelmäßigkeit bisher noch nicht zu überschreiten.

Im gesellschaflichen Umgange ist er ein ernster, allgemein geehrter Biedermann, – im häuslichen Kreise ein wackerer Familienvater.

[6] Dt.: in Mode.
[7] Das Lustspiel *Rózsa* [Rosa] wurde 1840 uraufgeführt.
[8] Vielleicht: entwürdigen hieße es die hungarische Biederkeit.

— —

[KRITIK ÜBER:] *KÉT PISZTOLY* VON SZIGLIGETI[1]

Es thut uns leid, berichten zu müssen, daß dieses neue Volksstück des Regenerators des ungarischen Dramas, Hrn. Szigligeti, welches zum zweiten Male über unsere Bretter ging, wieder eine so gänzlich verfehlte Mache; ein solches Conglomerat unerquicklicher, langweiliger Intriguen, abgeschmackter, verbrauchter Coups und verunglückter Charakterzeichnung sei, daß wir trotz aller Vorliebe für die frühern Erzeugnisse des Hrn. Szigligeti nicht umhin können, über dieses jüngere seiner Kinder den Stab zu brechen und eine Richtung zu tadeln, die vom rechten Wege ableitet und nie mehr zum Gedeihen des vaterländischen Drama's führen kann.

Obiges Stück hat keine Handlung, es ist ein zweck- und planloses Gehen und Kommen, ein unaufhörliches Ringen und Haschen nach Effekt, wobei Hebel in Bewegung gesezt werden, die überall hin, nur nicht auf die Bühne passen; von der Durchführung eines Charakters ist auch keine Rede, da alle vorkommenden Personen so flüchtig gezeichnet und so skizzenhaft hingeworfen sind, daß man die Arbeit eines Neulings, nicht aber die des Herrn Szigligeti vor sich zu haben glaubt. Die Idee ist zwar nicht übel erdacht, doch die Durchführung derselben zeugt nicht von geläutertem Denken, noch weniger von dem Vermögen, das Gedachte in der gewählten Form zur Ausführung zu bringen. Das Stück wird aber dennoch in Ungarn überall volle Häuser machen, da ein Standrecht, eine Kerkerszene und der berüchtigte Schobri,[2] lezterer zwar ohne aller Ursache und ohne in die Handlung einzugreifen, darein vorkommen. Hat nun der Hr. Verfasser keinen ande-

[1] [Anonym]: *[Kritik über:] Két pisztoly* [Zwei Pistolen] *von Szigligeti*. In: *Das Vaterland* (Raab) 1844, Nr. 141. vom 28. November, S. 564. [Spartentitel:] *Ungrisches Theater*.

[2] Sobri Jóska, einer der bekanntesten Betyaren (Räuber) im transdanubischen Gebiet am Anfang des 19. Jahrhunderts.

ren Zweck, als den, volle Häuser zu erzielen, so ist der selbe vollkommen erreicht, obgleich wir dieses gerade für keine so große Kunst halten, da die einfache Annonce auf der Theateraffiche: „Heute werden zwei Missethäter lebendig in Öl gesotten – Anfang um sechs Uhr" – auch ein volles Haus zu bewerkstelligen im Stande wäre.

Die heutige Aufführung war gerundeter als die erste. Die Herren Egri, Hegedűs, Szabó, so wie Frl. Kovács trugen mit sichtlichem Fleiße das Ihrige bei, um ein Ensemble zu bilden, wie wir es seit einiger Zeit leider vermissen.

– –

[ÜBER EINE VORSTELLUNG VON *SZÖKÖTT KATONA* IM NATIONALTHEATER][1]

Der erste Abend dieses Jahres war ein wahres Fest für das Nationaltheater. – Gegeben wurde das Drama en vogue[2] *Szökött katona*, das noch bei der eilften Vorstellung in so kurzer Zeit die Schaulustigen in solcher Menge anzog, daß sie das Haus nicht fassen konnte.[3] Der Saal war festlich beleuchtet, und das blendende Gaslicht erhellte alle Räume. Die Logen waren mit dreifarbigen Theateraffichen und duftenden Bouquets geschmückt, die an Frische und Schönheit nur von den reizenden Damen übertroffen waren, die sich an diesem Abende besonders zahlreich eingefunden hatten. Merkwürdig ist die täglich wachsende Frequenz der Teutschen, die nun das Angenehme mit dem Nützlichen verbindend, das Theater im vollen Ernste als eine Sprachschule betrachten. Von allen Seiten des Parterres und aus den Logen hört man oft ganz laut: „Haben Sie verstanden? verstehen Sie?" und man kann deutlich wahrnehmen, wie Einer dem Andern das Gehörte übersetzt, erklärt. – Unsere teutschen Brüder widerlegen so faktisch alle jene Anschuldigungen, die ihnen ausländische Zeitungen machen: wie sehr sie bemüht sind, das teutsche Element auf Kosten des Magyarismus zu heben, zu verbreiten.

[1] [Originaltitel:] *Szökött katona* [Deserteur] *im Nationaltheater*. In: *Der Ungar* 1844, Nr. 4. vom 4. Januar, S. 16. [Spartentitel:] *Theaterchronik*.

[2] Dt.: modisch, aufgegriffen.

[3] Zu Publikumswirkung und Zuschauerzahlen von EDE SZIGLIGETIs Volksschauspiel *Szökött katona* vgl. KERÉNYI 1981, S. 441.

— —

SCHWARZES BUCH[1]

So ungern wir einen Gegner, in geistiger Hinsicht so unebenbürtig, einiger berichtigenden Worte würdigen, so finden wir uns doch dazu durch eine jener Annoncen veranlaßt, welche ein gewisses teutsches *Modeblatt* in die Welt zu schicken gewohnt ist.[2] Würde sein Angriff uns allein betreffen, so würden wir ihn eben so ruhig wie schon früheres, mehrmaliges „Schmutzwerfen" hinnehmen, so aber hat der Herausgeber jenes Blattes in seiner Taktlosigkeit zugleich auch seine ganze Gesinnung decouvrirt, und gezeigt, wie wenig Antheil er an irgend welche [sic!] Verbreitung des nationalen Sinnes und Strebens nehme.

Als die beiden Theaterstücke *Tisztújitás*[3] und *Szökött katona*[4] so vieles Aufsehen erregten; als sie einen, bisher auf der Nationalbühne noch nicht dagewesenen Erfolg errangen, beeilten wir uns, die ausgezeichneten Scenen bildlich darstellen zu lassen, um theils den Fremden, welche nicht Gelegenheit haben, die Stücke zu sehen, wenigstens die Hauptmomente zu vergegenwärtigen, und den Einheimischen ein immer anregendes und an das Anstreben heimischer Literatur erinnerndes Blatt zu übergeben. Nun haben diese Beilagen einen Beifall und Erfolg erlangt, welcher uns, wenn wir ihn als Maßstab für nationale Gesinnung annehmen, nur im höchsten Grade erfreuen kann. – Was sollen wir sagen, wenn jenes Blatt, *seine* Beilagen ankündigend, von den unseren in dem wegwerfendsten Tone als „*Dorf-Wirthshaus-Illustrationen*" spricht. Es zeigt dies klar, wessen Geisteskind der Herausgeber jenes Blattes ist. – Also Dramen, welchen eine ganze Nation zujauchzt, welche als Charakterbilder wahre Musterwerke sind, diese wären

[1] *Der Ungar* 1844, Nr. 10. vom 12. Januar, S. 38–39.

[2] Die Polemik bezieht sich auf den *Spiegel*, vgl. *Der Spiegel* 1844, Nr. 5. vom 17. Januar, S. 39–40. Die betreffenden Bilder siehe im Anhang!

[3] Dt.: Die Restauration; Lustspiel von IGNÁC NAGY.

[4] Dt.: Deserteur; Volksschauspiel von EDE SZIGLIGETI.

also ordinäre schlechte Arbeiten, „Dorf-Wirthshaus-Geschichten", und nicht der Beachtung des Gebildeten werth! Doch von welchen Motiven der Herausgeber jenes Blattes ausgeht, weiß man ja so ziemlich allgemein – .

Die größte Genugthuung ist es uns freilich, wenn im Gegensatze zu so unwürdigem Angriffe, der *Honderű*, ein Blatt, das uns so oft den Fehdehandschuh hinwarf, über unser redliches Streben sich folgendermaßen äußert: „Der *Ungar*, dessen aufrichtiger nationeller Richtung der *Honderű* schon oft erwähnte, liefert in der ersten Nummer dieses Jahrganges einen neuen Beweis, daß es ihm Ernst ist, auf der betretenen Bahn fortzuschreiten. In der That gibt es kein einziges teutsches Blatt in den beiden Schwesterländern – wir nehmen nicht einmal die politischen aus – das so durch und durch ungarischen Geist athme, als der *Ungar*, wofür wir ihm auch einen ausgedehnten Leserkreis unter den teutschen Magyaren und magyarischen Teutschen wünschen. – Was die Ausstattung des Blattes betrifft, so ist diese sehr schön und kann mit welchem Blatte immer in die Schranken treten. – Die der ersten Nummer beigegebenen Kunstbeilagen, welche, das Portrait des ausgezeichneten Humoristen M[oritz] G[ottlieb] Saphir ausgenommen, sämmtlich von nationalem Interesse sind, als: mehrere einzelne Scenen aus dem Lustspiele *Tisztújítás*, zwei Hauptmomente aus dem ungarischen Vaudeville en vogue *Szökött katona*, endlich ein treffliches Liedchen von B[éni] Egressy haben das Publikum auf das Angenehmste überrascht, und verdienen die Zahl der Abonnenten des Herrn Klein zu vermehren."[5] – Wir danken unserem wackeren, ehrenwerthen *Honderű* für die gute Meinung, welche er so ohne Rückhalt über uns ausgesprochen, und bemerken nur in Bezug auf das Vorhergehende, daß eben die Erfüllung des letzten Wunsches des *Honderű* es ist, welches jenes Modeblatt so in Harnisch bringt. Mag es übrigens sagen was es will, unsere Wege sind verschieden, unsere Tendenzen und Ansichten können sich niemals vereinigen.

[5] *Honderű* 1844, Nr. 1. vom 6. Januar, S. 34–35. Der *Ungar* hat es unterlassen, die ihn betreffende Notiz der *Honderű* weiter zu zitieren oder darauf zu reagieren. Darin folgt nämlich eine Zurechtweisung wegen Meldungen, die der *Ungar* aus der *Honderű* ohne Angabe der Quelle übernommen hat: „A *Honderű*' utóbbi szemléjéből újra 5 czikket kölcsönzött a derék német sógor, a nélkül hogy egynél többnek forrásául megnevezte volna lapunkat. Szabad-e kérni collega urat, hogy ez áldott újévben tartózkodjék e csintól, melly mind a kölcsönzőnek, mind annak, kitül kölcsönzenek, kisebbségére válik, mert annyit tesz, mintha szégyenlene az ember tőle valamit átvenni. Pedig ez kivált magyar és német lap' irányában épen nem áll. Béke velünk!" (Die deutsche Übersetzung: Der wackere deutsche Schwager borgte erneut 5 Artikel aus der letzten Revue der *Honderű*, ohne bei mehr als einem der Artikel unser Blatt als Quelle zu nennen. Dürfen wir den Herrn Kollegen darum bitten, sich in diesem gesegneten neuen Jahr diesen Streiches zu enthalten, der beide Seiten, sowohl den Entlehner, als auch den, von dem etwas entlehnt wurde, herabsetzt, weil es den Anschein hat, als würde man sich schämen, etwas von ihm zu übernehmen. Doch das gilt gerade bei einem ungarischen und einem deutschen Blatt gar nicht. Friede mit uns!)

Ph[ilipp] Weil

[KRITIK ÜBER:] *ZSIDÓ* (DER JUDE), VAUDEVILLE-DRAMA VON SZIGLIGETI[1]

Drei Beurtheilungen von bewährten Sachkennern lagen uns schon 20 Stunden nach der ersten Vorstellung dieses interessanten, neuesten Produkts unseres fertilen,[2] bühnenkundigen Szigligeti vor. Da sämmtliche, wenn auch über den dramatischen Gehalt des *Zsidó* divergirend – doch hierin übereinstimmen, daß dieses Drama die kunstvollste scenarische Kombination, unter fast allen in neuester Zeit hier gesehenen Novitäten aufweist – wollten wir uns gestern selbst die Überzeugung von Szigligetis Fortschritten verschaffen. Freudig fanden wir unsere unmaßgebliche Prophezeihung, vor sechs Jahren in den gelesensten, deutschen Blättern über Szigligetis eminentes Dichtertalent in seinem neuesten Drama erfüllt. Szigligeti hat eine neue, glänzende Ära des vaterländischen *Volksdramas* aus dem Born seiner fulminanten Phantasie heraufbeschworen. Wer ein Volk, dessen ästhetische Erziehung von der scholastischen lange Zeit – verdrängt wurde – von der Bühne herab mit gekröntem Erfolg belehrt, kann und darf seine Methode nicht in Normen zwängen. Eindringlichkeit, Popularität und tiefes Studium des Volkslebens sind die Grundlagen, worauf er ein kompaktes, gefälliges und belehrendes Volksdrama bauen muß. Ob die Bauart den Regeln der Simetrie gemäß, gleichviel – ist sie nur von gesundem Material zusammengefügt.

Der Raum unseres Blattes gestattet keine vollständige Inhaltsanzeige des höchst effektreichen *Zsidó*. Wir leben in der Gewißheit: jeder Freund der vaterländischen Muse (und wer ist dies nicht?) wird nicht verabsäumen, an

[1] *Der Spiegel* 1844, Nr. 61. vom 31. Juli, S. 487. [Spartentitel:] *Lokal-Zeitung. Theater*. Die Theaterkritik entstand anläßlich der Uraufführung von EDE SZIGLIGETIs Volksschauspiel *Zsidó* [Der Jude] im Nationaltheater am 27. Juli 1844.

[2] Fruchtbaren.

den pikanten *lebenswahren*, aus der Gegenwart treu kopirten Bildern dieses neuesten Dramas Szigligetis, sich zu ergözen, u[nd] jeder *soll*, jeder *wird* überrascht werden. In Charakterzeichnung überragt Szigligeti die meisten neuesten Volksdichter. Lorenz, Földes, Krida und d'Orby, sind frappante, gelungene Porträts aus der Gegenwart und wurden von den Meistern Szentpétery, Lendvay, G[ábor] Egressy und Szigeti, so wie der blinde Jakob, von Bartha, mit begeisternder Wahrheit wiedergeben. – Der Beifall war unmäßig, aber *hochverdient*. Der gekrönte Dichter wurde 6mal hervorgejubelt. Schließlich hegen wir die Hoffnung, Szigligeti werde in seinem edlen Streben nicht stille stehen, künftig seine kräftigen dramatischen Lebensbilder mit der zu einem vollendeten, ästhetischen Kunstwerke unerläßlichen logischen Einheit zu verherrlichen. – Denn:

„Erweitert jezt ist des Theaters Enge,
In seinem Raume drängt sich eine Welt;
Nicht mehr der Worte rednerisch Gepränge,
Nur der Natur getreues Bild gefällt."[3]

[3] FRIEDRICH SCHILLER: *An Goethe*, 1800, Str. 5.

F.

[KRITIK ÜBER:] *KÉT GYÁM* (ZWEI MÜNDEL) VOLKSSTÜCK MIT VOLKSLIEDERN VON MORITZ JÓKAY [SIC!][1]

Der Rathsherr Tarjagy[2] will sein Mündel Árpád um sein Erbe bringen, indem er die Bedingungen des Testaments zu hintertreiben sucht. Árpád soll nämlich an einem bestimmten Tage Janka, das Mündel des Stadtrichters, ehelichen oder seines Vermögens verlustig werden. Tarjagy läßt nun den unerfahrnen Jungen sich in der schlechtesten Gesellschaft herumtreiben und speculirt überdies mit einem Lumpenhändler, den er in den Straßen Pesth's aufgabelt und als Marquis herausstaffirt, auf das Herz Jankas. Vergebener Versuch! Das wüste Leben hat Árpád's junges und empfängliches Herz noch nicht dermaßen blasirt, daß er liebeunfähig geworden wäre; er sieht Janka und sie sehen und lieben ist Eins. Um seine wankenden Hoffnungen auf's Neue zu heben, sucht Tarjagy à la Secretär Wurm[3] die Liebenden zu entzweien; den jungen aufbrausenden Árpád führt sein Weg an einer Werbung vorüber und im Schmerz verrathener Liebe, im schwindelnden Rausche der Eifersucht, wird er Soldat. Tarjagy scheint zum zweiten Male seinem Ziele nahe, der verhängnißvolle Tag ist da, die Uhr schlägt zwölf, der löbliche Senat ist versammelt, das Testament soll ganz im Geiste des „ewigen Juden"[4] erfüllt werden, da tritt Árpád an der Hand Janka's in den Saal, sie sind vermählt, des Testaments Befehl erfüllt. Tarjagy fiel nämlich durch sein eigenes Werkzeug, dem er im vermeinten Siege die versprochene Belohnung vorenthielt; der Lumpensammler Philipp enthüllt

[1] *Der Ungar* 1846, Nr. 94. vom 21. April, Sp. 749–750. [Spartentitel:] *Theaterchronik.* Die Kritik entstand anläßlich der ersten Vorstellung des Stücks im Nationaltheater am 18. April 1846.

[2] Im Textbuch des Stückes (Széchényi Nationalbibliothek Theatersammlung N. Sz. K. 96) heißt diese Figur Tarjagi.

[3] Die Intrigantenfigur in FRIEDRICH SCHILLERs Trauerspiel *Kabale und Liebe.*

[4] In EUGÈNE SUEs Roman *Juif errant.* 10 Bde. 1844–1845.

und vereitelt das Complott und führt zu unserer größten Satisfaction das Stück seinem Ende zu.

Und wieder könnte der bescheidene Zuschauer fragen, worin liegt das *Volksstück*? Etwa in der Handlung? Kann die nicht eben so gut im ersten besten Städtchen eines jeden beliebigen Landes vorgehen, wie sie uns in der k[öniglichen] Freistadt Nagy-Visonya aufgetischt wird? Oder in der Idee? Greift der Dichter etwa eine Zeit- oder Lebensfrage, die unmittelbar das Volk berührt, oder aus dem Volke hervorgegangen, auf, um sie von der Bühne herab zu beantworten, zu erörtern wenigstens, wie es z. B. von den glücklicheren Franzosen in dem *Weibe aus dem Volke*[5] geschehen? Nichts von allem dem. Unsere jungen Dramatiker sind wohl über den Begriff eines „Volksstückes" selbst im argen Dunkel,[6] und „Original" ist ihnen was nicht gerade reine Übersetzung ist, und „Volksstück" heißen sie ein Stück, dessen Tendenz und ideenlose Handlung, mit hundert bunten Episodenlappen behangen erscheint, gleichviel ob sie die Logik des Drama bedingt oder nicht. – So diese „zwei Mündel". Die nichts weniger als originelle Handlung, ein in solcher Bearbeitung höchstens für zwei Acte ausreichender Stoff, wird zu fünf langen Aufzügen breitgeschlagen und um das Volksstück zu rechtfertigen, beschenkt uns Herr Jókay mit einer Werbung und einer Scene, die sich vortrefflich in der Kneipe ausnähme, aus Mangel an Raum jedoch uns auf der Straße vorgeführt wird. Wir glauben aber nicht, daß in dieser vagen, planlosen, unzusammenhängenden Scenenfolge das Wesen des Volksstückes bestehe. Von einer strengen, getreuen Charakterdurchführung kann keine Rede sein, da man sich dessen in einem soi-disant[7] Volksstücke überhoben wähnt. Die Unwahrscheinlichkeiten der einzelnen Situationen, der Entwicklung glaubt man ohne Scheu in den Kauf geben zu dürfen. So entsteht ein dramatisches Monstrum, das in keine Cathegorie zu rangiren ist, eine Fehlgeburt, die alle Gebrechen ihrer Herkunft mit auf die Welt bringt, ohne eine einzige Schönheit der Mutter bewahrt zu haben.

So sind unsere sogenannten Volksstücke beschaffen, so verhält es sich auch mit den in Rede stehenden „zwei Mündeln". An Lichtseiten und Momenten der Entschädigung ist eben kein großer Überfluß, wie sich aus dem Vorhergehenden leicht entnehmen läßt; um gerecht zu sein, müssen wir jedoch die Rathssitzung's-Scene hervorheben, die einzige, die eine bessere Ausführung des Ganzen verdient hätte. Ein anderer kleiner Vorzug des

[5] Stück von ADOLPHE PHILIPPE DENNERY und JULIEN DE MALLIAN. Originaltitel: *Marie Jeanne ou la femme du peuple*.

[6] Der Begriff des Volksstücks (Volksschauspiels, Volksdramas; ungarisch: népszínmű) wurde damals durchaus nicht einheitlich gebraucht, vgl. u.a. KERÉNYI 1981, S. 454–455, PUKÁNYSZKY-NÉ KÁDÁR JOLÁN: *A magyar népszínmű bécsi gyökerei* [Die Wiener Wurzeln des ungarischen Volksschaspiels]. Budapest: 1930.

[7] Dt.: sogenannten.

jungen Dramatikers ist – Witz, ein Vorzug, dessen sich die wenigsten unserer Schriftsteller zu rühmen vermögen, und der in fernerer Ausbildung und Entwicklung vielleicht eine bedeutende Lücke auszufüllen im Stande sein wird, die sich bis jetzt nur zu oft fühlbar macht.

Die Aufnahme des Stückes von Seite des Publikum's war eine unzweideutig ungünstige, doch dürfte sich die Piece als Sonntagsstück noch einige Zeit auf dem Repertoir halten. Die Aufführung war eine so mittelmäßige, wie wir sie auf dem Nationaltheater seit langer, langer Zeit nicht gesehen. Obgleich die besten Kräfte beschäftigt waren, fehlte es ganz an dem sonst musterhaften Ensemble. Niemand hat seine Rolle memorirt, ewiges Schwanken, eine Unsicherheit, wie bei Dilettanten. Nur Herr Réthy verdient unumwundbares Lob für die köstliche Darstellung des Stadttrabanten.

VI. C.

NATIONALE PROBLEMATIK, SPRACHE, IMAGOLOGISCHE ASPEKTE

— —

AN DIE REDAKTION DER *IRIS*[1]

Wien, 15. September 1826

Lesen Sie denn nicht das in Pesth erscheinende ungrische Schwester-Journal *Tudományos Gyűjtemény*, daß Sie auf den harten und unanständigen Angriff der *Iris*, und Ihrer Mitarbeiter im 4ten Heft Seite 120 bis 123 (unter dem Titel: *Sapienti sat!*)[2] nicht das Geringste bis jetzo erwiedert haben. [Anm. 1.]

Ihr Journal heißt darin ein *jüdisches* Journal[3] und auch die Redaktion des *Tudományos Gyűjtemény* sagt von einem seiner Mitarbeiter, daß die Redaktoren und Verfasser der jüdischen Journale der ganzen Welt nicht würdig sind seine Schuhriemen aufzulösen (a' kinek, hogy saruji szijjait kifűzzék, arra sem érdemesek az egész világ Zsidó Journáljainak Redactorai 's Irójí).[4] Hält man Sie denn, Hr. Stielly, in Pesth wirklich für einen Juden, und wollen Sie nicht beweisen, daß Sie ein rechtgläubiger katholischer Christ sind? Und wenn Sie es auch wären, warum sollten ungrische Gelehrte sich schämen, mit Ihnen und andern israelitischen Gelehrten mitzuarbeiten. Der berühmte Moses Mendelssohn war auch ein Jude, und doch schämten sich Gelehrte, wie Lessing, Weiße, Nikolai u.s.w. nicht, mit ihm zu korrespondi-

[1] *Iris* 1826, Nr. 115. vom 26. September, S. 460, Nr. 116. vom 28. September, S. 463–464.

[2] [Anonym]: *Sapienti sat!* In: *Tudományos Gyűjtemény* 1826, IV. kötet [Bd. 4.] S. 120–123. Die Identität des Verfassers wurde auch im Repertorium der Zeitschrift (CSÉCS 1998, S. 52.) nicht geklärt. Zum Hintergrund der Auseinandersetzung vgl. unten Anm. 20. Die lateinische Maxime „Sapienti sat" bedeutet etwa: „Dem Weisen reicht soviel", „Der Weise versteht auch aus wenig Worten".

[3] Im Text von *Sapienti sat!* kommt eine solche Behauptung nicht vor, nur in einer redaktionellen Anmerkung wird darauf angespielt.

[4] Ebd. S. 122–123. Das ungarische Zitat wurde in den deutschen Text vom Verfassen des Leserbriefes eingefügt.

ren und an Journalen mitzuarbeiten. In der literarischen Welt kommt es nicht auf die Religion, sondern auf Wissenschaft und Talente an. [Anm. 2.]

Der Name der *Iris* wird von dem Verfasser des *Sapienti sat!* nicht aus der Mythologie oder von dem Regenbogen (wie von den andern Lesern der *Iris*) abgeleitet, sondern von dem Schmetterling Iris lutea, Linn.,[5] dessen Eigenschaft, wie der Anonymus, der die Redaktion der *Iris* und ihre Mitarbeiter Urbanität und Anstand lehren will (da er ihnen Unanständigkeit und Pöbelhaftigkeit vorwirft), versichert, diese ist: „hogy igen örömest száll arra, a' mit az emberek és barmok az utakon elpotyogtatnak"[6] (daß er sich sehr gern auf das niederläßt, was die Menschen und das Vieh auf den Wegen verzetteln.) Wenn dieß die gepriesene ungrische Urbanität ist (denn der Verf. sagt: [„]a' parasztosság és gonoszság nem Magyar Nóta" d. h. Grobheit und Bosheit ist keine ungrische Note), so weiß ich wahrlich nicht, was Urbanität ist, und man möchte dann wahrlich versucht seyn zu glauben, daß diese schmutzigen Ausfälle in die Rubrick, der von Schlegel sogenannten *göttlichen Grobheit*[7] gehören.

Nach dem Angreifer der *Iris* enthält dieselbe eine Menge *gehirnlose* (velőtlen), *dumme* (ostoba), *grobe* (goromba) und *beleidigende* (sértő) Stücke, diese „Ephemeris" hat bisher *weder in Prosa noch in Versen etwas Nützliches herausgegeben.*[8] Wie? Seidel,[9] Schießler,[10] Panse,[11] Graf Majlath,[12] Baron

[5] Nach dem System des Karl von Linné.

[6] [Anonym]: *Sapienti sat!* A.a.O., S. 123.

[7] In FRIEDRICH SCHLEGELs 1799 publiziertem Roman *Lucinde* schreibt der Held Julius an die von ihm geliebte Lucinde folgende Worte (SCHLEGEL *Werke* Bd. 5, S. 12–13.): „Ich wollte dir erst beweisen und begründen, es liege ursprünglich und wesentlich in der Natur des Mannes ein gewisser tölpelhafter Enthusiasmus, der gern mit allem Zarten und Heiligen herausplatzt, nicht selten über seinen eignen treuherzigen Eifer ungeschickterweise hinstürzt und mit einem Worte leicht bis zur Grobheit göttlich ist."

[8] Anonym: *Sapienti sat!* A.a.O., S. 122.

[9] Von JOHANN GABRIEL SEIDL wurden in der *Iris* 1825 und 1826 mehrere Gedichte abgedruckt: *Ob? – Per se!* In: *Iris* 1825, Nr. 12. vom 10. August, S. 45; *Das erste Standbild.* In: ebd. Nr. 23. vom 17. September, S. 89; *Elegie nach Alfons von Lamartine. Der Abend.* In: ebd. Nr. 30. vom 12. Oktober, S. 117; *Erotische Tändeleien.* In: *Iris* 1826, Nr. 39. vom 1. April, S. 154; Nr. 40. vom 4. April, S. 157. und Nr. 41. vom 6. April, S. 161. Auch ein Märchen von ihm wurde eingeschaltet: *Die Große Woche.* Ein Märchen von Joh. Gabriel Seidl. In: *Iris* 1825, Nr. 44. vom 30. November, S. 173–174, Nr. 45. vom 3. Dezember, S. 177–178; Nr. 46. vom 7. Dezember, S. 181–182; Nr. 47. vom 10. Dezember, S. 185–186.

[10] Z. B. S[EBASTIAN] W[ILLIBALD] SCHIEßLER: *Bundeslied.* In: *Iris* 1825, Nr. 48. vom 14. Dezember, S. 189. [Ein Trinklied, in welchem „der alte Ungarwein" gefeiert wird.]; Weitere Gedichte in: *Iris* 1826, Nr. 8. vom 19. Januar, S. 31; *Die Leiden der Liebe.* (Eine Erzählung.) In: *Iris* 1826, Nr. 15. vom 4. Februar, S. 57–58; Nr. 16. vom 7. Februar, S. 61–62; Nr. 17. vom 9. Februar, S. 65–66; Nr. 18. vom 11. Februar, S. 70–71; Nr. 19. vom 14. Februar, S. 73–75.

[11] *Über einige neuere Trauerspiele.* In: *Iris* 1826, Nr. 101. vom 24. August, S. 400; Nr. 101. vom 24. August, S. 404; Nr. 102. vom 26. August, S. 408; Nr. 103. vom 29. August, S. 412; Nr. 105. vom 2. September, S. 420.

Mednyansky,[13] Schedel (trefflich ist sein Aufsatz über die Geschichte der epischen Poesie der Magyaren!)[14] Paziazi,[15] Professor Wesely,[16] Prof. Zipser,[17] Prediger Melzer[18] und mehrere andere hätten gar nichts Gutes und Nützliches in der *Iris* geliefert? – Die Antikritiken in der *Iris* nennt er *bäurisch und grob* (parasztos és goromba), und sie sind nach ihm nicht wahre Antikritiken, sondern bloß solche *Ausbrüche der Rachsucht* und der *wilden Heimlichkeit* (a' bosszúállás és vad alattomosság kitörései), auf welche nur Gassenbuben (az útszakon lótó futó gyermekek) verfallen, daher sich der Verf[asser] an der Stelle derjenigen wackern Männer schämt, auf die er in der *Iris* zwischen Schimpfern und Sykophanten gestoßen ist.[19]

[12] JOHANN Graf MAJLÁTH lieferte im Jahrgang 1825 der *Iris* u.a. mehrere Theaterkritiken, so auch über eine Pester Vorstellung von SCHILLERs *Kabale und Liebe* (in: *Iris* 1825, Nr. 4. vom 13. Juli, S. 16.); im Jahrgang 1826 publizierte er eine Novelle u. d. T. *Füred*. In: *Iris* 1826, Nr. 10. vom 24. Januar, S. 37–39, Nr. 11. vom 26. Januar, S. 41–42, Nr. 12. vom 28. Januar, S. 45–46.

[13] Bis Mitte September 1826 kommt in der *Iris* kein mit dem Namen von Baron ALOIS MEDNYÁNSZKY versehener Beitrag vor. Auch SZINNYEI (Bd. 8, Sp. 976–982.) kennt keinen solchen. In einem *Anzeigeblatt der Iris* (zu Nr. 69. des Jahrgangs 1826) wurden jene Schriftsteller aufgezählt, die bis dahin Beiträge für die *Iris* geliefert hatten. Auch unter diesen findet sich der Name von Baron Mednyánszky nicht.

[14] FRANZ SCHEDEL: *Historischer Überblick der epischen Literatur der Ungarn*. In: *Iris* 1825, Nr. 47. vom 10. Dezember, S. 186–187; Nr. 49. vom 17. Dezember, S. 193–194; Nr. 50. vom 21. Dezember, S. 198–199, Nr. 51 vom 24. Dezember, S. 202–203; Nr. 52–53. vom 28. und 31. Dezember, S. 206–208.

[15] MICHAEL PAZIAZI publizierte Vielfältiges in der *Iris*, u.a. *Aphorismen von Andreas von Fáy*. (Aus dem Ungarischen.) In: *Iris* 1825, Nr. 14. vom 17. August, S. 53–54; ein Gedicht unter dem Titel: *Am Klavier*. In: *Iris* 1825, Nr. 47. vom 10. Dezember, S. 185; Übersetzungen von Gedichten des MIHÁLY VITKOVICS in: *Iris* 1825, Nr. 50. vom 21. Dezember, S. 198; *Iris* 1826, Nr. 5. vom 12. Januar, S. 19; eine Erzählung u. d. T. *Der belauschte Lobesspender*. In: *Iris* 1826, Nr. 9. vom 21. Januar, S. 33–35.

[16] *Elias Smiljanich*. Südslavische Volkssage, nach einem serbischen Volksliede bearbeitet, von Eug[en] Wesely. In: *Iris* 1825, Nr. 12. vom 10. August, S. 46–47; *Epigramme*. In: *Iris* 1826, Nr. 2. vom 5. Januar, S. 7; *Die Pest nach dem mythischen Begriffe der Südslaven*. In: *Iris* 1826, Nr. 97. vom 15. August, S. 387; Nr. 98. vom 17. August, S. 390–391.

[17] CHRISTIAN ANDREAS ZIPSER aus Neusohl teilte u.a. eine Notiz *Die Apotheken in Ungarn bereffend* (in: *Iris* 1826, Nr. 18. vom 11. Februar, S. 71), eine „über das Chromeosen und den Speckstein in Mähren" (in: *Iris* 1826, Nr. 24. vom 25. Februar, S. 94–95), sowie *Numismatisch Miscellen* (in: *Iris* 1826, Nr. 54. vom 6. Mai, S. 215; Nr. 55. vom 9. Mai, S. 219, Nr. 101. vom 24. August, S. 402–403; Nr. 104. vom 31. August, S. 415; Nr. 106. vom 5. September, S. 422–423) mit. Zu seinen weiteren Beiträgen siehe SZINNYEI Bd. 14, Sp. 1868–1870.

[18] Z. B. *Krudinhob*. (Eine magyarische Volkssage.) In: *Iris* 1825, Nr. 18. vom 31. August, S. 69–71; Nr. 19. vom 3. September, S. 73–75; Nr. 20. vom 7. September, S. 77–78; *Johann Bokatius*. In: *Iris* 1825, Nr. 31. vom 15. Oktober, S. 121–122; Nr. 32. vom 19. Oktober, S. 125–127; Nr. 33. vom 22. Oktober, S. 131–132.

[19] Anonym: *Sapienti sat!* A.a.O., S. 122.

Was werden die Ausländer zu dieser urbanen Sprache eines ungrischen (magyarischen) Gelehrten sagen?

Nach dem Verf[asser] wollen in der *Iris* einige *„aufgeblasene Jungen"* (felfuvalkodott fiúk) das *Tudományos Gyűjtemény mores lehren.*[20] So was ist gewiß keinem Mitarbeiter der *Iris* im Traume eingefallen, wenn gleich einer oder der andere *mit Anstand* etwas am *Tudományos Gyűjtemény*, vielleicht auch in seiner Ansicht oder in dem, was er vernahm, sich irrend, tadelte. Ist denn dieß ein Verbrechen, wenn eine Zeitschrift eine andere, und wenn sie auch eine *magyarische* ist, die doch nicht für *infallibel*[21] wird gelten wollen, tadelt? [Anm. 3.]

Von der Entstehung der *Iris* wird versichert, sie sey für die in Ungarn lebenden Deutschen bestimmt. Um Vergebung! Nicht nur für diese, sondern auch für deutsche Journale lesende Magyaren und Slawen (und deren gibt es nicht wenige in Ungarn), und für die Österreicher und Deutschen. Es wird doch eben so gut erlaubt seyn, in Ungarn eine Zeitschrift für Deutsche herauszugeben, als in Wien der *Magyar Kurir* mit dem Unterhaltungsblatt *Kedveskedő* erscheint.[22] [Anm. 4.]

Dieß sind meine unbefangenen Ansichten über den unanständigen Angriff im *Tudományos Gyűjtemény*, die ich sine ira et studio[23] hinschrieb! Ich gebe Ihnen die Erlaubniß, sie den Lesern der *Iris* mitzutheilen!

[20] Ebd. S. 122. Es geht um eine Auseinandersetzung um Gregor Dankovszky's auf etymologischen Untersuchungen basierenden Arbeiten über den Ursprung der Ungarn und der Slawen. Eine Schrift von ihm (*Hungarae Gentis avitum Cognomen, Origo genuina, Sedesque priscae, ducentibus Graecis Scriptoribus coaevis de tectae*, Preßburg: 1825) wurde in *Tudományos Gyűjtemény* (1825, H. 2, S. 97–121.) von dem Historiker György Fejér (unter dem Pseudonym „Y.", vgl. GULYÁS 1956, S. 479.) scharf kritisiert. KARL GEORG RUMY verteidigte es in der *Iris* (1826, Nr. 45. vom 15. April, S. 179. und Nr. 47. vom 20. April, S. 186–187), indem er das Werk und die in der *Tudományos Gyűjtemény* publizierte Kritik mit folgenden Worten erwähnte: „eine kleine Schrift [...], welcher unbefangene Prüfer Scharfsinn zugestehen müssen, wenn sie auch nicht in Betreff aller einzelnen etymologischen Ableitungen und Hypothesen einstimmen sollten. Auf jeden Fall verdiente diese Schrift eine billigere Würdigung, in einem anständigeren Tone, als ihr in der magyarischen Zeitschrift *Tudományos Gyűjtemény* zu Theil geworden ist." Daraufhin erfolgte die erboste Replik in dem *Sapienti sat!* betitelten Artikel, u.a. mit den Worten: „De hihetnéd-e Barátom, hogy a' felfuvalkodott fiúk még a' mi folyó-írásunkat is moresre akarják tanítani, 's azt vetik szemünkre, hogy mi abban egy *tót Hypothesisárulóval* illetlenűl bántunk." (Deutsche Übersetzung: Aber würdest du glauben, mein Freund, dass die aufgeblasenen Jungen selbt unsere Zeitschrift mores lehren wollen, und uns vorwerfen, darin einen Hypothesen feilbietenden Slowaken unartig behandelt zu haben.)

[21] Dt.: unfehlbar.

[22] Die ungarischsprachige Zeitung *Magyar Kurír* erschien in Wien seit 1786. Das Beiblatt *Kedveskedő* wurde der Zeitung in den Jahren 1824 und 1825 beigegeben, 1826 nicht mehr, vgl. BUSA 1986, Bd. I, S. 160–165.

[23] Dt.: ohne Zorn und Voreingenommenheit.

[Redaktionelle Anmerkungen, 1.] Die Redaktion hat auf den ihr wohlbekannten Aufsatz in der benannten magyarischen Zeitschrift nichts erwiedert, weil sie durchaus nicht glauben konnte, daß dieses sonst geachtete Blatt anders als aus unvermeidlicher Nachgiebigkeit gegen einen seiner ohne Noth in Harnisch gerathenen Mitarbeiter, eine solche Persönlichkeit aufgenommen. Nur aus besonderer Achtung für den Verfasser dieses ihr nun eingesandten Aufsatzes nimmt sie denselben auf, obgleich sie weiß daß der unpartheiische Theil des Publikums sie nicht nach dem Maßstabe beurtheilen wird, den der Urheber jenes Artikels in den *Tudományos Gyűjtemények* seinen heller sehenden Landsleuten gern aufdringen möchte, und daß für die Partheiischen auch das günstigste Urtheil für sie, noch keine faktische Überzeugung wäre.

[Anm. 2.] Allerdings! Wer immer der Verfasser eines literarischen Erzeugnisses ist, sey es nur zweckgemäß! Über den Rock den der Juwelier *anhat* von dem der Hr. Verfasser jenes kriegerischen Artikels in den *Tud[ományos] Gyűjt[emény]* einen Edelstein einhandelt, wird er gewiß nicht den Werth der Waare vergessen, um die er feilscht. Doch das sind Vorurtheile, und es scheint er habe hier wohl nur die Menge von Schöngeisterleins der israelitischen Nation, die jetzt überall wie die Pilze aus der Erde aufschießen, bezeichnen wollen, ohne zu erwägen daß auch hier wie überall das Sprichwort: nulla regula etc.[24] gelten kann.

[Anm. 3.] Der freie Austausch der Ideen und Meinungen ist das Fundament jeder glücklichen Gesellschaft, schreit auch bisweilen ein oder der andere wirkliche oder After-Aristarch zu viel, das Murren und Zischen des Forums weist ihm hieher in die Schranken. Hat denn der Verfasser des vielbesagten Artikels in den *Tud[ományos] Gyűjt[emény]* viel Applaus mit seinen Injurien bei den Gutgesinnten gefunden?

[Anm. 4.] Daß die *Iris* nicht bloß Deutsche in Ungarn anziehe, beweist der aufgebrachte Angreifer selbst, der doch gewiß ein Magyar aber freilich ein *ungerechter* ist. Das Kriterium seiner Nation ist überall ernste, strenge Unpartheilichkeit. Warum entfernte er sich davon? – Oder glaubt er vielleicht daß bei dem gebildeten Theil der Nation gewisse Vorurtheile nicht längst verschwunden sind, und diese nicht wohl erkenne, daß der menschliche Geist seine vollendetere Ausbildung aus den geistigen Schätzen jeder Nation und ihrer Sprache sich holen kann –? St[ielly], An dem Ister.

[24] Nulla regula sine exceptione est; dt.: Es gibt keine Regel ohne Ausnahme.

– – *h.*

DER ISRAELITE, ALS HANDELSMANN IN UNGARN[1]

Wichtiger und einflußreicher für Welt und Menschheit war das israelitische Volk einst in den Tagen der Vorzeit und des grauen Alterthumes. Indessen auch jezt noch bietet die Existenz desselben werthvolle Resultate genug dar, um die Aufmerksamkeit des Kosmopoliten und Patrioten zu fesseln. Wessen Brust sollte nicht von den freudigsten Gefühlen durchdrungen werden, wenn in Erwägung gezogen wird, wie viel durch weise und väterliche Regierungen seit einem kurzen Zeitraume geschehen ist, um auch diese Nation höher zu heben in den heiligen Rechten der Menschheit, und Wohlfahrt und Güte über sie zu verbreiten? Und wer wollte die bewunderungswürdigen Fortschritte verkennen, welche dieselbe in Ansehung ihrer geistigen Bildung, ihrer sittlichen Veredlung und somit ihrer Gemeinnüzigkeit für Vaterland und Menschheit gemacht hat? – Ohne uns hier auf Thatsachen der Israeliten im Auslande berufen zu wollen, dürfen wir uns nur um Beweise umsehen, welche unser eigenes Vaterland liefert.

Wenn es nicht bestritten werden kann, daß ein blühender Handel in einem Staate um den glüklichen Zustand desselben ausgezeichnete Verdienste hat: so behaupten in dieser Hinsicht die Israeliten in Ungarn einen bedeutenden Platz. Durch Gründe, deren Erörterung nicht hieher gehört, beinahe ausschließend und allein auf diesen Zweig bürgerlicher Industrie beschränkt, fühlt schon der Knabe seinen Beruf zu diesem Stande, und ist er nicht von bemittelten Eltern geboren, so tritt er alsbald, nachdem er kaum ein Decenium seines Daseyns verlebt hat, in das öffentliche Geschäftsleben des Handels ein, und liefert so, selbst unbewußt, sein Schärftlein zum Wohle des Ganzen. Lage, Vermögensumstände und Verhältnisse manigfacher Art

[1] *Allgemeine Handlungs-Zeitung* [Beiblatt des *Spiegels*] 1828, Nr. 90. vom 8. November, S. 359–360.

bewirken natürlich, so wie bei den Christen, auch bei den Israeliten verschiedene Abstufungen, und kein Wunder daher, wenn dieser ehrwürdige Stand Gesellschaften und Individuen von der höchsten bis zur niedrigsten Klasse herab zählt.

Ein erfreuliches Zeichen fortschreitenden Zeitgeistes in dieser Sphäre öffentlicher Wirksamkeit bleibt es immer, gerade bei *dieser* Nation zu bemerken, mit welcher Vorliebe, Aufopferung und Entsagung jeder Art sie daran arbeitet, das Gedeihen des Handels im Vaterlande zu fördern, das allseitige Interesse dafür zu beleben und demselben Ausdehnung und Gemeinnüzigkeit zu verleihen auch in den benachbarten Provinzen und Ländern. Mag seyn, daß der Drang der Noth, dieser allmächtige Hebel menschlicher Thätigkeit eine Haupttriebfeder davon ist – in welchem Stande und bei welcher Nation ist nicht dasselbe der Fall? Mag seyn, daß Eigennuz und Gewinnsucht dabei im Spiele sind – wo könnte man nicht dieselbe Entdekung machen? – Die wohlthätigen Folgen fürs Allgemeine sind doch unverkennbar. Oder, wem könnte es einfallen, das großherzige England – um mich des Beispiels einer fremden Handelsnation zu bedienen – deßhalb zu tadeln, weil es die Kunst versteht, mit dem gemeinen Nuzen auch seinen eigenen zu verbinden? –

Schon das Lokal, dessen Einwohner zum Theil Israeliten sind, gewinnt durch dieselben in vielfacher Beziehung. Da die meisten von ihnen keine eigenen Häuser und Grundstücke besizen: so fließen dadurch den christlichen Haus- und Grundeigenthümern für Zinswohnungen und Naturprodukte aller Art große Vortheile zu. Einsender Dieses könnte, wenn es zur Sache gehörte, beweisen, daß es mit den christlichen Einwohnern mancher Orte, bloß in dieser alleinigen Rücksicht, übel stehen würde, wenn sie keine Israeliten in ihrer Mitte zählten. Und so wie der Handel im Großen segnend und wohlthätig einwirkt auf ganze Länder und Völker, so gibt sich der reelle Werth desselben auch im Kleinen kund. Unbedeutende Pläze und Lokale erhalten durch die Israeliten, in deren Händen der Handel fast ausschließend ist, Wichtigkeit und Bedeutung. Ein regeres Leben verbreitet sich unter den Einwohnern; der gegenseitige Verkehr bringt sie einander näher und äußert auf ihr Glük den entschiedensten Einfluß.

Doch nicht nur einzelne von den Israeliten bewohnte Pläze gewinnen durch ihren Handel – sie suchen denselben, und somit auch dessen Vortheile auszudehnen auf ihr ganzes Vaterland. Wenn es noch vor wenigen Jahren nur die Wohlhabendsten gewagt haben, nicht weit einfernte berühmte vaterländische Jahrmärkte zu besuchen: so ist es jezt für den biedern Patrioten eine angenehme Erscheinung, daß ganze Kompagnien israelitischer Handelsleute selbst aus der wenig bemittelten Klasse Ungarns und der angrenzenden Provinzen große Jahrmärkte beziehen und als Käufer und Verkäufer höchst wichtige Geschäfte machen. Wem, der an den vaterländischen Handelsflor innigen Antheil nimmt, könnte es unbekannt seyn, was durch Israeliten von Nah' und Fern' auf den berühmten Pesther Märkten allein negozirt wird? Wer könnte die Artikel nach Quantität und Varietät alle aufzählen, welche durch sie nur da in lebendigen Umtrieb gesezt werden?

Das Handels-Interesse hat sich bei den Israeliten in Ungarn dergestalt erhöht, daß ihr Wirkungskreis nicht mehr nur den Umfang von einigen Stunden beträgt. Der größte Theil derselben ist beinahe das ganze Jahr hindurch vom Hause abwesend. Die meisten von ihnen besuchen nicht nur die wichtigsten Handelspläze im Vaterlande selbst, sondern auch die der benachbarten Provinzen und Länder. Und nur bei Annäherung der hohen Festtage kehren sie zur Feier derselben mit dem Erlös ihrer Waaren in den Schooß ihrer Lieben zurük, um nach wenigen Tagen sich von ihnen wieder zu trennen, und sich ihrem Geschäfte aufs Neue ganz hinzugeben.

Sollte dieser rastlose Eifer, dieser edle Aufwand von Zeit, Kraft und Leben des Israeliten für Ungarns Handelsflor nicht unsere thätigste Theilnahme und wärmste Anerkennung in Anspruch nehmen dürfen?

Ehre dem Verdienste, bei welcher Nation und Religionsparthei es gefunden wird! Das Band patriotischer Bruderliebe und gegenseitigen Vertrauens umschlinge Pannoniens edle Bewohner – weß Glaubens sie auch seyn mögen – immer inniger und fester; und der Handel, dieser Hauptzweig bürgerlicher Industrie, wird blühen, und des Vaterlandes Wohlfahrt wird gedeihen und Schillers herrliche Worte werden in Erfüllung gehen:

„Denn aus der Kräfte vereintem Streben
Erhebt sich, wirkend, erst das wahre Leben."

[Karl Georg] Rumy

VATERLÄNDISCHE EHRE IM AUSLANDE[1]

Den wahren unbefangenen Patrioten Ungarns muß die Anerkennung jedes literarischen Verdienstes eines inländischen Gelehrten, und Schriftstellers im Auslande (das hierin oft gerechter, wenigstens unbefangener ist als das Inland) freuen, der Autor mag zu dieser oder jener Völkerschaft der ungarischen Nation und dieser oder jener Konfession und Kirche gehören, er mag magyarisch, deutsch, slowakisch, serbisch, kroatisch, slavonisch, böhmisch, lateinisch u.s.w. schreiben. So wie es uns daher innig freut, wenn *magyarische* Dichter in Deutschland, Italien, Frankreich, England, nach Verdienst gewürdigt und in gelungenen Übersezungen fremden Nationen bekannt gemacht werden, so freut es uns nicht minder, wenn der Werth der Poesien ausgezeichneter slawischer Dichter Ungarns im Auslande nach Verdienst anerkannt werden.

Diese Gerechtigkeit widerfuhr vor kurzem dem slawischen Dichter Johann Kollar, evangelisch-lutherischen Prediger der slawischen Gemeinde zu Pesth, der (wie Prediger Tadlitz, Professor Georg Palkowitsch in Preßburg, Dr. und Professor Joseph Schaffarik in Neusatz und einige andere Slawen in Ungarn) in der böhmischen Mundart dichtet – in England. Ein englischer Kritiker, der in der englischen Zeitschrift *The Foreige* [sic, recte: Foreign] *Quarterly Review* etc. (London bei Treuttel und Würtz) einen interessanten Artikel über die böhmische Literatur geliefert hat, erkennt *für den größten böhmischen Dichter* den Prediger *Johann Kollar* in Pesth, Kollars größeres poetisches Werk *Slawy Dcera,*[2] die Tochter des Ruhms [Anm.] preist er als das vorzüglichste lyrische Werk in böhmischer Sprache, und bewundert es zugleich wegen der gefühlvollen und freimüthigen Sprache

[1] *Der Spiegel* 1829, Nr. 89. vom 7. November, S. 708–710.
[2] JAN KOLLÁR: *Sláwy dcera*. Ofen: 1824.

des Dichters, indem sich darin die Sehnsucht und Hoffnung der Böhmen nach Vereinugung mit den übrigen slawischen Völkern zu einem Volke mächtig ausspricht.

Wir glauben jedoch nicht mit dem Engländer, daß sich in *allen Sonetten* dieses gleistreichen Dichters eine *politische Tendenz* finde, die jedoch, wie er bemerkt, unter einer Art von Allegorie, die darin herrsche, verstekt liege und nicht von Jedem erkannt werde, – sondern wir sind der Meinung, daß Hr. Kollar nur eine moralische und geistige Vereinigung der verschiedenen slawischen Völker zur Annahme *einer* Schriftsprache und einer Schrift und Orthographie, ferner Gemeinsinn und allgemeinen regen National-Eifer für die Geschichte ihrer Vorfahren und für die slawische Literatur wünsche, so wie die Deutschen, obgleich im eigentlichen Deutschland, in der Schweiz, im Königreich Preußen, in Frankreich, in Ungarn, Slavonien, Kroatien, Siebenbürgen, Galizien, Pohlen, Rußland, Amerika, zerstreut, durch das Band einer gemeinschaftlichen Schriftsprache und Eifer für die Literatur in derselben verbunden sind (eben so die Franzosen in Frankreich, im Königreich Sardinien, in den Niederlanden), dagegen an eine politische Vereinigung der verschiedenen slawischen Völkerschaften, die zu mehreren Staaten gehören, zu *einer Nation* und *einem Staate* eben so wenig denkt, als die in verschiedenen Staaten lebenden Deutschen, und daß er auch den besonderen Wunsch hegt, daß die Slawen in Böhmen, Mähren, Schlesien, und dem übrigen Deutschland (ohnehin durch Germanisirung an Zahl sehr vermindert), in Ungarn, Kroatien und Slavonien, in Serbien, Bosnien und Bulgarien, an ihrer Muttersprache fest halten und sich nicht germanisiren, magyarisiren und (wie in Bosnien und Bulgarien zum Theil schon geschehen ist) türkisiren lassen möchten.

Der Engländer theilte auch einige früher ungedrukte Sonette Kollars im böhmischen Originale und in englischer Übersetzung mit. Ein deutscher Referent hat eines derselben im Intelligenzblatt des Juliheftes der *Allg[emeinen] Lit[eratur]Zeitung*[3] folgendermassen, im Ganzen gelungen, deutsch übersezt.

„O daß auf ausgespreizten Adlerschwingen
Zum Himmel steigen könnte mein Gesang;
Einstimmen könnte in den heil'gen Klang
Der Cherubim, die Gott Anbetung singen!

Von dem der Erden Veste laut erklingen,
Der Himmel tönet durch der Sterne Rang,
Bis selbst von fern das Chaos lauscht, voll Drang,
Sich auch in dieses Jubels Chor zu schlingen.

[3] Die *Allgemeine LiteraturZeitung* erschien in Halle und in Leipzig.

Mein Sang – mag Sang man nennen Schmerzes-Stöhnen –
Ist Wünsche-Stammeln aus der Waisen Mund,
Kann einzig nur von dem Gebet ertönen:
„Du dessen Haupt des Weltalls Glorien krönen
Beschüz Slavoniens Ruhm, – gib Rettung kund,
Der Mutter fleht ein dankbar Kind – Versöhnen."

Die lezte Zeile konnte wegen des Reims nicht treu im Deutschen übersezt werden. Im Original und im Englischen heißt es: Ein dankbares Kind betet für seine eigene Mutter.[4]

[Anm.][5]
Wir bemerken ώς έν παρόδω (im Vorbeigehen), daß dieses treffliche poetische Werk in Ungarn selbst wenigen Slawen bekannt wurde und den Magyaren und Deutschen fast ganz unbekannt ist, und in keinem inländischen Blatte kritisch gewürdigt oder auch nur angezeigt wurde. Habent sua fata libelli![6]

[4] Zu diesem Artikel und allgemein zu RUMYs slawische Sprachen und Literatur betreffende Publizistik vgl. HILÓCZKI 2003, S. 88–90, sowie FRIED 1963b, FRIED 1967.

[5] Es ist unklar, ob die Anmerkungen von Rumy oder von der Redaktion stammen, die griechischen und lateinischen Zitate lassen jedoch Ersteres vermuten.

[6] Dt.: Die Bücher haben ihr eigenes Schicksal.

[Georg] Tr[etter]

DAS VATERLAND[1]

Es gibt ein Thal, darauf ergoß
Der Himmel vielen Segen,
Und zwischen Bergen, blau und groß,
Ist jenes Thal gelegen.

Und rings auf diesen Bergen blüh'n
Die köstlichsten der Weine,
Und in den tiefen Bergen glüh'n
Gold, Silber, Edelsteine.

Viel Ströme sieht man kreuz und quer
Dies schöne Thal durchwandern,
Sie spenden Fülle rings umher
Und jeder sucht den andern.

Die Saaten tragen himmelan
Die goldne Last der Ähren,
Und Wald an Wald umlaubt den Plan
Und will der Sonne wehren.

Das schnelle Roß, der fette Stier,
Das Schaf mit feiner Wolle,
Sie ziehn in Herden dort und hier,
Durch's Thal, das Weidenvolle.

[1] *Die Biene* 1830, Nr. 6. vom 21. April, S. 48–49.

Drin hausen Leute mancherlei,
Sich fremd an Sprach und Streben,
Und gleich empfinden auch nicht zwei,
Die in dem Thale leben.

Der Deutsche meint: „Der Boden gibt
So leicht was gut und theuer,
Der Städter meine Sprache liebt,
Ich zahle wenig Steuer."

Der Griech', dem Handel zugethan:
„Hier läßt sich was gewinnen,
Stellt man es klug und emsig an,
Ich ziehe nicht von hinnen."

Der Slave denkt: „es hausen hier
Von meiner Zunge viele,
Latein eröffnet Wege mir
Zu Glanz und höchstem Ziele."

Der Jude meint: „der Güterpacht,
Die Zinsen und das Handeln,
Das hat Profit mir stets gebracht,
Was sollt' ich weiter wandeln?"

„Das Geigen ist nicht sondre Müh',
So denket der Zigeuner,
Des Thales alte Melodie
Spielt außer mir sonst keiner."

Der Ungar spricht: „ich lieb' das Land,
Mich hält daran gebunden
Der Ahnen Geist, ein heilig Band,
Ich fühle seine Wunden."

— —

[ÜBER EINE STREITSCHRIFT][1]

Widerlegung der Abhandlung, welche unter dem Titel vorkommt: „Erweis, daß die Wallachen nicht römischer Abkunft sind, und dies nicht aus ihrer italienisch-slavischen Sprache folgt. Mit mehreren Gründen vermehrt, und in die wallachische Sprache übersetzt durch S. T. in Ofen 1827"[2] *und Beweis, daß die Wallachen der Römer unbezweifelte Nachkömmlinge sind, wozu mehrere zwekmäßige kurze Abhandlungen, endlich eine Anmerkung über die in dem Anhange vorkommende Antikritik desselben S. T. beigefügt werden.* Verfaßt von E[uthim] Murgu. Ofen, 1830. – So lautet der weitläufige Titel eines so eben erschienenen polemischen Werkchens, den wir darum vollständig hier anführen, weil daraus schon die Tendenz des Buches und der Gegenstand, den es bekriegen will, hervorgeht, und wir daher einer Mühe überhoben werden.

Wir unserseits wollen keiner der streitenden Parteien das Wort reden; es ist uns ganz einerlei, ob die Wallachen von den Römern, oder von irgend einer andern Nation abstammen. Es kommt auch in der That nicht so erstaunlich viel auf die Abkunft einer Nation an, ihr gegenwärtiger religiöser, sittlicher und intellektueller Zustand muß mehr für sie sprechen, als alle Ahnen; je vornehmer diese gewesen sein mögen, je höhere Forderungen könnte man an die Nachkommen stellen. Aber der Ton, mit welchem das in Rede stehende Werk die Wallachen zu Römern machen will, ist durchaus nicht zu billigen. Wir wollen nicht erst sagen, daß sich der V[er]f[asser]

[1] *Der Spiegel* 1830, Nr. 61. vom 31. Juli, S. 486–487. [Spartentitel:] *Literatur.*

[2] Der Verfasser des Werkes war SABBAS/SZÁVA TÖKÖLY (Popovics) (1761–1842), Doktor der Rechte, Staatsbeamter. Er unterstützte durch Stiftungen und Donationen die Angehörigen der griechisch-orthodoxen Kirche und der serbischen Nationalität. Die Schrift war zuerst 1823 in Halle erschienen, in Ofen kam 1827 eine zweite, erweiterte Ausgabe von ihr in deutscher und rumänischer Sprache heraus, vgl. PETRIK Bd. 1. und 3, SZINNYEI Bd. 14, Sp. 484–485.

eines bessern, edleren Styles, und einer Sprache, die etwas mehr der deutschen ähnlich wäre – wenn er anderst durchaus hat *deutsch* schreiben wollen – hätte befleißigen sollen, denn das thut hier wenig zur Sache; aber der Vf. des von ihm angefochtenen Werkes, Hr. S. T., den man in Ungarn so allgemein Verehrung und Achtung zollt, hätte mit andern Worten eine Widerlegung, und die sehr achtbare illyrisch-serbische Nation, die in unserm Vaterlande eine so bedeutende Klasse bildet, eine ehrfurchtsvollere Abfertigung verdient, was man von einem *Religionsgenossen* noch um so mehr erwartet hätte. Wahrheiten, wenn anderst solche in diesem Werke vorkommen, was noch sehr zweifelhaft ist, müssen mit mehr Anstand vorgetragen werden, wenn sie ihre Wirkung nicht verfehlen sollten. – Das Werk des Hrn. S. T., das 1827 zu Ofen gedrukt wurde, verdient viel eher noch gelesen zu werden.

Moritz Lukács

ENTSCHULDIGUNG [Anm.]

Für meine Freunde[1]

„Abtrünniger, hinweg aus unsrer Mitte,
    u, der mit fremdem Wort die Lipp' entweih't!
Verlezend unsres Bundes treue Sitte,
    Verlezend, was dir heil'ge Pflicht gebeut.

So stümpre denn in den erborgten Klängen!
    Doch schmählichen Verrathes würd'ger Lohn
Wird deinen bald verschollenen Gesängen:
    Des Vaterlandes Spott, der Fremden Hohn."

Verschließt mir nicht des Bundes heil'ge Pforte,
    Ihr Freunde! Nicht verdammt mich ungehört!
Nie werd' ich untreu dem gegeb'nen Worte;
    Die Heimath bleibt mir stets vor Allem werth.

Wenn hoher Helden Thaten ich besinge,
    Und großer Bürger treuerfüllte Pflicht;
Wenn dem Verdienst ich Sangesopfer bringe,
    Und jubelnd grüße des Jahrhunderts Licht;

Und wenn es gilt fürs Vaterland zu kämpfen,
    Zu wahren der Geseze festen Hort,
Der wilden Zwietracht hohe Gluth zu dämpfen;
    Bleib' ich getreu dem heimathlichen Wort!

[1] *Der Spiegel* 1831, Nr. 8. vom 26. Januar, S. 62–63.

Verzeiht jedoch, daß diesmal fremden Klängen
Und nicht den heimischen ich anvertraut,
Was mich erfüllt mit wonnig süßem Drängen,
Denn – fremd ist *ihr* der theuren Heimath Laut.

[Anm. der Redaktion]: Die Veranlassung zu dieser poetischen Entschuldigung scheinen Vorwürfe von Seiten der Freunde des Verfassers gewesen zu sein, die sich dieser deßhalb zugezogen, weil er, *als Ungar*, sich in *deutschen* Versen (siehe unser voriges Blatt) versuchte.[2] Der Verf[asser] hielt es für nöthig, sich zu rechtfertigen. Bei aller Liebe zum Vaterlande aber können *wir* kein Vergehen darin finden, wenn Jemand, außer in seiner Muttersprache, auch noch in einer andern dichtet, zumal wenn er darin *gut* dichtet. In welchem Land würde dies auch getadelt werden? Einen Engländer, z. B., würde weder „des Vaterlandes Spott", noch „der Fremden Hohn" treffen, wenn er französische, spanische, deutsche oder ungarische Verse machte. Zugeben werden wir allerdings, daß die Kenntniß der heimathlichen Sprache der aller andern vorausgehen sollte.

[2] Unter dem Titel *Auszug aus meinem poetischen Tagebuch (Eingesandt)* wurden im *Spiegel* (1831, Nr. 7. vom 22. Januar, S. 53.) zwei Liebesgedichte von MORITZ LUKÁCS publiziert (*An Julie, als ich sie in einem der Pesther Abonnement-Quartetten erblikte; An Dieselbe*).

— —

KLAGEN DER SLAWEN[1]

Donnerschwang're Wolken steigen
Und umziehn der Tatra Gipfel,
Trübe wälzt die Gran und Waag sich
Zwischen *klagenden* Gestaden.

Sie bewässern Slawenländer,
Slawenthränen trinkt ihr Wasser.
Tatra trauert, *ihrem lieben*
Volke läutet man zu Grabe.

Dieses Grab eröffnet eine
Schwarze Hand im hies'gen Boden,
Für den oft der Slawen treues
Blut als Opfer schon geflossen.

Weine nicht, geliebte Mutter
Tatra, und verbann' die Trauer;
Schützen wird der Doppeladler
Mit dem Fittig deine Völker.

Unter ihm wird neu aufblühen
Unser Land und sich erheben;
Hell durch singende Gefilde
Wird die Gran und Waag hineilen.

[1] *Der Bote von und für Ungern* (Kaschau) 1833, Nr. 50. vom 13. Dezember, S. 198.

[Anmerkung der Redaktion] Zufällig gerieth dem Einsender dieser Zeilen jüngst der Leutschauer slowakische Kalender[2] in die Hände, worin ihm ganz besonders nachstehendes Gedicht, bei dessen Übersetzung man nur bemüht war, den Sinn wiederzugeben, auffiel. Es ist augenscheinlich, daß die in diesem Gedichte ausgesprochenen Gefühle durch die Magyarisierungswuth unserer Tage erzeugt worden sind, und in dieser Hinsicht dürften diese Strophen geeignet seyn, Leute, die eine allgemeine Magyarisierung sich als Ziel gesteckt, zur Besinnung zu führen, denn solche Ansichten in einem Kalender ausgesprochen, dürften ziemlich allgemein unter den Slawen in Ungarn verbreitet seyn.

[2] *Nowy y starý wlastensky Kalendar*, na rok pane 1833 (8-r.) (Leutschau, bei Werthmüller.)

— —

LITERARISCHE BERICHTIGUNG[1]

Der Pseudonymus Hans Normann (Groß-Hoffinger aus Steiermark) behauptet in seinem mit Animosität und mit in bittere Galle getauchter Feder geschriebenem Werke: *Ungarn, das Reich, Land und Volk, wie es ist*[2] (Leipzig: literarisches Museum, 1833) im ersten Theile S. 130 u. 131: „Jeder Gelehrte, der Tüchtiges zu leisten im Stande ist, schreibt in *deutscher* (zuweilen auch in *lateinischer*) *Sprache*, denn sie ist ohnehin die Sprache der Gebildeten, für die er schreibt. Ungarische gelehrte Werke würden wenig Käufer finden, und hierin zeigt sich die Übermacht des menschlichen Ehrgeizes, der selbst das Nationalgefühl eines Ungarn zu überwältigen weiß – denn der ungarische Gelehrte will auch vom deutschen Auslande gekannt seyn. – Ungarn, welche sich durch deutsche Werke in verschiedenen Fächern der Wissenschaft bekannt gemacht haben, sind der Graf von Mailath, der Verfasser der *Geschichte von Ungarn,*[3] Szechenji (Széchényi), Szepeshazy (Geograph), v. Czaplovicz (Csaplovics), Rumy und Andere."

Wir berichtigen die in diesen Angaben vorkommenden Irrthümer folgendermaßen:

1. Es ist nicht wahr, daß jeder Gelehrte in Ungern, der Tüchtiges zu leisten im Stande ist, in deutscher oder lateinischer, und nicht in ungrischer Sprache schreibt. Männer, wie Stephan v. Horváth, Nikolaus v. Jankovics und Graf Stephan Széchényi sind gewiß im Stande, etwas Tüchtiges, auch das Ausland Interessirende [sic!] zu schreiben, sie schreiben aber ungrisch,

[1] *Der Bote von und für Ungern* (Kaschau) 1835, Nr. 18. vom 1. Mai, S. 72. [Spartentitel:] *Tutti Frutti.*

[2] HANS NORMANN [JOHANN ANTON GROSS-HOFFINGER]: *Ungarn, das Reich, Land und Volk, wie es ist.* Nebst freimüthiger Beleuchtung der ungarischen Reichstagsverhandlungen in den Jahren 1830, 1832 und 1833, 2 Bde. Leipzig 1833.

[3] MAJLÁTH, JOHANN Graf: *Geschichte der Magyaren.* 5 Bde, Wien: 1828–1831.

nicht deutsch oder lateinisch. Sie wollten zunächst für ihre Landsleute schreiben und rechneten darauf, daß die wissenschaftlich gebildeten Deutschen, Slawen u.s.w. in Ungern auch magyarisch verstehen, und daß sich Jemand finden werde, der ihre Werke, insofern sie auch das Ausland interessiren, ins Deutsche oder Lateinische übersetzen werde.

2. Die von Hrn. Groß-Hoffinger angeführten Gelehrten mit magyarisch klingenden Namen scheinen ihm sämmtlich Magyaren zu seyn, sonst würde er wohl auch Ungern mit deutschen Namen, wie Engel, Schwartner, Glatz u.s.w. genannt haben; allein

a) Szepesházy hat zwar einen magyarischen Namen, war aber ein Deutscher;
b) Csaplovics ist in einer Ortschaft geboten, wo mehr Slowaken als Magyaren wohnen und seine Muttersprache war ursprünglich die slawische; auch schrieb er nicht blos in deutscher, sondern auch in lateinischer, slowakischer und magyarischer Sprache.
c) Rumy stammt zwar aus einer magyarischen Familie im Eisenburger Comitat und sein in Güns geborner Großvater predigte und dichtete magyarisch und deutsch, aber seine Mutter war eine Deutsche und er ist in der Zipser Gespanschaft zwischen Deutschen geboren, seine Muttersprache ist mithin die deutsche, nicht die magyarische, die er erst als 19jähriger Jüngling nothdürftig in Debreczin lernte. Übrigens schrieb er nicht blos deutsch, sondern auch magyarisch und lateinisch.
d) Graf Stephan Széchényi schrieb nicht deutsch, sondern magyarisch, und seine magyarischen Werke wurden von andern (Vojdisek[4] und Paziazi[5]) ins Deutsche übersetzt.

[4] JOSEPH VOJDISEK übersetzte folgende Werke des Grafen SZÉCHENYI: *Hitel*. Pest: 1830. (*Über den Credit, vom Grafen Stefan Széchényi*. Aus dem Ungarischen übersetzt von Joseph Vojdisek. Leipzig: 1830; 2. Auflage: Leipzig: 1830.); *Lovakrul*. Pest: 1828. (*Über Pferde, Pferdezucht und Pferderennen vom Grafen Stefan Széchényi*. Aus dem Ungarischen übersetzt. Pest: 1830.)

[5] Von MICHAEL PAZIAZI wurden folgende Werke SZÉCHENYIs übersetzt: *Hitel*. Pest: 1830. (*Kreditwesen*. Nach der dritten Original-Auflage aus dem Ungarischen übersetzt. Pest: 1830.); *Világ vagyis felvilágosító töredékek némi hiba s előítélet eligazítására*. Pest: 1830. (*Licht oder aufhellende Leuchtstücke und Berichtigungen einiger Irrthümer und Vorurtheile*. Pest: 1832.); *Gr. Andrássy Györgynek és gr. Széchényi Istvánnak a budapesti lánczhíd-egyesülethez irányított Jelentése, midőn külföldről visszatérének*. Preßburg: 1833. (*Bericht der Grafen G. Andrássy und Stefan Szécheny an den Ofner Pesther Brückenverein nach ihrer Rückkehr vom Auslande*. Aus dem Ungarischen übersetzt. Preßburg: 1833.); sowie seine 1834–1836 in der Pester Zeitschrift *Társalkodó* publizierte Artikelreihe, die in Buchform nur deutsch erschienen ist: *Über die Donaudampfschiffahrt*. Ofen: 1836.

— —

VATERLÄNDISCHES[1]

Die Zahl der vaterländischen Zeitungsblätter erhält abermals einen Zuwachs. Se. k. k. apostol[ische] Majestät haben dem grichischunirten Herrn Bischof von Fogarasch, Johann v. Lemeny auf dessen Ansuchen allergnädigst bewilligt, zu Blasendorf eine kirchlich-politisch-wissenschaftliche Zeitschrift in walachischer Sprache herauszugeben. Der Druck derselben wird von der Druckerei des dortigen bischöflichen Seminariums besorgt. – Wenn schon das Erscheinen einer neuen deutschen Zeitschrift in Ungarn, *der Ungar* den Unwillen der Magyaromanen [Anm.] erregt und dieselbe nur darum noch Gnade vor ihren Augen gefunden,[2] weil sie vorzüglich zur Bekanntmachung ihrer (wahren und eingebildeten) Vorzüge bestimmt ist, was werden sie erst zu einer neuen *walachischen* Zeitschrift sagen.

[Anmerkung des Verfassers] Ich gebrauche absichtlich das Wort *Magyaromanen*, denn der Magyar von ächter, solider, wissenschaftlicher Bildung, wird ungeachtet seiner rühmlichen Vorliebe für seine eigenthümliche Sprache und Literatur, dennoch jede neue, Gewinn für Bildung und Wissenschaft versprechende literarische Erscheinung, freudig bewillkommen, spreche sie auch in was immer für einer Sprache des polyglotten Ungarns.[3]

[1] *Der Ungar* 1842, Nr. 38. vom 16. Februar, S. 226. [Spratentitel:] *Feuilleton*.

[2] Vgl. dazu u.a. ADOLF NEUSTADTs oben (Kapitel V) mitgeteilte Replik auf eine den *Ungar* betreffende mißbilligende Notiz der ungarischsprachigen Zeitschrift *Világ* in der *Pannonia* 1841, Nr. 102. vom 21. Dezember, S. 409.

[3] Das Wort „magyaromán"/„Magyaromane" wurde im Jahre 1841 in der ungarischsprachigen Zeitschrift *Athenaeum* zum Gegenstand einer Auseinandersetzung zwischen JÓZSEF BAJZA und KARL GEORG RUMY. Bajza warf Rumy vor, um 1830 herum dieses für die Ungarn beleidigende Wort in Umlauf gebracht zu haben. RUMY verteidigte sich in einer *Ellentmondás* [Widerspruch] betitelten Replik (vgl. HILÓCZKI 2003, S. 91; SZALAY 1981, S. 577). Obige Reflexion auf den Gebrauch und die Bedeutung des Wortes könnte mit dieser Polemik in Zusammenhang gestanden haben.

– –

EIN WORT ÜBER DIE PHILIPPIKA DER HERMANNSTÄDTER *TRANSILVANIA*

gegen den im *Pesti Hirlap* enthaltenen Artikel: *Die Allgemeine Zeitung als Eroberer*[1]

In der Nummer 34 der Hermannstädter *Transilvania* ist eine schlechte Philippika gegen das Magyarentum zu lesen. Die Veranlassung dazu war der Artikel im *Pesti Hirlap* „*die* Allgemeine Zeitung *als Eroberer*".[2] Der lezte Aufsaz ist schön gefühlt und gut geschrieben, jeder Ungar, dem nur ein Funke Nationalgefühl im Busen glimmt, muß ihn unterzeichnen. Die Hermannstädter *Transilvania* tadelt ihn, es ist teutsches Büffelleder in ihrem Fehdehandschuh, sie nimmt die Partei der *Allgemeinen Zeitung*; eine Phrase Lessings[3] belehrt uns, daß sie nicht Siebenbürgen, sondern Reus-Greitz-Schleitz als ihr Vaterland anerkennt. Es mag so manchem auffallend sein, wie dies möglich ist; – wir wollen uns darüber nicht aufhalten, denn der Geschmak und die Simpatien sind verschieden, obwol eine zu Hermannstadt in Siebenbürgen redigirte Zeitung uns keine logische Verschwisterung mit Germaniens Gauen darbietet. Die *Transilvania* beschuldigt den Verfasser des Artikels im *P[esti] H[írlap]* des gräßlichen Frevels: Aufstachelung des Hasses gegen Teutsche und Teutschtum!!!

[1] *Der Ungar* 1842, Nr. 110. vom 14. Mai, S. 569–570.

[2] *Die Allgemeine Zeitung als Eroberer. (Aus dem Pesti hirlap.)* In: *Transsilvania. Beiblatt zum Siebenbürger Boten* (Hermannstadt) 1842, Nr. 33. vom 26. April, S. 151–152. und *Die Allgemeine Zeitung als Eroberer.* In: *Transsilvania* 1842, Nr. 34. vom 29. April, S. 153–154. In Nr. 33 wurde der Artikel der *Pesti Hírlap* (Kossuth Lajos: *Az Allgem[eine] Zeit[ung] mint hódító.* In: *Pesti Hírlap* 1842, Nr. 133 vom 10. April, S. 248.) „in voller Übersetzung" (*Transsilvania* 1842, Nr. 34, S. 153.) abgedruckt, allerdings ohne Einleitung und ohne Kommentare, in Nr. 34 wurden dann die im *Ungar* beanstandeten und die Augsburger *Allgemeine Zeitung* verteidigenden Bemerkungen formuliert.

[3] Ein Zitat aus Rechas Rolle in LESSINGs Drama *Nathan der Weise* (3. Akt 1. Szene): „Du irrst. Was diesen Wunsch zu Deinem macht, / das Nämliche verhindert, daß er meiner / Je werden kann. Dich zieht Dein Vaterland, / Und meines, meines sollte mich nicht halten?" (*Transsilvania* 1842, Nr. 34, S. 153.)

Daß die Donau von Preßburg bis Orsova als teutscher Strom, der Klausenburger Landtag als teutscher Landtag, (die Frankfurter Bundestagsversammlung würde da ein wenig protestiren) die Preßburg-Tirnauer Eisenbahn als eine teutsche von der *allg[emeinen] Z[ei]t[un]g* angesehen wird, das nennt der Hermannstädter Martaineville quand même[4] eine gleichgiltige Sache. Den Kukuk ist sie gleichgiltig! Die Hermannstädter *Transilvania* beschuldigt uns, aus der *Allg[emeinen] Z[ei]t[un]g* Gift zu saugen![5] – Aus den Rubriken der *Allg[emeinen] Z[ei]t[un]g* Gift zu saugen ist nicht sehr angenehm, da ihr Honig schon seit einigen Jahren einen Beigeschmack von assa foetida[6] hat; Etwas kann man doch daraus benüzen, ebenso wie aus der Hermannstädter Transilvania, welche uns neulich weis machen wollte, daß in den Schlachten von St. Gotthard, Zentha und Belgrad *teutsches Blut für die Befreiung unserer Voreltern floß.*[7] daß Teutschland zuerst unsere Söhne mit *Wissenschaften* und *Künsten* bekannt machte etc. Die erstere Behauptung wollen wir hier übergehen, sie gehört zur Philosophie der Geschichte, die zweite scheint eben keine Apologie auf die teutschen Peter von Amiens zu sein, welche die Civilisation in Ungarn predigten. Warum? Das kann Graf Széchenyi am besten erklären. Wir danken Teutschland, daß es eine Zeit in unserem Vaterland gab, wo es zur Eleganz und besonderen Auszeichnung gehörte, keinen Schnurbart zu tragen, doch das ist gleichgiltig, – wir danken Teutschland die Erfindung der Kantischen und Hegel'schen Philosophie und die Erfindung der Zündhölzer, vielleicht könnte man noch dazu setzen der Buchdruckerkunst, wenn wir nicht bedauern müßten, daß in Teutschland fast nach 400 Jahren die Consequenzen dieser Erfindung noch nicht zeitgemäß sind, während England und Frankreich die Vorteile davon bereits seit langer Zeit erfolgreich benüzen, während diese zwei Länder allein uns diese große Erfindung zur praktischen Anwendung in unsern Landen wünschenswert machen.

Die Hermannstädter *Transilvania* verwundert sich, daß Ungarn sich gegen die teutschen Alexander und Napoleons, personifizirt in den Gestalten der Herren Kolb und Altenhöfer, aufzulehnen wagt! – Die Hermannstädter *Transilvania* sieht die Sache nicht von dem rechten Gesichtspunkte aus an. Wir Ungarn wissen sehr gut, daß die Teutschen die friedlichsten und geduldigsten Menschen von der Welt sind, das hat uns Börne und Heine oft gesagt; wir fürchten daher keine physischen Eroberer aus der alten teutschen Reichsstadt Augsburg, wir fürchten uns aber vor den teutschen Rau-

[4] Dt.: doch, trotzdem.

[5] „Aus den Rubriken der *allgemeinen Zeitung* weiß der Verfasser sein Gift zu saugen, und aus dieser an sich höchst gleichgiltigen Sache die Absicht hervorzupressen, Ungarn einzuverleiben." (*Transsilvania* 1842, Nr. 34, S. 153.)

[6] Dt.: Asant, Asafötida, Gewächs mit schlechtem Geruch.

[7] In Schlachten gegen die Türken 1664, 1697 und 1717.

mers, Rankes, Görres et d'autres fout de la même espêce,[8] vor dem Absoluten im Buch, dem Ur-Identischen, dem Nicht-Ich von Nicht-Europa, doch pour n'aimez pas, faut il qu'on se haisse?[9] Unsere Ideen von der wirkenden Kraft des teutschen Elements auf die Civilisation sind nur das Echo von Teutschlands aufgeklärten Männern, welche auf jedem Wege versuchten dieses Element, welches an mehreren Seiten wie eine abgelegene Melone faulte, durch gesundere Stoffe zu ersezen. Wir lesen gerne die Pia desideria[10] und dergleichen in der *Allgemeinen Z[ei]t[un]g* weil der Austausch der Ideen dadurch befördert wird, gegen das halten wir uns nicht so sehr auf, als die Hermannstädter *Transilvania* es behaupten will, wir protestiren aber gegen diese Artikel, welche diese Zeitschrift unter der Benennung „und dergleichen" meint. Die *Allg[emeine] Z[ei]t[un]g* ist nicht der Repräsentant von Teutschlands Majorität, die Zeiten sind vorüber, wo die Welt noch so albern war, eine ähnliche Eroberungslust der *Allg[emeinen] Z[ei]t[un]g* für das Verfechten teutscher Interessen zu betrachten, schon sind die teutschen über ihre Sache klar, sie wissen seht gut die Strategie der *allg[emeinen] Z[ei]t[un]g* mit jenem alten Philosophen zu vergleichen, der die magern Stiere zum Opfer erwählte indem er dachte: Sie sind gut genug für sie Götter.[11]

[8] Dt.: und die anderen Tore von der gleichen Art.

[9] Dt.: weil man sich nicht liebt, muss man sich notwendig hassen?

[10] Dt.: die frommen Wünsche.

[11] Aus einer zwei Monate später publizierten Notiz im *Ungar* (*Entgegnung*. In: *Der Ungar* 1842, Nr. 147. vom 29. Juni, S. 720.) geht hervor, dass diese Polemik zwischen dem *Pesti Hírlap* und dem *Ungar* einerseits und der Augsburger *Allgemeinen Zeitung* und der Hermannstädter *Transsilvania* andererseits auch in der deutschen Presse nachklang. Es heißt darin, die *Entgegnung* des *Ungars* „auf die Filippica der *Transilvania* gegen den Artikel im *Pesti Hirlap: Die Augsburger Allgemeine Zeitung als Eroberer*" habe „durch mehre auswärtige teutsche Zeitschriften" die Runde gemacht, u.a. sei sie in der *Leipziger Allgemeinen Zeitung* und in der *Hamburger neuen Zeitung* mit Zustimmung zitiert worden. Die Augsburger *Allgemeine Zeitung* „donnerte nun gegen diese leztgenannte Zeitschrift", weil sie den „der teutschen Nationalität spottenden Artikel" aufgenommen habe. Der *Ungar* kommentierte das folgendermassen: „Daß im *Ungar* nicht von *'Verspottung teutscher Nationalität'* die Rede war, beweist wol der Umstand auf das klarste, daß Blätter, denen *Nationalität*, nicht aber blos das eigene Interesse heilig, unsere streng unparteiische Rüge extravaganter *Teutschtümelei 'mit Behagen'* – wie die Augsburger *Allgemeine* sich ausdrükt – in ihren Spalten aufnamen, was freilich um so weniger in den Kram der *Allgemeinen* taugt, weil sie für ihre nun, auch auf Ungarn extendirte *Eroberungslust* von einem 'Ultramagyarenblatte' tüchtig gegeißelt, dies durch die teutschen Organe des *Auslandes* natürlich nicht gerne veröffentlicht sieht."

— —

ENTGEGNUNG [AUF DEN *SIEBENBÜRGER BOTEN*][1]

„Das Teil-Interesse muß dem Allgemeinen unterordnet werden, darum müßt ihr euch uns assimiliren, darum müßt ihr in uns untergehen, damit das Ganze erstarke" so ruft der Magyare dem Teutschen, dem Slaven zu. Und so beginnt der *Siebenbürger Bote* seinen neuesten fulminanten Artikel gegen das Magyarentum.[2] Die obige Frase ist die Batterie, aus welcher die glühenden Kugeln gegen das Magyarentum geschleudert werden. Das Resumé dieser concrevischen Rakete beschränkt sich einzig und allein auf die poetische Floskel des *Siebenbürger Boten*: Der Teutsche und der Slave kittete mit seinem Herzensblut die klaffenden Fugen unseres Staatsgebäudes, folglich soll er die Eigentümlichkeit seiner Nationalität bewahren, er soll kein Magyare werden. Wir wollen nicht über die Richtigkeit dieser dramatisch-lirischen Apostrofe, diesem Sturme in einem Glase streiten, das mag die Akademie angehen, uns unteressirt blos der politische Teil davon. Es ist ohnstreitig wahr, daß die ersten Schritte zur Magyarisirung der fremdartigen Elemente in Hunniens Gauen eine große Ähnlichkeit, wenigstens eine moralische, mit den Dragonaden gegen den Jansenismus hatten; die Menschen lassen sich nicht gerne ihre Sprache nehmen, und blos theoretische Staatsmänner können sich einbilden, durch ein Gesez oder einen Ukas ihren Zwek zu erreichen. Gewalt und eine ungestüme Legislation hat größere Übel, größere Reactionen bewirkt, als ein ganzes Heer von schlechten Leidenschaften. Allein nicht darum allein widersezten sich die Menschen einem solchen Zwange, nicht deswegen allein wollen die Teutschen und Slaven in

[1] [Anonym]: *Entgegnung auf den leitenden Artikel des Siebenbürger Boten Nr. 37*. In: *Der Ungar* 1842, Nr. 120. vom 28. Mai, S. 609–610.

[2] [Anonym]: *Leitender Artikel*. In: *Der Siebenbürger Bote* (Hermannstadt) 1842, Nr. 37. vom 10. Mai, S. 389. Der ganze erste Satz ist Zitat aus dem Hermannstädter Blatt, nicht nur dessen in Anführungszeichen gesetzter Teil.

Ungarn keine Magyaren sein, die Sprache der Vorfahren ist hier blos eine Nebensache, das wahre Motiv der Reaction besteht in der filosofisch erprobten Maxime: die Teutschen und Slaven besizen eine gewisse Art von Eigensinn und Widerwillen, um sich Mühe zu geben, die ungarische Sprache zu erlernen; sie beschönigen diese Eigenschaften durch ein vorgebliches Anhalten an ihre frühere Nationalität, sie weigern sich eine Sprache als Nationalsprache anzuerkennen, in der doch ihre heiligsten Interessen verhandelt werden.

Die Teutschen und Slaven in Ungarn sollen sich nicht vor den drohenden Demonstrationen so vieler Magyaren fürchten, denen die Emanzipation der ungarischen Sprache jezt eine hinlängliche Garantie darbietet, ihre eigene Sprachenignoranz zu versteken, allein nicht darum sollen sie gegen die magyarische Sprache Opposition machen; im Interesse ihres Vaterlandes, das doch nur Ungarn und nicht Teutschland, nicht Rußland ist, sollen sie einer Sprache nicht mit Ironie oder feindlicher Gesinnung entgegenarbeiten, die doch durch die Gnade des Landesherrn ihre herrschende Sanction erhalten hat. Dieses bitten wir den *Siebenbürger Boten*, besonders aber die Leutschauer Convente, wo die nordische Lust die Herzen zu erstiken droht, zu beherzigen. Wir hegen die gewisse Überzeugung, daß diese Erkenntniß doch später die in Ungarn wohnenden Atome Teutschlands und –[3] dahin bestimmen wird, sich dieser Sanction zu fügen. Der Teutsche soll teutsch – der Slave slavisch fortsprechen, allein er soll auch ungarisch können, um so mehr, da er als Bürger dieses Landes dessen Sprache kennen muß. Auch der Elsasser spricht teutsch und französisch, seine Abkunft ist teutsch, und doch nennt er sich mit einem gewissen Selbstgefühl – Franzose, weil eine vernünftige Gesezgebung ihn durch politische Vorteile, durch weise Mäßigung in ihrem Nationalisirungsprinzipe dahinbrachte. Der *Siebenbürger Bote* möge sich immerhin auf die Geschichte berufen, um bei den Teutschen und Slaven jede freundliche Annäherung zu verhindern; sie wird ihm nie so gutwillig ihre Alliaz bieten, als uns. Man hat schon so viel über den Kampf des Slaventums mit dem Magyarentum gesprochen und geschrieben, ohne noch vollkommen die Geschichte und die politische Klugheit der Gegenwart in dieser Schlacht angewendet zu haben; die gesunkenen Griechen des bizantinischen Mittelalters waren troz ihres Verfalls im Stande, einen Teil der eingedrungenen Slaven zu hellenisiren, die Westgoten, Ostgoten, Vandalen, Suewen, Longobarden, Franken haben auf die Dauer nicht vermocht ihre Muttersprache aufrecht zu erhalten; siegend wurden sie von der sterbenden Feindin besiegt! Warum? Weil beim Zusammenstoß zweier Nationen die gebildetere siegt! – Natürlich meine ich hier durchaus nicht die fisische Kraft! – Warum hat sich dieses wahre Prinzip nicht bei den Sla-

[3] Hier scheint die Zensur eingegriffen zu haben.

ven in Ungarn schon seit langer Zeit bewährt, in einer Zeit, wo das Magyarentum im Todesschlafe lag, wo die günstigste Gelegenheit sich bot, Swatopluks Reich zu galvanisiren. Wir hegen die heilige Überzeugung, daß Nationen, welche durch politische Formen festzusammengekittet sind, eine gemeinsame Sprache haben müssen, um durch dieselbe die Bürgschaften ihrer Fortdauer zu suchen. Die Geschichte heißt eine Lehrerin der Menschheit, und für das Gedeihen der Nationen zählt sie uns Bindemittel auf, welche die getrennten Bestandtheile zur Einheit zwingen; sie beweist uns nämlich, daß die Stärke, die Sicherheit einer Nation in geistiger Fortdauer in dem Maaße wächst, als die Zahl jener bindenden Kräfte zunimmt. Das stärkste Band ist die gemeinsame Sprache.

Mit der Zeit wird die kalte, weise Überlegung, das nämliche Sistem, auch bei uns, dem ungestümen Drängen Plaz machen. In dem Interesse unseres milden Landesherrn, eng verbunden mit den Interessen Ungarns liegt es, daß unser schönes Land mit der Zeit zu einer einzigen kräftigen Stüze seines Trones sich heranbilde, daß keine fremden Elemente, keine fremden Simpatien sich da vorfinden, die spätere feindliche Verhältnisse benüzen könnten. – Trachten wir vielmehr dahin, alle Interessen zu verschmelzen, und zu versöhnen; nur gegenseitige Concessionen sind im Stande dies zu bewirken. Wir leben in einer Zeit, wo die Ereignisse rasch auf einander folgen – keine Diplomatie, keine Staatsklugheit vermag zu bestimmen, was die Zukunft bietet, – Einheit nichts als Einheit – keine Absonderung – sei unsere Losung; haben wir das erreicht, dann mag kommen was da wolle – Newa oder Seine – unser Schiksal ist gesichert.

— —

[NOTIZ ÜBER DIE BEVÖLKERUNG VON PEST UND OFEN][1]

Hr Bárándy gibt in Wien eine *Statistik Ungarns* in zehn Tabellen und vier Karten heraus.[2] Die erste enthält die Bevölkerung der freien und Municipalstädte nach Religion und Sprache eingetheilt. Wir ersehen daraus in Bezug auf die letztere, daß in *Pesth* 30.000 Magyaren, *dreißigtausend sich Magyarisirende* und 25.000 Teutsche wohnen. Dreißigtausend sich Magyarisirende! Diese Zahl beträgt mehr als das Drittheil der gesammten Bevölkerung und ist das Ergebniß des nur erst seit wenigen Jahren erwachenden Nationalgeistes. Vor fünfzehn Jahren noch zählte Pesth nicht dreitausend solcher, denen es am Herzen lag, die Sprache der Heimath, die süßen Klänge des vaterländischen Bodens sich eigen zu machen. Doch das nationale Bewußtsein ist erwacht. Ungarn ist durch die ewige Macht der Geschichte, durch den weithinhallenden Donner der Ereignisse aus seinem langen Schlummer aufgerüttelt worden, und wie die Wahrheit und die Freiheit, so hat auch die erwachende Nationalität zur Folge, daß sie ohne Rast, ohne Unterlaß nach allen Seiten hin sich ergießt, auf alle Kreise einwirkt, und, ob man für oder wider sie handle, jedes Ereigniß, jede That zu ihren Gunsten sich gestaltet.

So kam es, daß binnen weniger Jahre in Pesth, einer Stadt, wo alle Prämissen und Auspicien dem Magyarenthum so mißgünstig schienen, mehr als ein Drittheil der Bevölkerung der herrschenden Nationalität huldigt. Und so wird es kommen, daß nach einem Jahrzehend kein Statistiker Pesths Bevölkerung förder in Magyaren, sich Magyarisirende und Teutsche

[1] *Der Ungar* 1842, Nr. 176. vom 2. August, S. 835. [Spartentitel:] *Vaterländisches.* Der Autor benannte sich mit der Nummer 7.

[2] BÁRÁNDY JÁNOS: *Magyarország statisticai összes átnézete* [Statistische Globalübersicht Ungarns]. Wien: 1842.

eintheilen, sondern *nur Magyaren* angeben wird. Wer die politische Wichtigkeit einer *nationalen* Hauptstadt im socialen Völkerleben zu würdigen weiß, wird hier unsere Freude von Herzen theilen.

Daß in der Schwesterstadt *Ofen* dagegen nur 2.800 sich Magyarisirende und 29.300 Teutsche wohnen, schwächt keineswegs obige Ansicht. Historische Antecedentien, die dem Magyarenthum beinahe unbesiegbare Hemmnisse entgegenthürmten, die Elemente seiner Bevölkerung und lokale Conjunkturen erklären die für den Patrioten betrübsame Thatsache zur Genüge. Übrigens ist auch hier in neuerer Zeit der Fortschritt der Nationalität unverkennbar. Die jüngere Generation hat die Bahn gebrochen, und keimende Geschlechter werden sie durchlaufen.

— —

[ÜBER EINEN ARTIKEL DER AUGSBURGER *ALLGEMEINEN ZEITUNG*: *DIE JUDEN UND IHRE BÜRGERLICHE STELLUNG IM CHRISTLICHEN EUROPA*][1]

In der *Allgemeinen Zeitung* lesen wir in einem Artikel: *Die Juden und ihre bürgerliche Stellung im christlichen Europa:*[2] „Man stellt in Bezug auf die Juden eine neue Theorie von Toleranz und Menschenrechten auf und unterscheidet zwischen religiöser und politischer Toleranz, zwischen *Menschen*rechten und *Bürger*rechten. Nach den Lehren der Humanität und des Christenthums könne man, so viel gibt man zu, den Juden die ihnen gebührenden Menschenrechte nicht vorenthalten, auf Bürgerrechte im engern Sinn aber hätten sie eben als Juden keinen Anspruch. Was man nach jener Theorie unter Menschenrechten versteht, das Recht nämlich sich seine Nahrung zu verschaffen, zu essen, sich fortzupflanzen, nicht ohne Grund gequält, mißhandelt oder todt geschlagen zu werden, diese Rechte genießen zum großen Theile auch die Thiere im Walde und die Vögel in der Luft, es sind nicht Menschen- sondern *Thier*rechte, Rechte der Creatur. Erst im Staate und in der bürgerlichen Gesellschaft wird der Mensch wahr-

[1] *Der Ungar* 1842, Nr. 182. vom 9. August, S. 859. [Spartentitel:] *Journal-Controlle.*

[2] [Anonym]: *Die Juden und ihre bürgerliche Stellung in den Staaten des christlichen Europa. (Mit besonderer Berücksichtigung eines Artikels in der Preuß[ischen] Staatszeitung.)* In: *Beilage zur Allgemeinen Zeitung* (Augsburg) 1842, Nr. 198 vom 17. Juli, S. 1578–1580; Nr. 212 vom 31. Juli, S. 1690–1692; Nr. 213 vom 1. August, S. 1698–1700. Die im *Ungar* zitierte Stelle befindet sich in Nr. 212 auf S. 1691. Das Zitat ist nicht genau: neben mehreren im *Ungar* weggelassenen Sätzen des Originals fällt besonders auf, dass die ersten Sätze in der Augsburger *Allgemeinen Zeitung* in Präteritum stehen, während sie im *Ungar* in Präsens wiedergegeben, also aktualisiert werden. In der *Allgemeinen Zeitung* wurde die besprochene Theorie als Teil einer geschichtlichen Übersicht vorgeführt, die mit folgendem Satz eingeleitet wurde: „Für den denkenden und unbefangenen Beobachter ist es eine interessante Betrachtung die verschiedenen zum Theil widersprechenden Gründe sich vorzuführen und zu vergleichen, aus welchen man zu verschienenen Zeiten das gegen die Juden beobachtete Verfahren zu rechtfertigen suchte." In: ebd. S. 1690–1691.

haft zum Menschen, und das, was man nach jener Theorie Bürgerrechte nennt, das gerade sind die *eigentlichen Menschenrechte*, und auf sie hat jeder in der bürgerlichen Gesellschaft Geborne ein unabweisbares Recht, wenn man anders überhaupt von Menschenrechten reden will." – Und doch erklärt jener scharfsinnige Referent des *Regélő* die Juden der Emanzipation deshalb unwerth, weil ein israelitischer Schriftsteller, der schlechte Possen schreibt, es gewagt, eine statistische Beschreibung der *ungarischen* Nationalbühne in einen *teutschen* Theateralmanach einzurücken![3]

[3] In dem letzten kommentierenden Satz nimmt der Verfasser dieser Notiz auf eine Auseinandersetzung zwischen dem *Ungar* und dem sich hinter dem Pseudonym „Igazfi Szilárd" verbergenden Redakteur des *Regélő Pesti Divatlap*, Imre Vahot Bezug. „Igazfi Szilárd" publizierte einen aufgebrachten Artikel im *Regélő* (Nr. 57. vom 17. Juli, S. 492–493.), unter dem Titel *Nemzeti Színházunk a' külföldön* [Unser Nationaltheater im Ausland], wegen dem Berliner *Theater-Almanach* für das Jahr 1841, in welchem er falsche Angaben über das Pester Ungarische Nationaltheater fand. Was ihn besonders erboste, war jedoch der Umstand, dass der Mitteiler der Daten diese in einem Organ publizieren ließ, in welchem sonst nur *deutschsprachige* europäische Bühnen bekanntgemacht wurden. Da er im Verfasser der Mitteilung einen Pester jüdischen Schriftsteller vermutete, ließ er sich dadurch zu der allgemeinen Aussage verleiten, die Israeliten, die von Emanzipation träumen und ein „ungarländisches Kanaan" für sich erträumen, dienten den ungarischen Interessen durch solche Mitteilungen eben nicht, vgl. ebd. S. 493. Drei Tage später reagierte *Der Ungar* auf diesen Artikel und stellte die Frage: „Wie hängt der Berliner Theater-Almanach, wo unseres Wissens alles Schöne – wenn auch nicht durchgehends Wahre – über die Nationalbühne gesagt wird, mit der Judenemancipation zusammen? – Acht jute Jroschen demjenigen, der uns über dieses eben so logische als menschenfreundliche Raisonement Aufschluß gibt!" (*Der Ungar* 1842, Nr. 165. vom 20. Juli, S. 792.) „Igazfi Szilárd" erklärte am 28. Juli noch ausdrücklicher, er sei überzeugt, dass der Verfasser der beanstandeten Mitteilung ein Pester israelitischer Schriftsteller sei und dass dies eine ausreichende Grundlage dafür sei, das Recht der Juden auf Emanzipation in Zweifel zu ziehen. Zugleich nannte er den *Ungar* eine jüdische Zeitschrift, „das Organ einer Konfession", das dem Ungarntum fremd sei und seine Interessen nicht vertreten könne (IGAZFI SZILÁRD: *Igazolás* [Rechtfertigung]. In: *Regélő Pesti Divatlap* 1842, Nr. 60. vom 28. Juli, S. 538. [Spartentitel]: *Hirlapi sorompó* [Zeitungsschranke]). Als Replik auf diese Äusserungen ist die oben stehende Notiz des *Ungars* vom 9. August zu verstehen. Zu der Identität von „Igazfi Szilárd"(Imre Vahot) vgl. KOROMPAY 1998, S. 307–308.

Lesigan

AUCH EIN WORT ÜBER UNGARN[1]

Nemzetiség nélkül az alkotmány ingatag,
S ekkor nem erős, nem nagy a nemzet.[2]

Gorove István

Wer sich über die Paria-Hoffnungen und Bekümmernisse des Gevatters Handschuhmacher und der Base Theeschwester hinwegsetzt; wer den Blick höher nach den Sternen richtet, und es vermag, nicht ein Individuum blos, sondern ein Volk, eine große Nation mit jener Liebe zu umfassen, die vom Himmel stammt und die uns Christus lehrte; – wer den Entwicklungsgang unserer socialen Zustände mit aufmerksamem Auge verfolgt, wird das beglückende Geständiß ablegen dürfen, daß wir Magyaren auf der gefahrvollen Bahn des öffentlichen Lebens rüstig vorwärts schreiten. Bald werden mildere Gesetze, gleich holden Friedensengeln, dem Bauer die Bande lüften, womit einst finstere Jahrhunderte ihn an Noth und geistige Verkümmerniß gekettet; sie werden den Städter aus seiner moralischen Versunkenheit erwecken und in ihm die Hoffnung einer künftig glücklichern bürgerlichen Stellung nähren. Schon erhebt sich der Adel in Masse, um in wahrer Seelengröße, mit eigener Hand die matten Treibhausgewächse einer Gesetzgebung zu vernichten, die nur bevorrechtete Kasten kennt.

Patriotismus und wahre Aufklärung sind die beiden Pole, um welche sich alle Kultur der Menschheit bewegt. [Anm. 1.] Kann aber Patriotismus etwas Edleres, etwas Höheres erreichen wollen, als Nationalität.

Nationalität und wieder Nationalität! Nach dieser Perle haschet, und läge sie begraben tief unter dem Meere, und würden noch so viele Opfer für

[1] *Der Ungar* 1842, Nr. 296. vom 24. Dezember, S. 1285.
[2] Dt.: Ohne Nationalität ist die Verfassung labil, / und die Nation nicht stark und groß.

ihren Besitz gefordert. Was liegt am Ende daran, die Köhlerfreuden des Eintagslebens für eine *große Empfindung* geopfert zu haben, für einen Tag, wo das Bewußtsein nationaler Größe einziehen wird in alle Herzen!

Nationalität... Aber eben hier liegt der Stein des Anstoßes. Die kreisende Bewegung der Zeit hat sich allen Stämmen, allen Völkerschaften mitgetheilt. Unfähig, dem Drange zu widerstehen, doch noch unfähiger, die innerste Natur zu erkennen und zu würdigen, wurde von ihnen vielfach die wahre Richtung verfehlt, und so sehen wir in dem Lande der Anomalien, in Ungarn, die barokeste der staatlichen Erscheinungen. *Slaven* stehen auf und wollen slavische, *Illyrier* erheben sich und fordern illyrische, *Teutsche* regen sich bedächtig und schwerfällig und wünschen teutsche Nationalität, und lebten hier Japanesen, sie würden gleichfalls ihre Ansprüche geltend machen wollen. Alle stellen sich neidisch ängstlich um die jugendlich starke, *aus sich selbst* sich entwickelnde unzerstörbare Nationalkraft der Magyaren, wollen mit ihr feilschen und schachern, wollen ihr trotzen. Sie vergessen, daß sie hiedurch die eigene Mutter verletzen, die sie säugte und an deren Brüsten sie erstarken könnten; sie mißachten die Gebote der Politik, des Rechtes, der Vernunft. In engherziger Selbstsucht haschen sie nach einer etwa möglichen Blüthe des Augenblicks und opfern dafür die Früchte der Zukunft.

In *einem* Lande *mehre* Nationalitäten; ein bischen magyarisch, ein bischen slavisch, etwas teutsch und etwas illyrisch. Ist ein solcher Zustand nicht der nächste zum politischen Untergange? Es heißt die normalen Schulbegriffe der Staatslehre noch nicht verstehen, vermag man im Ernste und ohne Hinterhalt derlei Absichten in Antrag zu stellen.

Nie haben noch halbe Maßregeln zu einem großen Ziele geführt! Ganz und untheilbar ist die Wahrheit und das Recht. Magyaren! die Zeit ist da! Umfassen wir mit der ganzen Kraft unserer Seele das, wozu Recht und Gemeinwohl uns drängen. Umfassen wir das Vaterland mit glühender Liebe, bringen wir ihm alle Opfer, um es groß, mächtig zu machen, werden wir *eine* Nation, um sodann eine *beglückte* Nation zu werden, damit jener geistreiche Schriftsteller in seinem Rechte bleibe, der da sagt über dieses Land an der Donau, Theiß und Marosch [Anm. 2.]: Europa weiß, mit welchen raschen Schritten Ungarn seiner völligen geistigen Entwicklung entgegengeht, mit wie vielem Erfolge es daran arbeitet, seine gegenwärtige in ihren Grundzügen eminent freisinnige Verfassung in eine wahrhaft liberale, allen Ständen gleichen Schutz und gleiche Freiheit zusichernde zu verwandeln. Nur wenige Jahre noch, und wir werden die Realisirung dieser Strebungen erblicken und die Menschheit wird sich darüber freuen, denn eine große edle Nation wird dann in den Schooß der Freiheit und Civilisation zurückgeführt sein.

[Anm. 1.] *Die Ungarn in ihrem Staats- und Nationalwesen;* von Alexander Pußtay. Leipzig: 1843.

[Anm. 2.] *Österreich und dessen Zukunft.* Hamburg: 1843.

–d–

JIZRAËL KÖNYÖRGÉSEI (GEBETE DER ISRAELITEN)

übersetzt von [Moritz] Rosenthal, bevorwortet von Moritz Bloch, herausgegeben von Philipp Korn[1]

Nationalität ist das Losungswort geworden in unserm Vaterlande; die Erstarkung desselben zu *Einem* Großen, in sich geschlossenen Ganzen war das Bestreben all derjenigen, die mittelbar oder unmittelbar auf das Wohl des Landes einigen Einfluß geübt. Der Zweck der Bemühungen, das Endziel der Bestrebungen war gefunden, war klar und deutlich hingestellt vor aller Augen, es handelte sich nur um die geeignetesten Mittel – auch das schien bald gefunden, es war – *Spracheinheit*. Die Sprache sollte die verschiedenen Völkerstämme zu *Einem* umformen, die Sprache sollte mächtig genug sein, die entgegengesetzten Interessen versöhnend zu vereinen, die Sprache sich als Gemeinschaftliches, sich als Familienband um Alle schlingen, die sich die Kinder nennen des schönen Ungarlandes. Und eben diese Liebe für Verbrüderung und Einheit, wodurch könnte sie sich wärmer und aufrichtiger bethätigen, als durch das eifrigste Eingehen in den Geist der Sprache, und durch ihn in den Geist, der alle Verhältnisse des Landes durchströmte und durchströmt, von Árpád bis auf den gegenwärtigen Tag?

Daß die Juden in der Beziehung stets in den vordersten Reihen zu sehen waren, wer kann das läugnen? Daß es aber nicht etwa scheinbare Huldigung des herrschenden Principes gewesen, daß sie das ungarische Element durch die Sprache in Saft und Blut aufzunehmen sich bestreben, zeigt vorliegendes Gebetbuch am schlagendsten und unwiderleglichsten. Die Sprache, in der man sein Herz vor Gott ergießt in der Andacht Drange, in der man die Erfüllung seiner zartesten und geheimsten Wünsche von Dem erfleht, der sie allein gewähren kann, in der man den Dank überströmenden

[1] *Pesther Tageblatt* 1843, Nr. 122. vom 24. Mai, S. 516. [Spartentitiel:] *Repertoir für Literatur und Kunst*. Die erste Ausgabe des zweibändigen Werkes erschien in Preßburg 1841, in hebräischer und in ungarischer Sprache. Hier geht es um die zweite Ausgabe, die im Jahre 1843 in Ofen herauskam.

Herzens aushaucht, *die* Sprache muß auch zur Sprache des Herzens geworden sein, denn scheinbare Huldigung dringt nicht über die geheiligte Schwelle des Tempels. Der ungarische Jude fahre fort in der betretenen Bahn, sein Lohn wird nicht ausbleiben.

Herr Korn sorgte für elegante Ausstattung, Druck und Papier ist gleich schön, und die durch das schnelle Vergreifen bereits nothwendig gewordene zweite Auflage noch geschmackvoller ausgestattet.

— —

[ÜBER DEN PATRIOTISMUS DER UNGARLÄNDISCHEN JUDEN][1]

Es regt sich ein Geist unter den Juden, es ist der Geist der Heimathliebe; es gleicht der Jude darin jenem Pflanzensamen, den der Mutterstamm fallen läßt, und welcher doch nicht entweicht, zu seinen Füßen sich in die Erde gräbt und dort ein neues Leben zu beginnen anstrebt. Der Jude hat das Gedächtniß für vergangene Zeiten verloren; er will nur der Gegenwart und ihren Bestrebungen, er will der Zukunft und ihren schönen Träumen leben. Der Jude hat nie eine Hand zurückgestoßen, die man ihm gereicht aber er hat oft die Hand gereicht, und man hat sie ausgeschlagen.

Und wieder ist es bei uns das Judenthum, welches sich mit voller Seele in den Strom der vaterländischen Ideen wirft, welches nicht durch Worte allein, das auch durch die That beweisen will, wie ernst es ihm mit seinem Anschließen an alle heimischen Interessen sei. Es liegt uns ein Aufruf vor, gerichtet an alle Glaubensgenossen des Vaterlandes, sich einem Vereine anzuschließen, welcher gegründet werden soll und der mit den wärmsten, kräftigsten Worten empfohlen werden muß. Es sind nämlich bereits mehre Theilnehmer zusammengetreten, welche, als erste Gründer des Vereines, beabsichtigen, die Vaterlandssprache unter dem Judenthume ganz heimisch zu machen. Es sollen wöchentliche Zusammenkünfte, mit ungarischen Vorlesungen, gehalten werden; man wird auch Novellen, Gedichte etc. in ungarischer Sprache vortragen, und nach strenger, unpartheiischer Kritik des Vereines wird das Beste, das Gediegenste dieser Vorträge gesammelt und am Jahresschlusse als „Gedenkbuch ungarischer Juden" herausgegeben. Um dem Vereine eine weitere Ausdehnung geben zu können, ist der Subscriptionsbestrag eines jeden Mitgliedes nur auf 4 fl. C. Mze. gestellt, wofür dann größtentheils ungarische Zeitschriften und Werke angeschafft werden sollen.

[1] *Der Ungar* 1844, Nr. 7. vom 9. Januar, S. 27. [Spartentitel:] *Vaterländisches.*

Hoffen wir, daß dieses Unternehmen, welches so reiche Früchte zu tragen im Stande wäre, nicht kalt und gleichgiltig angesehen werde; es liegt darin der Keim zu einem innigen Anschlusse an die Nationalität, der man in mehrfacher Beziehung angehört; es liegt darin die künftige Abwehr so mancher Vorwürfe, welche man jetzt schon erhebt, und mehr noch eines Tages erheben würde.

–ó–

DIE FALSCHEN MAGYAREN[1]

Der *Humorist* hat uns in einer seiner jüngsten Nummern die Physiologie der „falschen Engländer" d. i. der sich englisirenden Lerchenfelder mit drastischen Zügen geschildert; die das Ausland besuchenden Magyaren stoßen häufig auf eine, diesen falschen Engländern ähnliche Race, die man füglich mit „falschen Magyaren" bezeichnen kann.

Viele unserer guten Landsleute, die im Vaterlande geboren und an den *nährenden* Brüsten der ungarischen Heimath großgesäugt, sich aber um dessen Verfassung und Sprache nicht im Geringsten kümmern, und daher von diesen Sächelchen eben so viel, wie ihre Urväter am *Schwarzwalde* wissen, werden, sobald sie ins Ausland treten, wunderbarerweise ganz metamorphosirt. Haben sie einmal den Fuß über das Wolfsthal gesetzt, so ist das Erste, daß sie sich einen martialischen Schnurrbart wachsen lassen, nicht selten ihren Rock posamentiren, versehen sich noch im letzten Grenzorte mit einem *Kostök*[2] und einer *Debrecziner Pfeife* und donnern bei jeder Gelegenheit ein *teringettét,*[3] das einen *Kanász*[4] beschämen könnte; im Gasthause hüten sie sich wohl, Bier einschenken zu lassen, sondern alleweil nur *Borrrt!*[5] und hätten sie auch ihr ganzes Leben am Fuße des Tatra nichts als Erdäpfel wachsen gesehn. – Daß da die Magyarisirung der Namen im Großen getrieben wird, versteht sich von selbst. Steffel wird Pista, Hansl – Jáncsi, Seperl – Jóska u.s.w. Vermuthen sie aber in ihrer Nähe einen Landsmann, dessen Muttersprache die magyarische ist, dann wird wieder Pista – Steffel und entschuldigen sich vor dem Fremden wie der slovakisch-französische

[1] *Der Ungar* 1844, Nr. 57. vom 8. März, S. 221–222.
[2] Tabaksbeutel (angefertigt von den Hoden der Widder).
[3] „Teringette", ung. Fluchwort.
[4] Dt.: Schweinehirt.
[5] Richtig ung. „bor", dt.: Wein, hier: Gib Weeein her!

Schneider im *Szökött katona:*[6] „mit diesem reden wir nicht, der spricht zu schlecht ungarisch."

Herr Egressy Gábor erzählte uns, er habe in einem Kaffeehause in Paris, ein Dutzend solcher beschnurrbarteter, bedolmannter Steffel-Pista's getroffen,[7] die an einem Tische sitzend sehr laut in einem ohrzerreißenden, kaum verständlichen schwäbischen Jargon konversirten; sein Begleiter, ein französischer Schriftsteller, machte ihn auf seine Landsleute aufmerksam und äußerte seine Verwunderung darüber, daß er in ihrer Sprache so viel *ch* und *eu* höre, da er (Hr. Egressy) doch geäußert hat, daß diese Laute dem magyarischen Idiome ganz unbekannt seien. – Statt aller Antwort trat Hr. Egressy auf die falschen Magyaren zu, und sprach sie mit einem freundlichen: hova való földi?[8] an und die aufgewichsten Schnurrbärte senkten beschämt ihre stolz aufwärtsstrebenen Spitzen und die rothe Debrecziner Pfeife ward blaß wie ein hölzerner Ulmer-Kopf. Kaum war einer unter ihnen, der mit Mühe ein „nem tudom mágyárul"[9] herausstammelte; ein anderer faßte Muth und sagte: „I kon kan Ungrisch." „Eh mais," sagte der Franzose, ce sont des Choucrout?"[10]

Wer vermag aber die ängstliche Verlegenheit Sepperl-Jancsi's zu schildern, wenn der selbst in der Blouse und Kasquette politisirende Pariser, eine Frage über dies oder jenes politische Verhältniß seines Vaterlandes an ihn stellt, da zappelt Sepperl-Jancsi und schwitzt Blut; Steffel-Pista hat mehr

[6] In EDE SZIGLIGETIs 1843 uraufgeführten Erfolgsstück, dem Volksschauspiel *Szökött katona* (Der Deserteur). Das Stück wurde in Ofen bereits 1844 auch im deutschen Theater mit Erfolg gespielt.

[7] Der Schauspieler Gábor Egressy hielt sich zwischen November 1843 und Januar 1844 in Paris auf (KERÉNYI 1980, S. 143–146, vgl. [GUSTAV IGNAZ ZERFFI]: *Gabriel Egressy über Rachel* in Kapitel IV. Anm. 2.

[8] Dt.: Von wo sind Sie, Landsmann?

[9] Richtig: nem tudok magyarul – dt.: ich kann nicht ungarisch.

[10] Dt.: Ach was, das sind doch Deutsche! Choucrout (richtig: choucroute) dt. Sauerkraut, französischer Spottname für die Deutschen, vgl. folgenden Satz in: EGRESSY GÁBOR: *Párisnak magyarosító ereje van* [Paris hat eine magyarisierende Kraft]. In: *Honderű* 1844, Nr. 6. vom 10. Februar, S. 173–177. „Tapasztalván ugyanis német hazánkfiai, hogy a párisiak kiválólag idegenkednek azon fajtól, mellyet ők *choux crout*-nak és *téte* [richtig: tête] *carrée*-nak neveznek, míg ellenben a magyarhoz – talán némi közös sajátságainknál fogva – vonzalommal viseltetnek: ez okbul német hazánkfiai magyarfiaknak adják ki magokat; és hátat fordítva otthoni szokásuknak: magyar társaikhoz a *kenyérnek* hő szeretetével tapadnak, közéjök számítkoznak, s őket árnyaikként követik." (S. 175, dt. Da nun unsere deutschen Landsleute die Erfahrung gemacht haben, dass die Pariser ganz besonders jener Art abgeneigt sind, die sie *choux crout* [Sauerkraut] und *tête carrée* [etwa: würfelköpfig] nennen, während sie im Gegensatz dazu für die Ungarn – vielleicht wegen manchen gemeinsamen Charakterzügen – Neigung empfinden: aus diesem Grund geben sich unsere deutschen Landsleute für Ungarn aus; sie verlassen ihre in der Heimat angewohnte Verhaltensweise: sie schmiegen sich ihren magyarischen Gefährten mit warmer *Brot*liebe an, sie rechnen sich unter sie und folgen ihnen wie ihre Schatten.)

Courage und hängt der Pariser-Neugierde einen Bären an. – Alle aber sehen es ein, wie sehr sie die erste Pflicht eines jeden Landeskindes vernachläßigten, und trachten erst in der fernen Fremde Manches nachzuholen. – So gehen die an 300 sich belaufende Zahl unserer Pariser Landsleute gegenwärtig damit um, einen Leseverein unter sich zu bilden; mehrere Redakteure ungarischer Journale, vor allen der *Honderü*, schicken ihnen bereits ihre Blätter und zwar unentgeldlich. Und so sonderbar es auch klingen mag, Thatsache ist es, daß viele unserer Landsleute, die hier nie ein ungarisches oder gar kein Journal in der Hand gehabt, verlegen sich in Paris nun ganz ernstlich darauf, diese zu lesen, und verschlingen jede, noch so unbedeutende Notiz mit einem wahren Heißhunger, der durch die Ferne und der steten Berührung mit Kindern einer fremden Nation noch gesteigert wird; mit einem Worte, von den Franzosen lernen sie erst, was das heiße: Vaterland und wie man die theure Heimath lieben müsse.[11]

Der *Honderü* spricht in seiner letzten Nummer von drei solchen *falschen Magyaren,*[12] die als Handwerker auf ihrer Wanderreise auch nach Pyrmont (im Herzogthum Waldeck) kamen; hier erfuhren sie, daß die Herzogin, Schwiegertochter des regierenden Herzogs von Waldeck (geborne Gräfin von Teleki) ihre Landsmännin sei. Hocherfreut bürsten sie ihre alten fadenscheinigen Zrinyis[13] aus, eilen in das herzogliche Schloß, lassen sich melden, und zwar – wahrscheinlich nicht vermuthend, daß eine so hochgestellte Dame auch magyarisch spreche (welche Ironie!) – als wahre Abkömmlinge Árpád's. Die Herzogin nimmt ihre Landsleute freundlich auf und spricht die magyarisch Gekleideten magyarisch an – Zwei von ihnen verstanden die Herzogin kaum, der Dritte radebrechte eine Entschuldigung. Die edle Herzogin ließ den Tiefbeschämten nichts destoweniger ein ansehnliches Geschenk verabreichen, legte es ihnen aber ans Herz, wie ungerecht es sei, die Sprache des Landes, wo man geboren und erzogen ist, nicht einmal zu verstehn. – Die „falschen Magyaren" bedauerten ihre bisherige Pflichtvergessenheit gegen ihre mütterliche Heimath und schieden mit dem heiligen Versprechen, diese gewiß wieder gut zu machen, sobald sie wieder ins Vaterland zurückkehren.

[11] Alle wesentlichen Momente dieser Pariser Schilderungen findet man auch in GÁBOR EGRESSY's Artikel: *Párisnak magyarosító ereje van.*

[12] *Honderű* 1844, Nr. 9. vom 2. März, S. 283–284. Die Notiz hat keinen eigenen Titel. Der Spartentitel lautet: *Pesti salon. Heti szemle* [Pester Salon. Wochenschau].

[13] Hier: eine Art ungarischer Rock.

— —

PESTH-OFNER NOTIZEN[1]

Vorige Woche erbrach ein Chevalier d'Industrie, der lange Zeit hier einen Stutzer spielte, ein Gastzimmer im „weißen Schiffe", wurde aber von dem zufällig hereintretenden Zimmerherrn auf der That ertappt und unter fürchterlichen Mißhandlungen in's Stadthaus geschleift. Ein ungarisches Blatt ruft triumphirend „der Dieb war ein Jude!" und dies Blatt glaubt einen Witz gemacht zu haben, daß es den Dieben einen Emancipandus nannte. Es ist zum Lachen, wie gewissenhaft besonders der *Jelenkor* jeden Sträfling verzeichnet, der *jüdischer Religion* ist; dies aschgraue Blatt geht noch weiter und schreibt in zweifelhaften Fällen: „die Diebe waren *wahrscheinlich* Juden." – Human und edel bleibt es aber jedenfalls, von einzelnen Bösewichtern auf ein ganzes Volk zu schließen, unter denen es Viele, sehr Viele gibt, die vielleicht reiner von den sogenannten Judensünden sind, als jener Feuilletonist.

[1] *Der Ungar* 1844, Nr. 66. vom 19. März, S. 259.

M.

DAS VOLKSFEST AM BLOCKSBERGE

(Am Ostermontage)[1]

Volksfest? – Nein, so sehen die Volksfeste nicht aus, nicht in Wien, Paris, London, Neapel, selbst nicht im sandigen Berlin. Es ist unter den Leuten kein *Volk* zu finden, es ist mehr Nation als Volk, es ist eigentlich gar kein Volk. – Es fehlt ihnen zum Volke die Gemüthlichkeit, der Witz, der frohe Lebensmuth, das gemeinsame Zusammenhalten, das gefühlvolle Sichverstehen und Insichaufgehen!

Wir haben in Pesth und Ofen kein Volk; wir haben Menschen mit vielen Nationalitäten, die einander schroff gegenüber stehen. Hättet Ihr, freundliche Leser, gesehen, wie sich der ungarische Theil des Volkes ausschließlich um die Zigeunerbande drängte, während das teutsche Volk um das Werkelmann herum sprang, so hättet Ihr die einfachsten Gründe dafür gefunden, wie es bei uns nie zu einem Volksfeste im wahren Sinne des Wortes kommen kann.

Es ist übrigens originell, daß ein Volksfest auf dem hohen steilen Berge gefeiert wird, und das landschaftliche Bild ist in der That malerisch schön und überaus frappant. Der Berg war wie besäet mit Menschen, ein heiterer Tag glänzte über die weite schöne Donaugegend und das war wohl das Schönste an dem Volksfeste.

Einzelne Gruppen des Festes boten jedoch manche interessante Seiten, und dazu rechnen wir jene, wo das *ungarische* Volkselement sich bewegt. – Dort auf jenem Hügelabhange sah man einen halbverfallenen Wagen, auf dem eine Schaar brauner Zigeuner die Nationaltänze erschallen ließ. Um sie herum tanzten ungarische Soldaten mit ernsten Antlitzen. Plötzlich drängt sich ein schlanker brauner Soldat durch die Menge zu den Zigeunern hin, reißt dem Primgeiger die Violine aus der Hand, und beginnt zu

[1] *Der Ungar* 1846, Nr. 89. vom 15. April, Sp. [709–710.]

spielen. Alles horcht auf. Es sind klare silberreine Töne von Wehmuth durchzittert, klagend und in's Herz dringend wie Heimweh um die heimatliche Ferne. Das ist ein *Zigeuner*, den das Los unter die Fahne rief, und der jetzt weint, um die Pußta, um sein braunes Liebchen unter den Söhnen der Haide! Und die Augen der begleitenden Zigeuner rollen feuriger, und dem grauen Zigeuner dort, mit der kurzen Baßgeige, rinnt eine Thräne über das dunkle Antlitz, und er scharrt wüthend auf sein Instrument los. Und als der Tanz beendigt ist, da läßt er die große Geige sinken, und ruft: „Miska!" – Und der Soldat wendet sich um, und – Vater und Sohn liegen sich in den Armen!

Wie gesagt, es liegt Charakter und Originalität in allem dem, was dem ungarischen Volke eigenthümlich ist, aber es ist eben das Unglück, daß der kleinste Theil nur diesem Volke angehört. Das übrige Volk vertreibt sich die Zeit mit traurigen Späßen, und dazu gehört das Herumwerfen mit Äpfeln, auf daß sich die Gassenjungen von Pesth und Ofen darum balgen, das Walzertanzen auf dem Rasen und leider auch die maßlose Völlerei, die rohen Ausdrücke als unmittelbare Folgen derselben u.s.w.

— —

SIEBENBÜRGER BRIEFE[1]

Nro. 7.

Hermannstadt, 7. Juni

Das Theater beschäftigt uns in diesem Augenblicke ganz besonders. Direktor Kreiling,[2] der neue Stücke und neue darstellende Kräfte mitbrachte, hat das schaulustige Publicum in Bewegung gebracht. Als Darstellerin von Liebhaberrollen ist eine Demoiselle Marie Müller so eben engagiert worden, doch wollen wir nach dem ersten Debut derselben noch kein entscheidendes Urtheil fällen: genug, die Darstellerin gefiel.

Die Oper zählt Hrn. v. Sabatzky, einen bekannten tüchtigen Tenor, unter ihre Stützen. Weniger ist dies der Fall mit Demois. Selisko, die vor Jahren als jugendliche, viel, sehr viel versprechende Sängerin in Hermannstadt auftrat, und von dort aus einen Künstlerflug nach höheren Kunstinstituten beginnen sollte. Die uns lieb gewordene Sängerin ist wieder zurückgekehrt; Stimme und Gestalt haben viel von ihrem frühern Glanze verloren! Die Agathe im *Freischütz*[3] gefiel nicht zum Besten, wie überhaupt die Partien der Sängerin in deutschem gediegenen Gesang. Ansprechender war ihre Stimme in der *Nachtwandlerin* und den *Puritanern*.[4] – Hr. Hurf,[5] der Basso primo, ein noch junger Mann, spricht nicht an. Es fehlt Spiel und Kraft der Stimme; es fehlt vielleicht – gründliche Musikschule. – Neulich hatten wir

[1] *Pester Zeitung* 1847, Nr. 463. vom 22. Juni, S. 2497. [Spartentitel:] *Feuilleton*. Das erste Stück der Reihe *Siebenbürger Briefe* erschien in der *Pester Zeitung* am 9. Mai. 1847, Nr. 439, S. 2351. Der anonyme Autor signierte sich mit einem Kreuz „†".

[2] Wahrscheinlich: KREIBIG. Vgl. *Theater-Journal den hohen gnädigen Gönnern zum Abschiede, ehrfurchtsvoll gewidmet von Alois Jaritz, Souffleur*. Hermannstadt: 1847.

[3] Oper von CARL MARIA WEBER, 1821.

[4] Opern von VINCENZO BELLINI, *La Sonnambula*, 1831; *Puritani*, 1834.

[5] Wahrscheinlich: HURST, vgl. mit dem *Theater-Journal*..., Anm. 2.

das Vergnügen ein Ballet zu sehen: *Die Longobarden in Spanien* (?),[6] wo ein Ehepaar, Luigini genannt, das gutmüthige Publicum plagte. Österreichische Husaren kämpften mit Wallenstein'schen Reisigen u.s.w.; eine bleischwere, dicke Terpsychore[7] kugelte schwerfällig herum neben einem spindeldürren, melancholischen Tänzer etc. Basta! Wir haben hier bisweilen *Kunstabende*, wo wir mit der elendsten Marktcomödie concurriren. Und diese spanischen Longobarden sahen wir zudem im Abonnement suspendu![8]

Ich gehe zur Prosa des täglichen Lebens über. Ein Vater hatte in hiesige achtbare Häuser nach und nach sieben Kinder als Dienstboten eingeschmuggelt. Es war merkwürdig, daß der Mann der selbst alle Arbeit scheute, dennoch ganz behaglich dahinlebte. Ein mißlungener Diebstahl eines der sieben Kinder brachte die Polizei auf die Beine: es ergab sich, daß die verhängnißvollen Sieben seit längerer Zeit Diebstahl im Großen trieben, wozu sie der Rabenvater angeleitet hatte. Welche Strafe wird wohl unser Criminalcodex für eine so seltene sittliche Verdorbenheit bestimmen?

Einiges Aufsehen macht so eben ein *Liederbuch der Siebenbürger Deutschen*, welches unser bekannter Poet und politischer Sänger Geltch bei v. Hochmeister herausgab.[9] A Varos usque ad Darans,[10] d. h. aus dem gesammten Territorium des Sachsenlandes haben sich Nachtigallen, Lerchen und Spatzen in diesem Liederhain der Sachsen niedergelassen. Da hallt es von Zweig zu Zweig „Deutschthum" und immer wieder „Deutschthum", und der Herausgeber selbst führt den begeisterten Reigen mit wortreichen Dichtungen an, die – beiläufig gesagt – nicht eben fein zu Wege gehen. Es sind da etliche lange Dichtungen an die *Zweikreuzerpolitiker*(?) und die Maulpatrioten, die Schlegel's göttliche Grobheiten[11] athmen. Der Geist fast

[6] Das Fragezeichen steht im Text des Artikels. Der in Anm. 2 erwähnte Hermannstädter Theateralmanach enthält über dieses Stück folgende Eintragung: „26. Mai 1847 *Die Zerstreuten*, L[ustspiel] Hierauf: *die Longobarden in Spanien*, mimisches Ballet von der Ballet-Tänzer-Gesellschaft in Modena, (Abonn[ement] Susp[endu])".

[7] In der griechischen Mythologie die Muse der Tanzkunst.

[8] Dt.: bei aufgehobenem Abonnement, d. h. auch die Abonnenten mussten die Eintrittskarte voll bezahlen.

[9] *Liederbuch der Siebenbürger Deutschen*. Herausgegeben von J[OHANN] F[RIEDRICH] GELTCH. I. Band. 1. Heft. (12-r. XVI és 352 l.) Hermannstadt: 1847. Das zweite und letzte Heft kam erst 1851 heraus.

[10] Dt.: Von Broos bis Draas, Redewendung zur Selbstbestimmung der Territorien der Siebenbürger Sachsen. Broos (ung. Szászváros, heute rum. Orăştie) liegt im Westen Siebenbürgens und Draas (ung. Homoróddaróc, heute rum. Drăuşeni) im Osten.

[11] Der Ausdruck „göttliche Grobheiten" schreibt sich von FRIEDRICH SCHLEGELs 1799 publiziertem Roman *Lucinde* her, ist aber als Zitat recht ungenau, (vgl. oben *An die Redaktion der Iris* Anm. 7. und SCHLEGEL *Werke* Bd. 5, S. 12–13.)

aller dieser Dichtungen ist ein häßlicher, prosaischer Geist; die Reime dienen höchst unpoetischen Tendenzen, und „die Ideale sind zerronnen".[12]

Auffallend ist es, daß in unserm versteckten, heimlichen Ländchen keine innige Lyrik sich vernehmen läßt. Alle Jungen lassen ihren politischen Grimm in Reimen vernehmen, und fast das ganze *Liederbuch* wurde so häßlichen Gedichten geöffnet. Aber fast erschreckend gellt uns diese laute, fast feindlich geäußerte Deutschheit entgegen. Da lasen wir vom „Abschied vom alten Vater Rhein", von „Grüssen an Deutschland", von seltsamen Fragen: „Sind wir deutsch?", und es will uns bedünken als seien die Sachsen keine *Siebenbürger* mehr. Wir würden nichts sagen, wenn wir andere, practischere, lebenswärmere Tendenzen ebenfalls vertreten sähen; aber nur Deutschthum und Deutschthum! Wir wollen damit nur auf den Abweg aufmerksam machen, dem die jungen Deutschthümler zutaumeln. Wir Sachsen aber, jetzt von hundert und hundert Tagesfragen durcheinander gerüttelt, wissen ob des neuen Treibens nicht recht wo aus, wo ein, und so hassen und lieben wir, wie's eben die Zeitschriften anstimmen. Dieses literarische Deutschthum, dränge es in so feindlicher Weise, als es sich ausspricht, in das Volk, welche Masse von Unheil würde uns daraus erwachsen! Es ist dies nicht der Geist unserer Constitution. Unsere Constitution, obwohl deutsch, hat sich in Siebenbürgen eingelebt und siebenbürgisch gestaltet. Unser Vaterland ist ein Bundesstaat, und er muß dies bleiben. *Unsere Verbindung mit Deutschland ist seit siebenhundert Jahren keine politische mehr.* Wir sind Sachsen, sind Siebenbürgen,[13] keine Württemberger oder Preußen!

Nehmen Sie dies für eine Recension des *Liederbuches* hin; man kann vielmehr nicht darüber sagen. Von künstlerischem Standpuncte ist das Sammelwerk nicht zu betrachten, Geltsch ist durchaus kein Künstler; dazu fehlt ihm Regel und Genius. Begeisterung und Deutschthum machen es nicht aus. Die Mehrzahl derer die beitrugen, dichtete ohne geniale Befähigung.

[12] Aus FRIEDRICH SCHILLERs 1795 entstandenem Gedicht *Die Ideale,* 2. Str, 3. Vers.
[13] Richtig: Siebenbürger.

nz

SÄCHSISCHE BRIEFE[1]

Teil II

Hermannstadt, 20. Juli 1847

Unter den Silhouetten *sächsischer* Prosaisten und Dichter, welche Ihr Correspondent ausschneidet, erlaube ich mir die von Geltsch herauszuheben. Leider muß ich sein Urtheil mit unterschreiben, daß dieses Talent allzu überschwenglich dem Bombaste opfert. Sie selbst müssen ihn schon kennen und beurtheilen gelernt haben, denn wo ich mich recht erinnere, so haben Sie vor geraumer Zeit einige Geltsch'sche Verse aus seiner Parodie von Schiller's Glocke[2] in Ihrem Blatte unter der Überschrift: *literarisches Curiosum* mitgetheilt. Auch das neueste Ergebniß seiner Muse und seines Sammlerfleißes, das *Liederbuch der Siebenbürger Deutschen*, ist von dem Schreiber der *Siebenbürger Briefe* berührt worden. Ich halte es für kein wirkliches Liederbuch, denn es enthält dazu allzu viel lange und breite Dichtungen, viel zu declamatorisch, förmliche versificirte Zeitungsartikel, entschieden grimmige Polemik, die, richtig in Musik gesetzt, schauderhaft klingen müßte, und für halbwegs bescheidene Lungen unmöglich zu singen wäre. Ein reines wirkliches *Liederbuch* ist es nicht, obgleich einige recht sinnige Lieder von Kirchner, Wittstock, Krasser[3] u. a. drinnen zu finden sind.

[1] *Pester Zeitung* 1847, Nr. 486. vom 1. August, S. 2616. Der erste der *Sächsischen Briefe* ist in der *Pester Zeitung* am 23. Juli 1847, Nr. 481, S. 2590 abgedruckt worden. Der Verfasser der Briefe erklärte, sein Ziel sei vor allem, „Einiges in den *Siebenbürger Briefen* von einer andern Seite zu beleuchten".

[2] JOHANN FRIEDRICH GELTCH: *Das Lied von der Öffentlichkeit*. Parodie auf Schiller's Lied von der Glocke. Hermannstadt: 1845.

[3] Es ist nicht klar, von welchem der Gebrüder KRASSER, von David oder von Friedrich die Rede ist. Die Beiträge im *Liederbuch der Siebenbürger Deutschen* wurden unter Pseudonymen publiziert.

Höchlich erstaunen aber, wo nicht zürnen muß man darüber, daß Ihr Correspondent diesem Buche vorzüglich das darin vertretene Deutschthum zum Vorwurfe macht. Es soll ja das Liederbuch der Siebenbürger *Deutschen* sein! Und da namentlich dieses Deutschthum, da unsere Nationalität vornehmlich durch ungarische Wünsche und Strebungen in Frage gestellt werden will, so ist es nicht nur erklärlich, es ist natürlich daß unsere Barden sich dieses Stoffes vorzugsweise bemächtigen mußten. Es wäre eine unverzeihliche Indolenz gewesen, wenn sie es nicht gethan hätten. Es ist ganz in der Ordnung, daß sie es gethan haben.

Was fürchtet Ihr Correspondent von diesem so energisch verfochtenen Deutschthum? Etwa die Wiederkehr der lächerlichen Auswüchse der Deutschthümelei im großen Deutschland zu Anfang des gegenwärtigen Jahrhunderts? – Nun, wenn es weiter nichts wäre, das wäre wohl noch zu überwinden; doch glaube ich, daß der besonnene Sinn unseres Volkes es vor Lächerlichkeit bewahren wird. Hierbei muß aber darauf aufmerksam gemacht werden, daß das dermalige energische Bewußtsein unserer Nationalität, ja mit ihm unser ganzes frischeres politisches Leben keineswegs der Anregung des Mutterdeutschlands verdankt wird. Es war vielmehr die großartige Ermannung unserer Nachbarn und Bundesgenossen, der Ungarn, die uns in der Würdigung des nationalen Moments mit so glorreichem und erfolgschwerem Beispiele vorgeleuchtet hat. Sie haben dadurch – ob mit Willen oder nicht, das gilt gleich – einen guten Theil der Schuld quittirt, die sie in vorigen Jahrhunderten bei der mannhaften Treue und dem bündischen Schutze der Sachsen contrahirt hatten. Was sie so glücklich zum Leben wieder erweckt: das nationale Bewußtsein der Sachsen, es wird gedeihen und Früchte tragen unter dem festen Schirme österreichischer Gerechtigkeit und sächsischer Ausdauer.

Hat der sächsische Stamm zum Frommen und zur Cultur des Landes, zum Aufbau und zur Mitbewahrung der politischen Bedeutung desselben durch sieben Jahrhunderte mitgewirkt, warum sollte nun plötzlich das Heil des Landes vom Untergange dieser Nation bedingt sein? Gewiß, die Humanität der Gegenwart wird die wünschenswerthe Entwickelung des magyarischen Volkes mit der Gleichberechtigung der Sachsen in Einklang zu bringen vermögen. – Ihr Correspondent befürchtet, eine Masse Unheil würde daraus entstehen, wenn dieses „literarische Deutschthum" ins Volk dränge. – Ist dieses Deutschthum wirklich nur *literarisch*? Oder wurzelt es schon mitten in der Seele des Volkes? – Woher jener schöne Drang nach Emporhaltung und Reinigung der deutschen Institutionen der sächsischen Nation, welchem der erhabene Monarch in der Comeswahlfrage so hochherzig gerecht geworden?[4] Hat die Regierung die Verse der politischen Dichter unter den Sachsen in einer gemischten Commission von Staatsmännern und Kritikastern commentiren lassen, hat sie gespannt gelauscht den furchbaren Spalten der zahmen sächsischen Blätter und dann, bezwungen von dem mächtigen Duett sächsischer Polemik und Poesie, die Maßregeln beschlossen; oder ist nicht vielmehr die Erledigung der Comeswahlfrage – zunächst ein Akt fürstlicher Gerechtigkeit – zugleich auch eine Ehren- und Mündigkeitserklärung des sächsischen Volkes?! – Woher jener schöne Drang, der alljährlich neue Institute im Mittel der sächsischen Nation ins Leben ruft, zur Pflege der Wissenschaft, der Gewerbe, des Handels, des Landbaues u.s.w.? – Liegt ihm nur der Autoritätsglaube an die Zeitungen, liegt ihm nur reines Geldinteresse zu Grunde? Oder spricht sich in der Errichtung dieser Institute nicht eben die Überzeugung aus, daß zum Wohl des ganzen Sachsenvolkes, zur Erhaltung unseres Stammes derlei Anstrengungen nothwendig seien, wie sie die Errichtung von Instituten erheischt, an deren Wirksamkeit auch andere Nationen Hoffnungen für ihren Bestand und ihr Gedeihen knüpfen. Wie wollten die unter uns so zahlreichen Vereine, die ihren Mitgliedern durchgehends Geldopfer auferlegen und keine persönlichen Vortheile einbringen, wie wollten sie bestehen können, wenn der Gedanke an die Rückwirkung auf das Ganze, auf physische und moralische Stärkung der Nation in ihren Gliedern nicht vorherrschend und verbreitet wäre im ganzen Volke, und nicht etwa nur bei den Literaten? Nein, dieses Deutschthum ist nichts weniger als blos literarisch; es ist eine Blüthe des ureigenen Volksgeistes, an der sich die Großen und die Kleinen in unserer Literatur gestärkt und gelabt, – des Geistes, der in seiner ganzen Riesenmacht nur dann sich offenbart, wenn große Ereignisse seines Beistandes gewärtig sind oder finstere Geschicke seinem Träger nahen.

Ihr Correspondent verwirft das sächsische Particularinteresse, ja selbst die nur literarische Wechselwirkung, die Beziehung auf das große Deutschland und bezeichnet den allgemeinen *siebenbürgischen* Standpunct als den richtigen. Daß wir auch als Siebenbürger unsere Schuldigkeit thun, dürften gerade die diesjährigen Landtagsdebatten und dann namentlich die Contri-

[4] Das Recht der Siebenbürger Sachsen, ihren Comes, den Sachsengrafen und Hermannstädter Königsrichter frei zu wählen, ist nach 1790 nicht ausgeübt worden, 1816 und 1826 wurden die ohne Mitwirkung der sächsischen Gemeinden vom König ernannten Personen in das Amt des Comes eingesetzt. Nach dem im Mai 1845 erfolgten Tod des damaligen Comes Johann Wachsmann, gewährte König Ferdinand V. den Sachsen, ihren „Nationsoberhaupt" wieder selbst zu wählen. Der erwählte neue Nationsgraf Franz von Salmen ist im August 1846 installiert worden, vgl. [JAKOB RANNICHER]: *Denkblätter an die Installationsfeier Sr. Hochwohlgeboren, des Herrn Franz Joseph v. Salmen, Königsrichter von Hermannstadt, Graf der sächsischen Nation und wirklicher geheimer königl. Rath, zusammengestellt und geschrieben von einem Sachsen*. Kronstadt: 1847.

butionstabellen zur Genüge darthun. (In dem beregten Geltsch'schen Liederbuche dürfte Ihr Correspondent, pag. 28, 161, 244, 247 u. s. f., auch Lieder gefunden haben, deren Gegenstand das gesammte siebenbürgische Vaterland ist.) Ein siebenbürgisches Staatsbewußtsein aber gibt es nicht. Wir sind Provinz und gehören einem großen Ganzen, der österreichischen Monarchie an. Mit ihr stehen und fallen wir, und die je deutlichere Erfassung dieses Verhältnisses, die je innigere Verschlingung der Interessen der einzelnen Provinzen unter einander und mit denen des ganzen Staates ist die große Bürgschaft für das Wohl dieses Staats und dieser Provinzen. Es ist unendlich wichtig und erfreulich, wie dieses österreichische Staatsbürgerthum, wenigstens das Bewußtsein desselben in neuerer Zeit immer weiter um sich greift; ja auch im benachbarten Ungarn (z. B. auf der letzten Congregation des Preßburger Comitats) zeigen sich Spuren davon. – Wenn aber Ihr Correspondent sagt: daß wir Sachsen in keiner politischen Verbindung mit Deutschland mehr sind, so erlaube ich mir auf die dreizehn Millionen Deutsche hinzuweisen, die mit uns unter dem österreichischen Scepter in Provinzen leben, die großentheils zum deutschen Bunde gehören. Dies Letztere ist zwar mit uns Sachsen nicht der Fall, aber einem kleinen deutschen Völkchen, rings umgeben von Völkern fremder Zungen, „weit hinten, nahe an der Türkei", wird man den Rückhalt und den Trost nicht übel nehmen, den es in dem Glücke findet, einen Deutschen zum Fürsten zu haben, in der Mitunterthanschaft von dreizehn Millionen Brüdern, so wie in der Ausbreitung des deutschen Volks über die Erde. Auch die Genealogie der Völker hat ihre Wichtigkeit, wie dies z. B. die Forschungen der Magyaren in Asien darthun.

ANHANG

NACHWORT

Der gegenwärtige Band enthält eine Auswahl von deutschsprachigen Pressetexten aus der Zeit zwischen 1810 und 1847. Die Texte stammen überwiegend aus Zeitschriften, mit der einzigen Ausnahme der *Pester Zeitung*, die mit Texten aus ihrer Feuilletonsparte vertreten ist.

Der Band gliedert sich in sechs Kapitel. Kapitel I-V enthalten Texte aus Zeitschriften, die als Beiblätter von Preßburger und Pest-Ofener deutschsprachigen Zeitungen (der *Preßburger Zeitung* und der *Vereinigten Ofner und Pester Zeitung*) publiziert wurden. Das Beiblatt der *Vereinigten Ofner und Pester Zeitung* unter dem Titel *Gemeinnützige Blätter* bestand von 1811 bis 1845, die *Preßburger Zeitung* verfügte in diesem Zeitraum über drei einander ablösende Beiblätter: das *Unterhaltungsblatt für die Leser der Preßburger Zeitung* (1812–1826), die *(Preßburger) Ährenlese zur Belehrung und Unterhaltung* (1827–1836) und die *Pannonia* (1837–1847). Diese Blätter wurden von der Forschung wenig beachtet, sind aber doch, besonders durch ihr dauerhaftes Erscheinen, wichtige Zeugen der historischen und kulturhistorischen Entwicklungen in der ungarischen Reformperiode und in der sie vorbereitenden Zeit.

Die vier Beiblätter werden in fünf thematischen Kapiteln vorgestellt. Zuerst werden programmatische Äußerungen der Redakteure mitgeteilt, dann folgen literarische Texte (erzählende Prosa und Gedichte). Kapitel III enthält Rezeptionszeugnisse mit Bezug auf die deutsche, österreichische, bzw. die ungarische Literatur. Außer Rezensionen und Kritiken kommen hier Adaptationen, Zitate und solche Erwähnungen von Autoren und Werken vor, die nicht in Rezensionen und Kritiken, sondern in Berichten, Memoiren, Abhandlungen stehen, aber prägnante Zeugnisse über die Rezeption von literarischen Werken oder interessante Werturteile liefern. In Kapitel IV werden Texte vorgestellt, die sich auf das Theaterleben beziehen, vor allem Theaterkritiken und Beurteilungen deutscher und ungarischer Dramen. Kapitel V ist Äußerungen und Problemen der nationalen Identität, der Sprachfrage und imagologischen Aspekten gewidmet.

Das sechste Kapitel, das sich wiederum in drei thematische Unterkapitel gliedert, enthält, gleichsam als Hintergrund zu den vorgestellten Preßburger und Pest-Ofener Blättern, Texte aus insgesamt acht deutschsprachigen ungarländischen Periodika zwischen 1825 und 1847, aus sechs Pester Blättern, sowie aus einer Kaschauer und einer Raaber Zeitschrift. Die drei Unterkapitel von Kapitel VI sind der Rezeption der deutschen Literatur, dem Theaterleben und der nationalen Problematik gewidmet und dienen dazu, den Lesern einen Ausblick auf die breite deutschsprachige Presselandschaft des Königreichs zu ermöglichen. Einerseits wurden hier Dokumente zu solchen Problemen gesammelt, die auch in den ersten fünf Kapiteln berührt wurden, um zu zeigen, wie andere deutschsprachige Blätter des Landes das gleiche Thema angingen; andererseits Pressestimmen zu solchen Problemkreisen, die in den Preßburger und Pest-Ofener Beiblättern nicht oder nur am Rande auftauchten, – und deswegen in der hier mitgeteilten Auswahl nicht vertreten sind –, um zu zeigen, dass die fehlende Beachtung derselben von Seiten der Preßburger und Pest-Ofener Beiblätter nicht als typisch für die deutschsprachigen ungarländischen Zeitschriften angesehen werden kann. Um einige Beispiele zu nennen: Zu der ersten Gruppe gehören Texte zur Goethe-Rezeption und zur Aufnahme der ungarischen Volksschauspiele des Ede Szigligeti, sowie jene, welche die Situation der ungarländischen Slawen und Deutschen behandeln; zu der zweiten Gruppe gehören Texte, die von der Rezeption der deutschen Romantik in ungarländischen deutschsprachigen Blättern zeugen (in der Pester Zeitschrift *Die Biene* 1830, in der *Iris* 1826) und solche, die in den 1840er Jahren die Stellung der Siebenbürger Sachsen erörterten (z. B. im *Ungar* 1842).

Die deutschsprachige Presse nahm in der Presselandschaft Ungarns in der ersten Hälfte des 19. Jahrhunderts eine wichtige Stelle ein. Die Gesamtzahl der deutschsprachigen Zeitschriften, die in Ungarn von den 1770er Jahren bis heute erschienen sind, schätzt man auf etwa 2.000 Titel.[1] Für die Zeit bis einschließlich 1848 verzeichnet die ungarische Pressebibliographie von Margit V. Busa rund 200 ungarischsprachige und etwas über 200 deutschsprachige Periodikatitel.[2] In der Anzahl der deutschsprachigen Zeitschriften

[1] JOHANN SCHUTH: *Literatur und Kunst der Ungarndeutschen*. In: *Deutsche in Budapest*, zusammengestellt von Wendelin Hambuch. Budapest: Deutscher Kulturverein 1999, S. 419; JÁNOS SZABÓ: *Die ungarndeutsche Gegenwartsliteratur vor historischem Hintergrund*. In: ebd. S. 427.

[2] BUSA 1986, vgl. auch: ANDREA SEIDLER–WOLFRAM SEIDLER: *Das Zeitschriftenwesen im Donauraum zwischen 1740 und 1809*. Kommentierte Bibliographie der deutsch- und ungarischsprachigen Zeitschriften in Wien, Preßburg und Pest-Buda. Wien: 1988., MÁRIA RÓZSA: *Die deutschsprachige Presse in Ungarn im Überblick*. Eine Budapester Dokumentation. In:

gab es bedeutende Schwankungen. Der chronologisch erste Text, der in diesem Band abgedruckt wurde, stammt von 1813, einem Jahr, in dem im Königreich Ungarn (ohne Siebenbürgen) keine selbständige deutschsprachige Zeitschrift vorhanden war. Zeitschrifteninhalte erschienen in dieser Zeit nur in Beilagen und Beiblättern von Zeitungen und könnten noch in den Intelligenzblättern aufgetaucht sein.[3] Die langlebigsten unter den Beiblättern waren die in dieser Auswahl vorgestellten Begleiter der *Preßburger Zeitung* und der *Vereinigten Ofner und Pester Zeitung*.

Ein Jahrzehnt lang (von 1808 bis 1818) dauerte jene Ebbe in der deutschsprachigen ungarländischen Presseproduktion, die auf die erste seit den 1770er Jahren anhaltende Welle folgte. Das Verstummen ist teils der repressiven Pressepolitik unter König Franz I., teils den politischen und wirtschaftlichen Erschütterungen der Zeit der Napoleonischen Kriege zuzuschreiben und dies gilt auch für die ungarischsprachigen Zeitungen und Zeitschriften. Die deutschsprachigen Zeitschriften verschwanden aber mit einer mehr als zehnjährigen Verspätung im Vergleich zu den ungarischsprachigen Zeitschriften von der Presselandschaft Ungarns, denn die ungarischsprachigen Zeitschriften wurden nach der 1794 entdeckten Martinovics-Verschwörung als erhöht verdächtig angesehen und ihr Erscheinen durch Zensur, Verbot und Verweigerung der Druckerlaubnis verhindert.[4] Den deutschsprachigen Zeitschriften kam deswegen nach 1794 eine stellvertretende Rolle für die fehlenden ungarischsprachigen Zeitschriften zu:[5] einige von ihnen wurden zu Chronisten der Entwicklung der ungarischsprachigen Literatur und zu Foren eines literarischen Lebens, das in den ersten Jahrzehnten des 19. Jahrhunderts gerade anfing sich zu magyarisieren.

Deutsche Sprache und Literatur in Südosteuropa – Archivierung und Dokumentation. Beiträge der Tübinger Fachtagung vom 25.–26. Juni 1992. Hrsg. von Anton Schwob und Horst Fassel. Verlag Südostdeutsches Kulturwerk. München: 1996, S. 265–267; WOLFGANG KESSLER: *Deutschsprachige Veröffentlichungen im Raum des historischen Ungarn: Erschließung – Sammlung – Benutzung*. In: ebd. S. 191–217. Zu den Periodika vgl. S. 209–211.

[3] Eine inhaltliche Erschließung der ungarländischen Intelligenzblätter steht noch aus. Die Intelligenzblätter bildeten im 18. und in der ersten Hälfte des 19. Jahrhunderts neben Zeitungen und Zeitschriften die dritte Gattung der periodischen Presse und dienten der Veröffentlichung von Anzeigen, Ankündigungen und offiziellen Kundmachungen. In den ausländischen (deutschen) Vertretern der Gattung waren, ähnlich wie in Kalendern, häufig auch gemeinnützig-belehrende, unterhaltende und belletristische Texte vorhanden. Vgl. GERHARD PETRAT: Das Intelligenzblatt – eine Forschungslücke. In: *Presse und Geschichte II*. Neue Beiträge zur historischen Kommunikationsforschung. Hrsgg. von der Deutschen Presseforschung (Bremen). München, London, New York, Oxford, Paris: 1987.

[4] KÓKAY 1979, S. 231 ff.

[5] LÁSZLÓ TARNÓI: *Parallelen, Kontakte, Kontraste*. Die deutsche Lyrik um 1800 und ihre Beziehungen zur ungarischen Dichtung in den ersten Jahrzehnten des 19. Jahrhunderts (Studienband). Budapest: 1998, S. 221–222; KÓKAY 1979, S. 234–242.

In den 1820er Jahren nahmen sowohl die ungarischsprachige als auch die deutschsprachige Presseproduktion einen großen Anlauf, aber erst von den mittdreißiger Jahren an begann die ungarischsprachige Presse die deutschsprachige an Bedeutung und Popularität zu überflügeln, was auch an der Anzahl der Neugründungen abzulesen ist (siehe Tabelle).[6]

Anzahl der neugegründeten Periodika in Ungarn (einschließlich Siebenbürgen)

	In deutscher Sprache	In ungarischer Sprache
1825	2	1
1830	4	2
1835	1	2
1840	5	7
1845	1	5

Die ungarische nationale Bewegung stellte in dieser Zeit die deutsch schreibenden Intellektuellen des Landes und die Herausgeber und Mitarbeiter von deutschsprachigen Presseorganen vor das Problem, wie sie ihre Deutschsprachigkeit während und trotz der Magyarisierung des ganzen literarischen Lebens legitimieren können. Während die deutsche Sprache in den 1780er Jahren und noch am Anfang des neuen Jahrhunderts recht selbstverständlich als Wissenschaftssprache und als Kommunikationsmittel unter den mehreren Sprachgemeinschaften angehörenden Bewohnern des Landes gewählt wurde, wurde es in den 1830er und 1840er Jahren immer schwieriger, mit Blick auf den Assimilationsdrang von Seiten der Ungarn, die Wahl der deutschen Sprache zu begründen. Darauf deuteten auch die heftigen Angriffe gegen deutschsprachiges Schrifttum und die deutschsprachige periodische Presse des Landes, die von den 1830er Jahren an in der ungarischsprachigen Presse veröffentlicht wurden.

Um einen Angriff gegen deutsch publizierende ungarländische Verfasser ging es bei dem 1831 entflammten Literaturstreit um Ferenc Kazinczys ungarische Übersetzung von Johann Ladislaus Pyrkers epischem Gedicht *Perlen der heiligen Vorzeit*, dessen Materialien bereits gesammelt publiziert sind.[7] In den Zusammenhang dieser Kontroverse gehört ein Text in diesem Band aus der Feder von Karl Georg Rumy, der noch vor dem ersten Angriff auf Kazinczy und Pyrker veröffentlicht wurde, und, wie auch andere Journalartikel dieses deutsch schreibenden ungarländischen Intellektuellen aus der

[6] Aufgrund der Zusammenstellung in BUSA 1986.
[7] SZALAY 1981, SZABÓ 2000.

gleichen Zeit, eine gutmütige, fast ahnungslos anmutende Einstellung zur Sprachfrage widerspiegelt.[8] Für die Vertreter dieser Einstellung schien die Weiterführung des alten Hungarus-Bewusstseins (einer von Etnikum und Muttersprache unabhängigen, für alle Bewohner des Königreichs Ungarn geltenden Zugehörigkeit zur *natio hungarica*)[9] und ihre Vereinigung mit einer positiven Einstellung zur wachsenden Bedeutung der ungarischen Sprache und Literatur am Anfang der 1830er Jahre noch möglich.

Auf missliebige Äußerungen gegen das Verwenden der deutschen Sprache sowohl in Publikationen als auch im Alltag reagieren eine Reihe anderer Texte dieser Sammlung und illustrieren somit den wachsenden Druck, dem die nicht ungarisch schreibende und sprechende Umgebung der erstarkenden nationalen Bewegung der Ungarn im Laufe der 1830er und '40er Jahre zu begegnen hatte. Auch die lateinische Sprache fand als Wissenschafts- und Literatursprache noch ihre Verteidiger (vgl. Karl Georg Rumys *Vaterlandsehre* betitelten Text aus dem Jahre 1837 in Kapitel V), als die ersten Schritte zur Ablösung des Lateinischen durch das Ungarische als Amtssprache des Landes bereits kodifiziert waren.

Die literarischen Bestrebungen der Slawen und Rumänen sowie der sie treffende Magyarisierungsdruck sind das Thema einiger Texte der Sammlung, z. B. von zwei Notizen über die Schriften des Pester evangelischen Geistlichen Jan Kollár, Dichter in tschechischer Sprache. Die eine stammt von Karl Georg Rumy und wurde im Pester *Spiegel* 1829 publiziert, die andere von ungenanntem Verfasser und stand 1837 in dem Beiblatt der *Vereinigten Ofner und Pester Zeitung*, den *Gemeinnützigen Blättern*. Beiden Texten (der wohlwollenden aber schablonenhaften Ankündigung von Kollárs Abhandlung *Über die literarische Wechselseitigkeit zwischen den verschiedenen Stämmen und Mundarten der slawischen Nation* in den *Gemeinnützigen Blättern* und Rumys kundiger Behandlung von Kollárs 1821 entstandenem Sonettenkranz *Sláwy dcera*) ist die fehlende Beachtung des Politikums gemeinsam, das die literarischen Bestrebungen der ungarländischen Slawen naturgemäß beinhalteten. Nicht nur die Fortschritte der ungarischen Sprache und Literatur, auch die Leistungen in der ehrwürdigen Literatur- und Wissenschaftssprache Latein und selbstverständlich in Deutsch, sowie die Ausbildung anderer Volkssprachen des Landes (slawisch, rumänisch) zu Literatursprachen sollten freudig begrüßt und anerkannt werden – verkündete man in den 20ern und 30ern in den deutschsprachigen Zeitschriften des

[8] Zu Rumy vgl. die Arbeiten von István Fried (FRIED 1963a, FRIED 1963b, FRIED 1967) sowie HILÓCZKI 2003.

[9] Vgl. FRIED ISTVÁN: *Nacionalizmus, nemzet, irodalom* [Nationalismus, Nation, Literatur]. In: Ders.: *Kelet- és Közép-Európa között* [Zwischen Ost- und Mitteleuropa]. Budapest 1986. S. 89–143.

Landes. Noch in den 1840er Jahren, als an dem Schicksal der ungarländischen Deutschen und Slawen auch schon die ausländische Öffentlichkeit Anteil nahm, beteuerten die leitenden Mitarbeiter der Preßburger *Pannonia*, es sei eine Nebensache, in welcher Sprache man sich ausdrücke, wenn man der guten Sache (Aufklärung und Patriotismus) diene:

> „Es gibt nie genug Canäle, die in das große Weltmeer der Aufklärung münden, und ob das Schiff eine weiße oder rothe Flagge hat, zählt weniger, als ob es gut segelt, und wenn heimathliche Wanderer sich darauf befinden, so sollte man sie freundlich salutiren."

Adolf Neustadt, Redakteur der *Preßburger Zeitung*, schrieb diese Worte 1841, um die Pester deutschsprachige Zeitschrift *Der Ungar* gegen Angriffe in ungarischsprachigen Zeitschriften zu verteidigen.[10] Adolf Dux, der 1845 zu einem der wichtigsten Mitarbeiter der *Preßburger Zeitung* und der *Pannonia* wurde, drückte sich gewagter aus, und nahm in seinem leidenschaftlichen Plädoyer das Paradoxe der Aussage in Kauf:

> Man darf zum Gott der Ungarn, eben so wie zum Allewigen in verschiedenen Zungen beten. Man kann in jeder Zunge *Patriot* sein, weil es sich bei diesem eben mehr *ums Herz und um die That* handelt.[11]

Dux und Neustadt vertraten eine Anschauungsweise, für die die Sprache als eine Äußerlichkeit, ein „Kleid", eine „Schale" erschien[12] und nannten ihre Wertvorstellungen „Patriotismus" und „Aufklärung", in der Zeit, als die Losung „Nationalität und wieder Nationalität!" an der Tagesordnung war[13] und die politische Broschürenliteratur und die periodische Presse im In- und Ausland von Ausdrücken wie „Ultramagyarismus" und „Magyaromanie" geprägt war.

Bei Dux und Neustadt handelt es sich um junge Leute: Neustadt war 1812, Dux 1822 geboren. Ihre Anschauungen zeigen die Zähigkeit und zugleich die Anpassungsfähigkeit von Identifikationsmustern, die sich nicht auf Sprache und nicht auf die Ethnie gründeten und die der erstarkende Nationalismus des 19. Jahrhunderts nur langsam in den Hintergrund drängen konnte, die in zahlreichen Mischformen und oft mit unklaren Konturen lange weiterexistierten und sich sicherlich nie vollständig vertilgen ließen.

[10] S. 263 in Kapitel V.
[11] S. 269 in Kapitel V.
[12] Vgl. ADOLF DUX: *Über deutsche Literatur in Ungarn*. S. 272–274 in Kapitel V.
[13] Vgl. LESIGAN: *Auch ein Wort über Ungarn*. S. 361–362 in Kapitel VI. c.

Die *Gemeinnützigen Blätter* und die Beiblätter der *Preßburger Zeitung*

Die *Vereinigte Ofner und Pester Zeitung* erschien in Pest-Ofen von 1800 bis 1845. Sie und ihr Beiblatt (1811–1845) wurden in der Universitätsdruckerei in Ofen gedruckt. Herausgeber und Redakteur der *Gemeinnützigen Blätter* war 1811 bis 1837 Johann Christoph Rösler, der sich auch als Almanach-Herausgeber und Schriftsteller einen Namen machte.[14] Nach seinem Tod, ab 1837 wurde das Blatt von seiner Witwe herausgegeben, die Redaktion übernahm Joseph Janisch, vor 1835 Schullehrer in der Gemeinde Schlaining im Komitat Vas, danach als freier Schriftsteller, Journalist und Redakteur in Pest tätig.

Die *Preßburger Zeitung* wurde bis 1805 von Michael Landerer, 1805–1810 von dessen Erben herausgegeben und gedruckt, 1810 ging die Zeitung in das Eigentum der Stadt über. Das Recht der Herausgabe pachteten danach verschiedene Unternehmer von der Stadt[15] und gaben mit der Zeitung 1812–1847 drei einander ablösende Beiblätter heraus.

Über Verbreitung und Wirkungskreis der Beiblätter ist wenig bekannt, ihr Leserkreis mag sich mit der Leserschaft ihrer Hauptblätter im Großen und Ganzen gedeckt haben. Nach den Schätzungen, die man in der Fachliteratur findet, hatte die *Vereinigte Ofner und Pester Zeitung* in den 1840er Jahren ca. 3.000 Pränumeranten.[16] Die *Preßburger Zeitung* hatte 1818 etwa 1.300 Abonnenten,[17] für die 1840er Jahre schätzt man ihre Abonnentenzahl auf ca. 1.500 Personen.[18] Bereits die 1.300 Abonnenten im Jahre 1818

[14] Prosatexte von RÖSLER findet man in: *Literatur und Kultur im Königreich Ungarn um 1800 im Spiegel deutschsprachiger Prosatexte*. Ausw. und Nachw. von LÁSZLÓ TARNÓI. (= Deutschsprachige Texte aus Ungarn 3). Budapest 2000; Dichterische Versuche in: *Deutschsprachige Lyrik im Königreich Ungarn um 1800*. Ausw. und Einleitung von LÁSZLÓ TARNÓI. (= Deutschsprachige Texte aus Ungarn 1). Budapest: 1996.

[15] KÓKAY 1979, S. 246; SAS ANDOR: *Pozsony, az egykori koronázóváros a bécsi kongresszustól a nagy márciusig 1815–1848*. [Die ehemalige Krönungsstadt Preßburg vom Wiener Kongress bis zum großen März 1815–1848.] Bratislava: 1995, S. 68.

[16] KÓKAY 1979, S. 246. In dieser Größenordnung bewegte sich die Anzahl der Abnehmer der *Vereinigten Ofner und Pester Zeitung* nach den Schätzungen der Herausgeber der Nachfolgerzeitung, der *Pester Zeitung*. Diese zahlten an die Herausgeberin der älteren Zeitung eine lebenslange Rente dafür, dass sie ihr Blatt an sie abtritt. Die Summe der Rente richtete sich nach der Abnehmerzahl der *Pester Zeitung*. Vgl.: SZEMZŐ PIROSKA: *A „Pester Zeitung". Egy XIX-ik századbeli kormánylap története* [Die „Pester Zeitung". Geschichte eines Regierungsblattes aus dem XIX. Jahrhundert] (= Az Országos Széchényi Könyvtár kiadványai XIII [Veröffentlichungen der Széchényi Nationalbibliothek XIII]) Budapest: 1941, S. 28–29.

[17] SAS ANDOR a.a.O., S. 131.

[18] KÓKAY 1979, S. 246.

bedeuten einen Rückgang im Vergleich zu der Jahrhundertwende, als die Abonnentenzahl der *Preßburger Zeitung* die 2.000 erreichte.[19]

Die Pest-Ofener und Preßburger Beiblätter, die in den ersten fünf Kapiteln dieses Bandes vorgestellt werden, waren keine schöngeistigen oder literarischen Zeitschriften. Die *Gemeinnützigen Blätter* hatten sich, wie auch der Titel zeigt, vor allem das Ziel gesetzt, allgemein nützliche Kenntnisse zu vermitteln. Als Beiblatt der *Vereinigten Ofner und Pester Zeitung* dienten sie, ebenso wie die Beiblätter der *Preßburger Zeitung*, auch dazu, den Lesern der Zeitungen Hintergrundinformationen zum Nachrichtenmaterial zu liefern und der Leserschaft durch unterhaltendes Material das Abonnement der Zeitungen anziehender zu machen. Was das Niveau, besonders das Niveau der belletristischen Beiträge anbelangt, so können sich diese Zeitschriften, die Preßburger *Pannonia* ab 1840 ausgenommen, nicht mit jenen deutschsprachigen Pester Zeitschriften messen, an denen sich von den 1820er Jahren an namhafte österreichische und deutsche Schriftsteller mit Beiträgen beteiligten.[20] In den *Gemeinnützigen Blättern* erschienen belletristische oder mit einigem Wohlwollen belletristisch zu nennende Beiträge in beachtenswerter Anzahl erst von der Mitte der 1830er Jahre an. In dem Preßburger *Unterhaltungsblatt* und in der Preßburger *Ährenlese* waren belletristische Beiträge bereits in den 1810er und 1820er Jahren vorhanden, ihr Niveau ließ aber auch hier zu wünschen übrig, selbst da, wo es sich um Originalprodukte ungarländischer Schriftsteller handelte.

Der weitgehende Mangel an Behandlung literarischer Themen in den Blättern und das niedrige Niveau der in ihnen abgedruckten Literatur, sowie im Fall der *Gemeinnützigen Blätter* ihre Ausrichtung auf technische und wirtschaftliche Fragen erklären wohl auch den Mangel an Interesse von Seiten der germanistischen Forschung und der ungarischen Literaturgeschichtsschreibung, denn der Inhalt dieser Zeitschriften, die *Pannonia* ausgenommen,[21] wurde bislang nur sporadisch, unter wenigen Gesichtspunkten untersucht.[22]

[19] KÓKAY 1979, S. 246.; ALOIS PICHLER: *Die Entstehung der „Preßburger Zeitung"*. Herausgegeben zum 150. Jahrgange. Preßburg: 1913. S. XXX–XXXI.

[20] OSZTERN a.a.O.; DEZSÉNYINÉ SZEMZŐ PIROSKA: *Német írók és pesti kiadóik a XIX. században. 1812–1878* [Deutsche Schriftsteller und ihre Pester Verleger im XIX. Jahrhundert. 1812–1878]. Budapest: 1931.

[21] OSZTERN a.a.O.

[22] UNGÁR ELEMÉR: *A magyarság a hazai német folyóiratok tükrében 1819–1848*. Tanulmány a nemzeti érzés fejlődésének történetéhez [Das Ungarntum im Spiegel der ungarländischen deutschen Zeitschriften 1819–1849. Studie zur Entwicklung des nationalen Gefühls]. Pécs: 1937; PUKÁNSZKY BÉLA: *Herder hazánkban.* (Német Philológiai Dolgozatok 23) [Herder in Ungarn. (Studien zur deutschen Philologie 23)]. Budapest: 1918; ZÁDOR ISTVÁN: *Heine a tárcaíró és hatása az osztrák–magyar tárcairodalom kezdetére* [Die Wirkung des Feuilletonisten Heine auf die Anfänge des österreichisch–ungarischen Feuilletons]. Budapest: 1935; ZENTAI JÁNOS:

Das Profil der deutschsprachigen Zeitschriftenliteratur in Ungarn veränderte sich in den Jahren um 1830 sehr schnell.[23] Vor 1820 dominierten unter den deutschsprachigen Zeitschriften Ungarns wissenschaftliche, dem Programm der Aufklärung verpflichtete Periodika, von den 1820er Jahren an wurden diese einerseits von wissenschaftlichen Fachzeitschriften, andererseits von Tagesblättern, regionalen Blättern, Literatur- und Theaterzeitschriften, von Mode- und Unterhaltungsblättern abgelöst.[24] In letzteren waren Stil und Inhalt vom Biedermeier geprägt. Dieser Typus- und Stilwechsel ging mit bedeutenden Verschiebungen in der Zusammensetzung der Mitarbeiterschaft der Periodika einher. Während vor 1810 die Herausgeber und Redakteure der Zeitschriften meistens Gelehrte waren, die der Arbeit am Periodikum als Nebenbeschäftigung nachgingen,[25] taucht um die Zeitschriften der 1830er und 1840er Jahre der Typ des *freien Schriftstellers* auf, der seinen Lebensunterhalt von seiner schriftstellerischen und journalistischen Tätigkeit zu decken bedacht ist.[26]

A magyarországi németség angol műveltsége (1830-ig). (Debreceni angol dolgozatok VIII) [Die englische Bildung des ungarländischen Deutschtums (Bis 1830) (Debrecziner englische Studien VIII)]. Debrecen: 1942; FRIED ISTVÁN: *Haza, állam, nemzet a magyarországi német nyelvű sajtóban a XIX. század első felében* [Vaterland, Staat und Nation in der deutschsprachigen Presse Ungarns in der ersten Hälfte des XIX. Jahrhunderts]. In: *Magyar Könyvszemle* 1989, S. 247–262; PAPP JÚLIA: *A francia forradalom és Napóleon korának művészete a korabeli hazai sajtó tükrében* [Die Kunst der französischen Revolution und der Zeit Napoleons im Spiegel der zeitgenössischen Presse in Ungarn]. In: *Magyar Könyvszemle* 1998, S. 207–232; ISTVÁN SOÓS: *Deutsche Presse in Pest-Ofen*. In: *Deutsche in Budapest*, zusammengestellt von WENDELIN HAMBUCH. Budapest: 1999, S. 408–412.

[23] Vgl. die Arbeiten von BÉLA PUKÁNSZKY (vor allem seine *Geschichte der deutschen Literatur in Ungarn. Von den ältesten Zeiten bis 1848*. Budapest: 1926.), PIROSKA SZEMZŐ und RÓZSA OSZTERN aus den 1920er und 1930er Jahren, die Schriften des Petőfi-Forschers JÓZSEF KISS aus den 1960er und 1970er Jahren, sowie die diesbezüglichen Arbeiten von István Fried, György Kókay und Mária Rózsa.

[24] FRIED ISTVÁN: *A magyarországi német nyelvű sajtó kutatásának kérdései.* (XVIII. század, XIX. század első fele) [Zu der Problematik der Erforschung der deutschsprachigen Presse in Ungarn. (XVIII. Jahrhundert, erste Hälfte des XIX. Jahrhunderts)]. In: *Magyar Könyvszemle* 1983, S. 89–101, bes. S. 94–95.

[25] Diese Tatsache, sowie das Fehlen eines kaufkräftigen Publikums führte dazu, dass sich diese Zeitschriften selten an die geplante Erscheinungsfrequenz halten konnten. Ihr Erscheinen wurde oft so weit verzögert, dass ihnen eher der Charakter von Jahrbüchern oder Almanachen als ein Zeitschriftencharakter zugesprochen werden kann.

[26] OSZTERN RÓZSA: *Zsidó újságírók és szépírók a magyarországi német nyelvű időszaki sajtóban, a Pester Lloyd megalapításáig, 1854-ig.* (Német Philológiai Dolgozatok 45) [Jüdische Journalisten und Belletristen in der deutschsprachigen periodischen Presse Ungarns bis 1854, bis zur Gründung des Pester Lloyd. (Studien zur deutschen Philologie 45)]. Budapest: 1930, S. 13–14. Zur Herausbildung des Journalistenberufes in Deutschland und Europa vgl. JÖRG REQUATE: *Journalismus als Beruf.* Entstehung und Entwicklung des Journalistenberufes im 19. Jahrhundert. Deutschland im internationalen Vergleich (Kritische Studien zur Geschichtswissenschaft, hrsg. von Helmut Berding, Jürgen Kocka, Hans-Peter Ullmann, Hans-Ulrich Wehler, Bd. 109.) Göttingen: 1995.

Während die Herausgeber und Redakteure vor 1820 zumeist Ungarndeutsche waren, sind unter den Herausgebern, Redakteuren und Mitarbeitern der Zeitschriften nach 1820 in großer Anzahl jüdische Personen anzutreffen.

Das Pest-Ofener Beiblatt einerseits und die Preßburger Beiblätter andererseits nahmen auf der Palette der ungarländischen Zeitschriftenliteratur sehr unterschiedliche Stellen ein. Die *Vereinigte Ofner und Pester Zeitung* und ihr Beiblatt verblieben in ihrer Aufmachung, Redaktionsweise und der sozialen Zusammensetzung ihrer Hersteller in den alten Bahnen. Die Beiblätter der *Preßburger Zeitung* reagierten flexibler auf die Veränderungen des Zeitgeschmacks als das Pest-Ofener Beiblatt, besonders was die Literatur betrifft. In den 1840er Jahren wurden die *Preßburger Zeitung* und ihr Beiblatt *Pannonia* rasch modernisiert, was in erster Linie mit der Tätigkeit des 1841 eingestellten neuen Redakteurs, des aus Prag stammenden jüdischen Journalisten Adolf Neustadt zusammenhing. Neustadt zog eine Mitarbeitergarde heran, die sich zum bedeutenden Teil aus der jüdischen Intelligenz des Landes rekrutiert hatte und enge Kontakte zu den Literatenkreisen Wiens hatte.[27]

Die vorliegende Textauswahl illustriert, wie die unterschiedlich ausgerichteten Pest-Ofener und Preßburger Beiblätter Literatur vermittelten (Kapitel II), auf Entwicklungen in der deutschen und österreichischen Literatur (Kapitel III), in dem Theaterleben und der ungarisch- und deutschsprachigen Dramenproduktion (Kapitel IV) reagierten, die zeitgenössische ungarischsprachige Literatur rezipierten (Kapitel III), und wie sie die nationale Problematik, die Sprachfrage behandelten, die eigene Position in einem sich magyarisierenden Umfeld bewerteten und Bilder über Ungarn bzw. Deutschland vermittelten (Kapitel V, I). Kapitel VI versucht, wie schon erwähnt, durch die Wiedergabe von Pressestimmen aus acht weiteren deutschsprachigen Periodika des Landes einen ergänzenden Hintergrund zu liefern. Die Unterschiede zwischen den *Gemeinnützigen Blättern* einerseits und den Preßburger Beiblättern andererseits sind gravierend. Besonders auffallend ist die Kluft, die das Pest-Ofener Beiblatt und die Preßburger *Pannonia* in den 1840er Jahren voneinander trennt, aber markante Unterschiede sind auch in den früheren Jahrzehnten festzustellen.

Die Gedichte, die in den *Gemeinnützigen Blättern* abgedruckt wurden, sind bis zur Mitte der 1830er Jahre überwiegend der spätaufklärerischen Gedankenlyrik zuzurechnen, in der erzählenden Prosa dominieren die nicht-fiktionalen, historische Authentizität beanspruchenden Gattungen (Anekdo-

[27] Zu der Rolle, die Adolf Neustadt, Adolf Dux, Gustav Ignaz Zerffi und andere Mitglieder des Preßburger Kreises um Neustadt und die *Pannonia* während der Revolution und dem Freiheitskampf 1848/1849 gespielt haben vgl.: KISS 1970, sowie: *„Ihr Männer auf, es ruft die Zeit". Deutsche Texte aus Ungarn zur Revolution und zum Freiheitskampf 1848/1849*. Auswahl, Einleitung und Nachwort von MÁRIA RÓZSA. Hrsg.: ANDRÁS F. BALOGH und LÁSZLÓ TARNÓI. (= Deutschsprachige Texte aus Ungarn 5). Budapest: 2006.

ten, Biographien). Nach 1837 brachten die *Gemeinnützigen Blätter* praktisch keine von Ungarländern verfasste Gedichte mehr, sondern eine Auslese aus deutschen Dichtern von Gleim bis Platen, deren Auswahl, ebenso wie die Literaturkritiken des Blattes davon zeugte, dass dieses Beiblatt noch in den 1840er Jahren an einer didaktischen Funktionszuweisung der Literatur festhielt. In der erzählenden Prosa dominierten nach 1837 aus Englisch und Französisch übersetzte triviale Erzählungen, ohne jegliche Beziehung zu Ungarn und von sehr zweifelhaftem literarischem Wert.

Demgegenüber kann man an den Gedichten und den erzählenden Prosatexten der Preßburger Beiblätter der Reihe nach die Wirkung des Sentimentalismus, der schwäbischen Romantik, der Literatur des Jungen Deutschland, der historisierenden Romantik und der literarischen Volkstümlichkeit beobachten. Sie boten eine große Anzahl von ungarländischen Originaltexten und vermittelten dem Leser literarische Ungarn-Bilder.

Die Rezeption der ungarischsprachigen Literatur erfolgte im Pest-Ofener Beiblatt in Form von höflichen, wohlwollenden aber nichtssagenden Rezensionen und Ankündigungen, die nur Positives zu erwähnen wagten. Was mit der vom Blatt vertretenen literarischen Orientierung nicht zu vereinbaren war, überging man mit Schweigen. Kein Zufall, dass die radikalen Vertreter der volkstümlichen Richtung (Sándor Petőfi und die Volksschauspiele von Ede Szigligeti)[28] in den *Gemeinnützigen Blättern* keine Erwähnung fanden. Die Preßburger *Pannonia* dagegen reflektierte in ihrer 1840 eingeführten Feuilletonsparte ununterbrochen die ungarischsprachige Presse und die aktuellen Entwicklungen in der ungarischsprachigen Literatur, und ihre Mitarbeiter (Gustav Zerffi, Adolf Dux, Gustav Birnbaum) lieferten zwischen 1844 und 1847 kritische Revues der ungarischsprachigen Literatur, mit dem Anspruch, die Leserschaft der Zeitschrift von dem Neuesten in Kenntnis zu setzen, was sich im ungarischen literarischen Leben ereignete. Ungarische Literatur fand in der *Pannonia* in Form von Übersetzungen und von Nachdichtungen eine weite Verbreitung. Die literaturkritischen Positionen, die die Mitarbeiter der *Pannonia* vertraten, divergieren. Gustav Ignaz Zerffi und Gustav Birnbaum vertraten eine konservative Position, die mit der literarischen Volkstümlichkeit wenig anfangen konnte. In Adolf Dux dagegen, der sich als Übersetzer von Petőfi-Gedichten auch in Deutschland einen Namen machte, fand der ungarische Dichter einen verständnisvollen Dolmetscher

[28] *A magyar kritika évszázadai 2/1. kötet.: Irányok. Romantika, népiesség, pozitivizmus* [Jahrhunderte der ungarischen Kritik Bd. 2/1.: Richtungen. Romantik, Volkstümlichkeit, Positivismus]. Hrsg.: SŐTÉR ISTVÁN. Budapest: 1981, S. 282–297.; Zu der Aufnahme von Petőfi in den deutschsprachigen Periodika Ungans vgl.: KISS 1962, KISS 1987; zu den Volksschauspielen: PETER POR: *Die rustikale Variante*. Das ungarische Volksspiel im 19. Jahrhundert. In: *Das österreichische Volkstheater in europäischem Zusammenhang 1830–1880*. Hrsg.: JEAN-MARIE VALENTIN. Bern: 1988.; KERÉNYI 1981.

und Adolf Neustadt brachte der Gattung des Volksschauspiels mehr Wohlwollen entgegen als die anderen Mitarbeiter seines Blattes oder etwa die Raaber Zeitschrift *Das Vaterland*.[29] Das hängt mit Neustadts pragmatischer Theaterauffassung zusammen, von der mehrere seiner Theaterkritiken zeugen, insbesondere seine Auseinandersetzungen mit französischen Vaudevilles und der Wiener Possenliteratur.[30]

Prägnante Unterschiede zeigen sich zwischen dem Pest-Ofener Beiblatt und der Preßburger *Pannonia* auch hinsichtlich der Rezeption der deutschen Klassik. Diese ist in den *Gemeinnützigen Blättern* von der oben erwähnten didaktisch orientierten Literaturauffassung gesteuert und erschöpft sich zumeist in der ehrfürchtigen Beteuerung der Größe von Goethe und Schiller, in der Mitteilung von moralisierend auslegbaren Stellen aus ihren Dichtungen, in einem anekdotisch ausgerichteten Interesse für ihr Leben und ihre Persönlichkeit, sowie in der Übernahme von kritischen Stellungnahmen aus ausländischen Blättern – vgl. zwei englische, in den *Gemeinnützigen Blättern* in Übersetzung mitgeteilte Zeitschriftenartikel[31] aus dem Jahre 1837. Demgegenüber findet man in der *Pannonia* eine lebendige und aktualisierende Auseinandersetzung mit dem Oeuvre von Goethe und Schiller. Es ist überraschend, mit welcher Selbstverständlichkeit sich Adolf Neustadt 1846 auf eine 1788 in der Jenaer *Allgemeinen Literatur-Zeitung* publizierten Rezension Schillers und auf eine Goethe betreffende Stelle in Schillers Briefwechsel aus dem gleichen Jahr beruft.[32] Von einer vertieften und sehr subjektiven Auseinandersetzung mit dem Phänomen Goethe zeugt ein fiktiver Brief im Jahrgang 1845 der *Pannonia* von ungenanntem Verfasser. Im *[I.] Brief aus einem Winkel Ungarns an eine Dame*[33] steht, dass der Protagonist *Dichtung und Wahrheit* „dieser Tage wieder las" und sich über die Sesenheimer Episode und Goethes Eigenschaften Gedanken machte. Gleichzeitig sind in Kapitel VI Texte zu lesen, die von weiteren Rezeptionsweisen der deutschen Klassiker in Ungarn zeugen. Ein Gedicht von Georg Tretter belegt 1832 anläßlich von Goethes Tod das Vorhandensein einer ausgebildeten kultischen Verehrung des deutschen Dichters,[34] in Goethe betreffenden Bruchstücken eines fiktiven Briefwechsels hingegen, der 1844 in der Raaber Zeitschrift *Das Vaterland* abgedruckt wurde, spricht jemand von dem Dichter, der seine Größe leiden-

[29] Vgl. S. 317–318 in Kapitel VI. b.
[30] Vgl. S. 199–203 in Kapitel IV.
[31] S. 116–118 in Kapitel III. a.
[32] Vgl. S. 204–208 in Kapitel IV.
[33] Vgl. S. 146–147 in Kapitel III. a.
[34] S. 292–293 in Kapitel VI. a, zum Goethe-Kult in Ungarn vgl. BÉLA V. PUKÁNSZKY: *Balthasar Elischer und seine Goethesammlung*. Sonderdruck aus den *Deutsch–ungarischen Heimatsblättern*. 1832. Heft 2, S. 183–210.

schaftlich in Zweifel ziehen will und dem Bann dieser Größe doch nicht entkommen kann.[35]

Zwischen den einzelnen, in unterschiedlichen Periodika publizierten und oft auch unterschiedlichen Gattungen angehörenden Texten bestehen manchmal thematische Beziehungen, z. B. wenn in einem reportageähnlichen Ofener Beitrag des *Ungars* aus dem Jahre 1846 und in einem in der Preßburger *Pannonia* einige Wochen später publizierten Gedicht das gleiche Bild des um seinen zum Soldaten gewordenen Sohn trauernden violinespielenden Zigeuners auftaucht; wenn ein Moment aus Goethes Leben sowohl in anekdotischer Form (im Jahrgang 1835 der Preßburger *Ährenlese*) als auch in einer viel reflektierteren Auseinandersetzung mit dem Dichter (im Jahre 1844 in dem Raaber *Vaterland*) vorkommt; oder wenn in einer aus Theodor Mundts Reisebeschreibungen übernommenen Charakteristik der Krakauer Juden ähnliche Vorstellungen von den fleißigen, sich immer unterwegs befindenden jüdischen Kaufleuten anzutreffen sind (Preßburger *Pannonia* 1841) wie in einer Abhandlung gemeinnützig-ökonomischer Ausrichtung in der Pester *Allgemeinen Handlungs-Zeitung* (Beiblatt des *Spiegels*) im Jahre 1828 mit Bezug auf Ungarn.

Der Textedition wurden ein Namenregister, ein Ortsregister und ein Register der Periodikatitel angefügt. Die Register beziehen sich sowohl auf die Quellentexte als auch auf die sie begleitenden Anmerkungen, beschränken sich aber auf die Wiedergabe von zeitgenössischen Namen und Titeln (Verfasser, Orte und Periodika, die sich in den fachliterarischen Bezugnahmen finden, wurden also nicht aufgenommen). Im Namenregister wurden alle Personennamen und Pseudonyme angegeben. Bei den Personen stehen Geburts- und Todesdatum sowie kurze biographische Angaben. Die Menge der Angaben variiert je nach Bekanntheit der betreffenden Person, der Zugänglichkeit von Lebensdaten in Nachschlagewerken und je nach der Stelle, die sie in den mitgeteilten Dokumenten einnehmen. Wenn es nötig ist, beinhalten die Angaben im Register Hintergrundinformationen zum Verständnis des betreffenden Quellentextes.

Ich danke Professor László Tarnói und András F. Balogh für die langjährige Unterstützung meiner Forschungsarbeit und die Betreuung dieser Textauswahl. Für die hilfreichen Ratschläge danke ich den Mitarbeitern der Abteilung für die Literatur des 19. Jahrhunderts des Instituts für Literaturwissenschaft der Ungarischen Akademie der Wissenschaften, ganz besonders Péter Dávidházi, Ferenc Kerényi, János Korompay und Orsolya Völgyesi. Ich danke auch Márton Szilágyi, Péter Erdősi und Balázs Mátéffy für ihre Hilfe. Die Zusammenstellung und Publikation des Bandes ist durch die finanzielle Unterstützung von OTKA ermöglicht worden.

[35] S. 304–305 in Kapitel VI. a.

VERZEICHNIS DER PERSONENNAMEN[1]

A., Prinzessin: siehe Amalie, Marie Friederike Auguste, Herzogin zu Sachsen
Addison, Joseph (1672–1719): englischer Schriftsteller, Herausgeber von moralischen Wochenschriften 246
Aeschylos/Aischylos/Äschylus (525–456 v. Chr.): griechischer Tragödiendichter 301
Alf. 284
Alfieri, Vittorio, Graf (1749–1803): italienischer Dramatiker 307
Altenhöfer, ? 354
Amalie, Marie Friederike Auguste, Herzogin zu Sachsen (1794–1870): älteste Tochter des Prinzen Maximilian von Sachsen, Schwester der Könige Friedrich August II. und Johann von Sachsen, dramatische Schriftstellerin, veröffentlichte ab 1834 Lustspiele und bürgerliche Charakterstücke, meist unter dem Namen Amalie Heiter 302
Andreas II.: König Ungarns 1205–1235 88
Aristarchus von Samos: griechischer Astronom in der ersten Hälfte des 3. Jahrhunderts v. Chr., lehrte als erster die Bewegung der Erde um die Sonne 335
Aristoteles (384–322 v. Chr.): griechischer Philosoph 228
Árpád (gest. 907?): der erste Großfürst der landnehmenden Ungarn, Urahn der ungarischen Könige von Stephan dem Heiligen bis Andreas III. (997–1301) 164, 165, 266, 365, 371

[1] Die kursivierten Namen kommen nur in den Fußnoten vor. Steht bei Schriftstellern im Verzeichnis keine nationale oder sprachliche Zuordnung ihres Schaffens, handelt es sich immer um deutschsprachige Werke aus dem Königreich Ungarn.

Artner, Therese (1772–1829): in Oberungarn geborene Dichterin, ihre deutschsprachigen Gedichte erschienen unter dem Pseudonym Theone (Gedichte siehe in Bd. 1. dieser Schriftenreihe) 39

Assandro, ?: italienische Opernsängerin 302

Augustus (Octavianus, urspr. Gaius Octavius, 63 v. Chr.–14 n. Chr.): der erste römische Kaiser 247

Bajza, József (1804–1858): ungarischer Dichter, Kritiker, auch als Theaterdirektor, Redakteur, Journalist und Geschichtsschreiber tätig, mit Mihály Vörösmarty und Ferenc Toldy Mitglied der sog. „romantischen Trias", die in den 1830er Jahren und am Anfang der 1840er Jahre, besonders durch die Zeitschriften *Kritikai Lapok* und *Athenaeum* großen Einfluß im ungarischen literarischen Leben hatte 162, 172, 197, 198, 211, 352

Baleski, ?: polnischer Graf 233

Balogh/Balog, István (1790–1873): ungarischer Schauspieler, Mitglied des Pester ungarischen Nationaltheaters, Dramatiker und Übersetzer 316

Balogh/Almási Balogh, Pál (1794–1867): Arzt, ungarischer Schriftsteller, Anhänger der homöopathischen Heilmethode 198

Balzac, Honoré de (1799–1850): französischer Romanschriftsteller 24, 185

Bárándy, János (1788–1854): Statistiker, Publizist in ungarischer und deutscher Sprache 359

Bárány, Ágoston (1798–1849): Advokat, Archivar, ungarischer Dichter und Geschichtsschreiber 159

Barczafalvi Szabó, Dávid (1752–1828): Lehrer in Sárospatak, ungarischer Schriftsteller, Übersetzer, Redakteur 154

Balásházy, János (1797–1857): Advokat, Stuhlrichter, Verfasser von ökonomischen Fachschriften und Ratgebern in ungarischer Sprache 19

Bartha, János (1799–1852): Schauspieler, Mitglied des Pester Ungarischen, bzw. Nationaltheaters 325

Bartha, Jánosné (geb. Anna Meszlényi, 1813–): Schauspielerin, 1837–1860 Mitglied des Pester Ungarischen, bzw. Nationaltheaters 212

Bauer, Bernhard Philipp: angesehener Wiener Buchdrucker, 1790–1830 Eigentümer einer Druckerei, ab 1812 einer Buchhandlung 153

Bauernfeld, Eduard (1802–1890): österreichischer Dramatiker, erfolgreicher Lustspieldichter, auch als Lyriker, Erzähler, Feuilletonist und Kritiker tätig 305

Bäuerle, Adolf (1786–1850): Wiener Schriftsteller und Redakteur 24

Beck, Károly/Karl (1818–1879): in Ungarn geborener Dichter, hielt sich zumeist in Deutschland und in Wien auf, schrieb seine Werke überwiegend in deutscher Sprache, zum kleineren Teil ungarisch 263, 274, 275

Beer, Jakob Liebmann: siehe Meyerbeer, Giacomo

Beer, Michael (1800–1833): deutscher Dramatiker, Bruder des Komponisten Jakob Beer (Meyerbeer) 280, 282, 283

Beethoven, Ludwig van (1770–1827): deutscher Komponist 210

Beimel, József: Buchdrucker, Verleger, ab 1821 Eigentümer einer Druckerei in Erlau, 1829–1856 in Pest, verlegte u.a. bedeutende ungarische Zeitungen und Zeitschriften, wirkte bei einem Teil der Periodika auch als Redakteur 181, 183

Béla III.: König von Ungarn 1172–1196 88

Bellini, Vincenzo (1802–1835): italienischer Opernkomponist 217, 375

Benkert, Karl Maria (ab 1848 Károly Kertbeny, 1824–1882): Bibliograph, Schriftsteller in deutscher und in ungarischer Sprache, lebte ab 1846 überwiegend im Ausland, übersetzte ungarische Literatur ins Deutsche 276

Bériot, Charles Auguste de (1802–1870): belgischer Violinspieler 303

Berzsenyi, Dániel (1776–1836): bedeutendster klassizistischer Dichter der Ungarn 97–99, 154, 172

Bexheft, Johann Konrad (gest. 1825): evangelischer Geistlicher in der Zips, zuletzt in Slakendorf (ung. Nagyszalók, slow. Vel'ký Slavkov), Dichter in deutscher Sprache (Gedichte siehe in Bd. 1. dieser Schriftenreihe) 107

Bexheft, Johann Konrad, der Jüngere: evangelischer Geistlicher in der Zips, Ende der 1820er, Anfang der 1830er Jahre in Slakendorf (ung. Nagyszalók, slow. Vel'ký Slavkov), später in Deutschendorf (ung. Poprád, slow. Poprad) 107

Biberauer, Michael: Prediger in Graz 255

Birnbaum, Gustav (1829–nach 1891): Schriftsteller, Publizist, Redakteur, Mitarbeiter der Preßburger *Pannonia* 185, 188, 190, 395

Blum, Karl Ludwig (Blumer, 1786–1844): deutscher Komponist und Dichter, langjähriger Regisseur der Königlichen Oper in Berlin, schrieb die Musik zu mehr als 50 Bühnenwerken, übersetzte 1824 ,Vaudevilles für deutsche Bühnen' aus dem Französischen 140

Boccaccio, Giovanni (1313–1375): italienischer Schriftsteller 333

Bokatius, Johann: siehe Boccaccio, Giovanni

Bonaparte, Napoleon (1769–1821) 25, 54, 58, 148, 262, 354, 93

Bouchardy, Joseph (1810–1870): französischer Dramatiker 311, 312

Boz: siehe Dickens, Charles

Böckh, August (1785–1867): deutscher Philologe, Altertumsforscher, ab 1811 Professor in Berlin 301

Börne, Ludwig (1786–1837, ursprünglich Löb Baruch): deutscher liberaler Schriftsteller, lebte zwischen 1830 und 1837 in Paris 44, 112, 147, 208, 219, 233, 306, 354

Brachmann, Louise (1777–1822): deutsche Dichterin, hatte Verbindungen zu Novalis und Schiller, einige ihrer Gedichte erschienen 1797 in Schillers *Horen* und *Musenalmanach*, ein Band von Gedichten 1800 und (in zweiter Auflage) 1808 in Leipzig. Eine ihrer Erzählungen wurde wenige

Wochen nach ihrem im September 1822 erfolgten Selbstmord auch im Preßburger *Unterhaltungsblatt* abgedruckt 63

Brion, Friederike Elisabeth (1752–1813): bekannt als Friederike von Sesenheim durch ihre Beziehungen zu Goethe, die Goethe in der autobiographischen Schrift *Dichtung und Wahrheit* literarisch verarbeitete, Tochter des Sesenheimer Pfarrers Johann Jakob Brion, nach der Liebe zu Goethe unvermählt geblieben 148

Brockhaus, Friedrich (1800–1865): 1823–1849 Inhaber der Verlagsbuchhandlung Brockhaus in Leipzig, gemeinschaftlich mit seinem Bruder Heinrich 198

Brockhaus, Heinrich (1804–1874): Inhaber der Verlagsbuchhandlung Brockhaus in Leipzig, 1823–1849 mit seinem Bruder Friedrich, ab 1849 allein 198

Brunswick: siehe Lhérie, Léon

Budai, Ézsaiás (1766–1841): ungarischer Philologe, Geschichtsschreiber, Professor in Debreczin, Verfasser von einer dreibändigen Geschichte Ungarns in Ungarisch, sowie von ungarischsprachigen Lehrbüchern 154

Budai, Ferenc (1760–1802): ungarischer Geschichtsschreiber, Verfasser eines historischen Lexikons 154

Bulwer, Edward (eigentlich Edward George Earle Bulwer Lytton, 1803–1873): englischer Romanschriftsteller 24

Bull, Ole Bornemann (1810–1880): norwegischer Violinvirtuose 303

Bürger, Gottfried August (1747–1794): deutscher Lyriker und Balladendichter des Sturm und Drang 133

Byron, George Noel Gordon, Lord (1788–1824): englischer Dichter 119, 263, 307

Cäsar, Gaius Julius (100–44 v. Chr.): römischer Feldherr und Staatsmann 247

Campe, Joachim Heinrich (1746–1818): deutscher Jugendschriftsteller und Lexikograph 187

Carl Ambrosius: siehe Habsburg, Karl Ambros Josef Johann Baptist

Cato, Marcus Portius (95–47 v. Chr.): römischer Staatsmann 247

Cervantes Saavedra, Miguel de (1547–1616): spanischer Dichter 307

Chaucer, Geoffrey (1344?–1400): englischer Dichter 281

Cicero, Marcus Tullius (106–43 v. Chr.): römischer Redner und Schriftsteller 248

Claudius (10–54 n. Chr.): römischer Kaiser 254

Clauren: siehe Heun, Karl Gottlob Samuel

Corneille, Pierre (1606–1684): französischer Dramatiker 233

Cornelius, Peter von (1783–1867): deutscher Maler, Begründer des monumentalen Stils in der deutschen Malerei der ersten Hälfte des 19. Jahrhunderts, in den 1820er und '30er Jahren in München tätig, wurde 1841 von König Friedrich Wilhelm IV. nach Berlin berufen 297

Crebillon, Prosper Jolyot de (1674–1762): französischer Trauerspieldichter, suchte vornehmlich durch Erregung von Schrecken und Grausen zu wirken, daher sein Beiname „le terrible" 281

Császár, Ferenc (1807–1858): Advokat, Beamter, ungarischer Dichter, Übersetzer (vor allem aus dem Italienischen) 174, 175

Csaplovics, János (1780–1847): Advokat, Gutsverwalter, Schriftsteller, Verfasser von ethnographischen und landeskundlichen Arbeiten, publizierte in deutscher, lateinischer und ungarischer Sprache, hielt sich vorwiegend in Wien auf 19–21, 350, 351

Cserghe̋ő, Ferenc (1775–1855): Staatsbeamter, Schriftsteller, publizierte in deutscher, lateinischer und ungarischer Sprache 19, 20

Csokonai Vitéz, Mihály (1773–1805): bedeutendster ungarischer Dichter um 1800 154, 172

Cyrus (grch. Kyros, 6. Jh. v. Chr.): Begründer des Persischen Reiches 247

Czövek, István (gest. 1828): ungarischer Schriftsteller, Advokat, Übersetzer 159

Czuczor, Gergely (1800–1866): Benediktinermönch, ungarischer Dichter, Sprachwissenschaftler, stellte im Auftrag der Ungarischen Akademie der Wissenschaften das Wörterbuch der ungarischen Sprache zusammen 172

Dankovszky, Gergely/Gregor (1784–1857): Lehrer in Preßburg 1808–1850, Sprachwissenschaftler, publizierte überwiegend in deutscher und lateinischer Sprache, seine etymologischen Untersuchungen waren stark umstritten 164, 334

Dante, Alighieri (1265–1321): italienischer Dichter 307

David: der dritte König Israels (cca. 1000–961 v. Chr.) 202

Dayka, Gábor (1769–1796): ungarischer sentimentaler Dichter 154

Decsy, Sámuel (1742–1816): ungarischer Schriftsteller, Redakteur, von 1792 bis zu seinem Tode Herausgeber der in Wien publizierten ungarischen Zeitung *Magyar Kurír*, propagierte sowohl in seiner Zeitung als auch als Verfasser von selbständigen Publikationen die Pflege der ungarischen Sprache 154

Delavigne, Casimir (1793–1843): französischer Dichter und Dramatiker, Verfasser von patriotischer Lyrik und erfolgreichen Dramen mit liberaler Tendenz, darunter der Tragödie *Le Paria*, die 1821 uraufgeführt wurde 283

Delbrück, Johann Friedrich Ferdinand (1772–1848): deutscher Pädagoge und Philosoph, beschäftigte sich u. a. auch mit Sokrates (*Sokrates, Betrachtungen und Untersuchungen*, 1819) und legte selbst mehrere seiner Schriften dialogisch an (z. B. *Ein Gastmahl, Reden und Gespräche über die Dichtkunst*, 1809; *Lehrsätze, Rathschläge und Fragen über Erziehung und Unterweisung der Jugend*, 1823) 281

Dennery/ d'Ennery, Adolphe Philippe (1811–1899): französischer Dramatiker 327

Déry, Istvánné (Széppataki-Schenbach, Rozália, 1793–1872): ungarische Schauspielerin, Übersetzerin, Verfasserin von Memoiren 236

Déryné: siehe Déry, Istvánné (Széppataki-Schenbach, Rozália)

Dessewffy, József, Graf (1771–1843): konservativer ungarischer Politiker und Schriftsteller 159, 198

Dickens, Charles (1812–1870, Pseudonym: Boz): englischer Romanschriftsteller 186, 305

Diósis, Lajos/Ludwig 89

Doll, Alois: Wiener Buchdrucker 153

Doll, Anton: Wiener Buchdrucker 153

Donizetti, Gaetano (1798–1848): italienischer Opernkomponist von interationalem Ruf, erhielt 1842 für seine in Wien uraufgeführte Oper *Linda di Chamounix* den Titel eines k. k. Hofkapellmeisters. Ebenfalls in Wien uraufgeführt wurde seine Oper *Maria di Rohan* im Jahre 1843 217, 141

Döbrentei, Gábor (1786–1851): ungarischer Schriftsteller, Übersetzer, 1814–1818 Redakteur der Zeitschrift *Erdélyi Muzéum*, 1831–1835 Sekretär der Akademie 172, 198

Dräxler-Manfred, Karl Ferdinand (ursprünglich Dräxler, 1806–1879): Dichter, Novellen- und Romanautor, in Lemberg in Galizien geboren, studierte in Prag, Wien und Leipzig, lebte 1829–1837 als Journalist in Wien, dann in verschiedenen Städten Deutschlands, ab 1845 in Darmstadt 305

Dudevant, Amantine Lucile Aurore, Baronin von (geborene Dupin, 1804–1876): französische Romanschriftstellerin, publizierte unter dem Pseudonym George Sand 24, 185

Dulházy, Mihály (1786–1856): Sekretär des Grafen József Dessewffy, ungarischer Schriftsteller, zwischen 1825 und 1836 Redakteur der Kaschauer Zeitschrift *Felső-Magyarországi Minerva* 159, 160

Dux, Adolf (1822–1881): Schriftsteller, Journalist, Dichter, übersetzte ungarische Literatur (u. a. Werke von Petőfi, Arany, Vörösmarty, Eötvös, Katona, Jókai) ins Deutsche 93, 270, 272, 274, 390, 394, 395

E. M. 297

Eckermann, Johann Peter (1792–1854): deutscher Schriftsteller, Goethes Privatsekretär, bekannt vor allem durch seine Gespräche mit Goethe (Bd. 1. und 2.: Leipzig 1836, Bd. 3.: Magdeburg 1848), besorgte u. a. auch die Redaktion von Goethes nachgelassenen Schriften (1832–1833) und die neu geordnete vollständige Ausgabe von Goethes Sämtlichen Werken (1839–1840) 112

Eckschlager, August 79

Edvi-Illés, Pál (1793–1871): evangelischer Geistlicher, Verfasser von Andachtsliteratur und Lehrbüchern in ungarischer Sprache 255

Egmont (Egmond), Lamoral, Graf von (1522–1568): niederländischer Staatsmann, zeitweise Statthalter, 1568 als Hochverräter enthauptet 207, 208

Egressy (Galambos), Béni/Benjámin (1814–1851): Schauspieler, Opernsänger, Komponist, ungarischer Schriftsteller, Übersetzer 323

Egressy (Galambos), Gábor (1808–1866): Schauspieler und Regisseur, Mitglied des Pester ungarischen Nationaltheaters, setzte sich in seinen dramaturgischen und theoretischen Schriften mit aktuellen Problemen des ungarischen Theaterlebens auseinander 232–236, 325, 370, 371

Egri/Egry, János (1810–1846): Schauspieler und Regisseur in Erlau und Ofen, trat als ungarischer Wanderschauspieler auch in anderen Städten auf, so 1844 in Raab 319

Einhorn, Wilhelm: Leipziger Verleger 170, 172

Ellinger, István (gest. 1842): Buchdrucker und Buchhändler in Kaschau, übernahm gegen 1810 das 1786 gegründete Geschäft seines Vaters Johann Joseph Ellinger und leitete es bis 1842 159

Engel, János Keresztély/Johann Christian (1770–1814): Geschichtsschreiber, in der Zips in Oberungarn geboren, ab 1791 Staatsbeamter in Wien, publizierte in deutscher und lateinischer Sprache 21, 351

Eötvös, József, Baron (1813–1871): ungarischer Schriftsteller, liberaler Politiker 91, 167, 172, 175, 182, 265

Epikur (Epikuros, 341–270 v. Chr.): griechischer Philosoph 119

Erdélyi, János (1814–1868): ungarischer Schriftsteller, Redakteur, Sekretär der Kisfaludy-Gesellschaft, initiierte und leitete die Sammlung ungarischer Volksdichtungen 167, 181

Ernst, Heinrich Wilhelm (1814–1865): in Brünn geborener Violinist, lebte 1832–38 in Paris, nahm sich Paganini zum Vorbild 303

Euripides (484/480?–407/406? v. Chr.): griechischer Tragödiendichter 301

F. 326

Fáncsy, Lajos (1809–1854): ungarischer Schauspieler, Regisseur, Übersetzer, Mitglied des Pester ungarischen Nationaltheaters 316

Fáy, András (1786–1864): ungarischer Schriftsteller, vor allem Prosaist, Politiker, entfaltete weitverzweigte Aktivitäten im öffentlichen Leben 159, 160, 167, 172, 175, 182, 265

Fejér, György (1776–1851): katholischer Geistlicher, ungarischer Schriftsteller, Geschichtswissenschaftler, gab eine 43bändige Sammlung lateinischer Geschichtsquellen zur ungarischen Geschichte heraus und betätigte sich auch literarisch 154, 334

Fekete, Mihály (1820–1871): siebenbürgischer ungarischer Schriftsteller, Dichter, Redakteur, in den 1860er Jahren Hochschullehrer in Klausenburg, publizierte seine dichterischen Versuche Ende der 1830er Jahre unter den Pseudonymen „Hattyú" (Schwan) und „Holló" (Rabe) 167

Fessler, Ignaz Aurel (1756–1839): Geschichtsschreiber, lebte ab 1784 in Lemberg, ab 1796 in Berlin, ab 1709 in Russland 21, 266

Feuerbach, Ludwig Andreas (1804–1872): deutscher Philosoph 299

Fischer, ? 258
Forgách, Mihály, Baron (gest. 1603): ungarischer Adeliger und Wissenschaftsförderer, 1587–1589 rector magnificus der Wittenberger Universität 242
Frankenburg, Adolf (1811–1884): ungarischer Schriftsteller, Redakteur, Journalist, vor allem in den feuilletonistischen Genres erfolgreich 225
Francisci, ? 270
Freiligrath, Ferdinand (1810–1876): deutscher Lyriker des Vormärz, übersetzte aus dem Französischen, Italienischen und Englischen 305
Friederike von Sesenheim: siehe Brion, Friederike Elisabeth
Friedrich II. (auch Friedrich der Große genannt, 1712–1786): preußischer König 1740–1786 297, 299
G–ni 317
Gaál, József (1811–1866): ungarischer Schriftsteller, Dichter, Dramatiker 167, 200, 315
Gabler, Georg Andreas (1786–1853): deutscher Philosoph und Lehrer, Anhänger Hegels, ab 1835 Professor in Berlin 298
Garay, János (1812–1853): ungarischer Dichter, Erzähler, Redakteur 197, 198
Gebhardi, Ludwig Albrecht (1735–1802): deutscher Historiker, Bibliothekar, verfaßte für die Hallische 'Allgemeine Weltgeschichte' die Partien über Dänemark, Norwegen, Ungarn und die „vendisch-slavischen Staaten" 21
Geibel, Karl: Begründer der Buchhändlerfamilie Geibel, 1841–1850 Buchhändler und Verleger in Pest, nach 1850 in Leipzig 178, 219
Geltch, Johann Friedrich (1815–1851): Siebenbürger Sachse, evangelischer Geistlicher, Lehrer, Publizist 376–378, 380
Geßner, Salomon (1730–1788): Schweizer Dichter, Verfasser von antikisierenden Idyllen in rhythmischer Prosa 162, 163
Glatz, Jakab/Jakob (1776–1831): evangelischer Geistlicher, pädagogischer Schriftsteller, seine Arbeiten spiegeln den Einfluß des deutschen Pädagogen Christian Gotthilf Salzmann (Gedichte und Prosaarbeiten siehe in Bd. 1., bzw. 3. dieser Schriftenreihe) 351
Gleim, Johann Wilhelm Ludwig (1719–1803): deutscher Lyriker der Aufklärung 395
Gluck, Christoph Willibald (1714–1787): deutscher Komponist 302
Goethe, Johann Wolfgang von (1749–1832): deutscher Dichter, bereits von den 70er Jahren des 18. Jahrhunderts an galten seine Werke und Ansichten in Ungarn für maßgebend 112, 113, 115–120, 122, 138, 148, 149, 162, 206–210, 282, 284, 285, 292, 294, 300, 301, 304, 306, 307, 312, 325, 386, 396, 397
Goeze, Johann Melchior (1717–1786): konservativer Geistlicher in Hamburg, verfasste zahlreiche theologische Streitschriften. Im breiten bürgerlichen Publikum mit literarischer Bildung wurde sein Name vor allem

durch seine scharfe Polemik gegen Gotthold Ephraim Lessing bekannt 188

Gorove, István (1819–1881): ungarischer liberaler Politiker, Ökonom, in den 1870er Jahren Minister 363

Grillparzer, Franz (1791–1872): österreichischer Dichter, Dramatiker 24, 135, 311, 312

Grimm, Jacob Ludwig Karl (1785–1863): deutscher Philologe, Begründer der modernen Germanistik, 1829–1837 Professor in Göttingen, 1840 von König Friedrich Wilhelm IV. als Mitglied der Akademie der Wissenschaften und Professor nach Berlin berufen 297

Grimm, Wilhelm Karl (1786–1859): deutscher Philologe, mit seinem Bruder Jacob Grimm Sammler und Herausgeber von Volksmärchen und mittelhochdeutschen Dichtungen, 1831–1837 Professor in Göttingen, ab 1841 Mitglied der Akademie der Wissenschaften in Berlin 297

Groß-Hoffinger, Anton Johann (1808–nach 1873): Schriftsteller und Publizist, in Österreich und in Süddeutschland tätig, publizierte zahlreiche Schriften (teils unter dem Pseudonym Hans/Hanns Normann), unter diesen politisch-geographische Beschreibungen über von ihm durchreiste Länder, so auch zwei Schriften über Ungarn (1833 und 1846). Die Autorschaft der pseudonym erschienenen Werke lehnte er ab 350, 351

Grund, Leopold (gest. 1821): Wiener Buchdrucker ab 1807 153

Gutzkow, Karl (1811–1878): deutscher Dichter, Schriftsteller, Dramenautor, gehörte zum Jungen Deutschland 302

Guzmics, Izidor (1786–1839): Benediktinermönch, ungarischer Spracherneuerer, Kazinczys Freund, Verfasser von Gedichten, Übersetzungen, theologischen, philologischen und philosophischen Abhandlungen 174

Gvadányi, József (1725–1801): Soldat und ungarischer Schriftsteller, publizierte in den 1780er und 1790er Jahren u. a. humoristische erzählende Werke in Versen (am populärsten war *A falusi nótáriusnak elmélkedései...* [Betrachungen des Dorfnotars...] aus dem Jahre 1796) und Übertragungen aus dem Französischen 154

Gyurikovics, György (1780–1848): Gerichtsbeisitzer in Preßburg, Verfasser von historischen und heimatkundlichen Arbeiten in deutscher, lateinischer und ungarischer Sprache, Bücher- und Antiquitätensammler 21

Haan, C. Friedr. 63

Haas, Karl: Wiener Buchdrucker 153

Habsburg, Ferdinand Karl Leopold Franz Marcellin (1793–1875): 1835–1848 als Ferdinand I. Kaiser von Österreich, 1830–1848 als Ferdinand V. König von Ungarn 380

Habsburg, Franz Joseph Karl (1768–1835): als Franz II. letzter Kaiser des Heiligen Römischen Reiches deutscher Nation 1792–1806, als Franz I.

Kaiser von Österreich 1804–1835 und König von Ungarn 1792–1835 13, 15, 79
Habsburg, Joseph Anton Johann (1776–1847): Erzherzog von Österreich, Sohn des Königs Leopold II., Palatin Ungarns 1796–1847 255
Habsburg, Karl Ambros Josef Johann Baptist (1785–1809): Erzherzog von Österreich-Este, Erbprinz von Ungarn und Böhmen, Erzbischof zu Gran 160
Härter, Franz: Wiener Buchdrucker 153
Haliczky, András Frigyes/Andreas Friedrich (1753–1830): 1792–1827 Professor der deutschen Sprache und Literatur an der Pester Universität, Dichter (Gedichte siehe in Bd. 1. dieser Schriftenreihe) 76
Halm, Friedrich (eigentlich Eligius Franz Joseph Reichsfreiherr von Münch-Bellinghausen, 1806–1871): Schriftsteller, erfolgreicher Wiener Dramatiker 233, 311
Hartleben, Konrad Adolf (1778–1863): Buchhändler und Verleger, zwischen 1803 und 1844 in Pest, davor und danach in Wien 179, 257
Hazucha, Ferenc: siehe Kelmenfy, László
Heckenast, Gusztáv (1811–1878): Buchdrucker, Buchhändler, Verleger in Pest 136, 166, 167, 169, 176
Hegedűs, Lajos (1818–1860): ungarischer Schauspieler, Theaterdirektor, Dramatiker 320
Hegel, Georg Wilhelm Friedrich (1770–1831): deutscher Philosoph 285, 298, 299, 354
Heine, Heinrich (1797–1856): deutscher liberaler Schriftsteller, Dichter, lebte ab 1831 in Paris 139, 141, 354, 392
Heinrich IV.: König von England 1399–1413 207
Heintl, Franz Ritter von (1769–1839): österreichischer Nationalökonom und Landwirt 289
Herder, Johann Gottfried (1744–1803): deutscher Dichter, Übersetzer, Geschichtsphilosoph, Kritiker, Ästhetiker, mit bedeutendem Einfluß auf seine Zeitgenossen 121, 123, 124, 142–144, 162, 392
Heun, Karl Gottlob Samuel (1771–1854): deutscher Schriftsteller, Verfasser von populären, der Trivialliteratur zuzurechnenden Novellen und Dramen, die er unter dem Pseudonym Clauren publizierte 187
Höfel, Blasius (1792–1863): Wiener Kupferstecher und Xylograph 157
Hölty, Ludwig Christoph Heinrich (1748–1776): deutscher Lyriker, Mitbegründer des „Göttinger Hains" 158
Hoffbauer, Johann Christoph (1766–1827): deutscher Philosoph, Jurist, Professor, publizierte auch anthropologische und psychologische Werke. Seine philosophischen und anthropologischen Positionen hatten viel mit der Philosophie Kants gemeinsam, waren aber selbständig 44
Holló: siehe Fekete, Mihály

Holtei, Karl (1798–1880): deutscher Dichter, Schauspieler, Dramatiker 195, 196

Holtei, Julie (geb. Holzbecher, 1809–1839): deutsche Schauspielerin, Ehefrau von Karl Holtei 195, 196

Homer (Homeros): griechischer Dichter 105

Horaz (Horatius, Quintus Horatius Flaccus, 65–8. v. Chr.): römischer Dichter 157, 247, 292

Horvát, István (1784–1846): ungarischer Historiker, Sprachwissenschaftler 350

Horváth, Ádám: siehe Pálóczi Horváth, Ádám

Horváth/Petrichevich Horváth, Lázár (1807–1851): ungarischer Schriftsteller, Journalist, Gründer und Redakteur der Pester Zeitschrift *Honderű* 211

Horváth, ? 211

Hrabovszky, Dávid (1804–Ende der 1860er Jahre): Reiseschriftsteller und Biograph, publizierte Reiseskizzen (*Utazási rajzok*, 1837), sowie die Biographien deutscher und französischer Schriftsteller 255

Hubenayné, Magda Lujza (1818–1844): Schauspielerin, spielte ab 1840 in dem Pester ungarischen Nationaltheater 316

Hugo, Victor (1802–1885): französischer Dichter, Roman- und Dramenautor 199, 228, 312

Humboldt, Alexander, Freiherr von (1769–1859): deutscher Naturwissenschaftler 298

Hunyadi, Mátyás (Matthias I. Corvinus, 1443–1490): König Ungarns 1458–1490 189

Hurst, ?: Schauspieler, Mitglied der 1847 in Hermannstadt spielenden deutschen Gesellschaft unter der Direktion von Ph. Nötzl und Ed. Kreibig 375

Iffland, August Wilhelm (1759–1814): deutscher Schauspieler, erfolgreicher Bühnenschriftsteller 193, 219

Imre (Emerich): ungarischer König 1196–1204, Sohn des Königs Béla III. 87, 88

A. v. J. 248

Jallosics, Endre/Andreas (1791–1862): Piaristenmönch, Lehrer, Verfasser von Gelegenheitsgedichten in lateinischer und ungarischer Sprache 255

Janin, Jules (1804–1874): französischer Kritiker, Erzähler, ab 1836 dramatischer Feuilletonist der Pariser Zeitung *Journal des Débats* 24, 235, 297

Jánisch (Janscha)/Janisch, József/Joseph (1802–1877): Journalist und Redakteur in Pest, vor 1835 Schullehrer der Gemeinde Schlaining (ung. Szalónak), verfasste deutschsprachige Gelegenheitsgedichte und eine ökonomische Abhandlung, redigierte 1837–1845 die *Vereinigte Ofner und Pes-*

ter Zeitung und deren Beiblatt, sowie wirtschaftliche Fachzeitschriften 1858–1860 391

Jankovich, Miklós (1773–1846): ungarischer Bibliograph, Historiker, Antiquitäten- und Kunstsammler 157, 350

Járy, György/Georg (ursprünglich Tretter, 1804–1875): Oberrichter der Stadt Pest, 1843–44 Landtagsabgeordneter, übersetzte ungarische Gedichte ins Deutsche und dichtete auch selbst 294, 342

Jean Paul (eigentlich Johann Paul Friedrich Richter, 1763–1825): deutscher Erzähler, Romanautor 142–144, 221, 279, 281

Jókay/Jókai, Mór (1825–1904): ungarischer Romanautor, liberaler Politiker, im März 1848 unter den Radikalen, die die Revolution in die Wege leiteten 185, 187, 326, 327

Jordan, Jan Pĕtr (1818–1891): in der Oberlausitz geborener Publizist, Slawist, Kaufmann, lehrte in den 1840er Jahren an der Universität zu Leipzig, gab dort 1843–1848 die *Jahrbücher für slawische Literatur, Kunst und Wissenschaft* heraus, lebte 1848–1860 in Prag, nach 1860 in Wien 268

Jósika, Miklós, Baron (1794–1865): ungarischer Roman- und Dramenautor, liberaler Politiker 166, 167, 169–172, 176, 177, 185, 186, 225, 265

K. M. 176

Kaiser, Friedrich (1814–1874): Wiener Dichter, Dramatiker, Schauspieler 204

Kalmár, Ed. 306

Kaltenbrunner, Karl Adam (1804–1867): österreichischer Dialektdichter 257

Karácsonyi, László (1806–1869): adeliger Grundbesitzer, 1843–44 Landtagsabgeordneter, später Obergespan des Komitats Torontál, publizierte 1838 ein Gedicht in dem ungarischen Taschenbuch *Emlény* 167

Károlyi, István (1794–1863): Advokat, Verleger, ungarischer Schriftsteller, Zeitschriftenredakteur, vereinigte seine Druckerei 1824 durch Heirat mit der Pester Druckerei der Trattner-Familie, nahm 1827 den Namen Trattner-Károlyi an 166, 256

Kaschke, ?: Schauspieler in dem Preßburger deutschen Theater in den 1840er Jahren, unter der Direktion von Franz Pokorny 203

Kazinczy, Ferenc (1759–1831): ungarischer Dichter, Schriftsteller, Übersetzer, Redakteur, Vertreter des modernen Klassizismus, einflußreichste Persönlichkeit im ungarischen literarischen Leben seiner Zeit, Anhänger Goethes 123, 154, 159, 161–163, 172, 388

Kelmenfy, László (ursprünglich Hazucha Ferenc, 1815–1851): Ingenieur, Redakteur und Journalist, ungarischer Romanautor und Dramatiker 188–190, 197, 198

Kemenesi 167

Kirchner, Johann Karl (1821–1850): Siebenbürger Sachse, Jurastudent, Dichter 378

Kis, János (1770–1846): Dichter, Schriftsteller, Übersetzer, wurde seinerzeit für einen der größten ungarischen Dichter der Zeit gehalten, wenngleich seine Werke wenig originell waren, eher Adaptationen und Nachempfindungen vor allem deutscher Literatur 154, 172, 255

Kis, József (1765–1830): Leibarzt des Grafen Ferenc Széchényi, des Vaters von István Széchenyi, ungarischer Schriftsteller, verfaßte ärztliche Fachschriften und geographisch-historische Arbeiten über die Gegend von Ödenburg, gab eine anonyme Flugschrift über die ungarische Sprache heraus 154

Kis, Lajos (1797–1869): Sohn von János Kis, lebte und lernte ab 1808 in Ödenburg, lebte später als Hofagent in Wien, publizierte in den 1820er Jahren Gedichte in den Pester ungarischen Taschenbüchern *Aurora* und *Hébe* 255

Kisfaludy, Károly (1788–1830): ungarischer Dramatiker, Erzähler, Dichter, Herausgeber und Beiträger des Almanachs *Aurora*, der als Forum der romantischen Schriftsteller Ungarns in den 1820er Jahren von großer Bedeutung war 172, 311, 312

Kisfaludy, Sándor (1772–1844): Dichter, Verfasser von elegischer Lyrik und von patriotische Ideen vertretender historischer Epik, Bruder von Károly Kisfaludy 154, 167, 172, 218

Klein, Hermann (später: Kilényi János, 1805–1889): Journalist und Übersetzer, gründete in Pest 1842 die Zeitschrift *Der Ungar*, die bis 1849 bestand, übersetzte Werke von Miklós Jósika, von Baron József Eötvös und von Graf István Széchenyi ins Deutsche 264, 265, 323

Koch, M. 142

Kolb, ? 354

Kollár, János/Jan (1793–1852): evangelischer Geistlicher in Pest, ab 1849 Universitätslehrer in Wien, Dichter in tschechischer Sprache, Beförderer des slawischen Gemeinsamkeitsbewusstseins 256, 339, 340, 389

Korn, Fülöp (Antal)/Philipp: Preßburger Buchhändler 1835–1848, Inhaber eines Antiquariatsgeschäfts, auch schriftstellerisch tätig, diente im ungarischen Freiheitskampf 1848–49 als Offizier, nach 1849 Emigrant 365, 366

Kornfeld, Viktor Móricz/Moritz: Arzt, Schriftsteller, Gelegenheitsdichter 280

Kotzebue, August (1761–1819): deutscher Lustspieldichter, Publizist, politischer Schriftsteller, Geschichtsschreiber, im Laufe seines wechselvollen Lebens zeitweise Staatsbeamter in russischen Diensten 103, 104, 193, 194, 204, 219

Kovacsóczy, Mihály (1801–1846): ungarischer Schriftsteller, Journalist, Herausgeber von Almanachen und von Zeitungen, Spracherneuerer, Anhänger Kazinczys 159, 197

Kovács, Irma: Schauspielerin in der 1844 in Raab spielenden ungarischen Gesellschaft unter der Direktion von Ferenc Komlóssy und Lajos Hegedűs 320

Kölcsey, Ferenc (1790–1838): ungarischer Dichter, Kritiker, Politiker, Verfasser des Textes der ungarischen Nationalhymne 98, 99, 167, 172

Körner, Christian Gottfried (1756–1831): Staatsbeamter in Sachsen, später in Preußen, Schillers Freund, stand auch mit Goethe in Briefwechsel 210

Kranach, Lucas (Cranach/Kronach, 1472–1553): deutscher Maler 128

Krasser, David (geb. 1821): Siebenbürger Sachse, ab 1843 Lehrer, 1849–1852 Rektor am evangelischen Untergymnasium in Mühlbach (ung. Sebes, rum. Sebeş) später evangelischer Prediger und Pfarrer 378

Krasser, Friedrich (geb. 1818): Siebenbürger Sachse, Bruder von David Krasser, nach medizinischen Studien in Wien Arzt in Hermannstadt, auch literarisch tätig 378

Kreibig, Ed.: Direktor der Hermannstädter deutschen Schauspielgesellschaft in den 1840er Jahren, „Regisseur der Oper und der Parodie" 375

Kunits, Mihály/Michael (1765–1835): Lehrer, Schuldirektor, ab Ende der 1790er Jahre in Pension, betrieb literarische und landwirtschaftliche Studien, publizierte in deutscher Sprache 251

Kuthy, Lajos (1813–1864): ungarischer Erzähler und Dramatiker, in den 1840er Jahren waren seine Erzählungen und sein Roman *Hazai rejtelmek* [Ungarische Geheimnisse] sehr beliebt 182, 187

Küstner, Karl Theodor (1784–1864): 1833–1842 Direktor der Münchner Hofbühne, 1842–1851 Generalintendant des Berliner Hoftheaters 302

L. K. 125, 128, 199

Laborfalvy, Róza (1817–1886): Schauspielerin, 1837–1869 Mitglied des Pester Ungarischen, bzw. Nationaltheaters, gefeierte Darstellerin vor allem tragischer Rollen, ab 1848 Ehefrau von Mór Jókai 236, 316

Landerer, János Mihály (1725–1795): Drucker und Verleger, kaufte 1751 die Preßburger Druckerei von Anton Royer und betrieb sie bis zu seinem Tode, verlegte und druckte die *Preßburger Zeitung* und deren Beiblätter. In Pest betrieb er ab 1783 eine Druckerei, die bis 1847 im Eigentum der Familie verblieb. Er wurde unter Joseph II. geadelt und erhielt den Adelstitel fűskúti (von Fűskút). Nach seinem Tod wurden seine Unternehmen von seinem Sohn Michael Landerer (gest. 1805) weitergeführt 13, 14

Lasker, (Ignaz) Julius (1811–1876): deutschter Erzähler, Lyriker und Dramatiker, Zeitschriftenredakteur, hauptberuflich Arzt, in Breslau in Schlesien geboren, lebte ab 1843 in Berlin, übersetzte aus dem Französischen 305

László, József (1808–1878): Schauspieler, 1837–1858 Mitglied des Pester Ungarischen, bzw. Nationaltheaters 316

Lavater, Johann Kaspar (1741–1801): Schweizer Schriftsteller, evangelischer Geistlicher, entwickelte die Lehre der Physiognomik 130, 132

Lebrun, Pierre Antoine (1785–1873): französischer Dichter, Dramatiker 233

Lemény, János (1780–1861): 1832–1850 griechisch-katholischer Bischof von Fogarasch in Siebenbürgen 352

Lenau, Nikolaus (eigentlich Nikolaus Niembsch von Strehlenau, 1802–1850): österreichischer Dichter, in Ungarn geboren, von 1844 bis zu seinem Tode als geisteskrank in Heilanstalten gepflegt 145, 274, 275

Lendvay, Márton (1807–1858): Schauspieler, Regisseur, Mitglied des Ensembles vom Pester ungarischen Nationaltheater 211, 212, 316, 325

Lendvay, Mártonné Anna (geb. Anikó Hivatal, 1814–1891): Schauspielerin, Mitglied des Ensembles vom Pester ungarischen Nationaltheater, Ehefrau des Schauspielers Márton Lendvay 211, 212, 316

Lenz, Carl Jacob 84

Lesigan 363

Lessing, Gotthold Ephraim (1729–1781): deutscher Dichter, Dramatiker, Kritiker, Ästhetiker der Aufklärung 106, 123, 162, 188, 307, 331, 353

Leuwen, Adolphe de: französischer Dramatiker, Verfasser von Vaudevilles 140

Lhérie, Léon: französischer Dramatiker, Verfasser von Vaudevilles 140

Liegnitz, Auguste, Fürstin von 171

Lipsius, Justus (eigentlich Joest Lips, 1547–1606): Philologe, in den Niederlanden geboren, wirkte zuerst in Rom, dann in Löwen, in den 1570er Jahren zeitweise in Wien und in Jena, ab 1579 in Leiden, später wieder in Löwen, leistete in Kritik und sachlicher Erklärung der lateinischen Klassiker Bedeutendes 242, 243

Lipszky, János (1766–1826): ungarischer Husaren-Obrist, publizierte 1804–1808 eine vollständige „Generalkarte" des Königreichs Ungarn (einschließlich Nebenländer; *Mappa generalis regni Hungariae*), und stellte dazu auch ein Ortsverzeichnis (*Repertorium*, 1808) zusammen, publizierte 1810 zusätzlich eine Übersichtskarte des Königreichs Ungarn (*Tabula generalis regni Hungariae*) 155

Liszt, Ferenc/Franz (1811–1886): ungarischer Komponist und Klaviervirtuose 303

Ludwig I., Karl August (1786–1868): König von Bayern 1825–1848 138

Ludwig XIV. (1638–1715): König von Frankreich 1643–1715 46

Ludwig XV.: König von Frankreich 1715–1774 215

Luigini, ?: italienischer Ballett-Tänzer aus Modena, trat 1847 als Gast in Hermannstadt auf 376

Luigini, ?: italienische Ballett-Tänzerin aus Modena, trat 1847 mit ihrem Mann als Gast in Hermannstadt auf 376
Lukács, Móric (1812–1882): ungarischer Schriftsteller, Übersetzer, liberaler Politiker 346, 347
M. 373
Majláth, János/Johann, Graf (1786–1855): Schriftsteller, Übersetzer von ungarischer Literatur ins Deutsche, Beiträger des ungarischen Almanachs *Aurora*, 1839–1848 Redakteur des Pester deutschsprachigen Almanachs *Iris*, zeitweise Informator der Wiener Polizei 39, 266, 332, 350
Malleville, Claude de (1597–1647): französischer Dichter 311, 312
Mallian, Julien de (1805–1851): französischer Dramatiker 327
Marlow, Christopher (1564–1593): englischer Dramatiker, übte nachweisbar Einfluß auf Shakespeare aus 281, 282
Martaineville, Adolphe Louis Dieudonné (1776–1830): französischer Schriftsteller der Restauration 354
Márton, István (1760–1831): philosophischer Schriftsteller, Nachfolger Kants, Professor in Pápa, seine philophischen Arbeiten (teils Übersetzungen, teils eigene Werke) wurden in Ungarn heftig diskutiert 154
Matics, Imre (1810–1862): ungarischer Literat, Journalist, Lehrer, 1836–38 als Schreiber und Korrektor bei der Ungarischen Akademie der Wissenschaften angestellt, seine Gedichte, Erzählungen, Artikel erschienen in mehreren Almanachen und Zeitschriften 167
Matthias I. Corvinus, König von Ungarn: siehe Hunyadi, Mátyás
Mátyus, István (1725–1802): siebenbürgischer Arzt, Verfasser von ärztlichen Fachschriften und von „diaetetica" (populären Anleitungen zur gesunden Lebensweise) in lateinischer und ungarischer Sprache 154
Max 263
Mednyánszky, Alajos/Alois Freiherr von (1784–1844): Kulturpolitiker, Staatsbeamter, Schriftsteller in deutscher, zum kleineren Teil in ungarischer Sprache, in den 1820er Jahren Mitarbeiter und Mitherausgeber von Joseph Hormayrs Wiener *Taschenbuch für die vaterländische Geschichte* 257, 333
Melzer/Melczer, Jakab/Jakob (1782–1836): evangelischer Geistlicher, Schriftsteller, Dichter, in Deutschendorf (in der Zips in Oberungarn, ung. Poprád, slow. Poprad) geboren, lernte und studierte in Preßburg und in Jena, wirkte als Geistlicher 1807–1836 in Zipser Gemeinden (1811–1836 in Kleinlomnitz, ung. Kislomnic, slow. Lomnička), veröffentlichte zahlreiche Schriften, überwiegend historischen Inhalts, war Mitarbeiter von deutschsprachigen Zeitschriften in Pest, Preßburg und Prag, publizierte auch in ungarischen Zeitschriften 66, 74, 159, 333
Mendelssohn-Bartholdy, Felix (1809–1847): deutscher Komponist 300, 301

Mendelssohn, Joseph (1817–1756): deutscher Schriftsteller und Journalist, auch als Dramatiker tätig, zum größten Teil seines Lebens in Hamburg ansässig, stammte aus einer jüdischen Familie, war Buchdruckerlehrling, hielt sich 1839–1841 in Paris auf und schloss sich in seiner literarischen Tätigkeit an Heine, Börne und das Junge Deutschland an. Ab 1841 freier Schriftsteller in Hamburg 138

Mendelssohn, Moses (1729–1786): deutscher Populärphilosoph der Aufklärung 331

Menzel, Wolfgang (1798–1873): deutscher Kritiker, Geschichtsschreiber, Redakteur, Dichter, Gegner der Goetheschen Schule und des Jungen Deutschland, trat für eine christlich-germansiche Weltanschauung ein 213

Meyerbeer, Giacomo (eigentlich Jakob Liebmann Beer, 1791–1864): deutscher Opernkomponist 282

Milton, John (1608–1674): englischer Dichter und Staatsmann 119

Misley, Joseph Peter Alcantara (geb. 1761): deutscher Arzt, Professor der Philosophie 246

Molière (Jean Baptiste Poquelin, 1622–1673): französischer Lustspieldichter 318

Mundt, Theodor (1808–1861): deutscher Erzähler, Kritiker, Literaturhistoriker, Publizist des Jungen Deutschland 50, 397

Munkácsy, János (1802–1841): ungarischer Journalist, Dramatiker, ab 1835 Redakteur der Pester Zeitschrift *Rajzolatok*, 1839–1840 der politischen Zeitung *Sürgöny*, führte heftige Federkämpfe gegen József Bajza 197, 198

Murgu, Euthim/ Eftimie (1805–1870): Philosoph, Politiker, Advokat, Begründer des philosophischen Unterrichts in rumänischer Sprache, verfasste historische Aufsätze, 1848 Führer der rumänischen Revolution im Banat, kämpfte für die Bildung eines rumänischen Staates und für die Trennung der rumänischen orthodoxen Kirche von der serbischen Hierarchie 344

Musäus, Johann Karl August (1735–1787): moralisch-satirischer Erzähler der deutschen Aufklärung, lebte ab 1763 in Weimar, publizierte 1782–1786 *Volksmärchen der Deutschen* 128

Müller, Chr. 103

Müller, Friedrich Theodor Adam von (1779–1849): Staatsmann, ab 1815 Kanzler, Chef des Justizwesens in Weimar, Goethes Freund 113

Müller, Marie: Schauspielerin, Mitglied der 1847 in Hermannstadt spielenden deutschen Gesellschaft unter der Direktion von Ph. Nötzl und Ed. Kreibig 375

Nagy, Ignác (1810–1854): ungarischer Schriftsteller, Übersetzer, Dramatiker 197, 199, 200, 315, 316

Nash/Nashe, Thomas (1567–1601): englischer Dramatiker 281

Neander, Johann August Wilhelm (urspr. David Mendel, 1789–1850): deutscher evangelischer Theologe, Kirchenhistoriker, ab 1813 Professor der Theologie in Berlin 298

Németh, László (1770–1806): Schriftsteller, Übersetzer, Statistiker, Verfasser einer europäischen Länderkunde in ungarischer Sprache 154

Nestroy, Johann Nepomuk (1801–1862): österreichischer Lustspieldichter, Schauspieler 204

Neustadt, Adolf (geb. 1812): Journalist, 1840–1848 Redakteur der *Preßburger Zeitung*, in Prag geboren, lebte in Wien, 1839–1848 in Ungarn, übersiedelte 1848 nach Prag, später wieder in Wien tätig (publizistische Arbeiten siehe in Bd. 5. dieser Schriftenreihe) 23, 27, 33, 35, 201, 204, 206, 352, 390, 394

Nicolai, Friedrich (1733–1811): deutscher Schriftsteller und Verleger, einflußreiche Persönlichkeit der Berliner Aufklärung 331

Nitsch, ?: Schauspieler in dem Preßburger deutschen Theater, ab 1845 unter der Direktion von Georg Wilhelm Megerle, wahrscheinlich Sohn des Schauspielers und Gelegenheitsdichters Karl Daniel Nitsch (Gedichte von Letzterem siehe in Bd. 1. dieser Schriftenreihe) 205

Normann, Hans: siehe Groß-Hoffinger, Anton Johann

Novalis (eigentlich Georg Philipp Friedrich Freiherr von Hardenberg, 1772–1801): Lyriker und Erzähler der deutschen Frühromantik 29, 286, 288, 293

Paganini, Niccolo (Paganino, 1782–1840): italienischer Violinvirtuose 303

Pálffy, Albert (1820–1897): ungarischer Schriftsteller, Redakteur, Freund von Sándor Petőfi 187

Palkovics, György (1769–1850): Lehrer der slowakischen Sprache erst in Waitzen, dann 1803–1847 im Preßburger evangelischen Lyceum, besuchte als Schüler das evangelische Lyceum in Ödenburg, studierte 1792 in Jena, verfasste zahlreiche slowakische und deutschsprachige Arbeiten, darunter eigene literarische Versuche, Übersetzungen und Schriften sprachwissenschaftlichen, historischen und gemeinnützigen Inhalts, wie auch ein böhmisch-deutsches Wörterbuch 339

Pálóczi Horváth, Ádám (1760–1820): ungarischer Dichter, Schriftsteller, einflußreiche Persönlichkeit des ungarischen literarischen Lebens von den 1780er Jahren an, publizierte außer zahlreichen literarischen Arbeiten auch linguistische, historische, philosophische und politische Schriften 154

Panse, ?: Staatsbeamter („Legationsrat", vgl. *Anzeigeblatt der Iris zu Nr. 69. 1826*), Beiträger der Pester Zeitschrift *Iris* 332

Pap, Endre (1817–1851): Advokat, ungarischer Dichter 167

Pauer, Alois Friedrich 21

Paulus, Heinrich Eberhard Gottlob (1761–1851): deutscher Sprachwissenschaftler, Professor der Theologie und Philosophie zu Heidelberg 163

Pausa, ?: Mitarbeiter der Wiener Zeitschrift *Wanderer* 246

Paziazi, Mihály: Advokat, Schriftsteller, Übersetzer, Dichter. In der von Ferenc Toldy herausgegebenen Sammlung *Blumenlese aus ungrischen Dichtern* (Pest: 1828) wurden auch von ihm Übersetzungen mitgeteilt, in der Pester deutschsprachigen Zeitschrift *Iris* ließ er 1825, sowie 1827–28 Gedichte, Übersetzungen, Erzählungen und Rezensionen publizieren, übersetzte in den 1830er Jahren mehrere Werke des Grafen István Széchenyi ins Deutsche 333, 351

Peck, A.: möglicherweise Ágoston/August Peck/Pek (1823–1887), Piaristenmönch. August Peck trat 1839 dem Piaristenorden bei, wurde Messpriester und Lehrer und befasste sich vor allem mit botanischen und zoologischen Studien 80, 87

Péczeli, József (1750–1792): Publizist, Übersetzer, Wissenschaftsorganisator, in den 1780er Jahren einer der angesehensten ungarischen Schriftsteller, übersetzte aus dem Englischen und dem Französischen und gab ab 1789 die ungarischsprachige Zeitschrift *Mindenes Gyűjtemény* heraus 154

Peter von Amiens (um die Mitte des 11. Jhs. – 1115): Kreuzzugsprediger 354

Pethe, Ferenc (1763–1832): Landwirt, Redakteur und Journalist, Verfasser von landwirtschaftlichen Facharbeiten in ungarischer Sprache 154

Petőfi, Sándor (1823–1849): ungarischer Dichter, Revolutionär 187, 393, 395

Petrarca, Francesco (1304–1374): italienischer Dichter und Gelehrter 248

Petz, Lipót/Leopold (1794–1840): evangelischer Geistlicher und Lehrer, in Ödenburg geboren, lernte im Ödenburger evangelischen Lyceum und an der Jenaer Universität, war dann Lehrer und Geistlicher in verschiedenen Gemeinden, und von 1829 bis zu seinem Tod in Ödenburg tätig 255

Pfizer, Gustav (1807–1890): deutscher Lyriker und Epiker, gehörte zu der schwäbischen Romantik, übersetzte aus dem Englischen (Byron, 1835–1839 und Bulwer, 1838–1843) 305

Philipp II. (1527–1598): König Spaniens 1555–1598 45

Pichler, Anton (gest. 1823): Wiener Buchdrucker ab 1793, später auch Buchhändler 153

Pindar (Pindaros, 522–448 v. Chr.): griechischer Lyriker 97

Platen, August, Graf von (1796–1835): deutscher Lyriker der Nachromantik 395

Platon (Plato, 427–347 v. Chr.): griechischer Philosoph 160, 281

Plutarch (Plutarchos, cca. 46–cca. 120): griechischer Schriftsteller 247

Pompadour, marquise de (Jeannette Antoinette Poisson, 1721–1764): Mätresse des französischen Königs Ludwig XV. 215

Pope, Alexander (1688–1744): englischer Dichter 307

Prechtler, Otto (eigentlich Johann Jakob Prechtler, 1813–1881): österreichischer Dichter und Dramatiker, 1834–1866 Staatsbeamter 140

Prumier, Conrad (1820–1884): französischer Harfenist und Komponist, 1840–1865 Harfenist an der Pariser Opéra-Comique, entfaltete eine rege Konzerttätigkeit 303

Prutz, Robert Eduard (1816–1872): deutscher Lyriker, Erzähler und Dramatiker, Publizist, 1843–1848 Redakteur des *Literarischen Taschenbuchs* in Halle 215, 268

Pusztay, Sándor/Alexander (geb. 1798): Advokat, Tafelrichter, in Ödenburg geboren, nach 1848 zeitweise Zeitungsredakteur in Preßburg, Verfasser von juristischen und politischen Schriften, sowie von Gelegenheitsgedichten in deutscher, lateinischer und ungarischer Sprache 255, 364

Pückler-Muskau, Hermann, Fürst von (1785–1871): deutscher Reiseschriftsteller, wurde auch durch die kunstvolle Gestaltung des Parkes seines Gutes in Muskau in der Lausitz berühmt 24

Pyrker, János László/Johann Ladislaus, Felső-Eöri/von Oberwart (1772–1847): katholischer Geistlicher, Dichter, Mäzen, ab 1818 Bischof von der Zips, ab 1821 Patriarch von Venedig, ab 1827 Erzbischof von Erlau, dichtete in deutscher Sprache, u.a. Versepen und patriotisch-historische Dramen 161–163, 274, 388

R–d. 305

Rachel, Elisa (1820–1858, eigentlich Elisa Rachel Félix): französische Schauspielerin 232–235

Rannicher, Jakob (1823–1875): siebenbürgisch- sächsischer Publizist, 1848 Gegner der Union Siebenbürgens mit Ungarn, nach 1850 Staatsbeamter 380

Raphael/Raffael/Raffaello Santi (1483–1520): italienischer Maler 64

Rátkai, György/Rattkai, Georgius (1612–1666): ungarischer Adeliger mit Sitz in Kroatien, Domherr von Agram, kämpfte gegen die Türken und im dreissigjährigen Krieg, verfasste lateinische historische Arbeit über Kroatien, Dalmatien und Slavonien 176

Raupach, Ernst (1784–1852): dramatischer Dichter, lebte ab 1824 in Berlin, seine Dramen beherrschten in den 1820er und 1830er Jahren die Berliner Hofbühne 302, 311, 312

Rauschmann, János/Johann: „zweyter ZeichnungsLehrer an der HauptNormal-Schule zu Ofen" (vgl. *Gemeinnützige Blätter* 1817, Nr. 44. vom 1. Juni) 157

Redern, Wilhelm Friedrich, Graf von (1802–1883): 1828–1842 Generalintendant der königlichen Schauspiele, 1842–1853 Generalintendant der königlichen Hofmusik in Berlin 302

Réthy, Mihály (urspr. Szikszay, 1810–1875): Schauspieler, ab 1843 Mitglied des Pester ungarischen Nationaltheaters 328

Révai, Miklós (1750–1807): ungarischer Sprachwissenschaftler, Redakteur, Dichter, gehörte zu den einflußreichen Persönlichkeiten im geistigen Leben Ungarns um 1800 154

Richter, Jean Paul Friedrich: siehe Jean Paul

Robert, (Ernst Friedrich) Ludwig (urspr. Markus Levin, 1778–1832): deutscher Dramatiker, Bruder der Rahel v. Varnhagen, zeitweise Mitglied ihres Berliner Kreises, Mitarbeiter verschiedener Zeitschriften 283

Rochow, Gustav Adolf Rochus von (1792–1847): preußischer Staatsmann, 1834–1842 Minister des Innern und der Polizei, ab 1843 Präsident des Staatsrats 298

Rosenthal, Moritz: Rabbiner, Lehrer an der Pester Handelsschule, Mitarbeiter von Pester deutschsprachigen Zeitschriften 279

Rossini, Gioachino (1792–1868): italienischer Opernkomponist 27, 217, 282

Rousseau, Jean Jaques (1712–1778): französischer Denker, Schriftsteller 307

Röder, József/Joseph: Schauspieler im Preßburger deutschen Theater in den 1830er und '40er Jahren, unter der Direktion von Franz Pokorny, Anfang der 1840er Jahre auch als „Regisseur der Parodie" tätig 203

Rösler, (János) Kristóf/(Johann) Christoph (1773–1837): Schriftsteller, Journalist, Kritiker, 1800–1837 Redakteur der *Vereinigten Ofner und Pester Zeitung* und von deren Beiblatt, den *Gemeinnützigen Blättern* 1811–1837 (Gedichte und Abhandlungen siehe in Bd. 1. und 3. dieser Schriftenreihe) 57, 58, 62, 86, 391

Rumy, Karl Georg (1780–1874): Schriftsteller, Wissenschaftler, Lehrer, 1828–1847 Professor der ungarischen Rechte und der Statistik in Gran, verfügte über ausgebreiteten Briefwechsel im In- und Ausland, publizierte in zahlreichen Zeitschriften über diverse Themen, schrieb selbst vorwiegend deutsch, interessierte sich aber auch für die ungarische und die slawischen Literaturen (Briefe von ihm und an ihn siehe in Bd. 3. dieser Schriftenreihe) 20, 123, 124, 159, 161–163, 197, 255, 334, 339, 341, 350–352, 388, 389

Rückert, Friedrich (1788–1866): deutscher Dichter der Spätromantik, Übersetzer orientalischer Dichtung 134, 297, 300

S. 195

Sabatzky, ? von: Schauspieler, Mitglied der 1847 in Hermannstadt spielenden deutschen Gesellschaft unter der Direktion von Ph. Nötzl und Ed. Kreibig 375

Salzmann, Christian Gotthilf (1744–1811): deutscher Pädagoge, pädagogischer Schriftsteller, Verfasser von Volks- und Jugendschriften, errichtete 1794 eine Erziehungsanstalt für Knaben aus den höheren Ständen auf seinem Landgut Schnepfenthal 127

Salmen, Franz von (1801–1875): Königsrichter von Hermannstadt, Graf (Comes) der sächsischen Nation, Gegner der Union Siebenbürgens mit Ungarn, Verteidiger der sächsischen Privilegien, nach der Niederschlagung des ungarischen Freiheitskampfes für seine Königstreue ausgezeichnet, 1852 aus seinem Amt als sächsischer Comes entfernt, 1861 wieder eingesetzt 380

Sand, George: siehe Dudevant, Amantine Lucile Aurore, Baronin von

Saphir, Moritz Gottlieb (eigentlich Moses Saphir, 1795–1858): in Ungarn geborener Schriftsteller, Humorist, Literatur- und Theaterkritiker, nach dem Studium in Pest vorwiegend in Wien, zeitweise in Berlin, Paris und in München tätig 24, 27, 33, 323

Sárosy, Gyula (ursprünglich Sárosy Lajos, 1816–1861): ungarischer Dichter, Jurist, während des Freiheitskampfes 1849 Regierungskommissar in Debreczin 167

Sartori, Franz (1782–1832): österreichischer Schriftsteller, Redakteur, Staatsbeamter 153

Sárváry, Pál (1765–1846): ungarischer philosophischer Schriftsteller, Professor in Debreczin 154

Safarik, Pál József/Šafařík, Pavel Josef/Schaffarik, Paul Joseph (1795–1861): Slawist und Schriftsteller, auch publizistisch und politisch tätig, 1819–1833 Lehrer (1819–1825 zugleich Direktor) am nicht-unierten griechisch-katholischen serbischen Hauptgymnasium in Neusatz (ung. Újvidék, serb. Novi Sad). Später nach Prag übersiedelt, 1848–1860 Bibliothekar an der Prager k. k. Bibliothek, durch seine wissenschaftlichen Arbeiten über slawische Sprachen und Literatur auch im Ausland berühmt 339

Schedel, Franz: siehe Toldy, Ferenc

Scheld, C. 170

Schelling, Friedrich Wilhelm Joseph von (1775–1854): deutscher Philosoph 297–299

Schießler, Sebastian Willibald (1791–1867): deutschsprachiger Schriftsteller, in Prag geboren, publizierte viel und Vielfältiges sowohl belletristischen als auch topographischen, statistischen und ökonomischen Inhalts 332

Schiller, Friedrich (1759–1805): deutscher Dichter, vom ausgehenden 18. Jahrhundert bis zu den literarischen Anfängen von Sándor Petőfi in den 40er Jahren des 19. Jahrhunderts der kontinuierlich meistgelesene, in Theatern erlebte und ins Ungarische übersetzte deutsche Schriftsteller in Ungarn 64, 105, 107, 108, 110, 117, 125, 128, 131, 132, 136, 207–212, 233–237, 294, 296, 301, 305, 307, 312, 325, 326, 333, 338, 377, 378

Schlegel, August Wilhelm (1767–1845): deutscher romantischer Dichter, Schriftsteller und Literaturwissenschaftler 262, 300

Schlegel, Friedrich (1772–1829): deutscher Kritiker, Dichter, Ästhetiker, Literaturtheoretiker, geistiger Führer der deutschen Frühromantik 29, 47, 332, 376

Schleiermacher, Friedrich Ernst Daniel (1768–1834): protestantischer Theologe, Teilnehmer der romantischen Bewegung 29

Schmidt, August (1808–1891): Wiener Schriftsteller, Musikpublizist, Vereinsorganisator 94

Schmidt, Wilhelm: 1810–1812 Redakteur der *Preßburger Zeitung* 16

Schneller, Julius Franz Borgias (1777–1832): deutscher Schriftsteller, Universitätsprofessor, Dichter, Verfasser von historischen und philosophischen Arbeiten, in Straßburg geboren, 1796–1823 in Österreich, davor und danach in Baden tätig 266

Schöll, Adolf (1805–1882): deutscher Archäologe und Kunstschriftsteller, befasste sich mit der klassischen griechischen Literatur und mit der Literatur der deutschen Klassik, lieferte wichtige Beiträge zur Goethe-Literatur, ab 1843 Direktor der Kunstanstalten, ab 1861 Oberbibliothekar in Weimar 125, 129, 131

Schramko, Peter Paul: evangelischer Prediger in Klenóc (im Komitat Gömör, slow. Klenovec), regelmässiger Beiträger der Preßburger *Ährenlese zur Belehrung und Unterhaltung* 20

Schrämbl, Franz Anton (1751–1803): Wiener Schriftsteller, Buchhändler und Buchdrucker 153

Schröder, Friedrich Ludwig (1744–1816): deutscher Schauspieler, Dramaturg, dramatischer Schriftsteller 312

Schröder, Sophie (geborene Bürger, 1781–1868): deutsche Schauspielerin, 1815–1829 und 1836–1840 am Wiener Hoftheater angestellt 233, 234

Schröer, Karl Julius (1825–1900): Lehrer, Literaturhistoriker, zwischen 1852 und 1861 Lehrer der deutschen Literatur an der Preßburger Hauptrealschule, lebte ab 1861 in Wien 125, 128

Schwartner, Martin (1759–1823): Statistiker, Professor der Pester Universität, Bibliothekar (Abhandlungen siehe in Bd. 3. dieser Schriftenreihe) 351

Scott, Walter (1771–1832): schottischer Dichter, Romanautor 24, 118, 119, 219, 280

Scribe, Augustin Eugène (1791–1861): französischer Bühnenschriftsteller 24, 312

Seidl, Johann Gabriel (1804–1875): österreichischer Lyriker, Erzähler und Dramatiker 332

Selisko, ?: Schauspielerin, Mitglied der 1847 in Hermannstadt spielenden deutschen Gesellschaft unter der Direktion von Ph. Nötzl und Ed. Kreibig 375

Seneca, Lucius Annäus (um 4 v. Chr.–65 n. Chr.): römischer philosophischer Schriftsteller 123

Seume, Johann Gottfried (1763–1810): deutscher Schriftsteller und Dichter, Verfasser von Momoiren und Reiseschilderungen 57

Seyfried, Joseph (1780–1849): Wiener Schriftsteller, Journalist, Redakteur 246

Shakespeare, William (1564–1616): englischer dramatischer Dichter 28, 29, 118, 119, 162, 233, 281, 282, 301, 302, 312

Sirach (eigentlich Jesus, der Sohn des Sirach): ein Jude in Jerusalem um 200 v. Chr., veranstaltete eine Sammlung von Sittensprüchen, die um 130 v. Chr. in das Griechische übersetzt wurde und zu den Apokryphen des Alten Testaments gehört 292

Sivori, Ernesto Camillo (1815–1894): italienischer Violinist und Komponist 303

Sobri, Jóska (urspr. József Pap, 1809–1837): ungarischer Räuberhauptmann in Transdanubien 319

Sophokles (496–406 v. Chr.): griechischer Tragödiendichter 300, 301, 307

Soulié, Frédéric (1800–1847): französischer Dichter, Romanautor und Dramatiker 311, 312

Souvestre, Emile (1806–1854): französischer Roman- und Bühnenautor 201

Spenser, Edmund (1552–1599): englischer Dichter 281

Spindler, Karl (1796–1855): deutscher Erzähler, lebte ab 1824 in der Schweiz, Tirol und Süddeutschland, reiste durch Frankreich und Italien, verfasste Romane und Novellen historischer Thematik im Stil von Walter Scott 305

Stäel, Anna Louise Germaine, Baronin von (geborene Necker; 1766–1817): französische Schriftstellerin, veröffentlichte ihr Buch *De l'Allemagne*, das Napoleon unterdrücken ließ, 1813 in London 262

Steffens, Henrik/Heinrich (1773–1845): Naturforscher, Philosoph, Dichter, der Geburt nach Norweger, lebte ab 1796 in Deutschland, ab 1832 Professor in Berlin 298

Stein, ?: Schauspieler in dem Preßburger deutschen Theater, ab 1845 unter der Direktion von Georg Wilhelm Megerle 205

Steinacker, Gustav (1809–1877): evangelischer Geistlicher, Theologe, Schriftsteller, übersetzte ungarische Literatur ins Deutsche, gründete und leitete in Debreczin Ungarns erste deutschsprachige Erziehungsanstalt für Mädchen 91, 170, 172, 173

Steinhardt, Jakob (1818–1885): Publizist, Mitarbeiter der *Preßburger Zeitung*, ab 1845 Rabbiner in Aradin, mit weitverzweigter öffentlicher Tätigkeit 138

Stephan I. der Heilige (ung. István): der erste König Ungarns 1000–1038 80, 81

Steele, Richard (1672–1729): englischer Schriftsteller, Essayist, Herausgeber von moralischen Wochenschriften 246

Stielly, Károly/Karl: Verleger und Redakteur der Pester deutschsprachigen Zeitschrift *Iris* (1825–1828) 333, 335

Stier, Gottlieb 97–99

Stolberg, Christian, Graf zu (1748–1821): deutscher Lyriker und Dramatiker, mit seinem Bruder Friedrich Leopold Mitglied des Göttinger Hainbundes 158

Stolberg, Friedrich Leopold, Graf zu (1750–1819): deutscher Lyriker, Erzähler, Dramatiker, Übersetzer, mit seinem Bruder Christian Mitglied des Göttinger Hainbundes 158

Strauß, David Friedrich (1808–1874): deutscher Theologe, Philosoph 299

Sue, Eugène (eigentlich Marie Joseph, 1804–1857): französischer Romanautor 186, 326

Suppan, Franz: Buchdrucker in Agram (ung. Zágráb, serb. Zagreb) 251

Swatopluk (gest. 894): Fürst von Mähren 870–894, er dehnte sein Reich (Großmähren) nach allen Seiten aus, sein Reich wurde nach seinem Tod geschwächt und erlag 906 den Ungarn 358

Szabó, Dávid: siehe Barczafalvi Szabó, Dávid

Szabó, Károly (1810–1890): ungarischer Schauspieler, spielte als Wanderschauspieler 1844 in Raab, später auch als Regisseur und Theaterdirektor tätig 320

Szabó/Szentjóbi Szabó, László (1767–1795): ungarischer Dichter, Teilnehmer der 1794 entdeckten Martinovics-Verschwörung 158

Szathmáry, Elek? (Sándor?, József?): Advokat, Vater von Ede Szigligeti (siehe unten) 318

Széchényi, Ferenc, Graf (1754–1820): Wissenschaftsförderer, Gründer der ungarischen Nationalbibliothek 154, 155

Széchenyi, István, Graf (1791–1860): ungarischer Staatsmann, Schriftsteller, Gründer und Präsident der Ungarischen Akademie der Wissenschaften 154, 265, 268, 350, 351, 354

Szemere, Pál (1785–1861): ungarischer Dichter, Schriftsteller, Redakteur 172

Szentpétery, Zsigmond (1798–1858): Schauspieler und Regisseur, ab 1837 Mitglied des Pester Ungarischen, bzw. Nationaltheaters 316, 325

Szenvey, József (1800–1857): Journalist, Redakteur, Dramatiker, Übersetzer, übertrug Schillers Werke ins Ungarische 211

Szepesházy, Károly/Karl (1780–1829): in Leutschau geboren, lebte ab 1801 in Wien, ab 1806 Staatsbeamter, diente ab 1822 in Kaschau, publizierte topographische Arbeiten über Ungarn 350, 351

Szereip Kelemen, Katalin: Mutter von Ede Szigligeti (siehe unten) 318

Szerffi, Katalin: siehe Szereip Kelemen, Katalin

Szigligeti, Ede (ursprünglich Szathmáry József, 1814–1878): ungarischer Dramatiker, Schauspieler, Regisseur, etablierte die Gattung des Volksschauspiels in der ungarischen Dramenliteratur 213, 214, 216, 219, 225–230, 317-322, 324, 325, 370, 386, 395

Szluchovinyi/Szluchoviny, András/Andreas (1764–1838): 1793–1838 Lehrer der zweiten Grammatikalklasse an der Preßburger protestantischen Bürgerschule 125, 128, 132

Tadlitz, ? 339

Talma, François Joseph (1763–1826): französischer Schauspieler 233

Teleki, ?, Gräfin von 371

Telepy/Telepi, György (1797–1885): ungarischer Schauspieler, Dekorationsmaler, Bühnentechniker, Übersetzer, Dramenautor, 1841–1855 Mitglied des Pester ungarischen Nationaltheaters 328

Thewrewk (Ponori Török), József (1793–1870): ungarischer Schriftsteller, Antiquitätensammler, publizierte konservative politische Gedichte, Streit- und Flugschriften 159

Thorwaldsen, Bertel/Bartholomäus/Albert (1770–1844): dänischer Bildhauer von internationalem Ruf 115, 116

Thurzó, ?, Graf von 242

Tiberius (42 v. Chr.–37 n. Chr.): römischer Kaiser 14–37 n. Chr. 254

Tieck, Ludwig (1773–1853): deutscher romantischer Schriftsteller, lebte von 1819 bis Anfang der 1840er Jahre in Dresden, nach der Tronbesteigung des preußischen Königs Freidrich Wilhelm IV. wurde er von diesem an den preußischen Hof nach Berlin gezogen, wo die verschiedenen theatralischen Versuche hauptsächlich von ihm ausgingen 280–282, 300–302

Tiedge, Christoph August (1752–1841): Lehrdichter und Lyriker des deutschen Klassizismus 57

Toldy, Ferenc (urspr. Franz Schedel, 1805–1875): ungarischer Literaturhistoriker, Wissenschaftsorganisator, Sekretär und Mitglied der Akademie der Wissenschaften, Initiator und Präsident der Kisfaludy-Gesellschaft, Präsident der Universitätsbibliothek, nach 1850 Univeristätsprofessor, in den 1830er und am Anfang der 1840er Jahre mit József Bajza und Mihály Vörösmarty als Literaturkritiker und –Theoretiker einflußreich im ungarischen literarischen Leben 162, 163, 333

Tompa, Mihály (1817–1868): ungarischer Dichter, protestantischer Geistlicher 181–183

Tóth, Ferenc (gest. 1832): 1817–1832 Buchdrucker in Debreczin 158

Tóth, Lőrinc (1814–1903): ungarischer Schriftsteller, Dichter, Rechtsgelehrte, in den 1830er Jahren Jurastudent in Pest 167, 235, 236

Tököly (Popovics), Száva (1761–1842): Doktor der Rechte, Staatsbeamter, unterstützte durch Stiftungen und Donationen die Angehörigen der griechisch-orthodoxen Kirche und der serbischen Nationalität 344, 345

Tölken, Ernst Heinrich (1785–1869): deutscher Kunsthistoriker, Altertumsforscher, ab 1814 in Berlin tätig 301

Traßler, Johann (gest. 1845): Buchdrucker und Buchhändler in Brünn und in Troppau, übernahm in Gemeinschaft mit seinem Bruder Adolph die Geschäfte von seinem Vater Joseph Georg Traßler nach dessen Tod 1816 39

Traßler, Adolph: Inhaber von Buchhandlung und Druckerei in Brünn und in Troppau, in Gemeinschaft mit seinem Bruder Johann 39

Trattner, Johann (1717–1798): Wiener Verleger und Buchhändler, gründete 1783 eine Druckerei in Pest 154

Trattner, Mátyás/Matthias (1745–1828): Buchdrucker, Verleger, ab 1789 Leiter der von Johann Trattner gegründeten Druckerei in Pest 155, 159

Trattner-Károlyi, István: siehe Károlyi, István

Tretter, Georg: siehe Járy (Tretter), György/Georg

Treumund, G.: siehe Steinacker, Gustav

Treuttel, ? 339

Tromlitz, A. von: siehe Witzleben, Karl August Friedrich von

Twesten, August Detlev Christian (1789–1876): deutscher Theologe, Orientalist, ab 1835 Professor in Berlin 298

Vahot, Imre (urspründlich Vachott, 1820–1879): ungarischer Schriftsteller, Dramenautor, Redakteur, arbeitete 1842–43 für Lajos Kossuths *Pesti Hírlap*, redigierte 1844–1848 die Zeitschrift *Pesti* (später *Budapesti*) *Divatlap* 188–190, 311, 362

Vazul (Vászoly): ungarischer Fürst, Anstifter einer Verschwörung gegen König Stephan I. in den 1030er Jahren 81

Verseghy, Ferenc (1757–1822): ungarischer Dichter, Ästhetiker, Schriftsteller, Übersetzer, Sprachwissenschaftler, katholischer Geistlicher, entfernte sich philosophisch von den katholischen Dogmen, hatte Beziehungen zu den Teilnehmern der 1795 entdeckten Martinovics-Verschwörung, weshalb er eine Gefängnisstrafe erleiden mußte 154

Virág, Benedek (1754–1830): ungarischer Dichter, Schriftsteller, Verfasser einer umfangreichen historischen Arbeit über die mittelalterliche Geschichte Ungarns, übersetzte u. a. die Werke von Horaz 154, 156, 157

Virgil (Vergil/Vergilius, Publius Vergilius Maro, 70–19 v. Chr.): römischer Dicher 247

Vischer, Friedrich (1807–1887): deutscher Ästhetiker, Professor in Tübingen 299

Vitkovics, Mihály (1778–1829): Advokat, Schriftsteller, Dichter, Sohn eines griechisch-orthodoxen Priesters serbischer Abstammung, übersetzte serbische Volksdichtung ins Ungarische und ungarische Literatur ins Serbische 333

Vojdisek/Vajdafy, József/Joseph (1797–1888): Advokat, Beamter der Stadt Pest, nach 1850 Gerichtsbeisitzer, publizierte deutsche Übersetzungen aus dem Lateinischen und dem Ungarischen (teils literarische Werke, teils Fachwerke), sowie eigene Werke gemeinnützigen Inhalts, übersetzte 1830 zwei Schriften des Grafen István Széchenyi ins Deutsche 351

Voltaire, Marie François (urspr. Arouet, 1694–1773): französischer Philosoph, Geschichtsschreiber, Dichter, Kritiker, Roman- und Dramenautor 307

Voß, Johann Heinrich (1751–1826): deutscher Dichter und Übersetzer 29, 163

Vörösmarty, Mihály (1800–1855): bedeutendster Dichter der ungarischen Romantik (siehe auch bei József Bajza und Ferenc Toldy) 172

Vulkán, Sámuel 124

Waas, ?: Schauspielerin im Preßburger deutschen Theater in den 1840er Jahren, unter der Direktion von Franz Pokorny 203

Wachler, Johann Friedrich Ludwig (1767–1838): deutscher Literaturhistoriker und Geschichtsforscher 193

Wachsmann, Johann (gest. 1845): Comes der Siebenbürger Sachsen 1826–1845 380

Walburg,?: ab 1845 Schauspieler im Preßburger deutschen Theater unter der Direktion von Georg Wilhelm Megerle 205

Weber, Carl Maria (1786–1826): deutscher Opernkomponist 375

Weber, Ernst Christian Wilhelm (1796–1865): deutscher Altphilologe, lehrte 1819–1820 als Privatdozent an der Jenaer Universität, ab 1820 Lehrer, ab 1823 Professor am Weimarer Gymnasium, beschäftigte sich mit der antiken und der klassischen deutschen Literatur. Über letzteren Gegenstand hielt er laut ADB, Bd. 41. S. 289. auch öffentliche Vorträge im Weimarer literarischen Verein 247

Weber, Simon Peter: Buchdrucker in Preßburg ab 1783, gründete 1789 eine Druckerei in Komorn, auch als Dramatiker tätig (siehe Bd. 2. dieser Schriftenreihe) 14–16, 18, 156, 159

Weil, Fülöp: Privatlehrer in Pest, seine Arbeiten waren zum Großteil Gelegenheitsschriften und hingen teils mit dem Leben der israelitischen Gemeinde zusammen 324

Weiße, Christian Felix (1726–1804): Dichter, Singspieldichter und Jugendschriftsteller der deutschen Aufklärung 331

Weitzel, Johann Ignaz (1771–1837): deutscher Historiker und Publizist, vor 1817 gößtenteils in Mainz und Frankfurt a. M. tätig, 1817–1819 Herausgeber der Wiesbadener *Rheinischen Blätter*, 1820–1837 Leiter der Nassauer Landesbibliothek in Wiesbaden, in den 1830er Jahren wurden von ihm Nassauer Korrespondenzen in der Augsburger *Allgemeinen Zeitung* publiziert 261

Werbőczi/Verbőczi István (1458–1541): Staatsmann, zeitweise Personalis (Oberrichter) und Palatin Ungarns, vertrat die Interessen des niederen Adels, hielt dessen Rechtsansprüche in seinem Werk *Tripartitum opus juris consuetudinarii inclyti regni Hungariae* fest (gedruckt in Wien 1517) 273

Werder, Karl (1806–1893): deutscher Philisoph und Dichter, Professor an der Berliner Universität, weniger durch seine philosophischen Werke und Dichtungen (darunter seine Tragödie *Columbus*) als durch seine ästhetischen Vorlesungen bekannt 298, 302

Werner, Pauline (Pseudonym: A. P.): deutsche Schauspielerin, Verfasserin von Theaterstücken, ab 1848 mit Ernst Raupach verheiratet 302

Werthmüller, Johann: Buchdrucker in Leutschau ab 1815 349

Wesely, Eugen: Lehrer am Gymnasium zu Vinkovce, in der k. k. Militärgrenze 333

Wesselényi, Miklós, Baron (1796–1850): Großgrundbesitzer in Siebenbürgen, ungarischer liberaler Politiker, politischer Schriftsteller, einer der Anführer der reformorientierten Opposition 268

Wieland, Christoph Martin (1733–1813): deutscher Dichter der Aufklärung, Verfasser von Verserzählungen und Romanen, Dramatiker, Übersetzer 29, 125, 129, 132, 162

Wigand, Karl Friedrich (1816–1890): Preßburger Buchdrucker ab 1837, früher Buchhändler in Ödenburg und Preßburg 20–22, 255

Wigand, Otto (1795–1870): in Göttingen geboren, ab 1816 Buchhändler in Kaschau, ab 1827 Buchhändler und Verleger in Pest, ab 1833 in Leipzig 198

Wilke, ?: Schauspieler in dem Preßburger deutschen Theater, ab 1845 unter der Direktion von Georg Wilhelm Megerle 206

Wittstock, Heinrich Joachim (1826–1901): Siebenbürger Sachse, studierte bis 1847 in Wien, Gymnasiallehrer in Bistritz (ung. Beszterce, rum. Bistrița), später evangelischer Pfarrer, Politiker 378

Witzleben, Karl August Friedrich von (1773–1839): deutscher Erzähler, Offizier, seine Novellen und Erzählungen erschienen in Zeitschriften und Taschenbüchern, bzw. in den 108 Bände umfassenden *Sämtlichen Schriften* (Dresden 1829–1843) und behandelten häufig historische Stoffe 24

Wohl, Jeanette (auch: Strasus-Wohl, Straus, Strauss, gest. 1861): deutsche Schriftstellerin, Lebensgefährtin von Ludwig Börne in Paris 147

Wohlmuth, Leopold (gest. 1872): evangelischer Prediger in Rechniz (ung. Rohonc), lernte 1810–1813 im Ödenburger evangelischen Lyceum 255

Woller, ?: Schauspieler im Preßburger deutschen Theater in den 1840er Jahren unter der Direktion von Franz Pokorny 203

Würtz, ?: vielleicht Johann Gottfried (1768–1841), deutscher Buchhändler, Unternehmer 339

Young, Edward (1683–1785): englischer Dichter 118

Zerffi, Gusztáv/Gustav Ignaz (geb. 1820?): Schriftsteller, Publizist, schrieb deutsch und ungarisch, 1844–45 Mitarbeiter der Preßburger *Pannonia*, 1846 Mitarbeiter der Pester ungarischen Zeitschrift *Honderű*, griff Petőfi und die volkstümliche Richtung der ungarischen Literatur (so auch die Volksschauspiele des Ede Szigligeti) an, wechselte 1848 zur liberalen Richtung, focht im Freiheitskampf, emigrierte 1849, lebte in Belgrad, Paris, London, Bukarest und schließlich in Amerika, hatte Beziehungen zu Kossuth, arbeitete auch für die Wiener Geheimpolizei (publizistische Arbeiten siehe in Bd. 5. dieser Schriftenreihe) 95, 189, 213, 226, 227, 232, 234, 235, 268, 395

Zipser, András Keresztély/Andreas Christian (1783–1864): Verfasser von naturwissenschaftlichen, topographischen und pädagogischen Schriften in deutscher Sprache, Lehrer in Neusohl (ung. Besztercebánya, slow. Banská Bystrica), gründete dort eine Mädchenschule und stand dieser bis zu seinem Tod als Direktor vor 333

Zrínyi, Miklós, Graf (1620–1664): Feldherr, Politiker, ungarischer Dichter 176

Siglen unbekannter Autoren:

- d - 365
- - h 336
nz 378
- ó - 369
3 311
7 315
586 211
† 375

VERZEICHNIS DER PERIODIKATITEL

Quellen der Textauswahl:

Preßburger Zeitung (1764–1930) Jg. 1812

Unterhaltungsblatt als Beylage zur Preßburger Zeitung/Unterhaltungsblatt für die Leser der Preßburger Zeitung (1812–1826) Jg. 1813, 1821–23, 1825

Ährenlese zur Belehrung und Unterhaltung/Preßburger Ährenlese zur Belehrung und Unterhaltung (Beiblatt der *Preßburger Zeitung* 1827–1836) Jg. 1830, 1831, 1833–36

Pannonia (Beiblatt der *Preßburger Zeitung* 1837–1849) Jg. 1840–46

Gemeinnützige Blätter (Beiblatt der *Vereinigten Ofner und Pester Zeitung* 1811–1845) Jg. 1814–15, 1817, 1822, 1825, 1832, 1834, 1837–41, 1843–45

Allgemeine Handlungs-Zeitung von und für das Königreich Ungarn (Beiblatt des *Spiegels*, zeitweise unter dem Titel: *Allgemeine Handlungs-Zeitschrift von und für Ungarn*; Buda) Jg. 1828

Die Biene (Pest, 1830–1831) Jg. 1830

Der Bote von und für Ungern (Kassa, 1833–35) Jg. 1833–35

Iris (Buda, 1825–1828) Jg. 1825–26

Pester Zeitung (1845–1852) Jg. 1847

Pesther Tageblatt (1839–1845) Jg. 1843

Der Spiegel (Buda, 1828–1852) Jg. 1829, 1831–32, 1844

Der Ungar (Pest, 1842–1849) Jg. 1842–44, 1846

Das Vaterland (Győr, 1844–1848) Jg. 1844

Sonstige Periodikatitel:

1. Zeitungen und Zeitschriften aus Ungarn

Athenaeum (Pest) 211, 212, 352
Életképek [Lebensbilder] (Pest) 181, 183, 188, 189, 225, 236, 237, 272
Egyházi Értekezések és Tudósítások [Kirchliche Abhandlungen und Berichte] (Veszprém) 163
Felső Magyar-Országi Minerva [Die Oberungarische Minerva] (Kassa) 159, 160
Honderű [Morgenröte des Vaterlandes] (Pest) 188, 211, 212, 323, 370, 371
Honművész [Vaterländischer Künstler] (Pest) 197, 198, 234, 236
Hronka [Gränchen] (Besztercebánya) 256
Iris (Pest) 279, 280, 284, 331–334
Irodalmi Őr [Der Literarische Wächter] (Beiblatt der *Életképek*, Pest) 181, 183
Jelenkor [Die Gegenwart] (Pest) 313, 314, 372
Kritikai Lapok [Kritische Blätter] (Pest) 162, 163, 197, 198
Pesther Tageblatt 175, 300
Pesti Hírlap [Pester Zeitung] 189, 270, 271, 353, 355
Preßburger Zeitung 13–19, 23, 36, 39, 385, 387, 390–392, 394
Rajzolatok [Zeichnungen] (Pest) 197, 198, 236
Regélő Pesti Divatlap – Pesti Divatlap [Das Erzählende Pester Modeblatt – Pester Modeblatt] 188, 189, 212, 232, 268, 311, 362
Der Siebenbürger Bote (Nagyszeben) 353, 356–358
Der Spiegel (Buda) 162, 322, 336, 347, 389, 397
Szemlélő Tudományok', Literatura', Művészet', Divat' és Társas Élet' Körében [Der Beobachter im Kreise der Wissenschaften, Literatur, Kunst, Mode und des Gesellschaftslebens] (Kassa) 197, 198
Társalkodó [Der Gesellschafter] (Pest) 197, 198, 351
Transsilvania (Beiblatt zum *Siebenbürger Bote*n, Nagyszeben) 353–355
Tudományos Gyűjtemény [Wissenschaftliche Sammlung] (Pest)159, 331, 334, 335
Der Ungar (Pest) 97, 99, 264, 265, 300, 323, 352–354, 361, 362, 386, 390
Vasárnapi Újság [Sonntagszeitung] (Kolozsvár) 138
Vereinigte Ofner und Pester Zeitung (Buda, 1800–1845) 57, 385, 387, 389, 391, 392, 394
Világ [Licht] – Buda Pesti Híradó [Budapester Anzeiger] (Pest) 264, 265, 272

2. Ausländische Zeitungen und Zeitschriften:

Allgemeine Literaturzeitung (Jena) 207, 396
Allgemeine Literaturzeitung (Halle und Leipzig) 340
Allgemeine Preussische Staats-Zeitung (Berlin) 361
Allgemeine Zeitung (Augsburg) 139, 270, 353–355, 361, 362
Athenäum (Berlin) 303
Die Biene (Königsberg) 103
Deutsche Allgemeine Zeitung (Leipzig) – Leipziger Allgemeine Zeitung 259
The Foreign Quarterly Review (London) 339
Die Grille (Königsberg) 103
Hamburgische neue Zeitung 355
Der Humorist (Wien) 24, 138, 369
Journal des Débats (Paris) 112, 235, 297
Kedveskedő [Der Gefällige] (Beiblatt der Wiener ungarischen Zeitung *Magyar Kurír*) 334
Komische Briefe des Hans Jörgel von Gumpoldskirchen an seinen Schwager Max in Feselau (Wien) 140
Die Lokomotive (Leipzig) 138
Magyar Kurír [Der ungarische Kurier] (Wien) 334
Morgenblatt für gebildete Stände (Stuttgart) 112
Rheinische Blätter (Wiesbaden) 261
Russisch-deutsches Volksblatt (Berlin) 103
Sophronizon oder unpartheyisch-freymüthige Beyträge zur neueren Geschichte, Gesetzgebung und Statistik der Staaten und Kirchen (Frankfurt am Main) 163
The Spectator (London) 246
The Spectator (London) 117
Der Telegraph (Erscheinungsort wahrscheinlich: Frankfurt an der Oder, oder: Wien) 142
(Erneuerte) Vaterländische Blätter für den österreichischen Kaiserstaat (Wien) 153, 154
Der Wanderer (Wien) 246
Wiener Literaturzeitung 153
Wiener Theaterzeitung 138, 211
Wiener Zeitung 154

3. Almanache und Kalender:

Aurora (Pest) 160
Emlény [Vergissmeinnicht] (Pest) 167, 168
Hébe [Hebe] (Pest) 160

Literarisches Taschenbuch (Halle) 268
Musenalmanach für das Jahr 1797 (Tübingen) 122, 292
Musenalmanach für das Jahr 1798 (Tübingen) 300
Nowy y starý wlastensky Kalendar [Neuer und alter heimischer Kalender] (Lőcse) 349
Theater-Almanach (Berlin) 364
Theater-Journal den hohen gnädigen Gönnern zum Abschiede (1847, Nagyszeben) 375
Urania (Dresden) 280

VERZEICHNIS DER ORTSNAMEN

Altona 50
Arad 175
Athen 128, 254
Augsburg 139, 270, 353–355, 361
Balázsfalva (Blasendorf, Blaj) 352
Belgrád (Belgrad, Beograd) 354
Berlin 103, 106, 282, 285, 297–303, 362
Besztercebánya (Neusohl, Banská Bystrica) 333
Brassó (Kronstadt, Braşov) 380
Braunschweig 138
Bremen 44–49
Buda (Ofen)
Budapest 175, 189, 276, 313, 351
Debrecen (Debreczin) 158, 172, 351, 369, 370
Dresden 280
Eger (Erlau) 161, 288
Esztergom (Gran) 160
Fogaras (Fogarasch, Făgăraş) 352
Frankfurt am Main 113, 115, 163, 193, 261, 354
Frankfurt an der Oder 142
Gotha 121
Graz 255
Győr (Raab) 306, 317, 319, 386, 396, 397
Halle 63, 127, 268, 340, 344
Hamburg 138, 139, 188, 355, 364
Hannover 297
Homoróddaróc (Draas, Drauşeni) 376
Jena 127, 207, 247, 396
Kassa (Kaschau, Košice) 159, 175, 197, 296, 348, 350, 386
Kolozsvár (Klausenburg, Cluj-Napoca) 138, 354
Königsberg 103
Kőszeg (Güns) 19, 351
Leipzig 58, 91, 104, 123, 127, 138, 170, 172, 259, 263, 340, 350, 351, 355, 364
Liegnitz (Legnica) 171
Linz 186
London
Lőcse (Leutschau, Levoča) 270, 271, 349, 357
Mainz 261
Ménes (Miniş) 289
Milano (Mailand) 217, 221, 302

Mosonmagyaróvár (Ungarisch-Altenburg) 80
Muskau 24
Nagyszalók (Slakendorf, Vel'ký Slavkov) 107
Nagyszeben (Hermannstadt, Sibiu) 353–356, 375, 376, 378, 380
Nagyszombat (Tyrnau, Trnava) 175
Nagyvárad (Großwardein, Oradea) 124, 318
Napoli (Neapel) 373
Nemes-Dömölk 255
Oroszlánkő (Löwenstein, Vršatské Podhradie) 39, 40, 42, 43
Orsova (Orşova) 354
Pannonhalma 174
Paris 44, 45, 47, 48, 112, 139, 147, 186, 187, 201, 202, 228, 232, 234, 235, 302, 303, 314, 369–371, 373
Pest
Poprád (Deutschendorf, Poprad) 74
Potsdam 300
Pozsony (Preßburg, Bratislava)
Pöstyén (Piešt'any) 40, 42
Regensburg 138
Riga 104
Rohonc (Rechnitz) 255
Rudolstadt 210
Schnepfenthal 127
Sebes (Mühlbach, Sebeş) 289
Sesenheim 142, 396
Sopron (Ödenburg) 21, 175, 255, 272
Stuttgart 112
Szalónak (Schlaining) 391
Szászváros (Broos, Orăştie) 376
Szentdemeter (Sirmium, Sremska Mitrovica) 289
Szentgotthárd (Sankt-Gotthard) 354
Szentmiklós 219
Temetvény (Hrádok) 42, 43
Tübingen 209
Újvidék (Neusatz, Novi Sad) 339
Vác (Waitzen) 163
Venezia (Venedig) 217
Verona 217
Veszprém (Weßprim) 163
Weimar 113, 125, 126, 128–132, 138, 209, 247
Weissenfels 293
Wien 19, 138–142, 153–155, 157, 161, 176, 201, 202, 204, 205, 225, 233, 234, 255, 315, 327, 331, 334, 350, 359, 373, 386, 391, 394, 396
Wien – Leopoldstadt 139
Wiesbaden 261
Winnethal 145
Wittenberg 242
Zágráb (Agram, Zagreb) 251
Zenta (Senta) 354

ABKÜRZUNGEN

ADB
Allgemeine Deutsche Biographie. 56 Bde. Leipzig: 1875–1912.

ANTHOLOGIE 1827
Anthologie aus Herder. Dritter Theil. Aus den Ideen zur Philosophie der Geschichte der Menschheit (Schluß) nebst vermischten Gedichten. (Cabinets-Bibliothek der Deutschen Classiker. Neunte Lieferung.) Gotha – New York: 1827.

BAJZA 1899
Bajza József összegyűjtött munkái [Gesammelte Werke von József Bajza]. Hrsg.: Badics Ferencz. 5 Bde Budapest: 1899.

BROCKHAUS
Brockhaus' Konversations-Lexikon. Neue revidierte Jubiläums-Ausgabe. 17 Bde. Leipzig, Berlin und Wien: 1901–1904.

BUSA 1986
V. Busa Margit: *Magyar sajtóbibliográfia* [Ungarische Pressebibliographie] 1705–1849. 2 Bde, Budapest: 1986.

CSÉCS 1998
A *Tudományos Gyűjtemény repertóriuma*. Összeállította: Csécs Teréz [Repertorium der Tudományos Gyűjtemény. Zusammengestellt von Teréz Csécs]. Győr: 1998.

DLL
Deutsches Literaturlexikon. Hrsg.: Heinz Rupp und Carl Ludwig Lang. Bern: 1968–

EGRESSY 1867
Egressy Galambor Gábor emléke. Saját műveiből sajtó alá rendezték Egressy Gábor fiai [Das Andenken von Gábor Egressy Galambos. Aus seinen eigenen Schriften herausgegeben von seinen Söhnen]. Pest: 1867.

FENYŐ 1990
Fenyő István: *Valóságábrázolás és eszményítés. Irodalomkritikai gondolkodásunk fejlődése 1830–1842* [Wirklichkeitsdarstellung und Idealisierung. Die Entwicklung unseres literaturkritischen Denkens 1830–1842]. Budapest: 1990.

FRIED 1963a
Fried István: *Rumy Károly György soproni évei* [Die Ödenburger Jahre von Karl Georg Rumy]. In: *Soproni Szemle* 1963, S. 69–74.

FRIED 1963b
Fried István: *Rumy Károly György, a kultúrközvetítő 1828–1847* [Der Kulturvermittler Karl Georg Rumy 1828–1847]. In: *Filológiai Közlöny* 1963, S. 204–218.

FRIED 1967
Fried István: *Rumy és Jan Kollár kapcsolatai* [Die Beziehung von Rumy und Jan Kollár]. In: *Helikon* 1967, S. 114–118.

GULYÁS 1956
Gulyás Pál: *Magyar írói álnév lexikon* [Lexikon der ungarischen Pseudonyme]. Budapest: 1956.

GYÖRFFY 1983
Györffy György: *István király és műve* [König Stephan und sein Werk]. Budapest: 1983.

HAGELWEIDE 1995
Gert Hagelweide: *Literatur zur deutschsprachigen Presse*. Eine Bibliographie: Von den Anfängen bis 1970. Bd. 5.: Deutschsprachige Länder. Teil I. Deutschland. Lokale Pressegeschichte, Druck-, Verlags-, und Vertriebsorte. München–London–Paris: 1995.

HENKEL–TAUBERT 1986
Martin Henkel–Rolf Taubert: *Die deutsche Presse 1848–1850*. Eine Bibliographie. München–London–New York–Oxford–Paris: 1986.

HERDER 1893
Herders Werke. Erster Teil. Erste Abteilung. Hrsg.: Heinrich Meyer. (Deutsche National-Litteratur. Historisch kritische Ausgabe. Hrsg.: Joseph Kürschner. 74. Bd.) Stuttgart: 1893.

HILÓCZKI 2003
Hilóczki Ágnes: *Rumy Károly György*. Forráskutatás és biográfia [Karl Georg Rumy. Quellensammlung und Biographie]. (Manuskript)

JEAN PAUL *Werke*
Jean Paul: *Werke*. Hrsg.: Norbert Miller, Gustav Lohmann. 6 Bde. München: 1959–1963.

KAJTÁR 1987
Pyrker János László és a magyar irodalom [Johann Ladislaus Pyrker und die ungarische Literatur]. In: *Pyrker emlékkönyv* [Pyrker-Gedenkbuch]. Hrsg.: Hölvényi György. Eger: 1987. S. 179–193.

KAZINCZY *Levelezés*
Kazinczy Ferenc levelezése [Der Briefwechsel von Ferenc Kazinczy]. Hrsg.: Váczy János. 21 Bde. Budapest: 1890–1911.

KERÉNYI 1980
Kerényi Ferenc: *Tizenegy esztendő Egressy Gábor életéből (1837–1848)* [Elf Jahre aus dem Leben von Gábor Egressy]. In: *Egressy Gábor válogatott cikkei* (1838–1848) [Ausgewählte Artikel von Gábor Egressy] /= Színháztörténeti Könyvtár 11./ Budapest: 1980. S. 140–150.

KERÉNYI 1981
A régi magyar színpadon 1790–1849 [Auf der alten ungarischen Bühne 1790–1849]. Budapest: 1981.

KERÉNYI 2000
A magyar színikritika kezdetei [Die Anfänge der ungarischen Theaterkritik]. Hrsg.: Kerényi Ferenc. 3 Bde. Budapest: 2000.

KISS 1962
Kiss József: *Petőfi az egykorú hazai német nyelvű sajtóban 1844–1846* [Petőfi in der gleichzeitigen deutschsprachigen Presse Ungarns]. In: *Tanulmányok Petőfiről* [Studien über Petőfi]. Hrsg.: Pándi Pál, Tóth Dezső. Budapest: 1962. S. 91–193.

KISS 1970
Kiss József: A Nemzeti dal *egykorú fordítói és fordításai* [Gleichzeitige Übersetzer und Übersetzungen des *Nationalliedes*]. In: *Petőfi és kora* [Petőfi und seine Zeit]. Hrsg.: Lukácsy Sándor, Varga János. Budapest: 1970. S. 411–484.

KISS 1987
Petőfi-adattár [Petőfi-Datensammlung]. Hrsg.: Kiss József. 3 Bde. Budapest: 1987.

KÓKAY 1979
A magyar sajtó története I. 1705–1848 [*Geschichte der ungarischen Presse I. 1705–1848*]. Hrsg.: Kókay György. Budapest: 1979.

KOROMPAY 1998
Korompay H. János: *A jellemzetes irodalom jegyében. Az 1840-es évek irodalomkritikai gondolkodása* [Im Zeichen der charakteristischen Literatur. Das literaturkritische Denken in den 1840er Jahren]. Budapest: 1998.

KÓSA 2001
Kósa László: A magyar néprajz tudománytörténete [Wissenschaftsgeschichte der ungarischen Ethnographie]. Budapest: 2001.

KÖLCSEY 2001
Kölcsey Ferenc minden munkái. Versek és versfordítások [Sämtliche Arbeiten von Ferenc Kölcsey. Gedichte und Gedichtübertragungen]. Hrsg.: Szabó G. Zoltán. Budapest: 2001.

MGG
Die Musik in Geschichte und Gegenwart. Allgemeine Enyzklopädie der Musik. Hrsg.: Ludwig Fischer. 26 Bde. Kassel–Basel–London–New York–Prag–Stuttgart–Weimar: 1994–2005.

NOVALIS *Werke*
Novalis: *Schriften.* Die Werke Friedrich von Hardenbergs. Hrsg.: Paul Kluckhohn, Richard Samuel. 4 Bde. Stuttgart: 1960–1977.

ÖBL
Österreichisches Biographisches Lexikon 1815–1950, hrsg. von der Österreichischen Akademie der Wissenschaften. 11 Bde. Graz–Köln–Wien: 1957–1999.

PETRIK
Magyarország bibliográfiája 1712–1860. [Bibliographie Ungarns 1712–1860.] 4 Bde, hrsg. von Géza Petrik, Budapest 1888–1892. Bd. 5–8. Hrsg. von der Széchényi Nationalbibliothek, Budapest: 1971–1999.

PUKÁNSZKY 1918
Pukánszky Béla: *Herder hazánkban*. I. Herder és a népies irány [Herder in Ungarn. I. Herder und die volkstümliche Richtung] (= Német Philologiai Dolgozatok 23). Budapest: 1918.

SCHLEGEL *Werke*
Kritische Friedrich-Schlegel-Ausgabe. Hrsg.: Ernst Behler. Erste Abteilung: Kritische Neuausgabe. München-Paderborn-Wien-Zürich: 1958 ff.

SCHÖNER 1931
Schöner Magda: *Erdélyi János élete és művei* [Leben und Werke von János Erdélyi]. Budapest: 1931.

SCHÜDDEKOPF 1907
Goethes Tod. Dokumente und Berichte der Zeitgenossen. Hrsg.: Carl Schüddekopf. Leipzig: 1907.

STIER 1850
Sechsunddreissig Ungarische Lieder und Gedichte. Aus Berzsenyi, Kölcsey und Vörösmarty übersetzt von G. Stier. Halle: 1850.

SZABÓ 2000
Magyar romantika I. Teória és kritikai praxis [Ungarische Romantik. Theorie und kritische Praxis]. Hrsg.: Szabó Levente. Kolozsvár: 2000.

SZALAY 1981
Tollharcok. Irodalmi és színházi viták 1830–1847 [Federkämpfe. Diskussionen über Literatur und Theater 1830–1847]. Hrsg.: Szalai Anna. Budapest: 1981.

SZINNYEI
Magyar írók élete és munkái [Leben und Werke ungarischer Schriftsteller]. 14 Bde. Budapest: 1891–1914.

TARNÓI 1989
László Tarnói: *Die Normen der Romantiker Ferenc Toldy und József Bajza für die Schiller-Rezeption und deren Wandlungen.* In: *Theorien, Epochen, Kontakte.* Festschrift zum 60. Geburtstag von Professor Dr. Dr. h. c. Antal Mádl. Budapest: 1989. (=Budapester Beiträge zur Germanistik 20.) Hrsg.: János Szabó, Ferenc Szász. 2. Teil S. 7–16.

TARNÓI 1998
László Tarnói: *Parallelen, Kontakte, Kontraste.* Die deutsche Lyrik um 1800 und ihre Beziehungen zur ungarischen Dichtung in den ersten Jahrzehnten des 19. Jahrhunderts. Studienband. Budapest: 1998.

TÓTH 2000
Tóth Orsolya: *A Conversations-Lexikon-i pör és az írásos hagyomány* [Der Streit um das Conversationslexikon und die schriftliche Tradition]. In: *A magyar irodalmi kánon a XIX. században* [Der ungarische literarische Kanon im 19. Jahrhundert]. Hrsg.: Takáts József. Budapest: 2000. S. 89–100.

UMIL
Új Magyar Irodalmi Lexikon [Neues Ungarisches Literaturlexikon]. Hrsg.: Péter László. Budapest: 1994.

UNGÁR 1937
Ungár Elemér: *A magyarság a hazai német folyóiratok tükrében 1819–1848.* Tanulmány a nemzeti érzés fejlődésének történetéhez [Das Ungartum im Spiegel der ungarländischen deutschen Zeitschriften 1819–1848. Studie zur Geschichte der Entwicklung des nationalen Gefühls]. Pécs: 1937.

WURZBACH
Constant von Wurzbach: *Biographisches Lexicon des Kaiserthums Österreich enthaltend die Lebensskizzen der denkwürdigen Personen, welche seit 1750 in den österreichischen Kronländern geboren wurden oder darin gelebt und gewirkt haben.* 60 Bde. Wien: 1856–1891.

ZENKER 1892
Ernst Victor Zenker: *Geschichte der Wiener Journalistik von den Anfängen bis zum Jahre 1848.* Ein Beitrag zur deutschen Culturgeschichte. Wien – Leipzig: 1892.

ABBILDUNGEN

Iris.

Zeitschrift für Wissen, Kunst und Leben.

Erster Jahrgang.

Samstag, (1825. Nro 17.) 27. August.

Lebensharfen.

(Von Ant. Alex. Graf v. Auersperg.)

Durch der Seele Tiefen klingend,
Weht in mir ein Harfenpaar;
Dröhnend braust das Spiel der Einen,
Das der Andern sanft und klar.
Zwei der Kräfte, die sich hassen,
Geben ihnen Klang und Laut;
In den Saiten wühlet diese,
Jene streift sie leis' und traut.

Wie von Fels auf Felsbett stürzend,
Wild der Katarakt erdröhnt;
Wenn des Blitzes Strahl getroffen,
Dumpf es durch die Bergschlucht stöhnt;
Wie der Sturz der fessellosen
Schneelavin' im Thal verhallt:
Also auch in meinem Busen
Wild die eine Harfe schallt.

Doch wie über Rosenhaine
Zephir haucht den Morgenkuß,
Wie aus fernen, fernen Welten
Der Geliebten leiser Gruß,
Wie bei stiller Nacht harmonisch
Sich's in Eichenwipfeln regt:
Tönt der andern Harfe Lispeln,
Zart von milder Kraft bewegt. —

Dröhnet jene, wild erbrausend,
Glüht des Menschen Auge wild,
Und aus Nacht und Todesreichen
Steigt ein grau'nhaft Schreckensbild.
Aber glanzvoll strahlt das Auge,
Wenn die And're süß erschallt,
Und in hellen Himmelsräumen
Zeigt sich eine Lichtgestalt. —

Hätte doch die beiden Kräfte
Gleiches Streben mild vereint!
Aber ach! in wildem Grimme
Blieben sie sich ewig feind;

Was die Eine Holdes zeugte
In entzückter Harmonie,
Bald vernichtet es die And're;
Ewig feindlich streiten sie.

Bis zersprengt die letzte Saite,
Bis die Harfen morscher Staub,
Bis der Seele Hallen klanglos
Und ich der Vernichtung Raub;
Bis das schwache Haus in Trümmer
Sinkend einst zusammenbricht:
Dann befeinden sie sich nimmer,
Aber ach! — sie tönen nicht.

Georg Buchanan.

(Beschluß von Nro 16.)

Schrecklich war die politische Lage Englands. — Ueberall Partheien, die sich um einer Meinung willen mit feindseligster Erbitterung begegneten, und um so froher ihre Häupter erhoben, als der König noch sehr jung war, und die Unruhigsten des Volkes, welchen eine Anarchie im Staate Gewinn ist, noch immer in der Zeit der Bürgerkriege lebten. — Er war in England angekommen, allein der Boden dieses Landes wankte, und Buchanan beschloß, noch einmahl auf dem Rücken des brausenden Oceans seine Reise nach Italien zu nehmen. — Dorthin rief ihn der als Held und Feldherr gepriesene Carolus Cossäus, dessen Thaten in der Geschichte ewig leben werden, welcher ihm die Erziehung seines Sohnes Timoleon übertrug. Würdig stand an der Seite seines hochherzigen Vaters dieser heldenmüthige Jüngling, und Buchanan suchte dieses Feuer für Tugend und Recht in der Brust des Jünglings zu erhalten; denn so richtet er in seiner Sphäre die Worte an ihn:

Kommen wird noch die Zeit, wo du, kraftgerüsteter Jüngling,
Dein stolz-schäumendes Roß in den Staub der Schlachten wirst lenken!

17

Abb. 1. Titelseite der Zeitschrift Iris aus dem Jahre 1825

1830. Sonnabend, 13. Februar. Nro. 13.

Der Spiegel
für
Kunst, Eleganz und Mode.

Mittwoch und Sonnabend erscheint ein halber Bogen Text; Sonnabend ein illuminirtes Modenbild in Oktav; alle Monat eine Abbildung in Quart. — Halbjähriger Preis: 4 fl. und mit freier Postzusendung: 5 fl. C. M. — Man pränumerirt zu Ofen im Kommissionsamt und bei allen k. k. Postämtern.

Die Neujahrgeschenke.
Von Sam. Rosenthal.

(Fortsezung.)

Siebente Szene.

Die Gräfin. Der Graf. Die Vorigen.

Gräfin (zu ihrem Gemahl). Das scheint mir annehmbar.

Graf (zu seiner Frau). Sie werden schon theilen.

Gräfin. Ja. Es ist nicht zu viel, aber genug.

Graf (nähert sich dem Sekretär; Amadeus und Paul beobachten, was er thut, und ihre Augen, die blos auf das Möbel, das er öffnet, gerichtet sind, bemerken die Gräfin nicht, die mit ihrem Manne eintrat und sich neben den Kamin sezte). Nehmt, mein lieber Barbier; zieht besser Euer Rasiermesser ab und schindet mir nicht mehr so das Kinn. (Er gibt ihm ein Geldstük.) Ich gebe ihm zwar nichts Großes; aber kleine Geschenke erhalten die Freundschaft.

Amadeus. Und die Rasiermesser.

Graf. Sehr wohl. (Zu Paul.) Da sind hundert Franken, die du mit den Leuten theilen wirst. Vierzig Franken gehören dem Portier.

Paul. Vierzig Franken dem Portier?

Graf. Ja.

Paul. Ach!

Graf. Nun?

Paul. Vierzig Franken dem Portier! Was wird den Andern bleiben?

Abb. 2. Titelseite der Zeitschrift Der Spiegel aus dem Jahre 1830

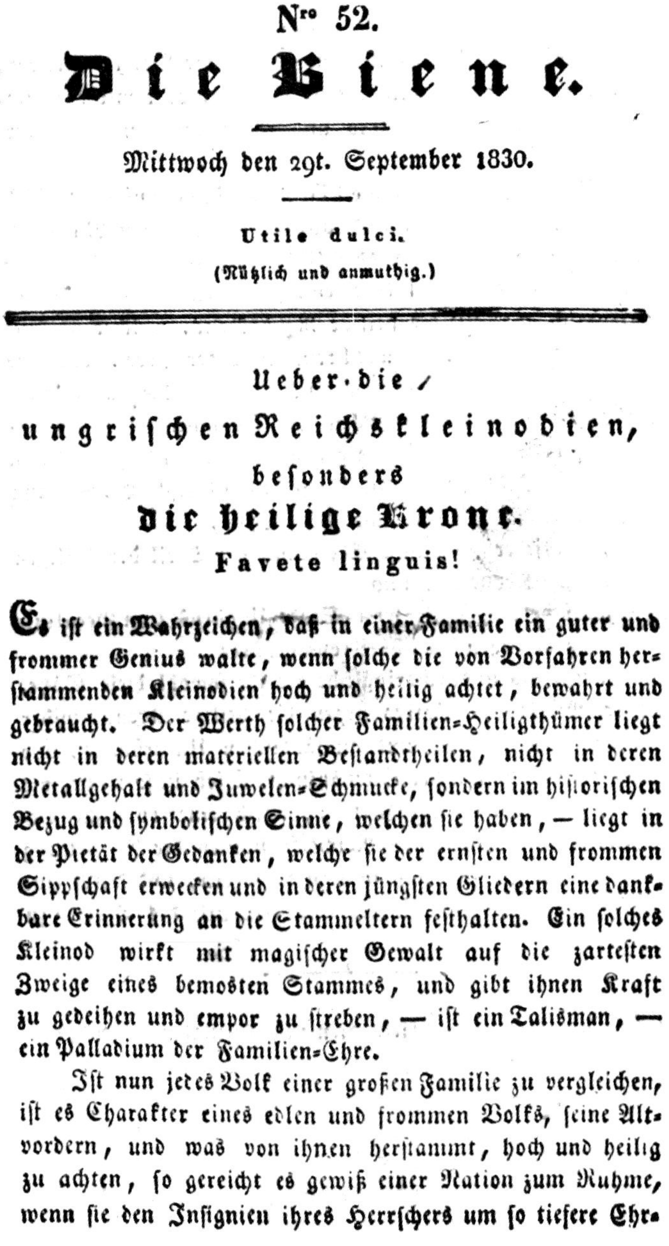

Nro 52.

Die Biene.

Mittwoch den 29t. September 1830.

Utile dulci.
(Nützlich und anmuthig.)

Ueber die ungrischen Reichskleinodien, besonders die heilige Krone.

Favete linguis!

Es ist ein Wahrzeichen, daß in einer Familie ein guter und frommer Genius walte, wenn solche die von Vorfahren herstammenden Kleinodien hoch und heilig achtet, bewahrt und gebraucht. Der Werth solcher Familien-Heiligthümer liegt nicht in deren materiellen Bestandtheilen, nicht in deren Metallgehalt und Juwelen-Schmucke, sondern im historischen Bezug und symbolischen Sinne, welchen sie haben, — liegt in der Pietät der Gedanken, welche sie der ernsten und frommen Sippschaft erwecken und in deren jüngsten Gliedern eine dankbare Erinnerung an die Stammeltern festhalten. Ein solches Kleinod wirkt mit magischer Gewalt auf die zartesten Zweige eines bemosten Stammes, und gibt ihnen Kraft zu gedeihen und empor zu streben, — ist ein Talisman, — ein Palladium der Familien-Ehre.

Ist nun jedes Volk einer großen Familie zu vergleichen, ist es Charakter eines edlen und frommen Volks, seine Altvordern, und was von ihnen herstammt, hoch und heilig zu achten, so gereicht es gewiß einer Nation zum Ruhme, wenn sie den Insignien ihres Herrschers um so tiefere Ehr-

Abb. 3. Titelseite der Zeitschrift Die Biene aus dem Jahre 1830

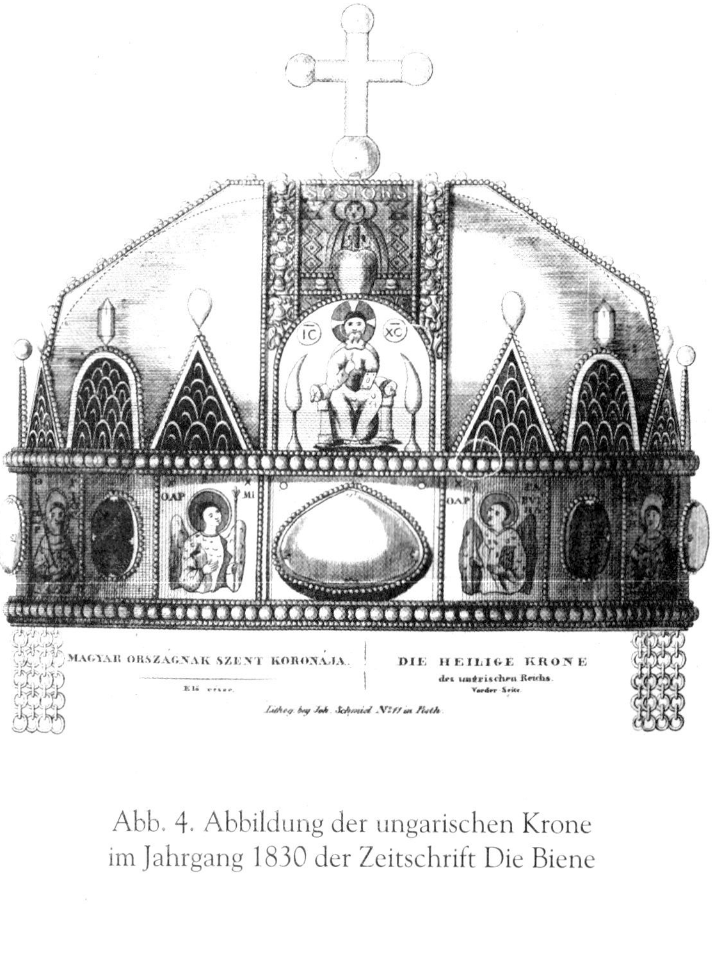

Abb. 4. Abbildung der ungarischen Krone im Jahrgang 1830 der Zeitschrift Die Biene

Preßburger Aehrenlese

zur

Belehrung und Unterhaltung.

Sechster Jahrgang, für 1832.

24.

Landwirthschaft.

Neue Vermehrungsart der Reben.

In der Wiener Zeitung vom 21sten d. M. theilt Hr. Joh. Rupprecht, Mitglied der k. k. mährisch-schles. und k. preuß.-schles. Ackerbau- und Landescultur-Gesellschaften, in Wien (Vorstadt Gumpendorf, Hauptstraße Nr. 54) folgende neue, durch mehrjährige Versuche aufs vortheilhafteste bewährte, Vermehrungsart der Reben mit, die gerade jetzt, beym herannahenden Schnitt der Weingärten, von großem Interesse ist. Die Reben — sagt Hr. R. — werden nämlich auf die allerschnellste und leichteste Art durch ihre Augen vermehrt. Man läßt dem Auge auf jeder Seite einen halben Zoll Rebe, rundet beyde Enden mit einem scharfen Messer zu und schält unter dem Auge die Oberhaut der Rebe beynahe bis auf das Mark der ganzen Länge nach hinweg, um die jeder Bewurzelung vorausgehende Verknorpelung zu befördern. Man legt nun die so zugeschnittenen, einzelnen Augen der Breite nach in 5- bis 6zöllige, gewöhnliche Gartengeschirre, und bedeckt das aufwärts gerichtete Auge mit einem halben Zoll guter Erde. Die Töpfe werden nun in ein lockeres Mistbeet oder sonst auf einen warmen Ort gestellt und mäßig feucht gehalten. Nach 12 bis 14 Tagen fangen die Augen an zu schwellen und Wurzeln zu schlagen, während welcher Zeit wenig Luft noch Licht nöthig ist. Das dadurch erkräftigte Auge, besonders wenn man immer die stärksten und gesündesten Reben gewählt hat, schießt nun in wenig Monaten zu 1 bis 2 Fuß Höhe empor und gewöhnt sich nach und nach an die freye Luft. Das Geschirr wird ganz mit Wurzeln angefüllt und die nun vollständig entwickelte Rebe kann gegen den Herbst herausgestürzt und in den freyen Grund verpflanzt werden, worin sie noch im ersten Jahre vollkommen einheimisch wird. Man erhält auf diese Art von jedem Auge einen neuen Stock, der durch tieferes Einsenken in den aufgelockerten Boden und vor dem Winter durch Behäufelung Anfangs am sichersten vor dem Erfrieren beschützt wird. Die meisten dieser Reben tragen im dritten Jahre schon Früchte, ja die stärkeren schon im zweyten Jahre, so zwar, daß man binnen kurzer Zeit einen tragbaren Weingarten erzielen kann, während die unsichere, mühsame und langweilige Vermehrungsart durch Stecklinge oder Senker kaum in einer Reihe von Jahren einen solchen Erfolg gewährt. Auch der erleichterte Bezug aus entferntern Gegenden verdient Erwägung, denn man braucht ja nur wenige Reben, um sich die gewünschten Sorten sogleich aus den vielen Augen zu erzielen, und dieß leichte Mittel muß Anlage und Vermehrung der Weinberge außerordentlich befördern, um so mehr, da die auf solche Art gezogenen Reben nach vieljähriger Erfahrung nicht nur sehr schnell, sondern auch sehr häufig tragen, und überhaupt so schnell erstarken, daß die im Jahr 1824 bis 1825 auf einer, keineswegs fruchtbaren, Terasse gezogenen vielerley Traubensorten nach der Stärke der Stöcke und Reben, einen 15 bis 20jährigen Wachsthum voraussetzen lassen. Als

Abb. 5. Titelseite der Preßburger Ährenlese
(Beiblatt der Preßburger Zeitung)
aus dem Jahre 1832

PYRKER.

Abb. 6. Porträt von Johann Ladislaus Pyrker
im Jahrgang 1833 des Kaschauer Boten von und für Ungern

PANNONIA,

Welt- und Zeitgemälde zur Belehrung und Unterhaltung.

Zweiter Jahrgang.

№ 10. Freitag, den 2. Februar 1838.

Thierzuchtwissenschaft.

(Fortsetzung).

Dieser Blutwechsel bei der Begattung unserer Säugethiere war vor 30 Jahren — Spanien und England ausgenommen — überhaupt noch in ganz Europa fast allgemein üblich und ist die Ursache, warum jeder Kenner in unsern Zuchten so vielerlei gemischtes Vieh von verschiedenartiger Abstammung, ohne Raçe-Typus, findet. Als ich vor 34 Jahren aus Spanien mit meinen Merinosraçen hierher zurückkehrte, war ich in Teutschland der Erste, welcher durch seine Schriften und in öffentlichen Blättern nicht nur durch Worte, sondern auch durch Beispiele und Erfolge bewiesen hat, daß bei Original- und ganz edlen Vollbluthieren die Paarung unter der Blutsverwandtschaft das einzige Mittel ist, wodurch die schätzbaren Eigenschaften derselben (Constanz und Homogenität) in vollem Maße auf die Nachkommenschaft verpflanzt werden und daß durch dieselbe die Degeneration am sichersten vermieden wird. — Diese Grundsätze haben sich zwar heutiges Tages sehr verbreitet, jedoch noch immer nicht mit gehöriger Sachkenntniß, indem eine blos temporelle Veredlung und Vervollkommnung des Organismus mit einer permanenten Veredlung nicht einerlei ist. Erstere kann man erreichen, ohne den Weg gehen zu müssen, den man bei Letzterer einschlagen muß. Bei jener nimmt man wenig oder gar keine Rücksicht auf die Abstammung der männlichen Individuen, ihre angebornen Eigenschaften und auch bei gleichzeitigem Vorhandenseyn derselben auf ihre verschiedenen Abstufungen, sondern sieht nur auf die äußern Eigenschaften, wählt sie bald aus dieser bald aus jener Heerde, seyen es nun Raçe- oder Mestitzthiere, von homogenem oder heterogenem Blut, darum kümmert man sich nicht, wenn sie nur das äußerliche Ansehen haben! — Das Resultat eines solchen Verfahrens kann aber kein anderes als ein verbastardirter, durch die heterogensten Organismen erzeugter Viehstamm seyn, der zwar für den Augenblick schätzbare äußere Eigenschaften besitzt, die aber nicht im Organismus fest begründet sind und daher so leicht wieder verloren gehen, sobald man die Auffrischung durch neue fremde männliche Individuen von Zeit zu Zeit unterläßt und zur Begattung nur derlei Blutsverwandte (was bei Stammvieh gerade die nothwendigste Bedingung ist), also nur die selbstgezogenen männlichen Mestitz-Individuen verwendet. Denn jetzt wirkt die Natur ungehindert, strebt nach Begründung eines bestimmten Organismus; dieser nähert sich aber natürlich mit jeder neuen Culturstufe oder Generation dem Ursprünglichen, nach dem die Zucht vor begonnener Vermischung mit fremdem Blute gebildet war; daher überhaupt die schnelle Degeneration solcher Mestitzzuchten, wo man die Begründung eines gewissen, bestimmten Organismus nicht beachtete, wie es bei der soliden Veredlung mittelst einer Stammzucht (Pepinière) der Fall ist.

Die Inzucht, oder das Veredeln in und durch sich selbst, kann aber auch ohne nächste Blutsverwandtschaft, durch entferntere Verwandtschaft Statt finden, wenn — wie dieses durchaus bei den berühmten Leonischen Wanderheerden der Fall ist — durch eine sachverständige Wahl der Vaterthiere die strengsten Rücksichten des Vollkommenheits-Ideals hier zur Norm dienen und der Stammbaum vollkommen rein ist. Jeder leonische Heerdenbesitzer ist stolz auf den Ruhm der Constanz und Homogenität seiner Heerden und keiner bedient sich jemals der Springböcke von andern Raçen; daher die außerordentliche Homogenität und Constanz dieser sehr verschiedenen Wanderschafraçen, wo ich zuweilen 40—60,000 von derlei Geschöpfen in ihren Waidedistricten begegnet bin, die sämmtlich einen so frappanten Raçe-Typus mit einander gemeinschaftlich hatten, als wenn sie alle aus einem Ei entsprungen wären und überdies die seltene Erscheinung, wie bei den wilden Thieren, die sich in freier Natur befinden, wo Gleiches das Gleiche aufsuchet, sich bewährt, daß, wenn auch die Verwandtschaft zuweilen von mütterlicher Seite etwas entfernt ist, dieses keinen Fehler begründet und zwar aus dem einfachen Grunde nicht, weil der Stammbaum rein erhalten wird. Aus meinem Theresienfelder Reinzucht-Institut für Merinos-Stammheerden aus den rein originalspanischen **Cavagnen** von **St. Paular**, **Guadeloupe** und

Abb. 7. Titelseite der Zeitschrift Pannonia
(Beiblatt der Preßburger Zeitung) aus dem Jahre 1838

Gemeinnützige Blätter

zur

Belehrung und Unterhaltung.

Dreißigster Jahrgang.

№ 88. Sonntag den 1. November 1840.

Literatur.

Wechsel-Gesetz-Buch für das Königreich Ungarn und (dessen) Nebenländer aus dem ungarischen Originaltexte getreu übersetzt von Dr Anton Ottmayer, Doctor der sämmtl. Rechte ꝛc. ꝛc. Ofen, gedruckt in der königl. ung. Universitäts-Buchdruckerei 1840. (III Theile in einem Bande, von ungefähr 400. Seiten, auf schönem Maschinen-Papier; hiezu drei Inhalts-Verzeichnisse, und das Verzeichniß der pl. t. Hrn Pränumeranten, Ladenpreis: 5 (wir sagen: Fünf) fl C. M.!?

Wir wollen keine Maximen für unsere Recension aufstellen. Die Prinzipien, welche Derjenige, der die Uebersetzung der Gesetze unternimmt, befolgen muß, hat Hr Dr Ottmayer in seiner Vorrede sehr gründlich und sehr richtig angegeben; darum ohne alle weitere Raisonnements lassen wir diese Vorrede — ungeachtet ein Auszug derselben in diesen Blättern bereits mitgetheilt ist — ihrem ganzen Inhalte nach, keineswegs aber als ein Muster der deutschen Stylistik, sondern als Maaßstab unserer kritischen Beleuchtung folgen. — Sie lautet:

„Die getreue Uebersetzung eines Gesetzbuches, ist von der Uebersetzung irgend eines andern Werkes wesentlich unterschieden. Echte Vorschrift für eine getreue Uebersetzung eines Gesetzbuches wird durch die genaue Befolgung und Beibehaltung der wörtlichen Ausdrücke des Gesetzgebers, in so fern dieß möglich ist, jedenfalls aber und zwar wesentlich durch die Auffassung des vollständigen, und wichtigen Sinnes der Gesetzes bedingt. Dieß kann nun aber weder allein die Sprachkenntniß, noch die einseitige theoretische oder practische Kenntniß eines in benachbarten Lande bestehenden Handels- und Wechselrechts, sondern mit all' diesen vereint, die gründliche Theorie des gesammten, namentlich aber vaterländischen Rechtes, eine langjährige Geschäftspraxis, und falls ein neues mit der Gerichtsordnung Oesterreich's verwandtes Verfahren, eingeführt wird, auch die Theorie und Praxis des österreichischen Rechtes bewirken. Jedes sonstige Unternehmen ist ein Wagestück, welches den, des hungarischen Originaltextes unkundigen, und seine Handels- und Wechselgeschäfte lediglich auf die deutsche Uebersetzung basirenden Geschäftsmann manchen Verlegenheiten, manchen Gefahren preisgeben dürfte. — So wie nun einerseits von einer freien Uebersetzung eines Gesetzbuches keine Rede sein kann, so kann anderseits beinahe jedes andere Werk frei übersetzt werden, und hiebei ist eine gründliche Sprachkenntniß das einzige und wesentlichste Erforderniß einer gelungenen Uebersetzung. — In wie fern ich die gewagte Aufgabe gelöst habe, überlasse ich der Beurtheilung des geehrten Publicums. Vor einem gefährlichen Abwege schützte mich (?!) größtentheils meine 24-jährige ungarische, und 16-jährige deutsche Gerichtspraxis, und wenn allenfalls auch hie und da, ein oder das andere Wort, welches ich entweder der größern Verständlichkeit, oder der vollständigen Treue wegen auserwählt habe, gerügt werden sollte, so bin ich doch gewiß, (?!) daß ich mit meinen obigen beiden Wegweisern den vollständigen und richtigen Sinn (?) der neuen Handelsund Wechselgesetze aufgefaßt habe.“

Sehr gut, und sehr richtig! aber sehen wir nun, inwiefern der Hr Uebersetzer diese Prinzipien treu befolgt, und somit seinen Beruf in dem gegenwärtigen Werke erfüllt habe.

Vor Allen finden wir — nach der Vorrede — einen Original-Aufsatz von dem Hrn Uebers., worin derselbe

Abb. 8. Titelseite der Gemeinnützigen Blätter
(Beiblatt der Vereinigten Ofner und Pester Zeitung) aus dem Jahre 1840

KOENIGLICH FREISTAEDTISCHE

Halbjähriger Preis sammt Pannonia für 1842 4 fl., pr. Post: 5 fl. 12 kr. C. M. Die Zeitung erscheint wöchentlich 3 Mal, die Pannonia ebenfalls 3 Mal.

Pränumeration wird im Comptoir dieser Zeitung, im gräflich Erdödy'schen Palais und bei allen k. k. Postämtern angenommen. Inserate werden schnellstens besorgt.

Preßburger Zeitung.

Nr. 101. Freitag, den 17. December 1841.

Königl. freist. **Preßburger Zeitung** und **Pannonia 1842**, redigirt von Adolf Neustadt.

Halbjähriger Preis 4 fl., — bei allen löbl. k. k. Postämtern 5 fl. 12 kr. C. M.

Täglich erscheint eine Nummer in Royal-Quart-Format; die Preßburger Zeitung Montag, Mittwoch und Freitag; die Pannonia Dienstag, Donnerstag und Samstag. — Die Modebilder kosten halbjährig (24 Blätter) 2 fl. C. M.

Zeitungs-Comptoir.

Ernennungen und Beförderungen.

Se. k. k. Apost. Majestät geruhten die durch den Tod des Franz v. Kövesdy in Erledigung gekommene erste Fiscalsstelle des k. Politico-Fundationaldirectorats dem zweiten Fiscal, Johann v. Hratko, dessen Stelle aber dem Fiscals-Adjuncten, Andreas v. Vajay, allergnädigst zu verleihen.

Se. k. k. Apost. Majestät haben mit Allerhöchster Entschließung vom 20. Februar l. J. den Concepts-practicanten der kön. ung. Hofkanzlei, Victor Freiherrn v. Mesznil, zum Honorärhofconcipisten derselben kön. Hofstelle allergnädigst zu ernennen geruht.

Ungarn.

Preßburg. In der Nacht vom 13. auf den 14. d. M. nach 11 Uhr verschied nach kurzem Krankenlager im 65. Lebensjahre der hochwohlgeborne Freiherr Ferdinand Fleischer von Eichenkranz, Commandeur des österr. kaiserl. Leopold-, und Ritter des Maria Theresien-, des russisch- kaiserl. St. Annenordens 1. Classe, (mit der Krone), und Commandeur des kön. sicilianischen St. Ferdinand- und Verdienstordens, k. k. Feldmarschalllieutenant, Inhaber des k. k. Inf.-Reg. Nr. 35 und Commandirender in dieser königl. Freistadt. Das feierliche Leichenbegängniß fand vorgestern, den 15. Nachmittags gegen 3 Uhr, Statt. Zwei Bataillons des löbl. k. k. Infanterieregiments Kaiser Alexander, eine Division von dem in der Nähe stationirten löbl. k. k. Baron Mengen Cürassierregiment, die gesammte Bürgermiliz der Stadt, und die des benachbarten k. priv. Marktes Zuckermantel, die HH. pensionirten k. k. Stabs- und Oberofficiere, der löbl. Stadtmagistrat mit den Herren Stadtvormündern, Namens der Bürgerschaft, und viele Honoratioren begleiteten die entseelte Hülle dieses ausgezeichneten und verdienstvollen Kriegers. — Die Bürgermiliz, welche aus besonderer Achtung vor den hohen militärischen Verdiensten des Verblichenen und aus Dankbarkeit für das Wohlwollen und die Auszeichnung, womit derselbe sie immer aufnahm, unter Commando ihres Majors und Commandanten sehr zahlreich ausrückte, hielt in der Aufstellung und im Zuge das Centrum, gab auch die drei Salven mit Präcision, und defilirte hierauf mit dem löbl. k. k. Militär vor der hohen Generalität. — Die Gassen, Fenster und Altane, wo der Zug vorüberging, dürften mit mehr als 20,000 Menschen gefüllt gewesen seyn, so daß man kaum eines gleichen Leichenbegängnisses sich erinnern kann, woraus allein schon die Theilnahme und allgemeine Anerkennung für den Verblichenen, für seine Verdienste und sein freundliches Wirken ersichtlich ist. Friede seiner Asche! —

Am 14. d. Abends 7 Uhr starb an der Brustwassersucht nach langen qualvollen Leiden, die er mit wahrhaft philosophischem Gleichmuth ertrug, Herr Johann Edler von Schloissnigg, k. k. Oberfeldkriegscommissär, Commandeur des königl. württembergischen Civilverdienstordens, und Officier der kön. französischen Ehrenlegion, im 66. Jahre seines thätigen Lebens. Festigkeit des Characters, unermüdlicher Diensteifer und strenge Pflichterfüllung, hohe, vielseitige Geistesbildung und ein ausgezeichnetes, sorglich gepflegtes Sprachentalent gereichten diesem liebenswürdigen Manne zur seltenen Zierde.

Preßburg. (Allg. Ztg.) Die Allgemeine Zeitung enthält, vermuthlich auf ziemlich leere Gerüchte hin, wohlgemeinte Artikel aus Baiern und vom Oberrhein, über einen möglichen Anschluß Oesterreichs an den teutschen Zollverein. Der Anlaß scheint, wie gesagt, sehr vager Natur zu seyn, und vermuthlich keinen andern Grund zu haben, als die Wahrscheinlichkeit, daß in einem Augenblick politischer Ruhe, wie der gegenwärtige, die Berathung der Handelsinteressen des Staates gelegene Zeit findet. Was nun die beiden fraglichen Aufsätze betrifft, so scheint es uns nicht der Weg, über einen so wichtigen Gegenstand Licht zu verbreiten, ihn so oberflächlich und cursorisch zu besprechen. Handelt es sich um nichts, als was in dem letzteren berührt ist, hat der Zollverein nicht mehr Vortheile von Oesterreich, Oesterreich nicht mehr vom Zollvereine, als die dort erwähnten, so lohnte es sich wahrlich nicht der Mühe, daß ein paar solche Handelsmächte wie Oesterreich und der Zollverein die ungeheure Arbeit unternähmen, die eine vollständige Revision der Tarife erfordert! Sollen Zwecke erreicht werden, um die allein es der Mühe lohnt, Opfer zu bringen und Opfer zu fordern, soll der teutsche Zollverein und Oesterreich eine Handelsmacht hinfür werden, sollen die Zoll-Linien fallen, dann fragen wir: soll in diesem Fall die ungarische stehen bleiben? Der Einsender des Artikels sagt: Oesterreich werde mit Ungarn dem Verein nicht beitreten! Warum denn nicht? Wir wissen nicht, ob Oesterreich überhaupt daran denkt beizutreten; wenn aber, warum nicht mit Ungarn? Glaubt man die Zolltrennung zwischen Ungarn und Oesterreich noch schneidender machen zu können? Einsichtsvolle Ungarn, und diese gibt es jetzt, dem Himmel sey Dank, mehr als man meint, wissen, daß Ungarn, ohne Opfer zu bringen, in den Zollverein nicht aufgenommen werden kann. Sie sehen aber auch ein, daß, wenn Ungarn nur irgend seinen eigenen Vortheil erkennt, es beitreten werde und müsse, und daß es dazu im Wege landtäglicher Verträge gern die Hand bieten werde. Sie hoffen, daß Oesterreich keinen Tractat schließen werde, der Ungarns Grenze zur Sperrlinie des teutschen Handelssystems machen würde. Wenn dieser Gegenstand in öffentliche Erwägung gezogen wird, und es wäre zu wünschen, daß dieß in ausländischen wie in ungarischen Blättern je eher je lieber geschähe, so sey es nicht auf eine so überaus ungenügende Weise, sondern so offen, aufrichtig und erschöpfend als möglich. Je leidenschaftsloser und gründlicher das geschieht, je nützlicher und belehrender wird es wirken. Nur auf diese Weise wird die Wahrheit gewinnen und Eingang finden, zumal in Ungarn, das, wenn es auch im Anfang sich ungern aus irgend einem Lieblingstraum wecken läßt, sie gern aufnimmt, zumal wenn es endlich sieht, daß man es ehrlich mit ihm meint.

Ofen. Die allgemein gewürdigte Siechenanstalt erfreut sich stets hochherziger Gönner. Soeben hat die hochgeborne Frau Gräfin Antonia Batthyányi, geborne Tarnóczy, Sternkreuzordensdame, die Anstalt mit einem Krankenbett vermehrt. Welche Mildthätigkeit zum nachahmungswürdigsten Beispiel hiermit dankbar zur öffentlichen Kenntniß gebracht wird. Auf hohe Anordnung Heinrich v. Kálkey, Secretär.

Werbótz. (Neutraer Comitat.) Am 27. November fand in der evang. Ortsschule eine, zwar prunklose, aber bestgemeinte Amtsjubelfeier Statt. Als nemlich am gedachten Tage der ehrwürdige 75jährige Greis und evang. Ortsschullehrer, Hr. Paul Adamisch, um die gewöhnliche Vormittagsstunde in die Schule trat, wurde er angenehm überrascht, da er die Schule zwar einfach, aber schön ausgeschmückt fand, und seine Schulkinder, mehr als 100, und darunter einige Mädchen, festlich gekleidet, brennende Kerzen hielten, im Kreise aufgestellt erblickte. Nun wurde ein Jubellied von den Schulkindern angestimmt, dem eine der Feier des Tages angemessene, rührende Rede, gehalten von Hrn. Kulischek, des Jubilarius Amtsgehilfen, folgte, an die sich wieder ein Jubelgesang anschloß. Sodann übernahm der tiefgerührte Greis mit Freudenthränen das Wort, und, nachdem er sowohl seinem Amtsgehilfen, als auch seinen Schulkindern für die ihm an diesem Tage bereitete Freude herzlich gedankt, ermahnte er zugleich die Schulkinder väterlich zum Fleiße und zur Gottesfurcht. Vivat! rief nun herzlich die gerührte Schulkinderschar, die dann von dem Jubilarius auf ländliche Weise bewirthet wurde.

Arad. (Ofner Z.) In einer jüngst abgehaltenen Sitzung des Damencomité's der zu errichtenden Kleinkinderbewahranstalt wurde ein huldvolles Handschreiben Ihrer k. k. Hoheit der durchl. Frau Erzherzogin Maria Dorothea, Gemalin Sr. k. k. Hoh. des durchl. Erzh. Palatins, verlesen, in welchem Höchstdieselben den Nutzen und das Bedürfniß derlei Anstalten zu würdigen, und mit der Annahme des Protectorats die Gesellschaft zu beglücken geruhten. Den 24. Nov. wurde vom Comité obbenannter Anstalt ein glänzender Ball gegeben, welcher den Fond der Kleinkinderbewahranstalt bedeutend vermehrte. — Wir sind hier seit 2 Jahren auch im Besitze einer Fechtschule, welche von jungen Männern errichtet wurde und besucht wird; es werden öfters Einlagen in die Sparcasse gemacht und daraus die nöthigen Schulkosten bestritten. — Der Ausschuß der Bankgesellschaft beschäftigt sich mit der Ausarbeitung der Statuten. — In unserer Gegend sind wir von der schönsten und angenehmsten Witterung begünstigt; wiewohl es den 27. Nov. das erstemal schneite, so hatten wir doch vor und nach demselben die schönsten Tage. Man erwartet einen sehr gelinden Winter. — Den 30. Sept. ist unter dem Vorsitze des kön. Rathes, Herrn Anton v. Dessewffy, als Präses des hies. Wechselgerichts, die erste Sitzung desselben abgehalten worden; Hochdieselben äußerten sich über die vom 1. Mai bis 30. Sept. vollzogenen Geschäfte sehr zufrieden. Bereits sind über 100 Firmen protocollirt und wird damit noch immer fortgefahren. — Das Erntejahr 1841 ist im Ganzen genommen zu den gut mittelmäßigen zu zählen.

Raaber Comitat. Von der am 18. Nov. begonnenen Generalcongregation berichtet der „Világ“

Abb. 9. Titelseite der Preßburger Zeitung aus dem Jahre 1841

Der Spiegel
für
Kunst, Eleganz und Mode.

Sechszehnter Jahrgang.

Redakteur: **Sam. Rosenthal.** Verleger: **Fr. Wiesen's** Wittwe und **S. Rosenthal.**

59. Pesth und Ofen, Mittwoch, 26. Juli. **1843.**

Das Räthsel von Mildenhall.

Eine englische Kriminalgeschichte.

Unter allen Londoner Juwelieren war während der Regierungszeit Georgs III. Richard Durnford der reichste und thätigste; er ging oft auf Reisen, um auf dem Kontinente die schönsten Perlen und Edelsteine aufzukaufen, denn er war Meister in seiner Kunst und in seinen geschikten Händen erhielten Gold und Silber eine Schönheit und Pracht, die in Staunen versezte. Topase, Smaragde und Onyxe waren seine Wonne und wenn er die Schönheit einer Lady durch seine Geschmeide gehoben sah, so war er glükselig. — Einst unternahm er wieder eine Reise nach Yarmouth, achtzig englische Meilen von London, wo er mit dem berühmten hebräischen Steinhändler Salomon de Costa eine Zusammenkunft verabredet hatte. Der Amsterdamer Steinhändler stand mit dem Londoner Juwelier in lebhaftem Geschäftsverkehr und so hatte er Durnford wissen lassen, er komme mit einer feinen Sammlung Prätiosen nach Yarmouth. — Richard Durnford traf mit Salomon de Costa im Gasthofe „zu den drei Hirschen" zu Yarmouth zusammen; beide blieben bis zum andern Morgen auf dem Zimmer, ohne Zweifel in Geschäftssachen, und nahmen dann herzlich von einander Abschied.

In damaliger Zeit wogte es auf den englischen Landstraßen noch nicht so von Post- und Miethkutschen; die Wege waren schlecht, zumal in nasser Jahreszeit, und so pflegten die Geschäftsreisenden ihre Touren meistens zu Pferde zu machen. Auch Durnford machte sich am Mittwochmorgen, 17. Juli, zu Rosse auf die Rükreise nach London. — Am 19. Juli, als am Donnerstage, erschien John Burrington, Hauseigenthümer in Mildenhall vor dem Friedensrichter seines Kantons und sagte aus, daß gestern Abend ein Reisender zu Pferde gekommen sei und in seinem Hause Schuz bei einem heftigen Gewitterregen gesucht habe. Der Fremde habe Anfangs noch bis zum Fleken Aylesford reiten wollen, doch da der Regen nicht aufhörte, so sei derselbe ihn,

Abb. 10. Titelseite der Zeitschrift Der Spiegel
aus dem Jahre 1843

Pesther Tageblatt.

Fünfter Jahrgang.

Pränumerations-Bedingnisse:
für Pesth und Ofen: Halbjährig 4 fl. 30 kr., mit täglicher Zusendung 5 fl. Conv. Münze; für Auswärtige im Inlande mit täglicher Postversendung 6 fl. 24 kr., mit wöchentliche, zweimaliger Postversendung 5 fl. Conventions Münze; Pränumeration übernimmt Gustav Heckenast's Buchhandlung in Pesth und sämmtliche Postämter.

Einrückungs-Gebühren:
für den Raum der gespaltenen Petitzeile 3 kr., bei oftmaliger Insertion 2 kr. C. M. Beilag-Gebühr für ein Quartblatt 1 fl., für einen halben Bogen 1 fl. 30 kr., für einen ganzen Bogen 2 fl. Conventions Münze. Beilagen und Inserate sind in der Expedition dieses Blattes, Waiznergasse Nr. 15, dem Hotel Palatin gegenüber rückwärts im Hofe abzugeben.

№ 131. | Samstag, den 3. Juni. | 1843.

Ueber den gegenwärtigen Zustand der ungarischen Belletristik.

Vorgelesen in der Sitzung der Kisfaludy-Gesellschaft.

(Aus dem Ungarischen des Dr. Fr. Schedel.)

(Schluß.)

Ich habe auch die Form erwähnt. Ich bin nicht derjenige, der dieser mehr als gebührende Wichtigkeit beimißt; wer aber wird läugnen wollen, daß in den schönen Künsten die Form zum Wesen gehört? Ich sage, daß die Neuzeit, indem sie die Form vor sich fand, es nicht nur verabsäumte, sie mit Sorgfalt weiter auszubilden, vollendeter zu gestalten und mit neuen zu vermehren, sondern im Gegentheil viele verließ, die andern zwar mit größerer Leichtigkeit aber mit weniger Reinheit handhabt. Ich bedaure nicht die der ungarischen Sprache fremden und ihr aufgedrungenen griechischen Rhythmen und Sylbenmaße; diese schönen Dichterblüthen könnten, aus den Studierstuben der schulmäßig gebildeten Männer herausgekommen, nicht unter freiem Nationalhimmel wirken, auf den großen Haufen keine Macht ausüben; aber das bedaure ich, daß wir bis jetzt nicht die unserer Sprache bestpassenden Rhythmen und Sylbenmaße erspäht, nicht festgesetzt haben, und unsere Verse nicht mit den ihnen und unserem Nationalgehöre entsprechenden Cadenzen versehen; ich bedaure, daß wir die Angelegenheit des Reimes ganz der Empirie überlassen, anstatt die aus der Eigenthümlichkeit unserer Sprache entspringenden originellen Vorzüge auszubilden und so unseren Dichtungen jenen stolzen und glänzenden Schmuck zu verleihen, dessen sie fähig sind; — ich bedaure endlich, daß wir aus dem Füllhorn von Formen neuerer Völker so wenige aufnehmen, ja aufzunehmen geflissentlich vermeiden. Welche Gelegenheit boten zur Ausbildung der äußeren und inneren Schönheit die Rhythmen der südlichen Nationen: die Stanze, das Sonett, Madrigal, Ritornell; welche Gelegenheit böte die Benützung dieser und die Aufnahme neuerer Formen: der Terzine, Sestine, Canzone und Cancion, der Dezime, Glosse, Ghasele und anderer mehr, noch mehr aber die Erfindung freier Stanzen, in welchen man umfangreichere, namentlich erzählende und didactische Poesien abfassen könnte! Dies jedoch nur im Vorbeigehen; denn über diesen wichtigen Gegenstand wünsche ich meine Ansichten bei Gelegenheit ausführlicher zur nachsichtigen Beurtheilung vorzulegen.

Und wenn es mir gestattet ist, nach diesem an meine jugendlichen Zuhörer einige fromme Wünsche zu richten, so mögen sie hier folgen. Ich wünsche, daß Niemand eher schreiben möge, als bis er sich von seinem wirklichen Berufe zur gewählten Gattung überzeugt hat, nachdem er hinlängliche materielle Vorbildung und Gewandtheit in der Form sich zu eigen gemacht. Die allzufrühe Production beraubt den Anfänger jener kostbaren Zeit und Kraft, welche er anstatt dessen zu seiner Selbstausbildung verwendet haben würde: so wie am meisten die am Stamme hervortreibenden Zweige den Baum an seinem hohen Wuchse verhindern. Möchte Jeder hinlängliche Kraft besitzen, mit seinen Erstlingen nicht vor das Publikum hinzutreten, bis er von verständigen und aufrichtigen Freunden nicht dazu aufgefordert wird. Noch Niemand hat es bereut, aus seinem Stillleben nicht voreilig hinausgetreten zu sein, in das man, hat man es einmal verlassen, nie zurückkehren kann; um so Mehrere aber wären zuletzt bereit gewesen, die Producte ihrer Dichterkindheit um theuren Preis zurückzukaufen, um solche Erinnerungen zu verwünschen, welche ihnen als Männer ein Erröthen abjagten. — Möchte Niemand jede Aufwallung, jede Begeisterung, die ein ausgezeichnetes Kunstwerk in ihm erregt, mit der heiligen Flamme verwechseln, welche Kunstwerke schafft und mit ihrer angebornen Kraft andere zu erwärmen und zu begeistern berufen ist; und nicht die Feder ergreifen, um zu jeder Zeile, die ihn ergriffen, ein mattes Echo zu schreiben. — Möchte Jeder, der nach genauer und unbefangener Selbstprüfung sich zur Dichterlaufbahn entschlossen hat, nicht seiner Laune oder äußeren zufälligen Impulsen folgen, wenn er unter den verschiedenen Zweigen derselben seine Wahl trifft; sondern sich umsehen im ganzen Gebiete der Kunst, damit seiner Aufmerksamkeit die Bahn nicht entgehe, welche der Richtung seiner Fähigkeit und Neigung am Besten entspricht; viel bedeutende Kraft wurde mit halbem Erfolge auf ungeeignetem Felde verschwendet, welche an ihrem Platze Großes hätte hervorbringen können; aber auch in der Literatur sollte man sich umsehen, um deren Bedürfnisse mit seinen Fähigkeiten bei jenen Entschließungen in Einklang zu bringen. — Möchten so Viele aufhören, nach dem winzigen Glanze des Tages zu jagen, und um dauernden Ruhm mit größeren Werken ringen. Wir müssen uns ein hohes Ziel vorsetzen, um doch wenigstens etwas der Mühe Werthes zu erreichen. Möchte man, anstatt daß die Dichtung, wie leider so vieles Andere im Vaterlande, nur halb im Ernst, halb im Scherz getrieben wird, mit männlicher Entschlossenheit und Ausdauer die bedeutende Kraft auf ganze Kunstwerke verwenden, jene Kraft, welche jetzt in nichtssagenden Gedichtchen verschwendet, oder besser: gar nicht verwendet wird; ich verstehe die Lücken, welche ich in unserer poetischen Literatur bemerke; oder sollen wir glauben, daß diese darum nicht ausgefüllt werden, weil es in dem großen Ungarn an Kraft oder Wissen mangelt? Ich möchte es eher übergroßer Zerstreuung, dem Mangel an männlicher Neigung und ernster Entschlossenheit und dem — leider nicht zu läugnenden — Strohfeuerenthusiasmus zuschreiben, welcher verraucht, bevor er zu dauernder Inspiration und zum Ende seines, Ameisenfleiß erfordernden Werkes gelangen kann. Die Meisterwerke der älteren und neuern Dichtung wurden nicht aus dem Stegreife geschaffen, und jene Vollendung, die wir in Anlage, Plan und Form finden, ist nicht die Frucht journalistischen Fleißes. Und wer endlich mehr Empfänglichkeit als Fruchtbarkeit, mehr widerstrahlende als gestaltende Kraft besitzt, wer nebst dem feinen Geschmack ausgebildet, die Sprache, das künstlerische Wort und die Form in seiner Gewalt hat: der betrachtete die Uebertragung fremder Meisterwerke nicht als eine undankbare und werthlose Arbeit. Auch auf diesem Feld kann man Lorbeeren pflücken, welche an Glanz oft die durch unvollkommene Originalwerke errungenen übertreffen. Pope's Homer und Delille's Virgil werden der Literatur ihrer Nationen immer zur Zierde gereichen; und in Rücksicht auf die Ausbildung und Bereicherer unserer Sprache, unserer Poesie und Formen verdanken wir Baroti's, Virág's, Kazincy's und Kis's Uebersetzungen eben so viel, als ihren Originalarbeiten. Nun, da unsere Sprache sich so weit gebildet, daß wir die Uebertragung jedes dichterischen Meisterwerkes mit Glück und ohne Sorge versuchen könnten, wäre es nun nicht Schade, ihre Bereicherung und die unserer Literatur leichtsinnig zu vernachlässigen. Ja, wir sind auf einen Standpunkt gediehen, wo es unsere Pflicht ist, in dieser Hinsicht mit den ersten Nationen uns zu messen, und auf diesem Wege unserer Literatur Ansehen und Reichhaltigkeit zu gewähren. — Schließlich aber hege ich auch den frommen Wunsch, daß diese andeutenden Worte jenen Nutzen stiften mögen, den ich beabsichtigte, und so freundlich aufgenommen würden, als ich sie an Jene richtete, die berufen, eine schönere Morgenröthe über unsere Literatur heraufzuführen.

—yi.

Der Schriftsteller.

Ein traurig Leben führen wir,
Ein Leben voller Plage;
Die Dinte, Federn und Papier,
Sie schaffen Sorgen für und für
Und Kummer alle Tage.

Erst setzt dem Denken und Gefühl
Des Lebens Prosa Schranken;
Im mat'riellen Weltgewühl,
Im Actienschwindel, Börsenspiel,
Entfliehen die Gedanken.

Dann bleibt auch von des Leibes Noth
Nicht frei der „Geistesträger",
Die schöne Kunst geht auch nach Brod
Und „zahlen" klingt wie Gift und Tod
Für unsre Herrn Verleger.

Und ist dennoch das Werk vollbracht,
Und ist es auch geschrieben,
So fällt es in des Censors Macht:
O! seht's nur an, wenn er vollbracht —
Es ist nur — — was gut, geblieben.

Und endlich kommt zu allerletzt
Der Splitterrichter Ruthe;
Da wird gemäkelt und gehetzt,
Gerupft, zersplittert und zerfetzt,
Bis weg ist alles Gute.

Und dennoch mindert kein Verdruß
Die Schaar, der wir gehören;
Des Schaffens Lust, der Muse Kuß
Gibt Seligkeit und Hochgenuß
Und stärket zum Entbehren.

Drum bringt eh' diese Stunden flieh'n,
Ein Vivat unserm Stande.
Er soll gedeihen stets und blühn
Und mächtig für das Edle glühn
Im ganzen Vaterlande.

Abb. 11. Titelseite des Pesther Tageblattes aus dem Jahre 1843

DAS VATERLAND.

Jede Woche erscheinen drei Numern und zwar Dienstags, Donnerstags und Samstags; alle vierzehn Tage wird außerdem ein prachtvolles Modenbild beigegeben. — Preis für Raab halbjährig 3 fl. 30 kr., ganzjährig 7 fl. Mit Postversendung halbjährig 4 fl. 48 kr., ganzjährig 9 fl. 36 kr. Conv. Mze.

Belletristisch-commercielle Zeitschrift,

redigirt und herausgegeben

von

Richard Noisser.

Zweiter Jahrgang.

Alle k. k. Postämter nehmen Bestellungen an. Inserte werden zu 2 kr. C. M. die gespaltene Petitzeile oder deren Raum berechnet. Bei öfterer Insertion wird der Raum verhältnißmäßig billiger berechnet. — Beiträge werden, mit Ausnahme bekannter Mitarbeiter, nur franco angenommen.

Nro 152. Raab, Dienstag den 30. Dezember **1845.**

Pränumerations-Ankündigung

auf den dritten Jahrgang der belletristisch-commerciellen Zeitschrift:

„Das Vaterland."

Wir sind so frei, auf die erste Jahreshälfte unserer Zeitschrift (Januar—Juni 1846) zu erneuerter zahlreicher Pränumeration höflichst einzula-
den, welche für hier mit 3 fl. 30 kr. und mit freier Postversendung mit 4 fl. 48 kr. C. M. für ganz Ungarn und Siebenbürgen gemacht werden wollen.
Für die k. k. Erbstaaten ersuchen wir blos bei der k. k. Obersthofpostamts-Zeitungs-Expedition in Wien und bei den übrigen k. k. Oberpostämtern in
den Provinzen zu pränumeriren. Neueintretende Pränumeranten, welche uns den ganzjährigen Betrag für 1846 mit 9 fl. 36 kr. C. M. einsenden, erhal-
ten als Prämie den Jahrgang 1845 sammt allen Modebildern gratis; es ist daher unsere Zeitschrift unstreitig das billigste Modejournal in der
ganzen Monarchie. Für das nächste Jahr werden besonders schöne, fein colorirte Modebilder geliefert.

Wir wollen weder mit der Anzahl unserer Abonnenten, noch mit unseren Leistungen oder der Verbreitung unseres Journals prahlen, eben so
wenig das verehrte Publikum mit langweiligen Versprechungen hinhalten und unser Blatt als eine nie dagewesene Erscheinung, als ein Ereigniß auspo-
saunen; denn wir haben zu viel Achtung für unsere Leser, als daß wir glauben, ihnen mit solchen läppischen Fanfaronaden einen Geschmack abzugewin-
nen. Wir begnügen uns, ganz einfach die Versicherung zu geben, daß wir ruhig, unbekümmert und keiner journalistischen Clique angehörend, unser vor-
gestrecktes Ziel freimüthig, offen und unparteiisch verfolgen werden. Das wahrhaft Gute, Edle und Patriotische soll wie bisher seinen eifrigsten Beförde-
rer, seinen unerschrockensten Vertheidiger, — das Schädliche und absolut Schlechte dagegen seinen entschiedensten Gegner in uns finden. Dieß ist in wenig
Worten unser Vornehmen, das wir unter allen Verhältnissen, sie mögen sich wie immer gestalten, genau befolgen werden. Daß das verehrte Publikum
mit dieser ausgesprochenen Tendenz einverstanden ist, glauben wir mit Zuversicht erwarten zu dürfen, und empfehlen uns einem ferneren Wohlwollen.

Raab, im Dezember 1845.

Die Redaktion des „Vaterlands."

Das Kaffeehaus zu den nassen Füßen.

Die Geheimnisse von Paris bei Tag und bei Nacht, im kerzenreichen Salon und im dunkeln Kellerloch, im Herzen der stolzen Marquise und in dem der gar nicht stolzen Grisette, Alles, was nur einigermaßen schauerlich, [illegible]mant, außergewöhnlich ist, in diesem modernen Babel haben die Schriftsteller und officiellen Berichterstatter, von Eugen Sue angefangen, bis Frederic Soulié hinab, ausgebeutet, erspäht, entdeckt und uns staunenden Geheimnißlosen Deutschen die gefundenen Eier oft mit unendlichem Gegäck stets in einem Meere von Suppen und Sauce genugsam auftischt. Aber Etwas ist ihren Augen doch entgangen, oder haben sie es der Mühe nicht werth gefunden, darüber zu berichten; denn unter all' diesen geistreichen Spähern erwähnt nur einer des Kaffeehauses »zu den nassen Füßen« und zwar nicht der Schlechteste unter ihnen, nämlich Paul de Kock in seiner Familie Gago. Wahrscheinlich haben die anderen Herren nie Gelegenheit gehabt, sich von dem Dasein dieses Hauses, was auch freilich kein eigentliches Haus ist, zu überzeugen, sie waren denn gar spät noch zu Bett gegangen oder hätten sich gar früh erhoben. Denn die Existenz dieser geheimnißvollen Wirthschaft beginnt erst nach Mitternacht, und endigt unwiderruflich mit dem ersten Grauen des Tages. Nur wenige Stunden freut sich dieselbe ihres Daseins, aber in diesen wenigen Stunden mangelt es auch nie an Gästen, werden die Plätze keinen Augenblick leer, darf die Wirthin nie fürchten, allein zu bleiben, wessen sich viele schöne große Cafés, deren Pforten täglich 24 Stunden offen stehen, nicht rühmen können.

Kaum hat die große Uhr auf der Kirche Notre Dame die zwölfte Stunde Nachts geschlagen, so erscheint auch auf der Brücke gleiches Namens eine ältliche noch rüstige Frau. Nichts Geisterartiges, nichts Aetherisches [illegible]ibt diese Erscheinung und qualificirte sie zu einer anderen Ahnfrau. Im Gegentheil, Alles ist Leben und Bewegung an ihr, und Leben und Bewegung bringt sie bald auf die sonst um diese Stunde so öde und menschenleere Brücke. Ein Tisch wird in der Mitte aufgeschlagen, drei bis vier ci-[illegible]ant Strohsessel, alle ohne Stroh, um ihr herumgestellt, und ein mächtiges Reschaud mit glühenden Kohlen auf die Erde gestellt. Auf einem fünften Stuhle nimmt sie endlich selbst Platz und beschäftigt sich dann eine ungeheuere schwere Kanne über das Reschaud zu stellen. In dieser Kanne ist das magische Getränk, der Stolz Arabiens, die Lust Europa's. Aber [illegible]sam hat die kluge Wirthin, denkend an das Sprichwort: Kaffee ist [illegible], den edlen Trank seiner giftigen Theile gänzlich beraubt. Eine Anzahl der verschiedensten Kaffeesätze, aus den Häusern einer ganzen Gasse zusammengebracht, deren Geschichte uns in das Innerste von mehr als 50 Familien führen würde, vermengt mit einer fabelhaften Cichorien-Masse, gesüßt mit etwas gelblichem und gefärbt mit etwas weißlichem, welches Alles nur kein Kandis und kein Obers ist, bilden dieses Gebräu, welches der Wirthin den Spitznamen Cichorien-Mutter zu Wege brachte und welches sie allnächtlich unter dem Titel café à la crême die Schale zu zwei Sous verkauft. Für die eigentlichen, die wahren Amateurs und Kenner hat sie ein extra Töpfchen ohne die weißliche Zugabe mit einem Schwarzen. Ein Licht, mit Papier umgeben, es vor den Winden zu schützen, 5—6 Schalen, alle ohne Henkel und die meisten zerbrochen, vollenden die Einrichtung dieses nächtlichen Etablissements. Aber der größte Stolz der Alten besteht in zwei bis drei alten verrissenen Journalen, die sie in ein paar Winkel-Cafés zusammenkauft und sorgsam auf den Tisch legt. Aber diese Blätter sind auch keineswegs für alle Welt da, nur die Stammgäste, die habituis, haben Recht auf diese Geistes-Unterhaltung. Die gewöhnlichen, gemeinen Kunden müssen sich für ihre zwei Sous mit der leckeren Leibesnahrung allein begnügen. Denn dieses »Café« zählt so gut seine Stammgäste als die Rotonde, das Café Royal, ja selbst unser Daum am Kohlmarkt. Der Namen »zu den nassen Füßen« ist ein wohlgewählter, in Betracht des etwas störenden Umstandes, daß die Besucher bei Ermanglung von Parketten ihre Füße stets auf dem Pflaster haben, das selten rein und trocken ist, auf der Brücke Notre Dame. Der Luxus eines Daches oder nur einer sogenannten Plaggen ist ohnehin noch Niemanden eingefallen. Und wer sind diese Stammgäste, diese Journal-Beglückten? Alles Leute, die Ursache haben, den Tag nicht zu lieben, die sich lieber in Gottes freier Luft unterhalten, als in den gesperrten Dünsten eines Zimmers, dessen Ausgänge oft nicht mehr zu erreichen sind. Leute, deren Geschäft nur in der Nacht gedeiht, denen schon der Mond ein Broddieb ist, und die nichts so hassen, als das Licht, daher denn auch der Artikel einer Zeitung, der die baldige Einführung des Gases enthielt, eine allgemeine Indignation in den Gemüthern hervorrief, denen das alte Oelsystem lang gut erschien. Nur Wenige unter diesen Theemännern befassen sich gewöhnlich mit dem Lesen der Journale, der Druck ist ihnen zu klein, das Licht zu flackernd, selten wagt es Einer zu gestehen, daß er sich mit dem Vorurtheil des Lesers nie befaßt hat. Es übernimmt daher gewöhnlich Einer aus ihrer Mitte die Rolle des Vorlesers, der zugleich den Ton bei den Diskussionen angibt und den die Genereur dann für seine Mühe mit einigen Schalen Weißen regaliren. Jeder Artikel, jedes Raisonnement, jede einfache Anzeige wird mit Bemerkungen begleitet und muß eine heftige Debatte erleiden, ehe fortgefahren wird. Viele spielen sich auf eifrige Politiker, warme Vaterlandsfreunde, setzen ihren Kameraden die

Abb. 12. Titelseite der Raaber Zeitschrift Das Vaterland aus dem Jahre 1845

DER UNGAR

Redigirt und herausgegeben von Hermann Klein.

№. 156. Pesth, Donnerstag den 3. Juli 1845. Vierter Jahrgang.

Aus M. G. Saphirs „Bildern aus meiner Selbstbiographie.“ *)

I.

Mein Großvater war reich, sehr reich, Ursache genug, daß ihn die Bauern seines Ortes haßten, denn heute kam Ferencz und hatte kein Geld und ließ sich von ihm Geld auf seine nächste Weinfechsung geben: morgen kam Jóst und ließ sich von ihm Geld auf seine nächste Schafwolle geben; übermorgen kam Miska und ließ sich von ihm Geld auf seine nächste Kornernte geben u. s. w.

Wenn aber die Zeit kam, wo der Wein gekeltert, die Wolle geschoren und das Korn eingeführt ward, da wollten Ferencz, Jóst und Miska kein Geld bezahlen, aber auch keinen Wein und keine Wolle und kein Korn an den „Zsidó“ geben, sondern dasselbe an Andere für baares Geld verkaufen, und da wurde der „Zsidó“ geflucht und beschimpft und verlästert! Und so kam's, daß in einer schönen Nacht das Haus meines Großvaters brannte, und Niemand löschte und Niemand durfte löschen! Und Ferencz und Jóst und Miska glaubten, das „Schuldenbuch des Zsidó“ wäre auch verbrannt, es war es aber nicht.

Mein Großvater baute das Haus am Gyórer-Bache wieder auf, und sieh' da, es brannte wieder, zufällig, ganz zufällig, und Alle, die löschen sollten, lachten, zufällig, ganz zufällig, und meine Großmutter nahm ihre zwei Kinder auf den Rücken, und mein Großvater nahm etwas Solideres, nämlich einen großen Sack voll Dukaten und Edelsteine, und warf ihn heimlich in einen tiefen, verfallenen Brunnen, der in seinem Garten war, und sie ließen Haus und Hof brennen, — und sie bekamen in ganz Gyór kein Obdach, und sie wanderten in finsterer Nacht, nur schwach von der Helle ihres brennenden Häuschens beleuchtet, sie wanderten die Nacht durch, abgebrannt mit zwei kleinen Kindern, und sie wanderten bis Stuhlweissenburg, und sie pochten an's Thor, und jammerten, und die Kinder winselten, und sie erhielten zur Antwort: Ein „Zsidó“ darf in der Nacht nicht in dieser königlichen Freistadt sein!

Da ließ mein Großvater sein Weib und seine Kinder in dem Hause eines Fischers vor der Stadt, bei dem er stets Fische kaufte, und sagte zu ihr: „Ich geh' gen Wien!“ Sie fragte: „Zu wem willst Du da gehen in Wien?“ Und er sagte: „Ich weiß schon, zu wem ich werde gehen — ich werde gehen zu Kaiser Joseph!“

Und er ging nach Wien, und er kam bis zum Kaiser Joseph. Die Persönlichkeit meines Großvaters war gewinnend und imposant, sein Wesen gerade und offen, und er mußte sich doch Verdienste erworben haben, denn Kaiser Joseph kannte ihn. Er hatte wohl bei Rekrutirungen, bei Militarspitälern, bei Regulirung der sogenannten Toleranzgelder (er war Steuereinnehmer im Komitate) sich Verdienste gesammelt, ich weiß es nicht mehr so genau, aber es genügt, daß er zurückkam, und vom Kaiser Joseph die dazumal kaum glaubliche gnädige Auszeichnung bekam, sich in der königlichen Freistadt ansässig zu machen.

Mein Großvater kehrte mit diesem Gnadenbriefe Kaiser Josephs zurück, allein jetzt, wo es ihm frei stand, da zu wohnen, sagte er: „Ich will nicht da wohnen,“ und er zog nach Lovas-Berény, nachdem er in einer günstigen Nacht seine Dukaten holte, und in Lovas-Berény ein neues Haus zu gründen begann. Wo aber das denkwürdige Dokument Kaiser Josephs hinkam, wissen wir nicht. Mein seliger Vater gab sich Mühe, es zu ergründen, ich selbst fragte schon beim Komitate nach: vielleicht ist's damals beseitigt worden.

Diese kleine wahrhafte Episode aus jenen Zeiten — es mag wohl 60—70 Jahre sein, mag den Geist schildern, der dazumal über den Sümpfen von Velentze und Sárrét und am Fluße Csurgó schwebte! Ein lichterer Himmel lacht jetzt über jener Gegend, ein milderes Geschlecht blüht auf jenen Fluren, eine geistigere, humanere, edlere Gesinnung lebt jetzt in den biedern Bewohnern jener ehemaligen Krönungsstadt, und der Segen des vorwärts gehenden Zeitgeistes hat seine Hand auch über jenen Landstrich ausgedehnt!

II.

„Vergebens blättere ich zurück, und blättere ängstlich und suche mit spähendem Auge in dem Kalender meiner Kindheit, da finde ich keinen Tag, der angestrichen wäre mit dem Roth eines Festtags, da ist keine Stunde, die bezeichnet wäre mit irgend einer winzigen Freude, da ist keine Minute, die überdeckt wäre mit dem dünnsten Goldschlägerblättchen eines kindlich-frohen Augenblickes! — Wenn ich in einsamen Stunden auf- und abschreite und herumwandle in den Ruinen meiner frühesten Lebenstage, da begegnet mir nur eine traurige, weibliche Gestalt, mit niedergedrücktem Gang, mit blaßblauen, in Thränen geübten Augen, mit leidenden, in Duldung ergebenen Zügen, gebückten Hauptes, kränklich und willenlos, mild und in Resignation aufgelöst, und diese Gestalt fuhr mit feuchtkalten, fleischlosen, zarten und weißen Händen über die brennenden, von Thränen überschwemmten Wangen und sagte nichts, als fast tonlos, mit sterbender Stimme: „Sei still, Moritz, es wird schon wieder gut werden!“ Diese Gestalt war meine Mutter! Ach, sie hatte ein Herz voll Liebe,

*) Humorist.

Abb. 13. Titelseite der Zeitschrift Der Ungar aus dem Jahre 1845

Abb. 14. Kupferstich als Modebeilage zur Zeitschrift Der Ungar (Jg. 1843).
Die beiden Damen lesen den Ungar.

Abb. 15. Beilage zum Jahrgang 1844 der Zeitschrift Der Ungar:
Porträt von Moritz Gottlieb Saphir

Abb. 16. Beilage zum Jahrgang 1844 der Zeitschrift Der Ungar:
Szenen aus Tisztújítás (Restauration), dem ungarischen Lustspiel von Ignác Nagy

Abb. 17. Beilage zum Jahrgang 1844 der Zeitschrift Der Ungar:
Szenen aus Szökött katona (Deserteur),
dem ungarischen Volksschauspiel von Ede Szigligeti

Abb. 18. Beilage zum Jahrgang 1844 der Zeitschrift Der Ungar: „Die Kerkerszene" aus Két pisztoly (Zwei Pistolen), dem ungarischen Volksschauspiel von Ede Szigligeti

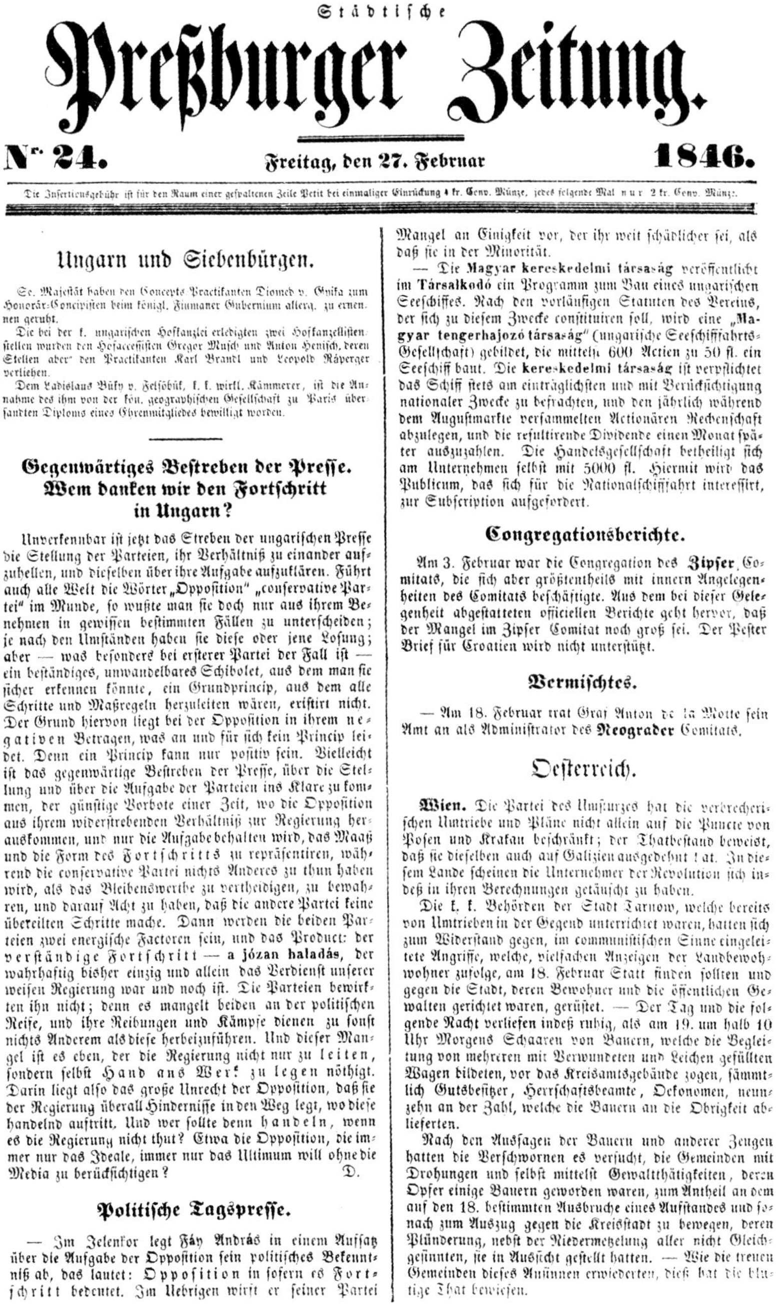

Städtische

Preßburger Zeitung.

Nr. 24. Freitag, den 27. Februar 1846.

Die Insertionsgebühr ist für den Raum einer gespaltenen Zeile Petit bei einmaliger Einrückung 4 kr. Conv. Münze, jedes folgende Mal nur 2 kr. Conv. Münze.

Ungarn und Siebenbürgen.

Se. Majestät haben den Concepts-Practikanten Diomed v. Gyika zum Honorär-Concipisten beim königl. Fiumaner Gubernium allerg. zu ernennen geruht.

Die bei der k. ungarischen Hofkanzlei erledigten zwei Hofkanzellistenstellen wurden den Hofaccessisten Greger Musch und Anton Henisch, deren Stellen aber den Practikanten Karl Brandl und Leopold Räperger verliehen.

Dem Ladislaus Büky v. Felsöbük, k. k. wirkl. Kämmerer, ist die Annahme des ihm von der kön. geographischen Gesellschaft zu Paris übersandten Diploms eines Ehrenmitgliedes bewilligt worden.

Gegenwärtiges Bestreben der Presse. Wem danken wir den Fortschritt in Ungarn?

Unverkennbar ist jetzt das Streben der ungarischen Presse die Stellung der Parteien, ihr Verhältniß zu einander aufzuhellen, und dieselben über ihre Aufgabe aufzuklären. Führt auch alle Welt die Wörter „Opposition" „conservative Partei" im Munde, so wußte man sie doch nur aus ihrem Benehmen in gewissen bestimmten Fällen zu unterscheiden; je nach den Umständen haben sie diese oder jene Losung; aber — was besonders bei ersterer Partei der Fall ist — ein beständiges, unwandelbares Schibolet, aus dem man sie sicher erkennen könnte, ein Grundprincip, aus dem alle Schritte und Maßregeln herzuleiten wären, existirt nicht. Der Grund hiervon liegt bei der Opposition in ihrem negativen Betragen, was an und für sich kein Princip leidet. Denn ein Princip kann nur positiv sein. Vielleicht ist das gegenwärtige Bestreben der Presse, über die Stellung und über die Aufgabe der Parteien ins Klare zu kommen, der günstige Vorbote einer Zeit, wo die Opposition aus ihrem widerstrebenden Verhältniß zur Regierung herauskommen, und nur die Aufgabe behalten wird, das Maaß und die Form des Fortschritts zu repräsentiren, während die conservative Partei nichts Anderes zu thun haben wird, als das Bleibenswerthe zu vertheidigen, zu bewahren, und darauf Acht zu haben, daß die andere Partei keine übereilten Schritte mache. Dann werden die beiden Parteien zwei energische Factoren sein, und das Product: der verständige Fortschritt — a józan haladás, der wahrhaftig bisher einzig und allein das Verdienst unserer weisen Regierung war und noch ist. Die Parteien bewirkten ihn nicht; denn es mangelt beiden an der politischen Reife, und ihre Reibungen und Kämpfe dienen zu sonst nichts Anderem als diese herbeizuführen. Und dieser Mangel ist es eben, der die Regierung nicht nur zu leiten, sondern selbst Hand ans Werk zu legen nöthigt. Darin liegt also das große Unrecht der Opposition, daß sie der Regierung überall Hindernisse in den Weg legt, wo diese handelnd auftritt. Und wer sollte denn handeln, wenn es die Regierung nicht thut? Etwa die Opposition, die immer nur das Ideale, immer nur das Ultimum will ohne die Media zu berücksichtigen? D.

Politische Tagspresse.

— Im Jelenkor legt Fáy András in einem Aufsatz über die Aufgabe der Opposition sein politisches Bekenntniß ab, das lautet: Opposition in sofern es Fortschritt bedeutet. Im Uebrigen wirft er seiner Partei Mangel an Einigkeit vor, der ihr weit schädlicher sei, als daß sie in der Minorität.

— Die Magyar kereskedelmi társaság veröffentlicht im Társalkodó ein Programm zum Bau eines ungarischen Seeschiffes. Nach den vorläufigen Statuten des Vereins, der sich zu diesem Zwecke constituiren soll, wird eine „Magyar tengerhajozó társaság" (ungarische Seeschifffahrts-Gesellschaft) gebildet, die mittels 600 Actien zu 50 fl. ein Seeschiff baut. Die kereskedelmi társaság ist verpflichtet das Schiff stets am einträglichsten und mit Berücksichtigung nationaler Zwecke zu befrachten, und den jährlich während dem Augustmarkte versammelten Actionären Rechenschaft abzulegen, und die resultirende Dividende einen Monat später auszuzahlen. Die Handelsgesellschaft betheiligt sich am Unternehmen selbst mit 5000 fl. Hiermit wird das Publicum, das sich für die Nationalschifffahrt interessirt, zur Subscription aufgefordert.

Congregationsberichte.

Am 3. Februar war die Congregation des Zipser Comitats, die sich aber größtentheils mit innern Angelegenheiten des Comitats beschäftigte. Aus dem bei dieser Gelegenheit abgestatteten officiellen Berichte geht hervor, daß der Mangel im Zipser Comitat noch groß sei. Der Pester Brief für Croatien wird nicht unterstützt.

Vermischtes.

— Am 18. Februar trat Graf Anton de la Motte sein Amt an als Administrator des Neograder Comitats.

Oesterreich.

Wien. Die Partei des Umsturzes hat die verbrecherischen Umtriebe und Pläne nicht allein auf die Puncte von Posen und Krakau beschränkt; der Thatbestand beweist, daß sie dieselben auch auf Galizien ausgedehnt hat. In diesem Lande scheinen die Unternehmer der Revolution sich indeß in ihren Berechnungen getäuscht zu haben.

Die k. k. Behörden der Stadt Tarnow, welche bereits von Umtrieben in der Gegend unterrichtet waren, hatten sich zum Widerstand gegen, im communistischen Sinne eingeleitete Angriffe, welche, vielfachen Anzeigen der Landbewohner zufolge, am 18. Februar Statt finden sollten und gegen die Stadt, deren Bewohner und die öffentlichen Gewalten gerichtet waren, gerüstet. — Der Tag und die folgende Nacht verliefen indeß ruhig, als am 19. um halb 10 Uhr Morgens Schaaren von Bauern, welche die Begleitung von mehreren mit Verwundeten und Leichen gefüllten Wagen bildeten, vor das Kreisamtsgebäude zogen, sämmtlich Gutsbesitzer, Herrschaftsbeamte, Oekonomen, neunzehn an der Zahl, welche die Bauern an die Obrigkeit ablieferten.

Nach den Aussagen der Bauern und anderer Zeugen hatten die Verschwornen es versucht, die Gemeinden mit Drohungen und selbst mittelst Gewaltthätigkeiten, deren Opfer einige Bauern geworden waren, zum Antheil an dem auf den 18. bestimmten Ausbruche eines Aufstandes und sonach zum Auszug gegen die Kreisstadt zu bewegen, deren Plünderung, nebst der Niedermetzelung aller nicht Gleichgesinnten, sie in Aussicht gestellt hatten. — Wie die treuen Gemeinden dieses Ansinnen erwiederten, dieß hat die blutige That bewiesen.

Abb. 19. Titelseite der Preßburger Zeitung aus dem Jahre 1846

Freitag — Nr. 465 — 25. Juni 1847.

Pester Zeitung.

Inhalt

Ungarn und Siebenbürgen.

Pester und Ofner Tagesbericht.

Abb. 20. Titelseite der Pester Zeitung aus dem Jahre 1847

DIE ORIGINALE
von Abb. 1–14, sowie von Abb. 19–20 befinden sich
in der Országos Széchényi Könyvtár (Széchényi Nationalbibliothek).
Die Abbildungen 15–18 stammen
aus der Budapest-Sammlung der Fővárosi Szabó Ervin Könyvtár
(Hauptstädtischen Ervin Szabó Bibliothek).

Verzeichnis der Übungen

2-1: Investitionsbegriff 10
2-2: Korrekte Verwendung ökonomischer Grundbegriffe 16
2-3: Logische Deduktion 19
2-4: Ein einfaches makroökonomisches Gleichgewichtsmodell 22
2-5: Werturteile oder positive Aussagen? 28
2-6: Autos oder Kanonen? 34
2-7: Arbeitsteilung 43
2-8: Tauschpartner im Preisdschungel 48
3-1: Eigenschaften von Plan- und Marktwirtschaft 63
3-2: Benzinpreise in Deutschland 87
3-3: Soziale Marktwirtschaft in Deutschland 103
4-1: Angebots- und Nachfragekurven auf dem Aktienmarkt 114
4-2: La Traviata im Gleichgewicht 118
4-3: Essen für alle 120
4-4: Whisky-Prognosen 134
4-5: Berechnung von Elastizitäten 138
4-6: Einkommenselastizität der Nachfrage 148
4-7: Kalbfleisch oder Rindfleisch? 149
4-8: Der Pizzapreis und seine Folgen 157
5-1: Präferenzordnung und Indifferenzkurven 180
5-2: Eigenschaften von Indifferenzkurven 184
5-3: Gleichzeitige Preis- und Einkommenserhöhung 189
5-4: Bestimmung des optimalen Konsumplans 191
5-5: Güternachfrage in Abhängigkeit vom Einkommen 196
5-6: Einkommens- und Substitutionseffekt 200
5-7: Güternachfrage in Abhängigkeit von den Preisen 206
5-8: Das Arbeitsangebot des Haushalts 220
5-9: Wirkung von einmaligen und dauerhaften Einkommenserhöhungen 226
5-10: Optimaler Gegenwarts- und Zukunftskonsum bei sinkenden Zinsen 229
6-1: Ertragsgebirge und Möglichkeiten der Faktorvariation 241
6-2: Ertragsfunktion und Produktionselastizität einer CD-Produktionsfunktion 247
6-3: Isoquante und Grenzrate der technischen Substitution 250
6-4: Substitutionselastizität 253
6-5: Skalenelastizität der Cobb-Douglas-Produktionsfunktion 257
6-6: Kostenarten und Kostenkonzepte 263
6-7: Von der Ertragsfunktion zur Kostenfunktion 267
6-8: Kostenfunktionen bei ertragsgesetzlicher Produktionstechnologie 270
6-9: Bestimmung der kostenminimalen Faktorkombination 275
6-10: Ableitung der Arbeitsnachfrage 287

10-1: Inlandsprodukt und Nationaleinkommen in Deutschland seit 1991 459
10-2: Unbereinigte und bereinigte Lohnquote in Deutschland 468
11-1: Die Lebenszyklus-Konsumfunktion der USA – Schätzung für den Zeitraum 1929–1959 519
11-2: Die Wirkungsweise von Fiskalpolitik 522
11-3: Empirische Schätzung der Investitionsfunktion für Deutschland 1961–1974 534
11-4: Die Entwicklung des DAX und des ifo-Geschäftsklimaindex von 1996 bis 2007 im Vergleich 538
11-5: Das Akzelerator-Modell der Lagerbestände 545
11-6: Haushaltskonsolidierung in der großen Koalition 561
11-7: M1, M2 und M3 in der Abgrenzung der Europäischen Zentralbank 576
11-8: Eröffnungsbilanz Eurosystem zum Stichtag 29.1.1999 in Mrd Euro 587
11-9: Geldpolitische Strategien in Europa 597
11-10: Japan in der Liquiditätsfalle 608
11-11: Die Pest – ein Fall für Ökonomen? 625
11-12: Das Okun'sche Gesetz 630
11-13: Gesetzlicher Mindestlohn in Deutschland? 632
11-14: Die Entwicklung der sozialen Marktwirtschaft in Deutschland im Spiegel wirtschaftspolitischer Lehrmeinungen 647
12-1: Leistungsbilanzdefizit der USA 658
12-2: Bilaterale und effektive, nominale und reale Euro Kurse 665
12-3: Big Mac-Index als Anwendungsbeispiel 667
12-4: Balassa-Samuelson-Effekt oder Grenzen des „Law of one Price" 669
12-5: Warum ist der Kurs der dänischen Krone zum Euro so stabil? 676
12-6: Das Weltwährungssystem von Bretton Woods 684
12-7: Export- und Importelastizitäten und Anpassung des Außenbeitrags 697
12-8: Beitrag der Weltkonjunktur zum Wachstum der Bundesrepublik 704
12-9: Weltweite Währungsarrangements 726
12-10: Die Asienkrise 730
12-11: Das Currency Board Argentiniens 739

Brunner/Kehrle

Volkswirtschaftslehre

Volkswirtschaftslehre

von

Prof. Dr. Sibylle Brunner

und

Prof. Dr. Karl Kehrle

Verlag Franz Vahlen München

VERLAG
VAHLEN
MÜNCHEN
www.vahlen.de

ISBN 978-3-8006-3432-3

Satz: DTP-Vorlagen der Autoren
Druck und Bindung: Druckhaus „Thomas Müntzer“ GmbH
Neustädter Str. 1–4, 99947 Bad Langensalza
Gedruckt auf säurefreiem, alterungsbeständigem Papier
(hergestellt aus chlorfrei gebleichtem Zellstoff)

Vorwort

Der Bologna-Prozess hat die deutsche Studienlandschaft in ihren Grundfesten verändert. Magister- und Diplomstudiengänge sind weitestgehend verschwunden und haben Bachelor- und Masterstudiengängen Platz gemacht. Die damit einhergehende Neustrukturierung der Studieninhalte veränderte auch die wirtschaftswissenschaftlichen Studiengänge entscheidend. Namentlich das Fach „Allgemeine Volkswirtschaftslehre" – wesentlicher Bestandteil aller wirtschaftswissenschaftlichen Studiengänge damals wie heute – erfuhr eine Neuausrichtung. Die in den meisten Diplomstudiengängen, auch der Betriebswirtschaftslehre, übliche Trennung in mehrere Spezialveranstaltungen zur Mikro- und Makroökonomie sowie Wirtschaftspolitik wurde durch das Modul „Economics", dem Nachfolger der Allgemeinen Volkswirtschaftslehre, abgelöst.

„Economics" ist der Oberbegriff für eine kompakte und vernetzte Darstellung einzel- und gesamtwirtschaftlicher Zusammenhänge unter besonderer Berücksichtigung auch der außenwirtschaftlichen Aspekte einer Volkswirtschaft. Die bislang weitgehend übliche Trennung der Lehrbuchliteratur zur Allgemeinen Vokswirtschaft in die verschiedenen volkswirtschaftlichen Einzeldisziplinen ist damit zumindest für die Anforderungen der Bachelor-Studiengänge obsolet geworden.

Diese Lücke möchte das vorliegende Lehrbuch schließen. Es deckt – beginnend von einführenden methodischen Bemerkungen, über die Darstellung der mikro- und makroökonomischen Grundmodelle, des monetären Sektors bis hin zu wirtschaftspolitischen Schlussfolgerungen und der Analyse außen- und währungspolitischer Zusammenhänge – das komplette Spektrum der Allgemeinen Volkswirtschaftslehre im Sinne des Moduls „Economics" ab.

Besonderes Augenmerk richten die Autoren auf den Praxisbezug der dargestellten theoretischen Modelle, der durch zahlreiche Praxisbeispiele und Fallstudien zum Ausdruck kommt, sowie auf gute Verständlichkeit der Erklärungen. Graphische Darstellungen, Zahlenbeispiele und induktive Herangehensweise sollen den Studierenden den Zugang zu dem oft als abstrakt und theoretisch abgehoben empfundenen Stoff erleichtern. Das Buch ist dadurch auch zum Einsatz in Lehrveranstaltungen mit hohem Anteil selbstgesteuerten Lernens gut geeignet. Die regelmäßig eingestreuten Übungsaufgaben dienen einerseits als Lernerfolgskontrolle, sollen andererseits aber durch die ausführlichen Musterlösungen den Leser auch in der Methodik der Anwendung des theoretischen Instrumentariums auf konkrete wirtschaftliche Fragestellungen trainieren.

Unser Dank gilt allen, die durch zahlreiche Hinweise und Verbesserungsvorschläge zur Entstehung des Textes beigetragen haben. Dank gilt jedoch vor allem den Generationen von Studierenden, deren beständige Fragen, konstruktive Kritik und heiße Diskussionen in unseren Lehrveranstaltungen insbesondere das didaktische Konzept des vorliegenden Lehrbuches mit geprägt haben. Wir hoffen, dass beim praktischen Einsatz des Buches im Lehrbetrieb möglichst viele Leser dazu beitragen, den Text kontinuierlich weiterzuentwickeln.

München, September 2008

Sibylle Brunner
Karl Kehrle

Inhaltsübersicht

Teil I: Grundlagen der Volkswirtschaftslehre

1 Was ist Volkswirtschaftslehre? ... 3

2 Grundlagen ... 6
- 2.1 Erkenntnisgegenstand ... 7
- 2.2 Methodik ... 17
- 2.3 Wirtschaftliche Grundphänomene ... 29

3 Die Marktwirtschaft – Ordnungspolitisches Leitprinzip und wirtschaftspolitische Praxis ... 50
- 3.1 Grundlagen von Wirtschaftssystemen ... 51
- 3.2 Idealtypische Wirtschaftsordnungen im Vergleich ... 54
- 3.3 Marktmechanismus und Marktfunktionen ... 63
- 3.4 Ansatzpunkte staatlichen Handelns in einer Marktwirtschaft ... 76
- 3.5 Finanzwissenschaftliche Grundlagen marktwirtschaftlicher Staatstätigkeit ... 83
- 3.6 Soziale Marktwirtschaft ... 89

Teil II: Mikroökonomie

4 Einführung in die Mikroökonomie ... 107
- 4.1 Mikroökonomie im Wandel der Zeit: Eine kurze Theoriegeschichte ... 108
- 4.2 Der Marktmechanismus ... 111
- 4.3 Elastizitäten ... 135
- 4.4 Staatliche Eingriffe in den Markt ... 152

5 Theorie des Haushalts ... 171
- 5.1 Vorbemerkungen ... 172
- 5.2 Die Entscheidungssituation des Haushalts ... 173
- 5.3 Die Güternachfrage des Haushalts ... 175
- 5.4 Das Arbeitsangebot des Haushalts ... 217
- 5.5 Konsumieren und Sparen – Kapitalangebot und Kapitalnachfrage ... 222

6 Theorie der Unternehmung ... 230
- 6.1 Vorbemerkungen ... 231
- 6.2 Dimensionen der Produktionsentscheidung in Unternehmen ... 232
- 6.3 Produktion ... 237
- 6.4 Kosten ... 259
- 6.5 Produktionsentscheidung und Güterangebot ... 284
- 6.6 Die Faktornachfrage der Unternehmen ... 285

7 Preisbildung bei alternativen Marktformen ... 290
- 7.1 Klassifizierung von Märkten ... 291
- 7.2 Polypolpreisbildung ... 295
- 7.3 Monopol ... 320
- 7.4 Monopolistische Konkurrenz und Oligopolpreisbildung ... 346

8 Abweichungen von den Bedingungen des allgemeinen Gleichgewichts ... 376
8.1 Bedingungen für eine optimale Allokation ... 377
8.2 Externe Effekte ... 378
8.3 Öffentliche Güter ... 392
8.4 Gemeineigentum ... 396
8.5 Unvollständige und asymmetrische Information ... 397
8.6 Transaktionskosten ... 408

Teil III: Makroökonomie und Wirtschaftspolitik

9 Makroökonomie als Wissenschaft ... 421

10 Volkswirtschaftliches Rechnungswesen ... 428
10.1 Vorbemerkungen ... 429
10.2 Der Wirtschaftskreislauf ... 429
10.3 Die Volkswirtschaftliche Gesamtrechnung ... 440
10.4 Die Zahlungsbilanz ... 484

11 Makroökonomische Theorie ... 500
11.1 Vorbemerkungen ... 501
11.2 Der Gütermarkt ... 502
11.3 Der Geldmarkt ... 571
11.4 Das gesamtwirtschaftliche Gleichgewicht auf Güter- und Geldmarkt bei festen Preisen ... 615
11.5 Der Arbeitsmarkt ... 622
11.6 Das Gleichgewicht auf Güter-, Geld- und Arbeitsmarkt bei flexiblen Preisen ... 635

Teil IV: Monetäre Außenwirtschaft

12 Makroökonomik offener Volkswirtschaften ... 651
12.1 Grundlegende Begriffe ... 652
12.2 Das Ziel des außenwirtschaftlichen Gleichgewichts ... 653
12.3 Wechselkurse und Devisenmärkte ... 660
12.4 Mechanismen der Zahlungsbilanzanpassung ... 686
12.5 Wirtschaftspolitik offener Volkswirtschaften ... 705
12.6 Elemente realisierter Währungssysteme ... 726

Inhaltsverzeichnis

Vorwort V
Inhaltsübersicht VII

Teil I: Grundlagen der Volkswirtschaftslehre

1 Was ist Volkswirtschaftslehre? 3

2 Grundlagen 6
2.1 Erkenntnisgegenstand 7
2.1.1 Wirtschaftssubjekte und ihre Aktivitäten 8
2.1.1.1 Unternehmen 8
2.1.1.2 Haushalte 11
2.1.2 Wirtschaftsobjekte 12
2.1.2.1 Input: Faktorleistungen und Vorleistungen 13
2.1.2.2 Output: Güterkategorien 14
2.2 Methodik 17
2.2.1 Logische Deduktion 18
2.2.2 Volkswirtschaftliche Modelle 21
2.2.2.1 Modellbestandteile 21
2.2.2.2 Modelltypen 24
2.2.2.3 Darstellungsformen von Modellen 24
2.2.3 Grundlegende ökonomische Denkmodelle 26
2.2.3.1 Rationalität und Effizienz 26
2.2.3.2 Grenzwertentscheidungen 26
2.2.3.3 Ökonomische Anreize 27
2.2.4 Positive und normative Ökonomik 28
2.3 Wirtschaftliche Grundphänomene 29
2.3.1 Knappheit 29
2.3.1.1 Relative und absolute Knappheit 30
2.3.1.2 Knappe und freie Güter 31
2.3.1.3 Wahlentscheidung und Opportunitätskosten 31
2.3.1.4 Das Modell der Transformations- oder Produktionsmöglichkeitenkurve 32
2.3.2 Arbeitsteilung 34
2.3.2.1 Dimensionen von Arbeitsteilung 34
2.3.2.2 Der Mengeneffekt 38
2.3.2.3 Der Spezialisierungseffekt 41
2.3.3 Gütertausch und Tauschmittel 43
2.3.3.1 Die Tauschmittelfunktion 44
2.3.3.2 Die Wertaufbewahrungsfunktion 46
2.3.3.3 Die Funktion als Recheneinheit 47

3 Die Marktwirtschaft – Ordnungspolitisches Leitprinzip und wirtschaftspolitische Praxis 50
3.1 Grundlagen von Wirtschaftssystemen 51
3.1.1 Begriffsbestimmungen 51
3.1.2 Aufgaben von Wirtschaftssystemen 51
3.1.3 Konstituierende Elemente von Wirtschaftssystemen 52
3.1.3.1 Die Eigentumsordnung 52
3.1.3.2 Der Koordinationsmechanismus 52
3.1.3.3 Grundtypen von Wirtschaftssystemen 53
3.2 Idealtypische Wirtschaftsordnungen im Vergleich 54
3.2.1 Zielsysteme 55
3.2.2 Koordinationsmechanismus und Anreizsystem 56
3.2.3 Güterdistribution 58
3.2.4 Die Rolle des Geldes 60
3.2.5 Die Rolle des Staates 62
3.3 Marktmechanismus und Marktfunktionen 63
3.3.1 Marktfunktionen 65
3.3.1.1 Die Steuerungsfunktion 65
3.3.1.2 Die Innovationsfunktion 66
3.3.1.3 Die Verteilungsfunktion 67
3.3.2 Funktionsvoraussetzungen, Marktversagen und Funktionsmängel des Marktes 68
3.3.2.1 Fehlende Märkte 69
3.3.2.2 Instabile Märkte 69
3.3.2.3 Marktunvollkommenheiten 71
3.3.2.4 Wettbewerbsbeschränkungen 74
3.3.2.5 Unerwünschte Marktergebnisse oder Funktionsmängel 75
3.4 Ansatzpunkte staatlichen Handelns in einer Marktwirtschaft 76
3.4.1 Wichtige Bereiche marktwirtschaftlicher Staatstätigkeit 77
3.4.2 Staatsversagen 80
3.5 Finanzwissenschaftliche Grundlagen marktwirtschaftlicher Staatstätigkeit 83
3.5.1 Staatseinnahmen 83
3.5.1.1 Eigenschaften von Steuern 84
3.5.1.2 Steuerwirkungen 84
3.5.1.3 Steuererhebungsprinzipien 86
3.5.1.4 Direkte und indirekte Steuern 87
3.5.2 Staatsausgaben 88
3.6 Soziale Marktwirtschaft 89
3.6.1 Die Grundprinzipien der Sozialen Marktwirtschaft 90
3.6.2 Die Geschichte der Sozialen Marktwirtschaft 92
3.6.2.1 Wichtige Elemente des Ordnungsrahmens der Sozialen Marktwirtschaft in Deutschland 92
3.6.2.2 Entwicklungsphasen der Sozialen Marktwirtschaft in Deutschland 93

Teil II: Mikroökonomie

4 Einführung in die Mikroökonomie 107
4.1 Mikroökonomie im Wandel der Zeit: Eine kurze Theoriegeschichte 108

4.2 Der Marktmechanismus ... 111
4.2.1 Angebots- und Nachfragekurven ... 112
4.2.2 Marktgleichgewicht und -ungleichgewicht ... 117
4.2.3 Stabilität von Gleichgewichten ... 122
4.2.3.1 Statische Gleichgewichtsanalyse ... 122
4.2.3.2 Dynamische Gleichgewichtsanalyse: Das Cobweb-Modell ... 125
4.2.4 Determinanten von Nachfrage und Angebot ... 127
4.2.4.1 Lageparameter der Nachfragefunktion ... 128
4.2.4.2 Lageparameter der Angebotsfunktion ... 131
4.2.5 Verschiebungen von Angebot und Nachfrage und ihre Auswirkungen auf das Marktgleichgewicht ... 132
4.3 Elastizitäten ... 135
4.3.1 Differenzenquotient und Elastizität ... 136
4.3.2 Direkte Preiselastizitäten ... 140
4.3.2.1 Die Preiselastizität der Nachfrage ... 140
4.3.2.2 Die Preiselastizität des Angebots ... 144
4.3.2.3 Determinanten direkter Preiselastizitäten ... 145
4.3.3 Kreuzpreiselastizitäten ... 145
4.3.4 Elastizitäten anderer wichtiger ökonomischer Funktionen ... 147
4.3.4.1 Einkommenselastizität der Nachfrage ... 147
4.3.4.2 Elastizitäten im Zusammenhang mit dem Produktionsprozess ... 150
4.3.4.3 Steueraufkommenselastizitäten ... 150
4.4 Staatliche Eingriffe in den Markt ... 152
4.4.5 Marktkonforme staatliche Eingriffe ... 154
4.4.5.1 Indirekte Steuern und Subventionen ... 154
4.4.5.2 Direkte Steuern und Einkommenstransfers ... 157
4.4.6 Preis- und Mengenfixierungen ... 158
4.4.6.1 Höchstpreise ... 159
4.4.6.2 Mindestpreise ... 163
4.4.6.3 Praxisbeispiel: Die europäische Agrarpolitik ... 166

5 Theorie des Haushalts ... 171
5.1 Vorbemerkungen ... 172
5.2 Die Entscheidungssituation des Haushalts ... 173
5.2.1 Zielsetzungen und Verhaltensweise ... 173
5.2.2 Weitere Elemente des Wirtschaftsplans ... 174
5.3 Die Güternachfrage des Haushalts ... 175
5.3.1 Gesamtnutzen und Grenznutzen ... 175
5.3.2 Präferenzordnung und Indifferenzkurven ... 179
5.3.3 Konsummöglichkeiten und Budgetgerade ... 186
5.3.4 Optimaler Konsumplan und individuelle Güternachfrage ... 189
5.3.5 Güternachfrage und Einkommensänderungen ... 192
5.3.6 Preisänderungen und Güternachfrage ... 197
5.3.7 Individuelle Nachfragekurve und Marktnachfrage ... 204
5.3.8 Sozialeffekte des Konsums – Netzwerkexternalitäten ... 210
5.3.9 Anwendungsbeispiele ... 213
5.4 Das Arbeitsangebot des Haushalts ... 217
5.5 Konsumieren und Sparen – Kapitalangebot und Kapitalnachfrage ... 222

6 Theorie der Unternehmung ... 230
6.1 Vorbemerkungen ... 231
6.2 Dimensionen der Produktionsentscheidung in Unternehmen ... 232
6.3 Produktion ... 237
6.3.1 Produktionsfunktionen und Arten der Faktorvariation ... 237
6.3.2 Partielle Produktionsfunktion ... 242
6.3.3 Substituierbarkeit der Produktionsfaktoren ... 248
6.3.4 Proportionale Faktorvariation und Outputniveau – Skalenerträge ... 254
6.4 Kosten ... 259
6.4.1 Kostenbegriffe und Kostenarten ... 259
6.4.1.1 Explizite und impliziten Kosten ... 259
6.4.1.2 Sunk costs und nonsunk costs ... 261
6.4.1.3 Fixe und variable Kosten ... 262
6.4.2 Kurzfristige Kostenfunktion – ein variabler Produktionsfaktor ... 264
6.4.3 Die Minimalkostenkombination ... 271
6.4.4 Langfristige Kostenfunktionen ... 277
6.4.5 Der Zusammenhang zwischen kurz- und langfristigen Kosten ... 279
6.5 Produktionsentscheidung und Güterangebot ... 284
6.6 Die Faktornachfrage der Unternehmen ... 285

7 Preisbildung bei alternativen Marktformen ... 290
7.1 Klassifizierung von Märkten ... 291
7.1.1 Qualitative Klassifizierung ... 291
7.1.2 Marktstruktur und Verhaltensweise ... 293
7.2 Polypolpreisbildung ... 295
7.2.1 Vollständiger Wettbewerb ... 295
7.2.2 Der optimale Produktionsplan bei vollständiger Konkurrenz ... 297
7.2.3 Das Güterangebot eines Unternehmens ... 303
7.2.4 Das Marktangebot ... 308
7.2.5 Determinanten der Preiselastizität des Angebots ... 309
7.2.6 Langfristige Anpassung des Güterangebots ... 310
7.2.7 Die langfristige Angebotskurve einer Industrie ... 312
7.2.8 Effizienz von Märkten mit vollkommener Konkurrenz ... 314
7.3 Monopol ... 320
7.3.1 Das reine Monopol ... 320
7.3.2 Preis-Absatz-Funktion, Durchschnitts- und Grenzerlös ... 321
7.3.3 Gewinnmaximierung des Monopolisten ... 324
7.3.4 Monopolpreis und Preiselastizität der Nachfrage ... 326
7.3.5 Nachfrageänderungen und Güterangebot ... 328
7.3.6 Vergleich der Monopol- und Polypolpreisbildung ... 329
7.3.7 Preisdiskriminierung ... 332
7.3.7.1 Preisdiskriminierung ersten Grades ... 332
7.3.7.2 Preisdiskriminierung zweiten Grades ... 334
7.3.7.3 Preisdiskriminierung dritten Grades ... 336
7.3.8 Entstehung und Stabilität vom Monopolen ... 338
7.3.9 Ansatzpunkte staatlicher Wettbewerbspolitik ... 343
7.4 Monopolistische Konkurrenz und Oligopolpreisbildung ... 346
7.4.1 Monopolistische Konkurrenz ... 346

7.4.2 Oligopolpreisbildung ... 350
7.4.2.1 Oligopolmärkte und oligopolistisches Verhalten ... 350
7.4.2.2 Einführung in die Spieltheorie ... 351
7.4.3 Strategisches Verhalten im Oligopol ... 360
7.4.3.1 Statischer Mengenwettbewerb – das Cournot Modell ... 360
7.4.3.2 Statischer Preiswettbewerb – das Bertrand-Modell ... 365
7.4.3.3 Dynamischer Mengenwettbewerb – Stackelberg-Modell ... 367
7.4.3.4 Preis- oder Mengenwettbewerb? ... 369
7.4.3.5 Preiswettbewerb im heterogenen Oligopol ... 372
7.4.3.6 Das Modell der geknickten Preis-Absatz-Funktion ... 374

8 Abweichungen von den Bedingungen des allgemeinen Gleichgewichts ... 376
8.1 Bedingungen für eine optimale Allokation ... 377
8.2 Externe Effekte ... 378
8.2.1 Definition und Arten externer Effekte ... 378
8.2.2 Konsequenzen negativer externer Effekte ... 379
8.2.3 Konsequenzen positiver externer Effekte ... 380
8.2.4 Internalisierung externer Effekte am Beispiel der Umweltpolitik ... 381
8.2.4.1 Internalisierung externer Effekte durch Verhandlungen ... 381
8.2.4.2 Emissionsstandards und Grenzwerte ... 385
8.2.4.3 Internalisierung externer Effekte durch Umweltsteuern ... 386
8.2.4.4 Handelbare Emissionsrechte ... 389
8.3 Öffentliche Güter ... 392
8.3.1 Definition und Abgrenzung öffentlicher Güter ... 392
8.3.2 Optimale Bereitstellung öffentlicher Güter ... 394
8.3.3 Finanzierung öffentlicher Güter ... 395
8.4 Gemeineigentum ... 396
8.5 Unvollständige und asymmetrische Information ... 397
8.5.1 Formen unvollständiger Information ... 397
8.5.2 Asymmetrische Information – Principal-Agent-Ansatz ... 400
8.5.3 Asymmetrische Information – Adverse Selection ... 405
8.6 Transaktionskosten ... 408
8.6.1 Grenzen der neoklassischen Analyse ... 408
8.6.2 Transaktionskosten als Ursache für die Entstehung von Unternehmen ... 409
8.6.3 Transaktionen und Transaktionskosten ... 410
8.6.4 Verhaltensannahmen ... 411
8.6.5 Merkmale von Transaktionsbeziehungen ... 412
8.6.6 Zuordnung von Vertragstypen zu Transaktionstypen – einige Ergebnisse der Transaktionskostentheorie ... 414
8.6.7 Make or Buy – der optimale Grad vertikaler Integration ... 416

Teil III: Makroökonomie und Wirtschaftspolitik

9 Makroökonomie als Wissenschaft ... 421
9.1 Das Verhältnis zwischen Mikro- und Makroökonomie ... 421
9.2 Makroökonomische Fragestellungen ... 422
9.3 Makroökonomische Theorie als Basis der Wirtschaftspolitik ... 423

9.4 Grundlegende makroökonomische Modelle ... 424
9.5 Ex post- und ex ante-Betrachtung ... 427

10 Volkswirtschaftliches Rechnungswesen ... 428
10.1 Vorbemerkungen ... 429
10.2 Der Wirtschaftskreislauf ... 429
10.2.1 Grundbegriffe der Kreislaufanalyse ... 430
10.2.1.1 Bestandteile und Eigenschaften eines Wirtschaftskreislaufs ... 430
10.2.1.2 Darstellungsformen eines Wirtschaftskreislaufs ... 431
10.2.2 Zwei-Sektoren-Wirtschaft mit Vermögensbildung ... 432
10.2.3 Der Staat im Wirtschaftskreislauf ... 434
10.2.4 Der Wirtschaftskreislauf einer offenen Volkswirtschaft ... 437
10.3 Die Volkswirtschaftliche Gesamtrechnung ... 440
10.3.1 Die Aktivitätskonten ... 440
10.3.1.1 Das Produktionskonto ... 442
10.3.1.2 Das Einkommenskonto ... 448
10.3.1.3 Das Vermögensänderungs- und Finanzierungskonto ... 451
10.3.1.4 Das Auslandskonto ... 454
10.3.2 Gesamtwirtschaftliche Aggregation ... 455
10.3.2.1 Das nationale Produktionskonto ... 455
10.3.2.2 Das nationale Einkommenskonto ... 456
10.3.2.3 Das nationale Vermögensänderungskonto ... 456
10.3.3 Die Ermittlung der gesamtwirtschaftlichen Wertschöpfung ... 457
10.3.3.1 Inlands- und Inländerkonzept ... 458
10.3.3.2 Brutto- und Nettokonzept – Marktpreise und Faktorkosten ... 461
10.3.3.3 Reale und nominale Einkommensberechnung ... 462
10.3.4 Grundsätze der Entstehungs-, Verwendungs- und Verteilungsrechnung ... 463
10.3.4.1 Die Entstehungsrechnung ... 463
10.3.4.2 Die Verwendungsrechnung ... 465
10.3.4.3 Die Verteilungsrechnung ... 468
10.3.5 Die VGR in Deutschland seit der Revision 1995 ... 469
10.3.5.1 Kurze Geschichte der Volkswirtschaftlichen Gesamtrechnung in Deutschland ... 469
10.3.5.2 Die Sektoren der Volkswirtschaft im ESVG 95 ... 470
10.3.5.3 Die Konten des ESVG 95 ... 471
10.3.5.4 Entwicklung und Struktur des Bruttoinlandsprodukts in Deutschland ... 472
10.3.6 Die Aussagekraft des Bruttoinlandsprodukts als Wohlfahrtsindikator ... 474
10.3.6.1 Kritik an der Aussagekraft des Bruttoinlandsprodukts ... 475
10.3.6.2 Besondere Probleme internationaler Einkommensvergleiche ... 478
10.3.6.3 Reformkonzepte für Wohlfahrtsmaße ... 481
10.4 Die Zahlungsbilanz ... 484
10.4.1 Formale Grundlagen ... 484
10.4.2 Die Grundstruktur der Zahlungsbilanz ... 486
10.4.3 Fallstudie: Die Zahlungsbilanz der Bundesrepublik Deutschland ... 493

11 Makroökonomische Theorie ... 500
11.1 Vorbemerkungen ... 501
11.2 Der Gütermarkt ... 502

11.2.1 Die gesamtwirtschaftliche Güternachfrage 502
11.2.1.1 Der private Konsum 504
11.2.1.1.1 Die klassische Konsumtheorie 506
11.2.1.1.2 Die absolute Einkommenshypothese 507
11.2.1.1.3 Die relative Einkommenshypothese 512
11.2.1.1.4 Die Normaleinkommenshypothese 516
11.2.1.1.5 Die Lebenszyklushypothese 516
11.2.1.1.6 Die Hypothese des permanenten Einkommens 520
11.2.1.2 Die private Investition 524
11.2.1.2.1 Optimaler Kapitalstock und Kapitalstockanpassung 527
11.2.1.2.2 Die Zinsabhängigkeit der Investition 529
11.2.1.2.3 Tobin's q 537
11.2.1.2.4 Die Einkommensabhängigkeit der Investition 539
11.2.1.3 Die Nachfrage des Staates 545
11.2.1.4 Die Nachfrage des Auslandes 547
11.2.2 Das Gütermarktgleichgewicht bei zinsunabhängiger Investition 547
11.2.2.1 Komparativ-statische Analyse 550
11.2.2.2 Dynamische Analyse 552
11.2.2.3 Staatstätigkeit im Gütermarkt 556
11.2.2.4 Das Ausland im Gütermarkt 563
11.2.3 Das Gütermarktgleichgewicht bei zinsabhängiger Investition 565
11.2.3.1 Das IS-Modell 565
11.2.3.2 Wirtschaftspolitische Implikationen des IS-Modells 569

11.3 Der Geldmarkt 571
11.3.1 Geldarten und Geldgesamtheiten 572
11.3.1.1 Geldarten 572
11.3.1.2 Die Geldmenge 576
11.3.2 Das gesamtwirtschaftliche Geldangebot 577
11.3.2.1 Der Geldschöpfungsprozess 578
11.3.2.2 Grenzen der Geldschöpfung 580
11.3.3 Die gesamtwirtschaftliche Geldnachfrage 589
11.3.3.1 Grundbegriffe der Geldnachfragetheorie 590
11.3.3.2 Die Quantitätstheorie 592
11.3.3.2.1 Die ältere Quantitätstheorie 592
11.3.3.2.2 Die Neoquantitätstheorie des Geldes 595
11.3.3.3 Die keynesianische Liquiditätspräferenz-Theorie 598
11.3.3.3.1 Das Transaktionsmotiv 599
11.3.3.3.2 Das Vorsichtsmotiv 604
11.3.3.3.3 Das Spekulationsmotiv 605
11.3.3.3.4 Die gesamtwirtschaftliche Geldnachfragefunktion 609
11.3.4 Das Geldmarktgleichgewicht 610
11.3.4.1 Das LM-Modell 611
11.3.4.2 Wirtschaftspolitische Implikationen des LM-Modells 613

11.4 Das gesamtwirtschaftliche Gleichgewicht auf Güter- und Geldmarkt bei festen Preisen 615
11.4.1 Das ISLM-Modell 615
11.4.2 Wirtschaftspolitische Implikationen des ISLM-Modells 618

11.5 Der Arbeitsmarkt 622
11.5.1 Die gesamtwirtschaftliche Arbeitsnachfrage 622

11.5.2 Das gesamtwirtschaftliche Arbeitsangebot 626
11.5.3 Das Arbeitsmarktgleichgewicht 629
11.6 Das Gleichgewicht auf Güter-, Geld- und Arbeitsmarkt bei flexiblen Preisen 635
11.6.1 Die gesamtwirtschaftliche Nachfragefunktion 635
11.6.2 Das gesamtwirtschaftliche Angebot 637
11.6.3 Das gesamtwirtschaftliche Gleichgewicht und wirtschaftspolitische Schlussfolgerungen 639
11.6.3.1 Die klassische Sicht 639
11.6.3.2 Die keynesianische Sicht 640
11.6.4 Angebots- und nachfrageorientierte Wirtschaftspolitik 642
11.6.4.1 Die klassische Sicht 642
11.6.4.2 Die keynesianische Sicht 643
11.6.4.3 Die wirtschaftspolitische Synthese 645

Teil IV: Monetäre Außenwirtschaft

12 Makroökonomik offener Volkswirtschaften 651
12.1 Grundlegende Begriffe 652
12.2 Das Ziel des außenwirtschaftlichen Gleichgewichts 653
12.2.1 Devisenbilanzsaldo 653
12.2.2 Außenbeitrag 654
12.2.3 Leistungsbilanzsaldo 655
12.3 Wechselkurse und Devisenmärkte 660
12.3.1 Wechselkurskonzepte 660
12.3.2 Realer Wechselkurs 662
12.3.3 Effektiver Wechselkurs 664
12.3.4 Theorie der Wechselkursbestimmung 666
12.3.4.1 Das Kaufkraftparitätentheorem (PPP) 666
12.3.4.2 Die Zinsparitätentheorie 670
12.3.4.3 Inflation, Zinsparität und Kaufkraftparität 674
12.3.5 Devisenmärkte 677
12.3.6 Devisenmarkt bei flexiblen Wechselkursen 679
12.3.7 Devisenmarkt bei fixen Wechselkursen 681
12.4 Mechanismen der Zahlungsbilanzanpassung 686
12.4.1 Außenbeitrag und Preisänderungen 686
12.4.2 Außenbeitrag und Wechselkursänderung 691
12.4.3 Außenbeitrag Änderungen des Volkseinkommen 698
12.5 Wirtschaftspolitik offener Volkswirtschaften 705
12.5.1 Das Mundell-Fleming-Modell 705
12.5.1.1 Der Gütermarkt – die IS-Kurve 705
12.5.1.2 Der Geldsektor – die LM-Kurve 707
12.5.1.3 Devisenmarkt- und Zahlungsbilanzgleichgewicht – die ZB-Kurve 708
12.5.1.4 Gleichgewicht im IS-LM-ZB-Modell 713
12.5.2 Geld- und Fiskalpolitik bei vollkommener Kapitalmobilität 714
12.5.2.1 Flexibles Wechselkurssystem 714
12.5.2.2 Festes Wechselkurssystem 715
12.5.3 Geld- und Fiskalpolitik bei vollkommener Immobilität des Kapitals 718
12.5.3.1 Flexibles Wechselkurssystem 718

12.5.3.2 Festes Wechselkurssystem 719
12.5.4 Zusammenfassung und Konsequenzen für die Wirtschaftspolitik 721
12.5.4.1 Wirksamkeit von Geld- und Fiskalpolitik 722
12.5.4.2 Feste oder flexible Wechselkurse? 725
12.6 Elemente realisierter Währungssysteme 726
12.6.1 Festes Wechselkurssystem mit Bandbreiten 727
12.6.2 Gleitende Wechselkurse (crawling peg) 732
12.6.3 Wechselkurszielzonen 734
12.6.4 Währungsunion 735
12.6.5 Currency Board 738
Literaturverzeichnis 741
Internetquellen 748
Sachverzeichnis 749

Teil I: Grundlagen der Volkswirtschaftslehre

1 Was ist Volkswirtschaftslehre?

Was ist Volkswirtschaftslehre? Warum muss sich ein angehender Betriebswirt überhaupt damit abgeben?

Diese Fragen schweben sicherlich gar manchen Lesern im Kopf herum, wenn sie sich nolens volens mit diesem Lehrbuch an ihren Schreibtisch setzen und versuchen, mit dessen Hilfe den Stoff der Vorlesung Volkswirtschaftslehre 1 oder 2 nachzuarbeiten.

Betriebswirte sind in der Regel praktisch veranlagte Menschen. Sie haben sich für ihr Studium entschieden, weil sie lernen wollen, ein Unternehmen zu führen. Dazu gehört die Beherrschung des Rechnungswesens, die Kenntnis der für den Betrieb eines Unternehmens relevanten Rechtsnormen, Fertigkeiten im Bereich der Personalführung und des Marketing u.v.m. Aber gehört dazu tatsächlich auch die Fähigkeit, mit volkswirtschaftlichen Theorien umzugehen, in abstrakten Modellen den Marktmechanismus zu ergründen und die Wirkungsweise von Geld- und Fiskalpolitik zu erklären?

Der Leser ahnt die Antwort: Ja! Jedes Unternehmen und nicht nur das, auch jeder private Haushalt wird tagtäglich mit volkswirtschaftlichen Fragestellungen konfrontiert:

- Die Europäische Zentralbank hat den Leitzins um 25 Basispunkte erhöht. Was bedeutet das konkret für mein Unternehmen? Betrifft mich das überhaupt?
- Die Mehrwertsteuer wird um 3%-Punkte erhöht. Wird jetzt alles um 3% teurer?
- Der Dollar ist gestiegen. Was heißt das für meinen geplanten USA-Urlaub? Sollte ich lieber umbuchen?
- Der Ölpreis schwankt, die Preisprognosen verheißen nichts Gutes. Hat das irgendwas mit meinem Aktienportfolio zu tun?
- Die Bundesregierung beschließt Lockerungen beim Kündigungsschutz. Ist das für mich als Arbeitslosen gut oder schlecht? Politiker unterschiedlicher Couleur behaupten beides.
- …

Sollte ein Staatsbürger - und Wähler! - nicht in der Lage sein, den Wahrheitsgehalt politischer Wahlaussagen zu wirtschaftlichen Themen zu beurteilen? Sollte ein Unternehmer nicht wenigstens in der Lage sein, derartige Meldungen aus dem Wirtschaftsteil seiner Tageszeitung zu verstehen und die Konsequenzen der berichteten Ereignisse auf sein Unternehmen abzuschätzen?

Um solche Zeitungsmeldungen interpretieren zu können, bedarf es jedoch eines gewissen Grundverständnisses vom wirtschaftlichen Gesamtmechanismus, in dem Größen wie Zinssätze, Steuern, Wechselkurse oder Arbeitslosenquoten wie Zahnrädchen ineinander greifen und zusammenwirken. Die Beschreibung und Erklärung genau dieses Gesamtmechanismus ist Gegenstand der Volkswirtschaftslehre oder, wie man sie früher nannte, der Nationalökonomie. Doch dies ist keine triviale Aufgabe, wie folgendes Zitat aus berufenem Munde zeigt:

> *„Nationalökonomie ist, wenn die Leute sich wundern, warum sie kein Geld haben. Das hat mehrere Gründe, die feinsten sind die wissenschaftlichen. Für Geld kann man Wa-*

> *ren kaufen, weil es Geld ist, und es ist Geld, weil man dafür Waren kaufen kann. Woher das Geld kommt, ist unbekannt. Es ist eben da bzw. nicht da - meist nicht da.*
>
> *Was die Weltwirtschaft angeht, so ist sie verflochten. Eine wichtige Rolle im Handel spielt der Export. Export ist, wenn die andern kaufen sollen, was wir nicht kaufen können; auch ist es unpatriotisch, fremde Waren zu kaufen, daher muss das Ausland einheimische, also deutsche Waren konsumieren, weil wir sonst nicht konkurrenzfähig sind. Weil billiger Weizen ungesund und lange nicht so bekömmlich ist wie teurer Roggen, haben wir den Schutzzoll, der den Zoll schützt sowie auch die deutsche Landwirtschaft.*
>
> *Jede Wirtschaft beruht auf dem Kreditsystem, das heißt, auf der irrtümlichen Annahme, der andre werde gepumptes Geld zurückzahlen. Tut er das nicht, so erfolgt eine sog. „Stützungsaktion", bei der alle, bis auf den Staat, gut verdienen."*[1]

Angesichts der aktuellen politischen Stammtischdiskussionen, die teilweise große Ähnlichkeit mit diesen Worten aufweisen, ist kaum zu glauben, dass der Text bereits fast 80 Jahre alt ist. Bedauerlicherweise scheint der Fortschritt der volkswirtschaftlichen Forschungen noch nicht sehr weit ins Bewusstsein der Bevölkerung eingedrungen zu sein.

Dabei liegt die Geburtsstunde der Volkswirtschaftslehre schon rund 250 Jahre zurück. Als Gründervater der Disziplin wird im Allgemeinen der schottische Moralphilosoph *Adam Smith* angesehen, der im Jahr 1776 sein Buch „The Wealth of Nations"[2] veröffentlichte, welches zum Grundstein einer neuen Wissenschaft werden sollte. Viele seiner Erkenntnisse, die er in diesem Werk beschreibt, haben auch heute noch Gültigkeit.

Zunächst wurde innerhalb der Wirtschaftswissenschaften nicht nach Betriebs- und Volkswirtschaft unterschieden. Erst mit der Industrialisierungsbewegung des 19. Jahrhunderts entstand ein immer größer werdender Bedarf an Spezialisten, die in der Lage waren, große Industrieunternehmen erfolgreich zu führen, so dass sich eine wissenschaftliche Disziplin entwickelte, die für eine angemessene Ausbildung solcher Industriekapitäne sorgte. Bis heute ist jedoch außerhalb des deutschsprachigen Raumes eine formale Unterscheidung zwischen Volks- und Betriebswirtschaftslehre als getrennte wissenschaftliche Disziplinen nicht gebräuchlich. Das englische Wort „Economics" steht für die Wirtschaftswissenschaften insgesamt, die dann in unterschiedlicher Weise während des Studiums vertieft werden.

In der Tat liegt der Unterschied zwischen Betriebs- und Volkswirtschaftslehre nicht etwa darin, dass unterschiedliche Gegenstände behandelt werden würden. Das Unternehmen als handelnde wirtschaftliche Einheit sowie der Produktionsprozess spielen in beiden Fällen eine zentrale Rolle. Der wesentliche Unterschied liegt vielmehr in der Art der Betrachtung. Während die Betriebswirtschaftslehre vermittelt, wie ein Unternehmen zu führen ist, also handlungsorientiertes Wissen vermittelt, beschäftigt sich die Volkswirtschaftslehre mit der Analyse und Erklärung von wirtschaftlichen Zusammenhängen sowie auf dieser Basis mit der Prognose zukünftiger wirtschaftlicher Ereignisse. Volkswirte interessieren sich für Gesetzmäßigkeiten wirtschaftlichen Handelns. Der wissenschaftliche Ansatz der Volkswirtschaftslehre ist somit abstrakter als der der Betriebswirtschaft und verlangt i.a. auch in höherem Maße die Beherrschung quantitativer Methoden als diese.

Wirtschaftswissenschaften und somit auch die Volkswirtschaftslehre gehören als Teil der Gesellschaftswissenschaften zu den Realwissenschaften. „Real" bedeutet in diesem Fall, dass „Realitäten" Gegenstand wissenschaftlicher Erforschung sind. Im Gegensatz dazu die-

[1] *Tucholsky, K.* (1994), S. 29 ff.
[2] *Smith, A.,* (1776).

nen die Formalwissenschaften, wie z.B. die Mathematik, in erster Linie der Methodenentwicklung.

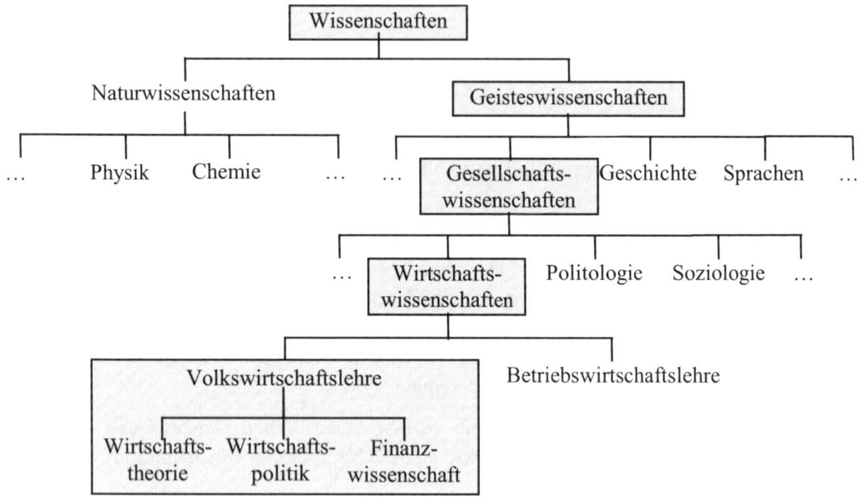

Abbildung 1-1: Wissenschaftliche Einordnung der Volkswirtschaftslehre

Ziel und Aufgabe der Wirtschaftswissenschaften ist die Beobachtung, Beschreibung und Erklärung eines wichtigen Teiles der gesellschaftlichen Realität, nämlich des Wirtschaftens der Menschen. Das betrifft sowohl das wirtschaftliche Handeln einzelner wie auch wirtschaftliche Vorgänge in der Gesamtwirtschaft und zwar innerhalb eines Landes wie auch im Zusammenwirken mit der Weltwirtschaft.

Daraus ergeben sich **zwei Schlussfolgerungen**:

- Innerhalb der Volkswirtschaftslehre sind zwei verschiedene Bereiche zu unterscheiden, nämlich die einzel- und die gesamtwirtschaftliche Betrachtung. Man nennt diese beiden Teilbereiche Mikro- und Makroökonomie.

  Im ersten Fall ist ein einzelnes Unternehmen oder ein einzelner Haushalt Gegenstand der Analyse. Dabei soll allerdings nicht das Verhalten eines Individuums untersucht werden, wie etwa in der Psychologie, sondern vielmehr ein unter bestimmten wirtschaftlichen Rahmenbedingungen typisches Verhalten. Aus dieser Betrachtung werden insbesondere Erkenntnisse über die Preisbildung auf Märkten gezogen.

  Die Makroökonomie hingegen fasst einzelne Akteure zu Gruppen gleichartiger Wirtschaftseinheiten zusammen und betrachtet somit nicht ein einzelnes Unternehmen oder einen einzelnen Haushalt, sondern die Gruppe aller Haushalte oder aller Unternehmen einer ganzen Volkswirtschaft. Dieser Teil der Volkswirtschaftslehre bildet zugleich die Grundlage für wirtschaftspolitische Überlegungen, wie z.B. Fragen der Inflationsbekämpfung, der Arbeitsmarktpolitik oder der Steuer- und Einkommenspolitik.

- Die zweite Schlussfolgerung bezieht sich auf den Namen „Volkswirtschaftslehre“ oder gar „Nationalökonomie“. Der Name müsste heute im Grunde „Internationalökonomie“ oder „Weltwirtschaftslehre“ heißen, denn spätestens seit dem 19. Jahrhundert lassen sich wirtschaftliche Vorgänge innerhalb *eines* Landes nicht mehr isoliert von seiner weltwirtschaftlichen Umgebung betrachten und erklären.

2 Grundlagen

Lehrziele:

Dieses Kapitel soll den Leser mit drei wesentlichen Grundbausteinen der Volkswirtschaftslehre vertraut machen.

Zunächst wird der Erkenntnisgegenstand der Volkswirtschaftslehre ergründet. An jedem wirtschaftlichen Vorgang sind sowohl aktiv handelnde und entscheidende Menschen und Institutionen, die Wirtschaftssubjekte, wie auch Güter, die Wirtschaftsobjekte, beteiligt. Wir unterteilen diese Vorgänge hierbei in verschiedene zentrale wirtschaftliche Aktivitäten, wie produzieren, investieren, konsumieren und sparen und lernen dabei einige wichtige volkswirtschaftliche Grundbegriffe und Termini kennen.

Im zweiten Teil geht es um die Methodik volkswirtschaftlichen Denkens und Arbeitens. Theoriebildung, logische Deduktionen sowie v.a. die Technik der Modellbildung stehen dabei im Mittelpunkt.

Auf dieser Grundlage werden im letzten Abschnitt des Kapitels drei grundlegende ökonomische Sachverhalte analysiert, auf denen alle weiteren Ausführungen dieses Buches aufbauen. Der Leser lernt das Wesen der ökonomischen Knappheit und deren Folgen für das Wirtschaften der Menschen kennen. Er beschäftigt sich anschließend mit der arbeitsteiligen Bewältigung des Knappheitsproblems und den besonderen Wirkungen von Arbeitsteilung. Zum Schluss folgen noch einige Überlegungen zum Gütertausch und dem dazu notwendigen Tauschmittel, dem Geld.

2.1 Erkenntnisgegenstand

Der Zugang zu den Erkenntnissen der Volkswirtschaftslehre wird für den Anfänger durch verschiedene Eingangshürden erschwert. Die Volkswirtschaftslehre befasst sich mit alltäglichen Gegenständen, mit Vorkommnissen, die alle Bürger aus ihrem täglichen Leben kennen und zu beherrschen glauben. Vieles, was Volkswirte hinterfragen und analysieren, scheint dem Leser daher vielleicht zunächst trivial, eine Selbstverständlichkeit und er macht sich oft nicht die Mühe, darüber nachzudenken. Die Bedeutung mancher wirtschaftlicher Sachverhalte wird deshalb oft unterschätzt. Ein Beispiel dafür ist das Phänomen der Arbeitsteilung.

Eine zweite Hürde besteht darin, dass der Erkenntnisgegenstand in seiner Gesamtheit andererseits derart komplex ist, dass Zusammenhänge zwischen zwei ganz bestimmten Variablen oft nicht leicht aus dem Gesamtzusammenhang zu isolieren und dadurch zu erkennen sind. Nur weil zwei Ereignisse aufeinander folgen, müssen sie noch nicht unbedingt kausal zusammenhängen. So könnte ein unvoreingenommener Beobachter aus der zeitlichen Abfolge des Rückgangs der Storchenpopulation und der Geburtenrate in Deutschland möglicherweise ganz falsche Schlüsse ziehen. Man nennt dieses Phänomen „Post-hoc-Irrtum“[1].

Hinzu kommt, dass sich Volkswirte oft einer Art Geheimsprache bedienen, in der viele Worte, die auch in der Alltagssprache der Menschen vorkommen und dort häufig verwendet werden, plötzlich eine andere, ganz spezifische Bedeutung erhalten. Wer würde zum Beispiel vermuten, dass der Begriff „Kosten“ noch etwas anderes bedeuten kann als Geld, dass ein knappes Gut nicht etwa selten sein muss, oder dass ein Theater, an dessen Tür das Schild „Heute freier Eintritt“ steht, keineswegs ein freies Gut ist?

Wir wenden uns daher zunächst einigen zentralen volkswirtschaftlichen Begriffen zu, auf denen alle folgenden Kapitel beruhen. Beginnen wir am besten damit, den Erkenntnisgegenstand der Volkswirtschaftslehre genauer zu bestimmen. *Paul Samuelson*, der 1970 als erster Amerikaner den Wirtschaftsnobelpreis erhielt, beschreibt ihn folgendermaßen:

> *„Economics is the study of how men and society end up choosing, with or without the use of money, to employ scarce productive resources that could have alternative uses, to produce various commodities and distribute them for consumption, now or in the future, among various people and groups in society. It analyzes the costs and benefits of improving patterns of resource allocation“*[2]

Es geht also zum einen um handelnde und v.a. entscheidende Menschen und Gruppen von Menschen (men and society), zum andern um die Produktionsfaktoren (productive resources) sowie die Güter (commodities), die aus ihnen hergestellt werden. Die handelnden Personen und Institutionen nennt man **Wirtschaftssubjekte**, die Güter, über die entschieden wird, heißen **Wirtschaftsobjekte**.

Untersucht werden dabei zweierlei Arten von Entscheidungen:

- Die **Allokationsentscheidung**: Wie kommt die Entscheidung über den Einsatz der knappen Produktionsressourcen zustande?
- Die **Distributionsentscheidung**: Wie werden die produzierten Güter in der Gesellschaft (interpersonelle Verteilung) und über die Zeit hinweg (intertemporale Verteilung) verteilt?

---

[1] Dieser Name stammt vom lateinischen Ausdruck „Post hoc, ergo propter hoc“, d.h. „danach und daher notwendigerweise infolgedessen“.

[2] *Samuelson, P.A.* (1973), S. 3.

Diese beiden Entscheidungen prägen jede Wirtschaft und müssen von jedem Wirtschaftssystem gelöst werden. Es liegt daher nahe, Wirtschaftssubjekte danach einzuteilen, welche Rolle sie bei diesen Entscheidungen spielen bzw. welchen Tätigkeiten sie im Wirtschaftsprozess nachgehen.

2.1.1 Wirtschaftssubjekte und ihre Aktivitäten

Wirtschaftssubjekte werden üblicherweise zunächst nach ihrer Gebietsansässigkeit (Inländer und Ausländer bzw. Gebietsansässige und Gebietsfremde), sowie innerhalb eines Landes nach der Art ihrer wirtschaftlichen Tätigkeit unterschieden.

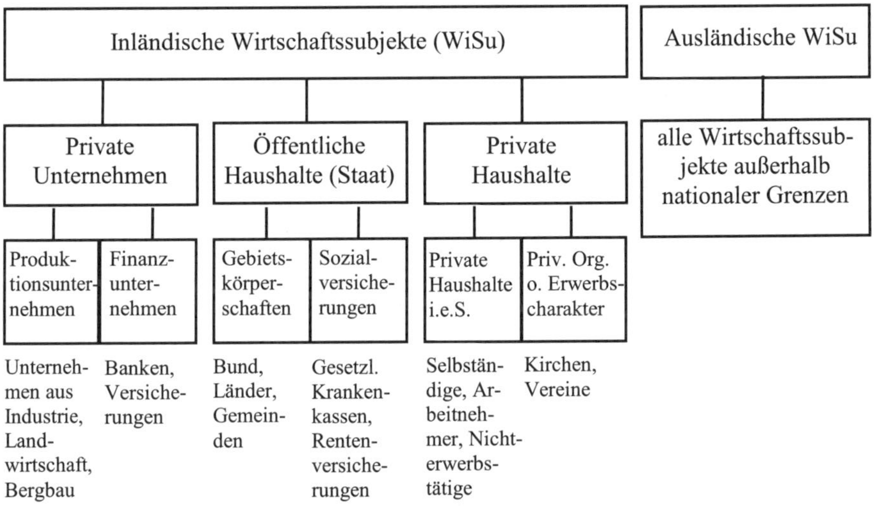

Abbildung 2-1: Wirtschaftssubjekte

Zwei Kategorien von Wirtschaftssubjekten werden als „privat", eine dritte als „öffentlich" bezeichnet. Privat bedeutet in diesem Zusammenhang, dass die Aktivitäten des betreffenden Wirtschaftssubjektes auf seine eigene, individuelle und vor allem eigen bestimmte Zielsetzung ausgerichtet sind. Ein öffentliches Wirtschaftssubjekt hingegen orientiert seine Handlungen an einem gesamtgesellschaftlichen Zielsystem, das zuvor durch irgendeine Art von kollektiver Willensbildung zustande gekommen ist.

2.1.1.1 Unternehmen

Unternehmen sind diejenigen Wirtschaftssubjekte, die Güter **produzieren**. Dies bedeutet, dass durch die Kombination der volkswirtschaftlichen Produktionsfaktoren Arbeit, Boden und Real- oder Sachkapital neue Güter und Dienstleistungen entstehen, deren Wert höher ist als die Summe der Werte der Einzelleistungen, die in die Produktion eingeflossen sind. Produktion geht also mit Wertschöpfung einher. Dabei geht es nicht nur um den technischen Produktionsprozess selbst (Fertigung), sondern um jede unternehmerische Handlung, die den Nutzen und damit den Wert eines Gutes erhöht (Organisation, Transport, Lagerung, Vertrieb).

Allerdings findet Wertschöpfung nicht nur in Unternehmen statt. Auch Haushalte betreiben Wertschöpfung, z.B. beim Zubereiten der Mahlzeiten oder bei der Betreuung von Kindern. Im Gegensatz zur Wertschöpfung in einem Unternehmen erbringen Haushalte diese Leis-

tungen aber nicht, um sie an Dritte zu verkaufen, sondern konsumieren sie vielmehr selbst. Man spricht hier vom Eigenverbrauch der Haushalte. Unternehmen hingegen beabsichtigen, die neu geschaffenen Werte am Markt zu verkaufen. In diesem spezifischen Sinne bedeutet Produktion also Wertschöpfung für den Markt.

Eine weitere für den Unternehmenssektor typische Aktivität ist das **Investieren**, das bedeutet Aufbau von Real- oder Sachkapital. Darunter versteht man einen Zuwachs bei den dauerhaften Produktionsanlagen (Gebäude, Maschinen, immaterielle Produktionsanlagen) sowie den Lagerbeständen.

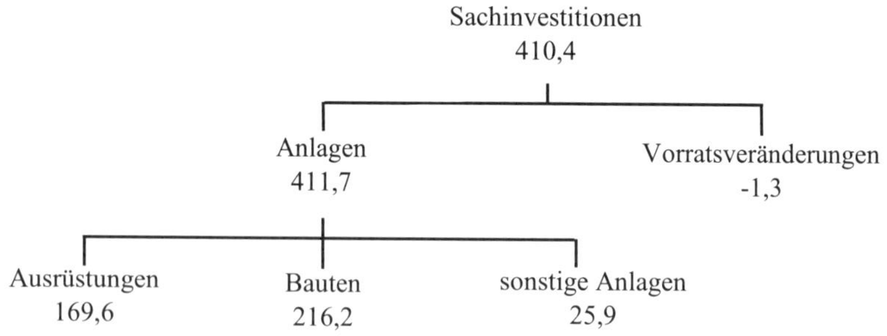

Abbildung 2-2: Arten von Investitionsgütern in der amtlichen Statistik Deutschland 2006 (Bruttowerte, in Mrd.€)[3]

Hierbei ist allerdings zu unterscheiden, ob die Investitionen brutto oder netto angegeben werden:

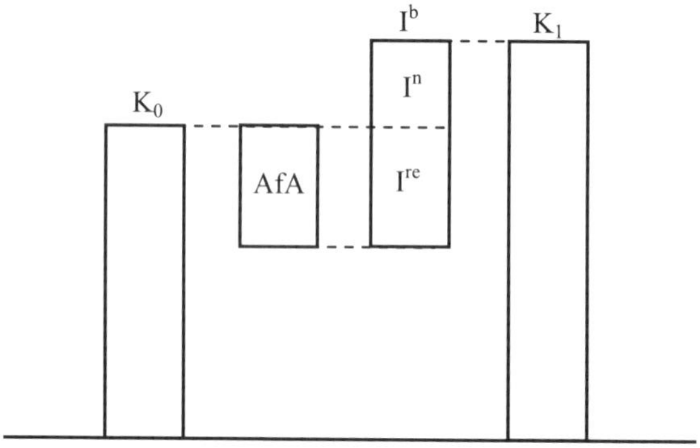

Abbildung 2-3: Sachinvestition und Kapitalstockveränderung

Die **Bruttoinvestition** umfasst sämtliche Anschaffungen von Realkapitalgütern oder den Aufbau von Lagerbeständen innerhalb einer Periode. Die **Nettoinvestition** hingegen berücksichtigt, dass in derselben Periode durch die Nutzung dieser Güter auch Werte verbraucht worden sind, beim Anlagenkapital somit eine Wertminderung stattgefunden hat, welche mit Hilfe der sog. „**Abschreibung für Abnutzung**" (Afa) im betrieblichen Rechnungswesen erfasst wird. Um die tatsächliche Wertsteigerung des Kapitalbestandes in dieser Periode zu ermitteln, muss die Bruttoinvestition um diese Wertminderung bereinigt werden. Der Teil

[3] Quelle: *Deutsche Bundesbank*, Monatsbericht Juli 2007, S. 61*; „sonstige Anlagen" bestehen aus den immateriellen Anlageinvestitionen (Software, Lizenzen, Patente) sowie Nutztieren und -pflanzen.

der Bruttoinvestition, der lediglich den Werteverzehr derselben Periode ausgleicht, heißt **Re-Investition** oder **Ersatzinvestition**. Er ergibt sich also aus dem Gesamtwert der Abschreibung dieser Periode und ist ihr rein rechnerisch immer gleich[4]. Nur der Teil der Bruttoinvestition, der über die Abschreibung hinausgeht, erhöht tatsächlich den Kapitalbestand. Die Differenz zwischen Brutto- und Ersatzinvestition ergibt also die Nettoinvestition. Diese kann auch negativ sein. Wenn nämlich die Gesamtinvestition einer Periode kleiner ist als die Abschreibung derselben Periode, sinkt der Wert des Kapitals.

Übung 2-1 : Investitionsbegriff[5]

Ein Industrieroboter hat am 1. Januar des Jahres einen Wert von 83.000 €. Zur Leistungssteigerung wird im März eine neue Steuerung für 32.000 € eingebaut. Am 6. November entsteht durch Unfall ein Schaden von 7.000 €, der jedoch nicht repariert wird, da die technische Leistungsfähigkeit des Roboters dadurch nicht beeinträchtigt ist. Am 31.12. des Jahres wird der Wert des Roboters mit 61.000 € angegeben.

Wie hoch war in diesem Jahr

- die Bruttoinvestition,
- die Nettoinvestition,
- die Abschreibung?

Lösung:

Die Bruttoinvestition ist der Gesamtbetrag aller zufließenden Sachkapitalwerte und beträgt 32.000 €.

Die Nettoinvestition bezeichnet die Differenz zwischen dem End- und dem Anfangswert des Kapitalbestands, hier also 61.000 € - 83.000 € = -22.000 €.

Die Re-Investition lässt sich mit Hilfe der Gleichung $I^{brutto} = I^{netto} + I^{re}$ berechnen:

$32.000 € = -22.000 € + I^{re} \rightarrow \quad Afa = I^{re} = 54.000€$

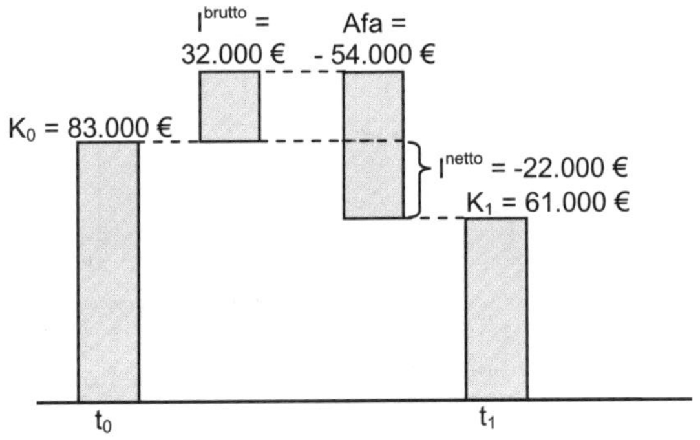

Abbildung 2-4: Veränderung des Kapitalbestandes durch Investition

[4] Die Ersatzinvestition ist also eine rechnerische Größe. Das bedeutet, dass man einzelne Investitionsprojekte nicht einfach der einen oder anderen Kategorie zuordnen kann. Jede Investition ersetzt normalerweise zu einem bestimmten Teil eine alte, ausgeschiedene Anlage und erhöht aber gleichzeitig auch die Produktionskapazität durch eine leistungsfähigere Technologie oder bessere Qualität.

Die Tätigkeiten des Produzierens und Investierens sind eng miteinander verknüpft. Da zur Produktion von Gütern i.d.R. die Leistungen aller drei Produktionsfaktoren benötigt werden, ist die Investition, d.h. die Bildung von Sachkapital, eine wesentliche Voraussetzung für die Fähigkeit zu produzieren. Umgekehrt kann ein Wirtschaftssubjekt, das nicht produziert, auch nicht investieren. Wenn ein privater Haushalt z.B. ein Auto kauft, so handelt es sich dabei um die Anschaffung eines langlebigen Konsumgutes, denn der Haushalt verwendet das Auto zur Befriedigung der eigenen Konsumbedürfnisse. Wird dasselbe Auto von einem Unternehmen als Dienstfahrzeug eines Vertriebsmitarbeiters erworben, so handelt es sich um eine Investition, weil mit diesem Auto eine Marktleistung erbracht wird.

2.1.1.2 Haushalte

Private **Haushalte** sind die Orte, an denen Wirtschaftssubjekte **konsumieren**. Der Konsum ist somit die wichtigste und charakteristischste Tätigkeit der Haushalte. Konsumieren bedeutet, dass ein Wirtschaftssubjekt durch die Nutzung eines Gutes seine Bedürfnisse befriedigt. Statistisch erfasst wird der Konsum im Zeitpunkt des Erwerbs von Konsumgütern. Um jedoch Konsumgüter kaufen zu können, benötigt der Haushalt Einkommen. Dieses erzielt er dadurch, dass er den Unternehmen Produktionsfaktoren (Arbeit, Boden, Kapital) oder Kredite zum Erwerb dieser Faktoren zur Verfügung stellt. Für die Nutzung der Faktoren bezahlen die Unternehmen den Haushalten die sog. **Faktoreinkommen**, also Löhne, Gehälter, Mieten, Pachten, Zinsen und Gewinne. Die Haushalte sind mit dem Unternehmenssektor also in zweierlei Hinsicht eng verknüpft: sie stellen die Produktionsfaktoren zur Verfügung, die die Unternehmen zum Produzieren brauchen, und sie verwenden die Einkommen, die sie dafür erhalten, wiederum für den Kauf von Konsumgütern, die die Unternehmen produziert haben.

Allerdings verwenden die Haushalte i.d.R. nicht ihr gesamtes Einkommen für den Konsum. Ein Teil des Einkommens wird aufbewahrt, um davon in der Zukunft Güter erwerben zu können. Diese Tätigkeit nennt man **Sparen**. Durch Ersparnis entsteht **Vermögensbildung**, d.h. ein Wertespeicher, aus dem zukünftig Einkommen bezogen werden können. In welcher Form der Haushalt dieses Vermögen hält, was er also konkret mit den gesparten Einkommensanteilen macht, ist dabei völlig offen. Ein großer Teil der Ersparnis wird für den Kauf von zinstragenden Forderungen verwendet, also z.B. zum Kauf von Aktien, Sparverträgen oder festverzinslichen Staatsanleihen. Auf diese Weise tragen die Haushalte wesentlich zur Finanzierung der Investitionen privater Unternehmen oder des Staates bei. Ersparnis kann aber ebenso im Sparschwein oder unter der Matratze landen, was aus volkswirtschaftlicher Sicht nicht unproblematisch ist: Solche Ersparnisse bleiben nämlich unproduktiv und bedeuten einen unmittelbaren Nachfrageausfall. Man spricht in diesem Fall auch von „Horten".

Öffentliche Haushalte oder kurz Staat sind v.a. die Gebietskörperschaften Bund, Länder und Gemeinden, sowie die Gesetzlichen Sozialversicherungen. Alle Tätigkeiten des Staates sind auf gesamtgesellschaftliche Belange gerichtet, also auf das Erreichen einer für alle privaten inländischen Wirtschaftssubjekte gemeinsamen Zielsetzung. Der Staat ist nichts anderes als der Repräsentant für die Interessen der Gesamtheit - die Gesamtheit aller Wirtschaftssubjekte *ist* der Staat.

Dieses Staatsverständnis prägt auch die wirtschaftliche Terminologie: Der Staat stellt eine Vielzahl von Dienstleistungen her, die private Unternehmen entweder nicht anbieten wollen oder dürfen, wie z.B. Sicherheitsdienstleistungen oder Leistungen im Zusammenhang mit der Verkehrs- und Kommunikationsinfrastruktur. Diese Leistungen werden wiederum von

---

[5] Entnommen aus *Wilke, F.* (1998), S 57.

der Gesamtheit der inländischen Wirtschaftssubjekte verbraucht. Man nennt sie deshalb den **öffentlichen Konsum** oder auch den **Eigenverbrauch des Staates**, analog zum Eigenverbrauch der privaten Haushalte: Der Staat betreibt Wertschöpfung für sich selbst.

Daneben spielt der Staat aber auch für die wirtschaftlichen Aktivitäten der privaten Wirtschaftssubjekte eine zentrale Rolle. Er gibt hoheitlich die Rahmenbedingungen für das Wirtschaftssystem vor und greift mit einer Vielzahl (wirtschafts-)politischer Maßnahmen in das private Wirtschaftsgeschehen ein, z.B. durch Steuern, Subventionen und Transfers, Verschuldung oder direkte Regulierung.

Diese erste grobe Einteilung von Wirtschaftssubjekten nach ihren grundlegenden wirtschaftlichen Aktivitäten ist zwar hilfreich für den Einstieg in das volkswirtschaftliche Denken, aber keineswegs erschöpfend. Zum einen befasst sich die moderne Volkswirtschaftslehre inzwischen mit einem wesentlich breiteren Ausschnitt menschlichen Verhaltens als nur mit den Prozessen der Produktion von Gütern, deren Verteilung und deren Verwendung. Vielmehr wird versucht, vermeintlich biologisch oder genetisch bedingte Verhaltensmuster, wie etwa das menschliche Reproduktionsverhalten, den Umgang mit Aggressionen oder Machtstrategien und -mechanismen in Wahldemokratien als Ergebnis eines wirtschaftlichen Nutzenkalküls zu erklären. Zum andern gibt es neben privaten und öffentlichen Wirtschaftssubjekten noch eine ganze Menge Zwitter, d.h. Institutionen, die zwar private Interessen vertreten, aber trotzdem oder gerade deshalb auf das staatliche Handeln Einfluss zu nehmen versuchen (und damit auch oft erfolgreich sind). Dies betrifft z.B. Verbände, Interessensvertretungen, aber auch die Tarifvertragsparteien, die ganz explizit quasi öffentliche Aufgaben übertragen bekommen haben, diese jedoch unbeeinflusst von Weisungen staatlicher Stellen lösen müssen.

2.1.2 Wirtschaftsobjekte

Wirtschaftsobjekte oder auch Wirtschaftsgüter sind das Ergebnis eines Produktionsprozesses. Ein **Produktionsprozess** ist ein technisch-organisatorisches Verfahren, bei dem verschiedene Güter und Leistungen so miteinander kombiniert werden, dass ein neues Gut entsteht, welches einen höheren Wert besitzt als die Summe seiner Einzelteile (**Wertschöpfung**). Güter sind also sowohl auf der Input- wie auf der Outputseite des Produktionsprozesses beteiligt.

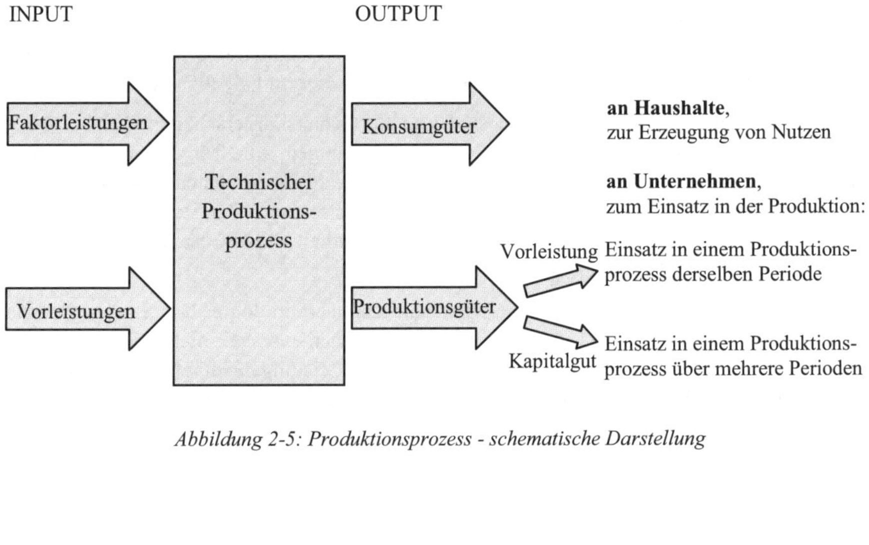

Abbildung 2-5: Produktionsprozess - schematische Darstellung

2.1.2.1 Input: Faktorleistungen und Vorleistungen

Die Inputs des Produktionsprozesses nennt man auch Produktivleistungen. Hierbei wird danach unterschieden, ob diese Leistungen unmittelbar erbracht werden (Faktorleistungen oder primäre Produktivleistungen) oder ob es sich um das Ergebnis eines vorgelagerten Produktionsprozesses handelt (Vorleistungen).

Faktorleistungen sind die Leistungen der **Produktionsfaktoren** Arbeit, Boden und Sachkapital.

Der Faktor **Arbeit**, auch Humankapital oder menschliches Arbeitsvermögen genannt, umfasst alle Fähigkeiten eines Menschen, durch Leistung Einkommen zu erzielen, sei es durch körperliche oder geistige Arbeit. Die Leistungsfähigkeit eines Menschen hängt zum einen von seiner körperlichen und geistigen Gesundheit, zum andern aber auch von Erziehung, Ausbildung und Erfahrung ab. Insofern kann dieser Produktionsfaktor - ähnlich dem Sachkapital - durch Investitionen wie Ausbildung oder gesundheitsfördernde Maßnahmen erhöht werden.

Die Faktoren **Boden** und **Kapital** wurden früher voneinander deutlich unterschieden. Der Boden, von dem der Jahrhunderte hindurch wichtigste ökonomische Sektor, die Landwirtschaft, abhing, wurde ähnlich dem Faktor Arbeit als naturgegebener Produktionsfaktor betrachtet, während die Kapitalgüter aus produzierten Produktionsmitteln bestehen. Diese Unterscheidung wird heute jedoch in vielen volkswirtschaftlichen Modellen weitgehend fallengelassen, da auch der Boden sowohl als Standortfaktor für Gebäude wie auch als Anbaufaktor für die Landwirtschaft oder als Abbaufaktor für die Gewinnung von Bodenschätzen nicht mehr ein naturbelassenes, sondern in vielfacher Weise bearbeitetes Produktionsmittel ist und daher ebenfalls zum Sachkapital gezählt wird . Lediglich in seiner weiteren Definition als sog. natürliche Ressource spielt der Boden als Sammelbegriff für unterschiedlichste Naturgüter (Rohstoffe, Wasser und Luft, Pflanzen- und Tierbestände, Klima) noch eine wichtige Rolle und zwar immer dann, wenn es darum geht, die Nachhaltigkeit von Wachstumsprozessen zu analysieren. Im Gegensatz zum Sachkapital sind natürliche Ressourcen nämlich nicht beliebig reproduzierbar.

Zum **Sachkapital** im engeren Sinne zählen alle dauerhaften Produktionsmittel, d.h. Anlagen wie Gebäude, Maschinen oder Fahrzeuge, und Lagerbestände. Daneben zählen auch immaterielle Anlagegüter wie Patente, Lizenzen und Software zum Sachkapital. Die Beschaffung eines Sachkapitalgutes nennt man Investition. Die Begriffe Sachkapital und Investition beziehen sich also auf dieselbe Art von Wirtschaftsgütern, betrachten diese jedoch aus einer unterschiedlichen Perspektive: Der Kapitalbestand ist der Wert aller Kapitalgüter, die an einem bestimmten Stichtag in der Volkswirtschaft vorhanden sind (**Bestandsgröße**). Die (Brutto-)Investition sind diejenigen Kapitalgüter, die innerhalb einer bestimmten Zeitspanne zu diesem Kapitalbestand dazukommen (**Stromgröße**).

Bei der Analyse des Produktionsprozesses ist es besonders wichtig, zwischen dem Faktor selbst und dessen abgegebener Produktivleistung zu unterscheiden. Die Produktionsfaktoren, also z. B. der Bäckergeselle oder die Betonmischmaschine, gehen nicht in die Produktion ein. Sie geben vielmehr nur ihre Leistung ab (der Bäckergeselle rührt den Teig, die Maschine den Beton), die in das Produkt eingeht und zur Wertschöpfung beiträgt. Wenn der Produktionsprozess abgeschlossen ist, ist die Faktorleistung somit im Produkt enthalten und verlässt mit diesem beim Verkauf das Unternehmen, während der Faktor selbst nach wie vor vorhanden und für den nächsten Produktionsvorgang einsatzbereit ist. Wenn also später von **Faktorkosten** die Rede sein wird, so ist damit nicht der Preis des Faktors selbst, sondern seine Entlohnung für die abgegebene Leistung (Löhne, Gehälter, Mieten, Zinsen etc.) ge-

meint. Am deutlichsten wird der Unterschied beim Faktor Arbeit: Der Faktor Mensch selbst ist überhaupt nicht (mehr) käuflich zu erwerben. Ein Unternehmen kann stets nur einen „Kauf"vertrag über die Nutzung seiner Arbeitskraft abschließen. Ebenso ist es nicht unbedingt erforderlich, dass ein Unternehmen die Kapitalgüter oder Grundstücke, die es für den Produktionsprozess benötigt, selbst erwirbt: wichtig ist vielmehr das Recht, sie zu nutzen (z.B. beim Leasing, Mieten oder Pachten).

Vorleistungen sind bereits produzierte Güter, die von einem anderen Unternehmen zugekauft werden. Ein Automobilhersteller produziert z.B. in der Regel die Stahlbleche, aus denen die Karosserie hergestellt wird, nicht selbst, ebenso wenig die Reifen oder die Autoradios und Navigationssysteme, die in das Cockpit eingebaut werden. Vorleistungen sind also Produktionsgüter, die in das Endprodukt eingebaut werden und in diesem aufgehen. Im Gegensatz etwa zur Betonmischmaschine sind sie nach Beendigung des Produktionsprozesses verschwunden und stehen für einen weiteren Prozess nicht mehr zur Verfügung. Man spricht daher von kurzlebigen Produktionsgütern, während Kapitalgüter langlebige Produktionsgüter sind. Vorleistungen müssen aber nicht unbedingt Sachgüter sein. Auch Dienstleistungen wie Transport- oder Versicherungsleistungen gehören zu den Vorleistungen.

2.1.2.2 Output: Güterkategorien

Das Ergebnis eines jeden Produktionsprozesses sind ebenfalls wieder Güter. Nach dem **Verwendungszweck** kann man dabei Konsum- und Produktionsgüter unterscheiden. Konsumgüter werden an Haushalte verkauft und dienen dort der Bedürfnisbefriedigung, d.h. aus ihrem Ge- oder Verbrauch entsteht für den Haushalt unmittelbar Nutzen. Produktionsgüter hingegen gehen zunächst in einen weiteren Produktionsprozess ein und zwar entweder als Vorleistung, die in einem neuen Produkt aufgeht, oder als Kapitalgut, das dort über mehrere Perioden seine Leistung abgibt. Man bezeichnet Kapitalgüter daher manchmal auch als langlebige, produzierte Produktionsmittel.
In beiden Fällen - also bei Konsum- und Produktionsgütern - ist wiederum nach Sachgütern und Dienstleistungen zu unterscheiden. Offenbar gibt es also unterschiedliche Güterkategorien, die sich gegenseitig überlagern.

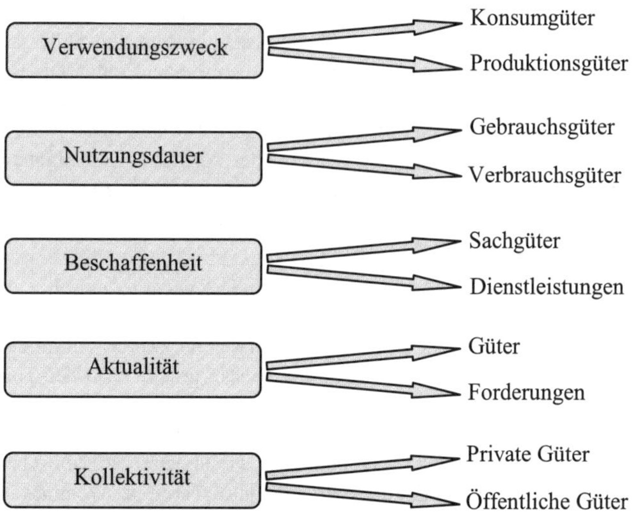

Abbildung 2-6: Die wichtigsten Güterkategorien

Nach der **Nutzungsdauer** werden Ge- und Verbrauchsgüter unterschieden. Konsumgüter gehören überwiegend zu den Verbrauchsgütern, jedoch gibt es auch hier langlebige Güter, die über einen langen Zeitraum genutzt werden, wie z.B. ein Auto oder ein Küchenherd. Typischerweise sind das Güter, die auch in der Produktion eingesetzt werden können. Bei den Produktionsgütern führt uns das Kriterium Lebensdauer zu der Unterscheidung in Vorleistungen und Kapitalgüter.

Nach der **Beschaffenheit** der Güter werden Sachgüter und Dienstleistungen unterschieden. Dienstleistungen sind im Gegensatz zu Sachgütern nicht lagerfähig. Sie werden im Zeitpunkt ihrer Entstehung verbraucht: Eine Massage z.B. wird in dem Moment konsumiert, in dem sie verabreicht wird. Man nennt diese Güter daher auch „Uno-actu-Güter".

Ein besonderes Problem von Dienstleistungen besteht darin, dass der Käufer ihre Beschaffenheit nicht vor dem Kauf prüfen und daher auch ihre Qualität nicht erkennen kann. Wenn er beim Kauf der Dienstleistung feststellt, dass die Qualität schlecht ist, „ist es schon passiert". Dem Käufer bleibt nur die Möglichkeit, beim nächsten Mal zu einem anderen Dienstleister zu gehen. Uno-actu-Güter nennt man daher auch **experience goods** oder **Erfahrungsgüter**. Noch problematischer wird die Sache, wenn die Wirkung der Dienstleistung weit in der Zukunft liegt oder so komplex ist, dass der Käufer ihre Qualität überhaupt nur schwer oder sehr (zu) spät einschätzen kann. Dies ist z.B. bei Gesundheitsdienstleistungen oder bei Anlageberatungen der Fall. Der Kunde muss „glauben", dass der Dienstleister gute Qualität anbietet, er muss ihm vertrauen. Solche Dienstleistungen heißen deshalb **credence goods**.

Das Kriterium der **Aktualität** stellt darauf ab, ob ein Gut bereits physisch vorhanden ist, oder ob es nur für die Zukunft in Aussicht gestellt ist. Versprechen auf Leistungen in der Zukunft heißen Forderungen. Im Gegensatz zu bereits vorhandenen Gütern sind Forderungen stets mit Ungewissheit verknüpft, da ja niemand völlig sicher sein kann, was in Zukunft geschehen wird. Forderungen enthalten somit Risiko - je weiter sie in die Zukunft reichen, desto mehr. Dies spielt bei der Bewertung von Forderungen eine wesentliche Rolle. Ein Gut, das sofort zur Verfügung steht, hat einen höheren Wert als dasselbe Gut, das erst in der Zukunft zur Verfügung stehen wird. Es muss bei seiner Bewertung einen Risikoabschlag hinnehmen, der umso größer ausfällt, je weiter es in der Zukunft liegt.

Das Kriterium der **Kollektivität** bezieht sich auf die unterschiedlichen Nutzungseigenschaften der Güter. Ein rein privates Gut zeichnet sich dadurch aus, dass sein Besitzer auch sein ausschließlicher Nutzer ist bzw. allein entscheiden kann, ob er jemanden anderen am Nutzen des Gutes teilhaben lassen möchte oder nicht. Außerdem schließt sich die Nutzung durch mehrere Personen gegenseitig aus. Ein typisches Beispiel für ein rein privates Gut ist ein Apfel. Ausschließlich der Besitzer des Apfels entscheidet, wer ihn essen darf, ob er ihn selbst isst oder jemand anderen abbeißen lässt. Der Besitzer kann jeden anderen Nutzer vom Konsum ausschließen. Außerdem ist das Stück Apfel, das schon jemand gegessen hat, für andere Nutzer nicht mehr verfügbar. Man nennt dies einen rivalisierenden Konsum. Für ein öffentliches Gut gilt hingegen beides nicht - was in einer Marktwirtschaft zum Problem werden kann.

Betrachten wir ein Beispiel: Nehmen wir an, in einer großen Stadt wie Chicago lebt ein steinreicher Mann, der ein großes Sicherheitsbedürfnis hat. Er wünscht sich nichts sehnlicher, als unbesorgt zu jeder Tages- und Nachtzeit durch die Stadtparks schlendern und dabei auch noch sein Haus unversperrt und die Fenster geöffnet lassen zu können. Da er mehrfacher Milliardär ist, kommt ihm der Gedanke, eine schlagkräftige, private Sicherheitspolizei anzuheuern, die ihm diesen Wunsch erfüllt. Absolutes Sicherheitsgefühl wäre ihm jeden Preis wert. Nach einiger Überlegung jedoch nimmt er von dieser Idee wieder Abstand und

erwirbt stattdessen eine einsame Südseeinsel, auf der er der einzige Bewohner ist. Der Grund für den Sinneswandel ist klar: Jeder andere Bewohner von Chicago würde von der Leistung der privaten Polizeitruppe profitieren, aber unser Milliardär wäre der einzige Zahler. Er könnte niemanden von der Nutzung „seines" Gutes ausschließen und hätte Millionen ungebetene Mitkonsumenten, sog. Trittbrettfahrer oder free rider. Das Auschlussprinzip funktioniert bei diesem Gut also nicht. Gleichzeitig würde der Konsum des Milliardärs mit dem der anderen Einwohner auch nicht rivalisieren: Sein Sicherheitsgenuss würde den seines Nachbarn nicht beeinträchtigen.

Öffentliche Güter sind somit durch zwei wichtige Eigenschaften gekennzeichnet:

- Nicht-Rivalität beim Konsum
- Nicht-Ausschließbarkeit der Nutzung durch Dritte

Die Verwendung des Begriffes „Öffentliches Gut" ist in der Literatur allerdings nicht einheitlich[6]. Manche Autoren sprechen auch dann von öffentlichen Gütern, wenn nur eines der beiden Kriterien erfüllt ist. In der Tat gibt es zahlreiche Mischformen. So ist z.B. der Genuss einer Theateraufführung nicht-rivalisierend (jedenfalls innerhalb einer bestimmten Kapazitätsgrenze), aber es ist durchaus möglich, alle Besucher ohne gültige Eintrittskarte vom Besuch auszuschließen. Umgekehrt ist der Genuss eines selbst gesammelten Steinpilzes ohne Zweifel rivalisierend, aber man kann es niemandem verwehren, in der freien Natur Pilze sammeln zu gehen (sog. Allmendegut).

Eine wichtige Konsequenz dieser Eigenschaften öffentlicher Güter besteht darin, dass auf einem privaten Markt kein Angebot für solche Güter zustande kommt, obwohl in jeder Gesellschaft ein hohes Bedürfnis nach ihnen besteht. Wegen des Trittbrettfahrerproblems gibt es bei den einzelnen Wirtschaftssubjekten keine Zahlungsbereitschaft für ein öffentliches Gut. Somit ist auch kein privates Unternehmen daran interessiert, es herzustellen und anzubieten. Würde also eine Gesellschaft ihre Güterversorgung allein dem privaten Markt überlassen, so wäre eine im ökonomischen Sinne drastische Unterversorgung mit öffentlichen Gütern die Folge. Die einzige Lösung dieses Problems besteht darin, den Staat mit der Bereitstellung dieser Güter politisch zu beauftragen. Nur er kann kraft seiner Autorität mit Hilfe eines durch politischen Konsens gestalteten Steuersystems die Gesamtheit der Bürger zur Finanzierung der Produktion öffentlicher Güter heranziehen. Die Existenz öffentlicher Güter ist daher ein erster wesentlicher Ansatzpunkt für die wirtschaftliche Tätigkeit des Staates.

Übung 2-2: Korrekte Verwendung ökonomischer Grundbegriffe

Welche der folgenden Aussagen sind richtig, welche falsch? Begründen Sie Ihre Antwort.

a) In die Produktion eines Gutes gehen sowohl Faktorleistungen als auch Vorleistungen ein. Faktorleistungen und Vorleistungen unterscheiden sich dadurch, dass Vorleistungen bereits einen Wertschöpfungsprozess in einem anderen, vorgelagerten Produktionsprozess durchlaufen haben.

b) Der Produktionsfaktor Kapital besteht aus produzierten Produktionsmitteln mit einer Lebensdauer von mehr als einer Periode. Ein Kapitalgut kann demnach kein Verbrauchsgut sein.

c) Wenn ein Unternehmen ein Patent erwirbt, so handelt es sich dabei nicht um ein Kapitalgut und daher auch nicht um eine Investition.

[6] Eine ausführliche Erklärung zu öffentlichen Gütern sowie eine Übersicht über diverse Mischformen folgt in Abschnitt 8.3.8, S. 392.

d) Ein Haushalt produziert nicht. Wenn er produzieren würde, hieße er nämlich Unternehmen. Wertschöpfung findet definitionsgemäß nur in einem Unternehmen statt.

e) Ein privater Haushalt verwendet sein Einkommen zum Konsum, zum Sparen und i.d.R. auch zum Steuern zahlen. Ein öffentlicher Haushalt hingegen konsumiert nicht und zahlt auch keine Steuern.

f) Wenn ein Gut knapp ist, dann herrscht auf dem Markt, auf dem es gehandelt wird, eine Übernachfrage.

Lösung:

a) Richtig. Faktorleistungen sind die primären Produktivleistungen, Vorleistungen verdanken ihren Namen der Tatsache, dass sie bereits in einem vorausgehenden Produktionsprozess vorproduziert worden sind.

b) Richtig. Ein Kapitalgut gibt seine Leistung im Produktionsprozess ab, bleibt selbst als Produktionsgut jedoch erhalten und steht auch für folgende Produktionsprozesse zur Verfügung. Ein Verbrauchsgut hingegen ist ein Gut, das durch seine bestimmungsgemäße Verwendung - sei es Konsum oder Produktion - verschwindet. Vorleistungen sind daher Verbrauchsgüter, während Kapitalgüter Gebrauchsgüter sind.

c) Falsch. Patente gehören zu den „sonstigen Anlagen“ und sind immaterielle Investitionsgüter. Ein Patent stellt das Recht dar, ein bestimmtes Produktionsverfahren zu nutzen.

d) Falsch. Zwar trifft es zu, dass ein Haushalt i.e.S. nicht produziert. Wertschöpfung findet aber in jedem Falle auch im Haushalt statt. Im Gegensatz zum Unternehmen verkauft der Haushalt diese Wertschöpfung jedoch nicht an Dritte, sondern konsumiert sie selbst (= Eigenverbrauch der Haushalte).

e) Falsch. Der erste der beiden Sätze ist korrekt. Ein öffentlicher Haushalt konsumiert aber sehr wohl. Unter öffentlichem Konsum oder Eigenverbrauch des Staates versteht man die Gesamtheit der öffentlichen Leistungen, die der Staat für die Gesamtheit der Bürger herstellt.

f) Falsch! Sobald überhaupt ein Markt für ein Gut existiert, muss es sich um ein knappes Gut handeln. Andernfalls müsste es ja gar nicht produziert und gehandelt werden. Ob auf diesem Markt dann Übernachfrage oder Überangebot herrscht, ergibt sich aus der Höhe des Preises.

2.2 Methodik

Volkswirtschaftliche Analysen dienen der Erklärung komplexer wirtschaftlicher Zusammenhänge und dadurch gleichzeitig der Erstellung von Prognosen künftiger Ereignisse, insbesondere im Dienste wirtschaftspolitischer Beratung. Erster Ansatzpunkt dieser wissenschaftlichen Tätigkeit muss daher die systematische Beobachtung und Beschreibung wirtschaftlicher Vorgänge sein.

Dazu bedarf es zum einen eines Ordnungsschemas, nach dem die Beobachtungen sortiert werden können, sowie zum anderen statistisch-mathematischer Methoden, um die Beobachtungen adäquat auszuwerten. Die Beschäftigung mit volkswirtschaftlichen Forschungsgegenständen setzt daher immer statistisches Methodenwissen voraus.

Um aus Vergangenheitsbeobachtungen allerdings kausale Schlüsse auf Gesetzmäßigkeiten wirtschaftlicher Abläufe ziehen zu können, bedarf es zusätzlich geeigneter Hypothesen, die auf der Grundlage der Beobachtungen entwickelt, in formalen Modellen miteinander verknüpft und zur Ableitung von Schlussfolgerungen verwendet werden.

2.2.1 Logische Deduktion

Logische Deduktion, d.h. folgerichtige Her- oder Ableitung von Aussagen spielt in volkswirtschaftlichen Analysen also ein Schlüsselrolle.

Eine Deduktion besteht aus drei Schritten[7]:

- Formulierung der Hypothese
- Überprüfung der Anwendungsbedingung
- Logische Herleitung des Explicandums, d.h. des zu erklärenden Vorgangs.

Die Hypothese ist eine verallgemeinerte Aussage über das Verhalten von Wirtschaftssubjekten oder andere wirtschaftliche Zusammenhänge, die auf den Erkenntnissen einer konkreten Beobachtung beruht. Wirtschaftliche Hypothesen haben also eine empirische Grundlage. Ihr Hauptvorteil besteht darin, dass sie Erkenntnisse, die aus speziellen Beobachtungen gewonnen worden sind, generalisieren und damit auf vergleichbare Sachverhalte übertragbar machen. Volkswirtschaftliche Hypothesen sind verallgemeinerte empirische Aussagen.

Eine häufig verwendete Hypothese lautet zum Beispiel: Wenn das verfügbare Einkommen eines Haushaltes steigt, nimmt seine Konsumnachfrage zu. Wenn nun in der Realität ein Anstieg der Konsumnachfrage (= Explicandum) beobachtet wird und der Grund dafür gefunden werden soll, ist zunächst die Anwendbarkeit dieser Konsumhypothese zu überprüfen. Stellt man fest, dass zuvor tatsächlich das verfügbare Einkommen der betreffenden Haushalte gestiegen ist (= Überprüfung der Anwendungsbedingung), kann das beobachtete Phänomen gemäß der Hypothese erklärt werden. Hypothesen stellen also eine logische Verbindung zwischen einer Ursache und einer Wirkung her. Aus Basishypothesen können durch Deduktion weitere Hypothesen, sog. Implikationen oder Konklusionen gewonnen werden.

Die Qualität einer wirtschaftswissenschaftlichen Hypothese besteht in einer logisch widerspruchsfreien Formulierung sowie in ihrer empirischen Gültigkeit. In Prüfverfahren wird daher untersucht, ob sich die verwendete Hypothese logisch halten lässt (Konsistenztest) und ob sie womöglich mit den beobachteten Fakten kollidiert (empirischer Test). Allerdings kann man die Gültigkeit einer Hypothese niemals beweisen, sondern lediglich durch erneute empirische Untersuchungen vielleicht widerlegen (falsifizieren).

Bestehen die Hypothesen diese Tests, so gelten sie vorläufig als brauchbare Theorien, auf die bei wirtschaftspolitischen Entscheidungen zurückgegriffen werden kann. Gelegentlich werden wirtschaftswissenschaftliche Hypothesen auch als „Gesetze“ bezeichnet und zwar v.a. dann, wenn dadurch allgemeine Aussagen über regelmäßiges Verhalten von Wirtschaftssubjekten gemacht werden.

Die Komplexität wirtschaftlicher Vorgänge ist allerdings so groß und zudem einem ständigen zeitlichen Wandel unterworfen, dass es kaum jemals gelingen dürfte, wirklich umfassende, alle Einflussgrößen einschließende Erklärungen zu formulieren. Wirtschaftswissenschaftliche Hypothesen oder Theorien (= Hypothesensysteme) haben daher niemals denselben Exaktheitsgrad wie etwa in den Naturwissenschaften, wo ein bestimmtes Experiment zur Überprüfung von Hypothesen beliebig oft unter konstanten Laborbedingungen wiederholt werden kann. Wirtschaftswissenschaftliche Theorien können keinen zwingenden Wahrheitsgehalt beanspruchen und müssen sich meist darauf beschränken, Näherungsaussagen über Ursache-Wirkungszusammenhänge zu machen.

---

[7] Vgl. dazu ausführlich *Albert, H.* (1964).

Übung 2-3: Logische Deduktion

Gegeben sind die beiden Aussagen:

A: Maxl ist ein Ochse.

B: Maxl ist ein Rindvieh.

Welche der folgenden logischen Verknüpfungen sind richtig?

a)	$B \Rightarrow A$	f)	$\neg A \Rightarrow B$
b)	$B \Rightarrow \neg A$	g)	$A \Rightarrow B$
c)	$B \nRightarrow A$	h)	$A \nRightarrow B$
d)	$\neg B \Rightarrow \neg A$	i)	$\neg A \nRightarrow \neg B$
e)	$\neg A \Rightarrow \neg B$		

Lösung:

F - F - R - R - F - F - R - F - R

Empfehlenswert ist die jeweils ausführliche Formulierung der Beziehungen: Aussage a) z.B. bedeutet: „Wenn Maxl ein Rindvieh ist, dann muss er auch ein Ochse sein." Offensichtlich ist das falsch, denn ein Rindvieh könnte ja auch eine Kuh sein.

Auch die nächste Aussage ist falsch: „Wenn Maxl ein Rindvieh ist, dann kann er kein Ochse sein." Selbstverständlich kann Maxl gleichzeitig Rindvieh und Ochse sein, aber er **muss** nicht unbedingt Ochse sein.

Anhand dieser Beispiele werden folgende zwei wichtige Sachverhalte deutlich:

1. Bedingungen können notwendig und/oder hinreichend sein. Eine notwendige Bedingung muss erfüllt sein, damit eine bestimmte Folge eintreten kann. Die Folge muss aber nicht zwingend eintreten. Das ist vielmehr nur dann der Fall, wenn die Bedingung auch hinreichend ist: Die Rindvieh-Eigenschaft ist eine notwendige Bedingung für einen Ochsen. Sie ist aber nicht hinreichend, da auch andere Tiere als Ochsen zu den Rindern gehören, z.B. eine Kuh.

2. Wenn eine bestimmte Aussage richtig ist, dann muss ihre Verneinung falsch sein und umgekehrt, da beide zusammen den gesamten Ereignisraum beschreiben: Die Aussage $B \Rightarrow A$ bedeutet: Wenn Maxl ein Rindvieh ist, muss er auch ein Ochse sein. Das ist offenbar falsch, da die Rindvieheigenschaft nur eine notwendige, aber keine hinreichende Bedingung für einen Ochsen darstellt. Die Verneinung $B \nRightarrow A$ muss demnach richtig sein: Wenn Maxl ein Rindvieh ist, muss er eben nicht unbedingt auch ein Ochse sein. Er könnte auch ein Stier sein. Auf diese Weise lässt sich Aussage 3 aus Aussage 1, 9 aus 5 und 8 aus 7 erschließen.

Allerdings gibt es im Zusammenhang mit der Formulierung und Verwendung von Hypothesen auch zahlreiche Fallstricke und verbreitete Irrtümer.

Der erste Irrtum besteht darin, zeitliche Abfolge mit kausaler Abhängigkeit zu verwechseln (sog. **Post-hoc-Irrtum**). *Paul Samuelson* gibt hierzu ein anschauliches Beispiel:

> *„Als Beispiel mag hier die Interpretation der Weltwirtschaftskrise in den dreißiger Jahren des vergangenen Jahrhunderts in den USA dienen. Einige aufmerksame Beobachter hatten festgestellt, dass die Preise vor oder im Zuge von Wachstumsperioden steigen. Daraus schlossen sie, die Anhebung von Löhnen und Preisen müsse die adäquate Reaktion auf eine wirtschaftliche Depression sein. Es folgte eine ganze Reihe*

neuer Gesetze und Vorschriften zur - übrigens sehr ineffizienten - Erhöhung von Löhnen und Preisen. Doch führten diese Maßnahmen zum gewünschten Wirtschaftsaufschwung? Nun, das kann praktisch ausgeschlossen werden. Tatsächlich bremsten diese Maßnahmen sogar den Aufschwung, der erst eintrat, als die gesamtwirtschaftlichen Ausgaben aufgrund der militärischen Anstrengungen in Vorbereitung auf den Eintritt in den Zweiten Weltkrieg zu steigen begannen."[8]

Ein weiterer, sehr verbreiteter Irrtum ist der **Trugschluss der Verallgemeinerung**. Wenn eine Verhaltensweise für ein Individuum vorteilhaft ist, muss dies nicht unbedingt für die Gesellschaft insgesamt gelten. Der Schluss von einem Teil auf das Ganze kann völlig falsch sein.

Für eine einzelne gesetzlich krankenversicherte Person ist es vorteilhaft, so viele Gesundheitsleistungen in Anspruch zu nehmen wie nur irgend möglich, beispielsweise im Falle einer Erkrankung statt nur zu einem, zu drei Spezialisten zu gehen, um verschiedene Meinungen einzuholen, oder sich Medikamente auf Vorrat verschreiben zu lassen, selbst auf die Gefahr hin, sie dann wegzuwerfen. Da in Deutschland der Pflichtbeitrag zur gesetzlichen Krankenversicherung nur vom Einkommen, aber nicht von den beanspruchten Leistungen abhängt, ist es rational, sich im Gegenzug ein Maximum an Gesundheitsgütern zu verschaffen, unabhängig davon, ob diese medizinisch indiziert sind oder nicht. Verhalten sich jedoch alle Versicherten so, dann steigen die Ausgaben der gesetzlichen Krankenversicherungen signifikant an, so dass der Beitragssatz für alle Mitglieder angehoben werden muss.

Eine dritte Quelle für Irrtümer liegt darin, dass i.d.R. **mehrdimensionale Abhängigkeiten** vorliegen. Häufig wird bei der Formulierung von Hypothesen übersehen, dass gleichzeitig sehr viele verschiedene Variable auf eine Größe einwirken können. Ein vermeintlich beobachteter und sogar statistisch verifizierter Zusammenhang zwischen zwei Größen kann sich als Trugschluss erweisen, wenn beide Größen von einer dritten Variablen abhängen, die nicht miterfasst worden ist (externe Korrelation). Das trifft zum Beispiel auf das bereits erwähnte Zusammentreffen sinkender Geburtenraten mit dem Rückgang der Storchenpopulation zu.

Ähnliches gilt, wenn sich Einflussgrößen überlagern und womöglich gegenseitig neutralisieren. So hängt das Konsumverhalten eines privaten Haushaltes nicht nur von der Entwicklung seines verfügbaren Einkommens, sondern noch von einer Vielzahl weiterer Einflussfaktoren, v.a. von seinen Erwartungen bezüglich der zukünftigen Einkommensentwicklung ab. Wenn also zum Beispiel ein Anstieg der verfügbaren Einkommen beobachtet wird, die Konsumausgaben aber dennoch nicht ansteigen, widerlegt das die Hypothese der Einkommensabhängigkeit des Konsums nicht, sondern könnte darauf zurückzuführen sein, dass die Haushalte eine pessimistischere Sicht auf die zukünftige wirtschaftliche Entwicklung gewonnen haben, die den Konsumanreiz des gestiegenen Einkommens kompensiert.

Da die Anzahl möglicher Einflussgrößen meist sehr groß ist, geht es bei wirtschaftswissenschaftlichen Erklärungsansätzen häufig nur darum, bestimmte dominierende Abhängigkeiten zu ermitteln. Dazu betrachtet man Teilsysteme (= partielle oder Partialanalyse), um das Theoriegebäude überschaubar zu halten. Zu diesem Zweck müssen explizit alle Einflussgrößen, die nicht betrachtet werden sollen, konstant gehalten werden. Dies bezeichnet man als **„ceteris paribus-Klausel"**: Ceteris paribus oder c.p. bedeutet, dass „alles andere gleich bleibt". Man geht also davon aus, dass alle nicht untersuchten Beziehungen und Einflussfaktoren unverändert bleiben und keine Auswirkungen auf die analysierten Zusammenhänge haben.

---

[8] *Samuelson, P.A.,/Nordhaus, W.D.* (2005), S. 22 f.

2.2.2 Volkswirtschaftliche Modelle

Immer dann, wenn Wissenschaftler, Handwerker oder Künstler mit besonders komplexen Gegenständen umgehen müssen, fertigen sie Modelle an. Was ist ein Modell? Worin besteht sein besonderer Nutzen?

Ein Modell ist ein vereinfachtes Abbild der Realität, das nur noch diejenigen Teile oder Schichten des Problems enthält, auf die es dem Bearbeiter ankommt. Das Modell eines Architekten zeigt nur die äußere Gestalt, die Proportionen des künftigen Bauwerks, um es optisch zu veranschaulichen. Die gesamte Funktionalität des Gebäudes bleibt zunächst ausgeblendet.

So sind auch wirtschaftswissenschaftliche Modelle stark reduzierte Abbilder der wirtschaftlichen Realität. Da es um die Erklärung von logischen Zusammenhängen geht, besteht ein solches Modell aus einem i.d.R. formalisierten System von Hypothesen, das komplizierte Zusammenhänge zwischen vielen Wirtschaftssubjekten und -objekten übersichtlich vereinfacht und verallgemeinert. Ein Modell reduziert und abstrahiert die Realität. Genau das, nämlich die vermeintliche Realitätsferne und der manchmal hohe Abstraktionsgrad, werden gerade volkswirtschaftlichen Modellen häufig zum Vorwurf gemacht. Allerdings besteht das Problem meistens nicht in der Konstruktion der Modelle, sondern in der Interpretation der Ergebnisse, die oft die ceteris-paribus-Klausel nicht ausreichend berücksichtigen und daher zu falschen Schlussfolgerungen verleiten.

Betrachtet man zum Beispiel eine Landkarte, so stellt man fest, dass diese ebenfalls ein sehr abstraktes und außerordentlich stark vereinfachendes Abbild der Realität darstellt. Das Aussehen der Karte hat sogar keinerlei äußere Ähnlichkeit mit der dargestellten Realität und sie kann nur von jemandem gelesen werden, der die auf der Karte verwendete Symbolik korrekt zu deuten vermag. Eine Landkarte ist aufgrund des hohen Abstraktionsgrades nicht intuitiv interpretierbar, aber gerade deshalb so wertvoll und nützlich.

Ähnlich wie eine Landkarte bedarf auch ein wirtschaftswissenschaftliches Modell einer Symbolerklärung. Außerdem muss genau definiert sein, welche Teile der Realität abgebildet, und welche unter der ceteris-paribus-Klausel subsumiert werden. Mit anderen Worten: Die Grenzen des Modells müssen genau abgesteckt sein, um die Aussagekraft der Ergebnisse einschätzen zu können. Neben den Hypothesen sind somit Definitionen ein zweiter unverzichtbarer Bestandteil von Modellen.

Wirtschaftliche Marktmodelle beinhalten daneben häufig auch noch ein drittes Element, das eine wichtige Lösungseigenschaft beschreibt, nämlich eine Gleichgewichtsbedingung. Sie definiert gleichsam einen angestrebten Zielzustand des Marktes, für den im Modell die notwendigen Variablenwerte ermittelt werden sollen.

2.2.2.1 Modellbestandteile

Die meisten volkswirtschaftlichen Modelle bestehen somit aus den drei Elementen

- Hypothesen
- Definitionen
- Gleichgewichtsbedingung.

Die **Hypothesen** beschreiben in der Regel das Verhalten oder Teilaspekte des Verhaltens von Wirtschaftssubjekten. Man nennt sie in diesem Fall Verhaltenshypothesen. Ein Beispiel dafür ist etwa die Konsumfunktion $C = f(Y^v)$, welche besagt, dass die Konsumausgaben der privaten Haushalte von der Höhe des verfügbaren Einkommens dieser Haushalte abhängen.

Die genaue Art dieser Abhängigkeit kann dann durch eine konkrete Funktionsgleichung beschrieben werden.

Daneben gibt es Hypothesen, die sich auf technische Zusammenhänge beziehen. Ein typisches Beispiel dafür sind Produktionsfunktionen, die einen technisch-organisatorischen Zusammenhang zwischen verschiedenen Inputs und Outputs beschreiben.

Zum dritten gibt es Hypothesen, die das Verhalten oder besser die Funktionsweise von Institutionen abbilden, wie z.B. die Steuerfunktion $T = f(Y)$, die eine einkommensabhängige Steuer darstellt.

Definitionen können im Gegensatz zu Hypothesen nicht überprüft werden. Sie sind weder falsch noch richtig und besitzen keinerlei Allgemeingültigkeit, sondern geben vielmehr vor, wie im jeweils vorliegenden Modell bestimmte Begriffe zu verstehen sind. In Marktmodellen muss es mindestens zwei grundlegende Definitionsgleichungen geben, nämlich eine für das Angebot und eine für die Nachfrage. Diese Definitionen beschreiben gleichzeitig die Modellgrenzen. So legt die Gleichung $Y^N = C(Y) + I(i) + G$ zum Beispiel fest, dass das Modell eine Volkswirtschaft ohne Ausland - man spricht hier von einer geschlossenen Volkswirtschaft - behandelt, denn sonst müsste die Nachfragegleichung auch die Exportnachfrage beinhalten.

Eine **Gleichgewichtsbedingung** beschreibt die Situation der Gleichheit von Angebot und Nachfrage auf dem betrachteten Markt. Diese Bedingung ist i.d.R. notwendig, um das Gleichungssystem überhaupt lösen zu können. Die Lösungswerte der verwendeten Variablen müssen die Gleichgewichtsbedingung erfüllen.

Übung 2-4: Ein einfaches makroökonomisches Gleichgewichtsmodell

Gegeben sind folgende fünf Modellgleichungen:

(1)	$Y^N = C + I$	wobei:	Y = Volkseinkommen
(2)	$C = 20 + 0{,}8Y$		Y^N = Gesamtnachfrage
(3)	$I = I^{aut} = 60$		Y^A = Gesamtangebot
(4)	$Y^A = Y$		C = Konsum
(5)	$Y^A = Y^N$		I^{aut} = autonome Nettoinvestition

a) Interpretieren und charakterisieren Sie die Gleichungen.

b) Berechnen Sie das Gleichgewichtseinkommen und den Gleichgewichtskonsum.

c) Berechnen Sie das neue Gleichgewichtseinkommen, das sich bei einer Erhöhung der autonomen Nettoinvestition um 20 ergibt.

d) Interpretieren Sie dieses Ergebnis hinsichtlich seiner ökonomischen und wirtschaftspolitischen Bedeutung.

Lösung:

a) Interpretation der Gleichungen

(1) Definitionsgleichung der Gesamtnachfrage: Sie besteht aus der Konsum- und der Investitionsnachfrage. Das Modell beinhaltet somit weder Staat noch Ausland. Es handelt sich um ein sog. Zwei-Sektoren-Modell.

(2) Verhaltenshypothese für die Konsumnachfrage: Sie besteht aus einem einkommensunabhängigen Konsumsockel in Höhe von 20 (Basiskonsum) sowie einem einkommensab-

hängigen Teil. Von jeder zusätzlich verdienten Einkommenseinheit werden 80% für Konsumgüter ausgegeben.

(3) Verhaltenshypothese für die Investitionsnachfrage: Sie wird als feste Zahl vorgegeben und hängt nicht von Modellvariablen, insbesondere nicht vom Volkseinkommen ab. Das bedeutet, dass die Höhe der Investition in diesem Modell nicht erklärt wird (ceteris-paribus-Klausel). Es bedeutet *nicht*, dass die Investition keinerlei Einflussgrößen unterliegt.

(4) Definitionsgleichung für das Gesamtangebot: Durch die Produktion des Gesamtangebots entstehen Einkommen in gleicher Höhe. Auch aus dieser Gleichung wird deutlich, dass das Modell kein Ausland beinhaltet, denn sonst würde zusätzlich zum inländischen auch das ausländische Angebot, nämlich der Import, berücksichtigt.

(5) Gleichgewichtsbedingung: Das Gesamtangebot muss im Gleichgewicht der Gesamtnachfrage entsprechen.

b) Berechnung der Gleichgewichtswerte:

Die Berechnung muss von der Gleichgewichtsbedingung ausgehen, denn die Lösungswerte müssen diese Gleichung erfüllen:

(5) $Y^A = Y^N$

Für die beiden Unbekannten Y^A und Y^N werden die zwei Definitionsgleichungen eingesetzt:

(1) und (4) in (5): $Y = C + I$

Für die beiden Nachfragebestandteile C und I können jetzt die Verhaltenshypothesen (2) und (3) eingesetzt werden:

(2) und (3) in (5): $Y = 20 + 0{,}8Y + 60$

Diese Gleichung enthält nur noch eine Unbekannte, nämlich das Volkseinkommen Y, und kann daher eindeutig gelöst werden:

$Y - 0{,}8Y = 20 + 60$

$Y(1 - 0{,}8) = 80$

Der Gleichgewichtskonsum ergibt sich dann als $C = 20 + 0{,}8 \cdot 400 = 340$.

c) Berechnung des neuen Gleichgewichtseinkommens:

$$Y = \frac{80}{0{,}2} = 400$$

Durch Einsetzen von I = 80 in die Lösungsgleichung erhält man:

$$Y = \frac{100}{0{,}2} = 500$$

Das bedeutet, dass das Gleichgewichtseinkommen fünfmal so stark ansteigt wie die Investition.

d) Wirtschaftspolitische Interpretation:

Offensichtlich führt die Investitionssteigerung zu einem Anstieg des Volkseinkommens um ein Vielfaches. Diesen Zusammenhang könnte sich die Wirtschaftspolitik zu Nutze machen. Wenn in einer Konjunkturflaute möglichst schnell ein Anstieg des Einkommens und damit der Beschäftigung (vgl. Gleichung (4)) herbeigeführt werden soll, so kann der Staat auf eigene Kosten ein Investitionsprogramm durchführen, das zu der oben berechneten Einkommenssteigerung führt. Die Investition wirkt - zumindest in diesem Modellrahmen - multiplikativ auf das Volkseinkommen.

2.2.2.2 Modelltypen

In der Volkswirtschaftslehre unterscheidet man verschiedene Gruppen von Modellen. Die wichtigsten Modelltypen sind:

- Mikro- und makroökonomische Modelle
- Statische und dynamische Modelle
- Partial- und Totalmodelle
- Gleichgewichts- und Ungleichgewichtsmodelle

Mikroökonomische Modelle untersuchen die Verhaltensweise einzelner Wirtschaftssubjekte, makroökonomische Modelle hingegen beschreiben Zusammenhänge zwischen gesamtwirtschaftlichen Sektoren. Mikroökonomische Modelle befassen sich daher überwiegend mit Preisbildungsvorgängen auf einzelnen Märkten, während makroökonomische Modelle Größen wie Volkseinkommen, Beschäftigung oder gesamtwirtschaftliches Preisniveau erklären.

Der Unterschied zwischen statischen und dynamischen Modellen besteht darin, dass im ersten Fall eine Zeitpunktbetrachtung stattfindet, während im zweiten Fall alle Modellvariablen in ihrer zeitlichen Entwicklung untersucht werden. Die Zeit wird somit selbst zur Variablen. Alle Modelle, die die Erklärung von Prozessen zum Gegenstand haben - seien sie mikroökonomisch (Preisanpassungsprozesse) oder makroökonomisch (Wachstums- oder Konjunkturmodelle) - müssen daher dynamisch formuliert sein.

Manche Modelle erfassen gezielt nur einen beschränkten Teilbereich (pars = lat. Teil) des betrachteten Phänomens, z.B. nur den Geldmarkt oder nur den Arbeitsmarkt einer Volkswirtschaft. Man nennt sie deshalb Partialmodelle. Andere, die Totalmodelle, bilden hingegen sämtliche relevanten Teile der Wirtschaft ab, also Güter- Geld- und Faktormärkte, um möglichst umfassende Aussagen z.B. über die Wirkungen bestimmter wirtschaftspolitischer Maßnahmen machen zu können.

Neben den gebräuchlichen Marktmodellen, die die Gleichgewichtssituation zumindest als Referenzpunkt für die Analyse der Ungleichgewichte benutzen, gibt es auch Modelle, die zeigen, dass unter bestimmten Bedingungen niemals ein solches Gleichgewicht erreicht werden kann. Ein wichtiges Anwendungsfeld der Ungleichgewichtstheorie in der Mikroökonomie ist die Institutionenökonomik, in der u.a. Folgen unvollständiger Information für das allgemeine Marktgleichgewicht untersucht werden[9]. Makroökonomische Ungleichgewichtsmodelle befassen sich meist mit der Analyse von hartnäckigen Unter- oder Überbeschäftigungssituationen. Man bezeichnet sie auch als Theorie der „Nicht-Räumung von Märkten“.

Das Modell aus Übung 2-4 gehört somit zu den Gleichgewichtsmodellen. Es ist ein makroökonomisches, statisches Partialmodell.

2.2.2.3 Darstellungsformen von Modellen

Modelle können verbal, graphisch oder mathematisch-algebraisch dargestellt werden.

Die gebräuchlichste und einfachste Modellformulierung ist die mathematisch-algebraische. Da Hypothesen Verallgemeinerungen beobachteter Vorgänge bzw. daraus abgeleiteter Zu-

[9] Bedeutendster Vertreter dieses Theoriegebietes ist *Edmund Phelps*, der im Jahr 2006 für seine Forschungen der Wirtschaftsnobelpreis erhielt.

sammenhänge sind, lassen sie sich gut als mathematische Funktionen, d.h. Beziehungen zwischen einer abhängigen und einer oder mehreren unabhängigen Größen darstellen. Der besondere Vorteil dieses Vorgehens besteht darin, mit Hilfe mathematischer Methoden Modelle numerisch lösen zu können.

Allerdings muss bei der Interpretation der Ergebnisse darauf geachtet werden, dass immer nur die empirisch relevanten Bereiche der unterstellten Funktionen tatsächlich aussagekräftig sind. Wenn eine Konsumfunktion etwa als $C = 100 + 0{,}8 \cdot Y^v$ beschrieben wird, so läuft diese Funktion für alle Werte von Y^v und nimmt dabei selbst Werte von $-\infty$ bis $+\infty$ an. Insbesondere schneidet die Funktion die Ordinate beim Wert 100. Dieser Punkt sowie alle negativen Werte von Y^v und auch die unmittelbare Umgebung des Punktes (0/100) im positiven Y^v-Bereich sind jedoch empirisch irrelevant, da das verfügbare Volkseinkommen weder negativ noch nahe Null sein kann. Ähnliches gilt für sehr große Werte von Y^v.

Die eben genannte Konsumfunktion kann man auch zeichnen. Ihr Graph besteht aus einer Gerade mit der Steigung 0,8 und dem Ordinatenabschnitt 100.

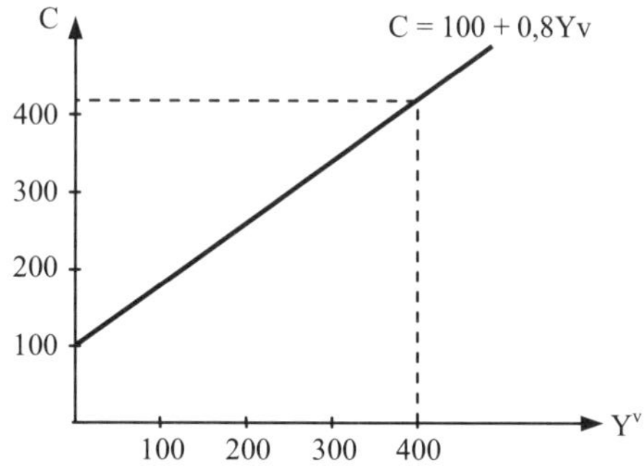

Abbildung 2-7: Graph der Konsumfunktion $C = 100 + 0{,}8Y^v$

Abbildung 2-7 zeigt anschaulich, was der mathematische Ausdruck bedeutet: Der Konsum steigt linear mit dem verfügbaren Einkommen an, allerdings nicht proportional, sondern auf einem Sockelbetrag von 100. Das bedeutet, dass ein Teil der Konsumausgaben unabhängig vom Einkommen getätigt wird.

Wollte man dieselbe Konsumfunktion rein verbal ausdrücken, so würde das mehrere Sätze erfordern: „Der gesamtwirtschaftliche Konsum hängt vom verfügbaren Einkommen ab. Alle anderen Einflussgrößen werden konstant gehalten und in der Konsumfunktion nicht berücksichtigt. Die Konsumausgaben steigen mit dem verfügbaren Einkommen an und zwar so, dass von jeder zusätzlich zur Verfügung stehenden Einkommenseinheit 80% für Mehrkonsum ausgegeben werden. Zusätzlich gibt es aber noch einen Basiskonsum in der Höhe von 100 Geldeinheiten, der unabhängig vom verfügbaren Einkommen getätigt wird. Wovon seine Höhe abhängt, wird in dieser Konsumfunktion nicht erklärt (ceteris paribus!).“

Die Vor- und Nachteile der einzelnen Darstellungsarten werden durch das Beispiel klar: Am präzisesten und eindeutigsten ist die mathematische Formulierung. Sie ist jedoch weder anschaulich noch selbsterklärend. Um mathematische Funktionen verstehen und v.a. ökonomisch interpretieren zu können, ist umfangreiche mathematische Methodenkenntnis notwendig - ähnlich wie zum Lesen einer Landkarte die Kenntnis der Bedeutung der verwendeten Symbolsprache erforderlich ist.

Eine ergänzende Zeichnung oder zumindest Skizze unterstützt die Anschaulichkeit einer Funktion meist beträchtlich; allerdings ist das nur bei eindimensionalen Funktionen mög-

lich. Bereits eine Funktion mit zwei Variablen lässt sich auf einem Blatt Papier nur noch in perspektivischer Darstellung einigermaßen veranschaulichen. Drei und mehr Variablen sind überhaupt nicht mehr graphisch zu erfassen.

Verbale Erklärungen schließlich können stets nur ergänzend die ökonomische Bedeutung der mathematischen Symbolsprache deutlich machen. Eine ausschließlich verbale Modellbeschreibung hingegen wäre vollständig unübersichtlich und v.a. kaum quantitativ lösbar.

2.2.3 Grundlegende ökonomische Denkmodelle

Die Volkswirtschaftslehre ist von einigen Basishypothesen über das menschliche Verhalten geprägt, die in den meisten ökonomischen Modellen - zumindest in denen, die im Grundlagenstudium relevant sind - stillschweigend vorausgesetzt werden.

2.2.3.1 Rationalität und Effizienz

In der Volkswirtschaftslehre wird grundsätzlich rationales Verhalten der Wirtschaftssubjekte unterstellt. Rationalität bedeutet, dass jeder, der eine ökonomische Entscheidung trifft, danach trachtet, einen bestimmten Erfolg mit möglichst geringem Aufwand zu erzielen, oder umgekehrt, gegebene Mittel so zu verwenden, dass sie zum größtmöglichen Erfolg führen. Dies gilt gleichermaßen für einen privaten Haushalt, der aus seinem gegebenen Einkommen ein Höchstmaß an „Wohlbefinden", d.h. Nutzen für sich generieren möchte, wie für ein Unternehmen, das zur Produktion einer Outputeinheit möglichst wenig Inputfaktoren verbrauchen möchte. Eine rationale Verwendung von Mitteln ist somit immer auch eine effiziente. Ein rationales Wirtschaftssubjekt macht aus gegebenen Mitteln „das Beste", wobei „das Beste", d.h. letztendlich die angestrebten Ziele, jeweils von ihm selbst definiert werden.

In einer Volkswirtschaft ist dann ein effizienter Zustand erreicht (= optimale Allokation), wenn kein Individuum besser gestellt werden kann, ohne ein anderes schlechter stellen zu müssen.

Ein Mensch, der sich in diesem Sinne rational verhält, heißt **homo oeconomicus**, der wirtschaftende Mensch. Wie jede Hypothese so stellt auch die Annahme seines Rationalverhaltens eine Abstraktion und Vereinfachung tatsächlicher Vorgänge dar. In der Realität lassen sich zu Hauf Beispiele dafür finden, dass Entscheidungen nicht immer rational im oben definierten Sinne gefällt werden - sei es, dass Menschen nicht genügend Einsicht in die Zusammenhänge haben, mit denen sie umgehen, sei es, dass sie einfach nur nicht genügend über ihre Handlungsweise nachdenken, sei es, dass sie überhaupt nicht vernunftgesteuert, sondern emotionsgesteuert handeln, ohne sich der Konsequenzen bewusst zu sein. Der homo oeconomicus ist daher seit vielen Jahren heftiger wissenschaftlicher Kritik ausgesetzt[10].

Dennoch durchzieht die (vereinfachende) Grundannahme der Rationalität nach wie vor die wirtschaftswissenschaftliche Theorie. Daraus folgt, dass in vielen Modellen die Lösung durch mathematische Optimierungen, Maximierungen oder Minimierungen, gesucht wird. Für Wirtschaftswissenschaftler ist daher die Beherrschung der Infinitesimalrechnung, speziell der Techniken der Kurvendiskussion unerlässlich.

2.2.3.2 Grenzwertentscheidungen

Wenn ein rationales Unternehmen vor der Entscheidung steht, ob es - ausgehend von einer komfortablen Gewinnsituation - seine Produktion und damit sein Angebot weiter erhöhen soll oder nicht, kann es seine Lage sowohl insgesamt, d.h. unter Berücksichtigung aller bis-

[10] Vgl. die ausführlichere Darstellung zum homo oeconomicus zu Beginn des Kapitels 4, S.109 ff.

her erzielten Umsätze und Kosten beurteilen oder aber nur den Bereich betrachten, in dem die Veränderung tatsächlich stattfinden soll, also die Umgebung des bereits erreichten Produktionspunktes. Rational im eben definierten Sinne ist allerdings nur die Grenz- oder Marginalbetrachtung.

Offensichtlich wird der Gewinn des Unternehmens durch jede Produktionsausdehnung erhöht, bei der das letzte angebotene Stück mehr einbringt als es mehr kostet. Nehmen wir an, ein Reisebusunternehmen führt eine Ausflugsfahrt von München nach Salzburg durch. Der Bus hat 40 Plätze. Unter Berücksichtigung aller Kosten für den Bus, den Fahrer, Treibstoff, die Verwaltung und Vermarktung etc. kostet ein Platz auf dieser Fahrt 50 €. Das Unternehmen bietet die Reise zunächst für 65 € pro Platz an und kann den Bus zu 80% füllen. Wenn die letzten 8 Plätze bis kurz vor der Abfahrt tatsächlich frei bleiben, aber Interessenten da sind, die in letzter Minute für die Hälfte des Preises mitfahren würden, ist es für das Busunternehmen c.p. rational, die Last-Minute-Reisenden mitzunehmen, vorausgesetzt, dass diese Passagiere weniger als 32,50 € an **zusätzlichen** Kosten verursachen (erhöhter Treibstoffverbrauch, Bordverpflegung oder sonstige Serviceleistungen). Der Gewinn des Busunternehmens würde dadurch steigen. Wenn sich das Unternehmen hingegen an den Durchschnittkosten orientiert und sich gegen die Last-Minute-Passagiere entscheidet, verzichtet es auf seinen Maximalgewinn - es würde nicht rational entscheiden.

Diese Orientierung an den marginalen Veränderungen, die durch bestimmte Handlungen entstehen, ist typisch für alle rationalen Entscheidungen: Ob sich zusätzliche Überstunden für einen Arbeitnehmer lohnen, hängt nicht vom Durchschnittssteuersatz sondern vom Grenzsteuersatz ab. Für den Besucher eines offenen Buffets lohnt es sich - unabhängig von der Höhe des Eintrittsgeldes - soviel zu essen, wie er nur irgend kann, denn jede zusätzlich verzehrte Speise hat die Grenzkosten Null. Analoges gilt für einen Versicherten der gesetzlichen Krankenversicherung und den Konsum von Gesundheitsleistungen.

Die Analyse des Entscheidungsverhaltens rationaler Wirtschaftssubjekte ist daher stets eine Marginalanalyse. Ableitungen bzw. der Umgang mit Veränderungsgrößen gehört zum täglichen Handwerkszeug jedes Wirtschaftswissenschaftlers.

2.2.3.3 Ökonomische Anreize

Eine weitere zentrale Hypothese zur Erklärung ökonomischen Verhaltens ist ebenfalls eine Deduktion aus dem Rationalitätsprinzip. Wenn rationale Wirtschaftssubjekte tatsächlich ständig die (zusätzlichen) Kosten und Nutzen ihrer Handlungen vergleichen, lässt sich ihr Verhalten ganz einfach dadurch steuern, dass man die Kosten oder Nutzen in der gewünschten Richtung beeinflusst. Das bedeutet, Menschen reagieren auf ökonomische Anreize.

Diese Hypothese ist die Basis für jegliche marktwirtschaftliche Wirtschaftspolitik. Durch wirtschaftspolitische Veränderungen in den Anreizstrukturen des Marktes, etwa durch steuerpolitische Maßnahmen, ist es möglich, die Handlungen der privaten Wirtschaftssubjekte in eine gewünschte Richtung zu steuern, ohne dabei die dezentrale Entscheidungsfreiheit des Einzelnen einschränken zu müssen.

Allerdings besteht die Kunst darin, wirklich alle denkbaren direkten und indirekten Auswirkungen solcher Anreize adäquat zu berücksichtigen. Der bekannte amerikanische Nationalökonom und Lehrbuchautor *Gregory Mankiw* führt hierzu ein besonders eindrucksvolles Beispiel an[11]:

[11] Vgl. *Mankiw, N. G.* (1999), S. 8 f.

Die Einführung von Sicherheitsgurten sollte die Autofahrer vor fatalen Unfallfolgen schützen und die Anzahl der durch Unfall getöteten Fahrer und Beifahrer reduzieren. Was jedoch dabei nicht ausreichend bedacht worden war, ist, dass der Gurt auch gleichzeitig die Kosten eines besonders riskanten Fahrstils senkt. Die Anschnallpflicht reduziert auf diese Weise den Nutzen einer langsamen, vorsichtigen Fahrweise. Die Unfallhäufigkeit steigt an. US-amerikanische Untersuchungen haben gezeigt, dass durch die Einführung der Gurtpflicht im Endeffekt zwar die Zahl der Verkehrstoten pro Unfall gesunken, die Zahl der Unfälle jedoch gestiegen ist. Tote Fahrer wurden ersetzt durch tote Fußgänger!

2.2.4 Positive und normative Ökonomik

Spätestens bei der Formulierung von wirtschaftspolitischen Empfehlungen gerät der Volkswirt in den Zwiespalt von positiver und normativer Ökonomik.

Positive Aussagen sind solche, die ausschließlich die Realität beschreiben. Sie konstatieren, wie die Welt **ist**. Normative Aussagen hingegen beschreiben, wie die Welt sein **soll**. Sie beinhalten stets Werturteile. Es ist klar, dass Werturteile nicht zur Erklärung der Wirklichkeit beitragen können. Sie bedürfen politischer Debatten und politischer Entscheidungen. Wissenschaftliche Aussagen im engeren Sinne sind hingegen immer positive Aussagen. Sie müssen sich überprüfen und im Zweifelsfall auch widerlegen lassen.

Die Behauptung, dass durch einen umfangreicheren Kündigungsschutz die Arbeitslosigkeit ansteigen könnte, ist eine positive Aussage. Durch entsprechende empirische Befunde könnte der Zusammenhang zwischen Maßnahmen zum Kündigungsschutz und der Entwicklung von Arbeitslosigkeit untersucht werden. Sollte sich diese Behauptung dabei als zutreffend erweisen und jemand auf Grund dessen fordern, den Kündigungsschutz zu lockern oder abzuschaffen, dann wäre das jedoch eine normative Aussage, die sich jeder statistischen Überprüfung verweigert.

Das Beispiel macht deutlich, wie eng in der wirtschaftspolitischen Diskussion positive und normative Standpunkte beisammen liegen und wie eng sie verknüpft sein können. Unsere politischen Werturteile sind nicht selten eine Folge unseres positiven Weltbildes. Sie hängen aber auch mit Ethik, parteipolitischer Ideologie und dem jeweiligen Verständnis von Fairness zusammen. Insbesondere im Bereich wirtschaftspolitischer Beratung besteht daher die Gefahr, dass Ökonomen die Grenzen der reinen Wissenschaft überschreiten und die wertfreie Analyse zugunsten normativer Aussagen verlassen. Sie werden dann vom Wissenschaftler zum Politiker.

Übung 2-5: Werturteile oder positive Aussagen?

Welche der folgenden Aussagen beinhalten Werturteile?

a) Eine Umverteilung zugunsten niederer Einkommensklassen widerspricht dem Verteilungsprinzip der Leistungsgerechtigkeit.

b) Es ist nur gerecht, höhere Einkommen stärker zu besteuern als geringe.

c) Da der Grenznutzen zusätzlicher Einkommenseinheiten mit steigendem Einkommen abnimmt, müssen höhere Einkommen stärker besteuert werden als niedrigere, wenn allen Einkommensklassen das gleiche Nutzenopfer auferlegt werden soll.

d) Die Arbeitslosigkeit ist zu gering, um Preisniveaustabilität wahren zu können.

e) Eine Inflationsrate von 3% ist besser als eine Arbeitslosigkeit von 4%

f) Eine Inflationsrate von 3% stört den sozialen Frieden weniger als eine Arbeitslosigkeit von 4%.

g) Wer körperlich schwer arbeitet, sollte mehr verdienen als sein Aufseher, der nur herumsteht und zuschaut.

h) Wenn nach dem Prinzip der Leistungsgerechtigkeit entlohnt wird, muss die individuelle Entlohnung dem Wert der individuellen Arbeitsleistung entsprechen.

Lösung:

Werturteile sind enthalten in den Aussagen a), e) und g). Alles andere sind positive Aussagen, auch wenn teilweise Begriffe verwendet werden, die in anderem Zusammenhang politische Diskussionen prägen (z.B. Leistungsgerechtigkeit, sozialer Friede).

Es kommt lediglich darauf an, dass die verwendeten Begriffe einen eindeutig definierten Inhalt haben, so dass bestimmte Ereignisse daran gemessen werden können. Ob z.B. eine Inflationsrate von 3% den sozialen Frieden mehr oder weniger stört als eine Arbeitslosenquote von 4% (Aussage f), lässt sich empirisch überprüfen, sobald klar ist, was „sozialer Friede" bedeuten soll (Anzahl Streiktage, Anzahl gewalttätiger Demonstrationen etc.).

Was von beiden „besser", d.h. politisch vorzuziehen ist (Aussage e), kann hingegen nicht empirisch entschieden werden. Das hängt von der jeweiligen normativen Gewichtung der Ziele Preisniveaustabilität und Vollbeschäftigung ab. Allerdings suggeriert die Formulierung von Aussage e), dass beides nicht gleichzeitig erreicht werden kann, denn sonst wäre diese Entscheidung ja gar nicht notwendig. Im Hintergrund dieser normativen Aussage steht also die positive Hypothese, dass zwischen Preisniveaustabilität und Vollbeschäftigung ein Zielkonflikt besteht (Aussage d). Diese Hypothese musste inzwischen revidiert werden.

Positive Aussagen sind nämlich keineswegs gleichbedeutend mit zutreffenden Aussagen. Der in Aussage d) angesprochene, gegenläufige Zusammenhang zwischen Inflation und Arbeitslosigkeit (sog. Philippskurvenzusammenhang) wurde lange Zeit von der Wissenschaft als zutreffende Hypothese akzeptiert, bis sich in den Jahren nach 1970 - ausgelöst durch Weltwährungs- und Ölkrise - die Erkenntnis durchsetzte, dass der Zusammenhang, wenn überhaupt, dann höchstens kurzfristig gelten kann.

2.3 Wirtschaftliche Grundphänomene

Das Wirtschaften der Menschen ist von einigen Grundphänomenen gekennzeichnet, die unabhängig von der jeweils geltenden Wirtschaftsordnung überall dort zu beobachten sind, wo mehrere Menschen gemeinsam durch ihr wirtschaftliches Handeln nach einer möglichst hohen Befriedigung ihrer Bedürfnisse trachten.

Diese Grundphänomene sind Güterknappheit sowie der Umgang damit, Arbeitsteilung beim Wirtschaften sowie der Gütertausch und die Verwendung eines Tauschmittels.

2.3.1 Knappheit

Knappheit im ökonomischen Sinne bedeutet, dass es ein Missverhältnis zwischen den Bedürfnissen der Menschen und der Menge vorhandener Güter gibt. In jedem gegebenen Zeitpunkt gibt es zu wenige Güter, um alle Konsumwünsche der Menschen damit befriedigen zu können. Der ökonomische Begriff Knappheit ist somit relativ zu verstehen: ein Gut ist dann knapp, wenn es nicht ausreicht, um alle darauf gerichteten Konsumwünsche zu befriedigen.

Ökonomische Knappheit hat demnach nichts mit absoluter Begrenztheit oder Seltenheit zu tun. Faule Eier sind bekanntlich selten, aber sicher nicht knapp, weil kaum jemand ein Bedürfnis nach faulen Eiern hat.

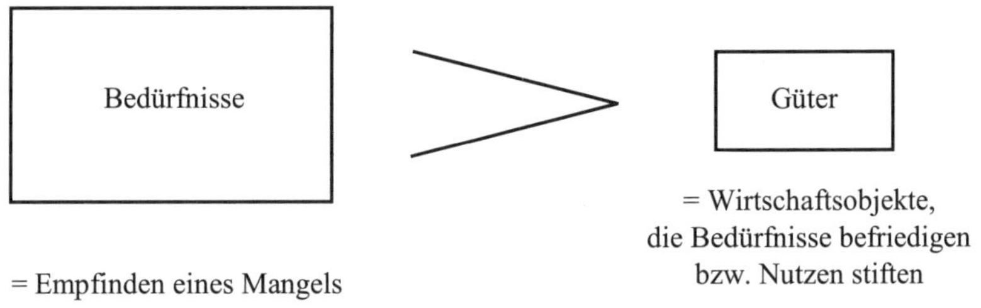

Abbildung 2-8: Relative Knappheit

2.3.1.1 Relative und absolute Knappheit

Dem ökonomischen Begriff der relativen Knappheit steht das Faktum der absoluten Knappheit gegenüber. Aufgrund der Dreidimensionalität unserer Welt sind grundsätzliche alle Güter in jedem Zeitpunkt absolut knapp, d.h. endlich.

Aus dieser Tatsache folgern manche Wissenschaftler und Politiker, dass auch ökonomisches Wachstum irgendwann absolute Grenzen haben müsse und daher das Ziel eines stetigen Wachstums, wie es zum Beispiel im deutschen „Gesetz zur Förderung der Stabilität und des Wachstums in der Wirtschaft" vom 8.6.1967 vorgesehen ist, weder sinnvoll noch wünschenswert sei. Ein besonders prominenter Vertreter dieser Auffassung ist der *Club of Rome*[12], der in seiner ersten Veröffentlichung „Die Grenzen des Wachstums" von 1972 schreibt:

> *„Auf einer begrenzten Erde ist grenzenloses Wachstum nicht möglich. Wir werden diese Grenzen erreichen. Wir müssen und können dagegen etwas tun. ... Wenn die gegenwärtige Zunahme der Bevölkerung, der Industrialisierung, der Umweltverschmutzung, der Nahrungsmittelproduktion und der Ausbeutung von natürlichen Rohstoffen unverändert anhält, werden die absoluten Wachstumsgrenzen auf der Erde im Laufe der nächsten 100 Jahre erreicht."*[13]

Ob diese Einschätzung zutrifft, ist nach wie vor umstritten. Während Einigkeit darüber besteht, dass zu jedem gegebenen Zeitpunkt die Produktionsmöglichkeiten absolut beschränkt sind, gehen die Meinungen über mögliche Wachstumsszenarien weit auseinander. Zu bedenken ist dabei insbesondere, dass ökonomisches Wachstum nicht zwangläufig physisch-quantitatives Wachstum, sondern vielmehr auch Nutzenzuwachs, d.h. qualitatives Wachstum bedeuten kann. So ist beispielsweise ein immer höherer Verbrauch des absolut knappen Erdöls sicherlich kein ökonomisches Ziel. Vielmehr geht es um den Nutzen des Erdöls für die Produktion von Energie oder bestimmten Kunststoffen. Hierfür wiederum lassen sich -

[12] Der *Club of Rome* beschreibt sich selbst wie folgt: „Der Club of Rome wurde 1968 in Rom gegründet und vereint 100 Persönlichkeiten aus allen fünf Kontinenten. Sie kommen aus unterschiedlichen Kulturen, wissenschaftlichen Disziplinen und Berufen. Ihnen gemeinsam ist die Sorge um die Zukunft der Menschheit, die sich vielfältigen existentiellen Herausforderungen gegenübersieht. Gleichzeitig sind sie aber auch der Überzeugung, dass diese Zukunft nicht ein für allemal vorausbestimmt ist und dass jeder Mensch zu deren Verbesserung beitragen kann. Der Club of Rome versteht sich als ein unabhängiger, weltweit agierender Katalysator für Veränderungen." Siehe www.clubofrome.de/ Download am 18.11.2006.

[13] *Meadows, D. L. u.a.* (1972), S. 17.

entsprechenden technischen Fortschritt vorausgesetzt - möglicherweise ergiebigere oder gar beliebig reproduzierbare Quellen, wie etwa das Sonnenlicht oder die Kraft des Windes, finden, um so die absolute Beschränkung des Erdölvorkommens zu umgehen.

2.3.1.2 Knappe und freie Güter

Güter, die nicht knapp sind, d.h. die so umfangreich (von Natur aus) zur Verfügung stehen, dass jeder davon bis zu seiner Sättigungsmenge[14] konsumieren kann, nennt man **freie Güter**. Wenn alle Güter frei wären, würde der Mensch buchstäblich im Schlaraffenland leben, wo einem die gebratenen Täubchen in den Mund fliegen. Als typische Beispiele für freie Güter werden häufig (Atem-)Luft und (Trink-)Wasser genannt. Für einen Eingeborenenstamm auf einer einsamen Insel mit zahlreichen Süßwasserquellen kann Trinkwasser in der Tat ein freies Gut sein. In den modernen Volkswirtschaften hingegen sind auch diese Güter längst nicht mehr frei. Zahlreiche Abgasreinigungsanlagen, Katalysatoren an Autos sowie Abluftfilter großer Industrieanlagen sorgen dafür, dass die vorhandene Luft wieder Atemluftqualität erhält. Die Luft, die wir einatmen, ist also das Ergebnis eines umfangreichen Produktionsprozesses, bei dem zahlreiche Ressourcen verbraucht worden sind.

Ob ein Gut knapp oder frei ist, lässt sich also keineswegs an der Art des Gutes selbst feststellen. Es hängt stets davon ab, in welchem zeitlichen und räumlichen Zusammenhang das Gut betrachtet wird. Der Sand am Meer ist in Saudi Arabien sicherlich ein freies Gut; der Sand am Strand der Seine, wo er von der Stadt Paris im Sommer aufgeschüttet wird, um den Einwohnern der französischen Metropole ein wenig südliches Urlaubsgefühl zu vermitteln, ist hingegen knapp, weil seine Bereitstellung nur durch einen Produktionsprozess möglich wird.

An diesem Beispiel wird auch klar, dass ein Gut, zu dem die Menschen unbeschränkt und und v.a. unentgeltlichen Zugang haben, nicht automatisch ein freies Gut ist. Viele öffentliche Güter werden vom Staat unentgeltlich zur Verfügung gestellt, wie zum Beispiel die innere und äußere Sicherheit eines Landes. Gleichwohl müssen sie unter Einsatz von zahlreichen Produktivressourcen hergestellt werden und sind somit eindeutig knapp.

2.3.1.3 Wahlentscheidung und Opportunitätskosten

Ökonomische Knappheit führt stets dazu, dass die gewünschten Güter produziert werden müssen, um das Missverhältnis zwischen vorhandener Gütermenge und Bedürfnissen zu verringern. Knappe Güter bedingen somit stets Ressourcenverbrauch, ihre Bereitstellung verursacht Kosten.

Das Wesentliche dabei ist jedoch nicht der Ressourcenverbrauch selbst, sondern der Verlust an alternativen Produkten, auf die im Gegenzug verzichtet werden muss. Durch die absolute Beschränktheit der Produktionsmöglichkeiten in einem Zeitpunkt ist jeder Mensch gezwungen, zwischen vorhandenen Alternativen auszuwählen, eine **Wahlentscheidung** zu treffen. Sprichwörter wie „Man kann nicht alles haben" oder „Umsonst ist der Tod - und der kostet das Leben" beschreiben diese Situation. Jede Entscheidung *für* eine Alternative, bedeutet gleichzeitig eine Entscheidung *gegen* eine oder mehrere andere. Um etwas zu bekommen, muss etwas anderes aufgegeben werden. Entscheidungen erfordern stets die Abwägung von Alternativen.

[14] Sättigungsmenge ist diejenige Menge an Gütern, die ein Wirtschaftssubjekt konsumiert, wenn der Preis des Gutes Null ist. Die Grenzkosten einer zusätzlichen Konsumeinheit sind dann ebenfalls Null und der Mensch würde erst dann aufhören zu konsumieren, wenn ihm eine zusätzliche Konsumeinheit keinerlei Nutzen mehr bringt, d.h. wenn er buchstäblich satt ist. Vgl. unten Kapitel 4.

Dies gilt auf mikro- und makroökonomischer Ebene gleichermaßen: Ein junger Mensch, der vor der Berufswahl steht, ist sich darüber im Klaren, dass ein Studium der Wirtschaftswissenschaften und die gleichzeitige Karriere als Fußballprofi sich gegenseitig ausschließen. Der Staat, der über die Verwendung von Steuereinnahmen entscheidet, muss abwägen, ob mit diesen Mitteln lieber das Schulsystem verbessert oder die Verkehrssicherheit erhöht werden soll.

Der Wert der Alternative, die nicht gewählt wurde und die dem Entscheider somit entgeht, bestimmt die Höhe der sog. **Opportunitätskosten**. Diese bestehen aus den Gütern der nicht gewählten Alternative, der „verpassten Chance". Die Höhe der Opportunitätskosten gibt somit an, auf wie viele Güter verzichtet werden muss, um eine Einheit des gewählten Gutes zu erhalten.

2.3.1.4 Das Modell der Transformations- oder Produktionsmöglichkeitenkurve

Die Situation der Knappheit und der daraus resultierende Zwang zu Wahlentscheidungen lässt sich anschaulich mit Hilfe des Modells der Transformationskurve darstellen. Eine Volkswirtschaft verfügt zu jedem gegebenen Zeitpunkt über ein absolut begrenztes Maß an Produktionsfaktoren, für die es alternative Verwendungen gibt. Zur Vereinfachung der Darstellung nehmen wir an, dass die Vielzahl unterschiedlicher Produktionsmöglichkeiten in den zwei Kategorien Konsumgüter und Investitionsgüter zusammengefasst werden kann. Bei Vollauslastung aller vorhandenen Ressourcen kann diese Volkswirtschaft dann im Höchstfall all diejenigen Kombinationen von Konsum- und Investitionsgütern herstellen, die als Güterbündel auf der Kurve in Abbildung 2-9 liegen.

Die **Transformationskurve** ist also eine Produktionsmöglichkeitenkurve. Sie gibt an, welche Güterbündel bei gegebenem Bestand an Produktionsfaktoren in einer Volkswirtschaft maximal produziert werden können. Diese Produktionspunkte bezeichnet man als effizient.

Wenn in einer Wirtschaft Vollauslastung herrscht (wie z.B. im Punkt A in Abbildung 2-9) und die Produktion von Konsumgütern ausgedehnt werden soll, so geht das offenbar nur dadurch, dass Ressourcen aus der Investitionsgüterindustrie abgezogen und stattdessen für die Produktion von Konsumgütern eingesetzt werden. Ein Mehr an Konsumgütern (Δx) „kostet" also einen Verzicht auf Investitionsgüter ($-\Delta y$). Es entstehen Opportunitätskosten an Investitionsgütern.

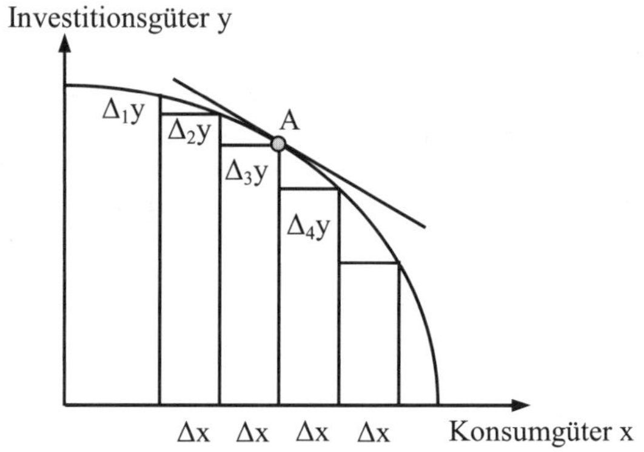

Abbildung 2-9: Die Kapazitätskurve oder Transformationskurve

Diese Opportunitätskosten entsprechen somit dem Verhältnis $-\Delta y : \Delta x$, d.h. der (negativen) Steigung der Transformationskurve in einem bestimmten Punkt. Wenn die Transformationskurve konkav zum Ursprung gekrümmt ist (wie in Abbildung 2-9), so nehmen diese Opportunitätskosten bezüglich einer bestimmten Produktart im Kurvenverlauf zu. Der Grund hierfür liegt darin, dass die Produktionsfaktoren in einer Volkswirtschaft zum großen Teil auf bestimmte Produktionsarten spezialisiert sind. Eine Maschine, die zur Produktion von Mikrochips eingesetzt wird, kann nicht ohne weiteres zur Herstellung von Kartoffelchips verwendet werden. Ein Jurist, der sich jahrelang mit Konkursrecht beschäftigt hat, kann nicht von heute auf morgen zum Spargelstechen geschickt werden, ohne dass größere Ernteeinbußen zu befürchten wären. Das Umsetzen spezialisierter Produktionsfaktoren von einer Verwendung in eine andere geht daher mit Produktivitätsverlusten einher, die umso höher werden, je mehr man sich den Achsen nähert - die Opportunitätskosten steigen an.

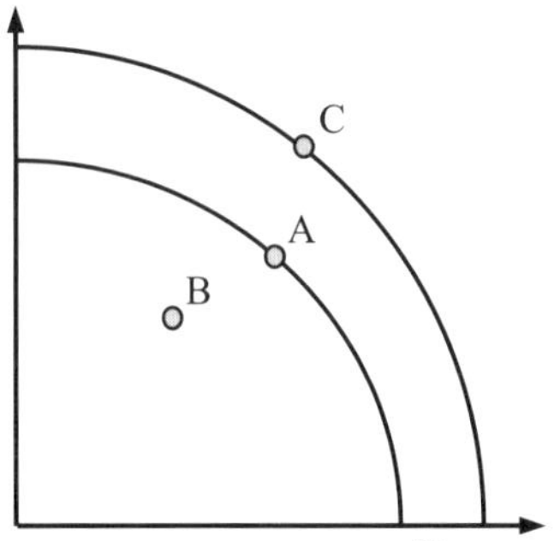

Abbildung 2-10: Transformationskurve und Wachstum

Befindet sich eine Wirtschaft mit ihrem Produktionspunkt auf der Transformationskurve, so spricht man von Produktionseffizienz. Von keinem Gut kann mehr erzeugt werden, ohne auf ein anderes verzichten zu müssen.

Punkte unterhalb der Transformationskurve, wie z.B. Punkt B in Abbildung 2-10, lasten hingegen die vorhandenen Produktionsmöglichkeiten nicht aus. Wenn zum Beispiel Arbeitslosigkeit herrscht, so entsteht dadurch eine ineffiziente Produktionssituation, da diese Volkswirtschaft auf einen Teil des maximal möglichen Güterbündels verzichtet.
Man kann sich fragen, was Volkswirtschaften dazu veranlasst, bestehende Produktionspotentiale nicht zu nutzen und auf möglichen Wohlstand für die Bevölkerung freiwillig zu verzichten. Offenbar gibt es in den meisten europäischen Ländern, insbesondere auch in Deutschland seit vielen Jahren ungenutzte Ressourcen. Eine mögliche Quelle von Ineffizienzen sind die Konjunkturzyklen, in deren Verlauf starke Nachfrageschwankungen dazu führen, dass die Produktion und damit die Kapazitätsauslastung immer wieder zurückgefahren werden muss. Andererseits können aber auch Strukturkrisen für ein Absinken des Auslastungsgrades verantwortlich sein. So hat z.B. die Abkehr der ehemaligen DDR vom bisher praktizierten planwirtschaftlichen zu einem marktwirtschaftlichen Wirtschaftssystem zu einem so abrupten Bruch in den gewohnten Abläufen und Produktionsmustern geführt, dass die Wirtschaft auch nach 15 Jahren noch nicht zur Vollauslastung zurückgekehrt ist.

Punkte außerhalb der bestehenden Transformationskurve, wie etwa der Punkt C, können hingegen im gegebenen Zeitpunkt gar nicht erreicht werden. Um dorthin zu gelangen, müssen die Produktionskapazitäten dieser Wirtschaft wachsen, sei es quantitativ durch positive

Nettoinvestitionen oder die Zuwanderung von Arbeitskräften, sei es qualitativ durch technischen Fortschritt oder eine verbesserte Ausbildung der Arbeitnehmer. Der Weg von A nach C führt also über Wirtschaftswachstum.

Übung 2-6: Autos oder Kanonen?

Die Transformationskurve einer Volkswirtschaft ist durch $A = 0{,}5L^2 + C^2 - 0{,}06K^2$ gegeben, wobei L = Arbeitsinput mit $L \leq 200$ und C = Kapitalinput mit $C \leq 200$ ist.

a) Wie viele Kanonen können maximal produziert werden?

b) Wie hoch sind die Opportunitätskosten für eine zusätzliche Kanone, wenn schon 100 Kanonen hergestellt werden?

Lösung:

a) Da auf der Transformationskurve Vollauslastung aller Ressourcen herrscht, muss für die Größen L und C jeweils der Wert 200 eingesetzt werden. Die maximale Anzahl Kanonen kann dann produziert werden, wenn gar keine Autos hergestellt werden und somit sämtliche volkswirtschaftlichen Ressourcen in der Rüstungsindustrie eingesetzt werden können. Damit ergibt sich folgende Rechnung:

$A = 0{,}5 \cdot 200^2 + 200^2 - 0{,}06 \cdot K^2$. Wenn A = 0 folgt:

$K = \sqrt{\frac{60000}{0{,}06}} = \sqrt{1000000} = 1000$. Es können maximal 1000 produziert werden.

b) Für diese Frage gibt es im Prinzip zwei Rechenmöglichkeiten. Entweder man setzt die Werte K=100 und K=101 in die Transformationskurvengleichung ein und berechnet den Unterschied bei den Werten für die produzierten Autos, oder man ermittelt die Opportunitätskosten mit Hilfe der ersten Ableitung an der Stelle K=100.

$\frac{dA}{dK} = -0{,}06 \cdot 2 \cdot K = -0{,}12K$

Für K=100 ergibt das den Wert -12. Das bedeutet, für eine Kanone mehr (dK) müssen 12 Autos (dA) aufgegeben werden.

2.3.2 Arbeitsteilung

Robinson auf seiner einsamen Insel hatte es schwer: Alles musste er selber machen. Er musste seine Nahrung selbst einfangen oder einsammeln, er musste sich ein Dach über dem Kopf aufbauen, seine Kleidung instand halten, alle seine Gerätschaften selbst herstellen - kurzum: Was er nicht selbst erledigen konnte oder wollte, stand ihm nicht zur Verfügung. Es ist klar, dass es mit seinem Lebensstandard erst in dem Augenblick aufwärts ging, als Freitag zu ihm kam und er sich die Arbeit mit ihm teilen konnte.

Wie gut haben wir es doch gegen Robinson! Jeder von uns kann auswählen, womit er seinen Lebensunterhalt verdienen möchte, niemand muss seine Kleider selbst nähen oder gar sein Bett zimmern und für das gemütliche Abendessen zu zweit gibt es das Stammlokal. Arbeitsteilung ist für uns alle eine solche Selbstverständlichkeit, dass niemand so recht darüber nachdenkt, geschweige denn, dieses Arbeits- und Lebensprinzip infrage stellen würde.

Doch woher genau kommt es, dass Arbeitsteilung zu einem unverzichtbaren Bestandteil unseres Wirtschaftens geworden ist? Worin besteht seine Nützlichkeit?

2.3.2.1 Dimensionen von Arbeitsteilung

Arbeitsteilung durchzieht jede moderne Volkswirtschaft wie ein roter Faden. Man begegnet ihr auf drei verschiedenen Ebenen.

- Innerbetriebliche oder funktionale Arbeitsteilung
- Zwischenbetriebliche Arbeitsteilung
- Internationale Arbeitsteilung

Innerbetriebliche oder funktionale Arbeitsteilung besteht darin, dass der Produktionsvorgang in Teilschritte zerlegt und auf verschiedene Arbeiter verteilt wird. Ein einzelner Arbeiter stellt nicht mehr das Produkt als Ganzes her, sondern übernimmt nur noch einen ganz bestimmten Teil des Wertschöpfungsprozesses. Die funktionale Arbeitsteilung ist ein wichtiges Kennzeichen industrieller Fertigung, die im Gegensatz zur handwerklichen Fertigung, der Manufaktur, steht. Mehr noch: funktionale Arbeitsteilung macht industrielle Fertigung überhaupt erst möglich!

Praxisbeispiel 2-1: Henry Ford und das Fließband

Vorreiter funktionaler Arbeitsteilung war der amerikanische Autobauer *Henry Ford*. Vor Einführung des berühmten T-Modells war ein Auto im Wesentlichen eine kundenspezifische handwerkliche Anfertigung, ein Luxusartikel, den sich nur wenige Reiche leisten konnten. Um den Preis so weit senken zu können, dass der Erwerb eines Automobils auch in den Möglichkeitsbereich der Arbeiterschaft kam, war eine revolutionäre Umorganisation des Arbeits- und Produktionsprozesses notwendig, die Ford in den Jahren 1908 bis 1914 im Zuge der Einführung seines T-Modells durchführte[15]. Er erfand die moderne Fließbandfertigung. Notwendige Vorbedingung dazu war die Standardisierung der Teile, so dass diese in großer Zahl vorproduziert und dann entlang des Fließbandes montiert werden konnten. Jeder Handgriff bei der Montage wurde von einem anderen Arbeiter durchgeführt, Werkzeugwechsel wurden überflüssig, die Produktionsgeschwindigkeit gegenüber der Handwerksfertigung stieg dramatisch an und für die Fertigung waren kaum noch teure Fachkräfte notwendig. Durch die extreme Zerlegung des Arbeitsprozesses ergaben sich so einfache Handgriffe, dass „für die meisten Arbeiter eine fünf- bis zehnminütige Demonstration am Fließband ausreichte, um sie für ihren Job einzuarbeiten."[16]

Allerdings hatte dies auch eine Kehrseite: Die Arbeit am Fließband wurde so monoton, dass viele Arbeiter unzufrieden wurden. Die Aufmerksamkeit ließ nach, der Krankenstand nahm zu, die Arbeitsmotivation sank auf einen Tiefststand. Die Folge war, dass die Arbeiterfluktuation in den Detroiter Ford-Werken eine rekordverdächtige Höhe erreichte. Im Jahr 1913 betrug sie 370%! Allein im März gab es 7.300 Kündigungen, von denen die meisten deshalb ausgesprochen wurden, weil die Arbeiter an fünf aufeinander folgenden Tagen ohne Entschuldigung fehlten. Die Arbeit war für sie unerträglich geworden. Ein Arbeiter wird zitiert: „Wenn ich noch 86 weitere Tage nichts als Niete Nr. 86 einkloppe, werde ich der Bekloppte Nr. 86 des Detroiter Irrenhauses sein."[17]

[15] Vgl. *Womack, J.P., Jones, D.T., Roos, D.*, (1994), S. 25 ff.
[16] *Börsch-Supan, A., Schnabel, R.* (1998), S. 129.
[17] Ebda., S. 129; Original: *Meyer, S.* (1981), S. 44.

Das Beispiel *Henry Ford* zeigt sehr deutlich, wo die Grenzen der funktionalen Arbeitsteilung liegen. Je feingliedriger die Arbeitsteilung wird, desto eintöniger wird die Arbeit. Damit sinkt die Aufmerksamkeit des Arbeiters, die Fehlerquote und die Qualitätsprobleme steigen an, die physische und psychische Belastung nimmt zu und kann schließlich unerträgliche Ausmaße annehmen. Der Einzelne kann seinen Beitrag im Rahmen des gesamten Produktionsprozesses nicht mehr einordnen, identifiziert sich nicht mehr mit dem Produktionsziel und damit auch nicht mit dem Unternehmensziel insgesamt.

Gleichzeitig nimmt die Spezialisierung einzelner Arbeitnehmer zu. Abgesehen von der Zerlegung des Fertigungsprozesses im engeren Sinne entstehen entlang der gesamten Wertschöpfungskette Funktionsspezialisten (z.B. für Einkauf, Lagerverwaltung, Fertigungsplanung, Personalführung usw.), die kaum noch gegenseitig ersetzbar sind.

Ein weiterer gravierender Nachteil funktionaler Arbeitsteilung besteht deshalb darin, dass durch eine zu starke Spezialisierung einzelner Arbeitnehmer ein Kapazitätsausgleich bei Auslastungsschwankungen immer schwieriger wird. Außerdem müssen Funktionen, die für einen reibungslosen Produktionsablauf unbedingt erforderlich sind, doppelt vorgehalten werden, da bei einem krankheitsbedingten Ausfall eines solchen Spezialisten womöglich der gesamte Produktionsvorgang stillsteht und dadurch enorme Kosten entstehen.

In den letzten Jahrzehnten des 20. Jahrhunderts entstand deshalb - bemerkenswerterweise wiederum in der Automobilindustrie - eine gegenläufige Entwicklung. Statt zunehmender Zerteilung des Arbeitsprozesses ging man dazu über, Teams aus unterschiedlichen Funktionsspezialisten zu bilden, die gemeinsam für die Herstellung eines ganzen Produktes verantwortlich waren. Wenn Leistungsprämien nur an das Team statt an Einzelpersonen (Akkordlohn) gezahlt werden, sind alle Teammitglieder gezwungen, sich gegenseitig abzustimmen und das Produkt als Ganzes statt nur ihren Einzelbeitrag im Auge zu haben. Einen ähnlichen Effekt hat die bei Großunternehmen mittlerweile übliche „Job rotation", die den betreffenden Mitarbeiter ebenfalls dazu bringt, sich mit unterschiedliche Perspektiven des Produktes vertraut zu machen.

Funktionale Arbeitsteilung ist also zwar ohne Zweifel eine wichtige Vorbedingung industrieller Produktion. Optimale Ergebnisse können jedoch nur dann erzielt werden, wenn ein geeigneter Kompromiss zwischen Arbeitsteilung und ganzheitlicher Organisation gefunden werden kann, bei dem die Kosten der Arbeitsteilung minimiert werden. Insbesondere ist dabei zu berücksichtigen, dass mit zunehmender funktionaler Arbeitsteilung auch die Koordinationskosten stark ansteigen können.

Neben der Arbeitsteilung innerhalb des Wertschöpfungsprozesses eines Unternehmens spielt sich Arbeitsteilung aber auch zwischen einzelnen Betrieben im Unternehmenssektor ab. Man spricht dann von **zwischenbetrieblicher Arbeitsteilung**.

Hierbei sind eine horizontale und eine vertikale Arbeitsteilung zu unterscheiden. Vertikale Arbeitsteilung liegt dann vor, wenn - ähnlich wie bei der funktionalen Arbeitsteilung - der Entstehungsprozess eines Gutes zerlegt und auf verschiedene Unternehmen verteilt wird. Auf diese Weise entsteht also eine Kette von Vorleistungslieferungen, die zu einer engen Verflechtung und gegenseitigen Abhängigkeit der beteiligten Unternehmen führt. Die Entscheidung darüber, ob eine bestimmte Produktkomponente im eigenen Hause hergestellt oder besser von einem Lieferanten bezogen werden soll (sog. make or buy-Entscheidung), gehört daher zu den wichtigsten strategischen Weichenstellungen eines Unternehmens.

Horizontale Arbeitsteilung besteht darin, dass jedes Unternehmen nur einen ganz bestimmten Ausschnitt aus dem gesamtwirtschaftlichen Güterbündel herstellt. Jedes Unternehmen

spezialisiert sich auf eine Produktpalette, für die es eigene Wettbewerbsvorteile identifizieren und verteidigen kann.

Es ist natürlich nicht vorstellbar, dass ein Unternehmen quasi als Universalanbieter das gesamte Produktspektrum eines Marktes herstellt. Innerhalb einer Branche sind derartige Überlegungen für ein Unternehmen jedoch durchaus strategisch relevant. Es muss sich entscheiden, ob es ein Komplettanbieter oder ein Spezialanbieter sein möchte.
Die Firma *Siemens* mit ihren diversen Tochtergesellschaften galt zum Beispiel lange Zeit als Komplettanbieter in der Elektro-/Elektronikbranche. Vom Kernkraftwerk bis zur Glühbirne, von Vermittlungsanlagen für öffentliche Telefonnetze bis zur Kaffeemaschine stellte *Siemens* alles her, was mit der Erzeugung, Verteilung oder Verwendung von elektrischem Strom zu tun hat. Erst die Verkäufe bzw. Ausgliederungen diverser Unternehmensteile während der letzten Jahre lassen auf eine Änderung in der strategischen Ausrichtung dieses Industriegiganten schließen.

Findet eine solche Spezialisierung auf bestimmte Produktbereiche zwischen ganzen Ländern statt, so liegt **internationale Arbeitsteilung** vor. Internationale Arbeitsteilung ergibt sich schon allein daraus, dass bestimmte Rohstoffe oder Waren, die für die industrielle Produktion unbedingt erforderlich sind oder von den Verbrauchern zum Konsum gewünscht werden, nicht in allen Ländern gleichermaßen vorkommen und daher vom Ausland bezogen werden müssen. Deutschland verfügt zum Beispiel weder über Erdöl noch über Baumwolle noch über Südfrüchte - drei Güter, die unverzichtbarer Bestandteil des täglichen Lebens in Deutschland sind.

Wie für Unternehmen ist es auch für Länder ökonomisch nicht sinnvoll, eine autarke Selbstversorgung anzustreben und trotz fehlender Wettbewerbsvorteile, Mangel an notwendigen Rohstoffen oder fehlender Kompetenz möglichst alle lebensnotwendigen bzw. von den Nachfragern gewünschten Güter selbst herzustellen. Auf internationaler Ebene ist diese Strategie jedoch trotzdem ziemlich häufig anzutreffen.

So verfolgten im 20. Jahrhundert zahlreiche Entwicklungsländer und ehemalige Kolonien, vor allem aber auch die ehemaligen kommunistisch-planwirtschaftlichen Staaten Osteuropas die Strategie der sog. Importsubstitution. Das bedeutet, dass diese Länder versuchten, gezielt in den Bereichen Industrien aufzubauen, in denen wichtige Güter aus dem Ausland importiert werden mussten. Importe sollten durch eigene Produkte ersetzt werden. Da diese jedoch wegen des im Inland fehlenden Know How sowie mangelnder Produkterfahrung häufig qualitativ nicht mit den auf den Weltmärkten gehandelten Konkurrenzprodukten vergleichbar waren, mussten zudem ergänzende Importverbote erlassen oder hohe Zollschranken errichtet werden, um die Bevölkerung zum Kauf der im Inland produzierten Waren zu zwingen. Dadurch sowie durch die meist zentralistischen Wirtschaftsstrukturen entstanden in diesen Ländern teilweise erhebliche Wohlstandsverluste, die zu Unzufriedenheit, sozialen Unruhen und politischer Instabilität führten.

Dennoch spielt das Autarkieziel oder zumindest eine abgeschwächte Form davon immer noch bei vielen Ländern eine wichtige Rolle. Der Grund liegt in der bereits beschriebenen Tatsache, dass jede Art von Arbeitsteilung eine gegenseitige Abhängigkeit aller beteiligten Wirtschaftssubjekte zur Folge hat. Um sich in ein Abhängigkeitsverhältnis zu begeben, muss jedoch zuerst ein Vertrauensverhältnis bestehen, das heißt, jeder Beteiligte muss sicher sein können, diejenigen Güter, die er nicht (mehr) selbst herstellt, durch Warentausch von Handelspartnern beziehen zu können. Notwendige Ergänzung jeder Art von Arbeitsteilung ist daher ein möglichst gut organisiertes System des Warenaustauschs.
Genau das ist jedoch auf internationaler Ebene nicht unbedingt gewährleistet. Immer wieder werden Länder, die sich in politischen Konflikten mit Nachbarstaaten oder der internationa-

len Staatengemeinschaft befinden, durch Warenembargos und Lieferboykotte erpresst oder sind durch die Androhung derartiger Handelskriege erpressbar. Das betrifft durchaus nicht nur Entwicklungsländer: Man denke nur an die durch einen Lieferboykott der OPEC-Staaten ausgelöste Ölkrise Anfang der Siebziger Jahre, die die ganze Weltwirtschaft in eine tiefe Krise stürzte.

Ein weiterer Grund für die eingeschränkte Funktionsfähigkeit des Welthandels ist das Fehlen eines einheitlichen Tauschmittels, nämlich einer gemeinsamen Währung. Anders als innerhalb eines Landes verfügen internationale Tauschpartner über unterschiedliche Währungen, die als Gegenleistung für eine Warenlieferung somit nur dann akzeptabel sind, wenn sie jederzeit gegenseitig ausgetauscht werden können. Sie müssen konvertierbar sein. Das ist jedoch nicht für alle Währungen der Fall. Insbesondere die Währungen von Staaten mit Zentralverwaltungswirtschaften sind nicht konvertierbar und können daher nicht als internationales Zahlungsmittel verwendet werden. Allein dieser Umstand erschwert die Integration solcher Länder in die internationale Arbeitsteilung beträchtlich.

Doch selbst wenn es sich um konvertible Währungen handelt, entstehen durch den Währungstausch Kosten, die den zugrunde liegenden Warenaustausch verteuern und so die ökonomischen Vorteile der Arbeitsteilung teilweise aufzehren.

2.3.2.2 Der Mengeneffekt

Wodurch aber entsteht der ökonomische Vorteil von Arbeitsteilung? Was genau bewirkt denn die Effizienzsteigerung eines arbeitsteiligen gegenüber dem ganzheitlichen Produktionsprozess?

Mit dieser Frage beschäftigte sich als erster der Gründervater der Volkswirtschaftslehre, *Adam Smith*, in seinem Buch „The Wealth of Nations“[18]. Er schilderte die Effekte eines arbeitsteilig organisierten Produktionsprozesses anhand seines weltberühmt gewordenen Stecknadelbeispieles.

Nehmen wir vereinfachend an, dass zur Produktion von Stecknadeln in einem Betrieb drei Arbeiter zur Verfügung stehen. Diese besitzen alle dieselben Qualifikationen. Der Produktionsprozess zur Herstellung von Stecknadeln lässt sich in verschiedene Arbeitsschritte zerteilen. In unserem Beispiel unterstellen wir drei Arbeitsschritte: das Schneiden des Drahtes, das Feilen der Spitze und schließlich das Montieren des Stecknadelkopfes[19]. Wiederum vereinfachend nehmen wir an, dass jeder Arbeitsschritt gleich lang dauert. Bei herkömmlicher ganzheitlicher Produktionsorganisation fertigt jeder Arbeiter in einer bestimmten Zeit eine Nadel.

---

[18] *Smith, A.* (1776)

[19] Bei *Adam Smith* sind es sogar 18 Arbeitsschritte.

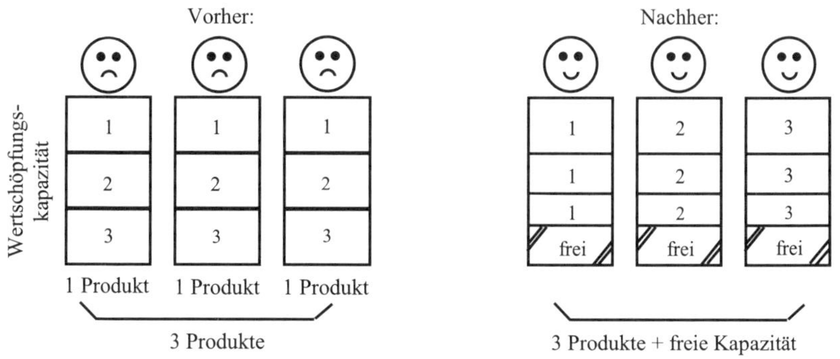

Abbildung 2-11: Das Prinzip des Mengeneffekts

Wird der Arbeitsprozess jedoch arbeitsteilig organisiert, führt jeder der drei Arbeiter jeweils nur noch einen Arbeitsschritt durch und gibt dann das unfertige Produkt an einen Kollegen zur Verarbeitung weiter. In diesem Fall wiederholt jeder Arbeiter seinen Arbeitsschritt drei Mal. Das erste Mal braucht er dazu genauso lang wie bei ganzheitlicher Fertigung. Bei der ersten Wiederholung zeigt sich jedoch bereits eine Beschleunigung, die dadurch entsteht, dass kein Werkzeugwechsel mehr notwendig ist. Jede weitere Wiederholung führt darüber hinaus zu Lerneffekten. Der Arbeitsvorgang wird immer besser beherrscht, so dass sich der Zeitaufwand pro Wertschöpfungsschritt immer weiter verkürzt.
Nach dreimaligem (jetzt allerdings sukzessivem) Durchlauf durch die Wertschöpfungskette sind auf diese Weise ebenfalls drei Stecknadeln entstanden. Die Summe der dafür aufgewendeten Zeit ist jedoch geringer als bei ganzheitlicher Produktion. Es bleiben Ressourcen übrig, die nun entweder zur Produktion einer vierten Nadel und somit zur Einkommenssteigerung oder als Freizeit genutzt werden können. In jedem Fall ist das Wohlfahrtsniveau dieser Wirtschaft gestiegen.

Dieser ressourcensparende Mengeneffekt ist in der Industrie von überragender strategischer Bedeutung. Der Produktionsprozess einer jeden Branche ist durch ganz spezifische produktindividuelle Mengeneffekte gekennzeichnet, die vor allem in den großen Konsumgütermärkten wettbewerbsentscheidend sein können.

Bruce Henderson fand Anfang der Siebziger Jahre in umfangreichen empirischen Untersuchungen heraus, dass die Stückkostenentwicklung in jeder Branche in einer eigenen, ganz spezifischen Weise von der Anzahl der Wiederholungen im Produktionsprozess, also vom Mengendurchsatz abhängt.

> *„Die in der Wertschöpfung eines Produktes enthaltenen Kosten scheinen um 20% - 30% abzufallen mit jeder Verdoppelung der kumulierten Menge im Industriezweig als Ganzes, wie auch beim einzelnen Anbieter.“*[20]

Das bedeutet, dass die Stückkosten eines Unternehmens bei jeder Verdoppelung der kumulierten produzierten Menge um einen bestimmten, gleich bleibenden, branchenspezifisch charakteristischen Prozentsatz absinken. Das Ergebnis sind sog. Erfahrungskurven: Das Absinken der Stückkosten um einen gleich bleibenden Prozentsatz bei jeder Volumenverdoppelung erscheint in einer logarithmischen Darstellung als negativ geneigte Gerade, deren Steigung als Erfahrungskoeffizient bezeichnet wird.

[20] *Henderson, B.D.* (1984), S. 19.

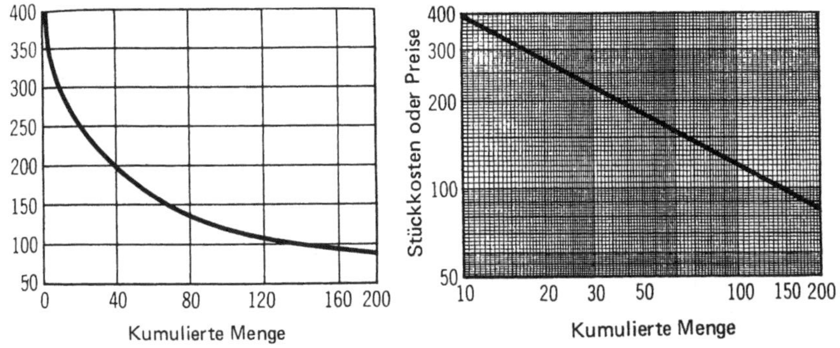

Abbildung 2-12: Die Erfahrungskurve[21]

Ein typisches Beispiel für einen Markt, auf dem diese Kostendegression zu beobachten ist, ist der Markt für Speicherchips:

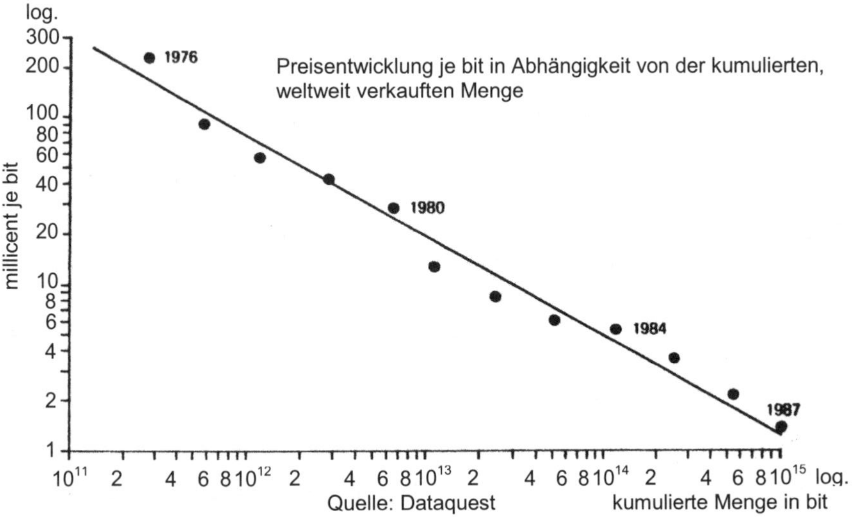

Abbildung 2-13: Die Erfahrungskurve von Speicherchips[22]

Wenn ein Wettbewerber schon lange im Markt ist und daher eine entsprechende Mengenposition erreicht hat, ist seine Stückkostenposition für einen Marktneuling, der ja mit dem ersten Stück beginnen muss, kaum noch einholbar. Märkte, in denen ausgeprägte Mengeneffekte wirksam sind, zeigen daher eine deutliche Tendenz zu Fusionen und Unternehmenskäufen. Dies ist oft die einzige Möglichkeit, die auf den Weltmärkten erforderliche Mengenposition zu erreichen, um damit die Voraussetzung für eine wettbewerbsfähige Stückkostenposition im globalen Wettbewerb zu erfüllen.

[21] Entnommen aus *Henderson, B.D.* (1984), S. 21
[22] Quelle: *Siemens AG*

In Märkten mit weitgehend standardisierten Produkten, in denen eine Leistungsdifferenzierung kaum noch möglich ist und sich ein Unternehmen daher im Wesentlichen nur mit Kosten- und damit Preisvorteilen gegenüber den Wettbewerbern durchsetzen kann, wird die Menge auf diese Weise zur dominierenden Wettbewerbswaffe.

Die Gründe für den Mengeneffekt sind vielfältig:

- Durch fortwährende Wiederholung entsteht ein Lerneffekt. Die Verfahrensbeherrschung steigt, Produktionsfehler werden weniger, so dass der sog. „first-pass-yield" - das sind die Stücke, die ohne Nachbesserung auf Anhieb fehlerfrei aus der Produktion kommen - ansteigt.
- Die Zerteilung des Produktionsprozesses lässt einfache Arbeitsabschnitte entstehen, die arbeitssparenden Maschinen übertragen werden können. Häufige Werkzeugwechsel entfallen. Auf diese Weise können bei vielen Produktionsverfahren mit steigender Menge immer effizientere Techniken und Organisationsformen eingesetzt werden.
- Steigende Stückzahl ermöglicht Kosteneinsparungen beim Einkauf durch Nutzung von Mengenrabatten und größerer Verhandlungsmacht des Einkäufers.
- Die Fixkosten pro Stück sinken mit steigender Menge.

Diese Mengenvorteile können grundsätzlich bei allen Wertschöpfungsaktivitäten auftreten. Besonders ausgeprägt sind sie jedoch vor allem in den Teilen der Wertschöpfungskette, die gut zu standardisieren sind und möglichst noch nicht kundespezifisch erfolgen. Am deutlichsten sind sie daher häufig in der Fertigung von Standardprodukten oder Komponenten.

2.3.2.3 Der Spezialisierungseffekt

Wie *Adam Smith* bei seinem Stecknadelbeispiel haben wir bisher unterstellt, dass die am Produktionsprozess beteiligten Arbeitnehmer grundsätzlich für ihre Aufgaben gleich gut ausgebildet oder geeignet seien. Beim Mengeneffekt ergibt sich die Vorteilhaftigkeit der Arbeitsteilung allein durch die laufende Wiederholung eines bestimmten Arbeitsschrittes.

Allein dadurch wird sich aber sehr schnell auch eine Spezialisierung der Arbeitnehmer auf den jeweiligen Arbeitsvorgang einstellen. Der Erfahrungs- oder Lerneffekt bewirkt, dass die Arbeitnehmer nach einiger Zeit für bestimmte Aufgaben besser geeignet sind als für andere. Unterschiedliche Eigenschaften sowie eine spezifische Ausbildung verstärken diese Ungleichheit und erzeugen eine weitere Quelle von Produktivitätssteigerungen.

Die Vorteilhaftigkeit einer Spezialisierung und anschließendem Gütertausch kann besonders eindrucksvoll in einem einfachen Zwei-Länder-Modell gezeigt werden, das bereits der Nationalökonom *David Ricardo* zu Beginn des 19. Jahrhunderts entwickelt hat. Es wurde berühmt unter dem Namen „Theorie der komparativen Kosten".

Nehmen wir an, die beiden Länder A und B produzieren jeweils die zwei Güter Wein und Tuch. Bei Einsatz aller verfügbaren Produktionsfaktoren erreichen die Länder folgende Transformationskurven:

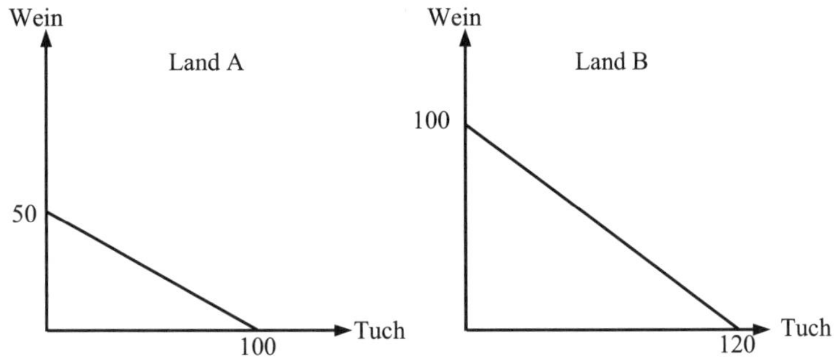

Abbildung 2-14: Transformationskurven der Länder A und B bezüglich Wein und Tuch

Offenbar ist Land A ein armes Land, Land B hingegen reicher: Es kann von beiden Gütern absolut mehr produzieren als Land A. Dass sich eine Spezialisierung und anschließender Außenhandel aber auch für das Land A lohnt, erkennt man erst, wenn man die jeweiligen Opportunitätskosten für Wein und Tuch in den beiden Ländern berechnet und einander gegenüberstellt (wie aus Abbildung 2-15 ersichtlich):

Offensichtlich muss Land A für die Produktion einer Einheit Wein auf zwei Einheiten Tuch verzichten. Umgekehrt „kostet" es die Produktion einer Einheit Tuch aber nur eine halbe Einheit Wein. Land B hingegen verliert bei der Produktion einer Einheit Tuch 0,83 Einheiten Wein.

Wenn sich das Land A nun auf die Herstellung von Tuch spezialisiert und anschließend in das Land B exportiert, profitieren beide Länder davon: Für Land A ist jeder Preis vorteilhaft, der über einer halben Einheit Wein liegt. Für Land B ist jeder Preis vorteilhaft, der unter 0,83 Einheiten Wein liegt. Im Bereich zwischen 0,5 und 0,83 Einheiten Wein haben somit beide einen Handelsvorteil - auch das Land A, obwohl es ja einen absoluten Produktionsnachteil bei beiden Gütern aufweist. Land A erhält dann für die exportierten Einheiten Tuch mehr Wein zurück, als es zur Produktion des Tuches hat aufgeben müssen - Land B muss weniger Wein bezahlen als es seinen eigenen Opportunitätskosten für die Produktion von Tuch entspricht.

Opportunitätskosten von

	Land A		Land B
Wein	$\frac{100\ \text{Tuch}}{50\ \text{Wein}} = 2\frac{\text{T}}{\text{W}}$	$>$	$\frac{120\ \text{Tuch}}{100\ \text{Wein}} = 1{,}2\frac{\text{T}}{\text{W}}$
Tuch	$\frac{50\ \text{Wein}}{100\ \text{Tuch}} = 0{,}5\frac{\text{W}}{\text{T}}$	$<$	$\frac{100\ \text{Wein}}{120\ \text{Tuch}} = 0{,}83\frac{\text{W}}{\text{T}}$

Abbildung 2-15: Opportunitätskosten von Land A und Land B bezüglich Wein und Tuch

Beide Länder können durch ein solches Handelsgeschäft also von der relativen Überlegenheit des Handelspartners in einer Produktionsart profitieren. Der Konsum kann in beiden Ländern über die in der jeweiligen Transformationskurve gesetzten Grenzen der nationalen Produktionsmöglichkeiten hinaus angehoben werden.

Dieses auf den ersten Blick erstaunliche Ergebnis zeigt, dass aus der Tatsache wirtschaftlicher Unterlegenheit eines Landes nicht ohne weiteres darauf geschlossen werden kann, dass es im Welthandel chancenlos sei oder „ausgebeutet" werde, wie in den zahllosen Diskussio-

nen über die Auswirkungen von Globalisierung und Liberalisierung des Welthandels für die Entwicklungsländer immer wieder behauptet wird.

Andererseits sollten aus einem so einfachen Modell auch nicht ohne weiteres voreilige Schlussfolgerungen auf konkrete Fälle gezogen werden. Es kommt zum Beispiel sehr darauf an, wie der Handelsvorteil auf die beiden Länder verteilt wird. Wenn sich der Preis in bilateralen Verhandlungen bildet, könnte sich die Überlegenheit des reichen Landes B (das dann wahrscheinlich auch das politisch mächtigere Land ist) deutlich stärker auswirken als wenn eine Marktpreisbildung stattfindet.

Ferner müssen die stark vereinfachenden Annahmen berücksichtigt werden, auf denen das Modell beruht:

- Transport- und Transaktionskosten (z.B. Kosten des Währungstausches) des Außenhandels werden nicht berücksichtigt.
- Zwischen beiden Ländern findet nur ein Güteraustausch statt. Die Produktionsfaktoren hingegen sind völlig immobil, d.h. zum Beispiel Arbeitnehmer können nicht von Land A nach Land B auswandern.
- Die Transformationskurven sind linear, d.h. innerhalb eines Landes können die Produktionsfaktoren beliebig von der Wein- in die Tuchproduktion wechseln, ohne dass Produktivitätsverluste eintreten. Die Opportunitätskosten bleiben konstant.
- Unterschlagen werden ferner Mengeneffekte, die sich automatisch dann einstellen, wenn sich die Produktionsmengen durch die Spezialisierung bei einer Güterart erhöhen. Dadurch könnten sich die Preisgrenzen, innerhalb derer sich der Weltmarktpreis einspielen kann, noch weiter ausdehnen. Mengen- und Spezialisierungseffekt überlagern sich also.

Übung 2-7: Arbeitsteilung

Welche der folgenden Aussagen über Arbeitsteilung treffen zu?

a) Bei ausgeprägter Arbeitsteilung sind die meisten Menschen in ihrer Arbeit hoch spezialisiert.

b) Sie hängen daher in ihrer Versorgung weitestgehend von anderen ab.

c) Niemand überblickt mehr richtig, von wem er abhängt.

d) Dafür unterliegt der Wirtschaftsprozess geringeren Schwankungen als ohne Arbeitsteilung.

e) Das Versorgungsniveau ist besser als in einer vergleichbaren wenig arbeitsteiligen Wirtschaft.

f) Das kommt u.a. daher, dass im Produktionsprozess Umrüstzeiten entfallen.

g) Immer mehr Tätigkeiten werden von den Haushalten in die Unternehmen verlagert.

h) Auch Unternehmen lagern aus: Jedes Produkt durchläuft bis zu seiner Fertigstellung meist mehrere Unternehmen.

i) Durch eine arbeitsteilige Organisation kann ein Land seine Selbstversorgung sicherstellen, da jeder Faktor genau in der Produktion eingesetzt wird, für die er am besten geeignet ist.

j) Außerdem trägt Arbeitsteilung zur Vollbeschäftigung bei, da für denselben Output mehr Menschen gebraucht und somit Arbeitsplätze geschaffen werden.

Lösung:

Fast alle Aussagen sind korrekt. Lediglich drei Sätze sind falsch, nämlich:

Satz d): Schwankungen des Wirtschaftsprozesses werden durch Arbeitsteilung keineswegs geringer, sondern eher stärker. Ein größerer Teil der wirtschaftlichen Aktivitäten muss nämlich über Märkte koordiniert werden und unterliegt somit auch entsprechenden Planungsrisiken und Anpassungsverzögerungen.

Satz i): Arbeitsteilung führt dazu, dass eben nicht mehr jedes Land alle benötigten Güter selbst herstellt, sondern über eine entsprechende Spezialisierung Austausch mit anderen Volkswirtschaften betreibt. Es kann auf diesen Weise die Spezialisierungsvorteile anderer Ländern mitnutzen.

Satz j): Das Gegenteil ist der Fall! Arbeitsteilung führt v.a. durch den Mengeneffekt zu Produktivitätssteigerungen. Gerade darin besteht ja seine wohlstandssteigernde Wirkung. Das bedeutet, dass mit denselben Ressourcen mehr Output hergestellt werden kann, oder aber für denselben Output weniger Ressourcen notwendig sind.

2.3.3 Gütertausch und Tauschmittel

Notwendige Ergänzung jeder Art von Arbeitsteilung ist der Gütertausch. Nur ein völlig autarkes Wirtschaftssubjekt kann auf Gütertausch verzichten - es verzichtet dann aber gleichzeitig auf wesentliche Teile seines möglichen Wohlstandes, der durch den Spezialisierungs- und den Mengeneffekt der Arbeitsteilung entstehen würde.

Doch auch der Gütertausch hat eine wichtige Voraussetzung: Tauschvorgänge sind nur dann in größerem Umfang organisierbar, wenn es ein funktionierendes Tauschmittel gibt, nämlich das Geld. Was unter Geld zu verstehen ist, haben wir zu Beginn dieses Kapitels bereits von *Kurt Tucholsky* gelernt: „Für Geld kann man Waren kaufen, weil es Geld ist, und es ist Geld, weil man dafür Waren kaufen kann.“[23] So seltsam das klingen mag - es trifft genau zu. Geld lässt sich nicht über irgendwelche äußeren Merkmale erkennen, sondern nur durch die Funktionen, die es erfüllt. Wenn es als Tauschmittel von den Menschen akzeptiert wird, ist es Geld.

Man unterscheidet drei Geldfunktionen, zwei konkrete und eine abstrakte:

- die Tausch- oder Zahlungsmittelfunktion
- die Wertaufbewahrungsfunktion
- die Funktion als Recheneinheit

2.3.3.1 Die Tauschmittelfunktion

Wenn bei einem Geschäft Ware gegen Ware getauscht wird, so spricht man vom Realtausch. Dazu ist es notwendig, dass man einen Tauschpartner findet, der gleichzeitig das Gut anbietet, das man selbst sucht, andererseits aber auch das Gut eintauschen möchte, das man selbst dafür anbieten kann. Zum Beispiel möchte ein Wirtschaftssubjekt eine Kuh anbieten und Zimtsterne dafür haben. Es ist leicht einzusehen, dass ein solcher Tausch ziemlich selten gelingen wird. In der Regel wird zumindest ein Ringtausch notwendig werden, bei dem ein oder mehrere Zwischentauschpartner eingeschaltet werden:

[23] *Tucholsky, K.*, zitiert nach *Trebeis, O.V.* (1994), S. 29f.

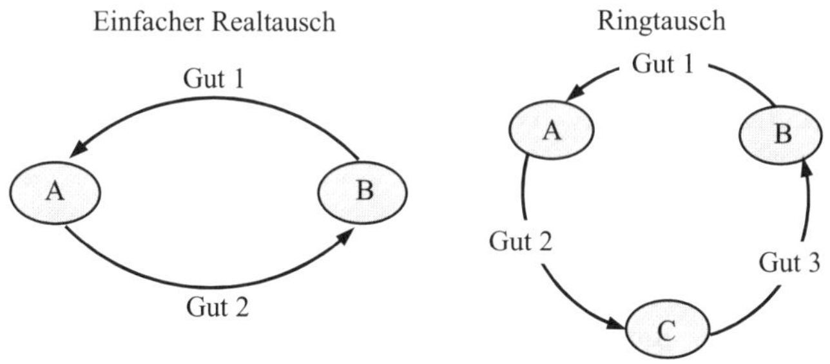

Abbildung 2-16: Realtausch und Ringtausch

Einen Ringtausch zu organisieren bedeutet viel Aufwand, Zeit und Mühe. Man spricht in diesem Zusammenhang von hohen Transaktionskosten. Verwendet man hingegen ein Tauschmittel, so lässt sich der Realtausch in mehrere voneinander unabhängige Teile zerlegen, nämlich in einen Kauf und einen Verkauf (siehe Abbildung 2-17). Diese beiden Transaktionen sind personell, räumlich, zeitlich und inhaltlich völlig voneinander getrennt. Es ist daher wesentlich einfacher als beim Realtausch, einen Tauschpartner zu finden, der die eigene angebotene Ware haben möchte und dafür Geld als neutralen Gegenwert bezahlt. Das Geld kann man anschließend solange aufbewahren, bis man Bedarf an einem anderen Gut hat, und dieses dann gegen Bezahlung des Tauschmittels erwerben.

Die Verwendung von Geld steigert somit die Effizienz von Tauschgeschäften entscheidend:

- Die Transaktionskosten sinken, da die Suchkosten (um einen geeigneten Partner zu finden) deutlich abnehmen.
- Dadurch werden Tauschgeschäfte attraktiv, die sich in der Abwicklung als Realtausch nicht gelohnt hätten. Arbeitsteilung nimmt zu, somit entstehen auch mittelbare Wohlfahrtsgewinne.
- Viele Realtauschgeschäfte lassen sich nur durchführen, wenn gleichzeitig Kredite eingeräumt werden. Wenn etwa Frischfisch gegen Wein getauscht werden soll, kann man die Fische nicht solange aufheben, bis der Wein endlich genießbar ist, sondern muss sie zunächst gegen Kredit an den Weinbauern geben. Kredit birgt aber ein Risiko, so dass sich auch dadurch das Tauschgeschäft verteuert. Mit der Einführung von Geld wird das Tauschgeschäft also gleichzeitig sicherer und billiger.

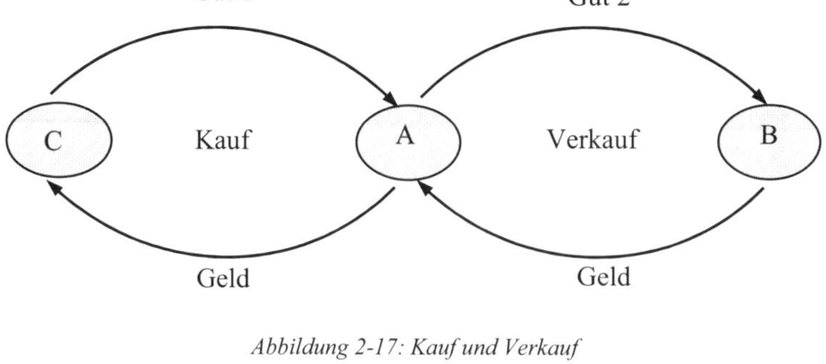

Abbildung 2-17: Kauf und Verkauf

Damit ein Tauschmittel diese Funktion auch tatsächlich wahrnehmen kann und von den Wirtschaftssubjekten akzeptiert wird, muss es bestimmte **Eigenschaften** besitzen, die es dazu befähigen. Es muss vor allem teilbar (damit man auch geringwertige Güter dafür kaufen kann), homogen (damit man Werte vergleichen kann) und mindestens so haltbar sein, dass es die Zeitspanne zwischen dem Verkauf eines Gutes und dem Kauf eines anderen ohne Wertverlust überbrücken kann.
Eine weitere wichtige Eigenschaft besteht darin, dass es einerseits einfach, andererseits aber vor allem kontrolliert herstellbar sein muss. Einerseits macht es nämlich wenig Sinn, für die Produktion von Geld viele Ressourcen aufbringen zu müssen, die bei der Produktion der Tauschgüter selbst dann fehlen. Andererseits muss die Produktion zumindest so schwierig sein, dass es Unbefugten nicht gelingt, das Tauschmittel nach Belieben selbst herzustellen. Die Folge wäre sonst eine unkontrollierte Ausdehnung der umlaufenden Menge des Tauschmittels und somit ein unvermeidlicher Wertverfall. Die Akzeptanz der Wirtschaftssubjekte würde verschwinden und das Tauschmittel würde seine Funktion und damit die Geldeigenschaft einbüßen.

Im Laufe der Wirtschaftsgeschichte wurden schon zahlreiche verschiedene Güter als Tauschmittel verwendet, wie z.B. Muscheln, Felle, Salz oder Sklaven. Es ist allerdings nicht notwendig, dass das Tauschmittel selbst auch noch einen Gebrauchswert besitzt. Es ist allein wegen seiner Tauschmittelfunktion nützlich und begehrt. So haben sich mit der Zeit Geldarten entwickelt, die immer weniger Gebrauchswert besaßen, dafür aber hinsichtlich Teilbarkeit, Homogenität und Haltbarkeit große Vorteile gegenüber den üblichen Handelswaren hatten, nämlich zunächst geprägtes Edelmetall, später jedoch - v.a. um die Transaktionskosten weiter zu reduzieren - auch reines Zeichengeld wie bedrucktes Papier oder Buchgeld, das nur noch als Gutschrift auf Bankkonten in Erscheinung tritt.

Als Synonym für Tauschmittel spricht man auch allgemein von Zahlungsmittel. Während die Bezeichnung Tauschmittel darauf Bezug nimmt, dass die Geldzahlung eine Gegenleistung für eine hingegebene Ware darstellt, hat ein Zahlungsmittel auch bei einseitigen Zahlungen, wie zum Beispiel bei Steuerzahlungen, generell schuldenbefreiende Wirkung.

2.3.3.2 Die Wertaufbewahrungsfunktion

Um als Tauschmittel brauchbar zu sein, muss Geld in der Lage sein, Wert zu speichern. Zumindest die Zeitspanne zwischen Verkauf und Kauf muss durch das Geld überbrückt werden können. Jedes Wirtschaftssubjekt hält daher stets Geld, um für die nächste beabsichtigte Transaktion zahlungsfähig zu sein. Diese Geldhaltung nennt man Transaktionskassenhaltung. Hinzu kommt, dass nicht alle bevorstehenden Zahlungsverpflichtungen vollständig vorhersehbar sind oder manche Kaufwünsche spontan entstehen und nicht alle Anschaffungen tatsächlich geplant werden. Auch dafür halten Wirtschaftssubjekte in bestimmtem Umfang Geld, nämlich die sog. Vorsichtskasse.

Daneben kann es jedoch noch einen weiteren Grund geben, Geld zu halten - einen Grund nämlich, der auch nicht im weitesten Sinne mit geplanten Käufen oder der Sicherung von Zahlungsfähigkeit, sondern unmittelbar mit dem Wunsch zu tun hat, Wert zu speichern, um Einkommen in die Zukunft zu transferieren, d.h. Vermögen zu bilden.

Wer Vermögen bilden möchte, sucht nach Anlagemöglichkeiten, die nicht nur wertbeständig sind, sondern ihren Wert im Laufe der Zeit möglichst noch steigern. Beliebt sind daher zum Beispiel Immobilien oder zinstragende Finanzaktiva, deren Bonität möglichst hoch ist. Geld im engeren Sinne, d.h. Bargeld oder Buchgeld, scheint dafür zunächst wenig geeignet, da es bestenfalls seinen Wert behält, aber i.d.R. keine oder kaum Zinsen einträgt. Dennoch zeigen

empirische Untersuchungen, dass zu jedem Zeitpunkt nicht unerhebliche Mengen an Geld gehalten werden, die über den Bedarf an Transaktionsgeld weit hinausgehen.

Diese Art der Geldhaltung lässt sich gut mit Hilfe eines kapitaltheoretischen Erklärungsansatzes begründen. Der Wert eines Vermögensobjektes lässt sich beschreiben als Summe aller zukünftigen, auf den Gegenwartszeitpunkt abdiskontierten Ertragsströme, die aus diesem Objekt zu erwarten sind (r sei der relevante Zinssatz, z.B. der Marktzinssatz, zu dem Geld nahezu risikolos bei Geschäftsbanken angelegt werden kann , y der jährliche Einkommensstrom):

$$\text{Ertragswert} = \sum_{i=1}^{n} \frac{y_i}{(1+r)^i}$$

Bei einem Vermögensobjekt mit unendlicher Laufzeit und jährlich gleich bleibenden Erträgen vereinfacht sich diese Formel auf

$$\text{Ertragswert} = \frac{y}{r}$$

Ein festverzinsliches Wertpapier mit einem Nominalwert von 100€ und einer Verzinsung von 5% pro Jahr hat bei einem Marktzinssatz von 4% demnach den Ertragswert

$$E = \frac{100 \cdot 0{,}05}{0{,}04} = \frac{5}{0{,}04} = 125$$

Wendet man diese Sichtweise auf die Haltung von Geld an, so wird klar, dass sich Geldhaltung aus Wertaufbewahrungsgründen nur dann lohnt, wenn der Ertragswert des Geldes höher ist als sein Nominalwert. Um den Ertragswert berechnen zu können, muss man die Ertragsrate des Geldes kennen. Diese hat zumindest zwei Komponenten. Zum einen schützt Geldhaltung vor Zahlungsunfähigkeit. Dieser Teil der Verzinsung, nennen wir ihn r_l, ergibt sich somit aus den vermiedenen Kosten für kurzfristige Kreditaufnahme bei vorübergehender Zahlungsunfähigkeit oder gar Substanzverlust durch Konkurs. Die zweite Ertragskomponente r_z besteht in einer möglichen Verzinsung, die man für Geldhaltung auf Bankkonten entweder bekommt oder aber die Gebühren, die man dafür zahlen muss. r_z kann also positiv oder negativ sein. Wenn K der nominale Geldbetrag ist, dann ergibt sich der Ertragswert dieses Betrages wie folgt:

$$E = \frac{K(r_l + r_z)}{r}$$

Daraus folgt, dass die Haltung von Geld aus Gründen der Wertaufbewahrung sinnvoll ist, wenn $r_l + r_z > r$, da dann der Ertragswert des Geldes höher ist als sein Nominalwert. Erst wenn sich das Ungleichheitszeichen umdreht, ist es für das Wirtschaftssubjekt sinnvoll, zugunsten anderer Anlageformen, wie z.B. von Wertpapieren, umzuschichten. Offensichtlich spielen bei dieser Entscheidung der Marktzinssatz bzw. die Erwartungen des Anlegers über die zukünftige Entwicklung des Marktzinssatzes eine wesentliche Rolle. Dieser Teil der Kassenhaltung wird deshalb auch Spekulationskasse genannt. Er repräsentiert die Wertaufbewahrungsfunktion des Geldes im engeren Sinne, d.h. den Teil, der über die Kassenhaltung zu Transaktions- und Vorsichtszwecken hinausgeht.

2.3.3.3 Die Funktion als Recheneinheit

Die dritte Geldfunktion ist die Funktion der Recheneinheit. Sie wird auch abstrakte Geldfunktion genannt, da Geld hierbei nur als Maßeinheit für den Wert von Gütern fungiert.

Jedem Tauschgeschäft geht die Phase der Bewertung der gehandelten Güter voraus. Die Tauschpartner müssen sich darüber einig werden, wie viele Einheiten eines Gutes für eine Einheit des anderen Gutes zum Tausch aufgegeben werden müssen, damit der Tausch zustande kommen kann. Im Falle eines Realtausches erhält man daher für jedes Gut einen sog. relativen Preis, der das reale Austauschverhältnis der beiden Güter beschreibt. Genau genommen erhält man sogar zwei solche relativen Preise, wobei der eine der Kehrwert des anderen ist. Werden in einer Wirtschaft zum Beispiel n Güter gegeneinander ausgetauscht, so ergibt sich bei Realtausch die Tauschmatrix in Abbildung 2-18.

	Tauschgüter				
Tauschgüter	1	2	3	...	n
1	1:1	1:2	1:3	...	1:n
2	2:1	2:2	2:3	...	2:n
3	3:1	3:2	3:3	...	3:n
...					
n	n:1	n:2	n:3	...	n:n

Abbildung 2-18: Tauschmatrix bei Realtausch

Die Zahlenverhältnisse innerhalb der Matrix stellen die relativen Preise (Austauschverhältnisse der beiden Güter zueinander) dar. Beim Handel mit n Gütern entstehen demnach $n \cdot n = n^2$ relative Preise. Allerdings lässt sich diese Zahl noch ein wenig reduzieren. In der Hauptdiagonalen steht n mal die Zahl 1, die für die Tauschpartner irrelevant ist, da ein Gut niemals gegen sich selbst getauscht wird. Zudem muss berücksichtigt werden, dass unterhalb der Hauptdiagonalen lediglich die Kehrwerte der Zahlenverhältnisse des oberen Matrixteiles erscheinen. Wir erhalten somit für n Tauschgüter n(n - 1)/2 unabhängige relative Preise. Würde man in dieser Tauschwirtschaft Geld, also ein neutrales Tauschmittel verwenden, so würde sich die Anzahl der Preise auf n reduzieren.

Aus Sicht der Markttransparenz, d.h. der Übersichtlichkeit ist das ein enormer Vorteil. Wenn zum Beispiel n = 10 ist, müssen sich die Tauschpartner bei Realtausch statt 45 relativen nur 10 absolute, d.h. Geldpreise merken.

Die Verwendung einer Recheneinheit hat ebenfalls enorme Vorteile für eine Tauschwirtschaft:

- Die Informationskosten sinken sprunghaft.
- Dadurch steigt die Markttransparenz und die Wahrscheinlichkeit fehlerhafter Tauschentscheidungen (aus Mangel an Marktübersicht) wird geringer. Die Qualität der Entscheidungen verbessert sich.
- Somit verbessert sich auch die Funktionsfähigkeit des Marktes, die Tauschkosten sinken und die Arbeitsteilung wird optimiert.

Die Funktion der Recheneinheit muss nicht zwangsläufig gleichzeitig mit der Tauschfunktion wahrgenommen werden. In der Wirtschaftsgeschichte finden sich zahlreiche Beispiele für Geldarten, die ausschließlich Recheneinheitsfunktion hatten. So war etwa der ECU, der Vorläufer des Euro, zunächst kein Tauschmittel, wohl aber eine wichtige Recheneinheit v.a. im innereuropäischen Zentralbankenverkehr. Ein weiteres Beispiel ist die Reichsmark in der

Zeit vor der deutschen Währungsreform 1948. Wegen der dramatischen Hyperinflation verlor die Reichsmark damals ihre Tauschmittelfunktion nahezu vollständig. Die Wirtschaftssubjekte gingen entweder zum Realtausch über oder benutzten die allgemein akzeptierte Zigarettenwährung. Sie diente jedoch nach wie vor als Recheneinheit.

Übung 2-8: Tauschpartner im Preisdschungel

In einer Realtauschwirtschaft werden die Güter Brot, Fisch, Gemüse, Obst, Wein, Kaffee, Holz und Tuch gehandelt.

a) Wie viele relative Preise müssen sich Tauschpartner merken? Wie viele voneinander unabhängige Preisverhältnisse gibt es?

b) Wie viele absolute Preise gibt es, wenn Wein zum Tauschmittel und zur Recheneinheit erhoben wird? Wie viele absolute Preise gibt es, wenn mit Papiergeld bezahlt wird?

c) Welche Gründe sprechen gegen die Verwendung von Wein als Tauschmittel?

d) Welche Beziehungen bestehen zwischen absoluten und relativen Preisen?

Lösung:

a) Da es sich um 8 Güter handelt, gibt es $\frac{n(n-1)}{2}$, d.h. also $\frac{56}{2}=28$ voneinander unabhängige relative Preise. Um die Marktübersicht zu behalten, dürfte es allerdings notwendig sein, sich alle 56 Preisverhältnisse zu merken, da es für die meisten Menschen nicht sofort ersichtlich sein dürfte, dass z.B. 0,8 der Kehrwert von 1,25 ist.

b) Wenn eines der Tauschgüter selbst als Tauschmittel verwendet wird, spricht man von einem sog. numeraire. In diesem Fall ergeben sich 7, bei Verwendung von Papiergeld 8 absolute Preise.

c) Dennoch wird sich Wein als Tauschmittel langfristig nicht durchsetzen können. Dieses Gut erfüllt die an ein Tauschmittel gestellten Anforderungen nämlich nur sehr ungenügend: Wein ist nur begrenzt haltbar, wenig homogen, sehr teuer und wenig kontrollierbar in der Herstellung sowie sehr unhandlich im Umgang. Lediglich die notwendige Teilbarkeit ist gegeben.

d) Wenn die absoluten Preise zweier Güter bekannt sind, so kann daraus auch deren reales Austauschverhältnis (relativer Preis) berechnet werden. Der umgekehrte Weg ist jedoch nicht möglich. Um absolute Preise ermitteln zu können, ist unbedingt eine Angabe über die Menge des vorhandenen Zahlungsmittels erforderlich. Der Wert einer Einheit des Zahlungsmittels (Kaufkraft) ergibt sich stets aus dem Verhältnis zwischen der Menge des Zahlungsmittels und der Menge der Güter, die dafür insgesamt erworben werden können. Bei der Steuerung des absoluten Preisniveaus einer Volkswirtschaft kommt der wirksamen Steuerung der volkswirtschaftlichen Geldmenge daher eine besondere Bedeutung zu.

3 Die Marktwirtschaft – Ordnungspolitisches Leitprinzip und wirtschaftspolitische Praxis

Lehrziele:

Auf der Basis eines modellhaften Vergleichs zwischen einer reinen Marktwirtschaft und einer zentralen Verwaltungswirtschaft lernen die Leser zunächst die beiden grundlegenden Organisationsprinzipien des Wirtschaftsgeschehens kennen.

Die Funktionsweise sowie wichtige Funktionsvoraussetzungen der Marktwirtschaft als ordnungspolitischem Leitprinzip Deutschlands stehen dabei im Mittelpunkt der Analyse. Die Leser erkennen, dass Marktversagen und Funktionsmängel des Marktprozesses die wichtigsten Ansatzpunkte marktwirtschaftlicher Wirtschaftspolitik sind und ergründen die Rolle des Staates als ordnender (Ordnungspolitik), bewahrender (Wettbewerbspolitik) und korrigierender (Marktinterventionen) wirtschaftspolitischer Autorität. Sie werden dabei auch mit den Grundlagen marktwirtschaftlicher Finanzpolitik bekannt gemacht.

Der letzte Abschnitt ist der Sozialen Marktwirtschaft gewidmet. Zunächst wird gezeigt, auf welchem ideologischen Hintergrund dieses Ordnungskonzept entstanden ist und welche Prinzipien es prägen. Danach erfahren die Leser, wie sich die Soziale Marktwirtschaft nach dem 2. Weltkrieg zunächst in Westdeutschland, ab 1990 dann auch in der ehemaligen DDR etabliert und entwickelt hat.

3.1 Grundlagen von Wirtschaftssystemen

3.1.1 Begriffsbestimmungen

Was ist der Unterschied zwischen einem Wirtschaftssystem und einer Wirtschaftsordnung? In der Literatur werden beide Begriffe uneinheitlich verwendet – bei manchen Autoren sogar als Synonyme. Der Wortbedeutung nach ist jedoch folgende Unterscheidung sinnvoll:

Ein **Wirtschaftssystem** besteht aus der Gesamtheit aller Funktionsmechanismen, Zielsetzungen, organisatorischen Strukturmerkmale sowie Normen und Institutionen, die Aufbau und Ablauf einer Wirtschaft prägen.
Die **Wirtschaftsordnung** hingegen ist eine Teilmenge des Wirtschaftssystems. Sie umfasst alle Normen und Regeln, die sich die Gesellschaft als Ganze oder die Marktteilnehmer untereinander geben, um das komplexe Marktgeschehen zu ordnen. Ein solches Regelwerk ist die Grundlage und gleichzeitig Voraussetzung dafür, dass das Wirtschaftsgeschehen überhaupt in einer bestimmten Art und Weise funktionieren kann; die Wirtschaftsordnung ist somit konstituierend für das Wirtschaftssystem.

Eine Wirtschaftsordnung besteht einerseits aus formalen Gesetzen und Vorschriften, andererseits aber auch aus spontan oder auf Grund von Traditionen und kulturellen Gepflogenheiten durch die einzelnen Marktteilnehmer vereinbarten Handlungsweisen. Daraus wird deutlich, dass es stets Interdependenzen zwischen der Wirtschaftsordnung und der Rechtsordnung, d.h. dem politischen und gesellschaftlichen System, sowie der Kultur und historischen Vergangenheit der betreffenden Gesellschaft gibt. Gerade diese kulturelle und historische Prägung einer jeden Wirtschaftsordnung wird jedoch häufig verkannt. Wirtschaftsordnungen lassen sich ebenso wenig wie politische Systeme beliebig von einer Gesellschaft auf eine andere übertragen.

Die Gesamtheit aller formalen wirtschaftsrechtlichen Vorschriften nennt man **Wirtschaftsverfassung**. Diese umfasst also nicht nur solche Rechtsnormen, die tatsächlich in der Verfassung eines Landes niedergelegt sind – in Deutschland z.B. das Eigentumsrecht sowie Berufs- und Gewerbefreiheit – sondern auch alle anderen wirtschaftlich relevanten Rechtsnormen, wie z.B. das Gesetz gegen Wettbewerbsbeschränkungen, das Bundesbankgesetz, Steuergesetze oder das Tarifrecht.

3.1.2 Aufgaben von Wirtschaftssystemen

Wirtschaften ist überall und zu jeder Zeit ordnungsbedürftig. Dies gilt sogar für die Ein-Mann-Wirtschaft von Robinson auf seiner einsamen Insel. Wirtschaften bedeutet ja, eine Lösung für das Knappheitsproblem zu finden, welches darin besteht, dass Nutzen (und damit Bedürfnisbefriedigung) nur durch den Konsum von Gütern entstehen kann und Güter wiederum nur durch den Einsatz von (begrenzt verfügbaren) Produktionsfaktoren hergestellt werden können. Konsum- und Produktionsentscheidungen müssen also koordiniert werden.

Was für Robinson noch verhältnismäßig einfach ist, da er beide Entscheidungen in seinem eigenen Kopf fällt und sich – zumindest bis zur Ankunft von Freitag – mit niemand anderem abstimmen muss, ist in einer modernen, hoch arbeitsteiligen und damit spezialisierten Wirtschaft jedoch außerordentlich komplex. Zahlreiche Einzelentscheidungen sowie Tauschvorgänge bedürfen der Abstimmung und Koordination und zwar in einer Weise, dass die Ziele, die sich die Wirtschaftssubjekte als Einzelne und/oder die Gesellschaft als Ganze geben, möglichst optimal erreicht werden.

Jedes Wirtschaftssystem muss also unabhängig von seiner konkreten Ausgestaltung durch die Wirtschaftsordnung stets

- die Allokationsentscheidung und
- die Distributionsentscheidung

für die gesamte Gesellschaft treffen bzw. koordinieren.

3.1.3 Konstituierende Elemente von Wirtschaftssystemen

Durch die erwähnte Interdependenz zwischen der Wirtschaftsordnung einerseits und der Gesellschaftsordnung sowie dem kulturellen Umfeld andererseits gleicht kein reales Wirtschaftssystem dem anderen. Zum besseren Verständnis und als Basis für ordnungstheoretische Analysen der verschiedenen Typen von Wirtschaftssystemen ist es daher zweckmäßig, die Vielzahl der realen Erscheinungsformen nach einigen wenigen konstituierenden Merkmalen zu strukturieren.

Üblicherweise gelten zwei Merkmale als Grundbausteine, nämlich die Eigentumsordnung und die Art der Koordination von Entscheidungen.

3.1.3.1 Die Eigentumsordnung

Ein wichtiges, relativ junges Teilgebiet der Mikroökonomie ist die Institutionenökonomik[1]. Diese befasst sich mit dem Einfluss bestimmter institutioneller Rahmenbedingungen auf das Ergebnis des Wirtschaftsprozesses. Dazu gehören insbesondere die Eigentumsrechte oder Property Rights. Aus der Analyse dieser Property Rights konnten die beiden grundlegend gegensätzlichen Fälle des Privateigentums oder des Kollektiveigentums (Gemeineigentums, Staatseigentums) abgeleitet werden. Dabei ist die Rede stets nur von den Eigentumsrechten an Produktionsmitteln, da in jedem Wirtschaftssystem der Produktionsprozess und damit die Verhaltensweise der Unternehmen im Zentrum des Interesses stehen.
Konsumgüter hingegen werden stets als Privateigentum betrachtet, da Bedürfnisbefriedigung und damit Konsum ja immer nur personenbezogen, d.h. privat möglich ist und daher auch die Konsumgüter letztendlich in Privatbesitz übergehen müssen.

Die Eigentumsordnung wird oft als das zentrale systembildende Element schlechthin betrachtet. Das auf Privateigentum an Produktionsmitteln aufbauende System wird als **Kapitalismus**, das System kollektiven Eigentums als **Sozialismus** bezeichnet. Hierbei ist zu berücksichtigen, dass – im Gegensatz zum allgemeinen, historisch geprägten Sprachgebrauch – beide Begriffe in diesem Zusammenhang völlig wertfrei ausschließlich zur Bezeichnung einer bestimmten Wirtschaftsrechtsordnung verwendet werden.

3.1.3.2 Der Koordinationsmechanismus

Trotz mancher Kritik wird bei der Einteilung der Wirtschaftssysteme nach dem Koordinationsmechanismus auch heute noch gerne auf die von *Walter Eucken*[2] entwickelten ordnungstheoretischen Typen einer Markt- oder Verkehrswirtschaft einerseits, sowie einer Zentralverwaltungs- oder Planwirtschaft andererseits zurückgegriffen.

In einer **Markt- oder Verkehrswirtschaft** entscheiden die Wirtschaftssubjekte dezentral. Durch die freie Preisbildung auf den Güter- und Faktormärkten werden die Angebots- und Nachfragewünsche aller Marktteilnehmer ausgeglichen. Die Existenz von Märkten und ein funktionierender Preismechanismus sind somit notwendige Voraussetzung für dieses Koordinationsmodell.

---

[1] Verbunden insbesondere mit dem Namen *Ronald H. Coase*, der für seine bahnbrechenden Arbeiten auf diesem Gebiet 1991 den Wirtschaftsnobelpreis erhielt: "The Nature of the Firm", in 'Economica', Jg. 4, 1937, S. 386 – 405 und "The Problem of Social Cost", in 'Journal of Law and Economics', 3. Jg. 1960, S. 1 – 44. Vgl. auch unten Kapitel 8, S.376 ff.

[2] *Eucken, W.* (1952)

In einer **Zentralverwaltungswirtschaft** (Kommandowirtschaft oder einfach **Planwirtschaft**) hingegen übernimmt eine zentrale Planungsinstanz die Abstimmung der Einzelpläne. Die Handlungen aller müssen sich an einem zentral erstellten Wirtschaftsplan ausrichten, der alle Distributions- und Allokationsentscheidungen vorgibt. Notwendige Voraussetzung dafür ist ein vollständiger Überblick der zentralen Planungsinstanz über sämtliche vorhandenen Ressourcen sowie die individuellen Bedürfnisse.

3.1.3.3 Grundtypen von Wirtschaftssystemen

Aus den beiden Grundbausteinen lassen sich vier Typen von Wirtschaftssystemen ableiten:

Eigentums-ordnung / Art der Koordination	Privateigentum an Produktionsmitteln (Kapitalismus)	Kollektiveigentum an Produktionsmitteln (Sozialismus)
Dezentrale Planung (Marktwirtschaft)	1.1 Kapitalistische Marktwirtschaft (Verkehrswirtschaft)	1.2 Sozialistische Marktwirtschaft
ZentralePlanung (Planwirtschaft)	2.1 Kapitalistische Planwirtschaft	2.2 Sozialistische Planwirtschaft (Zentralverwaltungswirtschaft)

Abbildung 3-1: Grundlegende Typen von Wirtschaftssystemen

Eine Markt- oder Verkehrswirtschaft basiert auf der dezentralen Entscheidungsfindung aller beteiligten Wirtschaftssubjekte. Es ist daher naheliegend, dass in einer solchen Wirtschaftsorganisation auch das Eigentum an Produktionsmitteln dezentral, d.h. bei den einzelnen privaten Unternehmen liegt (1.1).
Die Kombination einer Marktsteuerung mit Kollektiveigentum, also das Model einer sozialistischen Marktwirtschaft (1.2), beruht hingegen auf widersprüchlichen Organisationsprinzipien und kommt bzw. kam in der Realität auch kaum vor. Ansätze dafür waren z.B. im früheren Jugoslawien zu beobachten oder in der Mischwirtschaft der Volksrepublik China.

Umgekehrt werden planwirtschaftliche Strukturen, bei denen alle wirtschaftlichen Entscheidungen auf eine zentrale Instanz konzentriert sind, typischerweise mit Kollektiveigentum an Produktionsmitteln kombiniert (2.2).
Theoretisch kann zentrale Planung auch mit Privateigentum an Produktionsmitteln kombiniert werden (2.1), doch auch diese Wirtschaftsform ist in der Realität nur selten zu beobachten, da sich private Kapitaleigner kaum freiwillig fremdbestimmen lassen. Tatsächlich entsteht eine solche Kombination vor allem in Ausnahmesituationen, also z.B. in der Zeit von Kriegen, in denen alle privatwirtschaftlichen Aktivitäten einem autoritär vorgegebenen gemeinsamen Ziel untergeordnet werden müssen.

Die beiden Grundelemente von Wirtschaftssystemen, das Koordinationsprinzip und die Eigentumsordnung, sind also nicht unabhängig voneinander. Die beiden markierten Wirtschaftssysteme stellen daher das grundlegende Gegensatzpaar dar, welches als Referenzmodell für alle tatsächlich existierenden Wirtschaftssysteme verwendet werden kann, das jedoch in dieser ausschließlichen Ausprägung in der Realität nirgends zu beobachten war und ist. Alle existierenden Wirtschaftssysteme sind Mischformen dieser beiden Grundmodelle.

Die Idee der **sozialistischen Planwirtschaft** prägte v.a. das 20. Jahrhundert. Es war die dominierende Wirtschaftsordnung in Zentral- und Osteuropa sowie in großen Teilen Asiens. Heute gibt es nur noch einige wenige Relikte in China, Kuba und Nord-Korea, sowie ansatzweise in einigen Entwicklungsländern Afrikas und des arabischen Raumes. Alle real existierenden Planwirtschaften bezogen und beziehen in bestimmten Bereichen v.a. der Konsumgüterversorgung aber auch marktwirtschaftliche Mechanismen mit ein. Insbesondere China entwickelt derzeit einen sog. „dritten Weg“, indem gezielt marktwirtschaftliche Ausnahmebereiche innerhalb des sozialistisch-planwirtschaftlichen Ordnungsrahmens definiert und zugelassen werden (Mischwirtschaft).

Auf Grund des ökonomischen Misserfolges der meisten Planwirtschaften des vorigen Jahrhunderts hat sich das Modell der **kapitalistischen Marktwirtschaft** heute als wichtigstes Referenzmodell für die meisten Volkswirtschaften etabliert.
Doch auch diese Wirtschaftsordnung ist nirgendwo in Reinform umgesetzt. Alle existierenden Marktwirtschaften sind mit Ausnahmebereichen durchsetzt, in denen der Staat zentrale und für alle verbindliche wirtschaftliche Entscheidungen fällt und auch Teile des gesamtwirtschaftlichen Produktionsapparates an sich zieht. Der wichtigste Grund für die Einmischung des Staates in privatwirtschaftliche Abläufe sind Mängel des Marktmechanismus, wie z.B. das bereits besprochene Marktversagen im Zusammenhang mit den Eigenschaften öffentlicher Güter.

Das häufig vorgebrachte Argument, dass auch in den ausgeprägtesten Marktwirtschaften die Binnenstruktur der Unternehmen nicht etwa dezentral, sondern stets hierarchisch-autoritär und damit zentralistisch sei, dieses Organisationsprinzip sich also auch in einer Marktwirtschaft als überlegen erweise, verkennt die Bedeutung des marktwirtschaftlichen Wettbewerbs. Erst der Wettbewerb stellt sicher, dass die Entscheidungen der privaten Unternehmen zu wirtschaftlich effizienten Ergebnissen führen. Wird jedoch ein ganzes Land auf diese Weise organisiert, so fallen die wettbewerbliche Kontrolle und damit der Zwang zu ständiger Optimierung weg. Diesem Trugschluss sind letztlich alle großen Planwirtschaften des 20. Jahrhunderts zum Opfer gefallen.

3.2 Idealtypische Wirtschaftsordnungen im Vergleich

Da alle realen Wirtschaftsordnungen und -systeme in verschiedenster Art und Weise aus den beiden Grundtypen „kapitalistische Marktwirtschaft“ und „sozialistische Planwirtschaft“[3] zusammengesetzt sind, ist es nützlich, diese beiden Wirtschaftsordnungen zunächst modellhaft darzustellen, zu analysieren und zu vergleichen.

Um diesen Vergleich möglichst übersichtlich zu gestalten, werden im Folgenden einige charakteristische Merkmale von Wirtschaftsordnungen herausgegriffen und in ihrer jeweiligen Ausprägung in Markt- und Planwirtschaft beleuchtet. Diese Merkmale sind

- Das wirtschaftliche Zielsystem bzw. die Zielfindung,
- Das Koordinations- und Anreizsystem,
- Die Art der Güterdistribution,
- Die Rolle des Geldes,
- Die Rolle des Staates.

[3] Im Folgenden wird vereinfachend auf die Attribute “kapitalistische” und “sozialistische” verzichtet und nur noch von Markt- und Planwirtschaft gesprochen.

3.2.1 Zielsysteme

Jedes wirtschaftliche Handeln wird durch Ziele geprägt, die erreicht werden sollen. Wirtschaftliche Ziele entstehen aus dem Wunsch, Bedürfnisse zu befriedigen. Sie entstehen also zunächst bei jedem einzelnen Menschen individuell. Ausgangspunkt eines gesellschaftlichen Zielsystems sind daher stets die einzelwirtschaftlichen Ziele, d.h. die mikroökonomische Zielebene.

Fragt man einzelne Personen nach ihren wirtschaftlichen Zielen, so erhält man Antworten wie

- Karriere machen,
- Ein möglichst gutes Leben führen,
- Selbstverwirklichung,
- Sicherheit im Alter,
- Ein möglichst hohes Einkommen erzielen,
- Versorgung der Familie,
- Unabhängigkeit usw.

Diese Liste enthält Ziele ganz unterschiedlicher Qualität. Das Ziel „hohes Einkommen" ist höchstwahrscheinlich kein Selbstzweck, sondern vielmehr die notwendige Voraussetzung für andere Ziele, z.B. für Unabhängigkeit, die möglichst gute Versorgung der Familie und nicht zuletzt auch für den eigenen Wohlstand. Ähnliches gilt für das Karriereziel, das oftmals eine wichtige Voraussetzung für Selbstverwirklichung ist. In jedem Zielsystem sind also Zwischenziele oder sog. Modalziele von den Endzielen oder Finalzielen zu unterscheiden. Die Finalziele menschlichen wirtschaftlichen Verhaltens sind grundsätzlich in jedem Wirtschaftssystem die gleichen, wenngleich in unterschiedlich starker Ausprägung: Jeder Mensch strebt nach individuellem Wohlbefinden, jeder Mensch hat ein Sicherheitsbedürfnis, jeder Mensch braucht Selbstbestätigung usw.

Die makroökonomische Zielebene geht aus der mikroökonomischen hervor. Die gesamtwirtschaftlichen Ziele müssen so formuliert sein, dass sie einen maximalen individuellen Zielerreichungsgrad für alle Mitglieder der Gesellschaft ermöglichen. Genau an dieser Stelle zeigen sich im Vergleich von Markt- und Planwirtschaft jedoch signifikante Unterschiede.

Typische makroökonomische Ziele einer Marktwirtschaft sind z. B. Vollbeschäftigung, Wirtschaftswachstum, Preisniveaustabilität, stabile soziale Sicherungssysteme etc. All diese Ziele ergeben sich als Konsequenz der mikroökonomischen Zielebene:

- Damit sich jeder Einzelne seinen Karrierewunsch erfüllen kann, muss in der Gesamtwirtschaft Vollbeschäftigung herrschen.
- Damit jeder Einzelne im Laufe seines Berufslebens sein Einkommen steigern kann, muss in der Gesamtwirtschaft Wachstum herrschen.
- Damit jeder Einzelne sein Alter durch Ersparnis und anschließende Geldvermögensbildung absichern kann, muss der Geldwert über die Zeit hinweg stabil bleiben.
- usw. ….

In einer Marktwirtschaft entsteht das Zielsystem also im Grunde genommen immer von unten nach oben. Ziele werden individuell gesetzt. Die gesamtwirtschaftliche Zielebene ergibt sich aus der einzelwirtschaftlichen und steht mit ihr im Einklang.

Ein planwirtschaftliches Zielsystem hingegen entsteht auf gesamtwirtschaftlicher Ebene. Man könnte sogar sagen, es existiert nur auf der Ebene des Kollektivs. Ziele werden nicht individuell geäußert, sondern ausschließlich vom Staat formuliert.
Einer modellhaften Planwirtschaft liegt nämlich eine Utopie zugrunde, die Utopie des sozialistischen Menschen. Dieser identifiziert sich vollständig mit dem Kollektiv, in dem er lebt. Seine Ziele fallen mit den Zielen des Kollektivs zusammen. Statt wie der homo oeconomicus eigennutzgetrieben zu agieren, d.h. das eigene Wohlbefinden notfalls auch auf Kosten der Mitmenschen zu maximieren, erreicht der sozialistische Mensch dann sein Nutzenmaximum, wenn die Kollektivziele erfüllt werden. Ein Auseinanderklaffen von mikro- und makroökonomischer Zielebene ist also gar nicht möglich, beide Ebenen fallen zusammen.

Bereits an dieser Stelle wird ein wesentlicher Mangel im Modellkonzept der Planwirtschaft deutlich. Der sozialistische Mensch ist in der Tat eine Utopie und hat sich in der Wirtschaftsgeschichte des 20. Jahrhunderts als unerreichbar erwiesen. Menschen agieren eigennützig, eher ich- als wir-bezogen und stellen daher auch die eigenen, mikroökonomischen Ziele in den Vordergrund ihres Handelns. Wenn die vom Staat proklamierten Kollektivziele, wie z.B. „Sieg des Sozialismus“ oder „Diktatur der Arbeiterklasse“, sich mit diesen Individualzielen nicht vereinbaren lassen, entstehen unlösbare Zielkonflikte, die die Funktionsweise des Wirtschaftssystems behindern bzw. schädigen.

3.2.2 Koordinationsmechanismus und Anreizsystem

Wie bereits dargelegt ist der Koordinationsmechanismus ein grundlegendes Unterscheidungskriterium zwischen Markt- und Planwirtschaft. Betrachten wir seine Funktionsweise nun etwas näher.

In der Marktwirtschaft koordiniert der Preismechanismus alle aufeinander treffenden Angebots- und Nachfragewünsche.
Ein steigender Marktpreis signalisiert den Nachfragern, dass sich das Angebot verknappt. Nachfrager, für die das betreffende Gut weniger wichtig ist (d.h. einen geringeren Nutzen stiftet), ziehen sich vom Markt zurück; nur noch Nachfrager mit einer entsprechend hohen Zahlungsbereitschaft sind weiterhin an dem Gut interessiert. Das knapp gewordene Gut wird auf diese Weise genau an diejenigen Nachfrager gelangen, die auch tatsächlich den höchsten Nutzen daraus ziehen können.
Für Anbieter bedeutet ein hoher Preis c.p. hohe Gewinnschancen; die Marktattraktivität steigt und zieht zusätzliche Anbieter an. Dadurch steigt die Angebotsmenge, das Knappheitsproblem wird entschärft.

Der Preis, der diesen Interessenausgleich zustande bringt, ist ein Informationsträger, der allen Marktteilnehmern gleichermaßen und unterschiedslos zur Verfügung steht. In einem modellhaften, d.h. idealen Markt, verfügen somit alle Beteiligten über identische und vollständige Informationen und zwar ohne dass dafür das Eingreifen irgendeiner übergeordneten administrativen Institution notwendig wäre.
Dieser Koordinationsprozess ist demnach **symmetrisch**, d.h. auf beiden Marktseiten gleichermaßen wirksam, und **anonym**, d.h. nicht auf einzelne Personen bezogen, sondern unterschiedslos auf die Gesamtheit aller Marktteilnehmer gerichtet.

In einer Planwirtschaft hingegen werden alle Wirtschaftssubjekte durch die zentrale Planungsinstanz koordiniert.

Um den Plan erstellen zu können, benötigt die Planungsbehörde zunächst Informationen über die vorhandenen Ressourcen. Diese müssen dezentral und unaufgefordert, d.h. freiwillig, von allen Wirtschaftssubjekten zur Zentrale gemeldet werden, denn hier ist eben nicht

bekannt, wer über welche Informationen verfügt, so dass nur eine allgemeine Aufforderung zur Abgabe aller produktionsrelevanten Informationen erfolgen kann.
Ein sozialistischer Mensch wird diese Informationen ohne Vorbehalte korrekt und vollständig liefern. Ein egoistischer Mensch hingegen hat möglicherweise abweichende Eigeninteressen und daher einen Anreiz, einen Teil der Informationen für sich zu behalten oder zu verfälschen. Hierin besteht eine zweite Fehlerquelle für reale Planwirtschaften, denn wenn bereits die Informationsbasis für den zentralen Plan fehlerhaft ist, kann natürlich auch die Planerstellung nicht korrekt durchgeführt werden.

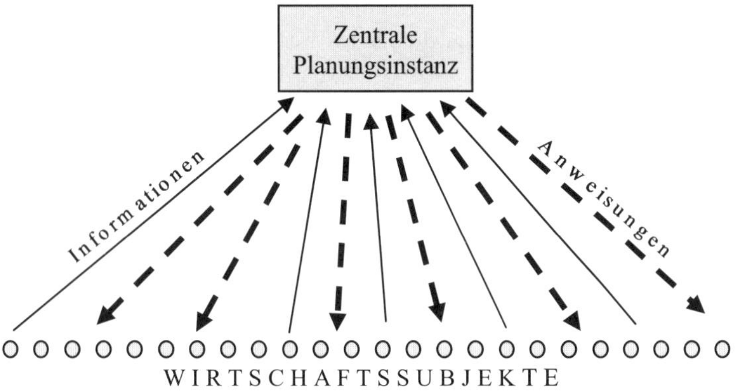

Abbildung 3-2: Planwirtschaftlicher Koordinationsmechanismus

Die von der Planungsinstanz an die Basis zurückfließenden Informationsströme sind von einer völlig anderen Qualität. Hinter ihnen steht die Autorität des Staates; es handelt sich um Handlungsanweisungen für die einzelnen Wirtschaftssubjekte, wie sie zur Planerfüllung beizutragen haben. Darüber hinaus müssen die Anweisungen der Planungsbehörde stets gezielt an bestimmte Wirtschaftssubjekte gerichtet sein, denn alle müssen spezifische, unterschiedliche Aufgaben erfüllen.

Der planwirtschaftliche Koordinationsprozess ist also **weder symmetrisch, noch anonym**. Die Informationen, die von unten nach oben fließen, sind in ihrem Charakter nicht vergleichbar mit denen, die in Gegenrichtung fließen. Die Tatsache, dass zudem jede Anweisung personifiziert erteilt werden muss, bedingt einen hohen Ressourcenverbrauch bei der Planung.

Allein aus diesem Sachverhalt wird daher ein wesentlicher Funktionsnachteil von Planwirtschaften gegenüber Marktwirtschaften deutlich: Selbst wenn der zentrale Planungsprozess fehlerfrei und in Idealform abläuft, bindet er c.p. stets deutlich mehr Ressourcen als der analoge Koordinationsprozess einer Marktwirtschaft. Der Preismechanismus, die „unsichtbare Hand des Marktes", benötigt eben keine Administration. Ressourcen, die in der Planwirtschaft für Verwaltungs- und Planungsaufgaben benötigt werden, können in der Marktwirtschaft produktiv eingesetzt werden.

Dies gilt umso mehr für das die Koordination ergänzende System von Anreizen oder Sanktionen. Die Information darüber, was ein bestimmtes Wirtschaftssubjekt tun sollte, reicht ja allein noch nicht aus. Der Informationsempfänger muss auch eine Motivation dafür haben, sich entsprechend der Information zu verhalten.

In einer Marktwirtschaft wird diese Anreiz- und Sanktionsfunktion ebenfalls – uno actu – vom Preismechanismus wahrgenommen. Ein Unternehmen, das den Preissignalen folgt, er-

zielt Gewinne, andernfalls drohen Verluste oder sogar der Konkurs und zwar ganz egal, ob Unwillen oder Unverständnis, also einfach Fehleinschätzungen der Marktlage, für die Missachtung des Preissignals verantwortlich sind. Auch diese Funktion leistet der Preismechanismus also ohne zusätzlichen Verwaltungsaufwand.

In einer idealen Planwirtschaft ist zunächst die (intrinsische) Motivation des sozialistischen Menschen Anreiz genug, bei der Umsetzung der Planerfüllung sein Bestes zu geben. Auch sozialistische Menschen sind jedoch gegen Fehler und Missverständnisse nicht gefeit. Um die korrekte Befolgung der Anweisungen sicherstellen zu können, bedarf es der Kontrolle und ggfs. einer gezielten Sanktion.
In der Realität der historischen Planwirtschaften waren allerdings auch zusätzliche Leistungsanreize erforderlich, um die Planerfüllung sicherzustellen, da die einzelnen Wirtschaftssubjekte meist durchaus vom Zentralplan abweichende Ziele verfolgten[4]. Üblich waren sowohl materielle (Konsumgüter) wie auch immaterielle Belohnungen wie z.B. Belobigungen, Orden und dergleichen.

Belohnungen und Bestrafungen sind in einer Planwirtschaft also ebenfalls mit großem Kontroll- und Verwaltungsaufwand verbunden. Dies gilt umso mehr, je weniger die Utopie des sozialistischen Menschen in der Realität zutrifft, da mit der Verstärkung der Zielkonflikte auch der Anreiz zunimmt, die eigene Wirtschaftsleistung eben nicht den Vorgaben des Zentralplans zu unterwerfen.

3.2.3 Güterdistribution

Wer soll in den Genuss der produzierten Güter kommen? Diese Frage muss in jedem Wirtschaftssystem durch ein entsprechendes Verteilungsprinzip gelöst werden.

In der Marktwirtschaft gilt dafür das Prinzip der **Leistungsgerechtigkeit**. Es besagt, dass denjenigen Wirtschaftssubjekten die meisten Güter zustehen, die am meisten zu ihrer Erstellung beigetragen haben: Robinson verfügt genau über so viele Fische, wie er zuvor gefangen hat.
In einer arbeitsteiligen Wirtschaft bedarf es jedoch einer Leistungsbewertung, um leistungsgerecht mit Gütern entlohnen zu können. Hierbei übernimmt wiederum der Preismechanismus die Hauptrolle. Der Wert einer Leistung ergibt sich durch die Bewertung aller: Wenn jemand ein Gut herstellt, das die meisten anderen Marktteilnehmer nicht benötigen, ist sein Marktwert gering. Die individuelle Anstrengung, mit der es produziert worden ist, spielt dabei überhaupt keine Rolle, sondern nur der Nutzen, den dieses Gut bei den Käufern erzeugt und der letztendlich deren Zahlungsbereitschaft bestimmt. Dieses Prinzip gilt auch für die Faktormärkte: Wenn jemand auf dem Arbeitsmarkt eine Art von Arbeitsleistung (Qualifikation) anbietet, die von den Unternehmen nicht gebraucht wird, ist sie „nichts wert". Bei leistungsgerechter Entlohnung erwirbt daher derjenige das höchste Realeinkommen (d.h. den höchsten Anspruch auf produzierte Güter und Dienstleistungen) und damit die höchste Zahlungsfähigkeit, der mit seiner Leistung den höchsten Nutzen für die Marktgegenseite stiftet.

Der Marktmechanismus ist in dieser Hinsicht also sehr „sozial", d.h. auf die Gesellschaft bezogen: Wenn z.B. jemand eine Arbeitsleistung anbietet, die sich ausschließlich an den eigenen Interessen orientiert, sonst aber niemand anderem nützt, wird diese Leistung vom

[4] Dieser Interessenskonflikt lässt sich als sog. Principal-Agent-Problem darstellen: Die Interessen des Prinzipals (der Planungsbehörde) und der Agenten (einzelne Wirtschaftssubjekte, v.a. die beauftragten Betriebe) widersprechen sich. Da der Agent jedoch über privilegierte Informationen verfügt und vom Prinzipal nicht vollständig kontrolliert werden kann, versucht dieser, auf Kosten seines Auftraggebers die eigenen Ziele zu erreichen. Vgl. dazu unten Kapitel 8, Abschnitt 8.5.2, S.400ff.

Markt nicht honoriert. Der Betreffende müsste sein Verhalten, um nicht zu verhungern, also schnellst möglich korrigieren. So gibt es z.B. promovierte Archäologen, die als Taxifahrer enden oder Spezialisten für indonesische Gamelanmusik, die ihren Lebensunterhalt als Programmierer verdienen. Der Markt zwingt zu (in diesem besonderen Sinne) „gemeinnützigem" Verhalten. Wertentscheidend ist nicht die subjektive Einschätzung des Leistungserbringers, sondern stets die Bewertung durch die Leistungsempfänger, also der Käuferseite, der sog. „countervailing power".

In diesem Zusammenhang ist noch ein weiterer Gesichtspunkt wichtig: Die **Konsumentensouveränität**. Jeder Leistungsträger kann seinen Einkommensanspruch in einer Marktwirtschaft gemäß der eigenen individuellen Bedürfnisse und Wünsche in konkrete Güternachfrage umsetzen. Über das Preissignal wird den Produzenten signalisiert, welche Güter von den Nachfragern gewünscht werden. Gewinnanreize wiederum sorgen dafür, dass die Produzenten ihr Angebot den Nachfragerwünschen entsprechend ausrichten und zusammensetzen. Obwohl die Produktionsentscheidung also nicht von den Konsumenten getroffen wird, orientieren sich die Unternehmen an deren Präferenzen. Die Nachfrager erhalten somit nicht nur genau soviel Güter, wie es ihrem Leistungsbeitrag entspricht (leistungsgerechte Verteilung) – sie erhalten auch genau diejenigen Güter, die sie sich wünschen (optimale Ressourcenallokation).

Der Preismechanismus des Marktes regelt somit auch die Verteilungsfrage wie mit einem Zauberstab: Ohne weiteres Zutun einer staatlichen Administration entsteht durch das Marktgeschehen automatisch eine leistungsgerechte Verteilung.
Diese allerdings ist in jedem Falle korrekturbedürftig. Nicht-leistungsfähige Gesellschaftsmitglieder würden bei der Güterverteilung leer ausgehen. Eine solche Gesellschaft wäre also ohne Umverteilungssystem zwischen Leistungsträgern und Leistungsunfähigen nicht überlebensfähig. Diese Umverteilung kann entweder durch private Institutionen, z.B. innerhalb von Familien oder Sippen, oder durch staatliche Sozialsysteme erfolgen. Letzteres ist ein charakteristischer Bestandteil der Sozialen Marktwirtschaft, die das Wirtschaftssystem in Deutschland prägt.
Die Verteilungskorrekturen innerhalb der Sozial- und Steuersysteme sind zwar aufwändig und beanspruchen Ressourcen. Dennoch ist dies immer noch billiger, als die Güterverteilung von Grund auf organisieren zu müssen.

Genau dies trifft auf die Planwirtschaft zu. In einer modellhaften Planwirtschaft gilt das Prinzip: „Jeder nach seinen Fähigkeiten - jedem nach seinen Bedürfnissen". Leitschnur für die Güterverteilung ist also nicht die erbrachte Produktivleistung, sondern der Umfang der Bedürfnisse.
Der sozialistische Mensch bringt sich – je nach seiner individuellen Leistungsfähigkeit – nach besten Kräften in den Produktionsprozess ein, denn die Produktionsziele des Kollektivs sind ja auch seine eigenen. Unabhängig vom tatsächlichen Leistungsergebnis ist der individuelle Einsatz, d.h. die subjektive Anstrengung oder relative Leistung, also bei allen gleich. Daher „verdienen" auch alle eine gleich gute Ausstattung mit Konsumgütern, wobei „gleich gut" ebenfalls relativ zu verstehen ist, nämlich als gleicher Grad an Bedürfnisbefriedigung: Wenn man den Gesamtumfang der materiellen Bedürfnisse auf 100 normiert, würde eine bedarfsgerechte Verteilung bei jedem Wirtschaftssubjekt zu demselben Prozentsatz an Bedürfnisbefriedigung führen.

Aus diesem Prinzip der bedarfsgerechten Verteilung ergibt sich eine mehr oder weniger genaue Gleichverteilung, da alle Menschen grundsätzlich vergleichbare Bedürfnisse haben. Diese können sich zwar nach Alter, Gesundheitszustand, familiärer Situation etc. marginal

unterscheiden. Die Verteilungsunterschiede, die sich aus unterschiedlichen Bedarfssituationen ergeben, sind jedoch niemals so groß wie im Fall einer leistungsgerechten Verteilung.

Um eine bedarfsgerechte Verteilung herbeizuführen, muss durch die zentrale Verteilerstelle zunächst eine Bedarfsermittlung durchgeführt sowie anschließend die benötigten Güter individuell zugewiesen werden. Man nennt dies **Rationierung**, d.h. die autoritäre Zuteilung bestimmter Mengen, i.d.R. über Bezugsscheine. Ergebnis des planwirtschaftlichen Verteilungsprozesses ist also eine zentral vorgegebene Güterausstattung nach dem Prinzip der Bedarfsgerechtigkeit. Diese Verteilung entsteht nicht automatisch durch irgendeine Art von Tauschprozess, sondern muss durch die Zentralverwaltung von Grund auf hergestellt werden.

Auch hier ist daher festzustellen, dass die planwirtschaftliche Wirtschaftsordnung gegenüber der marktwirtschaftlichen Effizienznachteile aufweist. Der Verteilungsprozess ist c.p. aufwändiger als in einer Marktwirtschaft.
Hinzu kommen wiederum Missbrauchsrisiken, falls sich die Gesellschaftsmitglieder nicht als sozialistische, sondern als egoistische Menschen verhalten. In den realen Planwirtschaften folgte die Güterzuteilung durchaus auch anderen als nur bedarfsorientierten Kriterien. So wurde z.B. vor allem politisches Wohlverhalten mit besonderen Güterzuteilungen belohnt. Auf diese Weise entstanden politische Eliten, die sich gegenseitig stützten und über ein wesentlich besseres Versorgungsniveau verfügten als der Rest der Bevölkerung. Da der Verteilungsvorgang stets autoritär war, war es leicht möglich, diese Privilegien aufrecht zu erhalten. Unzufriedenheit über diesen als ungerecht empfundenen Zustand breitete sich aus.

Wegen des Fehlens von Konsumentensouveränität entsprach das gesamtwirtschaftliche Güterbündel in seiner Zusammensetzung auch immer weniger den Wünschen der Menschen. Das Fehlen von Konsumentensouveränität ist zwar in einer modellhaften Planwirtschaft sozialistischer Menschen logischer Systembestandteil, da deren Konsumwünsche per definitionem mit den Produktionszielen des Kollektivs übereinstimmen. In der Realität allerdings erwies sich die fehlende Rückkoppelung und damit auch fehlende Berücksichtigung der Konsumwünsche der Bevölkerung bei der zentralen Produktionsentscheidung als fatal: Die Diskrepanz zwischen produziertem und gewünschtem Güterbündel wurde schließlich so groß, dass dies den Zusammenbruch des planwirtschaftlichen Systems herbeiführte.

3.2.4 Die Rolle des Geldes

Aus den Unterschieden in den Verteilungsmechanismen ergibt sich ein wesentlicher Unterschied für die Rolle des Geldes in beiden Wirtschaftssystemen.

Das Verteilungsprinzip der Marktwirtschaft beruht darauf, dass jedes Wirtschaftssubjekt seinen Leistungsbeitrag gegen produzierte Güter tauscht. Dieser Vorgang könnte zwar theoretisch als Naturaltausch abgewickelt werden, wie das z.B. bei landwirtschaftlichen Dienstboten in früheren Jahrhunderten noch der Fall war. Sie arbeiteten ein Jahr lang bei einem Bauern und erhielten dafür Lebensmittel, Brennstoffe, Kleidung etc., d.h. Güter, bei deren Herstellung sie selbst mitgewirkt hatten. Mit zunehmender Spezialisierung und Arbeitsteilung wird dieser Naturaltausch jedoch zu teuer. Die Einführung von Geld als Tauschmittel ist in modernen Volkswirtschaften unverzichtbar[5].

Ein funktionierendes, wertstabiles Tauschmittel ist notwendige Basis einer jeden modernen arbeitsteiligen Marktwirtschaft, denn diese beruht auf ständigen Tauschvorgängen. Verfallender Geldwert würde zunächst die Wertaufbewahrungsfunktion, dann auch die Tauschmittelfunktion des Geldes schädigen, dadurch den Umfang der Arbeitsteilung einschränken und

[5] Vgl. Abschnitt 2.3.3.1, S. 44.

letztendlich die Funktionsfähigkeit des Preismechanismus zerstören. Geld hat in einer Marktwirtschaft also alle drei wesentlichen Geldfunktionen zu erfüllen:

- Es dient zuerst und vor allem als Zahlungsmittel bei der Abwicklung aller Tauschvorgänge (insbesondere des Tausches zwischen Produktivleistung und produzierten Gütern)
- Es ermöglicht als Recheneinheit die vergleichende Bewertung unterschiedlichster Marktleistungen und Güter
- Als Wertaufbewahrungsmittel erleichtert es den Einkommensbeziehern, einen Teil des Konsums von der Gegenwart auf die Zukunft zu verschieben (Sparen).

Aus dieser zentralen Bedeutung einer stabilen Währung ist es zu erklären, warum das Ziel der Geldwertstabilität in vielen modernen Marktwirtschaften als wichtigstes makroökonomisches Ziel angesehen und den Unwägbarkeiten wechselnder Regierungen und ihrer oft von kurzfristigen Erwägungen bestimmten Wirtschaftspolitik entzogen wird. Auch in Deutschland und allen anderen Euro-Ländern ist das Ziel der Erhaltung der Geldwertstabilität einer von politischen Weisungen unabhängigen Zentralbank übertragen, die ihre Geldpolitik allein an den Erfordernissen dieses Zieles auszurichten hat und zu diesem Zweck nicht mit Politikern, sondern mit Bankfachleuten besetzt ist.

In einer (modellhaften) Planwirtschaft hingegen ist Geld zumindest als Tauschmittel vollkommen überflüssig. Güter werden bedarfsgerecht zugewiesen. Sie werden nicht auf Märkten zwischen Unternehmen und Haushalten gehandelt. Geld – sofern überhaupt vorhanden – hat höchstens die Funktion einer Recheneinheit. Eine Planwirtschaft ist daher in ihrer strengsten Form eine Naturalwirtschaft.

In den großen Planwirtschaften des 20. Jahrhunderts war diese strikte Form der Güterrationierung wegen des enormen Verwaltungsaufwands jedoch nicht praktikabel. Es gab vielmehr freie Konsumwahl für die Haushalte, wobei jedoch keine Konsumentensouveränität herrschte. Der private Konsum ging als volkswirtschaftliche Globalgröße (nach Höhe und Zusammensetzung) in die staatliche Gesamtplanung ein. Das Konsumgüterangebot gelangte dann zu staatlich vorgegebenen (Höchst-)Preisen in die Verteilerstellen („Geschäfte"), wo die Haushalte dann mit ihrem in Geld ausbezahlten Einkommen unter den vorhandenen Gütern auswählen konnten. Da der Produktionsplan aber nicht auf die Nachfragerpräferenzen Rücksicht nahm, herrschte notorische Unterversorgung und ein entsprechender Nachfrageüberhang. Die nominal ausbezahlten Einkommen waren systematisch höher als der Wert der angebotenen Konsumgüter.

Weil die gewünschten Konsumgüter nicht oder nicht ausreichend zur Verfügung standen, blieb vielen privaten Haushalten nichts anderes übrig, als das Einkommen, für das es nichts mehr zu kaufen gab, notgedrungen zu sparen. Die privaten Haushalte waren zu einer ungewollt hohen Kassenhaltung gezwungen, wodurch sich ein monetärer Überhang akkumulierte. In einer Marktwirtschaft würde ein solcher Überhang zu Preissteigerungen und damit zu einer sichtbaren Geldentwertung führen. In einer Planwirtschaft aber haben die Preise keine Steuerungsfunktion, sie werden vom Staat vorgegeben und können sich nicht anpassen. Die Geldentwertung fand daher im Verborgenen statt und wurde erst in dem Moment sichtbar, als die Planwirtschaften zu Marktwirtschaften transformiert wurden. Die aufgestaute Nachfrage entlud sich in allen Transformationsländern Osteuropas in einer teilweise immensen **Transformationsinflation**. Fatal daran ist, dass die Geldentwertung zwar bereits während der planwirtschaftlichen Phase stattfindet, jedoch mit Einführung der Marktwirtschaft, d.h. durch die Flexibilisierung der Preise, erstmals sichtbar wird. Die Menschen nehmen sie daher als Problem der neuen Wirtschaftsordnung, nicht als Hypothek der alten wahr und die

Reformbereitschaft sowie die politische Unterstützung für den Transformationsprozess geraten ins Wanken.

Die eingeschränkte Funktionalität planwirtschaftlicher Währungen erweist sich auch im außenwirtschaftlichen Bereich als Problem. Marktwirtschaftliche und planwirtschaftliche Währungen sind nicht miteinander kompatibel und können daher nicht auf den Devisenmärkten gegeneinander getauscht werden. Währungen planwirtschaftlicher Systeme sind **nicht konvertibel**.
Daraus folgt, dass mit solchen Währungen auch keine Importe bezahlt werden können. Nicht konvertible Währungen können nicht als internationales Zahlungsmittel eingesetzt werden. Dies war und ist für kommunistisch-planwirtschaftliche Länder ein außenwirtschaftliches Handicap.
Zwar verfolgten diese Länder ohnehin das Ziel, alle benötigten Güter möglichst im eigenen Machtbereich herzustellen, um auf diese Weise von Lieferungen aus dem kapitalistischen Raum unabhängig zu werden (Strategie der sog. **Importsubstitution**). Dies gelang jedoch nicht vollständig. Die für die nach wie vor notwendigen Importe erforderlichen Devisen zu verdienen, erwies sich angesichts der wirtschaftlichen Leistungsschwäche und mangelhafter Konkurrenzfähigkeit der eigenen Produkte auf dem Weltmarkt als großes Problem. Teilweise mussten Außenhandelsgeschäfte tatsächlich im Naturaltauschverfahren abgewickelt werden, wie z.B. das große Erdgas-Röhren-Geschäft zwischen der Bundesrepublik Deutschland und der UdSSR im Jahr 1970. Insgesamt trug das Währungsproblem zur mangelhaften Integration der kommunistischen Planwirtschaften in die internationale Arbeitsteilung bei, was die wirtschaftlichen Probleme innerhalb dieser Länder weiter verstärkte.

3.2.5 Die Rolle des Staates

Aus all diesen charakteristischen Systemunterschieden ergibt sich als Folge eine völlig unterschiedliche Rolle des Staates im jeweiligen Wirtschaftssystem.

Da in einer reinen Marktwirtschaft alle relevanten ökonomischen Entscheidungen dezentral von den privaten Wirtschaftssubjekten getroffen und vom Marktmechanismus koordiniert werden, hat der Staat keine prozesspolitische Bedeutung. Er mischt sich nicht in den Ablauf des Wirtschaftsgeschehens ein.

Umso wichtiger hingegen ist seine ordnungspolitische Aufgabe, nämlich das Setzen der notwendigen Strukturen, innerhalb derer sich die Marktwirtschaft erst entfalten kann. Der rechtliche Rahmen (Wirtschaftsverfassung) muss das reibungslose Funktionieren der Marktmechanismen gewährleisten. Darüber hinaus muss der Staat dafür sorgen, dass die gesetzten Regeln auch eingehalten werden (Justiz) und dass der marktwirtschaftliche Wettbewerb erhalten bleibt (Wettbewerbspolitik). Einen solchen Staat, der lediglich Recht und Ordnung gewährleistet, sich ansonsten jedoch nicht in die privatwirtschaftlichen Belange der Haushalte und Unternehmen einmischt, nennt man **Nachtwächterstaat**. Er tritt selbst nicht auf den privaten Märkten in Erscheinung, sondern beschränkt sich darauf, die notwendigen öffentlichen Güter anzubieten, wie etwa Infrastruktur oder innere und äußere Sicherheit.

In einer Planwirtschaft hingegen ist der Staat in jeder Hinsicht ökonomisch dominant. Er setzt nicht nur den Ordnungsrahmen für das Wirtschaftssystem, er ist auch Kapitaleigner und fällt sämtliche ökonomischen Entscheidungen - allokative und distributive gleichermaßen. Das gesamte Wirtschaftsgeschehen ist dem Staat untergeordnet. Daraus folgt zwangsläufig, dass ein planwirtschaftliches System bestimmte bürgerliche Freiheitsrechte, wie Gewerbefreiheit oder Freiheit der Berufswahl, ausschließt.

Übung 3-1: Eigenschaften von Plan- und Marktwirtschaft

Sind die folgenden Aussagen richtig oder falsch? Begründen Sie Ihre Ansicht!

a) In einer Marktwirtschaft ist Geld in seiner Tauschmittelfunktion eigentlich überflüssig, da die Einkommen nach dem Leistungsprinzip verteilt werden.

b) Der sog. Nachtwächterstaat ist typisch für eine rein marktwirtschaftliche Wirtschaftsordnung, weil hier den einzelnen Marktteilnehmern selbst alle wesentlichen wirtschaftlichen Entscheidungen überlassen sind.

c) Privateigentum an Produktionsmitteln ist mit den Grundsätzen einer zentralen Planwirtschaft nicht vereinbar, Privateigentum an Konsumgütern hingegen schon.

d) Marktwirtschaft ohne kapitalistische Wirtschaftsverfassung ist nicht denkbar.

e) In einer Planwirtschaft gibt es keine Anreize, sich plankonform zu verhalten.

Lösung:

a) Falsch! In der Tat werden Einkommen nach dem Leistungsprinzip verteilt, aber genau deshalb ist ein Tauschmittel unbedingt erforderlich. Es werden nämlich fortwährend produktive Leistungsbeiträge der einzelnen Produktionsfaktoren gegen Outputgüter getauscht.

b) Richtig! Der Nachtwächter mischt sich nicht in die private Lebensführung derr Stadtbewohner ein, der Nachtwächterstaat überlässt den Marktprozess sich selbst. Allerdings wacht er über die strikte Einhaltung der Wettbewerbsregeln, ohne die ein Markt nicht denkbar ist.

c) Richtig! Unabhängig vom Wirtschaftssystem ist der Konsum in jedem Fall eine private Aktivität. Privateigentum an Produktionsmitteln hingegen würde dem Grundsatz einer zentralen Steuerung widersprechen, da das Eigentumsrecht normalerweise auch die Verfügungsgewalt über das Eigentum miteinschließt. In Ausnahmefällen (Kriege, Naturkatastrophen) ist allerdings auch denkbar, dass der Zentralstaat vorübergehend über die Nutzung auch des privaten Produktionskapitals bestimmt.

d) Richtig! Der Preismechanismus funktioniert nur dann uneingeschränkt, wenn die Kapitaleigner dezentral dem Preissignal folgen und entsprechende Produktionsentscheidungen treffen können.

e) Falsch! Der Anreiz, die Planvorgaben auch umzusetzen, folgt allein schon aus der kollektivistischen Motivation des sozialistischen Menschen. Aber auch wenn man egoistisch handelnde Menschen unterstellt, bietet die zentrale Planung i.d.R. genügend Anreize, um plankonformes Handeln wenigstens bis zu einem gewissen Grad sicherzustellen: Belohnungen in materieller und immaterieller Form sowie entsprechende Strafen für Verfehlung des Plan-Solls.

3.3 Marktmechanismus und Marktfunktionen

Wenden wir uns nun genauer der Wirtschaftsform zu, die in Deutschland als ordnungspolitisches Leitbild dient, der Marktwirtschaft.

Dieses Wirtschaftssystem gilt – sofern es in idealer Weise funktioniert – als ökonomisch optimal, da es einerseits Effizienz (durch den Preismechanismus auf Güter- und Faktormärkten), andererseits Freiheit des wirtschaftlichen Handelns garantiert. Alle Marktteilnehmer entscheiden schließlich freiwillig, in welchem Umfang und in welcher Art sie sich am Produktionsprozess beteiligen, wie viele und welche Güter sie konsumieren und wie sie ihr Einkommen auf Gegenwart und Zukunft aufteilen. Allerdings unterliegen sie dabei dem „sanf-

ten Druck des Hungers“, da der Markt (wie oben geschildert) nur solche Entscheidungen honoriert, die anderen Marktteilnehmern nützen. Jedoch werden „solche unpersönlichen Autoritäten wohl weniger drückend empfunden als persönliche Befehle oder die Anweisungen einer Behörde.“[6]

Ein tatsächlicher Nachweis für die Optimalität der kapitalistischen Marktwirtschaft ist schwierig. Führt ein effizientes Marktsystem auch tatsächlich zu einem Zustand optimaler Wohlfahrt für die gesamte Gesellschaft?
Mit dieser Frage beschäftigt sich ein wichtiges Teilgebiet der Volkswirtschaftslehre, nämlich die sog. Wohlfahrtsökonomik. Ein bedeutender Vertreter dieses Gebietes war *Wilfredo Pareto* (1848 - 1923). Er zeigte, dass in einem Modell vollständiger Konkurrenz[7] im Gleichgewicht eine Situation optimaler Allokation entsteht, das sog. Pareto-Optimum. Es bezeichnet einen Zustand, bei dem

- von keinem Gut mehr produziert werden kann, ohne von einem anderen weniger zu produzieren (produktive Effizienz)
- kein Mitglied der Gesellschaft besser gestellt werden kann, ohne ein anderes schlechter zu stellen (allokative Effizienz).

Was dabei für ein Individuum besser und was schlechter ist, richtet sich ausschließlich nach dessen eigenen Präferenzen.

Das Hautproblem des paretianischen Modells ist, dass die Frage der Verteilungs- oder Gerechtigkeitsnormen nicht beantwortet, ja nicht einmal gestellt wird. Wenn eine gesamtwirtschaftliche Situation erreicht ist, in der Arme nur noch dann besser gestellt werden können, wenn Reiche dafür ärmer werden, gilt diese Situation als pareto-optimal.
Die paretianische Wohlfahrtsökonomie wurde daher in jüngerer Zeit weiterentwickelt, um diese Lücke zu schließen. Insbesondere wurde versucht, mit Hilfe sog. sozialer Wohlfahrtsfunktionen zu zeigen, dass zur wohlfahrtsökonomischen Bewertung von wirtschaftlichen Zuständen gesellschaftliche Präferenzordnungen für die Bewertung alternativer Verteilungszustände, d.h. also ethische und kulturelle Normen erforderlich sind.

Ein anderer Ansatz zur Beurteilung geht auf den österreichischen Ökonomen und Sozialphilosophen *Friedrich August von Hayek* (1899 - 1992) zurück. Für seine analytische Auseinandersetzung mit den zu seinen Lebzeiten konkurrierenden Systemen der Plan- oder Zwangswirtschaft in den totalitären kommunistischen Ländern sowie den wettbewerbsgesteuerten westlichen Marktwirtschaften erhielt er 1974 den Wirtschaftsnobelpreis. *v. Hayek* gilt als einer der bedeutendsten Vertreter des Neoliberalismus und gleichzeitig als geistiger Mitbegründer[8] der Sozialen Markwirtschaft in Deutschland, obwohl er selbst einer der schärfsten Kritiker des Wohlfahrtsstaates war.
v. Hayek wies nach, dass die Überlegenheit des marktwirtschaftlichen Systems vor allem darin begründet ist, dass dort - analog zur Arbeitsteilung - auch eine Wissensteilung stattfindet. Komplexes Wissen entsteht nämlich nicht durch die Erfindung eines Einzelnen, sondern ist das Ergebnis wettbewerblichen Handelns aller. Nur das Koordinationssystem des Marktes ist in der Lage, alle Wissensfragmente zu einer komplexen Ordnung zusammenzufügen, an der die Gesamtheit der Marktteilnehmer partizipieren kann. Nur der Wettbewerb in Ver-

[6] *Baßeler, U./Heinrich, J./Utecht, B.* (2006), S. 43.
[7] Dem allerdings sehr unrealistische Annahmen zugrunde liegen: vor allem vollkommene Information, streng rationales Verhalten aller Wirtschaftssubjekte, Konstanz und Unabhängigkeit der individuellen Präferenzen. Genaueres zur Pareto-Effizienz der vollständigen Konkurrenz siehe unten Abschnitt 7.2.8, S. 314f.
[8] Insbesondere zusammen mit *Wilhelm Röpke*, *Walter Eucken* und *Ludwig Erhard*.

bindung mit Privateigentum schafft den Anreiz für alle, beständig nach neuem Wissen zu streben, sich Wissen zu beschaffen und auch selbst Wissen zur Verfügung zu stellen.

Sozialistische Systeme hingegen scheitern an der Aufgabe – *v. Hayek* nennt es „Anmaßung“ – Wissen zu zentralisieren, und zwar nicht nur wegen der Unmöglichkeit der betrieblichen Kalkulation ohne Knappheitspreise, sondern auch aus informationstheoretischen Gründen: Es sei eine „Anmaßung“, das lokal und persönlich weit verstreute, sich ständig wandelnde, historisch durch vielerlei Erfahrung gewachsene und von Versuch und Irrtum entwickelte Wissen zentral erfassen zu wollen[9].

3.3.1 Marktfunktionen

Verlassen wir das schwierige Gebiet der Bewertung von Wirtschaftssystemen und wenden uns stattdessen der Beschreibung der Marktfunktionen zu, die die Attraktivität dieses Wirtschaftssystems erzeugen.

3.3.1.1 Die Steuerungsfunktion

Der Preismechanismus lenkt die Handlungen und Entscheidungen aller Marktteilnehmer. Er erfüllt dabei zunächst eine **Signal- oder Informationsfunktion**, da der Preis den Knappheitsgrad eines Gutes anzeigt. Dieses Signal wird jedoch von den Marktteilnehmern nur befolgt, wenn dazu ein Anreiz[10] besteht.
Auch diese **Anreizfunktion** übernimmt der Preis, denn durch ihn werden Marktleistungen belohnt. Wenn sich ein Gut verknappt (weil die Nachfrage nach diesem Gut gestiegen ist), steigt sein Preis und übt dadurch gleichzeitig einen Anreiz aus, sich bei der Produktion dieses Gutes besonders stark zu engagieren.
Da Anbieter und Nachfrager auf dasselbe Preissignal unterschiedlich reagieren - Anbieter verstärken bei steigenden Preisen ihr Angebot, Nachfrager schränken ihre Nachfrage ein - wird über den Preismechanismus auch gleichzeitig die **Koordinationsfunktion** wahrgenommen. Angebot und Nachfrage werden zum Ausgleich gebracht.

Das Ergebnis ist eine optimale Allokation sowohl auf den Faktormärkten – der Preismechanismus lenkt die Produktionsfaktoren dorthin, wo sie am effektivsten genutzt werden können – wie auch auf den Gütermärkten, denn dank der Konsumentensouveränität werden genau die Güter hergestellt, die sich die Nachfrager auch tatsächlich wünschen.

Der Preismechanismus bringt jedoch noch einen weiteren Vorteil mit sich: er erhöht die Anpassungsbereitschaft aller Marktteilnehmer an sich verändernde Marktbedingungen und garantiert höchstmögliche **Anpassungsflexibilität**. Wenn nämlich Einzelne falsch oder zögerlich den Preissignalen folgen, werden ihre Marktleistungen nicht oder nicht ausreichend belohnt. Das schon oben erwähnte „Diktat des Hungers“ sorgt dafür, dass derartiges Verhalten von den Einzelnen schnell korrigiert wird. Fehler können sich daher – anders als in der Planwirtschaft – nicht kumulieren, sie haben keinen Bestand.
Dieser Sachverhalt hat herausragende wirtschaftspolitische Bedeutung. Ordnungspolitiker müssen sich der Tatsache bewusst sein, dass mit jedem regulierenden Eingriff in den Marktpreismechanismus auch die Anpassungsbereitschaft der privaten Wirtschaftssubjekte abnimmt. Darin liegt ein grundsätzliches Problem jeder Art von Subventionspolitik: Wenn z.B. eine bestimmte Branche ihre Wettbewerbsfähigkeit verliert und die dortigen Arbeitsplätze in Gefahr geraten , so wird oft der Ruf nach staatlichen Subventionen laut, die die Vernichtung dieser Arbeitsplätze verhindern sollen. Werden jedoch Subventionen gezahlt, entfällt für die betroffene Branche oder das betroffene Unternehmen jeder Anreiz, durch geeignete Rationa-

---

[9] Vgl. *Hasse, R.H./ Schneider, H./ Weigelt, K.* (2002), S. 37. f.
[10] Vgl. oben Abschnitt 2.2.3.3, S. 47.

lisierungs- oder Strukturanpassungsmaßnahmen die Wettbewerbsfähigkeit wieder herzustellen. Die Arbeitsplätze bleiben zwar zunächst erhalten, doch die Ursache des Problems wird nicht behoben. Es gibt zahlreiche eindrucksvolle Beispiele dafür, z.B. den seit Jahrzehnten subventionierten deutschen Bergbau, dass sich die wirtschaftlichen Probleme durch Subventionen vergrößern statt verkleinern und letztendlich die unwirtschaftlich gewordenen Arbeitsplätze doch verloren gehen. Die volkswirtschaftlichen Kosten der Subventionspolitik sind jedoch enorm!

3.3.1.2 Die Innovationsfunktion

Wie *v. Hayek* bereits dargelegt hat, ist der marktwirtschaftliche Wettbewerb ein beständiger Motor für die Entwicklung neuen Wissens, neuer Technologien und Produkte. Die Triebfeder dabei ist wiederum das egoistische Gewinnstreben der einzelnen Marktteilnehmer, das jedoch über den Preismechanismus zu einem für die ganze Gesellschaft nutzbringenden Gesamtsystem verknüpft wird.

Jede Erfindung, die anderen Marktteilnehmern Nutzen stiftet, verschafft dem Entdecker einen Wettbewerbsvorteil und damit die Aussicht auf höhere Gewinne. Marktwirtschaften haben sich daher stets durch einen deutlichen technischen Vorsprung in der Qualität und auch Vielfältigkeit des Güterangebotes und der Produktionstechnik im Vergleich zu den Planwirtschaften ausgezeichnet.
Selbstverständlich kann auch in Planwirtschaften erfolgreiche Forschung betrieben werden. Jedoch muss auch Forschungstätigkeit zentral angeordnet werden und ergibt sich nicht dezentral „von selbst". Es ist auch grundsätzlich zu bezweifeln, dass eine zentrale Planungsbehörde besser abschätzen kann, an welchen Stellen technologischer Fortschritt aussichtsreich ist und ökonomisch sinnvoll erzielt werden kann als die Unternehmen vor Ort, die zueinander im Wettbewerb stehen.

Allerdings gibt es auch in Marktwirtschaften im Zusammenhang mit Forschung und Entwicklung einige grundsätzliche Probleme:
Zum einen dauern der Wissensvorsprung eines Entdeckers und damit seine Pioniergewinne nur solange, bis ein anderes Unternehmen die Erfindung nachgemacht hat. Der Marktlohn für die Forschungsanstrengung des Pionierunternehmens würde also nicht nur beim Verursacher anfallen, sondern müsste schnell mit allen Nachahmern geteilt werden. Solange diese Gefahr besteht, würden sich die Unternehmen mit ihren Forschungs- und Entwicklungsanstrengungen sicher zurückhalten. Um das zu verhindern, gibt es den **Patentschutz**. Er stellt sicher, dass der „Lohn" einer Erfindung auch tatsächlich dem zufließt, der die Anstrengungen und Kosten dazu auf sich genommen hat. Andernfalls würde der Markt an diesem Punkt versagen.
Zum andern sind viele Entwicklungsprojekte der **Grundlagenforschung** inzwischen so teuer geworden, dass ihre Finanzierung die Finanzkraft auch großer Unternehmen übersteigen würde. Gleichzeitig ist es gerade im Grundlagenbereich oft noch völlig unklar, ob und ggfs. wie ein bestimmter Forschungsansatz zu einem erfolgreichen Ergebnis führen, geschweige denn in ein marktfähiges Produkt umgesetzt werden könnte. Auch hier ist der Zusammenhang zwischen den Kosten der Entwicklung und den möglichen Gewinnen bei der marktmäßigen Verwertung der Ergebnisse also zu ungewiss, um den nötigen Anreiz für die privaten Unternehmen auszuüben. Grundlagenforschung hat daher Eigenschaften eines öffentlichen Gutes, insbesondere, was die Frage der Ausschließbarkeit unbeteiligter Nutznießer am Ergebnis betrifft. Daher muss sich auch in Marktwirtschaften der Staat maßgeblich an der Finanzierung von Grundlagenforschung beteiligen. Er tut dies vor allem an den Universitäten und staatlichen Forschungsinstituten, die im eher marktfernen Wissenschaftsbereich die Entwicklung von Grundlagenwissen vorantreiben. Unter diesem Gesichtspunkt ist die neuer-

dings oft geforderte stärkere Ausrichtung der (universitären) Forschung an den Bedürfnissen der Privatwirtschaft sowie erst recht die damit verbundene Kontrolle des Wissenschaftsbereichs durchaus kritisch zu beurteilen. Aus ökonomischer Sicht sollte staatliche Forschung nicht etwa die Forschungs- und Entwicklungsanstrengungen des Privatsektors übernehmen oder diesen entlasten, sondern sich auf diejenigen Bereiche konzentrieren, in denen die Anreizfunktion des Marktes versagt – und das sind eben die noch umsetzungsfernen Bereiche des Grundlagenwissens.

3.3.1.3 Die Verteilungsfunktion

Wie bereits beschrieben erzeugt der Marktmechanismus gleichzeitig eine leistungsgerechte Verteilung der produzierten Güter.

Das Problem besteht jedoch darin, dass eine Verteilung, die ausschließlich an Leistung orientiert ist, objektiv zum Untergang einer jeden Gesellschaft führen würde, da sowohl sehr junge wie auch sehr alte Gesellschaftsmitglieder nicht leistungsfähig sind. Sie würden daher bei einer ausschließlich an Marktleistung orientierten Verteilung leer ausgehen und verhungern. Doch selbst, wenn man unterstellt, dass die Versorgung von Kindern und alten Menschen innerhalb der Familien sichergestellt ist[11], wird eine nur an Marktleistung ausgerichtete Verteilung häufig als ungerecht empfunden. So ist z.B. schwer einzusehen, warum durch eine Leistung, für die es keinen Markt gibt, wie z.B. die Erziehung der eigenen Kinder, kein Einkommen erzielt werden kann. Auch die Bewertung von Marktleistungen selbst trifft oft auf Unverständnis: Ist es wirklich „gerecht", dass ein Fotomodell, dessen Leistung nur darin besteht, gut auszusehen, Millionen verdient, während ein ungelernter Bauarbeiter, der den ganzen Tag schwer körperlich arbeiten muss, von seinem Einkommen kaum leben kann, nur weil es sehr viele Menschen gibt, die diese Arbeitsleistung anbieten?

Die marktwirtschaftliche Antwort auf diese Frage ist: Ja, es ist leistungsgerecht, denn die Einkommen des Bauarbeiters wie auch des Fotomodells bestimmen diejenigen, die von den jeweiligen Leistungen profitieren und diese bestimmen selbst, was ihnen die Leistung wert ist. Zudem wurde der Bauarbeiter nicht gezwungen, Bauarbeiter zu werden. Er hätte z.B. auch eine Schneiderlehre absolvieren und hoch bezahlter Prominentenschneider werden können wie einst der legendäre Rudolf Mooshammer.

An dieser Stelle werden jedoch die Schwachstellen der marktwirtschaftlichen Verteilungsfunktion deutlich: Zum einen kann v.a. in Industriestaaten, deren Gesellschaften von der Auflösung familiärer Strukturen und der Vereinzelung der Individuen geprägt sind, die private Versorgung von Personen, die wegen ihres Alters oder ihres Gesundheitszustandes nicht oder nicht mehr leistungsfähig sind, nicht (mehr) sichergestellt werden. Zum andern besteht faktisch keine Gleichheit der Chancen für die Wahl einer bestimmten Betätigung. Wenn jedoch der Bauarbeiter gar nicht die Möglichkeit hat, selbst Fotomodell oder wenigstens Schneider zu werden, wird das Leistungsgerechtigkeitsprinzip durchbrochen.

Gründe für fehlende Chancengleichheit können sowohl in der Natur des Menschen liegen – jeder Mensch wird mit unterschiedlichen körperlichen und geistigen Fähigkeiten geboren – wie auch im gesellschaftlichen und politischen System: In einer Ständegesellschaft z.B. ist es den Angehörigen einer Unterschicht auf Grund gesellschaftlicher Regeln und Tabus nicht möglich, aufzusteigen. In Deutschland ist die Ständegesellschaft in ihrer starren Form früherer Jahrhunderte zwar überwunden, jedoch wurde erst kürzlich wieder in der Pisa-Studie beklagt, dass gerade in Deutschland im Gegensatz zu anderen europäischen Ländern die sozia-

[11] Wobei in allen Industriestaaten mittlerweile Einigkeit darüber besteht, dass alte Menschen überwiegend nicht von ihren Familien, sondern vom Staat zu versorgen seien.

le Herkunft immer noch eine entscheidende Rolle für die schulische und spätere berufliche Karriere spielt.

Diese Ungleichheit der Chancen wird in Marktwirtschaften ferner dadurch verstärkt, dass es dort eine Tendenz zur Konzentration von Einkommen und Vermögen gibt. Mit dem Einkommens- und Vermögensniveau steigt die Kreditwürdigkeit eines Wirtschaftssubjektes. Der Zugang zum Kreditmarkt öffnet weitere Verdienstmöglichkeiten. Außerdem steigen mit der Anlagensumme i.d.R. auch die Erträge von Geldkapital. Es gibt also auch hier einen „Mengeneffekt"[12], der die Ungleichheit verstärkt.
Dies gilt auch für die Fähigkeit, Markteinkommen zu erzielen: Wenn jemand auf Grund geringer Leistungsfähigkeit ein geringes Einkommen hat, kann er nur wenig Geld in seine Ausbildung investieren und daher sein Humankapital nicht vermehren.

Diese Mängel in der Verteilungsfunktion des Marktes sind der Hauptansatzpunkt der Sozialen Marktwirtschaft.

3.3.2 Funktionsvoraussetzungen, Marktversagen und Funktionsmängel des Marktes

Die im letzten Abschnitt beschriebenen Marktfunktionen – Steuerungsfunktion, Innovationsfunktion und Verteilungsfunktion – setzen ein störungsfreies Marktgeschehen voraus. Nur dort, wo der Ordnungsrahmen einer Volkswirtschaft

- das unzensierte Aufeinandertreffen von privatem Angebot und privater Nachfrage (atomistischer Wettbewerb),
- eine auf individuelle Präferenzen ausgerichtete dezentrale und rationale Entscheidungsfindung (vollständige Information aller Marktteilnehmer) sowie
- uneingeschränkte ökonomische Handlungs- und Tauschfreiheit einschließlich entsprechender Haftungsvorschriften nach dem Verursacherprinzip (gesetzliche Vereinbarung und Durchsetzung von privaten Eigentumsrechten)

garantiert, können sie sich entfalten.

Tatsächlich gibt es in der realen Welt aber viele Sachverhalte, die die Funktionsfähigkeit eines marktwirtschaftlichen Systems einschränken, beschädigen oder vollständig zunichte machen. Man nennt solche Sachverhalte Gründe für Marktversagen. Diese lassen sich in mindestens vier verschiedene Gruppen einteilen:

- Situationen, in denen auf Grund bestimmter Gütereigenschaften gar kein Markt zustande kommt
- Funktionsfähige Märkte, die jedoch wegen außergewöhnlicher Verhaltensweisen der Marktteilnehmer keinen stabilen Gleichgewichtszustand erreichen
- Funktionsgeschädigte Märkte, die zwar möglicherweise zu stabilen Gleichgewichten führen, nicht jedoch zu pareto-optimalen Marktlösungen
- Märkte, die durch technische oder institutionelle Strukturprobleme gekennzeichnet sind und daher keinen funktionierenden Wettbewerb aufweisen

Im Folgenden sollen diese vier Arten von Marktversagen in ihren Grundzügen beschrieben werden. Eine ausführliche mikroökonomische Analyse ihrer jeweiligen Marktergebnisse sowie ihrer Wohlfahrtswirkungen folgt in den Kapiteln 7 und 8.

[12] Vgl. Kapitel 2, Abschnitt 2.3.2.2, S. 38.

3.3.2.1 Fehlende Märkte

Im Zusammenhang mit den verschiedenen Güterkategorien haben wir bereits den Unterschied zwischen privaten und öffentlichen Gütern kennengelernt. Öffentliche Güter zeichnen sich dadurch aus, dass ihr Konsum nicht-rivalisierend ist und dass das Ausschlussprinzip nicht angewendet werden kann. Warum führen diese beiden Eigenschaften zu Marktversagen?

Wenn ein Gut nicht-rivalisierend konsumiert werden kann, so ist es zwar möglich, aber nicht sinnvoll, Preise für seine Nutzung zu fordern. Wenn man zum Beispiel für den Besuch eines Theaterstücks einen Eintrittspreis verlangt und diejenigen, die sich keine Eintrittskarte leisten können oder wollen, vom Theaterbesuch ausschließt und lieber ein paar freie Plätze in Kauf nimmt, erhält man kein effizientes bzw. pareto-optimales Marktergebnis. Wenn man nämlich auf die freien Plätze kostenlos Zuschauer zulassen würde, hätten diese einen zusätzlichen Nutzen, die Kosten für die Theateraufführung hingegen würden nicht steigen. Allerdings könnte der Veranstalter das nicht oft praktizieren: Die Zuschauer, die ihre Eintrittskarte gegen Entgelt erwerben mussten, würden sich wahrscheinlich mit der Zeit gegen die Ungleichbehandlung wehren und sich ebenfalls weigern, einen Eintrittspreis zu zahlen.

In anderen Fällen kann man versuchen, die Kosten für das nicht-rivalisierende Gut über eine allgemeine Benutzungsgebühr, die für alle gleich ist, zu erheben. Ein typisches Beispiel dafür sind die öffentlich-rechtlichen Rundfunk- und Fernsehgebühren. Jeder, der ein Rundfunk- oder Fernsehgerät besitzt, muss diese Gebühr bezahlen, ohne dass der tatsächliche Nutzungsumfang dabei berücksichtigt würde. Ein solches Vorgehen hat bereits große Ähnlichkeit mit der Erhebung von Steuern und setzt die Autorität des Staates voraus. Eine im ökonomischen Sinne effiziente Marktlösung mit einer optimalen Produktionsmenge und -struktur resultiert daraus nicht.

Die zweite Eigenschaft öffentlicher Güter verschärft diese Problematik einer effizienten Preissetzung noch beträchtlich. Ist es bei Nicht-Rivalität nicht effizient, Preise für die Nutzung der Güter zu verlangen, so ist es im Falle des Versagens des Marktausschlussprinzips gar nicht möglich, Preise durchzusetzen, d.h. es gibt nicht einmal eine ineffiziente Marktlösung. Wie wir bereits am Beispiel der inneren Sicherheit erkannt haben[13], handelt es sich um Güter, von deren Nutzen niemand ausgeschlossen werden kann. Es macht also keinen Sinn, Eigentumsrechte an solchen Gütern zu definieren. Niemand hat ein Interesse daran, Eigentum an diesen Gütern gegen Entgelt zu erwerben, da es ja jederzeit möglich ist, sie unentgeltlich als „free rider" mitzunutzen. Die Nachfrager haben also keinerlei Interesse daran, ihre Präferenzen für öffentliche Güter anderen Marktteilnehmern zu offenbaren.

Wenn es jedoch keine Zahlungsbereitschaft für dieses Gut gibt, entsteht auch kein privates Angebot, denn die Produktion des Gutes verursacht gleichwohl Kosten, die durch entsprechende Marktpreise von den Kunden eingefordert werden müssten.

Im Ergebnis kommt also kein Markt für öffentliche Güter zustande. Sie werden von keinem privaten Markt zur Verfügung gestellt, obwohl meist großer Bedarf an ihnen besteht. Wenn also eine Gesellschaft mit öffentlichen Gütern versorgt werden will, so muss sie als Kollektiv, d.h. als Staat mit geeigneten Mechanismen für ihre Bereitstellung sorgen.

3.3.2.2 Instabile Märkte

Im Gegensatz dazu gibt es Fälle, in denen zwar ein reibungsloses Marktgeschehen stattfindet, aber dennoch kein oder zumindest kein stabiles Marktgleichgewicht erreicht werden kann. Diese Gefahr besteht immer dann, wenn Anbieter und/oder Nachfrager ein im Vergleich zum üblichen Marktgeschehen absonderliches Verhalten an den Tag legen.

---

[13] Vgl. oben Abschnitt 2.1.2.2, S. 14f.

So kann man zum Beispiel normalerweise erwarten, dass Nachfrager bei steigenden Preisen ihre Güternachfrage einschränken, bei fallenden Preisen hingegen ausdehnen. Bei Anbietern ist genau die entgegen gesetzte Reaktion normal: Je höher der Preis, desto mehr wird angeboten. Falls auf einem Markt eine zu große Nachfrage auf ein zu geringes Angebot trifft, bewirkt ein Anstieg des Marktpreises, dass die Nachfrage ab- und das Angebot zunimmt, bis beide Marktseiten zum Ausgleich gebracht worden sind. Der Markt befindet sich dann im Gleichgewicht.

Nehmen wir aber jetzt an, dass sich eine der beiden Marktseiten atypisch verhält. Zum Beispiel gibt es Leute, die ein Gut nur deshalb kaufen, weil es teuer ist und v.a. auch teuer aussieht und alle Leute wissen, dass sich dieses Gut nur Reiche leisten können. Dieses Phänomen trifft auf viele Luxuswaren zu, von der Rolex-Uhr bis zur Louis Vuitton-Handtasche. Der Begriff „Luxusgut" selbst ist mit dem Sachverhalt eines hohen Preises verknüpft, denn ein billiges Luxusgut wäre ja kein Luxus mehr. Nur der hohe Preis des Gutes verschafft den Käufern das gewünschte Prestige und ist daher entscheidendes Kaufkriterium. Die Nachfrage nach bestimmten Luxusgütern steigt also mit dem Preis anstatt zu fallen.

Umgekehrt gibt es Anbieter, die auf steigende Preise mit einer Einschränkung ihres Angebotes reagieren statt mit einer Ausdehnung. Ein solches, auf den ersten Blick absurdes Verhalten, trifft man sogar ziemlich oft auf dem Arbeitsmarkt an.
So berichtete ein gestresster Bauleiter einer ägyptischen Großbaustelle zum Bau einer Nilbrücke in Cairo, dass die Tagelöhner, die dort zu Hunderten den ausgebaggerten Sand aus dem Flussbett in geflochtenen Körben auf dem Rücken abtransportieren mussten, auf Erhöhungen ihrer Tageslöhne nicht etwa mit mehr Arbeitsenthusiasmus reagierten, sondern vielmehr damit, dass sie am Folgetag überhaupt nicht mehr zur Arbeit erschienen. Dieses für den Bauleiter zunächst völlig unerwartete Ergebnis hat eine einfache Erklärung: Die ägyptischen Bauarbeiter hatten nicht das Ziel, ihren materiellen Lebensstandard zu erhöhen, sondern lediglich, ihn zu erhalten. Dank der gestiegenen Löhne konnte dieses Ziel mit einem nunmehr geringeren Arbeitseinsatz erreicht werden. Das Arbeitsangebot wurde also in Reaktion auf die Lohnsteigerung eingeschränkt statt ausgedehnt.

Wenn sich nun Anbieter und/oder Nachfrager in der soeben exemplarisch geschilderten Weise außergewöhnlich verhalten und anders auf Preisänderungen reagieren, als wir das üblicherweise von Marktteilnehmern erwarten, kann es passieren, dass Preisanpassungen immer weiter vom Gleichgewicht weg anstatt darauf zu führen. So würde im Falle der Rolex-Uhren eine Preiserhöhung eine bestehende Übernachfrage verstärken, denn die Nachfrage reagiert nun auf die Preiserhöhung positiv. Analoges gilt für negativ geneingte Angebotskurven.

Doch auch bei normal geneigten Angebots- und Nachfragefunktionen kann es passieren, dass auf manchen Märkten niemals ein stabiles Gleichgewicht erreicht wird. Manchmal reagieren Anbieter und/oder Nachfrager derart langsam auf Preissignale der jeweiligen Marktgegenseite, dass Angebots- und Nachfragemengen einfach niemals zusammenpassen.[14]

Nehmen wir zum Beispiel an, dass die bayerischen Bierbrauer aufgrund einer gestiegenen Biernachfrage bei den Holledauer Hopfenbauern mehr Hopfen nachfragen und dafür auch eine gestiegene Zahlungsbereitschaft zum Ausdruck bringen. Hopfen lässt sich nun aber nicht aus dem Boden stampfen, vielmehr benötigt er einen ganzen Sommer zum Wachsen und Reifen. Da die Hopfenbauern die Übernachfrage der Bierbrauer also ad hoc nicht befriedigen können, aber deren hohe Zahlungsbereitschaft nutzen wollen, beschließen sie, im folgenden Jahr die Anbauflächen zu vergrößern, um dadurch ihre Angebotsmenge ausdeh-

[14] Detaillierte Ausführungen zur Stabilität von Gleichgewichten folgen in Abschnitt 4.2.3, S. 122ff..

nen zu können. Die Bierbrauer wiederum benötigen den Hopfen sofort und da ihre Nachfrage nicht mit Holledauer Hopfen befriedigt werden kann, schließen sie Lieferverträge mit ausländischen Hopfenbauern ab.
Im Folgejahr bringen die Holledauer Bauern ihr neues, gestiegenes Hopfenangebot auf den Markt. Die Bierbrauer beziehen dank der bereits im Vorjahr eingegangenen Lieferverträge den zusätzlich benötigten Hopfen nun jedoch aus dem Ausland und die Holledauer bleiben auf einem Teil ihres Angebotes sitzen. Schließlich müssen sie den Angebotspreis für ihren Hopfen deutlich senken, um die Überschüsse überhaupt noch absetzen zu können.
Aufgrund dieser schlechten Erfahrungen schränken sie daraufhin die Anbauflächen wieder ein, das Angebot des Folgejahres fällt genauso gering aus wie im ersten Jahr. Die Bierbrauer hingegen beobachten den Preisverfall für Holledauer Hopfen, kündigen ihre Verträge mit den ausländischen Lieferanten für das Folgejahr und erwarten, dass sie sich dann zu dem günstigen Preis wiederum im Inland mit Hopfen eindecken können.
Und wenn sie nicht gestorben sind ….[15]

Der Marktprozess mündet in eine Endlosschleife, aus der er sich aus eigener Kraft nicht mehr befreien kann.

3.3.2.3 Marktunvollkommenheiten

Marktversagen ist häufig eine Folge verschiedener Unvollkommenheiten des Marktes. Als unvollkommen bezeichnet man einen Markt dann,

- wenn die gehandelten Güter nicht wirklich private Güter sind,
- wenn der Markt nicht homogen, d.h. vor allem das gehandelte Gut nicht für alle Anbieter und Nachfrager völlig identisch ist, und schließlich
- wenn die Marktteilnehmer nicht vollständig über alle relevanten Informationen verfügen.

Marktunvollkommenheit liegt daher häufig in der Natur des jeweiligen Gutes begründet, während Instabilitäten, wie wir sie im letzten Abschnitt betrachtet haben, in der Regel von Verhaltensabweichungen einzelner Marktteilnehmer oder einer Gruppe von Marktteilnehmern verursacht werden.

Externe Effekte

„Privat" im volkswirtschaftlichen Sinn bedeutet, dass jedes Wirtschaftssubjekt für alle knappen Ressourcen, die es verbraucht, den entsprechenden Marktpreis bezahlen muss und andererseits für Leistungen, die es erbringt, den ihm zustehenden Marktpreis erhält. Das Verursacherprinzip muss also im Positiven wie im Negativen gewährleistet sein. Dann und nur dann kann der Preismechanismus seine Wirkung entfalten.

Nehmen wir aber einmal an, dass es einzelnen Wirtschaftssubjekten gelingt, Ressourcen zu nutzen, *ohne* dafür zu bezahlen. Beispielsweise mäht ein Gartenbesitzer A seinen englischen Rasen den ganzen Sommer über jeden Samstagnachmittag und verwendet dazu einen altersschwachen, benzingetriebenen und daher sehr lauten Rasenmäher, der außerdem noch stinkt. Die Nachbarn B, die am Samstagnachmittag ihren Kaffee auf der Terrasse genießen möchten, leiden jede Woche unter dem Lärm und der Luftverschmutzung, erhalten dafür aber keine Entschädigung. Der zweifelhafte Genuss, einen perfekten englischen Rasen zu

---

[15] Das Beispiel ist in der vorliegenden Form zwar frei erfunden. Auf dem Hopfenmarkt sind jedoch tatsächlich derartige Zyklen beobachtbar. *H.J. Jarchow* hat in einer Fallstudie die Preis- und Mengenbewegungen auf dem deutschen Hopfenmarkt untersucht und ist zu demselben Ergebnis gekommen: Vgl. *Jarchow, H.-J.* (1980), Der Hopfenzyklus in der Bundesrepublik (1950 – 1970) und das Spinngewebe-Theorem.

besitzen, steht ungemindert dem Gartenbesitzer A zu, denn für die Ressourcen „Ruhe“ und „reine Luft“ muss er nicht bezahlen. Lärm und Gestank, die er verursacht, stören nur andere – ihn kosten sie nichts.

Solche Handlungsfolgen, die nicht vom Verursacher, sondern von unbeteiligten Dritten getragen werden, nennt man **externe Effekte** oder **Externalitäten**. Im Rasenmäherbeispiel handelt es sich offensichtlich um negative externe Effekte oder externe Kosten. Ebenso könnte der Gartenbesitzer aber auch positive externe Effekte oder externe Erträge verursachen, indem er zum Beispiel die Schnecken in seinem Garten effektiv bekämpft. Dadurch wird auch im Nachbargarten die Schneckenplage geringer, obwohl dort womöglich ein Tierfreund wohnt, der sich scheut, Schneckenkorn zu streuen oder gar mit der Schere auf die Jagd zu gehen.

Sobald derartige externe Effekte vorliegen, wird das Marktergebnis verfälscht. Der Gärtner A hat keinerlei Anreiz, mit den Ressourcen „Ruhe“ und „reine Luft“ sparsamer umzugehen. Müsste er seinen Nachbarn bei jedem Mähen eine Lärm- und Gestankabgabe als Ausgleich für die erlittene Belästigung entrichten, würde er wahrscheinlich seine Mähfrequenz überdenken oder einen leiseren und umweltfreundlicheren Rasenmäher anschaffen.
Gärtner B hingegen verspürt keine Veranlassung mehr, selbst etwas gegen die Schneckenplage zu unternehmen, wenn die erfolgreiche Vernichtungsaktion beim Nachbarn die Schneckenpopulation auch bei ihm merkbar dezimiert.

Negative externe Effekte bewirken somit eine über das Marktoptimum hinausgehende Nutzung und damit Vergeudung der betreffenden Ressourcen, während positive externe Effekte zu einer zu geringen Marktmenge führen.

Das Beispiel zeigt, dass alle Menschen tagtäglich externen Effekten ausgesetzt sind. Nahezu alle ökonomischen Tätigkeiten verursachen in unterschiedlichem Ausmaß externe Effekte. Sicher ist es weder möglich noch wünschenswert, für sämtliche externen Effekte Ausgleichszahlungen zu fordern bzw. zu gewähren. In manchen Fällen sind die Effekte allerdings von so großer gesamtwirtschaftlicher Bedeutung, dass der Staat versucht, mit wirtschaftspolitischen Eingriffen das verfälschte Marktergebnis zu korrigieren.
Das wichtigste Beispiel dafür ist der Verbrauch des Gutes Umwelt durch unterschiedlichste Produktions- und Konsumaktivitäten. Tagtäglich wird die Atemluft durch Millionen von Fahrzeugen verschmutzt, Flüsse und Seen werden als Auffangbecken für Industrie- und Haushaltsabwässer missbraucht, saurer Regen kontaminiert Böden und zerstört den Wald. Grund dafür ist die Tatsache, dass an den meisten Umweltgütern keine Eigentumsrechte definiert sind und daher jeder sie unentgeltlich nutzen kann. Mit verschiedenen Maßnahmen der Umweltpolitik (Verboten, gesetzlichen Vorgaben für Grenzwerte, steuerlichen Maßnahmen, der Vergabe von Verschmutzungsrechten) versuchen daher alle Industriestaaten, die Übernutzung der Umweltressourcen einzudämmen[16].
Ein weiteres wichtiges Beispiel – dieses Mal für positive externe Effekte – für die Eingriffsnotwendigkeit des Staates ist die bereits beschriebene Grundlagenforschung. Ohne staatliche Finanzierung würde sie nicht ausreichend betrieben, der technische Fortschritt wäre deutlich behindert, die Innovationsfunktion des Marktes geschädigt.

Inhomogene Märkte und unvollständige Information

Um im ökonomischen Sinne „richtige“ Marktentscheidungen treffen zu können, benötigt jedes Wirtschaftssubjekt eine vollständige Übersicht über alle handlungsrelevanten Preis- und Mengeninformationen. Fehlt ein Teil dieser Informationen, so besteht die Gefahr, dass ein

[16] Vgl. die analytische Darstellung der Wirkungsweise der wichtigsten umweltpolitischen Instrumente in Abschnitt 8.2.4, S.381ff.

Kunde das gewünschte Gut nicht beim günstigsten Anbieter erwirbt und so einen Teil seines Einkommens vergeudet, mit dem er andernfalls zusätzliche Konsumgüter und damit zusätzlichen Nutzen hätte erwerben können.

Die Beschaffung der relevanten Informationen ist umso schwieriger, je komplexer die Marktstrukturen oder auch die Güter selbst sind.
Bestehen beispielsweise erhebliche Differenzen zwischen den einzelnen Anbietern – sei es in Bezug auf die Güterqualität, die Lieferzeit, den Standort oder auch die Person des Anbieters selbst – können Kunden die Güterpreise nicht mehr einfach vergleichen. Ein Preisunterschied könnte durch eine bessere Qualität, eine kürzere Lieferzeit oder angenehmeren Verkaufsservice sachlich begründet sein. Es ist also umso schwieriger, die „richtige“ Marktentscheidung zu treffen, je uneinheitlicher, d.h. **inhomogener**, die Marktgegebenheiten sind. Die Schwierigkeit, sich möglichst vollständige Informationen zu beschaffen, nimmt insbesondere mit der Komplexität des Gutes zu.
Handelt es sich zum Beispiel um ein Gut, das in wesentlichem Umfang kundenspezifisch gefertigt werden muss, wie etwa ein Kraftwerk oder eine Kommunikationsanlage für eine Firma, ist der Preisvergleich deutlich schwieriger als bei standardisierten Produkten, die in einer für alle Kunden identischen Form anonym über den Ladentisch verkauft werden.

Aber auch manche Produkte, insbesondere Dienstleistungen, die nicht kundenspezifisch sind, sind derart komplex, dass so mancher Kunde bei der Beurteilung der Güterqualität überfordert ist. Wir haben im letzten Kapitel bereits sog. **experience goods** und **credence goods** kennengelernt. Diese zeichnen sich dadurch aus, dass der Kunde die Qualität entweder nur durch Ausprobieren (z.B. die Qualität eines Restaurants) oder/und – wenn überhaupt – nach einer sehr langen Zeit (z.B. die Wirksamkeit eines Medikaments), nicht aber schon VOR dem Kauf einschätzen kann. In dem Augenblick, in dem eine womöglich unzureichende Güterqualität offenbar wird, ist der Fehler bereits begangen und kann i.d.R. nicht mehr korrigiert werden.

Besonders gravierend wird das Marktversagen wegen unvollkommener Markttransparenz dann, wenn die Informationen asymmetrisch, d.h. einseitig zwischen Anbieter und Nachfrager verteilt sind. Gerade bei experience und credence goods ist das jedoch fast immer der Fall: Meist wissen die Anbieter deutlich besser über die Qualität und Leistungsfähigkeit ihrer Produkte Bescheid als die Kunden. Dieser Zustand der **asymmetrischen Information** führt zu einem Abhängigkeitsverhältnis zwischen dem Kunden, dem sog **Prinzipal**, und dem Leistungserbringer, der als bezahlter **Agent** den Wunsch des Kunden erfüllen soll. Der Agent strebt jedoch als egoistisch handelndes Wirtschaftssubjekt seine eigenen ökonomischen Ziele an und führt daher den Wunsch des Prinzipals nicht unbedingt nur in dessen sondern auch im eigenen Interesse aus.
Kommt zum Beispiel ein Patient (Prinzipal) mit einer Bronchitis zum Arzt (Agent) und klagt über Atemnot, Schweißausbrüche, Brustschmerzen und Schwächeanfälle, so wird der Arzt ihm möglicherweise nicht nur die für dieses Krankheitsbild notwendigen Diagnose- und Therapiemaßnahmen empfehlen, sondern vielleicht auch solche, die zwar (hoffentlich!) nicht schädlich, aber doch mit großer Wahrscheinlichkeit überflüssig sind (wie z.B. ein EKG, eine Röntgen-Thoraxaufnahme, eine Lungenfunktionsprüfung etc.), solange dadurch das Einkommen des Arztes, die Auslastung seiner Praxis oder seiner Diagnosegeräte gesteigert werden können. Der Patient ist dem Arzt nicht nur wissensmäßig unterlegen; er befindet sich auch aufgrund seiner angeschlagenen gesundheitlichen Verfassung in einer deutlich schwächeren Position als dieser und wagt es daher i.d.R. nicht, therapeutische Maßnahmen abzulehnen aus Angst, damit die eigene Genesung zu gefährden oder zu verzögern. Der Arzt

ist als übermächtiger Agent somit in der Lage, sich seine eigene Nachfrage zu schaffen. Man nennt dieses Phänomen eine **anbieterinduzierte Nachfrage**.

Asymmetrische Information kann jedoch noch viele weitere unerwünschte Auswirkungen haben wie adverse Selektion oder Moral Hazard.
Bei einer **adversen Selektion** scheiden im Wettbewerb nicht etwa die qualitativ schlechten, sondern vielmehr die hochwertigen Güter aus. Das Marktergebnis ist also dem eines funktionierenden Wettbewerbs genau entgegengesetzt. Der Grund dafür liegt im Informationsdefizit der Nachfrager: Da diese die Produktqualität nicht einschätzen können, gleichzeitig aber realistisch genug sind anzunehmen, dass es Anbieter gibt, die versuchen, die Unwissenheit ihrer Kunden durch überhöhte Preise auszunützen, kaufen viele nur die eher billigen Produkte. Diejenigen Hersteller, die tatsächlich hochwertige Produkte anbieten, bleiben auf ihrem teuren Angebot sitzen und verschwinden allmählich vom Markt. Ein typisches Beispiel für adverse Selektion ist v.a. der Versicherungsmarkt, aber auch Produktmärkte weisen diese marktwirtschaftliche Fehlentwicklung auf. Berühmt wurde die Analyse des Gebrauchtwagenmarktes „The Market for Lemons: Quality Uncertainty and the Market Mechanism" von *George Arthur Akerlof*[17], der im Jahr 2001 dafür sogar den Wirtschaftsnobelpreis erhielt.

Während also bei adverser Selektion die Unsicherheit einer Marktseite über Produktqualitäten dazu führt, dass bestimmte Verträge gar nicht erst zustande kommen, bewirkt **Moral Hazard,** dass Marktteilnehmer die Unwissenheit der Marktgegenseite NACH dem Vertragsabschluss gezielt zum eigenen Vorteil ausnutzen. Dafür bieten ebenfalls wieder Versicherungsmärkte eindrucksvolle Beispiele: Das deutsche Gesundheitswesen krankt u.a. gerade daran, dass Patienten sich zu Lasten der Krankenversicherung missbräuchlich Leistungen verschaffen, die der Versicherer nicht kontrollieren kann. Da der gesetzliche Krankenversicherungsbeitrag nur vom Einkommen des Versicherten, nicht aber von der Höhe bzw. Häufigkeit der in Anspruch genommenen Leistungen abhängt, wird dieser Anreiz noch verstärkt.
Versicherungsschutz kann sogar indirekt bewirken, dass ein Schadensfall überhaupt eintritt, nämlich dann, wenn der Versicherte es angesichts des finanziellen Schutzes unterlässt, schadensverhütende Maßnahmen vorzunehmen. So werden in der Schweiz beispielsweise die Kosten für Zahnbehandlungen[18] nicht mehr von den gesetzlichen Krankenkassen übernommen, sondern müssen entweder privat bezahlt oder über eine private Zusatzversicherung abgedeckt werden. Hintergrund ist die Hypothese, dass Zahnschäden zu einem hohen Prozentsatz vom individuellen Verhalten (Zucker- und Nikotinkonsum, Zahnpflege) abhängig, daher vermeidbar seien und deshalb nicht der solidarischen Absicherung bedürften. Eine solidarische Vollkaskokrankenversicherung verstärke vielmehr die Reparaturmentalität und gebe Anreiz zu Nachlässigkeit in Sachen Mundhygiene, mit anderen Worten: zu Moral Hazard.

3.3.2.4 Wettbewerbsbeschränkungen

Ein funktionierender Markt setzt vor allen Dingen einen funktionierenden Wettbewerb voraus. Bereits in den vorhergehenden Abschnitten haben wir gesehen, dass nur der Wettbewerb zwischen Anbietern einerseits und Nachfragern andererseits dafür sorgt, dass niemand seine individuellen Ziele zu Lasten anderer Marktteilnehmer durchsetzen kann. Nur so wird gewährleistet, dass Anbieter fortwährend um Produktverbesserungen und Kostensenkungen bemüht sind, was letztlich den Nutzen der Nachfrager erhöht.

[17] *Akerlof G.A.*(1970)
[18] mit wenigen Ausnahmen.

Vollkommener oder atomistischer Wettbewerb bedeutet, dass kein Marktteilnehmer über andere dominiert – weder auf derselben Marktseite noch in Bezug auf die Marktgegenseite. Kein Anbieter oder Nachfrager darf über Marktmacht verfügen. Marktmacht würde z.B. einen Anbieter dazu befähigen, dauerhaft einen bestimmten Preis durchzusetzen, andere Wettbewerber vom Markt auszuschließen oder bestimmte Kunden zu boykottieren. Das Koordinations- und Steuerungssystem des Marktes, das Prinzip der Leistungsgerechtigkeit, die Innovationsfunktion, kurz der gesamte Marktmechanismus wäre dadurch geschädigt.

In der Realität gibt es allerdings zahlreiche Hindernisse für vollkommenen Wettbewerb. Diese entstehen einerseits dadurch, dass Leistungswettbewerb gerade für Anbieter stets unbequem ist und diese deshalb fortwährend versuchen, z.B. durch Kooperation untereinander oder durch gezielte Behinderung oder Verdrängung anderer die Intensität des Wettbewerbs einzuschränken und so die eigenen Gewinne zu erhöhen.

Andererseits gibt es aber auch Wettbewerbsbeschränkungen, die von außen auf den Markt einwirken und durch staatliche Regeln vorgegeben sind. Beispiele hierfür sind protektionistische Maßnahmen wie die Erhebung von Einfuhrzöllen und -kontingenten, Patentschutz oder staatliche Zulassungskontrollen zu bestimmten Berufen oder Branchen. Aber auch geographische Entfernungen, die unterschiedliche Verfügbarkeit bestimmter Rohstoffe oder klimatische Bedingungen können für eine Ungleichverteilung von Marktmacht innerhalb der Anbieter verantwortlich sein.

Eine dritte Gruppe von Wettbewerbshindernissen besteht in ökonomisch-technischen Bedingungen. Manche Produktionsverfahren führen bei steigenden Outputmengen zu stetig fallenden Kosten pro Stück. Ein solches Gut kann also sehr viel kostengünstiger von einem sehr großen anstatt von vielen sehr kleinen Anbietern hergestellt werden. Man nennt dies ein sog. **natürliches Monopol**. In diesem Fall ist Unternehmenswachstum und damit die Konzentration von Marktmacht letztlich sogar im Interesse der Käufer, da das Produkt theoretisch billiger angeboten werden kann. Allerdings müsste sich der Monopolist dann so verhalten, als hätte er gleichstarke Konkurrenten, was er freiwillig aber sicher nicht tun wird. Es muss daher Aufgabe einer marktwirtschaftlichen Wettbewerbsaufsicht sein, dafür zu sorgen, dass marktbeherrschende Unternehmen ihre Marktmacht nicht zum Nachteil der Nachfrager missbrauchen.

3.3.2.5 Unerwünschte Marktergebnisse oder Funktionsmängel

Von Marktversagen spricht man dann, wenn der Marktmechanismus unter bestimmten Umständen nicht zu einer optimalen Ressourcenallokation führt oder womöglich gar nicht erst stattfindet, wie im Falle der öffentlichen Güter.

Darüber hinaus gibt es aber auch Marktergebnisse, die zwar theoretisch als pareto-optimal gelten, aber dennoch gesellschaftlich unerwünscht sind.

Unerwünschtes Verteilungsergebnis

Dies betrifft insbesondere die Ungleichheit, die sich (wie bereits beschrieben) als Ergebnis einer leistungsgerechten Einkommens- und Vermögensverteilung einstellt. Da von Natur aus keine Chancengleichheit für alle Menschen gegeben ist – praktische und intellektuelle Fähigkeiten, körperliche Kraft sowie bestimmte Charaktereigenschaften, die zur Erzielung von Markteinkommen benötigt werden wie Ausdauer, Konzentrationsfähigkeit und Durchsetzungsvermögen, sind ungleich unter den Menschen verteilt -, kann auch das Verteilungsergebnis nicht gleichmäßig sein. Dieses Ausmaß an Ungleichheit wird von den meisten Menschen als ungerecht abgelehnt.

Da sich ökonomische Ungleichheit noch dazu fortwährend selbst verstärkt, besteht i.d.R. gesellschaftlicher Konsens darüber, dass der Staat soziale Korrekturen am Verteilungsergebnis vornehmen muss.

Einschränkung der Konsumentensouveränität

Die Ungleichheit bei der Einkommens- und Vermögensverteilung beeinträchtigt ferner die Konsumentensouveränität. Selbst wenn eine freie und unabhängige Konsumwahl durch die einzelnen Wirtschaftssubjekte gewährleistet ist, kann ein Haushalt, dessen Einkommen gerade eben das Existenzminimum deckt, seine Wahlfreiheit de facto nicht oder kaum ausüben. Das Verteilungsergebnis bestimmt insofern auch über die Machtverteilung auf der Käuferseite des Marktes und bedingt eine ungleiche „Stimmenverteilung“ bei den Konsumentenentscheidungen.

Schwankungen der wirtschaftlichen Entwicklung

Eine besondere Stärke des Marktes besteht bekanntlich darin, dass die wirtschaftlichen Aktivitäten sich nach Störungen oder Änderungen in den wirtschaftlichen Rahmenbedingungen schnellst möglich anpassen und zu einem neuen Gleichgewicht geführt werden.

Diese Anpassungsfähigkeit wird in der Realität jedoch dadurch behindert, dass sich menschliches Verhalten durch großes Beharrungsvermögen auszeichnet und meist nur langsam und unter entsprechendem Leidensdruck verändert. Das bedeutet, dass die wirtschaftliche Entwicklung eines Landes oft über lange Zeiträume hinweg ungleichgewichtig verläuft und von Schwankungen der Beschäftigung und des Geldwertes gekennzeichnet ist. Strukturveränderungen sind deshalb meist von wesentlich schmerzhafteren Anpassungsvorgängen begleitet, als es den Modellvoraussagen perfekter Marktwirtschaften entspricht.

Die Wirtschaftsgeschichte hat außerdem gezeigt, dass Volkswirtschaften immer wieder von periodischen Schwankungen erfasst werden, über deren Auslöser und damit auch Therapie nach wie vor keine Einigkeit unter den Ökonomen besteht. Insbesondere in den sechziger Jahren setzte sich die Meinung durch, dass Marktwirtschaften aus sich heraus instabil seien und daher nur durch staatliches Eingreifen stabilisiert werden könnten. Geistiger Vater dieser Auffassung ist *John Maynard Keynes*, der unter dem Eindruck der Ereignisse der großen Weltwirtschaftskrise in seinem Hauptwerk „The General Theory of Employment, Interest and Money“ aus dem Jahr 1936 erstmals ein grundlegendes Konzept einer stabilitätsorientierten Fiskal- und Geldpolitik vorgelegt hatte.

In späteren Jahren vertraten insbesondere angelsächsische Wissenschaftler und Politiker die Ansicht, dass gerade wirtschaftspolitische Eingriffe selbst als Auslöser der Schwankungen zu gelten hätten und diese die Selbstheilungskräfte des Marktes eher behindern als unterstützen würden. Dieser Standpunkt ist insbesondere mit dem Namen *Milton Friedman* verknüpft, der im Jahr 1976 den Wirtschaftsnobelpreis erhielt.

Bis heute ist diese Debatte aktuell und ein allgemein akzeptierter Konsens zur Frage einer idealen Stabilisierungspolitik noch nicht in Sicht.

3.4 Ansatzpunkte staatlichen Handelns in einer Marktwirtschaft

Marktversagen sowie die geschilderten Funktionsmängel im Marktmechanismus dienen in einer Marktwirtschaft als Ansatzpunkt zur Rechtfertigung wirtschaftspolitischer Eingriffe des Staates, die über die bereits beschriebenen Aufgaben eines Nachtwächterstaates hinausgehen.

Allerdings sind niemals alle Fälle von Marktversagen oder jeder beliebige Funktionsmangel des Marktes allein schon Grund genug, um eine staatliche Korrektur zu fordern. Die exter-

nen Effekte, die der Gärtner A verursacht, oder der Prestigeeffekt bei der Nachfrage nach Rolex-Uhren machen deutlich, dass zur Rechtfertigung eines wirtschaftpolitischen Eingriffes stets eine Bewertung der gesellschaftlichen Folgen des Marktversagens erforderlich ist. Die Korrektur von Marktversagen bei Luxusgütern hat sicherlich nicht dieselbe gesellschaftliche Dringlichkeit wie analoge Probleme auf dem Arbeitsmarkt.

Die Frage, ob und in welchem Umfang staatliche Wirtschaftspolitik das private Marktergebnis verändern soll, ist daher niemals wertfrei zu beantworten. Aus marktwirtschaftlicher Sicht ist Marktversagen stets nur eine notwendige, aber keine hinreichende Bedingung für interventionistische Eingriffe des Staates in den Markt.

3.4.1 Wichtige Bereiche marktwirtschaftlicher Staatstätigkeit

Staatliche Eingriffe in ein marktwirtschaftliches System knüpfen grundsätzlich an den Stellen an, an denen der Marktmechanismus entweder wegen inhärenter Funktionsmängel vollständig versagt und zu einer verzerrten Ressourcenallokation führt, die nicht pareto-optimal ist und daher als korrekturbedürftig angesehen wird, oder in denen er wirtschaftliche Ergebnisse liefert, die zwar pareto-optimal sind, aber trotzdem nicht der gesellschaftlichen Zielfunktion entsprechen. Wirtschaftspolitische Eingriffe haben daher stets auch eine normative Komponente und bedürfen der politischen Legitimation.

In einer Marktwirtschaft kommen als wirtschaftspolitische Maßnahmen nur solche in Frage, die die konstituierenden Merkmale dieses Wirtschaftssystems nicht verletzen. Das heißt insbesondere, dass der Preismechanismus, das Prinzip des Privateigentums sowie die dezentrale wirtschaftliche Entscheidungsfreiheit nicht angetastet werden dürfen. Andernfalls würde ein Systemwechsel oder -wandel stattfinden.
Wirtschaftspolitische Maßnahmen, die die marktwirtschaftlichen Strukturen unangetastet lassen, nennt man **marktkonform**. Preis- oder Mengenfestsetzungen hingegen sind **nicht-marktkonforme** Maßnahmen und können nur in marktwirtschaftlichen Ausnahmebereichen stattfinden.

Gründe für staatliches Eingreifen		*Politikfeld*
Der Markt muss etabliert und verteidigt werden.	⟹	**Ordnungs- und Wettbewerbspolitik**
Ein Markt für öffentliche Güter kommt nicht zustande.	⟹	**Staatsmonopole für öffentliche Güter**
Unvollkommenheiten führen zu partiellem Marktversagen - externe Effekte - unvollständige Information - Instabilitäten ...	⟹	**Staatliche Marktkorrekturen** - durch Steuer- und Ausgabenpolitik - durch Setzung von Normen - durch staatliche Aufsicht ...
Die Anpassungsfähigkeit von Märkten ist begrenzt. Märkte tendieren zu zyklischen Schwankungen.	⟹	**Stabilisierungs- und Strukturpolitik**
Manche Marktergebnisse, v.a. das Verteilungsergebnis, werden als unbefriedigend angesehen.	⟹	**Verteilungs- und Sozialpolitik**

Abbildung 3-3: Marktwirtschaft und Wirtschaftspolitik

Diese müssen also zunächst einmal definiert werden. Dies geschieht im Rahmen der **Ordnungspolitik**. Sie gibt den rechtlich-institutionellen Rahmen für ein marktwirtschaftliches System vor und legt auch fest, welche Bereiche dem Staat vorbehalten sein und wo daher

die marktwirtschaftlichen Spielregeln nicht gelten sollen. Dies betrifft in erster Linie die Sektoren der öffentlichen Güter, für die ohnehin kein privater Markt zustande kommen kann. In vielen Fällen handelt es sich jedoch um Güter, die nur teilweise Eigenschaften öffentlicher Güter aufweisen, grundsätzlich aber auch ganz oder teilweise privat zur Verfügung gestellt werden könnten, wie z.B. die meisten Infrastrukturgüter.

Sobald der Geltungsbereich des Marktmechanismus definiert und die Marktwirtschaft etabliert ist, muss der Staat seine Überwachungsfunktion wahrnehmen und darauf achten, dass die Funktionsfähigkeit der Marktwirtschaft erhalten bleibt. Dies ist die Aufgabe der **Wettbewerbspolitik**. Wettbewerb bedarf des ständigen Schutzes und korrigierenden Eingreifens einer Aufsichtsbehörde, da – wie im letzten Abschnitt beschrieben – private Anbieter stets danach trachten, Marktmacht zu erlangen, die Wettbewerbsintensität zu vermindern und dadurch ihre Gewinne zu steigern.

Diese beiden wirtschaftspolitischen Bereiche, also die Ordnungs- und Wettbewerbspolitik, sind die unabdingbare politische Grundlage marktwirtschaftlicher Staatstätigkeit. Sie sind die Kernaufgaben des Nachwächterstaates, der die Existenz und den Bestand einer jeden Marktwirtschaft garantieren muss.

Praxisbeispiel 3-1: Wettbewerbspolitik in Deutschland[19]

In Deutschland obliegt die Durchführung die Wettbewerbspolitik dem Bundeskartellamt mit Sitz in Bonn. Das Bundeskartellamt ist eine selbständige Bundesoberbehörde im Geschäftsbereich des Bundesministeriums für Wirtschaft und Technologie.

Gesetzliche Grundlage der Tätigkeit des Amtes ist das Gesetz gegen Wettbewerbsbeschränkungen, kurz Kartellgesetz genannt, das am 1. Januar 1958 in Kraft getreten und seither siebenmal überarbeitet worden ist. Neben dem deutschen wendet das Kartellamt auch das europäische Wettbewerbsrecht an, soweit die Europäische Kommission als Wettbewerbsbehörde auf EU-Ebene nicht selbst zuständig ist.

Zur Durchführung seiner gesetzlich bestimmten Aufgaben hat das Kartellamt weitreichende Ermittlungs- und Sanktionsbefugnisse. Es kann Auskünfte verlangen, Geschäftsunterlagen einsehen sowie nach richterlicher Anordnung Unternehmen durchsuchen und Beweismittel beschlagnahmen. Wird ein Verstoß gegen geltendes Wettbewerbsrecht, z.B. ein verbotenes Kartell festgestellt, kann das Bundeskartellamt gegen die beteiligten Unternehmen Geldbußen in Höhe von bis zu 10% ihrer jeweiligen Umsätze verhängen.

Die Hauptaufgaben des Bundeskartellamtes sind:

Durchsetzung des Kartellverbots:
Kartelle, die darauf abzielen, den Wettbewerb zu behindern oder zu beseitigen, sind verboten. Dies betrifft insbesondere Absprachen über Preise und Mengen, die Aufteilung von Gebieten und Kundengruppen. Daneben gibt es auch erlaubte Kartelle, die jedoch genehmigungspflichtig (z.B. Strukturkrisen-, Rationalisierungs- oder Importkartelle) oder zumindest anmeldepflichtig (Konditionen-, Rabatt- oder reine Exportkartelle) sind.

Fusionskontrolle:
Die Fusionskontrolle dient dem Ziel, die Entstehung von marktbeherrschenden Unternehmen zu verhindern. Das Bundeskartellamt prüft jedes Fusionsvorhaben, bei dem die beteiligten Unternehmen weltweit insgesamt mehr als 500 Millionen € Umsatz erzielt haben und mindestens ein beteiligtes Unternehmen im Inland Umsatzerlöse von mehr als 25 Millionen € erzielt hat. Kontrollpflichtige Zusammenschlüsse sind generell vor dem Vollzug beim Bundeskartellamt anzumelden.

[19] Vgl. www.bundeskartellamt.de, Stand 25.08.07.

Missbrauchsaufsicht:
Es gibt Unternehmen, die aufgrund internen Wachstums oder (ehemaliger) Monopolrechte über eine besonders starke Marktstellung verfügen und keinem oder nur geringem Wettbewerbsdruck ausgesetzt sind. Das Bundeskartellamt überprüft in solchen Fällen, ob die faktische Marktmacht dieser Unternehmen zu Ungunsten anderer Marktteilnehmer ausgenützt wird. Die Missbrauchsaufsicht über marktbeherrschende Unternehmen stellt insofern das staatliche Regulativ für fehlenden Wettbewerb dar.

In den meisten modernen Marktwirtschaften geht das Selbstverständnis des Staates jedoch weit über das eines bloßen Nachtwächters hinaus. Vielmehr wird versucht, die zahlreichen Ergebnisse marktwirtschaftlicher Fehlfunktionen im Sinne der gesamtwirtschaftlichen Zielsetzungen mit marktkonformen Maßnahmen zu korrigieren. Dies nennt man die **Allokationspolitik** des Staates. Darunter fällt ein ganzes Bündel wirtschaftspolitischer Tätigkeitsfelder.
Ein großer Teil staatlicher Allokationspolitik ist auf die Internalisierung, d.h. den verursachergerechten Ausgleich externer Effekte gerichtet. Der gesamte Bereich der Umweltpolitik zum Beispiel hat das Ziel, die jeweiligen Verursacher externer Kosten, die aus der unentgeltlichen Nutzung natürlicher Ressourcen entstehen, mit den Folgen ihrer Aktivitäten zu belasten und so an der Vergeudung dieser Ressourcen zu hindern (sog. Internalisierung negativer externer Effekte)[20].
Mit dieser Aufgabe beschäftigt sich aber durchaus nicht nur die Umweltpolitik. Auch beispielsweise das Patentrecht verfolgt das Ziel, externe Effekte zu internalisieren. Allerdings handelt es sich in diesem Fall um positive Effekte, die sich einstellen würden, wenn kreative Erfinder ihre Innovationen nicht durch Patente vor der Imitation durch Dritte schützen könnten.
Ein weiterer wichtiger Bereich der Korrektur von Marktunvollkommenheiten betrifft das Problem der asymmetrischen Information zwischen Anbietern und Nachfragern. Auch hier wird der Staat in vielfältiger Weise im Sinne des Verbraucherschutzes tätig, indem er z.B. staatliche Qualitätskontrollen durchführt, den Zugang zu bestimmten Berufen bzw. Gewerben durch Qualifikationsprüfungen kontrolliert oder gar das Prinzip der Gewerbefreiheit modifiziert oder einschränkt. Die Ausbildung der Ärzte, Lehrer oder Juristen unterliegt z.B. der unmittelbaren staatlichen Aufsicht. Anwärter auf diese Laufbahnen erlangen erst durch das Bestehen eines sog. Staatsexamens die Berechtigung zur Ausübung ihres Berufes. Doch auch Handwerksberufe unterliegen der staatlichen Aufsicht, indem für die einzelnen Gewerke eine Prüfung durch die Industrie- und Handwerkskammer vorgesehen ist.
Diese staatliche Kompetenzkontrolle soll das Informationsdefizit der Nachfrager insbesondere bei den experience und credence goods ausgleichen, auf der Anbieterseite für Chancengleichheit sorgen und die Gefahr der adversen Selektion vermindern.

Ein weiterer wichtiger Bereich staatlicher Tätigkeit ist die **Stabilisierungs- und Strukturpolitik**, die Mängel in der Anpassungsfähigkeit von Marktwirtschaften im Falle von Störungen ausgleichen soll.
Stabilisierungspolitik ist darauf gerichtet, die oben beschriebene Schwankungsanfälligkeit von Marktwirtschaften zu bekämpfen. Im Kern geht es darum, durch geeignete Variation von Staatseinnahmen und Staatsausgaben antizyklisch auf Konjunkturbewegungen einzuwirken und die Schwankungen von Nachfrage, Beschäftigung und Geldwert möglichst zu neutralisieren.

---

[20] Eine ausführliche Analyse verschiedener Instrumente der Umweltpolitik folgt in Kapitel 8, S. 381 ff.

Strukturpolitik hingegen ist darauf gerichtet, notwendig gewordenen Strukturwandel, z.B. infolge einer bahnbrechenden technischen Neuerung oder bestimmter Veränderungen in der Weltwirtschaft, möglichst sozial verträglich zu gestalten.[21]

Die **Verteilungs- und Sozialpolitik** schließlich ist darauf gerichtet, das im Idealfall leistungsgerechte Verteilungsergebnis des Marktes zu korrigieren, um allen Mitgliedern einer Gesellschaft – auch den nicht-leistungsfähigen – einen angemessenen Lebensstandard zu sichern.
Dieses Ziel ist durchaus nicht nur ideologisch begründbar. Vielmehr sprechen auch wichtige wirtschaftliche Gründe für eine soziale Absicherung:

- Allzu große Verteilungsunterschiede rufen soziale Unruhen und gesellschaftliche Auseinandersetzungen bis hin zu gewalttätigen Ausschreitungen hervor. Umverteilung dient also auch dem Erhalt des Sozialen Friedens, ohne den wirtschaftliche Entwicklung überhaupt nicht stattfinden kann. Der Verlust des Sozialen Friedens würde allen Mitgliedern der Gesellschaft, insbesondere den Leistungsträgern zum Nachteil gereichen und der Marktwirtschaft den Boden entziehen.
- Soziale Absicherung trägt dazu bei, unternehmerisches Potenzial freizusetzen. Je besser jemand gegen Existenzrisiken abgesichert ist, desto eher wird er bereit sein, unternehmerisches Risiko einzugehen und sich z.B. mit einer innovativen Idee selbständig zu machen. Gerade in Marktwirtschaften ist es jedoch besonders wichtig, dass Unternehmensgründungen möglichst einfach und ungehindert von Statten gehen können.

Dem stehen allerdings auch schwerwiegende ökonomische Risiken gegenüber:

- Jede Umverteilung schmälert die marktwirtschaftlichen Leistungsanreize für die Leistungsträger. Es besteht die Gefahr, dass sie mit zunehmender Belastung durch Umverteilungsmaßnahmen ihre Tätigkeit einschränken. Der Gesamtoutput und damit auch der Umverteilungsspielraum würden dadurch geringer.
- Umverteilung steht in Konkurrenz zu allen anderen (wirtschafts-)politischen Maßnahmen des Staates, da *jede* Staatstätigkeit aus den Mitteln des Staatsbudgets finanziert werden muss, die Belastbarkeit der privaten Wirtschaftssubjekte mit Steuern und Abgaben jedoch absolut begrenzt ist. Umfangreiche Umverteilungspolitik schränkt daher die Handlungsfähigkeit des Staates in anderen Politikbereichen ein.

3.4.2 Staatsversagen

Staatliche Eingriffe in das Marktgeschehen dienen dem Zweck, das marktmäßige Ergebnis im Sinne bestimmter gesamtgesellschaftlicher, politischer Zielsetzungen zu korrigieren. Es wäre allerdings falsch, einfach anzunehmen, dass eine staatlich korrigierte Lösung grundsätzlich der Marktlösung vorzuziehen sei. Allein aus der Tatsache, dass es zahlreiche Arten von Marktversagen oder Funktionsmängel gibt, lässt sich noch nicht folgern, dass wirtschaftspolitische Eingriffe in jedem Fall zu einer Verbesserung der Situation führen, denn dem Marktversagen steht auch ein mögliches Staatsversagen gegenüber.

Von Staatsversagen spricht man, wenn die Staatstätigkeit statt zur Problemlösung zu neuen oder noch schwerwiegenderen Problemen führt als selbst die mit Mängeln behaftete Marktlösung. Da das Staatsversagen sehr stark von der jeweiligen politischen Zielsetzung abhängt,

[21] In manchen Fällen allerdings verfolgt Strukturpolitik auch das Ziel, Strukturen, die auf Grund von Veränderungen in der gesamtwirtschaftlichen Entwicklung nicht mehr wettbewerbsfähig sind, aus ideologischen Gründen gegen die Kräfte des Marktes zu verteidigen und künstlich am Leben zu erhalten. Eine solche Strukturpolitik ist langfristig zum Scheitern verurteilt und vergeudet volkswirtschaftliche Ressourcen.

ist es nicht möglich, den Begriff eindeutig zu definieren. Grundsätzlich besteht Staatsversagen, oft auch Politikversagen genannt, darin, dass staatliches Handeln Fehlallokationen hervorruft oder bestehende Fehlallokationen noch verschlechtert.

Im Folgenden werden einzelne wichtige Ursachen für Staatsversagen dargestellt. Wir haben genau diese Gesichtspunkte bereits in Abschnitt 3.2 bei der Diskussion der Zentralverwaltungswirtschaft kennengelernt. Grundsätzlich sind die Probleme, die bei dieser Wirtschaftsordnung auftreten, auch für die Staatstätigkeit marktwirtschaftlich-demokratischer Staaten relevant.

Hohe Verwaltungskosten und Ineffizienz

Einer der Hauptvorteile der Markt- gegenüber der Planwirtschaft besteht darin, dass die Marktfunktionen quasi automatisch durch den Preismechanismus ausgeübt werden, ohne dass dazu eigens ein Verwaltungsapparat in Gang gesetzt werden muss. In dem Maß, wie eine Marktwirtschaft durch staatliche Eingriffe korrigiert bzw. verändert wird, kommt ein planwirtschaftliches Element in das Wirtschaftsgeschehen, wodurch sich auch der ursprüngliche Kostenvorteil der Marktwirtschaft verringert. Jede Staatstätigkeit erfordert einen gewissen Verwaltungsapparat und bindet darin Ressourcen, die andernfalls produktiv im Wirtschaftsgeschehen eingesetzt werden könnten.

Zwei weitere Aspekte verschärfen dieses Problem. Zum einen hat jede Verwaltung (auch diejenige in Großunternehmen) die Tendenz, mit der Zeit zu wachsen, ohne dass notwendigerweise mehr Aufgaben wahrgenommen würden. Da Verwaltungstätigkeit nicht unmittelbar an ihrem produktiven Output gemessen werden kann, besteht die Gefahr, dass sich die Verwaltung zunehmend mit sich selbst beschäftigt und allmählich aufquillt wie ein Schwamm.
Zum andern ist davon auszugehen, dass bürokratisches Handeln grundsätzlich weniger effizient ist als ökonomische Aktivitäten, die dem Wettbewerb ausgesetzt sind:

- Fehlender Wettbewerb lässt den Leistungs- und Innovationswillen erschlaffen,
- es gibt keine einfache Möglichkeit, ineffizientes Verhalten zu bestrafen,
- Staatsdiener sind unkündbar und erhalten keine oder kaum leistungsbezogene Gehälter.

Informationsproblem

Wie bereits *v. Hayek* festgestellt hat, steht die staatliche Bürokratie vor einem unüberwindlichen Informationsproblem. Während in einem Markt alle relevanten Informationen dezentral gewonnen und durch den Preis lediglich koordiniert werden, muss eine Bürokratie Informationen zunächst zentralisieren, um sie dann zu Handlungsentscheidungen weiter verarbeiten zu können.

Dies stellt eine Verwaltung oft vor unlösbare Aufgaben. Die zu analysierenden Sachverhalte sind äußerst komplex, die Wirkungszusammenhänge nicht immer klar erkennbar und die notwendigen Daten kaum oder nur schwer verfügbar. Die Gefahr von Fehlentscheidungen aufgrund einer unsicheren Datenlage oder unzutreffender Situationsanalysen ist sehr groß.

Darüber hinaus entstehen durch die Informationsbeschaffung und -verarbeitung wiederum erhebliche Kosten.

Reaktionslags

In engem Zusammenhang mit dem Informationsproblem steht das Entscheidungsproblem. Insbesondere in einer Demokratie genügt es ja nicht, einen Sachverhalt analysiert und sachlich korrekte Schlussfolgerungen daraus gezogen zu haben. Vielmehr müssen die politischen

Entscheidungsträger davon überzeugt sowie ggfs. die notwendigen Mehrheiten für oft unpopuläre Maßnahmen gefunden werden.

Zu dem Zeitverzug (= lag), der sich allein schon aus dem langwierigen Prozess der Informationsbeschaffung und -verarbeitung ergibt, kommt daher noch ein Entscheidungslag. Beides zusammen kann dazu führen, dass die Maßnahme erst in einer Zeit zur Umsetzung kommt, in der die wirtschaftliche Lage sich bereits verändert hat und daher eigentlich eine andere Maßnahme ergriffen werden sollte. Wenn man dann noch berücksichtigt, dass auch die Wirkung der Maßnahme Zeit beansprucht und die Wirtschaftssubjekte, auf die sie gerichtet ist, ebenfalls nur mit Zeitverzug reagieren, erscheint die Grundsatzkritik der Anhänger von *Milton Friedman* an stabilisierungspolitischen Maßnahmen durchaus plausibel. Die Wahrscheinlichkeit, dass eine konjunkturpolitische Maßnahme erst in einer Phase wirksam wird, in der sie bereits wieder prozyklisch und damit destabilisierend wirkt, ist relativ hoch – und zwar selbst dann, wenn man von den Informations- und Analyseproblemen völlig absieht.

Allokationsverzerrungen durch staatliche Ausgaben und Einnahmen

Destabilisierend wirken aber womöglich auch solche staatlichen Aktivitäten, die gar nicht auf eine Beeinflussung des Wirtschaftsgeschehens ausgerichtet sind, sondern völlig andere, außerökonomische Ziele, z.B. sicherheitspolitische Ziele, verfolgen.

Der Grund dafür liegt darin, dass der Staat zur Durchführung all seiner Aufgaben Ressourcen benötigt, die er zunächst dem Markt über allgemeine Steuern entziehen muss. Dadurch greift er in die private Allokation ein und verzerrt in jedem Fall das Marktergebnis. Dasselbe gilt für die Ausgabenseite: Die Güter, die der Staat zur Wahrnehmung seiner Aufgabe benötigt, z.B. Panzer oder U-Boote für die Bundeswehr, stellt er i.d.R. nicht selbst her, sondern fragt sie bei Anbietern des privaten Marktes nach. Dadurch verschieben sich die Gewichte auf der Nachfrageseite, möglicherweise erhöht sich wegen der gestiegenen Gesamtnachfrage der Marktpreis und belastet auch alle privaten Nachfrager.

Politischer Egoismus

Wenn Ökonomen von „Staat“ reden, meinen sie die Gesamtheit einer Gesellschaft, eine Institution, die die Interessen der Allgemeinheit vertritt und die gesamtgesellschaftliche Zielfunktion umsetzt.

In der Realität besteht der Staat jedoch aus Individuen, die wie jedes andere Wirtschaftssubjekt ihre individuellen Ziele verfolgen und eigennützig handeln. Insbesondere in Wahldemokratien haben Politiker ein hohes Interesse daran, durch Wiederwahl im Amt zu bleiben und tendieren daher dazu, unpopuläre Maßnahmen, auch wenn die Einsicht in ihre objektive Notwendigkeit besteht, zu vermeiden.

Das führt häufig dazu, dass nur solche Maßnahmen eine Chance auf Umsetzung haben, deren Erfolg noch innerhalb der laufenden Wahlperiode sichtbar wird. Demokratische Wirtschaftspolitik ist daher oft von einer gewissen Kurzatmigkeit geprägt und lässt die Ausrichtung auf langfristige Verstetigung der wirtschaftlichen Entwicklung vermissen.

Der Wahlzyklus ruft womöglich sogar sog. politische Konjunkturzyklen hervor, da grundsätzlich kurz nach der Wahl die unpopulären Maßnahmen zur Steigerung der Staatseinnahmen, also z.B. Steuererhöhungen, durchgeführt werden, während kurz vor der Wahl eher Ausgabensteigerungen, insbesondere bei den Sozialleistungen beschlossen werden.

Nicht zuletzt aus diesem Grund hat man sich in vielen Industriestaaten dazu entschlossen, die Verantwortung für die Geldwertstabilität und damit die Entscheidung über geldpolitische Maßnahmen den Institutionen der Parteiendemokratie zu entziehen und einer unpolitischen und von politischen Organen unabhängigen Zentralbank zu übertragen, um eine nur an

Sachargumenten sowie den Erfordernissen einer langfristigen Stabilisierung ausgerichtete Geldpolitik zu gewährleisten. Eine Gefährdung der Geldwertstabilität würde schließlich die Grundfesten einer jeden Marktwirtschaft erschüttern und den Bestand des Gesamtsystems gefährden.

Ein weiteres Problem der Parteiendemokratie besteht darin, dass die Entscheidungsfindung der Volksvertreter in unterschiedlichem Maß durch einzelne Gruppen und Interessensvertretungen beeinflusst werden kann. Mächtige, gut organisierte Gruppen nehmen oft entscheidenden Einfluss auf parlamentarische Beschlüsse mit dem Ergebnis, dass sie für sich zu Lasten anderer Bevölkerungsgruppen besondere Vorteile durchsetzen können. Man nennt dieses Phänomen Lobbyismus, da die Einflussnahme häufig im nicht-offiziellen Bereich der Parlamente, eben z.B. in ungezwungenen Gesprächen in der Lobby des Abgeordnetenhauses oder auch von Hotels stattfindet.

3.5 Finanzwissenschaftliche Grundlagen marktwirtschaftlicher Staatstätigkeit

Staatliche Tätigkeit ist immer mit Ressourcenverzehr verknüpft. Zum einen bedarf der Verwaltungsapparat einer adäquaten Finanzierung durch öffentliche Einnahmen, zum andern werden staatliche Einnahmen und Ausgaben häufig selbst als finanzpolitische Instrumente zur Steuerung des privaten Marktes eingesetzt. Allokations- und distributionspolitische Maßnahmen finden gleichermaßen ihren Niederschlag im Staatshaushalt. Den Einsatz bestimmter Positionen des Staatsbudgets zu stabilitäts- und wachstumspolitischen Zwecken nennt man Fiskalpolitik.

Dreh- und Angelpunkt jeder Art von Staatstätigkeit ist daher das Staatsbudget, in dem nahezu sämtliche öffentliche Aktivitäten ihren Niederschlag finden[22].

Im Folgenden werden einige wichtige und grundlegende Sachverhalte im Zusammenhang mit staatlichen Einnahmen und Ausgaben erläutert.

3.5.1 Staatseinnahmen

Da der Staat in einer Marktwirtschaft nicht selbst Gewinn maximierende Produktion betreibt, erwirtschaftet er i.d.R. keine Einahmen aus eigener Wertschöpfung. Er muss sich daher kraft seiner hoheitlichen Autorität die Mittel, die er zur Finanzierung seiner Aktivitäten braucht, von den privaten Wirtschaftssubjekten beschaffen. Dafür stehen ihm verschiedene Möglichkeiten zur Verfügung.

Die wichtigste und häufigste Art der Staatsfinanzierung ist die Steuererhebung. Daneben gibt es sog. steuerähnliche Abgaben wie Zölle sowie Sozialversicherungsbeiträge. Für bestimmte staatliche Dienstleistungen, die man unmittelbar den Nutzern zurechnen kann, wie z.B. das Ausstellen eines Führerscheins oder die Erteilung eines Visums, erhebt der Staat Gebühren. Weitere Einnahmequellen können Privatisierungserlöse aus dem Verkauf staatlichen Eigentums, der Zentralbankgewinn oder Dividenden aus staatlichen Beteiligungen an privaten Wirtschaftsunternehmen sein.

Eine Übersicht über die Staatseinnahmen Deutschlands im Jahr 2006 ergibt Tabelle 3-1. Danach machen Steuern in Deutschland derzeit also rund 52% aller Staatseinnahmen aus. Sie sind damit die wichtigste Finanzierungsquelle für den Staat.

[22] Der Staat agiert allerdings auch hoheitlich, indem er Gesetze und Verordnungen erlässt oder Verwaltungsakte vollzieht. Auch diese Tätigkeiten setzen aber ausreichend finanzierte staatliche Institutionen wie z.B. einen funktionierenden Beamtenapparat voraus.

Tabelle 3-1: Staatseinnahmen Deutschlands 2006 (in Mrd. Euro und in % des BIP)[23]

Einnahmen	Mrd. €	in % des BIP
Steuern	523,8	22,7
Sozialbeiträge	401,0	17,4
Sonstige (Bundesbankgewinn, Gebühren, Veräußerungsgewinne etc.)	83,3	3,6

3.5.1.1 Eigenschaften von Steuern

Unter Steuern verstehen wir eine Zwangsabgabe, die auf der Grundlage eines Gesetzes durch die Gebietskörperschaften, d.h. durch Bund, Länder und Gemeinden, von den Bürgern erhoben wird. Steuern dienen der Erfüllung staatlicher Aufgaben. Jedoch begründet die Zahlung von Steuern keineswegs einen rechtlichen Anspruch auf eine staatliche Gegenleistung. Steuern sind nicht zweckgebunden, sondern statten den Staat insgesamt mit den finanziellen Mitteln aus, die dieser benötigt, um handlungsfähig zu sein.

Die solidarischen Beiträge zu den gesetzlichen Sozialversicherungen in Deutschland haben zwar eine große Ähnlichkeit mit Steuern; auch sie sind i.d.R. einkommensabhängige Zwangsabgaben. Im Gegensatz zu Steuern ist ihre Verwendung jedoch durchaus zweckgebunden und der Beitragszahler erwirbt einen Rechtsanspruch auf Gegenleistung, nämlich der Versicherungsleistung im Versicherungsfall.

Würde ein solcher Leistungsanspruch auch bei den Steuerzahlern gelten, so hätte dies zur Folge, dass nur derjenige, der Steuern bezahlt bzw. bezahlen kann, auch einen Anspruch auf die Nutzung öffentlicher Leistungen hätte. Abgesehen davon, dass bei vielen öffentlichen Leistungen ein Nutzungsausschluss gar nicht möglich ist, da es sich um typisch öffentliche Güter handelt, würde ein solcher Ausschluss auch dem Gerechtigkeitsprinzip einer Demokratie widersprechen. Schulen würden dann z.B. nur den Kindern von Steuerzahlern offen stehen.

Das Recht zur Nutzung der öffentlichen Leistungen ist vielmehr i.d.R. an die Gebietsansässigkeit bzw. an die Staatsbürgerschaft geknüpft: Wer im Bundesgebiet wohnt, ist berechtigt, die öffentliche Infrastruktur dort zu nutzen. Umgekehrt ergibt sich daraus das Prinzip, dass Einkommen grundsätzlich nicht dort zu versteuern ist, wo es entsteht, sondern dort wo es ausgegeben wird, also am jeweiligen Wohnort, denn dort werden die staatlichen Leistungen, zu deren Finanzierung die Steuern ja dienen, tatsächlich in Anspruch genommen d.h. konsumiert.

3.5.1.2 Steuerwirkungen

Die Unterscheidung staatlicher Maßnahmen nach ihren jeweiligen Zielsetzungen – Beeinflussung bzw. Veränderung des privaten Marktergebnisses oder außerwirtschaftliches Ziel – lässt sich gerade am Beispiel von Steuern besonders gut verdeutlichen.

Nehmen wir an, der Staat möchte auf dem Markt für Tabakprodukte die Gleichgewichtsmenge reduzieren, da der Konsum von Tabak gesundheitsschädlich ist und durch die Erkrankung der Aktiv- und Passivraucher enorme Folgekosten im Gesundheitswesen hervorgerufen werden. Um dies zu erreichen, kann der Staat das gesundheitsschädliche Produkt durch Steuern beliebig verteuern und auf diese Weise die Nachfrage und damit die konsumierte Gleichgewichtsmenge reduzieren. Die Höhe der Steuer muss sich in diesem Fall ein-

[23] Datenquelle: Deutsche Bundesbank, Monatsbericht Februar 2007, S. 54*

zig und allein danach richten, wie effektiv sie die Nachfrage nach Tabakprodukten tatsächlich zurückdrängt. Die Höhe der Steuereinnahmen hingegen ist lediglich ein (angenehmer) Nebeneffekt, spielt aber für den Einsatz und die Ausgestaltung des Instrumentes keine Rolle. Es geht vielmehr um die **Steuerungsfunktion** der Maßnahme.

Soll hingegen die Anschaffung von neuen Kampfflugzeugen finanziert werden, so geht es lediglich um die Frage, durch welche steuerliche Maßnahme am leichtesten Einnahmen generiert werden können – möglichst ohne tief greifende Seiteneffekte auf das Verhalten der privaten Wirtschaftssubjekte hervorzurufen. Es geht um die **fiskalische Funktion** der Steuererhebung.

Nicht selten besteht ein Zielkonflikt zwischen diesen beiden Funktionen. Im Kapitel 2 haben wir als praktisches Beispiel dafür die deutsche Version der Umweltsteuer bereits kennen gelernt. Ein weiteres Beispiel bietet die Diskussion um die sog. Tobin-Steuer.

Praxisbeispiel 3-2: Tobin-Steuer

Der amerikanische Ökonom und Nobelpreisträger *James Tobin* schlug im Jahr 1978 vor, eine Steuer auf Devisenmarkttransaktionen zu erheben, um dadurch die Wechselkurse zu stabilisieren.[24] Dahinter stand die Überzeugung, dass sich insbesondere spekulative Devisentransaktionen destabilisierend auf die Wechselkurse auswirken können.

In einem Gutachten, das das Bundesministerium für wirtschaftliche Zusammenarbeit und Entwicklung zur praktischen Umsetzung einer solchen Steuer im Jahr 2002 in Auftrag gegeben hat[25], führt der Autor *P.B. Spahn* aus, dass mit einer solchen Steuer gleichzeitig den Wünschen der Globalisierungskritiker wie auch den Begehrlichkeiten der Finanz- und Entwicklungspolitiker Rechnung getragen werden könne: Man könne die „den Wechselkurs destabilisierenden Devisentransaktionen so besteuern, dass die Wechselkurse nur innerhalb einer Zielzone schwanken, und ...gleichzeitig Einnahmen [für die Entwicklungszusammenarbeit] generieren."[26]

Das Problem dabei besteht jedoch v.a. darin, dass das Steuerungsziel, d.h. die Wechselkursstabilisierung, einen besonders hohen, im Idealfall prohibitiven Steuersatz und eine spezifische Bemessungsgrundlage (nämlich möglichst nur die kurzfristigen spekulativen Devisentransaktionen), das fiskalische Ziel hingegen einen besonders niedrigen Steuersatz und dafür eine besonders breite Bemessungsgrundlage erfordert.

Spahn schlägt daher in seinem Gutachten eine zweistufige Ausgestaltung der Tobinsteuer vor, die mit dem ursprünglichen Konzept des Namensgebers nicht mehr viel gemeinsam hat: Ein erster Teil soll dem fiskalischen Ziel dienen und mit einem Steuersatz von 0,01% auf alle kurzfristigen Währungsumtauschgeschäfte erhoben werden. Ein zweiter Teil, die sog. antispekulative Zusatzsteuer, richtet sich gegen die Abweichungen des Wechselkurses von einem angestrebten Referenzwert und soll diese Differenz mit einem Satz zwischen 50 und 100% abschöpfen.

Abgesehen davon, dass die Erhebung einer solchen Steuer beträchtliche Kosten hervorruft, Anreize zu Steuervermeidung ausübt und dadurch zu einer allokativen Verzerrung der Kapitalströme führt, stürzt sie ein Land, das eine solche Steuer einführen will, in einen unlösbaren Zielkonflikt: „Stellt die Steuer auf die Lenkung, geht es um ein Zurückdrängen eines Teils der Devisenmarktgeschäfte, stellt sie dagegen auf die Einnahmeerzielung ab, sind gerade viele Devisenmarktgeschäfte erwünscht."[27]

[24] Vgl. *Tobin, J.* (1978).
[25] Vgl. *Spahn, P.B.* (2002) .
[26] *Frenkel, M./Langhammer, R J.* (2002), S. 548.
[27] Ebda., S. 554.

3.5.1.3 Steuererhebungsprinzipien

Wie wird nun die Steuerlast auf die Staatsbürger verteilt?

Man unterscheidet hierbei zwei sog. Fundamentalprinzipien der öffentlichen Abgabenerhebung, nämlich das Äquivalenz- und das Leistungsfähigkeitsprinzip. Beide Prinzipien können als Teilaspekte eines gerechten Steuersystems betrachtet werden, das gemäß dem Gebot der Gleichheit vor dem Gesetz (GG Art. 3) vor allem die Gleichmäßigkeit der Besteuerung gewährleisten muss: Gleiches muss auch steuerlich gleich behandelt werden.

Bei Anwendung des **Äquivalenz- oder Entgeltprinzips** hat die Abgabe einen direkten Bezug zum Empfang öffentlicher Leistungen. Die Höhe der Abgabe kann sich dabei entweder nach dem Nutzen bemessen, den der Staatsbürger aus diesen Leistungen zieht (Vorteilsprinzip oder marktmäßige Äquivalenz), oder nach den Kosten, die diese Leistungen verursachen (Kostenäquivalenz).

Da öffentliche Leistungen häufig durch Nicht-Rivalität und fehlende Ausschließbarkeit gekennzeichnet sind, kann dieses Prinzip allerdings nur selten als Besteuerungsgrundsatz eingesetzt werden. Nur solche Leistungen, die den Nutzern oder wenigstens Nutzergruppen direkt zugeordnet werden können, lassen sich nach dem Äquivalenzprinzip finanzieren. So wird z.B. die Gewerbesteuer damit gerechtfertigt, dass diese Abgabe „die von den Gewerbetreibenden für die Gemeinden verursachten Lasten (z.B. Schaffung von Verkehrsflächen) ausgleichen soll".[28] Gut geeignet ist das Äquivalenzprinzip hingegen für solche Leistungen, bei denen Ausschließbarkeit gegeben ist und die von den Bürgern gezielt und freiwillig in Anspruch genommen werden, wie z.B. das Ausstellen eines Reisepasses oder die Zulassung eines Kraftfahrzeuges. Für Leistungen dieser Art werden daher häufig Benutzungsgebühren oder Kostenbeiträge erhoben. Diese zählen jedoch nicht mehr zu den Steuern im engeren Sinne.

Das dominierende Steuererhebungsprinzip ist das **Leistungsfähigkeitsprinzip** (ability-to-pay). Als Maßstab für die individuelle Leistungsfähigkeit dient im Wesentlichen das Einkommen, denn je höher das Einkommen eines Bürgers ist, desto höher sind seine Möglichkeiten zur Bedürfnisbefriedigung, d.h. desto höher ist sein Nutzen.

Die Steuer schneidet als Abgabe einen Teil dieses Nutzens ab; sie verhindert in der Höhe, in der sie erhoben wird und aus dem Einkommen bezahlt werden muss, einen Teil des nutzenstiftenden Konsums. Die Steuerzahlung kann man daher als „Opfer" betrachten.

Wenn der Staat also ein möglichst gerechtes Steuersystem konzipieren will, muss er danach trachten, jedem Bürger das gleiche Opfer abzuverlangen. Hier stellt sich jedoch die Frage: Was ist ein „gleiches Opfer"?

Die sog. **Opfertheorien** versuchen, diese Frage zu klären.

Hierbei unterscheidet man ein absolut gleiches, ein relativ gleiches und ein marginal gleiches Opfer.[29] Dem entsprechen jedoch keineswegs die Konzepte einer Pauschal- (Kopf-), Proportional und Progressivsteuer, wie man sich am Beispiel des absolut gleichen Nutzenopfers leicht klar machen kann: Wenn man einem Bürger mit sehr hohem Einkommen einen bestimmten absoluten Geldbetrag abverlangt, so würde sich vermutlich dessen Lebensstandard und damit sein Wohlbefinden (= Nutzenniveau) deutlich weniger einschränken als im Falle eines Bürgers mit sehr niedrigem Einkommen, der vielleicht nach Bezahlung desselben Geldbetrages unter das Existenzminimum fällt. Um bei beiden Steuerzahlern denselben

---

[28] *Brümmerhoff, D.* (1996), S. 247.

[29] Die Opfertheorien können an dieser Stelle nur stark verkürzt dargestellt werden. Zur Vertiefung vgl. z.B. *Zimmermann, H./Henke,K.-D.* (1994), S. 110 ff.

Nutzenverlust hervorzurufen, muss der Staat daher vom „reichen" Bürger" absolut mehr Geld verlangen als vom „armen". Dies gilt umso mehr, wenn man ein gleiches relatives Opfer anstrebt, d.h. dass das Verhältnis vom Nutzenopfer zum Ausgangsnutzenniveau für alle Steuerzahler gleich sein soll (jedem soll es nach der Steuerzahlung z.B. um 10% schlechter gehen).

Die Umsetzung dieses Gedankens des gleichen Opfers – in welcher Form auch immer – in konkrete Steuertarife erfordert daher die genaue Kenntnis über den Verlauf der Einkommensnutzen, was praktisch nicht gegeben ist. Die Steuersysteme der Realität sind daher immer das Ergebnis eines politischen Willensbildungsprozesses. Allerdings gibt es auch gute theoretische Gründe dafür, dass aus der Forderung nach einem relativ gleichen Nutzenopfer ein mehr oder weniger progressiver Steuertarif folgt.

3.5.1.4 Direkte und indirekte Steuern

Das Leistungsfähigkeitsprinzip ist natürlich nur bei solchen Steuern anwendbar, die als Bemessungsgrundlage auch tatsächlich die Leistungsfähigkeit, d.h. i.d.R. das Einkommen und/oder Vermögen der Staatsbürger verwenden.

Statt an der Leistungsfähigkeit, d.h. an der Einkommensentstehung, kann die Steuer jedoch auch an der Einkommensverwendung anknüpfen, nämlich an bestimmten Gütern. In diesem Fall wird die Steuer allerdings nicht vom Konsumenten der betreffenden Güter erhoben, sondern von deren Produzenten, die wiederum den Steuerbetrag bei der Gewinnermittlung als Kosten absetzen können. Da diese Steuern also die Kosten erhöhen, wirken sie sich auch auf den Preis der Güter aus, so dass deren Käufer die Steuer ganz oder teilweise durch einen höheren Kaufpreis tragen müssen. Steuerzahler (nämlich der Produzent) und Steuerträger (nämlich Produzent *und* Konsument) sind nicht identisch. Solche Steuern nennt man daher **indirekte Steuern**.

Diejenigen Steuern hingegen, die unmittelbar auf die finanzielle Leistungsfähigkeit des Steuerpflichtigen, d.h. auf sein Einkommen oder Vermögen bezogen sind, führen bei ihm zu einer unmittelbaren Nutzeneinbuße. Sie heißen deshalb **direkte Steuern**. Steuerzahler und Steuerträger fallen zusammen.

Übung 3-2: Benzinpreise in Deutschland

Eine deutsche Tageszeitung veröffentlichte am 24. Mai 2007 folgende Nachricht:

„ Benzinpreise kein Fall für das Kartellamt.

Politiker hatten zuvor die Mineralölkonzerne wegen des hohen Benzinpreisniveaus kritisiert und schärfere kartellrechtliche Kontrollen der Branche gefordert. … „Wir finden die Preise auch schrecklich hoch, aber wir können nichts machen", sagte Kartellamtssprecherin Silke Kaul. Die Unternehmen beobachteten sich gegenseitig und reagierten auf Preisveränderungen bei den Konkurrenten, so dass es zu parallelem Preisverhalten komme. Das sei kartellrechtlich nicht zu beanstanden. … Nach einer Übersicht des Hamburger Energie-Informationsdienstes (EID) liegen die deutschen Benzinpreise im europäischen Vergleich ohne Steuern im Mittelfeld, bei Diesel sogar eher im unteren Bereich. Mit Steuern gehört Deutschland zu den teuersten Ländern in Europa."

Beantworten Sie zu diesem Text folgende Fragen:

a) Welches Preisverhalten unterstellen die Politiker den Mineralölkonzernen offenbar zu Unrecht?

b) Auf welcher Gesetzesgrundlage müsste das Kartellamt in diesem Fall intervenieren?

c) Welche Steuern sind in diesem Artikel gemeint? Charakterisieren Sie die Steuerart.

d) Welche Ziele verfolgt Deutschland mit diesen spezifischen Steuern? Gehen Sie in Ihrer Antwort auf die Steuerungsfunktion und die fiskalische Funktion von Steuern ein.

Lösung:

a) Den Mineralölkonzernen werden Preisabsprachen unterstellt, also die Bildung eines verbotenen Preiskartells.

b) Das Kartellamt agiert auf der Basis des Gesetzes gegen Wettbewerbsbeschränkungen (GWB). In diesem Gesetz ist das grundsätzliche Verbot von Kartellen, insbesondere Preiskartellen, festgeschrieben; es gibt allerdings Ausnahmen vom Kartellverbot (genehmigungspflichtige und anmeldepflichtige Kartelle). Das Kartellamt hat die Aufgabe, dieses Kartellverbot durchzusetzen.

c) Die Rede ist von der Mineralöl- oder Ökosteuer. Dabei handelt es sich um eine Verbrauchssteuer, d.h. eine indirekte Steuer.

d) Die ökologische Steuerreform verfolgte das Ziel, das Verhalten der Verbraucher umweltpolitisch zu steuern und gleichzeitig Staatseinnahmen zu generieren, um damit die Defizite der staatlichen Rentenversicherung auszugleichen. Ohne die Einnahmen aus der Ökosteuer würde der Beitragssatz zur Rentenversicherung heute bereits um mindestens 1,7 Prozentpunkte höher liegen. Hier zeigt sich abermals deutlich der Widerspruch zwischen Steuerungs- und fiskalischer Funktion von Steuern: Wenn die Steuerungswirkung so weit ginge, dass Industrie und Haushalte tatsächlich in nennenswertem Umfang den Verbrauch von Mineralöl reduzieren, würde eine entsprechende Finanzierungslücke in der Rentenversicherung entstehen, die anderweitig gestopft werden müsste.

3.5.2 Staatsausgaben

Die Staatsausgaben dienen der Erfüllung der öffentlichen Aufgaben. Diese wiederum ergeben sich – wie besprochen – insbesondere aus den Funktionsschwächen des Marktes. Es liegt daher nahe, Staatsausgaben unter dem Gesichtspunkt zu betrachten, wie sie sich auf den privaten Wirtschaftskreislauf auswirken.

Zu diesem Zweck wird zunächst zwischen Ausgaben, denen ein Leistungsstrom an den Staat gegenübersteht (Leistungsausgaben), und solchen, die rein umverteilenden Charakter haben, unterschieden.

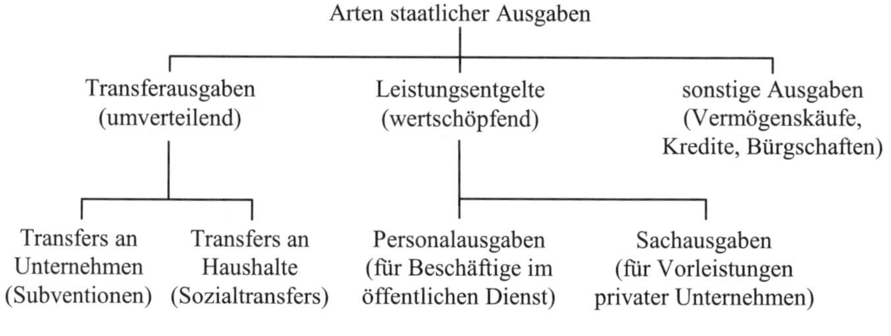

Abbildung 3-4 Staatsausgaben nach Ausgabearten

Transferausgaben stellen eine Umlenkung von Kaufkraft und Einkommen vom Steuerzahler auf den Transferempfänger dar. Sie sind per se aber noch nicht wertschöpfend. Transfer-

zahlungen an Unternehmen heißen Subventionen und verbilligen c.p. das Angebot. Auf diese Weise sind auch wiederum die Kunden der Unternehmen, letztlich also die privaten Haushalte, Nutznießer von Subventionen. Daneben gibt es direkte Transferzahlungen des Staates an private Haushalte, die unmittelbar deren verfügbares Einkommen erhöhen. Diese Transfers heißen Sozialtransfers bzw. Sozialausgaben des Staates.

Leistungsausgaben hingegen werden im Gegenzug für Sachgüter oder Arbeitsleistungen bezahlt, die private Wirtschaftssubjekte (Unternehmen und Haushalte) dem Staat im Zuge der Produktion der öffentlichen Leistungen zur Verfügung stellen. Dementsprechend werden hier Personal- und Sachausgaben unterschieden.
Die Leistungsausgaben des Staates werden auch als Leistungsentgelte bezeichnet, da es sich dabei tatsächlich um marktmäßige Entgelte für konkrete wertschöpfende Leistungen handelt.

Die Struktur der Ausgaben unterscheidet sich in dieser Hinsicht also deutlich von der Struktur der Einnahmen. Dies liegt insbesondere an den spezifischen Eigenschaften öffentlicher Güter, v.a. der fehlenden Ausschließbarkeit: Während zur Produktion der öffentlichen Dienstleistungen private Güter (Sachgüter und Dienst- bzw. Arbeitsleistungen) als Inputgüter verwendet werden, die daher auch marktmäßig d.h. nach dem Äquivalenzprinzip bezahlt werden können (→ Staatsausgaben), kann dieses Prinzip für den „Verkauf“ des Output der Staatstätigkeit (→ Staatseinnahmen) nur in sehr beschränktem Umfang verwendet werden. Für die Erzielung der Staatseinnahmen spielt vielmehr das Leistungsfähigkeitsprinzip die entscheidende Rolle.

Da den Leistungsausgaben also unmittelbar Wertschöpfung und damit die Entstehung von Realeinkommen entspricht, spielt dieser Teil der Staatsausgaben im konjunkturpolitischen Zusammenhang eine große Rolle.

Unser augenblickliches Augenmerk liegt jedoch auf der Frage, inwiefern Staatstätigkeit das Verhalten der Teilnehmer auf privaten Märkten und damit das private Marktergebnis mittelbar beeinflusst und verändert. Unter diesem Gesichtspunkt kommt – analog zu den Steuern auf der Einnahmenseite – den Transferausgaben besonderes Gewicht zu. Transferausgaben im weiteren Sinne können als negative Steuer aufgefasst werden:
Indirekten Steuern, welche ja stets beim Produzenten eines Gutes erhoben werden, entsprechen den Unternehmenssubventionen. Direkten Steuern etwa auf Lohn und Einkommen entsprechen Einkommens- bzw. Sozialtransfers.

Wenn wir in den folgenden Kapiteln die Wirkungen von Steuererhebungen auf Angebot und Nachfrage analysieren, können wir daher die Ergebnisse cum grano salis und umgekehrtem Vorzeichen auf die Wirkungen von Subventionen und Sozialtransfers übertragen.

3.6 Soziale Marktwirtschaft

Die Soziale Marktwirtschaft ist die Wirtschaftsordnung, die Deutschland seit dem Ende des 2. Weltkrieges geprägt hat. Sie ist andererseits eine Wirtschaftsordnung, die selbst wiederum durch deutsche Politiker, vor allem durch einen, nämlich Ludwig Erhard, und deutsche Wissenschaftler geprägt und entwickelt worden ist. „Soziale Marktwirtschaft“ ist daher – neben „Kindergarten“ und „Rucksack“ – einer der wenigen international gebräuchlichen Begriffe, die nicht übersetzt werden, sondern als deutsche Vokabel in aller Welt verstanden werden. Die Soziale Marktwirtschaft wurde zum deutschen Exportschlager.

Was hat diese Wirtschaftsordnung so populär gemacht?

3.6.1 Die Grundprinzipien der Sozialen Marktwirtschaft

Die Soziale Marktwirtschaft entstand aus dem Chaos des Zweiten Weltkrieges. Sie ist das Produkt verschiedener wirtschaftspolitischer Vorstellungen der damaligen Zeit und sollte als Synthese zwischen einem ungebändigten Kapitalismus, mit dem man im 19. und beginnenden 20. Jahrhundert schlechte Erfahrungen gemacht hatte, und einer totalitären zentralen Wirtschaftssteuerung, die sich seit der russischen Revolution in ganz Osteuropa ausgebreitet und bis dato ebenfalls keine überzeugenden wirtschaftlichen Erfolge aufzuweisen hatte, das kriegszerstörte Deutschland wieder aufrichten.

Die „Theorie der Sozialen Marktwirtschaft“, wie *Alfred Müller-Armack* sie 1946 nannte, enthält i.W. Elemente aus drei geistesgeschichtlichen Strömungen:

- dem Neoliberalismus, bzw. dessen deutscher Ausprägung, dem Ordoliberalismus
- der christlichen Soziallehre katholischer und protestantischer Prägung sowie
- dem freiheitlichen Sozialismus.

Der Neo- oder Ordoliberalismus wurde bereits während der Zeit der Nationalsozialisten, quasi im Untergrund, als Fundament einer neuen Wirtschaftsordnung entwickelt, in der die Funktionsweise einer freiheitlichen Marktwirtschaft langfristig abgesichert werden sollte. Er unterscheidet sich jedoch vom Wirtschaftsliberalismus des 18. und 19. Jahrhunderts ganz wesentlich dadurch, dass dem Staat eine deutlich aktivere Rolle als die eines bloßen „Nachtwächters“, der zwar die Monopolkontrolle ausüben, sich ansonsten jedoch durch wirtschaftspolitische Abstinenz auszeichnen sollte, zugedacht wurde. Man erkannte, dass eine freiheitliche Ordnung von Wirtschaft und Gesellschaft der beständigen Wachsamkeit und gestalterischen Aktivität des Staates bedarf.

Von den Vertretern der christlichen Soziallehre wurde hingegen vor allem die soziale Verpflichtung der Wirtschaftsordnung im Allgemeinen und des Privateigentums im Besonderen hervorgehoben. Ähnlich argumentierten auch die Theoretiker des freiheitlichen Sozialismus, von denen einige die Marktkoordinierung grundsätzlich ablehnten. Insbesondere nach dem Ende des Zweiten Weltkrieges herrschte in weiten Kreisen die Überzeugung, dass ein Wiederaufbau des völlig zerstörten Deutschland nur mit verstaatlichten Schlüsselindustrien und zentraler Lenkung möglich sei; allerdings sollte dieser spezifisch deutsche Sozialismus eine freiheitlich-demokratische Alternative zur radikalen und totalitären Lösung der UdSSR stalinistischer und leninistischer Prägung sein. Aber auch diejenigen, die eine marktwirtschaftliche Wettbewerbsordnung nicht von vorn herein ausschlossen, wie z.B. der spätere Wirtschaftsminister und Sozialdemokrat *Karl Schiller*, forderten wesentliche sozialistische Ergänzungen der Marktwirtschaft, wie z.B. eine massive Umverteilung von Einkommen und Vermögen durch progressive Steuertarife, betriebliche Mitbestimmung und Vermögensbeteiligung der Arbeitnehmer sowie generell den Ausbau der sozialen Sicherungssysteme.

Gleichzeitig spielte auch noch eine weitere Entwicklung eine wichtige Rolle in der Entstehungsgeschichte der „Theorie der Sozialen Marktwirtschaft“, nämlich der in den Dreißiger Jahren v.a. in England entstandene Keynesianismus, welcher die entscheidende Rolle des Staates nicht nur bei der Gestaltung des Wirtschaftssystems, sondern bei der Lenkung der gesamtwirtschaftlichen Nachfrage mit dem Ziel der Wahrung von Vollbeschäftigung betonte.

All diese geistesgeschichtlichen Strömungen fanden ihren Niederschlag im Grundkonzept der Sozialen Marktwirtschaft. Ihr Fundament bildet jedoch der Neo- bzw. Ordoliberalismus.

Die zwei wichtigsten Begründer des Neoliberalismus waren die Nationalökonomen *Alexander Rüstow* und *Wilhelm Röpke*, die beide Anfang der dreißiger Jahre des 20. Jahrhunderts im türkischen Exil an der Universität von Istanbul und später in Genf die sozialphilosophischen Grundlagen des Neoliberalismus entwickelten[30]. Kurz darauf, im Jahr 1937, also noch während der Herrschaft der Nationalsozialisten, eröffneten die Freiburger Professoren *Franz Böhm*, *Walter Eucken* und *Hans Großmann-Doerth* eine Schriftenreihe mit dem programmatischen Titel „Ordnung der Wirtschaft". Diese Schriftenreihe wurde zum Sprachrohr der sog. „Freiburger Schule", deren Anhänger sich selbst Ordoliberalisten nannten und das konzeptionelle Fundament der Sozialen Marktwirtschaft entwickelten. Aus ihren Reihen kamen die wissenschaftlichen Berater des späteren Wirtschaftsministers *Ludwig Erhard*. Dessen Staatssekretär *Alfred Müller-Armack* schließlich fasste die ordoliberalen Grundsätze der Freiburger Schule zu einem pragmatischen Ordnungskonzept zusammen und gab ihm den Namen Soziale Marktwirtschaft.

„Sinn der Sozialen Marktwirtschaft ist es, das Prinzip der Freiheit auf dem Markte mit dem des sozialen Ausgleichs zu verbinden."[31] So charakterisierte *Müller-Armack* im Jahr 1956 die neue Wirtschaftsordnung, die mittlerweile bereits mitten in das deutsche Wirtschaftswunder hineingeführt hatte.
In der Tat ist das Gedankengut der Sozialen Marktwirtschaft nicht mit dem des Ordoliberalismus identisch. Vielmehr werden die sozialpolitischen Ziele sehr viel stärker betont und eine Synthese zwischen rechtsstaatlich gesicherter Freiheit auf dem Markt und den Idealen der sozialen Sicherheit und sozialen Gerechtigkeit angestrebt: die Soziale Marktwirtschaft als „Dritter Weg" zwischen Laissez-faire-Kapitalismus und totalitärem Sozialismus.

Die wichtigsten Grundsätze der Sozialen Marktwirtschaft sind:

- **Marktwirtschaftlicher Wettbewerb** ist die ordnungspolitische Basis. Die Sicherung des Wettbewerbs ist daher die vordringlichste Aufgabe des Staates. Die Funktionsfähigkeit des Preismechanismus muss unter allen Umständen aufrecht erhalten bleiben. Alle wirtschaftspolitischen Maßnahmen müssen marktkonform sein.
- Das marktmäßige Verteilungsergebnis muss durch **staatliche Sozialpolitik** ergänzt werden. Diese muss jedoch durch marktwirtschaftliche Leistung wirtschaftlich abgesichert sein und unterliegt daher dem strengen Subsidiaritätsprinzip: Sozialpolitik übernimmt nur die Versorgungs- und Fürsorgeaufgaben, die auch in einer funktionierenden Marktwirtschaft übrig bleiben und gelöst werden müssen. Ein umfassender öffentlicher Versorgungsapparat wird ausdrücklich nicht angestrebt, da er den Leistungswillen der Individuen zerstören und damit auch der Sozialpolitik den Boden entziehen würde.
- Im Übrigen soll der Staat eine „**Konstanz der Wirtschaftspolitik**" gewährleisten. Das bedeutet vor allem, dass die Geldpolitik konsequent am Ziel der Preisniveaustabilität ausgerichtet sein muss. Diskretionäre, d.h. fallweise staatliche Eingriffe in den Wirtschaftsablauf, wie es die Keynesianer vorschlagen, werden abgelehnt. Vollbeschäftigung soll insbesondere durch eine Optimierung der ordnungspolitischen Rahmenbedingungen erreicht werden (angebotsorientierte Wirtschaftspolitik).

Diese Grundsätze der Gründungsväter der Sozialen Marktwirtschaft haben sich im Laufe der Zeit jedoch gewandelt. Die Soziale Marktwirtschaft der Bundesrepublik Deutschland war seit ihrer Einführung durch *Ludwig Erhard* immer wieder gravierenden Änderungen unterworfen.

---

[30] Vgl. *Lampert, H.* (1990), S. 84 ff.
[31] *Müller-Armack* (1956), S. 390.

3.6.2 Die Geschichte der Sozialen Marktwirtschaft

Der Startschuss für die Soziale Marktwirtschaft in Deutschland war die Währungsreform vom 20. Juni 1948. Mit der Einführung der D-Mark in den drei westlichen Besatzungszonen wurde auf einen Schlag der hoch-inflationäre Geldüberhang der Reichsmark abgeschöpft und damit die währungspolitische Grundlage für eine solide marktwirtschaftliche Entwicklung gelegt. Einen Tag vor der Währungsreform hatte *Ludwig Erhard* ohne Abstimmung mit den Besatzungsmächten einseitig Zwangsbewirtschaftung und Preiskontrollen aufgehoben. Auf der Grundlage der neuen, stabilen Währung war nun marktwirtschaftlicher Wettbewerb möglich geworden.

3.6.2.1 Wichtige Elemente des Ordnungsrahmens der Sozialen Marktwirtschaft in Deutschland

Die Voraussetzungen einer stabilen Währung sowie freier Preise sind zwar notwendig, aber noch nicht hinreichend zur Errichtung einer Sozialen Marktwirtschaft. So mussten in den Folgejahren mit einigen wichtigen Gesetzen vor allem angemessene rechtliche Rahmenbedingungen für die neue Wirtschaftsordnung geschaffen werden, allen voran das neue Grundgesetz.

Das **Grundgesetz** vom 23. Mai 1949 legte allerdings die neue Wirtschaftsordnung nicht ausdrücklich fest. Vielmehr wurden lediglich die gesetzlichen Rahmenbedingungen für eine freiheitliche und gleichzeitig sozialen Prinzipien verpflichtete staatliche Ordnung geschaffen. Dazu gehören insbesondere Artikel 14 mit dem Schutz des Privateigentums, in dem auch die soziale Verpflichtung, die aus dem Privateigentum erwächst, genannt wird, sowie Artikel 20, der das Sozialstaatsprinzip festschreibt.

Der aus ordoliberaler Sicht konstituierende Meilenstein der neuen Wirtschaftsordnung war jedoch das **Gesetz gegen Wettbewerbsbeschränkungen** (GWB), das endlich ein grundsätzliches Verbot von Kartellen beinhaltete und damit einer unrühmlichen Kartelltradition in Deutschland ein Ende setzte[32]. Die Tatsache, dass es erst im Jahr 1958 in Kraft trat, zeigt, wie schwer man sich damals in Deutschland mit der Umsetzung der strengen wettbewerbspolitischen Vorstellungen der Ordoliberalisten tat; *Ludwig Erhard* konnte sich mit seinen wettbewerbspolitischen Forderungen denn auch nicht vollständig durchsetzen. Das Kartellverbot enthielt und enthält nach wie vor zahlreiche Ausnahmeregelungen. Nach 1958 nahm die Zahl der Kartelle zunächst nicht etwa ab, sondern zu; ebenso stieg die Zahl der Unternehmensfusionen rapide an, so dass schließlich in der zweiten Novelle des GWB von 1973 eine verstärkte Kontrolle von Unternehmenszusammenschlüssen sowie eine strengere Missbrauchsaufsicht eingeführt wurden.

Einen wichtigen Impuls bekam die Wettbewerbsintensität in Deutschland durch den Abbau der mengenmäßigen Beschränkungen im Außenwirtschaftsverkehr sowie die Abschaffung der Kapitalverkehrskontrollen im Laufe der fünfziger Jahre. Diese Liberalisierung des Außenhandels erhielt schließlich im **Außenwirtschaftsgesetz** von 1961, welches die Außenhandelsfreiheit als gesetzliche Norm festschreibt, eine zuverlässige rechtliche Grundlage.

Ein halbes Jahr vor dem GWB, nämlich bereits am 26. Juli 1957 trat das **Gesetz über die Deutsche Bundesbank** (BBkG) in Kraft. Es setzt die ordnungs- und stabilitätspolitischen Vorstellungen der neoliberalen Schule am deutlichsten, ja geradezu in idealtypischer Form um. In § 3 BBkG wird die Notenbank ausschließlich auf das Ziel der Währungssicherung, d.h. der Stabilität des Geldwertes, verpflichtet. Sie ist in der Ausübung dieser Pflicht nicht an Weisungen der Regierung gebunden und gemäß §12 BBkG nur dann zur Unterstützung

[32] Vgl. *Pätzold, J.* (1994), S. 59.

der allgemeinen Wirtschaftspolitik der Bundesregierung verpflichtet, wenn die Aufgabe der Sicherung der Währung dadurch nicht beeinträchtigt wird. Das Bundesbankgesetz legte damit den Grundstein zur mittlerweile beispielhaften Autonomie der Deutschen Bundesbank, die seither sehr erfolgreich war und daher auch in die Konzeption der Europäischen Zentralbank unverändert übernommen worden ist[33]. Diese Autonomie der Notenbank in personeller, instrumenteller und finanzieller Hinsicht sollte dafür sorgen, dass die Geldpolitik von verteilungspolitischen Gesichtspunkten unabhängig wird.

Die **Arbeitsmarkt- und Sozialordnung** war von Anfang an umstritten[34]. Zwar bestand große Einigkeit über die Einführung der im Tarifvertragsgesetz von 1949 verankerten **Tarifautonomie**. Die Tarifpartner sollten unabhängig von staatlicher Einflussnahme durch Vereinbarung angemessener Löhne und Lohnstrukturen für Vollbeschäftigung sorgen. In bestimmten Branchen, namentlich im Bergbau sowie der Eisen- und Stahlindustrie, deuteten sich jedoch bereits damals Strukturkrisen an, denen mit staatlicher Regulierung begegnet werden sollte. So war das Montan-Mitbestimmungsgesetz von 1951 hart umstritten.

Völlig kontrovers wurde auch die Frage der adäquaten Konstruktion des sozialen Sicherungssystems, insbesondere der Ausgestaltung der Rentenversicherung, diskutiert. Das zunächst geltende, kapitalgedeckte Versicherungsprinzip, bei dem Arbeitgeber und Arbeitnehmer paritätisch Rentenbeiträge ansparen, wurde auf Drängen des damaligen Bundeskanzlers Konrad Adenauer durch ein Umlageverfahren, den sog. **Generationenvertrag**, ersetzt, bei dem die jeweils im aktiven Arbeitsprozess stehende Generation die Rentner derselben Periode finanziert und dabei gegenüber der nachfolgenden Generation einen Anspruch auf ebensolche Versorgung erwirbt. Dadurch wurde erstmals eine Dynamisierung der Rente, d.h. die Ankoppelung der Renten an die allgemeine Lohn- und Gehaltsentwicklung, erreicht. Vor allem auf Grund der ungünstigen demographischen Entwicklung, aber auch durch eine bedeutende Ausweitung der Versicherungsleistungen v.a. in den siebziger Jahren, ist dieses Umlageverfahren inzwischen allerdings in große Bedrängnis gekommen.

Die großen Sozialversicherungen wurden 1961 ferner durch das **Sozialhilfegesetz** ergänzt. Es sieht eine steuerfinanzierte, streng subsidiäre Sozialhilfe für Bedürftige vor, die das Existenzminimum jedes Bürgers absichern soll, wenn keine andere Lösung mehr möglich ist.

3.6.2.2 Historische Entwicklungsphasen der Sozialen Marktwirtschaft in Deutschland

Die Entwicklung der Sozialen Marktwirtschaft in Deutschland vollzog sich in vier deutlich voneinander abgegrenzten Phasen.

Phase 1: 1948 - 1966

Die erste Phase der Sozialen Marktwirtschaft umfasst die Zeit ab der Währungsreform 1948 bis zur ersten deutschen Rezession 1966/67. Sie war im Wesentlichen von den ordoliberalen Vorstellungen *Ludwig Erhards* und seiner Berater aus der Freiburger Schule geprägt. Das deutsche Wirtschaftswunder, das sich in dieser Zeit ereignete, wurde und wird daher häufig mit diesem ordnungspolitischen Leitbild in Verbindung gebracht. Als zu Beginn der neunziger Jahre der Eiserne Vorhang in der Mitte Europas fiel und die Planwirtschaft der DDR in eine Soziale Marktwirtschaft nach westdeutschem Muster umgewandelt werden sollte, erwarteten daher viele Menschen ein ähnliches Wunder. Dieses stellte sich bekanntlich so aber nicht ein. Zum einen hatte sich die westdeutsche Wirtschaftsordnung von der Sozialen

[33] Aus rechtlicher Sicht hat sich der autonome Status der Europäischen Zentralbank im Vergleich zu dem der Deutschen Bundesbank sogar noch verstärkt, da das Bundesbankgesetz mit einfacher parlamentarischer Mehrheit hätte geändert werden können. Die Autonomie der europäischen Zentralbank hingegen ist im EG-Vertrag verankert, der supranationalen Normcharakter hat.

[34] Vgl. *Pätzold* (1994), S. 61 f.

Marktwirtschaft Erhardscher Prägung bereits weit entfernt, zum andern beruhten die enormen wirtschaftlichen Erfolge der Nachkriegszeit auch auf bestimmten historischen Rahmenbedingungen der Wiederaufbauphase, die in der DDR der neunziger Jahre nicht mehr gegeben waren:

- Die Infrastruktur sowie der gesamte Produktionsapparat waren in Deutschland bei Kriegsende völlig zerstört bzw. von den Siegermächten demontiert worden. Was zunächst als Katastrophe empfunden wurde, erwies sich in der Aufbauphase als Chance: In Deutschland entstand in den fünfziger Jahren ein vollständig neuer, hochmoderner Produktionsapparat, der die deutsche Wirtschaft technologisch in eine starke Wettbewerbsposition brachte.
- Die notwendigen Kapitalhilfen für den Wiederaufbau verschaffte der Marshallplan. Nach Kriegsende war absehbar, dass Deutschland die Devisen, die zum Import der zur Versorgung der Bevölkerung notwendigen Nahrungsmittel, aber auch der Rohstoffe, Maschinen und anderer Produktionsmittel, die zum Wiederaufbau der deutschen Wirtschaft erforderlich waren, nicht würde aufbringen können. Der damalige amerikanische Außenminister *G.C. Marshall* setzte daher einen Plan zu umfassenden Kapitalhilfen für den Wiederaufbau und damit zur wirtschaftlichen und v.a. politischen Stabilisierung Deutschlands durch, der Europa in den Jahren 1947 bis 1951 Kapitalhilfen in Höhe von insgesamt ca. 12,4 Milliarden US-Dollar bescherte.
- Der wirtschaftlichen Expansion waren auch vom Arbeitsmarkt her keine Grenzen gesetzt. Nach Kriegsende setzte ein beständiger Zustrom vom Kriegsgefangenen, Heimatvertriebenen und Flüchtlingen aus den Ostgebieten ein, der bis in die frühen sechziger Jahre, v.a. bis zum Bau der Berliner Mauer im Jahr 1961, anhielt. Diese Rückkehrer repräsentierten einen Querschnitt durch alle Bildungsschichten und Qualifikationen, so dass auch ausreichend Fachkräfte verfügbar waren.
- Die Privatunternehmen sahen sich einer nahezu unbegrenzten Nachfrage gegenüber. Es gab gewaltigen Nachholbedarf in fast allen Bereichen des Konsumgütersektors, aber auch bei den Investitionsgütern, deren Anschaffung staatlich gefördert wurde.
- Auf Grund der anfänglichen außenwirtschaftlichen Isolation Deutschlands konnte v.a. die Geldpolitik ungestört von konjunkturellen Einflüssen aus dem Ausland durchgeführt werden.
- Ferner zeichnete sich die Nachkriegszeit durch eine weitgehende innenpolitische Stabilität aus. Auseinandersetzungen über gesellschaftspolitische Werte – wie sie die sechziger Jahre prägten – fanden (noch) nicht statt. Das gemeinsame Ziel aller war zunächst zu überleben, die existentielle Not zu überwinden und wieder zu ausreichendem Wohlstand zu kommen. Die Gewerkschaften blieben mit Rücksicht auf die Investitionskraft der Unternehmen relativ zurückhaltend in ihren Lohnforderungen und traten nicht in größere Verteilungskämpfe ein.

Gegen Ende des Jahrzehnts der fünfziger Jahre war bereits ein – wenn auch aus heutiger Sicht eher bescheidenes – Wohlstandsniveau erreicht. Die Nahrungsmittelversorgung der Bevölkerung war gut, das Wohnungsproblem im Wesentlichen gelöst, die Haushalte begannen, sich allmählich mit komfortablen Konsumgütern wie Elektrogeräten oder Kraftfahrzeugen auszustatten. Das Wirtschaftswunder war eingetreten.

Allerdings änderten sich nun die gesamtwirtschaftlichen Rahmenbedingungen in Deutschland grundlegend. Dies hing zum einen mit der zunehmenden Integration Deutschlands in die Weltwirtschaft zusammen. Am 25. März 1957 wurden in Rom die sog. Römischen Ver-

träge unterzeichnet, die zusammen mit der bereits seit 1952 bestehenden Montanunion die vertragliche Grundlage für die spätere europäische Einigung legten. Durch die zunehmende Liberalisierung des Kapitalverkehrs im Rahmen des Währungssystems von Bretton Woods sowie des Außenhandels war Deutschland immer stärker internationalen Einflüssen auf Preis- und Konjunkturbewegungen ausgesetzt. Die Wirksamkeit der nationalen Wirtschaftspolitik wurde geringer.

Zum andern traten aber auch in der binnenwirtschaftlichen Entwicklung Probleme auf.

- Durch das allmähliche Versiegen des Flüchtlingszustroms wurden in der boomenden Wirtschaft mit der Zeit die Arbeitskräfte knapp. Zur Behebung der Engpässe auf dem Arbeitsmarkt wurden zwar zunehmend ausländische Arbeitskräfte aus verschiedenen südeuropäischen Ländern angeworben. Diese wiesen jedoch keine oder nur sehr geringe Qualifikationen auf, so dass der Fachkräftemangel immer stärker zur Bremse der wirtschaftlichen Entwicklung wurde. Zudem wurde die massive Zuwanderung nicht ausreichend durch Maßnahmen der kulturellen Integration begleitet, so dass mit der Zeit auch soziale Probleme durch einen immer höheren Anteil ausländischer, zum größten Teil unterprivilegierter Bevölkerungsschichten entstanden.
- Die Gewerkschaften gaben ihre lohnpolitische Zurückhaltung auf und forderten eine höhere Beteiligung der Arbeitnehmer am boomenden Wirtschaftswachstum und an den Gewinnen der Privatunternehmen. Auch der Ruf nach Einführung einer paritätischen Mitbestimmung nach dem Modell der Montanunion in allen Wirtschaftssektoren wurde immer lauter.
- Eine wesentliche Rolle bei der politischen Neuorientierung vom ordoliberalen Gedankengut der unmittelbaren Nachkriegszeit hin zu den Ideen des freiheitlichen Sozialismus spielte jedoch der bei allem Wirtschaftswunder unterentwickelte öffentliche Sektor. Das Wort vom privaten Reichtum bei öffentlicher Armut, das der Keynesianer *J.K. Galbraith* bereits in den fünfziger Jahren in den USA geprägt hatte, machte auch in Deutschland die Runde. Defizite im öffentlichen Bildungs-, Gesundheits- und Verkehrswesen wurden plötzlich deutlicher wahrgenommen als zuvor, als noch alle damit beschäftigt waren, zunächst den eigenen Magen zu füllen.
- Der bis dato geltende Wertekonsens in der Bevölkerung brach mit der heranwachsenden Nachkriegsgeneration zusammen. Die jungen Menschen, die in den wachsenden Wohlstand hineingeboren worden waren, entwickelten eine immer militanter werdende Abwehrhaltung gegenüber dem unbedingten materialistischen Streben ihrer Eltern. Begriffe wie Wohlstand, Wachstum, Reichtum, Leistung oder Elite wurden zu Unwörtern. Die ideologischen Konflikte gipfelten in den blutigen Studentenunruhen der 68er Jahre, die unmissverständlich ein neues Kapitel in der Entwicklung der Sozialen Marktwirtschaft markierten.

Doch auch in den Reihen der Politik kündigte sich in den frühen sechziger Jahren ein bevorstehender Wandel an. Immer stärker setzten sich politische Kräfte durch, die zunehmend dem Staat – nicht mehr den Tarifvertragsparteien – die Verantwortung für die Aufrechterhaltung der Vollbeschäftigung zuwiesen und daher einen deutlich aktiveren Staat forderten als es bisher die neoliberalen politischen Kräfte für angemessen gehalten hatten. Eine geplante Steuererhöhung zur Deckung der zunehmenden Haushaltsdefizite sowie die Rezession von 1966/67 mit der für damalige Verhältnisse ungewöhnlich hohen Arbeitslosigkeit von 2,1% (!) führten schließlich zum Sturz der konservativen Bundesregierung unter *Ludwig Erhard*.

Phase 2: 1967 - 1982

Mit der Regierungsübernahme der Großen Koalition zwischen CDU/CSU und SPD unter Bundeskanzler *Kurt Georg Kiesinger* und Vizekanzler *Willy Brandt* am 1. Dezember 1966 begann die zweite Phase der Sozialen Marktwirtschaft in Deutschland, die bis zum Beginn der achtziger Jahre dauerte. Sie war geprägt vom Gedankengut des freiheitlichen Sozialismus sowie v.a. des Keynesianismus. In der gesamten zweiten Phase, insbesondere jedoch unter der Regierung von *Willy Brandt* (1969 - 1974), verlagerte sich das Schwergewicht der Politik von der Erhaltung und Gestaltung des Ordnungsrahmens für eine funktionsfähige Marktwirtschaft hin zu einer aktiven staatlichen Steuerung der Wirtschaft. Grundtenor dieses Wechsels war: Weniger Markt, mehr Zentralstaat – weniger Wettbewerb, mehr Autorität – weniger Individualismus, mehr Kollektivismus.

Unmittelbaren Ausdruck fand diese neue wirtschaftspolitische Orientierung im **Gesetz zur Förderung der Stabilität und des Wachstums in der Wirtschaft** (StWG), das am 8. Juni 1967 in Kraft trat. Es weist dem Staat die unmittelbare Verantwortung für die Erreichung zentraler makroökonomischer Ziele zu, die im sog. magischen Viereck zusammengefasst sind. In §1 des Gesetzes heißt es:

> *„Bund und Länder haben bei ihren wirtschafts- und finanzpolitischen Entscheidungen die Erfordernisse des gesamtwirtschaftlichen Gleichgewichts zu beachten. Die Maßnahmen sind so zu treffen, dass sie im Rahmen der marktwirtschaftlichen Ordnung gleichzeitig zur Stabilität des Preisniveaus, zu einem hohen Beschäftigungsstand und außenwirtschaftlichem Gleichgewicht bei stetigem und angemessenem Wirtschaftswachstum beitragen."*

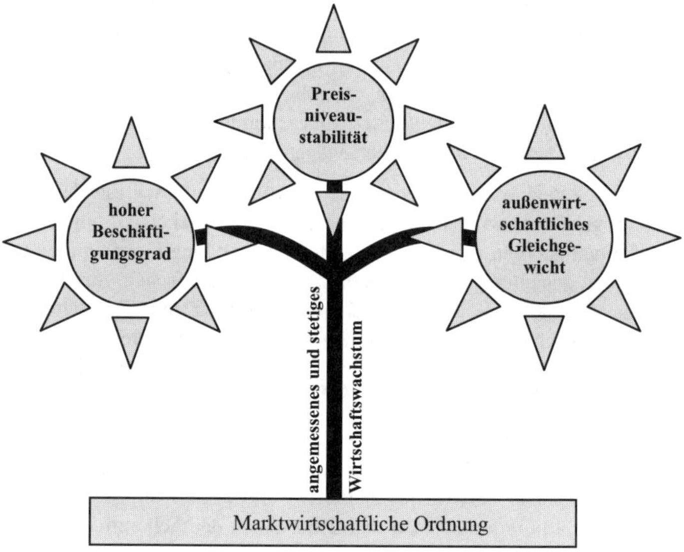

Abbildung 3-5: Die Ziele des Stabilitätsgesetzes

Was ist magisch an diesem Zielsystem und was ist neu?

Magisch ist nicht das Zielsystem selbst. Vielmehr muss derjenige, der es umsetzen will, über magische Kräfte verfügen, denn zwischen den einzelnen Zielen bestehen teilweise so große

Zielkonflikte, dass eine Umsetzung aller vier genannten Ziele nur mit einem Zauberstab à la Hogwarts zu gelingen scheint. So zeichneten sich die sechziger und frühen siebziger Jahre z.B. durch niedrige Arbeitslosenquoten von nur 0,6 bis 2,1 % aus, während die Inflationsraten im selben Zeitraum i.W. zwischen 3% und 7% oszillierten[35]. Doch auch zwischen dem Ziel der Preisniveaustabilität und außenwirtschaftlichem Gleichgewicht oder zwischen außenwirtschaftlichem Gleichgewicht und Vollbeschäftigung können erhebliche Zielkonflikte bestehen.

Neu am §1 des Stabilitätsgesetzes ist nahezu alles. Es dokumentiert einen vollständigen Paradigmenwechsel in der Wirtschaftspolitik. Neu ist allein schon die Tatsache, dass alle wirtschaftspolitischen Kräfte („Bund und Länder") in all ihren finanzpolitischen Entscheidungen auf ein gemeinsames Ziel, nämlich das „gesamtwirtschaftliche Gleichgewicht" verpflichtet werden, obwohl dies im Widerspruch zum Föderalismusgedanken steht. Wenn zum Beispiel zur Zeit einer boomenden Hochkonjunktur ein Bundesland Investitionsbedarf bei seinen Krankenhäusern oder in der Verkehrsinfrastruktur sieht und entsprechende Ausgaben tätigt, so wäre dies ein Verstoß gegen §1 des Stabilitätsgesetzes, da hier eine strikt antizyklische Verhaltensweise aller Gebietskörperschaften gefordert wird. Im Sinne des Subsidiaritätsprinzips allerdings obliegen den Ländern in einem föderativen Staat ganz andere Aufgaben als dem Bund. Die Landesregierung wird am Wahltermin von den Wählern nicht danach beurteilt, inwieweit ihr Handeln konjunkturpolitisch korrekt war oder nicht, sondern ob sie die Wahlversprechen bezüglich der unmittelbaren Bedürfnisse des Landes erfüllt hat. Konsequentes Handeln im Sinne des §1 StWG führt aus Sicht untergeordneter Gebietskörperschaften also zu externen Effekten: Ein positiver Beitrag der Landespolitik zur Konjunkturdämpfung führt nicht (nur) im betreffenden Bundesland, sondern bundesweit zu einer Annäherung an das gesamtwirtschaftliche Gleichgewicht und wird daher von den eigenen Landeswählern sicher nicht (ausreichend) gewürdigt.

Neu ist ferner die wirtschaftspolitische Bewertung, d.h. der wirtschaftspolitische Stellenwert des Ordnungsrahmens. Die „marktwirtschaftliche Ordnung" wird zwar nach wie vor als ordnungspolitisches Basiskonzept genannt; ihre aktive Gestaltung sowie ihr Schutz stehen jedoch nicht mehr im Zentrum der staatlichen Wirtschaftspolitik. Stattdessen rückt die Stabilisierungspolitik, die ehedem nahezu ausschließlich aus einer möglichst kontinuierlichen Geldpolitik bestanden hatte, ins Zentrum staatlicher Aktivitäten.

Ein weiteres Ziel verliert ebenfalls an Bedeutung und ändert seinen Inhalt wesentlich: Das Wachstumsziel. War in der Nachkriegszeit das Streben nach wachsendem materiellen Wohlstand noch völlig unbestritten ein zentrales wirtschaftliches Ziel, so nennt das Stabilitätsgesetz Wachstum nur noch als notwendige Rahmenbedingung für die Erreichung der anderen Ziele („*bei* angemessenem und stetigem Wirtschaftswachstum"). Wachstum ist nicht mehr ein Ziel an sich, sondern schon fast ein notwendiges Übel, das nur noch in „angemessener" Höhe als Ziel gelten kann. Das Stabilitätsgesetz ist somit auch Ausdruck des in dieser Zeit erwachenden Umweltbewusstseins, das erstmalig die Idee der Nachhaltigkeit von Wachstum in die politische Diskussion einführte[36].

[35] Zum Zusammenhang zwischen den Veränderungsraten des Preisniveaus und der Arbeitslosenquote (sog. Philipskurve) vgl. Kapitel 11, S.633 f.

[36] Als „angemessen" galt das Wachstum dann, wenn es zum einen hoch genug war, um die anderen Ziele, v.a. das Beschäftigungsziel, zu erreichen, andererseits aber nicht so hoch, dass es Ressourcen auf Kosten der Folgegenerationen verbraucht. Ziel war es also, nachhaltiges Wachstum zu erreichen (sog. „sustainable development"). In diesem Zusammenhang ist auch der bereits zitierte Bericht "Die Grenzen des Wachstums" des Club of Rome von 1972 zu sehen (vgl. oben Abschnitt 2.3.1.1). Politische Konsequenz dieser Bewegung war die Gründung der Partei der Grünen. Die ersten grünen oder

Neu ist jedoch vor allem das veränderte Selbstverständnis des Staates in Bezug auf das Beschäftigungsziel. Wurde zu *Erhards* Zeiten die Verantwortung für die Erreichung von Vollbeschäftigung noch in erster Linie bei den Tarifpartnern gesehen – wofür diese damals wie heute ja auch Unabhängigkeit von staatlicher Einflussnahme genießen –, so übernahm nun der Zentralstaat diese Aufgabe, allerdings ohne gleichzeitig – wie man vielleicht erwarten könnte – den Grundsatz der Tarifautonomie anzutasten. Statt dessen sieht das Stabilitätsgesetz ein ganzes Arsenal fiskalpolitischer Instrumente vor – von Abschreibungserleichterungen für Unternehmen, über zeitlich befristete Zu- und Abschläge auf die Lohn- und Einkommensteuer bis hin zur Möglichkeit, über direkte Kassenkredite von der Deutschen Bundesbank zusätzliche Staatsausgaben zu finanzieren (sog. **deficit spending**[37]) – , mit denen der Staat im Bedarfsfall zusätzliche Nachfrage generieren und auf diese Weise Vollbeschäftigung sicherstellen sollte. Flankiert wurden diese Bestimmungen durch weitere gesetzliche Reformen im Bereich der Arbeitsmarktpolitik. Das Arbeitsförderungsgesetz von 1969 wies der Bundesanstalt für Arbeit ein weites Feld arbeitsmarktpolitischer Verantwortung zu und legte insbesondere den Grundstein für die sog. aktive Arbeitsmarktpolitik, wie z.B. die Finanzierung und Durchführung von Arbeitsbeschaffungsmaßnahmen oder Maßnahmen der Fort- und Weiterbildung Arbeitsloser.

Um jedoch zu verhindern, dass die Gewerkschaften auf dem Hintergrund einer solchen staatlichen Vollbeschäftigungsgarantie stabilitätswidrige Löhne durchsetzten, wurde die staatliche Beschäftigungspolitik durch einkommenspolitische Maßnahmen flankiert, die sich im Nachhinein jedoch als wirkungslos erwiesen. Im Rahmen der sog. Konzertierten Aktion (§3 StWG) sollten sich alle politischen Kräfte einschl. der Tarifpartner sowie Vertreter der Gebietskörperschaften auf der Basis der von der Bundesregierung vorgegeben Orientierungsdaten (Globalsteuerung) auf stabilitätspolitisch vertretbare Löhne einigen. Da die Beschlüsse der Konzertierten Aktion für die Tarifpartner allerdings nicht bindend waren, erwies sich diese Institution jedoch letztlich als zahnloser Tiger. Bereits 1977 wurde sie wieder abgeschafft.

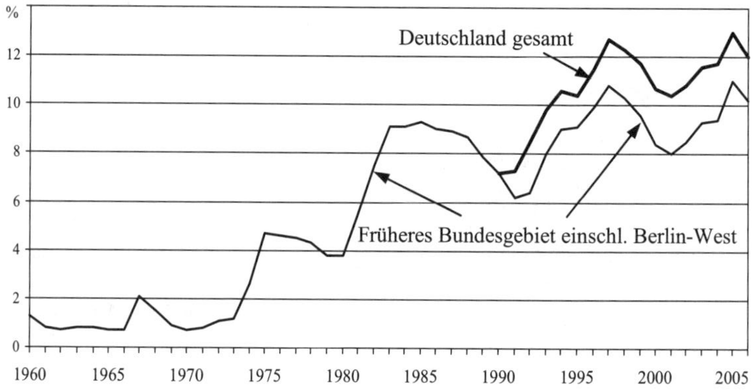

Abbildung 3-6: Entwicklung der Arbeitslosenquote von 1960 bis 2006[38]

Obwohl der damalige Wirtschaftsminister *Karl Schiller* mit zwei Konjunkturprogrammen zunächst erfolgreich die Arbeitslosenquote bereits 1970 erneut auf 0,7% drücken konnte,

bunten Kandidatenlisten tauchten 1977 bei Kommunalwahlen auf. Das erste Umweltschutzministerium wurde bereits im Jahr 1970 in Bayern gegründet..

[37] Vgl. dazu Kapitel 11, S. 559 und 644 f.

[38] Quelle: Statistisches Bundesamt. Arbeitslosenquote in % der abhängigen zivilen Erwerbspersonen

markiert das Stabilitätsgesetz den Beginn einer Fehlentwicklung auf dem Arbeitsmarkt, die sich bis in die Gegenwart fortsetzt und über Jahrzehnte hinweg zu einem dramatischen Anstieg der Arbeitslosenquote geführt hat.

Aus damaliger Sicht jedoch hatte das Stabilitätsgesetz seine Bewährungsprobe mit der Wirtschaftspolitik *Karl Schillers* glänzend bestanden und wurde euphorisch als „prozesspolitisches Grundgesetz der Marktwirtschaft" gefeiert[39]. Spätestens ab Mitte der siebziger Jahre jedoch, nach den Erfahrungen wiederum steigender Arbeitslosigkeit und gleichzeitig zunehmender Inflationsraten (**Stagflation**) schwand das Vertrauen in stabilisierungspolitische Maßnahmen keynesianischer Prägung. Seit Beginn der achtziger Jahre wurde das Stabilitätsgesetz nicht mehr eingesetzt.

Im Bereich der Sozialpolitik verlagerte sich das politische Schwergewicht weg von der Absicherung existenzbedrohender Lebensrisiken hin zur Schaffung eines Wohlfahrtsstaates mit verstärkter Umverteilung, dem Ausbau der sozialen Sicherungssysteme und der Demokratisierung der Wirtschaft[40]. Diese Neuausrichtung wird durch wichtige sozialpolitische Gesetze markiert, nämlich das Lohnfortzahlungsgesetz (1969), das Kündigungsschutzgesetz (1969), das Betriebsverfassungsgesetz (1972) und das Mitbestimmungsgesetz (1976). Diese und andere gesetzliche Neuerungen führten einerseits zu einer drastischen Erhöhung der Lohnnebenkosten und damit der Arbeitskosten für private Unternehmen, andererseits aber auch zu einer steigenden Staatsquote[41], was durchaus politisch beabsichtigt war. Während die Staatsquote in den fünfziger Jahren und bis Mitte der sechziger Jahre noch um die 30% betrug, stieg sie in den folgenden 10 Jahren um ca. 20 Prozentpunkte auf knapp 50%.

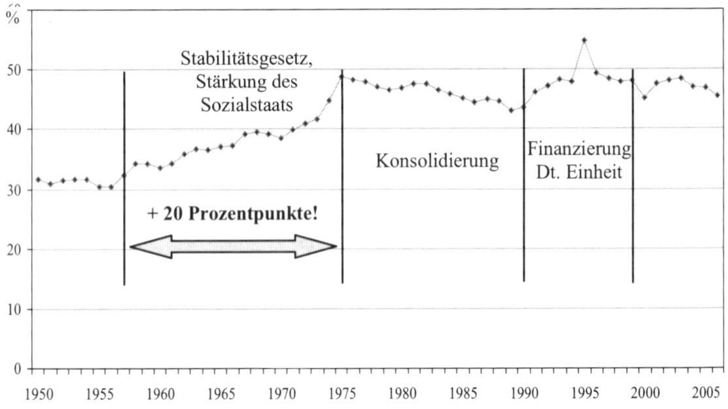

Abbildung 3-7: Die Entwicklung der Staatsquote in Deutschland von 1950 bis 2005[42]

Problematisch an dieser Entwicklung war vor allem, dass die gestiegenen Staatsausgaben in erster Linie über eine staatliche Kreditaufnahme finanziert wurden. Die Staatsschulden stiegen bis zum Beginn der achtziger Jahre gewaltig an, was letztendlich negative Auswirkungen auf Wachstum und Beschäftigung hatte.

Der Versuch der Ära *Brandt*, aus Deutschland einen Wohlfahrtsstaat zu machen, scheiterte also letztendlich daran, dass das Marktsystem durch ein Übermaß an staatlicher Steuerung,

[39] Vgl. *Pätzold* (1994), S. 64 f.
[40] Vgl. *Pätzold* (1994), S. 65 f.
[41] Unter der Staatsquote versteht man das Verhältnis zwischen den Staatsausgaben und dem Bruttoinlandsprodukt.
[42] Quelle: Statistisches Bundesamt

Belastung und Beschränkung von Flexibilität seine Funktionsfähigkeit einbüßte. Zunehmende Verteilungskämpfe mit Lohnsteigerungen von bis zu 20% Anfang der siebziger Jahre, die auf dem Hintergrund der staatlichen Vollbeschäftigungspolitik scheinbar risikolos durchgesetzt werden konnten, führten zunächst zu steigenden Preisen und anschließend, als die strikte Geldpolitik der Deutschen Bundesbank eine weitere Überwälzung unmöglich machte, zu (bis heute) steigenden Arbeitslosenquoten.

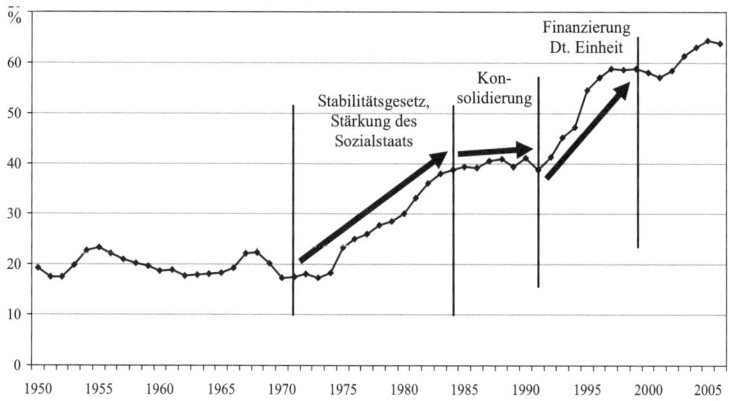

Abbildung 3-8: Die Entwicklung der Staatsverschuldung (in % des BIP) von 1950 bis 2006[43]

Phase 3: 1982 - 1990

Die dritte Phase in der Entwicklung der Sozialen Marktwirtschaft wurde maßgeblich von der Geldpolitik eingeleitet. Bereits im Laufe der siebziger Jahre ging die Deutsche Bundesbank angesichts ausufernder Inflationsraten zu einer monetaristisch geprägten[44], strengen Kontrolle des Geldmengenwachstums über, die die neu entstandenen Begehrlichkeiten des Staates sowie die weit verbreitete Inflations- und Anspruchsmentalität brechen sollte. Es entstand ein offener Konflikt zwischen den Anliegen der staatlichen Vollbeschäftigungspolitik (insbesondere des deficit spending) und dem von der Bundesbank zu vertretenden Ziel der Wahrung von Preisniveaustabilität. Berühmt wurde der Wahlkampfausspruch von *Helmut Schmidt* aus dem Jahr 1972, die Deutschen vertrügen 5% Inflation besser als 5% Arbeitslosigkeit. Dem hielt Bundesbankpräsident *Tietmeyer* später entgegen: „Die Rolle des Zentralbankrats ist es, den Wein dann vom Tisch zu nehmen, wenn die Party am schönsten ist.“[45]

Diese strikte Geldpolitik führte zu steigenden Zinsen und damit auch zu einer immer größeren Belastung des Staatsbudgets durch den Schuldendienst infolge der explodierenden staatlichen Kreditaufnahme. Zusammen mit der rapiden Verschlechterung der gesamtwirtschaftlichen Rahmendaten, insbesondere der Arbeitslosigkeit führte dies im Herbst des Jahres 1982 zu einem erneuten Regierungswechsel, der durch ein konstruktives Misstrauensvotum gegen die Regierung Schmidt erzwungen wurde.

Die nun folgende konservativ-liberale Regierungskoalition unter Kanzler *Helmut Kohl* bemühte sich, erneut die Ordnungspolitik ins Zentrum ihrer Aktivitäten zu stellen, d.h. die Marktkräfte zu revitalisieren und dadurch die Wachstumsdynamik der deutschen Wirtschaft zu stärken. Dies betraf insbesondere eine Haushaltskonsolidierung durch den Abbau der Staatsschulden. Mit gesetzlichen Neuerungen sollte die Anpassungsfähigkeit der Wirtschaft

[43] Quelle: Statistisches Bundesamt
[44] Zur monetaristischen Wirtschaftspolitik vgl. Kapitel 11, S. 635 ff..
[45] Die Wirtschaftswoche vom 30.1.1997.

gestärkt (z.B. Beschäftigungsförderungegesetz, Liberalisierung der Ladenschlusszeiten) und der leistungsfeindliche Umfang staatlicher Umverteilung durch eine Reform des Steuersystems beschnitten werden. Eine Senkung der Staatsquote sollte auch durch einige Privatisierungen großer staatlicher Infrastrukturmonopole (Post und Bahn) erreicht werden.

Tatsächlich ging die Staatsquote in den achtziger Jahren leicht zurück, der Anstieg der Schuldenquote wurde gestoppt bzw. verlangsamte sich (siehe Abbildung 3-8); jedoch gelang die Korrektur nicht in demselben Umfang wie der vorausgegangene Anstieg erfolgt war. Die Rücknahme einmal gewährter Vergünstigungen oder Erleichterungen war und ist stets von großen Widerständen der Betroffenen begleitet und daher politisch meist nur schwer durchsetzbar.

Insbesondere die notwendigen Reformen auf dem Arbeitsmarkt sowie in den großen Sozialversicherungen (v.a. Kranken- und Rentenversicherungen) wurden auch von der neuen Regierung nicht in Angriff genommen. Dennoch sind gewisse Erfolge dieser Phase der marktwirtschaftlichen Renaissance unbestreitbar.

Phase 4: Ab 1990

Mit dem Fall des Eisernen Vorhangs, der seit dem Zweiten Weltkrieg Europa und Deutschland in zwei Teile geteilt hatte, begann auch für die Soziale Marktwirtschaft ein völlig neuer Lebensabschnitt. Die Umgestaltung der planwirtschaftlichen DDR zu einer funktionierenden Marktwirtschaft westdeutscher Prägung war eine politische Herausforderung bislang ungekannten und – wie sich im Nachhinein herausstellte – auch unterschätzten Ausmaßes.

Die „blühenden Landschaften", die Kanzler *Kohl* versprochen hatte, stellten sich so nicht ein. Zum einen mussten im Integrationsprozess fortwährend Kompromisse zwischen dem wirtschaftlich Vernünftigen und dem politisch Vertretbaren geschlossen werden, die häufig zu Lasten des wirtschaftlichen Erfolges gingen. Schließlich hatte niemand zuvor Erfahrung mit einem derartigen Transformationsprozess sammeln können. Ein Beispiel aus der Fülle der Probleme, die im Zusammenhang mit einem derartigen Transformationsprozess zu lösen sind, gibt das Praxisbeispiel 3-3 zur Privatisierung des DDR-Volksvermögens.
Zum anderen brachen gleichzeitig sämtliche osteuropäischen Absatzmärkte der ehemaligen DDR ebenfalls zusammen. Den Industrierelikten (sog. „industriellen Kernen") in den neuen Bundesländern verblieben daher kaum Absatzmöglichkeiten. Die ehemaligen DDR-Produkte waren auf den westlich geprägten Weltmärkten nicht konkurrenzfähig. Hohe Arbeitslosenzahlen waren die Folge.

Praxisbeispiel 3-3: Privatisierung des DDR-Volksvermögens[46]

Nach dem Zusammenbruch der DDR stellte sich insbesondere die Aufgabe, das bis dato staatseigene DDR-Volksvermögen zu privatisieren. Ohne eine Privatisierung fehlen die Anreize zur Kapitalbildung und ohne Kapitalbildung kommt der Aufschwung nicht in Gang. Die Privatisierung ist eine unabdingbare Voraussetzung der Marktwirtschaft, nur mit wohldefinierten Eigentumsrechten kann der effizienzsteigernde Tausch von Waren und Dienstleistungen stattfinden. Dritte Wege gibt es nicht.

Ca. 70% der privatisierbaren Wirtschaft der DDR standen zum Verkauf, ca. 30% sollten an die alten Eigentümer zurückgegeben werden (Naturalrestitution). Beide Teile dieser Privatisierungsaufgabe erwiesen sich als äußerst schwierig.

Die Naturalrestitution ging wegen der komplizierten Rechtslage sowie unklarer Besitzverhältnisse nur sehr schleppend vor sich. In Magdeburg beispielsweise wurden gegen die ca.

[46] Entnommen aus *Sinn, G. und H. W.* (1993), S. 101 f.

18.000 privaten Grundstücke und Gebäude dieser Stadt nicht weniger als 11.000 Restitutionsansprüche gestellt, von denen in den ersten zwei Jahren keiner endgültig entschieden werden konnte. Durch die unklaren Rechtsverhältnisse wurde die private Bautätigkeit entscheidend gebremst.

Der Wert der zum Verkauf anstehenden Objekte wurde ursprünglich auf ca. 600 Mrd. DM geschätzt. Gemäß Artikel 25/3 des Einigungsvertrags sollten die Erträge aus dem Verkauf des volkseigenen Vermögens „ausschließlich und allein zugunsten von Maßnahmen" in Ostdeutschland verwendet werden. Leider betrug der realisierte Verkaufserlös nur rund 10% der ursprünglich geschätzten Summe. Die Gründe hierfür sind vielfältig: Zum einen wurden die Sanierungskosten der zu privatisierenden Betriebe eklatant unterschätzt; zum zweiten sorgten die unerwartet hohen Lohnsteigerung – hervorgerufen durch eine überaus aggressive Lohnpolitik der Gewerkschaften – für eine Vernichtung von Unternehmenswerten und Arbeitsplätzen gleichermaßen; ein wichtiger Grund ist aber wohl auch, dass man das Gesetz der Nachfrage außer Acht gelassen hat: Der Preis einer Ware fällt mit wachsendem Angebot. Das gilt auch dann, wenn es sich bei der Ware um Unternehmen handelt.

Fazit: Im Ergebnis wird dieser Vermögensverlust sowohl durch Heerscharen von Arbeitslosen wie auch durch bislang beispiellose Sozialtransfers aufgefangen, die die ohnehin nicht sehr große Solidarität der westdeutschen Bevölkerung überbeansprucht und Abwehrreaktionen hervorruft.

Das ehemalige Westdeutschland stellte dies vor eine bedeutende Herausforderung. Zum Aufbau der landesweit maroden Infrastruktur sowie zur Finanzierung umfangreicher Sozialleistungen für die neuen Bundesbürger flossen hohe Finanztransfers von West nach Ost[47]. Gleichzeitig versuchte die Regierung *Kohl*, durch Subventionierung von Investitionen und Unternehmensgründungen in den neuen Bundesländern die wirtschaftliche Entwicklung im Osten zu forcieren.

Der in den achtziger Jahren eingeschlagene Konsolidierungskurs musste also abrupt aufgegeben werden. Staats- und Schuldenquote stiegen wiederum steil an. Gleichzeitig musste Deutschland allerdings die Stabilitätskriterien des Maastrichter Vertrages einhalten, da im Jahr 1999 der Euro eingeführt werden sollte. Nur mit Mühe gelang es dem damaligen Finanzminister *Theo Waigel*, die Neuverschuldung des Staates im entscheidenden Jahr 1997 unter die vorgeschriebenen 3,0 % des Bruttoinlandsprodukts zu drücken.

In der Phase nach Beginn der deutschen Einheit fanden seither wiederum zwei Regierungswechsel statt. Im Gegensatz zu den einschneidenden Richtungsänderungen, die zuvor jeweils durch die neuen Regierungen 1967/68 und 1982 eingeleitet worden waren, verschwimmen mittlerweile die Grenzen zwischen angebots- und nachfrageorientierter, konservativer und sozialistischer Wirtschaftspolitik immer mehr. Als äußeres Zeichen dieser Entwicklung kann die derzeitige große Koalition aus CDU/CSU und SPD gelten. Doch auch die Agenda 2010 der sozialdemokratischen Vorgängerregierung Schröder enthielt deutliche angebotsorientierte Bestandteile, wie z.B. die Arbeitsmarkt- und Sozialhilfereformen, bekannt unter dem Namen Hartz IV. Nachdem die wirtschaftliche Entwicklung der neuen Bundesländer an Kraft gewinnt, steht angesichts des mittlerweile gewaltigen Schuldensockels von rund 1.500 Mrd. Euro bei allen bürgerlichen Parteien das Ziel der Haushaltskonsolidierung im Vordergrund.

[47] Das Institut für Wirtschaftsforschung Halle (IWH) hat berechnet, dass die ostdeutsche Wirtschaft in den Jahren 1991 bis 2003 mit Nettotransfers von insgesamt 950 Mrd. Euro gestützt wurde. Das entspricht ca. 70 bis 80 Mrd. Euro pro Jahr oder durchschnittlich ca. 35% der gesamten Wirtschaftsleistung der neuen Bundesländer (Statistisches Bundesamt). Vgl. *Ragnitz, J.* (2004).

Insgesamt scheint sich die Soziale Marktwirtschaft auf dem Hintergrund eines inzwischen sehr – manche meinen zu – komfortabel ausgebauten Sozialstaats wieder stärker ihren ordoliberalen Wurzeln zu nähern. Allerdings lässt sich die Uhr nicht so einfach zurückdrehen. Der Wohlfahrtsstaat hat unauslöschliche Spuren hinterlassen:

> *„Der Wohlfahrtsstaats-Kapitalismus ähnelt dem Leben im Zoo. Die Wärter bringen das Futter, egal wie das Wetter ist. Ein paar alte Löwen liegen herum und erzählen von den alten Zeiten, als sie sich ihr Futter noch selbst erjagt hätten. Da sind die jungen Tiere ganz begeistert, wie schön das doch gewesen sein muss. Doch dann brüllen die jungen: Wann kommt denn der Wärter mit dem Fressen?"*[48]

Übung 3-3: Soziale Marktwirtschaft in Deutschland

Sind die folgenden Aussagen richtig oder falsch? Begründen Sie Ihre Ansicht!

a) Soziale Marktwirtschaft ist keine kapitalistische Marktwirtschaft mehr, sondern dem Gemeinwohl verpflichtet.

b) Die Wirtschaftsordnung der Sozialen Marktwirtschaft wurde geprägt durch Ludwig Erhard und erlebte ihre größten Erfolge in den späten Sechziger Jahren.

c) Soziale Marktwirtschaft ist gelenkte Marktwirtschaft.

d) Subventionen und Steuern sind nicht-marktkonforme wirtschaftspolitische Instrumente, weil sie das private Marktergebnis verfälschen.

e) Das Stabilitätsgesetz prägte die Wirtschaftspolitik der siebziger Jahre. Trotz anfänglicher Erfolge bewährten sich die dort vorgeschlagenen keynesianischen Rezepte jedoch nicht, so dass es Anfang der achtziger Jahre wieder abgeschafft wurde.

Lösung:

a) Unsinn! Soziale Marktwirtschaft beinhaltet zwar eine wichtige Sozialkomponente (Umverteilung, Sozialversicherungen, staatliche Absicherung des Existenzminimums). Die Basis bildet jedoch nach wie vor ein marktwirtschaftliches Ordnungskonzept, das Privateigentum an Produktionsmitteln voraussetzt. Sie ist also kapitalistisch.

b) Falsch! Ludwig Erhard prägte in der Tat dieses Wirtschaftssystem. Allerdings lagen die größten Erfolge in den fünfziger Jahren. Ab Mitte der sechziger Jahre erlebte die Soziale Marktwirtschaft ihre bislang größte Krise.

c) Richtig! Wie stark dieses Lenkungselement ausgeprägt ist, hängt allerdings von der Entwicklungsphase ab, in der die Soziale Marktwirtschaft betrachtet wird. Die Aussage trifft für die zweite Phase noch sehr viel mehr zu als für die erste.

d) Falsch! Subventionen und Steuern verfälschen zwar in der Tat das private Marktergebnis. Sie überlassen jedoch die Mengen- und Preisentscheidung nach wie vor den privaten Wirtschaftssubjekten. Damit bleibt der Marktmechanismus im Kern unberührt. Sie sind also marktkonform.

e) Falsch! Die Aussage stimmt bis auf den Schluss: Das Stabilitätsgesetz ist nach wie vor in Kraft. Die dort vorgeschlagenen wirtschaftspolitischen Instrumente werden seit den achtziger Jahren lediglich nicht mehr eingesetzt.

---

[48] *Lothar Späth*, Vorstandsvorsitzender der Jenoptik AG, von 1978 bis 1991 Ministerpräsident von Baden-Württemberg, zitiert nach *Müller-Vogg, H.* (1998), S. 13.

Teil II: Mikroökonomie

4 Einführung in die Mikroökonomie

Lehrziele:

Mikroökonomie ist die Analyse des einzelwirtschaftlichen Marktgeschehens. Sie erklärt das Zustandekommen des Gleichgewichtspreises und der Gleichgewichtsmenge auf einem Markt. Ein kurzer theoriegeschichtlicher Überblick führt den Leser zunächst in die Gedankenwelt dieser wichtigen Sparte der Volkswirtschaftslehre ein.

Anschließend wird der Leser mit den Grundbegriffen der Marktanalyse vertraut gemacht. Dazu gehören die beiden Bestandteile eines Marktes, Angebot und Nachfrage, sowie der Begriff des Gleichgewichtes und des Ungleichgewichtes.

Wir untersuchen den Zusammenhang zwischen Veränderungen bestimmter ökonomischer Rahmenbedingungen und der Lage bzw. Gestalt der Angebots- und Nachfragekurven. Durch Kurvenverschiebungen ergeben sich Störungen des Marktgleichgewichts, was wiederum Anpassungsprozesse bei Preisen und Mengen hervorruft.

Mit Hilfe des Elastizitätsmaßes ist es möglich, die Wirkung solcher Verschiebungen auf Gleichgewichtspreis und - menge auch quantitativ zu erfassen. Das Elastizitätsmaß wird beschrieben, seine Handhabung und Aussagekraft erklärt sowie wichtige Anwendungsbeispiele vorgestellt.

Im letzten Abschnitt dieses Kapitels werden verschiedene Möglichkeiten staatlicher Einflussnahme auf das private Marktgeschehen aufgezeigt. Dabei sind marktkonforme und nicht-marktkonforme Maßnahmen zu unterscheiden. Ein kurzer Abriss deutscher bzw. europäischer Agrarpolitik als besonders krasses Beispiel staatlicher Marktbeeinflussung rundet dieses einführende Kapitel ab.

4.1 Mikroökonomie im Wandel der Zeit: Eine kurze Theoriegeschichte

Mikroökonomie ist eine Teildisziplin der Volkswirtschaftslehre. Sie beschäftigt sich mit dem ökonomischen Handeln von rationalen, perfekt informierten und ausschließlich eigennutzgesteuerten Individuen[1]. Sie fragt dabei nach deren Handlungsmotiven, ihren Zielen sowie nach ihrem Handlungsspielraum.

Gerade die Beantwortung dieser Frage führt jedoch unmittelbar zu der Erkenntnis, dass der Handlungsspielraum jedes Einzelnen davon abhängt, in welchen sozialen Gemeinschaften er lebt, welchen Regeln und Normen sein Zusammenleben mit anderen Individuen unterworfen ist. Die Gesamtheit solcher Regeln und Normen bildet einen institutionalisierten Handlungsrahmen für jedes Wirtschaftssubjekt. Diese sog. Institutionen sind immer historisch entstanden und durch einen gesellschaftlichen Wertekonsens sowie durch die jeweils gültigen Technologien geprägt. Für den Einzelnen sind sie kurzfristig zunächst vorgegeben, mittelfristig jedoch durch ihr eigenes Handeln beeinflussbar und veränderbar:

> *„There is a reciprocal interdependence between institutions and individuals in which actors shape institutions and are themselves reshaped by institutions. Institutions form actors' identities and preferences.“*[2]

Das bedeutet, dass die mikroökonomische Handlungsebene von einer Mesoebene, nämlich der Ebene der das einzelne Wirtschaftssubjekt umgebenden Institutionen eingeschlossen ist, ohne die das Handeln des Einzelnen nicht erklärt werden kann. Die Mikroökonomie im herkömmlichen Sinne (auch als neoklassische Mikroökonomie bezeichnet), in der ihr Protagonist, der homo oeconomicus, als asozialer Einzelkämpfer mit vollkommener Information über alle für ihn und andere relevanten Daten seinen Eigennutz maximiert, wird daher seit ca. 50 Jahren durch die Neue Institutionenökonomik ergänzt, die sich mit Rechten (v.a. Verfügungs- und Eigentumsrechten) und Verträgen, aber auch mit den bislang vom homo oeconomicus vernachlässigten Kosten ökonomischer Transaktionen befasst[3].

Eine zweite wesentliche Erweiterung erfuhr die neoklassische Mikroökonomie in der Mitte des 20. Jahrhunderts auch durch die Spieltheorie[4]. Die Spieltheorie behält zwar die Verhaltensannahme des homo oeconomicus bei. Sie stellt ihn jedoch insofern in einen sozialen Zusammenhang, als er auf dem Markt auf einen anderen homo oeconomicus stößt, der sich möglicherweise als feindlicher Gegner verhält und dadurch in seinen Reaktionen berücksichtigt werden muss. Ökonomische Situationen werden also als strategische Spiele dargestellt, in denen jeder Spieler wie im Schachspiel bei seinem Zug die Reaktion des Gegenspielers einkalkulieren muss. Die Spieltheorie bildet somit die gedankliche Grundlage für jede Art von strategischen Überlegungen, seien sie militärischer (strategische Kriegsführung) oder betriebswirtschaftlicher Natur (strategische Unternehmensplanung). Das erste Anwendungsgebiet der beiden Pioniere der Spieltheorie, *Johann v. Neumann* und *Oskar Morgenstern*, war jedoch die Analyse von Märkten, in denen sich wenige gleich starke

---

[1] Gemeint ist der homo oeconomicus; vgl. Kapitel 2, S. 26.

[2] *Heidenreich, R.* (1998), S. 980; vgl. *Biesecker, A., Kesting, St.* (2003), S. 19.

[3] Hervorragende Vertreter der Neuen Institutionenökonomik waren u.a. *Ronald H. Coase*, der 1991, sowie *Douglass C. North*, der 1993 dafür den Wirtschaftsnobelpreis erhielt.

[4] Begründer der Spieltheorie waren die beiden Mathematiker *Johann von Neumann* und *Oskar Morgenstern* mit ihrer Arbeit „Theory of Games and Economic Behaviour“ aus dem Jahr 1944. U.a. für seine spieltheoretischen Arbeiten wurde im Jahre 1994 auch der einzige deutsche Wirtschaftsnobelpreisträger, *Reinhard Selten*, geehrt.

Konkurrenten gegenüberstehen, sog. Oligopolmärkte. Sie beschäftigten sich also mit einem typisch mikroökonomischen Problem[1].

So unterschiedlich diese drei mikroökonomischen Modellansätze - der (neo)-klassischen Mikroökonomie, der Spieltheorie und der Institutionenökonomik - auch sein mögen: Eines haben sie gemeinsam, nämlich eine an Nutzenmaximierung ausgerichtete rationale Handlungsweise der Wirtschaftssubjekte. Man bezeichnet dieses Prinzip auch als Utilitarismus. Alle drei genannten Ansätze sind streng positiv-utilitaristisch.

Analytischer Ansatz	Hauptvertreter	Rationalitätskonzept
Neoklassische Mikroökonomie	*Alfred Marshall*	Kosten-Nutzen-Rationalität Nutzenmaximierung, Effizienz
Spieltheorie	*Johann v. Neumann, Oskar Morgenstern*	Kosten-Nutzen-Rationalität, optimale Strategie
Neue Institutionenökonomik	*Ronald H. Coase, Douglass C. North*	Kosten-Nutzen-Rationalität, Effizienz der Regeln/Institutionen

Abbildung 4-1: Überblick über die mikroökonomischen Modellansätze

Bereits *David Ricardo*, der den Begriff des homo oeconomicus zu Beginn des 19. Jahrhunderts entscheidend geprägt hat, erkannte jedoch, dass die ökonomische Rationalität eines homo oeconomicus, der ja eine Kunstfigur ist, ausschließlich analytischen Zwecken dienen kann. Ein Problem entsteht daraus allerdings dann, wenn sie als Eigenschaft realer Menschen missverstanden wird[2].

Die Tatsache, dass jeder ökonomisch handelnde Mensch immer auch in ein Geflecht von Werten und gesellschaftlichen Normen, d.h. in eine ethisch-moralische, soziale und kulturelle Umwelt eingebettet ist und nur aus dieser heraus erklärt werden kann, nahmen im Verlauf des 20. Jahrhunderts zahlreiche Ökonomen und andere Sozialforscher zum Anlass, das mikroökonomische positive Erklärungsmodell weiterzuentwickeln, durch normative Elemente zu erweitern und so der Wirklichkeit anzunähern. So entstand z.B. das Konzept des in die Gesellschaft eingebetteten Menschen (sog. „I and We“-Mensch), des kulturell und historisch geprägten Menschen (homo culturalis), des ökologisch handelnden Menschen (homo oecologicus) oder auch die Ansätze der feministischen Ökonomik, die den Aspekt des sorgenden oder vorsorgenden Handels von Menschen betonen[3].

Die positiv-utilitaristischen Ansätze der klassischen Mikroökonomie wurden also durch normativ geprägte Sichtweisen ergänzt. So entstanden z.B. die praktische Sozial-Ökonomik, die ökologische Ökonomik oder die feministische Ökonomik.

Angesichts der substantiellen Erkenntnisfortschritte, die sich in den normativen Ansätzen, aber vor allem auch in der Neuen Institutionenökonomik sowie in der Spieltheorie gegenüber der auf den isolierten homo oeconomicus eingeschränkten Sichtweise der neoklassischen Mikroökonomie ergeben haben, stellt sich die Frage, ob eine Beschäftigung mit dieser überhaupt noch sinnvoll ist.

[1] Vgl. *Biesecker, A., Kesting, St.* (2003), S. 132 ff.
[2] Die Verwechslung zwischen analytischer Kategorie und realem Menschen wird daher auch als „Ricardianisches Übel“ bezeichnet. Vgl. *Schumpeter, J. A.* (1965).
[3] Vgl. dazu *Biesecker, A., Kesting, St.* (2003), S. 125 ff.

Betrachten wir das Bild des homo oeconomicus näher. *Kenneth Boulding*, der sich sehr intensiv mit der Frage eines ökonomischen Menschenbildes auseinandergesetzt hat, schrieb dazu im Jahr 1973:

> *„Niemand im Vollbesitz seiner geistigen Kräfte möchte seine Tochter mit einem „homo oeconomicus" verheiratet sehen, mit jemandem, der sämtliche Kosten nachrechnet und stets nach dem Gegenwert fragt, der nie von verrückter Großzügigkeit oder nicht berechnender Liebe heimgesucht ist, ...auch wenn er gelegentlich von sorgfältig kalkulierten Erwägungen über Wohlwollen und Missgunst bewegt ist."*[1]

Aus diesen fürsorglichen Überlegungen *Bouldings* wird deutlich, dass der homo oeconomicus nicht etwa die Beschreibung eines realen Menschen sein kann. Das wäre für eine mikroökonomische Analyse auch gar nicht hilfreich. Vielmehr muss es darum gehen, einen Teilaspekt aus der realen Vielfalt menschlichen Handelns zu isolieren, um ein abstraktes Bild eines ökonomisch handelnden Menschen zu erhalten. Beim homo oeconomicus handelt es sich also nicht um eine Charakterstudie, sondern um eine analytische Kategorie.

Diese wiederum ist gar nicht so realitätsfern, wie es auf den ersten Blick scheinen mag. Zwar maximiert der homo oeconomicus bei gegebenen Mitteln gnadenlos seine eigene Nutzenfunktion. In dieser Nutzenfunktion können jedoch durchaus altruistische, soziale und ökologische Ziele enthalten sein:

> *„... ist es keineswegs richtig, dass das Konzept der Nutzenmaximierung egoistische Menschen im alltagssprachlichen Sinne unterstellt. Es wird lediglich angenommen, dass die Menschen auf der Grundlage gegebener Wünsche diese bestmöglich befriedigen wollen. Zu diesen Wünschen kann ohne weiteres der Friede im ehemaligen Jugoslawien oder die Gleichverteilung der Einkommen gehören, was man kaum als egoistisch bezeichnen würde."*[2]

Ein interessantes Ergebnis volkswirtschaftlicher experimenteller Studien, bei denen zahlreiche Versuchspersonen in Spielsituationen über die für sie beste Strategie entscheiden müssen, ist, dass die meisten Menschen es offenbar instinktiv vermeiden, sich bewusst auf Kosten anderer zu bereichern, bzw. anderen Gutes tun, auch wenn sie selbst unmittelbar nichts davon haben. *Ernst Fehr* nennt dies „selbstzentrierte Ungerechtigkeitsaversion". Er weist zudem nach, dass die Ausprägung dieses Verhaltens stark von der kulturellen Herkunft der Spieler abhängt. Wenn man nicht unterstellen will, dass diese Spieler irrational handeln, bedeutet dies, dass sich die Präferenzen eines Spielers nicht nur auf das erstrecken, was sie selbst bekommen, sondern auch auf das, was der Gegenspieler bekommt[3]. Diese Erkenntnis macht das Handeln eines homo oeconomicus im weiteren Sinne durchaus sympathisch.

Ferner wird dem homo oeconomicus vor allem seine Allwissenheit vorgeworfen sowie die Fähigkeit, einen beliebig komplexen Datensatz stets perfekt verarbeiten zu können - er ist quasi ein Supercomputer. In der Tat sind normale Menschen alles andere als das. In komplexeren Entscheidungssituationen sind sie von den anstehenden Maximierungsaufgaben schnell überfordert, was in zahlreichen experimentellen Studien nachgewiesen werden konnte. Die Ergebnisse dieser Studien sind ernüchternd, wie der bislang einzige deutsche Wirtschaftsnobelpreisträger *Reinhard Selten* feststellt:

> *„Menschen haben nur sehr begrenzte kognitive Fähigkeiten. Alltägliche Entscheidungssituationen wie das Einkaufen im Supermarkt wären auf der Grundlage eines*

---

[1] *Boulding, K.* (1973), S.112.
[2] *Feess, E.* (1997), S. 36.
[3] Vgl. *Fehr, E., Schmidt, K.* (1999).

Nutzenmaximierungskalküls praktisch nicht zu bewältigen. Mindestens ebenso wichtig wie die Schranken der Denk- und Rechenfähigkeit sind andere empirisch belegte Tatsachen, die der vollen Rationalität entgegenstehen. ... Es genügt nicht, zu erkennen, dass es vernünftig ist etwas zu tun, zum Beispiel mit dem Rauchen aufzuhören, sondern man muss auch über die notwendige Selbstkontrolle verfügen."[1]

Selten spricht daher von „eingeschränkter Rationalität des tatsächlich beobachteten Verhaltens"[2]. Dennoch können viele Alltagsentscheidungen auch von Durchschnittsbürgern sehr wohl als „rational" im Sinne des homo oeconomicus bezeichnet werden. So dürfte es kein allzu großes Problem darstellen, darüber zu entscheiden, ob man mit einem gegebenen Urlaubsbudget und bei gegebenen Preisen lieber ans Meer oder ins Gebirge fahren möchte.

4.2 Der Marktmechanismus

Individuelles, eigenbestimmtes ökonomisches Handeln und Entscheiden setzt stillschweigend **eine** Institution voraus: nämlich den Markt. Nur dort gibt es dezentrale Entscheidungen, die anonym über den Preis koordiniert werden. Wir betrachten daher im Folgenden Märkte, auf denen zunächst beliebig viele einzelne homines oeconomici tätig sind und ihre jeweiligen wirtschaftlichen Ziele anstreben.

Die zentrale wirtschaftliche Transaktion zwischen Wirtschaftssubjekten ist der Tausch. Er besteht darin, dass eine Person ein Gut von jemand anderem haben möchte und im Gegenzug bereit ist, ein anderes Gut, über das sie bereits verfügt, aufzugeben. Ein solcher Tauschwunsch entsteht dann, wenn der subjektive Wert (d.h. der Nutzen) des gewünschten Gutes höher eingeschätzt wird als der des Zahlungsgutes. Es ist klar, dass der Tausch aber nur dann zustande kommen kann, wenn sich ein Tauschpartner findet, der die Sache genau umgekehrt einschätzt - es sei denn, der Partner würde zur Herausgabe des gewünschten Gutes gezwungen. In diesem Fall liegt dann aber eine Zwangsabgabe vor und kein Tausch. Ein Tausch ist immer ein von beiden Seiten gewünschter und damit freiwilliger Vorgang. Durch einen vollzogenen Tausch muss sich das Wohlbefinden, das Nutzenniveau, beider Tauschpartner erhöht haben, sonst hätten sie sich die Mühe wohl nicht gemacht.

An dieser Stelle sei daran erinnert, dass Tauschvorgänge und damit Märkte umso wichtiger und unverzichtbarer sind, je arbeitsteiliger die betreffende Wirtschaft funktioniert. Würde die ganze Gesellschaft aus autarken Selbstversorgern bestehen, dann gäbe es keine Märkte - es gäbe gleichzeitig aber auch keinen Wohlstand, sondern buchstäblich steinzeitliche Lebensbedingungen.

Die beiden Partner eines Tauschvorganges heißen Anbieter und Nachfrager. Beide haben, bereits bevor sie ihren Counterpart treffen und mit ihm verhandeln können, feste Vorstellungen darüber, wie viel ihnen das Gut, das sie jeweils eintauschen wollen, tatsächlich wert ist, d.h. wie hoch ihre Zahlungsbereitschaft maximal gehen würde.

Das kann man sich am besten an der Situation einer Versteigerung klar machen: Herr Meier geht zu einer Versteigerung, um dort einen antiken Schreibsekretär zu erwerben. Insgeheim hat er sich vorgenommen, für das Prachtstück maximal 20.000 € auszugeben. Diese seine Zahlungsbereitschaft hängt offensichtlich davon ab, wie stark seine persönliche Vorliebe für einen antiken Schreibsekretär ausgeprägt ist und wie viele andere Angebote dieser Art Herrn Meier zur Verfügung stehen. Nehmen wir an, diese Gelegenheit sei einmalig. Der Auktiona-

[1] *Selten, R.* (2000), S.130.
[2] *Selten, R.* (2000), S. 129. Mit diesem Problemkreis hat sich auch der Wirtschaftsnobelpreisträger des Jahres 2002, *Daniel Kahneman*, ausführlich beschäftigt.

tor ruft den Sekretär für 12.000 € auf. Sogleich melden sich außer Herrn Meier fünf weitere Interessenten, die bereit sind, diesen Preis zu bezahlen. Offensichtlich ist der Preis „zu" niedrig, denn dem Angebot von einem Stück steht eine Nachfrage von sechs gegenüber. Nun fangen die Nachfrager an, den Preis zu steigern, sie überbieten sich gegenseitig: 12.500 €, 13.000 €, 13.500 € .... Mit steigenden Preisgeboten treten immer mehr der ursprünglich fünf Mitinteressenten von ihrem Kaufwunsch zurück. Schließlich ist Herr Meier mit einem einzigen Konkurrenten übrig. Geboten sind 15.000 €. „15.500 €" ruft Herr Meier und siehe da: niemand macht ihm seinen Kauf mehr streitig. Der Auktionator gibt ihm den Zuschlag für 15.500 € und Herr Meier verlässt hoch befriedigt den Versteigerungssaal. Er freut sich vor allem auch deshalb, weil er das Möbelstück billiger bekommen hat, als er insgeheim dafür veranschlagt hatte. Herr Meier hat aus seiner Sicht 4.500 € gespart bzw. geschenkt bekommen. Der Auktionator wusste ja nicht, dass Herr Meier bis 20.000 € gegangen wäre.

Was ist geschehen? Aus einer anfänglichen Konfliktsituation (sechs Leute wollen einen Schreibsekretär) ist durch entsprechende Preisanpassungen eine einvernehmliche Lösung geworden. Der Preis stieg so lange, bis das Angebot genau der Nachfrage entsprach. Diese Situation nennt man Markträumung. Der Preis, der das zustande bringt, ist der Gleichgewichtspreis oder der markträumende Preis.

Dabei hat offensichtlich derjenige Bieter gewonnen, dem der Sekretär subjektiv den größten Nutzen verschafft, denn dieser, nämlich Herr Meier, hat die höchste Zahlungsbereitschaft. Hier zeigt sich die Umsetzung des ökonomischen Prinzips: Die Ressource (der Schreibtisch) soll dort eingesetzt werden, wo sie den höchsten Nutzen stiftet. Der Preismechanismus stellt also sicher, dass das ökonomische Prinzip erfüllt wird.

Dies gilt auch für die alternative Formulierung: Dieses Ziel wird mit dem geringst möglichen Aufwand erreicht, denn für den Sekretär werden ja nicht die maximal möglichen 20.000 €, sondern nur 15.500 € bezahlt. Der Gleichgewichtspreis entspricht also keineswegs der maximalen Zahlungsbereitschaft des Nachfragers. Der „geschenkte" Unterschied zwischen Gleichgewichtspreis und maximaler Zahlungsbereitschaft heißt Konsumentenrente, ein Begriff, der uns noch eingehend beschäftigen wird.

Andererseits hat der Verkäufer des Schreibsekretärs als Mindestgebot ja nur 12.000 € verlangt. Mit diesem Preis hat der Auktionator begonnen. Für weniger als 12.000 € hätte sich der Eigentümer nicht von seinem Sekretär getrennt. Er wiederum freut sich nun, dass er nicht nur die geforderte Minimalsumme, sondern 3.500 € mehr bekommen hat. Diesen Betrag nennt man analog die Produzentenrente. Es freuen sich also beide, Anbieter und Nachfrager - eine echte win-win-Situation!

4.2.1 Angebots- und Nachfragekurven

Das Verhalten von Anbieter und Nachfrager, wie es im Versteigerungsbeispiel beschrieben worden ist, lässt sich nun verallgemeinern.

Ein Nachfrager wird umso zögerlicher, je höher der Preis ist, den er zahlen soll. Man kann das auch noch anders ausdrücken: Je höher der geforderte Preis wird, desto weniger Käufer finden sich bereit, noch mitzubieten. Umgekehrt gilt: Je niedriger der Preis wird, desto mehr Käufer melden ihr Kaufinteresse an und auch der einzelne Käufer erhöht möglicherweise seine Nachfrage.

Offensichtlich gilt der umgekehrte Zusammenhang für das Angebot: Je mehr für ein Gut bezahlt wird, desto wahrscheinlicher ist es, dass zusätzliche Anbieter auf den Markt treten und das Angebot erhöhen. Wenn es sich z.B. herumspricht, dass für antike Schreibsekretäre

15.500 € bezahlt werden, entschließen sich vielleicht auch solche Besitzer für den Verkauf ihres Erbstücks, die sich für 12.000 € noch nicht davon haben trennen können. Wiederum ist die individuelle Werteinschätzung für das Verhalten auf dem Markt entscheidend. Bezogen auf den einzelnen Anbieter gilt dasselbe: Je mehr er für sein Gut bekommt, desto stärker wird er sein Angebot ausdehnen, da der Verkauf für ihn finanziell immer attraktiver wird.

Wir haben bisher stets über die Reaktion von Anbietern und Nachfragern auf gebotene bzw. geforderte Preise gesprochen. Man kann den Zusammenhang aber auch umdrehen: Die Preisgebote und -forderungen hängen auch von den Nachfrage- und Angebotsmengen ab.

Betrachten wir dazu ein anderes Beispiel, nämlich den Konsum von Spargel. Ein echter Spargelliebhaber, Herr Müller, fiebert dem Beginn der Spargelsaison entgegen. Wenn dann endlich der erste Bauer Anfang April lokalen Spargel auf den Markt bringt, erhält er dafür zunächst Traumpreise. Jeder Spargelliebhaber, so auch Herr Müller, ist bereit, einen hohen Preis für den ersten Spargel zu zahlen, weil er seit langer Zeit überhaupt keinen mehr gegessen hat. Der Zuwachs an Wohlbefinden durch diesen ersten Spargelgenuss ist also sehr hoch, was sich in einer hohen Zahlungsbereitschaft ausdrückt. Je weiter der Frühling ins Land geht und je mehr Spargel Herr Müller schon gegessen hat, desto mehr nimmt sein Enthusiasmus jedoch ab. Ende Mai ruft ein zusätzliches Spargelgericht bei weitem nicht mehr soviel Befriedigung hervor wie Anfang April und im Juni ist Herr Müller froh, dass der Johannistag naht[1].

Der Zuwachs an Wohlbefinden durch den Konsum eines Gutes (= Grenznutzen) nimmt also mit zunehmend konsumierter Menge dieses Gutes ab; damit sinkt auch gleichzeitig die Zahlungsbereitschaft des Konsumenten. H. H. Gossen[2], ein treuer Verfechter des homo oeconomicus, nennt diesen Tatbestand das Gesetz des abnehmenden Grenznutzens. Wir werden dieses „Gesetz“ später noch gründlicher kennen lernen[3].

Aus Sicht des Anbieters dreht sich der Zusammenhang wiederum um: Jeder Bauer wird sicherlich mindestens soviel Geld für ein Kilo Spargel verlangen, dass die Kosten für dessen Produktion gedeckt sind. Wenn der Spargelbauer seine Produktions- und damit seine Angebotsmenge immer weiter ausdehnt, wird die Produktion für ihn zunehmend schwierig. Er muss zusätzliche Aushilfskräfte einstellen, die zum Spargelstechen auf die Felder gehen; diese sind jedoch nicht so erfahren wie reguläre, eingearbeitete Spargelstecher, somit weniger produktiv und verursachen bezogen auf eine Gewichtseinheit verkaufsfertigen Spargel höhere Kosten. Der Bauer wird daher auch seine Mindestpreisforderung erhöhen. Dahinter steht das sog. Gesetz des abnehmenden Grenzertrags, wovon in Kapitel 6 noch ausführlich die Rede sein wird.

Angebots- und Nachfrageverhalten lassen sich im einfachsten Fall in Angebots- und Nachfragekurven graphisch darstellen (siehe Abbildung 4-2). Die Kurven zeigen **geplante Verhaltensweisen**. Sie beschreiben, wie sich ein Nachfrager bzw. Anbieter auf dem Tauschmarkt verhalten will, welche Mengen er zu welchem Preis kaufen oder verkaufen möchte. Diese Planungen umfassen viele verschiedene mögliche Handlungsalternativen (= Kombinationen von Preis und Menge). Welche von diesen letztendlich gewählt wird, d.h. welche konkrete Angebots- oder Nachfragemenge tatsächlich umgesetzt wird, ergibt sich erst durch das Zusammentreffen beider auf dem Markt.

[1] Am Johannistag, dem 24. Juni, Festtag Johannes des Täufers, stellen die Bauern traditionsgemäß das Spargelstechen ein.

[2] *Hermann H. Gossen*, österreichischer Nationalökonom, geb. 1810 in Düren, gest. 1858 in Köln; formulierte die berühmten Gossenschen Gesetze.

[3] Vgl. Kapitel 5, S. 171 ff.

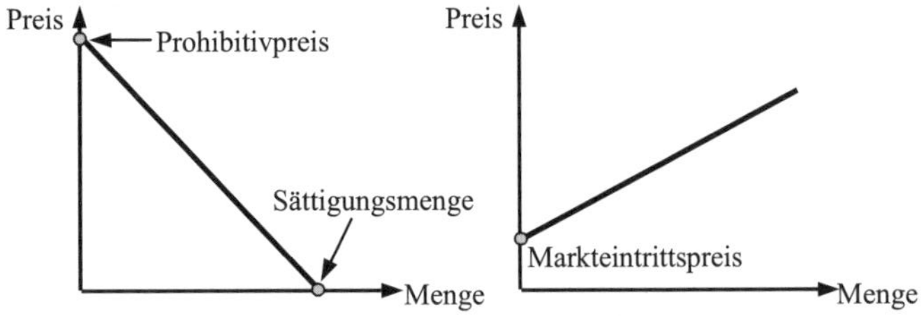

Abbildung 4-2: Nachfrage- und Angebotskurve

Es ist also deutlich zu unterscheiden zwischen **dem Angebot/der Nachfrage** (entspricht dem gesamten Kurvenverlauf) und einer konkreten **Angebots-/Nachfragemenge** (entspricht einem Punkt auf der jeweiligen Kurve). Wenn man von steigender Nachfrage oder fallendem Angebot spricht, ist stets eine Verschiebung der gesamten Kurve, nicht das Wandern eines einzelnen Punktes gemeint.

Die Diagramme werden zwar in aller Regel mit einer senkrechten Preis- und einer waagerechten Mengenachse dargestellt. Rein mathematisch würde das dafür sprechen, dass die Mengenvariable die Unabhängige, die Preisvariable die Abhängige ist. Angebots- und Nachfragekurve lassen sich jedoch auch in umgekehrter Richtung interpretieren (siehe das Versteigerungsbeispiel). Die bloße Konvention der Darstellung lässt nicht unbedingt auf die Art der unterstellten Abhängigkeiten schließen.

Die Kurven haben jeweils typische Achsenabschnitte:

Der Schnittpunkt der Nachfragekurve mit der Preisachse bezeichnet einen Preis, der so hoch ist, dass der Nachfrager auf den Tausch insgesamt verzichtet (nachgefragte Menge ist hier Null). Dieser Preis verhindert (lateinisch: prohibere = verhindern) somit die Nachfrage und heißt deswegen **Prohibitivpreis**.

Der Schnittpunkt der Nachfragekurve mit der Mengenachse zeigt, wieviel der Nachfrager konsumieren würde, wenn er gar nichts (Nachfragepreis ist hier Null) für das Gut bezahlten müsste. Das ist gewissermaßen die Schlaraffenlandsituation: Herr Müller würde solange Spargel essen, bis er völlig gesättigt ist und eine einzige weitere Stange ihm körperliches Unbehagen verursachen würde. Man nennt diesen Punkt daher die **Sättigungsmenge**.

Der Schnittpunkt der Angebotskurve mit der Preisachse schließlich markiert den Preis, den der Anbieter mindestens erhalten muss, um überhaupt bereit zu sein, auf dem Markt mitzubieten. Darunter wären auch kurzfristig nicht einmal seine variablen Kosten gedeckt, so dass er sich nicht auf dem Markt halten könnte. Dieser Preis heißt deshalb **Markteintrittspreis**.

Übung 4-1: Angebots- und Nachfragekurven auf dem Aktienmarkt

Der Aktienmarkt eignet sich für die Untersuchung der Mechanik von Preismechanismus, Angebot und Nachfrage besonders gut: Auf ihm treten eine Vielzahl von Anbietern und Nachfragern auf, die alle unabhängig voneinander ihre Entscheidungen treffen. Der Markt (die Börse) ist sehr gut organisiert und verfügt über einen zuverlässigen Auktionator. Das gehandelte Gut, nämlich die Aktien einer bestimmten Kapitalgesellschaft sind streng homogen, d.h. es gibt keine persönlichen Präferenzen, Preisdifferenzierung ist nicht möglich.

Auf dem Markt für die Aktien der Firma Schrobenhauser Spargel AG werden an einem Tag folgende Kauf- und Verkaufsaufträge für eine Aktie erteilt:

Verkauf	Kauf
3 Stk à 201 €	1 Stk à 220 €
5 Stk à 202 €	3 Stk à 217 €
6 Stk à 203 €	2 Stk à 215 €
3 Stk à 204 €	5 Stk à 207 €
1 Stk à 209 €	6 Stk à 206 €
2 Stk à 210 €	2 Stk à 204 €
1 Stk à 215 €	10 Stk à 202 €
10 Stk bestens	8 Stk billigst

Offensichtlich bevorzugen die meisten Aktienkäufer und -verkäufer die sog. limitierten Aufträge. Das bedeutet, dass der beauftragte Makler die Aktien nur bis zu dem vorgegebenen Höchstpreis kaufen bzw. nur bis zum vorgegebenen Mindestpreis verkaufen darf.

Die Angaben „bestens" oder „billigst" hingegen besagen, dass der Auftraggeber auf jeden Fall kaufen (billigst) oder verkaufen (bestens) möchte und seine Order deshalb nicht an das Erreichen bestimmter Kurse knüpft. Dies nennt man unlimitierte Aufträge.

a) Bei welchem Kurs stimmt die Stückzahl der verkauften und derjenigen der gekauften Aktien überein? Mit anderen Worten: bei welchem Kurs wird der Markt geräumt und wie viele Aktien werden dann umgesetzt?

b) Bestimmen Sie die Lösung zunächst ohne Berücksichtigung der unlimitierten Aufträge mit Hilfe einer geeigneten Tabelle und graphisch. Berechnen Sie den Tagesumsatz.

c) Wie verändern sich die Ergebnisse unter Berücksichtigung der unlimitierten Aufträge?

d) Da die Hauptversammlung der Schrobenhauser Spargel AG in den nächsten Tagen stattfindet, beauftragt die Gesellschaft ihre Hausbank, Kurspflege zu betreiben. Welche Maßnahmen muss die Bank ergreifen, wenn sie einen Kurs von 210 anstrebt (bei Annahmen wie unter b)? Hinweis: Die Legalität eines solchen Vorgehens steht hier nicht zur Debatte!

Lösung:

a) Dies sind die kumulierten Kauf- und Verkaufaufträge:

Verkauf (= Angebot)		Kauf (= Nachfrage)	
Kurs	Menge	Kurs	Menge
201	3	220	1
202	8	217	4
203	14	215	6
204	17	207	11
209	18	206	17
210	20	204	19
215	21	202	29

b) Gleiche Stückzahl bei Angebot und Nachfrage wird also beim Kurs von 206 € erreicht. Das Handelsvolumen liegt dann bei 17 Aktien, der Umsatz beträgt 3.502 €.

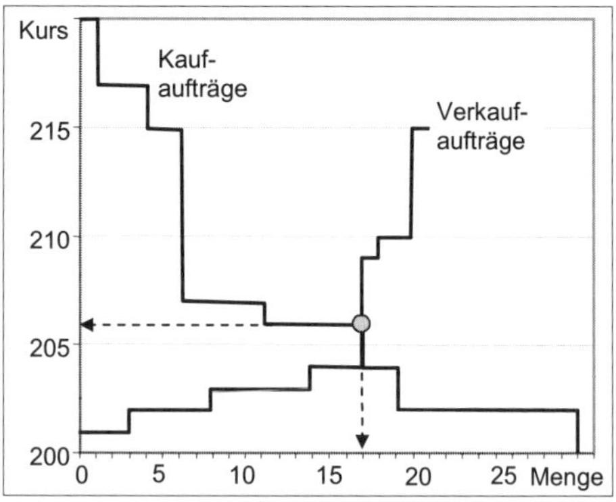

Abbildung 4-3: Aktienkursbildung bei limitierten Aufträgen

In der Realität liegen auf einem Aktienmarkt nicht nur 14, sondern sehr viele Aufträge vor. Die Treppenkurve wird daher zu einer durchlaufenden Kurve.

c) Die unlimitierten Aufträge verschieben die Angebots- und Nachfragekurve um die jeweilige Stückzahl parallel nach rechts. Unlimitiert bedeutet ja Kauf oder Verkauf um jeden Preis. Unabhängig vom Kurs sind daher in jeder Zeile 10 Aktien mehr im Angebot und 8 Aktien mehr in der Nachfrage. Der neue markträumende Preis liegt daher bei 204€, das Handelsvolumen bei 27 Stück und der Umsatz bei 5.508€.

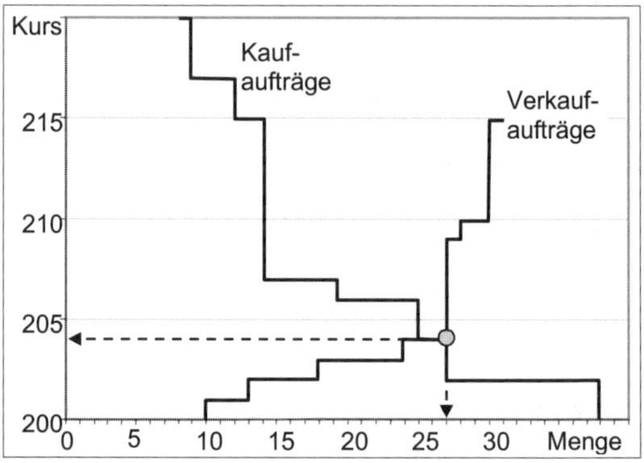

Abbildung 4-4: Aktienkursbildung bei limitierten und unlimitierten Aufträgen

d) Unter Berücksichtigung der unlimitierten Aufträge (siehe Zeichnung c)) ergibt sich beim Zielkurs von 210€ eine Diskrepanz zwischen Angebot und Nachfrage. Angeboten werden 30 Aktien, nachgefragt aber nur 14. Die Bank muss die Nachfrage also künstlich erhöhen, (anstelle der auftraggebenden AG) selbst als Käufer auftreten und 16 Aktien aus dem Markt nehmen.

Dieses Vorgehen würde heute als missbräuchliche Kursmanipulation gerichtlich geahndet. Gleichwohl ist ein solches Vorgehen in bestimmten Bereichen der Wirtschafts- und Währungspolitik ein übliches, häufig angewandtes und höchst legales Mittel, z.B. bei der Stabilisierung der Wechselkurse durch die Zentralbanken im Rahmen von Festkursvereinbarungen oder bei der Stabilisierung von Agrarmarktpreisen im Rahmen der Agrarpolitik der europäischen Union.

4.2.2 Marktgleichgewicht und -ungleichgewicht

Das Marktgeschehen besteht im fortwährenden Zusammenspiel von Angebot und Nachfrage. Wie wir schon erfahren haben, agieren beide Marktseiten, ja alle Marktteilnehmer zunächst völlig unabhängig voneinander. Jeder Anbieter und Nachfrager plant seine individuelle Verhaltensweise eigenständig. Es scheint daher auf den ersten Blick unmöglich, dass eine Situation existiert, in der alle Marktteilnehmer ihre Kauf- und Verkaufspläne auch tatsächlich umsetzen können.

Das Versteigerungsbeispiel hat uns jedoch gelehrt, dass genau dies durch den Preismechanismus erreicht wird: Der Preis koordiniert die unterschiedlichen Wünsche von Anbietern und Nachfragern. Die „unsichtbare Hand“ des Marktes erreicht den Ausgleich zwischen beiden Marktseiten, die Markträumung.

Diese Situation nennt man das Marktgleichgewicht. Es stellt einen Zustand dar, in dem alle Marktteilnehmer ihre Pläne umsetzen können, in dem niemand durch ein verändertes Handeln ein höheres Nutzenniveau erreichen könnte, in dem es keine immanente Änderungstendenz mehr gibt.

Leider lehrt uns das Leben jedoch, dass ein solches Gleichgewicht ziemlich selten tatsächlich erreicht wird. Denken wir an unser Beispiel mit der Versteigerung. Das Gleichgewicht stellt sich nicht von vorn herein, sondern erst nach permanenten Preis- und Mengenanpassungen aller Teilnehmer ein. Genau darin besteht der eigentliche Marktvorgang: in preisgetriebenen Anpassungsprozessen, die stets auf den Gleichgewichtspunkt als Bezugspunkt zulaufen.

Der Gleichgewichtsbegriff spielt in der neoklassischen Mikroökonomie eine zentrale Rolle. Es handelt sich um eine Gleichgewichtsökonomik, die alle denkbaren Marktsituationen immer in Bezug auf ein Gleichgewicht beschreibt - sei es als Gleichgewichtssituation selbst oder als Abweichung davon.

Formal lässt sich Gleichgewicht als Schnittpunkt zwischen Angebots- und Nachfragekurve beschreiben. Es kann daher - die gegebenen Kurvengleichungen vorausgesetzt - sowohl algebraisch wie graphisch leicht hergeleitet werden. Für lineare Kurvenverläufe gilt:

für das Angebot: $p^A = a + b \cdot x^A$ und die Nachfrage: $p^N = c - d \cdot x^N$, wobei a und c die jeweiligen Achsenparameter, b und d die Kurvensteigungen darstellen.

Gleichgewichtsmenge: $x^A = x^N = x^* = \frac{c-a}{b+d}$

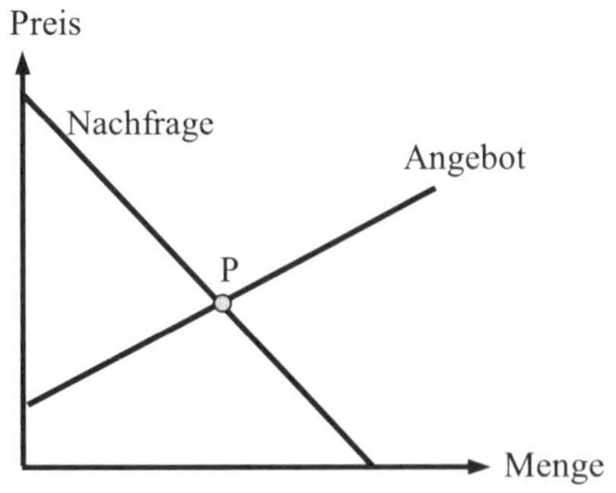

Abbildung 4-5: Marktgleichgewicht

Übung 4-2: La Traviata im Gleichgewicht

Ein Opernhaus hat ein Fassungsvermögen von 2.000 Plätzen (x). Nun soll die Oper La Traviata mit der berühmten Sopranistin Anna Netrebko aufgeführt werden. Der Veranstalter möchte alle Plätze besetzen und dabei den höchstmöglichen Preis (p) erzielen. Aus technischen Gründen kann nur ein Einheitspreis verlangt werden.

Durch Marktstudien wurde herausgefunden, dass die Zahlungsbereitschaft des Opernpublikums dieser Stadt für Stars wie die Netrebko sehr hoch ist. Bei einem Preis von 140 € könnten 1.000 Karten verkauft werden. Jedoch hat jede Opernbegeisterung ihre Grenzen: Der Prohibitivpreis beträgt 210 €. Außerdem ist bekannt, dass die Nachfragekurve linear verläuft. Wie hoch darf der Einheitspreis höchstens sein, damit das Opernhaus ausverkauft ist?

Lösung:

Algebraisch:

Zunächst werden die Gleichungen für die Angebots- und Nachfragekurve berechnet.

Die Angebotskurve ist sehr einfach: Im Angebot sind 2.000 Plätze, die auf jeden Fall verkauft werden sollen. Mit anderen Worten: Die 2.000 Plätze werden zu jedem Preis verkauft. Somit ergibt sich als Angebotsfunktion: $x = 2000$

Die Nachfragekurve verläuft linear. Sie hat also die allgemeine Form $p = a - bx$, wobei a den Preisachsenabschnitt und b die Steigung der Kurve darstellt. Mit dem Prohibitivpreis ist a bereits gegeben: $a = 210$.

Zur Berechnung der Steigung wird der gegebene Kurvenpunkt ($p = 140$ und $x = 1000$) in die Geradengleichung eingesetzt:

$$140 = 210 - b \cdot 1000 \quad \rightarrow \quad b = \frac{210 - 140}{1000} = 0{,}07$$

Die Gleichung der Nachfragekurve lautet also $p = 210 - 0{,}07x$

Zur Berechnung des Gleichgewichtspreises wird der Angebotswert in die Nachfragegleichung eingesetzt:

$$p = 210 - 0{,}07 \cdot 2000 = 210 - 140 = 70$$

Der Gleichgewichtspunkt hat demnach die Koordinaten $p = 70$ € und $x = 2000$ Plätze.

Graphisch:

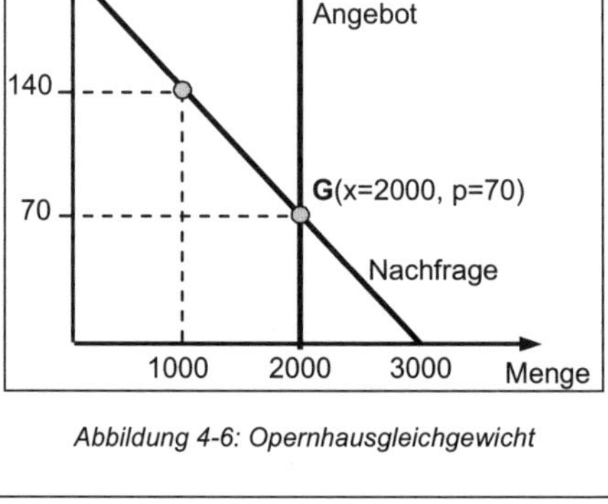

Abbildung 4-6: Opernhausgleichgewicht

Betrachten wir nun die Situation des Ungleichgewichts. Abbildung 4-7 zeigt auf der linken Seite das mittlerweile gewohnte Marktdiagramm. Im Punkt G herrscht Gleichgewicht bei p*. Bei diesem Preis stimmen die angebotenen und nachgefragten Mengen überein, eine weitere Anpassung ist nicht erforderlich. Die rechte Seite der Abbildung 4-7 zeigt eine alternative Darstellung für Ungleichgewichtssituationen. Auf der x-Achse stehen hier die jeweiligen Differenzen zwischen den Angebots- und Nachfragemengen, also die Überschussnachfrage und das Überschussangebot. Nur beim Preis p* passen die angebotenen und nachgefragten Mengen zueinander. Die Differenz zwischen beiden ist Null, die Kurve schneidet daher an dieser Stelle die Preisachse.

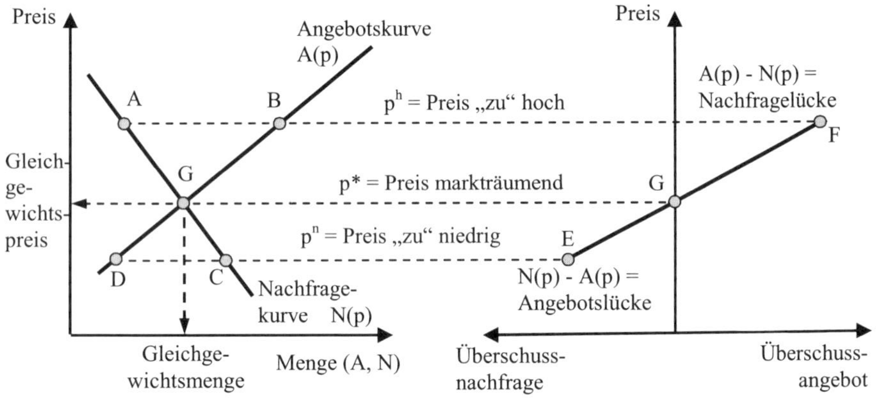

Abbildung 4-7: Überschussangebot und -nachfrage

Ist der Preis jedoch höher, z.B. bei p^h, so ist dies für die Anbieter attraktiver als für die Nachfrager. Es entsteht ein Überangebot in Höhe der Strecke AB, das bei diesem Preis nicht absetzbar ist. Umgesetzt wird also nur der Punkt A, denn bei diesem hohen Preis sind die Nachfrager nicht bereit, mehr zu kaufen. Die Anbieter müssen also ihre Waren im Umfang von AB - sofern das möglich ist - auf Lager nehmen. Sie werden sich gegenseitig unterbieten, um ihre Waren doch noch loszuwerden, der Preis wird sinken und schließlich nach einer Anpassungsphase, die von der Reaktionsgeschwindigkeit der Marktteilnehmer abhängt, den Gleichgewichtswert erreichen.

Überschussangebot bedeutet auf der anderen Marktseite Unternachfrage oder eine Nachfragelücke. In der Situation des Überschussangebots sitzen also die Nachfrager gewissermaßen am längeren Hebel, sie werden umworben und haben somit die größere Marktmacht. Man nennt dies deshalb auch einen Käufermarkt. Ihnen gelingt es, ihre Preissenkungswünsche durchzusetzen, der Preismechanismus arbeitet zu ihren Gunsten.

Analog dazu entsteht bei einem Preis unterhalb des Gleichgewichtspreises eine Angebotslücke, Unterangebot oder eine Überschussnachfrage in Höhe der Strecke DC. Der Preis p^n ist zu niedrig, um Angebot und Nachfrage auszugleichen, denn die Nachfrager möchten eine größere Menge (C) kaufen, als die Anbieter zu verkaufen bereit sind (D). Umgesetzt wird wiederum nur die kleinere der beiden Mengen, also D. In diesem Fall sind die Anbieter mächtiger und drücken so den Preis nach oben. Hier spricht man von einem Verkäufermarkt.

Bemerkenswert an diesen Ungleichgewichtssituationen ist die Tatsache, dass die Marktversorgung, d.h. die tatsächlich umgesetzte Menge in beiden Fällen geringer ist als im Gleich-

gewicht. Das bedeutet, dass unabhängig davon, ob der Preis anbieterfreundlich, also „zu" hoch oder konsumentenfreundlich, also „zu" niedrig ist, die Nachfrager weniger vom Gut x zur Verfügung haben als beim Gleichgewichtspreis.

Dies ist insbesondere in Bezug auf die Beurteilung staatlicher Preisregulierungsmaßnahmen wichtig: Auch wenn der Staat vermeintlich konsumentenfreundliche Preisbeschränkungen für manche Güter einführt, um z. B. lebenswichtige Güter für die breite Öffentlichkeit erschwinglich zu machen, bewirkt er zunächst einmal eine schlechtere Marktversorgung als bei freien Preisen. Auf dieses Dilemma werden wir später noch genauer eingehen.

Übung 4-3: Essen für alle

Auf dem Markt für Grundnahrungsmittel gelten für Angebot und Nachfrage folgende Funktionen: Nachfrage: $p^N = 10 - x$ Angebot: $p^A = 2 + x$

Die Regierung ist der Meinung, dass die Marktgleichgewichtslösung zu einer zu geringen Versorgung der Bevölkerung mit Grundnahrungsmitteln führt und möchte aus sozialen Erwägungen die Marktversorgung um 50% erhöhen.

a) Wie hoch ist die angestrebte Marktversorgung?

b) Welches Problem gibt es dort?

c) Was passiert, wenn die Regierung den Preis auf niedrigem Niveau fixiert, mit dem Ziel, die Versorgung der Bevölkerung zu verbessern? Ist das die Lösung des Problems? Demonstrieren Sie Ihre Ergebnisse an einer Skizze.

Lösung:

a) Zunächst muss die Gleichgewichtsmenge ermittelt werden:

$10 - x = 2 + x \quad \rightarrow \quad x = 4$

Da die gewünschte Marktversorgung um 50% höher sein soll, liegt sie bei $x^* = 6$.

b) Das Problem besteht darin, dass bei dieser Menge eine Zahlungsbereitschaft der Nachfrage von $p^N = 10 - 6 = 4$ besteht, diese Menge andererseits aber nur zum Preis von $p^A = 2 + 6 = 8$ angeboten wird. Zum Preis vom $p^A = 4$ beträgt das Angebot hingegen nur $x = 2$.

c) Wenn die Regierung den Marktpreis bei $p = 4$ fixiert, erreicht sie ihr Ziel der Verbesserung der Marktversorgung nicht. Im Gegenteil: Es können nur $x = 2$ Gütereinheiten konsumiert werden, da nicht mehr angeboten wird. Es besteht ein Nachfrageüberhang von 4, der unerfüllt bleibt.

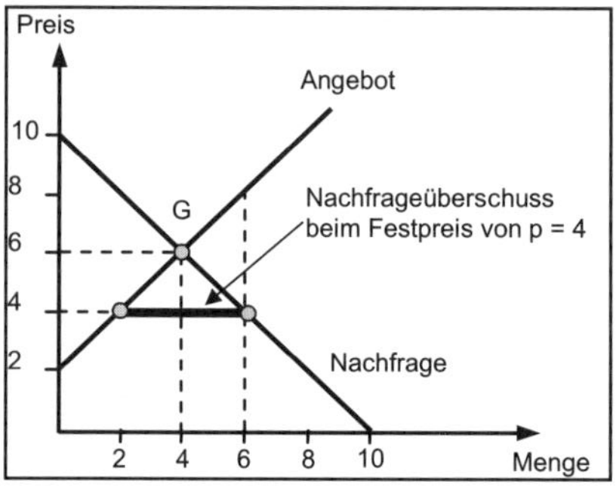

Abbildung 4-8: Lebensmittelversorgung

Zur Lösung dieses Problems gibt es zwei grundsätzliche Möglichkeiten:

Die Regierung rationiert das Angebot (Bezugsscheine). Dadurch wird der Markt im Kern beseitigt, freier Warentausch findet nicht mehr statt und vor allem wird das Versorgungsziel noch weiter verfehlt als bei freien Preisen. Zusätzliches Problem: Entstehung von Schwarzmärkten!

Die Regierung gleicht die Angebotslücke bei den Privaten durch staatliches Angebot aus (z.B. staatlich finanzierter Import von Lebensmitteln). Problem: Wer soll das bezahlen? Es besteht keinerlei Anreiz für die Privaten, das Marktangebot auszudehnen - im Gegenteil! Der Staat müsste in diesem Fall also langfristig die Marktangebotslücke schließen.

Manche Märkte können auf Grund besonderer Angebots- und Nachfragestrukturen niemals in einen Gleichgewichtszustand kommen. Genau genommen kann man dann von einem Markt i.e.S. gar nicht sprechen, weil es eben nicht zu Tauschgeschäften kommt.

Im ersten Fall ist die Produktion des Gutes so teuer, dass auch der günstigste Angebotspreis über dem Prohibitivpreis der Nachfrager liegt. Dies trifft vor allem auf neu entwickelte Güter zu, die erst als Prototyp existieren und noch nicht in Serie produziert werden können. Man sagt in solchen Fällen auch, das Gut sei noch nicht „marktreif". Aktuelle Beispiele dafür sind etwa so exotische Dinge wie Marsflüge, aber auch so praktische und von vielen ersehnte Geräte wie ein wirklich gut funktionierender Haushaltsroboter, der klaglos kochen, waschen, bügeln und Fenster putzen kann.

Der zweite Fall betrifft das Schlaraffenland, etwas weniger poetisch ausgedrückt: freie Güter. Ein freies Gut ist bekanntlich ein Gut, das bereits in so großer Menge (in der Natur) vorhanden ist, dass alle Konsumenten, die es haben wollen, bis zu ihrer jeweiligen Sättigungsmenge davon konsumieren können. Es besteht also keine Notwendigkeit, es zu produzieren, somit entstehen keine Kosten und somit gibt es auch (im relevanten Konsumbereich) keine Angebotsfunktion. Angebot entsteht erst dann, wenn die verfügbare Menge des betreffenden Gutes kleiner ist als die Summe aller Sättigungsmengen der Konsumenten. Erst dann entsteht Knappheit und somit die Notwendigkeit, Ressourcen dafür einzusetzen. Wie stets bei freien Gütern gibt es dafür nur zeitlich und örtlich begrenzte Beispiele, denn - wie wir bereits gelernt haben[1] - kein Gut ist unbegrenzt frei verfügbar. In diesem Sinne können wiederum Luft oder Wasser als Bespiele für eine solche Schlaraffenlandsituation gelten.

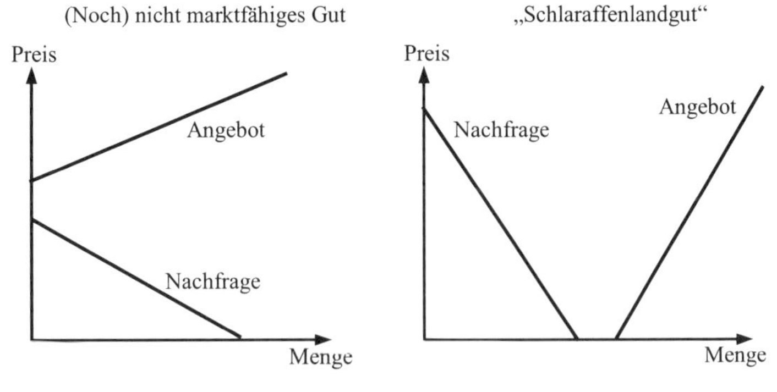

Abbildung 4-9: Marktsituationen ohne Gleichgewicht

[1] Vgl. oben Kapitel 2, S. 31. f.

4.2.3 Stabilität von Gleichgewichten

Wir sind bisher davon ausgegangen, dass im Falle einer Störung durch ein von außen einwirkendes Ereignis („exogener Schock“) die unsichtbare Hand des Marktes eine schrittweise Preis- und Mengenanpassung bewirkt, die unweigerlich wieder zurück in einen Gleichgewichtszustand führt. Diese bislang stillschweigende Annahme soll nun etwas genauer auf den Prüfstand gestellt werden. Wenn das immer so wäre, bräuchten sich Politiker ja niemals Gedanken über eine geeignete Marktsteuerung machen.

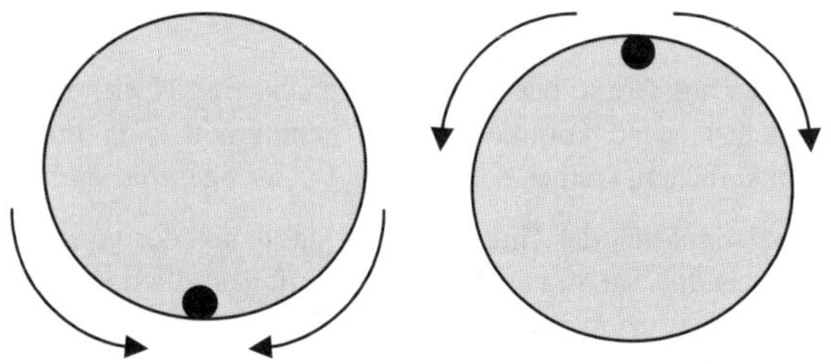

Abbildung 4-10: Stabiles und labiles Gleichgewicht

Gleichgewichtssituationen können stabil oder instabil bzw. labil sein, je nach dem ob das System nach einer Störung wieder dem Gleichgewichtszustand zustrebt oder sich immer weiter von ihm entfernt. Am anschaulichsten zeigt dies das Bild eines Radreifens, an dem eine kleine Bleikugel befestigt ist. Befindet sich die Bleikugel an der tiefsten Stelle des Reifens, so wird die Schwerkraft dafür sorgen, dass sich diese Ruheposition (= Gleichgewicht) nach jedem Anstoß von außen (exogenem Schock) wieder einstellt. Befindet sich die Bleikugel jedoch an der höchsten Stelle des Reifens, so verlässt sie nach der geringsten Störung diese Position und nimmt sie ohne weitere Fremdeinwirkung nie wieder ein.

4.2.3.1 Statische Gleichgewichtsanalyse

Genau diese Vorstellung lässt sich auch auf ökonomische Gleichgewichte übertragen. Nehmen wir an, auf dem Markt für Weizen herrscht Gleichgewicht bei der Menge x* und dem Preis p* im Punkt G_1 (Abbildung 4-11). Nun naht das Tief Oskar mit Sturm und Hagelschlag und vernichtet einen großen Teil der Weizenernte. Das Angebot verringert sich, was sich in der Zeichnung als Linksverschiebung der Angebotskurve ausdrückt. Beim bisher gewohnten Preis p* herrscht nun also ein Nachfrageüberhang, der nicht befriedigt werden kann. Die Konkurrenz der Nachfrager (vgl. Versteigerungssituation) treibt den Preis nach oben, bis im Punkt G_2 ein neues Gleichgewicht bei einem höheren Preis und einer geringeren Menge als vor Oskar erreicht worden ist.

Diese stabile Reaktion des Weizenmarktes ist der Tatsache zu verdanken, dass bei einer Preisabweichung unter den Gleichgewichtswert ein Nachfrageüberschuss (Markierung A in Abbildung 4-11) entstanden ist. Dieser führt zu steigenden Preisgeboten und somit zurück ins Gleichgewicht. Analoges gilt für Preisabweichungen nach oben.

Diese Art der Betrachtung, nämlich das Abstellen auf die resultierenden Preisreaktionen bei Mengendifferenzen geht auf den französischen Nationalökonom *Léon Walras* zurück[1]. Nach

[1] *Léon Walras* lebte von 1834 bis 1910 und entwickelte als erster ein vollständiges mikroökonomisches Totalmodell. Er gilt daher als Begründer der mikroökonomischen Totalanalyse. Seine Überlegungen

Walras ist ein Marktgleichgewicht immer dann stabil, wenn oberhalb des Gleichgewichtspunktes ein Angebotsüberschuss, unterhalb ein Nachfrageüberschuss vorliegt.

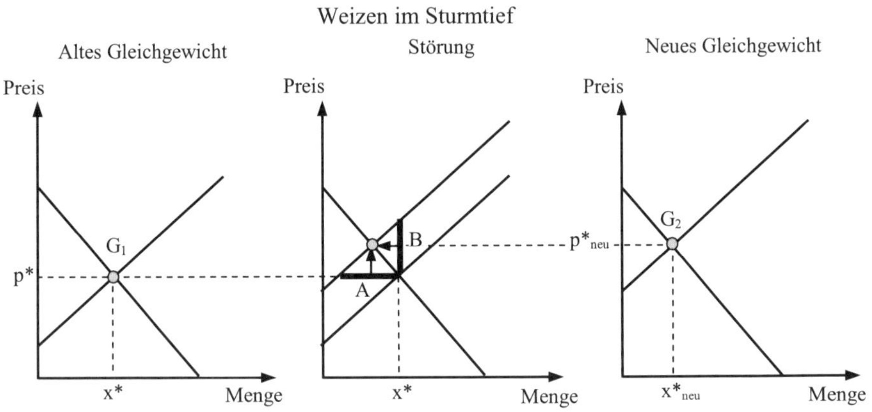

Abbildung 4-11: Anpassung des Marktes an ein neues Gleichgewicht

Wie wir im Abschnitt 4.2.1 bereits festgestellt haben, kann man Angebots- und Nachfragekurven aber aus zweierlei Perspektiven betrachten: Den Preis als Funktion der Menge (wie gerade eben) oder die Menge als Funktion des Preises. So könnte man auch hier das Ungleichgewicht statt an der Mengendifferenz an der Preisdifferenz links und rechts vom Gleichgewichtspunkt festmachen und überlegen, welche Mengenreaktionen daraus hervorgehen. Bezogen auf unser Weizenbeispiel bedeutet das Folgendes: Die alte Gleichgewichtsmenge x* liegt nach der Störung plötzlich rechts vom neuen Gleichgewichtspunkt. Das bedeutet, dass die Preisforderung der Anbieter für diese Menge höher ist, als die Zahlungsbereitschaft der Nachfrager (Markierung B in Abbildung 4-11). Wenn nun beide Marktseiten auf diese Preisdifferenz reagieren, werden beide ihre Mengengebote einschränken. Diese Sicht der Dinge geht auf *Alfred Marshall*[1] zurück. Nach *Marshall* ist ein Gleichgewicht also dann stabil, wenn rechts vom Gleichgewicht der Angebotspreis über dem Nachfragepreis liegt, links davon umgekehrt.

Offensichtlich führt bei unserem Weizenbeispiel jede dieser Sichtweisen zum gleichen Ergebnis: Der Weizenmarkt ist ein stabiler Gleichgewichtsmarkt. Dies ist immer dann der Fall, wenn die Nachfragekurve negativ, die Angebotskurve positiv geneigt ist.

Ganz anders aber sieht es bei Märkten aus, auf denen Angebots- und Nachfragekurven außergewöhnliche Neigungen haben.

Betrachten wir das Beispiel des Arbeitsmarktes. Die individuelle Arbeitsangebotsfunktion kann sowohl eine positive wie auch eine negative Steigung haben. Normalerweise wird ein Haushalt sein Arbeitsangebot ausdehnen, wenn er mehr für seine Arbeit bezahlt bekommt, denn dann lohnt es sich für ihn mehr, seine Lebenszeit mit Arbeit statt Freizeit zu verbringen. Wenn aber ein Haushalt über keine andere Einkommensquelle verfügt als über seine eigene Arbeitskraft und diese so wenig produktiv ist, dass er mit seiner Hände Arbeit gerade

zum Marktgleichgewicht sind nachzulesen in seinem Hauptwerk „Eléments d'économie pure ou théorie da la richesse sociale", 2 Bde. 1874 und 1877, Faksimile Nachdruck Stuttgart 1988.

[1] *Alfred Marshall* lebte von 1842 bis 1924. Er war der Lehrer von *J.M. Keynes* und einer der Gründerväter der modernen Nationalökonomie.

das Existenzminimum sichern kann, so wird er bei sinkendem Preis für seine Arbeit (also sinkendem Lohnsatz) sein Arbeitsangebot höchstwahrscheinlich nicht einschränken sondern ausdehnen, um sein Einkommen und damit seinen Lebensstandard halten zu können. Die Angebotskurve erhält damit zumindest abschnittsweise eine negative Steigung. Auch Nachfragekurven können anomal geneigt sein: Wenn ein bestimmtes Gut nur deshalb gekauft wird, weil es einen gewissen Prestigewert besitzt (Statussymbol), dann darf es nicht billig sein. Es würde sonst seinen Nutzen als Prestigeträger für den Käufer verlieren. Solche Güter werden daher umso mehr gekauft, je teurer sie sind (oder zumindest: je teurer sie aussehen!). Die Nachfragekurve erhält so eine positive Neigung. Dieses Phänomen ist ein sog. Sozialeffekt des Konsums und wird uns an späterer Stelle noch eingehend beschäftigen[1].

Betrachten wir nun Märkte, auf denen eine oder beide Marktkurven eine anomale Neigung aufweisen:

Folgende Situationen sind denkbar: Zu unterscheiden sind eine anomale, d.h. negativ geneigte Angebotsfunktion und eine anomale, d.h. positiv geneigte Nachfragefunktion. In beiden Fällen haben also Angebots- und Nachfragefunktion das gleiche Steigungsvorzeichen, negativ oder positiv. Dabei kann jeweils die Angebots- oder die Nachfragefunktion die steilere von beiden sein.

Auf diese Weise müssen vier Fälle unterschieden werden, die in Abbildung 4-12 dargestellt sind. Die Anwendung der Stabilitätskriterien nach *Walras* und *Marshall* führen nun zu völlig unterschiedlichen Ergebnissen: Während die Konstellationen 1 und 2 nach *Walras* stabil sind, weil nämlich jeweils unterhalb des Gleichgewichtspunktes ein Nachfrageüberschuss vorliegt und somit eine Preissteigerungstendenz zum Gleichgewicht hin ausgelöst wird, sind gerade diese beiden Fälle nach dem Kriterium von *Marshall* instabil. Nach seiner Sichtweise, also unter Berücksichtigung einer Mengenanpassung sind die Fälle 3 und 4 stabil, weil dort jeweils links vom Gleichgewichtspunkt der Nachfragepreis über dem Angebotspreis liegt. Dies induziert wegen der guten Gewinnaussichten eine Angebotsausdehnung der Produzenten und somit eine Bewegung auf das Gleichgewicht zu.

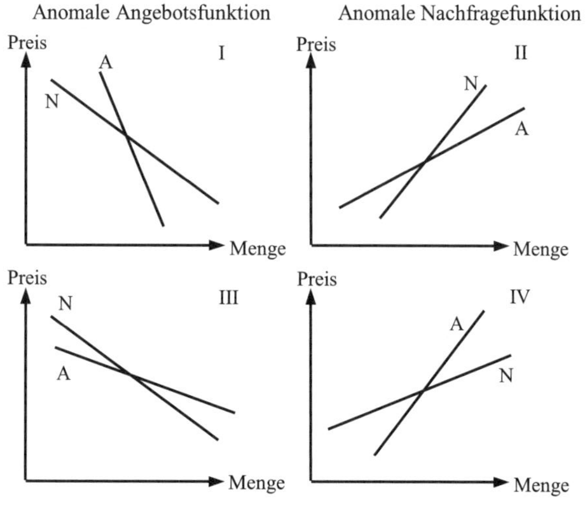

Abbildung 4-12: Marktgleichgewichte bei anomal verlaufenden Angebots- und Nachfragefunktionen

[1] Vgl. Kapitel 5, S. 210 ff.

Diese Überlegungen zeigen also, dass die Stabilität von Marktgleichgewichten keineswegs als selbstverständlich angenommen werden kann. Es kommt vielmehr auf die Art der unterstellten Reaktionshypothesen an. Dies gilt insbesondere dann, wenn eine oder beide Marktseiten Anomalien aufweisen, was jedoch - wie unsere Beispiele gezeigt haben - in der Realität durchaus nicht außergewöhnlich ist.

4.2.3.2 Dynamische Gleichgewichtsanalyse: Das Cobweb-Modell

Um der Realität noch ein Stück näher zu kommen, wollen wir nun eine weitere Dimension in unsere Überlegungen einführen, nämlich die Zeit. Bisher haben wir stets eine gleichzeitig und beliebig schnell erfolgende Anpassung aller Marktteilnehmer an exogene Schocks unterstellt. Im Grunde genommen haben wir lediglich die Ausgangssituation, nämlich die eingetretene Störung, mit der Endsituation, nämlich dem neuen Gleichgewichtspunkt, verglichen. Mit dem Anpassungspfad selbst haben wir uns nicht beschäftigt. Man nennt ein solches Vorgehen komparativ statische Analyse.

Wenn jedoch die einzelnen Anpassungsschritte in ihrer zeitlichen Abfolge analysiert werden, so spricht man von einer dynamischen Analyse. In einem dynamischen Modell muss stets die Zeit als Variable auftauchen. Meist geschieht das, indem die einzelnen Modellvariablen eine zeitliche Dimension erhalten, d.h. verschiedenen Zeitpunkten zugeordnet werden (Periodenanalyse).

Wir nehmen im Folgenden also (realistischerweise) an, dass Reaktionen Zeit brauchen. Dies gilt insbesondere für das Angebot, da zur Veränderung der Angebotsmenge nicht nur die Entscheidung selbst (wie bei der Nachfrage) genügt, sondern v.a. für eine Angebotsausdehnung zeitintensive Produktionsanpassungen erforderlich sind, es sei denn, der Anbieter verfügt über gut gefüllte Lager. Bei vielen Produktionsvorgängen kann die Zeit, die zwischen der Produktionsentscheidung und dem tatsächlichen Angebot liegt, sehr genau vorausgesagt werden, z.B. bei allen landwirtschaftlichen Produktionsvorgängen, aber auch im Anlagenbau (Schiffsbau, Kraftwerksbau) oder bei vielen Dienstleistungen, für die langwierige Investitionen in Humankapital erforderlich sind (Lehrer, Richter, Ingenieure).

Für alle diese Güter gilt, dass das Angebot in der Periode t vom Preissignal der Vorperiode t-1 abhängt:

$A_t = A_t(p_{t-1})$

Die Nachfrage dagegen richtet sich stets nach dem Preis der laufenden Periode:

$N_t = N_t(p_t)$

In jeder Periode trifft also das Angebot, das sich nach dem Preis der Vorperiode richtet, mit der Nachfrage, die sich nach dem laufenden Preis richtet, zusammen:

$A_t(p_{t-1}) = N_t(p_t)$

Der Anpassungsprozess, der durch Störungen eines Gleichgewichtszustandes in diesem Modell ausgelöst wird, lässt sich am besten graphisch verdeutlichen. Wir unterstellen dabei, dass die Anbieter keine Lagerhaltung betreiben, sondern ihr gesamtes Angebot unmittelbar auf dem Markt absetzen.

Nehmen wir an, die alte Nachfragefunktion $N_t^{alt}(p_t)$ verlagert sich auf Grund eines exogenen Ereignisses, z.B. eines plötzlichen Einkommensanstiegs, nach rechts auf die Position $N_t^{neu}(p_t)$. Die ursprüngliche Gleichgewichtsmenge wird nun zu einem wesentlichen höheren Preis nachgefragt (N_1). Diese hohe Zahlungsbereitschaft der Nachfrager ist für die Anbieter das Signal, ihre Angebotsmenge kräftig auszudehnen; dafür brauchen sie jedoch Zeit. Das erhöhte Angebot kommt deshalb erst in der Periode 2 auf den Markt (A_2). Eine so hohe

Menge kann am Markt allerdings nur zu einem wesentlichen niedrigeren Preis abgesetzt werden (N_2). Dieser Preissturz wiederum veranlasst die Anbieter, ihre Mengenplanung zu revidieren. In der Folgeperiode kommt nun die auf A_3 reduzierte Angebotsmenge auf den Markt, welche wiederum von den Nachfragern zu deutlich höheren Preisen (N_3) aufgenommen wird.

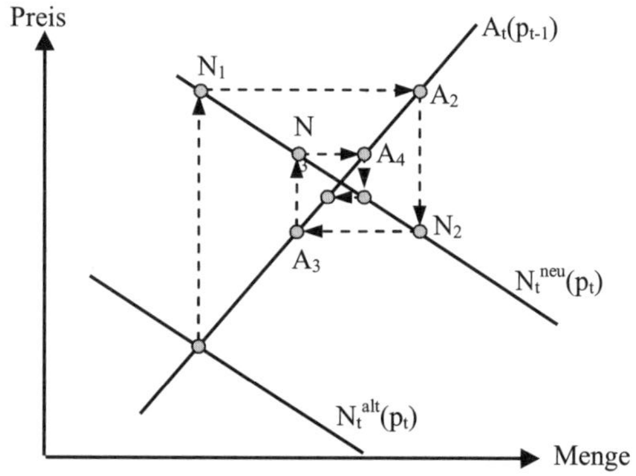

Abbildung 4-13: Stabiler dynamischer Anpassungsprozess

Dieser Prozess setzt sich so lange fort, bis das neue Gleichgewicht erreicht ist. Die Anpassungsschritte werden dabei immer kleiner. Mathematisch ausgedrückt handelt es sich um eine konvergierende Folge von Preisveränderungen, deren Grenzwert beim neuen Gleichgewichtspreis liegt. Dieses Marktsystem ist also stabil.

Dieses Modell wurde - in Anlehnung an die Zeichnung - unter dem Namen Cobweb-Modell oder Spinnennetz-Modell bekannt. Es geht auf die drei Ökonomen *Umberto Ricci*[1], *Henry Schultz*[2] und *Jan Tinbergen*[3] zurück, die ihre Entdeckung unabhängig voneinander in den Dreißiger Jahren gemacht haben.

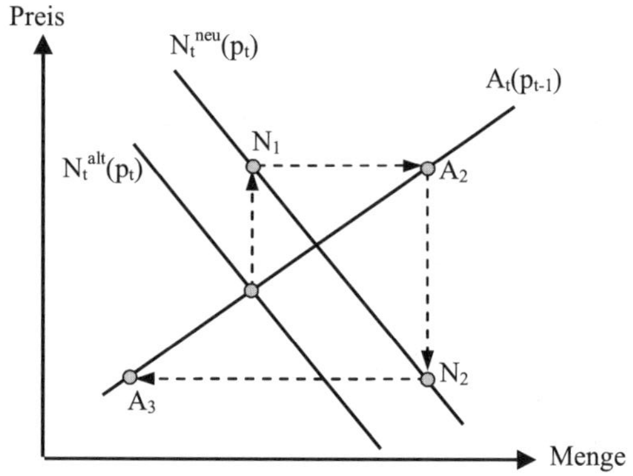

Abbildung 4-14: Instabiler dynamischer Anpassungsprozess

[1] Vgl. *Ricci, U.* (1930.
[2] Vgl. *Schultz, H.* (1928).
[3] Vgl. *Tinbergen, J.* (1930).

Bisher ergab sich in der dynamischen Analyse also noch kein Widerspruch zur komparativ-statischen Analyse. Dies ändert sich jedoch, wenn man die Kurvensteigungen geringfügig verändert.

Offensichtlich explodiert der Prozess, sobald die Steigung der Nachfragekurve steiler ist als die der Angebotskurve. In diesem Fall sind nämlich die Mengenreaktionen der Anbieter auf Preisschwankungen größer als die der Nachfrager, so dass die Preisschwankungen nicht mehr konvergieren können.

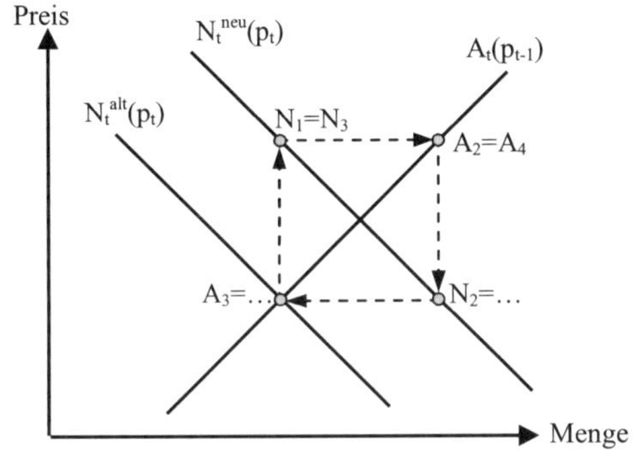

Abbildung 4-15: Der Schweinezyklus

Einen besonderen Fall von labilem Marktverhalten hat der deutsche Ökonom *Arthur Hanau* erstmals im Jahr 1928 festgestellt[1]. Er hat beobachtet, dass auf dem Schweinemarkt stets entweder ein Überangebot oder eine Angebotslücke besteht, die sich - begleitet von entsprechenden Preisschwankungen in regelmäßigen Abständen reproduziert. Diese Beobachtung lässt sich mit dem Spinnweb-Modell sehr gut erklären. Immer dann, wenn die Steigungen von Angebots- und Nachfragekurve vom Betrag her identisch sind, läuft der Anpassungsprozess immer wieder in sich selbst zurück, ohne einem Gleichgewichtszustand näher zu kommen. Dieses Phänomen ging unter dem Namen Schweinezyklus in die Geschichte ein. Seither bezeichnet man Marktprozesse, die sich fortwährend selbst reproduzieren ohne sich einer stabilen Marktlösung anzunähern, generell als „Schweinezyklen".[2]

Eine solche Bezeichnung ist allerdings wenig schmeichelhaft für die Marktteilnehmer, da ein Schweinezyklus eine sehr begrenzte Lern- und Planungsfähigkeit der Teilnehmer voraussetzt. Die Anbieter begehen immer wieder dieselben Fehleinschätzungen. Allerdings ist zu bedenken, dass bei sehr langen Anpassungszeiten die Anbieter von Runde zu Runde wechseln und jeweils wieder ihre eigenen Erfahrungen machen müssen. Anders wäre z.B. nicht zu erklären, warum in der jüngeren Vergangenheit immer wieder vom „Schweinezyklus der Ingenieurabsolventen" zu lesen war, denn Ingenieure sind schließlich notgedrungen eigentlich intelligent.

4.2.4 Determinanten von Nachfrage und Angebot

Angebots- und Nachfragekurven, wie wir sie bisher verwendet haben, beschreiben den funktionalen Zusammenhang zwischen Preis und Menge. Nun ist jedoch klar, dass beispielsweise eine Nachfrageentscheidung nicht nur vom Preis abhängt. Ein wichtiger Einflussfaktor ist

---

[1] Vgl. *Hanau, A.* (1928).

[2] Ein weiteres Beispiel eines Schweinezyklus haben wir bereits im vorigen Kapitel in Abschnitt 3.3.2.2, S. 69 f. kennengelernt: den deutschen Hopfenmarkt!

in jedem Fall auch das für den Konsum verfügbare Gesamteinkommen. Ähnlich verhält es sich mit der Angebotskurve. Die angebotene Menge wird nicht nur durch den Marktpreis bestimmt, sondern hat sicherlich auch mit der Verfügbarkeit und dem Preis von Produktionsfaktoren zu tun[1].

Beide Kurven sind daher nicht etwa eindimensionale, sondern vielmehr mehrdimensionale Funktionen, die jeweils von einem ganzen Variablenvektor abhängen:

$A = f(v_1, v_2, v_3, \ldots v_i)$ und $N = f(v_1, v_2, v_3, \ldots v_j)$

In der graphischen Darstellung haben wir bisher immer nur eine Variable dargestellt, nämlich den Preis. Die Gestalt der Angebots- und Nachfragekurven in einem Preis-Mengen-Diagramm beschreibt also die Art der Abhängigkeit zwischen der angebotenen oder nachgefragten Menge und dem Preis. Alle übrigen Variablen sind in einer solchen Darstellung nicht unmittelbar sichtbar. Sie unterliegen der ceteris-paribus-Klausel.

Bei der Betrachtung von Störungen des Marktgleichgewichtes war jedoch bereits mehrfach von Verschiebungen der Nachfrage- oder Angebotskurven die Rede. Solche Verschiebungen werden durch Veränderungen einer oder mehrerer der nicht explizit dargestellten Variablen verursacht. Diese fungieren im Preis-Mengen-Diagramm nämlich als Lageparameter. Die wichtigsten dieser Lageparameter sollen im Folgenden erklärt werden.

4.2.4.1 Lageparameter der Nachfragefunktion

Das Haushaltseinkommen

Das Einkommen, das dem nachfragenden Haushalt insgesamt für seine Konsumausgaben zur Verfügung steht, begrenzt seine gesamten Konsumausgaben absolut. Es ist klar, dass die Erweiterung des Haushaltsbudgets (z.B. durch eine Lohnerhöhung oder durch eine Steuersenkung) den gesamten Ausgabenspielraum vergrößert und daher - bezogen auf ein bestimmtes Gut - die Kaufwilligkeit erhöht, auch wenn der Preis für dieses Gut gleich geblieben ist.

Eine Steigerung des verfügbaren Einkommens führt daher c.p. zu einer Rechtsverschiebung der Nachfragefunktion, eine Senkung zu einer Linksverschiebung. Hier gibt es allerdings eine wichtige Ausnahme. Manchmal führt gerade eine Einkommenserhöhung dazu, dass von bestimmten Gütern weniger gekauft wird, nämlich dann, wenn der Konsument das Gut als minderwertig empfindet und froh ist, es endlich gegen ein - aus seiner Sicht - höherwertigeres zu ersetzen. Man hat z.B. beobachtet, dass in der Nachkriegszeit der Konsum von Kartoffeln, Kraut und Rüben mit steigendem Einkommen deutlich abgenommen, der Konsum von Fleisch und Geflügel (jedenfalls bis BSE und Hühnerpest) hingegen deutlich zugenommen hat. Man bezeichnet solche Güter, die mit steigendem Einkommen weniger nachgefragt werden, daher als inferiore (= minderwertige) Güter. Ihre Nachfragefunktionen verlagern sich mit steigendem Einkommen nach links statt nach rechts. Hierbei ist jedoch hervorzuheben, dass Inferiorität nicht etwa eine objektive Gütereigenschaft ist (z.B. minderwertige Qualität eines ansonsten wertgeschätzten Produktes), sondern wiederum eine subjektive Nutzeneinschätzung darstellt. Gerade das Beispiel Fleisch zeigt dies sehr deutlich: In der armen Nachkriegszeit galt Fleisch den meisten Haushalten als erstrebenswertes Gut. In Zeiten von Tierseuchen und gesteigertem Umwelt- und Naturbewusstsein wurde Fleisch bei vielen Verbrauchern zum inferioren Gut gegenüber z.B. Biogemüse und Frischfisch.

[1] Der Einfluss von Preisen und Einkommen auf das Verhalten der Wirtschaftssubjekte wird in den Folgekapiteln ausführlich analysiert.

Wertschätzung durch den Nachfrager

Die Inferioritätsüberlegungen haben uns gezeigt, dass die Wertschätzung, d.h. die subjektive Nützlichkeitsbeurteilung eines bestimmten Gutes durch seinen Käufer, nicht etwa nur durch objektive, physikalische Eigenschaften des Gutes vorgegeben ist, sondern sich durch vielerlei äußere Einflüsse im Zeitverlauf ändern kann, ohne dass sich das Gut selbst im geringsten verändert hat. So nimmt die Wertschätzung eines dicken Wintermantels zum Beispiel schlagartig zu, wenn das Wetter im Herbst kalt wird. Doch nicht nur die natürlichen Schwankungen des Jahresablaufs, sondern z.B. auch Moden - nicht selten getrieben durch geschickte Werbekampagnen - ändern das Käuferverhalten von Grund auf. Wer hätte es zu Beginn des 20. Jahrhunderts schon für möglich gehalten, dass eine Arbeitshose aus grobem dunkelblauem Stoff einst zum Verkaufsschlager nicht nur der amerikanischen Nation, sondern der ganzen Welt werden würde, dass nicht nur schwer arbeitende (ausschließlich männliche!) Farmer, sondern vom Kleinkind bis zum Manager wirklich *jeder* mindestens eine „Blue Jeans“ im Schrank hängen haben und dafür (je nach Etikett!) auch noch Traumpreise bezahlen würde? Kurzum: Steigende Wertschätzung verschiebt die Nachfragekurve nach rechts, sinkende nach links.

Preise von Substitutions- und Komplementärgütern

Die Nachfrage eines Gutes wird auch von der Marktsituation anderer Güter bestimmt, sofern diese in einem inhaltlichen Zusammenhang zueinander stehen. Dabei sind zwei Fälle zu unterscheiden:

Wenn zwei Güter einen ähnlichen Nutzen stiften, so sind sie für den Käufer in gewissem Umfang austauschbar. Man spricht dann von Substitutionsgütern. Beispielsweise sind Tee und Kaffee, beides aromatische, anregende Heißgetränke, die sich sicherlich bis zu einem gewissen Grad gegenseitig ersetzen können. Allerdings muss es sich nicht unbedingt um einen physikalischen Nutzen handeln. Für manchen Yuppy mögen eine Rolex und ein Armani-Anzug denselben Statuswert besitzen, so dass er beide Güter als Substitute betrachtet.

Die Substitutionalität ist hierbei eine graduelle Eigenschaft. Zwei verschiedene Güter sind niemals hundertprozentig austauschbar - denn dann wären sie homogen und als Güter nicht mehr unterscheidbar. Gerade das Tee-Kaffee-Beispiel macht deutlich, dass sich Substitutionsgüter immer nur bis zu einem bestimmten Grad ersetzen können. Dieser Substitutionsgrad ist unternehmensstrategisch ein wichtiges Kriterium bezüglich des Bedrohungspotenzials durch Wettbewerber. Bei derartigen Untersuchungen stellen Marktanalysten stets auf den Nutzen von Produkten ab, nicht auf die äußerliche Gleichartigkeit. So hat das Faxgerät beispielsweise die früher in Behörden üblichen Rohrpostanlagen völlig verdrängt. Es substituiert aber auch weitgehend bestimmte Dienstleister, z.B. den Büroboten oder viele Kuriere. Allgemein ergibt sich zwischen Substitutionsgütern folgender Preis-Mengen-Zusammenhang:

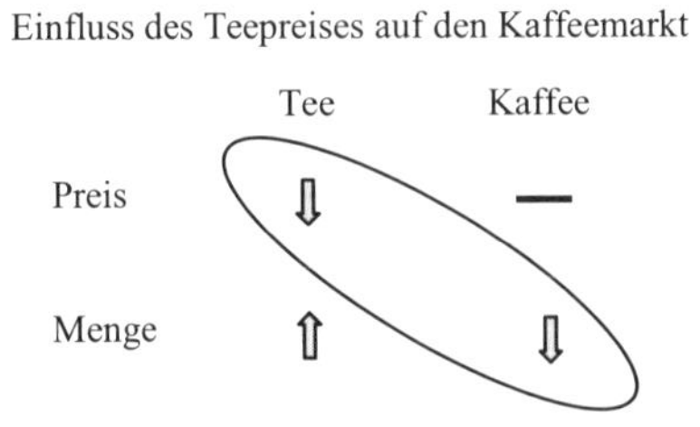

Abbildung 4-16: Kreuzpreiswirkung bei Substitutionsgütern

Wenn der Preis des Substitutionsgutes - hier Tee - sinkt, so steigt gemäß einer normal negativ geneigten Nachfragekurve die Nachfrage nach Tee an. Wenn man unterstellt, dass der gesamte Bedarf an Heissgetränken insgesamt konstant bleibt (c.p.-Klausel), so zieht der Teemarkt also Nachfrage vom Kaffeemarkt ab; die Nachfrage nach Kaffee sinkt, obwohl der Kaffeepreis konstant geblieben ist. Die Nachfragekurve für Kaffee verschiebt sich nach links. Die marktübergreifende Preis-Mengen-Beziehung zwischen Substitutionsgütern ist also gleichläufig (sinkender Preis bei Gut 1 führt zu sinkender Nachfrage bei Gut 2).

Analog dazu gibt es auch Wechselwirkungen zwischen den Märkten für Komplementärgüter. Dies sind solche Güter, die nur gemeinsam genutzt werden können, d.h. bei denen jedes einzelne für sich keinen oder nur einen viel geringeren Nutzen stiftet als beide zusammen. Komplementärgüter ergänzen sich also. Beispiele dafür sind Kamera und Film, Auto und Reifen, PC und Drucker. Diese Beispiele machen deutlich, dass auch die Komplementarität von Gütern eine graduelle Eigenschaft ist.

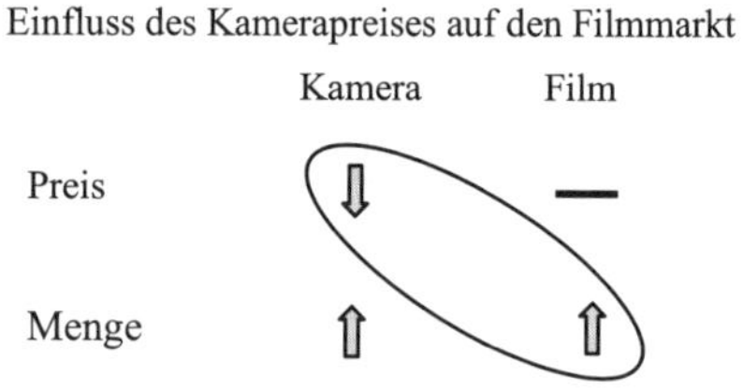

Abbildung 4-17: Kreuzpreiswirkung bei Komplementärgütern

Zwischen Komplementärgütern besteht folgender Preis-Mengen-Zusammenhang: Wenn der Preis des Komplementärgutes - hier Kameras - fällt, so steigt gemäß einer normal negativ geneigten Nachfragekurve die Nachfrage nach Kameras an. Zum Photographieren braucht man aber auch Filme, sonst ist die Kamera nutzlos. Daher steigt in der Folge auch die Nachfrage nach Filmen an, obwohl der Preis für die Filme sich nicht geändert hat. Die Nachfragekurve für Filme verschiebt sich nach rechts. Die marktübergreifende Preis-Mengen-Beziehung zwischen Komplementärgütern ist also gegenläufig (sinkender Preis bei Gut 1 führt zu steigender Nachfrage auch bei Gut 2).

Anzahl der Nachfrager

Die bisher genannten Lageparameter wirken sich gleichermaßen auf die Nachfragekurve eines einzelnen Haushaltes wie auch auf diejenige des ganzen Marktes aus. Die Anzahl der Nachfrager ist jedoch ein Lageparameter, der nur die Marktnachfragekurve betreffen kann. Die gesamte Nachfrage nach einem Gut bei einem bestimmten Preis setzt sich aus den entsprechenden Nachfragemengen der einzelnen Haushalte zusammen. Bei jedem Preis sind also die Einzelmengen zur Gesamtnachfrage zu addieren. Graphisch ergibt sich eine horizontale Aggregation der Nachfragemengen.

Da die Marktnachfrage sich aus den einzelnen Nachfragemengen der Haushalte zusammensetzt, verschiebt sie sich umso weiter nach rechts, je mehr Haushalte auf diesem Markt Nachfrage ausüben. Die Anzahl der Nachfrager kann sich aus verschiedenen Gründen erhöhen. In langfristiger Betrachtung spielt vor allem das Bevölkerungswachstum eine entscheidende Rolle. Kurzfristige Effekte können sich durch die Öffnung ehedem geschlossener Märkte ergeben. So hat zum Beispiel die europäische Einigung die einstmals stark national geprägten Absatzmärkte umfassend erweitert. Wichtig ist in diesem Zusammenhang, zwischen einer echten Vermehrung der nachfragenden Wirtschaftssubjekte und der Erhöhung

der Nachfragemenge je Wirtschaftssubjekt, die z.B. von Preissenkungen ausgelöst werden kann, zu unterscheiden. Allein die Tatsache, dass durch einen sinkenden Marktpreis die Nachfrage einiger Haushalte erstmals wirksam wird (weil der Marktpreis ihre Prohibitivgrenze unterschreitet), bedeutet noch keine Erhöhung der Anzahl der Nachfrager selbst.

4.2.4.2 Lageparameter der Angebotsfunktion

Faktor- und Vorleistungspreise

Wir haben festgestellt, dass für die Mindestpreisforderung der Anbieter in erster Linie die Produktionskosten ausschlaggebend sind. Wenn ein Anbieter überlegt, ob er seine Angebotsmenge ausdehnen soll, so wird er vergleichen, wie viel ihn die Produktion der zusätzlichen Stückzahl kostet und was er dafür erlösen kann. Diese zusätzlichen Kosten nennt man Grenzkosten, den zusätzlichen Erlös Grenzerlös. Sein Angebotsverhalten ist also wesentlich von der Kostenentwicklung geprägt. Wenn sich die Kosten erhöhen, werden für jede Angebotsmenge auch die entsprechende Preisforderung und damit die Angebotskurve als Ganzes steigen. Dies entspricht einer Linksverschiebung der Angebotskurve. Dieselbe Menge wird dann nur noch zu einem höheren Preis, bzw. beim alten Preis nur noch eine geringere Menge angeboten.

Die Kostenentwicklung hängt von verschiedenen Faktoren ab; zum einen gehen die Preise der Produktionsfaktoren, zum andern die Produktivität des Produktionsprozesses selbst in die Kostenentwicklung ein.

Faktorpreise sind Löhne und Gehälter für den Faktor Arbeit, Zinsen als Entgelt für die Kapitalnutzung sowie Mieten und Pachten für die Nutzung des Faktors Boden. Vorleistungspreise sind die Preise für den Kauf jeglicher Vorleistungen wie z.B. Energie, Logistikleistungen, technische Vorprodukte etc. Steigen diese Preise, so verlagert sich die Angebotskurve nach oben (= Verteuerung des Angebots) bzw. links (Einschränkung des Angebots).

Produktivität

Produktivität ist eine wichtige Messzahl für die Leistungsfähigkeit von Produktionsfaktoren und Unternehmen. Sie gibt an, wie viele Einheiten Output aus einer Einheit Input gewonnen werden können. Die Produktivität eines Faktors kann durch unterschiedliche Maßnahmen verbessert werden. So kann der Faktor Arbeit zum Beispiel dadurch produktiver werden, dass man ihn besser ausbildet oder dadurch, dass man ihm leistungsfähigere Werkzeuge zur Verfügung stellt. Generell sind kostensparende Prozessinnovationen von besonderer Bedeutung. Der technisch-organisatorische Fortschritt zielt zu einem großen Teil nicht etwa auf eine Verbesserung der Endprodukte, sondern auf eine Verbesserung und damit Verbilligung des Produktionsprozesses selbst ab. Eine Produktivitätssteigerung wirkt demnach wie eine Senkung der Faktorpreise, denn aus einer Einheit Faktorinput wird nun eine größere Menge Output erzielt. Produktivitätssteigerungen verlagern die Angebotskurve somit nach unten (= Verbilligung des Angebots) bzw. nach rechts (= Ausdehnung des Angebots).

Kuppel- oder Alternativproduktion

Auch durch den Produktionsprozess können Güter auf dem Markt miteinander in Wechselwirkung stehen. Eine Kuppelproduktion liegt vor, wenn durch ein und denselben Produktionsprozess gleichzeitig verschiedene Produkte entstehen. Dies ist sehr häufig in landwirtschaftlichen (z.B. Weizen und Stroh) oder chemischen Produktionsprozessen (z.B. Raffinerie von Erdöl mit zahlreichen verschiedenen Destillationsprodukten vom Teer bis zum Superbenzin) der Fall. Es liegt auf der Hand, dass bei der Produktionssteigerung eines Kuppelproduktes auch das „Abfall"-Produkt vermehrt hergestellt wird und daher auch dessen Angebotskurve nach rechts rutscht. Alternativproduktion liegt vor, wenn mit der gleichen

Produktionsanlage verschiedene Güter hergestellt werden können. So kann etwa auf demselben Feld entweder Mais oder Weizen angebaut werden. Wenn nun der Preis für Mais steigt, so wird die Anbaufläche von Mais zu Lasten derer von Weizen vergrößert und das Weizenangebot geht zurück, d.h. seine Angebotskurve verschiebt sich nach links.

Anzahl der Anbieter

Wie bei der Nachfragekurve bestimmt auch beim Angebot die Anzahl der einzelnen Akteure die Lage der Gesamtkurve. Die Angebotsmengen der einzelnen Anbieter zusammen genommen ergeben das Marktangebot. Dies ergibt sich, wenn man die Angebotsmengen bei jedem Preis addiert.

Für die Zunahme der Zahl der Anbieter kann es viele Gründe geben. Wichtig ist jedoch auch hier, dass man die Zunahme der Anzahl der Marktakteure nicht mit der angebotssteigernden Wirkung von Preisen verwechselt. Je höher der Marktpreis steigt, desto mehr Unternehmen erreichen ihren jeweiligen Markteintrittspreis und treten erstmals mit ihrem Angebot n den Markt ein. Somit steigt wiederum nur die Angebotsmenge je Bieter, nicht etwa die Anzahl der Bieter selbst.

Die Zunahme der Bieterzahl hat stets etwas mit dem Fall von Markteintrittsschranken zu tun. Da mit der Zahl der bietenden Unternehmen auch die Wettbewerbsintensität zunimmt, ist die Beobachtung von Markteintrittsschranken ein wichtiger Bestandteil der strategischen Unternehmensplanung[1]. Markteintrittsschranken können z.B. in einem wirksamen Patentschutz bestehen (z.B. bei Arzneimitteln), ferner in gesetzlichen Gewerbezugangsbeschränkungen (Kassenzulassung für Ärzte, Zuweisung eines Kehrbezirkes für Kaminkehrer etc.) oder in staatlichen Außenhandelsschranken (Zollschutz, Außenhandelskontingente). Daneben gibt es aber auch rein privatwirtschaftliche Markteintrittsschranken, z.B. wenn die für ein strategisches Geschäftsfeld wesentlichen Vertriebskanäle bereits von potenten Wettbewerbern belegt sind (vgl. auch den Streit um den Netzzugang bei Bahn und Telekommunikation) oder wenn zur Aufnahme der Produktion ein sehr hoher Kapitaleinsatz erforderlich ist, so dass von vorn herein nur sehr potente Unternehmen Zugang zu den notwendigen Finanzmitteln und damit einen Marktzugang haben. Wann immer eine dieser Schranken fällt und die Anzahl der Anbieter sich dadurch erhöht, verlagert sich die Marktangebotskurve nach rechts bzw. unten.

4.2.5 Verschiebungen von Angebot und Nachfrage und ihre Auswirkungen auf das Marktgleichgewicht

Veränderungen der Lageparameter rufen Kurvenverschiebungen und damit auch Verschiebungen des Gleichgewichtspunktes hervor. Unser nächstes Ziel ist es zu lernen, wie man von solchen Ereignissen, die - wie eben beschrieben - Angebots- und Nachfrageverhalten der Marktakteure verändern, auf Veränderungen der Marktlage, also des Gleichgewichtspreises und der Gleichgewichtsmenge schließen kann.

Grundsätzlich sind vier verschiedene Veränderungssituationen zu unterscheiden, die in Abbildung 4-18 dargestellt sind.

Wenn sich die Angebotskurve verschiebt, so wandert der Gleichgewichtspunkt stets auf der negativ geneigten Nachfragekurve entlang. Das bedeutet, dass sich Gleichgewichtsmenge und Gleichgewichtspreis immer in die entgegen gesetzte Richtung entwickeln. Wenn das Angebot steigt (z.B. durch sinkende Faktorpreise oder steigende Produktivität), so erhöht sich die Gleichgewichtsmenge, der Preis hingegen fällt, da eine höhere Menge bei konstan-

[1] Vgl. z.B. *Porter, M.* (2004), S. 4 ff.

ter Nachfragekurve nur bei niedrigerem Preis abgesetzt werden kann. Wenn das Angebot fällt (z.B. durch die Errichtung neuer Marktschranken oder die Zunahme einer Alternativproduktion) so sinkt die Gleichgewichtsmenge und der Preis steigt.

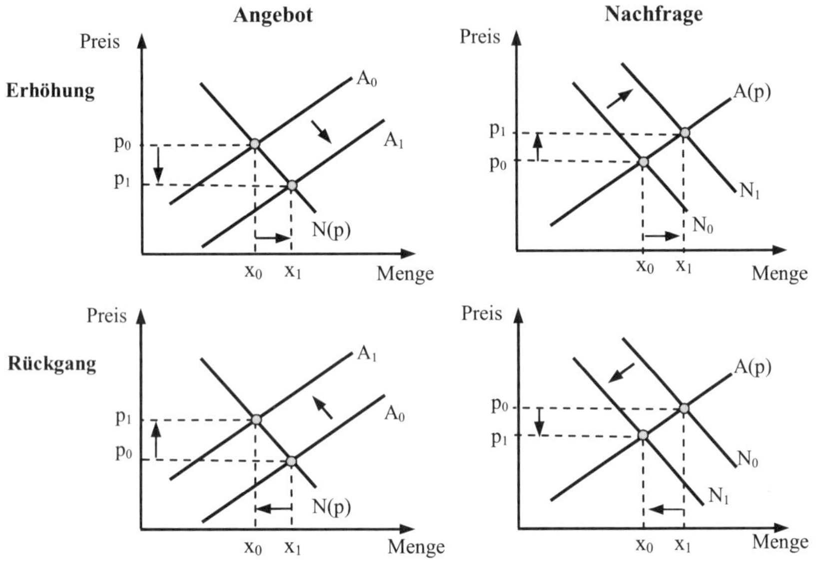

Abbildung 4-18: Isolierte Verschiebungen von Angebots- und Nachfragekurven

Wenn sich hingegen die Nachfragekurve verschiebt, so entwickeln sich Gleichgewichtsmenge und -preis immer gleichläufig. Die Angebotskurve, auf der der Kurvenschnittpunkt wandert, ist nämlich positiv geneigt. Eine Erhöhung der Nachfrage (z.B. durch Einkommenssteigerungen oder Verteuerung eines Substitutionsproduktes) steigert demnach Gleichgewichtsmenge und -preis. Eine Verringerung der Nachfrage (z.B. durch abnehmende Wertschätzung oder eine Massenabwanderung von Haushalten wie derzeit in einigen Teilen der neuen Bundesländer) führt zu einem neuen Marktgleichgewicht bei geringerer Menge und niedrigerem Preis.

Wenn man nun bedenkt, dass in der Realität vieler dieser Ereignisse gleichzeitig auftreten und sich daher beide Kurven möglicherweise mehrfach verschieben, wird die Prognose über zukünftige Bewegungen des Gleichgewichtspunktes immer schwieriger. Folgende Kombinationen von Verschiebungen sind denkbar:

Nachfrage \ Angebot	steigt ⇧	bleibt gleich ⇨	sinkt ⇩
steigt ⇧	x ⇧ p ?	x ⇧ p ⇧	x ? p ⇧
bleibt gleich ⇨	x ⇧ p ⇩	x ⇨ p ⇨	x ⇩ p ⇧
sinkt ⇩	x ? p ⇩	x ⇩ p ⇩	x ⇩ p ?

Abbildung 4-19: Verschiebungen von Angebot und Nachfrage

Wie kommt man auf diese Ergebnisse? Betrachten wir dazu ein Beispiel:

Übung 4-4: Whisky-Prognosen

Wir betrachten den deutschen Markt für schottischen Whisky. Folgende Ereignisse erschüttern die Volkswirtschaft: Die Einkommen der deutschen Nachfrager stagnieren. Gleichzeitig nimmt die Wertschätzung der Verbraucher von Whisky zu, weil viele Haushaltsvorstände ihren Kummer über die schlechte wirtschaftliche Entwicklung im Alkohol ertränken. Hier sehen irische Whiskey-Produzenten eine gute Absatzchance und drängen mit besonders aggressiven Preisen auf den deutschen Markt. Allerdings erhebt der Staat für Whisk(e)y-Importe, gleich welcher Herkunft neuerdings einen hohen Importzoll, da er andernfalls zunehmende Leberschäden bei der männlichen Bevölkerung und dadurch steigende Ausgaben im Gesundheitswesen befürchten muss.

Wie wirken sich diese unerfreulichen Vorkommnisse auf das Marktgleichgewicht beim schottischen Whisky aus?

Lösung:

Die Ereignisse sind zunächst getrennt voneinander zu beurteilen.

Stagnierende Einkommen bewirken erst mal gar nichts. Wenn sich das Einkommen nicht ändert, verschiebt sich auch die Nachfrage nicht und somit gibt es auch keine Änderungen des Gleichgewichtspunktes.

Zunehmende Wertschätzung bewirkt eine Rechtsverschiebung der Nachfragekurve, denn die Verbraucher sind bei jedem Preis bereit, eine größere Menge zu kaufen.

Irischer Whiskey ist ein Substitutionsprodukt für den schottischen. Wenn der Preis des irischen Whiskeys sinkt, so zieht dieser Markt Nachfrage auf sich und vom schottischen Whisky ab. Die Nachfragekurve verlagert sich also nach links.

Ein Importzoll verteuert sowohl den irischen wie auch den schottischen Whisk(e)y. Dadurch verlagert sich die Angebotskurve nach oben bzw. nach links.

Gesamtbeurteilung:

Solange über die Stärke der einzelnen Effekte nichts bekannt ist, muss man annehmen, dass sie in etwa gleich stark sind. Die Verlagerungen der Nachfragekurve (Punkt 2 und 3) neutralisieren sich demnach in etwa. Übrig bleibt somit eine Verschiebung der Angebotskurve nach links, die eine Abnahme der Gleichgewichtsmenge und einen Anstieg des Gleichgewichtspreises bewirkt. Die Maßnahme der Regierung ist also erfolgreich.

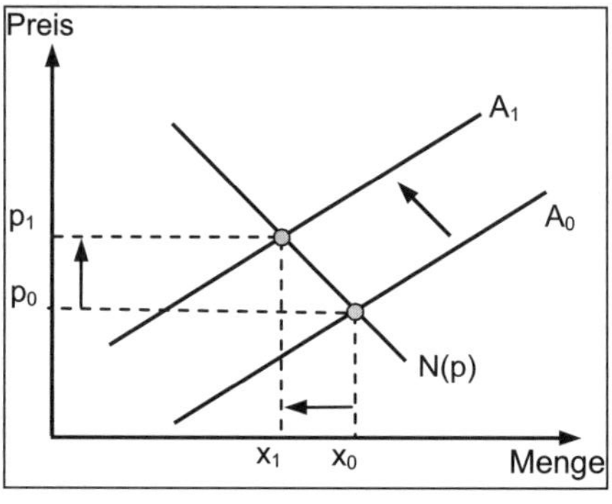

Abbildung 4-20: Marktgleichgewicht beim schottischen Whisky

Zur Beurteilung der Gesamtwirkung verschiedener gleichzeitig erfolgender Ereignisse auf das Marktergebnis müssen also zunächst die Einzelwirkungen betrachtet und im zweiten Schritt diese aggregiert werden.

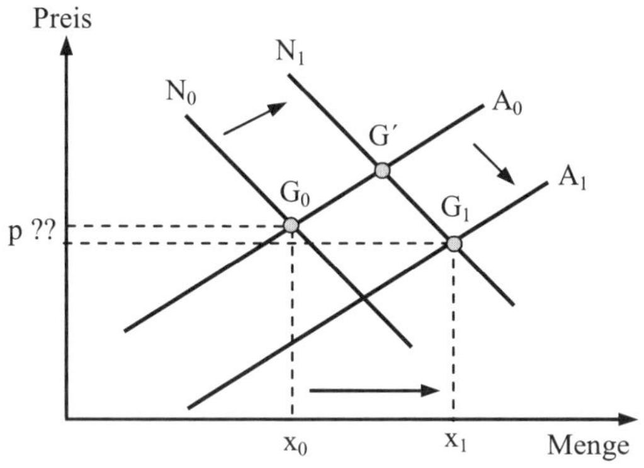

Abbildung 4-21: Gleichzeitige Steigerung von Angebot und Nachfrage

Wenn also z.B. sowohl die Nachfrage als auch das Angebot steigt (vgl. oberstes linkes Feld der Matrix in Abbildung 4-19), ergeben sich folgende Konsequenzen für den Gleichgewichtspunkt: Steigende Nachfrage wie auch steigendes Angebot bewirken eine Zunahme der gleichgewichtigen Menge. Beide Effekte verstärken sich also im Zusammenwirken. Die Preiswirkungen hingegen sind widersprüchlich: Steigende Nachfrage erzeugt Preisdruck nach oben, steigendes Angebot hingegen bewirkt fallende Preise. Die Gesamtwirkung hängt also davon ab, welcher der beiden Effekte stärker ist. Wenn genauere Angaben darüber fehlen, kann man über die Preisbewegung keine eindeutige Aussage machen. In erster Näherung kann man davon ausgehen, dass der Gleichgewichtspreis in etwa konstant bleibt. Dies wird in der Abbildung 4-19 durch das Fragezeichen ausgedrückt.

Die entsprechenden Erläuterungen für die übrigen Felder seien dem Leser überlassen. Zweckmäßig ist in jedem Fall die Veranschaulichung der Situation durch eine Skizze.

4.3 Elastizitäten

Wir haben bisher untersucht, wie sich das Marktgleichgewicht ändert, wenn sich einzelne oder mehrere Lageparameter der Angebots- und Nachfragenkurven ändern. Dabei konnten wir jedoch stets nur die Richtung voraussagen, in der sich Gleichgewichtspreis und Gleichgewichtsmenge voraussichtlich bewegen werden. Wir konnten bislang noch nichts über den Umfang dieser Änderung sagen.

Einem Unternehmer, der seine Marketingexperten fragt, mit welchen Markt- und Preisbewegungen in der nächsten Zeit zu rechnen sei, damit er seine Kapazitätsplanungen darauf einstellen kann, wird sich jedoch wohl kaum damit zufrieden geben zu erfahren, dass der Marktpreis wahrscheinlich steige und der Absatz wahrscheinlich zunehme. Er wird vielmehr darauf bestehen, auch eine quantitative Abschätzung der zu erwartenden Effekte zu erhalten.

Dasselbe gilt für einen Finanzminister, der sich angesichts steigender Wachstumsraten des Bruttoinlandsprodukts für die zukünftige Entwicklung des Steueraufkommens interessiert. Für seine Budgetplanung reicht es nicht zu wissen, *dass* das Steueraufkommen steigen wird; vielmehr benötigt er quantitative Angaben darüber, um *wie viel* es steigen wird.

Ein wichtiger Bereich der Markt- und Wirtschaftsforschung befasst sich daher mit der Berechnung solcher Reaktionsmaße: Wie stark reagiert die Konsumnachfrage auf Einkommensschwankungen? Wie verändert sich das gesamtwirtschaftliche Steueraufkommen, wenn die Wachstumsrate des Volkseinkommens steigt oder fällt?

4.3.1 Differenzenquotient und Elastizität

Ein wichtiges Reaktionsmaß ist bekanntlich die erste Ableitung einer Funktion.

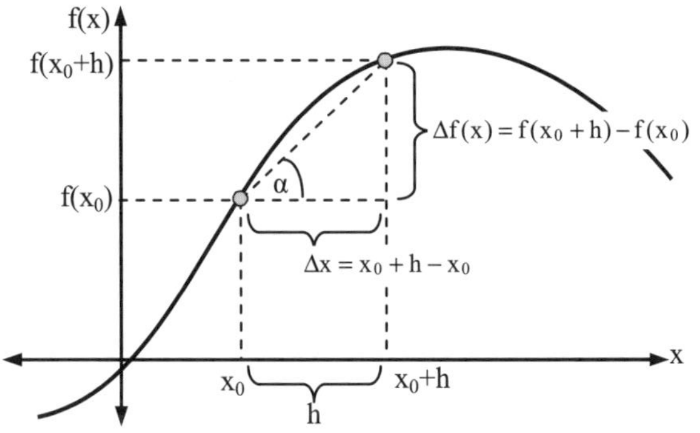

Abbildung 4-22: Steigungsdreieck und Differenzenquotient

Der Differenzenquotient lautet:

$$tg\alpha = \frac{\Delta f(x)}{\Delta x} = \frac{f(x_0 + h) - f(x_0)}{x_0 + h - x_0} = \frac{f(x_0 + h) - f(x_0)}{h}$$

Der Grenzwert des Differenzenquotienten

$$\lim_{h \to 0} \frac{f(x_0 + h) - f(x_0)}{h}$$

heißt die erste Ableitung von f(x) an der Stelle x_0.

Der Differenzenquotient einer Funktion gibt an, um wie viel sich eine abhängige Variable, z.B. das Steueraufkommen, verändert, wenn sich die unabhängige Größe x, z.B. das Volkseinkommen, um einen bestimmten Betrag h erhöht. Je kleiner h wird, desto mehr nähert sich die Sekante des Winkels α der Tangente der Kurvensteigung an. Existiert der Grenzwert des Differenzenquotienten, so ist die Funktion im Punkt x_0 differenzierbar; der Wert der 1. Ableitung an der Stelle x_0 kann dann als Näherungswert für die Reaktion der abhängigen Größe auf Veränderungen der Variablen x in der Nähe des Punktes x_0 verwendet werden. Damit besitzen wir mit dem Instrument der 1. Ableitung ein nützliches und oft verwendetes Veränderungsmaß. Allerdings ist dieses nicht in jedem Zusammenhang auch tatsächlich aussagekräftig.

Nehmen wir an, wir erfahren, dass auf dem Markt für das Gut x eine Preissteigerung von 10 Cent zu einem Absatzrückgang von 1000 Stück führt. Genau dies wäre die Aussage des Differenzenquotienten oder näherungsweise der 1. Ableitung. Wir können aus diesen Angaben aber zunächst noch keinerlei Schlussfolgerungen über die ökonomische Bedeutung der Veränderungen ziehen. Vielmehr ist es notwendig zu wissen, wie hoch der Ausgangspreis und wie hoch der ursprüngliche Absatz war. Eine Preissteigerung von 10 Cent kann für den Eiermarkt eine Steigerung von 50% oder mehr bedeuten. Ein Absatzrückgang von 1000 Stück könnte deshalb überraschend gering sein. Handelt es sich beim Gut x hingegen um Kinokar-

ten, so wäre ein Mengenrückgang von 1000 Stück überraschend hoch, denn auf einer Preisbasis von 8 bis 10 Euro bedeuten 10 Cent eine Steigerung von lediglich 1%.

Man verwendet daher für die Abschätzung der Stärke ökonomischer Abhängigkeiten häufig ein relatives Veränderungsmaß statt oder in Ergänzung zum absoluten Maß des Differenzenquotienten. Ein solches relatives Maß ist die Elastizität. Sie setzt die absoluten Veränderungen zu den jeweiligen Ausgangsgrößen in Relation und vermittelt auf diese Weise eine Vorstellung von der ökonomischen Relevanz der Veränderungen. Sie setzt relative Veränderungen (in % des Ausgangswertes) zueinander in Beziehung:

$$\text{Differenzenquotient} = \frac{\text{absolute Veränderung der Wirkung}}{\text{absolute Veränderung der Ursache}}$$

$$\text{Elastizität} = \frac{\text{relative Veränderung der Wirkung}}{\text{relative Veränderung der Ursache}}$$

Abbildung 4-23: Differenzenquotient und Elastizitätsmaß im Vergleich

Jede Art ökonomischer Abhängigkeit lässt sich mit Hilfe des Elastizitätsmaßes darstellen. Stets geht es darum, die Stärke und die Richtung der Reaktion einer abhängigen (y = f(x)) von Veränderungen einer unabhängigen Größe (x) zu messen. Jede Elastizitätsformel hat daher die Gestalt:

$$\varepsilon_{y,x} = \frac{\text{rel. Veränderung von y}}{\text{rel. Veränderung von x}} = \frac{\frac{dy}{y}}{\frac{dx}{x}} = \frac{dy}{dx} : \frac{y}{x} = \frac{dy}{dx} \cdot \frac{x}{y}$$

Reagiert y sehr stark auf die auslösende Veränderung von x, so ist der Zähler der Formel größer als der Nenner und somit der Betrag des Bruches >1. Man spricht dann von einer **elastischen** Reaktion der Größe y. Im umgekehrten Fall ist der Bruch <1, die Größe y reagiert dann **unelastisch.** Die Höhe des Betragswertes des Elastizitätsbruches beschreibt also die Stärke der untersuchten Reaktion.

Das Vorzeichen hingegen sagt etwas über deren Richtung aus: Wenn beide Größen y und x steigen oder fallen, ist die Elastizität positiv, wenn die Veränderungsrichtungen unterschiedlich sind, hingegen negativ. Angebotselastizitäten sind daher i.d.R. positiv, da die Angebotsmenge immer dann steigt, wenn der Preis steigt; Nachfrageelastizitäten sind dagegen i.d.R. negativ, da Kunden auf eine Preissteigerung normalerweise mit einer Einschränkung ihrer Nachfragemenge reagieren.

Wie die algebraische Umformung der Ausgangsgleichung zeigt, lässt sich jede Elastizität offenbar in einen Grenz- und einen Durchschnittsquotienten zerlegen. Diese haben - je nach Anwendungsfall - oft eine wichtige ökonomische Bedeutung.

Wenn man z.B. die Abhängigkeit der geschuldeten Einkommensteuer (T) von der Entwicklung des Bruttoeinkommens (Y) berechnen möchte, dann lautet die Elastizitätsformel

$$\varepsilon_{T,Y} = \frac{\text{rel. Veränderung der Einkommensteuerschuld}}{\text{rel. Veränderung des Einkommens}} = \frac{\frac{dT}{T}}{\frac{dY}{Y}} = \frac{dT}{dY} : \frac{Y}{T}$$

Man erhält als Ergebnis also das Verhältnis des Grenzsteuersatzes dT/dY zum Durchschnittssteuersatz T/Y.

Handelt es sich hingegen um die Abhängigkeit der Investition (I) vom Zinssatz (i), so ergibt sich zwar analog

$$\varepsilon_{I,i} = \frac{\text{rel. Veränderung der Investition}}{\text{rel. Veränderung des Zinssatzes}} = \frac{dI}{di} : \frac{I}{i}$$

Der zweite Teilquotient hat hier jedoch keine eigenständige ökonomische Aussage, sondern steht einfach für die Ausgangswerte von Investition und Zinssatz.

Übung 4-5: Berechnung von Elastizitäten

Gegeben sind die Verhaltensgleichungen

C = 60 + 0,8 Y (Konsumfunktion) und I = 120 - 1000i (Investitionsfunktion).

Berechnen Sie die Elastizität des Verbrauchs in Bezug auf das Einkommen für Y = 150 und die Elastizität der Investition in Bezug auf den Zinssatz für i = 0,06.

Lösung:

Gegeben sind in dieser Aufgabe nicht die beobachteten Veränderungen von Konsum und Investitionsausgaben, sondern lediglich deren Funktionsgleichungen sowie die Koordinaten des Ausgangspunktes.

Um die Elastizität berechnen zu können, setzt man daher am besten in die bereits umgeformte Formel ein, bei der der Doppelbruch der relativen Veränderungen schon in die Marginal- und Durchschnittsquote aufgelöst worden ist.

Einkommenselastizität des Konsums:

Ableitung der Konsumfunktion: $\frac{dC}{dY} = 0{,}8$

Berechnung des Ausgangswertes: $C(150) = 60 + 0.8 \cdot 150 = 180$

Einsetzen in die Elastizitätsformel: $\varepsilon_{C,Y} = 0{,}8 \cdot \frac{150}{180} = \frac{2}{3}$

Zinselastizität der Investition:

Ableitung der Investitionsfunktion: $\frac{dI}{di} = -1000$

Berechnung des Ausgangswertes: $I(0{,}06) = 120 - 1000 \cdot 0{,}06 = 60$

Einsetzen in die Elastizitätsformel: $\varepsilon_{I,i} = -1000 \cdot \frac{0{,}06}{60} = -1$

Jede Elastizität enthält also die 1. Ableitung der zugrunde liegenden Funktion. Sie baut darauf auf. Dieser Wert wird jedoch mit den Koordinaten des Ausgangspunktes gewichtet. Daraus folgt, dass die Elastizität einer Kurve i.d.R. an jedem Punkt anders ist. Konstante Kurvensteigung bedingt keineswegs eine konstante Elastizität. Konstante Elastizitäten treten nur in ganz speziellen Fällen auf und zwar bei Funktionen der folgenden Form:

$$y = f(x) = c \cdot x^{\varepsilon}$$

c und ε bezeichnen beliebige Konstanten, die positiv oder negativ sein können.

Die Elastizität von y in Bezug auf x lautet:

$$\varepsilon_{y,x} = \frac{dy}{dx} \cdot \frac{x}{y} = \varepsilon \cdot c \cdot x^{\varepsilon-1} \cdot \frac{x}{c \cdot x^{\varepsilon}} = \varepsilon$$

Die Elastizität ist also gleich dem Exponenten ε und damit konstant.

Für positive Werte von ε erhält man Potenzfunktionen, für ε = 1 eine Ursprungsgerade. Ursprungsgeraden begegnen uns in der mikro- und makroökonomischen Analyse häufig, z.B. im Zusammenhang mit Kosten- oder Konsumanalysen. Diese Funktionen haben dann die gemeinsame Eigenschaft, dass der Marginalquotient (erster Teil der Elastizitätsformel) und der Durchschnittsquotient (zweiter Teil der Elastizitätsformel) identisch sind. Wenn z.B. das Steueraufkommen einer Volkswirtschaft mit der Gleichung $T = t \cdot Y$ beschrieben werden kann, dann ist der Grenzsteuersatz dT/dY, d.h. derjenige zusätzliche Steuerbetrag der für eine zusätzlich verdiente Einkommenseinheit bezahlt werden muss, gleich dem durchschnittlichen Steuersatz T/Y. Beides ergibt nämlich den Wert t.

Für negative Werte von ε handelt es sich um Hyperbeln, im Fall von ε = -1 um eine gleichseitige Hyperbel.

Daneben gibt es aber auch noch zwei besondere Fälle konstanter Elastizität, die im Zusammenhang mit mikroökonomischen Marktanalysen große Bedeutung haben:

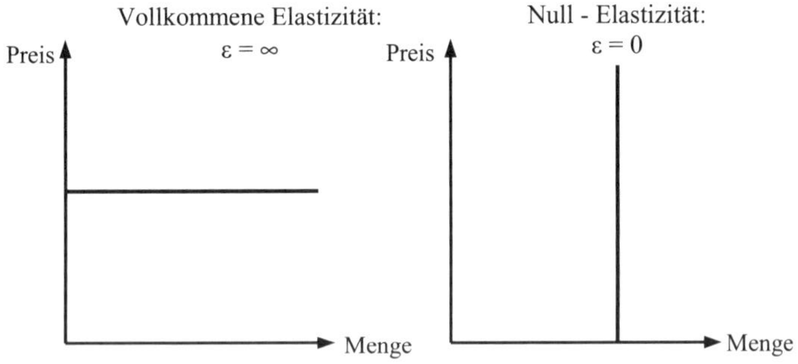

Abbildung 4-24:Lineare Angebots- und Nachfragefunktionen mit konstanter Elastizität

Hierzu ein Beispiel: Im Münchner Olympiastadion findet ein Pokalspiel zwischen FC Bayern und Real Madrid statt. Es gibt insgesamt 60.000 Karten, die alle 50 € pro Stück kosten. Das Spiel ist nach wenigen Minuten ausverkauft, Tausende enttäuschter Fans gehen leer aus. Wie sieht die Angebotskurve für dieses Fußballspiel aus?

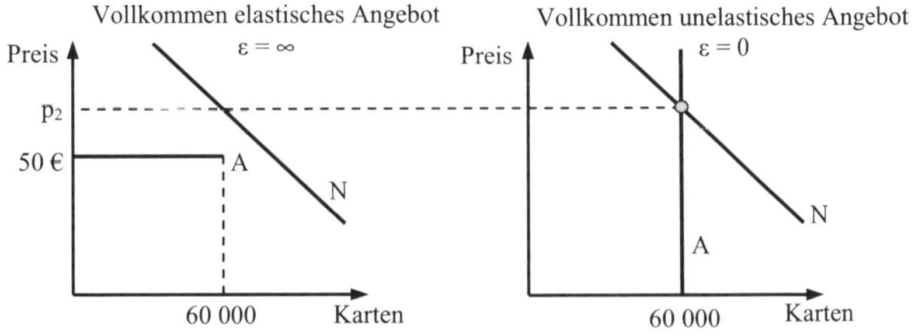

Abbildung 4-25: Kartenangebot im Fußballstadion

Die Angebotsfunktion ist in diesem Fall eine waagerechte Gerade, die in der Höhe von 50 € die Preisachse schneidet und parallel zur Abszisse bis zur Menge 60.000 geht (Abbildung 4-25). Dort bricht sie ab, denn die Kapazitätsgrenze ist erreicht. Die Nachfragekurve hingegen verläuft offenbar weiter rechts, denn es bleiben viele unzufriedene Marktteilnehmer auf dem Markt übrig. Es gibt noch viele Menschen, die zum Preis von 50 € ebenfalls gerne ins Stadion gegangen wären. Die Angebotskurve ist absolut oder vollkommen elastisch, weil bei jeder Preisänderung nach unten oder oben das gesamt Angebot verschwindet. Ziel der Anbieter ist es, einen bestimmten Preis durchzusetzen - und sei es auf die Gefahr hin, nicht alle Karten verkaufen zu können.

Die Situation ist also ungleichgewichtig. Aus markttheoretischer Sicht wäre es effizienter gewesen, die Karten zu versteigern und auf diese Weise denjenigen Preis zu erzielen, der der maximalen Zahlungsbereitschaft der Fußballfans für 60.000 Karten entspricht. Die Angebotskurve wird dann senkrecht, weil die Karten zu jedem, nämlich dem best möglichen Preis verkauft werden sollen. Die Anbieter hätten in diesem Fall das Ziel, unbedingt alle Karten zu verkaufen, und würden jeden Preis, der dazu nötig ist, in Kauf nehmen. Die Menge der angebotenen Karten wäre bei jedem Preis gleich, nämlich 60.000, die Preiselastizität der Angebotsmenge daher Null.

4.3.2 Direkte Preiselastizitäten

4.3.2.1 Die Preiselastizität der Nachfrage

Eine besonders wichtige Anwendung des Elastizitätsmaßes ist die Preiselastizität der Nachfrage. Sie beschreibt, wie stark die Nachfrage nach einem Gut x (abhängige Größe) auf Schwankungen des Preises p (unabhängige Größe) reagiert. Gemäß der Definition in Abbildung 4-23 ergibt sich

$$\varepsilon_{N,p} = \frac{\text{rel. Veränderung der Nachfragemenge}}{\text{rel. Veränderung des Preises}} = \frac{\frac{\Delta x}{x}}{\frac{\Delta p}{p}} = \frac{\Delta x}{\Delta p} : \frac{x}{p} = \frac{\Delta x}{\Delta p} \cdot \frac{p}{x}$$

Wie die Umformung der Formel zeigt, kann man die Preiselastizität der Nachfrage auch durch Multiplikation der (reziproken) Steigung der Nachfragekurve mit den Koordinaten des Ausgangspunktes berechnen.

Betrachten wir ein Beispiel: Ein Haushalt möchte seine Heizölvorräte auffüllen und stellt fest, dass der Ölpreis seit seinem letzten Einkauf um 12% gestiegen ist. Daraufhin korrigiert der Haushalt seine Bestellung und fordert 5% weniger Liter Öl beim Ölhändler an als zuvor. Wie hoch ist die Elastizität der Nachfrage nach Öl für diesen Haushalt?

Die Antwort ist zunächst einfach. Wir müssen lediglich die gegebenen Werte für die relativen Veränderungen von x und p in die obige Formel einsetzen und erhalten

$$\varepsilon_{N,p} = \frac{-0{,}05}{0{,}12} \approx -0{,}42$$

Was bedeutet diese Zahl? Was hat der Ölhändler von einer solchen Information? Welche Schlussfolgerungen würde er daraus ziehen? Würde er den Preis weiter erhöhen oder eher senken? Um das numerische Ergebnis interpretieren zu können, machen wir uns am besten zunächst ein Bild von der Verkaufssituation, der sich der Ölhändler gegenüber sieht. Die Nachfragepräferenzen seiner Kundschaft lassen sich mit Hilfe einer (im einfachsten Fall) linearen Nachfragekurve p = a - bx beschreiben. Seine Kunden kaufen also mehr, wenn der

Preis niedrig ist, reduzieren aber ihre Nachfrage, wenn der Preis steigt. Wir können deshalb auch von einer Preis-Absatz-Funktion sprechen.

Der Umsatz des Ölhändlers ergibt sich jeweils als Produkt von Preis und abgesetzter Menge: $U = p(x) \cdot x = (a - bx) \cdot x = ax - bx^2$

Der Parabelwert entspricht der Fläche der Rechtecke unter der Preis-Absatz-Funktion. Die Parabel ist also die Integralfunktion zur Preis-Absatz-Geraden. Die Fläche des Rechtecks 0ABC in Abbildung 4-26 entspricht dem Parabelwert in Punkt D.

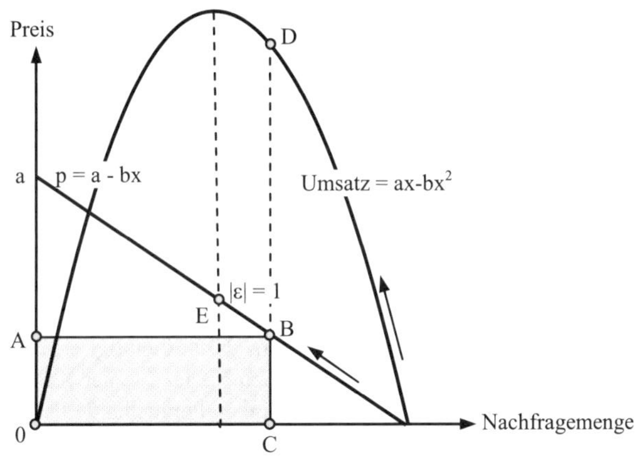

Abbildung 4-26: Preis-Absatz-Funktion und Umsatzsituation des Ölhändlers

Die Umsatzfunktion des Ölhändlers ist in diesem Fall also eine nach unten geöffnete Parabel, deren Nullstellen einerseits bei der Menge 0, andererseits bei der Sättigungsmenge liegen: der Umsatz wird dann Null, wenn entweder die Menge (beim Prohibitivpreis) oder der Preis (bei der Sättigungsmenge) Null sind. Das Maximum der Parabel, d.h. der maximale Umsatz liegt dann genau in der Mitte der Preis-Absatz-Funktion[1].

Wie hat sich der Umsatz des Ölhändlers nach der Preiserhöhung entwickelt? Da Umsatz immer das Produkt aus Preis und Menge ist, muss der Ölumsatz gestiegen sein, denn einer Preissteigerung (erste Umsatzkomponente) von 12% steht ein Mengenrückgang (zweite Umsatzkomponente) von nur 5% gegenüber. Die Wirkung der Preiserhöhung fiel also wesentlich schwächer aus, als die auslösende Veränderung war.

In der Graphik bedeutet das, dass der Ausgangspunkt des Ölhändlers vor der Preiserhöhung offensichtlich in der rechten Hälfte der Umsatzparabel gelegen sein muss, denn nur dort führt eine Bewegung auf der Nachfragekurve nach links gleichzeitig zu einem Umsatzanstieg (vgl. die Pfeile in Abbildung 4-26).

Genau diese Information ist auch im Ergebnis der Elastizitätsrechnung enthalten. Solange die Reaktion (Zähler der Elastizitätsformel) schwächer ist als die Ursache (Nenner der Elastizitätsformel) ergibt der Bruch einen Absolutwert von <1. Ist die Reaktion stärker als die Ursache, hat der Bruch einen Absolutwert von >1. In der Zeichnung entspricht dies genau den beiden Hälften der Umsatzparabel: Steigt der Preis stärker als der Absatz sinkt, so er-

[1] Dort schneidet der Grenzumsatz- die Abszisse, da die Grenzumsatzfunktion $U' = a - 2bx$ beim selben Ordinatenabschnitt a beginnt wie die Preis-Absatz-Funktion, jedoch die doppelte Steigung hat. Genaueres zum Grenzumsatz vgl. Kapitel 7, Abschnitt 7.3.2, S. 321 ff.

höht sich der Umsatz des Ölhändlers (rechte Seite der Parabel). Dies entspricht einem Elastizitätswert von <1 oder einer **unelastischen** Reaktion. Ist der Absatzrückgang stärker als die auslösende Preissteigerung, so sinkt der Umsatz (linke Hälfte der Parabel) und die Elastizität hat einen Wert >1. Dann spricht man von einer **elastischen** Reaktion. In der Mitte der Preis-Absatz-Funktion, d.h. genau unterhalb des Umsatzmaximums ist der Absolutwert der Preiselastizität genau 1.

Das negative Vorzeichen bedeutet, dass die Mengenreaktion in entgegen gesetzter Richtung wie die Preisbewegung erfolgt, was für die meisten Nachfragekurven gilt. Ein Wert der Preiselastizität von - 0,42 sagt dem Ölhändler also, dass er sich im unelastischen Teil seiner Preis-Absatz-Funktion bewegt. Für ihn bedeutet das, dass er mit weiteren Preissteigerungen seinen Umsatz und damit auch seinen Gewinn steigern kann.

Jedem Punkt auf der rechten Seite der Parabel entspricht nämlich ein Pendant auf der linken Seite, bei dem der Gewinn höher bzw. der Verlust geringer sein muss. Gewinn ist ja stets die Differenz aus Umsatz und Kosten. Bei gleichem Umsatz wird der Ölhändler also denjenigen Punkt wählen, der die geringeren Kosten verursacht und dieser wird immer auf der linken Parabelseite liegen. Dort sind nämlich die Verkaufsmenge x und damit auch die Produktionskosten dieser Menge stets geringer als bei den entsprechenden Parabelpunkten auf der rechten Seite. Der Ölhändler wird also seinen Preis auf jeden Fall solange erhöhen, bis er das Umsatzmaximum überschritten hat. Ab diesem Punkt benötigt er, um sein Gewinnmaximum zu finden, genauere Informationen über den Verlauf seiner Kostenfunktion. Sicher ist jedoch, dass sich das Gewinnmaximum in der linken Parabelhälfte befinden muss.

Lineare Nachfragekurven kann man also in zwei Bereiche zerteilen:

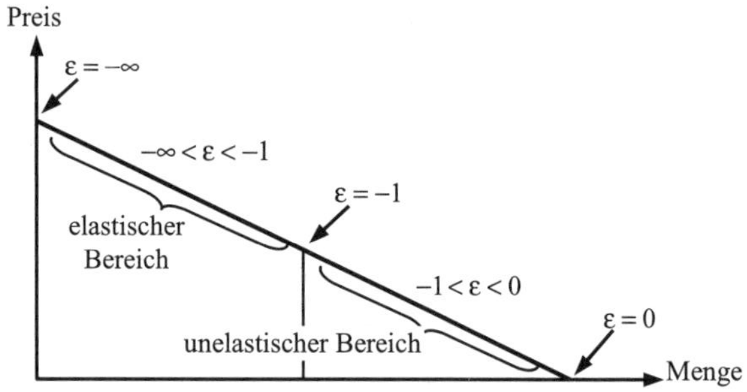

Abbildung 4-27: Elastizitätsbereiche bei linearen Nachfragefunktionen

Was hier für den einfachen Fall einer linearen Preis-Absatz-Funktion gezeigt werden konnte, lässt sich für beliebige Nachfragekurven verallgemeinern. Der Umsatz des Ölhändlers bzw. die Ausgabensumme der Nachfrager ergibt sich allgemein als $U = p(x) \cdot x$. Um festzustellen, in welchem Bereich von x das Gewinnmaximum liegt, wird wiederum der Punkt gesucht, ab dem der Grenzumsatz negativ wird. Differenziert man nach der Produktregel, so ergibt sich:

$$U' = \frac{dU}{dx} = \frac{dp}{dx} \cdot x + p$$

Durch Erweitern des Bruches mit p und anschließendem Ausklammern erhält man:

$$U' = \frac{dp}{dx} \cdot \frac{x}{p} \cdot p + p = p \cdot \left(1 + \frac{dp}{dx} \cdot \frac{x}{p}\right)$$

Wie leicht zu erkennen ist, handelt es sich bei dem zweiten Summanden in der Klammer um den Kehrwert der Preiselastizität, so dass wir schreiben können

$$\text{Grenzerlös} = p \cdot (1 + \frac{1}{\varepsilon_{N,p}})$$

Daraus folgt, dass Preissenkungen im elastischen Bereich der Nachfrage ($\varepsilon_{N|p} < -1$) zu höheren Umsätzen führen, weil die Erlöszuwächse positiv sind. Im unelastischen Bereich der Nachfrage ($0 > \varepsilon_{N|p} > -1$) führen dagegen Preissenkungen zu Umsatzeinbußen, weil der Klammerausdruck negativ wird, was mit negativen Umsatzzuwächsen verbunden ist.

In dieser Form bezeichnet man die Formel als Amoroso-Robinson-Gleichung. Sie spielt bei der Analyse der Monopolpreisbildung eine wichtige Rolle[1].

Praxisbeispiel 4-1: Direkte Preiselastizität der Nachfrage

Die folgende Tabelle enthält einige in der Konsumforschung ermittelte Preiselastizitäten der Nachfrage für unterschiedliche Güter.

Tabelle 4-1: Direkte Preiselastizität der Nachfrage für ausgewählte Produkte und Produktgruppen[2]

Produkt/Produktgruppe	$\varepsilon_{q/p}$	**Produkt/Produktgruppe**	$\varepsilon_{q/p}$
Nahrungsmittel		**Genussmittel**	
Zucker	-0,44	Zigaretten	-0,51
Milch	-0,31	Marihuana	-1,51
Kaffee	-0,25	Wein und Spirituosen	-0,34
Brot und Backwaren	-1,80	**Wohnungsausstattung**	
Butter	-0,70	Haushaltsgeräte	-0,67
Margarine	-0,30	Möbel	-1,20
Eier	-0,23	Radios, Fernsehgeräte	-1,19
Gemüse		**Verkehr**	
Kohl	-0,40	Bahnnutzung	-0,54
Tomaten (frisch)	-4,60	Erdgas, Benzin und Öl	-0,15
Kartoffeln	-0,68	Flugfernreisen	-0,70
Obst		Kraftfahrzeuge	-1,35
Orangen	-1,00	Taxi-Leistungen	-1,24
Pfirsiche	-1,50	**Weitere Dienstleistungen**	
Äpfel	-1,30	Kabelfernsehen	-1,20
Bananen	-0,62	Kinofilme	-0,87
Fleisch		Telefonnutzung	-1,00
Rindfleisch	-0,92	Postdienste (Briefe)	-0,05
Schweinefleisch	-0,45	Mahlzeiten im Restaurant	-1,63
Hühnerfleisch	-1,20	Mieten	-0,15

[1] Vgl. Kapitel 7, Abschnitt 7.3.4, S. 326

[2] Vgl. *Samuelson, P. A., Nordhaus, W. D.* (1989), S. 453, *Gerfin, H., Heimann, P.* (1988), Bd. 2, S. 357, *Kohler, H.* (1986), Tab. 4.5, *Lipsey, R. G., Christal, K. A.* (2004), S. 73, *Deaton, A., Muellbauer, J.* (1994), Tab 3.1

Bei vielen Unternehmensentscheidungen ist es wichtig, numerische Schätzungen der Preiselastizität zu haben. So machen sich PKW-Anbieter Gedanken, welche Konsequenzen es für ihren Absatz bei Diesel Fahrzeugen hat, wenn sie freiwillig oder gezwungenermaßen Russfilter einbauen, die die Fahrzeuge um einen entsprechenden Betrag verteuern. Die direkte Preiselastizität der Nachfrage nach Dieselfahrzeugen in Abhängigkeit vom Preis würde ihnen die Information liefern, mit welchen Nachfragereaktionen sie in diesem Fall zu rechnen hätten.

4.3.2.2 Die Preiselastizität des Angebots

Die Preiselastizität einer Angebotsfunktion errechnet sich analog zur Nachfrageelastizität nach der Formel

$$\varepsilon_{A,p} = \frac{\text{rel. Veränderung der Angebotsmenge}}{\text{rel. Veränderung des Preises}} = \frac{\frac{dx}{x}}{\frac{dp}{p}} = \frac{dx}{dp} : \frac{x}{p} = \frac{dx}{dp} \cdot \frac{p}{x}$$

Da Angebotsfunktionen i.d.R. positiv geneigt sind, ist auch die Preiselastizität des Angebots meist positiv: Die Angebotsmenge steigt normalerweise mit dem Preis.

Eine Besonderheit stellen die üblichen linearen Angebotskurven dar, die bei einem bestimmten Mindestpreis beginnen und dann mit konstanter Steigung zunehmen. Diese Angebotskurven haben an jedem Punkt eine Elastizität von größer Null, d.h. das Angebot reagiert an jedem Punkt elastisch. Dies lässt sich am besten mit Hilfe einer Skizze erklären:

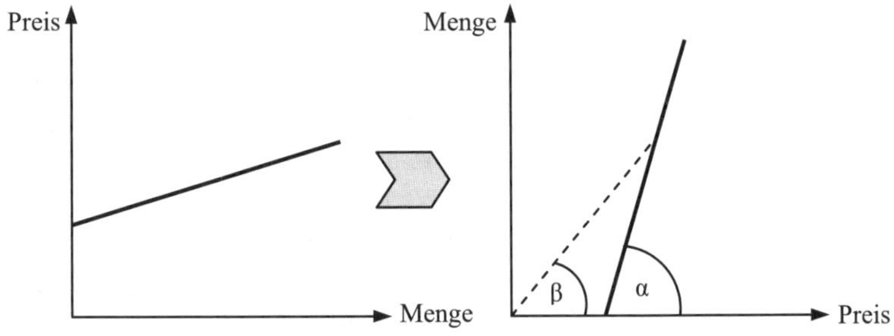

Abbildung 4-28: Preiselastizität einer linearen Angebotsfunktion

Da Preiselastizitäten jeweils die Reaktion der Menge auf Preisveränderungen untersuchen und nicht umgekehrt, müssen wir das gewohnte Marktdiagramm mit dem Preis als Ordinate und der Menge als Abszisse zur Veranschaulichung auf den Kopf stellen. Wenn man dann die Steigung der Funktion selbst (die dem Winkel α entspricht) mit der Steigung des Fahrstrahls vom Nullpunkt an einen beliebigen Kurvenpunkt (die dem Winkel β entspricht) vergleicht, stellt man fest, dass die Kurve selbst stets steiler ist als der Fahrstrahl. Der Marginalquotient dx/dp ist größer als der Durchschnittsquotient x/p und daher die Elastizität >1.

Die Preiselastizitäten von Angebots- und Nachfragefunktion bzw. ihr gegenseitiges Verhältnis spielen eine wichtige Rolle für die Stabilität von Marktgleichgewichten, von denen oben im Abschnitt 4.2.3 die Rede war. Sie bestimmen, wie stark Gleichgewichtsänderungen ausfallen, wenn sich einer oder mehrere der Lageparameter der Angebots- und/oder Nachfragekurven ändern. Wir werden im folgenden Abschnitt ein wichtiges Anwendungsgebiet dieses Sachverhaltes kennen lernen, nämlich die Steuerüberwälzungs- oder Steuerinzidenzlehre.

4.3.2.3 Determinanten direkter Preiselastizitäten

Die Höhe der Preiselastizitäten von Angebot und Nachfrage hängt von vielen verschiedenen Faktoren ab. Einer dieser Faktoren ist in jedem Fall die Zeit. Alle Wirtschaftssubjekte benötigen Zeit, um auf Signale zu reagieren. Dies trifft insbesondere auf die Anbieter zu, da sie die Güter ja erst produzieren müssen, bevor sie auf den Markt kommen können. Ein steigender Preis bewirkt also möglicherweise erst nach einem gewissen Zeitverzug eine Ausdehnung der Angebotsmenge, es sei denn, die Anbieter verfügen über Lagerbestände, aus denen das aktuelle Angebot sofort aufgestockt werden kann. Man kann grundsätzlich annehmen, dass kurzfristige Angebots- und Nachfragekurven steiler, d.h. preisunelastischer sind als langfristige.

Was die Preiselastizität der Nachfrage betrifft, so spielt die Frage möglicher Ausweichgüter (d.h. Substitutionsgüter) sowie die Art des der Nachfrage zugrunde liegenden Bedürfnisses eine wichtige Rolle. Je mehr Substitutionsgüter vorhanden sind und/oder je leichter die Nachfrager auf ein bestimmtes Gut verzichten können, desto höher ist die Preiselastizität, d.h. die Reagibilität der Nachfragemenge auf Preisveränderungen. Wenn der Preis aller Lebensmittel stark ansteigen würde, würde die nachgefragte Menge wahrscheinlich weniger stark zurückgehen als bei einem analogen Preisanstieg für Mittelmeerkreuzfahrten. Für ein lebensnotwendiges Gut, für das es keinen Ersatz gibt, würde im Extremfall die Zahlungsbereitschaft der Nachfrager ins Unendliche steigen - die Preiselastizität wäre Null!

4.3.3 Kreuzpreiselastizitäten

Auch die Kreuzpreiselastizität beleuchtet das gegenseitige Verhältnis zweier Güter zueinander. Sie beschreibt, wie stark sich die Nachfrage nach einem Gut i verändert, wenn der Preis eines Gutes j erhöht oder gesenkt wird. Man untersucht damit also mögliche Wechselwirkungen zwischen verschiedenen mikroökonomischen Gütermärkten. Man berechnet die Kreuzpreiselastizität nach der Formel:

$$\varepsilon_{N_i,p_j} = \frac{\text{rel. Veränderung der Nachfrage nach Gut i}}{\text{rel. Veränderung des Preises für Gut j}} = \frac{\frac{dx_i}{x_i}}{\frac{dp_j}{p_j}} = \frac{dx_i}{dp_j} : \frac{x_i}{p_j} = \frac{dx_i}{dp_j} \cdot \frac{p_j}{x_i}$$

Wie wir bereits in Abschnitt 4.3.3 gesehen haben, muss man bei Kreuzpreiswirkungen zwischen Substitutions- und Komplementärgütern unterscheiden.

Bei Substitutionsgütern sinkt die Nachfrage nach Gut i, wenn der Preis von Gut j sinkt, da dann der Markt j Nachfrager von Markt i auf sich zieht. Menge i und Preis j bewegen sich also in derselben Richtung, so dass infolgedessen die Kreuzpreiselastizität zwischen zwei Substitutionsgütern immer positiv ist. Der Betragswert der Kreuzpreiselastizität ist dabei absolut umso höher, d.h. die Mengenreaktion umso elastischer, je enger die Substitutionsbeziehung ist.

Bei Komplementärgütern hingegen bewegen sich die nachgefragte Menge i und der Preis j stets in die entgegengesetzte Richtung, da z.B. bei einer Preissenkung von Gut j nicht nur j, sondern auch i verstärkt nachgefragt werden muss, da sich beide bei der Nutzung bedingen oder zumindest ergänzen. Die Kreuzpreiselastizität von Komplementärgütern ist daher negativ und betragsmäßig wiederum umso höher, je enger beide Güter zusammengehören. Im Extremfall kann Gut j ohne Gut i überhaupt nicht genutzt werden (z.B. Autos und Reifen), so dass die Preisersparnis beim Gut j gleichmäßig auf beide Güter verteilt werden muss.

Zusammengefasst lassen sich anhand der Werte der Kreuzpreiselastizität zwei Güter bezüglich ihrer Güterbeziehung wie folgt klassifizieren:

Tabelle 4-2: Kreuzpreiselastizität und Güterbeziehung

Wertebereich der Kreuzpreiselastizität	Güterbeziehung
$-\infty < \varepsilon_{x_i \mid p_j} < 0$	komplementär
$\varepsilon_{x_i \mid p_j} = 0$	unabhängig
$0 < \varepsilon_{x_i \mid p_j} < \infty$	substitutiv

Praxisbeispiel 4-2: Kreuzpreiselastizität der Nachfrage

Die folgende Tabelle enthält einige in der Konsumforschung ermittelte Kreuzpreiselastizitäten für ausgewählte Güter.

Tabelle 4-3: Kreuzpreiselastizität der Nachfrage für ausgewählte Produkte und Produktgruppen[1]

Gut der Preisänderung	Gut der Mengenänderung	Elastizität
Margarine	Butter	+0,67
Butter	Margarine	+0,81
Schweinefleisch	Rindfleisch	+0,28
Rindfleisch	Schweinefleisch	+0,14
Erdgas	Elektrizität	+0,20
Heizöl	Erdgas	+0,44
Zucker	Obst	-0,28
Bananen	Orangen	+0,28
Orangen	Bananen	-0,41

Empirisch ermittelte Kreuzpreiselastizitäten der Nachfrage geben zusätzliche Einblicke in das Nachfrageverhalten der Haushalte. Wenn z. B. die direkte Preiselastizität von Bananen 0,6 ist, dann werden die Haushalte bei einer 10-prozentigen Preiserhöhung ihre Bananennachfrage um 6 % einschränken. Entsprechend der obigen Tabelle wird ein Teil des verminderten Bananenkonsums von den Haushalten durch ein Ansteigen der Nachfrage nach Orangen „kompensiert“. Bei einem 10-prozentigen Anstieg des Bananenpreises würde die Orangennachfrage um 2,8 Prozent zunehmen.

Aktuell macht allen Fahrzeugherstellern die Absicht der EU-Kommission zu schaffen, längerfristig den Dieselkraftstoff gleich zu besteuern wie Benzin. Dies hätte für die Automobilunternehmen weit reichende Konsequenzen, denn sie müssen für ihre langfristigen produktpolitischen Strategien bereits frühzeitig wissen, in welchem Umfang in den einzelnen Märkten Substitutionsprozesse von Dieselmotoren durch Benzinmotoren stattfinden. Die Kreuzpreiselastizität für Dieselkraftstoff in Bezug auf die Nachfrage nach Benzin-Pkw wäre also für die Hersteller eine wichtige Information für ihre Weichenstellungen.

[1] *Kohler, H.* (1986), Tab. 3.6, *Deaton, A., Muellbauer, J.* (1994), Tab 3.1

4.3.4 Elastizitäten anderer wichtiger ökonomischer Funktionen

Für die grundlegende mikroökonomische Analyse sind noch einige weitere spezielle Anwendungen des Elastizitätsmaßes von besonderer Bedeutung. Auch makroökonomisch spielen Elastizitätsmaße in manchen Gebieten eine wichtige Rolle, nämlich v.a. dort, wo zur Planung wirtschaftspolitischer Maßnahmen die Reaktion bestimmter gesamtwirtschaftlicher Größen auf veränderte Rahmenbedingungen abgeschätzt werden soll.

Im Folgenden werden daher noch einige besonders wichtige Anwendungen des Elastizitätsmaßes dargestellt.

4.3.4.1 Einkommenselastizität der Nachfrage

Ein besonders wichtiger Lageparameter der Nachfragefunktion ist das Einkommen. Die Einkommenselastizität der Nachfrage beschreibt, wie stark sich die Nachfrage nach einem Gut verändert, wenn das Einkommen der Nachfrager steigt oder fällt:

$$\varepsilon_{N,y} = \frac{\text{rel. Veränderung der Nachfrage}}{\text{rel. Veränderung des Einkommens}} = \frac{\frac{dx}{x}}{\frac{dy}{y}} = \frac{dx}{dy} : \frac{x}{y} = \frac{dx}{dy} \cdot \frac{y}{x}$$

Normalerweise erhöht sich durch steigendes Einkommen auch das Konsumbudget der Nachfrager und somit c.p. die nachgefragte Menge nach einem bestimmten Gut. Die Einkommenselastizität ist daher i.d.R. positiv.

Eine wichtige Ausnahme sind jedoch die inferioren Güter, die vom Nachfrager als minderwertig gegenüber vergleichbaren Substitutionsgütern angesehen werden. Ihre Einkommenselastizität ist negativ, weil die Nachfrager bei steigendem Einkommen das minderwertige durch das höherwertige Gut ersetzen.

Mit Hilfe der Einkommenselastizität lassen sich die Güter wie folgt klassifizieren, wobei eine alternative Bezeichnung in Klammern angegeben ist. In der Praxis sind es immer die Elastizitäten, nach denen die Klassifikation eines Gutes erfolgt. Wenn also ein Gut eine negative Einkommenselastizität hat, so ist es ein inferiores Gut.

Tabelle 4-4: Einkommenselastizität und Güterklassifikation

Einkommens-elastizität	Güterkategorie	Nachfragereaktion
$\varepsilon_{xy} > 1$	Luxusgüter (superiore Güter)	Die Nachfragemenge nimmt mit steigendem Einkommen überproportional zu.
$0 < \varepsilon_{xy} < 1$	lebensnotwendige Güter (relativ inferiore Güter)	Die Nachfragemenge nimmt mit steigendem Einkommen unterproportional zu.
$\varepsilon_{xy} = 0$	unabhängige Güter (neutrale Güter)	Unabhängig von der Höhe des Einkommens wird das Gut immer in derselben Menge nachgefragt.
$\varepsilon_{xy} < 0$	inferiore Güter (absolut inferiore Güter)	Die nachgefragte Menge nimmt mit steigendem Einkommen ab.

Übung 4-6: Einkommenselastizität der Nachfrage

Ein Konsument leistet sich bei einem Einkommen von 600 € im Monat acht Kinobesuche. Aufgrund eines Einkommensanstiegs um 200 € dehnt er seine Nachfrage auf 12 Besuche aus. Wie groß ist seine Einkommenselastizität der Nachfrage nach Kinobesuchen? Um welche Güterkategorie handelt es sich?

Lösung:

Ausgangswerte sind das Einkommen mit 600 € und die Nachfragemenge mit 8 Kinobesuchen. Die Einkommensänderung ist + 200 €, der mengenmäßige Zuwachs beträgt vier Einheiten. Daraus ergibt sie ein prozentualer Anstieg des Einkommens von 33 Prozent, die prozentuale Mengenänderung ist 50 Prozent. In die Formel eingesetzt ergibt sich:

$$\varepsilon_{x/y} = \frac{\frac{4}{8}}{\frac{200}{600}} = \frac{0{,}5}{0{,}33} = 1{,}51$$

Steigt also das Einkommen um ein Prozent, so erhöht der Konsument seine Nachfrage nach Kinobesuchen um 1,5%. Aus der Sicht des Konsumenten sind Kinobesuche ein superiores Gut.

Praxisbeispiel 4-3: Einkommenselastizität der Nachfrage

Die folgende Tabelle enthält einige in der Konsumforschung ermittelte Einkommenselastizitäten unterschiedlicher Güter und Gütergruppen.

Tabelle 4-5: Einkommenselastizitäten der Nachfrage für ausgewählte Produkte und Produktgruppen[1]

Produkt oder Produktgruppe	$\varepsilon_{x/y}$	Produkt oder Produktgruppe	ε_{qxy}
Nahrungsmittel		**Genussmittel**	
Bananen	0,95	Bier	1,22
Brot und Backwaren	0,50	Tabak	0,64
Butter	0,37	Wein und Spirituosen	2,60
Eier	0,37	**Verkehr**	
Fleisch und Fleischwaren	0,80	Bahnnutzung	-0,40
Kaffee	0,00	Kraftfahrzeuge	2,50
Kartoffeln und Gemüse	0,87	Kraftstoffe, Schmiermittel	3,50
Margarine	-0,20	Taxi	2,80
Mehl	-0,36	**Weitere Dienstleistungen**	
Obst	0,27	Bildung und Unterhaltung	1,40
Öle und Fette	-0,32	Kabelfernsehen	0,83
Orangen	0,92	Mahlzeiten im Restaurant	1,40
Schweinefleisch	-0,20	Mieten	1,20
Vollmilch	-0,50	Nachrichtenübermittlung	2,50
Zucker und Süßigkeiten	-0,45	Postdienst (Briefe)	0,65

[1] *Samuelson, P. A., Nordhaus, W. D.* (1989), S. 453, *Gerfin, H., Heimann, P.* (1988), S. 357, *Kohler H.* (1986), Tab. 4.5, *Deaton, A., Muellbauer, J.* (1994), Tab 3.1, *Lipsey, R. G., Christal, K. A.* (2004), S. 73.

In einer wachsenden und konjunkturanfälligen Volkswirtschaft sind Einkommenselastizitäten von großer Bedeutung für die Unternehmen und deren Märkte. In einer wachsenden Volkswirtschaft werden Branchen in Märkten mit einer Einkommenselastizität von kleiner Eins nur unterdurchschnittlich vom Einkommenswachstum profitieren, während Unternehmen/ Branchen mit Produkten hoher Einkommenselastizität bei steigendem Volkseinkommen von einer überdurchschnittlichen Nachfrageentwicklung ausgehen können (Wachstumsmärkte). Gleichzeitig werden diese Branchen und Unternehmen von Konjunktureinbrüchen viel stärker getroffen. Sie müssen mit relativ stärkeren Nachfrageschwankungen rechnen als Unternehmen oder Branchen, die lebensnotwendige Güter herstellen und anbieten.

Übung 4-7: Kalbfleisch oder Rindfleisch?

Ein Ökonometriker hat die Nachfrage nach Kalbfleisch untersucht und dabei folgende Schätzwerte für verschiedene Elastizitäten erhalten:

Preiselastizität: -0,6, Einkommenselastizität: 1,2, Kreuzpreiselastizität zum Rindfleisch: 0,2

Geben Sie an, ob die nachfolgenden Aussagen richtig oder falsch sind und begründen Sie Ihre Antwort.

a) Wenn sich sonst nichts verändert, müssen die Metzger mit einem Nachfragerückgang von 12% rechnen, wenn der Kalbfleischpreis um 20% steigt.

b) Auch wenn Kalbfleisch um 20% teurer wird, ist doch mit einer unveränderten Absatzmenge zu rechnen, wenn gleichzeitig die Einkommen um 5% sinken.

c) Für den Absatz von Kalbfleisch kommt es ungefähr auf dasselbe heraus, wenn

- das Kalbfleisch um 20% teurer und das Rindfleisch um 10% billiger wird oder
- das Kalbfleisch um 10% teurer, das Rindfleisch um 10% billiger wird und
- das Einkommen um 5% zurückgeht.

Lösung:

Es geht in der Aufgabe darum, mit Hilfe der gegebenen Elastizitäten die Wirkung der in den Teilaufgaben beschriebenen Ereignisse auf den Kalbfleischabsatz zu berechnen, um dadurch die Richtigkeit der drei Aussagen überprüfen zu können.

a) Preiselastizität von Kalbfleisch: $\frac{-0{,}12}{+0{,}20} = -0{,}6$.

Dies entspricht dem vorgegebenen Wert, also ist die Aussage korrekt.

b) Zur Lösung dieser Teilfrage ist gar keine Rechnung notwendig. Aus Aufgabe a) wissen wir, dass die Preiserhöhung um 20% zu einer Reduzierung der Kalbfleischnachfrage um 12% führt. Eine zusätzliche Einkommenssenkung (egal um welchen Betrag) führt auf jeden Fall zu einer zusätzlichen Senkung der Kalbfleischnachfrage, da die Einkommenselastizität positiv ist. Um den Absatzrückgang, der von der Preiserhöhung ausgelöst wird, auszugleichen, müsste das Einkommen auf jeden Fall steigen.

c) Fall 1:

Kalbfleisch wird um 20% teurer: $-0{,}6 = \frac{\Delta x}{+0{,}20} \Rightarrow \Delta x = -0{,}12 = -12\%$

Rindfleisch wird um 10% billiger: $0{,}2 = \frac{\Delta x}{-0{,}10} \Rightarrow \Delta x = -0{,}02 = -2\%$

Insgesamt sinkt der Kalbfleischabsatz also um ca. 14%.

Fall 2:

Kalbfleisch wird um 10% teurer: $-0{,}6 = \frac{\Delta x}{+0{,}10} \Rightarrow \Delta x = -0{,}06 = -6\%$

Rindfleisch wird um 10% billiger (siehe Fall 1): $0{,}2 = \frac{\Delta x}{-0{,}10} \Rightarrow \Delta x = -0{,}02 = -2\%$

Das Einkommen sinkt um 5%: $1{,}2 = \frac{\Delta x}{-0{,}05} \Rightarrow \Delta x = -0{,}06 = -6\%$

Insgesamt sinkt auch hier der Kalbfleischabsatz um ca. 14%. .Die Aussage ist also richtig.

4.3.4.2 Elastizitäten im Zusammenhang mit dem Produktionsprozess

Die Anwendung des Elastizitätsmaßes ist jedoch keineswegs auf Angebots- und Nachfragekurven mikroökonomischer Märkte beschränkt. So haben wir uns zu Beginn dieses Abschnitts ja z.B. bereits mit der Zinselastizität der Investition oder der Steueraufkommenselastizität beschäftigt.

Eine besonders wichtige Anwendung von Elastizitäten finden wir in der Produktionstheorie. Die Produktionsfunktion ist eine technische Gleichung, die beschreibt, wie und in welchem Umfang Produktionsfaktoren miteinander kombiniert werden müssen, um Output, d.h. Mehrwert zu erzeugen. Mit Hilfe von sog. Produktionselastizitäten lässt sich berechnen, wie der Output auf Veränderungen einzelner Inputs oder auch des gesamten Inputbündels (Niveauelastizitäten) reagiert.

Ferner geben sog. Substitutionselastizitäten das Ausmaß der Ersetzbarkeit oder Austauschbarkeit von Produktionsfaktoren untereinander an. Substitutionselastizitäten werden sogar als Einteilungskriterium für verschiedene Typen von Produktionsfunktionen verwendet. So spricht man von CES-Funktionen immer dann, wenn es sich um eine Produktionsfunktion mit einer konstanten Substitutionselastizität (**C**onstant **E**lasticity of **S**ubstitution) handelt. Ein besonders berühmter Vertreter dieser Familie von Produktionsfunktionen ist die Cobb-Douglas-Funktion, deren Substitutionselastizität immer den Wert 1 hat.

Genaueres über die Berechnung, Aussage und Verwendung von Elastizitäten in der Produktionstheorie folgt in Kapitel 6.

4.3.4.3 Steueraufkommenselastizitäten

Da Steuern die Haupteinnahmequelle des Staates darstellen und das Steueraufkommen somit die Grundvoraussetzung für die Handlungsfähigkeit des Staates ist, widmen das Finanzministerium und in dessen Auftrag auch die Wirtschaftsforschungsinstitute der Frage nach der Reagibilität des Steueraufkommens in Bezug auf verschiedene Einflussgrößen besondere Aufmerksamkeit.

Am wichtigsten für den jeweiligen Finanzminister ist eine Antwort auf die Frage, mit welchen Steuereinnahmen im kommenden Jahr zu rechnen sei, wenn eine bestimmte gesamtwirtschaftliche Entwicklung und damit eine wahrscheinliche Höhe für das Volkseinkommen unterstellt werden. Die geschätzten Steuereinnahmen bilden die Grundlage für die Erstellung des Staatsbudgets. Sollten diese für die Finanzierung der beabsichtigten Staatsausgaben nicht ausreichen, so müssen entweder eine Kreditaufnahme oder entsprechende Sparanstrengungen auf der Ausgabenseite des Budgets in Erwägung gezogen werden.

Den Zusammenhang zwischen Steueraufkommen und Entwicklung des Volkseinkommens misst die Steueraufkommenselastizität. Sie wird berechnet als

$$\varepsilon_{T,Y} = \frac{\text{rel. Veränderung des Steueraufkommens}}{\text{rel. Veränderung des Volkseinkommens}} = \frac{\frac{dT}{T}}{\frac{dY}{Y}} = \frac{dT}{dY} : \frac{Y}{T}$$

Diese Größe kann für das Steuersystem als Ganzes oder für einzelne Steuern berechnet werden. Ist der Elastizitätswert deutlich über 1, so ist z.B. bei einem Konjunkturaufschwung mit überproportional steigenden Steuereinnahmen zu rechnen. Dies gilt z.B. für das Lohnsteueraufkommen, was wenig überraschend ist, da als Bemessungsgrundlage für die Steuer das Arbeitnehmereinkommen verwendet wird und dieses wiederum mehr als zwei Drittel des Volkseinkommens ausmacht[1]. Schwieriger wird die Schätzung jedoch bei Verbrauchssteuern. Liegt dort die Steueraufkommenselastizität deutlich über 1, dann bedeutet dies, dass die Einkommenselastizität der Nachfrage nach diesem Gut hoch sein muss. Ist der Betragswert hingegen sehr klein, dann handelt es sich wahrscheinlich um lebensnotwendige Güter, auf die zumindest kurzfristig nicht verzichtet werden kann, so dass auch bei Einkommensschwankungen eine annähernd gleich bleibende Menge nachgefragt wird.

Praxisbeispiel 4-4: Steueraufkommenselastizitäten in der Bundesrepublik

Tabelle 4-6: Aufkommenselastizitäten verschiedener Steuerarten im 30-Jahreszeitraum 1950 - 1980[2]

Steuerart	ε
Lohnsteuer	2,10
Einkommensteuer	1,05
Körperschaftsteuer	0,74
Umsatzsteuer insgesamt	0.99
Schaumweinsteuer	1,26
Biersteuer	0,60
Tabaksteuer	0,64
Grundsteuer	0,64
Vermögensteuer	1,23
Gesamtes Steuersystem	1,02

Besonders interessant ist die Entwicklung der Steueraufkommenselastizität der Mineralölsteuer. Während dieser Wert im Durchschnitt der betrachteten 30 Jahre bei 1,03 lag, durchlief er im Verlauf dieses Zeitraums eine signifikante Entwicklung: Im ersten Jahrzehnt betrug die Elastizität 1,37, im zweiten Jahrzehnt 1,13 und im dritten Jahrzehnt gar nur noch 0,46. Dies zeigt die steigende Abhängigkeit der Wirtschaft vom Individualverkehr und damit von der Verfügbarkeit des Mineralöls.

Eine interessante Frage für den Finanzminister ist jedoch auch, wie sich das Steueraufkommen verändert, wenn das Steuersystem selbst, insbesondere der Steuersatz geändert wird. Die Antwort darauf könnte ebenfalls ein entsprechendes Elastizitätsmaß geben.

[1] Vgl. unten Kapitel 10 zur Verteilungsrechnung des Volkseinkommens, S. 468 f.
[2] Vgl. *Brümmerhoff, D.* (1996), S. 410.

Diesen Zusammenhang zwischen beleuchtet eine inzwischen ziemlich populäre Theorie, die unter dem Namen **Laffer-Curve** - benannt nach dem kalifornischen Volkswirt und ehemaligen Senatskandidaten *Arthur Laffer* - bekannt geworden ist. Seiner Überzeugung nach könnte in bestimmten Fällen zwischen dem Steuerungsziel und dem fiskalischen Ziel eines Steuersystems durchaus auch eine harmonische Beziehung bestehen.

Laffer argumentierte, dass ab einer bestimmten Höhe des Einkommensteuersatzes die Leistungsanreize bei den Steuerpflichtigen so stark beeinträchtigt seien, dass diese ihre Einkommensaktivitäten reduzieren und auf diese Weise das Steueraufkommen bei jeder weiteren Erhöhung der Steuersatzes abnehmen werde. Umgekehrt könne daher das Steueraufkommen eines Landes durch Steuersenkungen erhöht werden, nämlich dann, wenn sich die Wirtschaft rechts vom Gipfel des *Laffer*-Gebirges befindet.

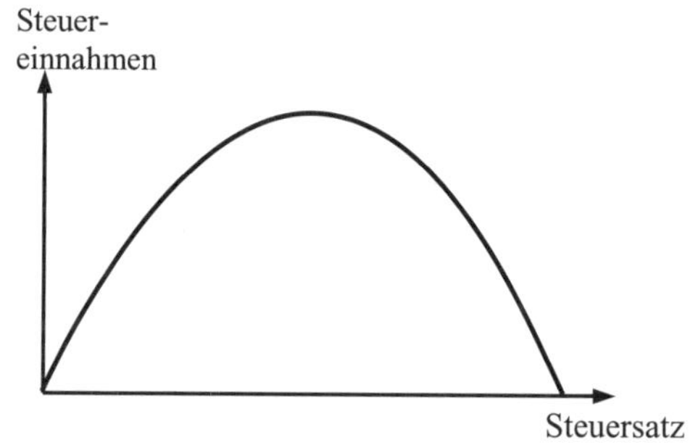

Abbildung 4-29: Die Laffer-Kurve

Präsident Reagan war von diesem Ratschlag fasziniert und nahm daher populäre Steuersenkungen in sein Wahlprogramm auf. Die Umsetzung der Steuergeschenke nach seinem Amtsantritt hatte jedoch nicht die erhoffte Wirkung und statt der erwarteten Mehreinnahmen wuchsen in seiner Regierungszeit die Haushaltsdefizite.

Der empirische Nachweis der *Laffer*-These ist in der Tat bis heute nicht erbracht. Fest steht, dass eine allgemeine Senkung der Steuersätze das Steueraufkommen insgesamt reduziert. Denkbar oder sogar nahe liegend ist allerdings die Annahme, dass Steuerpflichtige, die sehr hohen Steuersätzen unterliegen, auf Steuersenkungen tatsächlich mit einer Ausdehnung ihrer wirtschaftlichen Aktivitäten reagieren. Angesichts der Tatsache, dass in Deutschland aufgrund der vergleichsweise starken Steuersatzprogression die 10% reichsten Haushalte bereits über die Häfte, nämlich 52,9%, die untersten 25% der Haushalte jedoch nur 0,1% des gesamten Steueraufkommens erbringen müssen[1], liegt es nahe, diesem Effekt bei den Spitzenverdienern einige Aufmerksamkeit zu schenken.

4.4 Staatliche Eingriffe in den Markt

Wie wir in Kapitel 3 festgestellt haben, muss der Staat auch in einer Marktwirtschaft immer dann in das Wirtschaftsgeschehen eingreifen, wenn die Marktmechanismen versagen oder sonstige Funktionsprobleme auftreten. In den bestehenden Marktwirtschaften, v.a. den Sozialen Marktwirtschaften greift der Staat jedoch auch ein, wenn die Marktmechanismen zwar funktionieren, aber das Marktergebnis aus normativen (politischen) Gründen als korrekturbedürftig angesehen wird. Dies ist insbesondere dann der Fall, wenn die Durchgängigkeit

[1] Stand 2005, Quelle: BMF

des Leistungsprinzips in Frage gestellt und in der Einkommens- und Vermögensverteilung durch andere Verteilungsmaßstäbe ergänzt werden soll.

Es gibt jedoch noch weitere Gründe für die staatliche Beeinflussung bzw. Verzerrung von privaten Marktergebnissen. Da der Staat in einer demokratischen Marktwirtschaft seine gesamte Tätigkeit aus Steuern oder sonstigen Abgaben der privaten Leistungsträger finanzieren muss, führt jede Art von staatlicher Aktivität gleichzeitig zu Veränderungen im Privatsektor der Wirtschaft. Wenn z.B. eine Regierung beschließt, sich mit ihren Streitkräften an internationalen Operationen der UNO oder NATO zu beteiligen, wird die Finanzierung dieser Maßnahme zwangsläufig auch die Situation der privaten Wirtschaftssubjekte verändern, obwohl dies nicht das Ziel der Staatstätigkeit darstellt, sondern lediglich deren zwangsläufige Folge ist.

Bezüglich der Einordnung von Staatstätigkeit und ihrer Folgen im privaten Markt muss man daher zweierlei Arten von Maßnahmen unterscheiden:

- Staatliche Maßnahmen, die auf eine Beeinflussung von Marktgleichgewichten gerichtet sind.
- Staatliche Maßnahmen, die andere, auch nicht-wirtschaftliche Ziele verfolgen.

Im ersten Fall geht es darum, eine Maßnahme zu finden, mit der die gewünschte Veränderung des Marktergebnisses möglichst effektiv (d.h. zielgenau) und effizient (d.h. ressourcensparend) erreicht wird. Voraussetzung dafür ist die genaue Kenntnis der Verhaltensmuster der privaten Wirtschaftssubjekte, damit der Staat genau die erforderlichen Anreize für eine Verhaltensänderung geben kann.

Im zweiten Fall sucht man eine Maßnahme, die das Marktergebnis möglichst wenig verändert oder beeinträchtigt. Fast immer betrifft dies die Frage der Erzielung der notwendigen Staatseinnahmen durch entsprechende Steuern: Das Steueraufkommen soll möglichst hoch, die Steuer aber gleichzeitig möglichst wenig spürbar sein.

Eine weitere Unterscheidung bei der Klassifizierung staatlicher Maßnahmen betrifft nicht deren Zielsetzung, sondern deren Umsetzung.

Es gibt einerseits solche Maßnahmen, die zwar - beabsichtigt oder nicht - das Marktgleichgewicht verändern bzw. verzerren, aber dennoch die dezentrale, eigenverantwortliche Marktentscheidungen der privaten Wirtschaftssubjekte (Unternehmen wie Haushalte) unangetastet lassen. Dazu gehören insbesondere alle Arten von Steuern auf der Einnahmenseite sowie Subventionen an private Unternehmen oder direkte Einkommenstransfers an die privaten Haushalte auf der Ausgabenseite. All diese Maßnahmen verändern die Rahmenbedingungen (insbesondere die Einkommenssituation), unter denen die privatwirtschaftlichen Entscheidungen getroffen werden, setzen die Entscheidungsfreiheit selbst jedoch nicht außer Kraft. Solche Maßnahmen nennt man **marktkonforme** Maßnahmen.

Werden hingegen die wichtigsten Parameter des Marktgeschehens, nämlich Preise und Mengen, staatlich vorgegeben, so bleibt kein Platz für privatwirtschaftliche Entscheidungen mehr übrig. Solche Maßnahmen sind Teil eines planwirtschaftlichen Vorgehens, wie sie in Zentralverwaltungswirtschaften üblich sind, und gehören nicht mehr zum Repertoire marktwirtschaftlich orientierter Wirtschaftspolitik. Man spricht deshalb hier von **nicht-marktkonformen** oder **marktkonträren** Maßnahmen. Dazu gehören insbesondere staatliche Festsetzungen von Preisen (sog. administrierte Preise, auch in Form von Höchst- oder Mindestpreisen) sowie die staatliche Bewirtschaftung von Mengen (z.B. Rationierung von Lebensmitteln auf Bezugsschein).

Dementsprechend wird im Folgenden bei der Darstellung der Wirkungen von Staatstätigkeit auf den privaten Markt nach marktkonformen und nicht-marktkonformen Maßnahmen unterschieden.

4.4.5 Marktkonforme staatliche Eingriffe

Steuern und Subventionen sind typische marktkonforme Maßnahmen des Staates, mit denen er einerseits positiv, andererseits negativ auf die Einkommenssituation der privaten Wirtschaftssubjekte einwirkt.

Wie bereits in Kapitel 3 dargestellt, lassen sich Steuern und Subventionen gemäß ihrem Anknüpfungspunkt an der Einkommensentstehung einerseits oder der Einkommensverwendung andererseits in direkte und indirekte staatliche Eingriffe einteilen. Beide Kategorien haben sehr unterschiedliche Wirkungen bei den privaten Wirtschaftssubjekten.

4.4.5.1 Indirekte Steuern und Subventionen

Indirekte Steuern werden beim Produzenten eines Gutes erhoben. Ein typisches Beispiel dafür ist die Umsatzsteuer. In Deutschland ist sie als Mehrwertsteuer ausgestaltet, d.h. die in den Vorleistungen enthaltenen Umsatzsteuerbeträge der Lieferanten von Material und Vorprodukten können von der Umsatzsteuerschuld abgezogen werden, so dass im Endeffekt nur die Steuer auf den beim steuerpflichtigen Unternehmen entstandenen Mehrwert des Gutes erhoben wird.

Indirekte Steuern sind Bestandteil der Kosten und verteuern daher das Angebot. Bei der Einführung oder Erhöhung einer indirekten Steuer verschiebt sich also die Angebotsfunktion nach oben oder links: Der Angebotspreis pro Stück muss nun auch die zusätzlich erhobene Steuer abdecken.

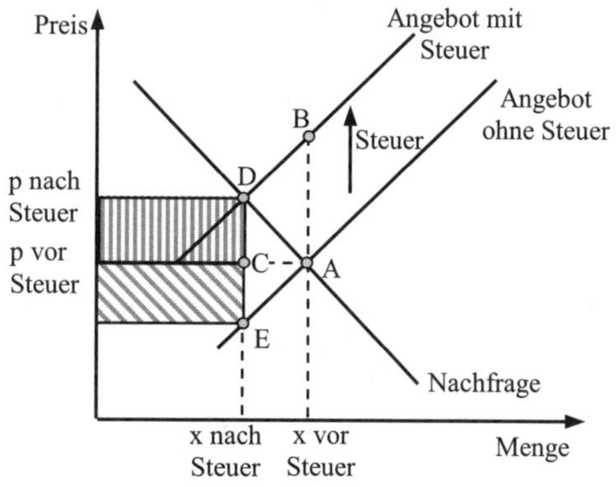

Abbildung 4-30: Überwälzung einer Mengensteuer

Der hier dargestellte, vereinfachte Fall entspricht der sog. Mengensteuer. Dabei verlangt der Staat je verkaufter Mengeneinheit vom Produzenten einen bestimmten Steuerbetrag. Der Anbieter erhält dann nur noch den um den Steuerbetrag t reduzierten Verkaufspreis p-t. Bei der Kalkulation des Angebotspreises berücksichtigt der Produzent daher den Steuerbetrag von vorn herein und korrigiert die Angebotskurve um t nach oben[1].

[1] Im realistischeren Fall einer Wertsteuer beträgt die Steuer einen ganz bestimmten Prozentsatz des Stückpreises. Dann verschiebt sich die Angebotsfunktion durch die Steuererhebung nicht parallel

Wie in Abbildung 4-30 ersichtlich wird, verschiebt sich dabei der Gleichgewichtspunkt nach links oben, d.h. der Marktpreis steigt bei gleichzeitiger Abnahme der Gleichgewichtsmenge. Anders als man zunächst erwarten würde, steigt der Preis jedoch nicht um den gesamten Steuerbetrag t (Strecke AB), sondern um weniger (Strecke CD). Der Grund für dieses überraschende Ergebnis liegt darin, dass die Nachfrager einer Preiserhöhung mit einer Reduzierung der Nachfragemenge begegnen: die Nachfragekurve ist negativ geneigt. Sie weichen der Preiserhöhung aus. Die Steuer kann somit nicht vollständig auf die Nachfrager überwälzt werden und muss zum Teil von den Anbietern getragen werden.

Die beiden schraffierten Rechtecke in Abbildung 4-30 zeigen, wie die Steuerlast auf Anbieter und Nachfrager verteilt wird: Das senkrecht schraffierte Rechteck bezeichnet die Steuerlast der Nachfrager. Sie müssen einen um den Betrag CD erhöhten Marktpreis für ihren Einkauf bezahlen. Die Last der Anbieter hingegen repräsentiert das schräg schraffierte Rechteck. Die Anbieter erhalten nur einen um den Betrag EC niedrigeren Erlös pro Stück als vor der Steuererhebung.

Analog dazu würde eine Subvention die Angebotskurve nach unten verschieben und der Marktpreis würde c.p. sinken - allerdings auch hier nicht um den gesamten Subventionsbetrag, sondern nur um einen bestimmten Teil. Die Subvention kommt i.d.R. sowohl den Anbietern wie auch den Nachfragern zu Gute.

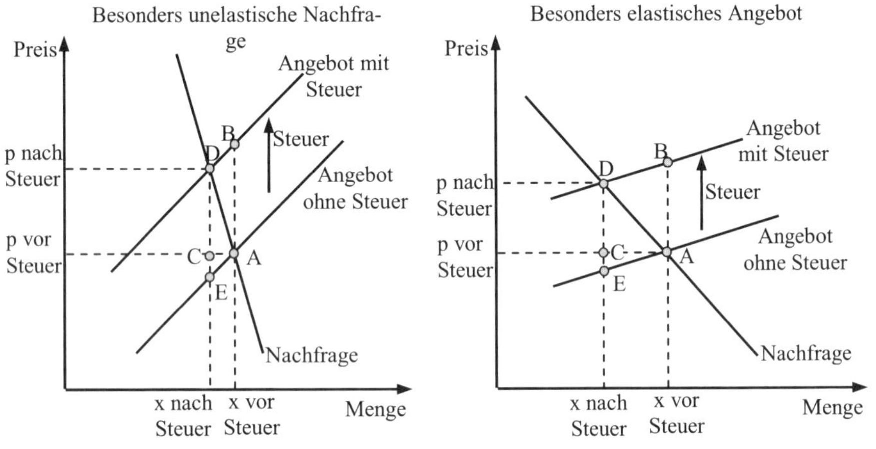

Abbildung 4-31: Überwälzung einer indirekten Steuer bei alternativen Kurvensteigungen

Wovon hängt nun das Ausmaß der Steuerüberwälzung ab?

Wie man aus Abbildung 4-31 leicht erkennen kann, sind für das Ausmaß der Steuerüberwälzung vor allem die Steigungen von Angebots- und Nachfragekurven ausschlaggebend. Die linke Grafik zeigt eine im Vergleich zu Abbildung 4-31 besonders steile Nachfragekurve. Nachfragekurven sind immer dann besonders steil, wenn das nachgefragte Gut besonders wichtig und kaum durch andere Güter ersetzbar ist. Das gilt z.B. für Lebensmittel oder medizinische Leistungen. Der Vergleich zeigt, dass sich die Strecke CD, d.h. die Steigerung des Marktpreises p, der Strecke AB, d.h. dem Steuerbetrag t, annähert. Je steiler, d.h. unelastischer die Nachfragekurve ist, desto vollständiger kann der Steuerbetrag über den Preis auf

nach oben, sondern dreht sich dabei. Die Steigung nimmt zu. Die im Text diskutierten Ergebnisse für die Steuerüberwälzung bleiben dabei jedoch im Grundsatz gültig.

die Nachfrager überwälzt werden. Das gleiche Ergebnis erhält man, wenn die Angebotsfunktion besonders elastisch, d.h. besonders flach ist (rechte Graphik in Abbildung 4-31).

Analog kann man folgern, dass eine besonders flache Nachfragekurve oder eine besonders steile Angebotskurve die Steuerüberwälzung erschwert. Nachfragekurven sind dann besonders flach, wenn das nachgefragte Gut sehr leicht durch andere Güter ersetzt werden kann. Angebotskurven sind dann besonders steil, wenn aus technischen Gründen die Angebotsmenge kaum erhöht werden kann, z.B. weil die Kapazitätsgrenze der Anbieter erreicht ist.

Im Extremfall kann die Steuer vollständig überwälzt werden, wenn entweder die Nachfragefunktion senkrecht (völlig preisunelastisch), oder die Angebotsfunktion waagerecht (völlig preiselastisch) verläuft. Im umgekehrten Fall ist gar keine Steuerüberwälzung möglich.

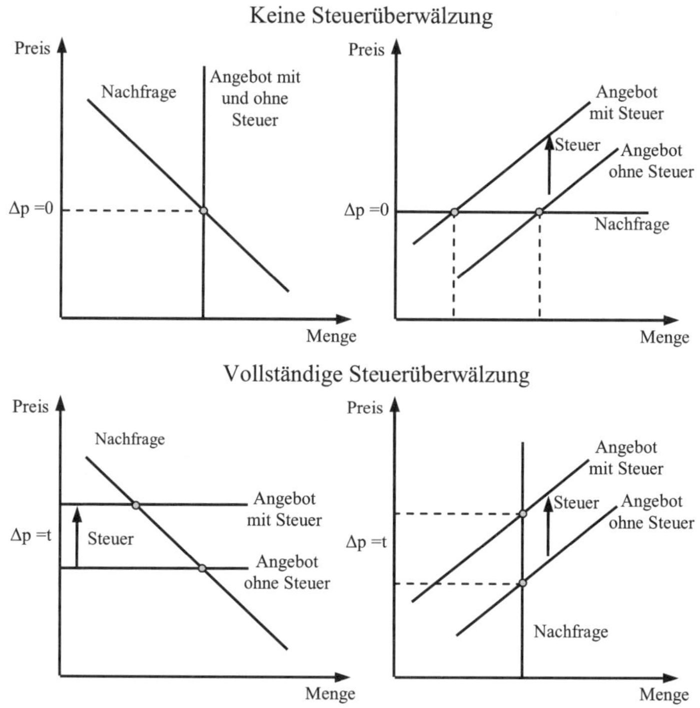

Abbildung 4-32: Vollständige Überwälzung einer indirekten Steuer

An dieser Stelle sei der Leser daran erinnert, dass sich die vorliegende Analyse auf mikroökonomische Märkte bezieht, und gleichzeitig davor gewarnt, nicht dem Trugschluss der Verallgemeinerung zu verfallen.

Aus makroökonomischer Sicht, d.h. unter Berücksichtigung aller Gütermärkte einer Volkswirtschaft, ist durchaus eine vollständige Steuerüberwälzung vorstellbar. Zum einen ist zu berücksichtigen, dass der Staat mit dem eingenommenen Geld ja wiederum als Nachfrager auftritt und selbst Güter nachfragt. Die gesamtwirtschaftliche Nachfragekurve verschiebt sich dadurch nach rechts, was tendenziell preissteigernde Wirkung hat. Zum andern werden durch die gebräuchlichste indirekte Steuer, nämlich die Mehrwertsteuer, (nahezu) alle Güter erfasst, so dass sich gleichzeitig auch sämtliche Substitutionsgüter verteuern und Ausweichreaktionen unterbleiben.

Übung 4-8: Der Pizzapreis und seine Folgen

Die Nachfrage nach Pizza in Mampfhausen besitzt die Form $x = 8 - p$. Das Pizzaangebot lautet $x = 4p - 12$. Das Gesundheitsamt in Mampfhausen beobachtet mit Sorge den hohen Pizzakonsum und führt eine Mengensteuer von 2,50€ je Pizza ein.

a) Wie verändern sich hierdurch der Gleichgewichtspreis und die Gleichgewichtsmenge auf dem Pizzamarkt?

b) Daraufhin veranstalten die Pizzabäcker eine Großkundgebung unter dem Motto „Rettet die Pizza und ihre Bäcker!“. Warum regen die sich so auf? Geben Sie den Pizzapreis an, den die Bäcker erhalten und interpretieren Sie das Ergebnis.

Lösung:

a) Durch die Mengensteuer verschiebt sich die Angebotskurve nach oben. Am besten wird dazu die Angebots- und Nachfragekurve zunächst nach p aufgelöst:

Nachfrage: $x = 8 - p \rightarrow p = 8 - x$

Angebot: $x = 4p - 12 \rightarrow p = 0{,}25x + 3$

Durch die Einführung der Mengensteuer erhält man: $p = 0{,}25x + 5{,}5$

Errechnet man aus diesen Funktionen die Gleichgewichtswerte, so ergibt sich:

vor Einführung der Abgabe: $x^* = 4$ und $p^* = 4$.

nach Einführung der Abgabe: $x^* = 4$ und $p^* = 4$.

b) Von diesem Preis erhalten die Pizzabäcker nur 3,5, denn die Differenz zum Marktpreis in Höhe von 2,5 muss an die Regierung von Mampfhausen abgeführt werden. Der Umsatz der Bäcker verringert sich also drastisch von 16 auf 7. Zwar verringert sich auch die Absatzmenge x von 4 auf 2, somit entstehen weniger variable Kosten. Es ist allerdings sehr fraglich, ob durch einen so niedrigen Umsatz die fixen Kosten noch gedeckt werden können – daher die Proteste der Pizzabäcker.

Zu beachten ist dabei, dass die Regierung von Mampfhausen ihr Steuerungsziel durchaus erreicht: Der Konsum von Pizza schrumpft um die Hälfte.

4.4.5.2 Direkte Steuern und Einkommenstransfers

Direkte Steuern knüpfen an der Einkommensentstehung an. Typische Vertreter sind die Lohn- und Einkommensteuer, aber auch die Körperschaftsteuer für Kapitalgesellschaften. Die Körperschaftsteuer knüpft am Einkommen, d.h. am Gewinn eines Untennehmens an. Durch solche Steuern werden daher die Einkommen der Wirtschaftssubjekte unmittelbar reduziert. Abbildung 4-33 zeigt, wie sich dadurch Marktnachfrage- und -angebot verändern.

Wenig überraschend ist das linke Diagramm: Eine Lohn- und Einkommensteuer verringert das verfügbare Einkommen der Haushalte. Dadurch sinkt deren Konsumbudget und i.d.R. die Nachfrage nach Gütern ebenfalls. In Abschnitt 4.2.4.1 haben wir das verfügbare Einkommen als Lageparameter der Nachfragefunktion ja bereits kennen gelernt. Durch die Verschiebung der Nachfragekurve nach links bzw. unten sinken sowohl Gleichgewichtspreis wie auch Gleichgewichtsmenge. Analog dazu verschiebt sich die Nachfragekurve nach rechts, wenn den nachfragenden Haushalten vom Staat Transfereinkommen gezahlt werden.

Analog dazu könnte man erwarten, dass eine Gewinnsteuer die Lage der Angebotskurve verändert. Wie die rechte Graphik in Abbildung 4-33 zeigt, ist dies - zumindest kurzfristig - nicht der Fall!

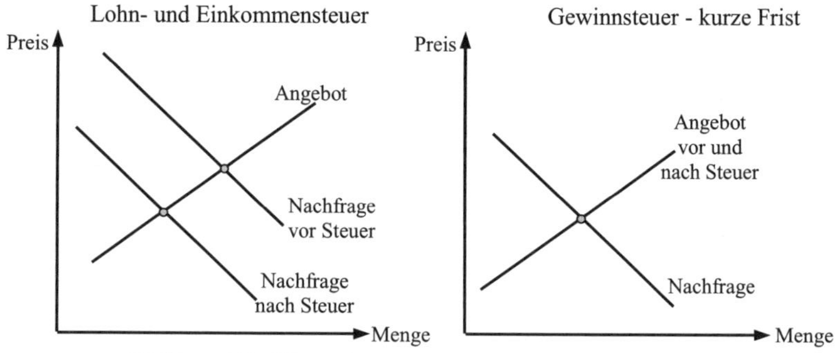

Abbildung 4-33: Überwälzung von Einkommen- und Gewinnsteuern

Der Grund dafür liegt darin, dass eine Gewinnsteuer eben nicht an der Produktion, sondern erst am Ergebnis der Geschäftstätigkeit ansetzt. Die Angebotskurve drückt aus, zu welchem (Mindest-)Preis die jeweiligen Angebotsmengen auf dem Markt verfügbar sind. Dieser geforderte Angebotspreis muss natürlich die Produktionskosten decken, die durch die Herstellung der angebotenen Güter entstehen. Genau die werden durch die direkte Steuer jedoch nicht beeinflusst.

Die Gewinnsteuer schneidet vielmehr vom möglichen Gewinn, d.h. von der Differenz zwischen Umsatz und Produktionskosten, einen bestimmten Betrag ab. Die Angebotsentscheidung selbst, d.h. die gewinnmaximale Angebotsmenge bei gegebenem Preis wird von der Steuer nicht beeinflusst.

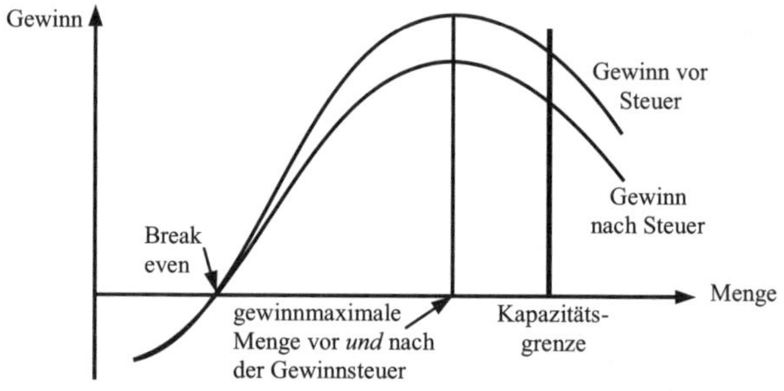

Abbildung 4-34: Auswirkungen einer Gewinnsteuer auf die Angebotsentscheidung

Langfristig reduziert eine Gewinnsteuer daher möglicherweise die Zahl der Anbieter, denn für solche Unternehmen, die sich vor Einführung der Steuer gerade noch über Wasser halten konnten, ist der Betrieb des Geschäfts mit einem um die Steuer reduzierten Unternehmensgewinn vielleicht nicht mehr rentabel. Durch das Verschwinden solcher Grenzanbieter könnte sich die Angebotskurve letztendlich doch nach links bzw. oben verschieben.

4.4.6 Preis- und Mengenfixierungen

Im Gegensatz zu Steuern und Subventionen, die die Marktentscheidungen der privaten Wirtschaftssubjekte zwar beeinflussen, die Entscheidungsfreiheit über Preis und Menge jedoch nicht antasten, machen staatliche Festlegungen von bestimmten Preisen und/oder Mengen den Marktmechanismus zunichte. Die beiden wesentlichen Variablen des Marktes werden selbst zu wirtschaftspolitischen Parametern und hoheitlich vorgegeben.

Eine solche Wirtschaftspolitik ist mit der Wirtschaftsform einer Marktwirtschaft nicht mehr vereinbar und dürfte aus ordnungspolitischer Sicht auch in Sozialen Marktwirtschaften eigentlich nicht vorkommen. Dennoch trifft man auch dort in teilweise großen Ausnahmebereichen solche systemwidrigen Eingriffe des Staates an.

Staatliche Preisfestsetzungen dienen dazu, den Gleichgewichtspreis entweder nach unten (Höchstpreis) oder nach oben (Mindestpreis) zu korrigieren. Höchstpreise sollen die Nachfrager, Mindestpreise die Anbieter schützen. Es lässt sich jedoch zeigen, dass in beiden Fällen gravierende Nachteile für die Volkswirtschaft als Ganze resultieren. Preisfestsetzungen lassen sich ökonomisch daher höchstens als vorübergehende Maßnahme zur Bewältigung besonderer Krisensituationen rechtfertigen.

4.4.6.1 Höchstpreise

Ein staatlich festgesetzter Höchstpreis ist nur dann sinnvoll und wirksam, wenn er unter dem Gleichgewichtspreis liegt und so den Marktpreis nach oben begrenzt. Er hat meist sozialpolitische Gründe und tritt i.d.R. bei lebensnotwendigen Gütern des täglichen Bedarfs, wie z.B. bei Lebensmitteln oder Wohnraummieten auf. Wenn der Gleichgewichtspreis aufgrund bestimmter wirtschaftlicher Mangellagen so hoch ist, dass sich große Teile der Bevölkerung das betreffende Gut nicht mehr leisten können, nehmen insbesondere die Regierungen von Entwicklungsländern immer noch häufig Zuflucht zu Höchstpreisverordnungen. Mit einer solchen Maßnahme sind allerdings gravierende Probleme verbunden

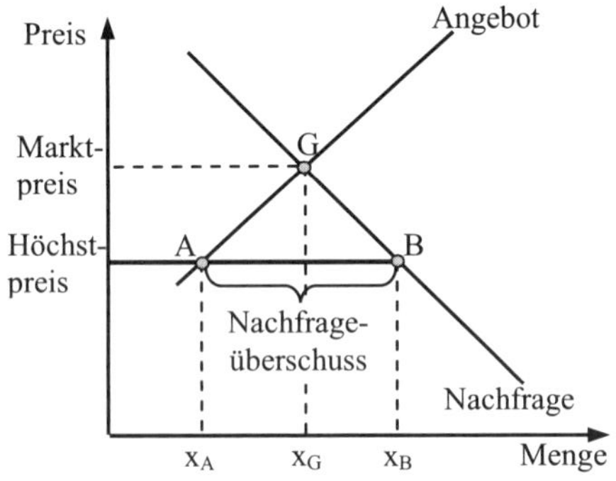

Abbildung 4-35: Höchstpreissetzung

Durch die Preisfestsetzung entsteht zunächst ein Marktungleichgewicht, nämlich eine Überschussnachfrage (Strecke AB in Abbildung 4-35). Wie wir bereits in Abschnitt 0 festgestellt haben, setzt sich im Marktungleichgewicht jedoch immer nur die kürzere Marktseite, in diesem Fall also das Angebot durch. Realisiert wird daher der Punkt A mit der Menge x_A, welche noch kleiner ist als die ohnehin als unbefriedigend wahrgenommene Gleichgewichtsmenge x_G. Die Höchstpreissetzung verschärft also erst einmal die Mangellage anstatt sie zu verbessern. Diese preispolitische Maßnahme muss daher stets durch eine mengenpolitische ergänzt werden, wenn sie wirksam sein soll. Dafür gibt es mehrere Möglichkeiten.

Eine häufig angewandte Methode, mit Mangel umzugehen, ist die **Rationierung**. Insbesondere in Zeiten extremer Notlagen, wie z.B. bei Kriegen oder großen Naturkatastrophen, kann die Regierung dazu übergehen, die wenigen verfügbaren Güter direkt den Verbrauchern zuzuteilen. Dies funktioniert meist über die Ausgabe von Bezugsscheinen, die im Laden beim Erwerb des Gutes vorzulegen sind. In diesem Fall wird also nicht etwa die Marktversorgung verbessert, sondern lediglich der Mangel staatlich verwaltet.

In Zeiten staatlicher Rationierung funktioniert allerdings ein Sektor des privaten Marktes besonders gut: der Schwarzmarkt! Da durch die staatliche Preiskontrolle einerseits die Erlössituation und damit die Gewinnchancen privater Anbieter massiv beschränkt werden, andererseits aber stets auch kaufkräftige Nachfrager vorhanden sind, die gerne höhere als die staatlich vorgegeben Preise für das Gut x bezahlen würden, entsteht hinter dem offiziellen sehr schnell ein illegaler, „schwarzer" Markt. Der Schwarzmarktpreis liegt i.d.R. deutlich über dem Marktpreis, der sich ohne staatliche Kontrolle einstellen würde, da eine Risikoprämie als Ausgleich für die Gefahr der staatlichen Strafverfolgung und Sanktionierung gezahlt werden muss. Der Schwarzmarkt sorgt dafür, dass das private Angebot auf dem offiziellen Markt umso stärker zurückgeht und verschärft somit die Versorgungslage für wirtschaftlich Schwache. Gleichzeitig entstehen dem Staat durch die notwendigen Kontroll- und Sanktionsmaßnahmen für Schwarzhändler beträchtliche Kosten, die weiter zur Ineffizienz der staatlichen Preispolitik beitragen.

Praxisbeispiel 4-5: Ludwig Erhard und die Aufhebung der Preisbindung

Bezugsscheine für Lebensmittel gab es auch im Nachkriegsdeutschland bis zur Währungsreform am 20. Juni 1948. In Deutschland herrschte ein großer Mangel an Lebensmitteln. Wenn überhaupt, so gab es Konsumgüter billig und nur auf Bezugsschein. Die damalige Währung, die Reichsmark, war hoch inflationär und wurde auf dem Schwarzmarkt durch Realtauschgeschäfte oder die Zigarettenwährung ersetzt. Da der Handel aufgrund der rigiden Höchstpreisverordnungen der Alliierten seine Waren praktisch verschenken musste, gelangten immer weniger Waren in die Regale der Läden und immer mehr auf den Schwarzmarkt.

Ludwig Erhard war damals als Direktor der „Verwaltung für Wirtschaft" im besetzten Deutschland für die Wirtschaftspolitik der westlichen Besatzungszonen verantwortlich. Einen Tag vor der Währungsreform ließ er über den Rundfunk verkünden, dass Zwangsbewirtschaftung und Preisbildung mit sofortiger Wirkung aufgehoben seien. Diesen Schritt hatte er nicht mit der alliierten Militärregierung abgesprochen. Als ihm der amerikanische Militär-Gouverneur *Lucius Clay* tags darauf vorwarf, er habe mit diesem Schritt eigenmächtig die Vorschriften des alliierten Besatzungsrechts verändert, antwortete Erhard „Ich habe sie nicht verändert, ich habe sie abgeschafft!"

Tags darauf waren die Schaufenster voll von Waren, die zuvor nur unter dem Ladentisch illegal den Besitzer gewechselt hatten. Mit dem neuen Geld und einem funktionierenden Preismechanismus war die Voraussetzung für den Nachkriegsaufschwung Deutschlands geschaffen worden. Heute gilt *Ludwig Erhards* mutige Entscheidung als Grundstein des deutschen Wirtschaftswunders.

Wenn jedoch tatsächlich die Marktversorgung in Punkt B realisiert werden soll, muss der Staat die Angebotslücke in Höhe von AB, die die privaten Anbieter offen lassen, durch eigene Produktion schließen. Abgesehen von der i.d.R. geringeren Produktivität und Effizienz öffentlicher Unternehmen ist dieses Unterfangen wesentlich teurer als im Falle freier Preise. Würde man nämlich den Gleichgewichtspreis tatsächlich zulassen, so müsste nur die Lücke zwischen x_G und x_B geschlossen werden. Durch den Höchstpreis werden nämlich auch zahlreiche Verbraucher begünstigt, die sehr wohl willens und in der Lage wären, den Gleichgewichtspreis zu bezahlen.

Hinzu kommt, dass durch die Höchstpreissetzung langfristig das private Angebot eher noch weiter zurückgehen wird, da Gewinnaussichten schwinden. Die private Angebotslücke bleibt also nicht nur auf Dauer bestehen, sie wird sogar größer - das Füllen der Lücke für den Staat somit immer teurer.

Je großzügiger der Staat den privaten Nachfragern Zugriff auf die staatlich verbilligten Güter gestattet, desto stärker wird das private Angebot zurückweichen und im Extremfall vollständig verschwinden, denn wer würde schon freiwillig ein Gut auf dem privaten Markt hoch bezahlen, wenn er ein gleichwertiges vom Staat wesentlich günstiger bekommen kann. Die Fokussierung des staatlichen Ersatzangebotes auf die einkommensschwache Zielgruppe ist für die Wirksamkeit der Maßnahme also essentiell.

Praxisbeispiel 4-6: Sozialer Wohnungsbau

Ein Beispiel dafür finden wir häufig im Wohnungsbau, wo der Staat durch selbst erstellte Sozialwohnungen v.a. in den Ballungsgebieten und großen Städten eine ausreichende Wohnraumversorgung sicherstellen will.

Da Wohnraum zu den lebensnotwendigen Gütern zu zählen ist, scheint es aus sozialpolitischen Gründen sinnvoll, einkommensschwache Haushalte in Ballungsgebieten, auf deren Wohnungsmärkten hohe Nachfrageüberschüsse zu ständig steigenden Mietpreisen führen, durch eine Preisbindung der Mieten zu schützen. Aus ökonomischer Sicht erweist sich eine solche Maßnahme allerdings als nicht unbedingt zielführend.

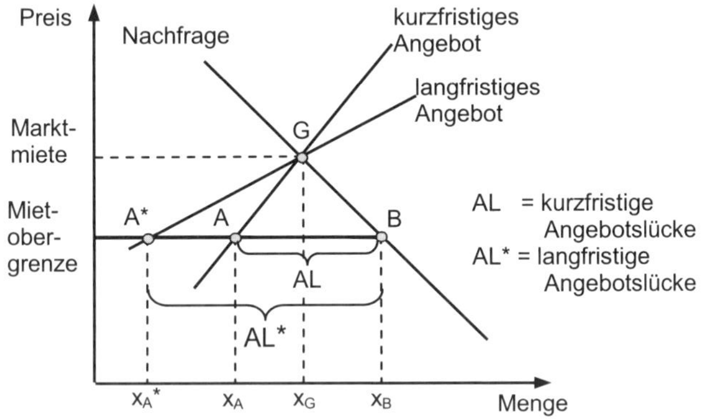

Abbildung 4-36: Langfristige Effekte einer Mietpreisbindung auf privaten Wohnungsmärkten

Die Menge x_B bezeichnet den vom Staat gewünschten Versorgungsgrad mit Mietwohnraum. Die Mietobergrenze legt den Preis für Mietwohnraum fest, der der Zahlungsbereitschaft (bzw. Zahlungsfähigkeit) der Nachfrager für diesen Versorgungsgrad entspricht. Das Angebot bleibt bei diesem Preis jedoch weit hinter der Nachfrage zurück und beträgt lediglich x_A.

Bei Einführung der Mietobergrenze beträgt der Nachfrageüberschuss daher $x_B - x_A$. Im Laufe der Zeit reduziert sich das private Wohnungsangebot jedoch weiter: Die Mietobergrenze beschneidet die Rentabilität privater Wohnungsbautätigkeit im Vergleich zu anderen, nicht staatlich regulierten Investitionsmöglichkeiten. Der Neubau von Mietwohnungen geht zurück, Renovierungsmaßnahmen am Wohnraumbestand unterbleiben, so dass auch die Qualität des vorhandenen Angebots abnimmt. Die Angebotskurve dreht sich daher nach rechts und wird flacher.[1]

Langfristig wird die Lücke zwischen privatem Angebot und Nachfrage also $x_B - x_{A^*}$ betragen. Die Wohnungsnot wird demnach größer anstatt kleiner. Dadurch steigen natürlich auch die Anforderungen an den Staat, der die Wohnungslücke mit Sozialwohnungen auffüllen muss.

[1] Vgl. „Determinanten von Elastizitäten“ in Abschnitt 4.3.2.3, S. 145.

Würde er auf eine Deckelung der Mieten verzichten, dann wäre die Lücke nur x_B - x_G groß und es müssten weitaus weniger Sozialwohnungen zur Verfügung gestellt werden.

Hinzu kommt noch ein weiteres Problem: Sozialwohnungen sollen ein Angebot für einkommensschwache Familien sein. Das bedeutet, die öffentliche Verwaltung muss dafür sorgen, dass tatsächlich nur solche in den Genuss einer staatlich subventionierten Wohnung kommen. Ein solches Vergabeverfahren verursacht Kosten, die die staatliche Wohnungsfürsorge weiter verteuern.

Eine entsprechende Einkommensprüfung darf allerdings nicht nur bei Einzug in die Wohnung erfolgen, sondern muss konsequenterweise während der gesamten Nutzungsdauer stattfinden. Streng genommen müssten Familien, die im Laufe der Zeit die förderungswürdigen Einkommensgrenzen übersteigen, aus der Sozialwohnung ausziehen, da sonst eine Fehlbelegung resultieren würde. Manche Kommunen halten dies jedoch für nicht zumutbar und erheben stattdessen von solchen Mietern eine sog. Fehlbelegungsabgabe, deren Höhe vom individuellen Einkommen des Mieters und der jeweiligen Vergleichsmiete in der betreffenden Kommune abhängt. Die Höhe einer solchen Fehlbelegungsabgabe muss also jährlich überprüft und ggf. neu berechnet werden. Der Aufwand für diese Verwaltungsprozedur ist daher beträchtlich!

Einen ähnlichen Effekt hat der Versuch, das fehlende private Angebot durch staatliche Importe zu ersetzen. Auch hier ist der Staat gefordert, denn die privaten Unternehmen haben wegen der Höchstpreissetzung keinerlei Anreiz, die Angebotslücke zu füllen, sei es mit eigenen oder mit importierten Produkten.

Wiederum erweist sich diese Lösung als sehr teuer für den Staat, denn grundsätzlich stellen sich dieselben Probleme ein wie im Fall staatlicher Eigenproduktion: ein langfristiger Rückgang des privaten Angebotes und die Schwierigkeit, die staatlichen Leistungen auf die Zielgruppe, nämlich die einkommensschwachen Bürger zu fokussieren.

Bei einer Importlösung kommt jedoch noch eine weitere Schwierigkeit hinzu, nämlich die Notwendigkeit, die zur Bezahlung der Importgüter notwendigen Devisen zu beschaffen.

Devisen erhält ein Land entweder durch den Export eigener Produkte oder durch die Aufnahme von Krediten aus dem Ausland. Häufig handelt es sich bei den Ländern, die zu derart drastischen Maßnahmen wie eine Höchstpreissetzung - meist für Lebensmittel - greifen, um Entwicklungsländer, die ohnehin meist ein Außenhandelsdefizit aufweisen, da sie über wenige weltmarktfähige Produkte verfügen und nur unzureichend in die internationale Arbeitsteilung eingebunden sind.

Durch die Höchstpreissetzung verstärkt sich der Importsog und die Devisenknappheit nimmt zu. Das Land muss früher oder später seine Lebensmittelimporte mit Auslandskrediten finanzieren; jedoch besteht dabei keinerlei Aussicht auf eine Besserung der Situation, da sich das Ungleichgewicht ja beständig verstärkt. Dadurch leidet die internationale Kreditwürdigkeit des Landes, private Kreditgeber ziehen sich zurück und das Land muss verstärkt Kredite internationaler Finanzinstitutionen wie der Weltbank oder des IWF in Anspruch nehmen. Letztere sind wiederum häufig mit gewissen Auflagen für die Wirtschaftspolitik eines Landes verbunden; der IWF knüpfte in der Vergangenheit seine Kreditzusagen z.B. häufig an die Aufhebung bestehender subventionierter Höchstpreise, da sich die Spirale aus Unterversorgung und Auslandsverschuldung anders nicht durchbrechen lässt. Diese wiederum führte in den betroffenen Ländern nicht selten zu sozialen Unruhen, gewalttätigen Protesten und einer Bedrohung für die betreffenden Regierungen.

Praxisbeispiel 4-7: Brot für Ägypten

Ägypten subventioniert seit langem eine ganz Reihe von Grundnahrungsmitteln sowie andere lebensnotwendige Güter wie z.B. Energie. Ein ägyptisches Fladenbrot kostete lange Jahre hindurch einen, dann zwei Piaster, seit ca. 10 Jahren liegt sein staatlich festgesetzter Preis bei 10 Piastern, das entspricht im Jahr 2007 in etwa 1,5 Euro-Cent. Die Kosten, die dem ägyptischen Staat durch diese Art von „Sozialpolitik“ entstehen, entsprachen in der Vergangenheit in etwa den jährlichen Einnahmen aus dem Suezkanal.

Der IWF hat im Zuge der Umschuldungsverhandlungen von der ägyptischen Regierung wiederholt deutliche Kürzungen bei den Nahrungsmittelsubventionen gefordert, da hiermit insbesondere folgende Probleme verbunden sind:

- „Das Subventionssystem ist zu einer enormen Belastung der Staatshaushalte geworden;
- von allgemein subventionierten Gütern profitieren in der Regel breite Bevölkerungskreise; eine genaue Allokation der Subventionen auf die arme Bevölkerung ist im Rahmen der bestehenden Systeme nicht möglich;
- die Subventionen haben zu teilweise gravierenden Marktverzerrungen geführt, die Fehlallokationen und Verschwendung gefördert haben.“[1]

Der Versuch einer Aufhebung der Preisbindung von Brot hatte allerdings bereits zu Sadats Regierungszeit zu blutigen Unruhen mit Hunderten von Toten geführt. In der Tat besteht jedoch ein Hauptproblem der allgemeinen Preisbindung darin, dass *alle* ägyptischen Bürger - auch die zahlungskräftigen - in den Genuss der staatlichen Subvention kommen. Da während der mehr als 10 Jahre, in denen der Brotpreis bei 10 Piastern lag, hohe Inflation herrschte, ist Brot mittlerweile im Verhältnis zu anderen, nicht subventionierten Gütern sehr billig. Wer heute durch die Straßen von Cairo geht, wird feststellen, dass Brot zu Hauf im Abfall landet und dort nicht nur die streunenden Hunde, sondern auch Myriaden von Ratten ernährt, sowie in Ergänzung oder als Ersatz für teures Grünfutter als Nahrungsmittel für Esel Verwendung findet.

Für welche der geschilderten Varianten auch immer der Staat sich entscheidet, das Grundproblem, nämlich den Mangel an privatwirtschaftlichem Angebot, kann er auf diese Weise nicht beheben. Eine Höchstpreissetzung führt niemals zu einer nachhaltigen Verbesserung der Marktversorgung, sondern mit großer Wahrscheinlichkeit zu deren Verschlechterung, was ein immer umfangreicheres und damit auch teureres Eingreifen des Staates erforderlich macht.

4.4.6.2 Mindestpreise

Analog zu Höchstpreisen dienen Mindestpreise dem Anbieterschutz. Sie sind nur wirksam, wenn sie oberhalb des Gleichgewichtspreises festgesetzt werden.

Mindestpreise sollen verhindern, dass die Anbieter einer bestimmten Branche vom Markt verschwinden. Diese Gefahr entsteht immer dann, wenn z.B. infolge internationalen Wettbewerbs der (Welt-)Marktpreis auf ein Niveau sinkt, das unter den Produktionspreisen im Inland liegt. Die inländischen Anbieter würden nacheinander vom Markt verschwinden und die Arbeitsplätze dieser Branche ins Ausland wandern. Die Folge wäre strukturelle[2] Arbeitslosigkeit im Inland sowie eine steigende wirtschaftliche Abhängigkeit vom Ausland. Wenn es sich dabei um eine Schlüsselbranche der Volkswirtschaft handelt, beschließt der Staat möglicherweise, diese durch die Vorgabe von Mindestpreisen zu erhalten.

---

[1] *Weidnitzer, E.* (1998), Fundstelle im Internet: http://www.die-gdi.de/, Stand 15.03.2007

[2] Unter struktureller Arbeitslosigkeit versteht man, dass die Qualifikation der Arbeitssuchenden nicht auf die Qualifikationsanforderungen der vorhandenen Arbeitsplätze passt.

Da meist der internationale Wettbewerb für den unerwünschten Preisverfall verantwortlich ist, geht die Mindestpreissetzung fast immer mit außenhandelspolitischen Maßnahmen, wie der Erhebung von Zöllen (bei Sachgütern) oder der Einschränkung der Freizügigkeit von Arbeitskräften (bei Dienstleistungen) einher.

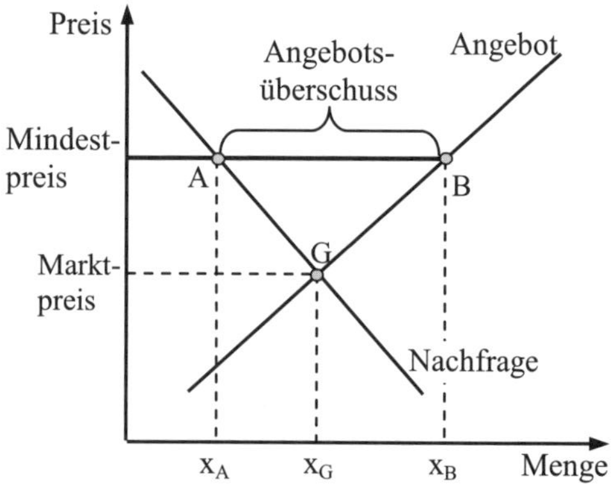

Abbildung 4-37: Mindestpreissetzung

Die Preisfestsetzung führt in diesem Fall zu einem Angebotsüberschuss (Strecke AB in Abbildung 4-37). Analog zur Situation bei Höchstpreisen wird auch hier die kürzere Marktseite, d.h. heißt der Punkt A realisiert: Die Nachfrager sind nicht bereit, zu dem vorgegebenen hohen Preis die gesamte angebotene Menge x_B zu kaufen.

Würde sich die Regierung darauf beschränken, nur den Preis festzusetzen und dessen Einhaltung überwachen, dann würden die Anbieter auf der Menge x_B - x_A sitzen bleiben. Sie würden mittelfristig ihr Angebot reduzieren und - je nach der Größe der Nachfragelücke - ihre Produktion einstellen und vom Markt gehen. Mit großer Wahrscheinlichkeit würden sie versuchen, ihre Waren illegal und entgegen der staatlichen Vorgabe zu niedrigeren Preisen an die Nachfrager zu verkaufen. Der Staat müsste analog zum Schwarzmarkt bei Höchstpreisen fortwährend das Marktgeschehen kontrollieren und Zuwiderhandlungen bestrafen.

Die beabsichtigte Schutzwirkung tritt also auch hier nur dann ein, wenn der Staat gleichzeitig eine mengenpolitische Maßnahme beschließt und dafür sorgt, dass der Angebotsüberschuss zum vorgegebenen Preis auch tatsächlich abgenommen wird. Auch dafür gibt es verschiedene Möglichkeiten:

Die Regierung könnte z.B. bestimmte Nachfrager dazu verpflichten, die inländischen Waren trotz ihres hohen Preises zu kaufen, d.h. Konsumzwang ausüben. Dies ist sicherlich nicht ohne weiteres auf den großen Konsumgütermärkten durchzuführen, aber auf industriellen Märkten, zumal wenn sie einer staatlichen Regulierung unterliegen, durchaus anzutreffen.

Praxisbeispiel 4-8: Der Jahrhundertvertrag

Es gibt gerade in Deutschland ein prominentes Beispiel für ein solches Vorgehen und zwar im Energiesektor. Bereits in den Fünfziger Jahren, der Zeit der Gründung der Montanunion, zeichnete sich ab, dass die deutsche Steinkohle im Begriff war, ihre Wettbewerbsfähigkeit zu verlieren. Sie stand zunehmend in Konkurrenz zum damals noch billig und reichlich fließenden Erdöl sowie zur deutlich billigeren Import-Steinkohle. Von den ca. 600.000 Arbeitsplätzen im Kohlebergbau im Jahr 1957 gab es 10 Jahre später nur noch etwa ein Drittel.

Um den Fortbestand des deutschen Steinkohlebergbaus zu sichern verabschiedete der Bundestag ab Mitte 1965 drei Gesetze, die die weitere Verstromung deutscher Steinkohle sicherstellen sollten, obwohl diese das ca. Vierfache von Importkohle gleicher Qualität kostete. Mit dem dritten Verstromungsgesetz von 1974 wurde der mittlerweile als verfassungswidrig eingestufte und wieder abgeschaffte „Kohlepfennig" als Aufschlag auf den Strompreis eingeführt, der die enormen Kosten der Kohleverstromung auffangen sollte.

Im Jahr 1980 schließlich verpflichtete sich die deutsche Elektrizitätswirtschaft im sog. Jahrhundertvertrag, eine im Abstand von fünf Jahren jeweils steigende Menge an deutscher Steinkohle zu verstromen. Der Strompreis stieg daraufhin weiter an, da der Kohlepfennig nur etwa zwei Drittel der entstehenden Mehrkosten deckte.

Unter dem Druck der europäischen Kommission, die v.a. seit Gründung der Europäischen Union die Liberalisierung und Privatisierung der europäischen Energiemärkte vorantreiben möchte, sowie dem Karlsruher Urteil über die Verfassungswidrigkeit des Kohlepfennigs, werden die Steinkohlesubventionen inzwischen schrittweise abgebaut. Nach dem Beschluss vom 7. Februar.2007 sollen sie bis zum Jahr 2018 vollständig auslaufen.

Eine einfachere und auch häufiger praktizierte Möglichkeit besteht darin, die Angebotsüberschüsse direkt aufzukaufen und auf diese Weise vom Markt zu nehmen. Bietet die Regierung eine solche staatliche Abnahmegarantie jedoch uneingeschränkt an, so wird die Angebotskurve immer flacher und schließlich waagerecht verlaufen, denn durch die fortwährende Produktion der preisgeschützten Waren und den anschließenden Verkauf an den Staat könnte jeder Anbieter risikolos einen beliebig hohen Umsatz generieren.

Wie leicht zu erkennen ist, bedeutet auch diese Maßnahme eine hohe finanzielle Belastung für den Staat, denn was soll er mit den Überschüssen anfangen?

Wenn die Aussicht besteht, dass die private Überproduktion in absehbarer Zeit abgebaut werden kann, macht es Sinn, die aufgekauften Waren in staatlichen Lagern aufzubewahren, um sie später auf dem dann wieder aufnahmefähigen Markt zu verkaufen. Darauf besteht allerdings kaum Aussicht, wenn nicht aktiv gleichzeitig etwas zur Eindämmung der Überproduktion unternommen wird. Die staatliche Preis- und Abnahmegarantie bewirken jedenfalls zunächst das Gegenteil.

Eine weitere, radikale Möglichkeit besteht in der Vernichtung der Überschüsse. Diese drastische Maßnahme stellt eine offensichtliche Vergeudung volkswirtschaftlicher Ressourcen und eine starke Belastung des Staatsbudgets dar, da die Überschüsse nicht nur teuer erworben werden müssen, sondern deren Vernichtung zusätzliche Kosten verursacht.

Der Staat könnte ferner versuchen, die Waren auf dem Weltmarkt zu verkaufen. Auch diese Variante kostet viel Geld, denn auf dem Weltmarkt kann nur ein wesentlich geringerer Preis erlöst werden als aufgrund der Preisgarantie dafür bezahlt werden musste. Dies gilt umso mehr, wenn die Güter - etwa im Rahmen eines Entwicklungshilfeabkommens - an das Ausland gespendet werden. In diesem Fall müssen zusätzlich die möglichen zerstörerischen Wirkungen im Empfängerland berücksichtig werden: Warengeschenke haben einen Preis von Null. Damit kann kein noch so günstiger Anbieter des Empfängerlandes konkurrieren.

Wir müssen also feststellen, dass Mindestpreise ebenso wenig wie Höchstpreise in einer Marktwirtschaft dauerhaft durchgehalten werden können. Sie verursachen eine Verstärkung des Ungleichgewichts, zu dessen Bekämpfung sie eingeführt worden sind, und belasten somit dauerhaft und zunehmend das Staatsbudget. Der beabsichtigte sozial- oder struktur- bzw. industriepolitische Zweck, nämlich ein stabiler Nachfrager- oder Anbieterschutz wird nicht erreicht.

Praxisbeispiel 4-9: Der tarifgebundene Arbeitsmarkt

Auf einem wichtigen volkswirtschaftlichen Markt sind auch in Deutschland die Auswirkungen von Mindestpreisen zu beobachten, nämlich auf dem Arbeitsmarkt. In Deutschland werden die Lohnniveaus durch autonome Tarifverhandlungen zwischen den beiden Tarifvertragsparteien, den Arbeitgeberverbänden einerseits und den Gewerkschaften andererseits, festgelegt. Die Tarifabschlüsse in Form von Flächentarifverträgen sind für alle tarifgebundenen Unternehmen einer Branche verbindlich.

Seit den Siebziger Jahren hat sich im Zuge der Globalisierung und Technisierung der Märkte die Arbeitswelt entscheidend verändert. Der internationale Handel sowie der schnellere technische Fortschritt beschleunigen einerseits den strukturellen Wandel und machen die Arbeitsnachfrage volatiler, reduzieren aber gleichzeitig auch in den hoch entwickelten Industrieländern die Nachfrage nach einfacher Arbeit drastisch. Dies macht ebenso flexible sektorale, regionale und qualifikatorische Lohnstrukturen notwendig, wie sie nur durch stärker dezentrale, betriebsnahe Tarifabschlüsse möglich wären. Stattdessen zielt insbesondere die Lohnpolitik der Gewerkschaften weiterhin auf die Beibehaltung des Flächentarifvertrags sowie auf eine weitere Reduzierung der Lohnspreizung[1] durch einseitige Anhebung insbesondere der untersten Lohngruppen mit dem Argument, dass auch diesen Lohngruppen ein existenzsicherndes Einkommen garantiert sein müsse. Der Marktwert nicht-qualifizierter Arbeit liegt jedoch häufig darunter, so dass der Tariflohn für diesen Teil des Arbeitsmarktes wie ein Mindestlohn wirkt[2]. Hinzu kommt, dass das soziale Existenzminimum in Deutschland durch das Sozialhilfesystem jedem Bürger garantiert wird. Durch hohe Transferentzugsraten[3] wird die Arbeitsaufnahme eines Sozialhilfeempfängers de facto bestraft. Arbeitsplätze für Tätigkeiten, deren Marktwert unter dem Sozialhilfesatz liegt, entstehen gar nicht erst. Damit zieht der Sozialstaat eine Untergrenze in das Tarifgefüge ein, unter dem sich eine Arbeitsaufnahme auf keinen Fall lohnt.

Wie jeder Mindestpreis führt auch der Mindestlohn zu Angebotsüberschüssen und genau wie bei anderen Mindestpreisen auch müsste diejenige Institution, die den Mindestlohn setzt - das sind auf dem Arbeitsmarkt die Tarifvertragsparteien - für die Beseitigung der Angebotsüberschüsse, also die Arbeitslosen, sorgen. Dazu sind diese jedoch nicht bereit. „Sie versuchen vielmehr, Teile der Lasten auf Dritte, zumeist auf den (Sozial-)Staat abzuwälzen, also die Lasten zu sozialisieren. Die Flächentarife helfen den Tarifpartnern, einen Teil der Lasten zu externalisieren. Das erste Opfer dieser Strategie ist der Sozialstaat. Vor allem die Arbeitslosenversicherung leidet darunter. ...Der Staat hilft, erhebliche Teile der Anpassungslasten zu sozialisieren und unterstützt das marktwidrige Verhalten der Tarifpartner noch auf eine andere Art und Weise: Er subventioniert seit langem nicht nur einzelne Not leidend gewordene Unternehmungen, sondern auch ganze Branchen, die ihre Zukunft längst hinter sich haben."[4]

Wie stets, wenn der Staat oder andere Institutionen korrigierend in das Marktgeschehen eingreifen, zieht also auch hier eine Maßnahmen zahlreiche andere nach sich, was das Ausmaß der Verzerrung sowie der Fehlallokation immer weiter erhöht.

4.4.6.3 Praxisbeispiel: Die europäische Agrarpolitik

Ein besonders eindrucksvolles Beispiel für die Anwendung, aber auch den Misserfolg einer staatlichen Preispolitik bietet der europäische Agrarmarkt. Um zu verstehen, warum dort im Laufe der Zeit in großem Umfang preispolitische Maßnahmen eingesetzt worden sind, ist es

[1] Lohnspreizung bezeichnet den Abstand zwischen der obersten und der untersten Tarifgruppe.

[2] Zu den Auswirkungen von Mindestlöhnen vgl. auch die sehr gute Darstellung bei *Samuelson, P.A., Nordhaus, W.D.* (2005), S. 117 ff.

[3] Das bedeutet, dass Arbeitseinkommen abgesehen von unbedeutenden Freibeträgen praktisch zu 100% die Sozialhilfe vermindert.

[4] *Berthold, N.* (1999), S. 2.

erforderlich, sich zunächst kurz mit der geschichtlichen Entwicklung des europäischen Agrarsektors zu befassen.

Historie

Bis zum Zeitalter der Industrialisierung, aber auch noch bis in das 20. Jahrhundert hinein war der Agrarsektor der wichtigste Wirtschaftszweig aller heutigen Industrienationen. Die Mehrheit der Bevölkerung arbeitete in und lebte von der Landwirtschaft. Seit jeher waren landwirtschaftliche Einkommen infolge der hohen Witterungsabhängigkeit der Produktion von starken Schwankungen geprägt sowie aufgrund einer sehr arbeitsintensiven Produktionstechnik und damit niedrigen Arbeitsproduktivität insgesamt geringer als die in anderen Wirtschaftssektoren.

Durch die im 20. Jahrhundert, v.a. nach dem 2. Weltkrieg einsetzende Mechanisierung der Landwirtschaft sowie die enormen Wissensfortschritte im Bereich der Agrarchemie nahm die Produktivität, d.h. der Output pro Inputeinheit, im Landwirtschaftssektor gravierend zu. Dadurch verlagerte sich die Angebotsfunktion für landwirtschaftliche Produkte deutlich nach rechts (vgl. Abbildung 4-38).

Gleichzeitig erhöhte sich auch die Nachfrage nach Agrarprodukten, allerdings bei weitem nicht in demselben Ausmaß. Lebensmittel sind zwar lebensnotwendig, was bedeutet, dass die Nachfrage nur eine geringe Preiselastizität aufweist: Preiserhöhungen reduzieren die nachgefragte Menge kaum, Preissenkungen erhöhen sie aber auch nicht wesentlich!

Gleichzeitig weisen landwirtschaftliche Produkte auch eine niedrige Einkommenselastizität auf: Auch wenn die Menschen mehr verdienen, werden sie nur begrenzt mehr essen (können). Zudem sind unter den Lebensmitteln auch häufig inferiore Güter, die sogar eine negative Einkommenselastizität aufweisen.

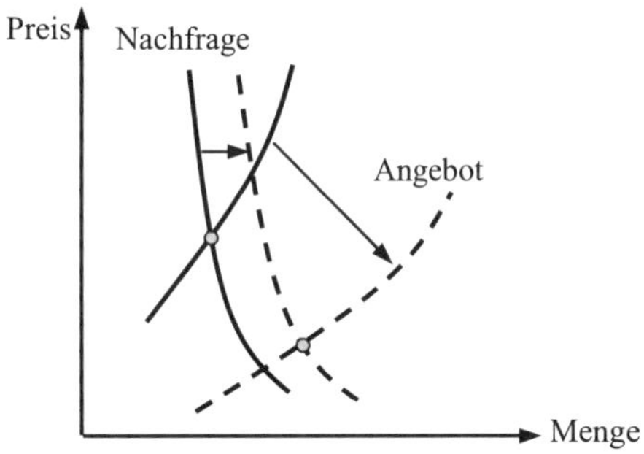

Abbildung 4-38: Preisentwicklung im Agrarmarkt

Die Nachfragekurve nach landwirtschaftlichen Produkten ist also steiler als die Angebotskurve und verlagerte sich im Zeitverlauf weniger stark nach rechts als diese:

Der dadurch ausgelöste drastische Preisverfall für landwirtschaftliche Produkte zeichnete sich bereits in den Fünfziger Jahren deutlich ab und hätte zusammen mit der preisunelastischen Nachfrage zu ständig sinkenden landwirtschaftlichen Einkommen geführt. Ohne staatliches Eingreifen hätte diese Entwicklung sicherlich zum Niedergang eines großen Teils der bäuerlichen Familienbetriebe oder sogar zum völligen Verschwinden landwirtschaftlicher Produktion aus einzelnen Regionen Europas geführt.

Aus arbeitsmarkt- wie auch aus struktur- und gesellschaftspolitischen Gründen war und ist eine solche aber auch noch Entwicklung in Europa jedoch unerwünscht. Hinzu kommt, dass

gerade für europäische Länder auf Grund der Erfahrungen der beiden Weltkriege Nahrungsmittelautarkie nach wie vor ein wichtiges nationales Ziel darstellt.

1957 wurde daher der EWG-Vertrag geschlossen mit dem Ziel, einen gemeinsamen europäischen Agrarmarkt zu errichten. Dieser Vertrag löste die zuvor bestehenden unterschiedlichen nationalen Systeme von Importzöllen und Subventionen für Agrarprodukte ab, mit denen jedes Land für sich versucht hatte, die Abwanderung von Arbeitskräften aus der Landwirtschaft zu bremsen und den Bauern ein angemessenes Einkommen zu verschaffen.

Kernpunkte der europäischen Agrarmarktordnung

Ziele des EWG-Vertrags waren:

- Sicherung eines angemessenen Einkommens im Agrarsektor
- Steigerung der Produktivität in der Landwirtschaft
- Stabilisierung der Märkte, d.h. v.a. der Marktpreise für Agrarprodukte
- Sicherstellung der Versorgung der Bevölkerung mit Lebensmitteln

Hierfür sieht der Vertrag einen Gemeinsamen Markt vor (heute Art. 32 - 38 EGV), für den ein sog. System von Agrarmarktordnungen, einem Geflecht unterschiedlicher Schutzbestimmungen, entwickelt werden sollte. Dieser Name ist allerdings insofern irreführend, als diese Agrarmarktordnungen „mit Markt nichts und mit Ordnung nur wenig gemein haben“.[1]

So unterschiedlich diese Marktordnungen für die einzelnen landwirtschaftlichen Produktionszweige auch sind, so ist ihnen doch ein wesentliches Grundelement gemeinsam: Für die meisten landwirtschaftlichen Erzeugnisse wurde ein sog. **Interventionspreis** eingeführt, d.h. ein staatlich garantierter Mindestpreis, der einmal im Jahr von den EU-Landwirtschaftsministern festgelegt wird.

Wenn der Marktpreis unter diesen Mindestpreis fällt, können die Landwirte die Güter, die sie auf dem Markt nicht mehr absetzen können, den vom Staat eingerichteten Interventionsstellen zum vorgegebenen Mindestpreis verkaufen. Diese Güter werden dann auf Kosten der EU gelagert und später entweder vernichtet, zu stark subventionierten Preisen in Drittländer exportiert, einer inferioren Verwendung zugeführt (z.B. Weiterverarbeitung von Speisefetten zu industriellen Schmierstoffen) oder im besten Fall im Inland wieder verkauft, sollte der Marktpreis wieder über den Interventionspreis steigen. Letzteres kommt allerdings aufgrund des zunehmenden Preisverfalls auf den Agrarmärkten kaum noch vor.

Da die Interventionspreise für europäische Agrarprodukte über den Weltmarktpreisen liegen, können sie nur dann durchgesetzt werden, wenn gleichzeitig mit dem Interventionssystem auch ein wirksamer Schutz gegen Billigimporte eingeführt wird. Die Einführung von Garantiepreisen für die europäischen Erzeuger bedingt also gleichzeitig die Einführung eines **Zollschutzes** zur Abwehr der Weltmarktkonkurrenz. Da der Weltmarktpreis nicht konstant ist und somit die Differenz zwischen dem Interventionspreis und dem Weltmarktpreis ständig schwankt, muss der Zollsatz variabel sein. Man spricht daher auch von **variablen Abschöpfungen**, die dafür sorgen, dass auch importierte Güter nicht unter den vorgegebenen Schwellenpreisen angeboten werden können. Umgekehrt werden die Überschüsse aus dem EU-Gebiet mit Hilfe von sog. **Exporterstattungen**, also Ausfuhrsubventionen soweit verbilligt, dass sie überhaupt als Exporte auf dem Weltmarkt absetzbar sind.

[1] *Baßeler, U., Heinrich, J., Utecht, B.* (2006), Grundlagen und Probleme der Volkswirtschaft, 18. Aufl., Stuttgart, S. 680.

Folgen im Ausland

Diese Praxis bringt der EU weltweit scharfe Kritik an ihrer Agrarpolitik ein. Agrarproduzenten außerhalb der EU - und dies betrifft v.a. die Entwicklungsländer - werden durch den Agrarprotektionismus nämlich gleich in zweierlei Hinsicht getroffen:

- Einerseits wird ihnen der freie Zugang zu den Absatzmärkten der EU verwehrt, wodurch sie ihre Spezialisierungsvorteile im Rahmen einer optimalen internationalen Arbeitsteilung nicht nutzen können.
- Andererseits üben die subventionierten Exporte der EU ihrerseits erheblichen Druck auf die Weltmarktpreise aus und schmälern zudem die erzielbaren Absatzmengen vor allem für kleinere Produzenten.

So berichtet z.B. die Organisation „Brot für die Welt“ über eines ihrer Projekte in Kenia: „Im Jahr 2000/2001 wurden 14,5 Mio. Tonnen EU-Weizen und EU-Weizenmehl exportiert - mit teilweise verheerenden Folgen. Die Getreideexporte der EU erfolgten zu einem Preis, der bis zu 39% unter den Produktionskosten kenianischer Bauern lag. Kenia importierte deshalb im Jahr 2000 billiges Weizenmehl aus Ägypten - hergestellt aus billigem Importweizen aus der EU. Die Folgen für kenianische Bauern und Müller waren ruinös.“[1]

Binnenwirtschaftliche Folgen

Die Agrarpreispolitik hatte jedoch auch innerhalb der EU mehrere fatale Folgen:

- Zum einen führte sie zu immer höheren Produktionsüberschüssen, da für die Landwirte jede Produktionssteigerung gleichzeitig zu einer risikolosen und sicheren Einkommenssteigerung wurde. Die Verlagerung der Angebotskurve nach rechts beschleunigte sich.
- Diese induzierte Überproduktion wirkte sich sehr negativ auf die Umwelt aus. Massentierhaltung und Monokulturen riefen und rufen erhebliche ökologische Schäden hervor.
- Des Weiteren kosteten die Preisstützungsmaßnahmen in ihrer Gesamtheit sehr viel Geld. Ende der Achtziger Jahre machten die Agrarmarktausgaben ca. zwei Drittel des gesamten EG-Haushalts aus. Noch dazu musste ein Großteil der Ausgaben für die Folgen der Preisstützung verwendet werden, z.B für Verwaltung, Lagerung und Vernichtung der Überschüsse oder für Exporterstattungen. Es wird geschätzt, dass den Landwirten selbst nur rund 20% der Ausgaben unmittelbar zugute kamen[2].
- Ferner waren und sind die unerwünschten Verteilungswirkungen nicht zu übersehen: Schließlich müssen die EU-Verbraucher die künstlich überhöhten Preise der Agrarprodukte bezahlen.

So schildert z.B. die Tageszeitung “Die Zeit” die Verzweiflung deutscher Zuckerkonsumenten ob der Brüsseler Marktordnung für Zucker folgendermaßen:

> *„Um dieses 31-seitige Gesetz nebst sieben Anhängen tobt Streit zwischen reichen Rübenländern und armen Rohrnationen, zwischen Zuckerproduzenten und Zuckerverbrauchern, zwischen Jan Kirsch, einem Zuckerrübenanbauer aus Kerpen, und beispielsweise Tobias Bachmüller, dem Chef von Katjes. Ebenso wie die Hersteller von Limonade, Schokoweihnachtsmännern oder Printen würde er den Zucker für seine Fruchtgummis und Lakritzkätzchen gern billig einkaufen, was ihm das europäische*

[1] http://www.brot-fuer-die-welt.de/ernaehrung/produkte/50_111_DEU_HTML.php, Stand 15.03.2007
[2] Vgl. *Baßeler, U., Heinrich, J., Utecht, B.* (2006), S. 682.

Rübenreglement aber verwehrt. Statt für rund 180 Euro, den Weltmarktpreis für eine Tonne Zucker, muss Bachmüller das süße Zeug deshalb für 720 Euro einkaufen. Bachmüller findet, das sei ein Skandal - genauso wie die brasilianischen Zuckerhersteller, die ihren Stoff gern billig an ihn verkaufen würden. De facto werden sie ihren Zucker in Europa aber nicht los.“[1]

Reform der europäischen Agrarpolitik

Schließlich setzte sich mit der Zeit auch in der Politik die Erkenntnis durch, dass Preiskontrollen dieser Art v.a. zu Fehlallokationen und hohen volkswirtschaftlichen Kosten führen, ihr sozialpolitisches Ziel jedoch kaum erreichen. Seit Beginn der Neunziger Jahre wird daher das System der staatlichen Preisregulierung durch ein System direkter Einkommenshilfen ergänzt und stückweise ersetzt. Ein kompletter Verzicht auf Interventionspreise und damit die völlige Aufgabe der Preisgarantien war und ist politisch nicht durchsetzbar.

- Hauptziel der Reformbemühungen ist es, die Überproduktion zu begrenzen bzw. zu beseitigen. Markttheoretisch ausgedrückt soll die Angebotskurve nachhaltig nach links verlagert oder wenigstens ihre Rechtsverschiebung gestoppt werden.
- Dies soll durch ein Bündel verschiedener Maßnahmen erreicht werden:
- Die Abnahmegarantie wurde eingeschränkt. Die vorgegebenen Mindestpreise gelten nur noch im Rahmen bestimmter, individuell zugeteilter Mengenkontingente (z.B. „Milchquote“).
- Gleichzeitig werden die Stützungspreise abgesenkt mit dem Ziel, nach einer angemessenen Übergangsfrist Weltmarktniveau zu erreichen.
- Zum Ausgleich für die dabei entstehenden Verluste erhalten die Bauern direkte Einkommensbeihilfen in Form eines Preisausgleichs je Hektar. Voraussetzung dafür ist, dass ein Teil der Fläche, für die die Beihilfe beantragt wird, stillgelegt wird. Auf solchen Flächen dürfen jedoch nachwachsende Rohstoffe angepflanzt werden, ohne dass der Anspruch auf Ausgleichszahlung verloren geht.
- Bezuschusst werden ferner Maßnahmen, die die landwirtschaftlichen Produktionskapazitäten reduzieren. Neben Flächenstilllegungen betrifft dies auch die vollständige Aufgabe landwirtschaftlicher Erwerbstätigkeit (Vorruhestand) sowie die Verringerung des Viehbestandes.
- Förderungswürdig sind außerdem Maßnahmen zur Einführung umweltfreundlicher Produktionsmethoden.

Es bleibt zu hoffen, dass der Umbau des europäischen Agrarsektors konsequent weitergeführt und erfolgreich abgeschlossen wird.

[1] *Vorholz, F.* (2003).

5 Theorie des Haushalts

Lehrziele:

In diesem Kapitel soll untersucht werden, welche Faktoren die Güternachfrage eines Haushalts bestimmen und wie sich der Zusammenhang zwischen den Nachfragemengen eines Gutes und seinem Preis begründen lässt. Dabei gehen wir in den folgenden Schritten vor:

Ausgehend von der Zielsetzung eines Haushalts, mit den vorhandenen Mitteln ein größtmögliches Maß an Bedürfnisbefriedigung zu erlangen, wird mit den Indifferenzkurven ein analytisches Instrument entwickelt, das es erlaubt, die individuelle Präferenzordnung eines Haushalts abzubilden.

In der Bilanzgeraden, die von den Güterpreisen und dem Einkommen des Haushalts bestimmt ist, lässt sich der Raum realisierbarer Güterbündel abgrenzen, aus denen der Haushalt dasjenige auswählt, dass ihm den größtmöglichen Nutzen stiftet.

In einem dritten Schritt wird untersucht, wie sich der optimale Konsumplan und damit die Nachfrage nach einem Gut ändern, wenn sich das Einkommen oder die Güterpreise ändern. Dabei erweisen sich die Konzepte der Elastizitäten als hilfreich, um Güter und Güterbeziehungen zu charakterisieren.

Im vierten Schritt wird eine wichtige Zielsetzung des Kapitels erreicht: Es wird abgeleitet, wie sich die individuelle Nachfrage eines Haushalts verändert, wenn sich der Preis eines Gutes ändert. Die individuellen Nachfragekurven der einzelnen Haushalte lassen sich sodann zur Marktnachfrage zusammenfassen.

Das analytische Instrumentarium, mit dem die Nachfrageentscheidungen des Haushalts erklärt wurden, wird schließlich genutzt, um die Entscheidungen des Haushalts über das Angebot an Arbeitsleistungen und über die Aufteilung des Einkommens auf Konsum und Ersparnisbildung zu untersuchen.

5.1 Vorbemerkungen

Wenn in diesem Kapitel von der Theorie des Haushalts die Rede ist, ist damit nicht der Anspruch verbunden, das Handeln der Haushalte in allen seinen Dimensionen zu beschreiben und zu erklären. Die Mikroökonomie befasst sich nur mit den ökonomischen Entscheidungen der Haushalte. Dabei betrachtet sie den Haushalt als eine Einheit, die aus einer oder mehreren Personen besteht, die unter einer gemeinsamen Zielsetzung wirtschaftliche Entscheidungen treffen. Wie die Entscheidungen innerhalb eines Haushaltes zu Stande kommen, wird nicht weiter untersucht, d. h. es wird angenommen, dass Konflikte innerhalb des Haushalts lösbar sind und dass der Haushalt über eine einheitliche Vorstellung bezüglich der Rangordnung seiner Bedürfnisse verfügt. Die Frage, wie aus den unterschiedlichen Vorstellungen der Haushaltsmitglieder eine gemeinsame Zielsetzung entsteht, wird nicht weiterverfolgt.

Die Haushalte werden im Rahmen des Wirtschaftskreislaufs als konsumierende Wirtschaftseinheiten definiert. Denn die Haushalte sind jene Wirtschaftseinheiten, deren Versorgung mit Gütern der Zweck jeden Wirtschaftens ist. Die Menschen, die in Haushalt leben, haben Bedürfnisse, die sie durch den Konsum von Gütern befriedigen. Abhängig von ihren individuellen Präferenzen erwerben sie Konsumgüter, um so ihre subjektiven Bedürfnisse best möglich zu befriedigen. Ziel des Haushalts ist die Nutzenmaximierung. Damit meinen wir, dass die Haushalte bestrebt sind, über Niveau und Struktur ihrer Konsumausgaben so zu entscheiden, dass ihre Bedürfnisse so umfassend wie möglich zufrieden gestellt sind.

Die Charakterisierung der Haushalte als konsumierende Einheiten führt allerdings häufig zu der verkürzten Sichtweise, dass sich die Entscheidungen der Haushalte nur auf die Nachfrage nach Gütern erstrecken. Geht man davon aus, dass sich die Produktionsfaktoren im wirtschaftlichen Eigentum der Haushalte befinden, so erstrecken sich die Entscheidungen der Haushalte auch auf das Angebot an Produktionsfaktoren zum Zweck der Erzielung von Einkommen. Die wirtschaftlichen Entscheidungen eines Haushalts betreffen somit die folgenden Bereiche:

- Der Haushalt bietet Arbeit und Kapital auf den Faktormärkten an. Dabei entscheidet er über die Aufteilung seiner Tageszeit auf Arbeitszeit und Freizeit zur Erzielung von Arbeitseinkommen sowie über die Verteilung seines Vermögens auf verschiedene Anlagearten zur Erzielung von Vermögenseinkommen. Diese Entscheidungen determinieren die Höhe des Haushaltseinkommens. Es sind dies die Angebotsentscheidungen des Haushalts.
- Haushalte entscheiden weiterhin über die Verwendung ihres Einkommens, d.h. zunächst über die Aufteilung des Einkommens auf Konsum und Ersparnisbildung und schließlich über die Aufteilung des für Konsumzwecke vorgesehenen Einkommens auf die verschiedenen Konsumgüter. Dies sind die Entscheidungen über die Güternachfrage des Haushalts.

Das ökonomische Handeln der privaten Haushalte bezieht sich demzufolge auf Entscheidungen

- über die Erzielung von Einkommen,
- über die Anlage von Vermögen,
- über die Verwendung des Einkommens für Vermögensbildung und Konsum sowie
- über die Struktur der Konsumgüternachfrage.

Diese einzelnen Entscheidungen sind in der Regel nicht unabhängig voneinander. So kann der Wunsch nach einer Steigerung des Konsums erreicht werden durch ein höheres Angebot an Arbeitsleistung, durch eine Verringerung der Ersparnisbildung oder durch eine Auflösung von Vermögen bzw. Zunahme der Verschuldung. Damit wird deutlich, wie komplex die Entscheidungssituation des Haushalts ist, denn im Sinne einer umfassenden Nutzenmaximierung müssten sämtliche Entscheidungsprobleme simultan gelöst werden. Um die weiteren Ausführungen dennoch überschaubar zu halten, erfolgt zunächst die Analyse von Nachfrage- und Konsumentscheidungen der Privathaushalte. Dabei wird davon ausgegangen, dass die Entscheidungen über die Einkommenserzielung und die Vermögensbildung bereits getroffen sind. In einem weiteren Abschnitt betrachten wir die Entscheidungen zur Erzielung von Arbeitseinkommen und schließlich wird ein Ansatz für intertemporale Konsumentscheidungen gezeigt.

5.2 Die Entscheidungssituation des Haushalts

5.2.1 Zielsetzungen und Verhaltensweise

In der Haushaltstheorie wird angenommen, dass sich jeder Haushalt am Ziel der individuellen Nutzenmaximierung orientiert. Diese Zielvorstellung des Haushalts ist naturgemäß subjektiv geprägt, denn sie beinhaltet, dass jeder Haushalt über die Verwendung seiner Mittel so entscheidet, dass er daraus unter den gegebenen Bedingungen den größtmöglichen Beitrag zu seiner Wohlfahrt erzielt bzw. das höchstmögliche ökonomische Sättigungsniveau erreicht. Dieses Bestreben bezeichnet man als Nutzenmaximierung. Der Nutzen ist zu verstehen als ein abstraktes Maß für die Zufriedenheit, die der Konsum eines Gutes oder Güterbündels einem Haushalt verschafft. Nutzenmaximierung setzt voraus, dass der Haushalt seine Wünsche, Vorlieben, kurz seine Bedürfnisse in eine eindeutige Rangordnung bringen kann, die die subjektive Wertschätzung, die er mit einem Gut im Vergleich zu anderen Gütern verbindet, zum Ausdruck bringt. Diese Anordnung beinhaltet die subjektiven Nutzenvorstellungen und wird als Bedarfsstruktur oder Präferenzordnung bezeichnet. Diese Bedarfsstruktur sei allein durch die Bedürfnisse des Haushalts festgelegt, m. a. W. die Haushalte seien in ihren Entscheidungen über die Präferenzordnung voneinander unabhängig.

Beim Nutzen handelt es sich um einen subjektiven Begriff, denn der Nutzen, den ein Gut stiftet, wird von jedem Haushalte unterschiedlich eingeschätzt. Dies hat zur Folge, dass bei unterschiedlichen Wert- und Nutzenvorstellungen, wie sie bei verschiedenen Haushalten mit hoher Wahrscheinlichkeit zu erwarten sind, die erreichbaren bzw. erreichten Versorgungsniveaus unterschiedlich bewertet werden. Da es keinen intersubjektiv gültigen Maßstab zur Messung des Nutzens gibt, können die Nutzenniveaus demzufolge auch nicht quantitativ bestimmt und objektiv vergleichbar gemacht werden.

Das Nutzenkonzept ist deshalb aber noch nicht überflüssig oder völlig realitätsfremd. Der Nutzen als theoretisches Konzept ist ein analytisches Hilfsmittel, das sich bei der Erklärung des realen Haushaltsverhaltens sehr wohl bewährt hat. Dabei geht ist nicht um die Erklärung des Verhaltens jedes einzelnen Haushalts. Im Mittelpunkt der Betrachtung steht der typische, repräsentative Haushalt, um damit das Verhalten von Verbrauchergruppen und ihre Interaktion am Markt analysieren zu können.

Damit der Haushalt ein größtmögliches Versorgungsniveau realisiert, muss er bei der Verwendung seiner Mittel planmäßig handeln. Die Theorie des Haushalts unterstellt dem Haushalt ein Handeln nach dem Rationalprinzip. Ein Handeln nach dem ökonomischen Prinzip liegt dann vor, wenn der Haushalt Einkommenserzielungs-, Portfolio-, Einkommensverwendungs- oder Nachfrageentscheidungen trifft, die sich als Ergebnis genauer Abwägungen der

ökonomischen Vor- und Nachteile der zur Wahl stehenden Alternativen darstellen, wenn sich also z. B. Kaufentscheidungen primär an den Parametern Einkommen und Preise orientieren. In Rahmen der Haushaltstheorie kommt das ökonomische Prinzip vor allem in der Form des Maximalprinzips zur Anwendung: Bei gegebenen Güterpreisen und gegebenem Einkommen wird der Nutzen, den die Güterkäufe stiften, maximiert.

Das Rationalverhalten in Sinne eines Optimierungskalküls wird man in der Realität in reiner Form relativ selten beobachten oder es erscheint sogar als realitätsfremd. Gleichwohl geht ein Haushalt planmäßig vor, wenn er seiner Entscheidung folgende Bedingungen zu Grunde legt:

- Der Haushalt hat eine Vorstellung über die Priorität seiner Bedürfnisse und ordnet diese nach der Dringlichkeit.
- Er kennt die Preise und Gütereigenschaften und ist in der Lage, das Preis-Leistungsverhältnis der Güter im Hinblick auf seine Bedürfnisbefriedigung einzuschätzen.
- Er entscheidet sich für die Güter, die das beste Preis-Leistungsverhältnis versprechen.

5.2.2 Weitere Elemente des Wirtschaftsplans

Neben den subjektiven Elementen des Maximierungsproblems ist jeder Haushalt mit objektiven, also alle Haushalte in gleicher Weise betreffenden Gegebenheiten konfrontiert. Diese objektiven Gegebenheiten bilden in ihrer Summe das Entscheidungsfeld des Haushalts. Dazu gehören einerseits die so wichtigen Entscheidungsparameter Güter- und Faktorpreise, Zinssätze, Faktornachfrage und Güterangebot der Unternehmen, die Ausstattung des Haushalts mit Produktionsfaktoren und Forderungen/Vermögen.

Während die Faktornachfrage und das Güterangebot der Unternehmen sowie die Anfangsausstattung für den Haushalt gegeben sind, können Faktor- und Güterpreise vom Haushalt teilweise beeinflusst werden. Dies setzt voraus, dass er über genügend Marktmacht verfügt, um als Konsument einen Druck auf die Güterpreise auszuüben bzw. als Anbieter von Arbeitsleistungen oder Kapital höhere Faktorpreise durchzusetzen. Dies mag in Einzelfällen wie etwa bei Honoraren in Werbeverträgen von Spitzensportlern u. a. bekannten Persönlichkeiten oder bei der Verzinsung größerer Geldvermögen durchaus der Fall sein. Für die Mehrheit der Haushalte ist jedoch davon auszugehen, dass sie nur über eine sehr begrenzte oder keine Marktmacht verfügen. Sie können auf Veränderungen der Preise und anderer Parameter nur dadurch reagieren, dass sie ihre angebotenen oder nachgefragten Gütermengen anpassen, indem sie z. B. bei sinkenden Zinsen ihre Vermögen verlagern und damit das Angebot in dem betreffenden Markt einschränken oder bei steigenden Güterpreisen weniger kaufen. Nachdem diese Verhaltensweise einen repräsentativen Haushalt eher kennzeichnet, wird im weiteren Verlauf unterstellt, der Haushalt verhalte sich als Mengenanpasser.

Zum Entscheidungsfeld gehören aber auch sämtliche rechtlichen und institutionellen Rahmenbedingungen, die die wirtschaftlichen Entscheidungen der Haushalte begrenzen oder erweitern und die der Haushalt bei seinen einzelwirtschaftlichen Entscheidungen in der Regel als gegeben hinzunehmen hat. Als wichtiger rechtlicher Bestimmungsgrund ist etwa die durch die Steuergesetzgebung determinierte individuelle Steuerbelastung zu nennen. Zu den institutionellen Gegebenheiten könnte man etwa eine veränderte politische oder wirtschaftliche Lage eines Landes zählen, die trotz bestehender Präferenzordnung die Haushalte veranlasst, ihre wirtschaftlichen Dispositionen zu überdenken, indem geplante Güterkäufe verschoben werden, z. B. eine geplante Urlaubsreise in ein politisch unsicheres Land aufgegeben wird. Für die weitere Analyse betrachten wir die rechtlichen und institutionellen Rahmenbedingungen als gegeben.

Angesichts der Komplexität des Entscheidungsproblems ist schließlich der Informationsstand des Entscheidenden anzusprechen. Langfristig wird ein Haushalt immer nur unvollständige Informationen haben, er wird unter Unsicherheit handeln. In der Tradition der neoklassischen Theorie unterstellen wir hier jedoch vollständige Information. Dies impliziert, dass der Haushalt hinreichende Informationen über die angebotenen Güter bzw. nachgefragten Produktionsfaktoren, über Zinsen, Güter- und Faktorpreise besitzt. Die Rechtfertigung für diese Annahme besteht ausschließlich darin, die Komplexität der wirtschaftlichen Entscheidungssituation zu reduzieren, um die Wirkungen der als wesentlich identifizierten Einflussgrößen zu erkennen.

Für die weitere Analyse gehen wir davon aus, dass der Haushalt seine Entscheidungen über die Einkommenserzielung und die Aufteilung des Einkommens auf Konsum und Sparen bereits getroffen hat. Aufgrund der herrschenden Lohnsätze, Zinsen, Mieten und Pachten hat er entschieden, wie und in welchem Umfang die zur Verfügung stehenden Produktionsfaktoren zur Einkommenserzielung eingesetzt werden sollen. Die Höhe des Einkommens ist somit bestimmt. Ferner hat er die Aufteilung des Einkommens für Konsumzwecke und Vermögensbildung vorgenommen. Damit ist die verbleibende Konsumsumme festgelegt; sie ist für die weitere Entscheidung über die Güteraufteilung ein Datum. Da wir die Konsumgüterpreise ebenfalls als gegeben betrachten, besteht das Entscheidungsproblem des Haushalts somit darin, das konsumierbare Einkommen bei den gegebenen Preisen so auf die dem Haushalt bekannten Konsumgüterarten zu verteilen, dass das Ziel einer höchst möglichen Bedürfnisbefriedigung gemäß seinen subjektiven Präferenzen erreicht wird.

5.3 Die Güternachfrage des Haushalts

5.3.1 Gesamtnutzen und Grenznutzen

Die Grenznutzenschule[1] definiert den Nutzen als den subjektiven Gebrauchswert eines bestimmten Gutes für ein bestimmtes Individuum zu einem bestimmten Zeitpunkt. Die Grenznutzenschule hatte angenommen, der Nutzen sei kardinaler Natur, d. h. er sei messbar.

Besitzt ein Haushalt beispielsweise eine bestimmte Menge eines Gutes, sagen wir sechs Mengeneinheiten, so könnte er bei kardinaler Natur des Nutzens den gesamten Nutzen der gesamten Gütermenge wie auch einer jeden Teilmenge angeben. Ferner könnte er angeben, wie sich der Nutzen ändert, wenn sich die konsumierte Menge um eine Mengeneinheit ändert. Den Nutzenzuwachs, der aus dem Konsum einer zusätzlichen Mengeneinheit eines Gutes resultiert, nennt man den Grenznutzen.

Bei der Frage, welche Menge eines Gutes nun der Haushalt tatsächlich nachfragen wird, geht die Grenznutzenschule von der folgenden Annahme aus: Der gesamte Nutzen, den der Konsum eines Gutes innerhalb einer Zeiteinheit stiftet, hängt ceteris paribus von der Verbrauchsmenge des Gutes ab. Mit zunehmender Konsummenge steigt der Gesamtnutzen bis zur Sättigungsmenge an, um von da ab wieder zu sinken. Der Nutzenzuwachs wird allerdings bei fortschreitendem Konsum einer zusätzlichen Mengeneinheit immer kleiner. Im Sättigungspunkt ist kein Nutzenzuwachs mehr zu verzeichnen. Nach dem Sättigungspunkt ist der Nutzenzuwachs negativ.

---

[1] Die Grenznutzenschule wurde in den siebziger Jahren des 19. Jahrhunderts begründet. Sie ging davon aus, dass der Wert und Preis eines Gutes oder Produktes von der subjektiven Einschätzung der Haushalte bestimmt wird. *Carl Menger*, *William Stanley Jevons* und *Léon Walras* haben die Konzepte annähernd zeitgleich formuliert. *Hermann Heinrich Gossen* (1810 – 1858) legte bereits in seinem 1854 erschienen Buch “Entwicklung der Gesetze des menschlichen Verkehrs” wichtige Grundlagen zur theoretischen Fundierung der Grenznutzenschule.

Diese Annahme wird als Gesetz des abnehmenden Grenznutzens oder als **erstes Gossen´sches Gesetz** bezeichnet. Das erste Gossen´sche Gesetz besagt: Der Grenznutzen eines Gutes nimmt mit zunehmender konsumierter Menge des betreffenden Gutes ständig ab. Als Beispiele kann man den Konsum immer weiterer Einheiten von Speisen (Brot, Fleisch) oder Getränken (Wasser, Bier) innerhalb einer gegeben Zeiteinheit (z.B. Stunde) nennen. So ist bekanntlich nach einer ausgiebigen Wanderung der erste Schluck eines Getränks der beste. Der Zusammenhang ist in Abbildung 5-1 dargestellt.

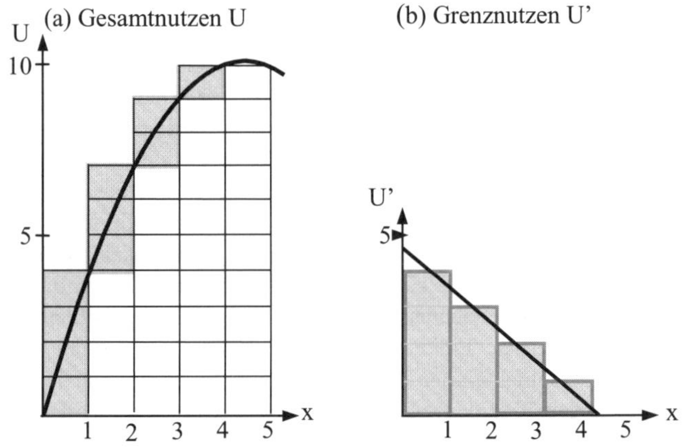

Abbildung 5-1: Gesetz vom abnehmenden Grenznutzen

Obwohl der Gesamtnutzen mit zunehmendem Konsum steigt, zeigt die Darstellung, dass die Zuwächse bei jeder zusätzlich konsumierten Mengeneinheit immer geringer werden. Dies bedeutet, dass der Grenznutzen – der Nutzenzuwachs der zuletzt konsumierten Gütereinheit – abnimmt. Die Rechtecke in der linken Hälfte der Abbildung 5-1 zeigen den Anstieg des Gesamtnutzens (U = utility) und den Nutzenzuwachs (dU/dx = U´(x), marginal utility) jeder zusätzlich konsumierten Einheit. Die Tatsache, dass die Nutzenzuwächse abnehmen, ist in der Abbildung 5-1(b) durch die abnehmenden Säulen des Grenznutzens dargestellt. Wenn man die zusätzlich konsumierten Gütereinheiten immer kleiner werden lässt, kommt man schließlich zu einer stetigen Nutzenfunktion und der entsprechenden fallenden Grenznutzenfunktion.

Ein Haushalt würde seinen Gesamtnutzen maximieren, wenn er von einem Gut so viele Mengeneinheiten konsumieren würde, bis der Grenznutzen den Wert Null annimmt. Jedes Abweichen von dieser Menge würde eine Nutzenminderung bedeuten. Die im Nutzenmaximum konsumierte Menge bezeichnet man deshalb auch als Sättigungsmenge. Ein Haushalt wird diese Menge allerdings nur dann konsumieren, wenn ein Gut zum Preis von Null zur Verfügung steht. Da jedoch die meisten Güter knapp sind und einen Preis erzielen, wird die Sättigungsmenge in der Regel nicht erreicht. Denn der Konsum eines Gutes muss dann gegenüber dem Konsum anderer Güter abgewogen werden.

Das **zweite Gossen'sche Gesetz** hat die optimale Aufteilung der Konsumsumme auf die verschiedenen Güter zur Befriedigung der einzelnen Bedürfnisse zum Gegenstand. Ein Haushalt maximiert dann seinen Gesamtnutzen, wenn der Nutzen der letzten ausgegebenen Geldeinheit für sämtliche Verwendungsarten gleich groß ist. Den Inhalt dieses Gesetzes können wir uns durch ein einfaches Beispiel klar machen. Wenn der Nutzen tatsächlich

messbar wäre, so könnte das Problem der Nutzenmaximierung von einem Haushalte in drei Schritten gelöst werden:

- Zunächst legt der Haushalt fest, welche Güter er aufgrund seiner Bedürfnisstruktur zu kaufen wünscht.
- Dann stellt der Haushalt für jedes Gut eine Grenznutzenscala auf und ordnet die Güter nach der Wichtigkeit so, dass die erste Mengeneinheit des ersten Gutes den größten Grenznutzen stiftet.
- Schließlich entscheidet er anhand des gegebenen Einkommens und der gegebenen Güterpreise, welche Güter er in welchen Mengen kaufen will. Die Regel, nach der unser Konsument seine Entscheidung treffen muss, lautet: Er muss die Grenznutzen der einzelnen Güter zum Ausgleich bringen.

Mengeneinheit	Grenznutzen beim Konsum der … Mengeneinheit				
	Brot	Limonade	Butter	Honig	Marmelade
1.	15	12	9	6	3
2.	12	9	6	3	
3.	9	6	3		
4.	6	3			
5.	3				

Der Preis der Güter betrage 2 € je Mengeneinheit bei allen Gütern. Der Haushalt habe eine Konsumsumme von 20 € zur Verfügung. Dann wird sich der Konsument für folgende Mengenkombination entscheiden:

Gut	Einheiten	Gesamtnutzen
Brot	4	42
Limonade	3	27
Butter	2	15
Honig	1	6

Bei dieser Güterkombination beläuft sich der maximale Gesamtnutzen auf 90 Nutzeneinheiten. Bei keiner anderen Zusammenstellung kann dieses Nutzenniveau erreicht werden.

In unserem Beispiel war der Preis je Mengeneinheit bei allen Gütern gleich. Variieren die Güterpreise, müssen wir die Regel für die Nutzenmaximierung modifizieren. In diesem Fall erreicht der Konsument sein Nutzenmaximum, wenn der mit den Preisen gewogene Grenznutzen bei allen gekauften Gütern gleich ist. Man spricht dann vom Ausgleich der gewogenen Grenznutzen.

$$\frac{U_1'}{p_1} = \frac{U_2'}{p_2} = \frac{U_3'}{p_3} = \ldots = \frac{U_n'}{p_n},$$

mit U'_1 = Grenznutzen des Gutes 1 und p_1 = Preis des Gutes 1. Der Grenznutzen des ersten Gutes ist aber nichts anderes als der Nutzenzuwachs, der erzielt wird, wenn der Konsum des ersten Gutes um eine Mengeneinheit erhöht wird.

$$U_1' = \frac{dU_1}{dx_1} = \frac{dU_1}{1 \text{ME des Gutes} 1}$$

Der Preis des ersten Gutes hat die Dimension Geldmenge pro Mengeneinheit, also

$$p_1 = \frac{n\,€}{1\,\text{ME des Gutes 1}}$$

so dass der Quotient aus Grenznutzen und Preis die Dimension Grenznutzen je Geldeinheit besitzt.

$$\frac{U_1'}{p_1} = \frac{U_1'}{1\,€}$$

Um seinen Nutzen zu maximieren, muss der Konsument also so verfahren, dass der Grenznutzen des Geldes bei jeder Art der Einkommensverwendung gleich ist.

Modifizieren wir das vorherige Beispiel und nehmen an, der Brotpreis betrage 2 €, der Limonadenpreis sei 1,5 €, der Butterpreis 3 €, der Honigpreis 2,5 € und der Preis für Marmelade 2 €. Dann ergeben sich folgende Grenznutzen pro €:

Mengeneinheit	Grenznutzen des Geldes beim Konsum der … Mengeneinheit				
	Brot	Limonade	Butter	Honig	Marmelade
1.	15/2 = 7,5	12/1,5 = 8	9/3 = 3	6/2,5 = 2,4	3/2 = 1,5
2.	12/2 = 6	9/1,5 = 6	6/3 = 2	3/2,5 =1,25	
3.	9/2 = 4,5	6/1,5 = 4	3/3 = 1		
4.	6/2 = 3	3/1,5 = 2			
5.	3/2 =1,5				

Bei einer Konsumsumme von 20 € wird sich der Konsument für folgende Mengenkombination entscheiden:

Gut	Einheiten	Gesamtnutzen
Brot	4	42
Limonade	3	27
Butter	1	9
Honig	1	6

Bei dieser Zusammenstellung hat der Konsument 2 € übrig, die er für den Kauf anteiliger Mengeneinheiten von Limonade und/oder Butter verwenden kann. Egal wie er das Geld verwendet, der Nutzenzuwachs ist immer 2 Einheiten pro €. Der maximale Gesamtnutzen beläuft sich insgesamt auf 88 Nutzeneinheiten.

Gegenüber der kardinalen Nutzenlehre wurden schon bald Zweifel und Bedenken laut. Wenn der Nutzen kardinaler Natur, also messbar ist, so muss es offenbar einen Maßstab geben, mit dessen Hilfe der Nutzen gemessen werden kann. Es gibt aber keine Nutzenscala, die für alle Personen verbindlich wäre. Die Differenz zwischen zwei Nutzenniveaus kann man nicht angeben, allenfalls in der Weise, dass man sagen kann, ob man eine konsumierbare Güterkombination einer anderen vorzieht oder nicht bzw. ob einem eine bestimmte Güterkombination lieber ist als eine andere. Damit sind wir bei der ordinalen Nutzentheorie. In der ordinalen Nutzentheorie ist eine interpersonell vergleichbare Nutzenscala nicht mehr erforderlich.

5.3.2 Präferenzordnung und Indifferenzkurven

Ausgangspunkt der nachfragetheoretischen Überlegungen in der ordinalen Nutzentheorie[2] ist die Annahme, dass ein Haushalt in der Lage ist, Kombinationen von Gütermengen, also ganze Güterbündel zu bewerten und entsprechend seiner Bedürfnisstruktur in eine Reihenfolge zu bringen. Eine solche Rangordnung bezeichnet man als Präferenzordnung.

Die Rangordnung eines Haushalts lässt sich darstellen in Form einer Nutzenfunktion, in der der Nutzen des Haushalts eine Funktion der konsumierten Mengen eines Güterbündels ist. Die Werte der Nutzenfunktion stellen allerdings nicht den Gesamtnutzen im Sinne einer quantitativen Größe dar, sondern die einzelnen Güterbündel werden nur mit einem Nutzenindex belegt, der die Rangordnung der betrachteten Güterbündel abbildet. Beschränken wir uns auf den Fall zweier Güter 1 und 2, so kann man die Nutzenfunktion $U = U(x_1, x_2)$ als Nutzengebirge darstellen. In Abbildung 5-2(a) sind in der Ebene entlang den horizontalen Koordinaten die Mengen der beiden Güter dargestellt. In der vertikalen Dimension sind die nicht näher spezifizierten Nutzenindexwerte als Funktion der konsumierten Mengen dieser beiden Güter abgetragen. Kombinationen der Gütermengen werden einen umso höheren Nutzenindexwert erhalten, je mehr von beiden Gütern vorhanden sind, bzw. wenn in einem Güterbündel von mindestens einem Gut mehr enthalten ist als in einem anderen.

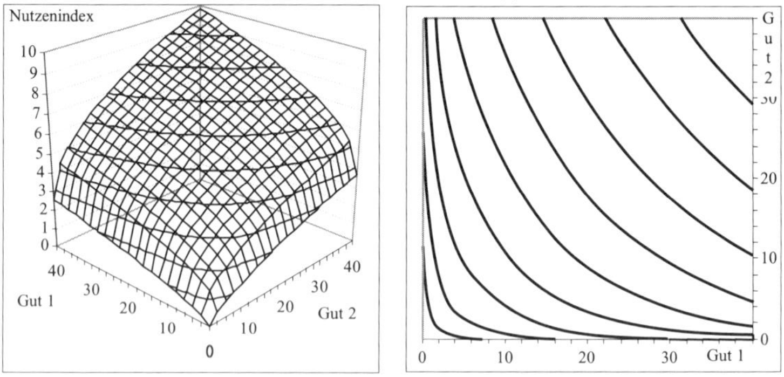

Abbildung 5-2: Das Nutzengebirge und die daraus abgeleiteten Indifferenzkurven

Schwieriger wird es bei Mengenkombinationen, die von einem Gut mehr und vom anderen Gut weniger enthalten. Mengenkombinationen, die im Urteil des Haushalts als gleichwertig gelten, denen gegenüber er sich indifferent verhält, werden denselben Indexwert besitzen. Solche Güterkombinationen werden durch so genannte Indifferenzlinien dargestellt. In der grafischen Darstellung ergeben sie sich als Horizontalschnitte durch das Nutzengebirge. Werden diese Linien gleichen Nutzens in das horizontale Koordinatensystem mit den Achsen Gut 1 und 2 dargestellt, erhält man die Indifferenzkurven in Abbildung 5-2(b). Diese repräsentieren die Präferenzordnung eines Haushalts. Die Indifferenzkurve ist der geometrische Ort aller Güterkombinationen von Gut 1 und 2, die im Urteil des Haushalts gleichwertig sind in dem Sinn, dass das Versorgungsniveau des Haushalts konstant bleibt.

[2] Die ordinale Nutzentheorie und die Theorie der Indifferenzkurven wurden maßgeblich von *Vilfredo Pareto* (1848 – 1923) konzipiert. An Stelle des Prinzips des größten Nutzens setzt *Pareto* das Kriterium des Optimums: Ein Zustand ist pareto-optimal, wenn niemand besser gestellt werden kann, ohne zugleich jemand anderen schlechter zu stellen. Dieses Kriterium benötigt keine interpersonalen Nutzenvergleiche, sondern kommt mit rein subjektiven Präferenzordnungen aus. Siehe auch S. 314 ff-

Inhalt einer Präferenzordnung sind nur die verschiedenen Güter mit ihren unterschiedlichen Eigenschaften, die in unterschiedlichen Mengen in dem Güterkorb enthalten sind. Nicht entscheidend sind die Güterpreise, d. h. auch jemand mit einem geringen Einkommen darf von einem Luxusauto oder einer Weltreise träumen.

Übung 5-1: Präferenzordnung und Indifferenzkurven

Um das Zustandekommen der Indifferenzkurven zu verstehen, betrachten wir einen Konsumenten. Er habe bezüglich der Güter Hamburger (x) und Cola (y) die Nutzenfunktion U = xy.

a) Wie sieht die Präferenzordnung des Konsumenten aus? Bestimmen Sie Güterkombinationen mit einem Nutzenindex von 12, denen gegenüber der Konsumenten indifferent ist.

b) Stellen Sie Indifferenzkurven zum Nutzenniveau U_0 = 12 und U_1 = 36 graphisch dar.

Lösung:

a) Die Indexwerte der Nutzenfunktion in Abbildung 5-3 stellen die Präferenzordnung des Konsumenten dar. Es wird deutlich, erstens dass der Konsument einer Güterkombination einen umso höheren Nutzenindex zuordnet, je größer die Mengen in dem Güterkorb sind. Zweitens gibt es Güterkombinationen, denen der Konsument denselben Indexwert zuordnet. Sie stiften dem Konsumenten denselben Nutzen. Er ist solchen Kombinationen gegenüber indifferent. Für ein Nutzenniveau U_0 = 12 sind dies die folgenden Güterkombinationen:

Cola	12	6	4	3	2	1
Hamburger	1	2	3	4	6	12

b) Um die Indifferenzkurven zu den Nutzenniveaus U_0 = 12 und U_1 = 36 darzustellen, können die entsprechenden Güterkombinationen aus der Präferenzordnung in einem Koordinatensystem mit Achsen x und y dargestellt werden. Verbindet man die Punkte, erhält man die Indifferenzkurven. Diese lassen sich unmittelbar aus der Nutzenfunktion gewinnen, indem man das vorgegebene Nutzenniveau einsetzt:

$U_0 = 12 = xy \rightarrow y = 12/x$.

Die Indifferenzkurve mit Nutzenniveau U_1 = 36 macht deutlich, dass der Konsument solche Güterkörbe präferiert, die von beiden Gütern mehr enthalten.

Cola \ Hamburger	1	2	3	4	5	6	7	8	9	10	11	12
12	12	24	36	48	60	72	84	96	108	120	132	144
11	11	22	33	44	55	66	77	88	99	110	121	132
10	10	20	30	40	50	60	70	80	90	100	110	120
9	9	18	27	36	45	54	63	72	81	90	99	108
8	8	16	24	32	40	48	56	64	72	80	88	96
7	7	14	21	28	35	42	49	56	63	70	77	84
6	6	12	18	24	30	36	42	48	54	60	66	72
5	5	10	15	20	25	30	35	40	45	50	55	60
4	4	8	12	16	20	24	28	32	36	40	44	48
3	3	6	9	12	15	18	21	24	27	30	33	36
2	2	4	6	8	10	12	14	16	18	20	22	24
1	1	2	3	4	5	6	7	8	9	10	11	12
0												

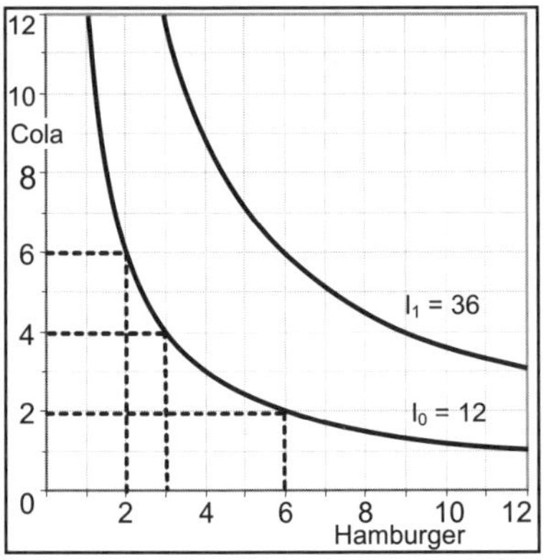

Abbildung 5-3: Präferenzordnung und Indifferenzkurven

Damit wir auch weiterhin ein rationales Verhalten der Konsumenten unterstellen können, muss die Präferenzordnung konsistent sein. Dies wird durch vier Annahmen sichergestellt[3].

a) **Vollständige ordinale Vergleichbarkeit**

Man geht davon aus, dass ein Haushalt, dem zwei verschiedene Güterbündel A_1 und A_2 zum Vergleich vorgelegt werden, jederzeit sagen kann, ob er eines dieser Güterbündel vorzieht oder ob beide gleichwertig sind. Der Haushalt hat also eine eindeutige Präferenzordnung. Er kann sagen ($\succ$ = wird vorgezogen, $\approx$ = ist gleichwertig):

$A_1 \succ A_2$ oder $A_2 \succ A_1$ oder $A_1 \approx A_2$, wobei sich die Bewertungsalternativen wechselseitig ausschließen. Wäre diese Annahme nicht erfüllt, wäre der Haushalt überhaupt nicht in der Lage, aus den vielen möglichen Güterkörben den aus seiner Sicht besten auszuwählen.

b) **Transitivität**

Es sind drei Gütermengenkombinationen A, B, C gegeben. Entscheidet der Haushalt $A \succ B$ und $B \succ C$, so soll auch gelten $A \succ C$. Mit dieser Annahme wird die Konsistenz der Präferenzordnung gesichert. Sie ist notwendig, um zu eindeutigen Entscheidungen zu kommen. Die Annahme ist freilich kritisch, weil die Präferenzordnung einer Gruppe intransitiv sein kann, selbst wenn die Präferenzordnungen der Gruppenmitglieder transitiv sind. Dies ist bekannt unter dem Stichwort **Arrow-Paradoxon**.

c) **Nichtsättigung**

Wenn wir von einer gegebenen Güterkombinationen $\{A_1, B_1\}$ ausgehen und nun die Menge des Gutes B erhöhen, während die Menge von A konstant bleibt, dann soll die neue Kombination $\{A_1, B_2\}$ der alten Kombination vorgezogen werden.

$\{A_1, B_2\} \succ \{A_1, B_1\}$, wenn $B_2 > B_1$.

Jede zusätzliche Einheit eines Gutes stiftet demzufolge eine zusätzliche Bedürfnisbefriedigung.

d) **Konvexität der Präferenzen**

Mit dieser Annahme wird zum Ausdruck gebracht, dass ein Konsument solche Güterbündel, in denen die Güter in einem ausgewogeneren Mengenverhältnis enthalten sind, solchen Güterkörben vorzieht, in denen die Güter in sehr unterschiedlichen Mengen enthalten sind. Seien etwa {5 kg Bananen; 1 kg Orangen} und {1 kg Bananen; 5 kg Orangen} zwei aus der Sicht eines Konsumenten indifferente Güterbündel, dann wird der Konsument jeden Güterkorb, in dem Bananen und Orangen in einem ausgewogeneren Mischungsverhältnis enthalten sind, z. B. {3 kg Bananen ; 3 kg Orangen} den ursprünglichen Güterbündeln vorziehen. Begründet wird dieses Phänomen damit, dass der Grenznutzen eines Gutes umso geringer ist, je mehr davon vorhanden ist.

Aus den Annahmen ergibt sich eine Reihe von Schlussfolgerungen für den Verlauf der Indifferenzkurven. Aus der ersten Annahme folgt, dass jeder Punkt im Koordinatensystem auf einer Indifferenzkurve liegen muss und dass eine Indifferenzkurve ein umso höheres Versorgungsniveau darstellt, je weiter sie von Ursprung des Koordinatensystems entfernt ist („Mehr ist besser"). Wenn also in Abbildung 5-4 gilt, dass $P \succ Q \succ R$ ist, dann muss für die Indexwerte der drei Indifferenzkurven gelten: $I_3 > I_2 > I_1$.

[3] Vielfach wird als 5. Annahme die Stetigkeit gefordert. Inhaltlich bedeutet dies eine beliebige Teilbarkeit der betrachteten Güter.

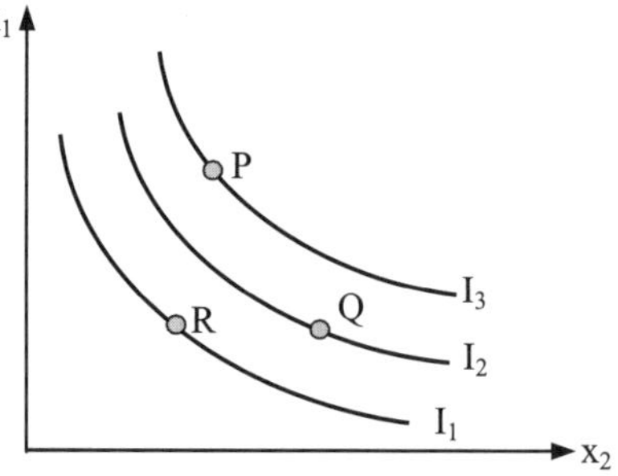

Abbildung 5-4: Vollständigkeit der Präferenzordnung

Aus der zweiten Annahme folgt, dass sich Indifferenzkurven niemals schneiden können. Eine Situation, wie sie in Abbildung 5-5 dargestellt ist, wäre inkonsistent, denn die Güterkombination R liegt sowohl auf der Indifferenzkurve I_1 als auch auf I_2. Daraus folgt, dass der Haushalt sowohl den Punkt Q als auch den Punkt P als gleichwertig zu R erachtet, denn sowohl R und Q als auch R und P liegen auf jeweils einer Indifferenzkurve. Das Güterbündel Q enthält jedoch von beiden Gütern mehr als P, so dass das Güterbündel Q gegenüber P vorgezogen wird, was im Widerspruch zu der Aussage der Indifferenz steht.

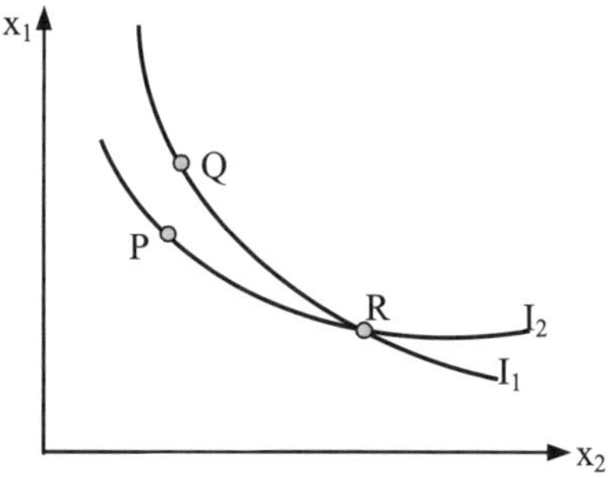

Abbildung 5-5: Die Annahme der Transitivität

Aus der Annahme der Nicht-Sättigung folgt, dass Indifferenzkurven eine negative Steigung haben. In der Abbildung 5-6 repräsentiert der Punkt P eine beliebige Güterkombination. Durch die Koordinaten des Punktes P werden Parallelen zu den Achsen gezeichnet und die gesamte Fläche in vier Bereiche aufgeteilt, die mit römischen Ziffern gekennzeichnet sind. Die Güterkombinationen in den Bereichen I bis IV lassen sich nun bezüglich des Punktes P vergleichen. Im Bereich I liegen alle Güterkombinationen, die der Kombination P überlegen sind, weil in diesen Güterbündeln mindestens von einem Gut eine größere Menge enthalten ist als in der Kombination P. Im Bereich III liegen demgegenüber alle Güterkombinationen, die der Kombination P unterlegen sind, weil in diesen Güterkörben von mindestens einem Gut weniger enthalten ist als in der Kombination P.

Schwieriger sind Aussagen über Kombinationen in den Bereichen II und IV, denn diese enthalten von einem Gut mehr und vom anderen weniger als die Kombination in P. In diesen Bereichen werden also Mengenkombinationen liegen, die der Haushalt im Vergleich zu P bevorzugt, aber auch Mengenkombinationen, die aus der Sicht des Haushalts unterlegen sind. Außerdem sind Güterbündel denkbar, denen gegenüber der Haushalt indifferent ist bzw. die der Haushalte gegenüber P als gleichwertig einstuft. Ist etwa die Kombination S

der Mengenkombination P gleichwertig, so könnte man wieder vier Bereiche bilden mit S als Zentrum.

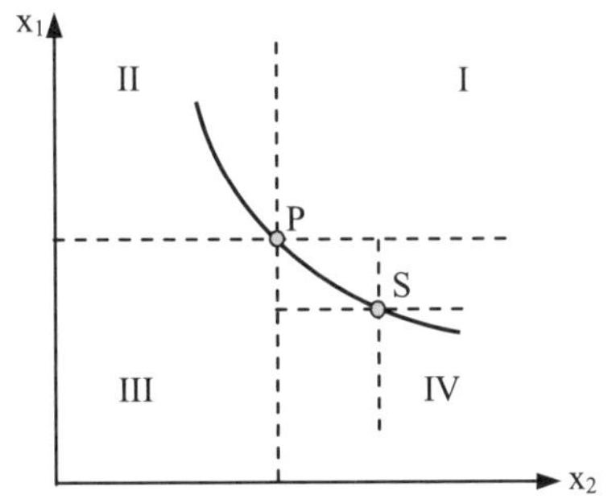

Abbildung 5-6: Die Annahme der Nicht-Sättigung

Durch weitere Vergleiche wäre vorstellbar, dass in den Bereichen II und IV eine große Zahl von Güterkombinationen ermittelt wird, die der Haushalt als gleichwertig gegenüber P einstuft. Wenn aber Indifferenzkurven nur in den Bereichen II und IV verlaufen können, folgt daraus, dass Indifferenzkurven eine negative Steigung haben. Eine Verminderung der Menge des einen Gutes wird stets durch eine Erhöhung der Menge des anderen Gutes ausgeglichen.

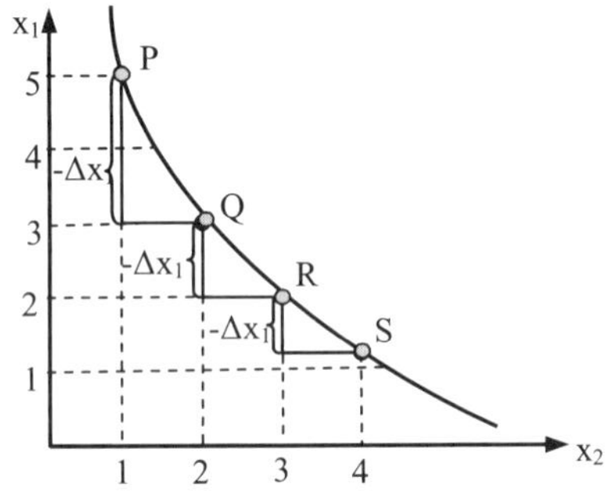

Abbildung 5-7: Abnehmende Grenzrate der Substitution

Aus der vierten Annahme folgt ein konvexer Verlauf der Indifferenzkurven. Jede Indifferenzkurve enthält Kombinationen von Gütermengen, die aus der Sicht des Haushalts das gleiche Maß an Bedürfnisbefriedigung bieten. In Abbildung 5-7 sind solche Kombinationen durch die Punkte P, Q, R und S auf der Indifferenzkurve gekennzeichnet.

Ein Haushalt, dem die Kombination P zur Verfügung steht, ist offensichtlich bereit, für eine zusätzliche Einheit des Gutes 2 auf 2 Mengeneinheiten des Gutes 1 zu verzichten, wenn sein Nutzenniveau unverändert bleiben soll. Der „Preis“ im Sinne von Opportunitätskosten von Δx_2 besteht also im Verzicht auf die Menge Δx_1. Man bezeichnet das Verhältnis $-\Delta x_1/\Delta x_2$ als Substitutionsrate. Offensichtlich entspricht sie dem Anstieg der Indifferenzkurve zwischen den Punkten P und Q. Allerdings ist dieses, aus der Sicht des Haushalts subjektive Tauschverhältnis nicht konstant, sondern nimmt laufend ab. Dies hängt damit zusammen, dass bei fortlaufender Substitution des Gutes 1 durch Gut 2 das Gut 1 im Güterkorb immer knapper wird, während das Gut 2 immer reichlicher vorkommt. Je knapper das Gut 1 wird,

umso weniger wird der Haushalt im Tausch gegen eine zusätzliche Mengeneinheit des Gutes 2 davon hergeben wollen. Dies folgt aus dem Gesetz des abnehmenden Grenznutzens.

Betrachteten wir nun infinitesimal kleine Änderungen, so können wir die Substitutionsrate als Differentialquotient schreiben. Diesen bezeichnet man als die Grenzrate der Substitution:

$$GRS = -\frac{dx_1}{dx_2}$$

Die Grenzrate der Substitution entspricht der Steigung der Indifferenzkurve. In ihr kommt das Mengenverhältnis zum Ausdruck, zu dem sich ein Gut durch ein anderes substituieren lässt, ohne dass sich der Nutzen ändert.

Formal kann man die Grenzrate der Substitution auch aus der Nutzenfunktion ableiten. Die Nutzenfunktion lautet $U = U(x_1, x_2)$. Wir bilden das totale Differenzial:

$$dU = \frac{\partial U}{\partial x_1} dx_1 + \frac{\partial U}{\partial x_2} dx_2$$

Da die Gütersubstitution so zu erfolgen hat, dass sich der Nutzen nicht ändert, gilt $dU = 0$. Außerdem sind die partiellen Ableitungen die Grenznutzen der Güter 1 und 2:

$$U_1' = \frac{\partial U}{\partial x_1} \quad \text{und} \quad U_2' = \frac{\partial U}{\partial x_2}$$

Nach Umstellen ergibt sich dann für die Grenzrate der Substitution:

$$GRS = -\frac{dx_1}{dx_2} = \frac{U_2'}{U_1'}$$

Die Grenzrate der Substitution entspricht dem umgekehrten Verhältnis der Grenznutzen. Je mehr die Gütermenge des Gutes 1 zurückgeht und die des Gutes 2 steigt, umso mehr sinkt der Grenznutzen des Gutes 2 und steigt der des Gutes 1. Allerdings ist in der ordinalen Nutzentheorie die Messungen der Grenznutzen nicht mehr erforderlich, denn das Grenznutzenverhältnis wird ja ausgedrückt durch die Gütermengen, die getauscht werden.

Übung 5-2: Eigenschaften von Indifferenzkurven

Wir betrachten die Güter x = Wasser und y = Brot. Die Nutzenfunktion eines Haushalts bezüglich dieser Güter sei $U = xy$ mit den Grenznutzen $U'_x = y$ und $U'_y = x$.

a) Schneiden die Indifferenzkurven die Achsen des Koordinatensystems?

b) Ist das Axiom der Nicht-Sättigung erfüllt?

c) Ist von einer fallenden Grenzrate der Substitution auszugehen?

Lösung:

a) Wenn die Indifferenzkurven eine der Koordinatenachsen schneiden, bedeutet dies, dass der Konsument einen positiven Nutzenindex hat, wenn er nur eines der beiden Güter konsumiert. Da der Gesamtnutzen unseres Konsumenten 0 ist, wenn er nur Wasser oder nur Brot erhält, können die Indifferenzkurven die Achsen nicht schneiden.

b) Da der Grenznutzen bei beiden Gütern positiv ist, bringt jede zusätzlich konsumierte Einheit einen Nutzenzuwachs. Der Grenznutzen beim Konsum von Brot oder Wasser wird nicht negativ, so dass das Axiom der Nicht-Sättigung erfüllt ist.

c) Da die Grenznutzen von Wasser und Brot positiv sind, hat die Indifferenzkurve eine negative Steigung. Wenn also unser Konsument den Konsum von Brot ausdehnen will, muss bei gleich bleibendem Nutzenniveau der Konsum von Wasser immer weiter eingeschränkt werden (siehe Übung 5-1). Dies bedeutet, dass der Grenznutzen von Wasser zunimmt, während der Grenznutzen einer zusätzlichen Einheit Brot abnimmt. Aus dem Verhältnis der Grenznutzen folgt eine fallende Grenzrate der Substitution von x durch y. Betrachtet man z. B. in Abbildung 5-3 die Güterkombinationen $y = 6$, $x = 2$ und $y = 4$, $x = 3$ ist die Grenzrate der Substitution -2; nimmt man die folgende Güterkombination mit $y = 3$, $x = 4$, so ist die Grenzrate der Substitution -1. Die Grenzrate der Substitution nimmt folglich ab, wenn der Konsum von Brot fortlaufend ausgedehnt wird.

Der mögliche Verlauf von Indifferenzkurven wird neben der Präferenzordnung insbesondere von der Beziehung bestimmt, in der die Güter zueinander stehen. Dabei unterscheiden wir drei mögliche Güterbeziehungen. Güter können vollkommene Substitute sein, sie können in einer unvollkommenen substitutiven Beziehung stehen, oder sie können streng komplementär sein.

Bei vollkommenen Substituten lässt sich eine Mengeneinheit eines Gutes 1 jeweils genau durch eine Mengeneinheit eines anderen Gutes 2 ersetzen. Das heißt, die Güter können aus der Sicht des Haushalts nach Belieben gegeneinander ausgetauscht werden. Ein Beispiel dafür wären etwa funktional gleiche technische Geräte unterschiedlicher Hersteller (z. B. Fernseher, PC, Videorecorder). In diesem Fall nimmt die Indifferenzkurve die Form einer Geraden an (Fall (a) in Abbildung 5-8).

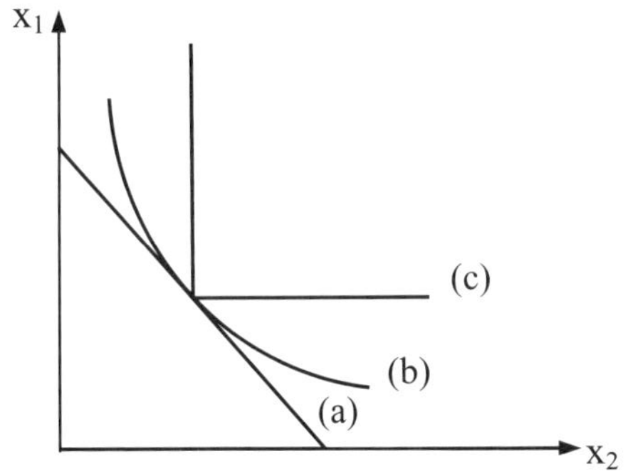

Abbildung 5-8: Verläufe von Indifferenzkurven

Streng komplementäre Güter müssen, um ihren Zweck zu erfüllen, in einem ganz bestimmten konstanten Einsatzverhältnis vorhanden sein. In diesem Fall lassen sich zwei Gütern nicht gegeneinander substituieren. Eine Erhöhung der Menge bei einem Gut um eine zusätzliche Einheit ohne zusätzliche Mengeneinheiten des zweiten betrachteten Gutes führt zu keiner Erhöhung des Nutzens des Haushalts. Da sich solche Güter nicht gegeneinander substituieren lassen, verläuft die Indifferenzkurve rechtwinklig wie in (c) in Abbildung 5-8 dargestellt. Beispiele dafür wären etwa eine CD und CD-Player oder PC und Bildschirm.

Alle übrigen Güter bezeichnet man als unvollkommene Substitute. Die Indifferenzkurven solcher Güter verlaufen offensichtlich zwischen den beiden Extremen (Fall (b) in Abbildung 5-8). Die Krümmung von Indifferenzkurven ist allerdings umso stärker, je eingeschränkter die beiden Güter gegeneinander substituiert werden können.

5.3.3 Konsummöglichkeiten und Budgetgerade

Nicht alle denkbaren Güterbündel, die in der Präferenzordnung des Haushalts enthalten sind, sind auch realisierbar. Denn er muss für die Güter Preise bezahlen und hat nur einen begrenzten Betrag in seinem Haushaltsbudget zur Verfügung. Dann stellt sich die Frage, welche Güterbündel der Haushalt bei den gegebenen Preisen und dem gegebenen Einkommen realisieren kann. Dazu muss die Menge der realisierbaren Konsummöglichkeiten festgestellt werden.

Wir bezeichnen mit y das Einkommen eines Haushalts. Dieses Einkommen sei gegeben und stehe voll für Konsumzwecke zur Verfügung (d. h. Sparen = 0). Veränderungen des ausgabefähigen Einkommens durch Auflösung von Vermögen oder Kreditaufnahmen seien ausgeschlossen. Bei gegebenen Güterpreisen ergibt sich die Ausgabe für ein Gut i mit $p_i q_i$ und die Gesamtausgaben ergeben sich durch Aufsummieren der einzelnen Ausgabenbeträge:

$$p_1 x_1 + p_2 x_2 + \ldots + p_n x_n \leq y$$

Die Gesamtausgabe, die ein Haushalt tätigen kann, darf nicht höher als das Einkommen sein. Für den Fall zweier Güter gilt für diese Budgetrestriktion: $p_1 x_1 + p_2 x_2 \leq y$.

Da Einkommen und Güterpreise gegeben sind, lässt sich die Gleichung umformen und man erhält:

$$x_1 \leq -\frac{p_2}{p_1} \cdot x_2 + \frac{y}{p_1}\,.$$

Bei Gültigkeit des Gleichheitszeichens nennt man diese Gleichung die Budgetgerade oder Bilanzgerade. Sie kennzeichnet alle Kombinationen der Gütermengen, die sich der Haushalt kaufen kann, wenn er sein gesamtes Einkommen für den Kauf dieser Güter ausgibt.

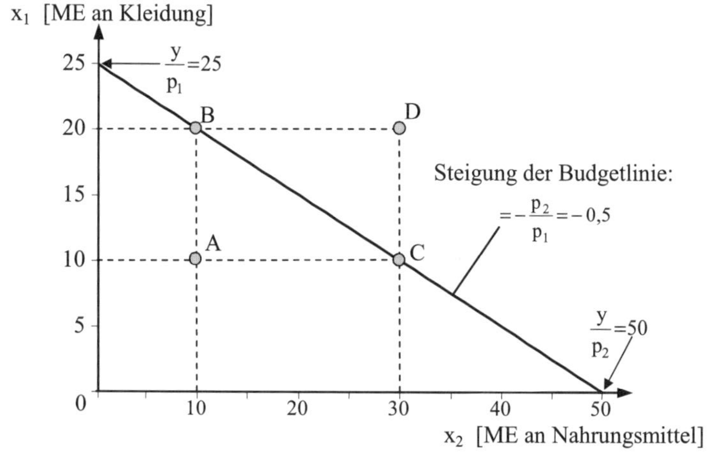

Abbildung 5-9: Realisierbare Konsummöglichkeiten und Bilanzgerade

Betrachten wir dazu einen Single-Haushalt mit einem monatlichen Einkommen von 1000 €. Der Preis des Gutes 1, etwa Bekleidung, betrage 40 € je Mengeneinheit. Der Preis des Gutes 2, z. B. Nahrungsmittel, sei 20 € pro Mengeneinheit. Gibt er den gesamten Einkommensbetrag für Nahrung aus, kann er sich 1000/20 = 50 Mengeneinheiten an Nahrungsmitteln kaufen. Wenn er umgekehrt alles für Kleidung ausgeben würde, könnte er sich dafür 1000/40 =

25 Einheiten Bekleidung kaufen. Wenn wir die obige Gleichung verwenden, ergibt sich die in Abbildung 5-9 dargestellte Budgetgerade. Die Budget- oder Bilanzgerade ist der geometrische Ort aller Güterkombinationen, die ein Haushalt bei dem gegebenen Einkommen und den gegebenen Güterpreisen maximal kaufen kann.

Da bei der gegebenen Konsumsumme y nur Verbrauchspläne auf oder unterhalb der Bilanzgeraden verwirklicht werden können, begrenzt die Bilanzgerade den Bereich realisierbarer Konsummöglichkeiten. Werden Güterkombinationen unterhalb der Bilanzgeraden gekauft, z. B. die Kombination A ($x_1 = 10$, $x_2 = 10$) Abbildung 5-9, wird nicht das gesamte Einkommen ausgegeben. Güterkombinationen oberhalb der Budgetgeraden, z. B. D ($x_1 = 20$, $x_2 = 30$), können nicht realisiert werden, weil die Ausgaben das gesamte Monatseinkommen übersteigen würden. Güterkombinationen, die auf der Budgetgeraden liegen, schöpfen das vorhandene Einkommen gerade aus, z. B. C ($x_1 = 10$, $x_2 = 30$).

Die Steigung der Budgetgeraden wird bestimmt durch das Preisverhältnis der beiden Güter. Nehmen wir an, unser Haushalt konsumiere die Gütermengen in Punkt B. Wenn er jetzt mehr zu essen haben möchte, kann er für jede zusätzliche Einheit Bekleidung, die er aufgibt, zwei zusätzliche Mengeneinheiten an Nahrungsmitteln kaufen. Die Steigung der Budgetgeraden informiert uns daher, auf wie viele Einheiten Bekleidung der Haushalt verzichten muss, um eine zusätzliche Einheit an Nahrung zu bekommen. Sollte er also in Zukunft die Güterkombinationen C bevorzugen, dann muss er 10 Einheiten an Kleidung ($-\Delta x_1 = 10$) aufgeben, um zusätzlich 20 Einheiten Nahrungsmittel ($\Delta x_2 = 20$) kaufen zu können. Die Steigung der Budgetgeraden ist daher $\Delta x_1/\Delta x_2 = -\,0{,}5$. Dies sind die Opportunitätskosten einer zusätzliche Einheit von x_2.

Die Steigung der Budgetgeraden stellt das Tauschverhältnis dar, zu dem die Güter am Markt getauscht werden. Dieses Tauschverhältnis entspricht dem umgekehrten Verhältnis der Güterpreise:

$$\frac{dx_1}{dx_2} = -\frac{p_2}{p_1}$$

Ist etwa der Preis eines Gutes 1 fünfmal so hoch wie der Preis eines Gutes 2, dann muss ein Verbraucher fünf Einheiten des Gutes 2 aufgeben, um eine zusätzliche Einheit des Gutes 1 kaufen zu können. Im Gegensatz zur Grenzrate der Substitution, die das *subjektive* Tauschverhältnis zweier Güter angibt, beschreibt das Preisverhältnis die Relation, zu der die Güter *objektiv* am Markt getauscht werden.

Wir haben gesehen, dass die Budgetgerade vom Einkommensniveau und den Güterpreisen bestimmt wird. Wir können daher erwarten, dass sich die Lage der Bilanzgeraden ändert, wenn sich das Einkommen des Haushalts oder die Preise der Güter ändern. Wir wollen zunächst betrachten, wie sich die Budgetgerade ändert, wenn sich das Einkommen ändert.

In unserem Beispiel in Abbildung 5-9 hat der Haushalt ein Anfangseinkommen von 1000 €. Nehmen wir an, das Einkommen des Haushaltes steige um 400 € auf 1400 € je Monat. Mit diesem Einkommen kann sich der Haushalt bei unveränderten Güterpreisen entweder 70 Einheiten an Lebensmitteln oder 35 Einheiten Bekleidung kaufen. Das zusätzliche Einkommen erlaubt es dem Haushalt, entweder zwanzig Einheiten Nahrungsmittel oder zehn Einheiten an Bekleidung zusätzlich zu konsumieren. Die Einkommenserhöhung erweitert also die Konsummöglichkeiten, denn der Haushalt könnte nun auch den Güterkorb D ($x_1 = 20$, $x_2 = 30$) erwerben, der für ihn mit dem ursprünglichen Einkommen nicht realisierbar war.

Eine Einkommenserhöhung bewirkt eine Verschiebung der Budgetgeraden nach außen. Sie erweitert die Konsummöglichkeiten, aus denen der Konsument wählen kann. Umgekehrt

führt eine Einkommenssenkung zu einer Parallelverschiebung der Bilanzgeraden zum Ursprung hin und schränkt folglich die Konsummöglichkeiten ein. Bei unveränderten Güterpreisen ändert sich dabei die Steigung der Budgetgeraden nicht.

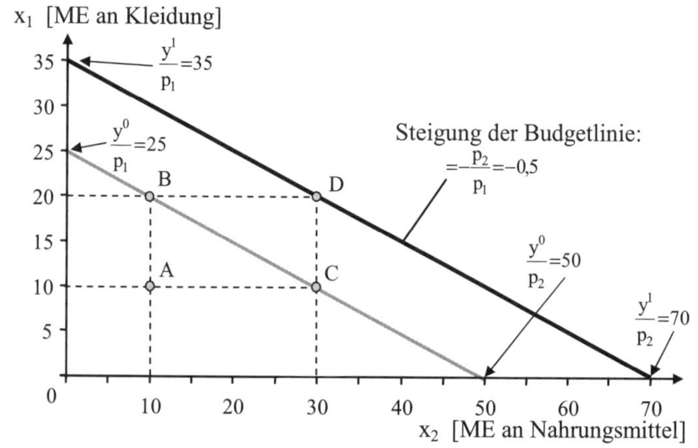

Abbildung 5-10: Auswirkungen einer Einkommenserhöhung auf die Budgetgerade

Wie ändert sich die Budgetgerade, wenn sich die Güterpreise ändern? Betrachten wir den Preis für Nahrungsmittel und unterstellen, der Nahrungsmittelpreis steige von 20 € auf 30 € bei unverändertem Einkommen und unveränderten Kleidungspreisen. Dies bedeutet zunächst, dass auch die Kleidungsmenge, die der Konsument mit seinem Einkommen kaufen kann, unverändert bleibt. Der Schnittpunkt der Budgetgeraden mit der Ordinate ändert sich nicht.

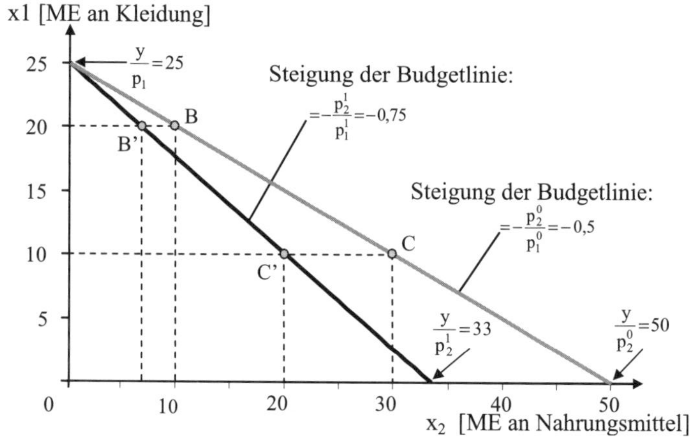

Abbildung 5-11: Auswirkungen einer Preiserhöhung auf die Budgetgerade

Allerdings kann er sich nun bei dem gegebenen Einkommen nicht mehr 50 Einheiten Nahrungsmittel, sondern nur noch 33 Einheiten kaufen. Dies bedeutet, dass sich in Abbildung 5-11 die Budgetgerade entlang der Abszisse zum Ursprung hin dreht. Die Menge der Güterkörbe, die er sich nun mit seinem Einkommen kaufen kann, wird kleiner. Gleichzeitig ändert sich die Steigung der Budgetlinie, da sich das Preisverhältnis der beiden Güter verändert.

Während der Haushalt vor der Preiserhöhung bei einem Übergang von der Güterkombination B ($x_1 = 20$, $x_2 = 10$) zur Güterkombination C ($x_1 = 10$, $x_2 = 30$) durch Verzicht auf 10 Mengeneinheiten Bekleidung 20 Mengeneinheiten Nahrungsmittel zusätzlich erwerben konnte, ist das Austauschverhältnis nach der Preiserhöhung ungünstiger geworden. Dies wird beim Wechsel von der Kombination B' ($x_1 = 20$, $x_2 = 7{,}7$) zur Kombination C' ($x_1 = 10$, $x_2 = 20$) deutlich. Der Verzicht auf 10 Mengeneinheiten Bekleidung bringt nun dem Haushalt nur noch 13,3 zusätzliche Mengeneinheiten Nahrungsmittel. Die Steigung der Budgetgeraden hat sich verändert von: $-(p_2^0/p_1^0) = -(20/40) = -0{,}5$ zu $-(p_2^1/p_1^1) = -(30/40) = -0{,}75$.

Generell kann man sagen, dass Preiserhöhungen ebenso wie Einkommenssenkungen dazu führen, dass die Menge der realisierbaren Konsummöglichkeiten abnimmt und folglich die Kaufkraft der Konsumenten sinkt. Umgekehrt werden Preissenkungen und ein Anstieg der Einkommen die Menge der realisierbaren Güterkombinationen erhöhen. Die Realeinkommen und die Kaufkraft der Konsumenten steigen.

Übung 5-3: Gleichzeitige Preis- und Einkommenserhöhung

Ein repräsentativer Konsument kaufe zwei zusammengesetzte Produkte Nahrungsmittel und Freizeitgüter (Kino, Sport, Reisen) mit den Gütermengen x_1 und x_2. Aufgrund eines kräftigen Wirtschaftswachstums erhält er eine Einkommenserhöhung von 10%. Als Folge des kräftigen Nachfragewachstums eröffnen sich für die Anbieter der Güter Preiserhöhungsspielräume, die sie für eine zehnprozentige Preissteigerung nutzen.

a) Welche Auswirkungen hat diese Entwicklung auf die Menge der realisierbaren Konsummöglichkeiten?

b) Welche Konsequenzen hätte eine allgemeine Preissenkung um 10%?

Lösung:

a) Als Folge der Einkommenserhöhung nehmen die Schnittpunkte der Bilanzgeraden mit den Koordinatenachsen zu ($y_1/p_1 > y_0/p$ und $y_1/p_2 > y_0/p_2$ für $y_1 > y_0$). Die Bilanzgerade verschiebt sich parallel nach rechts. Die Einkommenserhöhung erweitert zunächst die Konsummöglichkeiten. Wenn nun die Preise im selben Verhältnis wie das Einkommen erhöht werden, geht die Bilanzgerade auf ihre ursprüngliche Position zurück, denn bei einer zehnprozentigen Erhöhung von Einkommen und Preisen bleibt Quotient y/p_1 bzw. y/p_2 unverändert. Da sich auch am Quotienten p_2/p_1 als Folge der Preissteigerung nichts ändert, bleibt die Steigung der Bilanzgeraden gleich. In der Summe bleibt die Bilanzgerade unverändert, wenn sich Einkommen und Güterpreise im selben Verhältnis ändern. Die Menge der realisierbaren Konsummöglichkeiten und die Kaufkraft des Konsumenten bleiben gleich.

b) Bei gegebenem Einkommen hätte eine Preissenkung dieselbe Wirkung wie eine gleichgroße Einkommenserhöhung. Entsprechend würde sich die Bilanzgerade parallel nach rechts verschieben. Die Konsummöglichkeiten würden erweitert und das Realeinkommen des Konsumenten würde steigen.

5.3.4 Optimaler Konsumplan und individuelle Güternachfrage

Wir haben jetzt alle analytischen Instrumente, um die optimale Güterversorgung für einen Haushalt zu bestimmen. Die Bedürfnisstruktur wird durch die Indifferenzkurven wiedergegeben, Einkommen und Güterpreise sind durch die Bilanzgerade dargestellt. Für die Bestimmung des optimalen Verbrauchsplans wird unterstellt, dass Konsumenten rationale Entscheidungen treffen. Dies bedeutet, dass der Konsument bei gegebenem Einkommen und

gegebenen Güterpreisen die Güterkombination wählt, die ihm die größtmögliche Bedürfnisbefriedigung verschafft.

In Abbildung 5-12 ist die Lösung dieses Problems grafisch dargestellt. Für den Haushalt wird ein Einkommen von 1000 € unterstellt, der Preis für eine Mengeneinheit Kleidung sei 40 €, der Preis für eine Mengeneinheit Nahrungsmittel 20 €. Daraus ergibt sich die bereits bekannte Bilanzgerade, deren Steigung durch das Verhältnis der Güterpreise festgelegt ist. Außerdem sind in der Abbildung 5-12 einige Indifferenzkurven des Haushalts dargestellt. Wir sehen, dass der Haushalt mit seinem Einkommen und bei den gegebenen Güterpreisen ein Versorgungsniveau, das durch die Indifferenzkurve I_3 dargestellt ist, nicht erreichen kann, weil die Ausgaben für diese Güterkombinationen sein Einkommen übersteigen.

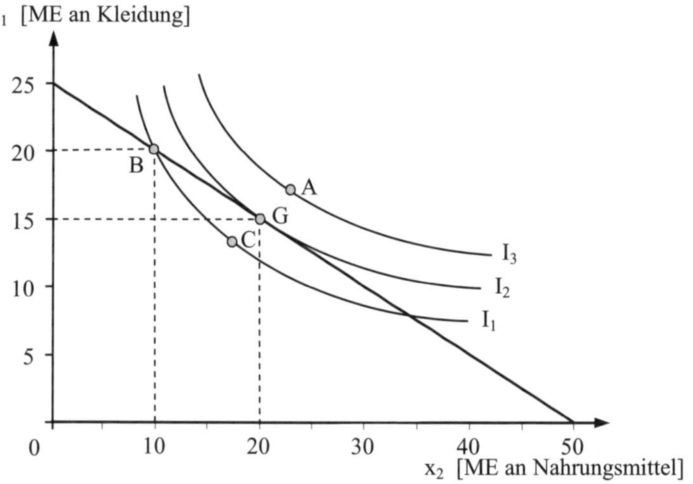

Abbildung 5-12: Der optimale Einkaufsplan

Ferner kann man feststellen, dass der Punkt B als optimaler Güterkorb nicht in Betracht kommt. Wenn der Haushalte den Güterkorb B tatsächlich kaufen würde, würde er zwar sein ganzes Einkommen ausgeben, aber seine Güterversorgung wäre nicht optimal, denn die Güterkombination B liegt auf derselben Indifferenzkurve wie die Güterkombination C. Der Haushalt ist also bezüglich der Kombinationen B und C indifferent. Die Güterkombination C enthält aber von beiden Gütern weniger als die Güterkombination G, die ebenfalls auf der Bilanzgeraden liegt, aber ein höheres Versorgungsniveau repräsentiert, weil dieser Güterkorb von beiden Gütern mehr enthält und daher der Kombinationen C vorzuziehen ist. Die Güterkombination G liegt auf einer höheren Indifferenzkurve, stiftet dem Haushalte folglich einen höheren Nutzen als die Güterkombination B.

Da die Bilanzgerade die Indifferenzkurve I_2 gerade noch berührt, repräsentiert der Punkt G den optimalen Konsumplan, der dem Haushalt die höchstmögliche Güterversorgung sicherstellt. Der optimale Konsumplan eines Haushalts liegt dort, wo die gegebene Bilanzgerade eine Indifferenzkurve tangiert. Dann wird mit dem gegebenen Einkommen bei den gegebenen Preisen das höchstmögliche Versorgungsniveau, das Nutzenmaximum, erreicht.

Wir können jetzt auch die Bedingung für die optimale Güterkombination, die der Haushalt nachfragen wird, formulieren. Die Bilanzgerade hat die Steigung $-p_2/p_1$. Die Steigung der Indifferenzkurve wird gemessen durch die Tangente an die Indifferenzkurve. Diese ist gleich der Grenzrate der Substitution. Da die Bilanzgerade im optimalen Konsumplan G die

Indifferenzkurve tangiert, haben beide die gleiche Steigung, so dass als Bedingung für die optimale Güterkombination eines Haushalts gilt:

$$GRS = -\frac{dx_1}{dx_2} = \frac{U_2'}{U_1'} = \frac{p_2}{p_1}$$

Die Grenzrate der Substitution des Gutes 1 durch Gut 2 muss gleich dem umgekehrten Verhältnis der gegebenen Güterpreise sein. Formt man das Grenznutzen- und Preisverhältnis um, erhält man

$$\frac{U_1'}{p_1} = \frac{U_2'}{p_2}$$

Diese Formulierung bringt zum Ausdruck, dass der Grenznutzen des Geldes im Konsumoptimum in jeder Verwendungsrichtung gleich sein muss. Dies ist das bekannte 2. Gossen'sche Gesetz.

Übung 5-4: Bestimmung des optimalen Konsumplans

Ein Konsument habe die Nutzenfunktion $U = x_1 x_2$ mit den Grenznutzen $U'_1 = x_2$ und $U'_2 = x_1$. Der Preis für Cola sei $p_1 = 1{,}5$ €, der Preis für einen Hamburger $p_2 = 3$ €. Insgesamt habe der Konsument einen Betrag von 12 € zur Verfügung. Welche Mengen an Cola und Hamburger wird der Konsument nachfragen, wenn er seinen Nutzen maximiert?

Lösung:

Die Bedingung für den optimalen Konsumplan besagt, dass das Verhältnis der Grenznutzen zwischen Cola und Hamburger dem Preisverhältnis entsprechen muss:

$$\frac{U_2'}{U_1'} = \frac{x_1}{x_2} = \frac{3}{1{,}5} \Leftrightarrow x_1 = 2x_2$$

Eine optimale Güterkombination liegt auf der Bilanzgeraden und erfüllt somit die Budgetgleichung:

$$1{,}5x_1 + 3x_2 = 12 \quad \Leftrightarrow \quad x_1 = 8 - 2x_2$$

Aus den beiden Gleichungen ergeben sich die optimalen Gütermengen:

$$x_1^* = 4ME, \; x_2^* = 2ME$$

Der Konsument maximiert seinen Nutzen, wenn er 4 Cola und 2 Hamburger nachfragt.

Die Grenzrate der Substitution bringt die *subjektive* Bereitschaft eines Konsumenten zum Ausdruck, ein Gut gegen ein anderes zu tauschen. Das Preisverhältnis stellt dagegen das Verhältnis dar, zudem die beiden Güter *am Markt* getauscht werden. Im Konsumoptimum werden *subjektive* Tauschbereitschaft und *objektives* Tauschverhältnis gegenübergestellt. Ein Konsument maximiert seinen Nutzen, wenn er seine subjektive „Zahlungsbereitschaft" dem objektiven Tauschverhältnis anpasst. Ist z. B. die subjektive Tauschbereitschaft im Hinblick auf zwei Güter größer als das am Markt herrschende Tauschverhältnis ($|dx_1/dx_2| > p_2/p_1$), wäre der Konsument bereit, für eine zusätzliche Einheit von Gut 2 mehr von Gut 1 aufzugeben, als eine zusätzliche Mengeneinheit des Gutes 2 am Markt kostet. Beim Kauf einer zusätzlichen Einheit des Gutes 2 am Markt stellt er sich folglich besser, weil er weniger von Gut 1 aufgeben muss, als er selbst aufzugeben bereit war. Er erreicht somit ein höheres Nutzenniveau. Gleichzeitig nimmt durch den fortlaufenden Erwerb des Gutes 2 die

Grenzrate der Substitution ab, bis im Nutzenoptimum die Grenzrate der Substitution dem umgekehrten Preisverhältnis entspricht.

Für die formale Bestimmung des Haushaltsoptimums verwendet man den Lagrange-Ansatz. Das Lagrange-Verfahren ist eine Methode zur Bestimmung eines Maximums oder Minimums unter Nebenbedingungen. In unserem Fall besteht die Aufgabe darin, das Güterbündel zu finden, das den höchstmöglichen Nutzen stiftet und mit dem verfügbaren Einkommen gerade noch finanziert werden kann. Diese Problemstellung ist unmittelbar verwandt mit dem ökonomischen Prinzip.

Die Nutzenfunktion ist die zu maximierende Zielfunktion:

$$U = U(x_1, x_2)$$

Als Nebenbedingung dient die Budgetrestriktion:

$$y - p_1x_1 - p_2x_2 = 0$$

Die Lagrange-Funktion hat dann die Form:

$$L = U(x_1, x_2) + \lambda(y - p_1x_1 - p_2x_2) \Rightarrow \text{Max!}$$

Die Restriktion wird mit dem zunächst unbestimmten Lagrange-Multiplikator λ multipliziert. Die Lagrange-Funktion enthält die drei Variablen x_1, x_2 und λ. Um das Maximum dieser Funktion zu ermitteln, werden die partiellen Ableitungen gebildet.

$$\frac{\partial L}{\partial x_1} = \frac{\partial U}{\partial x_1} - \lambda p_1 = 0$$

$$\frac{\partial L}{\partial x_2} = \frac{\partial U}{\partial x_2} - \lambda p_2 = 0$$

$$\frac{\partial L}{\partial \lambda} = y - p_1x_1 - p_2x_2 = 0$$

Setzt man diese gleich 0, erhält man die Bedingungen 1. Ordnung für das Nutzenmaximum, aus denen sich die gesuchten optimalen Werte x_1 und x_2 bestimmen lassen.

Aus den ersten beiden Gleichungen folgt das Ergebnis der geometrischen Bestimmung des Optimums und das 2. Gossen'sche Gesetz. Danach ist der Wert des Lagrange-Multiplikators gleich dem Grenznutzen des Geldes.

$$\frac{\partial U/\partial x_1}{p_1} = \frac{\partial U/\partial x_2}{p_2} = \lambda$$

Es gilt auch hier: Im Nutzenmaximum muss der Grenznutzen des Geldes in jeder Verwendungsrichtung gleich groß sein.

5.3.5 Güternachfrage und Einkommensänderungen

Wir wollen jetzt untersuchen, wie die Güternachfrage reagiert, wenn das Einkommen des Haushalts steigt oder fällt bzw. – was äquivalent ist – wenn bei gegebenem Einkommen alle Güterpreise im gleichen Verhältnis fallen oder steigen, so dass sich die Preisrelationen nicht ändern. Solche Einkommens- oder Preisänderungen führen zu einer Parallelverschiebungen der Budgetgeraden. Der Haushalt erreicht folglich ein höheres bzw. niedrigeres Nutzenoptimum.

Der Ausgangspunkt unserer Betrachtung sei das Haushaltsgleichgewicht G_1 in Abbildung 5-13 oben. Die Güterpreise seien $p_1 = 40$ € und $p_2 = 20$ €. Bei einem Einkommen von $y = 600$ € realisiert der Haushalt seine optimale Güterkombination mit $x_1 = 9$ Mengeneinheiten

an Kleidung und $x_2 = 12$ Mengeneinheiten an Nahrungsmitteln. In zwei Schritten erhöht sich das Einkommen um jeweils 200 €. Bei unverändertem Preisverhältnis, d. h. unveränderten Steigungen der Budgetgeraden erhöhen sich die Schnittpunkte der Budgetlinie mit den Koordinatenachsen; die Konsummöglichkeiten erweitern sich und der Haushalt erreicht bei jeder Einkommenserhöhung eine höhere Indifferenzkurve und damit ein höheres Nutzenniveau. Die Tangentialpunkte G_2 und G_3 zeigen die neuen, optimalen Verbrauchsmengen des Haushalts. Mit steigendem Einkommen dehnt der Haushalt seine Nachfrage nach beiden Gütern aus. Im Regelfall ist der Einkommenseffekt einer Einkommenserhöhung in Bezug auf beide Güter positiv, im Falle eines Einkommensrückgangs negativ.

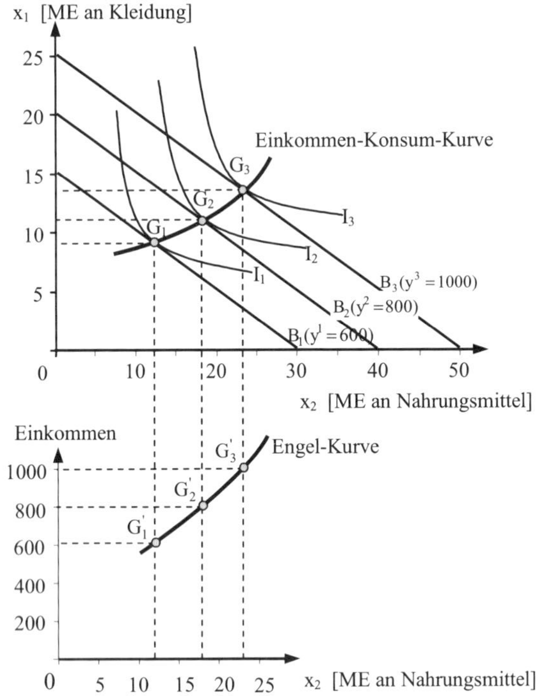

Abbildung 5-13: Einkommensänderung und Güternachfrage

Verbindet man die Tangentialpunkte, erhält man die so genannte Einkommen-Konsum-Kurve. Sie gibt an, wie sich die nachgefragten Mengenkombinationen ändern, wenn sich das Einkommen eines Haushalts ändert. Die Einkommens-Konsum-Kurve bringt zum Ausdruck, ob und gegebenenfalls wie sich die Zusammensetzung des nachgefragten Güterkorbes ändert, wenn sich das Einkommen ändert. Aus der Einkommens-Konsum-Kurve lässt sich eine spezielle Nachfragekurve gewinnen, die die einkommensabhängige Nachfrage des Haushalts nach einem Gut darstellt. Kombiniert man die optimalen Konsummengen an Nahrungsmitteln mit den in der Analyse unterstellten Einkommen, dann erhält man die so genannte Engel-Kurve im unteren Teil der Abbildung 5-13.

Die Engel-Kurve zeigt die Veränderung der optimalen nachgefragten Menge eines Gutes in Abhängigkeit vom Haushaltseinkommen. Die Nachfragefunktion für ein Gut i lautet:

$x_i = f(y)$ mit $p_i, p_j = \text{const.}$

Die Engel-Kurve ist benannt nach dem deutschen Statistiker Engel. Er und der Statistiker Schwabe haben Mitte des 19. Jahrhunderts Ausgabenkurven untersucht. Engel untersuchte den Zusammenhang zwischen Einkommen und Nahrungsmittelausgaben. Er stellte fest, dass mit steigendem Einkommen die Ausgaben für Nahrungsmittel zwar absolut zunehmen, ihr Anteil am Einkommen aber sinkt. Kurz darauf erhielt der Statistiker Schwabe einen entsprechenden Zusammenhang zwischen den Mietausgaben und dem Einkommen. Diese Zusammenhänge sind bekannt als Engel´sches bzw. Schwab´sches Gesetz.

Die Engelkurve lässt sich aus der Bedingung 1. Ordnung für das Nutzenmaximum und der Budgetgeraden einfach gewinnen, indem man bei gegebenen Güterpreisen das Einkommen als unabhängige Variable und die Menge des Gutes als abhängige Variable setzt.

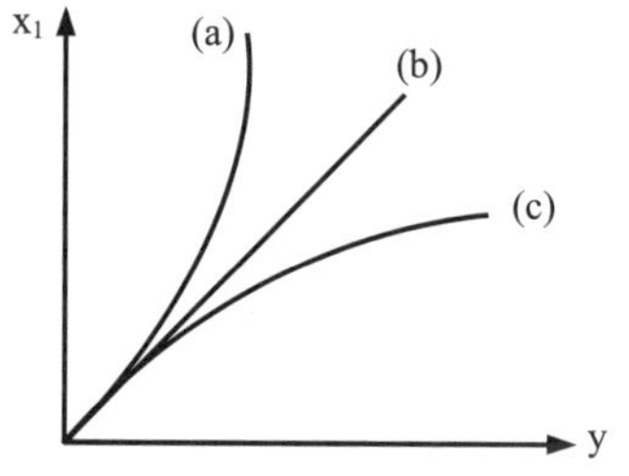

Abbildung 5-14: Verläufe der Engelkurve

Engel-Kurven können unterschiedliche Verläufe aufweisen, je nachdem wie die Nachfrage auf eine Steigerung des Einkommens reagiert. In Abbildung 5-14 sind mögliche Reaktionen dargestellt. Im Normalfall wird die mengenmäßige Nachfrage nach einem Gut mit zunehmendem Einkommen ebenfalls zunehmen. Solche Güter bezeichnet man als „normale“ Güter, weil man diesen Zusammenhang normalerweise erwarten kann. Die Steigung der Engel-Kurve kann dabei überproportional (a), proportional (b) oder unterproportional (c) im Verhältnis zum Einkommen sein. Entsprechend wird nach der Intensität der Nachfragereaktionen auf Einkommenserhöhungen innerhalb der normalen Güter unterschieden zwischen „Luxus“-Güter bzw. Gütern des nicht-lebensnotwendigen Bedarfs, wenn die Engel-Kurve überproportional ansteigt, und den lebensnotwendigen Gütern bzw. Gütern des starren Bedarfs bei einem unterproportional Anstieg der Engel-Kurve.

Praxisbeispiel 5-1: Empirische Verläufe von Engelkurven

Der Verlauf der Engelkurven kann an Hand der Daten der Einkommens- und Verbrauchsstichprobe 1998[4] für ausgewählte Güter und Gütergruppen dargestellt werden. Allerdings ist es nicht möglich, Nachfragemengen in Abhängigkeit vom Einkommen zu untersuchen, da im Rahmen dieser Erhebung bei den meisten Gütern keine Mengen, sondern nur Ausgaben erfasst werden. Da es sich bei dieser Erhebung aber um eine Querschnittsuntersuchung handelt, kann man die Preiskomponente in den Ausgaben als konstant betrachten. Einkommensinduzierte Veränderungen der Ausgaben wären dann primär verursacht durch Veränderungen der nachgefragten Mengen.

In Abbildung 5-15 und Abbildung 5-16 sind die Ausgabenanteile für ausgewählte Güter und Gütergruppen an den gesamten Ausgaben für den privaten Verbrauch in Abhängigkeit vom Haushaltsnettoeinkommen dargestellt. Nimmt der Ausgabenanteil einer Gütergruppe mit steigendem Einkommen ab, lässt dies auf einen unterproportionalen Verlauf der Engelkurve

[4] Statistisches Bundesamt (2002), S. 572.

schließen, da die Ausgaben dieser Gütergruppe mit steigendem Einkommen langsamer zunehmen als die gesamten Ausgaben für den privaten Verbrauch. Von einem proportionalen Verlauf kann man ausgehen, wenn der Ausgabenanteil einer Warenart konstant bleibt. Die Steigung der Engelkurve ist überproportional, wenn der Ausgabenanteil mit steigendem Haushaltsnettoeinkommen größer wird.

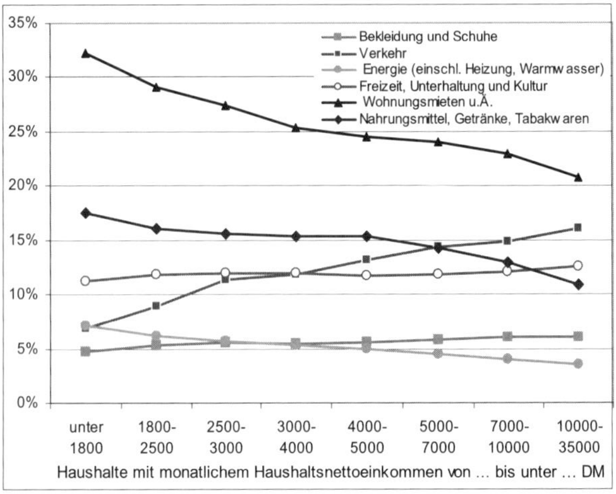

Abbildung 5-15: Ausgabenanteile ausgewählter Gütergruppen am gesamten Privaten Verbrauch

In Abbildung 5-15 sind drei wichtige Ausgabengruppen des lebensnotwendigen Bedarfs dargestellt, deren Ausgabenanteile mit steigendem Einkommen zurückgehen. Es sind dies Nahrungsmittel, Getränke, Tabakwaren sowie Wohnungsmieten und Energie. Die Ausgaben für Kleidung und Schuhe steigen annähernd proportional zum Gesamtverbrauch. Zu den Gütern des nicht-lebensnotwendigen Bedarfs zählen Freizeit-, Unterhaltungs- und Kulturgüter sowie insbesondere der Verkehr.

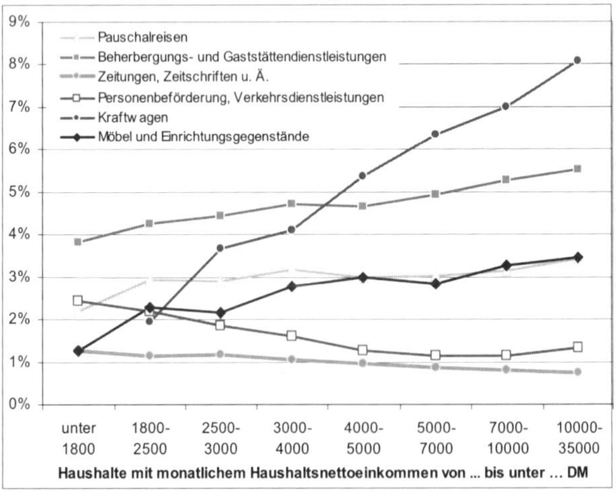

Abbildung 5-16: Ausgabenanteile ausgewählter Güter am Privaten Verbrauch

Aus Abbildung 5-16 wird ersichtlich, dass es innerhalb der großen Gütergruppen häufig gegensätzliche Entwicklungen gibt. So steigen die Ausgaben für Fahrzeuge innerhalb der Ausgabengruppe Verkehr sehr dynamisch an, während Verkehrsdienstleistungen (insbesondere von Bussen und Bahnen) mit steigendem Einkommen immer weniger nachgefragt werden. Innerhalb der Freizeit- und Unterhaltungsgüter sind Zeitschriften und Zeitungen eher dem lebensnotwendigen Bedarf zuzuordnen, während Pauschalreisen und Dienstleistungen des Hotel- und Gastgewerbes mit steigendem Einkommen überproportional nachgefragt werden.

Die hier dargestellten Verläufe der Engelkurven sollten jedoch keineswegs als abschließende Belege für eine über- oder unterproportionale Güternachfrage in Abhängigkeit vom Einkommen gewertet werden. Denn das Haushaltsnettoeinkommen ist eng korreliert mit der Haushaltsgröße und mehr Personen im Haushalt bedeuten dann konsequenterweise auch höhere Ausgaben und eine höhere Güternachfrage. Ohne Kenntnis der durchschnittlichen Haushaltgröße für die einzelnen Einkommensklassen lässt sich folglich ein Gut nicht abschließend einer Güterkategorie zuordnen.

Übung 5-5: Güternachfrage in Abhängigkeit vom Einkommen

Ein Konsument habe die Nutzenfunktion $U = x_1 x_2$ mit den Grenznutzen $U'_1 = x_2$ und $U'_2 = x_1$. Der Preis für Cola sei $p_1 = 2$ €, der Preis für einen Hamburger $p_2 = 4$ €. Wie lautet die Nachfrage des Konsumenten in Abhängigkeit vom Einkommen?

Lösung:

Die Bedingungen für den optimalen Konsumplan besagt, dass das Verhältnis der Grenznutzen zwischen Cola und Hamburger dem Preisverhältnis entsprechen muss:

$$\frac{U'_1}{U'_2} = \frac{x_2}{x_1} = \frac{2}{4} \Leftrightarrow x_2 = 0{,}5x_1$$

Eine optimale Güterkombination liegt auf der Bilanzgeraden und erfüllt somit die Budgetgleichung:

$$2x_1 + 4x_2 = y \rightarrow 2x_1 + 4 \cdot 0{,}5x_1 = y$$

Daraus erhält man folgende Nachfragefunktionen des Konsumenten in Abhängigkeit vom Einkommen:

$$x_1(y) = 0{,}25\,y \quad \text{und} \quad x_2(y) = 0{,}125\,y$$

Somit steigt die Nachfrage nach beiden Gütern mit zunehmendem Einkommen. Es handelt sich um normale Güter.

Nicht alle Engel-Kurven haben eine durchgehend positive Steigung, beziehen sich also auf normale Güter. Es ist durchaus auch eine anomale Nachfragereaktion denkbar, nämlich dass ein Gut ab einem bestimmten Einkommen immer weniger gekauft wird. Solche Güter bezeichnet man bekanntlich als inferior. In Abbildung 5-17 ist die Nachfragereaktion für ein inferiores Gut dargestellt.

Das inferiore Gut seien Kartoffeln, für die diese Nachfragereaktion beobachtet werden konnte. Als zweites Gut möge ein zusammengesetzter Güterkorb dienen, der höherwertige Nahrungsmittel wie z. B. Fleisch und Gemüse als Alternative und Ergänzung einer ausgewogenen Ernährung enthalte. Unterhalb eines kritischen Einkommens nimmt die Nachfrage nach Kartoffeln mit steigendem Einkommen zu. Wird eine bestimmte Einkommensgrenze überschritten, steigt die Nachfrage nach dem superioren Gut überproportional an, und die Nachfrage nach Kartoffeln geht zurück. Der Einkommenseffekt einer Einkommenserhöhung

ist negativ. Beispiele für solche Güter sind einfachere Nahrungsmittel. Bei niedrigem Einkommen ist der Haushalt gezwungen, die Nahrungsmittel in größerer Menge zur Existenzsicherung nachzufragen. Mit steigendem Einkommen kann er sich höherwertige Nahrungsmittel leisten, die dann die geringwertigen ganz oder teilweise ersetzen.

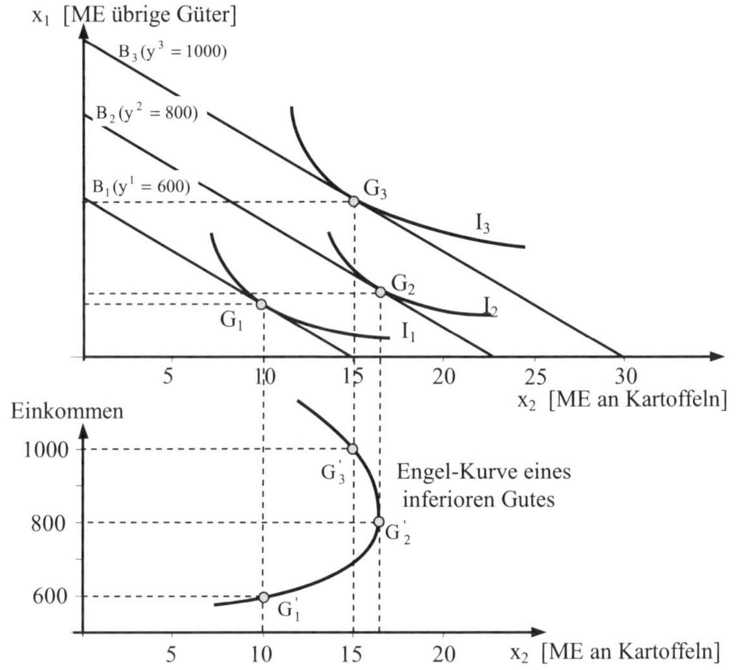

Abbildung 5-17: Nachfragereaktion und Engelkurve bei inferioren Gütern

Bei inferioren Gütern verlaufen sowohl die Bilanzgerade als auch die Indifferenzkurve relativ flach. Der flache Verlauf der Bilanzgeraden kommt daher, dass inferiore Güter im Vergleich zu superioren relativ billig sind. Der flache Verlauf der Indifferenzkurve hängt damit zusammen, dass der Haushalt über eine vergleichsweise größere Menge des inferioren Gutes verfügt und daher bereit ist, zugunsten einer zusätzlichen Mengeneinheit des superioren Gutes auf eine größere Menge des inferioren Gutes zu verzichten.

5.3.6 Preisänderungen und Güternachfrage

Zielsetzung dieses Abschnitts ist es zu untersuchen, wie sich die optimale nachgefragte Menge eines Gutes verändert, wenn sich der Preis des Gutes bei konstantem Einkommen und konstanten Preisen der übrigen Güter ändert.

Grundlage unserer weiteren Überlegungen ist die grafische Darstellung in Abbildung 5-18. Der Haushalt habe sein Haushaltsoptimum in Punkt G_1. Die zugrunde liegenden Parameter sind ein Einkommen von y = 1000 €, ein Bekleidungspreis von p_1 = 40 € und ein Preis für Nahrungsmittel von p_2^1 = 50 €. Die dazugehörige Budgetgerade ist B_1 mit einer Steigung von $-p_2^1/p_1 = 50/40 = 1{,}2$. Nun sollen die Nahrungsmittel billiger werden. Der Preis für Nahrungsmittel geht schrittweise auf 30 € und danach auf 20 € zurück. Wie wirkt sich dies auf die Nachfrageentscheidung des Haushalts aus und wie ändert sich die grafische Darstellung?

Wie wir wissen, drückt sich ein Preisanstieg bei Nahrungsmitteln bei unverändertem Ordinatenabschnitt in einer Drehung der Budgetgeraden entlang der Abszisse nach außen aus. Zum Preis von $p_2^2 = 30$ € beschreibt die Budgetlinie B_2, zum Preis $p_2^3 = 20$ € die Budgetlinie B_3 die realisierbaren Konsummöglichkeiten. Der Haushalt kann als Folge der Preissenkungen eine höhere Güterversorgung und damit ein höheres Nutzenniveau erreichen. Die neuen optimalen Güterkombinationen sind mit G_2 und G_3 gekennzeichnet. Verbindet man die mit den Preissenkungen induzierten Haushaltsoptima (Tangentialpunkte), erhält man die so genannte Preis-Konsum-Kurve.

Die Preis-Konsum-Kurve repräsentiert optimale Güterbündel an Kleidung und Nahrungsmitteln, die der Haushalt bei einer fortlaufenden Preissenkung bei einem Gut und bei Konstanz der übrigen Preise und des Einkommens kaufen würde. Die Preis-Konsum-Kurve lässt erkennen, dass der Haushalt fortlaufend größere Güterbündel konsumiert. In Abbildung 5-18 nimmt die nachgefragte Menge nach Nahrungsmitteln zu, wenn der Preis für Nahrungsmittel fällt. Dies ist das fundamentale Gesetz der Nachfrage. Ob freilich die Nachfrage nach dem zweiten Gut ebenfalls zunimmt, wie dies in Abbildung 5-18 für Kleidung sichtbar wird, wird später noch genauer untersucht.

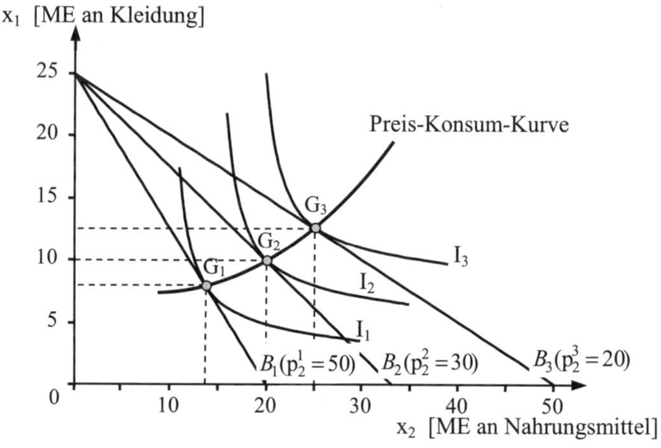

Abbildung 5-18: Nachfragereaktion bei einer Preissenkung

Die Auswirkungen einer Preisänderung auf die Nachfrageentscheidung eines Haushalts müssen wir genauer untersuchen, denn offensichtlich sind die Implikationen einer Nutzen maximierenden Entscheidung komplizierter, als es der Übergang von einem Haushaltsgleichgewicht zu einem anderen erscheinen lässt. Der Grund dafür ist die Tatsache, dass der Haushalt bei einer Preissenkung nicht nur ein größeres Güterbündel kaufen kann, sondern dass sich als Folge einer partiellen Preissenkung die Zusammensetzung des Güterkorbes ändert. Das Gut, dessen Preis sinkt, wird im Vergleich zu dem Gut, dessen Preis unverändert bleibt, relativ stärker nachgefragt. Man bezeichnet dies als den Substitutionseffekt. Darüber hinaus muss der Haushalt beim Kauf des ursprünglichen Güterkorbes weniger Geld ausgeben als vor der Preissenkung. Er kann den gesparten Betrag für den Kauf zusätzlicher Mengeneinheiten verwenden. Die Preissenkung hat einen Anstieg der Kaufkraft zur Folge, der mit einer Einkommenserhöhung vergleichbar ist. Man bezeichnet dies als den Einkommenseffekt. Beide Effekte treten bei einer Preissenkung gleichzeitig auf. Wir wollen jedoch die beiden Effekte getrennt betrachten, um zu verstehen, wie durch Preisänderungen Konsumententscheidungen beeinflusst werden.

In Abbildung 5-19 wird eine Preissenkungen bei Nahrungsmitteln unterstellt. Das ursprüngliche Haushaltsgleichgewicht ist durch den Tangentialpunkt der Indifferenzkurve I_1 mit der Bilanzgeraden B_1, die die Steigung $-p_2^1/p_1$ hat, in Punkt G_1 dargestellt. Der Haushalt konsumiert die Mengen x_1^1 und x_2^1 an Kleidung bzw. Nahrungsmitteln. Wenn nun der Preis für Nahrungsmitteln auf p_2^2 sinkt, dreht sich die Bilanzgerade nach B_2. Sie hat die Steigung $-p_2^2/p_1$, der Konsument erreicht auf der Indifferenzkurve I_2 ein höheres Versorgungsniveau und realisiert den optimalen Konsumplan G_2 mit den Nachfragemengen x_1^2 und x_2^2.

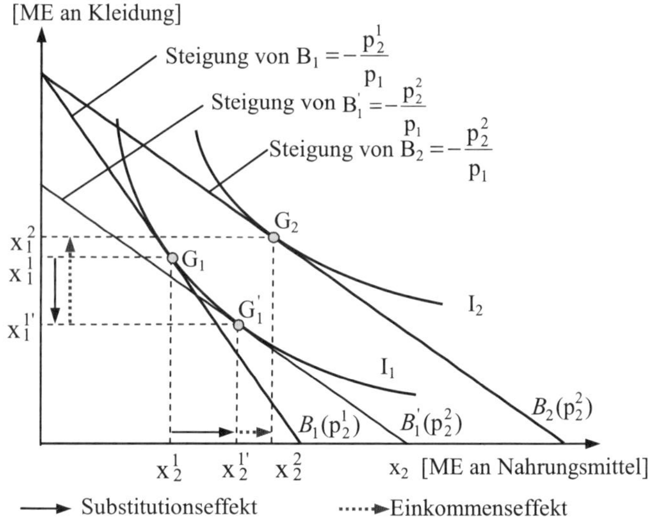

Abbildung 5-19: Einkommens- und Substitutionseffekt einer Preisvariation

Im nächsten Schritt wollen wir uns überlegen, welche Güterkombination der Haushalte wohl realisieren würde, wenn er mit dem ursprünglich erreichten Nutzenniveau zufrieden wäre und die Einkommensteile spart, die er aufgrund der Preissenkung weniger für den Warenkorb ausgeben muss. Das vom Haushalte angestrebte Versorgungsniveau würde weiterhin durch die Indifferenzkurve I_1 dargestellt. Aber wäre dann die Güterkombination in G_1 weiterhin optimal? Die Bedingung für das Nutzenmaximum lautet, dass die Grenzrate der Substitution gleich dem Verhältnis der Güterpreise sein muss. In Punkt G_1 entspricht die Grenzrate der Substitution dem Preisverhältnis p_2^1/p_1, während nach der Preissenkung das Preisverhältnis p_2^2/p_1 ist. Dies wird durch die Bilanzgerade $B_1^{'}$ dargestellt, die eine Parallele zur Bilanzgeraden B_2 ist. Die Güterkombination in G_1 ist folglich nicht mehr optimal. Um bei gleichem Nutzenniveau I_1 das optimale Güterbündel zu erhalten, wird der Haushalt entsprechend der abnehmenden Grenzrate der Substitution die im Preis unveränderte, relativ teuere Kleidung durch die billiger gewordenen Nahrungsmittel ersetzen. Dies geschieht solange, bis im neuen Nutzenoptimum die Grenzrate der Substitution dem gesunkenen Preisverhältnis entspricht. Dies ist der Fall im Punkt $G_1^{'}$, in dem die Bilanzgerade $B_1^{'}$ die Indifferenzkurve I_1 tangiert. Die Güterkombination $G_1^{'}$ sichert dem Haushalt dasselbe Nutzenniveau wie die ursprüngliche Güterkombination G_1. Aber die Zusammensetzung der Güterkorbes hat sich verändert. Der neue Güterkorb enthält mehr von dem relativ billigeren Gut und weniger vom relativ teureren. Dies ist der Substitutionseffekt einer Preisvariation. Der Substitutionseffekt einer Preisvariation zeigt an, wie der Haushalt auf eine Preisänderung reagieren würde, wenn sein Realeinkommen und damit sein ursprüngliches Nutzen- bzw. Wohlstands-

niveau erhalten bleiben soll. Graphisch entspricht dies der Bewegung auf einer gegebenen Indifferenzkurve.

In Abbildung 5-19 beträgt der Substitutionseffekt bei Nahrungsmitteln $x_2^{1'} - x_2^1$. Er wirkt immer entgegengesetzt zu der Preisänderung. Eine Verbilligung von Nahrungsmitteln führt zu einem Nachfrageanstieg und hat somit einen positiven Substitutionseffekt. Für Kleidung ist der Substitutionseffekt $x_1^1 - x_1^{1'}$. Er ist negativ, weil bei unverändertem Kleidungspreis Bekleidung im Vergleich zu Nahrungsmitteln teurer geworden ist.

Der zweite Effekt, der bei einer Preisänderung auftritt, ist der Einkommenseffekt. Beim Kauf des Güterkorbes G'_1 muss der Konsument wegen des Preisrückgangs einen geringeren Einkommensbetrag aufwenden als beim Kauf des Güterkorbes G_1. Wir hatten zunächst unterstellt, der Haushalt würde diesen Betrag sparen. Tatsächlich kann der Konsument den ersparten Betrag verwenden, um mehr Güter nachzufragen. Der Einkommenseffekt misst folglich die Veränderung in der Güternachfrage, wenn der Haushalt bei unverändertem Preisniveau die gesparten Einkommensteile für zusätzliche Güternachfrage einsetzt. Dies ist unmittelbar vergleichbar mit einer Einkommenserhöhung, die im Normalfall dazu führt, dass der Haushalt von beiden Gütern mehr nachfragt. In der Grafik bedeutet dies, dass sich die Budgetgerade B'_1 parallel nach außen verschiebt, bis das gesamte Einkommen ausgeschöpft ist. Die neue Güterkombination wird durch den Punkt G_2 angezeigt, in dem die Bilanzgerade B_2 die höhere Indifferenzkurve I_2 tangiert. Die Bewegung von G'_1 nach G_2 nennt man den Einkommenseffekt.

Der Einkommenseffekt einer Preisvariation zeigt an, wie der Haushalt auf eine Einkommensänderung reagieren würde, wenn das Güterpreisverhältnis unverändert bleibt. Graphisch entspricht dies einer Parallelverschiebung der Bilanzgeraden. In Abbildung 5-19 ist der Einkommenseffekt $x_2^2 - x_2^{1'}$ bei Nahrungsmitteln und $x_1^2 - x_1^{1'}$ bei Kleidung. Wie wir in unserer Untersuchung über den Einfluss des Einkommens auf die Güternachfrage gesehen haben, ist der Einkommenseffekt bei einer Erhöhung des Einkommens im Normalfall positiv. Dasselbe gilt auch für den Fall einer Preissenkung, die ja einer Erhöhung der realen Kaufkraft des Haushalts entspricht.

Fassen wir Einkommens- und Substitutionseffekt zusammen, ergibt sich die gesamte Veränderung der Güternachfrage. Der Gesamteffekt einer Preissenkung entspricht der kombinierten Wirkung einer Verschiebung der Preisrelation bei unverändertem Nutzenniveau ($G_1 \rightarrow G'_1$) und einer Einkommenserhöhung bei unveränderten Preisen ($G'_1 \rightarrow G_1$). Wenn also der Preis eines Gutes sinkt bei konstanten Preisen der übrigen Güter und konstantem Einkommen, dann steigt im Normalfall die Nachfrage nach dem betreffenden Gut, weil Einkommens- und Substitutionseffekt in dieselbe Richtung wirken. Im Falle einer Preissenkung sind die beiden Effekte positiv, im Falle einer Preiserhöhung negativ. Die Wirkung auf die Nachfrage nach dem anderen Gut ist unbestimmt, weil der Einkommenseffekt in Bezug auf dieses Gut ein anderes Vorzeichen hat als Substitutionseffekt. Ob die Nachfrage nach dem zweiten Gut steigt oder fällt, hängt letztendlich von der Beziehung der beiden Güter ab.

Übung 5-6: Einkommens- und Substitutionseffekt

Ein Konsument habe die Nutzenfunktion $U= x_1x_2$ mit den Grenznutzen $U'_1= x_2$ und $U'_2= x_1$. Wir nehmen weiter an, der Konsument habe einen wöchentlichen Einkommensbetrag von 200 €, den er für Freizeitgüter und Nahrungsmittel ausgibt. Der Preis für Nahrungsmittel sei 8 € pro Einheit, der Preis für Freizeitgüter sei 10 € pro Einheit. Als Folge eines steigenden Angebots sinke der Preis für Nahrungsmittel auf 4 € pro Einheit. Bestimmen Sie für diese Preissenkung den Einkommens- und Substitutionseffekt der beiden Güter.

Lösung:

Zunächst wird die optimale Güterkombination für die Ausgangssituation bestimmt. Die Bedingungen für den optimalen Konsumplan besagt, dass das Verhältnis der Grenznutzen dem Preisverhältnis entsprechen muss:

$$\frac{U_1'}{U_2'} = \frac{x_2}{x_1} = \frac{8}{10} \quad \Leftrightarrow \quad x_2 = 0{,}8x_1$$

Eine optimale Güterkombination liegt auf der Bilanzgeraden und erfüllt somit die Budgetgleichung: $8x_1 + 10x_2 = 200$. Daraus erhält man die nachgefragten Mengen im Nutzenmaximum: $x_1^1 = 12{,}5$ und $x_2^1 = 10$.

Mit diesen Gütermengen erreicht der Konsument einen Nutzenindex von $U^1 = 12{,}5 \cdot 10 = 125$. Seine Ausgaben belaufen sich auf $8 \cdot 12{,}5 + 10 \cdot 10 = 200$.

Die Güternachfrage nach der Preissenkung bestimmt sich analog. Aus der Tangentialbedingung folgt:

$$\frac{x_2}{x_1} = \frac{4}{10} \Leftrightarrow x_2 = 0{,}4x_1 .$$

Für die Budgetgleichung gilt $4x_1 + 10x_2 = 200$. Daraus ergeben sich die optimalen Gütermengen nach der Preissenkung von $x_1^2 = 25$ und $x_2^2 = 10$.

Mit den neuen Gütermengen erreicht der Konsument einen Nutzenindex von $U^2 = 25 \cdot 10 = 250$. Seine Gesamtausgaben sind $4 \cdot 25 + 10 \cdot 10 = 200$. Als Folge der Preissenkung verdoppelt sich die nachgefragte Menge an Nahrungsmitteln, während die Nachfragemenge nach Freizeitgütern unverändert bleibt.

Um den Gesamteffekt in den Substitutions- und Einkommenseffekt zerlegen zu können, sind zwei Informationen wichtig:

Das neue Haushaltsoptimum nach der Preissenkung muss auf derselben Indifferenzkurve liegen wie das ursprüngliche vor der Preissenkung. Der Nutzenindexwert dieser Indifferenzkurve ist folglich

$$U^1 = x_1 \cdot x_2 = 125 \Leftrightarrow x_2 = 125/x_1$$

Im Haushaltsoptimum muss wiederum die Tangentialbedingung erfüllt sein, wobei der gesunkene Preis für Nahrungsmittel die Steigung der Budgetgerade bestimmt:

$$\frac{x_2}{x_1} = \frac{4}{10} \Leftrightarrow x_2 = 0{,}4x_1$$

Aus diesen beiden Bedingungen ergibt sich die Güterkombination G_1'

$$x_1^{1'} = 17{,}68 \text{ und } x_2^{1'} = 7{,}07 .$$

Bei dieser Güterkombination beträgt das Nutzenniveau 125. Der Konsument betrachtet folglich diese Gütermengen im Vergleich zur Ausgangssituation mit $x_1^1 = 12{,}5$ und $x_2^1 = 10$ als gleichwertig. Seine Gesamtausgaben für diesen Güterkorb belaufen sich auf

$4 \cdot 17{,}68 + 10 \cdot 7{,}07 = 141{,}42$.

Wir können jetzt die unterschiedliche Betrachtungsweise noch etwas genauer herausarbeiten. Während der Konsument mit der Entscheidung über G_1 und G_2 jeweils für ein gegebenes Einkommen seinen Nutzen maximiert, minimiert er mit der Entscheidung über G'_1 seine Ausgaben für einen Güterkorb bei vorgegebenem Nutzenniveau. Der Einkommens- und Substitutionseffekt für Nahrungsmittel ist positiv. Nahrungsmittel sind ein normales Gut. Die

Nachfragekurve nach Nahrungsmitteln hat eine negative Steigung, da die Nachfrage nach Nahrungsmitteln mit fallenden Preisen zunimmt.

Bei den Freizeitgütern ist der Substitutionseffekt negativ. Er wird durch den positiven Einkommenseffekt in gleicher Höhe kompensiert, so dass sich die Nachfrage nach Freizeitgütern nicht ändert. In der folgenden Tabelle sind die Gleichgewichtswerte und die einzelnen Effekte zusammengestellt.

Gleichgewicht	x_1	x_2	Nutzenindex	Tangential-Bedingung	Ausgabe
G_1	12,5	10,0	125	$\frac{U_1'}{U_2'} = \frac{x_2}{x_1} = \frac{8}{10}$	200,00
Veränderung	+ 5,18	- 2,93	⇐ **Substitutionseffekt**		
G'_1	17,68	7,07	125	$\frac{U_1'}{U_2'} = \frac{x_2}{x_1} = \frac{4}{10}$	141,42
Veränderung	+ 7,32	+ 2,93	⇐ **Einkommenseffekt**		
G_2	25,0	10,0	250	$\frac{U_1'}{U_2'} = \frac{x_2}{x_1} = \frac{4}{10}$	200,00

Eine Besonderheit ist bei inferioren Gütern zu beobachten. Während bei normalen Gütern der Einkommens- und Substitutionseffekt immer in dieselbe Richtung gehen, wirken bei inferioren Gütern die beiden Effekte in entgegengesetzte Richtung.

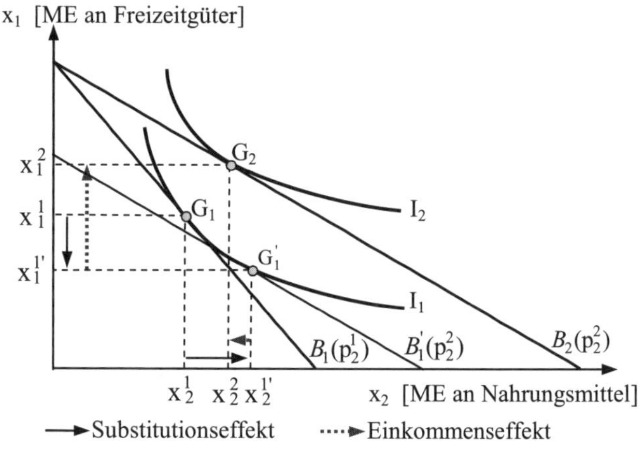

Abbildung 5-20: Einkommens- und Substitutionseffekt bei inferioren Gütern

In Abbildung 5-20 seien Nahrungsmittel ein inferiores Gut, während Freizeitgüter superior seien. Wenn der Preis für Nahrungsmittel von p_2^1 auf p_2^2 fällt, steigt auf Grund des Substitutionseffekts die Nachfrage nach Nahrungsmitteln x_2^1 von $x_2^{1'}$ auf. Allerdings ist der Einkommenseffekt negativ, weil inferiore Güter bei steigendem Einkommen absolut weniger nachgefragt werden. Die konsumierte Menge sinkt von $x_2^{1'}$ auf x_2^2. Per Saldo steigt aber die Nachfrage nach Nahrungsmitteln als Folge der Preissenkung, weil der Substitutionseffekt größer ist als der Einkommenseffekt. Solange dies der Fall ist, kann man von einer normalen

Reaktion der Nachfrage ausgehen, weil bei sinkenden Preisen mehr Nahrungsmittel nachgefragt werden.

Eine anomale Nachfragereaktion liegt offensichtlich vor, wenn bei sinkendem Preis eines Gutes die Nachfragemenge fortlaufend eingeschränkt wird und umgekehrt. Dieser Fall tritt nur dann ein, wenn ein Gut inferior ist, weil nur dann Einkommens- und Substitutionseffekt gegenläufig wirken, und wenn der Einkommenseffekt absolut größer ausfällt als der Substitutionseffekt.

Ein solches Gut nennt man Giffen-Gut. Dieser Ausnahmefall geht zurück auf Robert Giffen, der Mitte des 19. Jahrhunderts die Meinung vertrat, dass in ärmeren Bevölkerungsschichten die Brotnachfrage mit steigendem Brotpreis zunehme. Die Einkommen der Arbeiter, die Giffen beobachtete, waren so niedrig, dass sie kaum Fleisch und Gemüse kaufen konnten. Wenn in einer solchen Situation der Brotpreis steigt, können die Haushalte nicht auf andere Nahrungsmittel ausweichen, weil diese noch viel teurer sind als Brot. Da sie für Brot mehr ausgeben müssen, werden Sie den Fleischkonsum einschränken und mehr Brot nachfragen, um eine Grundversorgung mit Nahrungsmitteln zu gewährleisten.

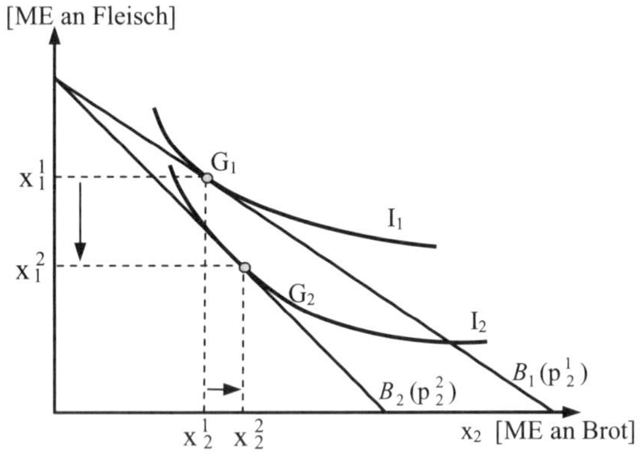

Abbildung 5-21: Das Giffen-Paradox

In Abbildung 5-21 ist das Giffen-Paradox dargestellt. Vor der Preiserhöhung hat der Haushalt sein Einkommen so auf Brot und höherwertige Nahrungsmittel (z. B. Fleisch) aufgeteilt, dass seine Existenz gerade gesichert war (Punkt G_1). Nach der Preiserhöhungen bei Brot schränkt der Haushalts seinen Fleischkonsum ein und fragt verstärkt Brot nach, um seine Grundversorgung zu sichern (Punkt G_2).

Damit der Giffen-Fall zum Tragen kommt, ist es notwendig, dass das betreffende Gut einen nennenswerten Anteil am Güterkorb eines Haushalts ausmacht. Bei vielen in Frage kommenden Gütern ist dies heute nicht mehr der Fall, so dass man das Giffen-Paradox als theoretischen Grenzfall ansehen kann.

Ob es sich bei einem inferioren Gut um ein Giffen-Gut handelt, lässt sich mit Hilfe der Preiselastizität der Nachfrage feststellen. Bei normalen Gütern ist die Preiselastizität der Nachfrage negativ, da Preis- und Mengenänderung unterschiedliche Vorzeichen haben. Giffen-Güter haben dagegen eine positive Preiselastizität, weil Preise und Menge in dieselbe Richtung gehen, also beide positiv oder beide negativ sind.

Abschließend sollen noch die Auswirkungen einer Preisänderung bei einem Gut 2 auf die Nachfrage nach einem anderen Gut 1 untersucht worden. Der Gesamteffekt einer Preissen-

kung bei einem Gut 2 in Bezug auf ein anderes Gut 1 ist unbestimmt. Generell ist der Substitutionseffekt in Bezug auf das zweite Gut negativ. Der Preis des Gutes 1 bleibt gleich, während der Preis des Gutes 2 zurückgeht. Folglich wird das relativ teurere Gut 1 durch das billigere Gut 2 substituiert. Bei normalen Gütern ist dagegen der Einkommenseffekt positiv. Aufgrund der gestiegenen Kaufkraft steigt die Nachfrage nach beiden Gütern. Ob per Saldo ein positiver oder negativer Gesamteffekt resultiert, hängt von der relativen Stärke der beiden Effekte ab. Maßgebend dafür ist die Art der Güterbeziehung. Grundsätzlich sind drei Fälle denkbar:

- Der Einkommenseffekt bei dem im Preis gleich gebliebenen Gut 1 ist größer als der Substitutionseffekt. Die Nachfrage nach einem Gut 1 nimmt zu, wenn der Preis des Gutes 2 sinkt. Dies ist der Fall in Abbildung 5-22(a). Die Kreuznachfragefunktion $x_1 = f(p_2)$ sinkt. Dies ist charakteristisch für komplementäre Güter. Ein Beispiel dafür wäre PKW und Benzin, Füllfederhalter und Tintenpatronen. Sinkende PKW-Preise lassen nicht nur die PKW-Nachfrage steigen, sondern auch den Benzinverbrauch.
- Der Einkommenseffekt ist kleiner als der Substitutionseffekt. Die Nachfrage nach Gut 1 nimmt ab, wenn der Preis des Gutes 2 sinkt (vgl. Abbildung 5-22(b)). Die Kreuznachfragefunktion $x_1 = f(p_2)$ steigt an. Dieser Sachverhalt kennzeichnet substitutive Güter. Als Beispiele dafür werden häufig Kartoffeln und Nudeln oder Zucker und Süßstoff genannt. Sinkende Kartoffelnpreise führen zu einer steigenden Nachfrage nach Kartoffeln, aber zu einer sinkenden Nachfrage nach Nudeln.
- Einkommens- und Substitutionseffekt heben sich gerade auf. Die Nachfrage nach Gut 1 ändert sich bei sinkendem Preis von Gut 2 nicht. Die beiden Güter sind unabhängig, z. B. Bleistifte und Zucker. Ein sinkender Zuckerpreis hat keinen Einfluss auf die Nachfrage nach Bleistiften.

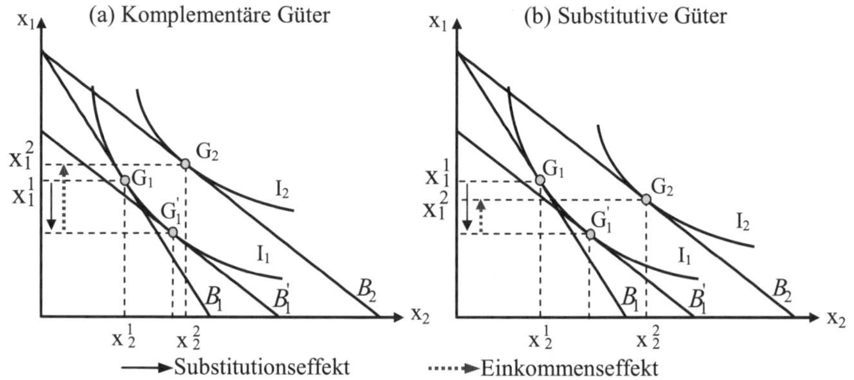

Abbildung 5-22: Auswirkungen einer Preissenkung auf die Nachfrage nach anderen Gütern

5.3.7 Individuelle Nachfragekurve und Marktnachfrage

Nachdem wir uns ausführlich mit der Nachfragereaktion eines repräsentativen Haushalts und mit den wesentlichen Nachfragedeterminanten beschäftigt haben, soll nun die Marktnachfrage abgeleitet werden. Dies geschieht in zwei Schritten: Zunächst wird die individuelle Nachfragefunktion eines Haushalts hergeleitet. In einem weiteren Schritt werden diese individuellen Nachfragefunktionen der einzelnen Haushalte zur aggregierten Nachfrage am Markt zusammengefasst.

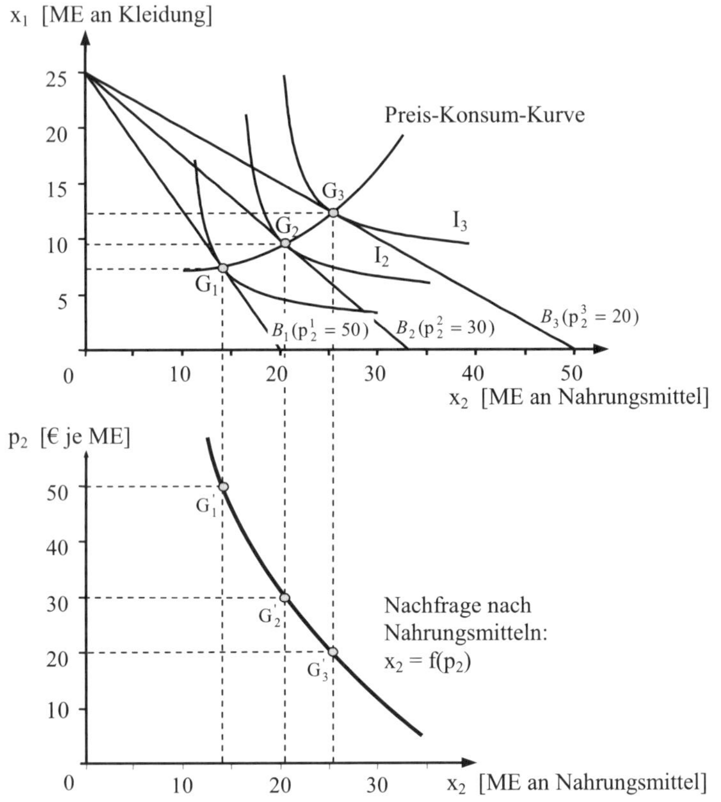

Abbildung 5-23: Ableitung der individuellen Nachfragefunktion

Zur Herleitung der individuellen Nachfragekurve aus dem Präferenzsystem eines Haushalts unterstellen wir eine Reihe von möglichen Preisänderungen bei Nahrungsmitteln. Bei fortlaufender Preissenkung bei Nahrungsmitteln bekommen wir mit den Tangentialpunkten von Bilanzgeraden und Indifferenzkurven die jeweiligen optimalen Mengenkombinationen für alternative Preise bei Nahrungsmitteln. Die Verbindung dieser Tangentialpunkte liefert uns die bereits bekannte Preis-Konsum-Kurve im oberen Teil der Abbildung 5-23.

Wir wollen jetzt die Nachfrage nach Nahrungsmitteln in Abhängigkeit vom Nahrungsmittelpreis darstellen. Dies geschieht in der unteren Hälfte der Abbildung 5-23. Auf der Abszisse sind die nachgefragten Mengen abgetragen, auf der Ordinate die unterschiedlichen Preise für Nahrungsmittel. Wenn wir nun den in G_1, G_2 und G_3 nachgefragten Mengen nach Nahrungsmitteln die zugehörigen Preise zuordnen, erhalten wir die Darstellung der Nachfrage nach Nahrungsmitteln in Abhängigkeit vom Preis dieses Gutes. Dies ist die individuelle Nachfragekurve des Haushalts.

Die Nachfragefunktion eines Haushalts nach einem Gut ordnet den alternativen hypothetischen Preisen die Einkaufsmengen zu, die der Haushalt bei konstanten Preisen der übrigen Güter und konstantem Einkommen zu kaufen bereit ist. Die Gleichung der individuellen Nachfragefunktion für ein Gut i lautet:

$q_i = f(p_i)$ mit y, p_j = const.

Die Nachfragefunktion lässt sich aus der Bedingung 1. Ordnung für das Nutzenmaximum und der Budgetgeraden einfach gewinnen, indem man den Preis des betrachteten Gutes als unabhängige Variable und die Menge als abhängige Variable setzt.

Übung 5-7: Güternachfrage in Abhängigkeit von den Preisen

Ein Konsument habe die Nutzenfunktion $U = x_1 x_2$ mit den Grenznutzen $U'_1 = x_2$ und $U'_2 = x_1$. Sein Einkommen betrage 40 €. Der Preis für Cola sei $p_1 = 2$ €, der Preis für einen Hamburger $p_2 = 4$ €.

a) Wie lautet die Nachfrage des Konsumenten nach Cola in Abhängigkeit von dessen Preis?

b) Wie lautet die Nachfrage des Konsumenten nach Hamburger in Abhängigkeit vom Preis für Cola?

Lösung:

a) Die Bedingung für den optimalen Konsumplan besagt, dass das Verhältnis der Grenznutzen zwischen Cola und Hamburger dem Preisverhältnis entsprechen muss.

$$\frac{U'_1}{U'_2} = \frac{x_2}{x_1} = \frac{p_1}{p_2} \Leftrightarrow x_2 = \frac{p_1}{p_2} x_1$$

Eine optimale Güterkombination liegt auf der Bilanzgeraden und erfüllt somit die Budgetgleichung:

$$p_1 x_1 + p_2 \left(\frac{p_1}{p_2} x_1\right) = 40$$

Die Nachfragefunktion des Konsumenten nach Cola in Abhängigkeit vom Colapreis p_1 erhält man, indem man den Preis für Hamburger konstant setzt: $x_1(p_1) = 20/p_1$

Somit sinkt die Nachfrage nach Cola mit zunehmendem Preis. Die Funktion zeigt an, welche Mengen an Cola der Konsument kaufen würde bei unterschiedlich hohen Colapreisen und konstanten Preisen für Hamburger.

b) Die Nachfragefunktion nach Hamburger in Abhängigkeit vom Colapreis p_1 erhält man, indem man die Nachfragefunktion in die Bedingung für die optimale Güterkombination einsetzt:

$$x_2(p_1) = \frac{p_1}{p_2}\frac{20}{p_1} = \frac{p_1}{4}\frac{20}{p_1} = 5.$$

Somit ist die Nachfrage nach Hamburger unabhängig vom Preis für Cola.

Je nach Verlauf der Indifferenzkurven des Haushalts ergibt sich eine andere Preis-Konsum-Kurve und damit ein anderer Verlauf der Nachfragekurve. Im Normalfall ist die individuelle Nachfragekurve eine monoton fallende Kurve, d. h. bei hohen Preisen ist die mengenmäßige Nachfrage gering, bei niedrigen Preisen ist sich hoch.

Davon zu unterscheiden ist der anomale Verlauf. Er liegt vor, wenn die Nachfragekurve eine positive Steigung hat. Ein solches Beispiel haben wir beim Giffen-Fall kennen gelernt, denn dort erhielten wir eine mit steigendem Preis zunehmende Nachfrage. Es wäre allerdings unrealistisch, wenn eine Nachfragekurve durchgehend eine positive Steigung hätte. Eine anomale Nachfragereaktion liegt auch dann vor, wenn die Nachfragekurve in einem begrenzten Bereich positiv ansteigt.

Um die gesamte Nachfrage nach einem Gut am Markt zu ermitteln, werden die individuellen Nachfragekurven der Haushalte zur Marktnachfrage- zusammengefasst. Dazu werden die Nachfragekurven der einzelnen Haushalte addiert. Graphisch wird die Nachfragekurve dadurch ermittelt, dass man für jeden Preis die individuellen Nachfragemengen horizontal addiert. Dazu sind in Abbildung 5-24 drei Haushalte mit den angenommenen Nachfragekurven dargestellt.

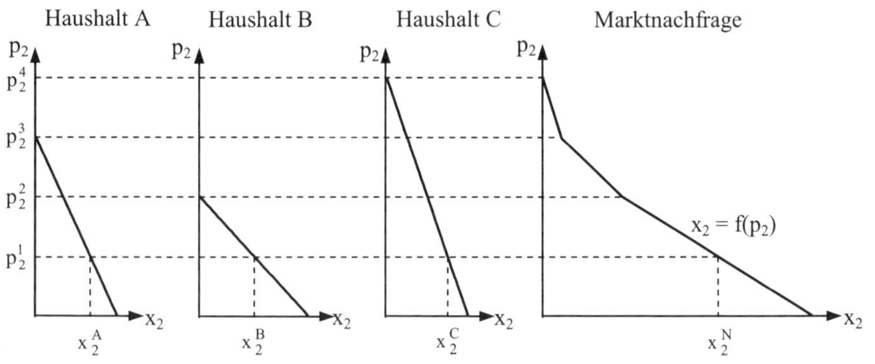

Abbildung 5-24: Aggregation der individuellen Nachfrage zur Marktnachfrage

Zwischen dem Preis p_2^4 und den Preis p_2^3 fragt nur der Haushalt C nach. Die Haushalte A und B sind nicht bereit, Mittel für den Kauf des Gutes einzusetzen. Preise oberhalb p_2^3 sind für die Haushalte A und B prohibitiv. Zwischen den Preisen p_2^2 und p_2^3 kommt auch der Haushalt A als Nachfrager an den Markt. Die Nachfrage ergibt sich als Summe aus der Nachfrage der Haushalte A und C. Zum Preis p_2^2 und niedriger fragen alle drei Haushalte nach. Beim Preis p_2^1 etwa fragt der Haushalt A die Menge x_2^A, der Haushalt B die Menge x_2^B und der Haushalt C die Menge x_2^C nach. Addiert man diese Nachfragemengen und überträgt sie ins rechte Koordinatensystem, erhält man für den Preis p_2^1 die Marktnachfrage x_2^N. Es ist erkennbar, dass immer dann, wenn ein Haushalt mit einem niedrigeren Prohibitivpreis als Nachfrager auftritt, die Nachfragekurve eine Knickstelle hat. Unterstellt man jedoch sehr viele Haushalte, nähert sich die Nachfragekurve einem stetigen Verlauf an.

Praxisbeispiel 5-2: Marktnachfrage nach Kaffee in den USA

Für die USA wurde folgende Nachfragefunktion nach Kaffee für den Zeitraum von 1963 bis 1977 ermittelt[5]:

$$x_K = \gamma \cdot p_K^{-0{,}16} \cdot p_T^{0{,}15} \cdot y^{0{,}51}$$

Symbole:

Symbole:	γ	konstanter Funktionsparameter
	p_K	Nachfragemenge nach Kaffee
	p_K	Preis für Kaffee
	p_T	Preis für Tee
	y	Einkommen der Nachfrager

Daraus lassen sich die entsprechenden Elastizitäten bestimmen:

[5] *Huang, C. J., Siegfried, J. J., Zardoshty, F.* (1980), S. 36ff.

Direkte Preiselastizität der Nachfrage $\varepsilon_{x_K|p_K} = -0{,}16$

Kreuzpreiselastizität der Nachfrage $\varepsilon_{x_K|p_T} = 0{,}15$

Einkommenselastizität der Nachfrage $\varepsilon_{x_K|y} = 0{,}51$

Die Kaffeenachfrage reagiert normal, ist aber sehr unelastisch in Bezug auf Änderungen des Kaffeepreises. Die positive Kreuzpreiselastizität bedeutet, dass Kaffee und Tee substitutive Güter sind, wegen des niedrigen Wertes der Kreuzpreiselastizität ist die Substitutionsbeziehung aber nur schwach ausgeprägt. Die positive Einkommenselastizität bedeutet, dass es sich bei Kaffee um ein normales Gut handelt. Da der Wert < 1 ist, handelt es sich um ein lebensnotwendiges Gut.

Die ermittelte Nachfragekurve bleibt solange gültig, solange die unter der ceteris-paribus-Annahme konstant gehaltenen Größen unverändert bleiben. Ändern sich die als gegeben angenommenen Bedürfnisstrukturen, die Preise anderer Güter oder das Einkommen der Haushalte, verschieben sich die individuellen Nachfragekurven und damit auch die Marktnachfragekurve. Eine Verschiebung der Nachfragekurve nach rechts tritt offensichtlich dann ein,

- wenn sich die Präferenzen der Konsumenten zu Gunsten eines Produkts verstärken,
- wenn die Zahl der Haushalte zunimmt,
- wenn das Einkommen der Haushalte steigt, sofern es sich bei dem betreffenden Gut um ein normales Gut handelt,
- wenn die Einkommensverteilung dahingehend geändert wird, dass bei Haushalten mit einer hohen Konsumneigung das Einkommen steigt, während bei Haushalten mit niedriger Konsumneigung das Einkommen sinkt, so dass per Saldo positive Nachfrageeffekte zustande kommen,
- wenn der Preis für Substitutionsgüter steigt, weil dann die Nachfrager die teureren Substitutionsgüter durch das in Preis unveränderte Gut ersetzen und
- wenn der Preis für Komplementärgüter fällt, weil mit der steigenden Nachfrage nach dem komplementären Gut auch das ergänzende zweite Gut verstärkt nachgefragt wird.

Praxisbeispiel 5-3: Experimentelle Ermittlung von Nachfragefunktionen

Um Nachfragefunktionen schätzen zu können[6], müsste man in einer Umfrage ermitteln, welchen Preis die potentiellen Käufer für ein Gut maximal zu zahlen bereit sind. Dabei ist jedoch zu erwarten, dass die Befragten in der Umfrage eher eine zu niedrige Zahlungsbereitschaft angeben als sie tatsächlich ist, um auf diese Weise den endgültigen Verkaufspreis zu senken. Diese Problematik lässt sich reduzieren mit der second-price, sealed-bid auction. Dies ist ein Versteigerungsverfahren, bei dem die Auktionsteilnehmer ihre Gebote abgeben, ohne die Gebote der Mitbieter zu kennen. Der Bieter mit dem höchsten Gebot erhält den Zuschlag, zahlt aber nur den Preis des zweithöchsten Gebots. Dadurch steigt die Bereitschaft, die tatsächlichen Preise zu nennen, die die Teilnehmer der Auktion zu zahlen bereit sind[7].

Nehmen wir als Beispiel eine CD mit einer Lernsoftware für einen Statistikgrundkurs. Diese CD soll in einer Statistikvorlesung mit 60 Teilnehmern versteigert werden. Auf volle € gerundet habe sich die in Tabelle 5-1 angegebene Häufigkeitsverteilung der Gebote ergeben.

[6] Vgl. zum Folgenden *Rott, A. U.* (1999), S. 940 - 943.
[7] Für eine ausführliche Begründung siehe *Besanko, D. A., Braeutigam, R. R.* (2001), S. 662f.

Tabelle 5-1: Preisgebote und Nachfragemengen

gebotener Preis	Häufigkeit	Nachfragemenge
19	1	1
18	2	3
17	1	4
16	5	9
15	1	10
14	6	16
13	3	19
12	2	21
11	2	23
10	4	27
9	7	34
8	2	36
7	8	44
6	1	45
5	3	48
4	5	53
3	4	57
2	3	60
1	0	60

Die Tabelle zeigt in der ersten Spalte die gebotenen Preise und in der zweiten Spalte, wie viele Teilnehmer der Auktion die CD zu einem bestimmten Preis kaufen wollen. Für die Ermittlung der Nachfragemengen ist nun von Bedeutung, dass es sich bei den gebotenen Preisen der einzelnen Teilnehmer um Höchstpreise handelt. Ein Teilnehmer, der etwa für die CD 15 € geboten hat, würde sie auch zu einem Preis von 14 € oder weniger kaufen. Die nachgefragte Menge zum Preis von 14 € umfasst also alle Gebote, deren Preis 14 € oder höher war. Die nachgefragte Menge bekommt man folglich, wenn man ausgehend vom höchsten Gebot für jeden Preis die Anzahl der Gebote kumuliert und die Menge dem jeweiligen Preis zuordnet.

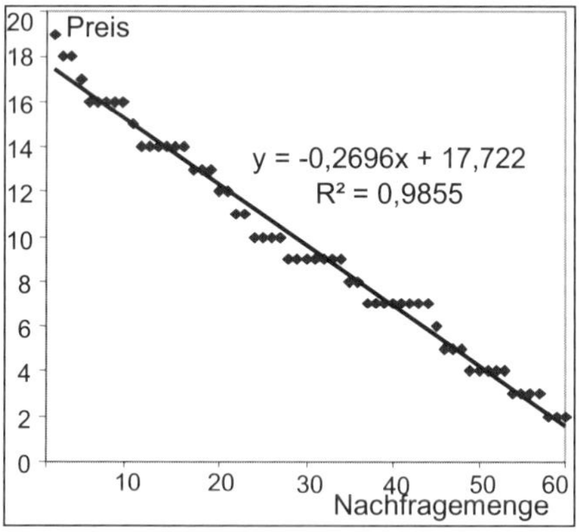

Abbildung 5-25: Empirische Nachfragefunktion

Preise und zugeordnete Absatzmengen lassen sich in einem Streuungsdiagramm darstellen. Ausgehend vom höchsten Gebot werden die einzelnen Gebote nach der Höhe der gebotenen Preise geordnet und im Preis-Mengen-Diagramm eingezeichnet. Wenn man die Punkte verbinden würde, erhielte man eine diskrete Nachfragefunktion, aus der hervorginge, wie viele CDs bei den unterschiedlichen Preisen nachgefragt würden. Üblicherweise wird jedoch die Nachfragefunktion als eine lineare Funktion dargestellt.

Das Verfahren zur Bestimmung der Funktionsparameter ist die lineare Regression. Diese Schätzfunktion ist in Abbildung 5-25 als Trendlinie eingezeichnet. Die geschätzte Nachfragefunktion lautet $p = -0{,}27\ q + 17{,}7$. Der Parameter R^2 ist das Bestimmtheitsmaß. Es gibt an, wie gut sich die ermittelte Funktion den empirisch beobachteten Werten anpasst. Ein Wert von 0,985 ist vergleichsweise hoch und deutet auf eine hohe Güte der Schätzung hin.

Die Ermittlung von Nachfragekurven über Auktionen ist nicht unproblematisch, denn die Auktionsteilnehmer können immer nur eine Mengeneinheit erwerben. Bei zahlreichen Gütern (z.B. Schokoriegeln) würden die Auktionsteilnehmer insbesondere bei niedrigeren Preisen möglicherweise mehrere Teile kaufen wollen, so dass die nachgefragte Menge unterschätzt wird. Es muss außerdem sichergestellt sein, dass die Auktionsteilnehmer eine repräsentative Teilmenge für die Gesamtheit der Nachfrager darstellen, damit die Präferenzordnung der Nachfrager zutreffend in der Nachfragekurve abgebildet wird. Außerdem ist zu beachten, dass die tatsächlichen Nachfragestrukturen mehr oder weniger stark von der geschätzte Nachfragefunktion abweichen können. Es ist daher nicht in jedem Fall gewährleistet, dass die Marktnachfrage durch eine lineare Funktion zutreffend dargestellt wird. Insoweit ist das Auktionsverfahren zur Ermittlung von Nachfragefunktionen keine Methode, die strengen ökonometrischen Maßstäben genügt. Didaktisch hat dieses Verfahren jedoch den Vorteil, dass es relativ einfach in volkswirtschaftlichen Einführungsveranstaltungen umgesetzt werden kann.

5.3.8 Sozialeffekte des Konsums – Netzwerkexternalitäten

Wir sind bisher davon ausgegangen, dass jeder Haushalt seine Nachfrageentscheidungen unabhängig von den Nachfrageentscheidungen anderer Haushalte trifft. Auf Grund dieser Annahme war es möglich, die Marktnachfrage zu ermitteln, indem die individuellen Nachfragekurven addiert wurden. Häufig sind jedoch der Nutzen eines Gutes und damit die Nachfrage eines Haushalts davon abhängig, wie viele andere Haushalte das Gut ebenfalls kaufen. Dann spricht man von Sozialeffekten des Konsums bzw. Nachfrageeffekten. Die Abhängigkeit der Nachfrage eines Haushalts von der Nachfrage anderer Haushalte kann positiv sein, wenn seine Nachfrage nach einem Produkt oder einer Dienstleistung mit zunehmender Nachfrage anderer Konsumenten steigt. In diesem Fall spricht man vom Mitläufer- oder band-waggon-effekt. Fragt dagegen ein Konsument von einem Gut umso weniger nach, je mehr andere Haushalte dieses Gut konsumieren, liegt ein negativer externer Konsumeffekt vor. Dies ist der Fall beim Snob-Effekt.

Beispiele für positive externe Konsumeffekte sind die sog. Netzwerkexternalitäten bei vielen Gütern und Dienstleistungen des Informations- und Kommunikationsbereichs. Telefon-, Fax- und SMS-Dienste werden von den Konsumenten umso höher eingeschätzt, stiften also einen umso höheren Nutzen, je mehr andere Nachfrager diese Dienste in Anspruch nehmen bzw. je mehr andere Personen/Konsumenten über das Telefonnetz angerufen werden können oder per Fax oder SMS erreichbar sind. So waren sicherlich auch Mitläufereffekte bei der Verbreitung von Internet und E-Mail wirksam. Ein weiteres Beispiel für Mitläufereffekte mag die Verbreitung und Durchsetzung von Microsoft Windows als marktbeherrschendes Betriebssystem im PC-Bereich sein. Ein Betriebssystem ist nämlich aus der Sicht des Anwenders umso „nützlicher“, je mehr Anwendungssoftware auf diesem Betriebssystem lauffähig ist. Dies förderte wiederum die Verbreitung von Windows kompatibler Anwendungssoftware, weil dadurch der Austausch und die Bearbeitung anwendungsbezogener Dokumente und Dateien erleichtert wurden. Schließlich kommt der Mitläufereffekte auch ganz einfach darin zum Ausdruck, dass Haushalte ihre Konsumentscheidungen an den Konsumentscheidungen der sozialen Gruppe orientieren, zu der sie selbst gerne gezählt werden wol-

len. Danach wird ein Produkt gekauft, um im Konsumniveau mit anderen Mitgliedern der sozialen Gruppe mithalten zu können.

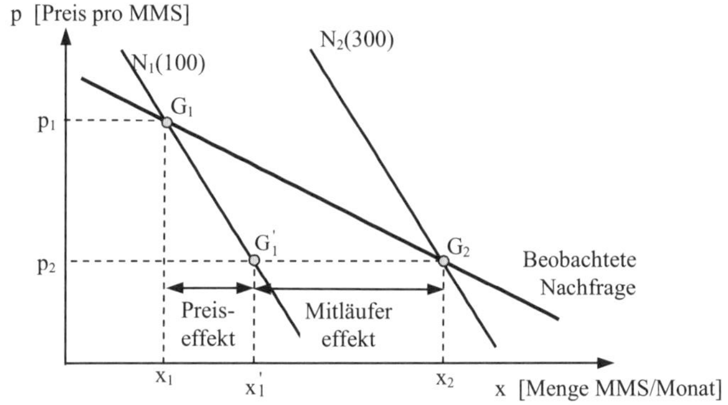

Abbildung 5-26: Der Mitläufereffekt

Positive Netzwerkexternalitäten bedeuten, dass ein Nachfrager in Abhängigkeit von der Menge anderer Netzteilnehmer unterschiedliche individuelle Nachfragekurven hat. Zwei solcher hypothetischer Nachfragekurven sind in Abbildung 5-26 dargestellt. Wir nehmen an, ein Konsument habe ein MMS-fähiges Handy gekauft. Seine Inanspruchnahme von MMS-Diensten ist nun auch davon abhängig, wie viele Personen in seinem Umkreis über MMS erreichbar sind. Die Nachfragekurven $N_1(100)$ und $N_2(300)$ in Abbildung 5-26 geben an, welche Mengen an MMS-Diensten ein Nachfrager bei zwei unterschiedlich großen Verbreitungsgraden dieser Handys in Abhängigkeit vom Preis je MMS realisieren würde.

Gemäß der Nachfragefunktion $N_1(100)$ versendet der Nutzer zum Preis von p_1 die Menge x_1 MMS im Monat. Wenn der Preis für MMS sinkt, wird er die Inanspruchnahme von MMS-Diensten auf x_1' ausweiten. Gleichzeitig nimmt bei sinkenden MMS-Preisen die Zahl der Personen zu, die sich ein MMS-fähiges Handy kaufen. Der Konsument kann nun mehr Leute mit MMS erreichen. Aufgrund des positiven Netzwerkeffekts verlagert sich seine MMS-Nachfrage nach $N_2(300)$, und er fragt jetzt zum Preis von p_2 die Menge x_2 nach. Der gesamte Nachfrageeffekt resultiert also in einem Preiseffekt von $x_1' - x_1$ und in einem Mitläufereffekte von $x_2 - x_1'$. Die beobachtete Nachfragekurve ist elastischer als die Nachfragekurve ohne positive Netzwerkexternalität.

Der Snob-Effekt erklärt das gegenteilige Verhalten. Danach schätzt ein Konsument ein Gut weniger hoch ein und reduziert seine Nachfrage, wenn es von anderen Konsumenten verstärkt nachgefragt wird. Der Snob strebt nach Exklusivität. Beispiele für solche Güter sind etwa teure Autos, Yachten, exklusive Kleidung oder Clubs. Seine hypothetischen Nachfragekurven verlaufen umso niedriger, je mehr andere Konsumenten das Gut nachfragen. Beobachten kann man dieses Verhalten z. B. bei exklusiven Clubs. Aus der Sicht des Snobs ist die Nachfrage nach Clubleistungen abhängig vom Mitgliedsbeitrag und von der Zahl der Mitglieder. Er wird umso weniger geneigt sein, in einem Club zu bleiben, je mehr Mitglieder er hat. Entsprechend stehen die Nachfragekurven $N_1(800)$ für seine Nachfrage bei einer Mitgliederzahl von 800 und $N_2(400)$ für eine Mitgliederzahl von 400.

Wenn der Mitgliedsbeitrag auf p_2 reduziert wird, würde aufgrund des Preiseffekts die Mitgliederzahl auf x_2 ansteigen. Dies ist aus der Sicht der Snobs zu viel. Seine Nachfragekurve sinkt auf $N_2(800)$, und die Nachfrage sinkt auf x_2 zum Preis von p_2. Der gesamte Nachfragezuwachs beim Snobeffekt als Folge einer Preissenkung ist geringer als bei unabhängiger

Nachfrage. Die Mehrnachfrage beträgt $x_2 - x_1$ und ergibt sich als Saldo aus dem positiven Preiseffekt $x_1' - x_1$ und dem negativen Snob-Effekt $x_2 - x_1'$. Die beobachtete Nachfragekurve verläuft steiler als die Kurve, die den Snobeffekt nicht berücksichtigt.

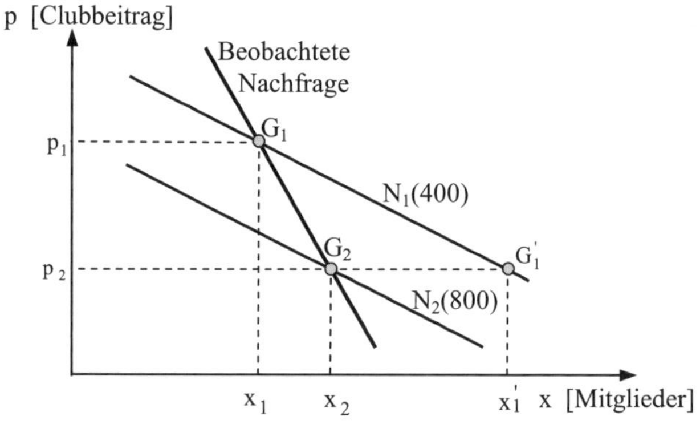

Abbildung 5-27: Der Snob-Effekt

Als dritter Effekt ist der Veblen-Effekt oder Prestige-Effekt zu nennen. Danach bewertet ein Haushalt den Nutzen eines Gutes umso höher, je höher der Preis ist, den andere Konsumenten vermuten, die das Gut nicht kaufen wollen oder können. In Abbildung 5-28 sind für einen Nachfrager zwei hypothetische Nachfragekurven bei unterschiedlich vermuteten Preisen der Nicht-Käufer dargestellt. Die Kurve $N_1(p_1^v)$ sei die Nachfrage nach einem Gut zum vermuteten Preis der Nicht-Käufer p_1^v, die Nachfragekurve $N_2(p_2^v)$ zum vermuteten Preis p_2^v.

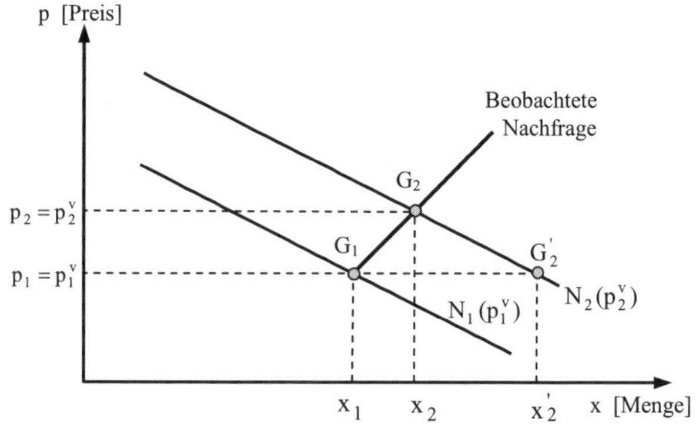

Abbildung 5-28: Der Veblen-Effekt

Langfristig kann es einen Unterschied zwischen vermutetem und tatsächlichem Preis nicht geben und in den Punkten G_1 und G_2 stimmen die beiden Preise überein. Kurzfristig kann es dagegen Unterschiede zwischen den beiden Preisen geben. Im Punkt G_1 entspricht der vermutete Preis p_1^v dem tatsächlichen Preis p_1, und es wird die Menge x_1 nachgefragt. Überschreitet der vermutete Preis den tatsächlichen Preis p_1, kommt der Veblen-Effekt zum Tragen. Vermuten Nicht-Käufer den Preis des Gutes etwa bei p_2^v, ist die Nachfragekurve $N_2(p_2^v)$ relevant und die Nachfrage wird aus Prestigegründen auf x'_2 ausgedehnt. Steigt nun der tatsächliche Preis an, geht die Nachfrage auf x_2 zurück.

Die gesamte Wirkung in Bezug auf die Nachfragemenge ($x_2 - x_1$) besteht also im Saldo aus dem positiven Veblen-Effekt $x_1 - x'_2$ und dem negativen Preiseffekt $x_2 - x'_2$. Der gesamte Effekt ist positiv und führt zumindest innerhalb eines mittleren Preisintervalls zu einem anomalen Verlauf der Nachfragekurve. Da der Veblen-Effekt ebenfalls auf einem Streben nach Exklusivität beruht, dürfte er für niedrige Preise zu vernachlässigen, für extrem hohe Preise dauerhaft nicht durchzuhalten sein (zumindest von relevanten Nachfragergruppen).

5.3.9 Anwendungsbeispiele

In diesem Abschnitt sollen einige Beispiele aus der Praxis dargestellt werden, und es soll gezeigt werden, wie sich die gewonnenen Erkenntnisse der Theorie auf Probleme der Praxis anwenden lassen. Das erste Beispiel bezieht sich auf den Preisindex für die Lebenshaltung.

In der Bundesrepublik Deutschland werden Preissteigerungen mit Hilfe des Preisindex nach Laspeyres gemessen. Grundlage dieses Preisindex ist ein konstantes Güterbündel, ein Warenkorb, einer ausgewählten Basisperiode. Um die durchschnittliche Preissteigerung zu messen, wird gefragt, was dieser Warenkorb in der Basisperiode kostet und wie viel man dafür in der laufenden Periode ausgeben müsste. Kostet der Warenkorb mehr, muss es zu Preissteigerungen gekommen sein, da die Mengen konstant gehalten werden. Die auf Jahresbasis gerechnete prozentuale Änderung der Ausgaben für den Warenkorb bezeichnet man als Inflationsrate. Reduzieren wir die Frage auf zwei Güter, und es sei x_1 die Menge des Gutes 1 und x_2 die Menge des Gutes 2 mit den entsprechenden Preisen p_1 und p_2, dann lautet der Preisindex nach Laspeyres

$$P_{0t}^L = \frac{p_1^t \cdot x_1^0 + p_2^t \cdot x_2^0}{p_1^0 \cdot x_1^0 + p_2^0 \cdot x_2^0},$$

wobei sich der Index 0 auf die Basisperiode, der Index t auf die laufende Periode bezieht.

Die Konsequenzen, die sich aus der Konstanz des Warenkorbes für die Preismessung ergeben, sollen anhand eines Beispiels besprochen werden. In Abbildung 5-29 sei die Nachfrage eines Haushalts nach Orangen und Äpfeln dargestellt. Der Ausgabenbetrag für beide Güter sei 40 €. Der Orangenpreis sei 2 € je kg und der Preis für Äpfel sei 1 € je kg. Daraus folgt eine Steigung der Budgetgeraden B_1 von $-1/2$. Entsprechend den Präferenzen des Haushalts, die durch die Nutzenfunktion $U = x_1x_2$ beschrieben werde, ist die optimale Güterkombination in Punkt G_1 10 kg Orangen und 20 kg Äpfel. Die Gesamtausgaben sind $2 \cdot 10 + 1 \cdot 20 = 40$ € und das Nutzenniveau $U = 10 \cdot 20 = 200$.

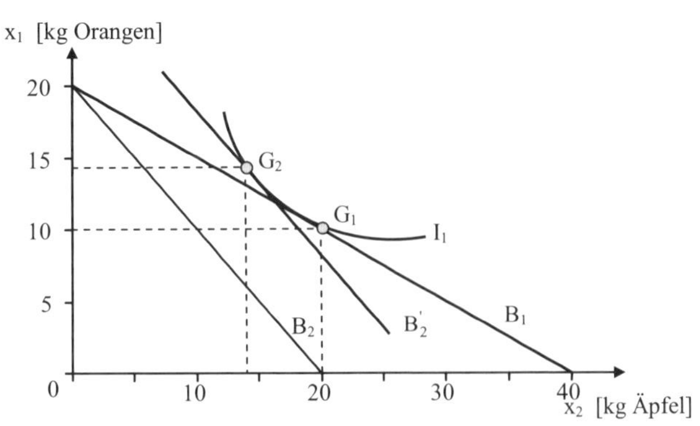

Abbildung 5-29: Preissteigerung und Substitutionseffekt

Nehmen wir nun an, aufgrund einer Missernte steige der Apfelpreis auf 2 €. Welche Güterkombination wird der Konsument nachfragen, wenn er weiterhin ein Versorgungsniveau aufrechterhalten will, das der Indifferenzkurve I_1 entspricht? Die Preissteigerung bewirkt, dass sich der Schnittpunkt der Bilanzgeraden mit der Abszisse nach links verlagert. Die neue Bilanzgerade B_2 hat die Steigung -2/2 = - 1. Um einen Warenkorb auf der Indifferenzkurve I_1 zu realisieren, wird die Bilanzgeraden B_2 parallel nach rechts verschoben, bis die Bilanzgerade B_2' die Indifferenzkurve I_1 tangiert. Die Güterkombination, die am wenigsten kostet, aber gleichzeitig das Versorgungsniveau I_1 sicherstellt, ist im Punkt G_2 erreicht. Der Haushalt substituiert das teurere Produkt durch das relativ billigere, indem er seine Nachfrage nach Orangen ausdehnt und diejenige nach Äpfel senkt. In Nutzenoptimum kauft der Haushalt von beiden Produkten 14,14 kg. Sein Nutzenniveau ist mit 14,14·14,14 = 200 konstant, aber seine Gesamtausgabe für den Warenkorb beträgt nun 56,56 €. Der neue Warenkorb ist um 41,4 % teurer als der alte. Der Verbraucher hat eine effektive Teuerung von 41,4 % zu tragen.

Berechnet man dagegen die Preissteigerungsrate mit Hilfe des Warenkorbes der Basisperiode, müsste der Haushalt insgesamt 2·10 + 2·20 = 60 € bezahlen. Dies entspricht einem durchschnittlichen Preisanstieg von 50%. Die Preismessung mit Hilfe des Preisindex nach Laspeyres führt somit dazu, dass die gemessene Inflationsrate die tatsächliche Teuerung überschätzt, weil bei der Preismessung der Substitutionseffekt nicht berücksichtigt wird. Damit dieser und andere Fehler in der Preismessung nicht zu groß wird, wurde der Warenkorb alle fünf Jahre aktualisiert. Da sich dennoch erhebliche Abweichungen zwischen der gemessenen und der tatsächlichen Inflationsentwicklung ergaben, werden aktuell Kettenindices, die jeweils auf den Jahresdurchschnitt des Vorjahres normiert sind, bei der Indexberechnung verwendet.

Das nächste Problem, mit dem wir uns beschäftigen wollen, ist die Frage, warum die BahnCard unter Bahnreisenden so beliebt ist. Wir nehmen an, ein Haushalt habe ein jährliches Budget von 2000 € für Bahnfahrten und sonstige Güter zur Verfügung. Der Preis für das zusammengesetzte Gut „Sonstige Güter" sei 1 € je Mengeneinheit und der Bahnkilometer koste 0,25 €. Dann kann sich der Haushalt pro Jahr entweder 2000 Einheiten „Sonstige Güter" oder 8000 Kilometer per Bahn kaufen, wenn wir Frühbucherrabatte etc. außer Acht lassen. Entsprechend seinen Präferenzen würde der Haushalt in Abbildung 5-30 4000 Bahnkilometer nachfragen. Jetzt führt die Bahn die BahnCard 50 ein. Ist für den Haushalt die Anschaffung einer BahnCard interessant?

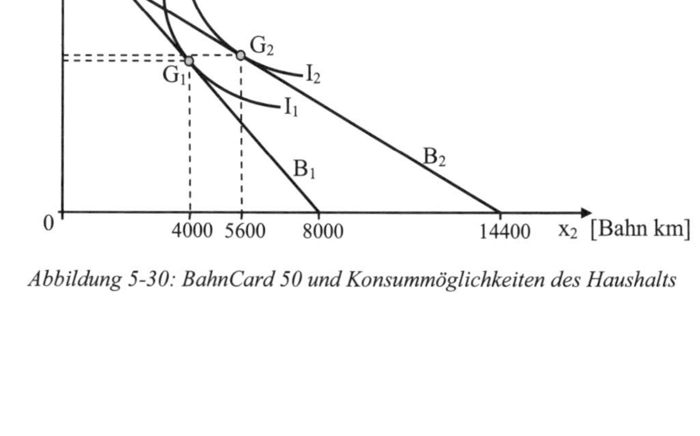

Abbildung 5-30: BahnCard 50 und Konsummöglichkeiten des Haushalts

Der Haushalt hatte bisher eine Nachfrage von 4000 Bahnkilometer pro Jahr. Bei der BahnCard 50 reduziert sich sein Ausgabenbetrag einmalig um 200 €, die somit nicht mehr zur Verfügung stehen. Wenn er die BahnCard kauft, kann er nur noch 1800 € für sonstige Güter ausgeben. Gleichzeitig reduziert sich aber der Reisepreis um die Hälfte. Entsprechend verändert sich die Bilanzgerade. Der Preis der BahnCard kommt in der neuen Bilanzgeraden darin zum Ausdruck, dass sich der Schnittpunkt der Bilanzgeraden mit der Ordinate um den Festbetrag auf 1800 € verringert. Gleichzeitig sinkt der Preis pro Bahnkilometer um 50 Prozent, d. h. wenn der Haushalt den gesamten Betrag von 1800 € für Bahnfahrten ausgeben würde, könnte er insgesamt 14.400 Kilometer mit der Bahn fahren. B_2 ist die neue Bilanzgerade nach Kauf der BahnCard.

Die BahnCard erweitert somit die Konsummöglichkeiten des Haushalts. Sofern Bahnfahren für ihn ein normales Gut ist, wird er mit einer BahnCard mehr Bahnkilometer nachfragen. Gleichzeitig erreicht er ein höheres Nutzenniveau. Man kann den Kauf einer BahnCard vergleichen etwa mit dem Beitritt zu einem Klub. Man bezahlt einen Jahresbeitrag und hat dann das Recht, die Klubleistungen zu einem verbilligten Preis zu beziehen. Beispiele dafür wären etwa Buchklubs, CD-Klubs oder Golfklubs.

Als drittes Problem wollen wir die Frage untersuchen, ob der Staat zur Förderung oder Unterstützung bestimmter Haushalte lieber Geldleistungen oder Sachleistungen gewähren sollte. Solche Fragen stellen sich zum Beispiel bei der Nahrungsmittel- oder Wohnungsversorgung, aber auch im Bildungsbereich. Wird der Staat sein Ziel einer angemessenen Versorgung besser erreichen, wenn er Gutscheine ausgibt oder den hilfsbedürftigen Haushalten Geldtransfers gewährt? Welche Form der Hilfestellung ist billiger? Welche Art der Hilfe wird von den Betroffenen bevorzugt?

Nehmen wir an, ein Land verlange Studiengebühren, indem pro Leistungseinheit (Vorlesung, Seminar, Übung) und Semester vom Studierenden ein Preis p_c zu zahlen sei. Damit möglichst allen Studierwilligen der Hochschulzugang eröffnet wird, wird geplant, an bedürftige Studierende entweder Bildungsgutscheine auszugeben, die sie bei der Hochschule zur Begleichung der Studiengebühren einreichen können, oder ein Stipendium zu gewähren, aus dem sie die anfallenden Studiengebühren bezahlen können. Um die Wirkungen der beiden geplanten Maßnahmen vergleichen zu können, betrachten wir in Abbildung 5-31 zwei Studierende. Die Präferenzen der Studentin Anne werden durch die Indifferenzkurven I^A dargestellt. Der Student Ben habe dagegen Präferenzen, die durch die Indifferenzkurven I^B abgebildet werden. Beide Studenten stehen vor der Wahl, wie viele Kurse (Vorlesung, Seminare, Übungen) sie pro Semester bei ihrem Einkommen und den gegebenen Güterpreisen belegen wollen/können. Der Preis je Mengeneinheit des Güterbündels „Sonstige Güter“ sei $p_s = 1$, die Studiengebühr sei p_c. Beide hätten dasselbe Einkommen y. Danach haben beide Studierenden dieselbe Bilanzgerade B_1 und die optimale Güterkombination G_1 beinhalte y_1 sonstige Güter und c_1 Kurse für jeden der beiden.

Die Regierung betrachte für einen vollwertigen, ersten Bildungsabschluss allerdings c_{min} als erforderlich. Aufgrund ihres Einkommens und ihrer Präferenzen würden unsere Studierenden keinen angemessenen Bildungsabschluss erreichen. Um dennoch den beiden die Chance eines Hochschulabschlusses zu geben, könnte die Regierung ein Stipendium in Höhe von Z € gewähren. Ob die Regierung damit ihr Ziel erreicht, jedem Studierenden pro Semester c_{min} Kurse zu ermöglichen, hängt von den Präferenzen der einzelnen Studenten ab.

Ein Stipendium in Höhe von Z € bewirkt eine Parallelverschiebung der Bilanzgeraden. Die neue Bilanzgerade ist B_Z. Die Studentin Anne erreicht aufgrund ihrer Präferenzen in $G^A{}_2$ ein neues Optimum. Sie würde ihre Bildungsnachfrage kräftig ausweiten und $c^A{}_2$ Kurse belegen. Auch ihre Nachfrage nach sonstigen Gütern könnte zunehmen. Ben wird dagegen aufgrund

seiner Wünsche und Vorlieben einen erheblichen Teil des Stipendiums dazu verwenden, um seine Nachfrage nach sonstigen Gütern auszuweiten. Im Haushaltsoptimum G_2^B bleibt seine Kursnachfrage mit c_2^B immer noch hinter dem von der Regierung festgelegten Mindeststandard zurück.

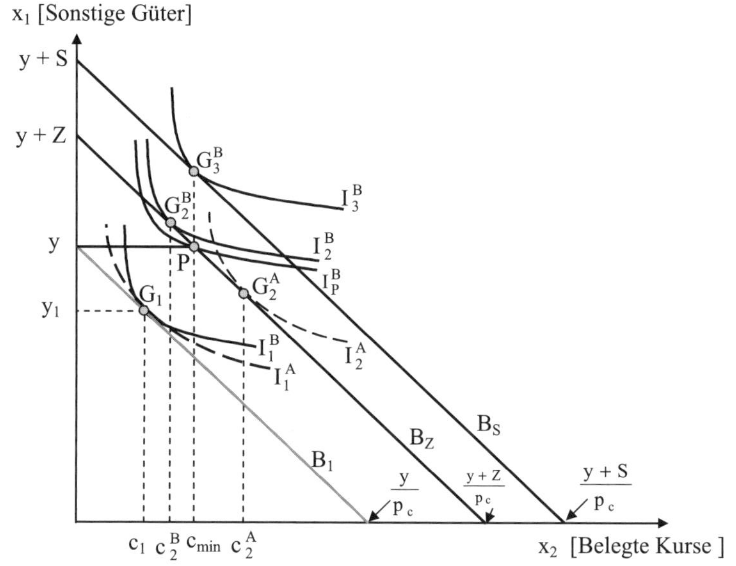

Abbildung 5-31: Bildungsgutscheine oder Stipendien

Vor diesem Hintergrund überlegt die Regierung, ob sie an die Studierenden nicht Bildungsgutscheine ausgeben solle, die nur zur Bezahlung von Lehrveranstaltungen an der eingeschriebenen Hochschule verwendet werden können. Der Wert des Gutscheins sei Z €. Dies entspricht in Abbildung 5-31 der Strecke yP. Die nun relevante Bilanzgerade hat den Verlauf yPB_Z. Für Anne hätte der Ersatz des Stipendiums durch Gutscheine in gleicher Höhe keine Bedeutung. Egal, welche Förderung ihr gewährt wird, sie wird immer c_2^A Kurse belegen. Für Ben würde der Gutschein bedeuten, dass er die Güterkombination P realisieren müsste und die Mengen c_{min} an Lehrveranstaltungen belegen und y Mengeneinheiten der sonstigen Güter konsumieren würde. Die Indifferenzkurve I_P^B, die durch den Punkt P verläuft, weist jedoch ein niedrigeres Nutzenniveau auf als die Indifferenzkurve I_2^B, die er mit dem Stipendium in Höhe von Z € erreicht hätte. Ben wird also durch den Bildungsgutschein schlechter gestellt als mit dem Stipendium in gleicher Höhe. Er würde in jedem Fall der Geldleistung den Vorzug geben.

Wir könnten schließlich noch fragen, wie hoch das Stipendium sein müsste, das Ben veranlassen würde, die Mindestzahl der Kurse zu belegen. Um Ben zu veranlassen, c_{min} Kurse zu belegen, müsste das Stipendium eine Höhe von S € haben. Bei dieser Höhe wird Ben das Güterbündel G_3^B zum Nutzenniveau I_3^B wählen. Ben würde folglich mit einem Stipendium in Höhe von S € deutlich besser gestellt als mit einem Bildungsgutschein im Gegenwert von Z €. Er würde somit für das Stipendium plädieren, um den angestrebten Bildungsabschluss zu erreichen.

Da aber das Stipendium in Form einer Transferzahlung mit S € höher ist als der Bildungsgutschein in Höhe von Z €, ist die Ausgabe von Gutscheinen aus der Sicht der Regierung

kostengünstiger. Wenn es also das Ziel der Regierung ist, im Sinne eines Mindeststandards die Nachfrage nach Hochschulkursen bei bedürftigen Studierenden zu steigern, ist eine Förderung durch Ausgabe von Bildungsgutscheinen billiger als die Förderung durch Stipendien. Sollen dagegen noch weitere Ziele erreicht werden, wie etwa ein Beitrag zur allgemeinen Lebenshaltung, dürfte das Stipendium das geeignetere Mittel sein.

5.4 Das Arbeitsangebot des Haushalts

Die Unternehmen treffen Entscheidungen über die Produktion der Güter, die sie auf Gütermärkten anbieten wollen, und über den Einsatz der dafür benötigten Produktionsfaktoren. Die Faktorleistungen müssen sich die Unternehmen auf den entsprechenden Faktormärkten beschaffen. Die Haushalte ihrerseits treffen als konsumierende Einheiten Entscheidungen über Einkommensverwendung und Güternachfrage. Gleichzeitig sind sie im Besitz der Produktionsfaktoren, die sie auf den Faktormärkten anbieten, um Einkommen zu erzielen. Wir wollen deshalb untersuchen, welche Faktoren das Angebot der Haushalte an Arbeitsleistungen (bzw. im nächsten Abschnitt an Kapital) bestimmen.

Für die folgende Ableitung unterstellen wir einen rational handelnden Haushalt. Der Zweck seiner Arbeit besteht ausschließlich darin, Einkommen zu erzielen, das er während der Zeit, in der er nicht arbeiten muss (= Freizeit), dazu verwendet, Konsumgüter zu erwerben, um seine Bedürfnisse zu befriedigen. Arbeit dient nur dem Zweck der Einkommenserzielung, verschafft also keine weitere Befriedigung im Sinne eines Strebens nach Selbstverwirklichung. Sie ist im Vergleich zum Konsum von Freizeit mit einer Belastung, dem so genannten Arbeitsleid, verbunden. Zusätzliches Einkommen bzw. zusätzlicher Konsum ist folglich mit einem Verzicht an Freizeit verbunden. Somit bestehen die Opportunitätskosten einer zusätzlichen Konsumgütermenge im Verzicht auf Freizeit. Bei der Entscheidung darüber, wie viel von seiner insgesamt verfügbaren Zeit ein Haushalt für die Erzielung von Einkommen einsetzen will, werden die Vorteile einer höheren Güterversorgung, die er durch das Arbeitseinkommen realisieren kann, den Nachteilen gegenübergestellt, die mit einer immer weiteren Ausdehnung der Arbeit zu Lasten der Freizeit verbunden sind. Demzufolge stiftet der Konsum von Freizeit Nutzen, während mit Arbeit ein Missnutzen verbunden ist.

Zur Untersuchung des Problems unterstellen wir, dass der Haushalt lediglich einer Zeitrestriktion unterliegt. Der Tag hat 24 Stunden und davon muss jede Person einige Stunden für Schlaf und Erholung verwenden. Gehen wir von einer durchschnittlichen Erholungszeit von acht Stunden aus, ist ein zeitlicher Rahmen von $T = 16$ Stunden pro Tag gegeben. Innerhalb dieses Zeitrahmens könne der Haushalt jede Arbeitszeit/Freizeitkombination wählen. Arbeitsrechtliche oder tarifliche Beschränkungen gebe ist nicht.

Je Arbeitsstunde werde dem Arbeitsanbieter ein Stundenlohnsatz von w gezahlt. Dann entspricht das gesamte Einkommen dem Produkt aus Lohnsatz und Arbeitszeit $w \cdot A$. Dieses Einkommen verwendet der Haushalt vollständig, um Konsumgüter zu kaufen, die wir aus Gründen der Vereinfachung zu einem Konsumgüterbündel Y zusammenfassen. Der Preis einer Konsumgütereinheit sei p. Der Nutzen des Haushalts hängt somit ab vom Konsum an Freizeit und der Menge an Konsumgüterbündeln, die er mit dem erzielten Einkommen kaufen kann.

Das Entscheidungsproblem lässt sich somit in Analogie zur Konsumgüterfrage darstellen. Argumente der Nutzenfunktion sind Konsumgütereinheiten Y und Freizeit F:

$$U = U(Y, F)$$

Für die Budgetgerade gilt, dass die Konsumgüterausgaben p·Y dem erzielten Arbeitseinkommen w·A entsprechen. Die Arbeitszeit ergibt sich als Differenz aus der verfügbaren Zeit und der Freizeit (T – F).

$$p \cdot Y = w \cdot A = w \cdot (T - F)$$

$$Y = \frac{w}{p}(T - F) \text{ mit } \frac{w}{p} = \text{Reallohn}$$

Für die grafische Darstellung des Entscheidungsproblems benötigen wir Indifferenzkurven, die die Präferenzen des Haushalts bezüglich Konsum und Freizeit zum Ausdruck bringen. Unterstellt werden normal verlaufende Indifferenzkurven, d. h. positive, aber fallende Grenznutzen bei Konsumgütern und Freizeit bzw. eine abnehmende Grenzrate der Substitution von Konsum durch Freizeit. Die Bilanzgerade begrenzt den Bereich aller realisierbaren Kombinationen von Konsumeinheiten und Freizeit. Wenn der Konsument keine Arbeit anbietet, entspricht seine Freizeit der maximal verfügbaren Zeit von T = 16 Stunden pro Tag bzw. ein Vielfaches pro Woche oder Monat. Dann schneidet die Bilanzgerade die Abszisse in Abbildung 5-32 bei 16 Stunden. In diesem Fall erzielt der Haushalt kein Einkommen und kann auch nichts konsumieren. Verwendet er dagegen die gesamte verfügbare Zeit, um zu arbeiten, erzielt er ein Einkommen von (w/p)·16 pro Tag bzw. kann er sich pro Tag (w/p)·16 Konsumgütereinheiten leisten.

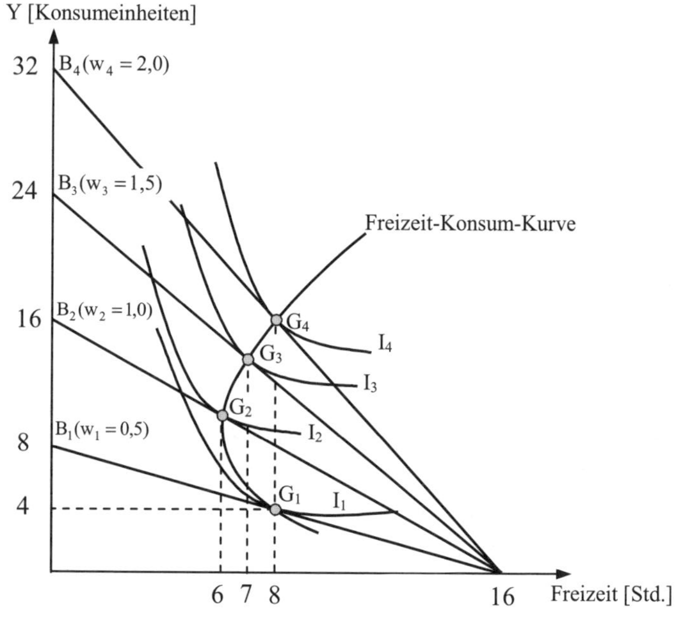

Abbildung 5-32: Die optimale Entscheidung zwischen Konsum und Freizeit

Für die Lage der Budgetgeraden sind der Lohnsatz und das Preisniveau entscheidend. Unterstellen wir zunächst ein Preisniveau von p = 1. Dann erzielt der Haushalt bei einem Lohnsatz von $w_2 = 1$ durch Verzicht auf eine Stunde Freizeit ein Einkommen, mit dem er eine Konsumgütereinheit kaufen kann. Bei einer Arbeitszeit von 16 Stunden sind es 16 Konsumeinheiten. Die Bilanzgerade schneidet die Ordinate bei 16 Konsumeinheiten. In Abbildung 5-32 sind außerdem die Bilanzgeraden für weitere Lohnsätze $w_1 = 0{,}5$, $w_3 = 1{,}5$ und $w_4 = 2$

eingezeichnet. Steigt etwa der Lohnsatz bei konstantem Preisniveau auf $w_4 = 2$, verdoppelt sich bei 16 Stunden Arbeit die Menge der Konsumgüter auf 32 Einheiten. Es wird deutlich, dass für das erreichbare Wohlstandsniveau der Reallohn, das ist der Nominallohn im Verhältnis zu den Güterpreisen, entscheidend ist. Denn wenn sich der Lohnsatz und das Preisniveau gleichzeitig verdoppeln, erweitern sich die Konsummöglichkeiten des Haushalts nicht.

Die optimale Aufteilung der verfügbaren Zeit auf Konsum und Freizeit liegt dort, wo sich Indifferenzkurven und Bilanzgeraden berühren. In den Tangentialpunkten stimmen die Steigungen der Indifferenzkurven und der Bilanzgeraden überein:

$$-\frac{dY}{dF} = \frac{U'_F}{U'_Y} = \frac{w}{p}$$

Im Optimum entspricht die Grenzrate der Substitution von Konsum durch Freizeit dem Verhältnis von Lohnsatz zum Konsumgüterpreis, also dem Reallohn. Damit ist auch die optimale Wahl zwischen Konsum und Freizeit erfolgt. So wird der Haushalt z. B. bei einem Lohnsatz von $w_1 = 0{,}5$ und einem Preisniveau von $p = 1$ die optimale Kombination G_1 in Abbildung 5-32 realisieren. Er wird acht Stunden Freizeit genießen und die restlichen Stunden seiner verfügbaren Zeit Arbeit anbieten. Bei acht Stunden Arbeit zum Lohnsatz von $w_1 = 0{,}5$ erzielte er ein Einkommen von 4 Geldeinheiten, mit dem er sich beim Preis von $p = 1$ vier Mengeneinheiten des Konsumgutes kaufen kann.

Steigt der Lohnsatz bei konstantem Güterpreis, erweitern sich die Konsummöglichkeiten, die Budgetgeraden verlaufen steiler. Die neuen Optimalpunkte in Abbildung 5-32 sind G_2, G_3 und G_4, die jeweils auf einer Indifferenzkurve mit einem höheren Nutzenniveau liegen. Es wird deutlich, dass der Haushalt mit steigendem Reallohn seine Nachfrage nach Freizeit zunächst einschränkt, d. h. sein Arbeitsangebot ausdehnt, ab einem bestimmten Reallohnniveau bei weiteren Lohnsteigerungen aber mit einer Reduzierung des Arbeitsangebots bzw. einer Ausweitung der Freizeit reagiert.

Eine Erklärung für dieses Verhalten finden wir, wenn wir den Gesamteffekt zerlegen und die Richtung von Substitutionseffekt und Einkommenseffekt betrachten. Der steigende Lohnsatz bewirkt, dass die Opportunitätskosten der Freizeit steigen, weil bei einem Verzicht auf eine Stunde Arbeit eine immer größere Menge an Konsumgütern aufgegeben werden muss. Der Haushalt wird folglich Arbeit durch Freizeit ersetzen, der Substitutionseffekt ist in Bezug auf Freizeit negativ. Tendenziell steigt das Arbeitsangebot bei steigenden Lohnsätzen.

Die Lohnsteigerungen führen gleichzeitig zu einem steigenden Realeinkommen. Bekanntlich ist bei normalen Gütern der Einkommenseffekt positiv, so dass bei einer Einkommenserhöhung von allen Gütern mehr nachgefragt wird. Ist der Einkommenseffekt in Bezug auf ein Gut negativ, so handelt es sich bei diesem um ein inferiores Gut. Dies ist in Abbildung 5-32 beim Übergang vom Punkt G_1 zum Punkt G_2 der Fall. Der Einkommenseffekt in Bezug auf die Freizeit ist negativ. Da der Haushalt den Konsum als superiores Gut betrachtet, wird er seine Arbeitszeit weiter ausdehnen, um mehr konsumieren zu können. Lohnsteigerungen unterhalb von w_2 gehen mit einem steigenden Arbeitsangebot einher. Reallohnsteigerungen über den Lohnsatz w_2 hinaus führen dazu, dass bei weiteren Einkommenserhöhungen der Haushalt sowohl mehr Konsumgüter als auch mehr Freizeit nachfragt. Der Einkommenseffekte in Bezug auf Freizeit ist positiv, d. h. Freizeit wird als superiores Gut angesehen. Überwiegt schließlich der Einkommenseffekt den Substitutionseffekt, kommt es zu einem atypischen Verlauf der Angebotskurve. Mit steigendem Lohnsatz wird immer weniger Arbeit angeboten.

Übung 5-8: Das Arbeitsangebot des Haushalts

Ein Haushalt habe bezüglich Freizeit und Konsum die Nutzenfunktion $U = FY + F$ und die Grenznutzen $U'_F = Y + 1$ und $U'_Y = F$. Die verfügbare Zeit pro Tag sei 16 Stunden, der Preis für ein Konsumgüterbündel sei $p_Y = 1$ und der Lohnsatz pro Stunde sei $w = 2$.

a) Wie ist seine optimale Zeitaufteilung und wie viele Gütereinheiten konsumiert der Haushalt?

b) Wie ändert sich sein Arbeitsangebot, wenn sich der Lohnsatz halbiert bzw. verdoppelt?

Lösung:

a) Die Bedingung für das Optimum besagt, dass das Verhältnis der Grenznutzen von Freizeit und Konsum dem Reallohn entsprechen muss:

$$\frac{U'_F}{U'_Y} = \frac{Y+1}{F} = \frac{w}{p_Y} \quad \Leftrightarrow \quad Y = w \cdot F - 1$$

Eine optimale Aufteilung der gesamten verfügbaren Zeit auf Freizeit und Konsum liegt außerdem auf der Bilanzgeraden, die hier die Einkommens-/Zeitrestriktion darstellt:

$$Y = w(16 - F)$$

Daraus ergibt sich folgende Nachfrage nach Freizeit in Abhängigkeit vom Lohnsatz:

$$F = \frac{16 \cdot w + 1}{2w}$$

Für einen Lohnsatz von $w = 2$ ergeben sich 8,25 Stunden Freizeit. Im Haushaltsoptimum wird der Haushalt 7,75 Stunden Arbeit anbieten und 8,25 Stunden Freizeit verbringen.

b) Für einen Lohnsatz von 1, 2 und 4 ergeben sich die folgenden Werte für Freizeit, Arbeit und Konsum:

Lohnsatz	Freizeit	Arbeit	Konsum
1	8,50	7,50	7,50
2	8,25	7,75	15,50
4	8,13	7,88	31,50

Der Haushalt reagiert mit seinem Arbeitsangebot normal in Bezug auf Veränderungen des Lohnsatzes. Allerdings ist seine Angebotsreaktion sehr unelastisch. Denn bei einer Steigerung des Lohnsatzes um 100 Prozent dehnt er sein Arbeitsangebot um weniger als ein Prozent aus.

Aufgrund der Überlegungen zum Einkommens- und Substitutionseffekt können wir nun die Arbeitsangebotskurve in Abhängigkeit vom Reallohn darstellen. Dabei ist zu beachten, dass der Verlauf der Arbeitsangebotskurve maßgeblich von der Lage und dem Verlauf der Indifferenzkurven, also von der Präferenzordnung des Haushalts bestimmt wird. In der Abbildung 5-33 wird der Verlauf der Arbeitsangebotskurve durch drei Abschnitte gekennzeichnet. Unterhalb eines Reallohnsatzes $(w/p)_1$, der dem Haushalte gerade noch die Existenz sichert, hat die Arbeitsangebotskurve einen anomalen Verlauf. Ist nämlich bei sinkendem Reallohn das Existenzminimum nicht mehr gesichert, wird der Haushalt als Überlebensstrategie sein Arbeitsangebot ausdehnen, indem er die tägliche Arbeitszeit verlängert und weitere Mitglieder des Haushaltes, insbesondere Frauen und schließlich auch Kinder als Arbeitsanbieter auftreten. Gesamtwirtschaftlich hat dies zur Folge, dass das Arbeitsangebot

zunimmt, was einen weiteren Verfall der Löhne beschleunigt. Dieses Verhalten war in der Phase der Industrialisierung im Europa des 19. Jahrhunderts anzutreffen und ist nach wie vor auch in Entwicklungsländern zu beobachten.

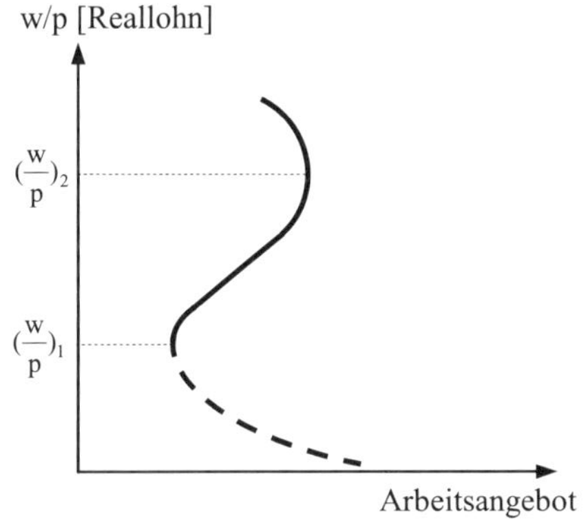

Abbildung 5-33: Die einzelwirtschaftliche Arbeitsangebotsfunktion

Der durch die Indifferenzkurvenanalyse fundierte Verlauf der Arbeitsangebotskurve beginnt mit dem Lohnniveau $(w/p)_1$ in Abbildung 5-33. Bei steigendem Lohnsatz hat der Haushalt einen Anreiz, mehr zu arbeiten, ein höheres Einkommen zu erzielen, um sich einen steigenden Wohlstand zu finanzieren und um einen über das Existenznotwendige hinausgehenden Luxusbedarf zu befriedigen. Dies ist der Bereich, in dem der Substitutionseffekt überwiegt. Es ist aber durchaus möglich, dass ab einem bestimmten Lohnniveau der positive Einkommenseffekt den negativen Substitutionseffekt überkompensiert, d. h. die Überlegenheit des Gutes Freizeit immer stärker hervortritt. Der Grund dafür ist, dass der Konsum von Gütern selbst Zeit erfordert. Ein Haushalt kann zwar mit einem steigenden Arbeitsangebot sein Einkommen steigern und damit seine Konsummöglichkeiten erweitern. Gleichzeitig verringert er aber seine Freizeit, in der er die erarbeiteten Konsumgüter genießen kann. Dies wird dazu führen, dass bei steigendem Reallohn ab einem bestimmten Wohlstandsniveau der Wunsch nach mehr Freizeit immer stärker wird, Freizeit wird zunehmend ein superiores Gut. Dann ist der Einkommenseffekt größer als der Substitutionseffekt und die Arbeitsangebotskurve verläuft ab einem bestimmten Reallohnniveau $(w/p)_2$ atypisch. Allerdings wird die Arbeitszeit nicht so weit eingeschränkt, dass der Lohnanstieg überkompensiert wird. Im Ergebnis nimmt sowohl das konsumierbare Gütervolumen als auch die Freizeit zu.

Die Frage, welcher Bereich der Arbeitsangebotskurve relevant ist, ist eng verbunden mit dem Entwicklungsniveau einer Volkswirtschaft. So ist das Phänomen der Verelendung eng verknüpft mit Industrialisierung und Unterentwicklung. In entwickelten Volkswirtschaften kann ein Lohnanstieg zu einem steigenden oder fallenden Arbeitsangebot führen. Zumindest längerfristig gibt es Indizien, dass das Arbeitsangebot mit steigendem Entwicklungsniveau einer Volkswirtschaft zurückgeht. Darauf deuten die Verkürzungen der Tages- und Wochenarbeitszeiten hin. Die mit dem technischen Fortschritt erzielten Produktivitätssteigerungen wurden nicht ausschließlich für reale Einkommenserhöhungen genutzt, sondern teilweise auch für eine Verkürzung der Arbeitszeit. Längerfristig hätte dann die mikroökonomische Arbeitsangebotskurve einen fallenden Verlauf. Dies hätte zur Konsequenz, dass die makroökonomische Arbeitsangebotfunktion, bei der regelmäßig ein normaler Verlauf angenommen wird, mikroökonomisch nicht fundierte wäre.

Die Arbeitsangebotskurve wurde abgeleitet unter der Annahme, dass die Entscheidungsfreiheit des Haushalts über sein Arbeitsangebot nicht durch gesetzliche oder tarifliche Regelungen eingeschränkt werde. Diese Bedingung ist sicherlich nicht erfüllt. Soweit der Haushalt in seiner Entscheidung begrenzt wird, ist sein Arbeitsangebot nicht optimal, weil er dann eine Freizeit-Konsum-Kombination auf einer niedrigeren Indifferenzkurve realisieren muss. Gleichwohl waren und sind Abweichungen von den normierten Arbeitszeiten (Tag/Woche) nach oben und unten individuell möglich. Überstunden, Nebenjobs und Schwarzarbeit sind mögliche Ausprägungen, in denen ein steigendes Arbeitsangebot zum Ausdruck kommen kann. Teilzeitarbeit und 400 €-Jobs bieten denen, die weniger als die Norm arbeiten wollen, Ausweichmöglichkeiten für ein geringeres Arbeitsangebot. Darüber hinaus zeigen die Bemühungen um flexible Arbeitszeitmodelle und um die Flexibilisierung der Arbeitsmärkte, dass der individuellen Konsumentenentscheidung ein größerer Raum zugestanden werden soll. Dennoch ist in der Praxis die individuelle Entscheidungsfreiheit eingeschränkt, was durch Kurzarbeit und unfreiwillige Arbeitslosigkeit noch verstärkt wird.

5.5 Konsumieren und Sparen – Kapitalangebot und Kapitalnachfrage

Ein Haushalt wird seine Nachfrage- und Angebotsentscheidungen nicht nur auf eine Zeitperiode beschränken, sondern auch zukünftige Zeitabschnitte in seinen Entscheidungen berücksichtigen. So muss er z. B. bedenken, dass nach seinem Ausscheiden aus dem Erwerbsleben sein Einkommen sinkt und das laufende Konsumniveau nicht mehr aufrechterhalten werden kann. Deshalb besteht eine wichtige Entscheidung der Haushalte darin, wie viel sie von ihrem Einkommen heute für den Konsum ausgeben wollen und wie viel sie sparen wollen, um in der Zukunft ein höheres Konsumniveau finanzieren zu können. Je weniger ein Haushalt heute konsumiert, desto höher sind seine Ersparnisse und desto höher ist sein Konsum in der Zukunft. Die Entscheidungen über das Sparen sind somit Entscheidungen über heutigen oder zukünftigen Konsum. Entsprechend können wir das Modell der Konsumentenentscheidungen auch anwenden auf Konsum- und Sparentscheidungen bzw. im weiteren Sinn auf Entscheidungen über den Umfang des Kapitalangebots in Form von Ersparnissen bzw. der Kapitalnachfrage im Sinne von Kreditaufnahmen.

Zur Analyse des Entscheidungsproblems gehen wir von folgenden Annahmen aus:

- Der Haushalt plant seinen Konsum und seine Ersparnisse für zwei Perioden: die Gegenwart, die wir mit 0 indizieren, und die Zukunft, für die wir den Index 1 verwenden.
- Die konsumierten Güter fassen wir in einem zusammengesetzten Konsumgut zusammen. Der Konsum der Gegenwart sei c_0 und der Zukunftskonsum c_1. Der Preis für das Konsumgut sei in den beiden Perioden gleich: $p_0 = p_1 = 1$.
- Die Entscheidung über das Einkommen des Haushalts sei getroffen. Der Haushalt beziehe in jeder Periode ein verfügbares Einkommen von y_0 und y_1.
- Es gebe einen Kapitalmarkt. Der Haushalt kann zu einem vorgegebenen Zinssatz r Gelder leihen oder anlegen.

Für die Analyse könnte man weiter annehmen, dass der Haushalt über ein Anfangsvermögen verfügt, über das er in seiner Zwei-Perioden-Entscheidung zusätzlich disponieren kann. Aus Vereinfachungsgründen soll darauf verzichtet worden. Es bleibt dem Leser überlassen, in der Budgetrestriktion einen Anfangsbetrag K in Form eines Bankkontos zu berücksichtigen.

Für das weitere Vorgehen betrachten wir ein Beispiel. Ein Haushalt gehe bei seinen Entscheidungen von folgenden Größen aus:

- Das verfügbare Einkommen der Gegenwart sei $y_0 = 10.000$ €.
- Das verfügbare Einkommen der Zukunft sei $y_1 = 5.000$ €.
- Der Zinssatz sei $i = 0,1$.

Wenn der Haushalt in der Gegenwart sein ganzes Einkommen ausgibt, ist seine Ersparnis Null. Dann macht er auch keine Schulden. Für den zukünftigen Konsum steht das verfügbare Einkommen der zukünftigen Periode zur Verfügung: $c_1 = y_1$

Wenn ein Haushalt in jeder Periode genau das ausgibt, was er einnimmt, stellt sich das Problem des Sparens bzw. der Kreditaufnahme nicht.

Angenommen der Haushalt konsumiere in der heutigen Periode 8.000 €. Dann ergibt sich eine geplante Ersparnis von 10.000 – 8.000 = 2.000 €. Er kann diese Ersparnis am Kapitalmarkt zu 10% anlegen. Dann steht ihm in der Zukunft folgender Betrag für den Konsum zur Verfügung:

$$c_1 = y_1 + (y_0 - c_0) + i(y_0 - c_0) = 5.000 + 2.000 + 0,1 \cdot 2.000 = 7.200 \text{ €}$$

Die Ersparnis $(y_0 - c_0)$ und die zusätzlich erwirtschafteten Zinsen $i(y_0 - c_0)$ ermöglichen es dem Haushalt, seinen zukünftigen Konsum auszudehnen. Sparen bedeutet somit, heutigen Konsum in zukünftige Perioden zu verlagern.

Zuletzt sei noch angenommen, der Haushalt wolle in der ersten Periode Konsumgüter im Wert von 12.000 € kaufen. Dann hat er für die Gegenwart einen Finanzierungsbedarf von 12.000 - 10.000 = 2.000 €, den er durch eine Kreditaufnahme decken kann. Sein Konsum in der Zukunft reduziert sich entsprechend um die Rückzahlung des Kredits $(c_0 - y_0)$ und die zu zahlenden Zinsen $i(c_0 - y_0)$:

$$c_1 = y_1 - (c_0 - y_0) - i(c_0 - y_0) = 5.000 - 2.000 - 0,1 \cdot 2.000 = 2.800 \text{ €}$$

Kreditaufnahmen ermöglichen es dem Haushalt, seinen Gegenwartskonsum über sein Periodeneinkommen hinaus auszudehnen. Kreditaufnahmen bedeuten folglich die Verlagerung zukünftigen Konsums in die Gegenwart.

Die Beispiele machen deutlich, dass bei gegebenen Einkommenszahlungen und gegebenem Zinssatz die Konsumentscheidungen in der Gegenwart die Konsumgutmöglichkeiten in der Zukunft bestimmen. Mit der Entscheidung über die Höhe des heutigen Konsums steht die Höhe der positiven oder negativen Ersparnis fest, die die zukünftigen Konsummöglichkeiten erweitert oder einschränkt. Der Zusammenhang zwischen gegenwärtigem und zukünftigem Konsum lässt sich allgemein darstellen in der intertemporalen Budgetrestriktion:

$$c_1 = y_1 + (1 + i)(y_0 - c_0)$$

Die intertemporale Budgetrestriktion gibt an, welche Kombinationen an gegenwärtigem und zukünftigem Konsum für einen Haushalt bei einem gegebenen Einkommensstrom und gegebenem Zinssatz gerade noch realisierbar sind. Ist der Ausdruck $(y_0 - c_0)$ positiv, so spart der Haushalt und erzielt Zinsen, ist der Ausdruck dagegen negativ, nimmt er einen Kredit auf und zahlt Zinsen. Formt man die Gleichung um, erhält man

$$c_0 + \frac{c_1}{1+i} = y_0 + \frac{y_1}{1+i}.$$

Dabei bezeichnet die rechte Seite der Gleichung den so genannten Barwert oder Gegenwartswert des Einkommensstroms. Da keine anderen Aktiva vorhanden sind, entspricht dieser dem gesamten Vermögen des Haushalts:

$$W_0 = 10.000 + 5.000/1,1 = 14.545 \text{ €}.$$

Der Haushalt könnte also in der Gegenwart maximal sein ganzes Vermögen konsumieren (c_0 = 14.545 €), dann würde das Einkommen der Periode 2 gerade ausreichen, um den Kredit in Höhe von 4.545 € zu tilgen und zu verzinsen. Wollte er dagegen sein gesamtes Vermögen in der Zukunft konsumieren, stünde dafür der Zukunftswert des Vermögens zur Verfügung:

$W_1 = 1{,}1 \cdot 10.000 + 5.000 = 16.000$ €.

Wenn wir die gegenwärtigen und zukünftigen Konsumkombinationen grafisch darstellen und den Gegenwartskonsum auf der Abszisse, den Zukunftskonsum auf der Ordinate abtragen, ist der maximale Gegenwartskonsum durch den Barwert des Einkommens, der maximale Zukunftskonsum durch den Zukunftswert des Einkommens bestimmt. Damit hat die Budgetgerade den in Abbildung 5-34 dargestellten Verlauf.

Der Punkt A mit den Koordinaten y_0 und y_1 auf der Budgetgeraden in Abbildung 5-34 kennzeichnet das gegenwärtige und zukünftige Einkommen des Haushalts. Die Steigung der Budgetgeraden ist $-(1+i)$. Wenn der Haushalt den heutigen Konsum einschränkt und 100 € spart, kann er diese 100 € zum Zinssatz von 10 % ausleihen und erhält in der nächsten Periode den ersparten Betrag zuzüglich der Zinsen, insgesamt also 110 € zurück.

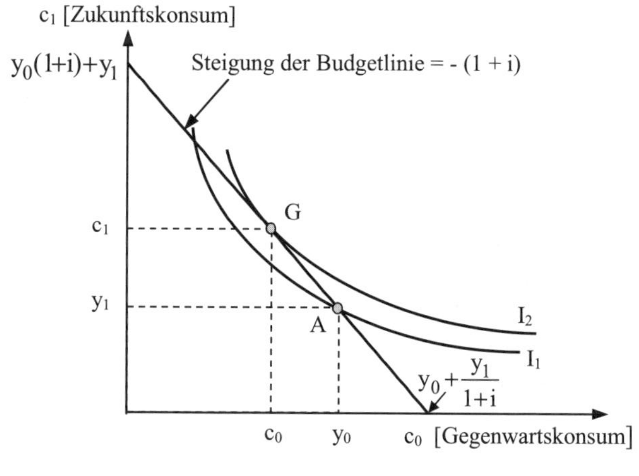

Abbildung 5-34: Die intertemporale Konsumentscheidung

Für die Entscheidung, welche Konsumsaufteilung zwischen Gegenwart und Zukunft vorgenommen wird, benötigen wir die Nutzenfunktion des Haushalts bzw. die daraus ableitbaren Indifferenzkurven. Die Nutzenfunktion

$U = U(c_0, c_1)$

bringt zum Ausdruck, wie der Haushalt den heutigen Konsum im Vergleich zum zukünftigen bewertet. Die Steigung der Indifferenzkurve gibt das Verhältnis an, zu dem der Haushalt auf den Konsum der Gegenwart im Tausch gegen zukünftigen Konsum zu verzichten bereit ist. Im Normalfall wollen Haushalte in beiden Perioden konsumieren. Deshalb muss bei einer Verringerung des Gegenwartskonsums der Konsum in der Zukunft höher sein, wenn das Nutzenniveau des Haushalts unverändert bleiben soll. Das Tauschverhältnis zwischen Gegenwarts- und Zukunftskonsum bezeichnet man als intertemporale Grenzrate der Substituti-

on oder Zeitpräferenzrate. Diese hängt davon ab, welche Konsummengen in einer Periode bereits zur Verfügung stehen. Ein Haushalt wird umso eher bereit sein, in einer Periode Konsumverzicht zu üben und zu sparen, je höher seine Konsummöglichkeiten/sein Einkommen in dieser Periode und je niedriger sein Einkommen in der anderen Periode ist und umgekehrt. Daraus folgt in der Tendenz eine Glättung des Konsums in Zeitverlauf.

Wie in Abbildung 5-34 zu erkennen ist, bietet der vollständige Konsum der Periodeneinkommen y_0 und y_1 einen niedrigeren Zufriedenheitsgrad als die Kombination G, denn der Punkt A liegt auf der Indifferenzkurve I_1, die ein niedrigeres Nutzenniveau darstellt als I_2. Die optimale Aufteilung des Einkommensstroms liegt dort, wo die Budgetgerade die höchstmögliche Indifferenzkurve tangiert. In diesem Punkt ist die Steigung der Budgetgeraden und der Indifferenzkurve gleich. Der optimale intertemporale Verbrauchsplan ist realisiert, wenn die intertemporale Grenzrate der Substitution gleich dem Zinsfaktor ist.

$$-\frac{dc_1}{dc_0} = \frac{U_0'}{U_1'} = (1+i)$$

Ein Haushalt kann also durch zeitliche Verschiebung von Einkommensteilen seine Wohlfahrt erhöhen. In Abbildung 5-34 wird der Haushalt y_0 - c_0 sparen, um in der Zukunft einen zusätzlichen Konsum $(c_1 - y_1) = (1 + i)(y_0 - c_0)$ finanzieren zu können.

Im Folgenden soll untersucht werden, wie sich die intertemporale Konsumaufteilung ändert, wenn das Vermögen bei konstantem Zinssatz steigt. Ein steigendes Vermögen verschiebt die Bilanzgerade nach rechts. Da der Zinssatz unverändert bleibt, ändert sich die Steigung der Bilanzgeraden nicht. Der neue intertemporale Verbrauchsplan ist durch den Punkt G´ in Abbildung 5-35 gekennzeichnet. Im Normalfall ist folglich davon auszugehen, dass der Haushalt bei steigendem Vermögen sowohl seinen gegenwärtigen als auch seinen zukünftigen Konsum steigert. Dabei ist es völlig unerheblich, was die Ursache der Vermögenssteigerung ist. Es könnten entweder y_0 und y_1 oder beide Einkommen steigen. Es könnte aber auch sein, dass der Haushalt durch eine Schenkung oder Erbschaft „reicher" wurde.

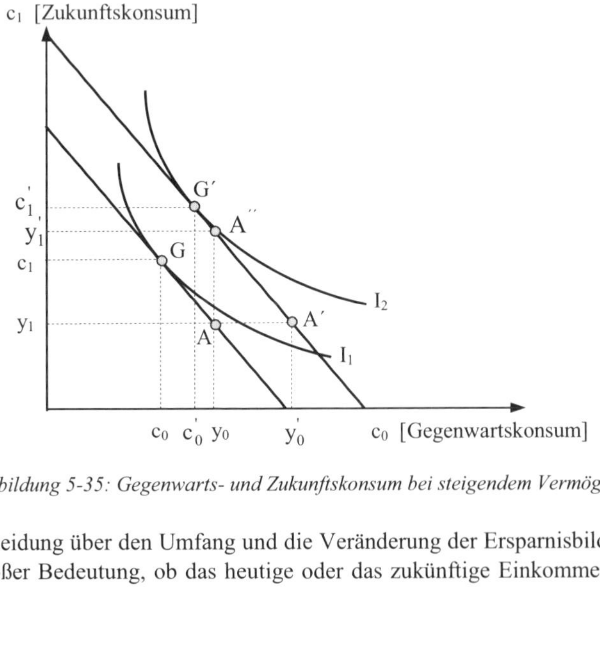

Abbildung 5-35: Gegenwarts- und Zukunftskonsum bei steigendem Vermögen

Für die Entscheidung über den Umfang und die Veränderung der Ersparnisbildung ist es dagegen von großer Bedeutung, ob das heutige oder das zukünftige Einkommen steigt. Dazu

betrachten wir zwei mögliche Veränderungen in Abbildung 5-35: Im ersten Fall unterstellen wir, dass nur das gegenwärtige Einkommen zunimmt. Dann bewegt sich der Haushalt in seiner Anfangsausstattung von A nach A′ mit den Einkommen y'_0 und y_1. Im zweiten Fall nehme nur das zukünftige Einkommen zu. Dann ist seine neue Anfangsausstattung A′′ mit den Einkommen y_0 und y'_1. In beiden Fällen realisiert der Haushalt die Kombination G′ mit c'_0 an Gegenwartskonsum und c'_1 an Zukunftskonsum. Wenn nur das gegenwärtige Einkommen steigt, erhöht der Haushalt seine Ersparnisse von $(y_0 - c_0)$ auf $(y'_0 - c'_0)$. Steigt dagegen das zukünftige Einkommen, geht seine Ersparnis auf $(y_0 - c'_0)$ zurück. Allgemein kann man sagen, dass man dann von einer höheren Ersparnis ausgehen kann, wenn das Gegenwartseinkommen relativ stärker zunimmt als das zukünftige Einkommen.

Das gerade erzielte Ergebnis hat eine erhebliche Bedeutung für die Frage, ob der Staat durch einmalige steuerliche Maßnahmen, z. B. durch eine einmalige Senkung der Einkommensteuer in einem Rezessionsjahr oder durch einen befristeten Konjunkturzuschlag in einem Boomjahr, überhaupt in der Lage ist, über den privaten Konsum einen Konjunkturimpuls zugeben. Denn entsprechend dem Motiv der Konsumglättung werden die Haushalte ihren Konsum an den langfristigen Konsummöglichkeiten ausrichten. Da Einkommensänderungen nur über Vermögensänderungen auf die Konsumgüternachfrage der Gegenwart wirken, haben dauerhafte (permanente) Einkommenserhöhungen eine stärkere Wirkung auf die Konsumgüternachfrage als einmalige (temporäre). Das Umgekehrte gilt für die Ersparnis: Permanente Einkommenserhöhungen haben geringere Auswirkungen auf die geplante Ersparnis als temporäre. Dies ist der Inhalt der permanenten Einkommenshypothese des Konsums. Diese Konsumtheorie wurde von *Milton Friedman* aufgestellt. Sein Fazit aus diesen Überlegungen ist, dass fiskalpolitische Maßnahmen zur Konjunktursteuerung ungeeignet seien.

Übung 5-9: Wirkung von einmaligen und dauerhaften Einkommenserhöhungen

Ein Haushalt habe folgende Nutzenfunktion bezüglich des gegenwärtigen und zukünftigen Konsums: $U = c_0 \cdot c_1$. Der Grenznutzen des Gegenwartskonsums sei $U'_0 = c_1$ und der Grenznutzen des zukünftigen Konsums $U'_1 = c_0$. Die Konsumgüterpreise seien konstant. Der Haushalt habe eine Anfangsausstattung von y_0 = 10.000 € und y_1 = 5.000 €. Der Zinssatz sei 10%.

Wie ändert sich die periodenbezogene Konsumgüternachfrage und die Ersparnis, wenn

- das Einkommen in der Periode 1 um 20 Prozent steigt,
- das Einkommen in der Periode 2 um 20 Prozent zunimmt,
- die Einkommen in beiden Perioden um 20 Prozent ansteigen?

Lösung:

Für die Bestimmung des optimalen intertemporalen Konsumplans muss die Bedingung erfüllt sein, dass die Grenzrate der Substitution gleich dem umgekehrten Verhältnis der Grenznutzen ist und das Verhältnis der Grenznutzen gleich dem Zinsfaktor.

$$\frac{U'_0}{U'_1} = \frac{c_1}{c_0} = (1+r) \quad \Leftrightarrow \quad c_1 = 1{,}1 \cdot c_0$$

Der optimale Konsumplan liegt auf der Bilanzgeraden: $c_1 = 5.000 + 1{,}1 \cdot 10.000 - 1{,}1 \cdot c_0$

Aus den beiden Gleichungen ergeben sich die optimalen Konsumgütermengen in der Gegenwart c_0 und in der Zukunft c_1 und die Höhe der Ersparnis s_0:

$c_0 = 7.272{,}73$; $s_0 = 2.727{,}27$ und $c_1 = 8.000{,}00$

Bei der gegebenen Anfangsausstattung konsumiert der Haushalt in der Gegenwart Güter im Wert von 7.272,73 € und in der zukünftigen Periode ein Güterbündel von 8.000 €.

Die drei Szenarien sind in der folgenden Tabelle zusammengestellt:

	Ausgangssituation	y_0 steigt	Veränderung in %	y_1 steigt	Veränderung in %	y_0 und y_1 steigen	Veränderung in %
y_0	10.000,00	12.000,00	20,0%	10.000,00	0,0%	12.000,00	20,0%
y_1	5.000,00	5.000,00	0,0%	6.000,00	20,0%	6.000,00	20,0%
c_0	7.272,73	8.272,73	13,8%	7.727,27	6,3%	8.727,27	20,0%
s_0	2.727,27	3.727,27	36,7%	2.272,73	-16,7%	3.272,73	20,0%
c_1	8.000,00	9.100,00	13,8%	8.500,00	6,3%	9.600,00	20,0%

Aufgrund der Modellrechnungen lässt sich festhalten:

Steigt das Einkommen nur in einer Periode, ist der Einkommenszuwachs also nur temporär (z.B. eine einmalige Sonderzahlung), bleibt der Zuwachs der Konsumgüternachfrage deutlich hinter dem Einkommenszuwachs zurück.

Nur wenn die Haushalte einen dauerhaften Anstieg des Einkommens erwarten, dehnen sie ihre Perioden bezogene Konsumgüternachfrage in gleichem Umfang aus, wie das Einkommen zunimmt.

Aufgrund der von den Haushalten angestrebten intertemporalen Glättung des Konsums im Zeitverlauf führen Einkommensschwankungen in einer Periode zu erheblichen Schwankungen der Ersparnisbildung. Ein temporärer Anstieg des Einkommens führt folglich zu keinem proportionalen Anstieg der Konsumgüternachfrage.

Betrachten wir nun die Auswirkungen einer Zinsänderung auf Konsum und Ersparnisbildung. In Abbildung 5-36 ist die Ausgangssituation in Punkt G dargestellt. Die Bilanzgerade B_1 hat die Steigung $-(1 + i)$. Ein steigender Zinssatz lässt die Bilanzgerade steiler verlaufen. Die neue Bilanzgerade B_2 hat die Steigung $-(1 + i')$, wobei $i' > r$ ist. Bei dem höheren Zinssatz kann man sich für jeden zurückgelegten € in der Zukunft mehr leisten. Der Schnittpunkt mit der Ordinate verlagert sich nach oben. Gleichzeitig verkürzt sich der Schnittpunkt mit der Abszisse, weil bei einem Konsum des Gesamtvermögens in der Gegenwart nun höhere Kreditzinsen zu zahlen sind und daher weniger Einkommen für den Konsum zur Verfügung steht. Beide Bilanzgeraden schneiden sich im Punkt A, weil sich an der anfänglichen Ressourcenausstattung nichts geändert hat.

Infolge der Zinserhöhung erreicht der Haushalt ein neues intertemporales Konsumgleichgewicht in G′. Überraschenderweise steigt in der neuen optimalen Situation nicht nur der zukünftige Konsum, sondern auch der Gegenwartskonsum. c'_0 und c'_1 sind jeweils größer als c_0 und c_1. Gleichzeitig wird in beiden Gleichgewichtssituationen gespart. Im ursprünglichen Gleichgewicht spart der Haushalt $(y_0 - c_0)$, während er in G′ Ersparnisse im Umfang $(y_0 - c'_0)$ bildet. Trotz gestiegener Zinsen ist damit die Ersparnis im neuen Gleichgewicht geringer als im alten. Dieses Ergebnis widerspricht offensichtlich der verbreiteten These, dass mit steigenden Zinsen mehr gespart wird.

Einen genaueren Einblick in die Reaktionen des Haushalts auf eine Zinserhöhung bekommen wir, wenn wir die Zinserhöhung wie eine Preisänderung behandeln und die Gesamtwirkung entsprechend in den Einkommens- und Substitutionseffekt zerlegen.

Betrachten wir zunächst den Substitutionseffekt, indem wir auf dem Nutzenniveau I_1 bleiben. Aufgrund der Zinserhöhung dreht sich die Bilanzgerade B_1 solange, bis sie dieselbe Steigung hat wie die Bilanzgerade B_2. Die Zinserhöhung macht den zukünftigen Konsum relativ attraktiver bzw. verteuert den Gegenwartskonsum. Durch den Zinsanstieg wird Sparen lohnender, und es wird mehr gespart. Dies ist der Substitutionseffekt, der im Übergang von Punkt G zum Punkt S zum Ausdruck kommt. Der Gegenwartskonsum sinkt, während der Zukunftskonsum steigt.

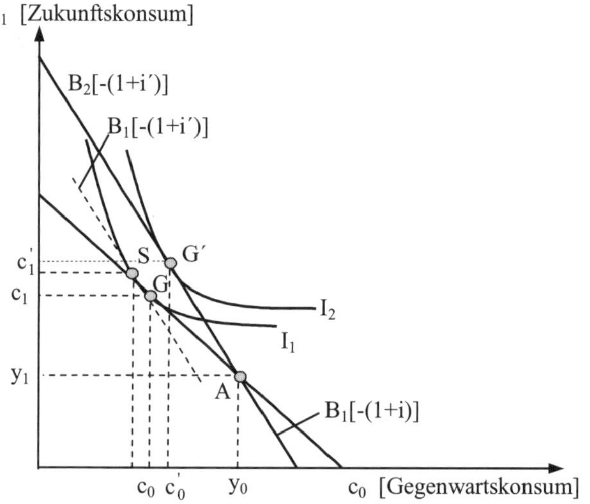

Abbildung 5-36: Gegenwarts- und Zukunftskonsum bei steigenden Zinsen

Der steigende Zinssatz bedeutet aber gleichzeitig, dass die Kapitalerträge steigen. Das höhere Einkommen ermöglicht es dem Haushalt, ein höheres Wohlstandsniveau zu realisieren, indem er im Normalfall von beiden Gütern mehr nachfragt und sowohl den Zukunftskonsum als auch den heutigen Konsum ausdehnt. Dies ist dargestellt mit dem Übergang von Punkt S zu Punkt G′. Der Einkommenseffekt ist somit im Hinblick auf beide Güter positiv. Es kommt zu einer Einschränkung der Ersparnis, die im Fall der Abbildung 5-36 den Substitutionseffekt überkompensiert. Dies muss aber nicht immer der Fall sein. In Abhängigkeit von der Präferenzordnung des Haushalts ist es durchaus möglich, dass der Substitutionseffekt der Stärkere von beiden ist.

Während die Theorie für Haushalte mit positiven Ersparnissen keine eindeutige Aussage über die Wirkung einer Zinsänderung zu liefern vermag, ist die Sache für Haushalte mit negativen Ersparnissen, d. h. für Haushalte, die einen Kredit zur Finanzierung ihres Gegenwartskonsums aufnehmen, eindeutig. Bei diesen Haushalten verteuert eine Zinserhöhung den Gegenwartskonsum mit der Folge, dass sowohl der gegenwärtige als auch der zukünftige Konsum sinkt. In diesem Fall bewirkt sowohl der Substitutionseffekt als auch der Einkommenseffekt, dass die Höhe der negativen Ersparnis zurückgeführt wird. Nimmt man Haushalte mit Ersparnisüberschüssen und Ersparnisdefiziten zusammen, dürfte der positive Einkommenseffekt der Überschusshaushalte durch den negativen Einkommenseffekt der Defizithaushalten zumindest teilweise kompensiert werden. Aufgrund der Gläubigerposition der Haushalte insgesamt wird vermutlich keine vollständige Kompensation eintreten. Gleichwohl ist davon auszugehen, dass in der Summe der Substitutionseffekt dominiert und ein Anstieg der Zinsen den laufenden Konsum senkt und die gesamtwirtschaftliche Erspar-

nis erhöht. Auch empirische Untersuchungen sprechen dafür, dass der Einkommenseffekt den Substitutionseffekt nicht völlig aufhebt, so dass die Ersparnisbildung durchaus auf Zinsänderungen reagiert und die Darstellung des Sparangebots in Abhängigkeit vom Zinssatz auf der aggregierten Ebene begründet ist.

Übung 5-10: Optimaler Gegenwarts- und Zukunftskonsum bei sinkenden Zinsen

Ein Haushalt habe folgende Nutzenfunktion bezüglich des gegenwärtigen und zukünftigen Konsums: $U = c_0\ c_1$. Der Grenznutzen des Gegenwartskonsums sei $U'_0 = c_1$ und der Grenznutzen des zukünftigen Konsums $U'_1 = c_0$. Die Konsumgüterpreise seien konstant. Der Haushalt habe eine Anfangsausstattung von $y_0 = 1.000$ € und $y_1 = 4.000$ €. Der Zinssatz sei 10%.

a) Wie hoch ist der Konsum in der Gegenwart und in der Zukunft?

b) Wie hoch ist die Ersparnis des Haushalts?

c) Wie ändern sich intertemporal der Konsum und die Ersparnis, wenn der Zinssatz auf 5% sinkt? Was lässt sich über Einkommenseffekt und Substitutionseffekt sagen?

Lösung:

a) Für die Bestimmung des optimalen Konsumplans muss die Bedingung erfüllt sein, dass die Grenzrate der Substitution gleich dem umgekehrten Verhältnis der Grenznutzen ist und das Verhältnis der Grenznutzen gleich dem Zinsfaktor.

$$\frac{U_0'}{U_1'} = \frac{c_1}{c_0} = (1+r) \quad \Leftrightarrow \quad c_1 = 1{,}1 \cdot c_0$$

Der optimale Konsumplan liegt außerdem auf der Bilanzgeraden. Diese hat die Form: $c_1 = 4.000 + 1{,}1 \cdot 1.000 - 1{,}1 \cdot c0$

Aus den beiden Gleichungen ergeben sich die optimalen Konsumgütermengen in der Gegenwart und in der Zukunft: $c_0 = 2.318{,}18$ und $c_1 = 2.550{,}00$.

Bei der gegebenen Anfangsausstattung konsumiert der Haushalt in der Gegenwart Konsumgüter im Wert von 2.318,18 € und in der zukünftigen Periode ein Konsumgüterbündel von 2.550 €.

b) In der ersten Periode übersteigt das Konsumgüterbündel das Einkommen. Der Haushalt hat eine negative Ersparnis. Um seinen Konsum zu finanzieren, muss der Haushalt einen Kredit in Höhe von 1.318,18 € aufnehmen. Dafür zahlt er Zinsen in Höhe von 131,82 €, die für Konsumgüterkäufe nicht mehr zur Verfügung stehen.

c) Die Berechnung erfolgt wie unter a). Wenn der Zins auf 5% sinkt, erhöht der Haushalt seinen Gegenwartskonsum auf 2.404,76 €. Den zusätzlichen Gegenwartskonsum von 86,58 € finanziert er mit den ersparten Zinsen in Höhe von 61,58 € und durch Einschränkung seines zukünftigen Konsums um 25 €. Zusammen entspricht dies gerade dem Zuwachs des Gegenwartskonsums.

Der Gesamteffekt der Zinssenkung ist somit positiv in Bezug auf den Gegenwartskonsum und negativen Bezug auf den Zukunftskonsum. Daraus folgt, dass der Substitutionseffekt stark positiv in Richtung Gegenwartskonsum gewirkt hat, aber negativ in Bezug auf den Zukunftskonsum war. Der Einkommenseffekt war in beiden Perioden positiv, jedoch konnte der positive Einkommenseffekt den negativen Substitutionseffekt beim Zukunftskonsum nicht ausgleichen.

6 Theorie der Unternehmung

Lehrziele:
In diesem Kapitel wird dargestellt, welche Faktoren das Güterangebot eines Unternehmens bestimmen. Eine fundamentale Größe für das Güterangebot sind neben den am Markt erzielbaren Preisen die Kosten der Güterproduktion. Um den Zusammenhang zwischen Güterherstellung, den Kosten der Produktion und dem Güterangebot abzuleiten, gehen wir in folgenden Schritten vor.

Um die Angebotsplanung des Unternehmens verstehen zu können, müssen zunächst die technologischen Produktionsbedingungen dargestellt werden. Die unterschiedlichen Möglichkeiten der Produktionstechnik kommen in unterschiedlichen Produktionsfunktionen zum Ausdruck. Mit Hilfe der Produktionsfunktion ist es möglich, den Zusammenhang zwischen dem Einsatz an Produktionsfaktoren und der Menge der hergestellten Güter unter den jeweiligen technologischen Bedingungen zu beschreiben.

Nicht alle technisch effizienten Faktorkombinationen, die für die Produktion eines bestimmten Güterangebots in Frage kommen, sind auch wirtschaftlich vertretbar, denn jede Faktorkombination verursacht andere Kosten. In der aus der Produktionsfunktion abgeleiteten Kostenfunktion kommen die ökonomischen Bedingungen der Produktion zum Ausdruck. Bei gegebenen Faktorpreisen und gegebener Produktionstechnik beschreibt die Kostenfunktion den Zusammenhang zwischen jeder beliebigen Produktionsmenge und den jeweils minimalen Kosten.

Im dritten Schritt geht es um die Angebotsentscheidung der Unternehmung. Dabei stellt sich die Frage, welche Gütermenge ein Unternehmen produzieren und anbieten soll, wenn es seinen Gewinn maximieren will. Neben den Kosten spielt der am Markt erzielbare Preis eine entscheidende Rolle. Unter Wettbewerbsbedingungen wird ein Unternehmen die Produktionsmenge wählen, bei der es seinen Gewinn maximiert.

Im letzten Abschnitt dieses Kapitels wird die Nachfrage der Unternehmen nach Produktionsfaktoren untersucht. Dabei wird der Frage nachgegangen, welche Faktoreinsatzmengen das Unternehmen bei gewinnmaximierender Produktion einsetzen und somit nachfragen wird.

6.1 Vorbemerkungen

Nachdem im vorhergehenden Abschnitt mit den Entscheidungen der Haushalte die Nachfrageseite des Marktes untersucht wurde, werden in diesem Abschnitt die Entscheidungen der Unternehmen als Anbieter von Gütern analysiert. Unternehmen werden im Rahmen des Wirtschaftskreislaufs als produzierende Einheiten definiert. Sie sind die kleinsten ökonomischen Einheiten, die unter einer gemeinsamen Zielsetzung Güter herstellen, diese auf den Markt bringen und anderen zum Verkauf anbieten. In mikroökonomischer Betrachtung fallen darunter Großunternehmen genauso wie das kleine Unternehmen, das von einem Einzelnen als Einpersonenunternehmung (z. B. ein selbstständiger Handelsvertreter), den Mitgliedern einer Familie (z. B. ein kleines Restaurant) oder mehreren Partnern (z. B. eine Gemeinschaftspraxis oder GmbH) betrieben wird. Die Entstehung von Mehrpersonenunternehmen und die Entscheidungsprozesse innerhalb dieser Unternehmen werden im Rahmen der neoklassischen Unternehmenstheorie nicht weiter untersucht.

Der Begriff der Produktion ist sehr weit gefasst. Er umfasst nicht nur die industrielle oder handwerkliche Güterherstellung, sondern auch die Erbringung von Dienstleistungen wie Handel, Transport, Beratungen usw. Im weitesten Sinn umfasst der Produktionsbegriff jede Transformation von Gütern in sachlicher, zeitlicher oder räumlicher Hinsicht. Die Güter, die zur Produktion nötig sind und in der Produktion eingesetzt werden, heißen Produktionsfaktoren oder kurz Faktoren oder Inputs. Dazu zählen insbesondere die Produktionsfaktoren Boden, Arbeit und Kapital, aber auch Rohstoffe und Vorprodukte. Geht man davon aus, dass die Haushalte die wirtschaftlichen Eigentümer wichtiger Produktionsfaktoren sind, dann sind die Unternehmen entsprechend der Idee des Wirtschaftskreislaufs sowohl auf der Absatzseite als auch auf der Beschaffungsseite über Märkte mit den Haushalten verbunden:

- Die Unternehmen produzieren Güter, die entweder unmittelbar den Haushalten zur Bedürfnisbefriedigung dienen oder mittelbar wieder in die Produktion eingehen, um auf einem Produktionsumweg schließlich als Zwischen- oder Endprodukt zu einer höheren Konsumgüterversorgung beizutragen. Die Unternehmen entscheiden somit, welche Güter in welchen Mengen Sie anbieten wollen. Aus dem Verkauf der Güter erzielen sie Erlöse.
- Der Umfang, in dem Boden, Arbeit und Kapital eingesetzt werden, ist insbesondere abhängig von dem gewählten Produktionsverfahren bzw. der Produktionstechnik. Entsprechend werden die Unternehmen Faktorleistungen von den Haushalten nachfragen und in der Produktion einsetzen. Dafür entstehen den Unternehmen Kosten. In Gegenzug fließen den Haushalten Faktoreinkommen zu, die für sie wiederum die Grundlage der Güternachfrage darstellen.

Die Zielsetzung der Unternehmen, die in der Volkswirtschaftslehre traditionell unterstellt wird, ist die Maximierung des Gewinns. Der Gewinn einer Periode ist die Differenz zwischen Erlös und Kosten. Der Erlös ergibt sich aus dem Verkauf der produzierten Güter als Produkt aus Preis und abgesetzter Menge. Bei gegebenen Stückkosten der Produktion entscheidet der Marktpreis, ob das Unternehmen ein Gut gewinnbringend produzieren und anbieten kann. Damit sind die Produktionskosten eine wesentliche Grundlage für Produktion und Angebot. Wie bei den Haushalten unterstellen wir auch von den Unternehmen ein Handeln nach dem ökonomischen Prinzip. Dies bedeutet in der Theorie der Unternehmung, dass eine gegebene Produktionsmenge zu den geringst möglichen Kosten hergestellt wird. Entscheidende Einflussfaktoren dafür sind die gewählte Produktionstechnik, die Mengen der eingesetzten Produktionsfaktoren und die Faktorpreise.

Natürlich verfolgen Unternehmen neben dem Ziel der Gewinnmaximierung auch andere Ziele. Zu nennen wären etwa Umsatzwachstum, Steigerung des Marktanteils, Förderungen der Arbeitszufriedenheit und Leistungsbereitschaft der Mitarbeiter, Erreichen einer hohen Produktqualität oder Beschleunigung der Produktinnovation. All diese Unternehmensziele können angestrebt werden, sie sind jedoch nicht das eigentliche Ziel, sondern sie sind ein Modalziel zur Erreichung des obersten Ziels, nämlich das langfristige Überleben des Unternehmens zu sichern. Dies ist nur gewährleistet, wenn ein Unternehmen ständig bestrebt ist, möglichst hohe Gewinne zu erwirtschaften. Wenn ein Unternehmen dieses letzte Ziel nicht verfolgt, droht die Gefahr von Verlusten mit der Folge, dass es aus dem Markt ausscheiden muss oder dass es von anderen Wettbewerbern übernommen wird, die hohe Gewinne anstreben und folglich ertragsstark sind.

6.2 Dimensionen der Produktionsentscheidung in Unternehmen

Um ihre Gewinne zu maximieren müssen Unternehmen eine Reihe grundlegender Entscheidungen treffen:

- Welche Güter sollen hergestellt werden?
- Wie soll der Produktionsprozess organisiert werden?
- Mit welchen Technologien sollen die Produkte hergestellt werden?
- Wie sollen die wirtschaftlichen Aktivitäten und Entscheidungen im Unternehmen koordiniert werden?
- Welche Mengen sollen hergestellt und zu welchen Preisen können die Produkte abgesetzt werden?

Diese grundlegenden Fragen werden in der folgenden Produktions- und Kostentheorie nicht alle in gleicher Tiefe behandelt. Daher sollen die mit diesen Fragen einhergehenden Problembereiche kurz erläutert werden.

Welche Güter sollen hergestellt werden?

Die Entscheidung, welche Güter produziert werden sollen, liegt in marktwirtschaftlichen Systemen bei den einzelnen Unternehmen. Sie sind bei ihrem Bestreben nach Gewinnmaximierung ständig bemüht, möglichst viel Wissen zu sammeln, neues Wissen zu gewinnen und anzuwenden. Triebfeder dazu ist der Wettbewerb, der die Wirtschaftseinheiten antreibt, die Bedürfnisse der Konsumenten aufzuspüren, neue Ideen zu entwickeln und in neuen Produkten umzusetzen, um den größten Erfolg anzustreben. Die Wirtschaftseinheit, die diesen Erfolg findet, setzt sich mit ihren Produkten am Markt durch. Sie erzielt Gewinne. Die Mitbewerber passen sich an. Die ständige Suche der Unternehmen nach neuen Produktionsmöglichkeiten sorgt somit dafür, dass neue Produkte auf den Markt kommen und alte Produkte vom Markt verschwinden. Wichtige Signale dafür erhalten die Unternehmen über die Preise und die erzielten Gewinne oder Verluste.

Wie soll der Produktionsprozess organisiert werden?

Ist ein Markt für ein Produkt identifiziert, stellt sich die weitere Frage, wie der Produktionsprozess organisiert werden soll. Außer der Aussage, dass Unternehmen ständig bestrebt sind, ihre Produkte zu den geringst möglichen Kosten herzustellen, liefert die Produktions- und Kostentheorie dazu keine Aussagen. Prinzipiell gibt es für die Organisation der Güterbereitstellung zwei mögliche Wege: Die Güterbereitstellung kann koordiniert werden in Unternehmen oder über Märkte. Erfolgt die Güterherstellung in einem Unternehmen, werden die wirtschaftlichen Aktivitäten zahlreicher Wirtschaftssubjekte (Arbeitnehmer, Kapitaleig-

ner und weiterer Stakeholder) in einem festen organisatorischen Rahmen zusammengeführt und koordiniert. Alternativ könnten Güter oder Leistungen auch über Märkte bereitgestellt werden. Bei dieser Form der Güterproduktion werden die einzelnen produktiven Tätigkeiten von Dritten erbracht und von einem Unternehmer so kombiniert, dass ein Güterangebot zustande kommt. Es stellt sich dann Frage, wann diese Produktionsaktivitäten über Märkte koordiniert, wann in Unternehmen organisiert werden. Die entscheidende Antwort dafür sind die Kosten. Wenn die Produktion in Unternehmen organisiert wird, ist diese Form der Koordination und Kontrolle wirtschaftlicher Aktivitäten offensichtlich kostengünstiger als über Märkte. Dafür gibt es mehrere Gründe:

- Transaktionskosten,
- Größenvorteilen (Economies of Scale),
- Verbundvorteile (Economies of Scope),
- Vorteile der Teamproduktion.

Im Transaktionskostenansatz von *Ronald Coase*[1] versteht man unter **Transaktionskosten** man alle Kosten, die im Zusammenhang mit Vertragsabschlüssen entstehen. Die Nutzung des Marktes für die Güterbereitstellung verursacht Kosten. Es sind dies zunächst Informationskosten, die dadurch entstehen, dass man die verschiedenen Leistungsanbieter suchen und sich über ihre Angebotsqualität informieren muss. Weiter entstehen Koordinationskosten für die Anbahnung und Konkretisierung von Verträgen und schließlich Motivationskosten, die in der Absicherung, Durchsetzung und Kontrolle von Verträgen und gegebenenfalls der gerichtlichen Auseinandersetzung bei Vertragsverletzungen bestehen.

Nehmen wir als Beispiel den Bau eines Hauses. Ein Bauherr hat die Möglichkeit, sämtliche Leistungen und Gewerke, die für die Erstellung des Gebäudes erforderlich sind, selbst zu organisieren und koordinieren. Er informiert sich über Architekten und Baufirmen und ihre Leistungsfähigkeit. Er macht die Ausschreibung der Bauleistungen, kauft Baumaterialien ein, schließt Verträge, prüft die Qualität der erbrachten Leistung, koordiniert die zeitliche Folge der Tätigkeiten, prüft und nimmt die erbrachten Leistungen ab und streitet gegebenenfalls mit Anbietern, wenn sie nicht frist- oder vertragsgerecht gearbeitet haben.

Alternativ kann er für sein Bauvorhaben eine Baufirma beauftragen, das Haus schlüsselfertig zu erstellen. Dadurch sinken seine Transaktionskosten erheblich. Er hat nur noch einen Anbieter, mit dem er verhandelt. Aber auch die Transaktionskosten der Baufirma sind niedriger. Denn viele ihrer Transaktionskosten sind aufgrund von Standardverträgen, besseren Informationen und größerer Erfahrung niedriger. So kennt die Bauunternehmung die Qualität ihrer Lieferanten und die Leistungsfähigkeit ihrer Subunternehmer aufgrund langjähriger Zusammenarbeit. Dadurch sinken z.B. Informations- und Koordinationskosten. Arbeitsverträge sind standardisiert und der Arbeitgeber hat gegenüber dem Arbeitnehmer eine Weisungsbefugnis, was Informations- und Verhandlungskosten senkt.

Wenn man folglich die Opportunitätskosten der beiden Alternativen betrachtet, ist für viele Bauherren die Auftragsvergabe an eine Baufirma dic günstigere Alternative, weil die Transaktionskosten niedriger sind. Allgemein ist somit die Organisation der Produktion in Unternehmen immer dann ökonomisch vorteilhafter, wenn die Internalisierung von Teilunternehmen bzw. Produktionsteilen zu niedrigeren Transaktionskosten führt.

[1] *Coase, R. H.* (1937), vgl. *Martiensen, J.* (2000), S. 271 ff., *Erlei, M., Leschke, M., Sauerland, D.* (1999), S. 175 ff.

Ein weiterer Grund für die Güterproduktion in Unternehmen besteht in der Existenz von **Größenvorteilen** oder Economies of Scale. Diese liegen vor, wenn bei steigender Produktionsmenge die Stückkosten je produzierter Einheit sinken. Ursache sinkender Stückkosten sind z. B. Unteilbarkeiten von Maschinen und Anlagen, die mit zunehmender Produktion besser ausgelastet werden, oder die technischen Vorteile der Arbeitsteilung (Stecknadelproduktion bei *Adam Smith*), denn mit zunehmender Spezialisierung der Arbeitskräfte können an den jeweiligen spezialisierten Arbeitsplätzen Effizienzgewinne erzielt werden. Beides führt zu sinkenden Kosten je produzierter Einheit und macht die Produktion in Unternehmen vorteilhafter im Vergleich zur marktmäßigen Koordination der Aktivitäten der einzelnen Wirtschaftssubjekte.

Vorteile der **Verbundproduktion** (Economies of Scope) liegen vor, wenn ein Unternehmen zwei verschiedene Produkte zu niedrigeren Kosten produzieren kann, als wenn zwei Unternehmen jeweils eines der beiden Produkte herstellen. Eine Vielzahl von Produkten herzustellen und anzubieten ist in diesem Fall effizienter als die Spezialisierung auf jeweils ein Produkt. Diese Effizienzgewinne resultieren daraus, dass ein Unternehmen seine vorhandenen Einsatzfaktoren bei der Produktion und dem Absatz beider Güter nutzen kann. So kann ein Unternehmen mit einem gut geführten Markenprodukt sein Marketing nutzen, um unter dem vorhandenen Markennamen weitere Produkte im Markt zu platzieren. Diese Strategie finden wir z. B. bei Sportartikelherstellern. Ein anderes Beispiel sind Speditionsunternehmen. Sie haben Verbundvorteile, wenn sie den unterschiedlichen Transporterfordernissen ihrer Kunden nachkommen können, also z. B. sowohl den Transport im Fernverkehr als auch die räumliche Verteilung im Nahverkehr anbieten können.

Eine weitere Begründung für die Organisation der Produktion in Unternehmen ist die **Teamproduktion**. Die These der Teamtheorie von *Alchian* und *Demsetz*[1] lautet, dass mehrere Personen, die gemeinsam in einem Team produzieren, insgesamt einen höheren Ertrag erzielen, als wenn jede dieser Personen das Produkt für sich allein herstellt. Die Gründe für die Effizienzgewinne liegen wiederum in der Spezialisierung der Teammitglieder. Beispiele für Teamaktivitäten sind etwa die Produktionslinien bei der Herstellung von Automobilen oder Waschmaschinen. Aber man kann auch das ganze Unternehmen als Team verstehen, in dem jedes Teammitglied einer spezialisierten Tätigkeit nachgeht.

Das Problem in der Teamproduktion besteht darin, dass man den Gesamterfolg des Teams z. B. anhand des Produktionswertes oder des Ertrages in der Regel leicht messen kann, aber es wird immer schwieriger, je spezialisierter die Tätigkeiten sind, dem einzelnen Teammitglied seinen Beitrag zum Gesamterfolg zuzurechnen. Daraus resultiert das Problem, dass die Aktivitäten der einzelnen Wirtschaftssubjekte nicht beobachtbar sind und für den einzelnen ein Anreiz bestehen könnte, seinen Arbeitseinsatz zu reduzieren in der Hoffnung, dass andere Teammitglieder ihre Leistung erbringen. Da sich alle Teammitglieder in derselben Situation befinden, kommt es zu einem suboptimalen Ressourceneinsatz. Es ist daher notwendig, die Inputs der Teammitglieder zu kontrollieren. Diese Überwachungstätigkeit (Monitoring) verursacht Kontrollkosten. Solange aber die Kosten des Überwachung niedriger sind als die Effizienzvorteile der Teamproduktion, ist es für die Teammitglieder wie für den „Monitor“ vorteilhaft, die Teamproduktion aufzunehmen. Dazu schließt der „Monitor“ mit allen Teammitgliedern Verträge ab und erhält das Recht, die Zusammensetzung des Teams zu ändern. Damit der Monitor einen Anreiz hat, seine Kontrolltätigkeit möglichst effektiv auszuüben, erhält er außerdem das Recht auf den Residualgewinn und das Recht, die Monitorrechte zu verkaufen.

[1] *Alchian, A., Demsetz, H.* (1972), S 777- 795, vgl. *Martiensen, J.* (2000), S. 255ff.

Mit welchen Technologien sollen die Produkte hergestellt werden?

Die dritte Frage betrifft die Technologie, die bei der Güterproduktion eingesetzt werden soll. Eine Technologie ist ganz allgemein jede Methode, um Güter und Dienstleistungen bereitzustellen. Sie umfasst die Produktionstechnik im Sinn von Maschinen und Anlagen, die technischen Prozesse und die Organisation und Abläufe in Unternehmen. Einmal festgelegt begrenzt die eingesetzte Technologie das Streben nach dem maximalen Gewinn, weil bei gegebener Produktionstechnik mit der Festlegung der Produktionsmenge auch über den erforderlichen Faktoreinsatzes entschieden ist.

Prinzipiell stehen einem Unternehmen mehrere technische Möglichkeiten offen, ein Gut herzustellen oder eine Leistung zu erbringen. Ein Beispiel sind die ganz unterschiedlichen Formen des Handels für die Distribution von Waren. Aus den unterschiedlichen Verfahren zur Güterherstellung wird ein Unternehmen nur solche auswählen, die effizient sind. Dabei unterscheiden wir zwei Konzepte der Effizienz. Technisch effizient ist ein Produktionsverfahren, wenn ein gegebener Output mit der geringst möglichen Menge an Einsatzfaktoren hergestellt werden kann. Technische Effizienz gewährleistet jedoch nicht automatisch Kosteneffizienz. Denn es hängt von den Faktorpreisen ab, ob ein technisch effizientes Produktionsverfahren auch wirtschaftlich ist. Wirtschaftlich effizient ist eine Produktionstechnologie, wenn ein gegebener Output zu den geringst möglichen Kosten hergestellt werden kann. Ein Beispiel für die unterschiedliche Betrachtungsweise ist die Magnetschwebebahn. Sie ist ebenso wie die konventionelle Bahntechnik in der Lage, eine gegebene Anzahl von Personen mit von A nach B zu bringen. Beide Verkehrssysteme sind dann technisch effizient wenn sie die gewünschte Transportleistung mit der geringst möglichen Menge an Einsatzfaktoren erbringen. Allerdings ist die wirtschaftliche Effizienz der Magnetschwebebahntechnik umstritten. Aufgrund der hohen Investitionskosten wird ihre Wirtschaftlichkeit von Kritikern in Frage gestellt.

Unternehmen, die mit ineffizienten Verfahren produzieren, werden langfristig nicht am Markt bestehen können. Der Wettbewerb als Selektionsmechanismus sorgt folglich dafür, dass die Unternehmen ständig bestrebt sind, die jeweils wirtschaftlich effizientesten Verfahren in der Produktion einzusetzen.

Wie sollen die wirtschaftlichen Aktivitäten und Entscheidungen im Unternehmen koordiniert werden?

Aufgabe des Unternehmens ist es, den Prozess der Güter und Leistungserstellung so zu organisieren, dass die hergestellten Produkte möglichst Gewinn bringend am Markt verkauft werden können. Dazu benötigt es Produktionsfaktoren, die das Unternehmen auf den entsprechenden Faktormärkten nachfragt. Eine wichtige Aufgabe besteht nun darin, die Leistungen der Produktionsfaktoren mit dem Ziel einer effizienten Produktion zu koordinieren. Als grundsätzliche Mechanismen zur Lösung des Koordinationsproblems kommen in Frage, die Produktionsaktivitäten im Unternehmen hierarchisch zu strukturieren oder die Aktivitäten der Leistungsträger über Anreize im Sinne der Unternehmensziele zu lenken. In der Realität finden wir beide Koordinationsmechanismen kombiniert.

Zentralisierte Entscheidungsstrukturen finden sich traditionell stärker in so genannten Eigentümerunternehmen, in denen der Kapitaleigentümer auch gleichzeitig das Unternehmen leitet und unternehmerische Entscheidungen durch Anweisungen und Kontrolle durchsetzt. Hier stimmen zumindest auf der obersten Unternehmensebene die Interessen des/der Eigentümer mit den Zielen und Interessen der Unternehmensleitung/des Management überein. Damit ist aber nicht sichergestellt, dass die getroffenen Entscheidungen tatsächlich zielführend sind. Denn es muss sichergestellt sein, dass die Unternehmensleitung auch ausreichen-

de und korrekte Informationen als Grundlage für ihre Entscheidungen zur Verfügung hat und dass Entscheidungen im Unternehmen von den operativen Ebenen auch umgesetzt werden. Beides setzt Informations- und Kontrollstrukturen als Grundlage für effiziente Entscheidungen voraus.

Hierbei stoßen hierarchische Unternehmensstrukturen häufig an Grenzen, denn die Unternehmensleitung ebenso wie Bereichs-, Abteilung- oder Gruppenleiter haben immer unvollkommene Informationen über den Bereich, den sie zu verantworten haben. Damit sich die einzelnen Beteiligten dennoch im Sinne der Unternehmensziele verhalten, benötigen Unternehmen ein System von Incentives, d.h. von Leistungsanreizen, die dafür sorgen, dass die einzelnen Leistungsträger ihre Arbeitsleistungen auch erbringen, wenn eine vollständige Überwachung nicht möglich ist. Solche Anreizsysteme sind leicht umsetzbar in Bereichen, in denen die Leistung des einzelnen klar messbar ist, wie z. B. im Verkauf oder in der Produktion. In anderen Bereichen, wie z. B. in der Entwicklung, ist es möglicherweise schwieriger, ein Incentivesystem zu etablieren, aber die Alternative einer durchgängigen Kontrolle und Überwachung ist vor dem Hintergrund des Spezialwissens in diesem Bereich mit hohen Kosten verbunden. Dies ist der Grund, weshalb in Unternehmen sowohl hierarchische Strukturen mit Anweisungen und Kontrolle als auch Anreize eingesetzt werden, um den Produktionsprozess Ziel orientiert zu koordinieren. Sie verwenden Anweisungen, wenn der Arbeitseinsatz leicht überwacht werden kann oder wenn Abweichungen vom geforderten Leistungsniveau mit hohen Kosten verbunden sind. Sie arbeiten mit Anreizen, wenn die Überwachung der Aktivitäten entweder nicht möglich oder mit unvertretbar hohen Kosten verbunden ist.

Dies gilt auch für den Fall des Topmanagements, wenn die Unternehmensleitung nicht der Eigentümer des Unternehmens ist, wie das bei Kapitalgesellschaften der Fall ist. Die laufende Beobachtung und Überwachung der Aktivitäten des Managements durch den einzelnen Anteilseigner verursacht ihm hohen Kosten bzw. ist nicht möglich. Er erfährt lediglich ex post die Resultate der Tätigkeit des Managements in Form von Geschäftsberichten. Daher sind die Anteilseigner bestrebt, hinreichende Anreize zu setzen, dass das Topmanagement Unternehmensentscheidungen trifft, die den Gewinn für die Anteilseigner maximieren. Dieser unter der Bezeichnung **Prinzipal-Agent-Problem** bekannte Sachverhalt geht der Frage nach, wie ein Anreizsystem zu gestalten ist, damit das Management als Agent solche Entscheidungen trifft, die den Nutzen der Anteilseigner als Prinzipal maximieren. Eine wichtige Voraussetzung der Prinzipal-Agent-Theorie ist die Tatsache, dass es zwischen dem Prinzipal und dem Agent nicht nur eine Informationsasymmetrie gibt, sondern dass auch eine Asymmetrie in den Zielsetzungen der beiden vorliegt. Die Analyse des Prinzipal-Agent-Problems beschreibt mögliche Lösungsansätze, wie unter alternativen Bedingungen Anreiz-, Kontroll- und Informationssysteme aus der Sicht des Prinzipals zu gestalten sind, damit sichergestellt ist, dass der Agent mit seinen Entscheidungen den Nutzen des Prinzipals maximiert.[1]

Welche Mengen sollen hergestellt und zu welchen Preisen können die Produkte abgesetzt werden?

Die letzte Frage, welche Gütermengen produziert werden sollen und zu welchen Preisen die Güter abgesetzt werden können, ist zentraler Gegenstand der Preistheorie und wird im nächsten Kapitel ausführlich behandelt. Denn die grundlegende Entscheidung, welche Menge zu welchem Preis angeboten werden soll und wie sich der Preis am Markt bildet, ist abhängig von der Marktform und der Art des Wettbewerbs auf dem jeweiligen Markt. Deswe-

[1] Siehe dazu ausführlich Kapitel 8, S. 400 ff.

gen kann die Frage nach der Art der Preisbildung nur in Abhängigkeit von den Gegebenheiten der jeweiligen Marktform beantwortet werden

Die weiteren Ausführungen befassen sich zunächst mit dem Produktionsprozess und den Produktionsentscheidungen der Unternehmen. Danach fragen wir, welche Produktion zu welchem Faktoreinsatz und damit zu welchen Kosten führt und wie die kostenminimale Produktionsmenge bestimmt wird. Darauf aufbauend können wir die Frage nach dem optimalen Produktionsplan der Unternehmung behandeln und das Güterangebot eines Gewinn maximierenden Unternehmens ableiten.

In der theoretischen Analyse von Unternehmensentscheidungen werden wir mit Annahmen arbeiten, die eine grobe Vereinfachung darstellen:

- Wir betrachten ein bereits existierendes Unternehmen, das über eine bestimmte Menge an Technologien verfügt.
- Das Unternehmen kann zu gegebenen Preisen Produktionsfaktoren kaufen und in Output transformieren. Wir beschränken uns auf zwei Produktionsfaktoren, z. B. Arbeit und Kapital.
- Wir betrachten den Fall einer so genannten Einproduktunternehmung, d. h., dass das Unternehmen nur ein einzelnes Gut produziert.
- Das Unternehmen ist die kleinste handelnde Einheit. Wie Entscheidungen im Unternehmen zu Stande kommen, wird nicht weiter untersucht. Dies ist Gegenstand der Betriebswirtschaftslehre.
- Produktionsfaktoren und produzierte Güter sind beliebig teilbar.
- Von Lagerhaltung und den damit verbundenen Problemen wird abstrahiert.

6.3 Produktion

6.3.1 Produktionsfunktionen und Arten der Faktorvariation

Die Menge an möglichen Ressourcen, wie Leistungen von Arbeitskräften und Maschinen, Vorprodukte oder Rohstoffe, die die Unternehmen im Produktionsprozess einsetzen, bezeichnet man als Inputs oder Faktoreinsatzmengen. Die Menge der erzeugten Güter ist der Output oder die Produktions- bzw. Ausbringungsmenge. Die Beziehung zwischen dem Output und den möglichen Inputs wird durch die Produktionsfunktion beschrieben. Mit ihrer Hilfe können die verschiedenen technischen Verfahren mathematisch dargestellt werden, aus denen ein Unternehmen seinen Produktionsprozess wählen kann. Da mit einer gegebenen Menge an Einsatzfaktoren unterschiedlich hohe Mengen an Output produziert werden können, werden die Unternehmen bemüht sein, ihre Produktionsprozesse möglichst effizient zu gestalten. Technisch effizient ist ein Verfahren, wenn es kein anderes Verfahren gibt, das mit einem geringeren Faktoreinsatz den gleichen Output ermöglicht als das angewandte Verfahren.

Für die Darstellung und Analyse der Produktion abstrahieren wir von den technischen und organisatorischen Abläufen innerhalb des Unternehmens und betrachten nur die quantitative Beziehung zwischen den Faktoreinsatzmengen und der Ausbringungsmenge. Das produktive System der Unternehmung kann als eine Black Box betrachtet werden, in der die technische Transformation der Produktionsfaktoren in absatzfähige Produkte stattfindet. Die Beziehung zwischen der Ausbringungsmenge als der abhängigen Variablen und den Mengen

der eingesetzten Produktionsfaktoren als unabhängige Variable lässt sich formal in folgender allgemeiner Form darstellen:

$x = f(v_1, v_2, \ldots, v_n)$

Die Produktionsfunktion ordnet jeder Kombination von möglichen Faktoreinsatzmengen die bei dem gegebenen Stand des technischen Wissens maximal produzierbare Menge zu. Damit beinhaltet die Produktionsfunktion sämtliche technisch effizienten Beziehungen zwischen Input und Output.

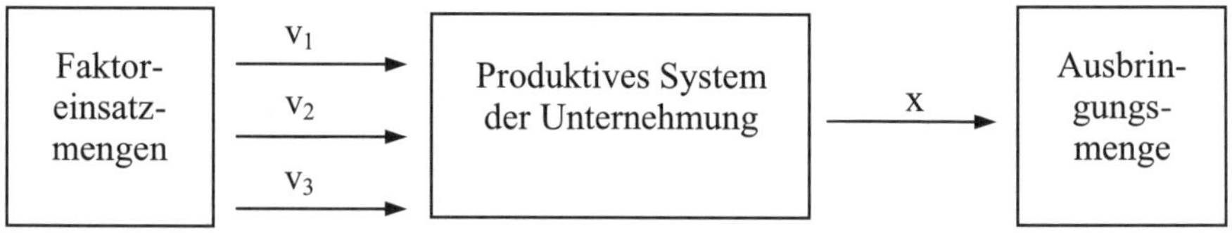

Abbildung 6-1: Die Produktion der Unternehmung als Black Box

Produktionsfaktoren können sowohl fix als auch variabel sein. Der Einsatz variabler Faktoren ist abhängig von der Produktionsmenge und kann kurzfristig an Produktionsschwankungen angepasst werden. Die Einsatzmengen variabler Faktoren gehen direkt in die Produktion ein. Daher sind die Kosten dieser Produktionsfaktoren auch unmittelbar von der produzierten Menge abhängig. Beispiele dafür wären etwa Rohstoffe, Vorprodukte und Arbeitsleistungen, soweit sie nicht langfristig vertraglich gebunden sind.

Der Einsatz fixer Faktoren ist von der Produktionsmenge unabhängig. Schwankungen der Produktionsmenge innerhalb der Produktionskapazität beeinflussen die Einsatzmengen fixer Faktoren nicht. Zu den fixen Faktoren gehören etwa die Gebäude oder der Maschinenpark. Bei einem Absatzrückgang fallen die Kosten der fixen Faktoren weiter an, weil Maschinen und Gebäude kurzfristig nicht an die sinkende Produktion angepasst werden können. In längerfristiger Betrachtung können die mit den fixen Faktoren anfallenden Kosten, wie z. B. Abschreibungen, Zinsen oder Unterhaltskosten abgebaut werden, indem man die Maschinen nicht mehr erneuert. Mit zunehmender Länge der Betrachtungsperiode werden somit immer mehr fixe zu variablen Faktoren. Langfristig und in gesamtwirtschaftlicher Betrachtung sind die Produktionsfaktoren variable Faktoren.

Für die Produktion der Güter gibt es eine große Vielfalt an Produktionsprozessen und entsprechend unterschiedliche Produktionsfunktionen. Ihre Gestalt hängt davon ab, ob und in welchen Grenzen der Faktoreinsatz im Produktionsprozess variiert werden kann. Dabei unterscheiden wir zwischen substitutiven und komplementären Produktionsfaktoren. Substitutionale Produktionsfaktoren liegen vor, wenn ein Produktionsfaktor, z. B. Arbeitsleistung durch einen anderen Produktionsfaktor, z. B. Maschinenleistungen ersetzt werden kann. Die Substituierbarkeit kann begrenzt sein, wenn etwa Arbeitsleistung nicht völlig durch Maschinen ersetzt werden kann. Sie kann aber auch unbegrenzt sein, wenn ein Inputfaktor fortlaufend durch einen anderen ersetzt werden kann.

Komplementäre Produktionsfaktoren müssen in einem technisch vorgegebenen Verhältnis eingesetzt werden, damit ein Produktionsergebnis erzielt wird. Dieses Einsatzverhältnis kann konstant sein in dem Sinn, dass beide Faktoren immer in einem festen Einsatzverhältnis kombiniert werden müssen, damit eine effiziente Produktion zustande kommt. Ein Beispiel dafür wäre ein Bus und ein Busfahrer. Man spricht hier auch von einer limitationalen Produktionstechnik, weil der knappere Produktionsfaktor den möglichen Output begrenzt.

Im Rahmen dieses Lehrbuchs sollen drei der bekanntesten und am häufigsten verwendeten Produktionsfunktionen[1] behandelt werden:

- Die **Cobb-Douglas-Produktionsfunktion** wird in der ökonomischen Theorie häufig verwendet. Ihr zugrunde liegt eine substitutionale Produktionstechnik. Sie wird als gesamtwirtschaftliche Produktionsfunktion eingesetzt und dient in der Einkommens- und Beschäftigungstheorie, Wachstums- und Verteilungstheorie zur Darstellung makroökonomischer Produktionsprozesse. Sie wird außerdem häufig als gesamtwirtschaftliche Produktionsfunktion in empirischen Studien verwendet. Sie hat die Form

$$x = a\, v_1^{\alpha}\, v_2^{\beta} \quad \text{mit } \alpha; \beta > 0 \text{ und } a > 0 .$$

- Die **ertragsgesetzliche Produktionsfunktion** geht zurück auf *R.J. Turgot* (1727 -1781) und *J.H.v. Thünen* (1783 – 1850) und ist in der ökonomischen Literatur unter dem Begriff Ertragsgesetz bekannt. Das Ertragsgesetz ist ein Sonderfall für eine substitutionale Produktionsfunktion, da nur ein Faktor variiert wird. Abgeleitet wurde es aus der landwirtschaftlichen Produktion. Dabei wird der Boden als fixer Faktor, Arbeit oder Düngemittel als variabler Faktor betrachtet. In allgemeiner Form kann die klassische Produktionsfunktion mit Hilfe der Sato-Produktionsfunktion oder einer ihrer Modifikationen dargestellt werden:

$$x = \frac{v_1^2\, v_2^2}{(a v_1^3 + b v_2^3)} \quad \text{mit } a; b > 0 .$$

- Die **Leontief-Produktionsfunktion** beschreibt ein Produktionsverfahren mit linear-limitationaler Produktionstechnik. Es gibt nur ein Produktionsverfahren, mit dem effizient produziert werden kann. Für jedes Outputniveau müssen die Produktionsfaktoren in einem festen Verhältnis eingesetzt werden. Für jedes Outputniveau und jeden Einsatzfaktor ist ein eindeutiger Inputkoeffizient definiert. Effiziente Produktionsniveaus liegen dann auf einer Geraden, die gegeben ist durch:

$$x = \min\left[\frac{v_1}{a_1}; \frac{v_2}{a_2}\right]$$

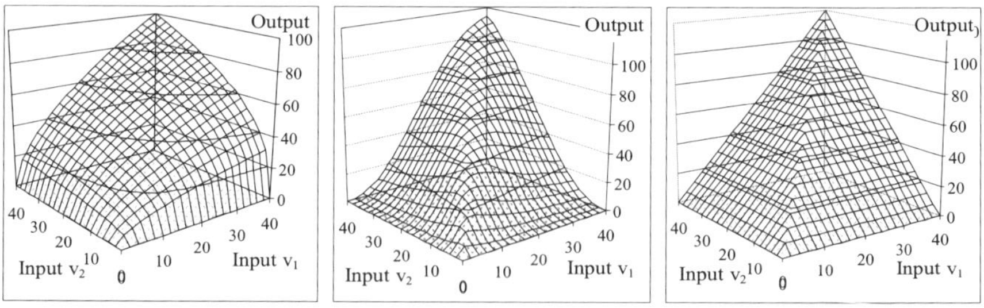

Abbildung 6-2: Beziehungen der Produktionsfaktoren und Typen von Produktionsfunktionen

Produktionsfunktionen können für zwei Einsatzfaktoren analog zu den Nutzenfunktionen in einer dreidimensionalen Grafik als Ertragsgebirge dargestellt werden. Auf den horizontalen

[1] Eine weitere Klasse von Produktionsfunktionen sind die sog. CES-Produktionsfunktionen. Sie haben eine große Bedeutung, sind aber nicht gerade einfach. In einem Grundlagen-Lehrbuch kann auf sie verzichtet werden.

Achsen werden die Faktoreinsatzmengen abgetragen und in der Vertikalen die Ausbringungsmenge. Der entscheidende Unterschied zur Nutzenfunktion besteht im Skalenniveau der dargestellten Werte. Während der Nutzenfunktion ein rein ordinales Konzept zugrunde liegt und die absoluten Werte lediglich eine Rangskala darstellen, besitzt die Produktionsfunktion ein kardinales Konzept. Die Produktionsmengen können an einer metrischen Skala gemessen und zwischen Unternehmen verglichen werden. Die Ertragsgebirge der drei vorgestellten Typen von Produktionsfunktionen sind in Abbildung 6-2 dargestellt.

Im weiteren Verlauf untersuchen wir, wie sich die Variation einzelner Variabler auf Faktorinput bzw. Ausbringungsmenge auswirkt. Dabei wird die dreidimensionale Betrachtung auf zwei Dimensionen reduziert, und es werden die verschiedenen Möglichkeiten der Faktorvariation mit Hilfe der ceteris-paribus-Bedingung analysiert.

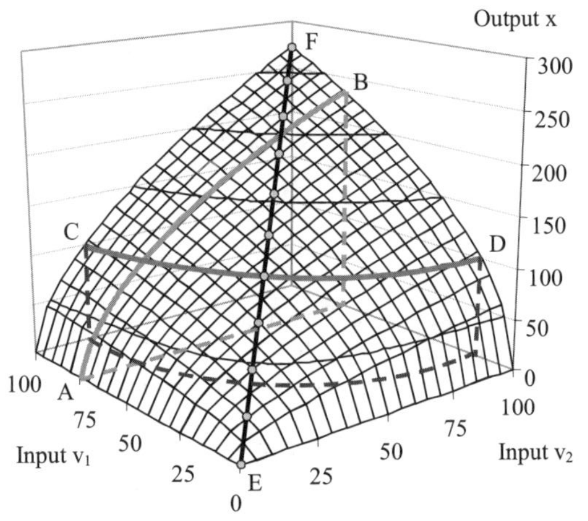

Abbildung 6-3: Ertragsgebirge und Möglichkeiten der Faktorvariation

- Zunächst betrachten wir die partielle Faktorvariation. Dabei wird die Einsatzmenge eines Faktors konstant gehalten, während die Einsatzmenge des anderen Faktors verändert wird. Es wird untersucht, wie sich die Ausbringungsmenge im Falle einer solchen partiellen Faktorvariation entwickelt. Graphisch gesprochen betrachten wir einen „Vertikalschnitt“ durch das Ertragsgebirge, wie er in Abbildung 6-3 durch die Linie AB dargestellt ist.
- Als zweites untersuchen wir die Frage, mit welchen Faktorkombinationen eine gegebene Ausbringungsmenge hergestellt werden kann. In Analogie zu den Indifferenzkurven lassen sich durch „Horizontalschnitte“ durch das Ertragsgebirge Höhenlinien festlegen, die ein bestimmtes Outputniveau repräsentieren, das mit unterschiedlichen Faktorkombinationen produziert werden kann. Die Linie CD in Abbildung 6-3 ist eine solche „Höhenlinie“, ihre Projektion in den zweidimensionalen Raum führt zur Isoquante.
- Wir können uns schließlich vorstellen, dass die Einsatzmengen beider Produktionsfaktoren immer im selben Verhältnis verändert werden, so dass das Einsatzmengenverhältnis konstant bleibt. Dann stellt sich die Frage, wie sich die Produktionsmenge bei einer proportionalen Veränderung der Inputmengen entwickelt. Diese Form der Faktorvariation ist in Abbildung 6-3 durch die Strecke EF dargestellt.

Übung 6-1: Ertragsgebirge und Möglichkeiten der Faktorvariation

Ein Unternehmen setze in der Produktion die Produktionsfaktoren Arbeit (N) und Kapital (K) ein. Es produziere Maschinen gemäß der Produktionsfunktion $x = 2N^{0,5}K^{0,5}$.

a) Stellen Sie die Ausbringungsmenge in Abhängigkeit vom Faktoreinsatz in einer Matrix dar und kennzeichnen Sie die drei Möglichkeiten der Faktorvariation.

b) Stellen Sie die Ausbringungsmenge in Abhängigkeit vom Produktionsfaktor Arbeit für einen Kapitaleinsatz von K = 10 und K = 20 dar. Stellen Sie die beiden Isoquanten für ein Produktionsniveau von 20 und 28 Einheiten dar. Zeigen Sie graphisch, wie sich die Produktion entwickelt, wenn die beiden Produktionsfaktoren fortlaufend im selben Verhältnis erhöht werden.

Lösung:

a) Aufgrund der Produktionsfunktion ergibt sich das Ertragsgebirge in Abbildung 6-4. Die Werte in einer Zeile enthalten die Ausbringungsmengen, die bei einem gegebenen Kapitaleinsatz bei fortlaufender Erhöhung des Arbeitseinsatzes maximal realisierbar sind. Das Umgekehrte gilt für die Werte in den Spalten. Innerhalb der Matrix finden wir gleich hohe Outputwerte, die mit unterschiedlichen Faktorkombinationen hergestellt werden können. Die Faktorkombinationen für ein gegebenes Outputniveau bilden die Isoquante. Die totale Faktorvariation, d. h. die Erhöhung beider Produktionsfaktoren in gleichem Verhältnis, wird dargestellt durch die Werte auf der Diagonalen der Matrix.

Kapital													
	24	14	20	24	28	31	34	37	39	42	44	46	48
	22	13	19	23	27	30	32	35	38	40	42	44	46
	20	13	18	22	25	28	31	33	36	38	40	42	44
K	18	12	17	21	24	27	29	32	34	36	38	40	42
a	16	11	16	20	23	25	28	30	32	34	36	38	39
p	14	11	15	18	21	24	26	28	30	32	33	35	37
i	12	10	14	17	20	22	24	26	28	29	31	32	34
t	10	9	13	15	18	20	22	24	25	27	28	30	31
a	8	8	11	14	16	18	20	21	23	24	25	27	28
l	6	7	10	12	14	15	17	18	20	21	22	23	24
	4	6	8	10	11	13	14	15	16	17	18	19	20
	2	4	6	7	8	9	10	11	11	12	13	13	14
	0	2	4	6	8	10	12	14	16	18	20	22	24
		Arbeit											

Abbildung 6-4: Ertragsgebirge einer Cobb-Douglas-Produktionsfunktion und Möglichkeiten der Faktorvariation

b) Aus der Produktionsfunktion können folgende zweidimensionale Produktionsfunktionen abgeleitet werden:

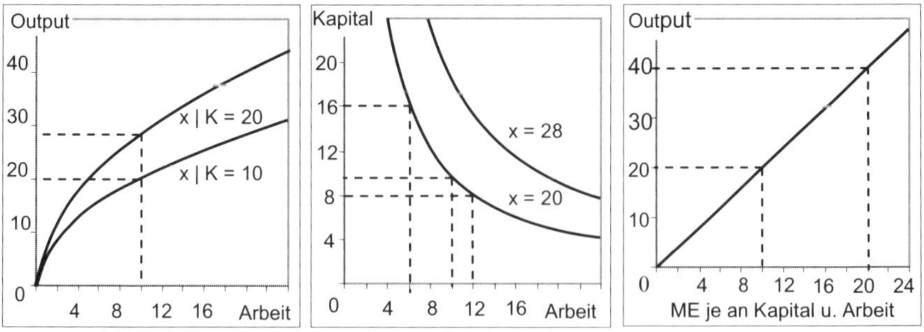

Abbildung 6-5:Partielle Faktorvariation, Faktorsubstitution und totale Faktorvariation

Die drei Grafiken stellen unterschiedliche Sachverhalte der Produktionsfunktion dar. Die linke Abbildung zeigt die Abhängigkeit der Ausbringungsmenge vom Einsatz des Produktionsfaktors Arbeit bei gegebenem Kapitalbestand. So können mit einem Einsatz von 10 Arbeitseinheiten mit dem vorhandenen Kapital 20 Maschinen produziert werden. Wird der Kapitalstock erhöht, ergibt sich eine neue partielle Produktionsfunktion, die bei jedem Arbeitseinsatz einen höheren Output erlaubt.

Betrachten wir den Output als gegeben, so können wir untersuchen, mit welchen Faktorkombinationen dieses Outputniveau realisiert werden kann. Aus der mittleren Abbildung wird ersichtlich, dass das Outputniveau von 20 Maschinen mit 10 Einheiten Arbeit und 10 Einheiten Kapital realisiert werden kann. Aber auch andere Faktorkombinationen sind möglich, so dass das Outputniveau von 20 mit unterschiedlichen Faktorkombinationen erreicht werden kann.

Die rechte Grafik beschreibt schließlich die totale Faktorvariation. Wenn also ein Outputniveau von 20 Maschinen jeweils mit 10 Einheiten Arbeit und 10 Einheiten Kapital realisiert werden kann, so zeigt uns die rechte Grafik, wie sich das Outputniveau entwickelt, wenn man dieses Faktorbündel verdoppelt, verdreifacht usw. In unserem Beispiel sehen wir, dass sich bei einer Verdopplung des Faktorbündels auch die Ausbringungsmenge verdoppelt.

6.3.2 Partielle Produktionsfunktion

Wir betrachten zunächst die partielle Faktorvariation bzw. partielle Produktionsfunktion. Sie entsteht wie oben beschrieben durch Vertikalschnitte durch das Ertragsgebirge parallel zu den Achsen der Einsatzfaktoren. Diese Produktionsfunktion beschreibt den Zusammenhang zwischen dem Produktionsertrag und dem Faktoreinsatz bei gegebener Produktionstechnik und gegebenem Einsatz des anderen Faktors. Die partielle Variation eines Faktors impliziert, dass die Produktionskapazität fixiert ist.

$$x = f(v_1, \bar{v}_2)$$

Man bezeichnet diese Funktion auch als partielle Ertragsfunktion. Sowohl die Veränderung der Produktionstechnik als auch die Veränderung des fixen Faktors bewirken eine Verlagerung der Ertragsfunktion. So verschiebt sich die Ertragsfunktion c.p. nach oben, wenn der Einsatz des fixen Faktors erhöht wird oder ein verbessertes technisches Verfahren zum Einsatz kommt.

Anhand partieller Produktionsfunktionen können wir untersuchen, wie sich der zunehmende Einsatz eines Produktionsfaktors auf die Produktionsmenge auswirkt. Nehmen wir als Beispiel eine Brotfabrik. Sie habe eine gegebene Ausstattung an Maschinen und Öfen zur Brotherstellung. Die Betriebsgröße liegt damit fest. Die Ertragsfunktion in Tabelle 6-1 zeigt die Mengen an Brot, die die Firma innerhalb eines gegebenen Zeitraums (z. B. einer Stunde oder Schicht) mit dem vorhandenen Maschinenpark herstellen kann, wenn sie unterschiedliche Mengen an Arbeit gemessen in Stunden einsetzt.

Tabelle 6-1: Werte der Ertragsfunktion für die Brotherstellung

Arbeitseinsatz (Std.)	0	5	10	15	20	25	30	35	40	45	50	55	60	65	70
Ertrag (Brote)	0	34	118	245	404	586	783	986	1184	1369	1533	1664	1756	1797	1780

Die Produktionsfunktion ist in Abbildung 6-6 dargestellt. Sie weist einige bemerkenswerte Charakteristika auf. Zunächst steigt der Output mit zunehmendem Arbeitseinsatz überpro-

portional an, d. h. jede zusätzliche Arbeitseinheit erbringt einen steigenden Ertragszuwachs. Diese wachsenden Grenzerträge der Arbeit lassen sich mit der zunehmenden Arbeitsteilung innerhalb der Brotfabrik und der Spezialisierung der Arbeitskräfte erklären. Während bei einem niedrigen Produktionsniveau wenige Arbeitskräfte viele verschiedene Aufgaben wahrnehmen müssen, können sich die einzelnen Arbeitskräfte bei einer steigenden Zahl von Arbeitskräften spezialisieren und sich auf die Tätigkeiten konzentrieren, in denen sie am effizientesten sind.

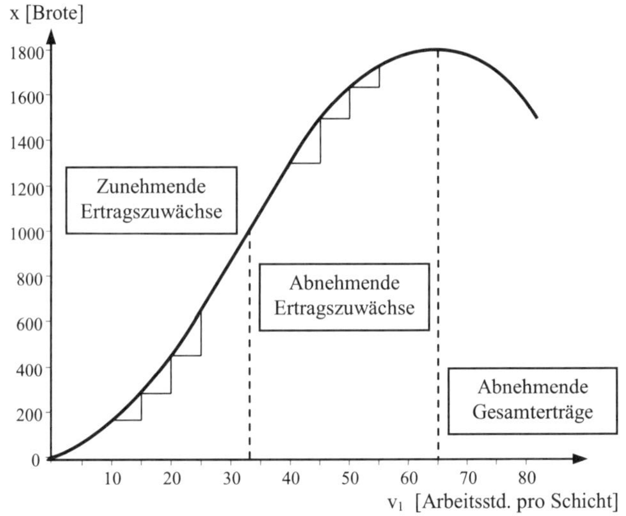

Abbildung 6-6: Die Ertragsfunktion für den Faktor v_1

Nach dem Wendepunkt der Ertragsfunktion steigt der Output weiter mit zunehmendem Arbeitseinsatz, aber nunmehr mit abnehmenden Ertragszuwächsen. Zu abnehmenden Grenzerträgen kommt es, wenn die Effizienzgewinne der Spezialisierung ausgeschöpft sind. Außerdem führt die weitere Ausdehnung des Arbeitseinsatzes dazu, dass die zusätzlich eingesetzten Arbeitskräfte aufgrund ihrer Qualifikationen weniger produktiv sind und somit die Grenzerträge bei zunehmender Ausdehnung des Arbeitseinsatzes immer geringer werden.

Schließlich erreicht die Firma das Maximum des gesamten Ertrags. Wenn der Arbeitseinsatz darüber hinaus ausgedehnt wird, sinkt der Gesamtertrag. Dies ist unmittelbar eine Folge der fixen Produktionsräume und -anlagen. Die Kapazitätsgrenze ist erreicht. Werden dennoch weitere Arbeitskräfte beschäftigt, so behindern Sie sich gegenseitig. Es wird immer schwieriger, den steigenden Arbeitskräfteeinsatz zu koordinieren und die Produktionsabläufe effizient zu organisieren.

Den Zusammenhang zwischen Produktionsmenge und dem Arbeitseinsatz können wir mit Hilfe des Produktivitätsbegriffs präziser beschreiben, wobei zwischen der Durchschnittsproduktivität (dem Durchschnittsertrag) und der Grenzproduktivität (dem Grenzertrag) zu unterscheiden ist. Wenn in Veröffentlichungen z. B. Produktivitätsvergleiche zwischen Branchen oder Ländern gemacht werden, so wird damit regelmäßig auf die Durchschnittsproduktivität Bezug genommen. Die Durchschnittsproduktivität ist das Verhältnis des Gesamtertrags zum gesamten Faktoreinsatz. In unserem Beispiel errechnet sich somit die Arbeitsproduktivität je Stunde als Brotmenge durch Stundenzahl.

Tabelle 6-2: Ertrag, Durchschnittsertrag und Grenzertrag in der Brotherstellung

Arbeitseinsatz (Std.)	0	5	10	15	20	25	30	35	40	45	50	55	60	65	70
Ertrag (Brote)	0	34	118	245	404	586	783	986	1184	1369	1533	1664	1756	1797	1780
Durchschnittsertrag	0	7	12	16	20	23	26	28	30	30	31	30	29	28	25
Grenzertrag[1)]	0	7	17	25	32	37	39	40	40	37	33	26	18	8	-3

[1)] Der Grenzertrag wurde aus den Differenzen $\Delta x/\Delta v_1$ errechnet.

Für unseren Fall einer klassischen Ertragsfunktion steigt die Durchschnittproduktivität zunächst an. Sie erreichten ihr Maximum bei $v_1 = 50$ Arbeitsstunden. Hier werden also durchschnittlich 35 Brote pro eingesetzte Arbeitsstunde produziert. In der grafischen Darstellung wird die Durchschnittsproduktivität gemessen durch die Steigung eines Strahls vom Ursprung aus durch einen beliebigen Punkt P der Ertragskurve. Die Steigung des Strahls an den Punkt P ist tg $\beta = x/v_1$ (siehe Abbildung 6-7). Diese entspricht der Durchschnittsproduktivität des Faktors Arbeit:

$$\frac{x}{v_1} = \frac{f(v_1, \bar{v}_2)}{v_1}$$

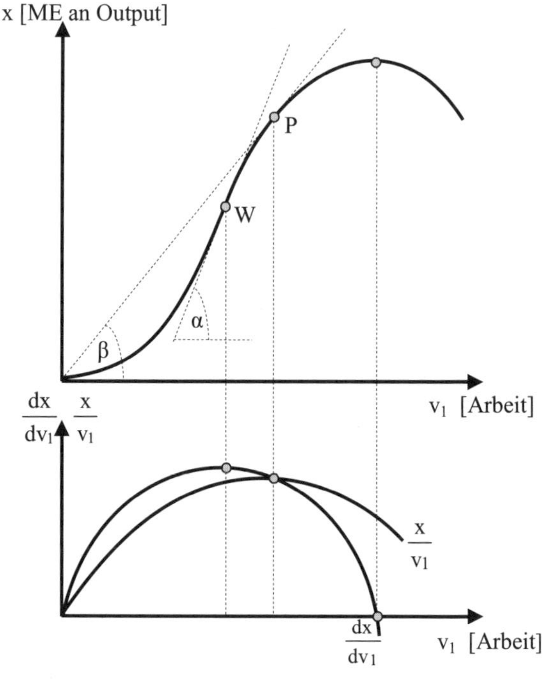

Abbildung 6-7: Gesamtertrag, Durchschnittsertrag und Grenzertrag

Der Zusammenhang zwischen der Veränderung des Faktoreinsatzes und der Veränderung der Produktionsmenge wird mit dem Konzept der Grenzproduktivität der Arbeit bzw. des Grenzertrags beschrieben. Die Grenzproduktivität- der Arbeit ist der Quotient aus der Veränderung des Gesamtertrags und der Veränderung der eingesetzten Arbeitsmenge. Steigt z. B. die Arbeitsmenge von 20 auf 25 Stunden, so hat dies eine Ertragssteigerung von 404 auf die 586 Brote zur Folge. Der Grenzertrag wäre somit ein Zuwachs von ca. 36 Stück für

die zuletzt eingesetzte Arbeitsstunde. Die Messung der Grenzproduktivität wird allerdings umso problematischer, je größer die absolute Veränderung ist. Deswegen bestimmt man die Grenzproduktivität für infinitesimal kleine Änderungen. Sie ergibt sich analytisch als erste partielle Ableitung der Produktionsfunktion nach dem entsprechenden Faktor bzw. grafisch durch die Steigung der Tangente an die Produktionsfunktion.

$$\frac{\partial x}{\partial v_1} = \frac{\partial f(v_1, \bar{v}_2)}{\partial v_1}$$

In Abbildung 6-7 sind die Zusammenhänge zwischen der Gesamtertragsfunktion, der Grenzproduktivitätsfunktion und der Durchschnittsproduktivitätsfunktion zusammengefasst. Für die in Abbildung 6-7 dargestellte Produktionsfunktion ist die Grenzproduktivität des Faktors Arbeit zunächst positiv. Sie steigt an im Bereich zunehmender Ertragszuwächse, nach Erreichen des Wendepunkts nehmen die Ertragszuwächse ab und die Grenzproduktivitätsfunktion fällt. Sie wird schließlich negativ, wenn das Ertragsmaximum überschritten wird.

Durchschnitts- und Grenzproduktivität sind gleich groß, wenn der Fahrstrahl vom Ursprung aus die Ertragskurve tangiert und mit der Tangente an die Ertragskurve zusammenfällt. Hier schneiden sich Durchschnittsproduktivitäts- und Grenzproduktivitätsfunktion. Links von diesem Schnittpunkt steigt die Durchschnittsproduktivität fortlaufend an, weil die Ertragszuwächse über dem Durchschnittsertrag liegen. Rechts vom Schnittpunkt sinkt der Durchschnittsertrag, weil der Grenzertrag jeder zusätzlichen Arbeitsstunde kleiner als der Durchschnittsertrag ist und jede weitere Ausdehnung des Arbeitseinsatzes zu einer Reduzierung des Durchschnittsertrags führt.

Schließlich sei noch die partielle Produktionsfunktion einer Leontief-Produktionsfunktion dargestellt. Dazu nehmen wir an, dass vom Produktionsfaktor 2 (Kapital) eine gegebene Menge, z. B. eine Fertigungsstraße, für die Produktion zur Verfügung steht. Der Produktionsfaktor 1 (Arbeit) sei variabel und in beliebiger Menge verfügbar. Für eine technisch effiziente Produktion erfordere die Produktionsanlage 10 Arbeitskräfte, allerdings ist ein Betrieb der Anlage auch mit weniger als 10 Arbeitskräften möglich. Dann wird allerdings das Produktionspotenzial der Anlage nicht ausgeschöpft.

Wird nun die Produktion aufgenommen, dann ist zunächst der Faktor 1 der Engpassfaktor. Mit zunehmendem Einsatz des Faktors Arbeit steigt die Produktion entsprechend der konstanten Produktivität des Faktors Arbeit solange an, bis die technisch effiziente Faktorkombination erreicht ist. Werden darüber hinaus weitere Arbeitskräfte eingesetzt, ist keine Produktionssteigerung mehr möglich, da jetzt der Faktor 2 der Engpassfaktor ist und die Produktion limitiert. Mehr als 10 Arbeitskräfte einzusetzen ist technisch ineffizient, weil die Produktion mit einer Verschwendung von Ressourcen verbunden ist.

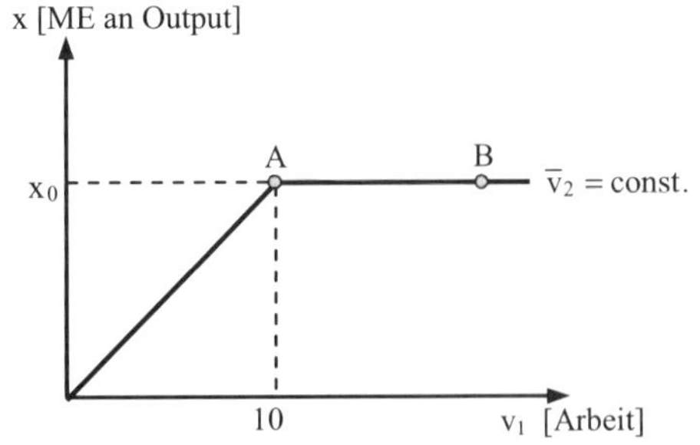

Abbildung 6-8: Partielle Produktionsfunktion bei limitationaler Produktionstechnik

Dies ist in Abbildung 6-8 dargestellt. x_0 sei die technisch effiziente Produktionsmenge der Anlage. Mit zunehmendem Arbeitseinsatz steigt die Produktion linear an. Im Punkt A ist die effiziente Faktorkombination erreicht. Ein darüber hinausgehende Arbeitseinsatz erbringt keine Ertragszuwächse.

Praxisbeispiel 6-1: Empirische Ertragsfunktion

In Abbildung 6-9 ist ein auf der Grundlage von Versuchsdaten ermittelter Zusammenhang zwischen dem Einsatz an Stickstoffdünger (D) und dem Weizenertrag je Hektar (x) dargestellt.[1] Die konstanten Inputfaktoren sind die Arbeitsleistung, der Kapitaleinsatz in Form von Maschinen, Werkzeugen und Saatgut sowie der Boden. Die Ertragsfunktion lautet:

$x = 31{,}34 + 0{,}256701 \cdot D - 0{,}001136 \cdot D^2$.

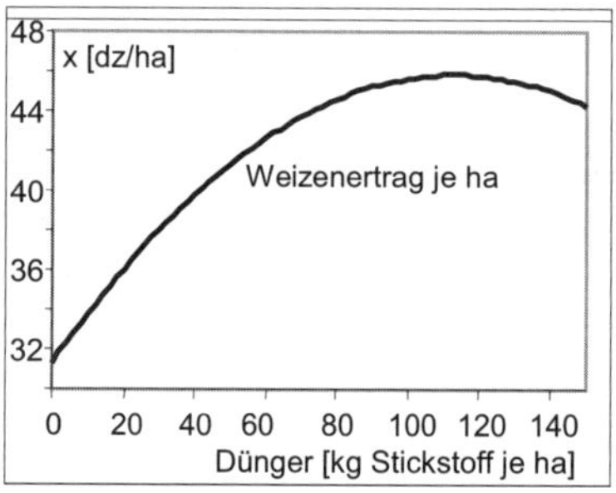

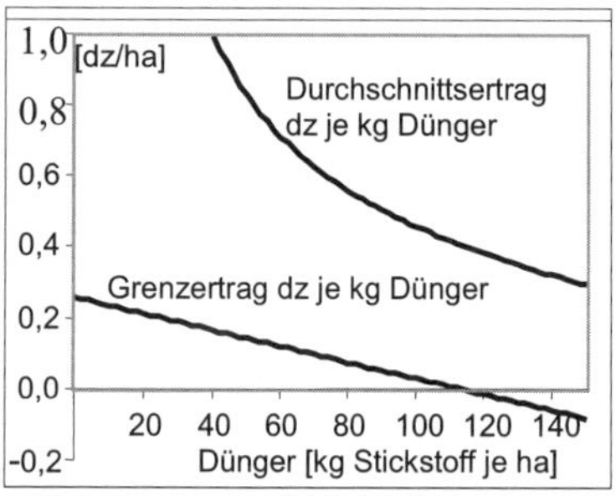

Abbildung 6-9: Der Weizenertrag je ha in Abhängigkeit von Düngereinsatz

Entsprechend der Abbildung beginnt die Funktion nicht im Ursprung, d. h. es wird einen positiver Ertrag erzielt, auch wenn nicht gedüngt wird. Der Erfolg des Düngereinsatzes zeigt sich in steigenden Hektarerträgen, allerdings mit abnehmenden Ertragszuwächsen. Bei einem Düngereinsatz von 113 kg je Hektar wird der maximale Hektarertrag erreicht. Wird der Stickstoffeinsatz über diese Grenze hinaus fortgesetzt, dann schädigt der Dünger das Wachstum der Pflanzen, der Grenzertrag wird negativ und der Gesamtertrag sinkt.

Die Reaktion der Ausbringungsmenge auf eine Änderung des Faktoreinsatzes lässt sich mit Hilfe der Produktionselastizität messen. Die Produktionselastizität des Faktoreinsatzes gibt an, wie sich die Produktionsmenge prozentual verändert, wenn sich die Einsatzmenge eines Faktors um ein Prozent ändert.

$$\varepsilon_{x/v_1} = \frac{\frac{\partial x}{x}}{\frac{\partial v_1}{v_1}} = \frac{\partial x}{\partial v_1} \cdot \frac{v_1}{x} = \frac{\frac{\partial x}{\partial v_1}}{\frac{x}{v_1}}$$

Die Produktionselastizität des Faktoreinsatzes entspricht somit dem Verhältnis aus Grenzproduktivität und Durchschnittsproduktivität. So ist etwa in unserem Beispiel bei einem Arbeitseinsatz von 30 Stunden die Durchschnittsproduktivität 26 Stück je Arbeitsstunde, die Grenzproduktivität 39. Somit beträgt die Produktionselastizität 39/26 = 1,5. Eine Steigerung des Arbeitseinsatzes um ein Prozent würde den Output um 1,5% steigen lassen. Im Falle ei-

[1] Vgl. *Heinrichsmeyer W., Gans O., Evers I.* (1985), S. 80 f. mit Hinweis auf *Steinhauser, Langbehn, Peters* (1978), S. 85.

ner ertragsgesetzlichen Produktionsfunktion ist die Produktionselastizität größer 1, solange der Grenzertrag größer als der Durchschnittsertrag ist. Sie ist genau 1, wenn Grenz- und Durchschnittsertrag gleich groß sind und sie ist kleiner 1, wenn der Grenzertrag unter dem Durchschnittsertrag liegt.

Praxisbeispiel 6-2: Produktionselastizitäten in ausgewählten Ländern

Für die Schätzung der Produktionsbedingungen in der Gesamtwirtschaft bzw. in einzelnen Wirtschaftszweigen wurden und werden häufig Cobb-Douglas-Produktionsfunktionen verwendet. *Bergson*[1] etwa ermittelte für die Industrie verschiedener Länder folgende Produktionselastizitäten der Arbeit und des Kapitals unter der Annahme $\alpha + \beta = 1$ für den Zeitraum von 1955 bis 1970.

Tabelle 6-3: Produktionselastizitäten von Arbeit und Kapital

Land	α	β
USA	0,78	0,22
Großbritannien	0,77	0,23
Frankreich	0,74	0,26
Deutschland	0,73	0,27
Japan	0,69	0,31
UdSSR	0,67	0,33

In den USA ist die Produktionselastizität des Faktors Arbeit am höchsten, während diejenige des Faktors Kapital am niedrigsten ist. In der ehemaligen UdSSR verhält es sich genau umgekehrt. Darin kommen die unterschiedlichen Produktionstechnologien zum Ausdruck. In den USA wird in der Industrie mit viel größerem Kapitaleinsatz produziert als in der UdSSR. Die Steigerung des Kapitaleinsatzes bringt aufgrund des bereits hohen Technologieniveaus vergleichsweise geringere Produktionszuwächse als in der UdSSR. Das Umgekehrte gilt für die Produktionselastizitäten des Faktors Arbeit.

Übung 6-2: Ertragsfunktion und Produktionselastizität einer CD-Produktionsfunktion

Eine Unternehmung produziere mit der Cobb-Douglas-Produktionsfunktion $x = aN^{0,5}K^{0,5}$. Der Kapitaleinsatz sei fix und betrage 36 Einheiten. Der Parameter a beschreibt das technologische Niveau des Produktionsprozesses. Er sei mit a = 4 konstant.

a) Wie lauten die Ertragsfunktion, die Durchschnittsertragsfunktion und die Grenzertragsfunktion? Stellen Sie die Funktionen grafisch dar.

b) Wie hoch ist die Produktionselastizität in Bezug auf den Faktor Arbeit?

Lösung:

a) Die jeweiligen Funktionen lauten:

Ertragsfunktion: $x = 4N^{0,5}K^{0,5} = 24 \cdot N^{0,5}$

Durchschnittsertragsfunktion: $\frac{x}{N} = \frac{4N^{0,5}K^{0,5}}{N} = \frac{4K^{0,5}}{N^{0,5}} = \frac{24}{N^{0,5}}$

[1] *Bergson, A.* (1979), S. 116ff.

Grenzertragsfunktion: $\frac{dx}{dN} = 0{,}5 \cdot 4N^{0,5-1}K^{0,5} = \frac{2K^{0,5}}{N^{0,5}} = \frac{12}{N^{0,5}}$

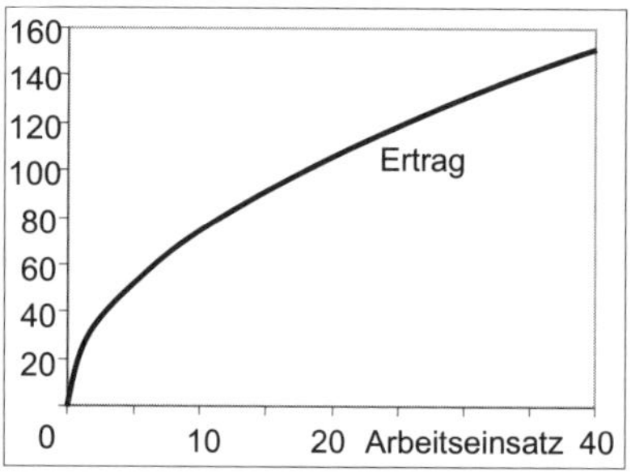

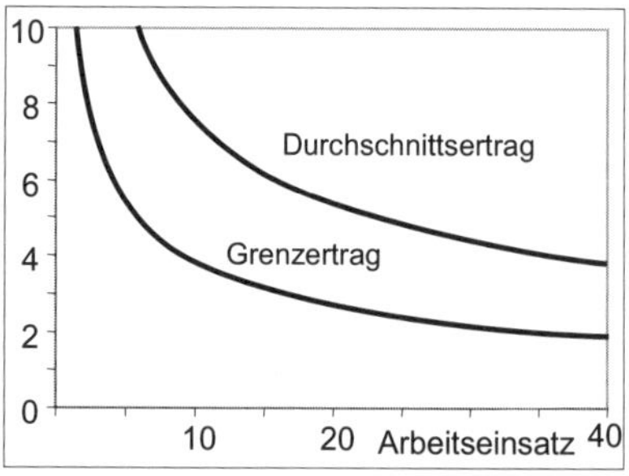

Abbildung 6-10: Ertrags-, Durchschnitts- und Grenzertragsfunktion der CD-Produktionsfunktion

Sowohl die Grenz- als auch die Durchschnittsproduktivität sind positiv, haben aber einen fallenden Verlauf. Grenz- und Durchschnittserträge nehmen mit zunehmendem Arbeitseinsatz ab.

b) In unserem Beispiel ist die Grenzproduktivität des Faktors Arbeit wegen $\alpha = 0{,}5$ stets halb so hoch wie die Durchschnittsproduktivität. Die Produktionselastizität ist somit konstant mit 0,5. Eine Erhöhung des Arbeitseinsatzes um ein Prozent führt zu einem Produktionsanstieg um 0,5%.

Allgemein gilt: In einer Cobb-Douglas-Produktionsfunktion sind die Produktionselastizitäten der einzelnen Produktionsfaktoren gleich den entsprechenden Exponenten in der Produktionsfunktion.

6.3.3 Substituierbarkeit der Produktionsfaktoren

Eine weitere Darstellungsform der Produktionsfunktion ist die Projektion der „Höhenlinien" des Ertragsgebirges in die Bodenfläche des Koordinatensystems. Diese Höhenlinien weisen ein konstantes Produktionsniveau auf. Man bezeichnet sie als Isoquanten. Formal gewinnt man eine Isoquante aus der Produktionsfunktion, indem man die Outputmenge x konstant setzt und die Produktionsfunktion nach einem der Produktionsfaktoren auflöst.

$$\bar{x} = f(v_1, v_2) \Rightarrow v_1 = g(v_2, \bar{x})$$

Die Isoquante ist der geometrische Ort aller Mengenkombination der Produktionsfaktoren 1 und 2, die zu einem gleich hohen Produktionsertrag führen. Die Funktion der Isoquante zeigt die wechselseitige Abhängigkeit der Einsatzmengen der Produktionsfaktoren. Jeder Punkt auf der Isoquante beschreibt ein mögliches Produktionsverfahren, mit dem die gegebene Produktionsmenge $\bar{x}$ effizient, d.h. ohne Verschwendung von Ressourcen hergestellt werden kann. Die Isoquanten haben eine große formale Ähnlichkeit mit den Indifferenzkurven. Wegen ihrer formalen Vergleichbarkeit mit den Indifferenzkurven wurden sie auch als Produktionsindifferenzkurven bezeichnet. So liegen sie z. B. umso weiter vom Ursprung entfernt, je höher die angenommene Outputmenge ist. Der genaue Verlauf der Isoquanten und damit die Möglichkeit der Faktorsubstitution wird von der zugrunde liegenden Produktionsfunktion bestimmt.

Die Isoquanten der Cobb-Douglas-Produktionsfunktion haben stets einen fallenden und konvexen Verlauf (linke Grafik in Abbildung 6-11). Jede Isoquante enthält zahlreiche Faktorkombinationen, mit denen eine gegebene Ausbringungsmenge hergestellt werden kann.

Beide Faktoren haben eine positive Grenzproduktivität, so dass die Verringerung des einen Einsatzfaktors stets durch den Mehreinsatz des anderen Faktors ausgeglichen werden kann. Darin kommt die unbegrenzte Substituierbarkeit der Produktionsfaktoren zum Ausdruck.

Die Isoquanten der klassischen Produktionsfunktion haben nur innerhalb eines bestimmten Bereichs eine negative Steigung mit konvexem Verlauf (mittlere Grafik in Abbildung 6-11). Nach Überschreiten bestimmter Einsatzmengen nehmen sie eine positive Steigung an. In diesen Bereichen positiver Steigung hat ein Einsatzfaktor eine negative Grenzproduktivität bzw. hier ist der Bereich, in dem die partielle Produktionsfunktion abnehmende Gesamterträge aufweist. Faktorkombinationen in den Bereichen mit positiver Steigung kennzeichnen sowohl wirtschaftliche als auch technisch ineffiziente Produktionsverfahren, denn es existieren Produktionstechniken, mit denen dieselbe Gütermenge mit einem geringeren Einsatz von mindestens einem Faktor hergestellt werden kann. Der wirtschaftliche Bereich der Produktion ist somit begrenzt auf den fallenden Ast der Isoquante. Hierin zeigt sich die begrenzte Substituierbarkeit der Produktionsfaktoren in der klassischen Produktionsfunktion.

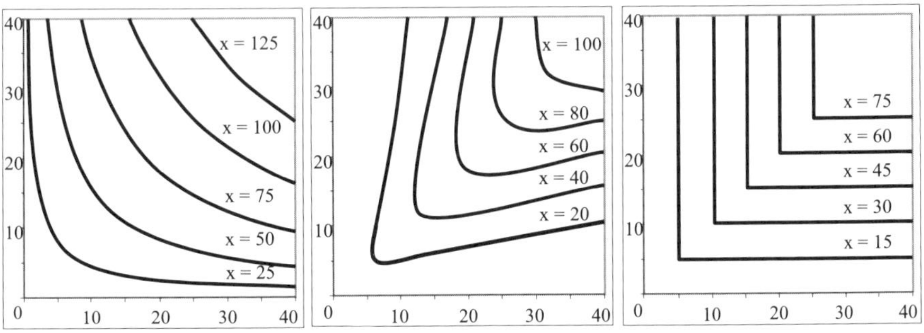

Abbildung 6-11: Die Isoquanten der Cobb-Douglas-Produktionsfunktion, der klassischen Produktionsfunktion und der linear-limitationalen Produktionsfunktion

Produktionsprozesse mit streng komplementären Produktionsfaktoren werden durch linear-limitationale Produktionsfunktionen dargestellt (rechte Grafik in Abbildung 6-11). Die zugehörigen Isoquanten nehmen einen rechtwinkligen Verlauf an. Die Eckpunkte der Isoquanten repräsentieren die effiziente Faktorintensität, mit der die gegebene Outputmenge ohne Verschwendung von Ressourcen hergestellt werden kann. Eine Verringerung des einen Faktors führt zu einer Senkung des Produktionsniveaus und kann nicht durch eine Vermehrung des anderen Faktors ausgeglichen werden. Der weniger vorhandene Faktor „limitiert" die Produktion. Es bestehen in diesem Fall keinerlei Substitutionsmöglichkeiten.

Die Möglichkeiten der Faktorssubstitution werden analog zur Theorie des Haushalts mit Hilfe der technischen Substitutionsrate beschrieben. Die Grenzrate der technischen Substitution beschreibt das Verhältnis, in dem ein Produktionsfaktor durch einen anderen ersetzt werden kann, ohne dass sich die Outputmenge ändert.

$$\mathrm{GRTS} = -\frac{dv_1}{dv_2}$$

Gemessen wird die Grenzrate der technischen Substitution durch die Steigung der Isoquante in einem bestimmten Punkt. Sie ist grundsätzlich negativ und gibt an, um wie viel der Einsatz von Faktor 1 verringert werden kann, wenn der Einsatz von Faktor 2 um eine Einheit erhöht wird.

Die Grenzrate der technischen Substitution lässt sich durch das Verhältnis der Grenzproduktivitäten der beiden Faktoren bestimmen. Dazu bildet man das totale Differenzial der Produktionsfunktion:

$$dx = \frac{\partial x}{\partial v_1} dv_1 + \frac{\partial x}{\partial v_2} dv_2$$

Das totale Differenzial gibt an, wie sich die Produktionsmenge verändert, wenn der Einsatz beider Faktoren verändert wird. Der erste Summand zeigt die Veränderung des Outputs bei einer Veränderung der Einsatzmenge des Faktors 1, der zweite Summand die Veränderung des Outputs bei einer Veränderung des Faktors 2. Bei der Faktorsubstitution wird der Faktor 1 reduziert, während gleichzeitig der Faktor 2 zunimmt. Auf der Isoquante ändert sich somit die Ausbringungsmenge nicht. Daher ist dx = 0. Dann erhält man durch Umformen:

$$GRTS = -\frac{dv_1}{dv_2} = \frac{\partial x / \partial v_2}{\partial x / \partial v_1}$$

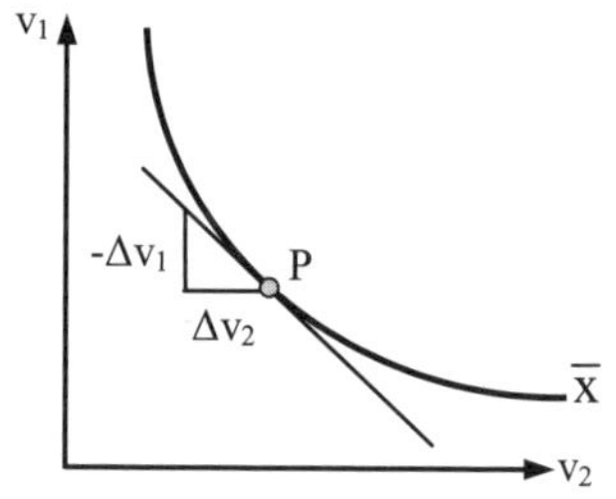

Abbildung 6-12: Die Grenzrate der technischen Substitution

Die Grenzrate der technischen Substitution ist gleich dem umgekehrten Verhältnis der Grenzproduktivitäten der eingesetzten Produktionsfaktoren. Aus dem konvexen Verlauf der Isoquanten folgt dann das Gesetz von der betragsmäßig abnehmenden Grenzrate der Faktorsubstitution. Bei fortlaufender Substitution des Faktors 1 durch den Faktor 2 müssen immer mehr Mengeneinheiten des Faktors 2 eingesetzt werden, damit das Produktionsergebnis unverändert bleibt. Hintergrund dafür ist, dass die Grenzproduktivität des knapper werdenden Faktors steigt, während die Grenzproduktivität des Faktors, der verstärkt eingesetzt wird, sinkt. Um also die Ertragsabnahme des Faktors 1 zu kompensieren, muss der Einsatz des Faktors 2 überproportional ausgedehnt werden.

Übung 6-3: Isoquante und Grenzrate der technischen Substitution

Eine Unternehmung produziere mit der Cobb-Douglas-Produktionsfunktion $x = 40N^{0,5}K^{0,5}$. Es plane einen Output von 1000 Mengeneinheiten. Das Unternehmen habe folgende Möglichkeiten des Kapitaleinsatzes:

Maschinenstunden (K)	5,0	10,0	15,0	20,0	25,0	30,0	35,0	40,0

a) Bestimmen Sie für diese Produktionsfunktion die Isoquante, die erforderlichen Arbeitsstunden und die Grenzrate der technischen Substitution.

b) Bestimmen Sie die Grenzproduktivität der Faktoren Arbeit und Kapital für die verschiedenen Faktorkombinationen und zeigen Sie, dass das umgekehrte Verhältnis der Grenzproduktivitäten der Grenzrate der technischen Substitution entspricht.

Lösung:

a) Für x = 1000 lautet die Funktion der Isoquanten

$$x = 40N^{0,5}K^{0,5} \Rightarrow N^{0,5} = \frac{1000}{40 \cdot K^{0,5}} \Rightarrow N = \frac{625}{K}$$

Die Grenzrate der technischen Substitution erhält man aus der ersten Ableitung:

$$\frac{dN}{dK} = -\frac{625}{K^2}$$

Maschinenstunden (K)	5	10	15	20	25	30	35	40
Arbeitstunden (N= 625/K)	125,0	62,5	41,7	31,3	25,0	20,8	17,9	15,6
dN/dK = 625/K^2	-25,0	- 6,3	- 2,8	- 1,6	- 1,0	- 0,7	- 0,5	- 0,4

Eine Verdopplung des Kapitaleinsatzes führt zu Beginn des Substitutionsprozesses zu einer Halbierung des Arbeitseinsatzes. Je weiter der Maschineneinsatz ausgedehnt wird, umso weniger Arbeitsstunden können damit substituiert worden. Absolut betrachtet geht die Grenzrate der Substitution zurück.

b) Die Grenzproduktivitätsfunktionen der Faktoren erhält man, indem man die Produktionsfunktion partiell nach den Produktionsfaktoren Arbeit und Kapital ableitet:

$$\frac{\partial x}{\partial N} = 0,5 \cdot 40N^{0,5-1}K^{0,5} = \frac{0,5 \cdot x}{N} \text{ und } \frac{\partial x}{\partial N} = 0,5 \cdot 40N^{0,5}K^{0,5-1} = \frac{0,5 \cdot x}{K}$$

Die Grenzproduktivität eines Faktors gibt an, wie sich der Output ändert, wenn bei unverändertem Einsatz des einen Faktors die Menge des anderen Faktors erhöht oder gesenkt wird. Aus dem Verhältnis der Grenzproduktivitäten erhält man die Grenzrate der technischen Substitution:

Maschinenstunden (K)	5	10	15	20	25	30	35	40
Arbeitstunden (N= 625/K)	125,0	62,5	41,7	31,3	25,0	20,8	17,9	15,6
GPA = 0,5x/N	4	8	12	16	20	24	28	32
GPK = 0,5x/K	100	50	33	25	20	17	14	13
GRTS= GPK/GPN	25,0	6,3	2,8	1,6	1,0	0,7	0,5	0,4

Ob ein Unternehmen in der Wahl seiner Produktionsverfahren viele Möglichkeiten besitzt oder eher beschränkt ist, ob also Produktionsfaktoren eher leicht gegeneinander ausgetauscht werden können oder ob ihre Substituierbarkeit eher begrenzt ist, hängt vom Verlauf der Isoquante ab. Von Bedeutung ist dies für die Frage, wie rasch ein Unternehmen durch Umstellung seiner Produktionsprozesse auf Veränderungen der relativen Preise der Produktionsfaktoren reagieren kann.

Betrachten wir dazu die Abbildung 6-11 mit den 3 Isoquanten für die Unternehmen A, B und C. Alle drei Unternehmen produzieren zunächst mit der Faktorkombination P. Dieser Produktionsprozess erfordert jeweils einen Faktoreinsatz von hundert Einheiten der Faktoren 1 und 2. Das Faktoreinsatzverhältnis ist folglich 1. Nehmen wir an, der Preis des Faktors 1 steige bei unverändertem Preis des Faktors 2. Um weiterhin möglichst kostengünstig produzieren zu können, werden die Unternehmen versuchen, den relativ teureren Faktor durch den relativ billigeren Faktor zu ersetzen. Allerdings sind die Möglichkeiten der Faktorsubsti-

tution unterschiedlich. Das Unternehmen C etwa kann durch eine Verdoppelung des Faktors 2 den Faktor 1 vollständig ersetzen. Seine technische Substitutionsrate ist gleich

$$\frac{\Delta v_1}{\Delta v_2} = -1$$

und das Faktoreinsatzverhältnisse ändert sich auf 0 zu 200. Dem Unternehmen B gelingt es, durch eine Verdoppelung des Faktors 2 den Input des Faktors 1 auf 40 zu reduzieren. Seine technische Substitutionsrate ist

$$\frac{\Delta v_1}{\Delta v_2} = \frac{-60}{100} = -0{,}6\,.$$

Das Faktoreinsatzverhältnis sinkt von 1 auf 40/200 = 0,2. Dagegen gestaltet sich der Substitutionsprozess des Unternehmens A schwieriger. Eine Verdoppelung des Faktors 2 reduziert den Einsatz des Faktors 1 nur um 20 Prozent. Die technische Substitutionsrate ist gleich

$$\frac{\Delta v_1}{\Delta v_2} = \frac{-20}{100} = -0{,}2\,.$$

Das Faktoreinsatzverhältnis ist 0,4.

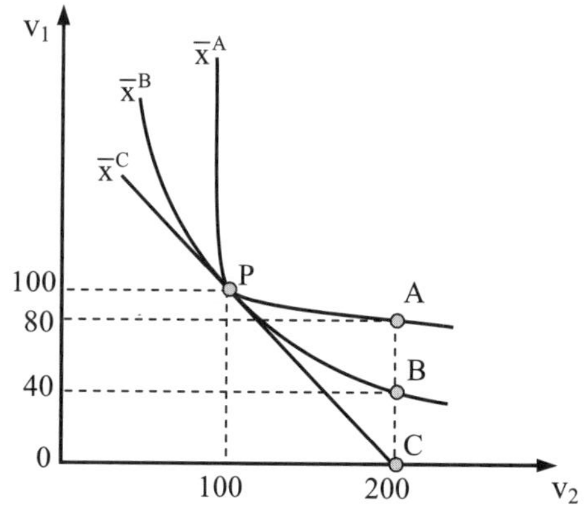

Abbildung 6-13: Verlauf der Isoquanten und Möglichkeiten der Faktorsubstitution

Der Zusammenhang zwischen der Grenzrate der technischen Substitution und dem Faktoreinsatzverhältnis bildet die Grundlage für ein Maß, das die Leichtigkeit der Faktorsubstitution misst. Dieses Maß bezeichnet man als die Substitutionselastizität. Es bringt zum Ausdruck, wie stark sich das Einsatzverhältnis verändern kann, wenn sich als Folge einer Bewegung auf der Isoquante die Grenzrate der technischen Substitution ändert. Die Substitutionselastizität ist formal definiert als

$$\sigma = \frac{\text{Änderung des Faktoreinsatzverhältnisses in \%}}{\text{Änderung der Grenzrate der technischen Substitution in \%}} = \frac{\dfrac{d(\frac{v_1}{v_2})}{\frac{v_1}{v_2}}}{\dfrac{dGRTS}{GRTS}} = \frac{d(\frac{v_1}{v_2})}{dGRTS} \cdot \frac{GRTS}{\frac{v_1}{v_2}}$$

Die Substitutionselastizität gibt an, um wie viel % sich das Faktoreinsatzverhältnis ändert, wenn die Grenzrate der Substitution um 1 % zu- oder abnimmt. Die Substitutionselastizität nimmt absolut betrachtet Werte größer oder gleich Null an.

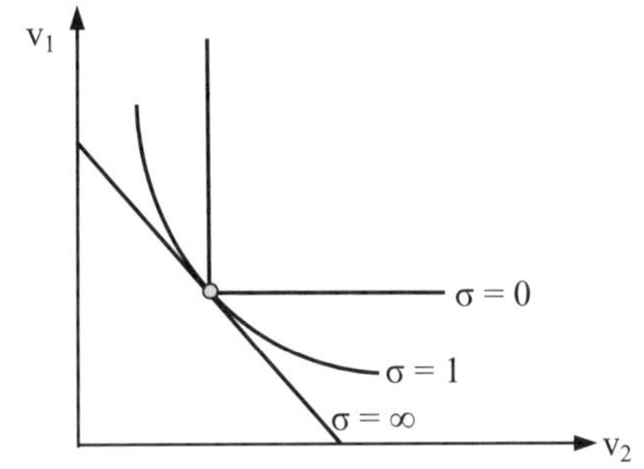

Abbildung 6-14: Isoquanten mit konstanter Substitutionselastizität

Im Allgemeinen ist die Steigung der Isoquante in jedem Punkt anders, so dass die Substitutionselastizität sich mit der Krümmung der Isoquante verändert. Es gibt jedoch auch Produktionsfunktionen, bei denen σ über den gesamten Verlauf der Isoquante denselben Wert hat. So ist die Substitutionselastizität genau Null im Falle einer limitationalen Produktionsfunktion. Denn hier ist keine Faktorssubstitution möglich. Im Falle einer vollkommenen Faktorssubstitution verläuft die Isoquante als Gerade. Die Substitutionselastizität hat hier den Wert $-\infty$. Für die Cobb-Douglas-Produktionsfunktion nimmt die Substitutionselastizität über dem gesamten Verlauf der Isoquanten den Wert 1 an. Man bezeichnet Produktionsfunktionen mit einer konstanten Substitutionselastizität als CES-Produktionsfunktionen („constant elasticity of substitution").

Übung 6-4: Substitutionselastizität

Eine Unternehmung produziere mit der Cobb-Douglas-Produktionsfunktion $x = 40N^{0,5}K^{0,5}$. Bestimmen Sie für diese Produktionsfunktion die Substitutionselastizität bei einer Produktionsmenge von x = 1000 und einem Kapitaleinsatz von 10 - 14 Maschinenstunden.

Lösung:

Wir übernehmen aus Übung 6-3 die Isoquantenfunktion und die Grenzproduktivitätsfunktionen der Faktoren:

Isoquante für x = 1000: $N = \frac{625}{K}$

$$\frac{\partial x}{\partial N} = 0,5 \cdot 40N^{0,5-1}K^{0,5} = \frac{0,5 \cdot x}{N} \quad \text{und} \quad \frac{\partial x}{\partial K} = 0,5 \cdot 40N^{0,5}K^{0,5-1} = \frac{0,5 \cdot x}{K}$$

Mit der Isoquantenfunktion ergibt sich in Spalte 2 der Arbeitseinsatz. Für jede Faktorkombination lassen sich die Grenzproduktivitäten in Spalte 3 und 4 bestimmen. Aus dem Verhältnis der Grenzproduktivität des Kapitals zur Grenzproduktivität der Arbeit erhält man in Spalte 5 die Grenzrate der technischen Substitution (GRTS). ΔGRTS ist die Veränderung der Grenzrate der Substitution (Spalte 6).

Mit $\%\Delta GRTS = \frac{\Delta GRTS}{GRTS}$ erhält man die relative Änderung der Grenzrate der Substitution.

Im zweiten Schritt berechnet man die relative Veränderung der Faktorintensität. Die Arbeitsintensität ist der Arbeitseinsatz je Maschinenstunde (Spalte 8). Man berechnet die Veränderung der Arbeitsintensität bei fortlaufender Substitution von Kapital durch Arbeit.

Mit $\%\Delta(\frac{N}{K}) = \frac{\Delta(\frac{N}{K})}{\frac{N}{K}}$ bekommt man in Spalte 10 die relative Veränderung des Faktoreinsatzverhältnisses. Dann ergibt sich für die Substitutionselastizität $\sigma = \frac{\%\Delta(\frac{N}{K})}{\%\Delta GRTS}$

K	N	GPK	GPN	GRTS	ΔGRTS	%	N/K	Δ(N/K)	%	σ
1	2	3	4	5	6	7	8	9	10	11
10	62,5	50,0	8,0	6,25			6,25			
11	56,8	45,5	8,8	5,17	-1,08	-0,17	5,17	-1,08	-0,17	1,00
12	52,1	41,7	9,6	4,34	-0,83	-0,16	4,34	-0,83	-0,16	1,00
13	48,1	38,5	10,4	3,70	-0,64	-0,15	3,70	-0,64	-0,15	1,00
14	44,6	35,7	11,2	3,19	-0,51	-0,14	3,19	-0,51	-0,14	1,00

Eine Erhöhung der Grenzrate der technischen Substitution um ein Prozent führt somit zu einer gleich hohen Zunahme des Faktoreinsatzverhältnisses. Für jede Faktorkombination errechnet sich für die Cobb-Douglas-Produktionsfunktion eine Substitutionselastizität von 1. Dies kann auch allgemein gezeigt werden.

6.3.4 Proportionale Faktorvariation und Outputniveau – Skalenerträge

Die partielle Faktorvariation betrachtet die Veränderung des Outputs, wenn nur ein Faktor variiert, während der andere Faktor unverändert bleibt. Auf kürzere Sicht dürfte dies vielfach zutreffen, wenn etwa ein Maschinen- und Anlagenbestand vorhanden ist, der kurzfristig nicht verändert werden kann.

In diesem Abschnitt untersuchen wir die Frage, wie sich der Output verändert, wenn alle Faktoren variabel sind. Dies ist sicherlich auf längere Sicht der Fall. Dann stellt sich die Frage, wie ein Anstieg der Einsatzmenge bei allen Produktionsfaktoren um einen bestimmten Prozentsatz die Ausbringungsmenge beeinflusst. Wird der Output um denselben Prozentsatz ansteigen, wird er eventuell langsamer zunehmen oder wird er stärker ansteigen als der Faktoreinsatz? Diese totale proportionale Faktorvariation bezeichnet man auch als Skalenvariation und die Veränderung des Outputs wird mit dem Begriff der Skalenerträge erfasst. Für ein Unternehmen geht es dabei um die Frage, wie durch eine Veränderung der Betriebsgröße die Produktivität der Faktoren beeinflusst wird.

Um das Konzept der Skalenerträge (Returns to Scale) genauer kennen zu lernen, betrachten wir nochmals exemplarisch die Brotfabrik. Sie produziere mit einem gegebenen Faktoreinsatzverhältnis von 10 Einheiten Arbeit und 10 Einheiten Kapital pro Schicht 2000 Brote. Wenn wir die Einsatzmengen beider Inputfaktoren verdoppeln, so dass sich das Faktoreinsatzverhältnis nicht ändert,

- spricht man von konstanten Skalenerträgen, wenn sich die Produktionsmenge auch verdoppelt.
- liegen steigende Skalenerträge vor, wenn der Anstieg der Produktionsmenge größer ist als die Zunahme des Faktoreinsatzes.

- spricht man von abnehmenden Skalenerträgen, wenn der Anstieg der Ausbringungsmenge kleiner ausfällt als die Zunahme des Faktoreinsatzes.

Der Zusammenhang zwischen der relativen Änderung der Ausbringungsmenge und der relativen Änderung aller Faktoreinsatzmengen lässt sich mit Hilfe der Skalenelastizität- ausdrücken. Bezeichnet der Skalenfaktor λ das Niveau des Faktoreinsatzes für ein gegebenes Inputbündel, dann lautet die Skalenelastizität:

$$\varepsilon_{x/\lambda} = \frac{\text{prozentuale Veränderung der Ausbringungsmenge}}{\text{prozentuale Veränderung des Faktoreinsatzniveaus}} = \frac{\frac{dx}{x}}{\frac{d\lambda}{\lambda}} = \frac{dx}{d\lambda} \cdot \frac{\lambda}{x}$$

Die Skalenelastizität gibt an, um wie viel Prozent sich der Output ändert, wenn sich das Faktoreinsatzniveau um ein Prozent ändert. Entsprechend der Definition der Skalenerträge gilt:

$$\varepsilon_{x/\lambda} \begin{cases} = 1 & \text{bei konstanten Skalenerträgen} \\ > 1 & \text{bei steigenden Skalenerträgen} \\ < 1 & \text{bei fallenden Skalenerträgen} \end{cases}$$

Der Zusammenhang zwischen dem Produktionsniveau und dem Niveau des Faktoreinsatzes lässt sich mit Hilfe der Lage der Isoquanten darstellen.

In der linken Grafik der Abbildung 6-15 sind konstante Skalenerträge dargestellt. Bei einer Verdopplung des Einsatzes beider Faktoren verdoppelt sich der Output. Die Betriebsgröße hat keinen Einfluss auf die Ergiebigkeit der Produktionsfaktoren. Produktionsstätten mit dieser produktionstechnischen Eigenschaft können dupliziert werden. Der Produktionsertrag steigt proportional zur Zahl der Produktionsstätten. Umgekehrt haben große Unternehmen keine Produktions- und Kostenvorteile gegenüber kleineren Unternehmen. Denn bei ihnen ist je produzierter Einheit derselbe Faktoreinsatz erforderlich wie bei kleinen Unternehmen.

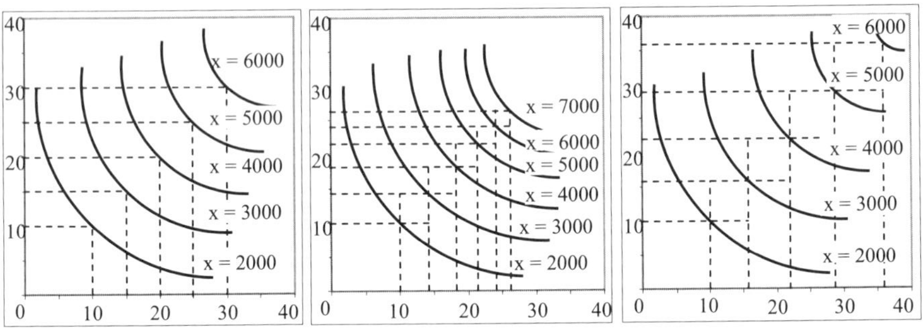

Abbildung 6-15: Konstante, zunehmende und fallende Skalenerträge

Die mittlere Grafik in der Abbildung 6-15 zeigt zunehmende Skalenerträge. Bei fortlaufender Steigerung der Produktionsmenge um denselben Betrag nimmt der zusätzlich erforderliche Faktoreinsatz immer mehr ab. Man kann daher auch von Größenvorteilen oder „Economies of Scale" sprechen. Ein einzelnes großes Unternehmen kann eine bestimmte Produktionsmenge zu geringeren Kosten pro Stück produzieren als z. B. zwei gleich große Unternehmen, von denen jedes nur die halbe Menge produziert. So benötigt in der mittleren Grafik der Abbildung 6-15 eine Brotfabrik mit einer Kapazität von 6000 Stück pro Schicht jeweils 24 Einheiten an Arbeit und Kapital. Zwei halb so große Unternehmen mit einer Kapazität von je 3000 Stück benötigten dagegen zusammen je 28 Arbeits- und Maschinenstun-

den. Mit zunehmender Produktionsmenge/Unternehmensgröße steigt also die Produktivität der eingesetzten Faktoren. Gründe für diese Effizienzsteigerung können in verstärkter Arbeitsteilung oder in der Realisierung von Organisationsvorteilen liegen. Weitere Ursachen für steigende Skalenerträge sind Automatisierung- und Spezialisierungsvorteile, die so genannte 2/3 Regel[1], Losgrößenersparnisse und Unteilbarkeiten bei Produktionsanlagen. Bei steigenden Skalenerträgen kann also ein großes Unternehmen den Markt zu niedrigeren Kosten beliefern als mehrere/viele kleinere Unternehmen. Dieses Argument ist gewöhnlich eine Rechtfertigung für die Zulassung von Monopolunternehmen in regulierten Märkten.

Schließlich gibt es noch abnehmende Skalenerträge. Dies ist in Abbildung 6-15 rechts dargestellt. Hier nehmen die erforderlichen Einsatzmengen überproportional zu, wenn das Produktionsniveau vervielfacht wird. Bei steigendem Faktoraufwand je produzierter Einheit spricht man auch von „DisEconomies of Scale". Dies ist etwa der Fall, wenn Unternehmen auf einem zu hohen Skalenniveau operieren. Probleme in der Organisation, Mängel in der Kommunikation zwischen den verschiedenen Unternehmensebenen, unzureichende Koordination der betrieblichen Abläufe, mangelnde Flexibilität und zunehmende Bürokratisierung sowie ein immer größerer Kontrollaufwand sind Ursachen für eine sinkende Produktivität des eingesetzten Kapitals und der Arbeitskräfte. Die Produktion wird immer ineffizienter. Restrukturierungen solcher Unternehmen sind in der Regel mit einer abnehmenden Betriebsgröße verbunden.

Praxisbeispiel 6-3: Branchenkonzentration und Returns to Scale

Unter den zahlreichen Branchen gibt es welche, in denen es fast nur Großunternehmen gibt, in anderen Branchen finden sich gleichzeitig kleinere, mittelständische und sehr große Unternehmen. Schließlich gibt es Bereiche, in denen überwiegend kleine Firmen agieren. Aus der unterschiedlichen Branchenzusammensetzung lassen sich Rückschlüsse auf die Skalenelastizität ziehen.

Nachdem wir gesehen haben, dass zunehmende Skalenerträge große Unternehmen fördern, kann man im Umkehrschluss auch argumentieren, dass in hoch konzentrierten Wirtschaftszweigen vermutlich „Increasing Returns to Scale" herrschen. Beispiele dafür wären etwa Flugzeugbau, Automobilindustrie, Elektrizitätswirtschaft, Eisen- und Stahlindustrie, Chemie, Mineralölindustrie, Telekommunikation, Zeitungen.

Bereiche, die größenmäßig sehr unterschiedlich besetzt sind, sind etwa die Bauindustrie, der Krankenhaussektor, Teile des Einzelhandels. Hier dürften konstante Skalenerträge vorliegen.

Dagegen sind viele Bereiche des Service-Sektors eher klein betrieblich strukturiert. Beispiele dafür sind etwa die persönlichen Dienstleistungen wie Speiserestaurants, Friseur- und Kosmetikdienstleistungen, ärztliche Leistungen, Therapeuten und Masseure u ä. In diesen Bereichen ist die Konzentration gering, so dass die Firmen in Bereichen sinkender Skalenerträge operieren dürften.

Produktionsfunktionen, die eine konstante Skalenelastizität aufweisen, nennt man homogene Produktionsfunktionen. Eine Produktionsfunktion $x = f(v_1, v_2)$ heißt homogen vom Gerade r, wenn sie der folgenden Bedingung genügt:

$$f(\lambda v_1, \lambda v_2) = \lambda^r f(v_1, v_2) = \lambda^r x$$

[1] Die 2/3 Regel besagt, dass bei einer Verdoppelung des Inhalts eines Hohlkörpers seine Oberfläche nur um 2/3 zunimmt. Wenn zum Beispiel die Produktionskapazität eines Hochofens verdoppelt wird, nimmt die Oberfläche des Behälters nur um 2/3 zu. Entsprechend niedriger sind die Investitionskosten und die Kapitalkosten im Vergleich zur Zunahme der Produktionskapazität.

Der funktionale Zusammenhang zwischen dem Output x und dem Skalenniveau λ des Faktoreinsatzes heißt Niveauertragsfunktion. In Abbildung 6-16 sind Verläufe von Produktionsfunktionen für eine gegebene Anfangsausstattung in Abhängigkeit vom Skalenfaktor λ dargestellt. Die Niveauertragsfunktion einen überlinearen Verlauf für r > 1, einen linearen Verlauf für r = 1, in einem unterlinearen Verlauf für r < 1.

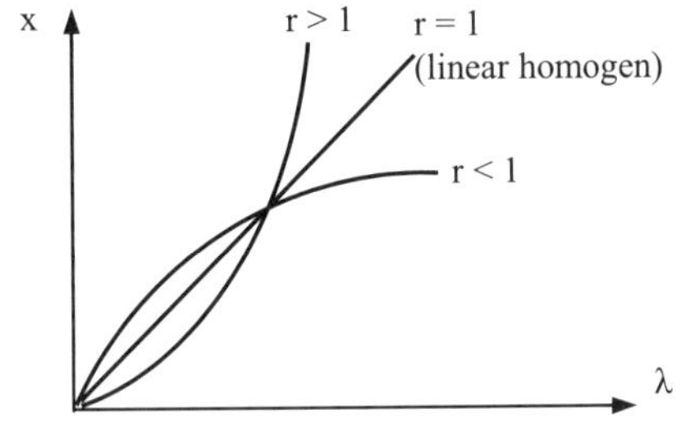

Abbildung 6-16: Niveauertragskurven

Übung 6-5: Skalenelastizität der Cobb-Douglas-Produktionsfunktion

Eine Unternehmung produziere gemäß der Cobb-Douglas-Produktionsfunktion $x = aN^{\alpha}K^{\beta}$. a ist eine positive Konstante und α, β > 0. Produziert dieses Unternehmen mit steigenden, konstanten oder fallenden Skalenerträgen?

Lösung:

Unsere Ausgangssituation sei festgelegt durch eine bestimmte Inputmenge an Arbeit $N = \overline{N}$ und Kapital $K = \overline{K}$. Mit diesen anfänglichen Faktoreinsatzmengen lässt sich eine bestimmte Ausbringungsmenge $\overline{x}$ herstellen:

$$\overline{x} = a\overline{N}^{\alpha}\overline{K}^{\beta}$$

Erhöhen wir nun alle Inputfaktoren um denselben Faktor λ, so erhalten wir

$$\overline{\overline{x}} = a\cdot(\lambda\overline{N})^{\alpha}(\lambda\overline{K})^{\beta} = a\cdot\lambda^{\alpha}\overline{N}^{\alpha}\lambda^{\beta}\overline{K}^{\beta} = \lambda^{\alpha+\beta}\cdot a\cdot\overline{N}^{\alpha}\overline{K}^{\beta} = \lambda^{\alpha+\beta}\cdot\overline{x}$$

Ob steigende, fallende oder konstante Skalenerträge vorliegen, erfahren wir, wenn wir den Anstieg des Produktionsniveaus mit der Zunahme der Inputfaktoren vergleichen. Die Zunahme des Produktionsniveaus ergibt sich aus dem Quotienten $\overline{\overline{x}}/\overline{x} = \lambda^{\alpha+\beta}$. Der Faktoreinsatz stieg um den Faktor $\lambda^{\alpha+\beta}$.

- Für den Fall α + β = 1 gilt $\lambda^{1} = \lambda$. Der Anstieg der Produktionsmenge entspricht der Steigerung des Faktoreinsatzes. Folglich liegen konstante Skalenerträge vor.
- Für den Fall α + β > 1 gilt $\lambda^{\alpha+\beta} > \lambda$. Der Anstieg der Produktion beträgt das $\lambda^{\alpha+\beta}$-fache, während die Einsatzmengen nur um den Faktor λ zugenommen haben. Es liegen folglich steigende Skalenerträge vor.
- Für den Fall α + β < 1 gilt $\lambda^{\alpha+\beta} < \lambda$. Die Produktionssteigerung ist kleiner als die Steigerung des Faktoreinsatzes. Dies ist der Fall abnehmender Skalenerträge.

Wir halten fest: Ob eine Cobb-Douglas-Produktionsfunktion zunehmende, abnehmende oder konstante Skalenerträge aufweist, hängt von der Summe der Exponenten ab. Es lässt sich außerdem zeigen, dass die Exponentensumme der Cobb-Douglas-Produktionsfunktion gleich der Skalenelastizität ist.

Praxisbeispiel 6-4: Skalen- und Substitutionselastizitäten ausgewählter Industriezweige

In der folgenden Tabelle sind für ausgewählte deutsche Industriezweige produktionstheoretische Parameter angegeben[1]. Die Parameterwerte wurden aus empirischen Arbeitsproduktivitätsfunktionen abgeleitet.

Tabelle 6-4: Skalenelastizität und Substitutionselastizität ausgewählter Industriezweige

Industriezweig	Skalenelastizität	Substitutionselastizität
Chemische Industrie	2,07	1,00
Industrie Steine und Erden	1,70	0.36
Stahl- und Leichtmetallbau	1,83	0,37
Maschinenbau	1,03	1,00
Straßenfahrzeugbau	1,27	0,82
Elektrotechnische Industrie	1,07	0,78
Feinmechanische u. optische Industrie	0,63	1,30
Feinkeramische Industrie	1,68	0,26
Glasindustrie	0,97	1,00
Papier- u. pappeverarbeitende Industrie	0,96	0,25
Bekleidungsindustrie	0,98	1,00
Gesamte Industrie	1,23	0,60

Die Ergebnisse deuten daraufhin, dass in der Industrie insgesamt und in vielen Industriezweigen eine Tendenz zu steigenden Skalenerträgen gegeben ist. Eine Steigerung des Einsatzes von Kapital und Arbeit um ein Prozent führt nach den Schätzwerten zu einer Zunahme der Industrieproduktion um 1,2%. In der Chemiebranche würde sich der Output im Verhältnis zum Input sogar verdoppeln. In einzelnen Industriezweigen wurden dagegen konstante oder abnehmende Skalenerträge festgestellt. Hier sinkt die Faktorproduktivität bei steigendem Faktoreinsatz. Allerdings können abnehmende Skalenerträge in der Realität durch die Wirkungen des technischen Fortschritts oder durch eine höhere Kapitalintensität ausgeglichen oder sogar überkompensiert werden.

Die Untersuchung zeigt eine Substitutionselastizität von Arbeit durch Kapital von 0,6. Ausdrücklich wird betont, dass es sich um eine Darstellung der mittel- bis langfristigen Produktionszusammenhänge handelt, denn es ist davon auszugehen, dass die Produktionsbedingungen in der Industrie auf kurze Sicht deutlich geringere Substitutionsmöglichkeiten eröffnen.

Wir werden später sehen, dass Prozesse der Faktorsubstitution durch Veränderungen der relativen Faktorpreise induziert werden. So bewirkt eine Steigerung des Lohn-Zins-Verhältnisses, dass Arbeit durch Kapital substituiert wird. Die Grenzrate der Substitution nimmt zu. Die Substitutionselastizität von 0,6 bedeutet dann, dass bei einer Steigerung des Lohn-Zins-Verhältnisses um ein Prozent der Kapitaleinsatz steigt und die Arbeitsintensität der Produktion mittelfristig um 0,6% sinkt. Die Substitutionselastizitäten der einzelnen Branchen weichen vom Industriedurchschnitt zum Teil deutlich ab. Für zahlreiche Produktionssektoren konnte eine Substitutionselastizität von 1 ermittelt werden. Hier lassen sich die produktionstechnischen Zusammenhänge mit Hilfe einer Cobb-Douglas-Produktionsfunktion darstellen.

[1] *Pusse, L.* (1980)

Eine der am häufigsten verwendeten Produktionsfunktionen ist die Cobb-Douglas-Produktionsfunktion Sie hat eine Reihe wichtiger Eigenschaften, die bereits in den vorhergehenden Übungen Übung 6-2. Übung 6-3, Übung 6-4 und Übung 6-5 dargestellt wurden.

- Die Exponenten α und β der Inputfaktoren $v_1$und v_2 entsprechen den partiellen Produktionselastizitäten von v_1 und v_2.
- Die Substitutionselastizität der Cobb-Douglas-Produktionsfunktion ist 1. Eine Veränderung der Grenzrate der Substitution um 1% führt zu einer gleich großen Veränderung des Faktoreinsatzverhältnisses.
- Die Cobb-Douglas-Produktionsfunktion hat eine Skalenelastizität von $r = \alpha + \beta$. Für den speziellen Fall einer linear homogenen Produktionsfunktion mit $\beta = 1 - \alpha$ ist die Skalenelastizität gleich 1. Ökonomisch bedeutet lineare Homogenität nichts anderes als konstante Skalenerträge.

6.4 Kosten

Bei der Analyse der Kosten können wir in Anlehnung an die verschiedenen Formen der Faktorvariation ebenfalls drei Fälle unterscheiden. Wir betrachten zunächst den Fall der partiellen Faktorvariation. In kurzer Frist sind nicht alle Produktionsfaktoren variabel einsetzbar. Wir haben fixe und variable Produktionsfaktoren und wir fragen, wie sich die Kosten verändern, wenn kurzfristig nur ein Produktionsfaktor variabel ist, während andere Faktoren kurzfristig nicht verändert werden können.

Wir untersuchen dann die Frage, welche Faktorkombination ein Unternehmen wählen wird, wenn es unter mehreren technisch effizienten Produktionsverfahren wählen kann und die Produktionsfaktoren variabel einsetzbar sind. Aus dem Ergebnis dieser Analyse lassen sich schließlich Aussagen gewinnen über die langfristige Kostenkurve, wenn also alle Faktoren variabel sind und das Unternehmen seine Produktionskapazitäten variieren kann. Bevor wir das Problem der Kostenminimierung eingehender untersuchen, wollen wir uns überlegen, welche Kosten für wirtschaftliche Entscheidungen relevant sind und welche Kostenbegriffe zu unterscheiden sind.

6.4.1 Kostenbegriffe und Kostenarten

6.4.1.1 Explizite und impliziten Kosten

Im Verlauf ihres Studiums werden die Studenten der Betriebswirtschaft sehr bald mit den Regeln und Methoden der Finanzbuchhaltung und der Kosten- und Leistungsrechnung konfrontiert. Schwerpunkte dieser Aufgaben im Unternehmen sind die Erfassung der Leistung des Unternehmens, um in Form einer Bilanz und Gewinn- und Verlustrechnung die geschäftliche und finanzielle Lage eines Unternehmens zu dokumentieren. Buchhalterische Rechenwerke müssen entsprechend ihrem Zweck überprüfbar und objektiv sein. Man beschränkt sich folglich auf die Erfassung der in der Vergangenheit ein- und ausfließenden Zahlungsströme einer Unternehmung. Man spricht daher auch von offenen oder expliziten Kosten. Die buchhalterischen Kosten umfassen somit im Wesentlichen die Ausgaben für Löhne und Gehälter, Mieten, Roh-, Hilfs- und Betriebsstoffe sowie den Abschreibungsaufwand für Anlagegüter.

Daneben gibt es die so genannten stillschweigenden oder impliziten Kosten. Darunter versteht man entgangene Erträge, die aus der Verwendung von Mitteln im eigenen Unternehmen resultieren. Sie müssen in wirtschaftlichen Entscheidungen berücksichtigt werden. Bekannteste Beispiele dafür sind der Unternehmerlohn und die Verzinsung des eingesetzten

Kapitals. Die Alternative des Unternehmers bestünde nämlich darin, selbst als Geschäftsführer tätig zu sein und ein marktorientiertes Gehalt zu beziehen bzw. das eingesetzte Kapital am Kapitalmarkt anzulegen und eine marktmäßige Verzinsung zu erwirtschaften. Während für Arbeitnehmer und Fremdkapital laufende Zahlungen in Form von Gehältern und Zinsen anfallen, die explizit in die Gewinn- und Verlustrechnung eingehen, gibt es für das eingesetzte Eigenkapital und die Arbeitsleistung des Unternehmers weder eine explizite Zahlung noch eine entsprechende Soll-Buchung bei der Gewinnermittlung. Die Folge ist, dass der buchhalterisch ermittelte Gewinn den ökonomischen Gewinn regelmäßig übersteigt, weil die impliziten Kosten nicht berücksichtigt werden. Erst wenn man von den Erlösen sowohl die expliziten als auch die impliziten Kosten abzieht, kann man erkennen, ob ein Unternehmen Gewinn bringend wirtschaftet.

Praxisbeispiel 6-5: Das Konzept des Economic Value Added

Das von der Unternehmensberatung *Stern Stewart & Co.'s* entwickelte Konzept des Economic Value Added (EVA®) kann als ein Ansatz betrachtet werden, um den wirtschaftlichen Gewinn einer Unternehmung zu operationalisieren und zu entscheiden, ob ein Unternehmen tatsächlich einen Gewinn erwirtschaftet hat. „ Put most simply, EVA is net operating profit minus an appropriate charge for the opportunity cost of all capital invested in an enterprise. As such, EVA is an estimate of true "economic" profit, or the amount by which earnings exceed or fall short of the required minimum rate of return that shareholders and lenders could get by investing in other securities of comparable risk."[1]

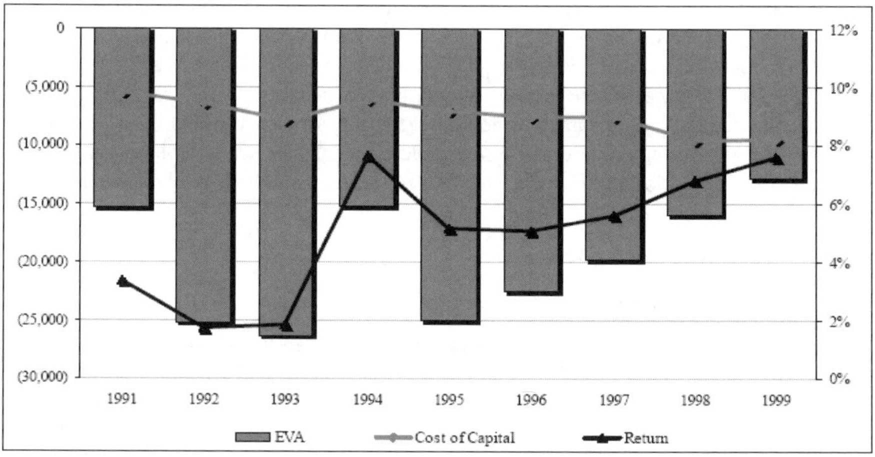

Abbildung 6-17: Entwicklung des Economic Value Added in der Automobilindustrie 1991 - 1999

Nach diesem Konzept werden zunächst die Zinssätze bzw. geforderten Renditen für Fremd- und Eigenkapital festgestellt und daraus der Kapitalkostensatz als gewogene Durchschnittsverzinsung bestimmt. Bezieht man diesen Durchschnittszinssatz auf das gesamte Kapital der Unternehmung, erhält man den Gesamtbetrag der Kapitalkosten. Dies sind die Opportunitätskosten der Anleger bzw. Investoren, denn sie hätten das Kapital anderweitig anlegen können und hätten dann bei Anlagealternativen vergleichbaren Risikos Vermögenserträge in Höhe der Kapitalkosten erzielen können. Um zu entscheiden, ob das Unternehmen einen Gewinn gemacht hat, vergleicht man die gesamten Kapitalkosten mit dem Gewinn des Unternehmens.

[1] *Stern Stewart & Co.*, Internet: http://www. sternstewart.com/evaabout/whatis.php vom 5.3.2005

Übersteigt der Nach-Steuer-Gewinn des Unternehmens die errechneten Kapitalkosten, hat es einen Gewinn erzielt und für die Anteilseigner einen Nettovermögenszuwachs erwirtschaftet. Ist dagegen der Nach-Steuer-Gewinn kleiner als die errechneten Kapitalkosten, hat das Unternehmen einen Verlust erlitten und das Vermögen der Anleger ist geschrumpft.

In einer Untersuchung über die Automobilbranche weltweit hat *Stern Stewart & Co.* die Rentabilität der Automobilunternehmen in den 90er Jahren untersucht[1]. Dabei zeigte sich, dass die Automobilunternehmen über den gesamten Zeitraum hinweg einen negativen Economic Value Added aufwiesen. Das heißt, dass die ausgewiesenen buchhalterischen Gewinne der Unternehmen nicht ausreichten, um die Kapitalkosten zu decken. Wie die Abbildung 6-17 zeigt, war der durchschnittliche Kapitalkostensatz in den 90er Jahren durchweg höher als die erwirtschaftete Rendite. Allerdings haben sich Kapitalkosten und Renditen gegen Ende der 90er Jahre angenähert. Gleichwohl bleibt festzuhalten, dass die meisten Anleger in Automobilwerten in den 90er Jahren wirtschaftliche Verluste hinnehmen mussten.

In wirtschaftlichen Entscheidungen müssen sowohl die expliziten als auch die impliziten Kosten berücksichtigt werden. Entsprechend verstehen wir unter den wirtschaftlichen Kosten den Wert der besten Alternative, auf die wir verzichten müssen, wenn wir Ressourcen für eine bestimmte Verwendungsrichtung einsetzen. Der Begriff der wirtschaftlichen Kosten ist damit gleichzusetzen mit dem Begriff der Opportunitätskosten. Dieses Kostenkonzept ist entscheidungsorientiert und beschäftigt sich mit der Allokation knapper Mittel bei der Produktion von Gütern. Grundlage dieser Entscheidungen sind aktuelle Marktpreise bzw. erwartete Marktpreisentwicklungen und nicht die historischen Preise und Aufwendungen für Personal, Material, Anlagegüter usw., die in die Buchhaltung Eingang finden.

6.4.1.2 Sunk Costs und Nonsunk Costs

Ein weiteres Kostenkonzept finden wir in der Unterscheidung zwischen den Sunk Costs und Nonsunk Costs. Bei den Sunk Costs handelt es sich um Aufwendungen, die ganz oder teilweise nicht rückgängig gemacht werden können bzw. die unvermeidbar sind. Vermeidbar sind Kosten immer dann, wenn bei wirtschaftlichen Entscheidungen Alternativen vorhanden sind. So kann ein Unternehmen eine Produktionshalle selbst nutzen, es kann sie vermieten oder verkaufen. Wenn es sie selbst nutzt, bestehen die Opportunitätskosten in den entgangenen Mieteinnahmen bzw. dem nicht realisierten Verkaufserlös, was immer höher ist. Nehmen wir nun an, das Gebäude sei ganz speziell auf die Bedürfnisse des Unternehmens und seine Produktionsbedingungen hin errichtet worden und für andere Verwendungszwecke nicht geeignet, dann stellen die Ausgaben für den Bau dieser Produktionshalle versunkene Kosten dar. Da keine alternativen Verwendungsmöglichkeiten bestehen, sind die Opportunitätskosten gleich null. Sie sollten daher bei der Entscheidung, ob oder wie viel produziert wird, keine Rolle spielen und zwar auch dann nicht, wenn buchhalterisch Abschreibungen bei der Gewinnermittlung berücksichtigt werden.

Um das Konzept der Sunk Costs besser zu verstehen, betrachten wir ein Beispiel aus der Fußball-Bundesliga. Nehmen wir an, ein Verein kauft einen Spieler zu Saisonbeginn für eine Ablösesumme von 30 Millionen Euro und ein Jahresgehalt von fünf Millionen Euro. Aus der Sicht des Trainers und des Vereins ist nun zu fragen, was den Einsatz des Spielers rechtfertigt. Sind es die hohen Aufwendungen für den Spieler oder soll allein seine Form als Fußballer maßgebend sein. Berücksichtigt man die Aufwendungen, wird man den Spieler möglichst oft aufstellen, auch wenn bessere, aber „billigere“ Spieler auf der Ersatzbank sitzen,

[1] *Pettit, J., Desautel, E., Millar, D., Ahmad, A., Singer, J.* (2000), S. 2, Internet: http://www. eva.com vom 02.03.2005.

denn er kostete den Verein sehr viel. Jeder Fußballfan wird solch eine Trainerentscheidung nur mit einem Kopfschütteln quittieren. Entscheidet der Trainer aber bei der Aufstellung seiner Mannschaft ausschließlich nach sportlichen/fußballerischen Kriterien, so betrachtet er die Aufwendungen für den Spieler als Sunk Costs.

An dem Beispiel wird nun auch klar, dass die Frage, ob Ausgaben als Sunk Costs unberücksichtigt bleiben oder in wirtschaftliche Entscheidungen einfließen, von der Entscheidung abhängt, die man gerade trifft. Wenn es darum geht, ob ein Spieler eingesetzt wird oder nicht, sollten die Aufwendungen des Vereins keine Rolle spielen. Wenn es aber um die Entscheidung geht, ob ein Spieler eingekauft, verkauft oder an einen anderen Verein ausgeliehen werden soll, sind Transfersummen und Spielergehälter Nonsunk Costs.

6.4.1.3 Fixe und variable Kosten

Entsprechend der Unterscheidung zwischen fixen und variablen Produktionsfaktoren können wir die gesamten Kosten der Produktion eines Unternehmens in fixe und variable Kosten unterteilen. Fixe Kosten sind vom Produktionsniveau unabhängig und bleiben unverändert, wenn die Unternehmung ihre Produktion erhöht oder senkt. Sie fallen selbst dann an, wenn nichts produziert wird. Erst wenn das Unternehmen aufgelöst oder der Geschäftsbetrieb eingestellt wird, entfällt der größte Teil der Fixkosten. Beispiele wären etwa die Zahlungen für angemietete Räume, der Kapitaldienst für Kredite und Darlehen, Leasingraten, Personalaufwendungen, so weit langfristige vertragliche Bindungen eingegangen wurden oder Tätigkeiten vorliegen, die mit der Produktion nicht unmittelbar im Zusammenhang stehen wie z. B. Werkschutz. Dagegen sind variable Kosten vom Produktionsniveau abhängig. Die variablen Kosten steigen mit steigendem Output und umgekehrt. Dazu gehören die Personalausgaben, die Aufwendungen für Material- und Energieeinsatz.

Die Unterscheidung von fixen und variablen Kosten ist natürlich abhängig vom zugrunde liegenden Betrachtungszeitraum. In der sehr kurzen Frist werden sehr viele Kostenarten fix sein, da viele Zahlungen vertraglich geregelt sind bzw. Verpflichtungen gegenüber Kunden und Lieferanten eingegangen wurden, die erst nach Ablauf der vertraglichen Frist angepasst werden können. So haben Mitarbeiter gesetzliche oder vertragliche Kündigungsfristen, gegenüber Lieferanten bestehen Abnahmeverträge zu festen Preisen und gegenüber Kunden bestehen gegebenenfalls Preislisten, Kataloge oder Servicepläne mit (mehr oder weniger) verbindlich angegebener Geltungsdauer.

Je länger der Zeithorizont wird, umso mehr werden ehedem fixe Kosten variabel. Somit wird es möglich, im Falle eines Produktionsrückgangs Personal abzubauen, Lieferverträge anzupassen und gegebenenfalls Maschinen und Geräte zu verkaufen oder stillzulegen. So ist etwa eine Hochschule bei der Erweiterung oder beim Herunterfahren der Kapazitäten in einem Studiengang kurzfristig an die Semesterregelung und längerfristig an die geltenden Studien- und Prüfungsordnungen gebunden.

Fixe Kosten und versunkene Kosten sind dann dasselbe, wenn die eingegangenen Kosten nicht mehr rückgängig gemacht werden können. Dies wäre etwa der Fall, wenn Gebäude und Ausrüstungen speziell für ein Unternehmen erstellt wurden. Beispiele dafür könnten etwa die Anlagen und Ausrüstungen von Kohlezechen sein. Ein Teil dieser Produktionsgüter kann bei einer Zechenschließung nur noch zum Schrottwert verkauft werden, weil eine anderweitige Nutzung nicht in Frage kommt. Andere Fixkostenkategorien sind dagegen durchaus reversibel, wenn das Unternehmen seine Geschäftstätigkeit aufgibt. Dazu gehören etwa die Gehälter des Managements, die Mieten für Geschäftsräume oder Gebäude, Maschinen und Anlagen, die verkauft werden können.

Übung 6-6: Kostenarten und Kostenkonzepte

Kai hat sich nach seinem Studium selbstständig gemacht und eine Firma für IT-Produkte eröffnet. Gegenstand des Unternehmens ist die Beratung und der Verkauf von IT-Lösungen aus einer Hand. Als Eigenkapital bringt der 30 000 Euro ein. Zusätzlich benötigt er einen Kredit in gleicher Höhe. Er mietet Geschäftsräume an. Wegen der schwierigen baulichen Verhältnisse muss er Möbel und Verkaufsregale teilweise als Sonderanfertigungen herstellen lassen. Anfangs verwendet er seinen privaten PKW als Geschäftsfahrzeug. Aufgrund der Geschäftsentwicklung stellt er bereits nach kurzer Zeit einen weiteren Berater (Studenten) auf Teilzeitbasis ein.

a) Welches sind Kais Fixkosten, welches seine variablen Kosten?

b) Nennen Sie seine expliziten und impliziten Kosten.

c) Welche der Kosten sind sunk bzw. non-sunk?

d) Nehmen Sie an, Kai macht im ersten Jahr einen Bilanzgewinn von 40.000 Euro. Beurteilen Sie dieses Ergebnis unter wirtschaftlichen Gesichtspunkten.

Lösung:

a) Fixe Kosten sind Mieten, Kreditzinsen, Abschreibungen auf die Geschäftsausstattung, Heizung und Beleuchtung. Variable Kosten sind Wareneingang, Personalkosten, Benzin.

b) Unter den expliziten versteht man die buchhalterischen Kosten wie Miete, Kreditzinsen, Geschäftsausstattung, Personalkosten, eingekaufte Waren, Heizung und Beleuchtung, Benzin. Implizite Kosten sind nicht unmittelbar mit Zahlungen verbunden. Die wichtigsten impliziten Kosten sind die Opportunitätskosten der eigenen Arbeit bzw. einer alternativen Geldanlage.

c) Variable Kosten sind immer Nonsunk Costs. Unter den fixen Kosten sind Teile der Geschäftseinrichtung Sunk Costs, die bei einer Liquidation des Unternehmens nicht veräußert werden können, weil sie nur auf die gegebenen räumlichen Verhältnisse zugeschnitten sind. Auch die Zinsen auf das Fremdkapital könnten als Sunk Costs betrachtet werden, wenn es bei einer Schließung des Geschäfts nicht gelingt, den Kredit abzulösen, und der Kapitaldienst weiter zu leisten ist.

d) Der Bilanzgewinn berücksichtigt nicht die Opportunitätskosten der Geschäftstätigkeit. Diese könnten etwa wie folgt aussehen:

Einstiegsgehalt eines BWL Studenten	40.000 Euro
Kapitalmarktübliche Verzinsung des eingesetzten Kapitals	3.000 Euro
Opportunitätskosten insgesamt	43.000 Euro

Damit sind die Opportunitätskosten höher als der Bilanzgewinn. Kai hat im ersten Jahr einen wirtschaftlichen Verlust erzielt.

In weiteren Verlauf dieses Abschnitts werden wir in Analogie zur Produktionstheorie die Kostenfunktion des Unternehmens entwickeln, denn die Frage nach den Kosten ist die Umkehrung der Frage nach der Produktivität. Lautete die Frage nach der Produktivität „Wie viel Output kann ich mit einem bestimmten Faktoreinsatz realisieren?“, so lautet in der Kostenbetrachtung: „Wie viel Faktoraufwand gemessen in Geldeinheiten ist erforderlich für die Produktion einer bestimmten Gütermenge?“

6.4.2 Kurzfristige Kostenfunktion – ein variabler Produktionsfaktor

Die Ableitung der Kostenfunktion aus der Produktionsfunktion erfolgt in drei Schritten. Die Kosten der Produktion erhält man, wenn man die Faktoreinsatzmengen (v_i) mit den zugehörigen Faktorpreisen (r_i) bewertet. Für den Fall zweier Inputfaktoren gilt:

$K = r_1 v_1 + r_2 v_2$

Die technisch effizienten Faktoreinsatzmengen ergeben sich aus der Produktionsfunktion:

$x = f(v_1, v_2)$

Wenn wir die Produktionsfunktion nach den Einsatzmengen auflösen, erhalten wir den erforderlichen Faktoreinsatz in Abhängigkeit von der produzierten Menge:

$v_1 = g_1(x), v_2 = g_2(x)$

Diese Funktionen heißen Faktorverbrauchsfunktionen. Werden schließlich die eingesetzten Faktormengen mit den Faktorpreisen bewertet, erhält man die Kostenfunktion in Abhängigkeit von der Produktionsmenge:

$K = r_1\, g_1(x) + r_2\, g_2(x) = K(x)$

Um diese grundsätzlichen Überlegungen zu verdeutlichen, knüpfen wir an unser Beispiel mit der Brotfabrik an. In Tabelle 6-5 ist der Produktionsertrag in Abhängigkeit vom Arbeitseinsatz bei gegebenem Kapitaleinsatz dargestellt.

Tabelle 6-5: Arbeitskosten der Brotherstellung

Produktions-menge	100	200	300	400	500	600	700	800	900	1000	1100	1200	1300	1400	1500	1600	1700	1800
Arbeitseinsatz (Std.)	9,1	13,4	16,9	19,9	22,7	25,4	27,9	30,4	32,9	35,4	37,9	40,4	43,1	45,9	48,9	52,4	56,7	66,6
Arbeitskosten in €[1]	228	335	421	498	568	634	698	761	822	884	946	1011	1077	1147	1223	1310	1417	1665

[1] Arbeitseinsatz bewertet mit einem Stundensatz von 25 € je Std.

Die Ertragsfunktion hat den typischen ertragsgesetzlichen Verlauf. Allerdings haben wir in Tabelle 6-5 den Zusammenhang umgekehrt. Sie enthält den Arbeitseinsatz pro Schicht, der erforderlich ist, um eine gegebene Menge Brot herstellen zu können. Dies ist der Faktorverbrauch. Wenn wir jetzt den Faktorverbrauch mit dem Preis des Faktors Arbeit bewerten, erhält man die Arbeitskosten, die bei der Produktion einer gegebenen Brotmenge verursacht werden. Da der Faktor Arbeit der einzige variable Produktionsfaktor ist, entsprechen die Arbeitskosten den variablen Kosten.

Produktionsfunktion, Faktorverbrauchsfunktion und Kostenfunktion sind in Abbildung 6-18 dargestellt. Faktorverbrauch und Kostenfunktion verlaufen spiegelbildlich zur Ertragsfunktion. Entsprechend ergeben sich im Bereich zunehmender Ertragszuwächse in der Produktion abnehmende Kostenzuwächse bei den Produktionskosten. Die wachsende Effizienz in der Produktion bedeutet nämlich, dass jede zusätzlich produzierte Einheit einen geringeren Faktoreinsatz erfordert und folglich zu niedrigeren Kosten hergestellt werden kann. Dagegen haben wir nach dem Wendepunkt der Ertragsfunktion abnehmende Ertragszuwächse. Die Grenzproduktivität des Faktors Arbeit nimmt ab. Jede zusätzlich produzierte Einheit erfordert einen steigenden Arbeitseinsatz. Die Kostenzuwächse je produzierter Einheit nehmen zu, bis schließlich das Maximum des Gesamtertrags erreicht ist. Darüber steigen die Kosten explosionsartig an, weil ein steigender Faktorverbrauch mit fallenden Produktionserträgen einhergeht. In diesem Bereich zu operieren, wäre ökonomischer Unsinn.

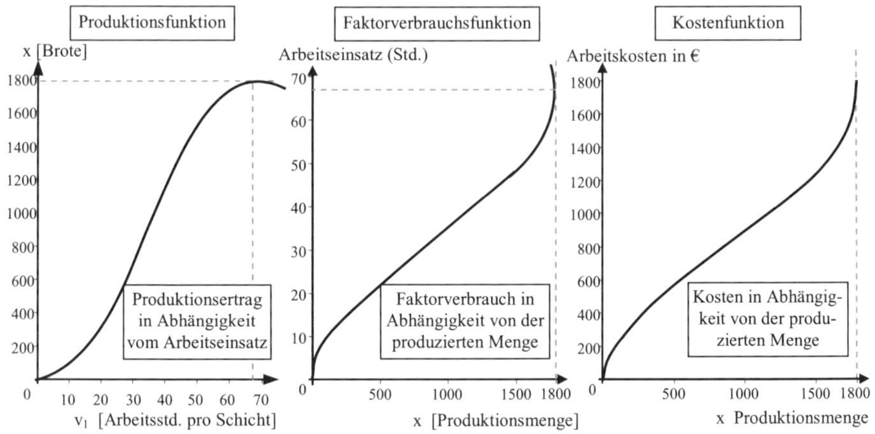

Abbildung 6-18: Der Zusammenhang zwischen Produktionsmenge, Faktorverbrauch und Kosten

Für eine vollständige Betrachtung der Kostenfunktion müssen wir berücksichtigen, dass neben dem Faktor Arbeit noch andere Produktionsfaktoren in die Produktion eingehen. So könnten wir etwa das Material als weiteren variablen Einsatzfaktor berücksichtigen. Grundsätzlich wird dies den Verlauf der Kostenfunktion bei der gegebenen Produktionstechnik nicht ändern, denn die variablen Kosten von Arbeit und Material erhöhen sich mit der produzierten Gütermenge. Darüber hinaus müssen wir die Kosten des fixen Faktors berücksichtigen. Maschinen und Gebäude verursachen Kosten, die unabhängig von der Höhe der Produktion anfallen. Die Fixkosten für das eingesetzte Kapital können wir uns etwa als eine Leasingrate vorstellen, die pro Zeiteinheit, z. B. pro Monat zu bezahlen ist. Die Gesamtkosten der Produktion ergeben sich somit als Summe aus den variablen und den fixen Kosten.

Tabelle 6-6: Die kurzfristigen Kosten der Brotproduktion

Brotmenge pro Schicht	Variable Kosten	Fixe Kosten	Gesamtkosten	Grenzkosten	Durchschnittskosten (Stückkosten)		
					Gesamtkosten pro Stück	Variable Kosten pro Stück	Fixe Kosten pro Stück
(1)	(2)	(3)	(4)	(5)	(6)	(7)	(8)
0	0	400	400				
200	455	400	855	1,60	4,28	2,28	2,00
400	738	400	1138	1,35	2,84	1,84	1,00
600	994	400	1394	1,26	2,32	1,66	0,67
800	1241	400	1641	1,23	2,05	1,55	0,50
900	1362	400	1762	1,22	1,96	1,51	0,44
1000	1484	400	1884	1,22	1,88	1,48	0,40
1200	1731	400	2131	1,25	1,78	1,44	0,33
1400	1987	400	2387	1,31	1,70	1,42	0,29
1500	2123	400	2523	1,38	1,68	1,42	0,27
1600	2270	400	2670	1,51	1,67	1,42	0,25
1700	2437	400	2837	1,73	1,67	1,43	0,24
1800	2745	400	3145	5,60	1,75	1,53	0,22

[1] Die Grenzkosten wurden aus den Differenzen $\Delta K/\Delta q$ mit $\Delta q = 100$ errechnet.

In Tabelle 6-6 sind die Produktionskosten der Brotfabrik dargestellt. Die variablen Kosten ergeben sich aus dem Arbeits- und dem Materialeinsatz, der mit einem konstanten Betrag von 0,60 Euro pro Stück zu den Arbeitskosten addiert wurde. Die fixen Kosten seien 400 Euro pro Schicht. Aus der Summe der beiden Kostenarten erhält man schließlich die Gesamtkosten der Brotproduktion in Abhängigkeit von der Ausbringungsmenge.

Zur Analyse der Kosten eines Unternehmens werden nun weitere Kostendefinitionen entwickelt. In Analogie zur Produktivität dienen die Durchschnittskosten und Grenzkosten zur Beschreibung der Kostensituation eines Unternehmens.

Die Durchschnittskosten bzw. Stückkosten- ergeben sich aus dem Verhältnis der (fixen, variablen oder gesamten) Kosten zur Produktionsmenge. Die Durchschnittskosten entsprechen den Gesamtkosten dividiert durch die jeweilige Produktionsmenge. So werden etwa bei einer Produktionsmenge von 1000 Stück Gesamtkosten in Höhe von 1884 Euro fällig. Die Kosten pro Stück betragen somit 1,88 Euro. In der grafischen Darstellung werden die Durchschnittskosten gemessen durch die Steigung eines Strahls vom Ursprung aus an die Kostenfunktion. Die Steigung der Strahls ist tg α (siehe Abbildung 6-20). Dies entspricht den Stückkosten:

$$k = \frac{K(x)}{x}$$

Die Zerlegung der Gesamtkosten in variable und fixe Kosten ermöglicht es, durchschnittliche variable und durchschnittliche fixe Kosten zu bestimmen. Die variablen Durchschnittskosten sind der Quotient aus den variablen Kosten und dem jeweiligen erzielten Output.

$$k_v = \frac{K_v(x)}{x}$$

Geometrisch lassen sie sich mit Hilfe eines Strahls bestimmen, der vor der Höhe der Fixkosten an die Kostenfunktion gelegt wird. Die Steigung dieses Strahls entspricht tg β (siehe Abbildung 6-20).

Die Fixkosten pro Stück ergeben sich als Relation der fixen Kosten zur jeweiligen Outputmenge. Sie nehmen mit steigender Outputmenge fortlaufend ab. Sie lassen sich geometrisch durch einen Strahl vom Ursprung an die Fixkostenkurve darstellen.

$$k_f = \frac{K_f}{x}$$

Der Zusammenhang zwischen der Veränderung des Outputs und der Veränderung der Kosten wird durch die Grenzkosten dargestellt. Die Grenzkosten der Produktion sind der Kostenzuwachs, der aus der Ausdehnung der Produktionsmenge um eine zusätzliche Einheit resultiert. Steigt etwa der Output von 900 auf 1000 Einheiten, führt dies zu einer Zunahme der Kosten um 122 Euro. Die Grenzkosten der Produktion betragen in diesem Intervall somit 1,22 Euro pro Stück. Geometrisch werden die Grenzkosten durch die Steigung der Gesamtkostenkurve gemessen, analytisch entsprechen sie der ersten Ableitung der Kostenfunktion:

$$K' = \frac{dK(x)}{dx}$$

Für den Fall eines ertragsgesetzlichen Kostenverlaufs haben die Grenzkosten zunächst einen fallenden Verlauf. Ursache dafür ist eine steigende Grenzproduktivität bzw. steigende Effizienz des Faktoreinsatzes. Die Grenzkosten haben ihr Minimum, wo die Grenzproduktivität ein Maximum erreicht. Diesen Punkt bezeichnet man auch als Schwelle des Ertragsgesetzes.

Danach beginnen sie zu steigen, weil eine Ausdehnung der Produktion aufgrund der abnehmenden Effizienz der eingesetzten Faktoren zu steigenden Kostenzuwächsen führt.

Die inverse Beziehung zwischen der Grenzproduktivität und den Grenzkosten können wir uns klar machen, wenn wir den Kehrwert der Grenzproduktivität bilden. Sei v_1 der Produktionsfaktor Arbeit, dann ist dx/dv_1 die Grenzproduktivität der Arbeit und der Kehrwert dv_1/dx der marginale Faktorverbrauch, wenn sich der Output um eine Einheit ändert. Wenn man den marginalen Faktorverbrauch mit dem Preis r_1 des Produktionsfaktors Arbeit bewertet, erhält man die Grenzkosten des Faktors Arbeit, wenn sich der Output um eine Einheit ändert. Diese entsprechen dem Verhältnis aus Faktorpreis und Grenzproduktivität, denn es gilt folgender Zusammenhang:

$$K' = \frac{dK}{dx} = r_1 \cdot \frac{dv_1}{dx} = \frac{r_1}{\frac{dx}{dv_1}}$$

Bei gegebenem Preis des variablen Produktionsfaktors führt eine steigende Grenzproduktivität zu sinkenden Grenzkosten der Produktion. Eine fallende Grenzproduktivität geht einher mit steigenden Grenzkosten. Steigt beispielsweise die Produktion von 800 auf 900 Stück (vgl. Tabelle 6-5), muss der Arbeitseinsatz um 2,5 Stunden erhöht werden. Dies entspricht einer Grenzproduktivität von 40 Stück je Stunde. Bei Arbeitskosten von 25 Euro je Stunde verursacht jede zusätzliche produzierte Einheit Arbeitskosten in Höhe von 40/25 Euro = 0,625 Euro pro Stück. Steigt die Produktivität auf 50 Einheiten pro Stück, entstehen für jede zusätzlich produzierte Einheit nur noch Arbeitskosten von 0,50 Euro pro Stück.

Was für die Grenzgrößen gilt, kann auch auf die Durchschnittsgrößen übertragen werden. Ist x/v_1 die Durchschnittsproduktivität des Faktors Arbeit, so ist der Kehrwert v_1/x die durchschnittliche erforderliche Arbeitszeit je Produkteinheit. Bewertet man diese Arbeitszeit mit dem Lohnsatz, erhält man die durchschnittlichen Arbeitskosten je Produkteinheit. Diese entsprechen den durchschnittlichen variablen Kosten:

$$k_v = \frac{K_v}{x} = r_1 \cdot \frac{v_1}{x} = \frac{r_1}{\frac{x}{v_1}}$$

Daraus erhält man die Durchschnittskosten, indem man die fixen Kosten pro Stück addiert:

$$k = \frac{K}{x} = \frac{K_f}{x} + r_1 \cdot \frac{v_1}{x} = \frac{K_f}{x} + \frac{r_1}{\frac{x}{v_1}}$$

Die Zusammenhänge zwischen Ertragsfunktion und Kostenfunktion machen deutlich, dass die Kostenfunktion von der zugrunde liegenden Produktionsfunktion bestimmt wird. Bei gegebenen Faktorpreisen bestimmt die Produktionstechnologie den Verlauf der Kostenfunktion. Steigende Ertragszuwächse implizieren abnehmende Kostenzuwächse und umgekehrt.

Übung 6-7: Von der Ertragsfunktion zur Kostenfunktion

Eine Unternehmung produziere mit den Produktionsfaktoren Arbeit und Kapital gemäß der Cobb-Douglas-Produktionsfunktion $x = 0{,}5N^{0{,}5}K^{0{,}5}$. Der Kapitaleinsatz sei fix und betrage 36 Einheiten. Das Unternehmen rechne mit Arbeitskosten von 30 € und Kapitalkosten von 20 € je eingesetzter Einheit.

a) Wie lauten die Gesamtkostenfunktion, die Durchschnittskostenfunktion und die Grenzkostenfunktion?

b) Stellen Sie die Funktionen grafisch dar.

Lösung:

a) Die Ertragsfunktion lautet $x = 0{,}5 \cdot N^{0{,}5}\, 36^{0{,}5} = 3 \cdot N^{0{,}5}$

Die Faktorverbrauchsfunktion erhält man, indem man die Ertragsfunktion nach dem Produktionsfaktor Arbeit auflöst. Dann erhält man den Arbeitseinsatz in Abhängigkeit von der Produktionsmenge:

$$x = 3 \cdot N^{0{,}5} \quad \Rightarrow \quad x^2 = 9 \cdot N \quad \Rightarrow \quad N = \frac{1}{9} \cdot x^2 .$$

Die Kostengleichung lautet $K = r_N \cdot N + r_K \cdot K$. Setzt man die Faktorverbrauchsfunktion in die Kostengleichung ein und berücksichtigt außerdem den Faktoreinsatz des fixen Kapitals, erhält man die Kostenfunktion:

$$K = r_N \cdot \frac{1}{9} \cdot x^2 + r_K \cdot K = 30 \cdot \frac{1}{9} \cdot x^2 + 20 \cdot 36 = \frac{10}{3} \cdot x^2 + 720 .$$

Die Durchschnittskostenfunktion lautet:

$$k = \frac{K}{x} = \frac{720}{x} + 3{,}3 \cdot x$$

Der erste Summand in der Durchschnittskostenfunktion stellt die durchschnittlichen Fixkosten dar, der zweite Summand repräsentiert die durchschnittlichen variablen Kosten.

Für die Grenzkostenfunktion ergibt sich:

$$K' = \frac{dK}{dx} = 6{,}67 \cdot x$$

b) Grafische Darstellung:

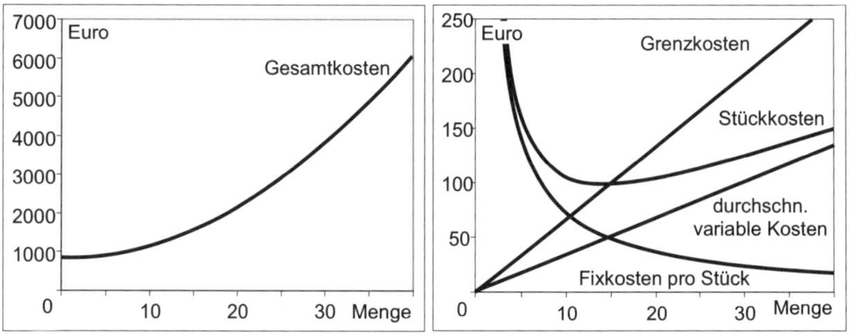

Abbildung 6-19: Gesamtkosten, Durchschnittskosten und Grenzkosten bei einer Cobb-Douglas-Produktionsfunktion

Die Cobb-Douglas-Produktionsfunktion hat über den gesamten Verlauf abnehmende Grenzerträge. Daraus ergibt sich eine Kostenfunktion mit steigenden Kostenzuwächsen. Aufgrund des quadratischen Verlaufs der Gesamtkostenfunktion haben die Grenzkosten und die variablen Stückkosten einen linearen Verlauf. Die durchschnittlichen Gesamtkosten fallen zunächst aufgrund der Kostendegression bei den Fixkosten. Nach Erreichen des Minimums im Schnittpunkt mit der Grenzkostenkurve nehmen die Stückkosten zu.

In Abbildung 6-20 sind die Zusammenhänge zwischen der Gesamtkostenfunktion, der Grenzkostenfunktion und den Durchschnittskostenfunktionen für den Fall einer ertragsgesetzlichen Produktionsfunktion zusammengefasst. Danach ergeben sich zunächst fallende, ab dem Wendepunkt steigende Grenzkosten. Durchschnitts- und Grenzkosten sind gleich groß, wenn der Fahrstrahl vom Ursprung aus die Kostenkurve tangiert und mit der Tangente an die Kostenkurve zusammenfällt (in Punkt P). Links von diesem Schnittpunkt haben wir fallende Stückkosten, weil die anteiligen Fixkosten pro Mengeneinheit mit wachsendem Output sinken und der Kostenzuwachs jeder zusätzlich produzierten Einheit niedriger ist als die Durchschnittskosten der bisher produzierten Einheiten. Nach dem Schnittpunkt steigen die Stückkosten an, weil die Grenzkosten jeder zusätzlich produzierten Einheit höher sind als die Stückkosten der bisher produzierten Einheiten und die Fixkostendegression bei größerer Ausbringungsmenge immer mehr in den Hintergrund tritt. Also hat die Stückkostenkurve dort ihr Minimum, wo die Grenzkosten und die Durchschnittskosten gleich groß sind.

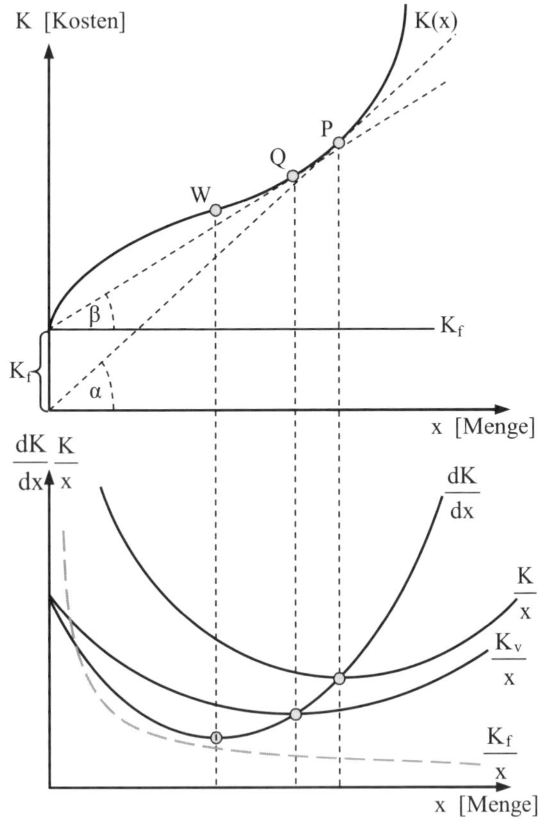

Abbildung 6-20: Gesamtkosten, Grenz- und Durchschnittskosten

Was für die Durchschnittkosten gesagt wurde, gilt auch für die variablen Stückkosten mit der Ausnahme, dass die Fixkostendegression hier nicht zum Tragen kommt. Variable Stückkosten und Grenzkosten sind gleich groß, wenn der Fahrstrahl beginnend in Höhe der Fixkosten die Gesamtkostenfunktion tangiert (in Punkt Q). Deshalb gilt generell für den Verlauf der Grenzkosten und Durchschnittskostenfunktionen: Sofern es einen Schnittpunkt zwi-

schen der Grenz- und Durchschnittskostenkurve gibt, schneidet die Grenzkostenkurve die durchschnittliche variable Kostenkurve und die durchschnittliche Gesamtkostenkurve in deren Minima.

Übung 6-8: Kostenfunktionen bei ertragsgesetzlicher Produktionstechnologie

Eine ertragsgesetzliche Kostenfunktion eines Unternehmens habe die Form:

$K = 0{,}5x^3 - 2x^2 + 4x + 100$

a) Bestimmen Sie für diese Funktion die durchschnittlichen Gesamtkosten, die durchschnittlichen Fixkosten, die durchschnittlichen variablen Kosten und die Grenzkosten.

b) Bei welcher Produktionsmenge realisiert das Unternehmen das Minimum der variablen Stückkosten? Wie hoch sind im Minimum die variablen Kosten pro Stück?

Lösung:

a) Durchschnittliche Gesamtkosten: $k = \frac{K}{x} = 0{,}5x^2 - 2x + 4 + \frac{100}{x}$

Durchschnittliche Fixkosten: $k_f = \frac{K_f}{x} = \frac{100}{x}$

Durchschnittliche variable Kosten: $k_v = \frac{K_v}{x} = 0{,}5x^2 - 2x + 4$

Grenzkosten: $K' = \frac{dK}{dx} = 1{,}5x^2 - 4x + 4$

b) Minimum der variablen Stückkosten: $\frac{dk_v}{dx} = x - 2 = 0 \Rightarrow x = 2$

Minimale variable Stückkosten: $k_v^* = 0{,}5 \cdot 2^2 - 2 \cdot 2 + 4 = 2$

Abschließend soll noch die Kostenfunktion bei einer limitationalen Produktionstechnik vorgestellt werden. In diesem Fall ergibt sich eine lineare Kostenfunktion. Die Produktivität des variablen Faktors ist konstant. Daraus folgt, dass jede zusätzlich produzierte Einheit zu konstanten Grenzkosten hergestellt werden kann. Die Kostenverläufe sind in Abbildung 6-21 dargestellt.

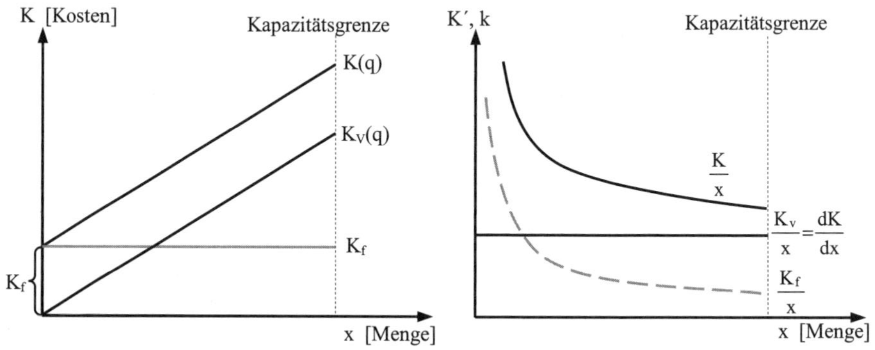

Abbildung 6-21: Kostenverlauf bei einer linear-limitationalen Produktionstechnik

Im Falle eines linearen Kostenverlaufs sind die variablen Durchschnittskosten konstant und fallen mit den Grenzkosten zusammen. Die Fixkosten pro Stück verlaufen wie zuvor degressiv. Wegen der fallenden durchschnittlichen Fixkosten nehmen die Stückkosten bis zur Kapazitätsgrenze fortlaufend ab. Weder die variablen noch die gesamten Durchschnittskosten weisen ein Minimum auf. Sofern ein Unternehmen die gesamte Produktion absetzen kann, wird es an der Kapazitätsgrenze produzieren, weil die Produktionskosten pro Stück hier am niedrigsten sind.

6.4.3 Die Minimalkostenkombination

Produktionsfunktionen beschreiben den technologischen Zusammenhang zwischen der produzierten Menge und der Menge der eingesetzten Produktionsfaktoren, wobei aus der Menge aller möglichen Input-Output-Kombinationen diejenigen ausgewählt werden, die technologisch effizient sind. Je nach Produktionstechnologie hat ein Unternehmen bei der Herstellung eines Produkts die Wahl zwischen mindestens einem und mehreren bis unendlich vielen technisch effizienten Verfahren, um eine bestimmte Menge eines Gutes herzustellen. Dann stellt sich im Rahmen der Produktionsentscheidung ein zweites Problem, nämlich mit welcher Technologie und welcher Faktorkombination die Produktion erfolgen soll.

Das Unternehmen hat also zu entscheiden, welches Produktionsverfahren unter wirtschaftlichen Gesichtspunkten das Beste ist. Dazu muss es die verschiedenen Faktorkombinationen vergleichbar machen und die verschiedenen Faktorbündel mit den Preisen für die einzusetzenden Faktormengen bewerten. Die Höhe der Kosten ist damit maßgebend für die ökonomische Effizienz einer Produktion. Da die unterschiedlichen Faktorkombinationen Kosten in unterschiedlicher Höhe verursachen, wird das Unternehmen die kostengünstigste Faktorkombination suchen, um einen angestrebten Output zu realisieren. Das Unternehmen handelt somit bei der Verfolgung des Ziels der wirtschaftlichen Effizienz nach dem Prinzip der Kostenminimierung, d. h. eine gewünschte Outputmenge zu möglichst niedrigen Kosten zu produzieren.

Wir betrachten das Problem der Kostenminimierung für den Fall zweier Einsatzfaktoren, z. B. Arbeit und Kapital. Die Preise der Inputfaktoren seien r_1 und r_2. Diese Kosten der eingesetzten Faktoren können sowohl explizite als auch implizite Kosten sein. Auf gesamtwirtschaftlicher Ebene entspräche etwa der Preis des Faktors Arbeit den Arbeitskosten bzw. dem Lohnsatz pro Stunde. Auf der Unternehmensebene entsprechen die Arbeitskosten dem Stundensatz, zu dem das Unternehmen Arbeitskräfte eingestellt hat, bzw. dem Stundensatz, den ein Unternehmer anderweitig mit seiner Arbeit am Markt erzielen könnte.

Ähnliches gilt auch für die Kapitalkosten. Werden Maschinen und Anlagen geleast, sind die Leasingraten pro Jahr, Monat oder Stunde die expliziten Kosten der Kapitalnutzung, der sog. Mietpreis des Kapitals. Sie enthalten die ökonomischen Abschreibungen der Anlage sowie eine Verzinsung, die einer alternativen Anlage zu marktmäßigen Bedingungen entspricht. Dasselbe gilt natürlich auch, wenn ein Unternehmen seine Anlagen selbst beschafft. Auch hier müssen bei den Kosten der Kapitalnutzung zusätzlich zu den ökonomischen Abschreibungen die entgangenen Zinsen berücksichtigt werden, die man bei einer anderen Anlage des Geldes hätte erzielen können. Insofern macht es keinen Unterschied für den Ansatz der Kapitalkosten, ob Kapitalgüter vom Unternehmen selbst beschafft, gemietet oder geleast werden.

Für die weiteren Überlegungen nehmen wir an, das Unternehmen habe aufgrund seiner Produktionsplanung beschlossen, $\overline{x}$ Mengeneinheiten Output pro Jahr zu produzieren. Die Festlegung der Produktionsmenge beinhaltet produktionstheoretisch die Auswahl einer Isoquante, die die möglichen Produktionsverfahren beschreibt, mit denen die Produktionsmen-

ge $\bar{x}$ technisch effizient hergestellt werden kann. Dann besteht das Problem in der Wahl des ökonomisch effizienten Produktionsverfahrens. Wie kann die vorgegebene Produktionsmenge zu minimalen Kosten produziert werden? Gesucht wird diejenige Kombination an Produktionsfaktoren, die die geringsten Kosten verursacht. Das Management muss die Mengen an Arbeit und Kapital wählen, mit denen die Gesamtkosten der Produktion der Menge $\bar{x}$ minimiert werden. Bewertet man die eingesetzten Faktormengen mit den Preisen der Produktionsfaktoren, erhält man die Gesamtkosten der Produktion:

$$K = r_1 v_1 + r_2 v_2$$

Diese Kostengleichung können wir für vorgegebene Gesamtkosten und gegebene Preise der Produktionsfaktoren zur Isokostengeraden umformen:

$$v_1 = \frac{K}{r_1} - \frac{r_2}{r_1} v_2$$

Die Isokostengerade beschreibt alle Kombinationen an Einsatzfaktoren, die ein Unternehmen bei gegebenen Faktorpreisen und gegebener Kostensumme maximal kaufen kann. in der grafisch Darstellung ist die Steigung der Isokostengeraden durch das Verhältnis der Faktorpreise $-(r_2/r_1)$ festgelegt. Ist etwa der Preis r_2 doppelt so hoch wie der Preis r_1, so könnte das Unternehmen eine Mengeneinheit des Faktors 2 durch zwei Mengeneinheiten des Faktors 1 ersetzen, ohne dass sich die Gesamtkosten ändern. Die Achsenabschnitte der Isokostenkurve ergeben sich aus den Gesamtkosten dividiert durch den Faktorpreis des jeweiligen Produktionsfaktors, der auf dieser Achse abgetragen wird. Ökonomisch beschreiben die Achsenabschnitte die wenig wahrscheinliche Situation, dass nur ein Produktionsfaktor in der Produktion zum Einsatz kommt. Die Lage der Isokostenkurve wird durch die Gesamtkosten bestimmt. Eine Isokostengerade liegt umso weiter vom Ursprung des Koordinatensystems entfernt, je höher die Gesamtkosten sind, die sie repräsentiert.

Die Analogie der Isokostengeraden zur Budgetgeraden in der Haushaltstheorie ist offensichtlich. Veränderungen der Faktorpreise und der Kostensumme haben dieselben Auswirkungen auf die Isokostengerade wie die Veränderung von Güterpreisen und Einkommen auf die Budgetgerade. Die Isokostengerade verschiebt sich parallel, wenn sich die Gesamtkosten oder alle Faktorpreise im selben Verhältnis ändern. Wird nur ein Faktorpreis verändert, ändern sich ihre Steigung und der Achsenabschnitt des Faktors, dessen Preis geändert wurde.

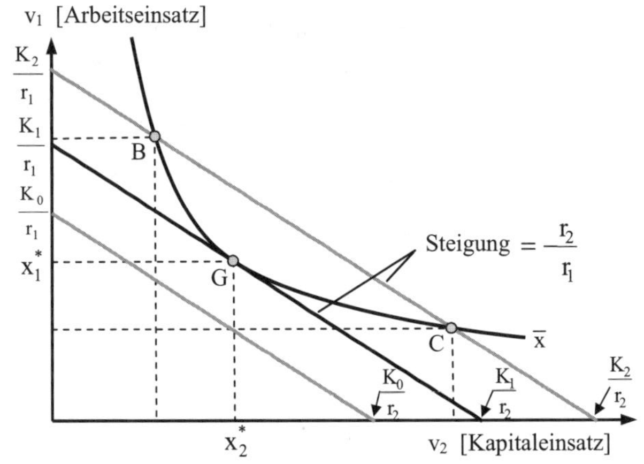

Abbildung 6-22: Die Minimalkostenkombination

In Abbildung 6-22 werde das vom Unternehmen geplante Produktionsniveau durch die Isoquante $\overline{x}$ dargestellt. K_0, K_1 und K_2 sind Isokostengeraden bei gegebenen Faktorpreisen, aber unterschiedlich hohen Gesamtkosten. Die Isokostengerade mit Gesamtkosten K_0 erlaubt es dem Unternehmen nicht, die Faktormengen einzukaufen, die für die Produktion der Menge $\overline{x}$ erforderlich wären. Sowohl mit K_1 als auch mit K_2 können die benötigten Faktorleistungen beschafft und die Menge $\overline{x}$ produziert werden. Mögliche Faktorkombinationen für die Herstellung von $\overline{x}$ werden durch die Punkte B, C und G dargestellt. Aber die Isokostengerade durch B und C repräsentiert nicht die minimalen Kosten, weil das Unternehmen seine Kosten von K_2 auf K_1 senken kann, wenn es die Faktorkombination in G einsetzt. Im Punkt G tangiert die Isokostengerade die Isoquante. Somit ist die in G dargestellte Faktorkombination v_1^*, v_2^* diejenige, bei der die Outputmenge $\overline{x}$ zu den niedrigst möglichen Kosten produziert wird.

Im Punkt G sind die Steigungen der Isoquante und die der Isokostengeraden gleich groß. Wie wir in Abschnitt 6.3.3 hergeleitet haben, ist die Steigung der Isoquante gleich der Grenzrate der technischen Substitution, die ihrerseits dem umgekehrten Verhältnis der Grenzproduktivitäten entspricht. Bei Gleichheit der Steigungen von Isoquante und Isokostenlinie muss daher im Kostenminimum gelten:

$$-\frac{r_2}{r_1} = \text{GRTS} = -\frac{\frac{\partial x}{\partial v_2}}{\frac{\partial x}{\partial v_1}}$$

Im Optimum ist das Verhältnis der Faktorpreise gleich dem Verhältnis der Grenzproduktivitäten. Um dies zu verstehen, betrachten wir das folgende Beispiel. Der Lohnsatz betrage 20 Euro je Stunde, die Kosten der Kapitalnutzung seien 10 Euro je Stunde. Durch eine Erhöhung des Arbeitseinsatzes um eine Stunde könne die Produktion um 20 Einheiten gesteigert werden, während eine Erhöhung des Kapitaleinsatzes um eine Maschinestunde einen Outputzuwachs von 40 Mengeneinheiten erbringt. Das Faktorpreisverhältnis ist folglich 2 zu 1, während das Verhältnis der Grenzproduktivitäten 20 zu 40 beträgt. In diesem Fall wirkt eine Substitution von Arbeitsstunden durch vermehrten Kapitaleinsatz kostensenkend, weil mit einer Senkung des Arbeitseinsatzes um zwei Stunden auf 40 Einheiten Produktion verzichtet wird und die Kosten um 40 Euro gesenkt werden. Eine zusätzliche Kapitalstunde steigert aber den Output um 40 Einheiten, die Produktionskosten steigen jedoch nur um 10 Euro. Die Kosten werden folglich bei gleich bleibendem Output um 30 Euro gesenkt. Da mit fortschreitender Substitution von Arbeit durch Kapital die Grenzproduktivität der Arbeit steigt und diejenige des Kapitaleinsatzes sinkt, gleicht sich das Verhältnis der Grenzproduktivitäten immer mehr dem Verhältnis der Faktorpreise an.

Die Bedingung für die Minimalkostenkombination lässt sich umformen:

$$\frac{\frac{\partial x}{\partial v_2}}{r_2} = \frac{\frac{\partial x}{\partial v_1}}{r_1}$$

Diese Formulierung bringt zum Ausdruck, dass der Grenzertrag eines ausgegebenen Euros im Kostenminimum bei allen eingesetzten Produktionsfaktoren gleich groß sein muss. Auch diese Aussage können wir uns mit Hilfe des vorhergehenden Beispiels klar machen. Wenn die Produktion durch eine Anhebung der Arbeitsstunden ausgedehnt wird, dann erhält man pro Euro eine zusätzliche Mengeneinheit. Wird die Produktion durch eine zusätzliche Maschinestunde gesteigert, so erhält man pro Euro vier zusätzliche Mengeneinheiten. Folglich

lohnt sich auch hier die Substitution von Arbeit durch Kapital solange, bis der zusätzliche Ertrag pro ausgegebenen Euro bei beiden Produktionsfaktoren gleich hoch ist.

Für die formale Bestimmung des Kostenminimums verwendet man wiederum den Lagrange-Ansatz. Im Fall der Kostenminimierung besteht die Aufgabe darin, die Faktoreinsatzmengen so zu bestimmen, dass eine gegebene Outputmenge zu den geringst möglichen Kosten produziert werden kann.

Die Kostengleichung ist die zu minimierende Zielfunktion:

$$K = r_1 v_1 + r_2 v_2$$

Nebenbedingung ist ein gegebenes Produktionsniveau, das mit einer gegebenen Produktionsfunktion produziert werden soll:

$$\bar{x} = x(v_1, v_2)$$

Bezeichnet man wiederum den Lagrange-Multiplikator mit λ, so lautet der Lagrange-Ansatz:

$$L = r_1 v_1 + r_2 v_2 + \lambda[\bar{x} - x(v_1, v_2)] \Rightarrow \text{Min!}$$

Die Lagrange-Funktion enthält die drei Variablen v_1, v_2 und λ. Um das Minimum dieser Funktion zu ermitteln, werden die partiellen Ableitungen gebildet. Setzt man diese gleich 0, erhält man die Bedingungen 1. Ordnung für das Kostenminimum, aus denen sich die gesuchten optimalen Werte v_1 und v_2 bestimmen lassen.

$$\frac{\partial L}{\partial v_1} = r_1 - \lambda \frac{\partial x}{\partial v_1} = 0$$
$$\frac{\partial L}{\partial v_2} = r_2 - \lambda \frac{\partial x}{\partial v_2} = 0$$
$$\frac{\partial L}{\partial \lambda} = \bar{x} - x(v_1, v_2) = 0$$

Aus den ersten beiden Gleichungen ergibt sich wieder die Bedingung für die Minimalkostenkombination:

$$\frac{\partial x/\partial v_2}{r_2} = \frac{\partial x/\partial v_1}{r_1} = \lambda$$

Es gilt: Im Kostenminimum muss der Grenzertrag des Geldes in jeder Verwendung gleich groß sein.

Aus der Tatsache, dass im Kostenminimum das Faktorpreisverhältnis der Grenzrate der technischen Substitution entspricht, folgt schließlich, dass sich bei einer Änderung des Faktorpreisverhältnisses das Verhältnis der eingesetzten Produktionsfaktoren ändert. Das Unternehmen wird den relativ teureren Faktor durch den relativ billigeren Faktor substituieren. In Abbildung 6-23 ist die Auswirkung einer Faktorpreisänderung dargestellt. Es sei angenommen, das Unternehmen produziere die Menge $\bar{x}$ mit Hilfe der Faktorkombination v_1^0, v_2^0. Die Minimalkostenkombination sei in Punkt A realisiert. Steigt nun der Preis des Faktors Arbeit, kommt es zu einer Steigerung der Produktionskosten. Gleichzeitig ändert sich das Faktorpreisverhältnis, die Steigung der Isokostengeraden wird flacher. Das Unternehmen kann die Kostensteigerungen ganz oder teilweise dadurch auffangen, dass es den Einsatz des Faktors Arbeit reduziert und seinen Kapitaleinsatz erhöht. Die neue Minimalkostenkombination für die Produktion der Menge $\bar{x}$ liegt in Punkt B. Die kostenminimierende Faktorkombination ist nun v_1^1, v_2^1. Ob und in welchem Umfang ein Unternehmen auf Preissteigerungen bei einem Produktionsfaktor reagieren und Kostensteigerungen durch eine Faktorssubstitution auffangen kann, hängt davon ab, wie flexibel die Produktionstechnik an

veränderte Faktorkombinationen angepasst werden kann. Dies wird durch die Substitutionselastizität gemessen (siehe Abschnitt 6.3.3).

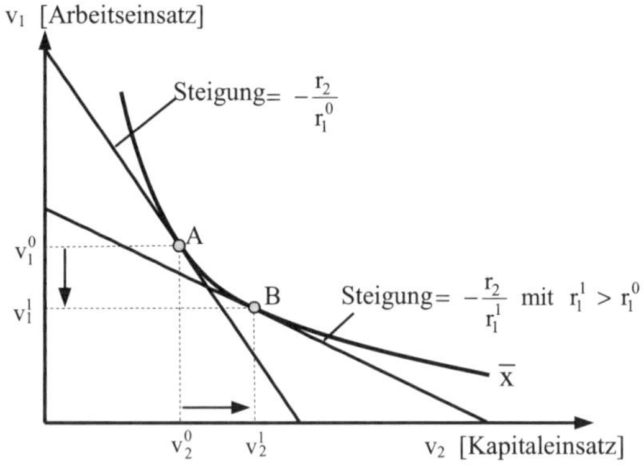

Abbildung 6-23: Auswirkungen einer Faktorpreisänderung

Übung 6-9: Bestimmung der kostenminimalen Faktorkombination

Ein Unternehmen produziere gemäß der Cobb-Douglas-Produktionsfunktion $x = 40N^{\alpha} K^{\beta}$. Die Grenzproduktivitäten der Arbeit und des Kapitals lauten:

$$\frac{\partial x}{\partial N} = \alpha \cdot 40 \cdot N^{\alpha-1} K^{\beta} = \frac{\alpha x}{N} \quad \text{und} \quad \frac{\partial x}{\partial K} = \beta \cdot 40 \cdot N^{\alpha} K^{\beta-1} = \frac{\beta x}{K}$$

Der Preis für den Faktor Arbeit beträgt 20 € pro Stunde. Die Kapitalkosten betragen 10 € pro Maschinenstunde.

a) Unterstellen Sie einen Wert von $\alpha = \beta = 0{,}5$. Welche Mengen an Arbeit und Kapital wird das Unternehmen in der Produktion einsetzen, wenn es eine Produktion von 800 Mengeneinheiten plant?

b) Wie ändern sich die eingesetzten Faktormengen und das Faktoreinsatzverhältnis, wenn der Preis des Faktors Arbeit um 20 Prozent steigt?

Lösung:

a) Die Bedingung für die Minimalkostenkombination besagt, dass das Verhältnis der Grenzproduktivitäten dem Faktorpreisverhältnis entsprechen muss. Wir ermitteln das Verhältnis der Grenzproduktivitäten:

$$\frac{\frac{\partial x}{\partial N}}{\frac{\partial x}{\partial K}} = \frac{\alpha \cdot 40 \cdot N^{\alpha-1} K^{\beta}}{\beta \cdot 40 \cdot N^{\alpha} K^{\beta-1}} = \frac{\alpha x K}{\beta x N} = \frac{\alpha K}{\beta N}$$

Dies wird dem Verhältnis der Faktorpreise gleichgesetzt:

$$\frac{\alpha K}{\beta N} = \frac{r_N}{r_K} \quad \Rightarrow \quad N = \frac{\alpha r_K}{\beta r_N} \cdot K$$

Nach Einsetzen der Werte erhält man:

$$N = \frac{0{,}5 \cdot 10}{0{,}5 \cdot 20} \cdot K = 0{,}5 \cdot K$$

Die optimale Kombination der Faktoreinsatzmengen liegt auf der Isoquante für eine Produktionsmenge von 800 Einheiten.

$$800 = 40N^{0,5}K^{0,5} \quad \Rightarrow \quad K = \frac{400}{N}$$

Aus den beiden Gleichungen ergeben sich die optimalen Inputmengen:

$N^* = 14{,}14$ Arbeitsstunden, $K^* = 28{,}28$ Maschinenstunden

Bei gleichen Produktionselastizitäten der beiden Produktionsfaktoren wird der Faktoreinsatz vom Preisverhältnis der beiden Faktoren bestimmt. Weil der Preis für den Faktor Arbeit doppelt so hoch wie der Preis für den Faktor Kapital ist, wird nur halb so viel Arbeit eingesetzt wie Kapital.

b) Die Bedingung für die Minimalkostenkombination lautet nun:

$$\frac{0{,}5 \cdot K}{0{,}5 \cdot N} = \frac{24}{10} \quad \Rightarrow \quad K = 2{,}4 \cdot N$$

Die optimale Kombination der Faktoreinsatzmengen liegt auf der Isoquante für eine Produktionsmenge von 800 Einheiten.

$$800 = 40N^{0,5}K^{0,5} \quad \Rightarrow \quad K = \frac{400}{N}$$

Aus den beiden Gleichungen ergeben sich die optimalen Inputmengen:

$N^* = 12{,}9$ Arbeitsstunden, $K^* = 31{,}0$ Maschinenstunden

Das Ergebnis in Übung 6-9 zeigt, dass es bei Änderungen des Faktorpreisverhältnisses zu einer Faktorssubstitution kommt. Dabei wird der relativ teurer gewordenen Faktor Arbeit durch den im Preis unverändert gebliebenen Faktor Kapital ersetzt. Dem ursprünglichen Faktorpreisverhältnis von $r_A/r_K = 20/10 = 2$ entsprach im Kostenminimum ein Faktoreinsatzverhältnis von $v_K/v_A = 28{,}28/14{,}14 = 2$. Der Anstieg der Arbeitskosten um 20 Prozent veränderte das Faktorpreisverhältnis auf 24/10 = 2,4. Die daraufhin einsetzende Faktorsubstitution des Unternehmens führte im neuen Kostenminimum zu einem Faktoreinsatzverhältnisse von 31,0/12,9 = 2,4. Dieses Ergebnis ist kein Zufall. Es folgt aus der Tatsache, dass die Cobb-Douglas-Produktionsfunktion eine Substitutionselastizität von eins besitzt. Wenn Unternehmen ihre Kosten minimieren, ist im Kostenminimum die Grenzrate der Substitution von Arbeit durch Kapital gleich dem umgekehrten Faktorpreisverhältnis. Somit führt eine Erhöhung des Faktorpreisverhältnisses um 20 Prozent zu einer gleich großen Veränderung der Grenzrate der Substitution von Arbeit durch Kapital mit der Folge, dass sich das Faktoreinsatzverhältnis im gleichen Verhältnis zu Gunsten des relativ billiger gewordenen Faktors verschiebt. Damit wird deutlich, dass die Anpassungsmöglichkeiten der Unternehmen an Veränderungen der Faktorpreise von der Substitutionselastizität- des Produktionsprozesses bestimmt werden. Diese sind umso höher, je höher der Wert der Substitutionselastizität ist.

Im Falle einer linear-limitationalen Produktionstechnik ist die Substitutionselastizität Null. Die effiziente Faktorkombination liegt in der Ecke der Isoquante (siehe Punkt A in Abbildung 6-24), der horizontale und vertikale Ast der Isoquante kommen für die Produktion nicht in Frage. Ein Unternehmen wird stets die effiziente Faktorkombination wählen. Es hat keine Möglichkeit, sich an veränderte Faktorpreise anzupassen. Die effiziente Faktorkombination ist unabhängig vom Faktorpreisverhältnis.

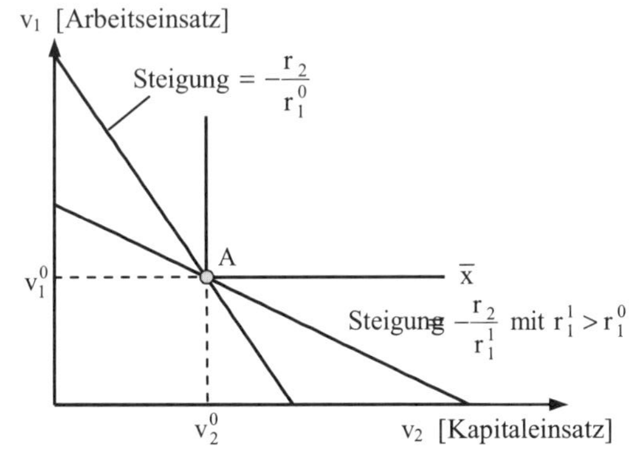

Abbildung 6-24: Kostenminimierung bei streng komplementären Produktionsfaktoren

6.4.4 Langfristige Kostenfunktionen

Bei der Ableitung der Minimalkostenkombination lautete die Frage, welche Mengen an Produktionsfaktoren das Unternehmen bei gegebenen Güterpreisen und gegebener Produktionstechnik einsetzen wird, wenn es ein bestimmtes Outputniveau zu geringst möglichen Kosten herstellen möchte. Wir erweitern unsere Fragestellung, indem wir die Minimalkostenkombination für ein fortlaufend steigendes Produktionsniveau und die dadurch verursachten Kosten ermitteln. Ein fortlaufend steigendes Produktionsniveau impliziert, dass letztlich alle für den Produktionsprozess relevanten Faktoren variiert werden können. Damit erweitern wir den Zeithorizont unserer Betrachtung, denn langfristig sind alle Inputmengen frei wählbar. Ein Unternehmen kann somit seine Produktionskapazitäten und die dafür erforderlichen Inputfaktoren beliebig verändern. Damit entfallen langfristig fixe Produktionsfaktoren und folglich auch die Fixkosten.

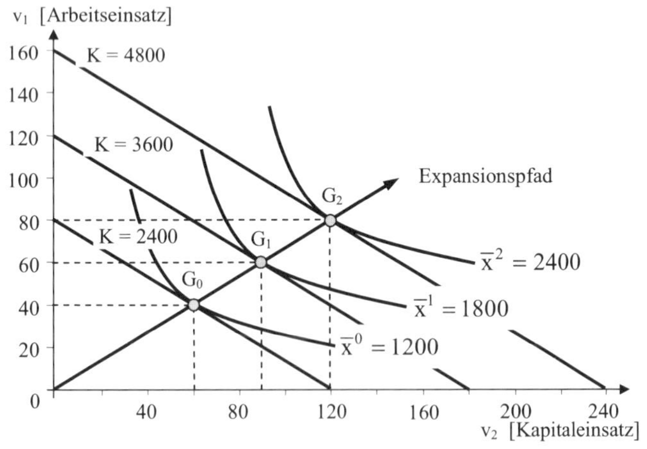

Abbildung 6-25: Kostenminimierung bei variabler Outputmenge

Betrachten wir folgendes Beispiel. Die Arbeitskosten seien 30 Euro je Stunde, die Kapitalkosten 20 Euro je Stunde. Entsprechend der Bedingung für die Minimalkostenkombination ergebt sich ein Einsatzverhältnis von Kapital zu Arbeit von 3 zu 2. Das Unternehmen plane eine Produktion von 1200 Mengeneinheiten und benötige entsprechend seiner Produktions-

funktion dafür 40 Arbeitseinheiten und 60 Kapitaleinheiten. Dann betragen die minimalen Kosten der Produktion 2400 Euro. Dies entspricht der Isokostengerade (K = 2400) in Abbildung 6-25. Erhöht das Unternehmen seine Produktion bei unverändertem Faktoreinsatzverhältnis auf 1800 Einheiten, steigen seine minimalen Produktionskosten auf 3200, und schließlich erhalten wir bei einem Output von 2400 Mengeneinheiten Produktionskosten von 4800 Euro. Die Verbindungslinie aller Minimalkostenkombinationen heißt Expansionspfad. Jeder Punkt auf dem Expansionspfad beschreibt die Einsatzmengen an Produktionsfaktoren, mit denen ein gegebener Output zu geringst möglichen Kosten hergestellt werden kann, wenn alle Faktoren variabel sind. Damit sind aber auch für jedes Outputniveau die gesamten Produktionskosten festgelegt.

Die Minimalkostenkombinationen auf dem Expansionspfad enthalten somit für jede Outputmenge die dazu gehörigen minimalen Produktionskosten. Überträgt man die Outputmenge und die jeweiligen minimalen Produktionskosten in ein Kosten-Mengen-Diagramm erhält man Abbildung 6-26. Dies ist die langfristige Kostenkurve des Unternehmens. Sie zeigt die Abhängigkeit der Kostenentwicklung von der Produktionskapazität.

Die langfristige Kostenfunktion hat keinen Achsenabschnitt, weil alle Produktionsfaktoren langfristig variabel sind. Sie verläuft in unserem Fall linear, weil konstante Skalenerträge vorliegen. Eine Verdopplung des Faktoreinsatzes führt zu einer Verdopplung der Produktion und bei gegebenen Faktorpreisen zu einer Verdopplung der minimalen Produktionskosten. Die langfristige Kostenkurve liefert uns folglich die Information, wie sich die langfristigen Kosten eines Unternehmens ändern, wenn es seine Betriebsgröße/Produktionskapazität verändert.

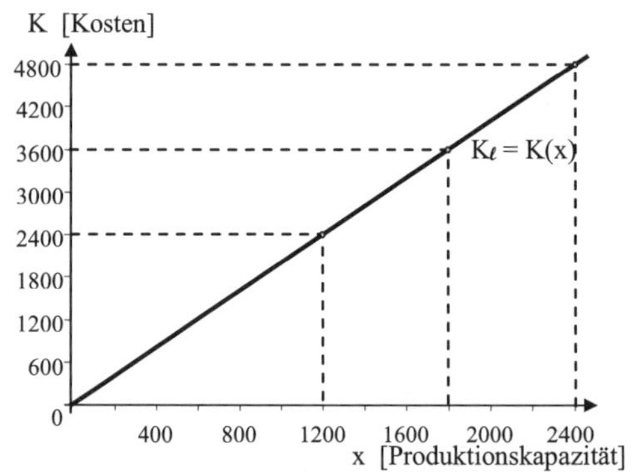

Abbildung 6-26: Die langfristige Kostenkurve in Abhängigkeit von der Produktionskapazität

Der Verlauf der langfristigen Kostenkurve wird von den Skalenerträgen der Produktion bestimmt. Bei zunehmenden Skalenerträgen führt eine Verdoppelung des Einsatzes aller Produktionsfaktoren zu einem Produktionsanstieg, der größer ist als die Zunahme des Faktoreinsatzes. Dies bedeutet aber, dass die Kosten langsamer steigen als die Produktion. In diesem Fall werden sowohl die Grenz- als auch die Durchschnittkosten sinken. Umgekehrt ergibt sich bei abnehmenden Skalenerträgen ein überlinearer Anstieg der Kostenfunktion. Hier wächst das Produktionsniveau unterproportional mit dem Skalenniveau des Faktoreinsatzes, so dass bei gegebenen Faktorpreisen die Produktionskosten schneller steigen als die Produktionskapazität. Als Folge ergeben sich steigende Grenz- und Durchschnittkosten. Wir könnten uns schließlich vorstellen, dass sich ein Produktionsprozess als eine Kombination aus zunächst steigenden und schließlich abnehmenden Skalenerträgen darstellt. In diesem

Fall hätte die Niveauertragsfunktion einen S-förmigen Verlauf, der formal einer ertragsgesetzlich verlaufenden Produktionsfunktion entspricht. Die Grenz- und Durchschnittskostenkurve hätte dann einen U-förmigen Verlauf.

6.4.5 Der Zusammenhang zwischen kurz- und langfristigen Kosten

Die langfristige Kostenfunktion bringt zum Ausdruck, wie sich die minimalen Produktionskosten ändern, wenn das Unternehmen seine Betriebsgröße frei wählen kann. In diesem Fall sind alle Inputfaktoren variablen und können so angepasst werden, dass die Produktion bei jeder Betriebsgröße zu den niedrigsten möglichen Kosten erfolgt. Kurzfristig ist jedoch die Betriebsgröße gegeben. Der Einsatz des Faktors Kapital (und anderer Inputfaktoren mit längerfristigen Verträgen) ist fixiert. Die kurzfristigen Kosten setzen sich folglich aus fixen und variablen Kosten zusammen und die kurzfristige Kostenfunktion gibt die minimalen Kosten der Produktion bei gegebener Betriebsgröße an. Änderungen der Produktionsmenge können dann nur noch über eine Variation der variablen Faktoren erreicht werden.

Der Unterschied zwischen lang- und kurzfristigen Kosten ist in Abbildung 6-27 dargestellt. Langfristig kann das Unternehmen eine Betriebsgröße planen, die optimal an die angestrebte Produktionsmenge angepasst ist. Dies sei in Abbildung 6-27 im Punkt G_0 realisiert. Hier produziert das Unternehmen $\overline{x}_0 = 1200$ Stück. Dafür werden 40 Einheiten Kapital und 60 Einheiten Arbeit eingesetzt. Bei angenommenen Faktorpreisen von 40 Euro je Arbeitseinheit und 30 Euro je Kapitaleinheit belaufen sich die Gesamtkosten der Produktion auf $K_0 = 3600$ und die minimalen Durchschnittskosten auf 3 Euro je Stück.

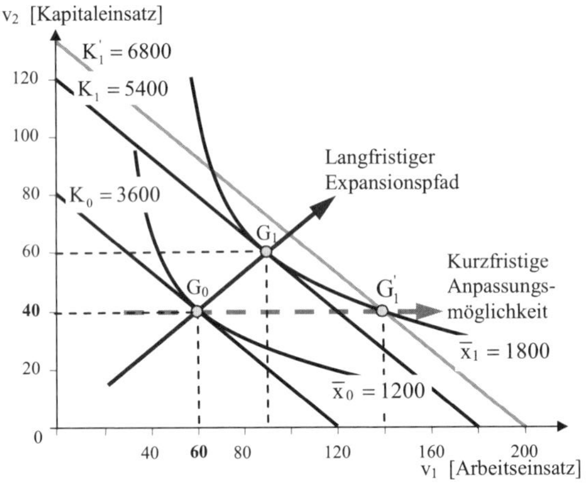

Abbildung 6-27: Kosten bei lang- und kurzfristiger Anpassung der Produktion

Nachdem die Entscheidung über die optimale Betriebsgröße gefallen ist, können Produktionsschwankungen nur noch durch eine Veränderung des variablen Einsatzfaktors aufgefangen werden. Steigt etwa die Produktion auf Grund der allgemeinen Marktentwicklung auf $\overline{x}_1 = 1800$ muss bei fixen Kapitalbestand der Arbeitseinsatz auf 140 Einheiten ausgedehnt werden. Die neue Faktorkombination wird durch den Punkt $G_1^{'}$ dargestellt. Die Produktionskosten betragen in diesem Punkt $K_1^{'} = 6800$, was bei einer Produktionsmenge von 1800 zu durchschnittlichen Kosten von 3,78 Euro je Produkteinheit führt. Könnte das Unternehmen sowohl seinen Arbeitseinsatz als auch seinen Kapitaleinsatz kurzfristig anpassen, wurde es die höhere Produktionsmenge mit der Faktorkombinationen in G_1 produzieren. Diese

würde Kosten von $K_1 = 5400$ verursachen, was in unserem Beispiel zur Folge hätte, dass das Unternehmen die höhere Produktionsmenge zu unveränderten Stückkosten von 3 Euro produzieren könnte. Die Inflexibilität des Einsatzes des Inputfaktors Kapital verhindert somit, dass das Unternehmen kurzfristig seine Produktionskosten minimiert. Lang- und kurzfristige Stückkosten fallen somit nur zusammen, wenn das Unternehmen die Menge produziert, die durch die optimale Betriebsgröße determiniert ist. Diese ergibt sich für jede Produktionsmenge aus den Kostenminima und wird somit durch den langfristigen Expansionspfad angegeben. Kurzfristige Produktionsschwankungen können nur über den in der Grafik angegebenen Pfad der kurzfristigen Anpassungsmöglichkeit aufgefangen werden. Daraus folgt aber, dass die kurzfristigen Gesamtkosten mit Ausnahme des gemeinsamen Punktes im langfristigen Kostenminimum immer höher sind als die langfristigen Kosten.

In Abbildung 6-28 ist diese Beziehungen zwischen lang- und kurzfristigen Gesamtkostenkurven dargestellt. Für die langfristigen Kosten wurden – dem Beispiel in Abbildung 6-27 folgend – konstante Skalenerträge der Produktion unterstellt, was in der linear verlaufenden langfristigen Kostenfunktion $K_\ell(x)$ zum Ausdruck kommt. Die kurzfristigen Kostenfunktionen hätten dagegen entsprechend dem ertragsgesetzlichen Verlauf einer partiellen Produktionsfunktion den daraus folgenden S-förmigen Verlauf. Zu jeder Betriebsgröße gibt es eine eigene kurzfristige Kostenkurve. Entsprechend gehört zur im Punkt G_0 dargestellten Betriebsgröße mit einem Produktionsniveau von 1200 Einheiten die kurzfristige Kostenkurve $K_0(x)$, während zur Betriebsgröße G_1 mit einem Outputniveau von 1800 die Kostenkurve $K_1(x)$ gehört. Jede kurzfristige Kostenkurve tangiert die langfristige Kostenkurve in deren Kostenminimum, ansonsten verlaufen die kurzfristigen Kosten wegen der Inflexibilität des Einsatzes der fixen Produktionsfaktoren über der langfristigen Kostenkurve. Soll ausgehend von einer optimalen Betriebsgröße G_0 mit einem Outputniveau von 1200 Einheiten die Produktion gesteigert werden, steigen die kurzfristigen Kosten stärker als die langfristigen. Die Produktionskosten für eine Menge von 1800 Einheiten steigen auf $G_1^{'}$. Sollte sich folglich die Produktionssteigerung als nachhaltig erweisen, kann das Unternehmen durch einen Ausbau seiner Produktionskapazität seine Kosten senken und wieder ein langfristiges Kostenminimum in G_1 realisieren.

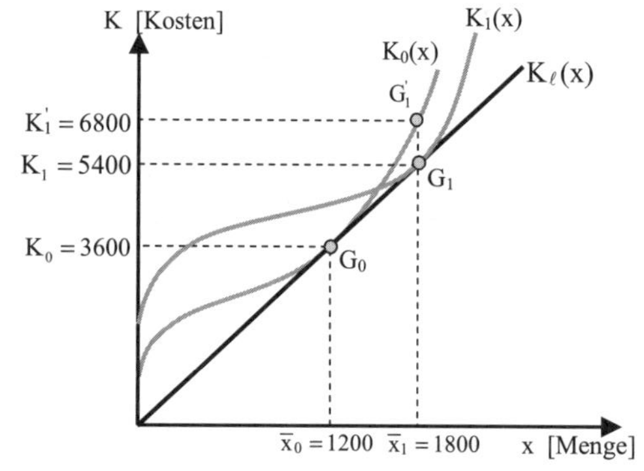

Abbildung 6-28: Der Zusammenhang zwischen kurz- und langfristiger Kostenkurve

In Abbildung 6-29 ist der Zusammenhang zwischen der langfristigen Durchschnittskostenkurve und den kurzfristigen Durchschnittskostenkurven für den typischen Fall einer U-förmig verlaufenden langfristigen Durchschnittskostenkurve k_ℓ dargestellt. Die drei kurzfristigen Stückkostenkurven k_1, k_2 und k_3 beziehen sich auf unterschiedliche Betriebsgrößen $\bar{x}_1$, $\bar{x}_2$ und $\bar{x}_3$ mit einer unterschiedlich hohen Kapitalausstattung $v_2^1 < v_2^2 < v_2^3$. Die minima-

len Stückkosten der drei unterschiedlichen Betriebsgrößen liegen auf der langfristigen Durchschnittskostenkurve und können mit c_1, c_2 und c_3 angegeben werden.

Zur Darstellung des Zusammenhangs zwischen kurz- und langfristigen Stückkosten sei angenommen, das Unternehmen plane aufgrund der erwarteten Marktentwicklung eine Betriebsgröße $\overline{x}_1$ in Abbildung 6-29. Wenn es diese Produktionsmenge realisiert, sind lang- und kurzfristige Stückkosten gleich hoch und betragen c_1. Innerhalb der Betriebsgröße kann das Unternehmen seinen Output variieren, indem es bei gegebener Kapitalausstattung den Arbeitseinsatz erhöht. Bei fortlaufender Ausdehnung der Produktionsmenge kann es zunächst Größenvorteile mit sinkenden Stückkosten realisieren. Wird die Produktionsmenge über das Betriebsoptimum hinaus erhöht, steigen die kurzfristigen Stückkosten, weil die Grenzproduktivität der zusätzlich eingesetzten Arbeitskräfte zurückgeht, sei es, weil die Qualifikation der zusätzlich eingesetzten Arbeitskräfte niedriger ist oder weil bei der kleinen Betriebsgröße eine steigende Zahl von Arbeitskräften immer weniger effizient beschäftigt werden kann. Wird schließlich die Produktion x_1 erreicht, steigen die Stückkosten auf c_1'. Hier kann die Produktionsmenge sowohl mit der kleineren Produktionskapazität $\overline{x}_1$ als auch mit der mittleren Betriebsgröße $\overline{x}_2$ zu gleichen Stückkosten produziert werden. Welche Betriebsgröße langfristig gewählt wird, hängt letztlich von den nachhaltigen Absatzerwartungen ab. Bei steigenden Absatzmöglichkeiten lohnt sich ab der Menge x_1 eine Erweiterung der Produktionskapazität auf eine mittlere Betriebsgröße, weil die größere Outputmengen mit sinkenden Stückkosten produziert werden können.

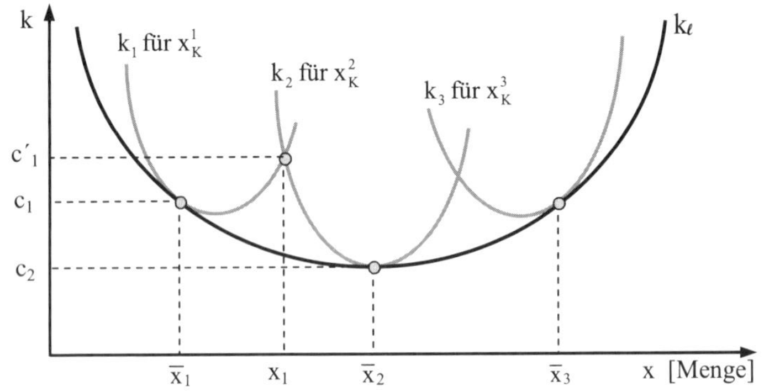

Abbildung 6-29: Der Zusammenhang zwischen kurz- und langfristiger Durchschnittskostenkurve

Der fundamentale Unterschied zwischen lang- und kurzfristigen Kosten kommt darin zum Ausdruck, dass die kurzfristigen Stückkostenkurven immer oberhalb der langfristigen Durchschnittskostenkurve liegen. Auf kurze Sicht kann ein Unternehmen keine niedrigeren Kosten haben als auf lange Sicht, weil langfristig alle Inputfaktoren variable sind und der Faktoreinsatz so gewählt werden kann, dass die Gesamtkosten minimiert werden. Beide Kurven haben einen Tangentialpunkt bei dem Outputniveau, bei dem die jeweilige Betriebsgröße die langfristigen Kosten minimiert. Wenn wir uns vorstellen, dass es für jede beliebige Betriebsgröße eine entsprechende kurzfristige Stückkostenkurve gibt, dann ist die langfristige Durchschnittskostenkurve die Umhüllende, die sog. Enveloppe der kurzfristigen Stückkostenkurven.

Bei den Entscheidungen der Unternehmen über die optimale Betriebsgröße geht es um die Suche nach den geringst möglichen Stückkosten der Produktion. Ein entscheidender Einflussfaktor dafür sind die bereits bekannten Skalenerträge in der Produktion, die sich aus den

technischen und organisatorischen Bedingungen des Produktionsprozesses ergeben. Steigende Skalenerträge bedeuten, dass große Stückzahlen in größeren Unternehmen zu niedrigeren Stückkosten produziert werden können als in vielen kleinen, weil bei großen Stückzahlen großbetriebliche, technische Verfahren und Abläufe leichter umgesetzt werden können. Dies wiederum ermöglicht den günstigeren Einkauf von Vorprodukten bei Abnahme großer Mengen. Ähnlich verhält es sich bei der Beschaffung von Finanzmitteln, insoweit es großen Unternehmen möglich ist, Fremdkapital zu günstigeren Konditionen zu beschaffen.

Neben der Niveauvariation aller Produktionsfaktoren haben die Unternehmen bei der Suche nach den minimalen Stückkosten langfristig auch die Möglichkeit, das Faktoreinsatzverhältnis zu ändern, um die Stückkosten der Produktion zu senken. Dann ist der langfristige Expansionspfad nicht mehr linear, weil nicht mehr alle Inputfaktoren proportional ausgeweitet werden, sondern er krümmt sich in Richtung des Inputfaktors, der besonders stark eingesetzt wird. So wird man etwa beim Einsatz einer neuen Papiermaschine mit doppelter Kapazität den Arbeitseinsatz nicht in gleichem Ausmaß steigern wie den Kapitaleinsatz, möglicherweise genügt sogar dieselbe Belegschaft, die die alte Maschine bedient hat. Stückkostensenkungen können folglich allgemein dadurch erreicht werden, dass die eingesetzten Produktionsfaktoren in geeigneter Weise so erweitert werden, dass die Gesamtkosten der Produktion langsamer steigen als die Produktionskapazität zunimmt. Wenn dies der Fall ist, hat ein Unternehmen Größenvorteile in der Produktion (Economies of Scale). Der Begriff Economies of Scale bezeichnet also eine Situation, in der die Stückkosten der Produktion sinken, wenn der Ausstoß erhöht wird, unabhängig davon, ob die Stückkostensenkung auf steigende Skalenerträge oder auf veränderte Proportionen des Faktoreinsatzes zurückzuführen ist.

Umgekehrt beschreibt der Begriff Größennachteile (DisEconomies of Scale) eine Situation, in der die Stückkosten der Unternehmen steigen, wenn die Produktion ausgeweitet wird. Einer der wichtigsten Gründe dafür sind die steigenden Kosten einer zunehmenden innerbetrieblichen Hierarchie, die mit wachsender Betriebsgröße zur Planung, Koordination, Verwaltung und Kontrolle der betrieblichen Abläufe benötigt wird und als overhead überproportional steigende Kosten verursacht. Daneben ist zu erwarten, dass es bei einer fortlaufenden Ausdehnung der Produktion zunehmende Probleme bei der Beschaffung geeigneter Produktionsfaktoren gibt. Qualifiziertes Personal, gute Standorte, billige Kredite, günstige Rohstoffe usw. sind nicht beliebig vorhanden, so dass es von der Beschaffungsseite her zu steigenden Kosten kommt. Es ist daher nicht davon auszugehen, dass ein Unternehmen bei einer Ausdehnung seiner Betriebsgröße fortlaufend Größenvorteile realisieren kann. Vielmehr erscheint eine U-förmig verlaufenden langfristige Stückkostenkurve realistisch zu sein mit anfänglichen Größenvorteilen bei niedrigen Produktionsniveaus und Größennachteilen bei hohen Produktionsniveaus.

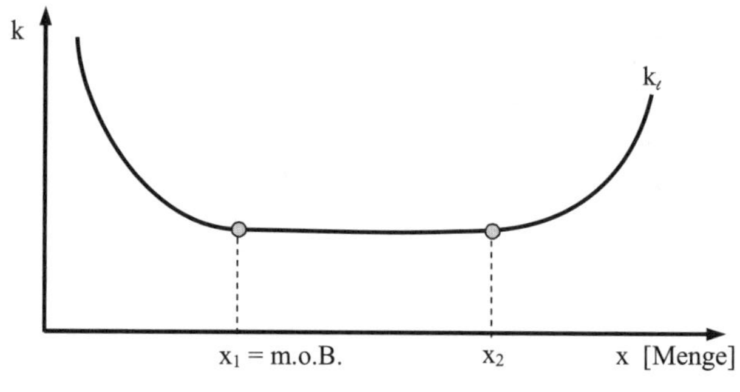

Abbildung 6-30: Langfristige Stückkostenkurve der Industrie

Empirische Untersuchungen zeigen für die Industrie einen langfristigen Stückkostenverlauf, der zunächst durch sinkende Stückkosten geprägt ist. Dort, wo die langfristige Stückkostenkurve ihr Minimum erreicht, liegt die mindestoptimale Betriebsgröße. Dies ist in der Abbildung 6-30 bei der Produktionsmenge x_1 der Fall. Nach Überschreiten der mindestoptimalen Betriebsgröße sind die Größenvorteilen ausgeschöpft. Die Stückkosten verlaufen horizontal. Wird danach eine bestimmte Betriebsgröße überschritten, kommen Größennachteile zum Tragen. Eine weitere Ausdehnung der Kapazität erbringt nur noch unterproportionale Mengensteigerungen, so dass die langfristigen Durchschnittskosten wieder ansteigen.

Die Größenordnung der mindestoptimalen Betriebsgröße ist von Branche zu Branche unterschiedlich und muss relativ zu Größe des Marktes gesehen werden. Je größer die mindestoptimale Betriebsgröße im Vergleich zu Größe des Gesamtmarktes ist, umso größer sind die Größenvorteilen bzw. die Skalenerträge der Produktion und umso weniger Unternehmen können den Markt effizient beliefern. Im Extremfall könnte dies ein einziges Unternehmen sein. Dies wäre der Fall des natürlichen Monopols, in dem der Markt nur von einem einzigen Produzenten zu den niedrigst möglichen Stückkosten versorgt wird.

Praxisbeispiel 6-6: Mindestoptimale Betriebsgrößen für ausgewählte Güter

In ihrem Hauptgutachten von 1984/85 hat die Monopolkommission[1] im Rahmen einer Ursachenanalyse der Konzentration die mindestoptimale technische Betriebsgröße ausgewiesen. Für ausgewählte Branchen sind in der folgenden Tabelle 6-7 einige branchenbezogene Kennwerte zusammengestellt.

Tabelle 6-7: Mindestoptimale Betriebsgrößen für ausgewählte Branchen

Produktgruppe	Mindestoptimale Betriebsgröße (Produktionsmenge in Einheiten/Jahr)	Anteil eines MOB-Anbieters am Inländischen Produktionsvolumen 1984 (%) 1)	Stückkostennachteil bei einem Drittel der MOB 2)
Pkw	500 Tsd.	14	hoch
Lkw	200 Tsd.	100	hoch
Motorräder	200 Tsd.	> 100	kA
Ackerschlepper	100 bis 120 Tsd.	> 100	hoch
Mähdrescher	20 Tsd.	> 100	mittel
Kühlschränke	1,5 Mio.	56	hoch
Farbfernsehgeräte	1,3 bis 2,2 Mio.	33 – 56	gering
Mineralölprodukte	10 Mio. t Rohöl	14	gering
Äthylen	0,5 Mio. t	16	mittel
Ammoniak	0,55 Mio. t	28	mittel
Stahl	9,6 his 12 Mio. t	31	hoch
Zement	1,3 Mio. t	5	hoch
Bier	2,8 Mio. hl	3	mittel
Zigaretten	70 Mrd. Stück	44	gering

1) > 100 bedeutet, dass das inländische Produktionsvolumen nicht ausreicht, um einen Betrieb auszulasten.
2) Der Herstellungskostennachteil wird als gering, mittel bzw. hoch bezeichnet, wenn er unter 5%, zwischen fünf und 10% bzw. über 10 Prozent beträgt.

[1] *Monopolkommission* (1985), S. 265/66.

In der Spalte 2 der Tabelle 6-7 ist die Produktionsmenge ausgewiesen, die für die Realisierung der mindestoptimalen technischen Betriebsgröße erforderlich ist. In der Spalte 3 ist die mindestoptimale Betriebsgröße in Relation gesetzt zum inländischen Produktionsvolumen der untersuchten Branche im Jahr 1984. Danach hat die Mehrzahl der untersuchten Branchen eine hohe mindestoptimale Betriebsgröße, d. h. für die Erstellung des inländischen Outputs wäre eine relativ kleine Zahl von MOB-Betrieben erforderlich gewesen. Bei LKW, Motorrädern, Ackerschleppern und Mähdreschern hätte technisch gesehen ein MOB-Betrieb ausgereicht, um die gesamte Jahresproduktion zu erstellen. In vielen anderen Branchen sind es drei oder weniger Betriebe.

Die Stückkostenvorteile, die bei Realisierung der mindestoptimalen Betriebsgröße erzielt werden können, sind in den einzelnen Branchen unterschiedlich. Die Monopolkommission spricht von geringen Nachteilen in den Herstellungskosten, wenn die Produktionskosten bei einem Drittel der mindestoptimalen Betriebsgröße um weniger als 5% höher liegen. Dies lässt auf einen sehr flachen Verlauf der Stückkostenkurve schließen (z. B. bei Zigaretten, Mineralölprodukten, Fernsehgeräten). Hohe Stückkostennachteile mit 10% und mehr für kleinere Betriebseinheiten finden sich bei PKW, LKW, Ackerschleppern, Stahl und Zement.

Die technisch optimale Betriebsgröße ist freilich im Zeitablauf nicht konstant, sondern wird durch Änderungen der Fertigungstechnik beeinflusst. So hat sich etwa in der Automobilindustrie die mindestoptimale Betriebsgröße vermutlich verringert. Eine Ursache dafür war, dass die Automobilhersteller ihre Fertigungsbreite und Fertigungstiefe verringert haben und vermehrt Vor- und Zwischenprodukte bzw. ganze Module bei Spezialherstellern oder integrierten Herstellern beziehen. Dies ermöglichte es einerseits den Automobilzulieferern, die Fahrzeugkomponenten und ihre Herstellung zu standardisieren und als Folge der steigenden Produktion in großem Umfang Größenvorteile zu realisieren.

6.5 Produktionsentscheidung und Güterangebot

Ausgangspunkt für die weiteren Überlegungen zur Angebotsentscheidung ist die Zielsetzung des Unternehmens. Ziel jedes unternehmerischen Handelns ist die Gewinnerzielung, wobei in der Mikroökonomie davon ausgegangen wird, dass Unternehmen darauf abzielen, den Gewinn zu maximieren. Das Ziel der Gewinnmaximierung bezieht sich auf den wirtschaftlichen und nicht auf den buchhalterischen Gewinn. Der wirtschaftliche Gewinn ergibt sich als Differenz zwischen den Verkaufserlösen und den Kosten der Produktion. Sowohl die Erlöse als auch die Kosten sind von der produzierten Menge abhängig.

Der Gewinn ist die Differenz zwischen Erlösen und den Kosten der Produktion. Beide sind abhängig von der produzierten Menge, so dass die Gewinnfunktion allgemein lautet:

$$G(x) = E(x) - K(x)$$

Die Kostenfunktion beschreibt die minimalen Gesamtkosten, die für die Produktion der Menge x erforderlich sind. Der Erlös ergibt sich als Produkt aus dem Marktpreis p und der abgesetzten Menge x. Somit gilt für den Gesamterlös, auch Umsatz genannt:

$$E(x) = px$$

Die Zielsetzung besteht darin, die Ausbringungsmenge so festzulegen, dass der Gesamtgewinn maximal wird. Das Gewinnmaximum lässt sich formal bestimmen, indem man die erste Ableitung der Gewinnfunktion gleich 0 setzt:

$$\frac{dG}{dx} = \frac{dE}{dx} - \frac{dK}{dx} = 0$$

Entsprechend dieser Ableitung sind

$\frac{dG}{dx}$ der Grenzgewinn, das ist der Gewinnzuwachs einer zusätzlich produzierten und abgesetzten Einheit,

$\frac{dE}{dx}$ der Grenzerlös, das ist der Einnahmenzuwachs, den das Unternehmen aus dem Verkauf einer zusätzlichen Mengeneinheit erzielt und

$\frac{dK}{dx}$ die Grenzkosten, das ist der Kostenzuwachs einer zusätzlich produzierten Mengeneinheit.

Somit gilt allgemein als Bedingung für das Gewinnmaximum: [1]

$$\frac{dE}{dx} = \frac{dK}{dx}.$$

Danach maximiert ein Unternehmen seinen Gewinn, wenn es die Outputmenge wählt, bei der der Grenzerlös der zuletzt abgesetzten Produkteinheit gerade so hoch ist wie die Kosten, die sie bei der Produktion verursacht hat. Solange jede zusätzlich verkaufte Einheit einen höheren Erlös erbringt als sie Kosten verursacht hat, ist der Grenzgewinn positiv und der Gesamtgewinn des Unternehmens nimmt mit jeder weiteren abgesetzten Einheit zu. Sind die Grenzkosten einer zusätzlichen Produkteinheit höher als, was das Unternehmen dafür erlöst, entsteht beim Verkauf dieser zusätzlichen Einheit ein Verlust und der Gesamtgewinn sinkt. Herstellung und Verkauf dieser Einheit sind wirtschaftlich nicht mehr sinnvoll.

Die Bedingung für ein Gewinnmaximum gilt für jede Marktform. Allerdings können wir daraus keine Angebotsfunktion herleiten, weil der Grenzerlös sich in Abhängigkeit von der Marktform unterschiedlich verhält, so dass das Angebotsverhalten der Unternehmen in Abhängigkeit von den jeweiligen Marktformen zu analysieren ist. Dies ist Gegenstand des folgenden Kapitels.

6.6 Die Faktornachfrage der Unternehmen

Die Unternehmen treffen Entscheidungen über die Produktion der Güter, die sie auf Gütermärkten anbieten wollen, und über den Einsatz der dafür benötigten Produktionsfaktoren. Die Faktorleistungen müssen sich die Unternehmen auf den entsprechenden Faktormärkten beschaffen. Abschließend wollen wir deshalb untersuchen, welche Faktoren die Faktornachfrage der Unternehmen bestimmen.

Mit der Lösung des Kostenminimierungsproblems wurde die Faktoreinsatzkombination bestimmt, mit der eine gegebene Produktionsmenge zu geringst möglichen Kosten hergestellt werden kann. Gleichzeitig wurde gezeigt, wie sich die Mengen der eingesetzten Produktionsfaktoren verändern, wenn der Preis eines Produktionsfaktors steigt. Als Ergebnis wurde fest gehalten, dass im Falle substituierbar Produktionsfaktoren der relativ teurer gewordene Faktor durch den im Preis unverändert gebliebenen Faktor ersetzt wird, so dass bei kostenminimierendem Verhalten der Unternehmen die Nachfrage nach dem im Preis gestiegenen Faktor fällt und die Nachfrage nach dem im Preis unverändert gebliebenen Faktor steigt. Bei unverändertem Faktorpreisverhältnis und totaler Faktorvariabilität wird die langfristige Faktornachfrage durch den Expansionspfad bestimmt.

Die kostenminimalen Faktoreinsatzmengen gewährleisten nicht notwendigerweise ein Gewinnmaximum, denn ein kostenminimierendes Verhalten berücksichtigt nicht die am Markt

[1] Als Bedingung zweiter Ordnung für ein Gewinnmaximum muss außerdem die zweite Ableitung der Gewinnfunktion kleiner Null sein.

erzielbaren Güterpreise. Zur Bestimmung der Faktornachfragemengen, bei denen der Gewinn maximiert wird, müssen wir von der Gewinnfunktion des Anbieters ausgehen.

$$G = p \cdot x(v_1, v_2) - [r_1 v_1 + r_2 v_2] \Rightarrow Max!$$

Die Bedingung für das Gewinnmaximum erhält man, wenn man die partiellen Ableitungen der Gewinnfunktion nach den Faktoreinsatzmengen bildet und gleich Null setzt.

$$\frac{\partial G}{\partial v_1} = p \cdot \frac{\partial x}{\partial v_1} - r_1 = 0 \quad \text{und} \quad \frac{\partial G}{\partial v_2} = p \cdot \frac{\partial x}{\partial v_2} - r_2 = 0$$

Aus den Bedingungen 1. Ordnung für das Gewinnmaximum erhalten wir für jeden Einsatzfaktor die Grenzproduktivitätsbedingung:

$$p \cdot \frac{\partial x}{\partial v_1} = r_1 \text{ und } p \cdot \frac{\partial x}{\partial v_2} = r_2 \text{ mit } \frac{\partial x}{\partial v_1} \text{ und } \frac{\partial x}{\partial v_2} = \text{Grenzproduktivität des Faktors 1 und 2.}$$

Die mit den Preisen bewerteten Grenzprodukte heißen Wertgrenzprodukte und bringen den mit dem Marktpreis bewerteten Ertragszuwachs eines Produktionsfaktors zum Ausdruck. Dem Erlöszuwachs sind die zusätzlichen Kosten des Faktoreinsatzes gegenüberzustellen. Da für Wettbewerbsunternehmen die Faktorpreise ebenso wie die Güterpreise gegeben sind, entsprechen die Grenzkosten einer zusätzlichen Einheit eines eingesetzten Produktionsfaktors dem Marktpreis des Faktors.

Häufig wird die Grenzproduktivitätsbedingung in der Literatur auch in folgender Form geschrieben:

$$\frac{\partial x}{\partial v_1} = \frac{r_1}{p}$$

r_1/p ist dabei der reale Faktorpreis des Produktionsfaktors, zum Beispiel der Reallohn des Faktors Arbeit. Die Grenzproduktivitätstheorie besagt dann, dass Produktionsfaktoren in den Mengen eingesetzt werden, bei denen ihre Grenzproduktivitäten den realen Faktorpreisen entsprechen.

Ein Unternehmen, das seinen Gewinn maximiert, wird seine Nachfrage nach einem Faktor solange ausdehnen, bis der Wert des Grenzprodukts seinem Faktorpreis entspricht. Solange das Wertgrenzprodukt eines zusätzlichen Faktoreinsatzes größer ist als die Grenzkosten dieses Faktors, lohnt sich ein zusätzlicher Einsatz dieses Faktors. Der Sachverhalt ist in der folgenden Abbildung 6-31 dargestellt.

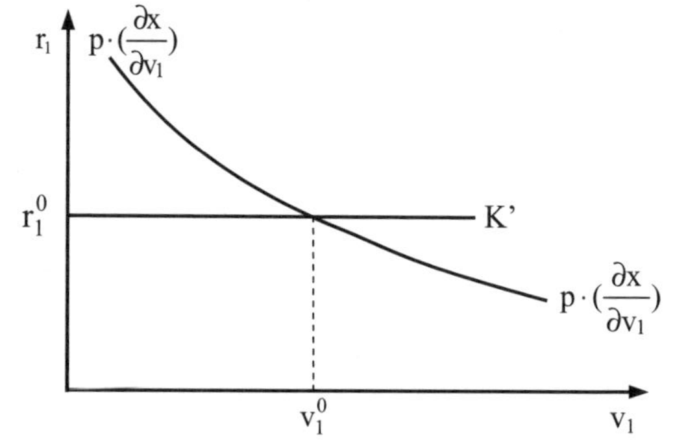

Abbildung 6-31: Die Faktornachfrage des Unternehmens

Auf der Ordinate sind das Wertgrenzprodukt und der Faktorpreis abgetragen, auf der Abszisse die nachgefragte Menge des Einsatzfaktors. Die Nachfrage des Unternehmens nach einem Produktionsfaktor 1 bei gegebenem Faktor 2 entspricht der Grenzproduktivitätsfunktion, die mit dem Güterpreis multipliziert wurde. Bei konstantem Güterpreis ergibt sich das Wertgrenzprodukt aus dem Verlauf der Produktionsfunktion, für die in der Abbildung abnehmende Grenzerträge unterstellt wurden. Die Grenzkosten sind konstant, d. h. jede zusätzlich eingesetzte Faktoreinheit verursacht Kosten in Höhe des Faktorpreises. Der optimale Faktoreinsatz ergibt sich im Schnittpunkt von Wertgrenzprodukt und Grenzkosten/Faktorpreis. Links von v_1^* ist der Erlöszuwachs einer zusätzlich eingesetzten Faktoreinheit höher als der Preis dieser Einheit. Eine Ausweitung des Faktoreinsatzes ist lohnend. Rechts von v_1^* übersteigen die Faktorkosten die Erlöszuwächse, es entstehen Verluste.

Der Verlauf der Wertgrenzproduktkurve wird bestimmt vom Güterpreis und der Produktionsfunktion. Die Wertgrenzproduktkurve verlagert sich nach oben, wenn der Marktpreis des Gutes steigt oder wenn die Grenzproduktivität des eingesetzten Faktors steigt, weil infolge technischen Fortschritts oder eines wachsenden Einsatzes anderer Faktoren die Produktionsfunktion steiler verläuft. Außerdem wird deutlich, dass der Einsatz eines Produktionsfaktors umso geringer ist, je höher ceteris paribus sein Preis ist.

Übung 6-10: Ableitung der Arbeitsnachfrage

Ein Unternehmen produziere gemäß der Cobb-Douglas-Produktionsfunktion $x = aN^{\alpha}K^{\beta}$. Der Preis für den Faktor Arbeit sei r_N Euro pro Stunde. Die Kapitalkosten betragen r_K Euro pro Maschinenstunde. Unterstellen Sie einen Wert von $\alpha = \beta = 0{,}5$.

a) Kapitaleinsatz und technischer Fortschritt seien gegeben, d.h. K und a seien für die folgende Ableitung konstant. Bestimmen Sie für K = 25 und a = 4 die partielle Nachfragefunktion der Unternehmen nach Arbeit!

b) Welche Auswirkungen ergeben sich c.p., wenn der Kapitaleinsatz der Unternehmung steigt bzw. wenn als Folge eines höheren technischen Fortschritts die Produktivität der eingesetzten Faktoren steigt?

Lösung:

a) Die Zielfunktion des Unternehmens ergibt sich als Differenz aus Erlös und Kosten:

$$G = p \cdot aN^{\alpha}K^{\beta} - r_N \cdot N - r_K \cdot K$$

Zur Ermittlung des Gewinnmaximums bildet man die erste partielle Ableitung nach N und setzt diese gleich Null:

$$\frac{\partial G}{\partial N} = p \cdot a \cdot \alpha \cdot N^{\alpha-1}K^{\beta} - r_N = 0$$

Um die Nachfrage nach Arbeit zu ermitteln, wird die erste Ableitung der Gewinnfunktion nach N aufgelöst. Dazu fassen wir die konstanten Parameter in einem Wert zusammen: $a \cdot \alpha \cdot K^{\beta} = C$. Wir erhalten dann:

$$p \cdot C \cdot N^{\alpha-1} = r_N \;\Rightarrow\; N^{\alpha-1} = \frac{r_N}{p \cdot C} \;\Rightarrow\; N = \frac{(C \cdot p)^{\frac{1}{1-\alpha}}}{r_N^{\frac{1}{1-\alpha}}} = \text{Nachfragefunktion nach Arbeit.}$$

Für α = 0,5 erhält man die Nachfragefunktion: $N = \frac{(4 \cdot 0{,}5 \cdot 25^{0{,}5})^2 \cdot p^2}{r_N^2} = 10 \cdot \frac{p^2}{r_N^2}$

Als Ergebnis können wir festhalten: Die Nachfrage nach Arbeit steigt, wenn c.p. die Preise der produzierten Güter steigen bzw. wenn der Lohnsatz sinkt.

b) Der Kapitaleinsatz K und der Fortschrittsparameter a sind in unserer Konstanten C enthalten. Sowohl ein ansteigender Kapitaleinsatz als auch ein zunehmender technischer Fortschritt, der die Produktivität der eingesetzten Faktoren insgesamt steigert, führen zu einem höheren Wert von C. Dies bedeutet, dass sich die Arbeitsnachfrage nach rechts verlagert und somit bei jedem Reallohn mehr Arbeit nachgefragt wird.

Praxisbeispiel 6-7: Elastizitäten der Arbeitsnachfrage in ausgewählten Ländern

In der folgenden Tabelle sind drei verschiedenen Schätzungen der Preiselastizität der Nachfrage nach Arbeit für ausgewählte Länder zusammengestellt.

Tabelle 6-8: Schätzungen der Elastizität der Arbeitsnachfrage für ausgewählte Länder[1]

Land	Studie I	Studie II	Studie III
Frankreich	0,28	0,50	0,61
Deutschland	1,71	2,17	0,83
Italien	0,30	0,35	0,37
Japan	0,73	0,88	1,03
Norwegen	0,43	0,07	0,19
Schweden	0,17	1,36	0,65
Schweiz	1,68	3,41	0,63
Großbritannien	0,97	1,50	0,63
USA	0,32	0,70	0,48
Median (n = 19)	0,60	0,76	0,63

Betrachtet man die Medianwerte aus allen drei Schätzungen, wird deutlich, dass sich die Werte der Elastizitäten nicht sehr unterscheiden und dass tendenziell in den untersuchten Industrieländern die Preiselastizität der Arbeitsnachfrage kleiner 1 ist und somit bei Erhöhungen des Reallohns tendenziell mit einer unelastischen Nachfragereaktion zu rechnen ist. Für Deutschland wurden in allen drei Studien Elastizitäten gemessen, die über den Medianwerte der jeweiligen Schätzungen liegen, während für Frankreich oder Italien die geschätzten Elastizitäten unter den Medianwerten liegen. Ursache dafür könnte sein, dass in Deutschland die Preiselastizität der Güternachfrage und/oder die Substitutionselastizität des Produktionsprozesses vergleichsweise höher sind. Allerdings ist bei der Interpretation der Ergebnisse Vorsicht geboten. Aufgrund unterschiedlicher Daten und methodischer Ansätze sind die Schätzwerte nicht immer einheitlich oder sogar widersprüchlich. Ein Beispiel dafür ist Schweden, für das die erste Schätzung mit einem Wert von 0,17 auf eine sehr unelastische Arbeitsnachfrage hindeutet, während das zweite Ergebnis mit 1,36 auf eine elastische Nachfrage schließen lässt.

[1] *Rowthorn, R.* (1999), S. 6, Internet: http://www.imf.org/external/pubs/ ft/wp/1999/wp9943.pdf vom 2.3.2005. *Rowthorn* vergleicht in seiner Arbeit der Schätzungen der Elastizität der Arbeitsnachfrage. Die drei herangezogenen Schätzungen sind: Studie I: *Layard, R., Nickell, S., Jackman R.* (1991), Unemployment: Macroeconomic Performance and the Labour Markct, Oxford, Studie II: *Newell, A., Symons J. S. V.* (1985), Wages and Unemployment in OECD Countries, London School of Economics, Centre For Labour Economics, Discussion Paper No. 219, und Studie III: *Bean, C. R., Layard, R., Nickel S. J.* (1980), The Rise in Unemployment: A Multi-country Study, Economica, Vol. 53, S. 51-522

Die Faktornachfrage am Markt ergibt sich aus den Faktornachfragefunktionen der einzelnen Unternehmen. Unter der Bedingung einer abnehmenden Grenzproduktivität ist die Marktnachfrage eine mit steigendem Faktorpreis fallende Funktion. Wodurch die Faktornachfrage der Unternehmen beeinflusst wird, soll anhand der Arbeitsnachfrage untersucht werden. Der Zusammenhang zwischen Lohnsatz und nachgefragter Arbeitsmenge wird durch die Elastizität der Arbeitsnachfrage beschrieben. Sie gibt an, wie sich die Nachfrage nach Arbeit prozentual ändert, wenn sich der Lohnsatz um ein Prozent ändert.

Die Preiselastizität der Nachfrage nach Arbeit wird von vier Faktoren beeinflusst:

- von der Nachfrageelastizität auf dem Gütermarkt, auf dem das produzierte Gut angeboten wird,
- von der Substituierbarkeit von Arbeit durch Kapital,
- von der Angebotselastizität der Faktoren, mit denen der Faktor Arbeit ersetzt werden kann, und
- von der Arbeitsintensität des Produktionsprozesses.

Die **Nachfrageelastizitäten auf dem Gütermarkt** und dem Arbeitsmarkt sind positiv miteinander korreliert. Je höher die Preiselastizität der Güternachfrage, umso höher ist die Elastizität der Arbeitsnachfrage. Eine hohe Preiselastizität der Güternachfrage reduziert die Möglichkeit der Unternehmen, Kostensteigerungen, die aus Erhöhungen der Arbeitskosten resultieren, in höheren Güterpreisen weiterzuwälzen. Die Nachfrager reagieren auf steigende Preise mit einem starken Rückgang der nachgefragten Menge, so dass die Unternehmen gezwungen sind, ihre Produktion und die Faktornachfrage ebenfalls einzuschränken.

Wie wir bei den Überlegungen zur Minimalkostenkombination gesehen haben, reagieren Unternehmen auf Veränderungen der relativen Faktorpreise mit einer Faktorsubstitution. Die Anpassungsmöglichkeiten der Unternehmen an Veränderungen der Faktorpreise werden von der **Substitutionselastizität des Produktionsprozesses** bestimmt. Je höher die Substitutionselastizität ist, umso schneller kann Arbeit durch Kapital ersetzt werden, umso elastischer ist die Arbeitsnachfrage der Unternehmen. Da kurzfristig die Kapitalausstattung gegeben ist, können die Unternehmen nur den Arbeitseinsatz variieren, so dass die Nachfrage nach Arbeit kurzfristig weniger elastisch ist als langfristig, wenn alle Einsatzfaktoren variabel sind und die Unternehmen die Möglichkeit haben, auf steigende Arbeitskosten mit einer Veränderung der Faktorkombination zu reagieren.

Eine Voraussetzung für die Substitution von Arbeit durch Kapital ist ein **elastisches Kapitalangebot**. Das Kapital, mit dem die teurer gewordene Arbeit ersetzt werden soll, muss entsprechend leicht zur Verfügung stehen. Ist das Kapitalangebot relativ starr, weil z. B. Banken aufgrund veränderter Risikoeinschätzungen oder aufgrund geänderter Vorschriften der Risikoabsicherung in ihrer Bereitschaft zur Kreditvergabe zurückhaltender sind, dann schränkt dies die Substitutionsmöglichkeiten der Unternehmen ein. Eine hohe Angebotselastizität an Kapital erleichtert dagegen den Unternehmen die Kapitalbeschaffung und erhöht die Reaktionsmöglichkeiten der Unternehmen bei steigenden Arbeitskosten.

Je höher schließlich die **Arbeitsintensität des Produktionsprozesses** ist, umso höher ist der Anteil der Arbeitskosten an der gesamten Wertschöpfung. Bei Unternehmen mit hohen Arbeitskostenanteilen von z. B. 90 Prozent führen Lohnerhöhungen zu viel stärkeren Kosten- und Preiserhöhungen als bei Unternehmen mit Arbeitskostenanteilen von nur 10 oder 20 Prozent. Folglich werden Unternehmen mit hohen Lohnkostenanteilen ihre Arbeitsnachfrage bei steigenden Löhnen viel stärker reduzieren als Unternehmen mit niedrigen Lohnkostenbelastungen.

7 Preisbildung bei alternativen Marktformen

Lehrziele:

Für die Analyse der Preisbildung bei alternativen Marktformen müssen wir zunächst die Märkte systematisieren, um die Gesetzmäßigkeiten der Preisbildung auf den unterschiedlichen Märkten untersuchen und vergleichen zu können.

Zunächst untersuchen wir die Preisbildung im vollkommenen Polypol. Unter den Bedingungen der vollkommenen Konkurrenz produzieren die Anbieter ein homogenes Produkt und verhalten sich als Preisnehmer. Aus der Angebotsentscheidung des Unternehmens lässt sich ableiten, wie sich das Güterangebot des Unternehmens ändert, wenn sich der Marktpreis des Gutes ändert. Dies führt uns zur individuellen Angebotskurve des Unternehmens. Durch Aggregation der individuellen Angebotsfunktionen der einzelnen Unternehmen erhält man das marktmäßige Angebot einer Branche. Abschließend wird untersucht, welche Faktoren das Marktangebot beeinflussen und wie sich das Güterangebot durch Marktein- und –austritte sowie Veränderungen der Unternehmensgröße an eine veränderte Nachfrage anpasst.

Im Angebotsmonopol sieht sich der Monopolist als einziger Anbieter der gesamten Marktnachfrage gegenüber. Die Nachfragekurve ist seine Preis-Absatz-Funktion. Aufgrund seiner Marktmacht kann er den Preis beeinflussen. Dies erlaubt es ihm, seine Angebotsentscheidungen so zu treffen, dass er Monopolgewinne erzielt, solange Marktzutritte nicht möglich sind. Wir werden sehen, dass ein Monopolist seinen Gewinn noch steigern kann, wenn es ihm gelingt, die Nachfrage zu segmentieren und von den verschiedenen Nachfragegruppen unterschiedliche Preise zu verlangen.

Als dritte Marktform untersuchen wir die Preisbildung im Oligopol. Auf einem Markt mit wenigen großen Unternehmen wird kein Anbieter die Entscheidungen eines Mitbewerbers ignorieren können. Im Oligopol beruhen die Angebotsentscheidungen eines Unternehmens auf strategischen Überlegungen über das Verhalten der Konkurrenten. Kooperation und Konflikt lassen sich mit dem Instrumentarium der Spieltheorie untersuchen, weshalb oligopolistisches Verhalten vielfach spieltheoretisch erklärt werden kann. Aufgrund der unterschiedlichen Struktur strategischer Spiele ergeben sich zahlreiche Varianten oligopolistischer Interaktion. Für den Fall zweier Unternehmen, die nicht miteinander kooperieren, werden wir sehen, dass das Ergebnis davon abhängt, ob die konkurrierenden Unternehmen den Preis oder die Produktionsmenge als Aktionsparameter wählen.

7.1 Klassifizierung von Märkten

Wir definieren Märkte als ökonomischen Ort des Zusammentreffens von Angebot und Nachfrage. Anbieter und Nachfrager kommen auf Märkten zusammen, um die als Folge der Spezialisierung arbeitsteilig hergestellten Güter und Dienste auszutauschen. Der Gütertausch kann dabei an einen geographischen Ort gebunden sein, er muss es aber nicht. Beispiele für geographisch gebundene Märkte sind etwa der lokale Wochenmarkt oder das Kaufhaus, geographisch ungebundene Märkte sind etwa der Versandhandel, die Onlinebörsen oder die virtuellen Marktplätze im Internet.

In marktwirtschaftlichen Systemen haben Märkte weit reichende Funktionen. Märkte als Institutionen des Tausches führen die autonom und dezentral planenden und handelnden Wirtschaftssubjekte zusammen und bringen Anbieter und Nachfrager in ein wechselseitiges Abhängigkeitsverhältnis. Aus der Summe der eigenständig handelnden Individuen wird so eine Wirtschaftsgesellschaft. Das Streben nach größtmöglichem Nutzen und Gewinn zwingt die Marktteilnehmer zu rationalem Handeln und einem ökonomischen Umgang mit den vorhandenen Ressourcen. Im Zuge des Tauschvorgangs kommt es zur Festlegung des Preises, zu dem das Gut getauscht wird, denn der Käufer muss seine Zahlungsbereitschaft und der Verkäufer seine Lieferbereitschaft offen legen. Mit der Zahlung des Kaufpreises signalisiert der Käufer, dass er das betreffende Gut höher einschätzt als andere Güter, die er mit dem Betrag kaufen könnte, während der Verkäufer zum Ausdruck bringt, dass er mit dem erzielten Preis andere Güter kaufen kann, die er höher einschätzt als das verkaufte Gut. Die Höhe und die Veränderung des Marktpreises liefert zudem den Marktteilnehmern Signale, die dazu führen, dass sie ihre Wirtschaftspläne gegebenenfalls überprüfen und an die neuen Marktgegebenheiten anpassen, so dass die Wirtschaftspläne der beteiligten Akteure fortlaufend koordiniert werden.

Es gibt eine große Vielfalt von Märkten, angefangen von einem Basar mit einer Vielzahl an Waren, für die bei jedem Kauf und Verkauf ein eigener Preis ausgehandelt wird, über die verschiedenen Formen der Warendistribution durch den Handel, bei denen der Preis mitunter fest ist oder auch innerhalb bestimmter Grenzen verhandlungsfähig sein kann, bis zu der Möglichkeit, dass ein einzelner großer Anbieter ein Marktgebiet allein zu festen Preisen beliefert. Deshalb versucht man, Märkte zu systematisieren, um die Gesetzmäßigkeiten der Preisbildung auf alternativen Märkten analysieren und vergleichen zu können. Dazu werden Märkte in zwei Dimensionen unterschieden. Ein Charakteristikum der Märkte ist ihre qualitative Beschaffenheit. Dies betrifft insbesondere die Qualität des gehandelten Gutes, den Informationsstand der Marktteilnehmer sowie die Offenheit des Marktes. Unter quantitativen Aspekten unterscheidet man Märkte nach der Zahl der Marktteilnehmer auf Anbieter- und Nachfragerseite.

7.1.1 Qualitative Klassifizierung

Man bezeichnet einen Markt als **vollkommen**, wenn er die vier folgenden Bedingungen erfüllt:

- **Homogene Güter:** Die Güter, die auf dem Markt gehandelt werden, sind aus der Sicht der Käufer sachlich gleichartig.
- **Keine persönlichen Präferenzen**: Für die Entscheidungen der Käufer und Verkäufer spielen persönliche Merkmale, Sympathien oder Abneigungen keine Rolle. Sie lassen sich bei ihren Entscheidungen ausschließlich von den Gütereigenschaften und dem Preis leiten.

- **Keine räumlichen Differenzierungen**: Marktteilnehmer haben keine Präferenzen, wo sie das Gut kaufen. So bietet etwa der Kauf vor Ort keinen Vorteil gegenüber dem Kauf bei anderen Anbietern. Unterschiedliche Transportkosten entfallen.
- **Keine zeitlichen Differenzierungen**: Liefer- und Zahlungsfristen entfallen bzw. sind für alle Marktteilnehmer gleich.

Diese vier Bedingungen des vollkommenen Marktes werden häufig zur **Homogenitätsbedingung** zusammengefasst. Einen Markt, der diese Bedingungen erfüllt, bezeichnet man als homogen. Ist eine der vier Bedingungen nicht erfüllt, ist ein Markt unvollkommen, es liegt ein **heterogener** Markt vor.

Nach dem Grad des Informationsstandes der Marktteilnehmer unterscheidet man zwischen vollständiger Markttransparenz und unvollständiger Markttransparenz. **Vollständige Markttransparenz** ist gegeben, wenn Anbieter und Nachfrager über die Marktbedingungen, insbesondere die gehandelten Güter und deren Preise vollständig und zutreffend informiert sind. Die Annahme vollständiger Markttransparenz ist weniger restriktiv, als sie scheinen mag. Denn sie impliziert auf einem vollkommenen Markt lediglich vollständige Preisinformation, nämlich dass Anbieter und Nachfrager über die Preise der in Frage kommenden Güter informiert sind. Auf heterogenen Märkten ist die Annahme allerdings vielfach nicht erfüllt, denn hier bedeutet vollständige Markttransparenz, dass alle Marktteilnehmer auch über die Beschaffenheit der Güter vollständig informiert sind.

Aus der Homogenitätsbedingung und der Annahme vollständiger Markttransparenz folgt das **Gesetz der Unterschiedslosigkeit des Preises** (Law of Indifference), das auf den englischen Nationalökonomen *Jevons*[1] (1835 - 1882) zurückgeht. Es besagt, dass es auf einem vollkommenen Markt nur einen einheitlichen Preis geben kann, zu dem der gesamte Marktumsatz getätigt wird. Würden etwa die Anbieter für Güter, die aus der Sicht der Nachfrager identisch sind, unterschiedliche Preise verlangen, dann würden aufgrund der Markttransparenz die Nachfrager in dem Maße, in dem sich die Preisinformationen ausbreiten, zu dem Anbieter mit dem niedrigsten Preis wechseln. Bei vollständiger Markttransparenz werden sämtliche Abschlüsse zum niedrigsten Preis getätigt.

Der vollkommene Markt ist eine Fiktion und sollte nicht als ideale Marktform stilisiert werden. Es ist eine gedankliche Konstruktion, in der beim Kauf und Verkauf keine Transaktionskosten (z. B. für Informationssammlung, Verhandlungen, Transport usw.) anfallen und die Preisbildung ohne Fiktionen verläuft. In der Realität kommen Börsen für Aktien oder Devisen dem vollkommenen Markt am nächsten. Für die Analyse der Prozesse der Preisbildung dient der vollkommene Markt als Referenzmarkt, um Ursachen für Marktunvollkommenheiten zu identifizieren und ihren Einfluss auf Preisunterschiede zu erklären.

Nach den Möglichkeiten des Marktzutritts unterscheidet man zwischen offenen Märkten und Märkten mit beschränktem Marktzutritt. Ein Markt gilt als offen, wenn der Eintritt in und Austritt aus einem Markt für jeden (potenziellen) Marktteilnehmer jederzeit und ohne Kosten möglich ist. Marktzutrittbeschränkungen treten auf in Form von rechtlichen oder institutionellen Regelungen oder wirtschaftlich/technischen Beschränkungen.

Auf vielen Märkten ist der Marktzutritt durch den Gesetzgeber geregelt. Ärzte benötigen eine Approbation, Rechtsanwälte das zweite Staatsexamen, Steuerberater und Wirtschaftsprüfer müssen ihre Qualifikation durch entsprechende Kammerprüfungen nachweisen. Wer eine Bank eröffnen will, benötigt neben einer entsprechenden Qualifikation eine Lizenz. Auch

[1] *Jevons, W. S.* (1871)

Gaststätten oder Taxiunternehmen müssen von Behörden lizenziert werden. In anderer Form beschränkt der Staat den Marktzugang, wenn er durch Zölle, Kontingente oder andere Handelshemmnisse ausländischen Anbietern den Markteintritt erschwert oder begrenzt.

Wirtschaftliche Zugangsbeschränkungen liegen vor allem vor, wenn bei grundsätzlich offenen Märkten der Markteintritt an mangelndem Kapital scheitert oder wenn die bestehenden Anbieter durch „Marktregulierung" wie z. B. Preisabsprachen oder Bieterkartelle den Markteintritt weiterer Wettbewerber behindern. Die wichtigste Form technischer Marktzugangsbeschränkungen sind Patente. Patente verschaffen dem Patentinhaber eine vorübergehende Monopolstellung. Dies versperrt möglichen Wettbewerbern zumindest befristet den Markteintritt.

7.1.2 Marktstruktur und Verhaltensweise

Grundlage für die Abgrenzung von Märkten nach ihrer quantitativen Besetzung ist das morphologische Marktformenschema, das auf Heinrich von *Stackelberg*[2] (1905 – 1946) zurückgeht. Er unterscheidet neun Marktformen nach der Anzahl und Größe von Anbietern und Nachfragern. Um eine Aussage über die relative Größe der Marktteilnehmer machen zu können, wird die Symmetrieannahme zugrunde gelegt. Dies bedeutet, dass sich die Anbieter bzw. Nachfrager in ihrer Größe nicht wesentlich unterscheiden. Daraus folgt z. B., dass in einem Markt mit drei Anbietern jeder von ihnen einen Marktanteil von einem Drittel hat. Unterteilt man die Anzahl der Marktteilnehmer zwischen einem, wenigen und vielen Akteuren auf jeder Marktseite, ergibt sich das in Tabelle 7-1 dargestellte Marktformenschema.

Tabelle 7-1: Marktformenschema[3]

Nachfrager / Anbieter	ein großer	wenige mittlere	viele kleine
ein großer	bilaterales Monopol	beschränktes Monopol	**Monopol**
wenige mittlere	beschränktes Monopson	bilaterales Oligopol	**Oligopol**
viele kleine	Monopson	Oligopson	**Polypol**

Die in der Praxis wichtigsten Marktformen sind das Monopol, Oligopol und Polypol. Die Begriffe heißen wörtlich Alleinverkauf, Verkauf durch wenige bzw. viele. Das Monopol wie auch das Monopson sind als Marktformen eindeutig festgelegt. Der alleinige Anbieter sieht sich der gesamten Nachfrage gegenüber, muss also bei seinen Angebotsentscheidungen nur die Reaktion der Gesamtnachfrage berücksichtigen. Er kann bei seinen Angebotsentscheidungen eine aktive Preispolitik betreiben. Allerdings entscheiden dann die Nachfrager, welche Menge sie zu dem vom Monopolisten gesetzten Preis abnehmen wollen. Alternativ kann er auch die Angebotsmenge fixieren, dann entscheiden die Nachfrager über den Preis. Da der Monopolist bei seinen Entscheidungen keine Rücksicht auf Konkurrenten nehmen muss,

[2] *Stackelberg, H. v.* (1934)

[3] Die Begriffe Monopol, Oligopol und Polypol sind zusammengesetzt aus den griechischen Wörtern für allein (monos), wenige (oligoi), viele (polloi) und dem Wort für verkaufen (poletn). Entsprechend bedeutet Monopol Alleinverkauf, Oligopol Verkauf durch wenige und Polypol Verkauf durch viele. Die Begriffe Monopson und Oligopson setzen sich zusammen aus den Wörtern allein (monos) und wenige (oligoi), sowie dem Wort für kaufen (opsontn). Demnach heißt Monopson Alleinkauf und Oligopson Kauf durch wenige.

bezeichnet man sein Verhalten auch als autonomes Preissetzungsverhalten bzw als autonome Mengenfixierung.

Beim beschränkten Monopol bzw. Monopson steht jeweils ein Akteur wenigen Marktteilnehmern auf der Marktgegenseite gegenüber. So ist etwa der Markt für Rüstungsgüter ein Beispiel für ein beschränktes Monopson. Dem Staat als alleinigen Abnehmer stehen mehrere Rüstungsunternehmen gegenüber. Da diese wenigen Nachfrager (Anbieter) mit ihren Entscheidungen das Verhalten des Monopolisten (Monopsonisten) beeinflussen, wird seine Macht beschränkt. Am niedrigsten ist schließlich die Anbieter- und Nachfragemacht im bilateralen Monopol, weil sich hier Anbieter und Nachfrager wechselseitig in ihrer Macht kontrollieren. Ein Beispiel dafür ist der Arbeitsmarkt.

Beim Oligopol stehen wenige Anbieter der gesamten Nachfrage gegenüber. Diese Marktform finden wir häufig auf Konsumgütermärkten. So wird etwa der Markt für Waschmittel von wenigen großen Anbieter dominiert. Ein oligopolistischer Anbieter muss bei seiner Absatzstrategie nicht nur die Reaktion der Nachfrager, sondern auch die Reaktion seiner Konkurrenten berücksichtigen, weil jeder der Anbieter einen relativ großen Marktanteil hat und Entscheidungen eines anderen Oligopolisten Auswirkungen auf die eigene Marktstellung haben. Würde etwa ein Anbieter versuchen, durch eine Preissenkung seinen Marktanteil vergrößern, müssten die restlichen Oligopolisten mit fühlbaren Absatzverlusten rechnen. Die Konkurrenten werden daher auf absatzpolitische Maßnahmen eines Anbieters mit Gegenreaktionen antworten. Eine oligopolistische Marktstruktur ist folglich dadurch gekennzeichnet, dass die Marktteilnehmer in einem Aktions-Reaktions-Verbund stehen. Diese Verhaltensweise bezeichnet man als strategisches Konkurrenzverhalten. Die Wettbewerber handeln interdependent

Das Polypol ist dadurch gekennzeichnet, dass auf jeder Marktseite viele kleine Anbieter und Nachfrager sind, von denen jeder einen relativ kleinen Marktanteil hat. Ein einzelner Anbieter bzw. Nachfrager kann mit seinen Entscheidungen das Marktgeschehen praktisch nicht beeinflussen. So wird etwa die Erhöhung der Angebotsmenge durch einen einzelnen Anbieter nur einen sehr geringen Einfluss auf die Höhe des Marktangebots haben, so dass sich dadurch der Marktpreis nicht ändert. Daher betrachtet der einzelne Anbieter den Marktpreis als gegeben. Als Aktionsparameter verbleibt ihm nur die Ausbringungsmenge, weshalb man hier auch vom Preisnehmer bzw. Mengenanpasser spricht. Eine solche Verhaltensweise bezeichnet man als polypolistisches Verhalten.

In dem Marktformenschema sind lediglich symmetrische Marktformen berücksichtigt. In der Praxis finden sich häufig auch asymmetrische Marktformen, bei denen die Teilnehmer einer Marktseite unterschiedlich groß sind. Von Bedeutung ist insbesondere das Teilmonopol bzw. Teiloligopol. Im Teilmonopol kommen zu einem großen Anbieter noch viele kleine Marktteilnehmer hinzu (bei vielen Nachfragern). Das Teiloligopol besteht aus wenigen mittleren Anbietern, zu denen noch zahlreiche kleine Anbieter hinzutreten.

Wenn wir die qualitativen und quantitativen Merkmale zur Klassifikation von Märkten kombinieren, erhalten wir typische Marktstrukturen. Vollständiger Wettbewerb und Monopol sind extreme Marktformen mit den Verhaltensweisen des Preisnehmers und des autonomen Preisfixierers. Die dazwischen liegenden Marktformen beinhalten sowohl monopolistische als auch polypolistische Elemente. Darüber hinaus sind in der Tabelle 7-2 angreifbare Märkte (contestable markets) als eigener Typ aufgenommen. Die Theorie angreifbarer Märkte hat gezeigt, dass nicht der aktuelle Wettbewerb (dargestellt durch Anzahl und Verhalten der vorhandenen Anbieter), sondern der potentielle Wettbewerb das Verhalten der Anbieter in einem Markt bestimmt. Ein Markt gilt als vollkommen angreifbar, wenn mögliche neue Anbieter Zugang zur gleichen Technologie haben wie die bereits im Markt befind-

lichen und die mit dem Markteintritt verbundenen Fixkosten Nonsunk Costs darstellen. In diesem Falle können die erworbenen Anlagen und Maschinen bei einem Marktaustritt verkauft oder anderweitig genutzt werden. So müssen etwa neue Telefonanbieter kein eigenes Festnetz aufbauen, sondern können das Festnetz der Telekom gegen Entgelt nutzen. Dadurch wird das Risiko des Markteintritts für potentielle Anbieter erheblich reduziert. Sind die Sunk Costs (versunkene Kosten) gleich null, trägt der neue Anbieter kein Markteintrittsrisiko und kann sich ohne Verlust auch wieder aus dem Markt zurückziehen und damit in einer Art hit and run Aktion die bestehenden Wettbewerber unter Druck setzen. In angreifbaren Märkten bewirkt der Wettbewerbsdruck möglicher Marktzutritte, dass sich die im Markt befindlichen Anbieter wettbewerbskonform verhalten und ihre Marktmacht beschränkt wird. Die wahrgenommene Drohung potenzieller Wettbewerber bestimmt dann das Verhalten der aktuellen Anbieter. Allerdings reduziert sich das Drohpotenzial möglicher Anbieter umso mehr, je höher die mit dem Markteintritt verbundenen Sunk Costs sind.

Tabelle 7-2:Typen von Marktstrukturen

Charakteristika	Vollkommene Konkurrenz	Monopolistische Konkurrenz	Angreifbare Märkte	Oligopol	Monopol
Anzahl der Anbieter	viele	viele	viele/wenige/einer	wenige	einer
Marktzutritts-barrieren	keine	keine oder geringe	keine oder geringe	hoch wegen Economies of Scale and Scope	hoch/unmöglich wg. Economies of Scale and Scope/ gesetzl. Regelung
Angebotene Güter	homogen/ identisch	heterogen/ differenziert	identisch oder differenziert	identisch oder differenziert	identisch
Einfluss auf den Preis	Preisnehmer	begrenzt	begrenzt	erheblich	Preisfixierung/ staatlich reguliert
Aktionsparameter	Menge	Menge/ Qualität/Werbung	Menge/Preis	Preis/Qualität/ Werbung	Preis oder Menge
Gewinn	null	kurzfristig positiv, langfristig null	null	abhängig von Marktzutritt und Verhalten der Anbieter	positiv
Wettbewerb	sehr hoch	hoch	hoch	niedrig/hoch abhängig vom Verhalten der Anbieter	keiner/ sehr niedrig
Beispiele	Ausgewählte Agrarprodukte, Wertpapiere	Fachhandel, ausgewählte Dienstleistungen z. B. Restaurants	Örtliche Restaurants, private Linienbusangebote	PKW, Arzneimittel, Waschpulver, Zigaretten	Schienennetz der Bahn, Gebietsmonopole bei Strom, Gas, Wasser

7.2 Polypolpreisbildung

7.2.1 Vollständiger Wettbewerb

Die Kostenkurve gibt uns für jede Produktionsmenge an, welche Kosten bei der Produktion einer gegebenen Menge mindestens anfallen. Für die Angebotsentscheidung der Unternehmung stellt sich dann die Frage, welche Gütermenge produziert und angeboten werden soll. Dabei spielt neben den Kosten der am Markt erzielbare Preis eine entscheidende Rolle. Somit hängt die Angebotsentscheidung auch davon ab, ob das Unternehmen mit seinem Angebot den Marktpreis beeinflussen kann oder nicht. Dies bedeutet aber, dass die Angebotsentscheidung von der Marktform abhängig ist. Wir untersuchen hier zunächst eine Situation, in der das einzelne Unternehmen über keine Marktmacht verfügt und folglich keinen Einfluss

auf den Marktpreis ausüben kann. Dies ist in der Marktform der vollständigen Konkurrenz der Fall. Die Marktform der vollständigen Konkurrenz ist durch vier Eigenschaften charakterisiert:

a) Marktteilnehmer verhalten sich als Preisnehmer.

b) Sie bieten homogene Güter an.

c) Es herrscht vollkommene Markttransparenz.

d) Die Märkte sind offen.

a) Die Marktteilnehmer verhalten sich als Preisnehmer. Sie betrachten den Marktpreis als gegebenen und entscheiden, welche Menge des betrachteten Gutes sie zu diesem Preis anbieten oder nachfragen wollen. Damit Anbieter und Nachfrager den Preis als gegebenen betrachten, darf ihre Entscheidung über die angebotene Menge keinen Einfluss auf den Marktpreis haben. Dies ist genau dann der Fall, wenn das Angebot des einzelnen Unternehmens im Vergleich zum am Markt umgesetzten Volumen klein ist. Dann hat die Angebotsentscheidung des einzelnen Unternehmens keinen nennenswerten Einfluss auf den Marktpreis.

b) Der Fall homogener Güter liegt vor, wenn die am Markt von den verschiedenen Unternehmen angebotenen Güter vollkommen substituierbar sind. Aus der Sicht der Käufer macht es keinen Unterschied, ob sie das Produkt von einem Unternehmen A oder dem Unternehmen B kaufen. Die Homogenitätseigenschaft ist vor allem auf Märkten erfüllt, auf denen standardisierte Produkte gehandelt werden. Dies ist etwa der Fall bei landwirtschaftlichen Produkten und Rohstoffen. Weitere Beispiele sind Strom, Telefongespräche, Benzin sowie Finanzmarkttitel wie etwa Devisen oder Bundesanleihen. Industrielle Fertigerzeugnisse und insbesondere die meisten Konsumgüter sind heterogene Produkte. Die Anbieter versuchen, sich durch besondere Produkteigenschaften oder andere absatzpolitische Instrumente von ihren Wettbewerbern abzusetzen, um einen eigenen preispolitischen Spielraum zu bekommen.

c) Das Kriterium der Markttransparenz beinhaltet, dass Anbieter und Nachfrager jederzeit alle relevanten Informationen besitzen, die sie für ihre Nachfrage- bzw. Angebotsentscheidungen benötigen. Es betrifft sowohl die Preise als auch die Qualität der angebotenen Güter. Diese Annahme ist in der Regel für Börsen (Warenbörsen für Öl, Weizen, Fleisch usw.) und Auktionen (Blumen, Weine, Vieh usw.) erfüllt, nicht jedoch auf Märkten, auf denen die Waren dezentral angeboten werden. Die Annahmen homogener Produkte und der Markttransparenz stellen zusammen sicher, dass in einem solchen Markt alle Transaktionen zwischen Käufern und Verkäufern zu einem einheitlichen Preis abgewickelt werden. Da aus der Sicht der Nachfrager die angebotenen Produkte vollkommen substituierbar und die Preise der Anbieter bekannt sind, werden die Nachfrager immer zu den niedrigst möglichen Preisen kaufen. Ein Unternehmen, das einen höheren Preis fordert, wird keine Umsätze erzielen.

d) Die Annahme offener Märkte bedeutet, dass es allen bestehenden Marktteilnehmern jederzeit möglich ist, aus einem Markt auszutreten und die Produktion einzustellen oder zu verlagern, und alle potenziellen Marktteilnehmer jederzeit in den Markt eingetreten und die Produktion aufnehmen können, ohne dass spezielle Kosten den Markteintritt oder -austritt erschweren. Diese Bedingungen ist nicht erfüllt, wenn etwa durch Patente der Marktzutritt erschwert wird (z. B. Pharma) oder wenn beim Markteintritt in großem Umfang Investitionen getätigt werden müssen, die so spezifisch sind, dass sie als Sunk Costs zu betrachten sind, weil Wiederverkaufswert der Anlagen ge-

ring oder gleich Null ist (z. B. Flugzeugbau). Die Annahme des freien Marktzutritts ist wichtig für den Wettbewerb, denn sie bedeutet, dass neue Anbieter in einen Markt eingetreten können, wenn auf Grund einer steigenden Nachfrage die Preise und Gewinne der bestehenden Unternehmen steigen, und dass Unternehmen sich aus einem Markt zurückziehen können, indem sie verlustbringende Produktionen schließen.

Die Annahmen über den vollständigen Wettbewerb implizieren einen stilisierten Markt, der in der Realität in seiner Idealform nur selten vorkommen dürfte. Am ehesten dürften noch Waren-, Wertpapier- und Devisenbörsen die Bedingungen des vollkommenen Marktes erfüllen. Dennoch ist das Konzept des vollkommenen Marktes nützlich, weil wir mit diesen Annahmen die Bildung und das Verhalten der Preise analysieren können und weil die Ergebnisse vielfach auch dann noch gültig sind, wenn die Annahmen nicht genau erfüllt sind. Außerdem kann man aus Vergleichen zwischen vollkommenen und unvollkommenen Märkten wichtige Schlussfolgerungen ableiten im Hinblick auf die Effizienz und Stabilität von Märkten, die wohlfahrtsökonomischen Auswirkungen unvollkommener Märkte usw.

7.2.2 Der optimale Produktionsplan bei vollständiger Konkurrenz

Ausgangspunkt für die weiteren Überlegungen zur Angebotsentscheidung ist die Zielsetzung des Unternehmens. Ziel jedes unternehmerischen Handelns ist die Erwirtschaftung von Gewinn, wobei in der Mikroökonomie davon ausgegangen wird, dass Unternehmen darauf abzielen, den Gewinn zu maximieren. Der Gewinn eines Unternehmens ergibt sich als Differenz zwischen den Verkaufserlösen und den Kosten der Produktion.

Die Kostenfunktion beschreibt die minimalen Gesamtkosten, die bei der Produktion einer bestimmten Angebotsmenge entstehen. Die verschiedenen Kostenbegriffe und das Problem der Kostenminimierung haben wir im vorhergehenden Kapitel kennen gelernt. Die Wahl der kostengünstigsten Produktion ist eine Seite, um den größtmöglichen Gewinn zu erzielen. Darüber hinaus muss sich das Unternehmen über den Absatz Gedanken machen, indem es zu entscheiden hat, welche Produktionsmenge es zu welchem Preis am Markt absetzen kann.

Informationen darüber, welche Gütermenge zu welchem Preis in einem Markt abgesetzt werden können, liefert die Nachfragefunktion. Sie beschreibt, welche Menge eines Gutes die Nachfrager bei alternativen Preisen zu kaufen bereit sind. Da sich alle Anbieter einer Branche dieser Nachfrage gegenübersehen, beschreibt sie aus der Sicht der Anbieter, welche Menge die Branche oder Industrie insgesamt zu alternativen Preisen absetzen kann. Für die Angebotsentscheidung des einzelnen Anbieters ist aber nicht die Nachfragekurve der Industrie entscheidend, sondern die Nachfragekurve, der sich dieses Unternehmen gegenüber sieht. Diese individuelle Nachfragekurve des Unternehmens bezeichnet man als Preis-Absatz-Funktion. Sie beschreibt aus der Sicht des Anbieters, welche Mengen er in Abhängigkeit von dem gesetzten Preis absetzen kann.

Nachfragefunktion und Preis-Absatz-Funktion eines einzelnen Anbieters stimmen nur im Monopolfall überein, denn dann steht ein Anbieter der Gesamtnachfrage gegenüber. Im Polypolfall sind es viele Anbieter, die der Gesamtnachfrage gegenüberstehen, wobei jeder Anbieter nur einen kleinen Teil des gesamten Angebots produziert und dementsprechend keinen signifikanten Einfluss auf den Marktpreis ausüben kann. Da Änderungen im Output keinen nennenswerten Effekt auf den Marktpreis haben, verläuft die Preis-Absatz-Funktion des einzelnen Polypolisten parallel zur Abszisse. Innerhalb seiner Kapazitätsgrenze kann der einzelne Anbieter seine Menge variieren, ohne dass sich der Marktpreis verändert. Würde er von sich aus eine aktive Preispolitik betreiben und versuchen, den Preis heraufzusetzen, müsste er damit rechnen, dass aufgrund der Homogenität des angebotenen Gutes die Nachfrager den Preisunterschied sehr schnell bemerken und zu anderen Anbietern abwandern.

Mit einer Senkung des Angebotspreises unter den Marktpreis würde er zwar mehr Nachfrage auf sich ziehen, aber er kann die diese nicht befriedigen, weil seine Kapazität begrenzt ist. Zu einem niedrigeren Preis an der Kapazitätsgrenze zu produzieren kann jedoch nicht in seinem Interesse sein, denn auch beim herrschenden Marktpreis kann er seine Kapazität voll auslasten, so dass für den Polypolisten eine aktive Preispolitik als Instrument der Gewinnmaximierung ausscheidet.

Praxisbeispiel 7-1: Marktnachfrage und Preis-Absatz-Funktion des einzelnen Anbieters

Um zu verstehen, warum sich selbst große Produzenten als Preisnehmer verhalten, wählen wir als Beispiel den Weltmarkt für Weizen. Im Jahr 2004 belief sich die Weltproduktion laut FAO auf 627.000.000 t Weizen. Im Jahresdurchschnitt lag der Preis bei 161 $ je Tonne. Nach Schätzung der FAO[4] beträgt die Preiselastizität für Weizen -0,14. Wenn wir eine lineare Nachfragefunktion unterstellen, lässt sich aufgrund dieser Angaben die Nachfragekurve nach Weizen bestimmen, denn es gilt:

$$\varepsilon = \frac{dx}{dp}\frac{p}{x} \text{ mit } \frac{dx}{dp} = -b \quad \Rightarrow \quad \varepsilon = -b \cdot \frac{p^*}{x^*} \quad \Rightarrow \quad b = -\varepsilon \cdot \frac{x^*}{p^*}$$

Dabei bezeichnen p^* und x^* den Punkt auf der Nachfragekurve, in dem die Nachfrageelastizität gemessen wurde. Wir unterstellen hier die zum Preis von 161 $ nachgefragte Menge von 627.000.000 t Weizen.

$$b = -(-0{,}14) \cdot \frac{627000000}{161} = 545217$$

Für eine lineare Nachfragefunktion gilt: $x = a - bp \quad \rightarrow \quad a = x^* + bp^*$

$a = 627\,000\,000 + 545\,217 \cdot 161 = 7\,147\,880\,000$

Dann hat die lineare weltweite Nachfrage nach Weizen folgende Form:

$x = 7\,147\,880\,000 - 545\,217 \cdot p$

Das Weltangebot an Weizen stammt von einer großen Zahl von größeren oder kleineren Getreideproduzenten, die über eine Vielzahl von Ländern verstreut sind. Das Angebot der einzelnen Produzenten ist im Vergleich zum Weltangebot relativ klein. Um zu sehen, dass selbst große Getreideproduzenten nur einen geringen Einfluss auf den Preis ausüben können, unterstellen wir eine Farm mit einer Fläche, die unter günstigen Bedingungen eine Produktion von 10.000 t Getreide ermöglicht. Die durchschnittliche produzierte Weizenmenge liege bei 5.000 t, daneben würden andere Getreidesorten angebaut. Unter diesen Annahmen beträgt der Weltmarktanteil dieser großen Farm 0,0008% oder 0,8 von einer Million.

Unterstellen wir nun, der Getreideproduzent würde seine Weizenproduktion zulasten anderer Getreidesorten verdoppeln. Dadurch würde die Weltproduktion um (5000/627Mio.t)·100 = 0,0008% steigen. Welchen Einfluss wird dies auf den Marktpreis haben? Die Nachfrageelastizität von -0,14 besagt, dass bei einem Preisanstieg um 1% die nachgefragte Menge um 0,14% fällt, beziehungsweise umgekehrt, dass bei einem Anstieg der Produktionsmenge um 1% der Preis um 7,14% fallen würde. Somit führt die Steigerung der Weltproduktion um 0,0008% zu einer Preissenkung von -7,14·0,0008% = -0,0057%. Der Preis würde von 161,00 $ auf 160,99 $ je Tonne zurückgehen.

Der Vergleich der Änderung des Marktpreises mit der Änderung der Produktionsmenge zeigt, dass die individuelle Nachfrageelastizität des Getreidefarmers viel höher ist als die Elastizität der Nachfrage am Weltmarkt: Seine Produktionssteigerung betrug 100%. Die dadurch ausgelöste Preissenkung war 0,0057%. Somit beträgt die individuelle Nachfrageelastizität:

[4] Online Datenbank der FAO, http://faostat.fao.org/site/408/default.aspx, abgerufen am 29.9.2005

$$\varepsilon_i = \frac{100\%}{-0{,}0057\%} = -17544$$

Der Getreideproduzent sieht sich also einer äußerst elastischen Nachfrage gegenüber. Wenn er versuchen würde, nur einen geringfügig höheren Preis zu fordern, würde seine Absatzmöglichkeit sehr rasch gegen Null gehen. Wir können jetzt auch die Preis-Absatz-Funktion des Weizenfarmers bestimmen. Dabei gelten die folgenden Parameter: $\varepsilon_i = -17544$, $x^* = 5000$ und $p^* = 161$. Für die Preis-Absatz-Funktion ergeben sich daraus folgende Werte für Steigungs- und Niveauparameter:

$$b = -(-0{,}14) \cdot \frac{5000}{161} = 544845$$

a = 5000 + 544845·161 = 87 725 25

In Abbildung 7-1 ist der Weltmarkt für Weizen und die Preis-Absatz-Funktion des einzelnen Weizenproduzenten dargestellt.

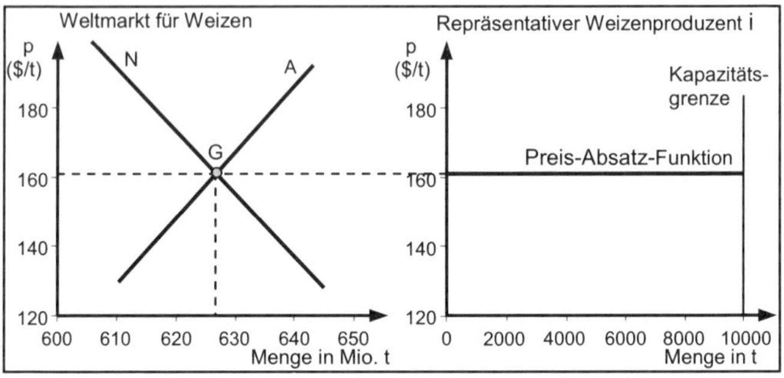

Abbildung 7-1 : Weltmarkt für Weizen und die individuelle Preis-Absatz-Funktion eines Weizenproduzenten

Für den Weltmarkt für Weizen in der Abbildung links wird unterstellt, dass die beobachteten Werte für Preis und Menge ein Marktgleichgewicht darstellen. Die rechte Hälfte enthält die Preis-Absatz-Funktion für unseren Weizenproduzenten. Für die relevanten Produktionsmengen zwischen null und 10.000 t verläuft sie parallel zur Abszisse. Änderungen seiner Produktionsmenge haben nahezu keinen Einfluss auf die Höhe des Marktpreises.

Die vollkommen elastische Preis-Absatz-Funktion bedeutet, dass Outputänderungen, die ein Anbieter innerhalb seiner Produktionskapazität vornimmt, den Marktpreis unverändert lassen. Bei gegebenem Marktpreis ist der Erlös allein abhängig von der Angebotsmenge. Der Gesamterlös ergibt sich als Produkt aus Marktpreis und Angebotsmenge.

$$E(x) = px$$

Analog zu den Kosten können wir Grenz- und Durchschnittserlös definieren. Der Grenzerlös ist der Erlöszuwachs, der aus dem Verkauf einer zusätzlichen Produkteinheit erzielt wird. Erzielt etwa ein Unternehmen einen Erlöszuwachs von 1000 € aus dem Verkauf von fünf zusätzlichen Einheiten, dann ist der Grenzerlös der zuletzt abgesetzten Einheit 200 €. Den Durchschnittserlös erhält man, wenn man den gesamten Erlös einer Periode durch die Anzahl der abgesetzten Mengeneinheiten teilt. Solange der Marktpreis von den eigenen Änderungen der Angebotsmenge eines Unternehmens nicht beeinflusst wird, sind Durchschnitts- und Grenzerlös gleich hoch und entsprechen dem Marktpreis. Die Durchschnitts- und Grenzerlöskurve fallen zusammen und bilden eine horizontale Linie in Höhe des Marktpreises.

Die Gesamterlöskurve ist in diesem Fall eine Gerade, die mit zunehmendem Output mit der Steigung p ansteigt.

Wenn ein Unternehmen auf einem Wettbewerbsmarkt den Preis nicht in seinem Sinn beeinflussen kann, muss es sich überlegen, welche Menge es produzieren und anbieten soll. Um die Grundstruktur des Entscheidungsproblems zu verstehen, betrachten wir wieder exemplarisch unsere Brotfabrik. Dazu unterstellen wir, dass sich aus der Sicht der Brotkäufer das Angebot der verschiedenen Brotfabriken nicht wesentlich unterscheidet und dass sich die verschiedenen Brothersteller mit ihren nahe beieinander liegenden Verkaufsstellen laufend in ihren Preisentscheidungen gegenseitig beobachten, so dass sich ein einheitlicher Brotpreis im gesamten Absatzgebiet herausbildet. In diesem Fall ist der Preis für den einzelnen Hersteller gegeben, und er wird zu entscheiden haben, welche Brotmenge er unter diesen Umständen herstellen und anbieten möchte, um seinen Gewinn zu maximieren.

In der folgenden Tabelle 7-3 sind Kosten, Erlöse und Gewinn in Abhängigkeit von der Produktionsmenge dargestellt. Die Kostensituation der Brotfabrik hatten wir bereits in Abschnitt 6.4.2 untersucht. Gesamtkosten, Stückkosten und Grenzkosten sind in den Spalten 2 bis 4 enthalten. Für die folgenden Überlegungen müssen wir noch die Erlösseite berücksichtigen. Unterstellen wir einen Brotpreis von 2 Euro/Mengeneinheit, ergibt sich der Erlös in Spalte 5 als Produkt aus der Verkaufsmenge und dem Preis. Da der Verkauf jeder zusätzlichen Mengeneinheit denselben Erlöszuwachs erbringt, ist der Grenzerlös konstant und entspricht dem erzielten Preis. Der Gewinn in Spalte 7 ergibt sich als Differenz aus dem Gesamterlös und den Gesamtkosten. Ob der Gewinn durch den Verkauf einer zusätzlichen Mengeneinheit gesteigert werden kann, darüber informiert der Grenzgewinn in Spalte 8. Der Grenzgewinn entspricht dem Gewinnzuwachs, der aus dem Verkauf einer zusätzlichen Mengeneinheit Brot erzielt werden kann. Solange die Grenzgewinne positiv sind, reduziert jede zusätzlich verkaufte Mengeneinheit den Verlust bzw. steigert jede zusätzlich abgesetzte Mengeneinheit den Gesamtgewinn.

Tabelle 7-3: Erlös-, Kosten- und Gewinnentwicklung in Abhängigkeit von der Produktionsmenge

Brotmenge	Gesamtkosten	Stückkosten	Grenzkosten	Erlös	Grenzerlös	Gewinn	Grenzgewinn
(1)	(2)	(3)	(4)	(5)	(6)	(7)	(8)
0	400			0		-400	
200	855	4,28	2,27	400	2	-455	-0,27
400	1138	2,84	1,41	800	2	-338	0,59
600	1394	2,32	1,28	1200	2	-194	0,72
800	1641	2,05	1,23	1600	2	-41	0,77
1000	1884	1,88	1,22	2000	2	116	0,78
1200	2131	1,78	1,23	2400	2	270	0,77
1400	2387	1,70	1,28	2800	2	413	0,72
1600	2670	1,67	1,42	3200	2	530	0,58
1650	2750	1,67	1,60	3300	3	550	0,40
1700	2837	1,67	1,67	3400	2	564	0,34
1725	2885	1,67	1,94	3450	2	565	0,06
1750	2940	1,68	2,19	3500	2	560	-0,19
1775	3005	1,69	2,61	3550	2	545	-0,61
1800	3145	1,75	5,60	3600	2	455	-3,60

Wenn ein Unternehmen zu entscheiden hat, welche Produktionsmenge es anbieten soll, muss es Grenzerlöse und Grenzkosten vergleichen. Sind die Erlöszuwächse, die sich aus der Herstellung und dem Verkauf einer zusätzlichen Produkteinheit ergeben, größer als die Kosten, die durch die Produktion dieser Produkteinheit verursacht werden, resultiert aus dem zusätzlichen Absatz ein Gewinnzuwachs und der Gesamtgewinn steigt. Eine Ausdehnung der Produktionsmenge ist demnach solange Gewinn bringend, wie die Grenzgewinne positiv sind. Da aber die Gesamtkosten umso stärker zunehmen, je mehr das Unternehmen seine Produktion ausdehnt, führen die steigenden Grenzkosten der Produktion dazu, dass bei konstanten Grenzerlösen die Grenzgewinne abnehmen und schließlich negativ werden. Dies ist in unserem Beispiel ab einer Produktionsmenge von über 1725 Mengeneinheiten der Fall. Der Absatz weiterer Brotmengen ist nicht mehr sinnvoll, weil jede zusätzlich produzierte und verkaufte Mengeneinheit einen Grenzverlust erbringt, der den Gesamtgewinn reduziert. Das Unternehmen maximiert folglich seinen Gewinn, wenn es sein Angebot so weit ausdehnt, bis die zuletzt abgesetzte Mengeneinheit keinen Gewinnzuwachs mehr erbringt. Dies ist bei einer Brotmenge von 1725 Mengeneinheiten pro Schicht der Fall.

An dem Beispiel unserer Brotfabrik können wir auch erkennen, dass es bei der Gewinn maximierenden Produktionsentscheidung nicht auf Durchschnittsgrößen ankommt. Würde unser Brotfabrikant den Durchschnittserlös je Mengeneinheit Brot den Durchschnittskosten der Produktion gegenüberstellen, so würde dies seinen Gewinn nicht maximieren. Der Durchschnittsgewinn je abgesetzter Einheit ist nämlich bei einer Produktionsmenge von 1650 Stück am größten. Hier beträgt die Differenz zwischen dem Preis und den Stückkosten 2 € - 1,67 € = 0,33 €. Diese Produktionsmenge ist aber suboptimal, denn die zuletzt angebotenen Mengeneinheiten weisen noch positive Grenzgewinne auf. Durch eine weitere Ausdehnung des Angebots kann der Gesamtgewinn gesteigert werden. Dies zeigt, dass Unternehmen, die ihren Gewinn maximieren wollen, die Einflussfaktoren auf die Kostenentwicklung kennen sollten und sich zudem darüber Gedanken machen müssen, wie sich Veränderungen von Produktionsentscheidungen auf die Kostenentwicklung und damit auf die Grenzkosten auswirken.

Für den Fall der vollständigen Konkurrenz entspricht der Grenzerlös dem Marktpreis, weil die Unternehmen Preisnehmer sind. Dann lautet die Bedingung für das Gewinnmaximum

$$p = K'$$

Die „Preis = Grenzkosten" Regel besagt, dass ein Unternehmen seinen Gewinn maximiert, wenn es die Outputmenge wählt, bei der der Marktpreis gerade so hoch ist wie die Grenzkosten. Man sagt, das Unternehmen verhält sich als Mengenanpasser. Dies ist in Abbildung 7-2 dargestellt. Bei konstantem Preis ist die Erlöskurve linear. Jede zusätzlich abgesetzte Mengeneinheit erbringt einen Erlöszuwachs in Höhe des erzielten Marktpreises. Die Kosten werden durch eine Kostenfunktion bei ertragsgesetzlicher Produktionstechnologie dargestellt. Die Gewinnfunktion ergibt sich bei jeder Angebotsmenge als vertikale Differenz zwischen Erlösen und Kosten.

Solange das Unternehmen nichts produziert und anbietet, entsteht ihm ein Verlust in Höhe der Fixkosten. Danach steigen die Gesamtkosten schneller als die Erlöse, bis bei der Menge q_1 das Verlustmaximum erreicht ist. Im Punkt P entspricht die Steigung der Kostenkurve derjenigen der Erlösfunktion, so dass hier die Bedingung $p = K'$ erfüllt ist (Punkt A in Abbildung 7-2 unten). Dabei handelt es sich um das Verlustmaximum. Ab der Menge x_1 steigen die Kosten langsamer als die Erlöse, die Grenzkosten gehen bei konstantem Grenzerlös zurück und jede zusätzliche Einheit erbringt einen steigenden Gewinnzuwachs (Abbildung 7-2 unten). Dadurch werden die Verluste reduziert, bis im Punkt Q Kosten und Erlöse gleich hoch sind. Die Menge x_2 bezeichnet man deshalb auch als Gewinnschwelle

oder Break-even Point, denn ab der Menge x_2 beginnt die Gewinnzone. Mit steigender Produktions- und Absatzmenge steigen die Gewinne weiter an, bis bei der Menge x_3 das Gewinnmaximum erreicht ist. Im Punkt R hat die Kostenfunktion die gleiche Steigung wie die Erlösfunktion. Somit ist auch hier die Bedingung für das Gewinnmaximum p = K' erfüllt (Punkt B in Abbildung 7-2 unten). Würde das Unternehmen seine Angebotsmenge über x_3 hinaus ausdehnen, würde der Gewinn wieder zurückgehen, weil jetzt die Kosten stärker steigen als die Erlöse. Ursache dafür sind Kostensteigerungen durch steigenden Maschinen- und Materialverschleiß sowie Überstundenzuschläge, die umso stärker zum Tragen kommen, je mehr sich das Unternehmen seiner Kapazitätsgrenze nähert. Die Grenzkosten jeder zusätzlich produzierten Einheit steigen und sind höher als der Preis, den das Unternehmen am Markt erzielen kann. Steigende Grenzverluste reduzieren den Gesamtgewinn, bis schließlich im Punkt S die Gewinngrenze erreicht ist. Oberhalb der Gewinngrenze schreibt das Unternehmen steigende Verluste.

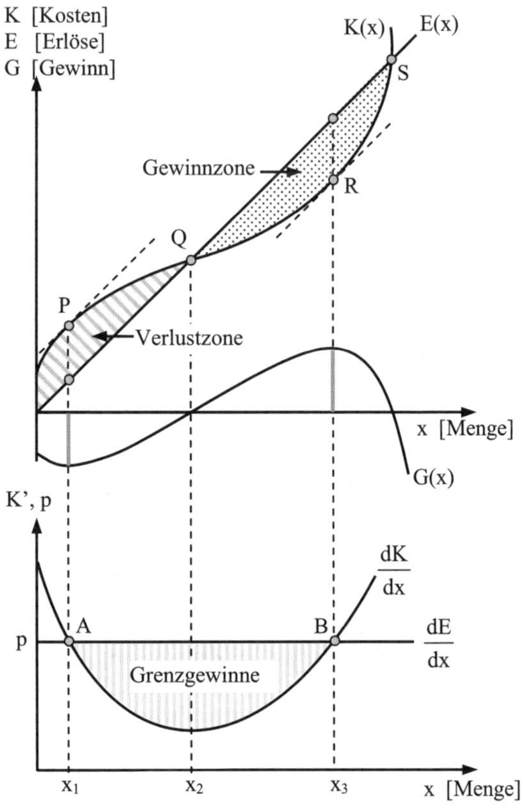

Abbildung 7-2: Der optimale Produktionsplan

Die Regel für das Gewinnmaximum p = K' stellt nicht in jedem Falle sicher, dass das Unternehmen mit seinem Angebot jederzeit Gewinn gemacht. Denn nach Abbildung 7-2 ist die Bedingung auch in Punkt A erfüllt. Wie man aus dem oberen Teil der Grafik jedoch entnehmen kann, handelt es sich dabei um ein Verlustmaximum. Als weitere Forderung für ein Gewinnmaximum gilt somit, dass die Bedingung p = K' im ansteigenden Ast der Grenzkostenkurve erfüllt sein muss.

Übung 7-1: Bestimmung der Gewinnschwelle und des Gewinnmaximums

Ein Unternehmen produziere mit der Kostenfunktion $K = 100 + x^2/40$ ein Gut, das es zu einem gegebenen Preis in beliebiger Menge am Markt absetzen kann.

a) Bei welcher Menge liegt der Break-even Point für einen Marktpreis von $p = 4$?

b) Welche Menge wird das Unternehmen bei den Preisen $p = 2$ und $p = 4$ anbieten, wenn es seinen Gewinn maximiert?

c) Wie hoch ist beim Preis von $p = 4$ sein maximaler Gewinn?

Lösung:

a) Für die Gewinnschwelle gilt $E(x) = K(x)$:

$$4 \cdot x = 100 + \frac{x^2}{40}.$$

Daraus erhält man die quadratische Gleichung mit $x^2 - 160q + 4\,000 = 0$, deren Lösungen ergeben sich als

$$x_{1,2} = \frac{-(-160) \pm \sqrt{160^2 - 4 \cdot 4000}}{2}.$$

Die Gewinnschwelle ist der kleinere der beiden Werte. Folglich liegt die Gewinnschwelle bei $x_1 = 31{,}01$

b) Die Bedingung für das Gewinnmaximum lautet $p = K'$. Somit gilt $p = x/20$

Für den Preis $p = 2$ ergibt sich die Menge $x = 40$ und für $p = 4$ ergibt sich $x = 80$.

c) Für $p = 4$ und $x = 80$ ergibt sich ein Erlös von $E = 4 \cdot 80 = 320.$

Für $x = 80$ belaufen sich die Gesamtkosten auf $K = 100 + \frac{80^2}{40} = 260.$

Somit beträgt der maximale Gewinn $G_{max} = 60.$

7.2.3 Das Güterangebot eines Unternehmens

Um das Angebotsverhalten von Unternehmen zu untersuchen, ist es erforderlich, den Einfluss des Preises auf die Höhe des Gewinns zu betrachten. Denn selbst wenn ein Unternehmen darauf abzielt, seine Gewinne zu maximieren, ist nicht bei jedem Preis gewährleistet, dass es Gewinne erzielt. Erst bei Kenntnis der Stückkostenkurve lässt sich bestimmen, ob ein Unternehmen überhaupt Gewinne erwirtschaftet und wie hoch diese sind. In Abbildung 7-3 sind für eine klassische Kostenfunktion zusätzlich zur Grenzkostenkurve K' die U-förmig verlaufenden Kurven der gesamten und variablen Durchschnittskosten k und k_v eingetragen. Für den gegebenen Marktpreis p_1 verläuft die Preis-Absatz-Funktion, die zugleich den Grenzerlös des Unternehmens darstellt, parallel zur Abszisse. In Punkt A ist die Bedingung für das Gewinnmaximum erfüllt und das Unternehmen maximiert seinen Gewinn, wenn es die Menge x_1 produziert und anbietet. Um zu beurteilen, ob das Unternehmen einen Gewinn erzielt, betrachten wir den Stückgewinn (= durchschnittliche Gewinn je abgesetzter Einheit). Er ergibt sich aus dem Erlös pro Stück und den Kosten je Stück:

$$\frac{G}{x} = \frac{E}{x} - \frac{K}{x}$$

Der Durchschnittserlös je verkaufter Produkteinheit entspricht im Wettbewerbsmarkt dem Preis, den das Unternehmen erzielt. Somit gilt:

$$\frac{G}{x} = p - k$$

Bei einem Preis von p_1 entspricht der Stückgewinn in der Abbildung 7-3 der Strecke AB. Bei diesem Preis befindet sich das Unternehmen in einer komfortablen Situation, denn es erzielt einen wirtschaftlichen Gewinn, der sich als Produkt aus dem Stückgewinn und der abgesetzten Menge x_1 ergibt. Der Gesamtgewinn ist in Abbildung 7-3 mit der schraffierten Fläche gekennzeichnet.

Da ein wirtschaftlicher Gewinn voraussetzt, dass die Opportunitätskosten des Unternehmers und des Kapitaleinsatzes gedeckt sind, bedeutet die Existenz von Gewinnen, dass in dem betreffenden Markt die Rentabilität des eingesetzten Kapitals überdurchschnittlich hoch ist. Dadurch werden neue Anbieter in den Markt eintreten, indem Investoren/Unternehmen ihre Engagements in weniger rentablen Branchen überprüfen und ihr Kapital verstärkt in Produktionen mit überdurchschnittlichen Renditen investieren. Dadurch steigt allmählich das Marktangebot und der Marktpreis sinkt. Als Folge des sinkenden Marktpreises werden die Stückgewinne nach und nach kleiner, bis schließlich beim Preis p_{BO} keine Stückgewinne mehr erzielt werden. Dabei senkt der Anbieter entsprechend der Regel p = K' seine Angebotsmenge auf q_{BO}.

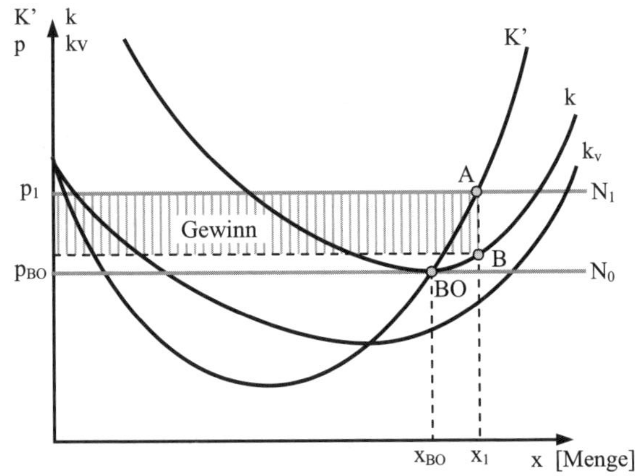

Abbildung 7-3: Bestimmung der gewinnmaximalen Angebotsmenge

Der Punkt BO in Abbildung 7-3 heißt Betriebsoptimum. Im Betriebsoptimum sind die durchschnittlichen Kosten vollständig durch den erzielten Marktpreis gedeckt. Das Unternehmen erzielt keinen Gewinn im Sinne eines surplus profit. Allerdings ist von der Definition der Kosten her gewährleistet, dass das eingesetzte Kapital und die unternehmerische Leistung angemessen entlohnt werden. Das Unternehmen erzielt einen Normalgewinn, der es ihm ermöglicht, als Anbieter in dem Markt zu bleiben. Nullgewinne in einem Markt sind kein Indiz für mangelnde unternehmerische Leistungsfähigkeit, sondern ein Ergebnis des Wettbewerbs. Der Preis im Betriebsoptimum sichert den Unternehmen einen ausreichenden Ertrag und damit ein Verbleiben in dem Markt.

Der Begriff des Betriebsoptimums ist aus unternehmerischer Sicht nicht „optimal", denn höhere Preise als p_{BO} zu erzielen, würden Unternehmen sicherlich bevorzugen. Aus gesamt-

wirtschaftlicher Sicht ist jedoch eine solche Situation optimal, denn das betreffende Gut wird zu den geringsten möglichen Stückkosten produziert, dies impliziert eine optimale Faktorallokation. Außerdem werden die Konsumenten zum niedrigst möglichen Preis versorgt, was ihnen bei gegebenem Einkommen die höchstmögliche Güterversorgung gewährleistet.

Das Betriebsoptimum als Preisuntergrenze sichert dem Unternehmen langfristig die volle Deckung seiner Kosten. Ein Unternehmen kann folglich langfristig nur im Markt verbleiben, wenn es mindestens diesen Preis erzielt. Daher bezeichnet man den Preis im Betriebsoptimum auch als langfristige Preisuntergrenze. Wie wird sich aber ein Unternehmen verhalten, wenn der Marktpreis unter das Betriebsoptimum fällt? Dies ist in Abbildung 7-4 dargestellt. Zum Preis p_1 bietet das Unternehmen die Menge x_1 an. Dabei muss es je verkaufter Mengeneinheit einen Stückverlust in Höhe von AC hinnehmen. Der gesamte Verlust entspricht der schraffierten Fläche. Da der Abstand zwischen den Stückkosten und den variablen Stückkosten den durchschnittlichen Fixkosten entspricht, ist nur ein Teil der Fixkosten gedeckt. Allerdings erwirtschaftet das Unternehmen zu Preisen zwischen p_{BO} und p_{BM} einen Deckungsbeitrag. Definiert man den durchschnittlichen Deckungsbeitrag als Differenz zwischen dem Marktpreis und den variablen Kosten pro Stück, dann ist der Deckungsbeitrag durch die Strecke BC dargestellt.

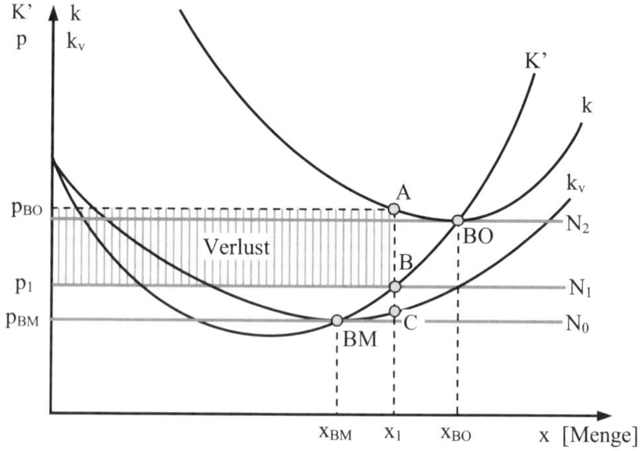

Abbildung 7-4: Kurz- und langfristige Untergrenze des Angebots

Warum sollte das Unternehmen bei Preisen zwischen p_{BO} und p_{BM} überhaupt produzieren und anbieten? Die Antwort ist einfach. Sie lautet, weil bei der Alternative, nichts zu produzieren, die fixen Kosten in jedem Fall in voller Höhe anfallen und damit ein noch höherer Verlust entstehen würde, weil kein positiver Deckungsbeitrag zur Deckung der Fixkosten erwirtschaftet würde. Die Entscheidung, trotz anfallender Verluste zu produzieren, minimiert den Verlust. Eine absolute Preisuntergrenze ist jedoch erreicht, wenn der Marktpreis unter den Preis p_{BM} sinkt. Jetzt deckt der Marktpreis nicht einmal mehr die variablen Stückkosten. Der Verlust würde über die Fixkosten hinaus mit jeder produzierten Mengeneinheit weiter zunehmen. Wenn aber der erzielbare Marktpreis noch nicht einmal mehr die variablen Kosten einer Produkteinheit deckt, ist jede Produktion unwirtschaftlich. Daher bezeichnet man den Preis p_{BM} auch als kurzfristige Preisuntergrenze oder Shut-down Preis und den Punkt BM als Betriebsminimum oder Produktionsschwelle.

Verlustbringende Produktionen können längerfristig nicht aufrechterhalten werden. Denn wenn ein Unternehmen auf die volle oder teilweise Deckung seiner Fixkosten verzichtet,

bedeutet dies einen ineffizienten Ressourceneinsatz. Sinnvoll ist daher der Verzicht auf volle Deckung der Fixkosten nur, wenn die begründete Erwartung besteht, dass der Marktpreis zukünftig wieder steigt. Nur dann kann das Unternehmen seine Betriebsgröße aufrechterhalten. Ist dagegen davon auszugehen, dass der Preis dauerhaft unter p_{BO} liegt, verbleiben als Alternativen entweder Schließung der Produktion und Ausstieg aus dem Markt oder Senkung der Stückkosten und Wahl einer kostengünstigeren Betriebsgröße.

Nach der Ableitung der Produktionsentscheidung eines Unternehmens in Abhängigkeit von der Höhe des Preises, ist es jetzt möglich, die Angebotskurve eines Unternehmens darzustellen. Die individuelle Angebotskurve eines Unternehmens gibt an, welche Gütermenge das Unternehmen bei alternativen Marktpreisen anbieten würde. Aus den vorhergehenden Überlegungen können wir für den Verlauf der Angebotskurve folgende Aussagen machen:

- Ein Unternehmen wird bei vollständiger Konkurrenz seine Produktion soweit ausdehnen, bis die Grenzkosten der zuletzt abgesetzten Einheit dem Marktpreis entsprechen. Maßgebend für das Güterangebot ist somit die Grenzkostenkurve des Unternehmens, denn sie gibt für jeden möglichen Preis die gewinnmaximale Produktionsmenge wieder.
- Ein gewinnmaximierendes Unternehmen wird immer bei steigenden Grenzkosten anbieten.
- Unterhalb des Minimums der variablen Durchschnittskosten ist kein Güterangebot möglich. Daher geht bei Preisen unter p_{BM} die Angebotsmenge auf Null zurück.
- Das Betriebsminimum stellt die kurzfristige Angebotschwelle dar. Beim Preis p_{BM} entstehen Verluste in Höhe der Fixkosten. Ob die Produktion eingestellt oder weitergeführt wird, hängt von den Preiserwartungen ab.
- Die langfristige Angebotschwelle des Unternehmens ist festgelegt durch die Ausbringungsmenge im Minimum der Durchschnittskosten. Sie liegt also im Punkt BO, im Betriebsoptimum.

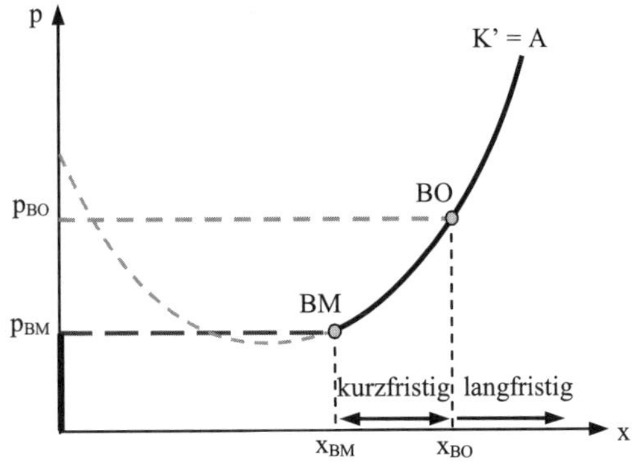

Abbildung 7-5: Die individuelle Angebotsfunktion eines Unternehmens

In Abbildung 7-5 ist die Angebotskurve eines Unternehmens dargestellt. Danach entspricht die individuelle Angebotskurve eines Unternehmens dem ansteigenden Ast der Grenzkostenkurve, kurzfristig ab dem Betriebsminimum, langfristig ab dem Betriebsoptimum. Die Angebotsfunktion eines Unternehmens für ein Gut ordnet den alternativen hypothetischen Preisen die Angebotsmengen zu, die das Unternehmen bei gegebener Produktionstechnik und gegebenen Preisen der Produktionsfaktoren anzubieten bereit ist: $x = f(p)$

Übung 7-2: Betriebsminimum und kurzfristige Angebotsfunktion

Ein Unternehmen produziere mit der Kostenfunktion $K = 2{,}5x^2 + 15x + 250$ und den Grenzkosten $K' = 5x + 15$ ein Gut, das es zu einem gegebenen Preis in beliebiger Menge am Markt absetzen kann.

a) Wie hoch sind die variablen Stückkosten in deren Minimum?

b) Wie lautet die kurzfristige Angebotsfunktion des Unternehmens?

Lösung:

a) Die variablen Stückkosten sind $k_v = 2{,}5x + 15$

Im Minimum der variablen Stückkosten gilt $K' = k_v$:

$5x + 15 = 2{,}5x + 15 \rightarrow x = 0.$

Daraus folgt $k_v = 15$.

b) Die Bedingung für das Gewinnmaximum lautet $p = K'$. Somit gilt:

$p = 5x + 15$

$x = 0{,}2p - 3$

Dann lautet die Angebotsfunktion:

$$x = \begin{cases} 0 & \text{für } p < 15 \\ 0{,}2 \cdot p - 3 & \text{für } p \geq 15 \end{cases}$$

Die Ableitung des Angebots eines Unternehmens führt immer dann zu einer normal verlaufenden d.h. steigenden Angebotsfunktion, wenn die Grenzkostenkurve einen steigenden Verlauf hat. Im Falle einer linear limitationalen Produktionstechnik haben wir eine lineare Kostenfunktion und die Grenzkosten sind bei jeder möglichen Ausbringungsmenge konstant. Damit ist die Bedingung für das Gewinnmaximum $p = K'$ in der Regel nicht erfüllt. Daher wird ein Unternehmen bei gegebenem Güterpreis an der Kapazitätsgrenze produzieren und anbieten, weil die Stückkosten sinken und umso niedriger sind, je mehr produziert wird. Folglich ist der Stückgewinn an der Kapazitätsgrenze am höchsten bzw. der Verlust pro Stück am niedrigsten.

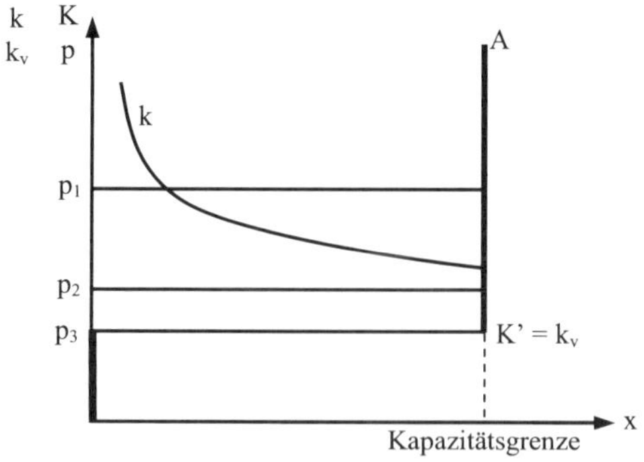

Abbildung 7-6: Das Güterangebot bei limitationaler Produktionstechnik

In Abbildung 7-6 sind die Zusammenhänge veranschaulicht. Bei limitationaler Produktionstechnik fallen Grenzkosten K' und variable Stückkosten k_v zusammen und sind für jede

Mengeneinheit konstant. Die Kurve der gesamten Durchschnittkosten k hat einen fallenden Verlauf, weil die durchschnittlichen Fixkosten mit zunehmender Produktionsmenge immer mehr zurückgehen und an der Kapazitätsgrenze an niedrigsten sind. Außerdem sind in der Abbildung drei alternative Preise eingetragen. Bei dem Preis p_1 erzielt das Unternehmen ab dem Schnittpunkt der Preislinie mit der Stückkostenkurve Stückgewinne. Der Abstand zwischen der Preislinie und der Stückkostenkurve wird immer größer. Für alle Preise $p \geq k$ wird das Unternehmen an der Kapazitätsgrenze produzieren und anbieten, weil an der Kapazitätsgrenze der Stückgewinn am höchsten ist. Seine Angebotsfunktion verläuft senkrecht entlang der Kapazitätsgrenze.

Sinkt der Preis unter die Durchschnittskosten an der Kapazitätsgrenze, etwa auf p_2, erzielt das Unternehmen Verluste, weil ein Teil der Fixkosten nicht mehr gedeckt ist. Aber auch hier wird das Unternehmen kurzfristig an der Kapazitätsgrenze produzieren, weil dort der Verlust pro Stück am niedrigsten ist, so dass bei allen Preisen, die über den Grenzkosten liegen, das Angebot immer an der Kapazitätsgrenze liegt. Für den speziellen Fall, dass der Preis p_3 gleich den Grenzkosten ist, ist die Angebotsmenge nicht eindeutig bestimmt. Gleichgültig, wie viel das Unternehmen produziert, es erleidet immer einen Verlust in Höhe der Fixkosten. Für alle Preise $p < K'$ wird nichts angeboten. Die Angebotfunktion fällt mit der Abszisse zusammen. Für alle Preise $p > K'$ verläuft bei einer linearen Kostenfunktion die Angebotskurve des Unternehmens entlang der Kapazitätsgrenze, kurzfristig beginnend ab der Höhe der variablen Stückkosten, langfristig ab dem Niveau der Stückkosten an der Kapazitätsgrenze.

7.2.4 Das Marktangebot

Um das kurzfristige Angebot aller Unternehmen am Markt zu ermitteln, werden die Angebotskurven der einzelnen Unternehmen addiert. Graphisch wird die Angebotsmenge aller Unternehmen dadurch ermittelt, dass für jeden Preis die Angebotsmenge der einzelnen Unternehmen horizontal addiert wird. Dazu sind in Abbildung 7-7 drei Unternehmen mit ihren jeweiligen Grenzkosten- bzw. Angebotskurven dargestellt.

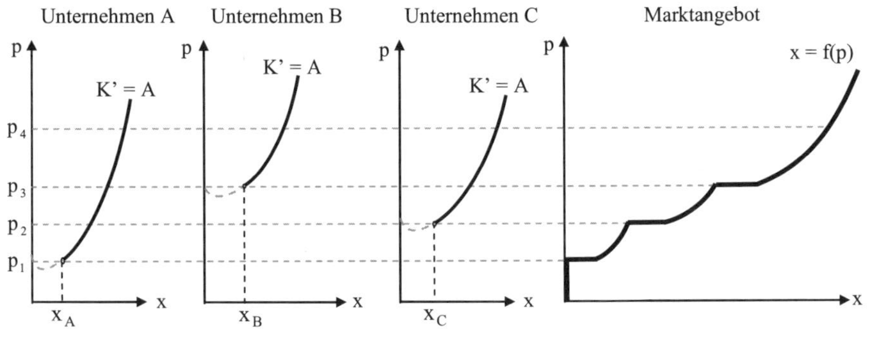

Abbildung 7-7: Die Ableitung des Marktangebots

Die Unternehmen unterscheiden sich bei der Herstellung eines Gutes in ihren Produktionstechnologien und Kostenstrukturen, was in unterschiedlichen Verläufen der Grenzkostenkurven zum Ausdruck kommt. Bei einem Marktpreis in Höhe von p_1 kann nur das Unternehmen A produzieren. Es wird die betriebsoptimale Menge x_A anbieten. Entsprechend der „Preis = Grenzkosten" Regel wird es bei einem steigenden Marktpreis seine Angebotsmenge ausdehnen, bis beim Marktpreis p_2 das Unternehmen C als weiterer Anbieter in den Markt eintritt. Ab dem Preis p_2 ergibt sich das gesamte Marktangebot aus den Angebotsmengen der

Unternehmen A und C. Schließlich wird beim Preis p_3 auch für das Unternehmen B die Produktion rentabel. Die Marktangebotskurve verlagert sich um die betriebsoptimale Menge x_B nach rechts und bei allen Preisen über p_3 dehnen alle drei Unternehmen ihr Angebot entsprechend der Regel für das Gewinnmaximum immer weiter aus.

Die Marktangebotskurve beschreibt somit die Lieferfähigkeit der Unternehmen in Abhängigkeit von der Höhe des Marktpreises. Weil für das einzelne Unternehmen Grenzkosten- und Angebotsfunktion zusammenfallen, gibt die gesamte Angebotskurve gleichzeitig die Grenzkosten der zuletzt angebotenen Mengeneinheit an. Es ist erkennbar, dass immer dann, wenn ein weiteres Unternehmen als Anbieter in den Markt eintritt, die Angebotskurve eine Knickstelle hat. Unterstellt man jedoch sehr viele Unternehmen, kann die Angebotskurve durch eine stetige Funktion approximiert werden.

Die Marktangebotskurve bleibt solange gültig, solange die unter der ceteris-paribus-Annahme konstant gehaltenen Größen unverändert bleiben. Ändern sich die als gegeben unterstellten Faktorpreise, die Preise anderer Güter oder die Produktionstechnik, kommt es in den anbietenden Unternehmen zu Anpassungsprozessen, die zu einer Verschiebung der Marktangebotskurve führen. Eine Verlagerung der Angebotskurve nach rechts ist dann zu erwarten,

- wenn eine Verbesserung der Produktionstechnologie zu steigenden Faktorproduktivität und niedrigeren Produktionskosten führt.
- wenn die Preise anderer Güter, die ein Unternehmen alternativ produzieren kann, sinken. Die Unternehmen werden dann verstärkt ihre Produktion zu Gunsten des höherpreisigen Gutes verschieben.
- wenn die Preise eines oder mehrerer Produktionsfaktoren sinken und somit die Grenzkosten bei jeder Ausbringungsmenge niedriger sind. Das Gleiche gilt für Kostensteuern und Auflagen des Staates.
- wenn als Folge einer neuen Produktionstechnologie die mindestoptimale Betriebsgröße steigt und die Unternehmen im Betriebsoptimum eine höhere Kapazität aufweisen.
- wenn die Zahl der Anbieter steigt, sei es, weil heimische Unternehmen in den Markt eintreten oder weil Importeure das heimische Angebot durch ausländische Produktionskapazitäten erweitern.

7.2.5 Determinanten der Preiselastizität des Angebots

Da das Angebot der Unternehmen durch den Verlauf der Grenzkosten bestimmt ist, ist die Angebotselastizität[5] für gewinnmaximierende Unternehmen positiv. Bei einer Ausdehnung der Produktionsmenge verweisen stark steigende Grenzkosten auf eine niedrige Angebotselastizität. Im Extremfall, dass ein Unternehmen oder eine Branche an der Kapazitätsgrenze produziert, wie dies etwa bei linear limitationaler Produktionstechnik der Fall ist (siehe Abbildung 7-6), ist das Angebot vollkommen preisunelastisch. Preisänderungen haben kurzfristig keine Auswirkungen auf die Angebotsmenge und die Angebotskurve verläuft senkrecht. Die Unternehmen werden längerfristig auf Preisveränderungen dadurch reagieren, dass sie ihre Produktionskapazitäten anpassen. Dagegen ist die Preiselastizität des Angebots hoch, wenn die Grenzkosten bei einer Ausdehnung der Angebotsmenge nur langsam zunehmen. Bereits geringe Preiserhöhungen führen zu einer starken Ausdehnung des Angebots. Im Extremfall eines völlig preiselastischen Angebots sind die Grenzkosten konstant und die Unternehmen sind bereit, zu dem Preis $p_0 = K'$ jede beliebige Menge bereitzustellen.

[5] Zur Preiselastizität des Angebots siehe Abschnitt 4.3.2.2, S. 144 f..

Die Preiselastizität des Angebots der Unternehmen wird maßgeblich beeinflusst von den Möglichkeiten der Unternehmen, sich die notwendigen Produktionsfaktoren zu beschaffen und/oder in alternativen Produktionen einzusetzen, sowie vom Zeithorizont der Angebotsentscheidung.

Die Möglichkeit der Unternehmen, sich das notwendige Kapital und die erforderlichen Arbeitskräfte für die Produktion zu beschaffen, hängt ab von der Angebotselastizitäten an Arbeit und Kapital. Die Angebotselastizitäten der einzusetzenden Faktoren dürften umso größer sein, je leichter Arbeitskräfte und Kapital intersektoral mobil sind, d. h. je leichter die vorhandenen Qualifikationen und Maschinenleistungen in anderen Industriezweigen oder Produktionen eingesetzt werden können. So kann ein Landwirt ohne Verlust seine Maschinen und Arbeitskräfte für die Produktion verschiedener Getreidearten einsetzen, je nachdem bei welchen Getreidearten er sich den größeren Gewinn erhofft. Sind dagegen die Leistungsanforderungen an die einzusetzenden Arbeitskräfte und/oder das Kapital sehr spezifisch, können Beschaffungswiderstände zu einem unelastischen Güterangebot führen. So hat etwa die IT-Branche in Deutschland im Jahr 2000 geklagt, dass sie ihre Produktionsmöglichkeiten wegen fehlender IT-Experten nicht ausschöpfen könne.

Wir haben gesehen, dass die kurzfristige Angebotskurve steiler verläuft als die langfristige. Folglich ist auch das kurzfristige Angebot unelastischer als das langfristige. Der Grund dafür ist, dass kurzfristig die Produktionstechnologie und die Produktionskapazität konstant sind. Eine Reaktion der Unternehmen auf Preisänderungen erfolgt zuerst über eine Anpassung der Beschäftigung, indem die Zahl der Arbeitsstunden oder Arbeitskräfte erhöht oder gesenkt wird. Erweist sich eine Preisänderung als nachhaltig, werden die Unternehmen ihre Produktionskapazitäten anpassen, und schließlich haben Sie die Möglichkeit, ihre Produktionstechnologie zu ändern, so dass trotz eines kurzfristig sehr unelastischen Angebots das langfristige Angebot völlig preiselastisch sein kann.

7.2.6 Langfristige Anpassung des Güterangebots

Die Unterscheidung zwischen kurzfristigen und langfristigen Kostenfunktionen führt dazu, dass wir zwischen einem kurzfristigen und langfristigen Güterangebot unterscheiden müssen, denn der Verlauf der kurzfristigen Angebotskurve wird von den kurzfristigen Grenzkosten bestimmt, während die langfristige Angebotsfunktion vom Verlauf der langfristigen Grenzkosten abhängt.

Aus dem Zusammenhang zwischen kurz- und langfristigen Kosten wissen wir, dass kurzfristige und langfristige Kosten bei gegebener Betriebsgröße in deren Kostenminimum gleich groß sind. In diesem Punkt sind auch lang- und kurzfristige Grenzkosten gleich groß. Bei jeder Produktionsmenge, die größer ist als die langfristige kostenminimale Ausbringungsmenge, nehmen die kurzfristigen Kosten stärker zu als die langfristigen. Folglich steigen die kurzfristigen Grenzkosten stärker als die langfristigen. Dies bedeutet, dass die kurzfristige Angebotskurve eines Unternehmens steiler verläuft als die langfristige. Die Preiselastizität des Angebots des Unternehmens ist folglich kurzfristig geringer als langfristig, weil die Unternehmen langfristig die Möglichkeit haben, ihre Produktionskapazitäten auszudehnen und eine größere kostenminimale Betriebsgröße zu wählen.

Die kurz- und langfristige Anpassung des Angebots an eine gestiegene Nachfrage ist in Abbildung 7-8 dargestellt. In der linken Grafik wird das Angebotsverhalten eines repräsentativen Unternehmens i, in der rechten Grafik die Angebotsreaktion der gesamten Branche beschrieben. In der Ausgangssituation herrsche ein Marktgleichgewicht beim Preis p_1, der Nachfrage und kurzfristiges Angebot zum Ausgleich bringt und zu dem im Markt die Gesamtmenge X_1 umgesetzt wird. Der Preis p_1 ist die langfristige Preisuntergrenze. Die Anbie-

ter maximieren entsprechend der Preis = Grenzkosten-Regel ihren Gewinn, indem sie im Betriebsoptimum anbieten (Punkt B_1 in Abbildung 7-8). Das Marktgleichgewicht ist gekennzeichnet durch eine Null-Gewinn-Situation, d. h. die Unternehmen erzielen außer einem Normalgewinn keine darüber hinausgehenden wirtschaftlichen Gewinne. Im Punkt B_1 sind außerdem die kurzfristigen Grenzkosten K_1' und Stückkosten k_1 gleich den langfristigen Grenz- und Stückkosten. Der Einfachheit halber werden konstante Skalenerträge unterstellt, so dass die langfristige Kostenfunktion linear verläuft und langfristige Grenz- und Durchschnittkosten gleich hoch und konstant sind.

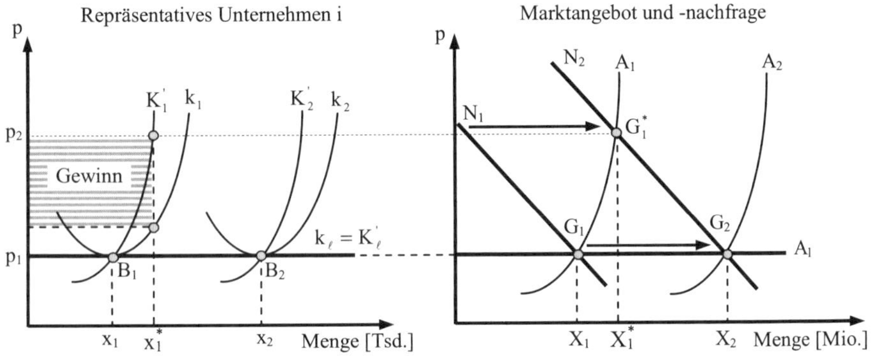

Abbildung 7-8: Der Zusammenhang zwischen kurzfristigem und langfristigem Angebot

Wir wollen nun annehmen, die Nachfrage steige als Folge einer Veränderung der Bedarfstruktur von N_1 auf N_2. Dies führt kurzfristig zu einem steigenden Marktpreis und die Unternehmen werden bei gegebenen Produktionskapazitäten entsprechend der kurzfristigen Grenzkostenkurve ihr Angebot ausdehnen. Das neue Marktgleichgewicht G_1^* liegt im Schnittpunkt der Nachfragekurve N_2 mit der kurzfristigen Angebotskurve A_1. Die kurzfristige Angebotsmenge des einzelnen Anbieters steigt von x_1 auf x_1^*, die am Markt angebotene Menge erhöht sich von X_1 auf X_1^*. Sie hat im Vergleich zur Nachfragesteigerung nur wenig zugenommen, so dass sich der Anstieg der Nachfrage kurzfristig in einem starken Anstieg des Marktpreises niederschlug. Diese Preissteigerung führt auf der Seite der Unternehmen zu einem kräftigen Anstieg der Stückgewinne und des Gesamtgewinns, der in der Grafik durch die schraffierte Fläche gekennzeichnet ist.

Als Reaktion auf die steigenden Gewinne in der Branche sind zwei Entwicklungen möglich und zu erwarten, die sich in der Praxis allerdings überlagern.

- Das repräsentative Unternehmen wird feststellen, dass es seine Stückkosten senken kann, wenn es seine Kapazität ausbaut und eine größere optimale Betriebsgröße wählt. Dann könnte es jede Ausbringungsmenge zu den niedrigeren langfristigen Stückkosten k_ℓ produzieren und anbieten. Da aber die Kapazitätserweiterung von allen am Markt bestehenden Unternehmen betrieben wird, verlagert sich die kurzfristige Angebotskurve solange nach rechts, bis im Schnittpunkt von N_2 und A_2 mit dem Preis p_1 und der Menge X_2 ein neues lang- und kurzfristiges Marktgleichgewicht erreicht ist. Nach Abschluss des Anpassungsprozesses sind die wirtschaftlichen Gewinne eliminiert und das repräsentative Unternehmen produziert im neuen Betriebsoptimum B_2 die Produktionsmenge x_2.
- Alternativ ist denkbar, dass die bestehenden Unternehmen weiter an der mindestoptimalen Betriebsgröße produzieren und ihre Produktionskapazitäten nicht erweitern.

Dann würde z. B. im Marktgleichgewicht G_1 die Menge X_1 von 100 Unternehmen mit jeweils der Produktionsmenge x_1 angeboten. Als Folge der steigenden Nachfrage würde jedes der bestehenden Unternehmen sein Angebot auf x_1^* ausdehnen, so dass das kurzfristige Angebot insgesamt auf X_1^* steigen würde. Die gestiegenen Gewinne in diesem Markt sind ein Signal für neue Anbieter, in den Markt einzutreten und die Produktion des Gutes aufzunehmen. Dies führt zu einer Ausdehnung des Angebots, so dass im neuen Marktgleichgewicht G_2 die Menge X_2 nunmehr von 200 Unternehmen mit jeweils einer individuellen Angebotsmenge von x_1 angeboten wird. Als Folge des Markteintritts sinkt der Preis wieder auf die langfristige Preisuntergrenze. Das langfristige Angebot ist folglich völlig preiselastisch. Die am Markt befindlichen Unternehmen erzielen ökonomische Nullgewinne. Damit gibt es kurzfristig für die Unternehmen keinen Grund, aus den Markt auszuscheiden. Es bestehen aber auch keine Anreize für andere Unternehmen, in den Markt einzutreten.

Jedes Unternehmen hat seine intern realisierbaren Skalenerträge voll ausgeschöpft und produziert im Betriebsoptimum. Nach Abschluss des Anpassungsprozesses werden die Konsumenten zum ursprünglichen Wettbewerbspreis mit einer größeren Gütermenge beliefert. Das langfristige Marktgleichgewicht auf einem Wettbewerbsmarkt ist somit dadurch gekennzeichnet, dass

- die Unternehmen ihren Gewinn maximieren,
- ein Preis zu Stande kommt, bei dem der Markt geräumt wird,
- es weder zu Markteintritten noch zu Marktaustritten kommt.

Welche Konsequenzen lassen sich aus diesen Überlegungen für ein unternehmerisches Engagement ableiten? Ein Unternehmen, das zuerst mit einem neuen Produkt an den Markt kommt, unterliegt nicht den Bedingungen des Wettbewerbsmarktes und erzielt hohe wirtschaftliche Gewinne (z. B. IBM mit dem PC). Aufgrund der hohen Gewinne werden neue Unternehmen in den Markt eintreten (z. B. Amstrad, Dell, Targa, HP usw. bringen ebenfalls PCs auf den Markt). Dadurch erhöht sich das Angebot und der Preis sinkt. Der intensive Wettbewerb hat die PC Preise soweit gesenkt, dass sie zur Massenware wurden. Der Preisverfall in diesem Markt wurde durch langfristig sinkende Stückkosten gefördert, was die wirtschaftlichen Gewinne weiter reduzierte, so dass einzelne Unternehmen bereits wieder aus dem PC Markt ausgetreten sind (z. B. Amstrad, Escom, IBM).

7.2.7 Die langfristige Angebotskurve einer Industrie

Wir haben die langfristigen Marktveränderungen abgeleitet für den Fall, dass die langfristigen Grenzkosten der Produktion konstant sind bzw. dass konstante Skalenerträge vorliegen (siehe Abbildung 7-9 linke Darstellung). Natürlich lässt sich diese Argumentation auch übertragen für den Fall, dass steigende oder fallende Skalenerträge gegeben sind. Im ersten Fall sinken die langfristigen Grenzkosten in der Industrie und der langfristige Gleichgewichtspreis fällt. Bei steigender Nachfrage wird dann eine größere Menge zu niedrigeren Preisen produziert. (Siehe Abbildung 7-9 rechte Darstellung). Es ist aber auch denkbar, dass infolge abnehmender Skalenerträge langfristig die Stückkosten der Produktion steigen und bei steigendem Output einer Industrie eine größere Menge zu einem höheren Preis bereitgestellt wird (siehe Abbildung 7-9 mittlere Darstellung).

Die langfristigc Marktangebotskurve beschreibt den Zusammenhang zwischen dem Marktpreis und dem langfristigen Angebot, wenn aufgrund einer Nachfrage induzierten Preisänderung keine Anreize zum Markteintritt oder -austritt mehr bestehen. Für den Fall einer horizontalen Angebotskurve bedeutet dies, dass die Unternehmen der betreffenden Industrie je-

de nachgefragte Menge zu einem konstanten Preis bereitstellen können, wobei der Preis dem Minimum der langfristigen Durchschnittskosten entspricht. Dies impliziert, dass sich im Zuge der Ausdehnung der Kapazitäten die langfristigen Stückkosten und damit die Inputpreise nicht ändern. Dies würde aber bedeuten, dass Arbeits- und Kapitalangebot sowie das Angebot anderer Vorleistungen völlig preiselastisch ist, was zumindest in einer vollbeschäftigten Wirtschaft nicht der Fall ist. Dies gilt auch nicht, wenn der Expansionsprozess sehr spezielle Inputs (Arbeitskräfte, Maschinen usw.) erfordert. Dann werden die Inputpreise mitzunehmendem Wachstum der Industrie steigen. Die kurzfristige Stückkostenkurve wird sich nach oben verlagern, so dass der Anpassungsprozess an die gestiegene Nachfrage mit steigenden Preisen verbunden ist. Als ein Beispiel könnte man den Transportsektor nehmen. Der wachsende Bedarf an Transportleistungen im Luft- wie im Straßenverkehr führt zu niedrigeren Durchschnittsgeschwindigkeiten, häufigeren Staus und längeren Wartezeiten. Wenn nicht die Kapazität der Verkehrswege erweitert wird, steigen folglich die Stückkosten der Produktion mit der Folge, dass langfristig steigende Transportleistungen nur zu höheren Preisen bereitgestellt werden können. Langfristig könnten die steigenden Transportkosten allerdings durch neue Transporttechnologien und neue Verkehrskonzepte gesenkt werden.

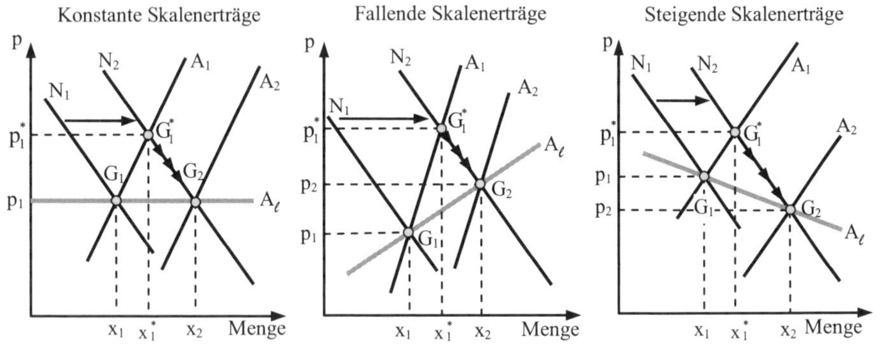

Abbildung 7-9: Verläufe der langfristigen Angebotskurve

Schließlich ist zu überlegen, ob eine langfristige Expansion des Angebots auch zu langfristig fallenden Stückkosten und Preisen möglich ist. Solange ein Unternehmen in einem Wettbewerbsmarkt im Bereich sinkender Durchschnittskosten produziert, kann es seine Produktion ausdehnen und steigende Skalenerträge realisieren, denn es kann beim herrschenden Marktpreis unter der Bedingung vollkommener Konkurrenz seine gesamte Produktionsmenge absetzen. Für ein Unternehmen wäre es Gewinn bringend, seine Produktion solange auszudehnen, bis sämtliche Skalenerträge ausgeschöpft sind und das Minimum der langfristigen Durchschnittskosten erreicht ist. Diese Überlegung trifft aber auf alle Unternehmen in einem Wettbewerbsmarkt zu, so dass im langfristigen Marktgleichgewicht alle Unternehmen ihre internen Größenvorteilen ausgeschöpft haben und eine steigende Nachfrage wiederum nur zu konstanten oder steigenden langfristigen Stückkosten befriedigt werden kann. Langfristig sinkende Stückkosten können offenbar nur dann eintreten, wenn die Inputpreise der Industrie deshalb sinken würden, weil die vorgelagerte Industrie (Zulieferindustrie) ihre Produkte mit steigenden Skalenerträgen produziert. In diesem Fall spricht man von externen Größenvorteilen. Ein Beispiel dafür ist die Automobilindustrie, die in immer größerem Umfang Teile und Komponenten von Zulieferern bezieht. Dieses verstärkte Outsourcing hat es den Zulieferern ermöglicht, als Folge der steigenden Stückzahlen in großem Umfang Größenvorteile zu realisieren. Die sinkenden Preise auf der Inputseite sind dann die Ursache, dass in einer Industrie bei steigender Nachfrage eine größere Menge zu niedrigeren Preisen pro-

duziert und angeboten wird.[6] Ein anderes klassisches Beispiel dafür ist die Entwicklung der Agrarproduktion im Industrialisierungsprozess. Aufgrund der Industrialisierung entwickelten sich Märkte für Vorleistungen des Agrarsektors. Dadurch konnten der Agrarwirtschaft Vorleistungen, wie z. B. Dünger, Saatgut, Maschinen und andere Dienstleistungen effizienter bereitgestellt werden. Dies senkte die Kosten der Agrarproduktion und führte zu einer besseren Versorgung mit Agrarprodukten zu niedrigeren Preisen.

Abschließend seien noch die Auswirkungen des technischen Fortschritts untersucht. Eine neue Produktionstechnologie ermöglicht es den Unternehmen, zu niedrigeren Kosten zu produzieren. Allerdings können häufig die Kostensenkungen nicht realisiert werden, ohne in neue Maschinen und Anlagen zu investieren. Da der Diffusionsprozess des technischen Fortschritts Zeit benötigt und bei den verschiedenen Anbietern unterschiedlich schnell erfolgt, ergeben sich für die Unternehmen einer Branche völlig unterschiedliche wirtschaftliche Situationen. Unternehmen mit älteren Produktionen werden beim Ersatz ihrer Anlagen auf die neue Technologie umsteigen und mit niedrigeren Kosten produzieren, während andere Unternehmen, die ihre Anlagen mit älterer Technologie erst später ersetzen, noch zu höheren Stückkosten produzieren. Erstere Unternehmen erzielen Gewinne. Man bezeichnet sie als intramarginale Anbieter, weil sie bei dem herrschenden Marktpreis aufgrund ihrer günstigeren Kostenstruktur wirtschaftliche Gewinne erwirtschaften. Die Gewinne der intramarginalen Unternehmen sind ein Signal für neue Anbieter, mit der neuen Technologie in den Markt einzutreten. Dadurch erhöht sich das Angebot und der Preis sinkt.

Das marginale Unternehmen/der Grenzanbieter operiert dagegen im Betriebsoptimum und kann bei dem herrschenden Preis gerade sämtliche Kosten decken. Wenn nun als Folge des technischen Fortschritts der Preis des Produkts zu sinken beginnt, kommen die Grenzanbieter mit ihrer alten Technologie in die Verlustzone. Bei sinkenden Preisen werden sie ihre Produktionsanlagen erneuern oder aus dem Markt ausscheiden müssen, wenn der Preis die variablen Stückkosten nicht mehr deckt. Nach Abschluss des technologischen Strukturwandels erreicht die Industrie ein neues langfristiges Marktgleichgewicht, in dem alle Unternehmen mit der neuen Technologie in einem neuen Minimum der langfristigen Stückkosten produzieren.

Der Wettbewerb hat dafür gesorgt, dass sämtliche wirtschaftlichen Gewinne im Sinne eines surplus profits eliminiert wurden und die Konsumenten zu niedrigeren Preisen mit einer größeren Menge versorgt werden. Bei vollkommener Konkurrenz werden sämtliche Effizienzgewinne aufgrund des technischen Fortschritts langfristig in Form niedrigerer Preise und eines höheren Güterangebots den Konsumenten zugute kommen.

7.2.8 Effizienz von Märkten mit vollkommener Konkurrenz

In diesem Abschnitt gilt es zu überlegen, ob die Preisbildung, wie sie sich auf Märkten mit vollkommener Konkurrenz vollzieht, zu einer effizienten Allokation der Ressourcen führt. Unter Allokation versteht man die Zuordnung von Ressourcen auf Individuen oder die Zuordnung von Produktionen auf Unternehmen. Es lässt sich zeigen, dass auf Wettbewerbsmärkten ein Gleichgewichtspreis und eine Gleichgewichtsmenge zustande kommen, die die gesamte Wohlfahrt der Produzenten und Konsumenten maximiert. Keine andere Preis-Mengen-Kombinationen ermöglicht es den Individuen in einer Gesellschaft, ein höheres Wohlfahrtniveau zu erreichen. Daran gemessen ist die im Marktgleichgewicht zustande gekom-

[6] In der Automobilindustrie wurden die sinkenden Inputpreise der Zulieferer u. a. dazu genutzt, Preissteigerungen bei anderen Inputs, wie z. B. Energie- oder Arbeitskosten aufzufangen und so die Automobilpreise zu stabilisieren.

mene Allokation der Ressourcen für die Produktion von Gütern effizient. Wir sprechen von einer effizienten Ressourcenallokation, wenn es keine andere Allokation gibt, bei der nicht wenigstens ein Wirtschaftssubjekt besser gestellt wird, ohne ein anderes schlechter zu stellen. Um dies zu untersuchen, benötigen wir die Konzepte der Konsumentenrente und der Produzentenrente.

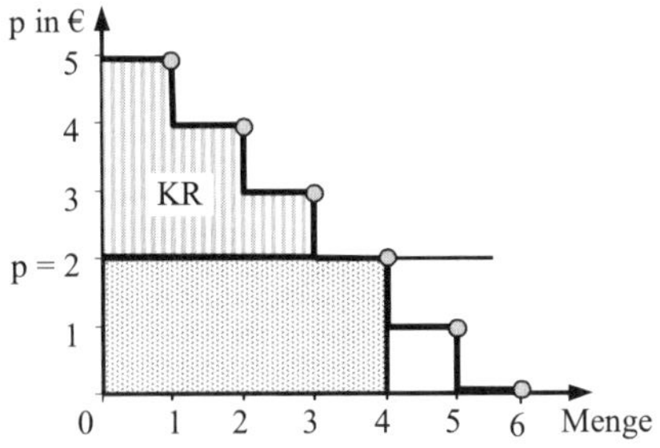

Abbildung 7-10: Grenznutzen und Konsumentenrente eines Konsumenten

Die Konsumentenrente sei an einem Beispiel erläutert. Ein Konsument habe eine Vorliebe für Schokolade. Zunächst fragen wir ihn, wie viele Tafeln er pro Woche konsumieren würde, wenn die Schokolade nichts kosten würde. Seine Antwort sei 6 Tafeln. Nun lassen wir den Preis fortlaufend steigen und fragen ihn, welche Mengen er bei Preisen von 1, 2, ... 5 € konsumieren würde. Seine Antwort sei, dass er seinen Konsum um jeweils eine Tafel einschränkt, wenn der Preis um einen Euro steigt. Der Zusammenhang ist in Abbildung 7-10 dargestellt.

Warum sinkt die Bereitschaft des Konsumenten, mit zunehmender Menge immer weniger zu bezahlen? Die Antwort lautet, weil der Grenznutzen jeder zusätzlich konsumierten Tafel Schokolade kleiner wird und weil der Konsum jeder weiteren Tafel dadurch erkauft wird, dass der Konsument auf den Kauf einer zusätzlichen Einheit eines anderen Gutes wie zum Beispiel einer Tasse Kaffee verzichten muss. Der Preis, den ein Konsument für ein Gut zu zahlen bereit ist, entspricht dem Gegenwert in Euro, in dessen Umfang er auf den Kauf anderer Güter verzichten würde. Er vergleicht also den Preis eines Gutes mit dem Grenznutzen der jeweiligen Einheit und konsumiert so viel, bis der Grenznutzen der zuletzt konsumierten Tafel Schokolade gerade noch dem Preis entspricht. Dabei entspricht der Preis den Opportunitätskosten der Güter, auf die er verzichten muss. In der Nachfragekurve des Konsumenten kommt somit seine Zahlungsbereitschaft zum Ausdruck. Unterstellen wir in Abbildung 7-10 einen Preis von 2 € Euro je Tafel, dann wird der Konsument 4 Tafeln Schokolade nachfragen. Da er aber für die ersten 3 Tafeln Schokolade einen höheren Preis zu zahlen bereit war, erzielt er einen Gewinn. Diese ersparte Ausgabe bezeichnet man als seine Konsumentenrente.

Betrachten wir nun die Nachfragekurve in Abbildung 7-11. Sie repräsentiert die Zahlungsbereitschaft aller Konsumenten. Die Fläche unter der Nachfragekurve bringt zum Ausdruck, welchen Gesamtbetrag die Konsumenten für alle Mengeneinheiten zu zahlen bereit wären. Dies ist die Konsumentenrente beim Preis von null. Beim Preis p_0 in Abbildung 7-11 fragen die Konsumenten die Menge x_0 nach. Dieser Gütermenge ordnen sie einen Wert zu, der der Fläche $OPGx_0$ entspricht. Tatsächlich bezahlen sie dafür aber nur den Betrag p_0x_0, was der Fläche Op_0Gx_0 entspricht, so dass die Konsumentenrente der Fläche des Dreiecks oberhalb der Preislinie und unterhalb der Nachfragekurve entspricht. Die Konsumentenrente ergibt sich also aus der Tatsache, dass unter den Bedingungen der vollkommenen Konkurrenz alle

Konsumenten denselben Preis zahlen, dass aber zahlreiche Konsumenten für das betreffende Gut einen höheren Preis zu zahlen bereit sind, beziehungsweise dass der in Geldeinheiten bewertete Grenznutzen des Gutes den Preis übersteigt. Je niedriger der Preis, zu dem ein Gut bereitgestellt wird, umso höher ist die Wohlfahrt der Konsumenten.

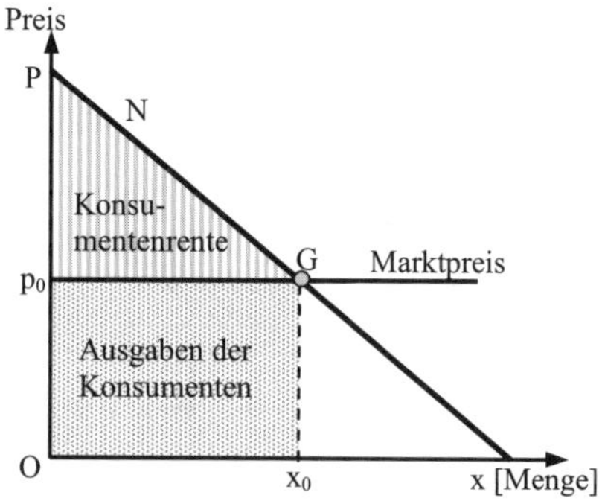

Abbildung 7-11: Nachfragekurve, Zahlungsbereitschaft und Konsumentenrente

Die Produzentenrente ist das Analogon zur Konsumentenrente. Wie Konsumenten zwischen dem Wert/Nutzen eines Produkts und seinem Preis unterscheiden, so unterscheiden Produzenten zwischen den Kosten und dem Preis eines Produkts. Die Kosten sind das, was der Hersteller aufbringen muss, um eine Einheit des betreffenden Gutes zu produzieren; und der Preis ist das, was er dafür erhält.

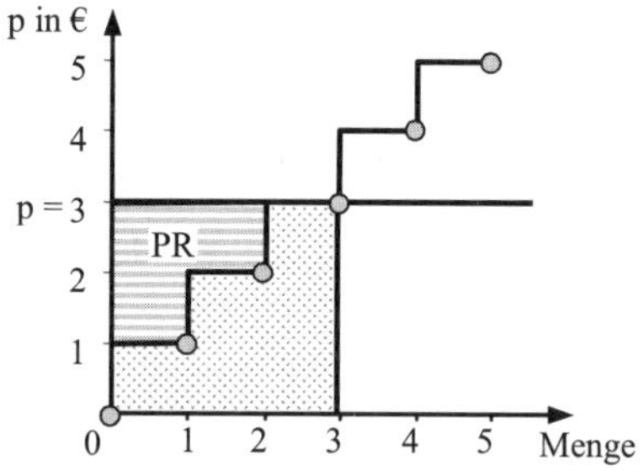

Abbildung 7-12: Grenzkosten und Produzentenrente

Die Kosten, die entstehen, wenn eine zusätzliche Einheit produziert wird, bezeichnet man als Grenzkosten. In der Abbildung 7-12 sind für einen einzelnen Hersteller die Kosten eingetragen, die bei der Produktion der 1., 2., ... 5. Einheit anfallen. Die Grenzkosten sind der Mindestpreis, den ein Hersteller erzielen muss, damit er eine weitere Mengeneinheit eines Gutes herstellt. Dieser gerade noch akzeptable Preis bestimmt die Lieferfähigkeit der Produzenten. So kann unser Produzent in Abbildung 7-12 beim Preis von zwei Euro zwei Mengeneinheiten anbieten. Beim Preis von vier Euro wären es vier Mengeneinheiten. Wenn sich am Markt ein Preis von drei Euro einstellt, erzielt der Anbieter für jede Einheit diesen Preis, während die erste und zweite Mengeneinheit zu niedrigeren Grenzkosten produziert wurden. Beim Verkauf dieser Einheiten erzielt der Produzent einen Überschuss, den man als Produzentenrente bezeichnet.

Die Angebotskurve aller Unternehmen ergibt sich aus der horizontalen Addition der Grenzkostenkurven der einzelnen Unternehmen. Sie ist die Grenzkostenkurve der betreffenden In-

dustrie und gibt an, welche Mengen eines Gutes alle Unternehmen einer Branche bei alternativen Preisen produzieren werden. Sie beschreibt die Lieferbereitschaft der Anbieter. Der Abstand zwischen der Angebotskurve und der Abszisse entspricht den Grenzkosten jeder zusätzlich produzierten Mengeneinheit. Addiert man diese Grenzkosten über alle Mengeneinheiten bis zu einer Menge q_0 auf, erhält man die variablen Kosten, die bei der Produktion dieser Menge angefallen sind. Die Fläche unter der Grenzkostenkurve entspricht den variablen Kosten (siehe Abbildung 7-13).

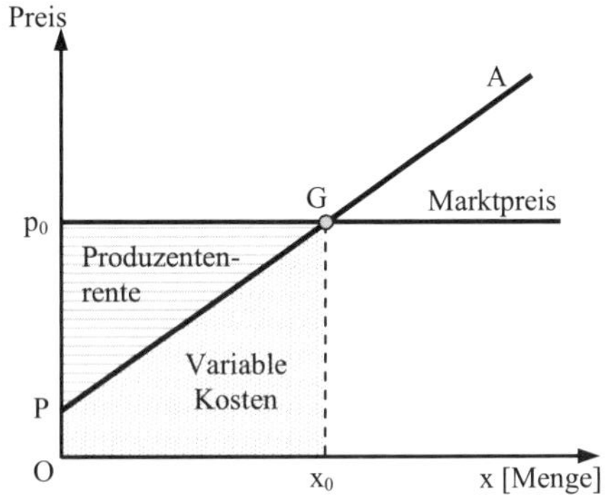

Abbildung 7-13: Angebotskurve, Lieferbereitschaft und Produzentenrente

Da unter den Bedingungen der vollständigen Konkurrenz ein einheitlicher Preis zustande kommt, erzielt jede abgesetzte Mengeneinheit einen Erlös in Höhe des Marktpreises. Die Differenz zwischen dem Gesamterlös und den variablen Kosten der Anbieter ist die Produzentenrente. In Abbildung 7-13 ergibt sich die Produzentenrente als Fläche zwischen der horizontalen Preislinie und der Angebotskurve. Die Produzentenrente ist das Ergebnis eines einheitlichen Preises, zu dem ein Gut verkauft wird, und den niedrigeren Kosten, die bei der Produktion jeder Mengeneinheit mit Ausnahme der letzten Einheit angefallen sind. Die Produzentenrente ist nicht mit dem Gewinn einer Unternehmung oder einer Branche gleichzusetzen. Sie ist vielmehr ein Bruttogewinn, aus dem die Fixkosten noch zu bestreiten sind.

Konsumenten- und Produzentenrente können verwendet werden, um die allokative Effizienz eines Marktes zu messen. Im Marktgleichgewicht maximieren die Konsumenten ihren Nutzen, denn sie haben den Konsum des betrachteten Gutes so weit ausgedehnt, bis der Grenznutzen/Opportunitätskosten der zuletzt konsumierten Einheit gleich dem Preis ist. Die Produzenten haben die Produktion des betreffenden Gutes soweit ausgedehnt, dass die Grenzkosten der zuletzt produzierten Einheit dem Preis sprechen. Dies bedeutet, dass die von den Nachfragern insgesamt am höchsten bewertete Menge eines Gutes zu den geringst möglichen Kosten bereitgestellt wird. Im Marktgleichgewicht sind Konsumentenrente und Produzentenrente eindeutig festgelegt und zusammen genommen maximal, denn in einem Wettbewerbsmarkt werden Ressourcen effizient zur Produktion solcher Güter eingesetzt, die die Konsumenten am höchsten bewerten.

Die Ineffizienz anderer Marktsituationen können wir leicht anhand der Abbildung 7-14 demonstrieren, wenn wir unterstellen, der Output habe bei x_1 gelegen. Die Nachfragekurve liegt oberhalb der Angebotskurve, was bedeutet, dass die Konsumenten der zuletzt produzierten Einheit einen höheren Wert zu ordnen, als sie Produktionskosten verursacht hat. Unter dieser Bedingung steigt bei jedem Preis der zwischen dem Grenznutzen und den Grenzkosten liegt, die Produzenten- und Konsumentenrente, so dass bei einer Steigerung der Pro-

duktion der Nutzen der Produzenten und Konsumenten, das heißt die Wohlfahrt der Volkswirtschaft als Ganzes steigt. Mit einer Erhöhung der Produktion steigen Konsumenten- und Produzentenrente zusammengenommen um die Fläche ABG.

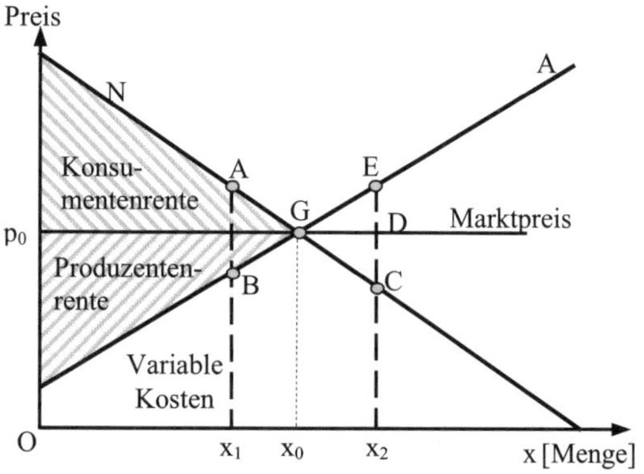

Abbildung 7-14: Konsumentenrente und Produzentenrente und Marktgleichgewicht

Betrachten wir umgekehrt die Menge x_2 in Abbildung 7-14. In diesem Fall sind die Grenzkosten der über x_0 hinaus produzierten Mengeneinheiten größer als der Grenznutzen der Konsumenten. Die Produzenten stellen zu viel von einem Gut zu viel zu hohen Kosten bereit. Die Konsumenten sind nicht bereit, für das Gut den Preis zu bezahlen, der bei dieser (zu großen) Menge notwendig wäre, um die Grenzkosten der Produzenten zu decken. Dies führt bei den Produzenten zu einem Verlust an Produzentenrente in Höhe von DEG, weil die Grenzkosten jeder Einheit höher sind als der Preis, den sie erzielt. Bei den Konsumenten kommt es zu einem Verlust an Konsumentenrente in Höhe von CDG, weil der Preis des Gutes höher ist, als es ihnen selbst wert ist. Beseitigt man folglich die Überschussmenge, steigt sowohl die Wohlfahrt der Konsumenten als auch die der Produzenten.

Wir können jetzt zusammenfassen: Unter bestimmten Voraussetzungen kommt es auf Märkten mit vollkommener Konkurrenz zu einer effizienten Allokation der Ressourcen, bei der kein Wirtschaftssubjekt besser gestellt werden kann, ohne dadurch ein anderes schlechter zu stellen. Ein solches Ergebnis bezeichnet man auch als Pareto-optimal oder Pareto-effizient.

Es gibt eine Reihe von Gründen, die verhindern, dass auf Märkten eine optimale Ressourcenallokation zustande kommt. Zusammengefasst sind dies:

- externe Effekte,
- öffentliche Güter,
- Monopole,
- staatliche Eingriffe mit Preisober- und untergrenzen, Steuern und Subventionen usw.

Diese Faktoren führen zu einem vollständigen oder teilweisen Versagen des Marktmechanismus mit zwei möglichen Ergebnissen. Es wird entweder von einem Gut zu wenig oder zu viel produziert. Dass im Vergleich zur Gleichgewichtsmenge weder eine zu geringe noch eine zu große Angebotsmenge effizient ist, haben wir in Abbildung 7-14 dargestellt.

Abschließend sei davor gewarnt, eine effiziente Allokation mit einer "guten" oder sogar "gerechten" Allokation gleichzusetzen. Eine optimale Allokation ist nicht automatisch gerecht. So ist bei der Aufteilung einer Tafel Schokolade zwischen zwei Personen jede Aufteilung

Pareto-effizient, solange nichts davon verschwendet wird, selbst wenn einer die ganze Tafel bekommt und der andere leer ausgeht. Ein Steuersystem, das Leistungsanreize setzt und das Wachstum fördert, dient einer effizienten Ressourcenallokation, wird aber möglicherweise von der Bevölkerung als ungerecht abgelehnt. Gleichwohl liefert das Pareto-Kriterium eine Begründung für staatliches Handeln. Wenn etwa an den derzeitigen Strom- und Gasmärkten, die stark oligopolistisch, gebietsbezogen sogar monopolistisch strukturiert sind, durch eine Marktöffnung niedrigere Preise möglich sind und damit eine Pareto-ineffiziente Allokation verbessert werden kann, sollte man versuchen, durch eine Änderung der ordnungspolitischen Rahmenbedingungen eine verbesserte Ressourcenallokation zu erreichen.

Übung 7-3: Auswirkungen einer Steuer auf Konsumenten und Produzenten

Auf dem Markt für ein Produkt X laute die Marktnachfrage $p^N = 600 - 3x$. Die Angebotsfunktion der am Markt agierenden Unternehmen sei $p^A = 40 + 2x$.

a) Bestimmen Sie für diesen Markt das Marktgleichgewicht für den Fall der vollkommenen Konkurrenz.

b) Nehmen Sie an, der Staat erhebt auf das gehandelte Produkt eine Mengensteuer von 100 € pro Stück. Zeigen Sie, welche Auswirkungen die Steuer auf die Wohlfahrt von Konsumenten und Produzenten hat und bestimmen Sie das Steueraufkommen des Staates.

Lösung:

a) Die Bedingung für das Marktgleichgewicht im Polypol lautet $p^N = p^A$.

$600 - 3x = 40 + 2x \quad \rightarrow \quad x = 112$

$p = 600 - 3 \cdot 112 = 264.$

b) Mit der Steuer lautet die Angebotsfunktion $p^A = 140 + 2x$

$600 - 3x = 140 + 2x \quad \rightarrow \quad x = 92$

$p = 600 - 3 \cdot 92 = 324.$

Vom Marktpreis müssen die Produzenten 100 € an den Staat abführen, so dass der von den Produzenten erzielte Preis 224 € beträgt.

	Ohne Steuer	Mit Steuer
Konsumentenrente	$\frac{1}{2}(600 - 264) \cdot 112 = 18.816$	$\frac{1}{2}(600 - 264) \cdot 92 = 12.696$
Produzentenrente	$\frac{1}{2}(264 - 40) \cdot 112 = 12.544$	$\frac{1}{2}(224 - 40) \cdot 92 = 8.464$
Zusammen	31.360	21.160

Das Steueraufkommen des Staates beträgt 9200. Als Folge der Besteuerung werden sowohl Konsumenten als auch Produzenten in ihrer Wohlfahrt schlechter gestellt. Ob die Gesellschaft als Ganzes durch die Einführung einer Produktionssteuer schlechter gestellt wird, hängt von der Verwendung des Steueraufkommens durch den Staat ab.

Das Modell der vollkommenen Konkurrenz beruht auf einer Reihe sehr restriktiver Annahmen, die in der Realität nur auf wenigen Märkten erfüllt sein dürften. Dies betrifft etwa bestimmte Rohstoffmärkte und Wertpapierbörsen, nicht jedoch Konsumgütermärkte. In dem Umfang, in dem Präferenzen und Produktdifferenzierungen an Bedeutung gewinnen, die Märkte intransparenter werden oder Unternehmen aufgrund ihrer Marktmacht Einfluss auf

den Preis gewinnen, werden die Ergebnisse des vollkommenen Marktes eingeschränkt. Der Wettbewerb bezieht sich dann nicht mehr nur auf den Preis, sondern auch und verstärkt auf die Qualität der Produkte, das Image der Anbieter, die Marke, den Standort oder die zeitliche Verfügbarkeit. Formuliert man denn auch Marktmodelle, in denen einzelne oder mehrere Bedingungen des vollkommenen Marktes nicht mehr erfüllt sind, kommt es zu abweichenden Ergebnissen und zwar um so mehr, je weniger die Bedingungen erfüllt sind. Sind dagegen die realen Bedingungen nicht allzu sehr von den Modellannahmen entfernt, erweist sich das Modell der vollständigen Konkurrenz als durchaus robust. Diese Robustheit wird auch bestätigt, wenn man in empirischen Studien oder Experimenten die Vorhersagen des Modells mit der Wirklichkeit konfrontiert.

Auf unvollkommenen Märkten geraten Preise in den Einfluss der Anbieter und entscheiden nicht mehr allein darüber, ob ein Unternehmen im Markt verbleibt oder ausscheiden muss. Preise sind dann nicht mehr Kostenpreise, und Gewinne werden nicht mehr durch den Wettbewerb eliminiert, sondern sind permanent. Dies bedeutet, dass die realen Marktergebnisse von den Modellergebnissen mehr und mehr abweichen. Deshalb hat man für solche Markttypen eigene Modelle entwickelt. Die Bedeutung der vollkommenen Konkurrenz besteht dann darin, dass das Modell ein Benchmark für die optimale Allokation der Ressourcen darstellt. Durch einen Vergleich mit dem Modell der vollkommenen Konkurrenz kann man feststellen, inwieweit andere Marktformen oder die Ergebnisse realer Märkte von einer optimalen Allokation der Ressourcen abweichen.

7.3 Monopol

7.3.1 Das reine Monopol

Vollständige Konkurrenz und Monopol sind im Marktformenschema die beiden Extreme. Märkte lassen sich durch das Vorhandensein zweier gegenläufiger Kräfte leiten. Es sind dies der Wettbewerb und die Marktmacht der einzelnen Marktteilnehmer. Im Polypol herrscht Wettbewerb und der einzelne Anbieter hat keine Macht, das Marktgeschehen zu beeinflussen. Im Monopol ist es umgekehrt. Der Alleinanbieter kontrolliert das Marktgeschehen, Wettbewerb findet nicht statt.

Wir betrachten zunächst die Marktformen des reinen Angebotsmonopols. Sie ist durch folgende Merkmale gekennzeichnet:

- Dem einzigen Anbieter eines Gutes stehen viele Nachfrager gegenüber, die sich aufgrund ihrer Größe als Preisnehmer verhalten. Wegen ihres kleinen Marktanteils können Sie den Preis nicht beeinflussen.
- Es gibt keine persönlichen oder räumlichen Präferenzen oder zeitlichen Differenzierungen von Seiten des Monopolisten in Bezug auf bestimmte Nachfrager oder Nachfragergruppen. Präferenzen auf der Nachfrageseite kann es nicht geben, da das Monopolgut nur von einem Unternehmen angeboten wird.
- Es herrscht Markttransparenz in dem Sinn, dass der Anbieter und die Nachfrager über die Marktbedingungen, insbesondere über das gehandelte Gut und die zu Stande gekommenen Preise vollständig informiert sind.

Diese Annahmen konstituieren einen vollkommenen Markt. Dies bedeutet, dass ein einheitlicher Preis zu Stande kommt, zu dem alle Transaktionen abgewickelt werden. Die Möglichkeit, unterschiedliche Preise für verschiedene Nachfragegruppen zu setzen, wird damit vorläufig ausgeschlossen. Damit ein Monopol tatsächlich dauerhaft bestehen kann, müssen zwei weitere Bedingungen erfüllt sein.

Keine nahen Substitute

Den Preisentscheidungen des Monopolisten können die Nachfrager nicht dadurch begegnen, dass sie auf ähnliche Produkte ausweichen. Es gibt keine engen Substitute. Das Gas, das die Haushalte von öffentlichen Versorgungsunternehmen beziehen, ist ein Beispiel. Die Gasnetze sind derzeit erst eingeschränkt geöffnet. Alternative Brennstoffe sind zwar Substitute für die Wohnungsheizung, setzen aber erhebliche Investitionen voraus. Als kurzfristige Reaktion auf Entscheidungen des Anbieters scheiden sie daher aus.

Ein anderes Beispiel ist das Betriebssystem Windows von Microsoft. Die als Alternative zu Microsoft Windows zu Verfügung stehenden Betriebssysteme sind offensichtlich keine nahen Substitute für Windows. Denn obwohl Microsoft bei Anwendern nicht gerade das beste Image genießt, muss der quasi Monopolist ein Abwandern zu anderen Betriebssystemen in großem Umfang nicht fürchten. Ein drittes Beispiel sind schließlich neu auf den Markt gekommene Pharmazeutika für bestimmte Krankheiten. Solange es konkurrierenden Anbietern nicht gelingt, ein alternatives Arzneimittel zu entwickeln, sind Ärzte und Patienten allein auf den Monopolanbieter angewiesen.

Diese Beispiele zeigen, dass die Annahme fehlender Substitute eine zeitliche Dimension hat. Langfristig mögliche Investitionen eröffnen Substitutionsmöglichkeiten. Neue technologische Entwicklungen können Monopolstellungen schwächen. Durch Produktinnovationen oder Imitationen kommen Alternativen auf den Markt, die die Stellung eines Monopolisten gefährden können.

Marktzutrittbeschränkungen

Im Gegensatz zur vollständigen Konkurrenz ist der Eintritt neuer Anbieter in den Monopolmarkt ausgeschlossen. Ursachen dafür sind natürliche oder künstliche Zugangsbeschränkungen. Künstliche Zutrittbarrieren werden in der Regel durch den Staat errichtet, indem der Staat den Marktzutritt durch Lizenzen regelt (zum Beispiel bestimmte Berufe, Banken) oder einzelnen Unternehmen das Recht einräumt, ein Gut oder eine Dienstleistung ausschließlich anzubieten (z. B. Briefmonopol, Gebietsbeschränkungen bei Gas und Strom). Hierher gehört auch der Patentschutz, der dem Inhaber des Patents für begrenzte Zeit ein Eigentumsrecht an seiner Erfindung gewährt. Aber auch Unternehmen können künstliche Marktzutrittbeschränkungen errichten, indem sie durch strategische Maßnahmen (z. B. Aufbau eines Images, strategische Investitionen) für potentielle Wettbewerber die Kosten des Zutritts so in die Höhe treiben, dass sie aufgrund der wirtschaftlichen Risiken beziehungsweise aufgrund der hohen Sunk Costs vom Markteintritt abgeschreckt werden.

Eine weitere Marktzutrittsbeschränkung liegt vor, wenn ein einzelnes Unternehmen den gesamten Markt zu einem niedrigeren Preis beliefern kann als zwei oder mehr Unternehmen. Aufgrund sinkender Stückkosten kann ein einzelnes Unternehmen günstiger produzieren und anbieten. Diesen Sachverhalt bezeichnet man als natürliches Monopol. Er wird später noch genauer untersucht.

7.3.2 Preis-Absatz-Funktion, Durchschnitts- und Grenzerlös

Der Monopolist in der Lage ist, ein Höchstmaß an Absatzpolitik zu betreiben. Da er bei seinen Entscheidungen von Reaktionen anderer Anbieter unabhängig ist, ist der Preis für ihn kein Datum. In der Regel wird er den Preis für sein Angebot fixieren. Er kann jedoch nicht gleichzeitig Preis und Absatzmenge festlegen. Denn er ist zwar konkurrenzlos, aber doch immer noch abhängig von den Nachfrageentscheidungen der Haushalte. Diese Gesamtnachfrage ist jedoch allein auf ihn bezogen. Man sagt, der Monopolist sieht sich einer Preis-Absatz-Funktion gegenüber.

Formal betrachtet ist die Preis-Absatz-Funktion des Monopolisten die Umkehrfunktion der Nachfragefunktion. Sie gibt ihm an, welche Menge er absetzen kann, wenn er einen bestimmten Preis setzt, bzw. zu welchem Preis er eine bestimmte Menge seines Produkts absetzen kann. Lautet etwa die Nachfrage nach einem bestimmten Produkt x = 180 – 12p, so ist die Preis-Absatz-Funktion der Monopolisten p = 15 – 0,083x. Diese funktionale Beziehung gibt aus der Sicht des Anbieters alle von der Nachfrageseite her möglichen Kombinationen von Preis und Absatzmenge eines Gutes wieder. Die Preis-Absatz-Funktion stellt den Monopolisten vor die Alternative, dass er die Absatzmenge nur erhöhen kann, wenn er den Preis senkt, und/oder dass er den Preis nur erhöhen kann, wenn er die Angebotsmenge senkt.

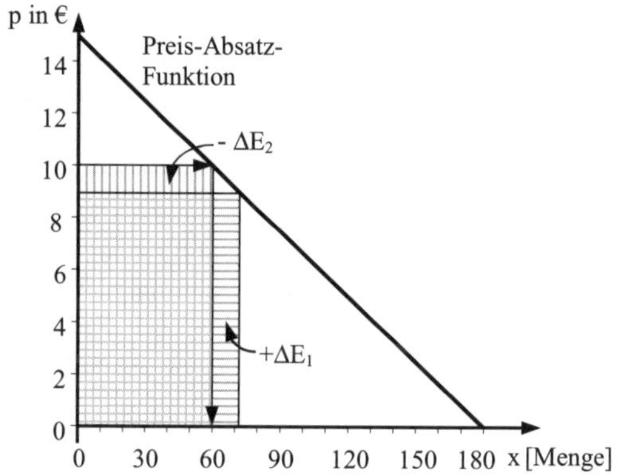

Abbildung 7-15: Die Preis-Absatz-Funktion des Monopolisten

In Abbildung 7-15 ist der durch die Preis-Absatz-Funktion beschriebene Zusammenhang dargestellt. Setzt der Monopolist etwa den Preis auf 10 €, dann kann er erwarten, dass die Nachfrager die von ihm angebotene Menge von 60 auch tatsächlich kaufen werden. Sein Erlös wäre in diesem Fall 600. Der durchschnittliche Erlös je abgesetzter Einheit entspricht mit 10 € dem erzielten Marktpreis. Würde er die Angebotsmenge auf 72 Mengeneinheiten erhöhen, müsste er seinen Preis auf 9 € Euro senken, damit er diese Menge absetzen kann. Durch diese Maßnahme würde der Erlös des Monopolisten zwar auf 72·9 € = 648 € steigen. Diese Erlösentwicklung setzt sich jedoch aus zwei Teileffekten zusammen, nämlich einem Preis- und einem Mengeffekt.

Da sich die Menge von 60 auf 72 ausdehnt, erhöht sich der bisherige Erlös um $\Delta E_1 = 72 \cdot 9$ € = 108€ (waagerecht schraffiertes Rechteck in Abbildung 7-15). Allerdings werden auch die ersten 60 Stück nur zum Preis von 9 € verkauft; das bedeutet, dass der Gesamterlös im Vergleich zur Ausgangslage also um $\Delta E_2 = 60 \cdot 1$ € = 60 € abnimmt (senkrecht schraffiertes Rechteck in Abbildung 7-15). Der Erlös steigt daher insgesamt nur um 108 € - 60 € = 48 € auf 648 €. Der Durchschnittserlös- je verkaufter Einheit ist zwar 9 €. Aber jede der zusätzlich verkauften 12 Einheiten erbringt einen Erlöszuwachs von 48/12 = 4 €. Der Erlöszuwachs aus dem Verkauf einer zusätzlichen Einheit ist somit niedriger als der Preis, zu dem sie verkauft wird.

Wenn wir die Zusammenhänge zusammenfassen und verallgemeinert darstellen, ergeben sich folgende Aussage: Für jede Outputmenge ergibt sich der Preis, den der Monopolist verlangen kann, um diese Menge abzusetzen, aus der Preis-Absatz-Funktion. Diese beschreibt die vom Monopolisten erwarteten Absatzmöglichkeiten:

$p = p(x)$

Für jede Preis-Mengen-Kombinationen ergibt sich der Gesamterlös des Monopolisten als Produkt aus Preis und Menge:

$$E = p(x) \cdot x$$

Den durchschnittlichen Erlös DE erhält man aus dem Gesamterlös dividiert durch die abgesetzte Menge. Er entspricht dem Preis:

$$DE = \frac{p \cdot x}{x} = p(x)$$

Der Grenzerlös eines Monopolisten ist der Erlöszuwachs, den er aus dem Verkauf einer zusätzlichen Einheit erzielt. Die Änderung des Gesamterlöses ergibt sich bei einer Ausdehnung der Outputmenge aus der Mengenänderung multipliziert mit dem Preis ($+\Delta E_1$ in Abbildung 7-15) und der Preisänderung multipliziert mit der Menge ($-\Delta E_2$):

$$\Delta E = p_1 \cdot \Delta x + x_0 \cdot \Delta p$$

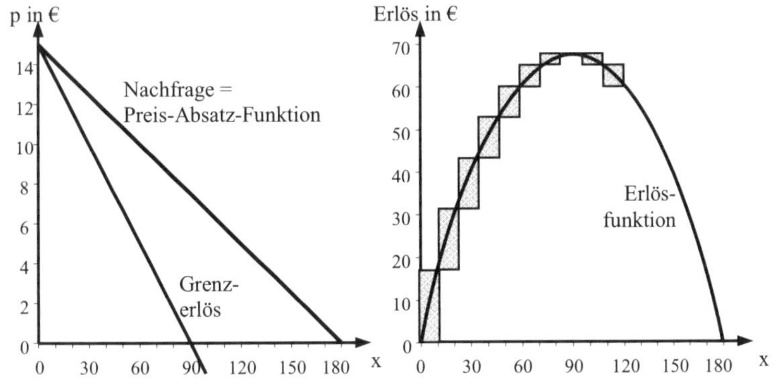

Abbildung 7-16: Preis-Absatz-Funktion, Grenzerlös- und Erlösfunktion

Beziehen wir die Erlösänderung auf die Veränderung der Outputmenge, erhalten wir den Grenzerlös:

$$E' = \frac{\Delta E}{\Delta x} = p_1 + x_0 \frac{\Delta p}{\Delta x}$$

Der Grenzerlös entspricht somit dem Preis, den die zuletzt abgesetzte Einheit erzielt, minus des Erlösrückgangs, der mit dem Verkauf jeder zusätzlichen Einheit verbunden ist. Dieser entspricht $x_0(\Delta p/\Delta x)$. Da der Quotient $\Delta p/\Delta x$ kleiner Null ist, folgt auch, dass

$$\frac{\Delta E}{\Delta x} < \frac{E}{x} = p\,.$$

Für jede Menge größer null, ist der Grenzerlös des Monopolisten kleiner als der Preis.

In der Abbildung 7-16 sind die Zusammenhänge grafisch dargestellt. Die linke Abbildung enthält die Preis-Absatz-Funktion und die Grenzerlösfunktion. Die rechte Abbildung enthält die Entwicklung des Gesamterlöses. Die Grenzerlösfunktion verläuft unter der Preis-Absatz-Funktion. Bei positivem Grenzerlös nimmt in der rechten Abbildung die Gesamtgröße zu, allerdings mit abnehmenden Zuwächsen. Die Grenzerlösfunktion wird negativ, wenn der Zahlenwert des negativen Ausdrucks den Preis übersteigt. In diesem Fall kommt es zu sinkenden Gesamterlösen.

7.3.3 Gewinnmaximierung des Monopolisten

Nachdem wir die Erlösentwicklung des Monopolisten in Abhängigkeit von seinen Preisentscheidungen untersucht haben, soll nun die Produktionsentscheidungen des Monopolisten analysiert werden. Dabei wird wiederum unterstellt, dass der Monopolist seinen Gewinn maximiert. Wir sind uns dabei bewusst, dass der Monopolist als alleiniger Anbieter prinzipiell keinem Druck ausgesetzt ist, seine Kosten zu minimieren oder seinen Gewinn zu maximieren. Für den Fall, dass seine Marktstellung bedroht ist, könnte er auch mit Preisen am Markt agieren, die seinen Umsatz maximieren oder seine Kosten gerade noch decken.

Der Gewinn des Monopolisten ergibt sich als Differenz aus Erlösen und Kosten. Da sich die Kostensituation eines Monopolisten grundsätzlich nicht von der eines Wettbewerbers unterscheidet, kann man sowohl mit einem S-förmigen als auch mit einem linearen Kostenverlauf arbeiten.

$$G(x) = p(x) \cdot x - K(x)$$

Für das Gewinnmaximum bildet man die erste Ableitung und setzt sie gleich 0:

$$\frac{dG}{dx} = \frac{dp}{dx} \cdot x + p - \frac{dK}{dx} = 0$$

Dies ergibt die bekannte Bedingung für das Gewinnmaximum, nämlich Grenzerlös = Grenzkosten.[7]

$$p + x \cdot \frac{dp}{dx} = \frac{dK}{dx}$$

Danach maximiert der Monopolist seinen Gewinn, wenn er den Preis des Monopolguts so fixiert, dass der Grenzerlös der zuletzt abgesetzten Einheit den Grenzkosten entspricht.

Die grafische Ableitung des Gewinnmaximums ist in Abbildung 7-17 zusammengefasst. In der linken Grafik wird das Gewinnmaximum als Differenz aus Erlös und Kosten ermittelt. Bei allen Produktionsmengen kleiner als x_1 und größer als x_2 erwirtschaftet der Monopolist Verluste. Eine Deckung der Gesamtkosten ergibt sich in den Punkten P und S. Dazwischen liegt die Gewinnzone. Das Gewinnmaximum liegt dort, wo der Vertikalabstand zwischen der Erlös- und der Kostenfunktion am größten ist. Dies ist dort der Fall, wo Erlös- und Kostenfunktion die gleiche Steigung haben. Der Monopolist wird folglich die gewinnmaximierende Menge x_0 anbieten.

Aus der linken Grafik lässt sich nicht bestimmen, zu welchem Preis die gewinnmaximale Menge abgesetzt wird. Dieser ergibt sich, wenn das Gewinnmaximum des Monopolisten mit Hilfe der Grenzgrößen abgeleitet wird. In der rechten Grafik der Abbildung 7-17 ist die mit N gekennzeichnete Kurve die Preis-Absatz-Funktion des Monopolisten. Mit E' ist die zugehörige Grenzerlösfunktion eingetragen. Im Falle einer linearen Preis-Absatz-Funktion verläuft die Grenzerlösfunktion doppelt so steil wie die Preis-Absatz-Funktion. Beide haben denselben Ordinatenabschnitt. Die Grenzerlöskurve schneidet die Abszisse bei der halben Sättigungsmenge. Für die Bestimmung des Gewinnmaximums werden zudem die Grenzkosten K' benötigt, die hier den bekannten U-förmigen Verlauf aufweisen. Im Punkt A ist der Schnittpunkt von E' und K', Grenzerlös und Grenzkosten sind gleich groß. Die Senkrechte auf die Abszisse liefert die gewinnmaximale Menge x_0, die Senkrechte auf die Preis-Absatz-

[7] Dass es sich tatsächlich auch um ein Gewinnmaximum handelt, setzt voraus, dass die Bedingung zweiter Ordnung erfüllt ist.

Funktion führt zum Punkt C, dem *Cournot'schen* Punkt[8]. Er kennzeichnet die gewinnmaximale Preis-Mengen-Kombination und erlaubt die Bestimmung des Preises p_0 auf der Ordinate. Die im *Cournot'schen* Punkt realisierte Preis-Mengen-Kombination ist nicht nur das Gewinnmaximum des Monopolisten, sondern ist zugleich das Marktgleichgewicht im Angebotsmonopol. Zum Preis p_0 kann der Anbieter seine gesamte Produktion absetzen und alle Abnehmer, die bereit waren, diesen Preis zu zahlen, kommen in den Genuss des Gutes. Der Markt ist geräumt.

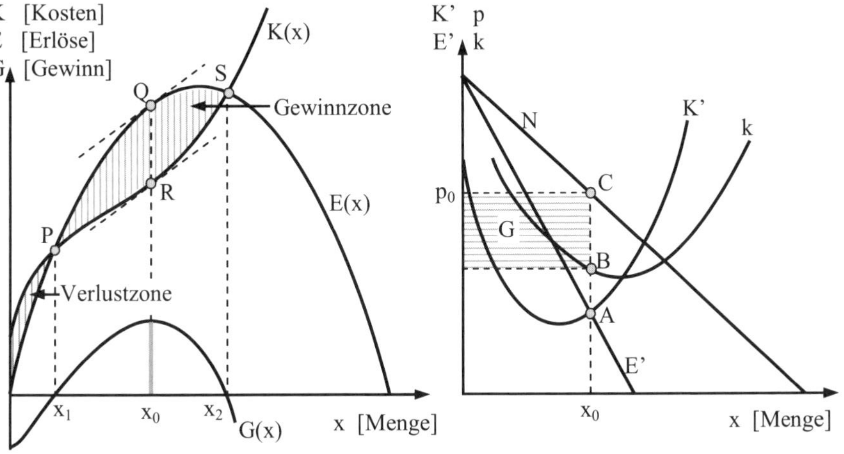

Abbildung 7-17: Produktionsentscheidung und Gewinnmaximum des Monopolisten

Ob der Monopolist im *Cournot'schen* Punkt einen Gewinn erzielt, kann man erst beurteilen, wenn man die Stückkosten kennt. Verläuft die Durchschnittskostenkurve bei jeder Produktionsmenge oberhalb der Preis-Absatz-Funktion, erzielt der Monopolist einen Verlust pro Stück. Es wird kein Güterangebot zu Stande kommen. Tangiert die Stückkostenkurve die Preis-Absatz-Funktion im Punkt C, entsprechen die Stückkosten dem Preis. Die Deckung aller wirtschaftlichen Kosten ermöglicht es dem Monopolisten, die Menge x_0 anzubieten. Allerdings erzielt er keine darüber hinaus gehenden Gewinne. Verläuft die Stückkostenkurve dagegen im relevanten Bereich unter der Preis-Absatz-Funktion, erwirtschaftet der Monopolist positive Stückgewinne. In Abbildung 7-17 kennzeichnet k den Verlauf der Durchschnittskosten. Bei der Outputmenge x_0 fallen Stückkosten in Höhe von x_0B an. Der Durchschnittserlös entspricht dem Preis p_0. Der Monopolist erwirtschaftet einen durchschnittlichen Gewinn je verkaufter Mengeneinheit in Höhe von BC. Der Gesamtgewinn ergibt sich aus Stückgewinn mal Absatzmenge. Er entspricht der mit G gekennzeichneten Fläche.

Übung 7-4: Angebot und Gewinnmaximum eines Monopolisten

Ein Monopolunternehmen habe aufgrund intensiver Marktforschung seine Preis-Absatz-Funktion wie folgt ermittelt: $p = 100 - x$. Seine Kostenfunktion laute:

$K = \frac{1}{120}x^3 - x^2 + 60x + 400$ mit den Grenzkosten: $K' = \frac{1}{40}x^2 - 2x + 60$. Bestimmen Sie die gewinnmaximale Preis-Mengen-Kombination und ermitteln Sie die Höhe des Gewinns.

[8] Benannt nach dem französischen Ökonomen *Augustin Cournot* (1801 - 1877).

Lösung:

Für die Bestimmung des Gewinnmaximums müssen die Erlösfunktion und die Grenzerlösfunktion bestimmt werden. Die Erlösfunktion lautet:

$E(x) = p \cdot x = (100 - x)x = 100x - x^2$. Somit lautet die Grenzerlösfunktion: $E' = 100 - 2x$

Das Gewinnmaximum erfordert Grenzerlös gleich Grenzkosten:

$$\frac{1}{40}x^2 - 2x + 60 = 100 - 2x \quad \Rightarrow \quad \frac{1}{40}x^2 = 40 \quad \Rightarrow \quad x = 40$$

Im Gewinnmaximum produziert der Monopolist 40 Mengeneinheiten. Um den Preis zu erfahren, setzt man die Menge in die Preis-Absatz-Funktion ein.

$p = 100 - 40 = 60$

Der Monopolist maximiert also seinen Gewinn, wenn er 40 Mengeneinheiten produziert und diese zum Preis von 60 verkauft. Der Gesamtumsatz beträgt $E = 40 \cdot 60 = 2400$. Um die Produktionskosten zu ermitteln, wird die Menge in die Kostenfunktion eingesetzt und man erhält:

$$K = \frac{1}{120}40^3 - 40^2 + 60 \cdot 40 + 400 = 1733{,}33$$

Der Monopolist erzielt einen Gewinn in Höhe von 666,67

7.3.4 Monopolpreis und Preiselastizität der Nachfrage

In welchem Umfang ein Monopolist seinen Preis über die Grenzkosten hinaus setzen kann, wird von der Preiselastizität der Nachfrage bestimmt. Die Bedingung für das Gewinnmaximum lässt sich umformen, indem wir zunächst die Gleichung für den Grenzerlös modifizieren. Dazu wird der zweite Summand mit p erweitert und danach p ausgeklammert:

$$\frac{dE}{dx} = p + p \cdot \frac{x}{p} \cdot \frac{dp}{dx} = p(1 + \frac{x}{p} \cdot \frac{dp}{dx})$$

Der zweite Term entspricht der inversen Preiselastizität der Nachfrage, so dass sich für den Grenzerlös folgende Gleichung ergibt:

$$\frac{dE}{dx} = p(1 + \frac{1}{\varepsilon_{x|p}})$$

Die Gleichung ist bekannt als *Amoroso-Robinson-Relation*[9]. Sie zeigt, in welcher Form der Grenzerlös von der Preiselastizität abhängt. Da die Preiselastizität der Nachfrage negativ ist, folgt aus der Gleichung, dass der Grenzerlös kleiner als der Preis sein muss. Außerdem ergeben sich folgende Zusammenhänge zwischen der Preiselastizität und den Umsatz:

- Ist der Wert der Preiselastizität $\varepsilon_{x|p} < -1$, ist der Grenzerlös positiv, weil der Ausdruck in der Klammer größer Null ist. Wenn der Monopolist in diesem Bereich seine Angebotsmenge ausdehnt und die damit einhergehenden Preissenkungen akzeptiert, kann er seinen Umsatz steigern.
- Wenn $\varepsilon_{x|p} = -1$, ist der Grenzerlös null. Der Umsatz hat sein Maximum erreicht.

[9] Die Amoroso-Robinson-Relation wurde benannt nach dem Schweizer Ökonomen *Luigi Amoroso* (1886 - 1965) und der englischen Nationalökonomin *Joan Robinson* (1903 - 1983).

- Wenn $0 > \varepsilon_{x|p} > -1$, ist der Grenzerlös negativ, weil der Term in der Klammer negativ ist. Da sich der Monopolist im unelastischen Bereich der Nachfrage befindet, führt eine Steigerung der Absatzmenge zu einem Rückgang des Umsatzes.
- Wenn $\varepsilon_{x|p} = -\infty$, entspricht der Monopolpreis dem Grenzerlös. In diesem Fall verliefe die Preis-Absatz-Funktion des Anbieters horizontal, wie das bei vollkommener Konkurrenz der Fall ist. Im Monopolfall ist dies eher unwahrscheinlich.

Aus den Überlegungen folgt schließlich, dass der Monopolist nie einen Preis im unelastischen Bereich der Nachfrage wählen wird. Dies wurde bereits im Zusammenhang mit der Preiselastizität der Nachfrage dargelegt, als der Zusammenhang zwischen Preiselastizität und Umsatz untersucht wurde.[10]

Betrachten wir die Bedingung für das Gewinnmaximum mit Grenzerlös gleich Grenzkosten. Diese Gleichung kann nach p aufgelöst werden:

$$p = \frac{1}{(1 + \frac{1}{\varepsilon_{x|p}})} K'$$

Daraus folgt, dass der vom Monopolisten fixierte Preis immer höher als die Grenzkosten ist. Der Monopolist setzt den Preis als Aufschlag auf die Grenzkosten. Den Zusammenhang zwischen den Grenzkosten, dem Aufschlagssatz und dem Preis in Abhängigkeit von der Preiselastizität der Nachfrage verdeutlicht folgendes Beispiel:

Preiselastizität	-1,1	-1,5	-2	-10	-20
Grenzkosten	10,00	10,00	10,00	10,00	10,00
Aufschlagsfaktor	11,00	3,00	2,00	1,11	1,05
Preis	110,00	30,00	20,00	11,11	10,53

Der Aufschlag auf die Grenzkosten wird umso geringer, je kleiner die Preiselastizität, d.h. je größer der Betragswert der Preiselastizität der Nachfrage ist. Bei einer sehr elastischen Nachfrage kann der Monopolist nur noch geringe Aufschläge auf die Grenzkosten durchsetzen. Grundsätzlich gilt, je elastischer die Nachfrage reagiert, umso geringer wird der Unterschied zwischen Preis und Grenzkosten und umso geringer wird bei gleichen Grenzkosten der Unterschied zwischen dem Monopolpreis und dem Preis auf Wettbewerbsmärkten sein.

Die Bildung des Monopolpreises als Aufschlag auf die Grenzkosten in Abhängigkeit von der Preiselastizität zeigt, in welchem Umfang ein Anbieter einen Einfluss auf den Marktpreis seines Produkts hat. Dies betrifft aber nicht nur den Monopolanbieter, sondern jedes Unternehmen, das sich einer fallenden Preis-Absatz-Funktion gegenüber sieht. Auch Oligopolanbieter oder Anbieter in anderen Marktformen der unvollkommenen Konkurrenz haben einen mehr oder weniger großen Einfluss auf den Preis ihres Produkts. Daher kann man die Preisregel auch in anderen Märkten einsetzen, um zu prüfen, in welchem Umfang etwa oligopolistische Anbieter einen Einfluss auf den Preis ihres Produkts haben. Allerdings ist dabei nicht die Preiselastizität der Gesamtnachfrage zu beachten, sondern die spezielle Nachfrageelastizität des Unternehmens. Nehmen wir etwa die Automobilhersteller Audi, BMW und Mercedes, so hat jeder dieser Hersteller einen Einfluss auf den Preis. Für das Ausmaß des Aufschlags auf die Grenzkosten eines einzelnen Herstellers ist aber nicht die Nachfrage-

[10] Siehe hierzu Abschnitt 4.3.2.1, S. 140 ff,

elastizität der gesamten Automobilnachfrage maßgebend, sondern die Nachfrageelastizität der jeweiligen Marke. Alle drei Hersteller sehen sich fallenden Preis-Absatz-Funktionen gegenüber und können demzufolge den Preis ihrer Produkte mehr oder weniger stark kontrollieren. Man sagt, sie verfügen über Marktmacht. Zur Messung der Marktmacht wurde von *Abba Lerner*[11] ein Index entwickelt, der den prozentualen Aufschlag des Preises über die Grenzkosten misst und aus der vorhergehenden Gleichung abgeleitet ist:

$$L = \frac{p - K'}{p} = \frac{1}{-\varepsilon^{i}_{x|p}}$$, wobei $-\varepsilon^{i}_{x|p}$ die Nachfrageelastizität der Marke / des Herstellers i ist.

Der Lerner-Index der Marktmacht liegt zwischen 0 und 1 oder 0 und 100%. Der Wert ist null unter den Bedingungen der vollkommenen Konkurrenz, denn dann gilt $p = K'$. Er ist größer Null für alle Industriezweige mit unvollkommenem Wettbewerb. Monopolanbieter oder Anbieter differenzierter Produkte haben in der Regel einen Einfluss auf den Preis und werden Marktpreise setzen, die die Grenzkosten übersteigen. Nehmen wir etwa an, ein Hersteller habe für seine Nachfrage eine Preiselastizität von -2 gemessen, dann wird sein optimaler Preis doppelt so hoch sein wie die Grenzkosten. Der Monopolgrad, gemessen durch den Lerner-Index, ist $L = 0{,}5$. Generell gilt, je größer L ist, umso größer ist die Monopolmacht des einzelnen Anbieters. Dabei zeigt die Formel, dass dafür die Preiselastizität der Nachfrage von entscheidender Bedeutung ist.

7.3.5 Nachfrageänderungen und Güterangebot

Bei vollkommener Konkurrenz gibt es sowohl zwischen der Nachfrage- als auch zwischen der Angebotsmenge und dem Preis eine eindeutige Beziehung. Das kurzfristige Angebot einer Industrie hängt vom Grenzkostenverlauf der einzelnen Unternehmen ab. Dies ergibt sich aus der „Preis = Grenzkosten"-Regel für das Gewinnmaximum. Als ein Ergebnis des Marktprozesses können wir dann festhalten: Steigt die Nachfrage oder steigen die Grenzkosten der Unternehmen, steigt der Marktpreis des betreffenden Gutes.

Auf einem Monopolmarkt gibt es zwar eine Nachfragekurve, die jedem Preis die nachgefragte Menge zugeordnet. Aber es gibt keine Angebotsfunktion im Sinne einer eindeutigen Beziehung zwischen Preis und angebotener Menge. Dies hängt damit zusammen, dass die Produktionsentscheidung eines Monopolisten nicht nur von den Grenzkosten, sondern auch von der Preiselastizität der Nachfrage abhängt. Ein gewinnmaximierender Monopolist wird bei einer steigenden Nachfrage nur dann seinen Preis erhöhen können, wenn als Folge der Nachfrageverschiebung die Preiselastizität nicht kleiner wird. Dies ist etwa der Fall, wenn sich die Nachfragekurve nach rechts verschiebt, wie das in der linken Grafik der Abbildung 7-18 dargestellt ist. In diesem Fall reagiert der Monopolist auf die Nachfrageänderung wie der Wettbewerbsmarkt. Er erhöht bei steigenden Preisen seine angebotene Gütermenge.

Es wäre aber auch denkbar, dass der Monopolist auf eine Steigerung der Nachfrage nur mit einer Ausdehnung der Menge reagiert. In diesem Fall ist zwar die Nachfrage gestiegen, aber die Preiselastizität der Nachfrage ist unverändert geblieben. Entsprechend seiner Bedingung für das Gewinnmaximum wird er die Absatzmenge erhöhen, aber die Durchsetzung eines höheren Preises ist ihm wegen der unveränderten Preiselastizität der Nachfrage nicht möglich. Diese Nachfrageverschiebung ist in der mittleren Grafik der Abbildung 7-18 dargestellt. Solche Reaktionen finden wir etwa bei saisonbedingten Nachfrageschwankungen. So reagiert etwa die Bahn auf eine steigende Nachfrage während der Oster- oder Weihnachtsfeiertage nicht mit einer Preiserhöhung, sondern mit einem verstärkten Zugangebot.

[11] *Lerner, A.P.* (1933), S. 157 ff.

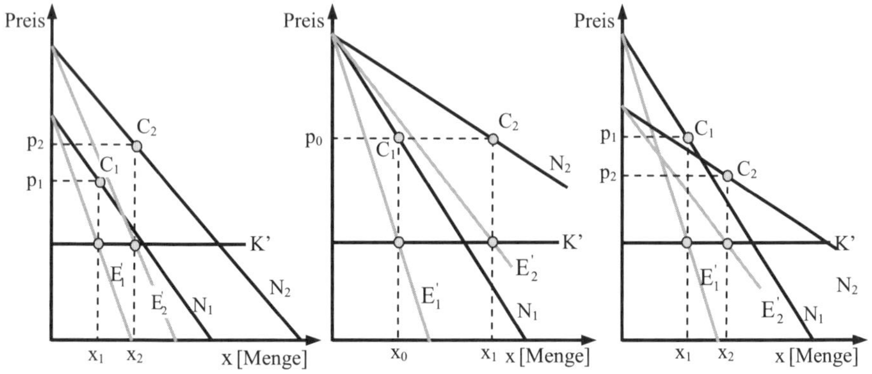

Abbildung 7-18: Auswirkungen von Nachfrageverschiebungen im Monopol

Schließlich ist es auch möglich, dass ein Monopolist auf eine Nachfragesteigerung entweder nur mit einer Preissenkung oder mit einer Preissenkung bei gleichzeitiger Ausdehnung des Angebots reagiert. Dies ist der Fall, wenn als Folge der Nachfrageänderung die Preiselastizität der Nachfrage immer kleiner wird. In der rechten Grafik der Abbildung 7-18 dehnt der Monopolist als Folge der Nachfragesteigerung sein Angebot aus, wobei er gleichzeitig den Preis senkt. Für diesen Fall finden sich viele Beispiele bei Elektronikprodukten (z. B. Spielekonsolen, Handys, Komponenten und Zubehör für Computer usw.). In dem Umfang, in dem diese Produkte zu "Massengütern" werden, steigt das Preisbewusstsein der Käufer. Die Nachfrage wird preiselastischer und die Möglichkeit, hohe Preisaufschläge auf die Grenzkosten durchzusetzen, wird eingeschränkt. In der Praxis wird dieses Angebotsverhalten häufig unterstützt oder überlagert durch sinkende Stückkosten in der Produktion.

7.3.6 Vergleich der Monopol- und Polypolpreisbildung

Unter Aspekten der Effizienz und der Wettbewerbspolitik wird regelmäßig die Monopolpreisbildung mit den Ergebnissen der Preisbildung unter vollständiger Konkurrenz verglichen. Für den Vergleich sind zwei weit reichende Annahmen erforderlich.

- Der Monopolist kennt den Verlauf seiner Preis-Absatz-Funktion. Die Preis-Absatz-Funktion des Monopolisten stimmt mit der Gesamtnachfrage im Polypolfall überein.
- Der Verlauf der Grenzkostenkurve des Monopolisten stimmt mit den zusammengefassten Grenzkostenkurven aller Polypolanbieter überein. Dies bedeutet, dass die Grenzkostenkurve des Monopolisten und die Angebotskurve im Polypol zusammenfallen.

In Abbildung 7-19 sind die beiden Fälle der Preisbildung dargestellt. Unter Wettbewerbsbedingungen wird die Menge x_W gemäß der Preis = Grenzkosten-Regel produziert. Dann ergibt sich unter Berücksichtigung der Nachfrage der Marktpreis x_W. Das Gewinnmaximum des Monopolisten erfordert die Gleichheit von Grenzerlös und Grenzkosten. Er setzt den Preis x_M und kann zu diesem Preis die Menge x_M absetzen. Im Ergebnis wird im Monopolmarkt eine geringere Menge zu einem höheren Preis angeboten und verkauft. Aufgrund der schlechteren Güterversorgung zu höheren Preisen sind die Konsumenten insgesamt schlechter gestellt. Das Monopolunternehmen ist insgesamt besser gestellt. Während im langfristigen Konkurrenzgleichgewicht eine Null-Gewinn-Situation herrscht (Preis und Stückkosten sind gleich hoch), erzielt der Monopolist positive Stückgewinne in Höhe der Differenz zwischen Monopolpreis und Stückkosten.

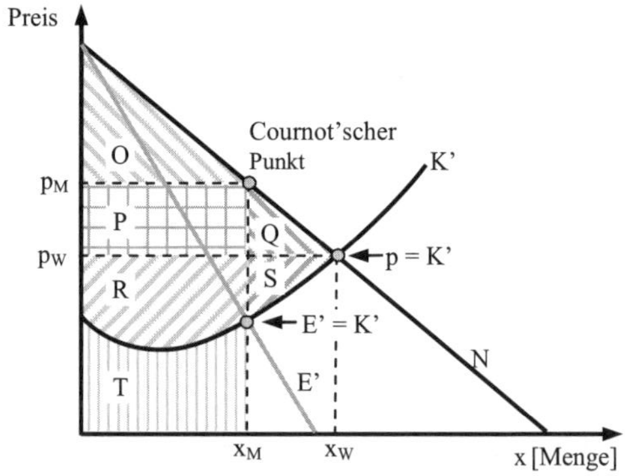

Abbildung 7-19: Allokative Ineffizienz des Monopols

Um den Wohlfahrtsverlust in einem Monopolmarkt zu messen, können wir die Renten in den beiden Marktformen vergleichen. Unter der Bedingung der vollständigen Konkurrenz ergibt sich die Konsumentenrente aus den Flächen O + P + Q in Abbildung 7-19. Die Produzentenrente entspricht der Flächensumme R + S. Da diese Renten zusammen genommen maximal sind, ist das Marktergebnis bei vollkommener Konkurrenz eine effiziente Allokation der Ressourcen[12]. In einem Monopolmarkt reduziert sich die Konsumentenrente auf die Fläche O. Die Konsumenten erleiden einen Wohlfahrtverlust, weil die Konsumentenrente kleiner wird. Ein Teil dieser Konsumentenrente in Höhe des Rechtecks P wird vom Monopolisten abgeschöpft, seine Produzentenrente steigt. Es findet eine Umverteilung von den Konsumenten zu den Produzenten statt. Dagegen geht die Konsumentenrente in Höhe der Fläche Q endgültig verloren, weil Konsumenten zwischen x_M und x_W nicht beliefert werden. Der Monopolist muss einen Rentenverlust in Höhe der Fläche S hinnehmen, weil die Produktion von Mengeneinheiten zwischen x_M und x_W unterbleibt. Da in diesem Bereich die Zahlungsbereitschaft der Konsumenten höher ist als die Grenzkosten der zu produzierenden Einheiten, wäre eine Produktion dieser zusätzlichen Einheiten wohlfahrtserhöhend. Nehmen wir etwa an, die Grenzkosten einer zusätzlichen Einheit seien 4 €, die Konsumenten seien bereit, für diese Einheit 5 € zu bezahlen, würde sich die Produktion aus der Sicht beider Parteien lohnen. Mindestens ein Wirtschaftssubjekt würde besser gestellt, ohne ein anderes schlechter zu stellen. Damit ist im Monopolfall die Ressourcenallokation ineffizient, weil zu wenig produziert wird. Allerdings ist der Monopolist an der Produktion einer zusätzlichen Einheit nicht interessiert, weil er bei einer Ausdehnung der Produktion nicht nur die zuletzt abgesetzte Einheit zu einem niedrigeren Preis verkauft, sondern alle produzierten Einheiten zu dem niedrigeren Preis abgeben muss. Daher produziert der Monopolist eine geringere Menge, um den Preis für alle Konsumenten hoch halten zu können.

Tabelle 7-4: Wohlfahrtunterschiede zwischen Monopol und Polypol

	Polypol	Monopol	Gewinn/Verlust
Konsumentenrente	**O + P + Q**	**O**	**- P- Q**
Produzentenrente	**R + S**	**P + R**	**+ P - S**
Zusammen	**O + P + Q + R + S**	**O + P + R**	**- (Q + S)**

[12] Siehe dazu Abschnitt 7.2.8, S. 314 f.

Wenn wir die Wohlfahrt anhand der Renten messen, ergeben sich aus Abbildung 7-19 die Wohlfahrtunterschiede zwischen Monopol und Polypol, die in Tabelle 7-4 zusammengestellt sind. Die Fläche Q + S ist ein Maß für den Nettowohlfahrtverlust in der Marktform des Monopols.

Ein solcher unmittelbarer Vergleich des Monopols mit einer fiktiven vollständigen Konkurrenz ist jedoch aus mehreren Gründen problematisch. Insbesondere die Annahme, dass die vielen, kleinen Anbieter zusammengenommen denselben Kostenverlauf haben wie der Monopolist allein, ist wenig realistisch. Es ist zweifelhaft, ob z. B. 100 oder 200 kleine Automobilfirmen unter denselben Kostenbedingungen produzieren können wie ein großes Unternehmen, das alle Vorteile der Serienproduktion ausnutzen kann. Geht man von einem steileren Verlauf der aggregierten Grenzkostenkurve bei vollständiger Konkurrenz aus, so ist die Differenz zwischen Monopolpreis und Konkurrenzpreis geringer, somit auch der Rentenverlust. Wenn aber die vielen kleinen Automobilunternehmen eine ungünstigere mindestoptimale Betriebsgröße haben als das Monopolunternehmen, wäre es aus der Sicht des einzelnen Anbieters interessant, zu expandieren oder zu fusionieren, um in größeren Serien kostengünstiger anbieten zu können. Aufgrund der Produktionsbedingungen wird ein Konzentrationsprozess einsetzen. In Abhängigkeit von den technischen Produktionsbedingungen wäre dann etwa ein Oligopol die effizientere Marktform.

Übung 7-5: Konsumenten- und Produzentenrente im Polypol und Monopol

In einem Polypolmarkt lautet die Marktnachfrage p = 500 – 2x. Das aggregierte Marktangebot der Polypolanbieter sei p = 50 + 2x.

a) Bestimmen Sie das Marktgleichgewicht für den Polypolmarkt.

b) Die Polypolisten schließen sich zusammen und bilden bei unveränderten Kostenstrukturen ein Monopol. Wie lautet das Marktgleichgewicht im Monopolmarkt.

c) Vergleichen Sie Produzentenrente und Konsumentenrente in den beiden Märkten und bestimmen Sie den Wohlfahrtverlust.

Lösung:

a) Die Bedingung für das Marktgleichgewicht im Polypol lautet $p^N = p^A$.

$500 - 2x = 50 + 2x$

$x = 112{,}5 \quad \rightarrow \quad p = 500 - 2 \cdot 112{,}5 = 275$

Unter den Bedingungen des Konkurrenzmarktes können 112,5 Mengeneinheiten zum Preis von 275 € abgesetzt werden.

b) Die Bedingungen für das Gewinnmaximum im Monopolmarkt lautet E' = K'.

Der Grenzerlös ist E' = 500 – 4x. Für die Grenzkosten gilt laut Angabe K' = 50 + 2x.

$500 - 4x = 50 + 2x \quad \rightarrow \quad x = 75 \quad \rightarrow \quad p = 500 - 2 \cdot 75 = 350$

Der Monopolist setzt einen Preis von 350 € und kann zu diesem Preis 75 Mengeneinheiten absetzen.

c) Vergleich von Produzentenrente und Konsumentenrente in den beiden Märkten

	Polypol	Monopol
Konsumentenrente	½ (500 – 275)·112,5 = 12.656,25	½ (500 – 350)·75 = 5.625
Produzentenrente	½ (275 – 50)·112,5 = 12.656,25	½ (200 – 50)·75 +150·75 = 16.875
Zusammen	25.312,50	22.500

Der Wohlfahrtverlust im Monopol beträgt 2812,50.

7.3.7 Preisdiskriminierung

Im vollkommenen Monopol steht der Monopolist vor dem Dilemma, dass er den Preis für alle Konsumenten senken muss, wenn er die Absatzmenge erhöht. Würde es ihm dagegen gelingen, den Preis nur für die jeweils zuletzt abgesetzte Einheit zu senken, könnte er seinen Gewinn steigern. In diesem Fall würde er dasselbe Gut an verschiedene Konsumenten zu unterschiedlichen Preisen verkaufen. Dies bezeichnet man als Preisdiskriminierung. Unter Preisdiskriminierung versteht man den Verkauf der gleichen Ware an verschiedene Käufer zu unterschiedlichen Preisen.

Das Verfahren der Preisdiskriminierung besteht darin, die gesamte Preis-Absatz-Funktion so auf die einzelnen Käufer oder Käufergruppen aufzuspalten, dass der Anbieter für die verschiedenen Käufer oder Käufergruppen gleichzeitig verschiedene Preise setzt. Eine derartige Preisdiskriminierung ist natürlich nur durchführbar, wenn eine Kommunikation zwischen den Käufergruppen ausgeschlossen ist:

- Es muss unmöglich sein, dass diejenigen Käufer, die einen höheren Preis zahlen wollen oder sollen, in die Gruppe überwechseln, für die ein niedrigerer Preis angesetzt ist.
- Es muss aber ebenso unmöglich sein, dass die Käufer der Gruppe mit dem niedrigeren Preis so genannte Arbitragegeschäfte durchführen, indem sie das Gut zum niedrigeren Preis kaufen und den Käufern der höheren Preisgruppe zugänglich machen.

Die ökonomische Isolierung von Käufergruppen, die für das gleiche Gut eines Anbieters verschiedene Preise zu zahlen haben, kann auf unterschiedliche Art und Weise erreicht worden. Häufig finden wir, dass Preise nach **persönlichen** Gesichtspunkten differenziert werden, z. B. nach dem Einkommen oder nach der Zugehörigkeit zu einer bestimmten Gruppe (z. B. niedrigere Eintrittspreise für Jugendliche, Studenten oder Wehrpflichtige). Die EU-Kommission kommt bei ihrer Untersuchung des Pkw Marktes zu dem Ergebnis, dass derselbe Pkw in den verschiedenen Ländern der Europäischen Union zu unterschiedlichen Preisen angeboten wird. Wir kennen die **zeitliche** Preisdifferenzierung, wonach dieselbe Ware oder Dienstleistung zu unterschiedlichen Zeiten unterschiedlich viel kostet (z.B. Tag- und Nachtstrom). Und schließlich finden wir die **sachliche** Preisdiskriminierung in unterschiedlichsten Formen. Bei Mengenrabatten ist etwa der Durchschnittspreis je Mengeneinheit umso niedriger, je größer die nachgefragte Menge ist. Zur Systematisierung der verschiedenen Formen der Preisdiskriminierung unterscheidet man die Preisdiskriminierung ersten, zweiten und dritten Grades.

7.3.7.1 Preisdiskriminierung ersten Grades

Betrachten wir das Praxisbeispiel 5-3, in dem die experimentelle Ermittlung der Nachfragekurve dargestellt wurde. Es wurde eine CD-ROM mit Statistiksoftware versteigert, und die Interessenten sollten in einer geschlossenen Auktion den Preis nennen, den sie für die CD zu zahlen bereit sind. Sofern der Anbieter nun zusätzlich weiß, welcher Student welchen Preis geboten hat, könnte er jedem Studenten den Preis in Rechnung stellen, den dieser in der Auktion genannt hat. Danach müsste der Student mit dem höchsten Gebot für die CD einen Preis von 19 € zahlen. Die beiden Bieter mit dem zweithöchsten Gebot bekämen die CD für 18 €, der nächste Bieter würde mit einem Preis von 17 € belegt und die weiteren fünf Studenten hätten jeweils einen Preis von 16 € zu zahlen usw. Jeder kaufwillige Student bekommt also die CD genau zu dem Preis, den er in der Auktion geboten hat. Unterstellen wir Grenzkosten für jede CD von 6 €, dann werden alle Studenten mit der CD-ROM beliefert, deren Zahlungsbereitschaft größer/gleich den Grenzkosten ist.

Betrachten wir an Hand dieses Beispiels die Wirkung der Preisdiskriminierung ersten Grades und vergleichen sie mit dem vollkommenen Monopol. Unter der Bedingung einer einheitlichen Preissetzung für alle Nachfrager würde der Anbieter entsprechend seiner Bedingung für das Gewinnmaximum einen Preis von 12 € setzen. Zu diesem Preis könnte er insgesamt 21 CDs absetzen. Dies ergibt einen Gesamterlös von 252 €. Nach Abzug der variablen Kosten in Höhe von 126 € beträgt die Produzentenrente 126 €. Unter der Bedingung einer individuellen Preissetzung würde der Monopolist 45 CDs verkaufen, was seinen Umsatz auf 517 € steigen lässt. Die variablen Kosten betragen nun 270 €. Danach verbleibt eine Produzentenrente von 247 €.

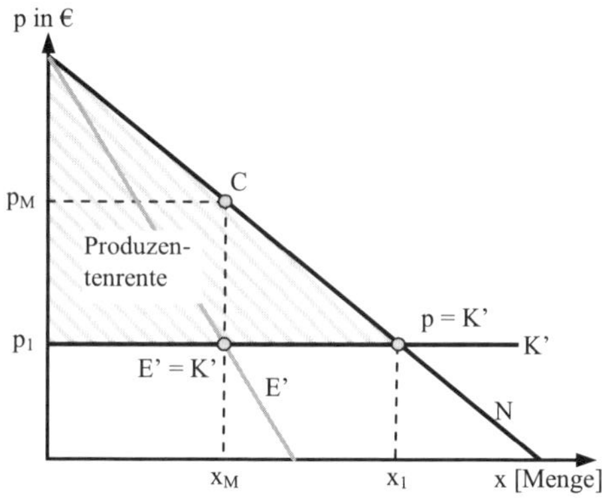

Abbildung 7-20: Preisdiskriminierung ersten Grades

Als Ergebnis können wir festhalten: Bei perfekter Preisdiskriminierung verkauft der Monopolist jede zusätzlich produzierte Einheit an den Konsumenten, dem sie den höchsten Nutzen stiftet. Der Preis entspricht der maximalen Zahlungsbereitschaft dieses Konsumenten. Mit dieser Strategie gelingt es dem Monopolisten, die gesamte Konsumentenrente abzuschöpfen, gleichzeitig erhöht er seine Angebotsmenge, weil der Grenzerlös jeder zusätzlich verkauften Einheit dem Preis entspricht, zu dem er diese Mengeneinheit verkauft. Somit ist seine Angebotsmenge gleich hoch wie unter den Bedingungen der vollkommenen Konkurrenz. Folglich wird bei perfekter Preisdiskriminierung wie im Polypolfall eine effiziente Ressourcenallokation realisiert, weil die Summe aus Konsumentenrente und Produzentenrente maximal wird. Allerdings ergibt sich unter Verteilungsaspekten ein völlig gegensätzliches Ergebnis. Während bei vollkommener Konkurrenz die Konsumentenrente maximal ist, ist bei perfekter Preisdiskriminierung die Produzentenrente maximal. Sie entspricht in Abbildung 7-20 der Fläche zwischen der Nachfragekurve und der Grenzkostenkurve. Damit ist die Maximierung der Wohlfahrt auch bei einer Konsumentenrente von Null möglich.

Damit perfekte Preisdiskriminierung möglich ist, muss der Monopolist die Zahlungsbereitschaft jedes Konsumenten kennen, er muss in der Lage sein, personenbezogene Preise durchzusetzen und schließlich auch den Verbleib der gelieferten Ware zu kontrollieren. Die Bedingungen sind auf vielen Märkten nicht erfüllt. Individuelle Preissetzung findet jedoch überall dort statt, wo der Preis zwischen Käufer und Verkäufer ausgehandelt wird, wie z. B. auf Flohmärkten, auf einem Basar, bei Auktionen bei Ebay, aber auch im Anlagengeschäft im Industriesektor, im Gebrauchtwagenhandel. So haben Gebrauchtwagenverkäufer eine klare Vorstellung, zu welchem Preis sie einen Pkw gerade noch verkaufen können. Sie können die Käufer aufgrund ihrer Erfahrung gut einschätzen und wissen, in welchem Umfang sie Preiszugeständnisse machen müssen. Die Käufer sind mehr oder weniger geschickt oder

hartnäckig in den Preisverhandlungen, so dass die ausgehandelten Preisnachlässe unterschiedlich hoch ausfallen. Insofern reflektiert der vereinbarte Gebrauchtwagenpreis die individuelle Zahlungsbereitschaft des Käufers.

7.3.7.2 Preisdiskriminierung zweiten Grades

Sofern eine perfekte Preisdiskriminierung nicht möglich ist, weil die Voraussetzungen dafür nicht gegeben sind, kann der Monopolist mit einer Preisdiskriminierung zweiten Grades die Konsumentenrente ganz oder teilweise abschöpfen. Bei dieser Preisstrategie setzt der Monopolist unterschiedliche Preise in Abhängigkeit von den Verkaufsmengen des Gutes. Diese Form der Preisdiskriminierung finden wir etwa bei Mengenrabatten, wenn bei Abnahme größerer Mengen der Preis pro Mengeneinheit sinkt. Ein weiteres Beispiel sind Telefon, Gas, Strom und Wasser. Hier setzt sich der Preis pro Einheit zusammen aus einer festen Grundgebühr und einer Nutzungs- oder Verbrauchsgebühr je Mengeneinheit. Der Preis pro Mengeneinheit sinkt, je mehr Einheiten ein Haushalt abnimmt. Deshalb bezeichnet man die Preisdiskriminierung zweiten Grades auch als nicht-lineare Preisdiskriminierung. Der Preis eines Gutes nimmt degressiv in Abhängigkeit von der nachgefragten Menge ab.

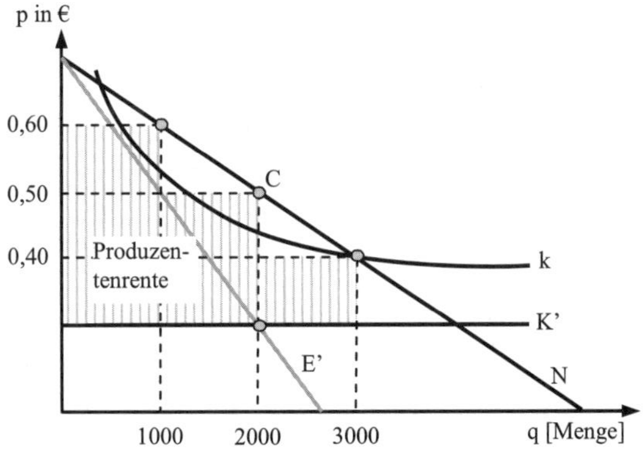

Abbildung 7-21: Preisdiskriminierung zweiten Grades

Ein Beispiel dafür ist das so genannte block pricing in Abbildung 7-21. Unter den Bedingungen des vollkommenen Monopols würde das Gasunternehmen die Preis-Mengen-Kombination in C realisieren und die gesamte Menge in Höhe von 2000 m^3 zum Preis von 0,5 € absetzen. Nehmen wir nun an, der Gaslieferant betreibe Preisdiskriminierung und verlange für die ersten 1000 m^3 einen Preis von 0,60 € pro Kubikmeter, für die nächsten 1000 m^3 einen Preis von 0,50 und für weitere 1000 m^3 sinke der Preis auf 0,40 €. Nach diesem Schema wird ein Haushalt mit einer Nachfrage von weniger als 1000 m^3 für jede Mengeneinheit einen Preis von 0,60 € bezahlen. Für Haushalte mit einem Verbrauch von über 1000 m^3 sinkt der Durchschnittspreis. So kostet ein Kubikmeter bei einem Verbrauch von 1500 m^3 nur noch durchschnittlich 0,566 €, bei einem Verbrauch von 2000 m^3 0,55 € und bei einem Verbrauch von 2500 m^3 durchschnittlich 0,52 € je Kubikmeter.

Trotz dieses rückläufigen Stückpreises kann der Anbieter seinen Gewinn steigern, indem er einen Teil der Konsumentenrente abschöpft. Gleichzeitig ist es aus der Sicht des Monopolisten gewinnbringend, bei sinkenden Stückkosten eine größere Menge anzubieten als unter den Bedingungen des vollkommenen Monopols. Eine vollkommene Abschöpfung der Konsumentenrente wäre dann möglich, wenn der Anbieter zusätzlich zu diesem Stufentarif eine Grundgebühr verlangt. Die Grundgebühr müsste dann so bemessen werden, dass sie der

noch verbleibenden Konsumentenrente entspricht. Damit wäre es dem Monopolisten möglich, durch eine geeignete Gestaltung der Grundgebühr und des Arbeitspreises eine perfekte Preisdiskriminierung bei gleichzeitiger optimaler Ressourcenallokation zu erreichen. Dies gilt allerdings nur unter der einschränkenden Annahme, dass alle Konsumenten identische Nachfragefunktionen haben, was in der Realität nicht der Fall ist, so dass Preisdiskriminierung zweiten Grades in der Regel nicht perfekt ist.

Übung 7-6: Preisdiskriminierung

Nehmen Sie an, ein Unternehmen habe ein technisch neuartiges Produkt entwickelt, bei dem es als Monopolanbieter am Markt ist. Die Preis-Absatz-Funktion sei $p = 500 - 0{,}2x$. Die Produktionskosten lauteten $K = 50.000 + 50x + 0{,}05x^2$ ($K' = 50 + 0{,}1x$).

a) Welche Menge zu welchem Preis wird das Unternehmen im reinen Monopol absetzen können? Wie hoch ist seine Produzentenrente?

b) Das Unternehmen plane, seine Abnehmer in zwei gleich große Marktsegmente aufzuteilen. Die erste Hälfte der Monopolmenge soll zu einem höheren Preis abgesetzt werden, während die zweite Hälfte zum Monopolpreis angeboten werden soll. Welchen Preis wird der Anbieter setzen und wie ändert sich seine Produzentenrente?

c) Wäre es für das Unternehmen lohnend, ein drittes Marktsegment mit einer gleichgroßen Absatzmenge wie in den bisherigen zu etablieren? Welchen Preis müsste der Anbieter in diesem Segment setzen, wenn er zusätzlich 450 Einheiten absetzen will?

d) Das Unternehmen überlege sich, das Produkt im Wege einer Auktion über das Internet zu vertreiben und jedem Bieter/Nachfrager seinen gebotenen Preis in Rechnung zu stellen. Welche Menge wird das Unternehmen in diesem Fall absetzen können und wie hoch ist seine Produzentenrente?

Lösung:

a) Die Bedingung für das Gewinnmaximum im Monopol lautet $E' = K'$.

$500 - 0{,}4x = 50 + 0{,}1x \quad \rightarrow \quad x = 900 \quad \rightarrow \quad p = 500 - 0{,}2 \cdot 900 = 320$

Der Monopolist setzt einen Preis von 320 € und kann zu diesem Preis 900 Mengeneinheiten absetzen.

b) Segment 1: $x_1 = 450 \quad \rightarrow \quad p_1 = 500 - 0{,}2 \cdot 450 = 410$

Segment 2: $x_2 = 900 \quad \rightarrow \quad p_2 = 500 - 0{,}2 \cdot 900 = 320$

Die Produzentenrente steigt gegenüber a) um $(410 - 320) \cdot 450 = 40.500$.

c) Segment 3: $x_3 = 1350 \quad \rightarrow \quad p_3 = 500 - 0{,}2 \cdot 1350 = 230$

Die Produzentenrente steigt als Folge des neuen Marktsegments um

$\frac{1}{2}\,[(230 - 140) + (230 - 185)] \cdot 450 = 30.375$

Ob der Verkauf des Produkts für das Unternehmen Gewinn bringend ist, hängt aber von der Höhe der Stückkosten ab. Die durchschnittlichen Kosten je Produkteinheit betragen bei einer Produktionsmenge von 1350 Einheiten 158,3 €. Damit erzielt das Unternehmen auch im dritten Marktsegment einen Stückgewinn.

d) Wenn jeder Nachfrager seinen gebotenen Preis bezahlt, liegt perfekte Preisdiskriminierung vor. Es können 1500 Einheiten abgesetzt werden. Der Preis, zu dem die letzte Einheit abgesetzt werden kann, ist 200 €. Er entspricht den Grenzkosten. Die Konsumentenrente ist null. Die Produzentenrente entspricht der Fläche zwischen der Nachfragekurve und der Grenzkostenkurve. Die Produzentenrente beträgt

$\frac{1}{2}\,(500 - 200) \cdot 1500 + \frac{1}{2}\,(200 - 50) \cdot 1500 = 337.500.$

7.3.7.3 Preisdiskriminierung dritten Grades

Die Preisdiskriminierung dritten Grades bezieht sich auf die Identifikation unterschiedlicher Käufergruppen mit unterschiedlichen Nachfragekurven. Die Gruppen unterscheiden sich hinsichtlich ihrer Zahlungsbereitschaft.

Von jeder Gruppe verlangt der Anbieter einen unterschiedlichen Preis, innerhalb einer Gruppe zahlt jeder Konsument denselben Preis. Voraussetzung für diese Form der Preisdiskriminierung ist, dass ein Wechsel von der Käufergruppe mit dem höheren Preis in eine Käufergruppe mit einem niedrigeren Preis nicht möglich ist beziehungsweise Arbitragegeschäfte ausgeschlossen sind.

Diese Form der Preisdiskriminierung dürfte wohl am häufigsten vorkommen. Beispiele dafür sind unterschiedliche Preise oder Tarife für verschiedene Bevölkerungsgruppen wie etwa Studenten, Senioren oder Kinder bei Eintrittsgeldern ins Theater, in Museen oder Kinos usw.. Bei den Pkw Preisen stellen wir unterschiedliche Preise bei demselben Modell zwischen den Ländern der EU fest, wobei die Preisunterschiede höher sind als die Transportkosten. Unternehmen vertreiben dieselben Produkte einmal unter ihrem Markennamen im klassischen Handel und als Noname-Produkte bei Diskountern. Fluggesellschaften verlangen unterschiedlich hohe Flugpreise für Geschäftsreisen und Urlaubsreisen. Außerdem differenzieren sie ihre Preise danach, wie früh jemand eine Reise bucht.

Gewinnmaximierung bei Preisdiskriminierung dritten Grades erfordert, dass der Anbieter bei seiner Entscheidung über die Höhe des Preises der unterschiedlichen Preiselastizität der Nachfrage Rechnung trägt. Wie wir in Abschnitt 7.3.4 gesehen haben, hängt der Preisaufschlag des Monopolisten auf die Grenzkosten von der Preiselastizität der Nachfrage im jeweiligen Marktsegment ab. Wenn also etwa VW oder Opel ihre Pkws in den Niederlanden oder in Dänemark zu niedrigeren Preisen verkaufen als in Deutschland, so kann dies damit zusammenhängen, dass die Nachfrage nach Pkw in diesen Ländern preiselastischer ist als in Deutschland.

Ein Unternehmen, das Preisdiskriminierung dritten Grades betreibt, muss folglich für die Gewinnmaximierung zwei Bedingungen erfüllen: Erste Bedingung für das Gewinnmaximum ist, dass die Grenzerlöse in den betrachteten Marktsegmenten gleich hoch sind. Würde es etwa im Marktsegment A einen höheren Grenzerlös erzielen als im Marktsegment B, wäre es lohnend, die Angebotsmenge im Markt B einzuschränken und entsprechend im Markt A auszuweiten. Dadurch wird sich der Gesamterlös des Unternehmens verbessern. Zweite Bedingung für das Gewinnmaximum ist, dass die Bedingung „Grenzerlös gleich Grenzkosten“ auf jeden Teilmarkt erfüllt sein muss, so dass als Bedingung für das Gewinnmaximum zusammengenommen gilt:

$$E'_A = E'_B = E'_C = ... = K'$$

In der Abbildung 7-22 ist die Preisdifferenzierung dritten Grades grafisch dargestellt. N_A und N_B sind die Preis-Absatz-Funktionen, denen sich der Monopolist auf den Teilmärkten gegenüber sieht. E'_A und E'_B sind die Grenzerlöskurven und K’ die Grenzkosten, die bei der Produktion einer zusätzliche Einheit anfallen. Sie sind unabhängig von den Teilmärkten, in die die Ware geliefert wird. Der Monopolist maximiert seinen Gewinn, wenn er auf jedem Teilmarkt nach der „Grenzkosten = Grenzerlös“-Regel verfährt und die Preis-Mengenkombination des *Cournot'schen* Punktes in jedem Teilmarkt realisiert. Aufgrund der höheren Preiselastizität der Nachfrage wird der Monopolist im Teilmarkt A einen geringeren Preis verlangen können als auf den Teilmarkt B. So ist z. B. die Preiselastizität der Studenten bei Zeitungsabos höher als die anderer Zeitungsleser, was die Verlage veranlasst, den Studenten Rabatte einzuräumen.

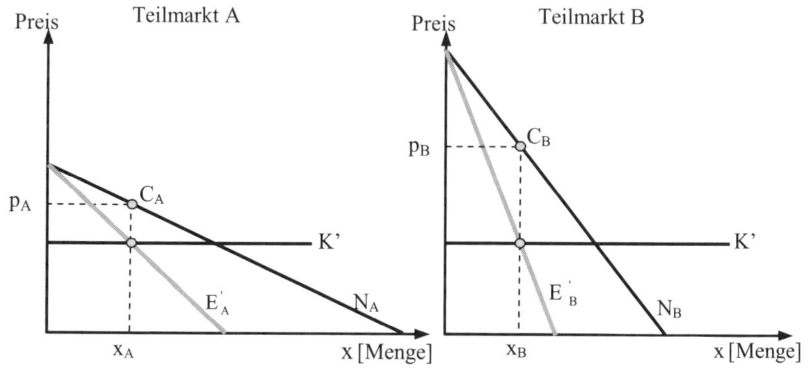

Abbildung 7-22: Preisdiskriminierung dritten Grades

Praxisbeispiel 7-2: Automobilpreise in der Europäischen Union

Die EU-Kommission[13] beobachtet laufend die Entwicklung der Automobilpreise, um zu erkennen, inwieweit es im Binnenmarkt zu einer Angleichung der Kfz Preise kommt. In ihrem Bericht für das Jahr 2005 stellt die Kommission fest, dass die Preiskonvergenz vor allem in den neuen Mitgliedstaaten stattfindet, während Preisunterschiede in den alten Mitgliedstaaten und vor allem in der Euro-Zone stabil sind.

Tabelle 7-5: Vorsteuerpreise ausgewählter Pkw Modelle in der EU 2005

Modell	Euro-Zone			Nicht-Euro-Zone		
	Land mit dem ... Preis		Differenz (%)	Land mit dem ... Preis		Differenz (%)
	niedrigsten	höchsten		niedrigsten	höchsten	
Fiat Stilo	IE	DE	23,9	LT	UK	26,9
Ford Focus	FI	DE	22,7	DK	UK	34,6
Honda Civic	FI	DE	23,5	DK	UK	24,4
Nissan Almera	BE	DE	24,1	HU	UK	51,4
Opel Astra	EL	ES	11,9	CY	UK	34,5
Peugeot 307	FI	DE	17,8	MT	UK	22,5
Renault Megane	FI	FR	19,3	PL	UK	24,3
Toyota Corolla	FI	AT	28,1	PL	UK	34,7
VW Golf	FI	BE	23,4	DK	UK	26,5

Nach der Untersuchung der Kommission ist Deutschland nach wie vor der teuerste Markt in der EU. In Deutschland werden für 34 der 89 untersuchten Modelle im Euro Währungsgebiet die höchsten Preise verlangt. Innerhalb des Euro-Gebiets sind die Kfz Preise in Finnland am niedrigsten. Von den Mitgliedsstaaten, die nicht der Euro Zone angehören, hat Dänemark die niedrigsten Preise. Sie sind noch um 5,7% niedriger als das finnische Preisniveau. Die höchs-

[13] *European Commission, DG Competition*, Car price differentials within the European Union, http://europa.eu.int/comm/competition/car_sector/price_diffs/, Download am 31.1.2006

ten Kfz Preise in den Nicht-Euro-Ländern finden sich in Großbritannien. Ursachen für die besonders starke Abgrenzung des britischen Marktes sind seine Insellage und der Linksverkehr.

Die Vorsteuerpreise für Kraftfahrzeuge weisen zwischen den einzelnen Ländern erhebliche Unterschiede auf und betragen häufig 1/5 bis 1/4 des Vorsteuerpreises des günstigsten Landes. Eine Ursache für diese Preisunterschiede sind einmal unterschiedlich hohen Mehrwert- und Verbrauchssteuern auf Kfz. Hohe Steuerbelastungen, wie wir sie zum Beispiel in Dänemark haben, zwingen Hersteller, ihre Vorsteuerpreise zu senken, wenn sie verhindern wollen, dass es im großen Umfang zu Parallelimporten aus anderen Mitgliedstaaten mit niedrigeren Preisen kommt.

Wie aus Abbildung 7-22 deutlich wird, spielt die unterschiedliche Preiselastizität der Nachfrage eine Rolle für Preisunterschiede. So ist etwa das hohe Preisniveau in Deutschland sicherlich auch ein Ausdruck dafür, dass deutschen Autofahrern ihr Fahrzeug „lieb und teuer" ist. Der Besitz eines Pkws befriedigt über die Mobilität hinaus weitere emotionale Bedürfnisse, so dass Präferenzen entstehen, die zu einer relativ unelastischen Nachfrage führen. Dies ermöglicht es den Herstellern, in Deutschland höhere Preise durchzusetzen als in Ländern mit vergleichsweise elastischer Nachfrage. So sind etwa viele Fahrzeugmodelle deutscher Hersteller in den Niederlanden oder in Italien billiger zu haben als in Deutschland, so dass deutsche Verbraucher selbst unter Berücksichtigung der Mehrwertsteuer beim Kauf im Ausland in erheblichem Umfang sparen können. Als Folge der Liberalisierung des PKW Marktes in der EU hat sich in Deutschland zwar ein Handel mit Reimporten herausgebildet, allerdings ist das Volumen zu gering, um echte Tendenzen für eine Angleichung der Preise in Gang zu setzen. Hier mögen fehlende Informationen und Unsicherheiten bezüglich der Gewährleistung eine Rolle spielen. Außerdem ist es den PKW Herstellern bisher gelungen, den Vertrieb ihrer Marke innerhalb des eigenen Händlernetzes zu halten. Aus der Sicht des Kunden ist somit der Händler gleichzeitig der unmittelbare Servicepartner, was die Kundenbindung erhöht.

7.3.8 Entstehung und Stabilität vom Monopolen

Die Entstehung und der Bestand von Monopolstellungen hängen davon ab, ob es einem Unternehmen gelingt, über künstliche, technische oder gesetzliche Marktzutrittbeschränkungen potenzielle Wettbewerber von einem Eintritt in den Markt fernzuhalten.

Der einfachste Weg zum Monopol besteht für ein Unternehmen darin, dass es einen wichtigen Inputfaktor beziehungsweise einen Schlüsselrohstoff unter seine Kontrolle bringt. Ein klassisches Beispiel dafür ist das südafrikanische Unternehmen DeBeers, das rund 80% der weltweiten Diamantenproduktion kontrolliert. Damit ist die Marktstellung DeBeers groß genug, um den Markt maßgeblich bestimmen zu können. Der Einfluss der übrigen Anbieter ist begrenzt, so dass sie die Entscheidungen DeBeers nicht nachhaltig tangieren können. Durch aufwändige Werbung versucht DeBeers außerdem, Diamanten als einzigartige Edelsteine im Bewusstsein der Verbraucher zu positionieren („Diamonds are forever"). In dem Umfang, in dem dies gelingt, sind andere Edelsteine, wie z. B. Rubine oder Saphire, keine oder nur unvollkommene Substitute für Diamanten, wodurch die Marktmacht von DeBeers steigt. Ein Monopol, das auf der ausschließlichen Kontrolle eines Inputfaktors beruht, ist folglich solange stabil, solange der Monopolist den Inputfaktor maßgeblich kontrollieren kann und solange keine Substitute vorhanden sind, um diesen Inputfaktor zu ersetzen.

Ein weiterer wesentlicher Grund für die Entstehung von Monopolstellungen ist der Staat. In aus seiner Sicht wichtigen Bereichen hat der Staat Monopolstellungen sanktioniert und Monopolunternehmen lange Zeit selbst betrieben. Beispiele dafür sind Post, Telefondienste, Bahn, Airlines sowie die klassischen staatlichen Aufgaben in den Bereichen Justiz, innere Sicherheit, Bildung, Erziehung und Gesundheit. Darüber hinaus gelingt es Interessengrup-

pen, sich Monopolrenten zu sichern, indem sie mithilfe des Staates Marktzutrittschranken errichten bzw. aufgrund gesetzlicher Vorschriften den Marktzutritt kontrollieren. Beispiele dafür sind etwa Schutzzölle, Normen und Sicherheitsstandards. Hierher gehören aber auch Taxis, für die eine Lizenz erforderlich ist, oder Berufsgruppen, bei denen die Zulassung mit Kammerprüfungen und/oder mit einer öffentlichen Bestellung verbunden sind (z. B. Steuerberater, Notare), sowie Berufe, denen der Staat eine Überwachungsfunktion im Interesse der öffentlichen Sicherheit übertragen hat (z. B. Schornsteinfeger, technische Überwachung). Obwohl in all diesen Fällen kein reines Monopol vorliegt, kommt es in den genannten Bereichen zu einem Streben nach zusätzlichen Renten (Rent Seeking). Darunter versteht man das Bestreben, den Transfer von Konsumentenrente auf die Produzenten möglichst groß zu machen. Das Streben nach Renten kann dadurch erfolgen, dass man versucht, durch Lobbying und Einflussnahme auf Politik oder Administration, mit Hilfe von Spenden oder über Publikationen in Medien die Ergebnisse politischer Entscheidungen in seinem eigenen Interesse zu steuern. Das Streben nach Renten kann aber auch darin bestehen, dass man als Zugang zu einem staatlich regulierten Markt eine Lizenz erwerben muss. Hat der Staat sämtliche Lizenzen ausgegeben, ist ein Marktzugang nur möglich, wenn man die Lizenz einem anderen Lizenzinhaber abkauft. Ein Beispiel dafür ist die Taxilizenz, die man von einem ausscheidenden Taxifahrer erwirbt.

Beide Formen des Rent Seeking sind mit erheblichen Kosten verbunden. Unternehmen und Interessengruppen, die Rent Seeking betreiben, werden daher die mit den rent-seeking-Aktivitäten verbundenen Kosten in Relation setzen zu den zusätzlichen Gewinnen an Produzentenrente. Dabei ist es denkbar, dass die ganze Produzentenrente durch die Kosten des Rent Seeking ausgeschöpft wird. Damit ist das Streben nach Renten langfristig noch ineffizienter als das reine Monopol, weil im Extremfall die gesamte Produzentenrente als Kosten für Rent Seeking ausgegeben wird.

Eine weitere Form staatlich geschützter Monopole entsteht durch den Patent- und Lizenzschutz. Mit der Patentierung einer Erfindung erhält der Patentinhaber ein Monopol auf Zeit. Damit soll dem Unternehmen die Möglichkeit gegeben werden, die Erträge aus dem Patent für die Dauer der Patentlaufzeit selbst zu nutzen. Zwar hat jedes Unternehmen, das innovative Produkte auf den Markt bringt oder innovative Produktionstechniken einsetzt, einen monopolistischen Vorsprung. Damit ist aber nicht sichergestellt, dass der innovative Vorsprung lange genug anhält, um den hohen Entwicklungsaufwand der Vergangenheit wieder herein zu bekommen. Kopien und Nachbauten könnten die monopolistische Marktstellung gefährden. Forschungs- und Entwicklungsaktivitäten wären damit häufig mit nicht kalkulierbaren Risiken verbunden. Durch den Patentschutz sollen die Risiken für Forschung und Entwicklung gesenkt und ein verstärkter Anreiz für Innovationen geschaffen werden. Den sozialen Kosten und Ineffizienzen einer monopolistischen Marktstellung müssen die gesellschaftlichen Nutzen des technischen Fortschritts gegenübergestellt worden. Gleichzeitig muss mit der Patentanmeldung die Technologie der Erfindung offen gelegt werden. Dies ist wieder ein Anreiz für Wettbewerber, alternative Technologien zu entwickeln und das Patentunternehmen in seiner Monopolstellung herauszufordern. Dies erhöht das Innovationstempo weiter und fördert den Diffusionsprozess neuer Technologien als ein wichtiger Motor für wirtschaftliches Wachstum.

Eine vierte Begründung für die Entstehung von Monopolen ist die Technologie. Die technologische Überlegenheit von Monopolen liegt in der Realisierung von Economies of Scale and scope. Steigende Skalenerträge und effizientere Produktionsverfahren führen zu sinkenden Stückkosten der Produktion (Economies of Scale). Economies of scope entstehen, wenn ein Mehrproduktunternehmen spezifische Inputs in gleicher Weise für die Produktion meh-

rerer Güter nutzen kann, so dass die Stückkosten bei der Produktion jedes dieser Güter abnehmen.

Sinkende Stückkosten führen zu einem natürlichen Monopol, wenn ein einziges Unternehmen in einer Industrie die gesamte Marktnachfrage zu niedrigeren Stückkosten bereitstellen kann als zwei oder mehr Unternehmen. Ursache für langfristig fallende Stückkosten sind steigende Skalenerträge der Produktion oder hohe Fixkosten beim Markteintritt, die häufig als Sunk Costs wie Markteintrittbarrieren wirken. So müsste etwa die Netzinfrastruktur bei Strom, Gas, Wasser oder Bahn von jedem Anbieter vorgehalten werden, so dass das Risiko des Markteintritts für potentielle Konkurrenten sehr hoch ist, da die Sunk Costs bei einem späteren Marktaustritt nicht gedeckt werden können. In jedem Fall sind die Durchschnittskosten der Bereitstellung von Wasser oder Gas durch einen Anbieter niedriger, als wenn zwei Anbieter mit jeweils gleich hohen Fixkosten ein Gebiet beliefern würden. Somit ergibt sich im Fall des natürlichen Monopols ein Konflikt, weil bei nur einem produzierenden Unternehmen die Stückkosten minimal sind, andererseits der Monopolist aber bei Gewinnmaximierung eine Preis-Mengenkombination realisiert, die eine ineffiziente Ressourcenallokation darstellt.

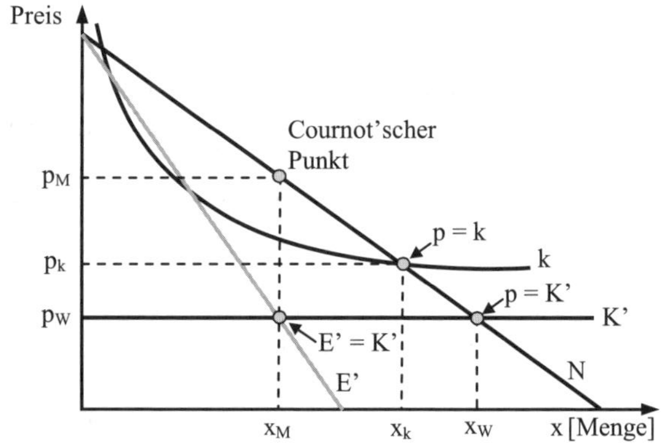

Abbildung 7-23: Das natürliche Monopol mit konstanten Grenzkosten

Die Überlegungen sind in Abbildung 7-23 dargestellt. Aufgrund der hohen Fixkosten sinken die Durchschnittskosten im gesamten relevanten Bereich. Damit sind die Produktionskosten bei nur einem Anbieter immer niedriger als die Produktionskosten mehrerer Anbieter. Wäre etwa die Menge q_k die relevante Marktgröße, dann hätten zwei Unternehmen, von denen jedes die Hälfte des Marktes beliefert, jeweils für sich höhere Stückkosten als ein einzelnes Unternehmen. Diesen Sachverhalt bezeichnet man als Subadditivität der Kostenfunktionen. Bei jeder Produktionsmenge sind die Kosten zweier oder mehrerer Anbieter zusammengenommen höher als die Produktionskosten eines einzelnen Unternehmens.

Im natürlichen Monopol mit konstanten Grenzkosten bestehen mehrere Möglichkeiten der Preissetzung. Ohne staatliche Regulierung wird sich der natürliche Monopolist genauso verhalten wie ein Anbieter im vollkommenen Monopol. Er maximiert seinen Gewinn, indem er gemäß der „Grenzerlös = Grenzkosten"-Regel den Preis p_M setzt und zu diesem Preis die Menge x_M absetzt. Das Marktergebnis ist gesamtwirtschaftlich ineffizient, weil die Zahlungsbereitschaft der Konsumenten bei dieser Menge x_M noch höher ist als die Grenzkosten der Produktion. Daraus ergibt sich die Notwendigkeit, ein natürliches Monopol staatlich zu regulieren.

Vorausgesetzt, die Wettbewerbsbehörde hat hinreichend genaue Informationen über Nachfrage und Kosten des Unternehmens, könnte sie die Wohlfahrt maximieren und den Monopolisten auffordern, sich wie ein Wettbewerbsunternehmen zu verhalten. Würde der Anbieter entsprechend der „Preis = Grenzkosten“-Regel verfahren, würde er die Menge x_W zum Preis p_W bereitstellen. Das Ergebnis wäre eine effiziente Allokation, die Konsumentenrente wäre maximal. Da aber die Produzentenrente Null ist, erwirtschaftet der Monopolist einen Verlust, weil zum Preis p_W nur seine variablen Kosten gedeckt sind. Es entsteht ein Verlust pro Stück in Höhe von $k - p_W$ bei der Menge x_W. Da kein Unternehmen dauerhaft Verluste tragen kann, müsste dem Monopolisten als Verlustausgleich entweder eine Subvention gezahlt werden, oder er müsste die Möglichkeit bekommen, die Fixkosten durch die Erhebung einer Grundgebühr auf die Konsumenten umzulegen, was bei unterschiedlichen Nachfragemengen der Konsumenten im Ergebnis eine Preisdiskriminierung zweiten Grades bedeutet. Bei beiden Lösungsansätzen kommt es jedoch im Normalfall zu Wohlfahrtverlusten. Diese müssten gegebenenfalls mit den Wohlfahrtsgewinnen der verbesserten Ressourcenallokation verrechnet werden.

Um die Problematik des Verlustausgleichs und der Subventionierung zu umgehen, aber auch vor dem Hintergrund, dass Aufsichtsbehörden keine vollständige Information haben, kommt in der Praxis häufig eine zweitbeste Lösung zu Anwendung, nämlich die Preissetzung nach Durchschnittskosten. Ein Preis p_k ermöglicht dem Unternehmen die volle Kostendeckung einschließlich der Erwirtschaftung eines normalen Gewinns, da die Stückkosten eine angemessene Kapitalverzinsung und Entlohnung der unternehmerischen Leistung beinhalten. Das Ergebnis ist im Vergleich zur Wettbewerbslösung suboptimal, gleichwohl gegenüber der unregulierten Gewinnmaximierung vorzuziehen. Allerdings sind auch die Stückkosten nicht unmittelbar bekannt. Daher verwenden Genehmigungsbehörden zur Bestimmung des Preises die variablen Stückkosten, ergänzt um einen Aufschlag, der die Deckung der Fixkosten und einen angemessenen Gewinn gewährleisten soll.

Natürliche Monopole werden mit technologischen Gründen in Verbindung gebracht. Monopolistische Marktpositionen können jedoch auch dadurch zu Stande kommen, dass sich aufgrund positiver externer Konsumexternalitäten Produkte zu Quasi-Standards entwickeln, und ein Unternehmen so eine marktbeherrschende Stellung erreicht. Beispiele dafür sind das Betriebssystem Windows oder das Officepaket von Microsoft. Aus der Sicht der Konsumenten stiften solche Netzwerkgüter einen umso höheren Nutzen, je mehr andere Konsumenten das Produkt verwenden[14]. So erfreut sich das Auktionshaus Ebay deswegen so großer Beliebtheit, weil dort viele unterschiedliche Produkte angeboten werden und gleichzeitig in der Regel zahlreiche Verkäufer das gleiche oder ein ähnliches Produkt anbieten und aus der Sicht der Verkäufer immer eine größere Anzahl von Bietern vorhanden ist. Andere Anbieter von Auktionsplattformen haben es dagegen schwer, auf eine kritische Masse an Käufern und Verkäufern zukommen, um aus der Sicht der Auktionsteilnehmer attraktiv genug zu sein. Im Grunde ergeben sich in diesen Fällen ähnliche Marktergebnisse und Probleme, so dass auch bei diesen Monopolstellungen eine laufende Wettbewerbsaufsicht erforderlich ist.

Schließlich können Monopole auch dadurch entstehen, dass sich die im Markt befindlichen Unternehmen zusammenschließen, um den Wettbewerb auszuschließen. Im Falle einer Fusion ergeben sich dieselben Probleme wie bei einem gewöhnlichen Monopol. Es wäre aber auch denkbar, dass die Unternehmen in einem Markt Absprachen treffen und sich wie ein Monopolist verhalten. Dann spricht man von einem Kartell. Man versteht darunter alle mündlichen oder vertraglichen Vereinbarungen zwischen Unternehmen mit dem Ziel, unter

[14] Vergleiche zu den Netzwerkeffekten die Ausführungen in Abschnitt 5.3.8, S. 210 ff.

Ausschaltung des Wettbewerbs höhere Preise durchzusetzen und die Gewinne der beteiligten Unternehmen zu steigern. Wenn sich Unternehmen zu einem Kartell zusammenschließen, muss sich das Kartell wie ein einziges Monopolunternehmen verhalten, das den Gewinn der gesamten Industrie maximiert.

Zur Analyse des Verhaltens eines Kartells und der Kartellmitglieder in Abbildung 7-24 gehen wir zunächst von einem Wettbewerbsmarkt aus, in dem sich die beteiligten Unternehmen polypolistisch verhalten. Im langfristigen Marktgleichgewicht ergibt sich der Marktpreis p_W im Schnittpunkt von Angebot und Nachfrage. Insgesamt wird die Menge X_W umgesetzt. Das repräsentative Unternehmen i realisiert sein langfristiges Unternehmensgleichgewicht und produziert gemäß der „Preis = Grenzkosten" Regel im Betriebsoptimum die Menge x_W. Nun schließen sich die Unternehmen dieser Industrie zu einem Kartell zusammen. Die Kartellführung verhält sich als Monopolist und betrachtet die Nachfragefunktion als die relevante Preis-Absatz-Funktion. Die Grenzkostenkurven der Kartellmitglieder ergeben zusammengefasst die Grenzkosten des Kartells. Aus der Bedingung für das Gewinnmaximum E' = K' ergibt sich der Kartellpreis p_M. Zu diesem Preis kann das Kartell nur noch die kleinere Menge X_M absetzen. Jedes einzelne Kartellmitglied muss nun ebenfalls seine Produktionsmenge einschränken, und es maximiert seinen Gewinn, wenn es die Menge produziert, bei der die Grenzkosten mit dem Grenzerlös zum Ausgleich gebracht werden. Das repräsentative Unternehmen i wird folglich die Menge x_M anbieten und erzielt dabei den Gewinn G in Höhe des grauen Rechtecks.

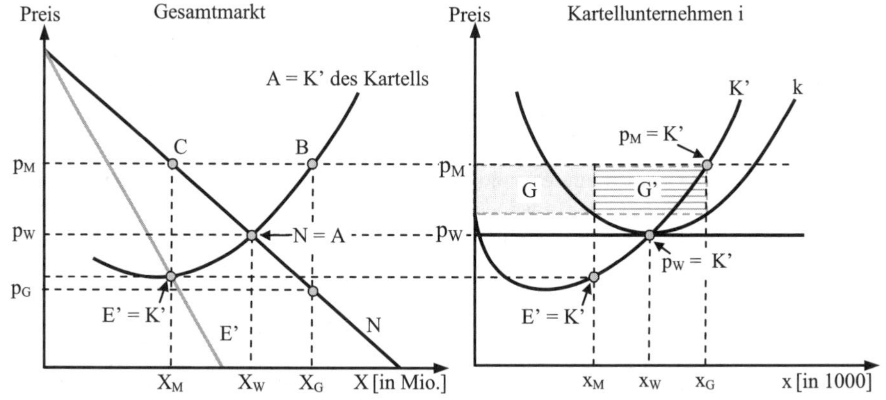

Abbildung 7-24: Verhalten eines Kartells und der Kartellmitglieder

Kartelle sind von zwei Seiten bedroht, von der Durchsetzung bzw. Nichteinhaltung der Produktionsquoten bei einzelnen Kartellmitgliedern und vom Markteintritt neuer Anbieter. Infolge der Kartellierung produziert jedes Mitglied eine geringere Menge, als es produzieren könnte. Tatsächlich könnte ein einzelnes Kartellunternehmen seinen Gewinn vergrößern, wenn es heimlich seine Produktionsmenge ausdehnt, solange der Preis p_M höher ist als seine Grenzkosten. Wenn ein Kartellmitglied heimlich entsprechend der Regel p_M = K' verfährt, produziert es die Menge x_G und steigert seinen Gewinn in Höhe der schraffierten Fläche G'. Allerdings kann es nur die Menge x_M offiziell über das Kartell absetzen. Die Überschussmenge x_G - x_M verkauft es am so genannten Graumarkt. Solange nur ein einzelnes Unternehmen so verfährt, wird der Preis am grauen Markt dem Kartellpreis entsprechen. Je mehr Unternehmen aber die Kartelldisziplin verlassen, umso stärker wird der Preis am Graumarkt sinken. Würden alle Unternehmen die zu große Menge x_G produzieren, entstünde ein Ange-

botüberschuss in Höhe von X_G - X_M. Sofern der offizielle Kartellpreis überhaupt noch durchgesetzt werden kann, kann dieses Überschussangebot nur zum Preis p_G abgesetzt werden. Kollektiv wäre dieses Verhalten kontraproduktiv, weil die Unternehmen dann an den Graumärkten Verluste erzielten, die die Kartellgewinne aufzehren würden.

Eine zweite Bedrohung des Kartells kommt von Markteintritten neuer Anbieter und solchen Unternehmen, die dem Kartell nicht beigetreten sind. Bestehende Unternehmen, die nicht der Kartelldisziplin unterliegen, können bei steigenden Marktpreisen ihr Angebot ausdehnen. Als Folge der Kartellierung entstehen in der Branche Gewinne, die bei offenen Märkten ein Signal für den Markteintritt neuer Anbieter darstellen. Das zusätzliche Angebot führt zu sinkenden Marktpreisen, die schließlich zum Zusammenbruch des Kartells führen. Daher besteht ein starker Anreiz für die Kartellführung, den Marktzutritt zu unterbinden. Sie wird versuchen, durch Aktivitäten des Rent Seeking administrative Marktzugangsbeschränkungen zu errichten. Ein wichtiges Instrument dazu war in der Vergangenheit häufig die Errichtung von Schutzzöllen.

Das Dilemma eines Kartells besteht somit in einem Konflikt zwischen den Interessen des Kartells und den Interessen des einzelnen Kartellmitglieds. Halten alle Kartellmitglieder den Preis und die Produktionsquoten ein, erzielt jedes Mitglied einen Monopolgewinn. Sie stellen sich besser als in einem Wettbewerbsmarkt. Das einzelne Unternehmen könnte sich jedoch besser stellen, wenn es dem Kartell nicht beitritt, sondern den Kartellpreis unterbietet und damit einen größeren Teil der Nachfrage auf sich zieht. Wenn es dagegen dem Kartell beitritt, könnte es sich besser stellen, wenn es heimlich seine Produktionsquote ausdehnt und dadurch zusätzliche Gewinne erzielt. Wenn aber alle Unternehmen sich so verhalten, werden sie sich schlechter stellen, als wenn sie die Kartellquoten eingehalten hätten.

7.3.9 Ansatzpunkte staatlicher Wettbewerbspolitik

Aufgrund der unterschiedlichen Ursachen, die zum Aufbau monopolistischer Marktstellungen führen, hat der Staat unterschiedliche Eingriffsbereiche.

Als ein wichtiger Ansatzpunkt zur Förderung des Wettbewerbs und zur Bekämpfung des Rent Seeking kann der Staat, wo immer möglich, Märkte deregulieren, Marktzutrittschranken abbauen und den Außenhandel liberalisieren. Häufig haben Unternehmen in geschlossenen nationalen Märkten eine erhebliche Machtstellung, während sie bei offenen Märkten einem intensiven internationalen Wettbewerb ausgesetzt sind. Durch Abbau von Zöllen und anderen nichttarifären Handelshemmnissen lassen sich monopolistische Marktstellungen abbauen. Durch Öffnung der Märkte für neue Anbieter wird der Wettbewerb intensiviert. So hat die Öffnung des Festnetzes der Telekom für neue Anbieter den Wettbewerb erheblich gefördert und positive Wohlfahrtwirkungen durch niedrigere Preise bewirkt.

Zweiter Bereich für staatliches Handeln ist der Schutz des Wettbewerbs durch die Wettbewerbspolitik. Da der Wettbewerb aus der Sicht der Unternehmen eine ständige Herausforderung an das eigene Bestehen darstellt, besteht in einer Marktwirtschaft von Seiten der Unternehmen die Tendenz, den Wettbewerb auszuschalten. Durch gesetzliche Regelungen kann der Staat den Wettbewerb aufrechterhalten, indem er Kartelle verbietet und Fusionen unter Genehmigungsvorbehalt stellt. Kartellverbot, Fusionskontrolle und Missbrauchsaufsicht über marktbeherrschende Unternehmen, wie sie im Gesetz gegen Wettbewerbsbeschränkungen enthalten sind, sollen dem Aufbau marktbeherrschender Marktstellungen entgegenwirken und/oder die missbräuchliche Ausnutzug von Marktmacht unterbinden. Mit dem Abbau und der Bestrafung von Wettbewerbsbeschränkungen, mit Kooperationserleichterungen für kleinere und mittlere Unternehmen sowie mit der Bekämpfung des unlauteren Wettbewerbs soll die Steuerungsfunktion des Marktes verbessert werden.

Soweit in einer Marktwirtschaft Monopole nicht vermieden werden können, kann der Staat die Monopolanbieter einer Regulierung unterwerfen. Dies betrifft insbesondere Netzmonopole, in denen die Irreversibilität der Kosten des Marktzutritts eine wesentliche Marktzutrittsbarriere darstellt. Durch die Festlegung von Nutzungsentgelten für neue Anbieter durch die Regulierungsbehörde kann eine Reihe dieser Märkte für neue Wettbewerber geöffnet worden. Allerdings zeigt das Beispiel des deutschen Strommarktes, dass eine gesetzliche Marktöffnung allein nicht ausreicht, wenn die Netzbetreiber mit hohen Durchleitungsgebühren neue Anbieter in ihren Angeboten behindern. In solchen Fällen wird die Regulierungsbehörde zur Verbesserung der Effizienz auch in die Preiskalkulation eingreifen und Preisobergrenzen festlegen. Wie der Fall des natürlichen Monopols gezeigt hat, wird der Staat auf Preisregulierungen überall dort zurückgreifen, wo Netze nicht für neue Anbieter geöffnet werden können, wie z.B. bei Wasser und Abwasser.

In den Fällen, in denen eine Öffnung des Marktes nicht möglich ist, bleibt als Alternative zur Regulierung die staatliche Produktion und Bereitstellung der Güter. In vielen Ländern der Erde betrieb und betreibt der Staat Monopolunternehmen, z. B. im Bereich der Telekommunikation, der öffentlichen Versorgung, der Bahn und des öffentlichen Nahverkehrs. Als Begründung wird argumentiert, dass der Staat im Gegensatz zu einem privaten Monopolanbieter das Gut zu Wettbewerbspreisen anbieten kann, weil die dann entstehenden Verluste des staatlichen Unternehmens aus dem allgemeinen Steueraufkommen ausgeglichen werden können. In Wirklichkeit hat das dazu geführt, dass die öffentliche Hand (Kommune, Land) jeweils den gesamten Verlust des öffentlichen Unternehmens abdeckt, so dass der Zwang zur Kostenminimierung als Grundlage einer Gewinnsteigerung entfällt und staatliche Unternehmen häufig ineffizient produzieren.

Praxisbeispiel 7-3: Verfahren der EU Kommission gegen Microsoft

Die Europäische Kommission[15] hat am 31.7.2000 entschieden, ein formelles Prüfverfahren gegen die Firma Microsoft zu eröffnen, weil sie angeblich ihre marktbeherrschende Stellung bei PC-Betriebssystemen ausnutzt, um diese Position auch auf den Markt für Server-Software auszuweiten. Die Kommission verfügte über Hinweise, dass Microsoft der Verpflichtung zur Offenlegung ausreichender Interface-Informationen über das PC-Betriebssystem nicht nachgekommen sei und dass Microsoft Informationen an Wettbewerber nur nach Gutdünken und auf diskriminierende Weise weitergegeben bzw. sich geweigert habe, Wettbewerbern Interface-Informationen zur Verfügung zu stellen. Ohne diese Informationen hätten alternative Server-Software-Anbieter keine Möglichkeit, mit Microsoftprodukten auf rein technischer Grundlage den Wettbewerb aufzunehmen. Ohne interoperable Software und aufgrund der überwältigenden Dominanz von Microsoft auf dem Markt für PC-Betriebssysteme müssten die mit Windows-Betriebssystemen ausgerüsteten Computer *de facto* Windows-Server-Software verwenden, wenn sie eine vollkommene Interoperabilität erreichen wollten.

Im Jahr 2001 erweiterte die EU Kommission ihre Untersuchung auf das bundling des Media Players. Sie ist der Auffassung, dass Microsoft mit der Kopplung des Media Players an sein

[15] Vgl. zum folgenden *Europäische Kommission*, Kommission schließt Untersuchung gegen Microsoft mit Abhilfemaßnahmen und Geldbuße ab, Pressemitteilung IP/05/1215, http://europa.eu.int/rapid/pressReleasesAction.do?reference=IP/05/1215&format=DOC&aged=1&language=DE&guiLanguage=en, Download am 31.1.2006, dies., Kommission droht Microsoft Geldbußen wegen Nichtbefolgung ihrer Entscheidung aus dem Jahr 2004 an, Pressemitteilung IP/05/1695, http://europa.eu.int/ rapid/pressReleasesAction.do?reference=IP/05/1695&format=HTML&aged=0&language=EN&guiLanguage=fr, Download am 31.1.2006. Der Fall Microsoft ist aus der folgenden Seite der EU Kommission ausführlich dokumentiert: http://ec.europa.eu/comm/competition/antitrust/cases/microsoft/ vom 09.11.2007

Betriebssystem Windows rechtswidrig gehandelt hätte. Die Produkte der Wettbewerber würden dadurch benachteiligt, was weder mit ihren Preisen noch ihrer Qualität in einem Zusammenhang stehe. Die Folgen seien eine Schwächung des Leistungswettbewerbs, eine Verringerung der Verbraucherauswahl und ein Verlust an Innovation.

Am 24.3.2004 kam die Kommission zu dem Schluss, dass das US-amerikanische Software-Unternehmen Microsoft Corporation wegen Missbrauchs seines Quasi-Monopols bei PC-Betriebssystemen gegen die EG-Wettbewerbsregeln verstieß. Microsoft habe seine Marktmacht missbraucht,

- indem es bewusst die Dialogfähigkeit zwischen dem Windows Betriebssystem für PCs und nicht von Microsoft stammenden Arbeitsgruppenservern einschränkte und
- indem es seinen keineswegs konkurrenzlosen Windows Media Player (WMP) an das allgegenwärtige Windows-Betriebssystem koppelte.

Wegen dieser äußerst gravierenden Missbrauchshandlungen über einen Zeitraum von fünfeinhalb Jahren verhängte die Kommission eine Geldbuße von 497,2 Mio. €.

Um wieder faire Wettbewerbsbedingungen herzustellen, geordnete die Kommission folgende Abhilfemaßnahmen an:

- Was die Interoperabilität betrifft, so muss Microsoft binnen 120 Tagen die vollständigen und genauen Schnittstellenspezifikationen offen legen, mit denen nicht von Microsoft stammende Arbeitsgruppenserver uneingeschränkt mit Windows-PCs und –Servern kommunizieren können.
- Was die Kopplungspraxis betrifft, so muss Microsoft binnen 90 Tagen den PC- Herstellern als Alternative eine Version des PC-Betriebssystems Windows ohne WMP anbieten.

Microsoft klagte gegen die Entscheidung der Kommission beim Europäischen Gerichtshof. Darauf hin wurden die im März 2004 auferlegten Bedingungen ausgesetzt. Das Gericht wies in erster Instanz die Klage von Microsoft am 22. September 2004 ab.

Um sicherzustellen, dass der Entscheidung innerhalb der vorgeschriebenen Fristen Folge geleistet wird, ernannte die Kommission einen Bevollmächtigten. Er sollte beurteilen, ob Microsoft die Protokollspezifikationen vollständig und tatsachengetreu offen legt und ob der Konzern diese unter angemessenen und nicht diskriminierenden Bedingungen zur Verfügung stellt. Bezüglich der Kopplung sollte er prüfen, ob Microsoft sich an die Auflage hält.

In zwei Berichten kam der Bevollmächtigte zu der Auffassung, dass die von Microsoft gelieferten Spezifikationen für die Interoperabilität unvollständig und ungenau wären. Daraufhin forderte die Kommission am 10. November 2005 Microsoft auf, bis 15. Dezember 2005 folgende Bedingungen zu erfüllen: (i) vollständige und genaue Angaben zur Interoperabilität zu liefern und (ii) diese Angaben zu angemessenen Bedingungen verfügbar zu machen, andernfalls würden Geldbußen von 2 Mio. € täglich festgesetzt.

Daraufhin überarbeitete Microsoft die Interoperabilitätsangaben, zu deren Weitergabe es verpflichtet ist. Bei ihrer Prüfung kam die Kommission jedoch zu der Auffassung, dass die Angaben unvollständig und ungenau seien. Microsoft nahm Ende Januar zu den Beschwerdepunkten der Kommission Stellung, die jedoch von der EU Kommission zurückgewiesen wurde. Mit einer Entscheidung am 12.7.2006 stellte die Kommission fest, dass Microsoft bis zum 20. Juni 2006 die Auflagen aus der Entscheidung vom März 2004 nicht erfüllt habe. Daher verhängte die Kommission ein Zwangsgeld von 280,5 Mio. € gegen Microsoft wegen fortgesetzter Nichteinhaltung der Auflagen aus der Entscheidung vom März 2004.

Microsoft reichte Klage gegen die Auflagen der EU Kommission. Der Europäische Gerichtshof bestätigte in seiner Entscheidung vom 17.09.2007 die Entscheidung der Europäischen Kommission gegen Microsoft hinsichtlich des Missbrauches einer marktbeherrschenden Stellung und die Geldbuße in Höhe von 497 Mio. EUR. Nach Prüfung des Urteils erklärte Microsoft, dass es sämtliche Auflagen aus dem Gerichtsurteil erfüllen wolle.

7.4 Monopolistische Konkurrenz und Oligopolpreisbildung

Unter den verschiedenen Marktstrukturen in Tabelle 7-2 haben wir bisher die Marktformen der vollkommenen Konkurrenz und des Monopols kennen gelernt. Während im Falle der vollkommenen Konkurrenz der einzelne Anbieter über keinerlei Einfluss auf die Marktbedingungen verfügt, konzentriert sich im Monopol die gesamte Marktmacht bei einem einzigen Unternehmen. Wir haben aber bereits bei der Darstellung der Monopolpreisbildung deutlich gemacht, dass die Ausübung von Monopolmacht nicht notwendigerweise ein reines Monopol voraussetzt. In vielen Märkten haben die einzelnen Anbieter die Möglichkeit, wie Monopolisten über ihre Preise selbst zu entscheiden, obwohl andere Wettbewerber im Markt sind. Gründe dafür sind, dass eine oligopolistische Marktstruktur mit wenigen großen Anbietern vorliegt oder dass es in einem Wettbewerbsmarkt den einzelnen Anbietern gelingt, durch Produktdifferenzierung eine eigene Marke zu schaffen und sich von den Mitanbietern abzusetzen, um so einen Einfluss auf den Preis des eigenen Produkts zu bekommen.

7.4.1 Monopolistische Konkurrenz

Die Theorie des monopolistischen Wettbewerbs[16] beruht auf vier Annahmen:

- Wie in vollständigen Wettbewerbsmärkten gibt es eine große Anzahl von Unternehmen. Jeder Anbieter hat einen vergleichsweise kleinen Marktanteil. Die Output- und Preisentscheidungen des einzelnen Unternehmens beruhen auf der eigenen Nachfrage- und Kostensituation. Entscheidungen anderer Anbieter haben keinen Einfluss auf die eigene Angebotsentscheidung. Weil jede Unternehmung einen kleinen Marktanteil hat, kann kein Unternehmen die Marktbedingungen diktieren und Einfluss auf die Angebotsentscheidungen der Mitbewerber ausüben. Angesichts der großen Zahl der Anbieter sind aber auch eine Zusammenarbeit oder Absprachen auf der Anbieterseite ausgeschlossen.
- Die Anbieter betreiben Produktdifferenzierung. Jedes Unternehmen erstellt ein Produkt, das sich von dem der Mitbewerber abhebt. Es kreiert seine Marke. Das Markenprodukt ist ein unvollkommenes Substitut für ähnliche Produkte anderer Hersteller. Auf Seiten der Konsumenten entstehen Präferenzen für bestimmte Marken, so dass sie für das Markenprodukt auch einen höheren Preis zu zahlen bereit sind. Wenn ein Anbieter den Preis für sein Produkt anhebt, verliert er somit nicht die gesamte Nachfrage an die Mitbewerber, weil die Produkte anderer Wettbewerber keine vollkommenen Substitute sind. Jeder Hersteller sieht sich seiner eigenen Preis-Absatz-Funktion gegenüber. Die Kreuzpreiselastizität zwischen den Produkten der Hersteller ist nicht unendlich, sondern sie ist umso geringer, je unvollkommener die Substitutionsbeziehung zwischen den angebotenen Waren ist. Entsprechend verläuft die Preis-Absatz-Funktion eines Herstellers umso flacher, je vollkommener die Substitutionsbeziehung zwischen seinem Produkt und denjenigen der Mitbewerber ist.
- Es besteht die Möglichkeit des freien Marktzutritts und -austritts. Wie bereits im Fall der vollständigen Konkurrenz gezeigt bedeutet dies, dass langfristig keine wirtschaftlichen Gewinne bestehen können. Wenn nämlich in dem Markt hohe Gewinne erwirtschaftet und überdurchschnittliche Renditen erzielt werden, ist das ein Signal für neue Anbieter, in den Markt einzutreten. Diese Marktzutritte führen dazu, dass die Marktanteile bestehender Anbieter sinken und die Gewinne zurückgehen. Bei Verlusten werden einzelne Unternehmen aus dem Markt ausscheiden, die gesamte Marktnachfrage muss

[16] Das Modell der monopolistischen Konkurrenz stammt von *Chamberlain, E.* (1933)

nun unter weniger Anbietern geteilt werden und die Verluste der verbleibenden Anbieter gehen zurück. Das langfristige Marktgleichgewicht ist dadurch gekennzeichnet, dass es weder Marktzutritte noch -austritte gibt und die bestehenden Anbieter Nullgewinne erwirtschaften.

- Die letzte Annahme betrifft die Symmetrie. Wenn ein neues Unternehmen in den Markt eintritt und erfolgreich ein differenziertes Produkt anbietet, geht der Marktanteil aller bisherigen Anbieter gleichermaßen zurück. Wenn also in einem Markt 100 Anbieter sind, hat jeder einen Marktanteil von 1/100. Tritt ein weiterer Anbieter in den Markt ein, senkt dies den Marktanteil aller Anbieter auf 1/101.

Das Modell der monopolistischen Konkurrenz ist in Abbildung 7-25 dargestellt, wobei zwischen dem kurzfristigen und dem langfristigen Gleichgewicht zu unterscheiden ist. Die Kurve N_k sei die kurzfristige Preis-Absatz-Funktion, der sich der Hersteller eines Markenprodukts gegenüber sieht. Die auf den Hersteller bezogene Nachfragekurve beschreibt die Absatzmöglichkeiten für das Markenprodukt. Wir betrachten also nicht den gesamten Markt für ein Produkt, etwa den Gesamtmarkt für Jeans, sondern den Teilmarkt eines Herstellers, etwa die Marke „Diesel". Die fallende Preis-Absatz-Funktion sagt dem Jeanshersteller, dass er einen preispolitischen Spielraum hat. Bei einer Preissenkung gewinnt er zusätzliche Nachfrage, muss aber das Produkt an alle Kunden billiger abgeben, das heißt, der Grenzerlös einer zusätzlich verkauften Einheit ist niedriger als der Preis. Die Grafik enthält außerdem die Grenzkosten und die Durchschnittskosten des Herstellers.

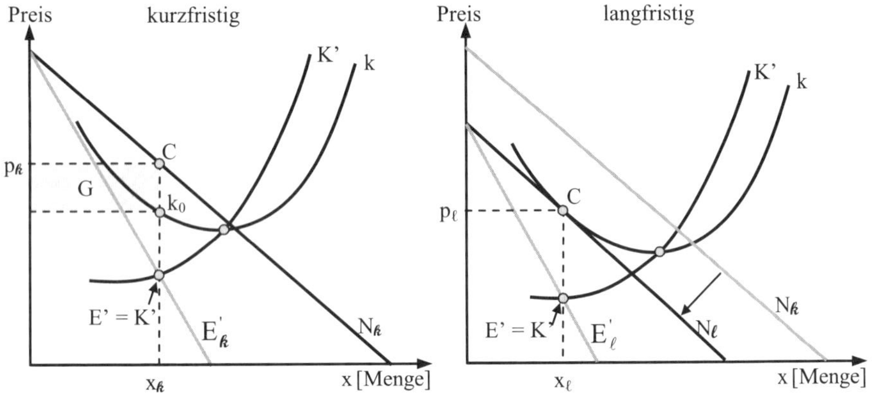

Abbildung 7-25: Kurz- und langfristige Preisbildung bei monopolistischer Konkurrenz

Der Hersteller der Dieseljeans maximiert seinen Gewinn, wenn er die Jeansmenge produziert, bei der Grenzerlös und Grenzkosten zum Ausgleich gebracht sind. Dies ist die Menge x_k. Der maximale Preis, zu dem die Konsumenten die Menge x_k abzunehmen bereit sind, ist x_k. Da aber bei einer Produktionsmenge von x_k die durchschnittlichen Kosten je Jeans nur k_0 betragen, erwirtschaftet das Unternehmen einen Stückgewinn in Höhe von p_k - k_0. Der Gesamtgewinn ergibt sich als Produkt aus Stückgewinn und Menge und entspricht der mit G gekennzeichneten Fläche in der Grafik.

Die bisherige Darstellung der Preisbildung bei monopolistischer Konkurrenz entspricht offensichtlich der Preisbildung im vollkommenen Monopol. Weil aber der Zutritt in einem Markt mit monopolistischer Konkurrenz frei ist, wird das kurzfristige Marktgleichgewicht nicht stabil sein. Die Tatsache, dass die bestehenden Markenjeanshersteller Gewinne erwirtschaften, wird dazu führen, dass neue Anbieter in den Markt eintreten, indem etwa Beklei-

dungshersteller eine eigene Jeansmarke kreieren. Der Markenauftritt neuer Anbieter kann nur erfolgreich sein, wenn es ihnen gelingt, ihren Marktanteil zulasten der bestehenden Anbieter auszubauen. Dies bedeutet, dass sich die Preis-Absatz-Funktion und die Grenzerlösfunktion der bestehenden Hersteller nach links verschieben mit der Folge, dass der Stückgewinn sinkt. Markteintritte kommen zum Stillstand, wenn Überrenditen eliminiert sind und die bestehenden Unternehmen „Nullgewinne“ erwirtschaften. Dies ist im rechten Teil der Abbildung 7-25 dargestellt.

Aufgrund der Markteintritte verschiebt sich die Nachfragekurve nach links, und zwar solange, bis keine Stückgewinne mehr erzielt werden. Die Stückkostenkurve k tangiert die langfristige Preis-Absatz-Funktion N_ℓ des Anbieters. Im langfristigen Gleichgewicht entspricht die Höhe des Preises den Stückkosten. Der gewinnmaximale Preis p_ℓ und die gewinnmaximale Menge x_ℓ sind niedriger als im kurzfristigen Gleichgewicht. Im Falle von Verlusten in einer Branche würde der Anpassungsprozess umgekehrt verlaufen. Marktaustritte werden dazu führen, dass die Nachfrage der im Markt verbleibenden Unternehmen wächst. Die Nachfragekurve verlagert sich solange nach rechts, bis die Verluste eliminiert sind.

Die Tatsache, dass bei monopolistischer Konkurrenz langfristig Gewinne durch den Wettbewerb eliminiert werden, könnte zu der Vermutung führen, dass auch in differenzierten Produktmärkten eine effiziente Ressourcenallokation möglich ist. Wenn wir das langfristige Gleichgewicht eines Anbieters im monopolistischen Wettbewerb mit dem eines Anbieters bei vollkommener Konkurrenz vergleichen, kann man jedoch erkennen, dass dies nicht der Fall ist.

In Abbildung 7-26 ist in der rechten Darstellung das langfristige Gleichgewicht eines Polypolanbieters dargestellt. Der Polypolist maximiert entsprechend der Regel p = K’ seinen Gewinn. Er produziert eine Menge q_W, die durch das Betriebsoptimum (BO) bestimmt ist. Im Betriebsoptimum sind die Stückkosten der Produktion minimal, die Betriebsgröße ist optimal und die Produktionskapazität ist ausgeschöpft. Diese Ressourcenallokation ist effizient, weil die Zahlungsbereitschaft der Konsumenten, die durch den Preis gemessen wird, den Kosten entspricht, die die zuletzt produzierte Einheit verursacht hat.

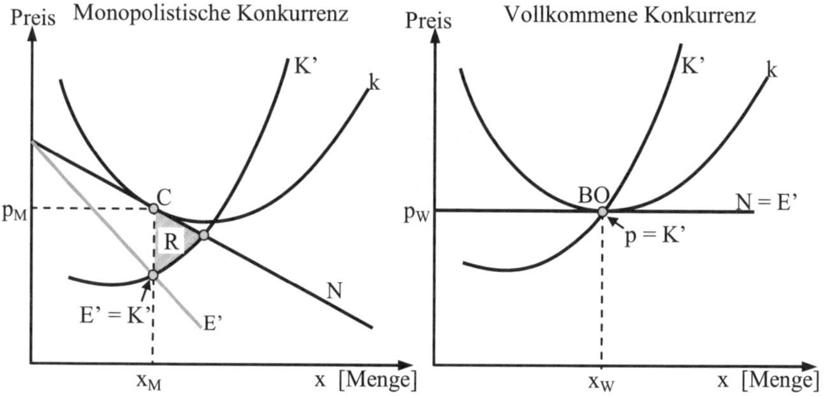

Abbildung 7-26: Vergleich zwischen vollkommener und monopolistischer Konkurrenz

Anders dagegen bei monopolistischer Konkurrenz, bei der der Preis p_M höher ist als die Grenzkosten, die bei der Menge x_M für die zuletzt produzierte Einheit entstanden sind. Solange aber eine Menge produziert und angeboten wird, bei der der Preis über den Grenzkos-

ten liegt, ist die Summe aus Produzenten- und Konsumentenrente nicht ausgeschöpft. Es entsteht ein Nettowohlfahrtverlust in Höhe der Fläche R in der linken Darstellung der Abbildung 7-26. In dieser Hinsicht entspricht das Ergebnis demjenigen des reinen Monopols. Allerdings wird der Nettowohlfahrtverlust bei monopolistischer Konkurrenz wesentlich geringer sein als im Monopol, weil die Markenprodukte der verschiedenen Hersteller mehr oder weniger stark substituierbar sind, wodurch der monopolistische Spielraum und die Marktmacht des einzelnen Anbieters eingeschränkt werden. Dies begrenzt den Wohlfahrtverlust infolge ineffizienter Ressourcenallokation.

Wir erkennen außerdem, dass die Stückkostenkurve die Preis-Absatz-Funktion des monopolistischen Anbieters im Cournot'schen Punkt tangiert. Der Kapazitätsoutput eines Unternehmens ist jedoch bestimmt durch das Minimum der langfristigen Durchschnittskosten (= mindestoptimale Betriebsgröße). Da der Anbieter die Menge x_M im fallenden Abschnitt seiner langfristigen Stückkostenkurve produziert, schöpft er seine vorhandenen Kapazitäten nicht vollständig aus und produziert zu Durchschnittskosten, die höher sind als diejenigen, die er bei optimaler Betriebsgröße realisieren könnte. Mit anderen Worten jeder Anbieter hat bei monopolistischer Konkurrenz nicht ausgenutzte Kapazitäten. Diese Überschusskapazitäten sind ineffizient, weil Skalenerträge in der betreffenden Industrie nicht ausgeschöpft werden. Bei weniger Unternehmen in dem Markt könnte jeder Produzent seine Kapazität besser auslasten und zu niedrigeren Stückkosten produzieren. Der Preis dafür wäre allerdings, dass die Substituierbarkeit der Produkte der bestehenden Hersteller zunehmen müsste, wenn Kunden bereit sein sollen, statt des Produkts eines Herstellers A das Produkt eines Herstellers B zu kaufen. Denn weniger Hersteller bedeuten auch eine geringere Angebotsvielfalt. Wenn es folglich Märkte mit monopolistischer Konkurrenz gibt, bedeutet dies, dass die Konsumenten diese Produktvielfalt schätzen und auch bereit sind, dafür zu bezahlen. Offensichtlich stiftet die Möglichkeit, aus einer großen Vielfalt an Produkten wählen zu können, den Konsumenten einen zusätzlichen Nutzen, weil diese Produktvielfalt den unterschiedlichen Verbraucherpräferenzen besser Rechnung trägt. Differenzierte Produkte erlauben den Konsumenten aufgrund ihrer unterschiedlichen Präferenzen ein höheres Maß an Bedürfnisbefriedigung. Dieser Zuwachs an Bedürfnisbefriedigung ist somit in Relation zu setzen zu dem Nettowohlfahrtverlust bei monopolistischer Preisbildung. Übersteigt der Nutzenzuwachs einer höheren Produktvielfalt den Wohlfahrtverlust einer ineffizienten Kostenstruktur, kann die Behauptung einer ineffizienten Ressourcenallokation bei monopolistischer Konkurrenz nicht aufrechterhalten werden.

Das Modell der monopolistischen Konkurrenz ist vor allem deswegen kritisiert worden, weil seine Annahmen nur in wenigen Bereichen annähernd erfüllt sind. In den meisten Märkten, in denen differenzierte Produkte angeboten werden, liegt keine monopolistische Konkurrenz vor, sondern es handelt sich um oligopolistische Marktstrukturen. Nehmen wir als Beispiel Automobile, Waschpulver, Kaffee, Zigaretten, Babywindeln usw. Hier betreiben die einzelnen Oligopolanbieter Produktdifferenzierung, um als einzelner Anbieter die gesamte Breite des Marktes abzudecken. Teilweise handelt es sich auch um Preisdiskriminierung, wenn das gleiche Produkt unter einem Markennamen A zu einem hohen Preis und unter einem Markennamen B in einer anderen Verpackungen zu einem niedrigeren Preis auf den Markt gebracht wird. In vielen dieser Märkte ist außerdem die Bedingung des freien Zutritts nicht erfüllt, weil ein neuer Anbieter gegen große Hersteller mit etablierten Marken antreten muss und deshalb der Aufbau einer eigenen Marke sehr hohe Kosten verursacht, die bei einem Marktaustritt dauerhaft verloren wären.

Mögliche Beispiele für monopolistisch strukturierte Märkte sind etwa Gaststätten und Restaurants, der Fachhandel (Bekleidung, Schuhe, Sportgeräte) und andere Dienstleister, wie z.

B. Heimservice, Friseursalons, jeweils bezogen auf eine Stadt. Diese Dienstleister konkurrieren miteinander über Produktvielfalt, Qualität, Beratung und Service, Freundlichkeit und Kompetenz des Personals usw. Neben dem Sortiment der angebotenen Waren/dem Menu der angebotenen Speisen spielt für den Kunden das Ambiente des Konsums oder des Einkaufens eine wichtige Rolle. In diesen Branchen sind Markteintritte und -austritte häufig und schnell vollzogen. Die Geschäfte bzw. Anbieter haben in der Regel freie Kapazitäten. Wenn Sie in ein Geschäft kommen oder in ein Restaurant gehen, werden Sie in der Regel unmittelbar ohne lange Wartezeiten bedient. Innerhalb eines bestimmten Spielraums können die Geschäfte ihre Preise selbst gestalten, ohne befürchten zu müssen, dass die Kunden zu anderen Anbietern abwandern. Sie haben einen monopolistischen Preisspielraum.

7.4.2 Oligopolpreisbildung

7.4.2.1 Oligopolmärkte und oligopolistisches Verhalten

Eine weitere Marktform des unvollständigen Wettbewerbs stellt das Oligopol dar. In modernen Volkswirtschaften dürfte es die am häufigsten vorkommende Marktform im industriellen Sektor sein. Große Teile der Konsumgüter-, Investitionsgüter- und Grundstoffindustrie weisen oligopolistische Marktstrukturen auf. Klassische Oligopolmärkte sind beispielsweise Stahlindustrie, Automobilsektor, Mineralölindustrie, Handys, Waschmittel usw.. Auf nationaler Ebene kann es sich hierbei auch um Monopole handeln, die jedoch bei offenen Märkten in einem intensiven Wettbewerb zu ausländischen Anbietern stehen. Oligopolistische Marktstrukturen sind auch gegeben, wenn wenige große Unternehmen in einer Industrie dominieren und daneben eine Vielzahl kleinerer Unternehmen in dem Markt anbietet. Ein Beispiel dafür ist der Einzelhandel, der von großen Supermarktketten beherrscht wird, in dem aber nach wie vor kleinere Einzelhändler oder regionale Anbieter vorhanden sind.

Die Ursachen für die Entstehung von Oligopolen sind vielfach dieselben, die für die Entstehung von Monopolen maßgebend sind. Unter den natürlichen Ursachen sind es vor allem Economies of Scale or Scope, die dazu führen, dass nur wenige Unternehmen zu den geringst möglichen Stückkosten den gesamten Markt versorgen können. Ein weiterer wichtiger Grund für die Existenz nur weniger Unternehmen in einem Markt sind die Fixkosten. Hohe Fixkosten des Markteintritts wirken als Marktzutrittsbarriere. Aber auch die im Hochtechnologiebereich häufig vorkommenden hohen Entwicklungskosten sind hier von Bedeutung. Bei hohen Fixkosten und niedrigen Grenzkosten der Produktion haben Unternehmen, die große Stückzahlen absetzen können, Kostenvorteile gegenüber Unternehmen mit kleinen Stückzahlen. Schließlich können Oligopolmärkte auch das Ergebnis eines strategischen Verhaltens der Unternehmen sein. Mit abnehmender Anbieterzahl steigt der Marktanteil der bestehenden Unternehmen. Eine wichtige Grundlage des Unternehmenswachstums sind Übernahmen von Wettbewerbern oder Fusionen. Dadurch erhöht sich die Marktmacht der bestehenden Anbieter. Mit abnehmendem Wettbewerb steigt die Möglichkeit, über höhere Preise die Gewinne zu steigern. Langfristig wird diese Situation aber nur Bestand haben, wenn es den verbleibenden Anbietern gelingt, hinreichend hohe Marktzutrittsbarrieren zu errichten, um neuen Anbietern den Marktzutritt zu erschweren oder unmöglich zu machen.

Die Marktformen der vollkommenen und monopolistischen Konkurrenz sind dadurch gekennzeichnet, dass jeder Anbieter seine Entscheidungen trifft, unabhängig davon, was seine Mitbewerber tun. Im Monopol ist der Anbieter definitionsgemäß ausschließlich auf die Nachfrage bezogen und wählt im Hinblick darauf seine gewinnmaximale Strategie. Beide Märkte erreichen ein Gleichgewicht, indem die Anbieter ihre Gewinne maximieren. Das Marktgleichgewicht ist dadurch gekennzeichnet, dass jeder Anbieter seine Produktionspläne realisieren konnte. Somit besteht kein Anlass, Preise und Produktionsmengen zu verändern.

Von dieser Marktsituation unterscheidet sich das Oligopol grundsätzlich. Auf einem Markt mit wenigen großen Unternehmen wird kein Anbieter die Entscheidungen eines Mitbewerbers ignorieren können, da jede Entscheidung eines Unternehmens Auswirkungen auf die Konkurrenten hat. Jedes Unternehmen verfügt aufgrund seiner Größe über Marktmacht, aber kein Unternehmen kann die gesamte Marktnachfrage als eine Preis-Absatz-Funktion betrachten. Im Oligopol beruhen die Entscheidungen über Preise, Mengen, Marketing, Investitionen eines Unternehmens auf strategischen Überlegungen in Bezug auf mögliche Antworten der Konkurrenten. Da kein Anbieter freiwillig bereit ist, Marktanteile zu verlieren, muss sich ein Oligopolist vor jeder Aktion überlegen, mit welchen Reaktionen er von Seiten seiner Mitkonkurrenten zu rechnen hat. Anbieter im Oligopol müssen sich strategisch verhalten, da ihre Entscheidungen interdependent sind. Ein Oligopolist ist bei seinen Preisentscheidungen nicht nur abhängig von der Nachfrage und seiner Kostensituation, sondern auch von möglichen Preisstrategien seiner Wettbewerber. Da die Reaktionen der Wettbewerber im Vorhinein nicht bekannt sind, ergeben sich zusätzliche Probleme bei der genauen Bestimmung von Gleichgewichtspreis und Gleichgewichtsmenge.

Jedes Oligopolunternehmen steht vor der grundsätzlichen Entscheidung, ob es sich als Wettbewerber verhalten und mit den anderen Unternehmen konkurrieren oder ob es kooperieren soll. Bei einer Kooperation können die Oligopolanbieter zusammengenommen einen höheren Gewinn erzielen als jeder für sich im Wettbewerb. Dies hatten wir bereits im Falle der Kartellierung kennen gelernt. Im Oligopol hat die Frage der Kooperation eine noch größere Bedeutung, weil sich bei wenigen Unternehmen in einem oligopolistischen Markt die Möglichkeit der Kooperation geradezu anbietet, um den Gewinnrückgang, der sich bei konkurrierendem Verhalten ergibt, zu vermeiden. Wenn sich die Anbieter so verhalten, sprechen wir von einem kooperativen Gleichgewicht. Dabei ist es unerheblich, ob die Kooperation offen oder eher stillschweigend durch ein passives Verhalten erfolgt.

Der Fall des Kartells hat uns aber auch gezeigt, dass jedes einzelne Unternehmen seinen Gewinn weiter steigern kann, wenn es seine eigenen Entscheidungen trifft, während die übrigen kooperieren. Wenn sich aber alle so verhalten, werden sie sich gemeinsam und jeder für sich schlechter stellen als bei Kooperation. Ein Marktergebnis, das dadurch zu Stande kommt, dass jeder Anbieter seine eigenen optimalen Entscheidungen trifft, bezeichnet man als nicht-kooperatives Gleichgewicht. Ob in einem Markt ein kooperatives oder nicht-kooperatives Gleichgewicht zu Stande kommt, hängt sehr stark von den Ausgangsbedingungen ab. Ein Instrument, um strategisches Handeln zu analysieren, stellt uns die Spieltheorie zur Verfügung. Daher sollen zunächst einige Grundbegriffe der Spieltheorie eingeführt werden.

7.4.2.2 Einführung in die Spieltheorie

Gleichgewicht in dominanten Strategien

Die Spieltheorie ist eine Methode, um strategisches Verhalten zu analysieren. Sie untersucht das strategische Verhalten in allen Arten von Spielen, in denen Spieler das jeweils erwartete Verhalten des jeweils anderen Spielers und die wechselseitige Abhängigkeit der Teilnehmer berücksichtigen. Beispiele dafür sind etwa Schach und andere Brettspiele, sowie Kartenspiele wie z. B. Skat. Die Methoden der Spieltheorie[17] können auch auf wirtschaftliche, politische und soziale Sachverhalte übertragen werden, weil es auch hier vielfach um strategisches Verhalten der beteiligten Unternehmen, Parteien oder Verbände geht.

[17] Die Spieltheorie wurde begründet von *John von Neumann* (1903 – 1957) und wesentlich erweitert von *Oskar Morgenstern*(1902 – 1977). *Neumann, J. v., Morgenstern, O.* (1944)

Als Spiel bezeichnet man jede Situation, in der Teilnehmer des Spiels strategische Entscheidungen treffen. Jedes Spiel weist drei Gemeinsamkeiten auf. Es sind dies Regeln, Strategien und die den einzelnen Ereignissen zuzuordnenden Gewinne oder Nutzen (Payoffs), die in einer Auszahlungsmatrix dargestellt werden. Zielsetzung der Spieltheorie ist, für jeden Spieler die optimale Strategie, die seine Auszahlungen maximiert, festzulegen.

Um uns die Grundstruktur eines Spiels klarzumachen, betrachten wir zwei Unternehmen, z. B. VW und Opel, die beide einen vergleichbaren Mittelklassewagen anbieten und die simultan über den Preis ihres Produkts zu entscheiden haben. Jedes Unternehmen hat zwei Handlungsmöglichkeiten oder Strategien: einen hohen oder einen niedrigen Preis zu setzen. Da wir zwei Unternehmen mit jeweils zwei Strategien haben, gibt es vier mögliche Ergebnisse:

- Beide Unternehmen setzen den hohen Preis.
- VW setzt den hohen Preis, Opel den niedrigen Preis.
- VW setzt den niedrigen Preis, Opel den hohen Preis.
- Beide Unternehmen setzen den niedrigen Preis.

Je nach Ergebnis ergibt sich für die Unternehmen ein unterschiedlich hoher Gewinn, den es bei den unterschiedlichen strategischen Entscheidungen der Spieler erwarten kann. Die Gewinne seien in der folgenden Auszahlungsmatrix zusammengefasst:

Tabelle 7-6: Auszahlungsmatrix bei unterschiedlichen Preisstrategien

Akteure		Opel	
		niedriger Preis	hoher Preis
VW	niedriger Preis	40 / 40	90 / 30
	hoher Preis	30 / 90	60 / 60

Zur Vereinfachung wurde in der Auszahlungsmatrix eine Symmetrie unterstellt. Dies ist allerdings nicht essenziell für das Ergebnis des Spiels. In der Tabelle 7-6 sind für jedes Unternehmen die erwarteten Gewinne dargestellt, die es bei seiner Preisstrategie für eine gegebene Preisstrategie des anderen Unternehmens erwarten kann. Wenn also Opel und VW den hohen Preis wählen, erzielen beide Unternehmen einen Gewinn von 60. Wählt VW den hohen Preis und Opel den niedrigen, kann VW noch einen Gewinn von 30 erwirtschaften, während Opel aufgrund steigender Nachfrage einen Gewinn von 90 erzielt. Setzen beide Unternehmen den niedrigen Preis erwirtschaften sie einen Gewinn von jeweils 40.

Die Spieltheorie versucht nun zu klären, welche der vier Alternativen das wahrscheinlichste Ergebnis sein wird, wenn sich beide Spieler rational verhalten und sich simultan entscheiden. Beginnen wir mit der Entscheidungssituation von VW und unterstellen zunächst für Opel einen hohen Preis. Dann erzielt VW einen Gewinn von 60, wenn es selbst den hohen Preis verlangt, aber einen Gewinn von 90, wenn es den niedrigen Preis wählt. Also ist die Niedrigpreisstrategie überlegen. Setzt Opel dagegen den niedrigen Preis, sinkt der Gewinn bei einem hohen Preis von VW auf 30, während es bei dem niedrigen Preis einen Gewinn von 40 macht. Für VW ist somit die Niedrigpreisstrategie in jedem Fall vorzuziehen, egal welche Preisstrategie Opel wählt. Für Opel gelten analoge Überlegungen. Egal welchen Preis VW setzt, erzielt Opel mit dem niedrigen Preis immer einen höheren Gewinn. Handeln beide Unternehmen rational, werden sie die Niedrigpreisstrategie wählen, weil dies ihre dominante Strategie ist.

Unter einer dominanten Strategie versteht man eine Strategie, die unabhängig von den Alternativen des Gegenspielers immer zu einem besseren Ergebnis für einen selbst führt. Wenden beide Spieler ihre dominante Strategie an, ergibt sich ein Gleichgewicht in dominanten Strategien. Dann kann sich kein Spieler durch die Wahl einer anderen Alternative besser stellen.

Das Ergebnis mag überraschen. Beide Unternehmen verhalten sich rational, wählen die Niedrigpreisstrategie und erzielen einen Gewinn von 40. Würden sie beide den hohen Preis setzen, könnten sie ihren Gewinn auf 60 steigern. Dies setzt allerdings voraus, dass sich beide kooperativ verhalten und an einem hohen Preis festhalten. Dabei muss man aber bedenken, dass beide Unternehmen ihren Gewinn auf 90 steigern könnten, wenn sich jeweils ein Unternehmen kooperativ verhält und das andere heimlich zum niedrigen Preis übergeht. Das kooperierende Unternehmen müsste dann feststellen, dass sein Gewinn auf 30 zurückgeht. Beide Unternehmen werden daher den niedrigen Preis wählen, obwohl das Ergebnis aus Sicht beider Beteiligten „schlecht“ ist. Dieser Sachverhalt ist bekannt unter dem Begriff des Gefangenendilemmas.[18]

Nash-Gleichgewicht

In zahlreichen Spielsituationen haben nicht alle Spieler eine dominante Strategie, so dass ein Gleichgewicht in dominanten Strategien nicht zu Stande kommt. Daher ist das Gleichgewichtkonzept zu erweitern. In der folgenden Tabelle wurde das Beispiel beibehalten, aber die Auszahlungsmatrix verändert.

In der Tabelle 7-7 erzielen beide Unternehmen zusammen den niedrigsten Gewinn, wenn sie den niedrigen Preis wählen. Bei jeder anderen Entscheidung ist der Gewinn höher. Würden beide Unternehmen einer Hochpreisstrategie folgen, könnten sie die höchsten Gewinne erzielen. Bei den anderen beiden Strategien kann jeweils das Unternehmen mit dem niedrigen Preis seinen Gewinn steigern, weil es Marktanteile gewinnt, während das andere Unternehmen mit dem hohen Preis Verluste hinnehmen muss. Allerdings lassen die Gewinne erkennen, dass VW mit dem niedrigen Preis über eine dominante Strategie verfügt, denn egal wie sich Opel entscheidet, erzielt das Unternehmen mit einem niedrigen Preis immer einen höheren Gewinn. Entscheidet sich Opel für den hohen Preis, erzielt VW in der dominanten Strategie einen Gewinn von 100. Dieser ist höher als der Gewinn von 90 bei der Hochpreisstrategie. Wählt Opel den niedrigen Preis, erzielt VW einen Gewinn von 30 im Vergleich zu einem Verlust von 20 bei hohen Preisen. VW wird folglich immer die dominante Strategie wählen. Opel hat dagegen keine dominante Strategie, denn bei einem niedrigen Preis von VW wird es selbst den niedrigen Preis setzen. Wählt VW hingegen einen hohen Preis, dann wäre für Opel ebenfalls ein hoher Preis rational, denn das Unternehmen würde dann einen Gewinn von 120 statt von nur 100 bei einem niedrigen Preis erzielen. Somit stellt sich die

[18] Die Polizei nimmt zwei verdächtige Personen wegen eines kleineren Delikts (z. B. unerlaubten Waffenbesitzes) fest. Der Untersuchungsrichter hat Hinweise, dass die beiden noch für ein schweres Vergehen verantwortlich sind, aber er hat keine eindeutigen Beweise. So schildert er den Häftlingen die Alternativen, vor denen sie stehen: zu gestehen oder nicht zu gestehen. Wenn sie beide nicht gestehen, dann wird der Staatsanwalt versuchen, sie wegen des nachgewiesenen Vergehens zu einer Strafe von höchstens zwei Jahren verurteilen zu lassen. Gestehen aber beide, dann wird ihnen das Gericht dies strafmildernd anrechnen, sie können damit rechnen, mit fünf Jahren davonzukommen. Gesteht einer, der andere aber nicht, so geht der Geständige als Kronzeuge straffrei aus, während der andere, der nicht gesteht, die Höchststrafe von zehn Jahren erhält. Keiner der Gefangenen weiß, wie sich der andere entscheidet. Am günstigsten kämen beide weg, wenn sie schweigen. Aber derjenige, der schweigt, geht das Risiko ein, dass der andere vielleicht doch redet. Aus Furcht vor dem Verrat werden beide gestehen und die zu erwartende Strafe von fünf Jahren in Kauf nehmen.

Frage, welche Entscheidung Opel treffen soll, wenn beide Unternehmen gleichzeitig über ihre Preise entscheiden.

Tabelle 7-7: Preisstrategie im Nash-Gleichgewicht

Akteure		Opel	
		niedriger Preis	hoher Preis
VW	niedriger Preis	40 30	-10 100
	hoher Preis	100 -20	120 90

Der Unterschied zum vorhergehenden Spiel besteht darin, dass VW über eine dominante Strategie verfügt, während Opel keine hat. Für Opel bedeutet dies, dass VW in jedem Fall seiner dominanten Strategie folgt, weil diese ihm die höchsten Gewinne verspricht, egal was Opel macht. Aus Sicht von Opel wird VW das Niedrigpreisspiel spielen. Unter dieser Bedingung hat Opel keine andere Wahl, als ebenfalls den niedrigen Preis zu setzen. Ansonsten wird es Verluste machen. Die Entscheidung Opels beruht also auf der Annahme, dass VW rational handelt und seine eigenen Interessen verfolgt. Unter dieser Bedingung handelt Opel rational, wenn es seine eigenen Interessen verfolgt bei gegebener rationaler Entscheidung von VW. Das erreichte Gleichgewicht bezeichnet man als **Nash-Gleichgewicht**.[19]

Im Nash-Gleichgewicht wählte jeder Spieler eine Aktion, die optimal zur gegebenen Aktion des Gegenspielers ist. Das Gleichgewicht stellt eine Situation dar, in der kein Spieler seinen Gewinn durch abweichendes Verhalten steigern kann, solange der andere Spieler bei seinem Verhalten bleibt.

Wiederholte Spiele

Die bisherigen Beispiele zur Beschreibung oligopolistischen Verhaltens haben den Nachteil, dass die Oligopolunternehmen nur eine Entscheidung simultan treffen. Bei einer einmaligen Entscheidung kann ein Spieler nicht reagieren, wenn sein Gegenspieler Abmachungen verletzt. Sind dagegen die Preisentscheidungen wiederholt zu treffen, kann ein Oligopolist den anderen bei der nächsten Entscheidung bestrafen, wenn er sich nicht an die Preisabsprache gehalten hat. Wenn etwa beide Unternehmen einen hohen Preis verabredet haben, kann sich jedes Unternehmen durch das Setzen des niedrigen Preises einen Vorteil verschaffen. Allerdings muss der Preisbrecher damit rechnen, dass sich sein Wettbewerber bei nächster Gelegenheit ebenfalls nicht kooperativ verhält und versucht, ihm Verluste zu zufügen. Wenn Unternehmen Entscheidungen immer wieder neu zu treffen haben, sprechen wir von wiederholten Spielen. Dazu betrachten wir das folgende Beispiel:

Tabelle 7-8: Auszahlungsmatrix bei unterschiedlichen Preisstrategien in wiederholten Spielen

Akteure		Unternehmen A	
		niedriger Preis	hoher Preis
Unternehmen B	niedriger Preis	20 20	-20 120
	hoher Preis	120 -20	60 60

[19] Der Begriff des Nash-Gleichgewichts geht auf den Mathematiker *John F. Nash* zurück. Er erhielt zusammen mit *Reinhard Selten* und *John Harsanyi* 1994 den Nobelpreis für Wirtschaftswissenschaften.

Bei den Angaben handle es sich um die Quartalsgewinne für die beiden Unternehmen A und B. Im Falle einer einmaligen Entscheidung werden in dem Beispiel beide Unternehmen den niedrigen Preis wählen, weil dies für beide die dominante Strategie ist. Die Unternehmen bzw. ihr Management befinden sich im Gefangenendilemma, denn wenn sie sich absprechen würden, könnten ihre Gewinne dreimal höher sein. Dennoch haben sie Angst vor einer Absprache. Denn wenn ihr Konkurrent davon abweicht, könnte er den gesamten Gewinn für sich beanspruchen, während das vertragstreue Unternehmen einen Verlust erzielt. Wie werden sich die Unternehmen aber verhalten, wenn die Entscheidung über den Preis regelmäßig, sagen wir viermal im Jahr neu zu treffen ist? In diesem Fall muss der Preisbrecher fürchten, dass in der folgenden Periode sein Gewinn sinkt, weil sein Konkurrent bei der nächsten Entscheidung sein nicht-kooperatives Verhalten bestraft und den niedrigen Preis wählt. Daraus den Schluss zu ziehen, dass beide kooperieren, ist voreilig, denn wiederholte Spiele werden in der Spieltheorie durch Rückwärtsinduktion gelöst.

Nehmen wir an, die Unternehmen wollen ihren Jahresgewinn maximieren. Dazu müssten sie zu Beginn eines jeden Quartals ihre Preise neu festsetzen. Beide Unternehmen könnten bei viermaliger Kooperation einen Gewinn von jeweils 240 erzielen. Aber werden Sie sich so verhalten? Dazu überlegen wir uns, wie die Entscheidungssituation nach dem Ende des dritten Quartals aussieht. Da die Unternehmen dreimal kooperiert haben, hat jedes einen Gewinn von 180. Im letzten Quartal könnte jedoch jedes Unternehmen seinen Gewinn um 120 auf 300 steigern, wenn es nicht kooperiert. Da annahmegemäß nur vier Runden gespielt werden, besteht in der letzten Runde keine Möglichkeit, betrügerisches Verhalten zu sanktionieren. Also befinden sich beide Unternehmen bei ihrer letzten Entscheidung im Gefangenendilemma und wählen jeweils ihre dominante Strategie, den niedrigen Preis. Nun wissen beide, dass im vierten Quartal keine Kooperation zu Stande kommt. Wie werden Sie sich zu Beginn des dritten Quartals verhalten? Bis dahin hat jedes Unternehmen bei kooperativem Verhalten einen Gewinn von 120 und muss nun entscheiden, soll es kooperieren oder nicht. Wenn es nicht kooperiert und den niedrigen Preis setzt, kann es seinen Gewinn verdoppeln. Wenn aber im vierten Quartal keine Kooperation zu Stande kommt, besteht keine Sanktionsmöglichkeit und jedes Unternehmen sieht sich wieder in dem Dilemma, zu kooperieren und einen Verlust zu machen oder nicht zu kooperieren und den niedrigen Gewinn zu erzielen. Wenn es rational handelt, wird es nicht kooperieren. Diese Überlegungen lassen sich für das zweite und erste Quartal weiterführen. Wenn wir diese Überlegungen verallgemeinern, können wir festhalten: In einem wiederholten Spiel mit endlich vielen Spielrunden ergibt sich als Nash-Gleichgewicht das Nash-Gleichgewicht des Ein-Perioden-Spiels.

Anders ist die Situation bei unendlich oft wiederholten Spielen, weil hier der gegnerische Spieler immer die Möglichkeit hat, auf die Entscheidung seines Konkurrenten zu reagieren. Ein Ausweg aus dem Dilemma ist hier die so genannte "Tit-for-Tat"-Strategie (= Wie Du mir, so ich Dir oder Auge um Auge, Zahn um Zahn). Nach dieser Strategie verhält sich das Unternehmen A solange kooperativ, solange sich das Unternehmen B kooperativ verhält und den hohen Preis verlangt. Senkt Unternehmen B den Preis, zieht Unternehmen A sofort nach und verlangt ebenfalls den niedrigen Preis. Bleibt B beim niedrigen Preis, gibt es keine kooperative Lösung. Dann handeln beide Unternehmen rational, indem sie ihrer dominanten Strategie folgen.

Da die Entscheidung unendlich oft wiederholt wird, wird das Unternehmen B erkennen, dass es bei jeder nicht-kooperativen Entscheidung einen Gewinn von 20 erhält, während es bei kooperativem Verhalten einen Gewinn von 60 erzielen würde. Der entgangene Gewinn beträgt also je Spielrunde 40. Je länger das Unternehmen B wartet, zu einem kooperativen Verhalten zurückzukehren, umso mehr kumulieren sich die entgangenen Gewinne. Schließ-

lich werden die über mehrere Perioden entgangenen Gewinne den einmaligen Gewinn aus dem Betrug übertreffen, so dass das Unternehmen für sein nicht-kooperatives Verhalten bestraft wird.

Wir können uns den Sachverhalt an Hand des Zahlenbeispiels aus Tabelle 7-8 klarmachen. In der folgenden Tabelle 7-9 ist einmal die kumulierte Entwicklung des Gewinns des Unternehmens B dargestellt, wenn es sich nicht kooperativ verhält bzw. wenn es kooperiert. In Periode 1 hätten die beiden Unternehmen den hohen Preis vereinbart. Unternehmen B verhält sich nicht kooperativ und verschafft sich einen Vorteil, indem es die Absprache in der ersten Periode nicht einhält und den niedrigen Preis setzt. In den folgenden Perioden kommt kein kooperatives Verhalten mehr zu Stande. Damit kann sich das Unternehmen B zwar einen Gewinnsvorsprung gegenüber dem Unternehmen A verschaffen. Allerdings wird dann das Unternehmen A solange die Niedrigpreisstrategie verfolgen, solange Unternehmen B nicht kooperiert. Vergleicht man die kumulierte Gewinnentwicklung der nicht-kooperativen Strategie mit derjenigen kooperativen Verhaltens, übersteigt in der 3. Periode der kumulierte Gewinn denjenigen, den es bei nicht-kooperativen Verhalten erzielt. Bewertet das Unternehmen B die zukünftigen Gewinne aus einer langfristigen Kooperation, ist es nicht rational, wegen eines kurzfristigen Gewinns den Preis zu unterbieten.

Tabelle 7-9: Kumulierte Gewinnentwicklung einer kooperativen und nicht-kooperativen Strategie

Periode	1	2	3	4
Unternehmen B	nicht-kooperatives Verhalten			
Preisstrategie	nied. Preis	nied. Preis	nied. Preis	nied. Preis
Quartalsgewinn	120	20	20	20
Kumulierte Gewinne	120	140	160	180
Unternehmen B	kooperatives Verhalten			
Preisstrategie	hoher Preis	hoher Preis	hoher Preis	hoher Preis
Quartalsgewinn	60	60	60	60
Kumulierte Gewinne	60	120	180	240

Solange ein Unternehmen bzw. sein Management davon ausgehen, dass Preisentscheidungen beliebig oft wiederholt werden und dass die Konkurrenten eine "Tit for Tat"-Strategie spielen, kann kooperatives Verhalten zu einer rationalen Strategie und zu einer Lösung des Gefangenendilemmas werden. Dabei ist es nicht erforderlich, dass über die Kooperation eine explizite Vereinbarung getroffen wird. Dies ist ohnehin in der Regel in den Kartellgesetzen der Länder verboten. Es genügt, wenn sich die Unternehmen stillschweigend entsprechend verhalten. Die Folge sind dann eine häufig in Oligopolmärkten zu beobachtende Preisstarrheit bzw. gleichgerichtete Preisanpassungen.

Sequenzielle Spiele

In den bisherigen Spielen hatten wir unterstellt, dass die Spieler simultan entscheiden. Jetzt untersuchen wir den Fall, dass zwei Unternehmen ihre Entscheidungen nacheinander treffen. Für solche Entscheidungssituationen gibt es zahlreiche Beispiele. So müssen Unternehmen, bevor sie über Preise und Mengen entscheiden, die Kapazitäten ihrer Produktionsanlagen festlegen. Bei gegebenem Marktvolumen hat diese Entscheidung bei wenigen Anbietern weit reichende Konsequenzen für die Kapazitätswahl der Mitbewerber. Markteintritte neuer Unternehmen können durch strategisches Verhalten der bestehenden Anbieter erschwert gemacht werden, indem sie ihre Kapazitäten ausbauen, bei einem Markteintritt mit einem Preiskrieg drohen oder durch Werbekampagnen ein Markenimage aufbauen.

Wir betrachten dazu folgendes Beispiel: Zwei Unternehmen beabsichtigen mit einem neuen Produkt in einen Markt einzutreten und müssen dazu ihre Kapazitäten festlegen, wobei sie die Wahl zwischen keinem Markteintritt und einem Markteintritt mit einer niedrigen und einer hohen Kapazität haben. Über die Auszahlungsmatrix informiert die Tabelle 7-10.

Nehmen wir an, das Unternehmen A sei mit seinen Planungen und Vorbereitungen für seine Investitionsentscheidung weiter fortgeschritten und treffe zuerst die Entscheidung. Damit ergibt sich ein sequenzielles Spiel, denn das Unternehmen B muss bei seiner Entscheidung berücksichtigen, welche Entscheidung das Unternehmen A getroffen hat.

Tabelle 7-10: Auszahlungsmatrix einer Kapazitätsentscheidung bei sequenziellen Entscheidungen

Akteure			Unternehmen A entscheidet zuerst		
			kein Markteintritt	niedrige Kapazität	hohe Kapazität
			A1	A2	A3
Unternehmen B reagiert	kein Markteintritt	B1	0 / 0	150 / 0	200 / 0
	niedrige Kapazität	B2	0 / 150	100 / 100	120 / 80
	hohe Kapazität	B3	0 / 200	80 / 120	70 / 70

Sequenzielle Spiele lassen sich mit Hilfe eines Entscheidungsbaums analysieren. Er zeigt die verschiedenen Strategien, denen ein Spieler folgen kann, und legt die Reihenfolge der Entscheidungen offen, indem zuerst die Entscheidungsalternativen des ersten Spielers, daran anschließend die Alternativen des zweiten und der weiteren Spieler dargestellt werden. Jedem Zweig des Entscheidungsbaums wird das entsprechende Ergebnis zugeordnet. Der Entscheidungsbaum für die Auszahlungsmatrix in Tabelle 7-10 ist in Abbildung 7-27 dargestellt.

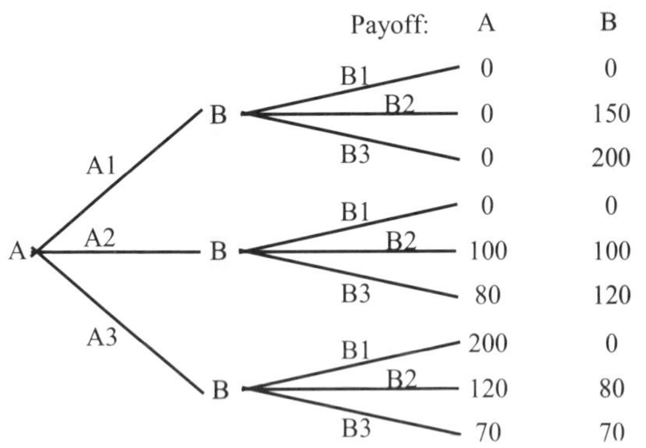

Abbildung 7-27: Entscheidungsbaum eines sequenziellen Spiels

Um das Spiel zu untersuchen, können wir wieder die Methode der Rückwärtsinduktion anwenden. Wir überlegen zunächst, welches jeweils die beste Antwort des Unternehmens B zu jeder Alternative des Unternehmens A ist:

- Wenn A keinen Markteintritt wählt, wählt B die große Kapazität (Gewinn 200).

- Wenn A die kleine Kapazität wählt, ist für B die große Kapazität die beste Alternative (Gewinn 120).
- Wenn A die große Kapazität wählt, ist die kleine Kapazität für B die beste Alternative (Gewinn 80).

Welche Strategie sollte Unternehmen A wählen? Nachdem das Unternehmen A weiß, welche die jeweils beste Antwort des Unternehmens B für jede der drei Alternativen von A ist, sollte Unternehmen A diejenige Alternative wählen, die ihm bei gegebener bester Antwort von B den höchsten Gewinn erbringt.

- Erwägt A keinen Markteintritt, erzielt es keinen Gewinn.
- Wählt Unternehmen A die niedrige Kapazität, erzielt es bei optimaler Entscheidung von B einen Gewinn von 80.
- Wählt Unternehmen A schließlich die große Kapazität, erzielt es einen Gewinn von 120. Dies ist die beste Alternative für A zu gegebener bester Antwort von B.

Das Ergebnis des Spiels ist also, dass das Unternehmen A als erstes mit einer großen Kapazität in den Markt eintritt. Die beste Antwort des Unternehmens B besteht darin, die kleine Kapazität zu wählen. A erzielt einen Gewinn von 120, B einen von 80. Beachten Sie, dass das Ergebnis des sequenziellen Spiels vom Ergebnis der simultanen Entscheidung abweicht, denn bei simultaner Entscheidung wählt jedes Unternehmen die hohe Kapazität. Wenn beide Unternehmen die hohe Kapazität wählen, ist das Angebot zu groß und der Marktpreis fällt, so dass die Gewinne beider Unternehmen sinken. Würden sie dagegen kooperieren und die niedrige Kapazität wählen, könnten beide höhere Gewinne erzielen. Bei simultaner Entscheidung befinden sich die Unternehmen im Gefangenendilemma, da sie die Entscheidung des jeweils anderen nicht kennen.

In sequenziellen Spielen hat das Unternehmen A einen first-mover-Vorteil. Unternehmen B muss die Entscheidung des Unternehmens A in seiner Entscheidung berücksichtigen, indem es seine Kapazitätsentscheidung an der noch nicht befriedigten Marktnachfrage orientiert. Je größer die gewählte Kapazität des Unternehmens A ist, umso kleiner ist diejenige von B. Im Extremfall könnte dies auch bedeuten, dass Unternehmen A mit der hohen Kapazität die gesamte Nachfrage befriedigen kann, und ein Markteintritt für B zu Verlusten führt.

In der Praxis ergeben sich first-mover-Vorteile nicht nur bei Kapazitätsentscheidungen, sondern auch in zahlreichen anderen Fällen, etwa bei der Entwicklung neuer Produkte, bei der Einführung neuer Fertigungstechnologien, bei der Ausnutzung von Lernkurveneffekten in der Produktion, in der Werbung durch einen höheren Bekanntheitsgrad oder eine höhere Kundenbindung und so weiter.

Aufgrund der unterschiedlichen Struktur strategischer Spiele können wir mögliche Varianten oligopolistischer Interaktion unterscheiden. Oligopolisten können ihre Entscheidungen simultan oder sequentiell treffen. Als Aktionsparameter kommen Preise oder Mengen in Betracht. Neben einem Oligopol mit homogenen Gütern (z. B. Kraftstoffe wie Benzin oder Diesel) spielen in der Realität heterogene Oligopole mit differenzierten Produkten eine große Rolle. Dann sind in Oligopolmärkten weitere Aktionsparameter wie z. B. Werbung und Produktinnovation von Bedeutung. Deshalb gibt es eine Vielzahl von Modellen zur Analyse oligopolistischer Märkte.

Die Interaktion von Unternehmen in oligopolistischen Marktstrukturen wird in der Industrieökonomik ausführlich untersucht. Im Rahmen dieses Lehrbuches können nur wenige Grundmodelle oligopolistischer Interaktion dargestellt worden.

Übung 7-7: Bestimmung des Nash-Gleichgewichts bei sequentiellen Entscheidungen

Ein Unternehmen hat ein Produkt alleine angeboten und konnte aufgrund seiner Monopolstellung einen hohen Preis durchsetzen. Nun plant ein neuer Anbieter in den Markt einzutreten, wobei er vor der Entscheidung steht, ob er den Markteintritt mit einer hohen oder niedrigen Produktionskapazität versuchen soll. Der Monopolist seinerseits wird sich überlegen, wie er auf den Markteintritt reagieren soll. Er kann sich passiv verhalten und darauf vertrauen, dass auch das neue Unternehmen einen hohen Preis setzt, oder er kann auf den Markteintritt reagieren, indem er mit einem Preiskampf droht. Die Auszahlungen der Strategien der beiden Unternehmen sind in der folgenden Auszahlungsmatrix dargestellt.

Tabelle 7-11: Auszahlungsmatrix bei Eintritt in einen Monopolmarkt

Akteure		Markteintritt von Unternehmen X mit einer	
		niedrigen Kapazität	hohen Kapazität
Reaktion des Monopolisten M	bisheriger Preis	180 / 20	80 / 60
	Preiskrieg	140 / -10	100 / 10

Wie wird der Monopolist reagieren, wenn das Unternehmen den Markteintritt bekannt gibt? Stellen Sie den Entscheidungsbaum auf und bestimmen Sie das Nash-Gleichgewicht.

Lösung:

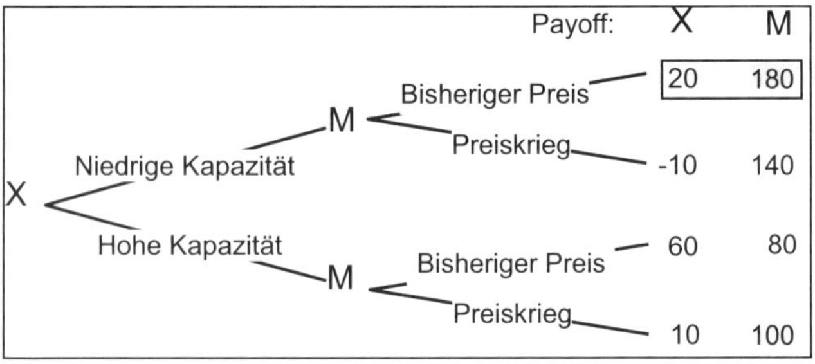

Abbildung 7-28: Markteintrittsstrategie

Die beste Alternative des Monopolisten ist,

- den bisherigen Preis beizubehalten, wenn X mit einer niedrigen Kapazität in den Markt kommt.
- einen Preiskrieg zu eröffnen, wenn X eine hohe Kapazität aufbauen will.

Die beste Antwort von Unternehmen X ist,

- eine niedrige Kapazität zu planen, wenn der Monopolist beim bisherigen Preis bleibt. Der Gewinn ist dann 20.
- bei Androhung eines Preiskriegs mit einer hohen Kapazität in den Markt einzutreten. Dann erzielt es einen Gewinn von 10.

Das Nash-Gleichgewicht dieses Spiels besteht darin, dass X eine niedrige Kapazität wählt und der Monopolist seinen bisherigen Preis beibehält. Der Monopolist kann in diesem Fall mit einem Preiskrieg den Markteintritt nicht verhindern.

7.4.3 Strategisches Verhalten im Oligopol

7.4.3.1 Statischer Mengenwettbewerb – das Cournot Modell

Für die Ableitung des oligopolistischen Verhaltens im *Cournot* Modell[20] gehen wir von folgenden Annahmen aus:

- Wir beschränken unsere Untersuchung der Preisbildung im Oligopol auf den speziellen Fall des Duopols mit nur zwei Unternehmen, die ein homogenes Produkt anbieten.
- Beide Unternehmen haben die gleichen Kostenfunktionen. Zur Vereinfachung unterstellen wir konstante Grenzkosten der Produktion: $K'_A = K'_B = c$
- Wir gehen von einer fallenden Nachfragekurve aus. Bei einem homogenen Gut ist folglich der Preis, der sich am Markt bildet, abhängig von der gesamten Angebotsmenge der beiden Unternehmen: $p = a - b(x_A + x_B)$.
- Da der Marktpreis nicht nur von der eigenen Angebotsmenge abhängt, sondern auch von der Angebotsmenge des anderen Unternehmens, muss jedes Unternehmen überlegen, welche Menge das andere Unternehmen anbieten wird. Unter der Annahme einer erwarteten Angebotsmenge des jeweils anderen Unternehmens entscheidet jedes Unternehmen über die eigene gewinnmaximale Produktionsmenge. Dabei nimmt jedes Unternehmen die Menge des anderen als gegeben hin.
- Ziel der Unternehmen ist Gewinnmaximierung. Beide Unternehmen treffen ihre Entscheidungen gleichzeitig. Jedes Unternehmen muss entscheiden, welche Menge es produzieren und anbieten will.

Für die grafische Ableitung des Cournot Modells wählen wir ein kleines Zahlenbeispiel. Wir betrachten zwei Unternehmen A und B, die ein homogenes Gut anbieten. Die gesamte Marktnachfrage sei bekannt und laute

$$p = 15 - \frac{1}{12}(x_A + x_B)$$

Für den Grenzerlös folgt dann:

$$E'_A = 15 - \frac{1}{6}x_A - \frac{1}{12}x_B$$

Aufgrund der standardisierten Produktionstechnologie produzieren beide Unternehmen mit denselben Kosten: $K = 20 + 4x$. Ihre Grenzkosten lauten $K'_A = K'_B = 4$

Die Bedingung für das Gewinnmaximum erfordert $E'_A = K'_A$:

$$15 - \frac{1}{6}x_A - \frac{1}{12}x_B = 4$$

Daraus ergibt sich die Angebotsmenge des Unternehmens A in Abhängigkeit von der Menge des Unternehmens B:

$$q_A = 66 - \frac{1}{2}x_B$$

Es ist unmittelbar klar, dass das Unternehmen A die Monopolmenge anbietet, wenn das Unternehmen B nichts produziert.

[20] Französischer Mathematiker und Ökonom (1801 bis 1876). *Cournot, A.* (1883), S. 88 ff.

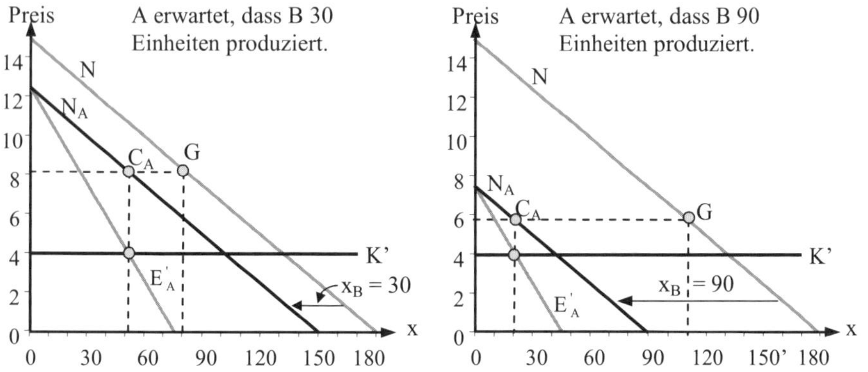

Abbildung 7-29: Gewinnmaximierung und Angebotsentscheidung im Duopol

Die Reaktion des Unternehmens A auf alternative Angebotsmengen des Unternehmens B ist in Abbildung 7-29 dargestellt. In der linken Grafik erwartet das Unternehmen A z. B. eine Produktion des Unternehmens B in Höhe von $x_B = 30$. Es nimmt diese Entscheidung als gegeben hin und betrachtet die verbleibende Nachfrage N_A als seine Preis-Absatz-Funktion. Diese ist Grundlage für seine Produktionsentscheidung. Wenn Unternehmen B 30 Einheiten produziert, maximiert A seinen Gewinn, wenn es 51 Einheiten anbietet. Beide Unternehmen können ihre Angebotsmengen dann zum Preis von 8,25 € absetzen. Wenn das Unternehmen A dagegen erwartet, dass das Unternehmen 90 Einheiten produziert, verschiebt sich die für A verbleibende Nachfragefunktion N_A um 90 Mengeneinheiten nach links (rechte Darstellung in Abbildung 7-29). Die für A beste Antwort auf einen Output von 90 von Seiten des Unternehmens B ist eine Angebotsmenge von 21. Der Marktpreis fiele auf 5,75 €.

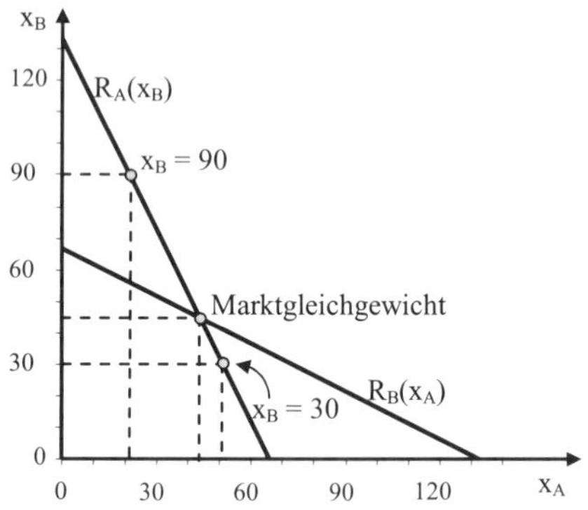

Abbildung 7-30: Reaktionskurven und Marktgleichgewicht im Duopol

Wenn wir für jeden möglichen Output von B die gewinnmaximale Menge von A bestimmen, erhalten wir die Reaktionskurve von A. Sie gibt uns die beste Antwort auf ein erwartetes Outputniveau des konkurrierenden Unternehmens. Die Reaktionskurven der Unternehmen A und B sind in Abbildung 7-30 dargestellt. $R_A(x_B)$ ist die Reaktionskurve von A für erwartete Absatzmengen von B. $R_B(x_A)$ ist die Reaktionskurve von B in Abhängigkeit von A. Wenn zum Beispiel A eine Menge von $x_B = 30$ erwartet, ist seine beste Antwort darauf, die Menge $x_A = 51$ zu produzieren. Diese Mengenaufteilung zwischen beiden Unternehmen repräsentiert jedoch kein Marktgleichgewicht. Denn wenn Unternehmen B ein $x_A = 51$ er-

warten würde, wäre seine beste Antwort gemäß seiner Reaktionsfunktion eine Produktionsmenge von 40,5. Wenn aber das Unternehmen B die Menge 40,5 produzieren würde, wäre die beste Reaktion von A, eine Menge von 45,75 zu produzieren. Würde B nun seinerseits 45,75 erwarten, wäre seine gewinnmaximale Produktionsmenge 43,13. Wir könnten die Anpassung der Produktionsmengen anhand der Reaktionskurven weiter verfolgen und würden sehen, dass sich die Produktionsmengen der beiden Unternehmen annähern.

Das Marktgleichgewicht liegt im Schnittpunkt der beiden Reaktionskurven. Im Marktgleichgewicht produzieren beide Unternehmen die Menge von je 44 Einheiten, der Gleichgewichtspreis beträgt 7,67 €, und jedes Unternehmen erzielt einen Gewinn von 141,33 €. Das Marktgleichgewicht ist zugleich ein Nash-Gleichgewicht. Die Erwartungen der Unternehmen an das jeweils andere sind konsistent, weil die wechselseitig erwarteten Produktionsmengen dazu führen, dass kein Unternehmen von seinem Produktionsplan abweicht. Kein Unternehmen kann seinen Gewinn durch eine Steigerung der Produktionsmenge verbessern, solange das andere Unternehmen bei seiner Strategie bleibt.[21]

Dass es sich bei dem Gleichgewicht um ein stabiles Nash-Gleichgewicht handelt, können wir uns auch klar machen, wenn wir die Monopollösung mit dem Oligopolgleichgewicht vergleichen. Nehmen wir an, die beiden Oligopolisten würden kooperieren und als Kartell die Produktionsmenge planen. Ein Monopolist würde seinen Gewinn maximieren, wenn er 66 Einheiten produziert. Dann ergibt sich ein Preis von 9,50 €, und der Monopolgewinn wäre 323 €. Wenn sich die beiden Oligopolisten den Markt gleichmäßig teilen, würde jeder 33 Einheiten produzieren und einen Gewinn von 161,50 € erzielen. Im Oligopolgleichgewicht produziert jedes Unternehmen 44 Einheiten bei einem Gewinn von 141,33 €.

Tabelle 7-12: Nash-Gleichgewicht im statischen Cournot Modell

Akteure		Unternehmen A produziert	
		die halbe Monopolmenge (33 E.)	die Oligopolmenge (44 E.)
Unternehmen B produziert	die halbe Monopolmenge (33 E.)	161,50 / 161,50	181,67 / 131,25
	die Oligopolmenge (44 E.)	131,25 / 181,67	141,33 / 141,33

Eine Kartellierung brächte also beiden Unternehmen Vorteile. Dass trotzdem keine Kooperation zu Stande kommt, zeigt uns Tabelle 7-12. Danach ist das Abweichen von der Kartellvereinbarung die dominante Strategie. Für den Fall, dass die beiden Unternehmen eine Kooperation vereinbaren, kann jeder Anbieter seinen Gewinn steigern, wenn er betrügt und heimlich seine Produktion ausdehnt, solange das andere Unternehmen sich an die Vereinbarung hält. Wenn z. B. das Unternehmen A seine Produktion heimlich auf 44 Einheiten ausdehnt und das Unternehmen B bei seiner Entscheidung bleibt, steigt der Gewinn von A auf 187,67 €. Würde ein Unternehmen über 44 Einheiten hinaus produzieren, würde sein Gewinn sinken, solange das jeweils andere bei der Menge von 33 bleibt. Damit ist das zustande gekommene Gleichgewicht im Cournot-Modell zugleich ein stabiles Nash-Gleichgewicht, weshalb man es auch **Cournot-Nash-Gleichgewicht** nennt.

[21] Der hier beschriebene Anpassungsprozess ist ein möglicher Weg, wie es im Cournot Modell zum Marktgleichgewicht kommen kann. Tatsächlich ist das Cournot Modell statisch und hat als Ergebnis nur die Existenz eines Cournot Gleichgewichts. Wie ein Cournot Gleichgewicht erreicht wird, wird durch das Modell nicht beschrieben.

Abschließend sei das Problem der Gewinnmaximierung im Duopol allgemein betrachtet und mit den anderen Marktformen verglichen. Wir gehen von einer linearen Nachfragekurve aus: $p = a - b(x_1 + x_2)$.

Zur Vereinfachung unterstellen wir für beide Duopolisten konstante Grenzkosten der Produktion: $K_1' = K_2' = c$. Der Gewinn des Unternehmens 1 ergibt sich als Differenz aus Erlös und Kosten.

$$G_1 = p \cdot x_1 - K_1 = [a - b(x_1 + x_2)] \cdot x_1 - K_1(x_1) = \text{Max!}$$

Somit lautet die Bedingung für das Gewinnmaximum G' = 0:

$$\frac{\partial G_1}{\partial x_1} = a - 2bx_1 - b\,x_2 - c = 0$$

Daraus ergibt sich die Angebotsmenge des Unternehmens 1 in Abhängigkeit von der Menge des Unternehmens 2:

$$x_1 = \frac{a - c}{2} - \frac{1}{2} x_2$$

Dies ist die Reaktionsgleichung des Unternehmens 1. Sie besagt, welche Produktionsmenge das Unternehmen 1 anbietet, wenn es erwartet, dass das Unternehmen 2 eine bestimmte Menge x_2 produzieren wird. Analog können wir auch die Reaktionsgleichung des Unternehmens 2 ableiten.

$$x_2 = \frac{a - c}{2} - \frac{1}{2} x_1$$

Daraus ergibt sich die Angebotsmenge der Duopolisten im Marktgleichgewicht:

$$x_1 = x_2 = \frac{a - c}{3b}$$

Setzt man diese Gleichgewichtsmengen in die Preis-Absatz-Funktion ein, erhält man den Preis im Marktgleichgewicht:

$$p = a - b(2 \cdot \frac{a - c}{3b}) = \frac{1}{3}(a + 2c)$$

Im Cournot Gleichgewicht erwirtschaften die beiden Duopolisten höhere Gewinne als unter der Bedingung des vollkommenen Wettbewerbs, aber niedrigere als im Monopolfall. Für den Fall einer linearen Nachfragefunktion und konstanten Grenzkosten in Höhe von c ergeben sich für die drei Marktformen folgende Preise und Mengen im Marktgleichgewicht:

Tabelle 7-13: Vergleich von Gleichgewichtspreis und -menge bei unterschiedlichen Marktformen

Marktform / Parameter	Monopol	Cournot Duopol	Oligopol mit 10 Anbietern	vollkommene Konkurrenz
Angebotsmenge	$\frac{1}{2}\frac{a - c}{b}$	$\frac{2}{3}\frac{a - c}{b}$	$\frac{10}{11}\frac{a - c}{b}$	$\frac{a - c}{b}$
Gleichgewichtspreis	$\frac{1}{2}(a + c)$	$\frac{1}{3}(a + 2c)$	$\frac{1}{11}(a + 10 \cdot c)$	c

Bei vollkommener Konkurrenz wird die Menge (a-c)/b zum Preis von c angeboten. Im Monopol wird die halbe Wettbewerbsmenge und im Duopol zusammengenommen 2/3 der

Menge des Wettbewerbsmarktes angeboten. Entsprechend ist der Monopolpreis am höchsten. Der Oligopolpreis ist wegen des höheren Angebots niedriger. Unter der Bedingung konstanter Grenzkosten wird im Duopol die Outputmenge des Wettbewerbsmarktes nicht angeboten, weil bei einem Preis in Höhe der Grenzkosten die Deckungsbeiträge null wären und beide Anbieter einen Verlust in Höhe ihrer Fixkosten machen würden.

Wenn wir darüber hinaus Gleichgewichtspreis und -menge für mehr als zwei Anbieter (z. B. 10) berechnen, dann können wir feststellen, dass

- der Gleichgewichtspreis mit zunehmender Zahl der Anbieter sinkt und die Gleichgewichtsmenge steigt.
- mit steigender Zahl der Anbieter das Ergebnis sich demjenigen der vollständigen Konkurrenz annähert.
- dass die Gewinne in einem Markt mit zunehmender Zahl der Wettbewerber immer kleiner werden.

Übung 7-8: Preisbildung im Duopol

Zwei Unternehmen, Samsung und Infineon, produzieren eine bestimmte Sorte von Speicherbausteinen. Die Kostenfunktionen der beiden Anbieter seien gleich und lauteten $K = 4.000 + 20x$. Die Marktnachfrage für ihr Produkt sei $p = 140 - 0,05(x_1 + x_2)$.

a) Bestimmen Sie die Reaktionsfunktionen der beiden Unternehmen.

b) Wie lauten Preis und Menge im Marktgleichgewicht und welchen Gewinn erwirtschaften die Anbieter?

c) Die Unternehmen treffen eine Absprache und verhalten sich monopolistisch. Wie ändern sich der Marktpreis, die Angebotsmenge und der Gewinn der beiden Anbieter?

d) Welcher Marktpreis und welche Gleichgewichtsmenge würden zustande kommen, wenn sich die beiden Unternehmen wie Mengenanpasser bei vollständiger Konkurrenz verhalten würden?

Lösung:

a) Die Reaktionsfunktion von Samsung ergibt sich aus der Bedingung erster Ordnung für das Gewinnmaximum. Die Gewinnfunktion lautet:

$$G_1 = px_1 - K_1 = [140 - 0,05(x_1 + x_2)]x_1 - 4.000 - 20x_1 = \text{Max!}$$

Die erste Ableitung wird gleich Null gesetzt:

$$\frac{dG}{dx} = 140 - 2 \cdot 0,05x_1 + 0,05x_2 - 20 = 0$$

Für x_1 aufgelöst erhält man die gewinnmaximale Menge von Samsung bei alternativen Produktionsmengen von Infineon.

$$x_1 = 1.200 - 0,5x_2$$

Analog dazu gilt für die Reaktionsfunktion von Infineon:

$$x_2 = 1.200 - 0,5x_1$$

b) Durch Gleichsetzen der Reaktionsfunktionen bestimmt sich die gewinnmaximale Menge im Marktgleichgewicht.

$$x_1 = 1.200 - 0,5 \cdot (1.200 - 0,5x_1) \quad \rightarrow \quad x_1 = 800$$

In die Nachfragefunktion eingesetzt ergibt sich der Gleichgewichtspreis.

$p = 140 - 0{,}05 \cdot 1.600 = 60$

Jedes der Unternehmen erwirtschaftet einen Gewinn in Höhe von

$G = 800 \cdot 60 - 4.000 - 20 \cdot 800 = 48.000 - 20.000 = 28.000$

c) Für den Fall, dass es den Unternehmen gelingt, eine Absprache zu treffen, handeln sie als Monopolist. Aus der Bedingung erster Ordnung für das Gewinnmaximum bestimmen sich der Marktpreis und die Angebotsmenge im Marktgleichgewicht.

$G = p \cdot x - K = 140 - 0{,}05x - 4.000 - 20x = Max!$

Die Bedingung erster Ordnung für das Gewinnmaximum erfordert, dass die erste Ableitung gleich Null gesetzt wird:

$$\frac{dG}{dx} = 140 - 2 \cdot 0{,}05x - 20 = 0 \quad \rightarrow \quad x_1 = 1.200 \quad \rightarrow \quad p = 140 - 0{,}05 \cdot 1.200 = 80$$

Wenn sich die Unternehmen als Monopolist verhalten, erzielt jedes einen Gewinn von

$G = 600 \cdot 80 - 4\,000 - 20 \cdot 600 = 48.000 - 16.000 = 32.000$

d) Der einzelne Anbieter maximiert unter der Bedingung der vollständigen Konkurrenz seinen Gewinn, wenn er die Menge anbietet, bei der der Preis gerade so hoch ist wie die Grenzkosten der zuletzt abgesetzten Einheit. Da beide Unternehmen dieselben Grenzkosten haben, werden sie ihre Angebotsmenge solange ausdehnen, bis der Preis den Grenzkosten entspricht. Somit gilt $p = c$. Die Angebotsmenge bei einem Preis von 20 ergibt sich aus der Nachfragefunktion:

$20 = 140 - 0{,}05x \quad \rightarrow \quad x = 2.400$

Wenn die beiden Unternehmen sich als Mengenanpasser verhalten, werden sie die Menge von 2.400 Einheiten anbieten. Sofern jeder Anbieter die halbe Menge produziert, bedeutet dies für den Gewinn:

$G = 2.400 \cdot 20 - 4.000 - 20 \cdot 2.400 = 48.000 - 52.000 = -4\,000$

Wenn sich die Unternehmen als Mengenanpasser verhalten, wird jedes einen Verlust in Höhe seiner Fixkosten machen.

7.4.3.2 Statischer Preiswettbewerb – das Bertrand-Modell

Der am meisten geäußerte Kritikpunkt am Cournot-Modell betrifft den Mengenwettbewerb. In Oligopolmärkten entscheiden Unternehmen nicht über die Angebotsmenge, sondern ihr wichtigster Aktionsparameter ist der Preis. Dann entscheidet der Markt, welche Menge zu diesem Preis abgesetzt werden kann. In Katalogen und Prospekten von Anbietern sind die einzelnen Produkte mit Preisen ausgezeichnet. Ein Herrenausstatter zum Beispiel gibt nicht bekannt, wie viele Anzüge er anbieten will, sondern er zeichnet die Ware mit einem Preis aus. Die Käufer entscheiden dann, wie viele Anzüge sie zu diesem Preis kaufen wollen. Diese Kritik wurde von *Bertrand*[22] aufgegriffen und ein Modell des Preiswettbewerbs entwickelt.

Dem Bertrand-Wettbewerb liegen folgende Annahmen zu Grunde:

- Wir gehen von einem homogenen Oligopol aus und beschränken unsere Analyse auf den Fall des Duopols.

[22] Französischer Mathematiker *Joseph Bertrand* (1822 - 1900).

- Beide Unternehmen haben konstante und identische Grenzkosten. Von Fixkosten sehen wir zunächst ab.
- Die Unternehmen bieten ein homogenes Produkt an. Die Homogenität der Produkte hat zusammen mit der Informationsvollkommenheit des Marktes zur Folge, dass die Absatzmenge eines Anbieters, der seinen Preis höher setzt als den Preis des billigsten Anbieters, auf Null sinkt.
- Jedes Unternehmen nimmt den Preis als Aktionsparameter und entscheidet über seinen Preis, wobei es die Preise der anderen Anbieter als gegeben betrachtet.
- Die gesamte Marktnachfrage werde durch die folgende Nachfragefunktion dargestellt: $p = 15 - {}^{1}/_{12} \cdot x$. Dies führt zur Preis-Absatz-Funktion: $x = 180 - 12p$

Wir gehen für unsere Überlegungen von einem Nash-Cournot-Gleichgewicht aus und unterstellen, dass zu dem herrschenden Marktpreis von 7,67 € jedes Unternehmen 44 Einheiten produziert und anbietet. Dieses Marktgleichgewicht mit den Produktionsmengen der Unternehmen A und B ist im Punkt G in Abbildung 7-31 dargestellt. Unter den Bedingungen des Mengenwettbewerbs war dieses Ergebnis ein stabiles Gleichgewicht. Ist dies jedoch auch ein mögliches Nash-Gleichgewicht im Preiswettbewerb? Um diese Frage zu beantworten, betrachten wir die Entscheidungssituation des Unternehmens A. Würde das Unternehmen A seinen Preis über den des Unternehmens B anheben, würde es seine gesamte Nachfrage verlieren, seine Absatzmenge und sein Gewinn gingen auf Null zurück. Für alle Preise $p_A > p_B$ bis zum Höchstpreis fällt die Nachfragekurve des Unternehmens A mit der Ordinate zusammen. Beim Preis $p_A = p_B$ sei angenommen, dass jedes Unternehmen die Hälfte der nachgefragten Menge absetzen könne.

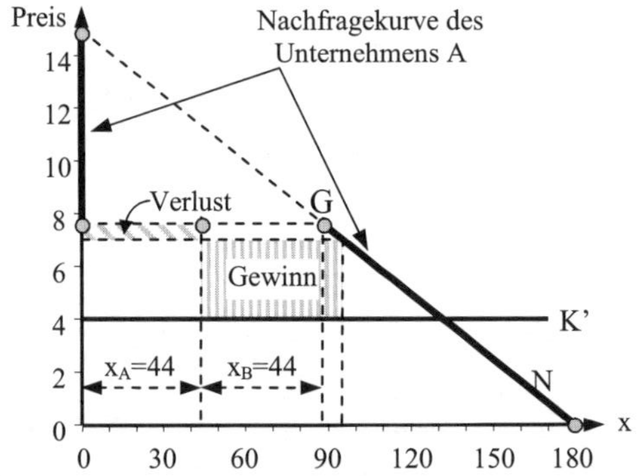

Abbildung 7-31: Statischer Preiswettbewerb im Bertrand Modell

Wenn das Unternehmen A nun den Preis von B unterbieten würde, indem es etwa seinen Preis auf 7 € senkt, würde es die gesamte Nachfrage auf sich lenken. Infolge der Preissenkungen reduziert sich zwar sein Erlös für die bisherige Menge um 0,76·44 = 33,44 (in Abbildung 7-31 als Verlust gekennzeichnet), gleichzeitig steigt aber sein Umsatz, weil es die gesamte Nachfrage des Unternehmens B auf sich zieht und die Absatzmenge auf insgesamt 96 Mengeneinheiten steigern kann. Der darauf entfallende Erlöszuwachs beträgt 364 und ist in Abbildung 7-31 mit Gewinn gekennzeichnet. Aber auch diese Situation wird nicht stabil sein, denn nun kann das Unternehmen B seinerseits den Preis senken und würde die gesamte Nachfrage auf sich ziehen mit der Folge, dass sein Gewinn steigt. Diese Preisunterbietungen werden sich solange fortsetzen, bis kein Unternehmen durch eine Preissenkung mehr einen Vorteil erlangen kann. Dies ist genau dann der Fall, wenn der Preis geradeso

hoch ist wie die Grenzkosten. Kein Unternehmen wird seinen Preis niedriger setzen als die Grenzkosten der Produktion, weil es dann Verluste macht. Kein Unternehmen kann den Preis über die Grenzkosten anheben, denn es wird seine gesamte Absatzmenge verlieren, solange das andere Unternehmen bei seiner Preisstrategie bleibt. Ein Nash-Gleichgewicht ergibt sich nur beim Preis von $p_A = p_B = K'$. Zu diesem Preis können 132 Mengeneinheiten abgesetzt werden. Jedes Unternehmen produziert davon die Hälfte und beide Unternehmen erzielen „Nullgewinne". Damit entspricht das Ergebnis des statischen Preiswettbewerbs im vollkommenen Oligopol dem der vollständigen Konkurrenz. Dies ist bemerkenswert, weil dieses Ergebnis unabhängig davon ist, wie viele Wettbewerber in dem Markt sind (es gilt für zwei oder 10 Unternehmen gleichermaßen) oder ob der Marktzutritt möglich ist oder nicht.

Im Bertrand-Modell mit statischem Preiswettbewerb ergibt sich allerdings aus der Annahme konstanter Grenzkosten ein Problem, wenn wir zusätzlich realistischerweise Fixkosten berücksichtigen. Wenn jedes Unternehmen seine Produkte zu Preisen in Höhe der Grenzkosten verkauft, bedeutet dies, dass die Unternehmen Deckungsbeiträge von Null erzielen. Somit entsteht im Nash-Gleichgewicht bei jedem Unternehmen ein Verlust in Höhe der Fixkosten. Da kein Unternehmen dauerhaft Verluste hinnehmen kann, wird langfristig nur ein Unternehmen im Markt bleiben. Ein ruinöser Preiswettbewerb könnte etwa entscheiden, welches Unternehmen aus dem Markt ausscheiden muss. Die Problematik von dauerhaften Verlusten in Höhe der Fixkosten im statischen Preiswettbewerb gilt allerdings nur in dem besonderen Fall konstanter Grenzkosten, weil in diesem Fall die Stückkosten immer höher sind als die Grenzkosten und der Preis. Im Fall steigender Grenzkosten wäre die langfristige Preisuntergrenze im Minimum der Stückkosten und beide Oligopolisten erzielten "Nullgewinne".

7.4.3.3 Dynamischer Mengenwettbewerb – Stackelberg-Modell

Bei simultanen Entscheidungen ergibt sich im Marktgleichgewicht, dass jeder Anbieter bei gleichen Grenzkosten der Produktion dieselbe Menge anbietet. Wie ändert sich dieses Ergebnis, wenn die Unternehmen A und B ihre Mengenentscheidungen nacheinander treffen? Dies lässt sich mit Hilfe des Stackelberg-Modells[23] untersuchen. Dazu nehmen wir an, dass zunächst das Unternehmen A seine Produktionsentscheidungen bekannt gibt, und in einem zweiten Zug das Unternehmen B über seinen Output entscheidet. Unternehmen B wird dann gemäß seiner Reaktionsfunktion

$$x_B = R_B(x_A)$$

die Menge des Unternehmens A hinnehmen und die Produktionsmenge wählen, die seinen Gewinn maximiert. Welche Menge soll aber das Unternehmen A wählen, wenn es seinen Gewinn maximiert? Wenn wir die Nachfrage- und Kostenfunktion aus dem Cournot Modell übernehmen, lautet die Gewinnfunktion des Unternehmens A:

$$G_A = p \cdot x_A - K_A = [15 - \frac{1}{12}(x_A + x_B)] \cdot x_A - 20 - 4x_A = \text{Max!}$$

Für die Entscheidung über die gewinnmaximale Menge muss A nun wissen, welches die beste Antwort des Unternehmens B auf seine Outputentscheidung ist. Diese Information enthält die Reaktionsfunktion des Unternehmens B. Aus dem Zahlenbeispiel des Cournot Modells ergab sich die Reaktionsfunktion für das Unternehmen B: $x_B = 66 - 0{,}5x_A$. Sie informiert Unternehmen A darüber, wie B auf jede mögliche Menge von A reagieren wird. Das Unternehmen A wird also die Reaktionsfunktion des Unternehmens B bei der Maximie-

[23] *Stackelberg, H. v.* (1934)

rung seines Gewinns berücksichtigen, indem es die Reaktionsfunktion des Unternehmens B in seine Gewinnfunktion einsetzt.

$$G_A = p \cdot x_A - K_A = [15 - \frac{1}{12}(x_A + 66 - \frac{1}{2}x_A)] \cdot x_A - 20 - 4x_A = 5{,}5x_A - \frac{1}{12}x_A^2 - 20$$

Der Gewinn des Unternehmens A ist ausschließlich von seiner eigenen Menge abhängig, weil es für jede beliebige Menge aus der Reaktionsfunktion des Konkurrenten die jeweils beste Antwort des Wettbewerbers bestimmen kann. Aus der Bedingung erster Ordnung für das Gewinnmaximum erhält man die gewinnmaximale Ausbringungsmenge von A:

$$G_A' = 5{,}5 - \frac{2}{12}x_A^2 = 0 \quad \Rightarrow \quad x_A = 66$$

Das Unternehmen A wird die Monopolmenge x_A = 66 Einheiten anbieten. Die Angebotsmenge des Unternehmens B ergibt sich aus dessen Reaktionsfunktion.

$$x_B = 66 - \frac{1}{2}66 = 33$$

Bei dieser Produktionsmenge ergibt sich ein markträumender Preis von 6,75 €. Entsprechend ist der Deckungsbeitrag von Unternehmen A doppelt so hoch wie derjenige von B. Unter Berücksichtigung der Fixkosten erwirtschaftet das Unternehmen A einen Gewinn von 161,50 €, während der Gewinn von B 70,75 € beträgt. Dieses Ergebnis unterscheidet sich grundlegend vom Oligopolgleichgewicht bei simultanen Entscheidungen. Das Unternehmen A hat mit der Bedingung sequenzieller Entscheidungen einen first-mover-Vorteil.

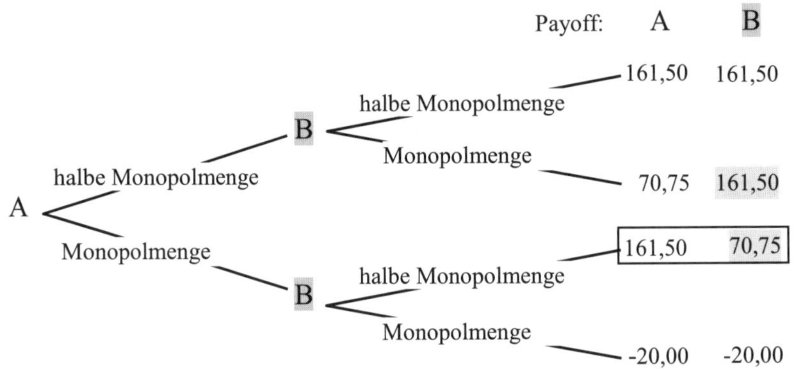

Abbildung 7-32: Nash-Gleichgewicht im Mengenwettbewerb mit sequentiellen Entscheidungen

Der Entscheidungsbaum in Abbildung 7-32 zeigt, dass das Stackelberg-Gleichgewicht ebenfalls ein Nash-Gleichgewicht ist.

- Die beste Alternative des Unternehmens B ist, die Monopolmenge zu produzieren, wenn das Unternehmen A die halbe Monopolmenge produziert. Es kann zwar mit einem Output von 33 Mengeneinheiten einen gleich hohen Gewinn erzielen, aber es wird nicht kooperieren, weil es den Gewinn von 161,50 € auch selbst mit der großen Menge von 66 generieren kann.
- Die beste Alternative des Unternehmens B ist, die halbe Monopolmenge zu produzieren, wenn A das große Angebot wählt. Würde es darauf ebenfalls mit der großen Menge reagieren, würden beide Unternehmen Verluste machen.

Für Unternehmen A ist die Monopolmenge die beste Alternative, unabhängig davon, welche Entscheidung das Unternehmen B trifft. Zwar könnte es durch eine Kooperation mit Unternehmen B einen gleich hohen Gewinn erzielen, aber dieses Ergebnis ist nicht stabil, weil jedes Unternehmen durch eine heimliche Ausweitung der Produktionsmenge seinen Gewinn steigern kann, solange das andere Unternehmen kooperiert. Nur wenn das Unternehmen A die Monopolmenge wählt, und das Unternehmen B daraufhin die halbe Monopolmenge produziert, liegt ein Nash-Gleichgewicht vor, weil kein Anbieter durch eine Ausdehnung der Produktionsmenge seinen Gewinn steigern kann.

Die Begründung für den first-mover-Vorteil ist, dass das Unternehmen, das als erstes entscheidet, Tatsachen schafft, die das zukünftige Verhalten der Konkurrenten zu seinen Gunsten beeinflussen. Das Unternehmen B muss die hohe Produktionsmenge des Unternehmens A als Tatsache akzeptieren und kann sich nur noch mit seiner Produktionsentscheidungen anpassen. Allerdings kann das Unternehmen A seinen first-mover-Vorteil nur wahrnehmen, wenn der erste strategische Zug glaubwürdig ist. Glaubwürdig ist das Unternehmen A nur, wenn es seine Strategie nicht revidieren kann. Die Entscheidung für einen großen Output des Unternehmens A wäre zum Beispiel nicht glaubwürdig, wenn nicht ausgelastete Kapazitäten kostenlos vorgehalten werden könnten oder wenn Produktionskapazitäten ohne große Kosten und sehr schnell auf- und wieder abgebaut werden könnten. Dann könnte das Unternehmen B ebenfalls eine hohe Produktionsmenge wählen und das Unternehmen A müsste sich in einem weiteren Zug mit seiner Produktionsmenge anpassen. Glaubwürdigkeit lässt sich etwa dadurch erreichen, dass man versunkene Kosten auf sich nimmt, oder indem man sich selbst die Hände durch irreversible Entscheidungen bindet. So kann ein Unternehmen etwa im Rahmen seiner Produktpolitik sich dafür entscheiden, sein Produkt im High-end Segment zu positionieren. Wählt es das obere Marktsegment, bindet es sich, weil dort das Absatzpotential geringer ist. Gleichzeitig hat diese Entscheidung für das Unternehmen den Vorteil, dass es sich dem harten Preiswettbewerb im Massenmarkt entziehen kann.

Abschließend sei noch darauf hingewiesen, dass bei einer sequenziellen Entscheidung im Preiswettbewerb für das Unternehmen, das seinen Preis als Antwort auf den Preis des ersten Unternehmens festlegen kann, einen second-mover-Vorteil besitzt. Denn das zweite Unternehmen nimmt den Preis des ersten als gegeben hin. Es kann dann seine Preisentscheidung optimieren und den Preis setzen, der seinen Gewinn maximiert. Erwartungsgemäß liegt der Preis des second-mover's niedriger, so dass das Unternehmen mehr absetzen kann und einen höheren Umsatz erzielt. Dies mag mit ein Grund sein, dass in oligopolistischen Märkten die einzelnen Unternehmen häufig keine aggressive Preisstrategie verfolgen, um ihre Marktanteile zu vergrößern, sondern sich in ihren Preisentscheidungen eher abwartend verhalten und die Mitbewerber beobachten.

7.4.3.4 Preis- oder Mengenwettbewerb?

Sowohl das Cournot-Modell als auch das Bertrand-Modell enthalten Elemente, denen man intuitiv zu stimmen kann, und andere, die mit der Realität nicht vereinbar sind. Unmittelbar nachvollziehbar ist im Mengenwettbewerb, dass in Oligopolmärkten

- Preise zu Stande kommen, die höher als die Wettbewerbspreise sind, die aber unter dem Monopolpreis liegen.
- die angebotene und nachgefragte Menge kleiner ist als bei vollkommener Konkurrenz.
- Gewinne erzielt werden, die niedriger sind als der Monopolgewinn und mit zunehmender Zahl der Wettbewerber kleiner werden.

Als wenig realistisch erweist sich im Cournot-Modell, dass in Oligopolmärkten die Menge der unternehmerische Aktionsparameter sein soll.

Der Intuition im Preiswettbewerb entspricht, dass

- Unternehmen in Oligopolmärkten Preispolitik betreiben.
- man in bestimmten wirtschaftlichen Situationen tatsächlich einen intensiven Preiswettbewerb beobachten kann.
- ein Unternehmen Preisunterbietungen strategisch einsetzen kann, um Wettbewerbern Marktanteile abzujagen oder um zusätzliche Aufträge zu gewinnen.

Wenig intuitiv ist dagegen das Ergebnis, dass

- der Preiswettbewerb zu Verhältnissen führt wie auf Märkten mit vollkommener Konkurrenz und „Nullgewinnen".
- Unternehmen so hohe Kapazitäten vorhalten, dass sie bei einer Preissenkung jederzeit die gesamte Nachfrage befriedigen können.

In beiden Modellen wurde außerdem die Annahme gemacht, dass jedes Unternehmen die Entscheidung des Gegenspielers als gegeben hinnimmt. Tatsächlich werden die konkurrierenden Unternehmen nicht tatenlos zusehen, welche Preis- oder Mengenentscheidungen ein rivalisierendes Unternehmen trifft. Das Management wird lernen und frühzeitig auf Entscheidungen der Wettbewerber reagieren. Keines der Modelle kann solche dynamischen Prozesse abbilden. Es sind statische Modelle, die zeigen, dass ein Marktgleichgewicht existiert, dass dieses Gleichgewicht allein durch die Interaktion der Marktteilnehmer zustande kommt und, wenn es wie auch immer erreicht ist, ein stabiles Marktgleichgewicht darstellt. Die Modelle sind nicht in der Lage, die Prozesse zu beschreiben, die zu diesem Gleichgewicht führen.

Gleichwohl können wir uns überlegen, unter welchen Bedingungen in einem Markt eher ein Preis- bzw. Mengenwettbewerb zu beobachten ist. Eine Implikation des Bertrand-Wettbewerbs ist, dass jeder Anbieter eine ausreichend hohe Produktionskapazität vorhält, um die auf ihn entfallende Nachfrage jederzeit befriedigen zu können. Theoretisch würde dies bedeuten, dass jeder Anbieter eine Kapazität vorhält, die gerade an die Absatzmenge heranreicht, die im Marktgleichgewicht abgesetzt werden kann. Dies muss aber in der Realität nicht gegeben sein. Es genügt, wenn in einer Industrie erhebliche freie Kapazitäten vorhanden sind, sei es weil als Folge einer rezessiven Konjunkturphase die Nachfrage zu gering ist und/oder strukturelle Überkapazitäten vorhanden sind. Ein Beispiel dafür ist die amerikanische Automobilindustrie. Vor dem Hintergrund eines erheblichen Kapazitätsüberhangs bei Ford, GM und Chrysler liefern sich die drei großen amerikanischen Hersteller kostspielige Rabattschlachten mit Rabatten von bis zu 6.000 US-Dollar pro Fahrzeug. Gleichzeitig weisen Ford und GM Verluste aus. Die Schlussfolgerung kann somit nur lauten, dass die Unternehmen, um ihre Kapazitäten auszulasten, Neufahrzeuge unter den Stückkosten verkaufen und keine oder zu geringe Deckungsbeiträge erwirtschaften. Um aus diesen kostspieligen, ruinösen Preiskämpfen herauszukommen, haben die amerikanischen Hersteller beschlossen, in großem Umfang Fabriken stillzulegen und Kapazitäten abzubauen.

Im Bertrand-Wettbewerb können Unternehmen langfristig nur bestehen, wenn keine Fixkosten anfallen bzw. die anfallenden Fixkosten alle Sunk Costs darstellen. Sunk Costs spielen für die Festlegung des Outputniveaus keine Rolle, da Sie auch bei einer Einstellung des Geschäftsbetriebs nicht rückgängig gemacht werden können. Ein Beispiel dafür sind hohe Aufwendungen für Forschung und Entwicklung, um neue Produkte oder Systeme auf den Markt zu bringen. So weit das dafür erforderliche Know-how sehr spezifisch ist, sind diese

Aufwendungen weitgehend als versunken zu betrachten. Ein Beispiel dafür ist die Flugzeugindustrie. Den Entwicklungsaufwand für ein neues Flugzeug muss ein Hersteller aufbringen, bevor das System in die Produktion geht. Er stellt Fixkosten dar. Die variablen Kosten bestehen in den laufenden Produktionskosten. Gemessen an den gesamten Kosten pro Flugzeug haben die Entwicklungskosten ein großes Gewicht. In dieser Situation sind die großen Hersteller im harten Kampf um Aufträge und Marktanteile gegebenenfalls auch bereit, Preiszugeständnisse zu machen und im Einzelfall auf die volle Deckung der Fixkosten zu verzichten. Denn verlorene Aufträge liefern gar keine Deckungsbeiträge, so dass im Kampf um Aufträge Preisunterbietungen schwer zu vermeiden sind.

Voraussetzung für die Entstehung eines Preiswettbewerbs sind entweder angebotseitig zu hohe Kapazitäten oder ein Nachfrageeinbruch, der dazu führt, dass bisher ausgelastete Kapazitäten frei werden. Wenn dagegen die im Markt vorhandenen Anbieter ihre Kapazitäten so bemessen, dass sie zu dem im Cournot-Gleichgewicht herrschenden Preis ihre Kapazitäten auslassen können, besteht für den einzelnen Anbieter kein Anlass, in einen Preiswettbewerb einzutreten, weil er bei ausgelasteten Kapazitäten die zusätzliche Nachfrage gar nicht befriedigen kann. Die Bertrand-Lösung erfordert, dass jedes Unternehmen seine Kapazitäten so wählt, dass es jede auf sich entfallende Nachfrage auch befriedigen kann. Wenn Unternehmen ihre Gewinne maximieren wollen, müssen sie sich schon bei der Wahl ihrer Produktionskapazitäten Gedanken darüber machen, welche Preise und welche Wettbewerbsbedingungen sich nach der Inbetriebnahme ihrer Produktionskapazitäten einstellen werden.

Wir haben es somit mit einem zweistufigen Spiel zu tun. Auf der ersten Stufe des Spiels entscheiden die Unternehmen über ihre Kapazitäten, auf der zweiten Stufe treffen sie ihre Preisentscheidungen. Welche Entscheidungen die Unternehmen treffen, die zu einem stabilen Marktgleichgewicht führen, lässt sich mit Hilfe der Rückwärtsinduktion lösen. Betrachten wir zuerst die Stufe des Preiswettbewerbs und gehen von gegebenen Produktionskapazitäten aus. Die Investitionskosten in die Produktionsanlagen seien Sunk Costs. Dann wissen wir, dass ein Preiswettbewerb zu Stande kommt und dass es solange zu Preisunterbietungen kommt, bis jedes Unternehmen seine Kapazitäten ausgelastet hat. Damit ergibt sich ein Bertrand-Gleichgewicht mit einem Gleichgewichtspreis und einer Nachfragemenge wie unter den Bedingungen der vollkommenen Konkurrenz. Unter der Bedingung konstanter Grenzkosten werden die Unternehmen Verluste in Höhe ihrer Fixkosten machen.

Wenn den Unternehmen das Ergebnis der zweiten Stufe des Spiels bekannt ist, werden Sie dies in der ersten Stufe berücksichtigen müssen, denn mit ihrer Entscheidung über die Produktionskapazitäten entscheiden die Unternehmen gleichzeitig über die Höhe des Marktpreises und die Angebotsmengen. Die Entscheidung der Unternehmen über die Produktionskapazitäten ist somit ein Mengenwettbewerb und im Cournot-Modell ergibt sich als Nash-Gleichgewicht, dass jedes Unternehmen gerade die Oligopolmenge wählt. Dies bedeutet, dass die Unternehmen ihre Gewinne maximieren, wenn sie ihre Produktionskapazitäten gerade so groß wählen, dass Sie eine Angebotsmenge bereitstellen können, die dem Cournot-Gleichgewicht entspricht. Wenn sie dann in der zweiten Stufe in einen Preiswettbewerb eintreten, werden die Unternehmen solange ihre Angebotspreise unterbieten, bis sie ihre Kapazitäten ausgelastet haben. Der Marktpreis und die Angebotsmenge entsprechen dann dem Nash-Cournot-Gleichgewicht. Die Unternehmen erwirtschaften Gewinne, die niedriger sind als der Monopolgewinn, aber höher als im Preiswettbewerb.

Der Grund für dieses Verhalten ist, dass die Unternehmen die zerstörerischen Folgen eines ruinösen Preiswettbewerbs erkennen und deshalb versuchen werden, diese Form des Wettbewerbs zu vermeiden, indem sie ihre Produktionskapazitäten begrenzen. Je besser dies den Unternehmen einer Branche gelingt, umso geringer ist der Preiswettbewerb. Der Wunsch

nach stabilen Preisen und die Angst vor ruinösem Preiswettbewerb können in oligopolistisch strukturierten Branchen zu vergleichsweise starren Preisen führen.

7.4.3.5 Preiswettbewerb im heterogenen Oligopol

Dem Modell des Preiswettbewerbs im heterogenen Oligopol liegen folgende Annahmen zu Grunde:

- Wir beschränken unsere Analyse auf den Fall des Duopols.
- Beide Unternehmen produzieren mit konstanten, aber unterschiedlichen Grenzkosten.
- Die Unternehmen bieten ein differenziertes Produkt an. Die Produktdifferenzierung führt zu einer Segmentierung des Gesamtmarktes in Teilmärkte.
- Jeder Anbieter verhält sich auf seinem Teilmarkt als Monopolist, indem er den Preis als Aktionsparameter wählt und über den Preis seiner Variante des Guts entscheidet.
- Da die Absatzmenge eines Anbieters nicht nur vom eigenen Preis abhängt, sondern auch von dem Preis des anderen Unternehmens, muss jedes Unternehmen überlegen, welchen Preis das andere Unternehmen für sein Produkt setzen wird. Unter der Annahme eines erwarteten Angebotspreises des jeweils anderen Unternehmens entscheidet jedes Unternehmen über den eigenen Preis. Dabei nimmt jedes Unternehmen den Preis des anderen als gegeben hin.
- Da die Segmentierung des Marktes nicht vollkommen ist, sondern die differenzierten Produkt wechselseitig substituierbar sind, führen Preisveränderungen dazu, dass Nachfrager zwischen den Teilmärkten wandern, was bei der geringen Zahl der Anbieter zu spürbaren Verschiebungen der Marktanteile führen kann. Damit ist die Absetzmenge eines Anbieters nicht nur vom eigenen, sondern auch vom Preis des Wettbewerbers abhängig.

Zur weiteren Ableitung der Zusammenhänge wählen wir ein einfaches Beispiel. Die Preis-Absatz-Funktionen der betrachteten Duopolisten seien wie folgt gegeben:

$x_1 = 480 - 16p_1 + 8p_2$
$x_2 = 480 - 20p_2 + 8p_1$

Die nachgefragte Menge jedes Anbieters hängt nicht nur vom eigenen Preis ab, sondern auch vom Preis des Mitbewerbers. So sagt etwa die Nachfragekurve des Unternehmens 1, dass die Absatzmenge um 16 Einheiten sinkt, wenn es seinen Preis um einen Euro erhöht und um 8 Einheiten zunimmt, wenn das Unternehmen 2 den Preis seines Produkts um einen Euro erhöht.

Für die weiteren Überlegungen unterstellen wir für die beiden Unternehmen die folgenden Kostenfunktionen:

$K_1 = 300 + 20x_1$ und $K_2 = 200 + 16x_2$

Dann stellt sich die Frage, welchen Preis jedes der Unternehmen für seine Produktvariante setzen soll. Betrachten wir dazu das Unternehmen 1. Aufgrund seiner Marktbeobachtung erwarte es, dass das Unternehmen 2 für sein Produkt einem Preis von 24 € festlegt. Dann lautet seine Marktnachfrage:

$x_1 = 480 - 16p_1 + 8 \cdot 24 = 672 - 16p_1$

Da das Unternehmen 1 auf seinem Teilmarkt Monopolist ist, lautet die Bedingung für das Gewinnmaximum $E_1^{'} = K_1^{'}$. Für Erlös und Grenzerlös in Abhängigkeit vom Preis ergibt sich $E = p_1x_1 = p_1(672 - 16p_1)$ und

$$E_1' = \frac{dE}{dp_1} = 672 - 32 \cdot p_1 .$$

Da der Preis die unabhängige Variable ist und über die nachgefragte Menge auch die Kosten beeinflusst, müssen auch die Kosten in Abhängigkeit vom Marktpreis betrachtet werden. Somit lautet die Kostenfunktion:

$K_1 = 300 + 20x_1 = 300 + 20 \cdot (672 - 16p_1)$.

Dann erhält man für die Grenzkosten in Abhängigkeit vom Preis

$$K_1' = 20 \cdot (-16)$$

Grenzerlös und Grenzkosten gleichgesetzt liefern den Preis, der den Gewinn maximiert:

$672 - 32p_1 = 20 \cdot (-16) \quad \rightarrow \quad p_1 = 31$.

Zum Preis von 31 € kann der Anbieter $x_1 = 672 - 16 \cdot 31 = 176$ Einheiten absetzen. Es ist unmittelbar klar, dass ein anderer Preis des Unternehmens 2 den Preis und die Absatzmenge verändert, so dass sich der Gewinn maximierende Preis des Unternehmens 1 in Abhängigkeit vom Preis des Unternehmens 2 darstellen lässt. Für den Erlös des Unternehmens 1 gilt

$$E_1 = p_1 \cdot x_1 = p_1 \cdot (480 - 16 \cdot p_1 + 8p_2) = 480p_1 - 16 \cdot p_1^2 + 8p_2p_1$$

Daraus erhält man die Grenzerlösfunktion für jeden Preis p_2 des Unternehmens 2:

$$E_1' = \frac{dE}{dp_1} = 480 - 32 \cdot p_1 + 8p_2$$

Die Kostenfunktion lautet:

$K_1 = 300 + 20q_1 = 300 + 20 \cdot (480 - 16p_1 + 8p_2)$

Jede Preisänderung induziert Kostenänderungen, weil sich als Folge der Preisänderung die Produktionsmenge ändert. Somit lauten die Grenzkosten in Abhängigkeit vom Preis

$$K_1' = \frac{dK}{dp_1} = 20 \cdot (-16)$$

Dies bedeutet, dass bei einer Preiserhöhung um einen Euro die Absatzmenge um 16 Einheiten sinkt und demzufolge die Kosten um $16 \cdot 20 = 320$ zurückgehen. Durch Gleichsetzen von Grenzerlös und Grenzkosten erhalten wir für jeden Preis p_2 den Preis p_1, der den Gewinn maximiert:

$480 - 32p_1 + 8p_2 = -320$

$p_1 = 25 + 0{,}25p_2$

Dies ist die so genannte Preisreaktionsfunktion des Unternehmens 1 für jeden Preis des Unternehmens 2. Sie zeigt uns, wie der Gewinn maximierende Preis des Unternehmens 1 vom Preis des Unternehmens 2 abhängt. Analog dazu kann man auch die Preisreaktionsfunktion des Unternehmens 2 bestimmen. Sie liefert die jeweils beste Antwort des Unternehmens 2 auf eine Preiserhöhung oder Preissenkung des Unternehmens 1:

$p_2 = 16{,}25 + 0{,}125p_1$

Beide Preisreaktionsfunktionen sind in Abbildung 7-33 dargestellt. Der Schnittpunkt der Geraden ergibt sich durch Gleichsetzen der beiden Reaktionsfunktionen. Für Unternehmen 1 ergibt sich ein Preis von $p_1 = 30$, Unternehmen 2 bietet seine Produktvariante zum Preis von $p_2 = 20$ an. Durch Einsetzen der beiden Preise in die Nachfragefunktionen der Unternehmen 1 und 2 erhält man die Absatzmengen. Danach wird Unternehmen 1 eine Menge von 160

Einheiten anbieten und Unternehmen 2 die Menge von 80. Diese Preise und Mengen stellen das Marktgleichgewicht dar. Dies ist zugleich ein Nash-Gleichgewicht im heterogenen Oligopol, denn kein Anbieter kann durch eine Preisänderung seinen Gewinn steigern, solange der jeweils andere an seinen Preis festhält.

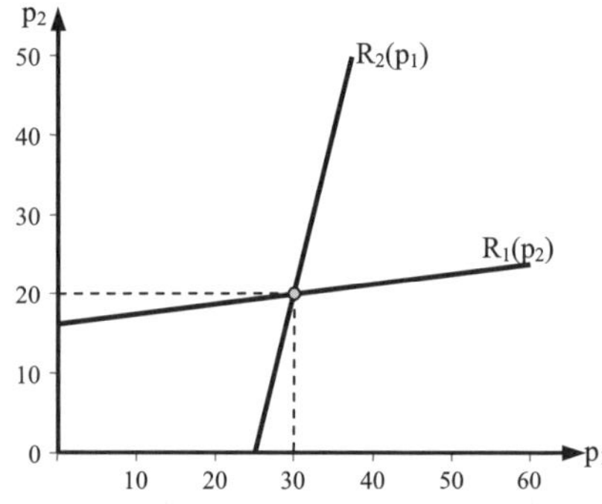

Abbildung 7-33: Preisreaktionsfunktionen im heterogenen Oligopol

Bemerkenswert ist der unterschiedliche Verlauf der Reaktionskurven im Mengenwettbewerb (Cournot-Modell) und im Preiswettbewerb, denn darin kommt eine unterschiedliche Strategie der Marktteilnehmer zum Ausdruck. Der fallende Verlauf der Mengenreaktionskurve bedeutet, dass ein Anbieter auf eine Ausdehnung der Menge eines anderen Anbieters reagiert, indem er seine eigene Angebotsmenge einschränkt. Auf einen „aggressiven“ Vorstoß eines Wettbewerbers antwortet er nicht mit „gleicher Münze“, sondern verhält sich eher „passiv oder defensiv“. Er schränkt seine Angebotsmenge ein, um den Marktpreis möglichst hochhalten zu können.

Dagegen besagt der steigende Verlauf der Preisreaktionskurve, dass der eigene Preis umso niedriger sein sollte, je niedriger derjenige des Mitbewerbers ist. Den „aggressiven“ Schritt einer Preissenkung des Rivalen beantwortet das Unternehmen „aggressiv“, indem es ebenfalls seinen Preis senkt. Eine aggressive Preisstrategie zur Vergrößerung des eigenen Marktanteils zu Lasten der Wettbewerber ist somit wenig zielführend. Im heterogenen Oligopol ist ein Preissenkungswettlauf, wie wir ihn im homogenen Oligopol gesehen haben, eher unwahrscheinlich. Der Preis wird nicht bis auf die Grenzkosten sinken. Vielmehr werden die Preise der einzelnen Unternehmen für ihre Produktvarianten in Abhängigkeit von der Preiselastizität der Nachfrage nach ihrem Produkt über den Grenzkosten liegen.

7.4.3.6 Das Modell der geknickten Preis-Absatz-Funktion

Das Beispiel der Spieltheorie über wiederholte Spiele hat gezeigt, dass es bei beliebig oft wiederholten Preisentscheidungen zu einem gleichgerichteten Verhalten der Oligopolisten kommen kann mit dem Ergebnis, dass es in Oligopolmärkten zu Preisstarrheiten kommt. Ein anderer Ansatz, mit dem Preisstarrheit erklärt werden können, ohne dass sich die Oligopolisten explizit kooperativ verhalten, ist das Modell der geknickten Preis-Absatz-Funktion. Das Modell beruht auf zwei asymmetrischen Annahmen über das Verhalten der Konkurrenten in Bezug auf die eigenen Preisentscheidungen eines Oligopolisten. Jeder Konkurrent glaubt,

- dass die anderen Anbieter ihre Preise nicht erhöhen, wenn er selbst seinen Angebotspreis anhebt. Bei einer hohen Kreuzpreiselastizität zwischen den Anbietern muss er bei einer Preiserhöhung fürchten, Marktanteile an seine Konkurrenten zu verlieren.

- dass die anderen Anbieter ihre Preise ebenfalls senken, wenn er seinen Angebotspreis senkt. Aufgrund des gleichgerichteten Verhaltens aller Anbieter können mit einer Preissenkung keine nennenswerten Marktanteile dazu gewonnen werden.

Nach diesen Annahmen sieht sich jeder Anbieter einer geknickten Preis-Absatz-Funktion mit einer unterschiedlichen Preiselastizität der Nachfrage im Bereich der Preiserhöhung und im Bereich der Preissenkung gegenüber (siehe Abbildung 7-34). Oberhalb des herrschenden Marktpreises ist die Preiselastizität der Nachfrage hoch und die Nachfragekurve verläuft relativ flach. Schon eine geringfügige Anhebung des Preises führt zu einem starken Mengenrückgang, weil die Nachfrager in großem Umfang zu den im Preis niedrigeren Mitbewerbern abwandern. Im Bereich der Preissenkung reagiert dagegen die Nachfrage relativ unelastisch. Eine Preissenkung führt nur zu einer schwachen Zunahme der Nachfragemenge, weil die anderen Anbieter die Preissenkung mitmachen und somit für die Nachfrager nur kurzzeitig ein Anreiz besteht, von ihren bisherigen Anbietern weg zu gehen.

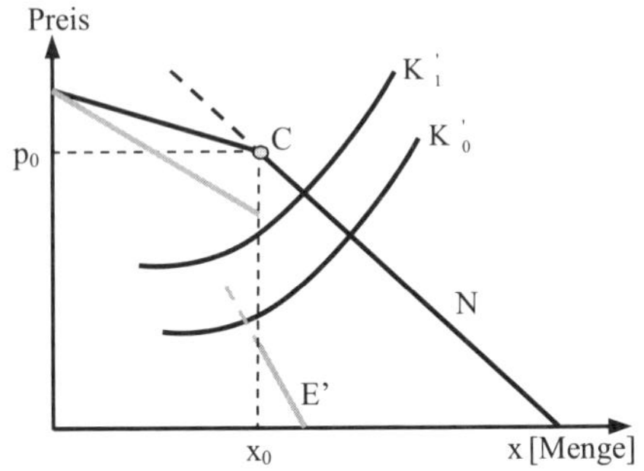

Abbildung 7-34: Gewinnmaximierung bei geknickter Preis-Absatz-Funktion

Die geknickte Nachfragekurve führt dazu, dass die Grenzerlöskurve an der Stelle des Knicks eine Sprungstelle hat, da die beiden Teile der Preis-Absatz-Funktion eine unterschiedliche Steigung aufweisen. Das Unternehmen maximiert seinen Gewinn, indem es die Outputmenge produziert, bei der der Grenzerlös gleich den Grenzkosten ist. Dann verlaufen die Grenzkosten genau durch die Sprungstelle der Grenzerlöskurve, denn links von der Sprungstelle sind die Grenzerlöse höher als die Grenzkosten. Es würde sich lohnen, die Produktion weiter auszudehnen. Rechts von der Sprungstelle sind die Grenzkosten höher als die Grenzerlöse, das Unternehmen würde mit jeder weiteren verkauften Einheit Verluste machen.

Aus Abbildung 7-34 wird deutlich, dass kleinere Kostenschwankungen zu keiner Veränderung des Angebotspreises führen. Steigerungen der Grenzkosten innerhalb der Sprungstelle der Grenzerlöskurve führen zu keiner Änderung der Angebotsmenge und des Preises. Offensichtlich sind die Unternehmen bereit, diese Kostenschwankungen aufzufangen, weil sie fürchten, bei einer isolierten Preiserhöhung Marktanteile zu verlieren. Nur wenn die Grenzkosten sich so stark verändern, dass sich ein neuer Schnittpunkt außerhalb der Sprungstelle ergibt, kommt es zu einer Anpassung von Preis und Outputmenge.

Ein Ergebnis des Modells der geknickten Nachfragekurve ist, dass in Oligopolmärkten Preise auf kleine Kostenänderungen kaum reagieren. Ein Problem des Modells ist aber, dass es uns nicht erklärt, wie der Marktpreis zustande gekommen ist. Es beschreibt nur die Preisstarrheit. Der Grund für dieses Defizit ist, dass nur das Verhalten eines Anbieters betrachtet wird. Erst eine Berücksichtigung der Entscheidungssituation der anderen Anbieter könnte erklären, wie die durch den Punkt C bestimmte Preis-Mengenkombination zustande kommt.

8 Abweichungen von den Bedingungen des allgemeinen Gleichgewichts

Lehrziele:

In diesem Kapitel werden weitere Ursachen diskutiert, die verhindern, dass eine optimale Ressourcenallokation im Sinne eines Pareto-Optimums zustande kommt.

Ein funktionierender Marktmechanismus setzt voraus, dass die Kosten der Produktion auch von denen getragen werden, die den Ressourcenverzehr verursacht haben, und der Nutzen eines Gutes denen zugute kommt, die dafür bezahlt haben. Wird dieses Prinzip verletzt, liegen so genannte externe Effekte vor, die zu Marktversagen führen. Ein wichtiges Beispiel für externe Effekte sind Umweltschäden. Wir werden untersuchen, welche Instrumente zur Verfügung stehen, um negative externe Effekte in Form von Umweltbelastungen zu korrigieren und das Verursacherprinzip durchzusetzen.

Eine weitere Ursache für Marktversagen sind so genannte öffentliche Güter. Bei öffentlichen Gütern ist ein Ausschluss vom Konsum nicht möglich. Einmal bereitgestellt kann das Gut von allen Beteiligten genutzt werden, ohne dass sie dafür bezahlen. Unter dieser Bedingung wird kein privates Angebot zu Stande kommen. Daher muss der Staat solche Güter bereitstellen.

Ein weiteres Problem stellen Güter dar, die von zahlreichen Nutzern gemeinschaftlich genutzt werden. Ohne Regelung des Zugangs ergibt sich das Problem der Übernutzung und eines ineffizienten Ressourceneinsatzes.

Als vierten Problembereich werden wir die Annahme vollständiger Information hinterfragen. Es lässt sich zeigen, dass bei unvollständiger und/oder asymmetrischer Information nur noch Second-best-Lösungen zu Stande kommen oder ein Markt völlig zum Erliegen kommt.

Der letzte Problembereich befasst sich mit Transaktionskosten, die es unter der Bedingung vollkommener Märkte nicht gibt. Unsicherheit, eingeschränkte Rationalität und die Komplexität der Umwelt sind Gründe für die Entstehung von Transaktionskosten. Transaktionskosten sind die Ursache dafür, dass sich bei der Koordination von wirtschaftlichen Aktivitäten über die reinen Formen von Markt und Hierarchie hinaus zahlreiche weitere institutionelle Arrangements herausgebildet haben.

8.1 Bedingungen für eine optimale Allokation

In diesem Kapitel werden wir Ursachen kennen lernen, die dazu führen, dass auf Märkten keine optimale Ressourcenallokation zu Stande kommt. Wir haben im Kapitel 7 die optimale Allokation der Ressourcen damit begründet, dass auf idealisierten Märkten (unter den Bedingungen der vollkommenen Konkurrenz) im Marktgleichgewicht die Summe aus Produzenten- und Konsumentenrente maximal ist. Operationalisiert wird eine effiziente Ressourcennutzung mit Hilfe des Pareto-Kriteriums. Danach liegt eine effiziente Nutzung der Ressourcen vor, wenn es nicht möglich ist, durch eine Reallokation der Ressourcen mindestens ein Individuum besser zustellen, ohne mindestens ein Individuum schlechter zu stellen.

Obwohl dieses Konzept unmittelbar verständlich ist, kann man es in der Praxis unter realen Bedingungen nicht immer direkt umsetzen. Deshalb hat die Wohlfahrtsökonomik Bedingungen formuliert, die erfüllt sein müssen, damit ein allgemeines Gleichgewicht auf Märkten mit vollkommener Konkurrenz ein Pareto-Optimum darstellt. Die zentrale Aussage zur Beurteilung realer Allokationen lautet: Befindet sich eine Marktwirtschaft im Gleichgewicht, in dem alle Märkte geräumt sind, alle Haushalte ihren Nutzen und alle Unternehmen ihren Gewinn maximieren, dann ist dieses Marktgleichgewicht Pareto-effizient.

Gesteuert wird der Marktprozess über Preise, die sich auf den einzelnen Märkten bilden. Damit die Preise in der Lage sind, die Ressourcenallokation effizient zu steuern, müssen die Preise die Grenzkosten der Produktion und die Opportunitätskosten des Konsums widerspiegeln, um den mit der Produktion und dem Konsum tatsächlich verbundenen Ressourcenverzehr korrekt anzuzeigen. Das ist unter den Bedingungen der vollständigen Konkurrenz der Fall, dann entspricht der Preis eines Gutes sowohl den Grenzkosten der Produktion als auch der marginalen Zahlungsbereitschaft der Konsumenten. Dies ergibt sich allerdings schon aus den Modellbedingungen. Diese Modellbedingungen beschreiben nicht notwendigerweise die Realität. Sie ermöglichen es aber, im Abgleich des Modells mit der Realität solche Situationen zu bestimmen, in denen reale Märkte von den Bedingungen abweichen und in ihrer Effizienz eingeschränkt sind oder als Allokationsinstrument versagen.

Die Analyse der Preisbildung hat gezeigt, dass in zahlreichen Marktformen, insbesondere wenn sich einzelne Unternehmen einer fallenden Preis-Absatz-Funktion gegenübersehen, keine optimale Ressourcenallokation zustande kommt. Der Grund dafür ist, dass die Unternehmen einen Preis setzen, der über den Grenzkosten liegt, und deshalb eine geringere Menge produzieren. Eine solche Allokation der Ressourcen ist allerdings suboptimal, weil sie mit Rentenverlusten bei Produzenten und Konsumenten verbunden ist.

Es gibt jedoch weitere Ursachen, die verhindern, dass es zu einer effizienten Allokation der Ressourcen kommt. Dies ist insbesondere der Fall,

- wenn Wirtschaftssubjekte durch die Produktions- und Konsumentscheidungen anderer Marktteilnehmer positiv oder negativ tangiert werden (externe Effekte),
- wenn es nicht möglich ist, die Nutzung von Gütern auf die Konsumenten zu beschränken, die dafür zu zahlen bereit sind (öffentliche Güter),
- wenn Ressourcen von allen genutzt werden können, weil cs an ihnen keine Eigentumsrechte gibt (Gemeineigentum),
- wenn die Informationen zwischen Marktteilnehmern ungleich verteilt sind, so dass eine Marktseite bessere Informationen besitzt als die andere (asymmetrische Information),
- wenn als Folge hoher Transaktionskosten der Markt als ein Instrument einer effizienten Allokation nur unzureichend funktioniert (Transaktionskosten).

8.2 Externe Effekte

8.2.1 Definition und Arten externer Effekte

Unter den Bedingungen der vollkommenen Konkurrenz ist sichergestellt, dass sämtliche Kosten, die bei der Produktion eines Gutes anfallen, vom Hersteller getragen werden, und sämtliche Nutzen, die beim Konsum eines Gutes anfallen, dem Konsumenten zugute kommen. Dann wird der Ressourcenverzehr von denen getragen, die ihn verursacht haben, und der Nutzen kommt denjenigen zugute, die dafür bezahlt haben. Kosten und Nutzen der Produktion und Konsumption sind vollständig internalisiert. Dieses Prinzip ist nicht erfüllt, wenn es externe Effekte gibt. Dabei handelt es sich um Kosten oder Nutzen, die bei der Produktion oder beim Konsum bei anderen unbeteiligten Wirtschaftssubjekten anfallen, für die aber die betroffenen Wirtschaftssubjekte keine Entschädigung erhalten (Kosten) beziehungsweise kein Entgelt entrichten (Nutzen).

Externe Effekte können sowohl bei der Produktion als auch beim Konsum entstehen. Sie können positive oder negative Auswirkungen haben. Positive Auswirkungen können etwa vorkommen in Form von Zusatznutzen, zusätzlichen Erträgen oder ersparten Aufwendungen. Negative externe Effekte verursachen Kosten oder reduzieren den Nutzen oder die Erträge bei betroffenen Unternehmen und Haushalten. Externe Produktionseffekte entstehen, wenn die Produktion und Kosten eines Unternehmens direkt von den Produktions- und Kostenentscheidungen eines anderen Unternehmens beeinflusst werden, ohne dass der Verursacher dafür eine Entschädigung leistet oder erhält. Externe Konsumeffektes liegen vor, wenn die Konsumentscheidung eines Haushalts positiv oder negativ von den Nachfrageentscheidungen anderer Haushalte beeinflusst wird, ohne dass es zu Ausgleichszahlungen infolge der Nutzensteigerung beziehungsweise -minderung zwischen den beteiligten Wirtschaftssubjekten kommt. Beispiele für positive und negative externe Effekte sind in der folgenden Übersicht zusammengestellt:

Tabelle 8-1: Arten externer Effekte

Art	Externe Effekte der	
	Produktion	Konsumtion
positiv	Ein Unternehmen entwickelt ein neues Produkt oder Verfahren. Aufgrund von spill over Effekten gelingt es anderen Unternehmen, das Produkt oder Verfahren zu imitieren.	Ein Hauseigentümer in einer Altstadt restauriert sein Haus und erhält damit nicht nur den Wert seines Gebäudes, sondern trägt auch zu einem schöneren Stadtbild bei.
negativ	Ein Unternehmen leitet Abwässer in einen Fluss. Dadurch steigen die Kosten und sinken die Erträge der flussabwärts tätigen Fischer.	Ein privater Haushalt nutzt seinen Garten im Sommer extensiv mit lauten Partys und Grillfesten.

Externe Effekte der Produktion und des Konsums sind eine der wichtigsten Ursachen des Umweltproblems. Ein Grund dafür ist die Tatsache, dass es freie Güter gibt. Beispiele dafür sind Luft, Sonne, ein schöner Ausblick, Meere etc., für die keine Eigentumsrechte festgelegt und durchgesetzt werden können. Eigentumsrechte sind gesellschaftliche Institutionen, die das Eigentum, die Nutzung und Verwendung von Produktionsfaktoren, Gütern und Diensten regeln. Märkte sind Institutionen, auf denen Eigentumsrechte übertragen werden und Preise für die gehandelten Güter zustande kommen.

Der größte Teil der Güter, die in einer Wirtschaft bereitgestellt werden, erfordern einen Ressourcenverzehr und haben deswegen einen Preis. Wenn man Umweltgüter in der Produktion oder beim Konsum nutzt, geht die Nutzung dieser Güter nicht als Ressourcenverzehr in die Produktionskosten ein, es für sie keinen Markt gibt, an dem sie gehandelt werden, und sie deshalb keinen Preis haben. Allerdings ist die Inanspruchnahme der Umweltgüter nur aus der Sicht des Produzenten "kostenlos", denn die Luft oder das Wasser, das nach der Nutzung wieder an die Umwelt abgegeben wird, hat Auswirkungen auf andere Wirtschaftssubjekte. Das mit Schadstoffen belastete Wasser ist für andere Produktionsprozesse möglicherweise unbrauchbar und muss vor einer weiteren produktiven oder konsumptiven Verwendung gereinigt werden. Die mit Treibhausgasen belastete Luft verursacht in der Umgebung Atemwegserkrankungen in der Bevölkerung, deren Behandlung von der Allgemeinheit/Krankenversicherung getragen werden muss. In entfernt liegenden Gegenden trägt sie als saurer Regen zum Waldsterben bei und reduziert die Erträge der Waldbesitzer.

Die Nutzung von Umweltgütern verursacht folglich über die Produktionskosten hinaus, die im produzierenden Unternehmen anfallen, weitere externe Kosten oder Wohlfahrtverluste, die von anderen Wirtschaftssubjekten oder der Allgemeinheit getragen werden müssen und nicht kompensiert werden. Diese externen Kosten werden in der Produktion nicht berücksichtigt, weil für ihre Nutzung der Umweltgüter keine Preise existieren. Dies führt dazu, dass die im Unternehmen angefallenen, privaten Kosten der Produktion niedriger sind als die gesamten sozialen Kosten, die durch die Güterproduktion tatsächlich verursacht wurden. Die sozialen Kosten der Produktion setzen sich zusammen aus den privaten Kosten, die vom Unternehmen direkt getragen werden, und den externen Kosten, die von Dritten getragen werden.

Analog setzen sich die sozialen Erträge oder Nutzen zusammen aus den privaten Erträgen Nutzen und den externen Erträgen, die bei Dritten als Folge der Produktion oder des Konsums anfallen. In einer Marktwirtschaft werden bei Nutzen- und Gewinnmaximierung lediglich private Grenzkosten und private Grenzerträge/Grenznutzen berücksichtigt. Dann kommt es auf freien Märkten zu keiner optimalen Allokation der Ressourcen, wenn private und soziale Kosten und Erträge auseinander fallen. Soll in einer Gesellschaft eine optimale Allokation der Ressourcen zustande kommen, müssen soziale Grenzkosten und soziale Grenzerträge/Grenznutzen zum Ausgleich gebracht werden.

8.2.2 Konsequenzen negativer externer Effekte

Die Konsequenzen negativer externer Effekte können wir uns anhand einer graphischen Darstellung klarmachen. Wir betrachten ein Unternehmen, das für seine Produktion in großem Umfang Wasser benötigt und dies aus einem vorbei fließenden Fluss entnimmt. Die Abwässer werden in den Fluss zurückgeleitet und belasten den Unterlauf des Flusses. Die Belastung des Wassers mit Schadstoffen verlaufe proportional zur Produktionsmenge. Solange für die Umweltbelastung von dem Unternehmen keine Kompensation zu zahlen ist oder eine Klärung der Abwässer nicht gefordert wird, fallen private und soziale Grenzkosten der Produktion auseinander.

In Abbildung 8-1 sind der Zusammenhang und die Konsequenzen der Umweltbelastung dargestellt. In einem wettbewerblich organisierten Markt ist N die Marktnachfrage. Solange den Unternehmen für die Einleitung der Abwässer keine Kosten entstehen, planen sie ihr Angebot entsprechend den bei ihnen angefallenen Grenzkosten, den privaten Grenzkosten. Somit gilt: $K'_{priv} = \text{Angebot}$. Das Marktgleichgewicht ergibt sich im Schnittpunkt von Nachfragekurve und privater Grenzkostenkurve im Punkt G. Zum Preis p_0 werden die Unternehmen die Menge x_0 produzieren und anbieten.

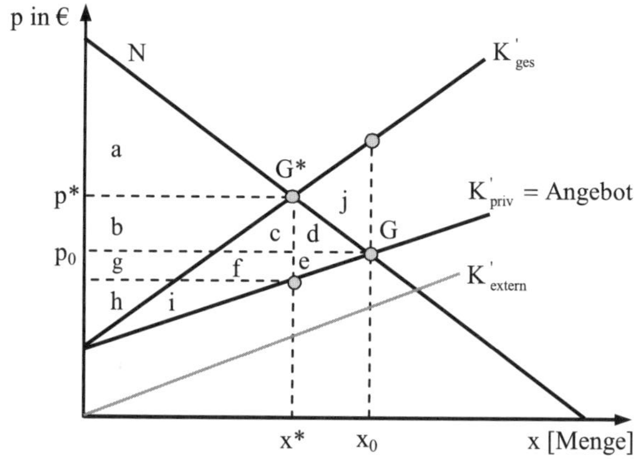

Abbildung 8-1: Negative externe Effekte und allokative Ineffizienz

Werden lediglich die privaten Kosten und Nutzen bei den Marktentscheidungen berücksichtigt, ergibt sich ein ineffizientes Marktergebnis, weil die externen Kosten im Preis nicht berücksichtigt sind. Bei der Produktionsmenge x_0 sind die sozialen Grenzkosten K'_{ges} als Summe aus privaten und externen Grenzkosten höher als die marginale Zahlungsbereitschaft der Konsumenten, d. h. die zuletzt produzierte und konsumierte Produkteinheit verursachten für die Gesellschaft höhere Kosten als sie Nutzen stiftet. Es kommt zu einem Nettowohlfahrtverlust in Höhe der Fläche h.

Im Marktgleichgewicht G entspricht die Konsumentenrente den Flächen abcd und die Produzentenrente den Flächen efghi. Solange weder Produzenten noch Konsumenten die externen Kosten berücksichtigen, wird die gesellschaftliche Wohlfahrt (= Summe aus Produzenten- und Konsumentenrente) zu hoch ausgewiesen, weil die externen Kosten nicht berücksichtigt sind. Für die Bestimmung der Nettowohlfahrt müssen die externen Kosten in Ansatz gebracht werden. Diese entsprechen den Flächen cdefij. Die Nettowohlfahrt entspricht somit den Flächen abgh - Fläche j.

Der Wohlfahrtverlust kann vermieden werden, wenn die Unternehmen bei ihren Angebotsentscheidungen nicht nur die privaten, sondern auch die externen Grenzkosten K'_{extern} berücksichtigen. Dann sind die sozialen Grenzkosten K'_{ges} für die Angebotsplanung relevant und das Marktgleichgewicht liegt bei G* mit dem Gleichgewichtspreis p* und der Ausbringungsmenge x*. Dieses Marktergebnis ist ökonomisch effizient. Der Preis entspricht den sozialen Grenzkosten der Produktion und ist gleich der marginalen Zahlungsbereitschaft der Konsumenten. Im gesellschaftlichen Optimum entspricht die Summe aus Produzenten- und Konsumentenrente den Flächen abgh. Als Folge der geringeren Produktion ergibt sich ein Nettowohlfahrtsgewinn in Höhe der Fläche j. Dabei entspricht die Fläche j genau den variablen Kosten, die durch die geringere Produktion eingespart wurden.

8.2.3 Konsequenzen positiver externer Effekte

Als Beispiel für positive externe Effekte wählen wir den Besitzer eines Hauses in einer historischen Altstadt. In dem Umfang, in dem er sein Gebäude in Stand hält, erhält er den wirtschaftlichen Wert der Immobilie und sichert so ihre Verwertbarkeit zum Beispiel bei Vermietung. Instandhaltungen privater Eigentümer können darüber hinaus auch den Effekt haben, dass sich das Bild der Altstadt verbessert, und die Stadt an touristischer Attraktivität gewinnt. Insoweit nützen Instandhaltungen nicht nur dem Eigentümer, sondern z. B. auch

den Eigentümern angrenzender Gebäude (Aufwertung des Ensembles) und der gesamten Stadt (höhere touristische Attraktivität). Mit der Instandhaltung sind somit externe Erträge verbunden, die proportional mit dem Umfang der Instandhaltung steigen.

Allerdings sind die positiven "Nebeneffekte" für den einzelnen Eigentümer kein Kriterium, in welchem Umfang er sein Gebäude restaurieren lässt. Denn bei seiner Entscheidung über den Umfang der Instandhaltung wird er sich überlegen, welchen Nutzen habe er hat und was ihn die einzelne Maßnahme kostet. Er wird sich für einen solchen Umfang entscheiden, bei dem die Grenzkosten einer zusätzlichen Baumaßnahme dem zusätzlichen privaten Nutzen der Maßnahme entsprechen. In der Abbildung 8-2 ist der Ausgleich von privaten Grenznutzen und den Grenzkosten im Schnittpunkt von U'_{priv} = Nachfrage mit K' im Punkt G erreicht. Der Umfang der Instandhaltung ist x_0. In diesem Gleichgewicht sind die Konsumentenrente bcf und die Produzentenrente i. Die externen Erträge, die anderen als dem Bauherrn zugute kommen, betragen adg. Die gesamte gesellschaftliche Wohlfahrt entspricht der Summe der Flächen abcdfgi.

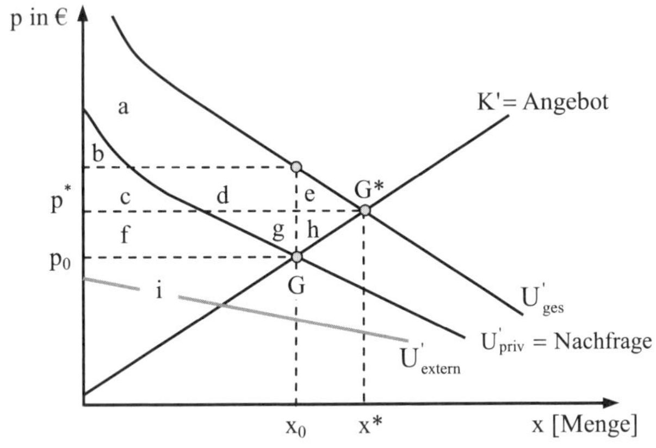

Abbildung 8-2: Positive externe Effekte und allokative Ineffizienz

Wir können nun zeigen, dass auch dieses Marktgleichgewicht suboptimal ist, denn bei der Menge x_0 sind die sozialen Grenznutzen U'_{ges} als Summe aus privaten und externen Grenznutzen höher als die Grenzkosten. Das Niveau der Instandhaltung ist aus gesellschaftlicher Sicht suboptimal, d.h. zu niedrig. Könnte man den Hauseigentümer veranlassen, den sozialen Grenznutzen als Entscheidungsgrundlage zu nehmen, wäre eine Instandhaltung im Umfang von x* optimal. Bei dieser Menge sind die Grenzkosten K' der Instandhaltung mit dem sozialen Grenznutzen U'_{ges} einer zusätzlichen Baumaßnahme zum Ausgleich gebracht. Darüber hinaus gehende Baumaßnahmen wären ineffizient, weil dann die Grenzkosten jeder zusätzlichen Maßnahme höher wären als der soziale Grenznutzen. Im gesellschaftlichen Optimum beträgt die Konsumentenrente abcde und die Produzentenrente fghi. Der Nettowohlfahrtsgewinn entspricht den Flächen eh.

8.2.4 Internalisierung externer Effekte am Beispiel der Umweltpolitik

8.2.4.1 Internalisierung externer Effekte durch Verhandlungen

Externe Effekte sind eine Ursache für Marktversagen und eine ineffiziente Ressourcenallokation. Der Grund dafür ist, dass für die Nutzung von Umweltgütern wie Luft, Wasser usw. keine Märkte existieren, weil an diesen Gütern keine Eigentumsrechte bestehen. Werden

diese Güter in der Produktion genutzt, müssen die Nutzer keine Preise zahlen, die als Kosten in der Kalkulation berücksichtigt werden. Damit stellt sich die Frage, welche Ansatzpunkte es gibt, um die daraus resultierende ineffiziente Ressourcenallokation zu korrigieren und externe Kosten zu internalisieren. Als mögliche Instrumente kommen dafür in Frage:

- Verhandlungen zwischen den Betroffenen,
- Emissionsstandards und Grenzwerte,
- Umweltsteuern und Abgaben,
- handelbare Emissionsrechte.

Ronald Coase[1] hat gezeigt, dass Externalitäten durch die Einrichtung und Durchsetzung von Eigentumsrechten im Verhandlungswege korrigiert werden können. Um zu sehen, wie so ein Ergebnis zu Stande kommen kann, kommen wir nochmals auf das Unternehmen zurück, das das Wasser eines Flusses für die Produktion nutzt. Da an dem Fluss keine Eigentumsrechte bestehen, kann es die Abwässer kostenlos einleiten. Somit besteht kein Anreiz, die externen Kosten selbst zu tragen. Weiter flussabwärts liege eine Kommune, die das Flusswasser zur Trinkwasserversorgung benötigt und deren Kosten der Wasseraufbereitung umso höher sind, je mehr Abwässer von der am Oberlauf liegenden Fabrik eingeleitet werden. Solange der Fluss von allen als gemeinsame Ressource betrachtet wird, wird die am Oberlauf gelegene Unternehmung mehr produzieren als ökonomische effizient ist, weil die privaten Grenzkosten der Produktion niedriger sind als die sozialen Grenzkosten. Umgekehrt sind am Unterlauf die Grenzkosten der Wasseraufbereitung wegen der hohen Schadstoffbelastung höher, so dass bei gegebenem Wasserpreis eine geringere Menge Wasser produziert wird. Wir wollen anhand des Beispiels überlegen, ob bzw. wie die Ressourcenallokation verbessert werden kann, wenn am Fluss Eigentumsrechte bestehen.

Unterstellen wir zunächst, der Fluss gehöre dem Unternehmen. Das Unternehmen betrachtet seinen Fluss als ein "Mittel" zur Abwasserentsorgung und leitet sämtliche Abwasser ein. Dies schädigt die Kommune, denn dadurch steigen die Kosten der Wasseraufbereitung. Nehmen wir an, der Kommune entstehen zusätzliche Kosten der Wasseraufbereitung in Höhe von 2 €/m³. Sie überlegt sich, ob es nicht kostengünstiger wäre, die Abwässer vor der Einleitung in den Fluss zu klären und dem Unternehmen dafür eine Ausgleichszahlung anzubieten. Aber wie hoch soll die Kompensation sein? Ab welcher Höhe der Kompensation wird das Unternehmen bereit sein, auf eine ungeklärte Einleitung der Abwässer zu verzichten und zur Schadensvermeidung beizutragen?

Nach dem Verhandlungsangebot der Kommune hat das Unternehmen recherchiert und herausgefunden, dass bei einer Klärung der Abwässer Grenzkosten in Höhe von 1 €/m³ anfallen. Wenn sich folglich beide Seiten auf eine Kompensation von beispielsweise 1,5 €/m³ verständigen, ist beiden geholfen. Das Unternehmen erhält für die Klärung eine Kompensation, die über den Grenzkosten der Schadensvermeidung liegt. Für die Kommune sinken die Grenzkosten der Schädigung von 2 €/m³ auf 1,5 €/m³. Eine solche Kompensation ist aus der Sicht der Kommune immer dann rational, wenn die Grenzschadenskosten (des Geschädigten) höher sind als die Grenzvermeidungskosten (des Schädigers). Wenn wir z. B. annehmen, die Kommune könnte die zusätzlichen Kosten der Wasseraufbereitung auf 0,5 €/m³ senken, wird sie nicht mehr bereit sein, eine Kompensation an das Unternehmen zu zahlen.

Unterstellen wir nun, der Fluss gehöre der Kommune. Dann wird die Kommune von dem Unternehmen fordern, keine Abwässer in den Fluss einzuleiten. Das Unternehmen weiß, dass bei einer vollständigen Klärung der Abwässer in einer eigenen Anlage Kosten von

[1] *Coase, R. H.* (1960), S. 1 - 44.

1 €/m³ entstehen. Für die Kommune belaufen sich bei einer ungeklärten Einleitung die zusätzlichen Kosten der Wasseraufbereitung auf 2 €/m³. Das Unternehmen wird es unter dieser Bedingung vorziehen, die Klärung der Abwässer selbst vorzunehmen, weil die Grenzkosten der Schadensvermeidung (1 €/m³) niedriger sind als die Grenzschadenskosten der Kommune (2 €/m³). Denn wollte sich das Unternehmen das Einleitungsrecht von der Kommune erkaufen, müsste es mindestens 2 €/m³ bieten.

Nehmen wir nun an, die zusätzlichen Kosten der Wasseraufbereitung wären bei ungeklärter Einleitung der Abwässer nur 0,5 €/m³. Wenn die Kommune nun das Unternehmen auffordert, keine ungeklärten Abwässer einzuleiten, wird das Unternehmen feststellen, dass seine Klärkosten je Kubikmeter höher sind als die Aufbereitungskosten der Kommune. Daher wird es der Kommune vorschlagen, gegen einen Beitrag von beispielsweise 0,75 €/m³ die Abwässer ungeklärt einleiten zu dürfen. Die Kommune wird diesem Vorschlag zustimmen, weil ihre Grenzschadenskosten mit 0,5 €/m³ niedriger sind als die Kompensationszahlung des Unternehmens. Das Unternehmen selbst spart ebenfalls, denn die zu zahlende Kompensation ist niedriger als seine Grenzvermeidungskosten. Die Gesamtwohlfahrt steigt, weil das Umweltproblem zu den geringstmöglichen Kosten gelöst wird.

Die Überlegungen zeigen, dass bei einer eindeutigen Definition der Eigentumsrechte zwischen den betroffenen Parteien Verhandlungen zu Stande kommen und über eine Internalisierung der externen Effekte eine effiziente Ressourcenallokation erreicht wird und zwar unabhängig davon, welcher Seite die Eigentumsrechte zugesprochen werden. Dieses Ergebnis ist bekannt als das **Coase-Theorem**. Es zeigt, dass Umweltprobleme nicht allein durch staatliche Eingriffe, sondern auch auf privatwirtschaftlicher Ebene durch Verhandlungen gelöst werden können. Außerdem macht es deutlich, dass die Durchsetzung des Verursacherprinzips als alleinige Strategie der Internalisierung externer Effekte nicht in jedem Fall eine effiziente Lösung darstellt. Vielmehr sind die Grenzvermeidungskosten des Verursachers/Schädigers den Grenzschadenskosten des Geschädigten gegenüberzustellen.

Praxisbeispiel 8-1: Verhandlungen zur Lösung grenzüberschreitender Umweltprobleme

Ein Beispiel für das Zustandekommen einer Verhandlungslösung bei grenzüberschreitenden Umweltproblemen ist das international privatrechtliche Vorgehen des Rotterdamer Hafens[2].

Um die Befahrbarkeit des Hafens zu sichern, muss die Stadt Rotterdam jährlich 23 Millionen Tonnen Schlick aus dem Hafen baggern. Als Folge der zunehmenden Belastung des Rheins mit Schwermetallen anfangs der 80er Jahre konnte der Schlick nicht mehr auf Felder ausgebracht oder in der Nordsee verklappt werden, sondern musste in einer rd. 200 Mio. NLG teuren Großdeponie gelagert werden. Um solche Kosten künftig zu vermeiden, initiierte die Stadt Rotterdam 1984 das "Projekt Onderzoek Rhijn" (POR), das aus den drei Verfahrensschritten technische Untersuchungen, Öffentlichkeitsarbeit und juristische Umsetzung bestand.

Im Rahmen der technischen Untersuchungen wurde die Verschmutzung des Rheins und seiner wichtigsten Nebenflüsse untersucht und durch umfangreiche Entnahmen von Wasserproben die größten Einleiter von fünf Schwermetallen ermittelt. Damit konnte auf Grundlage der Analysen und der Frachtberechnungen der Umfang der Einleitungen quantifiziert und ihr Anteil an der gesamten Rheinverschmutzung punktgenau bestimmt werden.

Mit der gleichzeitig einsetzenden PR Kampagne wollte die Stadt die Ziele und Aktivitäten des POR in Deutschland, Frankreich und der Schweiz bekannt machen. Dies sollte das allgemeine Bewusstsein stärken, wonach eine Verminderung der Schadstoffeinträge nötig sei. Außerdem sollte das Verhandlungsklima mit den Einleitern positiv beeinflusst werden.

[2] Vgl. zum Folgenden *Durth, R.* (1996), S. 38.ff

Bei der rechtlichen Umsetzung setzte die Stadt ganz überwiegend auf eine privatrechtliche Strategie. Der Schadensverursacher sollte für den Schaden verantwortlich sein. Gestützt wurde diese Auffassung durch den juristischen Erfolg niederländischer Gärtnereien gegen französische Kalibergwerke wegen Rheinversalzung. Wichtigstes Ergebnis der juristischen Umsetzung war der Entwurf einer Mustervereinbarung mit den Schadensverursachern. Erste Besprechungen mit Einleitern fanden 1986 statt. Dabei ging es um die Messungen über den Umfang der Einleitungen und die Probleme des Rotterdamer Hafens mit dem kontaminierten Baggerschlick. Nachdem die für die Schwermetallbelastungen verantwortlichen Einleiter identifiziert waren, begann die Stadt Rotterdam mit den betreffenden Industrieunternehmen, ihren Dachverbänden und Kommunen zu verhandeln. Bis 1994 konnten mit allen großen und einer Vielzahl kleinerer Punkteinleiter Vereinbarungen in vertraglicher Form oder als Garantieerklärung über die Reduktion der Einleitungen getroffen werden. Dabei nutzte der Rotterdamer Hafen seine Informationen als Tauschobjekt, indem er sich die Nichtverbreitung abhandeln ließ.

Mit dieser Strategie konnte der Rotterdamer Hafen innerhalb von zehn Jahren einen großen Teil seiner Ziele verwirklichen. Allerdings benötigt die Stadt Rotterdam auch weiterhin Deponieraum für Hafenschlick, weil die diffusen Einleiter in den Vordergrund der Rheinbelastung gerückt sind. Wegen der großen Anzahl möglicher Einleiter sind die Möglichkeiten einer Verhandlungslösung begrenzt. Die Reduktionsmöglichkeiten sind hier nicht so wirksam wie bei Punktquellen.

Dass es in der Realität vielfach nicht zu Verhandlungen zwischen Verursachern und Betroffenen von Externalitäten kommt, kann mit den Annahmen des Theorems begründet werden. Diese besagen, dass es sich um zwei Beteiligte handelt und beim Zustandekommen der Verhandlungslösung keine Transaktionskosten entstehen. In Wirklichkeit haben wir es bei externen Effekten und insbesondere bei Umweltproblemen selten mit nur wenigen „Verursachern" und wenigen „Geschädigten" zu tun. Bei mehreren oder vielen Absendern externer Effekte, z. B. von Emissionen, ist es häufig schwierig, die Anteile der einzelnen Emittenten zu bestimmen. Andererseits ist die Reichweite der Effekte nicht immer klar, so dass die Zahl der Betroffenen nur unscharf abgegrenzt werden kann. Je mehr Beteiligte es aber auf jeder Verhandlungsseite gibt, desto schwieriger wird eine Verhandlungslösung, weil es immer problematischer wird, die Interessen zu organisieren. Bei vielen Beteiligten wird die Zusammenarbeit noch dadurch erschwert, dass das Trittbrettfahrerproblem auftritt. Einzelne Verhandlungspartner wollen selbst nichts zu einer effizienten Verhandlungslösung beitragen, obwohl ein gemeinsames Handeln auch ihnen Vorteile bringen würde.

Eine weitere Ursache, die effiziente Verhandlungslösungen verhindern kann, sind Transaktionskosten. Unter Transaktionskosten fassen wir alle Kosten zusammen, die unmittelbar mit Markttransaktionen verbunden sind. Dazu zählen die Kosten für die Informationsbeschaffung, für das Aushandeln und den Abschluss von Verträgen sowie die Kosten für die Durchführung und Kontrolle von Vereinbarungen zwischen rivalisierenden Nutzern. Hohe Transaktionskosten können dazu führen, dass Verhandlungen erst gar nicht aufgenommen werden, wenn die Transaktionskosten höher sind als die von den Beteiligten erwarteten Gewinne. Dies wird um so eher eintreten, je mehr Betroffene an den Verhandlungen beteiligt sind. Eine effiziente Ressourcenallokation unterbleibt trotz bestehender Eigentumsrechte. In diesen Fällen wird man sich mit den externen Effekten arrangieren, oder es ergibt sich ein kollektiver Handlungsbedarf, so dass die Regierung im Auftrag der Bevölkerung interveniert und für eine Internalisierung der Externalität sorgt.

Übung 8-1: Externe Effekte

Beantworten Sie kurz folgende Fragen:

a) In welcher Form können externe Effekte zwischen Wirtschaftssubjekten auftreten?

b) Was heißt es, einen externen Effekt zu internalisieren?

c) Welche Bedeutung haben Transaktionskosten für die Internalisierung externer Effekte?

d) Was ist von der Forderung, negative externe Effekte zu verbieten, zu halten?

Lösung:

a) Bei externen Effekten zwischen zwei Wirtschaftssubjekten kann jedes Wirtschaftssubjekt sowohl Absender/Verursacher als auch Empfänger des externen Effekts sei. Die Auswirkungen des externen Effekts können sowohl in einer Nutzensteigerung, also positiv, als auch in einer Wohlfahrteinbuße, also negativ, bestehen.

b) Eine Internalisierung eines externen Effekts erfolgt dann, wenn für die erzielte Nutzensteigerung bzw. Für die erlittene Wohlfahrteinbuße eine Kompensation erfolgt. Damit werden die Wirkungen eines externen Effekts in die tauschwirtschaftliche Sphäre einbezogen.

c) Zu den Kosten der Internalisierung zählen Kosten der Informationsbeschaffung über Ursachen und Ausmaß des externen Effekts, die Kosten der Vertragsverhandlungen und des Vertragsabschlusses und die Kosten der Vertragsdurchsetzung und Kontrolle. Bei sehr hohen Transaktionskosten kann eine Internalisierung unterbleiben oder staatliches Handeln erforderlich sein.

d) Ein Verbot negativer externer Effekte ist mit einem Rückgang gesellschaftlicher Wohlfahrt verbunden. Eine Produktion von Gütern steigert immer dann die gesellschaftliche Wohlfahrt, wenn die mit dem Konsum des Gutes verbundenen Grenznutzen höher sind als die sozialen Grenzkosten der Produktion. Bei einem Verbot des negativen externen Effekts müsste auch die Produktion des Gutes eingestellt werden. Damit würde aber auch der Nettowohlfahrtsgewinn aus dieser Güterproduktion entfallen.

8.2.4.2 Emissionsstandards und Grenzwerte

Zur Internalisierung externer Kosten kann der Staat mit Auflagen oder Grenzwerten arbeiten. Tatsächlich setzen viele Maßnahmen zur Luftreinerhaltung hier an. So wurden in der EU mit Hilfe von Grenzwerten für die Verwendung von Blei in Kraftstoffen die Bleiemissionen und über Abgasnormen der Schadstoffausstoß der Kraftfahrzeuge ständig gesenkt. In der Bundesrepublik unterliegen die Heizungsanlagen einer ständigen Kontrolle im Hinblick auf die Einhaltung bestimmter Grenzwerte. Regierungen arbeiten häufig mit Umweltauflagen und Grenzwerten, weil sie einfach anzuwenden, in der Regel leicht zu überwachen und aus Sicht der Regierung kostengünstig umzusetzen sind. Das Problem ist, dass Umweltauflagen ineffizient sind, weil bei ihrer Anwendung die Gesamtkosten der Vermeidung von Emissionen nicht minimiert werden.

Die Minimierung der Kosten zur Schadstoffvermeidung erfordert, dass die Grenzkosten der Schadstoffvermeidung für alle Emittenten gleich hoch sind. Dies ist bei Emissionsgrenzwerten nicht der Fall, wie die folgende Grafik deutlich macht. In Abbildung 8-3 sind die Kurven GVK_1 und GVK_2 die Grenzvermeidungskosten zweier vergleichbarer Unternehmen mit einem angenommenen Schadstoffausstoß von 120.000 t pro Jahr. Die Grenzvermeidungskosten sind der Euro Betrag, den man für die Vermeidung einer zusätzlichen Schadstoffmenge, wie z. B. einer zusätzlichen Tonne Schwefeldioxid, aufwenden muss. Diese Grenzkosten

sinken umso mehr, je mehr Schadstoffe emittiert werden können. Sie sind null, wenn keine Schadstoffvermeidung vorgeschrieben ist. Aufgrund unterschiedlicher Umwelttechnologie habe das Unternehmen 1 höhere Vermeidungskosten als das Unternehmen 2.

Nun beschließe die Regierung den Schadstoffausstoß zu halbieren. Als Grenzwert legt sie für jedes Unternehmen eine maximale Emission von 60.000 t Abgase fest. In diesem Fall hätte das Unternehmen 1 Grenzvermeidungskosten von 8 Euro für die zuletzt angefallene Emissionseinheit, während das Unternehmen 2 lediglich 4 Euro aufwenden muss. Im Durchschnitt beider Unternehmen betragen die Grenzkosten 6 Euro je Tonne.

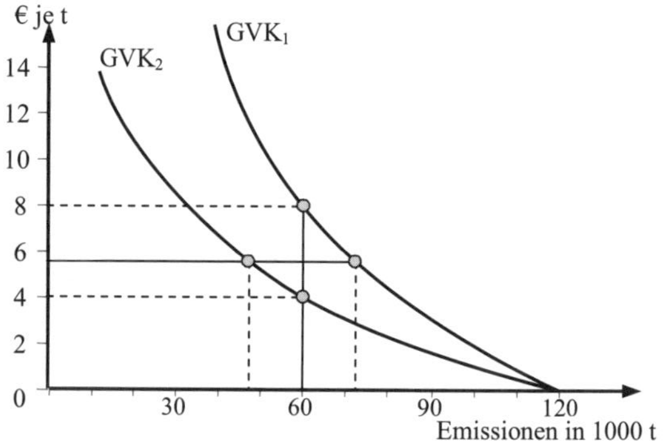

Abbildung 8-3: Reduzierung externer Effekte durch Auflagen oder Grenzwerte

Es stellt sich die Frage, ob das Ziel einer Halbierung der Emissionen nicht kostengünstiger erreicht werden kann. Aufgrund des Verlaufs der Grenzvermeidungskosten wissen wir, dass eine Reduktion der Emissionen bei Unternehmen 2 kostengünstiger erreicht werden kann. Würde folglich das Unternehmen 2 seine Emissionen über 60.000 t hinaus einschränken, könnte das Unternehmen 1 seine Emissionen im selben Umfang ausdehnen. Da die Grenzkosten der Schadstoffvermeidung bei Unternehmen 1 stärker sinken als sie bei Unternehmen 2 steigen, wäre damit ein Effizienzgewinn verbunden und zwar solange, bis die Grenzkosten der Emissionsvermeidung für beide Unternehmen gleich sind. In der Abbildung 8-3 ist dies für beide Unternehmen erreicht bei Grenzkosten von 5,60 € je Tonne. Das Unternehmen 1 kann 72.000 t emittieren, während das Unternehmen 2 seine Emissionen auf 48.000 t begrenzt. Das Ziel der Halbierung der Emissionen ist so kostengünstiger erreicht. Offensichtlich hätte die Regierung dieses Ergebnis auch ohne Grenzwerte erreichen können, indem sie die Unternehmen mit einer einheitlichen Umweltabgabe in Höhe der Grenzvermeidungskosten von 5,60 € belastet hätte. Daher werden in vielen Fällen Steuern und Abgaben gegenüber Grenzwerten und Standards bevorzugt. Allerdings haben staatliche Gebote und Verbote dort ihre Berechtigung, wo gesundheitliche Grenzwerte eingehalten werden müssen.

8.2.4.3 Internalisierung externer Effekte durch Umweltsteuern

Eine Alternative zur Festlegung von Grenzwerten ist die Besteuerung von Aktivitäten, die negative externe Effekte verursachen. Dieser Ansatz geht auf den englischen Ökonomen *Pigou* (1877 - 1959) zurück[3]. Er gilt als ein Pionier in der Entwicklung von Instrumenten zur Kontrolle und Vermeidung von Umweltproblemen. Die von ihm entwickelte Umweltsteuer- zielt darauf ab, den negativen externen Effekt zu internalisieren. Mit der Besteuerung wird korrigiert, was der Markt versäumt hat, indem der Verursacher sozialer Kosten mit einer

[3] *Pigou, A. C.* (1923)

Steuer belegt wird, die den Kosten entspricht, dic extern entstanden sind. Die Summe aus Steuer und privaten Grenzkosten entspricht im Idealfall den sozialen Grenzkosten der Produktion und führt so zu einer effizienten Ressourcenallokation. Mit der Pigou-Steuer kann der Staat somit das Marktversagen korrigieren.

Die Idee und Wirkung der **Pigou-Steuer** sind in Abbildung 8-4 dargestellt. K'_{priv} sind die privaten Grenzkosten der Produktion, die unter der Bedingung der Gewinnmaximierung das Marktangebot darstellen. Greift der Staat nicht ein, sind für die Unternehmen bei ihrer Produktionsentscheidung die privaten Grenzkosten relevant. Beim Preis p_0 wird die Menge x_0 produziert und abgesetzt. K'_{extern} sind die externen Grenzkosten und K'_{ges} die sozialen Grenzkosten der Produktion. Wenn der Staat eine Mengensteuer pro emittierte Schadenseinheit in Höhe der Differenz zwischen sozialen Grenzkosten und privaten Grenzkosten bei der Menge x_0 erhebt, verschiebt sich die Angebotskurve um den Steuerbetrag von t € nach oben. Das neue Gleichgewicht ergibt sich im Schnittpunkt der Nachfragekurve mit der A + t-Kurve. Im Gleichgewicht G* beträgt die Angebotsmenge x*, die zum Marktpreis p* abgesetzt wird. Dieses Marktergebnis ist ökonomisch effizient, weil die Konsumenten mit p* einen Preis zahlen, der ihrem Grenznutzen entspricht und zum Preis p* die sozialen Grenzkosten der Produktion gedeckt sind. Die Produzenten erzielen den Preis p_P, der die privaten Grenzkosten deckt. Der Staat schließlich erhält eine Steuer in Höhe von $t = p^* - p_P$. Dieser Steuerbetrag entspricht exakt den externen Grenzkosten im Marktgleichgewicht. Damit sind die externen Grenzkosten in vollem Umfang internalisiert.

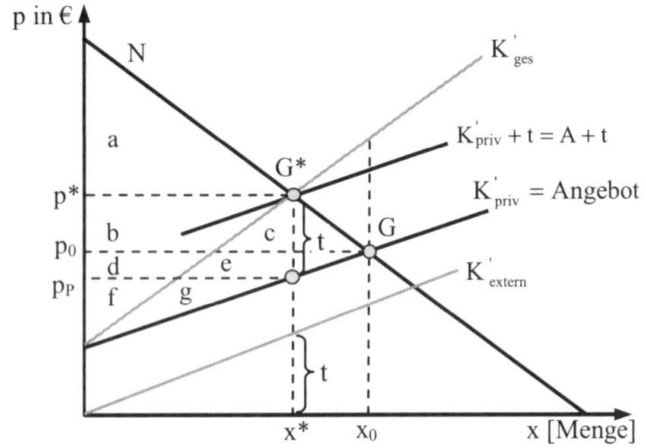

Abbildung 8-4: Korrektur von Marktversagen mit der Pigou-Steuer

Die Wohlfahrtwirkungen der Pigou-Steuer können anhand der Renten dargestellt werden. Bei vollständiger Internalisierung externer Kosten durch die Steuer entspricht die Konsumentenrente der Fläche a, die Produzentenrente den Flächen fg. Das Steueraufkommen des Staates ist gegeben durch die Flächen bcde. Externe Kosten sind in Höhe der Flächen ceg entstanden. Die Nettowohlfahrt ergibt sich somit aus der Summe der Konsumenten- und Produzentenrente, dem Steueraufkommen minus der externen Kosten. Sie entspricht der Summe der Flächen abdf. Dies stellt ein soziales Optimum dar. Somit ist durch Einsatz der Pigou-Steuer eine Pareto-effiziente Allokation bewirkt worden.

Umweltsteuern haben aber noch einen weiteren Vorteil. Sie schreiben den Unternehmen nicht vor, wie sie Umweltschäden vermeiden sollen. Die Unternehmen können ihre negativen externen Effekte mit den aus ihrer Sicht effizientesten Techniken vermeiden und damit die sozialen Kosten und als Folge davon ihre Steuerbelastung reduzieren.

Ein Problem der Pigou-Steuer ist, dass für eine präzise Anwendung der genaue Steuersatz zu bestimmen ist. Dazu müsste vor Einführung der Steuer bekannt sein, wie hoch die externen Grenzkosten nach Einführung der Steuer im Marktgleichgewicht sein werden. Der Staat verfügt aber nicht über die Informationen, um die Auswirkungen der Steuer auf die Umwelt korrekt abschätzen zu können. Diese Informationen liegen bei den Privaten und die privaten Verursacher des Umweltproblems haben kein Interesse, diese Informationen offen zulegen.

Aber auch wenn die exakte Festlegung der Steuer in vielen Fällen nicht möglich ist, sind Ökosteuern ein geeignetes Instrument zur Reduktion von Umweltbelastungen, weil sie einen Anreiz zur Schadstoffvermeidung darstellen und die Schadstoffreduktion zu minimalen Kosten erfolgt. Emittenten werden den Schadstoffausstoß solange reduzieren, solange die Grenzkosten zur Vermeidung von Schadstoffemissionen niedriger sind als der Steuersatz. Im Gleichgewicht werden sich – wie bereits in Abbildung 8-3 dargestellt – die Grenzvermeidungskosten der Emittenten angleichen, so dass die erreichte Reduktion von Schadstoffen zu den geringst möglichen Gesamtkosten realisiert wird.

Übung 8-2: Internalisierung eines externen Effekts durch eine Umweltsteuer

Die Nachfrage nach einer Chemikalie in 1000 t sei x = 1250 - 2,5p. Die Unternehmen in einem Wettbewerbsmarkt bieten dieses Produkt entsprechend ihrer aggregierten Grenzkostenkurve an. Sie lautet $K'_{priv} = 45 + 0{,}3x$, wobei x die Menge in 1000 t ist. Bei der Produktion treten externe Effekte in Form von Abwässern auf, die aber erst ab einer Produktionsmenge von über 100.000 t spürbar werden. Für darüber hinaus gehende Produktionsmengen ergeben sich Umweltschäden. Die externen Grenzkosten lauten

$K'_{extern} = -18 + 0{,}16x$.

a) Wie lauten die sozialen Grenzkosten der Produktion?

b) Welche Menge und welcher Preis ergeben sich in diesem Markt, wenn die Unternehmen bei der Gewinnmaximierung nur ihre privaten Grenzkosten zugrunde legen?

c) Der Staat wolle die externen Kosten internalisieren. Wie hoch muss der Steuerbetrag in Euro sein, um eine effiziente Ressourcenallokation sicherzustellen. Welcher Marktpreis kommt zu Stande, welche Menge wird produziert und welchen Preis erzielen die Produzenten? Stellen Sie den Sachverhalt grafisch dar.

d) Stellen Sie diesen Markt grafisch dar und bestimmen Sie die Marktgleichgewichte ohne Berücksichtigung bzw. unter Berücksichtigung der sozialen Grenzkosten.

Lösung:

a) Die sozialen Grenzkosten ergeben sich aus den privaten und den externen Grenzkosten: $K'_{ges} = K'_{priv} + K'_{extern} = 45 + 0{,}3x - 18 + 0{,}16x = 27 + 0{,}46x$ für $x \geq 1000$.

b) Das privatwirtschaftliche Gewinnmaximum der Unternehmen ist dort, wo sich die Nachfragekurve und Angebotskurve schneiden. Die Angebotskurve entspricht den privaten Grenzkosten. Die Bedingung für das Gewinnmaximum lautet p = K'. Für das Gewinnmaximum gilt folglich

$500 - 0{,}4x = 45 + 0{,}3x \rightarrow 0{,}7x = 455 \rightarrow x_0 = 650$

$p_0 = 500 - 0{,}4 \cdot 650 = 240$

Im Marktgleichgewicht kommt ein Preis von 240 € zustande. Zu diesem Preis wird eine Produktionsmenge von 650.000 t umgesetzt.

c) Eine effiziente Ressourcenallokation liegt vor, wenn die sozialen Grenzkosten der Produktion gleich den Grenznutzen der Nachfrager sind. Um das Marktgleichgewicht einer optimalen Allokation zu bestimmen, gilt die Bedingung: Preis = soziale Grenzkosten:

$500 - 0{,}4x = 27 + 0{,}46x \rightarrow 0{,}86x = 473 \rightarrow x^* = 550$

$p^* = 500 - 0{,}4 \cdot 550 = 280$

Werden den Unternehmen sämtliche Kosten der Produktion in Rechnung gestellt, wird die Menge von 550.000 t zum Preis von 280 € angeboten und nachgefragt. Bei einer Produktionsmenge von 550.000 betragen die externen Grenzkosten

$K'_{extern} = -18 + 0{,}16 \cdot 550 = 70$ €.

Dies ist der optimale Steuerbetrag. Der Preis, den die Produzenten erzielen, beträgt dann 280 - 70 = 210 €. Dieser Betrag entspricht exakt den Grenzkosten der Produktion bei einer Produktionsmenge von 550.000 t.

d) Grafische Darstellung:

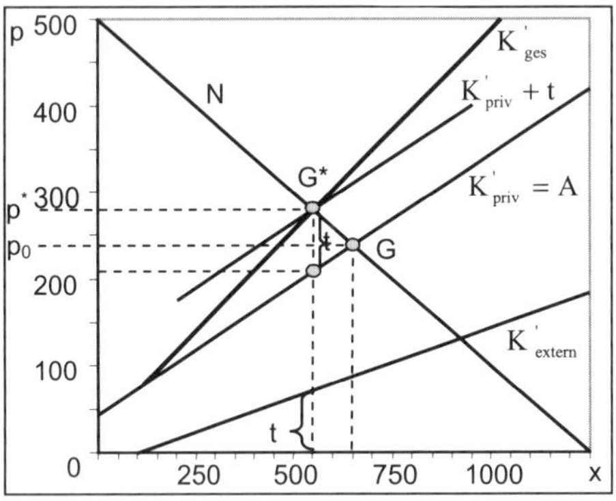

Abbildung 8-5: Internalisierung negativer externer Effekte durch eine Ökosteuer

8.2.4.4 Handelbare Emissionsrechte

Handelbare Emissionsrechte sind eine wichtige Alternative zu Umweltschutzauflagen und Ökosteuern, weil sie die Probleme, die mit diesen beiden Instrumenten verbunden sind, vermeiden. Anstatt den Unternehmen über Auflagen zur Pflicht zu machen, ihre Emissionen bis zu einer bestimmten Obergrenze zu reduzieren, erhält jedes Unternehmen ein Emissionsvolumen, bis zu dem Schadstoffemissionen erlaubt sind. Dazu legt der Staat das gesamte Emissionsvolumen fest und teilt den Unternehmen anteilige Emissionsrechte zu. Gleichzeitig schafft er die Rahmenbedingungen für einen Markt für Emissionsrechte und erlaubt den Unternehmen, diese Emissionsrechte zu handeln. So können sich Unternehmen, die mehr emittieren wollen, Emissionsrechte von Unternehmen kaufen, die ihr Emissionsvolumen nicht ausschöpfen, weil sie weniger produzieren und daher weniger Emissionen anfallen oder weil sie aufgrund von Umweltinvestitionen ihr Emissionsvolumen reduziert haben. Außerdem können sich Unternehmen mit hohen Grenzvermeidungskosten Emissionsrechte von Unternehmen mit niedrigeren Vermeidungskosten zukaufen.

Die Funktionsweise von handelbaren Emissionsrechten lässt sich an Hand von Abbildung 8-3 illustrieren. In diesem Beispiel legt die Regierung ein Emissionsvolumen von 120.000 t CO_2 Emissionen pro Jahr fest. Da die Unternehmen 1 und 2 gleich groß sind, bekommt je-

des Unternehmen Emissionsrechte von 60.000 t zugeteilt. Nun hat Unternehmen 1 Grenzvermeidungskosten von 8 €/t und Unternehmen 2 Grenzvermeidungskosten von 4 €/t. Es wäre folglich für Unternehmen 1 interessant, dem Unternehmen 2 Emissionsrechte zu einem Preis von unter 8 € abzukaufen. Für Unternehmen 2 wiederum wäre ein Verkauf von Emissionsrechten gewinnbringend, wenn der Preis, den es für ein Emissionsrechte bekommt, höher ist als seine Grenzvermeidungskosten. Das Unternehmen 2 verkauft Emissionsrechte und reduziert seine Emissionen, Unternehmen 1 kauft Rechte zu und emittiert mehr. Am Ende gewinnen beide. Das Unternehmen 2 erzielt einen Gewinn aus dem Verkauf der Emissionsrechte, wenn ein Preis zu Stande kommt, der über seinen Grenzvermeidungskosten liegt, das Unternehmen 1 hat niedrigere Kosten der Schadstoffvermeidung, wenn der Preis der Emissionsrechte unter seinen Grenzvermeidungskosten liegt. Im Marktgleichgewicht ergibt sich ein Preis für die Emissionszertifikate, der den Grenzvermeidungskosten in den beiden Unternehmen entspricht. Damit erfolgt die CO_2 Reduktion zu den geringstmöglichen Kosten.

Der Preis eines Emissionszertifikates zur Vermeidung einer Tonne Schadstoffe ist im Marktgleichgewicht gerade so hoch wie die Höhe der Pigou-Steuer, die der Staat festsetzen müsste, um die gleiche Menge an Emissionen am kostengünstigsten zu vermeiden. Aber bei Emissionsrechten müssen die staatlichen Behörden lediglich das insgesamt angestrebte Reduktionsvolumen festlegen und in dem entsprechenden Umfang Zertifikate ausgeben. Dann entscheidet der Markt über die Höhe des Preises der Zertifikate. Die Informationen, die der Staat benötigt, um die genaue Höhe der Steuer festlegen zu können, werden von den Unternehmen bei der Festlegung der Zertifikatpreise automatisch offen gelegt.

Praxisbeispiel 8-2: Ausgestaltung des Handels mit Emissionsrechten in Deutschland

Bei der Ausgestaltung des Emissionshandels müssen folgende Probleme gelöst werden:

a) Es ist die Gesamtmenge an zulässigen Emissionen festzulegen und zu entscheiden, welche Sektoren in den Handel einbezogen werden sollen.

b) Die Gesamtmenge der Emissionsrechte ist auf die einzelnen Unternehmen/Anlagen aufzuteilen (Allokation der Emissionsrechte).

c) Der Gesetzgeber muss durch Regelungen sicherstellen, dass die Rechte auch gehandelt werden können.

d) Es muss kontrolliert werden, dass die tatsächlichen Emissionsmengen durch gleich hohe Emissionsrechte gedeckt sind. Bei Zielverletzungen sind Sanktionen vorzusehen.

a) Gesamtmenge an zulässigen Emissionen und einbezogene Sektoren[4]

Aufgrund des Kyoto Protokolls sowie des EU internen Burden Sharings ergibt sich für die Bundesrepublik ausgehend von der Basis 1990/1995 bis 2008/2012 eine Reduktionsverpflichtung der CO_2-Emissionen von 21%. Daraus wurden Emissionsbudgets für die einzelnen Sektoren abgeleitet, die in Tabelle 8-2 zusammengestellt sind.

Die Treibhausgasemittenten werden in Deutschland fünf Makrosektoren zugeordnet: Energiewirtschaft, Industrie, Handel/Gewerbe/Dienstleistungen, Verkehr, Haushalte. Zur Teilnahme am Emissionshandel sind im ersten Schritt energieintensive Unternehmen aus den Sektoren Industrie und Energiewirtschaft verpflichtet. Insgesamt sind die Betreiber von etwa 1850 Anlagen in den Handel einbezogen.

[4] Vgl zum Folgenden Nationaler Allokationsplan für die Bundesrepublik Deutschland 2005-2007, Bundesministerium für Umwelt, Internet http://www.bmu.de/emissionshandel/doc/5721.php, 8.5.2006 sowie ausführliche Informationen unter http://www.emissionshandel-fichtner.de/.

Tabelle 8-2: CO_2-Emissionen nach Energiebilanz-Sektoren von 1990-2002 sowie Emissionsbudgets für die Perioden 2005-2007 und 2008-2012 (Mio. t CO_2 pro Jahr)

Zeitraum	In den Handel einbezogene Sektoren	Übrige Sektoren	Insgesamt
Basis 1990/1995	636	378	1014
Durchschnitt 2000/2002	505	358	863
Zuteilung 2005/2007	503	356	859
Zuteilung 2008/2012	495	351	846

b) Allokation der Emissionsrechte

Gemäß Artikel 9 der EU Richtlinie müssen die Mitgliedsstaaten für jede Verpflichtungsphase einen Nationalen Allokationsplan (NAP) erstellen und diesen der EU-Kommission zur Genehmigung einreichen. Darin werden die Gesamtmenge der zuzuteilenden Emissionsrechte sowie die vorgesehene Aufteilung auf die betroffenen Anlagen festgelegt. Für bestehende Anlagen wird als Allokationsmethode die Zuteilung auf Basis historischer Emissionen angewandt. Die Zuteilung von Emissionsberechtigungen für eine Anlage ergibt sich dabei aus der Multiplikation der historischen, jahresdurchschnittlichen CO_2-Emissionen der Anlage in der Basisperiode mit einem einheitlichen Erfüllungsfaktor.

c) Ausgestaltung des Handelssystems

Rechtsgrundlage für den Emissionshandel ist das Treibhausgas-Emissionshandelsgesetz (TEHG), das am 15.07.04 in Kraft getreten ist. Es regelt die grundlegenden Strukturen der nationalen Umsetzung des Emissionshandels (Genehmigung, Emissionsberichte und Überwachung, Verfahren für den Allokationsplan und die Zuteilung, Verwaltung und Handel der Zertifikate, Sanktionen). Für diese Aufgaben wird eine Emissionshandelsstelle geschaffen.

Die Zuteilung der Emissionszertifikate erfolgt jährlich am 28.02. auf so genannten „Operator Holding Accounts". Auf diesen Online-Konten werden Vergabe, Besitz, Übertragung und Löschung von Zertifikaten verbucht. Bei einer Übertragung von Zertifikaten weist der Verkäufer die kontoführende Stelle an, den Rechtetransfer auf dem Konto des Erwerbers einzutragen.

Abbildung 8-6: Preisentwicklung eines Emissionszertifikats am Spotmarkt der Leipziger Strombörse[5]

Der Rechtsrahmen des Handelssystems legt nicht fest, wie und wo der Handel mit Zertifikaten stattfindet. Unternehmen/Personen können Zertifikate direkt untereinander handeln oder über einen Makler oder einen anderen Marktmittler kaufen bzw. verkaufen. In der Bundesrepublik

[5] Quelle: Strombörse Leipzig, Internet: http://www.eex.com/de/Marktinformation/Emissionsberechtigungen/EU%20Emission%20Allowances%20Chart%20%7C%20Spotmarkt/spot-eua-chart/2007-11-12

werden Zertifikate an der Strombörse in Leipzig gehandelt. Abbildung 8-6 zeigt, wie sich der Preis eines Emissionszertifikats für die Emission einer Tonne CO_2 seit 2005 entwickelt hat. Der starke Preiseinbruch am Ende der ersten Abrechnungsperiode Ende April ist darauf zurückzuführen, dass die Unternehmen in vielen Ländern großzügig mit Emissionsrechten ausgestattet wurden, so dass per Saldo in der EU nicht alle Emissionsrechte ausgenutzt wurden.

d) Kontrolle der Emissionsmengen und -rechte, Sanktionen bei Zielverletzungen

Bis zum 31.03. des Folgejahres muss für jede Anlage ein zertifizierter Bericht über den CO_2-Ausstoß im Vorjahr erstellt werden, aus dem die Differenz zwischen verfügbaren und tatsächlich benötigten Emissionsrechten hervorgeht. Hat ein Unternehmen weniger CO_2 ausgestoßen als es an Rechten hält, kann es die Überschüsse in das nächste Jahr übertragen (Banking) oder auf dem Markt verkaufen. Hat ein Unternehmen mehr CO_2 ausgestoßen als es an Berechtigungen hält, ist es verpflichtet, die Lücke zu schließen. Dazu kann es die entsprechende Emissionsrechte auf dem Markt zukaufen oder Emissionsberechtigungen aus dem folgenden Jahr als Ausgleich für Emissionsüberschreitungen des Vorjahres einsetzen ("periodenbegrenztes borrowing"). Falls dieser Ausgleich nicht bis zum 30.04 nach dem jeweiligen Berichtsjahr erfolgt, werden Strafzahlungen in Höhe von 40 EUR/t CO_2 fällig.

8.3 Öffentliche Güter

8.3.1 Definition und Abgrenzung öffentlicher Güter

Am Beispiel des historisch wertvollen Gebäudes haben wir gesehen, dass die Vorteile der Restaurierung nicht nur dem Eigentümer zu Gute kommen, sondern auch Dritte davon einen Vorteil haben. Dies wird dazu führen, dass sich der Eigentümer an seinen eigenen Vorteilen orientiert und das Gebäude nur in dem Umfang restauriert, den er unter seinen Kostenaspekten für vertretbar hält. Im Ergebnis wird der Umfang der Restauration hinter dem zurückbleiben, was für den Erhalt des historischen Stadtbildes wünschenswert wäre. Daher wird die Kommune den Eigentümern historischer Gebäude einen Zuschuss gewähren, um eine aus gesellschaftlicher Sicht optimale Instandsetzung zu gewährleisten. Es gibt jedoch Güter, bei denen die gesellschaftlichen Nutzen so hoch sind, die privaten Vorteile im Vergleich zu den erforderlichen Kosten aber so niedrig, dass niemand bereit sein wird, dieses Gut herzustellen, obwohl mit seiner Produktion hohe gesellschaftliche Nutzen verbunden sind. Solche Güter bezeichnet man als öffentliche Güter.

Öffentliche Güter weisen zwei Eigenschaften auf. Es herrscht Nichtrivalität im Konsum und Nichtausschließbarkeit. Jeder Akteur, der ein Gut oder eine Dienstleistung produziert und am Markt anbietet, muss in der Lage sein, all diejenigen Konsumenten oder Nutzer des Gutes vom Konsum oder der Nutzung auszuschließen, die nicht bereit sind, für das Gut oder die Dienstleistung zu bezahlen. Nur wenn das Ausschlussprinzip des Marktes funktioniert, können Unternehmen aus dem Verkauf der Güter und Dienste die Erlöse erwirtschaften, die für die Deckung der Produktionskosten benötigt werden. Damit dieses Ausschlussprinzip durchgesetzt werden kann, müssen Eigentumsrechte an den Gütern festgelegt werden, und der Inhaber dieser Eigentumsrechte muss in der Lage sein, alle diejenigen, die für das Gut nicht zu zahlen bereit sind, vom Konsum auszuschließen. Die Durchsetzung dieses Ausschlussprinzips muss nicht nur technisch, sondern auch zu wirtschaftlich vertretbaren Kosten möglich sein. Zur Durchsetzung des Ausschlussprinzips sind kostenträchtige Maßnahmen erforderlich, wie z. B. Sicherungseinrichtungen gegen unberechtigte Nutzung oder unbefugten Zugang, Kassiereinrichtungen, Abschluss von Verträgen und deren Durchsetzung usw.. Bei öffentlichen Gütern ist ein Ausschluss vom Konsum nicht möglich. Ist das Gut

erst einmal produziert, kann es von allen konsumiert werden, selbst wenn sie nichts dafür zahlen. Ein Beispiel dafür ist die äußere Sicherheit durch Landesverteidigung.

Bei einem Gut liegt Rivalität im Konsum vor, wenn zwei Leute nicht gleichzeitig dieselbe Einheit konsumieren können. Wenn Sie also eine Tafel Schokolade kaufen und essen, kann niemand anderer diese Tafel Schokolade verzehren. Nichtrivalität im Konsum bedeutet dagegen, dass die Menge eines Gutes, die von einer Person konsumiert wird, unabhängig davon ist, welche Mengen andere Personen von dem Gut konsumieren. Wenn zum Beispiel jemand als Rundfunkanbieter ein Radioprogramm anbietet und dazu ein öffentliches Rundfunksignal sendet, wird Ihr Hörgenuss nicht dadurch beeinträchtigt, dass gleichzeitig tausende anderer Leute das gleiche Programm hören. Die Grenzkosten, die entstehen, wenn eine weitere Person das Radioprogramm hört, sind null.

Wenn wir die beiden Gütereigenschaften kombinieren, erhalten wir 4 Güterkategorien, die in der folgenden Tabelle 8-3 zusammengestellt sind. Private Güter erfüllen die Eigenschaft der Rivalität im Konsum und der Ausschließbarkeit, während bei reinen öffentlichen Gütern die beiden Merkmale nicht erfüllt sind. Klassische Beispiele dafür sind die Bereitstellung äußerer und innerer Sicherheit durch Landesverteidigung und Polizei.

Tabelle 8-3: Klassifizierung der Güter nach Rivalität und Ausschlussmöglichkeit

	Rivalität	Nichtrivalität (bis zur Kapazitätsgrenze)
Ausschluss möglich	**Private Güter** Wohnung, Nahrung, Auto, Computer, Flugticket, Kino	**Club- oder Mautgüter** Museen, Kunstgalerien, Straßen und Brücken, Pay TV, Kabelfernsehen
Ausschluss nicht möglich	**Allmendegüter** Luft, Fische in den Ozeanen, Wanderwege im Gebirge	**Öffentliche Güter** Landesverteidigung, Öffentliche Sicherheit, Freies Fernsehen

Aus Tabelle 8-3 wird deutlich, dass zahlreiche Güter, die vom Staat bereitgestellt werden, keine öffentlichen Güter i.e.S. sind. Soweit das Ausschlussprinzip durchsetzbar ist, könnten zahlreiche, staatlich bereitgestellte Güter auch von privaten Unternehmen produziert und angeboten werden. Beispiele dafür sind das Kabelfernsehen oder Pay TV-Sender. Mit modernen Technologien kann nicht nur auf Autobahnen, sondern auch auf weiteren Straßen das Ausschlussprinzip durchgesetzt und eine nutzungsabhängige Preissetzung eingeführt werden. Dann könnten diese Güter auch von privaten Unternehmen bereitgestellt werden. Soweit allerdings bei privatwirtschaftlicher Produktion externe Erträge anfallen, kommt es zu einer aus gesellschaftlicher Sicht zu geringen Angebotsmenge, die dann gegebenenfalls ein staatliches Handeln erfordert. So finden wir in vielen Ländern gleichzeitig private und öffentliche Hochschulen.

Ein besonderes Problem ergibt sich, wenn bestimmte Ressourcen allen zugänglich sind, aber gleichzeitig der Umfang, in dem eine Person die Ressource nutzt, die Nutzungsmöglichkeiten anderer Nutzer einschränkt. Ein Beispiel dafür ist die Meeresfischerei oder der Walfang. Bei solchen Gütern spricht man von Gemeineigentum oder so genannten Allmendegütern. Die Problematik dieser Güter wird im folgenden Abschnitt untersucht.

8.3.2 Optimale Bereitstellung öffentlicher Güter

Eine effiziente Allokation bei der Bereitstellung privater Güter erfordert, dass der Grenznutzen, den die zuletzt konsumierte Einheit stiftet, gerade so hoch ist wie die Grenzkosten, die bei ihrer Produktion entstanden sind. Dieses Prinzip gilt auch für die Bereitstellung öffentlicher Güter. Dabei sind die Grenzkosten der Ressourceneinsatz, der erforderlich ist, um eine zusätzliche Mengeneinheit zu produzieren. Der Grenznutzen entspricht der marginalen Zahlungsbereitschaft der Konsumenten für die Bereitstellung einer zusätzlichen Mengeneinheit. Aufgrund der Eigenschaften öffentlicher Güter kommen alle Konsumenten in den Genuss einer zusätzlich produzierten Mengeneinheit, so dass die sozialen Grenznutzen den Grenzkosten gegenüberzustellen sind. Der soziale Grenznutzen entspricht dabei der Summe des Grenznutzens, den die Konsumenten aus der Bereitstellung einer zusätzlichen Mengeneinheit ableiten.

Um das Prinzip der effizienten Bereitstellung öffentlicher Güter zu illustrieren, betrachten wir folgendes Beispiel. Eine Kommune plane die Bereitstellung eines öffentlichen Parks. Aufgrund der Planungen erwarte sie konstante Grenzkosten in Höhe von 3.500 € für jeden zusätzlichen Hektar. Für die Verantwortlichen stellt sich die Frage, welches die optimale Größe des Parks ist.

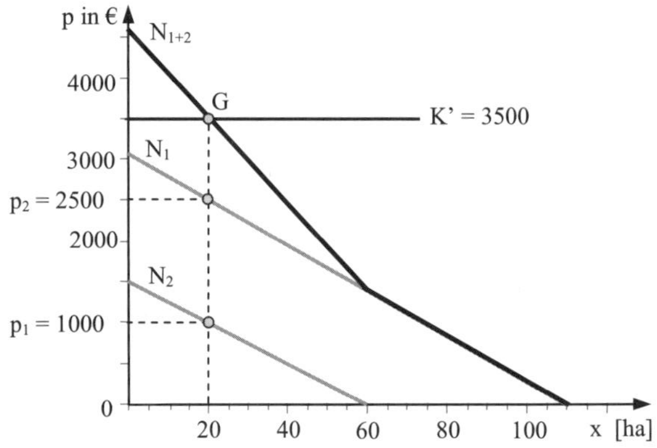

Abbildung 8-7: Effiziente Bereitstellung öffentlicher Güter

Um unsere Darstellung einfach zu halten, beschränken wir uns auf zwei Einwohner. In Abbildung 8-7 sind die Nachfragekurven der beiden Bürger mit N_1 und N_2 dargestellt. Die Nachfragekurven beschreiben den Grenznutzen, den jeder von ihnen bei einer Vergrößerung des Parks um einen zusätzlichen Hektar hat. Dieser Grenznutzen entspricht zugleich der marginalen Zahlungsbereitschaft für einen zusätzlichen Hektar Park. So misst z. B. der erste Konsument dem 20. Hektar einen Grenznutzen bei, der dem Gegenwert von 2.500 € entspricht, während Konsument 2 diesem Hektar einen Wert von 1.000 € beimisst. Da beide Konsumenten zunächst für jeden zusätzlichen Hektar Park einen Nutzenzuwachs erfahren, ergibt sich der soziale Grenznutzen dadurch, dass man für jede zusätzliche Mengeneinheit die Grenznutzen der beiden Bürger vertikal addiert. Daraus ergibt sich die N_{1+2}-Kurve als gesellschaftliche Nachfragekurve. Diese repräsentiert zugleich die marginale Zahlungsbereitschaft der beteiligten Bürger.

Die aus Sicht der Bürger optimale Größe des Parks ist dort, wo der soziale Grenznutzen eines zusätzlichen Hektars gerade den Grenzkosten entspricht. Dies ist der Fall im Punkt G. Der 20. Hektar verursacht Grenzkosten in Höhe von 3.500 €. Der Nutzen, den die Bürger

diesem Hektar beimessen, entspricht in der Summe einem Wert von ebenfalls 3.500 €. Eine Parkgröße von 20 ha wäre somit optimal. Würde man einen größeren Park bauen, wären bei jedem zusätzlichen Hektar die Kosten höher als der Nutzenzuwachs. Dies wäre eine Verschwendung von Ressourcen. Bei einer geringeren Menge als 20 ha sind die Grenznutzen höher als die Grenzkosten. In diesem Fall könnte mit einer Ausdehnung des Parks die soziale Wohlfahrt gesteigert werden.

Die Abbildung 8-7 gibt uns auch eine Antwort auf die Frage, warum der Park nicht von einem privaten Unternehmen bereitgestellt wird. In unserem Beispiel verläuft die Grenzkostenkurve im gesamten Bereich über den individuellen Nachfragekurven, das heißt, die Zahlungsbereitschaft jedes einzelnen Bürgers ist niedriger als die Grenzkosten, so dass ein Unternehmen zu keinem Zeitpunkt einen kostendeckenden Preis verlangen und durchsetzen kann. Ein Beispiel dafür ist etwa die Verwendung von Forschungsergebnissen. Werden Forschungsergebnisse bekannt und von Konkurrenten zur Nachahmung von Produkten verwendet, sinkt der Preis des Gutes. Wenn als Folge davon das Risiko steigt, dass das Unternehmen die Forschungskosten nicht mehr über den Produktpreis hereinholen kann, wird sich das Unternehmen aus der Forschung zurückziehen.

8.3.3 Finanzierung öffentlicher Güter

Die Regeln für die optimale Bereitstellung öffentlicher Güter liefert uns gleichzeitig auch eine Information, in welchem Umfang der einzelne für die Bereitstellung öffentlicher Güter an den Kosten beteiligt werden soll. Danach sollten die betreffenden Bürger in dem Umfang an der Finanzierung öffentlicher Güter beteiligt werden, der ihrer eigenen Zahlungsbereitschaft entspricht. In unserem Beispiel würde also der Konsument 1 einen Betrag von 2.500 € je Hektar und der Konsument 2 den Betrag von 1.000 € je Hektar übernehmen.

Allerdings ist es in der Praxis nicht möglich, die individuelle Zahlungsbereitschaft zu ermitteln, und die Bürger ihrerseits werden freiwillig nicht offen legen, was ihnen die Bereitstellung eines öffentlichen Gutes wert ist. Weil das Ausschlussprinzip nicht funktioniert, hat jeder Bürger einen Anreiz, den persönlichen Wert des öffentlichen Gutes möglichst niedrig anzugeben, solange er davon ausgehen kann, dass die anderen Bürger nur ein genügend großes Interesse an der Bereitstellung haben. Dieses Verhalten bezeichnet man als Trittbrettfahrerproblem. Es macht jede Zurechnung der Kosten öffentlicher Güter, die sich an den individuellen Nutzen orientiert, sehr schwierig, wenn nicht gar unmöglich.

Als Alternative bleiben daher nur die staatliche Bereitstellung öffentlicher Güter und deren Finanzierung über Steuern. Die Steuerbelastung orientiert sich jedoch nicht an der individuellen Zahlungsbereitschaft der Mitbürger. Wenn etwa unser Park durch eine Umlage oder Kopfsteuer finanziert würde, würde der Konsument 1 zusätzlich begünstigt, weil seine Finanzierungslast niedriger ist als seine individuelle Zahlungsbereitschaft. Konsument 2 wäre hingegen benachteiligt, weil sein Finanzierungsbeitrag höher ist als sein Grenznutzen. Weil aber der Staat über sein Budget zahlreiche Güter bereitstellt, die den einzelnen Bürgern unterschiedlich viel wert sind, wäre es denkbar, dass sich die individuellen Unterschiede in der Tendenz ausgleichen[6].

8.4 Gemeineigentum

Wie in Tabelle 8-4 dargestellt, sind Güter im Gemeineigentum Kollektivgüter, weil das Ausschlussprinzip nicht funktioniert. Sie haben aber auch den Charakter von privaten Gütern, weil Rivalität im Konsum gegeben ist. Der Grund liegt darin, dass die Ressource in

[6] Siehe dazu auch die Ausführungen zu den Steuererhebungsprinzipien in Kapitel 3, S. 86 ff..

Gemeineigentum begrenzt ist und jeder zusätzliche Nutzer dieser Ressource die Erträge der bisherigen Nutzer beschränkt oder reduziert. Dieses Problem stellte sich im Mittelalter beim Kollektiveigentum an Allmenden. Das waren gemeinsam genutzte Wiesen und Wälder, die von den Dorfbewohnern unbeschränkt als Viehweiden genutzt werden konnten. Die Folge war eine Übernutzung, weil zu viel Vieh auf die Weiden getrieben wurde. Ähnliche Probleme stellen sich bei der Hochseefischerei, soweit die Fanggründe nicht in den nationalen Hoheitsgewässern liegen und der jeweilige Staat Fangbeschränkungen erlässt. Weitere Beispiele für Ressourcen in Gemeineigentum sind die Luft, der tropische Regenwald oder Wildbestände. So betrachteten die Siedler in Amerika die riesigen Büffelherden als Ressource in Gemeineigentum, die wegen ihrer Häute fast bis zur Ausrottung gejagt wurden.

Um das Problem der Übernutzung eines Gemeinschaftsgutes zu verstehen, betrachten wir folgendes Beispiel (vgl. Tabelle 8-4). Nehmen wir an, dass an einem großen See, z. B. dem Bodensee würden derzeit fünf Fischer ihren Beruf ausüben. Jeder von ihnen fängt durchschnittlich 2.000 t Fisch pro Jahr. Dieser Fang kann zu einem Preis von 25 € je Kilogramm verkauft werden. In der Ausgangssituation erzielen die Fischer einen durchschnittlichen Erlös von 50.000 €. Die Kosten (Boot, Netze, Arbeitszeit) seien bei allen Fischern gleich hoch und beliefen sich auf jährlich 35 000 €, so dass pro Fischer ein Jahresgewinn in Höhe von 15.000 € erzielt werde.

Tabelle 8-4: Auswirkungen des Markteintritts bei Gemeineigentum

Anzahl der Fischer	Gesamt-erlös	Durch-schnitts-erlös	Grenz-erlös	Gesamt-kosten	Grenz-kosten = Ø-kosten	Gesamt-gewinn	Durch-schnitts-gewinn
5	250 000	50 000		175 000	35 000	75 000	15 000
6	279 000	46 500	29 000	210 000	35 000	69 000	11 500
7	297 500	42 500	18 500	245 000	35 000	52 500	7 500
8	310 000	38 750	12 500	280 000	35 000	30 000	3 750
9	315 000	35 000	5 000	315 000	35 000	0	0

Nun haben wir im Modell der vollkommenen Konkurrenz gelernt, dass durch Gewinne in einem Markt Marktzutritte induziert werden. Die Auswirkungen dieser Markteintritte sind beispielhaft in der Tabelle 8-4 dargestellt. Wenn ausgehend von fünf bestehenden Fischern ein weiterer Fischer seinen Betrieb aufnimmt, muss er sich den bestehenden Fischbestand mit den bisherigen Fischern teilen mit der Folge, dass das durchschnittliche Fangergebnis bei allen Fischern zurückgeht. Diese sozialen Kosten, die bei den bestehenden Nutzern des Sees entstehen, berücksichtigt der neu eintretende Kollege nicht, denn er vergleicht seinen Erlöszuwachs (= sein Durchschnittserlös) in Höhe von 46.500 € mit seinen Kosten und stellt fest, dass er einen Gewinn in Höhe von 11.500 € erwirtschaftet hat. Zwei weitere Fischer vergleichen ebenfalls ihren Umsatz mit ihren Kosten und erzielen auch noch bescheidene Gewinne. Sind insgesamt 9 Fischer am See tätig, ist für jeden der Durchschnittserlös geradeso hoch wie die Durchschnittskosten. Die Gesamtkosten aller Fischer sind gerade gedeckt mit den Erlösen, die aus der gemeinsamen Nutzung des Sees erzielt werden.

Der Vergleich von Durchschnittserlösen mit den privaten Grenzkosten führt dazu, dass zu viel Fisch produziert wird, der See folglich überfischt wird. Der Grund dafür ist, dass bei der Nutzung einer gemeinsamen Ressource, die zusätzlichen Erlöse, die durch einen Markteintritt generiert werden, den zusätzlichen Kosten dieses Markteintritts gegenübergestellt werden müssen. Betrachten wir z. B. die Auswirkungen des Markteintritts des 6. Fi-

schers. Der zusätzliche Fang, den er erzielt, erbringt einen Erlöszuwachs von 29.000 €. Dafür sind zusätzliche Kosten in Höhe von 35.000 € entstanden. Folglich waren die mit dem Markteintritt verbundenen Grenzkosten höher als der dadurch erzielte Erlöszuwachs, so dass der Gesamtgewinn aller Fischer gesunken ist. Weil aber jeder neu eintretende Fischer seinen Durchschnittserlös als seinen Erlöszuwachs betrachtet und diesen seinen privaten Grenzkosten gegenüberstellt, die sozialen Kosten der übrigen Fischer aber ignoriert, kommt es zu einer zu hohen Produktionsmenge und zu einer Übernutzung des Sees.

Eine Lösung des Problems der Übernutzung kann nur durch den Staat erfolgen, indem er den Zugang zu Gemeinschaftsgütern reguliert. Dazu muss er das optimale Niveau einer nachhaltigen Nutzung der natürlichen Ressourcen festlegen und im Falle einer Übernutzung die Überkapazitäten durch Schließung und Stilllegung abbauen. Die weitere Nutzung muss reguliert werden, indem Marktzutritte und das Produktionsniveau durch Festlegung von Quoten begrenzt werden. Häufig reguliert der Staat den Zugang zu einer Ressource auch durch Lizenzen. So kann man einen Radiosender nur betreiben, wenn man eine Lizenz für die Nutzung einer Sendefrequenz erwirbt.

Häufig sind Gemeinschaftsgüter in ihrer Ausdehnung so groß, dass sie von einem Staat allein gar nicht kontrolliert werden können. Im Falle von Fischgründen oder Rohstoffen haben deshalb einzelne Länder ihr Hoheitsgebiet über die 12 Meilenzone hinaus ausgedehnt, um die wirtschaftliche Nutzung kontrollieren zu können. In vielen Fällen sind aber Verhandlungen erforderlich, um das Problem zu lösen. Beispiele dafür sind die Fischgründe vor Neufundland, die außerhalb der 12 Meilen Zone Kanadas von zahlreichen Nationen intensiv befischt wurden, so dass die kanadische Regierung der EU ein räuberisches Überfischen vorwarf. In den darauf folgenden Verhandlungen haben die EU und Kanada Fangquoten vereinbart. Das Problem bei international vereinbarten Fangquoten ist allerdings deren Überwachung. Sie ist kostenintensiv und die Beweisführung ist häufig schwierig.

Ein dritter Weg zur Lösung des Problems der Übernutzung ist die Privatisierung des Gemeinschaftsgutes. In Deutschland wurden die gemeinschaftlich genutzten Weideflächen nach und nach abgelöst, indem das Gemeinschaftseigentum in Einzelnutzungsrechte aufgespalten wurde. Der alleinige Nutzer konnte andere Allmendeberechtigte von der weiteren Nutzung der Weideflächen ausschließen, was zu einer effizienten Landnutzung unter quasi privater Eigentümerschaft führte.

8.5 Unvollständige und asymmetrische Information

8.5.1 Formen unvollständiger Information

Der mikroökonomischen Theorie mit der neoklassischen Annahme der vollständigen Information liegt ein instrumentales Rationalitätskonzept zu Grunde. Dies setzt drei Arten von Informationen als gegeben voraus:

- die Handlungsalternativen,
- die Handlungsfolgen und
- das Verfahren zur Auswahl der besten Alternative (Lösungsalgorithmus).

Dies impliziert, dass für die Beschaffung der Informationen über Handlungsalternativen und Handlungsfolgen keine Kosten aufgewendet werden müssen und diese Informationen allen Interessierten frei zur Verfügung stehen. Diese Annahme ist in vieler Hinsicht realitätsfremd, denn jeder, der z. B. daran denkt, sich eine Wohnung zu suchen, weiß, wie zeit- und kostenintensiv eine Wohnungssuche sein kann. Dies bedeutet, dass der Suchprozess, der

Vertragsabschluss usw. sowohl für den Käufer als auch für den Verkäufer Kosten verursachen, so dass in der Regel unvollständige Information vorliegt. Darüber hinaus ist es häufig der Fall, dass die relevanten Informationen zwischen den beteiligten Akteuren ungleich verteilt sind. Die Fälle unvollständiger Informationen und asymmetrischer Informationen sind wichtige Bereiche der Neuen Institutionenökonomik und der Informationsökonomik.

Die wichtigsten Bereiche der Neuen Institutionenökonomik sind

- die Theorie der Verfügungsrechte (Property Rights),
- die Anreiz- und Vertragstheorie, die sich in wichtigen Teilen mit der Informationsökonomik überschneidet, und
- die Transaktionskostenanalyse.

Tabelle 8-5: Einordnung ausgewählter Zweige der ökonomischen Theorie[7]

Ausmaß der Rationalität	Utilitaristisches Verhalten	
	bei Einhaltung der Regeln	bei Nichteinhaltung der Regeln (Opportunismus)
vollständig	Allgemeine Gleichgewichtstheorie	Informationsökonomik, Anreiz- und Vertragstheorie
begrenzt	Temporäre Gleichgewichtstheorie	Transaktionskostentheorie

Sowohl der Transaktionskostenansatz als auch die Anreiz- und Vertragstheorie haben die Gestaltung von Verträgen zum Inhalt. Sie unterscheiden sich aber hinsichtlich des Ausmaßes an Rationalität. In der Transaktionskostentheorie ist die Rationalität der handelnden Wirtschaftssubjekte begrenzt. Daher kommen unvollständige Verträge zu Stande. Aufgrund der Unsicherheit und der Komplexität der Umwelt können nicht alle für eine Transaktion relevanten Umstände erfasst und geregelt werden. Opportunistisches Verhalten verhindert im Falle unvollständiger Verträge die Erarbeitung gemeinsamer Lösungen, in denen beide Vertragspartner gewinnen. Vielmehr nutzen die Vertragspartner unerwartete Umstände aus, um einseitige Vorteile zu erzielen und ihren eigenen Nutzen zu steigern. Folge solcher Verhaltensweisen ist z. B. die Notwendigkeit, Verträge nach Abschluss nachzuverhandeln und auf unvorhergesehene Notwendigkeiten anzupassen.

Inhalt der Anreiz- und Vertragstheorie sind dagegen Informationsasymmetrien zwischen den Vertragsparteien. Allerdings kann der Auftraggeber das Ergebnis der Tätigkeit des Auftragnehmers feststellen und verfügt auch über alle weiteren Informationen für die Gestaltung vollständiger Verträge.

In der Informationsökonomik und in der Anreiz- und Vertragstheorie werden von Informationsasymmetrien untersucht (vgl. Abbildung 8-8), die sich zwischen dem sog. Prinzipal und dem Agenten ergeben können. Dabei ist der Prinzipal derjenige, der einen anderen beauftragt, für ihn eine Leistung zu erbringen oder in seinem Auftrag tätig zu werden. Der Agent ist der Auftragnehmer, der die Anweisung hat, im Sinne des Prinzipals tätig zu werden. Zwischen Prinzipal und Agent sind drei Dimensionen von Informationsasymmetrien möglich.

Die Informationsasymmetrie besteht bereits vor Vertragsabschluss. Danach hat der Prinzipal bereits vor Vertragsabschluss ein Informationsdefizit im Hinblick auf die Eigenschaft oder

[7] In Anlehnung an *Krebs, D. M.* (1990), S. 747

Qualität des vom Agenten angebotenen Gutes bzw. der angebotenen Leistung[8]. In diesem Fall spricht man von **Hidden Characteristics**. So ist etwa für den Erfolg eines Unternehmens die Leistungsfähigkeit der einzustellenden Mitarbeiter von erheblicher Bedeutung. Tatsächlich kennt der Mitarbeiter seine Leistungsfähigkeit besser als das Unternehmen, das nach Möglichkeit nur solche Mitarbeiter einsetzen möchte, die eine möglichst hohe Qualifikation besitzen. Ein ähnliches Problem ergibt sich bei der Kenntnis über die Qualität der angebotenen Produkte. Häufig haben die Verkäufer eines Produkts bessere und differenziertere Informationen über die Qualität der angebotenen Produktvarianten als die Verkäufer.

Zur Überwindung dieses Marktversagens können Prinzipal und/oder Agent verschiedene Wege gehen. Beim Signaling kann ein Stellenbewerber sein Produktivitätspotenzial zum Beispiel durch Zeugnisse und Referenzen signalisieren und die Informationsasymmetrie vermindern. Der Verkäufer kann durch Zusagen oder Garantien eine bestimmte Produktqualität zusichern. Beim Screening wird der Arbeitgeber die Bewerber in ein Assessment Center einladen, um sie hinsichtlich ihrer Leistungspotenziale zu überprüfen. Konsumenten können sich z. B. an Hand von Testberichten oder aufgrund der Erfahrungen anderer Käufer über die Produktqualität informieren.

Informationsasymmetrie		
„Hidden Charakteristics“ Unsicherheit in Bezug auf die vom Agenten angebotene Qualität der Güter oder Leistungen vor Vertragsabschluss	**„Hidden Action“** Unsicherheit in Bezug auf das Verhalten des Agenten nach Vertragsabschluss	**„Hidden Intention“** Unsicherheit in Bezug auf die Motive des Agenten nach Vertragsabschluss
Probleme		
„Adverse Selection“	**„Moral Hazard“**	**„Hold up“**
Lösungsansätze		
Signaling Screening Self-Selection Self-Bonding	Anreizverträge anreizkompatible Zuweisung von Property Rights Montoring Signaling	Interessenangleichung langfristige Verträge mit Sicherheiten Neuverhandlungen Mechanismen zur Konfliktlösung

Abbildung 8-8: Informationsasymmetrien und Probleme mit möglichen Lösungsansätzen

Wenn der Auftraggeber den Auftragnehmer nach Vertragsabschluss unvollständig kontrollieren kann, spricht man von **Hidden Action** bzw. Hidden Information. Hier besteht die Gefahr, dass der Agent vertraglich zugesicherte Leistungen unterlässt oder Handlungen durchführt, die seinen Nutzen zu Lasten des Prinzipals steigern. Der Grund für die Entstehung von hidden Action besteht darin, dass der Prinzipal zwar das Ergebnis der Handlungen des

[8] Vgl. dazu die Ausführungen zu den Eigenschaften von experience und credence goods in Kapitel 2 S. 18.

Agenten beobachten kann, aber nicht weiß, welcher Anteil direkt dem Agenten und seinen Aktionen und welcher Anteil exogenen Faktoren zuzurechnen ist. Häufig kommt noch hinzu, dass der beauftragte Agent auch über Informationen verfügt, die den Prinzipal grundsätzlich verborgen sind, so dass eine fehlende Sachkenntnis die Bewertung der Handlungen des Agenten erschwert oder unmöglich macht.

Diese Informationsasymmetrie führt zum Problem des **Moral Hazard**. Mit dem moralischen Risiko ist gemeint, dass Wirtschaftssubjekte deswegen hohe Risiken eingehen, weil sie aus ihren Handlungen Nutzen ziehen, wenn sie erfolgreich sind, aber im Falle des Misserfolgs nicht in vollem Umfang die Verluste tragen müssen. Für den Prinzipal ergibt sich die Notwendigkeit, die richtigen Anreizstrukturen zu setzen, damit der Agent in seinem Interesse handelt. Außerdem wird er bestrebt sein, den Agenten zu überwachen. Dieses verstärkte Monitoring verursacht jedoch Kosten, so dass ein Trade off zwischen den hinzunehmenden Verlusten aufgrund des Moral Hazard und der Höhe der Kontrollkosten besteht. Der Agent kann seinerseits das moralische Risiko reduzieren, in dem er sich verpflichtet, durch regelmäßiges Reporting seine Handlungen transparenter zu machen.

Auch das Problem des **Hold up** tritt nach Vertragsabschluss auf. Der Begriff bezeichnet das opportunistische Ausnutzen von Lücken in Verträgen durch den Auftraggeber. Dies ist etwa der Fall bei Abnehmer-Lieferbeziehungen, wenn der Lieferant aufgrund eines Auftrags in spezifische Anlagen investiert, die nur zur Abwicklung dieses Auftrags eingesetzt werden können. Dadurch gerät der Abnehmer in die Rolle eines Monopsonisten. Das spezifische Kapital eröffnet die Möglichkeit der Erpressung z. B. in Form einer einseitigen Senkung der Abnahmepreise. Der Grund für die Entstehung des Hold up besteht darin, dass der Auftragnehmer bei Vertragsabschluss die wahren Absichten und Ziele des Auftraggebers nicht kennt, und es daher unmöglich ist, Verträge so zu formulieren, dass alle künftigen Eventualitäten abgedeckt sind. Um das Problem des Hold up zu reduzieren, sind vertragliche Abmachungen notwendig, die zu einer Interessensangleichung beitragen können. Diese können etwa in Sicherheiten wie z. B. Leistungsgarantien, Bürgschaften oder auch in Gegengeschäften bestehen. Aber auch Regelungen über Mechanismen zur Streitbeilegung im Falle von Meinungsverschiedenheiten kommen in Frage.

8.5.2 Asymmetrische Information – Principal-Agent-Ansatz

In einer arbeitsteiligen Volkswirtschaft entstehen fortlaufend Principal-Agent-Beziehungen in Form von Auftraggeber-Auftragnehmer-Beziehungen. Die Beziehung zwischen einem Prinzipal und einem Agenten, der vom Prinzipal einen bestimmten Auftrag erhält oder mit der Wahrnehmung seiner Interessen beauftragt wird, finden wir in vielen unterschiedlichen Ausprägungen. Beispiele dafür sind die Beziehung zwischen Auftraggeber und Lieferant/Berater/Projektleiter, die Beziehung zwischen Vorgesetzten und Mitarbeitern, Aktionären/Vorstand und Management, Arzt und Patient, Politiker und Wähler.

Das Gemeinsame in diesen sehr unterschiedlichen Beziehungen ist,

- dass Informationen zwischen Auftraggeber und Auftragnehmer unvollständig und ungleich verteilt sind und bei positiven Informations- und Kontrollkosten des Auftraggebers der Auftragnehmer Handlungsspielräume hat. Der Handlungsspielraum des Auftragnehmers und die Unsicherheit über dessen Verhalten sind umso größer, je weniger der Auftraggeber die Handlungen des Auftragnehmers unmittelbar kontrollieren kann.
- dass Auftragnehmer und Auftraggeber unterschiedliche Ziele verfolgen und jeder für sich individuell seinen Nutzen maximiert mit der Folge, dass der Auftragnehmer sich nicht ausschließlich an der Zielsetzung des Auftraggebers orientiert, sondern auch seine davon abweichenden Interessen verfolgt.

- dass die Risikoeinstellungen von Auftraggeber und Auftragnehmer differieren, so dass mit der Vertragsgestaltung auch eine angemessene Risikoaufteilung festzulegen ist.

Ziel der Principal-Agent-Theorie ist es, die aufgrund von Informationsasymmetrien auftretenden Verhaltensunsicherheiten zu analysieren und Vorschläge zur Überwindung des Zielkonflikts aufzuzeigen.

Der Principal-Agent-Theorie liegen folgende Annahmen zu Grunde:

- Die Akteure haben als Zielsetzungen die individuelle Nutzenmaximierung unter Unsicherheit. Andere Ziele als Einkommenserzielung werden nicht berücksichtigt.
- Ursache der Unsicherheit sind beschränkte kognitive Fähigkeiten, unvollkommene Information und positive Informations- und Kontrollkosten.
- Die Akteure haben rationale Erwartungen und verhalten sich rational.
- Die Analyse erfolgt auf der Basis des methodologischen Individualismus[9].

Wir wollen das Principal-Agent-Problem an Hand eines Standard-Modells zur Bestimmung eines optimalen Entlohnungssystems untersuchen.

Ein Beispiel für die Entstehung des Moral-Hazard-Problems ist die Trennung von Eigentum und Management bzw. von Eigentum und Kontrolle an einer Ressource (Unternehmung, Land). Der Eigentümer steht vor dem Problem, dass der Manager nach Vertragsabschluss nur unzureichende Leistungen erbringt oder die Ressource schlecht bewirtschaftet. Er kann die Aktionen des Managers nicht unmittelbar beobachten, sondern nur das Ergebnis der Handlungen, den Unternehmenserfolg. Dieser ist aber nicht allein dem Manager zurechenbar, da der Erfolg außer von den Fähigkeiten des Managements auch von anderen Faktoren, wie z. B. der Branchen- oder Konjunkturentwicklung abhängt. Schließlich hat der Manager gegenüber dem Eigentümer einen Informationsvorsprung, denn nur er kann beurteilen, inwieweit mit seiner Entscheidung der Unternehmenserfolg direkt beeinflusst wird bzw. inwieweit damit auch seine eigenen Bedürfnisse (Prestige, Macht usw.) befriedigt werden. Das Problem der asymmetrischen Information besteht somit darin, dass der Manager weiß, wie sehr er sich einsetzt, aber der Eigentümer nur das Ergebnis beobachten kann. Die zeitliche Folge der Interaktion zwischen Prinzipal und Agent ist in Abbildung 8-9 dargestellt.

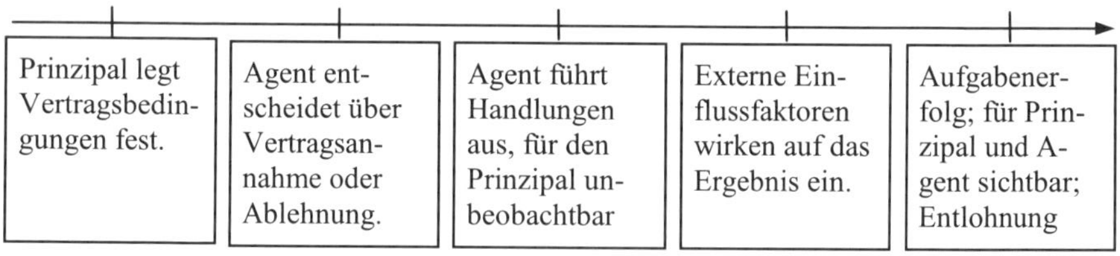

Abbildung 8-9: Interaktion zwischen Prinzipal und Agent bei unbeobachtbarem Verhalten des Agenten

Wie sollte in so einem Fall der Vertrag zwischen Eigentümer und Manager optimal gestaltet werden, dass der Gewinn des Eigentümers maximiert wird? Wir wollen das Principal-Agent-Problem an Hand eines kleinen Beispiels untersuchen.

Für die Niederlassung in Hamburg sucht ein Firmeninhaber (Prinzipal) einen Niederlassungsleiter (Agent). Die Erträge der Hamburger Niederlassung hängen u.a. vom Arbeitsein-

[9] Danach ist das Individuum der einzige Handlungsträger der Gesellschaft. Das gesellschaftliche Handeln lässt sich dadurch erklären, dass man die individuellen Handlungen der einzelnen Gesellschaftsmitglieder erklärt. Gesellschaftliches Verhalten ergibt sich aus individuellen Entscheidungen.

satz und Engagement des Niederlassungsleiters ab. Gleichzeitig spielen aber auch andere Faktoren eine Rolle, die der Niederlassungsleiter nicht beeinflussen kann. Für den Firmeninhaber ist eine direkte Überwachung der Arbeit des Niederlassungsleiters nicht möglich, so dass er nicht sagen kann, dass der gleiche Arbeitseinsatz des Niederlassungsleiters immer zum gleichen Ertrag führt. Aufgrund von Erfahrungen ist dem Firmeninhaber jedoch bekannt, dass ein hoch motivierter Niederlassungsleiter im besten Fall 60.000 €, ein fauler und wenig engagierter dagegen im schlechtesten Fall nur 10.000 € monatlich erwirtschaftet. Im Einzelnen erwartet der Firmeninhaber in Abhängigkeit vom Niveau des Arbeitseinsatzes folgende Gewinne, wobei die beiden Fälle **gleich wahrscheinlich** seien.

Arbeitseinsatz	Ertrag im	
	schlechtesten Fall	besten Fall
gering	10.000 €	30.000 €
hoch	30.000 €	60.000 €

Die Tabelle zeigt, dass unabhängig vom Arbeitseinsatz des Niederlassungsleiters ein Gewinn von 30.000 € erzielt werden kann. Der Firmeninhaber kann also nicht wissen, ob der Niederlassungsleiter mit hohem oder geringem Arbeitseinsatz gearbeitet hat. Da der Firmeninhaber den Arbeitseinsatz seines Niederlassungsleiters nicht beobachten kann, kann die Bezahlung nur am messbaren Erfolg anknüpfen. Als Zielfunktion des Firmeninhabers unterstellen wir, dass er seinen Gewinn als Differenz aus dem in Geldeinheiten gemessenen Ertrag und dem Lohn des Agenten maximieren möchte.

Betrachten wir als nächstes die Situation des Niederlassungsleiters. Er erhält einen Lohn, der aus einem fixen Betrag und/oder einem variablen Einkommensbestandteil bestehen kann. Er verhält sich als Nutzenmaximierer, mit zunehmender Entlohnung steigt sein Einkommensnutzen. Arbeit und Anstrengung mindern jedoch den Einkommensnutzen, da die Arbeit Opportunitätskosten in Form von Arbeitsleid und entgangener Freizeit verursacht. Ein Einkommenszuwachs aus einem steigenden Arbeitseinsatz ist mit zusätzlichen Kosten in Form von Arbeitsleid und Anstrengung verbunden, so dass das aus der Sicht des Agenten optimale Anstrengungsniveau vom angebotenen Lohnsatz und vom wahrgenommenen Arbeitsleid bestimmt wird.

Ein Kandidat für den Posten des Niederlassungsleiters wird einen Vertrag nur akzeptieren, wenn ihm ein Einkommen angeboten wird, das ihm einen gewissen Mindestnutzen gewährleistet. Der Mindestnutzen, auch Reservationsnutzen genannt, könnte etwa der Einkommensnutzen aus einer Arbeitslosenunterstützung sein. Unterschreitet der erwartete Einkommensnutzen aus dem Vertrag diesen Mindestnutzen, wird der Niederlassungsleiter den Vertrag ablehnen.

Nehmen wir nun an, ein potentieller Kandidat bewertet einen niedrigen Arbeitseinsatz mit Opportunitätskosten von null, weil er seinen Arbeitstag mit Kaffeetrinken und Internet surfen verbringt. Ein hoher Arbeitseinsatz würde bei ihm ein Arbeitsleid verursachen, das er mit persönlichen Kosten in Wert von 3.000 € bewertet. Welcher Arbeitsvertrag sollte dem Niederlassungsleiter offeriert werden, wenn man unterstellt, dass der Kandidat sein erwartetes Einkommen abzüglich seiner persönlichen Kosten maximieren möchte.

Nehmen wir zunächst an, der Firmeninhaber vereinbart mit dem Niederlassungsleiter ein festes Gehalt von 5.000 €. In diesem Fall hat der Niederlassungsleiter keinen Anreiz, einen hohen Arbeitseinsatz zu zeigen, denn bei einem hohen Arbeitseinsatz sind die Opportunitätskosten des Arbeitseinsatzes 3.000 € und das Einkommen und der Einkommensnutzen des Niederlassungsleiters sind in diesem Fall 5.000 € - 3.000 € = 2.000 €. Diese Überlegung gilt

auch für jeden anderen festen Lohn, den der Firmeninhaber anbieten könnte. Wegen der höheren Opportunitätskosten der Arbeit hat der Niederlassungsleiter keinen Anreiz, mit hohem Einsatz zu arbeiten. Der Grund liegt darin, dass er an den zusätzlichen Erträgen, die er bei hoher Arbeitsleistung erwirtschaftet, nicht beteiligt ist. Der erwartete Gewinn des Firmeninhabers wird folglich bei einem festen Lohn immer 0,5·10.000+0,5·30.000-5.000 = 15.000 € sein. Könnte der Firmeninhaber dagegen den Arbeitseinsatz des Niederlassungsleiters direkt beobachten und kontrollieren (symmetrische Information), würde er den Niederlassungsleiter vertraglich zu einem hohen Arbeitseinsatz verpflichten. Bei einem vertraglich vereinbarten Festgehalt von 5.000 € wäre der erwartete Ertrag der Niederlassung 0,5·30.000 + 0,5·60.000 = 45.000 € und der Firmeninhaber würde einen Gewinn 40.000 € erzielen. Der Vergleich zwischen der Situation mit symmetrischer und asymmetrischer Information zeigt, dass Informationsmängel zu Effizienzverlusten führen.

Betrachten wir nun den Fall, dass der Firmeninhaber den Niederlassungsleiter für seinen Arbeitseinsatz belohnt, indem er ihn zusätzlich zum Fixgehalt von 5.000 € am Ertrag beteiligt. Es sei p der Prämiensatz als Prozentsatz des erwarteten Ertrags der Niederlassung. Ist der Niederlassungsleiter faul, ist sein erwartetes Einkommen

$$5.000 + (0{,}5 \cdot 10.000 + 0{,}5 \cdot 30.000)p = 5.000 + 20.000p.$$

Erbringt der Kandidat einen hohen Arbeitseinsatz, ist sein erwartetes Einkommen

$$5.000 + (0{,}5 \cdot 30.000 + 0{,}5 \cdot 60.000)p - 3.000 = 2.000 + 45.000p.$$

Um dem Niederlassungsleiter einen Anreiz für eine hohe Leistung zu geben, muss sein erwartetes Einkommen bei hoher Leistung höher sein als bei geringem Arbeitseinsatz:

$$2.000 + 45.000p > 5.000 + 20.000p \quad \rightarrow \quad p > 0{,}12.$$

Wird dem Niederlassungsleiter also zusätzlich zum Fixgehalt eine Gewinnbeteiligung von 12 % offeriert, sollte dies ein Anreiz sein, dass er hart arbeitet. Der erwartete Ertrag der Hamburger Niederlassung ist bei hohem Arbeitseinsatz des Niederlassungsleiters

$$0{,}5 \cdot 30.000 + 0{,}5 \cdot 60.000 = 45.000\ €.$$

Nach Abzug der Entlohnung des Niederlassungsleiters kann der Firmeninhaber einen Gewinn von 34.600 € erwarten. Gegenüber dem reinen Fixlohnmodell steigt sein erwarteter Gewinn um 19.600 €. Auch der Niederlassungsleiter stellt sich besser, denn sein erwartetes Einkommen ist mit 5.000 € + 5.400 € - 3.000 € = 7.400 € höher als das Festgehalt. Dies ist aus der Sicht des Niederlassungsleiters auch erforderlich, da sein Gehalt in diesem Bonussystem Schwankungen unterliegt. Wenn der Niederlassungsleiter risikoavers ist und für die Einkommensunsicherheit eine Kompensation haben will, müsste der Prämiensatz ggf. höher sein. Gleichwohl kommt es im Prämienmodell zu einer Verbesserung des Ressourceneinsatzes, da sich sowohl der Firmeninhaber als auch der Niederlassungsleiter besser stellen.

Ein drittes, mögliches Entlohnungsmodell könnte sein, dass der Firmeninhaber die Hamburger Niederlassung dem Niederlassungsleiter gegen Zahlung einer Pacht oder Franchisegebühr überlässt. Bei diesem Arrangement hat der Firmeninhaber einen sicheren Ertrag. Sein Einkommen ist nicht mehr von der Arbeitsleistung des Niederlassungsleiters abhängig. Der Niederlassungsleiter müsste dagegen das gesamte Risiko des Geschäftsbetriebs tragen. Einen solchen Vertrag wird der Niederlassungsleiter nur eingehen, wenn er bereit ist, das gesamte Risiko des Geschäftsbetriebs zu übernehmen. In diesem Fall sagen wir, er ist risikoneutral. Einen solchen Vertrag wird er nur eingehen, wenn sein erwartetes Einkommen eine Kompensation für die Übernahme des Risikos enthält. Die Franchisegebühr müsste folglich niedriger sein als der erwartete Gewinn im Prämienmodell.

Praxisbeispiel 8-3: Informationsasymmetrien im Gesundheitssystem

Auf dem Gesundheitsmarkt sind Ärzte/Krankenhäuser als Anbieter von Gesundheitsleistungen tätig. Nachfrager dieser Leistungen sind die Patienten. Allerdings werden im Gesundheitswesen Verträge in der Regel nicht unmittelbar zwischen Arzt und Patient geschlossen. Vielmehr ist eine Versicherung in das Verhältnis eingebunden, so dass die Nachfrage nach medizinischen Leistungen, ihr Konsum und deren Bezahlung auseinander fallen. Die Beziehungen zwischen diesen Akteuren sind durch weit reichende Informationsasymmetrien geprägt, so dass man von einem „Three-Player Agency Problem" spricht. Ein weiteres Merkmal des Gesundheitsmarktes ist, dass Informationsasymmetrien nicht nur einseitig, sondern regelmäßig wechselseitig bestehen, so dass das Problem des „double moral hazard"[10] vorliegt. Die Akteure und die wechselseitigen Informationsasymmetrien im Gesundheitssektor sind in Abbildung 8-10 zusammengefasst.[11]

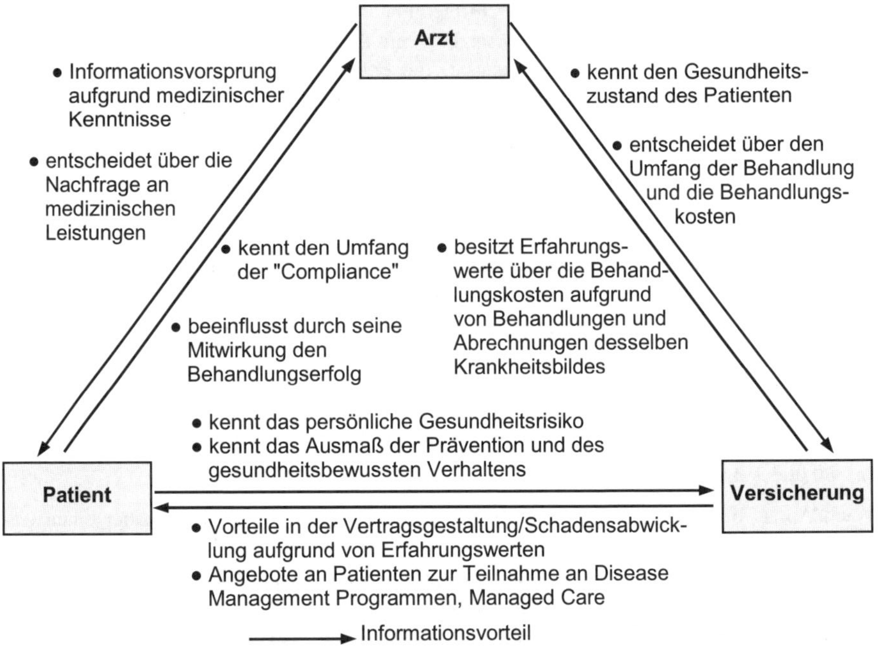

Abbildung 8-10: Informationsasymmetrien im Markt für Gesundheitsleistungen

Besonders ausgeprägt sind die Informationsasymmetrien zwischen Arzt und Patient. Auf dem Ärzte-Patienten-Markt haben wir auf der Nachfrageseite als Prinzipal den Patienten. Er hat als wenig Informierter in Gesundheitssachen einen Informationsnachteil, als Vollversicherter in der Krankenversicherung sind seine Grenzkosten einer zusätzlichen medizinischen Leistung gleich null, so dass seine Nachfragemenge der Sättigungsmenge entspricht. Als Anbieter mit einem großen Informationsvorsprung befinden sich die Ärzte in einer Doppelrolle: Sie stellen die Diagnose und bestimmen als Therapeut die Nachfrage des Patienten, denn durch den Informationsvorsprung des Arztes wird seine Funktion als Berater des Patienten so stark, dass der Arzt faktisch entscheidet, welche medizinischen Leistungen der Patient „nachfragen" soll. Der Arzt befindet sich in einer Situation, in der er gleichzeitig über die therapeutischen Maßnahmen und – soweit er sie selbst erbringt – über sein Einkommen entscheidet. Dies eröffnet

[10] Vgl. *Schneider, U.* (1999)
[11] In Anlehnung an *Schneider, U.* (1998)

den Leistungserbringern Handlungsspielräume, die sie zu ihren Gunsten ausnutzen können. In der Gesundheitsökonomie spricht man von dem Phänomen der arztinduzierten Nachfragesteigerung. Da diese Verhaltensweise nicht unmittelbar beobachtbar ist, konnten die vorliegenden empirischen Untersuchungen bislang noch keinen eindeutigen Nachweis für eine arztinduzierte Nachfrage erbringen[12].

Umgekehrt gibt es in der Arzt-Patienten-Beziehung eine Informationsasymmetrie zu Gunsten des Patienten. Bei der Dienstleistungsproduktion im Gesundheitswesen fallen Produktion und Konsum zusammen. Der Patient ist als Nachfrager aber auch gleichzeitig in den Prozess der Leistungserbringung integriert, so dass der Erfolg einer Behandlung nicht nur von den medizinischen Leistungen, sondern auch von der Mitwirkung des Patienten bestimmt wird. Dies bezeichnet man als Compliance. Darunter versteht man das Befolgen der ärztlichen Anweisungen und andere Maßnahmen zur Unterstützung der Behandlung. Der Patient entscheidet selbst über den Umfang seiner Compliance. Da die eigenen Anstrengungen mit Kosten verbunden sind (z. B. Befolgen von ärztlichen Anweisungen, Änderung der Lebensführung, Maßnahmen zur Prävention), bei einer Vollversicherung des Patienten die Leistungen des Arztes zu Grenzkosten von null zur Verfügung gestellt werden, besteht für den Patienten ein Anreiz, eigene Anstrengungen durch ärztliche Leistungen zu substituieren[13]. Informationen über weggeworfene Medikamente und die daraus resultierenden weiteren Behandlungskosten sind z.B. ein Indiz für ein solches Verhalten.

Beide Informationsasymmetrien können somit dazu führen, dass die Allokation im Gesundheitssystem ineffizient und der Umfang der Bereitstellung und Inanspruchnahme medizinischer Leistungen zu hoch ist.

8.5.3 Asymmetrische Information – Adverse Selection

Bei der Untersuchung der Marktpreisbildung sind wir davon ausgegangen, dass beide Marktseiten gleich gut informiert sind. In diesem Abschnitt untersuchen wir das Problem, dass eine Marktseite besser über die angebotene oder nachgefragte Ware oder Dienstleistung informiert ist als die andere. Während etwa die Preise der angebotenen Güter vergleichsweise leicht zu ermitteln sind, also für beide Marktseiten transparent sind, bestehen häufig Informationsasymmetrien bezüglich der Qualität oder Eigenschaft der Güter. Verkäufer besitzen i.d.R. bessere Informationen über die Qualität der Produkte. Versicherungsnehmer, die zum Beispiel eine Kraftfahrzeughaftpflichtversicherung oder eine Krankenversicherung abschließen wollen, kennen die möglichen Risiken aufgrund ihres Fahrstils beziehungsweise ihres Gesundheitszustands besser als die Versicherungsgesellschaft. Potentielle Kreditnehmer haben bessere Informationen über die Ausfallrisiken als ihre Bank.

Akerlof[14] untersuchte als erster einen Markt, in dem Käufer und Verkäufer asymmetrische Informationen über die Qualität der gehandelten Produkte besitzen. So werden auf dem Gebrauchtwagenmarkt sowohl qualitativ hochwertige Fahrzeuge als auch Pkws mit minderwertiger Qualität (so genannte „Lemons“) angeboten. Auf dem bekannten „Market for Lemons“ kennen die Verkäufer die Qualität ihres Gebrauchtwagens genau. Die Käufer können dagegen die Qualität eines Kraftfahrzeugs nicht beurteilen. Selbst wenn sie das Fahrzeug von einem Fachmann untersuchen lassen, hat der Verkäufer einen Informationsvorsprung, denn er hat den PKW längere Zeit gefahren. Verkäufer guter Pkws wiederum können ihre Information über die Qualität des Fahrzeugs nicht glaubwürdig übermitteln, da jeder Verkäufer behaupten kann, dass sein Produkt von hoher Qualität sei. Folglich orientiert sich der Käufer an einer Durchschnittsqualität. Er ist dann auch nur bereit, einen Preis zu zahlen, der der

[12] Vgl. *Kern, A. O.* (2002)
[13] *Schneider, U.* (2002), S. 447-458
[14] *Akerlof, G.* (1970), S.488-500.

durchschnittlichen Qualität des Fahrzeugtyps entspricht. Dieser Preis ist den Verkäufern guter Gebrauchtwagen zu niedrig. Sie bieten ihre Fahrzeuge nicht mehr an, so dass der Markt für gute Gebrauchtwagen zum Erliegen kommt und nur noch Zitronen gehandelt werden.

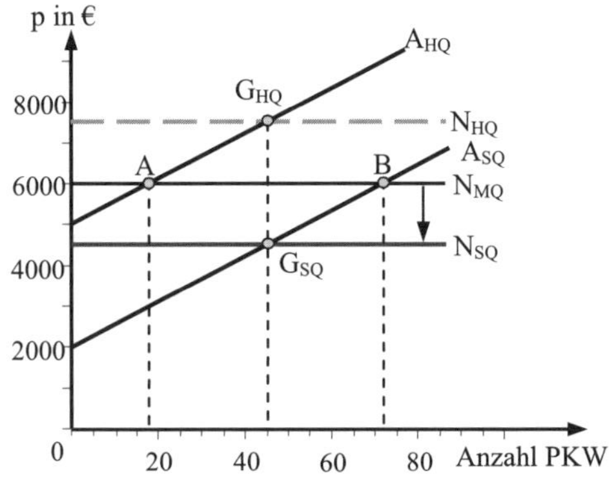

Abbildung 8-11: Der Markt für Gebrauchtwagen

Wir wollen diese Überlegungen an Hand eines kleinen Beispiels darstellen. In Abbildung 8-11 nehmen wir an, am Markt für Gebrauchtwagen werden zwei Qualitäten gehandelt: Fahrzeuge hoher Qualität (HQ) und schlechter Qualität (SQ). Die Anbieter hochwertiger Fahrzeuge wollen für ihr Fahrzeug mindestens 5.000 € erlösen, ihr Angebot entspricht der Funktion A_{HQ}, während die Verkäufer von Lemons ihr Fahrzeug schon ab 2000 € abgeben würden (Angebot A_{SQ}). Die Zahlungsbereitschaft der Nachfrager sei unabhängig von der Menge, sie werde aber von der Qualität bestimmt. Wenn die Nachfrager die Qualität der gehandelten Gebrauchtwagen kennen würden, wären diejenigen, die ein hochwertiges Fahrzeug wollen, bereit, einen Preis von 7 500 € zu bezahlen (N_{HQ}). Diejenigen, die sich für die niedrige Qualität entscheiden, hätten eine Zahlungsbereitschaft von 4 500 € (N_{HQ}). Wir hätten folglich zwei Märkte mit zwei unterschiedlichen Produkten, auf denen sich jeweils ein Marktgleichgewicht ergibt (G_{HQ} und G_{SQ} in Abbildung 8-11).

Können dagegen die Nachfrager die Qualität der gehandelten Gebrauchten nicht einschätzen, orientieren sie sich an der Durchschnittsqualität. Nehmen wir an, die Käufer erwarten, dass jeweils die Hälfte der angebotenen Gebrauchtwagen von hoher und schlechter Qualität sei. Dann wird ein typischer Käufer nur bereit sein, einen Preis zu zahlen, der der mittleren Erwartungsqualität entspricht. Seine Zahlungsbereitschaft, dargestellt durch die Kurve N_{MQ}, wäre $0{,}5 \cdot 7.500 + 0{,}5 \cdot 4.500 = 6.000$ € und entspräche dem Preis für eine mittlere Qualität. Werden alle Gebrauchtwagen zum Preis einer mittleren Qualität gehandelt, zieht sich ein Teil der Verkäufer hochwertiger Fahrzeuge vom Markt zurück, während der Anteil der minderwertigen Fahrzeuge kräftig steigt. Bei Kenntnis dieser Qualitätsverschlechterung des Angebots werden die Käufer ihre durchschnittliche Qualitätserwartung nach unten korrigieren. Entsprechend sinkt der Preis weiter. Der Markt für gute Qualitäten bricht zusammen. Zum Preis von 4 500 € werden nur noch minderwertige Gebrauchtfahrzeuge gehandelt. Es findet solange eine Negativauslese statt, bis auf dem Markt nur noch „Zitronen" gehandelt werden.

Wären beide Marktseiten über die angebotenen Qualitäten gleich schlecht informiert, hätten wir den Fall unvollständiger Information. Dann würden sich auch die Verkäufer ebenso wie die Käufer an der durchschnittlichen Qualität orientieren. Bei einem Angebot von je der Hälfte der Fahrzeuge mit guter und schlechter Qualität ergebe sich ein Angebotspreis von $0{,}5 \cdot 7.500 + 0{,}5 \cdot 4.500 = 6.000$ €. Diese Preisforderung entspricht gerade der Zahlungsbereit-

schaft der Nachfrager für die mittlere Qualität. Der Markt würde geräumt. Am Gebrauchtwagenmarkt ergäbe sich bei unvollkommener Information beider Marktseiten ein Marktgleichgewicht beim Preis von 6.000 €.

Der Gebrauchtwagenmarkt ist nur einer von zahlreichen Märkten, auf denen das Phänomen der **adverse Selektion** tatsächlich auftritt und empirisch nachgewiesen wurde[15]. Ein weiteres bekanntes Beispiel sind die Versicherungsmärkte. Wenn sich jemand entschließt, eine Lebensversicherung abzuschließen, kennt er seinen Gesundheitszustand besser, als die Versicherungsgesellschaft durch ihre Fragen zum Gesundheitszustand oder eine einmalige ärztliche Untersuchung herausfinden kann. Eine Differenzierung der Versicherungsprämien nach dem Risiko des Versicherungsnehmers ist daher nicht möglich. Alle Personen einer bestimmten Kategorie (Alter, Geschlecht) bezahlen dieselbe Prämie, die sich am durchschnittlichen Gesundheitszustand bzw. Risiko orientiert. Folglich werden diejenigen, deren Gesundheitszustand besser ist als der Durchschnitt, eine zu hohe Prämie bezahlen, während die Prämien derjenigen, die ein überdurchschnittliches individuelles Risiko darstellen, zu niedrig sind. Damit subventionieren die guten Risiken die schlechten. Für die schlechten Risiken ist der Abschluss eines Versicherungsvertrages folglich interessant, weil ihre tatsächlich gezahlte Prämie niedriger ist als diejenige, die ihrer Risikoklasse entsprechen würde. Für die guten Risiken wird der Abschluss eines Vertrages zunehmend uninteressant, je größer der Anteil der Personen ist, die ein überdurchschnittliches Gesundheitsrisiko darstellen. In dem Umfang, in dem Personen mit einem ungünstigen Risiko der Versicherung beitreten, steigt nun auch das durchschnittliche Risiko und folglich die Prämien der Versicherung, was den Effekt der Abwanderung guter Risiken verstärkt. Würde sich dieser Prozess fortsetzen, könnten schließlich gute Risiken am Markt nicht mehr abgesichert werden.

Die beschriebene Entwicklung kann man in der Schweiz bei der Zahnarztkostenversicherung beobachten[16]. In der Schweiz sind Zahnarztkosten nicht in der gesetzlichen Krankenversicherung enthalten. Die Versicherung der Zahnarztkosten ist freiwillig. Wegen der negativen Auslese sind die Versicherungsprämien für Zahnarztkosten sehr hoch. Personen mit guten Zähnen werden von den hohen Kosten einer Zahnarztversicherung abgeschreckt. Sie versuchen, durch Prävention und gründliche Zahnpflege ihre Zahnarztkosten möglichst gering zu halten. Sie fragen keine Versicherung nach, so dass den Unternehmen nur die schlechten Risiken bleiben. Daher sind die Versicherungsprämien für Zahnarztkosten viel höher als in Ländern mit einer allgemeinen Versicherungspflicht.

Versicherungsgesellschaften werden versuchen, dem Problem der negativen Auslese zu begegnen, indem sie ihre Prämien nach Risikoklassen differenzieren. So sind in der Kraftfahrzeug-Haftpflichtversicherung die Prämien gestaffelt nach Regionalklassen. Darüber hinaus wird unterschieden nach Fahrzeugtypen. Außerdem gibt es Rabatte für Tatbestände, die mit geringeren Risiken verbunden sind, wie z. B. eine geringe jährliche Fahrleistung oder ein Garagenstellplatz für das Fahrzeug. Trotz dieser Gruppierung der Risiken und gruppenbezogener Prämiengestaltung gibt es innerhalb jeder Gruppe Unterschiede im Risikobewusstsein der Versicherungsnehmer. Diejenigen, die sich risikoavers verhalten, werden mit vergleichsweise hohen Prämien bestraft, während risikofreudige Individuen mit relativ niedrigen Prämien belohnt werden. Dieses Problem lässt sich in der Kfz-Haftpflichtversicherung schon deshalb nicht umgehen, weil es sich dabei um eine Pflichtversicherung handelt.

Zur Überwindung der asymmetrischen Information und der negativen Auslese wurden mehrere Strategien entwickelt. Bei der Marktsignalisierung versucht die informierte Marktseite Signale auszusenden, um die Marktgegenseite von der Qualität der eigenen Leistung zu ü-

[15] *Emons, W., Sheldon, G.* (2005)
[16] Vgl. *Emons, W.* (2001), S. 665.

berzeugen. Diese Signale zeichnen sich dadurch aus, dass es leistungsfähigen Marktteilnehmern leichter fällt, ein solches Signal auszusenden, als weniger leistungsfähigen. Gebrauchtwagenhändler versuchen durch die Gewährung von Gewährleistungen oder Mobilitätsgarantien eine hohe Qualität der angebotenen Gebrauchtwagen zu signalisieren, während private Autoverkäufer ein solches Angebot nie machen würden. So zeigt die bereits zitierte Untersuchung[17], dass die Qualität der von Privatpersonen verkauften Gebrauchtwagen signifikant schlechter ist als die Qualität von Fahrzeugen aus dem Gebrauchtwagenhandel. Garantien sind ein Mittel, um auf eine hohe Produktqualität hinzuweisen, denn bei hochwertigen Produkten ist das Risiko, dass ein Hersteller im Garantiefall in Anspruch genommen wird, geringer als bei Produkten minderer Qualität. Alternativ können Händler und Dienstleister versuchen, durch Werbung oder den Aufbau eines Qualitätsimages beim Kunden eine Reputation aufzubauen. Der gute Ruf eines Unternehmens bestärkt den Käufer in dem Eindruck, dass er tatsächlich ein Produkt oder eine Leistung von hoher Qualität erwirbt. Er ist dann auch bereit, diese hochwertigen Leistungen mit einem hohen Preis zu honorieren. Damit verbessert sich durch Signalisierung und Reputation die Effizienz des Marktes, weil auch ein Markt für hohe Qualitäten möglich wird.

Als Alternative zum Signaling der informierten Marktseite kann auch die uninformierte Marktseite versuchen, die Marktteilnehmer der informierten Marktseite in solche mit einer guten Leistung und solche mit einer schlechten Leistung zu trennen. So wissen Versicherungsgesellschaften, dass Individuen unterschiedliche Risiken eingehen. Entsprechend können sie ihnen unterschiedliche Policen mit oder ohne Selbstbehalt oder mit unterschiedlichen Rabatten oder Zuschlägen anbieten.

Gute Risiken werden bereit sein, einen Vertrag mit einem höheren Selbstbehalt zu wählen. Ihre erwartete Ersparnis in Form einer niedrigeren Prämie ist größer als die erwarteten Ausgaben einer Eigenbeteiligung im Schadensfall. Schlechte Risiken werden dagegen auf die Eigenbeteiligung verzichten und dafür eine höhere Prämie bezahlen. Damit gelingt es Versicherungen, ihre Versicherungsnehmer nach Risikoklassen zu sortieren und dem Risiko entsprechend angepasste Prämien zu kalkulieren. Beispiele dafür finden wir in der Kaskoversicherung und in der Krankenversicherung.

8.6 Transaktionskosten

8.6.1 Grenzen der neoklassischen Analyse

In der neoklassischen Theorie geht man von am Eigennutz orientierten Akteuren aus, die in einem gegebenen Analyserahmen ihre Eigeninteressen verfolgen. Dabei sind die agierenden Wirtschaftssubjekte jeweils auf „Funktionen" reduziert. Haushalte maximieren ihren Nutzen für eine gegebene Nutzenfunktion. Unternehmen werden reduziert auf eine Produktionsfunktion, auf deren Grundlage sie das Produktionsergebnis ermitteln, das ihren Gewinn maximiert. Grundlage für das Funktionieren von Märkten sind zwei Institutionen. Die Institution des Privateigentums stellt sicher, dass die Eigentümer der Ressourcen sich systemkonform verhalten und sich bei ihren Entscheidungen am Eigeninteresse orientieren. Damit das Privateigentum diese Funktion erfüllt, muss die Eigentumsordnung vom Staat institutionalisiert und durchgesetzt werden. Die Institution des Marktes stellt sicher, dass die Austauschbeziehungen zwischen den agierenden Wirtschaftssubjekten möglichst effizient verlaufen.

Unter den restriktiven Bedingungen vollkommener Märkte entstehen den einzelnen Marktteilnehmern keine Kosten bei der Durchführung von Markttransaktionen. Die Durchführung der Markttransaktionen erfolgt auf der Grundlage vollständiger Verträge, in denen die voll-

[17] Vgl. *Emons, W., Sheldon, G.* (2005), S. 22

ständige Beherrschbarkeit der Unsicherheit unterstellt wird. Für jeden denkbaren Zustand der Welt sind explizite Regelungen über die dann eintretenden Rechte und Pflichten der Vertragsparteien vereinbart. Die Tatsache, dass Anbieter und Nachfrager jederzeit ihren Abnehmer/Lieferanten wechseln können, dass Unternehmen und Nachfrager jederzeit in einen Markt eintreten und auch wieder austreten können, stellt zusammen mit der Annahme der vollkommenen Information sicher, dass sich Anbieter und Nachfrager jederzeit an die Regeln des Marktes halten und Verträge eingehalten werden. Jeder Versuch, das Marktergebnis durch List, Betrug oder Täuschung zu seinen Gunsten zu verbessern, würde von der Marktgegenseite unverzüglich mit einem Abwandern zu anderen Marktteilnehmern oder einem Rückzug aus dem Markt bestraft. Aufgrund der Ordnung des Privateigentums führt somit ein von den Regeln des Marktes abweichendes Verhalten zu Vermögensverlusten, so dass der Wettbewerb und die Durchsetzung der Eigentumsordnung durch den Staat (Gerichte) dafür sorgen, dass Opportunismus und Nichteinhaltung von Verträgen mittels Abwanderung sanktioniert werden.

Die Neue Institutionenökonomik erkennt die Analyse der neoklassischen Markt- und Preistheorie grundsätzlich an, kritisiert jedoch die Annahme, dass die Koordination der einzelwirtschaftlichen Pläne ausschließlich über Märkte erfolgt und dass sich alle Marktteilnehmer aufgrund der vollständigen Verträge an die Regeln des Marktes halten. Dies führt dazu,

- dass Unternehmen als einheitliche Organisation betrachtet werden und die Koordination von Leistungsbeziehungen und -prozessen innerhalb eines Unternehmens ausgeblendet wird,
- dass andere Formen wirtschaftlicher Austauschbeziehungen, die zwischen den Extremen „Markt“ als dezentrale Organisationsform und „Hierarchie“ als zentralistische Organisation liegen, als Institutionen der Organisation von Leistungsprozessen nicht problematisiert werden und

In einer Welt mit unvollständiger Information und Unsicherheit können dagegen Verträge nicht mehr vollständig sein, so dass in der Realität über die Durchführung der Transaktionen verhandelt werden muss, der Austausch von Verfügungsrechten mit Zeitaufwand verbunden ist und somit jede Ausübung von Transaktionen Kosten verursacht.

8.6.2 Transaktionskosten als Ursache für die Entstehung von Unternehmen

Die Grundlagen des Transaktionskostenansatzes wurden von *Ronald Coase* gelegt. Er stellte in dem bekannten Artikel „The Nature of the Firm“[18] die Frage, warum die Integration einer Produktionsleistung in einem Unternehmen der Alternative „Bezug von Waren über Märkte“ vorzuziehen ist. In der Realität beobachten wir komplexe, hierarchisch strukturierte Unternehmen, während nach der klassischen Markt- und Preistheorie viele kleine Anbieter und Abnehmer in einer dezentralen Koordination der Einzelpläne über Märkte eine effiziente Ressourcenallokation gewährleisten. Die Antwort von Coase lautet: „The main reason why it is profitable to establish a firm would be that there is a cost of using the price mechanism”[19]. Der Fremdbezug verursacht Kosten der Nutzung des Marktmechanismus („marketing costs“), die bei einer Integration der Aktivität in einem Unternehmen entfallen. Es ist also (bis zu einem gewissen Grad) kostengünstiger, Produktionsprozesse unter zentraler Lenkung im Unternehmen zu organisieren als die Produkte auf Märkten zu beschaffen.

Allerdings steigen mit zunehmender Zentralisierung und vertikaler Integration die internen Organisationskosten („Organizational Costs“), so dass die Grenze einer zunehmenden verti-

[18] *Coase, R. H.* (1937), S 386- 405.
[19] Ebenda S. 390.

kalen Integration dann erreicht ist, wenn die ersparten „marketing costs" einer zusätzlich integrierten Aktivität gerade so hoch sind wie die zusätzlichen „organisational costs", die die Koordination dieser Aktivität im Unternehmen verursacht. Dabei geht Coase davon aus, dass die Kosten der unternehmensinternen Koordination überproportional zu den integrierten Aktivitäten steigen, weil bei zunehmender Konzentration von Leistungstransaktionen in einem Unternehmen aufgrund eines überproportional steigenden Ressourceneinsatzes für Analyse-, Planungs- und Kontrollaufgaben die Grenzerträge der Koordination abnehmen und das Risiko unternehmerischer Fehlentscheidungen steigt.

Mit seinem Transaktionskostenansatz liefert *Coase* eine Erklärung für die Entstehung und Größe von Unternehmen und für die gleichzeitige Existenz von Märkten und Unternehmen in einer Volkswirtschaft. Deren institutionelle Struktur ergibt sich in neoklassischer Tradition aus der Minimierung der Transaktionskosten. Um dieses Problem lösen zu können, muss folglich geklärt werden, was Transaktionen und Transaktionskosten sind und welche Faktoren die „marketing costs" und „organisational costs" beeinflussen.

8.6.3 Transaktionen und Transaktionskosten

Die heutige Transaktionskostentheorie wurde maßgeblich von *Williamson* entwickelt. Er greift den Ansatz von *Coase* auf, um den Begriff der Transaktionskosten zu operationalisieren und um Entscheidungshilfen für die Gestaltung von Institutionen geben zu können. Insoweit geht *Williamson* über den reinen Unternehmensansatz von *Coase* hinaus und entwickelt die Transaktionskostentheorie zu einer allgemeinen Vertragstheorie[20].

Eine Transaktion bezeichnet die Übertragung von Verfügungsrechten an Gütern und Dienstleistungen zwischen zwei Parteien. Dabei ist der Transaktionsbegriff sehr weit angelegt, denn er bezieht sich nicht nur auf den marktmäßigen Austausch von privaten Verfügungsrechten, sondern auch auf die Übertragung oder Veränderungen kollektiver Verfügungsrechte sowie auf die Organisation von Leistungsbeziehungen innerhalb einer Unternehmung. Entsprechend unterscheiden *Richter/Furubotn*[21] zwischen Markttransaktionskosten, politischen Transaktionskosten und Unternehmenstransaktionskosten.

Handelt es sich bei der Übertragung von Verfügungsrechten um eine Markttransaktion, können wir im Zuge der Durchführung dieser Transaktion folgende Transaktionskosten unterscheiden:

- Kosten der Vertragsanbahnung (Informations- und Suchkosten, Vergleich von Preisen und Qualitäten),
- Kosten des Vertragsabschlusses (Verhandlungs- und Einigungskosten),
- Kosten der Vertragsdurchsetzung (Kosten der Überwachung und Durchsetzung von Verträgen, Kosten der Nachverhandlung von Verträgen, Anpassungskosten)[22].

Die Kosten bei der Übertragung oder Veränderungen öffentlicher Verfügungsrechte umfassen vor allem Transaktionskosten des Staates im Zusammenhang mit der Bereitstellung öffentlicher Güter. Insoweit der Staat die Produktion öffentlicher Güter nicht selbst vornimmt, sondern deren Bereitstellung organisiert, die eigentliche Produktion aber in Unternehmen stattfindet, sind die mit der Bereitstellung öffentlicher Güter verbundenen Kosten Transaktionskosten. In diesem Sinn können auch die Aufwendungen zur Einrichtung und Durchsetzung privater Verfügungsrechte mittels Justiz und Polizei als Teil der staatlichen Transakti-

---

[20] *Williamson, O. E.* (1985), sowie *Williamson, O. E.* (1992), S. 335 - 352.
[21] *Richter, R., Furubotn, E.G.* (2003), S. 47.
[22] Vgl. *Martiensen, J.* (2000), S. 272.

onskosten betrachtet werden, denn die Kosten der Organisation des Gemeinwesens bestehen schließlich in Errichtung, Veränderung und Durchsetzung von Verfügungsrechten.

In Unternehmen stehen bei den Transaktionskosten nicht Eigentumsrechte im Vordergrund, sondern es geht um die Koordination von Entscheidungen im Sinne eines möglichst effizienten Ressourceneinsatzes und um die Motivation der Akteure, um zu gewährleisten, dass das Koordinationsproblem gelöst wird. Da die Koordination und Motivation zwei Aspekte des Organisationsproblems darstellen, können wir die betrieblichen Transaktionskosten mit den Kosten der betrieblichen Organisation gleichsetzen. Die Gesamtkosten eines Unternehmens lassen sich folglich aufteilen in solche, die organisationsunabhängig sind, diese entsprechen den reinen Produktionskosten, und solche, die organisationsabhängig sind, das sind die Unternehmenstransaktionskosten, die zur Abwicklung von Transaktionen innerhalb eines Unternehmens erforderlich sind.

In der neoklassischen mikroökonomischen Theorie werden Transaktionskosten aufgrund der restriktiven Annahmen weg definiert. Wegen der Annahme der vollständigen Information ist die Vertragsanbahnung problemlos möglich, da keine Informations- und Suchkosten anfallen. Der Abschluss von Verträgen verursacht keine Kosten, da Vertragsverhandlungen entfallen. Aufgrund der vollständigen Information kann für alle während der Vertragsausführung auftretenden Ereignisse vorgesorgt werden. Schließlich ergeben sich auch keine Probleme in der Vertragsabwicklung, da sich eine Vertragsverletzung nicht lohnt, wenn vertragliche Ansprüche kostenlos durchsetzbar sind. In der Welt der Neoklassik können somit vollständige Verträge abgeschlossen werden in dem Sinn, dass für jeden zukünftigen Zustand der Welt die Leistungsrechte und -pflichten der Vertragsparteien abschließend geregelt sind und kostenlos durchgesetzt werden können. Transaktionskosten führen dazu, dass dieses Ideal nicht mehr erreicht werden kann.

Bei den Transaktionskosten unterscheidet man zwischen Ex-ante-Transaktionskosten und Ex-post-Transaktionskosten. Vor Abschluss eines Vertrages entstehen Kosten für die Suche nach Vertragspartnern und für die Ermittlung von Preisen und Qualitäten. Vertragsverhandlungen erfordern häufig die Einschaltung von Spezialisten. Trotzdem wird man in einem Vertrag nicht für alle Eventualitäten Vorsorge treffen können, so dass die abgeschlossenen Verträge im Normalfall unvollständig sind. Die Unvollständigkeit der Verträge führt dazu, dass Ex-post-Transaktionskosten entstehen. Unvollständige Verträge eröffnen die Möglichkeit des opportunistischen Verhaltens, wodurch sich Probleme in der Vertragsabwicklung ergeben, die zu einer Revision des Vertrages führen können. Ein wichtiges Ziel der Transaktionskostentheorie ist daher zu untersuchen, welche vertraglichen Regelungen beziehungsweise institutionellen Arrangements für welche Art von Transaktionen unter Berücksichtigung der dabei anfallenden Transaktionskosten angemessen sind.

8.6.4 Verhaltensannahmen

Ein grundlegender Unterschied zwischen der Transaktionskostentheorie von *Williamson* und der neoklassischen Theorie besteht in der Annahme begrenzter Rationalität.[23] Die Neoklassik mit der Annahme vollständiger Information und fehlenden Transaktionskosten erlaubt die Formulierung vollständiger Verträge, deren Durchsetzung kostenlos möglich ist. Die Annahme eingeschränkter Rationalität hat zur Folge, dass Wirtschaftssubjekte wegen ihrer beschränkten Kapazität zur Informationsverarbeitung nicht alle Handlungsalternativen kennen und die Handlungsfolgen nicht voll abschätzen können. Aufgrund der Komplexität der Umwelt lassen sich Probleme nicht vollständig strukturieren und lösen. Dies führt dazu, dass die Suche nach im neoklassischen Sinn optimalen Lösungen mit hohen Kosten verbunden

[23] Vgl. *Martiensen, J.* (2000). S. 281 f.

ist, so dass Entscheidungen unter subjektiv begrenzter Information getroffen werden. Unter dieser Bedingung können dann keine vollständigen Verträge mehr geschlossen werden, weil die Kosten des Vertragsabschlusses (Informationssuche, Verhandlungen) zu hoch würden. Daher werden die geschlossenen Verträge unvollständig sein mit der Folge, dass es zu Vertragsstörungen kommen kann, die eine Neuaushandlung und Anpassung des Vertrages notwendig machen.

Als zweite Verhaltensannahme unterstellt *Williamson* den Wirtschaftsakteuren opportunistisches Verhalten. Er versteht darunter eine gesteigerte Form des Eigennutzes unter Anwendung von List. Opportunismus als menschliche Verhaltensweise führt dazu, dass unvollständige Verträge nicht im wechselseitigen Einvernehmen mit dem Ziel einer gemeinsamen Nutzen- oder Gewinnmaximierung erfüllt worden, sondern dass die Vertragspartner Lücken im Vertrag ausnutzen, um einseitig einen Vorteil zu erzielen. Dies kann dadurch geschehen, dass Informationen bewusst zurückgehalten, arglistig verfälscht oder in anderer Weise manipuliert werden, oder dass Ressourcen, deren Verwendung vertraglich nicht oder nicht eindeutig geregelt ist, zur Verfolgung eigennütziger Ziele und zulasten des Vertragspartners zweckentfremdet werden.

Unter der Annahme begrenzter Rationalität und opportunistischen Verhaltens ist nun von Bedeutung, dass vertragliche Regelungen nicht kostenlos durchgesetzt werden können. Die Absicherung vor opportunistischem Verhalten verursacht Kosten der Rechtsdurchsetzung, die zu unterschiedlichen Formen der Streitschlichtung führen. Daneben haben sich zur Absicherung vor opportunistischem Verhalten auch andere Formen der Vertragsgestaltung herausgebildet, wie z. B. Sicherheitsleistungen in Geld oder andere glaubwürdige Bindungen der Vertragspartner. Welche Institution der Absicherung vertraglicher Regelungen oder der Rechtsdurchsetzung gewählt wird, hängt somit von der Höhe der damit verbundenen Transaktionskosten ab, die ihrerseits von den unterschiedlichen Merkmalen der Transaktionen beeinflusst sind.

8.6.5 Merkmale von Transaktionsbeziehungen

Ziel der Transaktionskostentheorie ist es, Aussagen über die zur Anwendung kommenden Koordinationsmechanismen wirtschaftlicher Entscheidungen und über typische vertragliche Regelungen bei der Abwicklung von Transaktionen zu machen. Dazu müssen Transaktionen nach Determinanten untergliedert und die damit einhergehenden Transaktionskosten offen gelegt werden. Nach *Williamson* unterscheiden sich Transaktionen im Hinblick auf Unsicherheit, Spezifität und Häufigkeit.

Ein wichtiger Faktor, der Auswirkungen auf Transaktionen hat, ist die Unsicherheit. Dabei geht es einmal um zukünftige Ereignisse, denen aufgrund ihrer Häufigkeit subjektive oder objektive Eintrittswahrscheinlichkeiten zugeordnet werden können, so dass Entscheidungen unter Risiko getroffen werden können. Zum anderen bedeutet Unsicherheit auch, dass Wirtschaftssubjekte die zahlreichen Zustände in ihrer Umwelt nur unvollständig erfassen können. Aufgrund ihrer beschränkten Rationalität sind die Akteure nicht in der Lage, die Entwicklung relevanter, zukünftiger Umweltdeterminanten vorauszusehen und diese im Vertrag oder in einem institutionellen Arrangement abschließend zu regeln. Unsicherheit bezieht sich aber nicht nur auf die zukünftigen Umweltzustände, sondern auch auf das zukünftige Verhalten der Akteure. Mögliches opportunistisches Verhalten wird insbesondere begünstigt durch unterschiedliche Informations- und Wissensstände der Akteure und/oder unterschiedlich hohe Informationskosten der Akteure. Schließlich bezieht sich die Unsicherheit auch auf das Verhalten nach Vertragsabschluss, nämlich inwieweit sich die Vertragsparteien an

die ausgehandelten Verträge halten. Dies ist von besonderer Bedeutung, wenn mit einer Transaktion hohe spezifische Investitionen verbunden sind.

Spezifität ist für die Transaktionskostentheorie das wichtigste Merkmal einer Transaktionsbeziehung. Spezifisches Kapital bzw. spezifische Investitionen sind auf eine bestimmte Transaktion (z.B. Ein-Zweck-Technologien) zugeschnitten, um z.B. ein spezielles Produkt für einen bestimmten Vertragspartner herzustellen. Der Vorteil dieser spezifischen Investitionen in Maschinen und Ausbildung der Mitarbeiter liegt in der höheren Produktivität der Faktoren, den niedrigeren Stückkosten der Produktion oder in einer höheren Qualität der Produkte. Bei einem Scheitern der Partnerschaft müssten die spezifischen Ressourcen (Anlagen, Arbeitskräfte) einer anderen Verwendung zugeführt werden, für die sie weniger geeignet und damit weniger wert sind. Die Differenz zwischen dem Wert der Investitionen bei erstbestem Ressourceneinsatz und zweitbester Verwendung bezeichnet man als Quasi-Rente. Diese Quasi-Rente des spezifischen Kapitals wird damit erkauft, dass die Verwendungsmöglichkeiten des spezifischen Kapitals in alternativen Produktionen reduziert werden. Damit ist ein im Vergleich zur bestmöglichen Verwendung äquivalente Verzinsung des eingesetzten Kapitals in zweitbester Verwendung ausgeschlossen.

Aus der Sicht des einbringenden Unternehmens stellen die Investitionskosten, die außerhalb der Partnerschaft nicht mehr zurückgewonnen werden können, Sunk Costs dar. Im Extremfall sind die in einer Partnerschaft getätigten Investitionen in voller Höhe Sunk Costs, wenn die eingebrachten Ressourcen in keiner anderen Vertragsbeziehung verwendet werden können. Dies ist etwa der Fall, wenn ein Zulieferer der Automobilindustrie in eine Anlage investiert, um ein Fahrzeugteil herzustellen, das ausschließlich von einem Hersteller benötigt wird. Mit der Durchführung der spezifischen Investition begibt sich der Zulieferer in eine Abhängigkeit vom Automobilhersteller. Bei einem Scheitern der Lieferbeziehung ist die Anlage wertlos oder muss mit erheblichem Kostenaufwand für andere Einsatzmöglichkeiten umgerüstet werden. Allerdings ist in diesem Fall die Abhängigkeit zweiseitig. Denn auch der Automobilhersteller ist von den Lieferungen des Teileherstellers abhängig. Im Falle einer Leistungsstörung des Zulieferers muss er sich einen neuen Lieferanten suchen, der zu den erforderlichen spezifischen Investitionen bereit ist. Sowohl Zulieferer als auch Automobilhersteller können von der Vertragsbeziehung profitieren, indem beide an der Quasi-Rente beteiligt sind. Die spezifische Investition des Zulieferers ermöglicht eine höhere Produktivität und niedrigere Stückkosten, verbunden mit der höchstmöglichen Verzinsung des eingesetzten Kapitals. Das Automobilunternehmen kommt in den Genuss niedrigerer Preise verbunden mit einer höheren Konsumentenrente.

Spezifisches Kapital bindet den Investierenden an festgelegte Verwendungen des eingesetzten Kapitals und an einen bestimmten Vertragspartner. Während vor Vertragsabschluss eine Situation des Wettbewerbs zwischen mehreren Anbietern besteht, entsteht nach Vertragsabschluss und Durchführung der spezifischen Investition ein bilaterales Monopol mit der Gefahr des Hold up. Damit ist der „Raub“ der Quasi-Rente gemeint. Jeder Vertragspartner verfügt über ein Drohpotenzial, den Vertrag zu kündigen. Die unterschiedliche Verhandlungsmacht bestimmt die Aufteilung der Quasi-Rente zwischen den beiden Vertragspartnern. Falls eine Vertragsseite spezifische Investitionen getätigt hat, besteht die Gefahr, von der anderen Vertragsseite zu günstigeren Lieferkonditionen, Preiszugeständnissen usw. erpresst zu werden. Der andere Vertragspartner wird sich dagegen um so weniger zur Wehr setzen können, je höher der Anteil der Sunk Costs an der getätigten Investitionssumme ist, denn ein Wechsel des Vertragspartners ist mit hohen Verlusten verbunden. Besteht somit die Gefahr der Erpressung, wird nicht investiert, oder es müssen in den Verträgen Sicherheitsvorkehrungen getroffen werden, um das Risiko des Hold up auszuschalten, indem die Aufteilung

der Quasi-Rente, die aus dem Vertragsverhältnis erwächst, vertraglich geregelt und durch entsprechende vertragliche Institutionen abgesichert wird.

Ein drittes Merkmal einer Transaktion, welches Einfluss auf die Vertragsform und die Höhe der Transaktionskosten hat, ist die Häufigkeit gleichartiger Transaktionen je Periode. Regelmäßig wiederkehrende Transaktionen erfordern andere vertragliche Lösungen zur Koordination als einmalige Transaktionen. Mit zunehmender Zahl gleichartiger Transaktionen besteht die Möglichkeit, Kostenvorteile, Skalen- und Synergieeffekte zu realisieren. Kostenintensive Probleme in der Vertragsauslegung werden durch kostengünstigere Mechanismen der Konfliktlösung ersetzt. Sofern solche Potenziale genutzt werden, sinken die transaktionsbedingten Stückkosten mit zunehmender Zahl der Transaktionen.

8.6.6 Zuordnung von Vertragstypen zu Transaktionstypen – einige Ergebnisse der Transaktionskostentheorie

Die Transaktionskostentheorie analysiert Verträge auf ihre Fähigkeit, Transaktionskosten zu senken. Sie versucht dabei, die in der Realität häufig beobachtbaren Vertragstypen für die Erklärung ökonomischer Phänomene nutzbar zu machen. Nach der Transaktionskostentheorie tritt an die Stelle des vollständigen Vertrags der unvollständige Vertrag als Koordinierungsinstrument für unvollkommene, von Unsicherheit und Spezifität gekennzeichnete Austauschbeziehungen. In der Praxis werden die Transaktionsbeziehungen durch ein Kontinuum an hybriden Koordinationsformen zwischen den beiden extremen Markt und Hierarchie beschrieben. Die große Vielfalt an Mischformen reicht von langfristigen Verträgen, Kooperationsvereinbarungen über Beteiligungen bis hin zu horizontaler oder vertikaler Integration. Die Effizienz unterschiedlicher institutioneller Arrangements spiegelt sich in der Höhe der damit verbundenen Transaktionskosten wider. Die Organisation oder der Vertrag mit den geringsten Transaktionskosten gilt ceteris paribus als ökonomisch effiziente Institution.

Für die Zuordnung von Vertragstypen zu Transaktionstypen werden die drei Merkmale „begrenzte Rationalität/Unsicherheit", „Opportunismus" und „Faktorspezifität" kombiniert. Es ergeben sich insgesamt acht Transaktionstypen, von denen allerdings nur vier relevant sind. Diesen vier Transaktionstypen können entsprechende Vertragstypen/institutionelle Arrangements zugeordnet werden (siehe Tabelle 8-6).

Der Transaktionstyp (a) bedeutet, dass alle zukünftigen Umweltzustände im Vertrag geregelt werden können, dass man sich aber nicht darauf verlassen kann, dass die Vertragspartner ihren vertraglichen Verpflichtungen nachkommen. Es besteht aufgrund spezifischer Investitionen ein beiderseitiges Interesse an der Zusammenarbeit. In diesem Fall sollte ein vollständiger Vertrag abgeschlossen. Er enthält keinen Verhaltensspielraum für die Erfüllung der Vertragspflichten, da die Leistungspflichten für alle Zustände der Welt festgelegt sind. Beispiele für solche Verträge sind die klassischen Verträge mit vollständiger Rationalität und kostenlos durchsetzbaren Ansprüchen. Aber auch die in Abschnitt 8.5.2 diskutierten Principal-Agent-Verträge gehören hierher. Hier sind zwar nicht die Handlungen des Agenten vertraglich festgelegt, sondern die Entlohnung, die er für ein bestimmtes Ergebnis seiner Handlungen erhält.

Für die Transaktion (b) wird von begrenzter Rationalität der Akteure und transaktionsspezifischen Investitionen ausgegangen. Jedoch wird auf eine Absicherung vor opportunistischem Verhalten verzichtet, weil beide Vertragsparteien ihre Bereitschaft bekunden, im Falle unvorhergesehener Ereignisse, die eine Anpassung des Vertrages notwendig machen, eine einvernehmliche Lösung anzustreben. Eine in diesem Sinn effiziente Lösung würde den gemeinsamen Nutzen/Gewinn der Beteiligten maximieren. Grundlage solcher Vertragsbeziehungen ist Vertrauen, Freundschaft oder Partnerschaft. Bei diesen sehr persönlichen

Transaktionsbeziehungen wird auf eine umfassende Absicherung vor opportunistischem Verhalten verzichtet, weil bereits der Versuch einer Absicherung die Vertragsgrundlage empfindlich stören bzw. zerstören würde.

Tabelle 8-6: Zuordnung von Vertragstypen zu Transaktionstypen[24]

Transaktionstyp	Rationalität ist begrenzt	Gefahr opportunistischen Verhaltens	Faktorspezifität ist gegeben	angemessenes institutionelles Arrangement/ Vertragstyp
(a)	nein	ja	ja	Vollständiger Vertrag
(b)	ja	nein	ja	Unvollständiger Vertrag ohne Absicherung gegen opportunistisches Verhalten („Versprechen")
(c)	ja	ja	nein	Vertrag mit einmaligem Leistungsaustausch (Markt)
(d)	ja	ja	ja	umfassender Beherrschungs- und Überwachungsvertrag

Wenn keine spezifischen Investitionen getätigt werden, aber begrenzte Rationalität und Opportunismus das Verhalten bestimmen, liegt die typische Form marktmäßiger Transaktionen vor (Transaktion (c)). Opportunistisches Verhalten kann unmittelbar dadurch sanktioniert werden, dass man einen anderen Vertragspartner sucht. Dieser Wechsel des Vertragspartners ist ohne weiteres möglich, da keine transaktionsspezifischen Investitionen getätigt wurden und deshalb keine Sunk Costs zu tragen sind. Die Vorteilhaftigkeit einer Transaktion ist somit auch mit einem anderen Vertragspartner gewährleistet. Für jede Leistungstransaktion wird ein neuer Vertrag geschlossen. Eine spezielle Absicherung vor opportunistischem Verhalten ist somit nicht nötig. Die Drohung vor Abwanderung und der Wettbewerb bieten ausreichenden Schutz vor Opportunismus.

Bei der Transaktionsart (d) sind alle drei Merkmale erfüllt. Begrenzte Rationalität und Opportunismus bestimmen das Verhalten der Vertragspartner. Die Durchführung der Transaktionen erfordert transaktionsspezifische Investitionen. Die anonymen Markttransaktionen werden ersetzt durch eine persönliche, partnerbezogene Transaktionsbeziehung. Das Risiko opportunistischen Verhaltens, das durch die spezifischen Investitionen entsteht, und das hierin begründete Hold-up-Problem muss durch ein entsprechendes institutionelles Arrangement oder eine angemessene Organisationsform beherrschbar gemacht werden, ansonsten werden die transaktionsspezifischen Investitionen nicht getätigt und die damit verbundenen Effizienzgewinne können nicht realisiert werden.

Für diesen Transaktionstyp haben sich zahlreiche Beherrschung- und Durchsetzungsstrukturen (governance structure) herausgebildet. In Frage kommen zum Beispiel ein Unternehmen, eine Kooperation, langfristige Verträge (z.B. Arbeitsverträge, Rahmenlieferverträge), Franchise- oder Leasingverträge, Formen der vertikalen oder horizontalen Integration zwischen den Vertragspartnern. Ziel dieser institutionellen Arrangements ist es, einen vertraglichen Rahmen für die Transaktionsbeziehungen festzulegen, der die negativen Einflussfaktoren Unsicherheit und Opportunismus reduziert, auf eine Interessenangleichung der jeweiligen Vertragspartner hinwirkt, durch vertragliche Regelungen sicherstellt, dass sich beide Vertragspartner am Risiko eines Fehlschlags beteiligen, und/oder Regelungen über die Beile-

[24] Vgl. *Martiensen, J.* (2000). S. 287.

gung von Meinungsverschiedenheiten und Interessengegensätzen durch entsprechende Streitschlichtungsmechanismen bereitstellt. Instrumente dazu sind etwa langfristige Vertragsbeziehungen, die Vereinbarung von Ex-ante oder Ex-Post Kompensationen, Vereinbarungen über eine unabhängige Schiedsstelle bis hin zur wechselseitigen Kapitalbeteiligung.

8.6.7 Make or Buy – der optimale Grad vertikaler Integration

In der mikroökonomischen Theorie werden die Produktionskosten eines Gutes bei gegebener Produktionstechnologie und gegebenen Faktorpreisen von der Produktionsmenge bestimmt. Ein Unternehmen wird folglich die Entscheidung „Make or Buy" davon abhängig machen, ob es das betrachtete Produkt selbst zu niedrigeren Stückkosten herstellen kann, als es bei Fremdbezug kostet. So wird z. B. ein Automobilhersteller die Lichtmaschinen für seine Pkw von einem anderen Unternehmen herstellen lassen, wenn die Lichtmaschine kostengünstiger zu haben ist als bei eigener Produktion. Dies wird bei vielen PKW-Teilen der Fall sein, weil der Hersteller der Lichtmaschine das Produkt gleichzeitig für zahlreiche andere Automobilhersteller liefert und folglich sinkende Stückkosten realisieren kann. Diese Aussage beinhaltet, dass das betrachtete Produkt „Lichtmaschine" einen geringen Grad an Spezifität aufweist. Die Möglichkeit, Skalenerträge in der Produktion zu realisieren, wird jedoch geringer, wenn der Grad der Faktorspezifität steigt und der Zulieferer eine Lichtmaschine oder ein anderes Teil speziell nur noch für einen Abnehmer fertigt. In diesem Fall ist davon auszugehen, dass der Stückkostenvorsprung des Zulieferers gegenüber einer Herstellung im eigenen Unternehmen umso mehr zurückgeht, je höher der Grad der Faktorspezifität in der Produktion ist. Bezeichnet s den Grad der Faktorspezifität, k_U die Produktionsstückkosten im eigenen Unternehmen und k_M die Produktionsstückkosten auf dem Markt, so wird der Unterschied zwischen den unternehmensinternen Stückkosten und Stückkosten des Marktes mit zunehmendem Spezifitätsgrad der eingesetzten Produktionsfaktoren immer kleiner.

$\Delta k = k_U(s) - k_M(s)$ mit $\Delta k' < 0$.

Aus der Sicht der Transaktionskostentheorie dürfen bei der Entscheidung „Make or Buy" aber nicht nur die reinen Kosten der Produktion verglichen werden, sondern es müssen auch die Transaktionskosten der beiden institutionellen Arrangements berücksichtigten werden. Ein grundlegender Vorteil einer unternehmensinternen Lösung gegenüber vertraglichen Regelungen mit selbstständigen Lieferanten besteht in der Möglichkeit, mit direkten Anweisungen zu arbeiten, während auf dem Markt verhandelt werden muss, so dass auch die Markttransaktionskosten und die Unternehmenstransaktionskosten in Abhängigkeit vom Grad der Spezifität gesehen werden müssen. Dabei ist davon auszugehen, dass bei niedrigem Spezifitätsgrad die Markttransaktionskosten niedriger sind als die Unternehmenstransaktionskosten, weil für den Bezug von Standardmaterial unabhängig von der Häufigkeit der Transaktion mit klassischen Verträgen gearbeitet werden kann. Da in diesem Fall keine spezifischen Investitionen getätigt werden müssen, entsteht keine Quasi-Rente und damit besteht auch nicht die Gefahr des Hold up. Je spezifischer die Investitionen werden, umso schneller werden die Markttransaktionskosten steigen, weil die Vertragsgestaltung einer dauerhaften Transaktionsbeziehung zwischen Lieferanten und Abnehmer immer schwieriger wird. Der Bedarf an vertraglicher Absicherung vor einem Raub der Quasi-Rente steigt. Die Kosten der Vertragsverhandlung und -überwachung steigen. Vertragsanpassungen werden immer häufiger notwendig, weil nicht alle zukünftigen Eventualitäten vorhersehbar sind. Es ist daher davon auszugehen, dass die Markttransaktionskosten mit steigendem Grad an Spezifität stark ansteigen.

Im Vergleich zu den Markttransaktionskosten dürften die Unternehmenstransaktionskosten bei niedrigem Spezifitätsgrad höher sein, weil im Vergleich zum Markt für die Eigenpro-

duktion eine vollständige Organisation aufgebaut werden muss, um die Transaktionen innerhalb des Unternehmens abzuwickeln. Die für die Eigenproduktion erforderlichen Transaktionskosten werden deshalb bei niedrigem Grad der Faktorspezifität höher sein als die mit einer marktmäßigen Transaktion verbundenen Kosten eines klassischen Vertrages. Demgegenüber dürften die Unternehmenstransaktionskosten bei eigener Fertigung in Abhängigkeit vom Grad der Spezifität weniger rasch steigen, weil bei interner Koordination die mit der Faktorspezifität zunehmenden Beherrschungs-, Anpassungs- und Überwachungskosten in der Hierarchie niedriger sind als auf dem Markt. Bei einem hohen Grad an Faktorspezifität dürften folglich die Transaktionskosten der Hierarchie geringer sein als die des Marktes.

Bezeichnen wir mit t die durchschnittlichen Transaktionskosten, mit t_M die durchschnittlichen Markttransaktionskosten und t_U die durchschnittlichen Unternehmenstransaktionskosten, so wird die Differenz zwischen den Unternehmenstransaktionskosten und den Markttransaktionskosten mit zunehmender Faktorspezifität geringer. Je höher die Faktorspezifität, umso vorteilhafter ist unter Transaktionskostengesichtspunkten die Eigenproduktion.

$\Delta t = t_U(s) - t_M(s)$ mit $\Delta t' < 0$

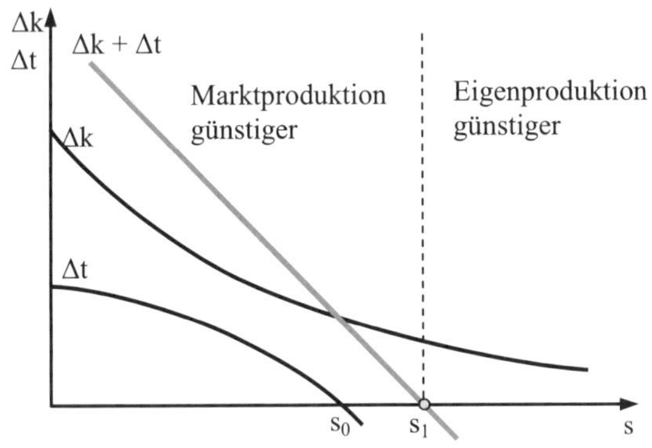

Abbildung 8-12: Produktionskostendifferenz und Transaktionskostendifferenz in Abhängigkeit von der Faktorspezifität

Bei einer Entscheidung über Eigenproduktion oder Fremdbezug müssen sowohl die Differenzen in den Produktionskosten als auch die Differenzen in den Transaktionskosten in Abhängigkeit von der Faktorspezifität berücksichtigt werden. Diese beiden Kostendifferenzen sind in Abbildung 8-12 dargestellt. Dabei ist Δk die Produktionskostendifferenz. Sie wird mit zunehmender Faktorspezifität immer geringer, weil das Marktvolumen immer kleiner wird, je spezieller ein Produkt hergestellt wird. Auch die Transaktionskostendifferenz Δt lässt sich als Kurve mit einer negativen Steigung darstellen. Im Schnittpunkt der Δt-Kurve mit der Abszisse sind die durchschnittlichen Transaktionskosten von Markt und Hierarchie gleich hoch. Links von s_0 ist die Koordination über den Markt günstiger, rechts von s_0 ist die interne Koordination vorteilhafter. Für eine Entscheidung „Make or Buy“ müssen Produktionskostendifferenz und Transaktionskostendifferenz addiert werden. Die Summe liefert dann die jeweils günstigere Lösung in Abhängigkeit vom Grad der Faktorspezifität. Links von s_1 ist die Marktproduktion günstiger als die Eigenproduktion. Je geringer die gewählte Faktorspezifität, desto vorteilhafter ist wegen der damit verbundenen Skalenerträge die Marktproduktion. Wenn ein Unternehmen daher bestimmte Produktionsschritte internalisiert und nicht über den Markt abwickelt, dann kann es nur mit Transaktionskostenvorteilen bei einem hohen Grad an Faktorspezifität begründet werden.

Der Ansatz der Transaktionskostentheorie kann hier nur in seinen Grundgedanken skizziert werden. Seine Anwendungsmöglichkeiten in Volks- und Betriebswirtschaftslehre sind aufgrund von weiteren Entwicklungen breit gestreut. Die weitere Differenzierung von Transaktionen in ihren Dimensionen „Grad der Unsicherheit", „Grad der Spezifität" und „Häufigkeit" erlaubt Aussagen über geeignete Governance Strukturen und führt zu Institutionen, die im Rahmen der neoklassischen Theorie keinen Platz haben. Ein Beispiel dafür sind Finanzintermediäre, für die es in einer neoklassischen Welt unter der Annahme vollkommener Kapitalmärkte keinen Platz gibt. Die Existenz eines Bankensystems als Institution der Kapitalsammlung und Kapitalvermittlung lässt sich aber damit begründen, dass das Bankensystem bei bestimmten Finanzierungsarten die mit der Unternehmensfinanzierung verbundenen Transaktionskosten senkt.

Teil III: Makroökonomie und Wirtschaftspolitik

9 Makroökonomie als Wissenschaft

Wir haben uns bisher mit der ökonomischen Handlungsweise einzelner Wirtschaftssubjekte auseinandergesetzt. Einsichten in die Beweggründe und Gesetzmäßigkeit des Handelns einzelner Haushalte oder Unternehmen sind natürlich die Grundlage dafür, Voraussagen für gesamtwirtschaftliche Ereignisse treffen zu können. Insofern stellt die mikroökonomische Analyse die Basis für die Betrachtung gesamtwirtschaftlicher Zusammenhänge und damit auch für wirtschaftspolitische Empfehlungen dar.

9.1 Das Verhältnis zwischen Mikro- und Makroökonomie

Allerdings wäre es falsch anzunehmen, dass eine gesamtwirtschaftliche Größe nichts anderes sei als die Summe ihrer Einzelteile, so dass sich die Makroökonomie auf Zusammenfassungen und Verallgemeinerungen mikroökonomischer Aussagen beschränken könnte. In der Ökonomie kann es vielmehr vorkommen, dass 2 + 2 = 5 oder auch nur = 3,75 ist. Wir haben dies bereits unter dem Begriff „Trugschluss der Verallgemeinerung“ kennen gelernt.

Das folgende Beispiel soll den Sachverhalt verdeutlichen. Ein Student der Wirtschaftswissenschaften sitzt im Theater. Aufgrund seiner stets deutlich spürbaren Budgetbeschränkung führte sein Nutzenmaximierungskalkül zu einem ziemlich ungünstigen Platz im hinteren Teil des Parketts mit eingeschränkter Sicht auf die Bühne. Da er aber in seiner Mikroökonomievorlesung bereits einiges über den nutzenmaximierenden homo oeconomicus gelernt hat, kommt ihm in den Sinn, seinen Kunstgenuss dadurch zu erhöhen, dass er von seinem Platz aufsteht, sich auf dem hochgeklappten Sitz niederlässt und somit das Geschehen auf der Bühne wesentlich besser verfolgen kann. Gesagt, getan. Leider ist unser Student jedoch von vielen anderen ebenfalls nutzenmaximierenden homines oeconomici umgeben, die alle auf dieselbe Idee kommen. Unterstellen wir bei allen Theaterbesuchern ein wirtschaftsfriedliches Verhalten (was also die Anwendung von Gewalt gegen die Verursacher von Sichtbehinderung ausschließt), so wird im Ergebnis der gesamte Theatersaal mit Ausnahme der ersten Reihe stehen. Das Nutzenniveau des Publikums in seiner Gesamtheit ist also gesunken, denn alle sehen so schlecht wie vorher auch, müssen aber zudem stehen.

Das Beispiel macht deutlich, dass ein Gesamtergebnis immer auch Interdependenzen zwischen den einzelnen Akteuren beinhaltet und abbildet. Außerdem gehen durch Zusammenfassungen (Aggregationen) einzelwirtschaftlicher Größen stets Detailinformationen verloren. Wenn der Wirtschaftspolitiker zum Beispiel den gesamtwirtschaftlichen Arbeitsmarkt betrachtet, so hat er eine gedachte Zusammenfassung aller angebotenen und nachgefragten Arbeitsleistungen vor sich. Diese setzten sich aber natürlich aus einer Vielzahl nach Art und Funktionsweise unterschiedlicher Teilarbeitsmärkte (z.B. in qualifikatorischer oder regionaler Hinsicht) zusammen, deren Besonderheiten in der Aggregation nicht mehr sichtbar sind.

Die Makroökonomie geht vielmehr von durchschnittlichen Strukturen bzw. Verhaltensweisen aus. Solange sich diese im Untersuchungszeitraum nicht grundlegend ändern, ist eine solche Verfahrensweise auch nicht schädlich – im Gegenteil: Erkenntnisobjekt ist ja in diesem Beispiel nicht die Heterogenität der vielen Teilarbeitsmärkte, sondern die Erklärung des gesamtwirtschaftlichen Beschäftigungsniveaus.

In einer makroökonomischen Aggregation verschwinden also die Ursprungsgrößen, deren Erklärung das Ziel der mikroökonomischen Analyse ist. Betrachtet wird nur noch das Gesamtbild – der zugrundeliegende Erkenntnisgegenstand, nämlich die Volkswirtschaft, bleibt jedoch in Mikro- und Makroökonomie derselbe. Ebenso wie in der Malerei ein Gemälde dem Betrachter je nach dessen Abstand zur Leinwand völlig unterschiedliche Informationen enthüllt, so unterscheiden sich Mikro- und Makroökonomie lediglich bezüglich der Perspektive, aus der sie sich ihrem Untersuchungsgegenstand nähern. Hier wie dort werden Ursache-Wirkungszusammenhänge untersucht.

9.2 Makroökonomische Fragestellungen

Im Zentrum makroökonomischer Beobachtungen und Erklärungsmodelle stehen das Volkseinkommen und die Beschäftigung. Ziel ist es, diese Größen prognostizieren zu können. Die Theorie des Volkseinkommens und der Beschäftigung ist das Kerngebiet der Makroökonomie. Dort werden zum Beispiel folgende Fragen gestellt und beantwortet:

- Wie kommt die Höhe des Volkseinkommens und der Beschäftigung zustande?
- Welche Rolle spielen dabei Preisniveau und Zinssatz?
- Welche Interdependenz besteht zwischen diesen Größen?
- Wie hoch sind die Gleichgewichtswerte?

Allerdings geht es nicht nur darum, die Höhe von Volkseinkommen und Beschäftigung für einen bestimmten Zeitpunkt vorhersagen zu können. Vielmehr ist auch die Entwicklung dieser Größen in der Zeit von großem Interesse. Makroökonomische Theorie beschäftigt sich daher auch mit den für Volkswirtschaften typischen Wachstumsprozessen. Ein zweites wichtiges Teilgebiet der Makroökonomie, die Wachstumstheorie, fragt nach den Zeitpfaden der gesamtwirtschaftlichen Größen:

- Welche Bedingungen führen zu einem gleichmäßigen und gleichgewichtigen Wachstum des Volkseinkommens?
- Wie hoch ist die gleichgewichtige Wachstumsrate?
- Was beschleunigt, was bremst die Entwicklung des gesamtwirtschaftlichen Produktionspotenzials?
- Inwiefern hängt Beschäftigung von Wachstum ab?

Eine besondere Bedeutung kommt dabei dem Problem der Stabilität wirtschaftlicher Vorgänge zu, denn gesamtwirtschaftliche Größen folgen in ihrer Entwicklung so gut wie nie den idealtypischen Wachstumspfaden. Vielmehr unterliegen Marktwirtschaften üblicherweise bestimmten zyklischen Schwankungen – ein Phänomen, das seit jeher eines der größten Probleme für industrielle Volkswirtschaften darstellt. Man bezeichnet es als Konjunkturzyklus. Diese Zyklen drücken sich in Schwankungen des Auslastungsgrades des gesamtwirtschaftlichen Produktionspotentials aus, welche wiederum eine Folge schwankender Gesamtnachfrage sind. Die praktische Bedeutung solcher Schwankungen für die Wirtschaft ist enorm, da jede Schwankung mit umfangreichen und oft sehr schmerzhaften Anpassungsvorgängen verbunden ist. So entsteht beispielsweise in jedem wirtschaftlichen Abschwung überproportional hohe Arbeitslosigkeit, jede Boomphase ist von inflationären Tendenzen begleitet.

Die makroökonomische Theorie befasst sich daher in komplexen dynamischen Modellen eingehend mit der Analyse solcher mittelfristiger Schwankungen der gesamtwirtschaftlichen Größen (Konjunkturtheorie) und fragt:

- Weshalb kommt so ein gleichgewichtiges exponentielles Wachstum in der Realität nie zustande?
- Was verursacht die Zyklizität der Wachstumsschwankungen?
- Wie verhält sich der Auslastungsgrad des gesamtwirtschaftlichen Produktionspotenzials im Zeitverlauf?
- Wie kann man die Stärke der Schwankungen dämpfen?

So ist die Erklärung des Trends in Abbildung 9-1 ein Anliegen der Wachstumstheorie, während Höhe und Dauer der Abweichungen vom Trendwachstum Gegenstand konjunkturtheoretischer Analysen sind.

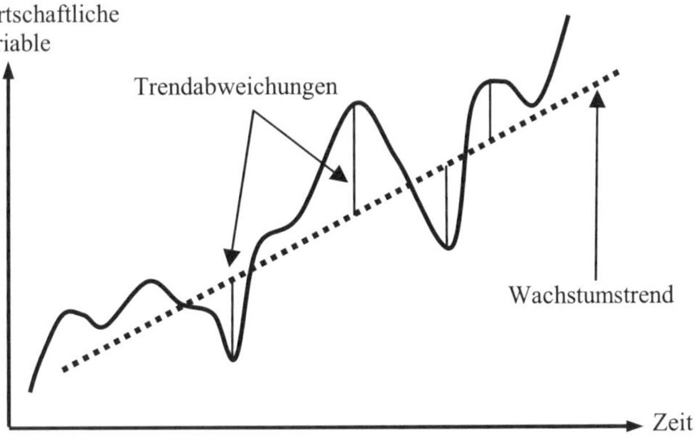

Abbildung 9-1: Zeitreihe einer makroökonomischen Größe

9.3 Makroökonomische Theorie als Basis der Wirtschaftspolitik

Da sich die Makroökonomie mit den Abhängigkeiten und damit der Beeinflussbarkeit hoch aggregierter Größen beschäftigt, ist sie die wichtigste Grundlage für die praktische Wirtschaftspolitik.

Unabdingbare Voraussetzung für den rationalen Einsatz wirtschaftspolitischer Instrumente, deren Zweck – zumindest in einer Marktwirtschaft – in der Beeinflussung der gesamtwirtschaftlichen Größen wie Preisniveau, Beschäftigung oder Wachstum besteht, ist die Fähigkeit, die zeitliche Entwicklung dieser Größen vorherzusagen (makroökonomische Theorie) sowie Ziel-Mittel-Beziehungen, also die Wirkungsweise der wirtschaftspolitischen Instrumente auf die gesamtwirtschaftlichen Zielgrößen, zu quantifizieren (Theorie der Wirtschaftspolitik).

In Deutschland sind die wirtschaftspolitischen Ziele sogar in einem Bundesgesetz, nämlich im Stabilitäts- und Wachstumsgesetz von 1967 definiert. Dort heißt es in §1:

> *„Bund und Länder haben bei ihren wirtschafts- und finanzpolitischen Maßnahmen die Erfordernisse des gesamtwirtschaftlichen Gleichgewichts zu beachten. Die Maßnahmen sind so zu treffen, dass sie im Rahmen der marktwirtschaftlichen Ordnung gleichzeitig zur Stabilität des Preisni-*

veaus, zu einem hohen Beschäftigungsstand und außenwirtschaftlichem Gleichgewicht bei stetigem und angemessenem Wirtschaftswachstum beitragen."

Es handelt sich somit ausschließlich um makroökonomische Zielgrößen. Auf dem Boden einer marktwirtschaftlichen Grundordnung, die ja ebenfalls im Gesetz festgeschrieben ist, wäre es nicht möglich, mikroökonomische Größen, wie einzelne Preise oder die Produktionsentscheidungen einzelner Unternehmen steuern zu wollen. Marktwirtschaft setzt ja bekanntlich dezentrale Entscheidungen sowie die freie Beweglichkeit aller Preise voraus. Marktwirtschaftliche Wirtschaftspolitik kann somit stets nur versuchen, über eine Beeinflussung der Rahmenbedingungen das gesamtwirtschaftliche Ergebnis in den gewünschten Zielkorridor zu steuern, sie kann jedoch niemals einzelwirtschaftliche Größen fixieren.

9.4 Grundlegende makroökonomische Modelle

Inwieweit dies gelingt, hängt von der Leistungsfähigkeit des zugrunde liegenden makroökonomischen Modells, das heißt von der Qualität der verwendeten Theorien ab. Eine ideale gesamtwirtschaftliche Theorie müsste zuverlässig erklären können, wovon Einkommen, Beschäftigung und Preisniveau abhängen sowie welche Wechselwirkungen zwischen diesen Größen bestehen und zwar sowohl in statischer wie v.a. in dynamischer Betrachtung.

Bis heute gehen jedoch die Meinungen nicht nur der Wirtschaftspolitiker, sondern auch der Wissenschaftler selbst über das „richtige" gesamtwirtschaftliche Erklärungsmodell noch auseinander. Im Wesentlichen liegen zwei grundlegende Denkschulen (Paradigmen) miteinander im Widerstreit, nämlich das

- neoklassische, später monetaristische und das
- keynesianische Modell.

Die klassisch-neoklassische Denkweise geht auf die Ökonomen des 18. und 19. Jahrhunderts[1] zurück und basiert überwiegend auf der mikroökonomischen Analyse des Marktmechanismus. Besonderes Augenmerk gilt dabei den Angebotsbedingungen einer Volkswirtschaft, d.h. der Güterproduktion sowie deren Zuwachs durch die Akkumulation von Kapital. Die klassische Marktsicht unterstellt grundsätzlich völlig flexible Preise, Zinsen und Löhne, so dass jede Störung sofort über Preisanpassungen abgefedert und der Markt in den Gleichgewichtszustand zurückgeführt wird.

Diese Marktsicht findet im sog. **Say'schen Theorem** ihren Niederschlag. Es besagt, dass jede Produktion gleichzeitig auch Verbrauch bedeutet und sich somit jedes Angebot seine Nachfrage – sei es in Form von Konsum oder von Investition – selbst schafft. Jedes Auseinanderweichen von Angebot und Nachfrage könne daher nur kurzfristig sein, da der Preismechanismus sofort wieder zur Markträumung führe. Dem marktwirtschaftlichen System wird also eine inhärente Stabilität unterstellt.

Dieser bis dato unerschütterliche Glaube in die Selbstheilungskräfte des Marktes wurde Ende der zwanziger Jahre des letzten Jahrhunderts empfindlich getroffen. Noch ganz unter dem Eindruck der soeben überwundenen Weltwirtschaftskrise, die nach dem „schwarzen Freitag" an der Wallstreet am 25. Oktober 1929 weltweit zu Schrumpfung, Deflation und gewaltiger Arbeitslosigkeit geführt hatte, entstand *Keynes*' Hauptwerk, die „General Theory of

[1] Die Hauptvertreter der klassischen Theorie sind *Adam Smith*, *David Ricardo*, *John Stuart Mill* und *Jean Baptiste Say* („*Say*'sches Gesetz"). Aber auch *Karl Marx*' Theorien stehen in der klasischen Tradition. Berühmte Neoklassiker sind *Hermann Heimrich Gossen*, *William Stanley Jevons*, *Carl Menger*, *Léon Walras*, *Johann Heinrich von Thünen*, *Antoine Augustin Cournot* und *Alfred Marshall*.

Employment, Interest and Money“ aus dem Jahre 1936. Sie kann als Geburtsstunde der modernen Makroökonomie betrachtet werden[1].

Keynes' Analyse und die daraus entstandene Denkschule des **Keynesianismus** ist von der Überzeugung geprägt, dass Marktwirtschaften v.a. wegen immer wieder auftretender Preisstarrheiten inhärent instabil seien, d.h. bei Störungen nicht durch eigene Kraft wieder auf einen gleichgewichtigen Wachstumspfad zurückfinden würden. Zwar leugnete auch *Keynes* die Selbstheilungskräfte des Marktes nicht. Er stellte jedoch fest, dass in der Realität keineswegs alle Preise vollständig flexibel sind und insbesondere nicht beliebig sinken können. Das trifft seiner Meinung nach vor allem auf die Löhne zu. Ungleichgewichte zwischen Angebot und Nachfrage werden daher womöglich nicht durch Preissenkungen, sondern durch einen Mengenrückgang ausgeglichen, der zu Produktions- und Beschäftigungseinbußen führt. Die Folge ist ein Gleichgewicht bei Unterbeschäftigung und das wiederum bedeutet langfristige Arbeitslosigkeit, deren Beseitigung nur mit Hilfe staatlicher Unterstützung gelingt.
Eine besondere Rolle spielt dabei die unstetige Entwicklung der privaten Investitionen, welche wegen der – je nach Wirtschaftslage – äußerst unsicheren Zukunftserwartungen stark schwanken und womöglich nur unzulänglich auf Zinsanreize reagieren.

Um die Volkswirtschaft aus einem solchen Unterbeschäftigungsgleichgewicht zu befreien, sei daher ein aktives Eingreifen des Staates notwendig. Durch staatliche Ausgaben, die notfalls auch durch die Aufnahme von Krediten (keynesianisches „deficit spending“) finanziert werden sollten, müssten Defizite bei der privaten (Investitions-)Nachfrage ausgeglichen werden, da andernfalls – wie in der Weltwirtschaftskrise geschehen – eine dauerhafte Situation der Unterbeschäftigung drohe, aus der sich die private Wirtschaft aus eigener Kraft nicht würde befreien können.
Keynes' Anlayse stand damit in direktem Widerspruch zu der bis dahin geltenden Überzeugung der Neoklassiker, die sich vollständig auf die Immunität des Marktes gegenüber exogenen Schocks verließen.

In den sechziger Jahren entstand, ausgehend von der sog. Chicagoer Schule in den USA, eine Gegenbewegung zu den Lehren von *Keynes*, die häufig als monetaristische Gegenrevolution bezeichnet wird. Deren Hauptvertreter, der spätere Nobelpreisträger *Milton Friedman*, plädierte für eine Wiederbelebung des neoklassischen Marktideals. In seinem Hauptwerk „Capitalism and Freedom“ aus dem Jahr 1962 formulierte er seine zentralen Thesen: Der Marktmechanismus sei sehr wohl in der Lage, Störungen eigenständig auszugleichen und zu einem stabilen Gleichgewicht zurückzufinden. Voraussetzung sei allerdings, dass der Preismechanismus unbeeinträchtigt von jeder staatlichen Einflussnahme wirken könne und die Märkte funktionsfähig seien. Wenn dies gewährleistet sei, könne es zumindest langfristig nicht zu einem dauerhaften Nachfrageausfall kommen.

Die Rolle des Staates bestehe daher vor allem darin, die Angebotsseite des Marktes zu stärken und dafür sei in erster Linie eine streng stabilitätsorientierte, regelgebundene Geldpolitik erforderlich **(Monetarismus)**. Friedman vertrat sogar die Ansicht, dass staatliche Eingriffe, v.a. wenn sie situationsbezogen und nicht regelgebunden erfolgen, nicht nur wirkungslos, sondern sogar destabilisierend seien. Er forderte daher die Wirtschaftspolitik zu größtmöglicher Zurückhaltung auf, v.a. was die Fiskalpolitik betrifft.

---

[1] Die Theorien von *Keynes* wurden in der 40er Jahren des 20. Jahrhunderts von *John Hicks* und *Alvin Hansen* im sog. IS-LM-Modell formalisiert. In dieser Form ist das *Keynes*'sche Modell auch heute noch Bestandteil jedes makroökonomischen Lehrbuches. Weitere Vertreter der *Keynes*'schen Lehre sind u.a. *James Edward Meade*, *Don Patinkin*, *James Tobin*, *Robert A. Mundell* und *Franco Modigliani*.

Der Geldpolitik hingegen kommt nun eine entscheidende Bedeutung zu. Die klassischen Nationalökonomen waren noch von der sog. „Neutralität des Geldes“ ausgegangen, d.h. sie glaubten, dass sich Veränderungen in der Geldmenge nur auf die absoluten Preise, nicht aber auf die Preisrelationen der Güter untereinander und damit auf den realen Sektor der Volkswirtschaft auswirkten. Man sprach vom „Geldschleier“, der auf den realen Güteraustauschrelationen liege. Spätestens seit *Alfred Marshall*[1] wurde jedoch erkannt, dass es sehr wohl wirksame Transmissionsmechanismen gibt, die Impulse von der monetären auf die reale Sphäre einer Wirtschaft übertragen. Die „Monetaristen, angeführt von *Milton Friedman*, griffen die Grundgedanken der neoklassischen Schule, insbesondere der Quantitätstheorie des Geldes, wieder auf und stellten die Geldpolitik ins Zentrum ihrer wirtschaftspolitischen Empfehlungen, denn „money matters“. Um unvorhergesehene monetäre Schocks für die Wirtschaft zu vermeiden sowie den Spielraum für Preisniveausteigerungen gering zu halten, sollte die Geldmenge mit möglichst konstanter und niedriger Wachstumsrate steigen.

Die beiden ökonomischen Denkschulen des Keynesianismus und des Monetarismus, unterscheiden sich somit signifikant: Keynesianer richten ihr Augenmerk auf die Nachfrage als wichtigste makroökonomische Größe; Monetaristen hingegen betonen die Dominanz des Angebotes. Keynesianer misstrauen der Funktionsfähigkeit sowie Anpassungsfähigkeit des Marktes und fordern daher staatliche Interventionen zur Erhaltung der Vollbeschäftigung; Monetaristen vertrauen auf die Selbstheilungskräfte des Marktes und setzen auf wirtschaftspolitische Enthaltsamkeit. Keynesianer konzentrieren sich auf die kurz- und mittelfristige Analyse nach dem (Keynes selbst zugeschriebenen) Motto „In the long run we are all dead“; Monetaristen betonen die Langfristorientierung ihrer Modelle:

Ökonomische Denkschulen des 20. Jahrhunderts	
Keynesianismus (John Maynard Keynes, 1883 - 1946, später u.a. James Tobin, Franco Modigliani)	**Neoklassik/Monetarismus** (Alfred Marshall, 1842 - 1924/ Milton Friedman, 1912 - 2006)
▶ nachfrageorientiert	▶ angebotsorientiert
▶ bezweifelt die Selbstheilungskraft der Marktwirtschaft in bestimmten Situationen: Marktpessimismus	▶ betont die Selbstheilungskraft der Marktwirtschaft: Marktoptimismus
▶ empfiehlt eine diskretionäre, antizyklische Wirtschaftspolitik, v.a. Fiskalpolitik (deficit spending)	▶ empfiehlt wirtschaftspolitische Zurückhaltung und eine Verstetigung v.a. der Geldpolitik
▶ kurzfristig	▶ langfristig

Abbildung 9-2: Keynesianismus und Monetarismus

So unvereinbar diese beiden Ansätze auf den ersten Blick erscheinen mögen: Eine Synthese ist möglich. Während die späten 60er und 70er Jahre als Jahrzehnte keynesianischer Wirtschaftspolitik in die Geschichte eingegangen sind, erlebte das neoklassische, marktliberale Gedankengut eine Renaissance in den 80er Jahren, insbesondere in der Wirtschaftspolitik der britischen Premierministerin *Margaret Thatcher* und des amerikanischen Präsidenten

[1] *Alfred Marshall* lebte von 1842 bis 1924. Er war Professor in Cambridge und unterrichtete dort u.a. *John Maynard Keynes* und *Arthur Cecil Pigou*, den wir bereits im Zusammenhang mit der berühmten *Pigou*-Steuer kennengelernt haben.

Ronald Reagan, aber auch in Deutschland, wo seit dem Regierungswechsel 1980 lange Zeit hindurch liberale Wirtschaftsminister die deutsche Politik prägten. Heute vermischen sich jedoch angebots- und nachfrageorientierte Maßnahmen immer stärker und das auch zu recht, denn schließlich sind beide Marktseiten für die wirtschaftliche Entwicklung wesentlich. Keynesianische Rezepte zielen in erster Linie auf die Beeinflussung eher kurzfristiger Konjunkturbewegungen, während für die langfristige Wachstumsentwicklung einer Volkswirtschaft, d.h. zur Lösung der strukturellen Probleme v.a. eine Optimierung der Angebotsbedingungen notwendig ist.

9.5 Ex post- und ex ante-Betrachtung

Um wirtschaftspolitische Maßnahmen ergreifen zu können, muss die Ausgangslage bekannt sein. Vor dem Blick in die Zukunft liegt die Reflexion über die Vergangenheit. Erst aus der Beobachtung und Beschreibung der bereits abgelaufenen Ereignisse können Erklärungsmodelle und Theorien gewonnen werden, die dann auch einen Blick in die Zukunft erlauben und wirtschaftspolitisches Handeln überhaupt erst ermöglichen. In den Wirtschaftswissenschaften werden dafür die Begriffe „ex post", d.h. im Nachhinein, und „ex ante", d.h. im Vorhinein, verwendet. Theoretische Aussagen sind somit grundsätzlich ex ante-Aussagen, während Berichte über abgelaufene Ereignisse ex post erfolgen.

Wie in jedem Unternehmen betreibt daher auch die Volkswirtschaft als Ganze eine Art Buchhaltung, in der alle wirtschaftlich relevanten Aktivitäten und Größen planmäßig und systematisch erfasst und zu wichtigen Kennzahlen verarbeitet werden. Dieses Rechenwerk hat verschiedene Ausprägungen. Die wichtigsten davon werden im folgenden Kapitel vorgestellt.

10 Volkswirtschaftliches Rechnungswesen

Lehrziele:

Grundlage des volkswirtschaftlichen Rechnungswesens ist das Modell des Wirtschaftskreislaufs. Der Leser muss daher als erstes ein Grundverständnis über Aufbau, Bestandteile und Funktionsweise des Kreislaufmodells erwerben. Dies geschieht durch die schrittweise Erfassung der wichtigsten volkswirtschaftlichen Sektoren Private Haushalte und Unternehmen, Staat und Ausland.

Darauf aufbauend wird das Kontensystem der Volkswirtschaftlichen Gesamtrechnung erläutert. Der Leser lernt die Grundstruktur der sog. Aktivitätskonten kennen und kann dann aus den konsolidierten Gesamtkonten die wichtigsten gesamtwirtschaftlichen Wertschöpfungsgrößen, insbesondere das Bruttoinlandsprodukt, ermitteln.

Eine kurze Einführung in die Besonderheiten der Volkswirtschaftlichen Gesamtrechnung in Deutschland sowie einige Gedanken zur Aussagekraft des Bruttoinlandsprodukts als Wohlfahrtsmaß runden diesen Abschnitt ab.

Der wirtschaftlichen Verflechtung mit dem Ausland ist das Kontensystem der Zahlungsbilanz gewidmet. Die Studierenden lernen den Aufbau und die Buchungssystematik der Zahlungsbilanz kennen und werden mit der Handhabung der Zahlungsbilanzsalden sowie deren Zusammenhang zum Begriff des außenwirtschaftlichen Gleichgewichtes vertraut gemacht. Auch hier rundet ein Abschnitt über die deutsche Zahlungsbilanzsituation die Darstellung ab.

10.1 Vorbemerkungen

Das volkswirtschaftliche Rechnungswesen oder die Volkswirtschaftliche Gesamtrechnung wird in Deutschland im Wesentlichen vom Statistischen Bundesamt durchgeführt. Der bedeutendste Teil dieses Rechenwerkes ist der Ermittlung des Nationaleinkommens und des Inlandsprodukts gewidmet. Diese Rechnung beruht auf der Analyse der gesamtwirtschaftlichen Güterproduktion. Sie ermittelt jedoch nicht nur die Höhe der verschiedenen Einkommensgrößen, sondern analysiert dabei auch gewisse Strukturkomponenten. So wird zum Beispiel untersucht, in welchem Umfang die einzelnen Wirtschaftsbereiche zur Einkommensentstehung beitragen, wie das entstandene Einkommen auf die beteiligten Produktionsfaktoren verteilt wird und wofür die produzierten Güter verwendet werden.

Daneben gibt es jedoch noch einige weitere Rechenwerke in der volkswirtschaftlichen Gesamtrechnung, sog. Nebenrechnungen, die Spezialthemen gewidmet sind. Dazu gehören die Input-Output-Rechnung, die Außenwirtschaftsrechnung, die Vermögens- und Finanzierungsrechnung, die Arbeitsvolumensrechnung sowie die Einkommensrechnung für private Haushalte nach sozioökonomischer Gliederung.

Die Input-Output-Rechnung hängt eng mit der Inlandsproduktberechnung zusammen und ergänzt sie um die Analyse der innerwirtschaftlichen Vorleistungsverflechtung.

Die Außenwirtschaftsrechnung enthält als Kernstück die Zahlungsbilanzstatistik, die von der Deutschen Bundesbank durchgeführt wird. Hier werden sämtliche monetären und realen Transaktionen zwischen In- und Ausländern erfasst, d.h. neben der güterwirtschaftlichen Verflechtung sind auch die Kreditbeziehungen mit dem Ausland bzw. deren Veränderungen Gegenstand der Analyse.

Die Vermögensrechnung erfasst die Bestände an Sach- und Finanzvermögen in einer Volkswirtschaft zu einem bestimmten Zeitpunkt. Auch hier kooperiert das Statistische Bundesamt (Sachvermögen) mit der Deutschen Bundesbank (Finanzvermögen), die dazu ebenfalls die Finanzierungsrechnung ergänzt. Diese befasst sich mit der Frage, wie sich die Forderungen und Verbindlichkeiten infolge der Anlageentscheidungen der abgelaufenen Periode verändert haben.

Die Arbeitsvolumensrechnung ermittelt laufend die Anzahl der beschäftigten Arbeitnehmer und Selbständigen nach Wirtschaftsbereichen und bildet somit ein Kernstück der Arbeitsmarktstatistik.

Die Einkommensrechnung für private Haushalte schließlich erfasst die Einkommensverteilung nach sozioökonomischen Haushaltstypen, d.h. man unterscheidet dort Arbeitnehmer-, Selbständigen- und Nichterwerbstätigen-Haushalte.

Die vorliegende Einführung in das volkswirtschaftliche Rechnungswesen beschränkt sich auf einen Überblick über die wichtigsten Rechenwerke der Volkswirtschaftlichen Gesamtrechnung, nämlich die Inlandsprodukt- und Nationaleinkommensberechnung sowie die Zahlungsbilanz.

10.2 Der Wirtschaftskreislauf

Die Vielfalt ökonomischer Aktivitäten in einer Volkswirtschaft scheint auf den ersten Blick unübersehbar, die Aufgabe, sie alle übersichtlich und systematisch in einem einzigen Rechenwerk abzubilden, eines Herkules würdig. Notwendig dafür ist offenbar ein Ordnungsschema, in das alle Aktivitäten einsortiert werden können und das so dem vermeintlichen Chaos klare Strukturen gibt.

Dieses Ordnungsschema entlehnt die Volkswirtschaftslehre der Medizin: es handelt sich um das Bild eines Blutkreislaufs. Der Erfinder dieses Bildes war der Franzose *Francois Quesnay*, der von 1694 bis 1774 lebte und Leibarzt von *Madame Pompadour* war. Er beschäftigte sich neben seinem Hauptberuf aber auch eingehend mit wirtschaftlichen Fragestellungen und legte mit seinem Hauptwerk „Tableau Economique" im Jahre 1758 den gedanklichen Grundstein für alle folgenden volkswirtschaftlichen Rechenwerke.

10.2.1 Grundbegriffe der Kreislaufanalyse

10.2.1.1 Bestandteile und Eigenschaften eines Wirtschaftskreislaufs

Wie das Blut in einem lebenden Organismus, so fließen in einem Wirtschaftssystem Güter und Forderungen von einem Wirtschaftssubjekt zum nächsten. Die Gesamtheit dieser Vorgänge nennt man **ökonomische Transaktionen**. Ein Gut kann gegen ein anderes ausgetauscht, mit einer Forderung bezahlt oder ohne Gegenleistung verschenkt werden. Es gibt daher insgesamt nur fünf Möglichkeiten, eine solche Transaktion abzuwickeln:

- Gut gegen Gut , d.h. Naturaltausch
- Gut gegen Forderung, d.h. Kauf einer Ware
- Forderung gegen Forderung, d.h. Kauf einer Forderung
- Übertragung eines Gutes ohne Gegenleistung, d.h. Schenkung oder auch Realtransfer
- Übertragung einer Forderung ohne Gegenleistung, d.h. Forderungstransfer oder auch Transferzahlung.

Abgesehen von den (eher seltenen) Transfers lassen sich also alle Markttransaktionen als Tauschvorgänge auffassen. Jede Transaktion hat einen Anfang, den Geber, und ein Ziel, den Empfänger. Jeder Tauschvorgang findet somit in Form von Strömen zwischen zwei Wirtschaftssubjekten bzw. Wirtschaftssektoren statt. Anfang und Ende der Ströme nennt man auch Pole.

Außerdem hat jeder Wertestrom einen gleichwertigen Gegenstrom, mit dem er bezahlt wird. Andernfalls würde der Tausch ja nicht zustande kommen.

Unterstellt man nun eine arbeitsteilige Marktwirtschaft, die ausschließlich aus privaten Wirtschaftssubjekten, also privaten Unternehmen und privaten Haushalten, besteht, so kann man im einfachsten Fall die Tauschvorgänge dieser Wirtschaft folgendermaßen darstellen:

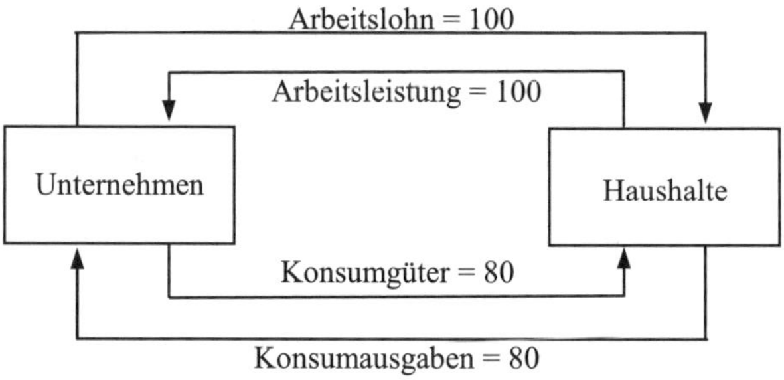

Abbildung 10-1: Wirtschaftskreislauf mit zwei privaten Sektoren

Diese (einfachste) Form einer Kreislaufdarstellung zeigt bereits alle wesentlichen Eigenschaften einer funktionsfähigen Kreislaufrechnung, die auch für die komplexen volkswirtschaftlichen Rechenwerke gelten.

- Die Pfeile machen deutlich, dass ausschließlich **Stromgrößen** abgebildet werden. Stromgrößen sind ökonomische Werte, die auf einen Zeitraum bezogen werden, während **Bestandsgrößen** zeitpunktbezogen ermittelt werden. Der Unterschied zwischen beiden besteht also in der Art der Erhebung, nicht in der Art der Wirtschaftsgüter selbst.

  Wir können uns dies am Beispiel des Wassers klar machen. Die Menge Wasser, die ein Bach führt, kann nicht zeitpunktbezogen angegeben werden. Man kann jedoch die Durchflussmenge an einer bestimmten Stelle pro Zeiteinheit, also z.B. Liter pro Sekunde, ermitteln. Sobald der Bach jedoch in einen See geflossen ist, kommt das Wasser zum Stillstand. Den Inhalt eines Sees kann man sehr wohl in der Maßgröße Kubikmeter oder Hektoliter zu einem bestimmten Zeitpunkt erfassen. Dasselbe Wasser lässt sich also einmal als Stromgröße, einmal als Bestandsgröße auffassen. Analog dazu kann man Kapitalgüter betrachten. Die Menge an Kapitalgütern, die zu einem bestimmten Zeitpunkt in der Volkswirtschaft vorhanden ist, heißt gesamtwirtschaftlicher Kapitalstock und ist offenbar eine Bestandgröße. Diejenigen Kapitalgüter jedoch, die neu angeschafft werden und diesem Kapitalstock somit jährlich zufließen, die Investitionen nämlich, sind eine Stromgröße. Gleichwohl handelt es sich in beiden Fällen um dieselben Wirtschaftsgüter.

- Zwischen den beiden Sektoren oder Polen fließen sowohl **Sachgüter und Dienstleistungen (reale Ströme) wie auch Geld (monetäre Ströme).** Die Summe aller realen Ströme muss der Summe aller monetären Ströme entsprechen, da ihnen jeweils Tauschvorgänge zugrunde liegen.

  Daraus folgt auch, dass man sich bei der Darstellung des Kreislaufs eine Hälfte der Pfeile sparen kann, denn der Betrachter weiß von vorn herein, dass jedem Strom ein ebenso großer in der Gegenrichtung entspricht.

- Um sinnvolle quantitative Aussagen über einzelne Ströme eines Kreislaufs machen zu können, muss das System geschlossen sein, d.h. das Kreislaufbild muss alle relevanten Ströme berücksichtigen. Ein **Kreislauf** ist **geschlossen**, wenn bezogen auf einen Zeitraum die Summe der zufließenden Ströme für jeden beteiligten Pol der Summe der abfließenden Ströme wertmäßig entspricht. Der oben gezeigte Kreislauf ist demnach offen.

  Anders als im menschlichen Blutkreislauf kehren in einem Wirtschaftskreislauf die Güter allerdings niemals zu ihrem Ausgangspunkt zurück. Einen tatsächlichen Kreis durchläuft allenfalls das Geld.

10.2.1.2 Darstellungsformen eines Wirtschaftskreislaufs

Je nach dem Erklärungsziel bzw. nach dem Komplexitätsgrad kann ein Wirtschaftskreislauf auf vier verschiedene Arten dargestellt werden.

Graphik
Die graphische Darstellung wie in Abbildung 10-1 hat den Vorteil, intuitiv verständlich und anschaulich zu sein. Allerdings lassen sich damit nur einfachste Kreisläufe bzw. das Kreislaufprinzip abbilden. Solche Graphiken werden daher ausschließlich zu didaktischen Zwecken (meist in Lehrbüchern) verwendet.

Kontensystem
Die gebräuchlichste Darstellungsform, die u.a. auch in der Volkswirtschaftlichen Gesamtrechnung zur Anwendung kommt, ist die Kontenform. Analog zum Anfangs- und Endpunkt eines Pfeils erscheint der Wert jedes Stromes zweimal auf einem Konto (gemäß dem Prinzip

der doppelten Buchführung): Abströme werden auf der linken, Zuströme auf der rechten Kontoseite vermerkt.

Auf den Konten werden grundsätzlich nur die monetären Ströme verbucht. In einem geschlossenen Kreislauf müssen alle Konten abgeschlossen, d.h. saldiert sein. Im unserem Beispiel ist der Saldo noch offen.

Unternehmen			Haushalte	
Y = 100	C = 80		C = 80	Y = 100

Abbildung 10-2: Kreislaufdarstellung in Kontenform

Gleichungssystem
Zu analytischen Zwecken kann man statt der Konten auch Gleichungen für jeden Sektor aufstellen. In einem Gleichungssystem können am einfachsten Rechenoperationen durchgeführt werden. Allerdings gibt eine Gleichung keinen Aufschluss über die Flussrichtungen der Ströme mehr und ist insofern sicher die abstrakteste Darstellungsform. In einem offenen Kreislauf ist das (Un-)Gleichungssystem nicht lösbar. Es fehlt derjenige Pol, bei dem die Saldengrößen gegengebucht werden können.

Unternehmen: Lohnzahlungen 100 > Güterverkäufe 80

Haushalte: Konsumausgaben 80 < Lohneinkünfte 100

Matrix
Statt eines Kontensystems bietet sich in bestimmten Fällen auch die Darstellung als Matrix an. Jeder Strom erscheint in einer solchen Matrix nur ein einziges Mal, jedoch können durch die beiden Koordinaten Absender (Zeilenkopf) und Empfänger (Spaltenüberschrift) leicht identifiziert werden.

Diese Art der Darstellung wählt man insbesondere dann, wenn es darum geht, innerwirtschaftliche Verflechtungen deutlich zu machen.

von \ an	U	HH
U	—	100
HH	80	—

Abbildung 10-3: Kreislaufdarstellung in Matrixform

10.2.2 Zwei-Sektoren-Wirtschaft mit Vermögensbildung

Wenden wir uns nun den noch nicht geklärten Saldengrößen zu. Offenbar geben im obigen Beispiel die Haushalte weniger für ihren Konsum aus, als sie einnehmen, die Unternehmen hingegen zahlen mehr Löhne, als sie durch den Verkauf von Konsumgütern erlösen. Beides ist charakteristisch für eine Volkswirtschaft, in der die Wirtschaftssubjekte für die Zukunft vorsorgen. Wären beide Ströme gleich groß, so würde das bedeuten, dass in dieser Wirtschaft keinerlei Vermögensbildung stattfindet, denn die Haushalte würden ihr gesamtes Einkommen für den gegenwärtigen Konsum verbrauchen und keinerlei Ersparnis bilden; auch die Unternehmen würden weder sparen noch investieren. Die Wirtschaft wäre stationär.

Tatsächlich wird in jeder Volkswirtschaft ein Teil des Einkommens von den Haushalten gespart, d.h. für die Finanzierung des Zukunftskonsums aufbewahrt. Auch Unternehmen können sparen, indem sie einen Teil ihrer Gewinne einbehalten. Sparen führt zur Bildung von Geldvermögen, mit dessen Hilfe Ausgaben der Zukunft finanziert werden können. Dieses Geldvermögen kann entweder einfach im Sparstrumpf gehortet werden – in diesem Fall können die Unternehmen einen Teil ihrer produzierten Güter nicht verkaufen und müssen sie auf Lager nehmen – oder es kann Investoren zur Verfügung gestellt werden, die damit Sachvermögen, d.h. Kapitalgüter finanzieren. Die gesamte Sachvermögensbildung in einer Volkswirtschaft setzt sich also aus den Lagerbestandsveränderungen und den Nettoinvestitionen zusammen.

Geldvermögensbildung, d.h. die gesamtwirtschaftliche Ersparnis, und Sachvermögensbildung müssen demnach immer gleich groß sein. Anders ausgedrückt: Die gesamtwirtschaftliche Ersparnis muss ex-post stets gleich der Nettoinvestition (einschl. Bestandsveränderungen) sein.

Dieses Prinzip lässt sich am Beispiel Robinsons klarmachen. Robinson ist auf seiner Insel gelandet, allerdings ist Freitag noch nicht in Sicht und er muss seinen Lebensunterhalt ganz allein durch seiner Hände Fischfang sichern. Zunächst fängt Robinson jeden Tag gerade so viele Fische, wie er zum Leben braucht, d.h. sein Realeinkommen (= gefangene Fische) ist gleich seinem Konsum (= gegessene Fische). Eines Tages kommt ihm die Idee, dass sein Fischfang einfacher wäre, wenn er ein Netz, d.h. ein Kapitalgut, hätte. Das Netz muss aber natürlich zunächst angefertigt werden und in der Zeit, die Robinson mit dem Knüpfen des Netzes verbringt (= investiert), kann er nicht gleichzeitig Fische fangen. Wenn er also in dieser Zeit nicht verhungern will, muss er zunächst mehr Fische fangen als er verzehrt, diese räuchern und aufheben, d.h. sparen, um sich in der Zeit des Netzknüpfens davon zu ernähren.

Es ist wohl unmittelbar einleuchtend, dass das Netzknüpfen nur so lange dauern darf, wie Fische vorhanden sind – mit anderen Worten: Die Investition (das Anfertigen des Netzes) kann nicht größer sein als die Ersparnis (die aufbewahrten Fische). Sie kann auch nicht kleiner sein. Sollte das Netzknüpfen wider Erwarten schneller gehen als geplant, sind nach der Fertigstellung des Netzes noch Räucherfische übrig (= Lageraufbau), die in der Zukunft verzehrt werden können und daher ebenfalls zu Robinsons Sachvermögen zählen.

Unser Kreislaufmodell erweitert sich dadurch um einen Sektor, nämlich die Vermögensbildung (Abbildung 10-4). Dieser Sektor steht nicht – wie der Unternehmens- oder Haushaltssektor – für die Gesamtheit einer bestimmten Art von Wirtschaftssubjekten, sondern für eine Aktivität[4]. Die Zuflüsse (= Mittelaufkommen) zu diesem Sektor bestehen in den Ersparnissen aller am Kreislauf beteiligten Wirtschaftssubjekte. Die Abflüsse (= Mittelverwendung) repräsentieren die gesamtwirtschaftliche Nettoinvestition einschl. Lagerbestandsveränderungen.

Da die Investitionsgüter selbst wiederum produzierte Produktionsmittel darstellen und für die Investitionsgüterindustrie Output und damit – im Falle ihres Verkaufs an Investoren – Umsatz bedeuten, führt der Pfeil der Nettoinvestitionen zum Unternehmenssektor zurück.

[4] So ist es nicht hilfreich, sich diesen Sektor als „Bankensektor" vorzustellen. Die Tätigkeit des Sparens bedeutet nur, dass das Einkommen der laufenden Periode nicht in derselben Periode wieder für Konsumausgaben verwendet, sondern für die Zukunft aufbewahrt wird. In welcher Form das geschieht, also ob tatsächlich eine Anlage über den Bankensektor oder einfach ein Auffüllen des häuslichen Sparstrumpfes erfolgt, ist damit nicht festgelegt.

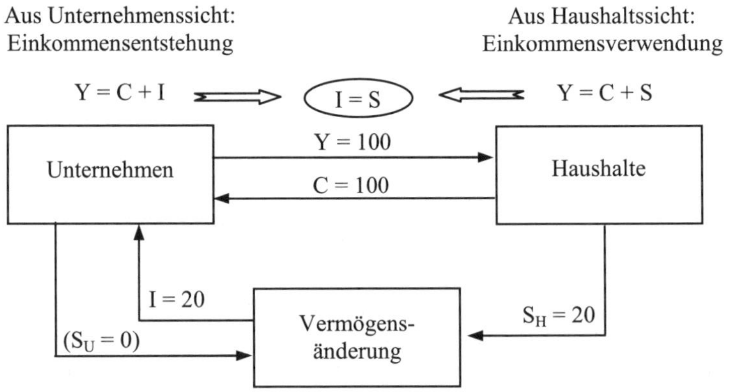

Abbildung 10-4: Wirtschaftskreislauf mit zwei privaten Sektoren und Vermögensbildung

Die Gleichung Y = C + I wird auch als Einkommensentstehungsgleichung bezeichnet. Das Einkommen Y entsteht durch die Produktion (und den anschließenden Verkauf) aller Konsum- (C) und Investitionsgüter (I).
Die Gleichung Y = C + S bezeichnet die Einkommensverwendung. Das Einkommen Y kann entweder sofort zum Konsum verwendet oder für die Zukunft aufbewahrt werden (S).

Die Gleichheit von Investieren und Sparen ist – wie das Robinsonbeispiel gezeigt hat – in der Regel das Ergebnis ungeplanter Anpassungen entweder der Sparer oder der Investoren. In der Realität ist es unwahrscheinlich, dass die Pläne aller Sparer mit denen aller Investoren von vorn herein übereinstimmen. Schließlich werden in einer Marktwirtschaft alle Entscheidungen dezentral gefällt und erst durch das Marktgeschehen koordiniert. Ex ante sind Ersparnis und Investition daher in der Regel *nicht* gleich; beide Größen werden vielmehr durch verschiedene Anpassungsprozesse erst ex post zur Übereinstimmung gebracht.

Wenn z.B. die geplante Ersparnis größer ist als die geplante Investition, so finden nicht alle Sparer Anlagemöglichkeiten für ihr Geld, da die Kreditnachfrage der Investoren gering ist. Die Sparer können nun entweder ihr Geld horten oder sie können ihre Sparpläne revidieren und mehr konsumieren als sie ursprünglich vorhatten. Im Falle des Hortens bleiben allerdings die Unternehmen auf einem Teil ihres Angebotes sitzen und müssen ungeplant die Lagerbestände erhöhen. Möglicherweise entschließen sich die Unternehmen dann jedoch, lieber die Preise zu senken, um ihre Produkte doch noch los zu werden. Man spricht in diesem Fall von einer deflatorischen Lücke zwischen Gesamtangebot und Gesamtnachfrage.

Umgekehrt können die Unternehmen eine unerwartet hohe Nachfrage (= unerwartet geringe Ersparnis) entweder durch den Abbau von Lagerbeständen befriedigen oder, falls keine ausreichenden Bestände vorhanden sind, die Preise erhöhen. Dann liegt eine inflatorische Lücke vor.

10.2.3 Der Staat im Wirtschaftskreislauf

Der Staat ist neben den privaten Unternehmen und privaten Haushalten der dritte Typus eines Wirtschaftssubjektes innerhalb einer Volkswirtschaft. Er besteht i.W. aus den Gebietskörperschaften (Bund, Ländern und Gemeinden) sowie aus den Sozialversicherungshaushalten. Der Staat vertritt als Institution die Interessen der Gesamtheit aller privaten Wirtschaftssubjekte. Er nimmt Aufgaben wahr, die die Gesellschaft als Ganze betreffen und in einer

Marktwirtschaft von privaten Wirtschaftssubjekten daher nicht erfüllt werden können[5]. Diese bestehen insbesondere in der Bereitstellung der öffentlichen Dienstleistungen (C_{St}, Staatskonsum oder Eigenverbrauch des Staates[6]), der Erstellung der öffentlichen Infrastruktur (I_{St}, Staatsinvestitionen) sowie in der Gewährung von staatlichen Transferzahlungen an Haushalte (Sozialleistungen) und Unternehmen (Subventionen). Sozialleistungen wiederum können entweder durch die Gebietskörperschaften (Sozialhilfe, Kindergeld) oder durch die Sozialversicherungshaushalte (Renten, Arbeitslosengeld) gezahlt werden. Im Folgenden sollen sämtliche Transferleistungen des Staates unter dem Kürzel Tr_{St} zusammengefasst werden. Die Ausgaben des Staates (A_{St}) können somit vereinfacht in folgender Gleichung dargestellt werden:

$$A_{St} = C_{St} + I_{St} + Tr_{St}$$

Diese Staatsausgaben haben jedoch für den Privatsektor der Wirtschaft sehr unterschiedliche Auswirkungen. Während die Transferzahlungen insbesondere der Sozialversicherungshaushalte den privaten Wirtschaftssubjekten als Zuschuss zu ihrem Einkommen zufließen, über das diese dann nach eigenem Gutdünken verfügen können (indirekte Wirkung auf die Privatnachfrage), führen die Ausgaben für Staatskonsum oder Staatsinvestition, d.h. die meisten Ausgaben der Gebietskörperschaften, unmittelbar zu einer Erhöhung der Güternachfrage bei den privaten Unternehmen sowie der Beschäftigung von Produktionsfaktoren. Daher werden diese beiden Bestandteile staatlicher Ausgaben meist unter dem Kürzel G (für Government oder Gebietskörperschaften) zusammengefasst:

$$G = C_{St} + I_{St}$$

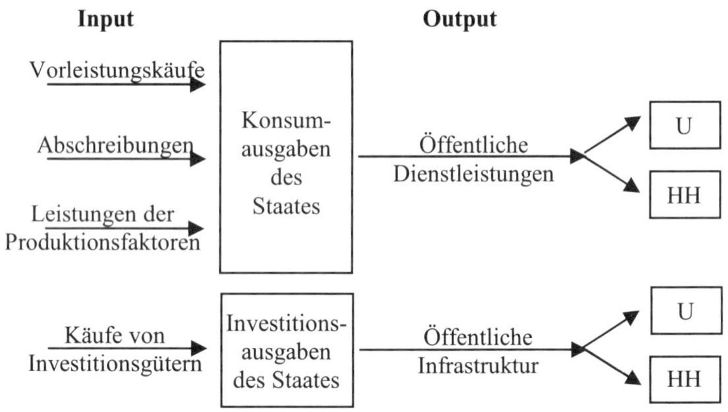

Abbildung 10-5: Input und Output des Staates[7]

Zur Finanzierung seiner Ausgaben benötigt der Staat Einnahmen (E_{St}). Diese gewinnt er im Wesentlichen in Form von direkten (T^{dir}) und indirekten (T^{ind}) Steuern, die die privaten Wirtschaftssubjekte an die Gebietskörperschaften[8] bezahlen, sowie durch Sozialversicherungsbeiträge, die die Sozialversicherungshaushalte eintreiben. Da diese ähnlich der Lohn-

[5] Vgl. Kapitel 3, S. 76 ff.

[6] Da die staatlichen Leistungen nicht verkauft, sondern der Gesamtheit der Bevölkerung unentgeltlich zur Verfügung gestellt und von ihr verbraucht werden, spricht man auch vom „Eigenverbrauch" des Staates. Der Staat repräsentiert die Gesamtheit der inländischen Wirtschaftssubjekte. Er ist somit gleichzeitig Produzent und Konsument seiner eigenen Leistungen.

[7] In Anlehnung an *Clement/Terlau/Kiy* (2004), S. 29

[8] Vgl. Kapitel 3.5.1, S. 83 ff.

und Einkommensteuer als bestimmter Prozentsatz des Leistungseinkommens erhoben werden, wollen wir sie im Folgenden vereinfachend mit den direkten Steuern zusammenfassen:

$E_{St} = T^{dir} + T^{ind}$

Da die Sozialversicherungshaushalte vom Grundsatz her dem Versicherungsprinzip folgen, d.h. ihre Transferzahlungen aus den Beiträgen der Versicherten finanzieren, soll aus Vereinfachungsgründen im folgenden nur das Budget der Gebietskörperschaften, also des Staates im engeren Sinne betrachtet werden.

Dieses ergibt sich als

$G + Tr_{St} = T^{dir} + T^{ind}$ +/- Budgetsaldo

Wenn die Ausgaben des Staates die Steuereinnahmen übersteigen, so ergibt sich ein Budgetdefizit (BD), im umgekehrten Fall ein Budgetüberschuss (BÜ). Sollte ein Budgetdefizit vorliegen, so muss der Staat dieses durch Kreditaufnahme, d.h. durch Staatsverschuldung schließen.

Die staatliche Umverteilungstätigkeit hat Auswirkungen auf die Einkommenssituation der Haushalte. Das ursprüngliche Leistungseinkommen Y (Bruttoeinkommen) wird um direkte Steuern (T^{dir}) vermindert und um mögliche staatliche Transferzahlungen (Tr_{St}), wie Renten etc. erhöht. Das um diese Ströme veränderte Einkommen bezeichnet man als **verfügbares Einkommen** oder Nettoeinkommen (Y^v):

$Y^v = Y - T^{dir} + Tr_{St}$

Auf dieser Basis kann nun der Staat mit seinen wichtigsten Aktivitäten in das Kreislaufschema eingefügt werden. Wie die folgende Abbildung 10-6 zeigt, vervielfacht sich die Anzahl möglicher Transaktionen zwischen den beteiligten Sektoren schlagartig und erschwert die Lesbarkeit der graphischen Darstellung beträchtlich[9].

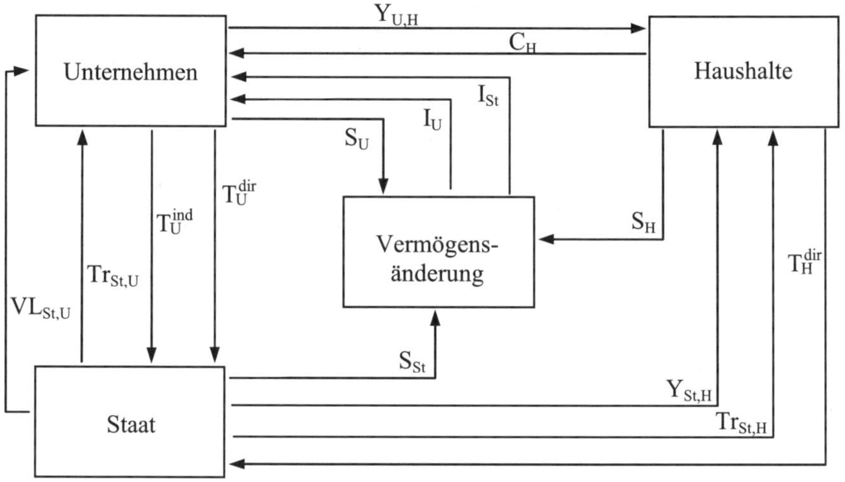

Abbildung 10-6: Der Staat im Wirtschaftskreislauf

[9] Auf die Eintragung des Staatskonsums C_{St} wird aus Vereinfachungsgründen verzichtet. Da dieser für den Staat gleichzeitig Output (der Staat als Produzent der öffentlichen Leistungen) und Input (der Staat als Verbraucher der öffentlichen Leistungen) ist, handelt es sich um einen intrasektoralen Strom.

Die Aktivitäten des Staates verändern natürlich auch die Definitionen für die Einkommensentstehung und Einkommensverwendung. Einkommen (Y) entsteht nun durch die Produktion nicht nur der privaten Konsum- (C_H) und Investitionsgüter (I_U), sondern auch der staatlichen Konsumgüter (also der öffentlichen Dienstleistungen C_{St}) und Investitionen (I_{St}):

$$Y = C_H + I_U + C_{St} + I_{St}$$

Die Verwendung des Einkommens muss andererseits neben privatem Konsum und privater Ersparnis (S_H und S_U) auch die Steuern (T) berücksichtigen, die an den Staat abzuführen sind:

$$Y = C_H + S_H + S_U + T$$

Daraus folgt:

$$\begin{aligned} C_H + I_U + C_{St} + I_{St} &= C_H + S_H + S_U + T \\ I_U + C_{St} + I_{St} &= S_H + S_U + T \\ I_U + I_{St} &= S_H + S_U + \underbrace{(T - C_{St})} \\ I_U + I_{St} &= S_H + S_U + S_{St} \end{aligned}$$

10.2.4 Der Wirtschaftskreislauf einer offenen Volkswirtschaft

Jede Volkswirtschaft des 21. Jahrhunderts hat wirtschaftliche Beziehungen zum Ausland. Jede Volkswirtschaft der Gegenwart ist somit eine offene Volkswirtschaft. Jede Kreislaufdarstellung, die den Sektor Ausland nicht berücksichtigt, führt zwangsläufig zu offenen Kreisläufen und ist damit nicht eindeutig lösbar.

Aus diesem Grund muss in jeder gesamtwirtschaftlichen Kreislaufanalyse ein fünfter Pol, nämlich das Ausland, eingefügt werden. Wie bei der Vermögensänderung handelt es sich auch hier nicht um einen Sektor, der bestimmte Wirtschaftssubjekte repräsentiert, sondern um eine Klassifikation der Tätigkeit selbst: Der Sektor „Ausland" sammelt sämtliche grenzüberschreitenden Transaktionen auf einem Konto und schließt so den Kreislauf ab[10].

Im Rahmen unserer einfachen Kreislaufanalyse werden im Folgenden jedoch nicht alle möglichen Arten grenzüberschreitender Transaktionen erfasst – dieser Aufgabe ist ein eigener, sehr wichtiger Teil des Volkswirtschaftlichen Rechnungswesens gewidmet, nämlich die Zahlungsbilanz – sondern lediglich die Exporterlöse (EX) und Importausgaben (IM) für Güter und Dienstleistungen. Da Exporte und Importe im Wesentlichen nur durch die privaten Unternehmen durchgeführt werden, verändert die Einführung des Auslandssektors unsere Kreislaufdarstellung nur wenig: Die Exporterlöse fließen vom Ausland zum Unternehmenssektor, die Importausgaben von den Unternehmen zum Ausland.

Solange sich Exporte und Importe wertmäßig entsprechen, werden die übrigen Sektoren von diesen Transaktionen nicht verändert. Anders sieht es jedoch aus, wenn sich zwischen beiden Strömen eine Differenz, der sog. Außenbeitrag (EX - IM) ergibt. Wenn die Exporterlöse höher sind als die Importausgaben (Exportüberschuss aus Sicht des Inlands), spricht man von einem positiven, andernfalls (Importüberschuss) von einem negativen Außenbeitrag. Liegt – wie derzeit in Deutschland – zum Beispiel ein Exportüberschuss vor, so hat das Ausland gegenüber dem Inland eine Nettoschuldnerposition, denn es muss mehr eigene Importe

[10] Es ist wichtig, sich klar zu machen, dass das Auslandskonto aus der Sicht des Auslandes erstellt wird! Das bedeutet, dass die Exporterlöse des Inlands auf der linken Seite des Auslandskontos (= Ausgaben des Auslands) und die Importausgaben des Inlands auf der rechten Seite des Auslandskontos (= Zuflüsse beim Ausland) erscheinen. Diese Sichtweise findet sich später auch bei der Zahlungsbilanz wieder.

(= Exporte des Inlands) bezahlen als es durch Exporte (= Importe des Inlands) erlöst. Das entspricht einer negativen Ersparnis des Auslandes und damit einer Vermögensänderung: Ein Teil der importierten Waren muss vom Inland kreditiert werden. Die inländische Ersparnis muss dann also nicht nur die inländische Investition, sondern auch das Handelsdefizit des Auslands decken.

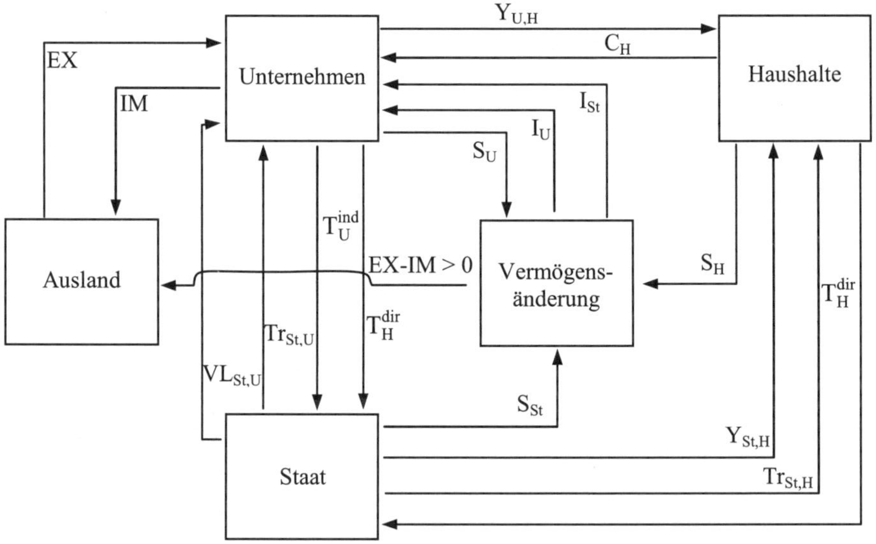

Abbildung 10-7: Wirtschaftskreislauf einer offenen Volkswirtschaft mit positivem Außenbeitrag

Die Aktivitäten des Auslands verändern ebenfalls die Einkommensentstehungsgleichung, nicht aber die Einkommensverwendungsgleichung der Volkswirtschaft. Einkommensentstehung (Wertschöpfung) erfolgt in einer offenen Volkswirtschaft nicht nur durch die Produktion der Güter und Dienstleistungen, die im Inland eingesetzt werden, sondern auch durch diejenigen, die ins Ausland exportiert werden. Allerdings sind dabei importierte Güter gegenzurechnen, da deren Wertschöpfung ja nicht im Inland erbracht worden ist. Die Einkommensentstehungsgleichung lautet also jetzt:

$$Y = C_H + I_U + C_{St} + I_{St} + (EX - IM)$$

Die Einkommensverwendungsgleichung bleibt vom Ausland zunächst unberührt:

$$Y = C_H + S_H + S_U + T$$

Die ex-post-Identität von Investieren und Sparen lautet demnach:

$$C_H + I_U + C_{St} + I_{St} + (EX\text{-}IM) = C_H + S_H + S_U + T$$
$$I_U + C_{St} + I_{St} + (EX\text{-}IM) = S_H + S_U + T$$
$$I_U + I_{St} + (EX\text{-}IM) = S_H + S_U + \underbrace{(T - C_{St})}$$
$$I_U + I_{St} + (EX\text{-}IM) = S_H + S_U + S_{St}$$

Das bedeutet, dass die Ersparnis der inländischen Wirtschaftssubjekte auch dazu ausreichen muss, im Falle eines eigenen Exportüberschusses dem Ausland seinen Importüberschuss per Kredit zu finanzieren.

Übung 10-1: Wirtschaftskreislauf einer offenen Volkswirtschaft ohne Staat

Für eine Volkswirtschaft wurden folgende monetären Ströme zwischen den Sektoren Unternehmen (U), Haushalte (HH) und Ausland (A) verzeichnet:

Einkommen Y von U nach HH	900
Importe IM	50
Exporte EX	90
Konsum C	750
Bruttoinvestition I^{br}	170
Abschreibungen	60

a) Verbuchen Sie die Ströme in einem geeigneten Kontensystem. Benennen Sie die Salden der Konten und schließen Sie den Kreislauf. Wie hoch ist der Unternehmensgewinn? Wie hoch ist die Nettoinvestition?

b) Stellen Sie denselben Kreislauf auch graphisch und als Matrix dar. Wodurch drückt sich die Tatsache aus, dass der Kreislauf geschlossen ist?

Lösung:

a) Lösung in Kontenform:

Unternehmen		Haushalte		Vermögensändg.		Ausland	
Y = 900	EX = 90	C = 750	Y = 900	I^{br}= 170	Afa =60	EX = 90	IM = 50
IM = 50	C = 750	**S = 150**		EX-IM = 40	S = 150		**EX-IM = 40**
Afa =60	I^{br}= 170						
1010	1010	900	900	210	210	90	90

In dieser Aufgabe wird nicht über die Netto-, sondern über die Bruttoinvestition gesprochen. Ein Teil der Bruttoinvestition, nämlich die Re-Investition, wird jedoch nicht durch Ersparnis, sondern durch die Abschreibung finanziert. Die Abschreibung ist ein Maß für die Abnutzung des Kapitals durch den Produktionsprozess. Diese Abnutzung stellt also zunächst einen Werteabfluss für das Unternehmen dar. Daher wird die Abschreibung auf der linken Seite des Unternehmenskontos verbucht. Gleichzeitig fließt der Betrag jedoch über den Preis in den Erlösen wieder dem Unternehmen zu und dient dort der Finanzierung der Ersatzinvestitionen. Die Gegenbuchung erfolgt daher auf der rechten Seite des Vermögensänderungskontos. Auf dessen linker Seite erscheint deshalb die Bruttoinvestition (Netto- *und* Ersatzinvesition). Der Wert der Nettoinvestition ergibt sich aus $I^{br} - I^{re} = I^{n} = 110$.

Der Unternehmensgewinn ergibt sich nach der bekannten Formel: Umsatz - Kosten = Gewinn. Wenn also die rechte Kontoseite länger wäre als die linke, würde sich links der Gewinnsaldo ergeben. Im vorliegenden Fall sind jedoch Umsatzerlöse und Kosten gleich groß, der Unternehmensgewinn daher 0.

b) Lösung in Graphikform:

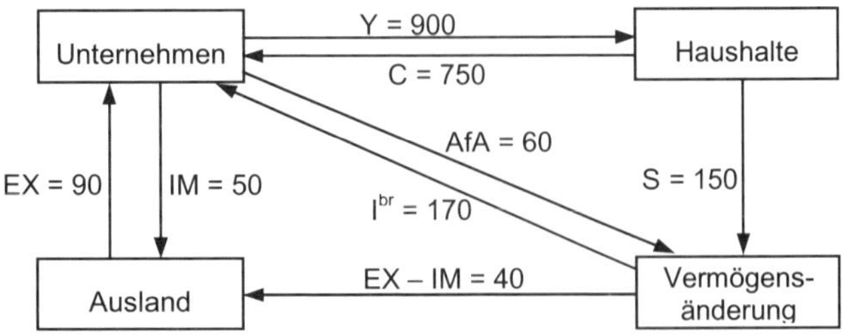

Lösung in Matrixform:

von \ an	U	HH	VÄ	A	Σ
U		900	60	50	1010
HH	750		150		900
VÄ	170			40	210
A	90				90
Σ	1010	900	210	90	

Für jeden beteiligten Sektor gilt:

Summe der zufließenden Ströme = Summe der abfließenden Ströme

10.3 Die Volkswirtschaftliche Gesamtrechnung

In der volkswirtschaftlichen Gesamtrechnung (VGR) werden mit Hilfe des Kreislaufmodells in Form eines spezifischen Kontensystems alle gesamtwirtschaftlichen Vorgänge einer Volkswirtschaft erfasst. Diese Vorgänge kreisen im Kern um den Wertschöpfungsprozess und bestehen aus den unterschiedlichsten Aktivitäten der Wirtschaftssubjekte, also aller Haushalte und Unternehmen sowie des Auslandes. Hauptergebnis dieses Rechenwerkes ist die Ermittlung der gesamtwirtschaftlichen Wertschöpfung und damit des Realeinkommens einer Volkswirtschaft, sowie dessen Entstehung, Verwendung und Verteilung.

Um Vergleichbarkeit zwischen den verschiedenen Volkswirtschaftlichen Rechenwerken zu gewährleisten, wurde im Jahr 1995 in einer europaweiten Revision das „Europäische System Volkswirtschaftlicher Gesamtrechnungen 1995“ (ESVG 95) eingeführt. Damit sollte sichergestellt werden, „dass europaweit harmonisierte Ergebnisse für politische und wirtschaftliche Entscheidungen verwendet werden.“[11] Das ESVG 95 besteht aus einem System aus zehn verschiedenen Kontotypen und unterscheidet fünf verschiedene Sektoren von Wirtschaftssubjekten. Im Folgenden soll zunächst jedoch ein vereinfachtes Grundschema eines gesamtwirtschaftlichen Kontensystems dargestellt werden. Die Grundüberlegungen sind identisch mit denen des ESVG 95 und lassen sich anschließend leicht darauf übertragen.

10.3.1 Die Aktivitätskonten

Wirtschaftssubjekte kann man, wie bereits in Kapitel 2 besprochen, in drei inländische Sektoren sowie das Ausland zusammenfassen:

- Private Unternehmen
- Private Haushalte
- Öffentliche Haushalte bzw. Staat
- Ausland

Bei den Aktivitäten unterscheidet man

- Produktion
- Einkommensverwendung

[11] Statistisches Bundesamt (2007b), S. 5.

- Vermögensänderung
- Kreditänderung bzw. Finanzierung

Jede dieser Tätigkeiten wird in einem eigenen Konto erfasst und dieses für jeden inländischen Sektor erstellt. Daraus ergeben sich also insgesamt zwölf sog. Aktivitätskonten, d.h. vier für jeden inländischen Sektor. Die Aktivitäten des Auslands werden nicht weiter untergliedert, sondern in einem Auslandskonto zusammengefasst. Man erhält auf diese Weise das in Abbildung 10-8 dargestellte (vereinfachte) Kontensystem.

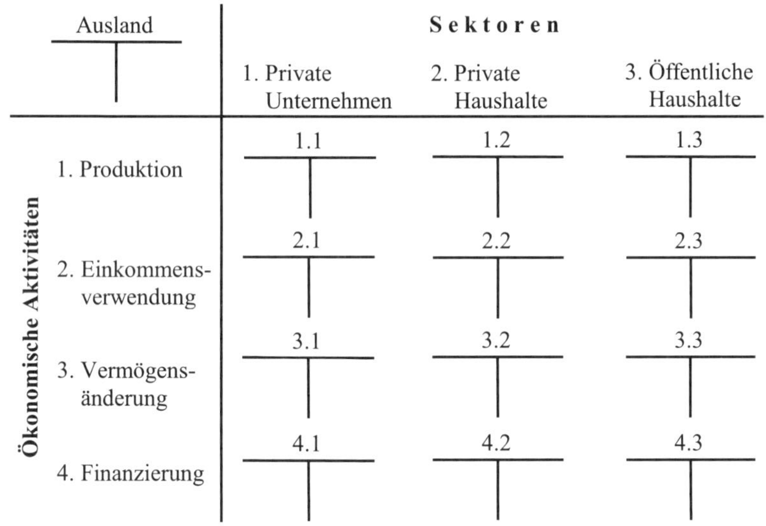

Abbildung 10-8: Vereinfachtes Kontensystem der VGR

Alle Transaktionen werden auf diesen Konten nach dem Prinzip der doppelten Buchführung jeweils mit Buchung und Gegenbuchung erfasst. Die linke Seite ist die Soll-Seite und enthält alle monetären Abflüsse, die rechte Seite ist die Haben-Seite und enthält die Zuflüsse. Daraus ergeben sich für die vier Aktivitätskonten die in Abbildung 10-9 dargestellten Grundstrukturen.

S Produktionskonto	H
Kosten = Input Saldo: Gewinn	Erlöse = Output

S Einkommenskonto	H
Einkommens-verwendung Saldo: Sparen	Einkommens-quellen

S Vermögensänderungskonto	H
Erwerb von Sachvermögen = Mittelverwendung	Eigenfinanzierung = Mittelherkunft Saldo: Finanzierungs-defizit (+) überschuss (-)

S Finanzierungskonto	H
Zunahme der Forderungen	Zunahme der Verbindlichkeiten Saldo: Finanzierungs-defizit (-) überschuss (+)

Abbildung 10-9: Grundstruktur der Aktivitätskonten

Im Folgenden sollen diese Aktivitätskonten in ihren jeweiligen sektoralen Ausprägungen dargestellt und erklärt werden.

10.3.1.1 Das Produktionskonto

Das ökonomische Wesen eines Unternehmens besteht darin, dass es Wertschöpfung betreibt mit dem Ziel, die produzierten Güter am Markt zu verkaufen. Wertschöpfung bedeutet, aus einer bestimmten Anzahl Inputs – das sind entweder primäre Faktorleistungen oder zugekaufte Güter, also Vorleistungen – neue Güter herzustellen, deren Marktwert über der Summe der Marktwerte der Inputgüter liegt. Die Differenz ergibt den Unternehmensgewinn. Jedes Unternehmen produziert also im Laufe eines bestimmten Zeitraumes, z.B. eines Monats oder Jahres, eine bestimmte Anzahl Güter, die i.d.R. am Markt verkauft werden, in manchen Fällen aber auch im Unternehmen verbleiben.

Das Produktionskonto fasst alle Transaktionen, die mit der Tätigkeit des Produzierens zusammenhängen, zusammen.

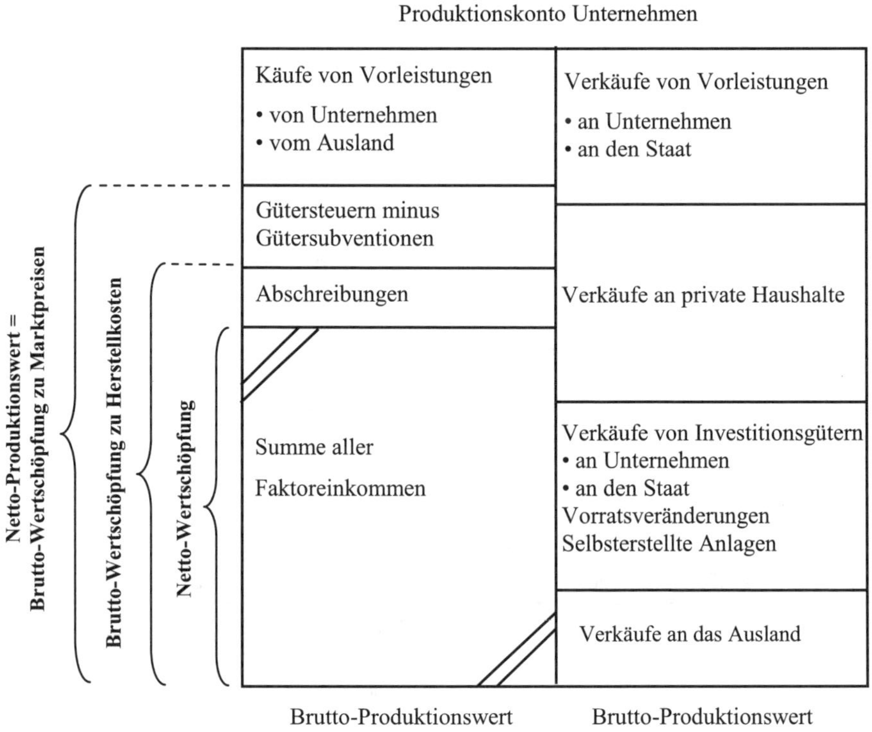

Abbildung 10-10: Produktionskonto privater Unternehmen

Produktionswert
Die Summe aller Positionen der linken oder der rechten Seite des Produktionskontos gibt den gesamten Marktwert der im betrachteten Zeitraum hergestellten Güter und Dienstleistungen an[12]. Man nennt diese Summe daher Produktionswert oder auch Bruttoproduktions-

[12] In den Konten der ESVG 95 werden die Produktionswerte nicht nach Marktpreisen, sondern nach Herstellkosten, d.h. ohne die zu zahlenden Nettogütersteuern ausgewiesen: „Der Wert der Verkäufe

wert. Die Bezeichnung „Brutto“ bezieht sich darauf, dass der Produktionswert auch die zugekaufte Wertschöpfung, d.h. die Vorleistungen, enthält. Der Nettoproduktionswert enthält hingegen nur noch diejenige Wertschöpfung, die das betrachtete Unternehmen den Vorleistungen hinzugefügt hat.

Der Produktionswert lässt sich also von beiden Seiten des Kontos, aus Input- und Outputsicht, errechnen. Beginnen wir zunächst mit der Input-, d.h. der Kostenseite.

Vorleistungen
Zu den Inputs zählen zunächst alle von anderen Unternehmen aus dem In- oder Ausland zugekauften Güter, d.h. die Vorleistungen. Diese werden vom Statistischen Bundesamt folgendermaßen definiert:

> *„Unter Vorleistungen ist der Wert der Güter (Waren und Dienstleistungen) zu verstehen, die inländische Wirtschaftseinheiten von anderen (in- und ausländischen) Wirtschaftseinheiten bezogen und im Berichtszeitraum im Zuge der Produktion verbraucht haben. Die Vorleistungen umfassen außer Rohstoffen, sonstigen Vorprodukten, Hilfs- und Betriebsstoffen, Brenn- und Treibstoffen und anderen Materialien auch Bau- und sonstige Leistungen für laufende Reparaturen, Transportkosten, Postgebühren, Anwaltskosten, gewerbliche Mieten, Benutzungsgebühren für öffentliche Einrichtungen usw.“*[13]

Vorleistungen werden i.d.R. von anderen in- oder ausländischen Unternehmen erworben, wobei Vorleistungskäufe aus dem Ausland als Import bezeichnet werden. Daneben erhalten Unternehmen aber auch zahlreiche Vorleistungen vom Staat. Dabei handelt es sich in erster Linie um unentgeltlich abgegebene öffentliche Leistungen wie z.B. innere und äußere Sicherheit oder Verkehrsinfrastrukturleistungen. Für diese Leistungen gibt es wegen des fehlenden Ausschlussprinzips keine Marktpreise. Diese Vorleistungen werden daher in den Produktionskonten der empfangenden Unternehmen nicht aufgeführt, obwohl sie einen beträchtlichen Umfang haben. Nur diejenigen Vorleistungen des Staates, die gegen Gebühren und Beiträge nach dem Äquivalenzprinzip vergeben werden, werden tatsächlich wertmäßig erfasst, sind jedoch – gemessen am Gesamtumfang staatlicher Vorleistungen – so unbedeutend, dass sie in dieser Überblicksdarstellung vernachlässigbar sind.

Abschreibungen
Der nächste Posten Abschreibungen erfasst den Wertverlust des Anlagevermögens in der abgelaufenen Rechnungsperiode:

> *„Abschreibungen in den Volkswirtschaftlichen Gesamtrechnungen messen die Wertminderung des Anlagevermögens während einer Periode durch normalen Verschleiß und wirtschaftliches Veralten unter Einschluss des Risikos für Verluste durch versicherbare Schadensfälle. Sie werden auf das gesamte Anlagevermögen berechnet, also sowohl auf Sachanlagen als auch auf immaterielles Anlagevermögen, wie Suchbohrungen, Computerprogramme, jedoch nicht auf Tiere.“*[14]

Abschreibungen stellen also einen Werteverzehr dar, der durch die Produktion entstanden ist und durch die Erlöse gedeckt werden muss. Sie gehören daher wie die Vorleistungskäufe zu den Kosten der Produktion.

---

schließt die in Rechnung gestellte Umsatzsteuer nicht ein.“: Statistisches Bundesamt (2007b), S. 6. In der vereinfachten Betrachtung soll dennoch von der Marktpreisbewertung ausgegangen werden, da die einzelnen Sozialproduktsbegriffe sich auf diese Weise einfacher herleiten lassen und die Ergebnisse widerspruchsfrei in die ESVG 95 übergeleitet werden können.

[13] Statistisches Bundesamt (2007b), S. 7.

[14] Statistisches Bundesamt (2007b), S. 7.

Gütersteuern und -subventionen

Das trifft ebenfalls auf die Gütersteuern zu. Wie wir bereits in Kapitel 3 besprochen, erhebt der Staat aus wirtschafts- und sozialpolitischen oder auch aus fiskalischen Gründen verschiedene Steuern, die die Handlungsweise von privaten Wirtschaftssubjekten beeinflussen. Wenn die Steuern an der Produktion von Gütern ansetzen, dann verändern sich dadurch die Herstellungskosten sowie die Marktpreise.

> *„Zu den Gütersteuern zählen alle Steuern und ähnlichen Abgaben, die pro Einheit einer gehandelten Ware oder Dienstleistung zu entrichten sind. Sie umfassen die nicht abziehbare Umsatzsteuer, Importabgaben (u.a. Zölle, Verbrauchssteuern und Abschöpfungsbeträge auf eingeführte Güter) und sonstige Gütersteuern (Verbrauchsabgaben, Vergnügungsteuern, Versicherungsteuer usw.)“*[15]

Dasselbe gilt analog, wenn der Staat den Unternehmen Subventionen bezahlt, die mengen- oder wertmäßig an die Produktion bestimmter Güter anknüpfen. Sie wirken dann wie negative Steuern. Man fasst daher Gütersteuern und Gütersubventionen im Produktionskonto rechnerisch zusammen.

> *„Gütersubventionen sind Subventionen, die pro Einheit einer produzierten oder eingeführten Ware oder Dienstleistungen geleistet werden. Unter Subventionen versteht man in den Volkswirtschaftlichen Gesamtrechnungen laufende Zahlungen ohne Gegenleistung, die der Staat oder Institutionen der Europäischen Union an gebietsansässige Produzenten leisten, um den Umfang der Produktion dieser Einheiten, ihre Verkaufspreise oder die Entlohnung der Produktionsfaktoren zu beeinflussen.“*[16]

Bruttowertschöpfung

Unter Bruttowertschöpfung versteht man den Teil des Produktionswertes, der im betrachteten Unternehmen über den Wert der zugekauften Vorleistungen hinaus entstanden ist. Er entspricht somit also dem Nettoproduktionswert.

Diese Bruttowertschöpfung umfasst den Marktwert aller in diesem Unternehmen hergestellten Güter- und Dienstleistungen, der über den Wert der Vorleistungen hinausgeht. Man spricht daher auch von der Bruttowertschöpfung zu Marktpreisen. Zieht man davon den Saldo der Gütersteuern und -subventionen ab, so erhält man die Bruttowertschöpfung zu Herstellkosten oder Herstellpreisen, d.h. zu den Preisen, die entstanden wären, wenn der Staat nicht durch seine Gütersteuern und/oder -subventionen Einfluss auf die Preisbildung genommen hätte[17].

Nettowertschöpfung

Außer den Ansprüchen des Staates muss aus der Bruttowertschöpfung auch der Wertverlust gedeckt werden, der durch die Erstellung des Outputs entstanden ist und in der Abschreibung erfasst wird. Dieser Teil der Wertschöpfung steht also für die Entlohnung der Produktionsfaktoren ebenfalls nicht zur Verfügung.

Zieht man den Abschreibungsbetrag von der Bruttowertschöpfung zu Herstellpreisen ab, so erhält man den letzten Posten auf der Soll-Seite des Produktionskontos, nämlich die Nettowertschöpfung. Sie stellt denjenigen Teil des Produktionswertes dar, der an die an der Produktion beteiligten Faktoren, d.h. an die Arbeitskräfte sowie an die Kapital- und Bodeneigner als Einkommen ausgeschüttet werden kann. Er stellt somit insbesondere wegen des darin enthaltenen Unternehmensgewinns eine Restgröße, d.h. die Saldengröße auf dem Produkti-

[15] Statistisches Bundesamt (2007b), S. 7.
[16] Statistisches Bundesamt (2007b), S. 7.
[17] Im ESVG 95 wird Bruttowertschöpfung stets zu Herstellpreisen, d.h. ohne Gütersteuern ausgewiesen.

onskonto dar und beinhaltet eine Vielzahl unterschiedlicher Einkommensformen bzw. Faktoreinkommen:

> *„Die Nettowertschöpfung enthält das ....entstandene Arbeitnehmerentgelt und den Betriebsüberschuss bzw. die Selbständigeneinkommen. Das von den Arbeitgebern geleistete Arbeitnehmerentgelt umfasst die Bruttolöhne und -gehälter, die tatsächlichen Arbeitgeberbeiträge zur Sozialversicherung, an Lebensversicherungsunternehmen und an Pensionskassen, ferner unterstellte Sozialbeiträge, die den Gegenwert der sozialen Leistungen darstellen, die von Arbeitgebern an gegenwärtig oder früher beschäftigte Arbeitnehmer gezahlt ... werden. Der Betriebsüberschuss/Selbständigeneinkommen ergibt sich nach Abzug des Arbeitnehmerentgelts von der Nettowertschöpfung ... .Dabei sind ein kalkulatorischer Unternehmerlohn sowie das Entgelt für das eingesetzte eigene und fremde Sach- und Geldkapital der jeweiligen Wirtschaftseinheit und für die unternehmerische Leistung eingeschlossen."*[18]

Auf der Haben-Seite, der rechten Seite des Produktionskontos werden alle hergestellten Güter erfasst und zwar unabhängig davon, ob sie das Unternehmen verlassen haben oder im Unternehmen verblieben sind und dort z.B. den Lagerbestand erhöht haben.

Da der Zweck jedes privaten Unternehmens darin besteht, Güter für den Verkauf auf dem Markt herzustellen, stehen auf der rechten Seite des Produktionskontos vor allem die Umsatzerlöse, d.h. die zu Marktpreisen bewerteten Verkäufe. Güter, die zunächst oder auch auf Dauer im eigenen Unternehmen verbleiben, werden zwar ebenfalls auf der Output-Seite des Produktionskontos erfasst, jedoch zu Herstellkosten bewertet. Die Untergliederung des Outputs im Produktionskonto erfolgt anhand der verschiedenen Empfänger sowie nach dem Verwendungszweck der Güter.

Verkäufe von Vorleistungsgütern

Ein Teil der hergestellten Güter wird möglicherweise an andere Unternehmen verkauft, die sie weiterverarbeiten und in ihr eigenes Produkt integrieren. Ein wichtiger Abnehmer von Vorleistungsgütern aus dem privaten Unternehmenssektor ist jedoch auch der Staat, der zur Erstellung seiner öffentlichen Leistungen sowohl Sachgüter als auch Dienstleistungen vom privaten Markt zukauft.

Verkäufe an private Haushalte

Ein weiterer großer Teil aller verkauften Produkte geht an private Haushalte und dient dort dem Konsum:

> *„Als Konsumausgaben privater Haushalte werden die Waren und Dienstleistungskäufe der inländischen privaten Haushalte für Konsumzwecke bezeichnet. Neben den tatsächlichen Käufen, zu denen u.a. Entgelte für häusliche Dienste gehören, sind auch bestimmte unterstellte Käufe einbegriffen, wie z.B. der Eigenkonsum der Unternehmer, der Wert der Nutzung von Eigentümerwohnungen sowie so genannten Naturalentgelte für Arbeitnehmer."*[19]

Verkäufe von Investitionsgütern

Ein weiterer Teil der hergestellten Güter wird von anderen Unternehmen oder vom Staat als dauerhaftes Produktionsgut erworben und wird dort Bestandteil des Sachkapitals, d.h. des Produktionsapparates. Diese Güter nennt man Investitionsgüter. Sie enthalten gemäß ESVG 95 nicht nur Sachanlagen und Bauten, sondern auch immaterielle Anlagegüter wie Patente oder Software[20]:

---

[18] Statistisches Bundesamt (2007b), S. 7.
[19] Statistisches Bundesamt (2007b), S. 7 f.
[20] Vgl. oben Kapitel 2, S. 13

„Die Bruttoanlageinvestitionen umfassen die Käufe neuer Anlagen ... sowie die Käufe von gebrauchten Anlagen und Land nach Abzug der Verkäufe gebrauchter Anlagen und Land. ... als Anlagen werden in diesem Zusammenhang alle dauerhaften reproduzierbaren Produktionsmittel angesehen ... . Als dauerhaft gelten in den Volkswirtschaftlichen Gesamtrechnungen diejenigen Produktionsmittel, deren Nutzungsdauer mehr als ein Jahr beträgt und die normalerweise in der betriebswirtschaftlichen Buchführung aktiviert werden. ... Die Bruttoanlageninvestitionen untergliedern sich in Ausrüstungen (Maschinen, Geräte, Fahrzeuge), Bauten (Wohnbauten, Nichtwohnbauten) und sonstige Anlagen (u.a. Nutzvieh und Nutzpflanzungen, Computersoftware).“[21]

Allerdings werden nicht alle Güter, die ein Unternehmen im Betrachtungszeitraum hergestellt hat, auch tatsächlich verkauft. Solche, die vorübergehend oder dauerhaft im eigenen Unternehmen verbleiben, werden ebenfalls der Investition i.w.S. zugeordnet. Hierbei sind zwei Fälle zu unterscheiden:
Güter (Vor-, Halb- und Fertigprodukte), die (noch) nicht verkauft werden konnten, erhöhen zunächst den Lagerbestand des Unternehmens und werden als „Vorratsveränderung“ ebenfalls im Produktionskonto bei den Investitionen erfasst. Lagerbestände binden – wie alle anderen Güter des Anlagevermögens – Kapital und erhöhen die Angebotskapazität der Folgeperiode.
Eine zweite Gruppe von nicht verkauften Gütern sind die so genannten selbsterstellten Anlagen. Dies sind Investitionsgüter, die künftig im eigenen Hause zur Produktion eingesetzt werden sollen, also z.B. Fahrzeuge eines Automobilherstellers, die den eigenen Mitarbeitern als Dienstwagen zur Verfügung gestellt werden. Selbsterstellte Anlagen sind quasi Verkäufe von Investitionsgütern an das eigene Unternehmen.

Verkäufe an das Ausland
Der letzte Posten auf der Haben-Seite des Produktionskontos sind die Verkäufe von Gütern und Dienstleistungen an das Ausland. Als Ausland gelten alle „Wirtschaftseinheiten, die ihren ständigen Sitz (Wohnsitz) außerhalb Deutschlands haben.“[22] Nicht eingeschlossen werden allerdings die Verkäufe von Arbeitskraft, d.h. die Arbeitseinkommen, die Inländer (= Gebietsansässige) aus dem Ausland beziehen. Verkäufe an das Ausland heißen Export und zwar unabhängig davon, welchem Zweck die Güter dort dienen sollen. Eine weitere Unterscheidung in Konsum- und Produktionsgüter wird nicht getroffen.

Wir haben bisher die typische Struktur eines Produktionskontos für ein privates Unternehmen betrachtet. Daneben gibt es aber noch Produktionskonten für die beiden anderen inländischen Wirtschaftssektoren Staat und Private Haushalte. Diese weisen jedoch im Vergleich zum Unternehmenskonto einige Besonderheiten auf.

Die Produktionstätigkeit des Staates
Der Staat produziert in erster Linie öffentliche Güter. Diese zeichnen sich durch Nicht-Ausschließbarkeit sowie Nichtrivalität des Konsums aus, so dass diese Güter nicht am Markt verkauft, sondern i.d.R. unentgeltlich zur Verfügung gestellt werden. Beispiele dafür sind Militär und Polizei, das Bildungs- und Gesundheitswesen sowie Verkehrsinfrastrukturleistungen. Da es für diese Leistungen keinen Markt gibt, gibt es auch keine Marktpreise. Daher können diese Güter nur zu Herstellkosten bewertet werden. Der Staat verfolgt mit seinen Wertschöpfungsaktivitäten ja nicht das Ziel, Gewinne zu erwirtschaften, sondern eine entsprechend der gesamtwirtschaftlichen Zielfunktion optimale Ausstattung der Gesellschaft mit öffentlichen Gütern sicherzustellen. Daher fehlt auf der Soll-Seite der Gewinnsaldo; stattdessen ergibt sich der Wert der unentgeltlich abgegebenen öffentlichen Leistungen als

[21] Statistisches Bundesamt (2007b), S. 8.
[22] Statistisches Bundesamt (2007b), S. 8.

Saldo auf der Haben-Seite des Kontos als Summe aller zu ihrer Herstellung erforderlichen Inputs.

Produktionskonto Staat

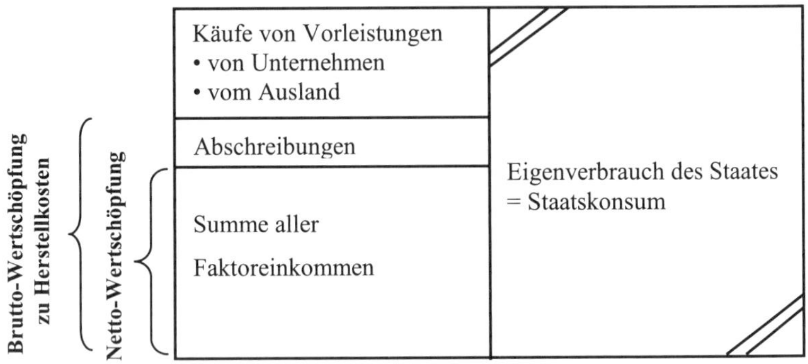

Abbildung 10-11: Produktionskonto des Staates

Diese vom Staat produzierten Leistungen werden sowohl von den Unternehmen als Vorleistung für ihre eigene Produktion wie auch von den privaten Haushalten zum Konsum genutzt. Eine solche Zurechnung ist aber wiederum nur für diejenigen (wenigen) Leistungen möglich, die gegen Gebühren oder Beiträge erworbenen werden müssen und somit ihren Erwerbern zurechenbar sind. Eine Betriebsgenehmigung ist beispielsweise eindeutig als staatliche Vorleistung für ein Unternehmen und damit als Produktionsgut zu klassifizieren, während die Zulassung eines privaten Kraftfahrzeuges eine Konsumleistung ist.
Theoretisch müsste auch der gesamte Block der unentgeltlich abgegebenen Leistungen des Staates auf diese beiden Kategorien aufgeteilt werden. Da eine solche Zuordnung der Herstellkosten auf die konkreten Nutzer rechnerisch jedoch nicht möglich ist, wird die gesamte staatliche Produktion (mit Ausnahme der erwähnten gegen Gebühren und Beiträge abgegeben Leistungen sowie der selbsterstellten Anlagen des Staates) als **Staatskonsum** oder **Eigenverbrauch des Staates** bezeichnet.

Eine weitere Besonderheit des staatlichen Produktionskontos besteht im Fehlen von Gütersteuern und -subventionen, da öffentliche Haushalte keine Gütersteuern an sich selbst bezahlen und generell durch Steuern finanziert werden.

Die Produktionstätigkeit der privaten Haushalte

Streng genommen findet im Sektor Private Haushalte nach der bisher verwendeten Definition keine Produktion im engeren Sinne statt. Zwar wird von den Haushalten Wertschöpfung betrieben, indem z.B. Haushaltdienstleistungen erbracht und Kinder betreut werden. Jedoch wird diese Wertschöpfung nicht auf dem Markt verkauft, sondern unmittelbar an Ort und Stelle verbraucht. Man nennt dies den Eigenverbrauch der privaten Haushalte.

Auf die Darstellung eines eigenen Produktionskontos der privaten Haushalte kann an dieser Stelle daher verzichtet werden. Allerdings sei daraufhin gewiesen, dass das ESVG 95 einen Teil der Produktionsaktivitäten aus dem Unternehmenssektor den privaten Haushalten zuordnet – nämlich insbesondere Aktivitäten von Einzelunternehmern und Selbständigen – so dass in den Volkswirtschaftlichen Gesamtrechnungen auch für die privaten Haushalte ein entsprechendes Produktionskonto erstellt wird.

Übung 10-2: Hochprozentige Wertschöpfung[23]

Der Weinhändler Trinkfest GmbH & Co KG kauft 500 Einzelflaschen Champagner zum Stückpreis von 20 €. Sie werden in Kisten zu 10 Flaschen verpackt. Die 50 Holzkisten werden zu 10 € je Kiste beschafft. Die Kosten für Strom, Büromaterial und sonstige Verbrauchgegenstände betragen 1.000 €. Die Büroausstattung sowie das Firmenfahrzeug des Weinhändlers werden mit 1.300 € abgeschrieben. Für Löhne, Zinsen, Mieten usw. müssen 2.200 € bezahlt werden. 40 Kisten werden zum Preis von 500 € je Kiste verkauft. Ein Großkunde erhält 6 Kisten zum Preis von nur 400 € je Kiste. Die restlichen 4 Kisten werden gelagert. Wie hoch ist der Gewinn des Weinhändlers in dieser Periode?

Lösung:

Der Gewinn ergibt sich als Saldo des einzelwirtschaftlichen Produktionskontos. Wenn die Summe aller Umsätze einschl. der Lagerzuwächse (rechte Seite des Produktionskontos) größer ist als die Summe aller Kosten (linke Seite des Produktionskontos), entsteht auf der linken Seite des Kontos ein positiver Gewinnsaldo.

Zur Lösung der Aufgabe müssen daher zunächst beide Kontoseiten erstellt und die jeweiligen Summen ermittelt werden. Dabei stellt sich jedoch heraus, dass zur Berechnung der Habensumme zunächst die Bewertung der Lagerbestandsveränderung geklärt werden muss. Lagerbestände haben (noch) keine Marktpreise und können daher nur zu Herstellkosten bewertet werden. Diese lassen sich wiederum aus der linken Kontoseite ermitteln, so dass bei der Bearbeitung der Aufgabe mit der Soll-Seite begonnen werden muss. Diese ergibt sich wie folgt:

- 500 Flaschen Champagner	10.000 €	
- 50 Holzkisten	500 €	
- Strom, Büromaterial etc.	1.000 €	
Vorleistungen gesamt		11.500 €
Abschreibungen		1.300 €
Faktorkosten		2.200 €
Kosten gesamt		**15.000 €**

Die Herstellkosten pro Champagnerkiste belaufen sich daher auf 300€. Dieser Betrag kann nun zur Bewertung der auf Lager genommenen 4 Kisten verwendet werden. Die Summe der Haben-Seite errechnet sich also wie folgt:

- 40 Kisten zu 500€	20.000 €
- 6 Kisten zu 400€	2.400 €
Umsätze gesamt	22.400 €
Lageraufbau: 4 Kisten zu 300€	1.200 €
Summe Brutto-Produktionswert	**23.600 €**

Der Weinhändler hat also einen stolzen Gewinn in Höhe von 8.600 €.

10.3.1.2 Das Einkommenskonto

Aus den Produktionskonten wird deutlich, dass Wertschöpfung gleichzeitig Einkommensentstehung bedeutet. Das Entgelt, das den Produktionsfaktoren Arbeit, Boden und Kapital für ihre jeweiligen Wertschöpfungsbeiträge gezahlt wird, ist für die Faktoreigner Einkommen. Die aus dem Produktionsprozess heraus entstandene, leistungsbezogene funktionale

[23] In Anlehnung an *Wilke, F.* (1998), S. 209

Einkommensverteilung wird jedoch anschließend durch den Staat über das Steuer- und Transfersystem personell umverteilt.

Das Einkommenskonto[24] zeigt, wie die Wirtschaftssubjekte das durch ihre Beteiligung am Produktionsprozess zugeflossene oder durch den Staat zur Verfügung gestellte Einkommen verwenden. Hierbei weist wiederum jeder Sektor einige Besonderheiten auf. Das wichtigste Einkommenskonto ist das der privaten Haushalte, da diese den größten Teil aller Einkommen erhalten.

Das Einkommenskonto privater Haushalte

Ein privater Haushalt kann in vielfältiger Weise am Produktionsprozess beteiligt sein: Meist bietet er seine Arbeitskraft den Unternehmen gegen Bezahlung von Lohn oder Gehalt an. Er kann aber als Inhaber eines Handwerksbetriebes auch Gewinneinkommen beziehen oder aus Aktien- und Wertpapierbesitz Zinsen und Dividenden erhalten. All diese Einkommen zählen zu den Faktoreinkommen, da sie der Gegenwert für geleistete Wertschöpfung sind.

Abgesehen davon besteht jedoch ferner die Möglichkeit, dass der Staat Transferleistungen, wie Sozialhilfe oder Kindergeld, an den Haushalt zahlt und ihm dadurch fehlendes Leistungseinkommen ersetzt oder zumindest unzureichendes aufbessert. Man unterscheidet daher folgende Einkommensarten:

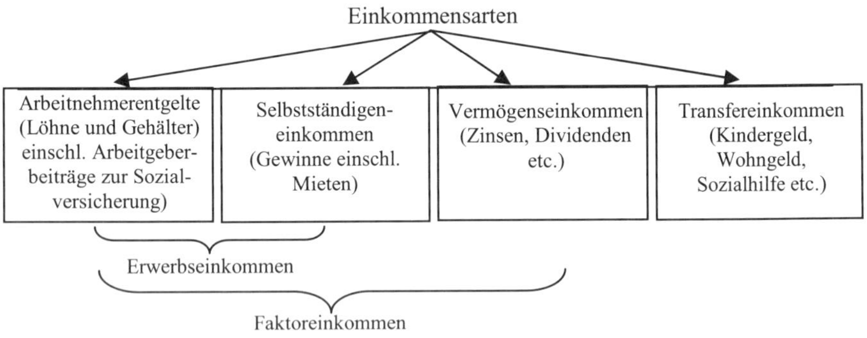

Abbildung 10-12 Einkommensarten privater Haushalte[25]

Private Haushalte beziehen meist gleichzeitig Einkommen aus mehreren Quellen. Üblicherweise überwiegt jedoch das Arbeitseinkommen. Auf der rechten Seite des Einkommenskontos werden sämtliche Einkommensarten erfasst. Die Gesamtheit aller Einkommen nennt man das Bruttoeinkommen.

Einen Teil der Leistungseinkommen beansprucht der Staat für sich. Der Haushalt muss aus seinem Bruttoeinkommen also zunächst Abgaben in Form von direkten Steuern sowie Sozialbeiträgen an den Staat abführen.

Das verbleibende verfügbare Nettoeinkommen kann der Haushalt nach Belieben auf Konsum oder Sparen (d.h. Zukunftskonsum) aufteilen, wobei sich die Ersparnis als Saldengröße auf der Soll-Seite des Einkommenskontos ergibt. Dieser Saldo muss nicht unbedingt positiv

[24] Im Kontensystem des ESVG 95 wird das Einkommenskonto auf vier bzw. sechs Detailkonten aufgeteilt (Einkommensentstehung, primäre Einkommensverteilung, sekundäre Einkommensverteilung nach Ausgaben- und Verbrauchskonzept sowie Einkommensverwendung nach Ausgaben und Verbrauchskonzept); VGL: Statistisches Bundesamt (2007b), S. 5 f. und S. 20 ff.

[25] Vgl. *Frenkel, M./John, K.D.*: „Volkswirtschaftliche Gesamtrechnung", 6. Aufl., München 2006, S. 50

sein. Ein Haushalt kann z.B. Ersparnisse der Vergangenheit auflösen, um seinen Konsum zu finanzieren. In diesem Fall spricht man von Entsparen.

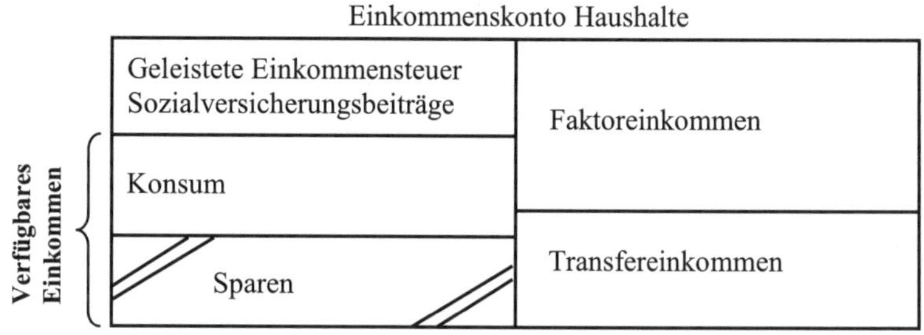

Abbildung 10-13: Einkommenskonto privater Haushalte

Weitere Möglichkeiten, Einkommen zu verwenden außer Konsumieren und Sparen, hat ein Haushalt definitionsgemäß nicht. Insbesondere kann ein Haushalt nicht investieren. Auch der Kauf langlebiger Konsumgüter wird dem Konsum zugerechnet.

Das Einkommenskonto privater Unternehmen

Analog zu den privaten Haushalten erscheinen auf der Haben-Seite dieses Einkommenskontos alle Faktor- und Transfereinkommen von Unternehmen. Dabei handelt es sich um diejenigen Einkommen aus Unternehmertätigkeit und Vermögen, die nicht an andere Sektoren ausgeschüttet worden sind. Man spricht auch von unverteilten Gewinnen. Hinzu kommen auch hier etwaige empfangene Transferleistungen des Staates.

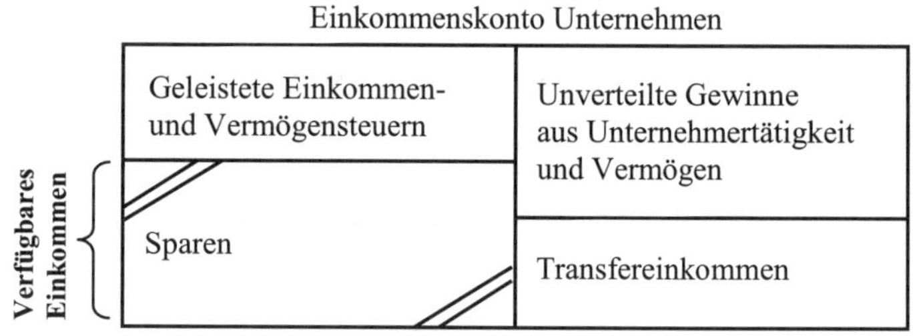

Abbildung 10-14: Einkommenskonto privater Unternehmen

Unternehmen zahlen aus ihrem Bruttoeinkommen sowohl Einkommen- wie auch Vermögensteuern. Die gesamte Restgröße ergibt das verfügbare Einkommen der Unternehmen, welches gleichzeitig die Unternehmensersparnis ist, da Unternehmen definitionsgemäß nicht konsumieren können.

Das Einkommenskonto des Staates

Auch der Staat erwirtschaftet in gewissem Umfang Faktoreinkommen, nämlich dann, wenn er als Kapitaleigner an privaten Unternehmen beteiligt ist, Grundstücke verpachtet und Gebäude vermietet oder Zinseinkünfte aus vergebenen Krediten erhält.

Der größte Teil staatlicher Einkommen besteht jedoch aus den von den privaten Wirtschaftssubjekten gezahlten direkten und indirekten Steuern sowie aus den Sozialversicherungsbeiträgen. Bei der Betrachtung einzelner Gebietskörperschaften kommen dazu noch laufende Transfers anderer öffentlicher Haushalte, z.B. im Zuge eines Finanzausgleichs.

Die Haben-Seite des staatlichen Einkommenskontos zeigt die Zusammensetzung der öffentlichen Einkommen:

Einkommensskonto Staat

	Geleistete Transferzahlungen an private Sektoren	Empfangene Faktoreinkommen aus Unternehmertätigkeit und Vermögen
Verfügbares Einkommen	Staatskonsum = Eigenverbrauch des Staates	Empfangene direkte und indirekte Steuern
	Sparen	Empfangene Sozialversicherungsbeiträge

Abbildung 10-15: Einkommenskonto des Staates

Der Staat verwendet sein Einkommen zunächst zur Zahlung von Transfers an private Wirtschaftssubjekte im Rahmen der Einkommensumverteilung sowie für Zinszahlungen, die auf die Staatsschuld zu leisten sind. Der verbleibende Rest seines Einkommens kann auch als verfügbares Einkommen des Staates bezeichnet werden.

Daraus finanziert der Staat seinen Konsum, d.h. die öffentlichen Dienstleistungen, die im Wesentlichen unentgeltlich an die privaten Sektoren der Wirtschaft abgegeben werden. Auf die Zweideutigkeit dieses Konsumbegriffes wurde bereits hingewiesen. Der verbleibende Rest ist auch auf diesem Konto die staatliche Ersparnis.

10.3.1.3 Das Vermögensänderungs- und Finanzierungskonto

Der gesamtwirtschaftliche Vermögensbegriff stellt ganz auf das produktionsbezogene Vermögen ab. Er umfasst einerseits das Sachvermögen, d.h. Produktionsanlagen und andere immaterielle Anlagegüter sowie Lagerbestände, andererseits werden die Finanzierungsquellen dieses Sachvermögens betrachtet.

Das Vermögensänderungskonto stellt den Sachvermögenserwerb und damit die Veränderung des Sachvermögensbestandes (Soll-Seite) eines Wirtschaftssektors und dessen Finanzierungsquellen (Haben-Seite) dar. Der Sachvermögenserwerb besteht in der Bruttoinvestition des betrachteten Sektors. Er kann entweder durch Abschreibungen oder Ersparnis (Reinvermögensbildung) finanziert werden. Übersteigt die Ersparnis, d.h. die Reinvermögensbildung, die Nettoinvestition, so kommt es zu einem Finanzierungsüberschuss, der in Form von Krediten anderen Wirtschaftssektoren zur Verfügung gestellt werden kann. Diesen Vorgang bezeichnet man als Geldvermögensbildung. Reichen hingegen die eigenen Mittel zur Finanzierung der Sachvermögensbildung nicht aus, so entsteht ein Finanzierungsdefizit, das durch Kreditaufnahme gedeckt werden muss. Das Geldvermögen wird in diesem Fall verringert.

Die Gegenbuchung dieser Budgetsalden erfolgt daher auf dem Finanzierungskonto, auf dem alle Veränderungen der Forderungen und Verbindlichkeiten eines Wirtschaftssektors aufgezeichnet werden. Daraus ergibt sich ein enger Zusammenhang des Vermögensänderungs- und des Finanzierungskontos: Einem Finanzierungsdefizit im Vermögensänderungskonto muss ein gleich hoher Überschuss neu eingegangener Verbindlichkeiten auf dem Finanzierungskonto gegenüber stehen – einem Finanzierungsüberschuss analog ein Überschuss vergebener Kredite.

Das Vermögensänderungskonto privater Unternehmen

Der Sachvermögenserwerb des Unternehmenssektors besteht aus dessen Bruttoinvestition, d.h. aus erworbenen Gütern des Anlagevermögens, selbsterstellten Anlagen sowie Lagerbestandsveränderungen.

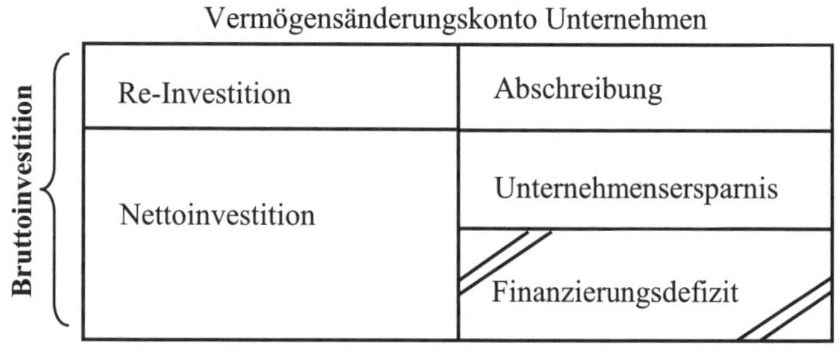

Abbildung 10-16: Vermögensänderungskonto privater Unternehmen

Auf der Haben-Seite stehen zunächst die Abschreibungen, die die Abnutzung des Sachvermögens in der abgelaufenen Periode wiedergeben. Sie dienen insofern als Finanzierungsquelle, als sie als Kostenbestandteil in die Verkaufspreise einkalkuliert sind und auf diesem Wege dem Unternehmen wieder zufließen. Allerdings setzt dies voraus, dass die Abschreibungen auch tatsächlich verdient worden sind. Rechnerisch entsprechen die Abschreibungen der Re-Investition auf der Soll-Seite des Kontos.

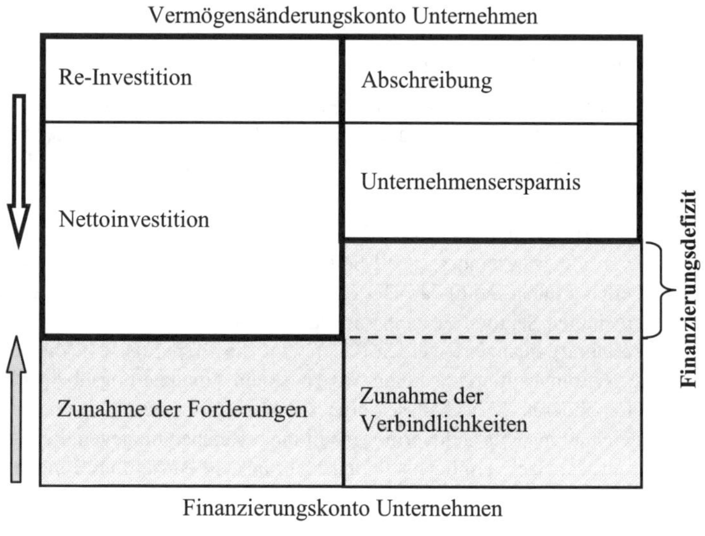

Abbildung 10-17: Kombiniertes Vermögensänderungs- und Finanzierungskonto privater Unternehmen

Die zweite Finanzierungsquelle stellt die Unternehmensersparnis dar, d.h. das verfügbare Einkommen der Unternehmen bzw. die versteuerten unverteilten Gewinne.[26]

[26] Genau genommen müsste sowohl auf der Soll- wie auf der Habenseite noch geleistete bzw. empfangene Vermögensübertragungen berücksichtig werden, was hier sowie im Folgenden jedoch aus Vereinfachungsgründen unterbleibt.

Typischerweise reichen die Eigenmittel des Unternehmenssektors, d.h. die in den Umsatzerlösen zurückgeflossenen Abschreibungsentgelte sowie die Unternehmensersparnis nicht aus, um die Bruttoinvestition zu finanzieren. Das Vermögensänderungskonto weist daher einen Haben-Saldo, d.h. ein Finanzierungsdefizit auf. Dieses Defizit muss durch Kreditaufnahme ausgeglichen worden sein, andernfalls hätte die Bruttoinvestition nicht in der angegebenen Höhe getätigt werden können.

Die Veränderungen der Forderungen und Verbindlichkeiten des Unternehmenssektors können im Finanzierungskonto abgelesen werden. Dort entspricht dem Finanzierungsdefizit bei der Investitionsfinanzierung eine Nettokreditaufnahme in gleicher Höhe.

Das Vermögensänderungskonto öffentlicher Haushalte

Das Vermögensänderungskonto öffentlicher Haushalte ist dem der privaten Unternehmen sehr ähnlich. Auch der Staat finanziert seine Bruttoinvestition durch Abschreibungen und Ersparnis.

Geringfügige Unterschiede ergeben sich bezüglich des Inhalts der öffentlichen Investitionen. Da der Staat seine Anlageninvestitionsgüter stets vom Unternehmenssektor bezieht, sind in den Bruttoinvestitionen des Staates keine selbsterstellten Anlagen enthalten.

Auch Lagerbestandsveränderungen kommen beim Staat nicht vor, da öffentliche Haushalte keine Sachgüter, sondern die öffentlichen Dienstleistungen produzieren. Dienstleistungen sind jedoch grundsätzlich nicht lagerungsfähig.

Der Saldo des staatlichen Vermögensänderungskontos heißt „Finanzierungssaldo des Staates“. Wie beim Unternehmenssektor ist er i.d.R. negativ und muss durch staatliche Kreditaufnahmen ausgeglichen werden.

Dieser Größe kommt eine wichtige wirtschaftspolitische Bedeutung zu. In Art. 115 Satz 2 des Grundgesetzes ist nämlich festgelegt, dass die staatliche Kreditaufnahme nicht die Summe der staatlichen Investition übersteigen darf[27]. Ein Haushalt, der eine höhere Staatsverschuldung vorsieht, ist somit nicht verfassungskonform. Ausnahmen sind nur dann zulässig, wenn die Regierung eine Störung des gesamtwirtschaftlichen Gleichgewichtes erklärt, welche abgewehrt werden muss. Dies wiederum wirft kein gutes Licht auf die Wirtschaftspolitik der jeweiligen Regierung, so dass ein großer Anreiz besteht, eine solche Situation zu vermeiden. Dennoch wiesen die Bundeshaushalte der Jahre 2002 - 2004 eine solche übermäßige Verschuldung auf.

Das Vermögensänderungskonto privater Haushalte

Private Haushalte können definitionsgemäß nicht investieren.[28] Daher gibt es hier auch keine Abschreibungen. Andererseits entsteht der größte Teil der gesamtwirtschaftlichen Ersparnis im Haushaltssektor, da diesem auch der größte Teil der Faktoreinkommen zufließt. Die Grundstruktur des Vermögensänderungskontos der privaten Haushalte weist daher signifikante Unterschiede zu dem der beiden anderen inländischen Wirtschaftssektoren auf.

Der aus dem Einkommenskonto gegengebuchten Ersparnis steht auf der Soll-Seite lediglich ein entsprechender Finanzierungsüberschuss gegenüber. Private Haushalte bilden also im volkswirtschaftlichen Sinne – zumindest im Rahmen unseres vereinfachten VGR-Modells –

[27] „Die Einnahmen aus Krediten dürfen die Summe der im Haushaltsplan veranschlagten Ausgaben für Investitionen nicht überschreiten. Ausnahmen sind nur zulässig zur Abwehr einer Störung des gesamtwirtschaftlichen Gleichgewichts“: GG Art. 115.

[28] Die Wohnungsbautätigkeit der privaten Haushalte wird dem Unternehmenssektor zugerechnet, während Käufe anderer dauerhafter Konsumgüter als Konsum gelten und daher ebenfalls nicht im Vermögensänderungskonto privater Haushalte auftauchen.

kein Sachvermögen, sondern ausschließlich Geldvermögen[29]. Die privaten Haushalte sind somit wichtige Kreditgeber auf den Geld- und Kapitalmärkten.

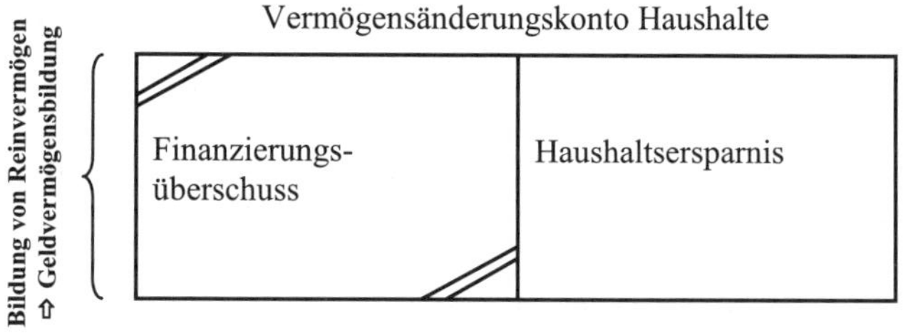

Abbildung 10-18 Vermögensänderungskonto privater Haushalte

10.3.1.4 Das Auslandskonto

Während für die inländischen Sektoren für unterschiedliche Aktivitäten auch unterschiedliche Konten eingerichtet werden, gilt dies für den Sektor Ausland nicht. Das Auslandskonto enthält die Gegenbuchungen aller Einnahmen- und Ausgabenströme zwischen In- und Ausländern, wobei als Ausländer alle Wirtschaftssubjekte gelten, die nicht im Inland (Erhebungsgebiet) ansässig sind.

Wie bei allen anderen VGR-Konten auch werden Einnahmen auf der Haben-Seite, Ausgaben auf der Soll-Seite des Auslandskontos verbucht. Dabei ist allerdings zu beachten, dass das Konto aus Auslandssicht erstellt wird, gleichzeitig aber die einzelnen Buchungsposten aus Sicht des Inlandes benannt werden.

Auslandskonto

Käufe von Waren und Dienstleistungen aus dem Inland (=Exporte des Inlands)	Verkäufe von Waren und Dienstleistungen an das Inland (= Importe des Inlands)
Aus dem Inland bezogene Faktorleistungen	An das Inland abgegebene Faktorleistungen
	Empfangene Transfers
Geleistete Transfers	Veränderung der Netto-Auslandsposition

Abbildung 10-19: Auslandskonto

Auf der Soll-Seite stehen die Ausgaben des Auslandes für Käufe von Waren und Dienstleistungen aus dem Inland, also die Exporterlöse des Inlandes, ferner die abfließenden Entgelte für bezogene Faktorleistungen sowie Transferausgaben an inländische Wirtschaftssubjekte. Auf der Haben-Seite erscheinen analog dazu die Importe des Inlandes von Waren und Dienstleistungen, Faktoreinkommen, die das Ausland vom Inland bezieht sowie Transfers, die dem Ausland zufließen.

[29] Im ESVG 95 allerdings wird auch im Haushaltssektor investiert, da (wie bereits erwähnt) Personengesellschaften sowie die freien Berufe und Selbständige mit ihren unternehmerischen Aktivitäten den Haushalten zugeordnet werden.

Die grenzüberschreitenden Faktorleistungen bestehen einerseits aus den Arbeitseinkommen, die Pendler beziehen. Zum größeren Teil jedoch beinhalten sie Vermögenseinkommen für im Ausland investiertes Kapital in Form von Zinsen und Dividenden. Der Saldo dieser grenzüberschreitenden Faktoreinkommen ist verantwortlich für den weiter unten erläuterten Unterschied zwischen dem Inlands- und dem Inländereinkommen.

Der Saldo des Kontos weist die aus den gebuchten Leistungstransaktionen resultierende Veränderung der Nettoposition des Auslands, also den Saldo der Forderungen und Verbindlichkeiten zwischen In- und Ausland aus. Wenn die Soll-Seite des Auslandskontos größer ist als seine Haben-Seite, so bedeutet das ja, dass das Ausland gegenüber dem Inland eine Netto-Schuldner-Position aufgebaut hat. Das Inland hätte gegenüber dem Ausland eine Netto-Gläubiger-Position. Umgekehrt würde sich eine Netto-Gläubiger-Position, d.h. ein Finanzierungsüberschuss des Auslandes ergeben.

10.3.2 Gesamtwirtschaftliche Aggregation

Um Aussagen über die wirtschaftlichen Aktivitäten der Gesamtwirtschaft treffen zu können, müssen die Aktivitätskonten, die im letzten Abschnitt für einzelne Wirtschaftseinheiten dargestellt worden sind, zusammengefasst werden. Eine solche Zusammenfassung bezeichnet man als Aggregation von Konten.

Die Aggregation erfolgt stufenweise. Zunächst werden aus allen einzelwirtschaftlichen Aktivitätskonten gleichartiger Wirtschaftssubjekte die sektoralen Aktivitätskonten ermittelt. Diese werden dann sektorübergreifend zu gesamtwirtschaftlichen Konten zusammengefasst.

Bei diesem Vorgang werden nicht einfach die Buchungen aller Einzelkonten aufaddiert. Zur Vermeidung von Doppelzählungen lässt man vielmehr intrasektorale Ströme weg und erfasst nur noch sektorübergreifende Buchungen. Dieses Verfahren nennt man Konsolidierung. Im letzten Schritt der Aggregation werden anschließend die sektoralen Konten zu gesamtwirtschaftlichen Konten zusammengefasst.

10.3.2.1 Das nationale Produktionskonto

Das nationale Produktionskonto erhält man, indem man die Produktionskonten der einzelnen Sektoren zusammenfasst.

Abbildung 10-20: Nationales Produktionskonto

Bei der Aggregation des Produktionskontos des privaten Unternehmenssektors entfallen auf diese Weise insbesondere alle Vorleistungskäufe und -verkäufe, die innerhalb des Unternehmenssektors stattfinden, während die Vorleistungskäufe und -verkäufe vom und an den Staat sowie vom und an das Ausland zunächst sichtbar bleiben. Bei der Erstellung des nationalen Produktionskontos verschwinden auch die Vorleistungsverflechtungen zwischen den Sektoren mit Ausnahme der Lieferungen vom und an das Ausland (Importe und Exporte).

Ein wichtiger Begriff taucht als Summe der rechten Kontoseite auf, nämlich die gesamtwirtschaftliche Endnachfrage. Sie enthält den privaten und öffentlichen Konsum, die Bruttoinvestition sowie die Exportnachfrage.

10.3.2.2 Das nationale Einkommenskonto

Bei der Konsolidierung des nationalen Einkommenskontos entfallen alle direkten Steuerzahlungen (einschl. der Sozialversicherungsbeiträge) von privaten Haushalten und Unternehmen an den Staat sowie alle Transferzahlungen des Staates an inländische Empfänger, da diese Positionen jeweils mit Buchung und Gegenbuchung auf beiden Seiten der einzelwirtschaftlichen Einkommenskonten auftreten. Hieraus wird deutlich, dass es sich bei diesen Strömen lediglich um eine Einkommensumverteilung und nicht um eine wertschöpfende Tätigkeit handelt.

Auf der linken Seite bleiben somit nur noch die Nettotransfers an das Ausland übrig, da deren Gegenbuchung auf dem Auslandskonto erfolgt. Die übrigen Positionen, nämlich der private und öffentliche Konsum sowie die nationale Ersparnis ergeben zusammen das gesamtwirtschaftlich verfügbare Einkommen.

Nationales Einkommenskonto

Abbildung 10-21: Nationales Einkommenskonto

10.3.2.3 Das nationale Vermögensänderungskonto

Bei der Zusammenfassung der sektoralen Vermögensänderungskonten fallen alle Finanzierungsüberschüsse und -defizite weg, die über entsprechende Forderungen und Verbindlichkeiten zwischen inländischen Wirtschaftssektoren ausgeglichen worden sind. Übrig bleibt jedoch die Nettoposition gegenüber dem Ausland, deren Gegenbuchung auf dem Auslandskonto steht. Eine etwaige Nettogläubiger-Position gegenüber dem Ausland muss ebenso wie die Nettoinvestition von inländischer Ersparnis finanziert werden.

Auf der rechten Kontoseite werden die Abschreibungen des Unternehmenssektors und des Staates sowie die Ersparnis von Haushalten, Unternehmen und dem Staat aufaddiert.

Nationales Vermögensänderungskonto

Re-Investition	Abschreibungen
Nettoinvestition	Ersparnis • der Haushalte • des Staates • der Unternehmen
Änderung der Netto-Auslandsposition	

Bruttoinvestition

Abbildung 10-22: Nationales Vermögensänderungskonto

10.3.3 Die Ermittlung der gesamtwirtschaftlichen Wertschöpfung

Das Hauptziel der Volkswirtschaftlichen Gesamtrechnungen ist die Ermittlung der gesamtwirtschaftlichen Wertschöpfung, d.h. der wirtschaftlichen Leistungsfähigkeit des betrachteten Landes.

Im Zentrum der Analyse steht hierbei das Inlandsprodukt, das in zusammengefasster Form ein Bild der wirtschaftlichen Leistung einer Volkswirtschaft in einer Periode ergibt t:

> *„Das Bruttoinlandsproduk (BIP) ist ein Maß für die wirtschaftliche Leistung einer Volkswirtschaft in einem bestimmten Zeitraum. Es misst den Wert der im Inland hergestellten Waren und Dienstleistungen (Wertschöpfung), soweit diese nicht als Vorleistungen für die Produktion anderer Waren und Dienstleistungen verwendet werden. ... Die Veränderungsrate des ... BIP dient als Messgröße für das Wirtschaftswachstum der Volkswirtschaften. Das BIP ist damit die wichtigste Größe der Volkswirtschaftlichen Gesamtrechnungen."*[30]

Die Höhe dieses wichtigen Leistungsindikators ergibt sich aus dem konsolidierten Produktionskonto. Um tatsächlich nur die im Inland entstandene Wertschöpfung auszuweisen, werden nun auch noch die Vorleistungen aus dem Ausland abgezogen. Auf der rechten Seite des Kontos erscheint daher nicht mehr der gesamte Export, sondern nur noch die Differenz zwischen Exporten und Importen, der sog. Außenbeitrag.

Konsolidiertes nationales Produktionskonto

Abschreibungen • der Unternehmen • des Staates	Privater Konsum
Gütersteuern - Gütersubventionen	
Nettowertschöpfung = Summe aller Faktoreinkommen • der Haushalte • des Staates • der Unternehmen	Konsum des Staates Bruttoinvestition • der Unternehmen • des Staates Exporte - Importe
Bruttoinlandsprodukt	Bruttoinlandsprodukt

Gesamtwirtschaftliche Wertschöpfung

Abbildung 10-23: Konsolidiertes nationales Produktionskonto

[30] Statistisches Bundesamt (2007b) , S. 9

Die gesamtwirtschaftliche Wertschöpfung oder das Bruttoinlandsprodukt zu Marktpreisen kann entweder von der Input- oder der Outputseite des Kontos her errechnet werden. Die linke Seite erfasst die Summe aller gesamtwirtschaftlichen Produktionskosten. Diese teilen sich auf in die Abschreibung, die Gütersteuern minus der Subventionen sowie die Faktorkosten, d.h. alle Löhne, Gehälter, Zinsen, Mieten usw. Addiert man dazu alle Gewinnsalden der einzelwirtschaftlichen Produktionskonten, so erhält man die gesamtwirtschaftliche Nettowertschöpfung, d.h. die Summe aller Faktoreinkommen in einer Volkswirtschaft.

Auf der rechten Seite stehen alle Verwendungsarten der erbrachten Wertschöpfung. Der erste Posten ist der private Konsum, der üblicherweise den größten Anteil am Bruttoinlandsprodukt hat. Danach folgt der öffentliche Konsum oder Eigenverbrauch des Staates sowie die Bruttoinvestition, die aus den Investitionen der privaten Unternehmen und des Staates besteht. Zum Schluss wird noch der Außenbeitrag, also die Differenz zwischen Aus- und Einfuhren addiert.

Dieser zentrale Wirtschaftsindikator einer jeden Volkswirtschaft kann statistisch in unterschiedlicher Weise abgegrenzt werden. Man unterscheidet

- Inlands- und Inländerkonzept
- Brutto- und Nettokonzept
- Berechnung zu Marktpreisen oder Faktorkosten
- Nominale (in jeweiligen Preisen) oder preisbereinigte Darstellung.

10.3.3.1 Inlands- und Inländerkonzept

Das Inlandsprodukt stellt auf die wirtschaftliche Leistung ab, die im Inland erstellt worden ist. Zugrunde liegt also ein gebietsbezogenes Erhebungskonzept, das auf den Ort der Leistungserstellung abhebt.

Zur Volkswirtschaft wird hierbei „die wirtschaftliche Betätigung aller Wirtschaftseinheiten gerechnet, die ihren ständigen Wohnsitz im Wirtschaftsgebiet haben.“[31] Diese Wirtschaftseinheiten heißen „Inländer“ oder „Gebietsansässige“. Alle Wirtschaftseinheiten außerhalb der betrachteten Region werden unter dem Begriff „Übrige Welt“ zusammengefasst. Zur Abgrenzung dient hierbei ausschließlich der Unternehmens- oder Wohnsitz, nicht jedoch die Staatsangehörigkeit[32] .

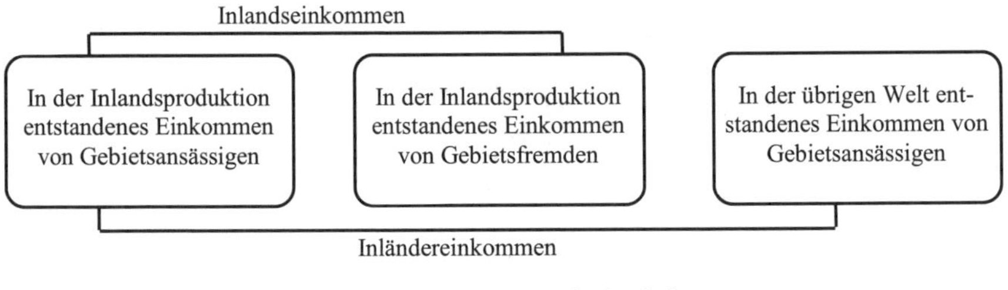

Abbildung 10-24: Inlands- und Inländerkonzept

Für bestimmte Fragestellungen sind jedoch nicht die regionale Wirtschaftskraft, sondern die von den Inländern erzielten Einkommen von Bedeutung, unabhängig davon, wo diese Einkommen entstanden sind. Dies trifft v.a. dann zu, wenn die im Inland vorhandene Kaufkraft

[31] Statistisches Bundesamt, (2007b), S. 5

[32] Ausnahmen von dieser Regel sind diplomatische und konsularische Vertretungen sowie Streitkräfte.

bzw. Nachfrageentwicklung von Interesse ist. Statt des gebietsbezogenen Inlandskonzeptes wird dann ein personenbezogenes Inländerkonzept verwendet.

Wird die gesamtwirtschaftliche Wertschöpfung nach dem Inländerkonzept ermittelt, so spricht man vom Nationaleinkommen[33]. Das Ergebnis der gebietsbezogenen Berechnung, das Inlandsprodukt, ist somit ein Produktionsindikator, während das personenbezogene Nationaleinkommen ein Einkommensindikator ist.

„Das Bruttonationaleinkommen ergibt sich, indem man vom Bruttoinlandsprodukt die Primäreinkommen abzieht, die an die übrige Welt geflossen sind, und umgekehrt die Primäreinkommen hinzufügt, die von inländischen Wirtschaftseinheiten aus der übrigen Welt bezogen worden sind. Es ist in erster Linie ein Einkommensindikator.“[34]

Den Saldo der grenzüberschreitenden Faktoreinkommen, also die Differenz zwischen der Summe der Einkommen, die Inländer aus dem Ausland beziehen, und der Summe der Einkommen, die Ausländer aus dem Inland beziehen, heißt **Saldo der Primäreinkommen aus der übrigen Welt**.

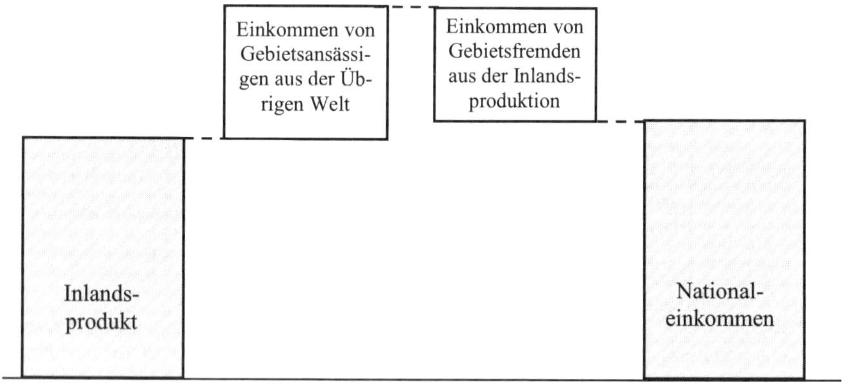

Abbildung 10-25 Vom Inlandsprodukt zum Nationaleinkommen

Praxisbeispiel 10-1: Inlandsprodukt und Nationaleinkommen in Deutschland seit 1991

Die folgende Tabelle 10-1 zeigt die Entwicklung des Bruttoinlandsprodukts und Bruttonationaleinkommens in der Bundesrepublik. Aus den Zahlen wird deutlich, dass der Unterschied zwischen Inlandsprodukt und Nationaleinkommen in Deutschland nicht groß ist. Der Saldobetrag der Primäreinkommen aus der übrigen Welt lag in der Vergangenheit durchwegs unter einem Prozent des Bruttoinlandsprodukts.

Interessant ist jedoch die Veränderung des Vorzeichens. Traditionellerweise ist das gebietsbezogene Inlandsprodukt in Deutschland seit Jahrzehnten niedriger als das personenbezogene Nationaleinkommen. Das bedeutet, der Saldo der Primäreinkommen aus der übrigen Welt ist positiv. Der Grund hierfür liegt in erster Linie darin, dass deutsche Haushalte und Unternehmen mehr Kapitalanlagen im Ausland tätigen als umgekehrt. Wenn ein Inländer dem Ausland jedoch Kapital zur Nutzung im dortigen Produktionsprozess zur Verfügung stellt, sind die zurückfließenden Zinszahlungen Faktoreinkommen, nämlich das Entgelt für die (exportierte) Leistung des Kapitals.

[33] Das Nationaleinkommen hieß früher Sozialprodukt. Dieser Begriff wird seit der Reform der Volkswirtschaftlichen Gesamtrechnung offiziell nicht mehr verwendet, ist im allgemeinen Sprachgebrauch aber immer noch ein gängiger Ausdruck.

[34] Statistisches Bundesamt (2007b), S. 6.

Tabelle 10-1: Inlandsprodukt und Nationaleinkommen in Deutschland von 1991bis 2006[35]

	Bruttoinlands-produkt		Bruttonational-einkommen
Jahr	in jeweiligen Preisen je Einwohner in €		
1991	19.186	<	19.273
1992	20.431	<	20.506
1993	20.872	<	20.904
1994	21.871	>	21.753
1995	22.636	>	22.468
1996	22.909	>	22.789
1997	23.346	>	23.177
1998	23.960	>	23.711
1999	24.511	>	24.248
2000	25.095	>	24.860
2001	25.664	>	25.409
2002	25.984	>	25.662
2003	26.194	>	26.003
2004	26.754	<	26.781
2005	27.175	<	27.262
2006	28.012	<	28.153

Zwischen den Jahren 1994 und 2003 kehrte sich dieses Verhältnis offenbar um. Ein wesentlicher Grund dafür lag in der deutschen Wiedervereinigung. Der Kapitalbedarf zur Bewältigung der Aufbauleistung in Ostdeutschland führte dazu, dass Deutschland von einem Nettokapitalexporteur zu einem Nettokapitalimporteur wurde und im Gefolge dessen auch die Zinserträge aus ausländischen Kapitalanlagen (= Export von Faktorleistungen) deutlich zurückgingen.

Übung 10-3: Inlands- oder Inländerprodukt?

Beurteilen Sie, wie sich die geschilderten Ereignisse auf das Bruttonationaleinkommen und/oder das Bruttoinlandsprodukt auswirken.

a) Der existentiell frustrierte Hausmann A ist der Hausarbeit überdrüssig. Er stellt deshalb den bisher arbeitslosen Haushaltsgehilfen B ein und widmet sich fortan den Schriften des Thomas von Aquin. Verändern diese bemerkenswerten Vorgänge das Bruttonationaleinkommen?

b) Der dienstlich überlastete Professor C gewinnt in der Lotterie einen deutlich siebenstelligen Geldbetrag und quittiert daraufhin seinen Dienst. Der Fakultät gelingt es trotz nachhaltigen Bemühens nicht, die Stelle neu zu besetzen. Verändern diese erfreulichen Vorgänge das Bruttonationaleinkommen?

c) Wenig später wird C Teilhaber eines Kängurumastbetriebes in Australien. C bezieht aus dieser Beteiligung ein stattliches Gewinneinkommen. Dieses transferiert er in sei-

[35] Quelle Statistisches Bundesamt (2007a).

ne schwäbische Heimat, in welcher er nach wie vor wohnhaft ist. Zählt das Gewinneinkommen zum Bruttonationaleinkommen und/oder zum Bruttoinlandsprodukt?

d) Der dienstlich nicht minder belastete Professor D musiziert in seiner knapp bemessenen Freizeit auf einer Geige. Durch eine erschöpfungsbedingte Unachtsamkeit entgleitet ihm das wertvolle Instrument und zerschellt am Boden. Verändert dieser unerfreuliche Vorgang das Bruttonationaleinkommen?

Lösung:

a) Die Hausarbeit, die A zuvor im Rahmen seines Eigenverbrauchs geleistet hat, bezieht er nun über den Markt. Da B zuvor arbeitslos war, zählt sein Einkommen nun erstmalig als Faktoreinkommen und schlägt sich in der VGR nieder. Dadurch steigt das Bruttonationaleinkommen.

b) Der Lotteriegewinn ist nicht wertschöpfend und verändert zunächst das Nationaleinkommen nicht. Die von C zuvor ausgeübte Professur allerdings verwaist, die Marktleistung und damit auch das Nationaleinkommen nehmen um das Gehalt von C ab.

c) Das Gewinneinkommen des C wird in Australien verdient und in Schwaben ausgegeben. Es gehört somit zum Inländereinkommen, aber nicht zum Inlandsprodukt.

d) Das Nationaleinkommen wird davon nicht berührt. Das Geigenspiel war für D nur eine Freizeitbeschäftigung und damit Konsum. Die zerstörte Geige gilt daher als Konsumgut, nicht als Kapitalgut, das abgeschrieben werden würde.

10.3.3.2 Brutto- und Nettokonzept – Marktpreise und Faktorkosten

Neben dem Bruttoinlandsprodukt und dem Bruttonationaleinkommen werden noch verschiedene andere Abgrenzungen verwendet, die im Folgenden betrachtet werden sollen. Grundlage für diese verschiedenen Abstufungen ist wiederum das konsolidierte nationale Produktionskonto.

Abbildung 10-26 Verschiedene Einkommensbegriffe in der VGR

Der Unterschied zwischen Brutto- und Nettoeinkommenswerten besteht in der Position der Abschreibungen[36]. Zieht man von beiden Seiten des Kontos die Abschreibungen (linke Seite) bzw. die Re-Investitionen (rechte Seite) ab, so erhält man das Netto-Inlandsprodukt bzw. das Nettonationaleinkommen.

Die Bezeichnung „zu Marktpreisen“ oder zu „Faktorkosten“ bezieht sich hingegen auf die Einrechnung der Gütersteuern abzüglich -subventionen. Marktpreise enthalten nämlich auch alle staatlichen Einflüsse, die entweder durch Besteuerung oder Subventionierung des Produktpreises entstanden sind. Subtrahiert man den Posten „Gütersteuern abzügl. Gütersubventionen“ vom Inlandsprodukt bzw. Nationaleinkommen, so erhält man eine Bewertung zu Faktorkosten, d.h. die Bewertung, die entstanden wäre, wenn der Staat nicht in das private Marktgeschehen eingegriffen hätte.

Das Nettonationaleinkommen zu Faktorkosten heißt Volkseinkommen. Zieht man hiervon noch die Nettotransfers an das Ausland ab, so erhält man das verfügbare Einkommen der Volkswirtschaft.

10.3.3.3 Reale und nominale Einkommensberechnung

Alle gesamtwirtschaftlichen Einkommensgrößen, die in den volkswirtschaftlichen Gesamtrechnungen ermittelt und analysiert werden, messen letztendlich Wertschöpfung, d.h. die Entstehung neuer Güter und Dienstleistungen. Es handelt sich somit im Kern um reale Größen, d.h. konkrete Mengen an Gütern.

Da die in einer Volkswirtschaft produzierten Güter sehr heterogen sind und daher in physischen Einheiten nicht addiert werden können, ist es notwendig, sie zunächst in Geld zu bewerten, um einen einheitlichen Nenner zu schaffen, auf dessen Basis sie verglichen und miteinander verrechnet werden können. Dazu verwendet man – wie bereits besprochen – die jeweiligen Marktpreise der Güter bzw. deren Herstellkosten, falls Marktpreise nicht verfügbar sind (wie v.a. beim Konsum des Staates). Auf diese Weise erhält man nominale, d.h. in Geld ausgedrückte Werte für die gesamtwirtschaftlichen Größen.

Durch dieses Verfahren gelangen allerdings Einflüsse in die Rechnung, die mit der Entwicklung der realen Wertschöpfung nichts mehr zu tun haben. Wenn in einem Land Inflation herrscht, dann erhöht sich das Preisniveau, ohne dass dieser Erhöhung eine Wertsteigerung bei den produzierten Gütern gegenübersteht. In diesem Fall entsteht durch die Verwendung nominaler Werte also ein verzerrtes Bild der realen Produktionsverhältnisse. Daher werden die nominalen Werte (in jeweiligen Preisen) auch preisbereinigt dargestellt. Bei diesem Verfahren soll sichergestellt werden, dass die ausgewiesenen Wertveränderungen der gesamtwirtschaftlichen Einkommensgrößen auch tatsächlich Mengenänderungen widerspiegeln und nicht etwa nur inflationsbedingt sind.

Eine solche Preisbereinigung kann mit verschiedenen statistischen Methoden erreicht werden. Bis vor einigen Jahren war es in Deutschland üblich, die gesamtwirtschaftlichen Größen jeweils in Preisen eines üblicherweise fünfjährlich wechselnden Preisbasisjahres (zuletzt 1995) zu bewerten. Inzwischen ist das Statistische Bundesamt jedoch dazu übergegangen, einen sog. Kettenindex zu verwenden. Bei diesem Verfahren werden Preisindices berechnet, die jeweils auf den Jahresdurchschnitt des Vorjahres normiert sind. Dadurch erhält man eine Sequenz von Jahresergebnissen in konstanten Preisen des Vorjahres, die anschließend durch Verkettung („chain-linking“) zu langen Zeitreihen verknüpft werden.

[36] Diese Abgrenzung ist nicht zu verwechseln mit der Abstufung zwischen Brutto- und Nettoproduktionswert, die sich durch die Einbeziehung der Vorleistungen unterscheiden!

Der Vorteil dieses Verfahrens gegenüber der früheren Vorgehensweise besteht darin, dass die jeweils aktuellen Preisrelationen zwischen den einzelnen Gütern, die sich in einer Volkswirtschaft ja laufend ändern, bei der Deflationierung berücksichtigt werden können und die tatsächliche Entwicklung der realen Größen, v.a. das Wachstum des Bruttoinlandsprodukts, genauer und treffsicherer wiedergegeben werden als beim alten Verfahren. Legt man nämlich ein festes Preisbasisjahr zugrunde, so werden die dort festgehaltenen Preisrelationen für das aktuelle Jahr immer weniger relevant. Außerdem entstehen durch den Übergang auf ein neues Basisjahr stets Diskontinuitäten in den Zeitreihen[37].

10.3.4 Grundsätze der Entstehungs-, Verwendungs- und Verteilungsrechnung

In der Volkswirtschaftlichen Gesamtrechnung wird nicht nur die Gesamthöhe des Inlandsprodukts bzw. Nationaleinkommens ermittelt. Vielmehr wird zwischen Entstehungs-, Verwendungs- und Verteilungsrechnung unterschieden. Dabei handelt es sich um verschiedene Berechungsverfahren, die allesamt auf dieselben Einkommensgrößen hinauslaufen, jedoch im Zusammenhang damit ganz unterschiedliche Fragestellungen beantworten.

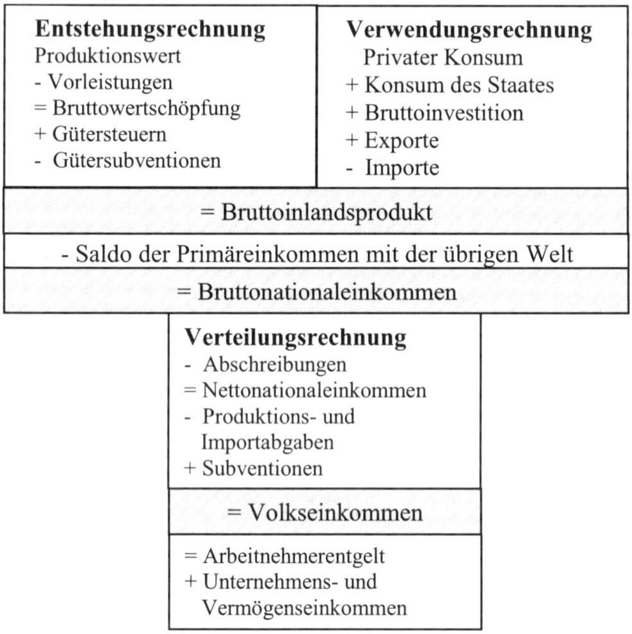

Abbildung 10-27 Entstehungs-, Verwendungs- und Verteilungsrechnung der VGR im Zusammenhang[38]

10.3.4.1 Die Entstehungsrechnung

Die Entstehungsrechnung widmet sich der Frage, in welchem Umfang die verschiedenen Sektoren der Wirtschaft zur Erstellung der gesamtwirtschaftlichen Wertschöpfung beigetragen haben. Diese Information ist insbesondere unter strukturpolitischen Gesichtspunkten wichtig. Man möchte beobachten, ob bzw. in welchem Umfang ein Wandel in der Bran-

[37] Zur Vertiefung der statistischen Methode der Preisbereinigung zur Vorjahresbasis vgl. Statistisches Bundesamt im Internet unter http://www.destatis.de/basis/d/vgr/vgrrevision.php
[38] In Anlehnung an Statistisches Bundesamt (2007b), S. 11

chenstruktur einer Volkswirtschaft stattfindet und wie viele Erwerbstätige je Wirtschaftsbereich beschäftigt sind.

Auf oberster Ebene wird eine Volkswirtschaft dabei in drei Sektoren gegliedert:

- Primärer Sektor: Land- und Forstwirtschaft, sowie Fischerei
- Sekundärer Sektor: Warenproduzierendes Gewerbe einschl. Energie- und Bergbausektor sowie Baugewerbe
- Tertiärer Sektor: Staatliche und private Dienstleistungen einschl. Handel und Verkehr

Die unterschiedlichen Wertschöpfungsbeiträge dieser drei Sektoren werden als Indiz für den Entwicklungsstand einer Volkswirtschaft verwendet[39]. In Entwicklungsländern leistet der primäre Sektor häufig einen bedeutenden, wenn nicht den bedeutendsten Beitrag zur gesamtwirtschaftlichen Wertschöpfung[40] und beschäftigt die Mehrheit der arbeitenden Bevölkerung. Da die Produktivität der Landarbeiter jedoch meistens sehr gering ist und die Weltmarktpreise für landwirtschaftliche Produkte dank der weltweiten Überschüsse fallen, kommt ein wirtschaftlicher Aufschwung meist erst dann in Gang, wenn es gelingt, in größerem Umfang produzierendes Gewerbe im Lande anzusiedeln und auf diese Weise die Wertschöpfungstiefe zu erhöhen. In Schwellenländern ist der Industrialisierungsgrad i.d.R. bedeutend höher[41]. Die sog. Industrieländer, wie die USA oder Europa hingegen sind v.a. durch den tertiären Sektor, also durch Dienstleistungen geprägt. Der Anteil der Dienstleistungen an der Bruttowertschöpfung beträgt in Deutschland rund 70%[42] .

Das ESVG 95 verwendet für die Entstehungsrechnung eine detailliertere Klassifikation:

- Land- und Forstwirtschaft, Fischerei
- Produzierendes Gewerbe (ohne Baugewerbe)
- Baugewerbe
- Handel, Gastgewerbe und Verkehr
- Finanzierung, Vermietung und Unternehmensdienstleister
- Öffentliche und private Dienstleister

Von den Bruttoproduktionswerten dieser Sektoren werden zunächst alle Vorleistungen abgezogen. Auf diese Weise erhält man die jeweiligen Beiträge zur Bruttowertschöpfung (auf Faktorpreisbasis)[43]. Werden zu dieser dann noch die jeweiligen Gütersteuern saldiert um die Gütersubventionen hinzugerechnet, erhält man das Bruttoinlandsprodukt zu Marktpreisen und kann so die Wertschöpfungsbeiträge der einzelnen Branchen zum BIP berechnen.

---

[39] Wichtige Grundthesen dazu entwickelten *Clark, C.* (1951) sowie *Fourastié, J.* (1963).

[40] In vielen schwarzafrikanischen Entwicklungsländern liegt der Wertschöpfungsanteil der Landwirtschaft zwischen 40% und 50%, der Anteil der industriellen Wertschöpfung hingegen oft unter 10% (wie z.B. in Ruanda oder Tansania): vgl. OECD (Hrsg.): „African Economic Outlook 2005/2006“

[41] In den südamerikanischen Schwellenländern Argentinien und Brasilien z.B. lag im Jahr 2005 die industrielle Wertschöpfung zwischen 35% und 40%, in den südostasiatischen Schwellenländern, wie z.B. in Südkorea bei über 40%: vgl. Worldbank (Hrsg.) „World Development Indicators 2006“.

[42] Bezogen auf 2006: Quelle Statistisches Bundesamt (2007a).

[43] Bis zur Revision der Volkswirtschaftlichen Gesamtrechnung im Jahr 2005 erhielt man aus dieser Rechnung zunächst die sog. unbereinigte Bruttowertschöpfung, die anschließend um die unterstellten Bankgebühren ((Financial Intermediation Services, Indirectly Measured, FISIM) korrigiert werden musste. Seit der Revision wird FISIM direkt den Wirtschaftssubjekten zugerechnet, die diese Bankdienstleistungen in Anspruch nehmen. Vgl. Statistisches Bundesamt (2007b), S. 7.

Entstehung des Bruttoinlandsprodukts

Land- und Forstwirtschaft, Fischerei	**Bruttowertschöpfung**
Produzierendes Gewerbe	
Baugewerbe	
Handel, Gastgewerbe und Verkehr	
Finanzierung, Vermietung und Unternehmensdienstleister	
Öffentliche und private Dienstleister	
Gütersteuern - Gütersubventionen	

= Bruttoinlandsprodukt

Abbildung 10-28: Grundschema der Entstehungsrechnung

Für Deutschland ergibt die Entstehungsrechnung folgende Wertschöpfungsstruktur:

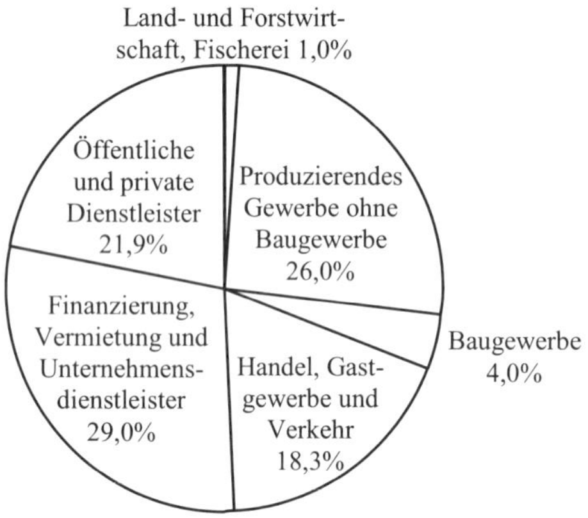

Abbildung 10-29: Entstehung des Bruttoinlandsprodukts in Deutschland 2006[44]

10.3.4.2 Die Verwendungsrechnung

In der Verwendungsrechnung wird untersucht, wofür die in einer Volkswirtschaft hergestellten Güter eingesetzt worden sind. Antwort auf diese Frage gibt die rechte Seite des konsolidierten gesamtwirtschaftlichen Produktionskontos. Dort ist das Bruttoinlandsprodukt nach den Verwendungsarten der hergestellten Güter aufgespalten.

Die prozentualen Anteile der einzelnen Verwendungsarten am Bruttoinlandsprodukt (Strukturquoten) beschreiben die Güterstruktur einer Volkswirtschaft und sind wichtige gesamtwirtschaftliche Kennzahlen.

[44] Entnommen aus Statistisches Bundesamt (2007b), S. 12.

Der private Konsum macht den größten Anteil am Bruttoinlandsprodukt aus. Die Konsumquote der privaten Haushalte (einschl. private Organisationen ohne Erwerbszweck) liegt für Deutschland stets in einem Bereich zwischen 55% und 60%. Im Jahr 2006 betrug sie ca. 58,5%[45].

Verwendung des Bruttoinlandsprodukts

Konsumausgaben der privaten Haushalte Konsumausgaben der priv. Organisationen ohne Erwerbszweck	Privater Konsum
Konsumausgaben des Staates	
Ausrüstungsinvestitionen Bauinvestitionen Sonstige Anlagen Vorratsveränderungen	Brutto-investition
Exporte abzügl. Importe	Außen-beitrag

= Bruttoinlandsprodukt

Abbildung 10-30: Grundschema der Verwendungsrechnung

Der private Konsum bewegt sich – im Gegensatz zu den anderen Bestandteilen des Bruttoinlandsprodukts – nur verhältnismäßig träge. Da er seinem Umfang nach jedoch die wichtigste Verwendung der gesamtwirtschaftlichen Wertschöpfung darstellt, ist er aus wirtschaftspolitischer Sicht von zentraler Bedeutung. Ein wesentlicher Teil der makroökonomischen Theorie widmet sich der Erklärung der gesamtwirtschaftlichen Konsumfunktion. Hierbei wird allerdings die Konsumquote in Bezug auf das verfügbare Volkseinkommen untersucht, die in einer Größenordnung von ca. 90% liegt.

Das prozentuale Verhältnis der Konsumausgaben des Staates zum Bruttoinlandsprodukt ergibt die Quote des öffentlichen Konsums. Sie liegt für Deutschland in einer Größenordnung um die 20% und betrug im Jahr 2006 18,5%.

Diese Konsumquote ist nicht zu verwechseln mit der sog. Staatsquote, die i.d.R. die Summe der Staatsausgaben zum Bruttoinlandsprodukt in Beziehung setzt. Die Staatsquote enthält somit nicht nur die wertschöpfenden, sondern insbesondere auch die umverteilenden Ausgaben des Staates, die gar nicht Bestandteil des Bruttoinlandsprodukts sind. Der Ausdruck Staats"quote" ist daher irreführend und genau genommen nicht korrekt, da kein tatsächlicher Anteil, sondern vielmehr lediglich eine Beziehungszahl, die ausschließlich zur Abschätzung einer Größenordnung dient, ausgewiesen wird.

Die Staatsquote liegt in Deutschland seit Jahren in einer Größenordnung von ca. 50%, was in einer Marktwirtschaft ordnungspolitisch als bedenklich eingestuft wird.

Die Bruttoinvestitionsquote stellt das Verhältnis privater und staatlicher Investitionen zum Bruttoinlandsprodukt dar. Sie lag im Jahre 2006 bei 17,7% und damit unverhältnismäßig niedrig. Im Verlauf der deutschen Nachkriegsgeschichte erreichte die Investitionsquote des

[45] Vgl. Statistisches Bundesamt (2007b), S. 11

Öfteren Werte von 25% und mehr. Seit Beginn der siebziger Jahre sank die Investitionsquote jedoch kontinuierlich und erreichte im Jahr 2004 mit 17,14% ihren bisherigen Tiefststand.

Die Investitionsquote ist eine wirtschaftspolitisch besonders bedeutsame Größe, da die Investition sowohl ein wichtiger Konjunkturindikator als auch Wachstumstreiber ist. Die private Investitionstätigkeit signalisiert, ob die Unternehmen optimistische oder pessimistische Zukunftsaussichten haben. Ein Wert von 17,7% zeigt, dass die Volkswirtschaft mit konjunkturellen und/oder strukturellen Problemen zu kämpfen hat. Der kontinuierliche Rückgang der Investitionsquote seit den siebziger Jahren dokumentiert die nachlassende Wachstumsdynamik der deutschen Wirtschaft.

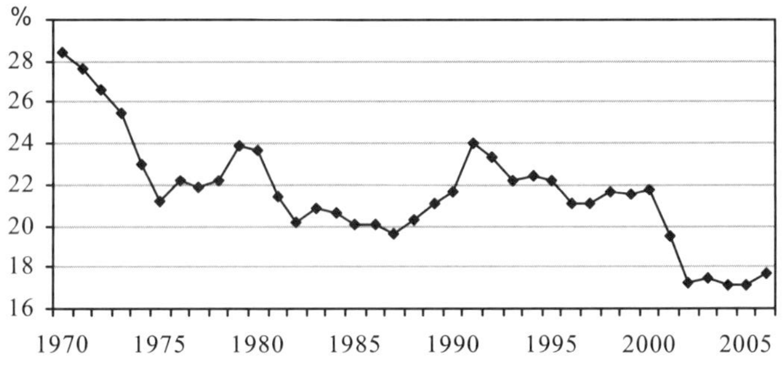

Abbildung 10-31: Bruttoinvestitionsquote in Deutschland von 1970 bis 2006[46]

Der Beitrag des Außenhandelssaldos zum Bruttoinlandsprodukt ist ein Indikator für das außenwirtschaftliche Gleichgewicht[47]. Wenn das betrachtete Land einen ausgeglichenen Waren- und Dienstleistungsverkehr mit dem Ausland hat, dann ergeben sich ein Außenbeitrag von Null und somit auch eine Außenhandelsquote von Null.

Diese Größe sagt also nichts über den Grad der außenwirtschaftlichen Verflechtung eines Landes mit der übrigen Welt aus, sondern nur etwas über die Netto-Schuldner- oder Nettogläubigerposition des betreffenden Landes gegenüber seinen Handelspartnern.

Die Handelsverflechtung selbst wird durch die Export- und Importquoten erfasst; diese errechnen sich als Quotienten zwischen den Export- bzw. Importströmen und dem Bruttoinlandsprodukt (jeweils ohne Faktoreinkommen vom bzw. an das Ausland).

Die Höhe dieser Quoten gibt Aufschluss über das Ausmaß der weltwirtschaftlichen Verflechtung eines Landes sowie dessen Einbindung in die internationale Arbeitsteilung. Sie sind typischerweise umso höher, je kleiner ein Land ist, da ein wesentlicher Teil der stattfindenden Arbeitsteilung dann zwangsläufig grenzüberschreitend stattfinden muss. In Belgien z.B. betragen die Exportquoten[48] seit Jahren mehr als 80%, in den Niederlanden liegen sie um die 70% und mehr. Länder wie Hongkong oder Dubai, deren Wertschöpfung in hohem Maße durch ihre Funktion als Handelsdrehscheibe in der betreffenden Region geprägt ist, weisen wegen ihrer hohen Re-Exporte sogar Außenhandelsquoten von über 100% aus. In den USA und Japan hingegen liegen die Ex- und Importquoten nur um die 10% - 11%. Diese Länder verfügen über einen riesigen Binnenmarkt, so dass sich deren Arbeitsteilung im Wesentlichen in der Binnenwirtschaft abspielt. In absoluten Zahlen gemessen erreichen die-

[46] Quelle: Statistisches Bundesamt (2007a)
[47] Eine Erklärung des Begriffs „außenwirtschaftliches Gleichgewicht" erfolgt in Kapitel 12, S. 653 ff.
[48] Export von Waren und Dienstleistungen lt. VGR in % des BIP; Quelle: OECD, Eurostat 2006

se Länder aber dennoch Spitzenpositionen im internationalen Außenhandel. Die USA sind seit vielen Jahren Exportweltmeister.
Auch Deutschland ist sehr exportstark. Das Güterexportvolumen (also ohne die Dienstleistungen) Deutschlands liegt sogar über dem der USA. Da sich Deutschland im Herzen des europäischen Binnenmarktes befindet, ist es eng mit seinen europäischen Nachbarn verflochten. Der Anteil des Exportes am Bruttoinlandsprodukt stieg von 33,4% im Jahr 2000 auf mittlerweile 44,9% im Jahr 2006 an. Die Importe stiegen jedoch nicht im gleichen Ausmaß, so dass die Quote des Außenbeitrags in der Verwendungsrechnung im Jahr 2006 inzwischen 5,3% erreicht hat[49].

10.3.4.3 Die Verteilungsrechnung

Die Verteilungsrechnung untersucht, wie sich das durch die Güterproduktion entstandene Volkseinkommen auf die bei der Herstellung beteiligten Produktionsfaktoren aufteilt. Die Verteilungsrechnung basiert daher nicht auf dem gebietsbezogenen Inlandsprodukt, sondern auf dem personenbezogenen Nationaleinkommen.

Ergebnis der Verteilungsrechnung sind die Beiträge der Produktionsfaktoren Arbeit und Kapital zur Entstehung des Volkseinkommens. Es handelt sich daher um eine funktionale Einkommensverteilungsrechnung[50].

Hierbei werden lediglich zwei Bestandteile des Volkseinkommens unterschieden:

- Die Arbeitnehmereinkommen, einschl. der Arbeitgeberbeiträge zu den gesetzlichen Sozialversicherungen
- Unternehmens- und Vermögenseinkommen

Die prozentualen Anteile dieser beiden Einkommensblöcke am Volkseinkommen nennt man Lohnquote und Gewinnquote.

Praxisbeispiel 10-2 Unbereinigte und bereinigte Lohnquote in Deutschland

Die Entwicklung der Lohnquote ist in Deutschland seit Jahren rückläufig. Diese Tatsache beherrscht oft die gesellschaftspolitischen Auseinandersetzungen über Verteilungsfragen. Die Lohnquote wird als Indiz für eine zunehmende Ungleichverteilung in Deutschland herangezogen.

Tatsächlich können aus der Lohnquote jedoch keine unmittelbaren Rückschlüsse auf die (personelle) Einkommensverteilung gezogen werden, da einige wichtige Einflussgrößen auf die Einkommensverteilung unberücksichtigt bleiben:

- Die Arbeit von Selbständigen und mithelfenden Familienangehörigen, deren Anteil im Laufe des Betrachtungszeitraums zwischen 10 - 15% aller Erwerbstätigen schwankte, ist im Bruttoeinkommen der Arbeitnehmer nicht enthalten. Der Anstieg der unbereinigten Lohnquote in den sechziger und siebziger Jahren bis zu ihrem Gipfel zu Beginn der achtziger Jahre war von einem Anstieg der Arbeitnehmerquote (Anteil der beschäftigten Arbeitnehmer an allen Erwerbstätigen) von rund 77% im Jahr 1960 auf 89 - 90% in den achtziger Jahren begleitet. Ein Teil des Anstiegs der Lohnquote in diesem Zeitraum kann also allein auf die Strukturänderung bei den Erwerbstätigen zurückgeführt werden. Die-

[49] Datenquelle: Statistisches Bundesamt (2007a)

[50] Im Gegensatz dazu gibt die personelle Einkommensverteilung Auskunft darüber, welches Einkommen einzelnen Haushalten tatsächlich zur Verfügung steht. Das Haushaltseinkommen speist sich jedoch aus vielen unterschiedlichen Quellen. So kann ein Haushalt neben seinem Arbeitseinkommen auch Vermögenseinkommen etwa aus Aktien- oder Immobilienbesitz haben.

ser Struktureffekt wird in der bereinigten Lohnquote (Arbeitnehmerentgelt je Arbeitnehmer in % des Volkseinkommens je Erwerbstätigen) heraus gerechnet. Wie Abbildung 10-32 zeigt, schwankt deshalb die bereinigte Lohnquote weniger stark als die unbereinigte.

- Die Lohnquote berücksichtigt nicht die Querverteilung aller Einkommensarten, die neben den eigentlichen Arbeitseinkommen ebenfalls den Arbeitnehmerhaushalten zufließen. Sie ist daher für Aussagen zur Einkommensverteilung weitgehend unbrauchbar.

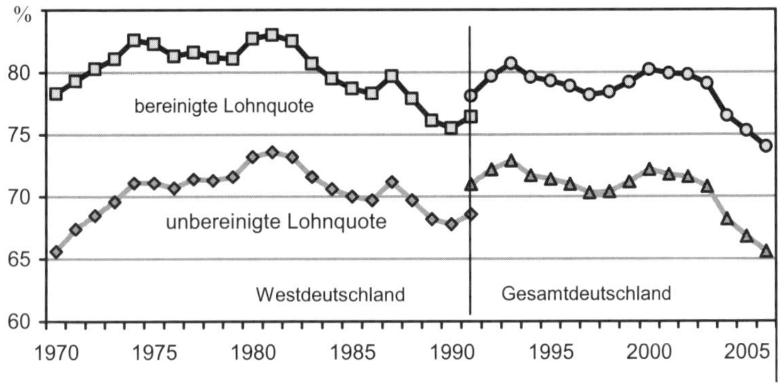

Abbildung 10-32: Unbereinigte und bereinigte Lohnquote in Deutschland von 1970 bis 2006[51]

In Deutschland schwankten die Lohnquoten der Vor- und Nachkriegszeit bis in die sechziger Jahre hinein stets um einen Wert von ca. 60%. Nach einem überproportionalen Anstieg und dem anschließenden Rückgang der Lohnquote in der Zeit seit 1970 liegt ihr Wert mit derzeit ca. 66% immer noch mehr als 5 Prozentpunkte über seinem Langfristniveau.

10.3.5 Die VGR in Deutschland seit der Revision 1995

10.3.5.1 Kurze Geschichte der Volkswirtschaftlichen Gesamtrechnung in Deutschland

Das Konzept der Volkswirtschaftlichen Gesamtrechnung, das heute in Deutschland und Europa verwendet wird, wurde entscheidend durch die Theorien von *J.M. Keynes* geprägt. Für *Keynes* war das Volkseinkommen die wichtigste makroökonomische Größe. Er beschrieb in seinem zentralen Werk „The General Theory of Employment, Interest and Money" aus dem Jahr 1936, wie es dazu kommen kann, dass sich das Volkseinkommen in Folge von Schwankungen der Nachfrageströme auf einem Niveau einpendelt, bei dem Unterbeschäftigung herrscht. Um dann das Volkseinkommen auf Vollbeschäftigungsniveau zu heben, müsse der Staat geeignete fiskal- und/oder geldpolitische Maßnahmen ergreifen.

Die keynesianische Theorie legte den Grundstein für die moderne Makroökonomie und revolutionierte mit ihrem Erscheinen auch die Wirtschaftspolitik. Man versuchte daher bereits Ende der dreißiger Jahre, die zentrale Größe des Volkseinkommens empirisch zu ermitteln und entwickelte auf der Basis des keynesianischen Modells einer Gesamtwirtschaft in verschiedenen Ländern die ersten Konzepte einer nationalen Buchführung[52]. Nach dem Ende des zweiten Weltkrieges wurden diese Bemühungen durch internationale Institutionen sys-

[51] Datenquelle: Statistisches Bundesamt (2007a).
[52] Zur Geschichte der Volkswirtschaftlichen Gesamtrechnung vgl. im Folgenden *Peto, R.* (2000), S. 22 ff.

tematisch fortgesetzt. Ziel war es, die unterschiedlichen nationalen Ansätze zu vereinheitlichen und vergleichbar zu machen.

Das Statistische Amt der Vereinten Nationen veröffentlichte im Jahr 1947 ein System mit der Bezeichnung „System of National Accounts“ (SNA)[53]. Drei Jahre später legte die Organisation für Europäische Wirtschaftliche Zusammenarbeit (OEEC) ebenfalls ein Standardsystem vor[54]. Beide Systeme wurden in den Folgejahren vereinheitlicht und bildeten die Grundlage für das europäisches Standardsystem, das „Europäische System Volkswirtschaftlicher Gesamtrechnungen“ (ESVG)[55], das zuletzt 1995 revidiert wurde.

Für Deutschland entwickelte das Statistische Bundesamt ab 1960 auf der Basis des SNA ein Konzept, das speziell auf die Belange Deutschlands zugeschnitten war. Dieses System wurde in Abständen von ca. fünf Jahren revidiert und den jeweils aktuellen Datengegebenheiten angepasst. Es war bis 1998 im Einsatz.

Zu Beginn des Jahres 1999 setzte das Statistische Bundesamt die EU-Richtlinie zur Harmonisierung der Erfassung des Sozialprodukts zu Marktpreisen um und löste das deutsche System durch das ESVG 95 ab. Im Zuge dieser Revision wurden nicht nur datenbezogene, sondern vor allem konzept- und methodenbezogene Änderungen eingeführt. Auch terminologisch änderte sich einiges: Insbesondere verschwand der populäre Begriff des Sozialprodukts aus der offiziellen Terminologie der Volkswirtschaftlichen Gesamtrechnung und wurde durch Nationaleinkommen ersetzt.

10.3.5.2 Die Sektoren der Volkswirtschaft im ESVG 95

Die Sektoreinteilung gemäß ESVG 95 unterscheidet sich sowohl von der in der grundlegenden Kreislaufanalyse verwendeten als auch von der, die das Statistische Bundesamt bis 1998 der Volkswirtschaftlichen Gesamtrechnung zugrunde legte. Die Abbildung 10-33 zeigt eine Übersicht über die fünf im ESVG 95 verwendeten inländischen Sektoren.

Der wichtigste Unterschied zur Sektorgliederung des einfachen Kreislaufmodells besteht darin, dass es keinen Unternehmenssektor mehr gibt. Unternehmen sind sowohl bei den nicht-finanziellen wie auch den finanziellen Kapitalgesellschaften sowie im Sektor „Private Haushalte“ enthalten.

Nicht-finanzielle Kapitalgesellschaften produzieren Waren und nicht-finanzielle Dienstleistungen. Als Kapitalgesellschaften gelten dabei nicht nur Aktiengesellschaften und Gesellschaften mit beschränkter Haftung, sondern auch die sog. Quasi-Kapitalgesellschaften wie Offene Handelsgesellschaften und Kommanditgesellschaften u.ä.

Finanzielle Kapitalgesellschaften sind Unternehmen des Finanzsektors einer Volkswirtschaft, die das Kredit- und Versicherungsgewerbe ausüben. Neben Banken und Versicherungsgesellschaften zählen auch Börsen, Versicherungsmakler etc. dazu.

Zu den privaten Haushalten gehören Einzelpersonen und Gruppen von Einzelpersonen in ihrer Eigenschaft als Konsumenten wie auch als Produzenten, sofern diese Unternehmen keine eigene Rechtspersönlichkeit haben (selbständige Unternehmer wie Landwirte oder Handwerker, freie Berufe). Somit verfügen auch die privaten Haushalte über ein Produktionskonto, das die Güterproduktion dieses Sektors erfasst.

---

[53] United Nations (1968).
[54] OEEC (1952).
[55] Statistisches Amt der Europäischen Gemeinschaften (1970).

Nicht-finanzielle Kapitalgesellschaften	Kapitalgesellschaften wie AG und GmbH, Personengesellschaften wie OHG und KG, rechtlich unselbständige Eigenbetriebe des Staates und der privaten Organisationen ohne Erwerbszweck wie Krankenhäuser, Pflegeheime sowie Wirtschaftsverbände.
Finanzielle Kapitalgesellschaften	Banken, Versicherungen, Hilfsgewerbe und Vermietung als örtliche fachliche Einheit bei Versicherungsgesellschaften
Staat	Bund, Länder, Gemeinden und Sozialversicherung
Private Haushalte	Einzelpersonen und Gruppen von Einzelpersonen als Konsumenten und ggfs. auch als Produzenten, wie selbständige Landwirte, Einzelunternehmer, Händler, Gastwirte, selbständige Verkehrsunternehmer, selbständige Versicherungsvertreter, „Freiberufler" usw.
Private Organisationen ohne Erwerbszweck	Politische Parteien, Gewerkschaften, Kirchen, Wohlfahrtsverbände, Vereine usw.

Abbildung 10-33: Sektoren des ESVG 95[56]

Alle inländischen Sektoren beziehen sich grundsätzlich nur auf gebietsansässige Wirtschaftseinheiten und werden jeweils noch in weitere Untersektoren aufgeteilt.

Alle nicht-inländischen Sektoren werden unter dem Begriff „Übrige Welt" zusammengefasst. Innerhalb der übrigen Welt wird zwischen der Europäischen Union und anderen Drittländern unterschieden.

10.3.5.3 Die Konten des ESVG 95

Die im ESVG 95 verwendeten Konten weisen einen wesentlich höheren Detailierungsgrad auf, als das oben verwendete einfache Kontenmodell. Insbesondere das Einkommenskonto wird sehr viel stärker aufgegliedert. Für die Einkommensentstehung, primäre und sekundäre Einkommensverteilung sowie Einkommensverwendung werden jeweils eigene Konten erstellt. Auch die Vermögensbildung wird in die Konten der Reinvermögensänderung und Sachvermögensbildung aufgeteilt. Insgesamt ergibt sich damit folgende Kontenstruktur[57].

Gesamtkonten:

Konto 0:	Zusammengefasstes Güterkonto
Konto V:	Außenkonten

Sektorale Konten:

Konto I:	Produktionskonto Produktion von Waren und Dienstleistungen
Konto II:	Einkommensentstehung, -verteilung und -verwendung 1.1 Einkommensentstehungskonto Entstehung von Erwerbs- und Vermögenseinkommen

[56] Statistisches Bundesamt (2007b), S. 5.

[57] Vgl. den Überblick in Statistisches Bundesamt (2007b), S. 5 f. sowie *Brümmerhoff, D./Lützel, H.* (2002), S.123 ff.

	1.2	Primäres Einkommensverteilungskonto Verteilung der Erwerbs- und Vermögenseinkommen
	2	Konto der sekundären Einkommensverteilung – Ausgabenkonzept Umverteilung der Einkommen
	3	Konto der sekundären Einkommensverteilung – Verbrauchskonzept Umverteilung der Einkommen
	4.1	Einkommensverwendungskonto – Ausgabenkonzept Verwendung der Einkommen
	4.2	Einkommensverwendungskonto – Verbrauchskonzept Verwendung der Einkommen
Konto III:		Vermögensänderung und Finanzierung
	1.1	Konto der Reinvermögensänderung durch Sparen und Vermögenstransfers Vermögensbildung durch Sparen und Saldo der Vermögenstransfers
	1.2	Sachvermögensbildungskonto Vermögensbildung durch Anlageninvestition und Vorratsveränderung
	1.3	Finanzierungskonto Veränderung der Forderungen und Verbindlichkeiten

Abbildung 10-34: Die Konten des ESVG 95

Wie aus dieser Übersicht deutlich wird, handelt es sich beim Kontensystem des ESVG 95 im Kern um dieselbe Struktur wie im vereinfachten Schema der Aktivitätskonten.

Aus dem gesamtwirtschaftlichen Güterkonto ergibt sich das Bruttoinlandsprodukt. Die jeweiligen sektoralen Konten dienen der Ermittlung der Bruttoproduktionswerte sowie durch entsprechende Saldierung der Vorleistungen und der Abschreibungen der Brutto- und Nettowertschöpfung[58]. Die Einkommenskonten weisen die Entstehung und Verteilung der Primäreinkommen aus, die Umverteilung der Primäreinkommen zum verfügbaren Einkommen sowie die Aufteilung des verfügbaren Einkommens auf Konsumieren und Sparen. Die Vermögensänderungskonten schließlich erfassen Rein- und Sachvermögensbildung sowie die dazu erforderlichen Finanzierungsvorgänge.

10.3.5.4 Entwicklung und Struktur des Bruttoinlandsprodukts in Deutschland

Deutschland ist nach den Vereinigten Staaten von Amerika und Japan gemessen am Bruttoinlandsprodukt die drittgrößte Ökonomie der Welt und die größte in Europa[59]. Nach dem zweiten Weltkrieg erlebte Deutschland einen wirtschaftlichen Aufschwung ohnegleichen, der sogar als „Wirtschaftswunder“ in die Geschichte eingegangen ist.

So erhöhte sich das Bruttoinlandsprodukt in den Jahren zwischen 1950 und 1960 preisbereinigt von umgerechnet 218,2 Mrd. Euro auf 481,2 Mrd. Euro, also um insgesamt mehr als 120% oder gut 8% pro Jahr. Im Folgejahrzehnt sank die durchschnittliche Wachstumsrate auf ca. 5,8% pro Jahr, in den siebziger Jahren wuchs das Bruttoinlandsprodukt real nur noch um ca. 2,8% pro Jahr, in den achtziger Jahren um etwa 2,3%. Das Jahrzehnt der Wiedervereinigung, in dem der Osten Deutschlands ein ähnliches Wirtschaftswunder für sich erhoffte wie es der Westen nach 1945 erlebt hatte, brachte nur ein durchschnittliches Wachstum von

[58] Die Wertschöpfung wird im ESVG 95 stets zu Herstellpreisen, d.h. ohne Gütersteuerung, aber inkl. Gütersubventionen ausgewiesen.

[59] Allerdings wird ihm dieser Platz inzwischen durch China streitig gemacht. Voraussichtlich wird China die Bundesrepublik Deutschland im Jahr 2007 mit seinem Bruttoinlandsprodukt überrunden.

jährlich 1,8% und in den Jahren zwischen 2000 und 2005 schließlich betrug die jährliche Wachstumsrate gar nur noch 0,7%[60].

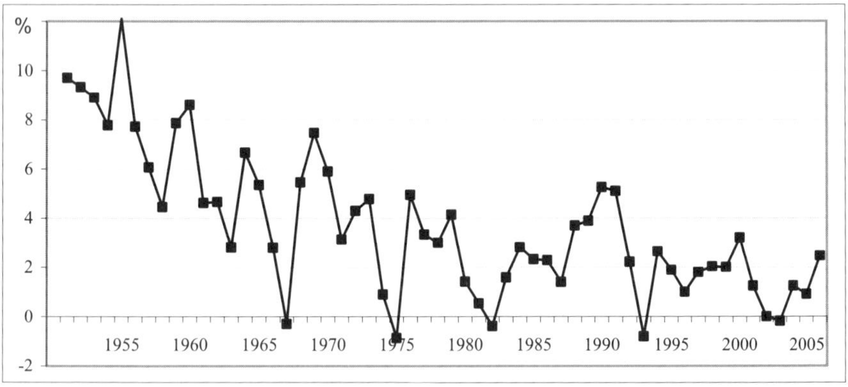

Abbildung 10-35: Veränderungsraten des Bruttoinlandsprodukts (preisbereinigt) in Deutschland von 1951 bis 2006[61]

Die Abbildung zeigt zwei charakteristische Eigenschaften der Nachkriegsentwicklung der deutschen Volkswirtschaft:

- Die Entwicklung war durch konjunkturelle Schwankungen geprägt.
- Die Wachstumskraft der deutschen Wirtschaft ließ in diesen 55 Jahren deutlich nach.

Die abnehmenden und teilweise sogar negativen Wachstumsraten gehen einher mit steigenden Arbeitslosenquoten.

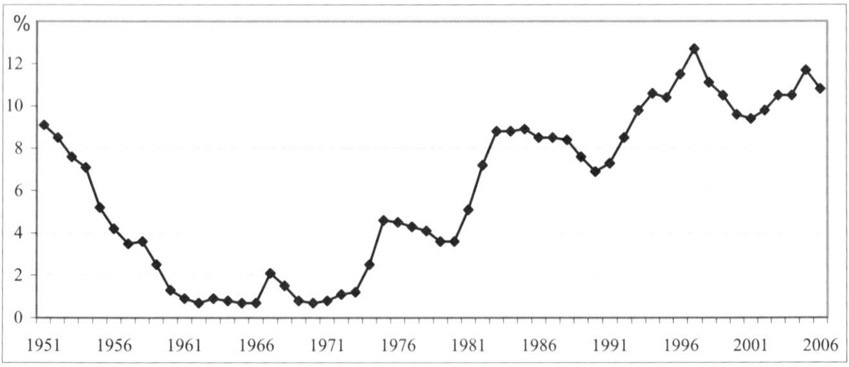

Abbildung 10-36: Entwicklung der Arbeitslosenquote in Deutschland von 1951 bis 2006[62]

---

[60] Eigene Berechnungen auf der Basis der Zahlen im Statistischen Jahrbuch (2007a), S. 640 f.

[61] Die Ergebnisse von 1950 bis 1969 (Früheres Bundesgebiet) sind wegen konzeptioneller und definitorischer Unterschiede nicht voll mit den Ergebnissen von 1970 bis 1991 (Früheres Bundesgebiet) und den Angaben ab 1991 (Deutschland) vergleichbar. Die preisbereinigten Ergebnisse von 1950 bis 1969 (Früheres Bundesgebiet) sind in Preisen von 1991 berechnet. Die Ergebnisse von 1970 bis 1991 (Früheres Bundesgebiet) sowie die Angaben ab 1991 (Deutschland) werden in Preisen des jeweiligen Vorjahres als Kettenindex nachgewiesen.

Auch die Arbeitslosenquoten lassen deutlich die Konjunkturzyklen erkennen. Sie folgen darüber hinaus aber seit dem Beginn der siebziger Jahre einem eindeutig steigenden Trend. Offensichtlich hat Deutschland spätestens seit der zweiten Hälfte der sechziger Jahre mit einem zunehmenden Strukturproblem zu kämpfen.

Im Jahr 2006 erreichte das Bruttoinlandsprodukt[63] eine Höhe von 2.307,20 Mrd. Euro. Das entsprach 28.012 Euro je Einwohner. Im internationalen Vergleich gehört Deutschland damit zu den reichsten Ländern der Welt.

Die Entstehungs-, Verwendungs- und Verteilungsrechnung des Statistischen Bundesamtes ergab für 2006 folgende Struktur:

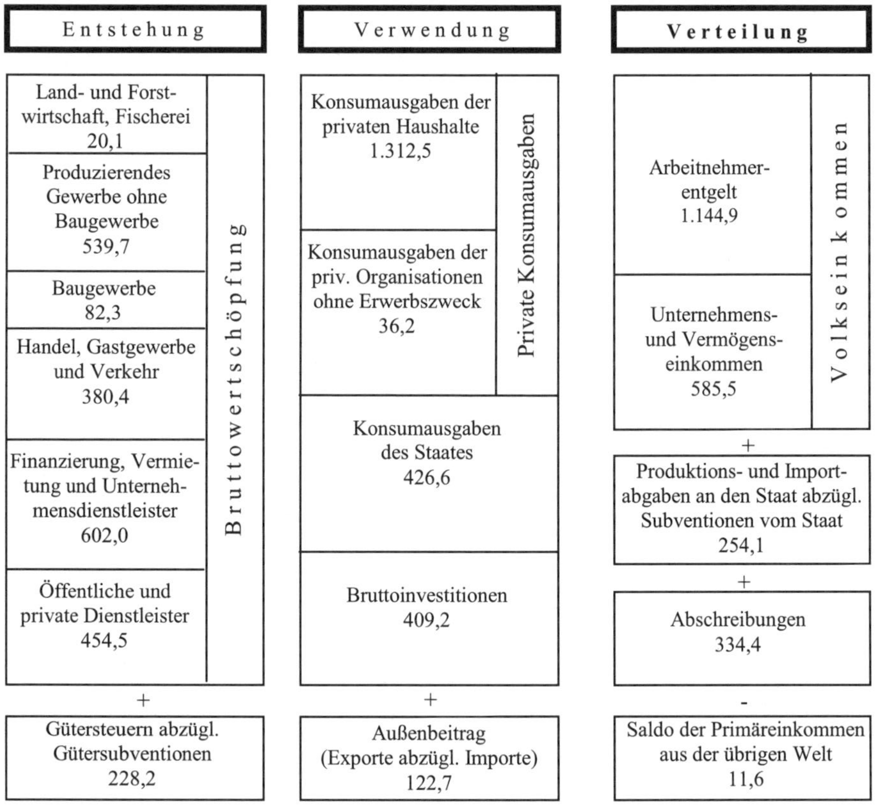

Abbildung 10-37: Entstehung, Verwendung und Verteilung des Bruttoinlandsprodukts 2006[64]

10.3.6 Die Aussagekraft des Bruttoinlandsprodukts als Wohlfahrtsindikator

Das Bruttoinlandsprodukt ist – neben verwandten Wertschöpfungs- und Einkommensgrößen, wie v.a. dem Volkseinkommen, das wichtigste Maß für den Wohlstand eines Landes. Um einen ersten Eindruck von den Lebensverhältnissen in einem Land zu gewinnen, wird

[62] Quelle: Statistisches Bundesamt (2007a).
[63] In jeweiligen Preisen gerechnet.
[64] Entnommen aus Statistisches Bundesamt (2007b), S. 11.

stets zunächst auf die Höhe des Bruttoinlandsprodukts verwiesen. Um den Einfluss unterschiedlich hoher Bevölkerungszahlen auszuschalten, berechnet man meist die Pro-Kopf-Angabe des jeweiligen Indikators und vergleicht so die Wirtschafts- bzw. Einkommenskraft verschiedener Länder miteinander.

Kann das Bruttoinlandsprodukt bzw. das Nationaleinkommen aber tatsächlich eine zuverlässige Auskunft über die Lebensverhältnisse in einem Land geben? Geht es Menschen mit einem höheren durchschnittlichen Pro-Kopf-Einkommen tatsächlich besser als solchen mit einem niedrigeren? Anders gefragt: Spiegelt sich in der Höhe der Einkommen auch die Lebensqualität eines Landes wider?

Beide Fragen können nur mit großen Einschränkungen bejaht werden. In der Tat ist das Bruttoinlandsprodukt ein Produktions- und damit ein Wertschöpfungsindikator und vermittelt einen Eindruck von der Leistungsfähigkeit einer Volkswirtschaft. Er erfasst jedoch nicht alle Aspekte der gesamtwirtschaftlichen Wertschöpfung.

Ebenso ist das Volkseinkommen ein Maß für das Einkommen und damit auch das Konsumniveau eines Landes, aber auch hier muss bezweifelt werden, dass alle wichtigen Aspekte der Lebensqualität darin abgebildet werden.

10.3.6.1 Kritik an der Aussagekraft des Bruttoinlandsprodukts

Das Bruttoinlandsprodukt erfasst die Wertschöpfung eines Landes weder vollständig noch korrekt. Wesentliche Teile der gesamtwirtschaftlichen Wertschöpfung tauchen in der Volkswirtschaftlichen Gesamtrechnung nicht auf, nämlich die Wertschöpfung, die innerhalb der privaten Haushalte stattfindet, sowie die Wertschöpfung der Schattenwirtschaft.

Da unter Produktionstätigkeit nur diejenigen wertschöpfenden Tätigkeiten erfasst werden, die über den Markt verkauft werden, bleibt die **Wertschöpfung der Haushalte** unberücksichtigt. Wenn sich jemand am Morgen sein Frühstück selbst zubereitet, bleibt das Inlandsprodukt von dieser Tätigkeit unberührt. Wenn er oder sie hingegen das Frühstück in einer Cafébar einnimmt, steigt das Inlandsprodukt, da eine Marktleistung erbracht worden ist. Wie leicht einzusehen ist, ist das Wohlbefinden der betreffenden Person jedoch in beiden Fällen durch den Kaffeegenuss gesteigert worden.

Ähnliches gilt für den gesamten Bereich der ehrenamtlichen Tätigkeiten oder der Nachbarschaftshilfe. Alle Leistungen, die nicht über den Markt zugekauft werden, gehen nicht in die Berechnung des Inlandsprodukts ein. Wenn z.B. Kinder von ihren Eltern betreut, oder alte und kranke Menschen von ihren Angehörigen oder ehrenamtlichen Helfern gepflegt werden, wird diese Leistung nicht als Wertschöpfung erfasst. Fremdbetreuung von Kindern hingegen sowie die Versorgung von Invaliden in Pflege- und Altersheimen erhöht das Inlandsprodukt. Es ist unmittelbar einleuchtend, dass mit der Fremdbetreuung nicht automatisch eine qualitative Verbesserung der Lebensverhältnisse einhergeht.

Die Begründung für die Vernachlässigung solcher Leistungen, nämlich dass sie eben keine Marktpreise haben und daher schwer zu erfassen sind, ist nicht unbedingt stichhaltig, denn dies trifft auch auf andere Größen zu, die in die Volkswirtschaftliche Gesamtrechnung eingehen, z.B. die öffentlichen Leistungen oder auch die Abschreibungen. Der Umfang dieser nicht erfassten Wertschöpfung ist beträchtlich. Schätzungen gehen davon aus, dass der Anteil der Selbstversorgungswirtschaft in Deutschland bis zu 50% der ausgewiesenen Wertschöpfung umfasst[65].

[65] Vgl. z.B. *Neubäumer, R./Hewel, B.* (2005), S. 222.

Einen bedeutenden Umfang hat in Deutschland auch die **Schattenwirtschaft** angenommen. Das sind diejenigen Tätigkeiten, die zur Umgehung der Beiträge zu den Sozialversicherungen sowie der Steuerzahlung „schwarz“ erbracht und entgegengenommen werden. Der Anreiz zur Beteiligung an der Schattenwirtschaft steigt umso stärker, je höher die Steuer- und Abgabenbelastung der privaten Einkommen wird. Der Anteil der Schattenwirtschaft in Deutschland wird bereits auf 15% oder sogar mehr geschätzt[66].

Ein weiterer wichtiger Kritikpunkt an der Berechnungsmethode des Inlandsprodukts betrifft die **Behandlung des Gutes Umwelt** sowie generell die fehlende Berücksichtigung **externer Kosten und Nutzen**.

Ein kritischer Journalist des International Herald Tribune schreibt dazu:

> *„The GDP figure determines which countries are developing and which have made it to the economic high table....It's GDP that decides when a country is in recession. It guides governments and seals their fates. The Problem is that GDP measures neither wealth nor real growth. It lumps together economic pluses and minuses so indiscriminately that if a household or business used ist equivalent for guidance it would find itself on the rocks in no time. ... The letters GDP might as well stand for Grossly Deficient Pretender.*
>
> *Under the rules for calculating GDP, for example, a country can chop down a forest, record the timber sales as income and ignore the loss of the asset, since it is not counted. Nor is soil degradation – soil erosion, for example – although it is the natural analogue of the depreciation of a man-made asset. Pollution is not only counted as a positive but may be counted three times: when it is produced, when it is cleaned up and through ist costs to health. “* [67]

Die Kritik richtet sich genau genommen gegen zwei wesentliche Schwächen der Sozialproduktsrechnung:

Zum einen fehlt die Berücksichtigung von Umweltzerstörung im Zuge der Produktionstätigkeit als Analogon zur Abschreibung des Faktors Kapital. Werden z.B. durch eine Kiesgrube natürliche Ressourcen ausgebeutet und Landschaft zerstört, so müsste dieser Wertverlust durch eine „Umweltabschreibung“ die gesamtwirtschaftliche Wertschöpfung mindern. Stattdessen werden lediglich die Ausbeutung sowie mögliche Reparaturmaßnahmen (z.B. Renaturierung des Abbaugebietes) wertschöpfungserhöhend erfasst. Außerdem bleibt unberücksichtigt, dass durch den endgültigen Verbrauch bestimmter nicht recycling-fähiger Umweltgüter (z.B. des Erdöls) auch die Wohlstandschancen künftiger Generationen geschmälert werden. Der intertemporale Aspekt fehlt völlig.

Zum andern werden externe Kosten der Umweltzerstörung, z.B. die Beeinträchtigung der Gesundheit von Anwohnern durch Lärm- oder Abgasemissionen vollständig vernachlässigt.

Allerdings gehen aber auch externe Nutzen, wie z.B. die Erhöhung der Wohnqualität einer bestimmten Region, in der wegen der Ansiedlung mehrerer Unternehmen die Verkehrs- und Kommunikationsinfrastruktur verbessert worden ist, nicht in die Sozialproduktsrechnung ein.

Besondere Interpretations- und Bewertungsprobleme verursacht die **Tätigkeit des öffentlichen Sektors**. Wie bereits erläutert werden die staatlichen Leistungen unter der Bezeichnung „Öffentlicher Konsum“ oder „Eigenverbrauch des Staates“ zu Herstellkosten bewertet und in der Verwendungsrechnung dem Konsum zugeschlagen. Daraus ergeben sich jedoch zwei Probleme.

---

[66] Vgl. *Enste, D.H./Schneider, F.* (2006), S. 185 ff.
[67] *Mathews, J.*.(1995).

Zum einen kann aus den Kosten einer Leistung nicht auf deren Qualität und somit auf deren Wert geschlossen werden. Ist etwa ein teureres Gesundheitssystem stets auch ein besseres? Überspitzt könnte man sogar sagen, dass staatliche Ineffizienz das Inlandsprodukt erhöht: Je mehr Geld der Staat verschwendet, desto stärker schlägt die Staatstätigkeit in der Volkswirtschaftlichen Gesamtrechnung zu Buche!
Es ist klar, dass die Bewertung staatlicher Leistungen ein besonders schwieriges Problem darstellt. Es ist jedoch nicht unmöglich, Qualitätskriterien für öffentliche Leistungen zu definieren und auf dieser Basis Bewertungen vorzunehmen. So wird z.B. im Gesundheitswesen versucht, mit Hilfe verschiedener Instrumente gesundheitsökonomischer Evaluation das Ergebnis eines nationalen Gesundheitssystems, d.h. neben der mittleren Lebensdauer auch die Qualität des Gesundheitszustands der Bevölkerung, zu bewerten.

Zum andern führt die Zuordnung öffentlicher Leistungen zum Konsum zu zahlreichen Doppelzählungen. Öffentliche Leistungen gehen grundsätzlich als Endprodukte in die Volkswirtschaftliche Gesamtrechnung ein. Dabei wird jedoch übersehen, dass ein wesentlicher Teil von privaten Unternehmen als Vorleistung für die Produktion anderer Güter genutzt wird. So dienen die öffentlichen Straßen sogar überwiegend dem Schwerlast- und Berufsverkehr, die innere und äußere Sicherheit eines Landes ist eine unabdingbare Voraussetzung für die Güterproduktion und somit ein wichtiger Standortfaktor etc.
Dieser Teil der öffentlichen Leistungen dürfte demnach wie alle anderen Vorleistungen auch nicht in die Berechnung des Inlandsprodukts einbezogen werden. Da es jedoch unmöglich ist, die öffentlichen Leistungen nach ihrer jeweiligen Verwendung genau aufzuteilen, kommt es zwangsläufig zu Doppelzählungen. Wiederum gilt, dass diese Verzerrung umso stärker ausfällt, je umfangreicher die Staatstätigkeit ist.
Die staatlichen Ausgaben, die unbedingt zur Aufrechterhaltung eines funktionierenden Wirtschaftsbetriebs erforderlich sind, werden in der Literatur als „regrettable necessities" bezeichnet[68]. Als wesentliche Teile dieser „notwendigen Übel" werden v.a. die Straßenerhaltung sowie die Gewährleistung der inneren und äußeren Sicherheit angesehen. Eine genaue Berechnung der „regrettable necessities" ist jedoch nicht möglich und deren Schätzungen daher stets von subjektiven bzw. normativen Wertvorstellungen geprägt.

Schließlich muss auch noch auf die **fehlende Berücksichtigung von Verteilungsaspekten** eingegangen werden. Für die tatsächlichen Lebensverhältnisse in einem Land ist nämlich nicht allein die Höhe des Durchschnittseinkommens, sondern auch dessen Verteilung auf die Bevölkerung ausschlaggebend. Ein Land mit besonders starker Ungleichverteilung weist neben einer dünnen, aber sehr reichen Oberschicht auch breite Armutsschichten auf. Zudem ist der soziale Friede in solchen Ländern besonders gefährdet. Durch Verteilungskämpfe, die womöglich sogar gewaltsam ausgetragen werden, können erhebliche Wohlstands- und Wohlfahrtsverluste entstehen.

Abgesehen von den Mängeln bei der Erhebung der Wertschöpfung an sich, d.h. am Wert des Bruttoinlandsprodukts als Wohlstandsindikator, beruht die Kritik daher vor allem auch darauf, dass aus der Wohlstandsentwicklung nicht unbedingt auf eine bestimmte Wohlfahrtsentwicklung geschlossen werden kann. Das Wohlbefinden eines Volkes beruht eben nicht nur auf der Versorgung mit materiellen Gütern, sondern auch auf der Ausstattung mit vielen immateriellen Gütern.

Zu diesen gehört zum Beispiel das Gut **Freizeit**. Jeder einzelne Arbeitnehmer muss sich immer wieder zwischen der Ausdehnung seiner Arbeitszeit – was zu höherem Einkommen und damit zu einem höheren materiellen Lebensstandard führen würde – und der Ausdeh-

[68] Vgl. z.B. *Frenkel, M/ John, K.D.* (2006), S. 162.

nung seiner Freizeit entscheiden. Freizeit konkurriert mit materiellem Wohlstand und erhöht wie dieser das Wohlfahrtsniveau. Dies gilt ebenso auf gesamtwirtschaftlicher Ebene. Beschließt eine Gesellschaft, eine erreichte Produktivitätssteigerung für eine Arbeitszeitverkürzung anstatt zur Ausdehnung der Wertschöpfung, d.h. zur Erhöhung des materiellen Wohlstandes zu nutzen, so würde dies das Inlandsprodukt nicht anzeigen.

Auch andere für die Wohlfahrt eines Landes sehr wichtige **immaterielle Güter** bleiben unberücksichtigt, zum Beispiel soziale Sicherheit, wirtschaftliche und politische Freiheit, Partizipation am Prozess der politischen Willensbildung u.v.m.

Ferner spielt nicht nur der Umfang der verfügbaren Güter und Leistungen eine wohlfahrtssteigernde Rolle für ein Land, sondern v.a. auch die **Güterstruktur**, insbesondere die Zusammensetzung zwischen privaten und öffentlichen Gütern.
Letztere müssen durch die Wirtschaftssubjekte schließlich über Steuern und damit durch den Verzicht auf private Güter finanziert werden. Ob diese Umlenkung von Kaufkraft von den Privaten auf den Staat tatsächlich wohlfahrtssteigernd ist, hängt davon ab, wie gut das Spektrum der öffentlichen Leistungen die Präferenzstruktur der Bevölkerung abbildet oder nicht. Insbesondere im Zusammenhang mit der Beurteilung des Wohlfahrtseffektes von Ausgaben für Rüstung und Landesverteidigung wird jedoch häufig bezweifelt, dass diese in jedem Fall zur Verbesserung der Lebensbedingungen beitragen.

10.3.6.2 Besondere Probleme internationaler Einkommensvergleiche

Abgesehen von der konzeptionellen und wohlfahrtstheoretischen Kritik am Bruttoinlandsprodukt als Wohlstands- und Wohlfahrtsmaß eines Landes sind bei der Verwendung dieses Indikators für länderübergreifende internationale Vergleiche noch weitere Probleme zu berücksichtigen.

Insbesondere sind die Wirtschaftsordnungen – von planwirtschaftlichen Systemen über soziale Marktwirtschaften und andere Mischformen bis hin zu weitgehend ungebremsten marktwirtschaftlichen Systemen – weltweit von Land zu Land sehr verschieden. Auch die Konzepte für die Durchführung der volkswirtschaftlichen Gesamtrechnung sowie generell die Qualität der Datenerfassung und -verarbeitung sind international nicht einheitlich.

Abgesehen von diesen grundlegenden Unterschieden gibt es aber auch noch weitere Schwierigkeiten im Ländervergleich, die in den o.g. Erhebungsproblemen und Besonderheiten der Inlandsproduktberechnung begründet sind.
Während man bei der Betrachtung eines einzelnen Landes argumentieren kann, dass bestimmte konzeptionelle Schwächen, wie z.B. die Vernachlässigung der Haushaltswertschöpfung oder die problematische Behandlung der öffentlichen Leistungen, die grundsätzliche Aussagekraft des Indikators im Zeitverlauf nicht beeinträchtigen, da ja alle Werte der Zeitreihe gleichermaßen von diesen Einschränkungen betroffen sind[69], besteht bei internationalen Vergleichen grundsätzlich die Gefahr der Verzerrung, da die zugrunde liegenden Wirtschafts- und Wertschöpfungsstrukturen von Land zu Land verschieden und somit die jeweiligen Erhebungsfehler unterschiedlich groß sind.

Dies gilt in besonderem Maße für das Problem der fehlenden Erfassung des Eigenverbrauchs der Haushalte. Der **Anteil dieses Eigenverbrauchs** an der gesamten Güterversorgung der Haushalte ist in jedem Land **unterschiedlich hoch**.
Typischerweise ist die Wertschöpfung, die innerhalb der Haushalte erbracht wird, umso höher, je ärmer das Land ist. Haushalte in Entwicklungsländern backen oft ihr eigenes Brot

[69] Wobei dies auch nur dann gilt, wenn sich die Strukturen der Wertschöpfung über die Zeit hinweg nicht verändern!

und mahlen womöglich sogar ihr eigenes Mehl, nähen ihre Kleider selbst, fertigen ihr Haushaltsgerät selbst an usw. Die Vernachlässigung all dieser Tätigkeiten in der Volkswirtschaftlichen Gesamtrechnung führt somit dazu, dass die Güterversorgung in Entwicklungsländern systematisch zu schlecht dargestellt wird. Das tatsächliche Versorgungsniveau ist höher, als es der Einkommensindikator im Ländervergleich vermuten lässt.

Einen ähnlich systematischen Fehler und damit **Verzerrungen** im Ländervergleich erzeugt die **Erfassung der staatlichen Wertschöpfung** als öffentlicher Konsum, d.h. als Endprodukt.
In Entwicklungsländern sind die öffentlichen Leistungen üblicherweise weitaus weniger umfangreich als in Industrieländern. Dadurch kommt es allerdings auch zu weniger Doppelzählungen durch die Vernachlässigung des Vorleistungsanteils an den öffentlichen Gütern. Auch dieser Effekt führt also dazu, dass die Einkommen der reichen Länder im Vergleich zu denen der armen Länder tendenziell überzeichnet werden.

Die **Verteilung der Einkommen auf die Haushalte** (personelle Einkommensverteilung) ist ebenfalls eine Quelle für Fehlinterpretationen von internationalen Einkommenslisten. In Schwellenländern ist das Pro-Kopf-Einkommen durchschnittlich betrachtet durchaus ansehnlich. Allerdings weisen gerade solche Länder oft eine ziemlich krasse Ungleichverteilung der Einkommen auf. Einer relativ dünnen Oberschicht mit extrem hohen Einkommen stehen breite Armutsschichten gegenüber, die in den Slums der städtischen Metropolen oft unter schlimmsten Lebensbedingungen dahinvegetieren (Mexico City, Rio de Janeiro, Cairo…) oder als verarmte Bauern auf dem Land am Rande des Existenzminimums leben.

Meist sind zudem die **statistischen Angaben** über die Lebenssituation der Haushalte (also z.B. gerade die Einkommensverteilungsstatistik oder auch die Arbeitsmarktstatistik) in Entwicklungsländern kaum verfügbar bzw. wenig zuverlässig. Auch beim grundlegenden Datengerüst der Volkswirtschaftlichen Gesamtrechnung bestehen oft große Datenunsicherheiten. Angaben zur Arbeitsmarktsituation oder Einkommensverteilungsdaten können je nach Quelle durchaus um mehrere 100 Prozent differieren[70].

Ein grundsätzliches Problem bei Ländervergleichen besteht darin, dass alle monetären Größen in einen **einheitlichen Währungsmaßstab** umgerechnet werden müssen. Der Leser einer solchen Statistik möchte eine Vorstellung von der unterschiedlichen Kaufkraft der Durchschnittseinkommen im betrachteten Ländervergleich erhalten. Meist verwendet man zu diesem Zweck den US-Dollar als gemeinsamen Währungsnenner. Diese Umrechnung kann jedoch auf unterschiedliche Weise geschehen.
Zum einen kann man die jeweiligen amtlichen Mittelkurse der Landeswährung zum US-Dollar zugrunde legen. Hierbei ist jedoch zu beachten, dass Wechselkurse zahlreichen Einflüssen unterliegen, die mit der Binnenkaufkraft einer Währung unmittelbar wenig zu tun haben. Da der Wechselkurs der Preis einer Währung ist, der sich durch Angebot und Nachfrage auf den Devisenmärkten ergibt, bestimmen nur diejenigen Transaktionen diesen Preis, denen grenzüberschreitende Wirtschaftsbeziehungen zugrunde liegen, also z.B. Außenhandelstransaktionen oder die Aufnahme von Kreditbeziehungen mit Gebietsfremden. Für einen Großteil der Güter, die für die Lebensführung in einem Land typisch sind, trifft das jedoch nicht zu. Darüber hinaus wird der Wechselkurs als Gleichgewichtspreis auf dem Devisenmarkt auch häufig von währungspolitischen Eingriffen verfälscht. In einem System fester

[70] Verschiedene Datenquellen verfolgen oft durchaus unterschiedliche Interessen, was sich auch im Ausweis der Daten niederschlägt. So ist es ein häufig anzutreffendes Interesse der ärmeren Entwicklungsländer, bestimmte Wohlstandsindikatoren lieber zu niedrig als zu hoch auszuweisen, da daran nicht selten die Zuweisung von Entwicklungshilfegeldern geknüpft ist.

(bzw. stufenflexibler) Wechselkurse[71] wird der marktmäßige Wechselkurs durch staatlich vorgegebene Ober- und Untergrenzen in einem starren Korridor gehalten. Selbst in flexiblen Wechselkurssystemen greifen Zentralbanken in eigenem Ermessen immer wieder korrigierend in die marktmäßige Kursbildung ein.

Aus diesem Grund erfolgt die Umrechnung in einen einheitlichen Währungsmaßstab oft nicht auf der Basis der Wechselkurse, sondern in sog. **Kaufkraftparitäten** (purchasing power parity). Hierzu ermittelt man, wie viel Landeswährung für einen standardisierten Warenkorb der täglichen Lebenshaltung im Vergleich zum jeweiligen Dollarpreis bezahlt werden muss. Man erhält auf diese Weise einen Kaufkraftvergleich der Währungen untereinander.

Tabelle 10-2: Pro-Kopf-Einkommen ausgewählter Industrie- und Entwicklungsländer 2004 in US-Dollar nach amtlichen Mittelkursen (WK) und Kaufkraftparitäten (KKP) gerechnet[72]

Land	BIP pro Kopf (in $, WK)	BIP pro Kopf (in $, KKP)
Norwegen	54.465	38.454
Schweiz	48.385	33.040
USA	39.883	39.676
Japan	36.182	29.251
Österreich	35.766	32.276
Großbritannien	35.485	30.821
Frankreich	33.896	29.300
Deutschland	33.212	28.303
Italien	29.143	28.180
Singapur	25.191	28.077
Hong Kong	23.684	30.822
Süd-Korea	14.136	20.499
Süd-Afrika	4.675	11.192
Argentinien	3.988	13.298
China	1.490	5.896
Indien	640	3.139
Viet Nam	550	2.745
Ghana	409	2.240
Kambodscha	354	2.423
Nepal	252	1.490
Ruanda	208	1.263
Malawi	149	646
Burundi	90	677

Allerdings hat auch diese Verfahren große Nachteile: Insbesondere ist es nicht einfach, für alle Länder der Erde einen Warenkorb zu definieren, anhand dessen der Preisvergleich durchgeführt werden kann. Das Güterangebot ist ja weltweit unterschiedlich, die private Lebenshaltung durch unterschiedlichste Güter geprägt und die Preisrelationen zwischen den einzelnen Gütergruppen zudem von Land zu Land deutlich verschieden.

[71] Vgl. unten Kapitel 12, S. 727 ff.

[72] Quelle: UNDP, Human Development Report 2006, http://hdr.undp.org/hdr2006/statistics/indicators/132html, 10.05.07.

Ein gutes Beispiel dafür ist die Verwendung des Big Mac von McDonalds als reale Vergleichsbasis für die Messung von Kaufkraftunterschieden zwischen Währungen. Zweifellos stellt der Big Mac ein weltweit homogenes Gut dar, dessen landesspezifische Preise sich gut für die Ermittlung von Kaufkraftunterschieden eignen müssten. Dabei ist jedoch zu berücksichtigen, dass in vielen Entwicklungsländern der Big Mac als Statussymbol und Luxusgut, als Symbol einer fortschrittlichen, liberalen, von amerikanischen Idealen geprägten Lebens- und Denkweise gilt. In Industrieländern hingegen ist der Big Mac als Fastfood-Vertreter oft schon ein inferiores Gut, das sicherlich nicht nennenswerter Bestandteil eines gehobenen Warenkorbes ist. Preisunterschiede für den Big Mac reflektieren daher nicht nur Kaufkraftunterschiede der Währungen, sondern v.a. unterschiedliche Preisrelationen innerhalb des landesüblichen Güterspektrums.

Dennoch wird die Verwendung von Kaufkraftparitäten der Umrechnung nach durchschnittlichen Wechselkursen meist vorgezogen. Die Unterschiede in den resultierenden Einkommensgrößen sind dabei oft beträchtlich.

Typischerweise ist das Einkommen auf der Basis der jeweiligen Wechselkurse in Industrieländern deutlich niedriger als das Kaufkraftäquivalent, während in Entwicklungsländern genau das Gegenteil der Fall ist. Wenn internationale Einkommensvergleiche auf der Grundlage einer Wechselkursbewertung vorgenommen werden, werden die Lebensverhältnisse in Entwicklungsländern also abermals systematisch unterschätzt.

10.3.6.3 Reformkonzepte für Wohlfahrtsmaße

Im Jahr 1973 veröffentlichten die Autoren *Nordhaus* und *Tobin* einen Vorschlag zur Korrektur des gängigen Inlandsproduktkonzepts um Wohlfahrtsaspekte, das sog. „**Measure of Economic Welfare**“[73]. Ziel war es, den vorhandenen Wertschöpfungsindikator Inlandsprodukt zu einem echten, nach wie vor eindimensionalen Wohlfahrtsmaß umzugestalten.

Im Wesentlichen müssen dazu folgende Positionen vom herkömmlichen Inlandsprodukt abgezogen werden:

- alle Ausgaben, die Vorleistungscharakter haben, d.h. insbesondere die oben erwähnten „regrettable necessities“ (v.a. Rüstungs- und Kriegskosten), aber auch sämtliche privaten und öffentlichen Ausgaben für Ausbildung und Gesundheit
- die Kosten der Umweltzerstörung
- die Nachteile der Verstädterung, insbesondere durch Umweltverschmutzung und Lärm.

Im Gegenzug werden die bisher vernachlässigten Nicht-Markt-Aktivitäten hinzugerechnet, also insbesondere Werte für

- Freizeit
- den Eigenverbrauch der Haushalte (sog. Hausfrauenarbeit).

Die beiden Autoren und anschließend auch *P.A. Samuelson* ermittelten die Werte des neuen Wohlfahrtsmaßes für die USA im Zeitraum von 1929 - 1965, verglichen das Ergebnis mit der Entwicklung des herkömmlichen Inlandsproduktindikators und stellten fest, dass sich zwischen beiden Größen eine zunehmende Kluft auftat. Die Wohlfahrtsentwicklung blieb im betrachteten Zeitraum deutlich hinter der reinen quantitativen Wachstumsentwicklung zurück. Offenbar war das materielle Wachstum durch Verzicht auf gesamtwirtschaftliche Wohlfahrt erkauft worden.

[73] Vgl. *Nordhaus, W.D./Tobin, J.* (1973).

Das „Measure of Economic Welfare“ von *Nordhaus* und *Tobin* hat jedoch einen wesentlichen Nachteil: Es ist mit unüberwindbaren Erfassungs- und Bewertungsproblemen verbunden. Wie sollte man z.B. den Nachteil des Stadtlebens exakt messen? Wie die „regrettable necessities“? Ohne die Anwendung mehr oder minder subjektiver Wertmaßstäbe lässt sich das Wohlfahrtsmaß sicher nicht berechnen.

Das Statistische Bundesamt hat daher auch bislang darauf verzichtet, ein wohlfahrtstheoretisch korrigiertes Inlandsprodukt zu veröffentlichen. Stattdessen wird seit Anfang der neunziger Jahre versucht, die Nutzung der Umwelt mit all ihren Folgen im Rahmen einer zusätzlichen **umweltökonomischen Gesamtrechnung (UGR)** als ergänzendes Satellitensystem zur herkömmlichen Volkswirtschaftlichen Gesamtrechnung zu analysieren.

Neben diesen und anderen Versuchen, den Indikator des Inlandsprodukts selbst zu reformieren, gibt es jedoch auch Ansätze, die darauf abzielen, den eindimensionalen Indikator durch ein ganzes **System verschiedener Sozialindikatoren** zu ersetzen. Der Vorteil solcher Systeme besteht darin, dass nicht um jeden Preis versucht werden muss, unterschiedlichste qualitative Wohlfahrtsaspekte unbedingt in Geldeinheiten zu messen. Vielmehr werden die einzelnen Größen in ihren jeweiligen Maßeinheiten erfasst und einfach nebeneinander gestellt. Auf diese Weise erhält man ein umfangreiches Profil eines Landes, das die jeweiligen Lebensverhältnisse mehrdimensional beschreibt.
Der Nachteil dieses Verfahrens besteht allerdings darin, dass es kaum noch möglich ist, im Falle eines Ländervergleichs eine eindeutige Reihenfolge zwischen ihnen herzustellen. Zu diesem Zweck ist es nämlich wieder erforderlich, die Einzelwerte in irgendeiner Weise zu gewichten und zu einem Indikator zu aggregieren, so dass auch hier letztlich kein absolut objektiver Maßstab für die vergleichende Bewertung von Wohlfahrt gefunden werden kann.

Sozialindikatoren werden vor allem von internationalen Organisationen im Zusammenhang mit der Bewertung von Entwicklungsfortschritten oder als Grundlage für die Vergabe von Entwicklungshilfegeldern angewandt. Die von der OECD verwendeten Sozialindikatoren beurteilen die Lebensqualität eines Landes z.B. in den folgenden acht Hauptkategorien:

- Gesundheit
- Bildung
- Arbeit und Arbeitsbedingungen
- Zeiteinteilung und Freizeit
- Verfügung über materielle Güter und Dienstleistungen
- Zustand der physischen Umwelt
- Persönliche Sicherheit und Rechtssicherheit
- Gesellschaftliche Chancen und Partizipation

Ähnlich wie bei der Kritik an der Erfassungsmethodik der Volkswirtschaftlichen Gesamtrechnung erhebt sich aber auch hier die Frage, durch welche Indikatoren die Qualität dieser Zielbereiche tatsächlich gemessen werden soll.
Äußert sich ein besserer Gesundheitszustand immer in einer längeren Lebenserwartung? Vielleicht werden die Menschen in einer Gesellschaft zwar immer älter aber gleichzeitig auch immer kränker. Was ist negativer zu werten: Hohe Malariainfektionsraten oder hoher Verbreitungsgrad koronarer Herzerkrankungen?
Wodurch manifestiert sich ein höherer Bildungsstand? Durch einen durchschnittlich längeren Schulbesuch? Wie geht man dann damit um, dass in Deutschland Kinder und Jugendli-

che zwar einerseits eine vergleichsweise lange Schulzeit haben, aber dennoch bei der Pisastudie nur unterdurchschnittliche Ergebnisse erreichten?

Wie diese Beispiele zeigen, ist es praktisch unmöglich, ein Indikatorensystem zu entwerfen, mit dem ein objektiver und im Zeitablauf stabiler Vergleich der Lebensverhältnisse verschiedener Länder bewerkstelligt werden könnte.

Die Sozialindikatoren müssten dazu nämlich folgenden Kriterien genügen:

- Validität und Konsistenz: Die Indikatoren müssen auch tatsächlich die gesuchte Größe (z.B. das Bildungsniveau oder den Gesundheitszustand) eindeutig messen. Sie dürfen dabei nicht in Widerspruch zueinander stehen.
- Komparabilität: Die Indikatoren müssen so definiert sein, dass ihr Inhalt für alle untersuchten Länder eindeutig und vergleichbar ist.
- Verfügbarkeit und Vollständigkeit: Die Daten müssen für alle untersuchten Länder auch tatsächlich gemessen werden können und vollständig vorliegen.

Tabelle 10-3: Rangfolge ausgewählter Industrie- und Entwicklungsländer nach HDI und Pro-Kopf-Einkommen (KKP) 2004[74]

Land	Rang HDI	Rang BIP pro Kopf (in $, KKP)
Norwegen	1	4
Japan	7	18
USA	8	2
Schweiz	9	6
Österreich	14	7
Frankreich	16	17
Italien	17	20
Großbritannien	18	13
Spanien	19	22
Neu Seeland	20	25
Deutschland	21	19
Hong Kong	22	12
Singapur	25	21
Süd-Korea	26	31
Argentinien	36	43
China	81	85
Süd-Afrika	121	52
Indien	126	110
Sudan	141	130
Ruanda	158	144
Tansania	162	163
Kongo	167	161
Niger	179	158

[74] Quelle: UNDP Human Development Report 2006, http://hdr.undp.org/hdr2006/statistics/indicators/132html, 10.05.07.

Ein besonders prominentes Beispiel für ein System von Sozialindikatoren ist der **Human Development Index** des United Nations Development Program (UNDP). Dieser Index berücksichtigt drei wesentliche Entwicklungsaspekte, nämlich

- das Pro-Kopf-Einkommen
- die Lebenserwartung (bei Geburt)
- die Ausbildungsdauer

Für jeden dieser drei Faktoren wird die relative Position eines Landes zwischen dem besten (100%) und dem niedrigsten (0%) Wert weltweit errechnet und anschließend der Durchschnitt gebildet. HDI-Werte liegen somit immer zwischen 1 und 0.

Vom UNDP werden alljährlich Ranglisten veröffentlicht, in denen nahezu alle Länder der Erde nach ihrer Position gemäß HDI einsortiert werden. Obwohl in diesem Index neben dem Pro-Kopf-Einkommen nur zwei weitere Entwicklungsfaktoren berücksichtigt werden, weichen diese Rangpositionen oft weit von denen des Pro-Kopf-Einkommens ab.

10.4 Die Zahlungsbilanz

Die Zahlungsbilanz dient der Darstellung und Analyse der wirtschaftlichen Verflechtung des Inlandes mit dem Ausland. In ihr kommt nicht nur das Ausmaß der Globalisierung zum Ausdruck, die die modernen Volkswirtschaften prägt. Sie gibt auch wertvollen Aufschluss über die Währungsentwicklung und damit das außenwirtschaftliche Gleichgewicht einer Volkswirtschaft, denn die Vorgänge auf den Devisenmärkten sind unmittelbarer Ausfluss der grenzüberschreitenden Aktivitäten, die sich in der Zahlungsbilanz niederschlagen.

10.4.1 Formale Grundlagen

Dabei ist der Begriff „Zahlungsbilanz“ so irreführend, wie er nur sein kann. Weder handelt es sich um eine Bilanz, d.h. eine Bestandsrechnung, noch werden ausschließlich Zahlungen darin festgehalten. Die Zahlungsbilanz ist vielmehr ein ziemlich komplexes Kontensystem, also eine Stromrechnung, in der laut IWF sämtliche Transaktionen zwischen Inländern und Ausländern[75] systematisch aufgezeichnet werden sollen[76].

Leider lässt sich diese Vorgabe des Internationalen Währungsfonds in der Praxis nicht so einfach umsetzen. Zum einen ist es bis heute praktisch unmöglich, tatsächlich *alle* Transaktionen zwischen In- und Ausländern statistisch zu erfassen. Daher ergibt sich außerhalb der vorgesehenen Buchungskonten stets ein statistischer Restposten. Zum andern tauchen in der Zahlungsbilanz notwendigerweise auch Transaktionen zwischen Inländern auf, nämlich v.a. dann, wenn zwischen inländischen Geschäftsbanken und der Zentralbank Devisentransaktionen stattfinden, denn die Veränderung der Währungsreserven der Zentralbank wird stets unabhängig von Devisenbestandsveränderungen im privaten Sektor auf einem eigenen Konto ausgewiesen.

Wie kommt die Bezeichnung „Bilanz“ überhaupt zustande?

---

[75] Zur Erinnerung sei nochmals darauf verwiesen, dass mit Inländern stets Gebietsansässige – unabhängig von ihrer Staatsangehörigkeit – gemeint sind. Das bedeutet also Haushalte, die ihren festen Wohnsitz im Inland haben, oder Unternehmen, deren Firmensitz sich im Inland befindet, unabhängig davon, ob sie in in- oder ausländischem Eigentum sind. Nicht als Inländer im Sinne der Zahlungsbilanz hingegen gelten Angehörige ausländischer Streitkräfte, die im Inland stationiert sind, sowie das Personal diplomatischer Vertretungen.

[76] Vgl. International Monetary Fund (1993), S. 6 ff. sowie Deutsche Bundesbank (1995), S. 33 – 43.

In der Grundbedeutung bedeutet Bilanz nichts anderes als Ausgleich oder Gleichgewicht zwischen zwei Seiten und genau dies liegt dem Rechenwerk der Zahlungsbilanz zugrunde. Jede Transaktion wird dort nämlich doppelt erfasst, als Leistung und Gegenleistung. Zwar gilt auch in der VGR das Prinzip der doppelten Buchführung, jedoch wird dort jeder Strom je beteiligtem Pol nur einmal festgehalten, nämlich als Abfluss oder als Zufluss. Die Gegenbuchung erfolgt also jeweils auf einem anderen Konto. Die Zahlungsbilanz hingegen stellt ein ausdifferenziertes und erweitertes Auslandskonto dar, auf dem bei jeder Transaktion sowohl der abfließende wie auch der dazu gehörende zufließende Strom verbucht werden. Man nennt dieses Verfahren vertikale oder offene Doppelbuchung:

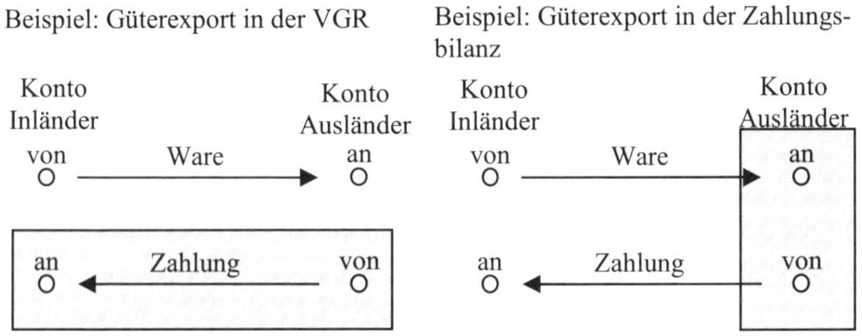

Abbildung 10-38: Buchungsmethoden in der VGR und der Zahlungsbilanz im Vergleich

Daraus folgt, dass die Zahlungsbilanz insgesamt niemals einen Saldo aufweisen kann. Sie ist buchungstechnisch immer ausgeglichen. Dass sich in der Realität dennoch stets eine Abweichung zwischen den Summen der Aktiv- und Passivbuchungen ergibt, liegt an den bereits erwähnten statistischen Erfassungsproblemen.
Wenn hingegen in der politischen Diskussion von einem „Zahlungsbilanzungleichgewicht" die Rede ist, so ist nicht der statistische Restposten, sondern der Saldo einer oder mehrerer Teilbilanzen gemeint. Wie wir noch sehen werden, spielen diese Salden nämlich für die Beurteilung des außenwirtschaftlichen Gleichgewichts eine wichtige Rolle.

Wie das Auslandskonto wird auch die Zahlungsbilanz aus der Sicht des Auslandes erstellt. Das bedeutet, dass Transaktionen, die für das *Ausland* einen Zahlungszustrom bedeuten, auf rechten, d.h. der Haben-Seite verbucht werden, Zahlungsabflüsse auf der linken, der Soll-Seite. Aus Inlandssicht stehen daher Zuflüsse links und Abflüsse rechts, was auf den ersten Blick ungewohnt erscheinen mag. Die Bezeichnung der Ströme folgt der Inlandssicht. Warenexporte (vom Inland an das Ausland) werden daher ebenso wie Kapitalimporte (vom Ausland ins Inland) auf der linken Seite der Zahlungsbilanz (da jeweils Zahlungsabstrom vom Ausland) verbucht.

Die empirische Zahlungsbilanzstatistik wird allerdings nicht in Kontenform, sondern in Tabellenform veröffentlicht. Dabei erscheinen Buchungen auf der linken Kontoseite, sog. „Aktiv-Buchungen", mit einem Plus-Zeichen, „Passiv"-Buchungen mit einem Minus-Zeichen. Allerdings wird dieses Prinzip nicht in allen einschlägigen Veröffentlichungen eingehalten, so dass im Zweifel immer ein Blick in die Erläuterungen zur jeweiligen Statistik empfehlenswert ist.

Die Zahlungsbilanz für Deutschland wird monatlich von der Deutschen Bundesbank erstellt. Sie verwendet dazu die Außenhandelsstatistik des Statistischen Bundesamtes. Alle Unternehmen in Deutschland sind gesetzlich verpflichtet, ihre Außenhandelsaktivitäten dem Statistischen Bundesamt zu melden. Seit Inkrafttreten des EU-Vertrages, also seit 1993, wird

diese Statistik in die sog. Intra- (Handel zwischen Deutschland und anderen EU-Staaten) und Extrahandelsstatistik (Handel zwischen Deutschland und Nicht-EU-Ländern) unterteilt. Seit 1999 erstellt die Europäische Zentralbank zusätzlich eine Zahlungsbilanz für die Länder des Euro-Währungsgebietes. Für die Währungsentwicklung der gemeinsamen europäischen Währung ist schließlich die Nettoposition des gesamten Euro-Raumes zu anderen Währungsräumen von Bedeutung. Allerdings sind auch die nationalen Zahlungsbilanzen weiterhin notwendig und wichtig, zum einen um die Beiträge der einzelnen Eurogebiete zur gesamten Währungsposition identifizieren zu können, zum andern um weiterhin auf nationaler Ebene Informationen über die außenwirtschaftliche Verflechtung des Landes zu gewinnen.

10.4.2 Die Grundstruktur der Zahlungsbilanz

Zahlungsbilanzen sollen Aufschluss über den Grad der außenwirtschaftlichen Verflechtung der Volkswirtschaften untereinander geben. Sie sind daher ein wichtiges Informationsinstrument für die Währungspolitik sowohl auf nationaler wie auf internationaler Ebene. Um dieser Aufgabe gerecht zu werden, muss der Aufbau der Zahlungsbilanz in allen Ländern vergleichbar sein. In der Tat folgt die Grundstruktur der Zahlungsbilanzen aller Länder im Wesentlichen den Vorgaben des Internationalen Währungsfonds, der Folgendes festlegt:

„The balance of payments of a country may …be defined as a systematic record of the economic transactions during a given period between its residents and residents of the rest of the world. "[77]

Da Transaktionen entweder Güter, Forderungen oder Transfers, d.h. unentgeltliche Übertragungen zum Gegenstand haben, erhielt die Zahlungsbilanz dieser Vorgabe folgend eine grundsätzliche Dreiteilung.

Auf der Zahlungsbilanz werden also alle Arten von Transaktionen – jeweils mit ihrem Zu- und Abstrom – abgebildet: Leistungstransaktionen, Finanztransaktionen und Transaktionen ohne Gegenleistung. Die (fiktive) Gegenbuchung für solche einseitigen Übertragungen erfolgt dann auf der Übertragungsbilanz.

Grundschema der Zahlungsbilanz

	Zahlungseingänge (aus Inlandssicht)	Zahlungsausgänge (aus Inlandssicht)
Waren- und Dienstleistungsbilanz	Güterexporte (vom Inland ins Ausland)	Güterimporte (vom Ausland ins Inland)
Kapitalbilanz	Zunahme Verbindlichkeiten (vom Inland gegenüber dem Ausland) = Kapitalimport	Zunahme Forderungen (vom Inland gegenüber dem Ausland) = Kapitalexport
Übertragungsbilanz	(Unentgeltliche) Übertragungen an das Inland	(Unentgeltliche) Übertragungen an das Ausland

Abbildung 10-39: Grundschema der Zahlungsbilanz

Im Jahr 1993 führte der Internationale Währungsfonds eine Reform der Prinzipien zur Zahlungsbilanzerstellung durch[78]. Sie trug den durch den Globalisierungsprozess veränderten

[77] International Monetary Fund (1961), S. 2.
[78] Vgl. hierzu International Monetary Fund (1993).

wirtschaftlichen Rahmenbedingungen und erhöhten Informationsanforderungen Rechnung und führte einige Neuerungen in die Zahlungsbilanzstatistik ein. Das in Abbildung 10-39 dargestellte Grundprinzip blieb dabei jedoch erhalten.

In der heute gültigen Gliederung setzt sich die Zahlungsbilanz aus den in Abbildung 10-40 dargestellten Teilkonten zusammen.

		Teilbilanz		
Leistungsbilanz		1. Handelsbilanz	Warenexporte	Warenimporte
Leistungsbilanz		2. Dienstleistungsbilanz	Dienstleistungsexporte	Dienstleistungsimporte
Leistungsbilanz		3. Bilanz der Erwerbs- u. Vermögenseinkommen	Empfangene Erwerbs- u. Vermögenseinkommen	Geleistete Erwerbs- und Vermögenseinkommen
Leistungsbilanz		4. Bilanz der laufenden Übertragungen	Empfangene laufende Übertragungen	Geleistete laufende Übertragungen
		5. Bilanz der Vermögensübertragungen	Empfangene Vermögensübertragungen	Geleistete Vermögensübertragungen
Kapitalbilanz i. w. S.	Kapitalbilanz i. e. S.	6. Bilanz der Direktinvestitionen	Nettodirektinvestitionen im Inland	Nettodirektinvestitionen im Ausland
Kapitalbilanz i. w. S.	Kapitalbilanz i. e. S.	7. Wertpapierbilanz	Nettoerwerb inländ. Wertpapiere durch Ausländer	Nettoerwerb ausländ. Wertpapiere durch Inländer
Kapitalbilanz i. w. S.	Kapitalbilanz i. e. S.	8. Bilanz des Kreditverkehrs	Nettokredite von Ausländern an Inländer	Nettokredite von Inländern an Ausländer
Kapitalbilanz i. w. S.		9. Devisenbilanz	Abnahme der Währungsreserven der Zentralbank	Zunahme der Währungsreserven der Zentralbank
		10. Restposten	Saldo der statistisch nicht aufgliederbaren Transaktionen	
			Summe Zuflüsse =	Summe Abflüsse

Abbildung 10-40: Kontendarstellung der Zahlungsbilanz

Im ersten Teil der Zahlungsbilanz, der sog. **Leistungsbilanz**, werden alle im weitesten Sinne auf Leistungstransaktionen basierenden Ströme zusammengefasst. Sie besteht aus den vier Teilen Handelsbilanz, Dienstleistungsbilanz, Bilanz der Erwerbs- und Vermögenseinkommen sowie Bilanz der laufenden Übertragungen.

Neu an dieser Aufteilung ist zum einen die Herauslösung der Erwerbs- und Vermögenseinkommen aus der Dienstleistungsbilanz, in der sie bis zur Reform von 1993 enthalten waren, sowie zum andern die Aufteilung der Übertragungsbilanz in laufende Übertragungen und Vermögensübertragungen. Ursprünglich war die gesamte Übertragungsbilanz Bestandteil der Leistungsbilanz. Der Grund für diese neue Aufteilung besteht darin, dass in der Leistungsbilanz nur solche Ströme Berücksichtigung finden sollen, die unmittelbar das verfügbare Einkommen der betreffenden Volkswirtschaften und somit deren Nachfrageverhalten beeinflussen[79].

[79] Auf dem Hintergrund der Erkenntnisse der Konsumtheorie ist diese Zweiteilung allerdings fragwürdig, da in der gesamtwirtschaftlichen Konsumfunktion bekanntlich auch Vermögenseffekte wirksam sind. Vgl. dazu auch *Görgens, E./Ruckriegel, K.* (2000), S. 42.

In der **Handelsbilanz** werden alle Exporte (linke Seite) und Importe (rechte Seite) von Handelswaren erfasst[80]. Hierbei werden alle Güter nach Möglichkeit „fob" („free-on-board") bewertet, d.h. mit dem Wert, den die Waren an der Zollgrenze des exportierenden Landes besitzen. Die Wegekosten für Transport, Versicherung etc. werden unabhängig vom Warenwert in der Dienstleistungsbilanz ausgewiesen. Nur wenn tatsächlich alle Warenströme zu fob-Werten in der Zahlungsbilanz erscheinen, sind die Außenhandelszahlen verschiedener Länder miteinander vergleichbar. Tatsächlich wird die fob-Bewertung aber zuverlässig nur für die Exporte angewandt. Importe werden wegen der Schwierigkeit der Datenbeschaffung (zumindest vorläufig) oft zu „cif"-Werten („cost, insurance, freight") in der Zahlungsbilanz erfasst.
Kommt es in der Handelsbilanz zu einem Exportüberschuss, so spricht man von einer positiven oder aktiven Handelsbilanz.

In der **Dienstleistungsbilanz** werden eine Vielzahl sehr heterogener Leistungen erfasst, z.B. Transport- und Versicherungsleistungen, der Handel mit Lizenzen und Patenten, Leistungen der Tourismusbranche sowie Leistungen für die in Deutschland stationierten ausländischen Truppen. Auch hier stehen Exporte auf der linken, Importe auf der rechten Seite des Kontos. Einnahmen aus der Beherbergung ausländischer Touristen sind zum Beispiel Dienstleistungsexporte, da die Leistungen von Inländern an Ausländer verkauft werden. Der Ort der Leistungserbringung spielt dabei keine Rolle.

Grenzüberschreitende Faktoreinkommen hingegen, also Gewinne, Zinsen und Einkommen aus unselbständiger Arbeit von Pendlern, werden getrennt in der **Bilanz der Erwerbs- und Vermögenseinkommen** erfasst. Zufließende Faktoreinkommen, also z.B. das Arbeitsentgelt, das ein deutscher Pendler mit Wohnsitz in Baden Baden und einem Arbeitsplatz in Strasbourg/Frankreich erhält, erscheint auf der linken Seite dieser Teilbilanz. Der Pendler „exportiert" nämlich eine spezielle Dienstleistung, eben seine Arbeitsleistung, denn er stellt sie einem Ausländer zur Verfügung. Umgekehrt sind Gewinnanteile oder Dividenden, die an ausländische Kapitaleigner gezahlt werden, Importe von Faktorleistungen, denn zugrunde liegt ein Kapitalnutzungsrecht, das ein Ausländer einem Inländer eingeräumt hat.

Die **Bilanz der laufenden Übertragungen** schließlich dient der Erfassung aller Gegenbuchungen zu einseitigen grenzüberschreitenden Strömen, d.h. zu Güter- und Forderungsbewegungen, denen keine direkte ökonomische Gegenleistung gegenüber steht. Hierzu gehört natürlich Entwicklungs-[81] und Militärhilfe, Überweisungen von Gastarbeitern an ihre Familien, Beitragszahlungen an die EU oder andere internationale Organisationen u.v.m. Die fremden Leistungen, d.h. empfangene Zahlungen, werden auf der linken, eigene, d.h. geleistete Zahlungen, auf der rechten Kontoseite verbucht.

Die vier Teilbilanzen der Leistungsbilanz wie auch die Leistungsbilanz als Ganze weisen charakteristische Salden auf, die jeweils ihre eigene ökonomische Bedeutung haben. Fasst man die Handels- und Dienstleistungsbilanz zusammen, so erhält man die sog. Leistungsbilanz im engsten Sinne. Ihr Saldo ist der **Außenbeitrag zum Bruttoinlandsprodukt**. Nimmt man die Bilanz der Erwerbs- und Vermögenseinkommen hinzu, so berücksichtigt der entstehende Saldo zusätzlich die Einkommensdifferenz zwischen In- und Ausländern. Man erhält daher den **Außenbeitrag zum Bruttonationaleinkommen** (= Inländereinkommen). Der gesamte **Leistungsbilanzsaldo** schließlich repräsentiert die Differenz aus gesamtwirtschaftlicher Ersparnis und der Nettoinvestition eines Landes.

---

[80] Außer Transithandel: dieser wird in der Dienstleistungsbilanz erfasst.

[81] Allerdings nur, sofern diese nicht als Vermögensübertragungen eingestuft werden: „Maßgeblich für die Klassifizierung der Transaktionen ist, ob die Transfers die Vermögensposition der beteiligten Länder verändern.": Deutsche Bundesbank (1999b), S. 51.

Die **Bilanz der Vermögensübertragungen** gehört nicht mehr zur Leistungsbilanz. In ihr werden alle Übertragungen verbucht, die einmalig sind und Auswirkung auf die Vermögensposition der beteiligten Länder haben. Dies sind zum Beispiel Schuldenerlasse oder Infrastrukturleistungen an Entwicklungsländer, Erbschaften oder Schenkungen sowie Vermögensmitnahmen von Aus- und Einwanderern.

Leistungsbilanz und Bilanz der Vermögensübertragungen zusammen repräsentieren alle leistungsbezogenen Transaktionen einer Volkswirtschaft. Den Saldo dieser ersten fünf Teilbilanzen bezeichnet man als **Finanzierungssaldo** einer Volkswirtschaft. Ist dieser Saldo positiv, so bedeutet das, dass die Volkswirtschaft im abgelaufenen Jahr eine Zunahme ihrer Nettoauslandsforderungen zu verzeichnen hatte. Man nennt das auch eine Erhöhung der Netto-Auslandsposition oder eine Erhöhung des Netto-Auslandsvermögens des betreffenden Landes.

Der untere Teil der Zahlungsbilanz kann unter dem Begriff **Kapitalbilanz** zusammengefasst werden. Hier werden sämtliche Finanztransaktionen zwischen In- und Ausländern sowie Devisentransaktionen der Zentralbank erfasst. Im Zuge der Revision der Grundsätze zur Zahlungsbilanzerstellung wurde die bis dato übliche Unterscheidung in kurz- und langfristige Kapitalbilanz durch eine differenziertere funktionale Gliederung ersetzt. Unterschieden werden derzeit

- Direktinvestitionen
- Wertpapiere
- Finanzderivate
- Kreditverkehr
- Sonstige Kapitalanlagen.

Es werden also Forderungen und Verbindlichkeiten zwischen In- und Ausländern in jeder Form erfasst, unabhängig davon, ob bzw. in welcher Form diese Forderungen verbrieft sind oder nicht. Entsprechend umfassen die Verbindlichkeiten jeden Anspruch von Ausländern auf das Vermögen des Inlands. In diesem Sinne sind zum Beispiel Euro-Guthaben, die von Ausländern gehalten werden, als Verbindlichkeit des Euro-Gebietes zu werten. Repräsentieren sie doch einen Anspruch des ausländischen Kontoinhabers auf einen entsprechenden Anteil am Sozialprodukt des Euro-Raumes. Umgekehrt gelten Dollar-Guthaben eines deutschen Kontoinhabers als Forderung gegenüber den USA.

Auf der **Bilanz der Direktinvestitionen** sollen diejenigen Kapitalflüsse zusammengefasst werden, denen ein besonderes unternehmerisches Engagement zugrunde liegt. Direktinvestitionen sind nach der Definition der Deutschen Bundesbank grenzüberschreitende Kapitalanlagen, die vom Investor in der Absicht durchgeführt werden, einen unmittelbaren Einfluss auf die Geschäftstätigkeit des Kapital nehmenden Unternehmens zu gewinnen oder einem Unternehmen, an dem der Investor bereits maßgeblich beteiligt ist, neue Mittel zuzuführen[82]. Praktisch werden in dieser Teilbilanz Unternehmensbeteiligungen (in Form von Aktien oder anderen Beteiligungsarten), sofern diese 10% des Kapitals oder der Stimmrechte übersteigen[83], langfristige Darlehen verbundener Unternehmen oder der grenzüberschreitende Erwerb von Immobilien zusammengefasst. Inländische Anlagen im Ausland stellen eine Erhöhung der Forderungen gegenüber dem Ausland dar (Kapitalexport), bedingen also einen

[82] Vgl. Deutsche Bundesbank (1965), S. 19.
[83] Vgl. Deutsche Bundesbank (1999b), S. 59. Grundsätzliches zur Frage der Erfassung von Direktinvestitionen in der Zahlungsbilanz vgl. auch Deutsche Bundesbank (1997b).

Zahlungsabfluss und werden daher auf der rechten Seite der Kapitalbilanz verbucht. Ausländische Anlagen im Inland gelten dementsprechend als Erhöhung der Verbindlichkeiten (Kapitalimport) und erscheinen im Konto links.

Analog dazu wird **die Bilanz der Wertpapiere und Derivate** erstellt. Derivate werden erst seit 1998 in einer eigenen Teilbilanz ausgewiesen; vorher wurden sie mit den Wertpapieren auf einer Teilbilanz zusammengefasst[84].
Wertpapiere sind verbriefte Forderungen (einschl. Aktien); ihr Erwerb wird aber nur dann auf dieser Teilbilanz erfasst, wenn er weniger als 10% des Kapitals oder der Stimmrechte eines Unternehmens ausmacht. Andernfalls gilt der Beteiligungserwerb als Direktinvestition. Ziel ist es, den Erwerb von Beteiligungen, die nur zum Zweck der Finanzanlage getätigt werden, von solchen Beteiligungskäufen zu trennen, die ausdrücklich unternehmerischen Zwecken dienen. Die 10%-Marke ist hierbei sicherlich nicht trennscharf, jedoch zumindest ein ungefährer Anhaltspunkt für die Klassifizierung des Kapitalflusses. Der Erwerb von Wertpapieren stellt wiederum eine Zunahme von Auslandsforderungen dar und erscheint daher als Kapitalexport auf der rechten Seite der Bilanz; der Verkauf von inländischen Wertpapieren an Ausländer steht als Kapitalimport auf der linken Seite.

Die **Bilanz des Kreditverkehrs** fasst alle Änderungen der Kreditbeziehungen zwischen In- und Ausländern zusammen. Sie wird durch eine Bilanz der sonstigen Kapitalanlagen als Restbilanz ergänzt. Die Kreditbeziehungen werden in der Zahlungsbilanz sowohl nach Fristigkeit (wie früher die gesamte Kapitalbilanz) wie auch nach den beteiligten Institutionen unterteilt. Unterschieden werden dabei insbesondere Kreditinstitute, private Nicht-Banken (also Unternehmen und Haushalte), Staat und Zentralbank, in Deutschland also die Deutsche Bundesbank. Allerdings erscheinen auf diesem Teilkonto nur die Änderungen in Kreditbeziehungen zwischen der Bundesbank und anderen Teilnehmerländern des Euro-Währungssystems: Änderungen von Forderungen und Verbindlichkeiten in anderen Währungen werden hingegen in der Devisenbilanz erfasst.

Bis zu dieser Teilbilanz wurden gewissermaßen alle marktwirtschaftlich motivierten Transaktionen erfasst. Manchmal wird die Gesamtheit dieser Teilbilanzen insgesamt als „Zahlungsbilanz" oder auch als „Gesamtbilanz" bezeichnet. Wenn sich nämlich in der Gesamtheit der Leistungs- und Kapitalbilanz i.e.S. ein Saldo, der sog. „Zahlungsbilanzsaldo" ergibt, bedeutet das, dass die Zentralbank korrigierend durch den Einsatz ihrer Währungsreserven eingegriffen und somit den marktmäßig entstandenen Kurs der Währung nach oben oder unten korrigiert haben muss.

Um einen deutlichen Ausweis der währungspolitisch bedeutsamen Transaktionen der Notenbank zu erhalten, wird daher in der **Devisenbilanz** die Veränderung der Währungsreserven der Zentralbank getrennt von allen anderen grenzüberschreitenden Kapitalbewegungen dargestellt. Ein Saldo auf dieser Teilbilanz bedeutet, dass sich der Bestand an Währungsreserven bzw. die sog. Netto-Auslandsposition der Zentralbank geändert hat.
Seit Beginn der europäischen Währungsunion zählen in der deutschen Zahlungsbilanz dazu nur noch „liquide Fremdwährungsforderungen der Bundesbank gegenüber Ansässigen außerhalb des Euro-Währungsgebietes"[85] sowie Goldreserven und die IWF-Position (v.a. Sonderziehungsrechte). Aus der Devisenbilanz ergibt sich also nicht mehr wie früher die Veränderung aller Auslandsforderungen und -verbindlichkeiten der Bundesbank, sondern nur noch der Währungsreserven im engeren Sinne. Die Veränderungen aller übrigen Auslandsaktiva

[84] Vgl. Deutsche Bundesbank (1999b), S. 57.
[85] Deutsche Bundesbank (1999b), S. 57.

und -passiva werden auf der Kapitalbilanz unter den entsprechenden Instrumenten (beim Kreditverkehr in einer eigenen Unterbilanz) ausgewiesen.

Die Devisenbilanz erfasst nur transaktionsbedingte, nicht jedoch bewertungsbedingte Veränderungen der Währungsreserven. Seit dem 1.1.1999 werden alle Währungsreserven einheitlich zum Marktwert bewertet[86]. Bewegungen auf der Devisenbilanz sind somit ein Indikator dafür, dass sich die Notenbank auf den internationalen Devisenmärkten (mit entsprechenden Konsequenzen für die jeweiligen Wechselkurse) engagiert hat. Kauft die Notenbank Devisen von Ausländern, so nehmen ihre Währungsreserven zu, was auf der rechten Seite der Devisenbilanz verbucht wird. Andererseits bezahlt die Notenbank diese Devisenkäufe mit eigener Währung, so dass auch die Verbindlichkeiten gegenüber dem Ausland zunehmen. Die Gegenbuchung zur Zunahme der Währungsreserven findet somit auf der linken Seite der Kapitalbilanz (Kapitalimport) statt und zwar auch dann, wenn die Notenbank die Devisen von inländischen Geschäftsbanken erwirbt[87]. Der Abbau von Währungsreserven schlägt sich analog dazu auf der linken Seite der Devisenbilanz nieder, die Gegenbuchung auf der Passivseite der Kapitalbilanz (Rückkauf eigener Währung von Ausländern gegen Devisen entspricht der Abnahme von Auslandsverbindlichkeiten).

Da die Devisenbilanz alle übrigen Teilbilanzen der Zahlungsbilanz ergänzt, entspricht ihr Saldo genau dem übrigen Zahlungsbilanzsaldo mit umgekehrten Vorzeichen. Um den Nettoeffekt aller marktwirtschaftlich bedingten grenzüberschreitenden Transaktionen auf den Wechselkurs und das außenwirtschaftlichen Gleichgewicht zu ermitteln, ist also ein Blick auf den Saldo der Devisenbilanz ausreichend. Der Devisenbilanzsaldo wird so zu einem wichtigen außenwirtschaftspolitischen Indikator.

Unter Einschluss der Devisenbilanz müsste jede Zahlungsbilanz aufgrund des Prinzips der vertikalen Doppelbuchung formal ausgeglichen sein.
Allerdings ergeben sich in jeder Zahlungsbilanz aufgrund des hohen Komplexitätsgrades und Umfangs der grenzüberschreitenden Transaktionen rechnerische Abweichungen zwischen beiden Seiten. Diese werden, um einen tatsächlichen Ausgleich der Zahlungsbilanz zu erreichen, im sog. **Restposten** bzw. **„Saldo der statistisch nicht aufgliederbaren Transaktionen“** zusammengefasst. Zahlreiche Gründe können für Abweichungen zwischen Buchung und Gegenbuchung verantwortlich sein. Allein aufgrund der Tatsache, dass für die Erfassung der Leistungs- und Finanzierungsströme unterschiedliche Institutionen, in Deutschland, nämlich das Statistische Bundesamt einerseits und die Deutsche Bundesbank andererseits, verantwortlich sind, sind Abweichungen in der Zuordnung der Ströme wahrscheinlich. Zwar sind alle Exporteure und Importeure im Rahmen der Außenhandelsstatistik verpflichtet, Meldungen über ihre Warenein- und ausfuhren beim Statistischen Bundesamt zu machen. Jedoch enthalten diese Meldungen keine Angaben über die damit einhergehenden Änderungen ihrer internationalen Kreditbeziehungen. Zwar melden auch die Geschäftsbanken, die die Finanzierung der Leistungstransaktionen abwickeln, die Änderungen ihrer Auslandspositionen an die Deutsche Bundesbank, jedoch ebenfalls ohne den Zusammenhang zum zugrunde liegenden Warengeschäft herzustellen. So können allein schon Abweichungen in der Fristigkeit der beiden Transaktionsteile zu statistischen Diskrepanzen führen. Dies gilt umso mehr, wenn bei der Finanztransaktion womöglich gar keine Bank unmittelbar beteiligt ist (z.B. Einräumen eines Lieferantenkredits, was zu einem stark verzögerten Zahlungsfluss führt). Weitere Fehlerquellen sind die bestehenden Meldefreigrenzen, fehlerhafte

[86] Zuvor wurde das Niedrigstwertprinzip angewandt. Dies bescherte der Bundesbank bereits in der Eröffnungsbilanz einen Buchgewinn von 25,3 Mrd. Euro!
[87] Dies liegt daran (wie bereits weiter oben geschildert), dass in diesem Fall die Forderungen der Geschäftsbanken gegenüber Ausländern abnehmen.

Meldungen, Verwendung unterschiedlicher Wechselkurse oder auch illegale Geschäfte („Koffergeschäfte"), die ganz bewusst der Statistik nicht gemeldet werden.

All diese statistischen Unzulänglichkeiten kompensieren sich teilweise. Aus dem resultierenden Restposten, also der Nettoabweichung, kann man daher nicht auf die zugrunde liegenden Bruttofehler schließen.

Übung 10-4: Buchungsbeispiele für Zahlungsbilanztransaktionen

a) Warenexport gegen Bezahlung durch Überweisung

Ein inländischer Automobilhersteller liefert einen LKW im Wert von 100.000 US$ an seinen amerikanischen Kunden. Dieser bezahlt durch eine Überweisung des Dollarbetrages auf das Devisenkonto des Automobilherstellers auf einer inländischen Geschäftsbank.

b) Kauf von ausländischen Wertpapieren gegen Dollarguthaben

Der LKW-Exporteur möchte aufgrund einer hohen positiven Zinsdifferenz zum Inland amerikanische Wertpapiere erwerben und verwendet dafür seine im LKW-Geschäft verdienten US-Dollars, die er an den Verkäufer der Papiere, eine amerikanische Geschäftsbank, überweist.

c) Umtausch des Dollarguthabens gegen Euro

Der LKW-Exporteur beabsichtigt keine Wiederanlage der Dollar in den USA, sondern benötigt den Geldbetrag in inländischer Währung zur Bezahlung seiner Mitarbeiter und Lieferanten. Daher tauscht er den Dollarbetrag in inländische Währung bei seiner Geschäftsbank um. Diese verkauft die Devisen an die Deutsche Bundesbank weiter.

d) Import von Vorleistung gegen Stundung, später Erlass der Zahlung

Der LKW-Hersteller bezieht Motorkomponenten von einem japanischen Lieferanten. Der Rechnungsbetrag hat ein Zahlungsziel von 3 Monaten, d.h. der LKW-Hersteller erhält einen Lieferantenkredit. Nach Ablauf dieser Zeitspanne stellt sich heraus, dass der LKW-Hersteller in großen Zahlungsschwierigkeiten steckt. Nach längeren Verhandlungen entschließt sich der japanische Zulieferer, auf die Bezahlung der letzten Rechnung gänzlich zu verzichten, um einen Konkurs und damit den vollständigen Verlust seines bislang sehr guten Kunden zu verhindern.

e) Entwicklungshilfe für Tansania

Die Bundesrepublik Deutschland finanziert einen Computer-Tomographen für das Muhimbili-Krankenhaus in Dar es-Salaam.

Lösung:

a) Der Export des LKW wird auf der linken Seite der Handelsbilanz verbucht, denn aus Sicht des Auslands führt dieser Kauf zu einem Zahlungsabfluss. Die Überweisung des Dollar-Betrages wird als Zunahme kurzfristiger Forderungen interpretiert und erscheint daher rechts der Kreditbilanz.

b) Der Erwerb der Wertpapiere schlägt sich auf der rechten Seite der Wertpapierbilanz nieder, denn der Bestand an ausländischen Wertpapieren im Inland hat zugenommen. Die abfließenden Dollarguthaben verringern hingegen die Kreditforderungen gegenüber dem Ausland, so dass diese Seite der Kreditbilanz um denselben Betrag abnimmt. Man spricht hier von einem Passivtausch.

c) Der Umtausch der Devisen bei der Geschäftsbank tangiert die Zahlungsbilanz zunächst nicht, da sowohl der Exporteur als auch die Geschäftsbank Gebietsansässige und damit Inländer sind. Wenn die Dollars jedoch an die Deutsche Bundesbank ver-

kauft werden (wobei diese im gegenwärtigen Währungssystem keine Annahmeverpflichtung hat!), ändert sich deren Bestand an Währungsreserven. In diesem Fall nimmt die Kreditbilanz auf der rechten Seite um den getauschten Dollarbetrag ab und die Devisenbilanz ebenfalls auf der rechten Seite im gleichen Umfang zu. Auch hier entsteht also ein Passivtausch.

d) Der Bezug der Motorkomponenten stellt einen Warenimport dar und wird auf der rechten Seite der Handelsbilanz verbucht. Da der inländische Hersteller mit dem Lieferantenkredit gleichzeitig eine Verbindlichkeit gegenüber dem Ausland eingeht, erfolgt die Gegenbuchung auf der linken Seite der Kreditbilanz.

   In dem Moment, in dem der Lieferant auf die Rückzahlung verzichtet, erlischt die Verbindlichkeit, d.h. die linke Seite der Kreditbilanz verkürzt sich. Da es sich dabei um eine Schenkung, d.h. um einen einseitigen Schuldenerlass, handelt, erscheint die Gegenbuchung auf der Übertragungsbilanz ebenfalls im Soll, also links. In diesem Fall liegt somit ein Aktivtausch vor.

e) Die Lieferung des Computer-Tomographen wird als Warenexport auf der linken Seite der Handelsbilanz verbucht. Da keine Gegenleistung erfolgt, handelt sich um eine einseitige Vermögensübertragung, die auf der rechten Seite der Vermögensübertragungsbilanz erscheint.

10.4.3 Fallstudie: Die Zahlungsbilanz der Bundesrepublik Deutschland

Die Bundesrepublik Deutschland ist die größte Volkswirtschaft innerhalb des Euro-Raumes und die drittgrößte der Welt. Deutschlands außenwirtschaftliche Aktivitäten prägen somit den Währungsraum des Euro entscheidend mit.

Tabelle 10-4: Wichtige Positionen der Zahlungsbilanz Deutschlands und des Euro-Raums 2006[88]

	Deutschland	Euro-Raum
Leistungsbilanz	**+ 117.179**	**- 9.728**
Warenhandel	+ 143.431	+ 28.603
Dienstleistungen	- 22 431	+ 35.765
Erwerbs- und Vermögenseinkommen	+ 22.973	+ 1.409
Laufende Übertragungen	- 26.795	- 75.506
Vermögensübertragungen	- 192	+ 10.151
Kapitalbilanz	**- 146.617**	**+ 117.058**
Direktinvestitionen	- 29.143	- 158.803
Wertpapieranlagen	+ 1.199	+ 263.485
Finanzderivate	- 6.257	- 1.871
Übriger Kapitalverkehr	- 115.350	+ 15.529
Veränderung der Währungsreserven zu Transaktionswerten	+ 2.934	- 1.275
Saldo der statistisch nicht aufgliederbaren Transaktionen	+ 29.630	- 117.482

Zwischen den Zahlungsbilanzen des Euro-Währungsgebietes und Deutschlands bestehen jedoch signifikante Unterschiede. Wie aus Tabelle 10-4 hervorgeht, weisen beide Zahlungsbi-

[88] Quelle: Deutsche Bundesbank (2007b), S. 68*.

lanzen bei den entscheidenden Leistungs- und Kapitalbilanzsalden ein entgegen gesetztes Vorzeichen auf.

Die deutsche Wirtschaft war praktisch seit der Zeit der Industrialisierung sehr exportstark. Gerade in den letzten Jahren wurde Deutschland immer wieder als „Exportweltmeister“ gepriesen. Auch im Jahr 2006 verzeichnete Deutschland in der Tat das weltweit höchste Exportvolumen (allerdings nur bezogen auf Sachgüter), noch vor den Volkswirtschaften der USA und Japans, die gemessen am Bruttoinlandsprodukt um ein Vielfaches größer sind. Hieraus ergeben sich sehr unterschiedliche Verflechtungsgrade der nationalen Volkswirtschaften mit der Weltwirtschaft und damit auch eine sehr unterschiedliche Abhängigkeit nicht zuletzt der Arbeitsplätze vom Außenhandel. Ein wichtiges Maß dafür ist die Exportquote, also das Verhältnis zwischen den Exporten und dem Bruttoinlandsprodukt. Typischerweise ist diese bei kleinen Volkswirtschaften signifikant höher als bei großen.

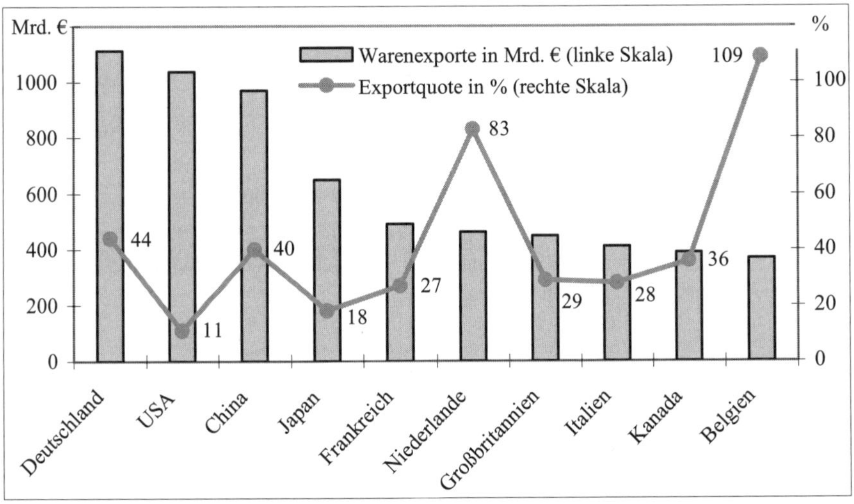

Abbildung 10-41: Die weltgrößten Exporteure 2006: Warenexporte und Exportquoten[89]

Angesichts der Tatsache, dass Deutschland nach den USA und Japan die drittgrößte Volkswirtschaft der Welt ist, fällt die ausgewiesene Exportquote von 44% besonders auf. In vielen Industriebranchen wird sie sogar noch weit übertroffen. So lag im Jahr 2006 die direkte Exportabhängigkeit des deutschen Maschinenbaus bei 77,2%, des Automobilindustrie bei 71,9% und der Chemiebranche bei 76,6 %[90]. Rechnet man diejenigen Lieferungen hinzu, die als Vorleistungen an andere deutsche Unternehmen gehen, dort aber in Exportprodukte einfließen (indirekte Exportabhängigkeit) so steigen diese Prozentsätze zum Teil nochmals signifikant an.

Der internationale Vergleich mit den anderen großen Industriestaaten zeigt somit, dass Deutschland in sehr viel größerem Umfang von den Schwankungen der Weltwirtschaft getroffen werden kann, als die verhältnismäßig autarken Wirtschaften der USA und Japans.

[89] Quelle: WTO, International Trade Statistics 2007, www.wto.org/english/res_e/statis_e/its2007_e/, 20.11.07. Exportquoten: Export von Waren und Dienstleistungen in Prozent des Bruttoinlandsprodukts (nominal in US-$ auf Wechselkursbasis).

[90] Quelle: VDMA, VDA, VCI.

Angesichts dieser Tatsache mag es zunächst verwundern, dass die enorme Wertsteigerung des Euro gegenüber dem Dollar, der seit 2002 die deutschen Exporte für ausländische Kunden ständig verteuert hat, dem Exportboom offenbar nichts anhaben konnte.

Ein wesentlicher Grund dafür besteht darin, dass ein immer geringer werdender Teil der deutschen Exportgüter auch tatsächlich in Deutschland, d.h. mit deutschen Arbeits- und Standortkosten gefertigt wird.

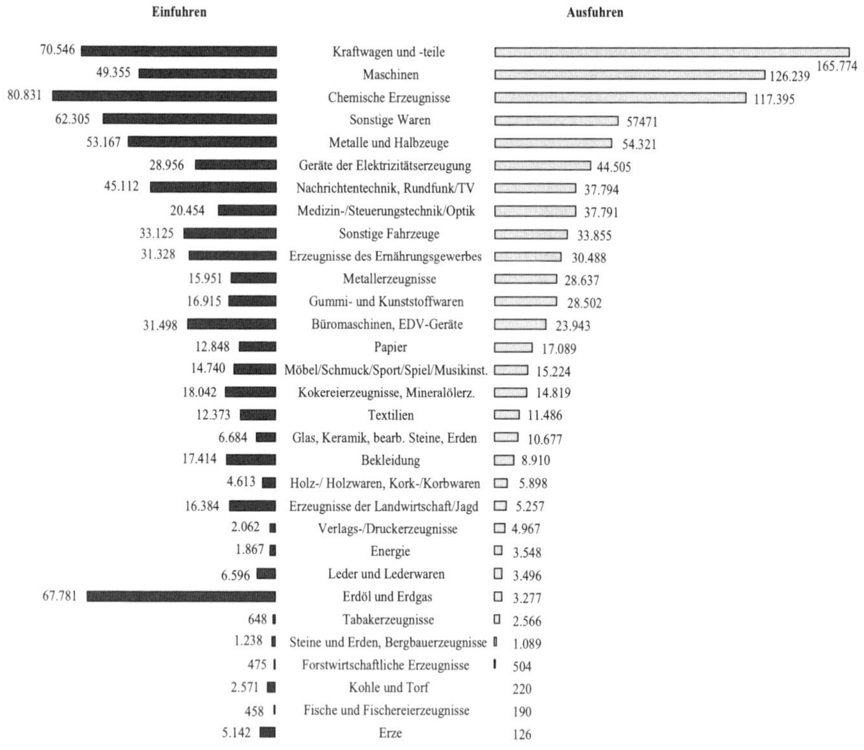

Abbildung 10-42: Ein- und Ausfuhren Deutschlands nach Warengruppen 2006 (in Mrd. €)[91]

Die wichtigsten Ausfuhrgüter Deutschlands sind Kraftfahrzeuge und Kraftfahrzeugteile, Maschinen sowie Erzeugnisse der chemischen Industrie. Diese drei Warengruppen dominieren – wenn auch in anderer Reihenfolge – ebenso die Importe[92], ein Indiz dafür, dass sich Deutschland tatsächlich auf dem Weg in eine „Basarökonomie" befindet, in der ein immer kleiner werdender Teil der Wertschöpfung tatsächlich im eigenen Land stattfindet. Ein prominentes Beispiel dafür ist der Porsche Cayenne, „der scheinbar in Leipzig produziert wird, bei dem aber in Wahrheit 88% des Wertes bereits in dem vorgefertigten Auto stecken, das Porsche von seinem Werk in Bratislava anliefern lässt. … Wenn der Cayenne nach Amerika exportiert wird, steht er zu 100% in der deutschen Exportstatistik, obwohl nur 12% der Wertschöpfung in Form von Gewinnen, Löhnen, anderen Einkommen und Deckungsbeiträ-

[91] Quelle: Statistisches Bundesamt (2007a)
[92] Mit Ausnahme von Erdöl und Erdgas, das bei den Importen Position 3, bei den Exporten aber nur Position 25 einnimmt.

gen für Abschreibungen in Leipzig anfielen. Der Export ist in diesem Beispiel mehr als achtmal so groß wie die Wertschöpfung für den Export.“[93]

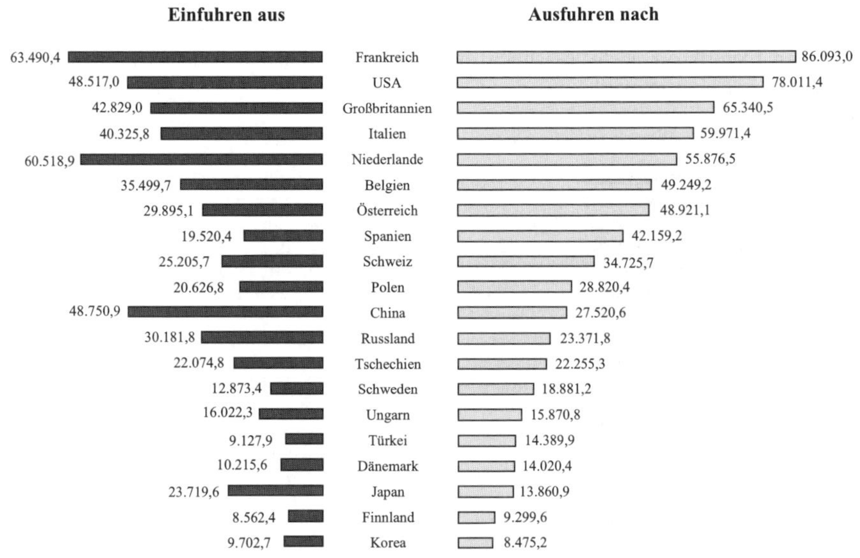

Abbildung 10-43: Die größten Außenhandelspartner Deutschlands 2006 (in Mrd. €)[94]

Ein weiterer Grund für die Robustheit der Exportentwicklung liegt jedoch vor allem darin, dass die wichtigsten Kunden für deutsche Exportgüter nicht im Dollar-Raum, sondern in Europa sitzen. Ca. zwei Drittel aller deutschen Exporte wurden im Jahr 2006 in andere europäische Länder verkauft und zwar fast ausschließlich in andere Euro-Länder, allen voran nach Frankreich. Unter den 20 größten Außenhandelspartnern Deutschlands sind neben den USA nur noch 5 weitere nicht-europäische Länder, nämlich China, Russland, die Türkei, Japan und Korea. Einzelne Unternehmen jedoch, die ihre Wertschöpfung zwar überwiegend im Euro-Raum erzeugen, wesentliche Teile ihrer Umsätze jedoch im Dollarraum abwickeln, wie z.B. Airbus Industries, werden durch den starken Verfall des Dollar gegenüber dem Euro schwer getroffen: Die Kosten fallen in der starken Währung, die Umsätze jedoch in der schwachen Währung an, so dass ein erheblicher Sparzwang entsteht.

Der hohe Grad an wirtschaftlicher Verflechtung zwischen den europäischen Ländern macht deutlich, dass die Einführung einer europäischen Währung und damit die Beseitigung sowohl der Währungsrisiken wie auch hoher Transaktionskosten des Außenhandels für Europa ein wichtiger und notwendiger Schritt zum Erhalt der Wettbewerbsfähigkeit gegenüber den beiden anderen großen Zentren der Weltwirtschaft USA und Japan, welche beide über riesige Binnenmärkte verfügen, war. Mit der Einführung des Euro im Jahr 1999 entstand in Europa mit ca. 6.000 Mrd. € Bruttoinlandsprodukt und ca. 300 Millionen Verbrauchern[95] ein Binnenmarkt, der endlich ein adäquates Gegengewicht zu den Wirtschaften der USA und Japans darstellte.

[93] *Sinn, H.W.*: „Basarökonomie Deutschland – Exportweltmeister oder Schlusslicht?“, Ifo-Schnelldienst 6/2005.
[94] Quelle: Statistisches Bundesamt (2007a)
[95] Quelle: Eurostat, Euro umgerechnet zu KKP gerundet.

Der Exportstärke im deutschen Warenhandel steht ein negativer (= passiver) Saldo der Dienstleistungsbilanz gegenüber. Ein wichtiger Grund dafür ist die Reiselust der Deutschen: Sie waren im Jahr 2006 nämlich nicht nur Export-, sondern auch Reiseweltmeister.

Die deutsche Dienstleistungsbilanz wies aber nicht nur im Jahr 2006 einen Passivsaldo auf; vielmehr folgte sie seit Jahrzehnten einem negativen Trend.

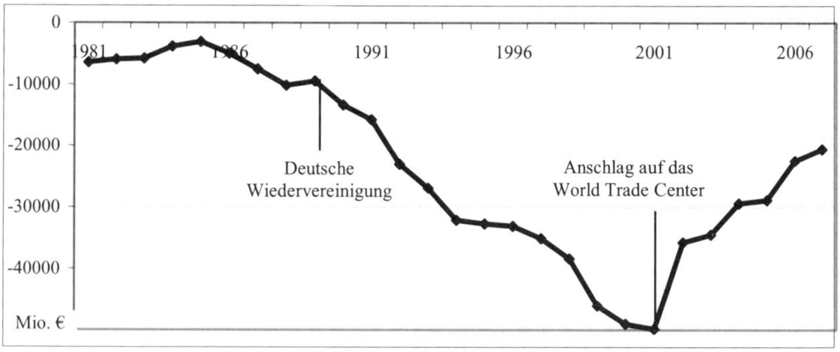

Abbildung 10-44: Saldo der deutschen Dienstleistungsbilanz 1981 bis 2007, in Mio. €[96]

Mit der deutsch-deutschen Wiedervereinigung stürzte der Dienstleistungsbilanzsaldo deutlich nach unten. Grund ist ein sprunghafter Anstieg des Reiseverkehrs der Einwohner der neuen Bundesländer, die nach 45 Jahren Fremdbestimmung die neu gewonnene Reisefreiheit gründlich nutzten. Nach dem Anschlag auf das World Trade Center in New York im Jahr 2001 hingegen nahm die Reiselust der Europäer (insbesondere bei Flugreisen) und damit auch der Deutschen ab. Dennoch bleibt der Saldo auch im Jahr 2006 noch insgesamt deutlich negativ.

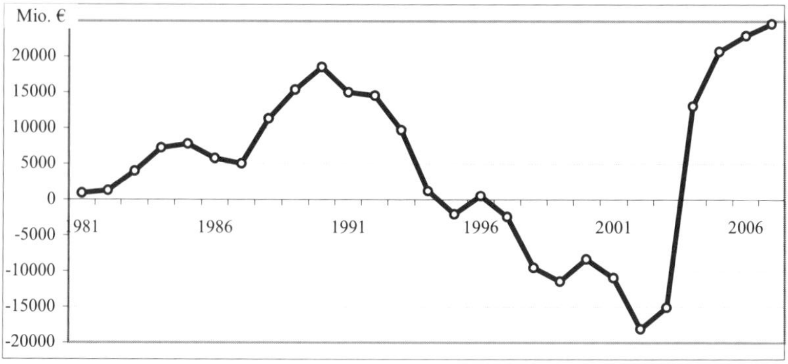

Abbildung 10-45: Saldo der deutschen Erwerbs- und Vermögenseinkommen, 1981 bis 2007, in Mio €[97]

Der Saldo der Erwerbs- und Vermögenseinkommen zeigte im gleichen Zeitraum ein sehr heterogenes Bild. Neben den grenzüberschreitenden Pendlereinkommen sind in diesem Sal-

---

[96] Quelle: Deutsche Bundesbank, Zeitreihendatenbank, http://www.bundesbank.de/statistik/statistik_zeitreihen, Abruf vom 4.3.2008

[97] Quelle: Deutsche Bundesbank, Zeitreihendatenbank, http://www.bundesbank.de/statistik/statistik_zeitreihen, Abruf vom 4.3.2008

do vor allem die Zinserträge enthalten, die inländischen Investoren aus ihren ausländischen Kapitalanlagen zufließen. Diese gelten als Entgelte für exportierte (dem Ausland zur Verfügung gestellte) Faktorleistungen des Kapitals; das bedeutet, dass solchen Zinszuflüssen in der Vergangenheit Direktinvestitionen Deutscher im Ausland (also entsprechende Kapitalexporte) vorausgegangen sein müssen. Durch den gewaltigen Ressourcenbedarf für den „Aufbau Ost“ nach der deutschen Wiedervereinigung kehrten sich diese Kapitalströme jedoch um. Der Bestand an deutschem Auslandskapital schrumpfte zwischen den Jahren 1990 und 1997 auf 25% seines ursprünglichen Wertes[98], so dass in der Folge auch deutlich weniger Zinserträge aus Auslandsanlagen zu verzeichnen waren. Eine Trendwende dieser Entwicklung fand erst 2002 statt, was v.a. im Zusammenhang mit der verstärkten Investitionstätigkeit deutscher Unternehmen in den osteuropäischen Nachbarstaaten zu sehen ist.

Der Saldo der laufenden Übertragungen Deutschlands ist traditionsgemäß deutlich negativ. Wichtige Positionen dabei sind die Überweisungen der zahlreichen Gastarbeiter an ihre Familien in den Heimatländern, sowie v.a. die hohen, stets negativen Nettozahlungen Deutschlands an die EU.

Insgesamt dominiert in der Leistungsbilanz also der hohe Exportüberschuss der Handelsbilanz, so dass im Jahr 2006 ein deutlich positiver Leistungsbilanzsaldo von 117.179 Mio. € resultiert. Dem steht ein Kapitalbilanzdefizit – also ebenfalls ein Exportüberschuss, in diesem Fall von Kapital – gegenüber. Deutschland ist somit ein wichtiger internationaler Kapitalgeber. Das war in der jüngeren Vergangenheit nicht immer so.

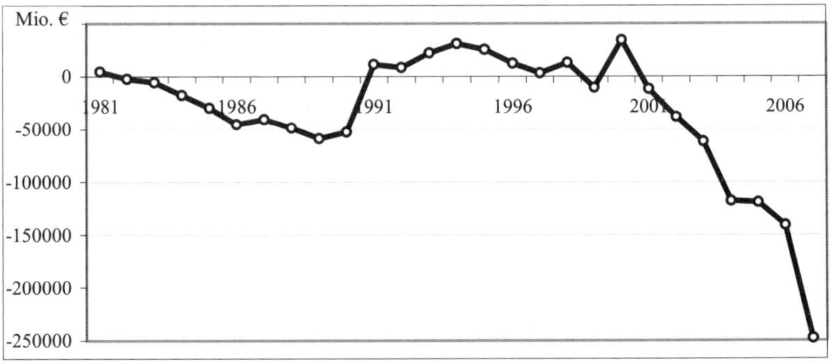

Abbildung 10-46: Kapitalbilanzsaldo (einschl. Veränderung der Währungsreserven) Deutschlands 1981-2007, in Mio €[99]

Wieder zeigt sich hier der gravierende Einfluss der Wiedervereinigung: Deutschland mutierte in den 10 Jahren der gewaltigen Aufbauanstrengungen in Ostdeutschland von einem internationalen Nettokapitalgeber zu einem Netto-Kapitalnehmer, d.h. von einem Netto-Kapitalexporteur (negativer Kapitalbilanzsaldo) zu einem Netto-Kapitalimporteur (positiver Kapitalbilanzsaldo).

Allerdings dürfte der Kapitalbilanzsaldo angesichts des Leistungsbilanzüberschusses von +117.179 € und einem Saldo der Vermögensübertragungen von – 192 € rein rechnerisch nur -116.987 € betragen. Tatsächlich beträgt er jedoch -146.617. Die beträchtliche Differenz von 29.630 € füllt der Saldo der statistisch nicht aufgliederbaren Transaktionen (Restposten), der

98 Vgl. Deutsche Bundesbank (1997a), S. 56
99 Quelle: Deutsche Bundesbank, Zeitreihendatenbank, http://www.bundesbank.de/statistik/statistik_zeitreihen, Abruf vom 4.3.2008

in seiner Größenordnung die Aussagekraft der übrigen Zahlungsbilanzpositionen natürlich beeinträchtigt.

Eine typischerweise sehr schwer zu erfassende und abzugrenzende Zahlenreihe sind die Direktinvestitionsströme. Die Entwicklung der Direktinvestitionen von und nach Deutschland zeigt für die letzten 25 Jahre Abbildung 10-47.

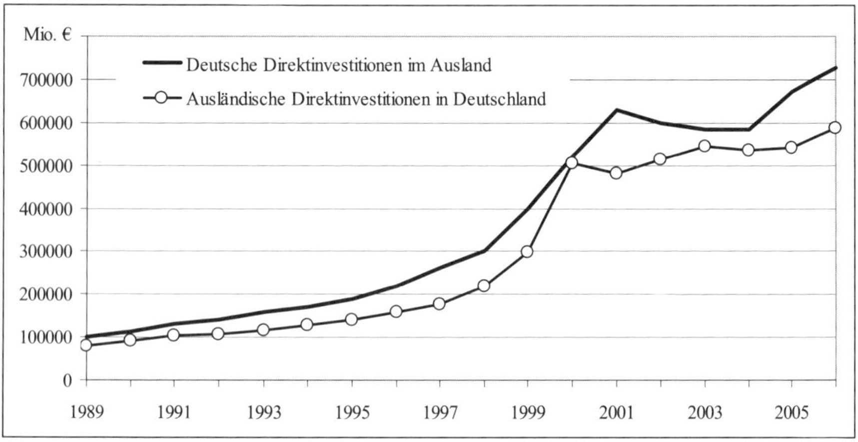

Abbildung 10-47: Direktinvestitionsbestände in und aus Deutschland, 1981 bis 2007, in Mio €[100]

Das Abbildung 10-47 zeigt zum einen, dass die internationale Standortverflechtung der deutschen Wirtschaft während der letzten 25 Jahre gravierend gestiegen ist. Zum andern wird jedoch auch deutlich, dass kontinuierlich mehr deutsche Unternehmen im Ausland investieren als ausländische Unternehmen in Deutschland. Wie eine Analyse der Deutschen Bundesbank zeigt,[101] liegen die Gründe für deutsche Direktinvestitionen zwar nicht überwiegend in dem Wunsch, an ausländischen Standorten Kosten zu sparen; vielmehr dominieren die sog. horizontalen Direktinvestitionen, die vornehmlich dem Ziel der Markterschließung dienen. Insofern kann aus dem negativen Saldo zwischen zu- und abfließenden Direktinvestitionen nicht unmittelbar auf negative Beschäftigungseffekte geschlossen werden. Allerdings weist die Bundesbank ausdrücklich daraufhin, „dass manches Investitionsprojekt bei besseren Standortbedingungen auch im Inland realisiert werden könnte. Fortschritte bei der Anpassung der Rahmenbedingungen für Investitionen sind jedoch eine Grundvoraussetzung dafür. Dazu zählen unter anderem Reformen des Arbeits-, Tarif- und Steuerrechts sowie ein durchgreifender Bürokratieabbau.“[102]

[100] Ebenda.
[101] Vgl. Deutsche Bundesbank (2006), S. 45 – 61.
[102] Deutsche Bundesbank (2006), S. 61.

11 Makroökonomische Theorie

Lehrziele:

Der Leser wurde bereits im einführenden Kapitel 9 mit der Zielsetzung, der Methodik sowie den Hauptgebieten der Makroökonomik vertraut gemacht. Nun wird das Kerngebiet, die Theorie des Volkseinkommens und der Beschäftigung, aufgegriffen und vertieft.

Im Zentrum steht die Operationalisierung des Begriffes „gesamtwirtschaftliches Gleichgewicht“, das das Stabilitätsgesetz der Wirtschafts- und Finanzpolitik des Staates als Zielrahmen vorgibt.

Das folgende Kapitel teilt die Analyse des gesamtwirtschaftlichen Gleichgewichtes in die Analyse der wichtigsten Teilmärkte auf und fügt diese Partialmodelle nach und nach zu einem Gesamtbild zusammen.

Als erstes wird der Gütermarkt dargestellt. Unter der vorläufigen Annahme eines konstanten Preisniveaus werden die wichtigsten Bestandteile gesamtwirtschaftlicher Nachfrage, die Gleichgewichtsbildung sowie vor allem wichtige wirtschaftspolitische Schlussfolgerungen untersucht. Hierbei spielen die Mechanismen des Multiplikators und Akzelerators eine entscheidende Rolle.

An zweiter Stelle folgt die Analyse des Geldmarktes. Während das Geldangebot im Wesentlichen von der Zentralbank vorbestimmt wird und somit im weitesten Sinne als marktexogen gelten kann, erfordert die Erklärung der Geldnachfrage einen kurzen Ausflug in die Geldtheorie. Die Quantitätstheorie und die keynesianische Theorie der Geldnachfrage werden jeweils in ihren Grundzügen dargestellt. Auf dieser Basis kann das monetäre Gleichgewicht einer Volkswirtschaft untersucht sowie grundlegende Mechanismen der Geldpolitik aufgezeigt werden.

Die Zusammenführung von Güter- und Geldmarkt zum IS-LM-Modell erlaubt anschließend bereits weit reichende Schlussfolgerungen für mögliche wirtschaftspolitische Strategien.

Der dritte Schritt führt auf den Arbeitsmarkt. Auf der Basis der mikroökonomischen Analyse des Arbeitsmarktes (in Kapitel 5.4) werden nun die gesamtwirtschaftliche Arbeitsnachfrage, das Angebot, sowie die besonderen Bedingungen für ein Gleichgewicht auf diesem wichtigen Faktormarkt untersucht. An dieser Stelle ergeben sich erste Erkenntnisse über den Zusammenhang zwischen Arbeitsmenge, gesamtwirtschaftlichem Output und Preisniveau, der im Modell der Phillipskurve beschrieben wird.

Schließlich fügt man alle betrachteten Teilmärkte zu einem Gesamtmodell zusammen, wobei die Annahme eines konstanten Preisniveaus endgültig fallen gelassen wird. Der Leser erfährt, wie aus dem IS-LM-Modell in der Kombination mit dem Arbeitsmarkt bei flexiblen Preisen eine gesamtwirtschaftliche Nachfrage- und Angebotsfunktion hergeleitet werden kann. Aus dem resultierenden Totalmodell einer Volkswirtschaft lassen sich dann die beiden Prototypen wirtschaftspolitischer Strategien, nämlich das nachfrageorientierte, eher auf kurzfristige Eingriffe ausgerichtete keynesianische Konzept einerseits sowie das angebotsorientierte, auf die langfristige Verstetigung der Wirtschaftsabläufe fokussierte klassisch-monetaristische Konzept andererseits anschaulich darstellen und miteinander vergleichen.

11.1 Vorbemerkungen

Die makroökonomische Theorie (= ex-ante-Analyse) hat das Ziel, auf der Basis systematischer empirischer Beobachtungen (= ex-post-Analyse) gesamtwirtschaftliche Zusammenhänge so zu erklären, dass daraus Prognosen für die zukünftige Entwicklung der makroökonomischen Größen Volkseinkommen, Beschäftigung und Preisniveau erstellt werden können.

Solche Prognosen sind notwendig, um einerseits die Ziele der Wirtschaftspolitik im Sinne des vom Stabilitätsgesetz geforderten gesamtwirtschaftlichen Gleichgewichtes zu formulieren, sowie andererseits auch Maßnahmen vorschlagen zu können, die geeignet sind, die gesamtwirtschaftliche Entwicklung auf diese Ziele auszurichten.

Dabei geht es nicht nur darum, die Höhe von Volkseinkommen, Beschäftigung und Preisniveau zu einem bestimmten Zeitpunkt vorhersagen zu können, sondern auch die Entwicklung dieser Größen in der Zeit ist von großem Interesse. Makroökonomische Theorie beschäftigt sich daher auch mit den für Volkswirtschaften typischen Wachstumsprozessen sowie mit den zyklischen Schwankungen, denen sie immer wieder unterworfen sind.

Makroökonomische Theorie lässt sich grob in drei wichtige Gebiete einteilen:

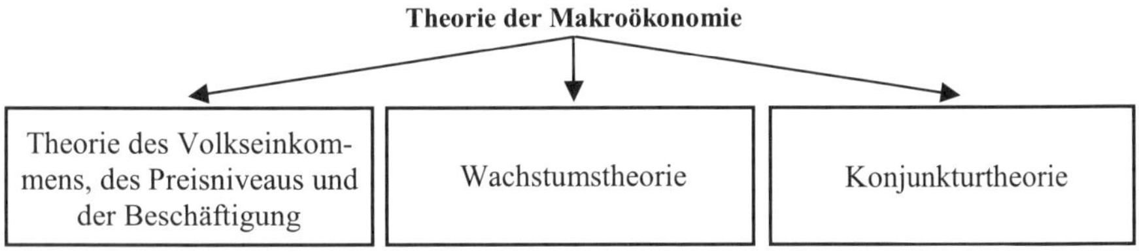

Abbildung 11-1: Hauptgebiete der makroökonomischen Theorie

Das vorliegende Kapitel widmet sich ausschließlich der Theorie des Volkseinkommens und der Beschäftigung. Im Zentrum steht dabei der Begriff des gesamtwirtschaftlichen Gleichgewichts. Die gesamtwirtschaftlichen Phänomene sollen mit Hilfe eines möglichst umfassenden Modells so erklärt werden, dass wirtschaftspolitische Schlussfolgerungen daraus gezogen werden können.

Die Gesamtwirtschaft zerfällt in verschiedene makroökonomische Teilmärkte, die im Folgenden nacheinander analysiert werden. Die wichtigsten Teilmärkte sind

- Gütermarkt
- Geldmarkt
- Kapitalmarkt
- Arbeitsmarkt

Schrittweise werden diese Teilmärkte miteinander verknüpft und zu einem makroökonomischen Totalmodell zusammengesetzt, um die Wechselwirkungen zwischen den einzelnen Märkten deutlich machen zu können, wobei in der kurzfristigen Analyse die Frage der Kapitalbildung ausgeklammert und durch eine gesamtwirtschaftliche Produktionsfunktion mit festem Kapitalstock ersetzt wird. Anhand eines solchen Totalmodells lassen sich sehr einfach die unterschiedlichen wirtschaftspolitischen Schlussfolgerungen und Empfehlungen von Keynesianern und Monetaristen aufzeigen und veranschaulichen.

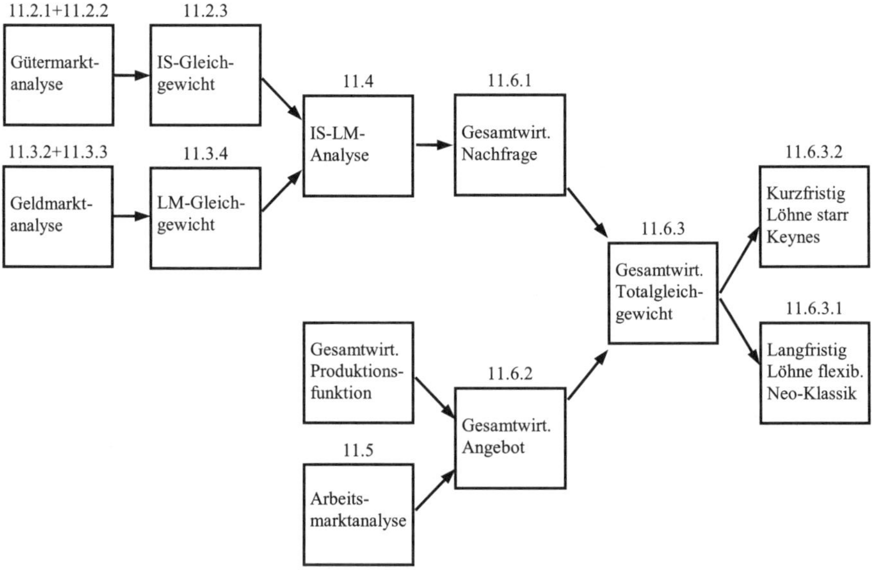

Abbildung 11-2: Analysestruktur

11.2 Der Gütermarkt

Bei der Analyse des Gütermarktes wird der Tausch aller in einer Volkswirtschaft produzierten Waren und Dienstleistungen betrachtet. Es geht um die Frage, unter welchen Bedingungen Angebot von und Nachfrage nach Gütern übereinstimmen und insbesondere auch, welche Mechanismen im Falle eines Auseinanderklaffens beider Marktseiten einsetzen. Hierbei wird zunächst ein konstantes Preisniveau unterstellt, d.h. wir nehmen an, dass vom Geldmarkt noch keine Einflüsse auf den Gütermarkt ausgehen können.

Wie bereits im vorigen Kapitel anhand der gesamtwirtschaftlichen Kreislaufrechnung gezeigt wurde, gilt für jede abgeschlossene Periode, d.h. nach Abschluss aller Tauschprozesse, die Identität von Investition und Ersparnis. Die Frage ist nun, unter welchen Bedingungen diese Gleichheit auch im Vorhinein eintritt, d.h. inwieweit bereits die Planungen der Wirtschaftssubjekte gleichgewichtig sind. Weichen die Planungen von Anbietern und Nachfragern voneinander ab, so sind offenbar Anpassungsvorgänge erforderlich, die im Endeffekt diese Gleichheit herstellen müssen. Ein makroökonomisches Gütermarktgleichgewicht ist daher dadurch gekennzeichnet, dass keine ungeplanten, d.h. Anpassungsgrößen auftreten.

11.2.1 Die gesamtwirtschaftliche Güternachfrage

Bei der theoretischen Gütermarktanalyse geht es also letztlich darum, das Verhalten aller am Markt beteiligten Gruppen möglichst realitätsnah zu beschreiben. Nur so können Rückschlüsse auf konkrete Anpassungsvorgänge gezogen und Prognosen für künftiges Verhalten erstellt werden.

In der Gesamtwirtschaft unterscheiden wir bekanntlich insgesamt vier Gruppen von Wirtschaftssubjekten, nämlich private Haushalte und Unternehmen, den Staat und das Ausland.[1] Als Ausgangspunkt für eine Verhaltensanalyse dieser Gruppen eignet sich daher am besten

[1] Vgl. Kapitel 2, Abschnitt 2.1.1, S. 8f.

die Verwendungsgleichung des Bruttoinlandsprodukts, da hier die Anteile bzw. die Ansprüche dieser vier Gruppen am Gesamtoutput ausgewiesen werden.

Bruttoinlands-produkt	=	privater Konsum	+	öffentl. Konsum	+	Brutto-investition	+	Außen-beitrag
Y^{br}	=	C_{pr}	+	C_{St}	+	I^{br}	+	(Ex-Im)
Mrd. €: 2.307,2	=	1.348,7	+	426,6	+	409,2	+	122,7
in %: 100	=	58,5	+	18,5	+	17,7	+	5,3

Abbildung 11-3: Verwendungsgleichung des BIP (in Mrd. € und %), 2006[2]

Den größten Anteil mit nahe 60% am Gesamtoutput hat der private Konsum. Diese Komponente ist daher auch wirtschaftspolitisch von höchster Bedeutung. Selbst eine geringfügige Veränderung dieses Anteils von einem Prozentpunkt würde eine bedeutende absolute Veränderung im gesamtwirtschaftlichen Output und damit auch in der Beschäftigung bewirken. Insofern ist es nur allzu verständlich, dass Politiker und Wissenschaftler in den Jahren der jüngsten Depression (v.a. 2003 bis 2005) nicht müde wurden, die Konsumschwäche der inländischen Haushalte zu beklagen. Die Beherrschung der Einflussgrößen auf den privaten Konsum stellt aus wirtschaftspolitischer Sicht daher einen mächtigen Hebel zur Beeinflussung auch des Bruttoinlandsproduktes dar. Der theoretischen Analyse des privaten Konsums wird deshalb im Folgenden auch ein bedeutender Platz eingeräumt.

Die zweite Komponente, der öffentliche Konsum, beträgt knapp unter 20%. Diese Größenordnung ist typisch für marktwirtschaftlich organisierte Industrieländer. In ihr sind sämtliche Leistungen des Staates für die Aufrechterhaltung der Infrastruktur sowie alle Sparten der öffentlichen Verwaltung enthalten. Nicht zu verwechseln damit ist die Staatsquote, die mit knapp 50% deutlich höher liegt.[3] Im Gegensatz zum öffentlichen Konsum enthält die Staatsquote nämlich außerdem die Ausgaben für die Investitionen des Staates sowie vor allem alle umverteilenden Ausgaben, die in der Wertschöpfungsrechnung überhaupt nicht enthalten sind.

Die Ausgaben für den öffentlichen Konsum, d.h. die öffentlichen Güter tragen wesentlich zur Standortqualität eines Landes bei. Sie sind aus wirtschaftspolitischer Sicht jedoch auch als Instrument zur unmittelbaren Beeinflussung der gesamtwirtschaftlichen Nachfrage wichtig. Folgt man den keynesianischen Rezepten, so könnte mit der autonomen Erhöhung des Staatskonsums eine vorübergehende Schwäche beim privaten Konsum ausgeglichen werden. Wie wirkungsvoll ein solches Vorgehen tatsächlich ist, wird noch zu diskutieren sein.

Die dritte Komponente der Verwendungsgleichung enthält die Bruttoinvestition. Diese setzte sich im Jahr 2006 zu ca. 93% aus privaten und zu ca. 7 % aus öffentlichen Investitionen zusammen[4], wobei letztere fast ausschließlich aus Bauinvestitionen im Dienste der öffentlichen Infrastruktur bestanden.

In einer Marktwirtschaft spielen jedoch stets die privaten Investitionen die Hauptrolle. Sie sind zum einen ein wichtiger Bestandteil der Gesamtnachfrage und spiegeln die Zukunftserwartungen der Unternehmen wider. Da Investitionen eine längerfristige Bindung von Kapital darstellen, überlegt jeder Investor sehr genau, mit welchen wirtschaftlichen Entwicklungen für die Lebensdauer des Investitionsprojektes zu rechnen ist. Ist die Grundstimmung positiv, d.h. wird mit steigender Nachfrage im Rahmen eines Aufschwungs oder wenigstens

[2] Quelle: Statistisches Bundesamt (2007 b), S. 11.
[3] Vgl. Kapitel 3, Abschnitt 3.6.2.2, S. 93ff.
[4] Quelle: Statistisches Jahrbuch 2007.

mit einer stabilen Wachstumsentwicklung gerechnet, so werden Unternehmen verstärkt Investitionen durchführen und auf diese Weise ihre Kapazitäten modernisieren und erweitern. Eine negative Grundstimmung hingegen drückt sich in zurückhaltender Investitionstätigkeit aus. Die für 2006 ausgewiesene Bruttoinvestitionsquote von 17,7% ist im Langfristvergleich sehr niedrig[5] und deutet auf die in diesem Jahr noch schlechte Konjunkturlage hin. Die Investitionsnachfrage ist daher ein wichtiger Konjunkturindikator und gleichzeitig -treiber.
Zum andern sind Investitionen auch eine Vorbedingung für Wachstum. Sie sind nicht nur Bestandteil der Gesamtnachfrage, sondern entscheiden auch über die zukünftige Angebotskapazität der Wirtschaft. Wenn es gelingt, mit geeigneten Instrumenten die private Investitionstätigkeit zu beeinflussen, hält die Wirtschaftpolitik quasi einen Schlüssel sowohl für die Konjunktur- als auch für die Wachstumspolitik in der Hand.

Die letzte Komponente ist der Außenbeitrag, d.h. die Nettonachfrage des Auslandes. Mit 5,3% ist diese Komponente im Vergleich zu den Vorjahren außergewöhnlich hoch. Zwar half die Exportstärke Deutschland in den Depressionsjahren über die Schwäche der Binnennachfrage einigermaßen hinweg und war insofern durchaus willkommen. Andererseits ist ein dauerhafter Exportüberschuss dieser Größenordnung nicht mit den Anforderungen eines außenwirtschaftlichen Gleichgewichts vereinbar.[6]

Im Folgenden werden diese vier Bestandteile der gesamtwirtschaftlichen Nachfrage im Detail analysiert.

11.2.1.1 Der private Konsum

Die Konsumentscheidung der Haushalte wird von zahlreichen Faktoren beeinflusst:

Verfügbares Einkommen
Auf Grund der Erkenntnisse aus der mikroökonomischen Konsumforschung liegt die Vermutung nahe, dass die Höhe der aggregierten Haushaltseinkommen eine wesentliche Determinante des gesamtwirtschaftlichen Konsums ist. Steigendes Volkseinkommen führt zu steigenden Konsumausgaben.

Vermögen
Da jede Konsumentscheidung auch gleichzeitig eine Entscheidung über die intertemporale Verteilung des Konsums zwischen Gegenwart und Zukunft darstellt – Konsum- und Sparentscheidung sind komplementär zueinander -, ergibt sich ferner ein enger Zusammenhang zum Vermögensbestand. Liegt ein hoher Vermögensbestand und damit eine Einkommensabsicherung für zukünftige Konsumperioden bereits vor, können die Haushalte ihr verfügbares Einkommen zu einem höheren Anteil für den Gegenwartskonsum nutzen. Andernfalls ist der Anreiz zur Vermögensbildung, d.h. zum Sparen größer.

Zinssatz
Der Zusammenhang zwischen dem Zinssatz und dem Konsum ist eher gegenläufig. Je höher der Zins ist, desto teurer ist die Aufnahme von Konsumentenkrediten und desto lukrativer die Anlage von Spargeldern.

Zukunftserwartungen
Die Entscheidungen über eine Aufteilung des Einkommens auf Gegenwart und Zukunft hängt außerdem von den Erwartungen über die zukünftige wirtschaftliche Entwicklung, d.h. von den erwarteten Einkommensströmen ab. Wenn die Haushalte mehrheitlich mit zukünftigen Einkommensrisiken rechnen, z.B. weil die Stabilität der Sozialversicherungssysteme

---

[5] Vgl. Abbildung 10-31, S.467.
[6] Vgl. Kapitel 12, S. 653 ff.

gefährdet scheint, besteht c.p. ein größerer Anreiz zum Sparen als bei optimistischen Zukunftserwartungen.

Gewohnte Konsumstandards
Eine wichtige Rolle spielen ferner die Konsumstandards der Vergangenheit. Konsumverhalten weist ein beträchtliches Beharrungsvermögen auf und zwar nach oben wie nach unten.

Einkommensverteilung
Auch die Einkommensverteilung kann einen wichtigen Einfluss auf die Konsumentscheidung ausüben, da sich Haushalte nicht zuletzt wegen des Mitläufereffektes auch an der Konsumsituation anderer orientieren. Ein und dasselbe absolute Einkommensniveau führt daher zu unterschiedlich hohen Konsumausgaben, je nachdem ob sich der Bezieher in der Gruppe der Spitzenverdiener oder am unteren Rand der Einkommenspyramide der betreffenden Gesellschaft befindet.

Innerhalb der Konsumforschung besteht Einigkeit darüber, dass diese und andere Determinanten alle für die Konsumentscheidung relevant sind. Schwierig allerdings ist es herauszufinden, welches die jeweils dominanten Größen sind und wie sie zusammenwirken. Die relative Bedeutung der genannten Faktoren innerhalb der gesamtwirtschaftlichen Konsumfunktion ist deshalb seit jeher umstritten.

Marginale und durchschnittliche Konsumneigung sind gleich und konstant.

Marginale Konsumneigung ist kleiner als durchschnittliche; diese nimmt mit steigendem Y^V ab.

Marginale Konsumneigung ist kleiner als durchschnittliche; beide nehmen mit steigendem Y^V ab.

Abbildung 11-4: Empirische Konsumfunktionen

Empirische Erhebungen über die Stärke des Zusammenhangs zwischen gesamtwirtschaftlichem Einkommen und Konsumausgaben ergeben ein heterogenes Bild. Setzt man die jeweiligen Einkommens- (Y^V) und Konsumwerte (C) über einen sehr langen Zeitraum, z.B. mehrere Jahrzehnte, zueinander in Beziehung, so ergibt sich, dass der Anteil des Einkommens, der für Konsum ausgegeben wird, d.h. die durchschnittliche Konsumquote, annähernd konstant bleibt. Betrachtet man hingegen eine kürzere Frist von nur einigen Jahren, so scheint die Konsumquote mit zunehmendem Einkommen eher abzunehmen. Ein ähnliches Bild zeigt sich, wenn man einen Einkommensquerschnitt in einem bestimmten Zeitpunkt betrachtet.

Die Erklärung des gesamtwirtschaftlichen Konsums beschäftigt die Wirtschaftswissenschaft seit mehr als 100 Jahren. Im Laufe dieser Zeit wurden zahlreiche Konsumhypothesen entwickelt, deren Ziel es war, die empirischen Befunde zu Struktur und Entwicklung der gesamtwirtschaftlichen Konsumausgaben immer umfassender zu erklären und deren scheinbare Widersprüche aufzulösen.

Wir folgen nun im Wesentlichen den Spuren der Wissenschaftsgeschichte und betrachten die wichtigsten Konsumhypothesen in der Reihenfolge ihres Entstehens. Die einzelnen Erklärungsansätze werden im Verlauf der Zeit immer umfassender, ihre Ergebnisse nähern sich den empirischen Befunden immer stärker an.

• Die klassisch-neoklassische Konsumtheorie Ricardo, Fisher, Pareto, Marshall, Pigou u.a.
• Die absolute Einkommenshypothese Keynes
• Die relative Einkommenshypothese Duesenberry, Modigliani
• Die Lebenszyklushypothese Ando, Modigliani, Brumberg
• Die Dauereinkommenshypothese Friedman

Abbildung 11-5: Die wichtigsten makroökonomischen Konsumtheorien

11.2.1.1.1 Die klassische Konsumtheorie

Die klassischen Nationalökonomen glaubten, dass der Zins bei der Konsumentscheidung die Hauptrolle spiele. Ausgangspunkt dieser Überlegungen ist die Annahme, dass Menschen grundsätzlich den gegenwärtigen Konsum einem zukünftigen Konsum vorziehen (sog. Gegenwartspräferenz). Hinzu kommt, dass die Ersparnisse, die für den zukünftigen Konsum angesammelt werden, im Lauf der Zeit womöglich abhanden kommen, d.h. verloren gehen oder zumindest teilweise an Wert verlieren könnten (Risikoaversion). Wenn Haushalte also überhaupt zum Sparen gebracht werden sollen, so muss man ihnen dafür eine Entschädigung für das Warteopfer, quasi ein Schmerzensgeld für den entgangenen Gegenwartskonsum, sowie eine Risikoprämie zahlen, nämlich den Zins. Je höher der Zins ist, desto größer ist die Bereitschaft der Haushalte, einen Teil ihres Einkommens zu sparen.

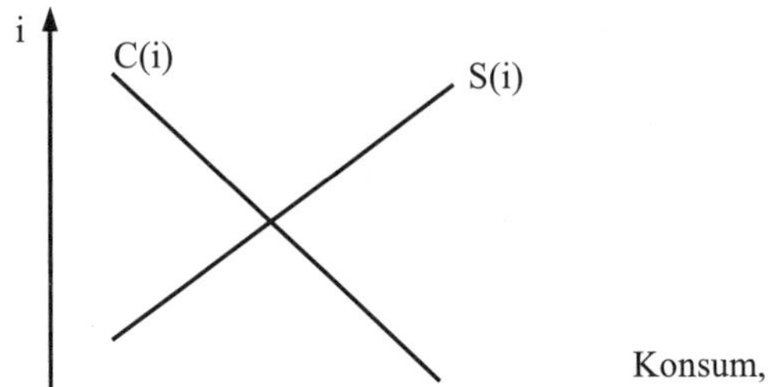

Abbildung 11-6: Die klassische Konsum- und Sparfunktion

Wenn aber die Spartätigkeit (S) vom Zins (i) abhängt, dann muss auch der Konsum (C) vom Zins abhängen, da das Einkommen schließlich nur auf diese beiden Komponenten aufgeteilt werden kann. Die Höhe des Einkommens wird somit zum Lageparameter der Konsumfunktion. Es gilt:

$$S = S(i)\text{, wobei } \frac{dS}{di} > 0\text{, und } C = C(i)\text{, wobei } \frac{dC}{di} < 0\,.$$

Auf diesem Hintergrund lässt sich auch der Inhalt des **Say'schen Gesetzes** verstehen: Haushalte sparen nur dann, wenn ihnen dafür ein entsprechender Zins geboten wird. Dieser kann jedoch nur von Unternehmen geboten werden, die die Ersparnisse der Haushalte für wertschöpfende Investitionsprojekte verwenden wollen. Das gesamte Einkommen taucht daher entweder in Form von Konsum- oder in Form von Investitionsnachfrage wieder im Wirtschaftskreislauf auf. Einen Nachfrageausfall kann es auf lange Sicht nicht geben.

11.2.1.1.2 Die absolute Einkommenshypothese

Dieses Weltbild änderte sich mit der „General Theory“ vollständig. Keynes ging im Gegensatz zu den Klassikern davon aus, dass die Haushalte nicht primär über ihre Ersparnis, sondern vielmehr über ihren Konsum entscheiden. Gespart wird einfach das, was übrig bleibt (Residualgröße)[7].

Als wichtigste Einflussgröße auf den Konsum gilt dabei das verfügbare Einkommen der jeweiligen Periode. Zwar erwähnt auch Keynes weitere Einflussfaktoren wie den Zins, den allgemeinen Lebensstandard oder den Vermögensbestand; er betrachtet diese jedoch als untergeordnet. Man nennt die keynesianische Konsumtheorie daher auch **absolute Einkommenshypothese**.

Diese kann im Wesentlichen durch folgende Annahmen beschrieben werden:

- Das (reale) verfügbare Einkommen ist, wenn auch nicht der einzige, so doch der dominierende Einflussfaktor auf den Konsum[8]. Es besteht ein eindeutiger Zusammenhang zwischen Konsum und verfügbarem Einkommen: $C = f(Y^v)$
- Das Konsumverhalten der Haushalte gehorcht dem sog. fundamentalpsychologischen Gesetz. Es sagt aus, dass der Konsum bei steigendem Einkommen sich nicht um denselben Absolutbetrag ausdehnt, sondern nur ein Teil des zusätzlich verdienten Einkommens auch tatsächlich zu zusätzlichem Konsum führt[9]. Die Grenzneigung zum Konsum (marginale Konsumquote) liegt also zwischen den Werten 0 und 1:

$$0 < \frac{dC}{dY^v} < 1$$

- Der Konsumanstieg erfolgt somit nur unterproportional zum Einkommen. Das bedeutet, dass das durchschnittliche Verhältnis von Konsum zu Einkommen (durchschnittliche Konsumquote) mit steigendem Einkommen abnimmt.
- Nach Keynes' Ansicht nimmt wahrscheinlich auch die marginale Konsumquote mit steigendem Einkommen ab[10].

Diese Grundannahmen führen zu folgender Konsumfunktion:

---

[7] “For the satisfaction of the immediate primary needs of a man and his family is usually a stronger motive than the motives towards accumulation, which only acquire effective sway when a margin of comfort has been attained.”: *Keynes* (1981), S. 97.

[8] “The aggregate income measured in terms of the wage unit is, as a rule, the principle variable upon which the consumption-constituent of the aggregate demand function will depend.” *Keynes* (1981), S. 96.

[9] “The fundamental psychological law, upon which we are entitled to depend with great confidence both a priori from our knowledge of human nature and from detailed facts of experience, is that men are disposed, as a rule and on average, to increase their comsumption as their income increases, but not by as much as the increase in their income.”: *Keynes* (1981), S. 96.

[10] “These reasons will lead, as a rule, to a greater proportion of income being saved as real income increases.” *Keynes* (1981), S. 97.

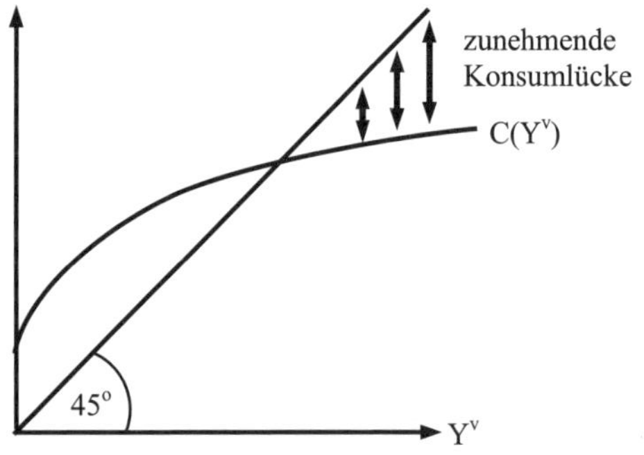

Abbildung 11-7: Die Keynesianische Konsumfunktion

In vereinfachter Form lässt sich daraus eine lineare Konsumfunktion erstellen, die folgende mathematische Eigenschaften besitzt:

$C = f(Y^v) = C^{aut} + cY^v$, wobei

$\frac{dC}{dY^v} = \tan\alpha = \text{const.}$ und $0 < \frac{dC}{dY^v} < 1$ („fundamentalpsychologisches Gesetz"), sowie

$\frac{C}{Y^v} = \tan\beta$ und $\frac{C}{Y^v} > \frac{dC}{dY^v}$

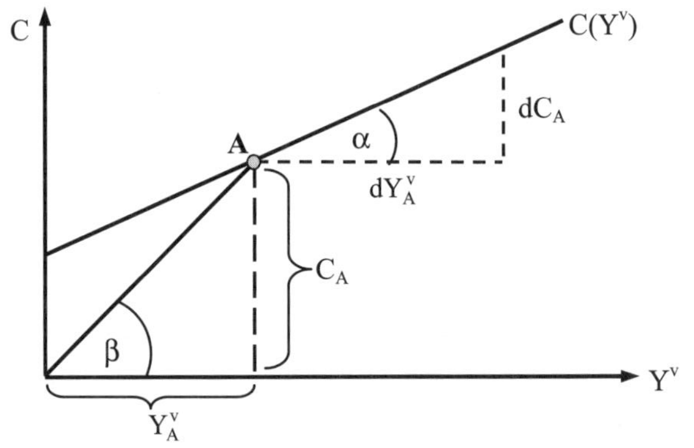

Abbildung 11-8: Lineare keynesianische Konsumfunktion

Die Interpretation des Ordinatenabschnitts ist nicht ganz einfach. In manchen Lehrbüchern wird dieser Konsumbetrag als Existenzminimum bezeichnet, was jedoch nicht sinnvoll ist, da ein Volkseinkommen von Null in der Realität niemals beobachtbar ist, ja nicht einmal vorstellbar wäre. Insofern stellt diese Größe eine rein rechnerische Verlängerung des beobachtbaren Bereichs der Konsumfunktion dar. Besser ist es, vom **Sockelkonsum** zu sprechen, der alle Einflussgrößen zusammenfasst, die nicht explizit in der Gleichung betrachtet werden, wie z.B. Veränderungen im Vermögensbestand, im Zinssatz oder bei den fiskalpolitischen Rahmenbedingungen[11].

[11] "The fact that …the expenditure on consumption … depends in the main on the volume of output and employment is the justification for summing up the other factors in the portmanteau function 'pro-

Die Parameter der Konsumfunktion betrachtete Keynes als weitgehend stabil. Mögliche Änderungen seien das Ergebnis zufälliger Störungen, die in der systematischen Analyse jedoch vernachlässigt werden könnten[12].

Der Rest des Einkommens, der nicht für den Konsum benötigt wird, wird gespart. Die Sparfunktion kann also algebraisch und graphisch leicht aus der Konsumfunktion hergeleitet werden:

$$Y^v = C + S \rightarrow S = Y^v - C = Y^v - C^{aut} - cY^v = -C^{aut} + (1-c)Y^v$$

Graphisch verläuft die Sparfunktion durch zwei markante Punkte:

- Sie beginnt bei $-C^{aut}$, da in diesem Punkt der gesamte Konsum durch negative Ersparnis, d.h. durch Auflösung des Vermögensbestandes (also der Ersparnis früherer Zeitperioden) oder durch die Aufnahme von Schulden finanziert werden muss.
- Die Nullstelle der Sparfunktion ist dort, wo die Konsumfunktion die 45°-Linie schneidet, denn dort wird gerade das gesamte Einkommen zur Finanzierung des laufenden Konsums benötigt; an dieser Stelle wird also weder gespart noch entspart.

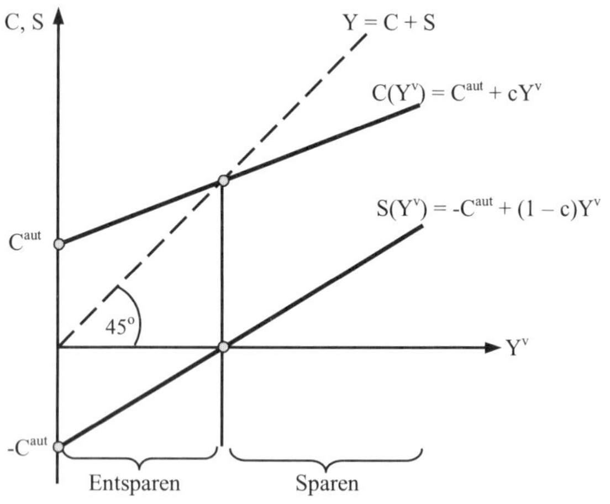

Abbildung 11-9: Herleitung der Sparfunktion aus der Konsumfunktion

Die Bedeutung der Ersparnisbildung hat sich im Vergleich zum klassischen Erklärungsansatz vollständig verändert: Ging man zuvor von einer Dominanz der zinsinduzierten Sparentscheidung über die Konsumentscheidung aus, so steht nun klar die Konsumentscheidung im Vordergrund, wodurch die Ersparnis zur einer Restgröße wird.

Übung 11-1: Formaler Umgang mit der keynesianischen Konsumfunktion

Gegeben sei der Schnittpunkt A zwischen einer linearen keynesianischen Konsumfunktion und der 45°-Linie im Konsum-Einkommens-Diagramm.

pensity to consume'." Gemeint ist "average propensity" und damit letztlich der Ordinatenabschnitt der Konsumfunktion: *Keynes* (1981), S. 96; vgl. auch ebda S. 91 ff..

[12] „We are left therefore, with the conclusion that in a given situation the propensity to consume may be considered a fairly stable function.“: *Keynes* (1981), S. 95.

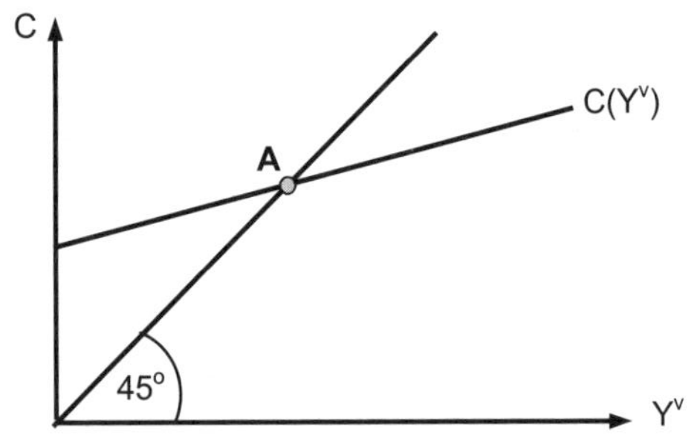

Abbildung 11-10: Gegebene Konsumfunktion

Welche Aussagen zu dieser Zeichnung sind richtig, welche falsch?

a) In A ist die durchschnittliche Konsumquote gleich der marginalen Konsumquote.

b) Links von A ist die durchschnittliche Konsumquote größer als 1.

c) Links von A ist die Ersparnis negativ.

d) Die durchschnittliche Sparquote kann niemals 1 werden.

e) Die durchschnittliche Konsumquote kann niemals 1 werden.

f) Die marginale Konsumquote kann niemals 1 werden.

g) Die Einkommenselastizität des Konsums erreicht im Punkt A den Wert 1.

h) Die Einkommenselastizität des Konsums kann niemals den Wert 1 erreichen.

Lösung:

a) Falsch: Die durchschnittliche Konsumquote ist im gesamten Verlauf der Konsumfunktion größer als die marginale.

b) Richtig: Überall links von A ist der Konsumbetrag größer als das verfügbare Einkommen, der Quotient aus beiden daher >1.

c) Richtig: Folgt aus 2. Wenn mehr für den Konsum ausgegeben als eingenommen wird, muss die Different aus negativer Ersparnis kommen.

d) Richtig: Die Quote wäre 1, wenn das gesamt Einkommen gespart würde. Dies ist aber nirgends der Fall, da ja stets zuerst der Konsum aus dem Einkommen finanziert werden muss.

e) Falsch: Im Punkt A ist genau dies der Fall, weil dort die Konsumausgaben gleich dem zufließenden Einkommen sind.

f) Richtig: Gemäß dem fundamentalpsychologischen Gesetz muss die marginale Konsumquote immer zwischen 0 und 1 liegen; das bedeutet, die Konsumfunktion kann niemals parallel zur 45°-Linie verlaufen.

g) Falsch: Zur Erinnerung der Wert der Einkommenselastizität des Konsums

$$\varepsilon_{C,Y} = \frac{\frac{dC}{C}}{\frac{dY}{Y}} = \frac{dC}{C} \cdot \frac{Y}{dY} = \frac{dC}{dY} : \frac{Y}{C} = \frac{\text{marginale Konsumquote}}{\text{durchschnittliche Konsumquote}}$$

Da die marginale Konsumquote stets kleiner ist als die durchschnittliche, kann der Elastizitätswert niemals 1 sein.

h) Richtig: Begründung siehe g).

In dieser Konsumfunktion, v.a. in ihrer ursprünglichen nicht-linearen Form wie in Abbildung 11-7 dargestellt, drückt sich deutlich der durch die Weltwirtschaftskrise geprägte keynesianische Marktpessimismus aus. Würde diese Konsumhypothese zutreffen, so wäre bei zunehmendem Wohlstand, d.h. kontinuierlich steigenden Einkommen im Laufe der Zeit auch mit zunehmender Arbeitslosigkeit zu rechnen, da die Nachfragelücke zwischen Einkommen und Konsumausgaben im Modell immer größer wird. Die Ersparnis würde steigen und zwar unabhängig von der Investitionsnachfrage und damit der Zinsentwicklung, da sie ja nur als Einkommensrestgröße nach der Konsumentscheidung übrig bleibt und nicht etwa – wie im klassischen Modell – durch Zinsanreize hervorgerufen werden muss:

> *"...we take it as a fundamental psychological rule of any modern community that, when its real income is increased, it will not increase its consumption by an equal absolute amount, so that a greater absolute amount must be saved, ...This means that, if employment and hence aggregate income increase, not all the additional employment will be required to satisfy the needs of additional consumption"*[13]

Diese Schlussfolgerung traf nach dem 2. Weltkrieg erfreulicherweise nicht auf die tatsächliche Wirtschaftsentwicklung zu. Zwar stiegen die Einkommen in Europa bemerkenswert schnell und dauerhaft an, die prognostizierte Arbeitslosigkeit stellte sich jedoch nicht ein. So plausibel die *Keynes*schen Voraussagen sich angehört hatten, so wenig konnte man damit jedoch die eintretende Konsum- und Beschäftigungsentwicklung erklären.

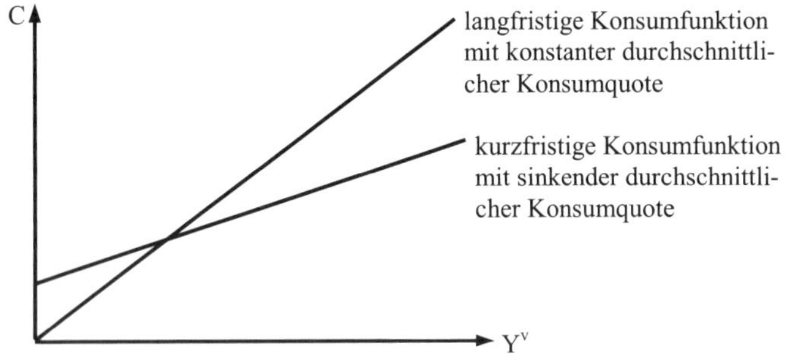

Abbildung 11-11: Kurz- und langfristige empirische Konsumfunktion nach Kuznets

Noch ein zweites sog. „Konsumrätsel"[14] kam hinzu: Im Jahr 1946 untersuchte der ukrainisch-amerikanische Nationalökonom und spätere Nobelpreisträger *Simon Kuznets* den Zusammenhang zwischen Konsum- und Einkommen in lang- und kurzfristigen Zeitreihenanalysen[15]. Dabei fand er heraus, dass die *Keynes*sche Konsumhypothese zwar recht gut den Zusammenhang zwischen Konsum und Einkommen in der kurzen Frist, d.h. während eines Konjunkturzyklus, erklärt, den langfristigen Daten jedoch eklatant widerspricht. *Kuznets* Messergebnisse zeigten, dass über längere Zeiträume von mehreren Jahrzehnten die durchschnittliche Konsumquote nicht etwa zurückgeht – wie *Keynes* es formulierte – sondern vielmehr bemerkenswert stabil bleibt (siehe Abbildung 11-11).

Die Lösung dieses „Konsumrätsels" trieb in der Folgezeit zahlreiche Wissenschaftler an, durch neue, verbesserte Konsumtheorien den vermeintlichen Widerspruch zwischen der lang- und der kurzfristigen Konsumfunktion zu erklären.

---

[13] *Keynes* (1981), S. 97.
[14] Vgl. *Mankiw* (1998), S. 450 ff.
[15] Vgl. *Kuznets* (1946).

11.2.1.1.3 Die relative Einkommenshypothese

Ein erster Ansatz zur Auflösung des Rätsels stammt von *James Duesenberry*[16], seine Theorie wurde später von *Franco Modigliani*[17] ergänzt sowie von *Tillman Brown* erweitert[18]. Die Hauptneuerung in dieser Theoriengruppe besteht in der Berücksichtigung vergangener Konsumstandards bzw. der Vergangenheitseinkommen. Das gegenwärtig verfügbare Einkommen wird also in Relation zur Vergangenheit gesetzt. Darüber hinaus wird berücksichtigt, dass das Konsumverhalten der Menschen sich stets nicht nur an der absoluten Höhe des eigenen Einkommens, sondern auch an seiner relativen Stellung innerhalb der Einkommenspyramide orientiert. Im Gegensatz zur absoluten Einkommenshypothese von *Keynes* nennt man diese Theoriengruppe deshalb die relative Einkommenshypothese.

Die wichtigsten Annahmen der relativen Einkommenshypothese lassen sich wie folgt zusammenfassen:

- Das Konsumverhalten der Menschen ist interdependent. Die Haushalte orientieren sich nicht nur am eigenen Einkommen, sondern auch an der Einkommenspyramide der Gesellschaft, innerhalb der sie sich befinden.
- Nicht nur das absolute und relative Einkommen der Gegenwart prägt das Konsumverhalten, sondern auch das Einkommen und damit die Konsumstandards der Vergangenheit.
- Daher sind einmal erreichte Konsumniveaus nicht mehr leicht rückgängig zu machen. Bei plötzlichen Einkommensverlusten stellen sich Beharrungseffekte, sog. ratchet- oder Sperrklinkeneffekte ein.

Mit diesen Annahmen gelingt es bereits wesentlich besser, die drei empirischen Verläufe der Konsumfunktion, wie in Abbildung 11-4 gezeigt, zu erklären und das Konsumrätsel einer Lösung näher zu bringen. So erklärt die Annahme des gesellschaftlich interdependenten Konsumverhaltens unmittelbar die Querschnittsfunktion des Konsums.

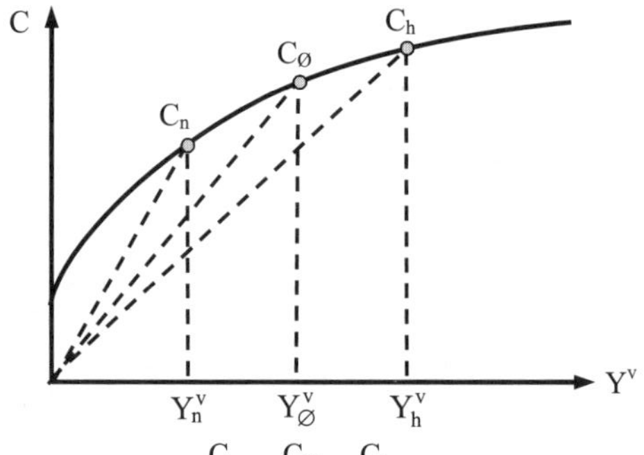

$$\frac{C_n}{Y_n^v} > \frac{C_\varnothing}{Y_\varnothing^v} > \frac{C_h}{Y_h^v}$$

Abbildung 11-12: Konsumverhalten im Querschnitt der Bevölkerung

Die Orientierung an der Einkommenspyramide bewirkt, dass die Bezieher relativ niedrigerer Einkommen einen höheren Teil ihres Einkommens für den Konsum ausgeben, als die Be-

[16] Vgl. *Duesenberry* (1948) und (1949).
[17] Vgl. *Modigliani* (1949).
[18] Sog. Habit persistence-Hypothese: vgl. *Brown* (1952).

zieher überdurchschnittlich hoher Einkommen. Es besteht quasi ein Trend zur Mitte, vergleichbar dem Mitläufereffekt, den wir bereits in der mikroökonomischen Konsumtheorie kennen gelernt haben. Abbildung 11-12 zeigt die drei Einkommensklassen niedrig, durchschnittlich und hoch mit ihren jeweiligen Konsumquoten. Verbindet man die drei Konsumpunkte zu einer Querschnittsfunktion, so erhält man das Bild der empirischen Querschnittsfunktion aus Abbildung 11-4. Der positive Ordinatenabschnitt kann wiederum als Sockelkonsum interpretiert werden, der unabhängig vom Einkommen von allen Einkommensklassen beansprucht wird. Die Höhe dieses Sockelkonsums hängt ebenfalls vom durchschnittlichen Lebensstandard in der betrachteten Gesellschaft ab.

Aus der Annahme der gesellschaftlichen Interdependenz des Konsums lässt sich nun erstmalig ein Argument dafür gewinnen, dass die durchschnittliche Konsumquote in langfristiger Betrachtung konstant ist.

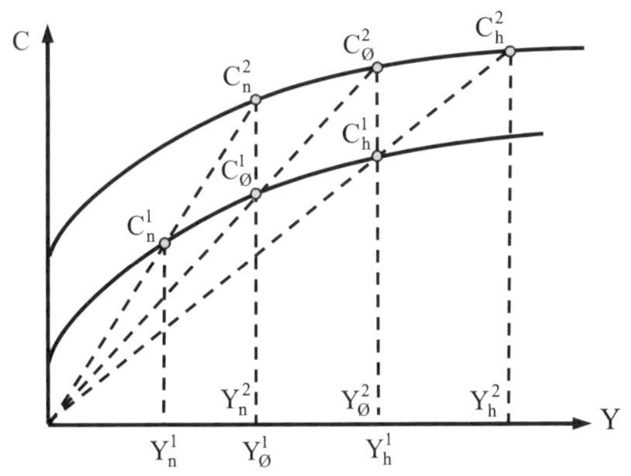

Abbildung 11-13: Interdependentes Konsumverhalten und langfristige Konsumneigung

Nehmen wir an, dass alle Einkommen steigen und zwar so, dass sich die Relationen zueinander, d.h. die Einkommensverteilung, nicht verändern. Dies bedeutet, dass zwar alle Haushalte absolut mehr konsumieren können. Da sich ihre relative Stellung innerhalb der Einkommenspyramide aber nicht geändert hat, ändert sich auch die Konsumquote der einzelnen Einkommensklassen nicht – dies entspricht in Abbildung 11-13 der Verlängerung der Ursprungsstrahlen an die jeweiligen Konsumpunkte der drei Einkommensklassen. Wenn aber die Konsumquoten der einzelnen Einkommensklassen konstant bleiben, bleibt auch die durchschnittliche Konsumquote der Gesamtwirtschaft konstant, da sie ja lediglich das mit den jeweiligen Bevölkerungsanteilen gewogene arithmetische Mittel der Klassenquoten ist. Unter der Voraussetzung einer konstanten Einkommensverteilung kann also der langfristig proportionale Verlauf der empirischen Konsumfunktion plausibel erklärt werden.

Wie aber erklärt sich der Unterschied zwischen der kurz- und der langfristigen Konsumfunktion?

Betrachten wir hierzu die Annahme über die zeitliche Interdependenz des Konsumverhaltens. *Duesenberry* nimmt an, dass der gegenwärtige Konsum C_t zu einem Teil a vom gegenwärtig verfügbaren Einkommen Y_t und zu einem Teil b vom Höchsteinkommen der Vergangenheit Y_t^h bestimmt wird, das in der Gegenwart als Orientierungsmarke für die Konsumentscheidung dient. Also gilt

Wenn $Y_t^h = \max[Y_t, Y_{t-1}, Y_{t-2}, ..., Y_{t-n}]$, dann beträgt der Gegenwartskonsum

$$C_t = a \cdot Y_t + b \cdot Y_t^h \quad \text{oder} \quad C_t = a \cdot Y_t + b \cdot \frac{Y_t^h}{Y_t} \cdot Y_t$$

Nehmen wir nun an, dass das Einkommen kontinuierlich wächst. In diesem Fall ist das gegenwärtige Einkommen auch stets das höchste, das jemals erzielt wurde und gilt daher in jeder Periode auch gleichzeitig als Orientierungseinkommen: $Y_t^h = Y_t$.

Daraus folgt: $C_t = a \cdot Y_t + b \cdot 1 \cdot Y_t$ und $C_t = (a+b) \cdot Y_t$.

Die durchschnittliche Konsumquote beträgt somit $\frac{C_t}{Y_t} = a + b = \text{const.}$.

Der langfristig proportionale Verlauf der empirischen Konsumfunktion kann also auch aus der Annahme der zeitlichen Konsuminterdependenz erklärt werden.

Nehmen wir nun aber an, dass das Einkommen z.B. aufgrund von plötzlicher Arbeitslosigkeit um eine bestimmte Rate g, z.B. um 5%, sinkt. Dann gilt:

$$Y_{t+1} < Y_t = Y_{h+1}^h$$

$$C_{t+1} = a \cdot Y_{t+1} + b \cdot \frac{Y_{t+1}^h}{Y_{t+1}} Y_{t+1} = a \cdot Y_{t+1} + b \cdot \frac{Y_t}{Y_{t+1}} Y_{t+1}$$

Zwischen Y_t und Y_{t+1} besteht folgende Beziehung: $Y_{t+1} = (1+g)Y_t$, wobei g negativ ist. Daraus ergibt sich:

$$C_{t+1} = a \cdot Y_{t+1} + b \cdot \frac{Y_t}{Y_t(1+g)} Y_{t+1}$$

$$\frac{C_{t+1}}{Y_{t+1}} = a + b \cdot \frac{1}{1+g}$$

Diese durchschnittliche Konsumquote ist also höher als die bisherige Quote a+b, da der Nenner des Bruches 1+g wegen des negativen Wertes von g kleiner ist als 1. Auf dem Rückweg wird die Konsumfunktion somit flacher als sie zuvor angestiegen ist (siehe Abb. Abbildung 11-14).

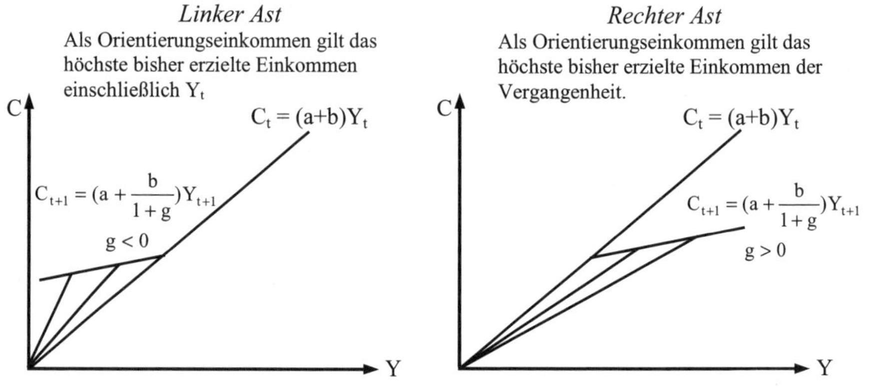

Abbildung 11-14: Die Auswirkung von Einkommensschwankungen auf die kurzfristige Konsumfunktion

Es gibt also einen sog. ratchet- oder Sperrklinkeneffekt, der verhindert, dass bei kurzfristigen Abweichungen des Einkommens vom langfristigen Wachstumspfad der bisher erreichte

Lebensstandard vollständig aufgegeben und dem niedrigeren Einkommensniveau angepasst wird.

Analog wird für den rechten Ast der kurzfristigen Konsumfunktion argumentiert. Allerdings muss dafür die Definition des Orientierungseinkommens geringfügig geändert werden. Würde das jeweils aktuelle Einkommen als Orientierungseinkommen gelten, so käme bei jeder Einkommenserhöhung nur eine Bewegung auf der langfristigen Konsumfunktion infrage. Der rechte Ast würde niemals erreicht. Engt man stattdessen die Definition des Orientierungseinkommens auf echte Vergangenheitswerte ein, so erhält man analog zu oben:

$\frac{C_{t+1}}{Y_{t+1}} = a + b \cdot \frac{1}{1+g}$, wobei nun aber g positiv und die kurzfristige durchschnittliche Konsumquote daher kleiner ist als die langfristige a+b.

Duesenberrys relative Einkommenshypothese ist somit ein Meilenstein der Konsumtheorie, da sie als erste die unterschiedlichen Verläufe der empirischen Konsumfunktionen zu erklären vermag. Allerdings ist sie im Detail nicht frei von Widersprüchen, wie das obige Beispiel der beiden Äste der kurzfristigen Konsumfunktion zeigt. Insbesondere auch die Erklärung der Rückkehr auf den langfristigen Konsumpfad nach der Störung ist bei *Duesenberry* noch nicht vollständig schlüssig.

Übung 11-2: Die relative Einkommenshypothese als Basis einer empirisch geschätzten Konsumfunktion

Eine empirisch geschätzte Konsumfunktion lautet $C_t = 1{,}196Y_t - 0{,}25\frac{Y_t^2}{Y^{max}}$.

C_t = Konsum im Zeitpunkt t

Y_t = verfügbares Einkommen im Zeitpunkt t

Y^{max} = maximal verfügbares Einkommen der Vergangenheit

a) Mit Hilfe welcher Annahme lässt sich aus dieser Funktion ein langfristig proportionaler Verlauf der Konsumfunktion ableiten?

b) Wie lautet die Gleichung?

c) Berechnen Sie die Konsumquote für den Fall, dass die gesamtwirtschaftliche Wachstumsrate 2,5% beträgt.

Lösung:

a) Man muss annehmen, dass das Einkommen stetig mit einer festen Rate g wächst. Wenn das der Fall ist, dann stehen Y_t und Y^{max} in einem konstanten Verhältnis zueinander.

b) $$\frac{Y_t}{Y^{max}} = \frac{Y^{max} + g \cdot Y^{max}}{Y^{max}} = \frac{Y^{max}}{Y^{max}}(1+g) = 1+g$$

$$\Rightarrow C_t = 1{,}196Y_t - 0{,}25/1+g)Y_t = (0{,}096 - 0{,}25g)Y_t$$

c) Dies entspricht einer Geraden, die durch den Nullpunkt verläuft. Konsum und Einkommen verhalten sich also proportional zueinander, die durchschnittliche Konsumquote bleibt konstant. Für g = 2,5% erhält man:

$$C_t = 0{,}94Y_t$$

$$\frac{C_t}{Y_t} = 0{,}94 = \frac{dC_t}{dY_t}$$

11.2.1.1.4 Die Normaleinkommenshypothese

Ein wesentlicher Kritikpunkt gegen die relative Einkommenshypothese ist, dass sie in keiner Variante ihrer Formulierungen die Erwartungen bezüglich des zukünftigen Einkommens berücksichtigt. Der Zeitpfad wird in der Gegenwart abgeschnitten.

Dieser Mangel wird durch eine ganze Schar weiterer Konsumhypothesen behoben, die alle eines gemeinsam haben: Sie berücksichtigen zukünftige Einkommen und daher explizit auch Vermögen. Diesen Hypothesen liegen folgende Überlegungen zugrunde:

- Neben dem gegenwärtigen und den vergangenen Einkommen üben auch die zukünftigen Einkommen in Form von Erwartungen einen wichtigen Einfluss auf die Konsumentscheidung aus. Um die zukünftigen Einkommensströme bewerten zu können, werden Zinsgrößen in das Modell eingeführt.
- Neben dem Arbeitseinkommen aus Humankapital werden dabei explizit auch zukünftige (Zins-)Einkommen aus Kapitalvermögen berücksichtigt, die wiederum stark von der Spartätigkeit der Gegenwart und Vergangenheit abhängen.

Wenn man annimmt, dass sich Sparen und Entsparen über den Planungszeitraum hinweg ausgleichen (d.h., dass keine dauerhafte Vermögensbildung stattfindet), muss die Summe aller im Betrachtungszeitraum abdiskontierten Konsumausgaben der Summe aller abdiskontierten Einkommen entsprechen:

$\sum_{t=0}^{T} \frac{C_t}{(1+i)^t} = \sum_{t=0}^{T} \frac{Y_t}{(1+i)^t}$, wobei T für den Planungshorizont und i für den Zinssatz steht.

Y_t entspringt also dem Gesamtvermögen, bestehend aus Humankapital, Sach- und Finanzkapital. Der Gegenwartswert all dieser Einkommensströme entspricht dann dem Wert des Gesamtvermögens:

$$V_0 = \sum_{t=0}^{T} \frac{Y_t}{(1+i)^t}$$

Diesen Gegenwartswert des Gesamtvermögens kann man rechnerisch auf den gesamten Planungszeitraum gleichverteilen (Annuitätenrechnung) und erhält so ein Maß für das sog. Normaleinkommen[19], das theoretisch dauerhaft bezogen werden kann. Dieses gleichbleibende Dauer- oder Normaleinkommen, so unterstellen die Vertreter dieser Hypothesengruppe, ist der Bezugspunkt für die Konsumplanung. Langfristig entwickeln sich die Konsumausgaben proportional zu diesem Normaleinkommen: $C_n = f(Y_n)$, wobei C_n für den Normalkonsum und Y_n für das Normaleinkommen steht. Mit dieser Hypothese lässt sich daher sehr einfach und unmittelbar der proportionale Verlauf der empirischen langfristigen Konsumfunktion erklären.

Auf dieser Idee eines in einem bestimmten Planungszeitraum dauerhaft beziehbaren gleichbleibenden Einkommens basieren zwei sehr prominente Konsumhypothesen, die nun noch in ihren Grundzügen erklärt werden sollen, nämlich die Lebenszyklushypothese von *Ando, Modigilani* und *Brumberg*, sowie die Dauereinkommenshypothese von *Milton Friedman*.

11.2.1.1.5 Die Lebenszyklushypothese

Die Lebenszyklushypothese unterstellt, dass der Planungszeitraum für die Konsumausgaben der Haushalte der eigenen Lebensspanne entspricht[20]. Ziel der Konsumenten ist es, den Kon-

---

[19] Vgl. *Farrell* (1959).

[20] Als Einstiegslektüre eignen sich gut *Modigliani* (1986) und *Modigliani/Brumberg* (1954).

sumnutzen über die gesamte Lebensdauer hinweg zu maximieren. Um dies zu erreichen, müssen die jährlichen Konsumausgaben möglichst stabil gehalten werden, da der Konsum ja bekanntlich dem ersten Gossen'schen Gesetz des abnehmenden Grenznutzens unterliegt: Zusätzliche Konsumausgaben in einer Phase ohnehin hohen Lebensstandards führen zu einem geringeren Nutzenzuwachs als in einer Phase der Armut. Die Haushalte müssen deshalb versuchen, ihr Lebenseinkommen gleichmäßig auf die einzelnen Lebensjahre zu verteilen, um daraus einen stetigen, möglichst auch sacht ansteigenden Konsumpfad finanzieren zu können.

Typischerweise entwickelt sich das Einkommen eines Haushaltes im Laufe seines Lebens aber nicht kontinuierlich. Zu Beginn des Arbeitslebens wird i.d.R. nur ein geringes Arbeitseinkommen erzielt. Im Laufe der beruflichen Karriere wächst es an und erreicht meist in einem Alter zwischen 40 und 50 Jahren sein maximales Niveau, das idealerweise bis zum Eintritt in den Ruhestand aufrechterhalten werden kann oder eventuell allmählich wieder abnimmt. Bei Beendigung des Arbeitslebens sinkt das Arbeitseinkommen abrupt auf Null. Um die Konsumausgaben in dieser Lebensphase finanzieren zu können, muss der Haushalt also zuvor gespart haben, so dass er nun im Alter das angesparte Vermögen auflösen (z.B. in Form einer Rente oder einer Kapitallebensversicherung) und seinen gewohnten Lebensstandard möglichst halten kann. Auch in der Phase der Ausbildung, also vor Beginn der regulären Erwerbsphase können die Konsumausgaben nicht aus dem laufenden Einkommen gedeckt werden und müssen daher oft im Vorgriff auf zukünftige Einkommen durch Kredite, d.h. negative Ersparnis finanziert werden (wie z.B. beim Studenten-Bafög oder im Fall eines Existenzgründungsdarlehens). Die für eine durchschnittliche Arbeiterbiographie typischen Einkommensschwankungen während eines Lebens werden also durch Sparen und Entsparen, d.h. durch Vermögensbildung und -auflösung geglättet.

Abbildung 11-15 zeigt das Konsum- und Einkommensprofil eines typischen Arbeitslebens. Zu Beginn und am Ende der Berufsphase liegt das Einkommen unter den Konsumausgaben, während der Berufstätigkeit darüber. Die schraffierten Flächen zeigen die negative (unterhalb des Konsumpfades) und positive (oberhalb des Konsumpfades) Ersparnis.

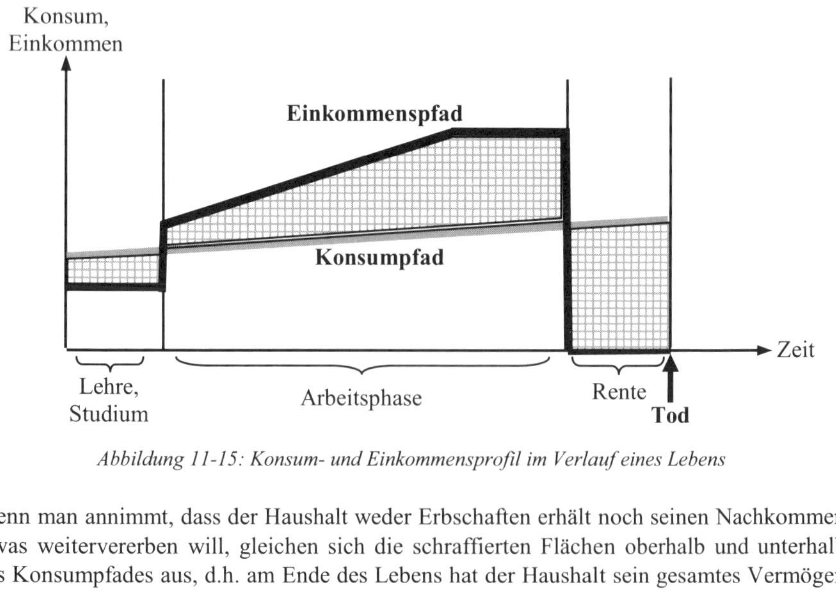

Abbildung 11-15: Konsum- und Einkommensprofil im Verlauf eines Lebens

Wenn man annimmt, dass der Haushalt weder Erbschaften erhält noch seinen Nachkommen etwas weitervererben will, gleichen sich die schraffierten Flächen oberhalb und unterhalb des Konsumpfades aus, d.h. am Ende des Lebens hat der Haushalt sein gesamtes Vermögen

aufgebraucht[21]. Die Summe aller Einkommensströme und die Summe aller Konsumströme während eines Lebens müssen also gleich groß sein:

$$\sum_{t=0}^{T}\frac{C_t}{(1+i)^t}=\sum_{t=0}^{T}\frac{Y_t}{(1+i)^t}$$

Der Einfachheit halber sei im Folgenden unterstellt, dass der Zinssatz 0% beträgt[22]. Nehmen wir an, ein Arbeitnehmer mit einem Jahreseinkommen von Y rechnet damit, noch T Jahre zu leben und noch R Jahre arbeiten zu müssen, wobei R kleiner ist als T, d.h. er erhofft sich eine Rentenzeit von T-R Jahren, in denen das Konsumniveau möglichst erhalten bleiben soll. Er hat in seinem bisherigen Berufsleben bereits ein gewisses Wohlstandsniveau erreicht und einen Betrag V zur Absicherung seines Lebensabends angespart. Wie hoch dürfen die jährlichen Konsumausgaben C dieses Arbeitsnehmers pro Jahr höchstens sein, wenn er dasselbe Konsumniveau sein ganzes Leben hindurch aufrecht erhalten und dabei seinen Kindern keine Schulden hinterlassen will?

Das maximale Ausgabevolumen ergibt sich als Summe aus dem bereits vorhandenen Vermögen und dem Arbeitseinkommen der noch verbleibenden Lebensarbeitszeit:

Max. Ausgabevolumen = V + R·T.

Pro Jahr können somit Konsumausgaben von $C=(V+R\cdot Y):T$ finanziert werden. Dies lässt sich auch schreiben als

$C=(\frac{1}{T})V+(\frac{R}{T})Y$ oder allgemein als $C=a\cdot V+b\cdot Y$

Wenn der Arbeitnehmer damit rechnet, noch ca. 50 Jahre zu leben und davon noch 30 Jahre arbeiten zu müssen, dann ist a = 0,02 und b = 0,6; und seine Konsumfunktion lautet $C=0{,}02\cdot V+0{,}6\cdot Y$.

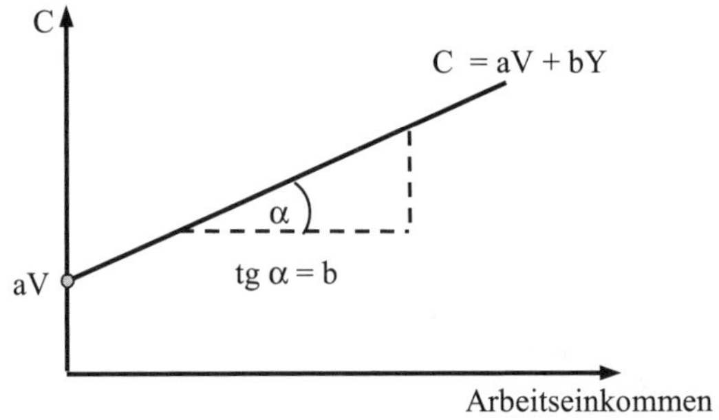

Abbildung 11-16: Die Lebenszyklus-Konsumfunktion

Was bedeutet dieser Ausdruck?

Auf den ersten Blick scheint diese Funktion einer keynesianischen Konsumfunktion sehr ähnlich zu sein. Neu ist jedoch, dass der Ordinatenabschnitt vom Vermögen abhängt: Je hö-

[21] Genau genommen genügt es anzunehmen, dass sich alle Vermögens**änderungen** während des Lebens ausgleichen, d.h. dass keine Nettovermögensbildung stattfindet. Beim Haushalt kann durchaus ein gewisser Vermögensbestand vorhanden sein, der jedoch während der Lebensphase nicht verändert wird. In diesem Fall enthalten die Einkommensströme nicht nur Arbeits- sondern auch Zinseinkommen.

[22] Zum folgenden Rechenbeispiel vgl. *Mankiw* (1998), S. 464 f.

her der Vermögensbestand ist, desto höher liegt die Konsumfunktion. Die Lebenszyklushypothese kann somit erstmalig erklären, warum sich die kurzfristigen empirischen Konsumfunktionen im Zeitverlauf nach oben verlagern: Der gesamtwirtschaftliche Vermögensbestand wächst und hebt somit das Konsumniveau.

Die Lebenszyklushypothese kann darüber hinaus aber auch die verschiedenen Verläufe der lang- und kurzfristigen Konsumfunktion erklären. In der kurzfristigen Betrachtung oder in der Querschnittsanalyse ist der Vermögensbestand konstant. Die durchschnittliche Konsumquote ist daher bei hohen Einkommen niedriger als bei geringen Einkommen. Langfristig hingegen steigt der Vermögensbestand kontinuierlich an. Dadurch verschiebt sich die Konsumfunktion immer weiter nach oben, so dass die durchschnittliche Konsumquote annähernd konstant bleibt:

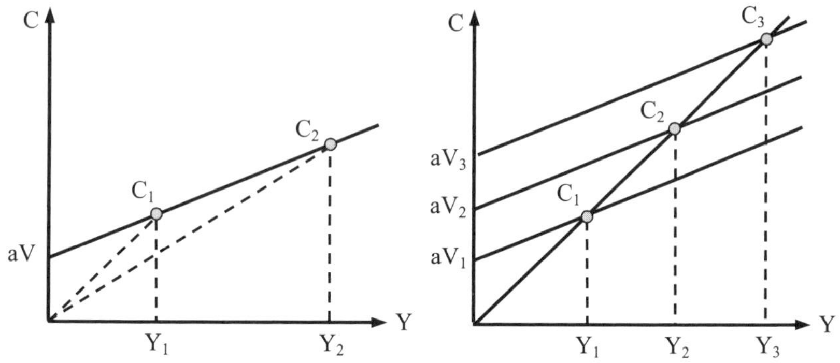

Kurzfristige Konsumquote

$$\frac{C_1}{Y_1} > \frac{C_2}{Y_2}$$

Langfristige Konsumquote

$$\frac{C_1}{Y_1} = \frac{C_2}{Y_2} = \frac{C_3}{Y_3} = \frac{C}{Y}$$

Abbildung 11-17: Kurz- und langfristiger Verlauf der Lebenszyklus-Konsumfunktion

Praxisbeispiel 11-1: Die Lebenszyklus-Konsumfunktion der USA – Schätzung für den Zeitraum 1929 - 1959

Empirische Daten ergaben für die Lebenszyklus-Konsumfunktion der USA im Zeitraum von 1929 bis 1959 folgenden Zusammenhang zwischen den jährlichen Konsumausgaben C einerseits sowie dem Vermögensbestand V und dem Arbeitseinkommen Y^A andererseits:

$$C_t = 0{,}06 \cdot V_t + 0{,}7 \cdot Y_t^A$$ [23]

In kurzfristiger Betrachtung ist der Wert für V_t konstant, die durchschnittliche Konsumquote jedoch abhängig von der Höhe des Arbeitseinkommens:

$$\frac{C_t}{Y_t^A} = 0{,}06 \frac{V_t}{Y_t^A} + 0{,}7$$

Je höher das Arbeitskommen ist, desto niedriger wird die Quote, da das Arbeitseinkommen im Nenner des Bruches auf der rechten Seite steht. Die marginale Konsumquote ist mit 0,7 hingegen konstant und stets kleiner als die durchschnittliche.

[23] Quelle: *Maneval, H.*, unveröffentliches Manuskript

Langfristig hingegen erweist sich die durchschnittliche Konsumquote als weitgehend stabil, wie sich aus folgender Umformung erkennen lässt:

$$\frac{C_t}{Y_t^A} = 0{,}7 + 0{,}06\left(\frac{V_t}{Y_t} \cdot \frac{Y_t}{Y_t^A}\right)$$

Der ursprüngliche Bruch in der Klammer ist hier mit Y_t, d.h. dem gesamten Volkseinkommen erweitert. Auf diese Weise werden zwei zentrale gesamtwirtschaftliche Größen erkennbar, nämlich zum einen das Verhältnis von Vermögensbestand zu Volkseinkommen, das als Kapitalkoeffizient interpretiert werden kann, sowie das Verhältnis zwischen Volkseinkommen und Arbeitseinkommen, was die reziproke Lohnquote darstellt.

Beide Größen, Kapitelkoeffizient und Lohnquote, sind bei stabiler wirtschaftlicher Entwicklung jedoch langfristig im Wesentlichen konstant, vorausgesetzt, dass sich weder die Produktionstechnik noch die Einkommensverteilung sprunghaft und signifikant ändern. Die entsprechenden Werte für die USA betragen ca. 3 für den Kapitalkoeffizienten und ca. 1,33 für die reziproke Lohnquote, so dass sich für die durchschnittliche Konsumquote ein langfristig stabiler Wert von rund 0,94 ergibt.

Die Lebenszyklushypothese konzentriert sich im Kern auf die Erklärung des empirisch beobachtbaren Konsumverhaltens, das sich offensichtlich an der langfristigen und nicht an der kurzfristigen Einkommensentwicklung orientiert. Die Lebensplanung des Individuums wird dabei als entscheidender Sachverhalt ins Zentrum der Hypothese gestellt.

Empirische Untersuchungen insbesondere des Sparverhaltens der Individuen lassen jedoch Zweifel an der Vollständigkeit dieses Erklärungsansatzes aufkommen. Es zeigt sich, dass das Lebenseinkommen offenbar sehr oft nicht vollständig für Konsumzwecke verwendet wird, sondern in beträchtlichem Umfang gespart und an die Nachkommen weitervererbt wird. Der Wunsch, Vermögen vererben zu können, scheint – neben der Absicherung des eigenen Konsumniveaus – eine wichtige Triebfeder für die Spartätigkeit zu sein. Eine wesentliche Rolle beim Sparverhalten könnten auch die modernen Sozialversicherungssysteme spielen, die weitgehend die Aufgabe der Absicherung übernehmen. Über deren Einfluss auf die volkswirtschaftliche Ersparnis und damit Kapitalbildung besteht jedoch unter Wirtschaftswissenschaftlern noch kein Konsens.

Ein wesentliches Verdienst der Lebenszyklushypothese sowie verwandter Erklärungsansätze besteht jedoch darin, die empirisch beobachtbare Trägheit der Konsumentwicklung plausibel gemacht zu haben. Diese Erkenntnis ist eine wesentliche Voraussetzung für die Konzeption effizienter und effektiver wirtschaftspolitischer Maßnahmen zur Nachfragesteuerung.

11.2.1.1.6 Die Hypothese des permanenten Einkommens

Einige Jahre nach der Veröffentlichung der Lebenszyklushypothese brachte *Milton Friedman* sein Buch „ A Theory of the Consumption Function“[24] heraus und stellte dort eine Vertiefung und Erweiterung des *Modigliani*-Ansatzes vor.

Für *Friedman* steht nicht das typische Lebenseinkommensmuster eines Individuums im Zentrum der Überlegungen. Zum einen verfügen die Konsumenten nicht über die erforderlichen Informationen, zum andern ist es unrealistisch anzunehmen, dass sie völlig rational und emotionslos ihren Konsum am eigenen (geschätzten) Todeszeitpunkt ausrichten. *Friedman* ersetzt den Lebenszeithorizont daher durch ein unbestimmtes, nach hinten offenes, theoretisch unendliches Zeitkontinuum.

[24] *Friedman* (1957)

Im Zentrum seiner Hypothese steht die Aufteilung des Einkommens in eine dauerhafte („permanent income") und eine vorübergehende („transitory income") Komponente, wobei das Einkommen bei *Friedman* ausdrücklich nicht nur die Arbeitseinkommen, sondern auch die Vermögenseinkommen beinhaltet.

Die Wirtschaftssubjekte stellen fest, dass ihre jährlichen Einkommen immer wieder zufälligen und temporären Schwankungen unterworfen sind. Die tatsächlichen Einkommen Y setzen sich also aus einem dauerhaften (permanenten) Teil Y^p und einem zufälligen, vorübergehenden (transitorischen) Teil Y^{tr} zusammen: $Y = Y^p + Y^{tr}$.

Y^p ist dasjenige Einkommen, das ein Wirtschaftssubjekt aus seinem Gesamtvermögen dauerhaft beziehen kann. Alle zukünftig erwarteten Einkommensströme werden rechnerisch gleichverteilt. Da der Zeithorizont – im Gegensatz zur Lebenszyklushypothese – nun aber theoretisch unendlich ist, vereinfacht sich der Zusammenhang zwischen Vermögensbestand und Dauereinkommen:

$$V_0 = \sum_{t=0}^{T} \frac{Y_t}{(1+i)^t} \underset{T\to\infty}{\Rightarrow} V_0 = \frac{Y^p}{i} \quad \text{oder} \quad Y^p = V_0 \cdot i$$

Friedman unterstellt in seiner Hypothese, dass die Wirtschaftssubjekte ihren Konsum nur an dem Teil ihres Einkommens ausrichten, der ihnen als dauerhaft erscheint. Die Konsumfunktion lautet also: $C_t = a \cdot Y^p$ (siehe Abbildung 11-18).

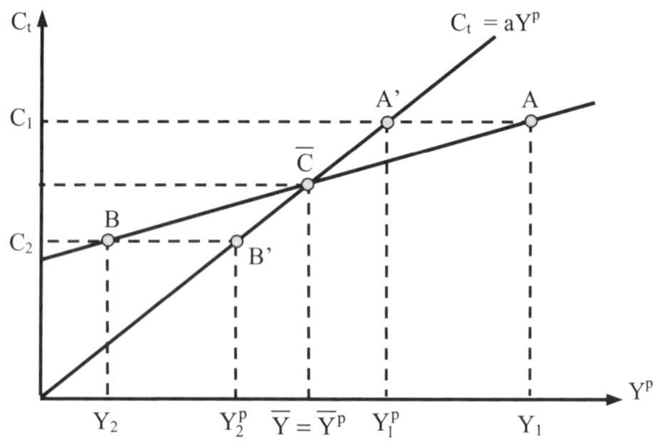

Abbildung 11-18: Konsumverhalten im Konjunkturverlauf gemäß der Hypothese des permanenten Einkommens

Der zufällige, transitorische Teil des Einkommens, d.h. die Abweichung des tatsächlichen Einkommens vom permanenten Einkommen, wird hingegen ge- oder entspart. Bei jeder Einkommensänderung müssen die Wirtschaftssubjekte also entscheiden, ob sie ihn als dauerhaft oder vorübergehend betrachten. Wenn z.B. jemand einen Lottogewinn hat, so ist klar, dass dieser Einkommenszuwachs einmalig ist und sich nicht jährlich wiederholt. Erhält hingegen jemand einen unbefristeten Arbeitsvertrag bei einem wohl situierten Unternehmen, so wird dieser Einkommenszuwachs sicherlich als dauerhaft eingestuft und das Konsumniveau entsprechend angepasst. Die Klassifizierung einer Einkommensänderung als dauerhaft oder vorübergehend beruht demnach insbesondere auf den Erwartungen der Wirtschaftssubjekte bezüglich der zukünftigen Einkommensentwicklung, wobei *Friedman* unterstellt, dass sich die Konsumenten nicht von irrationalem Wunschdenken leiten lassen, sondern alle verfüg-

baren Informationen über die wirtschaftliche Entwicklung der Zukunft optimal nutzen (sog. **rationale Erwartungen**)[25].

Die durchschnittliche Konsumneigung hängt also vom Verhältnis zwischen dem Dauereinkommen und dem tatsächlichen Einkommen ab:

$$\frac{C}{Y} = a\frac{Y^p}{Y} = a\frac{Y^p}{Y^p + Y^{tr}}$$

Je höher die transitorischen Anteile des Einkommens sind, d.h. je weiter das tatsächliche Einkommen über dem permanenten liegt, desto geringer ist die Konsumquote und umgekehrt. Wendet man diese Überlegung auf die Einkommens- und Konsumentwicklung während eines Konjunkturzyklus an, so erhält man einen von der langfristigen Konsumentwicklung abweichenden Verlauf der Konsumfunktion (siehe Abbildung 11-18).

Im Konjunkturaufschwung steigen die Durchschnittseinkommen wie auch die Einkommenserwartungen an. Die Wirtschaftssubjekte orientieren sich also an einem gestiegenen permanenten Einkommen Y^p_1. Diesem permanenten Einkommen entspricht der Konsum C_1 (vgl. Punkt A'). Wenn man annimmt, dass die transitorischen Einkommen tatsächlich zufallsverteilt sind und in etwa einer Normalverteilung unterliegen, überwiegen in der Hochkonjunktur die positiven Einkommensabweichungen, d.h. das tatsächliche Einkommen Y_1 ist in der Hochkonjunktur durchschnittlich höher als das permanente Einkommen Y^p_1. Da transitorische Einkommen jedoch grundsätzlich gespart und nicht konsumiert werden, realisieren die Wirtschaftssubjekte trotzdem nur den Punkt A: Die Konsumausgaben sind genauso hoch wie im Punkt A', das tatsächliche Einkommen liegt jedoch rechts vom permanenten Einkommen. Die Konsumquote C_1/Y_1 in Punkt A ist daher geringer als in Punkt A'. Umgekehrtes gilt analog für den Konjunkturabschwung.

Auf die gleiche Weise lässt sich auch der Verlauf der Querschnittsfunktion erklären. Wenn man die Gesamtheit der Einkommensbezieher in drei Einkommensklassen aufteilt, dann hat die obere Einkommensklasse ebenfalls ein höheres permanentes Einkommen wie die untere Einkommensklasse und die normalverteilten transitorischen Einkommen verhalten sich wie soeben beschrieben. Grundsätzlich lässt sich die Darstellung der kurzfristigen Konsumfunktion aus Abbildung 11-18 daher auch als Querschnittsfunktion interpretieren.

Praxisbeispiel 11-2: Die Wirkungsweise von Fiskalpolitik

Die Hypothese des permanenten Einkommens von Milton Friedman hatte wesentliche Auswirkungen auf die Wirtschaftspolitik.

In den Sechziger und Siebziger Jahren waren viele Wirtschaftswissenschaftler und -politiker noch von den Aussagen der absoluten Einkommenshypothese überzeugt und glaubten, mit kurzfristigen Änderungen des verfügbaren Volkseinkommens Nachfragesteuerung betreiben zu können. In das Gesetz zur Förderung der Stabilität und des Wachstums von 1967 wurden z.B. ausdrücklich Änderungen des Einkommensteuergesetzes aufgenommen, die es der Bundesregierung ermöglichen sollten, die Steuerbelastung der Bürger kurzfristig und auf eine

[25] Nicht immer ist die Entscheidung über den Charakter von Einkommensschwankungen allerdings so einfach wie im Beispiel des Lottogewinns. Ein pragmatischer Weg, das permanente Einkommen zu ermitteln, besteht daher darin, einen gewogenen Durchschnitt der Vergangenheitseinkommen zu berechnen. Im einfachsten Fall lautet der Ansatz: $Y^p = Y_{t-1} + b \cdot (Y_t - Y_{t-1})$, wobei der Faktor b einen Wert zwischen 0 und 1 hat. Je näher b bei 1 liegt, desto starker wirkt das laufende Einkommen auf das permanente Einkommen ein. Transitorische Einkommen sind dann die zufälligen Abweichungen von diesem Durchschnitt.

zeitlich eng begrenzte Dauer zu variieren, um auf diese Weise über die Veränderung des verfügbaren Einkommens antizyklisch auf die gesamtwirtschaftliche Nachfrage einzuwirken.

Nicht nur in Deutschland, sondern auch in vielen anderen Ländern hat man mit dieser Art von kurzatmiger Fiskalpolitik schlechte Erfahrungen gemacht. Es zeigte sich nämlich, dass nur dauerhafte Änderungen im Steuersystem wirkungsvoll die Nachfrage beeinflussen können.

Dazu ein Beispiel aus den Vereinigten Staaten[26]: 1964 führte Präsident Johnson eine bereits von seinem Vorgänger Kennedy geplante und initiierte Steuersenkung durch, die den Bürgern als größere und dauerhafte Verminderung der Steuersätze angekündigt wurde. Damit sollten die Konsum- und Investitionsausgaben erhöht werden, um so eine Zunahme von Einkommen und Beschäftigung zu erreichen. In der Tat folgte der Verabschiedung der Steuersenkungsgesetze ein kräftiger wirtschaftlicher Aufschwung.

Im Jahr 1968 schien die Wirtschaft der USA den wirtschaftspolitischen Berater des Präsidenten jedoch bereits überhitzt. Die im Zusammenhang mit dem Vietnamkrieg gestiegenen Staatsausgaben hätten die Gesamtnachfrage übermäßig stimuliert. Sie empfahlen daher Steuererhöhungen. Präsident Johnson aber, der wusste, dass der Vietnamkrieg ohnehin unpopulär war, fürchtete die politischen Folgen einer Steuererhöhung. Schließlich stimmte er einem vorübergehenden Steuerzuschlag zu, der nach einem Jahr wieder zurückgenommen werden sollte und auch wurde. Dieser Zuschlag zeigte jedoch nicht den erhofften Effekt: Beschäftigung und Preisniveau stiegen weiterhin signifikant an. Die Bürger hatten auf die vorübergehende (transitorische) Schwankung ihres Einkommens nicht reagiert.

Übung 11-3: Konsumfunktionen im Vergleich[27]

Gegeben sind folgende Konsumfunktionen:

Keynes: $C = 20 + 0{,}6 \cdot Y$

Duesenberry: $1{,}2 \cdot Y_t - 0{,}25 \cdot \frac{Y_t}{Y_{max}} \cdot Y_t$

Friedman: $C = 0{,}9 \cdot Y^p$

Das Einkommen betrug bisher stabil 100. Nehmen Sie an, dass sich wegen eines einmalig gezahlten Lohnzuschlags im Monat Dezember das Einkommen sprunghaft um 100% erhöht. Die Einkommensbezieher wissen, dass der Lohnzuschlag in den folgenden Perioden nicht mehr gezahlt wird.

a) Berechnen Sie für die oben genannten Konsumfunktionen den Konsum und die durchschnittliche Konsumquote in den Monaten November und Dezember.

b) Wie erklären Sie sich die unterschiedlichen Veränderungen bei Keynes und Duesenberry (ökonomische Begründung)?

c) Nehmen Sie zu den Veränderungen im Konsum und bei der durchschnittlichen Konsumquote bei Friedman ökonomisch Stellung!

Lösung:

a) Keynes:

$$C_{Nov} = 20 + 0{,}6 \cdot 100 = 80$$
$$C_{Dez} = 20 + 0{,}6 \cdot 200 = 140$$
$\Rightarrow$ Der Konsum steigt um 60 oder 75%.

---

[26] Vgl. *Mankiw* (1998), S. 283 und 472.
[27] In Anlehnung an.Vgl. *Pfahler/Thuy* (1998), S. 65 ff.

$$\frac{C_{Nov}}{Y_{Nov}} = \frac{80}{100} = 0{,}8$$
$$\frac{C_{Dez}}{Y_{Dez}} = \frac{140}{200} = 0{,}7$$
$\Rightarrow$ Die Konsumquote sinkt um 0,1 oder 12,5%.

Duesenberry:

$$C_{Nov} = 1{,}2 \cdot 100 - 0{,}25 \cdot 100 = 95$$
$$C_{Dez} = 1{,}2 \cdot 200 - 0{,}25 \cdot \frac{200}{100} \cdot 200 = 140$$
$\Rightarrow$ Der Konsum steigt um 45 oder 47,4%.

$$\frac{C_{Nov}}{Y_{Nov}} = \frac{95}{100} = 0{,}95$$
$$\frac{C_{Dez}}{Y_{Dez}} = \frac{140}{200} = 0{,}7$$
$\Rightarrow$ Die Konsumquote sinkt um 0,25 oder 26,3%.

Friedman:

$$C_{Nov} = 0{,}9 \cdot 100 = 90$$
$$C_{Dez} = 0{,}9 \cdot 100 = 90$$
$\Rightarrow$ Der Konsum bleibt konstant.

$$\frac{C_{Nov}}{Y_{Nov}} = \frac{90}{100} = 0{,}9$$
$$\frac{C_{Dez}}{Y_{Dez}} = \frac{90}{200} = 0{,}45$$
$\Rightarrow$ Die Konsumquote halbiert sich!

b) Keynes unterstellt die Abhängigkeit des Konsums vom laufenden Einkommen. Durch die Verdoppelung dieses Einkommens steigen die Konsumausgaben daher nahezu proportional an. Der Anstieg wird lediglich durch den einkommensunabhängigen Konsumbestandteil in Höhe von 20 gedämpft. Das Verhältnis von Konsum zu Einkommen ändert sich daher nur relativ wenig, die Konsumquote sinkt nur geringfügig.

Bei Duesenberry spielt das Einkommensniveau der Vergangenheit in der Konsumentscheidung eine große Rolle und wirkt auch im Monat Dezember noch nach. Die Einkommensverdoppelung in diesem Monat wird daher durch die Orientierung der Konsumenten auch am Einkommen des Vormonats gedämpft. Die Konsumsteigerung fällt geringer aus als bei Keynes, daher nimmt die Konsumquote stärker ab.

c) Friedman geht davon aus, dass die Konsumentscheidung transitorische Einkommen überhaupt nicht berücksichtigt. Die Konsumausgaben bleiben unverändert, da sich das permanente Einkommen ja nicht verändert hat. Die Konsumquote, die ja stets zum tatsächlichen Einkommen berechnet wird, sinkt deshalb abrupt um 50% ab, denn der Zähler des Bruches bleibt gleich, während sich der Wert des Nenners verdoppelt.

11.2.1.2 Die private Investition

Die zweite wichtige Komponente in der gesamtwirtschaftlichen Nachfrage ist die Investition. Mit einem für Industrienationen typischen Anteil von ca. 20% bis 25% an der Gesamtwertschöpfung ist die Investition zwar deutlich kleiner als der private Konsum (mit 55% bis 60%), jedoch aufgrund ihrer spezifischen ökonomischen Eigenschaften kreislauftheoretisch sowie wirtschaftspolitisch mindestens ebenso wichtig.

Investitionen wirken – im Gegensatz zu allen anderen Bestandteilen der Endnachfrage – auf beide Marktseiten ein. Sie haben stets

- einen Nachfrage- bzw. Einkommenseffekt und
- einen Angebots- bzw. Kapazitätseffekt.

Als Bestandteil der Endnachfrage induzieren sie zunächst Produktion und somit Einkommen und Beschäftigung. Sie spielen daher in der Beschäftigungspolitik eine wichtige Rolle. Sobald die Investitionsgüter jedoch verkauft und im betreffenden Unternehmen installiert worden sind, erhöhen sie dessen Angebotskapazität. Investitionen sind somit auch eine wichtige Voraussetzung für Wirtschaftswachstum. Da Investitionsentscheidungen in hohem Maße die Zukunftserwartungen der Investoren widerspiegeln, sind sie gleichzeitig ein wichtiger konjunkturpolitischer Indikator.

Der Rechnungsposten „Investitionen" in der VGR beinhaltet eine Vielzahl unterschiedlicher Positionen, die ganz verschiedenen Einflussfaktoren unterliegen und im Folgenden getrennt betrachtet werden sollen[28]. Insbesondere öffentliche und private Investitionen sind deutlich voneinander zu unterscheiden.

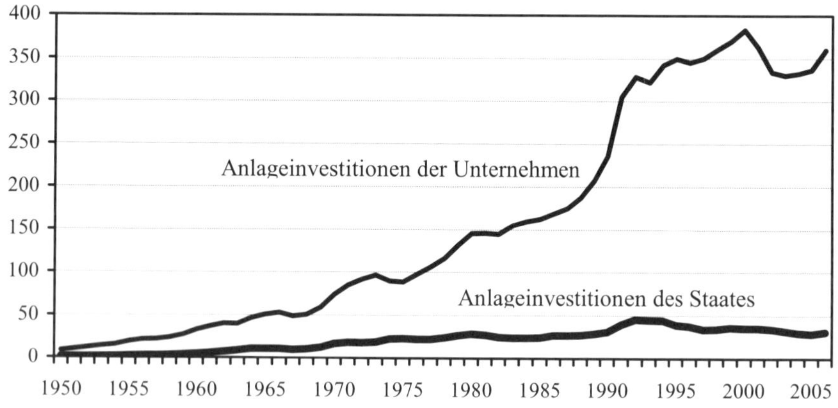

Abbildung 11-19: Öffentliche und private Anlageninvestitionen in Deutschland, 1950 - 2006, in jeweiligen Preisen, in Mrd. €[29]

Der Staat investiert in erster Linie in Infrastrukturmaßnahmen. Es handelt sich also überwiegend um Baumaßnahmen. Mit Infrastrukturgütern sollen die Standortbedingungen für private Unternehmen sowie die Lebensqualität der privaten Haushalte verbessert werden. Ein privatwirtschaftliches Gewinnmotiv spielt dabei keine Rolle. Öffentliche Investitionen sind also an sehr langfristigen, wachstumsorientierten Zielen ausgerichtet und hängen nicht, wie die Investitionen der privaten Unternehmen, von den Schwankungen der Konjunkturzyklen ab. Im Gegenteil: Verfechter einer keynesianischen, antizyklischen Konjunkturpolitik fordern, dass die öffentliche Investitionstätigkeit gerade dann hoch sein sollte, wenn die private Investition gering ist. Abbildung 11-19 zeigt, dass die öffentlichen Investitionen tatsächlich deutlich geringere Schwankungen aufweisen als die privaten.

[28] Vgl. dazu Kapitel 2, Abschnitt 2.1.1.1, S. 8ff.
[29] Quelle: Statistisches Bundesamt; Anlageninvestition aus Vergleichbarkeitsgründen auch nach 1970 ohne sonstige Anlagen.

Private Investitionen müssen in Baumaßnahmen, Ausrüstungs- und Lagerinvestitionen unterschieden werden. Sie unterliegen einer einzelwirtschaftlichen Rentabilitätsrechnung und werden nur dann durchgeführt, wenn der Investor die Erwartung hat, mit dieser Maßnahme seinen Gewinn erhöhen zu können. Die private Investitionstätigkeit hängt daher sowohl von der aktuellen Konjunkturphase, wie auch von der langfristigen Entwicklung des Volkseinkommens ab:

- Im Konjunkturhoch sind die Absatz- und Ertragserwartungen tendenziell positiv, in der Rezession niedrig
- Je höher das Volkseinkommen ist, desto höher ist die Nachfrage sowie c.p. das Gewinnvolumen

Die folgende Abbildung 11-20 zeigt, dass die Gesamtinvestition sowie ihre beiden Hauptkomponenten Ausrüstungen und Bauten zum einen im Zeitverlauf mit dem steigenden Bruttoinlandsprodukt stark anwachsen und zum anderen mit der Konjunktur schwanken. Die Rezessionsphasen (grau markiert) sind jeweils deutlich zu erkennen. Der ungewohnt starke Anstieg v.a. der Bauinvestitionen in der ersten Hälfte der Neunziger Jahre hängt mit der außergewöhnlichen Bautätigkeit nach der deutsch-deutschen Wiedervereinigung zusammen und hat somit strukturelle Gründe.

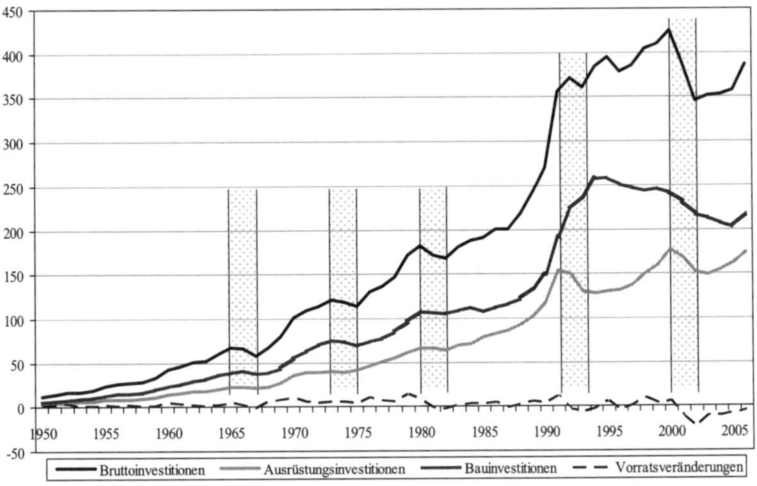

Abbildung 11-20: Entwicklung der Investition und ihrer Komponenten in Deutschland, 1950 - 2006, in jeweiligen Preisen in Mrd. Euro[30]

Lagerinvestitionen oszillieren um einen stationären Trend. Sie sind im Wesentlichen das Ergebnis ungeplanten Ausgleichs der Konjunkturschwankungen: In Rezessionen werden abgebaute Lager nicht mehr aufgefüllt, da die Erwartungen der Unternehmen in Bezug auf zukünftige Absatzchancen negativ sind. Die absolute Höhe der Lagerinvestitionen ist zwar im Vergleich zu den beiden anderen Komponenten der Bruttoinvestition sehr gering; relativ betrachtet schwanken die Lagerinvestitionen jedoch deutlich stärker als jene und stehen daher im Zentrum der Aufmerksamkeit der Konjunkturforscher.

[30] Quelle: Statistisches Bundesamt; ab 1960 mit Berlin und Saarland; Anlageninvestition aus Vergleichbarkeitsgründen auch nach 1970 ohne sonstige Anlagen.

Wir haben in Kapitel 2 Investition als Anschaffung von Kapitalgütern definiert. Investition und Kapital sind also verwandte Größen, jedoch mit ökonomisch ganz verschiedener Funktion. Zunächst soll daher der Zusammenhang zwischen der Bestandsgröße Kapitalstock und der Stromgröße Investition geklärt werden.

11.2.1.2.1 Optimaler Kapitalstock und Kapitalstockanpassung

Kapital ist neben Arbeit der zweite der beiden makroökonomischen Produktionsfaktoren. Jedes Unternehmen hat darüber zu entscheiden, welches die optimale Einsatzmenge an Kapital für den eigenen Produktionsprozess ist. Die Höhe dieses optimalen Kapitalstocks ergibt sich aus der Gewinnmaximierung des Unternehmens.

Der Unternehmensgewinn entsteht dadurch, dass aus dem Verkaufserlös der produzierten Güter nicht nur die Kosten für den Einsatz der Produktionsfaktoren gedeckt werden können, sondern noch eine positive Differenz zwischen Erlösen und Gesamtkosten übrig bleibt. Diese Differenz gilt es zu maximieren. Die Gleichung für die Aufteilung des nominalen Produktionsergebnisses zwischen den Produktionsfaktoren und dem Unternehmenseigner lautet dann:

$$p \cdot Y = w \cdot N + i \cdot p \cdot K + p \cdot Q$$

wobei p = Güterpreisniveau[31]

Y = realer Output

w = Geldlohnsatz

N = eingesetzte Arbeitsmenge

i = realer Zinssatz (sog. realer Mietpreis oder reale Profitrate des Kapitals[32])

K = verwendeter Kapitalstock

Q = realer Gewinn

Der nominale Output dient also zunächst zur Bezahlung der Lohnsumme sowie der Kapitalkosten, der übrig bleibende Rest ist der nominale Gewinn. Ausgedrückt in realen Größen erhalten wir

$$Q = Y - \frac{w}{p} N - i \cdot K$$

Um festzustellen, welcher Kapitaleinsatz c.p. zur Maximierung dieses Gewinnes führt, leiten wir nun die Gleichung nach K ab und setzen sie gleich Null:

$$\frac{dQ}{dK} = \frac{\partial Y}{\partial K} - i = 0 \quad \Rightarrow \quad \frac{\partial Y}{\partial K} = i$$

Der optimale Kapitalstock ist also dann erreicht, wenn die Grenzproduktivität des Kapitals MEC[33] gleich dem realen Zinssatz ist. Wenn man eine Cobb-Douglas-Produktionsfunktion

[31] In manchen Modellen wird zwischen dem Preisniveau der Outputgüter und dem der Kapitalgüter unterschieden. Wir nehmen an, dass es zwischen beiden keine Abweichungen gibt.

[32] Aus Vereinfachungsgründen werden die Kapitalkosten hier ohne die Abschreibung betrachtet.

[33] Die Terminologie sowie die Abkürzung MEC (marginal efficiency of capital) bzw. MEI (marginal efficiency of investment) für die Grenzleistungsfähigkeit des Kapitals bzw. der investition wurde geprägt von Keynes und wird in den meisten Lehrbüchern immer noch in dieser Form verwendet. Allerdings sind die Bezeichnungen auch bei Keynes nicht ganz trennscharf. Er spricht in der Regel über die Grenzeffizienz der Investition, nennt dies aber „marginal efficiency of capital", was aber nur im

unterstellt, erhält man diese Grenzproduktivität als erste partielle Ableitung der Produktionsfunktion nach K wie folgt:

Cobb-Douglas-Produktionsfunktion: $Y = A \cdot K^{\alpha} \cdot N^{1-\alpha}$, wobei A eine technologische Produktionskonstante, α und 1 - α die Produktionselastizitäten von Kapital und Arbeit sind.

Grenzproduktivität des Kapitals:

$$\frac{\partial Y}{\partial K} = A \cdot \alpha \cdot K^{\alpha-1} \cdot N^{1-\alpha} = A \cdot \alpha \cdot (\frac{N}{K})^{1-\alpha}$$

Im Gleichgewicht gilt folglich:

$$\frac{\partial Y}{\partial K} = A \cdot \alpha \cdot (\frac{N}{K})^{1-\alpha} = i$$

Diese Grenzproduktivität und damit die Kapitalkosten sind also umso höher,

- je kleiner der Kapitalstock ist,
- je mehr Arbeitskraft eingesetzt wird,
- je besser die verwendete Technologie, d.h. der technische Fortschritt ist.

Nehmen wir jetzt an, dass der Zinssatz i sinkt (siehe Abbildung 11-21. In der Ausgangssituation befindet sich der Zinssatz auf der Höhe i_0. Zur Erfüllung der Gleichgewichtsbedingung für das Gewinnmaximum muss die Grenzproduktivität des Kapitals gleich dem Zinssatz sein. Dies sei beim Kapitalstock K_0 erfüllt. Nun sinkt der Zins auf i_1 ab. Da hier die Grenzproduktivität des Kapitals höher ist als die Kapitalkosten, lohnt es sich, den Kapitaleinsatz zu erhöhen, d.h. heißt zu investieren. Durch das Anwachsen des Kapitalstocks sinkt dessen Grenzproduktivität und zwar so lange, bis Grenzproduktivität und realer Zinssatz wieder übereinstimmen. Dies ist beim Kapitalstock K_1 erreicht, der nun zum optimalen Kapitalstock K^*_1 geworden ist.

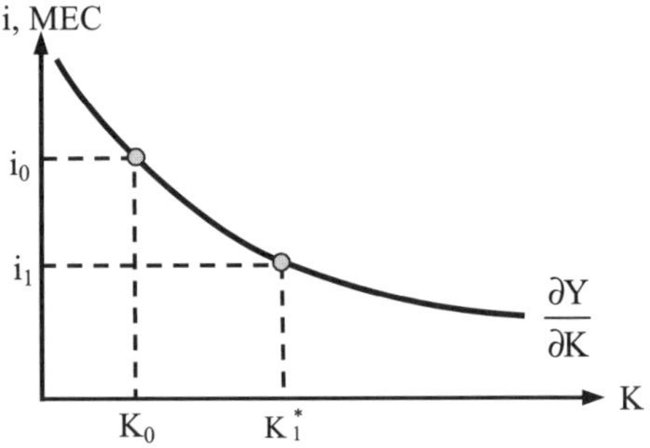

Abbildung 11-21: Optimaler Kapitalstock und Grenzproduktivität des Kapitals

Durch die Zinssenkung entsteht also zunächst eine Kapitalstocklücke $K^*_1 - K_0$, die erst mit Hilfe von positiven (Netto-)Investitionen ausgeglichen werden muss. Investition bewirkt die Veränderung des Kapitalstocks in der Zeit und kann daher geschrieben werden als

$$I_t = K_t - K_{t-1} \quad \text{oder} \quad I_t = \frac{dK}{dt}$$

Gleichgewicht miteinander identisch ist. Wir verwenden die Bezeichnung MEC hier im wörtlichen Sinne als Grenzproduktivität des Kapitals.

Die Annäherung des tatsächlichen an den gewünschten oder optimalen Kapitalstock dauert allerdings i.d.R. länger als eine Periode, so dass die Anpassung des Kapitalstocks auf mehrere Investitionsperioden verteilt wird. Dies hat zum einen produktionstechnische Gründe, v.a. dann, wenn die Kapitalstocklücke sehr groß ist. Außerdem ist das Verhalten der Investoren nicht nur durch rein produktionstechnische Zwänge und mechanisches Kostenkalkül bestimmt. Investitionsentscheidungen sind vielmehr in hohem Maße zukunftsorientiert und daher von den Erwartungen der Investoren über eine unbestimmte wirtschaftliche Zukunft, somit also auch stark von Stimmungslagen und psychologischen Faktoren abhängig. Je höher das Risiko eines bestimmten Investitionsprojektes eingeschätzt wird, desto eher wird der Investor dazu neigen, sein Geld statt zum Kauf etwa einer neuen Maschine in vergleichsweise sichere Bankanleihen zu stecken. Deren Verzinsung stellen nämlich die Opportunitätskosten der Sachinvestition dar.

Es ist wiederum das Verdienst *John Maynard Keynes'*, die Investitionsfunktion nicht nur als deterministische Gleichung eines produktionstechnischen Zusammenhangs, sondern als Verhaltensgleichung für das zukunftsorientierte und risikobewusste Handeln von Wirtschaftssubjekten erklärt zu haben.

Zusammenfassend können wir daher ein ganzes Bündel an Variablen identifizieren, die die Höhe der gesamtwirtschaftlichen Nettoinvestition erklären:

- die Höhe der Kapitalstocklücke $K^{optimal} - K^{tatsächlich}$
- die verwendet Technologie sowie deren Veränderung (technischer Fortschritt)
- die Höhe des gesamtwirtschaftlichen Output Y
- die gesamtwirtschaftliche Wachstumsrate
- der reale Zinssatz (Mietpreis des Kapitals)
- die Erträge alternativer Finanzanlagen (Opportunitätskosten)
- die Absatz- und Gewinnerwartungen der Investoren

Als wichtigste Einflussfaktoren auf die Investitionsentscheidung wollen wir im Folgenden vor allem zwei Größen untersuchen, nämlich den Zinssatz sowie das Einkommen bzw. dessen Veränderung in der Zeit[34].

11.2.1.2.2 Die Zinsabhängigkeit der Investition

Die Zinsabhängigkeit der Investition resultiert aus dem Finanzierungskalkül des Investors. Jedes Investitionsprojekt muss im Laufe seiner Lebensdauer mindestens soviel einbringen, dass die Anschaffungskosten des Investitionsgutes abgedeckt werden können.

Nehmen wir an, im Zeitpunkt der Investition entstehen Anschaffungs- und Herstellungskosten von AHK_0. Das Investitionsgut, z.B. ein neues Auto eines Taxibetriebs, habe eine Lebensdauer von 5 Jahren. Wir nehmen ferner an, dass das Auto am Ende dieser Lebensdauer ohne Restverkaufswert, aber auch ohne Kosten verschrottet wird, d.h. das Fahrzeug soll nach 5 Jahren der Nutzung den Wert 0 haben[35].

---

[34] Der ebenfalls wichtige Faktor technischer Fortschritt soll hier unberücksichtigt bleiben. Die Analyse seiner Wirkung auf die Entwicklung von Einkommen und Beschäftigung ist wesentlicher Bestandteil der Wachstumstheorie, die nicht mehr Gegenstand dieses Lehrbuches ist.

[35] Genau genommen muss zwischen einer technischen und einer wirtschaftlichen Lebensdauer unterschieden werden. In der Investitionsrechnung geht es meist um die wirtschaftliche Lebensdauer, d.h. die Zeit, in der das Gut wirtschaftlich genutzt werden kann. Häufig sind Maschinen rein technisch noch durchaus funktionsfähig, wenn sie aus dem aktiven Produktionsprozess ausscheiden. Sie kön-

Der Taxiunternehmer muss nun abschätzen, wie hoch die jährlichen Nettoerträge E, d.h. die Einnahmen abzüglich der Betriebsausgaben (ohne Abschreibungen), des Fahrzeugs sein werden. Die Einnahmen in diesem Beispiel sind die Umsatzerlöse durch die Beförderung von Fahrgästen, die Ausgaben sind die Kosten für Benzin, Kundendienst, Arbeitslohn des Fahrers etc. Damit sich der Kauf eines neuen Fahrzeuges lohnt, muss die Summe dieser Nettoerträge mindestens so hoch sein wie sein Anschaffungspreis. Man sagt, das Fahrzeug muss sich in den 5 Jahren seiner Lebensdauer mindestens amortisieren.

Als Beispiel unterstellen wir folgende Anschaffungskosten und Nettoerträge:

Tabelle 11-1:Nettoertragsreihe eines Investitionsprojektes

t_0	t_1	t_2	t_3	t_4	t_5
$-AHK_0$	E_1	E_2	E_3	E_4	E_5
-40.000	10.000	11.000	9.000	8.000	8.000

Auf den ersten Blick sieht es so aus, als würde die Summe Nettoerträge mit 46.000 die Anschaffungskosten von 40.000 deutlich übersteigen, was für den Investor sehr lukrativ wäre. Dabei werden allerdings die Kosten der Finanzierung noch nicht berücksichtigt.

Um das Geld für die Anschaffungskosten aufzubringen, kann der Taxiunternehmer entweder eigenes Vermögen, das er z.B. in Form von Wertpapieren hält, auflösen oder einen Kredit bei der Bank aufnehmen. Um die weitere Rechnung zu vereinfachen und nicht zwischen Eigen- und Fremdfinanzierung unterscheiden zu müssen, nehmen wir an, dass der Zins, zu dem der Unternehmer sein Vermögen alternativ auf dem Finanzmarkt anlegen kann, identisch ist mit dem, den er für einen Investitionskredit zahlen muss[36].
Zur weiteren Vereinfachung nehmen wir ferner an, dass das Investitionsprojekt und die alternative Finanzanlage dasselbe Risiko verkörpern. Dies ist in der Realität meist nicht der Fall. Der Investor verwendet für seine Rechnung daher normalerweise nicht den Marktzins, sondern einen Kalkulationszins, der einen Risikoaufschlag beinhaltet. Dieser Aufschlag soll auch die Unsicherheit der Schätzwerte für die zukünftigen Nettoerträge abgleichen. Tatsächlich sind die Ein- und Auszahlungsströme, je weiter sie in der Zukunft liegen, mit großen Unsicherheiten behaftet und werden i.d.R. zu optimistisch geschätzt. Dem trägt ein entsprechend hoher Risikoaufschlag Rechnung.

In unserem Zahlenbeispiel wollen wir im Folgenden von einem Zins von 5% p.a. ausgehen. Wenn der Taxiunternehmer im Zeitpunkt t_0 40.000 Euro, statt das Auto zu kaufen, zu 5% p.a. auf dem Finanzmarkt anlegen würde, dann hätte er nach 5 Jahren mit Zins und Zinseszins eine Summe von über 51.000€ zur Verfügung, die wiederum die Summe der Nettoerträge deutlich übersteigt. Es gilt nämlich:

t_0 $\quad K_0$

t_1 $\quad K_1 = K_0 + iK_0 = \qquad K_0(1+i)$

nen dann i.d.R. an andere Nutzer weiterverkauft werden und haben einen positiven Restwert. Das Taxiunternehmen wird seine Fahrzeuge nach 5 Jahren sicherlich nicht verschrotten, sondern auf dem Gebrauchtwagenmarkt an private Käufer weitergeben. Dieser Weiterverkaufswert wird in der Investitionsrechnung als Restwert berücksichtigt. Wenn ein Unternehmen Kapitalgüter über ihre offizielle Abschreibungsdauer hinaus im Unternehmen einsetzt, also nicht weiterverkauft, entstehen sog. stille Reserven.

[36] Außerdem unterstellen wir, dass es jederzeit möglich ist, zu diesem Zins Geld anzulegen oder Kredite zu erhalten.

t_2	$K_2 = K_1 + iK_1 = \ldots =$	$K_0(1+i)^2$
…		…
t_n	$K_n = K_{n-1} + iK_{n-1} = \ldots =$	$K_0(1+i)^n$

Also: $40.000 \cdot 1{,}05^5 = \text{ca.}51.051$

Diese Rechnung würde dafür sprechen, das Fahrzeug nicht zu kaufen und das Geld lieber in Wertpapieren angelegt zu lassen. Auch dieser Vergleich zwischen den aufgezinsten AHK und der Summe der Nettoerträge hinkt jedoch, denn die Nettoerträge entstehen ja nicht alle erst nach 5 Jahren, sondern sukzessive schon in den Jahren zuvor. Vergleichbar werden diese Beträge erst, wenn sie alle auf einen gemeinsamen Zeitpunkt bezogen werden.

Die Investitionsrechnung muss also berücksichtigen, dass die Anschaffungskosten und die jährlichen Nettoerträge in unterschiedlichen Jahren anfallen. Ein Betrag K_n, der erst nach n Jahren zur Verfügung steht, hat in der Gegenwart einen geringeren Wert. Er entspricht nämlich demjenigen Geldbetrag K_0, der heute zu i-Prozent angelegt werden müsste, um nach n Jahren auf den Betrag K_n zu kommen:

Aus $K_n = K_0 \cdot (1+i)^n$ folgt $K_0 = \dfrac{K_n}{(1+i)^n}$

Den Betrag K_0 nennt man den Barwert oder Gegenwartswert eines zukünftigen Betrages K_n. Um die Nettoerträge aufsummieren zu können, müssen sie daher zuerst individuell, d.h. in Abhängigkeit ihres Zeitpfades, auf die Gegenwart abgezinst werden, bevor ihre Summe mit den Anschaffungs- und Herstellungskosten verglichen werden kann. Wir erhalten

$$\frac{10.000}{1{,}05} + \frac{11.000}{1{,}05^2} + \frac{9.000}{1{,}05^3} + \frac{8.000}{1{,}05^4} + \frac{8.000}{1{,}05^5} = \text{ca.}40.125$$

Die Summe der abgezinsten Nettoerträge übersteigt die Anschaffungs- und Herstellungskosten also nur sehr geringfügig. Die Investition lohnt sich gerade noch!

Die Summe der abgezinsten Nettoerträge nennt man den **Ertragswert** des Investitionsprojektes. Eine Investition lohnt sich nur dann, wenn der Ertragswert den Kapitaleinsatz in Höhe der Anschaffungs- und Herstellungskosten übersteigt. Die Differenz zwischen Ertragswert und Kapitaleinsatz heißt **Kapitalwert** einer Investition. Die Entscheidungsregel nach der sog. **Kapitalwertmethode** lautet also:

Eine Investition lohnt sich und sollte nur dann durchgeführt werden, wenn der Kapitalwert positiv ist, d.h. wenn der Ertragswert den Kapitaleinsatz übersteigt.

Da der Zinssatz bei der Berechnung des Ertragswertes im Nenner steht, ergibt sich ein negativer Zusammenhang zwischen Kapitalwert und Zinssatz:

Bei gegebener Ertragslage und gegebenem Preis des Investitionsgutes ist eine Investition also umso lohnender, je niedriger der Zinssatz ist. Mit steigendem Zins fällt der Kapitalwert und damit die Wirtschaftlichkeit der Investition.

Diese Wirtschaftlichkeit lässt sich auch noch auf andere Weise berechnen. Wenn der Kapitalwert positiv ist, dann ist die Verzinsung des Investitionsprojektes offenbar höher als die einer alternativen Finanzanlage, wenn er geringer ist, dann ist sie niedriger als auf dem Finanzmarkt. Wenn der Kapitalwert gerade Null wird, dann ist die Verzinsung der Investition gerade so hoch wie der zur Abzinsung der Nettoerträge verwendete Marktzins. Diesen Zinssatz nennt man **Rendite** oder **internen Zinssatz** der Investition.

$$KW = \sum_{t=1}^{n} \frac{E_t}{(1+i)^t} - KE$$

KW = Kapitalwert
i = Zinssatz
KE = Kapitaleinsatz
E_t = in t erwarteter Nettoertrag
n = Lebensdauer des Projektes

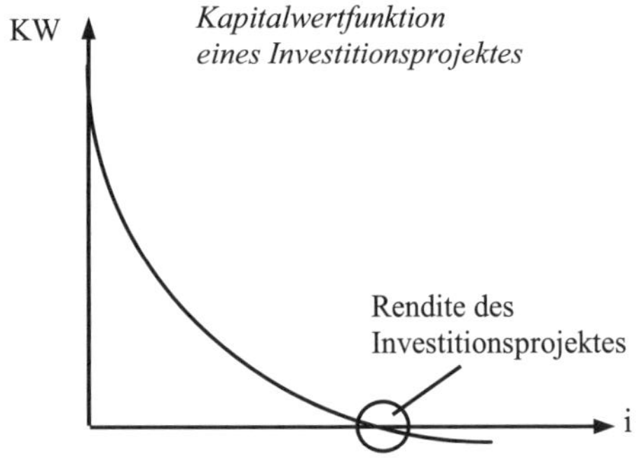

Abbildung 11-22: Die Kapitalwertfunktion

Zur Berechnung des internen Zinssatzes muss man also herausfinden, bei welchem Zinssatz r der Ertragswert dem Kapitaleinsatz genau entspricht, d.h. für welchen Wert von r der Kapitalwert Null wird:

$$KE = \sum_{t=1}^{n} \frac{E_t}{(1+r)^t}$$

Die Auflösung dieser Gleichung nach r kann mathematisch recht anspruchsvoll sein. Meist wird die Lösung durch Interpolation angenähert. In Abbildung 11-22 ist der interne Zinssatz oder die Rendite der Investition als Nullstelle der Kapitalwertfunktion eingetragen.

Diese Rendite muss nun mit dem Marktzins i verglichen werden. Die Entscheidungsregel nach der **internen Zinssatzmethode** lautet:

Eine Investition ist lohnend, solange deren Rendite (interner Zinssatz) den Marktzinssatz übersteigt.

In unserem Zahlenbeispiel stimmt die Rendite des Projektes mit annähernd 5% offenbar mit dem Marktzinssatz überein. Auch die Renditerechnung also ergibt, dass dieses Investitionsprojekt sich gerade noch lohnt.

Offensichtlich führen beide Entscheidungsregeln zum selben Ergebnis, sie sind logisch äquivalent. Den internen Zinssatz, d.h. die Rendite der Investition, nennt *Keynes* Grenzeffizienz oder Grenzleistungsfähigkeit des Kapitals (marginal efficiency of capital, MEC), gemeint ist aber der Investition (MEI). Beide Größen stimmen nur im Gleichgewicht, d.h. nach vollständiger Kapitalstockanpassung miteinander überein[37].

Übung 11-4: Kieswerkbesitzer in Entscheidungsnot

Ein Kieswerkbesitzer erzielt aus einer Kiesgrube einen jährlichen Überschuss von 70.000€, wobei die Kiesvorräte bei unveränderter Ausbeute noch 12 Jahre reichen. Er könnte durch den Kauf eines speziellen Schaufelbaggers zum Anschaffungspreis von 150.000€ die jährliche Förderung und damit den Jahresüberschuss verdoppeln.

[37] Auf eine ausführliche Darstellung des Kapitalstockanpassungsprinzips und damit der Beziehung zwischen MEC und MEI soll an dieser Stelle verzichtet werden. Wichtig ist es jedoch, sich zu merken, dass die Höhe der Kapitalstocklücke ein Lageparameter der Investitionsfunktion ist: Je höher die Lücke zwischen tatsächlichem und gewünschten Kapitalstock, desto höher ist (bei gegebenem Zins) die Investition.

a) Ist die Investition bei einem Kalkulationszinssatz von 8% vorteilhaft?

b) Wie ist die Situation, wenn man unterstellt, dass der Bagger am Ende seines Einsatzes in der Kiesgrube noch für 50.000€ weiterverkauft werden kann?

Lösung:

a) Zur Beantwortung dieser Frage müssen die Situationen ohne und mit Investition miteinander verglichen werden.

Ohne Investition reichen die Vorräte noch 12 Jahre, der Jahresüberschuss beträgt die gesamte Abbauzeit über 70.000€ pro Jahr. Gleichbleibende Nettoerträge eines Vermögensobjektes nennt man Rente. Bei der Berechnung des Ertragswertes eines solchen Rentenobjektes entsteht eine endliche geometrische Reihe, deren Summenwert mit Hilfe des sog. Rentenbarwert- oder Abzinsungsfaktors berechnet werden kann:

$$EW = \sum_{t=1}^{n} \frac{E_t}{(1+i)^t} = E \cdot \frac{(1+i)^n - 1}{(1+i)^n \cdot i} \quad \Rightarrow \quad 70.000€ \cdot \frac{1{,}08^{12} - 1}{1{,}08^{12} \cdot 0{,}08} = ca. 527.525€$$

Mit Investition reichen die Vorräte nur noch 6 Jahre lang, dafür verdoppeln sich die Erträge. Der Ertragswert mit Investition beträgt also

$$140.000€ \cdot \frac{1{,}08^{6} - 1}{1{,}08^{6} \cdot 0{,}08} = ca. 647.203€$$

Der Ertragswert liegt demnach um 119.678€ über dem Ertragswert ohne Investition, allerdings fallen nun auch 150.000€ Kaufpreis für den Schaufelbagger an. Die Investition lohnt sich also nicht!

b) Wenn allerdings nach 6 Jahren ein Restwert von 50.000€ für den Bagger erlöst werden kann, steigt der Ertragswert im Investitionsfall auf

$$EW = 647.203 + \frac{50.000}{(1+0{,}08)^6} = ca. 678.711€$$

und liegt somit ca. 151.186€ über dem Ertragswert ohne Investition. In diesem Fall würden die Anschaffungskosten des Baggers also gerade amortisiert. Der Zinssatz von 8% kommt in diesem Fall der Rendite (dem internen Zinssatz) des Investitionsprojektes sehr nahe.

Die Zinsabhängigkeit der gesamtwirtschaftlichen Investitionsfunktion

Die Zinsabhängigkeit der einzelwirtschaftlichen Investitionsentscheidung drückt sich in der gesamtwirtschaftlichen Investitionsfunktion aus, die in Abbildung 11-23 dargestellt ist. Die Rechtecke unterhalb der Investitionsfunktion stellen verschiedene Gruppen von Investitionsprojekten dar, die nach der Höhe ihrer Renditen sortiert sind. Bei dem hohen Marktzinssatz von i_0 werden nur Investitionen durchgeführt, deren Renditen größer oder mindestens gleich dem Marktzinssatz i_0 sind, also die Gruppen I_0 und I_1 (Punkt A). Sinkt der Marktzinssatz auf i_1, so werden auch die Investitionsblöcke 2 und 3 rentabel (Punkt B). Je weiter der Zinssatz sinkt, desto mehr Investitionen mit geringerer Rentabilität kommen hinzu, so dass eine negative Neigung der Funktion entsteht. Sinkt der Zinssatz auf Null – was wenig realistisch ist – oder auf einen institutionell bestimmten Minimalwert, so steigt die Investitionsmenge dennoch nur bis zu einem gewissen Maximalwert an, da ja stets die Summe der Nettoerträge hoch genug sein muss, um die Anschaffungskosten zu decken.

Betroffen werden von Zinsänderungen grundsätzlich nur solche Projekte, deren Renditen in der Nähe des Marktzinses liegen. Sie können durch eine geringfügige Zinssenkung über die Rentabilitätsgrenze gehoben oder bei einer Zinssteigerung darunter gedrückt werden. Für

die Volkswirtschaft als Ganzes drückt sich dies dann in einem veränderten Gesamtvolumen aus.

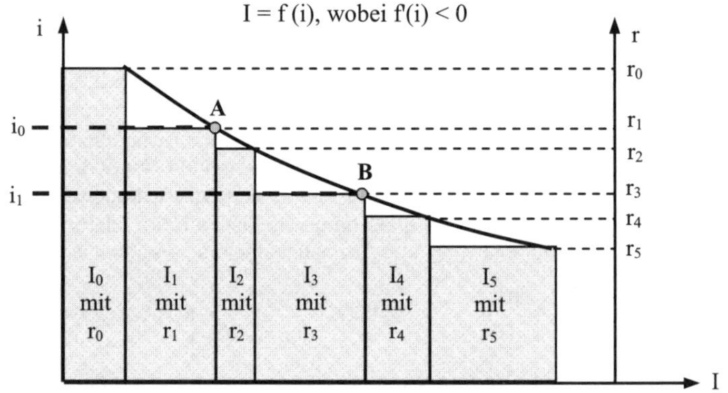

Abbildung 11-23: Die gesamtwirtschaftliche Investitionsfunktion

Praxisbeispiel 11-3: Empirische Schätzung der Investitionsfunktion für Deutschland 1961 - 1974

Die Lehrbuchautoren *Richter, Schlieper* und *Friedmann* schätzten die zinsabhängige Investitionsfunktion für Deutschland für den Zeitraum von 1961 bis 1974 wie folgt:

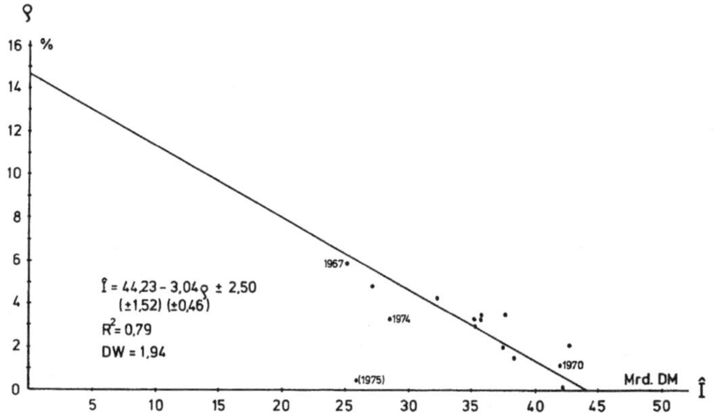

Abbildung 11-24: Investitionsfunktion BRD 1961 - 1974[38]

Die Linearregression ergibt eine sehr enge Korrelation zwischen Zinshöhe und Investitionssumme für den betrachteten Zeitraum in Deutschland. Allerdings ist bei der Interpretation der Daten in mancher Hinsicht Vorsicht geboten:

- Die Verlängerung der Regressionsgerade bis zur Ordinate ist ökonomisch nicht mehr interpretierbar, Punkte in der Nähe der Ordinate, d.h. bei einem Investitionsvolumen von nahe Null können nicht beobachtet werden.

[38] *Richter/Schlieper/Friedmann* (1981), S. 242.

- Möglicherweise liegen die einzelnen Jahrespunkte auf verschiedenen Investitionsfunktionen, die sich im Laufe der Zeit verschoben haben. Die Lage der Kurve wird ja bekanntlich von mehreren Lageparametern bestimmt (v.a. von der Höhe und Entwicklung des Volkseinkommens). Dem ist von den Autoren durch eine Trendbereinigung bei den Ausrüstungsinvestitionen zwar Rechnung getragen worden; jedoch stellen Parameteränderungen, die die Zinsabhängigkeit überlagern, ein generelles Schätzproblem dar.
- Die Steigung der Funktion gibt eine mittlere Zinsabhängigkeit für die Investition an. Die einzelnen Bestandteile der Investition reagieren aber sehr unterschiedlich zinsempfindlich: Lagerinvestitionen werden von Zinsänderungen kaum betroffen, während z.B. Bauinvestitionen als besonders zinsempfindlich gelten[39].

Die Stärke der Zinsabhängigkeit

Die Stärke der Reaktion der Investition auf Zinsveränderungen hängt von der Steigung der Investitionsfunktion ab: Je steiler die Funktion in Abbildung 11-23, desto weniger steigt oder fällt die Investition bei Zinsschwankungen.

Neben der absoluten ist auch die relative Veränderung des Investitionsvolumens bei Zinsschwankungen von Bedeutung, d.h. die prozentuale Veränderung der Investition in Bezug auf die Ausgangssituation. Diese relative Zinsreagibilität der Investition misst man mit einem Elastizitätsmaß:

$$\varepsilon_{I,i} = \frac{\frac{dI}{I}}{\frac{di}{i}} = \frac{dI}{di} \cdot \frac{i}{I}$$

Wie bei jeder anderen Elastizität[40] bedeutet ein Betragswert über 1, dass die Reaktion elastisch ist, d.h. dass sich bei einer Zinsveränderung um 1% die Investitionssumme um mehr als 1% ändert.

Übung 11-5: Rechenaufgabe zur Zinselastizität der Investition

Gegeben sei die Investitionsfunktion $I = 190 + i^{-1}$. Wie hoch ist die Zinselastizität der Investition bei einem Zinssatz von 10%? Interpretieren Sie das Ergebnis!

Lösung:

$$I(0,1) = 190 + \frac{1}{0,1} = 200 \quad \rightarrow \quad \frac{dI}{di} = -1 \cdot i^{-2} = -\frac{1}{i^2} \text{ bzw. für } i = 0,1 \quad \frac{dI}{di} = -\frac{1}{0,1^2} = -100$$

Die Elastizität beträgt also:

$$\varepsilon_{I,i} = \frac{dI}{di} \cdot \frac{i}{I} = -100 \cdot \frac{0,1}{200} = -0,05$$

Die Zinselastizität der Investition ist an dieser Stelle also verschwindend gering.

Die Zinsreagibilität von Investitionen ist sowohl je nach Art der Investition als auch in Abhängigkeit der konjunkturellen Situation sehr unterschiedlich. Es ist daher äußerst schwierig,

[39] Vgl. dazu auch *Neubäumer/Hewel* (2005), S.257 f.
[40] Vgl. oben Kapitel 4, S. 135ff.

allgemeine Aussagen über die Zinsempfindlichkeit von Investitionen zu machen. Tendenziell kann man folgende Einflussgrößen auf die Zinsabhängigkeit feststellen:

- **Konjunkturelle Situation**
  Keynes betont die Konjunkturabhängigkeit der Zinselastizität. Er beschreibt eine asymmetrische Wirkung von Zinsänderungen im Konjunkturverlauf. In der Hochkonjunktur, d.h. bei vergleichsweise hohem Zins- und Preisniveau, haben Zinsänderungen starken Einfluss auf das Investitionsvolumen. Die Zinselastizität sinkt hingegen, wenn die Zinsen in der Rezession bereits auf einem niedrigen Niveau angelangt sind. Im Extremfall wirken sich weitere Zinssenkungen gar nicht mehr auf die Investition aus, da die Unternehmen aufgrund der schlechten Wirtschaftslage sehr pessimistisch geworden sind und sich bei starker Unterauslastung ihrer Kapazitäten von einer Investition, die die Kapazitäten ja weiter erhöht, keine zusätzlichen Erträge erwarten. Diese Situation nennt man **Investitionsfalle**.
  Die Klassiker teilen diesen Zinspessimismus hingegen nicht und gehen von einem gleichbleibend zinsempfindlichen Investitionsverhalten aus. Dementsprechend verschieden fallen die wirtschaftspolitischen Empfehlungen von Keynesianern und Neoklassikern für die Konjunktur- und Beschäftigungspolitik aus, wie wir noch sehen werden.

- **Fristigkeit der Investitionsprojekte**
  Langfristige Projekte sind wegen der stärkeren Zinseszinseffekte zinsempfindlicher als kurzfristige. Das betrifft vor allem Bauinvestitionen und andere Branchen mit langen Kapitalbindungszeiten, wie z.B. die Energiewirtschaft oder den Schiffbau. Je ferner Erträge in der Zukunft liegen, desto geringer ist bei gegebenem Zinssatz ihr Gegenwartswert und desto stärker schwankt dieser auch bei geringfügigen Zinsänderungen.
  Dazu ein einfaches Zahlenbeispiel: Vergleichen wir zwei Investitionsprojekte, die sich ausschließlich durch ihre Lebensdauer unterscheiden: Beide Projekte erfordern einen Kapitaleinsatz von 100 und sollen einen Zinssatz von 3% erbringen. Das erste Projekt hat eine Lebensdauer von nur einem Jahr, das zweite Projekt hat unendliche Laufzeit. Welche Nettoerträge müssen erwirtschaftet werden, damit sich diese beiden Projekte rentieren? Nach der Methode des internen Zinssatzverfahrens muss für beide Projekte gelten:
  Kapitaleinsatz = Ertragswert

  Projekt 1: $100 = \frac{E}{1{,}03} \Rightarrow E = 103$

  Projekt 2:[41] $100 = \frac{E}{0{,}03} \Rightarrow E = 3$

  Jetzt nehmen wir an, der Zinssatz steige auf 4 %. Um bei diesem Zinssatz noch rentabel zu sein, müssen die Erträge höher sein als zuvor:

  Projekt 1: $100 = \frac{E}{1{,}04} \Rightarrow E = 104$

  Projekt 2: $100 = \frac{E}{0{,}04} \Rightarrow E = 4$

[41] Bei unendlichen Renten vereinfacht sich die Summenformel für den Ertragswert. Es gilt: $EW = \lim_{n \to \infty} e \cdot \frac{(1+i)^n - 1}{(1+i)^n \cdot i} = e \cdot \frac{1}{i}$, wobei EW der Ertragswert, e der gleich bleibende Rentenertrag und i der Marktzinssatz ist.

Um die Zinssteigerung von 3% auf 4% abdecken zu können, müssten die Erträge im ersten (kurzfristigen) Projekt also um weniger als 1% ansteigen. Im zweiten (langfristigen) Projekt hingegen wäre eine Ertragssteigerung von 33% erforderlich! Die Wahrscheinlichkeit, dass ein solches Projekt durch eine Zinssteigerung unrentabel wird, ist also viel größer, als bei kurzfristigen.

- **Institutionelle Rahmenbedingungen**
  Empirische Beobachtungen haben gezeigt, dass die Zinselastizität u.a. auch von der Art der Finanzierung einer Investition abhängt. Kapitalintensive, fremdfinanzierte Investitionsvorhaben (wie z.B. Kraftwerksbau) sind deutlich zinselastischer als arbeitsintensive und eigenfinanzierte Projekte. Ein Grund dafür dürfte im höheren Insolvenzrisiko bei fremdfinanzierten Projekten liegen. Das Unternehmen ist ja Verbindlichkeiten und damit Abhängigkeiten eingegangen, die im Falle unvorhergesehener wirtschaftlicher Schwierigkeiten bis zur Insolvenz durch Zahlungsunfähigkeit gehen können. Fremdfinanzierte Projekte werden daher stets mit einem höheren Risikoaufschlag im Kalkulationszins berechnet und fallen deshalb bei Marktzinsschwankungen auch leichter unter ihre Renditelinie.
  Bei manchen Arten von Investitionsentscheidungen spielen Zinsüberlegungen hingegen gar keine oder nur eine sehr geringe Rolle. Dies betrifft, wie bereits erwähnt, die meist ungeplanten Lagerinvestitionen, aber auch solche Ausrüstungsinvestitionen, die gesetzliche Vorgaben, z.B. des Umweltschutzes erfüllen.

11.2.1.2.3 Tobin's q

In engem Zusammenhang mit den Überlegungen zur Zinsabhängigkeit steht die Investitionshypothese des US-amerikanischen Nobelpreisträgers *James Tobin*[42], die unter dem Namen **Tobin's q** bekannt geworden ist.

Das Prinzip der Investitionsrechnung beruht im Kern auf dem Vergleich zweier Zinssätze oder Ertragsraten, nämlich der Rendite oder Grenzeffizienz der Investition und dem Markt- oder Kalkulationszinssatz. Ganz ähnlich werden bei Tobin's q ebenfalls zwei Ertragsraten, oder vielmehr deren Barwerte miteinander verglichen. q ist nämlich folgendermaßen definiert:

$$q = \frac{\text{Marktwert des Unternehmens}}{\text{Wiederbeschaffungskosten des Sachkapitals}}$$

Im Zähler steht die Marktkapitalisierung oder der Börsenwert eines Unternehmens, d.h. diejenige Summe, die man an der Börse bezahlen müsste, um alle ausgegebenen Aktien zum aktuellen Kurs zu erwerben. Dieser Börsenkurs entspricht dem Barwert der aktuellen und erwarteten Gewinne dieses Unternehmens.
Im Nenner hingegen steht der Betrag, mit dem das vorhandene Sachkapital (Fabrikgebäude, Maschinen- und Fuhrpark, etc.) des betreffenden Unternehmens aktuell bewertet wird. Das ist die Summe, die man heute bezahlen müsste, um diesen Kapitalbestand zu erwerben.

Der Vergleich der beiden Vermögenswerte entspricht somit im Grundsatz dem Vergleich zweier Ertragsraten, nämlich der erwarteten Ertragsrate des Unternehmens (d.h. dem internen Zinssatz) und der durchschnittlichen Rendite am Kapitalmarkt (d.h. einem Marktzinssatz), die man bei alternativer Anlage der Ausgaben für das Sachkapital auf dem Finanzmarkt erzielen könnte.

[42] *James Tobin* lebte von 1918 bis 2002 und erhielt 1981 den Wirtschaftsnobelpreis v.a. für seine Portfoliotheorie der Geldnachfrage. Vgl. auch Kapital 3, Praxisbeispiel 3-2 „Tobinsteuer“ S. 85.

Aktienkurs und Wiederbeschaffungswert des Sachkapitals sind i.d.R. nicht identisch miteinander. Die Marktteilnehmer bewerten im Aktienkurs, inwiefern sich in ihren Augen der Betrieb des Unternehmens selbst wertsteigernd oder wertvernichtend auf das Anlagevermögen auswirkt. Der Börsenwert eines Unternehmens wird also immer dann über dem Wiederbeschaffungswert des Sachkapitals liegen, wenn es immaterielle Vermögenswerte, z.B. in Form von technischem Know How oder firmengebundenem wertvollem Humankapital, gibt oder wenn die Ertragserwartungen für die Zukunft deutlich höher liegen als die aktuellen Erträge. In diesem Fall ist $q > 1$. Für ein geplantes Investitionsprojekt bedeutet das, dass der Wert eines Kapitalgutes allein durch seine Inbetriebnahme im Unternehmen steigt. Es ist also lukrativ zu investieren.
Umgekehrt wäre es im Fall eines $q < 1$ für die Anleger vernünftig, Maschinen zum Marktwert zu verkaufen, d.h. zu desinvestieren oder zumindest verbrauchte Kapitalgüter solange nicht mehr zu ersetzen, bis sich Börsenwert und Wiederbeschaffungskosten wieder angenähert haben.

Tobin's q ist somit ein Maß für den Investitionsanreiz, das sich verhältnismäßig einfach empirisch ermitteln lässt[43]. Als Maß für die Börsenwerte der Unternehmen dient i.d.R. ein Aktienindex, die Wiederbeschaffungskosten werden mit dem Preisindex der Investitionsgüterindustrie geschätzt[44].

Die besondere Bedeutung der *Tobin*'schen Theorie liegt darin, die Rolle des Aktienmarktes als Konjunkturindikator zu beleuchten. Nehmen wir an, die Aktienkurse seien gestiegen, was eine optimistische Einschätzung der Marktteilnehmer bezüglich zukünftiger Kapitalerträge reflektiert. Da die Kapitalkosten im Nenner sich im Zeitverlauf im Gegensatz zu den Aktienkursen nur sehr träge verändern, führt ein solcher Kursanstieg zu einem $q>1$, was wiederum eine Zunahme der Investitionstätigkeit induziert. Dadurch steigt die Gesamtnachfrage und beschleunigt die gesamtwirtschaftliche Entwicklung.

Tatsächlich lässt sich empirisch ein prozyklischer, leicht verzögerter Zusammenhang zwischen der Entwicklung von q und der Investitionstätigkeit sowie eine – wenn auch nicht immer stabile – Korrelation zwischen der Aktienkursentwicklung und anderen Konjunkturindikatoren feststellen. Da die Aktienkurse im Vergleich zu den Daten der Volkswirtschaftlichen Gesamtrechnung jedoch wesentlich schneller verfügbar sind, haben sie in der praktischen Wirtschaftspolitik eine durchaus wichtige Bedeutung für Konjunkturprognosen.

Praxisbeispiel 11-4: Die Entwicklung des DAX und des ifo-Geschäftsklimaindex von 1996 bis 2007 im Vergleich

Der Deutsche Aktenindex DAX ist der wichtigste deutsche Börsenindex. Er fasst die Kursentwicklung der 30 größten und umsatzstärksten deutschen börsennotierten Unternehmen (sog. „blue chips") zusammen und ist der Börsen-Leitindex für Deutschland.

Der ifo-Geschäftsklimaindex ist ein vom Institut für Wirtschaftsforschung in München entwickelter, häufig verwendeter Frühindikator für die konjunkturelle Entwicklung. Mehrere tausend Unternehmen aller wichtigen Sektoren und Branchen werden monatlich nach der Einschätzung ihrer gegenwärtigen wirtschaftlichen Lage sowie ihren Geschäftserwartungen für das kommende halbe Jahr befragt. Aus diesen Angaben werden drei Datenreihen berechnet, nämlich die Geschäftsbeurteilung, die Geschäftserwartungen sowie als Kombination dieser beiden das Geschäftsklima. Dieser Indikator wird seit dem Jahr 1972 regelmäßig vom ifo-

[43] Genaueres über die Bedeutung dieses Indikators vgl. z.B. *Mankiw* (1998) S. 511 ff. oder *Clement/Terlau/Kiy* (2002), S. 231 ff.
[44] Es gibt allerdings verschiedene empirische Verfahren zur Schätzung von q.

Institut veröffentlicht und hat sich seither als sehr nützlicher und verhältnismäßig zuverlässiger Frühindikator der konjunkturellen Entwicklung erwiesen.

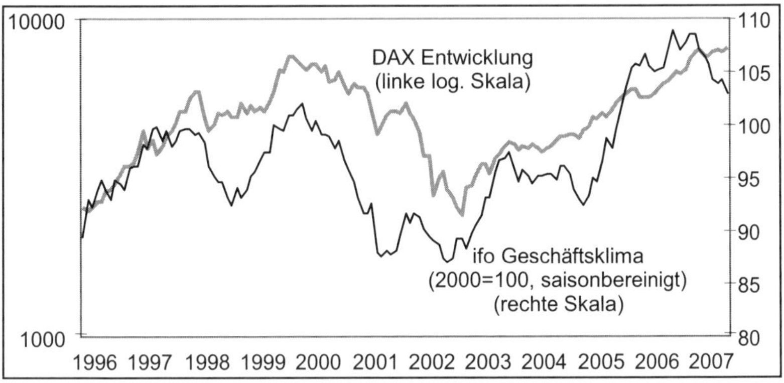

Abbildung 11-25: Dax-Entwicklung und ifo-Geschäftsklimaindex, 1996 - 2007[45]

Aus der Graphik wird deutlich, dass die Dax-Entwicklung und der ifo-Geschäftsklimaindex im betrachteten Zeitraum sehr eng korrelieren. Sein Prognosewert kommt dem des ifo-Index offenbar sehr nahe.

11.2.1.2.4 Die Einkommensabhängigkeit der Investition

Eine weitere wichtige Variable in der gesamtwirtschaftlichen Investitionsfunktion ist das Volkseinkommen. Wie wir bereits in Abbildung 11-20 gesehen haben, steigt das Niveau der Investitionsausgaben mit dem Niveau des Volkseinkommens im Zeitverlauf an und reagiert darüber hinaus auch auf Einkommensschwankungen im Konjunkturzyklus.

Zwei Argumente sprechen für diesen Niveauzusammenhang. Zur Produktion eines hohen Volkseinkommens ist stets auch ein hoher Kapitalstock und daher auch ein hohes Niveau an Re-Investitionen erforderlich. Der Umfang der Bruttoinvestitionen wird also bei einem höheren Volkseinkommen stets höher sein, als bei einem niedrigen. Die Nettoinvestitionen hingegen reagieren weniger auf das Einkommensniveau, als auf dessen Veränderung. Wenn die Kapazitäten ausgelastet sind und die Unternehmen mit einer weiteren Zunahme der Nachfrage rechnen, werden kapazitätserweiternde Nettoinvestitionen induziert. Dieser produktionstechnische Zusammenhang führt uns anschließend zum Konzept des Akzelerators.

Ferner wird argumentiert, dass die Investitionstätigkeit sehr stark von den Gewinnen im Unternehmenssektor abhänge. Gewinne wiederum sind eng mit der Umsatzentwicklung und diese mit der des Volkseinkommens gekoppelt. Hohe Gewinne stellen eine günstige Finanzierungsquelle für die Unternehmen dar. Nachweislich besteht eine hohe Korrelation zwischen den Investitionsausgaben und der Selbstfinanzierungsquote, d.h. dem Anteil der Investitionsfinanzierung aus unverteilten Gewinnen. Zwar erwarten Investoren auch vom eingesetzten Eigenkapital eine marktgerechte Verzinsung. Jedoch nimmt mit steigender Selbstfinanzierungsquote die Abhängigkeit vom Kapitalmarkt ab. Das Unternehmen ist dann nicht mehr so stark auf Fremdkapital angewiesen.

[45] Quellen: Dax-Zeitreihe: Deutsche Bundesbank (www.bundesbank.de/statistik/); ifo-Geschäftsklimaindex: ifo-Institut für Wirtschaftsforschung (http://www.cesifo-group.de/)

Die Abhängigkeit vom Volkseinkommen lässt sich als partielle Investitionsfunktion darstellen:

$$I = f(Y)\text{ , wobei } \frac{\partial I}{\partial Y} > 0 .$$

In Bezug auf die Zinsabhängigkeit der Investitionsausgaben wird die Höhe des Einkommens zum Lageparameter. Bei gegebenem Zinssatz sind die Investitionsausgaben umso höher, je höher das Einkommensniveau ist, d.h. die partielle Investitionsfunktion in Bezug auf den Zinssatz verlagert sich mit steigendem Einkommen nach rechts.

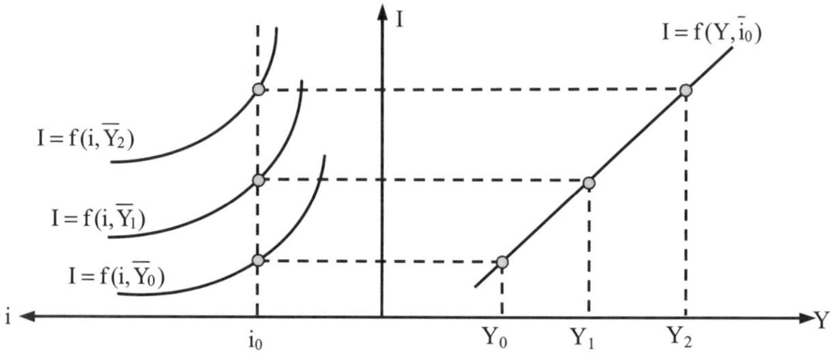

Abbildung 11-26: Der Zusammenhang zwischen Volkseinkommen und Investition

Der Zusammenhang zwischen der Veränderung des Volkseinkommens und den Investitionsausgaben wird mit Hilfe des **Akzeleratorprinzips** beschrieben.

Ausgangspunkt der Überlegungen ist ein produktionstechnischer Zusammenhang. Unterstellen wir zunächst Vollauslastung der Produktionskapazitäten sowie die Betrachtung einer kurzen Frist. Wie wir aus der Produktionstheorie wissen, besteht in diesem Fall, d.h. bei gegebenem Stand der Technik, ein limitationaler Zusammenhang zwischen dem Output Y und den Einsatzfaktoren, insbesondere dem Kapitalstock K. Diese technisch bedingte Input-Output-Relation heißt Kapitalkoeffizient. Es gilt:

$$v = \frac{K}{Y} \text{ oder } K = v \cdot Y .$$

Nehmen wir nun an, dass die Gesamtnachfrage im Laufe der Zeit t steigt und der Output deshalb ausgedehnt werden soll. Wenn sich die Produktionstechnik, d.h. der Kapitalkoeffizient v nicht ändert, kann ein höherer Output also nur dann produziert werden, wenn der Kapitaleinsatz im vorgegebenen Verhältnis mitsteigt[46]:

$$\frac{dK}{dt} = v \cdot \frac{dY}{dt} \text{ oder (als Differenzengleichung) } K_t - K_{t-1} = v \cdot (Y_t - Y_{t-1}) .$$

Die Kapitalstocklücke ist also proportional zur Nachfrage- bzw. Outputlücke und muss durch Nettoinvestitionen geschlossen werden. Die Nettoinvestition ist bekanntlich definiert als Veränderung des Kapitalstocks pro Periode, so dass wir schreiben können:

$$I_t = v \cdot \frac{dY}{dt} \text{ oder } I_t = v \cdot (Y_t - Y_{t-1})$$

[46] v ist also gleichzeitig durchschnittlicher und marginaler Kapitalkoeffizient.

Das Anwachsen des Volkseinkommens Y induziert demnach unmittelbar Investitionen, die die entstandene Kapitalstocklücke zwischen dem Kapitalbestand der Vorperiode und dem optimalen Kapitalstock der laufenden Periode sofort schließen. Pro Periode wird stets der jeweils optimale Kapitalstock realisiert.
Dieser Zusammenhang wird als **konstanter** oder **naiver Akzelerator** bezeichnet. Die folgende Abbildung 11-27 zeigt, dass wachstumsinduzierte Nettoinvestitionen stets nur in derselben Periode getätigt werden, in der die Produktionsausdehnung stattfindet. Die Kapitalstocklücke wird sofort geschlossen.

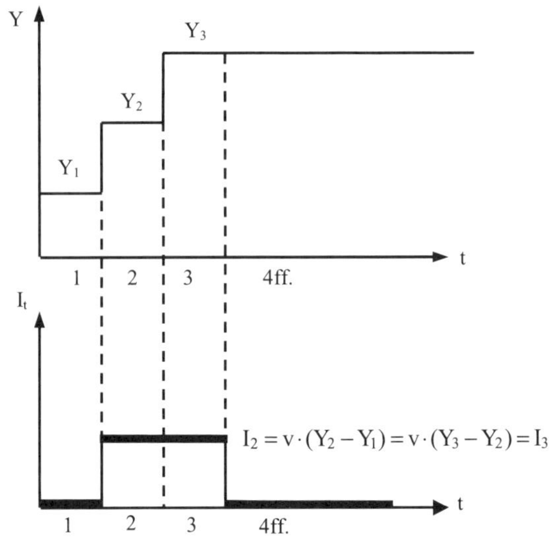

Abbildung 11-27: Der konstante (naive) Akzelerator

In der folgenden Übung[47] wird anhand eines Zahlenbeispiels deutlich, wie sich Umsatzschwankungen auf Kapitalstock und Investitionen auswirken.

Übung 11-6: Regenschirme und Klimawandel

Ein Unternehmen produziert Regenschirme. Aufgrund des Klimawandels nimmt die Anzahl Regentage pro Jahr signifikant zu und die Nachfrage nach Regenschirmen steigt dadurch an. Allerdings rechnen die Manager des Unternehmens nicht mit einer dauerhaften Nachfrageerhöhung. Sie gehen vielmehr davon aus, dass sich der Markt nach einigen Jahren mit Regenschirmen gesättigt haben wird und danach nur noch mit Ersatzbedarf gerechnet werden kann.

Der Maschinenpark des Unternehmens in Höhe von 200 wurde in Jahresscheiben zu je 40 Kapitaleinheiten kontinuierlich angeschafft. Die Maschinen werden über 5 Jahre abgeschrieben, d.h. bei konstantem Kapitalstock scheiden jedes Jahr 20% des Maschinenparks aus und müssen ersetzt werden.

In diesem Industriezweig beträgt der Kapitalkoeffizient 2, d.h. bei ausgelasteten Kapazitäten muss man 200€ investieren, um den Umsatz dauerhaft um 100€ zu steigern. Füllen Sie folgende Tabelle mit den fehlenden Zahlen aus.

[47] In Anlehnung an *Völker* (1999), S. 259 f.

Tabelle 11-2:Induzierte Kapitalstock- und Investitionsentwicklung bei Umsatzschwankungen

Jahr	Umsatz	Vorhand. Kap.stock	Benötigter Kap.stock	Ersatz-Investition	Netto-Investition	Gesamt-investition
1	100	200				
2	110					
3	120					
4	130					
5	130					
6	120					
7	110					
8	100					
9	100					
10	100					

Lösung:

Als erstes lässt sich der in jeder Periode benötigte Kapitalstock mit Hilfe des gegebenen Umsatzes sowie des Kapitalkoeffizienten berechnen. In Spalte muss jeweils der doppelte Betrag von Spalte 2 stehen. Der vorhandene Kapitalstock in Spalte 3 ist dann jeweils der aus der Vorperiode übernommene.

Die Nettoinvestitionen ergeben sich als Differenz zwischen dem tatsächlichen (Spalte 3) und dem benötigten (Spalte 4) Kapitalstock. Die notwendigen Ersatzinvestitionen entsprechen den jeweiligen Gesamtinvestitionen vor 5 Jahren. Sie liegen in den ersten 5 Jahren daher jeweils bei 40, da wir ja wissen, dass der Maschinenpark in regelmäßigen Jahresscheiben von 40 Kapitaleinheiten aufgebaut worden ist. Ab dem Jahr 7 ff. allerdings müssen die hinzugetretenen Nettoinvestitionen ab dem Jahr 2 mitberücksichtigt werden. Die letzte Spalte beinhaltet die Summe aus Ersatz- (Spalte 5) und Nettoinvestition (Spalte 6).

Tabelle 11-3: Lösungstabelle zur induzierten Investition

Jahr	Umsatz	Vorhand. Kap.stock	Benötigter Kap.stock	Ersatz-Investition	Netto-Investition	Gesamt-investition
1	100	200	200	40	0	40
2	110	200	220	40	20	60
3	120	220	240	40	20	60
4	130	240	260	40	20	60
5	130	260	260	40	0	40
6	120	260	240	40	-20	20
7	110	240	220	60	-20	40
8	100	220	200	60	-20	40
9	100	200	200	60	0	60
10	100	200	200	40	0	40

Dieses Akzeleratorkonzept ist also ein unmittelbarer Ausdruck produktionstechnischer Zusammenhänge. Wenn man die oben beschriebene Akzeleratorgleichung jedoch als Investitionsfunktion, d.h. als Verhaltenshypothese interpretieren will, zeigen sich unüberwindliche Schwierigkeiten:

- Die Gleichung würde als Verhaltenshypothese einen Zirkelschluss beinhalten: Die Investitionen sind selbst wesentlicher Bestandteil der Gesamtnachfrage und damit auch von Y. Wie können Investoren auf sich selbst reagieren? Zumindest müsste die Gleichung einen Zeitverzug zwischen der Einkommenssteigerung und der Reaktion der Investoren vorsehen (Reaktionslag).
- Dieser Zeitverzug wäre auch aus technischen Gründen notwendig. Selbst wenn die Investoren die entstehende Lücke zwischen dem tatsächlichen und dem gewünschten Kapitalstock sofort schließen wollten, müssten die unterschiedlich langen Ausreifungszeiten der Investitionsprojekte (v.a. Bauprojekte) berücksichtigt werden.
- Mit einer Reaktion der Investoren auf eine beobachtete Nachfragesteigerung ist nur dann zu rechnen, wenn diese von einer dauerhaften Nachfrageentwicklung ausgehen. Eine abwartende Haltung der Investoren ist daher allein schon aus diesem Grund wahrscheinlich. Bevor die Unternehmen neue Kapazitäten aufbauen, werden sie der gestiegenen Nachfrage zunächst durch Lagerabbau (sofern vorhanden), die Verlängerung von Lieferfristen oder Preiserhöhungen begegnen.
- Solange noch in nennenswertem Umfang unausgelastete Kapazitäten vorliegen, wirkt das Akzeleratorprinzip nicht. Eine Nachfrageerhöhung würde dann lediglich den Auslastungsgrad erhöhen.
- In Zeiten der Überbeschäftigung hingegen, d.h. in der Hochkonjunktur sind dem Akzeleratorprinzip dadurch Grenzen gesetzt, dass der Faktor Arbeit knapp wird. Da kurzfristig ja von eher limitationalen Produktionsverhältnissen auszugehen ist, können Arbeitskräfte nicht einfach durch Kapital ersetzt werden. Investitionen werden daher unterlassen und durch Preissteigerungen ersetzt oder ins Ausland verlagert.
- In der Hochkonjunktur können – bedingt durch eine möglicherweise restriktive Zentralbankpolitik – auch Finanzierungsschwierigkeiten auftreten. Hohe Marktzinssätze könnten dazu führen, dass viele Investitionsprojekte unrentabel und aus diesem Grund nicht durchgeführt werden.
- Denselben Effekt könnten Preissteigerungen in der Investitionsgüterindustrie verursachen. Steigende Anschaffungskosten und steigende Zinsen haben beide einen negativen Effekt auf die Rentabilität einer Investition.
- Schließlich ist noch zu bedenken, dass fortwährend technischer Fortschritt stattfindet und das optimale Faktoreinsatzverhältnis (und damit die Höhe der Kapitalstocklücke) verändert. Durchschnittlicher und marginaler Kapitalkoeffizient sind daher i.d.R. nicht identisch.

All diese Argumente sprechen dafür, dass der beobachtete Akzelerator stets kleiner ist als der konstante (auch gleichgewichtig genannte) Akzelerator. Man kann in der Realität keineswegs davon ausgehen, dass immer sofort der jeweils optimale, gewünschte Kapitalstock realisiert wird. Vielmehr ist damit rechnen, dass die Reaktion der Investoren auf eine Nachfrage- und Einkommenssteigerung zum einen verzögert einsetzt sowie zum andern die Kapitalstockanpassung auf mehrere Perioden verteilt wird.

Unser Gleichungssystem ändert sich daher. Während bei sofortiger Kapitalstockanpassung stets der jeweils optimale oder gewünschte Kapitalstock K^g realisiert wird, so dass gilt

$$I_t = K_t^g - K_{t-1}^g,$$

kann man nun nicht mehr davon ausgehen, dass der tatsächliche Kapitalstock der Vorperiode K^{tat} auch gleichzeitig der optimale (d.h. gleichgewichtige) Kapitalstock war. Ferner wird die Investition in t nicht mehr notwendigerweise die gesamte noch vorhandene Kapitalstocklücke ausfüllen, sondern nur einen bestimmten Teil p:

$$I_t = p \cdot (K_t^g - K_{t-1}^{tat.}).$$

Der gewünschte Kapitalstock K^g ergibt sich aus dem gegebenen Kapitalkoeffizienten v und dem Outputniveau Y. Der tatsächliche Kapitalstock K^{tat} hingegen ist von Periode zu Periode verschieden. Die Investition in t steht daher in einer flexiblen Relation zum Einkommen und zur Kapitalstocklücke:

$$I_t = p \cdot (v \cdot Y_t - K_{t-1}^{tat}), \text{ wobei } \frac{\partial I}{\partial Y} > 0 \text{ und } \frac{\partial I}{\partial K_{t-1}} < 0,$$

das heißt, je kleiner die restliche Kapitalstocklücke bzw. je höher der tatsächliche Kapitalstock der Vorperiode ist, desto niedriger ist die induzierte Investition[48]. Die Größe p heißt daher **flexibler Akzelerator**. Die Abbildung 11-28 zeigt den Anpassungsprozess des flexiblen Akzelerators schematisch.

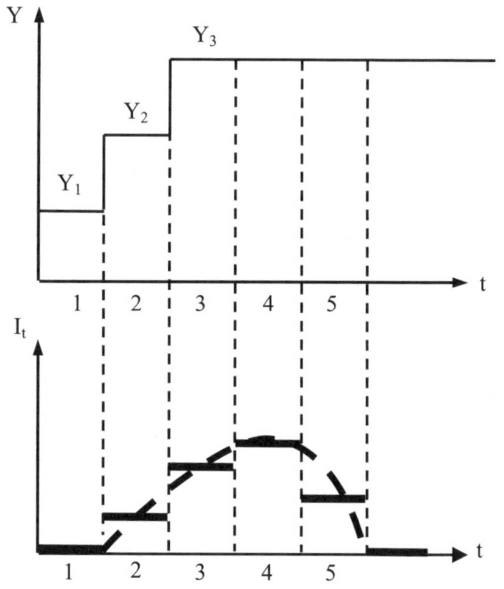

Abbildung 11-28: Der flexible Akzelerator

Empirische Untersuchungen haben ergeben, dass das Akzeleratorprinzip vorwiegend in Zeiten der Unterbeschäftigung bzw. der Normalauslastung der Kapazitäten nachzuweisen ist. In der Hochkonjunktur, also in Phasen der Überbeschäftigung hingegen überwiegt eher die Wirkung von Zinsanreizen[49].

[48] Zur ausführlichen mathematischen Darstellung des flexiblen Akzelerators wird auf die Spezialliteratur zur Investitions- und Kapitaltheorie verwiesen.

[49] Vgl. z.B. *Teichmann* (1997), S. 49.

Auf der Basis der bisherigen Überlegungen ist das auch nicht verwunderlich: Im Konjunkturtief ist das Zinsniveau in der Regel niedrig. Sofern die Unternehmen eine Nachfragesteigerung erwarten und somit Absatz- und Ertragchancen voraussehen, werden einer entsprechenden Investitionsentscheidung kaum Finanzierungsprobleme entgegenstehen: Kredite sind billig und reichlich verfügbar. In der Hochkonjunktur hingegen ist die Wahrscheinlichkeit, dass sinkendes Kreditangebot und dadurch steigende Zinsen die Rentabilität geplanter Investitionsprojekte zunichte machen, sehr viel höher. Der Einfluss der positiven Absatzerwartungen wird also von Zinseffekten überdeckt.

Praxisbeispiel 11-5: Das Akzelerator-Modell der Lagerbestände

Der US-amerikanische Nationalökonom und Lehrbuchautor *Gregory Mankiw* stellte fest, dass das Akzeleratorprinzip besonders gut zur Erklärung der Lagerinvestitionen geeignet ist. Das folgende Streudiagramm zeigt, dass die Lagerinvestitionen in Deutschland in einem nahezu proportionalen Verhältnis zur realen Wachstumsrate des Bruttoinlandsprodukts stehen:

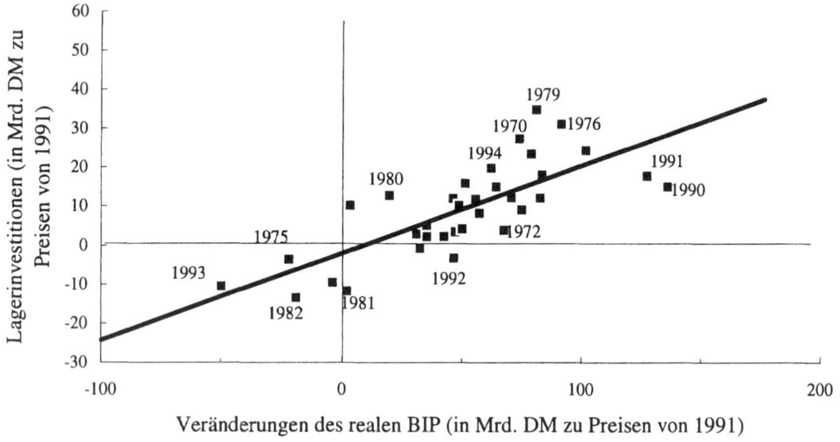

Abbildung 11-29: Lagerinvestitionen und reale Wachstumsrate des BIP in Deutschland

Die Regressionsgerade, die *Mankiw* durch diese Punktewolke gezeichnet hat, entspricht der Gleichung $I = 0{,}2 \cdot \Delta Y$. Das bedeutet, die Lagerinvestitionen lassen sich annähernd sogar mit dem Konzept des konstanten Akzelerators beschreiben: Für jede D-Mark, um die das BIP im betrachteten Zeitraum gestiegen ist, wurden Lagerinvestitionen im Wert von 20 Pfennigen getätigt[50].

11.2.1.3 Die Nachfrage des Staates

Im Abschnitt 10.2.3 wurde bereits dargestellt, auf welch vielfältige Weise der Staat in den Wirtschaftskreislauf eingreift. Er fragt zum einen Güter und Faktorleistungen aus der Privatwirtschaft nach, um damit seine Dienstleistungen für die Bürger, nämlich die öffentlichen Güter, zu produzieren. Der Staat fragt außerdem Investitionsgüter nach, um damit die öffentliche Infrastruktur zu erstellen, zu erhalten und zu vergrößern.

[50] Beispiel entnommen aus *Mankiw* (1998), S. 521.

Abgesehen davon entfaltet der Staat außerdem eine umfangreiche Umverteilungstätigkeit im Rahmen seiner Sozialpolitik. Er zahlt Unterstützungsleistungen an private Haushalte, wie z.B. Sozialhilfe oder Kindergeld, sowie Versicherungsleistungen, wie etwa Arbeitslosengeld, Gesundheitsleistungen oder Renten. Auch Unternehmen können Nutznießer staatlicher Hilfen in Form von Subventionszahlungen sein.

Zur Finanzierung all dieser Aktivitäten erhebt der Staat direkte und indirekte Steuern sowie Sozialversicherungsbeiträge. Darüber hinaus fließen ihm Faktoreinkommen aus Unternehmensbeteiligungen zu, die jedoch im Folgenden vernachlässigt werden sollen.

Die Nachfrage des Staates besteht nur aus den unmittelbar kreislaufwirksamen Ausgaben für den staatlichen Konsum und die staatliche Investition. Alle anderen Aktivitäten wie Transferzahlungen und Steuererhebungen verändern die Kreislaufströme nur indirekt, nämlich über eine Veränderung des verfügbaren Einkommens der Haushalte und Unternehmen.
Von der Größenordnung her entspricht die Staatsnachfrage in etwa den privaten Investitionen, wobei der größte Teil der Staatsnachfrage im öffentlichen Konsum besteht.

Die Bestimmungsgründe für die verschiedenen Teile der Staatsnachfrage sind nicht einfach zu ermitteln. Fest steht, dass die Höhe der öffentlichen Ausgaben nicht einfach eine Folge eines Gewinnmaximierungskalküls, sondern Ergebnis politischer Entscheidungen ist. In einer Demokratie ist die Budgetplanung Gegenstand intensiver parlamentarischer Diskussionen und Abstimmungen. Ein immer größer werdender Teil der Einnahmen und Ausgaben des Staates wird außerdem von internationalen Organisationen bestimmt, in Deutschland insbesondere von der EU.

Der Erklärung des Budgetverhaltens des Staates ist ein eigener Zweig der Volkswirtschaftslehre gewidmet, nämlich die Finanzwissenschaft. Im Rahmen der Einkommens- und Beschäftigungstheorie liegt das Hauptaugenmerk der Analyse jedoch nicht auf der Erklärung der Bestimmungsgründe staatlichen Handelns, sondern auf der Frage, wie der Staat mit seinen Einnahmen und Ausgaben – ganz egal, mit welchem politischen Verfahren über ihre Höhe entschieden worden ist – auf den privaten Wirtschaftskreislauf Einfluss nimmt.

Wir gehen daher im Folgenden davon aus, dass sowohl die Konsum- wie auch die Investitionsausgaben des Staates autonom, d.h. unabhängig vom Einkommen, sowie exogen, d.h. nicht durch Einflussgrößen innerhalb des Modells bestimmt sind:

$$C_{St} = C_{St}^{aut} \text{ und } I_{st} = I_{St}^{aut} .$$

Dasselbe gilt für die Transferzahlungen:

$$Tr = Tr^{aut} .$$

Die Steuereinnahmen hingegen müssen etwas differenzierter beschrieben werden. In einem ersten Schritt können zwar auch diese als autonom und modellexogen angesehen werden. Dies wäre der Fall einer pauschalen Kopfsteuer, die jeder Bürger unabhängig von seinem Einkommen zu zahlen hat.

Realistischer hingegen ist die Annahme einer einkommensabhängigen Steuer

$$T = T(Y) = t \cdot Y .$$

In dieser Form handelt es sich also um eine proportionale Einkommenssteuer. Noch näher an der Wirklichkeit allerdings ist eine progressive Einkommenssteuer, bei der der Steuersatz t selbst positiv vom Einkommen abhängig ist:

$$T = T(Y) = t(Y) \cdot Y \text{, wobei } \frac{dt}{dY} > 0 .$$

Die Einbeziehung dieser einfachen Verhaltensannahmen in das Grundmodell des Gütermarktes erlauben trotz ihrer beschränkten Aussagefähigkeit wichtige Schlussfolgerungen über die konjunkturelle Wirkung wirtschaftspolitischen Handelns.

11.2.1.4 Die Nachfrage des Auslandes

Der vierte wichtige Bestandteil der Endnachfrage ist die Nachfrage des Auslandes, d.h. aus Inlandssicht die Exportnachfrage. Betrachtet man jedoch die Wertschöpfung, also die Einkommensentstehung, so muss dem Export der Import ausländischer Güter gegenübergestellt werden, mit denen sich das inländische Angebot erhöht.

Auch mit den Bestimmungsgründen der Außenhandelsströme befasst sich ein eigenständiges Teilgebiet der Volkswirtschaftslehre, nämlich die Außenwirtschaftstheorie. Die Außenhandelsströme sind zwar überwiegend durch privatwirtschaftliche Aktivitäten zu erklären, so dass die Abhängigkeit vom Einkommen auf jeden Fall berücksichtigt werden muss. Darüber hinaus spielen jedoch noch zahlreiche weitere Faktoren eine wichtige Rolle, so z.B. die Höhe der Wechselkurse, das Verhältnis der Preisniveaus zwischen Inland und Ausland (die sog. terms of trade), protektionistische Maßnahmen wie Zölle oder Einfuhrkontingente und vieles andere mehr. Eine genauere Analyse der Außenwirtschaft erfolgt im Kapitel 12.

Für die Analyse der Vorgänge auf dem (inländischen) Gütermarkt genügen jedoch auch in diesem Fall relativ einfache Verhaltensannahmen.
Die Exportgüterverkäufe sind gleichzeitig Käufe des Auslands. Die ausländischen Kunden richten sich bei ihren Kaufentscheidungen wie jedes rationale Wirtschaftssubjekt nach dem Preis der Güter sowie nach ihrem verfügbaren Einkommen. In der Gütermarktanalyse wird im Folgenden jedoch unterstellt, dass die Preise konstant seien, Preisänderungen bleiben zunächst unberücksichtigt. Das verfügbare Einkommen des Auslandes ist aus Inlandssicht ebenfalls modellexogen bestimmt und von den Vorgängen auf dem Inlandsgütermarkt unabhängig. Die Exporterlöse werden im Rahmen des Gütermarktmodells daher sehr vereinfacht als autonom und exogen angesehen:

$$EX = EX^{aut} .$$

Den Importen hingegen liegen Kaufentscheidungen von Inländern zugrunde. Somit werden sie zumindest teilweise durch die Höhe des inländischen Einkommens Y bestimmt. Analog zu einer einfachen keynesianischen Konsumfunktion wird daher in Gütermarktmodellen meist folgende Importfunktion mit einem einkommensabhängigen und einem autonomen Teil der Importnachfrage verwendet:

$IM = IM(Y) = IM^{aut} + m \cdot Y$, wobei *m* die marginale Importquote bezeichnet.

11.2.2 Das Gütermarktgleichgewicht bei zinsunabhängiger Investition

Beginnen wir mit einem Gütermarktmodell, das nur die privaten Wirtschaftssubjekte Haushalte und Unternehmen berücksichtigt. Man nennt solche Modelle Zwei-Sektoren-Modell oder Modell einer geschlossenen Volkswirtschaft ohne Staat. Ein solches Modell wird durch die folgenden fünf Gleichungen, die uns bereits aus Übung 2-4 bekannt sind, vollständig beschrieben:

(1) $Y^N = C(Y) + I$

(2) $Y^A = Y$

(3) $C(Y) = C^{aut} + c \cdot Y$

(4) $I = I^{aut}$

(5) $Y^A = Y^N = Y^*$,

wobei Y^N für gesamtwirtschaftliche Nachfrage, Y^A für das Angebot, Y für das Volkseinkommen[51], C für den Konsum und I für die Investition steht. C^{aut} bezeichnet den einkommensunabhängigen Sockelkonsum, c die marginale Konsumneigung.

Die Gleichungen (1) und (2) sind die Definitionsgleichungen für die gesamtwirtschaftliche Nachfrage und das Angebot, Gleichungen (3) und (4) sind die Verhaltenshypothesen für Konsum und Investition, Gleichung (5) ist die Gleichgewichtsbedingung.
Die beiden Verhaltenshypothesen sind so einfach wie möglich formuliert. Der Konsum wird durch eine lineare keynesianische Konsumfunktion beschrieben, die Investition gilt als autonom, d.h. einkommensunabhängig.

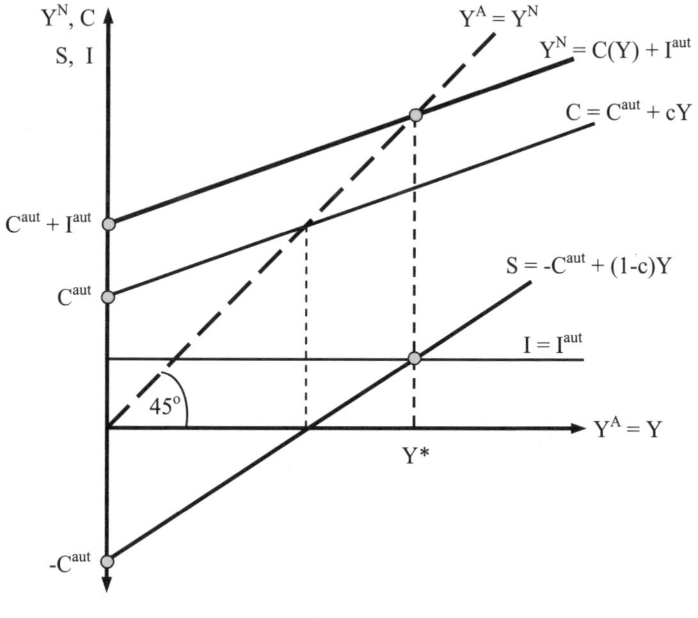

Abbildung 11-30: Gütermarktgleichgewicht im Zwei-Sektoren-Modell bei zinsunabhängiger Investition

Die Gleichgewichtslösung dieses Modells lässt sich algebraisch und graphisch sehr einfach bestimmen. Durch sukzessives Einsetzen der Gleichungen (1) bis (4) in (5) erhält man

$Y = C(Y) + I$ oder $Y - C(Y) = S(Y) = I$.

Die Lösung für den Gleichgewichtswert Y^* lautet:

$$Y = C^{aut} + c \cdot Y + I^{aut}$$

$$Y - c \cdot Y = C^{aut} + I^{aut}$$

$$Y^* = \frac{1}{1-c}(C^{aut} + I^{aut})$$

---

[51] Da in diesem Modell keine staatlichen Aktivitäten vorkommen, muss auch nicht zwischen Volkseinkommen und verfügbarem Volkseinkommen unterschieden werden.

Graphisch erhält man diese Lösung entweder mit Hilfe des Schnittpunktes der Gesamtnachfragekurve mit der Winkelhalbierenden des ersten Quadranten (das ist der geometrische Ort der Gleichheit zwischen Nachfrage und Angebot) oder durch den Schnittpunkt zwischen Spar-[52] und Investitionsfunktion (siehe Abbildung 11-30).

Übung 11-7: Einfaches Gütermarktgleichgewicht

In einer geschlossenen Volkswirtschaft ohne Staat beträgt der Basiskonsum 100. Außerdem wird von jeder zusätzlichen Einkommenseinheit nur der 10.Teil gespart, der Rest konsumiert. Die Nettoinvestition beträgt 20.

a) Wie hoch ist das Gleichgewichtseinkommen?

b) Zeigen Sie, dass für dieses Einkommen gilt: $I^{aut} = S(Y^*)$

Lösung:

a) $Y = 100 + 0{,}9 \cdot Y + 20$

$0{,}1 \cdot Y = 120$

$Y^* = 1.200$

b) $20 \stackrel{?}{=} -100 + 0{,}1 \cdot 1.200$

$20 \stackrel{?}{=} -100 + 120$ q.e.d.

$20 \equiv 20$

Ungleichgewichte entstehen, wenn nicht das Gleichgewichtseinkommen Y^*, sondern ein niedrigeres (wie Y_1 in der folgenden Abbildung 11-31) oder ein höheres (wie Y_2) verwirklicht werden.

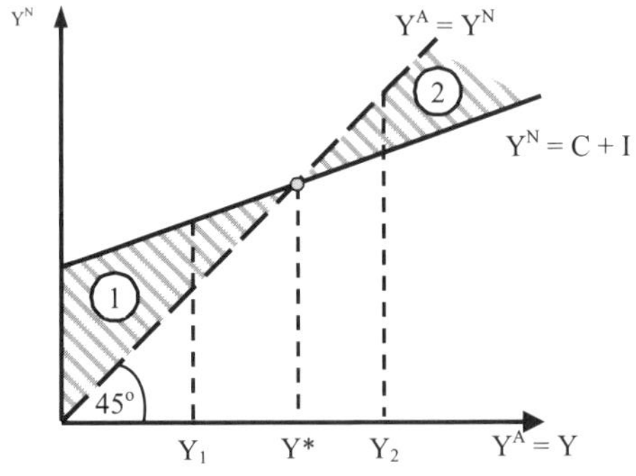

Abbildung 11-31: Ungleichgewichtssituationen

Wenn das tatsächliche Einkommen niedriger ist als das gleichgewichtige (Situation 1), dann ist offensichtlich die Nachfrage größer als das Angebot. Es entsteht also eine Übernachfrage oder Angebotslücke. Um diese Lücke auszugleichen könnten entweder die Nachfrager auf einen Teil ihres ursprünglich geplanten Konsums verzichten, d.h. ungeplant sparen, oder die Anbieter könnten versuchen, das fehlende Angebot durch Lagerabbau aufzufüllen. Das setzt

[52] Zur Herleitung der Spar- aus der Konsumfunktion vgl. oben Abbildung 11-9, S. 509.

natürlich voraus, dass Lager vorhanden sind. Wenn keine Lager vorhanden sind, werden die Anbieter die Preise erhöhen und damit die Übernachfrage zurückdrängen. Man nennt diese Situation daher auch **inflatorische Lücke**. Da wir im Folgenden allerdings konstantes Preisniveau unterstellen, wird diese Art der Anpassung zunächst nicht untersucht.

Wenn das tatsächliche Einkommen höher ist das gleichgewichtige (Situation 2), gilt das Gegenteil: Das Angebot ist höher als die Nachfrage, d.h. es entsteht ein Überangebot oder eine Nachfragelücke. Diese kann entweder nachfrageseitig durch ungeplanten Konsum (Entsparen) oder angebotsseitig durch ungeplanten Lageraufbau geschlossen werden. Möglicherweise werden die Anbieter auch versuchen, durch Preissenkungen ihre Waren doch noch abzusetzen, so dass man hier von einer **deflatorischen** Lücke spricht.

Der Weg von einer solchen Ungleichgewichtssituation zurück zum Gleichgewicht ist Gegenstand der Multiplikatoranalyse. Dabei gibt es zwei Untersuchungsmethoden:

- Die **komparativ-statische** Analyse: Die Zeitpunkte vor und nach vollzogener Anpassung werden miteinander verglichen und die Gesamtänderungen der einzelnen Modellgrößen berechnet. Der Anpassungspfad selbst wird nicht untersucht.
- Die **dynamische** Analyse: Der Zeitpfad der Variablen wird untersucht. Alle Modellvariablen werden auf die Zeit bezogen. Dies geschieht entweder durch die Betrachtung diskreter Zeitperioden (Sequenzenanalyse oder rate analysis) oder eines Zeitkontinuums (kontinuierliche Analyse). Für eine dynamische Analyse müssen also Informationen über die Reaktionsgeschwindigkeit bzw. Reaktionsverzögerungen (lags) der einzelnen Akteure vorliegen.

11.2.2.1 Komparativ-statische Analyse

Wir gehen von folgender Situation in Abbildung 11-32 aus. Y_0^* ist das alte Gleichgewichtseinkommen. Aus irgendeinem nicht näher bestimmten Grund erhöht sich eine der autonomen Nachfragegrößen A, z.B. die Investition, um den Betrag ΔA. Dadurch verschiebt sich die Nachfragefunktion nach oben, so dass sich ein neues Gleichgewichtseinkommen Y_1^* ergibt, das um ΔY höher ist als das alte. Wie hängen diese beiden Veränderungsgrößen miteinander zusammen? Wie kann man die Einkommensänderung ΔY aus der Störgröße ΔA ermitteln?

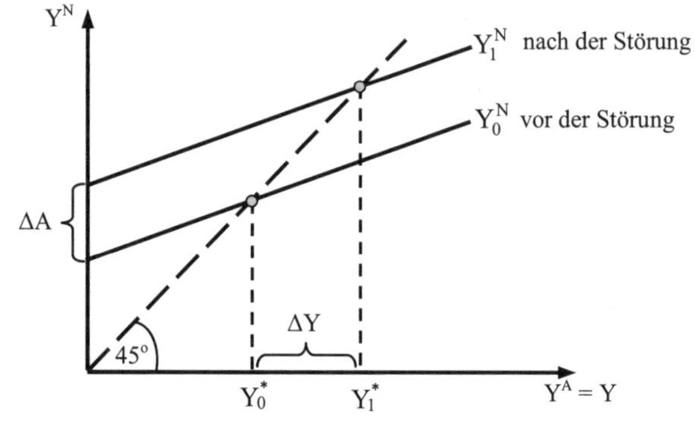

Abbildung 11-32: Störung des Gütermarktgleichgewichts

Die einfachste Möglichkeit, die Differenzengrößen zu ermitteln, besteht darin, einfach die Gleichgewichtssituation vor der Störung von der Gleichgewichtssituation nach der Störung abzuziehen. Dieses Vorgehen nennt man daher auch Differenzen-Methode:

$$
\begin{array}{lccccccccccc}
\text{Größen in } t=1: & Y & + & \Delta Y & = & A & + & \Delta A & + & cY & + & c\Delta Y \\
\text{- Größen in } t=0: & Y & & & = & A & & & + & cY & & \\
\hline
 & & & \Delta Y & = & & & \Delta A & & & + & c\Delta Y
\end{array}
$$

$$\Delta Y = \frac{1}{1-c}\Delta A$$

Abbildung 11-33: Die Differenzenmethode

Übersichtlicher und in komplexeren Modellen auch schneller zu berechnen ist hingegen die Differentiationsmethode. Hier wird die Gleichgewichtsbedingung einfach nach der Störgröße, in diesem Fall A, abgeleitet:

$$Y = A + c \cdot Y$$

$$\frac{dY}{dA} = 1 + c \cdot \frac{dY}{dA}$$

$$\frac{dY}{dA} = \frac{1}{1-c}$$

oder

$$dY = \frac{1}{1-c} dA .$$

Die Größe $\frac{1}{1-c}$ heißt Multiplikator.

Da im Nenner die Sparneigung 1 - c steht, liegt der Wert des Multiplikators stets über 1. Zugrunde liegt die Annahme des fundamentalpsychologischen Gesetzes von Keynes, der unterstellt, dass die marginale Konsumneigung (und damit auch die marginale Sparneigung) immer einen Wert zwischen 0 und 1 hat. Je größer der Parameter c, d.h. die marginale Konsumneigung ist, desto größer ist der Multiplikator.

Übung 11-8: Multiplikatorwirkung im Zwei-Sektoren-Modell

Gegen sei das Modell aus Übung 11-7.

a) Um wie viel steigt das Volkseinkommen, wenn sich die Investitionen auf Grund optimistischer Zukunftserwartungen plötzlich verdoppeln?

b) Wie hoch ist jetzt die Ersparnis?

c) Wie hoch wäre das neue Gleichgewichtseinkommen, wenn sich gleichzeitig die marginale Sparneigung verdoppeln würde?

Lösung:

a) $\Delta Y = \frac{1}{1-0{,}9} \cdot 20 = 200 \quad \rightarrow \quad Y_1^* = 1.400$. Der Multiplikator m beträgt 10.

b) $S_1 = -100 + 0{,}1 \cdot 1.400 = 40$

c) $\Delta Y = \frac{1}{1-0{,}8} \cdot 20 = 100 \quad \rightarrow \quad Y_1^* = 1.300$. Der Multiplikator m beträgt 5.

11.2.2.2 Dynamische Analyse

Um den Anpassungspfad vom alten ins neue Gleichgewicht untersuchen zu können, sind zusätzliche Hypothesen über den zeitlichen Verlauf des Verhaltens von Anbietern und Nachfragern erforderlich.

Auf eine Störung des Gleichgewichts können – wie oben beschrieben – sowohl Anbieter als auch Nachfrager reagieren: diese mit ungeplantem Sparen oder Entsparen, jene mit ungeplantem Lagerauf- oder -abbau, d.h. mit ungeplanten Investitionen. In der Realität wird normalerweise beides zusammentreffen. Wir wollen jedoch in der folgenden Sequenzenanalyse zum besseren Verständnis beide Reaktionsarten voneinander getrennt untersuchen.

Robertson-lag

Anpassungsverzögerungen der privaten Konsumnachfrage an Einkommensveränderungen nennt man *Robertson*-lag[53]. Man geht davon aus, dass die Konsumenten aufgrund eingefahrener Konsumgewohnheiten erst verzögert auf Einkommensschwankungen reagieren. Diese Annahme liegt – wie wir bereits gesehen haben – vielen Konsumtheorien zugrunde.
Das Angebot hingegen – so die Hypothese – stellt sich sofort auf Nachfrageänderungen ein. Das setzt voraus, dass ausreichend freie Produktionskapazitäten vorhanden sind, mit denen die Anbieter beliebig schnell reagieren können.

Wir erhalten daher folgende Reaktionshypothesen:

- Anbieter: $Y_t^N \Rightarrow Y_t^A$, d.h. das Angebot stellt sich unendlich schnell auf die Nachfrage ein.
- Nachfrager: $C_t = C^{aut} + c \cdot Y_{t-1}$, d.h. der Konsum reagiert auf Einkommensveränderungen erst eine Periode später.

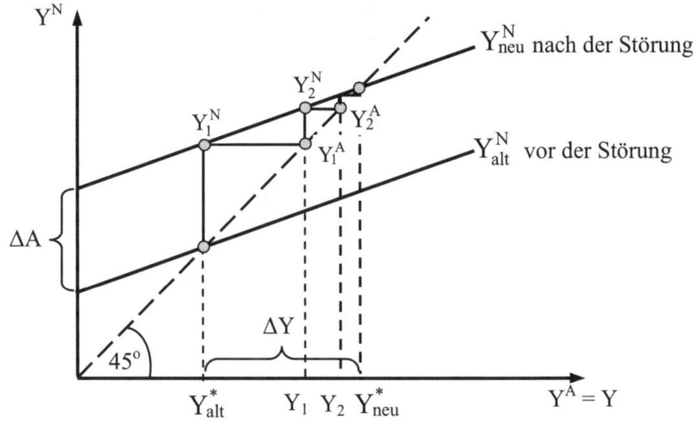

Abbildung 11-34: Einkommensanpassung bei Robertson-lag

In der Ausgangssituation t = 0 sei $Y_0^A = Y_0^N = Y_0^*$. Nehmen wir an, in der Periode 1 ereigne sich eine Störung, nämlich ein sprunghafter Anstieg eines autonomen Nachfragebestandteils, z.B. der Investition, so dass sich die Nachfragekurve um ΔA nach oben verschiebt. Auf die gestiegene Nachfrage Y_1^N reagiert das Angebot sofort, d.h. noch in derselben Perio-

[53] Benannt nach dem englischen Nationalökonomen *Sir Dennis Holme Robertson* (1890 – 1963), der maßgeblich an der Entwicklung des Keynesianismus beteiligt war.

de wird Y_1^A realisiert. Durch die erhöhte Produktion steigt das Einkommen damit auf Y_1. Auf diese Einkommenssteigerung wiederum reagieren die Konsumenten erst in Periode 2. Es gilt jetzt Y_2^N, was sofort zu einer Ausweitung des Angebotes auf Y_2^A und des Einkommens auf Y_2 führt usw.

Der Ausgleich zwischen Angebot und Nachfrage wird also durch ungeplante Ersparnis der Konsumenten vollzogen. Die schrittweisen, unerwarteten Einkommenserhöhungen fließen zunächst nicht in zusätzlichen Konsum, sondern werden der Ersparnis zugeschlagen.

Mit Hilfe eines Zahlenbeispiels lässt sich der Anpassungsprozess wie folgt beschreiben:

Konsumfunktion: $C_t = 100 + 0{,}8 \cdot Y_{t-1}$ Störgröße: $\Delta I = 100$

Investitionsfunktion: $I_t = I^{aut} = 100$ Störperiode: $t = 1$

Tabelle 11-4: Zahlenbeispiel zum Robertson-lag

t	I^{aut}	$C^{gepl.}$	$S^{gepl.}$	$S^{ungepl.}$	Y
0	100	900	100	0	1.000
1	200	900	100	100	1.100
2	200	980	120	80	1.180
3	200	1.044	136	64	1.244
...	...	...	...	...	...
∞	200	1.300	200	0	1.500

Die Gesamtnachfrage ist in Periode 1 wegen der zusätzlichen Investitionsnachfrage um 100 gestiegen. Da die Anbieter sofort auf diese Nachfrageerhöhung reagieren, steigen die Produktion und damit das Einkommen in Periode 1 um 100 auf 1.100 an. Der Konsum bleibt jedoch unverändert, da dieser sich nach dem Einkommen der Vorperiode richtet. Die ursprünglich geplante Ersparnis von 100 wird also ungeplant um weitere 100 aufgestockt.
Das gestiegene Einkommen der Periode 1 ist die Basis für die Konsumplanung der Periode 2. Der Konsum steigt daher auf $100 + 0{,}8 \cdot 1.100 = 980$, die geplante Ersparnis auf $1.100 - 980 = 120$. Die Gesamtnachfrage und damit das Angebot und das Einkommen liegen jedoch auch in dieser Periode höher, nämlich bei $980 + 200 = 1.180$, so dass wieder ungeplante Ersparnis, dieses Mal in Höhe von 80, entsteht.

Diese Anpassungsschritte setzen sich theoretisch unendlich lange fort, bis das neue Gleichgewicht erreicht ist. Die Anpassungsschritte und die ungeplanten Größen werden hierbei immer kleiner, bis sie schließlich ganz verschwunden sind. Mathematisch betrachtet handelt es sich um konvergente Folgen, deren Grenzwerte die neuen Gleichgewichtswerte sind. Ungeplante Größen sind im Gleichgewicht vollständig verschwunden.

Das Zahlenbeispiel macht deutlich, dass die Gleichgewichtsanalyse nur die erste und letzte Zeile des gesamten Prozesses erklären kann. Der Gleichgewichtsmultiplikator hat in diesem Zahlenbeispiel den Wert

$$\frac{1}{1-0{,}8} = 5.$$

Der gesamte Einkommenszuwachs errechnet sich daher als

$$dY = \frac{1}{1-c} dI = 5 \cdot 100 = 500 .$$

Das neue Gleichgewichtseinkommen beträgt also 1.000 + 500 = 1.500.

Übung 11-9: Robertson-lag bei einmaliger Investitionserhöhung

Berechnen Sie den Anpassungspfad für das oben verwendete Zahlenbeispiel, wenn die Investitionserhöhung nur einmalig in Periode t = 1 auftritt.

Lösung:

Tabelle 11-5: Robertson-lag bei einmaliger Investitionserhöhung

t	I^{aut}	$C^{gepl.}$	$S^{gepl.}$	$S^{ungepl.}$	Y
0	100	900	100	0	1.000
1	200	900	100	100	1.100
2	100	980	120	-20	1.180
3	100	964	116	-16	1.244
4	100	951,2	112,8	-12,8	1.051,2
...	...	...	...	...	...
∞	100	900	100	0	1.000

Lundberg-lag

Der *Lundberg*-lag[54] ist das Gegenstück zum *Robertson*-lag und beschreibt den Anpassungsprozess bei einer verzögerten Angebotsreaktion. Unterstellt wird also, dass die Anbieter auf eine sprunghaft gestiegene Nachfrage zunächst abwartend reagieren und erst dann ihr Angebot ausdehnen, wenn sich in der Folgeperiode der Nachfrageschub als dauerhaft erwiesen hat. Auch diese Annahme ist realitätsnah und wird – in etwas anderer Form – vor allem in der Investitionstheorie häufig verwendet.

Den Konsumenten hingegen unterstellen wir dieses Mal, dass sie auf Einkommensschwankungen ohne Zeitverzug noch in derselben Periode reagieren.

Die Reaktionshypothesen des *Lundberg*-Modells sind also folgende:

- Anbieter: $Y_t^N \Rightarrow Y_{t+1}^A$, d.h. eine Nachfrageerhöhung in Periode 1 führt erst in der Folgeperiode zu einem höheren Angebot.
- Nachfrager: $C_t = C^{aut} + c \cdot Y_t$, d.h. der Konsum reagiert sofort auf Einkommensveränderungen. Dies entspricht den Annahmen einer keynesianischen Konsumfunktion.

In der Ausgangssituation t = 0 sei $Y_0^A = Y_0^N = Y_0^*$. Die Störung in Periode 1, z.B. wiederum ein sprunghafter Anstieg der Investitionen um ΔA , erhöht die Gesamtnachfrage auf $Y^N{}_1$. Das Angebot reagiert darauf allerdings erst in der Folgeperiode, so dass die gestiegene Nachfrage in Periode 1 zunächst aus den Lagern der Unternehmen bedient werden muss. Die Produktion und damit auch das Einkommen erhöhen sich erst in Periode 2 auf Y_2^A und Y_2. Dieser Einkommenszuwachs führt noch in derselben Periode zu einer Ausdehnung des

[54] Benannt nach dem schwedischen Nationalökonomen *Erik Filip Lundberg* (1907 – 1987).

Konsums, die Nachfrage steigt also auf Y_2^N, was aber erst in Periode 3 zu einer weiteren Produktions- und Einkommenserhöhung führt usw.

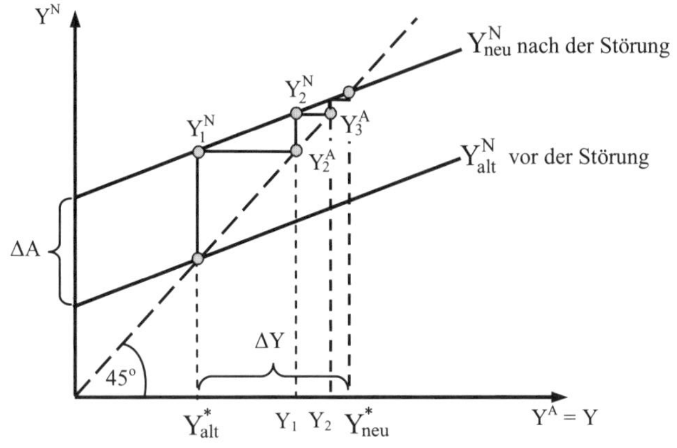

Abbildung 11-35: Einkommensanpassung bei Lundberg-lag

Der Ausgleich zwischen Angebot und Nachfrage wird im *Lundberg*-Fall also durch ungeplanten Lagerabbau bei den Anbietern vollzogen. Die Einkommenswirkung erfolgt im Vergleich zur Situation beim *Robertson*-lag erst eine Periode später:

Mit den Zahlen des Beispiels von vorhin vollzieht sich der Anpassungsprozess nun folgendermaßen:

Konsumfunktion: $C_t = 100 + 0{,}8 \cdot Y_{t-1}$ Störgröße: $\Delta I = 100$

Investitionsfunktion: $I_t = I^{aut} = 100$ Störperiode: $t = 1$

Tabelle 11-6: Zahlenbeispiel zum Lundberg-lag

t	I^{aut}	$I^{ungepl.}$	$C^{gepl.}$	$S^{gepl.}$	Y
0	100	0	900	100	1.000
1	200	-100	900	100	1.000
2	200	-80	980	120	1.100
3	200	-64	1.044	136	1.180
...	...	...	...	...	...
∞	200	0	1.300	200	1.500

Der Investitionssprung in Periode 1 führt zwar zu höherer Nachfrage, aber nicht zu höherenem Angebot. Produktion und Einkommen bleiben auf dem Vorperiodenniveau von 1.000. Daher ändert sich auch der Konsum zunächst nicht. Die gestiegene Nachfrage wird aus den Lagern der Unternehmen bedient, die deshalb ungeplant um 100 sinken.
Erst in Periode 2, und damit später als im Falle des *Robertson*-lag, steigt die Produktion auf die Höhe der Nachfrage der Vorperiode, also auf 200 + 900 = 1.100. Der Einkommensschub von 100 erhöht den Konsum noch in Periode 2 auf 100 + 0,8·1.100 = 980. Die Gesamtnach-

frage in Periode 2 beträgt demnach 200 + 980 = 1.180, jedoch wird diese wiederum erst in der Folgeperiode 3 durch eine Produktionsausdehnung befriedigt. In Periode 2 werden weiterhin Lager geleert, allerdings ist die Lücke mit 1.180 - 1.100 = 80 schon nicht mehr so groß.

Nach theoretisch unendlich vielen Anpassungsschritten führt der Weg zu denselben Gleichgewichtswerten wie im Fall des *Robertson*-lag. Unterschiedliche Annahmen über die zeitliche Verknüpfung der Modellvariablen beeinflussen also nur den Verlauf des Anpassungspfades, nicht jedoch die Gleichgewichtslösung selbst. Diese kann stets mit Hilfe desselben Gleichgewichtsmultiplikators errechnet werden.

11.2.2.3 Staatstätigkeit im Gütermarkt

Durch die Einbeziehung des Staates wird unser Gütermarktmodell zu einem Drei-Sektoren-Modell. Die ursprünglich fünf Modellgleichungen müssen um die Staatstätigkeit ergänzt werden. Um das Modell überschaubar zu halten berücksichtigen wir im Folgenden weder indirekte Steuern noch Subventionen an Unternehmen. Die Einkommensverwendung des Staates reduziert sich somit auf $T^{dir} = C_{St} + Tr + S_{St}$. Die Vermögensänderungsgleichung lautet $S_{St} = I_{St} \pm B(udgetsaldo)$, wobei ein positiver Budgetsaldo einen Überschuss, ein negativer ein Defizit bedeutet. Die Budgetgleichung des Staates hat demnach die Form $T^{dir} = C_{St} + Tr + I_{St} \pm B$

Die nachfragewirksamen Ausgaben des Staates, also Konsum und Investition des Staates, werden unter dem Kürzel G zusammengefasst: $G = C_{St} + I_{St}$

Unter Zugrundelegen einfachster Modellhypothesen sowie der bereits bekannten Abkürzungen erhalten wir dann:

(1) $Y^N = C(Y^v) + I + G$

(2) $Y^A = Y$

(3) $Y^v = Y + Tr - T$

(4) $C(Y^v) = C^{aut} + c(Y + Tr - T)$

(5) $I = I^{aut}$

(6) $G = G^{aut}$

(7) $Tr = Tr^{aut}$

(8) $T = T^{aut}$

(9) $Y^N = Y^A = Y^*$

Die ersten drei Gleichungen sind die Definitionen für Nachfrage, Angebot sowie das verfügbare Einkommen. Durch die Staatstätigkeit, insbesondere die staatliche Umverteilung, fallen verfügbares Einkommen und Bruttoeinkommen nun auseinander. Die Gleichungen (4) bis (8) beschreiben die Aktivitäten von Haushalten, Unternehmen und des Staates. Im ersten Schritt werden hierbei nur autonome, d.h. einkommensunabhängige Größen unterstellt. Die einzige einkommensabhängige Aktivität des vorliegenden Modells ist der private Konsum, dessen einzige Variable das verfügbare Einkommen ist. Gleichung (9) beinhaltet die unveränderte Gleichgewichtsbedingung.

Aus diesem Modell können nun die Multiplikatoren der Staatstätigkeit hergeleitet werden. Durch sukzessives Einsetzen der Definitionen und Verhaltensgleichungen in die Gleichgewichtsbedingung erhält man:

$$Y = C^{aut} + c \cdot (Y + Tr - T) + I^{aut} + G^{aut}$$

Für das Gleichgewichtseinkommen ergibt sich:

$$Y^* = \frac{1}{1-c}(C^{aut} + I^{aut} + G^{aut}) + \frac{c}{1-c}Tr^{aut} - \frac{c}{1-c}T^{aut}$$

Diese Gleichgewichtslösung zeigt bereits die drei wichtigsten Multiplikatoren der Staatstätigkeit: Wenn sich die Staatsausgaben ändern, z.B. weil die Regierung den Bau mehrerer Transrapidstrecken beschlossen hat, wirkt dies auf das Einkommen über den **Staatsausgabenmultiplikator** wie folgt:

$$\frac{dY}{dG} = c \cdot \frac{dY}{dG} + 1$$
$$\frac{dY}{dG} = \frac{1}{1-c}$$

Der Staatsausgabenmultiplikator ist also identisch mit dem Investitionsmultiplikator. Private und öffentliche Investitionen haben offensichtlich dieselbe Kreislauf- und Einkommenswirkung.

Analog erhält man für den **Steuermultiplikator**

$$\frac{dY}{dT} = \frac{-c}{1-c}$$

Im Gegensatz zum Staatsausgabenmultiplikator ist der Steuermultiplikator negativ, d.h. eine Erhöhung der Steuern verringert Volkseinkommen und Beschäftigung. Da die Steuern allerdings nicht unmittelbar die Nachfrage, sondern nur das verfügbare Einkommen vermindern, ist sein Betragswert kleiner als der des Staatsausgabenmultiplikators. Nicht das gesamte verfügbare Einkommen wird konsumiert, sondern nur ein Teil c. Der Rest (1-c) wird gespart. Wenn sich also das verfügbare Einkommen wegen einer Steuererhöhung verringert, dann nimmt der Konsum nicht in derselben Höhe, sondern nur mit der Rate c ab.

Der **Transfermultiplikator** ergibt sich als

$$\frac{dY}{dTr} = \frac{c}{1-c}$$

Der Transfermultiplikator hat denselben Betragswert wie der Steuermultiplikator, da auch Transfers nur indirekt über das verfügbare Einkommen auf die Gesamtnachfrage einwirken. Da Transfers das verfügbare Einkommen erhöhen, ist der Multiplikator positiv.

Übung 11-10: Konjunkturpolitik im Drei-Sektoren-Modell

Gegeben sind die Gleichungen

(1) $C = 100 + 0{,}8 \cdot Y^V$ (2) $I = I^{aut} = 100$ (3) $T = T^{aut} = 20$

a) Die Regierung beschließt eine 50%ige Steuersenkung zur Ankurbelung der Wirtschaft. Um wie viel steigt das Volkseinkommen?

b) Mit welcher Staatsausgabe hätte man dieselbe Einkommenswirkung erzielen können? Interpretieren Sie das Ergebnis!

Lösung:

a) $Y = 100 + 0{,}8 \cdot (Y - 20) + 100$

$$Y^* = \frac{1}{0{,}2} \cdot 200 - \frac{0{,}8}{0{,}2} \cdot 20 = 920$$

$$\frac{dY}{dT} = -\frac{0{,}8}{0{,}2} = -4$$

$$dY = -4 \cdot (-10) = 40$$

$$Y^*_{neu} = 960$$

b) $\frac{dY}{dG} = \frac{1}{1-c} = 5$

$$40 = 5 \cdot dG$$

$$dG = 8$$

Um dieselbe Einkommenserhöhung zu erzielen sind also Staatsausgaben von 8 erforderlich. Durch die Steuersenkung entgehen dem Staat jedoch Einnahmen in Höhe von 10, das heißt, dass das Budgetdefizit im Falle der Steuersenkung höher ausfallen würde. Allerdings würde der Aufschwung dann von den privaten Wirtschaftssubjekten getragen. Im zweiten Fall steigt die Staatsquote.

Wirtschaftspolitische Schlussfolgerungen

Obwohl das vorliegende Modell extrem einfach formuliert und somit noch verhältnismäßig realitätsfremd ist, lassen sich bereits einige grundlegende und wichtige wirtschaftspolitische Schlussfolgerungen daraus ziehen.

Zur Erhöhung des Volkseinkommens können also grundsätzlich Ausgabenerhöhungen oder Steuersenkungen durchgeführt werden. Wenn man jedoch die Gesamtwirkung dieser beiden Instrumente abschätzen möchte, muss die jeweilige Gegenfinanzierung berücksichtigt werden. Dazu wollen wir im Folgenden drei verschiedene Fälle unterscheiden:

Fall 1:
Zusätzliche Transferausgaben werden durch Steuererhöhungen in gleicher Höhe finanziert. Das bedeutet, dass das Staatsbudget durch diese Maßnahme nicht belastet wird. Zusätzliche Transferausgaben und zusätzliche Steuereinnahmen haben denselben Betragswert A. Es gilt

$$\Delta Tr = \Delta T = \Delta A$$

$$dY = \frac{\partial Y}{\partial Tr} dTr + \frac{\partial Y}{\partial T} dT = \left(\frac{c}{1-c} - \frac{c}{1-c}\right) dA = 0$$ [55]

Der Nettoeffekt dieser Maßnahme ist also gleich Null. Das bedeutet, dass mit reinen Umverteilungsmaßnahmen kein nennenswerter Beschäftigungseffekt erzielt werden kann.

Dabei wird allerdings unterstellt, dass Steuerzahler und Transferempfänger dieselbe Konsumneigung besitzen, was i.d.R. nicht der Fall sein dürfte. In der Realität sind Steuerzahler überwiegend reiche Haushalte, die bekanntlich eine relativ geringe Konsumneigung haben, während Transferempfänger eher arme Haushalte mit einer hohen Konsumneigung sind. Demgegenüber ist jedoch zu berücksichtigen, dass Umverteilung den Leistungsanreiz

[55] Die Gesamtveränderung des Einkommens dY ergibt als totales Differential von Y, d.h. durch die gleichzeitige Veränderung beider Variablen Tr und T.

schmälert und auf diese Weise Arbeitsangebot und/oder -produktivität sowie Einkommen und Beschäftigung negativ beeinflusst. Als beschäftigungspolitische Maßnahme ist die beschriebene Umverteilung daher von zweifelhaftem Wert.

Fall 2:
Zusätzliche Staatsausgaben für Konsum und Investition des Staates werden durch Steuererhöhungen in gleicher Höhe finanziert. Es gilt:

$$dG = dT = dA$$

$$dY = \frac{\partial Y}{\partial G} dG + \frac{\partial Y}{\partial T} dT = (\frac{1}{1-c} - \frac{c}{1-c}) dA = 1$$

In diesem Fall erhöht sich das Volkseinkommen also genau um den Betrag der zusätzlichen Staatsausgaben. Der Gesamtmultiplikator hat den Wert 1.

Dieses Ergebnis mag zunächst verwundern, da auch in diesem Fall das Zusatzbudget für die eingeleitete konjunkturpolitische Maßnahme ausgeglichen ist. Der Grund liegt darin, dass die Kreislaufwirkung der Staatsausgaben direkt (d.h. mit dem Gewicht 1), die der Steuern jedoch indirekt (mit dem Gewicht c) erfolgt. Per Saldo bleibt daher ein positiver Effekt auf Volkseinkommen und Beschäftigung übrig.

Dieses Ergebnis ist unter dem Namen **Haavelmo-Theorem**[56] bekannt geworden. Die Kernaussage dieses Theorems ist, dass durch ein ausgeglichenes Zusatzbudget (sog. Budgetverlängerung) des Staates das Volkseinkommen und die Beschäftigung beliebig erhöht werden kann, ohne dass der Staat in Verschuldungsprobleme geraten muss. Im Umkehrschluss bedeutet dies jedoch, dass auch ein ausgeglichenes Zusatzbudget nicht konjunkturneutral ist, sondern ebenfalls Einkommenswirkungen hervorruft.

Fall 3:
Zusätzliche Staatsausgaben werden kreditfinanziert. In diesem Fall gibt es keine unmittelbare Gegenwirkung zu der expansiven Wirkung der Staatsausgaben. Es gilt

$$dY = \frac{1}{1-c} dG$$

Das bedeutet, dass die volle Multiplikatorwirkung der Staatsausgaben erhalten bleibt. Im Vergleich der drei betrachteten Fälle ist die Einkommenswirkung sicherlich hier am höchsten. Keynes nennt dieses Vorgehen das staatliche **deficit spending**. Der Staat kurbelt mit eigener Nachfrage die depressive private Wirtschaft an, ohne durch gleichzeitig Steuererhöhungen die expansive Wirkung zu dämpfen.

Hierbei gilt es allerdings zu berücksichtigen, welche Folgen auf den Wirtschaftskreislauf die staatliche Kreditaufnahme mittelbar haben kann. Auf dem Kreditmarkt tritt der Staat nämlich nun in Konkurrenz zu privaten Investoren. Wenn das Kreditangebot gleich bleibt, resultiert daraus eine Zinserhöhung, die wiederum Investitionen verteuert und zu einem Rückgang privater Investitionstätigkeit führt. Schlimmstenfalls ist diese Zinswirkung so hoch, dass im Endeffekt nur private durch staatliche Investitionen ersetzt werden und sich das Volkseinkommen nur unwesentlich oder gar nicht erhöht. Außerdem belasten die gestiegenen Zinsen auch den Staatshaushalt, da ja nun zusätzlich Schuldendienst geleistet werden muss. Dieses Phänomen der Verdrängung privater Investoren vom Kreditmarkt nennt man **crowding out**-Effekt.

[56] Benannt nach dem norwegischen Ökonomen und Nobelpreisträger des Jahres 1989 *Trygve Magnus Haavelmo* (1911 – 1999).

Der Verdrängungseffekt könnte nur dann vermieden werden, wenn die Zentralbank die staatliche Schuldenaufnahme durch eine Ausdehnung der Geldmenge begleitet und so die Zinsen stabil hält oder sogar noch senkt. Dies allerdings bringt Inflationsgefahren mit sich.

Keynes schätzte die Gefahr des crowding out für gering ein. In der Situation der Depression sehen die Unternehmen pessimistisch in die Zukunft und haben entsprechend geringe Ertragserwartungen. Auf dem Kreditmarkt herrscht Überangebot, da die Nachfrage nach Investitionskrediten sehr gering ist. Das Zinsniveau ist dementsprechend niedrig. Wenn der Staat in dieser Situation als Nachfrager auf den Kreditmarkt tritt, ist die Gefahr steigender Zinsen daher nicht groß.

Automatische Stabilisatoren

Eine ganz besondere Spielart konjunkturpolitischer Instrumente sind die sog. **automatischen Stabilisatoren** (built-in-stabilizers). Das Attribut „automatisch" bedeutet, dass diese Instrumente selbsttätig wirken, ohne dass extra fallbezogene wirtschaftspolitische Entscheidungen notwendig sind, um sie in Gang zu setzen. Es handelt sich also um Mechanismen, die fest im wirtschaftspolitischen Ordnungsrahmen hinterlegt sind und den Nachfrage- und Einkommensschwankungen im Konjunkturverlauf automatisch entgegenwirken.

Der Hauptvorteil solcher Mechanismen besteht darin, dass ihre Wirkung schneller eintritt, als die fallbezogen getroffener konjunkturpolitischer Einzelentscheidungen (sog. diskretionäre Fiskalpolitik), da der zeitaufwändige politische Willensbildungs- und Abstimmungsprozess entfällt.

Das prominenteste Beispiel eines automatischen Stabilisators ist eine einkommensabhängige Steuer. Die besondere Wirkungsweise dieser Steuer lässt sich mit Hilfe des Gleichgewichtsmultiplikators recht einfach darstellen. Nehmen wir an, die privaten Investition erhöht sich um unvorhergesehen und einen bestimmten Betrag. Welche Einkommensschwankung resultiert daraus?

Bei einer Pauschalsteuer $T = T^{aut}$ gilt

$Y = C^{aut} + c \cdot (Y - T^{aut}) + I^{aut}$ und daher der Multiplikator

$$\frac{dY}{dI} = \frac{1}{1-c}$$

Bei einer einkommensabhängigen Steuer $T = t \cdot Y$ hingegen gilt

$$Y = C^{aut} + c \cdot (Y - t \cdot T) + I^{aut}$$

und daher der Multiplikator

$$\frac{dY}{dI} = \frac{1}{1-c+ct}$$

Wenn man beide Multiplikatoren vergleicht, so stellt man fest, dass

$$\frac{dY}{dI} = \frac{1}{1-c} > \frac{dY}{dI} = \frac{1}{1-c+ct},$$

da der Summand ct im Nenner des zweiten Bruches positiv ist, daher den Betrag des Nenners erhöht und den Wert des Bruches senkt. Das bedeutet, dass eine Einkommensschwankung, die durch plötzliche Nachfrageänderungen hervorgerufen wird, geringer ausfällt, wenn eine Einkommenssteuer als automatischer Stabilisator im System wirkt, als ohne eine solche Gegenwirkung.

Diese Gegenwirkung wird noch verstärkt, wenn der Steuersatz selbst mit der Höhe des Einkommens steigt, d.h. wenn die Einkommenssteuer progressiv gestaltet ist.

Der Grund dafür liegt natürlich darin, dass durch die Einkommensabhängigkeit der Steuer ein Teil t (im Falle der Progressivsteuer sogar ein relativ steigender Teil t) des Einkommenszuwachses abgeschöpft und in die Staatskasse umgeleitet wird (sog. **fiscal drag**)[57]. Wenn der Staat diese Mittel stilllegt, werden sie dem Einkommenskreislauf dauerhaft entzogen. Umgekehrt wird bei kontraktiven Nachfrage- und Einkommensprozessen im Abschwung die Steuerbelastung vermindert, so dass das verfügbare Einkommen weniger stark sinkt als im Falle einer Pauschalsteuer.

Im Staatsbudget gleichen sich die Steuermehreinnahmen in der Hochkonjunktur mit den Steuermindereinnahmen in der Rezession im Mittel des Konjunkturzyklus aus, so dass durch den automatischen Stabilisator mittelfristig keine zusätzliche Belastung des Staatshaushaltes entsteht. Voraussetzung ist natürlich, dass die Staatsausgaben dabei konstant bleiben und nicht etwa die in der Hochkonjunktur sprudelnden Steuereinnahmen zu einer prozyklischen Ausgabenpolitik führen. Die Begehrlichkeiten sind jedoch jeweils hoch und es bedarf i.d.R. großer politischer Selbstbeherrschung, den Forderungen der verschiedenen Interessensgruppen in einer solchen Situation nicht nachzugeben.

Praxisbeispiel 11-6: Haushaltskonsolidierung in der großen Koalition

Die Steuereinnahmen im Jahr 2007 in Deutschland lagen dank des überraschend starken Konjunkturaufschwungs und der damit verbundenen Dynamik am Arbeitsmarkt über den Erwartungen der Steuerschätzer. Die Zeit schrieb am 1.11.2006: „Am Freitag werden die Steuerschätzungen für 2006 und 2007 bekannt gegeben. Presseberichten zufolge können Bund, Ländern und Gemeinden im Vergleich zur Mai-Schätzung in diesem Jahr mit bis zu 18 Milliarden mehr und 2007 mit rund 20 Milliarden Euro Mehreinnahmen rechnen."

Die politischen Meinungen zur Verwendung dieses unverhofften Geldsegens gingen quer durch die Parteien deutlich auseinander. Hierzu Stimmen aus der Tagespresse:

Bundeskoalition
„Der SPD-Wirtschaftsexperte Rainer Wend forderte, mit den Steuermehreinnahmen die Neuverschuldung stärker zu senken als geplant. Zugleich mahnte er zu Vorsicht in der Frage einer stärkeren Steuerfinanzierung des Gesundheitswesens. ‚Man sollte mit Mitteln aus einmaligen konjunkturellen Effekten keine dauerhaften Sozialleistungen finanzieren', warnte er.
Stoiber sagte dagegen, wenn es Spielräume im Etat gebe, ‚sollten damit neben der Haushaltskonsolidierung auch die Beiträge zur Arbeitslosenversicherung stärker gesenkt und soweit möglich Beitragserhöhungen bei den Krankenkassen vermieden werden.' Es wäre ein positives Signal, Mehreinnahmen auch wieder an die Bürger zurückzugeben."
Quelle: ZEIT online, Tagesspiegel, 1.November 2006

Die Linke, Bundespartei
„Ein bisschen mehr Wachstum und schon sanieren sprudelnde Steuereinnahmen die öffentlichen Haushalte. Das zeigt noch einmal, wie absurd die seit Jahren von CDU/CSU, SPD, Grünen und FDP vertretene Auffassung ist, der Staat müsse seine Ausgaben senken, um Schulden abzubauen.
Nun müssen endlich die Arbeitnehmerinnen und Arbeitnehmer und Kleinbetriebe von der Wirtschaftsentwicklung profitieren. ... Kinderbetreuung, Bildung Universitäten – die Basis für

[57] Allerdings wirkt dieser fiscal drag auch dann, wenn der Nachfrageschub wirtschaftspolitisch erwünscht oder sogar durch eine fiskalpolitische Maßnahme staatlich ausgelöst worden ist, um die Wirtschaft aus einer Rezession herauszuführen. Automatische Stabilisatoren dämpfen also auch die Wirksamkeit diskretionärer Konjunkturpolitik.

zukünftige Generationen – sind bereits seit der verfehlten Sparpolitik der rot-grünen Bundesregierung völlig unterfinanziert."
Quelle: Pressemitteilung „Die Linke" vom 11.Mai 2007

FDP Bundestagsfraktion
„Die aktuellen Zahlen der Steuerschätzung mit prognostizierten Steuermehreinnahmen ... dürfen nicht zu weiteren Ausgabenprogrammen führen, wie es nach der letzten Steuerschätzung geschehen ist oder um den Wunschkatalog des SPD-Parteitags abzuarbeiten. Bundesfinanzminister Peer Steinbrück ist aufgefordert endlich Steuermehreinnahmen zur Rückführung der Neuverschuldung ... heranzuziehen."
Quelle: Pressemitteilung FDP Bundestagsfraktion vom 07.November 2007

Ver.di
„Dem öffentlichen Dienst von Bund und Kommunen steht eine harte Tarifrunde bevor: Ver.di verlangt für die Beschäftigten acht Prozent mehr Einkommen. Als Grund für die hohe Forderung nennt die Gewerkschaft die Steuermehreinnahmen in Folge der guten Konjunktur."
Quelle: Spiegel online vom 19. Dezember 2007

Hauptverband der Deutschen Bauindustrie
„Der Deutsche Bundestag sollte in den bevorstehenden Haushaltsberatungen die erheblichen Steuermehreinnahmen dazu nutzen, die Investitionslinie Verkehr wieder auf das zugesagte Niveau von 9 Mrd. Euro anzuheben."
Quelle: Pressmeldung Hauptverband der Deutschen Bauindustrie vom 03.November 2006

Gewerkschaft der Polizei Baden Württemberg
„Die von der Landesregierung bereits öffentlich prognostizierten Steuermehreinnahmen von zwei Milliarden Euro für die Jahre 2007 und 2008 müssen nach Ansicht der Gewerkschaft der Polizei (GdP) auch zur Schaffung der bei der Polizei des Landes dringend erforderlichen Ausbildungsplätze eingesetzt werden."
Quelle: Pressemeldung der GdP Baden Württemberg vom 09.Mai 2007

Übung 11-11: Haavelmo-Theorem bei einkommensabhängigen Steuern

Zeigen Sie, dass das Haavelmo-Theorem auch bei der Steuerfunktion $T = T^{aut} + t \cdot Y$ gilt.

Lösung:

Wenn man wie im Fall einer Kopfsteuer annimmt, dass $\Delta Y = \Delta T = \Delta A$, so ergibt sich:

$$dY = \frac{\partial Y}{\partial G} + \frac{\partial Y}{\partial T} = \frac{1}{1-c+ct} - \frac{c}{1-c+ct} < 1$$

Dabei wird jedoch unterschlagen, dass durch die Einkommenserhöhung über den Steuersatz t automatisch zusätzliche Steuereinnahmen induziert werden. Das Zusatzbudget wäre also überfinanziert und die restriktive Wirkung der Steuererhöhung wäre zu groß. Es muss vielmehr gelten:

$\Delta G = \Delta T + t \cdot \Delta Y$ bzw. $\Delta T = \Delta G - t \cdot \Delta Y$

$$dY = \frac{\partial Y}{\partial G} dG + \frac{\partial Y}{\partial T}(dG - t \cdot dY) = \frac{1}{1-c+ct} dG - \frac{1}{1-c+ct} dG + \frac{ct}{1-c+ct} dY$$

$$dY(1-c+ct) = dG(1-c) + ct \cdot dY$$

$$dY(1-c) = dG(1-c)$$

$$dY = dG$$

q.e.d.

11.2.2.4 Das Ausland im Gütermarkt

Das Ausland ist der vierte und letzte Sektor, der am volkswirtschaftlichen Kreislaufgeschehen beteiligt ist. Das Ausland übt einerseits Nachfrage aus, indem es Güter aus inländischer Produktion abnimmt. Aus Inlandssicht ist das der Export (EX). Andererseits wird das inländische Angebot durch Waren und Dienstleistungen aus ausländischer Produktion, nämlich den Importgütern (IM), aufgestockt.

Im einfachsten Fall verändern sich durch die Einbeziehung von Außenhandelsaktivitäten in das Gütermarktmodell die Modellgleichungen (ohne Staat) folgendermaßen:

(1) $Y^N = C + I + EX$

(2) $Y^A = Y + IM$

(3) $C = C^{aut} + c \cdot Y$

(4) $I = I^{aut}$

(5) $EX = EX^{aut}$

(6) $IM = IM^{aut} + m \cdot Y$

(7) $Y^N = Y^A = Y^*$

Gleichungen (1) und (2) definieren die gesamtwirtschaftliche Nachfrage und das Angebot, das sich in diesem Modell erstmalig durch die Einbeziehung der Importgüter verändert. Gleichungen (3) bis (6) beschreiben das Verhalten der beteiligten Sektoren private Haushalte, private Unternehmen und Ausland, Gleichung (7) ist die bekannte Gleichgewichtsbedingung.

Für ein Vier-Sektoren-Modell mit Ausland und Staat würde sich das Modell wie in Abschnitt 11.2.1.3 dargestellt entsprechend erweitern.

Setzt man die Definitionen und Verhaltensgleichungen sukzessive in die Gleichgewichtsbedingung ein und fasst die Außenhandelsaktivitäten auf der rechten Seite zum Außenbeitrag zusammen, so erhält man die Gleichung

$Y = C^{aut} + c \cdot Y + I^{aut} + (EX^{aut} - IM^{aut} - m \cdot Y)$, aus der sich nun die beiden Außenhandelsmultiplikatoren berechnen lassen:

Exportmultiplikator-: $\dfrac{dY}{dEY} = \dfrac{1}{1 - c + m}$

Importmultiplikator-: $\dfrac{dY}{dIM} = -\dfrac{1}{1 - c + m}$

Offensichtlich ähneln diese Multiplikatoren dem Investitionsmultiplikator bei einkommensabhängiger Steuer. Die marginale Importquote *m* wirkt wie jene als automatischer Stabilisator. Steigendes Einkommen bewirkt einen Anstieg der Nachfrage nach Importgütern. Da diese jedoch nicht aus inländischer, sondern aus ausländischer Produktion stammen, fließt der Gegenwert dieser Güter an das Ausland ab und erhöht dort (statt im Inland) Produktion und Einkommen. Dem inländischen Wirtschaftskreislauf wird ähnlich wie im Fall der einkommensabhängigen Steuer Nachfrage entzogen.

Dieser Mechanismus setzt allerdings voraus, dass gegenüber dem Ausland feste Wechselkurse gelten. Bei flexiblen, d.h. marktmäßig bestimmten Wechselkursen würde ein Anstieg der Importe c.p. nämlich den Wert der Inlandswährung verringern, denn die Importwaren müssen mit Devisen bezahlt werden, sodass die Nachfrage nach Devisen und damit deren Preis, d.h. der Wechselkurs der Devisen, steigt. Umgekehrt bedeutet das eine Abwertung der

Inlandswährung. Durch diese Abwertung verteuern sich jedoch die Importgüter, so dass die Nachfrage nach Importen trotz der Einkommenssteigerung sinken wird. Bei festen Wechselkursen hingegen findet eine solche Abwertung nicht statt und der Importüberschuss bleibt c.p. erhalten.

Dieser Zusammenhang kann auch zu konjunkturpolitischen Zwecken genutzt werden. Überproportional steigende Einkommen sind ein typisches Kennzeichen der Hochkonjunktur. Gleichzeitig gibt es in dieser Situation auch eine Tendenz zu steigenden Inlandspreisen, da die Produktionskapazitäten der Wirtschaft voll ausgelastet sind und die Nachfrage nicht mehr vollständig durch Angebotssteigerungen befriedigt werden kann. All diese Faktoren machen Importgüter besonders attraktiv: Sie helfen, die Kapazitätsengpässe in der inländischen Wirtschaft abzufedern und sind wegen der Inflationstendenzen im Inland außerdem c.p. relativ billiger, vorausgesetzt, dass im Ausland nicht gleichzeitig ebenfalls ein Boom stattfindet. So kommt es in der Hochkonjunktur typischerweise zu einem Importüberschuss. Wenn feste Wechselkurse diesen Importüberschuss zulassen, wirkt er dämpfend auf die konjunkturelle Situation ein: Überschüssige Nachfrage wird ins Ausland abgeleitet, Angebotsengpässe werden durch die Importwaren entschärft.

Übung 11-12: Verzögerte Importanpassung

Gegeben sind folgende Modellgleichungen einer offenen Volkswirtschaft ohne Staat:

(1) $C_t = 100 + 0{,}8 \cdot Y_{t-1}$ (Robertson-lag)

(2) $I_t = 200$

(3) $IM_t = 80 + 0{,}3 \cdot Y_{t-1}$ (Lundberg-lag)

(4) $EX_t = 380$

Das gesamtwirtschaftliche Gleichgewicht wird durch die Einführung eines Importkontingentes auf bestimmte Waren gestört. Der autonome Import nimmt wegen des Kontingents um 50 ab.

a) Berechnen Sie komparativ-statisch die Veränderung des Gleichgewichtseinkommens.

b) Erläutern Sie den Anpassungsprozess in einer dynamischen Sequenzanalyse

Lösung:

a)

$$Y^*_{alt} = \frac{1}{1-c+m} \cdot (C^{aut} + I^{aut} + EX^{aut}) - \frac{1}{1-c+m} \cdot IM^{aut}$$

$$Y^*_{alt} = \frac{1}{1-0{,}8+0{,}3}(100+200+380) - \frac{1}{1-0{,}8+0{,}3}80 = 1.200$$

$$dY = \frac{-1}{1-0{,}8+0{,}3}(-50) = -2(-50) = 100$$

$$Y^*_{neu} = 1.200 + 100 = 1.300$$

b) Hinweise zur Berechnung:

Aus $IM_1 = 30 + 0{,}3 \cdot 1.200 = 390$ und $C_1 = 100 + 0{,}8 \cdot 1.200 = 1.060$ ergibt sich

$$Y_1 = 1.060 + 200 + (380 - 390) = 1.250$$

$$S_1 = S_1^{gepl.} + S_1^{ungepl.} = (Y_0 - C_1) + S_1^{ungepl.} = I + (EX - IM_1)$$

$$140 + S_1^{ungepl.} = 200 + (380 - 390) \Rightarrow S_1^{ungepl.} = 50$$

Tabelle 11-7: Verzögerte Anpassung in einer offenen Volkswirtschaft

t	IM^{aut}	$IM^{ind.}$	IM^{ges}	I^{aut}	EX^{aut}	C^{ges}	$S^{gepl.}$	$S^{ungepl.}$	Y
0	80	360	440	200	380	1.060	140	0	1.200
1	30	360	390	200	380	1.060	140	50	1.250
2	30	375	405	200	380	1.100	150	25	1.275
3	30	382,5	412,5	200	380	1.120	155	12,5	1.287,5
...	...	...	...	...	...	...	...	...	...
∞	30	390	420	200	380	1.140	160	0	1.300

11.2.3 Das Gütermarktgleichgewicht bei zinsabhängiger Investition

Die Ergebnisse der Multiplikatortheorie der bisher verwendeten Modelle tragen einerseits wesentlich zur Erklärung grundlegender Zusammenhänge bei der wirtschaftspolitischen Steuerung der Einkommens- und Beschäftigungsentwicklung bei. Andererseits ist die Gültigkeit der Aussagen durch die strikten Modellannahmen in vieler Hinsicht stark eingeschränkt:

- Insbesondere wird die Höhe der Investitionen nicht erklärt, der Einfluss von Zinsschwankungen wird nicht berücksichtigt. Die Annahme der Unabhängigkeit vom Zinssatz ist jedoch nur in einer Situation extremer Unterbeschäftigung plausibel. In der Regel dürften Verdrängungseffekte durch kreditfinanzierte Staatsausgaben unvermeidbar sein.
- Auch die Annahme konstanter Preise schränkt die Aussagefähigkeit der Modellergebnisse ein. Eine Produktionsausdehnung ohne Preissteigerungen ist ebenfalls nur in einer Situation der Unterbeschäftigung denkbar, in der freie Kapazitäten vorhanden sind.
- Die bisherige Betrachtungsweise ist nur auf die kurze Frist angelegt. Der Kapazitätseffekt der Investitionen wird nicht berücksichtigt. Auch die Annahme, stabiler Konsum- und Investitionsfunktionsparameter kann – wenn überhaupt – nur in der kurzen Frist gelten.

Die erste der genannten Einschränkungen soll nun aufgehoben werden.

11.2.3.1 Das IS-Modell

Wir haben bisher das Gütermarktgleichgewicht mit der Bedingung $Y^A = Y^N = Y^*$ beschrieben und gezeigt, dass die Formulierung $I^{aut} = S(Y^*)$ damit identisch ist. Beim Gleichgewichtseinkommen Y* ist die geplante Investition gleich der geplanten Ersparnis. Ungeplante Größen treten nicht auf, sie sind vielmehr das Kennzeichen von Ungleichgewichtssituationen, in denen eine oder beide Marktseiten durch ungeplante Anpassungsschritte die Diskrepanz zwischen Angebot und Nachfrage ausgleichen.

Für diese Gleichheit von Investition und Ersparnis haben wir im letzten Abschnitt ein konstantes Zinsniveau unterstellt. Das bedeutet, dass unsere bisherigen Ergebnisse nur für einen bestimmten Zinssatz Gültigkeit besitzen.

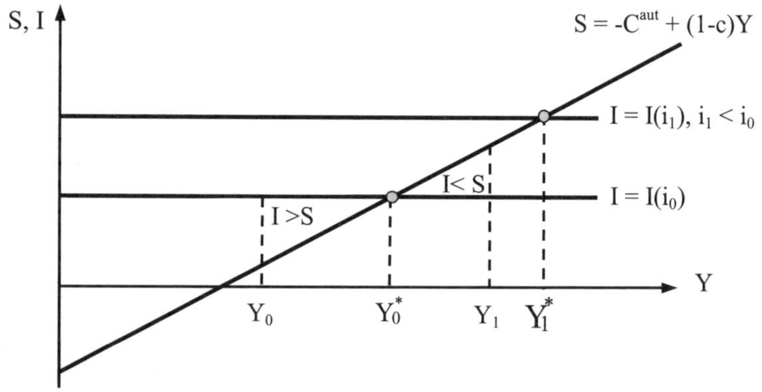

Abbildung 11-36: Gleichheit von Investition und Ersparnis bei alternativen Zinsniveaus

Beim Zins i_0 wird die Menge I_0^{aut} investiert. Der Schnittpunkt mit der Sparfunktion ergibt das Gleichgewichtseinkommen Y_0^*. Das zweidimensionale Koordinatensystem erlaubt allerdings nur die Darstellung lediglich einer Variablen, in diesem Fall des Einkommens. Der Zinssatz wird hingegen als Lageparameter der Investitionsfunktion sichtbar. Nehmen wir an, der Zins fällt auf die Höhe i_1. Dann rentieren sich auf der Grundlage von Kapitalwertberechnungen mehr Investitionsprojekte als vorher, die Investitionssumme steigt auf I_1^{aut}. Dadurch verschiebt sich auch der Schnittpunkt mit der Sparfunktion. Wir erhalten für den niedrigeren Zinssatz i_1 also ein höheres Gleichgewichtseinkommen Y_1^*. Im Investitions-Einkommens-Diagramm entspricht alternativen Zinshöhen also eine ganze Schar von Investitionsfunktionen – je niedriger der Zins, desto höher die Investitionssumme[58].

Jedem Gütermarktgleichgewicht liegt also genau eine gleichgewichtige Kombination von Zins und Volkseinkommen zugrunde. Ändert sich einer der beiden Parameter, so muss sich auch der andere ändern, um im Gleichgewicht zu bleiben. Zins und Volkseinkommen verhalten sich dabei invers zueinander: je höher der Zins, desto niedriger das Volkseinkommen und umgekehrt.

Links vom Gleichgewichtseinkommen Y_0^*, also z.B. bei Y_0, sind die geplanten Investitionen höher als die geplante Ersparnis, bzw. ist die Nachfrage höher als das Angebot (Angebotslücke, inflatorische Lücke). Das tatsächliche Einkommen ist gemessen am Zinssatz i_0 zu niedrig. In dieser Situation wird daher ein expansiver Multiplikatorprozess einsetzen, in dessen Verlauf die Ersparnis ansteigen und die Lücke zur Investition schließen wird. Rechts von Y_0^*, z.B. bei Y_1, kommt analog dazu ein kontraktiver Prozess in Gang.

Bei der Analyse des Gütermarktgleichgewichtes bei zinsabhängiger Investition geht es also darum, alle Kombinationen von Zins und Einkommen zu ermitteln, für die die Gleichheit von geplanter Investition und Ersparnis gilt. Der geometrische Ort aller gleichgewichtigen Zins-Einkommens-Kombinationen heißt IS-Kurve[59]. Die graphische Herleitung dieser Kurve beschreibt Abbildung 11-37.

---

58 Analog zu Abbildung 11-26, wo wir für unterschiedliche Niveaus des Volkseinkommens eine entsprechende Schar von Investitionsfunktionen im Investition-Zins-Diagramm gezeichnet haben.

59 Das IS-LM-Modell basiert auf der makroökonomischen Theorie von *Keynes* und wurde 1937 von dem britischen Nationalökonomen und Nobelpreisträger *Sir John Richard Hicks* entwickelt. Es bildet seitdem das makroökonomische Basismodell eines jeden volkswirtschaftlichen Lehrbuchs. Vgl. *Hicks* (1937) und (1950).

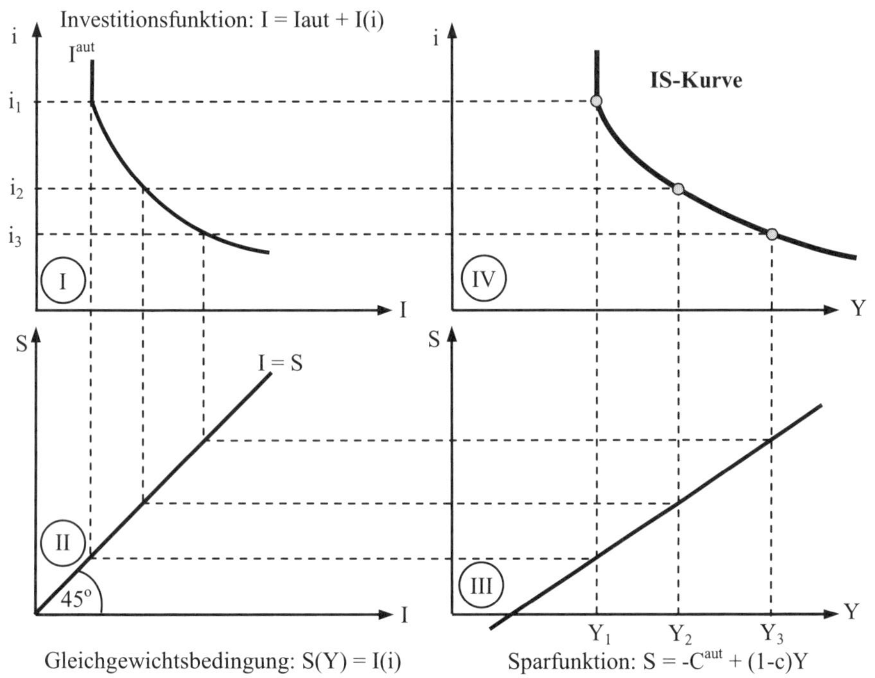

Abbildung 11-37: Graphische Herleitung der IS-Kurve[60]

Im ersten und dritten Quadranten sind die beiden Ausgangsfunktionen, nämlich die zinsabhängige Investitions- und die einkommensabhängige Sparfunktion dargestellt. Die Winkelhalbierende des zweiten Quadranten stellt die gleichgewichtige Beziehung zwischen beiden her. Sie ist der geometrische Ort der Gleichheit von Investieren und Sparen. Über diese Verbindung lässt sich damit jedem Einkommenswert und somit jeder Sparsumme ein gleich großer Investitionsbetrag und ein spezifischer Zinssatz zuordnen. Diese gleichgewichtigen Werte von Volkseinkommen und Zinssatz können nun in den vierten Quadranten übertragen und als Punkteschar abgebildet werden. Die Verbindung aller gleichgewichtigen Zins/Einkommenskombinationen ergibt die IS-Kurve.

Abbildung 11-37 zeigt einen weiteren wichtigen Zusammenhang zwischen dem Verlauf der Investitionsfunktion und der Gestalt der IS-Kurve auf: Je steiler die Investitionsfunktion ist, d.h. je geringer die Zinselastizität der Investition ist, desto steiler ist auch die IS-Kurve. In dem Abschnitt, in dem die Investitionen gar nicht mehr auf Zinsveränderungen reagieren (Zinselastizität = 0), wird die IS-Kurve senkrecht. Diesen Bereich bezeichnet man als **Investitionsfalle**. Sie beschreibt die erste der sog. keynesianischen Rigiditäten: In diesem Abschnitt der IS-Kurve ist es nicht mehr möglich, durch Zinssenkungen die Beschäftigung zu erhöhen. *Keynes* argumentiert, dass speziell in konjunkturell schlechten Zeiten die Investoren kaum auf Zinsänderungen reagieren, da die Ertragserwartungen zu niedrig, die Stimmung in der privaten Wirtschaft zu pessimistisch ist. Geldpolitik wird in dieser Situation daher weitgehend wirkungslos oder – wie *Keynes* es ausdrückt – „Money does not matter"!

[60] Als Hilfestellung für die Anordnung der Quadranten in der Zeichnung kann man sich merken, dass die neben- und übereinanderliegenden Achsen stets dieselbe Beschriftung haben müssen. Andernfalls wäre es nicht möglich, Werte von einem Quadranten in den anderen zu übertragen.

Algebraisch erhält man die IS-Kurve durch Einsetzen der Spar- und Investitionsfunktion in die Gleichgewichtsbedingung. Wenn beispielsweise folgende Konsum- und Investitionsfunktionen gegeben sind

$$C = 100 + 0{,}8 \cdot Y$$

$$I = 100 - 5 \cdot i\,,$$

so ergibt sich für die IS-Funktion:

$$100 - 5 \cdot i = -100 + 0{,}2 \cdot Y$$

Diesen Ausdruck kann man nun nach Y oder nach i auflösen. Beide Größen hängen gleichermaßen voneinander ab. Es geht bei der IS-Kurve nicht um die Darstellung einer Verhaltenshypothese, bei der eine eindeutige Abhängigkeitsrichtung unterstellt werden kann, sondern lediglich um die Beschreibung gleichgewichtiger Wertepaare, also um eine Gleichgewichtsbedingung für die beiden Variablen Zins und Volkseinkommen.

Für das verwendete Zahlenbeispiel ergibt sich somit als IS-Kurve:

$$Y = -25 \cdot i + 1000 \quad \text{oder} \quad i = 40 - 0{,}04 \cdot Y$$

Beide Ausdrücke sind äquivalent. Jedem Zins wird eine Einkommenshöhe zugeordnet, bei der die Ersparnis jeweils gerade den Investitionsausgaben entspricht.

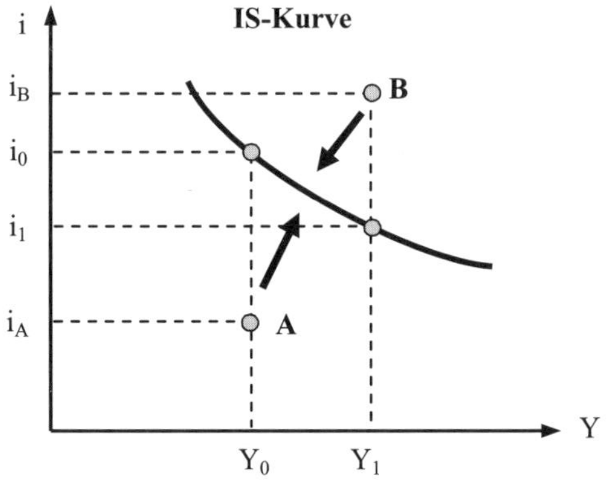

Abbildung 11-38: Ungleichgewichte in der Umgebung der IS-Kurve

Alle Einkommen-Zins-Kombinationen links und rechts von der IS-Kurve sind hingegen ungleichgewichtig. Im Punkt A in Abbildung 11-38 beispielsweise ist der Zins i_A im Vergleich zum Gleichgewichtszins i_0 zu niedrig. Daher sind die Investitionsausgaben höher als die gesamtwirtschaftliche Ersparnis. Es herrscht Übernachfrage bzw. eine Angebotslücke. Diese kann durch eine Produktionserhöhung und damit eine Ausdehnung des Angebotes geschlossen werden. Im Anpassungsprozess entsteht eine positive Multiplikatorwirkung.

Im Punkt B hingegen ist der Zins i_B im Vergleich zum Gleichgewichtszins i_1 zu hoch. Hohe Zinsen drängen die Investitionen zurück. Hier entsteht also eine Nachfragelücke bzw. es herrscht Überangebot, das nicht abgesetzt werden kann. Daher schränken die Unternehmen ihre Produktion und ihr Angebot ein. Die Wirtschaft schrumpft in einem negativen Multiplikatorprozess.

11.2.3.2 Wirtschaftspolitische Implikationen des IS-Modells

Im IS-Modell können die Auswirkungen verschiedener fiskalpolitischer Maßnahmen sehr einfach nachvollzogen werden. Staatliche Fiskalpolitik besteht entweder in einer Veränderungen der Staatsausgaben oder der Steuern.

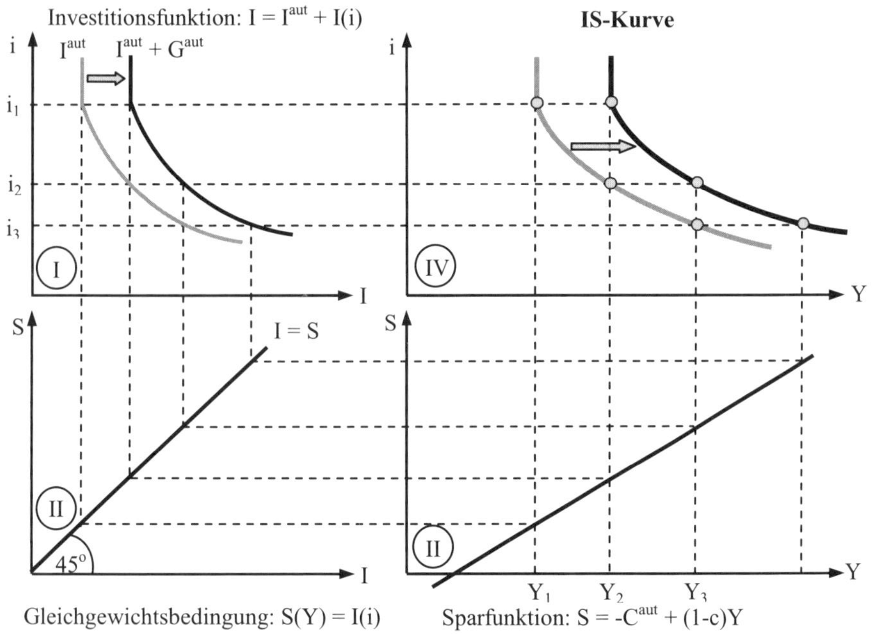

Abbildung 11-39: Staatsausgabenerhöhung im IS-Modell

Die Staatsausgaben werden in unserem Modell als autonome Größen behandelt und sind daher den autonomen Investitionen ähnlich. In der Tat könnte eine mögliche fiskalpolitische Maßnahme darin bestehen, die staatlichen Investitionsausgaben zu erhöhen, um in einer Rezessionsphase einen positiven Multiplikatoreffekt auf das Einkommen und die Beschäftigung zu erzielen. Diese Staatsausgaben verschieben im IS-Diagramm die Investitionsfunktion nach rechts, da sie den Lageparameter I^{aut} um G^{aut} erhöhen. Mit der Investitionsfunktion verschiebt sich daher auch die IS-Kurve durch den expansiven staatlichen Eingriff nach rechts. Das bedeutet, dass beim selben Zinssatz eine höhere Beschäftigung möglich ist, denn durch den staatlichen Nachfrageschub haben sich Produktion, Absatz und Zukunftserwartungen der Privaten verbessert.

Die Erhebung einer (direkten) Steuer kann man als staatlichen Sparzwang auffassen. Das Einkommen der Wirtschaftssubjekte, das für Konsumausgaben zur Verfügung steht, verringert sich nicht nur um die eigene (freiwillige) Ersparnis, d.h. die Vermögensbildung, sondern auch um den Teil, den der Staat für sich beansprucht. Dieser Sachverhalt lässt sich leicht herleiten, wenn man von der Definitionsgleichung des verfügbaren Einkommens Y^v ausgeht: $Y^v = Y - T$.

Gleichzeitig lautet die Einkommensverwendungsgleichung $Y^v = C + S$.

Daraus folgt $C + S = Y - T$ bzw. $S + T = Y - C$.

Im Gleichgewicht gilt $Y = C + I + G$, so dass sich ergibt: $S + T = I + G$.

Die Steuer kann also auf den privaten Sparbetrag aufgeschlagen werden und verschiebt die Sparfunktion nach oben. Dies bewirkt eine Verlagerung der IS-Kurve nach links. Produktion und Beschäftigung gehen bezogen auf einen bestimmten Zinssatz zurück, da durch die Steuererhebung die private Nachfrage zurückgedrängt worden ist.

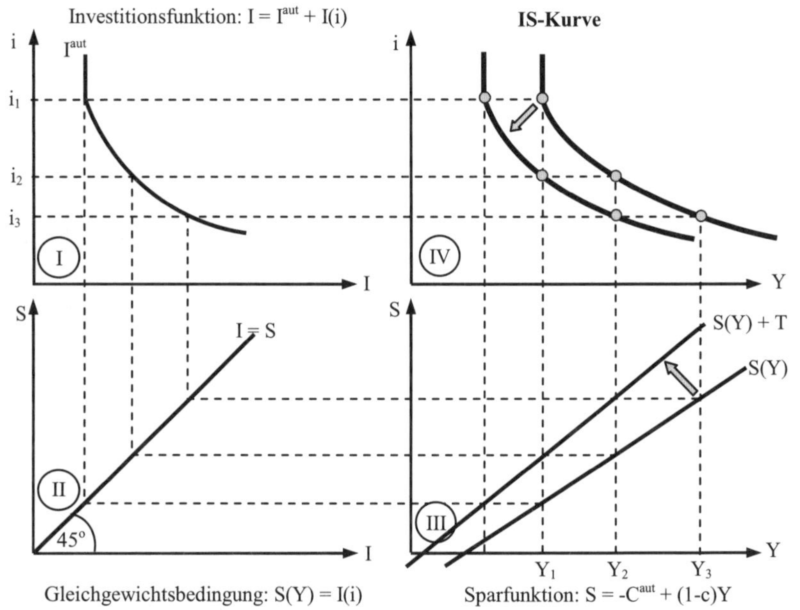

Abbildung 11-40: Steuererhebung im IS-Modell

Beide Abbildungen zeigen, dass die Verlagerung der IS-Kurve nach rechts jeweils umso stärker ausfällt, je steiler sie verläuft. Wie wir weiter oben bereits festgestellt haben, hängt der Verlauf der IS-Kurve von der Zinselastizität der Investitionen ab. Man kann daraus also ableiten, dass Fiskalpolitik gerade dann besonders wirksam ist (eine besonders hohe Einkommenswirkung verursacht), wenn die Zinselastizität der Investitionen gering ist.

Nehmen wir nun an, in einer Volkswirtschaft herrsche Unterbeschäftigung (Punkt A in Abbildung 11-41) und der Staat möchte mit einer expansiven fiskalpolitischen Maßnahme, z.B. zusätzlichen öffentlichen Investitionen, Einkommen und Beschäftigung erhöhen.

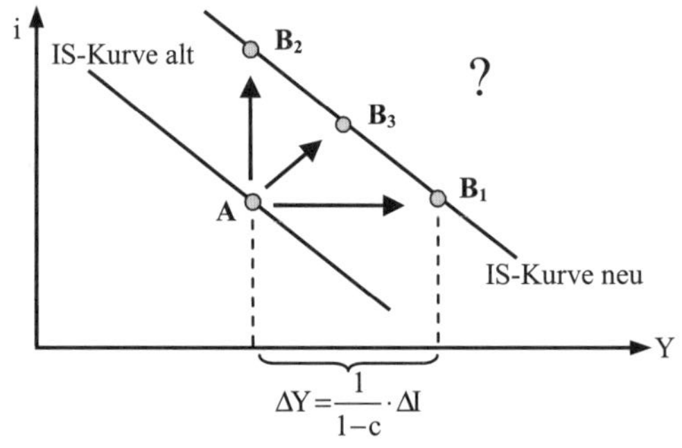

Abbildung 11-41: Quo vadis Volkswirtschaft?

Die IS-Kurve verschiebt sich also nach rechts. Wohin aber wandert der Punkt A?

Grundsätzlich sind drei Möglichkeiten denkbar. Der Punkt A könnte waagerecht nach rechts zum Punkt B_1 wandern. In diesem Fall würde sich der Zinssatz überhaupt nicht verändern und die Einkommens- bzw. Beschäftigungsausdehnung wäre maximal. Dies entspricht der Situation im Modell ohne zinsabhängige Investition, wo ja konstante Zinssätze unterstellt werden. Die Einkommensausdehnung kann dann mit dem einfachen Investitionsmultiplikator $1/(1 - c)$ berechnet werden.

Die zweite, ebenfalls extreme Möglichkeit besteht darin, dass der Punkt A senkrecht nach oben zum Punkt B_2 wandert. Bei dieser Bewegung erhöht sich nur der Zinssatz, das Einkommen hingegen bleibt konstant. Jede Zinserhöhung verringert die privaten Investitionsausgaben und damit den Multiplikatoreffekt auf das Einkommen. In B_2 ist die Zinserhöhung so groß, dass sich das Einkommen überhaupt nicht mehr ausdehnt. Es liegt vollständiges crowding-out vor, d.h. die staatlichen Investitionen haben im gleichen Umfang private Investitionen verdrängt. Es gibt keinen positiven Nettoeffekt auf Einkommen und Beschäftigung.

Die dritte und wahrscheinlichste Möglichkeit liegt zwischen diesen beiden Extremen, etwa beim Punkt B_3. Das Einkommen dehnt sich zwar aus, aber nicht so stark wie im Fall von Punkt B_1, denn die Zinsen sind leicht angestiegen und haben die Investitionsfreude der privaten Unternehmen gedämpft. Die Multiplikatorwirkung liegt daher zwischen $1/(1-c)$ und 0.

Um abschätzen zu können, welche konkreten Auswirkungen eine bestimmte fiskalpolitische Maßnahme tatsächlich auf Einkommen und Beschäftigung hat, muss man also die Zinswirkungen voraussagen können. Diese jedoch hängen vor allem davon ab, wie großzügig oder wie restriktiv die Zentralbank die Wirtschaft mit Geld versorgt. Dehnt sie das Kreditangebot und damit die Geldmenge aus, dann wird die staatliche Nachfrage zu einem geringeren Zinsanstieg führen als im Fall einer konstant gehaltenen Geldmenge. Es ist daher notwendig, neben dem Gütermarkt auch die Vorgänge auf dem Geldmarkt zu analysieren.

11.3 Der Geldmarkt

Geld und Geld ist zweierlei! Wenn der Nachrichtensprecher im Fernsehen vom Geldmarkt berichtet, so meint er damit einen speziellen Kreditmarkt, nämlich den für besonders kurzfristige Kredite. Wenn ein Student am Monatsende einen besorgten Blick in die Haushaltskasse wirft und dort den Boden durchscheinen sieht, wird er vielleicht folgenden Hilferuf an seine Eltern senden: „Bitte ladet mich zum Essen ein – mir geht das Geld aus!“. Auch er meint genau genommen, d.h. im volkswirtschaftlichen Sinn, dann nicht „Geld“, sondern „Einkommen“.

Einkommen entsteht durch Wertschöpfung und bedeutet Anspruch auf Güter und Dienstleistungen. Dieser Anspruch kann sofort eingelöst (Konsum), oder auf die Zukunft verschoben werden (Sparen). Geld hingegen ist lediglich ein Medium, mit dem der Tausch von Gütern und Dienstleistungen erleichtert wird[61]. Man kann sehr reich sein und dennoch kein Geld haben, z.B. wenn jemand sein gesamtes Vermögen in Form von schwer veräußerbaren Immobilien angelegt hat und plötzlich 30.000€ für ein neues Auto braucht, oder wenn ein Unternehmen zwar Gewinn erwirtschaftet, aber die wichtigsten Kunden ihre Rechnungen nicht pünktlich bezahlen, so dass das Unternehmen trotz erfreulicher Buchgewinne seinerseits die Lieferanten nicht bezahlen kann. Geld bedeutet also Liquidität, d.h. Zahlungsfähigkeit.

[61] Vgl. Kapitel 2.3.3, S. 43.

Um dieses Geld, d.h. ein Mittel zum Tauschen, Rechnen und Aufbewahren von Werten geht es im folgenden Kapitel.

11.3.1 Geldarten und Geldgesamtheiten

Bevor wir analysieren können, wie Geld entsteht bzw. wie und in welchem Umfang es hergestellt werden kann, muss zunächst Klarheit darüber bestehen, was Geld ist.

11.3.1.1 Geldarten

Geld ist bekanntlich alles, was die Geldfunktionen erfüllt. Am wichtigsten ist dabei die Tauschmittelfunktion. Ein Wirtschaftsobjekt, das den Namen Geld tragen soll, muss sich

- jederzeit
- mit Sicherheit und
- ohne Wertverlust

in ein anderes Wirtschaftsobjekt eintauschen lassen. Mit anderen Worten: es muss liquide sein. **Liquidität** ist also ein mehrdeutiger Begriff. Zuvor (im Falle des Unternehmens, das seine Lieferanten nicht zahlen kann) hatten wir mit Liquidität die Eigenschaft eines Wirtschaftssubjektes beschrieben, nämlich zahlungsfähig zu sein. Nun beschreiben wir mit diesem Wort die Eigenschaft eines Wirtschaftsobjektes. Bei der Suche nach liquiden Wirtschaftsobjekten, die die Geldfunktion übernehmen könnten, stellt man jedoch fest, dass es keine uneingeschränkt liquiden Wirtschaftsobjekte gibt.

Die Anforderung „jederzeit" ist sicherlich beim Bargeld erfüllt, allerdings auch hier nicht uneingeschränkt. Münzgeld muss nicht in unbeschränkter Höhe als Zahlungsmittel akzeptiert werden[62]. Wenn z.B. ein Kunde seinen Neuwagen mit einigen Säcken voller Euro-Münzen bezahlen möchte, wird er vermutlich auf den Widerstand des Verkäufers stoßen. Selbst die berühmten Brautschuhe, die glückbringend mit ersparten Pfennigen bzw. Centmünzen bezahlt werden sollen, dürften angesichts der aktuellen Schuhpreise grenzwertig sein.

Noch schwieriger ist es, Wirtschaftsobjekte zu finden, die sich „mit Sicherheit", d.h. ohne Kosten zu verursachen, eintauschen lassen. Jede Art von Zahlungsmittel verursacht Kosten: Der Umgang mit Bargeld ist sogar besonders kostenintensiv. Supermärkte und Einzelhandelsgeschäfte, die viel mit Bargeld umgehen, brauchen nicht nur teure Registrierkassen zum Umgang mit Noten und Münzen, sondern müssen auch in regelmäßigen Abständen aufwändige Geldtransporte finanzieren, um die Tages- oder Wocheneinnahmen sicher zur Bank zu bringen.

Die dritte Komponente der Liquiditätseigenschaft, nämlich wertstabil zu sein, kann sehr unterschiedlich ausgeprägt sein. Bargeld oder auch Sichtguthaben auf den Girokonten von Geschäftsbanken können aufgrund von allgemeiner Inflation Wertverluste erleiden. Andere Vermögensgegenstände wie Immobilien hingegen können gerade in Zeiten hoher Inflationsraten nicht nur wertstabil sein, sondern vielleicht sogar ihren Wert steigern. Dafür sind gerade Immobilien sicherlich nicht „jederzeit" gegen andere Güter eintauschbar.

Liquidität ist also eine graduelle Eigenschaft. Grundsätzlich ist jedes Wirtschaftsgut bis zu einem bestimmten Grad liquide. Um diejenige Gruppe von Gütern zu finden, die am liqui-

[62] Die gesetzliche Annahmepflicht von Euromünzen ist beschränkt. Gemäß §3 Abs. 1 des Münzgesetzes vom 1. Januar 2002 müssen bei einer einzigen Zahlung nur maximal 50 Münzen entgegengenommen werden. Banknoten hingegen sind in unbeschränkter Höhe annahmepflichtig.

desten sind, steigt man am besten die in Abbildung 11-42 dargestellte Liquiditätstreppe empor.

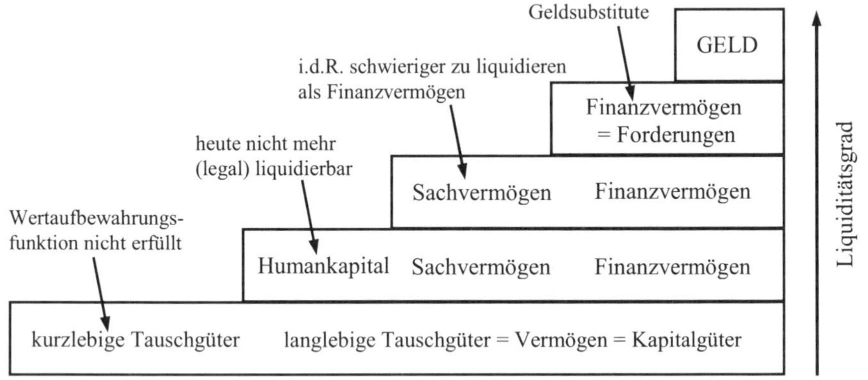

Abbildung 11-42: Die Liquiditätstreppe

Auf der untersten Stufe stehen alle Wirtschaftsgüter, kurzlebige und langlebige. Als Anwärter für die Geldeigenschaft kommen jedoch nur letztere infrage. Langlebige Güter sind Wertspeicher, kurzlebige Güter hingegen sind nicht in der Lage, Wert aufzubewahren und würden daher nicht als Tauschmittel akzeptiert.

Auf der nächsten Stufe stehen deshalb nur noch die langlebigen Güter, nämlich Human-, Sach- und Finanzkapital. Auch auf dieser Stufe lässt sich ein Teil von vorn herein ausschließen, nämlich das Humankapital. Seit Beendigung des Sklavenhandels darf Humankapital nicht mehr als Zahlungsmittel verwendet werden. Was allerdings immer noch eingetauscht werden kann, ist die Nutzung des Humankapitals, nämlich die Arbeitsleistung. Wie alle (Dienst-)Leistungen ist diese jedoch nicht lagerfähig und scheidet somit für die Geldfunktion aus.

Auf der dritten Stufe bleiben also nur noch Sach- und Finanzkapitalgüter übrig. Nun wird es schon schwieriger, die Liquiditätsgrade dieser Güter abzugrenzen. Es kommt darauf an, ob man die Tauschmittelfunktion oder die Wertaufbewahrungsfunktion in den Vordergrund stellt. Wie wir soeben festgestellt haben, kann Sachvermögen z.B. wertbeständiger sein als Finanzvermögen, das eher inflationsanfällig ist. Andererseits sind die Märkte für Sachvermögensgüter i.d.R. nicht so gut organisiert wie Finanzmärkte, d.h. Sachvermögen lässt sich nicht so leicht eintauschen wie Finanzvermögen, wie z.B. festverzinsliche Wertpapiere oder Aktien. Außerdem fallen die Erträge von Finanzvermögen unmittelbar in Zahlungsmitteln an, während die Erträge von Sachvermögen wiederum Sachgüter (bei einer Immobilie z.B. die Bewohnbarkeit) sind und selbst erst gegen Zahlungsmittel eingetauscht werden müssen. Grundsätzlich kann man daher feststellen, dass Finanzvermögensgegenstände, also Forderungen, im Großen und Ganzen liquider sind als Sachvermögensgegenstände. Auf der Spitze der Treppe stehen daher nur noch die Forderungen.

Geld ist also eine Forderung. Allerdings ist auch innerhalb dieser Vermögensgruppe eine große Vielfalt verschiedener Wirtschaftsobjekte vertreten. Abbildung 11-43 zeigt eine vereinfachte Übersicht über die wichtigsten Gruppen von Finanzaktiva in der Reihenfolge ihres Liquiditätsgrades.

An der Spitze steht das **Bargeld**, d.h. Noten und Münzen. Im Euro-Raum ist das Euro-Bargeld alleiniges gesetzliches Zahlungsmittel, das (zumindest in Form von Banknoten) un-

beschränkt für die Tilgung von Schulden akzeptiert werden muss. Bargeld darf nur von der Zentralbank, im Falle des Euro also von der Europäischen Zentralbank EZB herausgegeben werden[63].

Bargeld wird in der jüngeren Vergangenheit immer stärker durch elektronisches Geld ersetzt. In diesem Fall wird ein beliebiges Medium, wie z.B. ein Mobiltelefon oder eine Geldkarte elektronisch mit Geld aufgeladen und anschließend anstelle von Bargeld zur Zahlung benutzt.

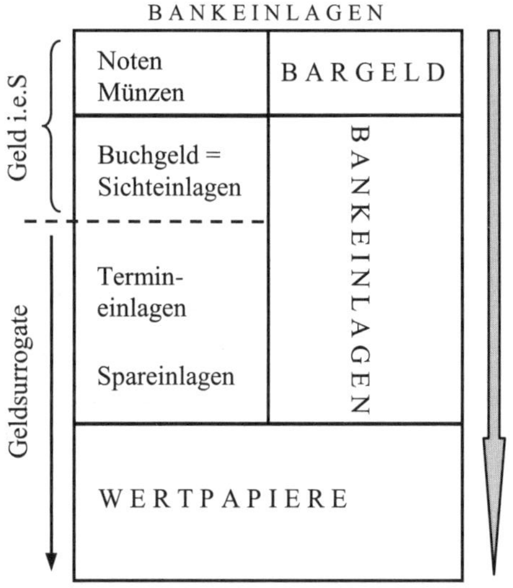

Abbildung 11-43: Finanzaktiva, geordnet nach Liquiditätsgrad

Buchgeld besteht in täglich fälligen Bankeinlagen, sei es bei der Zentralbank oder bei Geschäftsbanken, die gar nicht oder nur sehr niedrig verzinslich sind. Häufig verwendete Synonyme sind auch Sichtguthaben, Sichteinlagen, Sichtdepositen oder Giralgeld. In jedem Fall handelt es sich um Guthaben, die der Bankkunde auf seinem Girokonto zum täglichen Gebrauch zur Verfügung hat und von dort zur Zahlung anweisen oder als Bargeld abheben kann. Mit Buchgeld wird der allergrößte Teil aller Zahlungsvorgänge in einer Volkswirtschaft abgewickelt; sein Anteil an der gesamten Geldmenge im Euro-Währungsgebiet liegt derzeit bei ca. 85%. Dennoch ist Buchgeld kein gesetzliches Zahlungsmittel und es gibt auch keinen Rechtsanspruch auf ein Girokonto bei einer Bank.

Bargeld und Buchgeld sind die Zahlungsmittel mit dem höchsten Liquiditätsgrad. Man bezeichnet sie als Geld im engeren Sinne. Alle weiteren Finanzaktiva heißen **Geldsurrogate**, Quasigeld oder **geldnahe Forderungen**, wobei die Geldnähe vom Liquiditätsgrad abhängt.

Ein besonders enges Surrogat für Buchgeld sind **Kreditkarten**. Im Rahmen seiner Verfügungssumme kann ein Inhaber einer Visa- oder American Express Card mit dieser wie mit Buch- oder Bargeld bezahlen. Einmal im Monat werden die verwendeten Kreditbeträge

[63] Genau genommen muss zwischen Banknoten und Münzen getrennt werden. Das Münzprägerecht, das sog. Münzregal, steht als altes Königsrecht nach wie vor den jeweiligen Regierungen der Eurozone zu, während die Notenemission durch die jeweiligen Zentralbanken durchgeführt wird. Das alleinige Recht zur Genehmigung der Ausgabe von Noten und Münzen liegt jedoch bei der EZB. Bei der Emission von Münzen entsteht der sog Münzgewinn, der in der Differenz zwischen dem Nennwert und dem Materialwert der Münzen besteht. Dieser Münzgewinn fließt in den Bundeshaushalt.

dann von seinem Girokonto abgebucht. Der Liquiditätsgrad von Kreditkarten ist jedoch deutlich geringer als der von „echtem" Buchgeld, da beim Zahlungsempfänger bei jeder Zahlung eine Provision fällig wird. Aus diesem Grund werden Kreditkarten auch nicht überall als Zahlungsmittel akzeptiert.
Ein ebenfalls sehr enges Geldsurrogat sind **Kontokorrent**-, d.h. Überziehungskredite. Ein Kontoinhaber darf dabei sein Girokonto bis zu einer bestimmten, zuvor mit der Bank vereinbarten Summe überziehen. Er verfügt dann über Buchgeld, das ihm gar nicht gehört. Diese Kredite sind i.d.R. sehr teuer, da ihnen keinerlei pfändbare Absicherung zugrunde liegt.
Anstelle von Buchgeld treten oft auch spezielle Wertpapiere, nämlich **Schecks** oder **Wechsel**, die unter bestimmten Voraussetzungen für kurze Zeit als Ersatz für fehlendes Buchgeld als Zahlungsmittel akzeptiert werden.

Neben dem Buchgeld, d.h. täglich fälligen Bankeinlagen, gibt es noch weitere Formen von Bankeinlagen, die jeweils mit besonderen Konditionen verbunden und daher im Liquiditätsgrad etwas geringer sind.

Termineinlagen (Termin- oder Festgelder) sind verzinsliche Guthaben, über die erst nach einer mit der Bank vereinbarten Frist verfügt werden kann. Nach Ablauf dieser Frist wandeln sich Termineinlagen automatisch in Buchgeld um. Termineinlagen sind typischerweise kurzfristig anlegt, z.B. für 30, 60 oder 90 Tage. Sie sind eine beliebte Anlagenart für Geld, das bereits fest für eine bestimmte Anschaffung, wie etwa ein neues Auto, verplant ist, bis zur Fälligkeit der Zahlung aber noch zinsbringend und risikolos angelegt werden soll.

Spareinlagen hingegen müssen vom Inhaber aktiv gekündigt werden, wenn sie verfügbar werden sollen. Die Länge der Kündigungsfrist hängt vom individuellen Sparvertrag ab. Üblich sind drei Monate. Möchte der Sparer ohne Einhaltung der Kündigungsfrist über sein Guthaben verfügen, so sind i.d.R. (abgesehen von einer stets verfügbaren Mindestsumme) Strafzinsen zu zahlen.
Spareinlagen dienen überwiegend der langfristigen Vermögensbildung von Haushalten und stehen daher von der Intention des Anlegers her betrachtet der Wertaufbewahrungsfunktion näher als der Tauschmittelfunktion. Termineinlagen hingegen werden meist im Hinblick auf eine ganz bestimmte, in der nächsten Zukunft geplante Anschaffung angelegt und sind daher sehr eng mit einer güterwirtschaftlichen Tauschtransaktion verbunden.

Neben den Bankeinlagen stellen die **Wertpapiere** die größte Gruppe der Finanzaktiva dar. Wertpapiere sind – im Gegensatz zu Bankeinlagen – handelbare, verbriefte Forderungen. Man kann sie in vielerlei Hinsicht unterteilen, z.B. nach Fristigkeit (lang- und kurzfristig), Art der Verzinsung (festverzinslich, variabel verzinslich), Emittenten (z.B. Industrieunternehmen, Kommunen, Banken) usw.. Gesamtwirtschaftlich bedeutsam ist jedoch vor allem die Eigenschaft der Zentralbankfähigkeit. Wenn ein Wertpapier zentralbankfähig ist, dann kann es von den Geschäftsbanken als Sicherung für einen Kredit der Zentralbank verwendet werden. Dies ist, wie wir gleich sehen werden, für die Geldschöpfungsfähigkeit der Geschäftsbanken von besonderer Bedeutung.

Wertpapiere können i.d.R. nicht direkt zur Zahlung verwendet, sondern müssen erst durch Verkauf in Zahlungsmittel umgewandelt werden. Allerdings sind die Märkte für Wertpapiere sehr gut organisiert und kommen der Vorstellung eines vollkommenen Marktes häufig sehr nahe. Der Liquiditätsgrad von Wertpapieren ist daher i.d.R. ziemlich hoch, zumindest was die Schnelligkeit der Umwandlung in Zahlungsmittel betrifft. Die Wertschwankungen allerdings können – je nach Art des Papiers – beträchtlich sein, so dass die Wertaufbewahrungsfunktion oft nur eingeschränkt erfüllt wird.

11.3.1.2 Die Geldmenge

Im Rahmen unserer gesamtwirtschaftlichen Modellbetrachtungen ist die Gesamtheit der in einer Volkswirtschaft vorhandenen Geldbestände, die sog. **Geldmenge** oder das **Geldvolumen**, ein zentraler Begriff. Mit der Geldmenge M sollen all diejenigen Zahlungsmittel erfasst werden, die den privaten Unternehmen und Haushalten zur Abwicklung all ihrer wirtschaftlichen Transaktionen zur Verfügung stehen. Es handelt sich also um ein analytisches Konzept, das zur Erklärung von Produktion, Beschäftigung und Preisniveau beitragen soll.

Die Geldmenge M umfasst all diejenigen Geldbestände, die sich in Händen von Nicht-Banken befinden und von diesen zu Zahlungszwecken eingesetzt werden (können), d.h. tatsächlich Tauschmittelfunktion erfüllen. Die Geldbestände der Geschäftsbanken bei der Zentralbank hingegen haben keinen unmittelbaren Zusammenhang mit dem gesamtwirtschaftlichen Transaktionsvolumen, sondern dienen in erster Linie dem Verrechnungsverkehr zwischen den Geschäftsbanken und der Zentralbank bzw. zwischen den Geschäftsbanken untereinander. Zur Geldmenge zählen daher nur die Bargeldbestände außerhalb des Bankensystems (**Bargeldumlauf**) sowie die Sichteinlagen von Nicht-Banken bei Geschäftsbanken. Die Kassenbestände der Banken sowie deren Einlagen bei der Zentralbank gehören hingegen nicht zur Geldmenge[64].

Praxisbeispiel 11-7: M1, M2 und M3 in der Abgrenzung der Europäischen Zentralbank

Die Europäische Zentralbank definiert seit ihrer Gründung am 1. Januar 1999 die Geldmengenaggregate wie folgt[65]:

M1 = Bargeldumlauf + täglich fällige Einlagen

M2 = M1 + Einlagen mit vereinbarter Laufzeit von bis zu 2 Jahren + Einlagen mit vereinbarter Kündigungsfrist von bis zu 3 Monaten

M3 = M2 + Repogeschäfte + Geldmarktfondsanteile und Geldmarktpapiere + Schuldverschreibungen bis zu 2 Jahren

M1 3.676,6		
M2	6.629,7	
M3		7.731,8
Bargeldumlauf und täglich fällige Einlagen	Termingelder bis zu 2 Jahren sowie Sparguthaben mit einer Kündigungsfrist bis zu 3 Monaten	Repogeschäfte, Geldmarktfondsanteile und Geldmarktpapiere sowie Schuldverschreibungen bis zu 2 Jahren

Abbildung 11-44: Die Geldmengenaggregate des Euro in der Abgrenzung der EZB, zum 31.12.2007[66]

Die Einbeziehung von Bargeld und Sichtguthaben in die Geldmenge M ist unstrittig. Inwiefern auch geldnahe Forderungen, insbesondere Termin- und Spareinlagen, Zahlungsmittel-

[64] Ebenso wenig die Einlagen des Bundes bei der Zentralbank, da auch diese nicht unmittelbar mit seinem Transaktionsvolumen und damit der gesamtwirtschaftlichen Nachfrage zusammenhängen.

[65] Vgl. EZB Monatsbericht (1999), S.35.

[66] Quelle: EZB-Statistik 2008.

funktion erfüllen und daher im Geldmengenkonzept zu berücksichtigen sind, ist diskussionswürdig und hängt vor allem von den konkreten Zahlungsgewohnheiten der Wirtschaftsubjekte ab, die sich im Zeitverlauf ändern. Außerdem kommt es darauf an, wie stark man die Wertaufbewahrungsfunktion des Geldes im Geldmengenkonzept abbilden will.

Die Europäische Zentralbank verwendet neben dem engsten Geldmengenkonzept **M1**, bestehend aus Bargeldumlauf und Sichteinlagen im Geschäftsbankensektor, noch zwei weitere Geldmengenabgrenzungen, die zur Unterscheidung **M2** und **M3** genannt werden. Diese beiden Geldbestände enthalten neben den Bestandteilen von M1 auch Termin- und Spareinlagen sowie bestimmte kurzfristige Wertpapiere, um der Funktion des Geldes als „temporäres Kaufkraftaufbewahrungsmittel"[67] gerecht zu werden.

Das weiteste Geldmengenkonzept M3 ist das wichtigste monetäre Zwischenziel der Europäischen Zentralbank und nimmt in ihrer geldpolitischen Strategie einen dominierenden Platz ein. Alle in M3 zusammengefassten Geldbestände dienen im engeren oder weiteren Sinne der Finanzierung des gesamtwirtschaftlichen Transaktionsvolumens. Das Wachstum der Geldmenge M3 ist daher ein wichtiger Indikator für die monetäre Stabilität in der Volkswirtschaft.

11.3.2 Das gesamtwirtschaftliche Geldangebot

Wie bei den Sachgütern und Dienstleistungen gibt es auch beim Geld private Unternehmen, die dieses spezielle Produkt, nämlich das Zahlungsmittel, herstellen und auf dem Markt anbieten, nämlich die Banken. Da das Geld ein Schlüsselprodukt für die Funktionsfähigkeit der gesamten Volkswirtschaft ist[68], wird seine Produktion allerdings nicht einfach den Marktkräften überlassen – das Risiko des Markversagens wäre zu groß:

Wie jedes andere gewinnmaximierende Unternehmen wird eine Geschäftsbank so lange Geld produzieren und anbieten, solange dies gewinnsteigernd für das eigene Unternehmen ist. Dies hängt vor allem von der Kreditnachfrage ihrer Kunden ab. Wenn die Kreditnachfrage und damit die Zahlungsbereitschaft für Kredite sehr hoch ist, z.B. weil Hochkonjunktur herrscht und viele Produktionsunternehmen durch Investitionen ihre Produktionskapazität steigern wollen, besteht für die Geschäftsbanken ein hoher Anreiz, Geld zur Verfügung zu stellen.

Gesamtwirtschaftlich könnte dadurch jedoch der Wert des Geldes leiden. Wenn nämlich die Geldmenge, die alle Geschäftsbanken gemeinsam herstellen, stärker ansteigt als die Gütermenge, sinkt logischerweise der Wert, d.h. die Kaufkraft des Geldes. Da Geld selbst keinen eigenständigen Gebrauchswert besitzt, ist es immer nur das wert, was man dafür kaufen kann. Langfristiger Kaufkraftverlust des Geldes, d.h. Inflation, ist daher für alle Wirtschaftssubjekte, Haushalte wie Unternehmen, produzierendes Gewerbe wie Banken, gleichermaßen schädlich und gefährlich. Die Banken müssten sich also im Interesse eines stabilen Geldwertes in ihrer Geldschöpfungstätigkeit beschränken. Aus Sicht einer einzelnen Bank jedoch wäre dies mit externen Effekten verbunden: Der Verzicht auf weitere gewinnbringende Kreditvergaben würde zwar ggfs. einen Beitrag zur Erhaltung des Geldwertes leisten, die gewonnene Geldwertstabilität würde aber auch allen anderen Wirtschaftssubjekten, einschließlich der eigenen Wettbewerber, die sich womöglich nicht so stabilitätsbewusst verhalten haben, zu Gute kommen. Ein klassischer Fall von Marktversagen!

Aus diesem Grund gibt es in allen Industrieländern ein **zweistufiges Bankensystem**. Auf der ersten Ebene stehen die Geschäftsbanken, die nach privatwirtschaftlichen, d.h. gewinn-

[67] *Jarchow* (1998), S.9.
[68] Vgl. Kapitel 3.2.4, S. 60 f.

orientierten Gesichtspunkten ihre Geldgeschäfte betreiben und die Wirtschaftssubjekte flexibel und effizient mit Geld versorgen sollen. Darüber gibt es jedoch auf einer zweiten Ebene eine staatliche Institution, nämlich die Zentralbank oder auch Notenbank des jeweiligen Landes, die die hoheitliche Autorität hat, den Geldschöpfungsprozess der Geschäftsbanken im Sinne des gesamtwirtschaftlichen Zieles eines stabilen Preisniveaus geldpolitisch zu steuern.

11.3.2.1 Der Geldschöpfungsprozess

Wie kommt das Geld in die Wirtschaft? Wie entsteht es überhaupt?

Wir haben festgestellt, dass der größte Teil der umlaufenden Geldmenge aus Buchgeld, d.h. aus täglich fälligen Einlagen bei Geschäftsbanken besteht. Im Folgenden betrachten wir daher den Geldschöpfungsprozess am Beispiel der Entstehung (und Vernichtung) von Buchgeld. Der Einfachheit halber nehmen wir an, dass ausschließlich bargeldlos bezahlt wird.

Beispiel 1:
Eine Geschäftsbank erwirbt von einem privaten Unternehmen ein Grundstück und schreibt dem Verkäufer den Kaufpreis auf seinem Girokonto, d.h. als Sichtguthaben oder Sichtforderung auf sich selbst, gut. Durch diese Transaktion ergeben sich folgende Veränderungen auf den Bilanzen der Bank und des verkaufenden Unternehmens (Abbildung 11-45 linke Seite):

Verkauf eines Grundstücks durch eine Nicht-Bank an eine Bank

Bank		Nicht-Bank	
+ Grund	+ Sichtg.	- Grund + Sichtg.	

- Verkauf eines **primären** Aktivums
- Der Nettoforderungsbestand gegenüber der Bank hat sich erhöht.
- Keine Kreditschöpfung
  ⇨ **exogenes** Geld

Kreditgewährung einer Bank an eine Nicht-Bank

Bank		Nicht-Bank	
+ Ford.	+ Sichtg.	+ Sichtg.	+ Verbindl.

- Verkauf eines **sekundären** Aktivums
- Der Nettoforderungsbestand gegenüber der Bank hat sich nicht erhöht.
- Mit Kreditschöpfung
  ⇨ **endogenes** Geld

Abbildung 11-45: Aktive Geldschöpfung

Die Bankbilanz hat sich auf beiden Seiten um den Kaufbetrag verlängert, beim Verkäufer fand hingegen ein Aktivtausch statt. Die Bank erwirbt ein nicht-monetäres Aktivum (das Grundstück) und bezahlt mit Sichteinlagen, so dass sich die Geldmenge dadurch erhöht: die Menge an Buchgeld ist gestiegen.

Beispiel 2:
Eine Geschäftsbank gewährt einem Kunden einen Konsumentenkredit und schreibt ihm den Kreditbetrag auf seinem Girokonto gut. Die Bilanzen der Bank und ihres Kunden verändern sich dadurch wie in Abbildung 11-45 auf der rechten Seite dargestellt ist: Wieder hat sich die Bankbilanz verlängert. Der Kreditbetrag erscheint als Forderung auf der Aktivseite, die im Gegenzug gewährten Sichtguthaben auf der Passivseite der Bankbilanz. Auch hier ist also Geld in Höhe des erworbenen Aktivums, nämlich der Kreditforderung, entstanden. Dieses Mal hat sich allerdings auch die Bilanz des Bankkunden verlängert. Die (geliehenen) Sichtguthaben erscheinen bei ihm auf der Aktivseite, während der Kreditbetrag als Verbindlichkeit auf der Passivseite verbucht wird.

Anhand dieser beiden Beispiele lassen sich die wichtigsten Charakteristika einer **aktiven Giralgeldschöpfung** zusammenfassen:
Neues Geld entsteht in beiden Fällen dadurch, dass eine Bank ein Aktivum erwirbt, das nicht Geld darstellt, und mit Sichtforderungen gegen sich selbst bezahlt. Da diese Sichtforderungen als inländisches Zahlungsmittel gelten, steigt dadurch die Geldmenge. Man spricht bei diesen Vorgängen daher von einer Geldschöpfung durch die Bank. Im umgekehrten Fall eines Verkaufs von Aktiva durch die Bank an Nicht-Banken, die dafür mit Sichtguthaben bezahlen, wird hingegen Geld vernichtet. Buchgeld verschwindet.

Der Unterschied zwischen den beiden Beispielen liegt in der Art des Aktivums, das von der Bank erworben wird. Im Fall der Immobilie handelt es sich um ein sog. **primäres Aktivum**, d.h. um einen Vermögensgegenstand, der keine (befristete) Forderung darstellt. Durch die Geldschöpfung ist daher keine Kreditbeziehung entstanden. Solange die Bank die Immobilie nicht wieder veräußert, bleibt das Geld unverändert im Umlauf. Man spricht deshalb von exogenem Geld.
Im zweiten Fall hingegen, ist die Lebensdauer des neu geschaffenen Geldes von vorn herein durch die Kreditlaufzeit begrenzt, Sobald der Bankkunde den Kredit tilgt, verschwindet das Geld wieder aus dem Umlauf, es handelt sich um endogenes Geld. Aktiva, die Kreditbeziehungen begründen, heißen **sekundäre Aktiva**. Der Gesamtforderungsbestand gegenüber dem Bankensystem hat sich durch diese Transaktion jedoch nicht geändert, da der Einlagenverbindlichkeit des neu geschaffenen Buchgeldes die Kreditforderung der Bank gegenüber steht.

Beispiel 3:
Nehmen wir nun an, dass ein Bankkunde sein Sparkonto auflösen möchte und kündigt. Nach Ablauf der vereinbarten Kündigungsfrist von beispielsweise sechs Monaten wird dem Kunden der Sparbetrag auf seinem Girokonto gutgeschrieben. Die Bilanzen der Bank und ihres Kunden zeigen durch diesen Vorgang Veränderungen, die in Abbildung 11-46 dargestellt sind.

Im Gegensatz zu den beiden ersten Beispielen wird die Bank nicht selbst tätig, indem sie etwas erwirbt, sondern ein Kunde ergreift die Initiative und verfügt über seine Einlagen. Die Geldschöpfung ergibt sich dadurch, dass der Kunde eine Einlage, die nicht Geld darstellt, in eine Einlage, die Geld darstellt, umwandelt. Es vollzieht sich also ein Passivtausch. Diese Art der Geldschöpfung heißt deshalb **passive Giralgeldschöpfung**. Würde der Kunde Sichtguthaben von seinem Girokonto auf sein Sparbuch einzahlen, würde analog Geld aus dem Kreislauf verschwinden und vernichtet.

Umwandlung eines Sparguthabens in ein Sichtguthaben

Bank		Nicht-Bank	
	- Spareinlage + Sichteinlage	- Spareinlage + Sichteinlage	

- Passive Geldschöpfung ist niemals mit Kreditschöpfung verbunden.
- Der Nettoforderungsbestand gegenüber dem Bankensystem bleibt gleich.
- Ob sich dadurch die gesamtwirtschaftliche Geldmenge erhöht, hängt vom zugrundeliegenden Geldmengenkonzept und der Art der umgewandelten Passiva ab.

Abbildung 11-46: Passive Geldschöpfung

Übung 11-13: Geldschöpfung und/oder Geldmengenveränderung

Beurteilen Sie, ob bei den folgenden Vorgängen Geld entsteht/verschwindet und ob sich dabei die Geldmenge verändert.

a) Eine Bank verkauft einem privaten Haushalt fünf Siemens Aktien, die dieser mit Buchgeld bezahlt.

b) Eine Geschäftsbank gewährt einem privaten Haushalt einen Konsumentenkredit und zahlt diesen in bar aus.

c) Ein privater Haushalt löst sein Termingeldkonto bei einer Geschäftsbank auf und legt das Geld stattdessen auf seinem Sparkonto an.

Lösung:

a) Die Bank verkauft ein Aktivum. Im Gegenzug verschwinden Sichteinlagen auf der Passivseite. Es handelt sich also um Geldvernichtung. M1 sinkt.

b) Durch die Kreditgewährung erhält die Bank zwar ein zusätzliches Aktivum. Allerdings bezahlt sie dieses nicht mit Forderungen gegen sich selbst, sondern mit Bargeld, das sie nicht selbst herstellen kann. Bargeld ist Zentralbankgeld und aus Sicht der Geschäftsbank ebenfalls ein Aktivum. Auf der Bankbilanz findet daher ein Aktivtausch statt. Geld entsteht dabei nicht. Allerdings steigt dennoch M1, da die Kassenbestände der Banken nicht zur Geldmenge gerechnet werden, der Bargeldumlauf hingegen schon.

c) Bei diesem Vorgang handelt es sich offensichtlich um einen Passivtausch bei der Bank. Ob dabei Geld entsteht oder vernichtet wird und ob sich dabei M2 ändert, lässt sich erst dann entscheiden, wenn die Laufzeit des Termingeldes und die Kündigungsfrist der Spareinlagen bekannt sind. Wenn beispielsweise Termingelder mit einer Laufzeit von 30 Tagen in Spareinlagen mit dreimonatiger Kündigungsfrist umgewandelt werden, ändert sich M2 nicht. Wenn hingegen die Spareinlagen eine Kündigungsfrist von mehr als drei Monaten aufweisen, werden Geldsurrogate aus M2 vernichtet.

11.3.2.2 Grenzen der Geldschöpfung

Für eine Bank ist es also offensichtlich ganz einfach, Geld herzustellen. Im Grunde genügt ein Federstrich, eine einfache Eintragung auf dem Girokonto eines Kunden, um die Geldmenge zu erhöhen. Die Geldschöpfungsfähigkeit der Banken ähnelt auf den ersten Blick dem Stein der Weisen: jedes beliebige Gut kann monetisiert, d.h. zu Geld gemacht werden. Voraussetzung dafür ist nur, dass alle Wirtschaftssubjekte sich darin einig sind, die Sichteinlagen bei Banken auch tatsächlich als Zahlungsmittel, d.h. als Buchgeld, anzuerkennen.

Es stellt sich daher die Frage, warum die umlaufende Geldmenge nicht explodiert. Es ist kaum anzunehmen, dass die Banken als private Unternehmen aus eigenem Antrieb und höherer Einsicht Selbstbeschränkung üben und die Geldmenge nur in einem stabilitätsverträglichen Maße ansteigen lassen. Wenn es nur Privatbanken gäbe und als einziges Zahlungsmittel Sichtforderungen gegenüber diesen Banken umlaufen würden, wäre der Geldschöpfung tatsächlich keine Grenze gesetzt. Eine Bank könnte dann niemals illiquide werden.

Tatsächlich ist unser Bankensystem aber zweistufig und das Geldsystem beinhaltet zweierlei Arten von Geld, nämlich Geschäftsbankengeld und Zentralbankgeld.

Man bezeichnet ein solches Geldsystem als Mischgeldsystem. Haushalte und Unternehmen bezahlen sowohl mit Geschäftsbankengeld, d.h. Buchgeld, als auch mit Zentralbankgeld, nämlich dem Bargeld. Dieses können die privaten Geschäftsbanken jedoch nicht herstellen,

so dass sie schon allein wegen der Bargeldwünsche ihrer Kunden darauf angewiesen sind, von der Zentralbank mit Geld versorgt zu werden.

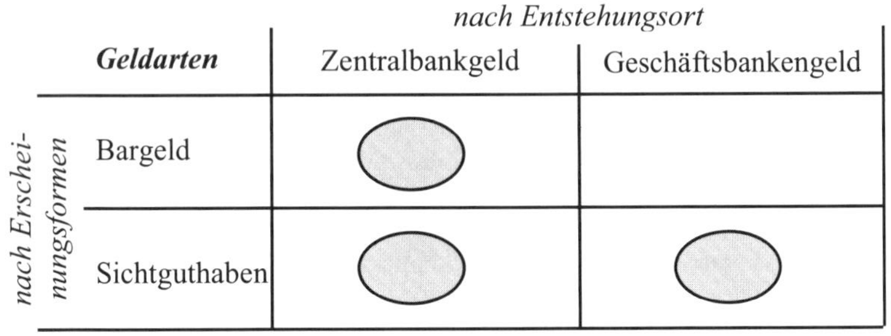

Abbildung 11-47: Die Geldmatrix

Es gibt aber noch ein zweites Band, das die Geldschöpfung der Geschäftsbanken an die Geldversorgung mit Zentralbankgeld bindet und das ist die sog. **Mindestreservepflicht**. Diese besagt, dass die Geschäftsbanken für alle Sichteinlagen, die sie ihren eigenen Kunden einräumen, in einem von der Zentralbank vorgegebenen Verhältnis (dem sog. **Mindestreservesatz**) ihrerseits Sichteinlagen bei der Zentralbank, d.h. Zentralbankgeld halten müssen. Diese Mindestreservevorschrift zwingt die Geschäftsbanken also genauso wie der Bargeldabfluss an ihre Kunden, die eigene Geldschöpfung auf den von der Zentralbank vorgegebenen Liquiditätsrahmen zu beschränken.

Ein Beispiel soll diesen Zusammenhang verdeutlichen:
Wir gehen zunächst von einer Volkswirtschaft mit einem zweistufigen Bankensystem und ausschließlich bargeldlosem Zahlungsverkehr aus. Die Zentralbank hat den Mindestreservesatz auf 20% festgelegt[69]. Nehmen wir an, ein Bankkunde verkauft der Bank A zentralbankfähige Wertpapiere für 10 Geldeinheiten (GE) und erhält dafür eine Gutschrift auf seinem Girokonto. Die Bank A verkauft die Wertpapiere an die Zentralbank weiter und erhält ihrerseits 10 GE Zentralbankgeld.

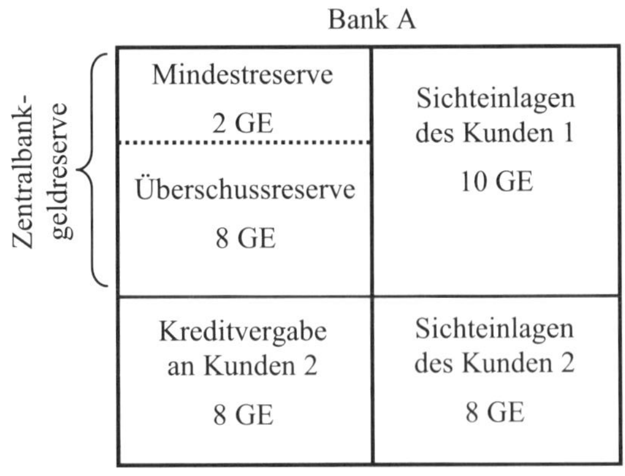

Abbildung 11-48: Geldschöpfungskapazität einer einzelnen Bank bei bargeldlosem Zahlungsverkehr

[69] Dieser Satz ist unrealistisch hoch – er beträgt im Eurosystem derzeit nur 2 Prozent – und dient nur der Vereinfachung der Rechnung.

Durch diese doppelte aktive Geldschöpfung sind also zweimal 10 GE entstanden, einmal in Form von Zentralbankgeld, einmal in Form von Geschäftsbankengeld. Für die neu geschaffenen Sichteinlagen muss Bank A 20%, d.h. 2 GE Mindestreserve halten. Von der ursprünglichen Zentralbankgeldreserve bleiben daher nur noch 8 GE zur freien Verfügung, d.h. als **Überschussreserven** übrig. Diese kann die Bank an einen weiteren Kunden als Kredit vergeben, was einer erneuten aktiven Geldschöpfung (dieses Mal mit einem sekundären Aktivum) entspricht. Der Kreditbetrag von 8 GE ist nun vollständig durch Zentralbankgeld gedeckt, da die Bank ja davon ausgehen muss, dass der Kunde über den Betrag durch Überweisung an eine andere Bank verfügt und das Geld abfließt. Bei Bank A ist also abermals neues Geld in Höhe der vorhandenen Überschussreserve entstanden. Die Höhe der vorhandenen Überschussreserve begrenzt die Geldschöpfungsmöglichkeiten der Bank A.

Tabelle 11-8: Geldschöpfungskapazität im Mehrbankensystem bei bargeldlosem Zahlungsverkehr

t	Δ Kredit	Δ Sichteinlagen (neue Bank)	Δ Mindest-reserve	Δ Überschuss-reserve
0				10
1	10	10	2	8
2	8	8	1,6	6,4
3	6,4	6,4	1,28	5,12
4	5,12	5,12	1,024	4,096
…	…	…	…	…
∞	0	0	0	0
Σ	50	50	10	

Nun erweitern wir das Beispiel etwas und betrachten nicht mehr nur die einzelne Bank, sondern das Bankensystem insgesamt. Der Mindestreservesatz mr betrage weiterhin 20%. Ausgangspunkt sei eine Überschussreserve $ÜR_0$ bei Bank A in Höhe von 10 GE, die diese als Kredit an einen Kunden vergibt. Der Kunde überweist das Geld an seinen Geschäftspartner, der sein Girokonto bei der Bank B unterhält. Auf diesem Konto steigen die Sichteinlagen daher um 10 GE an. Der Bank B fließen gleichzeitig aber auch 10 GE Zentralbankgeld zu, von denen nur 2 GE als Mindestreserve auf die (neuen) Kundeneinlagen zu halten sind. 8 GE werden zu Überschussreserve und können von Bank B erneut als Kredit vergeben werden (Periode 2/Zeile 3 in Tabelle 11-8). Offensichtlich entstehen bei der Fortsetzung dieses Vorgangs geometrische Reihen, deren Grenzwerte Aufschluss über die Geldschöpfungsfähigkeit dieses Bankensystems als Ganzes geben. Die Grenze ist dann erreicht, wenn die ursprüngliche Überschussreserve von 10 GE vollständig in Mindestreserve umgewandelt worden ist. Am Ende des Prozesses sind keine Überschussreserven mehr im System vorhanden.

Die Kreditsumme entspricht der Summe des neugeschaffenen Giralgeldes, das in vollem Umfang die Geldmenge M erhöht:

$$\Sigma\Delta\text{Kredit} = \Sigma\Delta\text{Sichteinlagen} = \Sigma\Delta\text{Geldmenge}$$

Der Gesamtumfang der Kredit- bzw. Geldschöpfung ergibt sich durch Berechnung des Grenzwertes der entsprechenden geometrischen Reihe:

$$\Sigma\Delta\text{Kredit} = 10 + (1-0{,}2)\cdot 10 + (1-0{,}2)^2 \cdot 10 + \ldots = \frac{1}{1-(1-0{,}2)}\cdot 10 = \frac{1}{0{,}2}\cdot 10 = 50$$ [70]

oder

$$\Sigma\Delta\text{Kredit} = \frac{1}{\text{mr}}\cdot \text{ÜR}_0$$

Der Mindestreservesatz mr bestimmt also, das Wievielfache der ursprünglichen Überschussreserve ÜR_0 tatsächlich als zusätzliche Geldmenge umlaufen kann.

Nur erweitern wir das Beispiel abermals und berücksichtigen im Folgenden zusätzlich die Verwendung von Bargeld. Wir unterstellen, dass sich alle Bankkunden 25% ihrer Kredite bar auszahlen lassen und nur 75% der Kreditsumme als Sichtguthaben gutgeschrieben werden. Das bedeutet, dass 25% der umlaufenden Geldmenge aus Bargeld besteht, 75% aus Buchgeld. Der Bargeldanteil an der Geldmenge wird durch die Bargeldquote b beschrieben. Es gilt: b = 0,25. Alle anderen Annahmen (zweistufiges Mehrbankensystem, Mindestreservesatz mr = 0,2) bleiben gleich.

Tabelle 11-9: Geldschöpfungskapazität im Mehrbankensystem mit Bargeldumlauf

t	Δ Kredit	Δ Bargeld-umlauf	Δ Sichteinlagen (neue Bank)	Δ Mindest-reserve	Δ Überschuss-reserve
0					10
1	10	2,5	7,5	1,5	6
2	6	1,5	4,5	0,9	3,6
3	3,6	0,9	2,7	0,54	2,16
...	2,16	...	...	...	...
∞	0	0	0	0	0
Σ	25	6,25	18,75	3,75	

Die ursprüngliche Überschussreserve ÜR_0 in Höhe von 10 GE wird wiederum als Kredit an einen Bankkunden der Bank A vergeben. Dieser lässt sich 2,5 GE bar ausbezahlen und überweist nur den Rest, nämlich 7,5 GE, an die Bank B. Der Umfang der Geldschöpfung ist also geringer als in der Variante ohne Bargeld. Bank B erhält dementsprechend einen Zufluss von Zentralbankgeld in Höhe von 7,5 GE, von denen 20% oder 1,5 GE als neue Mindestreserve festgelegt werden müssen. Den Rest, 6 GE, kann Bank B wiederum als neuen Kredit an einen ihrer Kunden vergeben usw. Tabelle 11-9 beschreibt den Gesamtprozess.

Das numerische Ergebnis zeigt, dass der Gesamtumfang der Kreditschöpfung wesentlich geringer ist als im Fall ohne Bargeld. Der Bargeldabfluss entzieht dem Bankensystem Zentralbankgeld, das nicht mehr zur Geldschöpfung zur Verfügung steht. Die Geldmenge steigt allerdings trotzdem im selben Umfang wie die Kreditmenge, obwohl im Bankensystem weniger Buchgeld entsteht als Kredite ausgegeben werden. Der zusätzliche Bargeldumlauf ist nämlich ebenfalls Bestandteil der Geldmenge M. Es gilt:

[70] Für die Grenzwertberechnung einer konvergenten unendlichen Reihe gilt:
$\sum a_i = a_1 \cdot \frac{1}{1-q}$, wobei $q = \frac{a_{n+1}}{a_n}$. Der Reihenfaktor q in Tabelle 11-1 beträgt (1 – 0,2).

$$\Sigma\Delta\text{Kredit} = \Sigma\Delta\text{Bargeldumlauf} + \Sigma\Delta\text{Sichteinlagen} = \Sigma\Delta\text{Geldmenge}$$

Der Gesamtumfang der Kreditvergabe lässt sich mit Hilfe des Grenzwertes der folgenden geometrischen Reihe berechnen:

$$\Sigma\Delta\text{Kredit} = 10 + (1-0{,}25)(1-0{,}2)\cdot 10 + [(1-0{,}25)(1-0{,}2)]^2 \cdot 10 + \ldots$$
$$= \frac{1}{1-(1-0{,}25)(1-0{,}2)} \cdot 10 = 25$$

oder

$$\Sigma\Delta\text{Kredit} = \frac{1}{1-(1-b)(1-mr)} \cdot \ddot{U}R_0 = \frac{1}{b + mr(1-b)} \cdot \ddot{U}R_0$$

Die Größe $\frac{1}{b + mr(1-b)}$ heißt Geldmultiplikator g.

Dieser beschreibt, wie hoch die umlaufende Geldmenge im Verhältnis zum verfügbaren Zentralbankgeld maximal sein kann. Private Geldschöpfung ist grundsätzlich nur dann möglich, wenn die Zentralbank Geld zur Verfügung stellt. Dabei beschränkt sowohl die Bargeldquote b als auch der Mindestreservesatz mr die maximale Geldschöpfungskapazität des Bankensektors.

Zentralbankgeld ist also gleichzeitig Grundlage und Grenze der Geldschöpfung im Bankensystem und somit auch der umlaufenden Geldmenge M, die zu einem Teil, nämlich dem Bargeldumlauf, sogar direkt aus Zentralbankgeld besteht. Den Bestand an Zentralbankgeld bei Geschäftsbanken und bei Nichtbanken nennt man deswegen monetäre Basis oder **Geldbasis**. Zwischen der Geldbasis und der Geldmenge besteht – vereinfacht dargestellt – folgende Beziehung:

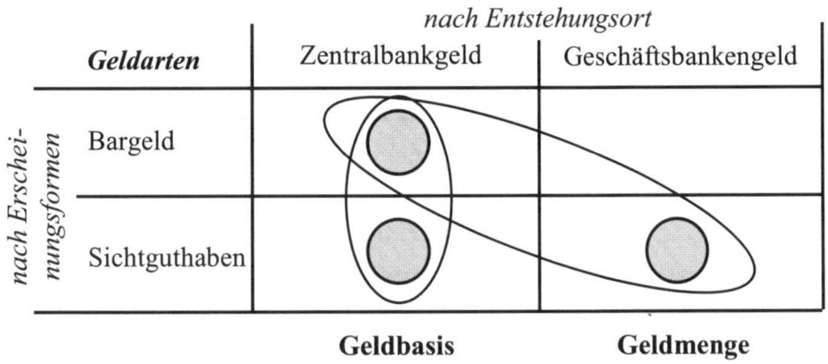

Abbildung 11-49: Geldmenge und Geldbasis

Auch daraus lässt sich die Höhe des Geldmultiplikators herleiten:

Die Geldbasis B besteht (wenn alle Geldschöpfungspotenziale ausgenutzt werden) aus dem Bargeldumlauf BU sowie dem Mindestreserve-Soll MR der Geschäftsbanken: $B = BU + MR$.

Die Geldmenge M besteht ebenfalls aus dem Bargeldumlauf BU sowie aus dem Bestand an Sichtguthaben SG ihrer Kunden: $M = BU + SG$.

Das Verhältnis vom Mindestreserve-Soll zum Bestand an Sichtguthaben ist durch den Mindestreservesatz mr vorgegeben: $mr = \frac{MR}{SG}$ oder $MR = mr \cdot SG$.

Der Anteil des Bargeldes an der gesamten Geldmenge wird durch die Bargeldquote b beschrieben:

$$b = \frac{BU}{M} = \frac{BU}{BU + SG}.$$

Dann ergibt sich:

$$g = \frac{M}{B} = \frac{BU + SG}{BU + MR} = \frac{BU + SG}{BU + mr \cdot SG} = \frac{BU + SG}{BU + mr \cdot (BU + SG - BU)}$$

$$= \frac{1}{\frac{BU}{BU + SG} + mr \cdot (\frac{BU + SG}{BU + SG} - \frac{BU}{BU + SG})} = \frac{1}{b + mr(1 - b)}$$

Übung 11-14: Die Entstehung des Geldangebotes

In einer Volkswirtschaft beträgt der Bargeldanteil an der Geldmenge M1 ⅓. Die Nicht-Banken unterhalten Terminguthaben in der Höhe des Zweifachen ihrer Sichtguthaben und Sparguthaben in Höhe des Dreifachen ihrer Sichtguthaben. Die Mindestreserve-Verpflichtung der Geschäftsbanken beträgt für Sichteinlagen 15%, für Termineinlagen 10% und für Spareinlagen 5%. Die monetäre Basis ist 100.

a) Welche volkswirtschaftliche Geldmenge M1 kann insgesamt maximal in den Umlauf gelangen?

b) Wie verändert sich diese höchstmögliche Geldmenge, wenn die Bundesbank Wertpapiere in Höhe von 20 an die Geschäftsbanken verkauft?

c) Wie verändern sich der Geldschöpfungsmultiplikator und die höchstmöglich Geldmenge, wenn die Mindestreservesätze um 10% gesenkt werden?

Lösung:

a) Bei der Zusammensetzung der monetären Basis müssen nicht nur die Mindestreserven für die Sichteinlagen, sondern auch diejenigen für die Termin- und Spareinlagen berücksichtigt werden. Es sei

mr = Mindestreservesatz für Sichteinlagen

mrt = Mindestreservesatz für Termineinlagen

mrs = Mindestreservesatz für Spareinlagen.

Der Umfang der Terminguthaben T und Sparguthaben S (und damit auch das jeweilige Mindestreserve-Soll) kann aus der Höhe der Sichtguthaben SG berechnet werden. Es sei:

$$T = t \cdot SG = 2 \cdot SG$$

$$S = s \cdot SG = 3 \cdot SG$$

Dann gilt: $B = BU + mr \cdot SG + mrt \cdot t \cdot SG + mrs \cdot s \cdot SG$

Der Geldmultiplikator ergibt sich als

$$g = \frac{M}{B} = \frac{BU + SG}{BU + mr \cdot SG + mrt \cdot t \cdot SG + mrs \cdot s \cdot SG}$$

$$g = \frac{BU + SG}{BU + mr \cdot (BU + SG - BU) + mrt \cdot t \cdot (BU + SG - BU) + mrs \cdot s \cdot (BU + SG - BU)}$$

$$g = \frac{1}{\frac{BU}{BU+SG} + mr \cdot \frac{BU+SG-BU}{BU+SG} + mrt \cdot t \cdot \frac{BU+SG-BU}{BU+SG} + mrs \cdot s \cdot \frac{BU+SG-BU}{BU+SG}}$$

$$g = \frac{1}{b + mr(1-b) + mrt \cdot t \cdot (1-b) + mrs \cdot s \cdot (1-b)}$$

Für die angegebenen Zahlenwerte ergibt sich:

$$g = \frac{1}{\frac{1}{3} + \frac{15}{100} \cdot \frac{2}{3} + \frac{10}{100} \cdot 2 \cdot \frac{2}{3} + \frac{5}{100} \cdot 3 \cdot \frac{2}{3}} = \frac{1}{\frac{200}{300}} = 1{,}5$$

Die höchstmögliche Geldmenge beträgt daher M = 1,5·100 = 150.

b) B sinkt auf 80. Die höchstmögliche Geldmenge beträgt daher nur noch M = 1,5·80 = 120.

c) Eine Senkung der Mindestreservesätze um 10% bedeutet:

mr = 13,5%, mrt = 9%, mrs = 4,5%. Daher ergibt sich für den Geldmultiplikator

$$g = \frac{1}{\frac{1}{3} + \frac{135}{100} \cdot \frac{2}{3} + \frac{90}{100} \cdot 2 \cdot \frac{2}{3} + \frac{45}{100} \cdot 3 \cdot \frac{2}{3}} \approx 1{,}58$$

Der Multiplikator steigt und damit auch die maximal mögliche Geldmenge.

Die Geldbasis wird von der Zentralbank zur Verfügung gestellt. Diese entscheidet aufgrund geldpolitischer Überlegungen, welche Menge an Zentralbankgeld gesamtwirtschaftlich erforderlich ist, um einerseits den Banken genügend Geldschöpfungsspielraum zu geben, der für eine spannungsfreie Liquiditätsversorgung der privaten Wirtschaft benötigt wird, und andererseits die Stabilität des Geldwertes nicht zu gefährden.

Die Geschäftsbanken ihrerseits richten ihre Kreditvergabe – in dem von der Zentralbank vorgegebenen Rahmen – an der Nachfrage ihrer Kunden aus. In der Realität schöpfen die Geschäftsbanken hierbei ihren Spielraum niemals vollständig aus, sondern halten stets in einem gewissen Umfang Überschussreserven vor, um gegen etwaige Liquiditätsschwankungen gewappnet zu sein. Die tatsächlich umlaufende Geldmenge ist daher stets kleiner als die maximal mögliche.

Die Geldbasis ist also eine geldpolitisch vorgegebene, die Geldmenge eine marktmäßig bestimmte, jedoch geldpolitisch gesteuerte Größe. Die Zentralbank gibt nicht nur über den Mindestreservesatz die Obergrenze für die Geldschöpfungstätigkeit vor, sondern steuert über die Festsetzung der Zinssätze, mit denen sie Zentralbankgeld an die Geschäftbanken verleiht, auch die Rentabilität der privaten Kreditschöpfung.

Der Steuerung der Geldmenge, d.h. des Geldangebots, kommt in der Geldpolitik also eine zentrale Rolle zu. Eine wichtige Frage ist hierbei, ob die Zentralbank tatsächlich in der Lage ist, über die Höhe der Geldbasis, d.h. ihre eigene Geldschöpfung autonom zu entscheiden, oder ob möglicherweise Störeffekte von Staat, Privatwirtschaft oder Ausland zu befürchten sind.

Grundsätzlich entsteht Zentralbankgeld genauso wie Geschäftsbankengeld durch die Monetisierung von Aktiva. Die Frage nach der wirtschaftlichen Autonomie der Zentralbank reduziert sich also auf die Frage, ob die Zentralbank über den Ankauf von Aktiva tatsächlich unabhängig und nur aufgrund geldpolitischer Erwägungen entscheiden kann oder ob sie anderweitigen Zwängen unterliegt.

Um diese Frage zu beantworten, wirft man am besten einen Blick auf die Aktivseite der Zentralbankbilanz und analysiert die Positionen, die dort aufgeführt sind.

Praxisbeispiel 11-8: Eröffnungsbilanz Eurosystem zum Stichtag 29.1.1999 in Mrd Euro[71]

Eröffnungsbilanz Eurosystem (Stichtag 29.1.1999 - in Mrd. Euro)

Gold- und Währungsreserven	332,6	Notenumlauf	326,5
Kredite an Geschäftsbanken im Euro-Währungssystem	182,9	Einlagen	
		EWU Geschäftsbanken	85,4
		EWU öffentl. Haushalte	52,4
		EWU Private	4,3
Kredite an den Staat	60,2	Ausland	14,0
Wertpapiere	22,1	Verbindlichkeiten aus Wertpapieren	11,7
Sonstige[1)]	96,8	Sonstige[2)]	200,3
Entstehungsseite	**694,6**	**Verwendungsseite**	**694,6**

1) Darunter z.B. 9,1 Forderungen in EURO an Ansässige außerhalb des Währungsgebietes, 7,1 Forderungen in Fremdwährung an Ansässige im Währungsgebiet.
2) Darunter z.B. 51,3 Kapital und Rücklagen, 59,7 Ausgleichsposten aus Neubewertungen.

Die Aktivposten auf der linken Seite der Bilanz heißen Komponenten der Zentralbankgeldschöpfung. Durch den Ankauf dieser Positionen entstehen auf der rechten Seite jeweils Passivposten, nämlich entweder Notenumlauf oder Einlagen, die Zentralbank-Buchgeld darstellen. Daher heißt die linke Bilanzseite auch Entstehungsseite, die rechte Verwendungsseite der Geldbasis.

Die außenwirtschaftliche Komponente

Der erste Aktivposten sind die Gold- und Währungsreserven. Sie stellen die sog. außenwirtschaftliche Komponente der Zentralbankgeldschöpfung dar. Ob von dieser Position eine Gefahr für die geldpolitische Autonomie der Zentralbank ausgeht oder nicht, hängt vom jeweiligen Währungssystem ab. Besteht Wechselkursflexibilität, so bleibt es der Zentralbank überlassen, ob sie Gold und/oder Devisen zu Marktpreisen auf den Märkten kauft (das heißt: Zentralbankgeld schöpft) oder verkauft (das heißt: Zentralbankgeld vernichtet). Der Auf- oder Abbau von Währungsreserven kann dann der geldpolitischen Gesamtzielsetzung untergeordnet werden. Herrschen jedoch feste Wechselkursvereinbarungen, wie dies z.B. im Währungssystem von Bretton Woods der Fall war, muss die Zentralbank das vorgegebene Wechselkursziel dem internen geldpolitischen Stabilitätsziel überordnen: Wenn der Außenwert der Währung über eine vereinbarte Höchstmarke steigt, muss die Zentralbank auf den Devisenmärkten intervenieren und zum festen Mindestkurs die abwertungsbedrohte Fremdwährung aufkaufen. Dadurch dehnt sich im Gegenzug die inländische Geldmenge aus und bedroht möglicherweise die Stabilität der Binnenkaufkraft der eigenen Währung. Feste Wechselkursvereinbarungen sind also mit einer autonomen Geldpolitik im eigenen Lande nicht vereinbar.

[71] Quelle: Deutsche Bundesbank (1999a), vereinfacht.

Für den Euro gelten derzeit keine festen Wechselkursziele gegenüber den großen Weltreservewährungen US-Dollar, Schweizer Franken und Yen. Die Geldpolitik der Europäischen Zentralbank EZB ist daher im gegenwärtigen Zeitpunkt von außenwirtschaftlichen Einflüssen unabhängig. Allerdings obliegt die Entscheidung über die Art des Währungssystems nicht der EZB, sondern den Staats- und Regierungschefs der Staaten der Europäischen Währungsunion EWU[72]. Sollten diese in der Zukunft wieder feste Wechselkurse z.B. gegenüber dem US-Dollar vereinbaren, so wäre die EZB verpflichtet, zur Einhaltung des Kurses Devisenmarktinterventionen vorzunehmen und so möglicherweise zur Geldschöpfung oder -vernichtung gezwungen. Die außenwirtschaftliche Komponente ist also nach wie vor eine potenziell offene Flanke für eine eigenständige Geldpolitik der EZB.

Die Refinanzierungskomponente

Die zweite Komponente der Zentralbankgeldschöpfung ist die sog. Refinanzierungskomponente. Sie beinhaltet die Forderungen an Geschäftsbanken, die diese eingegangen sind, um – wie oben beschrieben – die notwendige Liquiditätsbasis für ihre eigene Geldschöpfung zu erhalten.

Innerhalb dieser Komponente spielt sich also i.W. die geldpolitische Steuerung der volkswirtschaftlichen Geldmenge ab. Der EZB steht hierfür ein reichhaltiges Instrumentarium zur Verfügung, über dessen Einsatz sie nach Art 105 Abs. 1 des Vertrages über die Europäische Union sowie gemäß Art 2 ihrer eigenen Satzung autonom, d.h. weisungsunabhängig entscheidet[73].

Bislang betreibt die EZB zur Durchführung ihrer Geldpolitik in erster Linie Offenmarkt-Politik, das heißt, sie kauft und verkauft Wertpapiere auf eigene Rechnung überwiegend von und an Geschäftsbanken. Der Ankauf von Wertpapieren bewirkt eine Erweiterung der Geldbasis, der Verkauf von Wertpapieren deren Einschränkung. Die Durchführung dieser Wertpapiergeschäfte vollzieht sich hauptsächlich in Form von sog. Wertpapierpensionsgeschäften. Das bedeutet, dass die EZB Wertpapiere von den Geschäftsbanken nicht endgültig, sondern nur auf eine bestimmte, schon bei Vertragsabschluss begrenzte Zeit, die unabhängig von der Restlaufzeit der Wertpapiere von der EZB festgelegt wird, kauft. Das durch den Kauf erzeugte Zentralbankgeld hat dadurch automatisch eine feste Laufzeit, z.B. zwei Wochen, nach deren Ablauf die EZB erneut beschließen kann, ob sie den Banken ein Anschlussgeschäft in gleicher Höhe bietet, oder ob sie die Geldbasis nach oben oder unten korrigieren möchte.

Die Handhabung dieser und aller weiteren geldpolitischen Instrumente liegt allein in der Entscheidung der EZB. Von der Refinanzierungskomponente können daher keine unbeherrschbaren Störeinflüsse auf die Steuerung der Geldbasis ausgehen.

Die fiskalische Komponente

Die Zentralbanken der Nationalstaaten waren seit jeher gleichsam die Hausbanken ihrer Regierungen. Da Regierungen stets Geld benötigen, führte der erste Weg zur Kreditaufnahme in der Vergangenheit immer zur eigenen Zentralbank. Eine Kreditvergabe der Zentralbank an die Regierung entspricht jedoch aktiver Geldschöpfung. Wenn die Zentralbank keinen autonomen Status genießt und eine Kreditforderung der Regierung nicht abweisen kann, liegt in dieser Komponente daher eine große Gefahr für Stabilität des Geldwertes. Regierun-

[72] Vgl. Vertrag über die Europäische Union, Art. 109.

[73] „Das vorrangige Ziel des ESZB [Europäischen System der Zentralbanken] ist es, die Preisstabilität zu gewährleisten. Soweit dieses ohne Beeinträchtigung des Zieles der Preisstabilität möglich ist, unterstützt das ESZB die allgemein Wirtschaftspolitik in der Gemeinschaft, um zur Verwirklichung der in Artikel 2 festgelegten Zielen der Gemeinschaft beizutragen.“: Vertrag über die Europäische Union (EG-Vertrag), Art. 105 Abs.1. und Satzung des Europäischen Systems der Zentralbanken und der Europäischen Zentralbank, Art 2.

gen – insbesondere solche, die demokratisch (wieder-)gewählt werden wollen – bewerten arbeitsmarktpolitische und/oder sozialpolitische Ziele häufig höher als das Ziel der Preisniveaustabilität. Wir haben ja bereits festgestellt, dass selbst Kanzler *Schmidt* der Meinung war, 5% Inflation seien besser als 5% Arbeitslosigkeit[74]. Tatsächlich nahm bisher noch jede größere Inflation ihren Ausgang von einem fiskalischen Fehlverhalten des Staates[75].
Aus diesem Grund mussten sich alle Länder, die der Europäischen Währungsunion beitreten wollen, dazu verpflichten, eine direkte Kreditvergabe der Zentralbank an den Staat gesetzlich zu unterbinden. Für bereits eingegangene Verbindlichkeiten musste ein zuverlässiger, fest terminierter Rückzahlungsplan vorgelegt werden, der die Tilgung dieser Kredite bis spätestens 2034 vorsieht[76]. Für den Euroraum kann man daher davon ausgehen, dass ein möglicher destabilisierender Einfluss der fiskalischern Komponente auf die Entwicklung der Geldmenge nach menschlichem Ermessen ausgeschlossen werden kann.

Die Offenmarkt-Komponente
Unter Offenmarkt-Komponente versteht man den Wertpapierbestand einer Zentralbank, wobei allerdings Forderungen aus Wertpapierpensionsgeschäften der Refinanzierungskomponente zugerechnet werden. Bei der Offenmarkt-Komponente handelt es sich vielmehr um Papiere, die die Zentralbank auf eigene Rechnung am Offenen Markt kauft, um damit eine Manövriermasse für sog. Outright-Geschäfte, d.h. den endgültigen (im Gegensatz zu den Pensionsgeschäften unbefristeten) Kauf oder Verkauf von Wertpapieren, zu besitzen.
Da die Durchführung solcher Outright-Geschäfte, insbesondere wenn sie mit langfristigen Wertpapieren betrieben werden, mit zahlreichen geldpolitischen Problemen verbunden ist, hat die Deutsche Bundesbank (wie auch viele andere Zentralbanken) bereits vor Gründung der EZB ihren Bestand an solchen Outright-Papieren weitgehend abgebaut. Auch in der EZB-Eröffnungsbilanz spielen diese Wertpapiere mit 22,1 Mrd. Euro im Vergleich zur Bilanzsumme von nahezu 700 Mrd. Euro nur eine untergeordnete Rolle. In jedem Fall unterliegt diese Komponente der Geldbasis der Entscheidung der Notenbank und kann nicht durch Dritte beeinflusst werden.

11.3.3 Die gesamtwirtschaftliche Geldnachfrage

Warum fragen Wirtschaftssubjekte Geld nach? Wozu benötigen sie Geld?

Die Antwort scheint zunächst sehr einfach: Natürlich braucht jeder Geld, um seine täglichen Einkäufe damit zu bezahlen. Die Nachfrage nach Geld entspringt daher in erster Linie seiner Tauschmittelfunktion und folgt dem Umfang der täglichen Tauschtransaktionen, die in einer Volkswirtschaft abgewickelt werden müssen.

Tatsache aber ist, dass über diesen Transaktionsbedarf hinaus zu jeder Zeit zusätzliche Geldbestände von den Wirtschaftssubjekten gehalten werden. Nun scheint aber gerade Geld als Vermögensobjekt zur Aufbewahrung von Werten wenig geeignet zu sein, denn Geldhaltung i.e.S. erbringt keine oder nur sehr geringe Zinsen. Man würde vielmehr erwarten, dass jemand, der langfristig Vermögen bilden will, dafür andere Finanz- oder auch Sachaktiva, wie etwa Immobilien, auswählt, da diese im Laufe der Zeit möglicherweise beträchtliche Wertzuwächse und Zinseinnahmen versprechen.

Warum also halten die Leute mehr Geld, als sie unmittelbar zum Zahlen brauchen und welche Einflussfaktoren spielen in der Geldnachfragefunktion eine Rolle?

---

[74] Vgl. oben, Abschnitt 3.6.2.2, S. 93 ff.
[75] Vgl. *Molitor* (1995), S. 112.
[76] Vgl. EG-Vertrag, Art 101 (ex-Art. 104) i.V.m. Art 116 (ex-Art 109 e).

Bevor wir – wiederum mit Hilfe eines kurzen Ausflugs in die Theoriegeschichte – die Geldnachfrage analysieren, sollen zunächst einige Grundbegriffe der Geldnachfragetheorie erklärt werden.

11.3.3.1 Grundbegriffe der Geldnachfragetheorie

Als Synonym für das Wort Geldhaltung wird in der Geldnachfragetheorie oft der Begriff **Kassenhaltung** verwendet. Gemeint ist damit die Haltung von Geld i.e.S., das heißt Bargeld und Buchgeld. Tatsächlich wird v.a. in den älteren Theorien als Erklärungsgegenstand die Geldmenge M1 zugrunde gelegt. Eine Divergenz zwischen beiden Begriffen gibt es nur dann, wenn ein weites Geldmengenkonzept in der Nachfragefunktion Anwendung findet, welches auch Geldsubstitute miteinbezieht. Wir werden ein Beispiel eines solchen Erklärungsansatzes kennenlernen, nämlich die Neo-Quantitätstheorie von *Milton Friedman*.

Speziell in der Geldnachfragetheorie ist es ferner notwendig, streng zwischen einem **mikro- und einem makroökonomischen Erklärungsansatz** zu unterscheiden. Während die mikroökonomische Entscheidung über Geldhaltung häufig von persönlichen Präferenzen (z.B. dem individuellen Risikoverhalten oder bestimmten Zahlungspräferenzen) geprägt ist, lassen sich diese Überlegungen nicht für die Gesamtwirtschaft aggregieren.

Geld dient bekanntlich verschiedenen Funktionen, v.a. der Tauschmittelfunktion und der Wertaufbewahrungsfunktion. Geldhaltung kann daher auch entsprechend unterschiedliche Gründe haben und ganz verschiedenen **Einflussfaktoren** unterliegen.

Für den Transaktionsbedarf an Geld ist in erster Linie das Transaktionsvolumen, das heißt der Umfang an Tauschgeschäften entscheidend, der finanziert werden muss. Dieser hängt wiederum mit der gesamtwirtschaftlichen Wertschöpfung, also dem Bruttoinlandsprodukt, dem durchschnittlichen Preisniveau und dem Grad der Arbeitsteilung zusammen: Je höher die Wertschöpfung und/oder je höher das Preisniveau und/oder je höher der Grad der Arbeitsteilung, desto höher der Geldbedarf zu Transaktionszwecken.
Für die Geldnachfrage zum Zweck der Wertaufbewahrung sind hingegen solche Faktoren wichtig, die mit der Vermögensbildung zusammenhängen, also z.B. der Bestand an bereits vorhandenem Vermögen, die Vermögensstruktur oder Zinsgrößen: Je höher die Verzinsung alternativer Finanzanlagen, desto unattraktiver ist die Geldhaltung als Mittel der Wertaufbewahrung.

In der Geldnachfragefunktion tauchen – neben anderen Faktoren – zahlreiche **Kostengrößen** auf.

- Eine wichtige Rolle spielen dabei die sog. **Umwandlungs- oder Transformationskosten**. Diese bezeichnen diejenigen Kosten, die beim Umtausch von Zahlungsmitteln in ertragbringende Anlagen und zurück entstehen, wie z.B. Maklerprovisionen, Bankgebühren oder Kosten der Informationsbeschaffung. Aber auch nicht-monetäre Kosten, wie die Mühe oder der Zeitaufwand für solch eine Anlage- bzw. Auflösungstransaktion fallen unter diesen Begriff. Je höher c.p. die Umwandlungskosten sind, desto wahrscheinlicher wird die Geldhaltung und desto unwahrscheinlicher die Anlage von zinstragenden Finanzaktiva.

- **Alternativkosten** hingegen bestehen in den entgangenen Erträgen, die alternative Anlagen erbracht hätten. Hierbei ist darauf zu achten, dass tatsächlich nur nach Laufzeit und v.a. Risiko vergleichbare Alternativen betrachtet werden. Soll Geldhaltung also mit Anlagenalternativen verglichen werden, so bieten sich dafür in erster Linie Termin- und Spareinlagen an, deren Nominalwert ebenso wie beim Geld i.e.S. fixiert ist und keinen Kursschwankungen unterliegt.

- Davon zu trennen sind die **Kosten der Geldhaltung** selbst. Dazu gehören z.B. Kontoführungsgebühren, Handlingkosten des Bargeldes, aber auch Wertverluste der Geldhaltung durch Inflation. Hohe Inflationsraten führen sicher dazu, dass die Wirtschaftssubjekte weniger Geld und andere Finanzaktiva, dafür mehr Sachvermögen halten, die gegen Inflationsverluste besser geschützt sind. Genau genommen ist nicht so sehr die tatsächliche, sondern v.a. die erwartete Inflationsrate für die Geldnachfrage ausschlaggebend.
- Eine weitere, für die Geldnachfrage wichtige Kostenart sind die **Illiquiditätskosten**. Darunter versteht man Kosten, die im Falle einer vorübergehenden Zahlungsunfähigkeit auftreten, z.B. durch die Aufnahme von Krediten. Gerade in dieser Situation dürften die Zinszahlungen aufgrund der schlechten Bonität des Schuldners besonders hoch sein. Wenn die Zahlungsunfähigkeit andauert, kann dies zum Konkurs, d.h. zum Substanzverlust des gesamten Geschäftsvermögens führen. Konkurskosten sind ein Spezialfall von
- **Kursverlusten**. Damit ist der Wertverlust von Finanzanlagen, insbesondere von Wertpapieren, gemeint. In der Geldnachfragetheorie spielen weniger die tatsächlichen als vielmehr die erwarteten Kursverluste eine entscheidende Rolle. Wenn ein Sparer überlegt, ob er seine Ersparnisse in Form von Wertpapieren oder lieber als Termineinlagen bei der Bank anlegen soll, kommt es vor allem darauf an, mit welcher Kursentwicklung der Sparer rechnet: Glaubt er, dass die Kurse in nächster Zukunft steigen werden, so wird er im Vorgriff auf die zu erwartenden Kursgewinne die Wertpapiere kaufen. Seine Geldhaltung sinkt. Glaubt er hingegen, dass der Kurs der Wertpapiere augenblicklich sehr hoch sei und in Zukunft eher sinken werde, dann entscheidet er sich für die Geldhaltung oder ein enges Surrogat, um sich nicht durch den Kauf der Wertpapiere Kursverluste einzuhandeln.

Ganz allgemein spielen in der Geldnachfragetheorie **Erwartungen** eine bedeutende Rolle. Dabei geht es vor allem um die zukünftige Zins- und damit Kursentwicklung, aber auch um den Zeitpunkt und die Höhe von Ein- und Auszahlungsströmen, die der Liquiditätsplanung zugrunde gelegt werden müssen. Je nach der Art der Zukunftserwartungen werden verschiedenen Entscheidungssituationen unterschieden:

- Manche Wirtschaftssubjekte sind sich subjektiv völlig sicher, dass ihre Einschätzung der Zukunft zutrifft. Sie zweifeln nicht daran, dass das, was sie erwarten, auch eintrifft. Sie haben **sichere (einwertige) Erwartungen**. Andere hingegen halten zwar bestimmte Ereignisse für wahrscheinlicher als andere, sind sich jedoch der Tatsache bewusst, dass es mehrere Möglichkeiten für die zukünftige Entwicklung gibt. Dann spricht man von **unsicheren (mehrwertigen) Erwartungen**.
- Im Falle unsicherer Erwartungen spielt es außerdem eine Rolle, ob das Wirtschaftssubjekt eine Vorstellung von der Wahrscheinlichkeitsverteilung der möglichen zukünftigen Ereignisse hat, oder nicht. Hat es keine Ahnung von den Wahrscheinlichkeiten, mit der bestimmte Ereignisse eintreten werden, muss es eine **Entscheidung unter Unsicherheit** treffen. Liegt hingegen eine Wahrscheinlichkeitsverteilung vor, dann wird eine **Entscheidung unter Risiko** getroffen.
- Der Begriff **Spekulation** ist daher an die jeweilige Entscheidungssituation gebunden: Spekulieren kann nur jemand, der sich entweder seiner Sache völlig sicher ist (sichere oder einwertige Erwartungen), oder der eine gerichtete Wahrscheinlichkeitsverteilung der zukünftigen Ereignisse unterstellt, d.h. der bestimmte Ereignisse für wahrscheinlicher hält als andere. Im Falle echter Unsicherheit macht Spekulation keinen Sinn.

11.3.3.2 Die Quantitätstheorie

„Seit die Menschen zum ersten Mal systematisch über ökonomische Fragen zu schreiben begannen, haben sie den großen, periodisch auftretenden Schwankungen des allgemeinen Preisniveaus ganz besondere Aufmerksamkeit gewidmet. Gewöhnlich hielt man dafür zwei Erklärungen bereit. Die eine führte die Preisänderungen auf Veränderungen der Geldmenge zurück. Die andere machte einen Krieg, Wucherer, Lohnsteigerungen oder einen anderen besonderen Umstand der jeweiligen Zeit und des jeweiligen Ortes dafür verantwortlich und betrachtete jede damit einhergehende Geldmengenveränderung als normale Folge des betreffenden Ereignisses. Die erste Erklärung wird im allgemeinen als Quantitätstheorie des Geldes bezeichnet."[77]

Dieses Zitat von *Milton Friedman* über die Anfänge der Quantitätstheorie charakterisiert sehr treffend das ursprüngliche Erklärungsziel dieser ältesten aller Geldtheorien: Die Menschen suchten nach Lösungen für die immer wieder auftretenden verheerenden Inflationen. Die Quantitätstheorie erklärte schlüssig, dass jede Preisniveauveränderung ihren Grund letztendlich in einer Veränderung der Geldmenge hat. Eine der frühesten Beschreibungen dieser Theorie stammt von *David Hume* aus dem 18. Jahrhundert[78]. Am berühmtesten wurden jedoch die Formulierungen von *Irving Fischer*[79] und *Alfred Marschall*[80] sowie *Arthur Pigou*[81].

11.3.3.2.1 Die ältere Quantitätstheorie

Die Grundlage aller quantitätstheoretischen Ansätze ist die **Fisher'sche Verkehrsgleichung**, bekannt geworden als **Quantitätsgleichung des Geldes**:

$$M \cdot v = Q \cdot P$$

Sie beschreibt im Kern eine Identität, nämlich die Güter- und die Geldseite eines Kaufes bzw. Verkaufes. Auf der rechten Seite steht das Produkt aus der gesamtwirtschaftlichen Gütermenge Q und dem Durchschnittspreis der Güter P. Man nennt dies auch das nominale Transaktionsvolumen der Volkswirtschaft. Hierbei ist zu beachten, dass wirklich alle güterwirtschaftlichen Transaktionen in Q erfasst sind: „If, for example, a single item, say, a house, were transferred three times in the course of the time interval for which QP is measured, it would enter into Q as three houses."[82]

Auf der linken Seite wird die Finanzierungsseite beschrieben. M ist die gesamtwirtschaftliche Geldmenge und v die Umschlagshäufigkeit, mit der eine Geldeinheit im betrachteten Zeitraum zum Zahlen verwendet worden ist. v ist die Geldumlaufsgeschwindigkeit.

Die Quantitätsgleichung enthält in dieser Form also noch keine Hypothese, keine Erklärung für einen bestimmten Sachverhalt, sondern vielmehr eine reine Tautologie. Da sich bei jedem Kauf definitionsgemäß Güter- und Geldfluss wertmäßig entsprechen, müssen beide Seiten der Gleichung gleich groß sein.

Man kann die Gleichung auch als Definitionsgleichung der Geldumlaufsgeschwindigkeit auffassen und folgendermaßen schreiben:

---

[77] *Friedman* (1979), S. 12.
[78] Vgl. *Hume* (1752).
[79] *Fisher* (1911)
[80] *Marshall* (1923)
[81] *Pigou* (1917)
[82] *Friedman* (1974), S. 4 f., wobei *Friedman* allerdings die Abkürzung T für das reale Transaktionsvolumen verwendet.

$$v = \frac{Q \cdot P}{M}$$

Die Geldumlaufsgeschwindigkeit ist also eine Beziehung zwischen dem Nominalwert aller Gütertransaktionen und der Geldmenge M.

Insbesondere die Größe „Transaktionsvolumen“ sowie das dazugehörige P als „allgemeines Preisniveau“ sind begrifflich verschwommen und mit dem verfügbaren Datenmaterial der volkswirtschaftlichen Gesamtrechnung nur sehr unzureichend zu erfassen. Man ist daher dazu übergegangen, in der Quantitätsgleichung statt des gesamten Transaktionsvolumens Q nur noch die wertschöpfenden Transaktionen, also das Einkommen Y sowie den dazugehörigen Einkommenspreisindex P zu verwenden. Die Gleichung lautet nun fast identisch

$$M \cdot v = Y^r \cdot P,$$

jedoch ist die Bedeutung der einzelnen Bestandteile – mit Ausnahme von M – nicht mehr vergleichbar mit der ursprünglichen Formulierung:

- Die Größe v ist jetzt die Einkommenskreislaufgeschwindigkeit des Geldes und gibt an, wie oft eine Geldeinheit pro Zeitperiode durchschnittlich dazu benutzt wird, einen Beitrag zum Volkseinkommen zu finanzieren.
- Y^r enthält nur noch wertschöpfende Gütertransaktionen und entspricht dem realen Volkseinkommen, das als Ergebnis der Volkswirtschaftlichen Gesamtrechnung errechnet wird
- P ist der Preisindex zur Ermittlung des Volkseinkommens zu konstanten Preisen, der ebenfalls in statistisch und methodisch guter Qualität aus der Volkswirtschaftlichen Gesamtrechnung hervorgeht[83].

Eine kausale Beziehung zwischen diesen Größen lässt sich aber auch aus der modifizierten Gleichung erst dann herleiten, wenn man Annahmen über einzelne Bestandteile dieser Gleichung trifft. Genau dies unternahm *Fisher* in seinem sog. **velocity approach**. Er nahm an, dass sich die Geldumlaufsgeschwindigkeit im Zeitverlauf kaum ändert, da sie vorwiegend mit den Zahlungsgewohnheiten der Wirtschaftssubjekte (Frequenz der Zahlungsein- und -ausgänge, Periodizität der Lohn- und Gehaltszahlungen etc.) zusammenhängt, die im Zeitlauf verhältnismäßig konstant sind. Die Quantitätsgleichung lautet dann:

$$M \cdot \bar{v} = Y^r \cdot P$$

Wenn man nun unterstellt, dass die Zentralbank das Geldangebot M autonom erhöht, muss dies zu einer Erhöhung des nominalen Volkseinkommens führen.

Zur damaligen Zeit ging man in der Wirtschaftstheorie noch von der Annahme der klassischen Dichotomie zwischen Güter- und Geldmarkt aus. Man glaubte, dass die Höhe von Produktion und Beschäftigung allein auf den Güter- und Faktormärkten entschieden werde und nicht von rein monetären Vorgängen beeinflusst werden könne. Auf dem Hintergrund dieser Hypothese führt eine Erhöhung der Geldmenge daher nicht zu einer Erhöhung der Produktion und damit von Y^r (das aus Geldmarktsicht exogen ist), sondern erhöht ausschließlich das Preisniveau P.

Der velocity approach von *Irving Fisher* postulierte auf diese Weise eine proportionale Beziehung zwischen der gesamtwirtschaftlichen Geldmenge und dem Preisniveau; er formulierte eine Theorie des Preisniveaus und nicht eine Erklärung der Geldnachfrage.

[83] Vgl. *Friedman* (1979), S.18 f.

Übung 11-15: Die Quantitätsgleichung im Praxistest

In einer Volkswirtschaft gehen 10 Wirtschaftssubjekte pro Woche einmal zur Bank. Jedes tätigt Käufe in Höhe von 100 Euro pro Tag innerhalb dieser Woche.

a) Bestimmen Sie das wöchentliche Transaktionsvolumen dieser Ökonomie, die durchschnittliche Kassenhaltung jeder Person in Euro und die bei den Wirtschaftssubjekten umlaufende Geldmenge M. Wie hoch ist die Umlaufgeschwindigkeit des Geldes?

b) In dieser Volkswirtschaft werden über Nacht Bankautomaten installiert, die Tag und Nacht benutzt werden können und dadurch die Beschaffung von Zahlungsmitteln bedeutend erleichtern. Die Wirtschaftssubjekte gehen daher öfter, nämlich zweimal pro Woche zum Bankautomaten.

c) Wie ändert sich dadurch die Geldumlaufgeschwindigkeit, wenn die umlaufende Geldmenge dennoch konstant bleibt? Wie verändert sich das Preisniveau?

Lösung:

a) Wenn 10 Wirtschaftssubjekte jeden Tag 100€ ausgeben und nur einmal pro Woche zur Bank gehen, dann muss jedes Wirtschaftssubjekt 700€ wöchentlich abheben. Insgesamt sind daher 7.000€ im Umlauf. Das entspricht auch dem Transaktionsvolumen. Die Geldumlaufsgeschwindigkeit pro Woche ist daher 1, ebenso ihr Kehrwert, der Kassenhaltungskoeffizient.

b) Die durchschnittliche Kassenhaltung pro Person und Woche liegt hingegen bei

$$\frac{\text{Kassenanfangsbestand} + \text{Kassenendbestand}}{2} = \frac{700+0}{2} = 350$$

c) Bei zwei Abhebungen und gleichbleibendem Transaktionsvolumen wäre eigentlich nur noch die halbe Geldmenge zur Finanzierung aller Transaktionen (bei konstantem Preisniveau) erforderlich, denn die Geldumlaufsgeschwindigkeit verdoppelt sich dadurch (das Geld wird jetzt zwei Mal pro Woche ausgegeben). Der Kassenhaltungskoeffizient liegt dann bei ½. Wenn die Geldmenge M aber trotzdem konstant bleibt, würde sich in dieser Konstellation zwangsläufig das Preisniveau verdoppeln:

$$Q \cdot P = v \cdot M \Rightarrow P = v \cdot \frac{M}{Q} = 2 \cdot \frac{7.000}{7.000} = 2$$

Dies gelang erst einige Jahre später durch *Alfred Marshall.* Seine Version der Quantitätstheorie wurde unter dem Titel **Kassenhaltungsansatz** oder **Cambridge cash-balance approach** bekannt.

Rein formal unterscheidet sich dieser Ansatz kaum von seinem Vorgänger. *Marshall* löst die Quantitätsgleichung in der Einkommensform nach der Geldmenge auf und ersetzt dabei die reziproke Geldumlaufsgeschwindigkeit durch den Kassenhaltungskoeffizienten k, das sog. Cambridge k:

$$M = k \cdot P \cdot Y^r$$

Die Interpretation dieser Gleichung beinhaltet jedoch eine völlig neue Sichtweise. *Marshall* beschreibt auf der rechten Seite der Gleichung die gewünschte Kassenhaltung der Wirtschaftssubjekte, die sich aus dem Transaktionsbedarf ergibt. Dieser wiederum wird durch die Höhe des realen Einkommens, das durchschnittliche Preisniveau sowie den gewünschten Kassenhaltungskoeffizienten, der als gegeben angenommen wird, bestimmt. Der Ausdruck auf der rechten Gleichungsseite gibt also die Geldnachfrage wieder.

Auf der linken Seite steht das Geldangebot M, das den Nichtbanken für ihre Transaktionen zur Verfügung gestellt wird.

Die Cambridge-Gleichung kann deshalb als Gleichgewichtsbedingung für den Geldmarkt interpretiert werden, bei der nicht die beobachtete Ausprägung von k, sondern die gewünschte Kassenhaltung eingesetzt wird. *Marshall* formulierte also mit dem Cambridge approach die erste genuine Geldnachfragefunktion. *Friedman* schreibt dazu:

> *„The equation* $M = k \cdot P \cdot Y^r$ *can be regarded as a demand function for money, with P and Y^r on the right-hand side being two of the variables on which demand for money depends, and with k symbolizing all the other variables, so that k is to be regarded not as a numerical constant but as itself a function of still other variables. For completion, the analysis requires another equation showing the supply of money as a function of other variables.“*[84]

11.3.3.2.2 Die Neoquantitätstheorie des Geldes

Genau diese Lücke, die fehlende Gleichung, die den Zusammenhang des Geldangebots und damit des Kassenhaltungskoeffizienten mit einer Vielzahl weiterer Variablen erklärt, füllte *Friedman* mit seiner **Neo-Quantitätstheorie** des Geldes.

Im Zentrum steht ein Ausdruck, der die Abhängigkeit der realen Geldmenge von einer Vielzahl unterschiedlicher Faktoren darstellt:

$$\frac{M}{P} = f(y, w; r_m, r_b, r_e, \frac{1}{P} \cdot \frac{dP}{dt}; u)$$

Zu beachten ist hierbei, dass Friedman von einem weiten Geldbegriff ausgeht, der auch enge Substitute wie Termin- und Sparguthaben miteinschließt.

Die erste Gruppe von Variablen, die Größen y und w, bezeichnen Umfang und Struktur des Vermögens eines Wirtschaftssubjektes[85]. Als Schätzwert für die Höhe des Gesamtvermögens verwendet *Friedman* das schon aus der Konsumtheorie bekannte permanente Einkommen, das die Einkommensströme aus allen Vermögensarten (Human-, Sach- und Finanzkapital) zusammenfasst und über die Zeit hinweg glättet. Mit der Höhe des permanenten Einkommens wird c.p. auch die Geldnachfrage steigen, da der Umfang der Gütertransaktionen mit dem permanenten Einkommen zunimmt.

Über die Höhe des Vermögens hinaus spielt jedoch auch dessen Struktur, zusammengefasst im Parameter w, eine wichtige Rolle. w ist der Anteil des Sach- und Finanzvermögens am Gesamtvermögen. Wenn der größte Teil des Vermögens in menschlichem Arbeitsvermögen besteht, so ist die Liquidität dieses Vermögensbesitzers sehr beschränkt. Humankapital lässt sich aufgrund institutioneller Beschränkungen nicht in andere Vermögensformen umtauschen und nur sehr beschränkt beleihen. Je höher daher der Anteil des Humankapitals am gesamten Vermögensbestand ist (d.h. je kleiner der Parameter w ist), desto höher wird c.p. die Geldnachfrage sein (müssen), um jederzeit Zahlungsfähigkeit gewährleisten zu können.

Die zweite Gruppe von Variablen beinhaltet verschiedene Kostengrößen. r steht bei *Friedman* für return on …., die Indices m, b und e für money, bonds und equities. r_m bezeichnet daher den Ertrag der Geldhaltung selbst. Diese Größe könnte positiv oder negativ sein, je nachdem, ob die Geldhaltung per Saldo Zinsen abwirft (z.B. bei Termingeldern) oder Kos-

---

[84] *Friedman* (1979) S. 10; *Friedman* bezieht sich in dieser Textstelle nur auf eine laufende Nummer, statt die Gleichung explizit anzugeben. Die Gleichung wurde zum besseren Textverständnis hier sinngemäß ergänzt.

[85] Die Gleichung verwendet die Originalabkürzungen von *Friedman* aus *Friedman* (1979) S. 13.

ten verursacht (wie z.B. durch Kontoführungsgebühren usw.). Je höher die Kosten der Geldhaltung sind (d.h. je kleiner r_m ist), desto geringer ist c.p. die Geldnachfrage.
Die beiden anderen r-Größen stehen für Alternativkosten der Geldhaltung und bezeichnen die Erträge von festverzinslichen Wertpapieren (bonds) sowie Anteilswerten, also Aktien (equities), jeweils einschließlich erwarteter Kursschwankungen. Je höher die durch die Geldhaltung entgangenen Erträge sind, desto geringer ist Geldnachfrage.
Der letzte Ausdruck in dieser Variablengruppe bezeichnet die erwartete Inflationsrate, die einerseits den Wertverlust monetärer Vermögensbestandteile durch Geldentwertung erfasst oder andererseits die Inflationsrendite des Sachvermögens wiedergibt. Auch hier gilt: Je höher die Inflationserwartungen sind, desto niedriger wird die Neigung zur Geldhaltung ausfallen.

Die letzte Variable u (utility) schließlich steht für eine Vielzahl von Sachverhalten, die zusätzlich zum Einkommen die Nützlichkeit der Verwendung von Geld bestimmen. *Friedman* selbst spricht hier von einem „portmanteau symbol“[86], einem Sammelsurium für alle möglichen Einflussgrößen.
So werden die Wirtschaftssubjekte von Hause aus unterschiedliche Vorlieben für Liquidität an sich haben: Manchen fühlen sich sicherer mit einem großen Liquiditätspolster, andere legen mehr Wert auf Zinserträge und reduzieren ihren Geldbestand auf das absolut notwendige Minimum; sie schätzen das Risiko einer möglichen Zahlungsunfähigkeit geringer ein bzw. ertragen es leichter als ihre risikoscheuen Mitmenschen.
Unabhängig vom Risikotypus spielt für alle Wirtschaftssubjekte die erwartete wirtschaftliche Stabilität eine große Rolle. Eine drohende Wirtschaftskrise geht immer mit einem Anstieg der Kassenhaltung einher.
Was auch immer den Nutzen der Geldhaltung und damit den Wert der Variablen u in der individuellen Wahrnehmung der Wirtschaftssubjekte erhöht, führt zu einer Erhöhung der Geldnachfrage.

Zusammenfassend kann man folgende Aussagen über die partiellen ersten Ableitungen der Geldnachfragefunktion treffen:

$$\frac{\partial(\frac{M}{P})}{\partial y}, \frac{\partial(\frac{M}{P})}{\partial r_m}, \frac{\partial(\frac{M}{P})}{\partial u} > 0$$

und

$$\frac{\partial(\frac{M}{P})}{\partial w}, \frac{\partial(\frac{M}{P})}{\partial r_b}, \frac{\partial(\frac{M}{P})}{\partial r_e}, \frac{\partial(\frac{M}{P})}{\partial \frac{1}{P} \cdot \frac{dP}{dt}} < 0$$

Was hat nun die *Friedman*-Gleichung noch mit der Quantitätstheorie zu tun, deren Namen sie im Titel trägt? In der vorliegenden Form ist ihr historischer Vorgänger nicht mehr klar ersichtlich. Dazu bedarf es jedoch nur einer kleinen mathematischen Umformung:

$$\frac{M}{P} = f(y, w; r_m, r_b, r_e, \frac{1}{P} \cdot \frac{dP}{dt}; u)$$

$$M = P \cdot f(...)$$

$$M \cdot \frac{Y_p^r}{f(...)} = P \cdot Y_p^r$$

[86] *Friedman* (1979), S. 13.

Der Ausdruck $\frac{Y_p^r}{f(...)}$ steht jetzt für die Geldumlaufsgeschwindigkeit, die in dieser Form tatsächlich nicht nur von weitgehend institutionell vorgegebenen Zahlungsgewohnheiten, sondern von all den Variablen abhängt, die oben erläutert wurden.

Das Hauptproblem in dieser Umformulierung zu einer gesamtwirtschaftlichen Geldnachfragefunktion mit der Größe Y_p^r als makroökonomischer Schätzung des realen permanenten Einkommens liegt in der mangelnden Aggregierbarkeit der verwendeten Größen, was auch *Friedman* selbst einräumt:

> *„The usual problems of aggreation arise ... from the possibility that the amount of money demanded may depend on the distribution among individuals of such variables as y and w and not merely on their aggregate or average value. ... If we neglect these distributional effects ... the major problems are the precise definition of y and w, the estimation of expected rates of return as contrasted with actual rates of return, and the quantitative specification of the variables designated by u."*[87]

Mit anderen Worten: eigentlich alles an dieser Gleichung ist problematisch!

Dennoch ist es das Verdienst *Milton Friedmans*, die logische Lücke, die die ältere Quantitätstheorie bei der Erklärung der Geldumlaufsgeschwindigkeit hinterlassen hatte, durch plausible Hypothesen aufgefüllt zu haben. Er begründete mit seiner Geldtheorie die Schule des Monetarismus, die ab der zweiten Hälfte des 20. Jahrhunderts großen Einfluss auf die Durchführung der Geldpolitik in den Industrieländern gehabt hat. In der praktischen Geldpolitik spielt die Beobachtung der Geldumlaufsgeschwindigkeit und damit der Geldnachfrage sowie die Analyse ihrer erwarteten Veränderungen heute eine entscheidende Rolle.

Praxisbeispiel 11-9: Geldpolitische Strategien in Europa

In einem Grundsatzpapier stellte die Deutsche Bundesbank kurz vor Beginn der Europäischen Währungsunion die Grundzüge der geldpolitischen Strategien in den Ländern der Europäischen Union vor und gab dabei auch einen Ausblick auf das mögliche geldpolitische Szenario der Europäischen Zentralbank[88].

In diesen Ausführungen schlagen sich deutlich monetaristische und neo-monetaristische Erkenntnisse nieder. Die Bundesbank betont, dass das „geborene" Zwischenziel für die Geldpolitik die Geldmenge sei. Zwischen ihr und den Preisen bestehe eindeutig ein langfristiger Zusammenhang. Dieser Zusammenhang kommt in der Quantitätsgleichung zum Ausdruck. Die Bundesbank beschreibt, wie erfolgreich sie und einige andere Europäische Zentralbanken diese Art von geldpolitischer Strategie seit den Siebziger Jahren umgesetzt haben. Eine wesentliche Voraussetzung dafür – so die Bundesbank – war die Befreiung von dem Joch der Interventionsverpflichtung durch das Bretton Woods System, das eine eigenständige Steuerung der volkswirtschaftlichen Geldmenge unmöglich gemacht habe.

Eine weitere Voraussetzung für die erfolgreiche Anwendung einer Geldmengenstrategie sei jedoch v.a. eine stabile Geldnachfragefunktion:

> *„Auf lange Sicht ist die Inflation immer ein monetäres Phänomen. Schwierigkeiten können sich freilich ... einstellen, wenn Störungen auf den Güter- und Finanzmärkten auch die Geldnachfrage erfassen und die Beziehung zwischen Geldmenge einerseits und gesamtwirtschaftlicher Nachfrage und Preisentwicklung andererseits ... instabil werden lassen. ... Anders als in einer Reihe von Ländern, die die Geldmengensteuerung wegen*

[87] *Friedman* (1979), S. 13 f.
[88] Vgl. Deutsche Bundesbank (1998), S. 33 – 47.

permanenter Strukturbrüche im Finanzsektor aufgeben mußten, ist die Geldnachfragefunktion in Deutschland nach wie vor hinreichend stabil.“[89]

In der Tat zeigt die *Friedman*-Gleichung, dass Volatilitäten in der Geldnachfrage bzw. im gewünschten Kassenhaltungskoeffizienten die Proportionalität zwischen Preisniveau und Geldmenge durchbrechen. Schwankungen in der Geldnachfragefunktion (verursacht durch entsprechende Schwankungen der diversen Variablen, die dort auftreten) machen daher eine ausschließlich geldmengenorientierte Zentralbankstrategie obsolet.

Daher waren in den Neunziger Jahren des letzten Jahrhunderts einige Länder innerhalb und außerhalb der EU zu einer Strategie der direkten Inflationssteuerung übergegangen, obwohl diese aus theoretischer Sicht einer Zwischenzielstrategie mit der Geldmenge als unmittelbarem Anknüpfungspunkt deutlich unterlegen ist:

„Verglichen mit der Geldmengenorientierung ... ist die Strategie des direkten Inflationsziels ziemlich neu ... und primär aus der Not geboren. ... Zentralbanken, die nach der frühen Rezeption monetaristischen Gedankengutes in den siebziger Jahren mit Strukturbrüchen in den monetären Grundrelationen konfrontiert wurden, mussten ... die primäre Orientierung an der Geldmenge aufgeben.“[90]

Für die geldpolitische Strategie der Europäischen Zentralbank empfahl die Deutsche Bundesbank damals grundsätzlich eine Geldmengenstrategie:

„Ein solches Konzept stünde im Einklang mit den Grundsätzen der Konsistenz, der Transparenz und der Kontinuität. ... Zahlreiche Studien deuten daraufhin, dass die Geldnachfrage im größeren Europäischen Rahmen stabiler sein dürfte als heute im nationalen Umfeld. Allerdings kann insbesondere in der Anfangsphase der Währungsunion eine größere Volatilität der Geldmengenentwicklung nicht ausgeschlossen werden. ... Darüber hinaus sind die Finanzstrukturen in den Mitgliedsländern teilweise noch recht unterschiedlich. Auch von daher könnten Instabilitäten im Transmissionsmechanismus und der kurzfristigen Geldnachfrage entstehen. Angesichts solcher Anfangsschwierigkeiten könnte es sich als zweckmäßig erweisen, die Geldmengenstrategie um Elemente der direkten Inflationssteuerung zu ergänzen.“[91]

Und genauso kam es.

11.3.3.3 Die keynesianische Liquiditätspräferenz-Theorie

Der Weg von *Irving Fisher* zu *Milton Friedman* war kein direkter, geradliniger. Zwischen der älteren Quantitätstheorie und der Geldnachfragetheorie von *Friedman* liegen einige Jahrzehnte und die keynesianische Revolution der Nationalökonomie. *Keynes* leistete die entscheidenden Vorarbeiten für die moderne Geldtheorie und Geldpolitik.

Das typische Kennzeichen keynesianischer Geldtheorie besteht darin, dass die einzelnen Motive der Geldhaltung getrennt voneinander untersucht werden, so als hätte jedes Wirtschaftssubjekt nicht einen, sondern mehrere Geldbeutel in der Tasche, in denen Geld für verschiedene Zwecke getrennt voneinander aufbewahrt wird. *Keynes* analysiert also nicht eine gesamte Geldnachfragefunktion, sondern mehrere partielle.

Sein besonderes Verdienst besteht darin, erstmals systematisch verschiedene Geldhaltungsmotive zu untersuchen. Die ältere Quantitätstheorie beschäftigte sich ausschließlich mit dem Transaktionsmotiv, d.h. mit der Notwendigkeit, zur Finanzierung bestimmter güterwirt-

[89] Deutsche Bundesbank (1998), S. 36.
[90] Deutsche Bundesbank (1998), S. 41 und 46.
[91] Deutsche Bundesbank (1998), S. 46 f.

schaftlicher Transaktionen Zahlungsmittel zur Verfügung zu haben. Dass es über diese Transaktionsnotwendigkeit hinaus weitere Gründe für die Nachfrage nach Geld geben könnte, taucht als Idee erstmals bei *Marshall*, dem akademischen Lehrer von *Keynes*, in der Cambridge-Gleichung auf, wird dort aber nicht konsequent analytisch weiterverfolgt.

Keynes hingegen stellt gerade diejenigen Geldhaltungsmotive in den Mittelpunkt seiner „Liquiditätspräferenz-Theorie“ und v.a. seiner wirtschaftspolitischen Empfehlungen, die nicht mit der Tauschmittelfunktion, sondern vielmehr mit der Wertaufbewahrungsfunktion des Geldes zu tun haben. Mit der Analyse der sog. Spekulationskasse gelingt ihm ein Meilenstein der Geldtheorie, ohne den auch das später entwickelte Monetarismus-Konzept von *Milton Friedman* nicht möglich gewesen wäre.

Keynes unterscheidet insgesamt drei Motive der Geldhaltung[92], nämlich

- **Das Transaktionsmotiv**: Die Notwendigkeit, Geld für die Abwicklung aller geplanten Gütertransaktionen vorzuhalten
- **Das Vorsichtsmotiv**: Der Wunsch, durch vorbeugende Kassenhaltung die Zahlungsfähigkeit auch bei unvorhergesehenen Zahlungsverpflichtungen aufrecht zu erhalten
- **Das Spekulationsmotiv**: Der Versuch, durch geschickte Umschichtung von Vermögen zwischen Wertpapieren und Kassenhaltung aus den erwarteten Zinsfluktuationen Kursgewinne zu erzielen

Diese drei Motive sollen im Folgenden ausführlicher dargestellt werden.

11.3.3.3.1 Das Transaktionsmotiv

Das älteste und wichtigste Motiv für Geldhaltung ist der Wunsch, geplante Tauschtransaktionen finanzieren zu können. Der Umfang dieser Art von Geldhaltung hängt von verschiedenen Gegebenheiten ab. Ausschlaggebend ist der Umfang der Transaktionen, die finanziert werden sollen. Diese wiederum kann man auffassen als diejenige Gütermenge, die ein Wirtschaftssubjekt aufgrund des ihm zustehenden Realeinkommens erwerben möchte. Der Geldbedarf hängt außerdem von den Geldpreisen dieser Güter, d.h. vom Nominalwert dieses Gütervolumens ab. Um die Art der Abhängigkeit zwischen Nominaleinkommen und Geldnachfrage bzw. gewünschter Kassenhaltung analysieren zu können, betrachten wir zunächst verschiedene einzelwirtschaftliche Szenarien.

Szenario 1: Ein Wirtschaftssubjekt erhält das Einkommen y, das Preisniveau ist normiert auf 1 und konstant. Real- und Nominaleinkommen sind also identisch. Das Einkommen wird zu Beginn einer Einkommensperiode (z.B. eines Monats) bar ausbezahlt und bis zum nächsten Zahltag kontinuierlich ausgegeben. Wir nehmen ferner an, dass das Wirtschaftssubjekt keine Möglichkeit hat, das Geld anderweitig zinsbringend anzulegen, und genau über die Höhe seiner Ein- und Auszahlungen Bescheid weiß (sichere Erwartungen). Aus dieser Situation ergibt sich das Kassenhaltungsprofil in Abbildung 11-50.

Offensichtlich beträgt die Kassenhaltung zu Beginn der Einkommensperiode y, am Ende 0. Durchschnittlich beträgt die Kassenhaltung daher $\frac{1}{2}y$. Sie hängt in diesem Beispiel ausschließlich von der Höhe des Einkommens und damit vom Transaktionsvolumen ab.

[92] „The three divisions of liquidity-preference ... may be defined as depending on (i) the transactions-motive, i.e. the need of cash for the current transaction of personal and business exchanges; (ii) the precautionary-motive, i.e. the desire for security as to the future cash equivalent of a certain proportion of total resources; and (iii) the speculative-motive, i.e. the object of securing profit from knowing better than the market what the future will bring forth.“: *Keynes* (1981), S. 170.

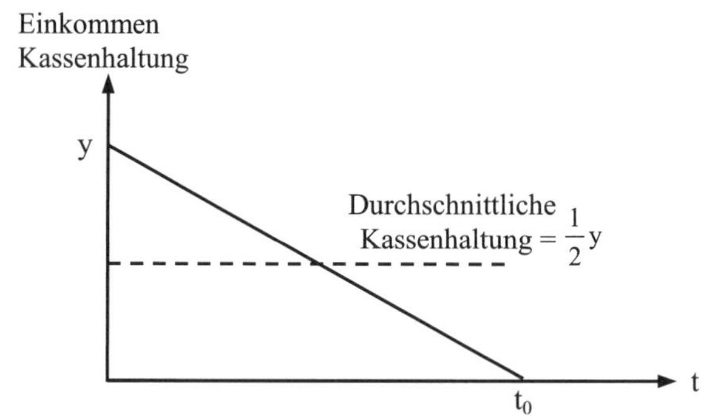

Abbildung 11-50: Kassenhaltung bei einmaliger Auszahlung pro Einkommensperiode; keine Anlagenalternative

Szenario 2: Im Gegensatz zum Szenario 1 nehmen wir nun an, dass die Auszahlung des Einkommens viermal pro Einkommensperiode, also z.B. wöchentlich, erfolgt. Das Kassenhaltungsprofil ändert sich dann folgendermaßen:

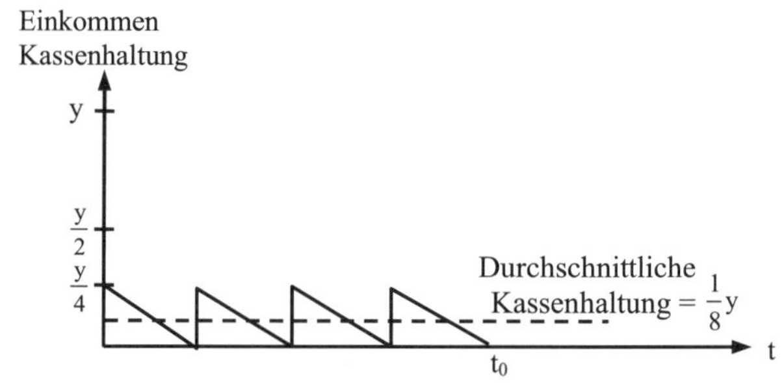

Abbildung 11-51: Kassenhaltung bei viermaliger Auszahlung pro Einkommensperiode; keine Anlagenalternative

Die durchschnittliche Kassenhaltung beträgt jetzt nur noch $\frac{1}{8}$y, d.h. ein Viertel der ursprünglichen Kassenhaltung. Die Höhe der Kassenhaltung hängt also nicht nur von der Höhe des nominalen Transaktionsvolumens, sondern auch von der Auszahlungshäufigkeit ab. Allerdings steht die Kassenhaltung nach wie vor in einem proportionalen Verhältnis zum Transaktionsvolumen. Geändert hat sich lediglich die Höhe des Proportionalitätsfaktors.

Szenario 3: Wir führen jetzt eine Anlagenalternative in das Modell ein. Wir nehmen an, dass das Wirtschaftssubjekt einmal in dieser Einkommensperiode die Möglichkeit hat, eine zinsbringende Finanzanlage (z.B. ein Wertpapier) zu kaufen und wieder zu verkaufen, so dass nun das Problem zu lösen ist, wie hoch diese Anlage sein muss und wann sie getätigt und wieder aufgelöst werden muss, um einerseits den Zinsertrag zu maximieren und andererseits die Zahlungsfähigkeit des Wirtschaftssubjektes nicht zu gefährden. Es handelt sich dabei um ein Minimierungsproblem unter einer Nebenbedingung: Die Alternativkosten der Kassenhaltung (das sind die Zinserträge der Anlagenalternative) müssen minimiert werden, ohne dabei Illiquiditätskosten zu verursachen. Hierbei wollen wir zunächst von Transaktionskosten beim Kauf und Verkauf der Finanzanlage absehen.

Der Zinsertrag wird offensichtlich dann maximiert, wenn ein möglichst großer Betrag (Ordinate) möglichst lange (Abszisse) angelegt bleibt. Da nur eine Anlage pro Einkommenspe-

riode möglich ist, reduziert sich dieses Problem darauf, das Rechteck unter der Kassenhaltungslinie zu finden, das eine maximale Fläche aufweist, denn diese errechnet sich aus Betrag multipliziert mit Zeit:

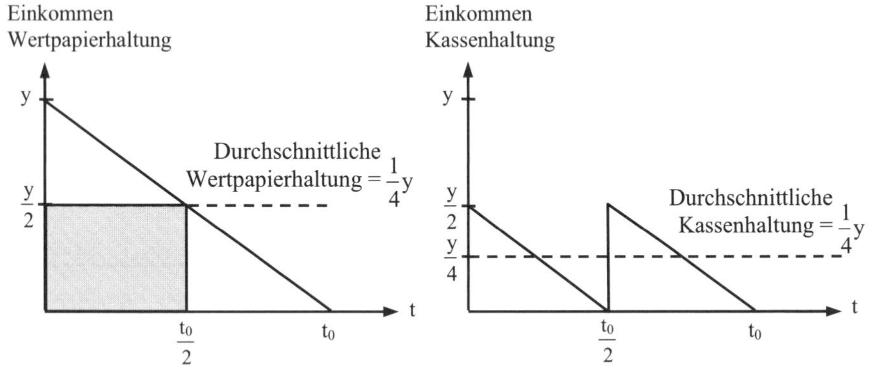

Abbildung 11-52: Kassenhaltung bei einmaliger Auszahlung pro Einkommensperiode; eine Anlagenalternative

Eine einfache Flächenoptimierungsrechnung[93] ergibt, dass der Zinsertrag dann maximal wird, wenn das Wirtschaftssubjekt gleich zu Beginn seiner Einkommensperiode die Hälfte des ausbezahlten Geldes anlegt und nach der Hälfte der Einkommensperiode wieder auflöst (siehe linke Seite von Abbildung 11-52). Jedes andere Rechteck unter der Kassenhaltungskurve hätte einen kleineren Flächeninhalt.
Gleichzeitig ist auch die Zahlungsfähigkeit gewährleistet, denn das Wirtschaftssubjekt verausgabt sein Einkommen gleichmäßig während der beiden Hälften seiner Einkommensperiode und verfügt stets über ausreichende Liquidität (siehe rechte Seite von Abbildung 11-52). Seine durchschnittliche Kassenhaltung beträgt ¼y.

Das Überraschende an diesem Ergebnis ist, dass die Kassenhaltung trotz der Einführung von Alternativkosten in Form entgangener Zinsen nicht von der Höhe des Zinses, sondern nach wie vor nur von der Höhe des Einkommens und damit des Transaktionsvolumens abhängt.

Szenario 4: Das ändert sich erst dann, wenn man zusätzlich die Transaktionskosten der Geldanlage und deren Auflösung berücksichtigt und gleichzeitig mehrere Anlagenaktivitäten zulässt.

Wären die Transaktionskosten 0, dann wäre es am lukrativsten, zu Beginn der Einkommensperiode einen möglichst großen Betrag, z.B. 29/30 eines Monatseinkommens anzulegen und nur soviel Geld in Kasse zu halten, wie man am ersten Tag braucht. Man könnte dann jeden Tag einen Teil der Geldanlage auflösen (d.h. monetisieren) und wäre stets liquide. Unter dem Gesichtspunkt der Maximierung des Zinsertrags der Finanzanlage, d.h. der Minimierung der Alternativkosten der Geldhaltung, sollte daher möglichst oft monetisiert werden.
Fallen jedoch Transaktionskosten für die Monetisierung an, dann werden diese bei einer solchen Anlagestrategie besonders hoch. Um sie zu minimieren muss möglichst selten monetisiert werden.

93 Vgl. z.B. oben Abschnitt 4.3.2.1, S. 140 f. das Verfahren zur Umsatzmaximierung bei linearer Preis-Absatz-Funktion.

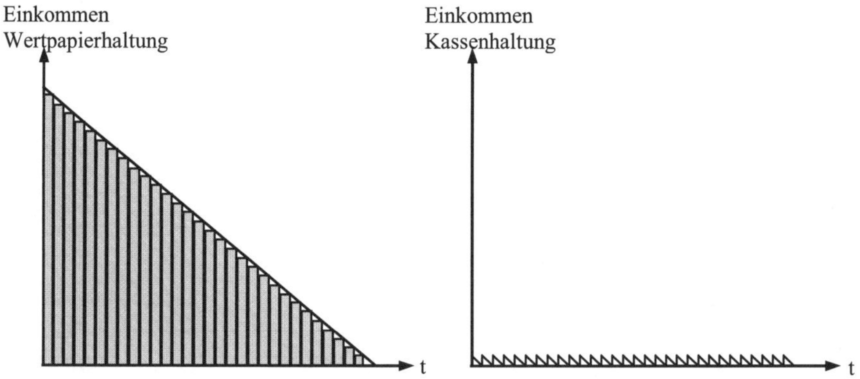

Abbildung 11-53: Kassenhaltung bei beliebig vielen Monetisierungen ohne Transaktionskosten

Es geht also darum, einen Kompromiss zu finden, nämlich die Monetisierungshäufigkeit, d.h. den Monetisierungsumfang, der die Gesamtkosten, nämlich die Summe aus Alternativkosten und Transaktionskosten, minimiert.

Die Transaktionskosten hängen von der Häufigkeit der Monetisierung pro Einkommensperiode ab. Diese ergibt sich, wenn man das Transaktionsvolumen y durch den Umfang der Monetisierung C teilt. Üblicherweise fallen sowohl variable Kosten, die vom Umfang der Monetisierung abhängen (z.B. prozentuale Provisionen) als auch fixe Kosten (z.B. das Telefonat mit dem Makler oder der Gang zur Bank) an. Wenn wir die fixen Kosten mit b bezeichnen und annehmen, dass die variablen Kosten mit dem Faktor c proportional zum Monetisierungsumfang steigen, erhalten wir als Transaktionskosten

$$K_T = \frac{y}{C} \cdot (b + c \cdot C) .$$

Die Alternativkosten bestehen in den durch die Geldhaltung entgangenen Zinserträgen i. Die Höhe der durchschnittlichen Geldhaltung hängt wiederum vom Monetisierungsumfang ab und beträgt C/2. Für die Alternativkosten können wir also schreiben

$$K_A = i \cdot \frac{C}{2}$$

Die Minimierungsrechnung der Gesamtkosten ergibt daher Folgendes:

$$K_{ges} = K_T + K_A = \frac{y}{C}(b + c \cdot C) + i \cdot \frac{C}{2}$$

$$\frac{dK}{dC} = -1 \cdot y \cdot b \cdot C^{-2} + \frac{i}{2} = 0$$

$$-y \cdot b \cdot C^{-2} = -\frac{i}{2}$$

$$C^{-2} = \frac{i}{2 \cdot y \cdot b}$$

$$C^2 = \frac{2 \cdot y \cdot b}{i}$$

$$C_{opt.} = \sqrt{\frac{2 \cdot y \cdot b}{i}}$$

Die optimale Kassenhaltung beträgt also

$$\frac{C}{2} = \sqrt{\frac{yb}{2i}}\,.$$

Die Kassenhaltung hängt somit nicht nur vom Transaktionsvolumen und damit vom Einkommen, sondern auch vom Zinssatz ab: Je höher der Zinssatz steigt, desto geringer ist die Geldhaltung, da mit steigendem i und gegebenen Transaktionskosten die Alternativkosten der Geldhaltung immer höher werden[94].

Kommen wir nun zur gesamtwirtschaftlichen Geldnachfrage zu Transaktionszwecken. *Keynes* formulierte seine Transaktionskassennachfrage nur makroökonomisch, d.h. in aggregierten Größen. In keynesianischen Modellen wird dieser Zweig der Geldnachfrage immer in einem L_T-Y-Diagramm dargestellt. Das bedeutet, dass die Liquiditätspräferenz (die Vorliebe, Geld zu halten) aus Transaktionsgründen vom Volkseinkommen abhängt.

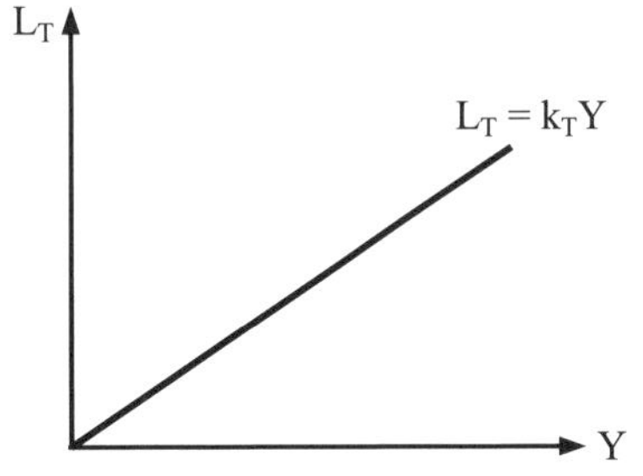

Abbildung 11-54: Die gesamtwirtschaftliche Transaktionskassennachfrage

Der Proportionalitätsfaktor k kann als durchschnittlicher Kassenhaltungskoeffizient bezogen auf die Geldhaltung aus Transaktionsgründen interpretiert werden, so dass die Gleichung $L_T = k_T \cdot Y^n$ im Grunde genommen mit der Cambridge-Version der Quantitätsgleichung $M = k \cdot P \cdot Y^r$ identisch ist. Dies gilt allerdings nur in dem Fall, dass es keinerlei Geldhaltung zu Wertaufbewahrungszwecken, d.h. keine Spekulationskasse gibt. Ist dies der Fall, so ist k_T kleiner als k, da ein Teil der Geldmenge zu Spekulationszwecken still gelegt wird (sog. **Horten**). Es bleibt weniger Geld für die Finanzierung von Güterkäufen übrig.
Bereits an dieser Stelle wird also deutlich, dass in einem keynesianischen Modell im Gegensatz zur klassischen Sichtweise der gesamtwirtschaftliche Kassenhaltungskoeffizient bzw. die Geldumlaufsgeschwindigkeit mit der Spekulationskasse schwankt.

Die Zinsabhängigkeit der Transaktionskasse, die wir in der mikroökonomischen Analyse festgestellt haben, drückt sich nach *Keynes* dabei in zweierlei Hinsicht aus:

> *„In the first place, as the rate of interest falls, it is likely, cet. par., that more money will be absorbed by liquidity-preferences due to the transactions-motive. For if the fall in the rate of interest increases the national income, the amount of money which it is convenient to keep for transactions will be increased more or less proportionately to the increase in income; whilst at the same time, the cost of the convenience of plenty of ready cash in terms of loss of interest will be diminished.“*[95]

[94] Diese Überlegung wird auch in der Logistik angewandt. Es geht dort um die Berechnung einer optimalen Bestellmenge nach der sog. Harris-Formel. Die Anwendung dieses Verfahrens auf die Transaktionskassenhaltung geht zurück auf *W.J. Baumol* (1952).
[95] *Keynes* (1981), S. 171 f.

Genau genommen müsste sich daher die Größe k_T bei gegebenem Einkommen mit dem Zinssatz verändern: je höher der Zins, desto kleiner k_T. Davon soll jedoch im Folgenden aus Vereinfachungsgründen abgesehen werden.

11.3.3.3.2 Das Vorsichtsmotiv

Wir haben bisher angenommen, dass die Wirtschaftssubjekte Höhe und Häufigkeit aller Ein- und Auszahlungen sicher im Voraus wissen bzw. zu wissen glauben. Diese Annahme ist allerdings nicht sehr realistisch. Jedes rationale Wirtschaftssubjekt ist sich dessen bewusst, dass auch unvorhergesehene Zahlungsverpflichtungen eintreten können, oder dass man sich gelegentlich ungeplant für den Kauf eines Sonderangebotes entscheiden möchte.

Um diese Freiheit zu haben und auch bei überraschenden Käufen nicht zahlungsunfähig zu werden, halten die meisten Wirtschaftssubjekte aus Sicherheitsgründen Geld über den absehbaren Transaktionsbedarf hinaus. Diese Kassenhaltung nennt man Vorsichtskasse.

Wie hoch sollte eine optimale Vorsichtskassenhaltung sein?

Auch hier gilt es, verschiedene Kosten der Geldhaltung gleichzeitig zu minimieren. Zum einen geht es bei der Vorsichtskasse darum, die Kosten der Illiquidität zu minimieren. Dies gelingt umso besser, je mehr Vorsichtskasse gehalten wird. Andererseits entstehen durch die Kassenhaltung Alternativkosten, d.h. Zinsverluste. Diese wiederum sind umso geringer, je kleiner die Vorsichtskasse ist.

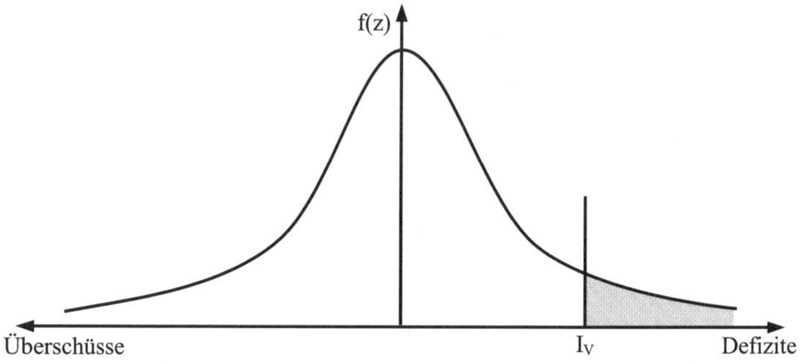

Abbildung 11-55: Die einzelwirtschaftliche Vorsichtskasse

Nehmen wir an, dass Liquiditätsüberschüsse und -defizite grundsätzlich gleich wahrscheinlich sind. Abbildung 11-55 zeigt die Wahrscheinlichkeitsfunktion der Variablen z, die als Differenz zwischen Auszahlungen und Einzahlungen (Defizite bzw. Überschüsse) definiert ist. Wenn die Vorsichtskasse z.B. l_V beträgt, dann entspricht das verbleibende Illiquiditätsrisiko der Fläche unter der Dichtefunktion von z, die rechts von l_V liegt. Vereinfachend nehmen wir an, dass die Kosten der Illiquidität proportional zum Risiko steigen. Dann berechnet man die Illiquiditätskosten K_I als

$$K_I = a\int_{l_V}^{+\infty} f(z)dz = a[1 - F(l_V)]$$

Die Alternativkosten K_A, d.h. die entgangenen Zinseinnahmen, steigen mit der Höhe der Vorsichtskasse, wobei der Zinssatz als Proportionalitätsfaktor wirkt:

$$K_A = i \cdot l_V$$

Die Minimierungsrechnung für die Gesamtkosten ergibt dann:

$$K = K_I + K_A = a\int_{l_V}^{+\infty} f(z)dz + i \cdot l_V = a[1 - F(l_V)] + i \cdot l_V$$

$$\frac{dK}{dl_V} = -a \cdot f(l_V) + i = 0$$

$$f(l_V) = \frac{i}{a}$$

Der Wert der Dichtefunktion steigt also bei steigendem Zins und/oder sinkenden Illiquiditätskosten. Ein steigender Wert der Dichtefunktion bedeutet jedoch einen sinkenden Wert von l_V. Die Vorsichtskasse steigt wie erwartet mit sinkendem Zins (d.h. sinkenden Alternativkosten) und steigendem Faktor a (d.h. steigenden Illiquiditätskosten).

Ferner ist zu berücksichtigen, dass die Dimension der Budgetsalden mit dem Transaktionsvolumen zunimmt. Das bedeutet, dass die Höhe der Vorsichtskassenhaltung ähnlich wie die Transaktionskassenhaltung zunächst positiv von der Höhe des Einkommens, zum Zweiten aber auch sehr deutlich negativ von der Höhe des Zinssatzes (sowie der Höhe der Illiquiditätskosten) abhängt.

Die Vorsichtskassenfunktion hat also große Ähnlichkeit mit der Transaktionskassenfunktion. In der makroökonomischen Formulierung wird sie daher i.d.R. einfach der Transaktionskasse zugeschlagen und Abbildung 11-54 kurzerhand für beide Arten der Kassenhaltung interpretiert.

11.3.3.3.3 Das Spekulationsmotiv

Mit der Theorie der Spekulationskassenhaltung fügte *Keynes* der Geldtheorie einen wesentlichen, neuen, ja revolutionären Baustein hinzu. Schlagworte wie Liquiditätsfalle, Horten oder „money does not matter“ wurden zum Fundament einer neuen Wirtschaftspolitik, die bis heute die politischen Realitäten prägt.

Im Zentrum der neuen Theorie steht die Wertaufbewahrungsfunktion des Geldes und zwar derjenige Teil dieser Funktion, der losgelöst von jeder Tauschabsicht oder auch Vorsichtsmaßnahme dazu dienen soll, Teile des Einkommens in die Zukunft zu transferieren, also Vermögen zu bilden.

Keynes geht dabei zunächst von einzelwirtschaftlichen Überlegungen aus und beschreibt das folgende, stark vereinfachte Modell:
Ein Wirtschaftssubjekt hat beschlossen, einen bestimmten Teil seines Einkommens zu sparen. Zur Vermögensbildung stehen ihm zwei Alternativen zur Verfügung: Die Ersparnisse können entweder in Form von Geld, d.h. Bar- oder Buchgeld, als Kassenbestand gehalten werden und erbringen in dieser Form keine Zinsen. Die Alternative besteht im Erwerb eines Wertpapiers, das zwar Zinsen bringt, andererseits aber auch Kursschwankungen unterliegt. Bei diesen Wertpapieren handelt es sich um sog. *Keynes*'sche bonds, d.h. festverzinsliche Papiere mit unendlicher Laufzeit.
Der Grund für diese Annahme besteht darin, dass für solche Papiere der Zusammenhang zwischen der Entwicklung des Marktzinses und der resultierenden Kursschwankung sehr einfach ermittelt werden kann. Der Kurs, d.h. der Kaufpreis eines Wertpapiers, entspricht stets seinem Ertragswert[96]. Bei einem festverzinslichen Wertpapier mit unendlicher Laufzeit sind die jährlichen Erträge gleichbleibend, daher besteht die Ertragsreihe aus einer unendlichen Rente, deren Summe nach der einfachen Formel

[96] Vgl. Abschnitt 11.2.1.2.2, S. 529.

$$\text{Kurs} = \frac{\text{Nominalverzinsung}}{\text{Marktzins}}$$

berechnet werden kann. Kurs und Marktzins stehen daher in einem eindeutigen, reziproken Verhältnis – steigt der Zins, fällt der Kurs und umgekehrt.

Das Wirtschaftssubjekt muss also entscheiden, ob es seine Ersparnisse in Form von Geld halten oder lieber in Wertpapieren anlegen möchte. Grundsätzlich scheinen die Wertpapiere der Geldhaltung überlegen zu sein, da nur die Wertpapierhaltung einen Zinsertrag erbringt. Zusätzlich zu diesem Ertragsgesichtspunkt ist aber das Risiko der Kursschwankung zu berücksichtigen. Kursschwankungen werden von Zinsschwankungen verursacht. Das bedeutet, das Wirtschaftssubjekt muss sich vor dem Kauf der Papiere Gedanken über die erwartete Zinsentwicklung machen.

Keynes unterstellt in seinem Modell, dass sich jedes einzelne Wirtschaftssubjekt über die künftige Zinsentwicklung sicher ist (sichere Erwartungen). Wenn jemand die aktuelle Zinshöhe für niedriger hält als normal, dann erwartet er in Zukunft steigende Zinsen und somit fallende Kurse. Würde er also in dieser Situation Wertpapiere kaufen, dann wären ihm Kursverluste gewiss. Ein rationales Wirtschaftssubjekt wird daher mit dem Kauf der Papiere warten, bis der Zins tatsächlich gestiegen ist, d.h. die Wertpapierkurse tatsächlich gesunken sind. Umgekehrt wird jemand, der die beobachtete Höhe des Marktzinses für überdurchschnittlich hoch hält, Zinssenkungen und damit Kurssteigerungen erwarten und deshalb möglichst schnell sein ganzes verfügbares Geld in Wertpapieren anlegen, um von den zukünftigen Kurssteigerungen zu profitieren.

Abbildung 11-56: Spekulationskassenhaltung eines einzelnen Wirtschaftssubjekts

Dieses Verhalten nennt man **Spekulation**. Offensichtlich gibt es für jedes Wirtschaftssubjekt eine bestimmte Zinshöhe, den sog. **kritischen Zinssatz i_k**, ab der die Zinserwartungen umschlagen (Abbildung 11-56). Liegt der beobachtete Zins unter dem individuellen kritischen Zinssatz, so erwartet das Wirtschaftssubjekt steigende Zinsen bzw. sinkende Wertpapierkurse und hält daher ausschließlich Geld, nämlich **Spekulationskasse l_S**. Liegt der Zins hingegen über der kritischen Grenze, so werden sinkende Zinsen bzw. steigende Kurse erwartet und daher die ehemalige Spekulationskasse zu 100% für den Wertpapierkauf verwendet. Da die Zinserwartungen aus Sicht des Anlegers sicher sind, hält jedes einzelne Wirtschaftssubjekt immer nur entweder Spekulationskasse oder Wertpapiere, aber niemals beides gleichzeitig[97]. Für ein einzelnes Wirtschaftssubjekt ergibt sich daher das in Abbildung 11-56 dargestellte Geldhaltungsprofil.

[97] Eine wesentliche Erweiterung des Modells um unsichere Erwartungen erfuhr die Spekulationskassentheorie durch *James Tobin*. In seiner Portfoliotheorie der Geldnachfrage erklärte er die Zusammen-

Jedes Wirtschaftssubjekt hat seine eigenen Zinserwartungen und daher auch seinen eigenen kritischen Zinssatz. Wenn man alle einzelwirtschaftlichen Spekulationskassenprofile aggregiert, erhält man daher eine mit steigendem Zins kontinuierlich fallende Kurve, die die gesamtwirtschaftliche Nachfrage nach Spekulationskasse darstellt (siehe Abbildung 11-57).

Diese Kurve hat einen spezifischen Verlauf mit zwei besonders charakteristischen Bereichen. Wenn der Zins über ein bestimmtes Maß hinaus steigt (i_{max}), gibt es kein Wirtschaftssubjekt mehr, das noch weitere Zinssteigerungen bzw. Kurssenkungen für möglich hält. Alle Leute kaufen deshalb Wertpapiere, der Bestand an Spekulationskasse wird für die Gesamtwirtschaft 0. Das bedeutet, dass das ganze Geld, das in dieser Situation von den Haushalten und Unternehmen gehalten wird, ausschließlich Transaktions- und Vorsichtszwecken dient. Damit entspricht eine solche Situation der klassischen Vorstellung der älteren Quantitätstheorie, die ja nur von der Transaktionsfunktion des Geldes ausgegangen ist.

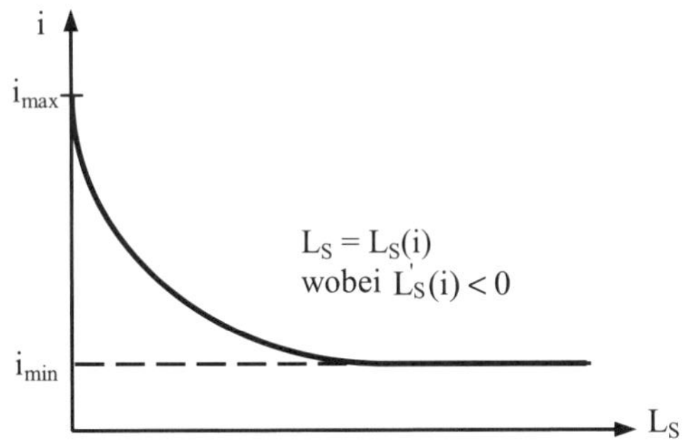

Abbildung 11-57: Makroökonomische Spekulationskassenhaltung

Sinkt der Zins hingegen unter eine bestimmte minimale Marke (i_{min}), gibt es niemanden mehr, der ein weiteres Sinken des Zinses bzw. einen weiteren Kursanstieg bei den Wertpapieren erwartet. Jeder verkauft daher seine Wertpapiere (sofern sich dafür überhaupt noch Käufer finden!), um die Kursgewinne zu realisieren und hält das Geld in (Spekulations-) Kasse, um abzuwarten, bis der Zins wieder ansteigt und die Papiere billiger werden. Das bedeutet natürlich, dass dieses Geld auch den Investoren nicht zur Verfügung steht. Es verschwindet gleichsam im Sparstrumpf oder unter der Matratze, wo es unproduktiv auf bessere Zeiten wartet.

Keynes nennt diese Art der Geldhaltung **Horten**. Horten verlangsamt den Geldumlauf und führt dazu, dass ein Teil der Nachfrage zumindest vorübergehend aus dem Wirtschaftskreislauf verschwindet. Der Teil des Einkommens, der gespart werden soll, wird nicht auf dem Kreditmarkt den Investoren zur Verfügung gestellt, sondern fehlt tatsächlich sowohl in der Konsum- wie auch in der Investitionsnachfrage. Das klassische Say'sche Gesetz[98] verliert seine Gültigkeit: Es kann tatsächlich passieren, dass Wirtschaftssubjekte sparen, obwohl sie keinen Zins dafür bekommen, nämlich dann, wenn sie mit ihrem Geld spekulieren.

Eine solche Ersparnis geht der Gesamtnachfrage verloren; die Nachfragelücke führt früher oder später zu sinkender Produktion und Beschäftigung, d.h. zu einem kontraktiven Multiplikatorprozess, der in eine Depression mündet.

setzung von gemischten Vermögensportfolios, die sowohl Kasse als auch Wertpapiere oder andere Vermögenswerte enthalten. Vgl. *Tobin* (1957/58).

[98] Vgl. Abschnitte 9.4, S.424 und 11.2.1.1.1, S. 506.

Würde die Zentralbank in einem solchen Fall zur Belebung der Nachfrage billiges Geld zur Verfügung stellen, d.h. den Rahmen für die Geldschöpfung der Banken erweitern, um das Geldangebot zu erhöhen, würde die gesamte zusätzliche Geldmenge in die Spekulationskasse fließen und eben nicht zur Nachfrageerhöhung beitragen. Keynes nennt diese Situation daher **Liquiditätsfalle**. Wie in einer Fliegenfalle wird jede zusätzliche Geldeinheit von der Spekulationskasse geschluckt und vorerst nicht wieder ausgegeben.

Das Phänomen der Liquiditätsfalle ist Dreh- und Angelpunkt des keynesianischen Wirtschaftsmodells, das sich gerade hier von den klassischen Schlussfolgerungen fundamental unterscheidet. Wenn man von der Existenz einer Liquiditätsfalle ausgeht, muss die Wirtschaftspolitik in Zeiten einer Depression völlig anders reagieren, als es die klassischen Rezepte einer möglichst konsequenten staatlichen Zurückhaltung und Nicht-Einmischung in den Markt vorsehen. Um die Wirtschaft aus einer Liquiditätsfalle herauszuführen, hilft kein noch so billiges Geld – „**Money does not matter**". Vielmehr muss der Staat selbst die private Nachfrage, die in den Geldhorten verschwunden ist, durch eigene Nachfrage ersetzen, also aktive Fiskalpolitik betreiben.

Um den positiven Multiplikatorprozess zusätzlicher Staatsausgaben möglichst wenig zu dämpfen, sollten diese vorübergehend möglichst durch staatliche Kreditaufnahme und nicht durch höhere Steuern finanziert werden. Ein Verdrängungseffekt privater Investoren durch das Auftreten des Staates als zusätzlicher Nachfrager auf den Kreditmärkten ist kaum zu befürchten, da die Zinsen ohnehin sehr niedrig sind und das Kreditangebot reichlich ist. Es spricht also nichts gegen eine staatliches „**deficit spending**" – im Gegenteil: *Keynes* zeigt, dass dies in einer tiefen Depression die einzige Möglichkeit sein kann, die Wirtschaft aus der Krise herauszuführen[99].

Praxisbeispiel 11-10: Japan in der Liquiditätsfalle

In den Jahren 1998/1999 sorgte der amerikanische Ökonom Paul Krugman mit einigen kürzeren Artikeln[100] für Aufsehen, in denen er argumentierte, Japan befinde sich in einer Liquiditätsfalle. In der Tat befindet sich Japan seit ca. 15 Jahren in einer Situation der Wachstumsschwäche, der Depression und ca. seit der Jahrtausendwende auch der Deflation. Die japanischen Haushalte und Unternehmen sparen rekordverdächtig viel und insgesamt weit mehr, als zur Finanzierung der geplanten Investition notwendig ist. Die Wirtschaft befindet sich also in einer deflatorischen Lücke. Mit den überschüssigen inländischen Ersparnissen wird überwiegend die japanische Staatsverschuldung finanziert, die mittlerweile bei über 150% des Bruttoinlandsprodukts liegt. Die teuren Konjunkturprogramme der Neunziger Jahre hatten zwar die Staatsverschuldung von ca. 60% im Jahr 1992 auf über 130% im Jahr 2000 in die Höhe getrieben, waren jedoch nicht ausreichend, um die Investitionsblockade der privaten Unternehmen und die Konsumschwäche der privaten Haushalte zu überwinden – und die Schuldenspirale dreht sich weiter. Die Möglichkeiten weiterer expansiver Fiskalpolitik sind dadurch stark eingeschränkt.

Wenn die Staatsverschuldung schwierig wird, bietet sich expansive Geldpolitik an, um die Firmen zu Investitionen zu veranlassen. Die japanische Zentralbank senkte daher die Nomi-

[99] Die *Keynes*'schen Analysen der „General Theory" basieren auf den Erfahrungen der unmittelbar vorher durchlebten und durchlittenen Weltwirtschaftskrise, die bekanntlich durch das Fehlverhalten u.a. Deutschlands, das unter Reichskanzler *Brüning* an einer strikten Sparpolitik der öffentlichen Haushalte festgehalten und die Staatsausgaben den sinkenden Steuereinnahmen versucht hatte anzupassen, noch verschärft worden war.

[100] Vgl. http://web.mit.edu/krugman/www/jpage.html

nalzinsen immer mehr. Seit Jahren liegen diese praktisch bei 0%, ohne dass dadurch die Investitionsneigung nennenswert zugenommen hätte.

Japan steckt in einer keynesianischen Liquiditätsfalle, in der man bekanntlich mit Geldpolitik nicht weiter kommt.

Krugman empfahl daher bereits 1998 einen sehr unkonventionellen Weg zur Bekämpfung der „japanischen Krankheit"[101], nämlich eine „managed inflation"[102]. Er führte aus, dass nur eine gezielte Inflationspolitik Japan aus der Depression führen könne, da nur so die Realzinsen dauerhaft unter 0% gedrückt werden und auf diese Weise womöglich doch Investitionsanreize entstehen könnten. Wenn man allerdings erst mal in einer Liquiditätsfalle steckt, lassen sich kaum noch Inflationserwartungen herbeiführen.

Zur Lösung dieses Problems schlug Hans Werner Sinn, der Chef des ifo-Instituts, Mitte 2001 daher folgendes vor:

> „Die einzige reale Möglichkeit, die Japan heute noch verbleibt, ist die Abwertung der eigenen Währung. Diese kann die japanische Notenbank jederzeit realisieren, indem sie neue Yen druckt und am Devisenmarkt für den Kauf von Dollars einsetzt. Die Abwertung stärkt die Auslandsnachfrage und hilft der Wirtschaft unmittelbar. Mittelbar hilft sie, indem sie die Schaffung eines Inflationstrends ermöglicht und der Notenbank in einer temporären Rezession das Mittel eines negativen Realzinssatzes zur Belebung der Investitionen zur Verfügung stellt. ...
>
> Die japanische Krankheit muss man auch in Europa ernst nehmen. ... Das japanische Beispiel zeigt, dass nicht nur in der Inflation eine Gefahr liegt, sondern auch in einer zu rigoros verfochtenen Politik der Preisstabilität. Eine angemessene Abwägung beider Gefahren findet derzeit nicht statt."[103]

Unmittelbarer Ausfluss solcher Besorgnis war eine Revision der Strategie der Europäischen Zentralbank im Jahr 2003, in der das Ziel eines stabilen Preisniveaus ausdrücklich spezifiziert wurde: Die Steigerungsrate des Harmonisierten Verbraucherpreisindex HVPI soll zwar unter, aber nahe bei 2% p.a. liegen. Das bedeutet, die Geldpolitik muss dafür Sorge tragen, dass nicht nur Inflation, sondern mindestens ebenso energisch Deflation bekämpft und die Gefahr einer Liquiditätsfalle à la Japan vermieden wird.

11.3.3.3.4 Die gesamtwirtschaftliche Geldnachfragefuktion

Die gesamtwirtschaftliche Geldnachfrage L setzt sich aus den drei von Keynes beschriebenen Komponenten zusammen, nämlich der Transaktions-, Vorsichts- und Spekulationskasse.

Der Einfachheit halber werden in Abbildung 11-58 das Transaktions- und das Vorsichtsmotiv zusammengefasst und beides als proportionale Funktion des Einkommens betrachtet. Im i-L-Diagramm tritt das Einkommen jedoch nicht als Variable, sondern als Lageparameter in Erscheinung. Die Transaktionskasse (einschl. der Vorsichtskasse) ist ein bestimmter Betrag, der bei gegebenem Einkommen bei jedem Zinssatz auf jeden Fall zur Finanzierung aller geplanten (und im Rahmen der Vorsichtskasse auch ungeplanten) Transaktionen erforderlich ist und daher unabhängig vom Zinssatz nachgefragt wird.

Zusätzlich zu diesem Betrag wird ggfs. noch Spekulationskasse nachgefragt. Der Umfang dieses Teils der Geldnachfrage ist jedoch zinsabhängig. Bei sehr hohem Zins wird gar keine Spekulationskasse nachgefragt, bei sehr niedrigem Zins hingegen sehr viel. Im Extrem wird

---

[101] Vgl., auch im Folgenden *Sinn* (2001).
[102] Vgl. *Krugman* (1998) und generell http://web.mit.edu/krugman/www/jpage.html
[103] *Sinn* (2001).

die Geldnachfrage im Bereich der Liquiditätsfalle unendlich, was bedeutet, dass jede zusätzliche Geldeinheit gehortet wird.

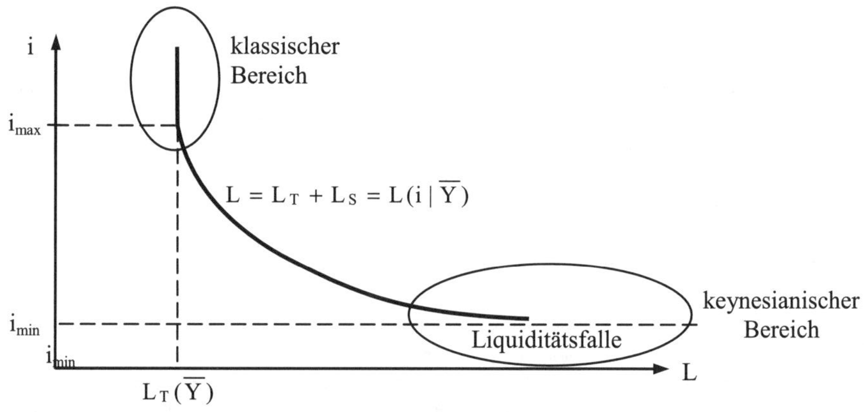

Abbildung 11-58: Die gesamtwirtschaftliche Geldnachfragefunktion

Die makroökonomische Geldnachfragefunktion hat also einen senkrechten (oder klassischen) Bereich sowie einen waagerechten (oder keynesianischen) Bereich. Diese beiden Bereiche unterscheiden sich vor allem durch die Zinselastizität der Geldnachfrage: Im klassischen Bereich hat diese Elastizität den Wert 0, im keynesianischen Bereich wird sie unendlich groß. Dieser Sachverhalt wirkt sich entscheidend auf die Durchschlagskraft von Geld- und Fiskalpolitik aus, wie wir weiter unten gleich sehen werden.

11.3.4 Das Geldmarktgleichgewicht

Auf der Analyse des Geldangebots und der Geldnachfrage lässt sich nun der Geldmarkt insgesamt beschreiben.

Die Geldnachfrage L als Zusammensetzung der Transaktions- Vorsichts- und Spekulationskasse lässt sich im i/L-Diagramm als fallende Funktion des Zinssatzes darstellen, die sich mit steigendem Einkommen, welches als Lageparameter fungiert, nach rechts verlagert.

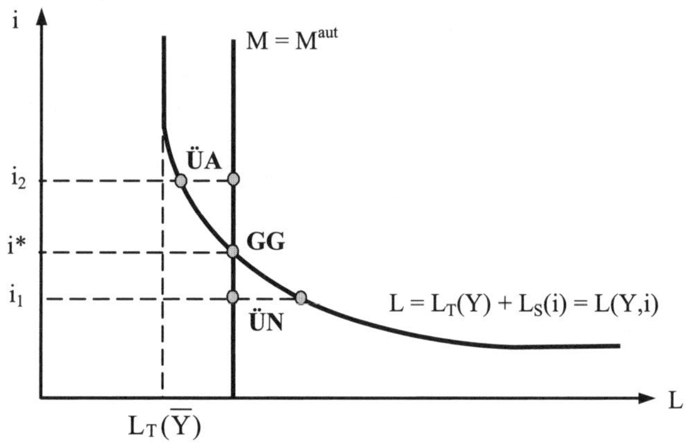

Abbildung 11-59: Das Geldmarktgleichgewicht

Das Geldangebot M wird im Wesentlichen von der Zentralbank bestimmt. Zwar stellt diese die Geldmenge nur mittelbar über die Geldbasis zur Verfügung. Mindestreservesatz und Bargeldquote begrenzen die umlaufende Geldmenge über den Geldmultiplikator jedoch eindeutig nach oben. Vereinfachend wird im Folgenden das Geldangebot daher als autonome, von der Zentralbank gesteuerte Größe im Modell verwendet.

Im Schnittpunkt von Geldnachfrage und Geldangebot herrscht der Gleichgewichtszinssatz i*, bei dem das gesamte Geldangebot, welches über den Transaktionsbedarf hinausgeht, von der Spekulationskasse absorbiert wird.

Wenn der Marktzins höher (i_2) oder niedriger (i_1) ist als der Gleichgewichtszins i*, herrscht Ungleichgewicht.
Oberhalb vom Gleichgewichtspunkt GG ist das Geldangebot höher als die Geldnachfrage (Strecke ÜA in Abbildung 11-59), denn der Zins ist zu hoch, um genügend Spekulationskasse zu induzieren, die das gesamte Geldangebot absorbieren könnte. In dieser Situation werden von den Wirtschaftssubjekten wegen der relativ hohen Zinsen jedoch vermehrt Wertpapiere nachgefragt. Dadurch steigen die Kurse und sinken die Zinsen. Mit sinkendem Zins dehnt sich die Spekulationskasse aus und saugt das überschüssige Geldangebot auf.

Umgekehrt herrscht bei einem Zins unterhalb des Gleichgewichtsniveaus Überschussnachfrage (Strecke ÜN in Abbildung 11-59). Der Abbau dieser Überschussnachfrage vollzieht sich wiederum über den Wertpapiermarkt: Wegen der niedrigen Zinsen wollen viele Wirtschaftssubjekte ihre Wertpapiere abstoßen. Durch das zunehmende Wertpapierangebot sinken die Wertpapierkurse, die Zinsen steigen und die Nachfrage nach Spekulationskasse geht zurück.

11.3.4.1 Das LM-Modell

Das in Abbildung 11-59 dargestellte Gleichgewicht gilt für genau einen Wert des Volkseinkommens. Ändert sich dieser, so verschieben sich die Geldnachfragefunktion und damit auch der Gleichgewichtszinssatz.

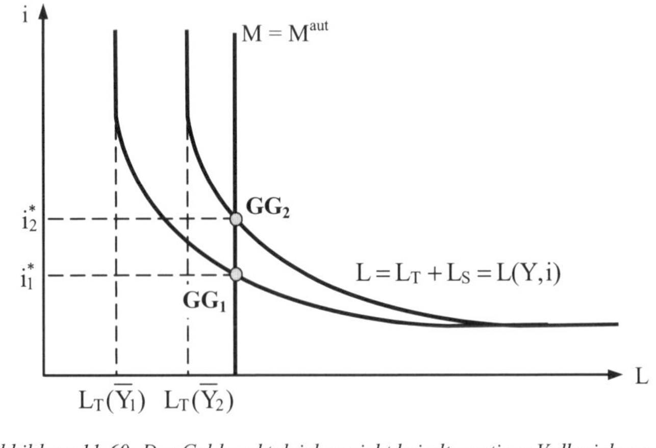

Abbildung 11-60: Das Geldmarktgleichgewicht bei alternativen Volkseinkommen

Wenn das Volkseinkommen steigt, benötigen die Wirtschaftssubjekte einen größeren Teil des angebotenen Geldes zur Finanzierung ihrer Gütertransaktionen. Bei gegebener Geldmenge muss daher der Anteil der Spekulationskasse zurückgehen, wenn das Geldmarktgleichgewicht erhalten bleiben soll. Die Spekulationskassennachfrage geht jedoch nur dann

zurück, wenn der Zins steigt. Der neue Gleichgewichtspunkt GG_2 liegt daher bei einem höheren Zinssatz als der alte.

Auch für den Geldmarkt gilt also – ähnlich wie für den Gütermarkt -, dass sich der Markt bei gegebenem Geldangebot nur für genau eine Zins-Einkommens-Kombination im Gleichgewicht befindet. Den geometrischen Ort aller gleichgewichtigen Zins-Einkommens-Kombinationen auf dem Geldmarkt heißt LM-Kurve. Die graphische Herleitung der LM-Kurve beschreibt Abbildung 11-61.

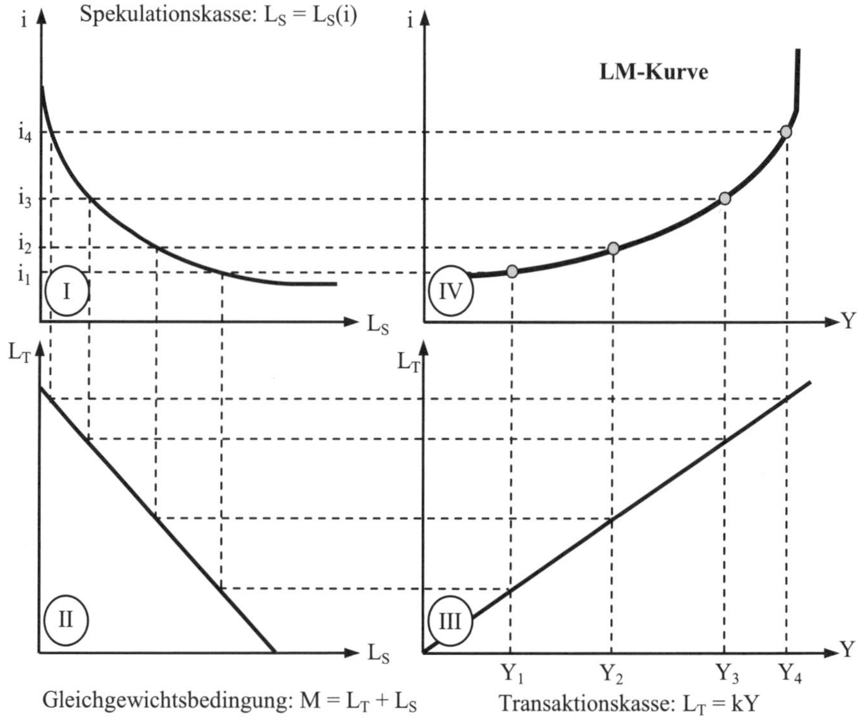

Abbildung 11-61: Graphische Herleitung der LM-Funktion

Die Quadranten III und I zeigen die beiden Bestandteile der Geldnachfrage, nämlich die einkommensabhängige Transaktionskasse und die zinsabhängige Spekulationskasse. Im zweiten Quadranten verbindet die Gleichgewichtsbedingung des Geldmarktes M = L diese beiden Nachfrageelemente: Transaktions- und Spekulationskasse zusammen müssen im Gleichgewicht das Geldangebot M jeweils genau ausschöpfen. Die Gleichgewichtsbedingung besteht in diesem Fall also aus einer Art monetärer Budgetgeraden.

Mit Hilfe dieser Gleichgewichtsbedingung können allen Werten der Transaktionskasse und damit allen Einkommensbeträgen Y die jeweils gleichgewichtigen Werte der Spekulationskasse und damit die gleichgewichtigen Zinswerte i zugeordnet werden. Diese Wertepaare beschreiben im vierten Quadranten den Verlauf der LM-Kurve. Sie ist positiv geneigt, da bei steigendem Einkommen auch die Zinsen steigen müssen, um das zusätzlich in der Transaktionskasse benötigte Geld aus der Spekulationskasse frei zu geben.

Die Gestalt der LM-Kurve zeigt dieselben Besonderheiten wie die Nachfrage nach Spekulationskasse. Spiegelbildlich zu dieser ist im linken Teil der LM-Kurve die waagerechte Li-

quiditätsfalle sichtbar, während der Kurvenverlauf im rechten Teil, dem klassischen Bereich sehr steil bis senkrecht wird.

Oberhalb und unterhalb der LM-Kurve herrscht Ungleichgewicht. Im Punkt A in Abbildung 11-62 zum Beispiel ist der Zins i_A im Verhältnis zum Gleichgewichtszins i_0 zu niedrig. Y_0 erfordert eine hohe Transaktionskasse, der niedrige Zins i_A induziert eine ebenfalls hohe Spekulationskasse, so dass im Bereich unterhalb der LM-Kurve grundsätzlich die Geldnachfrage das Geldangebot übersteigt ($L > M$). Diese Übernachfrage kann durch Wertpapierverkäufe abgebaut werden, da dadurch die Kurse der Papiere sinken, die Zinsen steigen und auf diese Weise die Spekulationskasse zurückgedrängt wird.

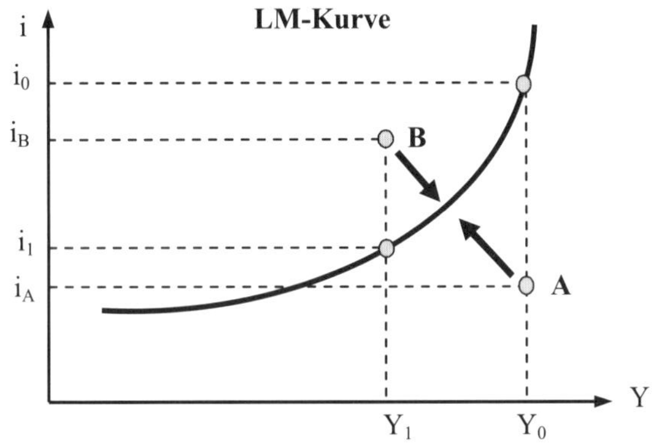

Abbildung 11-62: Ungleichgewichte in der Umgebung der LM-Kurve

Im Punkt B hingegen ist der Zins i_B im Verhältnis zum Gleichgewichtszins i_1 zu hoch. Hohe Zinsen reduzieren die Spekulationskasse, so dass hier das Geldangebot von der Marktnachfrage nicht ausgeschöpft wird. Es herrscht Überangebot ($M > L$), das durch Wertpapierkäufe, dadurch steigende Kurse und sinkende Zinsen abgebaut werden kann.

11.3.4.2 Wirtschaftspolitische Implikationen des LM-Modells

Expansive und restriktive Geldpolitik drückt sich vorwiegend in Änderungen der Geldmenge M aus. Wenn die Zentralbank das Geldangebot erhöht, steht sowohl für die Transaktionskasse als auch die Spekulationskasse mehr Geld zur Verfügung. Die Budgetgerade im zweiten Quadranten verschiebt sich nach rechts.

Diese Verschiebung wird durch die Herleitung der i/Y-Kombinationen auch in der LM-Kurve sichtbar: Eine Erhöhung der Geldmenge verschiebt die LM-Kurve nach rechts, eine Verringerung der Geldmenge verschiebt die LM-Kurve nach links.

Auf Grund des spezifischen Verlaufs der LM-Kurve wird diese Verlagerung aber nicht an jeder Stelle wirksam. Im waagerechten Teil der Kurve, d.h. in der Liquiditätsfalle, ändert sich gar nichts, während im senkrechten, d.h. klassischen Bereich die Rechtsverlagerung am stärksten sichtbar wird.

Daraus kann man bereits in dieser vom Gütermarkt noch isolierten Betrachtung den Schluss ziehen, dass Geldpolitik offenbar umso wirksamer ist, je weiter die betrachtete Wirtschaft von der Liquiditätsfalle entfernt liegt. Abbildung 11-63 bestätigt die bereits weiter oben aus der Analyse der Spekulationskassennachfrage gewonnene Erkenntnis: In der Liquiditätsfalle verliert Geldpolitik offenbar jede Wirksamkeit – Hier gilt tatsächlich: „Money does not matter".

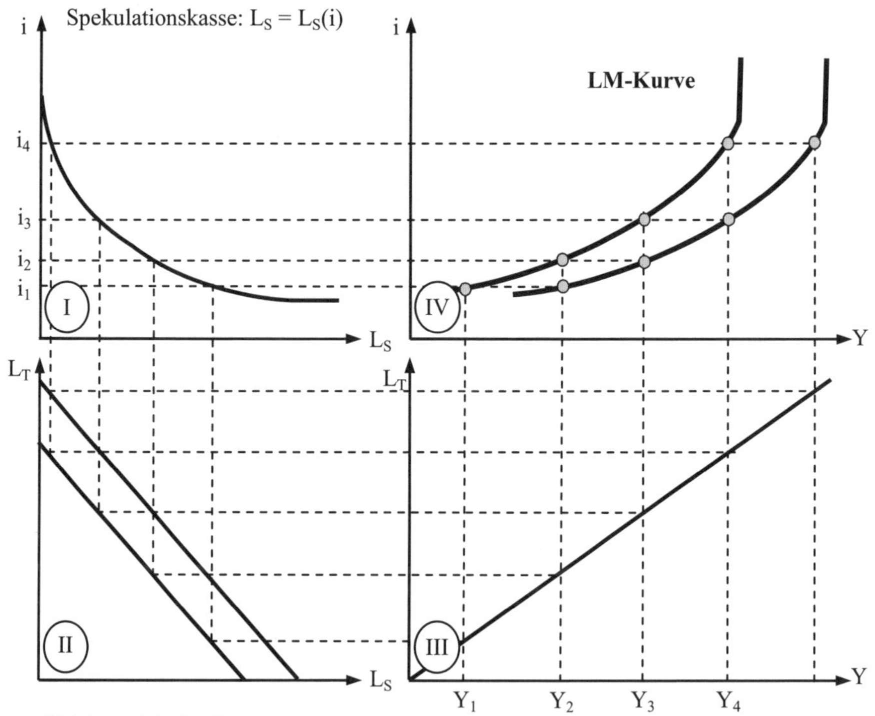

Abbildung 11-63: Geldpolitik im LM-Modell

Den formalen Umgang mit der LM-Kurve vertieft die folgende Übung.[104]

Übung 11-16: Formaler Umgang mit der LM-Kurve

Geldangebot und Geldnachfrage in einer Volkswirtschaft seien durch folgende Gleichungen gekennzeichnet: Ls =200 - 3.200i, LT = 150 + 0,25Y, M = 1.000, wobei L_S die Nachfrage nach Spekulationskasse, L_T die Nachfrage nach Transaktionskasse und M das Geldangebot bezeichnen. i ist der Marktzinssatz und Y das Volkseinkommen.

a) Leiten Sie aus diesen Angaben algebraisch die LM-Funktion ab und zeichnen Sie diese Funktion in ein geeignetes Koordinatensystem. Hinweis: Lösen Sie die LM-Funktion nach Y auf.

b) Nehmen Sie an, die Notenbank würde das Geldangebot autonom um 200 erhöhen. Welche Folgen hätte dies für die LM-Kurve? Berechnen Sie die neue Kurve und zeichnen Sie sie in das Diagramm der Aufgabe a).

c) Wie verändert sich der Verlauf der Funktion, wenn der Kassenhaltungskoeffizient von 0,25 auf 0,4 steigt? Berechnen Sie auch diese Kurve und zeichnen Sie sie ebenfalls in das Diagramm der Aufgabe a).

[104] Quelle: *Pfahler/Thuy* (1998), S. 162 f.

Lösung:

a) Die LM-Funktion ist der geometrische Ort aller Geldmarktgleichgewichte:

$$M = L = L_S + L_T$$
$$1.000 = 200 - 3.200 \cdot i + 150 + 0{,}25 \cdot Y$$
$$1.000 = 350 + 0{,}25 \cdot Y - 3.200 \cdot i$$
$$0{,}25 \cdot Y = 650 + 3.200 \cdot i$$
$$Y = 2.600 + 12.800 \cdot i$$

b) Eine Erhöhung des Geldangebots verschiebt die LM-Kurve parallel nach rechts. Die neue Kurve lautet: $Y = 3.400 + 12.800 \cdot i$

c) Der höhere Kassenhaltungskoeffizient führt zu einer Umschichtung des Geldangebots zugunsten der Transaktionskasse. Die LM-Kurve muss daher steiler in Bezug auf den Zinssatz werden: $Y = 1.625 + 8.000 \cdot i$

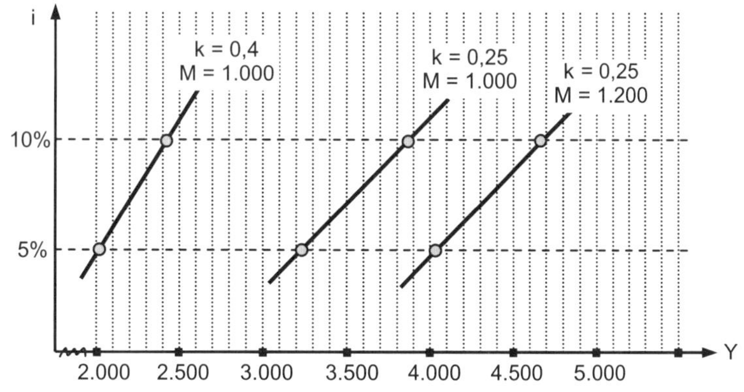

Abbildung 11-64: Wirkung von Parameteränderungen auf die LM-Kurve

11.4 Das gesamtwirtschaftliche Gleichgewicht auf Güter- und Geldmarkt bei festen Preisen

Nach der ausführlichen Partialanalyse des Güter- und Geldmarktes ist es nun möglich, die Ergebnisse zusammenzuführen und die erste Stufe eines gesamtwirtschaftlichen Gleichgewichtes, wie es im Stabilitätsgesetz als Zielrahmen für die Wirtschafts- und Finanzpolitik vorgegeben ist, zu beschreiben.

Weiterhin gilt als Modelleinschränkung, dass das Preisniveau auf 1 normiert und als konstant unterstellt wird. Eine Unterscheidung zwischen nominalen und realen Größen ist daher nach wie vor nicht notwendig.

11.4.1 Das IS-LM-Modell

Sowohl das Gütermarkt- wie auch das Geldmarktgleichgewicht wird durch zwei Variable, nämlich Marktzins und Volkseinkommen, beschrieben:

$$\text{IS-Gleichgewicht}: Y = C(Y - T) + I(i) + G_{St}$$
$$\text{LM-Gleichgewicht}: M = L(i, Y) = k \cdot Y + L_S(i)$$

Fügt man beide Modelle zusammen, so kann man das Gleichungssystem eindeutig lösen. Das gesamtwirtschaftliche Gleichgewicht liegt im Schnittpunkt von IS- und LM-Kurve.

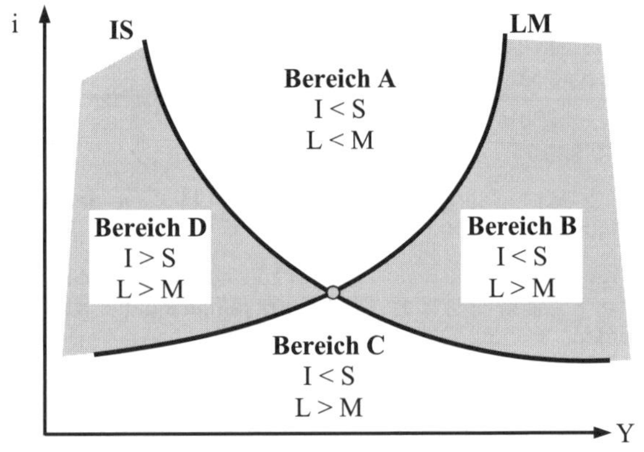

Abbildung 11-65: Das IS-LM-Gleichgewicht

Übung 11-17: Das IS-LM-Gleichgewicht

Für eine geschlossene Volkswirtschaft sind folgende Modellgleichungen gegeben:

Gütermarkt:	Geldmarkt:
$C = 10 + 0{,}8 \cdot Y$	$M = 300$
$I = 50 - i$	$L_T = 0{,}5 \cdot Y$
	$L_S = 200 - 10 \cdot i$

a) Bei welchem Zins und welchem Einkommen sind Güter- und Geldmarkt im Gleichgewicht?

b) Wie hoch ist dann die Investitionsquote?

c) Wie verändert sich das Gleichgewicht, wenn die Geldmenge um 10 erhöht wird? Wie beurteilen Sie in dieser Situation die Wirksamkeit der Geldpolitik?

Lösung:

a) Gütermarkt:
Die IS-Funktion ergibt sich durch Einsetzen der gegebenen Verhaltensgleichungen in die Gleichgewichtsbedingung Y = C + I:

$Y = 10 + 0{,}8 \cdot Y + 50 - i$

$Y = 300 - 5 \cdot i$

Geldmarkt:
Die LM-Funktion entspricht der Gleichung M = L, wobei sich die Geldnachfrage aus Transaktions- und Spekulationskasse zusammensetzt:

$300 = 0{,}5 \cdot Y + 200 - 10 \cdot i$

$Y = 200 + 20 \cdot i$

Das Simultangleichgewicht erhält man durch die Lösung dieses Gleichungssystems:

$300 - 5 \cdot i = 200 + 20 \cdot i$

$i^* = 4$

$Y^* = 280$

b) Die Investitionsquote beträgt

$$\frac{I(4)}{280} = \frac{46}{280} = 16{,}4\%$$

c) Nach der Geldmengenerhöhung lautet die LM-Funktion

$$Y = 220 + 20 \cdot i$$

Daraus ergibt sich das IS-LM-Gleichgewicht wie folgt:

$$220 + 20 \cdot i = 300 - 5 \cdot i$$

$$i^* = 3{,}2$$

$$Y^* = 284$$

Während die Geldmenge also um 10 oder 3,3% gestiegen ist, hat das Volkseinkommen nur um 4 oder 1,4% zugenommen, obwohl aus der Geldmengenerhöhung eine relativ kräftige Zinssenkung von 4 auf 3,2 hervorgegangen ist.

Der Grund für diese schwache und unelastische Reaktion des Volkseinkommens auf die geldpolitische Maßnahme liegt in der geringen Zinselastizität der Investitionen. Sie beträgt an der Stelle i = 4 nur

$$\varepsilon = \frac{\frac{dI}{I}}{\frac{di}{i}} = \frac{dI}{di} \cdot \frac{i}{I} = -1 \cdot \frac{4}{46} = -0{,}09$$

Die Investitionen reagieren auf Zinssenkungen also fast überhaupt nicht.

Links und rechts, oberhalb und unterhalb des IS-LM-Schnittpunktes ergeben sich verschiedene Regionen des Ungleichgewichts, die in wirtschaftspolitischer Hinsicht durchaus unterschiedliche Anforderungen an den Instrumenteneinsatz stellen.

Wie wir in den vorausgegangenen Partialanalysen bereits festgestellt haben, herrscht oberhalb bzw. rechts von der IS-Kurve Angebotsüberschuss ($I<S$), unterhalb bzw. links Nachfrageüberschuss ($I>S$). Für den Geldmarkt gilt, dass oberhalb bzw. links von der LM-Kurve Geldangebotsüberschuss, unterhalb bzw. rechts hingegen Geldnachfrageüberschuss besteht.

Durch den Schnittpunkt der beiden Kurven ergeben sich mithin vier verschiedene Bereiche, die in Abbildung 11-65 mit den Buchstaben A bis D bezeichnet sind.
In den Bereichen A und C herrscht sowohl auf dem Güter- wie auch auf dem Geldmarkt gleichzeitig entweder Angebotsüberschuss (Bereich A) oder Nachfrageüberschuss (Bereich C). Das bedeutet, dass für beide Märkte entweder eine Zinssenkung (Bereich A) oder eine Zinserhöhung (Bereich C) zum Gleichgewicht zurückführen würde.

Problematisch hingegen sind die Bereiche B und D.
Wenn sich die Volkswirtschaft im Bereich B befindet, dann herrscht auf dem Geldmarkt Übernachfrage, denn der Zins ist im Verhältnis zum Volkseinkommen zu niedrig. Der niedrige Zins induziert eine zu hohe Spekulationskasse, so dass zusammen mit den ebenfalls hohen Transaktionskassenwünschen die gegebene Geldmenge nicht ausreicht. Eine Zinssteigerung könnte hier Linderung bringen, da höhere Zinsen die Spekulationskassennachfrage reduzieren würden.
Auf dem Gütermarkt hingegen besteht eine Nachfragelücke. Die Zinsen sind im Vergleich zu dem relativ hohen Volkseinkommen zu hoch. Dadurch wird nicht genügend investiert, um die aus dem hohen Einkommen resultierende ebenfalls hohe Ersparnis zu absorbieren. In diesem Fall benötigt die Wirtschaft also eine Zinssenkung, um die Investitionen zu stimulieren.

Analog gilt genau das Gegenteil im Bereich D. Solche Konstellationen wie in den Bereichen B und D nennt man **Dilemmasituationen**. Sie erfordern weit mehr Kreativität von den Wirtschaftspolitikern als Ungleichgewichte vom Typ A oder C. Offensichtlich kann hier nur eine Mischung aus expansiven und restriktiven Maßnahmen, d.h. ein gezieltes Zusammenwirken verschiedener geld- und fiskalpolitischer Maßnahmen, ein sog. **policy mix**, weiterhelfen.

Im Folgenden soll daher die Wirkungsweise und das Zusammenwirken von Geld- und Fiskalpolitik im IS-LM-Modell näher beleuchtet werden.

11.4.2 Wirtschaftspolitische Implikationen des IS-LM-Modells

Fiskalpolitik verschiebt die IS-Kurve, Geldpolitik die LM-Kurve. Im Ergebnis hat jede wirtschaftspolitische Maßnahme im IS-LM-Modell sowohl eine Einkommens- als auch eine Zinswirkung:

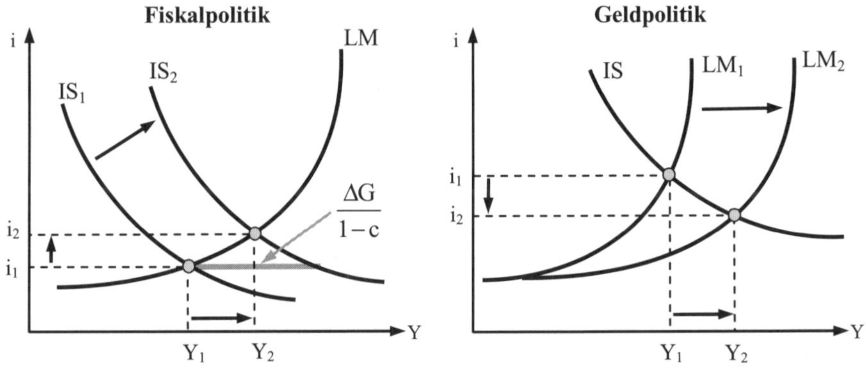

Beispiel: Erhöhung der Staatsausgaben — Beispiel: Erhöhung der Geldmenge

Abbildung 11-66: Grundsätzliche Wirkungsweise von Geld- und Fiskalpolitik im IS-LM-Modell

Im Folgenden werden die Vorgänge bei einem expansiven Einsatz von Geld- und Fiskalpolitik erklärt. Restriktive Maßnahmen wirken entsprechend umgekehrt.

Expansive Fiskalpolitik schiebt die IS-Kurve nach rechts. Entweder wird zusätzliche Nachfrage direkt vom Staat durch eine Steigerung der Staatsausgaben erzeugt, oder sie wird durch Steuersenkungen im privaten Sektor induziert. In beiden Fällen kommt ein positiver Multiplikatorprozess in Gang: Um die gestiegene Nachfrage zu befriedigen, steigen Produktion, Beschäftigung und Einkommen. Steigende Nachfrage nach Gütern verursacht jedoch auch steigende Nachfrage nach Krediten und daher eine Zinssteigerung, die im Gegenzug v.a. den Aufschwung der Investitionsnachfrage dämpft. Insgesamt fällt die Ausdehnung des Einkommens und damit der Beschäftigung umso höher aus, je geringer die induzierte Zinssteigerung ist.

Expansive Geldpolitik verschiebt die LM-Kurve nach rechts. Ein größeres Geldangebot verbilligt die Kredite. Niedrigere Zinsen wiederum wirken sich positiv auf die Investitionsnachfrage aus und erhöhen so die Güternachfrage sowie in der Folge Produktion, Beschäftigung und Einkommen. Im neuen Gleichgewicht sind also die Zinsen niedriger und das Einkommen höher und zwar ist der Einkommensanstieg umso deutlicher, je stärker die Zinsen durch die Ausdehnung der Geldmenge gefallen sind.

Das Ausmaß der Einkommens- und Beschäftigungswirkung einer expansiven (oder restriktiven) wirtschaftspolitischen Maßnahme hängt also offensichtlich davon ab, an welcher Stel-

le der IS- und/oder LM-Kurve das Ausgangsgleichgewicht der betrachteten Volkswirtschaft liegt.

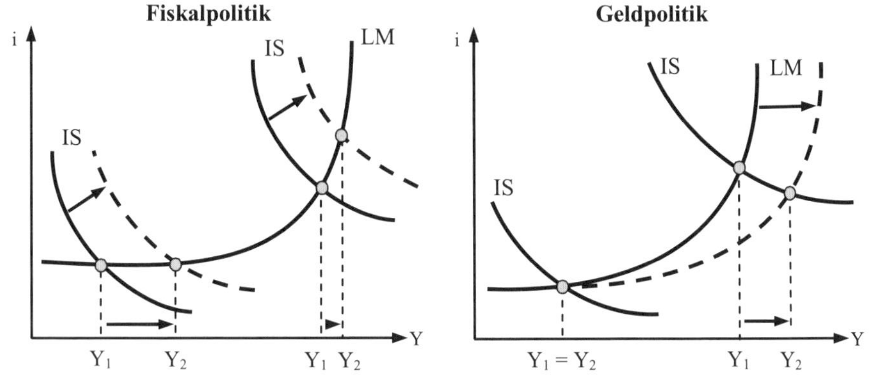

Abbildung 11-67: Asymmetrische Wirkungsweise von Geld- und Fiskalpolitik im IS-LM-Modell

Die Wirkungsweise von Geld- und Fiskalpolitik ist jeweils entgegen gesetzt asymmetrisch! Expansive Fiskalpolitik entfaltet ihre größte Wirksamkeit dort, wo der durch den Nachfrageschub ausgelöste Zinsanstieg am geringsten ist. Das ist offensichtlich in der Liquiditätsfalle der Fall. Am höchsten ist der Zinsanstieg hingegen im klassischen Bereich, wo er im Extremfall jede Ausdehnung von Einkommen und Beschäftigung zunichte macht.

Geldpolitik hingegen ist nur außerhalb der Liquiditätsfalle und ganz besonders im klassischen Bereich wirksam, da nur dort die Ausdehnung der Geldmenge zu Zinssenkungen führen kann. In der Liquiditätsfalle hat der Zins bereits eine institutionell vorgegebene Mindesthöhe (im Extremfall 0%) erreicht und kann – jedenfalls nominal – nicht weiter sinken. Deshalb kann dort auch kein positiver Impuls auf die Güternachfrage entstehen.

Formal lässt sich dieses Ergebnis auch durch die entsprechenden Einkommens- und Zinsmultiplikatoren zeigen[105].

Betrachten wir zunächst die Wirkung von zusätzlichen Staatsausgaben auf Einkommen und Zins. Wir gehen von den beiden allgemeinen Gleichungen für das Güter- und Geldmarktgleichgewicht

(1) $S(Y) = I(i) + G$

(2) $M = k \cdot Y + L_S(i)$

und den bisher verwendeten Abkürzungen aus und leiten nach der Größe G (Staatsausgaben) ab. Dann erhalten wir:

(1)' $$(1-c)\frac{dY}{dG} = \frac{\partial I}{\partial i} \cdot \frac{di}{dG} + 1$$

Es sei $\frac{\partial I}{\partial i} \overset{!}{=} \alpha$

[105] Analog dazu kann man auch die Situation der Investitionsfalle untersuchen. Dort gilt $\alpha = 0$. Man erhält dann das erwartete Ergebnis, dass die Einkommensmultiplikatoren jeweils mit denen der Liquiditätsfalle identisch sind, d.h. bei vollkommen zinsunelastischen Investitionen hat Fiskalpolitik die höchste Durchschlagskraft, während Geldpolitik vollständig wirkungslos bleibt.

$$\frac{1}{\alpha}[(1-c)\frac{dY}{dG}-1]=\frac{di}{dG}$$

(2)' $$0=k\cdot\frac{dY}{dG}+\frac{\partial L_S}{\partial i}\cdot\frac{di}{dG}$$

Es sei $\frac{\partial L_S}{\partial i}\overset{!}{=}\beta$

(1)' in (2)' $$0=k\cdot\frac{dY}{dG}+\frac{\beta}{\alpha}[(1-c)\frac{dY}{dG}-1]$$

$$\frac{dY}{dG}=\frac{1}{(1-c)+k\frac{\alpha}{\beta}}$$

In der Liquiditätsfalle ist die Zinselastizität der Spekulationskasse unendlich groß. Dadurch entfällt der zweite Term im Nenner des Bruches und es ergibt sich

$$\frac{dY}{dG}=\frac{1}{1-c}$$

Das bedeutet, dass sich hier die volle Multiplikatorwirkung wie im Modell mit autonomen Investitionen entfalten kann. Es gibt keine störende Zinssteigerung. Der Zinsmultiplikator di/dG nimmt den Wert 0 an, was sich aus Gleichung (1)' ergibt.

Die Geldmengenmultiplikatoren werden analog berechnet:

(1)' $$(1-c)\frac{dY}{dM}=\alpha\frac{di}{dM}$$

$$\frac{di}{dM}=\frac{1-c}{\alpha}\frac{dY}{dM}$$

(2)' $$1=\beta\frac{di}{dM}+k\frac{dY}{dM}$$

(1)' in (2)' $$1=\frac{\beta}{\alpha}(1-c)\frac{dY}{dM}+k\frac{dY}{dM}$$

$$\frac{dY}{dM}=\frac{1}{\frac{\beta}{\alpha}(1-c)+k}$$

In der Liquiditätsfalle gilt wiederum $\beta=\infty$. Daher wächst der Nenner dieses Bruches über alle Grenzen und für den Einkommensmultiplikator ergibt sich

$$\frac{dY}{dM}=0$$

Wie erwartet verursacht Geldpolitik in der Liquiditätsfalle keinerlei Einkommenswirkung.

Im klassischen Bereich hingegen ist $\beta=0$ und daher die Höhe des Multiplikators

$$\frac{dY}{dM}=\frac{1}{k}.$$

Dieses Ergebnis entspricht genau den Voraussagen der Quantitätstheorie: Die Veränderung der Geldmenge und die Veränderung des nominalen Volkseinkommens sind proportional zueinander und zwar im Verhältnis der Geldumlaufsgeschwindigkeit bzw. des reziproken Kassenhaltungskoeffizienten. In dieser Situation ist nämlich der Zins so hoch, dass keine

Spekulationskasse mehr gehalten wird und die Geldhaltung nur noch aus Transaktionskasse besteht.

Zusammenfassend muss man also festhalten, dass die relative Wirksamkeit der Fiskalpolitik mit sinkendem β abnimmt, die der Geldpolitik hingegen zunimmt.

Mit Hilfe des IS-LM-Modells kann also sehr einfach gezeigt werden, wie Geld- und Fiskalpolitik wechselseitig voneinander abhängen und warum Änderungen in einem Politikbereich oft Reaktionen in einem anderen hervorrufen oder notwendig machen[106].

Dies soll am Beispiel einer Steuererhöhung verdeutlicht werden.

Nehmen wir an, das Parlament beschließt, die Steuern zu erhöhen, um die Staatsverschuldung abzubauen. Die Geldpolitik hat dann zumindest folgende drei Reaktionsmöglichkeiten:

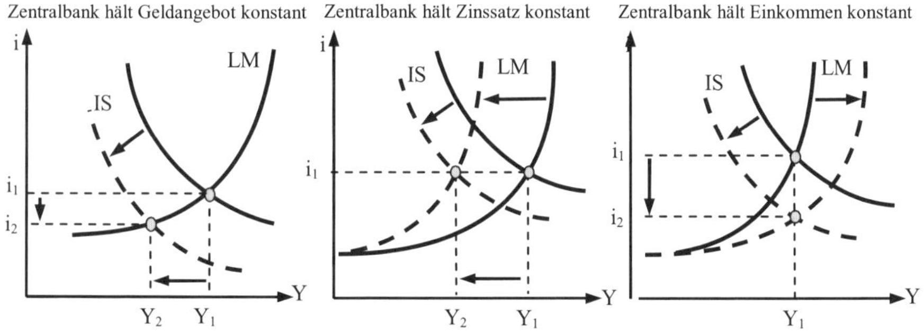

Abbildung 11-68: Gegenseitige Abhängigkeit von Geld- und Fiskalpolitik

Die erste Möglichkeit für die Zentralbank besteht darin, nichts zu tun, d.h. die Geldmenge konstant zu lassen. Ein Grund dafür könnte sein, dass die gerade im Umlauf befindliche Geldmenge gerade dem in der geldpolitischen Strategie festgelegten Zielkorridor zur Aufrechterhaltung der Preisniveaustabilität entspricht. In diesem Fall wird durch die Steuererhöhung ein kontraktiver Prozess in Gang gesetzt. Einkommen und Beschäftigung sowie die Zinsen sinken und die Wirtschaft läuft Gefahr, in eine Depression zu geraten. Mittelfristig wird die Zentralbank daher womöglich doch zu einer Reaktion gezwungen, um eine drohende Deflationsgefahr zu bannen.

Die zweite Möglichkeit besteht darin, den Zinssatz konstant zu halten. Ein möglicher Grund könnte im währungspolitischen Bereich liegen. Vielleicht soll durch das Festhalten an einem verhältnismäßig hohen Zinsniveau ein Kapitalzustrom aus dem Ausland sichergestellt werden, der vielleicht zur Deckung eines Importüberschusses erforderlich ist, wenn eine Abwertung der Währung vermieden werden soll. In diesem Fall muss die Zentralbank die Geldmenge verringern. Die restriktive fiskalpolitische Maßnahme wird also durch restriktive Geldpolitik noch verstärkt. Der Rückgang von Einkommen und Beschäftigung fällt deutlich höher aus als zuvor.

Wenn hingegen in dieser Volkswirtschaft ein Beschäftigungsrückgang trotz der Haushaltskonsolidierung vermieden werden soll, dann gelingt dies nur, wenn die restriktive Wirkung der Fiskalpolitik durch eine expansive Geldpolitik wettgemacht wird. Dies zeigt das dritte Diagramm in Abbildung 11-68. Die Geldmengenexpansion muss groß genug sein, um eine zur Kompensation des Nachfragerückgangs ausreichende Zinssenkung zu verursachen. In

[106] Vgl. *Mankiw* (1998), S. 302 ff.

diesem Fall setzt der Staat also zu einem policy mix aus restriktiver Fiskalpolitik und expansiver Geldpolitik, um gleichzeitig zwei sich widersprechende wirtschaftspolitische Ziele zu erreichen.

Angesichts der Überlegungen zu Abbildung 11-68 stellt sich nun aber die Frage, warum sich eine Regierung überhaupt so viel Mühe geben sollte, einen bestimmten IS-LM-Gleichgewichtspunkt zu verschieben. Schließlich sollte man annehmen, ein Gleichgewicht sei so gut wie jedes andere. Schließlich ist jedes IS-LM-Gleichgewicht definitionsgemäß ein Punkt, an dem Angebot und Nachfrage auf Güter- und Geldmarkt gleich groß sind.

Wir haben bisher aber einen weiteren, entscheidenden makroökonomischen Markt außer Acht gelassen, nämlich den Arbeitsmarkt. Ob ein IS-LM-Gleichgeicht gesamtwirtschaftlich befriedigend ist oder nicht, hängt davon ab, ob das Gleichgewichtseinkommen auch tatsächlich groß genug ist, um Vollbeschäftigung zu erzeugen oder ob es sich um ein erstmalig von *Keynes* beschriebenes Unterbeschäftigungsgleichgewicht handelt.

Im Folgenden soll daher nun der gesamtwirtschaftliche Arbeitsmarkt analysiert werden.

11.5 Der Arbeitsmarkt

In den Kapiteln 5 und 6 wurden bereits die mikroökonomischen Grundlagen für die Analyse des Arbeitsmarktes gelegt. Nun geht es darum, die gesamtwirtschaftliche Funktionsweise des Arbeitsmarktes und die wichtigsten Bestimmungsgründe für die makroökonomische Arbeitsangebots- und Nachfragefunktion zu untersuchen.

11.5.1 Die gesamtwirtschaftliche Arbeitsnachfrage

Die gesamtwirtschaftliche Arbeitsnachfrage besteht aus der Nachfrage der Gesamtheit aller Unternehmen in einer Volkswirtschaft nach Arbeitskräften, d.h. genauer ausgedrückt, nach der Arbeitsleistung der Arbeitskräfte. Diese Arbeitsleistung ist einer der beiden volkswirtschaftlichen Inputfaktoren bei der Erstellung des Bruttoinlandsprodukts.

Da zur Produktion grundsätzlich Kapital und Arbeit erforderlich sind, werden für eine Outputsteigerung c.p. mehr Arbeitskräfte benötigt.
Allerdings hängt das Ausmaß des Zuwachses an Arbeitsinput gleichzeitig auch von der Produktionstechnik ab. Liegt eine substitutionale Produktionsfunktion zugrunde, so kann der Faktor Arbeit flexibel erhöht werden, ohne dass gleichzeitig Kapitalbestand aufgestockt werden muss. Liegt jedoch eine limitationale Produktionstechnik vor, so ist die Arbeitsnachfrage zumindest kurzfristig relativ starr, es sei denn, dass ungenutzte Kapitalkapazitäten vorhanden sind, die durch zusätzlichen Arbeitsinput nun ausgelastet werden können.

Abgesehen von den technischen Rahmenbedingungen sind für die Arbeitsnachfrage vor allem wirtschaftliche Faktoren entscheidend.
Wie bei allen anderen Gütern auch entscheidet der Preis über den Umfang der Nachfrage. Ein gewinnmaximierendes Unternehmen kann einer Arbeitskraft pro Stunde höchstens so viel bezahlen, wie das Leistungsergebnis dieser Stunde auf dem Markt erbringt. Das bedeutet: Je geringer die Lohnforderung bei gegebenen Güterpreisen oder je höher die Güterpreise bei gegebenen Lohnforderungen sind, desto höher ist die Arbeitsnachfrage der Unternehmen.

Dieser Zusammenhang kann nur dann durchbrochen werden, wenn die Produktivität einer Arbeitsstunde steigt, d.h. wenn in derselben Zeiteinheit mehr hergestellt wird, so dass auch bei konstanten Verkaufspreisen der Erlös je Arbeitsstunde wächst. Eine solche Produktivitätssteigerung ist meist das Ergebnis von technischem Fortschritt, also einer besseren Aus-

stattung mit Werkzeugen und Maschinen oder einer besseren Qualifikation der Arbeitskraft selbst. Aber auch eine höhere Motivation des Arbeitnehmers könnte für eine Produktivitätssteigerung verantwortlich sein.

Als Einflussgrößen für die Arbeitsnachfrage können wir also insbesondere folgende Faktoren identifizieren:

- Die Höhe des zu erstellenden Bruttoinlandsprodukts
- Die Art der Produktionsfunktion
- Technischer Fortschritt
- Die Höhe der zu zahlenden Entlohnung
- Die Höhe der Preise, die für die Endprodukte auf dem Markt erzielt werden können.

Der gesamtwirtschaftliche Produktionsprozess lässt sich annähernd mit einer Cobb-Douglas Produktionsfunktion beschreiben. Wenn Y^r der reale Output ist, a eine technische Konstante, N der Arbeitsinput, K der Kapitalinput und α und β die entsprechenden Produktionselastizitäten, kann man für den gesamtwirtschaftlichen Output (der letztlich dem Realeinkommen entspricht) schreiben:

$$Y^r = a \cdot N^\alpha \cdot K^\beta$$

Kurzfristig ist davon auszugehen, dass der Kapitalstock konstant vorgegeben ist und nicht variiert werden kann. Da die Cobb-Douglas-Funktion jedoch eine substitutionale Funktion ist, kann eine Outputsteigerung auch ohne Kapitalaufstockung nur durch den vermehrten Input des Faktors Arbeit bewirkt werden. Wir erhalten dann

$$Y^r = a \cdot N^\alpha \cdot \overline{K}^\beta$$

Für die Bestimmung der Arbeitsnachfrage ist die Grenzproduktivität der Arbeit entscheidend:

$$\frac{\partial Y^r}{\partial N} = a \cdot \alpha \cdot N^{\alpha-1} \cdot \overline{K}^\beta$$

Die Gestalt dieser Funktion lässt sich am besten anhand eines Zahlenbeispiels illustrieren. Wenn sowohl die Produktionskonstante als auch der Kapitalstock den Wert 1 haben und die beiden Produktionselastizitäten jeweils 0,5 betragen (symmetrisch bezüglich beider Faktoren, lineare Homogenität), erhalten wir folgende Funktion:

$Y^r = N^{0,5} = \sqrt{N}$, sowie als partielle Ableitung

$$\frac{\partial Y^r}{\partial N} = 0{,}5 \cdot N^{1-0,5} = \frac{0{,}5}{\sqrt{N}}$$

Für zunehmende Einsätze von Arbeitskraft ergeben sich dann folgende Outputzuwächse:

Y	0	1	1,41	1,73	2	2,24
$\partial Y^r / \partial N$	∞	0,5	0,36	0,29	0,25	0,22
N	0	1	2	3	4	5

Abbildung 11-69 zeigt, dass der Grenzertrag der Arbeit bei konstantem Kapitalstock abnimmt. Bei vollständiger Konkurrenz auf Güter- und Faktormärkten zahlt ein Unternehmen für eine zusätzliche Arbeitskraft höchstens deren sog. **Wertgrenzprodukt**, d.h. den Marktwert der Leistung, die diese Arbeitskraft zusätzlich pro Stunde erbringt[107]. Steigende Beschäftigung wird also mit sinkendem Wertgrenzprodukt und damit mit sinkenden Reallöhnen einhergehen.

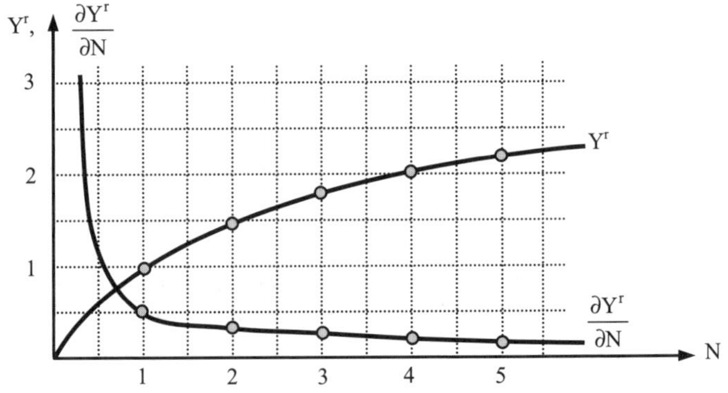

Abbildung 11-69: Partielle Ertragsfunktion und Grenzertrag der Arbeit im Falle der Cobb-Douglas-Funktion $Y^r = \sqrt{N}$

Für den Nominallohn w gilt nämlich:

$$w = \frac{\partial Y^r}{\partial N} \cdot P$$

bzw. für den Reallohn w^r:

$$\frac{w}{P} = \frac{\partial Y^r}{\partial N} = w^r$$

Die gesamtwirtschaftliche Arbeitsnachfragefunktion ergibt sich daher unmittelbar aus der Grenzproduktivitätsfunktion der Arbeit.

Gleichzeitig wird deutlich, dass durch den engen Zusammenhang zwischen der Arbeitsnachfrage und der Produktionsfunktion, d.h. dem Güterangebot und damit dem Realeinkommen einer Volkswirtschaft, jede Änderung des Reallohnsatzes unmittelbare Auswirkung auf Produktion, Einkommen und Beschäftigung hat.

Wird z.B. in Abbildung 11-70 der Nominallohn erhöht, so dass bei stabilem Preisniveau der Reallohn auf das Niveau 2 steigt, reduziert sich die Arbeitsmenge auf N_2 und damit der Output auf Y_2, es sei denn, der Kapitalstock und/oder die Produktivität der Arbeitskraft steigen gleichzeitig auch, so dass sich die gesamte Arbeitsnachfrage nach rechts verlagert.

Grundsätzlich ist bei vollkommener Konkurrenz eine Lohnerhöhung c.p. nur dann beschäftigungsneutral, wenn sie von einer entsprechenden Produktivitätssteigerung begleitet wird.

[107] Mit Hilfe des sog. Eulerschen Theorems lässt sich zeigen, dass bei vollständiger Konkurrenz im Gleichgewicht jeder Produktionsfaktor genau mit seinem Wertgrenzprodukt entlohnt und dabei der Output vollständig für die Verteilung ausgeschöpft wird. Die Unternehmensgewinne i.e.S. werden Null. Dies entspricht auch dem Ergebnis der mikroökonomischen Marktanalyse eines langfristigen Marktgleichgewichts bei vollständiger Konkurrenz. Vgl. Kapitel 7, S. 310ff.

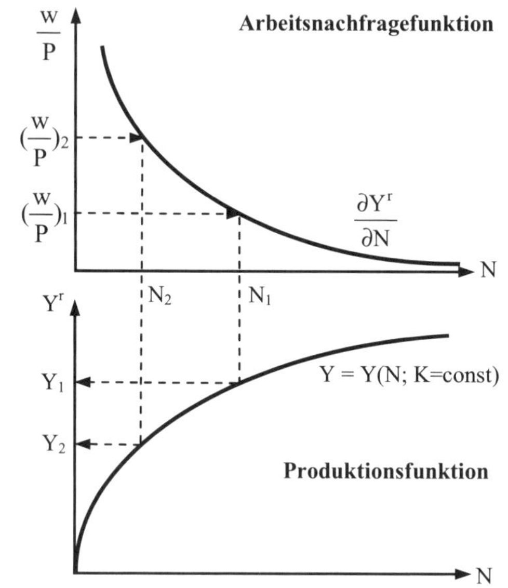

Abbildung 11-70: Die gesamtwirtschaftliche Arbeitsnachfragefunktion

Praxisbeispiel 11-11: Die Pest – ein Fall für Ökonomen?[108]

Im 14. Jahrhundert breitete sich über Europa die Beulenpest aus. Die Epidemie dezimierte die Bevölkerung in einem unvorstellbaren Ausmaß. Einige Länder beklagten einen Rückgang der Bevölkerung um mehr als ein Drittel.

Auch die ökonomischen Auswirkungen der Pest waren dramatisch. Angesichts der stark geschrumpften Bevölkerung lag ein beträchtlicher Teil des fruchtbaren Bodens brach. Entgegen allen damaligen Erwartungen kam es jedoch nicht zu einem Verfall der Getreidepreise. Zum weiteren Erstaunen genossen die Arbeiter, die die Epidemie überstanden hatten, einen starken Anstieg ihrer Löhne. Was aber des einen Freud, was des andern Leid: Während die arbeitende Landbevölkerung einen wirtschaftlichen Aufschwung erlebte, mussten die Landbesitzer starke Verluste in ihren Einnahmen aus Renten und Pachten hinnehmen.

Der Anstieg der Löhne und der Verfall der Bodenrenten lassen sich mit elementaren Konzepten der Volkswirtschaftslehre, nämlich mit Hilfe der neoklassischen Theorie der Grenzproduktentlohnung erklären. Wegen des starken Bevölkerungsschwundes und der gesunkenen Zahl der Arbeiter stieg das Grenzprodukt und damit der Lohn der Arbeit: ein zusätzlicher Arbeiter half nun mehr, den Ertrag zu erhöhen, als früher, als bereits viele Arbeitnehmer vorhanden waren. Zudem wurden mit dem Rückgang der Bevölkerung nur noch die besseren Böden bewirtschaftet, was wiederum die Produktivität der Landwirtschaft erhöhte und damit die Löhne.

Auch der Rückgang der Bodenrenten und -pachten war durch den Rückgang der Anzahl der Arbeitskräfte begründet, da ein zusätzlicher Hektar Land bei der reduzierten Anzahl der Landarbeiter nicht mehr den Mehrertrag bringen konnte, der bei einer großen Anzahl der Landarbeiter möglich gewesen wäre. Land war im Verhältnis zum Faktor Arbeit plötzlich sehr reichlich geworden. So sank das Grenzprodukt des zweiten Produktionsfaktors Land und damit auch sein Preis.

[108] In Anlehnung an *Börsch-Supan/Schnabel* (1998), S. 3 ff.; vgl. auch *Mankiw* (1998), S. 62 f.

11.5.2 Das gesamtwirtschaftliche Arbeitsangebot

Wie wir bereits aus der mikroökonomischen Analyse wissen, wirken auf das Arbeitsangebot eines Wirtschaftssubjektes zahlreiche Faktoren ein. Die individuelle Messlatte jedes Wirtschaftssubjektes ist zum einen sein angestrebter Lebensstandard, zum anderen seine persönliche Einstellung zur Arbeit bzw. Freizeit. Je weniger Widerwillen jemand gegenüber seiner Arbeit hat, desto eher wird er bereit sein, Freizeit zu opfern und dafür durch erhöhten Arbeitseinsatz sein Einkommen zu erhöhen.

Eine wichtige Rolle spielt außerdem die wirtschaftliche Gesamtsituation dieses Haushalts. Verfügt er über Vermögenseinkommen, dann verringern sich die Notwendigkeit und die Motivation, zusätzlich Arbeitseinkommen zu erzielen, beträchtlich.

Aus diesen Überlegungen kann man wichtige Zusammenhänge zwischen Nominallöhnen, Preisen und dem Arbeitsangebot folgern: Wenn c.p. der Lohn pro Stunde steigt, ist es möglich, mit demselben Arbeitseinsatz einen höheren Lebensstandard zu finanzieren als vorher. Pro Arbeitsstunde können nun mehr Konsumgüter erworben werden, so dass der Verzicht auf eine Stunde Freizeit höher kompensiert wird als zuvor. Höherer Lohn macht Arbeit also attraktiver. Derselbe Effekt ergibt sich, wenn bei konstantem Nominallohn das Preisniveau sinkt.

Wenngleich in einzelwirtschaftlicher Betrachtung durchaus sehr individuelle Verhaltensprofile beim Arbeitsangebot möglich sind[109], geht man in makroökonomischer Betrachtung davon aus, dass das Arbeitsangebot mit dem Reallohn insgesamt steigt:

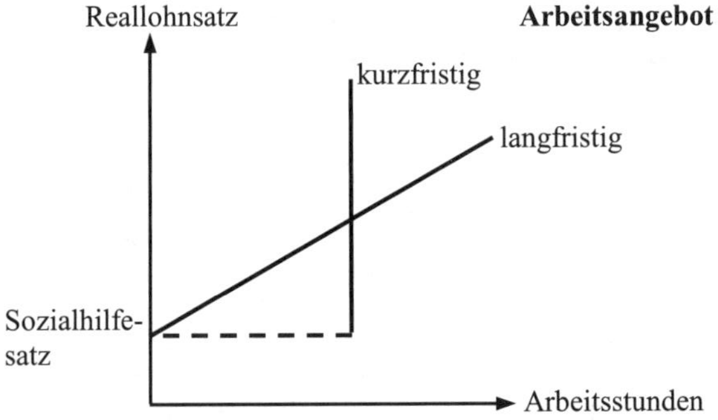

Abbildung 11-71: Die gesamtwirtschaftliche Arbeitsangebotsfunktion

Dieser Zusammenhang unterliegt allerdings diversen Einschränkungen.

Reallohnuntergrenze

Kein rationales Wirtschaftssubjekt arbeitet für einen Lohn, der geringer oder nur unwesentlich höher ist als das, was der Staat für das Nichtstun bezahlt. Der Sozialhilfesatz ist somit eine faktische Lohnuntergrenze für das Arbeitsangebot. Dies kann wirtschaftspolitisch zu Problemen führen. Arbeitnehmer, deren Produktivität so niedrig ist, dass sie unterhalb des Sozialhilfesatzes liegt, werden nicht bereit sein, eine Arbeit anzunehmen, bei der sie weniger verdienen als die Sozialhilfe bereitstellt. Umgekehrt wird kein Unternehmen bereit sein, mehr Lohn zu zahlen als dem Wertgrenzprodukt der Arbeit entspricht. Diese Arbeitsplätze kommen daher nicht zustande. Es entsteht dauerhaft Arbeitslosigkeit von Geringqualifizierten.

[109] Vgl. Kapitel 5, S. 217 ff.

Die Lösung dieses Problems liegt in der Umgestaltung der Sozialhilfe zu einer aktivierenden Sozialhilfe, wie sie z.B. das ifo-Institut seit langem fordert: Statt Sozialhilfe zu kürzen oder zu streichen, sobald jemand wieder begonnen hat zu arbeiten, sollte die Sozialhilfe besonders niedrige Löhne aufstocken, d.h. der Staat sollte dann dazuzahlen, wenn jemand arbeitet und nicht, wenn jemand nicht arbeitet – natürlich nur bezogen auf arbeitsfähige Personen. Auch in den USA gibt es seit langem ein System der negativen Einkommenssteuer, bei der der Staat bei (zu) niedrigen Einkommen einen gewissen Betrag drauflegt, um ein sozialpolitisch vertretbares Mindesteinkommen für alle zu gewährleisten.

Kurz- und langfristige Reaktion
Arbeitnehmer werden in der kurzen Frist anders – nämlich gar nicht – auf Reallohnsteigerungen reagieren, als langfristig. In der Regel sind Arbeitsverhältnisse vertraglich abgesichert und können nicht beliebig schnell verändert werden. Vor allem Anpassungsvorgänge, die den Erwerb neuer Qualifikationen erfordern, benötigen viel Zeit.
Insbesondere bei Reallohnsenkungen ist nicht mit einer schnellen Verringerung des Arbeitsangebots zu rechnen. Jeder Haushalt wird versuchen, seinen Lebensstandard zu erhalten und daher sein Arbeitsangebot womöglich sogar ausdehnen, sicher aber nicht reduzieren.

Institutionelle Vorgaben
Durch gesetzliche Bestimmungen ist dem Arbeitsangebot von Seiten des Staates eine Grenze gesetzt. In Deutschland dürfen Menschen erst ab einem Alter von 15 Jahren abhängig beschäftigt werden. Das gesetzliche Rentenalter steigt ab 2012 zwar schrittweise von 65 auf 67 Jahre an, bildet aber grundsätzlich eine obere Altersschranke für das Arbeitsangebot. Auch die tägliche und wöchentliche Arbeitszeit ist sowohl durch die Arbeitsgesetzgebung als auch durch tarifvertragliche Bestimmungen eingeschränkt.

Gesellschaftspolitische Rahmenbedingungen
Eine wesentliche Rolle bei der Ausschöpfung des Erwerbspersonenpotenzials spielen Familienstrukturen und kulturelle Traditionen in einem Land. Die Frauenerwerbstätigkeit z.B. ist in hohem Maße davon abhängig, wie sich im jeweiligen Land das traditionelle Familien- und Frauenbild entwickelt und wie die gesellschaftliche und staatliche Infrastruktur für die Kinderbetreuung beschaffen ist.

Die Arbeitsmarktstatistik in Deutschland erfasst das Arbeitsangebot in verschiedenen statistischen Kategorien:

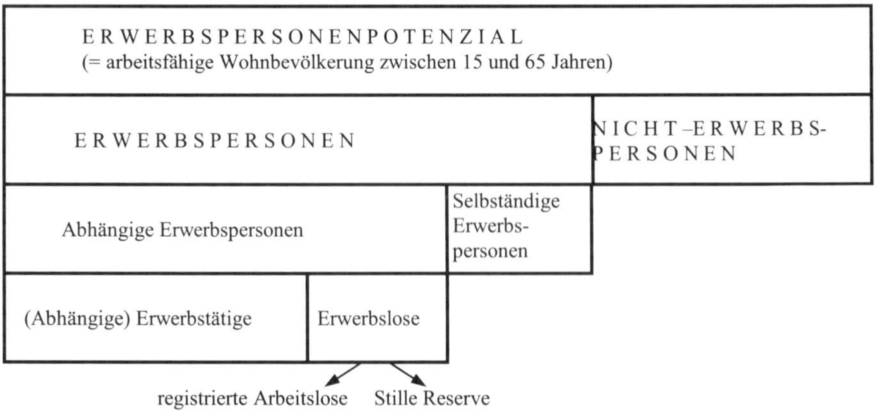

Abbildung 11-72: Das Arbeitsangebot in der deutschen Arbeitsmarktstatistik

Alle arbeitsfähigen Personen der deutschen Wohnbevölkerung zwischen 15 und 65 Jahren bilden zusammen das Erwerbspersonenpotenzial. Nicht alle Arbeitsfähigen sind allerdings auch arbeitswillig. Viele Menschen beziehen ihr Einkommen aus Vermögensbesitz oder werden von Familienmitgliedern mitversorgt. Daher zerfällt das Erwerbspersonenpotenzial in die tatsächlichen Erwerbspersonen und in die Nicht-Erwerbspersonen.
Erwerbspersonen sind Menschen, die eine selbständige oder abhängige Tätigkeit ausüben oder suchen. Man muss daher zunächst die Kategorien „selbständig" und „abhängig" unterscheiden und anschließend die abhängigen Erwerbspersonen auch noch danach unterteilen, ob sie tatsächlich erwerbstätig sind, d.h. einen Arbeitsplatz haben oder nicht. Diejenigen, die keinen Arbeitsplatz haben und arbeitssuchend sind, können entweder bei der Arbeitsagentur registriert sein – in diesem Fall werden sie bei der Berechnung der offiziellen Arbeitslosenquote mitgezählt – oder sie gehören zur sog. Stillen Reserve des Arbeitsmarktes. Das sind Menschen, die eine Arbeitsplatz suchen, sich aber nicht registrieren lassen, z.B. weil sie keinen Anspruch auf finanzielle Unterstützungsleistungen von der Arbeitsagentur haben.

In Deutschland ist die Anzahl der Erwerbspersonen seit Beginn der Neunziger Jahre kräftig angestiegen. Allerdings war dieser Anstieg auch von zunehmender Arbeitslosigkeit begleitet. Die Arbeitslosenquote – definiert als Erwerbslose in % der Erwerbspersonen[110] – erreichte mit 10,6% im Jahr 2005 einen negativen Rekord. Seitdem steigt die Zahl der Erwerbstätigen deutlich an, obwohl die Anzahl der Erwerbspersonen i.W. stagniert:

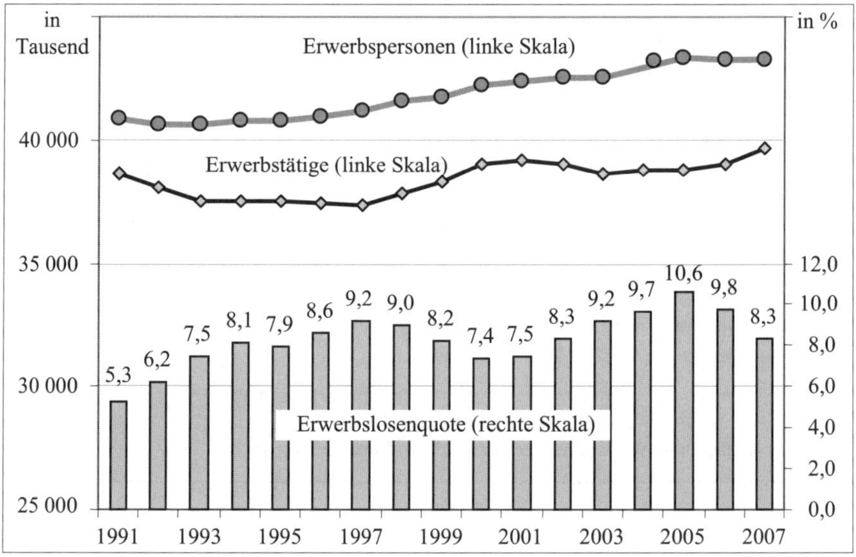

Abbildung 11-73: Erwerbstätigkeit und Erwerbslosigkeit in Deutschland, 1991 bis 2007[111]

Zur genaueren Bestimmung des Arbeitsangebotes eines Landes sind darüber hinaus Strukturdaten, v.a. die Qualifikationsstruktur und die Altersstruktur wichtig.

[110] Dies entspricht der ILO-Definition. Daneben wird in Deutschland noch eine andere Arbeitslosenquote berechnet und veröffentlicht. Diese bezieht die registrierten Arbeitslosen nur auf die abhängigen Erwerbspersonen und weist daher stets einen rechnerisch höheren Wert der Arbeitslosenquote aus.

[111] Quelle: Statistisches Bundesamt. Erwerbslosenquote = Anteil der Erwerbslosen an den Erwerbspersonen.

11.5.3 Das Arbeitsmarktgleichgewicht

Wie auf jedem anderen Markt herrscht Gleichgewicht, wenn Arbeitsangebot und Arbeitsnachfrage gleich groß sind. Dies ist bei genau einem Reallohnsatz der Fall.

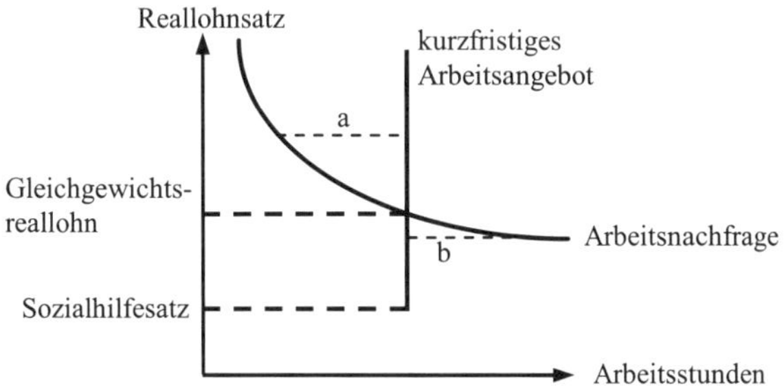

a: Unterbeschäftigung, d.h. Arbeitslosigkeit; Reallohn ist zu hoch.
b: Überbeschäftigung; Reallohn ist zu niedrig.

Abbildung 11-74: Das Arbeitsmarktgleichgewicht

Liegt der Reallohn unter dem Gleichgewichtswert, so besteht eine Übernachfrage nach Arbeit in Höhe der Strecke b. Die Unternehmen werden sich im Wettbewerb um die Arbeitskräfte gegenseitig mit ihren Lohnangeboten überbieten, bis der Reallohn zum Gleichgewichtswert gestiegen ist.

Wenn der Reallohn höher ist als im Gleichgewicht, dann übersteigt das Arbeitsangebot die Nachfrage und es herrscht Arbeitslosigkeit im Umfang a. In diesem Fall sinken die Nominallöhne, weil die Arbeitnehmer sich gegenseitig mit ihren Lohnforderungen unterbieten, bis beim Gleichgewichtsreallohnsatz wieder Vollbeschäftigung herrscht.

Bei vollständig flexiblem Nominallohn pendelt der Reallohnsatz (bei gegebenem Preisniveau) also stets zu seinem Gleichgewichtswert zurück. Dauerhafte Arbeitslosigkeit kann nur dann entstehen, wenn der Lohn seine Anpassungsfähigkeit verliert. Dies wird in der folgenden Übung anhand eines Höchstpreises demonstriert[112].

Übung 11-18: Arbeit und Brot

In einer Volkswirtschaft (neo)klassischer Prägung wird ausschließlich Getreide produziert. Die gesamtwirtschaftliche Produktionsfunktion lautet:

$Y = N^{\alpha} \cdot K^{\beta}$, wobei $\alpha = \beta = 0{,}5$ und $K = 2.500$

a) Leiten Sie die Grenzproduktivität der Arbeit ab.

b) Wie hoch ist der Nominallohnsatz im Gleichgewicht, wenn 36 Arbeitskräfte zur Verfügung stehen und der Preis für eine Einheit Getreide 24 beträgt?

c) Um sicherzustellen, dass sich alle Bevölkerungsschichten Brot leisten können, führt die Regierung einen Höchstpreis für Getreide in Höhe von 20 ein. Was passiert auf dem Arbeitsmarkt?

d) Berechnen Sie die Veränderungen und begründen Sie Ihr Vorgehen.

e) Was würde in einer keynesianischen Wirtschaft passieren?

[112] In Anlehnung an *Pfahler/Thuy* (1998), S. 190.

Lösung:

a) $$Y = N^{0,5} \cdot 2.500^{0,5} = 50 \cdot \sqrt{N}$$

$$\frac{\partial Y}{\partial N} = 50 \cdot 0,5 \cdot N^{-0,5} = \frac{25}{\sqrt{N}}$$

b) Der Nominallohn w ist gleich dem Wertgrenzprodukt der Arbeit an der Stelle N=36:

$$w = \frac{25}{\sqrt{36}} \cdot 24 = \frac{25 \cdot 24}{6} = 100$$

c) Die Höchstpreissetzung führt zu einer Verringerung des Arbeitseinsatzes, denn der bisher geltende Lohnsatz w = 100 liegt über dem neuen Wertgrenzprodukt von ca. 83,3. Wenn der Arbeitseinsatz sinkt, steigt jedoch die Grenzproduktivität:

$$\frac{25}{\sqrt{N}} \cdot 20 = 100$$

$$500 = 100 \cdot \sqrt{N}$$

$$5 = \sqrt{N}$$

$$N = 25$$

Es entsteht also Arbeitslosigkeit in Höhe von 11.

d) In einer klassischen Wirtschaft würde auf dem Arbeitsmarkt der Nominallohn solange sinken, bis alle Arbeitslosen wieder in den Arbeitsmarkt integriert sind, nämlich auf

$$\frac{25}{\sqrt{36}} \cdot 20 = 83,\overline{3}\,.$$

e) In einer keynesianischen Wirtschaft hingegen ist der Lohnsatz nach unten starr. Wenn sich das Preisniveau nicht ändert, kann daher der Reallohn nicht sinken und die Arbeitslosigkeit bleibt bestehen.

Die Outputmenge Y, die bei Vollbeschäftigung produziert wird, ist die höchste Angebotsmenge, die in einer Volkswirtschaft bei gegebenem Kapitalstock möglich ist. Wie in jedem Marktungleichgewicht wird auch im Arbeitsmarktungleichgewicht immer die kürzere Marktseite realisiert, d.h. wenn der Reallohn zu hoch ist, die Nachfrageseite, wenn der Reallohn zu niedrig ist, die Angebotsseite, was bei einer senkrechten Arbeitsangebotsfunktion wie in Abbildung 11-74 ebenfalls zur Vollbeschäftigungsmenge führt.

Das Arbeitsmarktgleichgewicht begrenzt also die Angebotsmenge einer Volkswirtschaft nach oben. Gleichzeitig bedeutet jedes Arbeitsmarktungleichgewicht, das Arbeitslosigkeit erzeugt und daher nur einen Teil des angebotenen Arbeitskräftepotentials ausnutzt, gesamtwirtschaftlichen Verzicht auf Wohlstand: Das Bruttoinlandsprodukt ist dann kleiner als es sein könnte, wenn tatsächlich alle volkswirtschaftlichen Ressourcen eingesetzt würden.

Praxisbeispiel 11-12: Das Okun'sche Gesetz[113]

Beschäftigte Arbeitnehmerinnen und Arbeitnehmer tragen dazu bei, Güter und Dienstleistungen zu erzeugen, Arbeitslose jedoch nicht. Es ist daher zu erwarten, dass ein Anstieg der Arbeitslosenquote eine Abnahme des realen Inlandsproduktes impliziert. Diese tatsächlich zu beobachtende negative Beziehung zwischen Arbeitslosigkeit und BIP-Wachstum wird als

[113] In Anlehnung an *Mankiw* (1998)

Okun'sches Gesetz bezeichnet. Der amerikanische Ökonom *Arthur Okun* war der erste, der sich mit diesem Zusammenhang explizit beschäftigte[114].

Anhand der Jahresdaten für die Vereinigten Staaten ermittelte *Okun* hierfür eine Regressionsgerade, die folgender Gleichung gehorcht:

Prozentuale Änderung des BIP = 3% - 2 x Änderung der Arbeitslosenquote

Bleibt die Arbeitslosenquote unverändert, so wächst das reale BIP um etwa 3%. Dieses „normale" Wachstum ist auf Bevölkerungswachstum, Kapitalakkumulation und technischen Fortschritt zurückzuführen. Für jeden Prozentpunkt, um den die Arbeitslosigkeit steigt, sinkt die Wachstumsrate des BIP im Durchschnitt um ca. 2 Prozentpunkte. Steigt daher die Arbeitslosenquote beispielsweise von 6 auf 8 Prozent, er ergibt sich für das reale BIP eine Schrumpfungsrate von 1%.

Wenn man die Okun-Gleichung auf deutsche Daten anwendet, ergibt sich folgendes Bild:

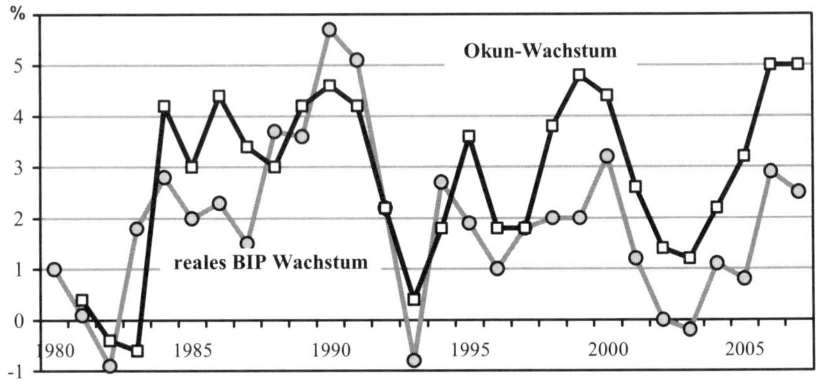

Abbildung 11-75: Reales BIP-Wachstum und Okun-Wachstum in Deutschland, 1980 bis 2006[115]

Obwohl in dieser Graphik die Okun-Gleichung ohne strukturelle Anpassung auf die deutschen Daten angewendet wird, tritt der Zusammenhang zwischen der beobachteten realen Wachstumsrate des BIP und der Veränderung der Arbeitlosenquote im Okun-Wachstum deutlich zutage.

Wenn die Annahme vollkommen flexibler Löhne zutreffen würde, könnte Arbeitslosigkeit langfristig allerdings gar nicht bestehen. Offenbar gibt es in der Realität Mechanismen, die eine Anpassung des Reallohnes an das Vollbeschäftigungsniveau häufig verhindern. Tatsächlich kann man zahlreiche Gründe für Lohnstarrheiten finden:

Tariflöhne und gewerkschaftlicher Organisationsgrad

Arbeitsmärkte sind zumeist keine freien Märkte, auf denen die einzelnen Anbieter und Nachfrager miteinander völlig frei Preise aushandeln. Aus verschiedenen, v.a. sozialpolitischen Gründen sind sie in der Regel stark reguliert.

In Deutschland handeln im Rahmen der Tarifautonomie Arbeitgeber- und Arbeitnehmervertreter in bilateralen Monopolverhandlungen Löhne und Arbeitsbedingungen aus. Die tarif-

[114] Vgl. *Okun* (1962).

[115] Eigene Berechnung auf Basis der standardisierten Arbeitslosenquote. Quellen: Standardisierte Arbeitslosenquote: OECD, reales BIP-Wachstum: Statistisches Bundesamt

vertraglich vereinbarten Löhne dürfen von den tarifgebundenen Unternehmen dann nicht unterschritten werden. Sie haben die Funktion verbindlicher Mindestlöhne. Wenn diese Löhne oberhalb des Gleichgewichtslohnes für den betreffenden Sektor liegen, entsteht Arbeitslosigkeit.

Es gibt empirische Untersuchungen, die belegen, dass bei steigendem gewerkschaftlichem Organisationsgrad die Arbeitslosigkeit zunimmt. Wenn die Verhandlungsmacht der Gewerkschaftender steigt, gelingt es ihnen möglicherweise, ein Lohnniveau durchzusetzen, das oberhalb des Gleichgewichtsniveaus liegt, so dass auf diese Weise auch die Arbeitslosigkeit höher wird[116]. Es entsteht somit ein typisches Insider-Outsider-Problem: Je besser die Gewerkschaften für ihre zahlenden Mitglieder, also die, die einen Arbeitsplatz haben, verhandeln, desto höher werden die Wiedereinstiegshürden für jene, die ihren Arbeitsplatz bereits verloren haben oder verlieren[117].

Gesetzliche Mindestlöhne

Das Gleiche gilt natürlich für gesetzliche Mindestlöhne, bei denen der Staat allgemeinverbindlich für alle Branchen eine untere Schranke in das Tarifgefüge einzieht. Als Begründung für solch einen Schritt wird entweder eine zu geringe tarifliche Bindung der Arbeitgeber, die Bedrohung des inländischen (hohen) Lohnniveaus durch die Konkurrenz mobiler ausländischer Arbeitnehmer, die ihre Arbeitsleistung (aus Inlandssicht) zu Dumpinglöhnen anbieten, oder die Existenz von Arbeitsnachfragemonopsonen angeführt, die es einzelnen Arbeitgebern erlauben, Löhne durchzusetzen, welche unterhalb des Gleichgewichtsreallohnes liegen.

Sofern tatsächlich letzteres zutrifft, sind Mindestlöhne auch aus volkswirtschaftlicher Sicht sinnvoll und notwendig, um Marktversagen auszugleichen. Liegen sie allerdings deutlich über dem Gleichgewichtsniveau, ist dauerhafte und branchenübergreifende Arbeitslosigkeit die unausweichliche Folge. Aus diesem Grund äußerten sich zahlreiche Wissenschaftler und Forschungsinstitute einhellig in ungewöhnlich eindeutiger und scharfer Form gegen die Einführung eines allgemein verbindlichen Mindestlohnes von 7,50€, die im Herbst 2007 die politische Diskussion in Deutschland bestimmte.

Praxisbeispiel 11-13: Gesetzlicher Mindestlohn in Deutschland?[118]

„Weihnachten nähert sich, und deshalb muss die Mindestlohndebatte vom Tisch. Die Union springt über ihren Schatten und beschließt den flächendeckenden Mindestlohn in Höhe von 7,50 Euro. Mir wird angst bei dieser Vorstellung.

Gut gemeint und gut getan ist nicht dasselbe. Flächendeckende Mindestlöhne in der diskutierten Höhe erzeugen eine Massenarbeitslosigkeit, und die Alternative zu den Mindestlöhnen ist nicht neoliberale Kälte, sondern eine Sicherung von Mindesteinkommen durch Lohnzuschüsse. ...

Dass Mindestlöhne, die den Markt binden, in großem Umfang Stellen vernichten, wissen wir aus internationalen Vergleichen. In den USA, wo man gerade mal 4 Euro kriegt, ist der Mindestlohn kein Problem, weil er so niedrig ist. Nur etwa 1% der Lohnbezieher verdient ihn. Ähnlich niedrig (1,9%) ist der Anteil der Lohnbezieher in Großbritannien, die zum Mindestlohn ar-

[116] Vgl. z.B. *Grubel* (1988) oder *Mankiw* (1998), S. 149 ff.

[117] Allerdings wird die Verantwortung für die Arbeitslosen gerade in einer Sozialen Marktwirtschaft neuerer Prägung beim Staat und nicht mehr bei den Tarifpartnern gesehen. Es wird ihnen dadurch ermöglicht, de facto Verträge zu Lasten Dritter abzuschließen und die volkswirtschaftlichen Kosten „zu hoher“ Tarifabschlüsse zu versozialisieren, d.h. auf Dritte abzuwälzen. Vgl. die Ausführungen zur Geschichte der Sozialen Marktwirtschaft in Kapitel 3.6.2, S. 92ff. Vgl. z.B. auch *Berthold* (1999) und (2003).

[118] Sinn (2007)

beiten ... Ganz anders ist es bei dem hohen französischen Mindestlohn, den 15% der Lohnbezieher erhalten. Er hat den Arbeitsmarkt genauso kaputt gemacht wie der implizite Mindestlohn, den das deutsche Lohnersatzsystem [gemeint ist das deutsche Sozialhilfesystem, Anm.d.Verf.] schafft. Die brennenden französischen Schulbusse haben ihre Ursache im Mindestlohn.

Wir wissen um die Jobverluste auch aus einschlägigen Studien für Deutschland. Das Statistische Bundesamt hat mitgeteilt, dass im Westen ein Neuntel der privat beschäftigten Arbeitnehmer und im Osten ein Viertel weniger als 7,50 Euro pro Stunde verdient. Seriöse und vorsichtige Schätzungen des ifo und IWH kommen zu dem Schluss, dass durch einen Mindestlohn in dieser Höhe im Westen 800.000 und im Osten 300.000 Jobs verloren gehen. ...

Wenn Frau Merkel bei ihren Bürgern zu Weihnachten nicht nur gute Gefühle wecken will, sondern ihnen wirklich Gutes tun will, dann sollte sie keinerlei Kompromiss in der Mindestlohnfrage zustimmen. Nicht das Christkind, sondern der Teufel hat sich den Mindestlohn ausgedacht."

Sozialhilfe als Lohnersatz

Wie bereits dargelegt wirkt Sozialhilfe, die immer nur dann gezahlt wird, wenn der Empfänger oder die Empfängerin nicht arbeitet, wie ein Mindestlohn. Kein rationales Wirtschaftsubjekt arbeitet für einen geringeren Lohn, als den, der vom Staat für Freizeit gezahlt wird. Ein solches Sozialsystem fungiert daher als Konkurrent der Arbeitgeber für unqualifizierte Arbeit und zerstört in diesem Sektor des Arbeitsmarktes Arbeitsplätze für all diejenigen, deren Wertgrenzprodukt unterhalb des Sozialhilfesatzes liegt.

Effizienzlöhne

Häufig wird auch die Effizienzlohntheorie als Grund für Lohnstarrheiten angeführt. Sie beruht darauf, dass Lohnsteigerungen die Arbeitnehmer motivieren und auf diese Weise zu Produktivitätssteigerungen führen. Umgekehrt würden dann natürlich Lohnsenkungen eine Verschlechterung der Arbeitsqualität und/oder -produktivität bewirken. Auf diese Weise könnten Lohnsteigerungen letztendlich zu einer Senkung der Lohnstückkosten und Lohnsenkungen zu einer Erhöhung führen. Als prominentester Beleg für diese Theorie gilt Henry Ford mit seinem 5-Dollar-Day[119].

Angesichts all dieser Hindernisse, durch Nominallohnsenkungen zu einem markträumenden Gleichgewichtsreallohn zu kommen, drängt sich ein neuer Gedanke auf:
Warum lässt man nicht einfach Preissteigerungen zu? Schließlich kann ein Bruch, d.h. der Reallohn, seinen Wert auf zweierlei Wegen verringern: Entweder der Zähler sinkt oder der Nenner steigt! Wenn Ersteres offenbar so problematisch ist, warum sollte man dann nicht das Zweite wählen?

Das war und ist in der Tat ein bestechender Gedanke, der unter dem Namen **Phillips-Kurve** berühmt geworden ist. *A.W. Phillips*, ein Wirtschaftswissenschaftler an der London School of Economics, fand in einer Langfristuntersuchung für England heraus, dass die Entwicklung der Geldlöhne ($\hat{w}$) und die Arbeitslosenquote (u) offenbar gegenläufig ist.

Dieser Zusammenhang liegt nahe, wenn man bedenkt, dass Nominallohnsteigerungen am leichtesten dann durchgesetzt werden können, wenn Arbeitskräftemangel besteht. Aus dieser originären Phillipskurve schloss man bald aber auf einen analogen Zusammenhang zwischen der Preissteigerungsrate ($\hat{p}$) und der Arbeitslosenquote (u). Diese abgeleitete Kurve bezeichnete man nun als Phillipskurve. Dass Lohn- und Preissteigerungen in der Regel zu-

[119] Vgl. oben Abschnitt 2.3.2, S. 34 f.

sammentreffen, ist ebenfalls naheliegend, da beide Phänomene typische Kennzeichen konjunktureller Überhitzung, also Folge einer Übernachfrage sind.

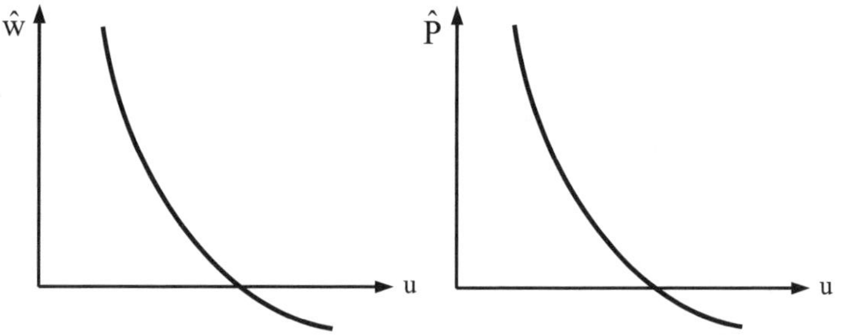

Abbildung 11-76: Die originäre (links) und abgeleitete (rechts) Phillipskurve

Aus der Phillipskurve wurde dann der wirtschaftspolitische Schluss gezogen, dass Inflation zur Bekämpfung von Arbeitslosigkeit beitragen könne bzw. dass Preisniveaustabilität und Vollbeschäftigung konkurrierende Ziele seien, zwischen denen ein sog. **trade-off** bestehe: Eine Senkung der Inflationsrate müsse mit einem Anstieg der Arbeitslosenquote bezahlt werden und umgekehrt.

Nach dem Ölpreisschock Anfang der Siebziger Jahre kamen allerdings Zweifel an der Phillipskurve auf. In vielen westlichen Industrieländern schien der bis dato so eindeutige Zusammenhang zwischen Inflation und Arbeitslosigkeit verloren gegangen zu sein. Plötzlich waren hohe Inflationsraten mit hohen Arbeitslosenraten verbunden. Das Schlagwort der **Stagflation** machte die Runde. Ein möglicher Grund für das neue Phänomen sind die sog. adaptiven Erwartungen.

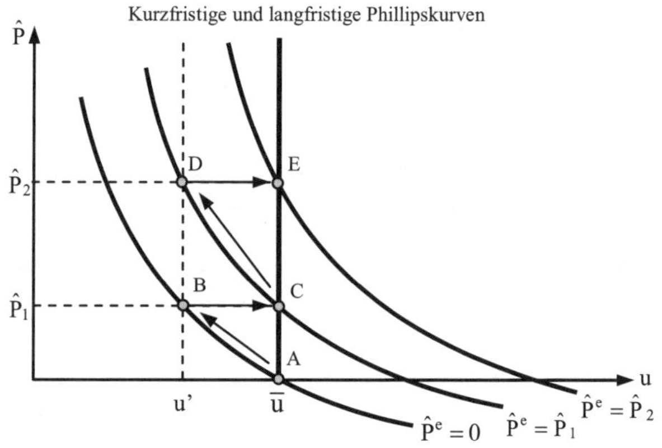

Abbildung 11-77: Kurzfristige und langfristige Phillipskurven[120]

Nehmen wir an, in einer Volkswirtschaft herrscht aus friktionellen und/oder strukturellen Gründen die Arbeitslosigkeit $\overline{u}$ bei gleichzeitiger Preisniveaustabilität (Punkt A). Um die als zu hoch empfundene Arbeitslosenquote zu senken, beschließt die Regierung ein expansives Ausgabenprogramm, das zu einer Nachfrage- und Preissteigerung führt. Da die Reallöh-

[120] Vgl. *Gruber/Kleber* (1997), S. 262 ff. oder auch *Görgens/Ruckriegel* (2002), S. 226 ff.

ne durch die Preissteigerung sinken, erhöht sich die Arbeitsnachfrage und die Arbeitslosenquote geht zurück (Punkt B). Inzwischen ist den Arbeitnehmern aber bewusst geworden, dass ihr Reallohn gesunken ist. Sie erwarten, dass die inzwischen eingetretene Geldentwertung sich auch in Zukunft fortsetzen wird und verlangen in den nächsten Tarifsverhandlungen einen entsprechenden Nominallohnzuschlag zum Ausgleich für den realen Kaufkraftverlust. Da die wirtschaftliche Lage gut ist und Arbeitskräfte knapper geworden sind, gelingt ihnen das auch. Die Nominallöhne steigen also, mit ihnen steigen auch die Reallöhne und die Arbeitslosigkeit kehrt ebenfalls auf ihr altes Niveau zurück. In der neuen Situation (Punkt C) ist die Arbeitslosigkeit also genauso hoch wie zu Beginn dieses Teufelskreises; allerdings hat sich die Inflation inzwischen beschleunigt.

Langfristig gelingt es daher nicht, Geldwertstabilität für mehr Beschäftigung zu opfern. Preisniveausteigerungen können – wenn überhaupt – nur eine vorübergehende Entlastung auf dem Arbeitsmarkt bewirken.

Die Basis-Arbeitslosenquote $\overline{u}$ nennt man deshalb auch NAIRU-Quote, das bedeutet „Non accelerating rate of unemployment“. Sobald die Arbeitslosigkeit mit expansiven konjunkturpolitischen Maßnahmen unter dieses Niveau gedrückt wird, beschleunigt sich nämlich (wie in Abbildung 11-77 beschrieben) die Inflation, ohne auf dem Arbeitsmarkt langfristig zu Entlastung zu führen. Die NAIRU-Quote kann nur mit geeigneten angebotsorientierten Maßnahmen, d.h. strukturellen Verbesserungen auf dem Arbeitsmarkt verringert werden.

11.6 Das Gleichgewicht auf Güter-, Geld- und Arbeitsmarkt bei flexiblen Preisen

Endlich sind wir an dem Punkt angelangt, an dem die drei großen makroökonomischen Märkte zu einem Gesamtmodell zusammengefügt werden können: Der Gütermarkt, der über die Spar- und Investitionsaktivitäten gleichzeitig die Rahmenbedingungen für den Kapitalmarkt schafft, der Geldmarkt, auf dem sich die monetären Strukturen für die Volkswirtschaft herausbilden, und der Arbeitsmarkt, der bei gegebenem Kapitalstock über die Produktivität der Volkswirtschaft bestimmt.

Wir haben bei den bisherigen Analysen fast durchwegs ein konstantes Preisniveau unterstellt. Nominale und reale Größen mussten daher nicht unterschieden werden. Lediglich bei der Analyse des Arbeitsmarktes trat durch den Reallohn erstmals das Preisniveau als mögliche zusätzliche Variable des Modells in Erscheinung. Diese Überlegung soll nun auch auf die beiden anderen Märkte übertragen werden.

11.6.1 Die gesamtwirtschaftliche Nachfragefunktion

Die reale Kaufkraft einer bestimmten Geldmenge ergibt sich, wenn man den Nominalwert der Geldmenge durch das Güterpreisniveau teilt. Wenn die Geldumlaufsgeschwindigkeit auf 1 normiert wird, kann man schreiben:

$$Y^r \cdot P = M \Rightarrow Y^r = \frac{M}{P}$$

Aus der nominalen Geldmenge wird die sog. **Realkasse**, d.h. ein Maß dafür, wie viele Güter und Dienstleistungen mit einer bestimmten Menge Geldes tatsächlich erworben werden können. Jede Änderung des Preisniveaus ruft daher Änderungen der Realkasse hervor: Ein Absinken des Preisniveaus wirkt wie eine Erhöhung des nominalen Geldangebotes.

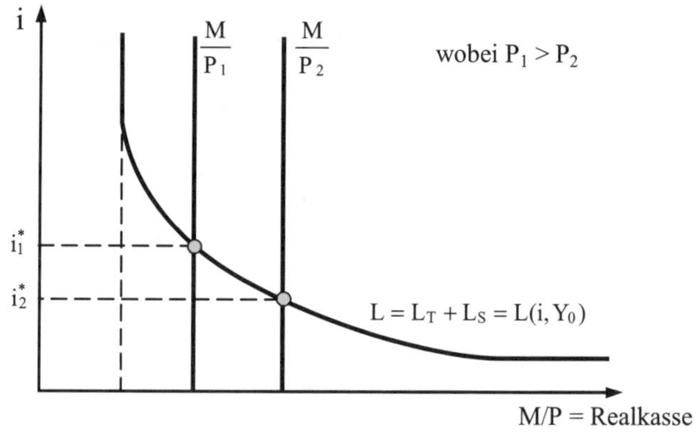

Abbildung 11-78: Der Geldmarkt bei flexiblen Preisen

Wenn man annimmt, dass die Wirtschaftssubjekte keiner Geldillusion unterliegen, d.h. ihre Transaktionen an den realen und nicht an den nominalen Werten ausrichten, folgt daraus eine entsprechende Änderung im Nachfrageverhalten auf den Gütermärkten. Da die (reale) Kassenhaltung der Wirtschaftssubjekte durch das Absinken des Preisniveaus über das ursprünglich gewünschte Maß hinaus gewachsen ist, bauen diese ihre Kassenhaltung durch zusätzliche Ausgaben ab. Die Nachfrage steigt. Man nennt diesen Effekt den **Realkasseneffekt**[121].

Im IS-LM-Modell lässt sich dieser Sachverhalt durch eine Rechtsverschiebung der LM-Kurve darstellen. Da eine Senkung des Preisniveaus die Kaufkraft der Geldmenge M erhöht, verschiebt eine Preissenkung die Budgetrestriktion $M = L_S + L_T$ und damit auch die LM-Kurve selbst nach rechts.

Der IS-LM- Gleichgewichtspunkt wandert durch die Preissenkung nach rechts, Einkommen und Beschäftigung dehnen sich aus. Der Realkasseneffekt widerlegt daher die Annahme der Klassiker über die Dichotomie des güter- und geldwirtschaftlichen Bereichs. Geld legt nicht nur den **Geldschleier** über die realen Austauschverhältnisse, sondern es gibt wirksame Transmissionsmechanismen, die monetäre Impulse auf den güterwirtschaftlichen Bereich übertragen können.

Verbindet man die Gleichgewichtswerte für die Gütermenge Y mit den dazugehörigen Preisniveaus (unteres Diagramm in Abbildung 11-79), dann erhält man die gesamtwirtschaftliche Nachfragefunktion. Sie stellt einen eindeutigen Zusammenhang zwischen der Güternachfrage und verschiedenen Preisniveaus bei gegebener nominaler Geldmenge her. Das Geldangebot M ist in diesem Diagramm also ein Lageparameter: Erhöhungen der Geldmenge verschieben die gesamtwirtschaftliche Nachfragefunktion nach rechts, Verringerungen von M verschieben sie nach links.

[121] Auf welche Weise es zu diesem Transmissionsmechanismus kommt, wird in der Wirtschaftstheorie unterschiedlich erklärt. Beim sog. Cambridge-Effekt verursacht der Realkassenüberschuss unmittelbar eine Nachfragesteigerung nach Gütern, wodurch bei gegebenem Güterangebot die Preise wieder steigen, bis der gewünschte Wert der Realkassen wieder erreicht ist. Beim sog. Keynes-Effekt führt der Realkassenüberhang zu einer verstärkten Nachfrage nach Wertpapieren, dadurch zu steigenden Kursen und fallenden Zinsen, wodurch wiederum die Investitionsnachfrage steigt. In diesem Fall ist der Zusammenhang zwischen Preisniveauänderung und Änderung der Güternachfrage also indirekt, im Ergebnis aber gleich.

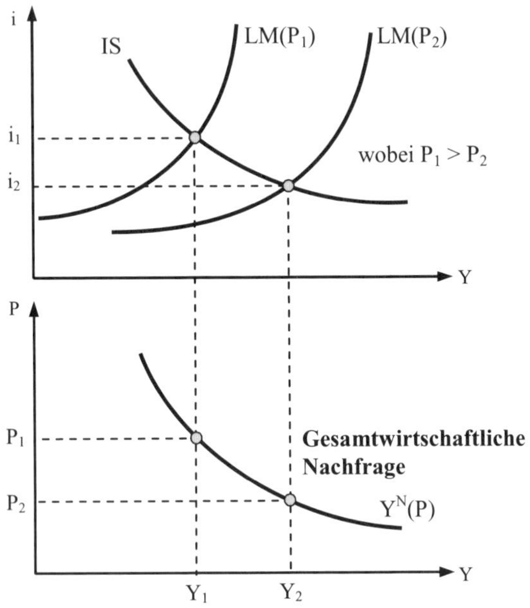

Abbildung 11-79: Das IS-LM-Gleichgewicht bei flexiblen Preisen und die gesamtwirtschaftliche Nachfragefunktion

11.6.2 Das gesamtwirtschaftliche Angebot

Das gesamtwirtschaftliche Angebot wird – bei gegebener Kapitalausstattung und Technologie – vom Arbeitsmarkt bestimmt. Wie wir in Abschnitt 11.5.3 bereits festgestellt haben, spielt das Preisniveau für die Höhe des Reallohnsatzes und damit auch für die Lage des Arbeitsmarktgleichgewichts eine wesentliche Rolle. Bisher gingen wir allerdings davon aus, dass das Preisniveau konstant sei und haben die Veränderungen des Nominallohnsatzes auf das Arbeitsmarktgleichgewicht untersucht. Wir haben festgestellt, dass es dabei entscheidend darauf ankommt, wie flexibel der Nominallohn auf Störungen des Gleichgewichts reagieren kann.

Wenn wir im Folgenden die Wirkung von Preisniveauschwankungen auf das Arbeitsmarktergebnis und damit das gesamtwirtschaftliche Angebot untersuchen wollen, müssen wir daher die beiden Fälle flexibler und starrer Nominallöhne voneinander unterscheiden.

Der Quadrant II in Abbildung 11-80 zeigt den Arbeitsmarkt. Angebot und Nachfrage nach Arbeit (N) hängen vom Reallohn w/P ab. Wenn in diesem Modell Preisniveauschwankungen auftreten, würden sich die Nominallöhne immer sofort so anpassen, dass wieder der Gleichgewichtsreallohn $(w/P)^*$ erreicht wird. Der Reallohn hat bezüglich des Preisniveaus also die Elastizität von 0.

Dieser Sachverhalt ist im ersten Quadranten dargestellt. Der Funktionsgraph des Reallohnes bezüglich des Preisniveaus P ist eine gerade Linie parallel zur Preis-Achse in Höhe des Vollbeschäftigungswertes $(w/P)^*$ des Reallohnes.

Auf dem Arbeitsmarkt wird daher stets die Vollbeschäftigungsarbeitsmenge N^* erreicht. Diese führt in Kombination mit dem gegebenen Kapitalstock über die Produktionsfunktion im dritten Quadranten zur Angebotsmenge Y^A. Diese ist für jedes Preisniveau konstant und

immer gleich der Vollbeschäftigungsmenge. Die Angebotsfunktion verläuft ebenfalls parallel zur Preisachse und hat immer den bei gegebener Kapitalausstattung und Technologie höchstmöglichen Wert. Eine Erhöhung des Angebotes wäre nur langfristig über Wirtschaftswachstum möglich.

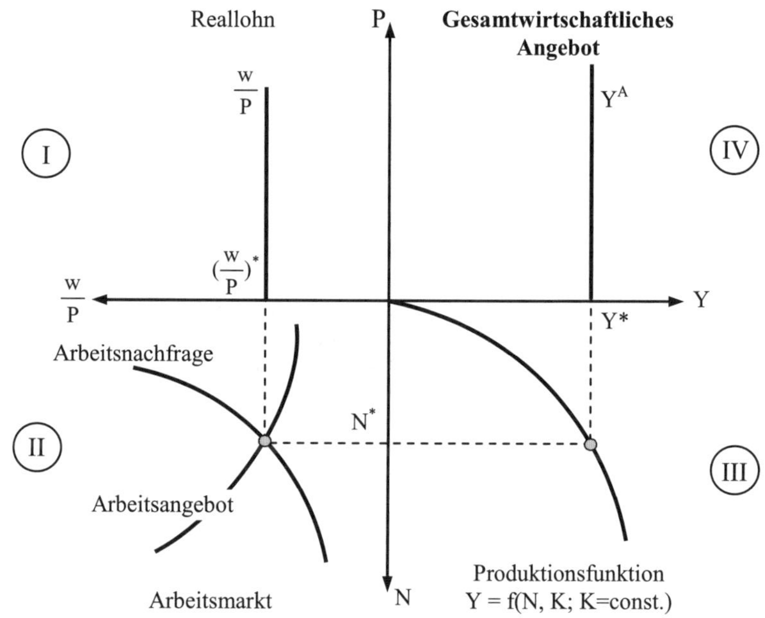

Abbildung 11-80: Das gesamtwirtschaftliche Angebot bei flexiblen Preisen und Löhnen

Diese Situation ändert sich, wenn man (realistischerweise) annimmt, dass die Nominallöhne vor allem nach unten starr sind und sich nicht ohne weiteres an eine Preissenkung anpassen können. Wenn der Reallohn über dem Gleichgewichtsniveau liegt (z.B. bei $(w/P)_1$ im zweiten Quadranten von Abbildung 11-81), bleibt der Nominallohn starr statt auf Vollbeschäftigungsniveau zu sinken und Arbeitslosigkeit entsteht. Nur eine eventuelle Preissteigerung kann in dieser Situation den Reallohn senken und zum Arbeitsmarktgleichgewicht zurückführen[122].

Die Reallohnfunktion im ersten Quadranten hat daher bis zum Vollbeschäftigungswert den Verlauf einer Hyperbel, denn der Nominallohn im Zähler ist starr und wird mit zunehmendem Preisniveau durch einen immer größer werdenden Nenner geteilt.
Sobald der Reallohn den Vollbeschäftigungswert erreicht hat, würde eine weitere Preissteigerung jedoch zu Überbeschäftigung führen, denn bei Reallöhnen, die unter dem Gleichgewichtsniveau liegen, übersteigt die Arbeitsnachfrage das -angebot. In diesem Fall werden daher auch die Nominallöhne steigen, da die Arbeitgeber über höhere Löhne um die Arbeitnehmer konkurrieren müssen. Der Reallohn kann also auch bei weiterhin steigenden Preisen nicht unter das Vollbeschäftigungsniveau fallen. Die Reallohnfunktion im ersten Quadranten wird ab dem Vollbeschäftigungswert wieder zu einer Parallelen zur Preisachse, genau wie im Modell vollständig flexibler Löhne.

[122] Diese Argumentation passt also wunderbar zum Konzept der Phillipskurve, was den Glauben an einen stabilen trade-off zwischen Inflation und Arbeitslosigkeit daher zunächst gestärkt hat.

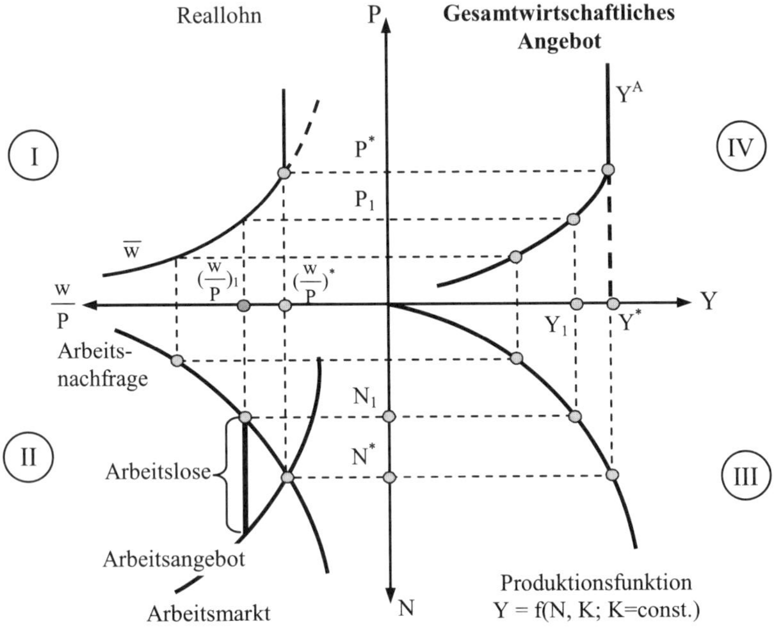

Abbildung 11-81: Das gesamtwirtschaftliche Angebot bei flexiblen Preisen und (nach unten) starren Löhnen

In diesem Modell kann es also dazu kommen, dass bei unterschiedlichen Preisniveaus unterschiedliche Arbeitsmengen im Produktionsprozess eingesetzt werden. Die Obergrenze ist die Vollbeschäftigungsarbeitsmenge, aber auch niedrigere Werte sind möglich. Über die Produktionsfunktion ergeben sich daher in Abhängigkeit des Preisniveaus verschiedene Angebotsmengen (vgl. vierter Quadrant in Abbildung 11-81). Das Güterangebot Y^A ist bis zum Vollbeschäftigungsniveau preisabhängig.

11.6.3 Das gesamtwirtschaftliche Gleichgewicht und wirtschaftspolitische Schlussfolgerungen

Nun fügen wir die gesamtwirtschaftliche Angebots- und Nachfragekurve zu einem Totalmodell zusammen.

11.6.3.1 Die klassische Sicht

Aus klassischer Sicht gibt es nur eine Lösung: Ein Vollbeschäftigungsgleichgewicht.

Über den flexiblen Nominallohn wird auf dem Arbeitsmarkt stets Vollbeschäftigungsniveau erreicht und daher auch das Vollbeschäftigungseinkommen produziert. Der Arbeitsmarkt entscheidet also über die Höhe der Beschäftigung, den Reallohn und die Produktion. Die Angebotsfunktion Y^A verläuft senkrecht. Die gesamtwirtschaftliche Nachfrage Y^N bestimmt lediglich das dazu gehörige Preisniveau.

Der Geldmarkt, d.h. die nominale Geldmenge hat auf die realen Größen, einschließlich des Zinssatzes keinen Einfluss. Wird die Geldmenge M erhöht, so führt dies zwar zunächst zu einem Anstieg der Realkasse und damit einer Rechtsverschiebung der LM-Kurve im fünften Quadranten. Dadurch verschiebt sich jedoch auch die die Nachfragekurve Y^N nach rechts (M ist ein Lageparameter für die Nachfragekurve!), was wegen der völlig unelastischen An-

gebotsfunktion zu einem Anstieg des Preisniveaus führt. Dieser Preisanstieg bewirkt, dass der Wert der Realkasse (M/P) auf den Gleichgewichtswert zurückfällt und die LM-Kurve an ihren Ausgangspunkt zurückkehrt. Arbeitsmenge, Beschäftigung und Zins haben sich also im Ergebnis nicht verändert. Lediglich das Preisniveau ist angestiegen.

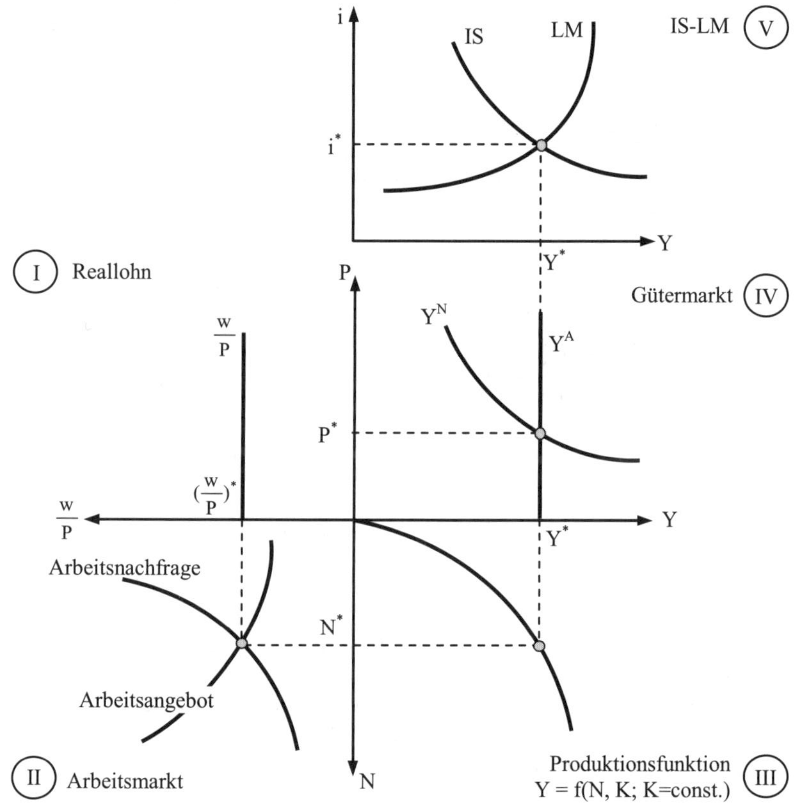

Abbildung 11-82: Das klassische Modell der Gesamtwirtschaft

So entsteht das klassische Ergebnis, dass das Geld neutral ist: Eine steigende Geldmenge erhöht nur das Preisniveau (den „Geldschleier“), beeinflusst aber nicht die realen Verhältnisse in einer Volkswirtschaft.

Erfolgreiche Wirtschaftspolitik besteht also vor allem darin, die Rahmenbedingungen für den Markt so zu gestalten, dass der Preismechanismus möglichst perfekt wirken kann. Weiteres wirtschaftspolitisches Eingreifen zur Herstellung oder Bewahrung der Vollbeschäftigung ist nicht erforderlich.

11.6.3.2 Die keynesianische Sicht

Dieses Ergebnis ändert sich, wenn man die keynesianische Sicht unterstellt und die Anpassungsfähigkeit der Löhne nach unten bezweifelt.

Da in diesem Modell die Angebotsfunktion bis zur Kapazitätsgrenze preiselastisch ist, kann es zu einem Schnittpunkt von Angebot und Nachfrage kommen, der unterhalb des Vollbeschäftigungsniveaus, z.B. bei Y_1, liegt. Bei einem Output von Y_1 herrscht auf dem Arbeits-

markt Unterbeschäftigung in Höhe von A. Dies ist also die Situation des berüchtigten keynesianischen Unterbeschäftigungsgleichgewichts.

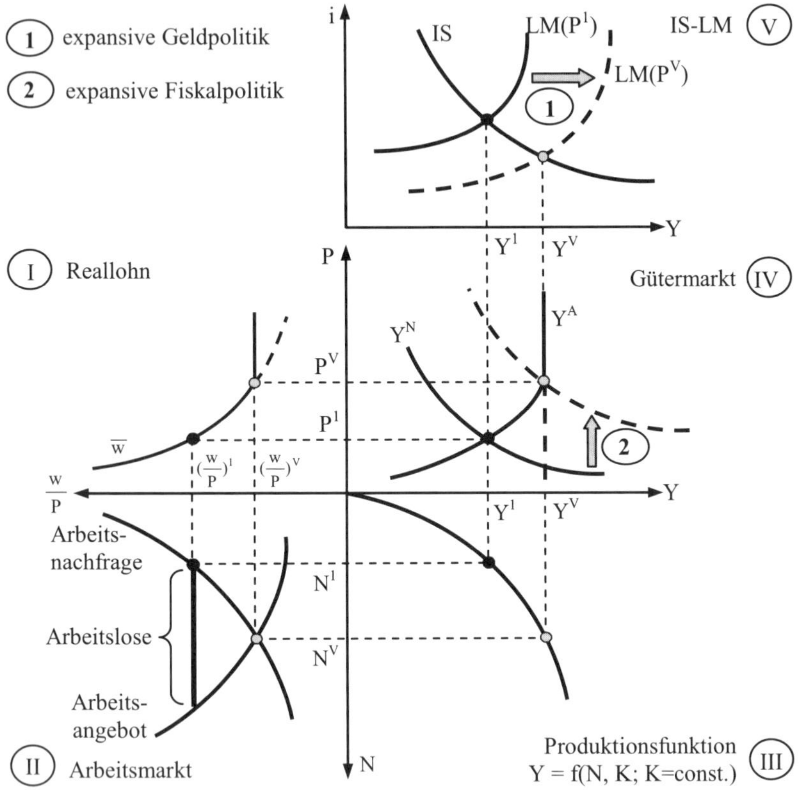

Abbildung 11-83: Das keynesianische Modell der Gesamtwirtschaft

Welche Lösungsmöglichkeiten gibt es hier?

Die klassische Lösung einer Senkung des Nominallohns, bis der Reallohn wieder Vollbeschäftigungsniveau erreicht hat, scheidet aus. Es bleiben also expansive Maßnahmen der Geld- und Fiskalpolitik.

Wenn die Zentralbank die Geldmenge M erhöht, verschiebt sich die LM-Kurve im fünften Quadranten nach rechts (Ziffer 1). Dadurch sinkt der Zins, was die Investitionen anregt und die Nachfragekurve Y^N ebenfalls nach rechts verschiebt (Realkasseneffekt). Anders als im klassischen Modell bewirkt diese Nachfrageerhöhung aber nicht nur eine Preissteigerung, sondern auch eine Ausdehnung des Angebotes und damit der Arbeitsmenge bis ins Vollbeschäftigungsniveau (vgl. vierter Quadrant in Abbildung 11-83).
Das Geld ist in diesem Modell also *nicht* neutral, sondern kann erfolgreich für die Einkommens- und Beschäftigungspolitik eingesetzt werden – es sei denn, die Wirtschaft befindet sich in einer Liquiditätsfalle.

Die zweite Möglichkeit besteht im Einsatz expansiver Fiskalpolitik. Durch eine Erhöhung der Staatsnachfrage kann die gesamtwirtschaftliche Nachfrage Y^N unmittelbar nach rechts zum Vollbeschäftigungswert verschoben werden (vgl. vierter Quadrant, Ziffer 2). Dieser

Maßnahme wird von Keynesianern der Vorzug gegeben, da die Zinselastizität der Investitionen bezweifelt wird und außerdem gerade in Unterbeschäftigungssituationen eine Liquiditätsfalle vorliegen kann. Beides schränkt die Wirksamkeit der Geldpolitik erheblich ein.

11.6.4 Angebots- und nachfrageorientierte Wirtschaftspolitik

Aus diesen beiden Modellvarianten des gesamtwirtschaftlichen Gleichgewichts, nämlich der (neo-)klassischen und der keynesianischen, gehen zwei wirtschaftspolitische Paradigmen hervor, die bis heute die wirtschaftspolitische Diskussion prägen.

Diese beiden Denkschulen unterscheiden sich vor allem durch ihre jeweilige Auffassung vom Markt. Während die Neoklassiker grundsätzlich auf die Stabilität der Marktmechanismen vertrauen und daher davon überzeugt sind, dass jede Störung, die von außen auf das Marktsystem einwirkt, durch die marktimmanenten Anpassungsmechanismen behoben und ein neues Marktgleichgewicht erreicht werden kann, glauben Keynesianer nicht an die Selbstheilungskräfte des Marktes, sondern fordern im Falle von Ungleichgewichten das wirtschaftspolitische Eingreifen des Staates. Sie gehen außerdem davon aus, dass der Markt nicht nur durch exogene Schocks aus dem Gleichgewicht kommen kann, sondern vielmehr eine systemimmanenten Instabilität aufweist und endogenen zyklischen Schwankungen unterworfen ist, die nur mit Hilfe staatlicher Maßnahmen einzudämmen sind.

11.6.4.1 Die klassische Sicht

Aus (neo-)klassischer Sicht rückt also der mikroökonomische Preismechanismus in das Zentrum der Überlegungen. Als Basis gilt das *Say*'sche Gesetz, nach dem sich jedes Angebot seine Nachfrage selbst schafft, solange nur eine freie Bewegung aller Preise für einen Ausgleich zwischen Angebot und Nachfrage sorgen kann. Die wichtigste Aufgabe des Staates besteht somit darin, diese Beweglichkeit der Preise sowie einen funktionsfähigen Wettbewerb hinsichtlich Steuerungs-, Innovations- und Verteilungsfunktion zu gewährleisten. Unternehmen sollen ein möglichst gutes Umfeld für ihre wirtschaftlichen Aktivitäten und insbesondere für die Kapitalbildung vorfinden, ihre Risiko- und Leistungsbereitschaft muss durch den Preismechanismus unmittelbar belohnt werden.
Wenn dies gelingt, verbessert sich die volkswirtschaftliche Effizienz, die Produktion erhöht sich dauerhaft und führt über den Mechanismus des *Say*'schen Gesetzes zu einem gleichgewichtigen Wachstumspfad, der das Wohlstandsniveau stetig erhöht.

Da all diese Überlegungen in erster Linie auf die Angebotsseite des Marktes abzielen, nennt man dieses wirtschaftspolitische Konzept **angebotsorientierte Wirtschaftspolitik** (supply-side economics).
Sie basiert auf dem makroökonomischen Totalmodell, das in Abbildung 11-82 dargestellt worden ist. Der Kernpunkt dieses Modells besteht in der Annahme, dass durch vollständig flexible Preise und Löhne grundsätzlich Vollbeschäftigung erreicht werden könne. Einer der wichtigsten Vertreter dieser klassischen Lehrmeinung, *A.C. Pigou*, bringt es auf den Punkt:

> *„Bei absolut freiem Wettbewerb wird immer eine starke Tendenz zur Vollbeschäftigung herrschen. Wenn zu gewissen Zeiten Arbeitslosigkeit besteht, so ist diese zur Gänze auf den Reibungswiderstand zurückzuführen, [der] die geeigneten unverzüglichen Lohn- und Preisanpassungen verhindert."*[123]

Daraus folgt unmittelbar, dass stets der Vollbeschäftigungsoutput, also ein Punkt auf der Transformationskurve der Volkswirtschaft, produziert wird und die gesamtwirtschaftliche Angebotskurve parallel zur Preisachse verläuft (vgl. Quadrant IV in Abbildung 11-82).

[123] *A.C.Pigou* zitiert nach *Samuelson* (2005), S. 963.

Dies hat unmittelbare Konsequenzen für die Ausrichtung der Wirtschaftspolitik. Jede Verlagerung der gesamtwirtschaftlichen Nachfragekurve, insbesondere dann, wenn sie durch fiskal- oder geldpolitische Maßnahmen hervorgerufen worden ist, hat keinen dauerhaften Einfluss auf Beschäftigung, Produktion und Zins, sondern lediglich auf das Preisniveau. Es macht demnach keinen Sinn, die Geldmengensteuerung und/oder die staatliche Steuer- und Ausgabenpolitik diskretionär, d. h. gezielt auf die Schwankungen des Konjunkturzyklus auszurichten. Vielmehr muss angebotsorientierte Wirtschaftspolitik von folgenden Grundsätzen geprägt sein:

- Empfohlen werden eine generelle wirtschaftspolitische Zurückhaltung sowie die Verstetigung aller staatlichen Maßnahmen, damit die wirtschaftlichen Rahmenbedingungen für die privaten Unternehmen und Haushalte berechenbar werden. Eine weitgehende Regelbindung der Wirtschaftspolitik würde dazu führen, dass das Risiko privater Wirtschaftspläne wie auch die Inflationserwartungen der privaten Marktteilnehmer spürbar sinken und sich damit der Wachstumspfad der Volkswirtschaft verstetigt.
- Insbesondere durch die Weiterentwicklung des neoklassischen Ansatzes durch die Monetaristen kommt der Geldpolitik in Form einer regelgebundenen Geldmengensteuerung eine zentrale Bedeutung zu. Da ein stabiles Preisniveau die unabdingbare Grundlage funktionierender Markt- und Wettbewerbsbeziehungen darstellt, hat die Zentralbank eine besondere Verantwortung für die Bekämpfung von Inflation und Deflation. Aus monetaristischer Sicht ist die Geldmenge sogar die einzige wirklich wichtige wirtschaftspolitische Variable, mit der insbesondere auch die Gesamtnachfrage gesteuert werden kann.
- Eine staatliche Arbeitsmarktpolitik hingegen ist nicht nur vollständig überflüssig, sondern ausgesprochen fehl am Platz. Die Verantwortung für das Erreichen von Vollbeschäftigung liegt bei den Tarifpartnern. Sie müssen in bilateralen Verhandlungen sicher stellen, dass auf der Basis der von der Zentralbank geschaffenen Stabilität des Geldwertes eine hinreichende Nominallohnflexibilität den Arbeitsmarkt stets räumt.
- Die Hauptaufgabe des Staates besteht vielmehr darin, durch eine angemessene Ordnungs- und Wettbewerbspolitik (Nachtwächterstaat) dafür zu sorgen, dass der private Markt sich optimal entfalten und v.a. auf Störungen flexibel reagieren kann. Die wirtschaftlichen Aktivitäten des Staates sollten sich auf die Bereitstellung einer angemessenen Versorgung mit öffentlichen Gütern beschränken, die wiederum eine wesentliche Voraussetzung für hohe Standortqualität darstellen.
- Nicht zuletzt hinsichtlich der geforderten Langfristorientierung staatlicher Wirtschaftspolitik muss das Budget grundsätzlich ausgeglichen sein. Die Staatsquote soll niedrig sein.

11.6.4.2 Die keynesianische Sicht

Auslöser für die sog. keynesianische Revolution, die die wirtschaftspolitische Sicht der Klassiker auf den Kopf stellte, war die Weltwirtschaftskrise:

> *„Während die Klassiker predigten, eine anhaltende Arbeitslosigkeit sei ein Ding der Unmöglichkeit, konnten die Ökonomen der dreißiger Jahre das riesige Heer der Erwerbslosen, die um Arbeit bettelten und an Straßenecken Bleistifte verkauften, schwerlich übersehen. Welche Erklärung fand die Volkswirtschaftslehre für eine derart massive und hartnäckige Unterbeschäftigung?“*[124]

[124] *Samuelson* (2005) S. 964.

Die Antwort darauf stand in *Keynes's* „General Theory of Employment, Interest and Money" von 1936, in der er eine völlig neuartige Sicht auf die Funktionsfähigkeit des Marktes sowie auf die Wirkungsweise verschiedener wirtschaftspolitischer Instrumente entwickelte.

Der grundlegende Unterschied zum Vorgängerkonzept besteht in der Annahme einer inhärenten Instabilität des privaten Sektors in Gestalt der beobachtbaren zyklischen Schwankungen der gesamtwirtschaftlichen Aktivität, die von *Keynes* im Wesentlichen auf Schwankungen der gesamtwirtschaftlichen Nachfrage zurückgeführt werden. Wie bereits weiter oben beschrieben spielen für Keynes hierbei labile Zukunftserwartungen der Marktteilnehmer (insbesondere der Investoren) sowie nur unzureichend anpassungsfähige Preise und Löhne die entscheidende Rolle. Sein wirtschaftspolitisches Konzept, welches primär auf die Verstetigung der gesamtwirtschaftlichen Nachfrage ausgerichtet ist, nennt man daher **nachfrageorientierte Wirtschaftspolitik**.

Zugrunde liegt das makroökonomische Totalmodell aus Abbildung 11-83. Im Unterschied zum klassischen Modell lässt es aufgrund von Lohnstarrheiten dauerhafte Ungleichgewichte auf dem Arbeitsmarkt zu. Bei Arbeitslosigkeit wird jedoch nicht der Vollbeschäftigungsoutput, sondern eine geringere Angebotsmenge produziert. Die Angebotskurve verläuft daher links vom Potenzialoutput preiselastisch (vgl. Quadrant IV in Abbildung 11-83). Eine Verlagerung der gesamtwirtschaftlichen Nachfragekurve, z.B. durch die Erhöhung der Staatsnachfrage, führt in diesem Bereich also nicht nur zu einer Erhöhung des Preisniveaus, sondern auch der Beschäftigung. Geld- und v.a. Fiskalpolitik erhalten damit eine wesentliche beschäftigungspolitische Bedeutung.

Die konkreten Schlussfolgerungen für den Einsatz wirtschaftspolitischer Instrumente widersprechen daher den klassisch/neoklassischen Empfehlungen vollständig. Keynesianer gehen davon aus, dass es nicht nur möglich, sondern sogar unabdingbar ist, dass der Staat mit den Instrumenten der Geld- und Fiskalpolitik diskretionär, d.h. situationsbezogen und nicht etwa regelgebunden, auf die im Konjunkturverlauf schwankende Gesamtnachfrage antizyklisch einwirkt. Nachfrageorientierte Wirtschaftspolitik gehorcht folgenden Grundsätzen:

- Der Staat ist kein Nachwächter, sondern greift selbst in das Wirtschaftsgeschehen ein. Kernaufgabe ist nicht mehr die Ordnungs-, sondern vor allem die Prozesspolitik. Seine Hauptaufgabe besteht in einer aktiven Nachfragesteuerung insbesondere durch antizyklische Variation seiner eigenen nachfragewirksamen Ausgaben. Die Maßnahmen sind daher in erster Linie auf die kurzfristige Beeinflussung der zyklischen Schwankungen einer Volkswirtschaft ausgerichtet. Um auch die privaten Komponenten der gesamtwirtschaftlichen Nachfrage in den Stabilisierungsprozess miteinzubeziehen, setzt der Staat auf die sog. Globalsteuerung. Eine Glättung der zyklischen Schwankungen, so glauben die Keynesianer, kommt zugleich den langfristigen Wachstumszielen zugute.
- Speziell dem Arbeitsmarkt wird die Fähigkeit zur Selbstregulierung abgesprochen. Die Verantwortung für Vollbeschäftigung wird stärker beim Staat als bei den Tarifpartnern gesehen. Beschäftigungspolitik wird zu einer Kernaufgabe der Staatstätigkeit.
- Auch die Geldpolitik ändert ihre Funktion: Für Keynesianer ist sie nicht mehr ausschließlich zur Stabilisierung des Preisniveaus einzusetzen; vielmehr plädieren sie dafür, Geldpolitik auch als Mittel der Konjunkturstabilisierung zu nutzen und damit im Zweifelsfall den Beschäftigungszielen unterzuordnen. Grundsätzlich ist sie in einem keynesianischen System in ihrer Gesamtbedeutung der Fiskalpolitik unterlegen („money does not matter").
- Durch die umfangreichen Aufgaben v.a. im Bereich der Stabilisierungspolitik nimmt der Umfang der Staatstätigkeit, d.h. die Staatsquote zu. Außerdem wird zur Durchset-

zung einer antizyklischen Ausgabenpolitik ausdrücklich auch ein defizitärer Staatshaushalt („deficit spending“) in Kauf genommen, in der Annahme, dass sich die Defizite im Verlauf des Konjunkturzyklus wieder ausgleichen würden.

11.6.4.3 Die wirtschaftspolitische Synthese

Die wirtschaftspolitischen Konzepte sowohl der (Neo-)Klassiker und insbesondere der späteren Monetaristen als auch der Keynesianer wurden v.a. in der zweiten Hälfte des 20. Jahrhunderts in vielen Industrieländern praktisch erprobt. In der konkreten Umsetzung zeigten sich jedoch in jedem Falle zahlreiche Probleme.

Die Politik der strikten staatlichen Ausgabenzurückhaltung unter kompromissloser Beachtung der Budgetrestriktion, wie sie Reichskanzler Brüning in den Jahren 1930 bis 1932 in Deutschland betrieb, gilt heute als ein wesentlicher Beitrag zur Verschärfung der Wirtschaftskrise.
Die keynesianische Antwort auf die Weltwirtschaftskrise erwies sich jedoch ebenfalls als problembehaftet:

- Die Umsetzung antizyklischer Fiskalpolitik ist schon allein deshalb schwierig, weil es keine zuverlässigen Indikatoren gibt, die rechtzeitig, d.h. ex ante, anzeigen würden, wie der Verlauf der Konjunktur sein wird. Ja selbst die Diagnose des aktuellen Konjunkturstandes ist nicht mit Sicherheit möglich. Ohne zuverlässige Konjunkturprognose ist jedoch ein pro-aktiver Einsatz wirtschaftspolitischer Instrumente nicht möglich.

- Hinzu kommt, dass es bei allen geld- und vor allem fiskalpolitischen Instrumenten Wirkungsverzögerungen gibt. Diese ergeben sich zum einen aus der langwierigen politischen Entscheidungsphase über den Einsatz und die Dosierung eines bestimmten Instrumentes, zum andern aber auch aus der verzögerten Reaktion[125] der privaten Wirtschaftssubjekte auf veränderte wirtschaftspolitische Rahmenbedingungen, wie z.B. Änderungen in der Steuerbelastung.

- Ferner kann grundsätzlich in Zweifel gezogen werden, dass jede Art von Ungleichgewichten der staatlichen Korrektur bedarf. Schließlich ist es integraler Bestandteil jeder dynamischen Marktwirtschaft, dass fortwährend Anpassungsprozesse an Nachfrageänderungen oder z.B. auf Grund von Innovationen stattfinden. Solche Anpassungen sind Ausdruck der Funktionsfähigkeit des Marktsystems und dürfen nicht durch staatliche Maßnahmen behindert werden; ansonsten drohen strukturelle Verwerfungen und damit langfristige Ungleichgewichte, die umso tiefer werden, je stärker der Staat versucht, die Anpassungen zu verhindern.

- Nachfrageorientierte Politik birgt grundsätzlich die Gefahr steigender Staatsverschuldung. In der Tat führten einige keynesianische Experimente westlicher Industrieländer zu stark ansteigenden staatlichen Defiziten. Keynesianisches deficit spending angewandt auf strukturelle Ungleichgewichte kann natürlich nicht zum Ziel führen, sondern verhindert eine notwendige marktmäßige Anpassung mit dem Ergebnis, dass der letztlich unvermeidbare Strukturwandel mit der Zeit immer teurer wird und Staat auf Dauer Schulden anhäuft. Hinzu kommt, dass es auch bei konjunkturell bedingten Staatsdefiziten einer demokratisch gewählten Regierung sehr schwer fällt, in Zeiten sprudelnder Steuerquellen Schulden zu tilgen anstatt Wünsche der Wähler zu befriedigen[126].

[125] Vgl. z.B. die Abschnitte 11.2.1.1.3 ff. zur Konsumtheorie.
[126] Vgl. Praxisbeispiel 11-6: Haushaltskonsolidierung in der großen Koalition.

Die wirtschaftspolitische Antwort auf diese keynesianischen Experimente wiederum war der von dem Chicagoer Ökonomen *Milton Friedman* und seinen Schülern entwickelte Monetarismus. Die Thesen der Monetaristen basieren auf der klassischen Überzeugung, dass der Markt grundsätzlich stabil und in der Lage sei, sich selbst zu regulieren. Insbesondere Arbeitslosigkeit sei vom Staat selbst verschuldet und entstehe v.a. dadurch, dass der Markt in seinen Selbstheilungskräften auf dem Arbeitsmarkt behindert werde.
Zusätzlich zu diesen alt bekannten Positionen der Klassiker betonten die Monetaristen jedoch die überragende Bedeutung der Geldmengensteuerung für die wirtschaftliche Entwicklung.

Gegen Ende der siebziger Jahre gewann der Monetarismus starken Einfluss in der Wirtschaftspolitik insbesondere der USA und später auch Großbritanniens unter Margaret Thatcher, aber auch in anderen angelsächsischen Ländern wie Irland oder Neuseeland. Die keynesianische Ausgabenpolitik der sechziger und frühen siebziger Jahre hatte insbesondere bei der Bekämpfung der Inflation vollständig versagt.
Die amerikanische Federal Reserve Bank startete deshalb im Oktober 1979 ein „monetaristisches Experiment"[127]. In einer dramatischen Änderung ihrer Strategie beschloss die Fed, künftig nicht mehr über Zinssätze zu steuern, sondern primär die Geldmenge auf einem vorbestimmten Wachstumspfad zu halten. Dieses Experiment war äußerst erfolgreich, was die Dämpfung des Wachstums und die Senkung der Inflationsrate betraf. Allerdings stieg die Arbeitslosenquote im selben Zeitraum von 6 auf 10%.

Genau darin zeigte sich eine der wesentlichen Schwächen des monetaristischen Ansatzes:

- Monetarismus als eine Form der angebotsorientierten Wirtschaftspolitik wirkt mittelfristig. Stabilisierungserfolge stellen sich oft nicht unmittelbar ein. Die Begrenzung des Geldmengenwachstums zur Eindämmung der Inflation führt jedoch kurzfristig dazu, dass unrentable Unternehmen vom Markt verschwinden und dadurch die Arbeitslosigkeit steigt. Dies aber führt zu Protesten der betroffenen Gruppen, v.a. der Gewerkschaften und der politischen Gegner, so dass eine solche Politik in demokratischen Systemen nur schwer durchsetzbar ist.
- Außerdem wird bezweifelt, dass die Geldmengensteuerung in expansiver Richtung genauso wirkungsvoll ist wie in restriktiver. Monetaristen gehen davon aus, dass die Gesamtnachfrage nahezu ausschließlich von der Geldmenge beeinflusst werde und dieser Zusammenhang stabil und verlässlich sei. Kritiker hingegen sagen spöttisch, die monetaristische Theorie gehe davon aus, dass man dicker werde, wenn man den Gürtel lockerer schnalle, nicht aber davon, dass man den Gürtel lockerer schnallen müsse, wenn man dicker wird.[128]

Offenbar ist es bisher noch keiner wirtschaftspolitischen Schule – weder den angebotsorientierten noch den nachfrageorientierten Ökonomen – gelungen, sich mit ihrer Sicht der Dinge vollständig durchzusetzen. Tatsächlich konnte man in den letzten 30 Jahren eine zunehmende Annäherung beider Strömungen in der Theorie[129], aber auch in der Praxis feststellen. Die Erkenntnis, dass Wirtschaftspolitik sowohl kurzfristige Nachfrageschwankungen wie auch dem langfristigen Wachstumstrend Aufmerksamkeit schenken muss, ist sicherlich beiden Schulen gemeinsam. „Gott gab den Ökonomen zwei Augen, damit sie Angebot und Nachfrage betrachten" stellte schon *Paul Samuelson* fest.

---

[127] Vgl. auch im Folgenden z.B. *Samuelson* (2005), S. 973 f.
[128] Vgl. *Hartmann* (2007), S. 448.
[129] Eine sehr gute Übersicht über die neueren Entwicklungen makroökonomischer Lehrmeinungen findet sich bei *Samuelson* (2005), S. 975 ff.

Praxisbeispiel 11-14: Die Entwicklung der sozialen Marktwirtschaft in Deutschland im Spiegel wirtschaftspolitischer Lehrmeinungen

Die erste Phase der Sozialen Marktwirtschaft in Deutschland war von den Grundsätzen angebotsorientierter Wirtschaftspolitik geprägt. Die ordoliberalen Überzeugungen *Ludwig Erhards* hatten sich durchgesetzt.[130] Vertrauen auf die Kräfte des Marktes, eine geringe Staatsquote und Staatsverschuldung, Tarifautonomie, niedrige Steuer- und Abgabenbelastung sowie eine generelle Zurückhaltung des Staates bei Eingriffen in den Wirtschaftsprozess – also alle Charakteristika angebotsorientierter Wirtschaftspolitik – waren das Markenzeichen der Ära Erhard.

Die zweite Phase der Sozialen Marktwirtschaft in Deutschland begann mit einem Meilenstein, nämlich dem Inkrafttreten des Stabilitätsgesetzes am 8. Juni 1967. Dieses Gesetz bildete die Grundlage für eine neue Wirtschaftspolitik. In diesem Gesetz wurden Eingriffsinstrumente zur diskretionären Nachfragesteuerung sowie die Grundlagen einer Globalsteuerung festgeschrieben. So waren die siebziger Jahre begleitet von steigenden Staatsausgaben, einer deutlichen Ausweitung der Sozialpolitik, umfangreichen Maßnahmen zur Verhinderung von marktwirtschaftlich notwendigem Strukturwandel (z.B. in den Bereichen Kohle und Stahl), sowie von einem Paradigmenwechsel in der Arbeitsmarktpolitik, für die sich nun der Staat zuständig fühlte. Eine der Konsequenzen bestand in einer rasant steigenden Staatsverschuldung

Eine weitere Begleiterscheinung dieser nachfrageorientierten Wirtschaftspolitik zeigte sich zunächst im Anstieg der Inflationsrate. Bereits im Laufe der siebziger Jahre ging die Deutsche Bundesbank daher zu einer monetaristisch geprägten Politik der strengen Kontrolle des Geldmengenwachstums über. Aufgrund ihrer autonomen Stellung gegenüber der Regierung konnte sie diese Politik trotz mancher Kritik insbesondere aus den Reihen der regierenden Sozialdemokraten durchsetzen. Nicht zuletzt die Reibung zwischen der monetaristischen Geldpolitik, die u.a. zu steigender Zinsbelastung des mittlerweile hochverschuldeten Staates führte, und der nach wie vor ausgabenbetonten Fiskalpolitik der Nachfragesteuerung führte letztlich zur Einleitung der dritten, wiederum stärker marktbetonten Phase Sozialer Marktwirtschaft in Deutschland, in der jedoch zunehmend angebots- und nachfrageorientierte Maßnahmen kombiniert wurden.

Die Regierungszeit von Gerhard Schröder 1998 bis 2005 zeigt deutlich, dass die bis dato geltende Identität von konservativen Parteien und angebotsorientierter Wirtschaftspolitik einerseits sowie Sozialdemokratie und nachfrageorientierter Wirtschaftspolitik andererseits durchbrochen wurde. Insbesondere sein Reformpaket Agenda 2010, das u.a. weitreichende Maßnahmen zur Deregulierung des Arbeitsmarktes sowie zur Reform der Sozialsysteme enthält, zeigt deutliche Züge angebotsorientierter Wirtschaftspolitik. Gleichzeitig trug ihm diese Neuausrichtung traditioneller sozialdemokratischer Wirtschaftspolitik viel Kritik aus den eigenen Reihen ein und führte zu einem drastischen Mitgliederschwund bei der SPD im Jahr 2003. Nichtsdestotrotz wird ein wesentlicher Teil der positiven Entwicklung auf dem deutschen Arbeitsmarkt seit 2006 auf die Wirkungen der Schröderschen Agenda-Maßnahmen zurückgeführt. Seine Amtsnachfolgerin Angela Merkel bedankte sich bereits in ihrer Regierungserklärung am 30 November 2005 bei ihrem Vorgänger für die geleistete Vorarbeit: „Ich möchte Kanzler Schröder ganz persönlich danken, dass er mit der Agenda 2010 mutig und entschlossen eine Tür aufgestoßen hat, unsere Sozialsysteme an die neue Zeit anzupassen."[131]

[130] Vgl. oben Abschnitt 3.6, „Soziale Martkwirtschaft", S. 89 ff.

[131] Erste Regierungserklärung Angela Merkel, 30. November 2005, verfügbar im Web-TV des deutschen Bundestages, http://archiv.bundestag.t-bn.de/Archiv/servlets/Rede/

Teil IV: Monetäre Außenwirtschaft

12 Makroökonomik offener Volkswirtschaften

Lehrziele:

In diesem Kapitel erfahren Sie, mit welchen Teilbilanzen der Zahlungsbilanz das Ziel des außenwirtschaftlichen Gleichgewichts gemessen werden kann und welche Informationen Ihnen die einzelnen Teilbilanzen liefern.

Sie lernen verschiedene Wechselkursbegriffe und die Determinanten, die die Entwicklung der Wechselkurse beeinflussen, kennen und erfahren die grundsätzlichen Unterschiede zwischen der Funktionsweise flexibler und fester Wechselkurssysteme.

Im dritten Teil dieses Kapitels untersuchen wir, wie Wechselkurs, Güterpreise und Volkseinkommen auf die Zahlungsbilanz einwirken und Ursachen von Zahlungsbilanzungleichgewichten sein oder auch auf einen Ausgleich der Zahlungsbilanz hinwirken können.

Schließlich wird gefragt, wie die Wirtschaftspolitik von internationalen Einflüssen abhängig ist. Die Möglichkeit einer Regierung, eine eigenständige Wirtschaftspolitik in einer offenen Volkswirtschaft zu betreiben, wird maßgeblich beeinflusst vom Grad der Kapitalmobilität und von dem gewählten Wechselkursregime.

Schließlich betrachten wir ausgewählte Währungsregimes, wie wir sie in der globalen Währungsordnung vorfinden.

12.1 Grundlegende Begriffe

Die bisherigen Betrachtungen und Analysen bezogen sich fast ausschließlich auf eine geschlossene Volkswirtschaft. Um die Zusammenhänge überschaubarer zu halten, wurden Wirtschaftsbeziehungen zum Ausland weitgehend ausgeblendet. In diesem Kapitel werden wir den Fokus erweitern und explizit Transaktionen zwischen In- und Ausland und ihre Auswirkungen auf die Binnenwirtschaft in die Analyse einbeziehen. Eine offene Volkswirtschaft mit freiem Außenwirtschaftsverkehr ermöglicht drei Arten außenwirtschaftlicher Transaktionen:

- Ein freier Waren- und Dienstleistungsverkehr ermöglicht es Unternehmen und Haushalten, nicht nur inländische Güter nachzufragen, sondern auch ausländische. Damit erweitert sich das Güterangebot am Binnenmarkt um Güter, die im Inland nicht produziert werden können. Dadurch ergibt sich im Inland eine größere Produktvielfalt und für die inländischen Unternehmen erweitert sich durch den Außenhandel der Absatzmarkt.
- Ein freier Kapitalverkehr erweitert die Anlagemöglichkeiten für die inländischen Wirtschaftssubjekte. Sparer und Kapitalanleger haben die Möglichkeit, zwischen in- und ausländischen Finanzanlagen zu wählen. Sie können damit durch Ausnutzung von Zinsdifferenzen zwischen In- und Ausland höhere Renditen erwirtschaften und/oder ihre Anlagen diversifizieren, um Risiken zu reduzieren. Für Unternehmen und Investoren eröffnet sich bei freiem Kapitalverkehr die Möglichkeit, international die Standorte zu wählen, an denen sie am kostengünstigsten produzieren können, bzw. ihre Investitionen dort zu tätigen, wo sie die höchsten Erträge erwirtschaften.
- Die dritte Form der grenzüberschreitenden Transaktion betrifft die Niederlassungsfreiheit von Personen. Arbeitnehmer, Freiberufler und Unternehmer können sich dort niederlassen oder ihren Arbeitsplatz wählen, wo Sie die besten Arbeits- und Geschäftsbedingungen erwarten.

Es liegt auf der Hand, dass in vielen Ländern die Freiheit, grenzüberschreitend zu handeln, mehr oder weniger beschränkt ist. In vielen Ländern wird der Warenverkehr durch Zölle oder andere Hemmnisse behindert. Bei der Liberalisierung des Dienstleistungsverkehrs werden auf globaler Ebene nur geringe Fortschritte erzielt. Zwar ist der Kapitalverkehr unter den Industrieländern weitgehend liberalisiert, die meisten Entwicklungsländer glauben aber, noch nicht auf Kapitalverkehrskontrollen verzichten zu können. Am wenigsten verwirklicht sind die freie Wahl des Arbeitsplatzes und die Niederlassungsfreiheit. Ein Beispiel dafür ist die Diskussion um die Osterweiterung der EU und die in den Beitrittsverträgen ausgehandelten langen Übergangsfristen für eine freie Migration der Arbeitskräfte. Ein anderes Beispiel ist die Dienstleistungsrichtlinie in der EU, die aus Furcht vor Billigkonkurrenz und „Lohndumping" zahlreiche Einschränkungen bei der grenzüberschreitenden Dienstleistungsproduktion vorsieht.

Aus der Berücksichtigung des Auslands ergeben sich Auswirkungen auf die binnenwirtschaftlichen Güter- und Dienstleistungsmärkte und auf das Gütermarktgleichgewicht. Güternachfrage und -angebot, Kosten und Preise werden nicht allein von binnenwirtschaftlichen Faktoren bestimmt, sondern auch von außenwirtschaftlichen. Daraus ergibt sich die Notwendigkeit zu untersuchen, wie sich außenwirtschaftliche Einflüsse auf die binnenwirtschaftlichen Ziele Wachstum, Beschäftigung und Preisstabilität auswirken.

Einzelne Volkswirtschaften sind in der Regel Wirtschaftsgebiete mit einer einheitlichen Währung. Mit der Berücksichtigung des Auslands ergeben sich zahlreiche nationale Währungsräume nebeneinander. Folglich sind Zahlungen für grenzüberschreitende Transaktio-

nen häufig in Fremdwährungen zu leisten. Dies führt uns erstens zu dem Problem, in welchem Verhältnis die jeweiligen Währungen getauscht werden und wie sich das Tauschverhältnis bestimmt. Zweitens besteht für ein einzelnes Land das Problem, dass es die für die Zahlungen benötigte Fremdwährung selbst nicht schöpfen kann. Ungleichgewichte in den grenzüberschreitenden Wirtschaftsbeziehungen verursachen so in einzelnen Ländern Fremdwährungsüberschüsse bzw. Fremdwährungsdefizite, die dazu führen, dass insbesondere Länder mit Zahlungsproblemen den Außenwirtschaftsverkehr beschränken. Deswegen wird neben den binnenwirtschaftlichen Zielen das Ziel des außenwirtschaftlichen Gleichgewichts im magischen Viereck des Stabilitätsgesetzes als weiteres Ziel der Wirtschaftspolitik genannt.

12.2 Das Ziel des außenwirtschaftlichen Gleichgewichts

Zur Operationalisierung des Ziels des außenwirtschaftlichen Gleichgewichts gibt es verschiedene Zahlungsbilanzkonzepte. Je nach Zweckmäßigkeit werden dabei unterschiedliche Teilbilanzen zusammengefasst und der Saldo der zusammengefassten Teilbilanzen als Maß für ein Ungleichgewicht in der Zahlungsbilanz herangezogen. Die wichtigsten Zahlungsbilanzkonzepte sind der Devisenbilanzsaldo, der Außenbeitrag und der Leistungsbilanzsaldo.

12.2.1 Devisenbilanzsaldo

Der Devisenbilanzsaldo ist das älteste Zahlungsbilanzkonzept[1]. Nach diesem Konzept ist die Zahlungsbilanz im Ungleichgewicht, wenn sich die Gold- und Devisenbestände bei der zentralen Währungsbehörde verändern. Denn diese Veränderung signalisiert ein Ungleichgewicht zwischen den autonomen Transaktionen im Leistungs- und Kapitalverkehr. Unter den autonomen Transaktionen werden alle Transaktionen zusammengefasst, die ohne Rücksicht auf die Situation der Zahlungsbilanz getätigt worden. Davon zu unterscheiden sind die so genannten Anpassungstransaktionen. Diese sind zahlungsbilanzinduziert und dienen dazu, den Saldo der autonomen Transaktionen auszugleichen.[2]

Wenn wir etwa vereinfachend unterstellen, das Devisenangebot stamme aus dem Export von Waren, Dienstleistungen, Faktorleistungen, den empfangenen Übertragungen und aus Kapitalimporten, die Devisennachfrage ergebe sich aus dem Bedarf an Importen, zu leistenden Übertragungen und den Kapitalexporten, dann ist der Devisenmarkt ausgeglichen, wenn das marktmäßige Angebot an Devisen der Devisennachfrage entspricht. In diesem Fall ergibt sich für die Zentralbank keine Notwendigkeit, am Devisenmarkt zu intervenieren. Der Devisenbilanzsaldo ist null und die Zahlungsbilanz ist im Gleichgewicht. Der Saldo der Leistungsbilanz entspricht dem Saldo der Kapitalbilanz.

Das Konzept des Devisenbilanzsaldos hat vor allem seine Bedeutung in einem System fester Wechselkurse, denn in einem solchen Währungssystem ist die zentrale Währungsbehörde gehalten, Ungleichgewichte am Devisenmarkt durch An- bzw. Verkäufe von Devisen auszugleichen, um den Wechselkurs zu stabilisieren. Steigt der Devisenbestand der Zentralbank, war am Devisenmarkt das gesamte Devisenangebot größer als die Devisennachfrage. Um ein Sinken des Devisenkurses zu verhindern, muss die Zentralbank intervenieren und Devisen ankaufen. Somit zeigt der Devisenbilanzsaldo, dass die zentrale Währungsbehörde über den gesamten Zeitraum hinweg im Rahmen ihrer Operationen am Devisenmarkt mehr Devisen aufgenommen als abgegeben hat. Man sagt, ein Land habe eine aktive Zahlungsbilanz, wenn die Notenbank Netto-Währungsreserven akkumuliert und umgekehrt. Insofern

[1] Zum Aufbau und Gliederung der Zahlungsbilanz siehe ausführlich Abschnitt 10.4, S. 484 ff.
[2] Vgl. *Rose, K., Sauernheimer, K. (*1999), S 20ff.

gibt die Devisenbilanz auch Hinweise über Art und Umfang von Ungleichgewichten auf dem Devisenmarkt und damit über die Stärke oder Schwäche einer Währung.

Der Devisenbilanzsaldo ist von Bedeutung für die Beurteilung der binnenwirtschaftlichen Liquidität. Eine Zunahme der Netto-Auslandsaktiva ist gleichzusetzen mit einem Devisenüberschuss, was bedeutet, dass die Zentralbank per Saldo Devisen angekauft hat. In gleichem Umfang steigen die Zentralbankgeldmenge und damit das Kreditschöpfungspotential des Bankensystems[3]. Dies kann zu einer binnenwirtschaftlich unerwünschten Ausweitung der Geldmenge führen mit der Gefahr einer importierten Geldmengeninflation. Umgekehrt führen Devisenverkäufe zu einem Rückgang der monetären Basis. Damit verbunden sind eine Verknappung der gesamtwirtschaftlichen Liquidität und ein steigendes Zinsniveau, was im Falle einer hohen Inflation stabilisierend wirken würde. Der Devisenbilanzsaldo zeigt somit, wie sich Außenwirtschaftsbeziehungen auf die Entwicklung der binnenwirtschaftlichen Liquidität auswirken.

Mit dem Übergang zu flexiblen Wechselkursen hat der Devisenbilanzsaldo als Indikator für das außenwirtschaftliche Gleichgewicht an Bedeutung verloren. Ein flexibles Wechselkurssystem ist dadurch gekennzeichnet, dass sich der Devisenkurs aufgrund von Angebot und Nachfrage frei bildet, die Zentralbank also gar nicht eingreift. In diesem Fall ist der Devisenbilanzsaldo immer null, weil der Ausgleich am Devisenmarkt und damit der Zahlungsbilanzausgleich durch Veränderung des Wechselkurses sichergestellt wird.

12.2.2 Außenbeitrag

Ein kritischer Punkt des Konzepts des Devisenbilanzsaldos ist, dass es nur einen schwachen Bezug zu den wichtigen binnenwirtschaftlichen Zielen Wirtschaftswachstum und Beschäftigung enthält. Es ist daher nur bedingt möglich, aus dem Devisenbilanzsaldo Rückschlüsse darauf zu ziehen, welchen Beitrag außenwirtschaftliche Impulse für die binnenwirtschaftliche Konjunkturentwicklung leisten bzw. geleistet haben.

Der Außenbeitrag zum BIP entspricht dem Saldo aus Waren- und Dienstleistungshandel. Seine Abgrenzung folgt dem Inlandskonzept. Der Außenbeitrag zum Bruttonationaleinkommen, das auf die Einkommen der Inländer abstellt, umfasst den Saldo aus Waren- und Dienstleistungshandel sowie den Saldo der Erwerbs- und Vermögenseinkommen.

Der Außenbeitrag ist – neben der Inlandsnachfrage der Haushalte C, des Staates G und den Investitionen I – eine weitere Komponente der volkswirtschaftlichen Nachfrage und daher ein wichtiger Bestimmungsfaktor des Inlandsprodukts. Steigt (sinkt) der Außenbeitrag, dann steigt (sinkt) bei unveränderter Inlandsnachfrage die Produktion und Beschäftigung. Die Entwicklung des Außenbeitrags ist deshalb unter Konjunkturaspekten von Bedeutung.

Weitere Schlussfolgerungen erhält man, wenn man die Verwendungsseite des Bruttoinlandsprodukts betrachtet:

$$Y^{br} = C + G + I + EX - IM.$$

Konsum- und Investitionsausgaben der Inländer ergeben zusammen die Inlandsnachfrage, die auch als **Absorption** (A) bezeichnet wird. Setzt man dieses Aggregat ein, so ergibt sich nach Umstellung:

$$Y^{br} - A = EX - IM.$$

Der Außenbeitrag entspricht der Differenz zwischen Bruttoinlandsprodukt und inländischer Absorption. Der Außenbeitrag kann nur dann positiv sein, wenn die Produktion größer ist

[3] Siehe außenwirtschaftliche Komponente der Zentralbankgeldschöpfung in Abschnitt 11.3.1.3, S. 587.

als die Absorption der Inländer. Der Außenbeitrag ist negativ, wenn das Inland mehr absorbiert als es produziert hat.

Der Außenbeitrag zeigt an, in welchem Umfang das Ausland Teile der heimischen Produktion in Anspruch genommen hat, bzw. in welchem Umfang das Inland per Saldo mehr Güter im Ausland nachgefragt hat, als es dorthin geliefert hat. Das Überschussland leistet unfreiwillig Konsumverzicht, während das Defizitland über seine Verhältnisse lebt. Damit ist das Konzept des Außenbeitrags ein Maß für den **marktmäßigen Nettotransfer von Ressourcen** zwischen dem Inland und dem Ausland.

12.2.3 Leistungsbilanzsaldo

Im Konzept des Außenbeitrags ist nicht berücksichtigt, dass Teile des Sozialprodukts auch unentgeltlich in Form von Transferleistungen abgegeben werden. Würde man das Ziel des außenwirtschaftlichen Gleichgewichts so interpretieren, dass die Summe der Importe der Summe der Exporte entsprechen soll, dann hätte die Bundesrepublik ein erhebliches Finanzierungsproblem. Ursache dafür ist das chronische Defizit bei den laufenden Übertragungen (Beiträge an die Europäische Union, Überweisungen der Gastarbeiter in ihre Heimat usw.). Außenwirtschaftliches Gleichgewicht unter Berücksichtigung der laufenden Übertragungen ist dann verwirklicht, wenn die Leistungsbilanz ausgeglichen ist.

Der Leistungsbilanzsaldo ist der am häufigsten verwendete Indikator für das außenwirtschaftliche Gleichgewicht. Er spiegelt die Wirtschaftskraft, die Leistung einer Volkswirtschaft im Sinne internationaler Wettbewerbsfähigkeit wider, die sich in der Fähigkeit ausdrückt, Importe durch den Erlös der Exporte zu finanzieren und ggf. Übertragungen an das Ausland zu leisten. Ein Leistungsbilanzdefizit kann wiederum eine mangelnde internationale Wettbewerbsfähigkeit signalisieren. Ein Importüberschuss bedeutet, dass mehr inländische Nachfrage auf das Ausland gerichtet ist als ausländische auf die einheimische Produktion. Eine Verlagerung der Nachfrage vom Inland auf das Ausland kann sich ungünstig auf die Beschäftigungssituation des Inlands auswirken.

Der Saldo der Leistungsbilanz entspricht der Summe aus dem Saldo der Vermögensübertragungen, der Kapitalbilanz und der Devisenbilanz mit umgekehrten Vorzeichen. Bei einem Leistungsbilanzüberschuss steigen die Devisenforderungen, es findet also in gleicher Höhe ein Kapitalexport statt. Damit verbunden ist eine Zunahme der Forderungen gegenüber dem Ausland. Umgekehrt geht mit einem Leistungsbilanzdefizit ein Kapitalimport einher, der die Verbindlichkeiten gegenüber dem Ausland steigen lässt. Leistungstransaktionen mit dem Ausland begründen somit die Nettoforderungen bzw. -verbindlichkeiten einer Volkswirtschaft gegenüber dem Ausland und beeinflussen damit das Nettoauslandsvermögen. Ein positiver Leistungsbilanzsaldo weist auf eine Verbesserung des Nettoauslandsvermögens der Inländer hin. Chronische Leistungsbilanzdefizite führen letztlich zu einer steigenden Auslandsverschuldung.

Der Leistungsbilanzsaldo informiert nicht nur über die Veränderung der Nettoauslandsposition eines Landes, sondern liefert auch wichtige Informationen über die binnenwirtschaftliche Situation eines Landes, denn der Leistungsbilanzsaldo knüpft unmittelbar an den Wirtschaftskreislauf an. Das Nettonationaleinkommen (Y) setzt sich zusammen aus dem privaten Konsum (C), den privaten Nettoinvestitionen (I^n), der staatlichen Nachfrage (G) und dem Außenbeitrag (EX - IM):

$$Y = C + I^n + G + (EX - IM).$$

Für die Verwendung des Volkseinkommens gilt (mit $Tr_{ÜW}$ = Saldo der Laufenden Übertragungen mit der übrigen Welt, T = Steuern und S_{pr} = private Ersparnis):

$Y = C + S_{pr} + T + Tr_{ÜW}$

Subtrahiert man die Einkommensverwendungsgleichung von der Gleichung des Nettonationaleinkommens, so folgt:

$S_{pr} + T - G = I^n + EX - IM - Tr_{ÜW}$.

Dabei ist $EX - IM - Tr_{ÜW}$ der Saldo der Leistungsbilanz, der in der Literatur häufig mit NX = Nettoexporte bezeichnet wird. Setzt man für $T - G = S_{St}$ und fasst die staatliche und private Ersparnis zur gesamtwirtschaftlichen Ersparnis zusammen: $S_G + S_{pr} = S$, erhält man die gesamtwirtschaftliche Finanzierungsgleichung einer offenen Volkswirtschaft:

$S - I^n = NX$ bzw. $S = I^n + NX$

Übung 12-1: Außenbeitrag, Leistungsbilanz und Nettonationaleinkommen

Gegeben seien folgende Transaktionen:

Einfuhr von Waren	120
Ausländische Direktinvestitionen deutscher Unternehmen	50
Zinszahlungen an Ausländer	20
Warenexporte	150
Zunahme von Aktienanlagen in den USA	70
Zunahme der Devisenguthaben der Deutschen Bundesbank	25
Käufe von deutschen Anleihen durch US Fonds	60
Ausgaben ausländischer Touristen Deutschland	30
Beiträge der Bundesrepublik an die UNO	10

a) Ordnen Sie folgende Transaktionen mit den entsprechenden Vorzeichen den jeweiligen Teilbilanzen der Zahlungsbilanz zu und bestimmen Sie den Leistungsbilanzsaldo.

b) Aus der inländischen VGR seien folgende Aggregate bekannt:

Privater Konsum	500
Staatsausgaben	250
Ersparnis	100
Nettoinvestitionen	80

Wie hoch ist das Nettonationaleinkommen dieser Volkswirtschaft?

c) Hat der Staat einen Haushaltsüberschuss oder ein Haushaltsdefizit?

Lösung:

a) Der Leistungsbilanzsaldo ergibt sich aus folgenden Transaktionen:

-120 - 20 + 150 + 30 - 10 = 30

b) Nettonationaleinkommen = 500 + 250 + 80 + 20 = 850

c) Zur Bestimmung des Haushaltssaldos gehen wir von der gesamtwirtschaftlichen Finanzierungsgleichung aus:

$EX - IM - Tr_{ÜW} = S_{pr} - I^n + (T - G)$: $30 = 100 - 80 + (T - G) \rightarrow (T - G) = 10$

Der Staat hat einen Haushaltsüberschuss in Höhe von 10.

Der Leistungsbilanzsaldo eines Landes entspricht der Differenz aus der gesamtwirtschaftlichen Ersparnis und den gesamtwirtschaftlichen Nettoinvestitionen des betreffenden Landes.

Für den Fall, dass die gesamtwirtschaftlichen Ersparnisse kleiner als die Investitionen sind, hat das Land ein Leistungsbilanzdefizit und in gleicher Höhe eine „Ersparnislücke". Das kann bedeuten, dass das Land ein größeres Volumen an rentablen Investitionsprojekten hat, als es selbst mit seinen eigenen Ersparnissen finanzieren kann. Es ist ein „guter" Standort für Investitionen. Die Ersparnislücke signalisiert andererseits, dass zu wenig gespart wird. Ursache dafür kann sein, dass die privaten Haushalte ihren Konsum zu Lasten der Ersparnis kräftig ausgedehnt haben oder der Staat zur Finanzierung eines hohen Haushaltsdefizits auf Kapitalimporte aus dem Ausland zurückgreift.

Einem Leistungsbilanzüberschuss entspricht ein inländischer Ersparnisüberschuss in gleicher Höhe. Ein Land mit Leistungsbilanzüberschüssen ist gleichzeitig Nettokapitalexporteur. Die Überschüsse im Leistungsverkehr können einerseits auf eine hohe internationale Wettbewerbsfähigkeit hinweisen. Das Land legt die mit den Überschüssen einhergehenden Ersparnisüberschüsse im Ausland an, weil sie dort höhere Erträge erbringen als bei einer Anlage in Inland. Damit steigen in der Zukunft seine Erwerbs- und Vermögenseinkommen aus dem Ausland, so dass in der Zukunft mehr konsumiert werden kann. Hohe Nettokapitalexporte können aber auch bedeuten, dass in einem Land aufgrund seiner wirtschaftlichen Lage zu wenig investiert wird, weil sich zu wenige rentable Investitionschancen bieten, so dass die Investoren Anlagen im Ausland vorziehen. Dann wäre der Leistungsbilanzüberschuss ein Ausdruck einer Investitionsschwäche des Landes. Allgemein lässt sich somit festhalten: Über Leistungsbilanzüberschüsse und -defizite werden die weltweiten Ersparnisse verteilt und in die Verwendungen gelenkt, in denen sie die höchsten Erträge erbringen.

Die Differenz zwischen Ersparnis und Investitionen eines Sektors heißt Finanzierungsüberschuss beziehungsweise -defizit (F). Unter Berücksichtigung dieser Definition kann man auch schreiben

$$NX = S_H + F_U + B_{St}.$$

Der Saldo der Leistungsbilanz entspricht also der Summe aus der Ersparnis der privaten Haushalte, den Finanzierungsüberschüssen ($F > 0$) oder -defiziten ($F < 0$) des Unternehmenssektors (U) und dem Budgetsaldo (B_{St}) des Staates. Damit wird sichtbar, wie sich Änderungen im Sparverhalten und bei den Finanzierungsentscheidungen von Unternehmen und insbesondere des Staates auf die Leistungsbilanz auswirken.

Häufig werden Defizite als ein Zeichen wirtschaftlicher Schwäche, Überschüsse als Zeichen wirtschaftlicher Stärke interpretiert. Jedoch sind Leistungsbilanzdefizite nach der Art und der Verwendung der Kapitalimporte sowie der finanziellen Tragbarkeit der Verschuldung zu beurteilen. Ländern mit Leistungsbilanzdefiziten stehen mehr Güter für die Absorption zur Verfügung, als sie selbst produziert haben. Allerdings ist von Bedeutung, wofür die zusätzlichen Mittel verwendet werden. Ein Land kann die Kapitalimporte verwenden, um zusätzlichen privaten oder staatlichen Konsum zu finanzieren. Dies ermöglicht (temporär) ein höheres Wohlstandsniveau. In diesem Fall lebt ein Land „über seine Verhältnisse". Kommen in künftigen Perioden die Kapitalimporte zum Erliegen, weil das Ausland nicht länger bereit ist, das hohe Konsumniveau zu finanzieren, geht das Wohlstandsniveau wieder zurück. Ist dagegen die Absorption überwiegend durch private und öffentliche Investitionen bestimmt, werden die mit den Defiziten einhergehenden Kapitalimporte verwendet, um Ertrag bringende Produktionen aufzubauen. Der Kapitalstock, die Arbeitsproduktivität und das Produktionspotential wachsen. Das Land wird in der Zukunft ein höheres Wirtschaftswachstum erzielen. Sein künftiger Lebensstandard kann trotz des Kapitaldienstes steigen.

Für die Beurteilung von Leistungsbilanzdefiziten muss auch die Art der Finanzierung beachtet werden. Die Finanzierung von Leistungsbilanzdefiziten kann erfolgen

- durch Auflösung von Devisenreserven und/oder
- durch Kapitalimporte in Form von Krediten und Anleihen aus dem Ausland und/oder
- durch ausländische Direkt- und Portfolioinvestitionen.

Dies bedeutet für den Fall der Kreditfinanzierung, dass der Warenimport von den Verschuldungsmöglichkeiten eines Landes abhängt. Kredite müssen verzinst und getilgt werden, so dass anhaltende, kreditfinanzierte Leistungsbilanzdefizite zu massiven Rückzahlungsproblemen führen können. Bei steigendem Kapitaldienst (Zins und Tilgung) wird in künftigen Perioden das konsumierbare Güterbündel kleiner sein als die Produktion, so dass es zu einem sinkenden Wohlstand kommt. Häufig bleibt nur die Korrektur des fundamentalen Ungleichgewichts durch Begrenzung der Importe und Stärkung der Exporte. Dagegen bestehen bei Direkt- und Portfolioinvestitionen keine vertraglichen Verpflichtungen in Bezug auf den Kapitaldienst. In der Regel erwirtschaften die mit den Direktinvestitionen aufgebauten Produktionen die Verzinsung des eingesetzten Kapitals, so dass der Kapitaldienst aus den Produktionszuwächsen geleistet werden kann.

Praxisbeispiel 12-1: Leistungsbilanzdefizit der USA

Der Zusammenhang zwischen Leistungsbilanz, Nettoinvestition und Ersparnis, wie er in der Finanzierungsgleichung offener Volkswirtschaften dargestellt ist, lässt als reine buchhalterische Identität unterschiedliche Interpretationsmöglichkeiten über die Entwicklung von Leistungsbilanzsalden zu.[4]

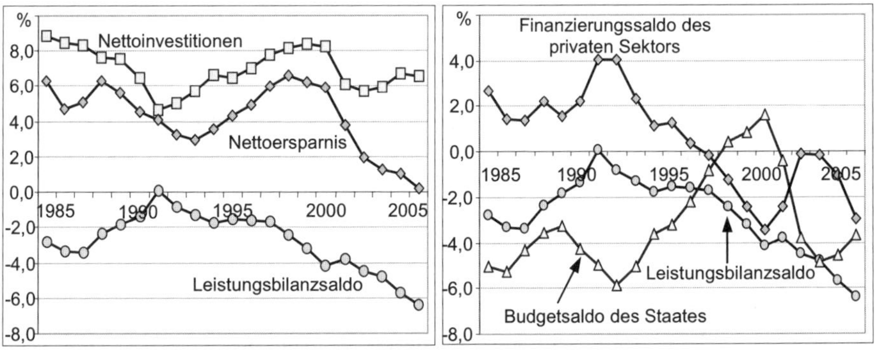

Abbildung 12-1: Leistungsbilanzdefizit, Nettoinvestition und Ersparnis sowie Finanzierungssalden des privaten und öffentlichen Sektors in den USA in % des Bruttonationaleinkommens

In der linken Grafik der Abbildung 12-1 sind die Nettoinvestitionen, die Nettoersparnis und der Leistungsbilanzsaldo der USA in Prozent des Bruttonationaleinkommens dargestellt. In den achtziger Jahren verzeichneten die USA ein wachsendes Leistungsbilanzdefizit, das jedoch bis Anfang der neunziger Jahre wieder ausgeglichen wurde. Danach stieg das amerikanische Leistungsbilanzdefizit ständig an und betrug im Jahr 2005 mehr als 790 Mrd. US-Dollar.

Abgesehen vom Jahr 1991 mit einer ausgeglichenen Leistungsbilanz war in allen Jahren die gesamtwirtschaftliche Ersparnis niedriger als die Nettoinvestition, so dass man für die USA von einer strukturellen Ersparnislücke ausgehen kann, die nur durch entsprechende Kapitalimporte geschlossen werden konnte. Lediglich im Jahr 1991 reichte die gesamtwirtschaftliche

[4] *Sachverständigenrat zur Beurteilung der gesamtwirtschaftlichen Entwicklung* (2003), S. 36 sowie United States, Bureau of Economic Analysis, http://www.bea.gov

Ersparnis, um die Nettoinvestition und das Staatsdefizit zu finanzieren. Ursache dafür war der starke Rückgang der Investitionstätigkeit, die in der Rezession Anfang der neunziger Jahre ihren Tiefpunkt erreichte. In den neunziger Jahren öffnete sich die Schere zwischen Investitionen und Ersparnis wieder. Ab dem Jahr 2001 ging die gesamtwirtschaftliche Sparquote bei annähernd gleich bleibendem Niveau der Investitionsquote rasch zurück und führte zu einem starken Anstieg des Leistungsbilanzdefizits.

Um die hinter den Entwicklungen stehenden Verhaltensweisen der Wirtschaft sichtbar zu machen, sind in der rechten Grafik der Abbildung 12-1 die Finanzierungssalden des privaten und öffentlichen Sektors dargestellt. Daraus lassen sich Rückschlüsse gewinnen, welche Faktoren das Leistungsbilanzdefizit verursacht haben. Von 1985 bis 1995 hatte der private Sektor einen Finanzierungsüberschuss, während gleichzeitig der öffentliche Sektor zwischen 1985 und 1989 Schritte unternahm, sein Budgetdefizit abzubauen. Dies reduzierte den Kreditbedarf aus dem Ausland. Gleichzeitig sank auch aufgrund einer nachlassenden Konjunktur die Absorption (Rückgang der Investitionsquote), so dass der Leistungsbilanzausgleich sowohl aufgrund sinkender Leistungsimporte als auch aufgrund niedriger Kapitalimporte zu Stande kam.

In den neunziger Jahren setzte ein lang anhaltender Aufschwung ein, der sowohl von den Investitionen als auch vom Konsum getragen wurde. Die steigende Investitionsquote traf bei sinkender Sparquote auf ein abnehmendes Angebot an Finanzierungsmitteln, so dass der Finanzierungssaldo des privaten Sektors negativ wurde. Das abnehmende Angebot an Ersparnissen aus dem privaten Sektor konnte durch die Konsolidierung des Staatshaushalts nicht voll kompensiert werden, so dass die amerikanische Volkswirtschaft in wachsendem Maß auf Kapitalimporte zur Finanzierung des Wachstums zurückgriff. Nach dem Platzen der Börsenblase und dem wirtschaftlichen Einbruch stieg das Budgetdefizit des Staates durch Ausgabenprogramme und Steuersenkungen stark an. Da vom privaten Sektor keine nennenswerten Finanzierungsüberschüsse bereitstanden, musste das wachsende Finanzierungsdefizit des Staates durch Kapitalimporte gedeckt werden.

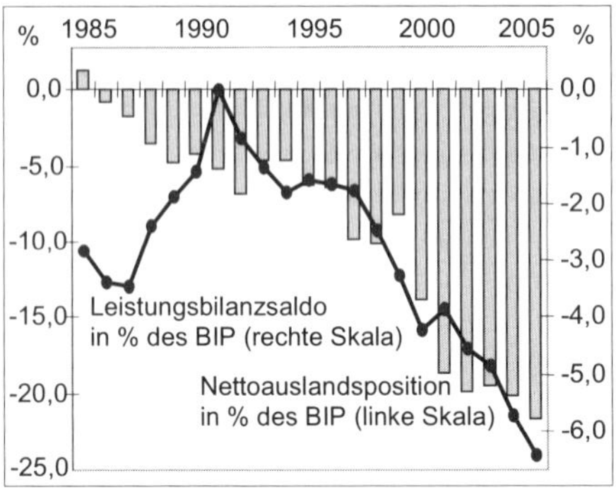

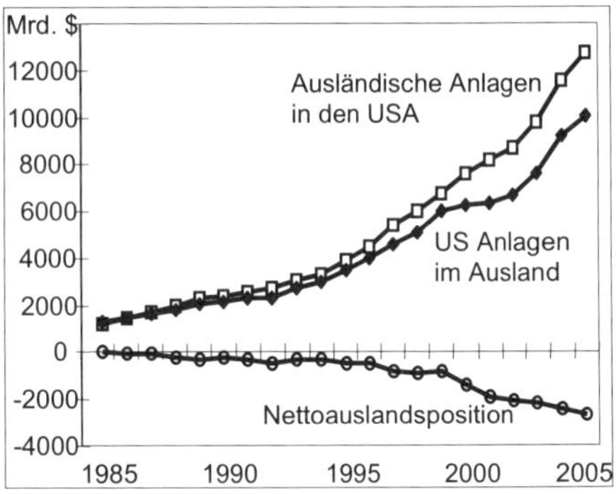

Abbildung 12-2: Leistungsbilanzdefizit und Nettoauslandsposition der USA

In der linken Hälfte der Abbildung 12-2 sind die Folgen der Leistungsbilanzdefizite dargestellt. Während die USA 1985 noch in einer Netto-Gläubigerposition waren, sind sie jetzt die Volkswirtschaft mit der höchsten Nettoverschuldung. Die Nettoauslandsposition erreichte 2005 einen Wert von rund -22% des Bruttonationaleinkommens. In den letzten 20 Jahren sind die ausländischen Anlagen in den USA ständig stärker gestiegen als die US Anlagen im Ausland. Der Unterschied erreichte 2005 einen Wert von 2,7 Billionen US-Dollar (rechte Hälfte der Abbildung 12-2). Dennoch ist diese Schuldnerposition nicht Besorgnis erregend, denn der Saldo aus empfangenen und gezahlten Zinsen und Dividenden ist positiv. US Anleger erwirtschaften auf ihre Anlagen im Ausland höhere Renditen als ausländische Anleger für ihre US Anlagen bekommen.

12.3 Wechselkurse und Devisenmärkte

12.3.1 Wechselkurskonzepte

Über den Devisenmarkt werden alle Transaktionen abgewickelt, mit denen ein Austausch verschiedener Währungen verbunden ist. Der Preis, der sich für die getauschten Währungen ergibt, ist der Wechselkurs, der sich aus dem ständigen Zusammenspiel von den beabsichtigten Devisenverkäufen und geplanten Devisenkäufen ergibt. Mit dem Wechselkurs bezeichnet man das Austauschverhältnis zwischen der inländischen und einer ausländischen Währung (z. B. ein Euro = 1,25 US-Dollar).

Der Kurs einer Währung kann sowohl in Preisnotierung als auch in Mengennotierung genannt werden. Der *Devisenkurs* bezeichnet den Preis für eine ausländische Geldeinheit, gemessen in Inlandswährung (z. B. 0,80 €/$, d.h. ein US-Dollar kostet 0,80 €). Er entspricht der *Preisnotierung* einer ausländischen Währung. Der *Wechselkurs* ist als Preis für ein inländische Geldeinheit ausgedrückt in Auslandswährung definiert. Er entspricht dem *Mengenwechselkurs* (z. B. 1,25 $/€, d.h. pro Euro werden 1,25 $ gezahlt). Die Mengennotierung ist der reziproke Wert der Preisnotierung. Da der Wert des Euro umso höher ist, je mehr US-Dollar pro Euro gezahlt werden, bezeichnet man den Mengenwechselkurs auch als den Außenwert einer Währung. Während beim britischen Pfund schon immer die Mengennotierung vorherrschend war, war auf dem europäischen Kontinent bis zum Beginn der Währungsunion die Preisnotierung üblich. Mit Beginn der Währungsunion wurde beschlossen, entsprechend den internationalen Gepflogenheiten den Wert des Euro in der Mengennotierung anzugeben.

Aus der Sicht der Banken ist zu unterscheiden zwischen dem niedrigeren *Geldkurs* (Ankaufskurs) und dem höheren *Briefkurs* (Verkaufskurs). Außerdem ist zwischen Devisenkursen und Sortenkursen zu unterscheiden. Devisenkurse gelten für den bargeldlosen Zahlungsverkehr (Überweisungen, Wechseleinreichungen, Schecks), Sortenkurse beziehen sich auf das ausländische Bargeld. Wegen der höheren Kosten, die mit der Haltung von Noten und Münzen verbunden sind, sind die Sortenkurse ungünstiger als die Devisenkurse. Daraus folgt, dass der Spread als Differenz zwischen dem Brief- und Geldkurs bei Sorten wesentlich höher ist als bei Devisen. Außerdem ist der Spread von Währung zu Währung je nach Häufigkeit, in der die Währung gehandelt wird, unterschiedlich hoch.

In den Medien wird meist nur ein Wechselkurs genannt: Mit der Einführung des Euro legt die EZB börsentäglich so genannte Referenzkurse des Euro gegenüber wichtigen Drittwährungen fest. Diese werden aus täglichen Umfragen bei devisenmarktaktiven Banken abgeleitet und haben inoffiziellen Charakter. Sie sind für die Kreditinstitute nicht bindend.

Nach der Verfügbarkeit der gehandelten Devisen unterscheidet man zwischen dem Kassamarkt und dem Terminmarkt. Auf dem Kassamarkt werden die verkauften bzw. erworbenen Devisen spätestens zwei Tage nach Vertragsabschluss zur Verfügung gestellt. Verpflichtungs- und Erfüllungsgeschäft fallen zusammen. Der am Kassamarkt gebildete Wechselkurs ist der Kassakurs, den wir täglich in den Medien registrieren. Auf dem Terminmarkt findet typischerweise die Bereitstellung der Devisen und die Zahlung des Gegenwerts erst zu einem späteren Zeitpunkt statt, häufig erst nach einem oder mehreren Monaten. Der genaue Zahlungstermin sowie der Gegenwert (Kurs) werden allerdings zum Zeitpunkt des Geschäftsabschlusses festgelegt. Der Vertragsabschluss erfolgt heute, die Erfüllung des Vertrags erfolgt per Termin. Häufig vorkommende Fälligkeitstermine sind ein, drei, sechs und zwölf Monate. Der Wechselkurs, zu dem das Geschäft abgewickelt wird, ist der Terminkurs.

Die gleichzeitige Ausführung eines Kassa- und Termingeschäfts bezeichnet man als Swapgeschäft. Unter dem Swapsatz s versteht man die prozentuale Abweichung des Terminkurses wt vom Kassakurs wk:

$$s = \frac{wt - wk}{wk}$$

Liegt der Terminkurs über dem Kassakurs spricht man von einem Report, ist der Terminkurs unter dem Kassakurs, liegt ein Deport vor. Ob eine Währung mit einem Report oder einem Deport gehandelt wird, hängt von den Zinsdifferenzen zwischen den betrachteten Ländern ab. Nehmen wir an, der US-Zins für Termindollar betrage 5% bei einer Laufzeit von einem Monat. Wenn nun eine US Bank eine Million Euro per Termin (z. B. einen Monat) kauft, kann sie den Dollargegenwert als Festgeld zu 5 Prozent anlegen. Der Kontrahent, der in einem Monat eine Million € liefern muss, könne den Eurobetrag nur zu 3% am Euro-Geldmarkt anlegen. Dieser Zinsvorteil für den Terminkäufer von Euro wird in diesem Fall durch einen Aufschlag auf dem Euro-Kassakurs ausgeglichen, so dass der Terminkurs des Euro über dem Kassakurs liegt.

Wechselkursänderungen werden mit den Begriffen Auf- und Abwertung belegt. Eine Aufwertung des Euro liegt vor, wenn man pro Euro mehr Einheiten ausländischer Währung bekommt (der Mengenwechselkurs steigt) bzw. wenn man für eine ausländische Währungseinheit weniger Euro bezahlen muss (der Preiswechselkurs sinkt). Für eine Abwertung des Euro gilt das umgekehrte. Der Euro wertet ab und der Dollar wertet auf, wenn man für einen Dollar immer mehr Euro bezahlen muss bzw. wenn man für einen Euro immer weniger Dollar bekommt.

Auf- und Abwertungen verändern die Preise der grenzüberschreitend gehandelten Güter. Bei einer Aufwertung des Euro werden inländische Güter für Ausländer teurer, während sich importierte Waren und Dienstleistungen verbilligen. Im folgenden Beispiel ist dargestellt, wie sich rein rechnerisch eine Aufwertung des Euro auf die gehandelten Güter auswirkt. Ob sich die Preise als Folge einer Aufwertung tatsächlich so verändern, ist eine Frage der Marktbedingungen. Dies wird später eingehender untersucht.

Preis-	Mengen-	Preis eines dt. Pkws: 20 000 €	Preis eines US Pkws: 20 000 $
Wechselkurs		$-Preis des deutschen Pkws:	€-Preis des US Pkws:
0,91 €/$	1,10 $/€	22 000 $	18 182 €
0,80 €/$	1,25 $/€	25 000 $	16 000 €

Übung 12-2: Auswirkungen von Auf- und Abwertungen

Welche der folgenden Wirtschaftsakteure würde von einer Aufwertung des Euro gegenüber dem US-Dollar profitieren, welche nicht?

a) Ein deutscher Investmentfonds, der in US Anleihen investieren möchte.

b) Deutsche Touristen, die nach Hongkong reisen.

c) Ein amerikanisches Unternehmen, das eine Beteiligung an einem deutschen Unternehmen erwerben möchte.

d) Eine amerikanische Filmgesellschaft, die einen neuen Film in Europa startet.

Lösung:

a) Die auf Dollar lautenden Anleihen werden in Euro gerechnet weniger wert.

b) Da die Dollarpreise von Leistungen in Euro gerechnet sinken, dürfte der deutsche Tourist von der Euro Aufwertung profitieren. Im Falle Hongkongs ist dies der Fall. Weil zwischen dem Hongkong Dollar und dem US-Dollar ein fester Wechselkurs gilt, werden auch die in Hongkong Dollar gerechneten Preise sinken.

c) Bei einer Aufwertung des Euro werden die auf Euro lautenden Aktiva in Dollar gerechnet teurer. Das amerikanische Unternehmen muss in Dollar gerechnet mehr bezahlen.

d) Bei einer Euro Aufwertung erzielt die Filmgesellschaft steigende Dollarerlöse.

12.3.2 Realer Wechselkurs

Der durch das bilaterale Austauschverhältnis definierte Wechselkurs ist eine *nominale* Größe. Er sagt nichts aus über die Kaufkraft der heimischen Währung im Ausland bzw. der ausländischen Währung im Inland. Die Kaufkraft einer Währung ist umso höher, je niedriger das Preisniveau in einem Land ist. Wenn wir also wissen wollen, wie hoch die Kaufkraft der inländischen Währung im Ausland ist, müssen wir zusätzlich zum Wechselkurs die unterschiedlichen Preisniveaus im In- und Ausland berücksichtigen. Dieser Kaufkraftvergleich erfolgt mit Hilfe des realen Wechselkurses.

Der **reale Wechselkurs** stellt auf einen Vergleich der realen Kaufkraft zweier Währungen ab. Ist P der Preis für ein Konsumgüterbündel im Inland, dann beträgt die Kaufkraft einer inländischen Geldeinheit beim Kauf des Güterbündels im Inland 1/P. Wird das gleiche Güterbündel im Ausland erworben, beträgt die reale Kaufkraft einer inländischen Geldeinheit $1/wk \cdot P^*$. Dabei ist P^* der Preis des Güterbündels in ausländischer Währung und wk der Wechselkurs in Preisnotierung. Der auf einem Kaufkraftvergleich basierende reale Wechselkurs wr ergibt sich demzufolge als

$$wr = \frac{wk \cdot P^*}{P}.$$

Formulieren wir den realen Wechselkurs in Mengennotierung und ist e der nominale Wechselkurs in Mengennotierung, so lautet der reale Wechselkurs

$$er = \frac{1}{wr} = \frac{e \cdot P}{P^*}.$$

Ist die Kaufkraft des Geldes im In- und Ausland gleich, gilt also $wr = er = 1$, spricht man von der Kaufkraftparität des Wechselkurses. Ist $wr < 1$, ist die betreffende Währung real unterbewertet. Eine reale Unterbewertung liegt bei einer Währung vor, wenn bei gegebenen Preisniveaus im In- und Ausland und gegebenem Wechselkurs eine Währung im Inland eine höhere Kaufkraft hat als im Ausland. Es besteht dann ein Anreiz, die ausländische Währung zu verkaufen und die heimische Währung zu kaufen, um diese höhere Kaufkraft im eigenen Land auszunutzen, weil die Güter im Inland relativ billiger sind. Damit entsteht ein Aufwertungsdruck auf die inländische Währung. Ist dagegen $wr > 1$, ist die betreffende Währung real überbewertet. Die ausländischen Güter sind aufgrund eines hohen nominalen Wechselkurses oder eines niedrigeren ausländischen Preisniveaus vergleichsweise teurer als inländische Güter.

Betrachten wir den realen Wechselkurs anhand eines kleinen Beispiels. Ein Warenkorb koste in Deutschland 100 €. Für denselben Warenkorb müsse man in der Schweiz 160 CHF be-

zahlen. Der Schweizer Franken habe bei 1,50 CHF/EUR (wk = 0,667 €/CHF) notiert. Aus diesen Angaben ergibt sich ein realer Wechselkurs von

$$wr = \frac{0{,}667\,€/\text{CHF} \cdot 160\,\text{CHF}}{100\,€} = \frac{106{,}67\,€}{100\,€} = 1{,}067\,.$$

Da der reale Wechselkurs 1,067 beträgt, ist der Schweizer Franken in unserem Beispiel um 6,7 % überbewertet. Würde nämlich ein Schweizer Bürger 160 CHF nehmen, diesen Betrag zum Wechselkurs von 1,50 CHF/EUR umtauschen und damit in Deutschland einkaufen, könnte er sich Waren im Gegenwert von 106,67 € kaufen. Für denselben Frankenbetrag würde er in Deutschland mehr Güter erhalten als in der Schweiz. Folglich ist die Kaufkraft des Schweizer Frankens im Ausland höher als im Inland. Umgekehrt ist der Euro gegenüber dem Schweizer Franken real unterbewertet, weil man pro 100 € in der Schweiz weniger Güter kaufen könnte als in Deutschland.

Das Beispiel zeigt, dass der reale Wechselkurs als ein Maßstab für die internationale Wettbewerbsfähigkeit dienen kann. Veränderungen des realen Wechselkurses führen zu Veränderungen der Wettbewerbsfähigkeit einer Volkswirtschaft. Bei einem Ansteigen des nominalen Preiswechselkurses kommt es bei konstantem Preisniveau im In- und Ausland zu einem Ansteigen des realen Wechselkurses. Damit verbunden ist eine reale Abwertung der Inlandswährung. Dies verbessert die internationale Wettbewerbsfähigkeit, weil die inländischen Produkte auf ausländischen Märkten preislich wettbewerbsfähiger werden. Dieselbe Wirkung tritt ein, wenn bei gegebenem Wechselkurs das inländische Preisniveau langsamer steigt als das ausländische. Umgekehrt führt ein sinkender nominaler Wechselkurs bei unverändertem in- und ausländischem Preisniveau zu einer realen Aufwertung der Inlandswährung mit der Folge einer verschlechterten internationalen Wettbewerbsfähigkeit.

Übung 12-3: Änderungen des realen Wechselkurses

Wie ändert sich der reale Wechselkurs des Euro, wenn folgende Entwicklungen eintreten?

a) Aufgrund einer konsequenten Geldpolitik der EZB steigt bei unverändertem nominalem Wechselkurs des Euro die Inflation in Euroland langsamer als bei den Haupthandelspartnern.

b) Aufgrund starker Lohnerhöhungen beschleunigt sich die Inflationsrate im Euro Währungsraum und übersteigt die Inflation des Auslands.

c) Der Wechselkurs des Euro in Preisnotierung steigt bei gleichen Inflationsraten im In- und Ausland.

d) Der Wechselkurs des Euro in Mengennotierung steigt bei gleichzeitig einer höheren Inflation im Ausland im Vergleich zum Inland.

Lösung:

a) Der reale Wechselkurs steigt, der Euro wertet real ab. Bei gleichem Wechselkurs erhält man im Ausland aufgrund der höheren Inflation weniger Güter als im Inland.

b) Der reale Wechselkurs sinkt. Der reale Außenwert des Euro steigt.

c) Dem Anstieg des nominalen Wechselkurses entspricht bei gleichen Inflationsraten ein gleich hoher Anstieg des realen Wechselkurses. Der Euro wertet real ab.

d) Die höhere Inflationsrate im Ausland bewirkt eine reale Abwertung des Euro. Ein Anstieg des Wechselkurses in Mengennotierung entspricht einer Aufwertung des Euro. Per Saldo wirkt dies der realen Abwertung entgegen.

12.3.3 Effektiver Wechselkurs

Ein Problem des realen Wechselkurses ist, dass er die Veränderung der Wettbewerbsfähigkeit immer nur gegenüber einem Land, dem „Ausland", zum Ausdruck bringt. Deshalb muss geklärt werden, was unter Ausland zu verstehen ist. Um die einzelnen Länder entsprechend ihrer Bedeutung für den Außenhandel charakterisieren zu können, werden ihnen Handelsgewichte zugeordnet. Als Ergebnis erhält man einen effektiven Wechselkurs. Dieser als Index berechnete Wechselkurs ist ein weiterer Maßstab, um zu beurteilen, wie sich Währungsänderungen auf die internationale Wettbewerbsfähigkeit einer Volkswirtschaft auswirken. Dabei betrachtet man die Entwicklung der Währung eines Landes gegenüber den Währungen derjenigen Länder, mit denen das Land intensive Handelsbeziehungen unterhält oder mit denen es auf dem Weltmarkt konkurriert.

Im Ergebnis erhält man einen multilateralen Wechselkurs, der als gewogenes geometrisches Mittel berechnet wird. Der Index für den nominalen effektiven Wechselkurs wird nach folgender Formel ermittelt:

$$e^{eff} = e_1^{g1} \cdot e_2^{g2} \cdot \ldots \cdot e_{n-1}^{gn-1}$$

mit e_i = Mengenwechselkurs (z.B. $/€) und g_i = Handelgewicht des Landes i.

Neben dem nominalen effektiven Wechselkurs wird auch ein realer effektiver Wechselkurs bestimmt. Er hat für die Beurteilung der internationalen Wettbewerbsfähigkeit eines Landes eine größere Bedeutung als der nominale effektive Wechselkurs. Bei der Berechnung wird zusätzlich zu den nominalen Wechselkursen e_i das Verhältnis des Auslandspreisniveaus P_i^* der jeweiligen Länder zum Inlandspreisniveau P berücksichtigt.

$$\varepsilon^{eff} = \left(e_1 \cdot \frac{P}{P_1^*}\right)^{g1} \cdot \left(e_2 \cdot \frac{P}{P_2^*}\right)^{g2} \cdot \ldots \cdot \left(e_{n-1} \cdot \frac{P}{P_{n-1}^*}\right)^{gn-1}$$

Die Europäische Zentralbank berechnet den effektiven Wechselkurs des Euro aus dem gewogenen Durchschnitt des Euro-Kurses gegenüber den 23 und den 42 wichtigsten Handelspartnern des Euro-Währungsgebiets, wobei das größte Gewicht dem US-$ zukommt. Als Preisindikatoren verwendet sie bei der Berechnung des realen Wechselkurses neben Verbraucherpreisindizes die Deflatoren des BIP und Indizes der Lohnstückkosten. Die Europäische Zentralbank verwendet bei ihrer Berechnung bilaterale Mengenwechselkurse. Ein Anstieg des effektiven Wechselkurses bedeutet hier eine nominale bzw. reale Aufwertung des Euro gegenüber den jeweiligen Währungen der Handelspartner. Damit ist eine Verschlechterung der preislichen und kostenmäßigen Wettbewerbsfähigkeit des Eurowährungsraums verbunden.

Das zweite Problem bei der Formulierung eines realen Wechselkurses ist, welche Güter bei der Bestimmung des realen Wechselkurses berücksichtigt werden. Neben der Verwendung von Verbraucherpreisen oder Deflatoren des Gesamtabsatzes werden in der Praxis häufig nur international gehandelte Güter berücksichtigt, indem beim Inlandspreisniveau auf die im Inland produzierten Exportgüter und beim Auslandspreisniveau auf die im Ausland hergestellten Importgüter abgestellt wird. Dieses Preisverhältnis bezeichnet man als Terms of Trade.

Im Außenhandel bezeichnen die Terms of Trade das reale, also gütermäßige Austauschverhältnis zwischen den gehandelten Gütern. Die Terms of Trade geben an, welches Importvolumen ein Land im Austausch für eine Exportgütereinheit von seinen Handelspartnern erwerben kann. Die Terms of Trade ergeben sich aus dem Preisverhältnis der exportierten und importierten Güter. Wir wollen dies anhand eines einfachen Beispiels verdeutlichen: Kostet

etwa ein Barrel Öl 60 $ und ein deutscher PKW 25.000 €, so ergeben sich die Terms of Trade Deutschlands bei einem Wechselkurs von 1,20 Dollar je Euro:

$$\text{ToT} = \frac{25.000\ \text{€/PKW}}{\dfrac{60\ \text{\$/Barrel Öl}}{1{,}20\ \text{\$/€}}} = \frac{25.000\ \text{€/PKW}}{50\ \text{€/Barrel Öl}} = \frac{500\ \text{Barrel Öl}}{1\ \text{PKW}}$$

In der Praxis werden die Terms of Trade mit Hilfe von Export- und Importpreisindizes berechnet:

$$\text{ToT} = \frac{\text{Exportgüterpreisindex}}{\text{Importgüterpreisindex}}$$

Können für die gleiche Menge an Exportgütern mehr (weniger) Importgütereinheiten eingetauscht werden, so spricht man von einer Verbesserung (Verschlechterung) der Terms of Trade. Anhand unseres einfachen Beispiels können wir die Ursachen für eine Veränderung der Terms of Trade erkennen. Danach tritt eine Verschlechterung der Terms of Trade ein, wenn der Euro abwertet, wenn die Preise der Importgüter steigen oder wenn die Preise der inländischen Exportgüter sinken beziehungsweise zusammen betrachtet, wenn die Preise der importierten Güter schneller steigen als die der Exportgüter.

Praxisbeispiel 12-2: Bilaterale und effektive, nominale und reale Euro Kurse

Die folgende Abbildung 12-3 zeigt die Indices des bilateralen Euro-Dollar-Kurses sowie die Entwicklung des effektiven Außenwerts des Euro[5]. Die Entwicklung des nominalen Wechselkurses wurde auf Basis des durchschnittlichen Wechselkurses des US-Dollar im ersten Quartal 1999 errechnet. Den Index des realen Wechselkurses erhält man, wenn man die nominale Wechselkursentwicklung mit den Verbraucherpreisindices des Euro Währungsraums und der USA deflationiert.

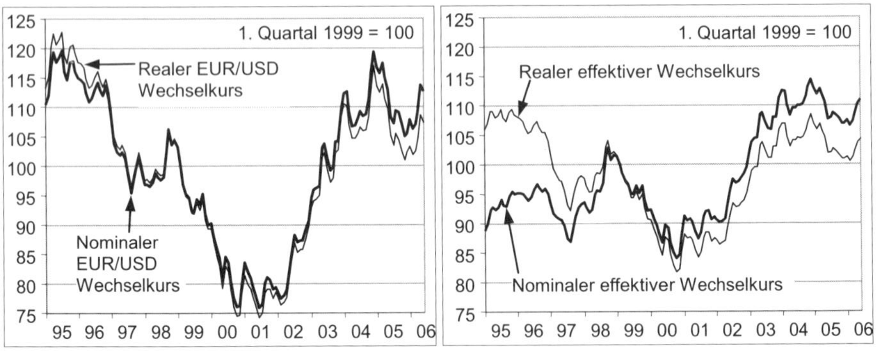

Abbildung 12-3: Entwicklung des bilateraler EUR/USD Kurses und des effektiven Eurokurs, 1Q99 = 100

Die effektiven Wechselkurse werden von der EZB für einen engen Länderkreis von 23 (EWK-23) und für einen weiten Kreis von 42 Handelspartnern (EWK-42) berechnet. Die hier dargestellten effektiven Wechselkurse betreffen den weiten Kreis (EWK-42). Der reale effektive Wechselkurs wurde mit Verbraucherpreisindices deflationiert.

[5] Datengrundlage für die grafischen Darstellungen ist Tabelle 8.1 und 8.2 des Monatsberichts der *Europäische Zentralbank*, August 2006, Internet http://www.ecb.int/pub/pdf/mobu/mb200608en.pdf, sowie https://stats.ecb.int/stats/download/eas_full/eas_full.zip, download am 3.8.06

Die Entwicklung des nominalen und realen Wechselkurses zwischen Euro und US-Dollar zeigt, dass sich die starken Schwankungen des nominalen Kurses auch im realen Wechselkurs wieder finden. Der Grund dafür ist, dass sich die Inflationsraten in den USA und im Euroraum sehr ähnlich entwickelt haben, so dass der Quotient P/P* gegenüber der nominalen Kursentwicklung nicht ins Gewicht fällt. Die Schwankungen des realen Wechselkurses sind also nicht auf Unterschiede in den Inflationsraten, sondern auf Schwankungen des nominalen Wechselkurses zurückzuführen. Nimmt man die Standardabweichung als Maß für die Volatilität des realen Wechselkurses, so ist die durchschnittliche Abweichung vom langjährigen Mittel beim nominalen und realen Wechselkurs etwa gleich hoch.

Effektive Wechselkurse weisen als gewogene Durchschnitte deutlich geringere Schwankungen auf. Dennoch zeigen sich die Wechselkursschwankungen zwischen Euro und Dollar auch in den effektiven Kursen. Darin kommt die Bedeutung des US-Dollar als Handelswährung zum Ausdruck. Gleichwohl zeigt die Entwicklung der effektiven Kurse, dass der deutsche und europäische Außenhandel von den Schwankungen des bilateralen Euro-Dollar-Kurses weit weniger tangiert ist. Die mit Hilfe der Standardabweichung gemessene Volatilität des realen effektiven Wechselkurses ist um mehr als 40% niedriger als die des realen Euro-Dollar-Kurses. Bei den effektiven Wechselkursen waren zudem die Unterschiede zwischen nominaler und realer Wechselkursentwicklung deutlicher. Hierin kommt zum Ausdruck, dass viele Handelspartner des Euro Währungsraumes höhere Inflationsraten haben, die sich in nominalen Abwertungen der jeweiligen Währung gegenüber dem Euro niederschlagen.

12.3.4 Theorie der Wechselkursbestimmung

Der Hinweis auf Änderungen des Devisenangebots und der Devisennachfrage als Ursache für Wechselkursänderungen ist unvollständig, solange nicht erklärt wird, durch welche Faktoren diese Marktvorgänge beeinflusst sind. Bei den Faktoren, die die Wechselkursbildung bestimmen, kann man grundsätzlich zwischen realwirtschaftlichen und monetären sowie zwischen kurz- und langfristigen Ursachen unterscheiden. Zu den Standardtheoremen der Wechselkurserklärung gehören die Kaufkraftparitäten- und Zinsparitätentheorie[6].

12.3.4.1 Das Kaufkraftparitätentheorem (PPP)

Das Kaufkraftparitätentheorem (Purchasing Power Parity) ist einer der ältesten Ansätze zur Erklärung von Wechselkursen. Es geht zurück auf den schwedischen Nationalökonomen *Gustav Cassel* (1866-1945)[7]. Es besagt, dass sich der Wechselkurs bei gegebenen nationalen Preisen im In- und Ausland derart bestimmt, dass die Kaufkraft der inländischen und ausländischen Währung gleich ist. Dann entspricht der Preis eines Güterbündels dem in Inlandswährung ausgedrückten Preis des gleichen Güterbündels im Ausland.

Das Kaufkraftparitätentheorem knüpft unmittelbar an die Definition des realen Wechselkurses an. Ist wr = 1, sind die Preise im In- und Ausland ausgedrückt in einer gemeinsamen Währung gleich:

$$P = wk \cdot P^*$$

Bei Gültigkeit der absoluten Kaufkraftparität entspricht der Wechselkurs dem Verhältnis von Inlandspreisniveau zu Auslandspreisniveau:

$$wk = \frac{P}{P^*}$$

[6] Vgl. *Konrad, A.* (1998), S. 494
[7] Vgl. *Cassel, G.* (1928)

Grundlage des Theorems ist das Law of one Price, das besagt, dass auf vollkommenen Märkten die Preise homogener Gütern auch auf international verbundenen Märkten gleich sein müssen. Abweichungen in den Güterpreisen führt zu entsprechenden Güterarbitrageprozessen, die über Veränderungen des Angebots von und der Nachfrage nach Gütern und Devisen entsprechende Preis- und Wechselkursänderungen auslösen. Wesentliche Voraussetzungen für die Gültigkeit der absoluten Form der Kaufkraftparitätentheorie sind die Homogenität der zugrunde liegenden Güter oder Güterbündel sowie die vollkommene Abwesenheit von Transportkosten und Handelshemmnissen.

Praxisbeispiel 12-3: Big Mac-Index als Anwendungsbeispiel

Ein prominentes Beispiel ist der so genannte Big Mac-Index, der seit 1986 jährlich von der Zeitschrift „*The Economist*" publiziert wird[8]. Das betrachtete „Güterbündel" ist der von McDonald's angebotene Big Mac, der in etwa 120 Ländern mehr oder weniger nach dem gleichen Rezept hergestellt wird. Aufgrund seiner Homogenität erscheint der Big Mac in besonderer Weise für internationale Preisvergleiche geeignet. Gemäß der absoluten Kaufkraftparitätentheorie sollte ein Big Mac in allen Ländern nach Währungsumrechnung gleich viel kosten.

Tabelle 12-1: Der Hamburger Standard mit "Big Mac" als Maßstab

Land	Währung	Big Mac-Preise		Wechselkurs Währung/$	implizierte PPP des $	Unter-/Überbewertung gegenüber $ in %
		in lokaler Währung	in $			
USA	$	3,06	3,06			
China	Yuan	10,53	1,27	8,29	3,43	-59
Euro Raum	€	2,92	3,58	1,23 $/€	1,05 $/€	17
Hong Kong	HK$	11,98	1,54	7,78	3,92	-50
Schweiz	SFr	6,31	5,05	1,25	2,06	65
Großbritannien	£	1,88	3,44	1,83 $/£	1,63 $/£	12
Polen	Zloty	6,47	1,96	3,30	2,12	-36
Thailand	Bath	60,21	1,48	40,68	19,60	-52
Japan	¥	248,04	2,34	106,00	81,70	-23

Werden nun die tatsächlichen nationalen Big Mac-Preise in eine einheitliche Währung (z.B. US-Dollar) umgerechnet, so haben jene Länder, in denen der Dollarpreis des Big Mac hoch ist, überbewertete Währungen, während in Ländern mit geringen Dollarpreisen des Big Mac eine Unterbewertung der jeweiligen Währungen vorliegt. Der Euro war zum Zeitpunkt der Erhebung gegenüber dem US-Dollar um 17% überbewertet. Ein Big Mac kostete im Euro Raum durchschnittlich 2,92 € und 3,06 $ in den USA. Der Wechselkurs, bei dem der Burgerpreis in den USA und im Euro Raum gleich hoch ist, wäre 3,06 $/2,92€ = 1,05 $ je Euro. Dies ist die implizierte Kaufkraftparität des Dollar. Tatsächlich notierte der Dollar bei 1,23 $ je Euro. Dies entspricht einer Überbewertung des Euro gegenüber dem Dollar von 17 %.

Die höchste Unterbewertung weist der chinesische Renimbi auf. Am stärksten überbewertet ist der Schweizer Franken. Entsprechend den Grundgedanken des Theorems müssten clevere Arbitrageure Big Macs zu 1,27 US-Dollar in China kaufen und für 5,05 $ in der Schweiz verkaufen. Dass dies nicht durchführbar ist, zeigt bereits einige der Grenzen der Kaufkraftparitätentheorie. Handelsschranken, Transportkosten, Steuerunterschiede und die begrenzte Handelbarkeit von Produkten sind die Ursache, dass eine Angleichung der Preise unterbleibt.

[8] *Economist,* vom 09.06.2005, eigene Berechnungen

Eine sehr restriktive Voraussetzung der absoluten Kaufkraftparitätentheorie besteht in der Annahme homogener Güter, welche allein die Einheitlichkeit der Preise sichern kann. In Wirklichkeit sind viele der international konkurrierenden Güter nicht identisch, sondern differenziert. Ein weiterer Teil geht wegen mangelnder Transportierbarkeit überhaupt nicht in den Außenhandel ein, so dass für sie kein direkter internationaler Preiszusammenhang besteht. Außerdem sind in den Warenkörbe der einzelnen Länder, die der Berechnung des Preisindexes zugrunde liegen, unterschiedliche Güter mit unterschiedlicher Gewichtung enthalten. Und schließlich führen Handelsbarrieren, Transportkosten und andere Kosten im Zusammenhang mit dem grenzüberschreitenden Handel dazu, dass die Preise in- und ausländischer Produkte innerhalb einer gewissen Spanne von einander abweichen, ohne dass es zu Aktivitäten der Güterarbitrage kommt.

Zur Abschwächung dieser Einwände, vor allem dass Güterarbitragebewegungen nur bei homogenen, international handelbaren Gütern zu Wechselkursanpassungen führen, wird als Modifikation der absoluten die relative Kaufkraftparitätentheorie verwendet. In der relativen Form der Kaufkraftparitätentheorie wird unterstellt, dass Preisunterschiede zwischen Volkswirtschaften aufgrund unterschiedlicher Strukturen bestehen und dass diese strukturellen Faktoren die Ursache dafür sind, dass der reale Wechselkurs ungleich eins ist. Die Strukturunterschiede werden mit Hilfe eines konstanten Korrekturparameters dargestellt. Dabei wird unterstellt, dass diese strukturellen Faktoren mittelfristig konstant sind. Somit gilt:

$$wr = \frac{wk \cdot P^*}{P} = k \quad \Rightarrow \quad wk = \frac{k \cdot P}{P^*} \quad \text{mit } k = \text{const.}$$

Wenn im Folgenden auf die prozentuale Veränderung der Variablen abgestellt wird, so hat die Strukturkonstante k eine Wachstumsrate von null. Somit wird die Änderungsrate des Wechselkurses Δwk bestimmt durch die Differenz der Inflationsraten im Inland (π) und Ausland (π^*). Ist z.B. die inländische Inflationsrate höher als diejenige des Auslands, so steigt der Wechselkurs in Preisnotierung, d.h. die eigene Währung wertet im Verhältnis des Inflationsgefälles gegenüber dem Ausland ab.

$$\Delta wk = \pi - \pi^*$$

Betrachten wir dazu ein kleines Beispiel. Das Preisniveau steige in der EWU um 2 Prozent, während die Inflationsrate eines Handelpartners 8 Prozent betrage. Bei zunächst noch unangepassten Wechselkursen kommt es in der EWU zu wachsenden Exportüberschüssen und dadurch zu einer verstärkten Nachfrage nach Euro; folglich steigt der Eurokurs und zwar so lange, bis der Preisvorteil in Höhe von 6 Prozent ausgeglichen und die Kaufkraftparität zwischen beiden Ländern wieder hergestellt ist. Der Euro wertet c.p. gegenüber der Währung des Partnerlandes tendenziell um 6 Prozent auf. Solange der nominale Aufwertungssatz darunter liegt (z. B. 4 Prozent), ist der Euro **real unterbewertet** (2 Prozent); die EWU hat einen preislichen Wettbewerbsvorteil. Liegt der tatsächliche, nominale Aufwertungssatz jedoch darüber (z. B. 8 Prozent), wertet der Euro **real** (um 2 Prozent) auf. Die internationale Wettbewerbsposition der EWU verschlechtert sich.

Kaufkraftparitätentheorie (PPP) weist Grenzen der Gültigkeit auf. Der empirische Befund für die absolute Version und für die kurze Frist ist sehr schwach. Dies bedeutet, dass das Kaufkraftparitätenkonzept zumindest kurzfristig keine zuverlässige Prognose für die Wechselkursentwicklung gibt. Tatsächlich ist der Devisenumsatz aufgrund von Leistungstransaktionen gering im Vergleich zu den grenzüberschreitenden Kapitaltransaktionen. Kurz- und mittelfristig kann es zu erheblichen Abweichungen von der Kaufkraftparität kommen. Empirisch bestätigt ist jedoch die relative Version auf lange Sicht. Langfristig lassen sich Zusammenhänge zwischen Inflationsunterschieden und dem Wechselkurs nachweisen.

Praxisbeispiel 12-4: Balassa-Samuelson-Effekt oder Grenzen des „Law of one Price“

In Abbildung 12-4 ist das durchschnittliche Pro-Kopf-Einkommen relativ zum Pro-Kopf-Einkommen der USA und das Preisniveau relativ zum US Preisniveau für 136 Länder im Jahr 2000 gegenübergestellt. Jeder Punkt in der Grafik stellt ein Land dar. Danach ist das relative Preisniveau gemessen am US Preisniveau umso höher, je höher das Pro-Kopf-Einkommen relativ zum US Pro-Kopf-Einkommen ist. Länder mit niedrigem Pro-Kopf-Einkommen haben folglich auch ein niedriges Preisniveau. Eine wichtige Ursache für diese Tatsache ist, dass die Angleichung der Güterpreise nur für solche Güter zu Stande kommen kann, die auch international gehandelt werden. Bei nicht-handelbaren Gütern und Dienstleistungen sind Arbitragegeschäfte nicht möglich und die Angleichung der Preise unterbleibt.

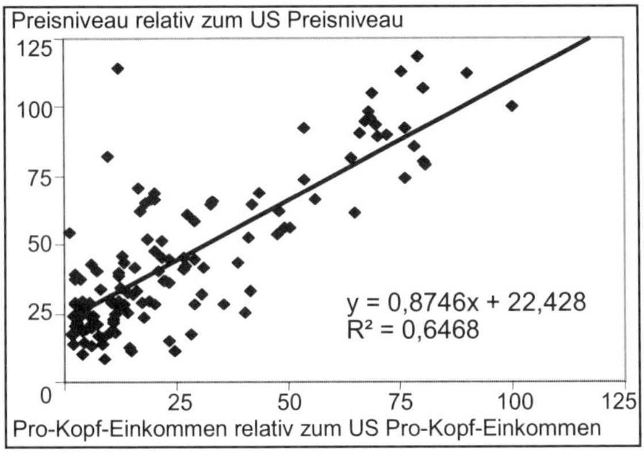

Abbildung 12-4: Internationaler Vergleich von Pro-Kopf-Einkommen und Preisniveau[9]

Nach *Balassa/Samuelson*[10] sind Produktivitätsunterschiede zwischen Ländern in den Sektoren handelbarer und nicht-handelbarer Güter eine Ursache für die Persistenz von Preisniveauunterschieden. Wenn es im Bereich handelbarer Produkte zu einer Preisangleichung kommt und der schärfere internationale Wettbewerb spricht für diese Tendenz, dann müssen in Ländern mit einem niedrigeren Produktivitätsniveau die Löhne entsprechend niedrig sein, während in Ländern mit einer hohen Arbeitsproduktivität entsprechend hohe Löhne gezahlt werden können. Während im Sektor handelbarer Güter große Produktivitätsunterschiede zwischen Ländern bestehen, die in entsprechenden Lohnunterschieden zum Ausdruck kommen, sind die Produktivitätsunterschiede im Sektor nicht-handelbarer Güter weniger ausgeprägt. Zum Beispiel sind in gesamten Bereich persönlicher Dienstleistungen Rationalisierungspotenziale begrenzt. Dies hat weitere Konsequenzen für das Angebot und die Produktionskosten nicht-handelbarer Güter, denn wenn in den Exportbranchen von Entwicklungsländern niedrige Löhne gezahlt werden, dann müssen auch die Preise nicht-handelbarer Produkte niedrig sein. Umgekehrt werden sich in Ländern mit hoch produktiven Exportsektoren die Beschäftigten im nicht-handelbaren Sektor nicht mit niedrigen Löhnen zufrieden geben, nur weil ihre Produktivität niedriger ist. Die Angleichung der Einkommen zwischen den Sektoren handelbarer und nicht-handelbarer Güter führt zu steigenden Produktionskosten im nicht-handelbaren Sektor, so dass Länder mit hoher Produktivität zwar ein höheres Lohnniveau, aber auch ein höheres Preisniveau bei nicht-handelbaren Gütern haben.

---

[9] *Heston, A., Summers, R., Aten, B.*, Penn World Table Version 6.1, Center for International Comparisons at the University of Pennsylvania (CICUP), October 2002, http://pwt.econ.upenn.edu/Downloads /pwt61-doc.exe, Download vom 12.11.2002

[10] Vgl. *Balassa, B.* (1964), S. 584 ff, *Samuelson, P. A.* (1964), S. 145 ff.

12.3.4.2 Die Zinsparitätentheorie

Die Zinsparitätentheorie beschreibt den Zusammenhang zwischen dem Wechselkurs zweier Währungen und den Zinsen oder allgemeiner den Ertragsraten in- und ausländischer Finanzaktiva. Internationale Kapitalbewegungen werden durch Ertragserwartungen und Risikoüberlegungen bestimmt. Die Zinsparitätentheorie beruht auf dem Grundgedanken der Arbitrage, wonach Finanzaktiva mit denselben Risikoeigenschaften denselben Ertrag erbringen müssen. Der Wechselkurs bleibt c.p. stabil, wenn grenzüberschreitende Portfoliotransaktionen zum Erliegen kommen. Dies ist dann der Fall, wenn die Ertragsraten internationaler Finanzanlagen ausgeglichen sind. Dann haben Anleger keine Veranlassung, ihre Aktiva umzuschichten und somit auf dem Devisenmarkt Devisen anzubieten oder nachzufragen.

Die Zinsparitätentheorie unterstellt, dass inländische und ausländische Wertpapiere vollständige Substitute sind, Anleger sind dann indifferent zwischen in- und ausländischen Anlagen. Außerdem wird gefordert, dass der internationale Kapitalmarkt vollkommen ist und damit eine vollständige internationale Kapitalmobilität vorliegt. Dies impliziert, dass Anleger vollkommene Information besitzen und dass von Transaktionskosten und anderen Handelshemmnissen abstrahiert wird. Damit spiegeln sich jederzeit alle für die Kursbildung der Anleger relevanten verfügbaren Informationen im Wechselkurs wider und Anleger können mit Ausnahme eventueller Kosten der Kurssicherung kostenlos und in jeder gewünschten Höhe zwischen in- und ausländischen Finanzaktiva wechseln.

Ein Anleger stehe vor der Wahl zwischen einer inländischen oder ausländischen Finanzanlage mit gleichem Risiko. Dazu wird er die Erträge der beiden Anlagealternativen miteinander vergleichen. Wählt er die Auslandsanlage, muss er bei seinem Vergleich zusätzlich das Währungsrisiko berücksichtigen. Er kann jedoch bereits zu Beginn der Anlageperiode den am Ende der Fälligkeit aufgelaufenen Auszahlungsbetrag per Termin zum Terminkurs verkaufen und somit das Wechselkursrisiko einer Fremdwährungsanlage ausschalten. Wählt der Anleger diese Kurssicherung am Terminmarkt, liegt eine Zinsarbitrage vor. Die Bedingung für das Devisenmarktgleichgewicht bezeichnet man in diesem Fall als gedeckte Zinsparität. Verzichtet der Anleger auf die Kurssicherung, liegt ein Spekulationsgeschäft vor. Grundlage seiner Anlageentscheidung ist eine bestimmte Wechselkurserwartung. In diesem Fall wird das Devisenmarktgleichgewicht durch die Bedingung der ungedeckten oder ungesicherten Zinsparität beschrieben.

Gedeckte Zinsparität

Die gedeckte Zinsparität geht von der Frage aus, unter welchen Umständen grenzüberschreitende Kapitalanlagen zum Erliegen kommen, sofern sich die Kapitalanleger am Terminmarkt gegen das Wechselkursrisiko absichern. Der Einfachheit halber betrachten wir eine einjährige Kapitalanlage. Wird ein Betrag A im Inland zum inländischen Zinssatz i z. B. in einem Rentenwert angelegt, ergibt sich nach Ablauf der Anlagefrist ein Auszahlungsbetrag in Höhe von $A(1 + i)$.

Wird derselbe Betrag zum Zinssatz i^* im Ausland in ein Rentenpapier der gleichen Risikoklasse angelegt werden, so muss der Betrag zunächst zum herrschenden Kassakurs wk in ausländische Währung umgewandelt werden. Dies ergibt den Devisenbetrag A/wk, der sich nach einem Jahr auf den Auszahlungsbetrag von $(A/wk)(1 + i^*)$ beläuft. Zwischen dem Zeitpunkt der Anlage und der Auszahlung besteht das Wechselkursrisiko. Dieses Währungsrisiko kann der Anleger durch Inanspruchnahme des Devisenterminmarktes ausschalten. Dazu muss er den auf ausländische Währung lautenden Auszahlungsbetrag bereits zum Anlagezeitpunkt per Termin zum Terminkurs verkaufen. Ist der Terminkurs zu Beginn des Anlage-

horizonts wt für den am Ende der Laufzeit vorgesehenen Umtausch, so beträgt die in Inlandswährung umgerechnete, sichere Auszahlung $(A/wk)(1 + i^*)wt$

Bestehen keine Transaktionskosten und ist das Währungsrisiko durch ein Termingeschäft abgesichert, werden die Marktkräfte dafür sorgen, dass Ertragsdifferenzen zwischen in- und ausländischen Anlagen eingeebnet werden. Solange etwa im Ausland höhere Renditen erzielt werden, besteht ein Anreiz zum Kapitalexport. Dies führt zu einer steigenden Nachfrage nach Kassadevisen, der Kassakurs steigt. Damit verbunden ist ein steigendes Angebot am Devisenterminmarkt mit der Folge eines sinkenden Terminkurses. Dies vermindert die Attraktivität der ausländischen Anlage. Gleichzeitig steigen aufgrund des Kapitalexports die inländischen Zinsen, während sie im Ausland aufgrund des vermehrten Angebots sinken. Beide Vorgänge bewirken, dass sich die Renditen in- und ausländischer Anlagen angleichen. Bei Gleichheit der Renditen kommen die Kapitalströme schließlich zum Erliegen. Werden folglich die Renditen der In- und Auslandsanlage gleichgesetzt, so ergibt sich die Bedingung der gedeckten Zinsparität als

$$(1 + i) = (1 + i^*)\,(wt / wk).$$

Subtrahiert man von jeder Seite 1 und setzt $1/(1 + i^*) \approx 1$, folgt näherungsweise:

$$i - i^* = \frac{wt - wk}{wk}$$

Der Quotient auf der rechten Seite ist der Swapsatz. Er gibt die Kosten der Kurssicherung an. Inland- und Auslandsanlage sind also gleich vorteilhaft, wenn die Zinsdifferenz $i - i^*$ dem Swapsatz $(wt - wk)/wk$, also dem Report, falls $i > i^*$, oder dem Deport, falls $i < i^*$, entspricht. Falls der Inlandszins gleich dem Auslandszins ist, folgt aus der gedeckten Zinsparität, dass der Kassakurs gerade dem Terminkurs entspricht. Löst man die Bedingung der gedeckten Zinsparität nach dem Kassakurs auf, erhält man:

$$wk = \frac{1 + i^*}{1 + i}\,wt\,.$$

Danach entwickelt sich bei gegebenen Zinssätzen der Kassakurs proportional zum Terminkurs. Liegt bei Zinsgleichheit der Terminkurs höher als der Kassakurs ($wt > wk$), dann wird die Auslandsanlage relativ zur Inlandsanlage attraktiver, da man für die Auslandswährung per Termin mehr Einheiten der Inlandswährung erhält, als sie am Kassamarkt heute kostet. Die mit der Auslandsanlageentscheidung einhergehenden (kursgesicherten) Geldexporte ins Ausland lassen den Kassakurs so lange ansteigen und den Terminkurs fallen, bis die gedeckte Zinsparität wieder erfüllt ist.

Ungedeckte Zinsparität

Während bei der Zinsarbitrage sowohl Zinsen als auch sämtliche Kurse bekannt sind, die Transaktion mit Ausnahme des Adressenrisikos risikolos ist, ist mit jeder Devisenspekulation ein Kursrisiko verbunden. Bei der Kassaspekulation kauft der Spekulant heute am Kassamarkt Fremdwährung in der Erwartung, aus der Differenz zwischen dem aktuellen Kassakurs und dem zukünftig erwarteten Kassakurs einen Gewinn zu erzielen. Hat ein Anleger etwa die Erwartung, dass der Wechselkurs in der Zukunft steigen wird, wird er auf Kurssicherung verzichten und seine Auslandsaktiva im Fälligkeitszeitpunkt $t + 1$ zum dann gültigen Kassakurs verkaufen.

Bei der Terminspekulation wird darauf gesetzt, dass der heutige berechnete Terminkurs unter dem zukünftig erwarteten Wechselkurs liegt. Bei $wt < w^e_{t+1}$ wird der Spekulant heute per Termin zum aktuellen Terminkurs Devisen kaufen, um sie nach Ablauf der Frist am Kassa-

markt zu dem dann erwarteten höheren Kassakurs zu verkaufen. Die steigende Nachfrage am Terminmarkt lässt den Terminkurs steigen und verringert die Differenz zwischen dem Terminkurs und dem zukünftig erwarteten Kassakurs. Bei risikoneutralen Anlegern wird sich dies solange fortsetzen, bis Terminkurs und zukünftig erwarteter Kassakurs zum Ausgleich gebracht sind.

Umgekehrt wird der Spekulant am Terminmarkt Devisen verkaufen, wenn er einen niedrigeren zukünftigen Kassakurs erwartet ($w^e_{t+1} < wt$). Für die Erfüllung des Terminkontrakts wird er sich dann am Kassamarkt die billigeren Kassadevisen beschaffen und diese Devisen seinem Vertragspartner bei der Erfüllung des Termingeschäfts zum Terminkurs andienen. Als Folge des steigenden Angebots an Termindevisen wird sich der Terminkurs immer mehr dem niedrigeren zukünftig erwarteten Kassakurs annähern. Die Terminspekulation kommt zum Erliegen, wenn der aktuelle Terminkurs dem zukünftig erwarteten Kassakurs entspricht:

$$wt = w^e_{t+1}$$

Wenn wir diese Gleichheit mit der Gleichung der Zinsarbitrage verknüpfen, erhält man die Bedingung für das Devisenmarktgleichgewicht als ungesicherte Zinsparität.

$$(1 + i) = (1 + i^*)\,(w^e_{t+1}/wk).$$

Im Gegensatz zur Inlandsanlage ist bei der ungedeckten oder ungesicherten Zinsparität die Rendite der Auslandsanlage unsicher, weil der Wechselkurs am Ende des Anlagezeitraums unbekannt ist. Deshalb müssen Anleger Erwartungen über die Wechselkursentwicklung bilden. Ihrer Anlageentscheidung legen sie den erwarteten Kassakurs w^e_{t+1} zugrunde. Subtrahiert man von jeder Seite 1 und setzt $1/(1 + i^*) \approx 1$, folgt für die Zinsparität:

$$i = i^* + \frac{w^e_{t+1} - wk}{wk}$$

Der Quotient auf der rechten Seite gibt die erwartete prozentuale Wechselkursänderung an. Erwarten die Marktteilnehmer z.B. eine Abwertung der heimischen Währung um 2 Prozent, so werden internationale Anleger bei einer inländischen Geldanlage fordern, dass der Inlandszins um mindestens zwei Prozentpunkte höher liegt als der Auslandszins. Herrscht dagegen bezüglich einer Währung eine Aufwertungserwartung, so kann sich das Land mit niedrigeren Zinsen vom internationalen Zinsniveau absetzten.

Um zu sehen, wie in- und ausländische Zinsen sowie Wechselkurserwartungen den aktuellen Wechselkurs beeinflussen, müssen wir die Bedingung für die Zinsparität nach dem Kassakurs auflösen:

$$wk = \frac{w^e_{t+1}}{1 + i - i^*}$$

Die Gleichung zeigt den aktuellen Wechselkurs einer Währung als eine Funktion des erwarteten Wechselkurses sowie des in- und ausländischen Zinssatzes. Der Wechselkurs einer Fremdwährung steigt, die heimische Währung wertet ab, wenn die Erwartungen über eine Aufwertung der Fremdwährung zunehmen, wenn der inländische Zinssatz sinkt oder der ausländische Zins steigt.

Betrachten wir ausschließlich den Zusammenhang zwischen inländischem Zinssatz und Wechselkurs, können wir den Devisenmarkt mit dem heimischen Geldmarkt in Verbindung bringen. In Abbildung 12-5 ist in der rechten Grafik der inländische Geldmarkt dargestellt. $L(Y_0, i)$ ist die inländische reale Geldnachfrage für ein gegebenes Volkseinkommen Y_0. M/P ist das reale Geldangebot. Im Schnittpunkt von realen Geldangebot und realer Geldnachfra-

ge ergibt sich der inländische Zinssatz. Ist etwa das vom Bankensystem zur Verfügung gestellte nominale Geldangebot M_0, ergibt sich bei gegebener realer Geldnachfrage ein Markt räumender Zinssatz von i_0. In der linken Grafik der Abbildung 12-5 ist die Beziehung der Zinsparität für einen gegebenen Auslandszinssatz und gegebene Wechselkurserwartungen dargestellt. Beim Zinssatz i_0 ist im Punkt G die Bedingung der Zinsparität erfüllt, so dass beim Wechselkurs wk_0 ein Devisenmarktgleichgewicht zustande kommt.

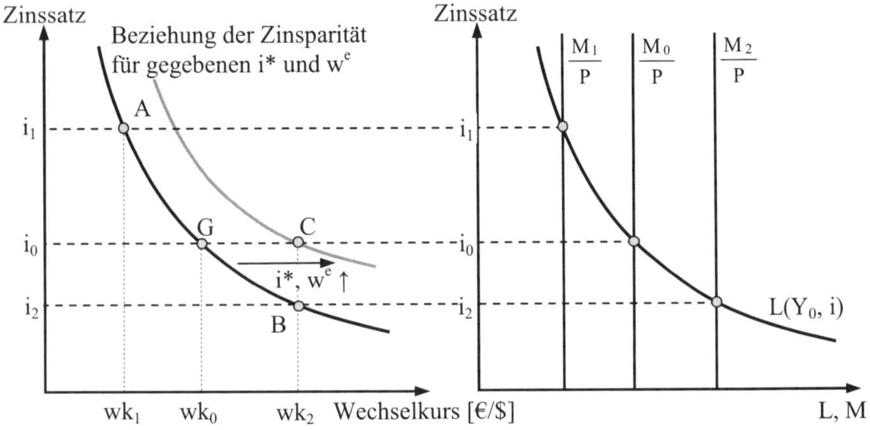

Abbildung 12-5: Zusammenhang zwischen Wechselkurs und heimischem Geldmarkt

In der Abbildung 12-5 kann man nun erkennen, wie sich Veränderungen der inländischen Geldmenge z. B. als Folge einer expansiven oder restriktiven Geldpolitik auf den Zinssatz und den Wechselkurs auswirken. Sinkt etwa das Geldangebot auf M_1, kommt es im Inland zu steigenden Zinsen. Der Zinsanstieg macht inländische Geldanlagen vergleichsweise attraktiver. Als Folge der Umschichtung von ausländischen in inländische Anlagen steigt die Nachfrage nach der inländischen Währung, der Wechselkurs der ausländischen Währung fällt beim Zinssatz i_1 auf wk_1, die inländische Währung wertet auf. Bei steigender Geldmenge und sinkenden Zinsen im Inland erhalten ausländische Anlagen einen Renditevorsprung, die ausländische Währung wird verstärkt nachgefragt, der Wechselkurs steigt auf wk_2, die heimische Währung wertet ab. Diese Aussage unterstellt, dass der Auslandszins gegeben ist und der erwartete Wechselkurs bei einer Veränderung des Inlandszinssatzes unverändert bleibt. Steigende Auslandszinsen oder steigende Aufwertungserwartungen würden die Kurve der Zinsparität nach rechts verlagern.

Die empirische Relevanz der Zinsparitätentheorie ist für die gesicherte und ungesicherte Zinsparität unterschiedlich stark ausgeprägt. Nach empirischen Studien kann die Bedingung der gedeckten Zinsparität als erfüllt angesehen werden. Zinsunterschiede werden von Devisenhändlern benutzt, um den Terminkurs zu berechnen. Umgekehrt wird der Unterschied zwischen Termin- und Kassakurs von Banken verwendet, um die Zinsdifferenz auf Fremdwährungskonten zu berechnen. Dagegen ist die Bedingung der ungedeckten Zinsparität zwar fallweise, aber nicht generell erfüllt. Ursachen dafür sind Unsicherheit über die Fundamentaldaten, ineffiziente Devisenmärkte, variable Risikoprämien, nicht risikoneutrales Verhalten der Marktteilnehmer, aber auch politische Risiken oder Kapitalverkehrskontrollen, so dass die ungedeckte Zinsparität kein zuverlässiges Prognoseinstrument für die Entwicklung des Wechselkurses ist.

Übung 12-4: Zinsparität

Sie prüfen den Kauf von Staatsanleihen aus Deutschland und den USA. Der langfristige Zins für jeweils eine Anlage mit einer Restlaufzeit von einem Jahr liege in Deutschland liegt bei 4,0%, der in den USA bei 5,5%. Der Euro notiere bei 1,25$/€.

a) Ermitteln Sie die Vorteilhaftigkeit der Inlands- und Auslandsanlage bei einem Terminkurs von 1,28$/€!

b) Wie würde sich Ihre Entscheidung verändern, wenn der Terminkurs bei 1,25$/€ liegt?

c) Welchen Terminkurs wird die Bank bei Zinsparität stellen?

d) Der Zins in Deutschland steigt auf 4,5%. Sie verzichten auf ein Kurssicherungsgeschäft. Welche Wechselkurserwartung stützt diese Zinsdifferenz bei einem aktuellen Wechselkurs von 1,25$/€?

e) Sie erwarten einen Wechselkurs von 1,24$/€. Beurteilen Sie unter Berücksichtigung des Terminkurses in c) die Vorteilhaftigkeit folgender Transaktionen:

Kassamarktspekulation: Kauf von Devisen auf dem Kassamarkt, Anlage im Ausland, Verkauf auf dem Kassamarkt zum erwarteten Kassakurs

Terminmarktspekulation: Anlage im Inland und Kauf von $ auf dem Terminmarkt in Höhe des Auszahlungsbetrages, Bezahlung der $ aus dem Terminmarktgeschäft mit dem Auszahlungsbetrag, Verkauf der $ zum dann gültigen Kassakurs

Lösung:

a) Inlandsanlage: 100.000€·1,04 = 104.000€

Auslandsanlage: (100.000€·1,25$/€)·1,055/1,28$/€ = 103.027€

Die Inlandsanlage ist günstiger.

b) Auslandsanlage: (100.000€·1,25$/€)·1,055/1,25$/€ = 105.500€

c)
$$0{,}04-0{,}055=\frac{wt-0{,}8}{0{,}8}$$

wt = 0,8(0,04 – 0,055) + 0,8 = 0,788€/$ oder 1,269$/€

d)
$$0{,}045-0{,}055=\frac{w^e-0{,}8}{0{,}8}$$

w^e = 0,8(0,045 – 0,055) + 0,8 = 0,781€/$ oder 1,28$/€

e) Kassaspekulation: (100.000€·1,25$/€)·1,055/1,24$/€ = 106.350€

Terminspekulation: (100.000€·1,04)·1,269$/€/1,24$/€ = 106.432€

Die Terminspekulation ist günstiger.

12.3.4.3 Inflation, Zinsparität und Kaufkraftparität

Zinsunterschiede führen nur dann zu Kapitaltransfers, wenn die Anleger annehmen, dass ihr Zinsgewinn nicht durch Wechselkursverluste während der Laufzeit der Anlage überkompensiert wird. Zu entsprechenden Abwertungserwartungen kommt es vor allem bei Währungen mit hohen Inflationsraten. Mit einem relativ stabilen Geldwert verbinden sich hingegen eher Aufwertungstendenzen. Damit können wir die Kaufkraftparität nutzbar machen, um Auf- oder Abwertungserwartungen abzuleiten.

Zins- und Kaufkraftparität lassen sich zusammenführen, wenn wir aus der relativen Kaufkraftparität eine Formulierung über erwartete Wechselkursänderungen gewinnen. Die relative Kaufkraftparität besagt, dass bei Konstanz des realen Wechselkurses die prozentuale Wechselkursänderung der Inflationsdifferenz zwischen In- und Ausland entspricht. Dann ist das Verhältnis der Inlands- und Auslandkaufkraft einer Währung konstant. Orientieren sich die Marktteilnehmer bei ihren Entscheidungen an dieser Beziehung, erwarten sie, dass sich der Wechselkurs auch künftig in Höhe der erwarteten Inflationsdifferenzen ändert. Die Ex-ante-Kaufkraftparität lautet dann:

$$\frac{w_{t+1}^e - wk}{wk} = \pi^e - \pi^{e*} \text{ mit } \pi^e = \frac{P_{t+1}^e - P_t}{P_t} \text{ als der erwarteten Inflationsrate.}$$

Die ungedeckte Zinsparität lautet:

$$i - i^* = \frac{w_{t+1}^e - wk}{wk}$$

Verbindet man die Wechselkurserwartung mit der ungedeckten Zinsparität, erhält man:

$$i - i^* = \pi^e - \pi^{e*}$$

Danach entsprechen die internationalen Zinssatzdifferenzen den zwischen zwei Währungen erwarteten Inflationsunterschieden. Die Gleichung beschreibt eine langfristige Beziehung zwischen den Inflationsraten und Zinssätzen. Nach *Irving Fisher*[11] lässt sich der Nominalzins näherungsweise zerlegen in den Realzins r und die erwartete Inflationsrate π^e:

$$i = r + \pi^e.$$

Der Grund dafür ist, dass Kapitalgeber eine Inflationsprämie fordern, die umso höher ist, je höher der inflationsbedingte Wertverlust ihrer Anlage ist. Die internationale *Fisher*-Parität besagt somit, dass ein Devisenmarktgleichgewicht vorliegt, der reale Wechselkurs sich somit nicht ändert, wenn die Realzinsen zwischen In- und Ausland ausgeglichen sind:

$$i - \pi^e = i^* - \pi^{e*} \quad \rightarrow \quad r = r^*$$

Diese Gleichung ist nur haltbar, wenn wir von der Gültigkeit der relativen Kaufkraftparitäten ausgehen. Denn dann werden keine Änderungen des realen Wechselkurses erwartet. Auf- und Abwertungen, die sich nur im Rahmen der Inflationsdifferenzen bewegen, lassen den realen Wechselkurs unverändert. Bestehende Inflationsunterschiede zwischen zwei Währungen können durch eine gleich hohe Zinsdifferenz ausgeglichen werden. Ist die erwartete Wechselkursänderung größer als die erwartete Inflationsdifferenz, kommt es zu realen Auf- bzw. Abwertungen. Die Veränderung des realen Wechselkurses impliziert eine Veränderung des nominalen Wechselkurses korrigiert um den erwarteten Inflationsunterschied zwischen In- und Ausland:

$$\frac{wr_{t+1} - wr_t}{wr_t} = \frac{w_{t+1}^e - wk}{wk} - (\pi^e - \pi^{e*})$$

Wird etwa ein Ansteigen des Eurokurses von 1,25 \$/€ auf 1,30\$/€ erwartet und liegen die Inflationserwartungen im Euroraum bei 2,5 %, in den USA bei 4 %, dann bedeutet dies, dass der Euro real um 2,5 % aufwertet bzw. der US-Dollar entsprechend abwertet. In diesem Umfang verschlechtert sich die Wettbewerbsposition europäischer Waren auf dem US Markt. Wenn wir für die erwartete Änderung des nominalen Wechselkurses die ungedeckte

---

[11] *Fisher, I.* (1930)

Zinsparität in die Gleichung einsetzen, folgt für die erwartete Änderung des realen Wechselkurses:

$$\frac{wr_{t+1} - wr_t}{wr_t} = i - i^* - (\pi^e - \pi^{e*}) = (i - \pi^e) - (i^* - \pi^{e*}) = r^e - r^{e*}.$$

Veränderungen des realen Wechselkurses sind immer dann zu erwarten, wenn sich die Realzinssätze zwischen zwei Ländern unterscheiden. Betrachten wir dazu ein Beispiel:

	Währung A	Währung B
Erwartete Inflation	5 %	3 %
Nominalzins	7 %	6 %

Land A hat zwar einen höheren Nominalzins als Land B. Entsprechend der ungedeckten Zinsparität müsste die A-Währung um 1 % aufwerten, die B-Währung entsprechend abwerten. Demgegenüber spricht der Inflationsunterschied für eine Aufwertung der B-Währung. Aufgrund des höheren Realzinses wird die Währung des Landes B real aufwerten. In diesem Fall müsste Land A ausländischen Anlegern eine Nominalverzinsung von mindestens 8 Prozent anbieten, damit es zu Kapitalimporten kommt, die den Wechselkurs auf dem bisherigen Niveau stützen. Bestehen also bezüglich einer Währung reale Abwertungserwartungen, werden ihre Realzinsen über dem Weltmarktzinsniveau liegen.

Veränderungen der realen Zinssätze werden kurzfristig vor allem durch die Geldpolitik verursacht. Wenn etwa die Zentralbank des Landes A in Erwartung einer steigenden Inflationsrate den geldpolitischen Kurs verschärft und die Nominalzinsen über die Zinsparität anhebt, kommt es zu einer Aufwertung der A-Währung, weil sich die Kapitalströme umkehren und Geldanlagen im Land A attraktiver sind. Bei gegebenen Inflationserwartungen führen die höheren Zinsen im Land A nicht nur zu einer nominalen Aufwertung, sondern auch zu einer realen Aufwertung der A-Währung. Die Aufwertung kann noch dadurch verschärft werden, dass bei einem glaubwürdigen Einsatz der Geldpolitik bei hohen Nominalzinsen die Inflationserwartungen gedämpft werden. Dadurch steigen die Realzinsen weiter und die Währung des Landes A wertet real weiter auf. Erst bei einer nachhaltigen Senkung der Inflationserwartungen werden die Nominalzinsen zurückgehen und als Folge die Realzinsen sich international wieder angleichen. Die Bedingungen der nominalen Zinsparität kann also gleichzeitig erfüllt sein bei einer internationalen Übereinstimmung der Realzinsen und einem konstanten realen Wechselkurs als auch bei unterschiedlich hohen Realzinsen, mit denen reale Auf- oder Abwertungserwartungen verbunden sind.

Praxisbeispiel 12-5: Warum ist der Kurs der dänischen Krone zum Euro so stabil?

Der internationale Zinsverbund ist bei großen Währungen wegen der großen Unsicherheit über die Wechselkursentwicklung häufig nicht sehr stark ausgeprägt. Bei oft zu beobachtenden, großen Schwankungen der Wechselkurse von US-Dollar, Euro oder Yen sind die Zinsdifferenzen häufig nicht groß genug, damit eine Terminspekulation in Gang kommt, um ein Devisenmarktgleichgewicht im Sinne der ungedeckten Zinsparität herzustellen. Häufig ist dagegen der Zins- und Preiszusammenhang zwischen einem kleinen Land und einem großen Währungsraum sehr ausgeprägt. Ein Beispiel dafür ist die Beziehung zwischen der dänischen Krone und dem Euro.

Der Euro und die dänische Krone stehen in einer festen Währungsbeziehung mit einer Parität von 7,46 dänischen Kronen je Euro und einer Schwankungsbreite von ± 2,25%. In Abbildung 12-6 ist der Wechselkurs auf der Skala der rechten Seite abgetragen, die gesamte Schwan-

kungsbreite ist grau hinterlegt. Die linke Skala enthält die Zinsen und Inflationsrate Es zeigt sich, dass der Wechselkurs in dem betrachteten Zeitraum sehr stabil geblieben ist.

Dass der Wechselkurs der dänischen Krone zum Euro sich so stabil entwickelt hat, ist weniger dem vereinbarten Wechselkursregime zuzuschreiben, als vielmehr der Tatsache, dass sich zwischen dem Euroraum und Dänemark keine nennenswerten Zins- und Inflationsunterschiede ergeben haben. Gemäß der Kaufkraftparitätentheorie ist der Wechselkurs stabil, wenn keine Inflationsunterschiede zwischen zwei Währungen bestehen. Gemäß der Zinsparitätentheorie ist der Wechselkurs stabil, wenn zwischen zwei Währungsräumen keine Zinsdifferenzen bestehen. Offensichtlich betreiben die dänische Regierung und Zentralbank eine Politik, die darauf gerichtet ist, dass keine allzu großen Inflations- und Zinsunterschiede im Vergleich zum Euroraum auftreten.

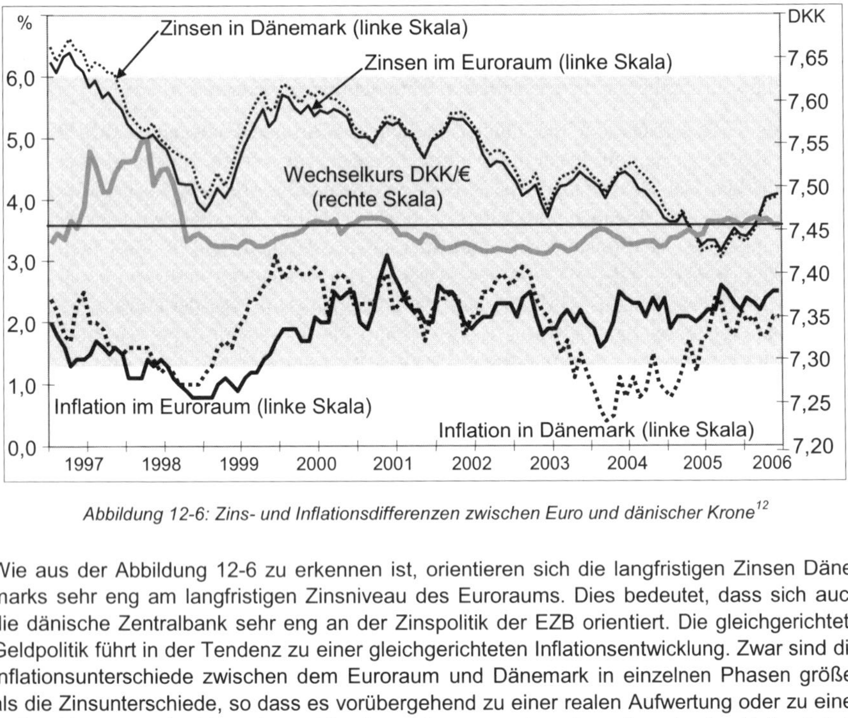

Abbildung 12-6: Zins- und Inflationsdifferenzen zwischen Euro und dänischer Krone[12]

Wie aus der Abbildung 12-6 zu erkennen ist, orientieren sich die langfristigen Zinsen Dänemarks sehr eng am langfristigen Zinsniveau des Euroraums. Dies bedeutet, dass sich auch die dänische Zentralbank sehr eng an der Zinspolitik der EZB orientiert. Die gleichgerichtete Geldpolitik führt in der Tendenz zu einer gleichgerichteten Inflationsentwicklung. Zwar sind die Inflationsunterschiede zwischen dem Euroraum und Dänemark in einzelnen Phasen größer als die Zinsunterschiede, so dass es vorübergehend zu einer realen Aufwertung oder zu einer realen Abwertung der Krone kam. Allerdings ist zu vermuten, dass diese beobachteten Inflationsunterschiede die langfristigen Inflationserwartungen der Anleger nicht nachhaltig und nur wenig beeinflusst haben, denn sonst hätten die langfristigen Zinsdifferenzen bei größeren Inflationsunterschieden zunehmen müssen.

12.3.5 Devisenmärkte

Unter Devisen versteht man auf ausländische Währung lautende Guthaben. Darunter fallen täglich fällige Guthaben (Währungskonten) bei ausländischen Kreditinstituten sowie Schecks und Wechsel, die auf ausländische Währungen lauten und im Ausland zahlbar sind. Da die Zahlungsanweisungen in der Regel in der ausländischen Währung bei dortigen Kre-

[12] *Europäische Zentalbank*, Monatsbericht, August 2006, Internet http://www.ecb.int/pub/pdf/mobu/mb200608en.pdf, sowie https://stats.ecb.int/stats/download/eas_full/eas_full.zip, download am 3.8.06

ditinstituten erfolgen, spricht man im Devisenhandel auch häufig von Auszahlung (z.B. "Auszahlung New York" bei einer auf US-Dollar lautenden Devisenforderung). Mit Auszahlungen sind täglich fällige Guthaben (Buchgeld) in ausländischer Währung gemeint. Für den internationalen Zahlungsverkehr sind vor allem die von inländischen Kreditinstituten unterhaltenen täglich fälligen (Sicht-) Guthaben bei ausländischen Kreditinstituten bedeutsam. Noten und Münzen in ausländischer Währung werden als Sorten bezeichnet.

Während auf Märkten Güter gegen Geld getauscht werden, findet auf Devisenmärkten der Austausch von den zwei unterschiedlichen nationalen Währungen statt. Die Möglichkeit, mit einer nationalen Währung Güter zu kaufen oder Aktiva zu erwerben, ist auf den nationalen Währungsraum begrenzt. Innerhalb dieses Währungsraums ist die jeweilige nationale Währung alleiniges Zahlungsmittel. Käufe von Gütern oder Vermögenswerten aus anderen Währungsräumen erfordern, dass man die Währung, auf die die Preise der ausländischen Güter oder Aktiva lauten, zunächst im Austausch gegen die eigene Währung erwirbt, um mit dem Fremdwährungsbetrag die ausländische Güter kaufen zu können.

Weil also Volkswirtschaften mit unterschiedlichen Währungen nebeneinander bestehen, muss es Märkte geben, auf denen die Währungen getauscht werden. Solche Märkte heißen Devisenmärkte. Der Devisenmarkt ist teilweise börsenmäßig organisiert; der größere Teil der Transaktionen wird jedoch im telefonischen oder „Online"-Verkehr zwischen den Devisenabteilungen der Kreditinstitute untereinander sowie zwischen Banken und Unternehmen abgewickelt. Banken sind die Vermittler zwischen Devisenangebot und Devisennachfrage. Ein Teil des Devisenhandels wird innerhalb der einzelnen Bank oder der einzelnen Bankengruppen ausgeglichen, das heißt eine Bank verkauft die von einem Exporteur angekauften Devisen direkt weiter an einen Importeur. Größere Währungsbeträge werden im Interbankhandel gehandelt.

Zu einem Devisenangebot bzw. einer Nachfrage nach Euro kommt es immer dann, wenn Ausländer Güter und Dienstleistungen im Inland kaufen bzw. wenn Inländer Güter exportieren. Dabei spielt es in der Regel keine Rolle, in welcher Währung die Waren in Rechnung gestellt werden. Wird etwa in ausländischer Währung fakturiert, erhält der inländische Exporteur ein Fremdwährungsguthaben, das er am Devisenmarkt gegen Euro verkauft, um mit dem Euroguthaben seine Lieferanten oder Löhne und Gehälter zu bezahlen. Wird die exportierte Ware dagegen in inländischer Währung in Rechnung gestellt, muss sich der ausländische Importeur den Rechnungsbetrag in Euro beschaffen. Er bietet seine Fremdwährung am Devisenmarkt an und kauft damit den erforderlichen Eurobetrag. Für die Devisennachfrage gilt das Umgekehrte. Wann immer Inländer Güter oder Dienstleistungen importieren, kommt es zu einer Devisennachfrage, weil die im Ausland gekauften Güter letztlich in der Währung des exportierenden Landes bezahlt werden.

Zusätzlich zum Export und Import kommt es zu einem Devisenangebot, wenn Inländer aus dem Ausland Einkommen z. B. in Form von Zinsen und Dividenden oder in Form von unentgeltlichen Transferzahlungen erhalten. Die inländischen Bezieher von Erwerbs- und Vermögenseinkommen sowie Transfereinkommen werden die auf ausländischer Währung lautenden Beträge in die heimische Währung tauschen und sie folglich am Devisenmarkt anbieten. Werden dagegen von Inländern Einkommenszahlungen oder Transfers an Ausländer geleistet, kommt es zu einer Devisennachfrage bzw. zu einem Angebot an Euro.

Eine dritte Quelle für Devisenangebot und -nachfrage sind die grenzüberschreitenden Anlageentscheidungen der Kapitalanleger. Wann immer inländische Kapitalanleger eine ausländische Anlage tätigen oder Auslandschulden tilgen, müssen Sie sich die Anlagewährung beschaffen; sie fragen den entsprechenden Fremdwährungsbetrag gegen Euro nach. Planen dagegen ausländische Anleger, im Euro-Währungsraum eine Kapitalanlage zu tätigen, müssen

sie sich den Eurobetrag am Devisenmarkt beschaffen. Generell kann man sagen: mit jedem Kapitalexport geht eine Devisennachfrage einher, Kapitalimporte sind mit einem Devisenangebot verbunden.

Neben den marktmäßigen Akteuren treten die Zentralbanken als Akteure am Devisenmarkt auf. Je nach Währungssystem können bzw. müssen sie am Devisenmarkt intervenieren. Mit gezielten Devisenverkäufen bzw. Devisenankäufe nehmen Sie Einfluss auf Devisenangebot oder Devisennachfrage und versuchen, den Wechselkurs in ihrem Sinn zu beeinflussen.

Haushalte, Exporteure und Importeure sowie Kapitalanleger sind nur in Einzelfällen unmittelbar am Devisenmarkt aktiv. Sie schalten bei ihren Transaktionen Banken ein, die die damit verbundenen Devisentransaktionen entweder im Auftrag des Kunden oder als Eigengeschäft besorgen. Die dabei zu Grunde gelegten Kurse werden in der Regel von der Bank gestellt oder in Vereinbarung mit den Kunden festgelegt. Die eigentlichen Akteure am Devisenmarkt sind die Devisenhändler von am Devisenmarkt aktiven Banken, die im Online- und Telefonhandel Devisenguthaben kaufen und verkaufen. Das Bestreben der Banken, ihre Devisenbestände an den zukünftigen Bedarf ihrer Kunden anzupassen oder kurzfristige Kursdifferenzen Gewinn bringend auszunutzen, führt zu Veränderungen von Angebot und Nachfrage am Devisenmarkt und zu Veränderungen des Wechselkurses, den die Banken dann im täglichen Kundengeschäft berechnen.

Für die Bildung des Wechselkurses müssen wir zwischen festen und flexiblen Wechselkursen unterscheiden. In einem flexiblen Wechselkurssystem ergeben sich Auf- und Abwertungen einer Währung aufgrund von Nachfrage- und Angebotsüberschüssen am Devisenmarkt. In einem festen Wechselkurssystem muss die Währungsbehörde des Landes im Falle eines Nachfrageüberschusses die Devisen bereitstellen, um ein Ansteigen des Wechselkurses zu verhindern. Im Falle eines Angebotüberschusses muss sie Überschüsse aufkaufen, um einem Fallen des Wechselkurses entgegenzuwirken. Bei freien Wechselkursen führen also Ungleichgewichte in der Zahlungsbilanz und somit am Devisenmarkt bei unveränderten Währungsreserven der Zentralbank zu Auf- oder Abwertungen. Die Veränderung des Wechselkurses sorgt für den Ausgleich der Salden in der Leistungs- und Kapitalbilanz. Wechselkursbewegungen, die über längere Zeit in eine bestimmte Richtung tendieren, sind somit ein Indiz für ein außenwirtschaftliches Ungleichgewicht. Bei festen Wechselkursen müssen die Ungleichgewichte in der Zahlungsbilanz über die Veränderung der Währungsreserven bei der Zentralbank ausgeglichen werden. Der Saldo der Devisenbilanz zeigt, dass die Zentralbank Kursstützung betrieben und ein außenwirtschaftliches Ungleichgewicht ausgeglichen hat.

12.3.6 Devisenmarkt bei flexiblen Wechselkursen

Wechselkursänderungen am Devisenmarkt sind nur vordergründig das Ergebnis von Kauf- und Verkaufsentscheidungen der Banken, denn die Aktivitäten der Banken sind ein Ergebnis der grenzüberschreitenden Transaktionen von Haushalten, Unternehmen und Finanzinstituten, die die Banken finanziell abgewickelt haben. Gleichzeitig beeinflussen Wechselkursänderungen das Verhalten der Akteure im grenzüberschreitenden Wirtschaftsverkehr, indem sie die Preise ausländischer Güter, Dienstleistungen und Vermögenswerte verändern. Eine Aufwertung des Euro beziehungsweise Abwertung des Dollar verbilligt die in Dollar gehandelten Güter, Dienstleistungen und Vermögenswerte. Damit steigt die Nachfrage nach amerikanischen Gütern und Aktiva. Es werden mehr US-Dollar nachgefragt. Umgekehrt verteuern sich als Folge einer Dollarabwertung europäische Waren und Vermögenswerte für amerikanische Haushalte und Unternehmen, so dass ihre Nachfrage nach europäischen Gütern und Aktiva sinkt. Da Amerikaner weniger im Eurowährungsraum einkaufen oder anlegen,

werden von ihnen weniger Euro zur Bezahlung benötigt. Die amerikanische Nachfrage nach Euro sinkt. Für eine Abwertung des Euro gilt das umgekehrte. Europäische Güter, Dienstleistungen und Aktiva werden für Amerikaner billiger. Dadurch steigt deren Nachfrage nach europäischen Gütern und Anlagen. Da für deren Bezahlung Euro benötigt werden, zunimmt in den USA die Nachfrage nach Euro. Gleichzeit verteuern sich für Europäer die in Dollar fakturierten Importe, so dass die europäische Nachfrage nach amerikanischen Gütern und Aktiva sinkt. Die sinkende Nachfrage führt dazu, dass die Nachfrage nach Dollar auf dem Devisenmarkt in der EWU zurückgeht.

Wir wollen uns die Grundstruktur des Devisenmarktes anhand der graphischen Darstellung in Abbildung 12-7 am Beispiel des US-Dollar und des Euro verdeutlichen. Tatsächlich handelt es sich um zwei Märkte, auf denen jeweils eine Währung nachgefragt wird und in der anderen Währung jeweils bezahlt wird. In der linken Grafik der Abbildung 12-7 ist die Nachfrage nach Dollar dargestellt. Auf der Ordinate ist der Preis des US-Dollar in Euro abgetragen, auf der Abszisse die Menge der gehandelten Dollar. Als Nachfrager nach US-Dollar treten hier alle auf, die Zahlungen in US-Dollar zu leisten haben, wie z. B. inländische Importeure oder Kapitalanleger, die in US Anlagen investieren wollen. Die negative Steigung der Nachfragekurve bringt zum Ausdruck, dass bei einem steigenden Dollarkurs US Güter und Aktiva teurer werden und daher die Nachfrage nach US-Dollar sinkt.

Die Nachfragekurve beschreibt die beabsichtigte Devisennachfrage unter der Annahme, dass die Preise der amerikanischen Güter und Aktiva konstant sind. Eine Verschiebung der Nachfragekurve nach US-Dollar tritt immer dann ein, wenn sich die Preise der amerikanischen Güter und Vermögenswerte ändern oder wenn sich das US Einkommen ändert. Steigen etwa die Preise amerikanischer Waren, werden bei jedem Dollarkurs weniger Waren nachgefragt. Die Devisennachfragekurve würde sich nach links verschieben, weil weniger Devisen für die Bezahlung der Güterkäufe benötigt worden.

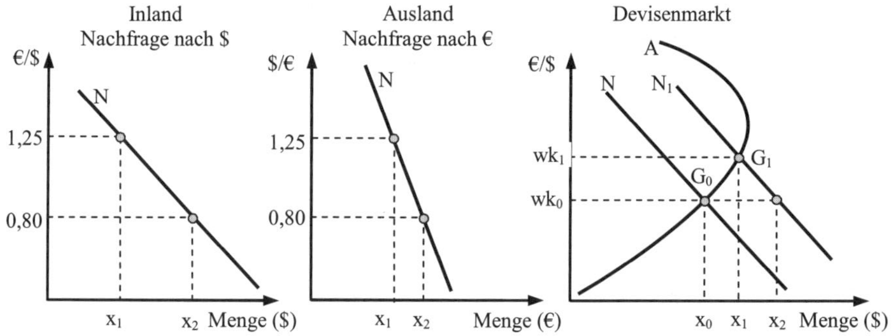

Abbildung 12-7: Grundstruktur des Devisenmarktes abgeleitet aus Dollarnachfrage und Euronachfrage

In der mittleren Grafik der Abbildung 12-7 ist die Nachfrage nach Euro dargestellt. Der Preis des Euro wird im Dollar ausgedrückt. Auf der Abszisse ist die Menge der Euro abgetragen. Nachfrager nach Euro sind alle Wirtschaftssubjekte, die Dollarguthaben besitzen und diese in Euro umtauschen wollen. Akteure sind hier zum Beispiel die Exporteure, die US Guthaben besitzen, amerikanische Importeure, die in Euro zu zahlen haben, oder US Anleger, die europäische Aktien oder Renten kaufen wollen. Die negative Steigung der Euronachfrage bringt zum Ausdruck, dass die Nachfrage nach Euro umso geringer ist, je höher der Preis des Euro in US-Dollar ist. Ein hoher Wechselkurs des Euro verteuert aus der Sicht des Auslands europäische Waren und Aktiva, so dass die ausländische Nachfrage immer

mehr zurückgeht, je höher der Wechselkurs des Euro ist. Folglich sinkt auch die Nachfrage nach Euro. Offensichtlich wird die Nachfragekurve nach Euro bestimmt von den Preisen europäischer Güter und Vermögenswerten und vom Volkseinkommen im Eurowährungsraum.

Die Nachfragekurven nach US-Dollar und nach Euro bilden die Grundlage, um Devisenangebot und Devisennachfrage abzuleiten und das Gleichgewicht auf dem Devisenmarkt zu bestimmen. Dazu wird in der rechten Grafik der Abbildung 12-7 auf der Ordinate die Preisnotierung des US-Dollar und auf der Abszisse die Menge der gehandelten Dollar abgetragen. Aufgrund der Achsenbeschriftung können wir die Nachfrage nach US-Dollar aus der linken Grafik direkt in die rechte Grafik übernehmen. Dagegen ist das Dollarangebot nicht unmittelbar gegeben. Wir können es aber ableiten aus der Nachfragekurve nach Euro, denn die Nachfrager nach Euro sind gleichzeitig Anbieter von Dollar. Damit ergibt sich die Menge der angebotenen US-Dollar aus dem Preis des Euro in US-Dollar mal der Menge der nachgefragten Euro. Wenn z. B. in Abbildung 12-7 beim Kurs von 0,8 $/€ die Menge x_2 an Euro nachgefragt wird, so wird dafür die Menge von $0{,}80 \cdot x_2$ US-Dollar angeboten. Folglich entspricht das Dollarangebot bei jedem Wechselkurs dem Rechteck unter der Euro-Nachfragekurve. In elastischen Bereich der Nachfragekurve steigt das Dollarangebot, während es im unelastischen Bereich sinkt. Im Schnittpunkt von Angebot- und Nachfragekurve stimmen Dollarangebot und Dollarnachfrage überein, ist der Devisenmarkt zum Ausgleich gebracht. Das Devisenmarktgleichgewicht repräsentiert zugleich eine ausgeglichene Zahlungsbilanz, denn es gilt Exportwert + Kapitalimport + empfangene Übertragungen = Importwert + Kapitalexport + geleistete Übertragungen.

Störungen des Gleichgewichts treten auf, wenn sich als Folge von Preis- oder Einkommensänderungen die Export- oder Importnachfrage ändert. Steigende Importe bewirken, dass die Nachfrage nach Dollar zur Bezahlung dieser Importe steigt, d.h. die Nachfragekurve verschiebt sich nach rechts. Bei unverändertem Angebot ergibt sich ein Nachfrageüberhang in Höhe von $x_2 - x_0$. In gleicher Höhe entsteht ein Zahlungsbilanzdefizit. Der Nachfrageüberschuss bewirkt, dass der Wechselkurs auf wk_1 steigt. Die Abwertung des Euro verbilligt die Exportgüter. Folglich wird die Exportnachfrage nach Gütern der EWU zunehmen, der Exportwert und das Dollarangebot werden steigen. Durch die Abwertung des Euro verteuern sich die Importgüter. Der Wert der Importe der EWU und die Dollarnachfrage werden sinken. Auf diese Weise sorgt der steigende Wechselkurs wieder für einen Ausgleich von Angebot und Nachfrage am Devisenmarkt und für einen Ausgleich der Zahlungsbilanz. Diese Form des Zahlungsbilanzausgleichs bei flexiblem Wechselkurs bezeichnet man als **Wechselkursmechanismus**.

12.3.7 Devisenmarkt bei fixen Wechselkursen

Grundlage fixer Wechselkurssysteme ist die einseitige oder zwischenstaatlich vereinbarte Festlegung eines Austauschverhältnisses zwischen zwei Währungen bei freier Konvertibilität (Parität bzw. Leitkurs). Wenn der Wechselkurs von der festgelegten Parität abzuweichen droht, müssen die beteiligten Notenbanken eingreifen (intervenieren) und durch An- und Verkäufe von Devisen den Wechselkurs stabilisieren (Interventionsverpflichtung).

Ein Devisenmarktgleichgewicht und damit ein Gleichgewicht in der Zahlungsbilanz liegt dann vor, wenn ein Devisenkurs zustande kommt, bei dem geplantes Angebot von und geplante Nachfrage nach Devisen zum Ausgleich kommen. In einem festen Wechselkurssystem gilt dies nur zum Paritätskurs. Dieser Zustand dürfte sehr unwahrscheinlich sein, denn dies wäre nur möglich, wenn sämtliche Daten, die Devisenangebot und Devisennachfrage beeinflussen, konstant blieben. Eher ist zu erwarten, dass als Folge von Datenänderungen Überschüsse oder Defizite in der Zahlungsbilanz auftreten und Devisenangebot- und Devi-

sennachfragekurve sich verschieben, so dass es bei einem festen Wechselkurs zu einem Devisenmarktungleichgewicht kommt. Die Stabilisierung des Wechselkurses setzt dann voraus, dass die Zentralbank bereit ist, in unbegrenzter Höhe Devisen anzukaufen oder zu verkaufen, um die Lücke zwischen marktmäßigem Devisenangebot und -nachfrage zu schließen.

Das Prinzip der Interventionen im festen Wechselkurssystem ist in Abbildung 12-8 dargestellt. In der linken Grafik ist die Intervention bei einem Zahlungsbilanzdefizit dargestellt. In der Ausgangssituation sei der Wechselkurs bei wk_0 fixiert. Bei dieser Parität ist die Zahlungsbilanz ausgeglichen. Nehmen wir nun an, aufgrund steigender Importe steige die Nachfrage nach Dollar von N_0 auf N_1. Ohne Eingreifen der Währungsbehörde würde der Wechselkurs von wk_0 auf wk_1 steigen. Zur festgelegten Parität besteht ein Devisennachfrageüberschuss in Höhe von QR, dem ein Zahlungsbilanzdefizit in gleicher Höhe entspricht. Um den Kassakurs zu stabilisieren, muss die Zentralbank zusätzliche Devisen anbieten, sie muss das **Defizit finanzieren**, indem sie Devisen verkauft. In dem Umfang, in dem die Zentralbank Devisen anbietet, verschiebt sich die Angebotskurve von A_0 nach A_1. Ermöglicht werden die Devisenverkäufe durch die Auflösung von Devisenreserven, durch Verkäufe von Gold an andere Zentralbanken gegen Interventionswährung oder die Aufnahme von Devisenkrediten bei anderen Zentralbanken oder beim Internationalen Währungsfonds.

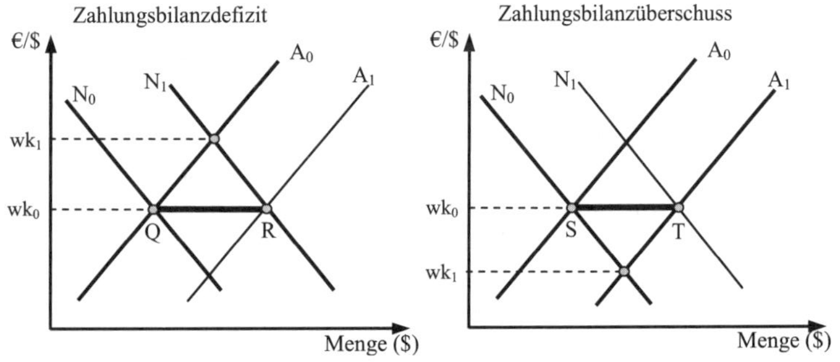

Abbildung 12-8: Devisenmarktinterventionen im festen Wechselkurssystem

In der rechten Grafik der Abbildung 12-8 ist die Intervention bei einem Zahlungsbilanzüberschuss dargestellt. Die Ausgangssituation beim Paritätskurs wk_0 stellt ein Zahlungsbilanzgleichgewicht dar. Aufgrund steigender Exporte steige das Angebot an Dollar von A_0 auf A_1. Ohne Eingreifen der Währungsbehörde würde der Wechselkurs von wk_0 auf wk_1 sinken. Beim festgelegten Paritätskurs besteht ein Devisenangebotsüberschuss in Höhe von ST, dem ein Zahlungsbilanzüberschuss in gleicher Höhe entspricht. Um den Kassakurs zu stabilisieren, muss die Zentralbank die überschüssigen Devisen aus dem Markt nehmen. Sie interveniert durch Devisenkäufe. In dem Umfang, in dem die Zentralbank am Devisenmarkt Dollar aufkauft, verschiebt sich die Nachfragekurve von N_0 nach N_1. Die Devisenreserven nehmen zu. Während bei flexiblen Wechselkursen Zahlungsbilanzungleichgewichte darin zum Ausdruck kommen, dass eine Währung nachhaltig auf- oder abwertet, äußern sich Zahlungsbilanzungleichgewichte in einem festen Wechselkurssystem darin, dass die Devisenreserven der Zentralbank Schwankungen unterliegen.

Die Devisenmarktinterventionen schaffen einen Ausgleich zwischen Devisennachfrage und Devisenangebot am Devisenmarkt und stabilisieren den Wechselkurs. Die Ursachen des Zahlungsbilanzungleichgewichts bleiben weiter bestehen. Um ein stabiles Zahlungsbilanzgleichgewicht zu erreichen, müssen Devisenangebots- und Nachfragekurven so verschoben

werden, dass wieder ein Wechselkurs zur festgelegten Parität zustande kommt und keine Devisenmarktinterventionen mehr nötig sind.

Im System fester Wechselkurse werden eine Vielzahl von Ausgleichsmechanismen wirksam, die zu einer Beseitigung der Störung des außenwirtschaftlichen Gleichgewichts beitragen können. Ergänzend zu den Interventionen am Devisenmarkt können Länder durch den Einsatz von geld- und fiskalpolitische Instrumenten Zins-, Einkommens- und Preiseffekte hervorrufen, die letztendlich dazu führen, dass die internationalen Transaktionen so beeinflusst werden, dass sich Devisenangebot und Devisennachfrage wieder auf den festen Wechselkurs zubewegen und es zu einem Devisenmarktgleichgewicht kommt.

Einen wichtigen Beitrag zur Korrektur von Devisenmarktungleichgewichten bei festen Wechselkursen leisten die mit den Interventionen einhergehenden Veränderungen der inländischen Geldmenge[13]. Im Falle einer Intervention am oberen Interventionspunkt wird die inländische Geldmenge sinken, die inländischen Zinsen werden steigen, wodurch die inländische Absorption und das Einkommen reduziert werden und der inländische Preisanstieg abgebremst wird. Infolgedessen werden die Importe sinken und die preisliche Wettbewerbsfähigkeit der Exportgüter steigen. Beides trägt tendenziell zu einem Abbau des Leistungsbilanzdefizits bei.

Im Falle eines Zahlungsbilanzüberschusses muss die Zentralbank Devisen ankaufen, so dass die inländische Geldmenge steigt. Die höhere binnenwirtschaftliche Liquidität führt über sinkende Zinsen zu einer Nachfragesteigerung mit der Folge eines steigenden Einkommens und einer zunehmenden Inflation. Die binnenwirtschaftlichen Wirkungen führen dazu, dass die Importe steigen und die preisliche Wettbewerbsfähigkeit der Exportgüter sinkt. Beides zusammen wirkt in der Tendenz auf den Abbau eines Leistungsbilanzüberschuss hin. Diese Form des Zahlungsbilanzausgleichs im festen Wechselkurssystem ist bekannt unter dem Begriff des **Geldmengen-Preis-Mechanismus**.

Damit diese Marktkräfte wirksam werden können, müssen die betreffenden Länder die mit den Interventionen verbundenen Schwankungen der Geldmenge hinnehmen. Dies ist aber nicht notwendigerweise der Fall, wenn dabei Konflikte mit den binnenwirtschaftlichen Zielen Preisstabilität oder Vollbeschäftigung auftreten. Eine interventionsbedingte Senkung der Geldmenge und steigende Zinsen können zwar Inflation bekämpfen, gleichzeitig führt der Rückgang der wirtschaftlichen Aktivität zu steigender Arbeitslosigkeit. Eine Regierung, die dem Ziel der Vollbeschäftigung hohe Priorität einräumt, wird daher darauf dringen, dass die Währungsbehörde die Wirkungen der Intervention neutralisiert, indem sie über Offenmarktgeschäfte, wie z. B. den Ankauf von Wertpapieren die interventionsbedingte Senkung der Geldmenge ausgleicht. Mit den Devisenmarktinterventionen wird der Wechselkurs kurzfristig stabilisiert, die eigentlichen Ursachen für die Schwäche der Währung sind aber nicht beseitigt. Deshalb werden weitere Interventionen notwendig sein, so dass ein Land mit einer schwachen Währung ein Liquiditätsproblem hat, wenn seine Währungsreserven erschöpft sind. Häufig ist dann eine Abwertung der Währung der einzige Weg, um ein außenwirtschaftliches Gleichgewicht wieder herzustellen.

Ähnliche Konflikte treten in Ländern mit hohen Leistungsbilanzüberschüssen auf, deren Währung unter Aufwertungsdruck steht. Eine interventionsbedingte Erhöhung der Geldmenge kann zu einem Konflikt mit dem Ziel der Preisstabilität führen, wenn die mit der Geldmengenexpansion einhergehende Zunahme der gesamtwirtschaftlichen Nachfrage auf ausgelastete Produktionskapazitäten trifft, weil dies zu steigender Inflation führt. In Län-

[13] Siehe die außenwirtschaftliche Komponente der Zentralbankgeldschöpfung in Abschnitt 11.3.2.2, S. 587 ff.

dern, in denen die Bevölkerung dem Ziel der Preisstabilität eine hohe Bedeutung beimisst, wird sich daher die Zentralbank gezwungen sehen, durch geldpolitische Maßnahmen (z. B. Verkauf von Wertpapieren, Erhöhung der Mindestreserven) die zusätzlich entstandene Liquidität zu neutralisieren. Damit können die Prozesse, die zu einer außenwirtschaftlichen Anpassung führen sollten, nicht wirksam werden. Weitere Devisenmarktinterventionen werden folgen, wenn die Finanzmarktakteure eine Aufwertung der Währung erwarten, so dass auch hier als letztes Mittel nur eine Neufestsetzung des Wechselkurses (sog. Realignment) bleibt.

Praxisbeispiel 12-6: Das Weltwährungssystem von Bretton Woods

Das Weltwährungssystem von Bretton Woods, benannt nach der Konferenz von Bretton Woods/New Hampshire USA, wurde am 22. Juli 1944 von 44 Staaten unter der Führung der USA beschlossen. Maßgeblich an der Ausgestaltung beteiligt war u.a. *John Maynard Keynes*. Kernpunkte dieses Systems waren

- Festlegung einer Goldparität des US-Dollar verbunden mit der Verpflichtung der USA, den Dollar im Zentralbankenverkehr in Gold umzutauschen
- Festlegung eines Wechselkurses aller anderen beteiligten Währungen zum US-Dollar mit der Verpflichtung, diesen Kurs (innerhalb einer bestimmten, engen Bandbreite) nötigenfalls durch Interventionen der Zentralbanken auf den Devisenmärkten gegen den Markt zu verteidigen
- Die Errichtung des internationalen Währungsfonds zu Gewährung von Devisenkrediten an Ländern in vorübergehenden internationalen Zahlungsbilanzproblemen.

Eine Neufestlegung der Wechselkurse sollte nur bei sog. fundamentalen Ungleichgewichten, jedoch nicht bei vorübergehenden, konjunkturbedingten Schwankungen erfolgen. Vielmehr sollten die festen Wechselkurse die Stabilisierung der Volkswirtschaften bei zyklischen Schwankungen nach dem Muster der keynesianischen Lehre erleichtern.

Dieses Konzept hielt jedoch der Realität nicht Stand. Durch das sternförmige Geflecht von Wechselkursen mit dem Dollar im Zentrum war es den USA möglich, eine vollständig unabhängige Geld- und Währungspolitik auf Kosten aller anderen Teilnehmer zu betreiben. Bedingt u.a. durch die durch den Vietnamkrieg hervorgerufenen hohen Budgetdefizite betrieben die USA v.a. in den Sechziger Jahren eine strikte Niedrigzinspolitik, die zu hohen Inflationsraten führte und auf den Marktwert des Dollar drückte. Um den Kursverfall des Dollar zu verhindern, mussten alle beteiligten Zentralbanken auf den Devisenmärkten den Dollar durch Interventionskäufe stützen und importierten auf diese Weise die amerikanische Inflation ins eigene Land. Die Weltinflation stieg signifikant an. Eine längst notwendig gewordene Neufestsetzung der Dollarparität verhinderten die USA aufgrund ihrer politischen und wirtschaftlichen Vormachtstellung. So wurden die Mitgliedsländer von Dollarströmen überschwemmt. Umfangreiche Devisenspekulationen verschärften die Situation noch weiter.

Als schließlich Frankreich im Jahr 1969 von der Goldeintauschpflicht des Dollar Gebrauch machen wollte, waren die USA zahlungsunfähig und nur noch eingeschränkt zur Einlösung von Dollar gegen Gold bereit. 1971 hob Präsident Nixon die Goldeinlösepflicht des Dollar einseitig auf, 1973 brach das Bretton Woods System endgültig zusammen.

Das Hauptproblem des Bretton Woods Systems lag also nicht primär in der Vereinbarung eines festen Paritätengitters selbst, sondern zum einen in der Konstruktion einer Sternwährung, die als Leitwährung alle anderen dominieren konnte, sowie zum andern in der fehlenden strukturellen Anpassung der vereinbarten, offensichtlich falschen Wechselkurse, was zwangsläufig zu destabilisierenden Spekulationen großes Ausmaßes führte.

Übung 12-5: Flexibler und fester Wechselkurs und Devisenmarktgleichgewicht

a) Verwenden Sie das Devisenmarktmodell (€ und $) und zeigen Sie graphisch, wie sich eine sinkende Importnachfrage auf den Wechselkurs des Euro auswirkt.

b) Beschreiben Sie, wie sich der Anpassungsprozess an das neue Devisenmarktgleichgewicht bei einem flexiblen Wechselkurs vollzieht.

c) Warum ist im neuen Gleichgewicht die angebotene Devisenmenge kleiner als in der Ausgangssituation?

d) Kennzeichnen Sie das Devisenmarktungleichgewicht für den Fall eines festen Wechselkurses und beschreiben Sie die erforderliche Devisenmarktintervention.

Lösung:

a) Als Folge der sinkenden Importnachfrage verschiebt sich die Devisennachfragekurve nach links.

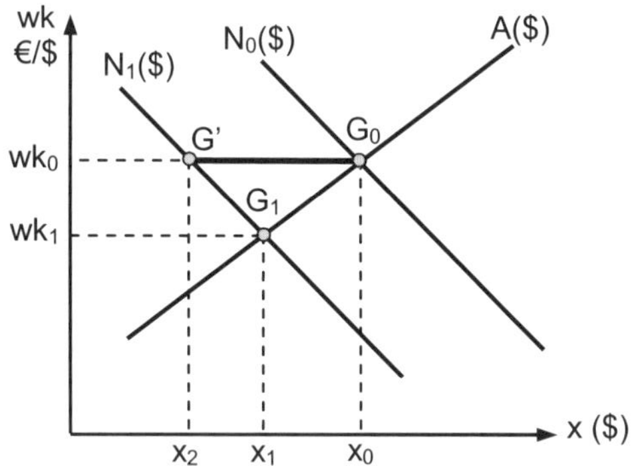

Abbildung 12-9: Das Devisenmarktmodell

b) Störungen des Gleichgewichts aufgrund sinkender Importe bewirken, dass die Nachfrage nach Dollar zur Bezahlung dieser Importe sinkt, d.h. die Nachfragekurve verschiebt sich nach links. Bei unverändertem Angebot ergibt sich ein Angebotsüberschuss (=Zahlungsbilanzüberschuss). Der Wechselkurs sinkt auf wk_1, d. h. der Euro wertet auf. Folglich wird die Exportnachfrage nach Gütern der EWU abnehmen, der Exportwert und das Devisenangebot sinken. Auf diese Weise sorgt der gesunkene Wechselkurs wieder für einen Ausgleich von Devisenangebot und -nachfrage. Im Devisenmarktgleichgewicht G_1 ist die Zahlungsbilanz wieder ausgeglichen.

c) Der sinkende Wechselkurs entspricht einer Aufwertung der heimischen Währung. Die in ausländische Währung umgerechneten Preise steigen. Dadurch verteuern sich die Exportgüter und es kann weniger abgesetzt werden. Das Devisenangebot reduziert sich genau dann, wenn der Mengenrückgang die Preiserhöhung überkompensiert.

d) In einem System fester Wechselkurse ergibt sich ein Devisenüberangebot in Höhe von $x_0 - x_2$. Zur Stabilisierung des Wechselkurses bei wk_0 muss die Zentralbank den Devisenüberschuss ankaufen.

12.4 Mechanismen der Zahlungsbilanzanpassung

In den folgenden Abschnitten werden wir Faktoren untersuchen, die auf Außenbeitrag und Leistungsbilanz eines Landes Einfluss nehmen. Wir können dabei drei Faktoren identifizieren, die jeweils von in- und ausländischer Seite auf die Leistungsbilanz eines Landes einwirken. Es sind dies die Preise der exportierten und importierten Güter, der Wechselkurs und Wechselkursänderungen und schließlich die Höhe des Volkseinkommens in den betrachteten Volkswirtschaften. Da sich die Einflüsse dieser Faktoren häufig überlagern, werden wir in einer partialanalytischen Betrachtung untersuchen, welche Auswirkungen die einzelnen Variablen unter der ceteris paribus Bedingung auf den Außenbeitrag haben. Zunächst werden wir fragen, wie sich Änderungen der Preise der gehandelten Produkte bei gegebenem Wechselkurs auf den Außenbeitrag auswirken. Danach werden wir den Einfluss des Wechselkurses auf den Außenbeitrag darstellen und schließlich fragen, wie Einkommensänderungen den Außenbeitrag und die Leistungsbilanz beeinflussen.

12.4.1 Außenbeitrag und Preisänderungen

Für die folgende Analyse unterstellen wir, dass ein Gut sowohl im Inland als auch im Ausland hergestellt werden kann. Dann stellt sich die Frage, ob es das Gut selbst herstellen oder ob es das Gut importieren soll bzw. ob es das Gut im Inland verwenden oder exportieren soll. Über die Richtung des Außenhandels und der Güterströme entscheiden dann die Preise der Güter in den betrachteten Ländern. Da für ein Gut in beiden Ländern ein Markt besteht, lassen sich die am Weltmarkt gehandelten Exporte und Importe aus den Angebots- und Nachfragebedingungen der am Welthandel beteiligten Länder ableiten. Aufgrund der am Weltmarkt gehandelten Mengen und der dort zustande gekommenen Preise können wir den Export- bzw. Importwert für die gehandelten Güter bestimmen. Außerdem können wir Aussagen darüber ableiten, wie sich autonome Preisänderungen in einem Land auf Exportwerte und Importwerte auswirken.

Die Ableitung erfolgt zunächst in einem Partialmodell für einen einzelnen Markt. In einem zweiten Schritt werden die Aussagen verallgemeinert und auf den gesamten Exportwert und Importwert sowie auf den Außenbeitrag übertragen. Für unsere Ableitung gehen wir zunächst von den bekannten Bedingungen des Marktmodells aus:

- Export- und Importgüter werden unter den Bedingungen der vollständigen Konkurrenz gehandelt.
- Es gibt keine Handelshemmnisse in Form von Zöllen und Transportkosten.
- Wir betrachten zwei Länder, das Inland und das Ausland (= Rest der Welt).
- Angebot und Nachfrage im Ausland hängen vom Preis im Ausland ab.

Die auf ausländische Geldeinheiten lautenden Auslandspreise werden in inländische Geldeinheiten umgerechnet: $p^*_€ = p^*_\$ / wk$. (Eine Variable des Auslands wird mit * indiziert). Ist z.B. der Preis für ein Produkt im Ausland 24 $ und betrage der Wechselkurs 1,20 $/€, so wird dieser Preis mit dem gegebenen Wechselkurs in Euro umgerechnet: 24 $/1,20 $/€ = 20 €.

Wir wollen im nächsten Schritt Angebot und Nachfrage auf dem Weltmarkt aus den nationalen Marktbedingungen ableiten. Für die Ableitung des Exportmarktes aus inländischer Sicht gehen wir in Abbildung 12-10 davon aus, dass der Inlandspreis des Gutes niedriger ist als der in Euro umgerechnete Auslandspreis. Unter der Bedingung der Autarkie oder geschlossener Märkte wird das Gut im Inland zum Preis p_1 gehandelt (linke Grafik der Abbildung 12-10). Zu diesem Preis wird die Menge x_1 angeboten und nachgefragt. Oberhalb

des Preises von p_1 besteht im Inland ein Angebotüberschuss. Nehmen wir z. B. den Preis p_2, so entstünde im Inland ein Angebotüberschuss in Höhe der Strecke QR. Die inländischen Unternehmen würden bei steigenden Preisen mehr produzieren, könnten diese Überschussmenge aber im Inland nicht absetzen. Bei offenen Märkten können Sie diese Überschussmengen jedoch auf Auslandsmärkten anbieten. Das Exportangebot der inländischen Unternehmen ergibt sich somit aus der horizontalen Differenz zwischen der inländischen Angebots- und Nachfragekurve. Die Kurve des Exportangebots A^X in der mittleren Grafik, die den Exportmarkt darstellt, beginnt beim inländischen Gleichgewichtspreis p_1. Der weitere Verlauf ergibt sich exemplarisch, indem man das Überschussangebot auf dem Inlandsmarkt in Höhe von QR auf den Exportmarkt überträgt.

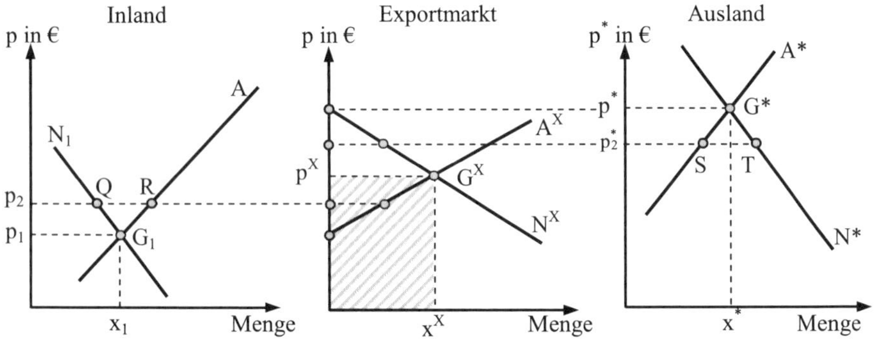

Abbildung 12-10: Angebot und Nachfrage auf dem Exportmarkt

Da der Inlandspreis unter dem Auslandspreis liegt, wird das Ausland das Exportgut nachfragen. Zum Preis p* in der rechten Grafik der Abbildung 12-10 sind Angebot und Nachfrage im Ausland gleich hoch und es wird nichts importiert. Bei niedrigeren Preisen entsteht im Ausland eine Überschussnachfrage, die auf dem Weltmarkt gedeckt werden kann. So entspricht etwa beim Preis p_2^* der Nachfrageüberschuss der Strecke ST. Übertragen wir diese Überschussnachfrage bei jedem Preis in die Grafik des Exportmarktes, erhalten wir die Nachfragekurve N^X nach inländischen Exportgütern.

Bei offenen Märkten und im Idealfall einer friktionslosen Welt ohne Zölle und Transportkosten ergibt sich auf dem Weltmarkt ein Marktgleichgewicht. Aufgrund der steigenden Nachfrage des Auslands wird der Inlandspreis ansteigen und aufgrund des steigenden Angebots des Inlands im Ausland wird der dortige Preis sinken. Es kommt zu einer Angleichung der Preise und im Marktgleichgewicht ergibt sich ein Preis, zu dem das Gut weltweit gehandelt wird (Law of one Price). Bei diesem Preis sind exportierte und importierte Menge gleich hoch und der Exportwert des Inlands entspricht dem in Euro ausgedrückten Importwert des Auslands. Exportwert und Importwert sind gegeben durch die Fläche $0p^XG^Xx^X$ in der mittleren Grafik der Abbildung 12-10.

Wie wir Angebot und Nachfrage auf den Exportmarkt abgeleitet haben, so können wir auch den Importmarkt aus der Sicht des Inlands darstellen. Dazu müssen wir annehmen, dass der Preis des betrachteten Gutes im Ausland niedriger ist als im Inland bzw. der inländische Preis über dem in Euro umgerechneten Auslandspreis liegt. Dann erhalten wir auf dem Importmarkt die inländische Nachfrage nach ausländischen Waren und das ausländische Importangebot. Für eine grafische Ableitung müssen wir in Abbildung 12-10 lediglich die über den Märkten stehenden Beschriftungen Inland und Ausland vertauschen sowie den Exportmarkt in Importmarkt umbenennen.

Wir haben Angebot und Nachfrage auf dem Exportmarkt und Importmarkt jeweils für ein einzelnes Gut abgeleitet. Tatsächlich interessieren uns aber die Entwicklung des gesamten Exportwerts und Importwerts sowie die Reaktion des Außenbeitrags. Daher unterstellen wir für unsere weiteren Überlegungen, bei den Angebots- und Nachfragekurven handle es sich um ein aggregiertes Export- (Import-)güterangebot und eine aggregierte Export- (Import-) güternachfrage. Im weiteren Verlauf werden wir untersuchen, wie sich Änderungen der Güterpreise im In- und Ausland bei konstantem Wechselkurs auf Export- und Importwert auswirken und wie sich infolgedessen der Außenbeitrag verändert.

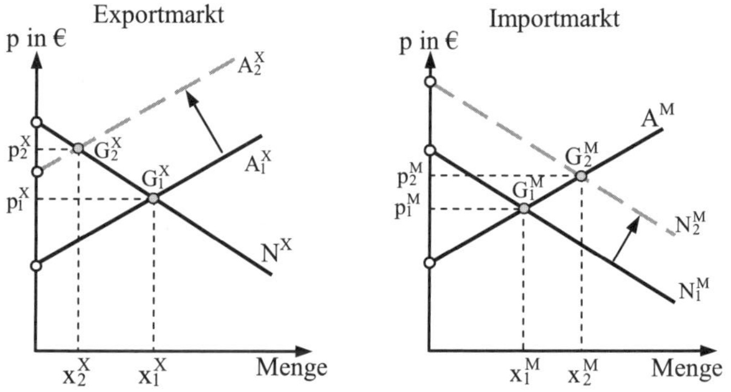

Abbildung 12-11: Auswirkungen einer Preissteigerung im Inland auf Exportwert und Importwert

Wir gehen zunächst davon aus, dass die inländische Nachfrage aufgrund einer erhöhten Zahlungsbereitschaft oder aufgrund einer anziehenden Konjunktur steigt. Die Nachfragesteigerung im Inland bewirkt, dass der Preis und die abgesetzte Menge im Inland steigen. Die steigende inländische Nachfrage reduziert die Angebotsüberschüsse, die für den Export zur Verfügung stehen. Deshalb verschiebt sich die Exportangebotskurve in der linken Grafik der Abbildung 12-11 nach links (A_2^X) mit der Folge, dass der Exportpreis steigt und die exportierte Gütermenge sinkt. Das neue Exportmarktgleichgewicht ist in G_2^X . Ob der Exportwert sinkt oder fällt, hängt von der Preiselastizität der Exportnachfrage ab. Im Fall einer elastischen Nachfrage ($|\varepsilon_X| > 1$) sinkt der Exportwert, ist $|\varepsilon_X| < 1$, nimmt der Exportwert zu.

Die nächste Überlegung betrifft den Importmarkt. Der Nachfrageanstieg im Inland lässt den Nachfrageüberschuss steigen. Diese Nachfrageüberschüsse weichen auf den Importmarkt aus. Die Importnachfragekurve in der rechten Grafik der Abbildung 12-11 verschiebt sich nach rechts (N_2^M). Das neue Importmarktgleichgewicht ist in G_2^M mit dem gestiegenen Importgüterpreis p_2^M und der höheren Importmenge x_2^M . Im Ergebnis wird der Importwert bei einer Steigerung der Inlandsnachfrage zunehmen.

Um die Reaktion des Außenbeitrags bestimmen zu können, müssen wir Export- und Importwert zusammen betrachten. Bei einem sinkenden Exportwert ($|\varepsilon_X| > 1$) und steigenden Importwert wird sich der Außenbeitrag bei steigenden Inlandspreisen verschlechtern, weil inländische Produkte auf Exportmärkten weniger nachgefragt werden und weil bei steigenden inländischen Preisen die inländischen Nachfrager verstärkt auf die relativ billigeren Produkte des Auslands ausweichen. Nur in dem speziellen Fall einer unelastischen Nachfrage ($|\varepsilon_X| < 1$) ist mit einem Anstieg des Außenbeitrags zu rechnen, wenn der Exportwert und der Importwert steigen.

In analoger Weise können wir die Auswirkungen einer Nachfragesteigerung im Ausland ableiten. Auf der Exportseite führt eine steigende Nachfrage im Ausland dazu, dass sich die

ausländische Nachfragekurve nach rechts verlagert. Der Nachfrageüberschuss des Auslands steigt. Auf dem Exportmarkt verschiebt sich die Exportnachfragekurve nach rechts (siehe linke Grafik in Abbildung 12-12). Als Folge der steigenden Nachfrage des Auslands steigen der Exportgüterpreis und die exportierte Menge. Der Exportwert nimmt zu.

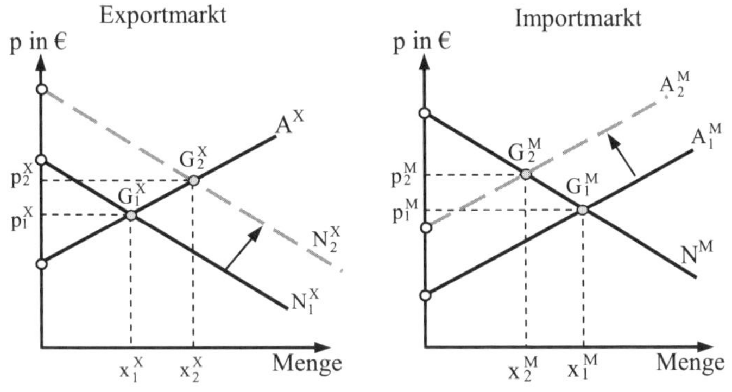

Abbildung 12-12: Auswirkungen einer Preissteigerung im Ausland auf dem Export- und Importmarkt

Für den Importmarkt sei auf die rechte Darstellung in Abbildung 12-12 verwiesen. Die steigende Nachfrage im Ausland reduziert die Angebotüberschüsse, die für den Export zur Verfügung stehen. Das Importangebot sinkt, die Importangebotskurve verschiebt sich nach links. Aufgrund des reduzierten Importangebots steigen die Importgüterpreise und die Importmenge sinkt. Ob der Importwert zurückgeht oder steigt, ist eine Frage der Nachfrageelastizität nach Importgütern. Bei einer elastischen Importnachfrage ($|\varepsilon_M| > 1$) geht der Importwert zurück, bei einer unelastischen Nachfrage ($|\varepsilon_M| < 1$) wird er steigen.

Betrachten wir die Veränderung bei Exportwert und Importwert zusammen, ergibt sich folgendes Ergebnis. Steigende Preise im Ausland lassen die Nachfrage auf den Exportmarkt ausweichen mit der Folge, dass der Exportwert des Inlands steigt. Auf der Importseite führen die gestiegenen Preise des Auslands dazu, dass das Inland weniger importiert. Bei elastischer Importnachfrage wird der Importwert sinken mit der Folge, dass sich der Außenbeitrag verbessert. Nur in dem Fall, dass bei einer unelastischen Importnachfrage der Importwert steigt und die Zunahme des Importwerts stärker ausfällt als der Anstieg des Exportwerts, ist eine Verschlechterung des Außenbeitrags zu erwarten ($\Delta IM > \Delta EX$).

Unter der Voraussetzung, dass alles übrige, insbes. Wechselkurs und Volkseinkommen gleich bleibt, kann man somit festhalten: Steigt das Preisniveau eines Landes schneller als das eines anderen Landes, werden die Exporte des preisstabileren Landes zunehmen, seine Importe dagegen abnehmen, die Exporte des relativ inflationären Landes abnehmen, seine Importe dagegen zunehmen. Länder mit hohen Inflationsraten werden tendenziell Defizite im Leistungsverkehr haben, während preisstabile Länder eine überschüssige Leistungsbilanz aufweisen.

Die vorhergehenden Überlegungen sind die Grundlage des direkten internationalen Preiszusammenhangs, der das Entstehen einer importierten Inflation erklärt. Dazu wird zwischen handelbaren und nicht handelbaren Gütern unterschieden. Handelbare Güter werden von den Unternehmen sowohl im eigenen Land als auch auf ausländischen Märkten angeboten. Nicht-handelbare Güter werden demgegenüber nur im Binnenmarkt produziert und abgesetzt. Unter der Bedingung homogener Güter und vollständig transparenter, eng verflochte-

ner Märkte sind im Fall eines völlig freien internationalen Handels bei handelbaren Gütern auf Dauer *keine Preisdifferenzen* haltbar, es sei denn in Höhe der Transaktionskosten.

Hohe Preissteigerung im Ausland führen dazu, dass das Importpreisniveau im Inland steigt. Die höheren Preise importierter Konsumgüter gehen direkt in den Preisindex der Lebenshaltung ein. Soweit die importierten Güter in inländischen Produktionsprozessen weiterverarbeitet werden, ergibt sich von der Importseite her ein Kostendruck, der von den Unternehmen in höheren Preisen weiter gewälzt wird.

Die inländischen Exporteure werden im Ausland höhere Preise durchsetzen können, denn die ausländischen Nachfrager werden sich den billigeren, importierten Gütern zuwenden. Die steigende Nachfrage auf den Auslandsmärkten erhöht die Absatz- und Gewinnchancen und ermöglicht die Durchsetzung höherer Preise. Gleichzeitig steigt damit die Exportgüternachfrage im Inland. Bei steigender Exportmenge sinkt das im Inland verfügbare Güterangebot. Außerdem werden inländischen Nachfrager die teureren Importprodukte durch heimische Güter substituieren, so dass es auf den inländischen Märkten für handelbare Güter zu einem Anstieg der Inlandsnachfrage kommt, der den Preisanstieg beschleunigt. Damit werden die Preissteigerungen auf dem Exportmarkt auf den Inlandsmarkt übertragen.

Daneben ist ein weiterer Druck auf die Inlandspreise wirksam. Die Preissteigerungen im Ausland eröffnen den exportierenden Unternehmen Preiserhöhungsspielräume. Die Unternehmen können auf ihren Auslandsmärkten höhere Preise durchsetzen, ohne ihre internationale Wettbewerbsfähigkeit zu verlieren. Der Spielraum für Preiserhöhungen im Ausland ist umso höher, je stärker die Preise im Ausland gestiegen sind. Längerfristig werden die exportierenden Unternehmen es aber nicht hinnehmen, dass sie im Inland niedrigere Preise erzielen als im Ausland. Sofern es die Marktsituation zulässt, werden sie daher versuchen, die höheren Preise auch im Inland durchzusetzen.

Es besteht die Gefahr, dass sich das „Inflationsvirus" auch auf die nationalen Güter und damit auf das gesamte inländische Preisniveau ausbreitet. Die steigende Produktion im Bereich handelbarer Güter lässt die Nachfrage nach Produktionsfaktoren und Vorleistungsprodukte steigen. Löhne, Zinsen und die Preise für Vorleistungsgüter werden ebenfalls steigen. Auf diesem Weg überträgt sich der Preisanstieg aus dem Sektor handelbarer Güter in den Sektor der nicht handelbaren Güter und führt so zu einem Anstieg des allgemeinen Kosten- und Preisniveaus im Inland.

Übung 12-6: Außenbeitrag und Preiserhöhungen im Ausland

Angebot und Nachfrage nach Weizen werden auf dem Inlands- und Auslandsmarkt durch folgende Funktionen beschrieben:

	Inland	Ausland
Nachfrage	$p = 15 - x$	$p^* = 8 - 0{,}8x^*$
Angebot	$p = 5 + 1{,}5x$	$p^* = 1{,}5 + 0{,}5x^*$

Der Wechselkurs sei 1$ je Euro. Es werde in inländischer Währung fakturiert.

a) Stellen Sie das Marktgleichgewicht auf dem Inlands- und Auslandsmarkt dar.

b) Bestimmen Sie bei ungehindertem Handel den Weltmarktpreis, die grenzüberschreitend gehandelte Menge und den Importumsatz.

c) Nehmen Sie an, aufgrund einer Missernte halbiere sich das Weizenangebot des Auslands. Welche Konsequenzen hat dies für den Weltmarktpreis, die gehandelte Menge und den Importumsatz.

Lösung:

a) Marktgleichgewicht bei Autarkie:

Inland: $p = 11$, $x = 4$ Ausland: $p^* = 4$, $x^* = 5$

b) Um die gehandelten Mengen und den Weltmarktpreis berechnen zu können, müssen für das Land mit dem niedrigeren Preis das Überschussangebot und das Land mit dem höheren Preis der Nachfrageüberschuss bestimmt werden:

Importangebot des Auslands: $A^{M^*} = x^{A*} - x^{N*} = -3 + 2p^* - (10 - 1{,}25p^*) = -13 + 3{,}25p^*$

Importnachfrage des Inlands: $N^M = x^N - x^A = 15 - p - (0{,}67 - 3{,}3) = 18{,}3 - 1{,}67p$

Für das Marktgleichgewicht gilt $A^{M^*} = N^M \rightarrow -13 + 3{,}25p^*/1\$/€ = 18{,}3 - 1{,}67p$

Marktgleichgewicht auf dem Importmarkt: $p = 6{,}37$, $x = 7{,}71$, Umsatz $= 49{,}11$

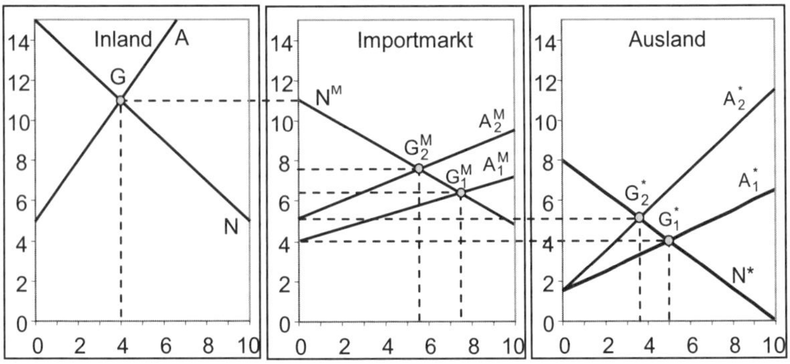

Abbildung 12-13: Importmarktgleichgewicht

c) Marktgleichgewicht bei gesunkenem Importangebot

Importangebot des Auslands: $A^{M^*} = x^{A*} - x^{N*} = -3 + 2p - (10 - 1{,}25p^*) = -11{,}5 + 2{,}25p^*$

Für das Marktgleichgewicht gilt $A^{M^*} = N^M \rightarrow -11{,}5 + 2{,}25p^*/1\$/€ = 18{,}3 - 1{,}67p$

Marktgleichgewicht auf dem Importmarkt: $p = 7{,}62$, $x = 5{,}64$, Umsatz $= 42{,}98$

Der Importumsatz ist gesunken.

12.4.2 Außenbeitrag und Wechselkursänderung

Der Wechselkurs verknüpft die Preise zwischen in- und ausländischen Gütern und ermöglicht internationale Preisvergleiche. Bei einer Änderung des Wechselkurses verschieben sich die Preisrelationen zwischen In- und Ausland. Unter der Voraussetzung, dass der Dollarpreis der US-Güter und der Europreis der deutschen Güter unverändert bleibt, werden bei einer Abwertung des € die Preise der deutschen Güter, in US-Dollar gerechnet, steigen, die Preise der US Güter, in Euro gerechnet, sinken. Als Folge der Preisänderungen werden sich Reaktionen der mengenmäßigen Nachfrage ergeben mit der Folge, dass die Importmenge der Bundesrepublik zunehmen und die mengenmäßige Nachfrage der USA nach deutschen Gütern zurückgehen wird.

Für die weiteren Überlegungen ist von Bedeutung, dass für deutsche Hersteller der in Euro erzielte Preis maßgebend ist, denn sie kalkulieren im Euro. Für die amerikanischen Käufer ist dagegen der Preis in Dollar maßgebend, denn sie vergleichen bei ihrer Kaufentscheidung die Dollarpreise der angebotenen in- und ausländischen Güter. Das Umgekehrte gilt für die

Importseite. Die deutschen Käufer orientieren sich an den Europreisen der angebotenen Güter, während für den amerikanischen Hersteller der in Dollar erzielte Preis entscheidend ist. Wenn wir also die Auswirkungen einer Wechselkursänderungen auf den Außenbeitrag untersuchen wollen, müssen wir die auf Dollarpreise bezogene Nachfrage der amerikanischen Käufer und das an Dollarpreisen orientierte Angebot der ausländischen Hersteller in Euro transformieren, indem jeder Dollarpreis mit dem Wechselkurs in den entsprechenden Europreis umgerechnet wird.

Dies sei anhand eines kleinen Beispiels in der folgenden graphischen Darstellung illustriert. Gemäß der linken Grafik in Abbildung 12-14 könne ein europäischer Hersteller die Menge x_0 seiner Schokolade in den USA zum Preis von 2,50 $ absetzen. Außerdem hat er herausgefunden, dass bei einem Preis von 5 $ die Nachfrage zum Erliegen kommt. Um die Zahlungsbereitschaft der amerikanischen Verbraucher in Euro zu erfahren, muss der Hersteller die Dollarpreise in Euro umrechnen. Nehmen wir an, der Wechselkurs des Euros sei 0,80 €/$. Dann beträgt der in Euro umgerechnete Höchstpreis 4 € je Tafel Schokolade. Die Menge x_0 kann zum Preis von 2 € abgesetzt werden. Die in Europreise umgerechnete Nachfragekurve in Abbildung 12-14 ist folglich N^X | wk = 0,80 €/$. Welche Auswirkungen haben Wechselkursänderungen auf die Nachfragekurve? Nehmen wir an, der Wechselkurs steige auf 1, 20 €/$. Infolge der Dollaraufwertung erlöst der Anbieter bei einem Preis von 2,50 $ pro Tafel 3 €. Die in Euro ausgedrückte US-Nachfragekurve verläuft nun steiler, weil jeder Dollarpreis nicht mehr mit 0,80 €/$, sondern mit 1,20 €/$ in Dollar umgerechnet wird.

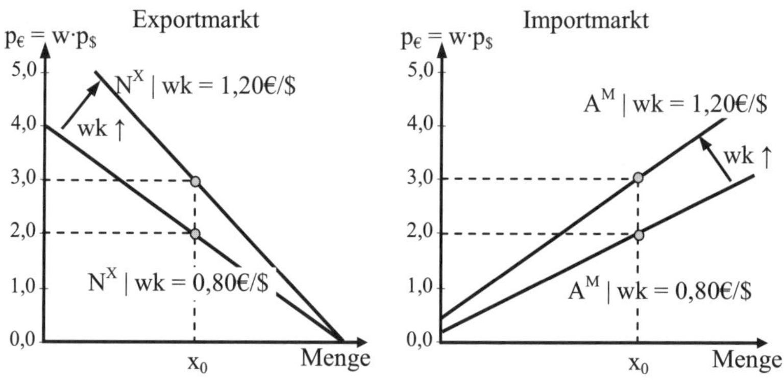

Abbildung 12-14: Auswirkungen einer Euroabwertung auf Exportnachfrage und Importangebot

In der rechten Grafik der Abbildung 12-14 ist der Importmarkt dargestellt. Die amerikanischen Hersteller kalkulieren in Dollar, müssen beim Verkauf in Deutschland aber auf Eurobasis anbieten und erlösen Euro-Preise. In unserem Beispiel wolle ein amerikanischer Hersteller die Menge x_0 seines Produkts zu 2,50 $ anbieten. Welchen Europreis er setzt, um diesen Dollarerlös zu erzielen, hängt wiederum vom Wechselkurs ab. Bei einem Wechselkurs von 0,80 €/$ kann er die Produktmenge zum Preis von 2 € verkaufen. Steigt der Wechselkurs auf 1,20 €/$, muss er einen Angebotspreis von 3 € setzen, wenn er weiterhin 2,50 $ erzielen will. Der steigende Dollarkurs verteuert das Importgut, so dass jede Menge nur zu einem höheren Euro-Preis angeboten wird. Die Kurve des Importangebots verlagert sich bei einer Aufwertung des Dollars bzw. Abwertung des Euro nach links.

Nachdem geklärt ist, wie sich Wechselkursänderungen auf Export- und Importmarkt auswirken, können wir untersuchen, wie sich Wechselkursänderungen auf den Exportwert und den Importwert auswirken. Die Auswirkung einer Euroabwertung auf den Exportwert ist in

der linken Grafik der Abbildung 12-15 dargestellt. A^X ist das Angebot der deutschen Exporteure auf der Basis von Euro-Preisen. N_1^X sei die US-Nachfrage nach deutschen Gütern auf der Basis von US-Preisen, die mit Hilfe des Wechselkurses in Euro-Preise umgerechnet wurden. Bei einer Abwertung der heimischen Währung kommt es zu einer Drehung der Exportnachfragekurve nach oben. Die US-Abnehmer werden mehr deutsche Güter nachfragen, weil die US-Preise der deutschen Güter sinken. Gleichzeitig erzielt der Exporteur in Euro ausgedrückt einen höheren Preis. Da sowohl Mengen- als auch Preisänderung in dieselbe Richtung wirken und positiv sind, nimmt der Exportwert in Euro zu.

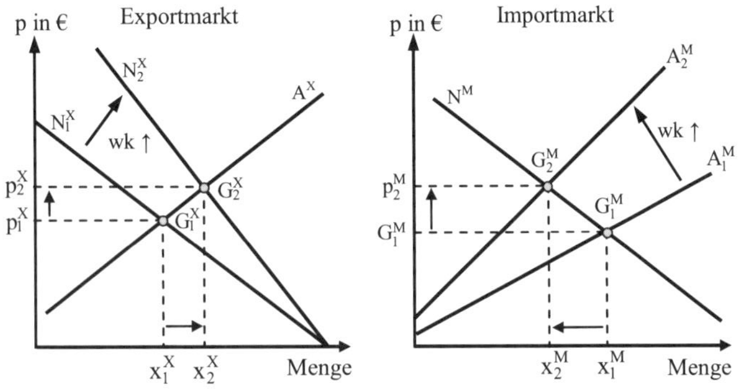

Abbildung 12-15: Auswirkung einer Euroabwertung auf Exportwert und Importwert

Die Reaktion des Importwerts auf eine Euro Abwertung ist in der rechten Grafik der Abbildung 12-15 dargestellt. N^M ist die inländische Importnachfrage in Abhängigkeit von Euro-Preisen. A_1^M ist das US-Angebot auf der Basis von Dollar-Preisen, das mit dem Wechselkurs in Euro-Preise umgerechnet wurde. Bei einer Euroabwertung verschiebt sich die Importangebotskurve nach links. Die Importe verteuern sich und die mengenmäßige Importnachfrage geht zurück. Aufgrund der Preiserhöhung nimmt der Importwert zu, während er aufgrund des durch die Preiserhöhung verursachten Mengenrückgangs sinkt. Ob der Importwert steigt oder fällt, hängt letztlich von der *Preiselastizität der Importnachfrage* ab. Bei einer elastischen Importnachfrage ($|\varepsilon_M| > 1$) geht der Importwert zurück, weil der Mengenrückgang prozentual stärker ausfällt als die Preiserhöhung, bei einer unelastischen Nachfrage ($|\varepsilon_M| < 1$) wird er steigen, weil der Preisanstieg durch den Rückgang der Importmenge nicht ausgeglichen wird.

Betrachten wir die Veränderung des Exportwerts und Importwerts zusammen, ergibt sich folgendes Ergebnis. Bei einer Abwertung der eigenen Währung steigen die Nachfrage und die Preise in Inlandswährung auf den Exportmarkt mit der Folge, dass der Exportwert des Inlands steigt und sich die Leistungsbilanz verbessert. Auf der Importseite führen die steigenden Importpreise dazu, dass das Inland mengenmäßig weniger importiert. Auch dies verbessert die Leistungsbilanz. Da mit der Abwertung die ausländischen Güter im Inland teurer werden, muss für die Menge, die noch importiert wird, mehr bezahlt werden. Dies verschlechtert die Leistungsbilanz. Die Summe der drei Effekte ist unbestimmt. Wir können jedoch Bedingungen herleiten, unter denen eine Verbesserung der Leistungsbilanz eintritt.

Wir unterstellen für die folgende Ableitung, dass die Preise in- und ausländischer Güter konstant sind. Als Rechtfertigung für die Annahme konstanter Preisniveaus könnte gelten, dass Unterbeschäftigung herrscht, somit das Güterangebot vollkommen elastisch ist. Änderungen der Güternachfrage schlagen sich nicht in Preisänderungen, sondern nur in einer Veränderung der Produktionsmenge nieder. Alternativ könnte es sich beim Inland um eine

kleine offene Volkswirtschaft handeln. Export- und Importgüterpreise sind Daten, die auf dem Weltmarkt in ausländischer Währung fixiert werden und denen sich das Land mit seinem mengenmäßigen Angebot an Exportgütern und seiner mengenmäßigen Nachfrage nach Importgütern völlig elastisch anpasst. Bei konstanten Güterpreisen führt jede nominale Abwertung zu einer gleich hohen realen Abwertung, so dass Exporte und Importe vom nominalen Wechselkurs bestimmt sind:

$$NX = px^X(wk) - wk \cdot p^* x^M(wk) = px^X(wk) - wk \cdot p^* q^M(wk)$$

Die Veränderung der Nettoexporte als Folge einer Wechselkursänderung erhalten wir, wenn wir diese Gleichung partiell nach dem Wechselkurs ableiten:

$$\frac{\partial NX}{\partial wk} = p\frac{\partial x^X}{\partial wk} - \left(wk \cdot p^* \frac{\partial q^M}{\partial wk} + p^* x^M \right)$$

Wir erweitern den ersten Summanden mit $wk{\cdot}x^X/wk{\cdot}x^X$ und den zweiten Summanden mit x^M/x^M und formulieren um:

$$\frac{\partial NX}{\partial wk} = \frac{px^X}{wk}\left(\frac{\partial x^X}{\partial wk}\frac{wk}{x^X}\right) - p^* x^M \left(\frac{\partial x^M}{\partial wk}\frac{wk}{x^M}\right) - p^* x^M = \frac{px^X}{wk}\varepsilon_X - p^* x^M \varepsilon_M - p^* x^M$$

Dabei sind ε_X die Nachfrageelastizität der Exporte und ε_M die Nachfrageelastizität der Importe in Bezug auf den Wechselkurs. Wenn wir von einem ausgeglichenen Außenbeitrag bzw. einer ausgeglichenen Leistungsbilanz ausgehen, dann gilt Exportwert = Importwert: $px^X = wk{\cdot}p^* x^M$ bzw. $px^X/wk = p^* x^M$. Setzen wir dies ein, erhalten wir:

$$\frac{\partial NX}{\partial w} = p^* x^M(\varepsilon_X - \varepsilon_M - 1)$$

Ob sich bei einer Abwertung der Außenbeitrag erhöht, hängt davon ab, ob der Klammerausdruck positiv ist. Er lässt sich umformulieren und man erhält die sog. Marshall-Lerner-Bedingung:

$$|\varepsilon_X| + |\varepsilon_M| > 1$$

Damit eine Abwertung zu einem steigenden Außenbeitrag und einem steigenden Leistungsbilanzsaldo führt, müssen die Nachfrageelastizitäten auf Export- und Importmärkten absolut betrachtet zusammen größer 1 ergeben. Dann wird die Verteuerung der Importe, die mit einer Abwertung verbunden ist, durch zusätzliche Exporterlöse überkompensiert. Nur in dem Fall, dass bei einer unelastischen Importnachfrage der Importwert steigt und die Zunahme des Importwerts stärker ausfällt als der Anstieg des Exportwerts, ist eine Verschlechterung des Außenbeitrags zu erwarten ($\Delta IM > \Delta EX$). Man spricht in diesem Zusammenhang von einer anomalen Reaktion des Außenbeitrags.

Allgemein kann man sagen: Eine Abwertung des Euro führt um so eher zu steigenden Nettoexporten, je elastischer die Nachfrage nach Export- und Importgütern reagiert. Der Außenbeitrag kann nur sinken, wenn eine sehr geringe Mengenreaktion vorliegt, das heißt wenn die Nachfrageelastizität der Importe hinreichend klein ist. Dies wird dann der Fall sein, wenn eine Volkswirtschaft Güter importieren muss, auf die sie dringend angewiesen ist und bei denen sie nur geringe Substitutionsmöglichkeiten hat. Güter mit niedrigen Nachfrageelastizitäten sind etwa Nahrungsmittel, Rohstoffe und Energieträger. Eine geringe Importelastizität könnten auch solche verarbeiteten Produkte haben, die eine Volkswirtschaft nicht oder nicht in ausreichenden Mengen herstellen kann, aber für die eigenen Produktionspro-

zesse dringend benötigt. Aus der Sicht von Entwicklungs- und Schwellenländern könnte dies zum Beispiel auch auf Investitionsgüter zutreffen.

Die Frage, ob der Außenbeitrag bei Wechselkursänderungen eher „normal" oder „anomal" reagiert, wird in der Literatur kontrovers beurteilt. Für eine Normalreaktion des Außenbeitrags spricht, dass der weitaus größere Teil gehandelter Güter in den so genannten intraindustrieller Handel fällt. Im Rahmen des intraindustriellen Handels werden gleichartige Produkte und Dienstleistungen (z. B. PKW) von Ländern sowohl exportiert als auch importiert, so dass aufgrund der Substitutionsmöglichkeiten die Preiselastizität der Nachfrage bei diesen Gütern relativ hoch sein dürfte. Gleichzeitig ist der internationale Handel mit verarbeiteten Produkten viel schneller gestiegen als der Handel mit agrarischen und mineralischen Rohstoffen, deren Anteil am internationalen Handel bei unter 25 % liegt.

Übung 12-7: Reaktion des Außenbeitrags auf Wechselkursänderungen

Die Währung eines Landes wird abgewertet. Wie wirkt sich diese Abwertung auf die Leistungsbilanz aus, wenn das Land eine sehr hohe Importabhängigkeit besitzt, während es auf der Exportseite von einer elastischen Reaktion der Nachfrage in Bezug auf Preisänderungen ausgehen kann.

a) Stellen Sie die Auswirkungen der Abwertung auf Exportwert und Importwert dar. Unterstellen Sie eine vollkommen unelastische Nachfragereaktion. Erläutern Sie Ihre graphische Darstellung.

b) Überlegen Sie, wie ausgehend von einer ausgeglichenen Leistungsbilanz die Nachfragereaktion auf den Exportmarkt sein muss, dass eine Normalreaktion der Leistungsbilanz zustande kommt.

Lösung:

a) Auswirkungen einer Abwertung auf die Leistungsbilanz:

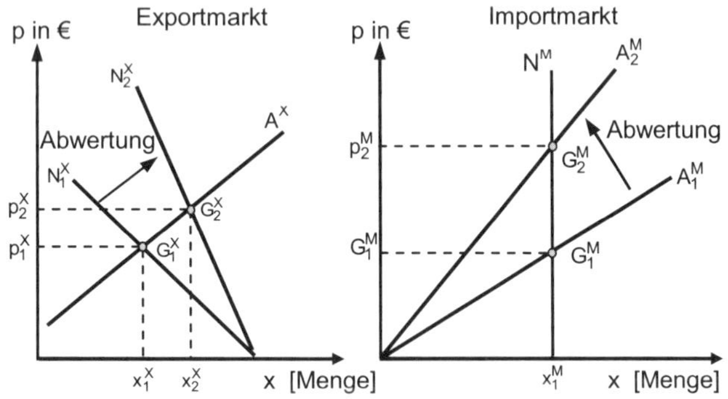

Abbildung 12-16: Abwertung bei sehr hoher Importabhängigkeit

Bei einer Abwertung der Währung des Landes steigt die Nachfrage auf dem Exportmarkt, die Exportnachfragekurve verschiebt sich nach rechts. Der in inländischer Währung ausgedrückte Preis der Exportgüter steigt. Da aber die Preise der Exportgüter in ausländischer Währung sinken, steigt die Nachfrage nach Exportgütern. Der Exportwert nimmt zu.

Wegen der hohen Importabhängigkeit ist die Nachfrage nach Importgütern vollkommen preisunelastisch, die Nachfragekurve verläuft senkrecht. Bei einer Abwertung

verteuern sich die Importgüter, die Preise der importierten Güter steigen an, weil aber die Nachfrage nach importierten Güter unelastisch ist, geht die nachgefragte Menge nicht zurück. Im Endergebnis steigt der Importwert an.

b) Für die Reaktion der Leistungsbilanz ist entscheidend, ob der Exportwert mehr oder weniger stark zunimmt als der Importwert. Bei einer vollkommen preisunelastischen Nachfrage nach Importgütern steigt der Preis der Importgüter im selben Verhältnis wie die Währung abwertet, somit ändert sich auch der Importwert proportional zur Abwertungsrate. Für die Reaktion der Leistungsbilanz ist somit der Exportwert entscheidend. Steigt der Exportwert überproportional zur Wechselkursänderung, kommt es zu einer Verbesserung der Leistungsbilanz. Steigt er dagegen unterproportional zur Abwertungsrate, kommt es zu einer Verschlechterung der Leistungsbilanz.

Der wichtigste Grund für das Auftreten anomaler Außenbeitragsreaktionen insbesondere auf kürzere Sicht liegt in der Zeitverzögerung, mit der die Ex- und Importmengen auf veränderte Wechselkurse reagieren. Die Erfahrung zeigt, dass auf kürzere Sicht deutsche Exporteure bei Aufwertungen der eigenen Währung zu einem „pricing to market" neigen, um ihre Marktanteile zu verteidigen. Andererseits werden bei einer Abwertung die Auslandspreise in der Regel nicht sofort gesenkt, sondern zu Gewinnsteigerungen genutzt. Längerfristige Wechselkursänderungen belegen bei den Exporten das „exchange rate pass-through".

Anders auf den Importmärkten: Besonders auf den Rohstoffmärkten führen Euroabwertungen kurzfristig zu Preiserhöhungen auf dem Inlandsmarkt. Eine Abwertung bedeutet für das betroffene Land eine schlagartige Erhöhung der Importpreise, weil für die preislich in ausländischer Währung fixierten und mengenmäßig festliegenden Importe jetzt mehr inländische Währung zu bezahlen ist. Die Importeure werden daraufhin nicht in jedem Fall sofort ihre nachgefragte Menge einschränken können. Hinderlich wirken etwa längerfristig geschlossene Lieferverträge. Kurzfristig ist der Wechsel zu anderen Anbietern mit Zeit und Kosten verbunden (z. B. Einholen von Informationen, Umstellung von Produktionsverfahren). Insgesamt würde der Importwert zunehmen, weil es zu Preiserhöhungen kommt, während die Mengen nur mit Verzögerung angepasst werden. Der Exportwert wird kurzfristig eher stagnieren, wenn die Exporteure im Fall einer Abwertung die Preise nur mit Verzögerung senken. Der Außenbeitrag würde sich verschlechtern und damit „anomal" reagieren. Erst die fortschreitende Anpassung der Import- und Exportmengen ermöglicht eine „normale" Reaktion. Weil die graphische Darstellung der Entwicklung des Außenbeitrags nach einer Abwertung dem Verlauf des Buchstabens J ähnlich ist, spricht man auch vom **J-Kurven-Effekt** (vergleiche Abbildung 12-17).

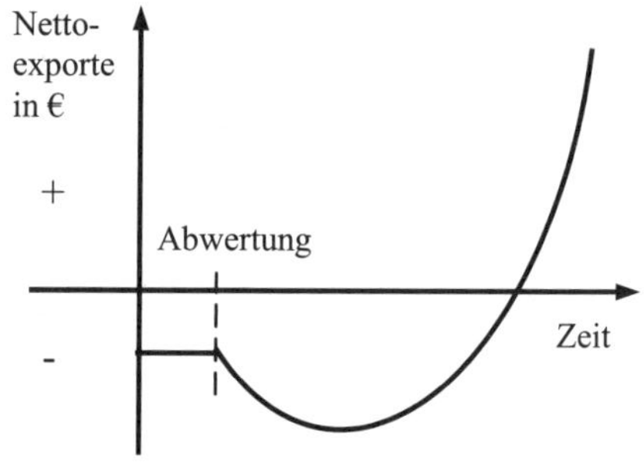

Abbildung 12-17: Zeitlicher Verlauf der Anpassung der Nettoexporte: Der J-Kurven-Effekt

Praxisbeispiel 12-7: Export- und Importelastizitäten und Anpassung des Außenbeitrags

Der J-Kurven-Effekt lässt sich am Beispiel der US-Leistungsbilanz demonstrieren. In Abbildung 12-18 sind der Leistungsbilanzsaldo der USA in Prozent des BIP sowie der effektive Wechselkurs des US-Dollar gegenüber den wichtigsten Handelspartnern abgetragen. Anomale Reaktionen der Leistungsbilanz sind grau hinterlegt. In den achtziger Jahren führte die starke Abwertung des US-Dollar zu einer Korrektur des Leistungsbilanzdefizits. Allerdings kam es zu einem J-Kurven-Effekt, denn das Leistungsbilanzdefizit stieg zunächst weiter an. Erst mit einer Verzögerung von zwei Jahren setzte die Korrektur des Defizits ein. Ende der siebziger Jahre war die umgekehrte Reaktion zu beobachten. Die einsetzende Aufwertung des US-Dollar führte dazu, dass die Leistungsbilanz sich zunächst verbesserte, bis Anfang der achtziger Jahre die Normalreaktion eintrat und die Leistungsbilanz als Folge der starken Dollaraufwertung defizitär wurde. Eine ähnliche Reaktion – wenn auch in abgeschwächter Form – war Mitte der neunziger Jahren zu beobachten.

Die Frage, ob die Leistungsbilanz auf Wechselkursänderungen normal reagiert, ist in der Literatur kontrovers diskutiert worden. Aufgrund empirischer Untersuchungen ging man in den fünfziger Jahren des vergangenen Jahrhunderts davon aus, dass die Bedingungen für eine Normalreaktion der Leistungsbilanz nicht erfüllt seien. Neuere Schätzungen der Preiselastizitäten der Export- und Importnachfrage differenzieren zwischen kurzfristigen und langfristigen Nachfragereaktionen. Langfristige Preiselastizitäten beziehen sich auf Zeiträume, in denen die Anpassung der Nachfrage an den geänderten Wechselkurs vollzogen ist (> 2 Jahre), während die kurzfristigen Preiselastizitäten sich auf einen Zeitraum von einem halben bis einem Jahr beziehen. Danach bestätigen die kurzfristigen Preiselastizitäten die Existenz des J-Kurven-Effekts, während die langfristigen Elastizitäten eine Normalreaktion erwarten lassen.

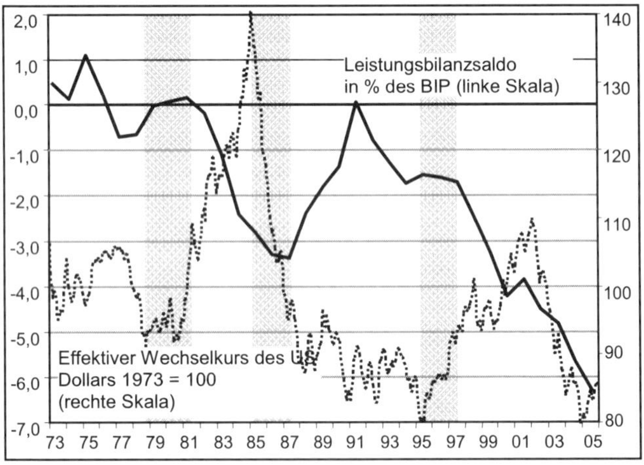

Abbildung 12-18: Leistungsbilanzsaldo der USA in Prozent des BIP und effektiver Wechselkurs[14]

Nach einer Untersuchung der US-Notenbank[15] sind die kurzfristigen Preiselastizitäten der Exporte und Importe in den G-7 Ländern deutlich niedriger als die langfristigen. Gemäß Tabelle 12-2 ist kurzfristig in keinem der untersuchten Länder eine Normalreaktion der Leistungsbilanz zu erwarten. Dagegen weisen die langfristigen Elastizitäten von Japan, Kanada, USA, Großbritannien und Italien auf eine Normalreaktion hin, während für Deutschland und Frankreich auch langfristig die Marshall-Lerner-Bedingung nicht erfüllt ist. Ein Grund dafür könnte sein,

[14] Vgl. *Sachverständigenrat zur Begutachtung der gesamtwirtschaftlichen Entwicklung*, Staatsfinanzen konsolidieren – Steuersystem reformieren, Jahresgutachten 2003/04, Berlin 2003, S. 36ff.

[15] Vgl. *Hooper, P., Johnson, K., Marquez, J.* (1998), S. 7ff.

dass auf international eng verflochtenen Märkten die Preissetzungsspielräume der Exportunternehmen eingeschränkt sind und Wechselkursschwankungen von den Unternehmen über Schwankungen in den Gewinnmargen aufgefangen werden und somit die Preise und Mengen im Importland stabilisiert werden.

Tabelle 12-2: Preiselastizitäten für den Handel von Waren und Dienstleistungen in den G7-Ländern

Land	kurzfristig		langfristig	
	Importe	Exporte	Importe	Exporte
Deutschland	0,2*	0,1	0,1	0,3*
Frankreich	0,1	0,1	0,4*	0,2*
Italien	0,0	0,0*	0,4*	0,9
Japan	0,1	0,5*	0,3*	1,0*
Kanada	0,1	0,5*	0,9*	0,9*
Vereinigte Staaten	0,1	0,5*	0,3*	1,5*
Vereinigtes Königreich	0,0	0,2*	0,6	1,6*

Prozentuale Änderung der Importe bzw. Exporte als Reaktion auf eine Änderung des realen effektiven Wechselkurses um 1 Prozent. Zugrunde gelegter Zeitraum: Jahre 1960 bis 1996.
* bezeichnet Signifikanz auf dem 5 %-Niveau.

12.4.3 Außenbeitrag Änderungen des Volkseinkommen

In den bisherigen Überlegungen wurden Veränderungen der Leistungsbilanz/des Außenbeitrags durch Veränderungen der relativen Preise induziert. Der Einfluss des gesamtwirtschaftlichen Einkommens und der gesamtwirtschaftlichen Nachfrage wurde bisher vernachlässigt. In diesem Abschnitt soll untersucht werden, wie sich Veränderungen von Leistungstransaktionen auf Beschäftigung und Einkommen auswirken bzw. wie sich Veränderungen von Einkommen und binnenwirtschaftlicher Nachfrage auf die Leistungsbilanz auswirken.

Für die Analyse der Auswirkungen von Nachfrage- und Einkommensänderungen auf die Leistungsbilanz müssen wir einige vereinfachende Annahmen machen:

- In- und ausländische Güterpreise seien fixiert. Dies impliziert eine vollkommen elastische Güterangebotsfunktion im In- und Ausland. Veränderungen der Nachfrage schlagen sich nieder in Veränderung der Produktion und des Einkommens, haben aber keine Preiseffekte. Diese Annahme ist offensichtlich nur für eine unterbeschäftigte Volkswirtschaft haltbar, in der zusätzliche Ausgaben zu Produktionssteigerungen und einem Anstieg des Volkseinkommens führen. Die kurzfristige Preisstarrheit erlaubt es uns, nominale und reale Ausgaben- und Einkommenssteigerungen gleichzusetzen und ungestört von Preisschwankungen die Auswirkungen von Einkommensänderungen auf die Leistungsbilanz zu untersuchen.
- Die betrachtete Volkswirtschaft ist zu klein, um durch ihre Aktionen einen Einfluss auf die Nachfrage, die Produktion und das Einkommen der übrigen Welt auszuüben. Wir abstrahieren damit von Rückwirkungen aus dem Ausland als Folge heimischer wirtschaftliche Entwicklung oder Schocks.
- Wir unterstellen einen konstanten Wechselkurs und Zinssatz. Ungleichgewichte in der Leistungsbilanz könnten reibungslos durch entsprechende Kapitaltransaktionen finan-

ziert werden. Bei festen Wechselkursen würde die Zentralbank die mit den Devisenmarktinterventionen verbundenen Schwankungen im Geldangebot durch entsprechende Offenmarktgeschäfte kompensieren, so dass sich keine Änderungen der Zinsen ergeben und keine Kapitalströme induziert werden.

Zur Analyse der Einkommenseffekte in Bezug auf die Leistungsbilanz knüpfen wir an das Gütermarktmodell aus Abschnitt 11.2.2.4 an. Um die Auswirkungen von Einkommensänderungen auf die Leistungsbilanz sichtbar zu machen, erweitern und modifizieren wir das Modell in einigen Punkten:[16]

(1) $NX = EX - IM = S - I + T - G$

(2) $C = C^{aut} + cY - \beta i \quad \text{mit} \quad \frac{dC}{dY} > 0 \text{ und } \frac{dC}{di} < 0$

(2a) $S = -C^{aut} + (1-c)Y + \beta i \quad \text{mit} \quad \frac{dS}{dY} > 0 \text{ und } \frac{dS}{di} > 0$

(3) $I = I^{aut} - \gamma i \quad \text{mit} \quad \frac{dI}{di} < 0$

(4) $IM = IM^{aut} + mY \quad \text{mit} \quad \frac{dIM}{dY} > 0$

(5) $EX = EX^{aut} + m^{*}Y^{*} \quad \text{mit} \quad \frac{dEX}{dY^{*}} > 0$

(6) $S + IM + T = I + EX + G$

Gleichung (1) beinhaltet die Definition der Leistungsbilanz und der gesamtwirtschaftlichen Finanzierungsgleichung, mit deren Hilfe die Auswirkungen von Nachfrageänderungen auf das Volkseinkommen und die Leistungsbilanz auch mit Hilfe der gesamtwirtschaftlichen Finanzierungsgleichung untersucht werden sollen.[17] Zur Vereinfachung vernachlässigen wir die grenzüberschreitenden Transferzahlungen. Alternativ könnten wir die Transferzahlungen auch als Konsumverzicht der Inländer der privaten Ersparnis zuordnen.

Gleichung (2) ist die Konsumfunktion, die wir um eine zinsabhängige Komponente erweitern. Die gesamtwirtschaftliche Ersparnis in Gleichung (2a) ist aus der Konsumfunktion abgeleitet. Sie setzt sich zusammen aus der autonomen Ersparnis $-C^{aut}$, der einkommensabhängigen Ersparnis $(1-c)Y$, wobei $1 - c$ die marginale Sparneigung darstellt, und einer zinsabhängigen Ersparnis. i sei der gesamtwirtschaftlichen Zinssatz und der Parameter β gibt an, wie die Ersparnis auf Zinsänderungen reagiert. Die gesamtwirtschaftliche Ersparnis steigt, wenn die autonome Ersparnis zunimmt, wenn das Einkommen oder die Zinsen steigen.

Die Investitionsgüternachfrage in Gleichung (3) setzte sich zusammen aus einer autonomen und einer zinsabhängigen Investitionsnachfrage. Der Parameter α beschreibt die Reaktion der Investitionen auf eine Zinsänderung. Änderungen der Investitionsnachfrage lassen sich somit zurückführen auf Änderungen der autonomen Investitionen (z.B. als Folge verbesserter wirtschaftlicher Rahmenbedingungen) und auf Zinsänderungen.

Schließlich benötigen wir noch Verhaltensannahmen für Exporte und Importe. Die Importe von Gütern und Diensten eines Landes sind abhängig von den in- und ausländischen Güter-

[16] Vgl. zum Folgenden z.B. *Rose, K., Sauernheimer, K.* (1999), S. 126 ff., *Dieckheuer, G.* (1995), S. 140ff., *Dieckheuer, G.*, S. 59ff. und 289ff.
[17] Vgl. *Kenen, P.R.* (2000), S. 304ff.

preisen, dem Wechselkurs und dem Volkseinkommen. Da Preise und Wechselkurs konstant sind, ist das Volkseinkommen das einzige Argument in der Importfunktion in Gleichung (4).

Da die Importe des Auslands die Exporte des Inlands darstellen, lässt sich die Exportfunktion in Gleichung (5) analog zur Importfunktion formulieren. Dabei sind die mit * gekennzeichneten Größen die ausländische Importneigung und das ausländische Volkseinkommen. Eine Zunahme der Exporte ergibt sich bei einer Zunahme des autonomen Exports oder bei gegebener Importneigung bei einem steigenden ausländischen Einkommen.

Gleichung (6) ist die aus der gesamtwirtschaftlichen Finanzierungsgleichung abgeleitete Gleichgewichtsbedingung.

$$S + IM + T = I + EX + G$$

Nachdem wir nun überlegt haben, wodurch Veränderungen von S, I, Im und EX verursacht sind, können wir diese Funktionen in die Gleichgewichtsbedingung einsetzen.

$$(S^{aut} + (1-c)Y + \gamma i) + (IM^{aut} + mY) + T = (I^{aut} - \alpha i) + (Ex^{aut} + m^* Y^*) + G$$

Nach dem Volkseinkommen aufgelöst erhält man das Gleichgewichtseinkommen einer offenen Volkswirtschaft[18]:

$$Y = \frac{1}{1-c+m}\left[(I^{aut} + C^{aut}) - (\alpha + \gamma)i + (G - T) + (EX^{aut} - IM^{aut}) + m^* Y^*\right]$$

In dieser Gleichung kommen sowohl autonome Änderungen der in- und ausländischen Nachfrage als auch Nachfrageänderungen, die durch die Geld- und Fiskalpolitik induziert sind, zum Ausdruck.

- Die Summe ($I^{aut} + C^{aut}$) ist die autonome inländische Absorption (A), weshalb wir im Folgenden verkürzt schreiben A^{aut}.
- Der Term $-(\alpha + \gamma)i$ stellt dar, wie sich als Folge von Zinsänderungen die gesamtwirtschaftlichen Ausgaben ändern. Damit wird der Einfluss der Geldpolitik auf die gesamtwirtschaftliche Absorption beschrieben. Die zinsabhängige Absorption ist negativ abhängig vom Zinssatz. Dies bewirkt, dass die gesamtwirtschaftliche Nachfrage bei steigenden Zinsen sinkt und das Volkseinkommen fällt. Die zinsabhängige Absorption ist somit $A(i) = -(\alpha + \gamma)i$
- Für Steuern und Staatsausgaben sei angenommen, dass sich der Budgetsaldo nur als Folge expliziter fiskalpolitischer Entscheidungen der Regierung ändert. Dabei fassen wir die Differenz zwischen Staatsausgaben und Steuern zum Budgetdefizit des Staates zusammen und schreiben verkürzt: $B_{St} = G - T$. Im Budgetsaldo B_{St} der Regierung schlagen sich somit sämtliche fiskalpolitischen Maßnahmen nieder, die einkommenswirksam werden.
- Als letzten Ausdruck in der Gleichung haben wir die autonomen Exporte und Importe. Dazu gehören auch die einkommensabhängigen Importe des Auslands, da das Auslandeinkommen für das Inland wegen der Annahme einer kleinen offenen Volkswirtschaft exogen ist. Die autonomen Nettoexporte sind somit $NX^{aut} = (X^{aut} - M^{aut}) + m^*Y^*$.

Nach den Zusammenfassungen reduziert sich die Bestimmungsgleichung für das Gleichgewichtige Volkseinkommen zu

---

[18] Aus der Bestimmungsgleichung für das Gleichgewichtseinkommen ergeben sich durch partielles Ableiten nach EX^{aut} und IM^{aut} die beiden Außenhandelsmultiplikatoren. Siehe Abschnitt 11.2.2.4, S. 563.

$$Y = \frac{1}{1-c+m}(A^{aut} + A(i) + B_{St} + NX^{aut})$$

Wenn wir in dieser Gleichung nur auf Veränderungen abstellen, erhalten wir die Multiplikatorgleichung offener Volkswirtschaften:

$$dY = \frac{1}{1-c+m}(dA^{aut} + dA(i) + dB_{St} + dNX^{aut})$$

In offenen Volkswirtschaften wird das Volkseinkommen nicht nur von der inländischen, sondern auch von der ausländischen Nachfrage bestimmt. Zunehmende autonome Leistungsbilanzüberschüsse z. B. als Folge eines steigenden ausländischen Volkseinkommens tragen zu einer Steigerung des Inlandseinkommens bei. Als Folge des steigenden Inlandseinkommens werden aber auch die Importe zunehmen, so dass zu fragen ist, ob ein durch eine Exportzunahme bedingter Überschuss im Außenbeitrag durch die mit der Einkommensexpansion einhergehende Importzunahme wieder ausgeglichen wird. Dazu betrachten wir den Leistungsbilanzsaldo bzw. seine Veränderung:

$NX = X - M$ bzw. $dNX = dEX - dIM$.

Für dEX und dIM setzen wir die Veränderung der Export- und Importfunktion ein:

$$dNX = (dEX^{aat} + m^* dY^*) - (dIM^{aut} + mdY).$$

Für dY wird die Multiplikatorgleichung für das Volkseinkommen eingesetzt:

$$dNX = (dEX^{aut} + m^* dY^*) - (dIM^{aut} + m\frac{1}{1-c+m}(dA^{aut} + dA(i) + dB_{St} + dNX^{aut})).$$

Nach einigem Umformen erhält man den Multiplikator für die Leistungsbilanz:

$$dNX = \frac{1-c}{1-c+m}dNX^{aut} - \frac{m}{1-c+m}(dA^{aut} + dA(i) + dB_{St}).$$

Aus dieser Gleichung ergeben sich zwei wichtige Konsequenzen:

Ein Nachfrageanstieg im Inland, egal ob er autonom erfolgt (dA^{aut}) oder durch geldpolitische ($dA(i)$) oder fiskalpolitische Maßnahmen (dB_{St}) angestoßen ist, verschlechtert die Leistungsbilanz, weil mit dem Nachfrageanstieg nicht nur die Nachfrage nach inländischen, sondern auch die Nachfrage nach ausländischen Gütern zunimmt. Die Verschlechterung der Leistungsbilanz fällt umso stärker aus, je höher die marginale Importneigung des betreffenden Landes ist. Länder mit einer hohen marginalen Importneigung müssen davon ausgehen, dass bei einer Steigerung der Ausgaben durch eine expansive Wirtschaftspolitik hohe Sickerverluste auf der Importseite auftreten.

Steigende autonome Exporte etwa aufgrund eines starken Einkommensanstiegs im Ausland verbessern die Leistungsbilanz des Inlands. Als Folge der steigenden Nettoexporte steigt das inländische Volkseinkommen. Dadurch erhöhen sich die induzierten Importe, so dass der primäre Überschuss verkleinert wird. Der Leistungsbilanzmultiplikator $(1 - c) /(1 - c + m)$ hat einen positiven, aber unter eins liegenden Wert, so dass der Außenbeitrag bei gegebener Exporterhöhung ebenfalls positiv ist. Ein durch eine Exportzunahme bedingter Überschuss im Außenbeitrag wird also durch den Anstieg der Importe, der mit der Einkommensexpansion ausgelöst wurde, nur zum Teil ausgeglichen. Der Einkommensmechanismus allein ist nicht in der Lage, Störungen der Leistungsbilanz vollständig zu beseitigen. Dies wird auch anhand Abbildung 12-19 deutlich.

In der Ausgangssituation in Abbildung 12-19 stellt der Schnittpunkt in G_0 ein gesamtwirtschaftliches Gleichgewicht dar. Die gesamtwirtschaftliche Ersparnis S_0 und die von den Importeuren geplanten Importe IM_0 entsprechen zusammengenommen den von Investoren und ausländischen Importeuren beabsichtigten Ausgaben in Form autonomer Investitionen und Exporte (I_0 + EX_0). Darüber hinaus ist beim Gleichgewichtsvolkseinkommen Y_0 die Leistungsbilanz ausgeglichen. Die Exporte EX_0 sind gerade so hoch wie die Importe IM_0. Eine Steigerung der Exporte um ΔEX führt zu einem neuen Gleichgewicht G_1 und einem Einkommensanstieg auf Y_1. Als Folge des höheren Volkseinkommens steigen die Importe auf IM_1 und die gesamtwirtschaftliche Ersparnis auf S_1. Allerdings fällt die Zunahme der Importe geringer aus als der Exportanstieg. Das Land hat einen Leistungsbilanzüberschuss in Höhe von (EX_1 - IM_1). Der Importanstieg reicht nicht aus, um die Leistungsbilanz auszugleichen. Da die Ersparnisse die Investitionen übersteigen, findet in Höhe der Differenz (S_1 - I_1) ein Kapitalexport statt.

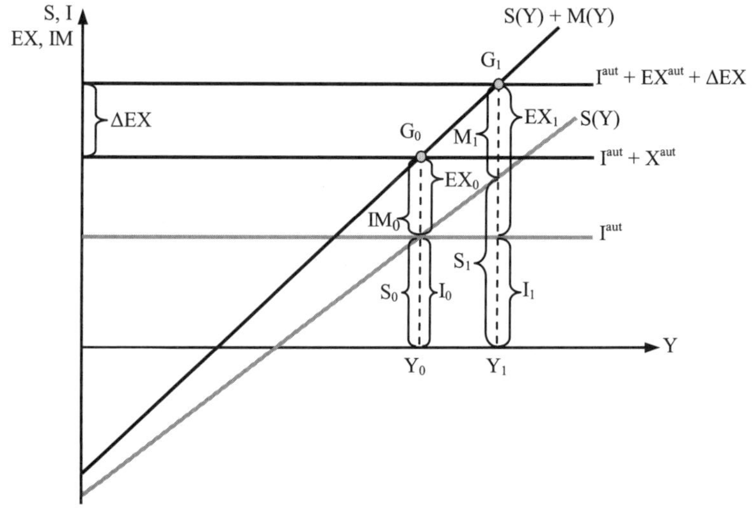

Abbildung 12-19: Auswirkung steigender autonomer Exporte auf Einkommen und Leistungsbilanz

Übung 12-8: Multiplikatoren offener Volkswirtschaften

Gegeben seien die Verhaltensgleichungen für eine kleine offene Volkswirtschaft. Der reale Wechselkurs sei fest.

Konsumnachfrage: $C = 100 + 0{,}8(Y - T)$

autonome Größen: $I^{aut} = 100$; $T = 50$; $G = 50$

Außenhandel: $IM = 0{,}3Y$; $EX = 0{,}2Y^*$

a) Bestimmen Sie das gleichgewichtige Volkseinkommen für ein Auslandseinkommen von $Y^* = 1300$. Wie hoch ist im Gleichgewicht der Saldo der Leistungsbilanz?

b) Der Staat erhöht seine Ausgaben um 50. Welche Auswirkungen hat dies auf Volkseinkommen und Leistungsbilanz?

c) Das Auslandseinkommen steige um 500. Welche Auswirkungen hat dies auf Volkseinkommen und Leistungsbilanz?

Lösung:

a) Gleichgewichtsvolkseinkommen: $Y = C + I + G + EX - IM$

$Y = 100 + 0{,}8(Y - 50) + 100 + 50 + 0{,}2 \cdot 1300 - 0{,}3Y$

$Y = = (1/0{,}5) \cdot 550 = 1100$; $NX = 260 - 0{,}2 \cdot 1100 = 220 = 40$.

b) Erhöhung der Staatsausgaben:

$$\Delta Y = \frac{1}{0{,}2 + 0{,}3} 50 = 100\ .\ dNX = -\frac{m}{1 - c + m} dG = \frac{0{,}3}{0{,}2 + 0{,}3} 50 = -30$$

Der Saldo der Leistungsbilanz verschlechtert sich um 30.

c) Erhöhung der Auslandseinkommens: $\Delta EX = 0{,}2 \cdot 500 = 100$;

$$\Delta Y = \frac{1}{0{,}2 + 0{,}3} 100 = 200\ ;\ dNX = \frac{1 - c}{1 - c + m} dEX^{aut} = \frac{0{,}2}{0{,}2 + 0{,}3} 100 = 40$$

Die Leistungsbilanz verbessert sich um 50.

Für die weiteren Betrachtungen müssen wir berücksichtigen, dass die Importe des Inlands aus der Sicht des Auslands Exporte darstellen. Wenn also der Staat im Inland eine expansive Wirtschaftspolitik durch eine Erhöhung seiner Ausgaben betreibt, nimmt das Volkseinkommen zu und infolgedessen steigen die Importe des Inlands. Dem inländischen Importanstieg entspricht eine Zunahme der Exporte des Auslands. Zunehmende Exporte bewirken über den Exportmultiplikator des Auslands, dass das Volkseinkommen im Ausland steigt und sein Außenbeitrag zunimmt. Damit wird der Konjunkturimpuls im Inland durch steigende Importe auf das Ausland übertragen. Diesen Wirkungsmechanismus bezeichnet man auch als den internationalen Konjunkturzusammenhang. Deshalb wird in einer globalen Rezession immer wieder die Forderung erhoben, dass weltwirtschaftlich starke Länder, wie USA, Japan oder Europa durch expansive konjunkturpolitische Maßnahmen eine Art „Lokomotiv-Funktion" für die Weltkonjunktur übernehmen sollen[19].

Streng genommen gilt diese Aussage nur bei konstanten Wechselkursen. Kommt es infolge einer expansiven Wirtschaftspolitik im Inland zu einer Einkommensexpansion, ergibt sich im Inland ein Leistungsbilanzdefizit, während sich im Ausland ein Leistungsbilanzüberschuss herausbildet. Ist der Wechselkurs flexibel und wird von der Leistungsbilanz bestimmt, wird die inländische Währung als Folge des Defizits abwerten, wodurch sich die Importe verteuern. Dadurch wird der Importanstieg gebremst, wodurch die grenzüberschreitenden Nachfrage- und Einkommenseffekte im Extremfall vollständig kompensiert werden könnten. Das Ausmaß der Kompensation ist von den marginalen Spar- und Importneigungen abhängig. Je kleiner diese Sparquoten sind, desto geringer ist die Veränderung der Nettoexporte, umso weniger wird die einkommensinduzierte Erhöhung der inländischen Importe durch die abwertungsinduzierte Verbesserung des Außenbeitrags kompensiert[20]. Empirische Studien zeigen, dass auch bei flexiblen Wechselkursen die grenzüberschreitenden Einkommenseffekte zwischen den großen Industrieländern nicht zu vernachlässigen sind. So führt etwa eine Erhöhung der Staatsausgaben in den USA um 1 % des BIP innerhalb von drei Jahren zu einem Einkommensanstieg um 3,29 %, für Kanada resultiert daraus ein Einkommenszuwachs von 1,41 %, für Japan einer von 0,53 %, für Deutschland einer von 0,37 %.[21]

[19] Vgl. *Dieckheuer, G.* (2001), S. 302.
[20] Ebenda S.304f.
[21] *Kenen, P.* (2000), S. 315

Praxisbeispiel 12-8: Beitrag der Weltkonjunktur zum Wachstum der Bundesrepublik

In Abbildung 12-20 wurde das Wirtschaftswachstum der Bundesrepublik aufgespalten in den Wachstumsbeitrag der Binnennachfrage und denjenigen des Außenhandels. Dargestellt sind die Wachstumsbeiträge der Inlandsnachfrage (privater und staatlicher Konsum und Nettoinvestitionen) sowie des Auslandsnachfrage (Exporte abzüglich Importe von Waren und Dienstleistungen) zur Entwicklung des Bruttoinlandsprodukts in Prozentpunkten, bis 1990 früheres Bundesgebiet; ab 1991 Deutschland.

Eine Expansion der Nachfrage auf der Ebene der Weltwirtschaft wird binnenwirtschaftlich nur dann Konjunktur stützend oder Konjunktur belebend, wenn der weltwirtschaftliche und der binnenwirtschaftliche Konjunkturzyklus asynchron verlaufen. Denn dann trifft eine rasch wachsende Weltnachfrage in der Binnenwirtschaft auf nicht ausgelastete Produktionskapazitäten und trägt so dazu bei, dass die heimische Konjunktur und Beschäftigung gestützt werden. Dies war in der Bundesrepublik in den zurückliegenden Jahren 2001 bis 2005 der Fall, als von der binnenwirtschaftlichen Nachfrage in der Bundesrepublik keine nennenswerten Beiträge zum Wirtschaftswachstum ausgingen. Ein ähnliches Muster kann man anhand der Abbildung 12-20 auch in der Abschwungphase von 1980 bis 1982 beobachten.

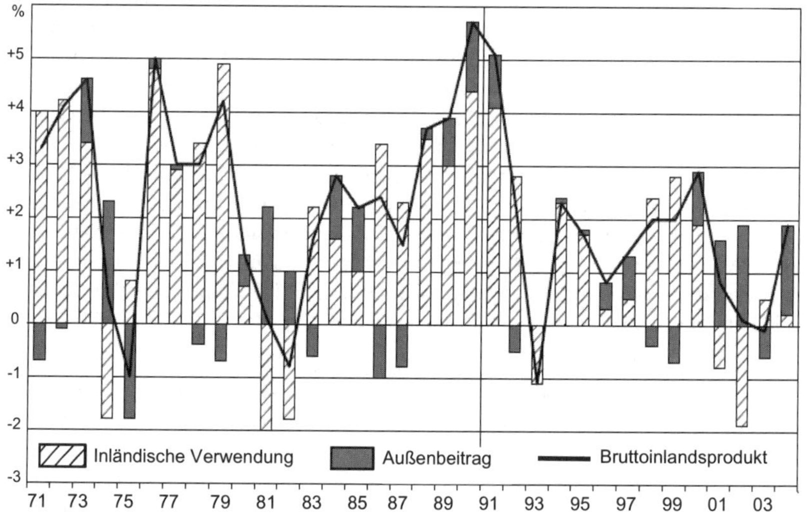

Abbildung 12-20: Binnennachfrage - Außenhandel: Wachstumsbeiträge für Deutschland in %[22]

Verlaufen die Konjunkturzyklen in den großen Wirtschaftsräumen synchron, können sich die positiven oder auch negativen Impulse verstärken. Treffen die weltwirtschaftlichen Wachstumsimpulse auf binnenwirtschaftlich stark ausgelastete Kapazitäten, wirken sie Konjunktur verstärkend und führen zu einer Überhitzung der Binnenkonjunktur. Dies war zwischen 1988 und 1991 in der Bundesrepublik der Fall. Wie Abbildung 12-20 zeigt, wurde die in dieser Zeit rasch wachsende Binnennachfrage durch eine hohe Zunahme des Außenbeitrags verstärkt, so dass in- und ausländische Nachfrage um die vorhandenen Kapazitäten konkurrierten. In der boomenden Binnenwirtschaft eröffneten sich für die Unternehmen und Gewerkschaften Lohn- und Preiserhöhungsspielräume mit der Folge steigender Inflationsraten.

[22] Vgl. *Sachverständigenrat zur Begutachtung der gesamtwirtschaftlichen Entwicklung*, Erfolge im Ausland – Herausforderungen im Inland, Jahresgutachten 2004/05, S. 461, Internet http://www.sachverstaendigenrat-wirtschaft.de/gutacht/ga-content.php?gaid=40&node=f vom 6.10.2006.

12.5 Wirtschaftspolitik offener Volkswirtschaften

Die bisherigen Überlegungen über die außenwirtschaftlichen Beziehungen waren partialanalytisch angelegt. Wir untersuchten jeweils unter der ceteris paribus Bedingung, wie sich Preise, Wechselkurse oder ein steigendes Volkseinkommen auf die Nettoexporte auswirken bzw. welchen Einfluss Zinsen und Wechselkurserwartungen auf grenzüberschreitende Kapitalströme haben. In diesem Abschnitt soll untersucht werden, wie sich außenwirtschaftliche Beziehungen auf das gesamtwirtschaftliche Gleichgewicht auswirken. Im Rahmen dieser Analyse wird das bekannte IS-LM-Modell um grenzüberschreitende Transaktionen erweitert. Der dazu verwendete Analyserahmen ist das *Mundell-Fleming-Modell*[23] einer offenen Volkswirtschaft. Ziel dieser Analyse ist die simultane Bestimmung eines Gleichgewichts auf dem Geld-, Güter- und Devisenmarkt mit der gleichzeitigen Festlegung der Gleichgewichtswerte für das Volkseinkommen, den Zinssatz, den Zahlungsbilanzsaldo und die Währungsreserven in unterschiedlichen Wechselkurssystemen. Des Weiteren lassen sich Aussagen ableiten, wie sich geld- und fiskalpolitische Maßnahmen bei unterschiedlichen Wechselkursregimen und unter verschiedenen Annahmen über die Kapitalmobilität in einer offenen Volkswirtschaft auswirken.

Für das *Mundell-Fleming-Modell* gelten die dem IS-LM-Modell zu Grunde liegenden Annahmen sowie weitere Bedingungen:

- Das Güterangebot sei völlig preiselastisch. Unterstellt wird eine Unterbeschäftigungssituation. Die Unternehmen haben freie Kapazitäten, um ihre Produktion an Veränderungen der Nachfrage anzupassen.
- Preise und Löhne sind starr und exogen gegeben.
- Bei dem betrachteten Land handelt es sich um eine kleine offene Volkswirtschaft. Wirtschaftspolitische Maßnahmen des Landes haben keinen nennenswerten Einfluss auf das Ausland bzw. die Weltwirtschaft.
- Ausländisches Preisniveau und Volkseinkommen sind exogen gegeben.
- Die Wechselkurserwartungen seien statisch, so dass die Kapitalströme ausschließlich von den in- und ausländischen Zinsdifferenzen bestimmt werden.

12.5.1 Das Mundell-Fleming-Modell

12.5.1.1 Der Gütermarkt – die IS-Kurve

In Abschnitt 12.4.3 haben wir bereits die Bedingung für ein gesamtwirtschaftliches Gleichgewicht in einer offenen Volkswirtschaft formuliert:

$$Y + IM = C + I + G + EX$$

Für die einzelnen Nachfragekomponenten müssen wir festlegen, von welchen Größen sie bestimmt werden. Für die binnenwirtschaftliche Nachfrage unterstellen wir eine einkommensabhängige Konsumgüternachfrage und eine zinsabhängige Investitionsgüternachfrage.

$$C = C^{aut} + cY \quad \text{mit} \quad \frac{dC}{dY} > 0 \quad \text{und} \quad I = I^{aut} - \alpha i \quad \text{mit} \quad \frac{dI}{di} < 0$$

Die Importgüternachfrage ist abhängig vom inländischen Volkseinkommen, vom Wechselkurs und dem in- und ausländischen Preisniveau. Wechselkurs- und Preisniveauänderungen

[23] *Fleming, J.M.* (1962), S. 369 - 380; *Mundell, R.A.* (1963), S. 475 - 485;

schlagen sich nieder in Veränderungen des realen Wechselkurses. Somit gilt für die Importfunktion:

$$IM = IM^{aut} + mY - \mu \cdot wr \quad \text{mit} \quad \frac{dIM}{dY} > 0 \text{ und } \frac{dIM}{dwr} < 0$$

Die Nachfrage nach Importgütern ist positiv abhängig vom Volkseinkommen und negativ abhängig vom realen Wechselkurs der Fremdwährung. Ein steigendes Volkseinkommen lässt die Nachfrage nach ausländischen Gütern steig deren. Ein steigender realer Wechselkurs ist gleichbedeutend mit einer realen Abwertung der inländischen Währung. Je höher folglich der reale Wechselkurs ist, desto teurer werden ausländische Güter im Vergleich zu inländischen, umso geringer ist die Nachfrage nach ausländischen Gütern. Die Reaktion der Importe auf einen steigenden realen Wechselkurs wird durch den Parameter μ beschrieben. Für die weiteren Überlegungen unterstellen wir eine Normalreaktion des Importwerts.

Die Nachfrage des Auslands wird durch die Exportfunktion dargestellt. Im Rahmen der Partialanalyse hatten wir festgestellt, dass die Exportnachfrage steigt, wenn das ausländische Einkommen steigt, wenn das ausländische Güterpreisniveau relativ zum inländischen steigt oder wenn der Wechselkurs in Preisnotierung steigt und die inländische Währung abwertet. Dann können wir die Exportgüternachfrage spiegelbildlich zu den Importen formulieren:

$$EX = EX^{aut} + m^*Y^* + \mu^* \cdot wr \quad \text{mit} \quad \frac{dEX}{dY^*} > 0 \text{ und } \frac{dEX}{dwr} > 0$$

Die Reaktion der Exporte auf Veränderungen des realen Wechselkurses der Fremdwährung wird durch den Parameter μ^* beschrieben. Die Exporte sind positiv abhängig vom ausländischen Volkseinkommen und vom realen Wechselkurs der ausländischen Währung.

Wir setzen die Verhaltensgleichungen in die Gleichgewichtsbedingung ein und erhalten:

$$Y + M^{aut} + mY - \mu \cdot wr = C^{aut} + cY + I^{aut} - \alpha i + G + X^{aut} + m^*Y^* + \mu^* \cdot wr$$

Daraus lässt sich das Gleichgewichtseinkommen bestimmen:

$$Y = \frac{1}{1-c+m}\left((C^{aut} + I^{aut}) - \alpha i + G + (X^{aut} - M^{aut} + m^*Y^*) + (\mu + \mu^*) \cdot wr\right)$$

Dies ist die Bestimmungsgleichung für das Gleichgewichtseinkommen einer offenen Volkswirtschaft. Die Gleichung beschreibt die IS-Kurve, denn sie gibt uns das gleichgewichtige Volkseinkommen für jeden Zinssatz an. Die IS-Kurve hat eine negative Steigung, denn steigende Zinsen bewirken ein sinkendes Volkseinkommen und umgekehrt. Verschiebungen der IS-Kurve ergeben sich, wenn bei gegebenem Zinssatz die exogenen Größen sich verändern. Bei gegebenem Zinssatz verlagert sich IS-Kurve nach rechts, nimmt also das Volkseinkommen zu,

- wenn die autonome Absorption C^{aut} oder I^{aut} zunimmt,
- wenn der Staat seine Ausgaben G erhöht,
- wenn die autonomen Nettoexporte (EX^{aut} - IM^{aut} + m^*Y^*) zunehmen, insbesondere weil das ausländische Volkseinkommen steigt,
- wenn der reale Wechselkurs wr der Fremdwährung steigt und die inländische Währung abwertet, was bei Gültigkeit der Marshall-Lerner-Bedingung zu steigenden Nettoexporten entführt.

12.5.1.2 Der Geldsektor – die LM-Kurve

Für den Geldmarkt lautet die aus der Keynesschen Analyse bekannte Geldnachfragefunktion:

$$L = kY - \beta i$$

Dabei ist k der Kassenhaltungskoeffizient, der die Nachfrage nach Transaktionskasse bestimmt. Der Parameter β beschreibt die Liquiditätspräferenz der Wirtschaftssubjekte bezüglich der Nachfrage nach Spekulationskasse.

Das vom Bankensystem bereitgestellte reale Geldangebot sei M^S/P. Das nominale Geldangebot ist das Produkt aus der von der Zentralbank zur Verfügung gestellten monetären Basis B und dem Giralgeldschöpfungsmultiplikator g, der sich aus der Interaktion der Geschäftsbanken im Zuge des multiplen Kreditschöpfungsprozesses ergibt[24]:

$$M = g \cdot B$$

Im Geldmarktgleichgewicht gilt somit

$$\frac{gB}{P} = kY - \beta i\,.$$

Nach i aufgelöst erhält man

$$i = \frac{k}{\beta}Y - \frac{gB}{\beta P}\,.$$

Diese Gleichung ist die LM-Kurve. Sie beschreibt, welche Kombinationen von Zins und Volkseinkommen ein Gleichgewicht auf dem Geldmarkt gewährleisten. Zins und Volkseinkommen stehen in einer positiven Beziehung. Ein steigendes Volkseinkommen geht einher mit steigenden Zinsen. Exogene Veränderungen der Geldbasis und des Preisniveaus verschieben die LM-Kurve. Die LM-Kurve verlagert sich nach rechts, wenn die Geldbasis zunimmt oder wenn das Preisniveau fällt, weil beides einen Anstieg der realen Geldmenge bewirkt.

Für die weitere Analyse der monetären Seite ist von Bedeutung, dass sich mit jeder Intervention am Devisenmarkt die monetäre Basis verändert. Wir können uns dies nochmals anhand der Bilanz der Zentralbank klar machen:

Bilanz der Zentralbank

	Aktiva	Passiva	
WR	Gold und Devisenreserven	Banknotenumlauf	B
K_B	Kredite an Banken	Guthaben der Banken	B
		Sonstige Passiva	
	Sonstige Aktiva	Eigenkapital	

Wenn wir sonstige Aktiva und Passiva sowie das Eigenkapital einmal ausklammern, entspricht die Geldbasis den Banknotenumlauf und den Guthaben der Geschäftsbanken bei der Zentralbank. Von der Entstehungsseite her entspricht die monetäre Basis den Währungsreserven und den Krediten an inländische Geschäftsbanken:

$$B = WR + K_B$$

[24] Es sei an dieser Stelle nochmals betont, dass diese Beziehung die Obergrenze des Geldschöpfungspotenzials des Bankensystems beschreibt. In der Realität schöpfen die Geschäftsbanken hierbei ihren Spielraum niemals vollständig aus. Siehe Abschnitt 11.3.2.2, S. 580 ff.

Eine autonome Festlegung der Geldbasis durch die Zentralbank und die Kontrolle über das Geldangebot ist nur möglich, wenn die Zentralbank keine Interventionen am Devisenmarkt durchführen muss. Ist sie dagegen zu Interventionen am Devisenmarkt verpflichtet, muss sie zur Verteidigung des Wechselkurses in einem fixen Wechselkurssystem jedes Überschussangebot am Devisenmarkt aufkaufen. Dadurch steigt die monetäre Basis. Umgekehrt würde im Falle eines Zahlungsbilanzdefizits die monetäre Basis in dem Umfang sinken, in dem die Zentralbank ihre Währungsreserven abbauen und Devisen verkaufen muss. In einer offenen Volkswirtschaft verschiebt sich folglich die LM Kurve, wann immer sich die monetäre Basis aufgrund von Devisenmarktinterventionen verändert.

Nun könnte die Zentralbank den Geldmengeneffekt der Devisenmarktinterventionen neutralisieren, indem sie mit ihren geldpolitischen Instrumenten die heimische Komponente der Geldbasis in entgegen gesetzte Richtung verändert. Ist etwa die Geldbasis aufgrund von Devisenankäufen gestiegen, so könnte die Zentralbank durch eine restriktive Offenmarktpolitik die Kreditgewährung an die Geschäftsbanken einschränken oder im Rahmen von Offenmarktgeschäften Wertpapiere an Kreditinstitute verkaufen. Dieses Gegensteuern bezeichnet man als Neutralisierungspolitik oder Sterilisierungspolitik. Die Erfahrungen aus früheren Festkurssystemen (Bretton Woods, EWS) zeigen freilich, dass es der Zentralbank bei Devisenmarktinterventionen mit großen Volumina nur selten gelungen ist, die Ausweitung der Geldbasis vollständig zu neutralisieren. Häufiger kam es zu einem Anstieg des Geldvolumens.

12.5.1.3 Devisenmarkt- und Zahlungsbilanzgleichgewicht – die ZB-Kurve

In einer offenen Volkswirtschaft haben wir neben Geld- und Gütermarkt zusätzlich den Devisenmarkt. In Abschnitt 12.4.2 haben wir gesehen, dass ein flexibler Wechselkurs Devisenangebot und Devisennachfrage zum Ausgleich bringt und ein Devisenmarktgleichgewicht gewährleistet. Das Devisenmarktgleichgewicht setzt voraus, dass die Zahlungsbilanz ausgeglichen ist, denn im Devisenmarktgleichgewicht gilt: Exportwert + Kapitalimport + empfangene Übertragungen = Importwert + Kapitalexport + geleistete Übertragungen.

Reduzieren wir unsere Überlegungen auf den Leistung- und Kapitalverkehr, so lautet die Bedingung für ein Zahlungsbilanzgleichgewicht:

$$ZB = NX + NK = 0$$

Dabei sind NX die Nettoexporte oder der Leistungsbilanzsaldo und NK der Saldo im Kapitalverkehr. Ist der Saldo NK positiv, hat ein Nettokapitalimport stattgefunden, ist er negativ, lagen Nettokapitalexporte vor.

Die Faktoren, die die Nettoexporte beeinflussen, haben wir im Gütersektor (Abschnitt 12.5.1.1) bereits kennen gelernt, so dass gilt:

$$NX = (EX^{aut} + m^{*}Y^{*} + \mu^{*} \cdot wr) - (IM^{aut} + mY - \mu \cdot wr)$$

In dieser Gleichung ist das ausländische Volkseinkommen exogen gegebenen, so dass wir die autonomen Nettoexporte wie folgt schreiben können:

$$NX^{aut} = EX^{aut} - IM^{aut} + m^{*}Y^{*}$$

Dann lautet die Gleichung für die Nettoexporte:

$$NX = NX^{aut} - mY + (\mu^{*} + \mu) \cdot wr$$

Der Leistungsbilanzsaldo ist eine Funktion des in- und ausländischen Volkseinkommens und des realen Wechselkurses der ausländischen Währung. Für die Richtung des Kapitalverkehrs wissen wir aus den Überlegungen zur Zinsparität, dass die Kapitalströme von den

Renditen entscheidend beeinflusst werden, so dass der Nettokapitalverkehr eine Funktion des in- und ausländischen Zinssatzes und der Wechselkurserwartungen ist. Allgemein gilt

$$NK = NK(i - i^* - w^e)$$

Wenn wir statische Wechselkurserwartungen unterstellen, können wir auf die explizite Berücksichtigung der Wechselkurserwartungen verzichten. Dann wird der Kapitalverkehr ausschließlich von Zinsdifferenzen zwischen In- und Ausland bestimmt. Der Zusammenhang zwischen dem Nettokapitalverkehr und der Zinssatzdifferenz ist positiv. Der Kapitalbilanzsaldo werde durch folgende Funktion beschrieben:

$$NK = NK^{aut} + \kappa(i - i^*)$$

NK^{aut} seien die autonomen Kapitalex- bzw. -importe. Der Parameter κ beschreibt die Reaktion des Kapitalverkehrs auf Zinsunterschiede. Er wird bestimmt von der Kapitalmobilität und von der Bereitschaft der Anleger, in- und ausländische Anlagen als vollkommene Substitute zu betrachten. Besteht etwa eine vollständige Freizügigkeit des Kapitalverkehrs und betrachten Anleger in- und ausländische Anlagen als vollkommene Substitute, werden sie bereits kleinste Zinsdifferenzen ausnutzen, der Kapitalverkehr ist vollkommen zinselastisch und κ wäre unendlich groß. Die Zinsparität wäre zu jedem Zeitpunkt erfüllt.

Werden dagegen internationale Finanztransaktionen aufgrund einer vollständigen Devisenbewirtschaftung durch den Staat unmöglich gemacht, kommen keine zinsinduzierten Kapitaltransaktionen zustande. Der Zinskoeffizient κ hätte den Wert 0. Ein positiver, aber endlicher Wert von κ würde eine unvollkommene Kapitalmobilität zum Ausdruck bringen. Anleger wären zwischen in- und ausländischen Anlagen nicht indifferent. Die Kapitalmobilität wäre eingeschränkt z. B. durch Transaktionskosten und institutionelle Rahmenbedingungen.

Wenn wir die Gleichungen für die Nettogüterexporte und die Nettokapitalimporte in die Bedingungen für das Zahlungsbilanzgleichgewicht einsetzen, erhalten wir

$$ZB = NX^{aut} - mY + (\mu^* + \mu) \cdot wr + NK^{aut} + \kappa(i - i^*) = 0$$

Wir lösen diese Gleichung nach i auf und erhalten

$$i = i^* + \frac{1}{\kappa}\left(mY - NX^{aut} - NK^{aut} - (\mu^* + \mu) \cdot wr\right)$$

Diese Gleichung stellt einen Zusammenhang her zwischen dem inländischen Zinssatz und dem inländischen Volkseinkommen, der zugleich ein Devisenmarktgleichgewicht beinhaltet. In der graphischen Darstellung im i/Y-Diagramm ist dies die ZB-Kurve. Sie enthält alle Kombinationen von Zins und Volkseinkommen, die mit einem Zahlungsbilanzgleichgewicht vereinbar sind. Die ZB-Kurve hat die Steigung

$$\frac{di}{dY} = \frac{m}{\kappa} > 0 .$$

Ein steigendes Volkseinkommen im Inland führt c.p. zu einer Verschlechterung der Leistungsbilanz bzw. zu einem Leistungsbilanzdefizit. Soll diese Entwicklung im Leistungsverkehr durch steigende Nettokapitalimporte kompensiert werden, müssen die inländischen Zinsen steigen, um Zuflüsse im Kapitalverkehr zu induzieren und einen Überschuss in der Kapitalbilanz zu erzielen.

Zur graphischen Ableitung der ZB-Kurve benötigen wir die Gleichung der Nettoexporte sowie die Gleichung für den Nettokapitalverkehr. Als Bedingung für ein Zahlungsbilanzgleichgewicht gilt:

$NX(Y, Y^*, wr) = NK(i, i^*)$

Um alle Kombinationen von i und Y zu finden, bei denen gleichzeitig ein Zahlungsbilanz- und Devisenmarktgleichgewicht herrscht, übertragen wir die Verhaltensgleichungen in vier miteinander verbundene Koordinatensysteme. In Abbildung 12-21 sind im Koordinatensystem oben links die Nettokapitalexporte dargestellt. Bei gegebenem ausländischem Zinssatz sind die Nettokapitalexporte und damit die Nettodevisennachfrage umso höher, je niedriger der inländische Zinssatz ist. Die Steigung der Kurve hängt von der Zinselastizität des Kapitalverkehrs ab. Die Kurve verläuft umso flacher, je höher die Kapitalmobilität ist. Sie verschiebt sich nach rechts, wenn der Auslandszinssatz steigt.

Im Koordinatensystem unten rechts der Abbildung 12-21 ist die Leistungsbilanz beziehungsweise sind die Nettoexporte in Abhängigkeit vom Volkseinkommen dargestellt. Bei gegebenem Auslandseinkommen und realem Wechselkurs nehmen die Nettoexporte wegen steigender einkommensinduzierter Importe ab. Das aus den Nettoexporten resultierende Nettodevisenangebot sinkt. Die Kurve der Nettoexporte verlagert sich nach rechts, wenn das Auslandseinkommen steigt, weil dieser Einkommensanstieg zu zusätzlichen Exporten des Inlands führt. Eine Verlagerung nach rechts tritt auch ein, wenn der reale Wechselkurs steigt, weil die damit verbundene Abwertung der Inlandswährung Exporte verbilligt und Importe verteuert und sich deshalb bei Normalreaktion die Leistungsbilanz verbessert.

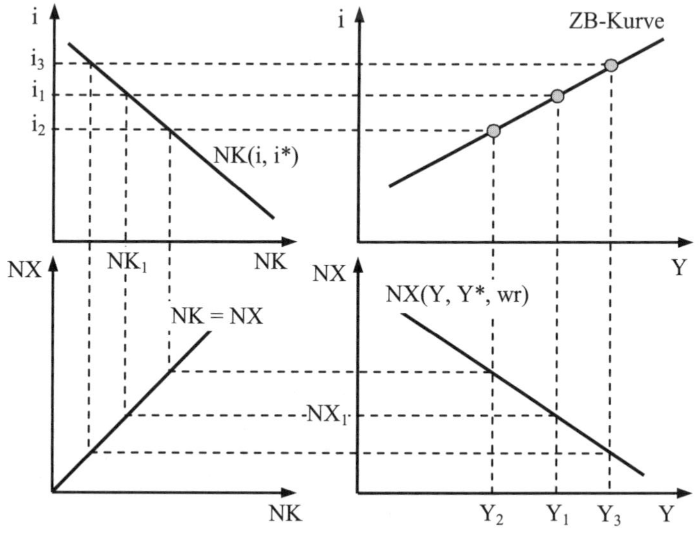

Abbildung 12-21: Graphische Ableitung der Kurve des Zahlungsbilanzgleichgewichts (ZB-Kurve)

Im Koordinatensystem unten links ist die Bedingung für den Zahlungsbilanzausgleich dargestellt. Die Zahlungsbilanz ist ausgeglichen, wenn die Nettokapitalexporte den Nettogüterexporten entsprechen. Dies entspricht gleichzeitig einem Devisenmarktgleichgewicht, denn dann ist die Nettodevisennachfrage aus den Kapitalexporten gerade so hoch wie das Nettodevisenangebot aus den Nettoexporten.

Die ZB-Kurve im Koordinatensystem oben rechts der Abbildung 12-21 gewinnt man, indem man die Kombinationen von Zins und Volkseinkommen sucht, die ein Devisenmarktgleichgewicht gewährleisten. Nehmen wir etwa an, das Inlandeinkommen sei Y_1. Bei gegebenem Wechselkurs und Auslandseinkommen ergeben sich ein Nettoexport und ein Nettodevisen-

angebot von NX_1. Damit ein Devisenmarktgleichgewicht ermöglicht wird, müssen Nettokapitalexporte in Höhe von NK_1 zustande kommen. Bei gegebenem Auslandszins erfordert dies einen Inlandszinssatz von i_1. Die Kombination von i_1/Y_1 würde somit einen Ausgleich der Zahlungsbilanz und ein Devisenmarktgleichgewicht gewährleisten.

In Abbildung 12-22 sind mögliche Verläufe der ZB-Kurve dargestellt. Für die ZB_0-Kurve wurde ein positiver, aber endlicher Wert von κ unterstellt. Darin kommt eine unvollkommene Kapitalmobilität zum Ausdruck. Die ZB-Kurve verläuft umso flacher, je höher die Kapitalmobilität ist, und umso steiler, je stärker der Kapitalverkehr aufgrund institutioneller Regelungen eingeschränkt ist. Im Falle einer vollkommenen Kapitalmobilität verläuft die ZB-Kurve horizontal (Kurve ZB_1 in Abbildung 12-22). Bei statischen Wechselkurserwartungen kann die Zahlungsbilanz nur dann im Gleichgewicht sein, wenn der in- und ausländische Zinssatz gleich hoch sind. Bei vollkommener Mobilität des Kapitals kann sich ein Land dauerhaft nicht vom Zinsniveau am Weltmarkt abkoppeln. Wäre der inländische Zinssatz z. B. niedriger als der ausländische, käme es unverzüglich zu Kapitalexporten. Das inländische Kapitalangebot würde zurückgehen und der inländische Zinssatz würde steigen. Die Reaktion der Kapitalbilanz auf Zinsänderungen wäre unendlich: $\kappa = \infty$. Die Zahlungsbilanz wird vollkommen vom Kapitalverkehr bestimmt. Andere Einflussgröße, insbesondere Leistungstransaktionen, sind ohne Bedeutung.

Im anderen Extremfall der vollkommenen Immobilität des Kapitals ist $\kappa = 0$. Die ZB-Kurve verläuft senkrecht. Zinsunterschiede leisten keinen Beitrag zum Zahlungsbilanzausgleich. Der Zahlungsbilanzausgleich kann ausschließlich durch den Leistungsverkehr erfolgen. Bei gegebenem Auslandseinkommen gibt es nur ein bestimmtes Inlandseinkommen Y_0, das zu einem Zahlungsbilanzausgleich führt.

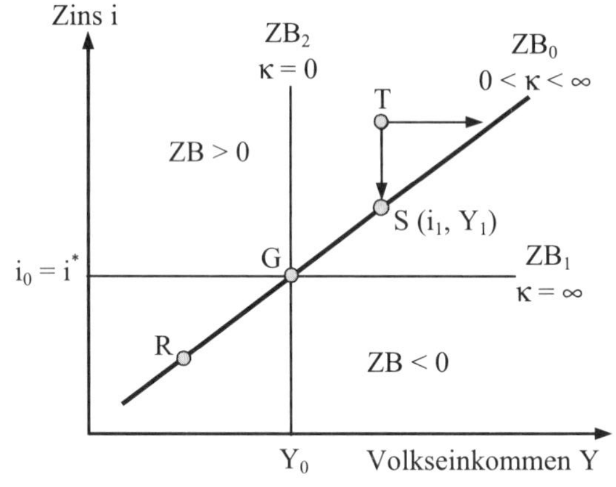

Abbildung 12-22: Devisenmarkt- und Zahlungsbilanzgleichgewicht – die ZB-Kurve

Das Zahlungsbilanzgleichgewicht impliziert, dass einem Überschuss in der Leistungsbilanz ein Nettokapitalexport in gleicher Höhe gegenübersteht bzw. ein Leistungsbilanzdefizit durch einen entsprechenden Nettokapitalimport ausgeglichen wird. In diesem Fall führen in einem flexiblen Wechselkurssystem die Marktkräfte zu keiner Veränderung des Wechselkurses. Bei einem flexiblen Wechselkurs sind keine Devisenmarktinterventionen erforderlich, so dass die Währungsreserven unverändert bleiben. Ein Zahlungsbilanzgleichgewicht, bei dem sowohl die Leistungsbilanz als auch die Kapitalbilanz ausgeglichen sind, existiert nur im Punkt G der Abbildung 12-22. In diesem Punkt ist der Auslandszins gleich dem In-

landszins. Kapitalströme kommen zum Erliegen, die Kapitalbilanz ist ausgeglichen. Folglich muss auch der Saldo der Leistungsbilanz null sein.

Rechts vom Punkt G sind Zahlungsbilanzgleichgewichte auf der ZB-Kurve mit einem höheren Volkseinkommen und Zinssatz verbunden. Mit einem steigenden Volkseinkommen ergibt sich ceteris paribus ein zunehmendes Leistungsbilanzdefizit. Damit dieses Leistungsbilanzdefizit finanziert werden kann, müssen die inländischen Zinsen steigen, um die dazu erforderlichen Nettokapitalimporte zu induzieren. Gehen wir dagegen vom Punkt G in Richtung Punkt R, so sinkt das Volkseinkommen. Als Folge sinken ceteris paribus die Importe, und es kommt zu einem Leistungsbilanzüberschuss. Die für den Zahlungsbilanzausgleich erforderlichen Kapitalexporte werden durch sinkende Zinsen induziert.

Alle Punkte oberhalb der ZB-Kurve stellen einen Zahlungsbilanzüberschuss dar, während alle Kombinationen von i und Y unterhalb der ZB-Kurve ein Zahlungsbilanzdefizit beinhalten. Warum das so ist, können wir uns durch einen Vergleich der Punkte S und T in Abbildung 12-22 klarmachen. Die Kombination i_1/Y_1 im Punkt S beinhaltet ein Zahlungsbilanzgleichgewicht. Dem Leistungsbilanzdefizit, das durch die Höhe des Volkseinkommens Y_1 bestimmt wird, steht ein gleich hoher Nettokapitalimport gegenüber, der aufgrund des Zinssatzes i_1 zu Stande kam. Im Punkt T ist jedoch bei gleichem Volkseinkommen der Zinssatz höher als in S. Folglich müssen auch die Kapitalimporte höher sein, so dass der Saldo der Kapitalbilanz den Saldo der Leistungsbilanz überkompensiert. Der Saldo der Devisenbilanz ist positiv. Wenn ein außenwirtschaftliches Gleichgewicht hergestellt werden soll, müssen entweder die Zinsen sinken, um die Kapitalimporte zu reduzieren, oder das Volkseinkommen steigen, um das Leistungsbilanzdefizit zu erhöhen.

Abschließend müssen wir uns noch überlegen, wie sich Veränderungen der exogenen Größen auf die ZB-Kurve auswirken. Die Lage der ZB-Kurve hängt von den autonomen Nettoexporten, insbesondere vom Auslandseinkommen, vom realen Wechselkurs, vom Auslandszinssatz und von den autonomen Nettokapitalexporten bzw. -importen ab.

Ein Anstieg des Auslandseinkommens verschiebt die ZB-Kurve nach rechts. Der ausländische Einkommensanstieg induziert steigende Exporte, was die Leistungsbilanz verbessert, gleichzeitig aber auch die heimische Produktion ansteigen lässt. Mit steigendem Inlandseinkommen steigt die Importnachfrage, die die Nettoexporte wieder auf das ursprüngliche Niveau zurückführt.

Bei einem Anstieg des realen Wechselkurses verlagert sich die ZB-Kurve nach rechts. Ein steigender Wechselkurs ist mit einer realen Abwertung der Inlandswährung verbunden. Als Folge der steigenden Inlands- und Auslandsnachfrage steigen die heimische Produktion und das Inlandeinkommen. Die hierdurch induzierten Importe führen die Nettoexporte wieder auf das Ausgangsniveau zurück. Bei gegebenem Inlandszins ist somit eine ausgeglichene Zahlungsbilanz nur bei einem höheren Inlandseinkommen gewährleistet.

Bei einer Erhöhung des Auslandszinssatzes verschiebt sich die ZB-Kurve nach oben. Bei gegebenem Inlandszinssatz bewirkt ein steigender Auslandszins, dass sich die Zinsdifferenz (i - i*) erhöht. Somit nehmen die Nettokapitalexporte zu. Bei gegebenem Volkseinkommen muss folglich der inländische Zinssatz steigen, damit die Zinsdifferenz wieder reduziert wird und die Nettokapitalexporte auf das ursprüngliche Niveau zurückgeführt werden.

Bei einer Erhöhung der autonomen Nettokapitalexporte, z. B. einem Anstieg der ausländischen Direktinvestitionen, verlagert sich die ZB-Kurve nach rechts/unten. Bei gegebenem Inlandseinkommen muss der inländische Zinssatz sinken, weil bei höheren autonomen Kapitalexporten ein geringerer zinsinduzierter Kapitalexport erforderlich ist, um den Zahlungsbilanzausgleich sicherzustellen.

12.5.1.4 Gleichgewicht im IS-LM-ZB-Modell

Die abgeleiteten IS-LM-ZB-Kurven einer kleinen offenen Volkswirtschaft lassen sich nun im i/Y-Diagramm darstellen. Dabei enthält die IS-Kurve Gütermarktgleichgewichte unter Berücksichtigung des Auslands, die LM-Kurve Geldmarktgleichgewichte ggf. unter Berücksichtigung der Geldmengeneffekte von Devisenmarktinterventionen und die ZB-Kurve Zahlungsbilanz- bzw. Devisenmarktgleichgewichte. Ein binnenwirtschaftliches und außenwirtschaftliches Gleichgewicht liegt im Schnittpunkt aller drei Kurven im Punkt G vor. Dabei ist das binnenwirtschaftliche Gleichgewicht durch den Schnittpunkt der IS- und LM-Kurve festgelegt, während das außenwirtschaftliche Gleichgewicht durch die ZB-Kurve dargestellt wird.

Das IS-LM-ZB-Modell bietet einen Analyserahmen, um Auswirkungen von Veränderungen autonomer Variabler auf das gesamtwirtschaftliche Gleichgewicht unter Berücksichtigung des Auslands zu untersuchen. Wir wollen die Analyseschritte und Veränderungen in der graphischen Darstellung des Modells an einem Beispiel demonstrieren. Dabei empfiehlt es sich, in folgenden Schritten vorzugehen:

- Im ersten Schritt überlegen wir, wie sich die zu untersuchenden Maßnahmen im Modell auswirken und welche Kurve sich aufgrund dieser Maßnahmen verschiebt.
- Nach der Störung des Gleichgewichts suchen wir im zweiten Schritt das binnenwirtschaftliche Gleichgewicht, das sich in einer geschlossenen Volkswirtschaft einstellen würde. Es ist dies der Schnittpunkt der IS- mit der LM-Kurve.
- Im dritten Schritt überlegen wir, welche Transaktionen das Zahlungsbilanzungleichgewicht verursacht haben und wie sich die Situation auf dem Devisenmarkt darstellt.
- Dann ist viertens zu klären, welche Veränderungen sich aufgrund des Devisenmarktungleichgewichts ergeben. Bei einem flexiblen Wechselkurs kommt es zu einer Auf- oder Abwertung. Dadurch verschiebt sich die ZB-Kurve. Die Veränderung des realen Wechselkurses hat aber nicht nur Auswirkungen auf die ZB-Kurve, sondern auch Rückwirkungen auf die Nettoexporte, die sich in einer Verschiebung der IS-Kurve ausdrückt. Da bei flexiblem Wechselkurs die Geldmenge exogen ist, verschiebt sich die LM-Kurve nicht. Bei einem festen Wechselkurs ergeben sich aufgrund der Devisenmarktinterventionen der Zentralbank Veränderungen in der monetären Basis mit der Folge, dass sich die LM-Kurve verschiebt, während die ZB-Kurve unverändert bleibt.
- Im letzten Schritt bestimmen wir das neue gesamtwirtschaftliche Gleichgewicht

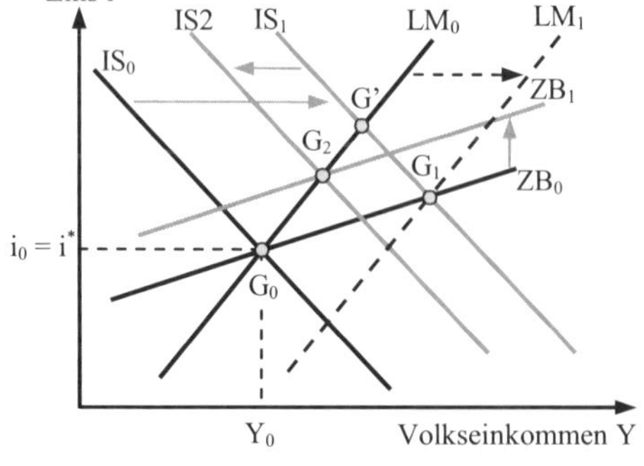

Abbildung 12-23: Binnen- und außenwirtschaftliches Gleichgewicht – das Mundell-Fleming-Modell

Nehmen wir als Ausgangspunkt unserer Überlegungen einen Anstieg des Auslandseinkommens. Ein steigendes Auslandseinkommen bewirkt, dass die Nettoexporte steigen, weil als Folge des wachsenden Einkommens die Nachfrage im Ausland zunimmt. In unserem Modell bedeutet dies, dass sich die IS-Kurve von IS_0 nach IS_1 in Abbildung 12-23 verschiebt. In der graphischen Darstellung erhalten wir ein neues internes Gleichgewicht auf Geld- und Gütermarkt im Punkt G'. In einer geschlossenen Volkswirtschaft würden der Inlandszins und das Inlandseinkommen steigen. Der steigende Inlandszins führt in einer offenen Volkswirtschaft zu zunehmenden Kapitalimporten, wodurch sich das Devisenangebot erhöht. Der ursprüngliche Anstieg der Nettoexporte wird zwar durch den Anstieg der einkommensinduzierten Importe gedämpft, dennoch haben wir auch im Leistungsverkehr einen Überschuss, der das Devisenangebot weiter erhöht. In Punkt G' haben wir einen Zahlungsbilanzüberschuss und auf dem Devisenmarkt ist das Devisenangebot größer als die Devisennachfrage. Der Angebotsüberschuss am Devisenmarkt wird bei flexiblem Wechselkurs dazu führen, dass der Wechselkurs fällt, die inländische Währung aufwertet. Dadurch verschiebt sich die ZB-Kurve von ZB_0 nach ZB_1 in Abbildung 12-23. Gleichzeitig bewirkt die Aufwertung, dass sich die Exporte verteuern und die IS-Kurve sich nach links von IS_1 nach IS_2 verlagert. Die ZB- und die IS-Kurve verlagern sich solange nach oben/links, bis sie sich in einem neuen Gleichgewichtspunkt auf der LM-Kurve schneiden. Der Punkt G_2 stellt ein neues externes und internes Gleichgewicht dar. Bei einem festen Wechselkurs ändert sich die Lage der ZB-Kurve nicht. Die Zentralbank muss das überschüssige Devisenangebot aufkaufen, entsprechend erhöht sich die inländische Geldmenge. Die LM-Kurve verschiebt sich solange nach rechts von LM_0 nach LM_1, bis das Ungleichgewicht auf dem Devisenmarkt beseitigt ist. Dies ist im Schnittpunkt der IS_1-Kurve mit der ZB_0-Kurve im neuen Gleichgewichtspunkt G_1 der Fall.

Wenn wir im weiteren Verlauf exogene Veränderungen der Güternachfrage oder der Geldmenge auf Zins, Volkseinkommen und Wechselkurs/Devisenreserven untersuchen werden, müssen wir bei der Analyse unterscheiden, ob der Kapitalverkehr vollkommen zinselastisch oder zinsunelastisch reagiert und ob wir ein völlig flexibles oder fixes Wechselkursregime vorliegen haben. Um die Analyse überschaubar zu halten, unterstellen wir in der weiteren Analyse eine normal verlaufende IS- und LM-Kurve. Dies impliziert, dass die Güternachfrage zinselastisch ist, die IS-Kurve eine negative Steigung hat, und dass die Geldnachfrage nicht völlig zinselastisch ist, die LM-Kurve eine positive Steigung hat.

12.5.2 Geld- und Fiskalpolitik bei vollkommener Kapitalmobilität

12.5.2.1 Flexibles Wechselkurssystem

Unter der Bedingung vollkommener Kapitalmobilität können die inländischen Zinsen nicht dauerhaft vom Zinsniveau des Auslands abweichen, da bei Zinsdifferenzen unmittelbar Kapitalströme einsetzen, die für eine Angleichung von Inlands- und Auslandszins sorgen. Neben dem Einkommen ist der reale Wechselkurs variabel, wobei wegen der Konstanz des in- und ausländischen Preisniveaus Änderungen des realen Wechselkurses durch Veränderungen des nominalen Wechselkurses verursacht sind. Da der flexible Wechselkurs für einen Zahlungsbilanzausgleich sorgt, kann die inländische Geldmenge durch die Zentralbank autonom gesteuert werden. Die Geldmenge verändert sich nur, wenn die Zentralbank die inländische Komponente der Geldbasis verändert.

Die Auswirkungen einer expansiven Fiskalpolitik sind in der linken Grafik der Abbildung 12-24 dargestellt. In der Ausgangssituation befindet sich die Volkswirtschaft in einem internen und externen Gleichgewicht in Punkt G_0. Bei einer expansiven Fiskalpolitik des Staates etwa durch Ausgabenerhöhungen oder Steuersenkungen verschiebt sich die IS-Kurve nach

rechts. Es kommt zu einem Anstieg von Zins und Volkseinkommen. Der Punkt G' ist ein internes Gleichgewicht, aber kein außenwirtschaftliches. Aufgrund des steigenden Volkseinkommens ergibt sich ein Leistungsbilanzdefizit, das aber aufgrund der Dominanz des Kapitalverkehrs durch Nettokapitalimporte überkompensiert wird, so dass das Devisenangebot größer als die Devisennachfrage ist. Die inländische Währung wertet auf. Als Folge verteuern sich inländische Produkte auf den Exportmärkten. Die Nettoexporte gehen zurück und zwar solange, bis das ursprüngliche externe und interne Gleichgewicht in G_0 wiederhergestellt ist. Bei vollkommener Kapitalmobilität wird die Erhöhung der Staatsausgaben durch rückläufige Nettoexporte vollständig kompensiert. In einer kleinen offenen Volkswirtschaft hat eine expansive Fiskalpolitik folglich keinen Einkommenseffekt.

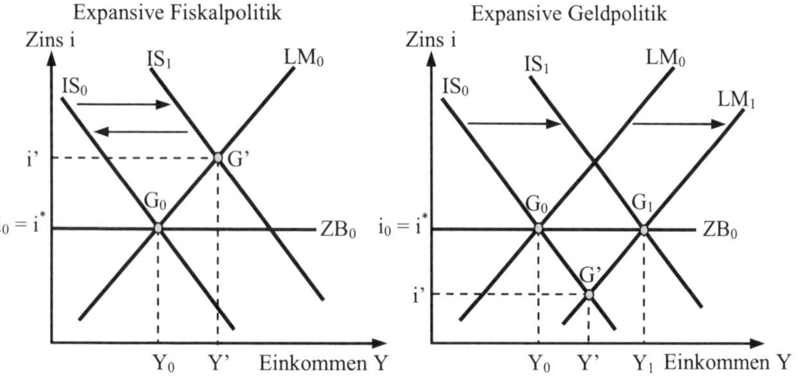

Abbildung 12-24: Geld- und Fiskalpolitik bei vollkommener Kapitalmobilität und flexiblem Wechselkurs

Betrachten wir die Erhöhung der Geldmenge bei flexiblen Wechselkursen in der rechten Grafik der der Abbildung 12-24. Bei einer expansiven Geldpolitik verschiebt sich die LM-Kurve nach rechts von LM_0 zu LM_1. Bei sinkenden Zinsen und steigendem Volkseinkommen ergibt sich in G' ein neues internes Gleichgewicht. Allerdings gerät die Zahlungsbilanz aufgrund dieser Entwicklung bei gegebenem Wechselkurs sowohl im Leistungs- als auch in Kapitalverkehr ins Defizit, weil aufgrund des steigenden Volkseinkommens die Nettoexporte abnehmen und bei sinkenden Zinsen die Nettokapitalexporte zunehmen. Beides bewirkt, dass auf dem Devisenmarkt die Nachfrage nach ausländischer Währung zunimmt und deren Wechselkurs steigt. Die inländische Währung wertet real ab. Die reale Abwertung führt dazu, dass Importgüter relativ teurer und Exportgüter relativ billiger werden mit der Folge, dass die Nachfrage nach inländischen Gütern steigt. Dies kommt in der Rechtsverschiebung der IS-Kurve von IS_0 nach IS_1 zum Ausdruck. Die reale Abwertung lässt die Nettoexporte steigen, gleichzeitig steigt aufgrund der zunehmenden Wirtschaftsaktivität die Nachfrage nach Realkasse, so dass Zinsen und Volkseinkommen steigen, bis in G_1 ein neues gesamtwirtschaftliches Gleichgewicht erreicht ist. In Endergebnis haben wir als Folge der expansiven Geldpolitik einen positiven Einkommenseffekt.

12.5.2.2 Festes Wechselkurssystem

Wir betrachten dieselben Politikmaßnahmen unter der Bedingung eines festen Wechselkurses. Dies ist in Abbildung 12-25 dargestellt. Unsere Ausgangssituation ist jeweils ein externes und internes Gleichgewicht, dargestellt durch den Punkt G_0. In der linken Grafik verschiebt sich bei einer expansiven Fiskalpolitik z. B. aufgrund einer Erhöhung der Staatsaus-

gaben die IS-Kurve nach rechts. Das Volkseinkommen und der inländische Zins steigen. Im Schnittpunkt von IS_1 und LM_0 haben wir ein internes Gleichgewicht auf Geld- und Gütermarkt. Allerdings ist die Zahlungsbilanz nicht ausgeglichen, denn das steigende Einkommen führt über steigende Importe zu einem Leistungsbilanzdefizit. Dies ist freilich bei vollkommener Kapitalmobilität ohne große Bedeutung, denn die positive Zinsdifferenz gegenüber dem Ausland induziert fortlaufend Nettokapitalimporte, weil inländische Kapitalanlagen attraktiver sind und für Anleger ein Anreiz besteht, ihre Anlagen ins Inland zu verlagern. Bei flexiblen Wechselkursen würde die anhaltende Nachfrage nach inländischer Währung zu einer Aufwertung führen. Bei einem fixen Wechselkurs muss die Zentralbank den Wechselkurs stabilisieren, indem sie das Überschussangebot an Devisen aufkauft und inländische Währung zu dem fixierten Kurs bereitstellt. Als Folge der Devisenmarktinterventionen steigt das inländische Geldangebot und die LM-Kurve verlagert sich nach rechts. Solange der inländische Zins über dem ausländischen liegt, muss die Notenbank zu Gunsten der Auslandswährung intervenieren und inländische Währung in den Markt geben. Die Kapitalimporte kommen erst zum Erliegen, wenn in- und ausländischer Zins gleich hoch sind. Dies ist im neuen Gleichgewicht in G_1 der Fall. Hier befindet sich auch der internationale Kapitalmarkt im Gleichgewicht.

Im Endergebnis können wir festhalten, dass eine expansive Fiskalpolitik in einem Festkurssystem eine Einkommensexpansion bewirkt. Allerdings muss die Zentralbank die mit den Devisenmarktinterventionen einhergehenden Liquiditätseffekte auch zulassen. Tatsächlich sind die Aussichten der Zentralbank auf eine erfolgreiche Neutralisierungspolitik gering. Denn das geldpolitische Instrumentarium vieler Zentralbanken ist zu begrenzt, um im großem Stil den interventionsbedingten Anstieg der monetären Basis durch eine Kürzung der heimischen Komponenten aufzuheben, so dass insbesondere kleinere Länder die Expansion der Geldmenge hinnehmen müssen oder ggf. gezwungen sind, das Ziel der Wechselkursstabilisierung aufzugeben.

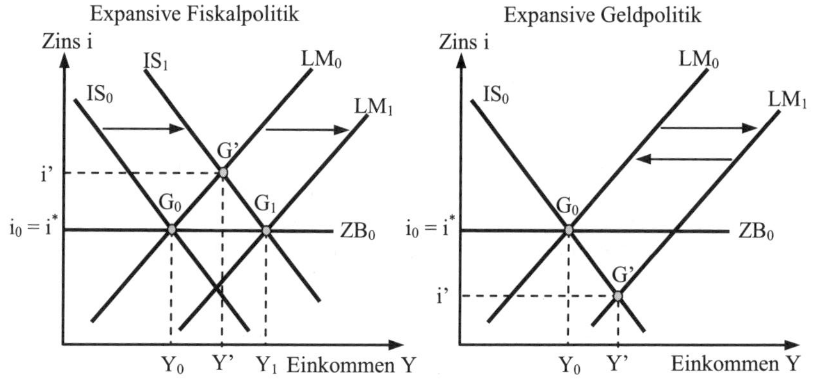

Abbildung 12-25: Geld- und Fiskalpolitik bei vollkommener Kapitalmobilität und festem Wechselkurs

Für die Untersuchung der Wirkungen einer expansiven Geldpolitik mit einer autonomen Geldmengenexpansion betrachten wir die rechte Grafik in Abbildung 12-25. Ausgehend vom Gleichgewicht in G_0 erhöhe die Zentralbank durch Offenmarktgeschäfte die inländische Geldmenge. Die LM-Kurve verschiebt sich nach rechts. Als Folge der Geldmengenerhöhung sinkt der Inlandszins und das Volkseinkommen nimmt zu. Das neue binnenwirtschaftliche Gleichgewicht ist durch G' gekennzeichnet. Allerdings ist die Zahlungsbilanz nicht ausgeglichen, denn der Einkommensanstieg bewirkt eine Verschlechterung der Leis-

tungsbilanz, die Nettoexporte sinken. Der sinkende Inlandszins induziert Nettokapitalexporte. Beides zusammen bewirkt ein Zahlungsbilanzdefizit, das mit einem Devisendefizit einhergeht und eine Abwertung der inländischen Währung zur Folge hat.

Zur Stabilisierung des Wechselkurses muss die Zentralbank Fremdwährung gegen eigene Währung anbieten. Als Folge der Devisenverkäufe sinken die inländische monetäre Basis und das Geldangebot. Die LM-Kurve verschiebt sich nach links. Der inländische Zinssatz steigt und das Einkommen sinkt aufgrund der rückläufigen Nachfrage. Zinsinduzierte Kapitalexporte kommen zum Erliegen und die einkommensinduzierte Importnachfrage geht zurück. Beides bewirkt einen Zahlungsbilanzausgleich. Die Zentralbank kann sich gegen diese Entwicklung nicht wehren, weil sie zur Stabilisierung des Wechselkurses eine Währung anbieten muss, die sie selbst nicht schöpfen kann. Eine Neutralisierungspolitik ist aufgrund der begrenzten Devisenreserven nicht möglich. Bei anhaltenden Zahlungsbilanzdefiziten wäre die Zentralbank sehr bald zahlungsunfähig.

Übung 12-9: Sinkender Auslandszins und vollkommene Mobilität des Kapitals

Zeigen Sie graphisch unter der Bedingung vollkommener Kapitalmobilität im i/Y-Diagramm, wie sich eine Senkung des Weltmarktzinses bei flexiblem und festem Wechselkurs auf das Volkseinkommen auswirkt. Erläutern Sie Ihre graphische Darstellung.

Lösung:

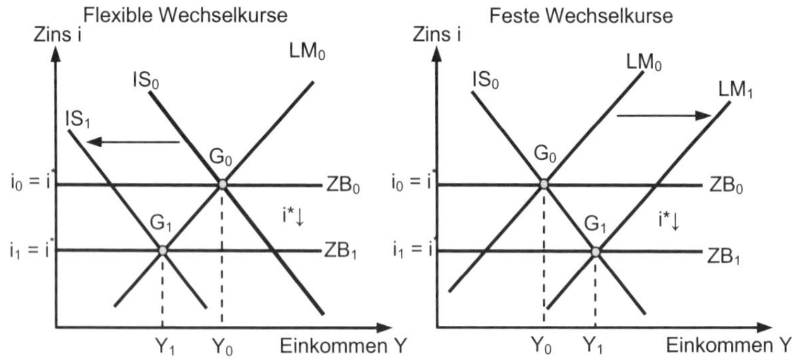

Abbildung 12-26: Rückgang des Weltmarktzinses bei flexiblem und festem Wechselkurs

Ein Rückgang des Weltmarktzinses bewirkt bei einem flexiblen Wechselkurs, dass sich eine Zinsdifferenz zwischen i und i* ergibt. Inländische Anlagen werden attraktiver für ausländische Anleger, das Devisenangebot steigt und die heimische Währung wertet auf. Die ZB-Kurve verschiebt sich nach unten. Als Folge verteuern sich inländische Exportgüter, die Nettoexporte gehen zurück. Damit verbunden ist ein sinkendes Volkseinkommen und rückläufige Importe. Die IS-Kurve verschiebt sich nach links. Der Kapitalimport geht einher mit sinkenden Inlandszinsen. Dies dämpft den Einkommensrückgang aufgrund sinkender Exporte. ZB-Kurve und IS-Kurve verschieben sich solange, bis im Schnittpunkt mit der LM-Kurve wieder ein neues Gleichgewicht hergestellt ist.

Der Rückgang des Weltmarktzinses bewirkt im festen Wechselkurssystem zunehmende Kapitalimporte und ein steigendes Devisenangebot. Zur Stabilisierung des Wechselkurses muss die Zentralbank die Überschussdevisen ankaufen. Die Interventionen führen zu einer steigende Geldmenge und sinkenden inländischen Zinsen. Dadurch steigt die inländische zinsabhängige Nachfrage und das Volkseinkommen nimmt zu.

Bei festem und flexiblem Wechselkurs ergeben sich bei rückläufigen Auslandszinsen völlig konträre Wirkungen in Bezug auf das Volkseinkommen. Im ersten Fall ist der Rückgang von i* mit einem sinkenden, im zweiten Fall mit einem steigenden Volkseinkommen verbunden. Bei hoher Kapitalmobilität kann sich kein Land vom internationalen Zinszusammenhang abkoppeln und sich vor den Auswirkungen ausländischer Zinsschwankungen schützen.

12.5.3 Geld- und Fiskalpolitik bei vollkommener Immobilität des Kapitals

Während die Kapitalmärkte der Industrieländer liberalisiert und Kapitalverkehrsbeschränkungen weitgehend abgebaut sind, findet man in vielen Entwicklungs- und Schwellenländern zahlreiche Beschränkungen des Kapitalverkehrs, die es Anlegern erschweren oder unmöglich machen, Ertragsunterschiede zwischen in- und ausländischen Vermögensanlagen auszunutzen. Zinsinduzierte Veränderungen der Kapitalströme werden durch verschiedene Formen der Kapitalverkehrskontrollen so gut wie unterbunden. Die Zinselastizität des grenzüberschreitenden Kapitalverkehrs ist im Extremfall null. Wenn der Parameter $\kappa = 0$ ist, spielen Zinsunterschiede zwischen zwei Ländern keine Rolle mehr. Dann wird die Zahlungsbilanz von den Transaktionen im Leistungsverkehr sowie ggf. von autonomen Kapitaltransaktionen, wie z. B. von Kreditgewährungen internationaler Organisationen oder Entwicklungshilfezahlungen bestimmt. In diesem Fall reduziert sich die Gleichung der ZB-Kurve auf folgende Form:

$$Y = \frac{1}{m}(NX^{aut} + NK^{aut} + (\mu^* + \mu) \cdot wr)$$

Das Zahlungsbilanzgleichgewicht ist unabhängig vom Zinssatz. Es wird allein vom ausländischen Volkseinkommen, von autonomen Transaktionen und vom realen Wechselkurs bestimmt. Die ZB-Kurve verläuft in Höhe des gleichgewichtigen Volkseinkommens senkrecht.

12.5.3.1 Flexibles Wechselkurssystem

Bei der graphischen Darstellung der expansiven Geld- und Fiskalpolitik in Abbildung 12-27 gehen wir von einem internen und externen Gleichgewicht im Punkt G_0 aus. Werden bei vollkommen immobilem Kapital die Staatsausgaben erhöht, verschiebt sich die IS-Kurve nach rechts. Wir erhalten in der linken Grafik der Abbildung 12-27 im Punkt G' zunächst ein neues binnenwirtschaftliches Gleichgewicht. Das steigende Inlandseinkommen führt zu einer steigenden Importnachfrage und zu einer Passivierung der Leistungsbilanz, denn die Leistungsbilanz ist bei gegebenem Auslandseinkommen und gegebenem Wechselkurs nur beim Einkommen Y_0 ausgeglichen.

Mit dem Zahlungsbilanzdefizit kommt es zu einem Nachfrageüberschuss nach ausländischer Währung auf dem Devisenmarkt. Der Wechselkurs der ausländischen Währung steigt, die inländische Währung wertet ab. Aufgrund der Abwertung der inländischen Währung ergeben sich zwei Effekte. Als Folge des steigenden realen Wechselkurses verschiebt sich die ZB-Kurve nach rechts. Die Abwertung bewirkt aber auch eine weitere Verschiebung der IS-Kurve nach rechts, weil sich als Folge der Abwertung die Exporte erhöhen und die Importe zurückgehen. Bei normal reagierender Leistungsbilanz nehmen die Nettoexporte und die gesamtwirtschaftliche Nachfrage zu. Die Abwertung der Inlandswährung wird sich solange fortsetzen, bis sich IS_2- und ZB_1-Kurve auf der LM-Kurve schneiden. Dann ist in G_1 wieder ein externes und internes Gleichgewicht erreicht. Bei Immobilität des Kapitals können folglich mit einer expansiven Fiskalpolitik expansive Einkommenseffekte erreicht werden.

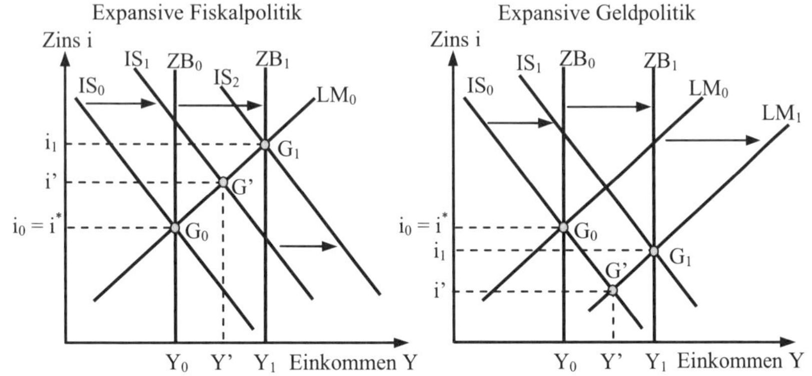

Abbildung 12-27: Geld- und Fiskalpolitik bei Immobilität des Kapitals und flexiblem Wechselkurs

Betrachten wir nun eine Situation, in der eine expansive Geldpolitik betrieben wird. Ausgehend vom Ausgangsgleichgewicht in G_0 verschiebt sich in der rechten Grafik der Abbildung 12-27 bei einer Erhöhung der Geldmenge die LM-Kurve nach LM_1. Das neue binnenwirtschaftliche Gleichgewicht liegt in G'. Die mit der Zinssenkung verbundene Erhöhung des Volkseinkommens bewirkt einen Anstieg der Importe. Die Leistungsbilanz gerät ins Defizit. Da die Zahlungsbilanz von der Leistungsbilanz determiniert wird, ist mit dem steigenden Zahlungsbilanzdefizit eine Abwertung der inländischen Währung verbunden. Wie bereits zuvor dargestellt bewirkt die reale Abwertung der Inlandswährung, dass sich die ZB-Kurve und die IS-Kurve nach rechts zu ZB_1 und IS_1 verschieben. Die Abwertung der inländischen Währung kommt erst zum Stillstand, wenn die einkommensinduzierte Verschlechterung der Leistungsbilanz durch den abwertungsinduzierten Anstieg der Exporte vollkommen kompensiert ist. Dies ist im neuen externen und internen Gleichgewicht in G_1 der Fall. Als Folge der expansiven Geldpolitik steigt das Volkseinkommen auf Y_1. Somit können bei immobilem Kapitalverkehr auch mit einer expansiven Geldpolitik positive Einkommenseffekte realisiert werden.

12.5.3.2 Festes Wechselkurssystem

Betrachten wir schließlich noch den Fall, dass Kapitalströme unterbunden sind, aber das Land über einen festen Wechselkurs mit seinen Handelspartnern verbunden ist. In der linken Grafik der Abbildung 12-28 ist die expansiven Fiskalpolitik dargestellt. Ausgehend vom Gleichgewicht G_0 verschiebt sich die IS-Kurve bei einer Erhöhung der Staatsausgaben nach rechts. Es ergibt sich ein neues internes Gleichgewicht in G'. Allerdings bewirkt die Einkommensexpansion einen Anstieg der Importe, so dass die Leistungsbilanz defizitär wird.

In G' herrscht ein Zahlungsbilanzdefizit. Die Devisennachfrage ist größer als das Devisenangebot. Bei freier Kursbildung würde die inländische Währung abwerten. Soll die Abwertung verhindert und der Wechselkurs stabilisiert werden, muss die Zentralbank am Devisenmarkt Devisen verkaufen. Aufgrund der Devisenverkäufe sinkt im Inland die monetäre Basis und das Geldangebot geht zurück. Die LM-Kurve verschiebt sich nach links. Die Devisenverkäufe durch die Zentralbank müssen so lange fortgesetzt werden, bis die Ursache des Zahlungsbilanzdefizits beseitigt ist. Tatsächlich bewirkt die abnehmende Geldmenge über steigende Zinsen, dass das Inlandseinkommen sinkt und damit das Leistungsbilanzdefizit schrittweise zurückgeführt wird. Im neuen Gleichgewicht G_1 haben wir bei gleichem Inlandseinkommen ein höheres Zinsniveau. Der Staat hat mit seinen gestiegenen Ausgaben private zinsabhängige Investitionen in gleicher Höhe verdrängt (totales crowding out).

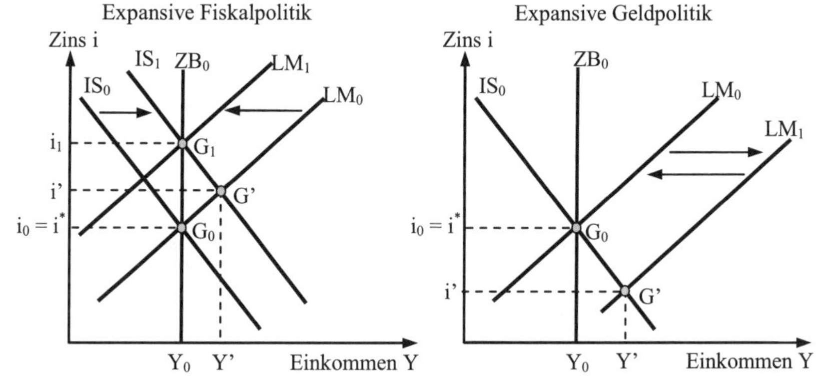

Abbildung 12-28: Geld- und Fiskalpolitik bei Immobilität des Kapitals und festem Wechselkurs

Bei festem Wechselkurs und immobilem Kapital können auch mit einer expansiven Geldpolitik keine Einkommenseffekte erreicht werden. Wenn die Zentralbank ausgehend vom Gleichgewicht G_0 in der rechten Grafik der Abbildung 12-28 die Geldmenge erhöht, verschiebt sich die LM-Kurve nach rechts. Die sinkenden Zinsen bewirken ein höheres Volkseinkommen. Im Punkt G' haben wir ein neues internes Gleichgewicht. Mit dem steigenden Einkommen verschlechtert sich die Leistungsbilanz mit der Folge eines Defizits in der Devisenbilanz. Zur Herstellung eines Devisenmarktgleichgewichts und zur Stabilisierung des Wechselkurses muss die Zentralbank Währungsreserven verkaufen mit der Folge, dass die monetäre Basis und die inländische Geldmenge sinken. Die LM-Kurve verschiebt sich nach rechts. Die steigenden Zinsen reduzieren die zinsabhängige Güternachfrage. Das sinkende Volkseinkommen lässt die einkommensinduzierten Importe zurückgehen, so dass die Leistungsbilanz wieder zum Ausgleich kommt. Das neue Gleichgewicht entspricht dem Ausgangsgleichgewicht G_0, weil die mit der Geldmengenerhöhung verbundene Zinssenkung durch die kontraktiven Liquiditätseffekte der Devisenmarktinterventionen vollständig ausgeglichen wird. Bei unterbundenem Kapitalverkehr und festem Wechselkursregime steht einem Land somit weder die Fiskalpolitik noch die Geldpolitik für eine eigenständige Konjunkturpolitik zur Verfügung.

Übung 12-10: Steigendes Volkseinkommen im Ausland und Immobilität des Kapitals

Zeigen Sie graphisch unter der Bedingung vollkommener Immobilität des Kapitals im i/Y-Diagramm, wie sich eine Senkung des ausländischen Volkseinkommens (eine Rezession) bei flexiblem und festem Wechselkurs auf das Volkseinkommen auswirkt. Erläutern Sie Ihre graphische Darstellung.

Lösung:

Ein sinkendes ausländisches Volkseinkommen bewirkt, dass die Importe des Auslands und damit die Exporte des Inlands sinken. Bei unverändertem Wechselkurs geht der Außenbeitrag zurück und das Inlandseinkommen sinkt. Die IS-Kurve verschiebt sich nach links, und es ergibt sich ein neues internes Gleichgewicht in G'. Der Rückgang der Exporte führt zu einer Verschlechterung des Außenbeitrags. Als Folge des sinkenden Außenbeitrags verschiebt sich die ZB-Kurve ebenfalls nach links. Für ein Zahlungsbilanzgleichgewicht und damit eine ausgeglichene Devisenbilanz müsste das Volkseinkommen jedoch auf Y'' sinken. Beim internen Gleichgewicht in G' haben wir folglich ein Zahlungsbilanzdefizit. Die Devisennachfrage ist größer als das Devisenangebot. Im Falle eines flexiblen Wechselkur-

ses wird der Kurs der ausländischen Währung steigen, die inländische Währung wertet ab. Die Aufwertung der inländischen Währung führt zu einer Verbesserung des Außenbeitrags. Die IS-Kurve und ZB-Kurve verschieben sich infolge der Aufwertung wieder nach rechts. Im Fall flexibler Wechselkurse wird das Ausgangsgleichgewicht wieder erreicht.

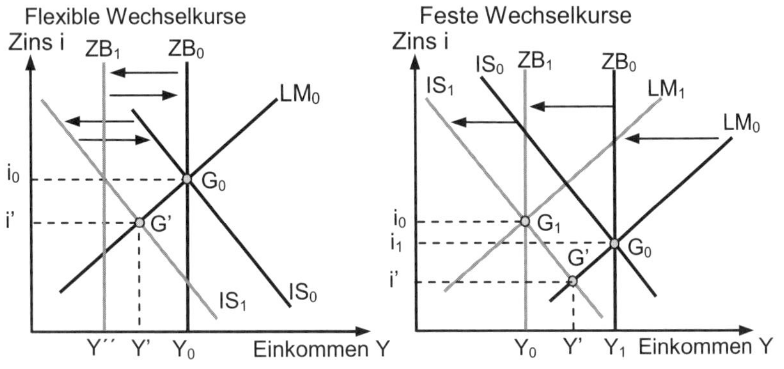

Abbildung 12-29: Senkung des ausländischen Volkseinkommens bei flexiblem und festem Wechselkurs

Auch bei festen Wechselkursen verschieben sich bei einem sinkenden Auslandseinkommen die IS-Kurve und die ZB-Kurve nach links. Das neue interne Gleichgewicht liegt in G'. Das neue externe Gleichgewicht liegt auf der ZB_1-Kurve und käme erst bei einem Volkseinkommen von Y_1 zustande. Beim internen Gleichgewicht G' haben wir ein Zahlungsbilanzdefizit und folglich auch ein Devisendefizit. Soll der Wechselkurs unverändert bleiben, muss die Zentralbank intervenieren, indem sie Devisen verkauft. Die Stabilisierung des Wechselkurses ist mit einer Senkung der inländischen Geldmenge verbunden. Die LM-Kurve verschiebt sich nach links. Dies führt im Inland zu Zinssteigerungen und zu einem Rückgang der zinsabhängigen Nachfrage. Die Zentralbank muss ihre Interventionen so lange fortsetzen, bis in G_1 ein neues internes und externes Gleichgewicht wiederhergestellt ist.

Bei flexiblen Wechselkursen ist das Inland gegenüber Konjunkturübertragungen durch die Anpassung des Wechselkurses abgeschirmt, sofern es zu keinen zinsinduzierten Kapitalbewegungen kommt. Dagegen kann sich das Inland in einem System fester Wechselkurse vom internationalen Konjunkturzusammenhang nicht abkoppeln.

12.5.4 Zusammenfassung und Konsequenzen für die Wirtschaftspolitik

Die unterschiedlichen Möglichkeiten der Konjunkturpolitik unter alternativen Wechselkursregimen bei völlig freiem oder unterbundenem Kapitalverkehr sind in der folgenden Tabelle zusammengestellt.

Tabelle 12-3: Wirksamkeit von Geld- und Fiskalpolitik im Mundell-Fleming Modell

Das Kapital ist vollkommen	Expansive Geldpolitik: Erhöhung der Geldmenge		Expansive Fiskalpolitik: Erhöhung der Staatsausgaben	
	Wechselkurs			
	flexibel	fest	flexibel	fest
mobil	+	-	-	+
immobil	+	-	+	-

Danach gilt für die Geldpolitik: Unabhängig vom Grad der Kapitalmobilität ist die Geldpolitik zur Beeinflussung von Einkommen und Beschäftigung bei flexiblen Wechselkursen immer wirksam, bei festen Wechselkursen dagegen immer unwirksam. Bei flexiblen Wechselkursen führt eine Erhöhung der inländischen Geldmenge zu einer Zinssenkung und Abwertung der Inlandswährung. Die Zinssenkung bewirkt eine Zunahme der zinsabhängigen Binnennachfrage, die Abwertung eine Zunahme der Exportnachfrage. Beides zusammen bewirkt einen Anstieg von Einkommen und Beschäftigung.

Bei festen Wechselkursen tritt kurzfristig ebenfalls eine Tendenz der Zinssenkungen und Abwertung auf. Allerdings werden diese Effekte aufgrund der erforderlichen Devisenmarktinterventionen zur Stabilisierung des Wechselkurses nicht wirksam, weil die Expansion der Geldmenge durch die kursstützenden Devisenverkäufe kompensiert wird.

Anders liegen die Dinge bei der Fiskalpolitik. Hier spielt sowohl das Wechselkursregime als auch die Mobilität des Kapitals eine Rolle. Bei mobilem Kapital und festem Wechselkurs ebenso wie bei immobilem Kapital und flexiblem Wechselkurs steht die Fiskalpolitik als Instrument der Konjunkturpolitik zur Verfügung. Im ersten Fall wird der fiskalische Impuls verstärkt durch eine Abwertung der Inlandswährung. Im zweiten Fall wirken die Devisenankäufe expansiv und erhöhen die binnenwirtschaftliche Liquidität mit der Folge sinkender Zinsen. In beiden Fällen steigt die gesamtwirtschaftliche Nachfrage. Dagegen ist bei freiem Kapitalverkehr und flexiblem Wechselkurs sowie bei unterbundenem Kapitalverkehr und festem Wechselkurs die Fiskalpolitik zur Beeinflussung von Einkommen und Beschäftigung ineffizient. In beiden Fällen ergibt sich ein vollständiges crowding out. Im ersten Fall wird der fiskalische Impuls durch fallende Nettoexporte als Folge einer realen Aufwertung der heimischen Währung, im zweiten Falle durch abnehmende Nettoinvestitionen als Folge des Zinsanstiegs vollständig aufgehoben.

Besonders günstig ist die Situation in einem Land mit unterbundenem Kapitalverkehr und flexiblem Wechselkurs. Hier steht sowohl die Fiskal- als auch die Geldpolitik zur Beeinflussung der Konjunktur zu Verfügung. Aufgrund der Immobilität des Kapitals kann das Land eine eigenständige Zinspolitik betreiben und sich vom Weltmarktzinsniveau abkoppeln. Dagegen ist die Situation in einem Land mit unterbundenem Kapitalverkehr und festem Wechselkurs besonders prekär. Weder die Fiskal- noch die Geldpolitik stehen als Instrumente zur Beeinflussung der Binnenkonjunktur zu Verfügung. Die Geldpolitik muss den Wechselkurs stabilisieren, wodurch jeder fiskalische Impuls, der zu einer Änderung des Wechselkurses führt, durch die Liquiditätswirkungen der Devisenmarktinterventionen vollständig kompensiert wird.

12.5.4.1 Wirksamkeit von Geld- und Fiskalpolitik

Bei flexiblem Wechselkurs hängt die Wirksamkeit einer expansiven Fiskalpolitik entscheidend von der Kapitalmobilität ab. Je höher der Grad der Kapitalmobilität ist, um so stärker fällt die zinsinduzierte Aufwertung der Inlandswährung aus, um so mehr werden die mit der expansiven Fiskalpolitik einhergehenden Nachfragesteigerungen durch die Aufwertung der Inlandswährung kompensiert. Je höher die Kapitalmobilität ist, umso weniger ist die Fiskalpolitik als ein Instrument zur Beeinflussung von Einkommen, Produktion und Beschäftigung geeignet.

Dagegen sind bei flexiblen Wechselkursen die Effekte einer expansiven Geldpolitik umso stärker, je höher die Kapitalmobilität ist. Der Effekt einer Zinssenkung und der dadurch induzierte Effekt der Abwertung ergänzen und verstärken sich in ihrer Wirkung auf Einkommen und Beschäftigung, so dass bei hoher Kapitalmobilität und flexiblem Wechselkurs die Geldpolitik ein sehr wirksames Instrument zur Beeinflussung von Produktion und Beschäf-

tigung ist. Allerdings gilt diese Aussage nur unter der Bedingung eines konstanten Preisniveaus. Bei einem flexiblen Preisniveau führt eine Geldmengenexpansion verbunden mit einer Abwertung zu einer steigenden Inflation, so dass bei dieser Politik eventuelle Inflationsgefahren berücksichtigt werden müssen.

Betrachtet man den möglichen Policy Mix bei einem flexiblen Wechselkurs, so hängt die Effizienz der Instrumente sehr stark vom Grad der Kapitalmobilität ab. Wenn wir ein kleines Land unterstellen, das stark in die globalen Finanzmärkte integriert ist, kann mit fiskalpolitischen Instrumenten nur begrenzt Konjunkturpolitik betrieben werden.

Ganz anders sieht der Policy Mix bei festen Wechselkursen aus. Hier ist die Geldpolitik dem Ziel des außenwirtschaftlichen Gleichgewichts zugeordnet, während das interne Gleichgewicht mit der Fiskalpolitik gesteuert werden kann. Dabei stellt sich die Frage, ob diese Zuordnung von Instrumenten zu Zielen effizient und widerspruchsfrei ist oder ob es Situationen gibt, in denen es zu Zielkonflikten kommen kann. Zur Analyse der Zielbeziehungen zwischen internem und externem Gleichgewicht betrachten wir die folgende Abbildung 12-30. Sie enthält die ZB-Kurve, auf der externe Gleichgewichte bzw. Devisenmarktgleichgewichte dargestellt sind. Für alle Punkte oberhalb der ZB-Linie haben wir einen Zahlungsbilanzüberschuss bzw. ein Überschussangebot am Devisenmarkt. Punkte unterhalb der ZB-Kurve repräsentieren ein Zahlungsbilanzdefizit oder eine Überschussnachfrage nach Devisen. Das Volkseinkommen Y_{VB} sei das Vollbeschäftigungseinkommen. Alle Punkte im i/Y-Raum links vom Y_{VB} bedeuten unabhängig von der Höhe des Zinssatzes, dass Unterbeschäftigung und Arbeitslosigkeit herrscht, alle Punkte rechts von Y_{VB} bedeuten Überbeschäftigung und Boom. Ein externes und internes Gleichgewicht wäre nur im Punkt G realisiert. Dann würden sich in diesem Punkt die IS- und LM-Kurve mit der ZB-Kurve schneiden. Eine solche ideale Situation dürfte allerdings nur selten anzutreffen sein.

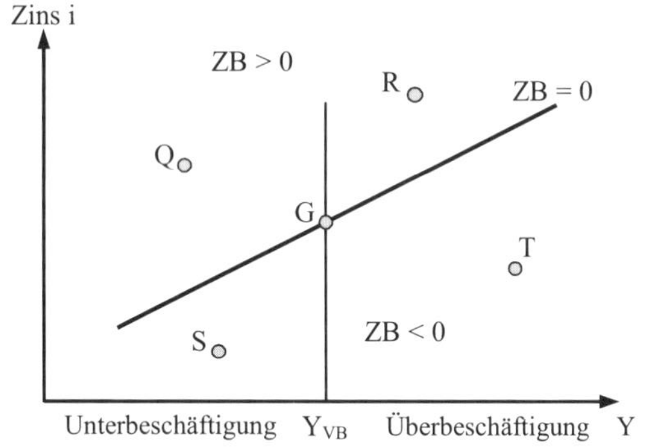

Abbildung 12-30: Zielkonflikte und Zielharmonien zwischen internem und externem Gleichgewicht

In der Abbildung 12-30 sind nun vier typische Punkte eingezeichnet, die jeweils unterschiedliche innere und äußere Ungleichgewichte darstellen und entsprechende Politikmaßnahmen erfordern. Nehmen wir zuerst den Punkt Q. Das Land hat einen Zahlungsbilanzüberschuss verbunden mit Arbeitslosigkeit im Inland. Zur Stabilisierung des Wechselkurses muss die Geldpolitik Devisen ankaufen. Die Geldpolitik wirkt expansiv. Gleichzeitig kann auch die Fiskalpolitik mit Ausgabenerhöhungen oder Steuersenkungen zum Einsatz kommen. In diesem Fall besteht beim Einsatz der konjunkturpolitischen Instrumente eine Zielharmonie zwischen Beschäftigung und außenwirtschaftlichem Gleichgewicht. Das gleiche gilt auch im Punkt T, nur mit umgekehrten Vorzeichen. Hier haben wir Überbeschäftigung verbunden mit einem Zahlungsbilanzdefizit. Zur Stabilisierung des Wechselkurses muss die

Zentralbank Devisen verkaufen, dadurch reduziert sich die inländische Geldmenge. Der steigende Zins senkt die zinsabhängige Nachfrage und damit die Importe, er fördert den Kapitalimport und verbessert die Zahlungsbilanz. Mit einer restriktiven Fiskalpolitik kann die Dämpfung der Nachfrage unterstützt werden, so dass sich die konjunkturpolitischen Instrumente im Hinblick auf die Herstellung eines internen und externen Gleichgewichts ergänzen.

Schwieriger ist die Situation im Punkt R. Hier liegt ein Zahlungsbilanzüberschuss zusammen mit Überbeschäftigung vor. Um zu verstehen, welches Instrument für welches Ziel eingesetzt werden solle, müssen wir die Wirkungen der beiden Instrumente betrachten. Eine restriktive Geldpolitik erhöht den Zins. Der steigende Zins senkt zwar die binnenwirtschaftliche Nachfrage, führt jedoch bei hinreichend zinselastischem Kapitalverkehr zu einem steigenden Devisenüberschuss. Eine restriktive Fiskalpolitik senkt hingegen die Nachfrage und führt zu einem sinkenden Zins. Damit wird tendenziell die Überbeschäftigung abgebaut und die Kapitalimporte nehmen ab. Die Geldpolitik kann sich dann auf die Stabilisierung des Wechselkurses konzentrieren. Ihr Einsatz zur Stabilisierung des Wechselkurses durch Devisenankäufe wirkt expansiv. Dieser Effekt kann jedoch durch eine hinreichend restriktive Fiskalpolitik überkompensiert werden.

Ähnliche Überlegungen wie für eine Wirtschaftssituation in Punkt R gelten auch für eine Situation im Punkt S. Auch hier ist die Wirtschaftspolitik in einem Dilemma. Zur Überwindung des Zahlungsbilanzdefizits und zur Stabilisierung des Wechselkurses muss die Zentralbank Devisen verkaufen, die Geldpolitik wirkt restriktiv und verschärft das Problem der Unterbeschäftigung, denn zur Überwindung der Arbeitslosigkeit ist eine expansive Wirtschaftspolitik gefordert. Damit würde zwar die Arbeitslosigkeit abgebaut, aber gleichzeitig das externe Ungleichgewicht noch weiter erhöht. Der Zielkonflikt ist nur lösbar, wenn sich Geld- und Fiskalpolitik die Rollen teilen, indem sich die Geldpolitik auf den Abbau des Zahlungsbilanzdefizits und die Fiskalpolitik auf die Bekämpfung der Arbeitslosigkeit konzentriert. Die mit den Devisenmarktinterventionen einhergehenden Wirkungen der Geldpolitik sind restriktiv, wirken zinssteigernd. Dies bewirkt eine Dämpfung der Binnennachfrage und der Importe und fördert den Kapitalimport. Beides bewirkt tendenziell einen Zahlungsbilanzausgleich.

Wollte man dagegen den Zahlungsbilanzausgleich mit Hilfe der Fiskalpolitik erreichen, müssten die Staatsausgaben gesenkt werden. Dies reduziert nicht nur die binnenwirtschaftliche Nachfrage, sondern senkt auch den Zins. Während über die Nachfragesenkung die Importe verringert werden, wird mit der Zinssenkung der Kapitalexport verstärkt. Bei hinreichend zinselastischem Kapitalverkehr würde das Defizit in der Zahlungsbilanz noch zunehmen. Daher sollte sich die Fiskalpolitik auf die Bekämpfung der Arbeitslosigkeit konzentrieren. Eine expansive Fiskalpolitik erhöht Einkommen und Beschäftigung und bewirkt gleichzeitig steigende Zinsen, wodurch sich die Zahlungsbilanzsituation verbessert.

Wir können somit festhalten: Im Falle eines Zielkonflikts zwischen internem und externem Gleichgewicht ist die Geldpolitik zur Erreichung des außenwirtschaftlichen Gleichgewichts besser geeignet, während der Einsatz der Fiskalpolitik zur Herstellung der Vollbeschäftigung effizienter ist. Dieser Policy Mix ist allerdings mit Problemen verbunden, denn die Fiskalpolitik ist ein Instrument, das aufgrund seiner Lagstruktur zu starken Wirkungsverzögerungen führen kann. Außerdem steht die Geldpolitik für andere binnenwirtschaftliche Ziele nicht mehr zur Verfügung. Wenn etwa im Punkt R die Überbeschäftigung mit einer hohen Inflation einhergeht, wäre zur Bekämpfung der Inflation eine restriktive Geldpolitik erforderlich, während zur Erreichung eines Zahlungsbilanzgleichgewichts die Geldpolitik expansiv eingesetzt werden müsste. Damit steht die Geldpolitik vor dem Dilemma der inneren

oder äußeren Stabilität der Währung. Wird schließlich die Geldpolitik zur Stabilisierung des Wechselkurses eingesetzt, wird das Zahlungsbilanzgleichgewicht über Veränderungen des Zinses und zu- oder abnehmende Nettokapitalimporte hergestellt. Für Defizitländer sind mit den steigenden Kapitalimporten eine Verschlechterung ihrer Auslandsposition und eine steigende Auslandsverschuldung verbunden, die längerfristig eine fundamentale Korrektur des Zahlungsbilanzungleichgewichts erfordern kann.

12.5.4.2 Feste oder flexible Wechselkurse?

Flexible Wechselkurse bewirken tendenziell einen marktmäßigen Ausgleich der *Devisenbilanz*. Die Wirtschaftspolitik kann sich auf die Verfolgung binnenwirtschaftliche Ziele konzentrieren, wenn sie die mit Zahlungsbilanzungleichgewichten einhergehenden Auf- und Abwertungen der heimischen Währung akzeptiert. Der Verzicht auf Interventionen am Devisenmarkt verschafft der Geldpolitik Autonomie, weil die Steuerung der Geldmenge nicht mehr durch erzwungene An- und Verkäufe von Devisen gestört wird. Dies verringert die Gefahr eines geldmengeninduzierten Inflationsimports und verbessert die Möglichkeit der internen Inflationsbekämpfung. Da Zahlungsbilanzungleichgewichte in Festkurssystemen häufig durch Inflationsunterschiede verursacht sind, erfordert ein Festkurssystem eine abgestimmte Geld- und Wirtschaftspolitik der beteiligten Länder, damit dauerhafte Stabilität im Kursgefüge gewährleistet wird und Inflationsdifferenzen als Ursache von Überschüssen und Defiziten und Spannungen an den Devisenmärkten vermieden werden. Besteht keine Einigkeit über das einzuhaltende Inflationsniveau wird dies die Devisenspekulation ermutigen, bei sich abzeichnenden Spannungen im Kursgefüge aus abwertungsverdächtigen Währungen zu fliehen und in stabilen Währungen anzulegen. Dadurch verstärkt sie die Spannungen im Festkurssystem. Die destabilisierenden Wirkungen der Spekulation und die dadurch ausgelösten Währungskrisen brachten mehrfach das internationale Finanzsystem in Gefahr[25].

Wenn bei flexiblen Wechselkursen auf Devisenmarktinterventionen verzichtet wird, benötigt ein Land weniger Währungsreserven. Die Devisenreserven, die zur vorübergehenden Finanzierung von Importen benötigt werden, können viel kleiner sein als die Reserven, die für Devisenmarktinterventionen vorgehalten werden müssen. Dadurch verringert sich weltweit der Bedarf an Währungsreserven. Dagegen erfordert ein Festkurssystem relativ hohe Währungsreserven. Zudem wurden für alle Festkurssysteme internationale Beistandsmechanismen eingerichtet, damit sich die Länder zur Durchführung der notwendigen Interventionen Devisen beschaffen konnten.

Als Nachteil flexibler Wechselkurse wird vor allem das erhöhte Kursrisiko für den Außenhandel genannt. Zwischen der Abschluss eines Auslandsgeschäfts und dem Zahlungseingang können Währungsschwankungen dazu führen, dass der Gewinn aus einem Außenhandelsgeschäft aufgrund von Kursverlusten aufgezehrt wird. Außenhändler können sich gegen Währungsschwankungen mithilfe von Kurssicherungsgeschäften absichern. Allerdings verteuern die Kosten der Kurssicherung den internationalen Handel und verringern wegen der höheren Preise das international gehandelte Gütervolumen. Dagegen verschaffen feste Wechselkurse dem Außenhandel eine relativ sichere Kalkulationsgrundlage und entlasten Im- und Exporte von den Kosten der Kurssicherung. Dadurch steigt die Neigung zum Warenaustausch mit dem Ausland. Dies fördert die internationale Arbeitsteilung und Integration, die Produktivität und Wirtschaftswachstum. Die Sicherheit von Arbeitsplätzen wird nicht durch ständige Wechselkursschwankungen beeinträchtigt.

[25] Siehe dazu Praxisbeispiel 12-6, S. 684.

Das Argument der Arbeitsplatzsicherheit bei festen Wechselkursen gilt allerdings nur dann, wenn den Märkten durch eine glaubwürdige Geld- und Fiskalpolitik signalisiert wird, dass das Land den festen Wechselkurs im Falle von Devisenmarktungleichgewichten zu verteidigen bereit ist und spekulativen Attacken mit genügend hohen Devisenreserven begegnen kann. Das Problem besteht v.a. darin, dass sich bei Devisenmarktungleichgewichten Auf- oder Abwertungserwartungen bilden, welche Spekulationen induzieren und die Ungleichgewichte verstärken. Die resultierenden Kurssprünge werden dadurch noch mal künstlich überhöht, so dass empirisch betrachtet bisher die heftigsten Kursschwankungen immer in Festkurssystemen stattgefunden haben.

12.6 Elemente realisierter Währungssysteme

Bei einer Reduzierung von Währungssystemen auf feste und flexible Wechselkurse wird leicht übersehen, dass es in der Praxis sehr unterschiedliche Formen der Währungsbindung gibt, angefangen von den unterschiedlichen Festlegungen von Bandbreiten und der Wahl des Währungsankers über eher lockere Formen der Festlegung von Wechselkurszielzonen bis zu der strengen Form der Währungsbindung in einem Currency Board[26].

Praxisbeispiel 12-9: Weltweite Währungsarrangements

Die folgende Tabelle 12-4 gibt einen Überblick, über die am häufigsten vorkommenden wechselkurspolitischen Regelungen.

Tabelle 12-4: Weltweite Wechselkursarrangements am 31.12.2005[27]

Art der Wechselkursregelung	Zahl der Länder
Währungsarrangements ohne eigenes gesetzliches Zahlungsmittel	41
Euro-Währungsgebiet	12
CFA-Franc-Zone	14
Eastern Caribean Currency Union	6
Währung eines anderen Landes	9
Regelungen in Form eines „Currency Board“	7
Feste Wechselkurse mit einer Bandbreite von max. 2%	45
gegenüber einer Einzelwährung	40
gegenüber einem Währungskorb	5
Feste Wechselkurse mit einer Bandbreite von mehr als 2%	6
Stufenweise Kursanpassungen („crawling pegs“)	5
Kontrolliertes Floating ohne vorgegebenen Wechselkurspfad	53
Unabhängiges Floating	30
Insgesamt	187

Nach dem Ende des festen Wechselkurssystems von Bretton Woods mit dem US-Dollar als Leitwährung mussten die IWF-Statuten angepasst werden. Die Änderung der IWF-Statuten

[26] Vgl. *Konrad, A.* (2000), S.106ff.

[27] *International Monetary Fund*, De Facto Classification of Exchange Rate Regimes and Monetary Policy Framework, Internet http://www.imf.org/external/np/mfd/er/2005/eng/1205.htm vom 9.11.2006

trug der Tatsache Rechnung, dass sich feste Wechselkurse und Unterschiede in den binnenwirtschaftlichen Zielen der Mitgliedsländer auf Dauer nicht vereinbaren lassen. Die neuen Statuten sahen deshalb vor, dass die einzelnen IWF-Mitglieder in der Wahl ihres Wechselkurssystems frei sind. Die Mitgliedsländer sollten die Stabilität ihrer Wechselkurse in erster Linie durch eine stärkere Abstimmung ihrer Wirtschaftspolitik gewährleisten und außenwirtschaftliche Störungen durch eine flexible Anpassung ihrer Wechselkurse beseitigen. Seither hat sich eine große Vielfalt an währungspolitischen Arrangements herausgebildet.

Die Zahl der Währungen mit frei schwankendem Wechselkurs und solchen mit Währungsbindungen hält sich in etwa die Waage. 41 Länder haben kein eigenes gesetzliches Zahlungsmittel. Bei Währungsarrangements ohne eigenes gesetzliches Zahlungsmittel wird die Währung eines anderen Landes als einziges gesetzliches Zahlungsmittel verwendet (z. B. Dollarisierung) oder das Land gehört zu einer Währungsunion, innerhalb der für alle Länder ein einheitliches Zahlungsmittel verwendet wird.

Weit verbreitet sind auch feste Wechselkurse. Rund 1/4 aller Länder hat für seine Währung einen Währungsanker gewählt, wobei die meisten Länder eine enge Bandbreite von maximal ±1% bevorzugen. Die Bindung an einen Währungskorb ist weit weniger verbreitet als die Bindung an eine einzelne Währung. 50% aller Länder lassen ihre Währungen frei schwanken, wobei der IWF die Länder danach unterscheidet, ob sie zur Stabilisierung von starken Schwankungen des ansonsten flexiblen Wechselkurses fallweise intervenieren (sog. schmutziges Floating) oder ob sie ein unabhängiges Floating praktizieren. Zu den letztern gehören die großen Währungen Dollar, Yen, Euro, und Pfund, bei denen extreme Wechselkursschwankungen allenfalls sporadisch durch Interventionen ausgeglichen werden.

12.6.1 Festes Wechselkurssystem mit Bandbreiten

Um die häufigen Interventionen zur Stabilisierung des Wechselkurses in einem reinen Festkurssystem zu vermeiden, wurden bei zahlreichen festen Wechselkurssystemen zusätzlich zur Parität Bandbreiten festgelegt, innerhalb derer der Wechselkurs frei schwanken konnte. Außerdem gab es in realisierten Festkurssystemen die Möglichkeit der Paritätsänderung, so dass man von festen, aber anpassungsfähigen Wechselkursen (adjustable peg) sprechen konnte.

Als Bezugsgröße für die Festlegung der Parität kann eine einzelne Währungen oder ein Währungskorb dienen. So war im Europäischen Währungssystem der ECU (European Currency Unit), dessen Wert auf Basis eines Währungskorbes berechnet wurde, die Bezugsgröße im Wechselkursmechanismus. Im Nachfolgesystem, dem Wechselkursmechanismus II, ist der Euro die Bezugsgröße für die Fixierung der Wechselkurse der teilnehmenden Länder. Die Festlegung des Wechselkurses ist allerdings in keiner Weise unwiderruflich, vielmehr können Wechselkursänderungen vorgenommen werden, wenn nachhaltige Spannungen oder fundamentale Zahlungsbilanzungleichgewichte bestehen.

Zur Sicherstellung der Stabilität in einem festen Wechselkurssystem ist von Bedeutung, ob ein Land seine Währung einseitig an eine Ankerwährung bindet, oder ob das Währungssystem aufgrund zwischenstaatlicher Absprachen oder Verträge zu Stande kommt. Bei einer einseitigen Währungsbindung liegt die Interventions- und Anpassungslast ausschließlich bei dem Land, das die Währungsbindung vornimmt, während in zwischenstaatlich vereinbarten festen Wechselkurssystemen regelmäßig die beteiligten Länder wechselseitig zu Interventionen verpflichtet sind. Wenn etwa im europäischen Wechselkursmechanismus II (WKMII) der Wechselkurs zwischen zwei Währungen die vereinbarten Bandbreiten zu überschreiten droht, sind beide Zentralbanken der betreffenden Länder zu unbegrenzten Interventionen verpflichtet. Dazu muss die Notenbank des Starkwährungslandes die Schwachwährung

durch Devisenankäufe stützen, während die Zentralbank der Schwachwährung die starke Währung verkaufen muss.

Die Interventionen sollen in Abbildung 12-31 beispielhaft am Wechselkursmechanismus II zwischen Euro und dänische Krone dargestellt werden. Der Leitkurs zwischen Euro und Kronen beträgt 13,40 € je 100 dänische Kronen bzw. 7,46 dänische Kronen je Euro. Um diese Leitkurse wird eine Schwankungsbreite von ±2,25% gelegt. Die Grenzen der Bandbreiten sind die Interventionspunkte jeweils aus Sicht des Euroraums und Dänemarks. In unserem Beispiel wird angenommen, dass als Folge eines dänischen Zahlungsbilanzdefizits das Angebot an Kronen im Euroraum gestiegen ist und der Wechselkurs aus der Bandbreite auszubrechen droht. Zur Stützung der Krone müsste die europäische Zentralbank das überschüssige Kronenangebot in Höhe von mindestens QR aufkaufen, um den Kronenkurs zu stabilisieren. Wenn die Krone im Euroraum unter Druck steht, ist gleichzeitig der Euro in Kopenhagen im Devisenhandel gefragt. Die Euronachfrage ist höher als das Euroangebot. Wenn der Kurs des Euro am oberen Interventionspunkt stabilisiert werden soll, muss die dänische Zentralbank das Euroangebot erhöhen und in Höhe von ST Euro verkaufen.

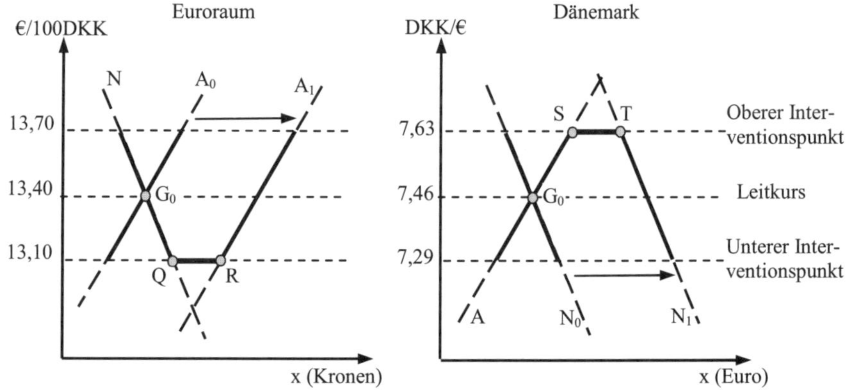

Abbildung 12-31: Wechselseitige Devisenmarktinterventionen im Wechselkursmechanismus II

Zur Durchführung der Interventionen müssen in einem festen Wechselkurssystem ausreichend Währungsreserven vorgehalten werden, und/oder es müssen Mechanismen geschaffen werden, mit denen die erforderliche Interventionswährung bereitgestellt werden kann. Im Bretton Woods System konnten sich Länder die notwendige Interventionswährung beim Internationalen Währungsfonds beschaffen. Im WKMII haben sich die beteiligten Zentralbanken im Rahmen der sehr kurzfristigen Finanzierung wechselseitige Kreditlinien in unbegrenzter Höhe eingeräumt.

Die Motive für eine Währungsbindung mögen sich aus der Sicht der beteiligten Länder unterscheiden, in ihrer Wirkung ergeben sich jedoch keine großen Unterschiede. Mit der Errichtung des europäischen Währungssystems EWS sollte der Versuch unternommen werden, alle Mitglieder der Europäischen Gemeinschaft in einen gemeinsamen Wechselkursverbund einzubeziehen und Fortschritte bei der Schaffung einer Wirtschafts- und Währungsunion zu erzielen. Dazu sollte eine stabile Währungszone mit einem größeren Maß an innerer und äußerer Stabilität geschaffen werden.

Für ein kleines Land, das einen großen Teil seines Handels mit einem großen Handelspartner abwickelt, bedeutet die Währungsbindung, dass Wechselkursschwankungen sich nicht auf Exporte und Importe auswirken und somit der Außenhandel stabilisiert wird. Dies setzt

allerdings voraus, dass das Land ein ähnliches Maß an innerer Stabilität anstrebt, wie sie die Währung aufweist, an die die eigene Währung gebunden werden soll.

Ein drittes Motiv für die Anbindung einer Währung an eine relativ kaufkraftstabile Währung oder an einen Währungskorb besteht in der Rückführung hoher Inflationsraten und der Stabilisierung des Preisniveaus. Ein fester Wechselkurs dient insbesondere in Transformations- und Schwellenländern als nominaler Anker für die Stabilisierung des Preisniveaus. Durch die Anbindung an eine starke und stabile Währung gewinnt das Land mehr Glaubwürdigkeit bei der Herstellung von Preisstabilität, weil es sich an die Antiinflationspolitik eines stabilen Landes anlehnt. Die Anbindung des Wechselkurses an eine harte Währung trägt dazu bei, Inflationserwartungen zu dämpfen. Dadurch können nicht nur die inländischen Zinsen sinken, auch die Zinsen auf ausländische Kredite werden zurückgehen, weil die Inflationsprämien sinken. Dies erleichtert den Kapitalimport zur Finanzierung der Zahlungsbilanz und des Wirtschaftswachstums sowie den Budgetausgleich. Um das Vertrauen in die Festkurspolitik zu erlangen, muss ein Land folglich eine konsequente, auf Preisstabilität ausgerichtete Wirtschaftspolitik betreiben. Außerdem sollte das Land über ausreichende Währungsreserven verfügen, um seinen Wechselkurs auch glaubwürdig verteidigen zu können.

Viele Entwicklungs- und Schwellenländer zogen Konsequenzen aus den Finanzkrisen und befolgten den Ratschlag zum Aufbau hoher Währungsreserven. Von 1996 bis 2007 stiegen die Devisenreserven der Entwicklungs- und Schwellenländer auf mehr als das Sechsfache an, von 640 Mrd. auf 4280 Mrd. US$. Allein die Reserven asiatischer Entwicklungsländerländer stiegen in diesem Zeitraum von 230 Mrd. auf 2100 Mrd. $. Dennoch haben zahlreiche Entwicklungsländer mit erheblichen Devisenproblemen zu kämpfen. Die Gründe dafür sind etwa eine Exportschwäche wegen ungeeigneter Exportprodukte oder fehlende Kapitalimporte, weil das Land für Kapitalanleger zu unsicher oder unattraktiv ist. Gerade solchen Ländern, die mit hohen Inflationserwartungen zu kämpfen haben und daher eine feste Währungsbindung umsetzen möchten, fehlt es oft an Devisen. Häufig wird in einem solchen Fall zusammen mit der Kursbindung die Konvertibilität eingeschränkt oder eine Kontrolle des Kapitalverkehrs eingeführt.

Die Probleme eines Festkurssystems bestehen darin, dass in einem festen Wechselkurssystem explizit oder stillschweigend eine Koordination und Abstimmung über die anzustrebenden wirtschaftspolitischen Ziele, insbesondere das Maß an Preisstabilität erforderlich ist. Hat etwa ein Land eine höhere Inflationsrate als das Land mit der Ankerwährung, verlieren seine Produkte zunehmend an Wettbewerbsfähigkeit mit der Folge steigender Leistungsbilanzdefizite. Die Beseitigung der Defizite erfordert entweder eine Abwertung oder eine Verteidigung des Wechselkurses durch eine restriktive Geldpolitik mit hohen Zinsen. Werden darüber hinaus zur Stabilisierung des Wechselkurses Devisenverkäufe nötig, verschärft sich der restriktive Kurs mit entsprechenden Einbußen bei Wachstum und Beschäftigung. Häufig haben Länder diesen Konflikt zu Gunsten der binnenwirtschaftlichen Ziele Wachstum und Beschäftigung gelöst, indem sie das externe Ungleichgewicht durch eine Abwertung ihrer Währung beseitigten.

Eine ähnliche Problematik ergibt sich, wenn die Konjunkturentwicklungen zwischen Ländern mit einer Währungsbindung auseinander laufen. Hat etwa das Leitwährungsland eine Hochkonjunktur, während die übrigen Länder im festen Wechselkurssystemen in einer Rezession sind, ergibt sich die Problematik, dass zwar das Land mit der Ankerwährung eine eigenständige Zinspolitik betreiben und mit einer Politik hoher Zinsen einen Boom/eine hohe Inflation bekämpfen kann. Die übrigen Länder im Wechselkursverbund müssen jedoch dieser Politik folgen, obwohl aufgrund ihrer wirtschaftlichen Situation niedrigere Zinsen erforderlich wären. Weil in einem Festkurssystem ein enger Zinsverbund besteht und sich die

Kapitalströme an den Zinsdifferenzen ausrichten, würde es bei unterschiedlichen Zinsen im Leitwährungsland zu Kapitalimporten und in den Rezessionsländern zu Kapitalexporten kommen, die den Wechselkursmechanismus sprengen könnten. So geriet das EWS 1992 in eine Krise. Ursache waren die divergierenden Wirtschaftsentwicklungen in Deutschland mit der DM als faktischer Ankerwährung, das sich im Wiedervereinigungsboom befand, und den übrigen EWS-Ländern, die gleichzeitig eine Rezessionsphase durchliefen. Zahlreiche Währungen gerieten im Verhältnis zur D-Mark unter Druck. Massive Kapitalabzüge aus Großbritannien und Italien und entsprechende Kapitalzuflüsse nach Deutschland führten dazu, dass die Devisenreserven Großbritanniens und Italiens erschöpft waren und die Bundesbank angesichts des riesigen Interventionsbedarfs zu Gunsten von Pfund und Lira ihre Interventionen einstellte. Zur Bereinigung der Spannungen im EWS wurden zahlreiche Währungen abgewertet. Lira und Pfund setzten ihre Teilnahme am EWS „vorläufig" aus und schließlich wurden im August 1993 die Bandbreiten im EWS auf ±15% erweitert.

Ein drittes Problem in einem Festkurssystem besteht darin, dass Auf- und Abwertungen der Leitwährung gegenüber Drittwährungen nicht nur das Leitwährungsland betreffen, sondern dass alle Währungen im Festkurssystem gegenüber der Drittwährung auf- oder abwerten. Wenn etwa die Währung des Leitwährungslandes aufgrund eines hohen Maßes an Preisstabilität und damit einhergehend einer hohen internationalen Wettbewerbsfähigkeit und Handelsüberschüssen gegenüber Drittwährungen aufwertet, dann verteuern sich bei festen Wechselkursen im Währungsverbund nicht nur die Güter des Leitwährungslandes, sondern in gleicher Weise die Exportgüter der übrigen Teilnehmer am Währungsverbund. Wird dadurch deren internationale Wettbewerbsfähigkeit erheblich beeinträchtigt, kann es zu Zahlungsbilanzungleichgewichten kommen, die zu Spannungen im Währungsgefüge führen können.

Ein besonderes Problem fester Wechselkurssysteme ist ihre Anfälligkeit für Krisen. Divergierende Wirtschaftsentwicklungen und die Entwicklung außenwirtschaftlicher Ungleichgewichte treten erst allmählich ins Bewusstsein. Häufig zögern Regierungen, auf Fehlentwicklungen rasch genug zu reagieren. Die Verteidigung des Wechselkurses bei einem Zahlungsbilanzdefizit wird zunächst durch Auflösung von Währungsreserven oder Aufnahme von Auslandskrediten finanziert. Diese Aktivitäten, die die fundamentalen Ursachen des Ungleichgewichts nicht beseitigen, lassen bei spekulativen Anlegern Zweifel aufkommen, ob die bestehenden Währungsrelationen weiterhin haltbar sind. Da aufgrund der fundamentalen Daten die Richtung der notwendigen Wechselkursanpassung vorhersehbar ist, können sie ohne Risiko in einer spekulativen Attacke auf eine Abwertung der Währung wetten. Sind die Währungsreserven des Landes aufgrund anhaltender Interventionen zur Verteidigung des Wechselkurses gering oder bereits erschöpft, hat es keine Möglichkeit mehr, den Wechselkurs zu verteidigen und ist zur Freigabe seiner Währung gezwungen.

Praxisbeispiel 12-10: Die Asienkrise[28]

Der 2. Juli 1997 wird allgemein als der Beginn der Asienkrise genannt, als die thailändische Zentralbank den Wechselkurs des Bath freigab, der umgehend 20 Prozent an Wert gegenüber dem US-Dollar verlor. Von Thailand ausgehend griff die Asienkrise dann im Juli und August 1997 auf Indonesien, Malaysia und die Philippinen, im November 1997 auf Südkorea über. Im Jahr 1998 verschärfte sich die Währungs- und Finanzkrise und erreichte im August 1998 Russland und in der Folge Schwellenländer außerhalb Asiens wie Brasilien und Mexiko.

[28] Vgl. *Corsetti, G., Pesenti, P., Roubini, N.* (1998), *Krüger, L.* (1999)

Die Asienkrise wurde durch eine panikartige Reaktion internationaler Investoren ausgelöst, die im Lauf des Jahres 1997 in einer massiven Spekulationswelle große Kapitalmengen aus Südostasien abzogen. Während die fünf Schwellenländer Indonesien, Thailand, Malaysia, die Philippinen und Südkorea im Jahr 1996 noch insgesamt 93 Mrd. US-Dollar an privaten Kapitalzuflüssen zu verzeichnen hatten, kehrten sich im Jahr 1997 die Kapitalströme um.

Im Gegensatz etwa zur Verschuldungskrise der achtziger Jahre nahm die Asienkrise die Form einer Währungskrise an, d.h. ein Staat nach dem anderen wurde angesichts der massiven Kapitalflucht dazu gezwungen, die eigene Währung abzuwerten. Obwohl die Zentralbanken der betroffenen Länder einen Großteil ihrer Devisenreserven verausgabten, um einen solchen Kollaps zu verhindern, kam es in manchen Fällen zu einem geradezu dramatischen Währungsverfall. Zugleich verloren die Börsen der fünf am stärksten betroffenen Staaten bis zum Ende des Jahres 1997 drei Fünftel ihres Dollarwertes. Durch den massiven Verfall der Währungen und Aktienkurse stieg die Auslandsverschuldung für die betroffenen Länder enorm an.

In den neunziger Jahren waren entsprechend der vom Internationalen Währungsfonds (IWF) empfohlenen Strategie der Kapitalverkehr mit dem Ausland liberalisiert, die Finanzmärkte der Länder dereguliert und die jeweiligen Währungen durch Währungsbindungen stabilisiert worden. Dies machte hohe Kapitalzuflüsse aus dem Ausland, die beständig zunahmen, möglich. Berichte internationaler Investmentbanken und Rating-Agenturen gaben optimistische Einschätzungen über den Zustand der Volkswirtschaften und ihrer Finanzsysteme ab.

Die meisten asiatischen Länder hatten niedrige Inflationsraten, ausgeglichene Staatshaushalte, hohe Devisenreserven und kaum registrierte Arbeitslosigkeit. Die Ursachen der asiatischen Krise lagen vielmehr in einem von Ausland finanzierten, privaten Kredit- und Investitionsboom, der von einem schlecht überwachten Bankensystem vermittelt wurde, das zudem noch implizite staatliche Garantien genoss. Die Kapitalimporte dehnten die inländische Geldmenge aus und führten zu einer Kreditexpansion im Inland, wodurch es zu Moral Hazard und verstärkt zu Spekulation kommen konnte.

In allen betroffenen Ländern war das Wirtschaftswachstum mit 7 % und mehr in den 90er-Jahren außerordentlich hoch. Diese hohen Wachstumsraten induzierten den optimistischen Glauben, dass das hohe Wachstum auch in der Zukunft aufrechterhalten werden kann. Solche Erwartungen können die Grundlage für einen Konsum- und Investitionsboom sein. Gleichzeitig induzieren sie hohe Kapitalzuflüsse, die es leicht machen, die wachsende Nachfrage zu finanzieren. Unter solchen Bedingungen kann ein externer Schock, der zu einer plötzlichen Revision in den Erwartungen führt, die Ursache für eine Umkehr der Kapitalströme und den Ausbruch einer Währungskrise sein. Tatsächlich war die Extrapolation der Wachstumsraten der neunziger Jahre vor dem Ausbruch der Krise durch die fundamentalen Daten nicht gestützt.

Die asiatischen Länder hatten sehr hohe Investitionsquoten von über 30%. Allerdings floss ein nicht unbeträchtlicher Teil der Investitionen in den Wohnungs- und Gewerbeimmobiliensektor. Die Folge war ein Anstieg der Immobilienpreise um das bis zu Vierfache. Die steigenden Immobilienpreise ermutigte die Banken zur weiteren Vergabe von Immobilienkrediten. Diese Gelder flossen wiederum in Immobilien, durch die daraus folgenden Preissteigerungen entstand im Immobiliensektor eine spekulative Blase. Ende 1997 lag der Anteil der Immobilienkredite in Thailand, Indonesien und Malaysia zwischen 25 und 40 Prozent. Am Ende blieb ein beträchtliches Überangebot an Wohn- und Gewerbeimmobilien.

Das hohe Wirtschaftswachstum führte zu einer Passivierung der Leistungsbilanzen. Tatsächlich hatten alle Länder, die von der Währungskrise betroffen waren, hohe Leistungsbilanzdefizite im Verlauf der 90er-Jahre. Die Verschlechterung der Handelsbilanz in den asiatischen Ländern hatte mehrere Ursachen:

Die lang anhaltende Stagnation der japanischen Volkswirtschaft führte zu einem signifikanten Rückgang des Exportwachstums bei den asiatischen Handelspartnern. Gleichzeitig verstärkte das wachsende Gewicht chinesischer Exporte in die Region den Wettbewerbsdruck für viele asiatische Volkswirtschaften.

In 1996 fiel weltweit die Nachfrage nach Halbleitern, einem der wichtigsten Exportprodukte. Der Preisverfall bei Halbleitern, aber auch die Preisrückgänge bei anderen wichtigen Exportgütern führte zu sinkenden Exporterlösen und einer Verschlechterung der terms of trade.

Ausgehend vom Jahr 1990 war bis zum Frühjahr 1997 in allen betroffenen Ländern mit Ausnahme Koreas eine reale Aufwertung der Währung von 8% in Thailand bis 19% in Malaysia zu beobachten. Ein großer Teil der realen Aufwertung trat nach 1995 parallel zu der starken Aufwertung des US-Dollars gegenüber dem japanischen Yen und den europäischen Währungen ein. Die preisliche Wettbewerbsfähigkeit der meisten asiatischen Länder, deren Währungen effektiv an den Dollar gebunden waren, verschlechterte sich. Damit verstärkte sich das außenwirtschaftliche Ungleichgewicht.

Die Liberalisierung des Kapitalverkehrs und die Deregulierung und Privatisierung der Banken hat dazu geführt, dass über den Bankensektor ausländisches Kapital in die heimische Volkswirtschaft geschleust worden. Das Problem war, dass die neuen Banken oft unter stark verzerrten Anreizen operierten. Es besteht heute Einigkeit, dass die asiatischen Banken und Finanzsysteme sehr fragil waren, schlecht beaufsichtigt, schlecht reguliert und in einer finanziell schlechten Situation, bereits bevor die Krise ausbrach.

Wegen der niedrigeren Zinsen auf Fremdwährungskredite nahmen heimische Banken in großem Umfang kurzfristige Kredite bei ausländischen Banken auf, verzichteten aber wegen der Wechselkursbindung auf die Absicherung des Währungsrisikos und reichten diese Gelder zum größten Teil als langfristige Ausleihungen in inländischer Währung an einheimische Investoren weiter. Bis Ende 1996 belief sich der Anteil kurzfristiger Auslandsverbindlichkeiten auf über 50% an den gesamten Verbindlichkeiten in der Region. Die Fristen- und Währungstransformation ohne Absicherung machte das Finanzsystem anfällig für spekulative Attacken.

Als Folge der rasch steigenden kurzfristigen Auslandsverschuldung und der starken Kreditvergabe stieg die Geldmenge in den asiatischen Volkswirtschaften. Das Verhältnis von M2 zu den Währungsreserven war sehr hoch. Für den Fall, dass ausländische Banken die kurzfristigen Kredite nicht mehr verlängerten, waren die Währungsreserven der Länder viel zu niedrig. Das Verhältnis der kurzfristigen Auslandsverbindlichkeiten zu den Devisenreserven lag über 100% in Korea, Indonesien und Thailand, d.h. die Währungsreserven reichten nicht aus, um die kurzfristigen Verbindlichkeiten zu decken, geschweige denn Zinsen zu zahlen oder fällig werdende langfristige Verbindlichkeiten zu tilgen.

12.6.2 Gleitende Wechselkurse (crawling peg)

Das System fester, aber anpassungsfähiger Wechselkurse war wegen der Probleme der rechtzeitigen Wechselkursanpassungen bei erheblichen Inflationsunterschieden unbefriedigend. Als Modifikation dieses Systems wurde einmal vorgeschlagen, bei prinzipiell festen Wechselkursen die Bandbreite für Wechselkursschwankungen zu erweitern, um den Unterschieden in den Inflationsniveaus Rechnung zu tragen. Als Alternative zu den Divergenzen zwischen relativ preisstabilen Ländern, deren Währungen unter einem ständigen Aufwertungsdruck standen, und Ländern mit hohen Inflationsraten, deren Währungen einem ständigen Abwertungsdruck ausgesetzt waren, wurde der Vorschlag einer gleitenden Paritätsanpassung (crawling peg) gemacht. Danach sollte der Festkurs einer Währung mit einer mehr oder weniger großen Bandbreite fortlaufend in möglichst gleichmäßigen, nicht zu großen Schritten in die notwendige Richtung angepasst werden. Die Änderung der Parität und die Verschiebung der Bandbreite kann „automatisch“ mit dem Eintreten bestimmter Indices im Sinne einer „formula flexibility“ erfolgen, oder sie kann diskretionär[29] vorgenommen wer-

[29] Mit „formula flexibility“ ist gemeint, dass z. B. die Veränderung der Parität einer Währung gegenüber der Ankerwährung an die Entwicklung von Preisindizes im jeweiligen Land und im Land der An-

den, indem die Währungsbehörde für eine bestimmte Periode die geplanten Anpassungen vorab ankündigt.

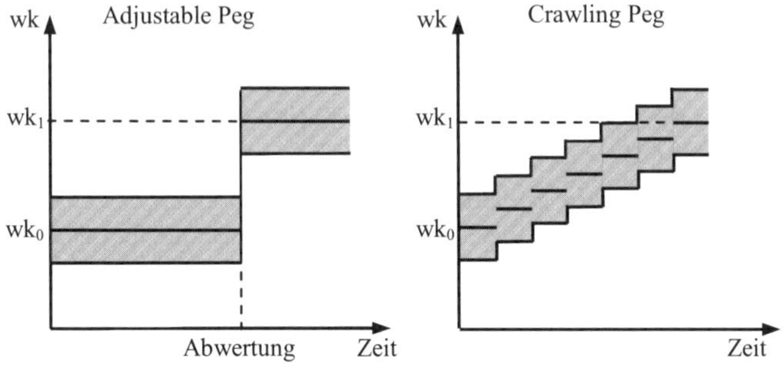

Abbildung 12-32: Adjustable und Crawling Peg

Der Unterschied zwischen einem adjustable und crawling peg ist in Abbildung 12-32 dargestellt. In einem Festkurssystem mit anpassungsfähigen Wechselkursen führen Auf- und Abwertungen zu einer fallweisen Verschiebung des Währungsbandes. Im Falle einer Abwertung steigt der Wechselkurs von w_0 auf w_1 und entsprechend verschiebt sich die Bandbreite für die zulässigen Wechselkursschwankungen. Paritätskurs und Bandbreite sind unabhängig vom Eintritt bestimmter Ereignisse. Bei einem crawling peg verschiebt sich die Bandbreite mit dem Eintritt eines bestimmten Ereignisses z. B. mit der Veränderung der inländischen Inflationsrate gegenüber der ausländischen. Die Anpassungen erfolgen kontinuierlich in kleinen Schritten.

Ein Vorteil gleitender Wechselkurse ist, dass das starre Festhalten und die kostspielige Verteidigung falsch gewordener Paritäten vermieden und das Wechselkursrisiko kalkulierbar wird. Die Ankündigung der Abwertungsrate kann so groß sein, dass sie das Inflationsgefälle zwischen In- und Ausland gerade ausgleicht. Dann läuft die angekündigte Abwertung auf eine Stabilisierung des realen Wechselkurses hinaus. Damit kann ein Land seine internationale Wettbewerbsfähigkeit sichern, ein Zwang zur internen Stabilisierung wird in diesem Fall von der Zahlungsbilanz nicht ausgeübt. Damit es in diesem System zu keinen spekulativen Attacken kommt, muss die tatsächliche Inflationsentwicklung mit der angekündigten Abwertungsrate korrespondieren. Wäre etwa die tatsächliche Inflationsentwicklung höher als die Zielinflationsrate, ergeben sich dieselben Probleme wie bei einem adjustable peg.

Alternativ kann ein Land auch eine Abwertungsrate ankündigen, die kleiner ist als das Inflationsgefälle. In diesem Fall kann es eine Zielinflationsrate wählen, die über derjenigen des Ankerwährungslandes liegt. Von der Zahlungsbilanz geht insofern ein Zwang zur Stabilisierung des Preisniveaus aus, als es die Inflationsrate auf dem gewählten Niveau halten muss. Gelingt dies, kann sich ein Land mit einer gleitenden Parität die Vorteile einer Währungsbindung sichern, nämlich Glaubwürdigkeit und Vertrauen von der Ankerwährung auf die eigene Währung zu übertragen. Gleichzeitig entfällt der Zwang, die interne Inflationsrate auf dem Niveau der Ankerwährung zu halten. Damit in diesem System weiterhin ein ungestörter Kapitalverkehr erfolgen kann, müssen die Zinsen des Landes im Vergleich zur Ankerwährung um die geplante Abwertungsrate höher sein.

kerwährung gebunden ist. Immer wenn sich eine Preisdifferenz von x Prozentpunkte ergibt, wird die Währung in Höhe dieser Preisdifferenz abgewertet. Eine diskretionäre Anpassung der Parität liegt vor, wenn die Regierung in jedem Einzelfall prüft, ob und in welchem Umfang nach ihrer Meinung eine Anpassung der Parität erforderlich ist.

12.6.3 Wechselkurszielzonen

Als Folge der starken Schwankungen der nominalen Wechselkurse und der damit verbundenen Volatilität der realen Wechselkurse, insbesondere zwischen den großen Währungen Dollar, Yen, DM, Pfund, wurde die Frage nach einer Begrenzung der Wechselkursschwankungen durch eine umfassende Neuordnung des internationalen Währungssystems diskutiert. Ein Vorschlag dazu, der auch in der Öffentlichkeit erörtert wurde, war die Einrichtung von Wechselkurszielzonen.

Die verschiedenen Vorschläge zur Einrichtung von Wechselkurszielzonen unterscheiden sich in der Wahl und Bestimmung der Leitkurse, die als Grundlage für die Bestimmung von Wechselkurszielzonen herangezogen werden sollen. Sie unterscheiden sich auch hinsichtlich der Verbindlichkeit der Zielzonen, ihrer maximalen Breite und der politischen Ansätze, mit denen die Wechselkurse innerhalb der Zielzonen gehalten werden sollen.

Der bekannteste Vorschlag zur Einrichtung von Wechselkurszielzonen stammt von Williamson[30]. Nach seinem Vorschlag sollten für die wichtigsten Währungen fundamentale Gleichgewichtskurse ermittelt werden. Um diese als Referenzwerte ermittelten Leitkurse sollte eine relativ weite Bandbreite von 10% gelegt werden. Damit sollte den beteiligten Ländern ein hinreichend großer Spielraum für eine eigenständige Wirtschaftspolitik gegeben werden. Die Grenzen selbst wurden als vergleichsweise weich betrachtet. Größere Abweichungen vom Leitkurs konnten temporär toleriert werden. Überschreitungen der Grenzen der Zielzonen sollten in erster Linie durch eine Neuausrichtung der Geldpolitik verhindert werden. Wenn allerdings die Schwankungen der nominalen Wechselkurse so stark waren, dass der reale effektive Wechselkurs aus der Bandbreite auszubrechen drohte. sollten die Zentralbanken intervenieren.

Als Mittelkurs für die Zielzonen schlug Williamson den fundamental gleichgewichtigen Wechselkurs (fundamental equilibrium exchange rate) vor. Dieser sollte so ermittelt werden, dass er mittelfristig mit einem externen Gleichgewicht bei gleichzeitigem internem Gleichgewicht mit hoher Beschäftigung ohne Inflation vereinbar ist. Vom Konzept her entspricht der Wechselkurs einem realen effektiven Gleichgewichtskurs. Dieser Kurs trägt nicht nur nominalen Wechselkursänderungen Rechnung, sondern berücksichtigt auch Inflationsunterschiede. Er sollte mit Hilfe ökonometrischer Methoden geschätzt werden, was sicherlich eine Schwäche dieses Vorschlags ist, denn jede Schätzung enthält normative Festlegungen. Dann ist es aber sehr wahrscheinlich, dass sich die Politik in die Bestimmung des gleichgewichtigen Wechselkurses einmischt oder diese selbst vornimmt, was Williamson mit seinem Vorschlag eigentlich verhindern wollte.

Wechselkurszielzonen erfordern eine enge Abstimmung der beteiligten Regierungen und Zentralbanken für den Wechselkurs ihrer Währungen. Die Festlegung des fundamentalen Gleichgewichtskurses und der Bandbreiten kann nur in Zusammenarbeit der beteiligten Länder erfolgen. Williamson dachte an allgemeine Regeln für das Währungsmanagement im Rahmen einer Politikkoordination, die publik gemacht werden und den Märkten Stabilität verleihen sollte. Außerdem ist eine enge Abstimmung der Geldpolitik und der Interventionen erforderlich, wenn der Wechselkurs die vereinbarten Grenzen des Währungsbandes überschreitet. Allerdings ist die internationale Durchsetzbarkeit solcher Regeln eher fragwürdig. Dies stellt eine weitere Schwäche dieses Konzepts dar.

Ansätze zur Einrichtung von Wechselkurszielzonen wurden in Plaza-Abkommen (1985) und im Louvre-Akkord (1987) gemacht. Damals haben die G5 Staaten und Kanada eine Zu-

[30] Vgl. *Williamson, J.*(1983)

sammenarbeit in Bezug auf die Wechselkurse und die Einrichtung von Wechselkurszielzonen für ihre Währungen vereinbart. In einer Erklärung verpflichteten sich die Regierungen, die nominalen Wechselkurse auf dem bestehenden Niveau zu stabilisieren. Sie seien in etwa mit den ökonomischen Grunddaten und dem Ziel des außenwirtschaftlichen Gleichgewichts vereinbar. Die in den Abkommen vereinbarten Zielzonen wurden nicht bekannt gegeben.

Die Erfolge der beiden Abkommen sollten nicht überbewertet werden, denn die im Plaza-Abkommen vereinbarte Abwertung des US-Dollar hatte bereits vor Abschluss des Abkommens eingesetzt und die im Louvre-Akkord angestrebte Stabilisierung des US-Dollar konnte nur temporär erreicht werden. Die weitere Abwertung des US-Dollar konnte nicht aufgehalten werden. Spätesten 1990 hatte man die Wechselkurszielzonen aufgegeben. Währungspolitische Kooperationen sind auf globaler Ebene politisch offensichtlich nur dann erfolgreich, wenn alle Beteiligten aus einer solchen Kooperation einen Nutzen ziehen. Bei der Entscheidung zwischen internen und externen wirtschaftspolitischen Zielen hat im Ernstfall noch keine Regierung der Stabilisierung des Wechselkurses Priorität eingeräumt.

12.6.4 Währungsunion

Bereits Ende der sechziger Jahre versuchten die Staaten der Europäischen Gemeinschaft, ihre währungspolitische Zusammenarbeit zu intensivieren. Um die Integration in der Europäischen Gemeinschaft zu fördern, wurde unter Federführung des Luxemburgischen Ministerpräsidenten Werner ein Bericht vorgelegt, der die stufenweise Verwirklichung einer Wirtschafts- und Währungsunion vorsah. Dieser Bericht war die Grundlage eines Ministerratsbeschlusses im März 1971. Der Wernerplan sah eine vollständige Konvertibilität den EU-Währungen und die unwiderrufliche Fixierung der Wechselkurse vor. Die Währungsunion sollte in einer Übergangsfrist von 10 Jahren in zwei Stufen realisiert werden. Allerdings kam der Plan über seine Verabschiedung nicht hinaus. Ursache dafür waren die weltwirtschaftlichen Turbulenzen, der Zusammenbruch des Bretton Woods Systems und die erste Ölkrise.

In den siebziger Jahren waren Versuche der währungspolitischen Zusammenarbeit wegen der instabilen internationalen Währungsordnung nicht sehr erfolgreich, bis es 1978 zur Gründung des EWS kam. Aufgrund der Erfolge des EWS mit stabileren Währungsbeziehungen zwischen den teilnehmenden Ländern verstärkten die damaligen EG-Staaten ihre Integrationsbemühungen. Mit der Unterzeichnung der einheitlichen Europäischen Akte im Jahr 1986 sollte die Gemeinschaft zu einem einheitlichen Binnenmarkt mit voller Verwirklichung der vier Grundfreiheiten des freien Waren-, Dienstleistungs-, Kapital- und Personenverkehrs ausgebaut werden. Die Gewinne aus der Schaffung freier Güter- und Kapitalmärkte erforderten nach Meinung der Europäer stabile Währungsbeziehungen, weil Wechselkursschwankungen und -unsicherheiten die Hebung der Effizienzgewinne verhinderten.

Die Verwirklichung des Binnenmarktes sollte durch eine Liberalisierung des Warenverkehrs und eine Abschaffung der Grenzkontrollen gefördert werden. Außerdem sollten schrittweise die Kapitalverkehrskontrollen abgeschafft werden, die zahlreiche Länder im EWS als Schutz vor spekulativen Kapitalströmen noch aufrechterhielten. Mit der Liberalisierung des Kapitalverkehrs bei gleichzeitigem Anspruch der Länder an eine eigenständige Geldpolitik ergab sich bei festen Wechselkursen ein Zielsystem, das als „währungspolitisches Trilemma“ bekannt ist[31]. Danach kann ein Land nicht gleichzeitig einen freien Kapitalverkehr, feste, aber anpassungsfähige Wechselkurse und eine eigenständige, an binnenwirtschaftlichen Zielen orientierte Geldpolitik haben. Eine eigenständige Geldpolitik bei festen Wechselkursen erfordert eine Kontrolle des Kapitalverkehrs, um spekulative Kapitalbewegungen zu

[31] Zum währungspolitischen Trilemma siehe ausführlich *Frenkel, J.A., Menkhoff L* (2000).

verhindern (siehe z. B. China). Ein freier Kapitalverkehr und eine eigenständige Geldpolitik sind nur möglich bei frei schwankenden Wechselkursen (siehe z. B. Großbritannien, Schweden). Schließlich erfordern feste Wechselkurse bei freiem Kapitalverkehr den Verzicht auf eine eigenständige Geldpolitik, um etwa eine Rezession oder eine hohe Inflation mit niedrigeren bzw. höheren Zinsen zu begrenzen. Zinsdifferenzen führen bei festen Wechselkursen und freiem Kapitalverkehr unverzüglich zu entsprechenden Kapitalströmen. Die zur Stabilisierung des Wechselkurses erforderlichen Devisenmarktinterventionen würden die ursprünglich indizierte expansive bzw. kontraktive Geldpolitik konterkarieren. Vor dem Hintergrund dieses Zielkonflikts schrieb *Tommaso Padoa-Schioppa*[32] von der italienischen Zentralbank bereits 1988: „In the long run, the only solution to the inconsistency is to complement the internal market with a monetary union."

Intensiviert wurde die Diskussion um die Schaffung einer Währungsunion in Europa durch die Tatsache, dass die DM im EWS zunehmend die Rolle eines Währungsankers übernahm. Um die Wechselkurse im EWS stabil zu halten, mussten sich die teilnehmenden Länder an der Geldpolitik der Ankerwährung orientieren. Die Geldpolitik der Deutschen Bundesbank orientierte sich jedoch nicht an der Situation der EWS Länder insgesamt, sondern war auf die Wirtschaftssituation in Deutschland ausgerichtet. Aufgrund dieser unterschiedlichen Zielrichtungen ergaben sich immer wieder Spannungen im EWS Gefüge, die sich schließlich in den Währungsturbulenzen 1992/93 entluden. Für die übrigen EWS-Teilnehmer resultierte daraus die Forderung, dass eine gemeinsame europäische Geldpolitik weder von einer einzelnen nationalen Zentralbank noch in der Summe von unabhängigen Entscheidungen verschiedener nationaler Zentralbanken gestaltet werden könne, sondern von einer europäischen geldpolitischen Institution für die EU als Ganzes umgesetzt werden solle. Die geld- und währungspolitischen Entscheidungen im Innen- wie im Außenverhältnis der Gemeinschaft sollten in einem Europäischen Zentralbanksystem zusammengefasst werden. Obwohl die Schaffung einer gemeinsamen Währung keine notwendige Bedingung für die Existenz einer Währungsunion ist, – es könnten auch die nationalen Währungen mit unwiderruflich festgelegten Wechselkursen weiter bestehen -, wurde der Euro aus wirtschaftlichen, aber auch aus politischen Gründen als eine gemeinsame Währung eingeführt. Die Einheitswährung sollte die Unumkehrbarkeit der währungspolitischen Integration demonstrieren und zu einer weiteren Vertiefung der politischen Integration beitragen.

Mit der Schaffung eines einheitlichen Binnenmarktes werden sämtliche Handelsschranken abgebaut und der Wettbewerb auch grenzüberschreitend gefördert. Eine gemeinsame Währung vertieft die wirtschaftliche Integration, weil nun alle Preise in einer einheitlichen Währung ausgedrückt sind und die erhöhte Preistransparenz den Prozess der Güterarbitrage fördert. Das Gesetz des einheitlichen Preises kann sich besser durchsetzen. Preisverzerrungen und einseitige Wettbewerbsvorteile durch Währungsabwertungen und unterbewertete Währungen sind ausgeschlossen.

Mit dem gemeinsamen Währungsraum sind beträchtliche Senkungen der Transaktionskosten verbunden. Als Touristen erleben wir es ständig, dass der lästige Währungsumtausch bei Reisen ins europäische Ausland entfällt. Dies ist aber eher ein kleiner Aspekt. Viel bedeutender sind aus der Sicht der Unternehmen die Kostenersparnisse, die mit der Entwicklung eines gemeinsamen Zahlungsraumes verbunden sind. Der grenzüberschreitende Zahlungsverkehr soll zu den gleichen Kosten wie der Inlandszahlungsverkehr abgewickelt werden. Mit dem Wegfall des Wechselkursrisikos entfallen die Kosten der Kurssicherung. Die Sen-

[32] *Padoa-Schioppa, T.* (1988), S. 376

kung der Transaktionskosten verbilligt die gehandelten Produkte und steigert das Handelsvolumen.

Die Schaffung eines einheitlichen Währungsraumes hebt die nationale Segmentierung der Finanzmärkte auf. Ein europaweiter Finanzmarkt mit grenzüberschreitendem Wettbewerb verbessert die Allokation der Ressourcen und sorgt für einen effizienteren Einsatz des Kapitals. Eine größere Vielfalt an finanziellen Anlagemöglichkeiten und niedrigere Transaktionskosten ermöglichen es Anlegern, ihre Portfolios grenzüberschreitend zu diversifizieren, ohne zusätzliche Währungsrisiken eingehen zu müssen.

Schließlich sorgt die Schaffung eines großen europäischen Wirtschafts- und Währungsraums dafür, dass die Außenhandelsabhängigkeit der europäischen Wirtschaft deutlich abnimmt und die Anfälligkeit Europas gegenüber weltwirtschaftlichen Schocks zurückgeht. Die Wechselkursabhängigkeit sinkt und die Geld- und Fiskalpolitik kann sich stärker binnenwirtschaftlichen Zielen zuwenden.

Von großer Bedeutung ist die Währungsunion schließlich für die weitere politische Integration und Stabilität in Europa. Die gemeinsame Währung zwingt fortlaufend zu verstärkter Kooperation und wirkt so als Motor der politischen Integration.

Den Vorteilen der Währungsunion stehen erhebliche Nachteile oder Kosten gegenüber. Der wichtigste Nachteil der Währungsunion für die einzelnen Länder besteht darin, dass ihnen weder der Wechselkurs noch die Geldpolitik als Instrument der Wirtschaftspolitik zur Verfügung stehen. Länder mit hohen Inflationsraten (z. B. aufgrund von hohen Lohnstückkostensteigerungen) können ihre Währungen nicht mehr abwerten und so die internationale Wettbewerbsfähigkeit ihrer Volkswirtschaft wiederherstellen. Länder mit einer vergleichsweise schwachen Konjunktur und hoher Arbeitslosigkeit können nicht mit niedrigeren Zinsen ihre Produktion und Beschäftigung fördern. Die hier angesprochenen Probleme führen unmittelbar zur Frage nach dem optimalen Währungsraum. Damit mehrere Länder einen optimalen Währungsraum darstellen, müssen nach *Mundell*[33] die beiden folgenden Bedingungen erfüllt sein:

- Wenn Länder mit ähnlichen makroökonomischen Problemen denselben Schocks ausgesetzt sind, dann werden sich die Länder für ähnliche wirtschaftspolitische Maßnahmen entscheiden. Der Zwang zu einer einheitlichen Geldpolitik in einem gemeinsamen Währungsraum berührt keines der betreffenden Länder negativ.
- Sind dagegen Länder von exogenen Schocks unterschiedlich betroffen, müssen sie über eine hohe Faktormobilität verfügen, um die unterschiedlichen Schocks zu absorbieren. Erfährt etwa eine Volkswirtschaft aufgrund eines exogenen Schocks einen Nachfrageboom, während ein anderes Land gleichzeitig in eine Rezession gerät, dann können sich die Länder bei hoher Faktormobilität ohne wirtschaftspolitische Maßnahmen an Schocks anpassen, indem Arbeitskräfte aus dem Land mit hoher Arbeitslosigkeit abwandern, um in der prosperierenden Region eine Arbeit aufzunehmen. In der wirtschaftlich schwachen Region würde die hohe Arbeitslosenrate zurückgehen und in dem Land mit der sehr niedrigen Arbeitslosigkeit würde das Arbeitsangebot erhöht und Lohnkostensteigerungen entgegengewirkt. Der Wechselkurs als Anpassungsinstrument würde nicht benötigt.

Während die USA die erste Bedingung nicht erfüllen, sind sie im Lichte der zweiten Bedingung wegen ihrer hohen Mobilität der Arbeitskräfte annähernd ein optimaler Währungsraum. Dagegen wird die Frage, ob Europa ein optimaler Währungsraum darstelle, mehrheit-

[33] *Mundell, R. A.*(1961), S. 656-665.

lich bezweifelt, weil keine der beiden Bedingungen hinreichend erfüllt sein dürfte. Vor dem Hintergrund historisch gewachsener politischer und kultureller Strukturen ist die Mobilität des Faktors Arbeit gering. Daher hat die Europäische Union in den europäischen Verträgen einige Regeln vorgesehen, um möglichen Konflikten, die sich aufgrund asymmetrischer Schocks ergeben können, vorzubeugen.

12.6.5 Currency Board

Ein Currency Board ist eine besonders strenge Form der Währungsbindung[34]. Bei diesem Währungsarrangement bindet ein Land seine Währung in einem festen Verhältnis an eine ausländische Währung (z. B. US-Dollar oder Euro). Die gesamte inländische Geldbasis ist vollständig durch Reserven der Ankerwährung und andere Devisenreserven gedeckt. Zentralbankgeld entsteht nur durch Ankauf der Ankerwährung. Jede Form von Zentralbankkredit an die inländischen Banken oder den Staat ist untersagt. Einzige Aufgabe der Währungsbehörde ist die Stabilisierung des Wechselkurses durch An- oder Verkauf von Devisen.

In einem solchen System kann die Zentralbank keine eigenständige Zinspolitik betreiben, da die monetäre Basis vollständig endogen ist und bei hinreichender Stabilität des Geldschöpfungsmultiplikators sich die Geldmenge proportional zu den Währungsreserven entwickelt. Dies bedeutet, dass die mit Zahlungsbilanzüberschüssen und -defiziten einhergehenden Schwankungen der Währungsreserven zu proportionalen Schwankungen des Geldumlaufs führen. Eine Stabilisierung der monetären Basis ist in einem Currency Board-System ausgeschlossen, weil die Währungsbehörde kein Mandat für eine eigenständige Geldpolitik besitzt. Die Unterordnung der Geldpolitik unter die Zahlungsbilanz schützt sie gleichzeitig vor politischem Druck und fordert zu einer zurückhaltenden Finanzpolitik auf, denn die Kreditwünsche des Staates können von der Zentralbank nicht befriedigt werden.

Da einer makroökonomischen Steuerung über die Geld- und Fiskalpolitik weitgehend die Hände gebunden sind, gleichzeitig aber die kurzfristigen Zinsen erheblich schwanken können und der Wechselkurs als Instrument zur Abfederung externer Schocks nicht zur Verfügung steht, muss die Anpassungsfähigkeit der Volkswirtschaft an außenwirtschaftliche Schocks über flexible Güter- und Arbeitsmärkte sichergestellt werden. Über sinkende Löhne und Preise kann im Falle eines Zahlungsbilanzdefizits und einer monetären Kontraktion die internationale Wettbewerbsfähigkeit wiederhergestellt werden, während es bei starren Preisen und Löhnen zu einer Einschränkung von Produktion und Beschäftigung kommt.

Da in einem Currency Board die Geldpolitik von der Zahlungsbilanz bestimmt wird, kann es zu erheblichen Schwankungen insbesondere der kurzfristigen Zinsen kommen. Die Zentralbank steht aber in einem solchen System als Gläubigerin der letzten Instanz (sog. lender of last resort) nicht zur Verfügung, so dass ein stabiles Finanz- und Bankensystem eine wichtige Voraussetzung für ein funktionierendes Currency Board-System ist. Im Falle einer Finanzkrise kann die Zentralbank den Banken nur beistehen, wenn sie über Währungsreserven verfügt, die größer als die monetäre Basis sind.

Der Vorteil eines Currency Board-Systems besteht darin, dass die Währung eines Landes, deren Umlauf vollständig durch die Ankerwährung gedeckt ist, international ein hohes Vertrauen genießt. Die Fixierung des Wechselkurses verschafft der Währung ein hohes Maß an Glaubwürdigkeit. Die Reputation und Stabilität der Ankerwährung sollen auf die eigene Währung übertragen werden. Die Anbindung des Wechselkurses an eine stabile Fremdwährung erleichtert den Currency Board-Ländern die Bekämpfung hoher Inflationsraten. Rückläufige Inflationsraten und Zinssätze stärken das Vertrauen der Finanzmärkte in die Stabili-

[34] Vgl. *Krugman P.R., Obstfeld, M.* (2006), S. 810f.

tät der Volkswirtschaft und fördern das Engagement von ausländischen Investoren. Niedrige Inflationsraten, ein steigendes Wachstum und eine zunehmende Beschäftigung sind die positiven Auswirkungen, die die strenge Zahlungsbilanzbindung der Zentralbank rechtfertigen.

Allerdings kann es mit einem Currency Board zu Problemen kommen. Denn wenn die Ankerwährung abwertet, wertet die Währung des Currency Board-Landes ebenfalls ab, und es entsteht ein Inflationsimport. Umgekehrt führt eine Aufwertung der Ankerwährung zu einer Aufwertung der heimischen Währung. Dies verschlechtert die preisliche Wettbewerbsfähigkeit der Exportunternehmen vor allem im Vergleich zu den unmittelbaren Konkurrenten, die keiner Währungsbindung unterliegen. Außerdem können regional konkurrierende Volkswirtschaften ohne Währungsbindung durch eine Abwertung ihrer Währungen Wettbewerbsvorteile gegenüber dem Currency Board-Land erlangen.

Die britischen Kolonien praktizierten ein Currency Board für ihre Währungen mit Anbindung an das britische Pfund. Mit der Selbstständigkeit der Kolonien gingen diese Länder jedoch zu einer eigenständigen Geldpolitik über. In der Nachkriegsgeschichte haben Hongkong und Singapur mit der Bindung ihrer Währungen an den US-Dollar erfolgreich ein Currency Board installiert. In den neunziger Jahren führten mehrere Länder Currency Boards ein. Bulgarien und Estland praktizieren mit einer Bindung ihrer Währungen an DM/EUR und Litauen mit einer Bindung an den US-Dollar nach wie vor erfolgreich ein solches Währungsarrangement.

Praxisbeispiel 12-11: Das Currency Board Argentiniens

Im März 1991 führte die argentinische Regierung ein Currency Board-System ein[35]. Nach Jahren der Hyperinflation mit Inflationsraten von fast 800 % sah man keinen anderen Weg zur Herstellung monetärer Stabilität. Zwar war das Wachstum des Bruttoinlandsprodukts mit gut 10 % sehr kräftig, aber die Arbeitslosigkeit war mit 9,2 % hoch. Es stellte sich die Frage, wie die Inflation bekämpft werden könnte, ohne das Wirtschaftswachstum zu gefährden. Da eine binnenwirtschaftliche Stabilisierung durch die Geldpolitik unglaubwürdig war, weil die Zentralbank mit der exzessiven Finanzierung öffentlicher Defizite die Krise mit verursacht hatte, suchte man den Anker zur Inflationsbekämpfung nicht im Inland, sondern wählte die Strategie einer außenwirtschaftlichen Verankerung durch eine strikte 1:1-Bindung des argentinischen Peso an den US-Dollar in Form eines Currency Boards. Auf diese Weise sollte Preisstabilität gleichsam "importiert" werden.

Die Bekämpfung der Inflation zeigte rasch Erfolge. Im Verlauf der Jahre 1991 bis 1993 sank die Inflationsrate drastisch. Bereits 1994 war die Inflationsrate Argentiniens auf das Niveau der amerikanischen Inflationsrate gesunken. Danach lagen die Inflationsraten unter denen der USA, über lange Zeiträume waren sie sogar negativ. Die Stabilisierung der argentinischen Volkswirtschaft war Ende der neunziger Jahre in eine Deflation umgeschlagen.

Das ursprüngliche Wachstumstempo der Wirtschaft verlangsamte sich, aber es kam zu keiner Stabilisierungsrezession. Der Rückgang der Inflationsraten begünstigte die Rückkehr zu Wirtschaftswachstum: 1993 und 1994 verzeichnete Argentinien jeweils ca. 6 % BIP-Zuwachs. Aber bereits 1995 hatte Argentinien mit der durch Mexiko ausgelösten "Tequila-Krise" und der Abwertung des mexikanischen Peso einen externen Schock zu verkraften. Das BIP ging um 2,8 % zurück. Ein zweiter externer Schock kam mit der Asienkrise 1997 und der bereits davor einsetzenden Aufwertung des US-Dollars. Im Verlauf von 1998 glitt das Land immer mehr in eine schwere Depression, die bis zur Beendigung des Currency Boards in 2002 anhielt.

[35] Vgl. *Horn, G. A., Fritsche, U.* (2002)

Die extrem restriktive Geldmengenpolitik führte anfangs zu drastischen Zinssteigerungen auf fast 200 %. Wegen der sehr hohen Inflationsraten waren aber die Realzinsen zunächst noch negativ. Mit dem weiteren Rückgang der Inflation kam es zu steigenden Realzinsen, die das Wachstum zunehmend dämpften. Von 1994/95 an lagen die Realzinsen in Argentinien über denen der USA, mit entsprechend negativen Konsequenzen für das Wirtschaftswachstum. Der hohen Realzinsen machten jeden Anreiz für Investitionen zunichte.

Die Einführung des "Currency Board" mit sehr hohen Inflationsraten führte zu einem überhöhten realen Wechselkurs. Dies belastete die Wachstumsentwicklung, weil die starke reale Aufwertung des Peso insbesondere gegenüber dem US-Dollar die Wettbewerbsfähigkeit der argentinischen Unternehmen auf den Weltmärkten verminderte. Die Folge war eine negative Außenhandelsbilanz bei sinkenden Devisenbeständen und sinkender Geldmenge, wodurch die Investitions- und Wachstumskrise in Argentinien verschärft wurde.

Zur Bekämpfung der Deflation waren der argentinischen Wirtschaftspolitik die Hände gebunden. Die Geldmenge war von der Entwicklung der Devisenbilanz abhängig. Kurzfristige Zinssenkungen waren nicht möglich. Wegen des starren Geldangebots war eine expansive Finanzpolitik mit höheren öffentlichen Defiziten wirkungslos, weil jede zusätzliche Nachfrage des Staates zu Zinssteigerungen führte ("crowding out").

Expansive Effekte konnten nur vom Ausland kommen. Die im Vergleich zum US-Dollar niedrigeren Inflationsraten ab Mitte der 90er Jahre bewirkten eine reale Abwertung des Peso. Damit sollten die Exporte und das Wachstum gefördert werden. Dies wurde aber nur teilweise erreicht, weil der US-Dollar gleichzeitig gegenüber den Währungen wichtiger Handelspartner, aufwertete. Hier zeigt sich ein besonderes Problem der argentinischen Währungsbindung an den US-Dollar. Den größten Teil seines Handels wickelte Argentinien mit den übrigen Mercosur-Ländern ab und selbst der Handel mit dem Euroraum war größer als der mit den USA.

Da es nicht gelang, die Passivierung der Außenhandelsbilanz durch eine reale Abwertung des Peso zu beenden, musste das Außenhandelsdefizit durch Kapitalimporte finanziert werden. Die niedrigeren Nominalzinsen in den USA stellten einen erheblichen Anreiz dar, Kredite im Ausland, vor allem in den USA, aufzunehmen. Aufgrund der Illusion, der Wechselkurs zum Dollar werde stets stabil bleiben, wuchs die private und öffentliche Auslandsverschuldung Argentiniens in den neunziger Jahren stark an. 2001 betrugen sie rund 145 Mrd. $, nach damaligem Wechselkurs 54,1% der Wirtschaftsleistung.

Die steigende Auslandsverschuldung führte dazu, dass das Risiko einer Währungskrise immer größer wurde. Dies beschleunigte den Vertrauensverlust in den Peso und verstärkte den Anreiz zur Fremdwährungshaltung. Infolge dieser Entwicklungen gingen die Devisenreserven von 1998 an zurück, und die Risikoprämie für argentinische Anleihen erhöhte sich weiter. Die außenwirtschaftlichen Defizite zwangen die Zentralbank, im Rahmen des Currency Board die Geldmenge zu senken, und die Realzinsen stiegen erneut. Dies beschleunigte die wirtschaftliche Abschwächung und verstärkte die Deflation. Die Probleme verschärften sich ab 1999 und mündeten in der argentinischen Währungskrise 2001.

Anfang 2002 gab Argentinien den Peso-Kurs frei und vollzog damit den Ausstieg aus dem Currency Board. Daraufhin halbierte sich der Wert des Peso innerhalb eines halben Monats. Nach der Freigabe des Wechselkurses stieg das Verhältnis von Außenverschuldung zum BIP auf mehr als 160% des BIP. Im Falle Argentiniens bedeutete dies, dass sich die hohen Kosten der Bedienung der Außenschulden vervielfachten. Für den größten Teil der Verschuldung hat die argentinische Regierung ein Schuldenmoratorium erlassen. Sowohl der Internationale Währungsfonds und die Weltbank, als auch Regierungen der G7-Länder, Banken und Anleihegläubiger waren in die Krisenbewältigung einbezogen.

Literaturverzeichnis

Akerlof, G. A. (1970), The Market for Lemons: Quality Uncertainty and the Market Mechanism, in: Quarterly Journal of Economics, vol. 84, S. 488 - 500

Albert, H. (1964), Theorie und Realität. Ausgewählte Aufsätze zur Wissenschaftslehre der Sozialwissenschaften, Tübingen

Alchian, A., Demsetz, H. (1972), Production, Information Costs, and Economic Organization, American Economic Review, S 777- 795.

Ando, A., Modigliani, F. (1963), The „Life-Cycle" Hypothesis of Saving: Aggregate Implications and Tests, in: American Economic Review, Bd. 53, Nr. 1, S. 55-84

Badura, J., Issing, O. (1979), Geldtheorie, Stuttgart/New York

Balassa, B. (1964), The Purchasing Power Parity Doctrine: A Reappraisal, in: Journal of Political Economy, Vol. 72, S. 584 ff.

Baßeler, U., Heinrich, J., Utecht, B. (2006), Grundlagen und Probleme der Volkswirtschaft, 18. Aufl., Stuttgart

Baumol, W. J. (1952), The Transactions Demand for Cash: In Inventory Theoretic Approach, in: The Quarterly Journal of Economics, Bd. 66, S. 545 – 556

Bean, C. R., Layard, R., Nickel S. J. (1980), The Rise in Unemployment: A Multi-country Study, Economica, Vol. 53, S. 51 ff.

Bergson, A. (1979), Notes on the Production Function in Soviet Post-war Industrial Growth, in: Journal of Comparative Economics, Vol. 3, S. 116ff.

Berthold, N. (1999), Bündnis für Arbeit: Der Bock wird zum Gärtner, in: Volkswirtschaftliche Korrespondenz der Adolf-Weber- Stiftung, 38. Jg., Nr. 2

Berthold, N. (2003), Betriebliche Bündnisse für Arbeit – Element einer wettbewerblicheren Tarifautonomie, in: Volkswirtschaftliche Korrespondenz der Adolf-Weber-Stiftung, 42. Jg., Nr. 4

Besanko, D. A., Braeutigam, R. R. (2001), Microeconomics, An Integrated Approach, New York

Biesecker, A., Kesting, S. (2003), Mikroökonomik - Eine Einführung aus sozialökologischer Perspektive, München, Wien

Bofinger, P. (2003), Grundzüge der Volkswirtschaftslehre, München

Börsch-Supan, A., Schnabel, R. (1998), Volkswirtschaft in fünfzehn Fällen, Wiesbaden

Boulding, K. (1973), Ökonomie als eine Moralwissenschaft, in: H. Vogt (Hrsg.) Seminar: Politische Ökonomie, Frankfurt, S.103 – 125

Brown, T. M. (1952), Habit persistence and lags in consumer behaviour, in: Econometrica, Bd. 20, Nr. 3, S. 355-371

Brumberg, R., Modigliani, F. (1954), Utility analysis and the consumption function: an interpretation of cross section data, in: Post-Keynesian economics, hrsg. von Kenneth Kurihara, New Brunswick, N.J.

Brümmerhoff, D. (1996), Finanzwissenschaft, 7. Aufl., München

Brümmerhoff, D., Lützel, H., Hrsg. (2002), Lexikon der Volkswirtschaftlichen Gesamtrechnungen, München/Wien

Bundesministerium für Umwelt, Nationaler Allokationsplan für die Bundesrepublik Deutschland 2005-2007, Internet: http://www.bmu.de/emissionshandel/doc/5721.php

Cassel, G. (1928), Post-War Monetary Stabilization, New York

Chamberlain, E. (1933), The Theory of Monopolistic Competition, Cambridge Massachusetts

Clark, C. (1951), The Conditions of Economic Progress, London

Clement, R., Terlau, W., Kiy, M. (2004), Grundlagen der Angewandten Makroökonomie, 3. Aufl., München

Coase, R. H. (1937), The Nature of the Firm, in: Economica, Jg. 4, S. 386 – 405

Coase, R. H. (1960), The Problem of Social Cost, in: Journal of Law and Economics, Jg. 3, S. 1 – 44

Corsetti, G., Pesenti, P., Roubini, N. (1998), What Caused the Asian Currency and Financial Crisis? Part I: A Macroeconomic Overview, National Bureau of Economic Research, Working Paper 6833

Cournot, A. (1883), Recherches sur les Principes Mathématiques de la Théorie des Richesses, Paris

Deaton, A. Muellbauer, J. (1994), Economics and Consumer Behaviour, Cambridge

Deutsche Bundesbank (1965), Die deutschen Direktinvestitionen im Ausland, Monatsbericht Dezember, S. 19 - 27

Deutsche Bundesbank (1995), Änderungen in der Systematik der Zahlungsbilanz, Monatsbericht März, S. 33 – 43

Deutsche Bundesbank (1997a), Geschäftsbericht 1997

Deutsche Bundesbank (1997b), Entwicklung und Bestimmungsgründe grenzüberschreitender Direktinvestitionen, Monatsbericht August, S. 63 – 82

Deutsche Bundesbank (1998), Monatsbericht Januar

Deutsche Bundesbank (1999a), Monatsbericht Februar

Deutsche Bundesbank (1999b), Die deutsche Zahlungsbilanz im Jahr 1998, Monatsbericht März, S. 45 – 62

Deutsche Bundesbank (2006), Die deutschen Direktinvestitionsbeziehungen mit dem Ausland: Neuere Entwicklungstendenzen und makroökonomische Auswirkungen, Monatsbericht September, S. 45 - 61

Deutsche Bundesbank (2007a), Monatsbericht Juli

Deutsche Bundesbank (2007b), Monatsbericht August, Statistischer Teil, S. 1* - 76*

Dieckheuer, G. (1995), Internationale Wirtschaftsbeziehungen, 4. Aufl., München, Wien

Dieckheuer, G. (2001), Makroökonomik, Theorie und Politik, 4. Aufl., Berlin, Heidelberg

Die Wirtschaftswoche, Nr. 6/30.1.1997

Duesenberry, J. S. (1948), Income-consumption relations and their implications, in: Income, employment and public policy. Essays in honor of Alvin H.Hansen, hrsg. von L.A. Metzler, New York S. 54-81

Duesenberry, J. S. (1949), Income, saving, and the theory of consumer behaviour, Cambridge, Mass.

Durth, R. (1996), Der Rhein – Ein langer Weg zum grenzüberschreitenden Umweltschutz, in: Aus Politik und Zeitgeschichte, Beilage zur Wochenzeitung „Das Parlament“ Nr. 7, S. 38.ff

Economist, vom 09.06.2005

Emons, W. (2001), Information, Märkte, Zitronen und Signale, Zum Nobelpreis an George Akerlof, Michael Spence und Joseph Stiglitz, in: Wirtschaftsdienst, Zeitschrift für Wirtschaftspolitik, 81. Jg., Heft 11, S. 665.

Emons, W., Sheldon, G. (2005), The Market for Used Cars: A New Test of the Lemons Model, Discussion Paper, University of Bern, Dept. of Economics

Enste, D.H., Schneider, F. (2006), Welchen Umfang haben Schattenwirtschaft und Schwarzarbeit? Ein Versuch zur Lösung des Rätsels, in: Wirtschaftsdienst – Zeitschrift für Wirtschaftspolitik, 86. Jg, Heft 3, S. 185 - 198

Erlei, M., Leschke, M., Sauerland, D. (1999), Neue Institutionenökonomik, Stuttgart

Eucken, W. (1952), Grundsätze der Wirtschaftspolitik, Bern, Stuttgart,

Europäische Zentralbank, Hrsg. (1999), Monatsbericht Februar, Frankfurt am Main

Europäische Zentralbank, Hrsg. (2006), Monatsbericht August 2006,

Farrell, M. J. (1959), The new theories of the consumption function, in: Economic Journal, Bd.69, S. 678 - 696

Feess, E. (1997), Mikroökonomie: Eine spieltheoretisch- und anwendungsorientierte Einführung, Marburg

Fehr, E., Schmidt, K. (1999), A Theory of Fairness, Competition and Cooperation, in: Quarterly Journal of Economics, Jg. 114, S. 769 – 816

Fisher, I. (1911), The Purchasing Power of Money, New York

Fisher, I. (1930), The Theory of Interest, New York

Fleming, J. M. (1962), Domestic Financial Policies Under Fixed and Floating Exchange Rates, in: IMF Staff Papers, Vol. 9, S. 369 - 380

Fourastié, J. (1963), Le grand espoir du XXe siècle, Paris

Frenkel, J. A., Menkhoff L. (2000), Stabile Weltfinanzen, Berlin, Heidelberg

Frenkel, M., John K. D. (2006), Volkswirtschaftliche Gesamtrechnung, 6. Aufl., München

Frenkel, M., Langhammer, R. J. (2002), Tobin-Steuer: Neue Vorschläge entkräften nicht alte Einwände, in: Wirtschaftsdienst, Heft 9, S. 548 – 554

Friedman, M. (1957), A Theory of the Consumption Function, Princeton, N.J.

Friedman, M. (1974), A Theoretical Framework for Monetary Analysis, in Milton Friedman's Monetary Framework, edited by Robert J. Gordon, 4. Aufl., Chicago, London, S.1 - 62

Friedman, M. (1979), Die Quantitätstheorie, in: Badura J., Issing O. (Hrsg.), Geldtheorie, Stuttgart, New York, S. 12 - 35

Gerfin, H., Heinemann, P. (1988), Artikel „Elastizitäten", in: Handwörterbuch der Wirtschaftswissenschaften, hrsg. von W. Albers, Stuttgart u.a., S. 353 ff.

Gordon, R. J., Hrsg. (1974), Milton Friedman's Monetary Framework, 4. Aufl., Chicago, London

Görgens, E., Ruckriegel, K. (2000), Grundzüge der makroökonomischen Theorie, 7. Aufl., Bayreuth

Görgens, E., Ruckriegel, K. (2002), Grundzüge der makroökonomischen Theorie, 8. Aufl., Bayreuth

Grubel, H. G. (1988), Drifting Apart: Canadian and U.S. Labor Markets, in: Contemporary Policy Issues, Bd. 6, Januar, S. 39 – 55.

Gruber, U., Kleber, M. (1997), Grundlagen der Volkswirtschaftslehre, 3. Aufl., München

Hanau, A. (1930), Die Prognose der Schweinepreise, in: Vierteljahreshefte zur Konjunkturforschung, Jg. 1928, Sonderheft 7 und Jg. 1930, Sonderheft 18.

Hartmann (2007), Volks- und Weltwirtschaft, Rinteln

Hasse, R. H., Schneider, H., Weigelt, K., Hrsg. (2002), Lexikon Soziale Marktwirtschaft, 2. Aufl., Paderborn usw.

Heidenreich, R. (1998), Economics and institutions: the socioeconomic approach of K. William Kapp, in: Journal of economic issues, Bd. 32, Nr.4, S. 965-984

Heinrichsmeyer W., Gans O., Evers I. (1985), Einführung in die Volkswirtschaftslehre, 6. Aufl., Stuttgart

Henderson, B. D. (1984), Die Erfahrungskurve in der Unternehmensstrategie, 2. Aufl., Frankfurt, New York

Hesse, H., Hrsg. (1980), Arbeitsbuch Angewandte Mikroökonomie, Tübingen, 1980

Hicks, J. R. (1937), Mr. Keynes and the causes of unemployment, in: Econometrica, Bd. 5, S. 147 – 159

Hicks, J. R. (1950), A contribution to the theory of the trade cycle, Oxford

Hooper, P., Johnson, K., Marquez, J. (1998), Trade Elasticities for G-7 Countries, Board of Governors of the Federal Reserve System, International Finance Discussion Papers Nr. 609, Washington, D.C.

Horn, G. A., Fritsche, U. (2002), Argentinien in der Krise, Wochenbericht des DIW Berlin Nr.12

Huang, C. J., Siegfried, J. J., Zardoshty, F. (1980), The Demand for Coffee in the United States 1963 – 77, in: Quarterly Review of Economics and Business, S. 36ff.

Hume, D. (1752), Of Money, in: Political Discourses, by David Hume, vol. III, Edinburgh, S. 41 – 59

International Monetary Fund (1961), Balance of Payments Manual, 3. Aufl., Washington D.C.

International Monetary Fund (1993), Balance of Payments Manual, 5. Aufl., Washington D.C.

Issing, O. (1995), Einführung in die Geldtheorie, 10. Aufl., München

Jarchow, H.-J. (1980), Der Hopfenzyklus in der Bundesrepublik (1950 – 1970) und das Spinngewebe-Theorem, in: H. Hesse (Hrsg.), Arbeitsbuch Angewandte Mikroökonomie, Tübingen, S. 81 – 89.

Jarchow, H.-J. (1998), Theorie und Politik des Geldes, Bd. 1, 10. Aufl., Göttingen

Jevons, W. S. (1871), The Theory of Political Economy, London

Kenen, P. R. (2000), The International Economy, 4th ed., Cambridge

Kern, A. O. (2002), Arztinduzierte Nachfrage in der ambulanten Versorgung – Bedeutung für eine Privatisierung von Leistungen der Gesetzlichen Krankenversicherung, Volkswirtschaftliche Diskussionsreihe der Universität Augsburg, Augsburg

Keynes, J. M. (1936), The General Theory of Employment, Interest and Money, London

Keynes, J. M. (1981), The General Theory of Employment, Interest and Money, Reprint, Cambridge

Kohler, H. (1986), Intermediate Microeconomics, New York

Konrad, A. (1998), Monetäre Theoreme der Wechselkursbestimmung, in: WISU, Heft 4, S. 494 ff.

Konrad, A. (2000), Alternative Formen der Währungsbindung, in: WISU, Heft 1, S.106ff.

Krebs, D. M. (1990), Game Theory and Economic Modelling, Oxford, S. 747

Krüger, L. (1999), Die Ursachen der Asienkrise: Vier Erklärungsansätze im Vergleich, http://www.astm.lu/article.php3?id_article=364&astm_lang=fr Download vom 14.4.07

Krugman P. R., Obstfeld, M. (2006), Internationale Wirtschaft, Theorie und Politik der Außenwirtschaft, 7. Aufl., München

Krugman, P. R. (1998), Japan: Still Trapped, veröffentlicht im November 1998 auf seiner homepage unter http://web.mit.edu/krugman/www/jpage.html

Kurihara, K. Hrsg. (1954), Post-Keynesian Economics, New Brunswick, N.J.

Kuznets, S. (1975), National Product since 1869, Reprint, Manchester NH, 1975 (Originalausgabe 1946)

Lampert, H. (1990), Die Wirtschafts- und Sozialordnung der Bundesrepublik Deutschland, 10. Aufl. , München

Layard, R., Nickell, S., Jackman R. (1991), Unemployment: Macroeconomic Performance and the Labour Market, Oxford

Lerner, A. P. (1933), The Concept of Monopoly and the Measurement of Monopoly, in: Review of Economic Studies, Vol. 1, S. 157 ff.

Lipsey, R. G., Christal, K. A. (2004), Economics, New York

Mankiw, N. G. (1998), Makroökonomik, 3. Aufl., Stuttgart

Mankiw, N. G. (1999), Grundzüge der Volkswirtschaftslehre, Stuttgart

Marschall, A. (1923), Money, Credit & Commerce, New York

Martiensen, J. (2000), Institutionenökonomik, München

Mathews, J. (1995), Keep up the Pressure on Economists to Learn How to Count, in: International Herald Tribune, 04.10.1995

Meadows, D. L. u.a. (1972), Die Grenzen des Wachstums – Bericht des Club of Rome zur Lage der Menschheit, Stuttgart

Meyer, S. (1981), The Five Dollar Day: Labor Management and Social Control in the Ford Motor Company 1908-1921, New York

Modigliani, F. (1949), Fluctuations in the saving-income ratio. A problem in economic forecasting, Studies in Income and Wealth', hrsg. vom National Bureau of Economic Research, Bd. 11, New York

Modigliani, F. (1986), Life Cycle Individual Thrift, and the Wealth of Nations, in: American Economic Review, Bd. 76, S. 297 – 313

Modigliani, F., Brumberg, R. (1954), Utility analysis and the consumption function: An interpretation of cross-section data, in: Post-Keynesian Economics, hrsg. von Kenneth Kurihara, New Brunswick, N.J., S. 388 – 436

Molitor, B. (1995), Wirtschaftspolitik, 5. Aufl. , München/Wien

Monopolkommission (1985), Hauptgutachten von 1984/85, Gesamtwirtschaftliche Chancen und Risiken wachsender Unternehmensgrößen, Baden-Baden

Müller-Armack, A. (1956), Artikel „Soziale Marktwirtschaft“, in: Handwörterbuch der Sozialwissenschaften, Bd. 9, Tübingen

Müller-Vogg, H. (1998), Unsere Unsoziale Marktwirtschaft – Vom guten Modell zur traurigen Praxis, Köln

Mundell, R. A. (1961), A Theory of optimum currency areas, in: American Economic Review, Vol. 51, S. 656-665.

Mundell, R.A. (1963), Capital Mobility and Stabilization Policy Under Fixed and Floating Exchange Rates, in: Canadian Journal of Economic and Political Science, Vol. 29, S. 475 - 485;

Neubäumer, R., Hewel, B., Hrsg. (2005), Volkswirtschaftslehre, 4. Aufl., Wiesbaden

Newell, A., Symons J. S. V. (1985), Wages and Unemployment in OECD Countries, London School of Economics, Centre For Labour Economics, Discussion Paper No. 219

Nordhaus, W. D., Tobin, J. (1973), Is Growth Obsolete? in: Measurement of Economic and Social Behaviour, New York, S. 509 – 564.

OECD, Hrsg. (1952), A Standardised System of National Accounts, Paris

OECD, Hrsg. (2006), African Economic Outlook 2005/2006, Paris

Okun, A. M. (1962), Potential GNP: Its Measurement and Significance, in: Proceedings of the Business and Statistics Section, American Statistical Association, Washington D.C., S. 98 – 103.

Padoa-Schioppa, T. (1988), The European Monetary System: A Long-Term View, in: Giavazzi, F. u.a. (Hrsg.), The European Monetary System, Cambridge, S. 376

Pätzold, J. (1994), Soziale Marktwirtschaft – Konzeption, Entwicklung, Zukunftsaufgaben, 6. Aufl., Ludwigsburg, Berlin

Peto, R. (2000), Einführung in das volkswirtschaftliche Rechnungswesen, München, Wien

Pettit, J., Desautel, E., Millar, D., Ahmad, A., Singer, J. (2000), Global Automotive OEs, Best of Times, Worst of Times, in: Stern Stewart Research (Hrsg.), EVAluation, November

Pfahler, Th., Thuy, P. (1998), Repetitorium zur Makroökonomik, 2. Aufl., Bayreuth

Phillips, A. W. (1957), The relationship between unemployment and the rate of change of money wages in the United Kingdom 1861 – 1957, in: Economica, NS 25, no 2, S. 283 – 299.

Pigou, A. C. (1917), The Value of Money, in Quarterly Journal of Economics, November, S. 38 - 65

Pigou, A. C. (1923), The Economics of Welfare, London

Porter, M. (2004), Competitive Advantage, New York usw.

Pusse, L. (1980), Aus sektoralen Produktivitätsfunktionen abgeleitete ökonomische Zusammenhänge für die Industrie der Bundesrepublik Deutschland, Mitteilungen aus der Arbeitsmarkt- und Berufsforschung, Heft 2, 13. Jahrgang

Ragnitz, J. (2004), Transferleistungen für die neuen Länder – eine Begriffsbestimmung, in: Wirtschaft im Wandel, hrsg. vom Institut für Wirtschaftsforschung Halle, Heft 9-10, S. 288 – 289

Ricci, U. (1930), Die ‚Synthetische Ökonomie' von Henry Ludwell Moore, in: Zeitschrift für Nationalökonomie, 1. Jg., Heft 5, S. 649-668

Richter, R., Furubotn, E.G. (2003), Neue Institutionenökonomik, 3. Aufl., Tübingen

Richter, R., Schlieper, U., Friedmann, W. (1981), Makroökonomik – Eine Einführung, 4. Aufl., Berlin usw.

Rose, K., Sauernheimer, K. (1999), Theorie der Außenwirtschaft, 13. Aufl., München

Rott, A. U. (1999), Empirische Ermittlung von Nachfragefunktionen, in: WISU, Heft 7, S. 940 - 943.

Rowthorn, R. (1999), Unemployment, Capital-Labor Substitution, and Economic Growth, International Monetary Fund, Working Paper No. 99/43

Sachverständigenrat zur Begutachtung der gesamtwirtschaftlichen Entwicklung (1968), Alternativen außenwirtschaftlicher Anpassung, Jahresgutachten 1968/69, Stuttgart, Mainz

Sachverständigenrat zur Begutachtung der gesamtwirtschaftlichen Entwicklung (2003), Staatsfinanzen konsolidieren - Steuersystem reformieren, Jahresgutachten 2003/04, Berlin

Sachverständigenrat zur Begutachtung der gesamtwirtschaftlichen Entwicklung (2004), Erfolge im Ausland – Herausforderungen im Inland, Jahresgutachten 2004/05, Berlin

Samuelson, P. A. (1964), Theoretical Notes on Trade Problems, in: Review of Economics and Statistics, Vol. 64, 1964, S. 145 ff.

Samuelson, P. A. (1973), Economics, 9. Aufl., Tokyo usw.

Samuelson, P. A., Nordhaus, W. D. (2005), Volkswirtschaftslehre, Deutsche Übersetzung der englischen Originalausgabe Economics, 13. Aufl., Landsberg a.L.

Schneider, U. (1998), Der Arzt als Agent des Patienten – Zur Übertragbarkeit der Principle-Agent-Theorie auf die Arzt-Patient-Beziehung, Wirtschaftswissenschaftliche Diskussionspapiere der Ernst-Moritz-Arndt-Universität Greifswald 2/98, Greifswald

Schneider, U. (1999), Ärztliche Leistung und Compliance des Patienten – der Fall des Double Moral Hazard, Wirtschaftswissenschaftliche Diskussionspapiere der Ernst-Moritz-Arndt- Universität Greifswald 7/99, Greifswald

Schneider, U. (2002), Beidseitige Informationsasymmetrien in der Arzt-Patient-Beziehung: Implikationen für die GKV, in: Vierteljahreshefte zur Wirtschaftsforschung, 71, Heft 4, S. 447-458

Schultz, H. (1928), The Meaning of Statistical Demand Curves, The University of Chicago Press

Schumpeter, J. A. (1965), Geschichte der ökonomischen Analyse, Göttingen

Selten, R. (2000), Eingeschränkte Rationalität und ökonomische Motivation, in: Jahrestagung 1999: Erweiterung der EU, Schriften des Vereins für Socialpolitik, Bd. 274, hrsg. von Lutz Hoffmann, Berlin 2000, S. 129 – 157

Sinn, G. und H. W. (1993), Kaltstart – Volkswirtschaftliche Aspekte der Wiedervereinigung, 3. Aufl., München

Sinn, H. W. (2001), Der japanische Patient benötigt mehr als nur Strukturreformen, in: Handelsblatt vom 13.06.2001, S. 12

Sinn, H. W. (2005), Basarökonomie Deutschland – Exportweltmeister oder Schlusslicht?, Ifo-Schnelldienst Nr. 6

Sinn, H. W. (2007), Weihnachtsangst: Angela Merkel und der Mindestlohn, in: ifo Standpunkte 2007, München

Smith, A. (1776), The Wealth of Nations, London

Spahn, P. B. (2002), Zur Durchführbarkeit einer Devisentransaktionssteuer, Forschungsberichte des Bundesministeriums für wirt schaftliche Zusammenarbeit und Entwicklung, Bonn

Stackelberg, H. v. (1934), Marktform und Gleichgewicht, Wien, Berlin

Statistisches Amt der Europäischen Gemeinschaften, Hrsg. (1970), Europäisches System volkswirtschaftlicher Gesamtrechnungen (ESVG), Brüssel, Luxemburg

Statistisches Bundesamt (2002), Statistisches Jahrbuch für die Bundesrepublik Deutschland 2001, Stuttgart

Statistisches Bundesamt (2007a), Statistisches Jahrbuch für die Bundesrepublik Deutschland 2007, Wiesbaden

Statistisches Bundesamt, Hrsg. (2007b), Volkswirtschaftliche Gesamtrechnungen – Wichtige Zusammenhänge im Überblick, Wiesbaden

Teichmann, U. (1997), Grundriß der Konjunkturpolitik, 5. Aufl., München

Tinbergen, J. (1930), Bestimmung und Deutung von Angebotskurven, in: Zeitschrift für Nationalökonomie, 1. Jg., Heft 5, S. 669-679

Tobin, J. (1966), Liquidity Preference as Behaviour Towards Risk, in: The Review of Economic Studies, vol 25, 1957/58, Reprint New York, S. 65 - 86

Tobin, J. (1978), A Proposal for International Monetary Reform, in: Eastern Economic Journal, Vol. 4 Nr. 3/4, S. 153-159

Tucholsky, K. (1994), Kurzer Abriß der Nationalökonomie, entnommen aus Trebeis, O.V., „Nationalökonomologie", Tübingen, S. 29 – 32

United Nations, Hrsg. (1968), A System of National Accounts, Studies in Methods, Series F, No2, Rev. 3, New York

United Nations Development Programme (UNDP), (2006), Human Development Report 2006, Internet: http://hdr.undp.org/hdr2006/statistics/indicators/132.html

Völker, G. E. (1999), Volkswirtschaftslehre, Köln

Vorholtz, F. (2003), Rohr gegen Rübe, in: Die Zeit, Ausgabe vom 22.12.2003

Walras, L. (1988), Eléments d'économie politique pure ou théorie de la richesse sociale, 2 Bde., 1874 und 1877, Faksimile Nachdruck Stuttgart

Weidnitzer, E. (1998), Soziale Sicherungssysteme und Reformansätze in arabischen Ländern unter besonderer Berücksichtigung islamischer arabischer Institutionen, Gutachten 5/1998 im Auftrag des Deutschen Instituts für Entwicklungspolitik (DIE); Internet: http://www.die-gdi.de/, Stand 15.03.2007

Wilke, F. (1998), Grundlagen der Volkswirtschaftslehre, Köln

Williamson, J. (1983), The Exchange Rate System, Washington D.C.

Williamson, O. E., (1985), The economic institutions of capitalism. Firms, markets, relational contracting, New York, London, deutsch: Die ökonomischen Institutionen des Kapitalismus, Tübingen 1990

Williamson, O. E., (1992), Market, Hierarchies, and the Modern Corporation, in: Journal of Economic Behavior and Organization, Vol. 17, S. 335 - 352.

Womack, J. P., Jones, D. T., Roos, D. (1994), Die zweite Revolution in der Autoindustrie, Frankfurt, New York

Worldbank, Hrsg., (2006), World Development Indicators 2006, Washington D.C.

Internetquellen

Brot für die Welt, http://www.brot-fuer-die-welt.de/ernaehrung/produkte/50_111_DEU_HTML.php, vom 15.03.2007

Club of Rome, www.clubofrome.de, vom 18.11.2006

Deutsche Bundesbank, Zeitreihendatenbank, http://www.bundesbank.de/statistik/statistikzeitreihen vom 18.01.2007

Deutscher Bundestag, http://archiv.bundestag.t-bn.de/Archiv/servlets/Rede/

European Commission, DG Competition, Car price differentials within the European Union, http:// europa.eu.int/comm/competition/car_sector/price_diffs/, vom 31.1.2006

Europäische Kommission, Kommission schließt Untersuchung gegen Microsoft mit Abhilfemaßnahmen und Geldbuße ab, Pressemitteilung IP/05/1215, http://europa.eu.int/rapid/pressReleasesAction.do?reference=IP/05/1215&format=DOC&aged=1&language=DE&guiLangua-ge=en, vom 31.1.2006,

Europäische Kommission, Kommission droht Microsoft Geldbußen wegen Nichtbefolgung ihrer Entscheidung aus dem Jahr 2004 an, Pressemitteilung IP/05/1695, http://europa.eu.int/ rapid/pressReleasesAction.do?reference=IP/05/1695& format=HTML&aged=0&language=EN&guiLanguage=fr, vom 31.1.2006.

Europäische Zentralbank, Monatsberichte, http://www.ecb.int/pub/pdf/mobu/mb200608en.pdf, sowie https://stats.ecb.int/stats/download/eas_full/eas_full.zip, vom 3.8.06

Food and Agricultural Organization, Online Datenbank der FAO, http://faostat.fao.org/site/408/default.aspx

Heston, A., Summers, R., Aten, B. (2002), Penn World Table Version 6.1, Center for International Comparisons at the University of Pennsylvania (CICUP), October 2002, http://pwt.econ.upenn.edu/Downloads /pwt61-doc.exe, vom 12.11.2002

Ifo-Institut für Wirtschaftsforschung, http://www.cesifo-group.de/portal/page/portal/ifoHome/ vom 18.01.2007

International Monetary Fund, De Facto Classification of Exchange Rate Regimes and Monetary Policy Framework, Internet http://www.imf.org/external/np/mfd/er/2005/eng/1205.htm vom 9.11.2006

Krugman, P., http://web.mit.edu/krugman/www/jpage.html

Statistisches Bundesamt, http://www.destatis.de/ vom 20.07.2007

Stern Stewart & Co., About EVA®, Bennett Stewart explains how EVA®, Internet: http://www. sternstewart.com/evaabout/whatis.php vom 5.3.2005

Strombörse Leipzig, http://www.eex.com/de/Marktinformation/Emissionsberechtigungen/EU%20Emission%20Allowances %20Chart%20%7C%20Spotmarkt/spot-eua-chart/2007-11-12

United States, Bureau of Economic Analysis, http://www.bea.gov

Sachverzeichnis

Abnahmegarantie
  staatliche 165
Abschöpfungen 168
Abschreibungen 9, 443
Absorption 654, 700
adjustable peg 727
Adverse selection *Siehe* Negativauslese
Agent 399
Aggregation 421
  der Konten 455
Agrarmarkt
  europäischer 166
Aktivitäten
  gesamtwirtschaftliche 440
Akzelerator 539
Allmendegüter *Siehe* Gemeineigentum
Allokation der Ressourcen *Siehe* Ressourcen-allokation
Allokationsentscheidung 7, 314
Alternativkosten
  der Kassenhaltung 601
Amoroso-Robinson-Relation 143, 326
Analyse
  dynamische 552
  komparativ-statische 550
Anbieter
  intramarginaler 314
  marginaler 314
Angebot
  Aggregation des 132
  Determinanten des 131
Angebotschwelle 306
Angebotsfunktion 113
  anomale 124
  bei linearem Kostenverlauf 307
  bei steigenden Grenzkosten 306
  individuelle 306
  langfristige 312
  Verschiebungen der 132, 309
  vollkommen elastische 140
Angebotslücke 119
Anlagen
  selbsterstellte 446
Anreiz
  -system 236
  und Kontrakttheorie 398
  ökonomischer 27
Arbeit 13, 217
Arbeitsangebot
  anomales 219
  des Haushalts 217
  gesamtwirtschaftliches 627
Arbeitseinkommen 449
Arbeitsintensität 289
Arbeitslosenquote 474, 629
Arbeitsmarkt
  gesamtwirtschaftlicher 623
  -gleichgewicht 630
  -statistik 628
Arbeitsnachfrage
  Einflussgrößen der 624
  gesamtwirtschaftliche 623
Arbeitsteilung 34
  Vorteile der 38
Arbeitszeit 217
Arbitragegeschäft 332
Auftraggeber *Siehe* Prinzipal
Auftragnehmer *Siehe* Agent
Ausbringungsmenge *Siehe* Produktionsmen-ge
Ausland 437
Auslandskonto 454, 485
Ausschlussprinzip 16, 392
Außenbeitrag 437, 488, 504, 654
  bei steigenden Inlandspreisen 688
  Reaktion des 687, 695
  und Güterpreise 686
Außenwert 660
Außenwirtschaftliches Gleichgewicht 653, 655
Auszahlung 351
Auszahlungsmatrix 352
Balassa-Samuelson-Effekt 669
Bankensystem
  zweistufiges 578
Bargeld 572, 574
Bargeldquote 583
Barwert 223, 531

Basarökonomie 495
Bedarfsgerechtigkeit 59
Bedürfnisstruktur 179
Bertrand-Modell 365
Bestandsgrößen 431
Betriebsgröße
  fixe 242
  mindestoptimale 282
  optimale 279
Betriebsminimum 305
Betriebsoptimum 304
Betriebswirtschaftslehre 4
Big Mac-Index 481, 667
Bilanzgerade *Siehe* Budgetgerade
Block pricing 334
Boden 13
Break-even Point 302
Bruttoeinkommen 449
Bruttoinlandsprodukt 457
  Aussagekraft des 475
  zu Marktpreisen 458
Bruttoinvestition 503
Buchgeld 574
Budgetrestriktion 186, 192
  intertemorale 223
Budgetsaldo 556
built-in-stabilizers 560
Ceteris paribus Klausel 20, 240
Chamberlain-Modell 347
Chicagoer Schule 425
Club of Rome 30
Coase
  -Theorem 383
  Verhandlungslösung 382
Cobweb-Modell 125
contestable markets 294
Cournot-Modell 359
Cournot'scher Punkt 325
crawling peg 732
crowding out 560, 571
Currency Board 738
Dauereinkommenshypothese 521
Deckungsbeitrag 305
Deduktion 18
deficit spending 559
Definition 22
Deflationierung 463
deflatorische Lücke 550
Deport 661, 671
Deregulierung 343
Derivate 490
Deutsche Aktenindex DAX 538
Devisen 677
Devisenangebot 653, 678
Devisenbewirtschaftung 709
Devisenbilanz 490
  -saldo 491, 653
Devisenkurs 660
Devisenmarkt 660, 678
  Akteure 678
  bei flexiblen Wechselkursen 679
  -gleichgewicht 681, 708
  -interventionen 588, 682
  -modell 680
  -ungleichgewicht 653
  und Geldbasis 683, 707
Devisennachfrage 653, 678
Devisenreserven 658, 682
Dichotomie
  klassische 594
Dienstleistungen 15, 654
  öffentliche 435
Dienstleistungsbilanz 488, 497
Differenzenquotient 136
Internationaler Preiszusammenhang 668, 689
Direktinvestitionen 489, 658
  Entwicklung der 499
diseconomies of scale *Siehe* Größennachteile
Distributionsentscheidung 7
Duopol 363
Economic Value Added 260
economies of scale *Siehe* Größenvorteile
economies of scope *Siehe* Verbundvorteile
Effizienz 26
  allokative 317
  Produktions- 33
  technische 235, 237
  wirtschaftliche 235, 271
Effizienzlohntheorie 634
Eigenproduktion 417
Eigentumsrechte *Siehe* Verfügungsrechte
Eingriffe
  staatliche 152
Einkommen 572
  Haushalts- 186
  permanentes 521, 596
  transitorisches 521
  verfügbares 436, 449
Einkommensarten 449
Einkommenseffekt 193
  und Preisänderung 198, 200
Einkommenselastizität
  und Güterklassifikation 147
Einkommensentstehung 434
Einkommenshypothese
  absolute 507

relative 512
Einkommens-Konsum-Kurve 193
Einkommenskonto 449
der privaten Haushalte 449
der Unternehmen 450
des Staates 451
nationales 456
Einkommenskreislaufgeschwindigkeit 594
Einkommensmechanismus 701
Einkommensprofil 517
Einkommensverteilung
funktionale 449
personelle 479
Einkommensverwendung 434
Elastizität 135
des Steueraufkommens 151
Einkommens- 147
Formel 137
konstante 139
Kreuzpreis- 145
Produktions- 150, 246
Skalen- 255
Substitutions- 150, 252, 276, 289
Emissionsrechte 389
Emissionsstandards 385
Emissionszertifikate *Siehe* Emissionsrechte
Engel-Kurve 193
Entlohnungssystems 401
Entscheidung
sequenzielle 356, 367
simultane 351, 352
Entscheidungsbaum 357
Entstehungsrechnung 463, 465
Enveloppe 281
Erfahrungskurve 39
Erlös 284
Durchschnitts- 299, 304, 322
Gesamt- 299, 300
Grenz- 141, 285, 299, 323
Erlösfunktion 141
des Monopolisten 323
im Polypol 300, 301
Ersparnis 433
der Haushalte 453
der Unternehmen 452
geplante 434
gesamtwirtschaftliche 656, 699
Erträge
externe 381
soziale 379
Ertragsfunktion 242
Ertragsgesetz 239
Ertragswert 531
Erwartungen 592
rationale 522
Erwerbs- und Vermögenseinkommen 488, 498, 654, 657
Erwerbspersonenpotenzial 629
Expansionspfad 278, 282
Exportangebot 687
Exporte 437
Exportfunktion 699, 706
Exportmarkt 687
Exportnachfrage 547
Exportquote 467, 494
Externalitäten *Siehe* externe Effekte
externe Effekte 378
Internalisierung von 382
negative 378, 379
positive 378, 380
Faktor
-angebot 217
-einsatzmengen 237
-einsatzverhältnis 251
-nachfrage 285, 286
-preise 131
Faktoreinkommen 11
Faktoren *Siehe* Produktionsfaktoren
Faktorkombination
kostenminimale 271
Faktorkosten
Bewertung zu 462
Faktorpreisverhältnis 274
Faktorspezifität *Siehe* Spezifität
Faktorsubstitution 248, 249
und Faktorpreisverhältnis 276
Faktorvariation
partielle 240, 242
substitutive 240
totale 240
totale proportionale 254
Faktorverbrauch 264
Faktorverbrauchsfunktion 264
Festes Wechselkurssystem
mit Bandbreiten 727
Finanzierungsgleichung
gesamtwirtschaftliche 656, 699
Finanzierungskonto 451
Finanzierungssaldo 489
Finanzvermögen 573
first-mover-Vorteil 358, 368
Fisher'sche Verkehrsgleichung 593
Fisher-Parität 675
Fiskalpolitik 700
bei Immobilität des Kapitals 718

bei vollkommener Kapitalmobilität 714
diskretionäre 560
expansive 619
staatliche 569
Wirksamkeit der 722
Fließbandfertigung 35
Forderungen 15, 574
Fortschritt
technischer 314
Freizeit 217
Fremdbezug 416
Fusion 341
Gefangenendilemma 353
Gegenwartskonsum 513
Gegenwartswert *Siehe* Barwert
Geldangebot
gesamtwirtschaftliches 577
nominales 707
Geldarten 572
Geldbasis 585, 707
Geldfunktionen 44, 572
Geldhaltungsmotive 599
Geldillusion 637
Geldleistungen 215
Geldmarkt 571, 611
Geldmarktgleichgewicht 612
Geldmenge 576
Geldmengeninflation
importierte 654
Geldmengenkonzepte 577
Geldmengen-Preis-Mechanismus 683
Geldmengenstrategie 598
Geldmultiplikator 584
Geldnachfrage 590
-funktion 595, 706
gesamtwirtschaftliche 610
-theorie 590
Geldpolitik 700
bei Immobilität des Kapitals 719
bei vollkommener Kapitalmobilität 715
expansive 619
Wirksamkeit der 722
Geldschöpfung 578
maximale 584
Geldsurrogate 575
Geldumlaufgeschwindigkeit 593
Geldvermögensbildung 433
Gemeineigentum 396
Gesamtrechnung
umweltökonomische 482
volkswirtschaftliche 440, 469
Geschäftsbankengeld 581
Geschäftsklimaindex 538
Gesetz
fundamentalpsychologisches 507
Gewerkschaften
Organisationsgrad der 633
Gewinn 231, 284
buchhalterischer 260
-funktion 301
Grenz- 284, 301
Normal- 304
-schwelle 301
Stück- 303
wirtschaftlicher 260, 304
Gewinnfunktion 284
Gewinnmaximierung 232
Gewinnmaximum 284, 285
des Monopolisten 324
des Polypolisten 302
Giffen-Paradox 203
Giralgeld 575
Gleichgewicht
bei Unterbeschäftigung 641
binnen- und außenwirtschaftliches 712
Cournot-Nash- 362
in dominanten Strategien 352
kooperatives 351
Nash- 354
nicht-kooperatives 351
Oligopol- 362
stabiles 370
Stabilität des 122
Stackelberg- 368
Vollbeschäftigungs- 640
Gleichgewichtsanalyse
dynamische 125
statische 122
Gleichgewichtsbedingung 22
Gleichgewichtseinkommen
einer offenen Volkswirtschaft 706
Gossen´sches Gesetz 176
Governance structure 416
Graumarkt 342
Grenzanbieter *Siehe* Anbieter, marginaler
Grenzbetrachtung 27
Grenzerlösfunktion 323
Grenzerlös-Grenzkosten-Regel 324
Grenzertrag 243
des Geldes 273, 274
Grenzkosten
private 387
soziale 387
Grenzleistungsfähigkeit des Kapitals 532
Grenzneigung

zum Konsum 507
Grenznutzen 175
Ausgleich der 177
des Geldes 178, 191, 192
gewogener 177
sozialer 394
Grenzproduktivität
des Kapitals 527
Grenzproduktivitätstheorie 286
Grenzrate
der Substitution 184, 191
Grenzrate der technischen Substitution 249
Grenzschadenskosten 383
Grenzumsatz *Siehe* Grenzerlös
Grenzvermeidungskosten 382
Grenzwerte 385
Größennachteile 256, 282
Größenvorteile 234, 255, 282
Güter 14
Erfahrungs- 15
freie 31, 378
Giffen- 203
handelbare 689
homogene 291, 296
inferiore 147, 196, 202
knappe 31
komplementäre 130, 185, 204
Konsum- 14
lebensnotwendige 147, 194
Luxus- 147, 194
nicht-handelbare 689
normale 194
öffentliche 16, 392, 446
Produktions- 14
Sach- 15
-steuern 444
substitutive 129, 185, 204
-subventionen 444
superiore 196
unabhängige 147, 204
Verbrauchs- 15
Güterangebot
Anpassung des 310
Güterarbitrage 667
Güterkombination
optimale 190
Güterkonto
gesamtwirtschaftliches 472
Gütermarkt 502
-gleichgewicht 548
Güterproduktion
im Unternehmen 232
über Märkte 233
Gütertausch 43
Haavelmo-Theorem 559
Handeln
verstecktes 400
Handelsbilanz 488
Haushalt 172
Haushalte
öffentliche 11
Private 11
Hold up 400, 414
homo oeconomicus 26, 108, 109
Homogenitätsbedingung 292
Horten 434, 608
Human Development Index 484
Hypothese 18, 21
Implikation 18
Importe 162, 437
Importfunktion 547, 699
Importmarkt 687
Importnachfrage
unelastische 689
Importquote 467, 563
Importwert 687
Indifferenzkurve 179
Eigenschaften der 181
konvexer Verlauf 183
Industrieökonomik 358
Ineffizienz
allokative 317
Inflation
importierte 689
Inflationsprämie 675
Inflationsrate 213
Inflationssteuerung
direkte 598
Inflationsunterschiede
und Wechselkurs 668
und Wechselkursänderung 675
inflatorische Lücke 550
Information
asymmetrische 236, 405
versteckte 400
vollständige 175, 397, 409, 411
Informationsasymmetrie *Siehe* Information, asymmetrische
Informationskosten 48
Informationsökonomik 398
Inländerkonzept 459
Inlandskonzept 458
Inlandsprodukt 458
Netto- 462

Input 13, 231, 237
  Faktorleistungen 13
  Vorleistungen 14
Input-Output-Rechnung 429
Insider-Outsider-Problem 633
Institution 108
  ökonomisch effiziente 414
Institutionenökonomik 108, 398
Interaktion
  oligopolistische 358
Interventionspunkte 728
Intraindustrieller Handel 695
Investitionen 9, 503, 525
  geplante 434
  spezifische *Siehe* Kapital, spezifisches
  private 526
  staatliche 525
Investitionsfalle 536, 568
Investitionsfunktion 533, 705
Investitionsgüter 445
  -nachfrage 524, 699
Investitionsquote 466
Investitionsrechnung 531
ISLM-Modell 616
  wirtschaftspolitische Implikationen 619
IS-Modell 566, 706
  Wirtschaftspolitische Implikationen 569
Isokostengerade 272, 273
Isokostenkurve *Siehe* Isokostengerade
Isoquante 248, 273
J-Kurven-Effekt 696
Kalkulationszins 530
Kapazitätsgrenze 297
Kapital 13, 527
  -angebot 222
  -nachfrage 222
  Sach- 9, 13
  spezifisches 400, 413
Kapitalbilanz 489
  -saldo 499
Kapitalexport 490, 655, 671
Kapitalgesellschaften 470
Kapitalimport 490, 655, 658
Kapitalkoeffizient 540
Kapitalkosten 260, 271, 528
Kapitalmärkte
  vollkommene 670
Kapitalmobilität 709
Kapitalstock
  optimaler 527
Kapitalverkehr 652
Kapitalverkehrskontrollen 652
Kapitalwert 531
Kartell 341
Kassenhaltung
  optimale 604
Kassenhaltungsansatz 595
Kassenhaltungskoeffizienten 595
Käufermarkt 119
Kaufkraftparität 480, 662
  absolute 666
  Ex-Ante- 675
  relative 675
Kaufkraftparitätentheorie 666
Kaufkraftvergleich 480
Keynesianismus 426
Knappheit 29
  ökonomische 31
Komplementarität 130
Konjunkturzusammenhang
  internationaler 703
Konkurrenz
  monopolistische 346
  vollkommene 319
  vollständige 296
Konsum
  -ausgaben 445
  Gegenwarts- 222
  öffentlicher 12, 503
  privater 11, 437, 503
  -quote 466, 507
  Zukunfts- 222
Konsumentenrente 315, 330
Konsumexternalitäten 341
Konsum-Freizeit-Entscheidung 219
Konsumfunktion
  Keynessche 507
  lineare 508, 705
Konsummöglichkeiten 186
Konsumplan
  optimaler 177, 190
Konsumsumme 176, 187
Konsumtheorie
  klassische 506
Konsumverhalten
  Interdepnedenz des 513
Kontensystem
  gesamtwirtschaftliches 440, 441
Koordination
  des Produktionprozesses 235
  dezentrale 409
  hybride 414
  über Märkte 409
  unternehmensinterne 410
Kosten 261

der Marktnutzung 410
Durchschnitts- 266
explizite 259
externe 379
fixe 262, 265
Gesamt- 266
Grenz- 266, 285, 316
implizite 259
komparative 41
-minimierung 271, 274
soziale 379
variable 262
versunkene 261, 413
wirtschaftliche *Siehe* Opportunitätskosten
Kostenentwicklung
und Produktionskapazität 278
Kostenfunktion 264
ertragsgesetzliche 269, 270
kurzfristige 280
langfristige 278
lineare 270
quadratische 267
und Betriebsgröße 279
und Ertragsfunktion 267
Kreditaufnahme 222
Kreditkarten 575
Kreditverkehr 490
Kurssicherung
Kosten der 670
Laffer-Curve 152
Lageparameter 128
Lagerinvestitionen 526
Lagrange-Funktion 192, 274
Laufende Übertragungen 655
Law of Indifference 292
Law of one Price 667, 687
Grenzen des 669
Lebenszyklushypothese 516
Leistungsausgaben 89
Leistungsbilanz 487
Finanzierung der 657
-multiplikator 701
-saldo 489, 655
und Volkseinkommen 698
Lerneffekte 39
Lerner Index 328
Lieferfähigkeit 309, 317
Liquidität 572
binnenwirtschaftliche 654
Liquiditätsfalle 609
Liquiditätspräferenz-Theorie 599
Liquiditätsproblem 683
LM-Modell 612, 707
wirtschaftspolitische Implikationen 614
Lohnquote 468
Lohnsatz 217
Lohnstarrheiten 632
Lundberg-lag 554
Makroökonomie 5, 421
Marginalbetrachtung *Siehe* Grenzbetrachtung
Markenprodukt 346
Market for Lemons 405
Markt 291
- strukturen 294
-angebot 308
Funktionen des 291
heterogener 292
offener 292, 296
-signalisierung 408
-transparenz 292, 296
-versagen 318
vollkommener 291
Marktangebotsfunktion 309
Märkte
angreifbare 294
Klassifizierung von 291
Typen von 295
Markteintrittspreis 114
Markteintrittsschranken *Siehe* Marktzutritts-beschränkungen
Marktergebnis
effizientes 380
Marktformen 293
Marktgleichgewicht 117, 310
im Angebotsmonopol 325
langfristiges 312
Marktkapitalisierung 537
Marktmacht 319, 320
Marktpessimismus
keynesianischer 511
Marktpreise
Bewertung zu 462
Markträumung *Siehe* Marktgleichgewicht
Marktstruktur
oligoplistische 346
Marktversagen
Korrektur von 384
Ursachen für 377
Marktzugangsbeschränkungen 132, 293, 321
Marktzutritt *Siehe* Marktzugangsbeschrän-kungen
Marshall-Lerner-Bedingung 694
Measure of Economic Welfare 481
Mengenanpasser 174, 301
Mengeneffekt 39

Mengenrabatt 334
Mengenwettbewerb
  dynamischer 367
  statischer 359
Mikroökonomie 5, 108
Mindestlöhne 633
Mindestreserve 582
Minimalkostenkombination 273
Missbrauchsaufsicht 343
Mitläufereffekt 210, 513
Modell 24
  Darstellungen 24
  Arten von 24
  makroökonomisches 424
  volkswirtschaftliches 21
Monetäre Basis *Siehe* Geldbasis
Monetarismus 425, 598
Monopol 293, 320
  beschränktes 294
  natürliches 340
  Netz- 343
  -preis 327
  reines 320
  Stabilität des 338
  und Skalenerträge 339
  Vergleich mit Polypol 329
Monopolgrad *Siehe* Lerner Index
Monopolrente 338
Monopson 293
Moral Hazard *Siehe* Risiko, moralisches
Multiplikator 551
  Außenhandels- 563
  Staatsausgaben- 557
  Steuer- 557
  Transfer- 557
Multiplikatoranalyse 550
Mundell-Fleming-Modell 705
  Schlussfolgerungen 721
Nachfrage
  Aggregation der 130, 207
  Determinanten der 128
  einkommensabhängige 193
  Markt- 207
  preisabhängige 197
Nachfragefunktion 113, 297
  anomale 124
  eines Haushalts 204
  empirische 208
  geknickte 375
  gesamtwirtschaftliche 637
  gesellschaftliche 394
  nach Arbeit 287
  Verschiebungen der 133
Nachfragelücke 119
Nachfragereaktion
  anomale 196, 203, 206
  elastische 137
NAIRU-Quote 636
Nationaleinkommen 459
  Brutto- 461
Negativauslese 406
Nettoauslandsposition *Siehe* Nettoauslandsvermögen
Nettoauslandsvermögen 455, 655
Nettoexporte 656, 694, 708
  autonome 700
  Gleichung der 708
Nettoinvestition 433, 655
Nettokapitalverkehr 708
Netzwerkeffekte 210
Neutralisierungspolitik 708, 716
Nichtausschließbarkeit 392
Nicht-Rivalität 16, 392
Nichtsättigung 181
Niveauertragsfunktion 257
Niveauvariation 277, 282
Nominallohn 219
Normaleinkommenshypothese 516
Nutzen 173, 175
  -funktion 192
  Grenz- 315
  -index 179
  kardinaler 175
  ordinaler 179
Nutzenmaximum 177, 190
  Bedingung 1. Ordnung 192
Nutzentheorie
  kardinale 175
  ordinale 179
Offenmarktpolitik 589
Öffentliche Güter
  Bereitstellung 394
  Finanzierung 395
Okun'sches Gesetz 632
Oligopol 294, 350
  heterogenes 371
  Kooperation im 351
Opfertheorie 86
Opportunismus *Siehe* Verhalten, opportunistisches
Opportunitätskosten 32, 261
  der Anleger 260
  der Arbeit 402
  der Freizeit 219

der Sachinvestition 529
Optimum
gesellschaftliches *Siehe* Pareto-Optimum
Organisationskosten 410
Output *Siehe* Produktionsmenge
Outright-Geschäfte 590
Pareto
-Kriterium 319, 377
-Optimum 318
Parität 681
Patente 339
Payoff *Siehe* Auszahlung
Phillipskurve 634
Policy Mix
bei festen Wechselkursen 723
bei flexiblem Wechselkurs 722
Polypol 294
Portfolioinvestitionen 658
Post-hoc-Irrtum 19
Präferenzen 291
Präferenzordnung 179
Konvexität der 181
Nichtsättigung 182
ordinale 179
Transitivität der 181, 182
vollständige 181
Preis
Höchst- 159
Interventions- 168
Mindest- 163
relativer 187
Preis-Absatz-Funktion 141, 297
des Monopolisten 321
des Polypolisten 297
geknickte 374
Preisbereinigung 462
Preisbildung
bei monopolistischer Konkurrenz 347
Monopol- 324
Polypol- 296
Preisdiskriminierung 332
Preiselastizität
der Nachfrage 140, 203, 289, 326, 693
des Angebots 140, 144
des Kapitalangebots 289
Determinanten der 145
und Erlösentwicklung 141, 326
Preisfixierung 321
staatliche 159
Preis-Grenzkosten-Regel 301
Preisindex
nach Laspeyres 213
Preis-Konsum-Kurve 198
Preisnehmer 296
Preisobergrenzen 343
Preisspielraum
monopolistischer 349
Preisstarrheit 374
Preisuntergrenze 305
Preiswettbewerb
im heterogenen Oligopol 371
ruinöser 367
statischer 365
Prestige-Effekt *Siehe* Veblen-Effekt
Principal-Agent-Modell 400
Prinzip
Äquivalenz- 86
Leistungsfähigkeits- 86
ökonomisches 173
Prinzipal 399
Prinzipal-Agent-Modell 236
Produktdifferenzierung 346
Produktion 8, 231
Alternativ- 131
Kuppel- 131
staatliche 160, 446
Produktionsfaktoren 231, 238
Produktionsfunktion 238
CES-Funktion 150, 253
Cobb-Douglas- 150, 239, 259
homogene 256
klassische 239
Leontief- 239
partielle 242
und Substitutionselastizität 253
Produktionskapazität
fixe 238
und langfristiges Angebot 311
variable 277
Wahl der 371
Produktionskonto
der privaten Haushalte 447
der Unternehmen 442
des Staates 447
nationales 455
Produktionskosten
gesamtwirtschaftliche 458
Produktionsmenge 237
Produktionsmöglichkeitenkurve *Siehe* Transformationskurve
Produktionsprozess 12
Produktionsquoten 342
Produktionsschwelle 305
Produktionstechnik

limitationale 238, 239
substitutionale 239
Produktionswert 442
Produktivität 131
Durchschnitts- 243
Grenz- 243, 244
Produktvielfalt 349
Produzentenrente 316, 330
Prohibitivpreis 114
Qualitätsunsicherheit 406
Quantitätsgleichung 593
Quantitätstheorie 592
Neo- 596
Quasi-Rente 413
ratcheteffect *Siehe* Sperrklinkeneffekt
Rationalität 26
eingeschränkte 111, 412
Rationierung 160
Reaktionsfunktion 361
Mengen- 374
Preis- 373
Reaktionsgleichung *Siehe* Reaktionsfunktion
Realignment 684
Realkasseneffekt 637
Reallohn 219, 286, 627
Realtausch 44
Realzins 675
Recheneinheit 47
Rechnungswesen
volkswirtschaftliches 429
Refinanzierungskomponente 588
Regulierung
von Monopolen 343
Regulierungsbehörde 343
Rendite 531
Rent seeking 339
Report 661, 671
Reputation 408
Reservationsnutzen 402
Ressourcenallokation
effiziente 315
ineffiziente 330
optimale 377
Restposten 491
returns to scale *Siehe* Skalenerträge
Ricardo 41
Risiko
moralisches 400
Robertson-lag 552
Rückwärtsinduktion 354
Sachleistungen 215
Sachvermögensbildung 433
Sättigungsmenge 114, 175
Say'sches Gesetz 507
Say'sches Theorem 424
Schattenwirtschaft 475
Schwarzmarkt 160
Schweinezyklus 127
Screening 408
second-mover-Vorteil 369
Sektoren
volkswirtschaftliche 440, 464
Sektorgliederung 470
Shut-down-Preis *Siehe* Preisuntergrenze
Skalenerträge 254
und Betriebsgröße 281
Skalenfaktor 257
Skalenvariation 254
Snob-Effekt 211
Sockelkonsum 508, 548
Sozialhilfe 627, 634
Sozialindikatoren 482
Spareinlagen 575
Sparen 11, 222
Sparfunktion 509
Sparneigung
marginale 699
Spekulation 592, 607, 671
Spekulationsgeschäft 670
Spekulationskassenhaltung 606
Sperrklinkeneffekt 514
Spezialisierung 36, 41, 234
Spezifität 413, 416
Spieltheorie 108, 351
Staat 11
im Wirtschaftskreislauf 434
Staatsausgaben 435
Staatsinvestition 435
Staatskonsum 435, 447
Staatsnachfrage 546
Staatsquote 466
Stabilisatoren
automatische 560
Stackelberg-Modell 367
Stagflation 635
Sterilisierungspolitik *Siehe* Neutralisierungspolitik
Steuern 84, 435
direkte 87, 157
indirekte 87, 154
Mengen- 154
Pigou- 387
-überwälzung 155
Umwelt- 386
Steuereinnahmen 546
Strategie 351

dominante 352
kooperative 355
Mengen- 360
Preis- 366
Strategien
geldpolitische 598
Ströme 431
Stromgrößen 431
Stückkosten *Siehe* Kosten, Durchschnitts-
transaktionsbedingte 414
Subadditivität
der Kostenfunktionen 340
Substituierbarkeit 129
Substitute
enge 321
unvollkommene 185, 346
vollkommene 185
Substitutionseffekt 198
und Preismessung 214
und Preisvariation 199
Subventionen 155,435
Ausfuhr- 169
sunk costs *Siehe* Kosten, versunkene
Surplus profit 304
Swapsatz 661, 671
System of National Accounts 470
Tableau Economique 430
Tarifautonomie 632
Tarifvertrag 166
Tausch 111
Tauschmittel 43
-funktion 44, 591
Teamproduktion 234
Teilmärkte
makroökonomische 501
Termineinlagen 575
Termingeschäft 671
Terms of Trade 664
Tobin's q 537
Tobin-Steuer 85
Totalmodell 636, 640
bei fixem Nominallohn 641
bei flexiblem Nominallohn 640
Transaktionen
Definition 410
Häufigkeit von 414
Merkmale von 412
ökonomische 430
Typen von 414
Transaktionskosten 44, 233, 410
Arten von 410
der Geldanlage 602
des Staates 411
durchschnittliche 417
Markt- 410, 416
-theorie 398, 409
Unternehmens- 411, 416
Transaktionsmotiv 600
Transaktionsvolumen 593
Transferausgaben 89
Transferzahlungen 435, 655
Transformation
technische 237
Transformationskurve 32
Transmissionsmechanismen 637
Trilemma
währungspolitisches 735
Trittbrettfahrer 16, 395
Überschussreserve 582
Übertragungen
laufende 488
Umsatzfunktion *Siehe* Erlösfunktion
Umschlaghäufigkeit 593
Umverteilung
staatliche 436, 546
Umweltauflagen 385
Umweltproblem 378
Unsicherheit 412
Verhaltens- 401
Unternehmen 8, 231
Unternehmerlohn 259
Unterschiedslosigkeit des Preises 292
Veblen-Effekt 212
Verbrauchsplan
optimaler 189
Verbundvorteile 234
Verfügungsrechte 411
Verhalten
gleichgerichtetes 374
kooperatives 356
nicht-kooperatives 354
oligopolistisches 358
opportunistisches 398, 412
polypolistisches 294, 297
strategisches 351
Verkäufermarkt 119
Vermögensänderungskonto 451
der privaten Haushalte 453
der Unternehmen 452
des Staates 453
nationalas 456
Vermögensbildung 432
Vermögensrechnung 429
Vermögensübertragungen 489

Verteilungsrechnung 468
Vertrag
  unvollständiger 398, 412
  vollständiger 409
Vertragstypen 414
Verursacherprinzip 383
Verwendung
  des Bruttoinlandsprodukts 503
Verwendungsrechnung 465
Verzinsung
  marktmäßige 260
Volkseinkommen 462
Volkswirtschaft
  offene 437
Volkswirtschaftslehre 4
  Erkenntnisgegenstand der 7
Vorleistungen 443
Vorratsveränderung 446
Vorsichtskassenhaltung 605
Vorsichtsmotiv 605
Wahlentscheidung 31
Währungsbindung
  Motive 728
Währungsraum
  optimaler 737
Währungsreserven 490, 588
Währungsrisiko *Siehe* Wechselkursrisiko
Währungssystem 588
Währungsunion 735
  europäische 490
Warenhandel 652, 654
Warenkorb 213
Wechselkurs 479, 660
  effektiver 664
  realer 662, 705
  Referenzkurs 660
  Sortenkurs 660
  und Güterpreise 691
  und Wettbewerbsfähigkeit 663
Wechselkursänderung 661
Wechselkurse
  anpassungsfähige 732
  flexible oder feste? 725
Wechselkurserwartung 672
  statische 708
Wechselkursmechanismus 681
Wechselkursmechanismus II 727
Wechselkursrisiko 670
Wechselkurssystem
  festes 653, 681
  flexibles 654
Wechselkurszielzonen 734
Weltmarktgleichgewicht 687
Wertaufbewahrungsfunktion 46, 591, 606
Wertgrenzprodukt 286, 624
Wertpapiere 490, 575
Wertpapierpensionsgeschäft 589
Wertschöpfung 442
  Brutto- 444
  gesamtwirtschaftliche 440, 457, 458
  Netto- 444
Werturteil 28
Wettbewerb
  monopolistischer 346
Wettbewerbspolitik 343
Wiederbeschaffungswert 538
Wirtschaftskreislauf 430
Wirtschaftsobjekte 12
Wirtschaftssubjekte 8
Wissenschaften 4
Wohlfahrt
  gesellschaftliche 380
Wohlfahrtverlust 331
  bei monopolistischer Konkurrenz 348
  im Monopol 330
Zahlungsbereitschaft 111, 315
  subjektive 191
Zahlungsbilanz 484, 653
Zahlungsbilanzstatistik 485
ZB-Kurve 709
Zeitpräferenzrate 225
Zeitrestriktion 217
Zentralbank
  Autonomie der 587
  -geld 581
  -geldmenge 654
  -geldschöpfung 588
Zinsarbitrage 670
Zinselastizität
  der Investitionsnachfrage 535
  des Kapitalverkehrs 710
Zinsfaktor 225
Zinsparität
  gedeckte 670
  reale 676
  ungedeckte 672
Zinsparitätentheorie 670
Zinssatz 223
  interner 532